Sammlung Romanischer Elementar- und Handbücher
Dritte Reihe: Wörterbücher · Band 5

STUDIENAUSGABE

(Titelausgabe der 2. Auflage von 1969)

ETYMOLOGISCHES WÖRTERBUCH DER FRANZÖSISCHEN SPRACHE

VON

ERNST GAMILLSCHEG

STUDIENAUSGABE
(Titelausgabe der 2. Auflage von 1969)

ERSTER BAND

A – palombe

UNIVERSITÄTSVERLAG C. WINTER
HEIDELBERG

Die Deutsche Bibliothek – CIP-Einheitsaufnahme

Gamillscheg, Ernst:

Etymologisches Wörterbuch der französischen Sprache / Ernst Gamillscheg. – Studienausg. – Heidelberg: Winter

(Sammlung romanischer Elementar- und Handbücher: Reihe 3, Wörterbücher; Bd. 5)

ISBN 3-8253-0501-5

Bd. 1. A – palombe. – 1997
ISBN 3-8253-0501-5

Bd. 2. Palon – zygoma. – 1997

ISBN 3-8253-0501-5

Imprimé en Allemagne. Printed in Germany
Satz und Druck: MZ-Verlagsdruckerei GmbH, Memmingen

Zur Erinnerung
an meinen großen Lehrer
Wilhelm Meyer-Lübke

VORREDE ZUR ZWEITEN AUFLAGE

Seit dem Erscheinen der ersten Auflage des EWFS sind 40 Jahre vergangen. In der Zwischenzeit hat die Arbeit auf dem Gebiet der französischen Etymologie gewaltige Fortschritte gemacht. Während beim Abschluß der ersten Auflage nur wenige Zeitschriften der französischen Philologie ganz oder zum Teil gewidmet waren, es also noch möglich war, die Arbeit auf diesem Gebiet zu überblicken, ist heute der Umfang der etymologischen Forschung kaum mehr übersehbar. All diese in 40 Jahren geleistete Arbeit mußte nach Möglichkeit verfolgt, und was sich daraus an neuen Erkenntnissen ergab, entsprechend in die neue Auflage hineinverarbeitet werden.

Die neue Auflage hat zwar die alte Form nur wenig verändert, zeigt aber die gründliche Bearbeitung bei jedem einzelnen Stichwort. Abgesehen von der Fülle der Einzeluntersuchungen wurde das Werk durch das Erscheinen von zwei Standardwerken wesentlich gefördert. Das altfranzösische Wörterbuch von Tobler-Lommatzsch (TL) bietet für zwei Drittel des behandelten Wortschatzes (bis zum Buchstaben P) eine wesentlich zuverlässigere Grundlage. Das *Dictionnaire étymologique* von Bloch-Wartburg (Bl.-W) ist namentlich für die Sacherklärung der heute noch lebenden Bestandteile des französischen Wortschatzes und die Entlehnungen der jüngsten Zeit eine große Hilfe. Es wird daher auch in Fällen, wo die Etymologie längst bekannt ist, angeführt, wenn es Ergänzungen bringt, die zu einem tieferen Verständnis des etymologischen Problems wesentlich beitragen. Dagegen bin ich zurückhaltender bezüglich der Aufnahme bzw. der Erklärung der zahllosen englischen Ausdrücke, die sich namentlich im 19. und 20. Jh. gelegentlich im französischen Schrifttum finden, ohne zu einem Bestandteil der lebenden französischen Sprache zu werden. Diese jungen Lehnwörter haben sicherlich ihre kulturelle Bedeutung, ihre etymologische Deutung kann aber wohl der englischen Philologie vorbehalten bleiben. So finden sich bei Bl.-W. zwischen *shake-hands* und *shoot* 11 solche Ausdrücke englischer Herkunft, von denen aber keiner wirklich französisch geworden ist. Auf Grund dieses Werkes und des *Dictionnaire étymologique* de la langue française von A. Dauzat konnten die Angaben über das erste Auftreten des heutigen französischen Wortmaterials in der literarischen Überlieferung von Grund auf berichtigt werden.

Mit keinem dieser Werke kann die Neuauflage des EWFS in Vergleich gezogen werden. Es enthält vor allem, was für die deutschen Studenten unerläßlich ist, die deutsche Übersetzung der französischen Stichwörter. Es gibt weiterhin, wenn auch nur andeutend, die Geschichte der Erklärungsversuche und die für die bisherigen Erklärungen verantwortlichen Autoren an. Nur Etymologien, die mit bewußter oder unbewußter Vernachlässigung der bewährten Grundprinzipien der etymologischen Forschung vorgebracht wurden, konnten ohne Nachteil für das Werk stillschweigend übergangen werden.

Während bei Bl.-W., in einer Art Übersicht, nach den Stichwörtern die vorhandenen gebräuchlichen Ableitungen ohne weitere Erklärung angeführt werden, werden hier die Ableitungen, die jederzeit neu gebildet werden konnten oder können, nicht besonders erwähnt, wenn sie nicht morphologisch, lautlich oder begrifflich einer Erklärung bedürfen. So wird z. B. ein Wort wie *métal* angeführt, die Erwähnung von Ableitungen wie *métalliser*, *métallisation*, *métallique* unterbleibt daher grundsätzlich. Die von Bl.-W. befolgte Methode hat zweifellos den Vorteil, daß aus der Anführung aller gebräuchlichen Ableitungen Schlüsse auf den Expansionswert des einzelnen Wortes gezogen werden wenigstens hingewiesen werden mußte. Vieles aus der wissenschaftlichen Literatur mag mir entgangen sein oder war mir hier nicht zugänglich. Manches mußte auch aus zweiter Hand angeführt werden, ist dann aber stets entsprechend gekennzeichnet worden.

Der hier verarbeitete Wortschatz ist dem Dictionnaire général entnommen, der von allen neufranzösischen Wörterbüchern allein aus früheren Quellen übernommene Belege nach Möglichkeit überprüft und ausgeschaltet hat, was der Prüfung nicht standhielt. Von Neubildungen der letzten Jahre, die im Dict. gén. nicht vertreten sind, habe ich nur weniges aufgenommen, von dem ich selbst während eines zweijährigen Aufenthaltes in Frankreich feststellen konnte, daß es Gemeingut der Sprache geworden ist. Auch die etymologischen Bemerkungen im Dict. gén. bilden noch heute das zuverlässigste etymologische Wörterbuch des Französischen. Daß unter diesen Umständen, namentlich bei der Erklärung von Wörtern gelehrter Herkunft, vieles unmittelbar aus dem Dict. gén. übernommen wurde, ist selbstverständlich. Andrerseits war es aber mein Streben, abgesehen von dem Rohmaterial, dessen Überprüfung einem Nichteinheimischen nicht zustehen kann, bei den etymologischen Erklärungen, gleichgültig, aus welcher Quelle sie stammen, nichts unkontrolliert zu übernehmen. So ist eine Fülle von Grundformen, namentlich germanische Rekonstruktionen, aus dem Wörterbuch verschwunden. Wo eine Überprüfung mit den Hilfsmitteln einer kleinen Universitätsbibliothek und einer noch kleineren Privatbibliothek nicht durchgeführt werden konnte, oder wo die eigenen Kenntnisse zur Überprüfung nicht ausreichten, habe ich der von mir übernommenen Deutung das Wörtlein „angeblich" vorangesetzt. Dieses soll also nicht persönliche Bedenken gegen die Richtigkeit der angeführten Erklärung zum Ausdruck bringen, sondern nur andeuten, daß die wissenschaftliche Verantwortung für die Deutung von ihren Urhebern zu tragen ist.

Das vorliegende Wörterbuch bringt also den literarischen Wortschatz des Neufranzösischen seit dem 17. Jahrhundert und mundartliche Wörter nur so weit, als sie von Lexikographen der früheren Jahrhunderte gebucht und vom Dict. gén. übernommen wurden. Trotzdem dürfte auch ein großer Teil des altfranzösischen Wortschatzes Erwähnung gefunden haben. Denn was nicht als Stichwort zur Behandlung kommen konnte, erscheint meist in irgendeiner Ableitung oder Weiterbildung. So findet sich z. B. afrz. *past* „Nahrung" unter *repas,* afrz. *tavele* „Schachbrett" unter *taveler* „sprenkeln" usw. Denn die Literatursprache ist in gewisser Beziehung ein Museum, in dem, wenn schon nicht alle, so doch wenigstens ein Vertreter jeder Gattung zu finden ist.

Das etymologische Wörterbuch einer romanischen Sprache kann sich darauf beschränken, beim Lateinischen haltzumachen und die weitere Erklärung dem lateinischen etymologischen Wörterbuch zu überlassen. Das gleiche gilt für die Entlehnungen aus dem Griechischen. Anders bei Wörtern, die aus Sprachen stammen, die schriftlich nicht festgelegt sind, wie dem Gallischen oder Altgermanischen. Der Benützer des Wörterbuches soll die Möglichkeit behalten, hier angesetzte Grundformen unmittelbar zu überprüfen. So werden in der Regel bei Wörtern gallischer Herkunft die Entsprechungen aus den lebenden keltischen Mundarten, bei solchen fränkischen Ursprungs die belegten Formen der verwandten germanischen Mundarten angeführt.

Innerhalb der alteinheimischen Bestandteile des Französischen ist eine Scheidung zwischen volkstümlicher und gelehrter Entwicklung, zwischen vulgärlateinisch, galloromanisch, mittellateinisch und neulateinisch versucht worden. Was an lateinischen Elementen im französischen Wortschatz in ununterbrochener Entwicklung erhalten blieb, also den Kulturzusammenbruch der Völkerwanderung überdauerte, ist durchaus vulgärlateinisch, d. h. entstammt der Umgangssprache der großen, in jenen Zeiten sprachbestimmenden Masse. Streng folgerichtig hätte also jede volkstümlich entwickelte Grundform als vlat. bezeichnet werden müssen. Ausdrücklich als vulgär wurden aber nur die

Formen bezeichnet, die entweder morphologische Umbildungen der entsprechenden literarischen Formen sind, so etwa, wenn für lat. *retĭnēre* in der Umgangssprache die Rückbildung **retĕnēre* auftritt, oder wenn das Wotr erst spät in Glossen auftaucht oder überhaupt erst aus den romanischen Sprachen erschlossen wird und seine Bedeutung es ausschließt, daß es in der lateinischen Literatur nur zufällig nicht belegt ist. Das gilt z. B. für **transversare* „überqueren“, das im größten Teil der Romania erhalten ist, in der lateinischen Literatur dagegen fehlt, so daß es wohl als Ausdruck unbeholfener Ausdrucksweise empfunden wurde, wenngleich es als Bildung ohne weiteres klassisch lateinisch sein könnte. Eine strenge Scheidung zwischen lateinisch und vulgärlateinisch ist aber ebensowenig möglich, als wollte man etwa im heutigen französischen Wortschatz für alle Zeiten feststellen, was volkstümlich und was unvolkstümlich ist.

Galloromanisch bezeichnet nicht einen Gegensatz zu vulgärlateinisch. Es soll nur zum Ausdruck bringen, daß eine so bezeichnete Ableitung oder ein so bezeichnetes, aus einer nichtlateinischen Quelle stammendes Wort der Vulgärsprache speziell Galliens angehörte, also entweder in alter Zeit nicht über die Grenzen des galloromanischen Gebietes hinausreichte oder erst nach dem Zusammenbruch des römischen Weltreiches hier in Gebrauch kam. Wie die als vulgärlateinisch bezeichneten Elemente in der Form der klassischen Sprache angeführt werden, so wird auch bei den galloromanischen Bildungen, etwa des 6. bis 8. Jahrhunderts, gar nicht versucht, ihnen die phonetisch genaue Form zu geben, die sie in jener Zeit haben mußten. Die Orthographie dieser Bestandteile ist also historisch wie etwa die des Neufranzösischen. Diese galloromanischen Wörter sind in ihrer Entstehung grundverschieden von dem, was hier als mittellateinisch bezeichnet wird. Ein galloromanisches Wort ist Ausdruck der Volkssprache in lateinischer Gewandung. Ein mittellateinisches Wort ist Ausdruck der Kreise, die bewußt in Abweichung von der Umgangssprache eine Sondersprache, das Lateinische, sprachen, wenn dieses auch vom klassischen Latein in der Wortwahl, der Syntax, den Ableitungen, zum Teil auch in der Aussprache abweicht. Der Ausdruck galloromanisch schließt volkstümliche Entwicklung in sich; ein mittellateinisches Wort dagegen kann nur auf dem Umweg der Entlehnung aus der Sprache der höherstehenden Schichten volkstümlich werden, steht also in dieser Beziehung mit den klassischen Wörtern, soweit sie später in die Sprache dringen, auf einer Stufe. Endlich als neulateinisch wird bezeichnet, was nicht mehr wirklich gesprochener Sprache entnommen ist, sondern größtenteils künstlich mit Hilfe von Wörterbüchern gebildet wurde. Es sind hauptsächlich die wissenschaftlichen Fachsprachen, die auf diesem Wege bereichert wurden.

Während ein lateinisches Wort in vulgärer Gewandung zu allen Zeiten volkstümlich gelebt haben kann und in seiner Endform im heutigen Französischen zu finden ist, ist also volkstümliche Entwicklung bei einem mittellat. oder neulat. Worte schon nach der Begriffsbestimmung ausgeschlossen. Eine Kennzeichnung dieser Wörter als gelehrter Bildungen wäre also gar nicht nötig. Trotzdem sind auch diese Ausdrücke, wie die später in die Sprache gedrungenen Ausdrücke des klassischen Lateins, zwischen Klammern gesetzt, und damit ist schon rein äußerlich innerhalb der lateinischen Elemente des Französischen die Scheidung zwischen volkstümlich entwickelten und gelehrt aufgenommenen Formen durchgeführt worden. Doch darf natürlich nicht ‚volkstümlich entwickelt‘ mit „volkstümlich“, und ‚gelehrt aufgenommen‘ mit „unvolkstümlich“ gleichgestellt werden. Ein volkstümlich entwickeltes Wort, wie etwa Ausdrücke der Heraldik, kann heute durchaus unvolkstümlich sein und umgekehrt. Die Klammern drücken nur aus, daß das betreffende Wort nicht zu allen Zeiten Bestandteil der Umgangssprache irgendwelcher Kreise gewesen ist. Da wir die Lautgesetze aus den Wörtern abstrahieren, die dem Erbwortschatz einer Sprache angehören, werden so die Klammern zum Unterscheidungsmittel zwischen lautgesetzlich entwickelten und gelehrt bzw. halbgelehrt entwickelten Formen. Auch den letzten Ausdruck möchte ich, trotz des Widerstrebens gewisser Forscher, nicht missen. Ein halbgelehrt entwickeltes Wort steht etwa auf der Stufe eines Lehnwortes, es wird von dem Laien nicht als fremd empfunden; ein gelehrt entwickeltes Wort entspricht einem Fremdwort. Daß für den Ungebildeten gar kein Unterschied zwischen den verschiedenen Sprachformen besteht, soweit die Entlehnung in Betracht kommt, kann natürlich nicht gegen die Begriffsbestimmung als solche eingewendet werden.

Scheinbar das sicherste Zeichen erbwörtlicher Entwicklung eines Wortes ist die Lautgesetzlichkeit in seiner formellen Entwicklung. Aber auch hier sind Einschränkungen zu beachten. So würde man, wenn man als einzigen Prüfstein für volkstümliche Entwicklung die Lautgesetze ansieht, ein Wort wie *serpentin* als gelehrte Entlehnung aus lat. *serpentinus* „schlangenartig" ansehen, da nach den Lautgesetzen die Silbe vor dem Hauptton schwinden müßte. Aber kein Wort steht allein in der Sprache, es ist auch in seiner lautlichen Entwicklung von den Wörtern gleichen Stammes oder gleicher Bedeutung abhängig. *serpentinus* ist nun im Spätlateinischen belegt; entsprechende *-inus*-Ableitungen von Tiernamen sind altfranzösisch ganz gewöhnlich. Das Wort zeigt ferner im Altfrz. eine weitgehende begriffliche Entwicklung. Es ist daher nicht wahrscheinlich, daß das Wort jemals im Wortschatz des Galloromanischen gefehlt hätte. Seine lautliche Entwicklung ist natürlich an die des danebenstehenden *serpent* gebunden. Oder aber, es ist die lautliche Entwicklung eines Wortes aus irgendeinem, oft gar nicht mehr zu erkennenden Grunde unterbrochen worden, ohne daß darum das betreffende Wort jemals im Laufe der französischen Sprachentwicklung unvolkstümlich gewesen wäre. So widerspricht die Aussprache des *s* in *restreindre* einem bekannten französischen Lautgesetz. Es wird daher das Wort im Dict. gén. und REW als nicht erbwörtlich betrachtet. Nun ist aber afrz. *restraindre* seit dem 12. Jh. belegt, müßte also bei normaler Weiterentwicklung heute in der Form **rétraindre* erscheinen. Daß es afrz. durchaus lebenskräftig war, zeigt seine reiche begriffliche Entwicklung; es bedeutet „zusammenziehen", „pressen", „binden", „anhalten", „zurückhalten" (wörtlich und übertragen), „verengen", „fest umschließen", „verbinden", „Zügel anlegen"; dann reflexiv „sich um jdm. drängen", „sich zu etwas zwingen" u. v.a.; dazu die afrz. Ableitung *restraignant, restraint, restrainte, restraintif, restrainture* u. a. Warum nun bei diesem so volkstümlich entwickelten Wort, das unbeeinflußte Entwicklung auch in nördlichen und südöstlichen Mundarten zeigt, die lautgesetzliche Entwicklung unterbrochen wurde, müßte erst untersucht werden. Es ist aber wohl kein Zufall, daß zwei ebenso volkstümliche und ähnlich gebaute Wörter wie *rester* und *restaurer* den gleichen ‚Entwicklungsfehler' aufweisen. Man wird wohl nicht fehlgehen, wenn man annimmt, daß von einem der drei mit *rest-* beginnenden Wörter, vielleicht in Anlehnung an ein italienisches Vorbild, die fremde Aussprache ihren Ausgang genommen hat und dann auf die anderen zwei Wörter übertragen wurde. Deswegen aber bleibt *restreindre* doch ein volkstümliches, auf lat. *restringere* zurückgehendes Wort, wie man allgemein angenommen hätte, wenn die Unregelmäßigkeit der Aussprache das Ergebnis einer Wortkreuzung wäre.

Umgekehrt ist es manchem Wort in der Form nicht anzusehen, daß es auf gelehrtem Weg in die Sprache gedrungen ist, also zu gewissen Zeiten der Sprachentwicklung der allgemeinen Umgangssprache gefehlt hat. Solche Anpassungen an die Volkssprache sind zu allen Zeiten möglich gewesen. Da mag die Bedeutung des Wortes, der Vergleich mit den anderen romanischen Sprachen einigen Ersatz bieten, ohne daß aber darum unter allen Umständen eine strenge Scheidung zwischen volkstümlicher Entwicklung und gelehrter Aufnahme durchführbar wäre.

Schwierig ist es auch, zu entscheiden, welche schon lateinischen Ableitungen sich im Französischen erhalten haben und was erst französische Neubildung ist. Verhältnismäßig einfach ist die Entscheidung, wenn die Bedeutung des abgeleiteten Wortes mit dem lateinischen Vorbild übereinstimmt, dagegen das Grundwort seine Bedeutung schon vorhistorisch verschoben hat. Umgekehrt könnte frz. *saucer* lautlich ohne weiteres lat. *salsare* fortsetzen. Doch bedeutet dieses „salzen", das frz. Wort „eintunken", zeigt also in der Bedeutung engste Anlehnung an frz. *sauce* „Tunke", von dem es abgeleitet ist. Dazu stimmt, daß *saucer* erst im 15./16. Jh. belegt ist. Wenn aber eine solche Bedeutungsverschiebung des Grundwortes nicht eingetreten ist und eine Bildung ebensogut lateinisch wie französisch sein könnte, müssen andere Kriterien zu Hilfe genommen werden. So die geographische Verbreitung der Ableitung. So wird man unbedenklich eine Ableitung als schon vulgärlat. ansetzen dürfen, wenn sie auch im Rumänischen vertreten ist. Wenn ferner ein Ableitungsmittel vorliegt, das ebenso im Lateinischen der späteren Jahrhunderte wie im Französischen bildungsfähig war, die Ableitung ferner in beiden Sprachformen bezeugt ist, wird das so abgeleitete Wort als selbständiges Erbwort angeführt werden. So könnte afrz. *entraire* ohne weiteres als afrz. Abl. von *traire* „ziehen" angesehen werden. Doch ist lat. *intrahere* belegt und kein Grund einzusehen, warum diese mit *trahere* im engsten Zusammenhang stehende Bildung jemals aus der Umgangssprache geschwunden sein sollte. In anderen Fällen lehrt uns die Geschichte der Wortbildung das aus dem Lateinischen Ererbte von dem Neugebildeten zu unterscheiden. Altfrz. *retraire* „zurückziehen" entspricht begrifflich und lautlich lat. belegtem *retrahere*. Eine afrz. Neuableitung von *traire* mittels des Präfixes *re-* hätte in erster Linie „nochmals ziehen" bedeutet, da bei Neubildungen die Vorstellung des „zurück" durch *riere, arriere* zum Ausdruck gebracht wird. Demnach ist auch das im 14. Jh. auftauchende *retirer* „zurückziehen" nicht unmittelbare französische Ableitung von *tirer*, sondern tritt mechanisch für *retraire* ein, als *tirer* als selbständiges Wort altes *traire* in seinen meisten Bedeutungen verdrängte. In der Bedeutung von *retirer* lebt also das alte lat. *retrahere* noch heute fort, *tirer* hat nur das Gewand für das neue Wort abgegeben.

Auch in diesen Fragen bietet die lautgesetzliche Entwicklung der Ableitung nicht den Prüfstein für die letzte Entscheidung. Ein Wort wie *sûrté* scheint zunächst lat. *securitatem* nicht unmittelbar fortzusetzen, denn bei unbeeinflußter Entwicklung hätte dieses wohl afrz. *segreté* ergeben. Trotzdem geht es nicht an, in *sûrté* eine spätere Ableitung von *sûr* zu sehen. Denn wenn auch im allgemeinen in Wörtern, in denen der Tonsilbe zwei oder mehrere Silben vorangehen, die erste Silbe erhalten bleibt, widersetzt sich einem Übergang von *securitate* zu **segretate* das danebenstehende *securus*, das die lautliche Entwicklung der Ableitung von der eigenen lautlichen Entwicklung in Abhängigkeit hält. Deswegen ist aber lat. *securitate* oder eine spätere Form desselben doch stets in der galloromanischen Volkssprache geblieben, muß also hier als lateinisches Element angeführt werden.

Eine Ableitung ist auch dann schon als vlat. anzusehen, wenn das Grundwort im Französischen oder den nächst verwandten Sprachen nicht erhalten ist und kein Grund vorliegt, warum ein dem Grundwort entsprechendes frz. Wort aus der Sprache hätte schwinden müssen. So wird für frz. *serpillière* „Packleinwand" als Grundform eine abgeleitete Form *(tela) *sirpicularia* angegeben, nicht etwa vermutet, daß Abl. von lat. *sirpicula* „geflochtener Korb" vorliegt, da dieses, wie es scheint, im Romanischen keinerlei Spuren hinterlassen hat.

Von Ableitungen wurde also in das Wörterbuch aufgenommen, was 1. schon lateinisch ist, und 2. in seiner Form und Bedeutung nicht selbstverständlich ist. So wird niemand vermissen, daß ich die Verbalsubstantiva auf *-ment* oder die Adverbia zu Adjektiven nicht anführe, wenn das Grundwort selbst noch in der Sprache lebt. So ist z. B. *réserver* angeführt, nicht aber *réservation, réserve* (daher *réserviste*), *réservoir* u. ä. Manche Ableitung scheint aber auf den ersten Blick selbstverständlich zu sein, die in Wirklichkeit auf einer ganz anderen Grundlage beruht, als die Form zu erschließen einlädt. Hier kann nur die genaueste Kenntnis der Bildungsgesetze des Galloromanischen aller Zeiten eine Entscheidung treffen. Es ist daher der Erklärung der Endung und Präfixe die gleiche Aufmerksamkeit geschenkt worden wie der Erklärung des Wortkörpers. Denn eine Etymologie kann erst dann als gesichert angesehen werden, wenn es weder in der Bedeutung des Wortes, noch in der Form irgendeine Unklarheit gibt.

Innerhalb des Erbwortschatzes wurde alles angeführt, von dem man annehmen kann, daß es zu allen Zeiten einen Bestandteil des Galloromanischen gebildet hat, also z. B. *requaerere* ebenso wie das einfache *quaerere*. Anders bei späteren Entlehnungen aus dem Lateinischen, besonders bei niemals in das Sprachbewußtsein vollständig übergegangenen Ausdrücken. Hier wurden zunächst die Ausdrücke der wissenschaftlichen Fachsprache ganz ausgeschieden, die im Wörterbuch der französischen Akademie noch keinen Eingang gefunden haben. Von den übrigen wurde in der Regel nur ein Vertreter des entlehnten Stammes, gewöhnlich der älteste oder der selbst die älteste Form der Wortwurzel darstellt, angeführt. So sind frz. *résidence, résident, résidu* nicht ausdrücklich erwähnt, sie sind durch *résider* vertreten. Auch so bleibt noch viel Ballast im Wörterbuch, der vielleicht besser ausgeschieden worden wäre. Aber auch der Kenner des Lateinischen und Griechischen kann gelegentlich im Zweifel sein, ob eine bestimmte Form schon klassisch lateinisch ist oder nicht. In solchen Fällen wird vielleicht die Aufnahme auch dieser Wörter manchem nicht unwillkommen sein.

Eine Scheidung der keltischen Lehnwörter des Französischen nach altkeltisch, also gallisch, und jüngerkeltisch, also in der Hauptsache bretonisch, ist wegen der starken lautlichen Differenzierung der keltischen Mundarten kaum schwierig. Viel weniger einfach ist es dagegen, zu entscheiden, aus welcher germanischen Mundart das Französische ein bestimmtes Wort germanischer Herkunft entlehnt hat. Vielfach wird hier als fränkisch bezeichnet, was in anderen Quellen als westgermanisch angeführt wird. Rein lautlich ist es bei der nahen Verwandtschaft des Salfränkischen mit der Vorstufe der germanischen Mundarten, die man als westgermanisch bezeichnet, in den seltensten Fällen möglich, eine Entscheidung zu treffen. Auch die geographische Verteilung der germanischen Lehnwörter kann nicht zu einem ausschlaggebenden Kriterium der Herkunft gemacht werden. Denn bei dem großen sprachlichen Einfluß, den das Frankreich Karls des Großen auf die übrige Romania ausgeübt hat, ist es nur zu leicht verständlich, wenn Lehnwörter fränkischer Herkunft weit über die ursprünglichen Grenzen der fränkischen Ansiedlung hinausgewandert sind. Bedenkt man, daß von den wenigen bei lateinischen Autoren überlieferten Wörtern germanischer Herkunft nicht einmal die Hälfte sich tatsächlich in den romanischen Sprachen erhalten hat, so wird man der Annahme, daß dem gemeinromanischen Grundstock des Vulgärlateinischen eine größere Menge bei lateinischen Autoren nicht bezeugter, germanischer Lehnwörter angehört habe, zurückhaltend gegenüberstehen. Ganz anders steht es dagegen mit den fränkischen Wörtern Nordfrankreichs. Diese sind ja nicht eigentliche Lehnwörter, sondern, nach einem Ausdruck J. Juds, Wortrelikte, die im Romanischen Nordfrankreichs ebenso organisch aufgegangen sind wie etwa in einer früheren Zeit gewisse gallische Bestandteile, für die der romanisierten Bevölkerung ein adäquater Ausdruck lateinischer Herkunft nicht zur Verfügung stand. Vielleicht bin ich in der Zurückhaltung gegenüber der Annahme schon vulgärlateinischer Entlehnungen aus dem Germanischen bisweilen zu weit gegangen, so etwa, wenn ich in dem über den größten Teil der Romania verbreiteten **stall* eine erst fränkische Entlehnung sehe, vgl. *stalle, étal*.

Bei Entlehnungen aus dem Altnordischen oder Angelsächsischen sind es in der Regel innergermanische Gründe, die bei der Zuweisung zu der bestimmten germanischen Mundart maßgebend waren. Jüngere Lehnwörter aus dem Niederdeutschen oder Althochdeutschen sind meistens schon lautlich eindeutig bestimmbar.

Manchmal ist es aber überhaupt nicht möglich, die unmittelbare Quelle anzugeben, aus der ein französisches Wort geschöpft ist. Dies ist namentlich bei Ausdrücken der mittelalterlichen Naturwissenschaft und Heilkunde der Fall, die oft zur selben Zeit in lateinischen Texten und der Volkssprache, hier natürlich als Lehnwörter, auftauchen. In solchen Fällen wird in der Regel die letzte erreichbare Quelle, z. B. das Arabische, angegeben und darauf verzichtet, zu bestimmen, ob das betreffende Wort auf dem Umweg über das Mittellateinische oder Iberoromanische oder auch unmittelbar aus dem Arabischen in das Französische gewandert ist.

Ein wertvolles Hilfsmittel zur Bestimmung der Herkunft eines Wortes ist seine geographische Verbreitung auch innerhalb der französischen Mundarten. Ein Wort, das nur im äußersten Nordosten vorkommt, wird vielfach aus dem Niederländischen stammen; ein Wort, das nur im Südgürtel des Nordfranzösischen belegbar ist, wird kaum fränkischen Ursprungs sein. Die Angabe der mundartlichen Entsprechungen von Wörtern, die nicht allgemein französisch sind, ist daher nicht Selbstzweck, sondern Hilfsmittel. Das gleiche gilt für die Angabe des ersten Auftretens eines Wortes in der Literatur. Bei der Beurteilung des Wertes dieser ältesten Belege ist gleichfalls Vorsicht nötig. Aus dem Fehlen des Ausdrucks einer bestimmten Fachsprache in alter Zeit darf natürlich nicht geschlossen werden, daß das Wort selbst in alter Zeit gefehlt hat. Ebensowenig ist bei einem Wort, das hauptsächlich in den südlichen Mundarten, die in afrz. Zeit geringe literarische Verwertung fanden, zu Hause ist, nicht zu erwarten, daß sich Belege dafür schon in alter Zeit finden. In diesem Fall ist es ausschlaggebender, wenn sich alte Belege im Provenzalischen, zu dem diese Mundarten entwicklungsgeschichtlich gehören, nachweisen lassen. Aber wenn ein Ausdruck des täglichen Lebens, der heute in den nördlichen Mundarten lebt, in der Zeit des 12./13. Jhdts. nicht belegbar ist, darf mit einer gewissen Sicherheit geschlossen werden, daß er im Neufranzösischen entweder aus einer nichtfranzösischen Mundart entlehnt oder mit den Mitteln des Französischen neu gebildet wurde. Daß neben der Zeit des ersten Auftretens auch der Begriffskreis, in den ein bestimmtes Wort gehört, bei der Feststellung der Herkunft entsprechend berücksichtigt werden mußte, ist nur selbstverständlich.

Aber alle Kriterien versagen bei einzelnen Wörtern, und nur zu oft mußte die Herkunft als unbekannt, unsicher bezeichnet werden. Wenn das Werk trotzdem auch nur im entferntesten seinen Zweck erfüllt, ein brauchbares Handbuch zu sein, dann ist dies vor allem der großen Hilfsbereitschaft zu danken, die ich bei Forschern aller Länder gefunden habe. In der Zeit der größten Not tat ich kaum einmal eine Fehlbitte, wenn ich ausländische Forscher um Überlassung ihrer etymologischen Arbeiten ersuchte. Schier endlos ist die Reihe der Gelehrten, denen ich so zu Dank verpflichtet bin: M. Bartoli, C. Battisti, D. Behrens, V. Bertoldi, G. Bertoni, V. Brøndal, J. Brüch, K. v. Ettmayer, L. Gauchat, G. de Gregorio, C. H. Grandgent, A. Griera, J. U. Hubschmied, K. Jaberg, J. Jud, O. Keller, F. Kocher, R. Lenz, E. Lerch, G. Lozinsky, K. Nyrop, M. Niedermann, L. S. Olschki, J. Pauli, S. Puşcariu, H. Rennert, G. Rohlfs, M. Roques, P. Scheuermeier, A. Schiaffini, O. Schroefl, H. Schuchardt, L. Spitzer, H. S. Swann, O. Talgren, E. Tappolet, B. Terracini, G. Tilander, H. Urtel, K. Voßler, E. Walberg, A. Wallensköld, W. v. Wartburg, E. Winkler, A. Zauner, L. Zéliqzon und wohl noch andere. Bei der Behandlung der arabischen Bestandteile des Französischen war mir A. Haffner von unschätzbarer Hilfe. Er hat nicht nur die aus Lammens übernommenen Belege überprüft, sondern auch sonst aus dem reichen Schatz seines Wissens beigesteuert. Die germanischen Elemente des Wörterbuchs hat vom Buchstaben *h* an F. Holthausen einer Durchsicht unterzogen. J. Pokorny hat die keltischen Ansätze überprüft. Beiden Gelehrten bin ich zu aufrichtigem Dank verpflichtet. Die Herstellung eines brauchbaren Sach- und Wortverzeichnisses hat endlich H. Kuen übernommen. Dank gebührt auch dem Verleger, dem bekannten Förderer deutscher Wissenschaft, Carl Winter, der selbst in der Zeit der größten finanziellen Krisen den Gedanken, das Wörterbuch in seinen Verlag zu übernehmen, nicht aufgab.

Was aber an dem Werke gut sein mag, das verdanke ich in erster Linie dem Manne, dem das Buch gewidmet ist, Wilhelm *Meyer-Lübke*, der mir als jungem Studenten die Weiten seines Wissens eröffnete, die Liebe zur Wissenschaft ins Herz legte und mit immer gleichbleibender Güte meine wissenschaftliche Entwicklung verfolgte.

Innsbruck, im Oktober 1925.

AUS DEM VORWORT ZUR ERSTEN AUFLAGE

Als ich mich vor mehr als zehn Jahren mit dem Gedanken vertraut machte, ein etymologisches Wörterbuch des Französischen zu schreiben, schwebte mir als Ziel vor, für das Französische ein Werk zu schaffen, das etwa dem Etymologischen Wörterbuch der deutschen Sprache von Friedrich Kluge entspräche; also ein Werk, das nicht etymologische Formeln, sondern wirkliche Wortgeschichte bringen, das, auch für Fernerstehende verständlich, rasch einen Einblick in den gegenwärtigen Stand der etymologischen Forschung auf dem Gebiet des Französischen ermöglichen sollte. Vieles von dem ursprünglichen Plan mußte im Lauf der Ausarbeitung geändert werden. Bei den methodischen Gegensätzen, die heute heftiger als je die Forscher auf dem Gebiet der Etymologie trennen, schien es mir nicht ratsam, eine Deutung als die allein richtige hinzustellen und alle übrigen zu verschweigen. So sind denn öfter, als es meiner Überzeugung entspricht, zwei oder mehrere Erklärungen als nebeneinander möglich angeführt worden. Weiterer Forschung wird es überlassen bleiben, die endgültige Entscheidung zu treffen. Aber vielfach konnte eine Erklärung ehemals als wissenschaftlich gelten, die wir heute, dank den reichlicher fließenden Quellen, als unmöglich ablehnen müssen. Bei solchen Deutungen ist es Auffassungssache, ob sie überhaupt eine Erwähnung verdienen. Aber auch unrichtige, überholte Deutungen haben bisweilen ihren Wert. Sie lassen uns erkennen, wie oft auf Umwegen die richtige Erklärung eines Wortes gefunden wurde. So tritt neben die Geschichte des Wortes in der Regel die Geschichte seiner etymologischen Deutung. Wo eine frühere Etymologie mit ungenügender Kenntnis des Materials aufgestellt wurde, glaubte ich, es unterlassen zu können, die Gründe der Ablehnung ausdrücklich anzugeben. Sie gehen für den geschulten Forscher aus dem Material selbst hervor. In allen anderen Fällen mußte wenigstens angedeutet werden, warum eine einmal ausgesprochene Etymologie als unhaltbar erscheint. Nur wenn eine solche ohne Berücksichtigung der selbstverständlichsten Grundsätze der historischen Grammatik aufgestellt wurde, hielt ich es für Raumverschwendung, sie anzuführen.

Ich habe mich also bemüht, bei allen Deutungen, soweit sie nicht selbstverständlich sind, den ersten Urheber zu ermitteln, bin aber darin nicht über Diez hinausgegangen. Dort kann sich ja unterrichten, wer über die Anfänge der wissenschaftlichen Etymologie Genaueres wissen will. Auch die Stellen sind angeführt worden, wo zu einer schon früher gefundenen Etymologie Ergänzungen gegeben werden, soweit diese nicht rein lautlicher Natur sind. Dagegen hielt ich es für überflüssig, jedesmal die Stellen anzuführen, wo alte Deutungen in Sammelbänden neu angeführt werden, ohne daß Neues hinzugefügt wurde. So wird nur selten die Untersuchung von Mackel, Die germanischen Elemente in der französischen und provenzalischen Sprache, oder Körting angeführt, wo beide auf Diez zurückgehen. Doch war es nach meiner Meinung geboten, Werke wie das Romanische Etymologische Wörterbuch von Meyer-Lübke, v. Wartburgs Etymologisches Französisches Wörterbuch (Lieferungen 1—5) oder Behrens' Schrift: Über deutsches Sprachgut im Französischen unter allen Umständen anzuführen. Das REW zeigt die hier behandelten französischen Wörter in ihrem weiteren Zusammenhang innerhalb der Romania, v. Wartburgs Thesaurus in ihrer Stellung innerhalb der französischen Mundarten; Behrens' Schrift deckt die kulturellen Zusammenhänge auf, die bei der Aufnahme deutscher Wörter ins Französische ausschlaggebend waren; alles wichtige Ergänzungen zur Wortgeschichte, auf die können. Die eigentliche etymologische Forschung gewinnt daraus aber m. E. keine wesentliche Befruchtung.

Zur Etymologie gehört auch die Sacherklärung, soweit sie es mit der Frage nach der Herkunft zu tun hat; also auch die Erklärung der Bedeutungsentwicklung, wenn sie sich innerhalb der frz. Sprache vollzogen hat. Aber nicht aufgenommen werden Sacherklärungen, wenn diese nicht so sehr die französische Entsprechung als die unmittelbare Vorlage derselben betreffen. So wird daher unter *quintessence* nicht erwähnt, wie das mittellat. *quinta essentia* entstanden ist. So bemerkenswert diese Erklärungen, die z. B. bei Bl.-W. vorbildlich gegeben werden, auch sein mögen, sie gehören doch meiner Meinung nach in das sachlich entsprechende Handbuch, finden sich meistens auch in den größeren Konversationslexiken. Es ist ferner längst bekannt, daß vielfach eine einmal erfolgte Benennung sich nicht notwendigerweise ändern muß, wenn der Gegenstand der Benennung sich ändert; daß also z. B. der Ausdruck ‚Bleistift' erhalten bleibt, wenn auch längst das zum Schreiben nötige, bei der Erstbenennung vordringliche Material ‚Blei' durch anderes Material ersetzt wurde. Die Geschichte des ‚Bleistiftes' gehört sicherlich nicht in ein etymologisches Wörterbuch der deutschen Sprache. Dasselbe gilt aber auch für Benennungen von abstrakten Vorstellungen. Die Bedeutungsentwicklung eines Wortes wie *morale* ist ebenso lehrreich wie die Entwicklung einer Sachbezeichnung, z. B. eines Werkzeuges. Dies darzustellen ist aber nicht Aufgabe eines etymologischen Wörterbuches, sondern der Geistesgeschichte, der Gesellschaftsgeschichte u. ä.

Es kann ferner das EWFS nicht als ein Versuch angesehen werden, mit dem FEW in Wettstreit zu treten — ebensowenig wie etwa das Wörterbuch von KLUGE als Konkurrenz für das Grimmsche Wörterbuch gelten kann. Wer die Erklärung des einzelnen Ausdrucks in seinem ganzen begrifflichen, geographischen und historischen Umfang verfolgt, wird auf das FEW nicht verzichten können. Dieses monumentale Werk ist aber als Nachschlagewerk weder geplant noch eingerichtet. Die Verweise in der Neuauflage des EWFS, für zwei Drittel des Wortschatzes auch im TL., ermöglichen ohne Schwierigkeit das Auffinden der Bände und Stellen, an denen der betreffende Ausdruck des FEW behandelt wird.

Daß sich in der Neuauflage die Erfahrungen eines ganzen wissenschaftlichen Lebens widerspiegeln, wird der sachkundige Benutzer erkennen. Der Name meines großen Lehrers Wilhelm MEYER-LÜBKE steht schon auf dem Vorsatzblatt der ersten Auflage. Der Erinnerung an ihn, das viel bewunderte und oft verkannte Vorbild der Romanisten der abtretenden Generation, sei auch diese zweite Auflage gewidmet.

Tübingen, im Herbst 1968.

Inhaltsverzeichnis

Verzeichnis der Abkürzungen und Quellenwerke

a. = anno
a- (vor Sprachbezeichnungen) = alt
Abl. = Ableitung
adj. = adjektivisch
Adj. = Adjektiv
Adv. = Adverbium
AGI = Archivio glottologico italiano, diretto da G. I. Ascoli. Torino, 1873 ff.
agls. = angelsächsisch
ahdt. = althochdeutsch
Akk. = Akkusativ
ALF = Atlas Linguistique de la France, p. p. J. Gilliéron et E. Edmont. Paris 1903—1910.
ALL = Archiv für lateinische Lexikographie, hgb. von E. Wölfflin, Leipzig 1884—1908
angev. = Mundart von Anjou
Anm. = Anmerkung
AR = Archivum Romanicum. Nuova Rivista di filologia romanza, diretta da Giulio Bertoni. Genf 1917 ff.
arab. = arabisch
Aruak = Sprache der Aruaks, eines Indianer-Sprachstammes, dessen Hauptmasse im nördlichen Südamerika und oberen Amazonasgebiet lebt.
Arveiller, Contribution à l'étude des termes de voyage en français (1505—1722), Paris, 1963.
as. = altsächsisch
ASSL = Archiv für das Studium der neueren Sprachen und Literaturen, begründet von L. Herrig, 1846 ff.
Avril, J. T., Dictionnaire provençal-français. Apt 1839.
aztekisch = Sprache der Azteken, eines Zweiges des Nahua-Völkerstammes in Mexiko.
Bambeck, Manfred, Lateinisch-Romanische Wortstudien; Wiesbaden, Steiner, 1959.
Barbier, Paul, Miscellanea lexicographica, Leeds, 1925 ff.
Bas-Maine s. Dottin
Bauer, Gebäck = K. Bauer, Gebäckbezeichnungen im Galloromanischen. Darmstadt 1913.
Battisti = C. Battisti — G. Alessio. Dizionario etimologico italiano. I—V, Firenze, Barbèra, 1950 f.
BDR = Bulletin de Dialectologie Romane ... publié ... par B. Schädel. Brüssel, Hamburg, 1909—1914.
Beauquier, Ch., Vocabulaire étymologique des provincialismes usités dans le département de Doubs. Besançon 1881.
Behrens, Wg. = Dietrich Behrens, Beiträge zur französischen Wortgeschichte und Grammatik. Studien und Kritiken. Halle 1910.
Behrens, DS = Dietrich Behrens, Über deutsches Sprachgut im Französischen. Gießen 1924. (GB 1. Zusatzheft).
Belz, Münzbezeichnungen = G. Belz, Die Münzbezeichnungen in der afrz. Literatur. Diss. Straßburg 1914.
Berger, Lehnw. = Heinrich Berger, Die Lehnwörter in der französischen Sprache ältester Zeit. Leipzig 1899.
Béronie, N., Dictionnaire du patois du bas-limousin. (Corrèze) Tulle.
berrich. = Mundart von Berry.
Bertoni, Giulio, L'elemento germanico nella lingua italiana. Genova 1914.
Bezzola, Reto R., Abbozzo di una storia dei gallicismi italiani nei primi secoli; (700—1300), Heidelberg, Winter, 1924.
BGPSR = Bulletin du Glossaire des Patois de la Suisse Romande. Zürich, 1902—1915.
Bibl.AR = Biblioteca dell'Archivum Romanicum, diretta da Giulio Bertoni, Genève.
Blois s. Thibaut.
Blonay s. Odin.
Blondheim = A. Darmesteter et D. S. Blondheim. Les Gloses françaises dans les commentaires talmudiques de Raschi, I, 1929.
Blondheim, D. S., = Les Gloses françaises dans les commentaires talmudique de Raschi, II, Baltimore, 1937.
Bl.-W. = Dictionnaire étymologique de la langue française par Oscar Bloch et W. von Wartburg, 4. Auflage, Paris, 1964.
Boulan, H. R. Les mots d'origine étrangère en français, 1650—1700, Groningen, 1934.
boulogn. = Mundart von Boulogne
bourb. = Mundart des Boubonnais
bourg. = Mundart der Bourgogne
Br. = Ferdinand Brunot, Histoire de la langue française des origines à 1900, 1905 ff.
Brébion, Etude philologique sur le Nord de la France, Paris 1907.
bret. = bretonisch
bretagn. = Mundart der Bretagne
Bridel, Glossaire du patois de la Suisse romande. Lausanne 1886.
Brøndal, Substrater = Viggo Brøndal, Substrater og Laan i Romansk og Germansk. København 1917.
BRS = Romanische Studien, hgb. von Eduard Boehmer. 1871—1895.
Bruckner, Char. = Wilhelm Bruckner, Charakteristik der germanischen Elemente im Ita-

lienischen. Wissenschaftliche Beilage zum Bericht über das Gymnasium in Basel, 1898 f.
Brüch = Josef Brüch, Der Einfluß der germanischen Sprachen auf das Vulgärlatein. Heidelberg, 1913.
Brunot, F., Histoire de la langue française des origines à nos jours. I—XIII. Paris, 1905—1953.
Buckeley = Joseph Buckeley, Beiträge zur französischen Ortsnamenforschung. Diss. Münster 1908.
bzw. = beziehungsweise
ca = circa
Caix, Studi = N. Caix, Studi di etimologia italiana e romanza. Firenze 1878.
Centre s. Jaubert
Cerlogne, J. B., Dictionnaire du patois Valdôtain. Aoste 1907.
CGL = Corpus Glossariorum Latinorum, ed. G. Götz. Leipzig, 1888—1901.
Chabrand, E. A. — de Rochas d'Aiglun. Patois des Alpes Cottiennes. Grenoble 1877.
Chambure, E. de, Glossaire du Morvan. Paris 1878.
champ. = Mundart der Champagne.
Chottin, A. G., Etudes étymologiques sur la province de Hainaut.
Choussy, J. E., Le patois Bourbonnais. Moulins.
CIL = Corpus Inscriptionum Latinarum
Ciorănescu, Alejandro Diccionario etimológico rumano. Publ. Universidad de La Laguna, Biblioteca Filológica (Tenerife — Madrid 1966).
Cohn, Georg, Die Suffixwandlungen im Vulgärlatein und im vorliterarischen Französisch. Halle 1891.
Collin, Carl S. R., Etude sur le développement de sens du suffixe — ata. Lund 1918.
Constantin, A. — Désormaux, J., Dictionnaire Savoyard. Paris 1902.
Cor. = J. Corominas, Diccionairio crítico etimológico de la lengua castellana, Gredos, Madrid, von Band II an, Francke, Bern, 1954 f.
Corblet, J., Glossaire étymologique et comparatif du patois picard. Paris 1851.
Cotgrave = A dictionarie of the french and english tongues, compiled by Randle Cotgrave. London 1611.
København.
Selskab. Historisk-filologiske Meddelelser,
Danske VS = Det Kgl. Danske Videnskabernes
Puşcariu.
zeului Limbei Române, condus de Sextil
Dacoromania = Dacoromania. Buletinul Mu-
Darmesteter, A. — S. Blondheim, Les Glosses françaises dans les commentaires talmudiques de Raschi, I. Textes des gloses, Paris 1929.
dass. = dasselbe
dauph. = Mundart der Dauphiné.
Dauzat, Albert, Essais de Géographie linguistique. Noms d'animaux. Paris 1921.
Dauzat, Albert, Dictionnaire étymologique de la langue française, 11. Aufl., Paris, 1938.
Davidsen = Hermann Davidsen, Die Benennungen des Hauses und seiner Teile im Französischen. Diss. Kiel 1903.
Delboulle, A., Glossaire de la Vallée d'Yères. Havre 1876.
dem. = deminutiv
Démuin s. Ledieu.
Devaux, Essai sur la langue vulg. du Dauphiné septentrional au moyen-âge. Paris 1892.
D'Hautel, Dict. du bas langage. Paris, 1808.
D'Hombres-Charvet, G., Dictionnaire languedocien-français. Alais 1884.
desgl. = desgleichen
d. i. = das ist
Dict. gén. = Dictionnaire général de la langue française du commencement du XVII siècle jusqu' à nos jours par A. Hatzfeldt et A. Darmesteter, avec le concours de M. A. Thomas. Paris (1892—1900).
Diez = F. Diez, Etymologisches Wörterbuch der romanischen Sprachen. 5. Ausgabe. Mit einem Anhang von A. Scheler. Bonn 1887.
Dinneen, P. S., An Irish-English dictionary. Dublin 1904.
Doornk.-K. = J. ten Doornkat-Koolman, Wörterbuch der ostfriesischen Sprache. Norden 1879 ff.
Dottin = Georges Dottin, La langue gauloise. Grammaire, textes et glossaire. Paris 1920.
Dottin, G., Glossaire des parlers du Bas-Maine. Paris 1899.
Dottin G. — Langouet, J., Glossaire du parler de Pléchâtel. Rennes 1901.
Du Cange = Glossarium mediae et infimae latinitatis conditum a Carolo du Fresne Domino du Cange. Ed. nova a L. Favre. Niort 1883 ff.
Duchon, P., Grammaire et dictionnaire du patois bourbonnais. Moulins 1904.
Duméril, E. et A., Dictionnaire du patois normand. Caen 1849.
Edmont, Ed., Lexique Saint-Polois. Saint-Pol-Macon 1897.
engl. = englisch
Esau = Hubert Esau, Die Benennung der wichtigeren Bestandteile der modernen franzö-
françois-latin. Paris 1539 (1549).
Etienne, R., = Robert Estienne, Dictionnaire
lans.
i Serra; Barcelona, Institut d'Estudis cata-
Estudis romànics, publicat a cura de R. Aramon
sischen Tracht. Diss. Kiel 1902.
Études G. Paris = Études romanes dédiées à Gaston Paris ... par ses élèves de France et ses élèves étrangers de langue romane. Paris 1891.
Études Roques = Études romanes dédiées à Mario Roques, Paris 1946

Etymologica = Etymologica, W. von Wartburg zum 70. Geburtstag, Tübingen 1958
Eveillée, M. A., Glossaire Saintongeais. Paris 1887.
f. = und die folgende Seite
Falk-Torp = Norwegisch-dänisches Etymologisches Wörterbuch. Auf Grund der Übersetzung von Dr. H. Davidsen neubearbeitete deutsche Ausgabe ... von H. S. Falk und Alf Torp. Heidelberg 1910 f.
fam. = familiär
Favre, L., Glossaire du Poitou, de la Saintonge et de l'Aunis. Niort 1867.
Fem. = Femininum
fem. = femininisch
Fertiault, F., Dictionnaire du langage populaire Verduno-Chalonais. Paris 1896.
Festg. Förster = Beiträge zur Romanischen und Englischen Philologie. Festgabe für Wendelin Förster zum 26. Oktober 1901. Halle 1902.
Festg. Groeber = Beiträge zur Romanischen Philologie. Festgabe für Gustav Groeber. Halle 1899.
Festg. Mussafia = Bausteine zur Romanischen Philologie. Festgabe zum 15. Februar 1905. Halle 1905.
Festschr. Jud s. Romanica Helvetica Bd. 5
Festschr. Morf = Aus romanischen Sprachen und Literaturen. Festschrift Heinrich Morf zur Feier seiner fünfundzwanzigjährigen Lehrtätigkeit von seinen Schülern dargebracht. Halle 1905.
Festschrift Rheinfelder = Medium aevum romanicum. Hgb. von Heinrich Bihler und Alfred Noyer-Weidner. München, 1963.
Festschr. Vollmöller = Philologische und volkskundliche Arbeiten, Karl Vollmöller zum 16. Oktober 1908 dargeboten. Erlangen 1908.
Festschr. Väänänen = Mélanges de Philologie et de Linguistique offerts à M. Veikko Väänänen le 28 Novembre 1965, NM. 1965.
Festschrift Wartburg = Festschrift Walther von Wartburg zum 80. Geburtstag, 18. Mai 1968, herausgegeben von Kurt Baldinger. Tübingen, 1968.
FEW = Walther von Wartburg, Französisches Etymologisches Wörterbuch. Bonn und Leipzig 1922 ff., zuletzt Basel, Zbinden.
ff. = und die folgenden Seiten
forez s. Gras, Puitspelu
Forir, H., Dictionnaire Liégeois-Français. Lüttich 1866.
Form. Merow. = K. Zeumer, Formulae Merowingici et Karolini aevi. Hannover 1886. (Monumenta Germaniae historica. Legum sectio V. Formulae.)
Formulae Marculfi = Alf Uddholm. Marculfi formularum libri duo. Upsaliae, 1962.
frcomt. = Mundart der Franche-Comté.
French Studies, Quarterly review, ed. G. T. Clapton, I. Dechamps (u. a.) (Oxford I, 1947 ff.).
Friederici = G. Friederici, Hilfswörterbuch für den Amerikanisten. Halle 1926.
Fr. mod. = Le Français moderne, Revue de synthèse et de vulgarisation linguistique. Directeur scientifique Albert Dauzat, Paris, D'Artrey, 1933 ff.
frz. = französisch
frz. Schweiz s. Bridel.
Furetière, A., Dictionnaire universel. 1. Auflage, Paris 1690.
Gade = Heinrich Gade, Ursprung und Bedeutung der üblicheren Handwerkzeugnamen im Französischen. Diss. Kiel 1898.
gask. = Mundart der Gascogne.
GB = Gießener Beiträge zur Romanischen Philologie, hgb. von D. Behrens. Gießen 1921 ff.
Geffcken, Heinrich, Lex Salica, herausgegeben und erläutert, Leipzig 1898.
Georges, K. E. Ausführliches Lateinisch—Deutsches Handwörterbuch, 2 Bde, 11. Auflage (Basel 1962).
Gerig HF. = Walter Gerig, Die Terminologie der Hanf- und Flachskultur in den frankoprovenzalischen Mundarten mit Ausblicken auf die umgebenden Sprachgebiete. Heidelberg 1923. (Beiheft 1 zu WuS.)
germ. = germanisch
Gg. = Gamillscheg
Gg. AA I = Ernst Gamillscheg, Ausgewählte Aufsätze; Supplementheft XV des ZFSL., Jena und Leipzig, Gronau (Agricola), 1937.
Gg. AA II, Tübingen, Niemeyer, 1962.
Gg. Bed. = Ernst Gamillscheg, Französische Bedeutungslehre, Tübingen, 1951.
Gg. RG. = Ernst Gamillscheg, Romania Germanica, I—III, Berlin-Leipzig, 1934—1936.
Gg. Syntax = Historische französische Syntax, Tübingen, 1957.
Gilliéron, abeille = J. Gilliéron, Généalogie des mots qui désignent l'abeille, d'après l'Atlas linguistique de la France. Paris 1918.
Gilliéron, faillite = J. Gilliéron, La faillite de l'Etymologie phonétique. Résumé de conférences faites à l'École pratique des Hautes Études. Neuveville 1919.
Gilliéron-Mongin = J. Gilliéron et J. Mongin, Scier das la Gaule Romane. Paris 1905.
Glotta, Zeitschrift für griechische und lateinische Sprache, hgb. von P. Kretschmer und Wilhelm Kroll. Göttingen.
Godefroy = F. Godefroy, Dictionnaire de l'ancienne langue française. Paris 1880 ff.
gr. = griechisch
Grandgagnage, Ch., Dictionnaire étymologique de la lanue wallonne. Liège 1845.
Gras, L. P., Dictionnaire du patois Forézien. Lyon 1863.

Gr. Gr. = Grundriß der romanischen Philologie, hgb. von G. Gröber, Straßburg, 2. Auflage, 1904 ff.

Grevisse, Maurice, Problèmes de langage; Gembloux, Duculot, I, 1961; II, 1964.

Grevisse, Maurice, Le bon usage. Grammaire française. 8. Auflage, Gembloux, Duculot, 1964.

GRM = Germanisch-Romanische Monatsschrift ..., hgb. von Heinrich Schröder. Heidelberg 1909 ff.

grom. = galloromanisch

Guaraní = Sprache der Guaraní in Paraguay, in den argentinischen Uferstaaten des Paraná, sowie im brasilischen Staate Paraná (Meyer), s. Tupí.

Guernesey s. Métivier.

Haigneré, D., Le patois boulonnais Boulogne-sur-mer 1903.

Haillant, N., Essai sur un patois Vosgien. Épinal 1882.

Hakamies, R., Glossarium latinitatis medii aevi Finlandicae. (Documenta historica quibus res nationum septentrionalium illustrantur, edidit Acad. Scient. Fennica, X, Helsinki, 1958.

Haust, Etym. = Jean Haust, Étymologies wallonnes et françaises. Liège-Paris 1923.

Hebeisen, W., Die Bezeichnungen für Geschirr, Eimer, Krug im Französischen, Oberitalienischen und Rätoromanischen mit besonderer Berücksichtigung des Alpengebietes. Diss. Bern 1921.

Hauprich, Walter, Der Einfluß des Christentums auf den frz. Wortschatz. Diss., Bonn, 1930.

H(écart), G. A. J., Dictionnaire Rouchi-français. 2. Aufl. Paris 1826.

Henry, Albert, Études de lexicologie française et galloromane. Paris, 1960.

Henry, V., Lexique étymologique des termes les plus usuels du breton moderne. Rennes 1900.

Herzog, Mahlzeiten = Paul Herzog, Die Bezeichnungen der täglichen Mahlzeiten in den romanischen Sprachen und Dialekten. Diss. Zürich 1916.

Hetzer, RG = Kurt Hetzer, Die Reichenauer Glossen. Halle 1906. (7. Beiheft zur ZRP.)

H. Maine = Mundart des Haut-Maine, s. Montesson.

Holthausen = Ferdinand Holthausen, Etymologisches Wörterbuch der englischen Sprache. Leipzig 1917.

Homenaje Krüger = Universidad nacional de Cuyo, Homenaje Krüger, Mendoza, 1952—1954.

Horning, A., Glossare der romanischen Mundarten von Zell (La Baroche) und Schönenberg im Breuschtal (Belmont) in den Vogesen. Halle 1916. (65. Beiheft zur ZRP.)

H. u. = Herkunft unbekannt, unsicher.

Huber, G., Les appellations du traîneau et de ses parties dans les dialectes de la Suisse romane. Heidelberg 1919. (2. Beiheft zu WuS.)

Hubschmid, Schläuche = Johannes Hubschmid, Schläuche und Fässer, Romania Helvetica 54, Bern, 1955.

ID = L'Italia dialettale. Rivista di dialettologia italiana, diretta da Clemente Merlo; Pisa, 1924 ff.

IF = Indogermanische Forschungen, hgb. von Brugmann und Streitberg. Straßburg 1892 ff.

Imp. = Imperativ

Inf. = Infinitiv

Insel-Aruaks s. Aruak.

irisch s. Dinneen, Macbain.

ital. = italienisch

Jaberg, Sprachgeographie = K. Jaberg, Sprachgeographie. Aarau 1906.

Jaubert, Glossaire du Centre de la France. 2. Aufl. 1864.

Jb. = Jahrbuch für romanische und englische Literatur, hgb. von Ebert. 1865—1876.

Jud, Acc. ain = Jakob Jud, Recherches sur la genèse et la diffusion des accusatifs en -ain et en -on. Diss. Zürich, 1907.

Jud, BK = Jakob Jud, Zur Geschichte der bündnerromanischen Kirchensprache. Chur 1919. (49. Jahresbericht der Historisch-Antiquarischen Gesellschaft von Graubünden.)

Jud, WL 1908 = Jakob Jud, Was verdankt der französische Wortschatz den germanischen Sprachen? Wissen und Leben. 1908, 109 ff. und 159 ff.

Jud, WL 1911 = Jakob Jud, Neue Wege und Ziele der romanischen Wortforschung. Wissen und Leben. 1911.

Juret, C., Glossaire du patois de Pierrecourt. Halle 1913. (51. Beiheft zur ZRP.)

karaibisch = Sprache der Karaíben, einer indianischen Sprachfamilie auf Haiti, den Kleinen Antillen und im nördlichen Südamerika bis Zentralbrasilien. (Meyer.)

kat. = katalanisch

Kaufmann, Wald = Werner Kaufmann, Die galloromanischen Bezeichnungen für den Begriff „Wald". Diss. Zürich 1913.

Kemna = Karl Kemna, Der Begriff „Schiff" im Französischen. Diss. Marburg 1901.

Kluge = Friedrich Kluge, Etymologisches Wörterbuch der deutschen Sprache. 10. Aufl. Berlin und Leipzig 1914.

Kluge-G. = dass., neu bearbeitet von Alfred Götze, 16. Aufl. Berlin 1953 (19. Aufl., bearbeitet Mitzka, 1963).

Kocher, Frieda, Reduplikationsbildungen im Französischen und Italienischen. Diss. Bern 1921.

Koelbl = A. Koelbl, Eigennamen als Gattungsnamen. Diss. Leipzig 1907.
Körting = Gustav Körting, Lateinisch—Romanisches Wörterbuch. (Etymologisches Wörterbuch der romanischen Hauptsprachen.) 3. Aufl. Paderborn 1907.
Kr. Jb. = Kritischer Jahresbericht über die Fortschritte der romanischen Philologie ..., hgb. von Karl Vollmöller. 1892—1915.
kymr. = kymrisch
Lalanne, Glossaire du patois poitevin. Poitiers 1868. (Mémoires de la société des antiquaires de l'ouest, Bd. 32, 2. Teil, Jahrgang 1867.)
Lam. = Henri Lammens, Remarques sur les mots français dérivés de l'arabe. Beyrouth 1890.
Language = Journal of the Linguistic Society of America, Baltimore.
langued. = languedokisch
lat. = lateinisch
Ledieu, A., Petit glossaire du patois de Démuin. Paris 1893.
Legrand, P. Dictionnaire du patois de Lille. Lille 1853.
Lenz = R. Lenz, Diccionario etymológico de las voces Chilenas indijenas Americanas. Chile 1904—1910. (Erst im 2. Teil benützt.)
Les Fourgs s. Tissot.
Lespy, V. — Raymond, P., Dictionnaire Béarnais. Montpellier 1887.
Lévrier, G., Dictionnaire étymologique du patois poitevin. Niort 1867.
Levy, E., Petit dictionnaire provençal-français. Heidelberg 1909
Levy, Raphael, Recherches lexicographiques sur d'anciens textes français d'origine juive. The John Hopkins Studies in Romance Literature and Languages, Extra volume V, 1932.
ders., Contribution à la lexicographie française selon d'anciens textes d'origine juive. Syracuse, Univ. Press. 1960.
Levy, Raphael, Répertoire des lexiques du vieux français, 1937.
Lex Salica s. Geffcken.
LGRP = Literaturblatt für germanische und romanische Philologie ..., hgb. von O. Behaghel und F. Neumann. Heilbronn, Henninger, 1880 ff., seit Bd. 11 Leipzig 1890 ff.
lim. = limusinisch
lit. = literarisch
Littmann = E. Littmann, Morgenländische Wörter im Deutschen. 2. Aufl. Tübingen, 1924.
Littré, E., Dictionnaire de la langue française. Paris 1885.
Löfstedt, Einar, Syntactica. Studien und Beiträge zur historischen Syntax des Lateins, II, Lund 1933.
Löfstedt, Aeth. = Einar Löfstedt, Philologischer Kommentar zur Peregrinatio Aetheriae, Uppsala-Leipzig, 1911.
Löwe, R., Über einige europäische Wörter exotischer Herkunft, ZVS 60, 145—184.
Longnon, Irm. = Polyptyque de l'abbaye de Saint-Germain des Prés, rédigé au temps de l'abbé Irminon et publié par Auguste Longnon. Paris, 1895.
Lokotsch, H., Etym. Wb. der europäischen ... Wörter orientalischen Ursprungs. Heidelberg, 1927.
lothr. = lothringisch
Louisiana French s. Read.
Luchsinger = Christoph Luchsinger, Das Molkereigerät in den romanischen Alpendialekten der Schweiz. Diss. Zürich 1905.
lyon. = lyonesisch
m- (vor Sprachbezeichnungen) = mittel-
Macbain, A., An etymological dictionary of the Gaelic languages. 7. Aufl. Inverness 1911.
Mackel = Emil Mackel, Die germanischen Elemente in der französischen und provenzalischen Sprache. Heilbronn 1888. (Französische Studien 6/1.)
Macleod, N. — Dewar, D., A dictionary of the Gaelic language. Glasgow 1866.
Mahn, K. A. F., Etymologische Untersuchungen auf dem Gebiet der romanischen Sprachen. Berlin 1876 (auf dem Titel 1863).
Marc. Emp. = Marcelli de medicamentis liber, recensuit M. Niedermann. Leipzig, Berlin 1916 (Corpus medicorum latinorum, Bd. 5).
mars. = Mundart von Marseille.
Martellière, P., Glossaire du Vendômois. Orléans 1893.
mask. = maskulinisch
matl. = mundartlich
Mél. Delbouille = Mélanges de Linguistique et de Philologie médiévale, offerts à Maurice Delbouille; Gemblot, Duculot, 1964.
Mélanges Grevisse = Mélanges de Grammaire française offerts à M. Maurice Grevisse. Gembloux, 1966.
Mélanges Haust = Mélanges de Linguistique Romane, offerts à M. Jean Haust ... à l'occasion de son admission à l'éméritat. Liège, 1939.
Mél. Michaëlsson = Mélanges de Philologie Romane, offerts à Karl Michaëlsson, Göteborg 1952.
Mél. Roques = Mélanges de linguistique et de littérature romane, offerts à Mario Roques, Bd. 1—5, Paris, Didier 1949—1953.
Mél. Salv. de Grave = Mélanges de Philologie, offerts à Jean-Jacques Salverda de Grave; Groningue 1933.
Mél. A. Thomas = Mélanges de philologie et d'histoire, offerts à Antoine Thomas, Paris 1927.
Mélanges Wilmotte = Mélanges de philologie

romane et d'histoire littéraire, offerts à M. Wilmotte. Paris 1910.
Merian, S., Die französischen Namen des Regenbogens. Diss. Basel 1914.
Merlo, Stag. = Clemente Merlo, I nomi romanzi delle stagioni e dei mesi. Torino 1904.
Métivier, G., Dictionnaire franco-normand ou recueil des mots particuliers au dialecte de Guernesey. London 1870.
Meyer-Lübke, Einf. = Wilhelm Meyer-Lübke, Einführung in das Studium der romanischen Sprachwissenschaft. 3. Aufl. Heidelberg 1920.
Meyer-Lübke, RG = Wilhelm Meyer-Lübke, Grammatik der romanischen Sprachen. Leipzig 1890—1899.
ML = Meyer-Lübke, s. REW.
Misc. Ascoli = Miscellanea linguistica in onore di Graziadio Ascoli. Torino 1901.
Misc. Caix C. = Miscellania di Filologia e Linguistica. In Memoria di N. Caix e A. Canello. Firenze 1886.
Misc. Schuchardt = Miscellanea linguistica dedicata a Hugo Schuchardt per il suo 80° anniversario. Genève 1922. (Bibl. AR 2/3.)
Mistral, Lou tresor dou Felibrige. Aix 1878.
mlat. = mittellateinisch
MLN = Modern Language Notes, ed. A. Marshall ... Baltimore 1886 ff.
MLR = The modern language review, ed. by J. G. Robertson ... Cambridge 1906 ff.
Moisy, H., Dictionnaire de patois normand. Caen 1887.
Mons s. Sigart.
Montesson, C. P. de, Vocabulaire du Haut-Maine. Le Mans 1859.
morv. = Mundart des Morvan.
MSL Paris = Mémoires de la société de linguistique de Paris. Paris.
Müller-Taylor s. connétable
Mussafia, Beitrag = A. Mussafia, Beitrag zur Kunde der norditalienischen Mundarten im 15. Jhdt. Abhandlungen der Akademie der Wissenschaften in Wien. 1873.
nahuatl s. aztekisch.
Namur s. Pirsoul.
Nascentes, Antenor, Dicionário Etimológico da Lingua Portuguesa. Rio de Janeiro
nddt. = niederdeutsch
ndl. = niederländisch
Neoph. = Neophilologus. Driemaandelijks tijdschrift etc., Groningen, Wolters.
nfrz. = neufranzösisch
nhdt. = neuhochdeutsch
Nicot, Jean, Thresor de la langue françoyse tant ancienne que moderne. Paris 1606.
Niedermann, Gl. = Max Niedermann, Contributions à la critique et à l'explication des gloses latines. Neuchâtel 1905.
NM = Neuphilologische Mitteilungen. Helsingfors.
Norberg, Dag, Syntaktische Forschungen auf dem Gebiet des Spätlateins und des frühen Mittellateins. Uppsala-Leipzig, 1943 (Uppsala Universitets Årsskrift).
norm. = Mundart der Normandie
Nom. = Nominativ
nprov. = neuprovenzalisch
NS = Die neueren Sprachen. Zeitschrift für den neusprachlichen Unterricht ..., hgb. von W. Küchler und Th. Zeiger. Marburg in Hessen.
Odin, L., Glossaire du patois de Blonay. Lausanne 1910.
ON = Ortsname
Jon Orr, Words and Sounds, Oxford, 1953
Paris, Gaston, Mélanges linguistiques, publiés par Mario Roques. Paris 1909.
Pauli Enf. = Ivan Pauli, „Enfant", „garçon", „fille", dans les langues romanes. Lund 1919.
PBB = Beiträge zur Geschichte der deutschen Sprache und Literatur, hgb. von H. Paul und W. Braune. Halle.
PDS = Prager Deutsche Studien, hgb. von Carl v. Kraus und August Sauer. Prag 1905 ff.
Pedersen. H., Vergleichende Grammatik der keltischen Sprachen. Göttingen 1909 ff.
Peterson, Axel, Le passage populaire des noms de personnes à l'état de noms communs dans les langues romanes et particulièrement en français, Uppsala, 1929
P. Gr. = Grundriß der germanischen Philologie, hgb. von H. Paul.
piem. = piemontesisch
Pierrecourt s. Juret.
pik. = pikardisch
Pirson = Jules Pirson, La langue des Inscriptions Latines de la Gaule. Bruxelles 1901.
Pirsoul, L., Dictionnaire wallon-français. Mecheln 1902.
Pléchâtel (Ille-et-Vilaine) s. Dottin.
PLeeds = Proceedings of the Leeds Philosophical Society; 1925 ff.
Plur. = Plural
poitev. = Mundart von Poitou.
Pol. Irm. = Polytyque de l'abbaye de Saint-Germain des Prés, rédigé au temps de l'abbé Irminon ... par Auguste Longnon. Paris 1886.
pop. = populär
port. = portugiesisch
postverb. Subst. = postverbales Substantiv.
prov. = altprovenzalisch, s. Levy.
Provence s. Avril.
Puitspelu, N. de, Dictionnaire étymologique du patois lyonnais. Lyon 1887.
Puşcariu = Sextil Puşcariu, Etymologisches Wörterbuch der rumänischen Sprache. I. Lateinisches Element, mit Berücksichtigung aller romanischen Sprachen. Heidelberg 1905.
pv. = postverbal

quechua = Sprache der Quechuas (Khet-schuas u. ä.), eines einheimischen Volkes Südamerikas, das zur Zeit der Entdeckungen in Perú herrschte.
RALincei = Rendiconti della r. Accademia dei Lincei. Roma.
Raschi s. Blondheim.
Raschi s. Levy Raphael
RDR = Revue de Dialectologie Romane, publiée par B. Schaedel, Bruxelles, Hamburg 1909—1914.
Read, William A., Louisiana-French, Revised Edition. Louisiana State University Press, 1963.
Remacle, L., Dictionnaire Wallon et Français. Liège 1823.
Renson, Jean, Les dénominations du visage en français et dans les autres langues romanes. Bibl. Fac. de Phil. et Lettres de l'Univ. de Liège, Fasc. 162, Paris, Les Belles Lettres, 1962.
refl. = reflexiv
RER = Revue des Etudes Rabelaisiennes. Paris 1903 ff.
REW = Wilhelm Meyer-Lübke, Romanisches etymologisches Wörterbuch, 3. Aufl., Heidelberg 1935.
RF = Romanische Forschungen. Organ für romanische Sprachen und Mittellatein, hgb. von Karl Vollmöller. Erlangen 1883 ff.
RFE = Revista de filologia española. Director: Ramón Menéndez Pidal. Madrid 1913 ff.
RFIC = Rivista di Filologia e di Istruzione classica. Diretta da Ettore Stampini, Torino.
Richelet, Pierre, Dictionnaire françois. Genève 1680.
Rigaud, L., Dictionnaire du jargon Parisien. Paris 1878.
RILomb. = Rendiconti del R. Istituto Lombardo. Milano.
Risop, B. S. = Alfred Risop, Begriffsverwandtschaft und Sprachentwicklung. Beilage zum Jb. der 2. Städt. Realschule Berlin, Ostern 1903.
RLR = Revue des langues romanes, p. p. la société pour l'étude des langues romanes. Montpellier et Paris 1870 ff.
Rockel, Karl, Goupil. Eine semasiologische Monographie. Diss. Breslau 1906.
Roll. F. = E. Rolland, Faune populaire ou histoire naturelle des plantes. Paris 1896 ff.
Rom. = Romania, Recueil trimestriel ... p. p. Mario Roques. Paris 1872 ff.
rom. = romanisch
Romanica. Festschrift für Gerhard Rohlfs. Halle, 1958.
Rom. Helv. = Romanica Helvetica. Edita auxilio collegarum Helveticorum ab A. Steiger. Bern, Francke.
Rom. Jb. = Romanistisches Jahrbuch, Hamburg, 1947 ff.
rouchi s. Hécart.
Roussey, Ch., Glossaire du parler de Bournois. Paris 1894.
RPFL = Revue de Philologie Française et de Littérature ... p. p. L. Clédat et J. Gilliéron. Paris.
RPh. = Romance Philology, Berkeley-Los Angeles 1947 ff.
RR = The Romanic Review. A quarterly publication of the Department of Romance Languages in Columbia University, New York, Col. Univ. Press., 1910 f.
rum. = rumänisch
Rydberg = Gust. Rydberg, Zur Geschichte des französischen ə. Upsala 1896 bis 1906.
s. = siehe; sub.
SA = Sonderabdruck
SABerlin = Sitzungsberichte der preußischen Akademie der Wissenschaften. Berlin.
SAHeidelberg = Sitzungsberichte der Heidelberger Akademie der Wissenschaften.
Sain. Chat = Lazare Sainéan, La création métaphorique en français et en roman. Images tirées du monde des animaux domestiques. Le chat. Halle 1905. (1. Beiheft zur ZRP.)
Sain. Sources = Lazare Sainéan, Les Sources de l'Argot ancien. Paris 1922.
Sainéan, L., Les sources indigènes de l'étymologie française, I—III, Paris, 1925—1930.
Sain. Chien = Lazare Sainéan. La création métaphorique en français et en roman. Images tirées du monde des animaux domestiques. Le chien et le porc. Avec des appendices sur le loup, le renard et les batraciens. Halle 1907. (10. Beiheft zur ZRP.)
Sain. LPar. = Lazare Sainéan, Le langage Parisien au XIXe siècle. Paris 1920.
Sain. Rab. = Lazare Sainéan, La langue de Rabelais. Paris 1922, 1923.
saint. = Mundart der Saintonge.
Saint-Pol s. Edmont.
Saubinet, E., Vocabulaire du bas langage Rémois. Reims 1845.
sav. = savoyisch
SAWien = Sitzungsberichte der philosophisch-historischen Klasse der kaiserlichen Akademie der Wissenschaften in Wien, Hölder.
Scheuermeier = Paul Scheuermeier, Einige Bezeichnungen für den Begriff Höhle in den romanischen Alpendialekten. Halle 1920. (69. Beiheft zur ZRP.)
Schmidt, Span. Elem. = W. Fritz Schmidt, Die spanischen Elemente im französischen Wortschatz. Halle 1914. (54. Beiheft zur ZRP.)
Schöneberg s. Horning.
schottisch = die in Schottland gebräuchliche keltische Mundart.
Schroefl = Otmar Schroefl, Die Ausdrücke für den Mohn im Galloromanischen. Eine onomasiologische Studie. Graz 1915.

Schuchardt, BR = Hugo Schuchardt, Baskisch und Romanisch. Zu De Askues baskischem Wörterbuch, I. Band. Halle 1906. (6. Beiheft zur ZRP.)
Schuchardt, Vok. = Hugo Schuchardt, Der Vokalismus des Vulgärlateins. Leipzig 1866 ff.
s. d. = siehe dort
s. d. F. = siehe das Folgende.
SFR = Studi di filologia romanza, p ... da E. Monaci e C. de Lollis. Roma 1885 ff.
SGI = Studi glottologici italiani, diretti da Giacomo di Gregorio. Torino, Chiantore.
Sigart, J., Glossaire étymologique Montois ou dictionnaire du Wallon de Mons. 2. Aufl. Bruxelles, 1871.
Sing. = Singular
Sofer, Johann, Lateinisches und Romanisches aus den Etymologiae des Isidorus von Sevilla, Göttingen, 1930.
Spitzer, L. = Leo Spitzer, Über einige Wörter der Liebessprache. Leipzig 1918.
Spitzer, Lex. = Leo Spitzer, Lexikalisches aus dem Katalanischen und den übrigen iberoromanischen Sprachen. Genève 1921. (Bibl. AR 2/1.)
SR = Studi romanzi, editi a cura di E. Monaci. Roma 1901 ff.
Stalzer, RG = L. Stalzer, Die Reichenauer Glossen ..., hgb. und erklärt. Wien 1906. (SAWien 152, 6.)
Streng, HH = Walter O. Streng, Haus und Hof im Französischen. Helsingfors 1907.
Studj Rajna = Studj Letterari e linguistici dedicati a Pio Rajna. Milano 1911.
Stud. Neoph. = Studia Neophilologica. A Journal of Germanic and Romanic Philology, Uppsala, Lundequist, 1928 ff.
Subst. = Substantiv
subst. = substantivisch
Swann = Harvey J. Swann, French terminologies in the making. New York 1918.
s. v. = sub verbo
S. V. = Sachs-Vilatte, Enzyklopädisches Wörterbuch der französischen und deutschen Sprache. Berlin 1907.
Syntactica = Syntactica und Stilistica. Festschrift für E. Gamillscheg zum 70. Geburtstag. Tübingen, 1957.
tamulisch = Sprache der Tamulen in Indien und Ceylon.
Tappolet, Verw. = Ernst Tappolet, Die romanischen Verwandtschaftsnamen. Straßburg 1895.
Tarbé, T. = Recherches sur l'histoire du langage et des patois de Champagne. Reims 1851.
Thibault, A., Glossaire du pays Blaisois. Blois.
Thomas, Ess. = Antoine Thomas, Essais de philologie française, Paris 1897.
Thomas, Mél. = Antoine Thomas, Mélanges d'étymologie française. Paris 1902.
Thomas, NE = Antoine Thomas, Nouveaux essais de philologie française. Paris 1904.
Thorn, A. Chr.; Sartre-Tailleur, Etude de lexicologie et de géographie linguistique. Lunds Universitets Årskrift, N. F.; 1. Bd., 9; Nr. 2. Lund-Leipzig 1913.
Thurn, KR = Rudolf Thurneysen, Keltoromanisches. Die keltischen Etymologien im etymologischen Wörterbuch der romanischen Sprachen von F. Diez. Halle 1884.
Tilander, Gunnar, Cynegetica. Bd. 1—9, Lund 1953.
Tilander, Gunnar, Glanures lexicographiques, Lund 1932 (Skrifter utgivna av kungl. Hum. Vetenskapssamfundet i Lund, 16.
Tilander, Gunnar, Nouveaux essais d'étymologie cynégétique. Lund, 1957.
ders. Nouveaux mélanges d'étymologie cynégétique, Lund 1961.
Tilander, Rem. = Gunnar Tilander, Remarques sur le Roman de Renart. Göteborg 1923.
Tilander, Gunnar, Lexique du Roman de Renart, Paris, Göteborg, 1924.
Tissot, J., Le patois des Fourgs. Paris 1865.
TL = Tobler-Lommatzsch, Altfranzösisches Wörterbuch, Berlin-Wiesbaden, 1925 ff.
Tobler, VB = Adolf Tobler, Vermischte Beiträge zur frz. Grammatik. Leipzig. I. 3. Auflage, II—IV. 2. Auflage.
Tommaseo-Bellini = Dizionario della lingua italiana nuovamente compilato dai signori Nicolò Tommaseo e Bernardo Bellini. Torino-Napoli.
Trévoux = Dictionnaire universel françois et latin, vulgairement appelé Dictionnaire de Trévoux. Paris 1704 (1771).
Troude, A. E., Nouveau dictionnaire pratique breton-français. Brest 1876.
Tupí = Sprache der Tupí-Indianer, die zur Entdeckungszeit im brasilianischen Küstenland, in Paraguay, Perú und Bolivien lebten; s. Guaraní.
u. a. = unter anderem
u. ä. = und ähnliches
u. H. = unsicherer, unbekannter Herkunft.
usf. = und so fort
Väänänen, Le latin vulgaire des inscriptions pompéiennes, 1. Aufl., Helsinki 1937, s. 188 a
Valkhoff M., Étude sur les mots français d'origine néerlandaise, Amersfoort, 1931.
Vayssier, Dictionnaire patois français du département d'Aveyron. Rodez 1879.
vendôm. = Mundart von Vendôme, s. Martellière.
Verrier, A. J.-Onillon, R., Glossaire étymologique et historique des patois et des parlers de l'Anjou. Angers 1908.
V. D'Yères = Mundart der Vallée d'Yères, s. Delboulle.
verd. chal. = Mundart der Gegend von Verdun und Chalons-sur-Saône, s. Fertiault.
vgl. = vergleiche
Vidos, B. E., Storia delle parole marinaresche

italiane passate in francese. Firenze, 1939 (Bibl. AR 22, 24).
VKR = Volkstum und Kultur der Romanen; Hamburg 1928 ff.
vlat. = vulgärlateinisch
VR = Vox Romanica, hgb. von J. Jud und A. Steiger; Zürich-Leipzig, 1936 ff.
Wagner, Sard. = M. L. Wagner, Das ländliche Leben Sardiniens im Spiegel der Sprache. Heidelberg 1921. (Beiheft 4 zu WuS.)
wal. = wallonisch
Walde = A. Walde, Lateinisches etymologisches Wörterbuch. 2. Aufl. Heidelberg 1910.
Wartburg, Schaf = W. von Wartburg, Zur Benennung des Schafes in den romanischen Sprachen. Ein Beitrag zur Frage der provinziellen Differenzierung des späteren Lateins. Berlin 1918. (Abhandlungen der preußischen Akademie der Wissenschaften, Berlin 1918, 10.)
Wartburg, Walther von, Von Sprache und Mensch; Gesammelte Aufsätze, Bern, Francke, 1956.
WS = Wiener Studien, Zeitschrift für klassische Philologie. Wien.
WuS = Wörter und Sachen, Kulturhistorische Zeitschrift für Sprach- und Sachforschung. Heidelberg.
z. B. = zum Beispiel
Zastrow, Dieter, Entstehung und Ausbildung des französischen Vokabulars der Luftfahrt mit Fahrzeugen „schwerer als Luft" von den Anfängen bis 1910; 105. Beiheft der ZRP, Tübingen, 1963.
ZDA = Zeitschrift für deutsches Altertum.
ZDW = Zeitschrift für deutsche Wortforschung, hgb. von Kluge. Straßburg.
Zéliqzon, Léon, Dictionnaire des patois Romans de la Moselle. Strasbourg 1922—1924.
ZFSL = Zeitschrift für neufranzösische Sprache und Literatur, seit Bd. 11 Zeitschrift für französische Sprache und Literatur ..., hgb. von D. Behrens.
ZöG = Zeitschrift für österreichische Gymnasien.
ZRP = Zeitschrift für Romanische Philologie, Halle 1877 ff.
ZVS = Zeitschrift für vergleichende Sprachforschung auf dem Gebiet der indogermanischen Sprachen, begründet von A. Kuhn, hgb. von A. Bezzenberger, E. Kuhn und W. Schulze. Göttingen.

Erläuterungen

Die mundartlichen Formen sind nach den Regeln der Schriftsprache zu lesen, zu der sie gehören. Phonetisch tanskribierte Formen sind, wenn Zweifel bezüglich der Aussprache möglich sind, gesperrt gedruckt. Hier ist *-u-* wie deutsches *-u-* zu lesen; *š* = frz. *ch*; *ž* = frz. *j*; *-s-* ist stimmlos, *-z-* stimmhaft; *-đ-* ist interdentaler Reibelaut; *-χ-* = deutschem *-ch-* in *-ach-*; die Nasalierung wird durch eine Wellenlinie über den Vokalen ausgedrückt. Ein Punkt unter einem Vokal bezeichnet geschlossene Aussprache, ein nach rechts gedrehtes Häkchen offene Aussprache. *-ł-* ist velares *-l-*, *-ľ-* ist palatal.

Die a r a b i s c h e n Wörter werden in der Regel in der schriftarabischen Form gebracht, jedoch ohne die Nunation und die femininale *t*-Endung. Es sind daher auch nur die Vokale *a, i, u,* verwendet, ohne Rücksicht auf vulgäre Aussprache (besonders *-o-*) und die namentlich im Westarabischen in weitestem Maße eingetretene 'Imâla (*a*›*e*). Wegen der Umschrift der Konsonanten möchte ich bemerken, daß ' (*'alif*) den konsonantischen Vokalanstoß, das Hamza, und ᵋ (*ᵋain*) den dem Semitischen eigentümlichen Kehllaut bezeichnet. Das teils wie *dsch*, teils (besonders im Westen) wie g gesprochene Zeichen ist durch *-ǧ-* wiedergegeben, während *-ġ-* das zwischen *r* und g liegende mit der Kehle gesprochene *ġain* umschreibt. Ein _ unter den Dentalen bezeichnet deren spirantische Aussprache, ein . unter den Dentalen oder Zischlauten deren dumpfe, am oberen Gaumen artikulierte Aussprache. *z* ist das stimmhafte *-s-*; *-š-* entspricht deutschem *-sch-*, *-č-* in türkischen Wörtern deutschem *-tsch-*. Die leichtere Aussprache des Kehlhauchlautes ist durch *-ḥ-*, dessen härtere, rauhere durch *-ḫ-* wiedergegeben. *-q-* umschreibt das dumpfe, am oberen Gaumen artikulierte *k* (*qâf*). *-j-* ist konsonantisch und *-w-* bezeichnet den bilabialen Reibelaut, der wie englisch *-w-* klingt, also halbvokalisch ist.

Die Zahlenangabe nach Zitaten bedeutet die Seite, wenn nicht ausdrücklich § vorgesetzt ist. Nur das REW und Körting werden nach den fortlaufenden Nummern der Grundwörter angeführt.

* vor einer Wortform oder Bedeutung drückt aus, daß diese nicht belegt, sondern erschlossen ist; dasselbe Zeichen vor einem Buchtitel zeigt an, daß die zitierte Stelle nicht nachgeprüft werden konnte.

⁎ bedeutet, daß das Wort in die Literatursprache umgesetzt ist, bezeichnet also nicht die tatsächliche Form, sondern den Formentypus.

Wegen ( ) vgl. die Einleitung.

< = entstanden aus.

> = wird zu.

A

à 1. „von her", „bei", „mit"
in *faire, laisser faire qch. à qn.;* dann bei Verben des „Kaufens", des „Wegreißens" u.ä.: acheter la laine *au* fermier, arracher qn. *à* ses occupations; wahrscheinlich auch *à* der Begleitumstände: on l'a tué *à* bon droit; aus lat. *a(b)* „von... her", „an", „auf", „bei"; vgl. lat. bibit *ab* amne wie frz. *au* fleuve. Für das Galloromanische ist *ab* in der Bedeutung „mit" bei Fredegar gesichert.
S. dazu *lavas a b aceto* „du wäschst mit Essig", Apicius; afz. *montrer a u doigt* „mit dem Finger zeigen"; *prendre a s denz* „mit den Zähnen ergreifen" u.ä.
2. „in", „zu", „nach", „für"
als Präposition des Zieles, des Aufenthaltes, des Zweckes; dann rein flexivisch zum Ausdruck des Besitzes, endlich bei der Dativumschreibung; aus lat. *a d.*
Die Präpositionen *ab* und *ad* sind im 6./7. Jh. lautlich zusammengefallen; begrifflich berühren sie sich, da bei *ab* = „von... her" und *ad* = „zu", „nach" die Vorstellung der Bewegung vor der des Ausgangspunktes bzw. Zieles in den Hintergrund tritt; so treffen in Verbindungen wie demander qch. *à* qn. *ab* und *ad* zusammen. Heute ist es in der Mehrzahl der Fälle unmöglich, den Anteil der beiden Präpositionen des Lateinischen an frz. *à* gegeneinander abzugrenzen. Vgl. zu *ab* E. Richter, Ab im Romanischen, Halle 1904: REW 1; FEW 1. Zu *ad* vgl. *H. F. Muller, Origine et histoire de la préposition à dans les locutions du type de „faire faire quelque chose à quelqu'un", Poitiers 1912, der nach Spitzer, ZFSL 43, 1, 279 und Rübel, ZRP 38, 371 ff. in diesem *à* die Fortsetzung des lat. Dativs sieht. REW 136; FEW 28 a. Gg. Syntax 250 f.; Gougenheim, Fr. mod. XXVII, 6 f.; De Poerck et L. Mourin, VRom. 13, 266 f.

a-
1. In Zusammensetzungen mit einem Verbum, zur Angabe der Richtung, afrz. auch zur bloßen Verstärkung der im Verbum ausgesprochenen Vorstellung, besonders bei Verben der Bewegung, lat. *a d -*, vgl. *apposer, attirer* u.ä.
2. Als Verbalpräfix; der Wortstamm ist ein Nomen oder Adjektiv, das abgeleitete Verbum hat die Bedeutung „zu etwas machen", „zu etwas werden", aus lat. *a d -*; die Bildungen sind ebenso in lateinischer wie in frz. Zeit lebenskräftig.
3. Als Verbalpräfix; der Wortstamm ist ein Nomen, die Bedeutung des abgeleiteten Verbums ist „mit... versehen"; hier liegt Verbalisierung eines präpositionalen Ausdruckes mit *à* 1 vor, vgl. *achalander.*
4. Als Verbalpräfix; der Wortstamm ist ein Nomen, die Bedeutung des abgeleiteten Verbums ist „auf etwas, nach etwas bringen, setzen, stellen" usf.; ist Verbalisierung eines präpositionalen Ausdruckes mit *à* 2 der Richtung, vgl. *aboucher, acouer, acheminer* usf.

abaca „Manilahanf"
17. Jh., aus span. *abaca* „Garn aus hanfartigen Blättern". Dict. gén.; Schmidt, Span. Elem. 105; Bl.-W. 1.

abaisse „Teig-Unterlage" (bei Pasteten, Kuchen u.ä.)
so seit dem 18. Jh., s. Fr. mod. XXIII, 301; aber mit abstrakter Meinung schon im 15. Jh., ist postverb. Subst. von **abaisser** „herablassen", „senken", afrz. *abaissier,* 12. Jh., auch intransitiv „sich senken", bedeutet also ursprünglich „Senkung", dann konkretisiert „was sich senkt". Wegen der Konkretisierung s. lat. *ministerium* „Dienstleistung", dann „was Dienste leistet", z.B. „Geschirr" (für Speisen und Getränke), s. *métier;* aus vlat. **a b b a s s i a r e* zu lat. *bassus* „nieder", s. *baisser;* dazu prov. *abaissar,* sp. *abajar* usf. REW 978; FEW I, 273.

abait s. *abet.*

abajoue „Backentasche"
18. Jh., verschmolzen aus *la bajoue,* s.d. Die Form *abajoues* lebt im Pikardischen als „Schweinsbacken"; dann im *bas langage* für „Gesicht" und „Arschbacke", Renson, 446.

abalourdir s. *balourd* und *abasourdir.*

abandon „gänzliche Verlassenheit", „Vernachlässigung", „Hingabe"
12. Jh., meist in *mettre en abandon,* „zur freien Verfügung überlassen", läßt sich auch in lat. Urkunden nicht vor dem 11./12. Jh. nachweisen, für älteres *in bannum mittere, in bannum ponere, in banno esse* „freie Gewalt geben", „in der Gewalt sein", dem seit dem Rolandslied frz. *mettre en bandon, estre en bandon* entspricht. *Abandon* ist daher wohl postverb. Subst. von **abandonner,** 11. Jh., afrz. „preisgeben", „zur freien Verfügung überlassen", „in Beschlag nehmen lassen", von dem afrz. *bandon* „freie Verfügung" rückgebildet ist. *abandonner* aber ist aus älterem *a ban doner* „zur freien Verfügung übergeben" verschmolzen, s. belegtes *doner a abandon* „überlassen", TL I, 37; *ban* hat in der Wen-

dung *in bannum mittere, ponere* die Bedeutung „Gerichtsbarkeit", meint also „in das Gebiet einer (fremden) Gerichtsbarkeit übergeben"; vgl. dazu *banal.*

Unmittelbare Abl. von *ban* Diez 40; FEW 231 ist morphologisch unverständlich, selbst wenn man Beeinflussung durch die unter *bannière* erwähnten Doppelformen annimmt. Vgl. REW 928.

abaque „Rechenbrett", „Kredenztisch"
13. Jh., aus lat. *(abacus).*

abarque „Art spanischer Beschuhung", 20. Jh., aus span. *abarca,* das in den drei iberoromanischen Sprachen und im Baskischen erhalten ist; nach Cor. I, 5 f. unbekannter, vorromanischer Herkunft.

abasourdir „betäuben"
18. Jh., aber schon 1628 im Rotwelsch *basourdir* „töten", s. Sainéan, Sources 2, 220; LPar. 505; dieses ist Ableitung von seit dem 15. Jh. im Rotwelsch bezeugtem *basir* „töten", das gleichzeitig auch in den Gaunersprachen Italiens und Spaniens auftaucht. Dieses *basir* stammt aus südlichen Mundarten, vgl. poitev. *basir* „verschwinden", „sterben", delph. *basi* „(vor Hunger, Kälte) tot". Das Wort setzt sich in Oberitalien in einem Typus *sbasire* „welk werden", „erschlaffen", in Pistoia „in Ohnmacht fallen" fort, Grenoble *bazi* dass., piem. *sbasi* „erblassen", dazu das Verbaladjektiv lomb. *sbasîi,* venez. *sbasio,* emil. *sbasi* „kraftlos, abgezehrt", „blaß" u. ä., s. Gg. RG I, 385, Jud, AR 6, 202. Das Wort ist nicht gallischer Herkunft, zu airisch *ba-* „sterben", s. Pedersen, Litteris II (1925), 89, eher aus gotisch **bazjan* „entblößen", „berauben" zu ahd. *bar* „ledig", „entblößt" usf. Vgl. noch Thurneysen KR 83; Dauzat, RPFL 25, 286 f.

Die Weiterbildung von *basir* zu *basourdir* vielleicht in Anlehnung an *sourd,* Scheler; oder an *assourdir* „betäuben", Dauzat.

Das oberital. **basire* als Argotausdruck aus dem Französischen, Spitzer, NM 36, 279, ist unbegründet.

Abattre „niederschlagen", afrz. auch „niederwerfen, herunterlassen" u. ä.; in den Reichenauer Glossen 502 *abbatas = ofendas,* also in bildlicher Meinung, wird afrz. auch volksetymologisch mit *bas* verbunden, so in der Meinung „zu Boden werfen", „herunterlassen"; aus vlat. **abbattere* für **abbatuere,* s. *battre.* Dazu seit dem 12. Jh. *abateïz* „Niederschlagen", „Metzelei", dazu konkretisiert **abatis** „Schutt", Ableitung vom Verbum mittels *-atīceum;* dann das weitere postverb. Subst. mask. **abat,** 14. Jh., einerseits in *vent, pluie d'abat* „Sturmwind", „Platzregen", aus dem sich *abat* (auch *abas* geschrieben) loslöst, so normannisch; anderseits von *abattre* in der speziellen Bedeutung „schlachten", nfrz. *abat,* abstrakt „Schlachten"; dazu mit dem *-orium*-Suffix **abattoir** „Schlachthaus", Beginn des 19. Jh.; dann zu afrz. intransitivem *abatre* „niederfallen", frz. **abbatant** „Tischklappe", „Kipplade"; zu afrz. *abatre* „herunterlassen" in *a. le pont, a. le frein* „den Zügel locker lassen", so auch **abatre les voiles* „die Segel einziehen"; zu diesem in der Terminologie der Schiffahrt *abattre* „abfallen"; dazu seit dem 17. Jh. **abatée** „Abfallen" (durch den Wind verursachte Drehung des Schiffes), u. ä. Das Verbum muß schon vlat. sein, da es im Ostromanischen gleichfalls bezeugt ist.

abâtardir s. *bâtard.*

abbaye „Abtei"
11. Jh. *abeïe,* aus kirchenlat. *abbātia,* s. d. F. REW 9, FEW 3.

abbé „Abt"
12. Jh., afrz. Nom. *ábes,* Acc. *abé,* aus lat. *abbas, abbate,* das selbst aus dem Hebräischen stammt. Dazu in Glossen des 6. Jh. die Femininbildung *abbatissa,* 12. Jh. *abeesse,* frz. *abbesse* „Äbtissin", REW 8, 10; FEW 3.

abcès „Geschwür"
16. Jh. aus lat. *(abscessus),* das schon lat. als Terminus der Medizin „Eitergeschwür" belegt ist.

abdiquer „verzichten", „abdanken"
15. Jh., aus lat. *(abdicare),* „sich lossagen", „abdanken" u. ä.

abécé „Abcbuch"
12. Jh., aus den drei ersten Buchstaben des Alphabets; dazu seit dem 16. Jh. **abécédaire** „Fibel" aus lat. *(abecedarium)* „das Abecé", das bei den Kirchenschriftstellern belegt ist.

abecquer „atzen"
12. Jh., neben afrz. *abechier,* ist Ableitung von frz. *bec* „Schnabel", s. d.

abée „Mühlschleuse"
15. Jh. *ebée,* ist verschmolzen aus *la bée,* d. i. afrz. *baee* „Klaffen", „Öffnung"; dieses, 12. Jh., ist Ableitung *(-ata-)* von afr. *baer* „klaffend offenstehen", s. *bayer.* REW 988, FEW 282 b.

Oder zu dem abgeleiteten afrz. *esbaer* „klaffend offenstehen", so daß *abée* einem afrz. *esbaee* entsprechen würde, vgl. afrz. *esbaé* „klaffend", „geöffnet", Dict. gén. Keinesfalls zu *bief,* Nigra Arch. glott. 15, 275.

abeille „Biene"
im 15. Jh. zuerst als poitev. verzeichnet, aus prov. *abelha,* d. i. lat. *apicula* „Bienchen", für lat. *apis* „Biene", wie *ovicula,* s. *ouaille,* neben *ovis, auricula,* s. *oreille,* für *auris* „Ohr". Das Stammwort *apis* war der Typus des Nordens bis an die alte Südgrenze des Nordfranzösischen, s. *aune,* afrz. *ef,* Plural *es* (um 1400, *ees,* glossiert mit „a swarm of bees"), das in letzten peripheren Resten des

Nordfranzösischen noch erhalten ist, sich als Unterschichte im Süden aber nicht nachweisen läßt, Meyer Lübke, LGRP 40, 371 f. Zu afrz. *ef* die deminutive Ableitung *avette,* die in Westfrankreich von Dep. Côtes-du-N. bis Dep. Loire-Inf. noch erhalten ist, im 16./17. Jh. auch literarisch wurde, ohne gegenüber dem Lehnwort *abeille* durchzudringen. Im Süden des Frankoprovenzalischen lebt *apicula* im Typus *aveille* weiter, ALF 1; REW 523; FEW 104; Gilliéron, Genéalogie des mots qui désignent l'abeille, Paris 1918; Orr, Ess. 3, Anm.; Vising, Stud. neoph. XV, 201.
Dazu die -arium-Ableitung *abeiller* „Bienenstock" im Südwesten und Südosten des Nordfrz.

aberration „Abweichung", „geistige Verwirrung", auch „Abart" u. ä.
18. Jh., aus lat. *(aberratio)* „Abschweifung", „Zerstreuung", als Ausdruck der Astronomie wahrscheinlich über englisch *aberration* gleicher Herkunft; daneben im 16. Jh. aus lat. *aberrare* „abirren" **aberrer** „abweichen", „abirren", im 19. Jh. neu entlehnt bzw. von *aberration* rückgebildet.

abet „Fischköder"
17. Jh., auch **abait,** ist postverb. Subst. von dial. (norm.) *abéter* „ködern", vgl. auch Guernesey *bétair* „ködern", *bète* „Köder", afrz. *abeter* „betrügen", „reizen", *abet* „List", „Trug", in Weiterbildung von „ködern", „Köder". Vgl. auch afrz. *beter* „(Bären, Eber durch Jagdhunde) verfolgen". Das Wort stammt aus anord. *beita* „mit Hunden oder Falken jagen" (dänisch *bede*), eigentlich „beißen machen", vgl. ahdt. *beiʒʒen* dass.; das afrz. *abeter* „ködern" dürfte noch die ursprüngliche Bedeutung des nordischen Wortes erhalten zeigen, bedeutet also wörtlich „anbeißen machen". Diez, 592; Duméril, Dict. norm. 1849, S. 2.
Zu der Bedeutung der Wortsippe im Normannischen s. engl. *bait* „Angelwurm", anord. *beita,* dasselbe, fem., Falk-Torp s. bede II.
Nicht aus fränkisch *baitjan* „beizen", s. mhdt. *beitzen* „Vögel mit Falken jagen", REW 1065, da dieses zu **baitire* oder **baitiare* romanisiert worden wäre, die beide den frz. Formen nicht entsprechen; vgl. FEW I, 316 *beita,* 344, *bêtan.*

abhorrer „Abscheu empfinden"
lat. *(abhorrere),* dass., seit dem 14. Jh. gelegentlich romanisiert, daneben vlat. **ab(h)orrire* für lat. *abhorrescere* „Abscheu bekommen", das in volkstümlicher Entwicklung im Frankoprovenzalischen und auf der iberischen Halbinsel lebt, für das Nordfrz. als **aorir* zu erschließen ist, aber wegen afrz. *aorer* und zahlreichen Ableitungen zu *adorare* „verehren" unterging. Das neben *abhorrer* gelegentlich belegte *abhorrir* ist spätere Romanisierung von *abhorrere,* ohne direkten Zusammenhang mit vlat. **ab(h)orrire;* FEW I, 6.

abîme „Abgrund", 12. Jh. neben *abis, abi,* aus lat. *(abyssus);* daneben gleichzeitig belegtes *abisme,* ist als *abysmus* mlat. bezeugt, Groeber, ALL I, 233; dieses ist nach den griechischen Lehnwörtern auf *-isme* umgedeutet; kaum nach der gelehrten Superlativendung *-isme* in *altisme* u. ä., Brüch, NS 32, 426; auch kaum aus lat. *abyssus* verschmolzen mit *îmus* „der unterste", Bambeck 78 f.
Dazu afrz. die Ableitung *abismer* „in den Abgrund stürzen", frz. **abîmer** „verderben", dialektisch „beschmutzen", „verletzen" u. ä. FEW I, 11.

abjection „Verworfenheit"
14. Jh., aus lat. *(abjectione).*

abjurer „abschwören"
16. Jh., aus lat. *(abjūrare).*

ablatif „Ablativ"
14. Jh., lat. [ablativus] (casus), von den lat. Grammatikern zu *ablatus,* Part. von *auferre* „davontragen, entlassen" gebildet.

able „Weißbarsch"
14. Jh., dazu gleichfalls seit dem 14. Jh. bezeugt die gleichbedeutende Ableitung **ablette,** aus lat. *albula,* d. i. Fem. zu lat. *albulus* „weißlich". Das frz. Wort ist Mask., wie die Entsprechungen im Katalanischen und Oberitalienischen. REW 328; FEW 61; Roll. F. 3, 140; Barbier, RPFL 21, 385 und RLR 41, 241; Jud, BGPSR 11, 37.
Dazu seit dem 14. Jh. die Ableitung *(-ariceum) ablerez,* eigentlich „zum Weißbarschfang dienend", frz. **ableret** „Weißfisch-Garn".

ablution „Abwaschung"
14. Jh., aus lat. *(ablūtione).*

abnégation „Verleugnung", „Aufopferung"
15. Jh., aus lat. *(abnegatione).*
aboi s. *aboyer.*

abolir „aufheben", „abstellen"
15. Jh., mundartlich auch „vernichten", wie das zugrundeliegende lat. *(abolēre);* FEW 7.

abominer „verabscheuen"
12. Jh., aus der Kirchensprache, lat. *(abominari),* dazu volkstümlich angepaßtes afrz. *abo(s)mer,* dasselbe, (mit *-s-* als Längezeichen) *abosmé* „außer Fassung geraten", Engels, Neoph. 45, 106 f.; dazu mit südlicher Lautentwicklung *abo(s)ner,* vgl. *fenne* = *femme;* dazu wall. *abomable* = *abominable;* dieses seit dem 12. Jh. aus lat. *(abominabilis)* „verabscheuungswert".

abonder „Überfluß haben", „im Überfluß vorhanden sein".
Wie die Ableitung **abondance** „Überfluß" aus lat. *abundantia* schon im 12. Jh. bezeugt, ist auch im Spätlatein durchaus volkstümlich, s. Stöcklein, ALL 7, 409 ff.; aus lat. *abŭndare* „überströmen", REW 52, FEW 10.

Die Erhaltung des *-b-* wie in afrz. *aborrir,* s. *abhorrer;* afrz. *abosmer,* s. *abominer; abrier* u. ä., als wäre *ab-* ein selbständiges Präfix. Doch findet sich die lautgesetzlich zu erwartende Form *avonder* in östlichen Mundarten. Vgl. auch *abrier.*

abonner „ausbedingen", „festsetzen"
14. Jh., afrz. *abosner* „abgrenzen", ist Ableitung von afrz. *bosne* „Grenzstein", s. *borne, borner*; dazu *s'abonner* „etwas fest beziehen", von dem aus *abonner qch.* „etwas abonnieren" gebildet wurde.

abord 1. „Ankunft" (an Bord, am Ufer)
16. Jh., auch adverbiell *à l'abord,* und mit noch älterer Syntax *d'abord* „bei der Ankunft", dann „zuerst", als Präposition der Ortsbezeichnungen *aux abords de* „im Vorgelände" u. ä., postverb. Subst. von **aborder** „an Bord, ans Ufer kommen", dann transitiv „an jmd., etw. herantreten", „in Angriff nehmen", „ansprechen" u. ä.; dieses, 14. Jh., ist Abl. von *bord* in der Bedeutung „Schiffsbord", vermutlich in Weiterbildung von *arriver,* s. d..
2. „Platz am Schiffsbord"
19. Jh., aus adverbiellem *à bord,* vgl. *avis.* Dict. gén.

aborder 1. s. *abord* 1.
2. „entern"
13./14. Jh., ist Ableitung von *bord* in der Bedeutung „Schiffsrand", s. d. Dict. gén.

aborigène „Eingeborener"
auch adjektivisch, 15. Jh., lat. *(aborigines)* „Ureinwohner", in der Endung angepaßt an *indigène.*
aborner s. *abonner.*

abortif „abtreibend", „Abtreibungsmittel"
14.—16. Jh. „zu früh geboren", im 19. Jh. die lebende Bedeutung, aus lat. *(abortivus)* in beiden Bedeutungen, s. *avorter;* Dauzat.

abot „Holzpflock" (den man einem Pferde anhängt, um es am Weglaufen zu hindern).
1213 *abot dou fer,* Flutre, Rom. 65, 481. Das Wort ist vereinzelt in ganz Westfrankreich zu finden, so Norm., Guernesey, dazu *abotter* „anpflocken", das nach Moisy, Gloss. seit dem 16. Jh. bezeugt ist; dann nach ALF 1550 in den Dep. Charente, Dordogne; in der gleichen Bedeutung Gironde *talabot,* weiter nördlich *talebot, talbot,* das mit *abot* zusammengesetzt zu sein scheint. Dazu gehört nach ALF 440 Deux-Sèvres *abotó* „Schleuse", nach Duméril, Vendée *abo* „Deich". Zugrunde liegt wohl das Verbum *abotter* „mit Pflöcken versehen"; dieses Abl. von gallisch **bŏtt-* „Pflock", das sich aus kymrisch *both* „Nagel" erschließen läßt. (Pokorny.)
Zu einem germ. **bütt* „stumpf", FEW I, 657 f. überzeugt nicht; nach Barbier, ML 12, 257 f. zu *botte* „Schuh".
Südostfrz. *abot* „Radnabe" hat damit kaum etwas zu tun, s. *bouton* 2. Auch nicht zu *bout* „Ende", bzw. *about,* Dict. gén.

aboucher „in Verbindung bringen", „ineinanderfügen" u. ä.
14. Jh. „nach vorne fallen", in dieser Bedeutung *s'aboucher* matl., FEW I, 583, davon unabhängig mfrz. *aboucher* „ansprechen", ist Abl. von *bouche* s. d. Dazu wohl auch in normannischer Entwicklung **abouquer** „(frisches Salz) aufschütten", 11. Jh.

abouler „(mit Geld) herausrücken", „ankommen", fam., aus dem Argot, seit Ende des 18. Jh. als „ankommen", bei Labiche, gehört zu *boule* „Kugel" bzw. seit dem 14. Jh. davon abgeleitetem *bouler* „rollen", FEW I, 610 b; dazu matl. weit verbreitet *abouler,* mit *à-,* wie in *arriver,* FEW I, 612. Grundbedeutung des familiären Wortes ist also „heranrollen" bzw. „herabrollen machen".

aboulie „Willenlosigkeit"
19. Jh., aus gr. ἀβουλία „Ratlosigkeit", „Unentschlossenheit", Bl.-W. 3.

about „angesetztes Holzstück-Ende"
13. Jh., ist postverb. Subst. von **abouter** „mit den Enden zusammenfügen"; dieses seit dem 13. Jh., abgeleitet von *bout* „Ende", s. d.
aboutir s. *bout.*

aboyer 1. „bellen"
12. Jh., afrz. *abaiier,* mit *-ai-* auch unter dem Tone, dazu afrz. *baiier* dasselbe, kann kaum von ostprov. *bauba* dasselbe, auch lothringisch *abauer* (Bl.-W. 3 a) und dieses nicht von lat. *baubari* dasselbe getrennt werden. Doch ist die Lautentwicklung des nordfrz. Wortes wohl durch Einwirkung eines Schallstammes *bai-* gestört worden. Diez 503; ALF 2.
Kaum unmittelbar von dem Schallstamm *bai-* abgeleitet, Sainéan, Chien 4; REW 883; auch nicht ein vlat. **abbadiare* u. H. Dict. gén., oder Gleichheit mit *aboyer* 2, von dem es afrz. lautlich geschieden ist, Förster ZRP 5, 95 ff.
Dazu seit dem 12. Jh. das postverb. Subst. *abai* „Hundebellen", frz. *aboi,* im Plur. „das Verbellen des Wildes"; daher zunächst vom Wilde *être aux abois* „im Todeskampf sein" (vom gejagten Hirschen), dann „aufs Äußerste gebracht sein".
2. „nach etwas verlangen",
lebt noch im Zentrum, ist in der Literatur veraltet, 13. Jh., afrz. *abée-abaer,* seit dem 14. Jh. *abaier,* das mit *aboyer* 1 zusammenfällt. Es ist Ableitung von afrz. *baer,* s. *bayer.* Dict. gén.; FEW 283 b.

abracadabra „Zauberformel"
zuerst im 3. Jh. als lateinisches Wort belegt, wird im 16. Jh. „ein besonders auf Amuletten von Nekromanten und Quacksalbern gebrauchtes Zauberwort" (Kluge-Goetze S. 4); ist künstliche Bildung aus gr. ἄβραξος, der

Bezeichnung des allmächtigen Gottes, und hebräisch *dābār* „Wort". (Dict. gén.)

abraquer s. *embraquer.*

abras „Eisenring am Schmiedehammer"
19. Jh., in der gleichen Bedeutung auch *braie, brée,* so daß *abras* wohl aus *la braie* mit dialektischer Entwicklung des *-ai-,* vielleicht in volksetymologischer Anlehnung an *bras* verschmolzen ist. *braie* eigentlich „Hose", s. d. und FEW I, 481, seit 1829 *braie,* dasselbe.
Kaum unmittelbar zusammengesetzt aus *à* und *bras,* Dict. gén.

abrasion „Abkratzen", „Abfallen von Fasern"
18. Jh., aus lat. *(abrasio)* „Abscheren", das bei den Kirchenschriftstellern belegt ist; d. i. Part. von *abradere* „abkratzen", Dict. gén.

abréger „verkürzen"
12. Jh., ist im Kirchenlatein wiederholt bezeugtes *abbreviare,* d. i. Ableitung von *brevis* „kurz", s. *brief.* Wölflin, ALL 1, 575; REW 14; FEW 4. Der dazugehörige Latinismus *abrevier* „abkürzen", refl. „sich klein machen" ist afrz. im 12. Jh., dann wieder im 16. Jh. belegt, Bl.-W. 2; dazu seit dem 14. Jh. *abréviation* aus lat. *(abreviatio),* das gleichfalls aus dem Kirchenlatein stammt.

abreuver „tränken"
12. Jh. *abevrer,* daraus afrz. *abuvrer* und in Anlehnung an afrz. *boivre,* s. *boire,* auch *aboivrer*; daneben seit dem 13. Jh. mit Umstellung *abrever,* s. Förster ZÖG 25, 152, aus vlat. **abbĭbĕrare,* das Gröber, ALL 1, 250 f. als Bildung wie *refrigerare* neben *frigere, blaterare* neben *blatire* auffaßt, das aber eher Abl. von spätlat. *biber. bibere* „Getränk" ist, Brüch, NS 32, 425; REW 12; FEW 4; ALF 3.
Dazu wohl die westromanische oder schon vlat. Ortsableitung **abbībĕratorium,* 13. Jh. *abreveoir,* frz. **abreuvoir** „Tränke"; ALF 3.

abreyer s. d. F.

abri „Schutz", „Unterschlupf"
zuerst im 12. Jh. bei Marie de France als „(vor dem Winde) geschützter Ort" bezeugt, ist postverb. Subst. von **abrier** „bergen", „schützen"; setzt wohl lat. *aprīcare* „warm halten", „wärmen" fort, das schon gallorom. die Bedeutung „schützen" angenommen haben dürfte, vgl. auch lat. *apricum* „sonniger Platz", *apricari* „sich sonnen". Das Wort hat gegen die Lautgesetze *-br-* erhalten, da auf der Stufe *a-brigar* (so prov.) *a-* als Präfix aufgefaßt und *br-* als Anlaut des Stammwortes gefühlt wurde; so nach dem Vorbild von afrz. *a-braser* „in Brand stecken" zu *brese,* s. *braise;* afrz. *a-briconer* „betrügen", zu afrz. *bricon* „Dummkopf"; afrz. *abroiier* „erbeuten", zu *broi* „Schlinge", s. *brai* 3; afrz. *abriver* „beschleunigen" zu afrz. *brif* „Ungestüm u. ä. Daß als Wortstamm *bri(g)-* gefühlt wurde, zeigt die afrz. Gegenbildung zu *a-brier,* nämlich afrz. *desbrier* „des Schutzes berauben", angev. *débrier* „aufdecken", „die Hülle wegnehmen". Wegen der lautlichen Entwicklung s. auch *abonder.* Die lautgesetzlich zu erwartende Form *avrier* ist in lothringischen und frankoprovenzalischen Mundarten erhalten (wo auch *avonder* für *abonder* gesprochen wird); Mahn, Etym. Untersuchungen 113 f.; Bugge, Rom. 4, 348, Havet, Rom. 29, 115; ALF 4.
Daß frz. *abrier* aus dem Südwesten oder dem Süden stammt, Horning, ZRP 21, 449; G. Paris, Rom. 28, 433 f.; REW 560; FEW I, 113 ist wegen des frühen Auftretens von *abrier* im Nordfranzösischen und aus Gründen der Bedeutung unwahrscheinlich. Die Nebenform *abreyer* ist Neubildung nach den Doppelformen auf *-ier* und *-eyer,* die lat. *-idiare* fortsetzen und verlangt nicht ein vlat. **abbregare* u. H., Dict. gén.

abricot „Aprikose"
16. Jh., über span. *albercoque* bzw. port. *albricoque* aus arabisch *al-birqûq.* Der arabische Name ist lat.-griechischen Ursprungs, so πραικόκια bei Dioscorides, lat. *praecoquum* (Plinius), eigentlich „frühreife Pfirsichfrucht", Hasselrot, Stud. neoph. 13, 45 f.; Littmann, S. 82; Wartburg ZRP 62, 200; Diez 10; REW 6712; Lamm. 2; Roll. Fl. 5, 302 ff.; ALF 1748.

abriter s. *abri.*

abroger „außer Kraft setzen"
14. Jh. auch *abroguer,* aus lat. *(abrogare)* dasselbe.

abroutir „die jungen Triebe abgrasen"
14. Jh., ist Rückbildung von **abroutis** „vom Wild abgeweidetes Gehölz", „Viehfraß", das selbst aus einem wohl nur zufällig nicht belegten **esbrouteïz* „das Abgrasen der jungen Triebe" mit Präfixwechsel entstanden ist. Dieses ist Ableitung *(-aticeum)* von mfrz. *esbrouter,* 14. Jh., „die Triebe abschneiden", d. i. Abl. von *brout,* s. d. Vgl. FEW I, 5776.

abrupt „abgebrochen", „schroff"
18. Jh., aus lat. *(abruptus).*

abrutir s. *brute.*

abscons „schwer verständlich"
16. Jh., dann 19. Jh., aus lat. *(absconsus)* zu lat. *abscondere* „verbergen"; dazu die volkstümliche Entsprechung afrz. *escondre* „verbergen", *escons, esconse* „Versteck" u. ä. Wegen des Wechsels des Präfixes s. *écouter.*

absence „Abwesenheit"
13. Jh., aus lat. *(absentia).* Die volkstümlich entwickelte Form des Wortes s. unter *sans.* Das dazugehörige **absent** „abwesend", seit dem 12. Jh.

abside „Apsis"
16. Jh., aus lat. (gr.) *apsis,* auch *absida,* Dauzat.

absinthe „Wermut"
12. Jh., daneben halbgelehrtes *absince,* das

bis ins 16. Jh. erhalten bleibt und in den Dialekten weiterlebt; aus lat. *(absinthium)*. Diez 428; REW 44; FEW 10; ALF 5; Roll. Fl. 7, 66; dazu im 14. Jh. franzisiert *assenz*, wie prov. *aisens, ausens*, Tilander, Glan. 25; Bl.-W. 4.

absolu „unumschränkt"
15. Jh., aus lat. *(absolutus)*. Dict. gén. Das Altfrz. hat ein wohl auch nur halbgelehrt entwickeltes *assolu* „vollkommen", „frei", „rein", s. *absoudre*.

absorber „einsaugen"
13. Jh., für afrz. *assorbir* „verschlingen", „zerstören", aus lat. *(absorbēre)* „verschlingen"; FEW 10.

absoudre „freisprechen"
seit dem 11. Jh., auch mit der franzisierten Form *assoudre*, aus lat. *(absolvĕre)* „loslösen", in der Form an *soudre* aus *solvere* angepaßt. REW 46; FEW 10. Dazu seit dem 14. Jh. das substantivierte Part. **absoute** „Freisprechung".

absterger „(ein Geschwür) auswaschen"
14. Jh., aus lat. *(abstergĕre)* „abwischen".

abstenir refl. „sich enthalten"
13. Jh., rücklatinisiert aus älterem, seit dem 11. Jh. belegten *astenir*, beide aus lat. *(abstĭnēre)*. FEW 10. Dazu afrz. *astinence, abstinence, abstenence* „Enthaltsamkeit", nfrz. **abstinence**, auch „Enthaltung" (von Speisen), aus lat. *(abstinentia)* „das Sich-Enthalten" u. ä.

abstraire „in Gedanken absondern"
14. Jh., aus lat. *(abstrahere)* „wegziehen", aber in der mlat. Bedeutung des frz. Wortes, die zuerst im zugehörigen Subst. *abstractio* „Gedankenabsonderung" bei Boetius belegt ist. Die Form zeigt Anlehnung an volkstümlich entwickeltes *traire*, s. d.

abstrus „für das Verständnis ungeeignet"
14. Jh., aus lat. *(abstrūsus)* „versteckt" (z. B. vom Charakter).

absurde „abgeschmackt"
14. Jh., aus lat. *(absŭrdus)* dasselbe, eigentlich „die Ohren beleidigend", s. *sourd*.

abus „Mißbrauch"
14. Jh., aus lat. *(abusus)*. Dazu seit dem 14. Jh. die Abl. **abuser** „Mißbrauch treiben", zunächst intransitiv, erweitert mit *de* + Nomen; dann mit Hereinziehung der betroffenen Person bzw. Sache, transitiv „hintergehen", „verführen", s. dazu Syntax S. 357, so z. B. bei Molière, École des femmes, usf. Maurer, Rom. Jb. 8, 30 f.; FEW 11.

abuter „nach etwas zielen" va., „um den Anschuß werfen"
13. Jh. zunächst in der Bedeutung „ans Ziel kommen", ist Verbalisierung von adverbiellem *à but* „ans Ziel", s. *a-* 4, s. *but*.

acabit in *de bon acabit* „von guter Qualität", „einwandfrei"
zuerst im 15. Jh., im 18. Jh. „bonne ou mauvaise nature d'une chose", heute auch *acabie* geschrieben, gilt im 17./18. Jh. als barbarisch, dazu mlat. die auf dem frz. *acabit* aufbauende Form *acapitum*, das auf der vorletzten Silbe zu betonen ist, aus prov. **acabit*, substantiviertes Partizip von prov. *acabir* „Erfolg haben", d. i. die intransitive Entsprechung von prov. *acabar* in der Meinung „zu einem (guten) Ende bringen", d. i. Ableitung von prov. *cap* „Ende", s. *chef*, in Wendungen wie *menar a (bon) cap.*, dasselbe, bzw. *venir a (bon) cap* „zu einem (guten) Ende kommen", „sein Ziel erreichen"; Brunot 4, 588; Tobler, ASSL 83, 224; Dauzat; so besser als zu prov. *caber*, auch *cabir*, „enthalten sein", Bl.-W. 4.

acacia „Akazie"
14. Jh. *acacie*, im 15. Jh. auch *acace, achace*, aus lat. *(acacia)*. REW 58; FEW 11; ALF 1749.

académie „Ort der Schule Platons", „Universität" u. ä.
16. Jh., aus lat. *(academia)*. In der Bedeutung „wissenschaftliche Gesellschaft" ist das Wort vermutlich aus ital. *accademia* entlehnt. Dict. gén.
acagnarder s. *cagnard*.

acajou
16. Jh., auch *acaïou*, über port. *acaju* aus dem Tupí, König ZRP 58, 395; Bl.-W. 4; Dauzat.

acanthe „Bärenklau"
16. Jh., aus lat. *(acanthus)*.

acariâtre „starrsinnig"
in dieser Bedeutung seit dem 17. Jh., aber schon im 15. Jh. als „wahnsinnig" bezeugt. Schon R. Estienne erkennt in dem Wort eine Ableitung von *Saint Acaire* (dem im 7. Jh. lebenden Bischof von Noyon), zu dem die vom Wahnsinn Befallenen pilgerten. G. Paris, Rom. 10, 302; Sainéan, Rabelais 1, 298; REW 100; FEW 20.
Nicht zu gr. ἄχαρις „unliebenswürdig", Tobler, ZRP 4, 376.

acarus „Krätzmilbe"
18. Jh. *acare*, aus nlat. *(acarus)*, das aus dem Griechischen stammt. Dauzat.

accabler „zu Boden drücken"
zuerst im 14./15. Jh. für das Normannische bezeugt, ist Abl. von norm. *cabler* „herabschlagen", heute nur mehr als Partizipium *cablé* „(vom Wind) abgeschlagenes (Holz)" erhalten, dazu das postverb. Subst. *cable* „heftiger Wind". Die eigentlich literarische Form des Wortes s. unter *chablis*.

accalmie „Windstille"
18. Jh., ist Abl. von veraltetem *accalmir* „beruhigen", s. *calmir*. Dict. gén.

accaparer „aufkaufen", übertragen „hamstern" u. ä.
seit 16. Jh., aus ital. *accaparrare*, va., „einen Kauf durch ein Handgeld abschließen", heute

incaparrare, zu ital. *caparra* „Handgeld", das lat. *arrha* „Handgeld" enthält. Dict. gén.

accastillage „Baulichkeiten auf dem Oberdeck" 18. Jh., ist Abl. von **accastiller** „(ein Schiff) mit den Baulichkeiten am Oberdeck versehen", dieses entlehnt aus span. *acastillar* dasselbe, d. i. Ableitung von gallorom. *castellum* „Zubauten", s. *catiche, château.* Die eigentliche gallorom. Bildung liegt in afrz. *enchasteler* vor, das seit dem 12. Jh. in der Bedeutung des nfr. *accastiller* bezeugt ist. Dict. gén.

accéder „beitreten" (einem Vertrag), „beipflichten", dann mit Verdrängung der Aktivität des Subjekts „Zugang haben zu"
13. Jh., aus lat. *(accedĕre)* „herankommen", „beipflichten".

accélérer „beschleunigen"
15. Jh., aus lat. *(accelerare).*

accenser s. *acenser.*

accent „Betonung", „Ton"
13. Jh., aus lat. *(accentus),* FEW 12.

accepter „annehmen"
14. Jh., aus lat. *(acceptare).*

accès „Zutritt"
13. Jh., aus lat. *(accessus),* s. *accéder.*

accident „Geschehnis", „Unfall"
12. Jh., ist subst. Partizip von lat. *(accidĕre)* „vorfallen"; ursprünglich mit neutraler Bedeutung, daher *heureux, mauvais accident* u. ä.; seit dem 15. Jh. „unglückliches Geschehnis", daher die Bedeutung „Unfall"; dazu seit dem 19. Jh. **accidenté** in *chemin a.* „uneben", „hügelig"; aus *accident de travail* „Arbeitsunfall", *accidenté* „verunglückt", auch substantiviert; s. Gg., Bed. 110.

accise „Steuer", va., seit dem 17./18. Jh. besonders Steuer auf Lebensmittel, die aus England und den Niederlanden kommen, afrz. *assise,* die Umgestaltung nach ndl. *acci(n)s* dass., eher als nach englisch *excise*; *assise* s. d., ist schon afrz. als „Steuer", eigentlich „Auflage" belegt; Valkhoff, Neoph. 21, 192.

acclamer „zurufen"
16. Jh., aus lat. *(acclamare).*

acclamper „mit Klammern versehen"
17. Jh., wird schon von Cotgrave als normannisch angegeben, lebt hier in der allgemeinen Bedeutung „befestigen"; es ist abgeleitet von *clamp* „Klammer", s. d.

acclimater s. *climat.*

accoinçon „Schiftsparren am Dach"
14. Jh., setzt ein **acoincer* „mit einem Keil versehen" voraus, ist also Ableitung von *coin* „Keil". Vgl. dazu angev. *coincer* „mit Keilen, Pflöcken befestigen".

accointer (refl.) „sich vertraut machen", fam. „sich einlassen mit jemandem"
12. Jh., afrz. *acointier* „bekannt machen", „Bekanntschaft machen", schon im 12. Jh. auch reflexiv, ist Abl. von afrz. *acointe* „vertraut", „befreundet", aus gallorom. **accōgnĭtus,* d. i. aktives Partizip von lat. *accognoscere* „anerkennen", „kennen lernen", bedeutet also der Bildung nach „einer, der kennen gelernt hat". REW 79; FEW 14. Dazu seit dem 17. Jh. **accointance** „Bekanntschaft", heute „vertrauter Umgang" u. ä.; vgl. Groth, afrz. *cointes* und *acointier,* Diss., München, 1927.
Kaum erst frz. Abl. von afrz. *cointe* „verständig", „elegant", da sich dieses in seiner Bedeutungsentwicklung von **accognitus* bzw. lat. *cognitus* „bekannt" getrennt hat. Dict. gén.

accoiser „zur Ruhe bringen"
12. Jh., aus vlat. **acquētiare,* d. i. Abl. von vlat. **quetus* für *quietus* „ruhig", s. *coi.* Vgl. schon lat. *acquietus* „beruhigt", Part. von *acquiescere* „zur Ruhe kommen", von dem **acquietiare* auch unmittelbar abgeleitet sein kann. Dict. gén.
Das Altfrz. hat auch das einfache Verbum *coisier* „beruhigen" aus spätlat. belegtem *quietiare,* so daß afrz. *acoisier* auch verstärktes *coisier* sein könnte; s. REW 6957.

accolade „Umarmung"
16. Jh., aus prov. *acolada,* für afrz. *acolée* dasselbe; beide Ableitungen von einem gallorom. **accollare* „um den Hals nehmen" zu lat. *collum* „Hals", s. *cou.* S. auch Collin, *-ata* 169.

accoler „umarmen"
12. Jh., dann übertragen „an Pfähle binden"; an diese Bedeutung schließen sich die Ableitungen **accolage** „Anbinden der Reben an Pfähle" 18. Jh., **accolure** „Weidenband" (zum Anbinden der Reben), ursprüngliche Bedeutung *„Anbinden", an. Es ist vlat. **accollare,* s. *accolade; encolure.*

accommoder „zurechtmachen"
16. Jh., aus lat. *(accommodare).* FEW 15.

accompagner „begleiten"
12. Jh., afrz. *acompagnier* „jemanden zum Gefährten nehmen", refl. „sich zusammentun"; ist Abl. von afrz. *compaing* „Genosse", s. *compagnon*; wegen der Bildung vgl. *accointer.*

accomparer s. *comparer.*

accomplir „vollenden"
12. Jh., ist wohl schon vlat. **accomplēre,* d. i. verstärktes *complere* „anfüllen", „vollenden", afrz. *complir* dasselbe, mit dem Konjugationswechsel des einfachen Verbums.

accon „kleiner, flacher Kahn"
17. Jh., ist Ausdruck der Loireschiffahrt; aus **lacon,* das aus nprov. *lacoun, nacoun* zu erschließen ist, mit Weglassung des *l-,* das als Artikel aufgefaßt wurde; aus fränkisch *nako* „Nachen", zu ahdt. *nahho,* Wortrelikt aus der Sprache der fränkischen Siedler an der

alten Grenze zwischen Nordfrankreich und dem Süden; Behrens ZFSL, 33, 2, 48; Gg. RG I, S. 199.

Ein zur selben Wortsippe gehöriges ndl. *aak* „kleines, flachbodiges Fahrzeug" ist seit Anfang des 18. Jh. als **acque** im Französischen bezeugt. Daß *accon* Deminutivbildung zu diesem ist, und aus dem Bereich der Rheinschiffahrt stammt, Valkhoff 47 f., ist aus geographischen Gründen schwierig.

accord „Übereinstimmung", „Übereinkommen"

12. Jh., ist postverb. Subst. von **accorder** „in Übereinstimmung bringen", dieses aus vlat. **accordare*, d. i. Weiterbildung von *concordare* „in Einklang stehen", „versöhnen". Seit dem 14. Jh. findet sich für *accorder* auch die Bedeutung „(Instrumente) stimmen", mit sekundärer Einwirkung von *corde* „Saite" s. d. Dazu nfrz. **accordeur** „Instrumentenstimmer", **accordoir,** seit dem 17. Jh., „Stimmschlüssel". Diez 5; Gröber, ALL 1, 234; Bl.-W. 6.

**accordare* als Ableitung von lat. *chorda* „Saite" ist weniger wahrscheinlich; REW 83; FEW I, 13.

accordéon „Ziehharmonika"

19. Jh., aus deutsch *Akkordion*, dem vom Erfinder dem Instrument beigelegten Namen. Dict. gén.; Behrens, DS 36; s. wegen der Bildung *odéon, orphéon.*

accore 1. „Rand, Absturz von Klippen"

16. Jh., *escore,* später *écore*, aus ndl. *schore* zu ahdt. *skorro* „Klippe"; Diez 566; Baist, ZDW 4, 259; REW 7711.

2. „Stützbalken", 16. Jh., aus ndl. *schore*, dasselbe, wallonisch *hore,* dazu *accorer* „abstützen".

3. „Dock, auf dem die Schiffe gebaut werden" aus nordisch *skora* „die schräg angelegten Streben, die den Schiffsrumpf während des Baus stützen", Falk, WuS 4, 30 f.

accort „liebenswürdig", „zuvorkommend"

15. Jh., aus ital. *accorto* „umsichtig", „vorsichtig", d. i. Verbaladjektiv zu ital. *accorgersi* „gewahr werden", d. i. vlat. **accorigere* zu lat. *corrigere* in der Bedeutung „zurecht richten"; Diez 366; REW 85; FEW 15; Laurent, Rom. 65, 181.

Dazu seit dem 16. Jh. die Abl. **accortise** „Artigkeit", daneben im 16. Jh. *accortesse,* aus ital. *accortezza* „Umsicht", „Scharfsinn" u. ä., Vidos, AR 14, 139.

accoster fam. „anreden"

12. Jh., afrz. „an die Seite kommen" (von Schiffen), „sich nähern" u. ä., im 16. Jh. mit ital. *accostare* gleicher Herkunft, „näher rükken", „mit jemandem verkehren" verschmolzen, während die unbeeinflußte Entwicklung zu einem **accôter* führt, das vermutlich in der Abl. **accotement** „Bankette" (an der Straße), „Bettung" (neben dem Geleise), 17. Jh., noch nachweisbar ist; aus vlat. **accostare* zu lat. *costa* „Seite", s. *côte.*

accoter „stützen", „auflehnen"

afrz. *soi acoter* „sich stützen", dann transitiv „stützen", auch *acouter, acoder,* aus spätlat. belegtem *accubitare* „bei Tisch liegen", eigentlich „sich auf den Elbogen stützen", zu lat. *cubitus* „Elbogen". Vgl. schon lat. *accubare* „sich lagern". Zu der literarischen Entsprechung von *cubitus,* frz. *coude,* **s'accouder** „sich auf den Elbogen stützen", Herzog, ZRP 27, 123; ZRP 40, 706 f.

Zu *accoter* seit dem 16. Jh. **accotoir** „Armlehne"; dazu ferner **accotard** „Kalber" (hölzerner Keil), von Schmidlin. Cath. als gleichbedeutend mit *accotoir* angegeben, so daß Behrens, Wg. 331 in *accotar* eine Dialektform des zweiten Wortes sieht. Doch lebt das Wort als *accotas* „Stütze" im Westfrz., dessen Endung (gesprochen *-a)* auf lat. *-aculum* zurückführen kann. Es entspricht also *accotard* einem literarisierten **accotail* „Mittel zum Stützen"; *-r* ist sekundär an das mundartliche *akota* angetreten. FEW 16; REW 2279.

accouardir s. *couard.*

accoucher „niederkommen"

12. Jh., „niederkommen", refl. und intransitiv, zeigt schon im 13. Jh. die Bedeutungseinschränkung auf das Liegen im Wochenbett. Es ist nach prov. *acologar* „sich legen" wohl schon gallorom. Ableitung von *collocare,* also gallorom. **accollocare*, s. *coucher.* Dazu mit der im Afrz. gewöhnlichen aktiven Bedeutung des Partizips **accouchée** „Wöchnerin", eigentlich „die sich niedergelegt hat"; Bl.-W. 162.

accouder s. *accoter.*

accouer „hinten anschirren", „hinten anfügen"

14. Jh., ist Abl. von afrz. *coe* „Schweif", s. *queue,* vgl. auch *acculer* und *a-* 4.

accoupler „in Paaren vereinigen"

12. Jh., aus vlat. **accopulare*, d. i. verstärktes lat. *copulare* „zusammenkoppeln", s. *couple* und *a-* 1.

Ist wegen der Verbreitung schon vlat., nicht erst frz. Ableitung von *couple,* wenn es auch jederzeit im Afrz. von *couple* aus neugebildet (= „an die Koppel nehmen") werden konnte.

Dazu seit dem 15. Jh. das postverb. Subst. **accouple** „Koppel".

accourcir „verkürzen"

12. Jh., ist neue Ableitung von frz. *court* „kurz", s. *a-* 2, in der Form vielleicht von afrz. *acorcier* dasselbe, Rouchi *acourcher,* beeinflußt. Dieses aus einem schon vlat. **accurtiare*.

accourir „herbeieilen"

11. Jh. *acorre,* aus lat. *accŭrrĕre* dasselbe, mit dem auch bei dem einfachen Verbum eingetretenen Konjugationswechsel. REW 89; FEW 17.

accourres „Ort, wo die Meute das Jagdtier erwartet"
in dieser Form seit dem 17. Jh. für afrz. *acors* „Zulauf", dann seit dem 12. Jh. auch in der Bedeutung des nfrz. *accourres,* im 14. Jh. auch pluralisch *les accours,* aus lat. *accursus* „Herbeilaufen". FEW 17.
Wegen der alten Formen nicht substantiviertes afrz. *acourre,* s. *accourir,* Dict. gén.

accourse „Gang zwischen den Bänken der Galeeren"
18. Jh., dann auch „äußerer Verbindungsgang"; in der ersten Bedeutung seit dem 16. Jh. **accoursie,** ist in volksetymologischer Anlehnung an afrz. *acorcier,* s. *accourcir,* falsch verschmolzenes *la coursie,* s. *coursier* 2; *accourse* ist wohl Rückbildung von *accoursie.*
Nicht unmittelbar Ableitung von afrz. *acorcier* „verkürzen", weil *accourse* den Gang bezeichne, der den Weg verkürzt, G. Paris, JS 1890, 20, da sich ein afrz. **acorcie* „Verkürzung" nicht nachweisen läßt.

accoutrer „herausstaffieren"
13. Jh., afrz. „herrichten", „sorgen", seit dem 16. Jh. auf die Bekleidung beschränkt, ist vielleicht vorhistorische Abl. von afrz. *costure* „Naht", s. *couture,* so daß also gallorom. **accosturare* etwa ursprünglich „mit einer Naht versehen, ausflicken" bedeutet hätte, s. G. Paris, Rom. 19, 287 (Mél. 454), der ein bei Godefr. nicht belegtes afrz. *racosturer* neben *racostrer* kennt. REW 2179.
Nach Tobler, SA Berlin 1889, 1092 Abl. von *coutre* „Pflugmesser", wäre also ursprünglich ein Ausdruck der Landwirtschaft; s. navarr. *acutrar* „die Erde bearbeiten", REW 2382; nach Ulrich, ZRP 3, 266 zu afrz. *coutre* „Kissen", s. *couette,* wäre beides möglich, da aus den alten Schreibungen nicht eindeutig hervorgeht, ob *-s-* in spät-afrz. *acostrer* etymologisch ist. Prov. *acoitrar* (Flamenca), *acoutrar* läßt sich mit keiner der angeführten Grundformen verbinden, bedeutet auch „stützen", nicht „herrichten", s. *accoter,* vgl. Rohlfs, ZFSL 49, 174.

accoutumer „gewöhnen"
12. Jh., afrz. *acostumer* zur „Gewohnheit machen", auch „gewöhnt sein", dazu afrz. *avoir acostumé* „die Gewohnheit haben", ist schon vorhistorische Abl. von afrz. *costume,* s. *coutume,* vgl. prov. *acostumar* dasselbe.
accréditer s. *crédit.*

accroc „Aufhängen" va.; „Riß", bildlich „Hemmnis", fam. il y a un — „es hat einen Haken"
13. Jh., ist postverb. Subst. von **accrocher** „aufhängen", „festhalten" u. ä., 13. Jh.; dieses Abl. von *croc* „Haken" nach *a-* 4.

accroire in *faire accroire* „jemandem etwas aufbinden"
12. Jh., erstarrt aus afrz. *acroire* „gläubig aufnehmen", 12. Jh., das in der modernen Verbindung erhalten ist, daneben auch „borgen", dann faktitiv „glaublich machen", „jemanden anborgen" bedeutet; aus lat. *accrēdĕre* „geneigt sein zu glauben". FEW I, 15.
Kaum erst Verschmelzung aus frz. *faire à croire,* Dict. gén., das „glaubhaft sein" bedeuten würde.

accroît „Anwachsen", „Vermehrung", 12. Jh. *acreis,* ist postverb. Subst. von afrz. *acreistre* „mehren", „wachsen", „hinzufügen", 12. Jh., nfrz. **accroître** „vermehren", „anwachsen", aus lat. *accrēscĕre* „sich vermehren". REW 87; FEW I, 16.

accroupir (refl.) 1. „sich auf die Kruppe setzen", „sich zusammenkauern"
13. Jh., ist Abl. von *croupe,* s. *a-* 4.
2. „stagnieren" (vom Wasser)
16. Jh., ist verstärktes *croupir,* s. d. Dict. gén.
accrue s. *accroître.*

accueillir „empfangen", „entgegennehmen"
12. Jh., afrz. *acoillir,* älter *aquieudre,* aus vlat. **accolgĕre* für **accollĭgĕre,* d. i. Verstärkung von *colligere,* s. *cueillir.* REW 85; FEW I, 15; dazu Ende des 12. Jhs. das postverb. Subst. **accueil** „Aufnahme".

acculer „in die Enge treiben"
13. Jh., bedeutet afrz. „zurückdrängen", refl. „sich mit dem Hintern anstemmen", „sich auf den Hintern setzen", ist also Verbalisierung von *à cul,* s. *a-* 4.

accumuler „anhäufen"
14. Jh., für seit dem 12. Jh. belegtes volkstümlich entwickeltes *acombler* dasselbe, aus lat. *(accŭmulare).*

accuser „anklagen"
in dieser Bedeutung seit dem 13. Jh., doch schon im 12. Jh. „anzeigen", „offenbaren", „verraten"; aus dieser alten Bedeutung noch nfrz. *accuser réception d'une lettre* u. ä.; die zweite, früher belegte Bedeutung dürfte die volkstümliche Weiterentwicklung des lat. *accūsare* „anklagen" (über „eine Anzeige machen") darstellen, während *accuser* als Ausdruck des Gerichtverfahrens Rückbeeinflussung durch das lat. Wort zeigt. FEW 17.

acens „Erbzinsgut"
13. Jh., zunächst in *prendre a cens* „in Zins nehmen", ist also wohl verschmolzen aus *à cens,* vgl. *avis.* Die gleiche präpositionale Verbindung liegt dem seit dem 13. Jh. belegten Verbum **acenser** „in Erbpacht geben", afrz. auch „in Erbpacht nehmen", zugrunde. Dict. gén.

acérain „stählern"
bei Schmidlin, Cath. in *fer acérain* „stahlartiges Eisen", s. Behrens, Wg. 332, schon im 12. Jh. *acerin;* dies die ursprüngliche Form der Ableitung *(-inus)* von *acier,* s. d.

acerbe „bitter"
16. Jh., aus lat. *(acerbus).*

acérer „stählen", „spitzen"
14. Jh., ist Abl. von *acier* „Stahl".

acertener „versichern"
gilt seit dem 17. Jh. als veraltet, s. Brunot 3, 125, seit 13. Jh., Abl. von *certain,* s. d.

acéteux „essigsauer"
14. Jh., aus lat. *(acetosus).*
achalander s. *chaland.*

acharner „erbittern"
14. Jh., bedeutet zunächst „blutgierig machen", refl. „blutgierig werden"; ist Abl. von afrz. *charn* „Fleisch", bedeutet also der Bildung nach „(den Falken) auf das Fleisch hetzen", s. *chair.*
Vgl. dazu afrz. *encharner* „(den Jagdhund, Jagdfalken) blutgierig machen" u. ä., aspanisch *encarnar* „(den Hund) auf das Fleisch hetzen".

achars „Art indisches Gewürz"
19. Jh., stammt angeblich aus dem Malaiischen. Dict. gén.

achat „Kauf"
13. Jh., ist postverb. Subst. von afrz. *acháte, achetér,* frz. **acheter** „kaufen"; daneben seit dem 13. Jh. auch *achet* „Kauf"; afrz. *acheter* bedeutet auch „verschaffen", „gewinnen", „zu eigen bekommen"; es ist ein vlat. **accaptare* „an sich nehmen", „sich verschaffen", so auch prov. *acaptar*; es ist mit *ad-* zusammengesetztes *captare* „erhaschen", vlat. „an sich nehmen", d. i. Intensivform von lat. *capĕre* „nehmen". Diez 5; Gröber ALL 1, 234; Meyer-Lübke, SA-Wien 145, 63; LGRP 27, 369; ALF 6, 7.
** accaptare* kaum vulgäre Form für *acceptare* „annehmen", FEW I, 12, da ital. *accettare* die angenommene Rückbildung nicht aufweist.
Neben **accaptare* wird ein gallorom. **adcapitare* durch *acheder* im Jonasfragment, s. Mussafia LGRP 7, 166, vorausgesetzt. Dieses zeigt wohl sekundäre Anlehnung an *caput,* s. *chef,* ist kaum unmittelbar von *caput,* etwa in der Bedeutung „Kapital", abgeleitet, so daß ein **accapitare* etwa „dem Kapital zufügen" bedeutet hätte, Thomas, Mél. 4, Dauzat, es müßten denn **accaptare* „sich verschaffen" und **accapitare* „sein Kapital vermehren" erst sekundär zusammengefallen sein.

ache „Eppich", fem.
12. Jh., aus lat. *apium.* Diez 503; REW 526; FEW 105 a; Roll. Fl. 6, 173; s. *api* 2.

achée „Regenwurm", „Köder"
16. Jh. auch *achet* mask. und *achée* mask. Das Wort ist angev., hier auch die mit dem Artikel verschmolzene Form *lachet,* ferner das einfache *ache,* das vermutlich von *achée* rückgebildet ist. Es ist Abl. *(-ata)* von afrz. *aëschier* „ködern", dieses Abl. von afrz. *esche* „Köder", s. *èche.* Vgl. das dem angev. *ache* genau entsprechende pik. *haque* in *à la haque* „als Köder hergerichtet", zu apik. *aeskier* „ködern", Thomas, Rom. 24, 585; *lachet* lebt auch im Frz. von Canada, Gardette, RLiR 18, 88.
acheminer s. *chemin.*
acheter s. *achat.*

achever „beenden", „vollenden", fam. auch „den Garaus machen" u. ä.
12. Jh., afrz., „zu Ende bringen", „ans Ende kommen", „ein Ende nehmen"; ist Abl. von afrz. *a chief* „zu Ende", s. *chef.* Gröber Gr. I², 307; Meyer-Lübke LGRP 27, 370; REW 1668.
Iberorom. *acabar* ist entsprechend zu *cabo* „Ende" gebildet, s. span. *llevar a cabo* „zu Ende führen".
Nicht vlat. **accapare* „zu Ende = *caput* kommen", so auch Brüch, ZFSL 49, 290; Dauzat s. o., das nach Ascoli, AGJ 11, 427 Nachahmung eines gallischen **dopenno* aus *do* = lat. *ad* und keltisch **quenno* „Haupt", „Ende" sein soll, da eine italienische oder ostromanische Entsprechung nicht nachweisbar ist.

achopper „anstoßen", „straucheln"
11. Jh., *açoper,* auch „festhalten", s. *chopper.*

acide „sauer"
16. Jh., aus lat. *(acidus).*

acier „Stahl"
12. Jh., aus vlat. *aciarium,* d. i. Abl. von lat. *acies* „Schärfe"; das Wort ist in Glossen des 7./8. Jhs. belegt, s. Barbier, RDR 2, 181; Nettleship, ALL 5, 414; REW 103; FEW 21; ALF 8.

acné „Finne", „Pickel", fem.
Beginn des 19. Jhs.; nach Bl.-W. 7 aus der Terminologie der Medizin in England, zu dem griechischen ἀκμή „Spitze", „Blütezeit", zur Bezeichnung des Ausschlags der Haut; die Form beruht auf einem Lesefehler.

acolyte „Gehilfe", „Helfershelfer"
12. Jh., aus lat. (gr.) *(acoluthos),* das bei Isidor v. Sevilla in der Bedeutung „Meßgehilfe" bezeugt ist.

à-compte „Anzahlung"
12. Jh., afrz. *aconte* „Rechnung", „Bezahlung", die literarische Schreibung in nachträglicher Zerlegung des im Afrz. einheitlichen Wortes, ist postverb. Subst. von afrz. *aconter* „abrechnen", auch „hinzuzählen", „Wert beilegen", d. i. verstärktes *conter,* s. *compter.*

aconit „Eisenhut", masc.
12. Jh., aus lat. *(aconitum).*

acoquiner „verlocken", refl. „sich einlassen mit"
16. Jh., pop., ist Abl. von *coquin* „Spitzbube", bedeutet zunächst „zum Spitzbuben machen", s. *coquin.*

acoulure „kleiner zusammenhängender Bestandteil eines Floßes"
19. Jh., ist von *couler* beeinflußtes *accolure* „das Festgebundene", s. das Wort in einer anderen Bedeutung unter *accoler.* Dict. gén.

acquérir „erwerben"

12. Jh. *aquerre,* aus vlat. **acquaerĕre* für *acquirere* „gewinnen". Das Gallorom. bildete dazu ein Part. **acquáesitum,* das seit dem 12. Jh. substantiviert als **acquêt** „Erwerb" belegt ist. Die entsprechende franz. Neubildung liegt in dem seit dem 16. Jh. bezeugten **acquis** „Lebenserfahrung" auch adjektivisch „erworben", „gesichert" u. ä., vor; FEW 22.

acquiescer „einwilligen"
14. Jh., aus lat. *(acquiescĕre)* „zur Ruhe kommen". FEW 22. Vgl. *acoiser.*

acquisition „Erwerb"
13. Jh., aus lat. *(acquisitione).*

aequit „Freimachung", „Quittung"
13. Jh., ist postverb. Subst. von **acquitter** „freimachen", „bezahlen"; dieses, 12. Jh., ist Abl. von *quitte* „frei", s. d.

acraux „Harpunen-Widerhaken"
16. Jh. *accroc,* ist postverb. Subst. von *accrocher* „aufhaken", s. *accroc. acraux* hat die Bedeutung des Werkzeugs, mit dem die im Stammverbum ausgedrückte Handlung ausgeführt wird. Dict. gén.

acravanter „zermalmen"
11. Jh. *acraventer,* ist umgestellt aus afrz. **acrevanter,* vgl. afrz. *crevanter* neben *craventer* dasselbe; beide sind Abl. von *crevant,* d. i. Part. von *crever* „platzen".
Wegen span. *quebrantar,* prov. *crebantar* vielleicht schon vlat. **crepantare,* Brüch, ZFSL 49, 290.

acre „Morgen Landes"
11. Jh., ist zuerst in der Normandie belegt und bezeichnet zunächst allgemein eine Ackerlandfläche, s. Glaser, ZFSL 26, 1, 182. Es ist wohl englisch *acre* „Acker", dann wie im Frz. auch „ein Ackermaß". Diez 503; REW 303; FEW 23.

âcre „scharf", „herbe"
seit 14. Jh., gelehrte Nebenform von *aigre,* s. d.

acrobate „Seiltänzer"
18. Jh., aus gr. (ἀκϱόβατος).

acte „Gerichtsurkunde", so seit dem 14. Jh. aus lat. *(actum)* „das Verhandelte", zu lat. *agere* „verhandeln", „zur Entscheidung bringen"; in der Bedeutung „Handlung" ist das Wort im 16. Jh. aufgenommen worden, auch als Femininum; *acte* „Akt" (im Theaterstück), 16. Jh., aus lat. *(actus)*; Bl.-W. 7/8; FEW I, 24.

acteur „Schauspieler"
in der Bedeutung „Schauspieler" seit dem 17. Jh., daneben vom 13. bis 17. Jh. „Täter", „Teilnehmer", aus lat. *(actore)* „Vollstrekker", auch „Schauspieler", s. *acte.*

actif „handelnd"
12. Jh., seit dem 16. Jh. *dettes actives* „Ausstände", d. h. „Schulden, die noch wirksam sind"; dazu auch das substantivierte *actif* „Besitzstand", in *être à son actif* „verbuchen können", aus lat. *(activus)*; wird im 17. Jh. als lächerliche Bildung für *agissant* bezeichnet, Brunot 2, 105. Dazu seit dem 15. Jh. die Abl. **activer** „fördern", „in Gang setzen".

action „Handlung", „Tätigkeit"
12. Jh., als Ausdruck der Gerichtsbarkeit auch „Klage"; dann seit dem 17. Jh. auch „Aktie"; aus lat. *(actio)* „Tätigkeit", auch „Gerichtsverhandlung", „Klage"; Bl.-W. 8.

actuaire „Versicherungsmathematiker"
19. Jh., aus engl. *actuary,* dieses aus lat. *(actuarius)* „Buchhalter". FEW 24; Dict. gén.

actuel „wirksam", „tatsächlich"
13. Jh., aus lat. *(actualis)* „tätig", „wirksam", FEW 24; dazu **actualité** „Zeitgemäßheit", im Plural „Wochenschau" (Film), „Zeitfunk" (Radio) u. ä., 14. bzw. 19. Jh.

acuité „Schärfe"
14. Jh., für afrz. *agüeté,* d. i. Abl. von afrz. *agu,* s. *aigu,* mit nachträglicher Anlehnung an lat. *(acutus).* Dict. gén.

adage „Sprichwort"
16. Jh., aus lat. *(adagium)* dasselbe.

adagio „Adagio"
18. Jh., aus ital. *adagio,* das wieder aus afrz. *a aise* „gemächlich" entlehnt ist, s. *aise.*

adamantin „diamantartig", „hart wie Diamant"
16. Jh., lat. *(adamantinus),* Bl.-W. 8; s. *aimant.*

adapter „anpassen"
14. Jh., aus lat. *(adaptare).*

addition „Hinzufügung"
13. Jh., seit dem 19. Jh. auch „Rechnung", aus lat. *(additione)* „das Hinzufügen".

adent „Verzahnung", „Verzapfung"
17. Jh., ist postverb. Subst. von **adenter** „verzahnen", 14. Jh.; dieses ist Abl. von *dent* in der Bedeutung „Zacken" (an Gerätschaften), s. *a-* 3, bedeutet also der Bildung nach „mit Zacken, Zapfen versehen". Das Afrz. hat daneben ein unabhängiges, nach *a-* 4 gebildetes *adenter* „auf die Zähne fallen", transitiv „umstürzen".

adepte „Anhänger", „Eingeweihter"
so seit 18. Jh., im 17. Jh. „Alchimist", zu lat. *(adeptus),* d. i. Verbaladjektiv zu lat. *adipisci* „geistig erfassen", „(Erstrebtes) erringen"; Bl.-W. 8.

adéquat „angemessen", „entsprechend"
14. Jh., aus lat. *(adaequatus).*

aderne „Verdampfungsplatz in einem Salzteich"
19. Jh., aus bret. *adern* dasselbe.

adextré „rechts" (von einem Kreuze) (Heraldik)
19. Jh., latinisiert zu afrz. *a destre* „zur rechten Hand", s. *dextre; destrier.*

adhérer „anhangen"
14. Jh., aus lat. *(adhaerēre)* dasselbe; ersetzt afrz. *aerdre,* dieses aus vlat. **aderigere* „an etwas aufrichten". REW 162; FEW 30; dazu seit 14. Jh. *adhésion* „Adhae-

sion", übertragen „Zustimmung" u. d., aus lat. *(adhaesio)* „das Anhangen".

adirer „(Akten) verlegen"
12. Jh. „verlorengehen", „fehlen", ist vorhistorisch verschmolzen aus *à dire* in *trouver à dire* „vermissen", *estre à dire* „fehlen" u. ä.; im Alexius noch in der ursprünglichen Bedeutung *nient n'en est a dire* „darüber ist nichts zu sagen", Kalepky, NS 38, 48 f.; Foulet, Mél. Jeanroy 163 f.; TL I, 145; Bl.-W. 196.

adjacent „anliegend"
14. Jh., Part. zu *(adjacēre)* „anliegen", s. die volkstümliche Entwicklung unter *aise.*

adjoindre „zugesellen"
seit dem 16. Jh. latinisierende Schreibung für afrz. *ajoindre* dasselbe, 12. Jh., aus lat. *adjŭngĕre,* FEW 34. *-d-* ist also ursprünglich nur Schreibung, doch setzt sich *-d-* seit dem 17. Jh. auch in der Aussprache durch, s. dazu und zu den folgenden Wörtern Rosset bei Brunot 4, 186.

adjonction „Zuordnung"
14. Jh., aus lat. *(adjunctione).*

adjudant „Adjutant"
seit Beginn des 18. Jhs. zunächst in der Form *ajudant,* aus span. *ayudante.* Dieses ist subst. Part. von *ayudar,* der Entsprechung von frz. *aider,* s. d.

adjurer „beschwören"
16. Jh., aus lat. *(adjūrare).* FEW 34. Das Afrz. hat daneben ein *ajurer* „abschwören", „eidlich ableugnen", aus lat. *(abjurare),* ferner ein refl. *soi ajurer* „sich eidlich verbinden", d. i. frz. Neubildung nach *jurer,* die also beide von frz. *adjurer* unabhängig sind.

admettre „zulassen"
12. Jh., aus lat. *(admittere),* „zulassen", „gestatten", das an volkstümlich entwickeltes *mettre* angeglichen wurde; afrz. *amettre* „hinzulegen", „zur Last legen" ist ein davon unabhängiges, zu *mittere* neugebildetes gallorom. **admittĕre* „dazulegen", s. *a-* 1 und FEW 35.

administrer „verwalten"
vom 12. bis 16. Jh. neben halbgelehrtem *amenestrer,* aus lat. *(administrare)* „hilfreich an die Hand gehen", „verwalten" u. ä. FEW 35.

admirer „bewundern"
14. Jh. *amirer,* auch dieses neuentlehntes lat. *(admirari)* dasselbe. FEW 35.

admonester „Verweis erteilen"
diese Form scheinbar latinisierend für **admonéter,** 12. Jh. *amonester,* aus gallorom. **admonestare,* das Kreuzung von lat. **admonitare* „ermahnen", vgl. lat. *admonitor* „Mahner", *admonitus* „Mahnung", mit einem zweiten Wort ist. Dieses ist eher lat. *molestus* „lästig", vgl. afrz. *moleste* „Kümmernis", „Pein"; adj. „unangenehm", „lästig", das selbst gelegentlich in der Form *moneste* erscheint, als *honestus,* Gröber, ALL 6, 393 oder *modestus,* Cornu, Rom. 7, 365 (vgl. *honnête, modeste),* vgl. auch Regula, ZRP 43, 1 f.
Oder nach Cornu, Rom. 3, 377 **admolestare* „belästigen", gekreuzt mit *admonere* „ermahnen".
Nicht Ableitung von **monestus,* dieses angeblich Part. von *monēre* „ermahnen". Ulrich, Rom. 8, 264; REW 180, da die *-estus* Partizipien in Frankreich nicht zu Hause sind, afrz. *amonester* aber ein gallorom. Rechtsausdruck ist. Mfrz. *moneste* „Ermahnung", G. Paris, Rom. 8, 264 Anm., ist erst spät belegt und Rückbildung von *amonester.*
**admonestare* ist nach Bl.-W. 9 vielleicht eine Schöpfung der Schülersprache.
admoniteur s. *moniteur.*

adolescent „Jüngling"
14. Jh., wirkt heute geschraubt, aus lat. *(adolescens).*

adomestiquer „an sein Haus fesseln"
16. Jh., aus ital. *addommesticare.* Die nordfrz. Entsprechung des Wortes ist afrz. *adomeschier,* frz. Schweiz *adometsi* „bändigen", aus vlat. **addomesticare* zu lat. *domesticus* „zum Haus gehörig", s. REW 2732.

adonc „dann"
12. Jh., ist zusammengesetzt mit *donc,* s. d., nach dem Vorbild von Doppelformen wie *aor* neben *or,* u. ä.

adonis „schöner Jüngling", „Stutzer"
15. Jh., im 16. Jh. auch *adon,* aus lat. *(adonis),* dem Namen des Geliebten der Venus. Koelbel 23/4. Dazu seit dem 16. Jh. die Abl. **adoniser** herausputzen".

adonner refl. „sich hingeben"
13. Jh., bedeutet afrz. „beigeben", „geben", auch „zugehören", „Zugang haben", daher noch frühnfrz. „eine bestimmte Richtung haben", aus vlat. **addonare* „hingeben". REW 156; FEW 29.

adopter „sich zu eigen machen"
14. Jh., als Rechtsausdruck „adoptieren"; zu diesem seit 13. Jh. **adoption**; aus lat. *(adoptare)* „ausersehen", zu *optare* „wünschen", „(an Kindesstatt) annehmen" u. ä.

adorer „anbeten"
in dieser Form seit dem 10. Jh. neben afrz. *aorer,* noch im 17. Jh. *vendredi aoré* „Karfreitag", heute pik. *aorer,* aus lat. *(adorare).* FEW 37.

adorner „schmücken"
wiederholt entlehnt aus lat. *adornare,* dass., für afrz. volkstümlich entwickeltes *aorner,* das ungebräuchlich wird, da es mit *aorner* „anordnen" aus **adordinare* dasselbe (zu belegtem *adordinatio*) zusammenfällt.

ados „Schrägrasen", „Gemüsebeet an Mauerböschungen"
17. Jh., aber schon im 12. Jh. als „Rückhalt", „Stütze", „Rücken eines Kleidungsstückes" bezeugt, ist postverb. Subst. von **adosser**

„mit dem Rücken anlehnen", 12. Jh., afrz. auch „auf den Rücken legen", „den Rücken kehren", „(ein Kleid) überhängen", u. ä.; dieses ist Verbalisierung von afrz. *à dos* „im, in den Rücken", s. *a-* 4. Vgl. auch Centre *adous, adousse* „Erdaufwurf".

adouber „(eine beschädigte Sache) wieder instandsetzen", „(beim Schachspiel) eine Figur berühren, um sie zurechtzurichten"
12. Jh., bedeutet afrz. „(zum Ritter) schlagen", „ausrüsten", „ausstatten", „zurechtmachen", s. auch *radouber.* Das Wort ist germanisch; vgl. ags. *dubbian* „zum Ritter schlagen" (daraus anord. *dubba til riddara* dasselbe), s. Bruckner, Char. 14. Doch ist das frz. Wort kaum mit Bruckner die gotische Entsprechung des anord. *dubba,* also got. **dubbôn,* sondern als Ausdruck des Rittertums eher fränkisch **dubban*, das allerdings aus friesisch *duwa* „stoßen", Brüch 38, kaum erschlossen werden darf; Bertoni 72 Anm.
Kaum agls. *dubbian* Diez 6, oder altnord. *dubba,* REW 159.
Dazu seit dem 12. Jh. die abstrakte Abl. *adoubement* „Schwertleite", das im 19. Jh. als historischer Ausdruck neu aufgenommen wurde; ferner das postverb. Subst. *adob* „Zurichtung", das seit dem 17. Jh. in der technischen Bedeutung *cuve en adoux* „die Waidküpe, wenn sie blaue Blumen bekommt" belegt ist. Oder dieses mit Thomas, Rom. 39, 185 ff. unmittelbar aus langued. *adoub* „Zurichtung (von Fleisch, der Gerberlohe)", s. auch *radoub.*
adoucir s. *doux.*

adoué „gepaart"
ist Part. von mfrz., 14. Jh., *adouer* „paaren", d. i. Abl. von afrz. *dou(s)* „zwei", s. *deux.* Das Wort lebt heute poitev. refl. „in wilder Ehe leben".
adoux s. *adouber.*

adragant „Gummitragant"
16. Jh., zunächst in *gomme adragant,* ist verballhorntes *tragacanthe,* s. d.; Dict. gén.

adresse 1. „Richtung", „Adresse", veraltet auch „direkter Weg", „Ansprache" u. ä.
13. Jh., ist postverb. Subst. von **adresser** „(an jmd.) richten", va. auch „auf etwas gerade losgehen", 12. Jh., afrz. auch transitiv „auf etwas richten", „in eine Richtung bringen", aus vlat. **addirectiare* „in gerade Richtung bringen" zu lat. *directus* „in gerader Richtung", vgl. afrz. *adrecier les sentes* „die Pfade in gerader Richtung abstecken", vgl. entsprechendes **indīrectare* in rum. *îndrepta* „Richtung geben" u. ä., s. *droit.*
2. „Geschicklichkeit"
13. Jh., ist in Anlehnung an *adresse* 1 abgeleitet von **adroit** „geschickt", „gewandt", in dieser Bedeutung schon im 12. Jh., später in Anlehnung an *droit* auch „richtig", „in Ordnung"; dieses aus vlat. **addirectus* „wohl gelenkt", zu lat. *dirigere* „einrichten", *dirigi* „seine Richtung bekommen". Gröber, ALL 1, 236. Oder Neuableitung von *droit,* REW 2648.

adroger „an Kindesstatt annehmen"
15. Jh. auch *arroger,* aus lat. *(adrogare),* in der juristischen Terminologie dasselbe, eigentlich „sich etwas Fremdes anmaßen, zuschreiben", s. *arroger.*

aduler „schmeicheln"
14. Jh., dann erst wieder im 18. Jh., aus lat. *(adulari).* FEW 39.

adulte „erwachsen"
17. Jh., aus lat. *(adultus).*

adultère 1. „Ehebruch"
12. Jh., afrz. auch *avoutire, avoutere, avoutierge,* masc. und fem., in halbgelehrter Entwicklung aus lat. *(adulterium)*; *-v-* für lat. *-d-* erklärt sich vielleicht in Anlehnung an *avorter, avorton,* s. d., während umgekehrt afrz. *avouter* = *avorter* den Einfluß von *avoutire* zeigt;
2. „ehebrecherisch"
12. Jh., für halbgelehrtes *avoutre,* afrz. „Ehebrecher", „Schurke", „Bastard", adjektivisch „falsch", „unecht", aus lat. *(adulter)* „ehebrecherisch", „falsch" u. ä. „unecht"; *avoutre* „Bastard" lebt in östlichen Mundarten, auch als „wilder Apfelbaum"; FEW **I, 396.**
Dazu afrz. *avoutrer* „Ehebruch treiben", „zum Bastard machen", aus lat. *(adulterare)* „ehebrechen", „schänden".
Die Wortfamilie nicht zu einem lat. **abulter,* G. Paris, Rom. 10, 61; 23, 597, da sich *ab-* für *ad-* aus dem Lateinischen nicht rechtfertigen läßt und die Endung von *avoutire* eindeutig zeigt, daß die Wortsippe nicht rein volkstümlich entwickelt ist; daher ist es auch nicht notwendig, mit Ettmayer, ZRP 36, 332 Entlehnung aus dem Normannischen anzunehmen, das das Wort aus dem Limusinischen entlehnt **hätte.**

advenir „geschehen"
11. Jh. *avenir* „gelangen zu ...", „in Erfüllung gehen", „geschehen"; die Form *avenir* bis ins 18. Jh., während *advenir* seit dem 15. Jh. auftaucht und sich im 19. Jh. durchsetzt; die alte Form im Gerichtsausdruck *considérer une chose comme non avenue* und im Adj. *avenant,* s. d.; Bl.-W. 10, s. wegen der lautlichen Entwicklung *adjoindre.* Aus lat. *advenire* dasselbe; REW 216; FEW 40. S. auch *aveindre, avènement.*

adventice „später hinzukommend"
18. Jh., ist sekundär gelehrte Form für afrz. *aventiz* „hergelaufen", „zugewandert", „Fremdling", schon im 12. Jh. mit falschanalogischem Akkusativ auch *a(d)ventif,* das als juridischer Ausdruck in *biens adventifs* „durch Zufälligkeiten zugewachsenes Vermö-

gen" noch erhalten ist; aus lat. *adventīcius* „äußer", „fremd", „von außen kommend". Gg. ZRP 43, 519.

adverbe „Adverbium"
15. Jh., doch schon im 13. Jh. *averbe,* aus lat. *(adverbium)*, s. *advenir.*

adverse „widrig"
für afrz., 13. Jh., *averse,* aus lat. *(adversus).*

adversaire „Gegner"
12. Jh. *adversarie,* afrz. auch *aversaire,* aus lat. *(adversarius)* „Gegner", das in volkstümlicher Form in afrz. *aversier* „Teufel" weiterlebt. FEW 42.

aérer „lüften"
14. Jh., ist gelehrte Abl. von lat. *(aer)* „Luft". Das Afrz. hat ein gelegentliches, von *air* „Luft" abgeleitetes *airier* „sich in der Luft ergehen".

aéro- „Luft"
in Zusammensetzungen, aus gr. (ἄηρ), s. Swann 64 ff., so *aéroplane* „Luftschiff", gebildet in der 2. Hälfte des 19. Jhs. zur Bezeichnung von Flugzeugen mit ebener Tragfläche, hat also im 2. Wortglied das Adj. *plan* „eben", wird aber heute zu *planer* bezogen; geht 1908 in den allgemeinen Wortschatz über, Pottier, RPF 42, 126; *aéronef,* zu *nef* „Schiff", s. d., zuerst 1783 gebildet, seit 1908 literarisch, mit umstrittenem Geschlecht, Thérive, Querelles du Langage 65, Zastrow 207 f.; gleichbedeutend *aérostat,* gebildet 1783, mit dem Adjektiv *aérostatique,* mit gr. (στατός) „stehend" als 2. Namensglied, Zastrow 96 f.; im 20. Jh. nach *autobus* auch *aérobus* usf.

affable „leutselig"
14. Jh., aus lat. *(affabilis).*
affadir s. *fade.*
affaiblir s. *faible.*
affainéantir s. *fainéant.*

affaire „Angelegenheit", „Geschäft"
so schon afrz. 12. Jh., auch „Art und Weise", „Art, Wesen, Rang", dann auch zur Umschreibung von Person; dazu *estre a faire* „nötig sein", auch *avoir a faire,* dasselbe, und daraus die Verschmelzung zu *affaire* (vgl. *adire* in *adirer, avenir*); die Bedeutung „Art und Weise" aus possessiven Verbindungen wie *c'est son a faire* „das ist von ihm zu tun", daher „Angelegenheit"; ALF 1423; 1424.
a faire als Präpositionalausdruck wird, substantiviert, Masculinum; seit dem 16. Jh. Übergang zum Femininum wegen der Endung *-e.*

affaisser „niederdrücken"
13. Jh., „belasten", refl. „sich unter der Last beugen", ist wohl schon vlat. Abl. von lat. *fascis* „Last", s. *faix,* REW 3214, entspricht also einem vlat. **affasciare* „mit einer Last versehen", s. *a-* 3.

affait „Werkstatt, Arbeit der Lohgerber"
15. Jh., im 12. Jh. in der allgemeinen Bedeutung „Ausführung", ist postverb. Subst. von *affaiter* „(Felle) zurichten", „(Falken) abrichten", 12. Jh. in der allgemeinen Bedeutung „zurechtmachen", „anordnen", dann schon im 12. Jh. auch „(ein Tier) dressieren", daher afrz. *afaitaison* „Dressur (des Falken)"; aus vlat. **affactare* zu lat. *factum,* d. i. Part. von *facere* „machen". Wegen der nfrz. Bedeutungsverengung vgl. *adouber, corroyer,* die beide ursprünglich „herrichten" bedeuten. Die Ortsbedeutung von *affait* erklärt sich aus Verbindungen wie *être à l'affait* „bei der Gerberei sein", vgl. *abri, acul, affût.* Vgl. auch *affecter* 1 und *affété.*

affaîter „mit einem Giebel versehen"
17. Jh., lebt in Berry als „pyramidenförmig aufhäufen", ähnlich in Anjou, B. Maine, Sainéan, Rab. 2, 135; ist Abl. von *faîte* „Giebel", s. d.

affaler „Tauwerk herunterziehen"
17. Jh., lebt in weiterer Bedeutung im Norden, vgl. boulogn. *affaler* „senken", Havre *afalé* „zugrunde gerichtet", boulogn. *rafalé* dass., aber auch angev. *afalé* „niedergedrückt"; aus den nördlichen Mundarten stammt pop. frz. *affaler* „fallen", *s'affaler* „herabgleiten", s. Sainéan. LPar. 168. In dem Wort treffen wahrscheinlich zwei ndl. Entlehnungen zusammen, *afhalen* „ein Seil herabholen" und *afvallen* „auf die Seite fallen, ohne sich erheben können", d. i. ‚abfallen', Valkhoff 42; Diez 503; REW 270; FEW 51, Behrens DS 70. Vgl. *haler* und *rafale.*

affamer „aushungern"
12. Jh., afrz. *afaime-afamer,* ist wohl schon vlat. **affamare* zu lat. *fames* „Hunger", s. *faim.* Dict. gén.
affangissements s. *fange.*

affanure „Kornlohn"
stammt aus dem Südosten, wahrscheinlich dem Lyonesischen, vgl. lyon *affanures, affanailles* „Anteil der aufgenommenen Schnitter an dem gemähten Getreide", seit dem 17. Jh. in der Literatur. Das Wort ist Abl. von afrz. *ahaner,* südostfrz. *afaner* „Feldarbeit leisten". Vgl. Lyon, Forez *affaneur* „Feldarbeiter", s. *ahan.*
afféager s. *féage.*

affecter 1. „bestimmen", „anordnen"
14. Jh., ist ursprünglich latinisierende Schreibung für afrz. *afaitier,* im 13. Jh. als „anordnen", „bestimmen" belegt, TL I, 272, s. *affaiter,* wird seit dem 16. Jh. in Anlehnung an *affecter* 2 auch mit *-c-* gesprochen. FEW
2. „erkünsteln", „erheucheln"
15. Jh., aus lat. *(affectare)* dasselbe. Noch mit der alten Aussprache in der Abl. **afféterie** „Ziererei", 15./16. Jh., Bl.-W. 11; **affété** „gekünstelt", „geziert".
3. „Vorliebe hegen für"

ist identisch mit *affecter* 2, aber beeinflußt von *affection* und Sippe.
Der Zusammenfall von *afaitier* und *affectare* zeigt sich auch in der Ableitung **affectation** 1. 16. Jh. „Zuweisung", „Bestimmung", 2. „gekünsteltes Wesen", „Geschraubtheit".

affection „Zuneigung", „Leidenschaft"
12. Jh., aus lat. *(affectione)*.

affener „(den Tieren) Futter vorwerfen"
15. Jh., aus poitev. *affener*, hier seit dem 13. Jh. als *affeiner* belegt = „mit Heu versehen"; ist Abl. von poitev. *fein* „Heu", der Entsprechung des frz. *foin*, s. d. und *a-* 3. Dazu u. a. seit dem 19. Jh., die Ortsableitung **affenoir** „Bodenluke, durch welche das Heu in den Stall geworfen wird"; Dict. gén.

afférent 1. „gebührend"
ist latinisierende Schreibung für afrz. *aferant* in *estre aferant* „zukommen", „dazugehören", das die persönlichen Verbalformen von afrz. *afiert* „es gehört dazu", „kommt zu", „paßt" umschreibt. Nur selten findet sich afrz. auch *afierent* der 3. Plur. *afiert* ist vlat. **affĕrit* für lat. *affertur*, vgl. vlat. *facit* für *fit*, *habet* für *habetur*, zu lat. *afferre* „eintragen", „nach sich ziehen", „beihelfen"; **affĕrit mihi* bedeutet also „es wird mir zur Hilfe zugebracht", „es kommt mir zu".
2. „herbeiführend"
19. Jh., aus lat. *(afferente)*, d. i. Part. von lat. *afferre* „herbeiführen", s. *afférent* 1.

affermer 1. „verpachten"
13. Jh., ist Abl. von *ferme* „Pachtgut", s. d.
2. „versichern"
seit dem 17. Jh. veraltet, aus afrz. *afermer* „befestigen", „behaupten", aus lat. *affirmare*, s. *affirmer*. FEW 50 b.
affermir s. *ferme*.
affété s. *affecté* 2.

affiche „Netzstange der Fischer", „Anschlagzettel", „Anzeiger"
12. Jh. in der Bedeutung „Spange" bezeugt, ist postverb. Subst. von afrz. *afichier* „festheften", daher frz. **afficher** „öffentlich anschlagen", dann afrz. übertragen „festsetzen", „versichern", daher nfrz. „zur Schau tragen"; dieses schon vorhist. Abl. von *ficher*, also vielleicht ein gallorom. **affigicare*. Vgl. auch *affiquet*.

affidavit „Steuererklärung des Ausländers"
19. Jh., aus englisch *affidavit*, dieses aus mlat. *(affidavit)* „er hat bekannt", s. d. F. Dict. gén.

affidé „Vertrauter"
17. Jh., aus ital. *affidato*, der Entsprechung von frz. *affié*, s. d. F.

affier 1. refl. „jemandem trauen"
12. Jh., bedeutet afrz. „geloben", „beteuern", dann „zum Pfand, zur Sicherheit geben", schon im 12. Jh. refl. *soi afier* wie im Nfrz., dazu afrz. *afié* „der gelobt hat", „Geschworener", s. *affidé*, *afi* „Lehensverpflichtung"; aus gallorom. **se affidare* „sich zur Treue bekennen", zu lat. *fidus* „zuverlässig", „treu", das als Ausdruck des Lehenswesens weitergewandert ist, s. auch *fier*.
2. „mit Bäumen bepflanzen", „umpflanzen"
13. Jh. *attefier* „anpflanzen", „anordnen", dann auch intransitiv „wachsen", „treiben", heute im ganzen Südwesten und Zentrum als *affier* „säen", „bepflanzen", „bebauen", „pfropfen", „pflegen", aus gallorom. *aptificare* „geeignet machen" (zu lat. *aptus* „geeignet"), das seit dem 7. Jh. bezeugt ist, und sich mit lat. *aedificare* „bauen", im Judenfrz. *aijer* „bauen", Blondheim, Rom. 49, 19, gekreuzt hat. Thomas, Rom. 29, 161 f. (Mél. 5/6); REW 565; Schultz-Gora IF Anz. 33, 45; FEW 113/4.

affiler 1. „schleifen", „wetzen"
12. Jh., zunächst als Part. *afilé* bezeugt, aus vlat. **affilare* zu *filum* „Faden", das nach frz. *fil*, ital. *filo* „Schneide am Degen, Messer" u. a. wohl schon vlat. die Bedeutung „Schneide" besessen haben dürfte; FEW 50. Dazu die *-orium*-Abl. *affiloir* „Wetzstein".
2. „fadenförmig ausziehen"
12. Jh. refl. „sich wie ein Faden ausbreiten", ist Abl. von frz. *fil* „Faden", s. d.
3. „in eine Reihe setzen"
14. Jh., ist verbalisiertes *à file* s. *file*, nach *a-* 4.

affilier „in eine Gesellschaft aufnehmen"
14. Jh. „als Sohn aufnehmen", aus mlat. *(affiliare)* zu lat. *filius* „Sohn"; dazu *affiliation* „Aufnahme", „Anschluß" u. ä.
affiloir(e) s. *affiler* 1.

affiner „veredeln"
13. Jh., ist nach *à* 2 abgeleitet von *fin* „fein"; s. *raffiner*.

affinité „Verwandtschaft"
12. Jh., aus lat. *(affinitate)*.

affiquet „Haarspange"
13. Jh., schon von R. Estienne als pikardisch erkannt, ist die pikardische Entsprechung des afrz. *afichet* „Spange", s. *afficher*.

affirmer „versichern"
16. Jh., für afrz. *afermer*, aus lat. *(affirmare)*, s. *affermer* 2. FEW 50 b; Gilliéron, Les conséquences d'une collision lexicale et la latinisation des mots frçs. in Cinquantenaire de l'école des H. Études.

affleurer „in gleiche Linie bringen"
16. Jh., ist Verbalisierung von *à fleur de ...* „in gleicher Linie".

affliction „Kummer"
11. Jh., aus lat. *(afflictione)*.

affliger „betrüben"
12. Jh., neben afrz. *aflire* „niederschlagen", „demütigen" (in der Schlacht), aus lat. *affligere* „niederwerfen", „in Betrübnis setzen", das schon in den Reichenauer Glossen *torquere, adterere* übersetzt. Es ist also als Ausdruck des Kampfgetümmels volkstümlich ent-

wickelt, als Bezeichnung seelischer Bekümmernis Lehnwort aus dem Lat. REW 263; FEW 50 b.

afflouer „(ein Schiff) flott machen"
19. Jh., ist verbalisiertes *à flot* in *mettre à flot* dasselbe.

affluer „zufließen", „sich ergießen"
14. Jh., lat. *(affluere)*, dasselbe; zur gleichen Wortfamilie u. a. **afflux**, 17. Jh. „Andrang" u. ä., wie lat. *affluxio* „Zufluß".

affoler „narren"
12. Jh., bedeutet afrz. auch „hintergehen", „schädigen", „übel zurichten" u. ä., ist Abl. von afrz. *fol*, das ursprünglich als unbestimmtes Schimpfwort in Gebrauch steht, s. *fou*.

affouage „Holzgerechtsamkeit"
aus *droit d'affouage*, 13. Jh., ist Abl. *(-aticum)* von afrz. *afoer* „heizen" aus vlat. **affocare* „einfeuern", zu lat. *focus*, s. *feu*, das wegen der Bedeutung schon vlat. sein muß, vgl. lat. *suffocare* „ersticken", wie ital. *affogare*. Vgl. auch *fouage, fouaille*.

affouiller „unterwaschen"
19. Jh., ist Abl. von *fouiller*, wohl aus älterem **esfouiller*. Im 19. Jh. auch *affouillement* „Durchsuchung des Wassergrundes, Unterwaschung".

affourcher „verteien" (die Anker gabelförmig auswerfen)
12. Jh. in *piez aforchier* „die Füße ausspreizen", im 13. Jh. „gabelförmig zusammenkommen", ist Verbalisierung von *a forche* „wie eine Gabel", s. *a-* 3; vgl. *califourchon*.
affranchir s. *franc*.

affre „Schrecken", „Entsetzen"
15. Jh., aus prov. *afre* dasselbe, dieses aus gotisch **aifrs*, das nach ahdt. *eivar* „horridus", „immanis" wohl schon die Bedeutung „schrecklich" besessen hat. Brüch 37; Holthausen ZRP 39, 491; REW 301; FEW 55 b; Brüch NS 32, 433.
Nicht fränkisch **aiƀor* Mackel 114, aus formalen und chronologischen Gründen.
Dazu seit dem 16. Jh. die Abl. **affreux** „abscheulich".
affréter s. *fréter*.
affriander s. *friand*.
affrioler s. *frioler*.

affront „Beschimpfung", „Schmach"
16. Jh., ist postverb. Subst. von **affronter** „die Stirne bieten". 12. Jh., afrz. „(durch Hieb auf die Stirne) niederschlagen", aus gallorom. **affrontare* zu lat. *fronte* „Stirne"; s. *front, acculer*.
Kaum vlat. **affrontare*, da die ital. und iberorom. Entsprechungen aus dem Franz. stammen dürften; auch nicht *affront* aus ital. *affronto*, Dict. gén., das selbst erst spät bezeugt ist.

affruiter „mit Früchten versehen"
12. Jh., ist Abl. von *fruit* mittels *a-* 3. Ein afrz. *afruiter* „Frucht bringen", „Erfolg haben" ist davon unabhängig, es ist Abl. nach *a-* 4.

affubler „einhüllen"
12. Jh., afrz. *affibler* „mit einer Spange befestigen", daher nfrz. „einhüllen", so bis ins 17. Jh., wird später pejorativ „herausputzen", refl. „sich ausstaffieren"; dagegen ohne pejorative Meinung in den Mundarten „bekleiden", „den Kopf bedecken" u. ä.; aus vlat. **affibulare* aus lat. *fibula* „Spange". Diez 503; REW 257; FEW 49 b; Eva Rodhe Lundquist, La mode et son vocabulaire, Göteborg, 1950.

affût „Anstand", „Lafette"
15. Jh., aus *être à l'affût* „auf der Lauer sein", ist postverb. Subst. von afrz. *soi afuster* „sich an einen Baum anlehnen", d. i. Abl. von afrz. *fust* „Stamm", s. *fût*. G. Paris, Mél. 305; s. *a-* 4.
Von *affût* „Anstand" ist abgeleitet nfrz. **affûter** „auf den Anstand gehen"; von *affût* „Lafette", nfrz. **affûter** „auf die Lafette setzen".

affûter 1. s. *affût*.
2. „zurecht machen", „(ein Handwerkzeug) mit einem Stiel versehen", „spitzen"
12. Jh., zunächst in der Verbindung *afuster une barque*, wohl auch **afuster un outil*, bedeutet also zunächst „mit Holz versehen", dann allgemein „zurecht machen", daraus nfrz. „(ein Schneideinstrument) schärfen, schleifen"; es ist Abl. von afrz. *fust* „Holzstück", „Holz", auch in der Kollektivform *fuste*, abgeleitet nach *a-* 3, s. *fût* und *affût*. Auf *affûter* in der Bedeutung „zurichten" beruht die mundartliche Abl. **affutiaux** „Kram", mit der in den Mundarten weit verbreiteten Endung *-iaux* für *-eaux*.

afin que „damit"
seit dem 14. Jh. verschmolzen aus *à fin que* „zu dem Zwecke daß ...". Die getrennte Schreibung erhält sich bis ins 17. Jh.

aga 1. „schau"
afrz. *agar*, ist Kurzform für imperativisches *agarde*, „warte ab", zu afrz. *agarder*, auch nach der Kurzform *agare, agarer* „abwarten", d. i. Zusammensetzung mit *garder*, s. d.; Dict. gén.
2. „Befehlshaber bei den Türken"
16. Jh., aus türkisch *aġâ* „Befehlshaber". Dict. gén.

agace „Elster"
erst im 14. Jh. bezeugt, wird von Jean de Brie als Nebenform von *pie* (dem eigentlich nordfrz. Wort) erwähnt, aus prov. *agasa*. Das Wort lebt mit lautgesetzlichen -ž-Formen, also als ein Typus **ajace*, im Südgürtel des nordfrz. Gebietes, die weiter nördlich auftauchenden -g-Formen stammen wohl aus der Literatursprache. Die geographische Ver-

teilung der Formen spricht eher für Entlehnung aus gotisch **a g a t j a*, s. Kluge unter Elster, als aus ahdt. *agazza,* doch ist der Grund der Aufnahme eines gotischen Wortes für einen Vertreter der Vogelwelt noch aufzuklären. REW 275; FEW 51 ff.; Mackel 62.
agace aus **gacea,* dieses zu **gacus,* der angeblichen Grundform für *geai,* Nigra, *ZRP* 27, 137 ff. ist historisch nicht begründet.

agacer „reizen", „sticheln" u. ä.
13. Jh., ist Kreuzung von afrz. *agu,* s. *aigu,* mit afrz. *aacier,* ursprünglich „säuern", wie noch nfrz. *agacer* „(Zangen, Messer) durch Säuern stumpfmachen", dann in *aacier les denz* „den Mund wässern", „lüstern machen", daraus die Bedeutung „reizen" usf. Es ist ein gallorom. **adaciare,* dieses dissimiliert aus **a d a c i d a r e* „säuern", d. i. Abl. von lat. *acidus* „sauer", das durch nprov. *aisse* „sauer" für das Gallorom. erwiesen ist. Zu *acidus* vgl. Horning, ZRP 19, 72; Schuchardt, SA Wien 138, 1, 43; REW 105; FEW 21 f.
agacer nicht zu mhdt. *wetzen,* Wedgwood Rom. 8, 435 f., da die fränkische Entsprechung **hwatjan* weder lautlich noch begrifflich entspricht. Afrz. *aacier* auch nicht aus **ad-aciare* zu *acies* „Schärfe", Thomas, Rom. 28, 169 (Mél. 1 f.), da eine solche Ableitung der ursprünglichen Bedeutung des afrz. Wortes widerspricht und morphologisch unverständlich wäre; **adaciare* zu *acies* „Schneide, Schärfe der Zähne", Bl.-W. 12, setzt für *acies* eine nicht belegte Verwendung voraus und ist morphologisch auch nicht besser; s. Tobler, ASSL 110, 241; *agacer* zu *acacia* „Saft vom Schlehdorn", Séguy, Fr. mod. XV, 289 f. ist lautlich nicht möglich; nfrz. *agacer* auch nicht Kreuzung von *agace* „Elster" mit afrz. *aacier,* da die *-g-Form* des Verbums früher belegt ist als der Vogelname und vor allem die beiden Wörter auf verschiedenen Gebieten vorkommen.

agami „Trompetervogel"
17. Jh., aus der Mundart der Karaiben Guayanas; Friederici ZFSL 56, 32 f.

aganter „(ein Schiff) einholen"
18. Jh., aus nprov. *aganta* „festnehmen", „ergreifen", „erwischen"; dieses ist nach dem Nebeneinander von Wörtern wie *plant -planch,* d. h. von Wörtern mit *-nct-* im Stamm gebildete Nebenform von nprov. *agancha, agansa* dasselbe, die alle in der alten Zeit nicht belegt sind. Das Verbum ist abgeleitet von nprov. *ganche* „Haken", „Bootshaken", *agancha* bedeutet also ursprünglich „mit dem Haken ergreifen", so FEW III, 50, für Nizza belegt, das zur nfrz. Bedeutung führt. *ganche* ist nach REW 4673 aus ital. *gancio* entlehnt, dieses aus türkisch *k a n ğ a* „Hakenstock".
Das Wort ist auf der Balkanhalbinsel weit verbreitet und stammt nach Schuchardt, ZRP 28, 41 f. letzten Endes aus gr. γαμψός „gekrümmt".

agape „Liebesmahl"
16. Jh., aus lat. *(a g a p e),* so bei den Kirchenschriftstellern, aus gr. ἀγάπη „Liebe".

agaric „Schwamm"
14. Jh., aus lat. *(a g a r i c u s).*
agasse s. *agace.*

agassin „Hühnerauge", „unfruchtbare Knospe der Weinrebe"
16. Jh., ist in der ersten Bedeutung im Zentrum und Südosten weit verbreitet, auch als *agasson,* dafür in Malmédy *ü* (œil) *d'agas,* scheint Nachbildung des deutschen ‚Elsterauge' zu sein, vgl. Jaberg, Rom. 46, 127; die älteste Form dieser Wortgruppe ist *oculus pullinus,* 7. Jh., deutsch „Hühnerauge", vgl. auch frz. *œil de perdrix* als Variante von *œil d'agace*; *agacin* ist ursprünglich adjektivisch, also aus **œil agacin* verselbständigt.

agate „Achat"
12. Jh. *acate,* die *-g-*Form seit dem 13. Jh., aus lat. *(a c h a t e s).* FEW 20.

agavé „Agave", „Baumaloe"
18. Jh., stammt aus dem warmen Amerika, wird im 16. Jh. im Bereich des mittelländischen Meeres gepflanzt, von Linné *agave americana* benannt, zu gr. ἀγαυός „prächtig"; Battisti I, 83.

age „Pflugbaum", masc.
19. Jh., stammt aus dem Zentrum; es ist südliche Form von nordfr. *haie* gleicher Bedeutung, gewöhnlich „Hecke" u. ä., vgl. poitev. *age* „eingehegter Wald", frz. Schweiz *adje* „lebende Hecke" usf. Die dem lit. *age* zugrundeliegende Form des Zentrums ist dort Femininum, s. *haie* 2.

âge „Alter"
11. Jh. *aage,* dann *eage* und die nfrz. Form, bedeutet afrz. zunächst „Lebensdauer", dann das „Alter der Großjährigkeit", dazu afrz. *eagier* „volljährig erklären", ersetzt aber schon in der ältesten Zeit auch in der allgemeinen Bedeutung afrz. *aé* „Alter" aus lat. *a e t a t e,* das sich neben *eage* bis ins 13. Jh. erhält; *âge* geht also auf ein gallorom. **a e t a t i c u m* „vom gesetzlichen Alter" zurück. REW 251; FEW 47 a. ALF 9.
Dazu seit dem 13. Jh. **âgé** „bejahrt".

agence „Agentur"
17. Jh., ist in volksetymologischer Anlehnung an *agencer* abgeleitet von **agent** „Agent"; dieses seit dem 16. Jh. aus ital. *agente.* Das italienische Wort ist gelehrt aufgenommenes Partizip von lat. *agere* „handeln", s. *agir.*

agencer „zurechtlegen", „anordnen"
12. Jh., afrz. auch reflexiv „hübsch werden", absolut „wohlgefallen", aus gallorom. **a g - g e n t i a r e* „hübsch, wohlgefällig machen" d. i. Abl. von afrz. *gent,* s. *gent* 2. Dict. gén. Die entsprechende französische Ableitung ist afrz. *agencir* „ausschmücken".

agenda „Rituel", va.; „Totenfeier"
14. Jh., aus lat. *(agenda)* „das zu Tuende", seit dem 16. Jh. „Notizbuch", „Tagebuch", im Kirchenlatein *agenda diei* „die täglichen Gottesdienste"; Bl.-W. 12. Dieses in volkstümlicher Entwicklung in afrz. *aïndes, endes, indes* „Ritual", Jeanjaquer. Festschr. Jud 364.

agenouiller, refl. „niederknien"
12. Jh., afz. *agenoillier* „auf die Knie zwingen", refl. wie nfrz., ist Abl. von afrz. *genoil*, s. *genou*; wegen der Abl. vgl. *aculer, adenter.*

agent 1. s. *agence.*
2. „wirkende Kraft"
14. Jh., aus mlat. *(agens, -entis).* Dict. gén.

agglomérer „zusammenhäufen"
18. Jh., aus lat. *(agglomerare).*

agglutiner „ankleben"
14. Jh., aus lat. *(agglutinare).*

aggraver „erschweren"
seit 14. Jh., entlehnt aus lat. *(aggravare)* für volkstümliches afrz. *agrever,* d. i. Abl. von afrz. *grief* „schwer", s. d. Daneben besteht die ältere, seit dem 11. Jh. belegte Form *agregier* „schwer machen", „bedrücken" aus vlat. **aggreviare,* s. prov. *agreujar* „beschweren", „belästigen".
aggréger s. *agréger.*

agiau „Vergolderpult"
18. Jh., vermutlich aus *pupitre à agiaux,* gehört zu **agiau** „Flitterzeug", champ. *agiaux* „Schmuck", im 15. Jh. zuerst als „zeremonielle Art zu reden, handeln" belegt. *agiaux* ist analogischer Plural von afrz. *agiet,* im 13. Jh. in der Pluralform *agies* „Flitterkram" bezeugt, dessen Auslautskonsonant im 15. Jh. zunächst vor Konsonanten schwand, so daß *agie(t)* mit den Wörtern auf *-e(l)* reimte und wie diese den Plural auf *-iaux* bildete. Die Singularform *agiet* scheint afrz. nicht belegt zu sein, ist aber heute in der Bedeutung „Draufgabe" (beim Einkauf) mundartlich weit verbreitet, s. FEW 33; aus lat *adjectum* „das Hinzugeworfene". REW 170.
Nicht aus gr. ἅγιος ὁ θεός „Gott ist heilig" aus dem Karfreitagsgesang, Dict. gén.

agile „leicht beweglich"
14. Jh., aus lat. *(agilis).*

agio 1. s. *agiau.*
2. „Aufgeld"
17. Jh., aus ital. *aggio* „Preisunterschied zwischen Metall- und Papiergeld", „Aufgeld", ital. seit dem 16. Jh., frz. vor 1679; aus mgriechisch ἀλλάγιον „Gewinn beim Umtausch" zu agr. ἀλλαγή „Tausch"; Battisti I, 85 f. Dazu seit dem 18. Jh. *agioter* „auf der Börse spekulieren".
Nicht identisch mit ital. *agio* „Behagen", aus frz. *aise,* Bl.-W. 13 u. ä.

agir „handeln", „einwirken" u. ä.
16. Jh., aus lat. *(agĕre).* FEW 52.

agiter „bewegen", „schütteln", „aufregen" u. ä.
14. Jh., aus lat. *(agitare)* „in Bewegung setzen", „schütteln", „aufregen" u. ä.

agnan „Nieteisen"
bei Schmidlin, Cath. *agnans,* „so nennen die Schiffer auf Flüssen gewisse Dreiecke von Eisen, die in der Mitte ein Loch haben und zum Vernieten derjenigen Nägel dienen ..., welche zur Befestigung des Wagenschots gebraucht werden", s. Behrens, Wg. 332; das Wort findet sich zuerst im 14. Jh. als *aignen* „durchlöchertes Eisenstück", Rom. 31, 351; 33, 556; 36, 253. Weitere Beziehungen fehlen. Vgl. auch *ainard.*
agnel s. d. F.

agneau „Lamm"
12. Jh., dazu das Fem. *agnelle,* aus lat. *agnellus,* neben dem sich das einfache *agnus* in afrz. *aigne* bis ins 15. Jh., erhält, s. Godefr. I, 183 f. Dazu u. a. die Ableitung **agnelet** „alte Münze", zu afrz. *aignel* in der Bedeutung einer Münze, die im 12.—15. Jh. namentlich im Südosten gebräuchlich war. REW 284; FEW 53; ALF 11.

agnès „unschuldiges Ding"
17. Jh., nach der *Agnès* in Molières École des Femmes, 1662, bzw. der *Fausse Agnès* von Destouches. Als Gattungsname findet sich das Wort zuerst bei La Fontaine, Kölbel 49; Dict. gén.

agnus-castus „Keuschlamm"
16. Jh., aus mlat. *(agnus castus),* d. i. gr. ἄγνος dasselbe, bei Plinius *(agnos),* das fälschlicherweise mit gr. ἁγνός „keusch" zusammengebracht und nun noch einmal mit lat. *castus* übersetzt wurde; *agnus-castus* ist also zunächst eine scheinbare Tautologie, deren erster Bestandteil volksetymologisch mit lat. *agnus* „Lamm" identifiziert wurde, daher die deutsche Übersetzungsform „Keuschlamm". Dict. gén.; Kluge.

agonie „Todeskampf"
14. Jh., für halbgelehrtes *agoine,* aus lat. *(agonia),* das bei den Kirchenschriftstellern in der Bedeutung „äußerste Angst" belegt ist. Vgl. *agoniser.*

agoniser „den Todeskampf kämpfen"
14. Jh., aus mlat. *(agonizare),* s. *agonie.* Das Wort bekommt im 17. Jh. im Poissardstil die Bedeutung „mit Schimpfworten überhäufen", so heute noch in Berry, Poitou, Norm., s. Sainéan, LPar. 15, dessen Bedeutung Anlehnung an afrz. *ahonir* „in Schande bringen" zeigt, s. *honnir.* Dieselbe Wortkreuzung, aber vermutlich über *agoniser* als Zwischenglied, zeigt auch das seit dem 19. Jh. belegte **agonir** „mit Beschimpfungen überhäufen", das heute über ganz Frankreich verbreitet ist, s. FEW 54 b.

agouti „Ferkelkaninchen"
16. Jh. *agoutin,* aus dem Guaraní Brasiliens.

agrafe „Spange"
erst im 16. Jh. rückgebildet aus **agrafer** „zu-

haken", 16. Jh.; die zugehörigen Formen des Afrz. sind *agrape* „Spange", *agraper* „an sich raffen", refl. „sich festklammern"; mit ital. *agrappare* „anhaken" aus vlat. **agrappare* zu gotisch **krappa*, s. ahdt. *kräpfo* „Haken", Gg. RG I, 367; Wartburg Festschrift Jud 330. Die Form *agrafer* erklärt sich aus dem Schwanken zwischen den Stämmen *grip-* und *grif-*, s. *griffe* „Kralle, Haken", *gripper* „mit den Krallen ergreifen" s. d.; vielleicht auch durch Einwirkung von afrz. *greffe* „spitziges Werkzeug", s. *greffe*. *grafer* „anhaken", 14. Jh. mit *grafe* „Haken", 14. Jh., aus ahdt. *krapfo* ist nicht möglich, da die germanischen *-n*-Stämme wie *krapfo* in die Deklination auf *-o*, *-one* eingereiht werden, ahdt. Lehngut auch nur in den Grenzmundarten nachweisbar ist.

Die alte Form **agrape** lebt noch im 19. Jh. in der Bedeutung „Werkzeug zum Bohren von Schächten in Minen"; oder neugebildet aus *grappe*, s. d.

agrainer „Futter vorwerfen"
14. Jh., ist Abl. von *grain*, s. d.; vgl. *afener*.

agraire „Acker-"
14. Jh., aus lat. (*agrarius*). Dazu im 20. Jh. die Abl. *agrarien* „Agrarier".

agrandir „vergrößern" u. ä.
12. Jh., afrz. auch „größer werden", heute nur refl.; s. *grand*.

agraver s. *aggraver*.

agréable „angenehm"
12. Jh. *agraable*, ist Abl. von afrz. *agreer* „willkommen sein", „gefallen", 12. Jh., dann transitiv „gutheißen", daher nfrz. **agréer** „gütig aufnehmen", „genehmigen" u. ä.; dieses ist verbalisiertes afrz. *à gré* „zu Gefallen". REW 3848. S. *gré*

Die Abl. von *gratum-gré* ist nach prov. *agradar* „gefallen", span. *agradecer* „danken" schon vorfrz.

agréer 1. s. *agréable*.
2. „auftakeln", *agreier*, *agroier* „instandsetzen", „ausrüsten", als Marineausdruck *agreier la nef*, 1185, s. TL I, 214; Godefr. I, 165, ist Abl. von einem nicht belegten afrz. *groi* „Takelage", „Ausrüstung" (das in afrz. *agrois* s. d. F. aufgegangen ist), dieses aus anord. *greiði* „Gerät", vgl. *seglreiði* „Segelgerät", Falk, WuS 4, 70, Anm. 1.

Kaum ndl. *gereide* „Zurüstung", Diez 504; REW 3739, oder aus dem Fränkischen, Valkhoff 43, da fränkisch **garâti* lautlich nicht entspricht. Auch nicht *agréer* aus *gréer* s. d., und dieses aus anord. *greiða* „entwirren", „helfen", „ordnen", Baist, ZRP 32, 47, da *gréer* erst im 18. Jh. auftaucht; doch dürfte das nordische Verbum in Guernesey *grâie* „bekleiden", „reinigen" vorliegen.

Dazu schon im 12. Jh. das postverb. Subst. *agrei*, *agroi* „Ausrüstung", „Schmuck", auch in der Meinung „Takelage", wie nfrz. **agrès**. Dieses wird seit 1784 auch für die Ausrüstung des Luftballons gebraucht, Zastrow 287.

agréger „beigesellen"
15. Jh., aus lat. (*aggregare*).

agrener s. *agrainer*.

agréner „auspumpen"
18. Jh., ist nach Röding in Aunis gebräuchlich = „das Wasser aus einem Boot ausöhsen", ursprünglich wohl aus **agréner la pompe*, wie im 18. Jh. *engrener la pompe* „in die Pumpe die Reste des Wassers am Boden eines Fahrzeugs einziehen"; dieses ist Nachbildung von *engrener des chevaux* „den Pferden Futter vorwerfen", „magere Pferde auffüttern", bedeutet also wörtlich „die Pumpe auffüttern", s. *agrainer*, Behrens Wg. 332.

agrès s. *agréer 2*.

agresseur „Angreifer"
15. Jh., aus lat. (*aggressore*). Dazu 14. Jh. *agresser* „angreifen", das im 19. Jh. in die Journalistensprache wieder eindringt; Fr. mod. II, 188.

agreste „ländlich"
13. Jh., aus lat. (*agrestis*).

agreyeur „Eisendrahtzieher"
mit dem im 17. Jh. bezeugten *agreyeur* „Takelmeister" gleicher Herkunft, ist Abl. von *agreier* in der Bedeutung „instandsetzen", so norm. seit dem 16. Jh., heute „die letzten Arbeiten an einem Neubau machen", s. *agréer* 2, s. auch *ragréer*.

Nicht zu afr. *agreslir* „lang, dünn machen", s. *grêle*, bzw. einem *agreslier*, Dict. gén., das lautlich nicht genügt.

agricole „Ackerbau treibend"
14. Jh., aus lat. (*agricola*) „Landmann". Zu dem gleichen Stamm 14. Jh. *agriculture* „Landwirtschaft" u. ä.

agriffer s. *griffer*.

agriotte s. *griotte*.

agripper „gierig wegreißen"
ist erst im 15. Jh. bezeugt, dagegen findet sich im Mittellateinischen *agrippare* „betasten" schon im 10. Jh., nach Kluge, AR 6, 299 aus germ. **atgrîpan* „handgreiflich werden". Das Wort ist namentlich in Südfrankreich und Oberitalien zu Hause; daher liegt dem romanischen Wort wohl gotisch *greipan* „greifen" zugrunde, das im Romanischen mit *ad*- zusammengesetzt ein *adgrippare* „hingreifen" ergab. Das Wort dürfte ursprünglich nur den südlichen Mundarten des Nordfrz. angehört haben; daher erklärt sich das späte Auftreten des Wortes in der Literatur; vgl. aber *gripper* unter *grip*. Mit Kluge eine vorgotische oder eine fränkische Entlehnung anzunehmen, ist nach Verbreitung des Wortes und dessen spätem Auftreten in der Literatur unwahrscheinlich.

agronome „Ackerbaukundiger"
14. Jh., aus gr. (ἀγρονόμος).

agrouelle 1. „Skrofelkraut"

18. Jh., für literarisches *scrophulaire, herbe aux écrouelles,* ist mundartliche Form für *écrouelle,* vgl. lyon. *agruelle* „Skrofelkraut" bei Roll. Fl. 8, 153 ff.
2. „Flußkrabbe"
in der Fr. Comté *grevelle,* bei Belon *escrouelle,* ist fälschlich zusammengezogen aus *la grouelle,* d. i. mundartliche Entsprechung des angeführten *grevelle* und gehört zum Stamme von *crevette,* mit sekundärer Einwirkung von *écrouelle* „Skrofel", da die Flußkrabbe im Rufe steht, Skrofeln zu verursachen. Roll. F. 3, 230.
Dafür mit der ursprünglichen Endung auch **agrouette.**

agrouper „gruppenweise ordnen"
ist mit *groupe, grouper* im 16. Jh. aus dem ital. *aggroppare* entlehnt, s. *groupe.*

aguet „Hinterhalt"
12. Jh., *agait* „Wacht" in *estre en agait* „auf der Wacht sein", afrz. auch übertragen „Hinterlist", mit einer an nfrz. *aguet* erinnernden Bedeutungsentwicklung; ist postverb. Subst. von afrz. *agaitier* „auflauern", übertragen „Schlingen legen", 12. Jh.; dieses ist schon vorhistorische Abl. von afrz. *gaite* „Wacht", „Wachtposten" aus fränkisch *w a h t a* (ahdt. dasselbe „Wachdienst", gotisch *wahtwô* „Wache"); oder mit *ad-* präfigiertes grom. **guaitare* für fränk. *wahtan* zu mhdt. *wahten* „bewachen"; Gg. RG I, S. 173; s. *guetter.*

aguicher „reizen", „anlocken", „verführen", fam.
19. Jh., zu afrz. *guiche* „Schildfessel", mittels der der Schild am Hals getragen wird, dazu afrz. *aguichier* „(den Schild mit dem Schildriemen) befestigen", dazu das Verbaladj. *enguichié, enguichëure* „Schildriemen"; von der Meinung „einen Riemen um den Hals legen" bildlich die moderne Bedeutung; zu *guiche* s. *enguiché;* Dauzat, Fr. mod. 17; Bl.-W. 14.
aguimpé s. *guimpe.*

ahan „körperliche Anstrengung"
11. Jh., „Mühe", „Arbeit", „Qual", dazu seit dem 12. Jh. **ahaner,** afrz. auch *ahener* „Boden bebauen", „sich plagen", heute „sich abmühen", vgl. dazu frz. Schweiz *afaner* „mit Mühe wiedergewinnen" u. ä. im Südosten, wall. *ahener* „ein Feld eggen", lothr. *ahainaïe* „ein Feld bestellen" usf.; dazu seit dem 12. Jh. *ahanier* „Landmann", heute wall. *ahanier* „Kleinbauer", s. auch *affanure.* Vom Verbum rückgebildet ist afrz. *han* „Leiden" u. a. Die ursprüngliche Bedeutung ist wohl „sich abplagen", daraus die Bedeutung „am Feld arbeiten", vgl. die Entwicklung von *travailler.* Prov. *afanar* zeigt die Doppelbedeutung des frz. Wortes, sonst scheint das Wort noch in Italien bodenständig zu sein, s. REW 252.
Das intervokalische konsonantische *-h-* im Nordfrz., dem im Frankoprovenzalischen und Provenzalischen *-f-* entspricht, setzt *-ff-* voraus, s. Gg. RG I, 268 Anm. Die Grundform *affannare* ist romanisierende Anpassung von anord. * *a f - a n n a n* zu anord. *ǫnn* „Anstrengung", norw. *aann* „Bodenarbeit im Herbst und Frühjahr". Wegen der Geminierung des anord., zum Präfix *af* (ab) gehörigen *-f* s. Gg. RG I, 252; Brüch, ZFSL 40, 103; wegen der Lautentwicklung VKR III, 47 f.; s. auch *écofier.*
ahan zu lat. *afannae* „leere Ausflüchte", ALL 2, 341, Graur, Rom. 54, 503; Bl.-W. 14, entspricht weder lautlich noch begrifflich; ebenso *anfanare* „müßig umhergehen", Pisani, Romanica 377; **affaminare* zu *famen,* Janner, Filologia I, 151 desgleichen.

ahurir „bestürzt machen"
13. Jh., zunächst in *ahuri* „mit gesträubten Haaren", dann „bestürzt", von dem *ahurir* abgeleitet ist, ist Abl. von *hure* „struppiger Kopf", s. d.

aï 1. „schmerzhaftes Reißen der Sehnen"
19. Jh., ist eins mit dem Schmerzlaut *aïe, haïe,* so seit dem 12. Jh.
2. „Faultier"
16. Jh., entstammt angeblich einer Einheimischenmundart Brasiliens. Dict. gén.
3. „Art Schaumwein"
18. Jh. in *vin d'Aï,* von der Stadt *Aï* an der Marne. Dict. gén.
aiche s. *êche.*

aide „Hilfe"
9. Jh. *aiudha,* später *aiue, aïe,* dann mit Rückanlehnung an das Verbum *aide,* ist postverb. Subst. von afrz. *aiue — aidier,* frz. **aider** „helfen", 11. Jh., aus lat. *a d j ū t a r e* dasselbe. REW 172; FEW 47 f.; ALF 1425, 12; dazu konkretisiert afrz. *aïe, aide* fem., nfrz. masc. „Gehilfe".

aïe „au", „o weh"
afrz. mit Accusativobjekt, 11. Jh. *aïe nus, Mahum* „Hilf uns, Mohamed; *deus aïe,* auch *dieus aide,* ist ursprünglich Imperativ von *aïer* „helfen", s. *aider,* dann mit der Interjektion *aï* 1 verschmolzen.

aïeul „Großvater"
12. Jh., *aiuel,* aus vlat. * *a v i ŏ l u s,* d. i. Abl. von *avus* dasselbe. ALL 1, 246; REW 830; FEW 188; Jud, ASSL 127, 418; Tappolet 63.

aigle „Adler"
12. Jh., schon afrz. neben *aille,* das noch heute weitverbreitet ist, aus lat. *a q u i l a.* ALF 13; REW 830; FEW 582. Dazu seit dem 12. Jh. die Abl. *(-ellus* in mundartlicher Form) **aigliau,** seit dem 16. Jh. mit einem anderen Diminutivsuffix **aiglon** „Adlerjunges" u. a.

aiglure „roter Fleck auf dem Gefieder von Vögeln" (Heraldik)
schon im 16. Jh. *égalure,* dagegen bei Cotgrave *haglure,* dazu *haglé* „gefleckt wie ein

Falke, Habicht", heute dafür **égalé**, ist nach der Wiedergabe bei Cotgrave wohl Abl. von *aigle*, s. d., später, als in der allgemeinen Umgangssprache unverständliches Wort, an *égal* angelehnt.

aigre „sauer"
12. Jh., aus lat. *acrum* zu lat. *acer* dasselbe. ALF 1397; REW 92; FEW I, 18; Bambeck 1; dazu seit dem 14. Jh. die Abl. **aigreur** „Säure", „Bitternis"; wegen des späten Auftretens nicht unmittelbar aus lat. *acrore*, FEW 23; dann seit dem 12. Jh. **aigrir**, afrz. „sauer werden" (neben *aigrier* „säuern"), heute transitiv „sauer machen", „erbittern".

aigrefin 1. „Schellfisch"
14. Jh., *esclevis, esclefin, eglefin*, später in volksetymologischer Anlehnung an *aigre* und *fin* die heutige Form, aus ndl. *schelvis* Joret, Rom. 9, 125; REW 7684; Behrens DS 59.
2. „Industrieritter", „militärischer Glücksritter" u. ä.
17. Jh., s. Brunot 4, 596, ist nach Sainéan, LPar. 11 Pariser Aussprache für **agriffin* „der etwas zu erhaschen strebt", d. i. Abl. von *agriffer*, dieses seit dem 15. Jh., „mit den Krallen packen", nfrz. fam. refl. „sich festklammern an...", s. *griffe;* oder *aigrefin* 2 in Fortsetzung und Variierung der doppelten Meinung von *maquereau*, von *aigrefin* 1 übertragen.

aigremoine „Leberklette"
14. Jh., *agremoine*, dann in formeller Anlehnung an *aigre* die moderne Form, aus lat. belegtem *(agrimonia)* Rol. Fl. 5, 263; FEW 55 a.

aigrette „Silberreiher", dann „Federbusch"
14. Jh., aus prov. *aigreta* „Reiher", d. i. Abl. vom Stamm von prov. *aigron*, auch im Zentrum *aigueron*, der Entsprechung des nordfrz. *héron*, s. d.

aigu „spitzig"
12. Jh., afrz. bis ins 16. Jh. *agu*, dann in Zusammensetzungen wie Ortsnamen, d. h. im Nebenton *ëu*, aber auch in dieser Stellung mit Erhaltung des *-c-* als *-g-*, s. *Montaigu*, Aisne, 948, *Mons acutus*, Vincent, Top. S. 192. Der Ersatz des Anlautes *ag-* durch *aig-*, beim Adjektiv wie bei den Abl. wie *aiguiser, aiguille* ist schwer verständlich; nach Bl.-W. 14/15 würde Beeinflussung durch *aigre* vorliegen; REW 135; FEW 135.

aiguade „Wasserversorgung", „Wasserplatz"
16. Jh., ist Entlehnung aus prov. *aigada*, „Überschwemmung", nprov. *eigado* in der Bedeutung des frz. Wortes; d. i. Abl. von prov. *aiga* „Wasser", s. *eau* und die F.

aiguail „Morgentau"
16. Jh., aus dem Südwesten, vgl. Anjou, Poitou, Saintonge dasselbe, ist auch zuerst bei dem Poiteviner du Fouilloux bezeugt; *aiguail* ist postverb. Subst. von in den gleichen Mundarten lebendem *aigailler* „ausbreiten", „zerstreuen", dann „betauen", d. i. kollektive Abl. von *aigue* „Wasser", das im Afrz. auch in nördlichen Texten für *eau* gebraucht wird, TL I, 236, und ursprünglich auch die Form des Südgürtels des Nordfrz. war; s. heute noch in den Dep. Indre, Allier, Jura, frz. Schweiz, s. ALF 31, wird auch als mundartliche Form für „Wasser" in Anjou von Verrier-Onillon, Glossaire S. 25, angegeben; s. auch *aiguière*.
Zu *aequaliare* „gleich machen", s. Bl.-W. 214; Dauzat, Fr. mod. VI, 19 f. ist begrifflich unwahrscheinlich.

aiguayer „abspülen"
16. Jh., stammt aus Südwestfrankreich, s. B. Maine, *aigueyer* „baden", „Wäsche waschen", d. i. *-idiare*-Ableitung (frz. *-oyer*) von südwestfrz. *aigue* „Wasser", s. *aiguail*.
Abl. von westfrz. *aiguer* „bewässern" aus *adaquare*, FEW 29, ist morphologisch schwieriger.

aiguière „Wasserkanne"
14. Jh., zuerst in angevinischen Urkunden, für eigentlich nördliches *eviere*, aus gallorom. **aquaria* für lat. *aquarium* „Wasserkrug". REW 576; FEW 116/117.

aiguillade „Treibstachel" (der Rinderhirten)
1400, aus prov. *agulhada* dass., d. i. die Entsprechung des afrz. *aguillee*, poitev. *aiguillée* aus vlat. **aculeata;* dieses subst. Femininum von lat. *aculeatus* „stachelig", s. *aiguillat*. REW 125; Thomas, Rom. 40, 105; FEW 25.

aiguillat „Dornhai"
16. Jh., aus prov. *agulhat*, dieses aus lat. *aculeatus* „stachelig". Dict. gén.; Barbier, RLR 56, 172; REW 125; FEW 25.

aiguille „Nadel", „Tannennadel"
12. Jh. *aguille* „Nadel", „Turmspitze", mit der Lautentwicklung von *aigu*, s. d.; aus spätlat. *acŭcula*, das z. B. bei Marcellus Empiricus in der Bedeutung „Tannennadel" belegt ist, Gröber ALL 1, 235; ALL 8, 469; dieses ist deminutive Abl. von lat. *acus* „Nadel"; Gröber Misc. Caix-C. 39 f.; Diez 9; REW 119; FEW 24 f.; ALF 14.
Dazu seit dem 13. Jh. die deminutive Abl. *aguillete*, später *aiguillette* „Spange", dient zunächst bei Männern und Frauen zur Befestigung der Kleidung; wird im 16. Jh. bei der Bekleidung der Frauen ungebräuchlich, bleibt bei den Männern, namentlich bei den Uniformen, bis ins 20. Jh.; Lars Bergh, Stud. Neoph. 24, 173 f.
Dazu bei Rabelais die Wendung *courir l'aiguillette* „den Männern nachlaufen"; Sainéan, Rab. I, 160 f.
Nicht **aculea*, d'Ovidio, AGJ 13, 389 ff., oder **aquicula*, Cohn, Suff. 234, da *acucula* hinlänglich belegt ist. Die Glossenformen zeigen vielfach Verschmelzung mit der unter

aiguillon angeführten, verwandten Wortsippe, s. auch Nigra, Rom, 31, 499.

aiguillon „Treibstachel der Rinderhirten", „Stachel der Biene"
12. Jh., schon in den Reichenauer Glossen *aculionis* zur Erklärung von *aculeus*, s. Stalzer 90, ist vlat. **aculeo*, d. i. Werkzeugsbezeichnung zu vlat. **aculeare* „mit dem Treibstachel antreiben" (das im Südfrz., im Rätorom. und auf der Iberischen Halbinsel lebt, im Nordfrz. durch das von *aiguillon* neu abgeleitete *aiguillonner* ersetzt wurde); dieses ist Abl. von lat. *aculeus* „Stachel". Zu **aculeare* vgl. REW 124; FEW 25a; zu **aculeo* REW 126; ALF 15; 1426.

aiguillot „Ruderhaken"
16. Jh., ist Abl. von *aiguille* s. d.

aiguiser „schärfen", „schleifen"
12. Jh. *aguisier*, aus vlat. **acūtiare*, d. i. Abl. von *acutus* „scharf", s. *aigu*. *acutiator* ist lat. belegt, s. Rönsch, Itala 137; Gröber ALL 1, 235; REW 134; FEW 26/27. ALF 16.

ail „Knoblauch"
12. Jh., aus lat. *allium*. Afrz. ist auch das kollektive *aille* belegt. FEW 72; REW 366; ALF 17, 1775, 1831.

ailante „Ailantusbaum"
19. Jh., stammt angeblich aus dem Chinesischen, Dict. gén.

aile „Flügel"
12. Jh., *ele*, die *ai-Form* seit dem 15. Jh. in Anlehnung an lat. *ala* dasselbe. Dazu seit dem 14. Jh. die Abl. *aleron*, heute **aileron** „Flügelspitze"; seit dem 12. Jh. *alete, elete* „Flügelchen", heute **ailette** in der Bedeutung „Oberstemme im Schuhzeug" u. ä. REW 304; FEW 56; ALF 18; s. *haleter*.

aillade „Knoblauchbrühe"
16. Jh., aus prov. *alhada*, d. i. gallorom. **alliata* zu *allium* „Knoblauch", s. *ail*; die entsprechende afrz. Form ist *ailliee, aillie*.

ailleurs „anderswo"
dazu asard *aliù*, rum. *aiurĭ (aiurea)* dasselbe, aus vlat. *alibi*, mit altem, aber nicht mehr ostromanischem Antritt von *-r*, das sich auch in aspan. *allure* zeigt; dieses stammt aus komparativischen Bildungen wie *ex inferiore, superiore, exteriore (loco)* „von unterhalb, oberhalb, außerhalb" u. ä.
**aliore (loco)* als komparativische Bildung zu *alius* s. Meyer Lübke ZRP 23, 411; Haberl, ZFSL 36, 1, 303, ließe sich rechtfertigen, da die Vorstellung des „Anderen" mit komparativischen Vorstellungen enge verbunden ist, s. z. B. die Wendungen wie afrz. *autre de lui* „ein anderer als er", mit Einführung des Vergleichsgegenstandes durch *de* wie bei echten Komparativen, trennt aber die sardischen und ostromanischen Formen von den westromanischen Entsprechungen. Vgl. Bl.-W. 15.
**aliorsum* „anderswohin" ist lautlich unmöglich. Andere abzulehnende Erklärungsversuche s. G. Paris, Mél. 259; Médat, RPFL 4, 42; Ulrich ZRP 22, 401.

ailloli „Knoblauchtunke"
19. Jh., aus nprov. *aioli;* dieses ist zusammengesetzt aus *alh* „Knoblauch", s. *ail*, und *oli* „Öl", s. *huile*. FEW 72b.

aimable „liebenswürdig"
12. Jh. *amable*, die *ai*-Form seit dem 16. Jh. in Anlehnung an *aimer*, aus lat. *amabilis*. FEW 80b.

aimant „Magnet"
12. Jh. *ayemant*, daraus *aïmant*, das zunächst dreisilbig ist; Grundform ist **adiamante*, in dem sich seit dem 4. Jh. auf Verwünschungstafeln belegtes *diamas, diamante* mit lat. aus dem Griechischen entlehnten *adamas* „härtestes Eisen", „Diamant" kreuzt. Der Anlaut *dia-* in *diamas* stammt vermutlich aus dem Präfix in gr. διαφαίνειν „durchleuchten". S. auch *diamant*. REW 142; FEW 28; Bl.-W. 15. Trotz der scheinbar volkstümlichen Lautentwicklung handelt es sich um einen rein literarischen Ausdruck.

aimer 1. „lieben"
11. Jh., afrz. *aime — amer*, nfrz. mit Verallgemeinerung des *-ai-* der stammbetonten Formen, nach einer Zeit des Schwankens, in der sich *-a-* gelegentlich auch unter dem Tone einfand, s. Risop, ASSL 92, 452; aus lat. *amare*. REW 399; FEW 82a.; s. *amant*.
2. *aimer cher* „wertschätzen"
dazu noch 15.—17. Jh. *aimer* „hoch schätzen", 12. Jh. *esmer* „schätzen", aus lat. *aestimare* „abschätzen", „würdigen" u. ä.; Orr, Mél. Roques I, 217f.
Nach Gilliéron, Abeille 267f., würde die Verallgemeinerung der stammbetonten Formen von *aimer (amat = aime)* auf das Verbum *esmer* zurückgehen; ist nicht hinlänglich begründet.

ainard „Schleife, mit der die Fischer am Ende der Netze die Einfaßschnur befestigen"
19. Jh., aus **lainard*, **lasnard* zu westfrz. *lanne* ähnlicher Bedeutung bzw. *lanière*, Barbier, PLeeds I, 220. Vgl. *agnan*.

aine 1. fem. „Schamleiste", „Weiche"
12. Jh. *aisne, aine*, das als *ęine* zu lesen ist, aus lat. *inguen, -ine* „Weichen", REW 4433; Diez 184. Davon übertragen nach Thomas, Ess. 206f. **aine** „Blasbalgleder". Kreuzung mit *anguem*, lat. *anguis* „Schlange", „Furunkel", Alessio, RLiR 17, 160 ist nicht begründet.
2. fem. „Stöckchen zum Heringsräuchern"
18. Jh. auch **ainette**, u. H.; dazu afrz. *pendre en aine* „aufgehängt sein", dann „unruhig" u. ä., Schulz-Gora, ASSL 1928, 246, s. TL I, 244f.; zu Guernesey *aine* „Zwiebel", Jersey „Pfropfreis", das zur Bedeutung „Stäbchen" führen konnte, und dieses zu *acinus*, s. *aine*

3, Sjögren, NM 28, 157; REW 110 überzeugt nicht. Das nach dem Dict. gén. zugrundeliegende gleichbedeutende *alignette* wird von Thomas, Ess. 206 f. angezweifelt.
3. masc. „Traubensatz"
12. Jh. *aisne* dasselbe, aber delph. *aiso* „Weinbeere", mundartlich auch „Brombeere", aus lat. *acinus* „*Weinbeere*", in den Glossen auch als „Himbeere" belegt, s. REW 110; FEW 22.

aîné „erstgeboren"
12. Jh. *ainz né* „früher geboren", ist zusammengesetzt aus *ainz,* s. *ains,* und *né.* Dazu seit dem 13. Jh. die Abl. *(-ĭtia) ainzneece,* nfrz. **aînesse** „Erstgeburtsrecht".

ains „sondern", „vielmehr"
afrz. *ainz* „früher", seit der ältesten Zeit als Adverb und temporale Präposition verwendet, schwindet im 14. Jh. als temporale Präposition, wird dann, wie lat. *magis,* s. *mais,* und späteres *plutôt* zum adversativen Adverbium „vielmehr", zum Ausdruck einer Berichtigung wie dt. „eher", Gg. Syntax 583 f.; aus vlat. **antius,* d. i. an *prius, potius* und andere Komparative auf *-ius* angelehntes *antea* „früher". Die lautliche Entwicklung ist durch das danebenstehende lat. *ante, abante* u. a. beeinflußt, so daß der vlat. Übergang von **antius* zu **antsus* unterblieb; es wurde demnach *antius* über **antsius* zu *antsi,* erhalten in ital. *anzi,* daraus lautgesetzlich *ainz,* vgl. afrz. *noinz* „Bote" aus *nontsi,* d. i. halbgelehrtes lat. *nuntius.* Die spätere Aussprache *antsius* für *antius* gesichert durch den Hinweis auf *iustitsia* = *justitia* im 5. Jh., s. Meyer-Lübke Einführung, 3. Aufl., S. 174. Vgl. auch *ancien.* Richter, ZRP 32, 671; Thomas, Rom. 14, 572.
ante als Präposition, das die Entwicklung von *antius* bestimmt hat, lebt als *ant, an* in der prov. Sta.Fides.
ainz aus lat. *antea* in vortoniger Stellung (vgl. *chez, sans*), Haberl, ZFSL 36, 1, 303 f., setzt voraus, daß *ainz* ursprünglich Präposition ist, genügt also nicht den vollbetonten Formen von afrz. *ainz;* ein Typus **ante-i,* vielleicht **ante-id,* das als neuer Singular zu fälschlich als Plural gefaßtem *antea* = *ante-ea* gebildet worden wäre, Gröber, ZRP 6, 260 Anm.; ZRP 10, 174 ff. genügt lautlich nicht, da **ante-ĭd* doch wieder zu **ante(d)* geworden wäre. **anti* als vorvokalische Ensprechung von *ante,* REW 494; FEW 100 f. genügt lautlich nicht, da ein **anti annum* zu **antsan, *anz an* werden konnte, nicht aber *ainz an;* vgl. auch Hall, Language 13, 312; Straka, Mél. Bruneau, 69—83.

ainsi „so"
12. Jh. *ensi, einsi,* auch *ainsi,* daneben *eissi, issi,* vgl. auch prov. *enaissi,* vereinigt in sich vermutlich zwei Verbindungen mit lat. *sic* „so"; etwa ein auch in Oberitalien bezeugtes *in sic* „auf solche Weise" und *ac sic* „und so" in der Bedeutung „so wie", Löfstedt, Aetheria 70, 85 f.; Kjellman, Mél. Vising 161 f., das z. B. in der Peregrinatio ad loca sancta wiederholt bezeugt ist; vielleicht auch *ecce sic* „siehe so", vgl. *ici* aus *ecce ibi.* Die Verschmelzung der verschiedenen Grundlagen erinnert an die Bildung von *chacun,* s. d. Gröber, ALL 6, 385 f.; Rohlfs, NM 22, 128 ff.
Kaum **anque sic,* REW 7892, dessen erster Bestandteil selbst unsicher ist; oder *aeque sic* „gleich so", Diez 110; auch nicht frz. *ainsi* aus afrz. *ainz si* „vorher so", Haberl, ZFSL 36, 1, 302, das den afrz. Formen nicht gerecht wird.

air 1. „Luft"
12. Jh., schon afrz. auch mit der Nebenform *aire,* die von den verschiedenen unter *aire* zusammentreffenden Wortstämmen stammt, aus lat. *aere,* REW 40; FEW 45 a.
2. „Aussehen", „Auftreten"
seit dem 16. Jh. bezeugt, identisch mit *air* 1, aber mit der Bedeutung von ital. *aria,* Rohlfs, ZFSL 49, 174; Meyer-Lübke, ZRP 24, 143; Bl.-W. 16.
3. „Arie"
16. Jh., aus ital. *aria,* in der Form von *air* 1, dem im Ital. *aria* entspricht, beeinflußt. S. *ariette.*

airage „Winkel, den die Flügel einer Windmühle mit der Drehscheibe bilden"
19. Jh., vermutlich aus *angle d'airage,* ist Abl. von *air* „Luft".

airain „Erz"
12. Jh., *arain,* aus lat. *aeramen* bzw. vlat. assimiliertem **aramen.* Die Form *arain* findet sich bis ins 16. Jh.; die moderne Form zeigt Rückanlehnung an das Lateinische. REW 242; FEW 45 a; Brüch, NS 32, 432.

aire 1. „Dreschtenne", „freier Raum um das Haus"
12. Jh. „Tenne", „Hofraum", „Boden", „Beet", aus lat. *area* „freier Platz", „Fläche", „Gartenbeet" u. ä. Dazu seit dem 15. Jh. die Abl. **airée** „soviel die Tenne an Getreide fassen kann", das mundartlich selbst wieder für „Tenne" gebraucht wird. REW 626; FEW 133—135; ALF 20; Rohlfs, Ager etc., S. 17 ff.
2. „Raubvogelnest"
12. Jh. „Horst" (von Vögeln jeder Art), dazu prov. *agre* „Nest", „Herkunft", aus lat. *ager,* so im Glossar von St. Gallen, s. Pult, RDR 17, 160, d. i. lat. *ager* „Grundstück" zurück, das zunächst die Bedeutung „Heimat" annahm, daraus einerseits „Familie", „Art", andererseits „Lagerstätte" u. ä.; REW 276; FEW 53 a.
Nicht aus lat. *area* „freier Platz", s. *aire* 1, Rohlfs, Ager, area, atrium, Diss. Berlin, 1920, S. 42 ff., da gleichbedeutendes prov. *agre* und *aire,* das kaum aus dem Norden entlehnt ist, diese Grundform ausschließt; doch

hat sich die Entsprechung von *area* mit der von *ager* zweifellos im Afrz. nahe berührt, s. auch ZRP 43, 535; vgl. *débonnaire.*
3. „günstiger Windstrich"
ist schon afrz. Nebenform von *air* „Luft", s. *air* 1. und *airage.*
4. „viereckig abgegrenzter Teil eines Salzteichs"
16. Jh., aus poitev., saint. *aire de marais salant,* ist also eins mit *aire* 1. „Beet", s. FEW 134 a.
5. „Flächeninhalt", „Grundfläche"
16. Jh., aus lat. *(area)* dass., s. *aire* 1.

airelle „Heidelbeere"
zuerst bei Hulsius, 16. Jh., mit Verweis auf *aurelle,* das als *aureille* zu lesen ist, aus prov. *airella,* das nach Maßgabe von entlehntem schwäbischen *aterbeere* (zu lat. *ater* „schwarz") auf ein vlat. **atrella* zu *ater* „schwarz" zurückzuführen scheint, Behrens, Wg. 332; Roll. Fl. 7, 234; ALF 1751; dazu nprov. *aire* in der Bedeutung von *airelle,* wohl aus nicht belegtem prov. **baga aira,* lat. *(baca) atra,* s. FEW 166 a; vgl. dazu in Ariège *adre,* Jud, VR II, 308. Dazu die Abl. **atrione* in Oberitalien, Bertoldi, Italia dial. I, 161 f.

airer „nisten", „horsten"
13. Jh., afrz. *aairier,* ist Abl. von *aire* „Horst", s. *aire* 2 bzw. *air* 2.

ais „Brett"
12. Jh., aus vlat. *axis* für *assis* „Diele", „Brett", „Bohle"; die Form *axis* ist überliterarisiertes *assis* aus der Zeit, in der in der Volkssprache *-x-* des klassischen Lateins als *-ss-* gesprochen wurde, s. Gröber, ALL 1, 246. Der Zusammenfall dieses *axis* „Diele" mit *axis* „Achse" führt für den letzteren Begriff zu Neubildungen, s. *essieu.* Diez 505; REW 732; FEW 160 f.
Dazu seit dem 12. Jh. die ursprünglich deminutive Abl. **aisselle** „Brett", „Latte", das im Norden, vereinzelt auch sonst noch in der Bedeutung „Brett, auf dem Hausgeräte aufbewahrt werden" lebt; dazu wieder seit dem 12. Jh. die Abl. (*-arium* der Umfassung) **aisselier** „Querbalken, (der das Auseinanderfallen zweier Latten, Bretter usw. verhindern soll)"; ferner seit dem 18. Jh. die entsprechende Femininform **aisselière** „Fußbodenstück eines Weinfasses" u. ä. Nach REW 727 a würde *aisselle* lat. **assicella* zu *assis* zugrunde liegen, gesichert durch ital. *assicella* „Brettchen", *ais-* statt *as-* würde dann aus der abgeleiteten Form stammen.

aisance „Wohlbehagen", „Ungebundenheit"
13. Jh., afrz. auch „freie Verfügung", ist Kollektivableitung von *aise* „Wohlbehagen", 11. Jh., afrz. auch „günstige Gelegenheit", dazu die präpositionale Verbindung *a aise* „in aller Behaglichkeit", die schon im 13. Jh. zu *aise* verschmilzt, daher frz. **aise** „behaglich". Das Wort gehört zu mlat., 9. Jh., *in aiace* „in der Umgebung", führt also auf ein *adjacens* „Umgebung" zurück, das schon bei Tacitus in der Bedeutung des häufigeren *adjacentia* dasselbe bezeugt und von diesem in Anlehnung an *continens, oriens, occidens* u. ä. rückgebildet ist. Dieses *adjacens* wird im Vlat. zu **adjaces,* und geht nach dem Schwund des *-n-* vor *s* in die *-es -is* Deklination über. Neben der lokalen Bedeutung hat *adjacentia* z. B. bei Augustinus die übertragene Bedeutung „Bereitschaft des guten Willens", daher wohl auch das daraus entstandene vulgäre **adjaces.* In afrz. *aise* treffen also wohl **adjaces* „Umgebung", „freier Spielraum" und **adjaces* „was einem nahe liegt" zusammen.
Die Erklärung geht zurück auf Thomas, Rom. 21, 506 ff. (Ess. 207 ff.). Auszugehen wäre von *aise* „freier Raum um jmd. herum", daher *être aux aises de qn.* „jmd. zur Seite sein" und *être à son aise* „Platz haben, um seine Arme bewegen zu können", daher „frei handeln können". Doch sind diese Zwischenbedeutungen nur erschlossen. *aisance* ginge nach Thomas, Rom. 21, 521 unmittelbar auf lat. *adjacentia* zurück, das im 7. Jh. in der volkstümlich entwickelten Form *adgaecencias, adiecentia* u. ä. belegt ist. Doch spricht dagegen das verhältnismäßig späte Auftreten des Wortes im Frz. Vgl. auch Schuchardt, Vok. 1, 193 f.; REW 168; FEW I 31.
Überholt sind die Erklärungen von Diez 9; Bugge, Rom. 4, 349; Mackel 54; Rice, PMLA 26, 233 f.

aisé „ungezwungen", „wohlhabend"
12. Jh. *aaisié* „in behaglichen Verhältnissen", „wohlhabend", „bequem", d. i. Part. von afrz. *aaisier* „behaglich unterbringen", „für jmds Behagen sorgen" u. ä., 12. Jh., lebt noch in Lüttich „zufrieden sein" u. ä., Orr, Essais 31. Dieses nach *a-* 3 abgeleitet von afrz. *aise* „Wohlbehagen", s. *aisance.*

aissaugue „großes Fischnetz"
19. Jh., aus nprov. *eissaugo,* dieses aus arabisch *aš-šabaka),* vgl. span. *jabeca,* kat. *xavega.* Diez 498; Thomas, Rom. 26, 426 (Ess. 292 f.); REW 7667.

aisseau 1. „Dachschindel"
14. Jh., für afrz. *ais,* s. *ais,* das wie andere einsilbige Wörter durch *-ellus, -eau* erweitert wurde, vgl. *fuseau.* S. auch *asseau.*
2. „kleine Böttcheraxt"
16. Jh., ist Abl. von afrz. *aisse,* aus lat. *ascia* „eine Axt mit kurzem Stiel und quer gestellter, herabgebogener Scheide", d. i. eine Bedeutung, die mundartliches *aisse* noch heute hat. FEW 152; Gade 19 f.; REW 696; dazu seit 14. Jh. *aissette* „kleine Böttcheraxt". *aisselette, aisselière* s. *ais.*

aisselle 1. „Achselhöhle"
12. Jh., aus vlat. **axĕlla* für lat. *axilla.* Zauner, RF 14, 437; REW 842; FEW 190.
2. s. *ais.*

aître „Kirchhofraum"
schon im Roland *aitre de mustiers,* aus lat. *(atrium)* „Vorhof", s. Rohlfs, Ager usf. 54; das Wort lebt heute in der Bedeutung „Friedhof" in nördlichen und östlichen Mundarten, s. FEW 167 a; Jud ZRP 38, 63; REW 760.
ajointer s. *joint, joindre.*
ajonc s. *jonc* 2.
ajoupa „Laubhütte (der Neger)"
17. Jh., aus Tupí *aioupaue,* Friederici, ZFSL 54, 175 f.
ajour „Maueröffnung"
19. Jh., ist verschmolzen aus *à jour* „bis zum Tageslicht", s. *jour.* Dazu u. a. die Abl. **ajouré** „durchbrochen", **ajourer** „durchbrechen".
ajourner „für einen bestimmten Tag ansetzen", „vertagen"
schon im 12. Jh. als Gerichtsausdruck „vorladen", „zitieren", ist also Abl. von afrz. *jorn* in *a jorn* „zu dem (bestimmten) Tag"; davon unabhängig ist die schon vorhistorische Abl. *ajorner* „Tag werden", vgl. afrz. *il vient au jorn* „es wird Tag"; vgl. afrz. *anuitier* „Nacht werden", *asserer* „Abend werden".
ajouter „hinzufügen"
12. Jh. *ajoster,* afrz. auch „zusammenfügen", „vereinigen", aus gallorom. **adjuxtare* „daneben stellen", d. i. Abl. von lat. *juxta,* afrz. *joste* „daneben", s. *joûter.* Dazu seit dem 18. Jh. die Abl. **ajoutage** „Ansatzstück", **ajoutoir** „Ansatzröhre", neben denen sich gleichbedeutende **ajutage, ajutoir** finden, so gekreuzt mit *ajuster,* das im 16.—18. Jh. auch in der volkstümlich entwickelten Form *ajûter* belegt ist.
ajuster „anpassen"
16. Jh., ist Abl. von *juste* „richtig", nach *a-* 2, s. auch *ajouter.*
ajutage, ajutoir s. *ajoutage* usf.
alaise s. *alèze.*
alambic „Retorte", „Destillierblase"
13. Jh., aus arab. *al-'anbîq* „Becher", Diez 187; REW 442; FEW 57 a. Lam. 17, Anm. 2. Dazu im 16. Jh. als burlesker Ausdruck *alambiquer son esprit* „überfeinern", „spitzfindig machen", daher heute *alambiqueur* „Silbenstecher", s. Brunot 4, 598; Laurent, Rom. 65, 165.
alandier „Feuerrost im Backofen"
19. Jh., nach FEW 94 a aus *place à l'andier,* s. *landier.*
Nicht zu nprov. *alanda* „Feuer anzünden", was morphologisch unmöglich ist, Thomas, Mél. 10.
alanguir s. *languir.*
alarguer „die hohe See gewinnen"
15. Jh., aus ital. *allargare in mare,* d. i. Abl. von *largo* „offene See", s. *large.*
alarme „Lärm", „Waffenruf"
14. Jh. in *crier à l'arme,* ist trotz des frühen Auftretens aus ital. *alle arme* entlehnt, da die entsprechende frz. Verbindung im 14. Jh. nur *as armes* lauten könnte; zu ital. *arme* „Waffen" aus lat. *arma.*
Dazu seit dem 16./17. Jh. die Abl. **alarmer** „zu den Waffen rufen", „beunruhigen".
alaterne „grüner Wegedorn"
17. Jh., aus lat. *(alaternus).*
albâtre „Alabaster"
12. Jh., afrz. *alebastre,* aus lat. *alabastrum.* REW 306; FEW 56 b.
albatros „Albatros"
17. Jh., *alcatras,* die Form *albatros* seit der 2. Hälfte des 18. Jh., aus englisch *albatross,* das über *algatross* aus span. port. *alcatraz* stammt; dieses bezeichnet zunächst eine Art Fregatte, dann den Vogel; stammt letzten Endes wohl aus dem Arabischen, nach Cor. I, 99 aus arab. *ġaṭṭâs* „Art Seeadler", aber ein arab. Vorbild ist nach Littmann, S. 80, nicht mit Sicherheit gefunden; Bl.-W. 17; König, ZRP 58, 398.
alberge „Herzpfirsich"
16. Jh. auch *auberge,* stammt aus dem Languedokischen, s. Sainéan, Rab. 2, 87, wo das Wort noch heute als *aouberdyo* u. ä. lebt, s. Roll. Fl. 5, 298. Ausgangspunst ist span. *albérchico,* in Aragón *alberge,* das über kat. *alberge* in das Südfrz. gedrungen ist. Zugrunde liegt (nach Cor. I, 86) eine mozarabische Umgestaltung von *(malum) persicum* „persischer Apfel", s. *pêche.* Anders Diez 242; REW 6427; Lammens 6.
albinos „Albino"
17. Jh., aus span. *albino,* eigentlich „weißlich", bezeichnet dann in *negros albinos* Neger mit weißlicher Hautfarbe, endlich den Albino; ist Abl. von lat. *albus* „weiß". Dict. gén.
album „Stammbuch", „Skizzenbuch" u. ä.
18. Jh., aus deutsch *Album,* dieses entlehnt aus lat. *album* „öffentliche Liste", d. i. substantiviertes Neutrum von lat. *albus* „weiß", zunächst eine weiße Tafel für öffentliche Ankündigungen", Bl.-W. 17.
albumine „Eiweißstoff"
18. Jh., ist Abl. von lat. *(albumen)* „Eiweiß".
alcade „Alkalde"
16. Jh., aus span. *alcalde* „Richter", dieses aus arabisch *al-qâḍī.* Lammens 7; REW 6897.
alcali „Laugensalz"
16. Jh., aus arabisch *al-qili,* vulgär *al-qali.* Lammens 7; FEW 76 a.
alcarazas „Kühlkrug"
19. Jh., aus span. *alcarraza,* dieses aus arabisch *al-qurrâz.* Lammens 7.
alchimie „Alchimie"
13. Jh. *alquemie* u. a., aus mlat. *(alchemia),* dieses aus arabisch *al-kīmijâ',* das selbst aus dem Griechischen stammt. Lammens 259; FEW 70 a.

alchimille „Löwenfuß", „Sinau"
17. Jh., aus mlat. *(alchemilla),* dieses aus arabisch **al-qīmoliā,* ein Doldengewächs, lat. *mêum,* nach dem Dict. gén. *al-kemelijje,* vgl. aber Mahn, Etym. Unters. 158, der in dem Wort eine mlat. von *alchemia,* s. *alchimie,* abgeleitete Form sieht, weil „die Alchimisten glaubten, daß der auf den Blättern der Pflanze befindliche Tau ein Hilfsmittel sei, um schlechte Metalle in Gold zu verwandeln. Daher heißt auch im Deutschen diese Pflanze zuweilen das Alchymistenkraut."

alcool „Alkohol"
16. Jh., *alcohol,* bedeutet zunächst im Aspan. „Antimonpulver", dann eine Art Augensalbe aus sehr feinem, schwarzen, fast unfühlbaren Pulver zu therapeutischen und kosmetischen Zwecken; lebt in der Bedeutung „Schminke" noch im 17. Jh. auf der Pyrenäenhalbinsel. Die Übertragung der Bezeichnung auf den Weingeist ist eine gelehrte Schöpfung von Theophrastus Paracelsus zu Beginn des 16. Jh.; Steiger, RLiR 5, 266 f.; aus arabisch *al-koḥl* „Antimonpulver"; Diez 11; REW 4732; FEW 70; Lammens 262.

alcoran „Koran"
14. Jh., heute auch verballhornt in *se moquer comme de l'an quarante,* s. Courrier de Vaugelas 5, 35, aus arabisch *al-qor'ân* „Lesung"; Lammens 262. *an quarante* in dieser Wendung würde sich nach Larousse und Dauzat, Fr. mod. 13, 185 auf das Jahr 1840 beziehen, in dem nach dem Volksglauben die Welt untergehen sollte.

alcôve „Alkoven"
17. Jh., aus span. *alcoba* „Schlafgemach", dieses aus arabisch *al-qubba* „gewölbtes Gebäude oder Gemach", Littmann 89. Das Wort scheint auch, unmittelbar aus dem Arabischen entlehnt, in afr. *aucube* vorzuliegen. Diez 11; REW 6909; FEW 76 b; Lammens 8, 273.

alcyon „Eisvogel"
16. Jh., aus lat. *(alcyon).*

aldébaran „Stierauge" (Fixstern)
16. Jh., aus arabisch *al-dabarân,* Lammens 8.

alderman „Staatsmann"
17. Jh., aus englisch *alderman,* das mittelenglisch „princeps" übersetzt, eigentlich „alter Mann"; ist die Entsprechung des gallorom. *senior,* s. *sire.* Dict. gén.

ale „Bier"
16. Jh., aus englisch *ale,* ist im flämischen Grenzgebiet schon im 13. Jh. belegt, dann bis ins 16. Jh. *godalle* „geringes Bier", das noch bei Hulsius verzeichnet ist; Behrens, Wg. 333; FEW 64 b.

alêne „Pfriem"
12. Jh. *alesne,* aus germ. **alisna* (nhd. *Else).* Braune, ZRP 39, 176; ALF 1428; Diez 192.
Das Wort ist im ganzen Bereich der Gotenherrschaft erhalten, wird daher REW 346; FEW 67 f. als gotisch angesehen, nach Brüch, ZFSL 49, 297 als germ. Lehnwort des Vlat., s. RG I, 200; Kluge-Goetze, s. *Ahle.*

alénois (cresson) „Gartenkresse"
13. Jh. *cresson orlenois,* ist Abl. vom Namen der Stadt *Orléans,* Dict. gén.

alépine „Art Seidenstoff"
17. Jh., aus arabisch *ḥalabî* „aus Aleppo". Lammens 10; de Gregorio, SGI 7, 168; FEW 64 b.

alérion „kleiner Adler" (Heraldik)
13. Jh., viersilbig, bezeichnet einen Raubvogel; im 17. Jh. auch *allélion;* ist dissimiliert aus **aler-illon,* d. i. deminutive Abl. von einem nicht belegten afrz. **a(l)ler,* aus fränkisch *adalâro* „Adler", als Ausdruck der den Franken ursprünglich vorbehaltenen Falknerei; wegen des Suffixes vgl. *émerillon.* Unmittelbare Abl. von fränk. *adalaro* „Adler", über *aëleron,* ist lautlich nicht möglich, vgl. Bl.-W. 17.

aléron „schmale Leiste, von der aus die Weberkette in Bewegung gesetzt wird"
18. Jh., nach dem Dict. gén. in Lyon *aleiron,* von wo aus das Wort vermutlich in die Literatur gewandert ist; aus afrz. *aleron, aleiron* „Schwinge" (an Raubvögeln, Rebhühnern), das zu *ala* „Flügel", *alarius* „zu den Flügeln gehörig" zu gehören scheint, s. *allier* 2; vgl. Thomas, Ess. 11.

alerte „Ruf der Wachsamkeit"
17. Jh. adverbiell *à l'erte,* dieses aus ital. *all'erta* „auf die Höhe!", „auf!"; ital. *erta* „Anhöhe" ist subst. Part. von aital. *ergere* „aufrichten", aus vlat. **ergĕre* für lat. *erigĕre,* REW 2899. Aus der Verbindung *être à l'erte* „wachsam sein" wird das Adjektiv *alerte* „wachsam" losgelöst.
Schon aus chronologischen Gründen nicht zu *allers,* das in Glossen als „doctus", „eruditus" bezeugt ist, und nach Ernout, Elém. Dial. Voc. latin italische Dialektform für lat. **aders* zu *ars, artis* sein soll.

aléser 1. „(den Aufwurf eines durchbohrten oder ausgehöhlten Gegenstandes) glatt machen", „(Münzplatten) beschneiden"
17., dafür im Centre *aliser* neben *aléser;* die *-i-*Form ist die ursprüngliche; sie ist abgeleitet von afrz. *alis* „glatt", „gerade", dann übertragen „fein", „zart"; in derselben Bedeutung prov. *lis,* so daß afrz. *alis* wohl von einem vorhistorischen **alisier* „glätten", „polieren" rückgebildet, und dieses von einem vorfranzösischen, dem prov. *lis* entsprechenden *lis* „glatt" abgeleitet ist, das in afrz. *alis* aufgegangen ist; aus fränkisch *lîsi* „sanft", „leise", wohl auch „glatt", s. agls. *gelîsjan* „gleiten"; s. auch *lisse.* Die Form *aléser* für *aliser* zeigt Vermischung mit *aléser* 2.
Im 10. Jh. bezeugtes *alisum* „ungesäuertes Brot", afrz. und westfrz. *pain alis* dasselbe,

bedeutet ursprünglich wohl „glattes, d. h. nicht aufgegangenes Brot"; kaum ein lat. *allisus* „anschlagen", zu lat. *allidere* „anschlagen", Thomas, Rom. 38, 358 ff., was begrifflich schwierig ist, da wohl ein Übergang von „glatt", „eben" zu „nicht aufgegangen" (vom Brot) denkbar ist, nicht aber von „angestoßen", „abgenutzt", s. REW 365; s. auch FEW 72.

2. „(die Seele eines Geschützes) kalibermäßig bohren"
ist afrz. *alaisier* „ausweiten", 12. Jh., aus gallorom. **allātiare* zu lat. *latus* „breit". Thomas, Mél. 11; FEW 70 b; REW 353; vgl. *alèze;* dazu 17. Jh. die *-orium*-Abl. *alésoir* „Zylinderbohrer".
alestir s. *leste.*

alevin „Fischbrut"
12. Jh. neben *alevain,* vgl. Morvan *alvein* „junges Vieh", aus vlat. **allevamen* zu lat. *allevare* „aufrichten", afrz. *alever* „aufziehen" = *élever,* die *-in*-Form in Anlehnung an lat. *nutrīmen,* s. *nourrain.* REW 358; FEW 71.

alezan „fuchsrot"
16. Jh., aus span. *alazán,* d. i. substantiviertes arab. *'azʿár* „rötlich"; Brüch, ZFSL 49, 292; Cor. I, 80; vgl. FEW 55; Lammens 10.

alèze 1. „zusammengelegtes Leintuch, das Kranken quer über das Bett untergelegt wird"
16. Jh., ist verschmolzen aus *la laize,* d. i. afrz. *laise* „Breite", vgl. bei Godefr. unter *laice, leise de dras teinz* „Tuchbreite", heute poitev. *laize* „Breite eines Stoffes"; d. i. vlat. **lātia* zu lat. *latus* „breit", s. *aléser* 2; Thomas, Mél. 11 f.; REW 4926.
Afrz. dreisilbiges *laïse* und dieses aus *latitia* zu *latus,* das in den Glossen belegt ist, Meyer-Lübke, ALL 8, 335; G. Paris, Rom. 15, 628; Horning, ZRP 18, 239, ist Nebenform von afrz. *laece* und von *laise* unabhängige Bildung; s. G. Paris, Rom. 18, 550.
2. „Ansatzbalken", „Verlängerungsstück"
15. Jh., ist postverb. Subst. von afrz. *alaisier* „breit machen", s. *aléser* 2, s. die Literatur unter *alèze* 1.

alfa „Spartgras"
19. Jh., für älteres *aufe,* s. d., aus arabisch *ḥalfâ'*. REW 4002; Lammens XXXI; Bl.-W. 18.

alfange „Türkensäbel", „Lattichart"
17. Jh., aus span. *alfange*; dieses aus arabisch *al-ḫanǧar* „Messer", „Dolch", „Säbel"; vgl. auch die unmittelbare Entlehnung *kandjar.* Lammens 11; Schmidt, Sp. E. 86.

algalie „Harnblasensonde"
16. Jh. *argarie,* aus mlat. *(argalia),* dieses aus dem mgr. ἀργαλεῖον, das selbst aus vlat. **arganum* für lat. *organum* „Werkzeug" stammt. Dict. gén.; FEW 136 a.

alganon „Sklavenkette"
18. Jh., aus mlat. *(arganum)* „Werkzeug", s. *algalie.* Dict. gén.

algarade „Angriff", „Verweis"
16. Jh., aus span. *algarada,* Abl. von span. *algara* „Einfall in feindliches Land", auch die „einfallenden Truppen", aus arabisch *al-ghâra* „Einfall". Lammens 12; Cor. I, 120; Bl.-W. 18.

algazel „Säbelantilope"
18. Jh., aus arabisch *al-ghazâl* „Gazelle". Lammens 13; Littmann 79.

algèbre „Algebra"
16. Jh., aus mlat. *(algebra),* dieses aus arabisch *al-ǧabr* „Einrichten" (z. B. der Knochenbrüche), die Bedeutung „Algebra" über „Einrichtung der Arithmetik in ein vollendetes System", Brüch, NS 32, 435; Littmann, 76. Dict. gén.; Lammens 13; FEW 65 a.

algorithme „Rechenkunst"
13. Jh. *algorisme,* aus mlat. *(algorismus),* ist das „Rechnungsverfahren mit arabischen Ziffern; das Wort ist abgeleitet von al-*Chwârizmî,* dem Namen des ältesten bekannten Verfassers eines arabischen Rechenbuches", Littmann 77; Dict. gén.; Lammens 13.

alguazil „Häscher", „Scherge"
16. Jh., aus span. *alguazil,* dieses aus arabisch *al-wazîr* „Ratgeber"; Lammens 13.

algue „Alge"
16. Jh., aus lat. *(alga).*

alibi „Abwesenheit von einem Ort"
14. Jh., veraltet auch „Ablenkung", aus lat. *(alibi)* „anderswo".
alibiforain s. *alibi* und *forain.*

aliboron *(maître)* „Meister Alleswisser"
seit 1440 *maistre Aliborum,* bezeichnet zunächst den Händler mit pharmazeutischen Kräutern, so im Testament du maistre Pathelin, daher dann die Bedeutung „Doktor", „Weiser"; dient dann zur Umschreibung des Namens des Teufels in den Mysterien. Bei La Fontaine wird *maître Aliboron* für den Esel, d. h. den, der sich in alles einmischt, gebraucht. Zugrunde liegt die seit dem 13. Jh. bezeugte Form *aliboron* für lat. *(helleborum)* „Nieswurz", so noch heute mundartlich z. B. Meuse *aliborgne* „Nieswurz", Roll. Fl. 1, 77. *Maître Aliboron* ist also ursprünglich der „Meister Nieswurz". Die Nieswurz gilt im Mittelalter als Allerweltsheilmittel. Sainéan, Rab. 1, 426; Schuchardt, ZRP 13, 532; REW 2850; Bl.-W. 18.
Nach *Thomas, Maître Aliboron, Paris 1919, würde die Bezeichnung auf einer mißverstandenen Stelle bei Martianus Capella: Carneadesque parem vim gerat elleboro, „C. möge sich die gleiche Kraft (der Disputirfähigkeit) durch die Nieswurz aneignen" beruhen, an der Johannes Scotus Erigena in *elleboro* fälschlicherweise den Namen eines Philosophen gesehen hätte. So wäre *Elleborus* als Philosoph in die französische Gelehrtenwelt

eingedrungen, s. Roques, Rom. 46, 160. Doch bleibt auffällig, daß dieser Pseudophilosoph nun in den Kreisen der Gelehrten die gleiche Form angenommen hätte, wie *helleborus* „Nieswurz“ in der Volkssprache. Vgl. Tilander, Stud. Neoph. 19, 170 f.; Dauzat, Fr. mod. 15, 159.

aliboufier „Storaxbaum“
18. Jh., aus nprov. *alliboufier,* das seit dem Beginn des 17. Jhs. bezeugt ist; daneben auch *aligoufier, aliboutié* u. ä., u. H. Roll. Fl. 7, 254.

alicant(e) „Art spanischer Wein“
19. Jh., aus *vin d'Alicante,* d. i. dem Namen der katalonischen Stadt *Alicante.*

alicate „kleine Zange (der Schmelzarbeiter)“
18. Jh., aus span. *alicates,* dieses aus arabisch *al-laqqâṭ* „Zange“. Dict. gén.; Lammens 15.

alichon s. *alluchon.*

alidade „Diopterlineal“
16. Jh., aus span. *alidada,* dieses aus arabisch *al-ᵉiḍâda.* Dict. gén.; Lammens 15.

aliéner „verändern“, „entfremden“
13. Jh., dazu im 14. Jh. *s'aliéner* „geistesgestört werden“, entlehnt aus lat. *(alienare),* dasselbe, dann *alienare alicuius mentem* „wahnsinnig machen“, *alienatus* „geistesgestört“, das in *aliéné* (d'esprit) weiterlebt; dazu 14. Jh. *aliénation d'esprit* in Übertragung von lat. *alienatio mentis* „Wahnsinn“; Bl.-W. 18.

aligner s. *ligne.*

alignette s. *aine* 2.

aliment „Nahrungsmittel“
16. Jh., aus lat. *(alimentum).* FEW 66 a.

alinéa „eingerückte Zeile“, „Absatz“
17. Jh., aus mlat. **(a linea)** „bei der Zeile“ (fortsetzend), beim Abdiktieren; Bl.-W. 18.

alios „Raseneisenstein“
19. Jh., aus gaskognisch *alios;* dieses bezeichnet den Tuffstein bzw. den eisenhältigen Sandstein, der die Unterschichte der *Landes* bildet; s. Mistral; u. H.

alise „Elsbeere“
12. Jh., auch in der maskulinischen Form *alis,* dazu seit dem 13. Jh. die Abl. **alisier** „Elsbeerbaum“; seit der ältesten Zeit finden sich daneben die gleichbedeutenden *-s*-losen Formen *alie, aliier,* die heute in den Mundarten weit verbreitet sind, s. Roll. Fl. 5, 118 ff.; ALF 1429; Schultz-Gora, IF 33, Anz. 45; diese Doppelformen weisen auf Entlehnung aus dem Gallischen (im Irischen ist *-s-* seit der ältesten Zeit verstummt, Hubschmied, VR III, 108). Hier sind *Alisia, Alisanos* u. a. als Eigennamen bezeugt, s. Dottin 225, so daß wohl ein gallisches **ali(s)ia* „Elsbeere“ angesetzt werden darf, das mit ahdt. *elira* < **aliza,* lat. *alnus* < *al(i)snos* „Erle“ urverwandt ist, s. ZRP 43, 523 f.
Nicht germ. **aliza,* Meyer-Lübke, LGRP 6, 456; REW 350; FEW 69, vgl. Jud, ASL 121, 92, doch liegt ein entsprechendes gotisches **aliza* dem span. *aliso* „Erle“ zugrunde; gallisch **alika* wegen Aveyron *aligo,* Bertoldi, Studi ital. Fil. class. VII, 259 f. ist unbegründet; *aligo* ist falsche Anpassung an nördl. *alie;* s. Hubschmid, ZRP 66, 57; ZRP 79, 361; *alisos* wäre nach Longnon 23 iberisch, nach d'Arbois de Jubainville ligurisch.

aliser s. *aléser* 1.

aliter s. *lit.*

alivrer s. *livre* 2.

alizari „getrocknete Krappwurzel“
19. Jh., aus span. *alizari,* dieses aus arabisch *alᵉaṣâra* „Saft“. Lammens 15.

alize, alizer, alizier s. *alise* usf.

alizé *(vent)* „Passatwind“
17. Jh., besonders in *vents alizés,* aus span. *vientos alisios* (port. *aliseus, alisados*), dazu schon im 16. Jh. *lis de vent,* Dutko, Fr. mod. III, 167. H. u.; kaum zu *lisse, aliser,* s. Bl.-W. 18.

alkékenge „Judenkirsche“
15. Jh., aus arabisch *al-kākanǧ.* Devic, RLR 19, 302; Lammens 260; FEW 69 b.

alkermès „Kermesbeersaft“
16. Jh., aus arabisch *al-qirmiz,* Lammens XIX, 265; vgl. *kermès, armoisin, cramoisin.*

allah „Gott (der Mohammedaner)“
aus arabisch *allâh.* Lammens 16.

allaite „Wolfszitze“
18. Jh., ist postverb. Subst. von **allaiter** „säugen“, 12. Jh. *alaitier* „säugen“, „saugen“ (an der Mutter), aus lat. *allactare* „stillen“, das bei Marcellus Empiricus bezeugt ist, s. ALL 8, 469, d. i. Abl. von lat. *lactare* „an der Brust trinken“. REW 351; FEW 70; ALF 1430.

allécher „anlocken“
12. Jh. *allechier,* apik. *alekier,* das in norm. *allequer, alliquer* weiterlebt, ist Kreuzung von lat. *allectare* „anlocken“, das mit *allaiter* s. o. gekreuzt, in afrz. *alaitier* „anlokken“ vorzuliegen scheint und über die ganze Romania verbreitet ist, mit gallorom. **leccare* „lecken“, s. *lécher,* vgl. ZRP 43, 524; Regula ZRP 43, 2.
Wegen pik. norm. *allequer* u. ä. nicht **allecticare,* d. i. Intensivform zu *allectare,* Horning, ZRP 9, 140; 24, 556; FEW 70 f. Bl.-W. 18, da span. *alechigar* „versüßen“, „mildern“ nicht zu *allécher* gehört, sondern zu span. *lechiga* „Ruhestätte“, Cor. 3, 63; auch kaum **allicicare,* d. i. Intensivform zu lat. *allicere* „anlocken“, Salvioni, Misc. Ascoli 94; REW 362.

allée „Gang“, weiter Weg“ u. ä.
12. Jh. „das Gehen“, ist ursprünglich abstrakte Abl. von *aller,* s. d.

allégation s. *alléguer.*

allégeance 1. s. *alléger.*
2. *sermon d'-* „Huldigungseid“

18. Jh., aus englisch *allegiance* dasselbe, dieses zu afrz. *lijance, liejance* u. ä. „Vassalität", vielleicht über afrz. *à ligeance,* Holthausen; dieses zu frz. *lige,* s. d.; Dict. gén.

alléger „erleichtern"
12. Jh., aus lat. *alleviare*, REW 361. Dazu seit dem 12. Jh. das postverb. Subst. *allège*, vielleicht schon gallorom. **allevium* „Erleichterung", dazu 12. Jh. *alegium,* Bl.-W. 19, bezeugt seit dem 17. Jh. in der Bedeutung „Lichterschiff", Kemna 36, auch als „Stützmauer" u. ä. Vom Verbum abgeleitet seit dem 12. Jh. **allégeance** „Erleichterung", FEW 71 b.
allégerir s. *léger.*

allégir „erleichtern"
13. Jh., ist mit Konjugationswechsel aus afrz. *alegier* dasselbe entstanden, s. *alléger,* da die frz. Abl. von Adjektiven, zu denen das Verbum der Bedeutung nach gehört, in jener Zeit in die *-ire* Konjugation eingereiht werden; vgl. auch afrz. *alechir* neben *alechier,* s. *allécher.*

allégorie „Allegorie"
12. Jh., aus lat. *(allegoria).*

allègre „frisch", „munter"
15. Jh., aus ital. *allegro* für älteres, seit dem 12. Jh. bezeugtes *haliegre* u. ä., aus vlat. **alecru* für lat. *alacer, alacris,* mit Abschwächung des *-a-* in der 2. Silbe, die ursprünglich unbetont war, im Vlat. aber den Hauptton bekam, bevor die Diphthongierung des *-ĕ-* eintrat; die Aspiration würde sich nach Suchier, Gr. Gr. I^2, 796 aus Einwirkung von deutschem *hail* (d. h. fränkisch **hail, *hêl,* vgl. gotisch *hails* „gesund", „heilsam", auch als Grußform verwendet, s. Kluge) erklären, wäre dann eine ähnliche Erscheinung wie die Kreuzung von lat. *altus* und fränkisch **hôh,* s. *haut,* kann aber Zeichen starken Affektes sein wie in *hideux,* s. Bl.-W. 19. Diez 12; REW 307; Meyer-Lübke, Einf. 153; FEW 56 f.; Schultz-Gora, IF 33, Anz. 43.

allégro „Allegro"
18. Jh., aus ital. *allegro,* s. *allègre.*

alléguer „anführen"
13. Jh., aus lat. *(allegare).* FEW 70 a.

alléluia „Halleluja"
12. Jh., aus mlat. *(alleluia)*; dieses aus hebräisch *hall^{e}lū-jâh* „lobet Gott"; seit dem 16. Jh. bezeichnet das Wort auch den „Sauerklee". Dict. gén.

allemand „deutsch"
13. Jh. *aleman,* Fem. *-ane,* aus mlat. *alamannus*, dieses aus ahdt. *aleman* „Deutscher". REW 308; FEW 57 a.

aller „gehen"
in den Reichenauer Glossen wiederholt als *alare* (neben *ambulare*) bezeugt, ist Kurzform von lat. *ambulare*, das seit Vegetius in der Soldatensprache die Bedeutung „im Schritt marschieren" hatte, s. Heraeus, ALL 12, 270, vgl. noch in den Glossen, Corp. gloss. 5, 164, 48 agmen = ordinata multitudo, id est exercitus *ambulans*; aus der Soldatensprache dringt *ambulare* in die Volkssprache und wird mit *ire* „gehen" gleichbedeutend, so in Ciceros Briefen, s. *Bücheler, Umbrica 93; bei Kaiser Hadrian, s. *Wölfflin, Lat. und Rom. Comp., S. 85 f., bildet dann mit *ire* und *vadere* „schreiten" ein kombiniertes System zunächst des Ind. Präs. und den von diesem abhängigen Formen; *ire* bleibt zunächst in den zweisilbigen Formen, daher auch als altes Relikt frz. *irai* usf.; in der Vulgata im Imperativ Sing. *vade,* Plural *ite,* wird aber weiter zugunsten von *ambulare* zurückgedrängt, so daß in der Mulomedicina Chironis fünfzigmal *ambulare,* nur mehr dreimal *ire* steht; aber *vadere* behält seine frühere Stellung; s. Löfstedt, Aeth. 287 f.; ders. Syntactica 38 f. Für das gallorom. Gebiet ist *ambulare* „gehen" bezeugt durch die Lex Salica, Gregor v. Tours, s. Bonnet, Lat. de Grégoire de Tours 297 usf. Die Kurzform *alare* ist zunächst in der Soldatensprache als Kommando entstanden, also etwa *alate* für *ambulate!* Dazu wurde als neuer Infinitiv *alare* gebildet, vgl. einen ähnlichen Vorgang in kalabresisch *dallari* „schlagen", aus *dalli* „gib's ihm!". Jud, Rom. 44, 130. Schuchardt, ZRP 13, 528; 15, 118; 23, 325 ff.; Rom. 17, 417 ff. Horn, Sprachkörper u. Sprachfunktion, 1921, 44 ff.; Horn, NS 30, 270; Ahrens, ZRP 43, 605; REW 412; FEW 86/87; ALF 22 ff.; Bl.-W. 19.
Die Etymologie ist durch die spätlat. Überlieferung außer Zweifel gesetzt. Frühere Deutungsversuche bei Stucke, Frz. „aller" und seine romanischen Verwandten, Heidelberg 1902; daher *alare* nicht Rückbildung von **ambalare,* das die Urform von *ambulare* wäre, Ricken, NS 27, 77 ff. und 29, 55, da schon die Urform unmöglich ist, Breuer NS 27, 453; Hilka NS 27, 454 ff.; auch nicht **alare* zu germ. **alj-* „anders", so daß *alare* „an einen andern Ort gehen" bedeuten würde, Koppelmann, Neophilologus 8, 257 f.; ebensowenig *alare* Kurzform für *advolare* „hinfliegen", Tuttle RR 4, 241 f.; auch lautlich unmöglich ist *alare* aus **annulare,* dieses Deminutivbildung von **annare* für lat. **adnare* „hinzuschwimmen"; *Rice, PMLA America 19 (1904).
Auch neuere Erklärungsversuche berücksichtigen nicht die lückenlose lateinische Überlieferung, so de Poerck, Etymologica 567 wie schon früher E. F. Parker, Publ. Mod. Language Association 49, 4; Alessio RLiR 17, 162; Manning, Language XIII, 188; Lanly, RLiR 23, 112; Dauzat, Mél. Grandgagnage und Dict. étym. s. *aller.*

alleu „Freigut"
12. Jh., *alues-alue,* dazu später als analogi-

scher Akkusativ *aluef,* in der Lex Salica *alodis,* bezeichnet im Gegensatz zum *feudum,* s. *fief,* „das vererbliche freie Eigentum"; aus fränkisch **a l ô d* „Vollbesitz" zu *al-* „ganz" und **ôd,* der spätfränkischen Entsprechung von as. *ôd,* agls. *eád* „Besitz", „Gut". Die entsprechende gotische Form des Wortes steckt in dem *alaudes* der westgotischen Urkunden. Grimm, Rechtsaltertümer, 493, 950; Diez 12; REW 369; FEW 75 a.

Daß im ersten Teil des Wortes germ. *adal* „edel" enthalten ist, ist lautlich und begrifflich nicht gerechtfertigt, Braune, ZRP 10, 266 ff.

alliance „Bund", „Vereinigung"
12. Jh. auch *aleiance,* ist Abl. von afrz. *aleier* neben *alier,* beide seit dem 12. Jh., die *-i-*Form analogisch nach Verben wie *neier, nier,* s. *nier;* daraus nfrz. **allier** „vereinigen", „verbinden", aus lat. *a l l ĭ g a r e* „festbinden", „fesseln". REW 363; FEW 71 f.

allier 1. s. *alliance.*
2. „Steckgarn zum Fang von Wachteln und Rebhühnern"
15. Jh. auch *hallier* geschrieben, ist nach Thomas, Mél. 12, lat. *a l a r i u m* zu *alarius* „beflügelt", da die Ränder des Netzes an Flügel erinnern, REW 304; FEW 58 a; doch ist die Herleitung nach Schuchardt, ZRP 26, 404 f. begrifflich nicht einwandfrei; s. *aloi.*

alligator „Kaiman"
17. Jh., aus englisch *alligator,* dieses aus span. *lagarto,* das zum Stamm von frz. *lézard* gehört. Dict. gén.; s. im 16. Jh. *aligarto,* port. *lagarto* dasselbe, Bl.-W. 19.

allingue „Vorrichtung zum Auffangen des in Flüssen herabgeschwemmten Holzes"
18. Jh., ist wahrscheinlich mundartliche Entsprechung von afrz. *eslingue* „Schlinge", s. *élingue.*

allô „Hallo! (im Telephonverkehr)"
19. Jh., aus dem Anglo-amerikanischen, Dict. gén. Kaum für *allons!,* das nach Dauzat, RPFL 34, 90; Fr. mod. VI, 21 im Jahre 1880 in dieser Form in Gebrauch stand; es dürfte vielmehr *allons!* Umdeutung des fremden *allô* darstellen.

allobroge „Lümmel"
17. Jh., in gelehrter Wiederbelebung des Namens der *A l l o b r o g e s,* die schon bei den Römern als rüpelhaft galten. Dict. gén.; FEW 72 b.

allocation „Geldbewilligung"
15. Jh., ist rückgebildet von *allouer* „(eine Geldsumme) bewilligen" in Anlehnung an *location* aus lat. *(locatione)* „Verdingung", „Verpachtung"; s. *allouer.*

allocution „Ansprache"
wird allgemein erst im 19. Jh., findet sich vereinzelt schon im 12. Jh., dann wieder im 16./17. Jh. aus lat. *(a l l o c u t i o n e),* dass.

allodial „erblich eigen"
17. Jh., ist Abl. von mlat. *(a l l o d i u m),* s. *alleu.*

allouer „(eine Geldsumme) genehmigen", „gelten lassen", „(Kredit) einräumen" u. ä.
13. Jh. „Lob aussprechen", aus lat. *a l l a u d a r e* dasselbe. Das Wort ist mit afrz. *aloer* „unterbringen", „anwenden", „aufwenden", „mieten", refl. „in Sold treten" u. ä. verschmolzen, das in diesen Bedeutungen in den Mundarten noch lebt; dieses aus vlat. *a l l o c a r e,* so in den Tironischen Noten, Heraeus, ALL 12, 49, d. i. verstärktes lat. *locare* „unterbringen", „vermieten", „verdingen", s. *allocation, louer.* REW 368; FEW 72 f.

alluchon „Zahn am Zahnrade"
dazu Centre *allochon,* Anjou *alichon* dasselbe. Dazu gehört wohl auch frz. **alichon** „Schaufel am Wasserrad", so seit dem 17. Jh., aber in derselben Bedeutung schon im 15. Jh. *alleuchon,* s. DuCange s. *aleuba;* es ist ein vlat. **a l a p i o n e,* d. i. dem Abl. von *alapa* *Radschaufel", s. *aube,* Schuchardt, ZRP 31, 722, doch ist die Bedeutung „Radschaufel" für *alapa* unsicher; die Formen **alechon, aleuchon* sind die lautlichen Entsprechungen des Wortes, die übrigen Formen daraus mit Suffixwechsel, da *-ochon, -ichon,* im ganzen Südgürtel des Nordfrz. beliebte Deminutivsuffixe sind.

Frz. *alichon* trotz gleichbedeutendem *aileron* kaum zu lat. *ala* „Flügel", s. *aile,* FEW 56 a; auch nicht zu frz. *loquet* Dict. gén.; ZRP 43, 521.

allumer „anzünden"
12. Jh. „Licht machen", „erleuchten", „anzünden", vgl. dazu wall. *aloumer* „blitzen", aus vlat. **a l l ū m i n a r e* für *illuminare* „erleuchten". REW 372; FEW 73 f.; ALF 33.
Dazu u. a. seit dem 14. Jh. die Werkzeugsableitung *allumette* „glühender Holzspan", nfrz. „Zündhölzchen". ALF 35.
allure s. *aller.*

allusion „Anspielung"
16. Jh. auch „Scherzen", aus lat. *(a l l u s i o n e)* in beiden Bedeutungen.

alluvion „Anschwemmung", „Anschutt"
16. Jh., aus lat. *(a l l u v i o n e).*

almageste „Almageste" (Sammlung astronomischer Beobachtungen)
13. Jh., aus arabisch *a l - m a ğ i s ṭ î,* d. i. die arabische Form des Werkes μεγίστη (σύνταξις) von Ptolomaeus; Lam. 260; Littmann, 78.

almanach „Almanach"
14. Jh., aus mlat. *(a l m a n a c h u s);* dieses ist entlehnt aus griechisch-ägyptischem ἀλμενιχιακά „Kalender", das bei dem Kirchenvater Eusebius bezeugt ist. Dict. gén.; Kluge s. v.; ALF 1434.
Nicht aus dem Arabischen, REW 5281; FEW 74 f., Brüch, NS 32, 435, da *almanah* im spanischen Arabisch des 13. Jh. aus dem Mlat.

stammt, arabisch *al-manâḫ* „Ort, wo sich Kamale niederknien", vulgär „Klima", begrifflich nicht entspricht, Lam. 17.

almée „orientalische Tänzerin"
19. Jh., aus arabisch *ᵋâlima* „Wissende", „Kennende" (Haffner); Lam. 18, 274.

almicantarat „Höhenkreis"
16. Jh., aus arabisch *al-muqanṭarât*. Lam. 260.

aloès „Aloe"
10. Jh. *aloen*, aus lat. *(lignum) (aloes)*, das aus dem Griechischen stammt; FEW 75 b; Berger, Lehnw. 52.

aloi „Feingehalt"
13. Jh., ist postverb. Subst. von afrz. *aloier*, das ist Nebenform von *allier*, s. *alliance*, ursprünglich in der Verbindung *de bon aloi* „von guter Mischung", aus dem sich *aloi* „Feingehalt" losgelöst hat.
Dazu seit dem 16. Jh. die Abl. **aloyer** „legieren". FEW 71 f.; REW 363.
alonge s. *allonge.*

alors „dann"
15. Jh., ist mit der temporalen Präposition *à*, z. B. in *à cette heure*, verschmolzenes afrz. *lors*, aus lat. *illâ horâ* „zu jener Stunde", s. *lors.*

alose „Maifisch"
12. Jh., aus gallisch-lat. *alausa*, das bei Ausonius belegt ist; dazu seit dem 18. Jh. die Abl. **alosier** „Alsennetz". REW 314; FEW 58 b.

alouette „Lerche"
12. Jh., ist deminutiv-kosende Abl. von afrz. *aloe* dasselbe, das heute noch mundartlich im Nordosten und Südwesten weiterlebt; dieses aus lat. *alauda* dasselbe. ALF 36; REW 313; FEW 58.
alourdir s. *lourd.*

aloyau „Rückenstück", „Lendenbraten"
14. Jh. *allouyaux de beuf*, bezeichnet zunächst kleine, mit Speck überzogene Stücke Ochsenfleisch, die wie Vögel am Spieß gebraten werden; es ist daher wohl eins mit afrz. *aloel, aloele* „Lerche", d. i. Abl. von *aloe*, s. *alouette.* Tobler, SA Berlin 1893, 19; FEW 58, Anm. 3.
aloyer s. *aloi.*

alpaque „Alpaka" (Art Schafkamel)
aus span. *alpaca*, dieses aus dem Peruanischen; Littmann 144; Cor. 164; Dict. gén.

alpestre „Alpen-"
16. Jh., aus lat. *(alpestris).*

alphabet „Alphabet"
16. Jh., aus lat. *(alphabetum).* FEW 76 a.

alpin „alpin"
16. Jh., wird im 18. Jh. allgemein gebräuchlich, Bl.-W. 20; aus lat. *(alpinus)*; zum gleichen Stamm im 13. Jh. *alpes* „Berge", Flutre, Rom. 65, 507 f., eigentlich „die Alpen"; dazu in den frz. Alpen und in der Westschweiz *alpe* „Alm" (Weide), *alpage* „Viehauftrieb".

alpiou „Verdoppelungszeichen beim Bassettspiel"
17. Jh. (Mme de Sévigné), aus ital. *al più*, das ist die Entsprechung des frz. *au plus.*

alquifoux „Bleiglanz"
18. Jh., aus span. *alquifol*, dieses aus arabisch *al-koḥl*, s. *alcool.* Lam. 20.

alsine „Miere"
16. Jh., aus lat. *(alsine)*; der eigentliche französische Ausdruck ist *morgeline*, s. d.

altercation „heftige Auseinandersetzung"
12. Jh., aus lat. *(altercatione)*, dasselbe, dann als juridischer Ausdruck „Wortwechsel", „Disput", so frz. bis ins 16. Jh.; Bl.-W. 20.

altérer „verderben", „entstellen", dann „ängstigen", „Durst erregen"
14. Jh., aus lat. *(alterare)* „anders machen", besonders „schlimmer machen", so vereinzelt afrz., dazu im 16. Jh. *altéré de soif* eigentlich" zum Schlimmen verändert durch den Durst", mit *de*, das alt den Urheber beim passivischen Geschehen auch in der Funktion von nfrz. *par* bezeichnen kann, Gg. Syntax 282 f.; in der Verbindung *altéré de soif* schwindet die Vorstellung des „Änderns", es erweckt nur mehr die Vorstellung „durstig"; die charakteristische Ergänzung *de soif* bleibt weg, *altéré* wird zu „durstig gemacht", dazu ein transitives *altérer* „durstig machen"; dazu in anderer Entwicklungsrichtung *altéré de sang* „blutdürstig"; dazu seit dem 16. Jh. die Gegenbildung *désaltérer* „den Durst stillen", refl. „seinen Durst löschen".

altesse „Hoheit"
16. Jh., für afrz. *hautesse* „Höhe", aus ital. *altezza*, d. i. Abl. von *alto* „hoch", aus lat. *altus*, s. *haut.*

altier „stolz", „hochmütig"
16. Jh., aus ital. *altiero* zu ital. *alto* „hoch"; vgl. mit dem gleichen Stamm, aber *-anus*-Suffix, frz. *hautain* unter *haut.*

altitude „(geographische) Höhe"
15. Jh., aus lat. *(altitudo)* „Höhe".

alto „Alt"
18. Jh., aus ital. *alto*, eigentlich „hoch", s. *altesse.*

altruisme „Selbstlosigkeit"
19. Jh., gelehrte Bildung zu frz. *autrui* „ein anderer", mit Rückanlehnung an lat. *alter*, dasselbe, s. *autre;* Bl.-W. 46.

alude „gefärbtes Schafleder"
18. Jh., aus prov. *aluda* für afrz. *alue*, aus lat. *alūta* „Alaunleder". REW 389; FEW 79 b.

aludel „Topf ohne Boden", „Sublimiergefäß"
seit dem 16. Jh., für afrz. seit dem 13. Jh. bezeugtes *alutel*, die *-d*-Form vielleicht über

spanisch *aludel,* aus arabisch *al- uthâl.* Lam. XII.

aluine „Wermut"
11. Jh. (Raschi) *aloisne,* in den Reichenauer Glossen 850 *aloxino* als Übersetzung von *absintio,* s. *absinthe,* ist als *aloxinum* zuerst im 6. Jh. bezeugt, s. Kluge, AR 6, 300; Stalzer, RG 90; nach dem Dict. gén. stammt das Wort aus gr. ἀλόη ὀξίνης „saure Aloe". REW 377; FEW 75 b.
Kaum mit Recht abgelehnt von Bertoldi, Studi ital. fil. classica VII, 257 f.

alumelle „Schneide", „Klinge"
12. Jh. *alemelle, lamelle,* aus lat. *lamella* „Metallblättchen". REW 4866.

alumine „reine Tonerde"
18. Jh., ist Abl. von lat. *(alumen)* „Alaun".

alun „Alaun"
12. Jh., aus lat. *alūmen,* REW 389; FEW 79 b; dazu seit dem 17. Jh. die Abl. **aluner** „in Alaunwasser sieden".

alvéole „Zelle" (Wabe), masc.
16. Jh., bis 18. Jh. Fem.; lat. *(alveolus)* „kleine Höhlung"; Bl.-W. 21.

alzan s. *alezan.*

amabilité „Liebenswürdigkeit"
17. Jh., aus lat. *(amabilitate),* s. *aimable.*

amade s. *hamée.*

amadis „Liebhaber", „Halbärmel"
17. Jh., nach dem Helden des von Herberay des Essarts 1540—1548 übersetzten spanischen Ritterromans *Amadis de Gaula,* Kölbel 51 f. Die Bedeutung „enger Halbärmel" nach dem Kostüm des Amadis in einer Oper Quinaults, das eine Zeitlang Mode war. Dict. gén.

amadou „Zündschwamm"
18. Jh., aus nprov. *amadou* „Liebhaber", wahrscheinlich Ausdruck des Rotwelsch, die Bedeutungübertragung wegen der leichten Entzündbarkeit des Zündschwamms; aus lat. *amatore* zu lat. *amare,* s. *aimer.* Dazu die Abl. *amadouer,* im 16. Jh. „schmeicheln", „durch Schmeicheleien zu gewinnen suchen", heute „liebkosen", ist in dieser Bedeutung nach *aimer* und *doux* umgedeutetes, bei Rabelais belegtes *frotter avec l'amadou,* in dem zunächst das gleichfalls im Argot nachgewiesene *amadoue* „Art Droge" vermutlich enthalten ist. Die Einzelheiten der Entwicklung sind noch ungeklärt. Bl.-W. 21; Dict. gén.; REW 407; FEW 83.
Nicht zu *ami doux,* Tobler, ZRP 10, 576, da *amidouler* in nördlichen Mundarten nicht die Grundlage von *amadouer* sein kann, vielmehr selbst aus diesem volksetymologisch umgedeutet ist; ebenso unhaltbar Diez 506; Mackel 48; Nigra Rom. 26, 560 f.

amaigrir s. *maigre.*

amalgame „Verbindung von Quecksilber mit Metallen", „Verquickung"
15. Jh., aus mlat. *(amalgama),* dieses aus arabisch *al-malgham,* das über das Syrische aus gr. μάλαγμα entlehnt ist; Littmann 76.

aman „Verzeihung" (die den sich unterwerfenden Arabern gewährt wird)
19. Jh., aus arabisch *amân* „Sicherheit", „Schutz", „Ehrenwort". Lam. 22; FEW 81 a.

amande „Mandel"
13. Jh., aber schon im 12. Jh. *alemande,* beide aus einem älteren **amandle* aus in den Glossen bezeugtem *amandula,* Pirson, RF 26, 852, vgl. *amandularius* im Cap. de Villis, Jud Spitzer, WuS 6, 1935, für lat. *amygdala.* Das Galloromanische setzt auch zwei andere spätlat. Umbildungen desselben Wortes fort: *amiddola,* Appendix Probi, so prov. *amella;* und *amyndala,* Tironische Noten, in prov. *amendola.* Roll. Fl. 5, 271 ff.; ALF 1753; Schuchardt Vok. 1, 37; Diez 202; REW 436; FEW 91. Aebischer, Estudios Menéndez Pidal I, 1—17.

amant „Liebhaber"
12. Jh., ist altes Partizip von afrz. *amer* „lieben", s. *aimer.*

amarante „Tausendschön"
16. Jh., aus lat. *(amarantus),* das aus dem Griechischen stammt; bezeichnet im 17. Jh. adjektivisch einen trübroten Farbton; Knauer, AR 17, 220.

amariner s. *marin.*

amarque „Bake"
17. Jh., ist verschmolzen aus *la marque,* s. d., vgl. *amers.*

amarrer „anmarren", „mit einem Tau festbinden"
13. Jh., lebt im Normannischen in der allgemeinen Bedeutung „festbinden", aus ndl. *aanmaren* dasselbe, s. Baist, ZDW 4, 272; REW 1 a; Valkhoff 45; FEW I, 1. Dazu seit dem 13. Jh. das postverb. Subst. **amarre** „Ankertau".
Nicht aus arabisch *al-marre* „Seil", Lam. 22; Schuchardt, ZRP 23, 189; auch nicht aus dem Neapolitanischen, Subak, ZRP 24, 128, wie die Verzweigung des Wortes in Nordfrankreich zeigt. Vgl. auch Braune, ZRP 21, 214; Behrens, DS 72.

amas „Anhäufung"
14. Jh., ist postverb. Subst. von **amasser** „anhäufen", dieses, 11. Jh., aus vlat. **ammassare,* d. i. nach *a-* 1 verstärktes vlat. **massare* „einen Klumpen machen", zu lat. *massa* „zusammengeknetete Masse", s. *masse.*
Oder frz. Abl. von *masse?*

amateloter s. *matelot.*

amateur „Liebhaber", va.; „Nicht-Fachmann" seit dem 15. Jh. für afrz. *ameour,* aus lat. *(amatore),* vgl. *amadou* und *amadouer.*
Die Bedeutung „Liebhaber von Künsten, die er selbst nicht ausübt", im 17. Jh., wird ins Englische übernommen und wandert Ende des 19. Jh. als Sportausdruck in das Frz. zurück; Bl.-W. 21.

amâtiner s. *mâtin.*
amatir s. *mat.*

amazone „Amazone", „Reiterin"
13. Jh., dann üblich vom 16. Jh. an, aus lat. *(amazone).*

ambages „Umschweife"
14. Jh., aus lat. *(ambages).* FEW 83 b.

ambassade „Gesandtschaft"
15. Jh., aus ital. *ambasciata,* für älteres, seit dem 13. Jh. bezeugtes *ambassée,* das sich zuerst bei dem Italiener Marco Polo findet; daneben zuerst bei Brunetto Latini *ambasseor* „Gesandter". Das Wort ist in Nordfrankreich nicht bodenständig, hier zweimal aus dem Italienischen entlehnt worden. Aber auch in Italien ist das Wort aus lautlichen Gründen nicht einheimisch; es stammt hier aus prov. *ambaisada* „Gesandtschaft"; dieses ist Abl. von einem untergegangenen **ambaisa* „Auftrag", vgl. auch prov. *ambaisat, ambaisaria* „Gesandtschaft", die auf älterem **ambaisa* beruhen können; **ambaisa* stammt aus gotisch *andbahti* „Amt", „Dienst", Dat. *andbahtja,* das wie andere germ. *-i*-Nominative in die romanische *-ia*-Deklination eingereiht wurde; daher zuerst bei Columbanus *ambactia,* in der Lex salica, Lex Burgundionum *ambascia, ambaxia* „Auftrag". Das germanische Wort stammt selbst aus lat.-gallisch *ambactus* „Dienstmann", vgl. Diez 15; Gg. RG I, 379; REW 408 a.
Nicht aus fränkisch **ambahtjan* (zu ahdt. *ambahtan* „beauftragen", und dieses zu ahdt. *ambaht* „Diener", „Verwalter"), REW 448; FEW 83 b; Baist, ZDW 9, 32; auch nicht aus fränkisch **ambahti* trotz des Beleges in der Lex Salica, da man daraus ein afrz. **ambaisse* oder **ambaiche* „Gesandtschaft" erwarten müßte, die Wortsippe dem ältesten Französischen aber fehlt. Man müßte denn annehmen, daß das Wort in vorhistorischer Zeit auch in Nordfrankreich bestanden hätte, und später neuerdings aus dem Italienischen entlehnt wurde. Afrz. *ambaissier* „beauftragen", Thomas, NE 40, scheint nur erschlossen zu sein. Prov. *embaissar* ist erst im 15. Jh. bezeugt und nach *embaisada* neben *ambaisada* neugebildet. Ital. *ambasciata* nicht aus vlat. **ambasciata* für **ambactiata,* zu lat. *ambactus,* Groeber, ALL 1, 238.
Von prov. *ambaisada* bzw. *ambaisat* „Gesandtschaft" abgeleitet ist prov. *ambaisador* „Gesandter", das als *ambasciatore* ins Italienische und von hier Ende des 14. Jhs. ins Französische dringt, **ambassadeur.**

ambe „Ambo"
18. Jh., aus ital. *ambo* „beide", s. d. F.

ambesas „Pasch" (im Tricktrack)
12. Jh., afrz. *ambes as* „Doppelaß", aus lat. *ambo* „beide" und *asses,* s. *as.* FEW 151; s. *besas.*

ambiant „umgebend"
16. Jh., aus lat. *(ambiente),* d. i. Part. von *ambire* „herumgehen"; dazu im 16. Jh. *air ambiant,* in Umsetzung von ital. *aria ambiente* der ital. Renaissance „die umgebende Atmosphäre", im 18. Jh. *milieu ambiant,* aus dem *ambiant* „Atmosphäre", „Stimmung" und *milieu* in der Meinung „Umwelt", „geistige Atmosphäre" sich loslösen. Für *milieu ambiant* wird Ende des 19. Jh. stilistisch umgesetzt *l'ambiance des milieux* gebildet (wie *l'immensité de la mer* für logisches *l'immense mer*); **ambiance** setzt sich als „Umwelt", „Stimmung" durch. Michaëlsson, Stud. Neoph. 12, 91 f.; Nilsson-Ehle, Stud. Neoph. 29, 180 f.

ambigu „zweideutig"
15. Jh., aus lat. *(ambiguus).* FEW 83 b.

ambition „Ehrgeiz"
13. Jh., bis ins 17. Jh. auch „Umtriebe", aus lat. *(ambitione).* FEW 84 b.

amble „Paßgang"
16. Jh., ist postverb. Subst. von veraltetem **ambler** „im Paßgang gehen", dieses, 12. Jh., aus lat. *ambulare* „herumgehen", „umherschreiten", in normaler lautgesetzlicher Entwicklung, vgl. dasselbe Wort in militärischer Sonderentwicklung unter *aller.* REW 412; FEW 86 f.
Aus prov. *amblar,* wegen der Entwicklung von *ambulare* zu *aller,* Bl.-W. 22, ist nicht nötig.

ambon „Emporkirche"
18. Jh., aus gr. (ἄμβων) „jede konvexe Fläche". Dict. gén.

ambre „Ambra"
11./12. Jh., aus arabisch *ʿanbar,* Diez 16; REW 441; FEW 932; Lam. 260. Dazu u. a. seit dem 13. Jh. die Abl. **ambrette** „Bisamstrauch", wegen des Geruchs des Strauches.

ambroise „Ambrosia", „Traubenkraut"
14. Jh., daneben seit dem 15. Jh. mit Übernahme der griechischen Betonung (ἀμβροσία) „Götterspeise", auch *ambroisie,* aus lat. *(ambrosia)* „Ambrosia", das schon im Lat. verschiedene wohlriechende Pflanzen bezeichnete, vgl. auch *framboise.* FEW 86 a.

ambulant „herumwandernd"
17. Jh., aus lat. *(ambulante)* s. *amble* und *aller.*

âme „Seele"
9. Jh. *aneme,* so noch im Alexius, im Rol. *anme,* daneben afrz. auch *alme, arme*; aus lat. *(anima).* REW 475; FEW 97; Berger, Lehnw. 56; ALF 1754.

amé „geliebt"
ist im Kanzleistil erhaltenes Part. von afrz. *amer* „lieben", s. *aimer.*

amélanche „Alpenmispel"
18. Jh., stammt aus dem Südosten, *melanko,* Thomas, Mél. 14, zuerst belegt bei Oribasius als *melanca;* ist auf Grund seiner geographischen Lagerung eher ligurischer Herkunft,

Bambeck, 39, als romanisiertes gallisches **aballinca,* zu *abal* „Apfel“, Schuchardt ZRP 26, 42; REW 9696. Dazu für den Baum **amélanchier.**

améliorer „verbessern“
12. Jh. *ameillorer,* die heutige Form in latinisierender Anlehnung an *melior,* ist Abl. von afrz. *meillor,* s. *meilleur* nach *a-* 2.

amen „Amen“
12. Jh., aus hebräisch *amen* „so sei es“. Dict. gén.

amender „verbessern“, „düngen“ u. ä.
12. Jh., afrz. auch „fördern“, „gut machen“, zu dieser Bedeutung auch afrz. *amendement* „Besserung“, „Förderung“, nfz. „Bodenverbesserung“, „Düngung“ u. ä., aus lat. *emendare* „verbessern“, mit Präfixwechsel, der schon vorhistorisch ist; dazu der Nebensinn afrz. „durch erlittene Strafe gutmachen“, dazu afrz. *soi amender* „büßen“; zu diesem das postverb. Subj. afrz. *amende* „Buße“, „Strafe“, nfz. namentlich „*Geldstrafe*“; dazu ferner nfrz. *faire amende honorable* „um Verzeihung bitten“, eigentlich „ehrenhafte Buße tun“; Diez 507; REW 2860.
Afrz. *amendement* tritt als *amendment* „Besserung“ ins Englische, wandert dann als Ausdruck des Parlaments als „Verbesserungsantrag“ während der frz. Revolution ins Französische zurück; Bl.-W. 22.
aménager s. *ménager.*

amène „anmutig“
16. Jh., aus lat. *(amoenus)* dasselbe. FEW 89 b.

amener „herbeiführen“
12. Jh., afrz. auch „hineinführen“, ist nach *a-* 1 gebildete vorhistorische Ableitung von *mener,* s. d.
Dazu seit dem 17. Jh. **amené** „Befehl zur Vorführung vor Gericht“, für imperativisches *amenez!*
amenuiser s. *menuiser.*

amer „bitter“
12. Jh., afrz. auch „unfreundlich“, „hart“, „feindselig“, dann als Substantiv „Galle“, so mundartlich weit verbreitet, „Bitterkeit“, daher nfrz. *les amers* „bittere Stoffe“; aus lat. *amarus* „bitter“. REW 406; FEW 82 b; ALF 37.

amerrir „landen“ (vom Wasserflugzeug)
auch *amerir,* seit 1927 bezeugt, ist Nachbildung von *aterrir* „landen“, nach *mer* „Meer“; Pottier, RPFL 42, 122.

amers „Landzeichen“
18. Jh., für **amercs,* d. i. postverb. Subst. von einem, wie es scheint, nicht belegten afrz. *amerquer* „bezeichnen“, vgl. norm. *merquer* dasselbe, dazu *merc* „Ziel“, „Zielscheibe“, „Grenzzeichen“, in Guernesey „Felsen im Meer“; s. über diese Wörter *marque.* Dict. gén.; REW 5532.
Oder aus ndl. **landmerk* „Landmark“, Baist, ZDW 4, 274?

amertume „Bitterkeit“
12. Jh., afrz. auch in der physischen Bedeutung z. B. vom Meereswasser, aus lat. *amaritudine.* REW 405; FEW 82 b.

améthiste „Amethist“
12. Jh. *matiste, ametiste,* 12./13. Jh. auch *ametite,* im 16. Jh. *amatite,* aus lat. *(amethistus).*
ameubler s. *meuble.*

ameublir „(den Boden) auflockern“, „(das unbewegliche Heiratsgut) dem beweglichen zurechnen“.
17. bzw. 14. Jh., ist Abl. von frz. *meuble* „beweglich“ nach *a-* 2.
ameulonner s. *meulon.*
ameuter s. *meute.*

ami „Freund“
11. Jh., aus lat. *amicus.* REW 422; FEW 88; ebenso **amie** „Freundin“ aus lat. *amica.*

amiable „freundschaftlich“ va.
12. Jh., aus lat. *amicabilis,* in formellem Zusammenhang mit *amicus-ami* entwickelt. FEW 87 f.

amiante „Asbest“
16. Jh., aus gr. (ἀμίαντος).

amical „freundschaftlich“
18. Jh., aus lat. *(amicalis).*

amict „Achseltuch“ (des Priesters)
12. Jh., aus lat. *(amictus)* „Umwurf“, „Hülle“.

amidon „Stärke“
14. Jh., im 15. Jh. auch vereinzelt *amilum,* die *d*-Form vermutlich nach ital. *amido.* Zugrunde liegt gr. ἄμυλον, dessen *-d-* nach Brüch, ZFSL 49, 297 bei der volkstümlichen Latinisierung durch lat. -λ- ersetzt worden wäre; dann geht ital. *amido* auf eine vlat. Grundform *amidum* für klassisches *amylum* zurück. Diez 16; REW 437; FEW 91 b.
amignarder s. *mignard.*

amignotter „verzärteln“
13. Jh., ist Abl. von afrz. *mignot* „liebenswürdig“, „hübsch“, „zärtlich“, s. *mignard.*
amincir s. *mince.*

amiral „Admiral“
11. Jh., afrz. *amiré, amiraut, amirail* u. a., bedeutet afrz. allgemein „Oberhaupt“, aus arabisch *'amîr a$^{\varepsilon}$ālî* „hoher Führer“, Brüch, ZRP 42, 226; *Gebhardt, Progr. Greiz 1912; vgl. Diez 13; Baist, RF 4, 368; REW 423; FEW 88 f. Das Wort kommt über Byzanz in den Westen, byz. *amirâs, amirâ,* vom 9. bis 11. Jh., daneben *ammiratus,* auch *-aceus, -aios, -alios;* dann in Sizilien seit 1109 *admiratus,* Kahane — Pietrangeli, Rom. Phil. 17, 310 f.; Migliorini, Fr. mod. 22, 117.
Oder *'amîr 'a$^{\varepsilon}$lā* „höherer Führer“, (Haffner) oder *amîr alf* „Befehlshaber über Tausend“, Littmann 96; nicht arabisch *'amîr-al-(baḫr)* „Kommandant des Meeres“, oder

'amîr-ar-(rahl) „Flottenkommandant", Lam. 24, da die Bedeutungsverengerung des arabischen Wortes zu „Admiral" nach Seybold, RDR 4, 119 erst am normannischen Hof in Sizilien erfolgt ist, daher ital. *ammiraglio* „Admiral", das selbst wieder ins Arabische zurückgewandert ist.
Dazu seit dem 14. Jh. die Abl. *(-atus)* **amirauté** „Admiralschaft".

amitié „Freundschaft"
11. Jh. *amistié,* aus vlat. **amicitate,* d. i. Abl. von *amicus,* s. *ami.* Gröber ALL 1, 239; REW 421; FEW 88.

amman „Kantonsvorstand"
ist vom 13. bis 15. Jh. für die Wallonie und Lothringen, seit dem 15. Jh. für die frz. Schweiz bezeugt; aus deutsch *Am(t)mann.* Tappolet, Lehnw. 3; FEW 89 b; Behrens, DS 40.

ammeistre „Ammeister"
früher erster Schöffe in Straßburg und einigen anderen Städten, 18. Jh., aus nhdt. *am(t)meister.* Behrens, DS 40.

ammoniac „Ammoniak"
15. Jh., schon im 13. Jh. *armoniac,* aus lat. *(ammoniacum)* „Gummiharz" (aus einem Baum der *Ammonsoase* träufelnd). FEW 89 b.

ammonite „Ammonshorn"
18. Jh., nach *(Jupiter) (Ammon),* wegen angeblicher Ähnlichkeit der Spirale der Muschel mit den gewundenen Hörnern des ägyptischen Gottes. Dict. gén.

amnésie „Gedächtnisverlust"
18./19. Jh., aus gr. (ἀμνησία), dasselbe.

amnistie „Amnestie"
16. Jh., aus gr. (ἀμνηστία) „Vergessenheit", „Verzeihung".

amodier „verpachten"
13. Jh., aus mlat. *(ammodiare)* zu *modius* „Scheffel". Dict. gén.; FEW 35.

amoindrir „vermindern"
12. Jh. *amenrir* „Schaden erleiden", seit dem 15. Jh. mit Einwirkung von *moindre* in der heutigen Form, ist vermutlich schon vorhistorische Abl. von afrz. *meindre* „geringer", s. *moindre,* bedeutet der Bildung nach zunächst „geringer werden".

amollir „verweichlichen"
12. Jh., ursprünglich „weich werden", ist Abl. von afr. *mol,* s. *mou.* Die transitive Bedeutung des nfr. Wortes hat zunächst afrz. *amoillier* aus gallorom. **ammolliare,* das noch heute mundartlich weit verbreitet ist. FEW 35.

amonceler s. *monceau.*

amont „aufwärts"
12. Jh., ist verschmolzen aus *à* und *mont,* s. d.; vgl. auch *aval.*

amorce „Köder"
13. Jh., ist substantiviertes Part. von afrz. *amordre* „anbeißen", dann faktitiv „ködern", steht also für *amorse* „Anbeißen", „Ködern"; das Verbum aus lat. *ammordēre* „anbeißen", mit Konjugationswechsel wie *mordre,* Diez 643; REW 181; FEW 37; dazu seit dem 14. Jh. die Abl. **amorcer** „ködern", dazu *amorcer le fusil* eigentlich „die Büchse anbeißen machen", dann „Zündhütchen aufsetzen"; dazu wieder seit dem 17. Jh. die Abl. **amorçoir** „Zündhütchenkapsel". Gade 21.

amortir „ertöten", „dämpfen"
12. Jh., zunächst „ersterben", vgl. wegen der späteren transitiven Bedeutung *amoindrir* und *amollir,* aus vlat. **ammortire,* d. i. Abl. von *mortuus* „tot". REW 186; FEW 37.

amouler „schleifen"
14. Jh., ist Abl. von afrz. *muele,* s. *meule* „Mühlstein", bedeutet der Bildung nach (*a-* 4) „auf den Mühlstein setzen".

amour „Liebe"
11. Jh., ist als Ausdruck der Troubadourdichtung aus prov. *amor* entlehnt, während die eigentliche nordfrz. Form *ameur* im Mfrz. vereinzelt belegt, in der Bedeutung „Hitze" (von brünstigen Tieren) in nördlichen Mundarten weiterlebt; aus lat. *amore.* Thomas, Rom. 44, 321 ff.; REW 427; FEW 90; Henry, Lex. 50.
Oder *amour* normannisch, wo das Wort z. B. bei Marie de France, Wace u. a. zur Hofliteratur gehörte; Chrétien gibt dem Wort allgemeine literarische Geltung; so nach Herzog, ZRP 47, 115.
Nfrz. *amour* kaum wegen Beeinflussung durch *amoureux* u. andere Abl. von afrz. *amour,* G. Paris, Rom. 10, 45.

amouracher „verliebt machen"
16. Jh., aus ital. *amorazzare* „liebeln", dieses Abl. von ital. *amore,* der Entsprechung von frz. *amour.*
Nicht frz. Abl. von *amour,* Horning ZRP 19, 182.

amourette *(des prés)* „Kuckucksblume"
geht mit anderen Pflanzennamen gleicher Form auf *amalusta* „Stinkkamille" zurück, das bei Apuleius belegt ist und sich frühzeitig mit lat. *amore,* s. *amour, amarus,* s. *amer* u. ä. gekreuzt hat, Thomas, Mél. 105; Roll. Fl. 7, 31 ff.; FEW 81.

amoureux „liebevoll"
13. Jh., aus lat. *amorosus.*

amovible „entziehbar", „widerruflich"
17. Jh., ist Abl. von lat. *(amovēre)* „entfernen".

amphibie „Amphibie".
16. Jh., aus gr. (ἀμφίβιος) „doppellebig"

amphigouri „Kauderwelsch"
18. Jh., ist künstliche Bildung aus dem gr. Präfix ἀμφί „um . . . herum" und ἀγορεύειν „reden", „erklären", vielleicht auch angelehnt an *allégorie.*

amphithéâtre „halbrunde Schaubühne"

16. Jh., seit dem 18. Jh. auch „großer, runder Hörsaal", aus lat. *(amphitheatrum).* Bl.-W. 24.
amphore „Amphora"
16. Jh., aus lat. *(amphora).*
ample „geräumig"
12. Jh., aus lat. *amplus.* REW 430; FEW 90 b. Dazu seit dem 18. Jh. die Abl. **ampleur** „Geräumigkeit" für afrz. *ampleté* dasselbe.
amplitude „Weite", „Ausdehnung"
15. Jh., lat. *(amplitudo).*
amplier „erweitern"
13. Jh., aus lat. *(ampliare).* Dict. gén.
amplifier „erweitern"
15. Jh., aus lat. *(amplificare)* in Anlehnung an die volkstümlich entwickelten Bildungen auf *-ficare.*
ampoule „weitbauchiges Fläschchen"; „Hitzblatter"
12. Jh., afrz. auch in der allgemeinen Bedeutung „Blase", „Beule", aus lat. *ampulla* „Fläschchen", das wohl schon im Lat. die Bedeutung „Blase" besessen hat, da das daraus entlehnte Wort im Berberischen ebenfalls die Bedeutung „Hautblase", „Harnblase" aufweist; Schuchardt, SA Wien 188, 4, 44. Diese Bedeutungsübertragung wäre nach Jud, Rom. 45, 276 in Anlehnung an *pullus* „Junges" erfolgt, vgl. in der Mulomedicina Chironis *pullaria* „Zahngeschwür". REW 431; FEW 91 a; ALF 1436.
amputer „amputieren"
16. Jh., aus lat. *(amputare)* „abschneiden".
amulette „Amulett"
17. Jh., aus lat. *(amuletum).*
amure „unteres Eck des Segels, das an der Windseite gespannt wird", „Halsen"
17. Jh., auch *amule,* dazu schon im 16. Jh. bezeugt **amurer** „die großen Segeltaue anziehen", im 17. und 18. Jh. auch *amuler.* Das Wort ist zuerst bei Rabelais belegt. Es lebt auch auf der Pyrenäenhalbinsel, so span. *amura* „Halsen", *amurar* „die Segel anziehen", das Cor. nicht überzeugend mit *muro* „Mauer" zusammenstellt; ebenso REW 5764; auch verschieden von afrz. *amure* „Schwertspitze", zu wall. *meûre* „Spitze", „kleiner Nagel ohne Kopf", Haust Rom. 40, 327 f. (?); dieses zu afrz. *amorer, amourer* „zuspitzen", das begrifflich und geographisch fern steht.
amuser „unterhalten"
12. Jh., ist Weiterbildung von afrz. *muser* „trödeln", „sich vergnügen", dazu *muse* „Trödelei", „Unterhaltung"; ist Abl. von gallorom. *musus* „Schnauze", das seit dem 8. Jh. belegt ist. Ausgang ist eine Bildung wie **musare* „Maulaffen feilhalten", s. *musard.* REW 5784.
Nicht zu einem Schallstamm **mus-* „Katze", Sainéan, Chat 77.
an „Jahr"
11. Jh., aus lat. *annus.* REW 487; FEW 99 f.; ALF 39, 924, 212.
ana „Sammlung vermischter Schriften"
17. Jh., ist losgelöste Endung von Sammlungsbezeichnungen wie *Ménagiana, Bolaeana* u. ä. Dict. gén.; Bl.-W. 24.
anabaptiste „Wiedertäufer"
16. Jh., zu gr. ἀναβαπτίζειν „wiederholt untertauchen", dann zusammen mit der Entwicklung des Stammverbums (s. *baptiser*) „nochmals taufen"; Bl.-W. 24.
anachorète „Einsiedler"
16. Jh., auch *anacorite,* aus lat. *(anachoreta)* bei den Kirchenschriftstellern, *anachorita* in den Tironischen Noten, aus gr. ἀναχωρητής dass.; die Endung *-ite* nach der spätgriechischen Aussprache *-i-* für -η-.
anachronisme „Anachronismen"
17. Jh., künstliche Bildung aus gr. ἀνά „aufwärts", auch „während", und χρόνος „Zeit".
anacoste „Art Seide"
13. Jh. *hancote,* dann wie literarisch 18. Jh., früher *anascot, ascot, arscot,* lebt in wall. *hansecote,* rouchi *anscote* „grober Leinenstoff", nach dem Ort *Hondschote* im Departement Nord. Haust, Rom. 47, 548; Haust, Etym. 8 ff.; de Poerck, Rev. belge de phil. et d'hist., 21, 155 f., s. Rom. 70, 423.
Nicht nach der flämischen Stadt *Aarschot,* Dict. gén.; FEW 1; Behrens, DS 63.
anagramme „Anagramm"
16. Jh., aus spätgr. (ἀνάγραμμα) „Vertauschung der Buchstaben", zu gr. ἀναγράφειν „aufschreiben", „eintragen".
analogie „Analogie"
15. Jh., dazu Anfang des 16. Jh. **analogue** „analog", aus lat. *(analogia)* „Gleichmäßigkeit"; Bl.-W. 25.
analyse „Analyse"
16. Jh., aus gr. (ἀνάλυσις) „Auflösung".
ananas „Ananas"
16. Jh., aus span. *ananás* (port. *ananaz*), aus Guaraní *anaña;* Read, Louisiana 131; Schmidt 37.
ancêtre „Ahne"
11. Jh., afrz. Nom. *ancestre,* Akk. *ancessour,* schon in karolingischen Formularen als *ancessor* überliefert, aus lat. *antecessor, -cessore* „Vorgänger". REW 496; FEW 101.
anche „Mundstück", „Mühltrichter"
16. Jh., lebt hauptsächlich im Süden des Nordfrz., hier in den Bedeutungen „Röhre", „Weinpipe", „Abflußrohr" u. ä.; aus gotisch **ankja* zu ahdt. *ancha, encha* „Bein", „Stengel". Diez 17; REW 477; Brüch 51.
anchiflure „Wurmloch (in der Faßdaube)"
18. Jh., ist konkretisiertes afrz. **eschiflëure, *escheflëure* „Zerstörung", d. i. Abl. von afrz. *eschefler,* heute wall. *esquefler* „zerreißen", aus nddt. *schafelen* „durch Schaben, Reiben verletzen"; ZRP 41, 506; vgl. auch *écafer.*

Zu *sifflet,* Barbier, Misc. 17, 282, zunächst in der Meinung „Luftloch“, ist lautlich und morphologisch unverständlich.

anchois „Anschovis“
16. Jh., aus der Provence entlehnt, wo im 16. Jh. der Handel mit diesem Fische blühte, Sainéan, Rab. 1, 174; nprov. *anchoio* stammt wohl aus spanisch *anchoa,* dieses aus vlat. **apiua,* das ist die vlat. Aussprache für gr. ἀφύη. Schuchardt, ZRP 28, 151; Diez 5; REW 520; FEW 103 b.
Unmögliches bei Krepinski, Rom. Rev. 9, 96.

ancien „alt“
11. Jh., afrz. dreisilbig *anciien,* ist vorhistorische Abl. von gallorom. **anzi* „früher“, s. *ains.* REW 494; FEW 100 f.
Nicht schon lat. **antianus* zu **antius* „früher“, Schuchardt, ZRP 15, 240, da dieses im Afrz. keine dreisilbige Form ergeben hätte; auch nicht **antianus* in gelehrter Entwicklung, Thomas, Rom. 28, 170 f.; (Mél. 16), da, entsprechend *chrestien* aus (christianus) **antien* zu erwarten wäre; auch nicht mlat. **anteanus,* Dauzat; s. auch Bl.-W. 25.

ancolie „Aglei“
14. Jh. *anquelie, aquelee, angorie* u. ä., die nfrz. Form seit dem 15. Jh. (René d'Anjou, Winkler), aus mlat. *(aquile(g)ia),* das nach Roll. Fl. 1, 114 Abl. von lat. *aquila* „Adler“ wäre, da die Pflanze entfernt an einen Adler erinnert. Diez 508; REW 583; FEW 118 a.

ancre „Anker“
12. Jh., aus lat. *ancora.* FEW 93 b.

ancrer „verankern“
12. Jh., aus vlat. **ancorare,* oder frz. Abl. von *ancre.*

andaillot „Süger“ (der Stagsegel)
18. Jh., ist postverb. Subst. von **endailloter* „durch den Ring ziehen“, d. i. Abl. von mfrz. *dayaux* „Ring“ (z. B. um Pferde anzubinden), so im 14. Jh. bezeugt, bzw. frz. (18. Jh.) *daillot* in der Bedeutung des literarischen *andaillot. dayaux* ist westliche Form von frz. *dé* „Fingerhut“, so Ille-et-Vil.; in H. Maine *dayau* „Binde um einen verletzten Finger“, aus lat. *digitale.* Die Bedeutung „Ring“ zeigt auch prov. *dedal* „Bischofsring“. Thomas, Rom. 26, 419 ff. (Ess. 276). Vgl. auch *délot.*
Die begrifflichen Bedenken bei Cohn, ASSL 103, 231 f. und REW 2637 sind angesichts von prov. *dedal* nicht begründet.

andain „Schnitt mit der Sense“, „was mit einem Sensenschnitt abgemäht wird“, dann „Strecke, die der Mäher einnimmt“
lebt in ganz Frankreich, im Alpenromanischen und in Norditalien, AIS VII, 1393; vgl. im Zentralladinischen *aldañ,* Plural *aldẹi, audañ, aldẹñ, andẹi;* zeigt im altladinischen Nonsberg und im Friaulischen Varianten mit *-nt-* für *-nd-*; s. Tagliavini, Livinalongo 185; ders. Comelico 12. Wie die ital. Entsprechung von *andain, falciata* „Sensenschnitt“ Abl. von *falce* bzw. dem Verbum *falciare* „mähen“ ist, so gehören die nprov. Entsprechungen von *andain* (ALF 40) deutlich zu den Formen für „Sense“ (ALF 546); s. B. du Rhône *dayo* „Sense“ : *endayado* „Schwaden“; H. Alpes *dal', dau* „Sense“ : *ãndal', ãndau;* Ardèche *dal'* : *ãndal'o* usf.
Es liegt dem frz. Wort eine Abl. von dem Verbum „mähen“ zu *dail, daille* „Sense“ zugrunde, s. *dail,* das gallischer Herkunft ist, Grundform **ande-dalgin,* zu dem intensiven Verbalpräfix *ande-* und dem Stamm *dalg-* mit dem Infinitiv-Suffix *-ino,* s. Pedersen II, 413. Die im östlichen Alpenromanischen und in Oberitalien angeführten Varianten mit *-nt-* setzen *-d+ -d* voraus, da wohl aus geminiertem *-dd-, -t-* entstehen konnte, nicht aber aus *-nd-*; s. dazu Gg. Germ. Siedlung 203.
Deswegen genügt auch nicht der auf Thurneysen, Keltoromanisches 33 f.; Hubschmied VR I, 102 zurückgehende Ansatz **andagnis, *andagna* „großer Schritt“. Vgl. die ältesten Belege für *andain* : *Andaginum,* a. 725, ein Bach bei St. Hubert, Kurth, I, 464; *andain,* 844, bei Chartres.
andain zu lat. *ambitus* „das Herumgehen“, „Umlauf“, Gröber ALL I, 238; Horning, ZRP 29, 513 f.; 32, 604; REW 410; FEW 84 f.; Rohlfs, ZFSL 49, 172 bzw. **ambitanum,* Tappolet, BGPSR 7, 12 f.; ZFSL 49, 172, oder **ambitamen,* Piel, Rev. port. de Fil. I, 448 f., oder **ambitanum (falcis),* (als ob *falx* als Landmaß schreiten würde, nicht der Schnitter), Regula, ZFSL 70, 248, erklären nach dem Prinzip „lucus a non lucendo“. Der Schnitter geht nicht im Kreis auf dem Feld, der Wiese herum, sondern in einer geraden Linie vorwärts. Die Ansätze sind abgesehen von den begrifflichen Schwierigkeiten auch morphologisch und lautlich unmöglich. In Ostfrankreich wäre ein **ambitanum* in weitem Umfang zu **ambëain* geworden, nicht zu *andain,* s. *empeau, enter.* Auf den scheinbaren Zusammenhang mit *andare* „gehen“ (das es im Galloromanischen nicht gibt) weist schon Schneller, Rom. Volksmundarten in Südtirol S. 219 hin.
Vgl. *encenge.*

andante „Andante“
18. Jh., aus ital. *andante,* eigentlich „gehend“, d. i. Partizip von ital. *andare* unsicherer Herkunft.

andouille „Leberwurst“
12. Jh., seit der ältesten Zeit mit *an-* bezeugt, aus **anducla* u. H.; *inductilis,* das in deutschen Glossaren zur Übersetzung von *scubiling* (Art Wurst) dient, kann daher nicht die Grundlage des frz. Wortes sein, Diez 508; G. Paris, Rom. 11, 163; REW 4384, da

man den Übergang von *inductilis* zu **anductilis* nicht durch *andouiller* stützen darf, G. Paris, Rom. 19, 451, sondern eher der umgekehrte Präfixwechsel zu erwarten wäre.
Mit span. *albóndiga, albondiguilla* „Fleischkloß" zu arabisch *al-bunduqa* „Wurfstein", „Nuß" u. ä., Baist, ZRP 5, 233, ist lautlich unverständlich.

andouiller „Waidsprosse" (am Hirschgeweih)
14. Jh., *endoillée,* 16. Jh. *endoiller,* neben *antoillier,* das ursprünglich ist, aus substantiviertem lat. **anteoculare*, was vor dem Aug befindlich ist, wie lat. *subocularis* „unter den Augen befindlich"; Bugge, Rom. 4, 349; REW 500; Bl.-W. 25; Tilander, Nouv. essais d' étym. cynégétique, 209—214.

andrienne „Schleppkleid"
18. Jh., nach der Kammerzofe in dem Stück *Andrienne* von Baron, einer Bearbeitung der Andria von Terenz. Dict. gén. FEW 94 f.

andrinople „Art Rot", „Art rotes Tuch"
19. Jh., nach dem Namen der Stadt *Andrinople* „Adrianopel" am Balkan. Dict. gén.

âne „Esel"
in übertragener Bedeutung auch „Bock", „Hobelkasten", „Zahnsäge", 12. Jh., aus lat. *asinus* „Esel". REW 704; FEW 154 f.; ALF 41.
Dazu u. a. seit dem 13. Jh. die Abl. **ânée** „Eselslast".
anéantir s. *néant.*

anecdote „Geschichtchen"
17. Jh., aus gr. (ἀνέκδοτα) „noch nicht Herausgegebenes", dem Titel eines Werkes von Prokopius. Dict. gén.
ânée s. *âne.*

anémie „Blutarmut"
18. Jh., künstliche Bildung aus gr. ἄνευ „ohne" und αἷμα „Blut".

anémone „Anemone"
im 14. Jh. *anemoine,* dann im 16. Jh., aus lat. *(anemone)*; der eigentlich volkstümliche Ausdruck ist *coquelourde,* s. d. Roll. Fl. 1, 15 ff.; REW 453; FEW 95 a; Bl.-W. 26.
ânerie s. *ânier.*
ânesse s. *âne.*

anesthésie „Unempfindlichkeit"
18. Jh., aus gr. (ἀναισθησία) dasselbe.

aneth „Dill"
13. Jh., für afrz. *anoi, anoie,* aus lat. *(anethum).* REW 455; FEW 95 a.

angarie „schwere Arbeit", „Einziehen eines Handelsschiffes zum Kriegsdienst"
16. Jh., aus ital. *angaria, angheria,* dieses aus lat. *(angaria)* „Spanndienst". Dict. gén.

angarier „drangsalieren"
14. Jh., aus lat. *(angariare)* „zur Frone in Anspruch nehmen", FEW 95 a, eher denn Entlehnung aus ital. *angariare,* Dict. gén., s. *angarie.*

ange 1. „Engel"
10. Jh. *angele,* die heutige Form in Handschriften seit dem 13. Jh., aus lat. *(angelus).* Berger, Lehnw. 56; FEW 95 b; ALF 42.
2. „Meerengel" (Art Haifisch)
17. Jh., gewöhnlich *ange de mer,* auch **angelot,** gehört kaum zu *ange* „Engel", es müßte denn Euphemismus vorliegen; daß die Ähnlichkeit des Fisches mit einem gemalten Engel mit ausgespannten Flügeln der Anlaß zur Benennung *ange* war, Roll. F. 3, 85, leuchtet nicht ein. Der Fisch heißt im Flämischen *zeeegel,* d. i. „See-igel". Vielleicht wurde das Wort durch das Mißverständnis eines Zoologen falsch in *ange de mer,* d. i. „See-engel" übersetzt, im Ndl. auch *zeeëngel,* Valkhoff, Neophil. 21, 193. Das Wort ist zuerst für Südfrankreich bezeugt.

angélique „engelhaft", „Engelwurz"
13. bzw. 16. Jh., aus lat. *(angelicus).* FEW 95 b; Roll. Fl. 6, 131.
angelot s. *ange* 1 und 2.
anger s. *enger.*

angine „Angina"
16. Jh., lat. *(angina)* „Beklemmung", dann „Hals-Bräune", s. *angoisse.*

anglais „englisch"
12. Jh. *engleis, englois,* Fem. *englesche,* das noch im 16. Jh. belegt ist, aus altengl. *énglisc* „zu den Angeln gehörig".

angle „Winkel"
12. Jh., aus lat. *angulus.* Dazu seit dem 14. Jh. die Abl. **angleux** „winkelig", va., heute durch den Latinismus **anguleux** ersetzt, letzteres seit dem 16. Jh. REW 468; FEW 96.

angleterre „Art englischer Stoff"
in dieser Bedeutung seit dem 17. Jh., ist eins mit dem Ländernamen *Angleterre* „England"; dieses ist Franzisierung von altengl. *Englaland.*
angleux s. *angle.*

anglican „anglikanisch"
16. Jh., aus engl. *anglican.*

anglomanie „Engländerei"
18. Jh., ist Zusammensetzung des Stammes von *anglais* mit *manie.*

angoisse „Angst"
12. Jh., afrz. auch „Bedrängung", „Bedrängnis", „Not", aus lat. *angŭstia* „Enge", „Beklemmung". REW 468; FEW 96 b.

angoisser „ängstigen"
12. Jh., bedeutet afrz. auch „drängen", refl. „in Sorge sein", aus lat. *angŭstiare* in beiden Bedeutungen. FEW 96 b.

angoisseux „ängstlich"
11. Jh., afrz. auch „bedrängt", „eifrig" u. ä. aus lat. *angŭstiosus.* FEW 96 b.

angon „Hakenlanze der Franken"
15. Jh., aus mlat. *(angone),* dieses aus fränkisch **ango* zu ahdt. *ango* „Stachel",

anord. *ange* „Stachel“, „Spitze“, s. Kluge, s. Angel.
Das fränkische Wort lebt in volkstümlicher Entwicklung in wall. *angon* „Hakenstock“, Anjou *angon* „Art Pflug“, lebt im ganzen Osten von der Wallonie bis Savoyen, Dauzat, RLR 66, 115; FEW 95 b.

angora „Angorakatze“
18. Jh., zunächst in *chat Angora,* nach dem Namen der Stadt *Angora* in Kleinasien. Dict. gén.; FEW 95 b.

anguichure s. *enguichure.*

anguille „Aal“, „falsche Falte“, „Schlittenbalken“ (am Schiff)
11. Jh., afrz. *anguile,* die spätere Form in Anlehnung an *-ille* aus *-icula* bzw. *-ilia,* Barbier, RDR 1, 432, aus lat. *anguīlla* bzw. gallorom. *anguīla;* REW 461; FEW 95 f.

anguleux s. *angle.*

anhéler „keuchen“, „das Feuer anblasen“
17. Jh., aus lat. *(anhelare)* s. *haleine.*

anicroche „Hindernis“ (in der Ausführung einer Angelegenheit)
16. Jh., bezeichnet zunächst einen Hakenstock zum Niederreißen von Mauern, lebt heute in der Dauphiné *arnicroche, anicroche, nicroche,* und ist wohl von hier in die Literatur gewandert; vgl. aber heutiges, wohl aus der Literatursprache entlehntes wall. *hanicroché* „zweimal gebogener Nagel“, *anicroche* Pas-de-Calais „Verletzung“, pik. „ungeschickt“ u. ä.; es ist südöstliche Form von afrz. *harneis croche* zu afrz. *harneis* „Gerät“ (daraus ital. *arnese* „Gerät“, „Werkzeug“), s. *harnais,* und *croche* „hakenförmig gebogen“, s. d. ZRP 40, 131 f.
Aus lautlichen Gründen nicht zu afrz. *ane* „Ente“, Sainéan, RER 5, 392 f.; Bl.-W. 27, da das unbetonte *-i-* eine Grundlage mit *-ei-* voraussetzt. Daher auch nicht *haim* „Angelhaken“ + *croche,* Guiraud, Neophil. 40, 230.

ânier „Eseltreiber“, „mit beschränktem Geist“
12. Jh. in der substantivischen Bedeutung, aus lat. *asinarius* „Eseltreiber“. Dazu seit dem 13. Jh. die Abl. *asnerie* „Gewerbe des Eseltreibers“, „Eselei“, in der letzteren Bedeutung nfrz. **ânerie.** FEW 153 f.

anil „sichelfrüchtige Indigopflanze“
16. Jh. *anille,* aus arabisch *an-nîl* dasselbe. Dazu seit dem 19. Jh. die Abl. **aniline** „Anilin“. Lam. 25; Littmann 85.

anille „Krücke“, „Haken“, „Stützbalken“
13. Jh. *anëille,* eigentlich „Entchen“, aus lat. *anaticula* dasselbe, das schon im Lateinischen verschiedene technische Bedeutungen hat; vgl. auch *cigognole.* Schuchardt, ZRP 26, 403; Behrens ZRP 13, 414; Thomas, Mél. 17; REW 440; FEW 92.

animal „Tier“
12. Jh., lat. *(animale),* das in volkstümlicher Entwicklung afrz. *armel* „junger Ochs“ ergeben hat; dieses heute wall., norm. fr. comt.; vgl. auch *aumaille.* REW 476; FEW 97 b; ALF 43.

animelle „Gekröse“
16. Jh., aus ital. *animella* dasselbe; auch „Kern der Nuß“; dieses ist Abl. von ital. *anima* in der Bedeutung „Innerstes“, „Kern“, s. *âme.* Dict. gén.

animer „beleben“
14. Jh., aus lat. *(animare).* Das Wort lebt volkstümlich freiburgisch *armå* „laichen“. *Gauchat, Festg. Blümner 354; FEW 98 a.

animosité „Gereiztheit“
14. Jh., aus lat. *(animositate).*

anis „Anis“
13. Jh., aus lat. *(anisum).* Dazu seit dem 18. Jh. die Abl. **anisette** „Aniswasser“.

annal „ein Jahr dauernd“
15. Jh., aus lat. *(annalis).* Die volkstümliche Entwicklung des Wortes liegt in afrz. *anel* „jährlich“ vor, in dem lat. *annalis* „ein Jahr dauernd“ und *annualis* „jährlich“ zusammenfallen, s. *annuel.*

annales „Annalen“
16. Jh., aus lat. *(annales)* „Jahrbücher“.

annate „Abgabe eines neu angestellten Geistlichen an die Kurie“
15. Jh., aus mlat. *(annata),* eigentlich „Jahresertrag“, s. *année.*

anneau „Ring“
11. Jh. *anel,* aus lat. *anellus.* REW 452; FEW 95 a; dazu u. a. seit dem 16. Jh. die Abl. **anneler** „ringeln“.

année „Zeitraum eines Jahres“
12. Jh., aus vlat. **annata* dasselbe. REW 487; ALF 44.

annexe „zugehörig“, „Zubehör“
13. Jh., aus lat. *(annexus),* d. i. Part. von *annectĕre* „anknüpfen“, „anreihen“. Dazu seit dem 13. Jh. die Abl. **annexer** „annektieren“.

annihiler „zunichte machen“
14. Jh., aus lat. *(annihilare).*

anniversaire „Jahrestag“
13. Jh., aber schon im 12. Jh. die halbgelehrte Form *anversaire,* aus lat. *(anniversarius)* „alljährlich“.

annonaire „zu den Lebensmitteln gehörig“
18. Jh., aus lat. *(annonarius).*

annoncer „verkündigen“
12. Jh., aus lat. *(annuntiare).* Dazu seit dem 16. Jh. das postverb. Subst. **annonce** öffentliche Ankündigung“. FEW 99.

annonciade „Verkündigungsorden“
16. Jh., aus ital. *annunziata;* dieses eigentlich „Verheißung“, „Botschaft“, zu ital. *annunziare* „ankünden“, der Entsprechung des frz. *annoncer.*

annoter „anmerken“
15. Jh., aus lat. *(annotare).*

annuaire „Jahresbericht“
18. Jh., ist Abl. von lat. *(annuus)* „auf ein Jahr ausreichend“.

annuel „jährlich"
12. Jh., *anoel, anuel, anvel,* letzteres vielleicht volkstümlich, aus lat. *(annualis).* FEW 99 b.; REW 486.

annuité „Jahresbeitrag"
14. Jh., ist Abl. von lat. *(annuus)* „auf ein Jahr ausreichend".

annulaire „ringförmig"
16. Jh., aus lat. *(anularius).*

annuler „zunichte machen"
13. Jh., aus lat. *(annullare),* s. *annihiler.*

anoblir s. *noble.*

anodin „schmerzstillend"
16. Jh., aus lat. *(anodynon)* „schmerzstillendes Heilmittel".

anomal „unregelmäßig"
12. Jh., dann wieder 16. Jh., Bl.-W. 28, aus lat. *(anomalos)* „mit der Regel nicht übereinkommend", das selbst aus dem Griechischen stammt.

ânon „Eselsfüllen"
12. Jh., ist dem. Abl. von afrz. *asne,* s. *âne.* Dazu seit dem 17. Jh. die Abl. **ânonner** „herstottern".

anordir s. *nord.*

anormal „abnormal"
13. Jh., aus mlat. *(anormalis),* d. i. Kreuzung von *anomalos,* s. *anomal* und *normalis,* s. *normal.*

anse 1. „Griff", „Henkel"
13. Jh., aus lat. *(ansa).* FEW 100 a; ALF 45. Dazu seit dem 17. Jh. die Abl. **ansé** „henkelig", das mundartlich, z. B. in der Touraine, zur Bezeichnung eines zweihenkeligen Eimers dient.
2. s. *hanse.*

anséatique s. *hanséatique.*

anspect „Handspake", „Hebebaum"
17. Jh., aus niederl. *handspaecke* oder englisch *handspeck.* Behrens, Wg. 334; REW 4030.

anspessade „Unterkorporal" va.
16. Jh. *lanspessade, lancespessade,* das noch in flämisch *Landspesaat* erhalten ist; aus ital. *lancia spezzata* „jemand, der mit den Waffen seinem Fürsten zu Hilfe eilt", eigentlich „gebrochene Lanze", zu ital. *lancia,* s. *lance,* und *spezzare* „zerbrechen", s. *dépecer.*

antagonisme „Widerstreit"
16. Jh., zu gr. ἀνταγωνιστής „Widersacher", ἀγωνισμός „Wetteifer"

antan „im vorigen Jahr"
heute nur mehr in der Verbindung *d'antan,* 12. Jh. „im vorigen Jahr", „ehemals", aus lat. *ante annum* „vor einem Jahr". Gröber, ALL 1, 240; REW 495; FEW 101 a.
Dazu seit dem 17. Jh. die latinisierende Abl. **antanaire** „(mit den Fäden) vom vergangenen Jahr".

ante 1. „vorspringender Pfeiler"
17. Jh., aus lat. *(antae).* FEW 111 b.
2. s. *hante* und *ente* 2.

antébois s. *étibois.*

antécédent „vorhergehend"
14. Jh., aus lat. *(antecedente).*

antécesseur „Vorgänger"
17. Jh., für afrz. *ancessor,* s. *ancêtre,* aus lat. *(antecessore).*

antéchrist „Antichrist"
12. Jh., *antecrist,* auch „ruchloser Heide", adj. „ruchlos", aus lat. (gr.) *(antichristus)* des Kirchenlateins.

antenne „Antenne"
13. Jh., aus lat. *antenna.* REW 498; FEW 101 b.

antenois „vom vorigen Jahr"
14. Jh., aber zweifellos älter, ist vorhistorische Abl. von lat. *annotinus* „vorjährig", G. Paris, Rom. 21, 598; REW 485; FEW 99; Meyer-Lübke, Frz. Gr. 2, § 139; vgl. auch die auf einen Typus **annotica* zurückgehenden Formen für „einjähriges, weibliches Lamm" in der Auvergne, Dauzat, Ess. 41; Meyer-Lübke, ZFSL 51, 317.
Abl. von *antan,* s. o. Dict. gén.; Spitzer, ZRP 43, 321 ist morphologisch und lautlich schwierig und nicht nötig, da *annotinus* in der Bedeutung der gallorom. Abl. auch sonst im Romanischen erhalten ist, s. rum. *noaten* „einjähriges Rind".

antérieur „vorhergehend", „früher"
16. Jh., aus lat. *(anteriore).*

anthracite „Anthracit"
18. Jh., doch schon im 15./16. Jh. als „Karfunkel" belegt, aus lat. *(anthracitis)* „Kohlen-karbunkel". Behrens, Wg. 334.

anti- „gegen-"
in Zusammensetzungen gelehrter Herkunft, aus gr. (ἀντί) „gegen".

antibois s. *étibois.*

antichambre „Vorzimmer"
16. Jh., aus ital. *anticamera* franzisiert, dieses aus lat. *ante cameram,* zu lat. *ante* „vor" und *camera* s. *chambre.*

anticiper „vorwegnehmen"
14. Jh., aus lat. *(anticipare).*

antidater „vorherdatieren"
15. Jh., ist gelehrte Bildung nach den mit *ante-* „vor-" zusammengesetzten Verben wie *anticipare,* und frz. *dater.*

antidoter „mit Gegengift versehen"
16. Jh., ist Abl. von **antidote** „Gegengift", 15. Jh., aus lat. *(antidŏtum)* dass.

antienne „Wechselgesang"
12. Jh. *antievene, antevene,* daneben auch *antoine, anteife, antefle,* aus mlat. *(antefana),* so bei Benedikt von Nursia, Gregor v. Tours; dieses ist nicht spätlat. *antiphona* mit Einwirkung von *ante* „vor", Dict. gén.; FEW 102, sondern spätgriechische Aussprache von ἀντίφωνος „wechselseitig tönend", vgl. Diez 508; REW 505.

antilope „Antilope"

18. Jh., aus englisch *antelope*; schon im 13. Jh. ist bei Brunetto Latini *antelu, antelop* belegt, dieses aus mlat. *(antalopus)*, das aus dem Griechischen stammt.

antimoine „Spießglanz"
15. Jh., aus mlat. *(antimonium)*, das vielleicht mit arabisch *'uṯmud*, häufiger *'iṯmid*, zusammenhängt. Lam. 260.

antipathie „Widerwille"
16. Jh., lat. (gr.) *(antipathia)*.

antipode „Antipode"
14. Jh., aus lat. (gr.) *(antipodes)*.

antiphonaire „Chorgesangbuch"
14. Jh., aber schon im 12. Jh. die volksetymologisch umgestaltete Form *antefiner*, aus mlat. *(antiphonarium)*, vgl. *antienne*.

antiquaille „alter Plunder"
16. Jh., aus ital. *anticaglia*; dieses ist Abl. *(-alia)* von *antico* „alt", s. *antique*.

antiquaire „Antiquar"
16. Jh., aus lat. *(antiquarius)* „das Altertum betreffend", „Antiquar".

antique „alt"
13. Jh., aus lat. *(antiquus)* für afrz. *antif* volkstümlicher Herkunft. REW 504; FEW 102 a.

antitonnerre „Blitzableiter"
18. Jh., zusammengesetzt aus gr. ἀντί „gegen" und frz. *tonnerre* s. d.; vgl. *paratonnerre*.

antoit „Ziehschraube"
17. Jh., ist postverb. Subst. von afrz. *entoise* —*enteser* „spannen", „ausstrecken", aus vlat. **intensare*, d. i. Intensivform von lat. *intendĕre* „strecken", „spannen". Thomas, Mél. 18; REW 4485.

antre „Grotte"
16. Jh., aus lat. *(antrum)*.

antrustion „vornehmer Franke im Gefolge des Königs"
18. Jh., ist literarische Erneuerung von mlat. *antrustio* dasselbe, so in der Lex Salica, in den Merowinger Formeln usf.; aus einem fränkischen **an-trôstjo*, d. i. Abl. von fränkisch = ahdt. *trôst* „Hilfe", „Schutz", vgl. altsächsisch *helmgitrôsteo* „behelmter Gefolgsmann eines Herrn". Dict. gén.; Gg. RG I, 156.

anuiter „Nacht werden"
11. Jh., refl. „von der Nacht überrascht werden", aus gallorom. **annoctare*, s. *ajourner*.

anxieux „ängstlich"
16. Jh., aus lat. *(anxiosus)*.

août „August"
12. Jh., schon im 12. Jh. auch in der Bedeutung „Ernte", aus *mois d'août*, der auch der Erntemonat ist; daher schon im 12. Jh. die Abl. *aoster* „ernten", nfrz. **aoûter** dasselbe, auch „in der Augusthitze reifen", zu dem im 15. Jh. **aoûteur** „Erntearbeiter" gebildet wird; dieses liegt nfrz. **aoûteron**, dass., zugrunde, Dict. gén.; *août* aus vlat. *agustus* für lat. *augustus* „August". ALF 47; Merlo, Stag. 150; REW 786; FEW 175 f.
aoûteron vielleicht unmittelbar von *août*, Merlo, Stag. 229.

apache „Zuhälter", „Plattenbruder"
von dem Redakteur des Matin Victor Moris geprägt, ist dem Namen der Apachen, eines Indianerstammes entnommen, der durch die Romane Coureur des bois von Ferry und Les Peaux Rouges von Gustave Aimard in Frankreich bekannt gemacht worden war; Barth, VR I, 23 f.; Dauzat, Fr. mod. VI, 23 f.
Daß *apaches* als der Name eines grausamen Indianerstammes in den Romanen von Cooper erwähnt ist, ist Erfindung von Sainéan, L. Par. 210. Seit 1905 ist das Wort allgemein gebräuchlich.

apaiser „besänftigen"
12. Jh., afrz. *apaisier*, auch intransitiv „ruhig werden", ist nach *paix* „Friede" umgestaltetes älteres afrz. *apaiier* „befriedigen", „beruhigen", aus vlat. **appacare*, zu *pax, pace*, s. *paix*.

apalachine „karolinischer Teebaum"
18. Jh., ist Abl. von *Apalaches* „Apalachen", dem Namen einer Gebirgskette in Nordamerika. Dict. gén.

apanage „Leibgedinge"
13. Jh., aus mlat. *(appanagium)*, d. i. Abl. von mlat. *appanare* „ausstatten", eigentlich „mit Brot versehen", d. i. gallorom. Abl. von *panis* „Brot", nach *a-* 3. Nicht Abl. von afrz. *apaner* „ausstatten", Dict. gén., das erst im 14. Jh. bezeugt und selbst nach *apanage* neugebildet ist.

aparté „beiseite"
17. Jh., aus lat. *(a parte)* (sua) „auf seiner Seite". Dict. gén.

apathie „Leidenschaftslosigkeit"
16. Jh., aus lat. *(apathia)* „Leidenschaftslosigkeit" (moralisches Prinzip der Stoiker"); Georges s. v.
apens s. *guet-apens*.

aperception „Apperzeption"
17. Jh., aus nhdt. *Apperzeption*, das ist von Leibniz geschaffene Weiterbildung von lat. *perceptio* „Erkenntnis", „Begriff". Dict. gén.

apercevoir „wahrnehmen"
11. Jh., aus gallorom. **appercĭpĕre* zu lat. *percipere* „bemerken", afrz. auch *aperçoivre*; dazu seit dem 18. Jh. das substantivierte Part. **aperçu** „kurzer Überblick".
Nicht Abl. von frz. *percevoir*, da dieses in der ältesten Zeit *parcevoir, parçoivre* lautet und die neue Form selbst in Anlehnung an *apercevoir* gebildet wurde, REW 6399.
apert s. *apertise*.

apertise „Geschicklichkeit", va.
14. Jh., ist Abl. von afrz. *apert*, das in zwei Wortfamilien bezeugt ist, 1. „offen", „offenbar", als Adverb. *apertement* „offenbar",

12. Jh., 2. „gewandt", „geschickt", dazu *aperté (-tate)* „Geschicklichkeit". In beiden Bedeutungen afrz. *espert* „offenbar", „geschickt", adv. *espertement,* dass.; dazu 14. Jh. *espertise* „Geschicklichkeit". Zugrunde liegt lat. *expertus* „erfahren", „bewährt", in lautgesetzlicher Entwicklung (s. prov. *espert* „geschickt", „hurtig" u. ä.), und als Latinismus lat. *(apertus)* „offen", „offenkundig".

apetisser s. *petit.*

aphorisme „Aphorismus"
14. Jh. *aufforisme,* noch im 16. Jh. *aforîme,* seit Rabelais die heutige Form, aus lat. *(aphorismus)* bzw. dessen griechischer Grundlage. Sainéan, Rab, 2, 43.

aphte „Mundfäule"
16. Jh., aus lat. *(aphtae).* FEW 103 b.

api 1. „Franz-Apfel"
14. Jh. *pomme d'api,* 16./17. Jh. *pomme d'appie,* auch allein *appie,* lebt als *pomme d'apie* Doubs, Seine-et-M., ist weiter verbreitet für den „wilden Apfel"; es liegt wohl gelehrte Bildung nach den *mala appiana* bei Plinius vor, obgleich die Apfelsorten nicht übereinstimmen. FEW 109 a; Roll. Fl. 5, 66, 102; Bl.-W. 30.
2. „Eppich"
14. Jh., ist südliche Nebenform von frz. *ache,* s. d.

apiculture „Bienenzucht"
19. Jh., aus lat. *(apis)* „Biene" und *(cultura),* s. *culture.*

apier „Bienenhaus"
16. Jh., aus lat. *apiarium* dasselbe, stammt vermutlich aus dem Nordosten Frankreichs, s. wall. *api* ‹ *apié* ‹ *apier;* die Form der eigentlichen Schriftsprache wäre das vereinzelt im Mfrz. belegte *achier.* ALF 1174; REW 521; FEW 103 f.
apier als neue Abl. von *ep* „Biene", dieses entlehnt aus der wallonisch-pikardischen Grenzgegend und über *u̯esp* auf lat. *vespis* „Wespe" zurückgehend, Gilliéron, Abeille 190 ff. ist unwahrscheinlich und nicht nötig, da sich *apier* nur in dem Gebiet findet, wo es ehemals lautgesetzlich auf lat. *apiarium* zurückführen kann und ein *ep* „Biene" vermutlich nie bestanden hat, s. Gg. ZRP 43, 526 f.

apiquer „(den Anker) auf und nieder winden"
18. Jh., ist Verbalisierung von adverbiellem *à pic* „senkrecht" nach *a-* 4; s. *aplomb.*

apitoyer „rühren"
14. Jh., aber schon im 13. Jh. *apitier,* die heutige Form in Anlehnung an die Verba auf *-oyer* = lat. *-idiare,* ist Abl. von *pitié* nach *a-* 3, bedeutet also der Bildung nach „mit Mitleid erfüllen".

aplaigner „glätten", „schmeicheln", „(Wollhaare) nach derselben Seite richten"
12. Jh. *aplaignier* „glätten", „schmeicheln", „streicheln", aus vlat. **applaniare,* zu lat. *planus* „eben", s. *plain* 1. Dict. gén.

aplaner „glätten", „ebnen"
12. Jh., ist frz. Abl. von *plain* „eben", s. d. und die ältere Bildung unter *aplaigner.*

aplanir „ebnen"
14. Jh., für älteres *aplaner, aplanoier* „dem Erdboden gleichmachen" u. ä., ist mfrz. Abl. von *plain* „eben", s. d.; afrz. daneben auch *aplenir.*

aplater „(Matrosen) zur Abspeisung verteilen"
19. Jh., ist Abl. von *plat* „Speise", nach *a-* 4.
aplatir s. *plat.*

aplet „Netz zum Heringsfang", „Angelkette" u. ä.
ist westfrz. Form von afrz. *aploit* „Gerät", 12. Jh., das in verschiedenen spezialisierten Bedeutungen in den Mundarten weiterlebt. Die Bedeutung „Heringsnetz" ist normannisch, die von „Angelkette" Manche, Guernesey; vgl. noch poitev., angev. *aplet* „Pfluggeräte", im Südosten „Joch", „die Ochsen unter dem Joch" u. ä.; es ist vlat. belegtes *applĭcĭtum,* d. i. ursprünglich abstraktes Substantiv = „Anwendung", zu lat. *applicare* „anwenden", „gebrauchen". REW 549; FEW 109 b.; Förster, ZRP 29, 9.

aplomb „Gleichgewicht"
16. Jh., ist substantiviertes *à plomb* „in der Richtung des Senkbleis", „senkrecht", daher bildlich „gerade recht"; dazu *maintenir d'aplomb* „im Gleichgewicht halten" u. ä., zu *plomb* „Blei".

apocryphe „unecht", „verdächtig"
13. Jh., aus lat. (gr.) *(apocryphus)* aus der Sprache der Kirchenväter.

apogée „Erdferne", „Höhepunkt"
16. Jh., aus gr. (ἀπόγειος) „von der Erde (γῆ) abstehend", auch „vom Lande herkommend"

apologie „Verteidigungsschrift", „Rechtfertigung"
15. Jh., aus lat. (gr.) *(apologia)*

apophtegme „Sinnspruch"
16. Jh. aus gr. (ἀπόφϑεγμα), dasselbe.

apoplexie „Schlaganfall"
13. Jh., aus lat. (gr.) *(apoplexia).*

apostasie „Abtrünnigkeit"
13. Jh., aus lat. (gr.) *(apostasia).*

aposter „auf die Lauer stellen"
13. Jh., ist Abl. von *poste* nach *a-* 4, s. d.

apostille „Randglosse"
15.—16. Jh. auch *apostil,* ist postverb. Subst. von **apostiller** „Randglossen machen"; heute „empfehlende Worte hinzufügen", dieses seit dem 15. Jh. abgel. von *postille* „Randbemerkung", va.; aus ital. *postilla,* seit dem 17. Jh., d. i. lat. *(post illa)* „nach jenem", „dazu noch".

apostis „Holzunterlage der Ruder auf den Galeeren"

seit dem 16. Jh. bezeugt, aus aital. *apposticcio*, ital., *posticcio* „der obere Teil des Schiffes", konkretisiert aus „das Hinzugefügte", d. i. adjektivische Abl. *(-iceus)* von *appositum*, dem Particip von lat. *apponere* „hinzufügen"; *appositicium* ist im 13. Jh. für Genua bezeugt; Vidos, 193.

Die galloromanische Entsprechung der Bildung ist afrz. *aposte* „Ansatzstück", als Schifffahrtsausdruck seit dem 18. Jh. belegt, frz. **apôtre**, fem., „Vorstoß eines Schiffes", zu afrz. *apondre* „ansetzen", „hinzufügen", FEW 110 f., lat. *apponere*. Zu dem gleichen Verbum das substantivierte spätere Partizip *aponse* „Verlängerung", „Ansatzstück" lebt im Südosten. Vgl. dazu im 11. Jh. die maskulinische Entsprechung von *aposte, apost* „Hinzufügung"; s. auch *apotureau*.

apostolat s. *apôtre 1.*

apostume „Geschwür"

13. Jh., aus mlat. *(apostuma)*, *apostoma*, letzteres bei Marcellus Empiricus, bei Isidor und in den Glossen, ist Kreuzung von lat. *apostēma* mit den begriffsverwandten Ausdrücken wie *carcinoma, atheroma* u. ä. Niedermann, Ess. Etym. et de Crit. verb. lat. 92 ff.

Wegen des frühen Auftretens des Wortes das *-u-* nicht infolge von Kreuzung von *apostēma* mit *rhume* oder lat. *phlegma*, vgl. pik. *flumme* „Schleim", Salvioni, ZFSL 37, 1, 270; FEW 105 b.

Seit dem 16. Jh. dafür das rücklatinisierte **apostème.**

apothicaire „Apotheker" va.

13. Jh. *apotecaire* und *apoticaire*, aus lat. *(apothecarius)* „Lagerdiener"; das *-i-* in Anlehnung an die spätgriechische Aussprache des dem lat. *apotheca* zugrunde liegenden gr. ἀποϑήκη, vgl. *boutique*.

apôtre 1. „Apostel"

11. Jh. *apostle*, aus lat. *(apostolus)*. FEW 106 a.

2. „Vorstoß eines Schiffes" s. *apostis*.

apotureau „vorstehender Kopf des Schiffvorstoßes"

19. Jh., gehört zu *apôtre* 2, ist aber wohl von einem afrz. *aposture* in der nicht belegten Bedeutung „Vorstoß eines Schiffes" abgeleitet"; *aposture* ist mit dem *-ura-Suffix* erweitertes afrz. *aposte* „Hinzufügung", ursprünglich abstrakt, dann als Fachausdruck konkretisiert; vgl. mit der gleichen Entwicklung prov. *aposta*, dann *apostura*, beide mit der abstrakten Bedeutung „Hinzufügung".

apparaître „erscheinen"

12. Jh. *aparoistre*, aus vlat. **apparescĕre*, d. i. Inkohativform zu *apparēre* dasselbe, s. *apparoir*. REW 536; FEW 106 f.

apparat „Hilfsbuch" va., „Prunk"

16. Jh., aus lat. *(apparatus)* „Prunk", „Pracht", Zubereitung.

apparaux „Schiffs-, Turngeräte"

ist alter, analogischer Plural von **appareil** „Zurüstung", „Apparat", „Gerät" u. ä., 12. Jh., aus vlat. **apparĭculum* „Ausrüstung"; dieses ist Verbalabstraktum von lat. *apparare* „zubereiten", für klassisches *apparamentum, apparatus*.

Die Abl. auf *-ĭculum* statt des in der klassischen Sprache zu erwartenden *-aculum* wegen des stammhaften *-a-*.

appareiller 1. „zubereiten"

12. Jh., aus vlat. **apparĭculare*, d. i. Abl. von vlat. **apparĭculum* „Zubereitung", s. *appareil*. REW 537; FEW 107 a.

2. „Gleiches zu Gleichem tun"

12. Jh. „gleichstellen", „zusammenfügen", „paaren", refl. „gleichkommen", ist Abl. von *pareil* s. d.

apparence „Schein"

12. Jh., aus lat. *(apparentia)* „Erscheinung; dazu **apparent** „sichtbar", „offensichtlich", 14. Jh. s. *apparoir*.

apparenter „durch Heirat in eine Familie bringen", dazu *apparenté* „verwandt", „verschwägert", afrz. „zum Verwandten annehmen", „als Verwandten behandeln", ist Abl. von *parent*, s. d.

apparier s. *parier, déparier*.

appariteur „Gerichtsdiener", „Pedell"

14. Jh., aus lat. *(apparitor)* „öffentlicher Diener", „Unterbeamter", zu lat. *apparere* „(einem Höheren) zu Gebote stehen".

apparition „Erscheinung", „Ausbruch" (einer Krankheit) u. ä.

12. Jh., für das Fest der hl. 3 Könige gebraucht, aus lat. *(apparitio)* „Erscheinung Christi", dieses angepaßtes gr. ἐπιφάνεια „Erscheinung", „Menschwerdung Christi"; Bl.-W. V 31.

apparoir „erscheinen"

11. Jh., afrz. allgemein „erscheinen", „sichtbar werden", auch faktitiv „zum Vorschein bringen", nfrz. nur erhalten im Infinitiv und in der 3. Sing. Präs. *il appert* „es liegt klar zutage", 12. Jh., aus lat. *appārēre* „erscheinen", s. *apparaître*. REW 535; FEW 106 b.

appartement „Wohnung"

16. Jh., aus ital. *appartamento*, d. i. Abl. von *appartare* „abtrennen", zu *parte* „Teil", s. *part*.

appartenir „gehören"

12. Jh., afrz. auch „(durch Verwandtschaft) verbunden sein", „Gemeinschaft haben", „ziemen", refl. „gleichkommen" u. ä., aus lat. *appertinēre* „dazu gehören"; FEW 108 b. Vlat. **appartinere* mit Einwirkung von *pars*, s. *part*, REW 545, ist wegen prov. *apertener*, span. *apertenecer* nicht wahrscheinlich und nicht nötig, da im Nordfrz. *per* als Verbalpräfix allgemein durch *par* ersetzt wurde.

appas „Lockspeise", „Reiz"

auch **appât**, 16. Jh., ist postverb. Subst. von **appâter** „füttern", „ködern", „anlocken", dieses aus *apaster* dasselbe, das durch die deminutive Weiterbildung *apasteler (appâteler)* „füttern", „ködern" usf. für das 14. Jh. gesichert ist; *apaster* ist nach *a-* 3 abgeleitet von afrz. *past* „Nahrung", s. *repas*, bedeutet also zunächst „mit Nahrung versehen", d. i. „füttern". Die Pluralform von *appât* wird im 17./18. Jh. zum Modewort für „weibliche Reize"; Bl.-W. 31.

appaumé s. *paume*.

appauvrir s. *pauvre*.

appeau „Lockpfeife", „Vorladung"
ist verallgemeinerter Nom. Sing. von afrz. *apel* „Anrufung", „Zeichen mit der Glocke", schon im 12. Jh. auch „Berufung an eine höhere Instanz", „Anklage", „Vorladung", daher nfrz. **appel** „Aufruf in einer Rechtssache", „Berufung" u. ä.; ist postverb. Subst. von **appeler** „rufen", „nennen", auch „Berufung einlegen", 11. Jh., aus lat. *appellare* „anreden", „nennen", „anklagend zur Rede setzen", „an jmd. appellieren". Diez 508; REW 542; FEW 107 b.

appeleur „Lockvogel"
12. Jh. in der juridischen Bedeutung „einer, der Berufung einlegt", afrz. *apelere*, Akk. *apeleour*, ist *ator*-Abl. von *appeler*, s. d. Wegen der speziellen Bedeutung vgl. *appeau*.

appendre 1. „aufhängen", „befestigen"
13. Jh., aus lat. *appendĕre* „aufhängen", s. *pendre*
2. „zugehören", „abhängen von"
12. Jh. *apendre*, dass., auch „ziemen", aus lat. *appendēre* „daran hangen"; dazu seit dem 13. Jh. **appendice** „Anhang", „Anhängsel", aus lat. *(appendix, -ice)*: ferner die ursprünglich adjektivische *-īcium*-Abl. vom alten Particip *appenditum*, in frz. **appentis** „Schuppen" u. ä., aus gallorom. **appenditicium*. Tobler. ASSL 108, 145; FEW 108.
Die beiden Verba *appendĕre* und *appendēre* werden schon im Lateinischen vermengt.

appétence „Lust", „Begierde"
16. Jh., aus lat. *(appetencia)*. Zu dem gleichen Stamm, lat. *appetere* „begehren", lat. *(appetitus)* „heftiges Verlangen, frz. **appéter** „aus Naturtrieb verlangen", 14. Jh., ferner **appetit**, 12. Jh., afrz. auch „Verlangen", „Lust", spezialisiert in „Verlangen nach Speise"; dazu mit Stammverkennung afrz. **apeticier* „die Eßlust reizen", 13. Jh., nur belegt im Gerundium-Partizip **appétissant** „die Eßlust reizend", s. TL I, 443. Der Untergang des Verbums selbst infolge der Homonymität mit afrz. *apeticier* „verkleinern", s. *petit*.

appiétrir s. *piètre*.

applaudir „Beifall spenden"
14. Jh., aus lat. *(applaudĕre)*.

appliquer „auflegen"
12. Jh. *apliquier* „anbringen", „zuwenden", „aneignen", refl. „sich eignen", „sich befleißigen", daher nfrz. das Part. in der alten aktiven Bedeutung **appliqué** „fleißig", aus lat. *(applĭcare)* „anschließen", „anfügen", refl. „sich auf etwas verlegen". REW 548; FEW 109.
Das Wort lebt volkstümlich in afrz. *aploier* „zuwenden", dieses mit begrifflicher Einwirkung von *ploier, plier*, und in der Partizipialform *aplet*, s. d.

appogiature „Vorschlag" (in der Musik)
19. Jh., aus ital. *appoggiatura*, d. i. Abl. von *appoggiare* „stützen", der Entsprechung von fr. *appuyer*.

appoint „Rest" (einer Zahlung), „Zuschuß"
17. Jh., ist postverb. Subst. von afrz. *apointier* „zurecht machen", „festsetzen", aus vlat. **appunctare* „bis zum i-Tüpfelchen bringen", d. i. Abl. von *punctum* „Punkt". Dict. gén. S. d. F.

appointer 1. „in Ordnung bringen" va., „(einen Angestellten) bezahlen", s. *appoint*.
2. „spitz machen"
12. Jh., auch in der Bedeutung „etwas Spitzes aufstemmen", ist Abl. von *pointe* „Spitze".

appointir „zuspitzen"
16. Jh., mit Konjugationswechsel aus *appointer* 2.

apporter „herbeibringen"
11. Jh., aus lat. *apportare*, FEW 111. Dazu seit dem 12. Jh. das postverb. Subst. **apport** „Herbeibringung", konkretisiert „das Herbeigebrachte", z. B. „Beitrag" u. ä.

apposer s. *poser*.

apposition „Auflegung", „Zusatz"
13. Jh., aus lat. *(appositione)*.

apprécier „schätzen"
14. Jh., aus lat. *(appretiare)*, FEW 112 a. Das Afrz. hat vereinzelt belegtes volkstümlich entwickeltes *aprisier*, s. *priser*.

appréhender „Besorgnis empfinden"
14. Jh. „ergreifen", besonders „geistig erwägen", daher die nfrz. Bedeutung, aus lat. *(apprehendĕre)*, s. d. F.

apprendre „erfahren", „lernen", „lehren"
12. Jh. auch in der materiellen Bedeutung „erfassen", dann „sich vertraut machen", daraus „lernen", dann faktitiv gebraucht „jemandem etwas beibringen", daher „belehren", „lehren", alles schon im 12. Jh. belegt, ersetzt also ebenso lat. *docēre* „lehren", wie *discĕre* „lernen"; dazu seit dem 12. Jh. das aktive Partizip *apris* „der gelernt, sich an etwas gewöhnt hat", daher nfrz. *mal appris, bien appris* „schlecht (wohl) erzogen", s. Tobler VB ,I 147; andrerseits aus der materiellen Bedeutung „(Feuer) fangen", die faktitive Bedeutung „anzünden"; es ist lat. *appre(he)ndĕre* „ergreifen", das bei den Kirchenschriftstellern in der übertragenen Be-

deutung „geistig erfassen" belegt ist. REW 554; FEW 111 f.

apprenti „Lehrling"
12. Jh. *aprentiz,* dann mit Suffixverkennung auch *aprentif,* bedeutet afrz. auch „unerfahren", aus gallorom. **apprenditīcius* „zum Lernen bestimmt", d. i. Abl. von *apprendre* s. d.; wegen der Abl. s. *appentis* unter *appendre.* Dazu seit dem 14. Jh. die Abl. **apprentissage** „Lehre", „Lernzeit". ALF 1438.

apprès „Holzkeil zum Festpressen der Faßdauben"
18. Jh., ist postverb. Subst. von afrz. *apresser* „drücken", „bedrängen", dieses verstärktes *presser.* Dict. gén.
Oder zu dem Folgenden?

apprêt „Zurichtung", „Appretur"
14. Jh., ist postverb. Subst. von afrz. *aprester* „in Bereitschaft setzen", „vorbereiten", nfrz. **apprêter** „in Bereitschaft setzen", „herrichten", refl. „sich fertig machen", aus gallorom. **appraestare* zu lat. *praestus* „gegenwärtig", „zur Hand", s. *prêt.* Dict. gén.
Dazu seit dem 15. Jh. das postverb. Subst. *apreste* „Zubereitung", nfrz. **apprête** „Brotschnitte".

apprivoiser „zähmen"
12. Jh., afrz. *aprivoisier* „vertraut machen", refl. „vertraut werden", auch „zahm werden", seit der ältesten Zeit mit *-ei-*, bzw. *-oi-* im Stamme gesichert, ist Kreuzung von gallorom. **apprivatare*, vgl. prov. *aprivadar,* afrz. *apriver* „zähmen", refl. „sich vertraut machen", und gallorom. **vitiare* „gewöhnen", vgl. prov. *vezar* „gewöhnt sein"; **apprivatare* ist Abl. von lat. *privatus* „privat", vgl. besonders lat. *in privato* „zu Hause", „auf eigenem Grund und Boden"; **vitiare* ist Abl. von lat. *vitium* „Laster", das wohl schon vlat. die Bedeutung „Gewohnheit" annahm, vgl. dazu ital. *avvezzare* „gewöhnen", s. zu diesem REW 9396, und davon abgeleitet afrz. *soi envoisier* „sich unterhalten" u. ä. ALF 1439.
**apprivĭtiare* unmittelbar zu *privatus,* Dict. gén., Dauzat, ist morphologisch unmöglich; **apprivatiare* REW 555; FEW 112 a genügt den afrz. Formen nicht. Vgl. das mit **apprivatare* gleich gebildete afrz. *adomeschier* „angewöhnen", „zähmen" aus **addomesticare.*

approbation „Billigung"
15. Jh., aus lat. *(approbatione),* s. *approuver.*

approcher „nähern"
12. Jh. *aprochier* „näher bringen", „näher kommen", aus vlat. *appropiare,* das bei den Kirchenschriftstellern belegt ist; dieses Abl. von lat. *prope* „nahe". Diez 661; REW 557; FEW 112; Rönsch, Coll. 103; 183.
approfondir s. *profond.*

approprier „anpassen"
12. Jh. „anpassen", „zurecht machen", „aneignen", aus lat. *(appropriare)* „zu eigen machen".

approuver „billigen"
12. Jh., afrz. *aprover,* dasselbe, auch „erweisen" wie *prouver,* s. d., so bis ins 16. Jh., Bl.-W. 32; aus lat. *approbare* „zustimmen", „beweisen". REW 556; FEW 112 a.
approvisionner s. *provision.*

approximation „annähernde Schätzung"
14. Jh., ist Abl. von lat. *(approximare)* „herankommen", das in volkstümlicher Entwicklung afrz. *aproismier* „näher bringen", „näherkommen" ergeben hat.

appui „Stütze"
12. Jh., ist postverb. Subst. von **appuyer** „stützen", 12. Jh., afrz. *apuie- apoiier* „stützen", „unterstützen", refl. „hinaufsteigen", „sich stützen", „sich nähern" u. a., aus vlat. **appŏdiare* zu lat. *podium* „Erhöhung", „Untergestell", bedeutet also der Bildung nach „auf ein Gestell setzen". REW 550; FEW 109; ALF 48.

âpre „rauh"
12. Jh. *aspre,* auch „grob", „hitzig", „leidenschaftlich", aus lat. *asper* „rauh". REW 708; FEW 156.

après „nach"
12. Jh., afrz. auch lokal „nahe bei", dann zeitlich sowohl adverbiell „nachher", wie präpositional „nach", aus vlat. *ad pressum* „nahe", so in der Mulomedicina Chironis belegt, zu lat. *pressus* „gedrängt", besonders in *pede presso* „Fuß an Fuß"; ALL 10, 421; Zeitlin, ZRP 6, 264; REW 196; FEW 37 f.; ALF 49; Gg. Syntax 302.

après-midi „Nachmittag"
17. Jh., ersetzt älteres, seit dem 15. Jh. belegtes **après-dîner**, seitdem die *dîner* benannte Mahlzeit von der Mittagszeit in den Nachmittag bzw. später an den Abend verlegt wurde; *après-dîner,* im 15. Jh. auch *après-disnée,* ist zusammengesetzt aus *après,* s. d., und afrz. *disnée* „Mittagessen", d. i. Abl. *(-ata)* von *disner,* s. *dîner.* Vgl. Herzog, Mahlzeiten 54 f.; ALF 1437.

après-souper „Abendzeit"
15. Jh. *après-soupée,* ist Gegenbildung zu *après-disnée,* s. o., d. i. zusammengesetzt aus *après,* s. d., und mfrz. *soupée* „Abendessen", d. i. Abl. *(-ata)* von *souper* s. d.

âpreté „Rauheit"
12. Jh., aus lat. *asperitate,* in der Form von Adjektivabstrakten auf *-té* (s. *bonté*) beeinflußt.

à-propos „was im richtigen Augenblick kommt"
18. Jh., aus adverbiellem *à propos* zu frz. *propos* „Zweck", „Anlaß".

apte „geeignet"
13. Jh., *ate,* aus lat. *(aptus)* „passend". REW 566.

Nicht lat. *habitus,* vgl. *malade,* Cornu, Rom. 3, 378; G. Paris, Rom. 15, 142; wegen des späten Auftretens auch kaum volkstümlich entwickeltes *aptus* mit Verallgemeinerung der Femininform, FEW 114a. Dazu seit dem 14. Jh., nach dem Vorbild von *habitude, solitude* u. ä. die gelehrte Abl. **aptitude** „Eignung".

apurer „(eine Rechnung) prüfen", „bereinigen"
12. Jh. *apurer* „reinigen", refl. „rein werden", dazu *apuré* „rein", ist Abl. von *pur* s. d.; Bl.-W. 520; s. *épurer.*

aquarelle „Aquarell"
18. Jh., aus ital. *acquarella, acquerella* dasselbe, auch „Sprühregen", „Wasseraufguß", d. i. dem Abl. von *acqua* „Wasser", s. *eau.*

aqua-tinta „Tuschzeichnung"
19. Jh., aus ital. *acqua-tinta* dasselbe, auch „verdünnter Wein", eigentlich „gefärbtes Wasser", aus ital. *acqua* „Wasser", s. *eau,* und *tinta,* d. i. Part. von *tingere* „färben", der Entsprechung des frz. *teindre.*

aquatique „im Wasser lebend"
13. Jh., aus lat. *(aquaticus),* das in volkstümlicher Entwicklung afrz. *evage* ergeben hat. Dict. gén.

aqueduc „Wasserleitung"
16. Jh., aus lat. *(aquaeductus);* das Wort lebt in volkstümlicher Entwicklung in lyon. *adoi* u. ä. FEW 116 a.

aqueux „wässerig"
16. Jh., aus lat. *(aquosus)*; die volkstümliche Entwicklung des Wortes s. unter *éveux.*

aquilon „Nordwind"
12. Jh., aus lat. *(aquilone).* FEW 119a.

ara „westindischer Rabe"
18. Jh., ist Abkürzung von *araraca,* angeblich dem Namen des Vogels im Tupí. Dict. gén.

arabe „arabisch"
16. Jh., aus ital. *arabo* oder lat. *(arabus);* der eigentliche afrz. Ausdruck ist *arabi(t)* aus arabisch *ᵉarabî* „arabisch" bzw. das mit dem Suffix der Herkunft erweiterte *arabiois;* zu REW 589; FEW 119.

arabesque „arabisch" va., „Arabeske"
16. Jh., aus ital. *arabesco* „arabisch", „in arabischem Stil", auch substantivisch „Arabeske", d. i. ital. Abl. von *arabo* „arabisch", „Araber" aus arabisch *ʿarab* „Araber" (Plural). Vgl. die genau entsprechende afrz. Abl. *arabiois* unter *arabe.*

arabique „arabisch"
13. Jh. *arabic,* ist latinisierende Umgestaltung von afrz. *arabi,* s. *arabe*; seit dem 16. Jh. die heutige Form in Anlehnung an mlat. *(arabicus).* FEW 119a.

arable „bebaubar"
12. Jh., aus lat. *arabilis,* FEW 119a.

arachide „Erdnuß"
18. Jh., aus lat. gr. *(arachnida),* bei Plinius ein Schotengewächs „unterirdische Platterbse", Arveiller, Fr. mod. 31, 94 f.

arack „Arrak" (Schnapsart)
16. Jh., aus arabisch *ᵉaraq* „Likör aus Palmöl", „Schnaps". Lam. 196; FEW 119b.

aragne „Spinne" va., „Eisenhaken am Ziehbrunnen"
auch **araigne,** in der ursprünglichen Bedeutung seit dem 12. Jh. mit der Nebenform *iraigne,* vgl. *érigne,* aus lat. *aranea* „Spinne". In der übertragenen Bedeutung lebt das Wort in Anjou *eraigne,* ähnlich Pléchatel, H. Maine usf. und ist von Ménage in die Literatursprache eingeführt worden. Thomas, Rom. 34, 180, Anm. 5; FEW 120ff.; REW 593. Vgl. auch *araignée* und wegen der Bedeutungsübertragung *anille* und *cigognole.*

araignée „Spinne".
12. Jh., aber schon im 12. Jh. auch „Spinnweb", und in dieser Doppelbedeutung bis ins 17. Jh.; ist ein gallorom. ***araneata,** d. i. Kollektivform für *aranea* „Spinne", s. *araigne,* für lat. *araneum, aranea, araneorum tela.* Die Doppelbedeutung von *araignée* geht auf *araigne* über. Zur Unterscheidung von „Spinne" und „Spinnweb" wurde im 16. Jh. zuerst im Südwesten der Typus **araigne teile,* d. i. *aranea* + *tela* geschaffen, in dem *tela* als Apposition zu dem, allein, doppeldeutigen *aragne* hinzutritt, vgl. dazu afrz. *lievre pois* „Art Seefisch", aus *lepore* + *piscis,* s. *poisson* 1; *arantèle* verschmolzen aus *aragne* + *teile,* ist mundartlich im Süden des Nordfrz. noch weit verbreitet; es bedeutet seit dem 16. Jh. auch „Fadenzeichnung am Hirschfuß"; ALF 1722; FEW 120; Bl.-W. 33.

araire „Pflug", masc.
12. Jh. *arere,* lebt in wall. und ostfrz. Mundarten, ist afrz. aber auch sonst bezeugt; aus lat. *aratrum,* das im Gegensatz zur gallischen *carruca* s. *charue,* den Hauspflug ohne Vorderprotze bezeichnete; eine Deminutivableitung lat. **aratellum* lebt in südwestlichen und zentralen Mundarten als *areau.* ALF 246; Tobler, ZRP 9, 149 f.; Diez 23; REW 602; FEW 123 b.

aralia „Aralie"
18. Jh., stammt angeblich aus einer Einheimischenmundart Canadas. Dict. gén.

aramer „den Stoff am Formenrahmen strecken"
18. Jh., ist Abl. von *rame* „Holzrahmen", s. d.

aranéole „Meerspinne"
19. Jh., ist Abl. von lat. *(aranea)* „Spinne", s. *aragne.*

arantèle s. *araignée.*

araser „abgleichen"
12. Jh., ist verbalisiertes afrz. *a ras de* „in gleicher Linie mit", s. *ras* 1 und *rez.*

aratoire „zum Pflug gehörig"
16. Jh., aus lat. *(aratorius).*

araucaria „chilenische Fichte"

19. Jh., stammt aus nlat. *(araucaria)*, dieses nach dem Ort der Herkunft der Pflanze, *Arauco* in Chile, Dict. gén.; Bl.-W. 33.

arbalète „Armbrust"
12. Jh., schon afrz. auch „Schlagfalle", wie nfrz. „Falle für Haselmäuse", auch *arbalestre*, fem., aus lat. *arcuballista* „Armbrust". REW 911; FEW 129; ALF 53; dazu afrz. *arbalest(r)ier* „Schütze", „Armbrustmacher", frz. *arbalétrier* „Armbrustschütze"; zu afrz. *arbalestre* die deminutive Abl. *(-īcula)* **arbalétrille** „Gradbogen", „Höhenmesser", 17. Jh. auch *arc-balestrille*, Dauzat unter *arbalète*.

arbitraire „willkürlich"
14. Jh., aus lat. *(arbitrarius)*.

arbitre 1. „Schiedsrichter"
13. Jh., aus lat. *(arbiter)*. FEW 124 a.
2. „freier Wille"
13. Jh., aus lat. *(arbitrium)*, für volkstümlich entwickeltes *arvoire*, *auvoire* „Täuschung", „Hirngespinst", „Sorge", „Bedenken", wie heute noch pik. *auvoire* „Torheit", „Schwindel", „Bezauberung". Diez 416; REW 605; FEW 124.

arborer „aufrichten"
15. Jh., Ausdruck der Marine, aus ital. *arborare* „(den Mast) aufrichten", d. i. Abl. von *arbore* „Baum", s. *arbre*. Dict. gén.; Schmidt, Span. Elem. 16; Bl.-W. 34; Vidos 195.

arboriser 1. „Pflanzen sammeln"
16. Jh., ist anläßlich des Schwankens zwischen *-er-* und *-ar-* im Pariser Französischen des 16. Jhs. für *herboriser* eingetreten. (M.L.)
2. „die Form eines Baumes geben" u. ä. ist nach lat. *(arbore)* „Baum" umgedeutetes *arboriser* 1.

arbouse „Baumerdbeere"
16. Jh., aus nprov. *arbousso*, dieses aus gallorom. **arbŭtea* „Baumerdbeere", zu gallorom. **arbutium* „Erdbeerbaum" aus lat. *arbuteus* „vom Erdbeerbaum". REW 609; FEW 126 a; G. Paris, Rom. 10, 42; Horning, ZRP 18, 239 Anm. 4.
**arbuttius*, Thomas, Ess. 75, 81 ist nicht nötig.

arbre „Baum", „Mast"
12. Jh., in beiden Bedeutungen, aus lat. *arbore* dasselbe, lat. Femininum, aber inschriftlich, dann Itala, Gregor v. Tours Masculinum, VRom. 12, 369; macht den Übergang der Baumnamen vom Femininum zum Masculinum mit. Diez 10; REW 606; FEW 124 f.; ALF 51, 52.

arbret „Leimrute"
14. Jh. „Bäumchen", wie noch heute boulogn. *abret*, ist demnach Abl. von *arbre*, s. d.

arbrisseau „Strauch"
12. Jh. *arbrissel*, auch *arbroisel*, in den Reichenauer Glossen *arbriscellus*, aus gallorom. **arboriscellus*, d. i. Kreuzung von vlat. **arbuscellus*, für belegtes *arbusculus* „Bäumchen", mit lat. *arbore* „Baum" s. *arbre*. G. Paris, Rom. 8, 618; REW 608; FEW 126 a.

arc „Bogen"
12. Jh., aus lat. *arcus*. REW 618; FEW 129 f.; ALF 53.

arcade „Schwibbogen"
16. Jh., ital. *arcata*, zu *arco* „Bogen", s. *arc*; s. gleichgebildetes prov. *arcada* „Brückenbogen"; afrz. *archiee* nur als „Bogenschußweite" bezeugt; Bl.-W. 34; s. *archée*.

arcane „geheimnisvoll"
14. Jh., aus lat. *(arcanus)* „verschwiegen", „heimlich", dazu im 19. Jh. aus lat. *(arcanum)* *arcane* „Geheimnis", masc.; Bl.-W. 34.

arcanne „Rötel"
15. Jh. *alcanne*, aus mlat. *(alkanna)*, dieses aus arabisch *al-ḥinnâ'* „Lotwurz", s. *henné*; das Wort ist südostfrz., s. auch *orcanette*. Thomas, NE 153; REW 4135; FEW 65 b.

arcanson „Schiffspech", „Kolophonium"
16. Jh. *arganson*, 17. Jh. *arcanson*, 18. Jh. *arcachon*, Barbier, Misc. 18, 377 f., aus nprov. *arcansoun*, dieses nach dem Namen der Bucht *Arcachon* im Médoc. Thomas, Ess. 241; FEW 127 f.

arcasse 1. „Schiffsheck"
15. Jh., über prov. *arcassa* aus span. *alcázar* „Achterkastell", eigentlich „Schloß", s. *accastillage*, Vidos, 197.
2. „Gehäuse"
17. Jh., aus nprov. *arcasso* zu *arca* „Truhe", s. *arche* 1; Barbier, Misc. 18, 380; FEW 127.

arc-boutant „Strebebogen", „Stützpfeiler"
11. Jh., ist Abl. von mißverstandenem afrz., seit dem 12. Jh. bezeugten *arvout*, *arbout* „Bogen", „Wölbung", das volksetymologisch mit *bouter*, *buter* zusammengebracht wurde, vgl. das dem *arc-boutant* entsprechende, anders abgeleitete mfrz. *arc buterez* (engl. *buttress* „Strebebogen") Thomas, Rom. 29, 165; afrz. *arvout* ist zusammengesetzt aus *arc* „Bogen", und afrz. *vout* „gewölbt", s. dazu *voussoir* und *voûte*, bzw. stammt aus mlat. gleich zusammengesetztem *archivoltum*, das jede Art mit einem Bogen überspannten Raumes bezeichnet, Parodi, Rom. 27, 230.
Dazu seit dem 17. Jh. die Rückbildung **arc-bouter** „mit Strebepfeilern stützen".

arceau „kleiner Bogen", „Krümmung"
12. Jh., aus vlat. **arcellus* für lat. *arculus* kleiner Bogen".
Aus lautlichen Gründen nicht erst frz. Abl. von frz. *arc*, FEW 130 a.

arc-en-ciel „Regenbogen"
13. Jh., zusammengesetzt aus *arc*, *en* und *ciel*, wie schon lat. *arcus caelestis*. ALF 54.

archal „Messing"
12. Jh., heute nur mehr in der Verbindung *fil d'archal*, das unter mannigfachen Umgestaltungen in den Mundarten lebt, aus lat. *aurichalcum*, dasselbe. Diez 228; REW 792; FEW 179 b; ALF 1568.

Afrz. *orchal* zeigt nicht die Entsprechung des *au* von lat. *aurichalcum,* sondern sekundäre Anlehnung an *or.*

archange „Erzengel"
12. Jh., aus lat. *(archangelus).* FEW 128 a.

arche 1. „Arche", „Gehäuse"
12. Jh. „Truhe", „Lade", aus lat. *arca* „Kiste". REW 611; FEW 126 f.
2. „Brückenbogen"
12. Jh., aus gallorom. **arca,* d. i. Augmentativform von lat. *arcus* „Bogen", s. *arcade.* FEW 130 b.
Nicht zu *arche* 1, REW 611.

archée „Tragweite des Bogens"
12. Jh. *archie,* aus vlat. **arcata,* d. i. Abl. von *arcus* „Bogen", s. *arc.* Collin, *-ata* 211; s. *arcade.*

archelet „kleiner Bohrbogen" (Uhrmacherei)
16. Jh., vgl. lothr. dasselbe „kleiner Bogen", ist deminutive Abl. von *arc,* s. d. FEW 130 a.

archer „Bogenschütze"
12. Jh., aus vlat. **arcarius* zu *arcus* „Bogen", s. *arc.* Dict. gén. Oder frz. Abl. von *arc?*

archet „Musikbogen", „Metallsäge" u. ä.
12. Jh., seit der ältesten Zeit auch in der Bedeutung „Bogen zum Streichen der Saiten", ist dem Abl. von *arc.* s. d. FEW 129 b.

archevêque „Erzbischof"
11. Jh., aus lat. *archiepiscopus.* FEW 128 a.

archi- „Erz-" (in Zusammensetzungen) aus gr. (ἀρχί) „Ober-", „erster-", greift im 15./16. Jh. in Nachahmung des Italienischen um sich, wird dann populär, scherzhaft, ironisch; Guilbert-Dubois, Fr. mod. 29, 89.

archière 1. „Mauerlücke"
12. Jh. „Schießscharte", „Bogenfenster", ist Abl. von *arc* „Bogen", s. d., mit *-aria* der Umfassung.
2. „Köcherriemen"
ist substantiviert aus adjektivischem *archier* „zum Bogen gehörig", s. *arc.*

archimandrite „Archimandrit"
16. Jh., aus lat. (gr.) *(archimandrita)* „Vorsteher der Mönche".

archine 1. „Bogengerüste zur Stütze einer Rennbahn"
19. Jh., ist Abl. von *arche* 2. Die Bildung ist unklar.
2. „Arschine" (russisches Längenmaß)
17. Jh., aus russisch *aršin.* Dict. gén.

archipel „Archipel"
16. Jh. auch in der italienischen Form *archipelago,* aus ital. *arcipelago,* dieses aus mgr. ἀρχιπέλαγος „Hauptmeer", Dict. gén.; Vidos 206.

architecte „Architekt"
16. Jh., aus lat. (gr.) *(architectus),* vermutlich nach dem Vorbild von ital. *architetto,* Bl.-W. 35.

architrave „Verbindungsbalken oberhalb der Säulen"
16. Jh., aus ital. *architrave,* das ist gelehrte Zusammensetzung von *archi-* s. *archi-* und *trave* „Balken", aus lat. *trabs, trabis,* s. zu diesem REW 8823.

archives „Archiv"
15. Jh. *archif,* aus lat. *(archivum).* FEW 128 b.

archivolte „Schwibbogenverzierung"
17. Jh., aus ital. *archivolto,* dieses aus mlat. *(archivoltum),* s. *arc-boutant.*

arçon „Sattelbogen", „nach der Wurzel zurückgebogene Weinrebe"
12. Jh., afrz. „kleiner Bogen" (zum Schießen), „Fiedelbogen", „Sattelbogen", „Jochbogen" u. ä., aus vlat. **arcione,* d. i. Deminutiv-Abl. von *arcus* „Bogen", s. *arc.* Diez 23; REW 616; FEW 128 f.

arcot „Stück-, Rohmessing"
17. Jh., ist pik. Form von afrz. *archaus,* s. *archal.*
arcure s. *arquer.*

ardelion „zudringlicher Mensch"
16. Jh., aus lat. *(ardelione)* „geschäftiger Müßiggänger".

ardent „brennend", „zündend"
seit dem 14. Jh. für afrz. *ardant,* im 13. Jh. auch „von der Blatterrose befallen", „Irrlicht" u. a., ist erstarrtes Part. von afrz. *ardre,* s. d.

ardeur „Hitze", „Eifer"
12. Jh., aus lat. *ardore.* REW 624; FEW 133 a.

ardez „schaut"
17. Jh., ist Kurzform für *agardez,* s. *agar.*

ardier „Drehseil am Weberbaum"
auch **ardière,** 13. Jh. *hardiere* „großer Strick", ist Abl. von afrz. *hart* „Weidenband", s. *harde* 2.

ardillon „Schnallendorn", „Bogenhalter"
13. Jh. *hardillon* „kleiner Strick", ist Abl. von afrz. *hart,* s. *ardier;* vgl. auch *hardillier.*
ardoir s. *ardre.*

ardoise „Schiefer"
12. Jh., aus einem vermutlich gallischen **ardēsia,* das vielleicht zu gallisch **ardu-* „hoch" gehört. Diez 509; REW 621; FEW 132 f.; Dottin 228; ALF 1756.
Dazu seit dem 16. Jh. die Abl. **ardoisière** „Schieferbruch".

ardre „brennen"
9. Jh., afrz. auch *ardoir,* ist in der Literatur seit dem 17. Jh. veraltet, Brunot 3, 105, ist aber in den Mundarten noch über ganz Frankreich verbreitet, aus lat. *ardēre.* REW 620; FEW 131 f.

ardu „steil", „schroff"
14. Jh., aus lat. *(arduus)* „steil". FEW 133 a.

are „Ar"
1793 durch Dekret geschaffenes Flächenmaß,

aus lat. (*a r e a*) „Oberfläche", s. *aire.* Dict. gén.

arec „Arekanuß"
16. Jh., aus nlat. (*a r e c a*), dieses vermutlich aus port. *areca,* zunächst in frz. *areque, arece,* das nach A. Nascentes aus *adekka* in der Sprache von Malabar, dem Küstengebiet im SW Vorderindiens stammt; Bl.-W. 35.

arène „Sand", „Arena"
12. Jh. „Sand", „Sandstein", lebt heute namentlich im Süden des nordfrz. Gebietes, und dürfte auch daher stammen; aus lat. *a r ē n a* „Sand". REW 630; FEW 135; oder neu entlehnt, als literarischer Ausdruck, im 16. Jh.; Entlehnung auch in der Bedeutung „Kampfbahn", 17. Jh., aus lat. (*a r e n a*) „Kampfplatz des Amphitheaters", Bl.-W. 35.

arener „das Kreuz brechen" va.; refl. „(unter übermäßigem Gewicht) sich senken"
14. Jh. *esrener,* ist heute als *arner, erner* im Norden, Westen und Südwesten weit verbreitet; ist Abl. von *reins* „Niere", bedeutet also der Bildung nach „die Nieren, Lenden ausreißen", vgl. *éreinter.* Dict. gén.

aréneux „sandig"
13. Jh., aus lat. *a r e n o s u s,* in der Entwicklung von afrz. *areine,* s. *arène,* beeinflußt. FEW 135 b.

aréole „Hof" (um den Mond)
17. Jh., „kleine Fläche", aus lat. (*a r e o l a*) „kleiner freier Platz"; Bl.-W. 35.

aréopage „Areopag"
Ende des 15. Jhs., aus lat. (*A r e o p a g o s*) „der Marshügel zu Athen, auf welchem der oberste Gerichtshof seine Sitzungen abhielt"; Georges, s. v.; Bl.-W. 35.

arer „ackern" va.; „den Anker schleppen"
12. Jh. „pflügen", lebt in der landwirtschaftlichen Bedeutung norm., Anjou, Saintonge, aber auch östlich und südöstlich vereinzelt, ist heute vor *labourer* überall im Schwinden begriffen, aus lat. *a r a r e.* REW 598; FEW 122 f.; ALF 742.

arête „Gräte", „Granne"
12. Jh., afrz. auch „Blattrippe", „hornartiger Teil einer Feder" u. ä., aus vlat. *a r ĕ s t a,* so im Corp. gloss. belegt, Brüch, ZFSL 49, 293, für lat. *arista,* das nach Meyer-Lübke, Einf. 179 italische Dialektform ist. Horning, ZRP 21, 449; REW 648; FEW 138 f.; ALF 55.

arêtier „Ecksparren"
14. Jh., ist ursprünglich adjektivische Abl. von afrz. *areste* in der Bedeutung „Rippe, Ecke eines Baues", bedeutet also der Bildung nach „an der Ecke befindlich"; das gleiche Adjektiv liegt in der femininen Form **arêtière** „Bewurf an den vorspringenden Dachteilen" vor, dieses seit dem 17. Jh. s. *arête.*

arganeau s. *organeau.*

argémone „Stachelmohn"
16. Jh., aus gr. (ἀργεμώνη).

argent „Silber", „Geld"
11. Jh., aus lat. *a r g e n t u m* „Silber". REW 640; FEW 136 f.

argentier „Finanzverwalter", „Wechsler" va.
13. Jh. „Schatzmeister", heute nur mehr ironisch für den Finanzminister, aus lat. *a r g e n t a r i u s* „Silberarbeiter", „Wechsler", „Banquier". REW 637; FEW 136; Bl.-W. 35.

argentin „silbern", „silberfarbig"
12. Jh., wie afrz. *orin* „von Gold" u. ä., adjektivische Abl. von *argent.* Dazu seit dem 16. Jh. in substantivischer Funktion das Fem. **argentine** „Silberfisch", „Silberkraut". FEW 136 b.

argile „Ton"
12. Jh. *argille,* aus lat. *a r g i l l a* dasselbe. REW 641; FEW 137.

argot 1. „Rotwelsch"
17. Jh., bezeichnet ursprünglich im Rotwelsch die Genossenschaft der Bettler; gleichzeitig ist *argoter* „betteln" bezeugt, s. Sain. Sources 1, 81; 2, 273 f. Die weiteren Beziehungen sind umstritten; zu *harigoter* „zerreißen", s. *ergot,* Salverda de Grave, Mél. Roques II, 246; zu afrz. *argoter,* so im 13. Jh., für sonstiges *ergoter,* s. d., Bl.-W. 36.
2. „abgestorbenes Reis"
17. Jh., dazu die Abl. **argoter** „den toten Teil eines Zweiges abschneiden", s. *ergot.*

argoulet „berittener Bogenschütze"
16. Jh., gleichzeitig auch in Italien, aus nprov. *argoulet* dasselbe, auch „Nichtsnutz", „Knirps", gask. *argoulét* „der den Mund aufsperrt", „Maulaffen feilbietet", dieses zu gask. *argoulà* „Maulaffen feilbieten", Dep. Gers „abwarten", nprov. *regoulà* „speien", zu *gueule,* scheint letzten Endes zu *arcus* „Bogen" zu gehören, s. *archer,* doch ist die Herkunft und Bildung des Wortes unsicher.

argousier „Stechdorn"
ist Kreuzung von *arbousier* „Erdbeerbaum" mit *argouié,* das im Dep. Saône-et-L., und Allier (*argóia*) auf eng begrenztem Raum als „Stechpalme" bezeugt ist, ALF 701; dazu (*argul'e*), Puy-de-D., (*agul'ā*), Allier, (*agöi*), Creuse, für „Heckenrose" u. ä. ALF 452; es kreuzen sich in dem Wort Formen, die auf *acucula* und *acrifolium* zurückgehen; die Entwicklung im einzelnen ist nicht mehr festzustellen; vgl. FEW 23.

argousin „Profoß"
16. Jh., aus venez. *alguzin,* heute *aguzin,* das aus dem Katalanischen entlehnt ist, Cor. I, 123; im 16. Jh. bei Brantôme belegtes *argousil* ist unmittelbar aus span. *alguazil* entlehnt, dieses aus arab. *al-wazîr* „Helfer"; Sain. Rab. I, 114; Diez 420; FEW 79; Bl.-W. 36; Littmann 70.

argue „Drahtwinde"
17. Jh., aus ital. *argano* „Haspel", „Winde", s. *orgue,* REW 6097; dazu seit dem 18. Jh. die Abl. **arguer** „Silberdraht ziehen".

arguer „schließen", „folgern"

11. Jh. „Einwendungen machen“, „mit Reden bekämpfen“, „jmd. zusetzen“, refl. „sich ereifern“, dazu afrz. *argu* „Gedanke“, „Rede“, „Urteil“ u. ä., aus lat. *argūtare* „vorschwatzen“. Die nfrz. Bedeutung zeigt gelehrten Einfluß von lat. *arguere* „unumstößlich beweisen“, bzw. *argumentum* „Beweismittel“. Förster, ZRP 2, 88; REW 643; FEW 138 a; Väänänen, Neuph. Mit. 45, 97.

argument „Beweisgrund“
12. Jh., aus lat. *(argumentum)*, s. *arguer*. FEW 138 a.

argutie „Scharfsinn“
16. Jh., aus lat. *(argutia)*. FEW 138 a.

aria „Störung“, „lästige Umstände“
15. Jh., heute über ganz Frankreich verstreut, ist Abl. von afrz. *harier* „belästigen“, aus *hariier*, dreisilbig „aufreizen“, „quälen“, „plagen“, auch *hairier*, dazu afrz. *haire* „Mühsal“, „Leiden“, *hairie*, dasselbe; ist Abl. von der afrz. Interjection *hari!* „Anruf zum Antreiben“, TL. IV, 916; Dict. gén. s. auch *haler* 2, *harasser, harceler*.

ariane „brauner Argus“ (Schmetterling)
19. Jh., aus lat. *(Ariadna)* „Ariadne“.

aride „dürr“, „unfruchtbar“
14. Jh., aus lat. *(aridus)*; in volkstümlicher, aber auch nicht durchsichtiger Entwicklung liegt das Wort in afrz. *arre* vor, so noch im 16. Jh., Bl.-W. 36, FEW 138.

ariette „Liedchen“
18. Jh., aus ital. *arietta*, d. i. dem. Abl. von *aria* „Arie“, s. *air* 3.

aristoloche „Osterluzei“
16. Jh., aus lat. *(aristolochia)*, aus dem gr. ἀριστολοχία; FEW 139 b.

arithmétique „Arithmetik“
12. Jh. *arismetique*, die heutige Form seit dem 16. Jh.; die *-s*-Form ist noch heute normannisch, rouchi; aus lat. *(arithmetica)*, aus gr. ἀριθμητική, zu ἀριθμός „Zahl“. FEW 140 a; Bl.-W. 36.

arlequin „Hanswurst“
16. Jh., aus ital. *arlecchino*, das um 1600 durch die Schauspielertruppe der Fedeli in Frankreich volkstümlich gemacht wurde; von Molière wird der *arlequin* als Tänzer, von Marivaux als Verliebter auf die französische Bühne gebracht; O. Driesen, Der Ursprung des Harlekin, Berlin 1904. Ital. *arlecchino* stammt aus dem Französischen. Es ist, bevor sich die Commedia dell'arte seiner bemächtigt, Bezeichnung des Teufels, und stammt selbst aus afrz. *mesnie Hellequin* „Hexenjagd“, „wilde lustige Schar“, „lustige Teufel“; dieses ist zuerst Ende des 11. Jhs. bei dem Normannen Ordericus Vitalis als *Familia Herlechini* bezeugt. Bei Gautier Map im 12. Jh. findet sich ferner die Erwähnung der *Herlachingi* = „phalanges noctivagae“, der „in der Nacht umherschweifenden Scharen“, Delbouille, Bul. Soc. Langue et de Lit. wallonnes 69 (1953). *Herlaking* bedeute „König Herla“, dieser sei ein bretonischer König gewesen, der nach der Sage 200 Jahre unter den Gnomen gelebt hätte. Nach Flasdieck gehe der Name auf agls. **Herlakyng* „zurück“, „König Harilo“, und sei der Beiname Wodans als Führers der wilden Jagd und des Totenheeres. Name und Volksglaube sei in frühanglonormannischer Zeit nach dem französischen Festland als *mesnie Herlequin, Hellequin* gekommen; s. auch E. Richter ZFSL 62, 502 f.; Dauzat, Fr. mod. 8, 10 f.; Bl.-W. 36. Die Annahme, daß die *mesnie Hellequin* die Erinnerung an ein verlorenes afrz. Epos bewahrt habe, das von dem Grafen Hernequin von Boulogne gehandelt hätte, wird durch nichts gestützt; vgl. Raynaud, Etudes G. Paris 51 ff.; G. Paris, Rom. 22, 139 f.; Mahrenholtz, ZFSL 27, 2, 63 ff.; Lot, Rom. 32, 422 ff.; *Sainéan, Rev. trad. pop. 20, 177—186; REW 4117.
Andere Deutungsversuche s. Rühlemann, Etym. des Wortes harlequin und verwandter Wörter. Diss., Halle 1912.

arimer s. *arrimer*.

armadille „Gürteltier“
17. Jh. *armandille*, aus span. *armadillo*, d. i. dem. Abl. von span. *armado* „bewaffnet“, s. *armer*.

arme „Waffe“
11. Jh. singularisch neben *armes* „Waffen“, „Waffenhandwerk“, aus lat. *arma* dasselbe; s. auch *alarme*; dazu die gelehrten Abl. *armateur* „Reeder“, 16. Jh., lat. *(armatore)*, in volkstümlicher Entwicklung afrz. *armeour* „Waffenschmied“; *armature* „Armierung“, „Bewehrung“, 17. Jh. für volkstümliches afrz. *arměure*, s. *armure*. REW 650; FEW 140 a.

armée „Heer“
seit dem 14. Jh. für afrz. *ost* (aus lat. *hostes* „Feinde“), bedeutet der Bildung nach „Bewaffnung“, belegt als „bewaffnete Schar“; ist Abl. von **armer** „bewaffnen“, seit dem 10. Jh. aus lat. *armare*. REW 651; FEW 140 a.

armeline „Hermelinfell“
17. Jh., aus ital. *armellina*, d. i. die Entsprechung von afrz. *hermin*, für **herminin*, s. *hermine*.

armer s. *armée*.

armet „Sturmhaube“, „Helm“
14. Jh., aus span. *almete*, das selbst aus afrz. *hiaumet*, dem. Abl. von *heaume* „Helm“, s. d., entlehnt ist; G. Paris, Mél. 129, Anm.; REW 4130.
Abl. von *arme*, Dict. gén., ist morphologisch und begrifflich abzulehnen.

armille „Gesims in Form von Ringen“
12. Jh., bedeutet afrz. „Armband“; ist trotz des Auftretens in den Reichenauer Glossen kaum rein volkstümlich entwickeltes lat. *(armilla)* „Armband“. REW 659; FEW 142 b.

armistice „Waffenstillstand"
17. Jh., nach dem Vorbild von lat. *solistitium* „Sonnenstillstand" abgeleitet von lat. *(arma)* „Waffen". Dict. gén.

armoire „Schrank"
12. Jh. *armaire*, auch *aumaire*, das sich mundartlich gehalten hat, aus lat. *(armarium)* dasselbe. ALF 58; REW 652; FEW 140 f.

armoiries „Wappen"
14. Jh. *armoierie*, ist Abl. von afrz. *armoier* „mit Wappen *(armes)* schmücken", 12. Jh., dieses Abl. von *arme*, s. d.

armoise „Beifuß"
12. Jh., aus lat. *artemĭsia* dasselbe. Roll. Fl. 7, 61 ff.; ALF 1441; Diez 510; REW 685; FEW 149.

armoisin „dünner Taft"
16. Jh. *tafetas armoisy*, auch *armezin*, aus ital. *ermesino*, 16. Jh. *ormesino* „Art leichtes Seidentuch", dieses zur Stadt *Ormuz*, alt *Armūza* am Persischen Golf; Dict. gén.; Battisti II, 1522/1523. Kaum aus arab. *qirmizî* „scharlachfärbig", über ngr. χερμεζι, Sainéan, Rab. 1, 133, 150; Lam. XIX.

armon „Gestell am Vorderteil des Wagens, auf dem die Deichsel ruht"
15. Jh. *aremon*, lebt als *armon* im Wallonischen, als *(ęrmõ)* in der Picardie, daher literarisch auch *éremon*, im Südosten auch *alamon, aramoun*, das für Alpes-Mar. schon alt belegt ist; vielleicht gallisch **aramones* Hubschmied, VRom. III, 69. Aus ahdt. *aram* „Arm", trotz dt. „Deichsel-*arm*" ist weder lautlich noch geographisch möglich, Schuchardt, ZRP 26, 418 f.; REW 592; auch nicht aus lat. *artemone* „Leitflasche", Dict. gén.; auch nicht aus lat. *armus* „Schulterblatt", Thomas, Mél. 19; oder zu lat. *armare* „bewaffnen", „befestigen", Rohlfs, ZFSL 49; vgl. dazu FEW 119.

armorial „heraldisch"
17. Jh., ist wie **armorier** „Wappen setzen", 17. Jh., gelehrte Abl. von *armoiries*, nach dem Vorbild von *historial;* Dict. gén.

armure „Rüstung", „Einfassung"
12. Jh. *armëure*, aus lat. *armatura* „Bewaffnung", REW 653; FEW 141 b; dazu seit dem 13. Jh. die Abl. **armurier** „Waffenhändler".

arnica „Arnika"
17. Jh., aus nlat. *(arnica)*, das vielleicht aus lat. *ptarmicum* „Niesmittel" verballhornt ist, Dict. gén.

arôme „Aroma", „Duft"
18. Jh., aus lat. (gr.) *(aroma)*.

aronde „Schwalbe"
nur mehr gebräuchlich in *queue d'aronde* „Schwalbenschwanz" (Schmetterling), doch in nördlichen, östlichen und südöstlichen Mundarten noch verbreitet, ALF 697; aus grom. **hirunda*, d. i. Rückbildung von **hirundella*, s. *hirondelle*, REW 4146.

arpège „Arpeggio" (harfenmäßiges Anschlagen der Tasten)
18. Jh., aus ital. *arpeggio;* dieses postverb. Subst. von *arpeggiare* „Harfe spielen", s. *harpe*. Davon seit dem 18. Jh. die Abl. **arpéger** „arpeggieren".

arpent „ein Ackermaß"
die Größe des Maßes war in verschiedenen Zeiten und in verschiedenen Gegenden verschieden; 12. Jh., aus grom. **arependis*, d. i. gallische Dialektform von belegtem *arepennis;* die *-d-*Form ist durch *arpentum* in der Lex Bajuvariorum als ursprünglich gesichert. Thomas, Rom. 39, 393; Jud, AR 6, 191; vgl. auch Diez 510; Thurneysen, KR 32; REW 634; FEW 135 f.
Davon seit dem 14. Jh. die Abl. **arpenter** „vermessen", „mit großen Schritten abschreiten".

arpète „Laufmädchen"
19. Jh., auch *arpette*, zuerst für Genf bezeugt als „schlechter Arbeiter", „Taugenichts", dringt in das Rotwelsch und von hier in familiäres Frz., z. B. ständig in Le Journal, 1929, René le Cour, Les dames de Chamonix; aus dt. *arpet'r* „Arbeiter"; Jeanjaquet, GPSR s. v.; Dauzat, Fr. mod. VI, 24.
Kaum zu *harpon*, Bl.-W. 37.

arpon „starke Säge"
18. Jh. *arpent*, aus gaskognisch *arpan* dasselbe; dazu gaskognisch *arpana* „Baum durchsägen", u. H. Vgl. *harpon, herbon*, Behrens, ZRP 26, 656.

arquebuse „Büchse"
ist nach Paré im 16. Jh. aus ital. *archibuso* entlehnt, das in den Kriegszeiten des 16. Jhs. aus niederl. *haakbus* „Hakenbüchse" aufgenommen wurde. Schon im 15. Jh. findet sich, zunächst in Flandern und Burgund, unmittelbar aus dem Niederländischen entlehnt *haquebusche*, daraus mit *buter* gekreuzt *hacquebutte* bei Rabelais. Diez 23; Bruckner, Char. 29; Goldschmidt, Festg. Foerster 58; Behrens, DS 48 f.; REW 3954; Bl.-W. 37.

arquer „krümmen"
im 13. Jh. einmal *archer* belegt, die heutige Form seit dem 16. Jh.; die afrz. Form ist wohl Abl. von *arc* „Bogen", das nfrz. Wort lat. *(arcuare)* „bogenförmig machen", refl. „sich bogenförmig krümmen". Dict. gén.; FEW 130 a.

arquet 1. „Fadenhalter" (Weberei)
18. Jh., ist mundartliche Nebenform von *archet* „kleiner Bogen", s. *arc*.
2. „Seihkasten"
19. Jh., ist mundartliche Nebenform von afrz. *archet* „kleine Truhe", d. i. dem. Abl. von *arche* 1.

arracher „losreißen"
12. Jh., gleichzeitig auch *esrachier*, aus lat. *eradicare* „mit den Wurzeln ausreißen", so in den Reichenauer Glossen, das im Gallo-

romanischen entweder mit Präfixangleichung zu **exradicare* oder zu **arradicare* (zu *ab-* „von weg", s. *à* 1) verdeutlicht wurde; Groeber, ALL I, 233; Schuchardt, ZRP 15, 114; Diez 510; REW 2887.
Dazu seit dem 13. Jh. die Abl. *(-aticium) esrachëis* „Ausreißen", heute **arrachis** „ausgerissener Schößling".
arraisonner s. *raisonner.*

arranger „in Ordnung bringen"
12. Jh. *arrengier,* ist Abl. von afrz. *renc,* s. *rang* „bestimmte Reihe", „Platz", bzw. Abl. von *ranger,* s. d. Vgl. dazu *harangue.*
arrenter s. *rente.*

arrérages „Rückstand"
12. Jh. *arrierage,* ist Kollektivabl. von *arrière* „rückwärts", s. d.

arrestation „Einsperren"
14. Jh., ist latinisierende Abl. von *arrêter,* s. d. F.

arrêt „Aufenthalt", „Hemmung"
12. Jh. *arrest,* ist postverb. Subst. von **arrêter** „aufhalten", „festhalten", 12. Jh. *arrester* „anhalten", „verweilen", „festhalten", „mit Beschlag belegen", refl. „stehen bleiben", aus vlat. **a r r e s t a r e,* zu lat. *restare* „bleiben". Gröber, ALL 1, 243; REW 673; FEW 145 b.

arrête-boeuf „Ochsenbrech", „Hauhechel"
16. Jh., lebt in wall. *reste-bou,* auch im Süden des nordfrz. Gebietes, und stammt in der Literatursprache wohl daher; es ist Franzisierung eines mlat. **bovi-retina,* s. *bugrane.* Roll. Fl. 4, 111 ff.; FEW 146 a.

arrhes „Handgeld"
in dieser Form seit dem 16. Jh., zuerst im 11. Jh. (Raschi) als *eres,* auch *erres,* meist im Plural, aber auch sing. *ere,* TL III, 769, glossiert *arrabo,* (d. i. lat. *arrhabo* „Kaufpfand", das seit Plautus belegt ist); dann bei den Juristen *arrae* „Verlobungsgeld"; die frz. Form setzt ein Grundwort **ara* voraus, das nicht verständlich ist; vielleicht ist nordfrz. *er(r)e* falsche Übertragung aus prov. *arra* „arrhes". Das Wort ist gemeinwestromanisch, es stammt aus dem Hebräischen; dazu seit dem 16. Jh. die Abl. **arrher** „Handgeld geben". Die heutige Form in Rückanlehnung an das lat. Wort. Zu REW 665; FEW 143 f.

arrière „rückwärts"
12. Jh., aus vlat. belegtem *a r e t r o,* d. i. *ab retro* „von rückwärts" oder *ad retro* „nach rückwärts", Gg. Syntax 308, nur als Adverb gebraucht. Hamp, ALL 5, 342; REW 198; FEW 38 b.

arrière-ban „Heerbann", „Landsturm"
12. Jh., schon afrz. Nebenform von *herban, arban,* aus fränkisch **h a r i b a n* (ahdt. *heriban* „Aufgebot zum Kriegsdienst", „Kriegsdienst"), volksetymologisch an *arrière* angeschlossen. Diez 41; REW 4044.
arriérer s. *arrière.*

arrimer „schichten", „stauen" (die Ladung im Schiffsraum)
14. Jh. auch *arrumer,* zu afrz. *aruner, ariner, arimer* „in Ordnung bringen", vgl. norm. *aruner* dasselbe, *déruner* „in Unordnung bringen", Cancalais *arrimer, aruner* „ordentlich aufhäufen", Boulogne *arumer* „anordnen"; es kreuzen sich in dem Wort zwei Stämme: Mittelengl. *r i m e n(n)* „räumen", und afrz. *run,* prov. *rum* „Schiffsraum", letzteres aus fränkisch **r û m* „Raum". Diez 271; Behrens, ZFSL 32, 146; (Wortg. 8 ff.); REW 7321; 7435.

arrioler refl. „sich glätten" (vom Meer nach dem Sturm)
18. Jh., aus nprov. *arriala, arrieula* „Furchen ziehen, um das Wasser zum Abfließen zu bringen", dazu *s'arriéula* „den gewöhnlichen Lauf nehmen", vgl. *la mar s'arriéulo* wie frz. *s'arriole;* gehört zu nprov. *rioulà* „dahinfließen", wohl zu afrz. *rieuler, riuler* „regeln", „ausgleichen", zu afrz. *rieule* „Lineal", lat. *regulare, regula* „Richtholz".
Kaum zu nprov. *rieu, riou* „Bach", Dict. gén.
arriser s. *ris* 3.

arriver „ankommen"
11. Jh. „ans Ufer kommen", „ans Ufer bringen", dann „landen", so bis ins 17. Jh., „ankommen"; aus vlat. **a r r i p a r e* „zum Ufer bringen, kommen", d. i. Abl. von lat. *ripa* „Ufer", s. *rive.* Diez 27; Gröber, ALL 1, 243; REW 675; FEW 146 f.

arrobe „Hohlmaß"
17. Jh., aus spanisch *arroba* „Gewicht von 25 Pfund", aus arabisch *a r - r u b ε* „1/4". Lam. 27; FEW 148 a.

arroche „Ackermelde"
12. Jh. *arrepe, arrache,* die Form *arroche* seit dem 15. Jh., *arrosse* im 16. Jh.; zugrunde liegt lat. *a t r i p l e x,* das sich mit dem entsprechenden gr. ἀτράφαξυς, mlat. als *atrofaxos* im 12. Jh. bezeugt, zu **atripica, *atrapica* gekreuzt hat. Die älteste rom. Form liegt in *adripia* im Cap. de Villis vor. Thomas, Rom. 37, 305; Mél. 134, Anm. 3; REW 759; FEW 166 b; Roll. Fl. 9, 156.

arroger „anmaßen", refl. „sich widerrechtlich zueignen"
14. Jh. *arroguer,* aus lat. *(sibi a r r o g a r e)* „sich etwas Fremdes aneignen". FEW 147 a.

arroi „Zustand"
12. Jh. in *être en mauvais arroi* „in Unordnung sein", ist postverb. Subst. von afrz. *areer* „zurechtmachen", „versorgen", heute comt. *arrayer* „in Ordnung bringen", champ. *arrier* „zubereiten", „versehen", südostfrz. auch „melken"; geht mit prov. *arrezar* auf ein grom. **a r r ē d a r e* „mit dem Notwendigen versehen" zurück; s. dazu *corroi;* REW 672; FEW 144 f.; Pogatscher, ZRP 12, 553; weitere Literatur unter *corroi.*

Aus lautlichen Gründen nicht aus fränkisch **hari-rêd* „Heergerät", Braune, ZRP 10, 275, trotz *harireda* in der lex Ripuaria.

arrondir s. *rond.*

arroser „begießen"

12. Jh., afrz. auch „betauen", „bewässern", aus vlat. *arrosare* (für klassisches *arrorare*), das bei gallischen Schriftstellern belegt ist; *arrosare* ist Neuableitung von lat. *ros* „Tau", s. *rosée.* Die Mundarten haben meist die lautgesetzlich zu erwartende Form *arrouser,* während die literarische Form Anlehnung an lat. *ros* zeigt. REW 677; FEW 147 f.

Dazu seit dem 14. Jh. die Abl. **arrosoir** „Gießkanne".

arrow-root „Pfeilwurzel"

19. Jh., aus englisch *arrow-root.* Dict. gén.

arrugie „Stollen"

16. Jh., aus lat. *(arrugia).* Das Wort lebt in volkstümlicher Form im Südosten und z. T. im Süden. REW 678; FEW 148 a.

ars „Bugadern" (der Pferde)

13. Jh. *artz* „Schultern" (Pferd, Hirsch), aus lat. *armus* „Schulterblatt". Vgl. *enlarme* und *ers* 2. Diez 510; REW 661; FEW 143.

arsenal „Zeughaus"

13. Jh. *tarsenal,* aus ital. *darsena* „Dock", dann Ende 14. Jh. *archenal,* seit dem 15. Jh. die heutige Form, aus ital. *arsenale;* aus arabisch *es ṣinâʿa,* das zunächst nach Venedig kam, bzw. *dâr-eṣ ṣanʿa* „Arsenal", „Werft", das aus Nordwestafrika zu den Genuesen kam. Littmann 88; Bl.-W. 38; Lam. 27; anders REW 2474.

arsenic „Arsen"

13. Jh., spätlat. *(arsenicon),* das aus dem Griechischen stammt.

arsin „durch Brand beschädigtes Holz"

11. Jh. „Brand", dann „Verbrennung (der Ketzer)", ebenso afrz. *arson;* dann afrz. *arsiz* „Brand", „Brandstätte", das die älteste Bildung sein dürfte, = **arsiceum,* d. i. kollektiv-abstrakte Abl. von *arsum,* Part. von *ardere* (afrz. *ardeir, ardre*) „brennen"; vgl. REW 680; FEW 132 a; 149 a.

art „Kunst"

10. Jh. „Art", „Beruf", „Kunst", „List" u. ä.; das Geschlecht schwankt bis ins 16. Jh., aus lat. *ars, arte* „Art und Weise", „Kunst". REW 679; FEW 148.

artère „Schlagader"

13. Jh. *artaire,* aus lat. *(arteria).* FEW 149 b.

artésien „artesisch"

19. Jh. in *puits artésien,* ist Abl. von *Artois.*

arthritique „gichtisch"

12. Jh. *artetique* „Gicht", dann im Nfrz. neu entlehnt aus lat. *(arthriticus)* „gichtisch". REW 686; FEW 149 b.

artichaut „Artischocke"

16. Jh., aus ital. *articiocco,* das selbst aus span. *alcarchofa* entlehnt ist, d. i. arab. *al-ḫaršûf;* die Herkunft aus dem Arabischen Spaniens ist durch die Beibehaltung des Artikels *al-* gesichert; die in Italien einheimisch, im Süden entlehnte Form ist *carciofo;* REW 1865, 4060; Roll. Fl. 7, 115; Littmann 84; Bl.-W. 39.

article „Gelenk", „Abschnitt", „Artikel"

13. Jh., aus lat. *(articulus)* dass., ist gelehrte Nebenform von *orteil,* s. d.

articuler „ineinanderfügen", „deutlich aussprechen"

13. Jh., aus lat. *(articulare)* in der zweiten Bedeutung, bei den lat. Grammatikern und in der Kirchensprache belegt.

artifice „Kunstgriff"

14. Jh., afrz. auch „Handwerk", „Beruf", aus lat. *(artificium)* „Handwerk", „Kunstfertigkeit", „List", s. *art* und *artiste.* FEW 150 b.

artillerie „Geschütz-, Zeugwesen"

18. Jh., ist Abl. von **artiller** „ausrüsten", „bestücken", das im 13. Jh. in Anlehnung an *art,* s. d., für älteres *atillier* „ausstatten", „schmücken" aufkommt, Thomas, Rom. 24, 265; Ess. 243 f.; dieses ist dissimilierte Nebenform von afrz. *atirier* „ausrüsten", „anordnen", refl. „in Bereitschaft setzen", dazu heute wallon. *rimète èn atîleûre* „wieder in Ordnung bringen"; dieses ist Abl. von afrz. *tire* „Ordnung", „Reihe", „Rang", Haust, ZFSL 34, 1, 156, aus fränkisch **têrî* zu ahdt. *ziarî* „Pracht", „Schmuck", vgl. besonders prov. *teira* „Folge", „Schmuck", „Ausrüstung", REW 8663 a.

Nicht unmittelbar zu frz. *art,* FEW 148; afrz. *atillier* auch nicht zu *titulus,* Diez 30; Gröber, ALL 1, 245; auch nicht **apticulare* zu *aptus* „geeignet", REW 564; Brüch, ZFSL 49, 293; Bloch, RLiR 11; Bl.-W. 39, das morphologisch schwierig ist und zunächst **ateillier* ergeben hätte, das schon in den ältesten Belegen durchwegs *-i-* in der 2. Silbe hat. Noch weniger zu lat. *articulus* „Glied", „Stück", *Eickhoff, Festschr. Math. Claudius Gymn. Wandsbeck 168 ff.; s. Kr. Jb. 5, 1, 108; afrz. *atilier* auch nicht zu agls. *tilian,* gotisch *gatilôn* „erlangen", Meyer-Lübke, ZRP 15, 241 oder fränkisch **tîla* „Zeile", ZRP 43, 537.

artimon „Besansegel"

13. Jh., im 16. Jh. auch *artemon,* aus genuesisch *artimone,* lat. *(artemone).* Vidos 216; FEW 149.

artisan „Handwerker", „Schöpfer"

16. Jh., aus ital. *artigiano,* ersetzt das einheimische *artiste* „Handwerker", s. d.; dieses ist Abl. von *arte* „Handwerk", s. *art.*

artison „Holzwurm", „Kleidermotte"

14. Jh. *artuison,* dazu prov. *artuzonat* „vom Holzwurm zerfressen", gehört zu prov. *arta, arda, arna,* das als „Grind" belegt ist, aber

nach nprov. *arto, ardo* wohl auch „Holzwurm" bedeutet haben wird; dazu gaskognisch *arne, arde, arle* „Motte" und „Grind", *arlà, armà,* refl. „von den Motten zerfressen werden", s. auch ALF 1635; Herkunft und Entwicklung der Formen ist unbekannt; Bl.-W. 39. Aus dem prov. *arta* stammt das seit dem 16. Jh. bezeugte *artre* „Holzwurm"; afrz. *artuison* setzt eine *-ūtus*-Abl. = „vom Holzwurm zerfressen" voraus, zu dem schon grom. eine Abl. *-ūtione,* ursprünglich in abstrakter Bedeutung „Holzfraß", dann konkretisiert „Holzwurm", bestanden haben muß; wegen des letzten Überganges vgl. lat. *caries* „Fäulnis", rom. „Holzwurm", REW 1692. *artuison* aus *arte* + *toison,* Bugge, Rom. 4, 350 ist morphologisch nicht möglich. Mfrz. *artre,* prov. *arta* usf. zu lat. *herpes,* das „Geschwür", aber auch ein nicht näher zu bestimmendes Tier bezeichnet, gekreuzt mit gallisch **darvita* „Grind", Jud, ASSL 124, 404, ist lautlich ebenfalls schwierig.

artiste „Künstler", „künstlerisch"
14. Jh., bedeutet Anfang des 15. Jhs. auch „Student in der Faculté des Arts", Bloch, Fr. mod. IV, 338, in der adjektivischen Bedeutung seit dem 17. Jh. veraltet, Br. 3, 125, bedeutet im Mfrz. bis ins 18. Jh. auch „Handwerker", daran anknüpfend noch heute *artiste-vétérinaire* „diplomierter Tierarzt"; ist Abl. von *art,* s. d. FEW 148 a.

arzel „Pferd mit weißer Zeichnung an Hinterfüßen und Vorderkopf"
17. Jh., aus span. *argel,* dieses aus arabisch *arğal.* REW 636 a; FEW 138 a; Lam. 260.

as „Aß"
schon im 12. Jh. als Ausdruck des Würfelspiels „Eins auf dem Würfel", auch „Bezeichnung eines geringen Wertes" gebraucht, aus lat. *as, assis* „Einheit". FEW 101. Vgl. *ambesas* und *besas.*

asaret „Haselwurz"
18. Jh., aber schon im 16. Jh. *asare,* aus lat. *(asarum)* (gr.) FEW 151 b. Dazu seit dem 17. Jh. die Abl. **asarine** „Löwenmaul".

asbeste „Steinflachs"
16. Jh., aus lat. *(asbestos)* (gr.).

ascenseur „Fahrstuhl"
19. Jh., aber schon mfrz. als „Reiter" belegt, aus lat. *(ascensore)* „Besteiger", „Reiter". FEW 152 a.

ascendant „aufsteigend"
auch substantiviert „Autorität über", „Blutverwandter in aufsteigender Linie" u. ä.; 16. Jh., ist Part.-Gerundium von lat. *(ascendere)* „aufsteigen"; s. *descendre;* dazu

ascension „Himmelfahrt Christi"
12. Jh., daneben im Nfrz. in der Bedeutung „Aufstieg" neu entlehnt, aus lat. *(ascensione).* FEW 152 a.

ascète „Büßer", „Bedürfnisloser"
16. Jh., aus gr. (ἀσκητής) „der sich einer Sache befleißigt".

asile 1. „Zufluchtsort"
14. Jh., aus lat. *(asylum).* FEW 165 b.
2. „Saugfliege"
16. Jh., aus lat. *(asilus)* „Viehbremse".

asine „Esels-"
seit dem 17. Jh. in *bête asine,* steht für *asinine,* so 16./17. Jh., aus lat. *(asininus)* „zum Esel gehörig", vgl. *hermine.* Volkstümlich liegt das Wort in afrz. *asnin* vor. FEW 154 a.

aspect „Anblick"
15. Jh., aus lat. *(aspectus).*

asperge „Spargel"
14. Jh. *esparge,* 15. Jh. *esperge,* Rom. 37, 374, 513, aus lat. *(asparagus),* lebt in volkstümlicher Entwicklung im afrz. *parc* „Zaunrübe", das noch in westfrz. Mundarten erhalten ist, Tilander, Rom. 63, 295; REW 707; FEW 156 a.

asperger „benetzen"
12. Jh. *aspergier, espergier,* aus lat. *(aspergĕre).* REW 710; FEW 157 a.

aspergès „Besprengung mit Weihwasser", „Sprengwedel"
14. Jh., in der zweiten Bedeutung in den Mundarten weit verbreitet, aus lat. *(asperges) (me domine),* den Worten, mit denen der Priester die Besprengung begleitet. Dict. gén.; FEW 157 a; vgl. auch *pergoute.*

aspérité „Rauheit"
12. Jh., aus lat. *(asperitate),* vgl. *âpreté.*

aspersoir „Weihwedel"
14. Jh., aus lat. *(aspersorium).* FEW 157; älter ist das von *asperger,* s. d., rückgebildete afrz. *asperge* dasselbe.

asphalte „Erdpech"
16. Jh., aus lat. *(asphaltus).* FEW 157 a.

asphodèle „Goldwurz"
15. Jh. *afrodille,* das bis ins 18. Jh. gebucht bleibt; die heutige Form seit dem 16. Jh., aus lat. *(asphodelus).* FEW 157 b.

aspic 1. „Viper"
13. Jh. neben *aspide,* in der Form *aspi* in den Mundarten weit verbreitet, aus lat. *(aspis, -ide),* in der Form von *piquer* beeinflußt. FEW 157 a; REW 711; *-ic* statt *-ide* von *basilic* beeinflußt, Spitzer, NS 31, 206; Bl.-W. 40 ist chronologisch unwahrscheinlich.
2. „große Lavendel"
16. Jh., aus prov. *espic, aspic,* dieses aus mlat. *(lavandula spica),* das als Mittel gegen Schlangenbisse dient, Bertoldi, ZRP 54, 229; die nordfrz. Entsprechung ist im 11. Jh. (Raschi) als *espig* belegt, s. *épi.* Dict. gén.
3. „Sulz"
18. Jh., bezeichnet nach Schmidlin, Cath. „eine Art Gelee oder Gallert, die mit vielen bunten Farben ausgelegt und geziert ist. Aus eben diesem Grunde werden auch buntfarbig

auf einer Schüssel geordnete Saucen und Ragouts *sauces à l'aspic* genannt". Nach Behrens, Wg. 335 vielleicht wegen der „Buntfarbigkeit" zu *aspic* 1?; Bl.-W. 40.

aspirail „Zugloch"
16. Jh., ist Abl. von *aspirer,* s. d., wie schon lat. *spiraculum* „Luftloch"; vgl. *soupirail.*

aspirer „anhauchen" va.; „anstreben"
12. Jh., aus lat. *(aspirare)* dasselbe, FEW 157 b.

asple „Haspel"
18. Jh., stammt in dieser Form aus ndl. (flämisch) *haspel;* s. dazu wallonisch *haspleu,* d. i. *-orium* Abl. von wall. *haspler* „abhaspeln", dazu in nordöstlicher Lautentwicklung, aus älterem *hasple,* Rouchi, Vosges *hape,* lothr. *haibe,* dann *hasse,* Ardennes, *hèsse,* Vervier; dazu ferner seit dem 13. Jh. belegtes *haspler,* seit dem 14. Jh *hasple;* das Wort ist also nur im Osten Nordfrankreichs erhalten, daher erklärt sich vermutlich die Seltenheit der afrz. Belege; aus fränkisch *haspil* „Haspel". Diez 28; REW 4069, 4071; Behrens DS 86; Haust, Dict. Liégeois S. 310; FEW XVI, 177; Gg. RG I, S. 201; das Stammwort frk. *haspa* s. unter *happe.*

aspre „türkische Münze"
16. Jh., aus dem Türkischen, hier aus mgr. ἄσπρον, das selbst aus lat. *asper nummus* „rauhe Geldmünze" stammt. Dict. gén.

assa „Asant"
14. Jh., aus mlat. *(asa),* das angeblich aus dem persischen *aze* „Mastix" stammt. Dict. gén.
assagir s. *sage.*

assaillir „überfallen"
10. Jh. *assalir,* aus vlat. *assalire* für klassisches *assilire.* Die vulgäre Form ist in den Tironischen Noten, dann in der Lex Salica belegt. Gröber, ALL 1, 244; Heraeus, ALL 12, 40; Schramm 27; REW 713; FEW 158 a.
assainir s. *sain.*

assaisonner „würzen", „versüßen"
die Bedeutung aus der allgemeineren „(Speisen) zurecht machen", 13. Jh., afrz. auch „speisen", „ernähren", mit der älteren Nebenform *assaisnier;* bedeutet der Bildung nach ursprünglich „der Jahreszeit anpassen", daher heute veraltet „(Holz) trocknen", „(Getreide) reifen", ist Abl. von *saison* „Jahreszeit", s. d.

assassin „Meuchelmörder"
16. Jh., aus ital. *assassino,* dieses aus arabisch *'ḥaššāšîn,* d. i. vulgärer Plural von *'ḥaššāš* „der Haschisch raucht oder gebraucht". Diez 29; REW 4074; Lam. 28. Das gleiche Wort Ende des 12. Jhs. in afrz. *harsasis, haussassis* u. ä., TL I, 569.
Dazu seit dem 16. Jh. **assassiner** „morden", aus ital. *assassinare,* und die frz. Abl. **assassinat** „Meuchelmord".

assaut „Angriff"
12. Jh., aus vlat. **assaltus* für lat. *assultus,* s. *assaillir.* Gröber, ALL 1, 244; REW 714; FEW 158 a.

assavoir „wissen" va.
in *faire, être à,* ist verschmolzen aus *faire à savoir* u. ä.

asse „Faßbinderhammer"
19. Jh., stammt aus dem Südwestfrz. (Aunis, Poitou), hier rückgebildet von *asseau,* s. d. F. FEW 152.

asseau „Hammer der Schieferdecker"
14. Jh., ist mundartlich weit verbreitete Form (B. Maine, Anjou, Poitou, Vend. Centre) von *aisseau,* s. d.

assec „Zeit, während der ein trocken gelegter Teich bebaut werden kann"
17. Jh., ist verschmolzen aus *(mettre) à sec,* s. *sec.*

assécher „trocknen"
12. Jh., aus lat. *assĭccare* dasselbe. REW 727; FEW 159 b.

asséeur „Steuerverteiler"
13. Jh. *asseor,* dafür im 16. Jh. auch die lautgesetzlich entwickelte Form *asseur,* während *asséeur* ein älteres *asseyeur* fortsetzt; ist Abl. von afrz. *asseoir* „festsetzen", s. *asseoir;* s. *assiette.*

assembler „vereinigen"
11. Jh., in den Reichenauer Glossen 219 *comparavit — adsimulavit,* aus vlat. **assimulare* zu lat. *simul* „zusammen". REW 731; FEW 159 f.

assener „(einen Hieb) versetzen"
12. Jh. *assener un cop* dasselbe, ist spezialisiert aus *assener* „ans Ziel bringen" (auch „weisen", „versorgen", „in Besitz setzen", refl. „eine Richtung einschlagen"); dieses ist Abl. von afrz. *sen* „Weg"; zugrunde liegt fränkisch **sinđ* (ahdt. *sind* „Weg", „Richtung", agls. *sîdh* „Reise", „Fahrt"), das im Nominativ mit afrz. *sen* „Verstand" aus fränkisch **sin* (ahdt. dasselbe) zusammenfiel und von diesem die Akkusativform übernahm (*sen* statt *sent*); vgl. aber schon ahdt. *sinnan* „eine Richtung geben", so daß die Verschmelzung von **sin* und **sinđ* vielleicht schon germanisch ist; vgl. REW 7932.
Nicht lat. *assignare* „zuweisen", Diez 510; Förster, ZRP 6, 112 f.; Schuchardt, ZRP 6, 424.

assentir 1. „zustimmen"
12. Jh., aus lat. *(assentire).* FEW 159 a.
2. „die Fährte nehmen"
12. Jh., ist nach *a-* 1 verstärktes *sentir.*

asseoir „setzen", „begründen"
11. Jh., afrz. „Platz anweisen", auch „versorgen", „unterbringen", „ordnen" u. ä., daraus „anwenden", „zuwenden", „festsetzen" u. ä., aus vlat. **assĕdēre* für lat. *assidēre* „sitzen", „verweilen", aber mit der transi-

tiven Bedeutung von lat. *assīdĕre* „(sich) hinsetzen; s. *assise, assiette.* Dict. gén. S. *seoir.*
assermenter s. *serment.*
assertion „Versicherung", „Beteuerung"
14. Jh., aus lat. *(assertione),* zu lat. *asserere* „geltend machen", „behaupten".
asservir „unterjochen"
12. Jh., ist Abl. von afrz. *serf* „Sklave" nach *a-* 2.
assesseur „Gerichtsbeisitzer"
12. Jh., aus lat. *(assessore).*
assette „Dachdecker-, Faßbinderhammer"
17. Jh., ist dem. Abl. von *asse,* d. i. mundartliche Nebenform von *aisse,* s. d., oder mit Suffixwechsel umgebildet aus *asseau,* s. d. und *aisseau.* Die *a*-Form weist in die Champagne bzw. den Westen und das Zentrum. FEW 152.
assez „genug", „ziemlich"
11. Jh., aus vlat. *ad satis* „zur Genüge", zu lat. *satis* „genug", in der Peregr. Aetheriae zur Steigerung von Adjektiven, „sehr", daher frz. „ziemlich", afrz. *assez* auch „viel", „reichlich", vgl. vlat. *ad post, ad prope, ad retro* usf. Diez 29; REW 199.
assidu „eifrig"
13. Jh., aus lat. *(assiduus).*
assiéger s. *siège.*
assiette „Lage", „Sitz", „Teller" u. ä.
13. Jh., bedeutet afrz. „Sitzen", „Setzen", dann „Einsetzung", „Anweisung", „zugeteilte Speise" u. ä., aus grom. **assĕdita,* d. i. substantiviertes altes Part. Prät. von vlat. **assedēre,* s. *asseoir*; wegen der Bildung des vorhistorischen *-t-* Partizipiums vgl. *desserte, fente, pente, rente* usf. Vgl. auch die spätere gleichgebaute Bildung *assise.* Oder *assiette* postverb. Subst. von vlat. **asseditare,* afrz. *asseter* „setzen", Meunier, RLiR 3, 313; REW 722.
assiette als postverb. Subst. von *asseoir,* Dict. *gén.,* ist morphologisch schwierig.
assigner „anweisen"
12. Jh., aus lat. *(assignare)* FEW 159a.
assimiler „angleichen"
15. Jh., aus lat. *(assimilare).*
assise „Setzung", „Schichte"
12. Jh. „Sitzung", „Festsetzung", „Lage", „Auflage" u. ä., ist subst. Part. Prät. von *asseoir* „setzen", „festsetzen" u. ä., s. d.; vgl. die ältere morphologisch entsprechende Bildung unter *assiette.*
assister „beistehen", „anwesend sein"
14. Jh., aus lat. *(assistĕre)* „beistehen". FEW 161b.
associer „zugesellen"
13. Jh., aus lat. *(associare).* FEW 161b.
assoiffer s. *soif.*
assoler s. *sole.*
assombrir s. *sombre.*
assommer „erschlagen"
12. Jh., bedeutet afrz. „zu Ende führen", „vollständig angeben", „einen Schluß ziehen" auch „erschlagen", „zugrunde richten"; im nordfrz. *assommer* fallen zwei Wörter zusammen: *assummare* zu *summa* „Gesamtheit", „Hauptsache", „Inbegriff", in der Bedeutung „zu Ende führen", s. *somme* 2, dazu *insummare* bei Oribasius, Bambeck 29f.; und **insomnare* „einschläfern", dazu *assomeillier* „einschläfern", 13. Jh., *assomme* „Schlaf", 14. Jh., gesichert durch frz. Schweiz *assonnè,* gask. *assaunà* „einschläfern"; GPSR II, 69; Rohlfs, ASSL 168, 314; Duraffour, Rom. 64, 533; Dauzat, Fr. mod. 8, 12.
Von beiden Seiten her konnte die Bedeutungsverschiebung zu „erschlagen" erfolgen; vgl. lat. *conficere* „zu Stande bringen" und „niederhauen"; frz. *achever* „beenden" und „den Garaus machen"; dazu die *-orium*-Abl.
assommoir als Werkzeugsbezeichnung „Totschläger", als Ortsbezeichnung „elende Kneipe", „Spelunke".
assomption „(Mariä) Himmelfahrt", „Untersatz (eines Schlusses)"
12. Jh., aus lat. *(assumptione)* „Annahme", „Untersatz"; die kirchliche Bedeutung ist schon mlat. Dict. gén.; s. *assumer.*
assonah s. *sonna.*
assonance „Gleichklang"
17. Jh., aus span. *asonancia* zu lat. *(assonare)* „tönend beistimmen". Bl.-W. 41.
assortir „zusammenstellen", „(ein Geschäft) ausstatten" u. a.
15. Jh., ist Abl. von *sorte* „Art", „Gattung", s. d.
assoter „verdummen", refl. „sich verlieben", „vernarren"
11. Jh., s. *sot.*
assoupir „einschläfern", „beruhigen"
15. Jh., ist nach *a-* 1 erweitertes grom. **assopire* für lat. *sopire,* das beide Bedeutungen hat; die frz. Form ist nach lat. *sopire* umgestaltetes *assouvir* s. d. F.; FEW 161.
assouplir s. *souple.*
assourdir s. *sourd.*
assouvir „vollauf befriedigen", „völlig sättigen", „(Zorn) kühlen" u. ä.
12. Jh., aus grom. **assopire* für lat. *sopire* „einschläfern", bei dem Gallier Sulpicius Severus in der übertragenen Bedeutung „beruhigen", „stillen", Geyer, ALL 8, 477, in der Bedeutung „endgültig abtun" im Merowingerlatein wiederholt bezeugt. Die Bedeutung „vollständig sättigen" von frz. *assouvir* geht aus von dem afrz. Part. *assovi* „vollauf befriedigt", vgl. bei Pardessus, a. 717 *sit subita omnis lis* „endgültig beigelegt". Dict. gén.; REW 734; FEW 161f.
Mit den Entsprechungen von **assopire* fällt zum Teil afrz. *assevir* „zusammen", dieses in den Bedeutungen „vollständig sättigen", „gänzlich erreichen", s. TL I, 608f., *assevis de joie* „von Freude erfüllt", *joie assevie*

„vollkommene Freude", mit den Nebenformen *assovis, assovie* usf.; zugrunde liegt lat. *assequi* bzw. grom. **assequire* „Erstrebtes erreichen". Vgl. Gg. ZRP 43, 539; REW 724; FEW I, 159; Dauzat s. o.

assujettir s. *sujet.*

assumer „auf sich nehmen"
15. Jh., aus lat. *(assumĕre).*

assurance „Versicherung", „Zuversicht"
12. Jh., ist schon vorhistorische Abl. von *securus*, s. *assurer*. FEW 158 b.

assure „Einschuß bei der Hautelisseweberei"
18. Jh., nach Schuchardt, ZRP 26, 414, zu *assurer*, da der Einschuß die Kette „befestigt"; FEW 158 b.
Nicht für *laçure* zu *lacer* „verschnüren", Thomas, Mél. 21, das nach Schuchardt l. c. begrifflich nicht entspricht.

assurer „versichern"
12. Jh., afrz. *assëurer* „beruhigen", „versichern", „beteuern", refl. „sich verlassen auf", „sich ruhig halten" u. ä., aus vlat. **assecurare* zu lat. *securus* „sicher". REW 720; FEW 158.

astérisque „Sternchen"
16. Jh., aus lat. (gr.) *(asteriscus).*

asthme „Engbrüstigkeit"
14. Jh. *asma, asme,* diese Form heute noch in Westfrankreich, während *asthme* seit dem 17. Jh. Rückanlehnung an das Lateinische zeigt; aus lat. *(asthma).* FEW 164 a.

astic „Glättbein" (des Schusters)
18. Jh., stammt vermutlich aus dem Wallonischen, wo das Wort einer verzweigten Sippe angehört; es geht mit altwall., altnorm. *astiquier, estiquier* „losstechen" auf flämisch *steeken* „stechen", „verwunden" zurück, dazu afrz. *estechier, estichier,* s. *étiquette*; der Bedeutungsübergang von „losstechen" zu „glätten" ist unklar. Vgl. auch *asticot.*
Dazu schon im Wallonischen die Abl. **astiquer** „mit dem Glättbein glätten". Das Verbum lebt im Vfrz. in der Bedeutung „(die Uniform) putzen", dazu *astiqué* „von gepflegtem Äußeren". Sainéan, LPar. 199.
Langued. *astic, estic* in der Bedeutung des literarischen Wortes (Mistral) stammt aus dem Französischen, nicht umgekehrt.

asticot „Fleischmade"
19. Jh., ist postverb. Subst von *asticoter* „nörgeln", „schikanieren", das vermutlich als Abl. von awall. *astiquier*, s. *astic*, „leicht stechen" bedeutete; zu *asticoter* s. d. F.; vgl. dazu rouchi *astiquer* „mit den Fingern eine kranke, schmerzende Stelle berühren", norm. dasselbe, wall. *astichi* „vorwärtsstoßen".

asticoter „ärgern", „schikanieren", fam.
18. Jh., ist Kreuzung der Wortsippe um *astic, astiquer* mit im 17. Jh. bezeugtem *dasticoter*, bei Oudin „deutsch sprechen", auch *tasticoter tastigoter*, so heute B. Maine *tastigoter* „schwer sprechen", pik. *testigoter* „bestreiten", lyon. *testicotô* „wegen Kleinigkeiten heftig widersprechen"; aus deutschem *daß Dich Gott!* der deutschen Landsknechte des 16. Jhs.; Baist, RF 7, 412; Sainéan, LPar. 339; Bl.-W. 42.

astracan „Art Lammsfell"
19. Jh., nach der Stadt *Astrachan* in Rußland. FEW 164 a.

astragale „Sprungbein", „Rundstab"
16. Jh., aus lat. (gr.) *(astragalus);* Bl.-W. 42.

astre „Gestirn"
15. Jh., aus lat. *(astrum);* REW 749; FEW 165; vgl. *malotru;* dazu seit 1960 *astronaute*, d. i. *astrum* + *nauta* „Schiffer". Bl.-W. 42.

astrée „Sternkoralle"
19. Jh., aus gr. (ἀστϱαῖα), fem. „gestirnt". Dict. gén.

astreindre „nötigen"
12. Jh. *astraindre* „anbinden", die neufrz. Form und Bedeutung in Anlehnung an lat. *astringere* „verpflichten", aus vlat. **astrangĕre* für lat. *astringere* „straff anziehen", „schnüren", dann übertragen „verpflichten" FEW 164.

astringent „zusammenziehendes Mittel"
16. Jh., ist Part. von lat. *(astringĕre),* „zusammendrücken", s. *astreindre.*

astrologie „Sternkunde"
14. Jh., aus lat. *(astrologia).* FEW 164 b.

astronomie „Sternkunde"
12. Jh., aus lat. *(astronomia).* FEW 164 b.

astuce „Verschlagenheit"
13. Jh., aus lat. *(astutia).* FEW 165 b.

asyle s. *asile.*

atavisme „Atavismus", „Rückschlag"
19. Jh., ist gelehrte Abl. von lat. *atavus* „Ururgroßvater", *atavi* „Vorfahren".

atelier „Werkstatt"
14. Jh., bezeichnet zunächst den Arbeitsraum des Tischlers, aus älterem *astelier* „Haufen von Holzspänen", bedeutet der Bildung nach „Ort, wo viele Späne sind"; es ist Abl. von afrz. *astele* „Span", „Splitter", 12. Jh. (dazu afrz. *asteler* „zersplittern"), aus grom. *astella* für *astula*, das als vulgäre Form für lat. *assula* „Splitter" wiederholt belegt und vermutlich aus **astla* ‹ *assula* rückgebildet ist. *astella* ist seit dem 5. Jh. bezeugt. REW 161 f.; FEW 163 f. Vgl. auch *attelle.*

atermoyer „auf einen späteren Termin verschieben"
12. Jh., ist nach *a-* 1 verstärktes afrz. *termoier* „hinausziehen", d. i. Abl. *(-idiare)* von *terme* „Zeitpunkt", s. d.

athée „ungläubig"
16. Jh., aus gr. (ἄθεος).

athlète „Athlet"
15. Jh., aus lat. *(athleta).*

atinter s. *tin* 1.

atlante „Gebälk-, Simsträger"
18. Jh., aus ital. *atlante*, dieses nach dem

Namen des in der griechischen Mythologie den Himmel tragenden Titanen (*Ἄτλας, -αντος*).

atlantique „atlantisch"
16. Jh., aus lat. *(atlanticus)*.

atmosphère „Luftschicht"
17. Jh., gelehrte Zusammensetzung von gr. (*ἀτμός*) „Dunst" und (*σφαῖρα*) „Kugel".

atome „Atom"
14. Jh., lat. (gr.) *(atomus)* „jedes unteilbare Ding".

atone „abgespannt", „ausdruckslos"
Anfang des 19. Jhs.; dazu seit dem 18. Jh. **atonie** „Erschlaffung"; aus gr. ἄτονος, ἀτονία, dasselbe; davon *atone* „unbetont", d. i. mit Hineindeutung von *ton* „Ton" und *a-* in der Funktion der Negierung des Stammwortes.

atour „Putz", „Schmuck"
so schon im 12. Jh., daneben die Bedeutungen „Zustand", „Art", „Charakter" u. ä.; ist postverb. Subst. von afrz. *atorner* „ausstatten", „ausrüsten", eigentlich „eine Richtung geben", „herrichten", d. i. nach *a-* 1 verstärktes *tourner* s. d.

atout „Trumpf"
15. Jh., aus präpositionalem *à tout* „für alles" (stechend beim Kartenspiel).

atrabile „Gallsucht"
16. Jh., aus mlat. *(atra bilis)* „schwarze Galle", Dict. gén.

âtre „Feuerherd"
12. Jh. *aistre, astre,* aus frühmlat. *(astracus),* astricus „Pflaster", in nicht rein volkstümlicher Entwicklung; das *-i-* der Nachtonsilbe tritt in die Tonsilbe, wie bei Namen wie *Haitrudis* im Pol. Irm. aus *Hariþrud* u. a.; daher die Form *aistre,* aus **astrie;* das Wort nach *G. Meyer, Anal. Graec. 35 aus gr. ὄστρακον „Scherbe". Ulrich, ZRP 22, 261; Kluge s. Estrich; REW 6118.

atroce „gräßlich"
14. Jh., aus lat. *(atroce)*. FEW 167 a.

attabler s. *table.*

attache, attacher s. *tache.*

attacher „befestigen"
11. Jh. „befestigen", „festbinden", dazu afrz. das postverb. Subst. *atache* „aufgeheftete Schleife", frz. **attache** „Riemen", „Haken" u. ä., mit Präfixwechsel aus afrz. *estachier* „einpflocken", „befestigen", s. *tache.*

attaquer „angreifen"
16. Jh., aus ital. *attaccare* in der Bedeutung „anbinden mit jmd.", aus *attaccare lite* „Streit anfangen", *attaccarla con,* eigentlich „anbinden" u. ä. wie frz. *attacher; attaquer* ersetzt *assaillir,* da dieses als erotischer Ausdruck gebraucht wurde. Orr, Essais 28; dazu seit dem 16. Jh. **attaque** „Angriff".

attarder s. *tard.*

atteindre „einholen"
11. Jh. *ataindre* „treffen", „erreichen", „einholen", aus vlat. **attangĕre* für lat. *attingere* „berühren", „hingelangen". Suchier, Reimpredigt XVIII; REW 768; FEW 168 b.
Dazu nach dem Vorbild *plaindre — plainte* u. ä. seit dem 13. Jh. das subst. Part. **atteinte,** afrz. *atainte* „Berührung", „Eingriff", afrz. auch „Anfall", „Angriff".

atteler „anspannen"
12. Jh., afrz. *atoile — ateler,* aus vlat. **attēlare,* d. i. Neubildung nach lat. *protēlum* „Zugseil, an welches die Ochsen hintereinander gejocht werden" (Anjou *proil, proueil* „Verbindungsbalken zwischen Joch und Pflug zum Einspannen von Ochsen oder Pferden"; Poitou *prouillère* „Haken zum Einspannen der Ochsen"), das als Zusammensetzung von *pro-* mit einem Stamm *tēl-* gefühlt wurde. Vgl. die Gegenbildung *dételer.* Dict. gén.

attelle „Beinschiene", „Kummetstock"
12. Jh. *astelle* in der ersten Bedeutung, lebt in der zweiten weit verbreitet in den Mundarten; aus grom. *astella* „Span", s. *atelier.* FEW 163 a.

attenant „anstoßend", „angrenzend"
14. Jh., ist erhaltenes Partizip von untergegangenem afrz. *atenir* „zugehören", dazu afrz. *atenant de* „zusammenhängend mit", „Zugehöriger", dann „ziemen", „passen" u. ä., aus vlat. **attĕnēre* für lat. *attinēre* „festhalten", „betreffen", „Einfluß haben". FEW 168.
Die nfrz. Bedeutung scheint durch Verwechslung mit *attingere* „angrenzen" entstanden zu sein.

attendre „warten"
in dieser Bedeutung schon im 12. Jh. belegt, aus *atendre* „den Sinn gerichtet halten" *(à),* refl. *soi atendre* dasselbe, dann „gefaßt sein", „erwarten", von dem aus *atendre aucun* „jmd. erwarten" neugebildet wurde; aus lat. *(animum) attendĕre* „seine Aufmerksamkeit richten"; vgl. *entendre*; REW 763; FEW 167 f.
Dazu das subst. vorhistorische Partizip **attente** „Erwartung", entsprechend einem grom. **attendita,* 12 Jh.; von diesem seit dem 14. Jh. die Abl. **attentif** „aufmerksam".

attendrir s. *tendre.*

attentat „Anschlag"
14. Jh., aus lat. *(attentatum),* d. i. Part. von lat. *(attentare)* „antasten", „beizukommen suchen", „angreifen", das seit dem 13. Jh. in der Form **attenter** enlehnt wurde.

attention „Aufmerksamkeit"
16. Jh., aus lat. *(attentione)*. FEW 168 a.

atténuer „abschwächen"
12. Jh., aus lat. *(attenuare)*. FEW 168 a.

atterrer, atterrir s. *terre.*

attester „bezeugen"
13. Jh., aus lat. *(attestari)*. FEW 168 a.

attiédir s. *tiède.*

attifer „herausstaffieren"

13. Jh., ist verstärktes afrz. *tifer* „herrichten", „zurecht machen", „herausputzen", das in norm. (Guernesey) *tiffair* „schmücken", „verschönern" noch lebt. Dieses wohl aus agls. *tyffen* eigentlich „(das Opfertier) bereit stellen", dann „ausrüsten", wie afrz. *atevrer* zu der fränkischen Entsprechung *tĭber* (ahdt. *Zëbar)*, agls. *tîfer* „Opfertier"; vgl. Métivier, Guernesey s. v.
Mittelfränkisch **tipfon* zu ndl. *tippen* „die Haarzipfel schneiden", Mackel 100; Bl.-W. 44 ist begrifflich und geographisch unwahrscheinlich.

attirail „Handwerkszeug", „Zubehör"
15. Jh., ist Abl. von afrz. *atirier* „ausrüsten", (bretagn. *atiré* „bereitgestellt), s. *artillerie.* REW 8754.
attirer s. *tirer.*

attise „Schürholz"
18. Jh., ist postverb. Subst. von **attiser** „anschüren", 12. Jh., aus vlat. **attītiare,* d. i. Abl. von vlat. **titium* „Feuerbrand" für *titio,* s. *tison.* Groeber, ALL 1, 244; REW 769.
attitrer s. *titre.*

attitude „Haltung"
17. Jh., aus ital. *attitudine*; dieses ist Kreuzung von lat. *(aptitudine)* „Eignung" und ital. *atti* „Betragen", „Gebärden", d. i. Plural von *atto* „Handlung" aus lat. *actus.* FEW 114 a.
attoucher s. *toucher.*

attraction „Anziehung"
13. Jh., aus lat. *(attractione).* FEW 169 a.

attraire „anziehen"
12. Jh., ist veraltet, seitdem *traire* die Bedeutungsverengung zu „melken" mitgemacht hat; aus lat. *attrahĕre* dasselbe; REW 771; FEW 169 a. Dazu seit dem 12. Jh. das subst. Part. **attrait**, afrz. auch materiell „das Herbeigezogene", z. B. „angeführtes Material", „Einrichtung", „Niederlassung", dann wie neufrz. „Lockung", „Anziehung". REW 770, 771; FEW 169 a; dazu seit dem 13. Jh. das usuell gebliebene Adj.-Gerundium **attrayant** „anziehend"; Bl.-W. 44.

attrape „Falle"
14. Jh., ist postverb. Subst. von **attraper** „fangen", „fassen", „erwischen", 12. Jh.; dieses ist schon vorhistorische Abl. von grom. **trappa* „Falle", s. *trappe,* nach *a-* 4.
attrayant s. *attraire.*

attremper „(Stahl) härten", „(Glasofen) allmählich erhitzen"
11. Jh., auch in der Form *atemprer,* „mäßigen", „zurecht machen", „benetzen", „(Instrumente) stimmen", „erfrischen", aus lat. *attemperare*, das in der Bedeutung „anpassen" bezeugt ist, vgl. auch lat. *attemperies* „Mäßigung"; vgl. *tremper;* vgl. auch ital. *temperare il vino* „den Wein wässern", *temperare (l'acciaio)* „(den Stahl) härten".

attribuer „zuteilen"
14. Jh., aus lat. *(attribuĕre).* FEW 169 a.
attrister s. *triste.*

attrition „Reibung", „Zerknirschung"
16. Jh., aus lat. *(attritione)* „Abreibung".
attrouper s. *troupe.*

aubade „Ständchen"
15. Jh., heute im Vfrz. „Streit", „Schimpferei", älter „Lärm", vgl. noch wall. *aubade* dasselbe, Sain. LPar. 396, aus prov. *aubada, albada* dasselbe; dieses ist kollektiv erweitertes *auba, alba* „Morgengesang", s. *aube* 1.

aubage „Spaltholz", „Füllungsholz"
19. Jh., ist Kollektivabl. von *aube* „(Sattel)-diele" s. d.

aubain „Fremder, dessen Hinterlassenschaft dem Gebietsherrn zufällt"
afrz. *aubaine* für beide Geschlechter, adj. „fremd", subst. „Fremder", s. 12. Jh. *jo ving ici aubaines* „ich kam hierher als Fremdling"; dazu erst im 14. Jh. die maskulinische Rückbildung *aubain;* dazu seit dem 13. Jh. substantiviert **aubaine** „Rechtsnachfolge nach einem Fremden", daher „unerwarteter Gewinn", „guter Fund", „Glücksfall". *Albani* findet sich seit dem 9. Jh. in fränkischen Urkunden zur Bezeichnung des nicht eingeborenen Ansiedlers; dazu *jus albanagii* wie frz. *droit d'aubaine,* Liebermann, ASSL 98, 128 ff. d. i. Latinisierung von *aubenage,* 15. Jh.; aus frk. **alibanni* „aus einem anderen Gerichtsbann", wie ahdt. *alilanti, elilenti* „aus einem andern Land", „fremd"; wegen der Lautentwicklung des spätfränkischen Lehnwortes s. Gg. RG I, 259.
Nicht aus **alibanus* zu *alibi* „anderswo", REW 336; FEW 662; Bl.-W. 44, das weder formell noch nach der Bedeutung entspricht.

aube 1. „Tagesanbruch"
11. Jh., aus lat. *alba*, subst. Femininum von lat. *albus* „weiß". FEW 63 a.
2. „Satteldiele", „Schaufelrad"
12. Jh. auch *auve,* scheint zu lat. *alăpa* „Ohrfeige", *alapare* „Ohrfeigen geben", „die Hand schwingen" zu gehören, wenn die Grundbedeutung von *alapa* *„Schwinge" war, Meyer-Lübke, ZRP 31, 582; REW 310, oder *„flache Hand", daraus 1. „Ohrfeige", 2. „Radschaufel", Schuchardt, ZRP 31, 721; vgl. FEW 57 b.
Aus **alba* „Pappelholz", dieses Rückbildung von *albaris* „Weißpappel", Baist, RF 12, 652, ist nicht wahrscheinlich; zu *adeps* „Fett", bzw. vlat. *alipe,* App. Probi, Sperber, ZRP 38, 538; Spitzer Lex. 58 ist ganz unmöglich. Vgl. *alluchon.*
3. „Chorhemd des Priesters"
aus mlat. *(alba),* d. i. Fem. von *albus* „weiß", das auch „Taufkleid" bedeutete und in beiden Bedeutungen ins Frz. aufgenommen wurde. Vgl. dazu afrz. *desaubee* „Fest beim Ausziehen des Taufkleidchens" und afrz. *aubé* „unschuldig", FEW 63 a, 60 a.

aubépine „Hagebutte"
12. Jh., afrz. auch mask. *albespin,* ist in Glossen als *a l b a s p i n a ,* auch *spina alba* bezeugt, zu *albus* „weiß", s. *aube* 1 und 3, und *spina* „Dorn", s. *épine. albaspina* ist die Fruchtbezeichnung, zu der nach vlat. Bildungsgesetzen die maskuline Form *albusspinus* ursprünglich zur Bezeichnung des Strauches gebildet wurde. In der Entwicklung des Französischen sind die beiden Bildungen zusammengefallen. Das Wort hat in den Mundarten zahllose Umgestaltungen erfahren. ALF 68; Jaberg, Sprachgeographie 22; Gröber, ALL 2, 237; REW 323; FEW 60 f.

aubère „falb"
16. Jh., aus aspan. *hobero,* heute *overo,* aus vlat. ** f a l v a r i u s* zu *falvus* „falb", s. *fauve;* dazu port. *fouveiro,* Brüch, ZFSL 49, 294; s. Cor. III, 598.
Nicht zu arab. *ḥubârā* „Trappe", wegen der Farbe, Dict. gén.; Lam. 29, s. Bl.-W. 44.

auberge „Herberge"
16. Jh., lebt alt im prov. und frankoprov. Sprachgebiet, prov. *alberc* und *alberga,* ist die gotische Entsprechung von *héberge,* s. Gerster VR 9, 111 f.

aubergine „Eierpflanze"
18. Jh., aus kat. *albergina,* (span. *berenjena),* aus arab. *bādinǧâna.* Dict. gén.; Cor. I, 444.
aubergeon s. *haubergeon.*

auberon „Schließhaken"
17. Jh., u. H.

aube-vigne „Waldrebe"
19. Jh., ist Franzisierung von mlat. *vitis alba* „weiße Rebe", vgl. nprov. *aubavit* u. ä., in Anlehnung an *aubépine;* Dict. gén.; Roll. Fl. 1, 1 ff.

aubier „Splint"
14. Jh., auch *aubel,* ist mit Suffixwechsel umgestaltet aus afrz. *aubor,* das im Zentrum, Südwesten, vereinzelt auch im Osten noch lebt und als **aubour** neuerdings in die Literatursprache drang; aus lat. *a l b u r n u m ,* dasselbe; REW 329; FEW 62.

aubifoin „Kornblume"
12. Jh., aus mlat. *(a l b u m f o e n i),* (album *foenum),* zu *albus* „weiß" und *foenum,* s. *foin,* da nach Roll. Fl. 7, 150 das geschnittene Gras von Wiesen, auf denen viele Kornblumen wachsen, einen weißlichen Eindruck macht, da die Blüten nach dem Schnitt rasch bleichen, FEW 64 a. Das Wort ist norm., westfrz. und hat wie *aubépine* zahlreiche volksetymologische Umgestaltungen erfahren. ALF 139; REW 3247.

aubin 1. „Eiweiß"
11. Jh. *aubum,* aus lat. *a l b ū m e n ,* dasselbe. FEW 62 a.
2. „kleines, schlecht gehendes Pferd"
15. Jh. *haubby,* seit dem 17. Jh. *aubin, hobin,* aus englisch *h o b b y* „starkes Pferd", das selbst zu afrz. *hober* „hüpfen" gehört. Dict. gén.; REW 4157; Brüch, ZRP 38, 693. Dazu seit dem 19. Jh. die Abl. **aubiner** „mit den Vorderfüßen galoppieren, mit den Hinterfüßen traben".

aubiner 1. s. *aubin* 2.
2. „Rebschößlinge zum Wurzelfassen einsetzen"
18. Jh., zu afrz. *aubeine* „Art Rebensetzling", ital. *albana* „Art weiße Weintraube", das zu *albus* „weiß" gehört. FEW 63; Rohlfs ZFSL 49, 175. Vgl. Behrens, Wg. 335.

aubour 1. „Splint", s. *aubier*
2. „Ebenholzbaum"
12. Jh., aus lat. *l a b u r n u m* „Goldregen", so afrz. *aubour* „Goldregen", das sich mit *alburnum,* s. *aubour* 1, bzw. mit *albus* „weiß" gekreuzt haben dürfte. Herzog, ZRP 27, 125; Schultz-Gora, ASSL 143, 103; REW 4815.

auche „Höhlung zum Aufsetzen der Stecknadelköpfe"
18. Jh., ist Graphie für afrz. *osche* „Kerbe", s. *hoche.*

aucuba „Aukuba"
19. Jh., stammt angeblich aus dem Japanischen.

aucun „irgendeiner", „keiner"
aus vlat. ** a l i c ū n u s ,* d. i. Zusammensetzung von *aliquis* „jemand" und *unus* „einer" nach dem Vorbild von lat. *alicubi, alicunde.* Gröber, ALL 2, 237; REW 339, 345; FEW 67 a.

audace „Kühnheit"
15. Jh., aus lat. *(a u d a c i a).* FEW 172 f.

auditeur „Zuhörer"
13. Jh., für volkstümlich entwickeltes afrz. *aëor,* aus lat. *(a u d i t o r e).*

aufe „Spartgras"
17. Jh., aus nprov. *aufo,* s. *alfa.*

auge „Trog", „Butte"
12. Jh., das Wort ist afrz. und in der Literatur bis ins 16. Jh. auch Maskulinum, aus lat. *a l v e u s* „Trog", „Wanne". REW 392; FEW 80.
Dazu u. a. seit dem 12. Jh. die deminutive Abl. **auget** „Futternapf" u. ä.

augmenter „vermehren"
14. Jh., aus lat. *(a u g m e n t a r e).*

augurer „vorhersagen"
14. Jh., aus lat. *(a u g u r a r i);* die volkstümliche Entwicklung des Stammes s. unter *bonheur, malheur, heur.*

auguste „erhaben"
13. Jh., aus lat. *(a u g u s t u s).*

aujourd'hui „heute"
13. Jh., für älteres *hui* aus lat. *h ŏ d i e ,* dasselbe, das im äußersten Nordosten und Südosten noch lebt, bedeutet der Bildung nach „am heutigen Tage", s. *jour.* ALF 72.

aulique 1. „zum Hof gehörig"
16. Jh., aus lat. *(a u l i c u s).*
2. „theologische Inauguraldisputation"
17. Jh., ist Abl. von mlat. *(a u l a)* in der Be-

deutung „Festsaal in Universitäten".
aulne s. *aune.*
auloffée „Einlenken der Schiffe in die Windrichtung"
18. Jh., ist Abl. von *(aller) au lof,* s. *lof,* nach dem Vorbild des entgegengesetzten *abatée.* Dict. gén.
aumaille „Rindvieh" va.
12. Jh., lebt im Norm. und dem ganzen Übergangsgebiet zwischen Norden und Süden, vgl. frz. Schweiz *armaille* „Stück Rindvieh", aus dem ursprünglichen Plural *animalia* zu *animal* „Tier", das schon in der Lex Salica in der Bedeutung „Rind" bezeugt ist. Schramm 53; Diez 512; Tappolet ASSL 131, 86; REW 476; FEW 97 f.
aumône „Almosen"
12. Jh. *almosne* „Werk der Barmherzigkeit", „Barmherzigkeit", „Herzenspflicht", aus lat. *eleemosyna.* REW 2839.
aumusse „Chorpelz", „Chorpelzmütze"
12. Jh., ist im Mlat. der Zeit als *almutia, almutium, armutium* (daher mhdt. *armuz, almuz)* „amictus quo canonici caput humerosque tegebant" bezeugt; es ist vielleicht Kreuzung von lat. *amiculum* bzw. *amictus* „Überwurf", „Mantel" mit mlat. *caputium* „Mönchskappe", 13. Jh., mhdt. *kabütze,* das zu lat. *cappa* (s. *chappe*) gehört. Vgl. Cor. III, 466; Kluge-Götz unter *Kapuze;* FEW 75; Bl.-W. 45.
aunage „Messen mit der Elle"; „Ellenmaß"
14. Jh., ist Abl. von *auner* „mit der Elle messen", s. *aune* 2.
aunaie „Erlengehölz"
12./13. Jh. *aunoie,* daneben die maskuline Form *aunoi,* aus lat. *alnētum* bzw. vlat. **alnēta* dasselbe, zu *alnus* „Erle", s. *aune* 1.
aune 1. „Erle"
12. Jh., aus lat. *alnus* dasselbe. REW 376. Nicht fränkisch **alira,* Jud ASSL 121, 76 ff.; FEW 67; vgl. Meyer-Lübke, ZRP 33, 431 ff. Daß nordfrz. *aune* an der Südgrenze des Frankenreichs um 500 Halt macht, während die gallische Bezeichnung der Erle, *verna,* sich in nordfrz. ON findet, ist nicht beweisend für einen Übergang von **alira* „Erle" über **alina, *alinu* zu *aune;* die Grundform **alira* in den germanischen Grenzmundarten von Nordfrankreich abgelehnt von Frings, Etymologica 239.
2. „Elle"
11. Jh., im Pol. Irminonis *de octo alnis,* aus fränkisch **alina* (ahdt. *elina),* dasselbe. Diez 14; REW 341; FEW 66 a; Mackel 12; Glaser, ZFSL 26, 1, 111.
Dazu seit dem 12. Jh. die Abl. **auner** „mit der Elle messen", s. *aunage.*
aunée „Alant"
13. Jh., ist Kollektivabteilung von afrz. *ialne, eaune,* Rom. 37, 374, aus vlat. *helna, elena,* in dem sich lat. *inula* mit dem aus dem Griechischen entlehnten *helenium* kreuzen, Priebsch, Festg. Mussafia 554; Roll. Fl. 7, 92 f.; REW 4522; Tilander Glan. 76.
elena aus *helenium* + *ala, halus,* das in Glossen bezeugt ist, Sofer 98, ist lautlich nicht möglich.
auparavant „früher"
16. Jh., ist verschmolzen aus präpositionalem *au paravant de* „zur früheren Zeit als", d. i. substantiviertes *paravant* „frühere Zeit"; dieses zusammengesetzt aus *par* und *avant* s. d.
auprès „daneben"
16. Jh., ist verschmolzen aus präpositionalem *au près de* „in der Nähe von" zu substantivischem *le près* „die Nähe", s. *près;* vgl. *auparavant.*
aureillon s. *oreillon.*
auréole „Heiligenschein"
13. Jh., aus mlat. *(aureola) (corona)* zu lat. *aureolus* „golden".
auriculaire „kleiner Finger"
16. Jh., *doigt auriculaire,* bei Isidor v. Sevilla *digitus auricularis,* mit der Erklärung „weil wir mit ihm an Ohre kratzen", Georges; zu *auricula* „Ohr", s. *oreille.*
aurique (voile) „Rutensegel"
18. Jh., bei Roeding *voiles auriques* „ein allgemeiner Name, worunter man Gaffelsegel, Gicksegel ... und alle Segel, dessen eine Seite am Mast fährt, versteht", Behrens, Wg. 335, sieht aus wie eine gelehrte Abl. von lat. *(aura)* „Luftzug".
aurochs „Auerochs"
15. Jh. *ouroſls,* dieses aus mhdt. *ûrochse,* die heutige Form von Buffon neu aufgenommen aus nhdt. *Auerochs;* Dict. gén.; Behrens, DS 32, 98.
aurone „Eberraute"
abroigne, averone, 13. Jh., *averoine* 14. Jh., *aurone,* 15. Jh., stammt aus dem Süden des Nordfrz.; dazu der botanische Ausdruck *vrogne;* aus lat. *abrotonum.* Roll. Fl. 7, 72 f.; REW 39; FEW I, 9; Langfors, NM 39, 282; Flutre, Rom. 65, 483; Thomas, Mél. 37, Anm. 3.
aurore „Morgenröte"
13. Jh., aus lat. *(aurora).*
ausculter „abhorchen"
19. Jh., aus lat. *(auscultare);* s. *écouter.*
auspice „Vorbedeutung"
14. Jh., aus lat. *(auspicium)* „Vogelschau", „Vorzeichen".
aussi „auch", „ebenso"
12. Jh., ist vorhistorische Zusammensetzung von afrz. *al* in der Bedeutung „noch ein" (eigentlich „anders"), auch *el,* aus spätlat. **alid* für *aliud,* das vermutlich in unbetonter Stellung vor Konsonanten das auslautende *-d* verloren hat und dadurch an die Neutra auf *-ale* angeschlossen wurde, und afrz. *si* „so"; *aussi* bedeutet also der Bildung

nach „noch einmal so"; die dem *al, el* entsprechende maskuline Form lat. *alius* ist im Nordfrz. schon in vorhistorischer Zeit durch *alter* s. *autre,* ersetzt worden. Diez 10; REW 348; FEW 68 f.

aussitôt „auf der Stelle"
13. Jh., ist Zusammensetzung von *aussi* „ebenso" und *tôt* „schnell", s. d.

auster „Südwind"
15. Jh., mfrz. auch *austre, ostre,* aus lat. *(auster).*

austère „herbe", „ernst", „streng"
13. Jh., aus lat. *(austerus).*

autan „Südwind"
16. Jh., aus prov. *autan* dasselbe, dieses aus lat. *altanus* „Südwestwind". Dict. gén.; REW 380; FEW 76 b.

autant „ebenso"
ist vorhistorische Zusammensetzung von afrz. *al* „noch einmal", und *tant* „so sehr", vgl. das gleichgebaute *aussi.* FEW 68 f.

autarchie „Selbstversorgung"
18. Jh., auch *autarcie,* so schon 14. Jh., aus gr. (αὐτάρκεια) „Selbstgenügsamkeit", „Selbständigkeit", die heutige Bedeutung seit 1911, früher „Genügsamkeit", „Wohlbefinden"; Spitzer, Fr. mod. II, 29; Dauzat, Fr. mod. VI, 104; Bl.-W. 46.

autel „Altar"
11. Jh. *alter,* aus lat. *altare.* REW 381; FEW 76 b.

auteur „Urheber"
12. Jh., aus lat. *(autore).* FEW 172 b, dazu als feminine Entsprechung *femme auteur* „Autorin", neben dem 18./19. Jh. als Gelegenheitsbildung *autrice* gebraucht wird, ohne sich durchzusetzen. Damourette, Fr. mod. IV, 331; Arveiller, Fr. mod. 29, 70. Vgl. *octroyer.*

authentique „verbürgt"
12. Jh., aus lat. *(authenticus).*

auto- „Selbst-"
in Zusammensetzungen seit dem 18. Jh., aus gr. αὐτός, dass.; vgl. *automobile* und die 2. Bestandteile der entsprechenden Bildungen.

autochtone „eingeboren", „Eingeborener"
16. Jh., aus gr. (αὐτοχθών), dasselbe.

autodafé „Ketzerverbrennung"
18. Jh., aus portug. *auto da fe* „Akt des Glaubens", aus lat. *(actus)* „Handlung", und *fides* „Glaube", s. *foi.*

automate „Automat"
16. Jh., aus gr. (αὐτόματος) „von selbst sich bewegend".

automne „Herbst"
13. Jh., aus lat. *(autŭmnus).* Wirklich volkstümlich entwickelt sind nur die Bezeichnungen für Sommer und Winter; für Frühjahr und Herbst liegen nur volkstümliche Neubildungen vor. FEW 186; REW 812.

automobile „Kraftwagen"
19. Jh., steht zunächst im Wettbewerb mit *locomobile* und *voiture à vapeur, omnibus à vapeur, diligence à vapeur* u. ä. Der 1. Beleg für *automobile* ist adjektivisch, 1866 als Ergänzung von *véhicule, voiture* u. ä.; es dringt in den 90er Jahren endgültig durch; zusammengesetzt aus gr. (αὐτός) „selbst" und lat. *(mobilis)* „beweglich". Swann 41 ff.

autorail „Triebwagen"
1925 geschaffen, dafür auch *automotrice,* seit 1932 *micheline,* ist zusammengesetzt aus *auto(mobile)* und engl. *rail* „Schiene"; Dauzat, Fr. mod. 6, 56.

autoriser „ermächtigen"
12. Jh., aus mlat. *(auctorizare),* d. i. Abl. von lat. *(auctor)* „Urheber".

autorité „Ansehen", „Machtvollkommenheit"
12. Jh., aus lat. *(auctoritate).*

autostrade „Autobahn"
1925, aus ital. *autostrada,* d. i. zusammengesetzt aus *auto(mobile)* und ital. *strada* „Straße", der Entsprechung von afrz. *estree* „gepflasterter Weg", s. *estrade.*

autour 1. „ringsum"
im 16. Jh. aus *au tour de* „im Wege um" verschmolzen, vgl. *auparavant* u. *auprès.*
2. „Hühnerhabicht"
12. Jh. *ostour,* aus grom. *auceptore,* das in der Lex Ripuaria und in Glossen bezeugt ist; dieses ist in Anlehnung an *avis* „Vogel", vgl. *avis struthio* s. *autruche, avis tarda* s. *outarde,* umgestaltetes vlat. *acceptore,* das in der Bedeutung „Habicht" bei Firmicus Maternus, 4. Jh., Baist, ZFSL 13, 2, 184, in den leges Burgundionum, in der Lex Salica belegt ist, ALL 8, 448; dieses ist vulgäre Form von klassischem *accipiter* „Habicht". Die Form *autour* (statt **auteur*) stammt aus dem Süden oder zeigt Anlehnung an *vautour,* s. d. Schuchardt, Vok. Vlat. 1, 38; ZRP 2, 166; Tailhan und Gaston Paris, Rom. 8, 609 f.; Thomas, Rom. 40, 104; REW 68; FEW I, 13.
Nicht *astur* „asturisch", das als *astur equus* seit dem 8. Jh. bezeugt ist; *(astur* bei Firmicus Maternus neben *falco* ist unsicher), bzw. **asturicus, Barbier,* BDR 4, 18 f.; Gröber, ALL 1, 234; auch nicht *avis turris* „der in Gefangenschaft gehaltene Vogel" (so bei Martial für „Taube" als poetischer Ausdruck), Koukal, 56. Jahresb. Realschule Wien 4.
Dazu seit dem 14. Jh. mit Stammverkennung die Abl. **autoursier** „Abrichter", und seit dem 16. Jh. dazu die Abl. **autourserie** „Abrichtung der Habichte".

autre „anderer"
11. Jh., aus lat. *alter* „der andere", das im Spätlateinischen lat. *alius* „anderer" verdrängt und dessen Bedeutungen mitübernimmt, vgl. *aussi* und *autrui.* Diez 14; REW 382; FEW 77 a; dazu das Adverb *ne (pas) autrement* „nicht wenig", in dem *autrement* „in anderer (bedeutender) Weise und altes

outreement „im Übermaß“ verschmolzen sind, Orr, RLiR 9, 52; dazu seit dem 12. Jh. die Zusammensetzung **autrefois** „ehemals“.

Autriche „Österreich“
12. Jh. *Osteriche*, aus fränkisch *Austarrîki.*

autruche „Strauß“
12. Jh., *ostrusce, estrusce, autrusse*, auch *ostriche, ostrice*, die literarische Form in Anlehnung an das Deminutivsuffix *-uche* umgestaltet, aus lat. *(avis struthio)* „Vogel Strauß“. Diez 311; REW 833.

autrui „anderer“
12. Jh., ist die substantivisch verwendete vlat. Dativ-Accusativform von *autre*, mit der vlat. Deklination der substantivischen Pronomina; vgl. *lui*; heute noch zulässig als Subjekt = „ein anderer“, Ullmann, Fr. mod. 17, 225; auch nach Präpositionen, H. Schmidt, NS 32, 36; Gg. Syntax 228.

auvel „Fischzaun“
19. Jh., aus nprov. *auveu* „Hecke aus Schilfrohr zur Einzäunung von Fischteichen“, u. H.

auvent „Schutzdach“
12. Jh. *auvan(t)*, gehört zu prov. *amban, anvan*, das auch mlat. *antevanna* zugrunde liegt; das Wort ist vermutlich gallisch; daß es gallisch **ande-banna* zu dem gallischen Intensivpräfix *ande* und *banno* „Horn“ darstellt, weil die Vorbauten am Hause als Zeichen der Götterverehrung vielleicht Hörner trugen, Jud, Rom. 49, 389, ist nicht überzeugend; ebensowenig **antevannum* zu *vannus* „Futterschwinge“, s. *van*, weil das Schutzdach wie eine Futterschwinge aufgehängt ist, Diez 512; Thomas, Mél. 24, Anm.; unmöglich zu *ambitus* + *-anum*, Horning, ZRP 29, 534, vgl. *andain.*

auvernat „Rotwein aus der Umgebung von Orléans“
16. Jh., afrz. in derselben Bedeutung *auvernois*, ist Abl. vom Namen der Landschaft *Auvergne.*

auxiliaire „zur Hilfeleistung dienend“
16./17. Jh., aus lat. *(auxiliarius).*

avachir „aufweichen“, „schlaff machen“, refl. „die Form verlieren“
14. Jh., lebt in der frz. Schweiz *ag̯etši* „zu weich werden“, „welk niederhängen“ (von Zweigen), Tappolet, GPSR, s. Rom. 64, 534; aus fränk. *waikjan* zu ahdt. *weihjan* „erweichen“, „biegsam machen“; Diez, 512; Mackel 115.
Nicht mit Recht aus lautlichen Gründen abgelehnt, REW 9109; nicht zu **vaccare* statt *vacuare*, Salvioni, ZFSL 37, 1, 271, oder zu *vacca* „Kuh“, Barbier, RDR 5, 259; *il est vache*, zu *vache* „Kuh“, Meillet, Lingu. historique II, s. Rom. 63, 427, ist nicht Ausgang für *avachir*, sondern volksetymologisch von diesem losgelöst.

aval 1. „Talrichtung“
12. Jh., afrz. „abwärts“, vgl. *amont* „aufwärts“, ist zusammengesetzt aus *à* und *val* „Tal“ s. d.
2. „Wechselbürgschaft“
17. Jh. *pour aval*, ist vermutlich abgekürzt geschriebenes *à valoir*, Dict. gén.; ital. *av(v)allo* erst im 19. Jh. bezeugt und span. *aval* desgleichen stammen wohl aus dem Französischen, s. Cor. I, 335; wegen des späten Auftretens kaum aus arab. *ḥawâla* „Geldanweisung“, „Wechsel“, Littmann 99; Bl.-W. 335.

avalaison „Wassersturz“, „anhaltender Westwind“
13. Jh., ist Abl. von *avaler*, s. d., bedeutet der Bildung nach „das, was zu Tal kommt“.

avalanche „Lawine“
seit dem 17. Jh. aus den Alpenmundarten entlehnt, vgl. frz. Schweiz *vallantze, avalantze*, sav. *lavenche*, die auf eine Grundform **lavinca, *lavanca* zurückführen; vgl. noch *lavanca* bei Peire Vidal, Muret, BGPSR 7, 24 ff.; vgl. dazu auch lyon. *ca-lavanchi* „einen schlechten Tritt tun“, d. h. „Lawinen loslösen“; daß das Wort zu lat. *labi* „gleiten“ gehört, ist wegen des Suffixes unwahrscheinlich, vgl. REW 4807; eher zu der unter *lavaret* besprochenen Sippe, Nigra, Arch. glott. 14, 284; ligurischer Herkunft nach Bl.-W. 47.
avalanche zu lat. *labes* „Einsturz“, *labi* „gleiten“, Rohlfs ZFSL 49, 175 ist morphologisch unverständlich; zu *labi*, aber mit einem vorromanischen Suffix, Pult, Bez. für Gletscher und Lawine, 1947, s. VR 11, 265; ähnlich vorromanisch **barranka, *barrinka*, Hubschmid, Mél. Duraffour 263; der Stamm *lav-* zu spätlat. *lausa* „Steinplatte“, das aus **lavisa* stammte, Dauzat, Fr. mod. VI, 105, ist möglich, aber nicht zu erweisen, s. *losange.*

avalasse „Wassersturz“
16. Jh., ist Abl. von *avaler*, s. d., das Suffix in Anlehnung an *crevasse, lavasse* u. ä., s. Bibl. AR II, 2, 46 f.; s. gleichbedeutendes älteres *avalaison.*

avaler 1. „hinabsenken“ va.; „gierig verschlukken“
12. Jh., ist nach *a-* 4 verbalisiertes afrz. *a val* „abwärts“, s. *aval* 1.
2. „Wechselbürgschaft geben“
17. Jh., ist Abl. von *aval* 2.

avalies „Schabwolle“
19. Jh., steht für **avalis*, d. i. afrz. **avalëiz*, d. i. Abl. *(-aticium)* von *avaler* „(die Schafwolle) fallen lassen“, s. *avaler* 1; Thomas, Mél. 24 f.

avance „Vorsprung“
15. Jh., ist postverb. Subst. von **avancer** „vorwärtsbringen“, „vorstrecken“, „vorgreifen“, dieses, 12. Jh., aus vlat. **abantiare*, d. i. Abl. von *abante* „vorne“, s. *avant*. Gröber, ALL 1, 240; REW 5; FEW 2 f.

Dazu u. a. mit dem charakterisierenden Suffix *-one* die Abl. **avançon** „Ansatzstück".

avanie „Erpressung", „Mißhandlung"
13. Jh. auch mit den Formen *aveinie, avenie,* die moderne Form beeinflußt durch ital. *avania,* aus mgr. ἀβανία, das aus arabisch *hawān* „Verrat" stammt; das arabische Wort dringt zunächst in das Türkische, von dort in den Westen; es bezeichnet zunächst die Auflagen, die die Türken von den christlichen Kaufleuten einfordern; Battisti I, 376; Lam. 31; REW 4087; Bl.-W. 47; Tagliavini, VR 6, 200.

avant „vor"
ist afrz. räumlich und zeitlich verwendet, s. aber *devant;* ist der Bildung nach adverbiell, aber schon spätlateinisch auch präpositional gebrauchtes *abante,* das seit dem 2. Jh. bezeugt ist. Wölfflin, ALL I, 437; Hampe ALL 5, 335; REW 4; FEW I, 2; Gg. Syntax 304.
Dazu seit dem 12. Jh. die Kollektivbildung **avantage** „Vorteil", afrz. auch „Vorsprung"; von diesem seit dem 15. Jh. die Abl. **avantageux** „vorteilhaft" u. a.

avant-duc „Pfahlwerk an Flußufern zum Brückenbau"
18. Jh., ist nach dem Dict. gén. in Anlehnung an *aqueduc* zusammengesetzt aus *avant* und lat. *(ductus)* „Führung", bedeutet also der Bildung nach „was vorher zur Übersetzung (des Flusses) dient".

avare „geizig"
16. Jh., dafür afrz. seit dem 12. Jh. volkstümlich entwickeltes *aver,* aus lat. *avarus.* Die moderne Form wurde von Jean Bouchet latinisierend (oder italianisierend?) gebildet und von Rabelais übernommen, Sain. Rab. 2, 71; REW 814; FEW 187 a.

avarice „Geiz"
12. Jh., aus lat. *(avaritia).* FEW 187 a.

avarie „Hafengeld", „Seeschaden", „Havarie"
zuerst 13. Jh. bei dem frz. schreibenden Filippo di Novara bezeugt; dann wieder 14./15. Jh.; aus ital. *avaria,* das schon im 12. Jh. latinisiert als *avaria* für Genua bezeugt ist; Vidos 218; Littmann 97; aus arabisch *ᵋawâr* „Beschädigung", „Fehler", dazu *ʿawarîja* „beschädigte Güter". Lam. 32; FEW 189 b.

avatar „Verwandlung"
1800, „Menschwerdung" (der Gottheiten bei den Indern), heute plur. fam. „Wechselfälle", „Schwierigkeiten" u. ä., aus sanskrit *avatâra* „Abstieg" (vom Himmel zur Erde); Bl.-W. 47.

avau-l'eau „stromabwärts"
ist zusammengesetzt aus *aval* und *eau,* s. d., mit der vor Konsonanten lautgesetzlichen Form des ersten.

avec „mit"
11. Jh., seit der ältesten Zeit sowohl adverbiell „dabei", „damit", „dazu", wie präpositional „bei", „mit"; die adverbielle Funktion ist die ursprüngliche. Es ist zusammengesetzt aus vlat. *ab* „mit", s. *à* 1, und *hoc* „dieses", während die entsprechende Präposition das auf lat. *apud* „bei", grom. auch „mit" zurückführende afrz. *od* darstellt, Geyer, ALL 2, 26; Mohl, Festg. Mussafia 61 ff.; die Erklärung von *avec* nach Diez 513; Richter, Ab im Rom. 103; REW 22.
Apud hoc, Koukal, 56. Jb. Realschule Wien IV, 5 f.; REW 567; FEW 114 ist lautlich schwierig und angesichts der Erhaltung von *ab* „mit" im Grom. nicht nötig; *ad hoc,* Herzog, Kr. Jb. 13, I, 224 lautlich bedenklich; s. G. Löfgren. Études prép. od, atout, avec, etc. Uppsala, 1944; dazu Gg. ZFSL 70, 118 f.

aveindre „holen gehen" va.
ist in den Mundarten verbreitet als „erreichen", „ergreifen", „an sich ziehen"; seit dem 13. Jh. zunächst intransitiv *aveindre à* „zu etwas gelangen", daraus seit dem 14. Jh. transitives *aveindre aucun* „an jmd. herangelangen", in Anjou = *atteindre;* ist Kreuzung von afrz. *avenir* „herankommen", s. *advenir,* und *atteindre,* s. d. Marchot, ZRP 16, 380; REW 216; FEW 40 f.; Pignon, Fr. mod. 14, 193.
Nicht lat. *abemere* „wegnehmen", Diez 513; Dict. gén.; *aveindre* als neuer Infinitiv nach den afrz. Futur- und Kondizionalformen von *avenir (avendrai, avendroie),* Bl.-W. 10 genügt lautlich nicht.

aveine s. *avoine.*

avelanède s. *velanède.*

aveline „Haselnuß"
13. Jh. *avelane, avelaine,* aus prov. *avelana,* dieses aus lat. *abellana.* Die heutige Form seit dem 15. Jh., mit Anlehnung an das Deminutivsuffix *-in, -ine.* Dazu seit dem 13. Jh. die Abl. *avelanier,* seit dem 17. Jh. die moderne Form **avelinier** „Haselstrauch". REW 17; FEW 5.

avénage „Haferzins"
13. Jh., ist Abl. von *avoine* s. d.

avenant „zukommend", „gefällig"
12. Jh., ist zum Adjektiv erstarrtes Partizip von afrz. *avenir* „sich ereignen", „zukommen", besonders in *avient bien, mal* „es ergeht gut, schlecht", s. *advenir.*

avènement „Ankunft"
12. Jh., heute nur in *avènement au trône* u. ä., ist Abstraktbildung von afrz. *avenir* „zu etwas gelangen", s. *advenir* und *avenant.*

avèneron „wilder Hafer"
16. Jh., ist Abl. von *avoine,* s. d.

avenir „sich ereignen" va.
noch erhalten in *chose non avenue* u. ä., ist die alte lautgesetzlich entwickelte Form von *advenir,* s. auch *avenant, avènement.*

avenir „Zukunft"
15. Jh., ist verschmolzen aus substantiviertem *l'à venir* „was noch kommt", daneben noch im 16. Jh. *le temps à venir,* Baldinger, ZRP 67, 18.

avent „Advent"
12. Jh., aus lat. *(adventus)* „Ankunft". FEW 41 f.

aventure „unerwartetes Erlebnis", „Abenteuer"
11. Jh., afrz. „Geschehnis", daher afrz. *bone aventure* „Wohlergehen", „Glück", aber schon im 12. Jh. auch „Abenteuer", die ursprüngliche Bedeutung noch in *à l'aventure* „aufs Geratewohl", aus vlat. **avventura,* d. i. substantiviertes Partizip der Zukunft von lat. *advenire* „geschehen", s. *avenir.* Diez 32; REW 220; Gröber, ALL 1, 236; FEW 41.
Dazu seit dem 12. Jh. die Abl. **aventurer** „aufs Spiel setzen", afrz. auch „auf Abenteuer ausgehen"; gleichfalls vom Subst. abgeleitet seit dem 15. Jh. **aventurier** „Abenteurer".

aventurine „Glimmerstein"
17. Jh., ist Abl. von *aventure,* s. d., angeblich weil der Stein künstlich dadurch erzeugt wird, daß Eisenfeilspäne aufs Geratewohl *(à l'aventure)* auf geschmolzenes Glas gestreut werden. Dict. gén.

avenue „Anfahrt", „mit Bäumen bepflanzte Straße"
seit dem 16. Jh. konkretisiert aus afrz. *avenue* „Herankommen", auch „Vorgang", d. i. subst. Part. von afrz. *avenir* „herankommen", s. d. und *advenir.*

avérer „als wahr erweisen"
12. Jh. neben *avoirer,* ist schon vorhistorische Abl. von lat. *vērus,* afrz. *voir* „wahr", nach *a-* 2. Dict. gén.

avers „Kehrseite"
19. Jh., aus lat. *(adversus)* „mit der Vorderseite zugewendet"; volkstümlich liegt das Wort vor in afrz. *avers* „feindlich".

averse „Platzregen"
17. Jh., ist losgelöst aus der gleichfalls seit dem 17. Jh. bezeugten Verbindung *pleuvoir à verse* „wie aus einem umgeschütteten Eimer regnen", s. *verse.*

aversion „Abneigung"
16. Jh., aus lat. *(aversione).*

avertin „Drehkrankheit" (der Schafe)
13. Jh. auch in der allgemeinen Bedeutung „Schwindel", aus lat. *vertīgĭne* „Schwindel", Tobler, Misc. Caix-C. 74 f. (= VB 5, 46 ff.); REW 9256.
Nach FEW 188 a würde das anlautende *a-*Beeinflussung durch lat. *avertere,* afrz. *avertir* „abwenden", „drehen" u. ä. erweisen; nach G. Paris, Rom. 15, 454 würde *a-* eher für *ex-,* afrz. *es-* stehen.

avertir „benachrichtigen"
12. Jh., aus vlat. **avvertire* für lat. *advertere* (animum) „aufmerksam machen"; afrz. *avertir* hat auch die selbständigem *advertere* entsprechende Bedeutung „zuwenden", „richten"; über ein konkurrierendes *avertir* im Afrz. s. *avertin.* REW 222; FEW 42 a.
Dazu seit dem 15. Jh. die Abl. **avertissement** „Benachrichtigung".

avette „Biene"
12. Jh. auch *evette;* das Wort lebt heute im Südwesten des Nordfr., ist dem. kosende Abl. von alfrz. *ef* „Biene" aus lat. *apis,* s. *abeille.*

aveu „Geständnis"
13. Jh., ist postverb. Subst. von *avouer,* s. d.

aveugle „blind"
11. Jh., *avuegle,* ist ursprünglich Ausdruck der Mediziner für „starblind", neben *caecus,* afrz. *cieu* „blind" in der allgemeinen Bedeutung. Der Hinweis auf die „Starblindheit" wird durch *albios oculus* „staraplinter" in den Kasseler Glossen, desgleichen durch rum. *albeață* „Star", aus vlat. **albitia* zu *albus* „weiß" nahegelegt, das nach ALR, große Ausgabe, Blatt 111 über ganz Rumänien, nördlich und zum Teil südlich der Donau bezeugt und dadurch als Ausdruck des Vulgärlateinischen gesichert ist; s. Herzog, ZRP 26, 732; Gerloff, ZRP 30, 85. Dazu gehört daher wohl auch *album oculi, album in oculo,* als Krankheit von Columella im 1. Jh. n. Chr., von Pelagonius, 4. Jh., von Marcellus Empiricus, 5. Jh. (Bordeaux) bezeugt, s. Niedermann, Glotta 8, 228. *Album in oculo* bezeichnet den weißen Fleck bzw. das weiße Häutchen, das sich bei Erkrankung am grauen Star über die Pupille legt. Zu *album oculi* wird ein Adjektiv **alboculus,* vlat. **alboclus* „starblind" gebildet, wie *monoculus* „einäugig" bei Firmicus Mathernus im 4. Jh., vlat. **bisoculus* in matl. *biseuil* „schielend", s. *bigle.* **alboclus,* am besten erhalten in dem angeführten *albios oculos* in den Kasseler Glossen, deren Heimat Nordfrankreich ist, wird zu *aboclus* dissimiliert; die Entwicklung von *-cl-* zu *-gl* zeigt an, daß der Ausdruck zunächst den höheren Gesellschaftsschichten angehörte, dann aber in die Sprache der großen Masse eindrang.
Aveugle aus angeblich belegtem *aboculis* „ohne Augen", setzt für *ab* die Funktion „ohne" voraus. Diese besteht nicht, Löfstedt l. c. Sie ist irrtümlich erschlossen aus Wendungen wie *viduus ab oculis* (in den lat. Petrusakten), Heisig, RF 62, 69 f., zu lat. *viduus* „beraubt", „leer", dann „ohne", oder *orbus* „beraubt" gleicher Konstruktion, Rohlfs, ASSL 119, 362, oder *purus ab arboribus* „frei von Bäumen", d. i. „ohne Bäume". Die Vorstellung „ohne" ist in allen diesen Fällen in den Adjektiven, die ein „beraubt", „frei" sein ausdrücken, und in denen schon spätlat. neben dem Ablativ auch *ab* + Abla-

tiv eintritt, gelegen, s. Stolz-Schmalz, Lat. Gram. 5. Aufl., S. 423 f.; ein *ab* „ohne", ohne Verbindung mit einem Adjektiv oder einem Verb, das „berauben", „frei sein" u. ä. bedeutet, das in einer Verbindung wie *ab oculis* vorliegen müßte, ist in der ganzen Latinität nicht vorhanden; *ab oculis* im Vlat. hätte umgekehrt „mit Augen" bedeutet, s. *à* 1.
Daneben steht spätgriechisch ἀπόμματος „blind", Fraenkel, DL 1936, 885, ἀπ'ομάττων dasselbe, seit 400 n. Chr., zu gr. ὄμμα „Auge", „Angesicht", und ἀπό „los von", „von ... weg", „von ... an" u. ä. Da gr. ἀπό und lat. *ab* vielfach verwandte Funktionen haben, wäre eine Umsetzung von gr. ἀπόμματος in lat. *ab oculis* denkbar. Da aber *ab oculis*, wie gesagt, nicht existiert, die Geschichte von *aveugle* bis in das erste Jh. n. Ch. zurückführt, ist es wahrscheinlicher, daß gr. ἀπόμματος usf. als spätgriechische Bildung auf lat. **aboclus* (aus *alboclus)* beruht. Ausführlich, ohne Entscheidung, bei Deutschmann, RJ I, 87—153; auszugehen von *orbus ab oculis*, das sich aus *orbus* „blind" und *ab oculis* zusammensetzte, aus dem *orbus* „blind" losgelöst worden wäre und außerdem *ab oculis* die Bedeutung der ganzen Wendung erhalten hätte, Rohlfs, ASSL 190, 362, ist unbegründet; ebenso, daß *aveugle* aus der religiösen Terminologie stamme, Lerch, RF 60, 68 f. *aboculus* nach G. Paris, JS 1900, 303 (Mél. 325) Rückbildung aus **aboculare* „strafweise blenden", dieses Latinisierung von gr. ἀπομματοῦν bzw. *ἀπομματίζειν, ist sachlich nicht gerechtfertigt; *ab-oculus* als Bildung wie lat. *amens, abnormis* u. ä., Diez, 32; Wartburg, RDR 3, 423; FEW I, 617, würde voraussetzen, daß *aboculus* schon altlat. Bildung ist.
Dazu seit dem 11. Jh. *avogler, avugler*, frz. **aveugler** „blenden"; vom Verbaladjektiv *aveuglé* „geblendet" aus das Adverbium afrz. **aveuglément** „blindlings"; ferner seit Ende des 17. Jhs. *chercher une chose aveuglettes, faire une chose aveuglettes* „etwas tastend, im Finstern suchen, ausführen", im 15. Jh *a veuglettes* (verschmolzen aus *à aveuglettes*), seit dem 18. Jh. **à aveuglettes** „blindlings", ist Weiterbildung von *a mucette* dasselbe, seit 1418 belegt, zu *muce, mucette* „Versteck", dieses zu afrz. *mucier* „verbergen", s. *musser;* Bloch, RLiR 11. Vgl. auch *cachette* „Versteck".

aviation „Flugwesen"
1863, von La Landelle für die Luftschiffahrt ohne Ballon geschaffen, aber schon 1869 für „Vogelflug" belegt, Portier RPFL 42, 123; darnach 1864 **aviateur** „Flieger" (im Flugzeug schwerer als Luft); dringt 1900 in die Gemeinsprache, Zastrow 378, 381; künstliche Bildung zu lat. *avis* „Vogel"; von *aviation* aus 1875 gebildet **avion** „Flugzeug", das von dem Flugzeugkonstruktör Clément Ader für seine 3. Maschine gebraucht wird und mit *aviateur, aviation* um 1900, Bl.-W. 48, allgemein wird.

avide „begierig"
16. Jh., aus lat. *(avidus).*
avilir s. *vil.*

avillon „Hinterzehe der Raubvögel"
17. Jh., ist mundartliche, z. B. östliche Form für *aiguillon*, s. d.; dazu seit dem 16./17. Jh. die Abl. **avillonner** „erkrallen". Dict. gén.
aviner s. *vin.*

avir „die Ränder umbiegen", „falzen"
18. Jh., vermutlich mit Konjugationswechsel aus afrz. *aïver* „gleichmachen", „ebnen", aus lat. *adaequare;* vgl. Spitzer, NS 31, 204; FEW 102.
Nicht lat. *apĕre* „anpassen", Cohn, Suff. 128; s. REW 514.

aviron „Ruder", „Riemen"
12. Jh., der Bildung nach „Mittel, um das Schiff in die gewünschte Richtung zu bringen", ist *-one*-Abl. von afrz. *avirer* „die Richtung nehmen", zu frz. *virer* „sich drehen, wenden"; dazu, 12. Jh. *avironner* „rudern", 12.—14. Jh.
Zu *viron* „Runde", „Kreis", s. *environner*, erklärt *avironer* „sich im Kreis bewegen", nicht aber die Bedeutung „das Schiff lenken", „rudern"; auch eine Rückbildung von *avironer* „rudern" zu *aviron* „Ruder" wäre schwer verständlich; Bl.-W. 48.

avis „Meinung"
13. Jh., ist verschmolzen aus afrz. *a vis* in *ço m'est a vis* u. ä. „das ist meine Ansicht", d. i. lat. *vīsum* in vlat. *mihi visum est* „es scheint mir" für klassisches *mihi videtur*, zu *videri* „scheinen", s. *voir.*

aviser 1. „den Blick richten"
11. Jh., ist verstärktes *viser*, s. d.
2. „benachrichtigen"
13. Jh., ist Abl. von *avis* „Meinung" bzw. afrz. *vis* dasselbe, s. *avis*. Die unter 1 und 2 angeführten Verba sind schon afrz. verschmolzen.

aviso „Avisoschiff"
18. Jh., aus span. *barca de aviso* entlehnt, s. *barque* und *avis;* letzteres liegt span. *aviso* zugrunde. Dict. gén.; Schmidt, Span. Elem. 118.

avissure „der herabgebogene Rand eines Blechstückes"
18. Jh., ist Abl. von dem gleichzeitig auftauchenden *avir* „die Ränder umbiegen", s. d. Oder umgekehrt *avir* Neubildung nach *avissure*?; und dieses?

avitailler „verproviantieren"
13. Jh., ist nach *a-* 3 abgeleitet von afrz. *vitaille* „Lebensmittel" aus lat. *victualia.* Dict. gén.

aviver „beleben"

12. Jh., aus vlat. **avvivare* zu lat. *vivus* „lebendig", s. *vif*. Dict. gén.

avives „Feifeln"
15. Jh., doch schon 14. Jh. *vives, vifles,* im 13. Jh. prov. *vivas,* aus mittellat. *vivae,* auch *vivolae,* so z. B. in den Mir. S. Urbani als gelehrte Form für volkstümliches *goutte; vivae* ist zuerst bei dem Kalabresen Jordanus Rufus belegt; es stammt aus vulgärarabisch *aḏ-ḏi'ba* für *aḏ-ḏibaḫa* der Medizinersprache, dass., Lam. 32; dazu span. *abivas* und *adivas,* dasselbe, Cor. I, 39.

avocasser „Winkeladvokat sein"
14. Jh., in Anlehnung an das Pejorativsuffix *-asser (-aceare)* abgeleitet von **avocat** „Advokat" aus lat. *(advocatus)* „Sachverständiger".

avocat 1. s. *avocasser*
2. „Frucht des Avokatobaums"
18. Jh., dazu gleichzeitig die Abl. **avocatier,** stammt angeblich aus dem Karaibischen, Dict. gén.; Behrens, Wg. 335 f.

avocette „Säbler"
19. Jh., aus ital. *avocetta* u. H.

avoine „Hafer"
12. Jh., daneben seit dem 16. Jh. als Pariser Form *aveine,* aus lat. *avēna.* Meyer-Lübke, LGRP 40, 378; REW 818; FEW 187.

avoir „haben", subst. „Habe"
aus lat. *habēre.* REW 3958.
avoisiner s. *voisin.*

avorter „eine Fehlgeburt tun"
12. Jh., aus lat. *abortare.* REW 37; FEW 8; dazu seit dem 14. Jh. mit dem charakterisierenden Suffix *-one* abgeleitet **avorton** „unzeitige Frucht" u. ä.

avoué „Anwalt"
12. Jh., zunächst „Lehnsherr", „Fürsprecher", „Verteidiger", aus lat. *advocatus* „Sachverständiger", „Rechtsbeistand", s. *avocat.* Die Bedeutung des afrz. Wortes ist von dem Verbum *avouer* „als seinen Herrn anerkennen" beeinflußt, s. d.

avouer „gestehen"
12. Jh., afrz. „als Herrn anerkennen", so Ausdruck des Lehensverhältnisses; dann, bezogen auf Gott und die göttlichen Personen, so bis ins 16. Jh.; daneben aus „anerkennen" die Meinung „billigen", „einverstanden sein"; aus lat. *advocare* „(als Ratgeber, Helfer, Zeuge u. ä.) herbeirufen", „eine Gottheit zu Hilfe herbeirufen" u. ä.; Bloch, RLiR 11, 321; dazu afrz. *avoërie* „Schutz", „Vertretung". Bl.-W. 49; s. *aveu.*

avoyer „Stadtmagistrat in Schweizer Kantonen"
14. Jh. *avoié,* ist im Schweizer Französischen die Entsprechung des literarischen *avoué,* s. d. Thomas, Rom. 40, 106; FEW 42 b.

avril „April"
12. Jh., aus grom. *aprīlius,* das bei Oribasius belegt ist, ZFSL 57, 128, für lat. *aprilis,* nach den Monatsnamen *martius, junius, julius,* Dict. gén.; REW 562; FEW 113 b; dazu seit dem 12. Jh. die Abl. **avriller** „im April wachsen"; die alte Aussprache *avril'* ist gesichert durch Abl. wie afrz. *le tens avrillier* „Aprilszeit"; *-l'* wird zunächst *-y-,* und verstummt; in *avri* wird sekundär ein gesprochenes *-l* in Anlehnung an lat. *aprilis* hinzugefügt", s. P. Fouché, Phonétique hist. du frçs, 669, 273, 713; Bl.-W. 49.

avuer „das auffliegende (Federwild) mit den Augen verfolgen"
16. Jh., ist Abl. von *vue* „Blick", s. d.

axe „Achse"
16. Jh., aus lat. *(axis).*

axiome „Grundsatz"
16. Jh., aus lat. (gr.) *(axioma)* „Grundsatz", „Grundwahrheit".

axonge „Fett, Schmer"
16. Jh., aus lat. *(axungia).* Das Wort lebt in volkstümlicher Entwicklung im Osten, vgl. ferner afrz. *soignee* „Kerze", FEW 190 b.

ayan „hoher türkischer Beamter"
19. Jh., aus arabisch *'aᵋjân,* Plural zu *ᵋaïn* „Auge". Lam. 261.

azalée „Azalea"
18. Jh., aus nlat. *(azalea),* gebildet nach gr. (ἀζαλεός) „trocken". Dict. gén.; Bl.-W. 49.

azédarac „glatter Zedrach"
16. Jh., aus arabisch *azâd daraḫt,* Lam. 33 f., vielleicht über span. *acedarac.*

azerole „Azerolapfel"
16. Jh., aus span. *acerola,* dieses aus arabisch *az-zuᵋrûr.* Lam. 35; FEW 191; REW 9603; Pottier, Fr. mod. 16, 275.

azimut „Scheitelkreis"
16. Jh., aus arabisch *as-sumût.* Lam. 52.

azote „Stickstoff"
18. Jh., ist gelehrte Bildung aus ἀ-privativum und gr. ζωή „Leben"; Wartburg, RLiR 23, 209.

azur „Asur"
12. Jh., aus arabisch *lāzaward,* das aus dem Persischen stammt; Lam. 181; Littmann 91; Diez 33; REW 4959.

azyme „ungesäuert"
13. Jh., aus lat. (gr.) *(azymus).* REW 850; FEW 191 a.

B

baba „Art Kuchen"
19. Jh., aus polnisch *b a b a*. REW 854; FEW 195 b.

babeurre 1. „Buttermilch"
17. Jh. *bas de beurre*, eigentlich der Niederschlag beim Buttern, ist zusammengesetzt aus substantiviertem *bas*, s. d., und *beurre*, s. d.; Dict. gén.
2. Butterstößel"
1606 *batbeurre*, ist zusammengesetzt aus der 3. Sing. bzw. dem Imperativ von *battre* „schlagen" und *beurre*, s. d. Dict. gén.

babiche „Schoßhündchen"
17. Jh., auch in der deminutiven Abl. **babichon**; daneben im 17. Jh. *barbiche* u. ä. „kleiner Pudel", s. *barbichet*, ist Kreuzung von diesem mit dem Schallstamm **b a b-* in *babiller* u. ä. Zauner, RF 14, 385; FEW 244 a; vgl. auch *barbet* und *bichon*.

babil „Geschwätz"
15. Jh., ist postverb. Subst. von **babiller** „schwätzen", 12. Jh. „stottern"; dieses ist in Anlehnung an den Schallstamm **b a b-* umgestaltetes afrz. *bauboier* „stottern", d. i. Abl. von afrz. *baube* „stotternd" aus lat. *b a l b u s*. Zu diesem vgl. *ébaubir*. REW 898; FEW 210 b; ZRP 43, 546.
Niederdeutsch *babbeln*, ndl. *babbelen* „schwätzen", ist trotz im 14. Jh. belegtem *babeler* wohl unabhängige Schallbildung.

babilan „impotent"
aus ital. *babbilano* „impotenter Mann", nach dem Namen eines im 17. Jh. lebenden vornehmen Genuesen, dessen Ehescheidungsprozeß seinerzeit großes Aufsehen erregte; Monot, Fr. mod. 20, 223; Battisti I, 390.

babine „Lefze", „Hängelippe"
16. Jh., lebt z. B. im Normannischen und ist mit Suffixwechsel aus gleichbedeutendem *babouine* entstanden, das in Le Havre, Gâtin., dann im Südosten bezeugt ist; vgl. dazu in Démuin *baboinnes* „Schweinskinnbacken" (wie frz. *bajoue, abajoue);* dieses ist ursprünglich Kollektivableitung von *baboue* „Hängemaul", s. d., oder postverb. Subst. von *babouiner*, das mundartlich „maulen", „mit den Zähnen fletschen" bedeutet und unmittelbar von *baboue* abgeleitet ist. Gg. ZRP 43, 547.

babiole „Kram", „Kinderspielzeug"
16. Jh. mit der Nebenform *babole*, ist wohl entlehnt aus ital. *babbola, bambola* „Puppe", dieses zu dem unter *babiller* erwähnten Schallstamm **b a b-;* vgl. Antoine, Mél. Delbouille.
Zu afrz. *belbel* „Spielzeug", vgl. *bibelot*, über **baubelle* (zu erschließen durch *baubella* bei Du Cange), Förster, ZRP 22, 514 f., überzeugt nicht.

babion „Äffchen"
15. Jh., ist mit Suffixwechsel aus *babouin* umgestaltet, s. d.

babiroussa „Schweinhirsch"
19. Jh., stammt aus dem Latein der Naturforscher des 17. Jhs.; aus dem Malaischen. Dict. gén.; Bl.-W. 50.

bâbord „Backbord"
15. Jh., aus ndl. *b a k b o o r d*, das zunächst ins Normannische drang und von Rabelais in die Literatur eingeführt wurde. Sain. Rab. 1, 107; Diez 515; REW 872; FEW 208 a; Behrens DS 69.

babouche „Schlappschuh"
1546 *papouch*, dieses aus Türkisch *papuč*, davon als scheinbar singularische Rückbildung rum. *papuc* „Hausschuh"; dann im 17. Jh. *babouche*, dieses aus arab. *bābûğ*. Heimat des Wortes ist das Persische, s. Littmann, 114; Lam. 189; FEW 196.

baboue „Maul", va.
seit dem 14. Jh. belegte Weiterbildung von *babine*, zu dem Schallstamm *bab-*, s. *babil*, gekreuzt mit *moue*, vgl. *faire la baboue* wie *faire la moue* „ein böses Maul machen"; vgl. Bl.-W. 50.

babouin „Art Pavian"
13. Jh., ist zunächst in der Bedeutung „Dummkopf" bezeugt, dann als Bezeichnung für groteske kleine Tiere; das Wort dringt Ende des 13. Jhs. ins Italienische, ist hier als *babbuino* Bezeichnung des Pavians und kommt im 14. Jh. in dieser Bedeutung in das Frz. zurück; Baist, ZFSL 47.
Matl. (Saintonge) *babouin* „Vogelschreck" knüpft unmittelbar an die Bedeutung „groteske Figur" an, s. im 16. Jh. *baboue* „Vogelscheuche", „Schreckgespenst", Godf. I, 544. Vgl. auch Saint. *babouin* „Vogelschreck"; es ist mit dem charakterisierenden Suffix *-in* abgeleitetes *baboue* „Hängemaul", s. d.
baby s. *bébé*.

bac 1. „Fähre"
12. Jh., aus ndl. *b a k* „flachbodiges Schiff", das selbst mit nhdt. *Becken* auf spätlat. *b a c c a* „vas aquarium" zurückgeführt wird, s. d. F.; Kluge, s. *Back;* REW 868; FEW 197 f.
2. „Kübel", „Trog"
15. Jh., lebt in der Bedeutung „Trog" im Norden, von der Picardie bis zur Wallonie, dann im Centre, Lim., dazu prov. *bacon* dasselbe; die nördlichen Formen stammen wohl aus ndl. *bak* „Schüssel", s. *bac* 1; dagegen dürfte südliches *bac* Rückbildung von prov. *bacon* oder von frz. *bâche* 1., s. d., sein,

beide zu spätlat. *b a c c a* „vas aquarium" bei Isidor v. Sevilla, Jud, AR 6, 202, das wahrscheinlich gallisch ist, FEW 198b; Roques, VR 6, 159; vgl. *bâche* 1; *baquet; bachot.*

baccalauréat „Bakkalaureat", „Reifeprüfung"
17. Jh., aus nlat. *(b a c c a l a u r e a t u s),* d. i. Abl. von nlat. *baccalaureus* „Abiturient"; dieses ist mit etymologischer Anlehnung an *bac(c)a* „Beere" und *laurus* „Lorbeer" umgestaltetes mlat. *bacalaris,* s. *bachelier.*

baccara „Art Kartenspiel"
19. Jh. u. H.

bacchanal „Bacchantenfest"
16. Jh., aus lat. *(B a c c h a n a l e).* Das Wort lebt, halb angepaßt, in afrz. *baquenas* „Sturm", dann im Italienischen als „Lärm", Bl.-W. 50.

bacchante „Bacchantin"
17. Jh., ist Partizip von lat. *(b a c c h a r i)* „das Bacchusfest begehen", „herumtollen".

bâche 1. „Wassertrog"
16. Jh., lebt im Osten und Zentrum; es gehört trotz des späten Auftretens wohl zu spätlat. *b a c c a* „vas aquarium", s. *bac* 2. Nicht zu englisch *basket* „Korb", Regnaud, RPFL 10, 104f.
2. „Schleppnetz"
15. Jh., lebt im Norm. und Westfrz., dazu vermutlich angev. *basse* „Garnnetz", aus gallisch **b a s k j o -,* zu kymrisch *baich* „Last", „Bürde", das mit lat. *fascis* urverwandt ist; vgl. über dessen Weiterleben im Gallorom. Jud, Rom. 47, 503.
Zu *bascauda,* s. *bachotte,* bzw. afrz. *baschoe* „Korb", „Kiepe", FEW 267; Bl.-W. 51 ist begrifflich schwierig. *báscauda* mit Akzent auf der Anfangssilbe G. Paris, Rom. 21, 403 ist noch bedenklicher, s. Meyer-Lübke, SA Wien 143, 2, 573.
3. „Wagendecke"
18. Jh., ist norm., wall., ostfrz., vgl. ferner Dijon *bâche* „großer leinener Sack", bourn. „leinener Überzug über Stroh als Strohsack", zu *bâche* 2?

bachelette „junges Mädchen" va.
15. Jh., ist in Anlehnung an *bachelier,* s. d., umgestaltetes afrz. *baisselette* dass., 13. Jh., dieses kosende Abl. von afrz. *baisselle,* 12. Jh. „Magd", „Mädchen" (pik. wall. *bacelle,* vog. *baisselle,* lothr. *bacèle)* und dieses wieder schon vorhistorische Deminutivform von afrz. *baiesse, baiasse* „Magd" (norm. *basse,* Guernesey *baisse,* H. Jura *batze, boitze* u. ä. „Dirne"). Nach Hubschmid, ZRP 66, 344 würde die Endung *-assus, -assa* auf vorromanischen Ursprung hinweisen; vgl. Lam. 38; G. Paris, Rom. 23, 325 Anm.; Pauli, Enfant 156ff.; REW 861; FEW 199f.
Aus lautlichen Gründen nicht arabisch *baǧija (baǧijja)* „Hure", Lam. 38, Anm. 2; de Gregorio, SGI 3, 227. Katal. *bagassa* „Mädchen" zu *bagot* „Biene", dieses aus einem deminutiven **apicottus* zu *apis* „Biene", *Montoliu, Est. etim. catalans 1913 ist beides unmöglich, s. NS 16, 20.

bachelier „junger Mann", „Bakkalaureus"
11. Jh. *bacheler,* bezeichnet afrz. den jungen Edelmann, der Ritter werden will; die heutige Bedeutung seit dem 14. bzw. 15. Jh.; die Wortfamilie taucht im 9. Jh. auf: *baccalaria, baccalarium* „von einer Herrschaft abhängiges Ackerland, das mit zwei Ochsen gepflügt werden kann", *baccalarius, baccalaris* „der von einer geistlichen oder weltlichen Herrschaft abhängige Landmann"; aus letzterer Bedeutung erklärt sich die Bedeutung des afrz. *bacheler* „der dem Ritter zur Ausbildung übergebene junge Edelmann". Das Wort gehört zu airisch *bachlach* „Schäfer", „Bauer", „Lümmel" u. ä., das nach Thurneysen, KR 39 auf ein gallisches **b ă c a l â c o s* zurückführt, eigentlich „Stabträger", dessen Stamm selbst aus lat. *bacculum, bacillum* „Stab" entlehnt ist, Schuchardt, Rev. celt. 5, 491, das aber nach seiner Verbreitung in den gälischen und britischen Mundarten sehr altes Lehnwort sein muß. Die lautliche Weiterentwicklung zu *baccalaris* ist schwer zu verstehen, s. Bl.-W. 51; Diez 335; Loth, Les mots latins 126; Dottin 230; Pauli Enfant 171ff.; REW 863.
bachelier zu keltisch *Bacaudae, Bagaudae* „Landvolk in Gallien", zu ir. *bág* „Kampf", Heisig, GRM 41, 93, müßte erst begründet werden.
**baccalaris* zu *vacca,* also ursprünglich in der Bedeutung „Kuhhirt", *Stowell, Studies in Honor of A. Marshall Elliott, s. Herzog, KJb. 13, 1, 227 ist lautlich und begrifflich bedenklich.

bâcher „mit der Wagendecke zudecken"
18. Jh., ist Abl. von *bâche* 3.

bachique „bacchisch"
16. Jh., lebt volkstümlich Vendôme „komisch", aus lat. *(b a c c h i c u s).* FEW 192.

bachot 1. „Nachen"
16. Jh., ist dem. Abl. von *bac* „Fähre" oder von gleichbedeutendem *bache,* dieses seit dem 14. Jh., das Röding für Lyon als gleichbedeutend mit *bachot* anführt, Behrens, Wg. 336; dieses *bache* ist wohl feminin vergrößernde Neubildung nach *bac* 1, kaum unmittelbar eins mit dem unter *bac* angeführten mlat. *b a c c a* 'vas aquarium'; Bl.-W. 51.
2. „Bakkalaureat"
19. Jh., in der Schülersprache umgestaltetes *baccalauréat.*

bachotte „Fischkasten"
19. Jh., geht mit H. Maine *bachot* „Weidenkorb als Fischkasten" (Anjou *bachotte* 'Art großes Flüssigkeitsmaß') auf afrz. *baschoe* „Weidenkorb" zurück; dieses aus gallisch *b a s c a u d a* „Kumme", „Waschschüssel", das in Glossen belegt ist, Loewe 63. Vgl. *bachot.* REW 869.

bacile „Meerfenchel"
15. Jh. *basille,* aus prov. *basilla*; dieses lebt nach FEW 288 a an der Küste der Provence; aus lat. **baticilla* zu lat. *batis,* mlat. *baticula* dasselbe. Behrens, Festg. Förster 233; REW 990.

bacille „Bazillus"
19. Jh., gelehrt angepaßtes lat. *(bacillum)* „Stäbchen"; Bl.-W. 51.

bâcler „versperren", „verrammeln"
ist wie gleichbedeutendes prov. *baclar* erst im 16. Jh. belegt; älter, seit Beginn des 15. Jhs. bezeugt, ist die scheinbare Abl. *desbacler* „frei machen", zunächst in der Verbindung *desbacler les bateaux* „Anker lichten". Das Wort scheint aus dem Niederdeutschen zu stammen, zu ostfriesisch *bakken* „zusammenhalten", „zusammenkleben", *bakkelen* „oberflächlich gefrieren". Dann wäre *desbacler* „frei machen" Gegenbildung zu **bacler* „festfrieren" und nfrz. *bâcler* „verrammeln" Gegenbildung zu *débâcler* „frei machen"; Barbier, PLeeds I, 16 f.
**bacculare* zu *bacculum* „Stab", Thomas, Rom. 26, 415; FEW 201 a; REW 867 ist wegen des späten Auftretens des Wortes unwahrscheinlich.

bactérie „Bakterie"
19. Jh., 1838 gelehrt angepaßtes gr. βακτηρία „Stab", s. *bacille*; Bl.-W. 51.

bacul „breiter Hinterriemen der Zugtiere"
15. Jh., steht für *bat-cul,* d. i. Zusammensetzung von *bat* zu *battre* „schlagen", und *cul,* s. d. vgl. *babeurre* 2, und *bascul.*

badamier „Katappenbaum"
18. Jh., angeblich aus persisch *bādâm* „Mandel". Dict. gén.

badaud „Maulaffe"
16. Jh., aus prov. *badau, badaul,* d. i. mit unklarer Endung abgeleitet von prov. *badar* „gaffen", der Entsprechung von frz. *bayer* s. d. Vgl. auch *abée, bée;* FEW 286; REW 988.
Dazu seit dem 18. Jh. die Abl. **badauder** „Maulaffen feilhalten" u. ä.

bade „Zirkelspannung"
18. Jh., aus nprov. *bado,* d. i. postverb. Subst. von nprov. *bada* „offen stehen", „gaffen", s. *badaud.* FEW 284 a; Behrens, Wg. 336.

badelaire „kurzes, gebogenes Schwert"
14. Jh. neben *bazelaire, baudelaire,* u. H.

baderne „Serving" (dicke platte Taue), auch „nicht mehr diensttaugliche Person oder Sache"
18. Jh. als Marineausdruck gebucht, lebt auch in den übrigen westrom. Sprachen, ist auch ins Bretonische gewandert, vermutlich entlehnt aus prov. *baderna,* dieses zu **batare,* prov. *badar* „den Mund aufsperren", „gähnen", da der Serving dazu dient, Maste, Rahen usw. auseinanderzusperren, damit sie nicht durch Reibung zugrundegehen, FEW 283 a; ist möglich, doch ist die Herkunft des Suffixes nicht aufgeklärt. Die gleiche Grundform, mit verschiedener begrifflicher Filiation s. unter *berne* 3.

badigeon „Putzmörtel"
17. Jh., dazu die Abl. **badigeonner** „mit Gipsmörtel abputzen"; u. H.
Zu deutsch *batzen,* Bugge, Rom. 2, 351, ist lautlich und begrifflich ungenügend; auch nicht zu deutsch *bad,* Regnaud RPFL 10, 105.

badillon „der am Schiffsmodell für die Breite der Hölzer angezeichnete Abstand"
18. Jh., aus nprov. *badaioun* „kleine Hölzer, die auf Schiffsmodellen in gewissen Entfernungen aufgenagelt werden, um die Breite der Hölzer zu bezeichnen", bedeutet eigentlich „Knebel", und ist die südfrz. Entsprechung von *bâillon,* s. d. Dict. gén.

badin „Spaßvogel"
15. Jh., „Dummkopf", aus prov. *badin* „Dummkopf", d. i. mit dem charakterisierenden Suffix *-in* abgeleitet von prov. *badar* „gaffen", s. *bayer* und *bade, badillon.*
Dazu seit dem 16. Jh. die Abl. **badiner** „scherzen", und von diesem seit dem 18. Jh. das postverb. Subst. **badine** „Spazierstock", eigentlich „Gegenstand zum Tändeln". FEW 286 b

badrouille „Reste alter geteerter Taue, die zur Erwärmung des Kiels eines auszubessernden Schiffes angezündet werden"
18. Jh., ist Umgestaltung von *baderne* in der ursprünglichen Bedeutung „alte, unbrauchbar gewordene Taue", nach der unter *vadrouille, patrouiller* angeführten Wortsippe; Bl.-W. 51.

bafouer „lächerlich machen"
16. Jh., ist mit volksetymologischer Hineindeutung von *battre* und *fou* (s. *batifoler*) umgebildetes *beffler* dasselbe; Bl.-W. 51.
Kaum für **besfouer,* d. i. *bĭs-* „zweimal" als Intensivpräfix, s. *balourd,* und afrz. *fo* „Buche" aus lat. *fagus,* vgl. *fouet, fouetter,* Tobler, ZRP 10, 577; auch nicht unmittelbare Zusammensetzung von *battre* mit *fou,* Ulrich, ZRP 26, 114, was morphologisch schwierig wäre; auch nicht eins mit *baffouer,* bei Rabelais, „mit einem Seil anbinden", dieses zu angev. *baffe, bauffe* „gedrehtes Seil" (s. *baufe*), Spitzer, ZRP 41, 168, das Sain. Rab. 2, 168 von *bafouer* „verspotten" mit Recht trennt.

bâfrer „gierig fressen"
16. Jh. auch *bavrer, bauffrer,* ist in Anlehnung an *bave* und Sippe entstandene Schallbildung wie *bouffer, brifer* u. ä. REW 879; FEW 203; Behrens, Wg. 336.

bafouiller „unzusammenhängend reden"
19. Jh., zu dem Stamm *bave-,* s. *bavard,* und *fouiller* „durchwühlen" u. ä., s. Bl.-W. 52.

bagage „Reisegerät"

13. Jh., ist Kollektivableitung von *bagues*, s. d.
Nicht aus arabisch *baġl* „Maultier" über span. *bagaje*, Fokker, ZRP 34, 564.

bagarre „Wirrwarr" (nach einem Zusammenstoß)
17. Jh., aus nprov. *bagarro;* dieses mit Überentäußerung aus bearnisch *bacharro*, das aus baskisch *batzarre* dasselbe, eigentlich „Versammlung" stammt. Schuchardt, 6. Beiheft der ZRP, 6; REW 993.
Zu ahdt. *bâga* „Streit", Regnaud RPFL 10, 106 f. erklärt die Endung nicht.

bagasse 1. „ausgepreßter Stengel des Zuckerrohrs", „Oliventrester"
18. Jh., aus nprov. *bagasso* „Trauben-, Olivensatz", d. i. grom. **bacacea*, d. i. in Fortbildung von lat. *vinacea* „Weintreber" abgeleitet von lat. *baca* „Beere", s. *baie* 1.
2. „Vettel", „Dirne"
16. Jh., aus prov. *bagassa*, s. *bachelette*.

bagatelle „Kleinigkeit"
16. Jh., aus ital. *bagatella*; dieses deminutive Abl. von lat. *baca* „Beere", vgl. ital. *bagola* „Beere" u. ä. REW 873; Schuchardt, ZVS 21, 451; REW 859; FEW 196; Battisti, Studi Goriziani 1923, 24 des SA; Antoine, Mél. Delbouille 27.
Nicht zu aprov. *bagastel* „Hampelmann", Suchier, ZRP 19, 107 f., s. darüber *bateleur*.
Dazu im 16. Jh. *bagatin* „wertlose Münze", aus ital. *bagattino*, 14. Jh., das in Norditalien bodenständig ist; Vidos, AR 15, 453.

bagne „Strafanstalt"
17. Jh., aus ital. *bagno* dasselbe, ursprünglich „Bad"; ist in der Bedeutung „Strafanstalt" zuerst für ein Badehaus in Konstantinopel gebraucht, das als Kerker für die Galeerensträflinge verwendet wurde; aus lat. *balneum*, s. *bain*. REW 916; FEW 225; Brüch, ZFSL 49, 294.
Auf italienischem Boden findet sich *bagno* „Kerker" zuerst für Livorno bezeugt, s. Battisti l. c.

bagnole „alter Kasten", „Kiste"
19. Jh., ursprünglich „Karren", wie *carriole*, s. d., heute als fam. Ausdruck für „schlechtes Auto" gebraucht; ist Kreuzung von *carriole* mit einem zweiten Wort, nach Dauzat mit *banne* „(Kohlen)wagen", oder scherzhaft mit *bagne* „Strafanstalt".

bagou „Geschwätzigkeit"
18. Jh., lebt im Pik., Démuin, dasselbe, dann Vendôme „Beredsamkeit", auch lothr.; es ist postverb. Subst. von mundartlichem *bagouler* „schwätzen", so Vendôme, Beauce; Perche *bagouiller*, seit dem 15. Jh. bezeugt; dieses ist Kreuzung von *bavarder* mit *goule*, der westfr. Form für *gueule*; vgl. *gueuler*.
Nicht eins mit *bajoue*, trotzdem im Wallonischen *bajoue* und *bagou* in der Form *badjawe* zusammenfallen, Haust, Etym. 78.

bague 1. „Ring"
14. Jh., in pik.-wall. Denkmälern *vague*, seit dem 16. Jh. die heutige Form, aus nddt. z. B. mndl. *bagge*, ostfriesisch *bâge* „Bogen", „Reif", „Ring", das zu „biegen" gehört, s. as. *bôggebo* „Ringgeber"; Holthausen GRM 20, 68; Braune, ZRP 18, 515; Valkhoff 52; Bl.-W. 52.
Nicht aus lat. *baca*, prov. *baga*, und daraus frz. *bague*, REW 859.
2. s. *bagues*.

baguenaude „Frucht des Blasenstrauches"
14. Jh. „Lappalie", dann im 15. Jh. die literarische Bedeutung, gleichzeitig auch in der übertragenen Bedeutung „Klatschbase" bezeugt; zu diesem seit dem 15. Jh. die Abl. **baguenauder** „die Zeit vertrödeln"; stammt aus nprov. (Hérault) *baganaudo*, *baganaudier* „Blasenstrauch"; *baganaudo* ist analogisch gebildetes Femininum zu prov. *baganau* „eitel", „leer", „unfruchtbar" (bearn. *baganau*, *baganaut* „leer", „untätig, *baganaudé* „Faulheit"; dieses ist Abl. *(-alis)* von *bagan* „untätig", alt Bezeichnung in den Landes der herumziehenden Hirten ohne festen Wohnsitz, d. i. Part. von *bagar* „Zeit haben" aus lat. *vacare* „leer sein", „Zeit haben"; der Anlaut weist die Entstehung des Wortes in den Westen des provenzalischen Sprachgebietes. Die Frucht des Blasenstrauches ist „leer"; die Kinder vergnügen sich damit, die Früchte unter einem Knall, der durch die ausdringende Luft verursacht wird, zum Platzen zu bringen; daher die übertragene Bedeutung des Wortes. *baguenaude* bezeichnet mundartlich auch die „Judenkirsche". Roll. Fl. 4, 158; 8, 118; Schuchardt, ZRP 32, 472; REW 9108; Behrens, ZFSL 33, 139 (Wg. 20 f.).
Oder zu lat. *baca* „Beere", s. *baie* 1?; FEW 196 a; Bl.-W. 52.

baguer 1. „mit Ringen versehen"
18. Jh., zunächst als Juristenausdruck gebildet, ist Abl. von *bague* „Ring". Behrens, Wg. 336.
2. „schnüren", „verpacken"
15. Jh., ist Abl. von *bagues* „Gepäck", s. d. F.

bagues „Reisegepäck"
14. Jh., aus prov. *bagas*, dasselbe, d. i. kollektiver Plural von prov. *baga* „Bündel", dazu frz. Schweiz *baga* „Gegenstand", im Plural „Bündel", „Sachen", „Klamotten", aus gotisch **bagga* zu anord. *baggi* „Packen", „Bündel"; dazu *bagage* s. d. Vgl. Thurneysen KR 40, 42; REW 880; Bl.-W. 52.

baguette „Gerte"
16. Jh., aus ital. *bacchetta;* dieses ist dem. Abl. von *bacchio*, lat. *bacculum* „Stab". Die frz. Form zeigt formelle Anlehnung an die Sippe um *bague*. REW 874; FEW 201.

baguier „Schmuckkästchen"
17. Jh., ist Abl. von *bague* „Ring", s. d.

bahut „Truhe"

12. Jh. mit auslautendem *-t* gesichert, s. TL I, 794; es ist daher das *-l* der ital., span., portug. entsprechenden Formen auf Grund falscher Analogie entstanden; das Wort ist nur in Nordfrankreich einheimisch, da nur hier das germanische -ʿh- konsonantisch erhalten ist; aus spätfränkisch **baghôdi* zu mndl. *bage* „Packen" und **hôdî*, spätfränkisch **hûdi*, as. *hôdian*, agls. *hōedan* „behüten", „bewachen", bedeutet also „Bewachung, Schutz für Sachen", d. i. „Truhe". Das konsonantische *-ʿh-* aus *-gh-*, wie im ON *Bréhain*, Meurthe -et- M., aus *Bergheim; -hôdi* zu *-hûdi* kann schon spätfränkisch sein, s. Franck, altfränkische Grammatik, 1909, § 32, kann aber auch auf grom. Umlautung beruhen; Gg., Germ. Sdlg. S. 15; Gg. Miscelânea F. A. Coelho, 189.

Dazu seit dem 13. Jh. **bahutier**, auch *bahurier, bahuier* „Truhenmacher". Vgl. REW 1008; Millon, Fr. mod. VI, 81; Roques, VR 6, 160; Bl.-W. 52; s. *bagage, bagues*.

bai „braunrot"

12. Jh., aus lat. *badius*, das bei Isidor v. Sevilla mit der Bedeutung „dunkelbraun mit kastanienfarbigem Schimmer" belegt ist; Steiger, Etymologica 781; Diez 47; Boehmer, RS 1, 241; REW 877; FEW 202.

baie 1. „Beere"

12. Jh., ist heute in den Mundarten untergegangen, aus lat. *bāca* dasselbe. REW 859; FEW 196 a.

2. „Bai", „Bucht"

14. Jh., u. H. Span. *bahía* ist zuerst im 15. Jh. für den Golf von Cádiz belegt, kann daher auch nicht die Quelle von frz. *baie* usf. sein; *baia* bei Isidor v. Sevilla beruht auf einem Mißverständnis; Cor. I, 367; Meyer-Lübke, LGRP 27, 233 f.; Schuchardt, PBB 19, 541; REW 882; FEW 205 a.

Nhdt. *Bai* ist über das Niederdeutsche aus dem Englischen entlehnt; mengl. *baie* stammt aus dem Französischen, Kluge s. *Bai;* neuirisch *badh* u. ä. sind ebenfalls späte Lehnwörter, Thurneysen, KR 42.

Zu afrz. *baee*, s. *baie* 3, Baist, ZRP 32, 31 f., ist lautlich und begrifflich bedenklich; auch nicht aus afriesisch **baga* zu ndl. *bage* „Bogen", Kahane, Hisp. Review 12, 11 f.

3. „Tür-, Fensteröffnung"

12. Jh. *baee* „Öffnung", ist subst. Part. Prät. von afrz. *baer* „offen stehen", s. *bayer*. Vgl. *abée*.

baigner „baden"

12. Jh., aus lat. *balneare*; dazu seit dem 14. Jh. die Abl. **baignoire** „Wanne". Diez 36; REW 913; FEW 224; s. *bain*.

baigneur „Bademeister"

14. Jh. *baigniere* „Inhaber eines öffentlichen Bades", aus lat. *balneator, -atore*, dasselbe; Bl.-W. 52.

bail „Pacht"

12. Jh., afrz. „Verwaltung", „Vormundschaft", mit der gleichen Bedeutung afrz. *baillie*, 11. Jh., das selbst substantiviertes Partizip von afrz. *baillir* „verwalten" ist; dieses ist Abl. von afrz. *bail* „Pfleger", „Verwalter" aus lat. *bayulus* „Träger", das im Mittelalter, parallel zur Entwicklung von *bajula* „Amme (am kaiserlichen Hof)", Bedeutungsaufstieg zu „Prinzenerzieher" u. ä. erfahren hat, s. Gg. Bed. 97; dazu auch afrz. *baille* „Diener", dann, Beginn des 13. Jh., „Vormund".

Zu afrz. *baillir* „verwalten" seit dem 12. Jh. *baillif* „Amtmann", „Verwalter", mit unklarer Abl., nfrz. **bailli** dasselbe, dazu seit dem 13. Jh. **baillive** „Frau des *bailli*"; REW 888; FEW 207.

baile „venezianischer Resident in Konstantinopel"

17. Jh., aus venez. *bailo*, dieses aus prov. *baile* „Verwalter", „Amtmann", wie afrz. *baille;* aus lat. *bajulus* „Träger", grom. *„Verwalter", s. *bail*.

baillar „Art Gerste"

13. Jh., daneben seit dem 14. Jh. auch **baillarge;** die erste Form ist heute boulogn., die zweite findet sich im ganzen Übergangsgebiet zwischen Norden und Süden und ist hier einheimisch, während nordfrz. *baillar* Entlehnung aus prov. *balharc* (neben *balharga*) ist; aus lat. *(hordeum) balearicum* „balearische Gerste", vgl. bei Plinius *triticum balearicum* „balearischer Weizen"; das Wort ist ursprünglich adjektivisch wie noch heute lim. *ordi boiar*, und spiegelt das schwankende Geschlecht von *orge* „Gerste" wider, zu dem es als Ergänzung gehört; Thomas, Rom. 28, 171 (Mél. 27); Schuchardt, ZRP 28, 403; REW 902; FEW 214.

baille „Balje", „Kufe", „Zuber"

15. Jh., lebt heute wall., bretagn., le Havre, dann in Westfrankreich bis Poitou und ist durch die Abl. **baillon* auch für das Norm. gesichert; das Wort ist im Südwesten wohl bodenständig und von hier aus ins Bretonische gewandert; dagegen dürfte die wall. Form wohl aus dem Mittelflämischen *baellie* ins Französische rückgewandert sein; aus gallorom. **bajula* „Tragzuber" zu lat. *bajulus* „Träger", vgl. vlat. **gerula* „Tragkorb" zu *gerulus* „Träger". REW 886; FEW 206 a.

Zu *bac*, Diez 515, ist lautlich nicht möglich. Über afrz. *baille* „Palisade" s. *belle*.

baille-blé „Zylinder, der den Trog bewegt, aus dem das Korn aus dem Mühltrichter auf die Mühlräder fällt"

18. Jh., ist Zusammensetzung von *baille* „gib", s. *bailler*, und *blé*, s. d.

bailler „geben" va., „übergeben", „verfügen"

12. Jh. *baillier* „fassen", „ergreifen", dann „geben", „übergeben", dann von *baillir*, s.

bailli, beeinflußt, auch „verwalten", „regieren", aus lat. *bajulare* „tragen"; ist, neben *donare* „schenken" Ersatzwort für lat. *dare* „geben", das schon vorhistorisch im Grom. ungebräuchlich wurde, s. *donner*; s. auch *baille.* In der Bedeutung „geben" ist das Wort noch über ganz Frankreich verbreitet, FEW 206 f.; in der Literatur ist es seit dem 17. Jh. verpönt. REW 887; S. Eisenberg, Geschichte des frz. Verbums *bailler,* Diss., München, 1933.

bâiller „gähnen"
12. Jh. *baaillier,* aus grom. *bataclare,* das Corp. gloss. 4, 545, 31 = 'oscitare' belegt ist; dieses ist Kreuzung von vlat. **batare* „den Mund aufreißen", s. *bayer,* mit vlat. **battaculum* „Klöppel", s. *batail*; die Kreuzung zeigt sich umgekehrt auch bei mundartlichen Formen des letzteren, die *-d-* statt *-t-* aufweisen. Diez 35; REW 986 und 994; FEW 281 f.

baillet „fahlrot", „rotgelb"
14. Jh., ist Abl. von *bai* „rotbraun", aber mit Zugrundelegung der Form von afrz. *baille,* das, oft in der Bedeutung „mit einem weißen Fleck" in Verbindung mit *bai* „rotbraun" als Beiwort für Pferde gebraucht wird; in dieser Bedeutung lebt auch *baillet* noch Dep. Marne; ähnlich Jura, Saone-et-L. usf.; vgl. auch lyon. **baillet* als Kosename für gescheckte Ochsen, Kühe u. ä. Afrz. *baille* ist ursprünglich Femininform zu maskulinischem **bail* aus vlat. **balius,* das auch im Ostromanischen bezeugt ist. S. auch gotisch *bâla* „Pferd mit einer Blässe", dazu *balan,* die bei Procopius (6. Jh.) bezeugt und wohl aus dem Illyrisch-Thrakischen entlehnt sind; das Wort lebt heute noch in albanesisch *bal'* „weißgefleckter Hund", *bal'oš* „von Pferden und Ochsen, die eine weiße Stirn haben", daher ngr. μπάλιος, und mit der Endung des gotischen Wortes in rum. *bălan* „blond", *cal bălan* „Schimmel", s. Capidan, Dacoromania 2, 519; s. *balzan.*
Gallisch **baljos,* Thomas, Rom. 29, 452; REW 906, ist im Keltischen ohne Anhalt, s. Pedersen, Litteris 2, 91 f.; lat. *badius,* FEW 202, ist lautlich nicht möglich.

bailleul „Knocheneinrenker", „Dorfchirurg" va.
17. Jh. *bâailleur,* aber schon 1690 auch die literarische Form, bezeichnet nach FEW 206 ursprünglich den Geburtshelfer, vgl. Guernesey *bailleul* dasselbe, auch „Knocheneinrenker"; dieses ist Abl. von afrz. *baille* „Hebamme", aus lat. *bajula* „Trägerin", s. *baille.* Nach Ménage würde der Name eines im 16. Jh. berühmten Chirurgen Bailleul zugrunde liegen; Bloch, Fr. mod. II, 3.

bailleur „Lieferant"
13. Jh., dann in Anlehnung an *bail* „Pacht" auch „Verpachter", ist Abl. von *bailler,* s. d.
bailli s. *bail*

bâillon „Knebel"
16. Jh., ist mit dem zur Bildung von Werkzeugnamen dienenden Suffix *-one* abgeleitet von *bâiller* „gähnen", bedeutet also „etwas, das einen zum Gähnen bringt". Vgl. prov. *badalhol* dasselbe, und *badillon.* FEW 282 a.

bailloque „bräunliche Straußenfeder"
18. Jh., scheint zu *bai* „rotbraun" zu gehören, Dict. gén.

baillotte „kleine Truhe, Kufe"
18. Jh., lebt neben *baillette* im Poitev., ist dem. Abl. von *baille,* s. d.

bain „Bad"
12. Jh., aus vlat. **bannium* für lat. *balneum,* in dem in der Volkssprache vor dem palatalen *-n-, -l-* nicht gesprochen wurde, s. *vestimenta baniantium* (Leumann); Densusianu, Hist. langue Roum. 1, 119; Meyer-Lübke, LGRP 22, 301; REW 916; FEW 225 b. Dazu seit dem 14. Jh. *bain-Marie,* in *faire chauffer qch. au ...* „in ein warmes Wasserbad stecken", Ausdruck der Alchimie, angeblich nach Marie (Miriam), der Schwester des Moses, der man im Mittelalter alchimistische Kenntnisse zuschrieb; Bl.-W. 53.

baïonnette „Bajonett"
16. Jh., ist Abl. vom Namen der Stadt *Bayonne,* dem Zentrum der Erzeugung dieser Waffe. Dict. gén.

baioque „ehemalige italienische Kupfermünze"
16. Jh., scheint in poitev. *baillotte* „Zweihellerstück" volkstümlich erhalten zu sein; aus ital. *baiocco* „kleine Kupfermünze" (im Kirchenstaat); dazu ital. *cosa da un bajocco* „wertloser Gegenstand". Vgl. REW 988.

bairam „Beiramsfest"
18. Jh., aus türkisch *bairâm.* Dict. gén.

baiser „küssen"
12. Jh. *baisier,* aus lat. *basiare,* heute größtenteils durch *embrasser* ersetzt, da *baiser* als Verbum obszöne Bedeutung angenommen hat; im 18. Jh. ist die abwertende Bedeutungsentwicklung noch nicht vollzogen; für lat. *basium* „Kuß" seit dem 12. Jh. der subst. Inf. *baisier,* heute **baiser** „Kuß". REW 971; FEW 268.
baiseul s. *baisure.*

baisse „Sinken", „Senkung"
18. Jh., ist postverb. Subst. von **baisser** „senken", 12. Jh. auch in der Bedeutung „niederbeugen", „erniedrigen", „beschwichtigen" u. ä., aus vlat. **bassiare* zu lat. *bassus* „tief", s. *bas, abaisser.* REW 977; FEW 272 f.

baissière 1. „Niederung", „Senkloch"
12. Jh. auch *bassière,* dazu auch adjektivisch *bassier* (lieu); aus grom. **bassaria,* d. i. Kollektivform zu *bassum* „Tiefe", vgl. mundartlich *bas* „Tal", „Senkung", so Loire-Inf., Saône-et-L.; FEW 272 f.; 274, in der Form von *baisser* beeinflußt.
Daneben schon im 12. Jh. *bessiere,* mlat. *beciarias,* in dem sich afrz. *biez* „Flußbett" mit **bassaria* kreuzt, vgl. *bief.*

2. „Bodensatz“
ist Abl. von afrz. intransitivem *baisser* „sich senken“.

baissoir „Höhlung“ (in den Salinen, als Wasserreservoir)
18. Jh., ist Abl. von *baisser,* s. d., bzw. von mundartlichem *baisse* „Senkung“, s. *baissière* 1. FEW 274 a.

baisure „Anschieber“, „Spuren an der Seite der Brotlaibe, wo sie sich im Backofen berühren“
16. Jh., davon als Rückbildung wall., le Havre **baise de pain;* die *-ure* Abl. ist in ganz Frankreich verbreitet, daneben mit anderem Suffix *(-eolus)* frz. **biseul** dasselbe, ähnlich westfrz. (B. Maine) *beziao, bizal,* das auf lat. belegtes *basiolum* „Küßchen“ zurückführen könnte; doch müßte die Bedeutungsübertragung schon vlat. sein, da ein afrz. **basuel, *baisuel* nicht belegt ist. Vgl. FEW 269 b; 271 b.

bajoire „Kußmünze“ (Münzen, auf denen übereinander zwei Köpfe angebracht sind, deren Profile sich beinahe decken)
17. Jh., könnte pik. Femininum von *bažó* „Küsser“ sein, würde dann einem literarischen (médaille, monnaie) *baisoire* entsprechen. Dict. gén.

bajoue „Hängewange“, „Schweinskinnbacken“
15. Jh., ist Weiterbildung von afrz. *baleffre* „Hängelippe“, s. *balafre,* bzw. von gleichbedeutendem *balèvre,* s. d., in Anlehnung an *joue* „Wange“, s. auch *baboue;* von der technischen Bedeutung „Seitenwand“ (z. B. eines Balgengebläses) seit dem 19. Jh. die Abl. **bajoyer** in *mur bajoyer* „Ufergemäuer eines Flusses“; vgl. auch *jouière.*

bal „Tanzgesellschaft“; va. „Tanz“
12. Jh., ist postverb. Subst. von *baller,* s. d.

balade „Spaziergang“, „Bummel“
fam., 19. Jh., ist postverb. Subst. von **balader,** refl., fam. „herumbummeln“, dann „(ein Kind) spazierenführen“, 17. Jh. „bummeln“, im Argot „betteln“, wird durch Vidocq in die ‚langue parlée‘ eingeführt; dazu im Argot des 15. Jhs. *baladeur* „Gauner“, in der fam. Sprache im 19. Jh. „Bummler“; Dauzat, s. d. F.; s. *baladin.*

baladin „Possenreißer“; va. „Tänzer“
16. Jh., aus prov. *baladin* dasselbe; dieses Abl. von prov. *balada* „Tanz“, d. i. Abstraktum zu *balar,* der Entsprechung von *baller,* s. d.

balafre „Hiebwunde“, „Schmarre“
16. Jh., ist assimiliert aus *belafre,* vgl. champ. *berlafre* „Geschwür an der Lippe von Schafen“ (angev. *balafre* „Lippenfäule“), und dieses umgestellt aus afrz. *balefre, balevre,* so seit dem 13. Jh., awall. auch *baulievre* „wulstige Lippe“, bourn. *bolefre* „übergroße Lippe“ u. ä.; es ist ein fränkisches **bal-leffur* „böse Lippe“, vgl. nddt. *bal-orig* „schlechtohrig“, zu fränkisch **balu* „schlecht“ (as. dasselbe) und *leffur* „Lippe“, das auch allein in afrz. *leffre* „grobe Lippe“, dazu *leffru* „mit wulstigen Lippen“, erhalten ist; vgl. auch *bajoue, baboue, balèvre, barbouquet.* Gg., ZRP 40, 133; Bl.-W. 53.

balai „Besen“
12. Jh. *balai,* auch *balain,* ist seit der ältesten Zeit in der Bedeutung „Reisig“, „Rutenbündel“, „Besen“ bezeugt, muß aber auch die Bedeutung „Ginster“ besessen haben, wie noch heute entsprechende Formen im Zentrum und in dem vom Zentrum stark beeinflußten Gebiet der mittleren Rhône; es stammt aus bretonisch *balan,* mbret. *balazn* „Ginster“. Meyer-Lübke, GRM 1, 643; Thurneysen, KR 98; REW 897; FEW 231 f.; ALF 107, 635.
Die Gründe, warum die Bezeichnung für eine Pflanze wie den Ginster aus dem ehemals bretonischen Westen in das Zentrum und weiter südwärts gewandert ist, sind unklar; vielleicht gleichzeitig mit der Bezeichnung für den aus Besenginster, frz. *genêt à balai,* hergestellten Besen?; vgl. Jud, ASSL 124, 98 und 392; unmittelbare Entlehnung aus der gallischen Entsprechung des Wortes, die **banatlo* lauten würde, ist lautlich nicht möglich; auch wenig wahrscheinlich, daß ein aus **banatlo* entstandenes **banate* sich mit afrz. *baloier* „sich hin und her bewegen“ gekreuzt hätte, wobei die Endung *-ai, -ain* des afrz. Wortes ungeklärt bliebe, Brüch, NM 23, 90 ff.; *balai* als Abl. von *bal,* so Orne, Loiret, und dieses aus gallisch **bánathl,* vgl. *palla* ‘genesta alba’, Corp. gloss. 3, 542, Platz, Misc. Schuchardt 177 ff., ist lautlich und morphologisch bedenklich. Mundartliches *bal* ist vielmehr aus *balai* rückgebildet.

balais „Balladrubin“
13. Jh., aus mlat. *balascus, balascius,* dieses aus arabisch *balḫaś* dasselbe, nach dem Namen der Stadt *Balḫaśan* in der Türkei. Lam. 39; Diez 37; REW 891; FEW 209 b.

balance „Waage“, „Waagschale“, „Gleichgewicht“
12. Jh. dasselbe, auch übertragen „Schwebe“, „Ungewißheit“, aus vlat. **bilancia* für lat. *bilanx* „Waage“, REW 1103. Dazu seit dem 13. Jh. die Abl. **balancer** „im Gleichgewicht erhalten“, „schaukeln“.

balancelle „leichtes Fahrzeug im Mittelmeer“
19. Jh., aus genuesisch *balansella, baransella* „Fischerbarke“, d. i. Abl. von *balansa,* der Entsprechung von frz. *balance;* Vidos 226; Bl.-W. 54.

balancine „Toppenant“, „Schwingseil“
16. Jh., aus genuesisch *balansin,* d. i. Abl. von *balansa,* der Entsprechung des frz. *balance.*

balandran „weiter Mantel, wie er am Lande getragen wird“, auch **balandras**
16. Jh., languedok. *balandran* „Mantel“, auch

„Pumpenschwengel", in den H. Pyr. auch zur Bezeichnung eines schwankenden Felsens, s. Levy, Suppl. 1, 121; nprov. *balandrà, balandà* „hin und her schwanken", lebt hauptsächlich im Südosten, so als **balandra* im Wallis, *balandrou(n)* im 17. Jh. im Dep. Ain, s. Gauchat, GPSR; Duraffour, Rom. 64, 537; dazu kat. *balandrejar* „hin und her bewegen", REW 1273; prov. *balandral* „Mantel", Herkunft umstritten.

Wenn die ursprüngliche Bedeutung „umherschweifen" war, so vermutlich aus ahdt. *wallandaere* „Pilger", in Italien romanisiert; „Pilger und Wallfahrer standen in Italien von jeher in schlechtestem Ruf", Schneller, Rom. Vm. Südtirols 110; gekreuzt mit *balar*, v. *bal*, wird das Wort zu *balandrà, balandà* „hin und her schwanken", so nprov., und wandert weiter; die Bedeutung „weiter Mantel" u. ä., nach dem Schlenkern des Mantels. Kreuzung mit *palla* „Mantel" ergibt ital. *palandrano, palandrana* „Regenmantel", Jud, VR 11, 341, Anm., doch kann *palla* nicht die Wurzel sein, da die Abl. unverständlich wäre; *galandravum*, 13. Jh., ist nach Sainéan, SI III, 236 Schreibfehler, wohl für *balandran* latinisiert; aus deutsch *flandern*, gekreuzt mit prov. *balar*, Spitzer, Lex. 76, ist geographisch und morphologisch unmöglich; auch nicht zu lat. *balatro*, ital. *balandron* „Vagabund", Schneller l. c.; Schuchardt, ZVS 20, 270; zu den *Kalandsbrüdern*, einem orientalischen Bettelorden, Haffner, ist historisch unbegründet.

balandre s. *bélandre*.

balane „Meereichel", „Seetulpe"
17. Jh. als „Eichel", seit dem 19. Jh. in der heutigen Bedeutung, aus lat. *(b a l a n u s)* „Eichel".

balasse s. *balle* 2.

balauste „wilder Granatapfel"
13./14. Jh., aus lat. (gr.) *(b a l a u s t i u m)*. Vgl. *balustrade*.

balayer „auskehren"
13. Jh., ist Abl. von frz. *balai*, s. d.; die afrz. Nebenform *baloier* zeigt Beeinflussung durch afrz. *baloier* „schwanken", intr. „sich schwingend bewegen", dieses Abl. von *bal* „Tanz", s. d.
Dazu seit dem 14. Jh. die Abl. **balayure** „Kehricht".

balbutier „stottern"
14. Jh., aus pseudolateinisch *(b a l b u t i a r e)*, das zu *balbutio* (lat. *balbutire*) fälschlich gebildet wurde. Dazu seit dem 16. Jh. das postverb. Subst. **balbutie** „Stammeln". Dict. gén.

balbuzard „Fluß-, Fischadler"
17. Jh., aus englisch *b a l d - b u z z a r d*, „kahler Bussard", Dict. gén.; Behrens, Wg. 336; FEW 213 b.

balcon „Balkon"
16. Jh., aus ital. *balcone*, dieses aus langob. ** b a l k o* „Balken" vgl. *bau*. REW 907; FEW 215 b; Baist, ZDW 10, 209 ff.

baldaquin „Thronhimmel"
14. Jh., aus ital. *baldacchino*, dieses Abl. vom Namen der Stadt *Bagdad*, der mlat. in der Form *B a l d a c* überliefert ist, Lam. 40; FEW 204 b; kaum unmittelbar aus arabisch *baġdādî* „aus Bagdad", Baist, ZRP 33, 62.

bale s. *balle* 2.

baleine „Walfisch"
11. Jh., kaum volkstümlich aus lat. *(b a l e n a)* dasselbe, REW 910; FEW 222 b; dazu seit dem 17. Jh. die deminutive Abl. **baleinon**, seit dem 18. Jh. auch **baleineau** (für *baleinot*) „junger Walfisch".

balèvre „Lippen", „Vorsprung"
12. Jh. *baulevre*, so noch im 15. Jh. *bolevre;* dazu im 13. Jh. *esbaulevré* „frech", „schamlos", *esbaulevrer* „die ‚balèvres' abschneiden", Langfors, Mél. Salverda de Grave 203; Roques, Rom. 59, 569; aus frk. **bal-leffur* „böse Lippe", „Hängelippe", s. *balafre*, gekreuzt mit *lèvre*, wahrscheinlich schon **bal-labra*, mit Übergang von *-ll-* zum Teil in *-ul-*, wie in *épaule;* das Wort ist afrz., mask. und fam.; Bl.-W. 366.

bali(s)corne „Eisenstück am obern Ende eines Blasebalgs, an dem die eigentliche Maschinerie angebracht ist"
18. Jh. auch *basseconde*. H. u.

balise „Bake", „Boje"
15. Jh., stammt letzten Endes aus port. *baliza* dasselbe, aber auch „Grenzstein", „Gatter, von dem aus die Rennpferde den Wettlauf beginnen"; dazu im 15. Jh. port. *balizar* „(ein Lager) abgrenzen", ist über das Mozarabische von Lissabon (daher *b-* und *-z-*) aus iberorom. ** p a l i ç a* „Pfahlwerk" nach Spanien und Frankreich gedrungen; die gallorom. Entsprechung afrz. *palisse*, prov. *palissa* s. unter *palis*, Cor. I, 379; dazu seit 15. Jh. *baliser* „Bojen auslegen", va. auch „den Wasserlauf von treibendem Holz freimachen".
Zu *bayer*, FEW 285; Bl.-W. 54, über afrz. *baïf* „gaffend" u. ä. ist weder lautlich noch inhaltlich befriedigend.

balisier „indisches Blumenrohr"
17. Jh., u. H.

baliste „Wurfmaschine"
16. Jh., aus lat. *(b a l l i s t a)*, vgl. *arbalète*.

baliveau „Laßreis", „Schlaghüter"
13. Jh. *baiviau*, seit dem 15. Jh. mit *l bailiveau, bailliveau* und die heutige Form; es ist Abl. von afrz. *baïf* „mit offenem Munde", „gaffend" u. ä., *baiveau* ist also ursprünglich der „Gaffer"; die *-l*-Form zeigt Einfluß von judenfrz. *abaliver, abailiver* „die Aufsicht übertragen", Levy, Rech. lex., s. ZFSL 58, 125. Afrz. *baïf* ist Abl. von afrz. *baer* „gaf-

fen", s. *bayer*. Tobler, SA Berlin 1896, 858; REW 988; FEW 285.

baliveau Rückbildung von *bailliveau*, dieses rein graphisch für *bai̯iveau*, G. Paris, Rom. 25, 623 ist lautlich unmöglich; zu afrz. *beslif* „ungleich", dieses lat. *bis-* als pejoratives Präfix, *l* vom Artikel, und lat. *aequus* „gleich", Ulrich, ZRP 29, 624 widerspricht der ältesten Form und ist auch lautlich nicht befriedigend. Vgl. auch *biveau*.

baliverne „Albernheit", „Possen"
15. Jh., bei Rabelais auch in der Form *bailliverne*, zeigt also die bei *balise* und *baliveau* auftretende *-aille*-Form neben *-ale-*; u. H. Zu nprov. *baiuerno* „Funke", „Blendung", das die Endung von lat. *lucerna, lanterna* und im Stamm letzten Endes lat. *favilla* „Funke" hätte, Schuchardt ZRP 28, 144 und 738, ist wenig wahrscheinlich; vgl. auch Sain. Rab. 2, 189.

ballade „Tanzlied"
13. Jh., aus prov. *balada* „Tanz", „Tanzlied"; dieses ist Abl. von prov. *balar* „tanzen" s. *baller*, FEW 218 a; in der Bedeutung „erzählendes Gedicht sagenhaften Inhalts" ist das Wort aus nhdt. *Ballade* rückentlehnt, Behrens, DS 37; s. *balade*.

ballarin „kleine Falkenart"
16. Jh., im ältesten Beleg Herkunft „vers la Hongrie", Dict. gén. Zu ital. *ballerino* „Tänzer"? Vgl. Brescia *balarina*, Nizza *ballarina* „Bachstelze".

ballast „Ballast"
17. Jh., aus englisch *ballast* bzw. niederld. *B a l l a s t*. Dict. gén.; Behrens, DS 71; FEW 222 a.

balle 1. „Warenballen"
seit dem 13. Jh. aus fränkisch *b a l l a* (ahdt. dass.) „Kugel", „Ballen", vgl. *ballon*. Kluge, ZRP 41, 678; REW 908; FEW 216.
2. „Kugel"
15. Jh., aus ital. *balla*, auch *palla*, aus langob. *palla, balla* dasselbe, s. *balle* 1; Barbier, PLeeds I, 183; RG II, S. 220 wegen der Doppelformen.
3. „Spelze", „Spreu", auch **bâle** geschrieben
16. Jh., hat ursprünglich einfaches *-l-*, wie vereinzeltes westfrz. *b e l* (Maine-et-L., Centre, Allier), ALF 1452, zeigt; dazu afrz. *baler* „worfeln", dessen einfaches *-l-* durch Formen des Massif central und der Gascogne gesichert ist, Stimm, Etymologica 807; dazu in Pouilly (Loire), *baloufe* „Haferspelze", Gonon, RDiR 26, 97; lebt ferner im Alpenromanischen; Enneberg, Abteital *barat* „Bohnenstengel", mit *-r-* aus einfachem *-l-*, Comelico *balata* „Hülse" (von Erbsen, Bohnen); bergam. *baloc* „Hülse", Tagliavini, AR 10, 93. Es ist grom. **bala*, d. i. Kollektivform zu **b a l u* dasselbe, das gallisch ist. Gg. ZRP 43, 563; Dauzat, Fr. mod. 21, 110.

ballerine „Tänzerin"
19. Jh., aus ital. *ballerina*, s. *bal*.

ballet „Ballett"
16. Jh., aus ital. *balletto*, s. *bal*.

baller „tanzen"
12. Jh., seit dem 17. Jh. veraltet, aus lat. (Augustinus) *b a l l a r e*, Brüch WuS 9, 124; aus gr. βάλλειν „sich schwingen", „heftig bewegen"; vgl. Rohlfs ZRP 49, 115. Dazu Ende des 14. Jhs. *baler la queue* „wedeln", mit transitivem *baler*, eigentlich „tanzen machen"; dazu seit dem 17. Jh. **ballequeue** „Bachstelze", zuerst für Rouen angegeben, in Anlehnung an Bildungen wie *branle queue*, so Aube, Jura, Bresse, Montbéliard bzw. lit. *hochequeue* u. ä. Roll. F. 2, 224.

ballon 1. „Ballon", „Glaskolben"
16. Jh., aus ital. *pallone*, in der Form von *balle* beeinflußt; dieses ist Augmentativform von *palla* „Kugel" aus langob. **palla*, s. *balle* 1; dazu seit 1783 *ballon* „Luftballon".
2. „siamesisches Ruderschiff"
17. Jh. u. H.

ballot „Warenballen"
17. Jh., für älteres, seit dem 15. Jh. bezeugtes *ballon*; dieses aus prov. *balon* dasselbe. Beide Formen sind deminutive Abl. von *balle* bzw. prov. *bala* „Warenballen", s. *balle* 1. FEW 216 b; dazu seit 18. Jh. die deminutive Abl. *(-inus) ballotin* „kleiner Warenballen".

ballote „schwarzer Andorn"
17. Jh., aus lat. *(b a l l o t e)* dasselbe.

ballottade „Luftsprung des Pferdes"
17. Jh., ist Abl. von *ballotter* „hin und her hüpfen", „hin und her schwanken", s. d.

ballotte „kleine Kugel" va.
15. Jh., seit der ältesten Zeit schon in der spezialisierten Bedeutung „Stimmkugel" bezeugt, ist dem. Abl. von *balle* 1; dazu im 16. Jh.

ballotter 1. „(im Ballspiel) die Kugel zurückschlagen", dann „hin und her werfen" u. ä., dann zu *ballotte* „Stimmkugel", durch „kleine Kugeln abstimmen"; zu diesem seit 16. Jh. **ballottage** „Stichwahl", Bl.-W. 58.
2. „bald hierhin, bald dorthin treiben", „hin und her schwanken"
ist mit Suffixwechsel, vielleicht auch in Anlehnung an *ballotte* „kleine Kugel" umgestaltetes, weitverbreitetes *balocher* „hin und her schwanken", so wall. norm. pik. usw.; dieses ist Abl. von *baller* „tanzen", das mundartlich die Bedeutung „schweben", „schwanken" angenommen hat, FEW 218 f. *balocher* lebt auch im Vfrz. in der Bedeutung „auf Unterhaltungen ausgehen"; davon die Abl. **balochard** „Bummler" (pik. „der beim Gehen hin und her schwankt"), Sain. LPar. 280.
3. „in Pakete legen"
17. Jh., ist Abl. von *ballot* „Warenballen".

balme s. *baume*.

baloire „Sente", „Schergang"

(schwache biegsame Latten), 17. Jh., ist vielleicht Abl. von *baller* „tanzen", wegen des Schwankens der Latten; dann *-orium*-Abl. von *baller.*

bâloise „dreifarbige Tulpe"
18. Jh., ist Fem. von *bâlois* „aus Basel", vgl. schon afrz. *baslois* „kleine Basler Münze". Dict. gén.; FEW 214 a.

balourd „Tölpel"
16. Jh., ist von ital. *balordo* dasselbe, beeinflußtes mfrz. belegtes *beslourd, bellourd;* dieses ist mit dem Pejorativsuffix *bes-,* lat. *bis-* „doppelt", zusammengesetztes *lourd,* s. d. Ital. *balordo* stammt selbst aus mfrz. *beslord.* Bugge, Rom. 4, 355; REW 5176.
balourd mit ital. *balordo* und span. *vilordo* „träge", „schwerfällig" aus **vilorto* „knorriges, klotziges Holz", in dem sich *viburnum, vitis alba* und *retorta* gekreuzt hätten, ist schon deshalb unwahrscheinlich, weil die angegebenen drei Typen in Frankreich ungekreuzt erhalten sind, s. frz. *viorne, rouette* und prov. *vidalba,* s. *aubévigne,* und für eine Entlehnung des französischen Wortes aus dem Iberorom. kein Grund vorliegt, Schuchardt, RB 50.
Dazu seit dem 17. Jh. die Abl. **balourdise** „Tölpelhaftigkeit".

balsamier „Balsambaum"
18. Jh., ist Abl. von lat. *(balsamum)* „Balsamstrauch", s. *baume,* aber schon im 13. Jh. *bausemier,* Flutre, Rom. 65, 483.

balsamine „Balsamine"
16. Jh., aus mlat. *(balsamina),* dieses Fem. von lat. *balsaminus* „zum Balsam gehörig".

balse „kleines Floß, wie es in Südamerika in Gebrauch steht"
18. Jh., aus span. *balsa,* dieses seit dem 13. Jh. bezeugt, ist vermutlich iberisch. REW 917; Cor. I, 381.

baluchon „Bündel"
Anfang des 19. Jhs. im Rotwelsch, wird familiär, ist dem. Abl. von *balle* 1; Bl.-W. 54.

baluette „an der Oberfläche des Wassers schwimmendes Stäbchen, an dem die Angelschnur mit der Angel befestigt ist"
18. Jh., ist Abl. von **baluiier,* d. i. matl. Form von afrz. *baloiier* „flattern", „schwanken", „schweben", da die ‚*baluette*' zu schwanken, zittern beginnt, wenn der Fisch anbeißt; *baloiier* ist *-idiare*-Abl. von afrz. *baler,* s. *baller.*

balustrade „Säulengeländer"
16. Jh., aus ital. *balaustrata* dasselbe, d. i. Abl. von ital. *balaustro* „Geländerdocke" aus lat. *(balaustium)* „Granatapfel". Granatäpfel wurden von alters her zur Verzierung von Geländern verwendet. Diez 37; REW 896; FEW 210 a; vgl. auch *balauste.*

balzan „oberhalb des Hufes weiß gefleckt"
16. Jh., aus ital. *balzano* „weiß gezeichnet" (vom Pferd), „weißer Fleck an den Füßen des Pferdes", „Blesse", das selbst aus afrz. *baucenc, baussant* im 14. Jh. entlehnt wurde; das afrz. *baucenc* ist fast ausschließlich als Beiwort zu *cheval, destrier* u. ä. belegt, bedeutet „mit einem weißen Fleck" (auf der Stirne), „mit einer Blesse", dann weiterentwickelt zu „scheckig", subst. „Scheck"; dazu champ., frz. Schweiz *baussant* „Scheck", Bezzola 161; a. 1419 *coursier bossant en la teste,* 1302 *baucenure* „weißer Fleck", Roques VR 6, 162; dann von der Bedeutung „scheckig" aus, in Glossen *baussant* „Dachs". Afrz. *baucenc* hat seit dem 12. Jh. eine Variante *baussan(t),* zum Teil in streng lautlicher Entwicklung, teils auch mit Ersatz des verhältnismäßig seltenen Suffixes *-enc* durch *-ant,* vgl. afrz. *ferrant* neben prov. *ferrenc* und *ferran* „grau" (vom Eisen), „eisenfärbig.
Stammwort des Adjektivs „mit einem weißen Fleck" ist fränkisch **blassja* „Blesse", zu ahdt. *blassa,* dt. *Blesse* „weißer Fleck" (auf der Stirne), „Haustier mit einem solchen Fleck", ähnlich im Niederdeutschen und den nordischen Sprachen, z. B. schwedisch *bläs* „weißer Fleck auf der Stirne", „Tier (Pferd) mit einem solchen Fleck". Nach Kluge, Stammbildungslehre § 100 dient das *-ing*-Suffix besonders zur Benennung von Eigenschaftsvorstellungen bei Tiernamen. Vgl. dazu fränkisch (ahdt.) *frisking* „junges Schwein, Lamm" u. ä. Das von **blassja* abgeleitete **blassing* „mit einer Blesse" ist die fränkische Entsprechung von grom. **balju,* afrz. *baille,* s. *baillet.* Die beiden gleichbedeutenden Ausdrücke **blassing* und **balju* verschmelzen im Nordfrz. zu der Grundlage **bal's-engu,* daraus mit Einschub eines *-t-* zwischen das palatale *l'* und das nachfolgende *-s* (wie in Nom. *genouz* aus *genoil'+s* zu *genou*), grom. **baltsengu,* der Grundlage von *baucenc.* Wegen ähnlicher Verschmelzung eines fränkischen Wortes mit dem entsprechenden romanischen, s. *haut* aus *altus* + *hôh,* oder *vulpiculus* „Füchslein" + *hwelp* „Raubtierjunges" in afrz. *werpil, worpil, goupil,* RG I, S. 185.
**balteanus,* Abl. von lat. *balteus,* Bl.-W. 55, entspricht weder lautlich, da **balteanus* nicht *baucenc* oder *bauçant* ergeben hätte, sondern **baucien,* s. *ancien,* noch begrifflich. Lat. *balteus* hat (nach Georges) die Bedeutungen „Einfassung", „Gürtel", „Brustriemen" (der Pferdes), „Wehrgehänge", und die romanischen Entsprechungen, REW 919, werden mit „Gürtel", „Felsenvorsprung", „Spitzenschleier", „Faltsaum" angegeben, kommen also nirgends in den Bereich von „Blesse".

balzane „weißer runder Fleck oberhalb des Pferdefußes"
16. Jh., aus ital. *balzana;* dieses ist Neubildung nach *balzano,* s. *balzan.*

bambelle „Kurbelstange"
19. Jh., ist postverb. Subst. von einem mundartlich verbreiteten **bambeller* (frz. Schweiz *bambellhi)* „hin und her schlenkern", das Schallbildung ist. FEW 228.

bambin „kleiner Junge"
18. Jh., aus ital. *bambino* „kleines Kind"; dieses ist Schallbildung.

bamboche 1. „Gliederpuppe"
17. Jh., aus ital. *bamboccio* dasselbe, dieses Schallbildung, vgl. *bambin, bambelle.* FEW 227 b.
2. „Bambusstock"
17. Jh. *bambouc,* die heutige Form in Anlehnung an *bamboche* 1, s. *bambou.* FEW 229 b.
3. „kleine Ausschweifung"
19. Jh., dazu **bambocher** „auf Abenteuer ausgehen", ist im Norden und Osten in den Mundarten weit verbreitet, daraus nprov. *bambocho* und entsprechend das Verbum wie im Französischen; ist in Anlehnung an *débauche* rückgebildet von **bambochade** „tolles Gemälde", (besonders Gasthausszenen, Karnevaltreiben); dieses seit dem 18. Jh. aus ital. *bambocciata* dasselbe, d. i. Abl. von *B a m b o c c i o*, dem Beinamen des niederländischen Malers Pietro Laar, der diese Art burlesker Malerei in Schwung brachte. Dict. gén. Vgl. FEW 227 b.

bambou „Bambusrohr"
17. Jh., aus port. *bambu,* das aus dem Malaiischen stammen soll; doch ist ein sicheres malaiisches Wort noch nicht nachgewiesen, Littmann 129; vgl. Kern-Fokker, ZRP 34, 565; Dict. gén., FEW 229 b.

bamboula „Negertrommel"
19. Jh., stammt aus einer Negermundart. Dict. gén.; FEW 229.
bâme s. *baume.*

ban 1. „öffentliche Verkündigung", „Aufgebot"
12. Jh., aber mlat. als *bannum* seit dem 8. Jh. in der Bedeutung „Geldstrafe" bezeugt, s. Mackel 58, afrz. *ban* „Aufgebot", „Verbot", aus fränkisch ** b a n* (ahdt. *ban* „Gebot unter Strafandrohung", „Gerichtsbarkeit und deren Gebiet"), s. Kluge s. *Bann*; REW 924; FEW 229 ff. Vgl. *bannir, aubaine, banlieue.*
2. „Statthalter" (bei den Kroaten)
17. Jh., aus kroatisch *b a n* „Herr".

banal „gemeinnützig"
13. Jh., bezeichnet zunächst „was einem ganzen Bann, den innerhalb eines Gerichtsbezirkes angesiedelten Hörigen gehört", daher z. B. afrz. *four banal* „allgemein benützbarer Ofen" u. ä., daher heute „gemeinnützig", va., und von hier aus „unoriginell" u. ä.; es ist Abl. von afrz. *ban* „Gerichtsbezirk", s. *ban.* Dazu seit dem 17. Jh. die Abl. **banalité** „Entschädigung für die Benützung einer von der Herrschaft für die Hörigen errichteten öffentlichen Einrichtung", und in Anlehnung an die übertragene Bedeutung von *banal* „abgedroschenes Zeug" u. ä. FEW 230 a.

banane „Banane"
16. Jh., aus port. *banana,* hat seinen Ursprung in einer Mundart Guineas; wird im 16. Jh. von der Insel Saõ Thomé nach Brasilien gebracht und wird durch die Franzosen europäisch; Friederici ZFSL 58, 149; Wis, NM 61, 59; dazu 17. Jh. **bananier** „Bananenstaude"; Bl.-W. 55.

bancal „krummbeinig"
18. Jh., lebt im Norden, Boulogne, Pikardie, Obere Norm., bezeichnet in der V. d'Yères einen beliebigen physischen Mangel und stammt daher vermutlich aus niederl. *b a n k a a r d* „uneheliches Kind", das zunächst als Schimpfwort gebraucht worden wäre.
Zu *banc* „Bank", Spitzer, Bibl. AR 2, 149; FEW 237, ist aus Gründen der Wortbildung und wohl auch Bedeutung abzulehnen.
Der Einwand, daß entlehntes *bankaard* im Frz. als *bancard* erhalten geblieben wäre, Brüch, ZFSL 49, 296, berücksichtigt nicht, daß die *-ard*-Neubildungen substantivische Personenbezeichnungen sind, nicht Adjektiva; Beziehung zu *banc* erklärt auch nicht die allgemeine Bedeutung von *bancal* in den nördlichen Mundarten.

banat „Gespanschaft"
18. Jh., ist Abl. von *ban* 2.

banc „Bank", „Schichte"
11. Jh., auch in der speziellen Verwendung *banc de menuisier* „Hobelbank"; dagegen dürfte *banc de change* „Wechselbank" Lehnübersetzung aus dem Italienischen sein, vgl. *banque;* aus fränkisch ** b a n k* (ahdt. *bank* dasselbe, das wie das frz. Wort auch Maskulinum ist).
Aus begrifflichen Gründen kaum westgerm. **bank,* Brüch 87; auch nicht gotisch **banks,* REW 933; frk. *banki,* Bl.-W. 55, ist Pluralform zu *bank*; eine altgermanische Form **banki* aus der Zeit vor dem Verstummen des *-i* nach langer Stammsilbe ist historisch unwahrscheinlich.

bancasse „Marinekoffer, der gleichzeitig als Bank und Bett dient"
16. Jh., aus ital. *bancaccia* „die am Schiffshinterteil aufgestellte Truhe, die dem Kapitän einer Galeere gleichzeitig als Bett und als Ruheplatz diente", so im 17. Jh. belegt; und gleicher Herkunft, aber aus anderen Mundarten genommen, ital. *bancazza* „Truhe, in der die Gegenstände der Eingeschifften aufbewahrt werden", d. i. die spezielle Bedeutung des Wortes, die auch in dem französischen Lehnwort vorhanden ist; das Wort ist im 18. Jh. auch im Neuprovenzalischen belegt *(bancasso),* stammt hier aber wohl aus dem Französischen; *bancaccia* ist *-acea*-Ableitung von ital. *banca,* s. *banche.* Vidos 229; Battisti 422/423.

bancelle „Kabarettbank"
16. Jh., lebt in H. Maine als „lange tragbare Holzbank", ähnlich Vendôme, von Martellière, Vend. etymologisch richtig auch *banc selle* geschrieben; es ist zusammengesetzt aus *banc* „Bank" und *selle*, das vend. noch in der Bedeutung „kleiner Stuhl", „Schemel" lebt, s. beides.

banche „ebener Steingrund", „Stampfbohle"
17. Jh., stammt in der Bedeutung „Steingrund" aus dem Südwesten, vgl. Saint. *branche* „Kalkschichte" u. ä., Aunis „horizontale Steinschichte", in der Bedeutung „Stampfbohle" aus dem Lyonesischen; es ist grom. **banca*, das als Femininum seit alter Zeit im Südosten und Süden bezeugt ist, prov. *banca* „Bank", d. i. augmentative Weiterbildung von grom. *bancum*, s. *banc*, wie *cerebella* neben *cerebellum*, s. *cervelle* und *cerveau;* vgl. auch afrz. *respons* neben *response*, s. *réponse*. FEW 235 a, 236 a.
Dazu seit dem 18. Jh. die Abl. **banchée** „eine Stampftafel voll".

banco „in der Bankwährung"
18. Jh., aus ital. *banco*, s. *banc*.

bancroche „krummbeinig"
18. Jh., ist vielleicht in Anlehnung an afrz. *croche* „krumm", s. *anicroche*, umgestaltetes gleichbedeutendes *bancal*, s. d.; Marchot, ZRP 19, 100.
Oder *bancroche* in Anlehnung an *banc* umgestaltet aus *patte croche*, so noch Mayenne, dieses zu *patte* und *croche*, Sain. RER 5, 393.

bande 1. „Binde"
12. Jh. *bende*, afrz. auch „Armband" „(eiserner) Reifen" u. ä., mlat. schon im 10. Jh. als *benda* bezeugt, s. Kluge, ZRP 41, 679, stammt aus fränkisch **binda* (ahdt. dasselbe); dazu seit dem 16. Jh. die Abl. **bandage** „Bindezeug", „Verband"; s. auch *bander;* kaum schon vlat., Brüch 87; REW 1110.
2. „Bande", „Trupp", „Schar"
14. Jh., dürfte aus dem Provenzalischen stammen, wo es 1. als „Bande", „Trupp", 2. als „Rand", „Seite" belegt ist; letzteres lebt im Neuprov. noch als „Schiffsseite", daher frz. *donner de la bande* „sich auf die Seite legen", FEW 233 f.; die erste Bedeutung führt auf westgerm. **banda* (gotisch *bandwa* „Zeichen"), „Fähnlein", vgl. ital. *banda* „Fahne", in Oberitalien seit dem 10. Jh. *bandum* dasselbe, Baist, ZRP 30, 337; vgl. auch *bannière;* die Bedeutung „Randstreifen", „Waldrand" in prov. *banda*, dazu span. *banda* „Streifen", „Seite eines Schiffes", sind aus afrz. *bende* (*bande* 1) entlehnt; s. dazu *bandins*, *bandingue*.

bandeau „Stirnband"
12. Jh. *bendel*, ist *-ale*-Abl. von afrz. *bende*, s. *bande* 1; wegen der Abl. s. *dé*, *fronteau*.

bandelette „Bändchen"
14. Jh., ist deminutive Abl. von afrz. *bandelle* dass., dieses dem. Abl. von *bende*, s. *bande* 1 und *bandeau*.

bander „verbinden", „spannen"
12. Jh., afrz. *bender* „verbinden", „fesseln", „mit Streifen durchziehen", aus fränkisch **bindan* zu ahdt. *bintan* „binden", „fesseln" u. ä.

bandereau „Trompetenschnur"
12. Jh., ist Abl. von afrz. *bende*, s. *bande* 1. Vgl. wegen der Abl. *hobereau*, *volereau* „kleiner Dieb", *lapereau* u. a.

banderille „mit Fähnchen verzierter Wurfspieß bei Stiergefechten"
19. Jh., aus span. *banderilla*, d. i. *-ella*-Ableitung von span. *bandera* „Fahne", s. *bandière*.

banderole „Wimpel", „Fähnchen"
16. Jh., aus ital. *banderuola;* dieses ist dem. Abl. *(-eola)* von *bandiera* „Fahne", s. d. F.

bandière „Heerbanner"
14. Jh., zuerst für Freiburg bezeugt, aus ital. *bandiera*, oder aus prov. *bandiera*, aus dem auch das italienische Wort entlehnt ist, vgl. *bannière*.

bandingue „Schnur, die man am Ende eines Netzes befestigt, um es zu spannen"
18. Jh., lebt in Boulogne *bandingue*, Fécamp *badingue*, Sain. LPar. 172, aber auch in nprov. *bandenco*, das aus dem Norden entlehnt sein dürfte; zu *bande* 1.

bandins „vorspringendes Geländer am Schiffshinterteil"
17. Jh., aus ital. *bandini* dasselbe; dieses ist Abl. von ital. *banda* „Streifband", s. *bande* 2; vgl. auch ital. *bandella* „Fensterband", „Einfassung", *bandellone* „Eisenschiene" u. ä.

bandit „Landstreicher"
17. Jh., aus ital. *bandito*, d. i. die Entsprechung von frz. *banni* mit der unter *bannière* erwähnten Vermengung der germ. Stämme **ban-* und **band-*.

bandoir „Spannfeder"
18. Jh., ist für Anjou bezeugt, ist Abl. von *bander* in der Bedeutung „spannen", s. d.

bandolier „jmd., der in Auflehnung gegen Gesetz und Gesellschaft lebt"
16. Jh., wird von Bouchet als Lehnwort aus dem Gaskognischen bezeichnet, lebt hier als *bandoulié* „Räuber in den Pyrenäen", Sain. Rab. 2, 87; dieses aus spanisch *bandolero*, d. i. Abl. von span. *banda*, *vanda* „Bande", „Truppe", s. *bande* 2.

bandoline „Art Bartwachs"
19. Jh., ist künstliche Bildung von *bandeau* „Binde" und lat. *(linere)* „einschmieren". Dict. gén.

bandoulière „Schulterriemen"
16. Jh., aus span., kat. *bandolera* „Riemen", der von der linken Schulter zur rechten Hüfte reichte, um das Tragen der Waffen auf den Gebirgsmärschen zu erleichtern; ist Abl. von *bandolero*, s. *bandolier;* Cor. I, 386;

Schmidt, Span. Elem. 86; Dict. gén. Vgl. Bl.-W. 56.

bandure „ostindisches Kannenkraut"
18. Jh., stammt angeblich aus dem Sanskrit. Dict. gén.

banian „Hindu aus der Kaste der Kaufleute"
16. Jh., aus engl. *banian;* Dict. gén.

banjo „Banjo"
19. Jh., aus engl.-amerik. *banjo;* Bl.-W. 56.

bank-note „Banknote"
18. Jh., aus englisch *bank-note.*

banlieue „Weichbild", „Bannmeile"
13. Jh., dagegen mlat. *banleuca* schon im 10. Jh., vgl. wegen der Bildung auch *banvin* und deutsch *Bannmeile,* ist also vorhistorische Zusammensetzung von *ban* und *lieue* zunächst in der Sprache der zweisprachig gewordenen Franken, vgl. mhdt. *banbëte* „im Bann zu zahlende Abgabe", *bangarte, banmîle* u. a. REW 924; FEW 230 a; 231 b Anm. 2.

bannasse „großer Korb in Salinen"
18. Jh., ist im Süden entstandene vergrößernde Abl. von *banne* 1, bzw. umgestaltetes gallisches **bennasta,* s. Jud, ASSL 124, 39.

banne 1. „Lastkorb", „Kohlenwagen"
afrz. *benne,* das durch Abl. für das 13. Jh. gesichert ist; lebt in der Auvergne als „Korb", in der frz. Schweiz als „Bienenkorb"; aus gallisch *benna* (cymr. *ben* „Karren"), das bei Paulus Diaconus belegt ist; Diez 48; Thurneysen, KR 46; Dottin 233; REW 1035.
2. „grobe Leinwand"
14. Jh., ist assimiliert für *barne,* so heute Anjou „Leinwand, die man um die Tenne herum breitet, um die abspringenden Körner aufzufangen"; s. über dieses *berne* 1.

banneret „Bannerherr"
14. Jh., afrz. *banerez,* ist Abl. *(-icius)* von *bannière,* Tobler, SA Berlin 1893, 22.

banneton „Fischkasten", „Teigkorb"
13. Jh., ist deminutive Abl. von **bannette** „Weidenkörbchen"; dieses seit dem 13. Jh. dem. Abl. von *banne* 1, s. d.

bannière „Heeresfahne"
12. Jh., steht für ein älteres, aber wohl vorhistorisch schon untergegangenes *bandiere* (s. aber *bandière),* das sich mit afrz. *banir* „ankündigen", „öffentlich ausrufen" gekreuzt hat. In diesem treffen sich zwei Wörter: fränkisch **bannjan* „ein Zeichen geben" (aus **bandwjan,* Holthausen, ZRP 39, 492) und fränkisch **bannjan* „verbannen", s. *bannir*; das erste ist abgeleitet von dem Stamme, der auch **bandiere* zugrunde liegt, nämlich westgerm. **banda* „Zeichen", „Fahne" (zu gotisch *bandwa* „Zeichen", s. *bande* 2); **bandiere* bzw. *banniere* bezeichnen ursprünglich den Ort, wo die Fahne aufgestellt wurde, Meyer-Lübke, Fr. Gr. 2, 46; FEW 233 f. Die Kreuzung der beiden Stämme *band-* und *ban-,* der vielleicht schon im Fränkischen eingetreten ist, zeigt sich auch in mlat. *bandum* für „Bann", vgl. auch *bandit.* Afrz. gelegentlich bezeugtes *bane* „Fahne" könnte die Grundform von *bannière* darstellen.
Daß *ban-* und *band-* identisch sind, Förster, ZRP 22, 265, ist Verkennung eines afrz. Lautgesetzes. Zur Sippe *band-* und *ban-* s. Unsicheres bei Goldschmidt, Festg. Förster 53 f.

bannir „verbannen"
12. Jh. „öffentlich ausrufen", „einberufen", „verbieten", aus grom. **bannire,* vgl. im 6. Jh. bezeugt *banivimus;* in diesem treffen zwei Wortstämme zusammen: fränkisch **bannjan* bzw. **bannan* (ahdt. dasselbe „unter Strafandrohung gebieten bzw. verbieten", s. Kluge s. Bann) und **bannjan* „Zeichen geben", s. *bannière* und *ban.* Fränkisch **bannjan* läßt sich durch mhdt. *bennen* „verbannen" erschließen.

banque „Verkaufsbank" va.; „Handelsbank"
15. Jh., aus ital. *banca* „Wechseltisch der Geldverleiher"; dazu ital. *banca rotta* „zerbrochene Bank" als Zeichen der Zahlungsunfähigkeit der Wechsler, das im 16. Jh. als **banqueroute** „Bankerott" ins Franz. drang. Sain. Rab. 1, 131; über ital. *banca* s. *banche.*

banquet „Gastmahl"
15. Jh. „kleine Mahlzeit, die nach dem Souper abends auf der Hausbank eingenommen wurde", G. Paris, Rom. 9, 334, aus ital. *banchetto* „kleine Bank", zunächst in der Wendung *faire le repas sur le banquet,* dann von *faire le banquet* (wie in *faire une maladie* u. ä.), mit Konzentrierung der Aufmerksamkeit auf dem Substantiv; s. *banc;* Gg., Bed. 27.

banquette „lange Bank ohne Lehne", „Fußsteig"
15. Jh., die erste Bedeutung aus prov. *banqueta,* das im Südosten lebt, s. dazu *banche,* FEW 237 b; die zweite Bedeutung, seit dem 18. Jh., Abl. von norm. *banque* „als Umfassung dienender Erdaufwurf", „Aufwurf an einem Graben", d. i. die norm. Entsprechung des frz. *banche,* FEW 236 a; Bl.-W. 56/57.

banquier „Bankier"
16. Jh., ist Abl. von *banque* „Handelsbank", s. d.

banquise „Eisbank"
18. Jh., dafür vorher (seit 1751) *banc de glace,* aus skandinavisch *pakis* „Packeis", nach *banc* umgedeutet, Bl.-W. 57.
Nicht zusammengesetzt aus frz. *banc* und englisch *ice* „Eis"; Dict. gén.; Behrens Wg. 337.

banse „großer viereckiger Warenkorb"
für das 15. Jh. gesichert durch die mlat. Abl. *bansella,* lebt wall. rouchi, Ardennes, Pik. als „großer Korb aus Weiden" u. ä., seit dem 16. Jh. auch als „Wiege" bezeugt; ist ver-

schieden von ostwall. (Lüttich) *banss* „Scheune", das aus ndd. *banse* „Scheunenraum neben der Tenne" entlehnt ist; frz. *banse* ist wallonische Form für altwall. *banste* dasselbe, das zuerst in Glossen als *bansta* bezeugt ist und auf ein fränkisches * *bansta* „Korb" zurückführt. Dieses ist vermutlich auf galloromanischem Boden aus gallisch-lat. **bannasta* „Weidenkorb" von den Franken entlehnt worden; vgl. *bannasse* und ZRP 43, 568; Jud, ASSL 124, 391; Kluge s. *Banse*; Feist 59; Baist, RF 19, 633; Haust, Houillerie liégeoise, s. Rom. 54, 131; L. Feiler, RF 45, 237; REW 935/936; FEW 240.

banvin „Weinverkaufsrecht"
13. Jh. auch *ban de vin*, aber dieses wohl sekundär, ist in Anlehnung an mhdt. *banwin* „Wein, den zu kaufen oder auszuschenken ausschließlich erlaubt ist", s. *banlieue*, ferner *banceint* 16. Jh. „Bannmeile" und darnach *banbois* „reservierter Wald", FEW 230.

baobab „Affenbrotbaum"
1592, dann wieder 1751, aus dem Arabischen Ägyptens, Flutre, Stud. Neoph. 28, 218.

bapaume „Zustand eines Fahrzeugs, das wegen Windstille oder einer Havarie nicht weiter kann"
18. Jh. u. H.

baptême „Taufe"
11. Jh. *batesme*, aus lat. *(baptĭsmus)*, s. d. F.; FEW 241.

baptiser „taufen"
11. Jh. *batisier*, aus lat. *(baptizare)*, das in volkstümlicher Form afrz. *batoier* ergeben hat und so im Osten noch weit verbreitet ist; FEW 241; Berger 64; REW 939. Vlat. *baptizare* ist aus gr. βαπτίζειν „benetzen" entlehnt, das in der afrikanischen Kirche wie das entsprechende lat. *tingere* „benetzen" die Bedeutung „taufen" annahm, Jud, BK 8.

baptistère „Taufkapelle"
11. Jh. *baptisterie*, aus lat. *(baptisterium)*. FEW 241 b.

baquet „Handzuber", „Kübel"
14. Jh., lebt heute in Boulogne „kleiner Kübel", d. h. in der Gegend, wo auch das zugrundeliegende *bac* zu Hause ist. Dazu seit dem 17. Jh. die Abl. **baqueter** „Wasser schöpfen".

baquettes „Metallzange"
19. Jh., ist mundartliche Form für *béquettes*, s. d. Dict. gén.

bar, bars „Wolfsbarsch"
12. Jh., aus ndl. *baars*, REW 966; *bar* als Ausdruck der Heraldik nach Barbier, RLR 48, 193 zu *barbus* „Barbe", s. *barbeau*, ist nicht gerechtfertigt, Thomas, Rom. 35, 618.

bar „Trinkstube"
19. Jh., aus englisch *bar* dass., das selbst aus frz. *barre* entlehnt ist; Bl.-W. 57.

baragouin „Kauderwelsch"
zuerst 1391 *barragouyn* in Loiret bezeugt, als Spottname für die Bewohner der Guyenne, wird dann im 16. Jh. Beiname von Leuten, die eine fremde Sprache oder überhaupt schlecht sprechen; dann „Kauderwelsch", Dauzat, Festschr. Tappolet 66; Sain. RER 5, 393 ff.; Argot ancien 32.
Seit Bouchet wird das Wort zu bretonisch *bara* „Brot", und *gwin* „Wein" gestellt; ist nicht unmöglich, wenn man annimmt, daß die Verbindung dieser beiden den Franzosen am meisten auffallenden Wörter des Bretonischen zur Bezeichnung einer unverständlichen Sprache überhaupt verwendet wurde; so angenommen von Dauzat, Fr. mod. 8, 102; Bl.-W. 57; aber nicht aus bret. *bara gwenn* oder *bara gwiniz* „Weizenbrot", Vendryès, Fr. mod. 8, 1—2, s. Fr. mod. 17, 162, das lautlich nicht genügt; s. auch Elwert, RLiR 23, 64. Unwahrscheinlich Beziehungen von *baragouin* zu span. *barahunda* „Tumult" u. ä., zu hebräisch *bārûkh hab-bā* „gesegnet sei, der da kommt", einer bei den Juden noch heute gebräuchlichen Begrüßungsformel, Babad, ZRP 17, 562; G. Paris, Rom. 8, 619; zu afrz. *bargaigne* „Vorschlag", „Bestreitung", prov. *barganhar* „feilschen", s. *barguigner*, Spitzer, Misc. Schuchardt 140 f.; zu nprov. *barga* „Hanf brechen", s. *broyer*, Sainéan, l. c.; zu *Berecynthia* = Cybele, deren Feste unter Orgien gefeiert wurden, Schuchardt, ZRP 28, 741, 754 ist alles nicht genügend historisch gerechtfertigt.
Dazu seit dem 16. Jh. die Abl. **baragouiner** „kauderwelsch reden"

barandage „Absperren des Flußlaufes durch ein Netz, um die Fische abzufangen"
17. Jh., ist vermutlich mit Verkennung der Endung abgeleitet von *barrant*, Part. von *barrer* „absperren", s. d., vgl. die gleiche unetymologische Abl. bei *marchander* zu *marchant* u. a. Kaum über prov. *baranda* „Brustwehr", Dict. gén.

barange „Scheidemauer im Salinenofen"
18. Jh., lebt im Lothringischen, *barange* „Holzpfosten zum Abteilen im Stall", „Trennwand im Stall" u. ä. im ganzen Osten; *-ange* ist sekundär für *-anche*, vgl. Belmont *berēts̆* „Bretterwand zwischen Kuhstall und Scheune"; es ist schon vorhistorische Abl. *(-inca)* von *barre*, s. d. FEW 256 b. Wegen der Abl. vgl. *avalanche*.

baraque „Feldhütte"
15./16. Jh., aus ital. *baracca* dasselbe; das Wort stammt aus der Terminologie des spanischen Kriegswesens, ist in Spanien = *barraca* seit dem 13. Jh. bezeugt und wird von Baist, RF 32, 894 f. zu * *barrum* „Lehm" gestellt, s. *bardeau*. Das Suffix ist weder spanisch noch italienisch noch arabisch, wird daher wohl wie das Stammwort iberischer Herkunft sein.
Nicht zu mundartlichem *barge* „Heuschober"

(aus gallisch **barga*) bzw. zu *parc* Brüch, WuS 7, 157.

barat „Betrug"
12. Jh. „wüstes Treiben", „Betrug", ist postverb. Subst. von afrz. *barater,* 12. Jh. „Geschäfte machen", 13. Jh. auch „betrügen"; u. H.
Kaum zu anord. *barâtta* „Kampf", „Schlacht", Baist, ZFSL 31, 1, 146; oder aus bretonisch *barad* „Betrug", Thurneysen, KR 43, das eher aus dem Afrz. stammt; s. auch REW 943 a; aus lautlichen Gründen auch nicht aus gr. πράττειν, Diez 41. Das Wort scheint irgendwie zu *barguigner* zu gehören, s. d.; vgl. auch Bl.-W. 57.

barate „Schwigtserving" (des Focksegels)
18. Jh., u. H.

baratte „Butterfaß"
16. Jh., gleichzeitig mit dem Verbum **baratter** *(le lait)* „buttern" bezeugt, ist spezialisiert aus afrz. *barater* „(im Kampfgetümmel) stoßen", vgl. in einer anderen Terminologie angev. *baratter* „den Bohrer bewegen"; dieses zu afrz. *barate* „Kampfgetümmel", s. *barat.* Baist, ZFSL 31, 1, 146 f.
baratter „buttern" aus **burattare* „Mehl beuteln", Brüch, ZRP 40, 317, s. *bluteau,* ist entwicklungsgeschichtlich nicht aufgeklärt; auch nicht *baratte* „Butterfaß" aus arabisch *barrâda* „Gefäß", de Gregorio, SGI 7, 45 f.

barbacane „Schießscharte"
13. Jh., aber schon im 12. Jh. für Marseille mlat. *barbacana,* aus persisch-arabisch *barbaḫ-ḫānē* „Wall", Lam. 41 f.; nicht persisch *bâlakhanah* „Erker", REW 890; FEW 209 f.; auch nicht lat. *barba* + *canis,* Sainéan, ZRP 30, 556.

barbacole „alter Schulmeister" va.
18. Jh., nach einer Theaterfigur *Barbacola* in dem Maskenspiel Carnaval von Lulli. Dict. gén.; FEW 247 b.

barbarasse „starkes Tau, das dazu dient, um bei schlechtem Wetter die großen Ankertaue zu stoppen"
18. Jh., nach FEW 246 f. Anm. 24 „ganz kurze Seile, deren Ende zerfasert ist", aus nprov. *barbarasso* dasselbe, d. i. pejorativ vergrößernde Abl. von *barbo,* vgl. frz. *barbe,* das als Marineausdruck „die Kabeln bezeichnet, die zusammen nach einer Richtung hin in Verwendung treten". Vgl. Behrens, Wg. 337.

barbare „barbarisch", „ungesittet"
14. Jh., aus lat. *(barbarus).* FEW 249 b; vgl. *brave.*

barbarée „Winterkresse"
19. Jh., auch *herbe de Sainte-Barbe* genannt, aus mlat. *(barbarea)* zum Namen *Barbara.* Die Bezeichnung der Pflanze als „Barbarakraut" findet sich in fast allen europäischen Sprachen, vgl. Roll. Fl. 1, 224 ff.

barbaresque „berberisch"
18. Jh., aus ital. *barbaresco* dasselbe, eigentlich „barbarisch", d. i. Abl. von *barbaro* „barbarisch", s. *barbare.*

barbarie „Barbarei"
14. Jh., aus lat. *(barbaria).*

barbe 1. „Bart"
11. Jh., aus lat. *barba* dasselbe. REW 944; FEW 243 ff.; das Wort lebt in der Vulgärsprache in verschiedenen Bedeutungen. Die Bedeutung „Trunkenheit" geht auf das literarische *barbe fleurie* für den Bacchus, 18. Jh., zurück, daher *prendre la barbe* „sich betrinken" im Rotwelsch der Schriftsetzer, Sain. LPar. 193.
2. „Berberroß"
16./17. Jh., aus ital. *barbero, barbaro,* s. *barbaresque.*
3. „Seelsorger bei den Waldensern"
17. Jh., stammt aus dem Oberitalienischen, wo *barba* als Respektsausdruck für Onkel, Großvater, alter Mann gebräuchlich ist; so schon in den Leges Langob. *barbas, barba, barbanus* „Vaters Bruder", Bruckner, Spr. der Langobarden 40; aus lat. *barba* „Bart", s. rum. *bărbat* „Mann", d. i. „der Bärtige"; unwahrscheinlich, daß ein langob. **bar-bas* „Mann-Base" zugrunde liegt, Bruckner l. c.; Jud, ASSL 121, 436; FEW 250.
4. fam. *faire la barbe à qn.* „jmd. übervorteilen", dazu *à la barbe de* „zum Trotz, Gespött", so volksetymologisch für *faire barbe de feurre (paille) à Dieu* „Gott betrügen wollen", 16. Jh. (Montaigne, Régnier); noch verständlich *faire gerbe de feurre à Dieu* „Gott aus Stroh eine Garbe machen" bei Rabelais; die Umgestaltung von *gerbe* zu *barbe* über pik., norm. *garbe* = „gerbe", s. *gerbe;* Renkonen, Annales Univ. Turkuensis, Humaniora, Bd. 29.

barbé „bebartet"
12. Jh., aus lat. *barbatus.* REW 946; FEW 244 a. Vgl. *barbu.*

barbeau 1. „Barbe"
12. Jh., aus vlat. **barbellus* für *barbulus.* Barbier, RDR 1, 431; REW 951.
2. „Kornblume"
17. Jh., ist angevinisch, vgl. auch Dep. Aisne *barbon bleu,* ist Abl. von *barbe* 1. FEW 246 a.

barbelé „mit Widerhaken versehen"
12. Jh., dann substantiviert, 20. Jh. „Drahtverhau", ist Abl. von afrz. *barbel* „Spitze", „Haken", d. i. vlat. **barbellus* für lat. *barbula* „Widerhäkchen an Pflanzenköpfen", vgl. *barbule.*

barbelet „Werkzeug zur Herstellung der mit Widerhäkchen versehenen Angeln"
18. Jh., ist Werkzeugsableitung von einem aus *barbelé* und afrz. *barbel* „Widerhaken" zu erschließenden Verbum **barbeler* „mit Widerhaken versehen".

barbelle „kleiner Bart"

19. Jh., ist gelehrte Deminutivbildung zu *barbe* 1.

barberon „Wiesenbocksbart"
19. Jh., ist deminutive Abl. von *barbe* „Bart", vgl. schon bei Plinius in Nachahmung des gr. τραγωπώγων *barba hircina* und heute in den Mundarten *barbe* in Verbindung mit verschiedenen Tier- *(bouc, chèvre, loup)* und Menschenbezeichnungen *(prêtre, vieillard, capucin)*. Roll. Fl. 7, 201 ff.
barberon als Weiterbildung von *barbillon* (Ligny), dieses von *barbotte* (Doubs), das wieder Femininum von *barbot* wäre, das letzten Endes auf *barbe à bouc* zurückginge, FEW 246 a, ist nicht notwendig, da *-eron* ein weitverbreitetes Deminutivsuffix ist, s. *cotteron, coqueron, mancheron, moucheron* usf.

barbet 1. „Pudel"
16. Jh., ist Abl. von *barbe* „Bart", vgl. *babiche*.
2. „Schmuggler in den Alpen"
17./18. Jh., ist ursprünglich Bezeichnung der in die Berge der Dauphiné und Piemonts geflüchteten Waldenser, lebt heute Dep. Alpes, ist Abl. von *barbe* 3. Dict. gén.; FEW 250 a.
3. „Barbe"
ist mundartliche Form (*-t* nur graphisch) von afrz. *barbel*, s. *barbeau*.

barbette 1. „Brustschleier der Nonnen"
17. Jh., lebt in Bagnard als „Brustlatz der Frauen während der Trauer", FEW 247 a, ist dem. Abl. von *barbe* 1.
2. „Geschützbank"
ist Deminutivum zu *Barbe* „Barbara", der Schutzheiligen der Artilleristen.
Kaum zu *barbe* „Bart", FEW 247 a.

barbeyer „im Winde hin- und herflattern" (von den Segeln)
17. Jh., steht in einer Reihe mit afrz. *baloiier* „flattern" (zu *baler* „tanzen", „wedeln"), *banoiier* „flattern" (zu afrz. *bane* „Fahne") und ist Weiterbildung von diesen, mit Hineindeutung von *barbe*.

barbichet „kleiner Pudel"
17. Jh. *barbiche, babiche, barbichon, babichon,* auch *biche, bichon,* sind Koseformen, die an *barbe* „Bart" anknüpfen, vgl. *barbet* und *babiche*. Thomas, Rom. 39, 197 ff.; FEW 244 b; im 15. Jh. *barbiche* „Kinnband der Klosterfrauen", vgl. *barbette* 1, Barbier, Mélanges Haust 40, ist davon zu trennen, und sicher nicht aus *barbe de biche* „Ziegenbart" entstanden.

barbier „Barbier"
13. Jh., ist mit dem Handwerker bezeichnenden Suffix *-arius* abgeleitet von *barbe* „Bart"; dazu seit dem 17. Jh. die pseudolateinische Abl. **barbifier** „balbieren". FEW 243 b; 244 a.

barbille „Metallfäden, die bisweilen am Rande der frisch geprägten Münzen hängen bleiben"
18. Jh., ist Kollektivableitung von *barbe;* wegen der Bedeutung vgl. *barbarasse*. FEW 243 b.

barbillon 1. „Barthaare" u. ä.
14. Jh., ist deminutive Weiterbildung von *barbille,* dieses kollektive Abl. *(-ilia)* von *barbe,* s. o.
2. „Widerhaken an der Angel"
16. Jh., ist deminutive Weiterbildung von afrz. *barbel,* s. *barbelé* und *barbule*.
3. „junge Barbe"
14. Jh., ist deminutive Abl. von afrz. *barbel* „Barbe", s. *barbeau*.

barbon „Graubart"
17. Jh., aus ital. *barbone,* dieses Augmentativform von *barba* „Bart" bzw. „alter Mann", s. *barbe* 1 und 2.
barbotage s. *barboter*.

barbote „Aalquappe", „Schmerle"
13. Jh., dazu seit dem 13. Jh. **barboteau** „Schmerle", „Grundel", im 13. Jh. *bourbette,* im 17. Jh. *bourbotte,* Barbier, RPFL 34, 148; Herzog, ZRP 33, 475; Bl.-W. 58, ist Rückbildung von *barboter* 1.

barboter 1. „im Schlamme wühlen"
13. Jh., für älteres *borbeter,* dieses ist Abl. von afrz. *borbe* „Schlamm", s. *bourbe*. Marchot, RF 10, 579; Herzog, ZRP 33, 475; Schuchardt, ZRP 34, 217.
2. „in den Bart brummen"
13. Jh. auch *barbeter,* ist Abl. von *barbe* „Bart"; daß ursprünglich ein anderer Stamm zugrunde liege, etwa lat. *balbus* „stotternd", Herzog, ZRP 33, 476, ist auch möglich.

barbotière „Ententeich", „Viehtrankeimer"
19. Jh., ist Abl. von *barboter* 1, bedeutet der Bildung nach „Ort, wo der Schlamm aufgewühlt wird".

barbotine „Wurmsame", „unreifer Same mehrerer Beifußarten"
16. Jh., ist gelehrte Abl. von *barbote,* das mundartlich zur Bezeichnung verschiedener Insekten verwendet wird, s. ALF 683; 1471; 1372 und FEW 244; ob dieses *barbote* zu *barbe* „Bart" gehört, oder zu *barboter* „im Schlamme wühlen", läßt sich nicht entscheiden.

barbouiller „besudeln", „undeutlich sprechen"
14. Jh., ist in Anlehnung an *souiller, brouiller,* das afrz. auch ‚barbouiller' bedeutet, Dupire, Rom. 65, 258, *patrouiller* und die dort angeführte begriffsverwandte Sippe umgestaltet aus *barboter* 1 bzw. 2. Bl.-W. 58.

barbouquet „Geschwür", „Aufschürfung an den Lippen"
seit dem 15. Jh. im Normannischen belegt, wo es noch heute in der Bedeutung „Hieb auf die Kinnbacken" bezeugt ist; hier auch in den umgestalteten Formen *parbouquet, barbuquet;* es ist Abl. von einem altnorm. **barbouque* „geschwüriger, böser Mund", d. i. Weiterbildung von afrz. *barlefre* „böse Lip-

pe", s. *balafre* und die dort angeführten Bildungen. Gg. ZRP 40, 133.
Kaum zu mundartl. *barbe bouc* „Bocksbart" (als Pflanze), verglichen mit *muguet* „Maiglöckchen" und „Mundfäule" (bei Kindern), Barbier, Mél. Haust 31; auch nicht Abl. von *barbe* mit deminutivem *-ūccus*, vgl. lyon. *barbuquet*, dann erst volksetymologische Beziehung zu *bouche*, Horning, ZRP 19, 181; erklärt die Bedeutung nicht und trennt das Wort von der angeführten zugehörigen Sippe. Die *-ü*-Form *barbuquet* zeigt umgekehrt Beeinflussung durch das Deminutivsuffix *-uchet*, *-uquet*.

barboute „Farinzucker, in dem zuviel Sirup verbleibt"
18. Jh., H. u.

barbu „bärtig"
13. Jh., aus vlat. **barbūtus* für *barbatus*, s. *barbé*. Barbier, RDR 5, 239; REW 946; FEW 244 a.

barbue „Meerbarbe"
13. Jh., aus wegen der Verbreitung schon vlat. **barbūta*, s. *barbu*, Barbier, RLR 48, 193 ff.

barbule „Widerhäkchen"
19. Jh., aus lat. *(barbula)*, vgl. *barbelé*.

barbure „Unebenheiten an frisch gegossenen Stücken Gußeisen, an Münzen u. ä."
18. Jh., ist Abl. von *barbe* „Bart", s. *barbille*. FEW 246 b.

barcarole „venezianisches Gondellied"
18. Jh., aus venez. *barcarola*, dieses zu *barcarolo* „Gondelführer", vgl. *barque*.

barcelonnette s. *bercelonnette*.

bard „Tragbahre"
13. Jh. *beart*, *baart*, davon mit Hiatustilgung auch afrz. *baiart*, das in dieser Form über den größten Teil Frankreichs verbreitet ist, vgl. aber rouchi *béard*, Bayeux *bar*, H. Maine *biard*. Das Wort ist in den Süden weitergewandert, wo es in älterer Zeit nicht bodenständig ist; afrz. *beard* ist aus **berard* dissimiliert, dieses aus fränkisch **bërhard* „Träger", „tragbares Ding" zu **bëran* (ahdt. dasselbe) „tragen"; es gehört also zu *bière*. ZRP 43, 557.
Zu *bailler* — *bajulare*, FEW 207 b, ist lautlich nicht möglich, Bl.-W. 58; zu afrz. *baer*, *beer* „gähnen", „gaffen", s. *bayer*, Bloch, RLiR 11, 324 f; Dauzat, Fr. mod. 8, 14 ist lautlich und morphologisch unhaltbar; *bard* als gallische kollektivische Abl. *(-areto)* von gallisch **bâgus*, zu agls. *bôg* „Arm", „Schulter", „Zweig", als auch begrifflich parallele Bildung zu **brankareto* „brancard", Hubschmied, VR II, 30, ist zu wenig gestützt.

barda s. *barde* 2.

bardache „Schandbube"
16. Jh., lebt noch wall. als „Freudenjunge", Gessler, Mél. Roques 2, 104, aus ital. *bardascia*, dieses aus arabisch *bardaǵ* „Gefangener" bzw. persisch *bardah* dass., Lam. 43; Diez 42; REW 956; FEW 253 a; de Gregorio, SGI 7, 43 f.

bardane „Klette"
15. Jh., aus mlat. *(bardana)*, das ein älteres *dardana*, so wiederholt in Glossen, fortzusetzen scheint; die Umgestaltung vielleicht in Anlehnung an lat. *barbula* „Widerhäkchen", s. *barbule*. Mlat. *dardana* könnte zu *dard* gehören. Gamillscheg-Spitzer, Bez. der Klette, Halle 1915.
Bardana für *barbana* zu *barba*, Rohlfs, ZRP 41, 454 ist wegen des Mangels eines mlat. **barbana* unwahrscheinlich; zu **bard*, dieses Ablautform zu *bourde*, Richter, SAWien, 156, 5, 21 ist durch nichts gestützt; *bardane*, aus der Gegend von Lyon, wo **bardane* „Wanze" und „Klette" bedeutet, aus einer Grundform **barritum* zu **barrum* „Ton", „Schlamm", s. *bardeau* 2, weil die Klettenköpfe an den Kleidern hängen bleiben, Bl.-W. 58; FEW 264 b, dreht das Verhältnis zwischen „Klette" und „Wanze" um. *dardana* ist in letzten Resten im Südosten noch erhalten (oder *bardano* + *dard?*), s. ALF 112.

barde 1. „Barde"
16. Jh., aus mlat. *(bardus)*, das aus mittelirisch *bárd* „Sänger" stammt.
2. „Pferdeharnisch", „Reitkissen"
13. Jh., aus persisch-arabisch *bardaᵋa*. Lam. 43; REW 955; FEW 252; lebt auch seit 1863 in der Ma. der afrikanischen Truppen als *barda* „Gepäck", „Tornister", Bl.-W. 58.
Aus germ. **barda*, vgl. anord. *bardi* „Schild", das über span. *barda* erst ins Arabische gewandert wäre, Goldschmidt, Festg. Förster 54, ist nicht begründet.
3. „Speckschnitte" (zum Braten von Vögeln)
18. Jh., ist im Süden zu Hause, vgl. nprov. *bardo*, das mit katal., span. *albarda* „Speckschnitte", wie *barde* 2, auf arab. *al-bardaᵋa* zurückgeht; Cor. s. v.; Eguilaz y Yanguas 103.

bardeau 1. „Dachschindel"
16. Jh., lebt im Normannischen und im ganzen Südgürtel des Nordfrz., ist deminutive Abl. von einem nicht bezeugten afrz. *bart*, *bard* „Diele", das durch im 15. Jh. belegtes *barder* „mit Dielen belegen" und prov. *bart* „Fliese", „Steinplatte" erschlossen werden kann; dazu span. *barda* „Schindel", Rohlfs, ZFSL 49, 176. Daß dieses zu *barde* „Pferdeharnisch" gehört, FEW 252, ist unwahrscheinlich. Eher zu dem Folgenden.
2. „Holzwehr an Wasserläufen"
16. Jh., ist langued. *bardoc*, gaskognisch *bartoc*, lim. *bardò*; dann, als würde das Suffix *-eau* = *-ellus* zugrunde liegen (vgl. die Graphie des frz. Wortes), nprov. *bardèu*; im Norden lebt das Wort in Westfrankreich von der Bretagne bis nach Poitou; dazu mit anderem Suffix nprov. *bardis*, *bardisso* „Trenn-

wand", „Schutzwehr gegen eindringendes Wasser", seit dem 16. Jh. als frz. **bardis**, zuerst in einer Chronik von Bordeaux bezeugt, ist dagegen im eigentlichen Norden nicht nachgewiesen, FEW 252 b. Da Charente *bardi* die Bedeutung „Erdmauer" besitzt, gehört es wohl zu **bardum* „Tonerde", Streng, HH 135; die Bedeutung „*Holz*wehr" unter Einfluß von *bardeau* 1 bzw. prov. *bard* „Diele". Vlat. **bardum* „Tonerde", „Lehm" ist vielleicht gallisch, hier aus iberisch **barrum* entlehnt, das auf der Iberischen Halbinsel und im Gaskognischen lebt, s. Gg. ZRP 43, 572. Vgl. auch *baraque*.

**bardum* als Rückbildung von **bardicum*, dieses aus gr. πάρδακον „das Nasse", dazu **barrum* als Kreuzung von **bardum* mit **barranca*, s. *barange*, Brüch, WuS 7, 168 ist neben anderem auch kulturhistorisch unwahrscheinlich.

3. s. *bardot*.

bardée 1. „eine Tragbahre voll"

17. Jh., ist Abl. von *bard*, s. d.

2. „Speckschnitte"

19. Jh., ist Abl. von *barder* „in Speckschnitten einwickeln" bzw. Kollektiverweiterung von *barde* 3.

bardelle „Reitkissen"

16. Jh., ist dem. Abl. von *barde* 2. FEW 252 a.

barder 1. „auf eine Tragbahre laden"

15. Jh., ist Abl. von *bard*, s. d.

2. „den Harnisch anlegen"

15. Jh., ist Abl. von *barde* 2.

3. „in Speckschnitten einwickeln"

19. Jh., ist Abl. von *barde* 3.

bardis, s. *bardeau* 2 und *bâtardeau*.

bardit „Schlachtgesang der Germanen"

17. Jh., aus lat. *(barditus)*, d. i. Kreuzung von lat. *barritus* „Schlachtgebrüll" mit *bardus*, s. *barde 1*.

bardot „kleiner Maulesel", „Packesel"

16. Jh., lebt besonders im Südgürtel des Nordfrz., dazu poitev. *bourdin* und *bardon*; ist dissimiliert aus **bordot* zu prov. *bort* „Bastard", lat *bŭrdus* „Maultier".

Aus ital. *bardotto*, Dict. gén., ist nach der Verbreitung des Wortes nicht wahrscheinlich; zu *barde* „Reitkissen", „Satteldecke", REW 955; FEW 252, ist begrifflich und morphologisch schwierig.

barège „dünner Seidenstoff"

19. Jh., nach dem Ort *Barèges* in den H. Pyrénées, der als Schwefelbad und wegen seiner Stofferzeugung bekannt ist. Dict. gén.; FEW 253 a.

barème „Rechenbuch"

17. Jh., nach dem Mathematiker François *Barème*. Dict. gén.; FEW 262 a.

barge 1. „Sumpfläufer" (der Schnepfe ähnlicher Vogel)

16. Jh., auch **berge**, so für limosa melanura in Savoyen, Anjou, dann *lamberge* Calvados, *livergin* norm.; zu diesem im 13. Jh. *liverzin*, Tilander, ZRP 46, 268; die älteste Form des Wortes scheint *bardea* zu sein, das in der Bedeutung „Haubenlerche" Corp. Gloss. 3, 435, 67 belegt ist; dieses dürfte zu gallisch *bardalla* „Haubenlerche" gehören und Abl. von derselben Wurzel wie air. *bard* „Barde" sein, also ursprünglich „Schwätzer" bedeuten (Pokorny); doch ist auffällig, daß die älteren und die mundartlichen Formen von *barge* -*e*- als Tonvokal zeigen. Zu *bardalla* s. FEW 253 a; Jud, AR 6, 202; Dottin 231; Barbier, PLeeds I, 187.

bardea zu **bard*, dieses Nebenform von **burd*- bzw. *burrus* „rotbraun", s. *bourrique*, Richter, SAWien 156, 5, 13, ist zu wenig begründet; zu den mundartlichen Formen für *barge* s. Roll. F. 2, 352.

2. „Nachen"

11. Jh., besonders für die Loireschiffahrt gebräuchlich, lebt aber auch im Wall. und Bretagn.; zuerst als *barga* im 9. Jh. in Nordfrankreich bezeugt; es gehört zu *barca*, das schon um 200 in Portugal belegt ist, so daß Kluge, AR 6, 232 iberischen Ursprung vermutet. Das Nebeneinander von *barga* und *barca* könnte eine Grundform **barica* erschließen lassen; dieses wird von Bücheler, Rheinisches Museum 42, 583; Diez 42; FEW 251 als Ableitung von lat. *baris* = βᾶρις „Nachen" aufgefaßt; doch widerspricht diesem Ansatz die nordfrz. Form, wenn man nicht annehmen will, daß die synkopierte und die ursprüngliche Form nebeneinander weitergelebt hätten. Das Nebeneinander von *-rg-* und *-rc-* würde eher auf das Gallische weisen, s. Thurneysen, KR 9; Jud, AR 6, 192, doch ist schon früh im Irischen belegtes *bárc* wegen der Länge des Stammvokals Lehnwort (Pokorny), vgl. Thurn. KR 43; *barca* wäre nach Sofer 111 ägyptischen Ursprungs; s. auch Jud, Rom. 46, 468; Loth, Rev. Celtique 38, 309; REW 952; Kemna 109 ff.; vgl. auch *barque*.

Arabisch *bâriğa* „Kriegsschiff", Lam. 45, ist nicht die Quelle des rom. Wortes, sondern daraus entlehnt.

barguigner „feilschen", va. „zaudern"

12. Jh. *bargaignier*, *barguignier*, vereinzelt auch *barkenier* „Handel treiben", „feilschen", dann auch „zaudern"; dazu das postverb. Subst. afrz. *bargaigne* „Zögern", in dieser Bedeutung seit dem 13. Jh. gesichert; ist Ausdruck des fränkischen Handelsverkehrs, des Besuches von Märkten u. ä.; zuerst in karolingischen Diplomen des 8./9. Jhs. *bragania*, *bracaniare*, ähnlich in angelsächsischen Gesetzen des 10. Jhs., in langobardischen Urkunden im 11. und 12. Jh. Grundform ist ein frühgallorom. **barwaniare*, mit festem -*g*- aus fränkischem -*w*-, Bedeutung „Geschäfte

machen", dieses zu mhd. *warb* „Geschäft", „Gewerbe" (altfriesisch *hwerva* „Handel treiben", fränkisch *[h]warbjan*; Grundbedeutung „sich herumbewegen); **warbanjan* ist Abl. von dem Subst. *warb* „Geschäft", einem *-o*-Masculinum, entsprechend dem belegten *waidanjan* zu *waida* „Weide", s. *gagner*; die Umstellung von **warbanjan* zu **barwanjan*, vielleicht in Anlehnung an das eine ähnliche Bedeutung wie *bargaignier* zeigende afrz. *barater*, „Geschäfte machen", „betrügen", das aber selbst unsicherer Herkunft ist. Eine ähnliche Umstellung zweier fränkischer Labiale zeigt *morve* neben *gourme*, beide aus fränkisch *worm*, s. d.

Ableitung von fränkisch *borgên* „Zahlung erlassen", „schuldig bleiben", Mackel 53; Ulrich ZRP 3, 266; REW 1220; Bl.-W. 59 ist weder morphologisch noch lautlich möglich noch begrifflich entsprechend; auch nicht Abl. von *barca* „Waagschale", Diez 43; mlat. *bracaniare* ist irrtümliche Latinisierung eines gesprochenen *braganjar;* vgl. Solmi, Nuovi studi medievali 3, 3, 78; Schiaffini, ID 4, 303; Roques Rom. 55, 142. Zu gr. πρᾶγμα „Handels- oder Geldgeschäft", über *pragma, bragama,* dazu aital. *bargagnare,* das durch den Handel in das Galloromanische gekommen wäre, Brüch ZFSL 49, 298, ist lautlich und kulturgeschichtlich unwahrscheinlich; *barguigner* als Schallbildung, Spitzer, Misc. Schuchardt 140, erklärt nichts.

barigel „Häscherführer"
16. Jh. *barizel,* aus ital. *barigello,* dieses aus langobardisch *barigildus*, das im 9. Jh. belegt ist. Diez 43; REW 959; Goldschmidt, Festg. Förster 54.

barigoule „eßbarer Schwamm"; „Art, die Artischocken zu bereiten"
19. Jh., aus nprov. *barigoulo,* auch *bourigoulo, bouligoulo, berigoula, brigoulo,* auch mit anlautendem *m-, meringoulo, mirgoulo* und der Bedeutung „Morchel"; scheint Umdeutung von *mourigo, mouricho,* dass. zu sein, s. *morille;* vgl. aber auch welschtirolisch *brigald,* nonsberg. *bragjaudara* „Menge Pilze", s. Schneller, Rom. Volksma. Südtirol 221; Ettmayer, Berg. Alpenma. 2.

baril „Fäßchen"
12. Jh., dazu prov. *baral, barral* „Maß von 27 bis 50 Pinten", 14. Jh. *barete* „Hohlmaß für trockene Materie", Glaser, ZFSL 26, 1; der älteste Beleg des Wortes ist *barriclos* im Capit. de Villis, Wölfflin, ALL 2, 267; H. u. Zusammenhang mit **barra,* s. *barre,* Baist, RF 32, 895 f., ist am wahrscheinlichsten.

Nach Richter, SAWien 156, 5, 109 mit bretonisch *baraz* „Eimer" (das aus frz. *baratte* entlehnt ist, Henry s. v.), und einmal im 15. Jh. für Lille belegtem *bouret* „Eimer" zu **burd-, *bar-* vom Geräusch der eingeschütteten Flüssigkeit, letzteres zu *burda* „Schilfrohr", überzeugt nicht; ganz unmöglich *barile* umgestellt aus **rabile,* dieses für **arbile* zu *alveus,* s. *auge,* Nigra, ZRP 28, 7; zu langob. *bâra* „Bahre" s. *bière,* REW 1038, ist wegen *barriclos* des 8. Jhs. lautlich unmöglich. Vgl. auch *barrique* und *barrot* 2.

Dazu seit dem 13. Jh. die deminutive Abl. **barillet** „Fäßchen".

barille „Name mehrerer Meerespflanzen, aus deren Asche Soda erzeugt wird"
18. Jh., aus span. *barrilla* „Salzkraut", „Soda".

barioler „buntscheckig bemalen"
zuerst im 17. Jh. belegt, aber durch *bariolage* für das 14. Jh. gesichert; nach Ménage in Paris unter gemeinen Leuten gebräuchlich, um Diener, die „des habits *bariolés*" als Livrée tragen, zu verhöhnen; ist entlehnt aus einem westprovenzalischen *bairoular* „scheckig machen", das durch nprov. *vairoula, bairoula* „Farbe annehmen" (von reifenden Früchten), afrz. *vairelé* „scheckig", „fleckig" zu erschließen ist, vgl. noch prov. *vairola* „Sommersprosse", poitev. *variolé* „von verschiedenen Farben". Zu dem prov. Verbum und prov. *vairola* s. *vérole.* ZRP 40, 134; Richter, SAWien 156, 5, 56. Oder zu afrz. *barré* „mit Querstreifen versehen" *(robe, escu),* gekreuzt mit *riolé* „buntscheckig", das nach Godf. 7, 200 in Poitou, Saintouge, Aunis noch lebt, Bloch, RLiR 11, 325?

Kaum zu *barre,* s. d., Sainéan, ZRP 30, 557; FEW 259 a.

barisel s. *barigel.*

barle „tauber Gang", „Verwerfungskluft"
19. Jh., u. H.

barlin „Bindeschleife der Seidenweber"
18. Jh., u. H.

barlong „ungleichmäßig viereckig" va.
11. Jh., afrz. *beslong, berlong* „länglich", die Form pikardisch, vgl. Démuin *berlon* „ungleich", ist zusammengesetzt aus dem Pejorativpräfix afrz. *bes-*, eigentlich „doppelt", aus lat. *bis-* und *long.*

barlotière „Fenstereisen", „Fenstersproß"
18. Jh. ist mit dem eine Einfassung, Umrahmung bezeichnenden Suffix *-ière* abgeleitet von **barrelot,* und dieses dem. Abl. von *barreau,* afrz. *barrel* „Gitterstab", „Querstab"; Dict. gén. s. Doubs *barrelot* „Stäbchen", FEW 756; zu *barre.*

barnache „Entenmuschel", „Rotgans"
17. Jh., zunächst in der Form *bernaque,* die literarische Form aus dem Neuprov. (Languedoc *brenacho,* Hérault *brenacha*), wo das Wort aber selbst franzisiert mit *-ch-* für zu erwartendes *-c-* erscheint; die älteste Form des Wortes ist im 12. Jh. bezeugtes *bernaca,* das zusammen mit der nprov. Form und portug. *bernaca* „schottische Ente" eine Grundform grom. **bernacca* voraussetzt; daneben bestand mit anderem Suffix eine

Form **b e r n ĭ c c a*, die durch norm., 16. Jh., *besnesque*, span. *berneca* „Brandgans", mittelengl. (aus dem Gallorom. entlehnt) *bernekke* gesichert ist; das Wort ist keltischer Herkunft, zu irl. *bairnech* „Entenmuschel", Grundform **barennîka*, zu irl. *barenn* „Felsen", air. *bern* „Spalte", „Riß", „Kluft", ist also ursprünglich die Bezeichnung der „Muschel"; die Bedeutungsübertragung auf die Rotgans erklärt sich daraus, daß nach Roll. l. c. im Volk der Glaube herrscht, daß die Rotgans aus der Entenmuschel (lepas anatifera) geboren werde (Pokorny); vgl. Thomas, Rom. 28, 172 f.; (Mél. 32); Spitzer, ZRP 42, 195; Roll. F. 3, 192; 2, 393; 12, 81; aus bretonisch *bernik* „Entenmuschel" stammt frz. **bernicle**, das nun neben *barnache* tritt; so s. Tilander, ZRP. 46, 241.

baromètre „Druckmesser"
17. Jh., ist gelehrte Bildung aus gr. βάρος „Schwere" und μέτρον „Maß".

baron „Freiherr"
11. Jh., afrz. *ber — baron*, in der Lex Salica *sacibarones* zur Bezeichnung königlicher Beamter, Vertreter der Grafen, die z. B. Bußen entgegennahmen; diese Funktion verbleibt den *barones*, die in der Lehensordnung zwischen den *comites* (s. *conte*) und *castellani* eingereiht sind. Das Wort geht auf ein fränkisches **b a r o* zurück, das von Kögel, ZDA 33, 13 ff.; PBB 19, 329 als germanisch erwiesen wurde. Mackel 38; REW 962; FEW 254 f.; *Westerblad, Baro et ses dérivés, Diss. Upsala 1910.
Dazu die auf die Zeit vor dem 8. Jh. zurückgehenden Ableitungen, in denen das *-o-* der Endung noch verstummte: *barnage* „Ritterschaft", „Rittertat"; *barné* „Ritterlichkeit", „Vasallenschaft"; *barnesse* „hochgestellte Frau, heute neu angelehnt an das Stammwort, *b a r o n e s s e*, ursprünglich „Frau des Vollfreien, dem Gesinde gegenüber"; *barnil* „männlich", zu *baron* in der ursprünglichen Meinung „Mann". Daneben die jüngeren Abl. afrz. *baronaille*, 12. Jh. „Ritterschaft", *baronie* „Vasallenschaft", „Ritterlichkeit" u. a.
Da es sich um einen Ausdruck der fränkischen Lehensverfassung handelt, kaum schon westgerm. **baro*, Brüch 87.
Baro, bei Isidor v. Sevilla und in späteren Glossen bezeugt, nach Wölfflin, ALL 9, 13 „Mann mit einseitiger Ausbildung", „Lastträger", in den Scholien zu Persius „Diener der Soldaten", ist identisch mit lat. *varo* „Tölpel", hat nichts mit dem fränkischen *baro* zu tun, Meyer-Lübke, SAWien 149, 2, 85.

baroque „barock", „lächerlich", „sonderbar"
16. Jh., im ältesten Beleg zusammen mit *ajorffe*, d. i. portug. *aljôfre* „kleine Perle" gebracht, im 16. und 17. Jh. *perle barroque*; aus portug. *barroco* „unregelmäßige Perle", u. H. Barbier, PLeeds 1, 19; REW 9241.
Portug. *barroco* zu keltisch **barros* „Gipfel", dann „Stein", so daß *barroco* ursprünglich „Steinchen" bedeutet hätte, Brüch, WuS 7, 166 ist bedenklich, da für **barros* in Ortsnamen Frankreichs zwar die Bedeutung „Gipfel" wahrscheinlich zu machen ist, ein **barros* „Stein" aber nirgends zu belegen ist. Die Bedeutung „sonderbar" zuerst 1701, Bl.-W. 59; nach Castro, RFE 21, 76, verwendete Montaigne *barroco* und *baralipton* als Symbole des scholastischen Denkens, und Pascal ähnlich *barbara* und *baralipton;* darnach hätte port. *barroco* „unregelmäßige Perle" auch adjektivisch „schiefrund" den Nebensinn „seltsam", „lächerlich" bekommen, s. auch Cor. I, 415.

barque „Barke"
14. Jh., aus ital. *barca* oder prov. *barca*, der Entsprechung von frz. *barge*, s. d. FEW 251.
Dazu seit dem 16. Jh. die deminutive Abl. **barquerolle** „Ruderbarke".

barquette „kleine Barke"
13. Jh., lebt heute Mons, Rouchi, kann daher einheimische deminutive Ableitung von altpik. norm. *barke*, der Entsprechung von afrz. *barge* sein, s. d. und *barque*. Doch kann dem literarischen Wort auch ital. *barchetta*, dass., zugrunde liegen. Kemna 11; FEW 251.

barrage „Schlagbaum", „Wasserwehr"
12. Jh., ist Abl. von *barrer* bzw. *barre*, s. d. FEW 259 a.
Dazu seit dem 15. Jh. die Abl. *(-arius)* **barrager** „Zolleinnehmer am Schlagbaum"

barras „Schellharz"
18. Jh., aus gaskognisch *barrasc*, das vielleicht zu **barrum* „Tonerde" gehört, s. *bardeau* 2.

barre „Stange", „Stab"
11. Jh., afrz. „Balken", „Querstange", „Schranke", noch im 16. Jh. auch „Zahltisch", „Comptoir", Stone, Mél. Roques II, 291; aus grom. **b a r r a*, das vermutlich gallorom. Kollektivform zu gallisch **barros* „buschiges Ende" darstellt; dieses lebt als Maskulinum namentlich in Oberitalien und im östlichen Provenzalischen, s. Schuchardt, ZRP 4, 126; Jud, Rom. 46, 472, Anm. 2; die Bedeutungsübertragung nach Brüch, WuS 7, 150, wenig überzeugend, über „Buschhecke" (als Einfriedung), dann „Heckenzaun", „Zaun", endlich „absperrender Balken". Vgl. Diez 45; Thurn. KR 44; REW 963; FEW 255 ff.
Zu lat. *vara* „Querholz", Parodi, Rom. 27, 207 ist lautlich unmöglich, s. *embarrasser*.

barreau „Gitterstange", „Advokatenplatz", „Sachwalterschaft"
13. Jh. „Stange", ist Abl. von *barre*, s. d.; s. *barlotière*.

barrefort „der größte Balken, den man aus einer Fichte gewinnt"

19. Jh., dagegen schon 18. Jh. für Bordeaux *barrafort,* aus dem das frz. Wort literarisiert ist, aus prov. *barra,* s. *barre* und *fort.* FEW 258 b.

barrer „mit einer Stange befestigen", „verschließen"
12. Jh., afrz. „sperren", „mit Querstreifen versehen", ist Abl. von *barre,* s. d.; s. auch *barioler.*

barrette „zusammenlegbare Mütze"
14. Jh., aus ital. *baretta, berretta,* dieses Abl. von vlat. *birrum* „Art Überwurf mit rundem Loch, um den Kopf hinein zu stecken", s. Corp. Gloss. 5, 271, 52 *birrum — grossior cappa;* ebd. *birrica — vestis ex lana caprarum valde delicata,* dann bei Gregor v. Tours *birrus albus* vom Täuflingsgewand, s. Richter, SAWien 156, 5, 14 und 29 ff. Wie das Vorkommen des Wortes bei gallischen Schriftstellern andeutet, s. Terracini, RFIC 49, 425, ist das Wort vermutlich gallisch und wird von *Thurneysen, Ernst-Kuhn-Festschrift 82 auf gallisch **birros* (altirisch *berr* „kurz") zurückgeführt, s. Spitzer, ASSL 137, 75; vgl. auch Baist, ZRP 6, 116; Bl.-W. 59; REW 1117 a; s. *béret.*
Nicht zu *bŭrra* „zottiges Gewand", Richter, l. c. 29 ff.; *Sepulcri, RILomb. 53, 461 ff.

barreur 1. „Hund, der dem gejagten Wild den Ausweg versperrt"
17. Jh., ist Abl. von *barrer* „versperren".
2. „Führer des Helmstocks auf einem Schiffe"
19. Jh., ist Abl. von *barre* in der Bedeutung „Ruderpinne".

barricade „Verrammelung"
16. Jh., aus ital. *barricata,* dieses Abl. von *barricare* „verrammeln", d. i. intensive Erweiterung von *barrare* „verrammeln", „versperren", s. *barrer;* wegen der Abl. Meyer-Lübke, Ital. Gr. 306, 309; das ital. *barricare* ist im 16. Jh. als *barriquer* in das Französische gedrungen. Dazu seit dem 16. Jh. **barricader** „verrammeln". REW 963.
Zu *barrique* „Faß", da im 16. Jh. *barricade* zuerst in der Bedeutung „Verschanzung aus Fässern" bezeugt ist, Diez 45; Baist, RF 32, 896; Bl.-W. 60 ist unwahrscheinlich, doch ist *barrique* vielleicht volksetymologisch in das entlehnte *barricade* hineingedeutet worden.

barrière „Schutzgatter", „Schranken"
14. Jh., ist kollektive Abl. von *barre* „Stange", s. d. REW 963; FEW 256 a.

barrique „Stückfaß"
15. Jh., aus südwestprov. *barrica,* das vermutlich vorhistorische Abl. von dem in *baril* zugrundeliegenden Stamme ist.

barrir „brüllen" (vom Elefanten)
16. Jh., aus lat. *(barrire).*

barroir „Bohrer der Böttcher"
14. Jh., dient zum Bohren der Löcher für die Pfosten, die die Querstange am Grund der Fässer = *la barre* festhalten; *barroir* ist also ursprünglich adjektivisch = „für die Querstange, *barre du tonneau* bestimmt", steht also für **foret barroir,* d. i. *-orius* Abl. von *barre,* s. d. Vgl. das morphologisch verwandte *vrille barreresse,* Blois 17. Jh., in derselben Bedeutung. Thomas NE 94; FEW 257 b; 261 a.

barrot 1. „kleiner Querbalken"
16. Jh., ist deminutive Abl. von *barre,* s. d. FEW 256 b.
2. „Anschovisfäßchen"
16. Jh., aus prov. *barrau* „Faß", dieses Abl. *(-ale)* vom Stamm des frz. *baril,* s. d.

barrotte „mit Reifen umlegtes Gefäß für die Weinlese"
19. Jh., ist vergrößernde Abl. von *barrot* „Fäßchen", s. d.

barroter „den Raum bis unter die Balken vollstauen"
17. Jh., vgl. auch bei S. V. *barrotin* „Rippe zwischen den Deckbalken", ist Abl. von *barrot* 1; oder unmittelbare Abl. von *barrer* wie *clapoter* zu afrz. *claper,* im „bas langage" beliebte Verbalableitung, s. Nyrop III, 202; Hasselrot, Etudes sur la form. diminutive etc. 1957, S. 97.

bars s. *bar.*

bartavelle „Steinhuhn"
18. Jh., aus nprov. *bartavella* (Gard, Alpes Cott., Nizza), sav. *bartella,* Roll. F. 2, 338; bedeutet eigentlich „die Schwätzerin", vgl. lyon. *bartavèla* „Schwätzer", „Plauderer"; dieses ist postverb. Subst. von lyon. *bartavelô,* sav. *bartavalâ* „schwätzen", eigentlich „ratschen", und dieses wieder Abl. von südöstlichem (Forez, Velay) *bartavella* „Karfreitagsratsche"; dieses ist übertragen von ebenfalls im Südosten lebendem, z. B. sav. *bartavala* „Art Mehlsieb", da die mittelalterlichen Ratschen aus einer Leiste mit einem Zapfen bestanden, auf dem eine frei bewegliche Holzzunge angebracht war, die durch ein dem Mehlbeuteln ähnliches Schütteln zum Schnarren gebracht wurde (Puitspelu); zugrunde liegt vlat. **vertibellum* für lat. **vertibulum* „Werkzeug zum Wenden", s. *verveu.* REW 9251.

baryton „Bariton"
18. Jh., gr. (βαρύτονος) „tieftonig", Bl.-W. 60.

bas „niedrig"
12. Jh. auch „leise", dann subst. „Tiefe", vgl. zu diesem *baissière,* aus vlat. *bassus,* das zuerst bei Isidor v. Sevilla in der Bedeutung „dick", „untersetzt", dann in St. Gallener Glossen des 8. Jhs. als „niedrig" bezeugt und mit dem lat. Beinamen *Bassus* wohl eins ist. Es findet sich ferner in den Tironischen Noten vor *crassus,* s. *gras,* ferner in den Glossen wiederholt mit *pinguis* glossiert, Heraeus, ALL 12, 56. Die Herkunft des Wortes ist unsicher, s. Walde s. v.; Diez 45; Schuchardt,

Vok. 1, 34; REW 978; FEW 274 f.; Brüch, ZFSL 49, 299.
Das afrz. Subst. *bas* „Tiefe“ liegt vor in afrz. *bas de chausses,* das den unteren Teil der *chausses,* das sind im 12. Jh. eng anliegende Beinkleider, bezeichnet; dazu der obere Teil vom Knie aufwärts = *haut de chausses,* s. Esau, 39 ff.; aus *bas de chausses* losgelöst nfrz. **bas** „Strumpf“, s. Jaberg, Sprachgeographie 13 ff.

basalte „Säulenstein“, „Basalt“
16. Jh., aus lat. *(basaltes),* das sich in späteren Plinius-Handschriften für lat. (gr.) *basanites* findet; dieses zu gr. βάσανος, dass. Die falsche Lesart *basaltes* wurde 1546 von Georgius Agricola übernommen und ist im 16. Jh. in alle Kultursprachen übergegangen, W. Sieglin, Investigación y Progreso, 1935, 361.

basane „Schafleder“
12. Jh., aus prov. *bezana,* auch *bazana, beana,* dieses aus arabisch *baṭâna, biṭâna* „Futter“, im spanischen Arabischen „Schafleder“, Cor. I, 362; Brüch, ZFSL 49, 299; vgl. Thomas, Rom. 35, 460; REW 987; Diez 429.

bascule „Schaukelstuhl“, „Schaukelbrett“
15. Jh. *bacule,* im 16. Jh. *bassecule, bascule,* mit volksetymologischer Einwirkung von *bas* „tief“. Es ist postverb. Subst. von mfrz *baculer,* 14. Jh., seit dem 17. Jh. **basculer** „schaukeln“, ursprünglich „auf den Hintern schlagen“; das Verbum ist scherzhafte Zusammensetzung von *battre* und *cul,* ausgehend von substantivischem *bat-cul,* das in der Bedeutung „Schwanzriemen des Maulesels“, heute Anjou *bat-cul* „hintere Querstange am Pferdegeschirr“, bei S. V. auch *bascul* „Leitseil am Sattel und Hintergeschirr des Stangenpferdes“ belegt ist; Dict. gén. Die Bedeutungsverschiebung von „auf den Hintern schlagen“ zu „schaukeln“ vielleicht wegen der Hineindeutung von *bas,* so daß ein *bas-culer* in „den Hintern senken“ umgedeutet wurde.

base „Grundlage“
12. Jh., aus lat. *(basis).* REW 975; FEW 272 a; dazu seit dem 17. Jh. *(se)* **baser** „sich stützen“. Vgl. *soubassement.*

bas-fond „Niederung“
19. Jh., ist zusammengesetzt aus adjekt. *bas* und *fond,* s. d.

basilic 1. „Basilisk“
12. Jh. *basilisc,* der Schwund des zweiten *-s-* kaum wegen volkstümlicher Weiterentwicklung des Wortes, sondern dissimilatorisch aus lat. *(basiliscus),* eine Eidechsenart; Bertoldi, ZRP 54, 229; FEW 271 a.
2. „Königskraut“
15. Jh., aus mlat. *(basilicum),* dieses aus gr. βασιλικός „königlich“. FEW 271 a.

basilique 1. „Hauptkirche“
16. Jh., ist gelehrte Nebenform von *basoche* aus lat. *(basilica);* dieses aus gr. βασιλική οἰκία „königliches Gebäude“, so für das Prachtgebäude am Forum in Rom, das für Gerichtssitzungen u. ä. verwendet wurde, dann bei Sulpicius Severus in Bordeaux 4./5. Jh. als *basilica martyrum* für „Hauptkirche“ gebraucht; Georges s. v.; Bl.-W. 60; Aebischer, RDiR 27, 119 f.; s. auch *basoche.*
2. „Königs-“
14. Jh., aus gr. (βασιλικός) „königlich“.

basin „Barchentart“
14. Jh. *bombasin,* seit dem 17. Jh. die heutige Form, die aus umgedeutetem *bon-basin* rückgebildet wurde; aus ital. *bambagino,* d. i. Abl. von *bambagia* „Barchent“; dieses aus mgr. βαμβάκιον, bzw. aus daraus entlehntem mlat. *(bambacium),* das zu lat. *bombyx* „Seidenstoff“ gehört. Diez 39; Dict. gén.; REW 923; vgl. auch *beige* Bl.-W. 60.

basoche „Schiedsgericht der Schreiber am Pariser Parlament“
15./16. Jh., das Wort lebt in Ortsnamen Westfrankreichs, namentlich der Umgebung von Tours, aber auch in der Westschweiz, vgl. *Bazoges,* Vienne, *Bazelges,* Cantal, *Bazouge,* Mayenne, *Bazoque,* norm., mit *-e-* in Nordfrankreich nur in *Bazèques,* Pas de Calais; es bezeichnet *baseche* im Martinsleben von Péan Gatineau die *basilica sancti Martini;* aus lat. *basĭlĭca* „Klosterkirche“, „Grabkapelle“, nach der basilica Constantini, der Gedächtniskirche über dem Grabe Christi in Jerusalem. Die Bedeutungsverschiebung im literarischen Wort ist unerklärt. Jud, BK 24 f.; REW 972; FEW 270 f.
Dazu seit dem 16. Jh. die Abl. *(-anus)* **basochien** „Teilnehmer an der *basoche* genannten Einrichtung“.

basque „Rockschoß“
16. Jh., aber schon Ende des 14. Jhs. *baste,* aus nprov. *basto,* aus grom. **basta* „Heftnaht“, s. *bâtir, bâte, baste* 2, FEW 278; oder entlehnt aus ital. *basta* „Saum“, „Einschlag“ derselben Herkunft, Dict. gén. Die Umgestaltung innerhalb des Frz. (vgl. aber auch sav. *basca*) vielleicht in Anlehnung an *basquine,* s. d.

basquine „Reifrock“
16. Jh., aus span. *basquina,* dieses Abl. von *basco, vasco* „baskisch“. Dict. gén.; FEW 272 a.
bassage s. *basser* unter *bassiner* 1.

basse 1. „Baß“, „Baßgeige“
16. Jh., aus ital. *basso,* d. i. subst. aus *basso* „niedrig“, s. *bas.*
2. „Sandbank“, „Untiefe“
17. Jh., zu wall. *basse* „Sumpf“, Jura *bas* „Bodensenkung“; weiter verbreitet in der Form *baisse,* so poitev. „tief liegender feuchter Boden“, Aunis dass., Champ. „Einschnitt“, „Höhlung“ u. ä. im Osten weit verbreitet; ist in der Form *baisse, besse* „tiefliegender Grund“ seit dem 13. Jh. belegt; es

ist postverb. Subst. von *baisser* „senken", s. d. Die Bedeutung „Sandbank" ist wall., bretagn., daher das literarische Wort. Dagegen stammt *basse* „sanfte Neigung" (in der Reitschule) wohl aus ital. *bassa,* d. i. Kollektivform zu *basso* „tief", s. *bas.* Dict. gén.; FEW 272 b; 274 b.

basse-contre „Kontrabaß"
16. Jh., ist zusammengesetzt aus *basse* „Baß", s. d. und *contre* „gegen", bedeutet also „Baß, der die Gegenpartie bildet"; Dict. gén.
basser s. *bassiner* 1.

bassesse „Niedrigkeit"
12. Jh., ist Abl. von *bas,* s. d. FEW 274 f.

basset 1. „kurzbeinig"
12. Jh., ist dem. Abl. von *bas,* s. d. Vgl. daraus substantiviert **basset** „Dachshund", pik. „kleiner Mensch". FEW 274 b.
2. in *cor de basset* „Art Klarinette"
19. Jh., aus ital. *corno di bassetta,* s. *basse* 1. und *cor.*

basse-taille „halb erhabene Bildhauerarbeit"
16. Jh., aus *bas* und *taille* in der Bedeutung „Schnitt", „Stich" bzw. in der allgemeinen Bedeutung „Art und Weise", „Figur" u. ä. zusammengesetzt; zu letzterem auch die Bedeutung „Bariton", im Gegensatz zu *haute-taille* „Tenor".

bassette „Bassettspiel"
17. Jh., aus ital. *bassetta,* dasselbe, d. i. subst. Fem. zu *bassetto,* dem. Abl. von *basso* „niedrig", s. *bas.*

bassin „Becken", „Schüssel"
11. Jh. *bacin* „Becken", „Kübel", zuerst bei Gregor v. Tours als *bacchinon* „hölzerne Schale" als vulgäre Form angeführt, ist abgeleitet von gallisch *b a c c a* „Wassergefäß", das bei Isidor von Sevilla belegt ist, s. *bac.* REW 866; FEW 199 f.; Diez 34; Thurn. KR 39.

bassiner 1. „angießen", „feuchtmachen"
14. Jh., ist Abl. von *bassin* „Becken", s. d. Davon die Rückbildung **basser** „leicht befeuchten", so im Norden und Osten, daraus spezialisiert in der Schriftsprache seit dem 19. Jh. „den Aufzug schlichten" (Weberei), d. h. ‚durch die seifige Masse der Weberschlichte ziehen, um Fäden schlüpfrig zu machen', bisweilen in Anlehnung an *passer* auch wie dieses geschrieben. Davon seit dem 19. Jh. die Abl. **bassage,** auch **passage** „Durchschwemmen der zu gerbenden Felle".
2. „mit der Wärmflasche erwärmen"
durch die Ableitung *bassinoire,* s. d., für das 15. Jh. gesichert, ist Abl. von *bassin* in der Bedeutung „Kohlenbecken zum Wärmen der Betten", das in dieser Bedeutung noch in B. Maine, dann im Südosten lebt. FEW 200 b.

bassinet 1. „Schälchen", „Zündpfanne", „Eisenmütze, die man unter dem Helm trug"
12.Jh., ist dem. Abl. von *bassin,* s. d.
2. „knolliger Hahnenfuß"
16. Jh., ist dem. Abl. von gleichbedeutendem *bassin,* so Champ., Bourg., Orléans, lebt mundartlich neben *bassin* auch Artois, daneben auch mundartlich weit verbreitet die Form *bassinot;* es ist Abl. von *bassin* in der Bedeutung „Schale", s. d. Roll. Fl. 1, 39 ff.

bassinoire „Bettwärmer"
15. Jh., ist ursprünglich adjektivisch, so im 16. Jh. pik. *payelle bachinoire,* eigentlich „erwärmende Pfanne", ist also Abl. von *bassiner* 2. FEW 201 a.

bassinot „Schälchen in der Färberei"
19. Jh., ist dem. Abl. von *bassin,* s. d., und *bassinet* 1.

basson „Basson", „Fagott"
17. Jh., aus ital. *bassone,* dieses augmentative Abl. von *basso,* s. *basse* 1.

baste 1. „Baste" (eine bestimmte Karte in verschiedenen Kartenspielen)
17. Jh., aus span. *bastos* „Treff" (als Farbe im Kartenspiel), im 16. Jh. belegt, Cor. 423; ist Rückbildung von span. *bastón* „Stab", s. *bâton,* oder entlehnt aus kat. *bastó,* dass.; die betreffenden Spielkarten wurden früher mit Darstellungen von Stöcken bemalt, erst später mit Kleeblättern *(trèfle)*; Baist, ZRP 39, 89; Brüch, ZFSL 49, 299.
2. „Einfassung eines Stoffes"
19. Jh., aus nprov. *basto,* wie frz. *basque,* „Rockschoß", „Raffung" (am Rand eines Kleides), „Kettenstich" (Stickerei) u. ä., aus grom. **b a s t a,* s. *basque, bâtir, bâte,* vgl. sav. *bâte* dasselbe, s. *bat, bate.* Kaum aus ital. *basta* gleicher Herkunft, Dict. gén.

baster „genügen"
16. Jh., aus ital. *bastare;* daneben afrz. nur im Judenfranzösischen *baster* nachgewiesen, wo es vermutlich aus prov. *bastar,* dass. stammt; aus vlat. **b a s t a r e* „genug sein", das im 4. Jh. aus gr. *βαστᾶν für βαστάζειν „tragen" entlehnt wurde. Die Bedeutungsverschiebung innerhalb des Vulgärlat. von „tragen" über „ertragen", „aushalten", „dauern" zu „Genüge leisten". Diese Zwischenbedeutungen sind bei dem zugrunde liegenden griech. Wort in mittelgriechischer Zeit belegt. Schuchardt, ZRP 33, 339 ff.
Zu vlat. **bastus* „gestopft" u. H., das aus span. *basto* „versehen mit", „ausgerüstet", „vollgepfropft", vgl. auch span. *bastir* „mit etwas versehen", erschlossen ist, REW 984; Meyer-Lübke, WuS 1, 32 f., überzeugt nicht; span. *basto* ist wohl eher aus *abastar* „überreichlich vorhanden sein" rückgebildet. Vgl. auch Richter, Kr. Jb. 12, 87; FEW 277.

basterne „Ochsenwagen", „bedeckte Sänfte"
18. Jh., aus lat. *(b a s t e r n a).*

bastide „Landhäuschen"
14. Jh. „Feldbefestigung", aus prov. *bastida,* s. *bastille.*

bastille „Bastei"
14. Jh. gleichzeitig mit der gleichbedeutenden

Nebenform *bastide*, aus prov. *bastida* mit Suffixwechsel entlehnt; dieses ist subst. Part. von *bastir* „bauen", s. *bâtir* 1. Thomas, Rom. 39, 391; FEW 278 a; dazu afrz. *bastie*, das in zahlreichen Ortsnamen in Frankreich belegt ist, frühzeitig ins Italienische wanderte, = *bastia, (bastea)*; davon die augmentative Weiterbildung ital. *bastione* „Bollwerk", „Verschanzung", das um 1500 als **bastion** „Bollwerk" ins Französische zurückwandert, Bloch, RLiR 11, 328; Roques, Rom. 63, 127; Tobler, SABerlin 1889; G. Paris, Rom. 19, 367; REW 981; Bl.-W. 61.

bastillé „mit Zinnen versehen"
ist Part. von afrz. *batillier, bateillier, bataillier* „mit Befestigungswerken versehen", in der Form nachträglich an *bastille* angeglichen; das Verbum, 12. Jh., ist Abl. von afrz. *bataille* „Befestigungswerk an einem Turm, einer Mauer", aus grom. **battacula* „Ort, wo man kämpft", d. i. die feminine Entsprechung von *batail*, s. d.

bastingue „Schanzdecke"
17. Jh., aus nprov. *bastengo* „mattenartige Leinwand", dieses kollektive Weiterbildung von *bastenc* „grobe Mattenschnur", d. i. Abl. von *bastir* „heften", s. *bâtir* 2. Wegen der Endung vgl. *bandingue*. Vidos, ZFSL 57, 1. Kaum aus ital. *bastinga*, Dauzat, RPFL 26, 72; FEW 280 b, das später belegt und aus dem Französischen entlehnt ist, s. Battisti, 455.

bastonnade „Stockstreiche"
16. Jh., aus ital. *bastonata*, d. i. Abl. von *bastonare*, der Entsprechung von frz. *bâtonner*. FEW 279 b.

bastringue „Schenkenball", „Kneipe", „Lärm", „Radaumusik"; im Jargon „Eisensäge"
Ende des 18. Jhs., lebt namentlich im Norden, vgl. Lüttich *bastringue* „Ball in der Weinschenke", „Lärm", dazu *cori* (courir) *les bastringues* „herumkneipen", pik. *bastringue* „schlechter Arbeiter", „leichtsinniges Tuch", *bastringuer* „unordentlich arbeiten", V. d'Yères *vastriguer* „die Märkte ablaufen"; dann wohl aus dem Vulgärfrz. Verdun *bastringue* „unangenehmer Lärm"; für Paris wird das Wort seit 1808 als eine Art Kontertanz bezeugt, u. H.
Nach Sain. LPar. 187 ff. wird 1799 eine von Samuel Widmer konstruierte Druckmaschine *bastringue* genannt, vgl. dazu Aunis *bastringue* „Art Tischlerbank", das Sain. mit mundartlichem *wabstringue, wastringue* „Speichenhobel", „Schabhobel", s. Gade 62, zusammenstellt; dieses unbekannter Herkunft; doch ist es wahrscheinlicher, daß die neu erfundene Maschine nach dem Lärm, den sie machte, mit *bastringue* benannt wurde, besonders da dieses gerade zu jener Zeit zur Bezeichnung des lärmenden Tanzes populär wurde.
Zu norm. *vastriquer* „hin und hergehen", und dieses zu ndl. *wechstrijcken*, 1630, „verächtlich davongehen", Barbier 53, 9; Spitzer ZFSL 55, 382, befriedigt weder lautlich noch begrifflich.

bastude „Netz zum Fischen in Salzteichen"
17. Jh., mit ursprünglich rein graphischem, dann auch in der Aussprache durchdringendem *-s-*, aus nprov. *batudo* „Treibfischen", „Stellnetz". Bei dem *batudo* genannten Fischen wird mit einem großen Stab auf das Fischerboot geschlagen, um die Fische ins Netz zu jagen; es ist seit 1311 für das Languedokische bezeugt; der Bildung nach bedeutet *batudo* ursprünglich „das Schlagen", ist subst. Part. von *batre*, s. *battre*. Schuchardt, SAWien 141, 3, 168 ff.

bat 1. „Schlagen" va.
16. Jh., ist postverb. Subst. von *battre* s. d.
2. in *à bat et tire d'aile*, Dict. gén., *entre œil et bat* „zwischen Kopf und Schwanz"
16. Jh., bei Rabelais *bac* geschrieben, aus ndl. *bak* „Hinterer", vgl. norm. *baquer* „zurückweichen"; vgl. wegen der Bedeutung *reculer*.

bat, auch **bate** „Einfassung"
19. Jh., wird heute mit kurzem *-a-* angegeben, doch lebt es in sav. *bâte*, so daß die Kürze des Vokals, wenn richtig, Anlehnung an *bat* 1 zeigt; aus vlat. **basta*, 11. Jh. *baste*, dieses postverb. Subst. von **bastire* „heften", s. *bâtir* 2; oder schon germ. altes Neutrum Pluralis zu fränkisch **bast* (ahd. *bast*) „Saum", Meyer-Lübke, WuS 1, 30. Vgl. *baste, basque*.

bât „Packsattel", „Tragsattel"
14. Jh., aus prov. *bast*, dieses aus vlat. **bastum* „das Tragen", d. i. postverb. Subst. von **bastare* „tragen", aus spätgr. *βαστᾶν, s. *baster*. Gröber, ALL 1, 248 f.; vgl. auch nach Meyer-Lübke, WuS 1, 34 prov. *basta* „Korb" (den man am Packsattel befestigt), aus mgr. *βάστον „Trage", bzw. lat. *bastaga* „Fronlast", zu dem **bastum* „der einzelne Packsattel" rückgebildet wäre. Diez 46; REW 983; FEW 279 f.

bataclan „Plunder"
wird von Mme de Staël als genferisch angesehen, Letessier, Fr. mod. 26, 131; von D'Hautel, 1808, Dict. du bas langage als lächerliches, frei erfundenes Wort bezeichnet, das Werkzeuge, Gebrauchsgegenstände u. ä. benennt, dazu pik. *pataclan* „Lärm eines fallenden Gegenstandes", ähnlich wallonisch; es ist Schallbildung, Sain. LPar. 37.

batail „Glockenklöppel"
trotz des späten Auftretens im 15. Jh. aus morphologischen Gründen schon vlat. **battaculum*, d. i. Abl. von vlat. *battere* „schlagen", s. *battre*. REW 994.

bataille „Schlacht"
12. Jh. „Kampf zwischen Einzelnen", „Schlachthaufen", seit dem 13. Jh. auch

„Schlacht", aus vlat. *battalia*, das Corp. Gloss. 5, 492, 48 bezeugt ist, für lat. *battualia*, das Cassiodor als Soldatenwort anführt, Heraeus, ALL 12, 270 f.; REW 995; dazu im 13. Jh. *(-ariceus) bataillerez*, und mit Endungswechsel (nach *courageux*) *batailleros* „kämpferisch", Flutre, Rom. 65, 483.

bataillère „Seil, das einen Holzklöppel zum Schwingen bringt, dessen Bewegung das Getreide zwischen die Mühlsteine treibt"
18. Jh., ist ursprünglich wohl adjektivisch **bataillier* „zum Klöppel gehörig", steht also für *corde bataillière*, d. i. Abl. *(-arius)* von *batail*, s. d. Wegen der adjektivischen Abl. s. afrz. *jument pouliniere* „noch werfende Stute", *geline pociniere* „Henne, die Kücklein hat", afrz. *selle bastiere* unter *bâtière*.

bataillon „Bataillon"
16. Jh., aus ital. *battaglione*, d. i. augmentative Abl. von *battaglia* „Schlachthaufen", das afrz. *bataille*, dass. entspricht.

bâtard „Bastard"
11. Jh. *bastard*, auch adjektivisch „unehelich", „minderwertig", dazu afrz. *fils de bast* „uneheliches Kind", ist ursprünglich Rechtsausdruck und bezeichnet den anerkannten Sohn eines Adeligen oder Fürsten, der nicht von der rechtmäßigen Frau stammt; REW 979. Das Wort wird gewöhnlich zu *bât* „Saumsattel" gestellt, es wäre also *fils de bas(t)* „der am Saumsattel (als Unterlage) gezeugte Sohn", was begrifflich denkbar wäre, da tatsächlich auf dem ausgepolsterten Saumsattel geschlafen wurde, s. Roques, Mél. Michaëlsson 403; aber *fils de bast* ist jünger als *bastard*, hat auch nicht den von Anfang an pejorativen Sinn von *bâtard*, Meyer-Lübke, VKR 3, 1 f.; der Hinweis auf mlat. *in carro natus*, afrz. *fils de char* „uneheliches Kind" ist nicht stichhaltig, da hier eine mittelalterliche Spielerei mit dem Namen *Carolus* vorliegt, s. Meyer-Lübke, WuS 1, 37; ZFSL 42, 18; Benary, ASSL 140, 266; prov. *campis* „der im Felde Gezeugte", s. *champis*, prov. *sebenc* „der an der Hecke Gezeugte" sind morphologisch und begrifflich von *fils de bast* verschieden, auch können sie in Fortsetzung von *fils de bast*, das volksetymologisch mit *bast* „Saumsattel" zusammengebracht wurde, neugebildet sein, s. Thomas, Rom. 46, 396. Vgl. noch Diez 45; G. Paris, Rom. 8, 618; Nyrop, Danske VS 8, 2, 9 ff.
Schuchardt, ZRP 33, 345 sieht als ursprünglich die Bedeutung von ital. *bastardo* „wilder Sprößling" an, wie heute genuesisch, trientinisch; dazu spanisch *bástiga* „Schößling", auch *vástago*, die er zum Stamm von *bâton* stellt, s. auch Meyer-Lübke, WuS 1, 37; zu germ. **bansti* „Scheune", Sperber, Språkvet. Söllskapets i Uppsala Förhandl. 1906—1912, s. FEW 277; Bl.-W. 62 ist lautlich nicht möglich.

bâtardeau 1. „kleiner Bastard"
16. Jh., ist dem. Abl. von *bâtard*, s. d.
2. „Abdämmung", „gemauerte Schleuse"
15. Jh., für im 14. Jh. bezeugtes *bastard*, das kaum zu *bâtard* gehört; eher zu afrz. *baste* „Riegel", „Einfassung", s. *bat, bâte, baste*; Dict. gén., doch ist die Abl. unverständlich, vgl. FEW I, 276 b; Bl.-W. 62.

bâtardière „Baumschule von gepfropften Bäumen"
16. Jh., ist Abl. von *bâtard*, s. d. Wegen der Abl. vgl. *pépinière*.

bâtardise „Bastardschaft"
16. Jh., für afrz. *bastardie*, ist Abl. von *bâtard*, s. d.

bâte „Stütze", „Einfassung", „Riegel"
14. Jh., zuerst in *pieces a bates*, ist wohl eins mit afrz. *baste* „Einfassung", s. *bat, bate*; die Bedeutungsübertragung von „Einfassung" zu „Stütze" vielleicht in Anlehnung an *bât* „Saumsattel"; aber kaum mit FEW 279 b *bâte* unmittelbares Femininum von *bât*.

bateau „Schiff"
12. Jh., ist schon vorhistorische Ableitung *(-ellus)* von afrz. noch gelegentlich bezeugtem *bat* „Boot", aus agls. *bât* bzw. daraus entlehntem altnord. *batr*, Falk, WuS 4, 85 f.; Diez 47; Mackel 10; REW 985; FEW 281.

batelage 1. „Beladen eines Schiffes"
15. Jh., ist Abl. von mfrz. *bateler* „beladen", d. i. Abl. von afrz. *batel* „Schiff", s. *bateau*.
2. „Gaukelei", „Possen"
16. Jh., ist Abl. von afrz. *basteler* „Possen treiben", s. d. F.

bateleur „Taschenspieler", „Gaukler"
13. Jh., ist Abl. von afrz. *basteler* „Possen treiben", ursprünglich „mit Marionetten spielen", d. i. Abl. von afrz. *baastel* (prov. *bagastel*) „Bursche", „Marionette"; dieses scheint zu dem Stamm von afrz. *baiesse* „Mädchen" zu gehören, s. *bachelette*, doch ist die Form der Ableitung unverständlich. Schultz, ASSL 93, 129 Anm.; Suchier, ZRP 19, 105; REW 861.

batelier „Fährmann"
13. Jh., ist Abl. von afrz. *batel*, s. *bateau*.

bâter „den Sattel auflegen"
16. Jh., ist Abl. von *bât*, s. d. FEW 280 a.

bath „großartig", „prima"
um 1800, populär, aus dem „bas langage"; ist Rückbildung von *batif* „hübsch", „neu"; zu diesem das Femininum *batifonne*, das ein Mask. **batifon* erschließen läßt; scheint zu *batifoler* zu gehören; s. Larchey s. v.

bâti 1. „Anschlagen", „Anschlagfaden"
18. Jh., steht für **bastëiz*, d. i. Abl. *(-aticium)* von afrz. *bastir* „heften", s. *bâtir* 2. FEW 278 a.
2. „Futterholz", „Rahmengestell"
steht für **bastil*, d. i. Abl. von *bâte* „Einfassung", s. d.; vgl. wegen der Bedeutung *chartil*. Vgl. auch *bâtardeau*.

bâtier „Sattelmacher"
13. Jh. *bastier*, ist Abl. von *bât*, s. d. FEW 280 a.

bâtière „Dachsattel"
13. Jh. in *selle bastiere* „Sattel, dessen Sattelbogen von *bastes* = ‚Stützen' überragt werden, die den Reiter stützen", ist adjektivische Abl. von afrz. *baste* „Stütze", s. *bâte*. Das Wort lebt pik. norm., dann Zentrum für eine Art gepolsterten Sattel, Beauce, Perche „Eselssattel"; es wurde frühzeitig nach *bât* „Saumsattel" umgedeutet.

batifoler „tändeln", „schäkern"
16. Jh., ist Abl. von prov. *batifol* „Walkmühle", dieses aus ital. *battifolle*, im 13. Jh. „mittelalterliches Befestigungswerk", 14. Jh. „Walkmühle", ist zusammengesetzt aus ital. *battere* „schlagen" und *follare* „walken", s. *fouler*; wird im Französischen volksetymologisch zu *battre* und *fou* bezogen; Battisti 464; Dict. gén.; vgl. Bl.-W. 62.
Vgl. nprov. *batifoula* „schwätzen", „plappern", Anjou *batifoler l'herbe* „ausdreschen".

bâtiment „Gebäude"
14. Jh. und bis ins 17. Jh. abstrakt „Bauen", seit dem 16. Jh. in der konkreten Bedeutung bezeugt, ist Abl. von *bâtir* „bauen", s. d. FEW 278 a.

bâtine „Art gepolsterter Sattel"
16. Jh., ist ursprünglich kollektivische Abl. von *bât* „Saumsattel", vgl. dazu Anjou „Traggerüst für Lasttiere"; dagegen zeigt Centre *bâtine* „kleiner Saumsattel" sekundäre Beeinflussung durch das deminutive *-ine*, das dem eigentlichen Norden fehlt.

bâtir 1. „bauen"
12. Jh. *bastir*, bedeutet afrz. zunächst allgemein „fertig stellen", „anfertigen"; aus grom. **b a s t i r e*, d. i. vlat. **bastare* „Genüge tun", s. *baster*, vielleicht gekreuzt mit **guarnire*, s. *garnir*, oder *finire*, s. *finir*. Die ältere Bedeutung in der Schweiz *béthi* „eine Sperre errichten", Rohlfs, ASLL 175, 274, dann im 13. Jh. *bastir maisons*, Lerch, Mél. Roques II, 185; Brüch, ZFSL 49, 301; Schuchardt, ZRP 33, 339 f., vgl. dazu prov. *bastir* „vorbereiten", „in Stand setzen", „schaffen", „herstellen", dann auch „bauen".
Zusammenhang mit *bâtir* 2, da die germanischen Häuser aus Weiden geflochten waren, Meyer-Lübke, Rektoratsrede 1906, 73; WuS 1, 29 f.; REW 981; Brüch 49; FEW 277 ff.; Bl.-W. 62, ist germanisch nicht unbedenklich, da für germ. **bastjan* die Bedeutung „flechten" nicht nachweisbar ist, während die für das Wort im Germanischen erwiesene Bedeutung in *bâtir* 2 erhalten ist, berücksichtigt auch zu wenig die allgemeine, ältere Bedeutung von afrz. *bastir*.
2. „mit groben Stichen heften"
11. Jh., s. Blondheim, Rom. 39, 137, Anm. 5, aus fränkisch **b a s t j a n* (ahdt. *bestan* „binden", „schnüren", „nähen").
Das gleichbedeutende nprov. *bastar*, *bastejar* ist Abl. von grom. **basta* „Heftnaht", s. *baste*, *basque*, *bâte*, *bate*, *bat*, so daß möglicherweise auch das nfrz. *bâtir* nicht unmittelbar fränkisch **bastjan* fortsetzt, sondern grom. Abl. von **basta* ist. Literatur unter *bâtir* 1.

bâtisse „Mauerwerk", „Bau"
17./18. Jh., dazu nprov. *bastisso*, ist vermutlich Rückbildung von afrz. *bastissement* zu *bâtir* 1. Unmittelbare Abl. von *bâtir* 1 ist morphologisch schwierig.

bâtissoir „Maschine zum Zusammenfügen von Faßdauben"
18. Jh., ist Abl. von *bâtir* 1 in der ursprünglichen Bedeutung „fertigstellen", s. d.

batiste „Batist"
seit dem Beginn des 15. Jhs. Adjektiv in Verbindung mit *soie*, *toile* u. ä., pik. *soye batiche*, *toile batiche*, 1503 literarisch *toile batisse*, ist *-īcea*-Abl. von einem Stamm **b a t -*, der noch zu identifizieren ist; Höfler, ZRP 80, 455.
Nicht zu dem Namen eines Fabrikanten *Baptiste*, der im 13. Jh. in Cambrai gelebt haben soll, FEW 241, das lautlich nicht den alten Formen entspricht.

bâton „Stab", „Stock", „Knüppel", „Pfahl" u. ä.
11. Jh., afrz. auch „Stütze", aus vlat. **b a s t o*, d. i. Abl. von **bastare* „mit dem Stock antreiben", das vielleicht aus *burdu-basta* „Eseltreiber" bei Petron erschlossen werden kann. Ein zu dem Stamm des angesetzten vlat. **bastare* gehöriges *bastum* „Stock" ist im 4. Jh. belegt; das Wort selbst vermutlich gallischer Herkunft. Walde 85; REW 982; FEW 279; **basto*, **bastone* ist mittels des Suffixes *-one*, das deverbal zur Bildung von Personen- und Werkzeugsbezeichnungen dient, abgeleitet von **bastare* „antreiben", s. Meyer-Lübke, Frz. Gr. II, 568; Fisch, ALL 5, 56 f.; vgl. wegen der Bildung *fabulo* „Lügenschmied" zu *fabulari* „schwatzen", usf.
Oder vlat. *bastum* zu gr. βαστάζειν „tragen", s. *baster*, so daß ein gr. *βάστον „Stock als Stütze" bedeutet hätte? Meyer-Lübke, WuS 1, 38.

bâtonnée „die Menge Wassers, die eine Schiffspumpe nach jedem Zug ausströmen läßt"
17. Jh., ist Abl. von *bâton* in der speziellen Bedeutung „Pumpenschwengel".

bâtonnier „Stabträger", „Vorsteher der Advokatenschaft"
14. Jh., afrz. auch „Kirchendiener" wie noch heute wall., ist Abl. von *bâton*. FEW 279 a.

batoude „Schwungbrett"
19. Jh., aus oberital. *batuda* „Standplatz, von dem aus der (Kricket)schläger den Ball der feindlichen Partei zurückzuschleudern

versucht", eigentlich „das Schlagen", d. i. subst. Part. von ital. *battere,* s. *battre;* Battisti I, 467.

batracien „froschartiges Tier"
19. Jh., ist Abl. von gr. (βάτραχος) „Frosch".

battant „Glockenschwengel", „Tür-, Fensterflügel"
13. Jh., ist subst. Part. von *battre* s. d.

batte 1. „Stampfe", „Stößel"
14. Jh., ist postverb. Subst. von *battre* s. d.
2. „gepolsterte Unterlage des vorderen Sattelbogens"
17. Jh., ist Rückbildung von *bâtière* in der späteren Bedeutung „gepolsterter Sattel".

battée „Satz" (Buchbinderei), „Stelle, gegen die die Tür beim Zuschlagen schlägt"
17. Jh., ist Abl. von *battant,* s. d., aus morphologischen Gründen nicht unmittelbar von *battre.*

battellement „Traufziegelreihe"
17. Jh., ist Abl. von afrz. *bateillier* „mit Zinnen versehen", s. *bastillé,* Dict. gén.

batterie „Schlägerei", „was zum Schlagen dient", „worauf geschlagen wird"
12. Jh., abstrakt „Dreinschlagen", schon spätafrz. auch „Platz der Schläger" am Markt, nfrz. spezialisiert in *batterie d'artillerie* „Reihe von zum Gefecht aufgefahrenen Kanonen", dann, ausgehend von *batterie* „neben einander aufgestellte Gegenstände", z. B. *batterie de cuisine* „Kochgeräte" u. ä.; s. *battre.*

battiture „Metallsplitter"
16. Jh., aus ital. *battitura* „Kupferspäne", d. i. Abl. von *battere,* s. *battre.*

battoir „Werkzeug zum Schlagen"
14. Jh., ist Abl. *(-orium)* von *battre.* Dazu seit dem 19. Jh. die entsprechende feminine Form **battoire** „Butterschlägel", vgl. lothr. *betoure* dass.

battre „schlagen"
11. Jh., aus vlat. *b a t t ĕ r e* für lat. *battuere,* das nach der 1. Sgls. *batto* für lat. *battuo* neugebildet wurde. REW 996.

bau „Quer-Deckbalken"
13. Jh. *bauc,* aus fränkisch ** b a l k,* der Entsprechung von altnord. *bâlkr.* Bruckner, ZFSL 41, 5 f.

baubi „kleine, stämmige Hundeart"
17. Jh., nach Furetière eine englische Rasse, u. H.

bauche „Strohlehm"
ist norm., hier seit Beginn des 14. Jh. *bauke,* dann Saint. *bauche* „unbebautes Land", vgl. auch *bauge* und lyon. *bauches* „Gemüsestroh", „Cyperngras", forez. „Seerose", prov. *terra balca* „lehmiges Land". Aus gallisch ** b a l k o s, *balgos,* das sich aus schottisch *balc* „getrockneter Lehm" erschließen läßt. ZRP 40, 135; Jud AR 6, 202; FEW 211 f.; REW 899.

Aus geographischen Gründen nicht burgundisch **balka,* hier zu germ. **belgan* „schwellen", Brüch, ZRP 36, 578.

baud „Hirschhund"
14. Jh., aus afrz. *baut* „kühn", „munter", dieses aus fränkisch ** b a l đ* (gotisch *balþ* „kühn"). Mackel 61; REW 900; Brüch 31; FEW 212 f.; Braune, ZRP 18, 519.

baudet 1. „Zuchtesel"
16. Jh., im 15. Jh. auch *baudin,* vgl. dazu pik. *baude* „Eselin", Creuse *baodo,* boulogn., St. Pol *baudesse,* ist Abl. von afrz. *baud* „kühn", s. *baud,* nach FEW 213 Anm. 2 in volksetymologischer Anlehnung an den Namen *Baudouin,* mit dem der Esel schon im 13. Jh. in der Tierfabel benannt wurde.
2. „Sägebank"
ist eins mit *baudet* „Esel", mit einer bei *chevalet, poutre, âne, chevron* und anderen Tiernamen zu beobachtenden Bedeutungsübertragung. *baudet* lebt nach FEW 212 b in verschiedenen technischen Bedeutungen in Metz, Lüttich und sonst im Wallonischen.

baudir „hetzen" (Falken, Hunde)
heute Ausdruck der Falknerei; afrz. „aufmuntern", „kühn machen", seit dem 12. Jh. durch das Part. *baudi* „ermuntert" und das Abstractum *baudise* „Übermut" gesichert; aus fränkisch ** b a l d j a n,* zu ahdt. *balden,* as. *beldjan* „kühn machen"; s. *baud.*

baudrier „Wehrgehänge", „Gürtel"
12. Jh. *baudré* dass., auch „Hüftgegend", dazu prov. *baldrat,* nur in Nordfrankreich bodenständig, dringt als Ausdruck des mittelalterlichen Rittertums in die anderen romanischen Sprachen, ebenso in frühmhdt. *balderich,* Schatz PBB 49, agls. *baldrick, baudrick* u. a. Das Wort gehört zu lat. *balteus* „Gürtel", „Wehrgehänge", das nach seiner Verbreitung in anord. *belti,* agls. *belt,* ahdt. *balz* in der Zeit vor der Einwanderung der Franken in Nordfrankreich ins Germanische eingedrungen ist und im Fränkischen durch *-râd* (wie in dt. *Vorrat, Hausrat*) zu ** b a l t i r â d* „Gürtelgehänge" erweitert wurde. Über die gotische Entsprechung des fränkischen *râd* vgl. *corroyer.* Der Suffixwechsel in *baudrier* wie in *écolier, sanglier* u. a. Gg., Misc. Coelho 190.
Aus lautlichen Gründen nicht aus mhdt. *balderich,* Goldschmidt, Festg. Förster 52 f.; FEW 213; Diez 518. Ganz unwahrscheinlich, daß frz. *baudrei* aus prov. *baudrei,* dieses aus katalanisch **baldreu,* dieses aus **baldēdum* aus *coria Barduedum* „Leder der Βαρδυῆτες, *Barduli,* eines iberischen Volksstammes", stamme, Brüch, ZRP 42, 223.

baudroie „Seeteufel"
16. Jh., dazu nprov. *bòudroi* (Marseille, Languedoc), dann Bresse *botriau, botraie* „Kröte", wie ital. *boldrò* „Meerkröte", s. Roll. F. 3, 155, u. H. Vgl. FEW I, 213.

baudruche „feines Darmhäutchen"
17. Jh., u. H.

baufe „langes Seil, das die Fischer am Meeresgrund befestigen, und an dem frei schwimmende Angeln angebracht sind"
18. Jh., vgl. dazu schweiz. *bairfou* „Fischnetz", aus nprov. *baufo* dass., u. H.

bauge „Lagerstätte gewisser Tiere"
15. Jh. „Keusche", so noch heute Centre, Poit. Vend., in Vend. auch „Strohlehm", im Zentrum auch „Hundehütte", aus gallisch **balga*, d. i. gallischer Dialektform von **balka* „Strohlehm", das unter *bauche* erschlossen ist.

baugue s. *bauque.*

baume 1. „Balsam"
11. Jh. *balsme*, dazu *basme* noch im 16. Jh., Bl.-W. 63, bezeichnet in den Mundarten auch verschiedene Arten Minzen, FEW 226, aus lat. *(balsămum)* „Balsam", REW 918.
2. „Grotte"
13. Jhd.; das Wort lebt im Südostfrz.; auch im Prov. nur im Osten, hier auch in der Bedeutung „überhängender Fels"; aus gallisch *balma*, das seit dem 8. Jh. bezeugt ist. Jud, ASSL 124, 92; BDR 3, 12; ZRP 38, 4; Meyer-Lübke, GRM 1, 645; REW 912; Scheuermeyer 6; Loth, RC 39, 47; Hubschmied, VR III, 121; FEW 223; Bl.-W. 63

bauque „Masse verschiedener Gestrüppe, die man als Streu verwendet"
18. Jh., aus nprov. *bauco* dass., besonders „Sumpfgräser", vgl. dazu lyon. *bauches* u. ä. unter *bauche*, aus gallisch **balka*, zu **balkos* „lehmig", s. *bauche* und *bauge.*

bauquière „Schiffsbohle zur Einfassung des Schiffskörpers"
16. Jh., ist kollektive Abl. von *bauque*, d. i. norm. Form von afrz. *bauche* „Balken"; dieses Augmentativform von afrz. *bauc* „Balken", s. *bau.* FEW I, 215; Dict. gén.

bauquin „Mundstück des Blasrohrs in der Glasbläserei"
19. Jh., aus venezianisch *bochin*, dass., d. i. Abl. von *bocca*, der Entsprechung von frz. *bouche.* Vgl. **bouquin** 1.

bavard „geschwätzig"
15. Jh., ist Abl. von mfrz. *bave*, das im 15. und 16. Jh. in der Bedeutung „Geschwätzigkeit" belegt ist, dazu *baver* „schwätzen", vgl. norm. *bave* „unermüdliche Beredsamkeit", *baver* „ins Unermeßliche hineinschwatzen", auch im Osten in dieser Bedeutung weit verbreitet, FEW 194 b; es ist eins mit *bave* „Geifer", s. d., doch in der Bedeutung von der Wortsippe um *babiller* beeinflußt.
Dazu seit dem 16. Jh. die Abl. **bavarder** „schwätzen", **bavardise** „Geschwätzigkeit".

bavardiner „plauschen"
17. Jh., von Madame de Sévigné in Anlehnung an den Namen der Madame de *Lavardin* scherzhaft zum Stamme von *bavard* gebildet. Dict. gén.

bavaroise „Schlagsahnengallerte"
18. Jh., ist wall. (Lüttich) als „Tee mit Sirup" lebend; ist Fem. von *bavarois* „baierisch".

bave „Geifer", „Speichel"
13. Jh. *beve*, dazu seit dem 14. Jh. **baver** „geifern", von dem aus nfrz. *bave* für das alte *beve* neugebildet ist. Das Verbum *baver* ist für das 13. Jh. durch die Abl. *bavette* „Speichellatz", das Subst. *beve* für das 12. Jh. durch das davon abgeleitete *baveux* „speichelig" gesichert. Aus einer Grundform **baba*, die wohl Schallstamm ist. REW 853; FEW 194 ff, s. dazu in Glossen *babiger, baburrus* „stultus, ineptus", Loewe 53.

bavocher „unsauber stechen", „fleckig vergolden"; auch intr. „Flecken bekommen"
17. Jh., ist Abl. von *baver* „geifern".

bavois „Kurszettel"
auch **bavouer**, 17. Jh., aber schon im 15. Jh. *bavoir* „Ort, wo man tratscht", ist Abl. von *baver* in der alten und mundartlichen Bedeutung „schwätzen", s. d. Das Wort bedeutet also der Bildung nach ursprünglich „Tratschzettel".

bavoler „niedrigen Flug haben"
14. Jh., auch *bravoler* „mit den Flügeln schlagen", Roques, VR 6, 163, vgl. Anjou „fliegen, von einem Vogel, der sich nicht lange in der Luft halten kann", dazu Vend. *barvoler* „flattern", Berry *barivoler*, so daß lit. *bavoler* wohl erst nach *bas* umgedeutetes afrz. **besvoler* „schlecht fliegen" ist; dieses zusammengesetzt aus dem pejorativen Präfix *bes-*, s. *balourd*, und *voler*, s. d.

bavolet „Haube", „Nackenschleier am Damenhut"
16. Jh., ist zusammengesetzt aus *bas* „niedrig" und *volet*, afrz. „feiner Schleier", 14.—16. Jh. mit der Nebenform *voilet*, d. i. dem. Abl. von *voile* „Schleier", gekreuzt mit *voler* „flattern", s. *volet.* Bl.-W. 677.
Dazu seit dem 16. Jh. **bavolette** „Mädchen mit einer *bavolet*-Haube". Dict. gén.

bavure „Gußnaht", „rauhe Stellen am Metall"
14. Jh. *bavëure* „Spuck", „Geifer", dann „Spur, welche das Metall beim Prägen von Münzen in der Gußform zurückläßt", daraus die heutige Bedeutung; ist Abl. von afrz. *baver* „begeifern", s. d.

bayadère „indische Tänzerin"
18. Jh., so durch „Bajadere" bei Goethe gesichert, aber schon im 16. Jh. in der Bedeutung „Freudenmädchen" belegt, Richter, VKR 5, 1; Tagliavini, VKR 6, 166; aus portug. *bailadeira* „Tänzerin", d. i. Abl. von *bailar* „tanzen", das aus span. *bailar* bzw. frz. *baller* „tanzen" entlehnt ist. Dict. gén.

bayart s. *bard.*

bayer „gähnen", „klaffen"
12. Jh., afrz. *bee* — *baer* „den Mund öffnen",

„gaffen", „heftig verlangen", dazu poitev. *badé le bec* „den Schnabel öffnen", pik. *beer* „öffnen", rouchi *baier* „erstaunt sein", berrich. *baier* „aufmachen" usw., heute nur in *bayer aux corneilles* „Maulaffen feil halten", aus grom. *batare*, das außer in Frankreich noch in Oberitalien bodenständig ist. Das Wort ist in Glossen seit dem 8./9. Jh. in der Bedeutung „gähnen" bezeugt. *batare* ist unsicherer Herkunft, vielleicht Schallbildung; vielleicht zu gallisch **bait-*, das air. *baith*, schottisch *baoth* „töricht" entspricht, Thurneysen, KR 41 f.; Macbain 29.

Zu *batare* als Schallbildung s. Diez 34; Meyer-Lübke, WS 24, 111; REW 988; FEW 292 ff.; Brüch, ZFSL 49, 302. **badare*, Gröber, ALL 1, 247, ist auch lautlich nicht entsprechend; auch nicht zu ahdt. **beitôn* „warten", dem im Fränkischen **baidôn*, **bêdôn* entsprechen würde, Mackel 116. Vgl. auch *abée; baie 3; bée.*

bayonnette s. *baionnette.*

bazar „Kaufhaus"

15./16. Jh., aus persisch *bāzâr* „öffentlicher Markt", „Straße mit Kaufläden", Lam. 46; Littmann 111; Bl.-W. 64. Dazu als Ausdruck der algerischen Soldaten **bazarder** „die militärischen Ausrüstungsgegenstände in den Basaren verkaufen", das ins Vulgärfrz. in der Bedeutung „zu niedrigen Preisen im Ganzen verkaufen" übernommen wurde. Sain. LPar. 150.

béant „klaffend", „gähnend"

16. Jh., ist Part. von *béer*, d. i. Nebenform von *bayer*, s. d.

béat „glückselig"

16. Jh., aus lat. (*beatus*).

béatilles „kleine Leckerbissen"

15. Jh., ist Abl. von *béate* in der Bedeutung „Laienschwester" und bedeutete ursprünglich „kleine Arbeiten von Klosterfrauen", dann „Kleinigkeiten", wie heute noch Verd. Chal. *béatille*. Dict. gén.

beau, *belle* „schön", „hübsch", „stattlich", dann abgeschwächt *au beau milieu* „mitten drinnen"

11. Jh., afrz. auch „tüchtig", „froh", „heiter", „angenehm", dann nach der in afrz. Hofkreisen üblichen Sitte, in der vertraulichen, Hochachtung bezeugenden Anrede, *biaus reis, sire* u. ä.; daneben aber auch in der vollen liebevollen Meinung *beau fils* „lieber Sohn", dann verschmolzen zu „Muttersöhnchen", *belle fille* „liebes Töchterchen; aus lat. *bellus* „schön", „fein", „angenehm".

Von der formelhaft gewordenen Anrede an Höherstehende sinkt die Verwendung auf die Anrede an „Schwager" *(biaus frere)* und „Schwägerin" *(bele suer)* herab, während später in der gleichen Form Ehemann und Ehefrau zu einander sprechen. Später werden die Bildungen auf die angeheirateten Verwandten übertragen; daher seit dem 15. Jh. *beau-fils* „Schwiegersohn", *beau-père* „Schwiegervater", *belle-mère* „Schwiegermutter". Im 17. Jh. wird das Adjektiv vor die Bezeichnungen der Hauptgestalten in der Tragödie gesetzt; Tappolet 124 ff.; Tromm, ZFSL 56, 441; Diez 518; REW 1027; G. Paris, Rom. 19, 635; Urtel ZRP 38, 712; Bl.-W. 64.

beaucoup „viel"

13./14. Jh., aus *beau* und *coup*, s. d., das afrz. auch in Verbindung wie *grant cop, bel cop* „Gelingen" bedeutet, s. T. L. II, 959; aus *grant (bel)cop* „ein großer, (schöner) Wurf", (Dreh), die Bedeutung „viel"; Benary, ZRP 56, 67; ersetzt afrz. *mout* aus lat. *multum.*

beaucuit „Buchweizen"

zuerst im 15. Jh. in wallonischen Texten *boukaie*, dann 16. Jh. pik. *bucail, bucquoy* u. ä., in der Literatur seit dem 19. Jh., aus ndl. *boekweit*, dass. Joret, Rom. 13, 405; REW 1191; Behrens, DS 61; Roll. Fl. 9, 179 ff.

beaupré „Bugspriet"

14. Jh., aus ndl. *boegspriet*. Diez 518; Behrens. ZFSL 39, 2, 83; REW 1219.

beauté „Schönheit"

11. Jh., aus vlat. **bellitate*, d. i. Abl. von *bellus* „schön", s. *beau*. Gröber, ALL 1, 249; REW 1027.

beauveau s. *biveau.*

beauvotte „Kornwurm"

18. Jh., aber schon 15. Jh. *bawatte;* dazu lothr. *bouatte, bouotte* „Mücke", entspricht einem litterarischen **bouvette*, dürfte Fem. zu afrz. *bouvet* „junger Ochse" sein, einem grom. **bovitta* entsprechend, d. i. dem. Abl. von lat. *bove*, s. *boeuf;* wegen der Übertragung auf die Bezeichnung des Insekts s. *chenille;* Gg., ZRP 40, 135.

Zum Schallstamm **bau-, *bay-* „Hund", Sain. Chien 40, überzeugt nicht.

bébé „kleines Kind"

Ende des 18. Jhs., aus engl. *baby.*

bec „Schnabel"

12. Jh., aus vlat. *beccus*, das bei Suetonius als „Hahnenschnabel" belegt ist; dieses aus vermutlich gallischem **bekkos*, für das jedoch in den lebenden Mundarten Entsprechungen fehlen. Thurn. KR 45; Dottin 232; REW 1013.

Dazu u. a. seit dem 16. Jh. die Abl. **bécard** „großer Sägetaucher", „Lachsweibchen"; 18. Jh., **bécarde** „Würger" (Vogel).

bécane „Fahrrad"

zuerst 1870 für eine schlechte Dampfmaschine gebraucht, seit 1876 für „Fahrrad", ist familiär pejorativ; Herkunft unsicher; Bl.-W. 64.

bécarre „Auflösungszeichen" (Musik)

15. Jh., aus ital. *be quadro* „breites b" nach der Form des Auflösungszeichens; d. i. Zu-

sammensetzung des Buchstabens *b* mit *quadro* „breit", eigentlich „viereckig", aus lat. *quadrus* „viereckig". Dict. gén.; REW 6921; vgl. *bémol.*

bécasse „Schnepfe"; „Haken", „Pfriem"
12. Jh., ist trotz des frühen Auftretens im Norden nicht einheimisch, stammt aus prov. *becassa,* hier in Anlehnung an *agassa* „Elster", s. *agace,* von *bec* „Schnabel" abgeleitet. REW 1013.
Dazu seit dem 16. Jh. die Abl. **bécasseau** „Schnepfenjunges", „Weißschwanz", für **becassot,* d. i. *-ottus* Abl.; dann mit dem im Süden heimischen deminutiven *-ina* erweitert **bécassine** „Fürstenschnepfe", 16. Jh.

bécasson „Doppelschnepfe"
16. Jh., und daraus mit Suffixwechsel **bécassin** dasselbe, ist deminutive Abl. von *bécasse.*

beccard s. *bécard.*

bec-cornu s. *becque-cornu.*

bec-d'âne s. *bédâne.*

bec-de-cane „Entenschnabel" (Instrument); „Hakennagel"
16. Jh., ist zusammengesetzt aus *bec* und *cane,* s. *canard.* Vgl. die entsprechende ältere Bildung unter *bédâne.*

becfigue „Baumpieper"
16. Jh., aus ital. *beccafico,* d. i. zusammengesetzt aus ital. *beccare* „schnäbeln" und *figo* bzw. *fico* „Feige", s. *figuier;* vgl. auch die deutsche Bezeichnung „Feigenpieper" und *béquer.* Bl.-W. 65.

béchamel „weiße Sahnentunke"
19. Jh., nach dem Namen des Marquis von *Béchamel,* eines bekannten Feinschmeckers des 17. Jhs. Dict. gén.

béchard „zweischneidige Hacke"
19. Jh., stammt aus dem Südosten, s. Dauphiné *béchard,* auch *bécard,* rhodanien *béchas,* Mistral I, 254, aus **bescas,* d. i. *-aceus* Abl. von *bêche,* s. d.

bécharu „Flamingo"
17. Jh., aus nprov. (langued.) *becarut,* lim. *bechar(t)* dass., eigentlich „großschnäbelig", d. i. Abl. von *bec* „Schnabel" wie prov. *cambarut, bocarut* (zu *jambe, bouche*). Thomas, Rom. 23, 460 ff. (Ess. 247 ff.).

bêche 1. „Spaten"
11. Jh. *besche,* ist postverb. Subst. von afrz. *beschier,* frz. **bêcher** „umgraben", dieses aus grom. **bessicare* zu grom. *bessos* „Haue", das in den Statuten von Corbie belegt ist und in fem. Form in lothr. *bosse, basse,* Centre *besse,* prov. *bessa* weiterlebt; dieses **bessos* ist vermutlich gallisch; nicht lat. **bissus* „doppelt" s. *besson,* Horning, ZRP 21, 450; vgl. Jud, ASSL 126, 113; aus sachlichen Gründen auch nicht *besche* aus *(pala)* **biseca* zu **bisĕcus* „zweischneidig", Herzog, ZRP 33, 354.
2. „Rebenstecher" auch *coupe-bourgeon* genannt, benagt die Knospen der Rebstöcke und Obstbäume, daneben auch *lisette* und *bêche-lisette* genannt; dürfte zu *bêcher* gehören, s. *bêche* 1. Anders Schuchardt, ZRP 26, 394: an *bêche* 1 angeglichenes bedeutungsgleiches *hurebec, urebec,* dieses wieder in Anlehnung an *hure* und *bec* aus mlat. (norm.) *hilibeccus, quiribeccus,* s. Thomas, Mél. 92 f., s. dazu *gribouri.*
3. s. *bêchevet.*

bêcher s. *bêche* 1.

bêchevet „Doppelkissen"
14. Jh., in *lit à béchevet,* vgl. Anjou *béchevet, béchevel* „zwei Dinge, die einander gegenüber aufgestellt sind", *coucher béchevet* „Kopf bei Fuß schlafen", angev. *boechevarder,* Vend. *bécheveter* „mit den Füßen gegen den Kopf fallen", bei Rabelais unter den Spielen *à teste à teste beschevel,* Bl.-W. 632; ist zusammengesetzt aus afrz. *bes* „doppelt", das zwar nicht belegt, aber aus *besson* zu erschließen ist, s. d., und *chevet,* s. d. Vgl. auch *tête-bêche.*

bêchoir „breite Hacke"
19. Jh., ist Werkzeugsableitung *(-orium)* von *bêcher,* s. *bêche* 1.

bêchon „kleine Hacke zum Nachkarsten"
19. Jh., ist deminutive Abl. von *bêche,* s. d.

bécot „Doppelschnepfe"
17. Jh., ist norm. pik., für lit. *bécasson, bécassin,* und aus letzterem mit Suffixwechsel umgestaltet.

becque-cornu „Hahnreih", „Dummkopf"
16./17. Jh., aus ital. *becco cornuto,* wörtlich „gehörnter Bock", aus *becco,* s. *bouc,* und *cornuto,* der Entsprechung von frz. *cornu.* Dict. gén.

becquée s. *bequée.*

bécune „Seehecht"
17. Jh., aus span. *becuna* dass.; vgl. gask. *becudo* „kleiner Hecht" (wall. *bêchet* „Hecht"), ist also Abl. von *bec* „Schnabel"; das Suffix *-unus* ist namentlich im Spanischen bei Bezeichnungen von Tiernamen häufig, M. L., Rom. Gr. II, S. 495; vgl. *cabron.*

bedaine „Wanst"
seit Beginn des 14. Jhs. für älteres *boudine, boutine* „Nabel", „Wanst", vgl. dazu pik. *boutine,* rouchi *boudène,* lothr. *bodote* „Nabel", westfrz. *bouzine* „Blase", dann angev. *bédasse, bedrasse* „Wanst", poitev. *bedie, bedoche* „Kinderbauch" u. ä., auch *beda* „starker Mann"; gelegentliches afrz. *boude* „Nabel", heute champ. dasselbe, ist wohl rückgebildet von *boudaine,* vgl. noch nprov. *boudeno* „Wanst"; die letzte erreichbare Grundform ist ein grom. **boddēna,* das der Endung nach wohl gallisch ist; vgl. zum Stamm **bodd-* „Schwellung" kymr. *both* „Schildbuckel" und die germ. Entsprechung unter *bouton;* das Wort ist von der Sippe

um *boudin* fernzuhalten. Vgl. auch *boudine* und *boursoufler*.
Zu *boute* 2, Zauner, RF 14, 501, ist lautlich nicht möglich; auch nicht aus agls. *bodig* „Rumpf", „Körper", Regnaud, RPFL 10, 118.

bédâne „Stemmeisen"
16. Jh., ist Zusammensetzung von *bec* „Schnabel" und afrz. *ane* „Ente" aus lat. *anas, anăte*, G. Paris, Rom. 22, 549; REW 439; FEW 91 f.

bedeau „Kirchendiener"
in dieser Bedeutung seit dem 17. Jh., daneben afrz. *bedel*, glossiert als *apparitor*, d. i. „Unterbeamter", namentlich bei Gericht, und so als „Gerichtsdiener", „Pedell" bis zum 18. Jh. G. de G., Fr. mod. 3, 174; aus fränkisch **bidil*, zu anord. *bidill*, ahdt. *bitil* „Freier", „Werber", aber in der Bedeutung des verwandten ahdt. *butil*, agls. *bydel* „Gerichtsbote"; die Endung zeigt Anschluß an das deminutive lat. *-ellus*; Diez 52; REW 1086; RG I, 252.
Kaum aus gotisch **bidils*, Bruckner, Char. 18.

bedeaude „zwischen zwei Farben"
feminines Adjektiv, 19. Jh., nach dem Dict. gén. nach dem zweifarbigen Gewand der Ministranten, also Abl. von *bedeau*.

bédegar „Rosenschwamm"
15. Jh., aus arabisch-persischem *bădaward*. Lam. 48; FEW 202 a.

bedon „Wanst", „Trommel"
14. Jh.,- vgl. schweiz. *bedon*, Verd. Chal. dasselbe, Morvan „kleiner Bauch", steht für *boudon*, d. i. Abl. von *boude* „Wanst", bzw. mit Suffixwechsel aus *bedaine*, s. dort weiteres.

bedondaine „Dickwanst", „Dudelsack", „Steinkugel"
16. Jh., ist scherzhafte Kreuzung von *bedon* und *bedaine*, s. d.

bée 1. „offenstehend"
in *bouche bée*, 12. Jh. *bouche baée*, ist aktives Part. von afrz. *baer* „offenstehen", s. *bayer*.
2. „Öffnung des Mühlgrabens, durch die das Wasser auf das Mühlrad stürzt"
12. Jh. *beée* „Öffnung", ist subst. Part. von afrz. *baer* „offen stehen", s. *bayer*. Wegen der Konkretisierung vgl. *entrée, sortie*. Vgl. auch *baie* 3 und *abée*.

béer s. *bayer*.

beefsteak s. *bifteck*.

bédouin „Beduine"
16. Jh. *bedyin, beduin*, aus dem Türkischen, dieses aus arabisch *bădawî* „Wüstenbewohner"; Littmann 67; Cor. 436.

beffler „lächerlich machen" va.; „hinters Licht führen"
15./16. Jh., aber schon im 12. Jh. *befe* „Scherz", „Lüge", so daß *beffler* wohl von einem mittelfrz. **beffle* für afrz. *befe* abgeleitet ist; wegen des *-l*-Antritts vgl. *cible*; vgl. dazu afrz. *bufe* „Betrug", *bufeor* „Spötter" u. ä. Es liegt ein Schallstamm **beff-* zugrunde, s. Meyer-Lübke, ZRP 10, 171; REW 1017; Baist, RF 32, 623; FEW I, 313; doch lebt der gleiche Schallstamm weit verbreitet im Niederdeutschen, vgl. mndl. *beffen* „anbellen", „verspotten" u. ä. Doornk.-K., s. *beffe*, so daß der Ausgang der Schallbildung auch im Germanischen zu suchen sein kann.
Zur Sippe um *bâfrer, bouffer*, Sain. Sources 2, 285, weil *beffler* z. B. in Rouen noch „verschlingen" bedeutet, ist entwicklungsgeschichtlich nicht berechtigt. Vgl. *bafouer*.

beffroi „Belagerungsturm", „Wachturm" dann „Feuerglocke", „Glockenstuhl"
12. Jh., afrz. auch *berfroi*, bezeichnet den Turm, von dem aus die Angreifer beobachtet werden; ebenfalls schon im 12. Jh. „Glockenstuhl", im 15. Jh. „Sturmgeläute"; daneben Ende des 12. Jhs. „beweglicher Belagerungsturm", T. L. I, 925; aus fränkisch *bërgfrid*, zu mhdt. *bercvrit* „ein Turm zum Angriff wie zur Verteidigung". Diez 47; Goldschmidt, Festg. Förster 55; REW 1041.
Aus mhdt. *bërcvrit*, Bl.-W. 65, ist nicht nötig und lautlich unwahrscheinlich.

bégayer „stammeln", „stottern"
15. Jh., ist Abl. *(-idiare)* von **bègue** „stotternd"; dieses, seit dem 13. Jh., ist postverb. Subst. bzw. Adj. von mittelfrz. *beguer, baguer* „stammeln", „stottern", das vermutlich vom Stamme des mittelfrz. *begard* „Bettelmönch" aus gebildet ist. Über dieses s. *béguine*. Die Form *baguer* nach dem Nebeneinander von *beler* und *baler*, s. *beler*.
Aus einem ndl. **beggen* „Gebete leiern", Spitzer, ZRP 41, 351 f., ist im Niederdeutschen zu wenig begründet. *bègue* für *baubègue*, dieses zu afrz. *baube* „Stotterer" aus lat. *balbus*, Bugge, Rom. 4, 351, ist nicht möglich; auch nicht *beguer* aus **bissicare* und dieses zu vlat. **bissus* „doppelt", Horning, ZRP 21, 450 f.

bégonia „Begonie"
17. Jh., vom Botaniker Plumier nach dem Namen des Generalintendanten von St. Domingo, *Bégon*, gebildet. Dict. gén.

bégu „Pferd, das die Kennung an den Zähnen über das gewöhnliche Alter hinaus beibehält"
16. Jh. auch *bigu*, dazu im 16. Jh. *donner le bigu* „betrügen", scheint aus dem Rotwelsch zu stammen; H. u.

bègue s. *bégayer*.

bégueule „Zierpuppe"
15. Jh. *bee gueule*, ist zusammengesetzt aus *bee*, d. i. 3. Sing. Präs. oder Imperativ von *béer* „offen stehen lassen", s. *bayer* und *gueule*.

béguin „Nonnenhaube", „Kinderhäubchen"
14. Jh., ist Rückbildung von *béguine*, s. d.,

anderseits „Haube aus Leinwand, die Pferden im Stall aufgesetzt werden", also eine Art ‚coiffe'; wie zu diesem fam. *être coiffé de qch.* „in etwas vernarrt sein" gebildet wurde, im „bas langage" *une coiffée* „eine vernarrte Person", wird zu *embéguiner* „den Kopf verhüllen", dann refl. „sich vernarren in" im „bas langage" **beguin** „Liebschaft" gebildet; Larchey 35; Bl.-W. 65.

béguine „Beguine", „Betschwester"
13. Jh., ist fem. Neubildung zu mittelfrz. *begard* „Bettelmönch", dieses aus mndl. *beggaert* „Bettler". *béguine* ist dann in das Niederländische zurückgewandert. Brüch, ZRP 40, 690.
Nicht von *Lambert le Bègue,* dem Begründer des Beguinenordens, da dieser erst nachträglich den angeführten Beinamen erhalten hat. Valkhoff 56; Logeman, Leuvensche Bijdregen, 20.

beige „bräunlich grau" von der Wolle „ungefärbt", „roh"
13. Jh. *bege,* aus lat. *baeticus* „aus der Provinz Baetica" (in Südwestspanien), deren Wolle berühmt war; s. *baeticae lacernae* „Überwurf aus bätischer Wolle"; Densusianu, Grai şi suflet 5, 358.
Aus ital. *bambagia* „Baumwolle", Horning, ZRP 22, 481; REW 923, ist lautlich unverständlich. Das Wort lebt namentlich in der Bourgogne und Fr. Comté, daneben aber auch im Südwesten.

beignet „kleine Beule" va.; „gebackene Fruchtschnitte"
14. Jh. *bugnet,* ist Abl. von afrz. *buigne* „Beule". Das Wort lebt in Centre *beugnet, beugnon,* Genf *bugnet.* Dict. gén.; Bl.-W. 659; s. *bigne.*

béjaune „mit dem gelben Häutchen überzogener Schnabel des auskriechenden Vogels"; „Gelbschnabel"
14. Jh., aus *bec jaune,* s. d. Dict. gén.
bel s. *beau.*

bélandre „einmastiges, plattes Fahrzeug"
17. Jh. auch *balandre,* aus ndl. *bijlander.* Behrens, ZRP 26, 653; DS 66; Kemna 157 f.; REW 143; Valkhoff 57.

bélemnite „Belemnit"
16. Jh., aus gr. (βελεμνίτης) „pfeilförmiger Stein".

bêler „blöken"
12. Jh. *bele — baler,* im 16. Jh. auch *beeler,* mit schallnachahmender Dehnung des Stammvokals, aus lat. *balare* (auch *belare*) dass. REW 1021; Dict. gén.

belette „Wiesel"
13. Jh., aus einem grom. **bellĭtta,* das innerhalb des Galloromanischen aus vlat. **bellula* umgestaltet ist, das in ostprov. *beloura,* Lot *berolo,* ferner in ganz Italien weiterlebt, s. REW 1027; Roll. F. 7, 114 ff.; dieses **bellula* ist volksetymologisch zu *bellus* „schön", s. *beau,* bezogen worden, daher die sekundären Umbildungen wie deutsch „Schöntierchen", nprov. *poulido,* vgl. *poli,* bretonisch *kaerell* zu *kaer* „schön", Thurn. KR 90; daß der Ausgangspunkt dieses **bellula* in baskisch *andereder = belle dame,* wie bearnisch *dauno bero* zu sehen wäre, und der Bezeichnung „eine mythische oder abergläubische Vorstellung zugrunde liege", Schuchardt, ZRP 36, 160; Urtel, ZRP 37, 210 ff., ist angesichts der Verbreitung von **bellula* über ganz Italien, Veglia mitinbegriffen, nicht wahrscheinlich. Eher haben sich solche mythische Vorstellungen erst im Anschluß an den zu *bellus* bezogenen Namen des Tieres ausgebildet. Vielleicht ist **bellula* volksetymologische Umdeutung der entsprechenden keltischen Form **belego,* vgl. ahdt. *bilich,* kymr. *bele* „Marder", Jud, ASSL 122, 427; dann muß die Bildung noch in die Zeit des Vulgärlateinischen zurückgehen. Zusammenhang mit lat. *viverra* „Frettchen", über **viverrula, vierrula, verrula* ist deshalb schwierig, weil die Dissimilationsgesetze des Romanischen einer Umgestaltung zu **bellula* gerade entgegengearbeitet hätten, Merlo, RFIC 35, 479; Bartoli, Das Dalmatische 1, 237; ZRP 32, 11; RDR 2, 477; vgl. auch ALF 123. Über *belette* „grüne Eidechse" in der Auvergne, Dauzat, RPFL 29, 87 f.; über Weiterleben von *viverra* im Gallorom. Gauchat, Mél. Wilmotte 188 ff. Die lat. Bezeichnung des Wiesels *mustēla,* afrz. *mostoile,* lebt im Ostfrz. in letzten Resten und im ganzen Südosten, ALF 123.
bélic s. *bélif.*

bélier „Widder"
15. Jh., aus älterem *bellin, berlin,* 12. Jh.; dieses ist afrz. zunächst adjektivisch „von der Natur des Schafes"; der Übergang zu „männliches Schaf" ist erst mundartlich, vgl. Poitou Vienne, D. Sèvres *belin* „Hammel", Jura *belin* „Lamm", H. Maine, Bessin „Widder". *belin* dürfte ursprünglich in Verbindung mit *mouton* als *mouton belin* ndl., ostfriesisches *belhamel* „Leithammel" wiedergegeben haben, gehört dann zu ndl. *belle* „Schelle"; der Bedeutungsübergang von „Hammel" zu „Widder" hat seine Parallele in *mouton,* vgl. Diez 519; REW 1024; FEW I, 318.
Oder zu dem vermutlich vorhistorischen Stamm **berr-* „Hammel", Jud, BDR 3, 13, Anm. 5, wobei ein älteres **berin* unter dem Einfluß von *bêler* zu *belin* umgestaltet worden wäre. Nicht zu *leare im* Polypt. Irminonis, das Jud, Rom. 46, 400 f. mit „Widder" übersetzt, das aber mit Kluge, SAHeidelberg 1915, 12 als „Milchferkel" zu deuten ist, vgl. *laie.* S. auch Roll. F. 5, 117; Richter, SAWien 156, 5, 13. Zum Stamm *bel-* „blöken", s. *bêler,* abgelehnt M. L., NSpr. 35.
Der Leithammel (Widder) heißt in der Tierfabel *Belin,* Diez S. 519; aber es führt nicht

der Name zur Benennung des Tieres, sondern umgekehrt. Wegen der *-inus-Abl.* von *bel-* s. z. B. frz. *vache équerrine* „Kuh mit viereckigem Milchspiegel", zu *équerre* „Viereck"; vgl. auch Schossig, RF 71, 27.

bélière „Glocke des Leithammels", „Klöppelring an der Glocke"
die erste Bedeutung für Anjou gesichert, 13. Jh., s. Du Cange *belleria,* afrz. auch *berliere,* und heute *-r-*Formen namentlich im Südwesten; ist mit dem Suffix *-aria,* das u. a. die Funktion hat, eine „Einfassung, Umfassung" zu bezeichnen, abgeleitet von afrz. **belle* „Schelle", vgl. *bélier,* dieses aus ndl. *belle* dass. Wegen der mundartlichen Weiterentwicklung zu *berl-* kaum schon fränkisch **bella,* REW 1024; doch verlangt mundartliches *berlière* nicht eine Grundform *berl-* „Henkel", die Thomas, Rom. 40, 110 ansetzt. Wegen der Entwicklung von *ll* in spätfränkischen Lehnwörtern s. afrz. *heller, herler* „lärmen", aus spätfr. **hëllan;* pik. *harler* „(Hanf) rösten", afrz. *haller,* frk. *hallôn,* und weitere Belege RG I, S. 249; s. auch *balafre, birloir.* Vgl. Diez 519; ALF 45.

bélif „rotfarbig"
12. Jh. substantivisch *de bellic, de bellif,* u. H.
belin s. *bélier.*

bélître „Bettler"
15. Jh. *belleudre,* 16. Jh. *blitre* und die heutige Form, scheint aus mhd. *bettelaere* „Bettler" oder nddt. *bedelaer* entlehnt zu sein, doch ist die lautliche Entwicklung unklar. Barbier, PLeeds 1, 19 f.
Nach Brüch, ZRP 36, 581 aus mailändisch, komask. *blistre* „Landstreicher", dieses aus einem langobardischen **bilistri,* zu **bilîdan* „herumgehen", ist im Germanischen nicht genügend begründet, erklärt auch die älteste Form *belleudre* nicht.

belladone „Tollkirsche"
In dieser Form in der Literatur seit Ende des 18. Jhs., aus neulat. *(belladonna),* das der Botaniker Tournefort (1656—1708) in die Botanikersprache eingeführt hat. Dieses ist volksetymologische Umgestaltung von mittellat. *bladona* „Nachtschatten" (die Tollkirsche ist ein Nachtschattengewächs, der afrz. Ausdruck für die Tollkirsche ist *morelle*); *bladona* ist vermutlich gallisch. Entlehnung aus ital. *belladonna,* das einheimische Benennung wäre, Bl.-W. 66; Arveiller, RLiR 28, 308 berücksichtigt nicht die unter *bouillon-blanc* angeführten mlat. und westfrz. Belege.

bellâtre „eitel", „geckenhaft"
16. Jh., ist pejorative Abl. *(-aster)* von *beau,* s. d.

belle „Oberdeck der Kauffahrteischiffe, zwischen Fockmast und Besanmast"
16. Jh. *beisle,* aber eins mit afrz. *baile* „von Palissaden umgebener Raum", heute Guernesey *belle* „eingefriedigter Raum", norm. „umschlossener Garten", aus flämisch *baelie* „Barriere", „Brustwehr". ZRP 40, 137 f.; 43, 550.
Zu *baculum* „Stab", Streng HH 54; FEW 201, ist lautlich nicht möglich.

belle-dame 1. „Tollkirsche"
17. Jh., ist mundartlich weit verbreitete Übersetzung des literarischen *belladonna,* s. *belladone.*
2. „Gartenmelde"
17. Jh., dafür im 16. Jh. *folles, follettes, dames, bonnes, femmes, bonnes dames, prudes femmes,* auch *folasse, folesse;* der Ausgangspunkt dieser Bildungen ist unklar. Roll. Fl. 9, 156.
3. „Distelfalter"
19. Jh., ist zusammengesetzt aus *belle* und *dame,* s. d.

belle-de-jour „dreifarbige Winde"
18. Jh., ist Nachbildung des verwandten **belle-de-nuit** „Wunderblume", das schon 1600 als *herbe de la nuit* benannt ist; dieses ist gelehrte Übersetzung des mlat. *nyctago,* das in anderer Bedeutung sich schon bei Isidor v. Sevilla findet. Roll. Fl. 8, 63.

belle-de-nuit 1. s. belle-de-jour.
2. „Rohrdrossel"
ist westfrz., Bas Maine; der Ursprung der Benennung unbekannt.
3. fam. „Straßendirne"
18. Jh., ist Euphemismus für *prostituée,* im ‚bas langage', Larchey 35.

belle-de-onze-heures „Spielart der Vogelmilch, deren Blüten sich angeblich um 11 Uhr öffnen"
19. Jh., ist Weiterbildung von *belle-de-nuit,* s. d.

belle-d'un-jour „Taglilie"
19. Jh., auch *lis jaune,* ist Nachbildung nach *belle-de-nuit* u. ä., da die Blüte der Pflanze nur eintägig ist.
belle-fille, belle-mère, belle-sœur, s. *beau-fils.*
bellif s. *bélif.*

belliqueux „kriegerisch"
15. Jh., aus lat. *(bellicosus).*

bellis „Gänseblümchen", „Maßliebchen"
auch **bellie,** als Gattungsbezeichnung seit dem 19. Jh., aus lat. *(bellis).*

bellissime „sehr schön"
16. Jh., aus ital. *bellissimo,* d. i. Superlativ von *bello* „schön", s. *beau.*

bellot „niedlich", „geckenhaft"
16. Jh., ist deminutive Abl. von *beau,* s. d.

beloce „wilde Pflaume"
13. Jh., lebt im ganzen Osten, z. T. in der Bedeutung „Schlehe", im Westen in Guernesey *bloche* „Art weiche weiße Pflaume", mit Suffixwechsel angev. *blote* „Art Pflaume"; dazu norm. *blosse* „Hoden", das ins Vulgärfrz. dringt, Sain. LPar. 278. Zugrunde liegt

ein grom. **bŭllŭcia*, d. i. Abl. von gall. **bullŭca* „Schlehe“, s. Meyer-Lübke, SAWien 143, 2, 5, Anm.; REW 1390; Jud, ASSL 124, 384 f. Der älteste Beleg des Wortes ist wohl verballhorntes *bellicum — prunus spinosa* des 8. Jhs., Barbier, RDR 2, 185; auch *bolusseron* im Pseudo-Apulée „schwarzer Efeu“ wird dazu gestellt, s. Dottin 235. Vgl. noch Roll. Fl. 5, 365; ALF 1098.

belone „Belone“ (Fischgattung)
19. Jh., aus lat. *(belone)*.

belote „Art Kartenspiel“
20. Jh., unsicherer Herkunft; Bl.-W. 66.

belouse s. *blouse*.

bel-outil „kleiner Taschenamboß der Goldarbeiter“
19. Jh., die literarische Schreibung scheint Umgestaltung eines anderen Wortes zu sein, aber dieses unsicher.

belvédère „Aussichtsturm“, „Lusthaus“
16. Jh., aus ital. *bel vedere* „schöne Aussicht“, d. i. zusammengesetzt aus *bello* „schön“, s. *beau*, und *vedere*, der Entsprechung von frz. *voir*.

bémol „Erniedrigungszeichen“ (Musik)
16. Jh., zusammengesetzt aus dem Namen des Buchstabens *-b-* und *mol* „weich“, ist also Gegenbildung zu *bécarre*.

ben „Behennußbaum“
15. Jh., aus westarabisch *bên*. Lam. 48 f.

bénarde „Doppelschloß“
15. Jh. *serrure bernarde*, scheint zu afrz. *bernard* „dumm“, „ungeschickt“ zu gehören, bedeutet also ursprünglich „schlecht schließender Riegel“ (der auch von außen geöffnet werden kann); afrz. *bernard* zum Personennamen *Bernard*; Dict. gén.

bénédiction „Einsegnung“
13. Jh., aus lat. *(benedictione)*, das afrz. auch in der volkstümlichen Form *beneïsson* vorliegt.

bénéfice „Wohltat“ va., „Vorteil“, „Gewinn“, „Nutzen“
in der ersten Bedeutung seit dem 17. Jh. veraltet, s. Br. 3, 145; 12. Jh., aus lat. *(beneficium)* „Wohltat“; dazu seit Anfang des 17. Jhs. **bénéficiaire** „Nutznießer“ u. ä.

benêt „einfältig“
12. Jh., afrz. *beneeit, beneoit* „gepriesen“, „gebenedeit“, aus lat. *benedĭctus* dass., in halbgelehrter Entwicklung. Die Bedeutungsentwicklung nach Mathaeus V, 3 „Selig sind die Armen im Geiste“, Bl.-W. 66; Dict. gén.; FEW 1030. Vgl. *benoît*.

bénévole „wohlwollend“
13. Jh., aus lat. *(benevolus)*.

bengali „Finkenart aus Bengalen“
18. Jh., aus einer indischen Mundart. Dict. gén.

bénignité „Güte“
12. Jh., aus lat. *(benignitate)*.

bénin „gütig“, „freundlich“
12. Jh. *benigne*, auch für das Maskulinum, die maskulinische Neubildung seit dem 15. Jh. nach der Aussprache *benine* der Zeit; wird im 17. Jh. aus der Schriftsprache verbannt, lebt in der burlesken Dichtung weiter, Br. 3, 106; aus lat. *(benignus)* dass.

bénir „segnen“, „weihen“
10. Jh., afrz. *beneïr*, auch *beneïstre*, aus lat. *benedīcĕre* „preisen“, in halbvolkstümlicher Entwicklung. Berger, Lehnw. 66 f.; REW 1029.

bénitier „Weihwasserkessel“
13. Jh. *eubenoitier*, d. i. Abl. von afrz. *eve beneoite* „geweihtes Wasser“, s. *eau* und *benêt*, aus lat. *aqua benedĭcta* dass.; die Loslösung des ersten Bestandteiles seit 14. Jh., aber noch im 17. Jh. *eaubénitier*, Bl.-W. 67; Dict. gén. Die heutige Form in Anlehnung an *bénir, béni*.

benjamin „jüngstes Kind“
17./18. Jh., nach dem Namen des jüngsten Sohnes Jakobs *Benjamin*, Bl.-W. 67.

benjoin „Benzoegummi“
16. Jh., aus arabisch *lubên-ğāwî* „javanischer Weihrauch“, obwohl das Benzoe-Harz aus Sumatra stammt; „da man früher Sumatra und Java verwechselte“, Littman, 86; Dozy; de Gregorio, SGI 7, 213.

benne „Schubkarren“, „Weidenkorb“, „Fischzaun“; ist Schreibung für *banne* 1.

benoît „gutmütig“ va., „scheinheilig“
12. Jh. *beneoit* „gepriesen“, aus lat. *(benedĭctus)*, s. *benêt* und *bénitier*.

benoîte „Benediktinerkraut“, „Nägeleinwurz“
15. Jh., aus mlat. *benedicta*, so Corp. Gl. 6, 136, franzisiert; Roll. Fl. 5, 219.

benzine „Benzin“
19. Jh., ist Abl. von mlat. *benzoe*, s. *benjoin*.

béotien „böotisch“, „plump“
18. Jh., ist Abl. von *Béotie* „Böotien“, in gelehrter Erinnerung an das klassische Altertum.

béqué „mit einem Schnabel versehen“
16. Jh., ist Abl. *(-atus)* von *bec*, s. d.

bèque-bois „Grünspecht“, „Blauspecht“
ist mundartlich für frz. *pic* weit verbreitet, Roll. F. 2, 58; 17. Jh. *bechebois*, so heute wall., Metz, Meuse, dafür pik. *beque-bo*, das vermutlich dem literarischen *bèque-bois* zugrunde liegt; ist zusammengesetzt aus afrz. *beche*, d. i. 3. Sing. Präs. von *bechier* „picken“, s. *béquer* und *bois* in der mundartlichen Bedeutung „Baum“, „Holz“. Vgl. dazu im 13. Jh. *bechefust*, dass.; Roques VR 6, 164.

béquée „Schnabel voll“
16. Jh., für afrz. *bechiee*, das als *béchée* bis ins 18. Jh. weiterlebt, ist abgeleitet von *bec* „Schnabel“ mittels des die Umfassung anzeigenden Suffixes *-ata*.

béquer „picken“
seit dem 15. Jh. in Anlehnung an *bec* umge-

staltetes afrz. *bechier* dass., d. i. Abl. von *bec* „Schnabel", s. d.

bequerolle „Fürstenschnepfe"
19. Jh., vgl. lim. *bechoreu*, ist mit Suffixwechsel (deminutives *-erolle* für pejoratives *-asse*) umgestaltet aus *bécasse*, s. d. Roll. F. 2, 356.

béquet 1. „Lachs"
ist umgestaltet aus *bécard* „männlicher Lachs", dieses Abl. von *bec* „Schnabel".
2. „Hecht"
13. Jh., afrz. auch *bechet*, ist abgeleitet von *bec* „Schnabel" nach dem zugespitzten Kopf des Fisches, vgl. *bécune*.

béqueter „schnäbeln"
15. Jh., ist Abl. von *bec* „Schnabel", s. d.

béquette „kleine Schere mit gebogenen Spitzen"
auch *beguettes*, 18. Jh., scheint deminutive Abl. von *bec* „Schnabel" zu sein. Dict. gén.

béquille „Krücke", „Doppelhaue"
17. Jh., ist Rückbildung von **béquillon** „Schnabel junger Tiere"; dieses seit dem 16. Jh., ist dem. Abl. *(-ellus + -ione)* von *bec* „Schnabel", s. d.
béquille unmittelbar zu *bec*, ist morphologisch nicht möglich, aber vielleicht Nachbildung von *anille*, afrz. *anëille* „Krükke", d. i. vlat. **anaticula* „Entchen", zu *anas, -ate* „Ente", s. *bédâne*, Bl.-W. 64.

béquillon 1. s. *béquille*.
2. „kleine Krücke"
18. Jh., ist deminutive Abl. von *béquille*, s. d.

ber, bers „Wiege" va.; „Ablaufbalken beim Schiffbau", „Wagenleiter"
11. Jh. *berz* „Wiege", altwall. *bierz*, vgl. heute fr. comt. *bert* „Korb", „Fischreuse", Anjou *bers* „Wiege", frz. Schweiz *bre, bri* dass.; setzt ein **b ĕ r t i u m* „Korbwiege" voraus, das wohl wie das begriffsverwandte *benna*, s. *banne* 1, gallisch ist. REW 1051. Eine Grundform **bercium* wegen *berciolum* in der Vie de St. Pardoux, 8. Jh., Thomas, Rom. 40, 110, ist nicht nötig, da im 8. Jh. *-tj-* nach *r* mit *-kj-* bereits zusammengefallen war; doch ist dadurch eine Grundform **bersium* ausgeschlossen. **bertium* kann zu prov. *barta* „Gestrüpp", Blois *berte* „Holzstück aus Baumwurzeln" gehören, doch ist wohl auch die Ableitung schon gallisch, s. Brüch, ZFSL 49, 304; M. L., ZFSL 59, 487.
Von **bertium* die alte *-eolus* Abl., afrz. 11. Jh., *breçol, berçuel* „Wiege"; dafür mit Suffixwechsel *(-ellus)* seit dem 15. Jh. **berceau**, dass., Bl.-W. 67; s. *bercer*.
Afrz. *berz*, nach Behrens, ZFSL 39, 2, 82 fragend zu ndl. *brids* „Feldbett", „Brettergerüst", deutsch *brids* „Unterschlupf", s. Grimm, Britsche, ist lautlich nicht möglich.

bercail „Schafstall"
14. Jh. *bercal*, die heutige Form seit dem 16. Jh., zuerst normannisch bezeugt, in falscher Analogie zu den *ail*-Bildungen, die den Nominativ afrz. *-aus* bilden, vgl. *frontail*; im 16. Jh. auch *bergeal, bergeail;* ist trotz des späten Auftretens in der Literatur ein grom. **b e r b i c a l e*, d. i. mit Suffixwechsel aus grom. **berbicile* dass. umgestaltet, vgl. afrz. *bercil* dass.; zum Stamm s. *brebis*.
**berbicalium*, Thomas, Rom. 42, 378 ist morphologisch schwierig und lautlich nicht nötig. Die Form des frz. Wortes weist auf Entlehnung aus dem Normannischen.

berce „deutscher Bärenklau"
17. Jh., stammt nach Behrens, Wg. 338 aus dem Osten, woher auch deutsch „Bartsch", vielleicht über deutsch mundartlich *Berz, Birz*, das Myricaria benennt. REW 1056. Der eigentliche französische Ausdruck ist *panais*.

bercelle „kleine Zange der Glasarbeiter"
17. Jh. auch *brucelle*, mlat. *b u l s e l l a, b u r s e l l a* „Zange", Thomas, Rom. 38, 362; für belegtes *volsella*, dass., auch *vulsella*, das zu lat. *vellere, vulsi (volsi)* „rupfen", „zupfen" gehört; Bl.-W. 67.

bercelonnette „leichte Weidenwiege"
18. Jh., auch *barcelonnette*, bezeichnet zunächst die schmale Decke, in welche die Kinder in der Wiege gehüllt werden; wird aber schon Ende des 18. Jhs. auch für die Wiege selbst gebraucht; ist Abl. vom Namen der Stadt Barcelona, frz. *Barcelone* in Katalonien, die im 18. Jh. als Erzeugungsort besonders beliebter Wolldecken bekannt ist. Barbier PLeeds 1, 18 f.

bercer „wiegen", „schaukeln", übertragen „(Schmerz) stillen" u. ä.
12. Jh. *bercier*, aus vlat. **bertiare*, das nach FEW I, 338 zu ir. *bertaim* „ich schüttle, schwinge, schwenke" gehört, Stamm **bertā*; s. aber *ber, bers*.

béret „baskische Mütze"
19. Jh. auch *berret*, aus nprov. *berret*, das Abl. von grom. *birrum* „Kapuze" ist, s. *barrette*.

bergamasque „Art ländlicher Tanz", „ländliche Tanzweise"
19. Jh., aber schon im 16. Jh. *bergomasque* „ungeschickt", „tölpisch", aus ital. *bergamasco* „aus Bergamo", s. Behrens, Wg. 339.

bergame „Bergamo-Tapete"
17. Jh., nach dem Namen der oberitalienischen Stadt *Bergamo*, wo solche Tapeten angeblich erzeugt wurden. Dict. gén.

bergamote „Bergamotte"
17. Jh., aus ital. *bergamotta*, dieses aus türkisch *b e g - a r m ū d î* „Birne des Beys". Diez 49; REW 1019; Baist, ZRP 32, 41; 33, 62.
Noch heute gibt es in der Türkei eine Birne, die *Mustafa Bey armudy* heißt; beim Ausrufen in den Straßen preisen die Verkäufer in der Türkei, besonders in Ägypten, ihre

Früchte als für den Bey oder den Pascha geeignet an; Littmann, 112.

berge „steiles Ufer", „steile Böschung"
14. Jh., dafür angev. *berne,* so daß *berge* wohl südwestliche Form desselben Wortes ist, das auf eine Grundform **bergĭna* zurückführt. Dieses ist die grom. Entsprechung von gallisch **bergna,* das sich aus bret. *bern* „Erhöhung" erschließen läßt; vgl. dazu auch kymr. *bera* „Haufe" 〈 **bergā,* (Pokorny); Gg. ZRP 43, 569.
Gallisch **barica,* nach kymr. *bargod* „Grenze", „Dachtraufe", FEW 254 a, ist lautlich für das Romanische und Keltische unmöglich, s. Thurn. KR 44; **barica,* REW 957; Bl.-W. 67 wird den grom. Formen nicht gerecht (prov. *barga* bedeutet „Flachsbreche", span. *barga, varga* „Holzhütte"; das Wort ist nur nordfrz.); gotisch **barga* zu deutsch *Berg,* Brüch, ZRP 36, 579, desgleichen; s. Cor. IV, 677.

bergelade „Mischsaat aus Wicken und Hafer"
19. Jh., aus nprov. *barjelado;* dieses ist die südliche Entsprechung des nordfrz. **brelée** „Winterfutter", 1700, heute pikardisch „Mischung von Gerste, Hafer und Wicke"; *brelée* ist Abl. (*-ata* in kollektivischer Funktion) von z. B. poitev. *bridea, brizea* „im Herbst dicht gesäte Gerste oder Hafer", auch „kleine schwarze Wicke", bei S. V. auch *brijeau* „Mischfuttersaat", das zu gallisch-lat. *brace* „Gerste" gehören dürfte, vgl. *brais; brijeau* ist dann Fortsetzung eines grom. **bracellum, brelée* eines grom. **bracellata*; Gg. ZRP 40, 138.
Frz. *brelée* nach Dict. gén. und Jud, AR 6, 205 aus englisch *barley* „Gerste" ist aus sachlichen Gründen schwierig und trennt das nördliche Wort von dem begriffsgleichen südlichen. *barjelado;* dieses nach Jud, AR 6, 205 zum Stamm **garg-* „Wicke", s. *gerzeau,* der sich mit *balearicum* „Gerste" gekreuzt hätte, s. *baillarc,* also etwa **gar-gellata* + *baillarc;* ist zu konstruiert.

berger „Hirte"
12. Jh. *bergier, berchier,* auch adjektivisch „dumm", „roh" u. ä., aus grom. *berbicarius* „Schafhirt", das in den Reichenauer Glossen 219, 10 belegt ist; REW 9267. Dieses ist Abl. von grom. **berbice* für *vervece,* s. *brebis.*
Dazu u. a. afrz. *bergiere* „Schäferin", seit dem 13. Jh. die Abl. **bergerie,** afrz. auch *bercherie* „Schafstall", „Dorfgeschichte"; dann im Anschluß an die Mode der Schäferdichtung, seit dem 18. Jh. **bergère** „gepolsterter Lehnsessel", „Modefrisur"; seit dem 13. Jh. mit doppelt deminutivem Suffix **bergeronnette** „kleine Hirtin", seit dem 16. Jh. auch „Bachstelze". Vgl. zu dem Vogelnamen Jura, Centre, Anjou *bergère,* H. Marne, Champ. u. a. *bergerette,* Roll. F. 2, 226, das der literarischen Form unmittelbar zugrunde liegt.

bergin s. *brégin.*

béribéri „besondere Krankheit mit Krämpfen auf Malabar und Ceylon"
18. Jh., angeblich aus cingalesisch *beri* „Schwäche". Dict. gén.

berle „Berle", „Wassereppich"
16. Jh., aus lat. *(berula),* das in der Bedeutung „Kresse" bei Marcellus Empiricus bezeugt ist, ALL 8, 473, und aus gallisch **beruro* (ir. *biror*) stammt, Dottin 233; die Bedeutung „Wassereppich" wurde dem lat. *berula* von dem Botaniker Koch fälschlich beigelegt und ist z. T. in die Mundarten übernommen worden; volkstümlich lebt *berle* mit der Bedeutung „Brunnenkresse" in Wallis, Berner Jura; dann Aunis, Char. Inf. *berne,* Montbéliard *biône.* Jud, ASSL 126, 141 f.; Roll. Fl. 6, 160; REW 1054; Thurn. KR 85.

berlin „Knoten, den man um eine Gruppe Seidenfäden schlingt"
19. Jh., H. u.

berline „viersitziger Wagen"
18. Jh.; ist Ausdruck der belgischen Steinkohlenbergwerke (Haust), s. Ch. Bruneau, Rom. 54, 131; Vidos, Fr. mod. 8, 137; diese Art Wagen wurde im 17. Jh. von einem Architekten des Kurfürsten von Brandenburg erzeugt, s. Barbier, BDR 4, 45; nach dem Namen der Stadt *Berlin.* REW 1043; Behrens, DS 64. Dazu seit dem 18. Jh. mit Endungsverkennung die Abl. **berlingot** „Halbberline", im 18. Jh. auch allgemein „schlechter Wagen".

berlingot 1. s. *berline.*
2. „Art Backwerk", „Brezel"
zuerst im 17. Jh. für Neuchâtel bezeugt, s. Barbier, BDR 4, 47, in der Literatur seit dem 19. Jh., aus ital. *berlingozzo* dass.; dieses ist Umbildung von *berlingaccio* „Schmaustag", „Faschingdonnerstag"; dieses wieder Abl. von *berlengo* „Schmaustafel", aus afrz. *brelenc, berlenc* „Brett zum Würfelspiel", s. *brélan.* *Rostagno, Note d'etimologia italiana, Torino, 1911, n. 12 und 13; davon verschieden ital. *berlingotto* „Art venezianische Münze".

berloque s. *breloque*

berlue „Blendung", „Sehen von Farben, Funken"
13. Jh. *bellue, barlue,* die heutige Form seit dem 16. Jh.; das Wort ist hauptsächlich west- und südwestfrz., daher das späte Auftreten in der Literatur; aus grom. **berlūca,* das in Oberitalien und Frankreich einheimisch und daher wohl gallischer Herkunft ist; vielleicht zu **bel-* „hell glänzend", s. Göhri, RDR 4, 145, und **louk-* „leuchten", ebd. 60 f.; vgl. Jud, ASSL 127, 430 f.
**bĭslūca,* mit pejorativem *bis-,* Dict. gén., läßt die *-rl*-Formen unerklärt, Bl.-W. 75; dagegen ist *l-l* zu *r-l* durch *beliere — berliere*

gestützt, s. *bélier, birloir.* **berluca* nach Schuchardt, ZRP 28, 143 umgestaltet aus *faluca,* s. afrz. *falue* „Funke", dieses aus *famfaluca,* ⟨ gr. πομφόλυξ unter Einwirkung von *ball-,* bzw. lat. *bis-,* s. *fanfreluche*?; REW 1127 *bisluca* „Funke", woher?

berme 1. „Rand am Festungsgraben"
17. Jh., aus mndl. *b a e r m ,* ndl. *berm* „Deichrand". Diez 521; Braune, ZRP 19, 349; REW 1045; Behrens, DS 50.
2. „Gährtonne"
18. Jh., bedeutet ursprünglich „Hefe"; dazu auch im 16. Jh. *bresme* „Salzwasser"?; Barbier, PLeeds 1, 23 f.; aus mndl. *b e r m ,* mndt. *barm, berm* „Hefe". Behrens, Gröberfestschrift 149 (Wg. 23); REW 1046; Brüch, ZRP 36, 581.

bermier „Bornknecht in Salinen"
18. Jh., ist nach dem Nebeneinander von *berne* und *berme* für *berme* 2, s. d. mit Stammverkennung abgeleitet von *berne* 3, FEW 287.

bermudienne „Schweinsrüsselblume"
17. Jh., ist abgeleitet vom Namen der Bermudasinseln, frz. *Bermude,* Dict. gén.

bernache s. *barnache.*

bernacle s. *barnache.*

bernage „Futtersaat"
14. Jh., ist mit Sufixwechsel gebildet aus westfrz., z. B. H. Maine *bernée* dass., dieses vermutlich aus *berlée,* für norm., V. d'Yères *brelée,* s. *bergelade.*
Kaum zu *bran* „Kleie", Dict. gén., wenn auch Ableitungen von diesem „Schweinetrank" bedeuten.

bernard-l'hermite „Einsiedlerkrebs"
16. Jh., aus languedokisch *bernat-l'ermito,* ist zusammengesetzt aus prov. *bernat,* das eine Reihe verschiedener im Sumpf, am Wasser lebender Tiere bezeichnet, vgl. *bernat blanc* „Silberreiher", *bernat pescaire* „Fischreiher", auch „Eisvogel", s. Roll. F. 2, 71, so H. Loire, Aude, Landes usf. Der Stamm ist zuerst im 8. Jh. in Glossen bezeugt: *bernahigre,* d. i. „Reiher", Meyer-Lübke, WS 25, 92; Barbier, RDR 2, 185; es ist vermutlich ein gallisches **b e r n a t -* „sumpfig", „wässerig", das zu dem keltischen Stamm **brenn* „hervorquellen", „sprudeln" gehören kann, s. Pedersen II, 477 f.
Oder mit *barnache,* s. d., zu dem Stamm **bern-,* vgl. ir. *bern* „Spalte", *bernán* „Gespaltenes", „Gezacktes", der in vielen Pflanzennamen wie dandelion, juniperus usw. vorliegt (Pokorny). Daß zwar für die Reihernamen gallisch **berno-* zugrunde liege, beim Namen des Krebses aber der Name *Bernard,* Spitzer, ZRP 40, 695, ist rein willkürlich; daß in *bernard-l'hermite* der Anachoret *Bernard* erhalten sei, der Gründer der Abtei und Kongregation von Tiron, dessen Erinnerung an der normannischen und bretonischen Küste lebend geblieben wäre, Baist, ZRP 43, 83, ist vor allem deshalb nicht wahrscheinlich, weil die Heimat von *bernard-l'hermite* nicht die Westküste, sondern das Languedokische ist.

bernaudoir „Weidenkorb zum Auffangen der Wollfäden"
18. Jh., ist Abl. von *bernauder* *„Wollfäden auffangen", das sich vielleicht aus Centre *bernauder* „sich mit Kleinigkeiten abgeben" erschließen läßt. Dieses ist Abl. von *bran* in der Bedeutung „Abfall", s. *bran*; *brenauder, bernauder* bedeutet dann ursprünglich „Abfälle sammeln", Dict. gén.

berne 1. „Prelldecke"
dazu seit dem 16. Jh. die Abl. **berner** „prellen", „foppen", daneben seit dem 16. Jh. belegtes *barne* „ausgebreitete Zeltblätter", s. *banne* 2; ist postverb. Subst. von *berner* in der bei Rabelais bezeugten Bedeutung „schleudern"; dieses bedeutet ursprünglich „mit der Futterschwinge reinigen", vgl. dazu bei Cotgrave *berne* „Futterschwinge" und ist Abl. von *bren* „Kleie", s. *bran*; Barbier, PLeeds 1, 28 f.
2. „Frauenmantel"
16. Jh., *bernes à la moresque* „leichter Frauenmantel maurischer Herkunft", aus ital. *bernie alla moresca,* das vermutlich arabischer Herkunft ist; es gehört mit im 16. Jh. bezeugtem *bernuche, barnuche* zum Stamm von spanisch *albornoz* „grobes, wollenes Zeug", s. *burnous;* Barbier, PLeeds 1, 25, 29 f.
Oder zu *Berne* für *Béarn,* so wiederholt bei Froissart, gebräuchlich im Südwesten, dazu bei Rabelais *berne* „Damenmantel", aus *cape de Berne* „Mantel aus Bearn", Lindfors-Nordin, *„berne-berner",* Stockholm, 1948? Vgl. dazu seit dem 16. Jh. in der frz. Schweiz *catalogne* „Wolldecke", Gauchat, Misc. Alcover, 1932, s. Roques, Rom. 59, 288. Nicht über spanisch *bernia* aus lat. *Hibernia* „Irland", REW 4125; auch nicht aus arabisch *bâtina* „auswattierte Kleider", Seybold, ZdW 10, 222.
3. „Solbehälter"
11. Jh. latinisiert *bagerna, baderna, badarna,* nach Meyer-Lübke, ZRP 29, 244; Thomas, Rom. 33, 214; FEW 287 a aus grom. **b a - t e r n a ,* in dem sich der Stamm von *bayer,* d. i. **batare,* „offenstehen", mit lat. *caverna* kreuzt? Vgl. auch *aderne.*
4. in *mettre le pavillon en berne* „die Flagge halbmast hissen", 17. Jh., dafür zu Beginn des 18. Jhs. auch *mettre en berme,* aus mndt. *b e r m , barm* „Ecke", „Rand", „Saum"; Barbier, PLeeds 1, 27 ff.

berner 1. „prellen", s. *berne* 1.
2. „verulken", „foppen"
16. Jh., identisch mit *berner* 1 (?); oder zu *bren, bran,* populär „Scheiße", s. norm. *ber-*

née „Exkremente", also ursprünglich „bescheißen", Orr. Essais 42.

bernicle s. *barnache.*

bernique „fehlgeschossen"

18. Jh., in Anlehnung an *berner* „foppen" umgestaltet aus mundartlichem *berlique,* vgl. pik. *berlique, berloque* „halb betrunken", wall. *bernik, berlik!* wie literarisch, Vogesen *bernique!* dass.; dazu schon im 15. Jh. *être au bruniquet,* heute *au berniquet* „am äußersten sein"; ist nach dem Dict. Trévoux eine starke Ausdrucksform für „nichts"; es ist wie pik. *berneux* „dreckig", *berniau* „Mistkarren", *bernifiker* „mit Dreck beschmieren" Abl. von *bren* in der Bedeutung „Dreck", s. *bran, brelique — breloque.*

Nach Sain. LPar. 77 f. für *bernicle* „Muschel", als Bezeichnung eines wertlosen Gegenstandes, wie afrz. *ne vaut une coquille,* ist unbegründet und stilistisch unhaltbar. Nach Spitzer, ZRP 42, 193 ff. nach dem z. B. pik. Spiel: *jeu de bernique,* bei dem Verlierenden als Strafe z. B. ein Nasenknebel aufgesetzt wird, ist nicht primär, sondern wie das literarische Wort ein Ausruf; erklärt auch das Wort nicht. Vgl. auch *brelique-breloque.*

béron „Öffnung am Boden der Apfelweinpresse"

17. Jh., vgl. dazu norm. *beireau* „Pipe am Apfelweinfaß", zu norm. *bère, beire* „Apfelwein", d. i. substantiviertes norm. *beire* „trinken", s. *boire,* doch ist die Bildung morphologisch unverständlich; vgl. Behrens, ZFSL 28, 298; REW 1074.

berrichot „Zaunkönig"

16. Jh., stammt aus dem Zentrum bzw. Südwesten des Nordfrz., vgl. Anjou, Touraine, Centre *berrichon, beurichon, berrichot* u. ä.; dieses ist Abl. von einem vorhistorischen **berreis* dass., aus gallisch *b i t r i s c u s,* das für den Zaunkönig in Glossen belegt ist, Brügger, Noms du roitelet, 51. *bitriscus* ist in Anlehnung an die Adjektiva auf *-isk* (*gaulois,* etc.) umgestaltet aus gallisch **biturīgs* „Weltkönig", vgl. zu dem Namen Gröhler, I, 77; vgl. wegen der Bezeichnung *roitelet.* Vgl. auch Roll. F. 2, 288 ff.; 10, 166 und 236.

berquinade „fade Spielereien"

19. Jh., ist Abl. von dem Namen *Berquin,* eines Kinderschriftstellers des 18. Jhs. Dict. gén.

berret s. *béret.*

bers s. *ber.*

bertaud „verschnitten„

18. Jh., ist postverb. Subst. von afrz. *bertauder* „verschneiden", s. *bretauder.*

bertavelle „Fischreuse aus Weidenruten"

19. Jh., aus ital. *bertovello,* d. i. die Entsprechung des frz. *verveux,* s. d. und *bartavelle.*

berteler s. *bretteler.*

berthe „Abfallkragen über dem Décolleté"

19. Jh., nach dem Dict. gén. nach dem Namen der Königin *Berthe,* die in der Überlieferung als verständig und bescheiden galt; in der Chanson de geste ‚Berthe aux grands pieds', Bl.-W. 68.

bérubleau „Berggrün"

18. Jh., aus nhdt. *b e r g b l a u.* Behrens, DS 62; Dict. gén.

béryl „Beryll"

12. Jh., aus lat. *(b e r y l l u s).* Vgl. *briller* und *bésicle.*

besace „Quersack"

13. Jh., in den Reichenauer Glossen *sarcinabisatia,* in Glossen *b i s a c c i a,* für bei Petron überliefertes *bisaccium* dass., wörtlich „Doppelsack". Diez 55; REW 1121.

besaigre „halbsauer"

18. Jh., lebt im Westen und Zentrum; ist zusammengesetzt aus dem afrz. Pejorativpräfix *bes-,* s. *balourd,* und *aigre.* FEW 18.

besaigüe „Queraxt der Zimmerleute"

12. Jh., aus lat. *(ascia)* **b i s a c ū t a* „zweischneidige Axt", zu lat. *bĭs-* „zweifach" u. ä., REW 1122; s. *aigu.*

besant „Byzantiner"

11. Jh. *besanz* „Goldmünze aus Byzanz", aus lat. *b y z a n t i u m* „byzantinisch". REW 1436.

besas „Doppelaß"

17. Jh., *ambes as,* aus *(ā besas)* mit falscher Zerlegung rückgebildet. FEW 151.

bésau 1. „Bewässerungsgraben"

19. Jh., aus prov. *bezal, bezau* „Mühlkanal" u. ä., aus grom. **b e d a l e,* d. i. Abl. vom Stamme, der in frz. *bief* zugrunde liegt, s. d. Dict. gén.

2. s. *biseau.*

beset „Würfelwurf, der zwei Aß zustandebringt"

17. Jh., aus nprov. *beset* dass., dieses Abl. von *bes* „doppelt" aus vlat. **b i s s u s* dass., s. *besson*; oder umgestaltet aus *besas,* s. d.

besi „Birnenart"

17. Jh., dazu **besier** „wilder Birnenbaum", vgl. Centre *bezige,* Loire-Inf., Ille-et-V., Maine-et-L. *beziy* „wilde Birne", Roll. Fl. 5, 19 f., im Westfrz. seit dem 16. Jh. bezeugt, u. H.

Nicht ndl. *besie* „Beere", Dict. gén., vgl. REW 1071.

bésicles „Brille"

14. Jh. *bezicle,* masc., für seit dem 12. Jh. belegtes *bericle* „Beryll" (Edelstein), auch *beril,* aus lat. *(b e r y l l u s)* „ein meergrüner indischer Edelstein", die Umgestaltung der 2. Silbe nach afrz. *charbocle* „Karfunkelstein", s. *escarboucle,* Bloch, RLiR 11, 329. Man schliff Berylle in Reliquiare und Monstranzen ein, um den Inhalt sichtbar zu machen, erkannte daran die optische Wirkung des Halbedelsteins und erfand so um

1300 die Brille; Kluge-Götze s. v.; Bl.-W. 68.
bésigue „Art Kartenspiel"
19. Jh., auch *besy,* u. H.
besoche „Reuthaue"
14. Jh., dürfte aus dem Südwesten stammen, vgl. poitev. *bedoche, bioche,* „Handhaue", dieses zu gask. *bezouch, bedouch* „Hippe"; es ist die südliche Entsprechung des nördlichen *vouge,* s. d. Meyer-Lübke, Rom. Gram. 1, 44. **bisocca* zu **soccus* „Pflugschar", Thomas, Rom. 25, 441 f. (Ess. 251 ff.), nach lat. *bidens* u. ä., angenommen REW 1129, ist lautlich wegen Vendée *bioche,* poitev. *bedoche* nicht möglich, da diese Formen ein älteres *-dz-* aus lat. *-d-* voraussetzen.
besogne s. *soigner.*
besoin s. *soigner.*
besolet „Meerschwalbe"
18. Jh., durch Rousseau in die Literatur gebracht, aus dem Lokalfrz. von Genf bzw. Savoyen, vgl. dazu *bezolet, beju, bezutchet* am Genfersee = „Möwe"; ist mundartliche Abl. von *bis* „grau", s. Jud, BGPSR 11, 28. Zu Abl. von *bis* „grau" zur Bezeichnung von Tieren vgl. REW 1200; s. *biset.*
besson „Zwilling"
13. Jh., lebt im Südgürtel des Nordfrz., aus grom. **bissone* zu vlat. **bissus* „doppelt", dieses zu adverbiellem *bis* dass. Horning, ZRP 21, 451; REW 1132.
bestiaire 1. „Gladiator"
16. Jh., aus lat. *(bestiarius).*
2. „Tierbuch"
12. Jhd., aus mlat. *(bestiarium).*
bestial „tierisch", „roh"
12. Jh., lat. *(bestialis).*
bestiasse „dummes Tier"
16. Jh., aus ital. *bestiaccia,* d. i. Pejorativableitung von *bestia* „Tier", s. *bête.*
bestiaux s. *bétail.*
bestiole „Tierchen"
12. Jh., aus lat. *(bestiola).*
bestion „Tierchen"
16. Jh. als Ausdruck der Architektur, im 17. Jh. „Tierchen", ist mit dem Deminutivsuffix *-on* (zu fem. Subst. s. *cruchon*) abgeleitet von lat. *(bestia),* s. *bête.*
besy s. *bésigue.*
bêta „Vieh"
16. Jh., ist westfrz. und zentralfrz. Dialektform für *bétail,* Dict. gén.; nicht für **bêtard* im Kindermund, Bl.-W. 69, da **bêtard* eine morphologisch unverständliche Abl. wäre; zu *bête* „dumm" hätte es „Dummkopf" bedeutet.
bétail „Vieh"
13. Jh., *bestiail,* auch *bestial,* ersteres noch im Zentrum, dazu der Plural *bestiaux,* das heute als Plural zu *bétail* angesehen wird; *bestiail* noch bei R. Etienne, Nicot, bei Cotgrave *bestiail, bestail* und *bestial*; Ausgang ist afrz., 13. Jh., *bestiaille* „Rindvieh" als Collectivum *(-alia),* in Anlehnung an *aumaille* dass., in dem eine Abl. von *bête* gefühlt wird; dazu *bestail* als rückgebildeter Singular; s. Livet 483; Bl.-W. 69.
bête „Tier"
11. Jh., aus vlat. *bēsta,* das bei Venantius Fortunatus und später in Glossen belegt ist, s. Miodonski, ALL 1, 588; REW 1059. *besta* ist Rückbildung von spätlat. *bestula,* dieses mit Suffixwechsel aus gut belegtem *bestiola* „Tierchen", da *-iola* und *-ula* vlat. die gleiche Funktion hatten. Daneben hat sich das klassisch lat. *bestia* zur Bezeichnung verschiedner Tiere, wie Schaf, Schlange, Wurm, Ungeziefer, erhalten. REW 1061.
bétel „Betelpfeffer"
16. Jh. angeblich aus einer Mundart Indiens; Littmann, 123.
bêtise „Dummheit"
16. Jh., ist Abl. von *bête.*
betoine „Betonie"
12. Jh. *vetoine, betoine,* aus vlat. *(vettonica, bettonica),* Plinius, das vom Namen der hispanischen Völkerschaft *Vettones* abgeleitet ist. Roll. Fl. 8, 206; REW 9290.
bétoire „Senkloch für die Wässer in Gärten" u. ä., auch **bétoure**
17. Jh., aus norm. *bétoure* dass.; *bétoire* ist demnach Franzisierung des norm. Wortes; dafür am Lande norm. *beit-tout,* dieses selbst nur an *tout* angelehntes *beitou,* aus vlat. **bibitorium* „zum Aufsaugen, Trinken bestimmt", zu lat. *bibere,* s. *boire.* Behrens, Wg. 339; REW 1078. Vgl. *boit-tout* 3.
béton 1. „Beton", „Gußmörtel"
12. Jh., *betun,* aus lat. *(bitumen)* „Schlamm", „Sand"; dazu im 19. Jh., die Abl. **bétonner** „betonieren". **bittumen,* Jud, Mél. Duraffour 194, erklärt nichts. REW 1138.
2. „Biestmilch"
17. Jh., ist Abl. von *bet,* das im 14. Jh. für „Biestmilch" belegt ist; kann von westgerm. **beust* „Biest", dazu z. B. die Abl. agls. *biesting* „Biestmilch" kaum getrennt werden, doch macht die lautliche Entwicklung wegen des Fehlens des *-s-* in wall. *bet,* dass., Schwierigkeiten. Das afrz. Verbum *beter* „gerinnen", „zufrieren" u. ä. ist von *bet* „Biest" aus begrifflichen Gründen zu trennen, s. FEW I, 330. Vielleicht liegt eine Romanisierung der im Agls. bezeugten Abl. *biesting* zu **beustīceum* zugrunde, das afrz. zunächst zu **biestiz, *biestis,* dann, da im Vorton dem betonten *-ie-* der Vokal *-e-* entspricht, **bestis,* in dem das erste *-s-* dissimiliert werden konnte; vgl. Diez 522; REW 1037; Jud, Mél Duraffour 194; A. Thomas, Rom. 44, 330.
bette „Runkelrübe"
13. Jh., aus vlat. **betta* für lat. *bēta,* mit

nicht erklärtem *-tt-*, das sich bei *blette* wiederholt. REW 1064; Roll. Fl. 9, 143.
Dazu seit dem 16. Jh. die Zusammensetzung **betterave** „Runkelrübe", s. auch *rave*. Roll. Fl. 9, 267; 146.

bétuse „offenes Faß zum Transport lebender Fische", „Hafertruhe"
stammt aus poitev. *betuse* „Hohlmaß, acht Scheffel fassend"; dieses seit Beginn des 15. Jh. als *betuysia* bezeugt, geht auf ein vermutlich gallisches **bostūsia* zurück, s. dazu *boisseau*; Gg. ZRP 40, 140.

beugler „brüllen", „ins Horn blasen"
12. Jh. *bugler*, ist Abl. von afrz. *bugle* „junger Ochs", „Büffel", aus lat. *bŭcŭlus*. Diez 523; REW 1370. Die *-eu*-Form wie in *beurre*.

beurre „Butter"
12. Jh. *burre*, seit dem 16. Jh. in der heutigen Form, mit einer mundartlichen Entwicklung, die ebenso im Südwesten wie im Osten zu Hause ist, aus lat., zunächst *bûtýrum*, entsprechend gr. βούτῡρον; gilt noch bei Plinius als „barbararum gentium laudatissimus cibus qui divites a plebe discernit"; die entsprechende Accentstelle ist noch in oberitalienischen Mundarten bewahrt; daneben ist *bútyrum* kosmetisches Mittel und dringt ein zweites Mal mit Beibehaltung der griechischen Accentstelle ins Lateinische; diese nicht mehr ins Spanische dringende Form liegt dem frz. Wort zugrunde; Battisti, Studi goriziani 2, 23. REW 1429.
beuse s. *buse*.

beuvante in *droit de beuvante* „Recht des Reeders, auf dem vermieteten Schiff eine gewisse Menge Weins zu verfrachten"
18. Jh., ist analogisches Fem. = Neutrum von afrz. *bevant* „was getrunken werden kann", namentlich in Verbindung mit *vin*, Tobler VBI, 340; vgl. älteres *buvande*.
beuveau s. *biveau*.

bévue „Doppelsichtigkeit", „grober Mißgriff"
17. Jh., ist Zusammensetzung von *bes-* „doppelt" und frz. *vue*, s. d. Die Bildung muß im Süden entstanden sein, da nur hier vlat. **bissus* „doppelt" lebend ist, s. *besson*.

bey „türkischer Statthalter"
18. Jh., aus türkisch *beg* (lies *bei*) „Herr".

bézef „viel"
19./20. Jh., Argotwort, aus dem Arabischen Algeriens, *bezzâf* „haufenweise"; Bl.-W. 379.

bezestan „Marktplatz mit bedeckten Hallen in türkischen Städten"
18. Jh., aus türkisch *bezestân* „Leinenmarkt". Dict. gén.; Lam. 50.
bezet s. *beset*.

bézoard „Bezoard", „Ziegenstein"
16. Jh., aus portug. *bezuar* bzw. span. *bezoar*, dieses aus arabisch *bēzahr*, das persischen Ursprungs ist. Lam. 51; Dict. gén.; Littmann 81.
bezoche s. *besoche*.

biais „schräg"
13. Jh., ist bis ins 17. Jh. zweisilbig; ist afrz. auch substantivisch, vgl. *regarder de bihais* „schief anschauen" u. ä. Das Wort kann kaum von wiederholt in den Glossen bezeugtem *bifax, (biface)* „doppelsichtig", „schielend" getrennt werden. Dieses ist vielleicht in Nachahmung des gr. διπρόσωπος zusammengesetzt aus lat. *bi-* „doppelt" und dem Stamme von *facies* „Gesicht", vgl. lat. *efficax* zu *efficio*. Wegen des Schwundes des *-f-* s. afrz. *prëont*, *profundus* u. a. Diez 51.
Vlat. **biasius* für **bi-ansius* zu *ansa* „Henkel", Thomas, Rom. 26, 415 f. (Ess. 257), befriedigt begrifflich nicht; lat. *bifarius* „zweifach, mit gr. διφάσιος dass. gekreuzt, Bourciez, RPFL 16, 302 f.; 18, 68, setzt eine unwahrscheinliche Kreuzung voraus; gr. ἐπικάρσιος „schräg" zu grom. **bigassiu*, dieses zu langued. *biais*, aus dem das nordfrz. Wort stammen soll, Brüch, NM 22, 118; Wartburg ZRP 68, 31, ist wortgeschichtlich unverständlich und lautlich bedenklich, **biaxius*, Spitzer, ZRP 45, 26; NSpr. 39, 35; Liljecholm, Mél. Vising 256, desgleichen; zu *anxiare* „ängstigen" Cor., auch lautlich unmöglich. Vgl. REW 1072.

bibelot „Schnurrpfeiferei", „Nippsache"
12. Jh. *beubelot*, 16. Jh. *bimbelot*, seit dem 17. Jh. die heutige Form, ist dem. Abl. von afrz. *belbel* „Spielzeug", so bei Wilhelm von Pembroke, d. i. doppeltgesetztes *bel* „schön", vgl. *bonbon*. Förster, ZRP 22, 263.
Oder zu dem Kinderwort **bib-*, REW 1073; Bl.-W. 69.

biberon „Saugflasche"
13. Jh., dazu *biberonner*, pop. „saufen", dann seit dem 15. Jh. *biberon* „Trinker", wie im ‚bas langage' *bibard*; ist seit dem 17. Jh. in der Literatursprache veraltet, bleibt aber in der Umgangssprache, Br. 3, 126; ist Abl. *(-eron)* von lat. *(bibere)* „trinken", s. *boire*. Vgl. auch *béron*.

bibine „Gesöff", „dünnes Bier"
19. Jh., pop., im ‚bas langage' „Kneipe", ist Abl. vom Stamm von *bib-eron*, s. d.

bibi, im Jargon Ersatzform des Personalpronomens der 1. Person, daneben mit dem Possessivpron. pop. „Geliebter", „Geliebte"; (Montépin, Monnier), ist Kinderwort, Larchey 33.

bibion „Stilettfliege", „Haarmücke"
18. Jh., aus lat. *(bibione)* „Art kleiner Kranich".

bible „Bibel"
12. Jh., aus mlat. *(biblia)*, d. i. gr. βιβλία „Bücher".

bibliothèque „Bibliothek"
15. Jh., aus lat. *(bibliotheca)*.

bibus „Nichtigkeit"
17. Jh., zunächst als *rimailleur de bibus* bezeugt, scheint ursprünglich scherzhafte Los-

trennung der lat. Endung *-ibus* zu sein, vielleicht in Anlehnung an *bibelot.*

bicarré „zur vierten Potenz"
19. Jh., ist zusammengesetzt aus lat. *(bi-)* „doppelt" und *carré* „quadratisch", s. d.

biceps „zweibäuchiger Armmuskel"
16. Jh., aus lat. *(biceps)* „zweiköpfig".

biche „Hirschkuh"
12. Jh., auch *bisse,* afrz. vielleicht auch „Schlange", bezeichnet heute in den Mundarten auch andere Tiere, so „Grashüpfer", „Ohrwurm" u. ä. s. Bruneau, Rom. 48, 270; aus vlat. *bīstia,* so bei Gregor v. Tours, Fredegar, d. i. oskische Dialektform für lat. *bēstia,* s. *bête,* Brüch, ZFSL 49, 306; Rohlfs, ZRP 41, 354, ZRP 52, 74. Vgl. auch Ascoli, AGI 3, 339; REW 1061.
Die Entwicklung der Lautgruppe *-stj-* in *bīstia* weicht von der normalen Entwicklung (z. B. in *angoisse*) wesentlich ab. Nach Bl.-W. 70 wäre *biche* die Form der Picardie und der Normandie, *bisse* die Normalform. Aber schon afrz. stehen die Formen *bische* (Eneas usf.) *bisse* und *biche* unterschiedslos nebeneinander; *biche* reicht weit über das norm., pik. Gebiet südwärts hinaus, s. T. L. I, 981; ebenso heute s. ALF 1463. Wenn auch einzelne Lehnformen des Neuprovenzalischen (wie *biko*) deutlich die Herkunft und Anpassung an nordfrz. *biche* verraten, ist es doch nicht wahrscheinlich, daß schon im 12. Jh. die Form des eigentlichen Norden in so weitem Umfang die einheimische Entsprechung von *biche* verdrängt hätte.
Die Entwicklung von *bīstia* zu *biche* (außerhalb des pik., norm. Gebietes) dürfte sich daraus erklären, daß *bîstia* unter dem Einfluß von *bēsta* (s. *bête*) nicht allgemein zu **bissja* geworden ist, der schon als vulgärlat. anzusehenden Entwicklung von *-stj-*, entsprechend s. *ostium, ustium,* REW 6117, s. *huis,* und daß das weiter gesprochene *bistia* die Weiterentwicklung von sekundärem *-stj-*, zum Beispiel in nordfrz. *esca,* mitgemacht hat, s. *esca* über *eskja, estja* zu *esche,* frz. *êche.* Auch die südöstlichen Formen von *biche,* wie *bitz,* Jura, *bets,* frz. Schweiz, stimmen mit den Formen von lat. *esca* überein, s. FEW 3, 244.

bichet 1. „Orlean" (Färbemittel)
ist nach Nemnich im 18. Jh. Ausdruck der Antillen für frz. *roucouyer,* dazu im Catholicon, 18. Jh., **hébichet,** „so nennt man auf den französisch-amerikanischen Inseln ein aus Rohr geflochtenes Sieb, dessen man sich daselbst bey der Zubereitung des roucou oder der Orleanfarbe (aus den Samengehäusen der Bixa Linné) bedient", s. Behrens, Wg. 365; stammt angeblich aus dem Kreolischen.
2. „Scheffel"
13. Jh., vgl. dazu afrz. *bichete* „Getreidemaß", *bichone* (Rhone) für ein Erdmaß u. ä., dazu afrz. *pichet* „Topf", „Salzmaß", gewöhnlich *pichier,* dazu Centre, H. Maine, Poitou, Bret., Norm., Champ., *pichet* „kleiner irdener Topf", norm. bret. *pichier* „großer Topf für Apfelwein"; von *bichet* „Getreidemaß" rückgebildet Loire *biche* „irdener Topf" (Milch, Mehl u. ä.), Gonon, RDiR 26, 97; aus fränkisch **bikâri* (anddt. *bikeri*), das in Glossen und auf Inschriften als *bicarus* bezeugt ist; dieses stammt selbst aus spätlat. *becarium,* in Glossen *becarius* „orceoli genus", s. Kluge, ZRP 41, 679; AR 6, 301, das selbst aus *bacarium* „Wassergefäß" dissimiliert ist; letzteres ist in Glossen belegt, gehört zu *bacca* „vas aquarium" bei Isidor v. Sevilla, s. die Literatur unter *bac.* Vgl. auch Kluge s. Becher.
Das Wort hat kaum etwas mit gr. βίκος „irdenes Gefäß" zu tun, Dict. gén.; auch kaum spätlat. *becarium* aus βίκος + lat. *-arium,* Bl.-W. 483; daher erklärt sich die Form *pichier, pichet* nicht aus einer Übergräzisierung des gr. Wortes im lateinischen Mund, Brüch, ZRP 39, 210, sondern es zeigt der Anlaut Beeinflussung durch *pot.* Vgl. auch REW 1102.

bichette 1. „sackartiges Fischnetz, das über zwei gekrümmte Stäbe gelegt wird"
18. Jh., u. H.
2. „junge Hindin"
12. Jh. *bissette,* seit dem 14. Jh. die heutige Form, ist dem. Abl. von *biche* „Hindin", s. d.

bichof „gewürzter Glühwein"
19. Jh., aus deutschem *Bischof,* da die Farbe des Getränkes an die eines violetten Bischofmantels erinnert. Dict. gén.

bichon „Schoßhündchen"
17. Jh., im ‚bas-langage' auch Kosewort seit dem 19. Jh. (Gavarni), s. *bichette* 2, ist verkürzt aus *babichon, barbichon,* s. d.

bicoq „Baugerüststütze"
17. Jh., steht wohl für *bicot* „Zicklein", und dieses dem. Abl. von *bique* „Ziege", vgl. *biquet* und *chèvre;* Dict. gén.

bicoque „schlechte Festung", „Baracke"
16. Jh., zunächst metaphorisch von der Behausung der Schalentiere gesagt, aus ital. *bicocca* „kleine Bergfestung", „Warte", „Baracke"; dieses ist Zusammensetzung von lat. *bi-* „doppelt" und vlat. **cocca* „Muschelschale" u. ä., s. *coque.*

bicorne „zweihörnig"
14. Jh., aus lat. *(bicornis),* vgl. *bigorne.*

bicycle „Zweirad"
19. Jh., aus lat. *(bi-)* „doppelt" und gr. (κύκλος) „Reifen".

bidauct „braune, von den Färbern aus Ruß hergestellte Farbe"
17. Jh., scheint aus *bis* „grau" und *ocre* „Ockerfarbe" zusammengesetzt zu sein, also für *bis d'ocre? ocre* ist nach Larousse auch „braun"; so ist ursprünglich **bidocre* „tonige

Erde“, aus der Farben bereitet werden. Vgl. *bistre.*

bident „zweizinkige Gabel“
18. Jh., aus lat. *(bidente)* „zweizähnig“, „zweizackig“.

bidet „kleines kräftiges Pferd“; „Waschbecken“, „Hobelbank“
16. Jh.; das Wort lebt in norm. *bidet* „kleines Pferd“, *bidette* „kleine Stute“, *bidaillon* „Mähre“, pik. *bidet* „kastriertes kleines Pferd“, sav. „Esel“, „Maulesel“, frz. Schweiz „Gaul“, Tappolet, ASSL 131, 113; das Wort gehört wohl zu dem unter *bedaine* erschlossenen Stamme **bodd-;* s. auch Spitzer, NSpr. 35, 356. Die keltischen Vertreter, auf die Diez 523 verweist, kommen nicht in Betracht, Thurn. KR 90; vgl. REW 1085.
Nach Barbier, Misc. Studies Rom. Languages 30, würde dazu gehören *bidaut, bedaud, bedon,* dazu bei den Coquillards der Name *Bidault de Cullebute,* ähnlich *bidet de culbute* bei Cotgrave „männliches Glied“, aus älterem *bidaut,* zu dem Namen einer Völkerschaft *Bidaut,* T. L. I, 962, die mit den Basken identifiziert worden wäre; daher gehörte die Sippe zu baskisch *bide* „Weg“; s. Roques, Rom. 58, 593; überzeugt nicht.

bidon „altes Flüssigkeitsmaß“, „hölzerne Wasserkanne“
16. Jh., über ital. *bidone* „faßförmiger Behälter für die Weinration der Matrosen“, aus mgr. πιθών, πίθον „Weinfaß“ für agr. πίθος dass.
Die Einwände gegen πιθών REW 1088 wegen der Wiedergabe des gr. -ϑ- durch *-d-* sind nicht berechtigt, s. σπαδίδιον in rum. **spătează* „flacher Holzstab“, Diculescu, Dacoromania 4, 464.
Wegen des späten Auftretens im Frz. nicht aus isländisch *bidha* „nach oben verengtes Gefäß“, Bugge, Rom. 3, 145; Bl.-W. 70, oder agls. *byden* „Scheffel“, „Faß“, Regnaud, RPFL 10, 120.

bief „Wassergang“, „Mühlgraben“
13. Jh., aus gallisch **bĕdu* (kymr. *bedd,* bretonisch *bez* „Graben“). Jud, ASSL 124, 398; Dottin 232.
Nicht fränkisch **bed* zu gotisch *badi* „Bett“, da die salfränkischen Elemente des Frz. die Umlautung unter dem Ton noch nicht kennen, Diez 523; REW 1016.

bielle „Kurbelstange“
18. Jh., scheint ein grom. **bigella* bzw. dem. Abl. von nicht belegtem **bie* „Balken“ darzustellen, das in prov. *biga* „schmaler Balken“ erhalten ist und ursprünglich „Vorrichtung auf Schiffen zum Heben und Aufladen von Lasten“ bedeutet hätte, FEW I, 256; s. zu diesem Jud, ASSL 120, 88 Anm., der auf ein spätlat., bei Ausonius belegtes *vibia* „Balken“ verweist, das jedoch in dieser Form nicht die Grundlage des grom. Wortes sein kann. REW 1095. Prov. *biga,* mit iberorom. *viga* „Balken“ zu **bīka* „Ziege“, Rohlfs ZRP 45, 672, vgl. *chevron, poutre,* würde voraussetzen, daß **bīca* „Ziege“ schon lateinisch ist.

bien „gut“, „Gut“
11. Jh. adverbiell und substantivisch, aus lat. *bĕne* „gut“. REW 1028.

bienfait „Wohltat“
12. Jh., in der Form von *bien* beeinflußtes lat. *benefactum.* Dict. gén.

bienheureux „glückselig“
12. Jh., ist Gegenbildung zu *malheureux,* s. d.

biennal „zweijährig“
16. Jh., aus lat. *(biennalis).*

bien-séance „Schicklichkeit“
16. Jh., ist Abl. von **bien-séant** „schicklich“, dieses zusammengesetzt aus adverbiellem *bien* und Präs. Part. zu afrz. *siet* „es schickt sich“, s. *seoir.*

bien-tenant „Besitz-Inhaber“
15. Jh., ist subst. Partizip von afrz. *le bien tenir* „den Besitz innehaben“, mit der im Altfrz. üblichen Voranstellung des Objekts vor den Infinitiv.

bientôt „bald“, „nächstens“
14. Jh., ist zusammengesetzt aus adverbiellem *bien* und *tôt* „rasch“, s. d.

bienveillance „Wohlwollen“
12. Jh. *bienvoillance,* ist Abl. von afrz. *bien voloir* „wohlwollen“, s. *vouloir.*

bienveillant „wohlwollend“
13. Jh. *bienvoillant,* ist Part. von afrz. *bien voloir* „wohlwollen“, s. *vouloir.*

bienvenir „willkommen heißen“
19. Jh., ist Rückbildung von *bienvenue* „Willkomm“; dieses, 14./15. Jh., substantiviertes Part. von *bien venir* „erwünscht kommen“, s. d. Für *bienvenir* hat das ältere Frz. das Verbum *bienveigner,* dieses abgeleitet von afrz. *bien viegne* „er komme willkommen“, d. i. Zusammensetzung von *bien* mit dem afrz. Konjunktiv von *venir.*

bière 1. „Bahre“
12. Jh., aus fränkisch **bëra* „Bahre“, das sich durch schweizerische, schwäbische und ostfränkische mundartliche Formen erschließen läßt. Horn, ZFSL 29, 2, 85 f.
Kaum fränkisch **bêra,* die Vorstufe des ahdt. *bâra,* Diez 41; REW 1038, da kein anderer Beleg für im Fränkischen erhaltenes germ. $ê^{1}$ vorliegt.
2. „Bier“
15. Jh., aus nhdt. *Bier.*

bièvre „Biber“
12. Jh., aus gallisch **bebros,* dazu die gallischen Namen *Bibrax, Bibracte, Bebriacum,* nir. *beabhar* „Biber“; ist bei Priscianus (6. Jh.) als *beber,* bei dem Scholiasten zu Juvenal als *bebrum* bezeugt (Max Förster).
Mit dem gallisch-lateinischen *bĕbros* hat sich lat. *fiber* dass. gekreuzt; das Produkt der

Kreuzung belegt als *bibrus* bei Polemius Silvius (5. Jh., Südostfrankreich); **bẹbros* mit geschlossenem -*ẹ*-, lebt in afrz. *beivre* neben *bievre,* in prov. *bẹfre,* ital. *bèvero* (neben *bievero).*
Die Formen mit offenem -*e*- (ie) unter dem Ton könnten auch von fränkisch *bĕver* zu agls. *befor* beeinflußt sein. Vgl. REW 1012; Brüch 67; Thomas, Rom. 31, 164; Bl.-W. 113.
biez s. *bief.*

biffe „falscher Diamant"
ist konkretisiertes, im 16. Jh. bei Montaigne belegtes *biffe* „Betrug", dieses postverb. Subst. von mittelfrz. *biffer* „betrügen", das wie afrz. *bufe* „Betrug", s. *beffler,* Schallwort ist. *biffe* „falscher Diamant" aus lat. *bifidus* „zweigeteilt", weil die „doublet" genannten falschen Edelsteine aus zwei Teilen bestanden, zwischen die ein Metallplättchen zur Verbindung eingelegt wurde, De Poerck, Mél. Roques IV, 198, ist weder lautlich noch begrifflich annehmbar.

biffer „ausstreichen"
13. Jh. auch „streifen", ist abgeleitet vom Stamm von *biffe* „leichtes Wolltuch", schon im 13. Jh. auch *„gestreifter* Stoff", auch *bifle,* aus lat. **bĭfīlis,* zu belegtem *bifīlum* „doppelter Faden", wäre begrifflich ansprechend, lautlich müßte eine Betonung auf dem Präfix (etwa in Anlehnung an *bifidus* u. ä.) angenommen werden, und das -*i*- des Präfixes würde durch das nachfolgende -*ī*- umgelautet werden, (wie in afrz. *visné* aus *vecīnatu(m);* s. De Poerck, Mél. Roques IV, 187; REW 1091; Bl.-W. 70.
Dazu seit dem 19. Jh. das postverb. Subst. **biffe** „Werkzeug zum Ausstreichen".

bifide „zweispaltig"
18. Jh., aus lat. *(bifidus).*

bifteck „Beefsteak"
19. Jh., aus englisch *beefsteak.*

bifurcation „Gabelung"
16. Jh., ist Abl. von frz. **bifurquer** „gabeln", zu lat. *(bifurcus)* „gegabelt".

bigame „in Doppelehe lebend"
13. Jh., aus lat. *(bigamus).*

bigarade „bittere Pomeranze"
16. Jh. *orenger bigarrat,* Roll. Fl. 3, 364 f., dazu seit dem 17. Jh. die Abl. **bigaradier** „bitterer Pomeranzenbaum", aus nprov. *bigarrado,* d. i. subst. Part. von nprov. *bigarrà* „flecken", der Entsprechung des frz. *bigarrer.*

bigarreau „gefleckte Herzkirsche"
17. Jh., ist Französisierung von nprov. *bigarreu,* auch *bigarrado,* d. i. Abl. vom Stamm von nprov. *bigarrà* „flecken", s. *bigarrer* und *bigarade.*

bigarrer „buntscheckig machen", „flecken"
16. Jh., aus nprov. *bigarrà,* dass., mit reicher Wortfamilie; dazu gaskognisch *bigarrat* „fleckig", *bigarrà* u. ä.; aus galicisch *bigarrado* „fleckig", span. *abigarrado* „buntscheckig", belegt seit 1611; davon *abigarrar,* seit 1726, s. Cor. I, 9; ist Abl. von *bigarro* „buntgestreifte Seemuschel", auch *bígaro,* eine im kantabrischen Meer in Massen vorhandene Muschel; ist der Form nach vorromanisch, wahrscheinlich iberisch; vgl. Schön, Der kleine Toussaint-Langenscheid, Spanisch, 62. Daß die Wortsippe im Galloromanischen bedeutend früher bezeugt ist, als an der kantabrischen Küste, erklärt sich daraus, daß in Nordfrankreich *bigarré, garré* zunächst nur landwirtschaftlicher Ausdruck in den westlichen Mundarten war.
Zu mfz. *garre* „zweifärbig", auch *garré,* dass. 14.—16. Jh., so von einem Windhund, einer Kuh gesagt, noch heute in Ille-et-Vil. *vache gare,* Godefr. 4, 237, ist kaum Grundwort zu *bigarré,* Bl.-W. 71; Sain. Rab. 2, 137, sondern, da *bi*- mit *bi*- „zwei", „doppelt" (z. B. *bigame, bifide* usf.) identifiziert wurde, rückgebildet von diesem; daher die Bedeutung *garré* „scheckig" neben *bigarré* „zweifärbig". Zu nprov. *garri* „Maus", Brüch, ZRP 40, 644, befriedigt begrifflich nicht; nprov. *bigal, bigar* „Hornisse", „Hummel", Schuchardt, ZRP 11, 500; Sainéan, RER 10, 264 ff.; ZRP 30, 558, dieses selbst unsicherer Herkunft, überzeugt begrifflich gleichfalls nicht. Vgl. auch REW 6476.
Dazu seit dem 16. Jh. die Abl. **bigarrure** „buntes Allerlei".

bige „Zweigespann"
19. Jh., aus lat. *(biga).*

bigle „einwärts schielend"
15. Jh. *bicle,* lebt im Norden und Südostfrz.; dafür nprov. *biscle,* aus dem das nordfrz. Wort stammt, vgl. im 16. Jh. *bicle*; die heutige Form in Anlehnung an *aveugle,* Wartburg, RDR 3, 459 ff. Die eigentliche nordfrz. Entsprechung des Wortes scheint im Südgürtel des Nordfranzösischen in Fr. Comté, Vienne *biseuil* „schielend" vorzuliegen. Zugrunde liegt ein grom. **bīsŏclus* „grau-äugig" als Gegenbildung zu **alb-oclus,* s. *aveugle,* das also zunächst einen anderen Defekt der Augen bezeichnete; die Accentverschiebung im Provenzalischen geht vom Verbum **bisclar* aus, vgl. Anjou *bicler* „ein Auge schließen, mit dem andern fixieren", Vendôme, Centre *bicler,* lyon. *bicliô* „schielen" usf., dagegen in der Literatur mit Anlehnung an das Adjektiv, **bigler** „schielen" seit 17. Jh., für im 16. Jh. belegtes *biscler*; ganz entsprechend spanisch *bisojo* „schielend", neben *bizco,* von diesem *bizcar* „schielen".
bigle zu **bissus* „doppelt", Horning, ZRP 21, 451, ist lautlich nicht möglich; auch nicht **bĭs-oculare* mit dem Pejorativsuffix *bis*-, s. *balourd,* Wartburg l. c., Cor. I, 461, da die Wortfamilie durchwegs in der 1. Silbe altes geschlossenes *i* zeigt; Ausgangspunkt auch

nicht das Verbum **oculare*, s. REW 6038, da *bīs* „grau“ nicht als Präfix eines Verbums verständlich wäre; *bigle* auch nicht zu südfrz. *biscle* „Dachfirst“, Rohlfs, ZFSL 49, 176, aus begrifflichen Gründen; ebenso nicht zu *bique* „Ziege“, Spitzer ZRP 44, 191, NSpr. 35, 358. Die Umaccentuierung von *bisóclu* zu *bísoclu* unter dem Einfluß des Griechentums von Massilia, s. Rohlfs, ASSL 190, 362, ist nicht nötig.

bigne „Beule“
14. Jh., für älteres, seit dem 14. Jh. belegtes *buigne*, aus fränkisch **bungja* zu agls. *bunny* (neben *bung)* „Geschwulst“, mhdt. *bunge* „Knollen“, „Klumpen“, Diez 73; vgl. REW 1396, 2; FEW I, 628 und *beignet.*

bigorne „Spitzamboß“
14. Jh., aus prov. *bigorna,* dieses aus lat. *(ferrum) bicorne* „zweizinkige Hacke“, Rohlfs, ZRP 45, 669; dazu seit dem 15. Jh. die deminutive Abl. **bigorneau** „kleiner Hornamboß der Schlosser“ u. ä.; REW 1084; Jud, ASSL 127, 428.

bigot 1. „kleine Holzplatten, die die verschiedenen Reihen am Rackwerk trennen“; „Rackschlitten“
17. Jh., ist dem. Abl. von *bigue,* s. d., bzw. prov. *biga* „Balken“, s. *bielle;* Dict. gén.
2. „bigott“
12. Jh., ist zunächst Schimpfwort für die Normannen, seit dem 15. Jh. „heuchlerisch“, aus agls. *bî god* „bei Gott“, das im Chronikon des hl. Martin von Tours als englischer Schwur belegt ist; die normannischen Soldaten nehmen den Schwur der Engländer auf, die Francier geben ihn den Normannen als Spottnamen. Baist, RF 7, 407 ff.; REW 1097.

bigotère „kleiner Polster zum Rollen des Schnurrbartes“
17. Jh., aus span. *bigotera* „Knebelbartfutteral“, dieses Abl. *(-aria)* von *bigote* „Schnurrbart“, das von Baist, RF 7, 407 ff. mit *bigot* 2 zusammengestellt wird.

bigoudi „mit Haut überzogener Eisendraht zum Einrollen der Haare“
19. Jh., aus portug. *bigode* „Schnauzbart“ (gesprochen *bigúdi*) s. „ter bons *bigodes*“, „ein hübsches Gesichtchen haben“, s. Cor. I, 458.

bigre 1. „Waldhüter, der die Aufsicht über die Bienenzucht hat“
ist zuerst mlat. für Anjou im 12. Jh. als *bigrius* „Landbewohner, der sich durch Jagd und Schlingenstellen ernährt“ bezeugt, s. Baist, ZRP 41, 447 ff.; aus fränkisch **bîkeri* „Bienenwärter“, vgl. mundartlich ndl. *biker* „Bienenzüchter“. Behrens, ZRP 26, 652; Horn-Behrens, ZFSL 39, 2, 83; REW 1096. Dazu im 15. Jh. *bigrerie* „Bienenzucht“, Roques, VR VI, 168.
Nicht aus bretonisch **bigri* „Waldläufer“, Baist, RF 7, 413; ZRP 41, 447 ff., da das zugehörige bretonische *bigria* „wilddieben“ selbst aus dem Französischen stammt. Daß der älteste mlat. Beleg für altbretonisches Gebiet belegt ist, ist daher nicht für Herkunft aus dem Bretonischen entscheidend.
2. „Donnerwetter“
18. Jh., ist Deckwort für *bougre,* s. d., dazu *bigrement,* fam., „sehr“, „verdammt“, Dict. gén.

bigue „Schiffsbock“, „Ausbesserungsstütze“
15. Jh., aus prov. *biga* „Balken“, s. *bielle.*

biguer „austauschen“
17. Jh., u. H. Vgl. poitev. *bigassai* dass., besonders „Viehtauschen“, auch *biguaillé,* Centre *bigager* dass.

bihoreau „Nachtreiher“
14. Jh. *buhoreau,* ist dem. Abl. von mundartlichem *buor,* Poitou, Char. Inf., Char. bzw. *bihor, bihour,* Berry, Saint., das die nächst verwandte Rohrdommel bezeichnet, s. Behrens, Wg. 339 f.; die verschiedenen mundartlichen Formen vereinigen sich unter einer Grundform **buihor.* Dieses enthält im 2. Bestandteil lat. *taurus* „Stier“, da der Schrei der Rohrdommel, wenn sie den Schnabel in das Wasser steckt, an das Brüllen eines Stiers erinnert. Im 1. Teil dürfte lat. *bubo* „Uhu“, „bei den Alten wie bei uns durch sein Schreien Unglücksprophet“ (Georges), stecken, Grundform **būbitaurus,* mit Dissimilation **buitaurus,* das vielleicht aus *bitorius,* Corp. gloss. 5, 403, 20 zu erschließen ist. Vgl. dazu *butor.* Das hohe Alter des Wortes in der Volkssprache bedingt den Schwund des intervokalischen *-t-*. Spitzer, Misc. Schuchardt, 142.

bijon „hartes Fichtenharz“
16. Jh., stammt aus dem Südosten, vgl. sav. *bejhon,* Isère *bijon,* frz. Schweiz *bezon* u. ä., vgl. auch ALF 1693; aus dem Gallischen, vgl. air. *bí* „Pech“, *bide* „pechig“; die genaue Grundform des gallischen Wortes ist unklar; dieses ist selbst aus lat. *pix* „Pech“ entlehnt, Pedersen, Gr. I, S. 235; Jud, BDR 3, 67.

bijou „Juwel“, „Schmuck“
15. Jh., aus bretonisch *bizou* „Fingerring“; dazu seit dem 17. Jh. die Abl. **bijoutier** „Juwelier“. Diez 524; Thurn. KR 91; REW 1142.

bilan „Bilanz“
16. Jh., aus ital. *bilancio,* dieses postverb. Subst. von *bilanciare* „auswägen“, „abwägen“, d. i. die Entsprechung des frz. *balancer.*

bilboquet „Fangstock“, „Fangspiel“, „leichtsinniger Mensch“
16. Jh., auch *billebauquet* „kleines Holzstück“, Tilander, Glan. 31, bei Rabelais als *jouer au bille boucquet* belegt, ist zusammengesetzt aus *bille* „Kugel“ und mundartlichem, z. B. angev. *bouquer* „stoßen“, dieses Abl.

von *bouc* „Bock“, s. d. Das Spiel besteht darin, daß eine Kugel, die in der Mitte eines Stabes an einem Bande angebracht ist, durch einen Stoß mit den Enden des Stabs in Berührung gebracht werden soll. *boquer* für *bouquer* ist westliche Form. Es liegt also ein afrz. **jouer au bille bouquer* zugrunde, mit Voranstellung des Accusativobjekts vor dem Infinitiv, nach altfrz. Syntax; s. FEW I, 366. Aus englisch *bilboc*, dieses zum Namen der spanischen Stadt *Bilbao*, Baldensperger, RPFL 35, 161, ist unwahrscheinlich, da die Bedeutung des englischen Wortes „Degenklinge“, „Rapier“, im Plural „Eisenfesseln“, ferne liegt.

bile „Galle“
16. Jh., aus lat. *(bilis)*.

bilieux „gallig“, „gallsüchtig“
16. Jh., aus lat. *(biliosus)*, für älteres, unmittelbar von *bile* abgeleitetes *bileux*.

bilingue „zweisprachig“
19. Jh., aus lat. *(bilinguis)*.

bill „Gesetzesvorschlag“
17. Jh., aus englisch *bill* dass.

billard 1. „krummer Stab der Landleute“
14. Jh. *billart* „Stab zum Kugelspiel“, daher seit dem Ende des 14. Jhs. *jeu de billard* „Billardspiel“; aus nprov. *bilhard* „großer Stab“ (an dem zwei Maurer einen schweren Stein tragen), „Eisenbarre“, heute auch „Billardqueue“, vgl. dazu galizisch *villardo* „Bündel von Stöcken“ u. ä., in Salamanca *vilorto* „der Stock, mit dem bei dem *vilorta* genannten Spiel die Kugel getrieben wird“, das Spiel in Galizien *vilordo, vilorte*. Es liegt wohl eine Abl. von *bille* 1 zugrunde, als *-ard*-Abl. von einem Verbum **bilhar*, das durch die nprov. *-(at)orium*-Abl. *bilhadou* „Pflock, durch den das Heu u. ä. am Wagen festgehalten wird“, und die *-ator*-Abl. *bilhaire* „der (das Heu u. ä.) festdrückt“; s. *biller*. Vgl. prov. *bilha* „Stock beim Stockspiel“; die Bedeutung „Stock im Kugelspiel kann von *bille* „Kugel“ beeinflußt sein; FEW I, 366.
Nach Schuchardt, RB 47 ff. würde an der Wurzel des frz. Wortes das span. *vilorta* stehen, in dem sich lat. *viburnum* „Schlingbaum“, s. *viorne*, und *retorta*, s. *rouette*, kreuzten, vgl. auch Meyer-Lübke, GRM 1, 636.
2. in *boeuf billard* u. ä.
fam., adj. „geschweift“, „gekrümmt“, dazu *billarder* „(die Beine) nach außen verdreht haben“ u. ä.; nach der Form des *billard* genannten „krummen Stabs“, s. *billard* 1; Dict. gén.

bille 1. „Holzpflock“, „Wurzelschößling“ u. ä.
14. Jh., dagegen im Mittellatein Frankreichs und Oberitaliens schon im 12. Jh. *billia, billus, billonus* u. ä. „Baumstrunk“, „grober Ast mit Blättern“, aus gallisch **biljon* zu irl. *bile* „Baumstrunk“, air. *bile* „heiliger Baum“, schottisch *bile* „Laub“, „Blatt“, Dottin 234; REW 1104; Jud, AR 6, 203 f. Vgl. auch *habiller* und *billard*.
2. „Steinkügelchen“, „Billardkugel“
12. Jh., aus fränkisch **bikil*, das über **bikle*, **bitle* zu *bille* geworden ist; s. die Weiterentwicklung zu *birl-* unter *birloir*; vgl. ostfriesisch *bikkel* „Gelenkknöchel, welche die Kinder anstatt der hölzernen Würfel bei dem sogenannten stêntje-Spiel gebrauchen“; Diez 53; REW 1101; Nigra, AGI 15, 99 f.; ital. *biglia* stammt aus dem Franz., doch sind in Oberitalien einheimische Vertreter des hier wohl aus dem Langobardischen entlehnten Wortes erhalten.

billebarrer „mit Strichen von verschiedener Farbe bemalen“
16. Jh., dazu im Südwesten und Zentrum *birebarrer* und Abl., ist Reduplikationsbildung von *barrer*, das z. B. norm. die Bedeutung „streifen“, „fleckig machen“ hat, FEW 259 a.

billebaude „Wirrwarr“
17. Jh., zunächst in *tir à la bille baude* „Schuß im Einzelfeuer“, daraus *à la billebaude* „unregelmäßig“; dazu seit dem 19. Jh. die Abl. **billebauder** „etwas unregelmäßig, ungeordnet ausführen“, „hinundherlaufen“ (von Jagdhunden) u. ä. Herkunft unbekannt. Nach Barbier ML 12, 263 ein alter Name, 13. Jh. Berthier *Billebaut*, 16. Jh. *Billebault*, Name eines Hundes; zu *bille* „Kugel“ und *baud*, afrz. „munter“, s. *baudet*, Dict. gén.; Bl.-W. 71?

biller „mit dem Rundstab umdrehen, rollen“
15. Jh. auch „die um einen Ballen gebundenen Stricke anspannen“, s. dazu nprov. *bilhadou* unter *billard* 1, ist Abl. von *bille* in der speziellen Bedeutung „Rundstab“, s. *bille* 1; dazu afrz. *billier* „mit Kugeln spielen“, dann *aller billier* „laufen“, „rennen“, eigentlich „davonkugeln“, *s'en billier*, wie *s'en aller*.

billet „Handschreiben“, „Billett“
15. Jh., ist Neubildung nach **billette** „Zollzeichen“; dieses, seit dem 14. Jh., ist in Anlehnung an *bille* umgestaltetes afrz. *bullette* „Zertifikat“, s. *bulle*. S. auch *bulletin*. Dict. gén.; REW 1385.

billette „Holzstock“, „Rollholz“, „Bohle“ u. ä.
14. Jh., ist deminutive Abl. von *bille* 1.

billevezée „Hirngespinst“
16. Jh., ist Abl. von im 16. Jh. belegtem *belle veze* „Dudelsack“, „Aufschneiderei“, „Lüge“ u. ä.; poitev. *veze*, dass., auch metaphorisch; H. u.

billion „Milliarde“
bedeutet im 16. Jh. eine Million Millionen, ist gelehrte Nachbildung von *million* nach lat. *(bi-)* „doppelt“. Dict. gén.

billon 1. „behauener Fichtenzweig“

13. Jh., s. Du Cange *billonus,* ist deminutive Abl. von *bille* „Holzpflock".
2. „Metallbarren"
13. Jh., daraus „Metallmischung", und in Anlehnung an *billon* 1 „minderwertige Legierung"; ist Abl. von *bille* in der Bedeutung „Rundstab", s. d.

billonner 1. „die Reben bis auf den Rebschoß beschneiden"
19. Jh., ist Abl. von *billon* 1 in der Bedeutung „kurz abgeschnittener Rebschoß".
2. „Geld durch minderwertige Legierung verschlechtern"
14. Jh., ist Abl. von *billon* 2 in der späteren Bedeutung „minderwertige Legierung".

billot „Holzklotz", „Stab"
14. Jh., ist deminutive Abl. von *bille* 1.

biloquer „vor dem Winter tief umpflügen"
19. Jh., dafür mfrz. *binoquier,* gehört zu poitev. *binoche* „Harke", dazu *binochée* „die mit der Harke umgeworfene Erde"; ähnlich Anjou. Dieses ist Abl. vom Stamme *biner,* s. d. Die Form des literarischen Wortes weist auf Entlehnung aus dem Normannischen.

bimane „zweihändig"
18. Jh., ist gelehrte Zusammensetzung von lat. *(bis)* „doppelt" und *(manus)* „Hand".
bimbelot s. *bibelot.*

binage „das zweite Pflügen"
17. Jh., ist Abl. von *biner,* s. d.

binaire „zwei enthaltend"
16. Jh., aus lat. *(binarius).*

binard „Blockwagen für schwere Lasten"
17. Jh., lebt im Pikardischen „Wagen zum Transport von Holzstämmen", ist vermutlich Abl. von *biner* in der Bedeutung „einem Wagen doppeltes Gespann geben", s. d.

bine „Erdhaue"
19. Jh., ist postverb. Subst. von *biner* in der ersten Bedeutung, s. d.

biner „Erde zum zweitenmal umgraben"; „zwei Messen an einem Tag lesen" u. ä.
16. Jh., aus prov. *binar* dass., in Südfrankreich und Galizien besonders vom zweiten Umhacken des Bodens beim Weinbau gebraucht, aus vlat. **bīnare* „ein zweites Mal tun", d. i. Abl. von *bini* „je zwei". REW 1108.

binet 1. „zweite Bearbeitung des Ackerbodens"
15./16. Jh., ist Graphie für *biner,* s. d.
2. „kleiner leichter Pflug zur Bearbeitung des Bodens"
19. Jh., ist mit Suffixwechsel aus **binot** dass. gebildet, das im Wallonischen lebt und selbst wohl mit Suffixwechsel aus pikardisch *binou* dass. umgestaltet ist; pik. *binou* ist die mundartliche Form für *binoir,* das seit dem 14. Jh. bezeugt ist; dieses *-orium* Abl. von *biner,* s. d.
binet könnte auch unmittelbar von *biner* abgeleitet sein, da gelegentlich auch *-et(te)* zur Bezeichnung des Werkzeugs zu finden ist.
3. in *faire binet* „die Kerze aus dem Leuchter nehmen und am Leuchtereinsatz zum vollständigen Verbrennen aufstellen"
17. Jh., ist Abl. von *biner* in der Bedeutung „erneuern", s. d.

binette 1. „Gartenhaue"
18. Jh., ist pik. norm., ist Abl. von *biner* „ein zweites Mal umharken", s. d.
2. „Perrücke"
Ende des 18. Jhs., dann seit 1849 als „lächerlicher Kopf" belegt, im Argot „Gestalt", „Physiognomie", Renson 442; in dieser Bedeutung im Argot auch *bobine;* nach Larchey S. 44 wäre *binette* Rückbildung von *bobinette,* nach Dict. gén. gebildet nach dem Namen *Binet,* angeblich dem Friseur Ludwigs XIV.

biniou „Dudelsack"
19. Jh., aus bretonisch *biniou* dass. Dict. gén.

binocle „Doppelfernrohr"
17. Jh., zusammengesetzt aus lat. *(bini)* „je zwei", „doppelt" und *(oculus)* „Auge", über neulat. *(binoculus),* Bl.-W. 72.
binoir s. *binet 2.*

binôme „Binom"
12. Jh., mlat. *(binomium),* zu lat. *bi-* „zwei", „doppelt" und gr. νόμος „Grundsatz", „Regel" u. ä., Dauzat, Fr. mod. VIII, 111.
binot s. *binet.*

binoter „ein zweites Mal pflügen"
14. Jh., ist Abl. von *binot* „leichter Pflug", vgl. pik. *binot* „Pflug ohne Pflugmesser und Streichbrett", s. *binet* 2.

bion „Glasschere"
18. Jh., u. H.

bipède „zweifüßig"
18. Jh., aus lat. *(bipede).*

bipenné „zweiflügelig"
18. Jh., zusammengesetzt aus lat. *(bi-)* „doppelt" und *(penna)* „Flügel".

bique „Geiß"
16. Jh., das Wort ist wallon., dann Morvan *bigue,* Cévenol *bico,* dazu norm. *biquette* „Kitzlein"; daneben *-e*-Formen: champ. *bequot* „Bock", Beauvois-sur-Mer *beque* „Ziege", Jura *bequi* „Zicklein", champ. *bequat* dass., u. ä., s. Roll. F. 5, 174 ff. Es handelt sich um Ablautformen des Stammes von *bouc* „Bock", s. d., und *biquet.* Ringenson, Studia Neoph. 29, 13; Rohlfs, ZRP 45, 669.
Germ. **bik* „Ziege", REW 1099, nicht wegen des späten Auftretens der *bik*-Formen, ist auch germanisch unsicher.

biquet 1. „Zicklein"
16. Jh., ist mit Suffixwechsel aus *bicot* dass. umgestaltet, dieses Côte-d'Or, Morvan, Gâtinais, Saintonge; oder unmittelbar abgeleitet von *bique.*

2. „Wagebalken"
19. Jh., ist metaphorische Übertragung von *biquet* 1, wie *chevron* „Zicklein" 〉 „Dachbalken", *poutre* „junge Stute" 〉 „Balken" u. ä.
biquette s. *bique* 1.

birambrot „Biersuppe"
17. Jh., aus flämisch *bierenbrood* „Biersuppe mit Brot und Zucker". Dict. gén.; Behrens, DS 91.

birbe „alter Mann"
19. Jh., aus dem Argot, auch *birbon, birbade birbasse* (nach dem 60. Lebensjahr), *birbette*, aus ital. *birba* „Betrüger", *birbone* „Bettler", „Vagabund"; gehört zur Familie des Wortes *bribe*; s. Battisti, I, 526; Cor. I, 518.

bire „Fischreuse"
17. Jh., für den Hennegau als *buire* bezeugt, daher heute auch **bure**, dazu afrz. (Doubs) *boiron* dass., ein korbartiges Fischfanggerät, ist identisch mit der unter *buie* angeführten Wortfamilie.

birème „Zweiruderer"
16. Jh., aus lat. *(biremis)*.

birette 1. „Holzrechen"
19. Jh., u. H.
2. „schwarze Mütze"
14. Jh., ist wohl gelehrte Abl. von mlat. *birrum*, s. *barrette* und *béret*.

biribi „Biribisso" (ital. Hasardspiel)
18. Jh., aus ital. *biribisso* u. H.

birloir „Fensterwirbel"
17. Jh., setzt ein Verbum **birler* voraus, das alt nicht belegt ist, wohl Dialektform für *biller* „kegeln", zu *bille* „Kugel", „Kegel" ist; wegen *-ll-* zu *-rl-* s. *berlière;* vgl. dazu span. *birla* „Kegel"; catal. *bitlla*, dass.; Cor. I, 462. Das Wort ist in den Bereich von *virer, rouler* geraten, daher vgl. nprov. *viro-vouto* „Rolle", s. *virevau*; dazu afrz. *viroler* „wirbeln", rouchi *virouler*, fr. comt. *viroiller* „herumrollen", die zu frz. *virer* gehören. Dazu oberital. *birlare* „wirbeln". Die genaue Geschichte des frz. Wortes ist unklar.

bis 1. „dunkelgrau"
12. Jh., lebt noch in prov. *bis* und wohl aus dem Galloromanischen entlehnt in ital. *bigio;* aus **bîsi*, das nach Bedeutung und Verbreitung wohl fränkisch ist; vielleicht zu fränkisch **bîsa* „Nordostwind", so daß **bîsi* etwa „grau umwölkt" bedeutet hätte, s. *bise*.
Vlat. **bysseus* nach gr. βύσσος „braune Seide", Diez 52 f., befriedigt weder lautlich noch begrifflich; **bombyceus* „aus Seide", Diez 53; Horning, ZRP 27, 347 ff.; REW 1200 ist lautlich ebenso unmöglich. Zu *buteo* bzw. *buse* „Mäusefalke", weil Rol. 2308 (pierre) *byse* in einer *-ü*-Assonanz steht, Atkinson Jenkins, Studies ..., Chicago Press 351, geht von einer falschen Leseart aus, s. *brune* statt *byse* in Rol. V 4.
Dazu *biset* „graues Brot" unter *baisure*.

2. „noch einmal"
17. Jh., aus lat. *(bis)* dass.

bisaïeul „Urgroßvater"
13. Jh., ist latinisierende Umgestaltung des afrz. *besaiuel* dass., dieses dem. Abl. *(-eolus)* von lat. *bisavus* dass. FEW 188 b; s. *aïeul*.

bisaigue „Glättholz"
auch *bisaigle*, 18. Jh. *bizègle*, ein Werkzeug des Schusters mit zwei *(bis-)* gleichen Enden, zum Glätten des Schuhrandes *(secare)*, aus ital. *bisegolo, bisevolo*, das in ganz Norditalien einheimisch ist; Gade 23; REW 1124.

bisaille „dunkles Mehl", „Futtermehl"
18. Jh., ist Kollektivableitung von *bis* „grau", s. d.

bisannuel „zweijährig"
18. Jh., ist zusammengesetzt aus lat. *(bis)* „doppelt" und frz. *annuel*.

bisbille „kleiner Zwist"
17. Jh., aus ital. *bisbiglio* „Geflüster", dieses Schallwort.

biscaïen „weittragende Büchse"
19. Jh., eigentlich „biskayisch", nach der Provinz Biskaya in Spanien, frz. *Biscaïe*, aus der die Büchsen stammen. Dict. gén.

biscornu „verschroben"
fam.; 16. Jh. *pierre biscornue* „sonderbar geformt", scheint Zusammensetzung von lat. *(bis)* „doppelt" und *cornu* „gehörnt" zu sein.

biscotin „Schiffszwieback"
18. Jh., aus ital. *biscottino*, dieses Dem. von *biscotto* „Zwieback", der Entsprechung des frz. *biscuit*.

biscotte „Zwieback"
19. Jh., aus ital. *biscotto*, s. o.

biscuit „Zwieback"
12. Jh. *bescuit*, die heutige Form in Anlehnung an das entsprechende ital. *biscotto*, s. *biscotte*, während die lautgerechte Form *bécuit* noch im Mittelfrz. weiterlebt; aus lat. *bis cŏctum* „doppelt gekocht", s. *cuire*. REW 1123.

bise „Nordostwind"
12. Jh., im 8. Jh. latinisiert *biza* „Wind, der von den Bergen kommt", Bambeck 6, aus fränkisch **bîsa* (ahdt. *bîsa*) dass. Mackel 111; Braune, ZRP 36, 711; Wehrle, ZdW 9, 164 ff.; REW 1120.

biseau 1. „schräge Kante", „schrägkantiges Werkzeug" u. ä.
13. Jh., auch in der Form **béseau**, ist Abl. von *biais* „schräg". Cohn, ASSL 103, 226; REW 1072. Zu *bis*, Bl.-W. 72, ist begrifflich unverständlich.
2. „Kleberanft des Brotes"
13. Jh., ist die ursprüngliche Form des gleichbedeutenden *baiseul, baisure*, s. d.

biseauter „schräg abschneiden"
18. Jh., ist Abl. von *biseau* 1.

biser 1. „zum zweitenmal färben"
18. Jh., ist Abl. von *bis* 2. Vgl. die entsprechende vlat. Bildung unter *biner*.

2. „grau werden“
17. Jh., ist Abl. von *bis* 1.
biset 1. „Feldtaube“
16. Jh., ist Abl. von *bis* „grau“, vgl. *besolet.*
2. „grobes, dunkelgraues Tuch“
13. Jh., zunächst adjektivisch „dunkelgrau“, ist die Grundbedeutung abschwächende Abl. von *bis* „grau“.
bisette 1. „Besatz“, „Zwirnspitze“
14. Jh., ist postverb. Subst. von mittelfrz. *biseter* „einfassen“ aus mndl. *bisetten* „besetzen“, „einfassen“.
2. „Trauerente“
19. Jh., ist Abl. von *bis* „grau“, vgl. *biset, besolet.* Das Wort lebt im Normannischen.
bismuth „Wismut“
16. Jh., aus neulat. *(bisemutum),* das vermutlich aus im Erzgebirge heimischem *Wismut* unbekannter Herkunft stammt. Kluge s. v.
bison „Bison“
15. Jh., aus lat. *(bison)* „Auerochs“.
bisonne „graues Futterzeug“
19. Jh., ist in Anlehnung an *bis* „dunkelgrau“ umgestaltetes afrz. *bissum* „feines Linnen“, ebenso im 16. Jh. *bisse, bissin,* aus lat. *(byssum)* dass. Vgl. auch prov. *bison* „Leinen“. Unmittelbare Ableitung von *bis* ist morphologisch unverständlich. Dict. gén.
bisquain „gegerbtes Schaffell mit der Wolle“
18. Jh., ist wohl eins mit *bisquain,* Nebenform von *biscaïen* „biskayisch“. Dict. gén.
bisque 1. „Vorteil von 15 Punkten beim Ballspiel“
vgl. dazu im 16. Jh. *biscaye* „Fehler beim Ballspiel“, zu *bisquer*?
2. „Krebsenbrühe“
16. Jh., ist wohl volkstümliche Entlehnung aus norm. *bisque* „schlechtes Getränk“, s. d. F.
bisquer „ärgerlich sein“
18. Jh., vgl. wall. *biské,* pik. *bisquer* „innerlich wütend sein“, norm. dass., frz. Schweiz *biskâ* „Ausflüchte gebrauchen“; dazu norm. *bisque* „schlechtes Pferd“, „schlechtes Getränk“. Aus dem Frz. wohl auch nprov. *bisco* „üble Laune“; lebt heute mundartlich in ganz Frankreich, besonders auch im Südosten, s. FEW I, 379; aus ital. *pizzicare* „sticheln“, „kitzeln“, „beißen“, „jucken“ u. ä., so seit dem 14. Jh., zu *pizzo* „Spitze“, s. zu diesem REW 6545; der *b*-Anlaut des frz. Wortes aus einer schon ital. (Emilia) Nebenform *biscare* „aufbrausen“, d. i. Kreuzung von *pizzicare* mit *bizza* „üble Laune“. Über dieses s. *bizarre.*
Kaum zu norw. schwedisch *besk* „beißend“, „bitter“, Dict. gén. Nach Haust, RDR 2, 376 wall. (Ardennes) *abisquer* „in aufeinanderfolgenden Sprüngen ankommen“ zu prov. *bisca* „Ziege“ ist schon deshalb unmöglich, weil nprov. *bisco* nicht alt, das *-s-* analogisch ist, s. *bique,* und ein wall. **bisque* „Ziege“ nicht vorkommt. Frz. *bisquer* aus Piacenca, Parma *biscare* „aufbrausen“, dieses mit ital. *buscherare* „zerstören“, „übel zurichten“ zu *bulgarus,* s. *bougre,* REW 1303, müßte wortgeschichtlich aufgeklärt werden. Zu *Biscaya,* frz. *Biscaye* „weil Biscaye als Heimat der Gauner galt“, FEW I, 379, erklärt wohl nprov. *biscaïn* „Verräter“, aber nicht *bisquer.*
bissac „Quersack“
15. Jh., in Anlehnung an *sac* entlehnt aus lat. *(bisaccium),* s. *besace.*
bisse „Schlange“ (im Wappen)
17. Jh. als heraldischer Ausdruck, aber vielleicht schon afrz. als Gemeinwort, ist eins mit dem unter *biche* angeführten Grundwort. Oder aus oberitalienisch *bissa* derselben Herkunft, Dict. gén.
bissection „Zweiteilung“
18. Jh., ist zusammengesetzt aus lat. *(bis)* „doppelt“ und frz. *section.*
bisser „wiederholen“
19. Jh., ist Abl. von *bis* 2.
bissêtre „unangenehmes Ereignis“
17. Jh., heute mundartlich im Zentrum, vgl. auch norm. *bissieutre,* lyon. *bissêtre* „Unglück“, lebt in der Literatur bis ins 18. Jh.; aus afrz. *besistre, bissestre* „Schalttag“, der in der Auffassung des Volkes als Unglückstag galt. Vgl. *bissexte.* Dict. gén.; REW 1131.
bissexe „zweigeschlechtig“
19. Jh., ist zusammengesetzt aus lat. *(bis)* „doppelt“ und *(sexus)* „Geschlecht“.
bissexte „Schalttag“
12. Jh., neben halbvolkstümlichem *bissestre, besistre,* s. *bissêtre,* aus lat. *(bissextus) (dies).*
bissoc „Pflug mit doppelter Pflugschar“
ist Zusammensetzung von *soc* „Pflugschar“, mit dem die Wiederholung anzeigenden *bis*- gelehrten Ursprungs.
bissus s. *byssus.*
bistoquet „Stoßkolben beim Billardspiel“
18. Jh., ist Abl. von limusinisch *bestouca, bistouca,* das im 17. Jh. auch in der literarischen Form *bestoquer* „stoßen“ belegt ist; dieses Zusammensetzung aus dem die Wiederholung anzeigenden Präfix *bes-, bis-,* s. d., und prov. *tocar,* der Entsprechung des frz. *toucher.*
bistord s. *bitord.*
bistorte „Natterwurz“
13. Jh., aus mlat. *(bistorta),* wörtlich „zweimal gedreht“, s. *tordre,* wegen der verschlungenen Wurzeln der Pflanze so benannt. Dict. gén. Vgl. Roll. Fl. 9, 184.
bistortier „langstieliger Apothekerstößel“
16. Jh. „Holzstößel“, aus nprov. *bistourtié* „Knebel“, „Holzstößel“, auch *bestourtié;* d. i. Abl. von nprov. *bestort* „zweimal gedreht“, s. *bitord;* Dict. gén.
bistouri „Operationsmesser“

15. Jh., *bistorit,* 15./16. Jh. auch *bistorie,* zu ital. *pistorino,* auch *pistolese,* d. i. „aus Pistoia", Wartburg, RLiR 23, 213. Pistoja war Ort mit bekannter Messererzeugung; die lautliche Entwicklung nicht durchsichtig; Bl.-W. 73.

bistourner „durch Drehen, Biegen verunstalten", „kastrieren"
17. Jh., aus nprov. *bistourna, bestourna,* dem im Altfrz. *bestorner* „verdrehen", „verkehren", „in Unruhe versetzen", „mißhandeln", dazu *bestorné* „verdreht", „verwirrt" u. ä., entspricht. Dieses ist mit dem Pejorativsuffix *bes-,* s. *balourd,* erweitertes *tourner,* s. d. Vgl. auch frz. Schweiz *bétorna* „kastrieren", *bétorne* „kastrierter Bock", Tappolet, ASSL 131, 90.

bistre „rußigbraun"
16. Jh., auch „Mittel zum Einreiben, damit die Hautfarbe abbrennt" (Le Journal, 1931), dazu kat. *bistre* „glänzend brauner Farbstoff, aus Holzasche hergestellt"; nprov. *bistre,* dass., adjektivisch und substantivisch, u. H.; dazu *bistrer* „bräunen".

bistro „Kneipe", „Kneipwirt"
fam., zunächst im Argot, 1843 *bistingo, bustingue,* 1889 *bistrie,* seit 1884 *bistro,* wird populär: Esnault, Fr. mod. 19, 203.

bisulque „Zweihufer"
16. Jh., aus lat. *(b i s u l c u m),* „ein Tier mit gespaltenen Klauen", zu lat. *sulcus* „Furche".

bitord „zweidrahtiges Garn"
17. Jh., daneben bis ins 19. Jh. auch **bistord,** aus nprov. (Marseille) *bestort* dass., eigentlich „zweimal gedreht", d. i. Zusammensetzung von *tort* „gedreht", s. *tordre,* und *bes-, bis-* „zweimal" aus lat. *b i s* „doppelt"; dazu im Wallonischen die feminine Abl. *bidore* „Leine, zum Binden von Holz"; nach Haust verrät die Form mit *d* germanischen Einfluß; Haust, Dict. Liégeois 80; Ch. Bruneau, Rom. 54, 131.

bitte „Ankerbeting"
14. Jh., aus altnord. *b i t i,* Gen. Dat., Acc. *bita* „Querbalken"; zu mhdt. *bizze* „Holzkeil"; eine ältere Bedeutung in altnorm. *bite* „kleines Stück", matl. von der Wallonie bis in die Normandie „männliches Glied", daraus im Pariser Argot *bitte* dass.; Sjögren, Rom. 54, 384.
Nicht aus entsprechendem gotischen **beita,* Kluge, AR 6, 301; da das Wort zuerst in Rouen belegt ist, FEW I, 384, nicht aus ital. *bitta,* Brüch, 10; *bitus* ist in den Erfurter Glossen belegt (lateinisch-altenglisch); vgl. Diez 55; Bruckner, Char. 27; REW 1135.

bitter „holländischer Likör"
19. Jh., aus ndl. *b i t t e r.* Behrens, DS 57.

bitture, in *prendre une bonne —*
17. Jh., „eine ausreichende Kabellänge nehmen", im Argot der Matrosen „eine reichliche Mahlzeit zu sich nehmen", 19. Jh., pop. „sich besaufen"; Bl.-W. 73, s. *bitte.*

bitume „Erdpech"
16. Jh., aus lat. *(b i t u m e n).*
bivac s. *bivouac.*

bivalve „zweischalig"
18. Jh., ist zusammengesetzt aus lat. *(bis)* „doppelt" und *valve,* s. d.

biveau „Winkelmaß"
16. Jh., mit den Nebenformen *béveau, buveau, beauveau,* ist Abl. von afrz. *baïf* „mit offenem Mund", ist also Doppelform von *baliveau.* Thomas, Rom. 41, 61; FEW 285 a. Oder zu *biais,* vgl. *biseau*?

biviaire „mit zwei Wegen"
17. Jh., ist Abl. von lat. *(b i v i u m)* „Doppelweg".

bivoie „Wegkreuzung"
17. Jh., ist Französisierung von lat. *(b i v i u m)* dass.

bivouac „Feldwache", „Biwak"
17. Jh., aus mhdt. *b î w a c h e.* Diez 525; REW 1140; Goldschmidt, Festg. Förster 55; oder aus ndl. *bijwaht,* Valkhoff, Neoph. 21, 193?
Dazu seit dem 18. Jh. **bivouaquer** „biwakieren".

bizarre „wunderlich"
16. Jh. *bigearre* „wunderlich", so heute im Zentrum; dazu dort *bigearrer* „streiten", aus ital. *bizzarro* „zornig", „grimmig", „hitzig", „launenhaft", dann auch „wunderlich" u. a., zuerst bei Dante, Inf. VIII, 62 *spirito bizzaro* „Jähzorn", das von Boccaccio als ausschließlich florentinisch angesehen wird, von Leuten, die wegen einer Kleinigkeit in Zorn geraten und darin verharren; schon im 12. Jh. in Piemont als Personenname *Montaldo Bizzarro;* spanisch *bizarro* taucht erst im 16. Jh. auf, ist selbst aus dem Italienischen entlehnt, Cor. I, 467; das Wort kann schon deshalb nicht auf baskisch *bizar* „Bart" zurückgehen, Diez 56, REW 1141; Brüch, ZRP 40, 645; Sainéan, Rab. 2, 87; s. Schalk, Etymologica 655; Rohlfs, ZRP 80, 120.
bizzarro ist Abl. von oberital. *bizza* „Jähzorn", „üble Laune", (s. auch *bisquer*); dieses ist oberitalienische Entsprechung einer Grundform **bija,* s. wegen *-j-* zu *-zz-,* Rohlfs, Ital. Gr. I, S. 456; **bija* ist die spätostgotische (Relikt)-Form für *bêga,* zu ahdt. *bâga* „Streit"; wegen *ê* zu *i* s. Wrede, Spr. der Ostgoten S. 160; wegen *-g-* zu *-j-* s. ebd. S. 173; ferner Gg. RG II, 44 f.
Zu gotisch **bêga* vgl. noch ahdt. *bâgan* „sich zanken", dazu das Adjektiv, nordisch **bâg* (norw. *baag*), mit den meisten der Meinungen des Adjektivs *bizzarro,* „hinderlich, schwierig, mürrisch, unwillig, eigensinnig, verdrießlich" usf., s. Falk-Torp S. 39. Die ältere gotische Form *bêga* ist gleichfalls in ganz Oberitalien bis in die Romagna in der

Bedeutung „Streit" erhalten, s. REW 1018.
Die Abl. kann schon gotisch sein, s. *liuthâreis* „Sänger" zu *liuth* „Lied", *môtâreis* „Zöllner" zu *môta* „Zoll" usf. s. Kluge, Nominale Stammbildungslehre S. 6; ein von dem Subst. **bêga, bîja* abgeleitetes **bījâreis* würde entsprechend „Streiter", „Zänker" bedeutet haben und konnte als **bîjarius* latinisiert werden; die Endung *-arro* statt des normalen *-aro* (tosk. *-aio*) kann (mit Rohlfs) als expressive Variante von *-aro* angesehen werden.

blackbouler „durchfallen lassen"
19. Jh., eigentlich „eine schwarze Kugel geben", aus englisch *blackball* „(durch schwarze Wahlkugeln) verwerfen", in der Form an frz. *boule* angeschlossen. Bl.-W. 73.

blafard „bleifarben", „schmutzig weiß"
im 13. Jh. zuerst mlat. *blaffardus*, bezeichnet eine Art Münze, die in mhdt. *blaphart* „eine Art Groschen", ndl. *blaffaart* „kölnische Münze, die vier Albus beträgt" erhalten ist; als Gemeinwort erscheint das Wort im 14. Jh.; dazu im 16. Jh. *blafarder* „erblassen", Dupire, Rom. 59, 584; aus fränkisch **b l a i k - v a r o*, *blaikvarwer* „bleich von Farbe" (mhdt. *bleichvar* dass.). Mackel 64.
Wegen des ersten *-a-* nicht ahdt. **bleichvaro*, Diez 525; REW 1164; oder mhdt. *bleichvar*, Bl.-W. 73; aus lautlichen und begrifflichen Gründen nicht zu **blaw* „blau", s. *bleu*, Storm, Rom. 5, 168; bzw. ahdt. *blāvaro* „bläulich", Regnaud, RPFL 10, 122; auch nicht von einem Schallstamm **blaf-* „plumps", von dem zunächst *blafe* gebildet worden wäre, so Reims, daraus *blafard*, Spitzer, ZRP 42, 196, da *blafe* erst im 16. Jh. auftaucht und offenkundige Rückbildung von *blafard* ist.

blague „Tabaksbeutel"
18. Jh.; die ursprüngliche Bedeutung dürfte in boulogn. *blague* „Blase", in Ostfrankreich besonders „Schweinsblase" vorliegen; dieses zu nddt. *b l a g e n* „sich aufblasen", d. i. Nebenform von *blähen*, das z. B. in ostfriesisch *blâge* „Scheltwort für aufgeblähte, eingebildete Personen", ndl. *blage* „Scheltwort für Kinder" bezeugt ist; s. Doorn.-K. 1, 177; Wyk, ZdW. 10, 257 f.; ähnlich im nordwestlichen Deutschland von unartigen, lästigen Kindern. Aus der gleichen Quelle zu Beginn des 19. Jhs. **blague** „kindische, lächerliche, lügenhafte Erzählung", heute in Mons „Geschwätz", das als militärischer Ausdruck vermutlich aus dem Wallonischen in die Literatursprache gewandert, heute über ganz Frankreich verbreitet ist. Sain. LPar. 79 ff.
Dazu seit Beginn des 19. Jhs. *blaguer* „aufschneiden", „scherzen", *blagueur* „Spötter" u. ä.
Nicht aus limusinisch *blagou*, dieses aus langued. *bagoul*, s. *bagou*, Sainéan l. c., da das limusinische Wort selbst jung ist und in der Form den Einfluß des frz. *blague* zeigt, Dauzat, RPFL 34, 137; auch *blaguer* nicht für *braguer* „sich rühmen", dieses zu *braie* bzw. *brague*, Jeanroy, RPFL 20, 290; aus lautlichen Gründen auch kaum aus nhdt. *balg*, Dict. gén.; FEW 214 f.; Bl.-W. 73.

blaireau „Dachs"
13. Jh., vgl. dazu wall. *blareau*, norm. *bléret*, *blieret*, H. Vienne *blaré* u. ä., Roll. F. 1, 45; 7, 106 ff.; es ist Abl. von afrz. *blaire* „fleckig", Rom. 31, 361; dazu afrz. *blarie*, *blaire* „Wasserhuhn", afrz. *bleron* dass., Gröber, Misc. Caix-C. 42, und boulogn. *vache blère* „Kuh, deren Kopf weiß gefleckt ist", Thomas, Rom. 36, 257; das Wort gehört zu ndl. *blaar* „Kuh mit einem weißen Stirnfleck", bzw. engl. *blaze* „weißer Stirnfleck", REW 1144, geht aber wohl unmittelbar auf ein fränkisches **b l â r î* „weißgefleckt" wie englisch *blere*, Förster, Anglia 41, 123, zurück; vgl. auch Kluge s. „Blässe". Wegen der Beziehungen zwischen „Blässe" und „gefleckt" s. *balzan*; wegen der Entwicklung von spätfränkisch **blâri* zu *blaire* s. Gg. RG I, 258.
Gallisch **blâros* „mit einem weißen Fleck auf der Stirne", vgl. schottisch *blàr* dass., Bertoni, AR 3, 98, ist lautlich für afrz. *blarie, blaire* nicht entsprechend; doch kann das gallische Wort dem afrz. *bler*, prov. *blar* zugrundeliegen, das mit *glauque* wohl unrichtig übersetzt ist, Thomas, Rom. 44, 332 f.; *blaireau* zu mlat. *bladarius* „Getreidehändler", s. *blé*, Wedgwood, Rom. 8, 436, ist lautlich nicht möglich.

blâmer „tadeln"
12. Jh., über vlat. *blastemare*, das auf grom. Boden inschriftlich belegt ist, Pirson 231, aus lat. *b l a s p h e m a r e*, bei Salvianus (5. Jh., Marseille), „(Gott) lästern", und „tadeln", bei Fredegar (7. Jh.) nur „tadeln", als Gegenstück zu *laudare*, Bambeck 7; die Umgestaltung nach REW 1155 in Anlehnung an lat. *aestimare*.
Dazu seit dem 12. Jh. das postverb. Subst. **blâme** „Tadel".

blanc „weiß"
11. Jh., ist außer im Gallorom. nur im Italienischen bodenständig, daher eher aus fränkisch **b l a n k*, als germ., REW 1152; Brüch 87; das Wort hat lat. *albus* z. T. heute noch nicht vollständig verdrängt, s. die Zusammensetzungen mit *aube-*.
blancard s. *blanchard*.

blanc-aune „Elsbeerbaum"
19. Jh., wörtlich „Weißerle", dürfte nach der Stellung der Bestandteile aus dem Nordosten stammen, ist jedoch mundartlich nicht mehr nachzuweisen, vgl. *alisier*.

blanc-cul „Gimpel"
19. Jh.; der Typus ist nach Roll. F. 2, 10, 42

für den „Gimpel", aber nach Roll. 2, 255 im Wallonischen auch für den „Weißschwanz", s. *motteux,* lebend; für den letzteren in der Literatur seit dem 16. Jh. die dem. Abl. **blanc-culet;** zu *blanc* und *cul,* s. d.

blanchaille „kleine Weißfische" (als Köder)
18. Jh., ist kollektive *(-alia)* Ableitung von *blanc,* bedeutet der Bildung nach „etwas Weißes", s. *grisaille,* das kollektiv „Grau in Grau", aber auch „Weißpappel" bedeutet; vereinzelt im 13. Jh. belegtes *blanche* als Fischbezeichnung ist eher Rückbildung von *blanchaille* als umgekehrt.

blanchard „halbweiße, leichte Leinwand", „weißer Geier", „Wollgras"
13. Jh. *blanchard* „weißlich", ist mit Suffixwechsel aus afrz. *blanchaz* dass. umgestaltet; dieses schon vorhistorische Abl. *(-aceus)* von *blanc,* s. d.

blanchâtre „weißlich"
14. Jh., aber wohl älter, dürfte unmittelbare Fortsetzung des entsprechenden vlat. **albaster* sein, in dem *albus* durch *blanc* ersetzt wurde; zu **albaster* s. REW 319.

blanche-coiffe „weißköpfiger Rabe"
19. Jh., ist ursprünglich Apposition zu *corbeau* wie (oiseau) *rouge-gorge* „Rotkehlchen", s. Gg. Syntax 40; s. *blanc* und *coiffe.*

blancher „Schmalledergerber"
16. Jh., ist Abl. *(-arius)* von mundartlichem *blanche* in der Bedeutung „Schmalleder", s. *blanc.*

blancherie „Verzinnhaus"
17. Jh., ist Abl. von *blanchir* „weißschimmern", s. d.

blanchet „Filzunterlage", „Mundfäule"
14. Jh., ist dem. Abl. von afrz. substantivischem *blanc* „das Weiße", dem wieder ebenfalls schon substantivisches *album* dass. vorangeht; vgl. dazu im 16. Jh. *blanche* für *étoffe blanche,* Godfr. I, 655.

blancheur „Weiße"
12. Jh., ist Abl. von *blanc,* s. d.

blanchir „weißen"
12. Jh., afrz. auch intransitiv „weiß schimmern", „weiß werden", ist Abl. von *blanc,* s. d.

blanchis „Kerbe in der Rinde zu fällender Bäume"
19. Jh., steht wohl für **blanchi,* d. i. Part. von *blanchir,* s. d.

blanchœuvrier „Weiß-, Zeugschmied"
19. Jh., ist Abl. von mundartlichem *blanche œuvre* und *blanc* in der alten Bedeutung „schimmernd". Dict. gén.

blanchoyer „weiß schimmern"
12. Jh., ist Abl. *(-idiare)* von *blanc,* s. d.

blanc-manger „weiße Gallerte mit Mandeln"
13. Jh., ist Zusammensetzung von *blanc,* s. d., mit substantivischem afrz. *mangier* „Speise", s. *manger.*

blanc-pendard „Würger", „Dorndreher"
19. Jh., ist volkstümliche Bezeichnung für *pie-grièche,* zusammengesetzt aus *blanc* und *pendard,* das selbst mundartlich, so Auvergne, H. Loire, Loire, Fr. Comté, für den Würger gebraucht wird; Roll. F 10, 13; dieses Abl. von *pendre,* s. d.

blanc-rhasis „weiße, bleihältige Salbe"
16. Jh., mit der volkstümlich umgestalteten Nebenform *blanc-raisin,* ist zusammengesetzt aus *blanc,* s. d., und arabisch *r a ṣ â ṣ* „Blei". Lam. 52.

blanc seing „Blankovollmacht"
auch *blanc signé,* 1573 *blanc-sins* (1475 *blancs scellés),* ist zusammengesetzt aus *blanc* „weiß", „unbeschrieben" und *seing* „Unterschrift", s. d., Barbier, ML 12, 265.

blandice „arglistige Schmeichelei"
13. Jh., aus lat. *(b l a n d i t i a).*

blanque „Glückstopf"
16. Jh., aus ital. *(voce) bianca* „weißes Los beim Ziehen in der Lotterie", d. i. Fem. von *bianco* „weiß", s. *blanc.* Dict. gén.

blanquet „kleiner Weißfisch"
17. Jh., ist südöstliche Nebenform von *blanchet,* s. *blanchaille.*

blanquette 1. „Rapunzel"
18. Jh., aus nprov. *blankèto,* Isère, Rhône, dieses Abl. von prov. *blanc* „weiß", s. *blanc.* Roll. Fl. 6, 296; Dict. gén.
2. „graue Sommerbirne"
17. Jh. auch *blanquet,* Roll. Fl. 5, 38, ist in den Mundarten nicht nachweisbar; wohl südliche Abl. von *blanc,* s. *blanquette* 1.
blanqueur s. *blanque.*

blaser „abstumpfen", „abnützen"
Ende 16. Jh., im 17./18. Jh. auch von der Wirkung des Alkohols auf den menschlichen Körper gesagt, dazu Lille *blasé* „ein durch Alkoholmißbrauch aufgeschwemmter Mensch", daher pop. *blasé* „gleichgültig", „blasiert", dazu wieder *se blaser* „überdrüssig werden" u. ä., FEW I, 402; aus prov. *blazir,* auch *blezir* „verwelken lassen", „abnützen", das im ganzen Süden verbreitet ist, s. Mistral s. *blesi;* die ursprüngliche Bedeutung des Wortes ist „versengen", so katal. *blahir,* mlat. *blaserius* „Brandstifter", vgl. dazu mhdt. *blas* „Kerze", „Fackel", agls. *blase, bläse* „hell lodernde Flamme" u. ä.; aus einem fränkischen **b l â s j a n,* vgl. ostfriesisch *blêsen* „brünstig sein", „entbrannt sein", das die aktive Bedeutung „versengen" gehabt haben dürfte, Spitzer, Lex. 31; Diez 526. Das Wort muß auch im Norden bestanden haben, wurde dort aber durch die bedeutungsnahen *blêmir, blesser* verdrängt. Vgl. auch *blason.*
Zu lat. *blax* „schlaff", „träge", „dumm", von denen nur die letzte Bedeutung inschriftlich bezeugt ist, Roensch, RF 3, 459 f., ist lautlich und begrifflich unmöglich; desgleichen zu lat. *flaccidus,* Boehmer, BRS 1, 234, s. *flétrir.*

Zu ndl. *blasen,* Bl.-W. 74, ist begrifflich und geographisch schwierig.

blason „Wappenschild"

12. Jh., bedeutet afrz. „Schild" und „Wappen am Schild", die 2. Bedeutung wohl ursprünglich; dazu prov. *blezon, blizon* „Schild", mit den Lautvarianten, die bei prov. *blazir, blezir* „versengen", „abnützen" sich wiederholen, s. *blaser;* dazu mlat. *blazonare* „den Schild mit Figuren verzieren"; (dagegen afrz. *blasoner* „sich mit dem Schilde decken" als Neubildung); wenn die Bedeutung von mlat. *blazonare* „mit Bildern verzieren" ursprünglich ist, dann liegt wohl ein grom. **blasonare* „einätzen" zugrunde, dieses Abl. von **blasire* „versengen", s. *blaser.* Dann ist *blason* postverb. Subst. und bedeutet ursprünglich „(am Schilde) eingeätzte Verzierung", d. i. „Wappen" (am Schild); s. dazu Diez 56.

Der Ursprung des Wortes ist kaum zweifelhaft; es gehört zu agls. *blase,* engl. *blaze,* mhd. *blas* „brennende Fackel", daher Glanz sowohl als Auszeichnung im Schilde wie auch als Prunk oder Ruhm verstanden. Die Form *blezon, blizon* des Provenzalischen ist die gotische Entsprechung *(blêsan)* von ahdt. *blâsan* zu agls. fem. *blœse* „Feuerbrand, Fackel u. ä.

Nach Goldschmidt, Festg. Förster 55 f. wäre die ursprüngliche Bedeutung von *blason* *„Ehre", „Prahlerei" (wie span. *blasón*), dieses zu ahdt. *blâsan* „hauchen", „schnauben"; daraus „Wahlspruch", „Wahlspruch auf dem Wappenschild" usf.; ist unwahrscheinlich, da die historische Begründung fehlt; *blason* als Abl. von *Blesum,* d. i. dem Namen der Stadt *Blois,* über **blesin,* vgl. prov. *blezon,* da z. B. im Girard v. Roussillon Blois als Ursprungsort von Schilden angegeben wird, Brüch, ZFSL 42, 2, 101 erklärt nicht die Formen vom Typus *blasone.* Vgl. REW 1154.

blasphémer „Gott lästern"

14. Jh., aus lat. *(blasphemare)* „lästern"; vgl. *blâmer.* Barbier, PLeeds 1, 32; s. *blâmer.*

blaste „Keim", „Trieb"

19. Jh., aus gr. (βλαστός).

blastème „Keimpflanze"

19. Jh., aus gr. (βλάστημα).

blatier „Getreideverkäufer"

13. Jh. *blaetier,* ist Abl. von *blé,* s. d., mittels eines erweiterten Suffixes, das auch in afrz. **blaeter* „mit Getreide zu tun haben", daher nfrz. **blater** „Getreide künstlich auffrischen" vorliegt. Dict. gén. Wegen des *-etier*-Suffixes s. *panetier* u. a.

blatte „Schabe", „Motte"

16. Jh., aus vlat. *blatta,* das bei Marcellus Empiricus, hier auch in der Bedeutung „Siebenschläfer", belegt ist und sich auch später in Glossen findet. Niedermann, Glotta 8, 229; Schuchardt, ZRP 34, 332; REW 1158. Das Wort ist vermutlich gallisch.

blaude „Fuhrmannskittel", „Bluse"

16. Jh., dürfte aus zentral- oder westfrz. *bliaude* franzisiert sein, da in diesen Mundarten *bl-* zu *blj-* wurde; gehört dann zu *bliaut,* s. d. Dict. gén.

blavelle „Kornblume"

16. Jh., auch **blavéole, blavet;** die erste Form stammt aus Savoyen; *blavet* lebt in Var, Gard, Hérault; *blavéole* dürfte Franzisierung von sav. *blaveula* sein; die Formen sind Abl. von den mundartlichen Entsprechungen des frz. *bleu,* s. d. und *bleuet.* Roll. Fl. 7, 147 ff.

blé „Getreide"

11. Jh., afrz. auch „Kornfeld", zuerst in den Formulae Andecavenses als *blada* „Ertrag" (des Weingartens), dann im Polypt. Irminonis 9, 6 bzw. 9, 305 als „Ernte", „Erntezeit" bezeugt; vgl. zu der femininen Form afrz. *blee* „Getreide"; aus fränkisch **blâd* „Feldfrucht", zu agls. *blœd* „Frucht", „Feldfrucht", „Korn", mndl. *blât* „Feldfrucht", „Nutznießung"; vgl. besonders das der grom. kollektivischen Abl. *blada* entsprechende mndl. *bladinge* „Ertrag der Äcker"; Regnaud, RPFL 10, 122; v. Wartburg-Hoops, NM 25, 109 ff.

Prov. *blada,* kat. *blat,* ital. *biada* stammen aus dem Französischen, Jud, Rom. 49, 405; Oberitalien hat in alten Texten ausschließlich *biava,* in der Toscana im 11. Jh. *blava* und *blada,* s. Aebischer, Mél. Roques III, 1—17.

Nicht aus gallisch **blătum* zu bretonisch *bleûd,* kymr. *blawd* „Mehl", das weder der alten Form noch der Bedeutung des mlat. *blada* „Ertrag" entspricht, Thurn. KR 46; Hubschmied, VR IV, 220; auch nicht lat. *ablata* „das Davongetragene", vgl. mlat. *ablatum* „Ernte", Diez 50 f.; de Gregorio, Misc. Ascoli 445 ff.; Brüch, ZFSL 40, 2, 103, da lat. *auferre, ablatum* schon frühzeitig aus dem Vlat. geschwunden zu sein scheint; gallisch **blâvos* als Entsprechung von lat. *flavus* „goldgelb" in *Ceres flava* „das gelbe Getreide" bei Seneca, Ulrich, ZRP 29, 227, ist lautlich unmöglich; desgleichen lat. *flavus,* das sich mit keltisch **blâvos* bzw. germ. **blaw* s. *bleu* gekreuzt hätte, Sperber, ZRP 37, 212 ff. Vgl. REW 1160.

blêche „weichlich", „unzuverlässig"

16. Jh., aus norm. *blèche,* auch *blèque* „überreif, weich" (vom Obst); die Form norm. *blèque* ist übernormannisiert (wie pik. norm. *dékente* für mundartliches *déchente,* frz. *descente*). Dem norm. *blèche* entspricht Metz *blesse,* sonst **blet, blette** „weich" (vom Obst), in der Literatur seit dem 16. Jh., aber durch die Abl. **blettir** „weich werden" für das 15. Jh. gesichert. *blet* lebt pik., H. Bret., Reims, Rouchi, auch lim.; die zusammengehörigen Adjektiva setzen ein mfrz. **blez, *blece* dass. voraus, das nach dem Verstummen des aus-

lautenden -z an die Adj. auf *-et* angeschlossen wurde, daher *blet, blette* (vgl. die Bildungen auf afrz. *-erez* wie *banneret, dameret)* oder die Femininform ins Maskulinum übernahm, daher auch im Maskulinum pik. norm. *blèche*. Mittelfrz. **blez* ist postverb. Adjektiv von afrz. *blecier*, das im ältesten Beleg „weich schlagen" (von Oliven) bedeutet, s. *blesser*; die Bildung des postverb. Adjektivs war durch das danebenstehende *blême* zu *blêmir*, s. d., erleichtert.

Nicht fränkisch **blêt* (agls. *blât* „bleich"), Mackel 88; REW 1167, da die Grundform **blait* wäre; s. dazu *blesser*; auch nicht zu mlat. *blax* „stultus" aus gr. βλάξ „schlaff", „einfältig", Diez 526.

bleime „Reizung der Fußsohle der Pferde"
17. Jh., ist postverb. Subst. von *blêmir* in der afrz. Bedeutung „verletzen", s. d.
Nach Haust, Rom. 45, 179 aus wall. *blène, blème* „Verletzung", dieses aus ndl. *blein* „Blase"?

blême „fahl", „kränklich blaß"
16. Jh., ist postverb. Adj. von *blêmir*, s. d. F.

blêmir „fahl werden", „erblassen"
13. Jh. „welken", doch schon im 12. Jh. transitiv „bleich, blaß, welk machen", auch „verletzen", „schädigen", vgl. dazu prov. *blezir* „verwelken lassen" unter *blaser*; dann vereinzelt mit Konjugationswechsel afrz. *blesmer* „verletzen", „schädigen", prov. *blesmar, blasmar* „ohnmächtig machen", refl. „ohnmächtig werden"; aus fränkisch **blasmjan*, umgelautet **blesmjan*, zu altsächisch *blas*, mhdt. *blas* „blaß", „kahl", „schwach", „gering", über frk. **blasmi* „blasse Farbe", wie anord. *blâmi* „bläuliche Farbe"; vgl. Diez 526.
Zu germ. **blâm-*, REW 1147, mit *-s* von *blesser* ist lautlich schwierig, da schon im Roland *blecier* neben *blesmir* steht; altnord. **blama* „blaue Flecken machen", Bugge, Rom. 3, 145 desgleichen; *blêmir* zu *blâmer*, de Gregorio, Misc. Ascoli 452 ff., ist auch begrifflich unwahrscheinlich.

blende „Blende" (Min.)
18. Jh., aus deutsch *Blende*. Dict. gén.; Behrens, DS 30.

blennie „Schleimfisch"
18. Jh., etwas früher *blenne*, aus nlat. *(blennus)*, 16. Jh., s. Arveiller, Fr. mod. 31, 97, auch *(blennius)*, Linné, dieses aus gr. βλέννα „Schleim", Behrens, Wg. 340; Barbier, BDR 2, 128.

bléser „mit der Zunge beim Sprechen anstoßen"
13. Jh. *bloisier*, ist Abl. von afrz. *blois* „stammelnd" aus lat. *blaesus* dass., Diez 527; REW 1146. Nfrz. *bléser* ist also latinisierende Schreibung für *blaiser*.
Dazu seit 19. Jh. die latinisierende Abl. **blésité** „Anstoßen mit der Zunge".

blesser „verwunden"
11. Jh. *blecier* „beschädigen", „zertrümmern", „schwächen", „verletzen", „verwunden", wohl auch „weich machen" (durch Schlagen), s. dazu *blêche*, aus grom. **blêtiare, *blettiare*, dieses Abl. von fränkisch **blêta* (ahdt. *bleizza*, agls. *blâta*) „blauer Fleck durch Quetschung", das für das Fränkische durch *freo-bleto*, Lex Salica 17, 6, *frioblitto* 17, 10 „Art weitergreifende, nicht heilende Wunde" gesichert ist; Mackel 88. **blêtiare* bedeutet also der Bildung nach „durchbläuen". Vgl. REW 1163; dazu seit 12. Jh. afrz. *blecëure* „Verletzung", „Wunde", frz. *blessure*.
Ndfrk. **blêtisôn* für *blecier* als schon germanische Abl., da durch das Suffix *-isôn* auch Faktitiva gebildet werden können, Pogatscher, ZRP 12, 556, würde afrz. **blecer* erwarten lassen, ist auch nicht nötig, da die *-iare-Verba* im Galloromanischen noch durchaus lebendig sind; mhdt. *bletzen* „flicken", Diez 526, paßt begrifflich nicht.
blet s. *blèche*.

blette „Hahnenkamm", „Beermelde"
14. Jh., aus mlat. *(bleta)* für lat. *blitum* „ein Küchengewächs", „Blutkraut", vgl. REW 1173.
blettir s. *blèche*.

bleu „blau"
12. Jh., afrz. *blo, bleu, blef*, fem. *bloe* usf. „blau", auch „blaß", „bleich", „fahl", aber schon in Glossen des 8./9. Jhs. *blavus*; dieses zuerst bei Isidor v. Sevilla, Kluge, AR 6, 301; aus fränkisch **blāo* „blau", auch „bleifärbig", Holthausen, GRM 21, 71; REW 1153; Brüch 32. Das Altfrz. hat die Doppelpaare *blef-bleve*, und *blou-bloue*; die literarische Form geht auf die zweite Form zurück. Afrz. *bloi* „blau", auch „blaß", „hellblond" ist Rückbildung vom Femininum *bloue*, nach den Doppelformen von *pou*, s. *peu*.

bleuâtre „bläulich"
15. Jh., ist vielleicht in Weiterbildung von afrz. *blanchastre* „weißlich" abgeleitet von *bleu*, s. d.

bleuet „Kornblume"
auch **bluet**, 16. Jh., ist dem. Abl. von *bleu*, s. d., Roll. Fl. 7, 147; s. auch *blavelle, blavet, blavéole*.
bleuette s. *bluette*.

bleu-manteau „bläuliche Seemöwe"
18. Jh., lebt nach Nemnich an den Küsten der Normandie und Pikardie, s. *bleu* und *manteau;* ist ursprünglich Apposition, s. *blanche-coiffe*.

bliaud „Bluse", „Kittel"
11. Jh., *blïaut*, zweisilbig, ist ein Überwurf für Männer und Frauen, der von vornehmen Leuten getragen wird, z. B. vom Grafen Ganelon in Rol. 303; das Wort ist nur in

Nordfrankreich heimisch, aber von da in die westromanischen Sprachen und in das Germanische eingewandert. Prov. *blial, blizal, blidal, brizaut* stellen Versuche dar, das nordfrz. Wort anzupassen. Daß es sich um ein wertvolles Kleidungsstück handelt, zeigen ahdt. *blialt* „kostbarer Stoff aus Gold und Seide", port. *brial* „Kleid von Seide mit Gold bordiert" usf. Der Hiatus in *bli-aut* kann das Ergebnis des Verstummens eines Verschlußlautes sein, aber auch *-f-* verstummt im Nordfrz., vgl. *écrouelle* aus *scrofella.* Grundform des Wortes ist fränkisch **blî-fald,* zu asächsisch *blî* „farbig", „leuchtend", auch subst. „Farbe", und *fald* zu ahdt. *falt* „Faltung", anord. *faldr* „Zipfel eines Kleides", „Kopftuch", **blîfald* bedeutet also „farbenprächtiger Umhang". Der gleiche Stamm, fem. *falda* „Falte", hat schon im Galloromanischen die Bedeutung „Kleiderstoff", „Schoß" angenommen; s. Gg., Misc. F. A. Coelho 191; Gg., RG I, 260.

Unmögliches bei R. Gardner, Romance Studies, pres. to William Morton Dey, 63, s. Estudis Romànics 3, 328.

blin „Schiffsramme"
17. Jh., ist metaphorische Verwendung von mundartlichem *belin* „Widder", s. *bélier;* Dict. gén.; dazu *bliner* „rammen".

blinde „Blendung", „horizontal auf Pflöcke aufgelegte Balken am Eingang von Schützengräben"
17. Jh., aus nhdt. *Blende* oder postverb. Subst. von *blinder,* s. d. F. Behrens, DS 50; Diez 526; REW 1165.

blinder „bombenfest machen", „panzern"
17. Jh., aus nhdt. *blenden* „blind machen", dann „vor dem Feinde decken", Behrens, DS 50. Wegen des späten Auftretens nicht germ. **blindan,* Braune, ZRP 19, 350.
bliner s. *blin.*

bloc „Klotz", „Haufen gleichartiger Dinge"
13. Jh., aus mndl. *blok* „abgehauener Baumstamm", „Hebebock" u. ä., das auch ins Neuhochdeutsche und Nordische gedrungen ist; Entlehnung aus dem Hochdeutschen (vgl. ahdt. *biloch*) kommt daher nicht in Betracht. Diez 526; REW 1175; Valkhoff 64.

blocage 1. „kleine Bruchsteine"
16. Jh., ist Abl. von *bloc* „Haufe", s. d.
2. „Blockierung"
ist Abl. von *bloquer,* s. d.
blocaille s. *blocage* 1.

blochet „Stichbalken"
14. Jh., ist Abl. von *bloc* „Klotz", s. d.

blockhaus „Blockhaus.
18. Jh., aus nhdt. *Blockhaus.*

blocus „Festungsfort" va.
seit dem Ende des 18. Jhs. in Rückanlehnung an *bloquer* = „Blockade", ist zuerst in wall. pik. Denkmälern des 14. Jhs. in der Bedeutung „aus Balken gezimmertes Haus", dann im 15. Jh. *blocquehuis* „kleines Fort" bezeugt; daraus die literarische Form; aus mndl. *blochuis* „Balkenhaus". Behrens, ZFSL 28, 2, 53; DS 49 f.; Diez 526; REW 1176; Valkhoff 64.

blond „blond"
12. Jh., aus fränkisch **blond, *blund;* die germanische Herkunft des in den germanischen Sprachen nicht erhaltenen Wortes hauptsächlich aus begrifflichen Gründen, vgl. *bleu, fauve, brun, gris* u. a. Bruckner, Char. 7 f.; Kluge s. blond; Karsten, PBB 17, 576; REW 1179; Brüch 68 f.; Kluge, ZRP 41, 679. Aus **albundus* zu *albus* „weiß", vgl. *ablunda* „Stroh" im Vocab. Papias, Nigra, Rom. 26, 555, setzt eine ungewöhnliche Umstellung voraus; *albundus* ist ferner falsche Lesung für *abunda,* Löwe, 142.
Dazu seit dem 17./18. Jh. die italianisierende Abl. **blondasse** „mattblond"; ferner seit 18. Jh. *blonde* „leichte Seidenspitze", aus (dentelle) *blonde,* nach der Färbung der dazu verwendeten Rohseide; Bl.-W. 75.

bloquer 1. „die Zwischenräume im Mauerwerk ausfüllen"
15. Jh., ist Abl. vom Stamme von *blocaille, blocage* 1.
2. „blockieren"
16. Jh., ursprünglich „mit einem Fort versehen", ist Abl. vom Stamme von *blocus,* s. d.
3. „büffeln", fam. im Französischen Belgiens, aus ndl. *bloken,* dass., Wind, Neophil. 22, 85.

bloquette „Ballspiel mit Knickern"
19. Jh., ist Abl. von *bloquer* 2 in der Bedeutung „(den Ball) ins Eckloch schnellen". Dict. gén.

blot „Sprieße" (Falknerei), „Holzpflock an der Schnur des Geschwindigkeitsmessers"
17. Jh., ist Schreibung für *bloc,* s. d.

blottir refl. „sich kauern, ducken"
16. Jh., aus nddt. *blotten* „erdrücken", FEW I, 414; Brüch, ZFSL 49, 306; Bl.-W. 75.
Nicht zu *pelote* „Knäuel", Regnaud, RPFL 10, 125, oder zu *ballot* „Ballen", Diez 527.

blouse 1. „Loch, Höhlung am Ende des Ballbrettes zum Auffangen der Kugeln"
16. Jh. auch *belouse,* dazu norm. *blouse* „Stück unbebauten Landes zwischen zwei Kulturflächen", u. H.
2. „Fuhrmannskittel", „Staubmantel"
18. Jh., nach Kluge-Götze zu mlat. *pelusia* „pelusisches Gewand", nach der ägyptischen Stadt *Pelusium,* in der die mit Indigo blau gefärbten Kittel hergestellt wurden, die schon die Kreuzfahrer über die Rüstungen zogen". Doch wurden diese Umhänge der Kreuzfahrer nicht *blouse* genannt, sondern *bliaut,* s. d., aus dem *blouse* nicht entstanden sein kann; auch ist eine lautliche Verbindung von *pelusia* zu *blouse* kaum möglich; eher zu nprov. *lano blouso* „Kurzwolle", wenn *blouse*

etwa ursprünglich den Stoff des Kleidungsstückes bezeichnete, s. *blousse.*

blousse „kurzhaarige Wolle", „Kämmlinge"
18. Jh. auch **blouse,** aus nprov. *lano blouso* „Kurzwolle", d. i. Zusammensetzung von *lano* „Wolle", s. *laine,* und dem Fem. von prov. *blos* „beraubt", „nackt", „arm", dann in *vin blos* „reiner Wein", nprov. *blous,* Fem. *blouso, blousso* „rein", „unvermischt", in *lano blous(s)o* „reine Wolle, die nicht kardätscht ist"; zu dt. *blôß* „entblößt", „nackt", gotisch **blauts,* zu belegtem *blauþjan* „abschaffen", s. Gg. RG II, 17; 134, doch ist Entlehnung aus dem Hochdeutschen schwer verständlich.

bluet s. *bleuet.*

bluette „Feuerfünkchen"
16. Jh., ist dem. Abl. von afrz. *berlue* „Funke", s. *berlue* und *baluette.*

bluteau „Mehlbeutel"
11. Jh. *buretel* (Raschi), 12. Jh. *buletel,* daneben seit Beginn des 15. Jhs. umgestelltes *belutel,* daraus die heutige Form; dazu schon im 12. Jh. *buleter,* später umgestellt zu *beluter,* nfrz. **bluter** „Mehl beuteln", „Mehl sieben", aus mhdt. *biutelen* „beuteln"; vom Verbum seit dem 17. Jh. *blutoir* „Beutelkasten".
Die prov. Entsprechung von *bluteau,* nämlich *barutel, balutel,* dazu *barutelar* „Mehl beuteln", dann ital. *buratto* „Mehlbeutel" sind wahrscheinlich aus dem grom. entlehnt, und zeigen Beeinflussung durch **būra* „grober Wollenstoff", s. *bureau;* vgl. REW 1399; Diez 527; Jud, ASSL 126, 136. Die Terminologie der Bäckerei zeigt starken fränkischgermanischen Einschlag. Dict. gén.; Richter, SA Wien 156, 5, 103; Bl.-W. 75.

boa „Riesenschlange"
16. Jh., aus lat. *(b o a).*

bobard fam. „Schwindel", „Falschmeldung", „eitles Gewäsch"
Ende des 19. Jhs., im 16. Jh. *bobeau* „Lüge", „Betrug", „Schmeichelei", auch *beau beau* geschrieben, dazu afrz. *bobert, bobu, bober* „betrügen", *bobe* „Betrug"; lebt im Westfranzösischen, z. B. *bobiot* u. ä. „Dummkopf"; im ‚bas langage', masc. *bobe* wie *bobine* „Uhr", Larchey s. v.; ist Schallbildung; Dauzat, Fr. mod. 8, 113; Bl.-W. 75.

bobèche „Leuchtermanchette", „bewegliche Scheibe aus Glas oder Metall" (zum Auffangen der herabfallenden Wachstropfen)
14. Jh., zum Schallstamm **bob-,* s. *bobard,* wohl mit Suffixwechsel aus *bobine,* s. d.; Tertium comparationis ist wohl die beiden gemeinsame Beweglichkeit des runden Gegenstandes. Das *-èche*-Suffix weist in den Südwesten und das Zentrum, s. poitev. *gabèche* „Holzgabel zum Heben von Getreideballen", Centre *chueche,* Vienne *chaveche,* s. *chevêche* „Kauz".
2. „Hanswurst"
19. Jh., angeblich nach dem Namen einer bekannten Persönlichkeit des beginnenden 19. Jhs. Dict. gén., dazu ‚au temps de *Bobèche* et de Galimafré' „zur Zeit unserer Vorfahren", Cl. Vautel, Le journal 1931.

bobelin „grober, geflickter Schuh"
14. Jh., ist im Norden, Wall., Rouchi, in der Bedeutung „Fleck" heimisch; dazu seit dem 14. Jh. die Abl. **bobeliner** „flicken", seit dem 17. Jh. veraltet, u. H. Vgl. auch *rabobiner* und die dort angeführten Bildungen. S. Thorn, ASSL 127, 108.

bobille „Holzwelle"
18. Jh., ist mit Suffixwechsel umgestaltet aus *bobine,* s. d.

bobine „Webspule"
16. Jh., ist postverb. Subst. von **bobiner** „aufspulen", das zuerst im 14. Jh. in der Form *balbiner* (lies *baubiner)* belegt ist; dieses scheint deminutive Abl. vom Stamme von afrz. *baubeter, bauboter, bauboier* „stottern", „stammeln" zu sein, wurde dann zunächst vom schnurrenden Geräusch des Weberschiffchens gebraucht; zu afrz. *baube* „stammelnd", „lallend", aus lat. *b a l b u s* dass., s. *ébaubir.* Daß altes **baubine* zugrunde liegt, zeigen nordwest- und westfrz. *babine,* nprov. *bòubino,* s. ALF 140.
Im Argot hat *bobine,* zum expressivem Schallstamm **bob-* bezogen, seit Mitte des 19. Jhs. die Bedeutung „lächerliche Figur", Renson 448; s. *binette.*
Dazu seit dem 17. Jh. die deminutive Abl. **bobinette** „hölzerner Türriegel"; Bl.-W. 75, zum Schallstamm **bob,* s. *bobard.*

bobo „Wehweh"
15. Jh., ist Kinderwort.

bocage 1. „Gebüsch", „Gehölz"
ist norm. pik. Form von afrz. *boscage* „zum Wald gehörig", 12. Jh.; dieses grom. **b o s c a t i c u s,* d. i. in Anlehnung an lat. *silvaticus,* s. *sauvage,* abgeleitet von grom. **boskos,* s. *bois.*
2. „Fehlguß"
19. Jh., zum Stamm von *bocard, bocambre,* s. d., Dict. gén.

bocal „dickbauchiges Glasgefäß"
16. Jh., aus ital. *boccale,* dieses aus lat. *b a u c a l i s* „tönernes Kühlgefäß". REW 1002.

bocambre „Stampfmühle"
18. Jh., daneben mit Suffixwechsel **bocard,** aus deutschem *B o c h h a m m e r.* Dict. gén.; Behrens, DS 82.

bocane „Tanz des 17. Jhs."
nach dem Namen des Tanzlehrers Annas von Österreich, *B o c a n.* Dict. gén.

bocard s. *bocambre.*

bochette „Bocciaspiel"
17. Jh., aus ital. *boccietta,* d. i. Deminutivum

zu *boccia* „Kugel“, der Entsprechung des frz. *bosse.* REW 1240.

boche „Deutscher“
zuerst 1866 in der Bedeutung „übel beleumundetes Subjekt“ bezeugt, taucht dann 1874 im Rotwelsch der flämischen und elsässischen Schriftsetzer als *tête boche* „harter Schädel“ auf, spielt im Krieg 1870/71 gar keine Rolle. Seit 1896 findet sich *tête de boche* und daraus losgelöst *boche* als Bezeichnung für den Deutschen, *tête de boche* in Weiterbildung von *tête carrée,* das für den Deutschen schon 1866 bezeugt ist; *boche* ist im Rotwelsch entstandene Rückbildung von *caboche* „harter Schädel“; aus Kreuzung von *boche* mit *allemand* entsteht im ersten Weltkrieg die bald wieder untergegangene Form *alboche* *Sainéan, Temps 22. 12. 1914; L Par. 532; *Lerch, Berliner Tageblatt 1915, Nr. 380; Dauzat, Les Argots 109; RLR 65, 329.
Nicht Rückbildung von *alboche,* *Stapfer, Figaro 17. 4. 1915; *Nyrop, Politiken 5. 12. 1915; Esnault, Le poilu tel qu'il se parle S. 88, da *alboche* jünger ist; auch nicht aus nprov. *bocho* „Kugel beim Bocciaspiel“, Dauzat, RPFL 31, 78; oder aus arabisch *bašiᵉ* „schmutzig“, „übel riechend“, *Herzog, Grazer Tagespost 15. 1. 1916; oder aus türkisch *bosch* „nichtsnutzig“, *Hallberg, Dagens Nyheter 19. 12. 1915; oder für *allobroge* „Lümmel“, *Schuchardt, Grazer Tagespost 9. 1. 1916; oder aus *Herzogenbosch,* dem Ort der ersten holländischen Margarinefabrik, vgl. 1879 *bosh* als Spottname für Margarine, Hamm, NS 26, 260 ff.; s. die Literatur bis 1917 bei Tappolet, Alem. Lehnw. 2, 199, und E. Richter, ZFSL 44, 121 ff., die an polygenetische Herkunft des Wortes denkt; ferner Gottschalk, Frz. Schülersprache 53; Moser, ZFSL 56, 378.

bock „kleines Seidel“
19. Jh., aus deutschem *Bock(bier).* Behrens, DS 91.

bodée „kleine Holzbank der Glaser“
18. Jh., ist trotz des fem. Geschlechts wohl eins mit *baudet* „Sägebank“, s. d.

bodinure „Ankerrührung“ (Seil, mit dem man den Ankerring umwickelt, um das Ankerkabel vor Abnützung zu schützen)
18. Jh. *boudinure,* ist Abl. von *boudin* „Wulst“, s. d.
bodruche s. *baudruche.*

boesse „Meißel zum Ausputzen des Stichs“
18. Jh., ist postverb. Subst. von **boesser** „den Stich mit dem Meißel ausputzen“, dieses aus nprov. *buissa* „reinigen“, s. *gratte-boesse.*
boete s. *bouette.*

bœuf 1. „Ochs“
11. Jh. *buef,* aus lat. *bŏve*, REW 1225.
2. „Art Netz“
19. Jh., ist Französisierung von nprov. *bou* dass. aus lat. *bolus* „Auswerfen des Netzes“. Schuchardt, ZRP 25, 498 ff.; REW 1196.
3. „Art Fahrzeug zum Ochsentransport“
19. Jh. auch *bateau bœuf,* Kemna 85, kann sowohl zu *bœuf* 1 wie 2 gehören.

boggie „bewegliches Drahtgestell“
19. Jh., aus engl. *bogie;* Bl.-W. 76.

bogue 1. „Salpe“
16. Jh., aus prov. *boga,* dieses aus lat. *boca* dass. Barbier, RDR 1, 432; REW 1182.
2. „Eisenring am Schmiedehammer“
19. Jh., aus nordital. *boga* „Ring“, dieses aus langob. **bauga* „Ring“ (ahdt. *bouga* dass.). Diez 359; REW 1004.
3. „Kastanienhülle“
16. Jh., ist namentlich westfrz., bedeutet dort auch „Nußschale“, „Schote“, „Getreidespelze“ u. ä.; aus altbretonisch **bolgh* (bret. *bolc'h* „Leinsamen“). ZRP 43, 563 ff.
Aus lautlichen und geographischen Gründen nicht aus deutsch *Balg,* Dict. gén.; REW 903, *bogue* 2 und 3 zu frk. *baug* „Ring“, afrz. *bou,* prov. *bauc,* Barbier, Misc. 17, 288, ist lautlich nicht möglich; zu dem fränkischen *baug* s. Gg. RG I, 209.

bohême 1. „Böhmen“, „Zigeunertum“
aus mlat. *(Bohemia).*
2. „Böhme“, „Zigeuner“
15. Jh., aus mlat. *(bohemus)* „böhmisch“; dazu seit dem 15. Jh. die adjektivische Abl. **bohémien** „böhmisch“, „Zigeuner“.
boiard s. *boyard.*

boire 1. „trinken“
10. Jh. *beivre,* aus lat. *bĭbĕre.* REW 1074.
2. „Einbuchtung des Flusses an seinen Uferhängen“; „von Erdaushebungen herrührende Gräben“ (Loire), „künstlicher Verbindungsgraben“
14. Jh., aus nprov. *bouiro, bueiro* „Mühlgraben“, „Wasserlachen an den Ufern der Loire“, dazu afrz. *buire* „Schleuse“, die auf eine Grundform **bŏria* zurückführen. Das Wort dürfte nach seiner Verbreitung gallisch sein und den in lat. *forare,* ahdt. *borôn* „bohren“ bezeugten Stamm enthalten.

boirin „Bojering“
18. Jh., ist Kreuzung von *bouée* „Boje“ mit *orin,* mfrz. *oirin* „Bojering“, s. *orin.* Dict. gén.

bois „Holz“, „Wald“
12. Jh. „Wald“, „Baum“, „Holz“, seit dem 9. Jh. in Ortsnamen, seit dem 10. Jh. im Mittellat. *boscus,* bedeutet den für das Holzsammeln freigegebenen Wald, im Gegensatz zu dem Bannwald = *defensum* bzw. *foreste,* s. *forêt;* aus vermutlich gallischem **boskos,* Kaufmann, Wald 44 ff.
Deutsch *Busch* ist erst im 11. Jh. belegt und zunächst auf das Hochdeutsche beschränkt, nicht die Quelle des rom. Wortes, Diez 61; Storm, Rom. 5, 169; Braune ZRP 36, 716, sondern aus dem Galloromanischen entlehnt wie dt.

Forst aus *forest,* s. *forêt;* ebenso englisch *bush,* s. Holthausen, Etym. Wörterb. der engl. Sprache s. v.; aus lautlichen Gründen nicht zu lat. *buxus,* s. *buis,* Storm. l. c.; aus gr. βοσκή „Weideland", das zunächst grom. **bosca* ergeben hätte, daraus nach dem Nebeneinander von *pascuum* und *pascua* grom. *boscum,* Baist, ZRP 32, 426, vgl. auch RF 15, 317, ist auch deshalb nicht möglich, weil ital. *bosco* in Süditalien fehlt; auch in Oberitalien ist *bosco* galloromanischer Herkunft, Aebischer, ZRP 59, 417; gr. βόσχος, Canello, RFR 2, 111, besteht nicht; zu *arbustum* über **arbusculum* „Bäumchen", Kuge, s. Busch, ist unwahrscheinlich, da die Verkürzung unverständlich bleibt, vgl. REW 1226; *Carnoy, Mod. Langu. Notes 32, 392.

boisseau „Scheffel"
13. Jh. *boissel,* auch *bostel* und als dritte Form *boistel,* s. Glaser, ZFSL 26, 1, 149 f.; *boissel* ist Abl. von afrz. *boisse* „Getreidemaß, von dem sechs auf einen Scheffel gehen", das im 15. Jh. für den Südwesten bezeugt ist, theoretisch aber auch Rückbildung von *boissel* sein könnte; das Wort gehört vermutlich zu gallisch **bosta* „Handhöhlung" (bret. *bôz* dass.), das als Maß mit einer schon gallischen Ableitung auch in *bêtuse* vorliegt, vgl. das den gleichen Stamm enthaltende **ambibosta* „was man mit zwei Händen erfassen kann", Jud, RFE 7, 339 ff.; AR 6, 191; *boisse* geht dann auf eine schon gallische Abl. **bostia* zurück; *bostel* auf eine entsprechende grom. Bildung **bostellum;* dazu seit dem 17. Jh. die Abl. *boisselier* „Scheffelmacher".
Zu *boîte,* Diez 527 f.; REW 6892; Brüch, ZFSL 49, 307 ist morphologisch bedenklich.

boisselière „Würger", „Dorndreher"
19. Jh., in dieser Form mundartlich nirgends nachweisbar, s. Roll. F. 2, 150; 10, 16; vgl. aber Dauphiné *darne bouissonniè,* so daß *boissellière* vermutlich ein französisiertes nprov. *bouissoniè, bouissoniero* „Busch-" darstellt, s. *buisson.* Der Würger spießt seine Beute auf Dornen auf, um sie später wieder zu finden, s. *blanc-pendard.*

boisson „Getränk"
13. Jh., aus lat. *bĭbĭtione,* das bei den Kirchenschriftstellern und in Glossen belegt ist. Diez 527; REW 1076.

boîtard „Büchse aus hartem Holz im Mühlstein"
14. Jh. auch **boîtillon,** ist Abl. von afrz. *boiste* „Nabenbüchse", „Drehlager", s. *boîte.*

boite „Trinken", „leichter Wein aus Trebern"
scheint im Südgürtel des Nordfrz. zu Hause zu sein, vgl. verd. chal. dass. „Getränk", Morvan *bouette* dass., daher in der Literatur erst im 15. Jh.; aus grom. **bĭbĭta,* d. i. vorhistorisches Part. von *bibere* „trinken", vgl. auf das entsprechende Maskulinum **bibitus* zurückgehendes prov. *beude* „betrunken", REW 1080. Die Form des frz. Wortes ist von *boire* beeinflußt.

boîte „Schachtel", „Büchse"
13. Jh. *boiste,* mlat. im 10. Jh. *buxida,* dieses aus gr. πυξίς, -ίδα „Arzneibüchse; die galloromanische Grundlage **buxta* läßt sich aus *buxtula* „Büchschen" bei Paulus Diaconus, der im 8. Jh. am Hof Karls des Großen lebte, erschließen. Diez 527 f.; REW 6892; Wartburg, Festgabe Gg. 104; ZRP 68, 7.

boiter „hinken", „humpeln", „wackeln"
16. Jh., aber durch afrz. *boisteux,* nfrz. **boiteux** für das 13. Jh. gesichert, ist nach *boite* „Kapsel", „Schachtel" umgedeutetes afrz. *botoiier,* später *boitoier,* dass., s. Godefr. I, 676, das im Hennegau *botier* (aus *boteiier)* noch erhalten ist; dieses ist Abl. von frz. *(pied)bot* „Klumpfuß", Schuchardt, ZRP 15; 98; dazu seit dem 13. Jh. *boiteux* „hinkend".
Ableitung von *boîte* in der Bedeutung „Gelenkspfanne", Dict. gén., Diez 527; REW 6892; Bl.-W. 77 ist begrifflich unwahrscheinlich, weil „hinken" eine allgemein bekannte, populäre Vorstellung ist, „Gelenkspfanne" aber eine ausschließlich in der medizinischen Terminologie lebende Vorstellung. Auch bliebe unverständlich, wie ein von *boîte* „Gelenkspfanne" ausgehende Ableitung *boiter* zur Bedeutung „eine kranke Gelenkspfanne haben", daher „hinken" käme; was eine volkstümliche nominale Ableitung von *boîte* bedeuten kann, s. unter *boîter.* Der Vergleich mit dt. *Hanke* „Schenkel" neben mhdt. *hanken* „hinken", Riegler, AR 16, 431, ist schon deshalb hinfällig, weil hier das Verbum das Ursprüngliche ist.

boîter „einschachteln"
19. Jh., Abl. von *boîte,* s. d.

boiteuse „nur mit einem Ende auf der Mauer aufliegender Balken"
19. Jh., ist Fem. von *boiteux* „hinkend", s. *boiter.*

boîtier „Salbenbüchse", „Verbandkasten"
17. Jh., ist mit einreihendem *-ier* erweitertes *boîte,* s. d.
boîtillon s. *boîtard.*
boitte s. *bouette.*

boit-tout 1. „Verschwender"
19. Jh., ist zusammengesetzt aus *boit,* s. *boire,* und *tout.*
2. „Saugbrunnen", „Glas ohne Fuß"
18. Jh., ist Literarisierung von norm. *bétour* aus vlat. **bibitorium,* s. *bétoire.*

bol 1. „Fetten", „Bolus"
13./14. Jh. *bolus,* aus mlat. *(bolus),* dieses aus gr. βῶλος „Scholle", „Stück". Dict. gén.
2. „Schale"
18./19. Jh., aus engl. *bowl* dass. Dict. gén. Ahdt. *bolla* „Schale", REW 1195, oder eine altgermanische Entsprechung des Wortes ist wegen des späten Auftretens nicht möglich.

bolchéviste „Bolschewist"
um 1917 übernommen und angepaßt aus russisch *bolševik* „der das Bessere will"; Bl.-W. 77.
bolduc „Seidenband"
19. Jh., angeblich nach dem Namen der im nördlichen Brabant gelegenen Stadt *Bois-le-Duc,* in der diese Seidenbänder erzeugt werden. Dict. gén.; Valkhoff, 65.
boléro „spanisches Tanzlied"
19. Jh., aus span. *bolero* „Art spanischer Nationaltanz", auch „Vortänzer"; dieses Abl. *(-arius)* von span. *bola* „Kugel", auch „Lüge", „Phantasie", aus frz. *boule,* s. d.
bolet „Hutpilz"
14. Jh., aus lat. *(b o l e t u s).*
boliche s. *bouléjon.*
bolivar „Männerhut mit breiter Krempe"
19. Jh., nach dem Namen des Begründers der Unabhängigkeit der amerikanischen Südstaaten, *B o l i v a r.* Dict. gén.
bolus s. *bol* 1.
bombance „Wohlleben"
16. Jh., für afrz. *bobance* „Anmaßung", „Pracht", „Prahlerei", auch *boban, beuban, bobon* dass., dazu norm. *boban* „Eitelkeit", „zur Schau getragener Luxus"; ist Schallbildung wie vlat. *b o m b u s* „Summen", in Glossen in der Bedeutung „Lärm" reichlich überliefert; dazu afrz. *bobancier* „übermütig sein", „prahlen" u. a.
bombarde „Bombarde", „Baßbrummer"
14. Jh., ist abgeleitet von mlat. *(b o m b u s)* „Lärm", s. d. V.; dazu seit dem 16. Jh. die Abl. **bombarder** „mit Bomben beschießen".
bombardon „Bombardone" (Blasinstrument)
19. Jh., aus ital. *bombardone,* d. i. Abl. von *bombarda,* das selbst aus frz. *bombarde* entlehnt ist. Dict. gén.
bombasin s. *basin.*
bombe „Bombe"
17. Jh., aus ital. **bomba** dass., das zu *(bombus)* gehört, s. *bombance* und *bombarde.* Dazu seit dem 17. Jh. die Abl. **bomber** „wölben", „ausbauchen". REW 1199.
bombonne „dickbauchige irdene Flasche"
19. Jh., aus nprov. *boumbouno,* d. i. Abl. von *boumbo* „dickbauchige kurze Flasche", eigentlich „Bombe", s. *bombe.* Dict. gén.
bombyx „Seidenraupe"
16. Jh., aus gr. (βόμβυξ).
bôme „Guickbaum"
18. Jh., ist der zweite Bestandteil des gleichbedeutenden ndl. *g î k b ô m,* vgl. den ersten unter *gui* 2. Dict. gén.; Behrens Wg. 341; DS 70; REW 1183.
bomerie „Bodmereivertrag"
17. Jh., aus ndl. *b o d e m e r i j* dass. (Art Darlehensgeschäft, bestehend in einem Vorschuß auf ein zur Ausfahrt befrachtetes Schiff). Diez 528; REW 1183; Behrens, DS 71.
bon „gut"
9. Jh. *buon,* später *buen,* das namentlich in pikardischen Texten erhalten bleibt; sonst zu *bon* rückgebildet wird, s. Gg. ZFSL 66, 26; dazu im 9. Jh. das Fem. *buona,* das gleichfalls zu [*bõna*], *bonne* rückgebildet wurde. REW 1208.
bonace „Windstille"
12./13. Jh., aus vlat. **b o n a c i a,* das in Anlehnung an *bonus* aus gr. μαλακία, eigentlich „Schlaffheit", umgebildet wurde, um den Anklang des gr. Wortes an *malus* ins Gegenteil zu verkehren. Meyer-Lübke, ALL 7, 445; REW 5254; Bl.-W. 77.
Nicht erst grom. *-aceus*-Abl. von *bon,* in der Provence gebildet, H. E. Keller; Maver, VR 5, 219; Vidos, AR 14, 136, aus Gründen der Bedeutung und Wortbildung.
bonard „Vorofenöffnung"
18. Jh. auch **bonichon,** u. H.
bonase „Büffelart"
19. Jh., aus gr. (βόνασος).
bonasse „gutmütig"
16. Jh., aus ital. *bonaccio* „gutmütig", „einfältig"; dieses pejorative Abl. von *buono,* der Entsprechung von *bon.*
bonbanc „Art weicher Sandstein aus der Umgebung von Paris"
17. Jh., zusammengesetzt aus *bon* und *banc* „Steinschicht", s. *banc* und *banche.* FEW 236.
bonbec s. *bec.*
bonbon „Zuckerwerk"
17. Jh., ist in der Kindersprache wiederholtes *bon,* vgl. *bibelot.*
bonbonne s. *bombonne.*
bon-chrétien „Christbirne"
16. Jh., dafür schon im 15. Jh. für die Touraine die lateinische Bildung *bonum christianum;* daraus zunächst bei Rabelais *poire de bon Christian,* dann für Tours *bon chrétien*; das mlat. *bonum christianum* ist Umdeutung von mlat. *poma panchresta* aus mgr. παγχρηστός „ganz gut", Roll. Fl. 5, 44. Daß diese Birnenart von François de Paule, der den Beinamen le Bon Chrétien führte, in Frankreich eingeführt wurde u. ä., ist Legende, vgl. aber Sain. Rab. 1, 184.
boncore „Narzissenart"
18. Jh., angeblich nach dem Namen des Züchters. Dict. gén.
bond „Sprung", „Satz"
14./15. Jh., ist postverb. Subst. von *bondir.*
bonde „Spundloch", „Spund", „Abschlußplatte"
im 15. Jh. *bonde d'étang* „Ausflußöffnung eines Teiches", aber nach prov. *bonda* „Spundzapfen" wohl älter, vgl. *bondon,* aus vermutlich gallischem **b ŭ n d a,* das vielleicht mit mir. *bond* „Grundfläche", „Ecke" eins ist. Jud, BGPSR 11, 19 f.; ASSL 127, 436; Bl.-W. 71.
Dazu seit dem 15. Jh. **bonder** „bis zum

Spund füllen", „vollstopfen", und zu diesem im 16. Jh. belegte *-aculum*-Abl. *bondail* „Spundzapfen", s. auch *bondon.*
Ahdt. *bunde,* REW 1394, vgl. S. 780, Anm. 1, besteht nicht. Mhdt. *bunde,* Diez 528, mit den Nebenformen *punct, pfunt* ist selbst aus dem Gallorom. entlehnt.

bondieu „Keil der Holzsäger"
19. Jh., u. H.

bondir „aufprallen"
12. Jh. „dröhnen", „schmettern", gehört zu mlat. *bombus* „Lärm", s. *bombarde,* lat. *bombire, bombicare, bombitare* „summen", führt also auf ein gallorom. **bombitire* mit einem vielleicht in Anlehnung an *retentir* eingetretenen Konjugationswechsel zurück. Diez 528; REW 1198.

bondon „Spundzapfen"
13./14. Jh., aber durch die Abl. *bondenel* für das 12. Jh. gesichert, ist charakterisierende *-one*-Abl. von frz. *bonde* bzw. ein grom. **bŭndo* zu **bundare,* s. *bonder* unter *bonde.*

bondrée „Wespenbussard"
16. Jh., ist westfrz., dort auch seit dem 16. Jh. *boudrée,* Centre *bôdrée,* Lot *boudrasco;* u. H., Roll. F. 9, 35; Dauzat, Fr. mod. 8, 315. Zu deutsch *bunt,* Dict. gén., ist nicht möglich; zu *bonde, bonder* „vollstopfen", weil der Wespenbussard besonders fett wäre, und in Anjou *bondrée* eine fette Person bezeichne, Dauzat, s. v., ist begrifflich unwahrscheinlich und morphologisch unbegründet.

bonduc „Schusserbaum"
18. Jh., aus arabisch *bonduq* „Haselnußstrauch", Lam. 53.

bongare „Felsenschlange"
19. Jh., angeblich aus einer indischen Mundart.

bongeau „Flachs-, Hanfbündel"
18. Jh., ist abgeleitet von wall., seit dem 13. Jh. belegten *bonge* „Bündel", aus flämisch *bondje,* Deminutivableitung von *bond* „Bund". Vgl. auch wall. *bonjeau, bonjette* „kleines Bündel". Behrens, ZFSL 29, 1, 142; (Wg. 27); Gerig, HF 36; REW 1204.

bon-Henri „Feldspinat"
16. Jh.; die Bezeichnung „guter Heinrich" findet sich auch im Deutschen, Flämischen und Englischen; aus der mlat. Bezeichnung *chenopodium bonus Henricus.* Ursprung unbekannt. Roll. Fl. 9, 149 f.

bonheur „Glück"
12. Jh. *bon ëur,* ist Zusammensetzung von *bon* und *heur,* s. d.

bonhomie „Gutmütigkeit"
18. Jh., ist Abl. von **bonhomme** „guter Kerl", im 16. Jh. *bonhomme de village* „Bauer", *b. d'armes* „Soldat", Bloch, Fr. mod. 4, 341, seit dem 17. Jh. mit der pejorativen Nebenbedeutung des Einfältigen, aus *bon* und *homme* seit dem 13. Jh. belegt. Dazu seit dem 15. Jh. die Abl. **bonhommeau** „gutmütiger Tropf". Br. 4, 267.

boni „Überschuß"
16. Jh., aus lat. *(aliquid) (boni).* Dict. gén.
bonichon s. *bonard.*

bonification „Entschädigung"
16. Jh., ist gelehrte Abl. von **bonifier** „verbessern", „entschädigen", dieses selbst gelehrte Bildung aus mlat. *(bonificare),* aus lat. *bonus* und *-ficare,* zu *facere,* nach Bildungen wie *boniloquium* „schöne Rede", bzw. *falsificare,* s. *falsifier* u. ä.

boniment „prahlerische Anpreisung"
19. Jh., aus dem Rotwelsch; hier ist es Abl. von *bonir* „jmd. etwas aufbinden", „vorplauschen", eigentlich *dire des bonnes;* zu diesem s. Gg., Syntax 111 f.; Sain. LPar. 106; Sources 2, 291.

bonite „gestreifter, atlantischer Thunfisch"
16. Jh., auch *boniton,* aus mlat. *(scomber) (bonito).* Die Form *bonite* ist westfrz., dazu *bonita* Pyr. or., Var, *bonitou* Cette; vgl. dazu katalanisch *bonitol,* span. *bonito, bonitalo* u. ä.; u. H. Roll. F. 3, 163 f. Nach Barbier, RLR 53, 28 f. würde die unmittelbare Quelle des frz. Wortes spanisch *bonito, bonico* sein; aus arab. *bunnîjit,* Plural zu *bunnîja* dass., Brüch, ZFSL 49, 307; vgl. Cor. I, 486.
bonjeau s. *bongeau.*

bonjour „guten Tag"
seit dem 18. Jh. als Gruß gebräuchlich, zusammengesetzt aus *bon* und *jour.*

bonne „Bonne", „Magd"
17./18. Jh., ist Femininum von *bon,* s. d., Euphemismus, für afrz. *baiasse, meschine,* später *fille* u. a., zunächst als Kosewort *ma bonne* für die eigene Tochter; Dict. gén.; Gg. Bed. 99 f.; dazu die populäre Deminutivform **boniche** „Mädchen".

bonneau „Ankerboje"
16. Jh., ist Abl. von afrz. *bosne* „Grenze", s. *borne.* Dict. gén.

bonne-dame „Gartenmelde"
16. Jh., ist Weiterbildung von *belledame,* s. d.
bonne-ponche s. *boule-ponche.*

bonnet „Mütze"
12. Jh., bezeichnet afrz. eine Art Tuch, aus dem Hüte gemacht werden; seit dem 15. Jh. „Mütze", „Haube", heute nur mehr „Frauenmütze", Esau 19 f.; das Wort ist zuerst mlat. im 7. Jh. als *abonnis* belegt, auch *obbonnis,* das ein fränkisches **obbunni* „Bänderwerk" darstellt, vgl. in einer ahdt. Glosse *bonitum — huba,* d. i. „Haube"; Riegler, AR 17, 33; Brüch, NS 32, 426; REW 35; Thomas, Rom. 40, 104; FEW I, 7.
Dazu seit dem 16. Jh. die Abl. **bonneter** „mit Begrüßungen überhäufen" va.

bonneter „den Zünder bekappen"

ist Abl. von *bonnet* in der Bedeutung „Granatenzünder".

bonneterie „Strickwarenhandlung"
15. Jh., ist Abl. von *bonnet* „Mütze", s. d.

bonnette „Kappe" (im Festungsbau)
16. Jh., ist feminine, vergrößernde Nebenform von *bonnet* dass.

bonne-voglie „freiwilliger Galeerenruderer"
16. Jh., aus ital. *buona voglia* „guter Wille", s. *bon* und *vouloir;* Vidos 245.

bonnier „altes Ackermaß"
12. Jh., ist im Afrz. auf das Wallonische beschränkt, doch findet sich *bunnarium, bonnarium* auch in den Form. Merow. und im Pol. Irm., die Beschränkung auf das Wallonische ist also sekundär; dazu mlat. auch *bonda;* ist vermutlich Abl. von gallisch **bunna*, d. i. mundartliche Nebenform von **bunda* (s. *bonde*) „Grund", wie irisch *bonn*, gälisch *bon* u. ä. REW 1395; Brüch, ZRP 36, 584.
Zusammenhang mit *borne*, Glaser, ZFSL 26, 1, 183 ist durch die alten Formen ausgeschlossen.

bonsoir „guten Abend"
seit dem 16. Jh. bezeugter Gruß, s. *bon* und *soir.*

bonté „Güte"
12. Jh., afrz. auch „Trefflichkeit", „Wirksamkeit", aus lat. *bonitate.* REW 1206.

bonze „Bonze"
16. Jh., über port. *bonzo* aus dem Japanischen; bezeichnet zunächst den buddhistischen Priester in China oder in Japan; Littmann 134; Bl.-W. 78; Dict. gén.

boquet „Hohlschaufel" (der Gärtner, in Salinen usf.)
18. Jh., dazu **boquette** „Zange der Kistenmacher", sind beide Werkzeugsableitungen von wall. *boki* „pochen", „pressen", „stoßen", 15. Jh. *boquier*, aus mnd. *boken* dass. Vgl. *bocambre.*

boqueteau „Wäldchen"
19. Jh., ist dem. Abl. von pik., norm. *boquet*, s. *bocage, bouquet;* Bl.-W. 78.

boquillon „Holzhauer"
ist pikardische Form von afrz., seit dem 12. Jh. belegten *boschillon*, d. i. in Anlehnung an afrz. *boschaille* (mlat. *buscalia*), *boschage*, s. *bocage* u. ä., abgeleitet von *bois* „Holz". Dict. gén.

borax „Borax"
16. Jh. *baurach*, aus arabisch *bauraq*, (bûraq), Littmann 90; Lam. 233, Anm.

bord „Rand", „Saum"; „Schiffsbord"
12. Jh., aus fränkisch **bord*, vgl. anord. *bord* „Schiffseite", „Rand", „Kante". Kaum schon westgerm. Entlehnung, REW 1215; Brüch 87. Das Wort ist in der femininen Form *borda* „Streifen", „Besatz" in Glossen belegt, Kluge, AR 6, 302.
Dazu seit dem 15. Jh. die Abl. **bordage** „Schiffsplanke"; seit dem 12. Jh. **border** „(ein Schiff, mit Bord versehen", auch „am Rand besetzen", „säumen", „sticken", nfz. „berändern", „einfassen"; von diesem wieder abgeleitet seit dem 17. Jh. belegtes **bordage** „Einfassung".

borde „Bauernhof"
12. Jh., lebt norm., Centre, Fr. Comté, auch in der Gaskogne, vgl. ferner Anjou *borde* „Landhaus", *borderie* „kleiner Meierhof", ursprünglich der der *borde*, d. h. dem Landhause des Grundbesitzers angeschlossene Meierhof; aus grom. **borda*, d. i. Kollektivbildung zu fränkisch **bord* „Brett", vgl. *bordum* „Brett" in Glossen des 10. Jhs. Kluge, AR 6, 302, afrz. *bort* „Brett", dazu die kollektivische Pluralform *borda* „Bretterwerk"; vgl. wegen der Entwicklung von „Brett", über „Bretter" zu „Landhaus" lat. *tabulatum* „Bretterwerk" zu „Heuboden", „Bauernhaus", REW 8515; 1216; Streng, HH 25.
Kreuzung von frk. **bôda* „Bude" und *bord*, Brüch, ZRP 36, 582, ist nicht nötig; zu *bourde*, Richter, SAWien, 156, 5, 63, ist lautlich und begrifflich unwahrscheinlich.
Dazu seit dem 11. Jh. **bordel** „Keusche", „Hütte", heute wie schon im 12. Jh. „Bordell", das ins Italienische gewandert ist und von dort in italienischer Form rückentlehnt wurde.
border s. *bord.*

bordereau „Verzeichnis", „Register"
15. Jh., ist Abl. von afrz. *bordier* „Inhaber einer *borde*, d. i. einer zehentpflichtigen Keusche", die Abl. vielleicht in Anlehnung an lat. *memoriale* „Denkschrift"; *borderel* bedeutet also ursprünglich das „Zehentverzeichnis des dem *bordelage*, dem Zehent aus Grundbesitz, unterworfenen *bordier*".

bordeyer „lavieren"
17. Jh. auch *bordayer* und *bordailler*, ist Abl. (*-idiare* in norm., westfrz. Form) von *bord* „Schiffsbord".

bordier 1. s. *bordereau.*
2. „(Schiff) mit einer Schlagseite"
17. Jh., ist ursprünglich adjektivische Abl. von *bord* „Schiffseite".

bordigue „Fischzaun" (aus Binsen, Schilf)
17. Jh., aus prov. *bordiga*, vgl. dazu nprov. *bourdigaio* „Pflanzenbüschel", „Gestrüpp am Wasserrand", dazu den Flußnamen *Bourdiguet*, Gard, u. ä.; aus gallisch **bŭrdīca* zu **burda*, s. *bourdillon.*
bordure s. *border.*

bore „Boron"
19. Jh., ist gelehrte Bildung zum Stamme von *borax.*

borée „Nordwind"
16. Jh., aus lat. *(boreas).*

borgne „einäugig"
12. Jh. afrz. „triefäugig", „schielend", ist

mundartlich in der Bedeutung „blind“ weit verbreitet; dieses ist wohl die ursprüngliche Bedeutung, die durch das Eindringen des Ärztewortes *aveugle* abgelenkt wurde; nach der Verbreitung ist das Wort wohl gallisch, doch scheint eine Entsprechung des gallischen Wortes in den lebenden keltischen Mundarten zu fehlen.

Zusammenhang mit der unter *bourgne* angeführten Wortsippe, Wartburg, RDR 3, 416ff., besonders 417 Anm. oder zum Stamm in dt. „brunnen“ ist begrifflich nicht überzeugend; ebenso zu frz. *bornoyer* „visieren“, span. portug. *bornear* „Geschütz richten“, also zu *borne*, s. d., Richter, SAWien 156, 5, 62; zu **eborneus* „weiß wie Elfenbein“, Alessio, RLiR 17, 164 ist lautlich und begrifflich gleich unwahrscheinlich.

borne „Grenzstein“
12. Jh. *bodne, bosne*, vgl. *abonner*, dazu schon in der Lex Rip. und in ahdt. Glossen *butina* „Grenzbaum“, Baist, Festg. Mussafia 557ff., *bodina*, anno 918, im Cartulaire Cluny, vereinigt sich mit prov. *bozola* „Grenze“, *bozolar* „begrenzen“ unter einem **bŭdĭla, *budina*, das möglicherweise keltisch ist (und aus dem Gallorom. ins Ahdt. gewandert ist, wenn dort nicht unmittelbare Entlehnung aus dem Keltischen vorliegt); doch ist dieses aus begrifflichen Gründen kaum eins mit gallisch **budinâ*, das Thurn. KR 91 aus kymrisch *byddin* „Truppe“, „Armee“ erschließt, vgl. aber Meringer, IF 17, 166; s. auch REW 1235; Dottin 235.
Die Entwicklung von *t-n, d-n* zu *rn-* ist im Pik., Norm., z. T. auch westfranzösisch lautgesetzlich; sie geht aus von der Zwischenstufe -đ- n.

bornoyer „einäugig sein“ va.; „lorgnettieren“, „visieren“
13. Jh., afrz. „entzündete Augen haben“, „schielen“, ist Abl. *(-idiare)* von *borgne*.

bosan „Boza“ (türkischer Hirsetrank)
18. Jh., aus arabisch *bûza*. Lam. 54.

bosel „Rundstab an Säulen“
16. Jh., stammt als Ausdruck der Architektur aus dem Italienischen; hier zu *bozzello*, zu *bozza* „Steinvorsprung“, „Kragstein“ u. ä., eigentlich „Beule“, „Geschwulst“, s. *bosse* 1; Barbier, PLeeds 1, 32f.; vgl. REW 1240.

bosquet „Wäldchen“
16. Jh., aus ital. *boschetto*, dieses Deminutivabl. von *bosco* „Wald“, s. *bois*.

bosse 1. „Beule“, „Buckel“, „Höcker“
12. Jh. „Schwellung“, „Beule“, „Auswuchs“, dazu prov. *bosa* dass., aus einem grom. **bottia*, aus fränkisch **bottja* „Sproß“, d. i. Abl. von fränkisch **bôtan* „ausschlagen“, „sprießen“ (ahdt. *bôʒan* „schlagen“) mit einer Bedeutungserweiterung des germ. Wortes, der sich bei dem verwandten *bouter* wiederholt, die ursprüngliche Bedeutung hat noch ital. *boccia* „Knospe“, (dann „Blase“, „Spielkugel“ u. ä.). Braune, ZRP 19, 351; Richter, ZFSL 44, 126; REW 1240. Vgl. noch Diez 62; Mackel 23.
Zu kymrisch *both* „Schildbuckel“, Schuchardt, ZRP 15, 101, ist lautlich nicht möglich, vgl. *bedaine*. Rum *boţ* „Klumpen“ würde, wenn es zu der Familie von *bosse* 1 gehörte, germanische Herkunft ausschließen; es stammt aber aus dt. *Butzen* „Klumpen“.
2. „in Bürstenform zusammengebundene Distelköpfe bei der Wollbereitung“
18. Jh., aus ndl., flämischem *bos* „Bündel“. Dict. gén.
3. „Salzfaß“, „Pulverflasche“
17. Jh., aus dem Südostfrz., vgl. lyon. *bossi*, frz. Schweiz *bosse*, sav. *bofa* „Faß“; dieses aus vlat. **bŭttia*, das als *butia* in der Appendix Probi belegt ist; dieses aus gr. βουττίον „Faß“, Blondheim, Rom. 39, 147; REW 1425; vgl. auch *boute* 2.

bosseler „bosseln“, „erhabene Arbeit machen“
13. Jh., ist Abl. von *bosse* 1 in der Bedeutung „erhabene Arbeit“

bosseman „(Marine)-Unteroffizier“
16. Jh., aus mndl. nddtsch. *bootsman*, *boosman*. Behrens, DS 72.

bosser „ein Tau stoppen“
17. Jh., ist Abl. von *bosse* 1 in der Bedeutung „Ankertaustopper“ (Tauende mit Schleifknoten, daher der Vergleich mit *bosse* „Beule“). Dict. gén.

bossette s. *bosse* 1.

bossier „Salinenarbeiter, der das Salz in die Fässer packt“
18. Jh., ist Abl. von *bosse* 3.

bossoir „Ankerbalken“
17. Jh., ist Abl. von afrz. *bocer* „ausbuchten“, „vorragen“, d. i. Abl. von *bosse* 1. Der *bossoir* genannte Balken ragt vor, um zu verhindern, daß der Anker sich an der Schiffsplanke reibt. Dict. gén.

bosson „Vorsprung“
17. Jh., ist dem. Abl. von *bosse* 1, vgl. *bossoir*.

bossu „buckelig“
12. Jh., ist Abl. *(-ūtus)* von *bosse* „Buckel“.

bossuelle „wohlriechende Tulpe“
18. Jh. *bosuel*, u. H.

boston „Boston“ (Kartenspiel)
18. Jh., nach dem Namen der Stadt *Boston*. Dict. gén.

bot, in *pied bot*, „Klumpfuß“
17. Jh., vielleicht auch schon bei Chrétien de Troyes belegt, ist durch die Ableitung *botoier* „hinken“, s. *boiter*, für das 13. Jh. gesichert; besser bezeugt seit dem 16. Jh.; seit dieser Zeit auch „stumpf“, wie spanisch *boto*, dass., auch „plump“; dazu scheint seit dem 12. Jh. belegtes afrz. *bot* „Kröte“ zu gehören, das heute noch im Ostfranzösischen lebt, Bl.-W. 79; wohl auch prov. *botar* „an-

schwellen" (mit offenem *-o-*), dazu *botat* angeschwollen". Grundform ist **bott-*, mit offenem, kurzem *-o-*.
Aus lautlichen Gründen kann das Wort nicht unmittelbar aus mndl. *but* „stumpf", „plump", „grob" (ndl. *bot*, dänisch *but*) entlehnt sein, Schuchardt, ZRP 15, 99; Braune ZRP 19, 354; Diez 61; REW 1007; spanisch *boto* „stumpf", „plump", Cor. I, 503, klingt an, läßt sich aber doch nicht unmittelbar mit den grom. Formen verbinden. S. *botte* 2.

botte 1. „Bündel"
14. Jh., aus mndt. *bôte* (ostfriesisch *bôt* „Bund", „Bündel"), Behrens, ZFSL 28, 300 (Wg. 35); REW 1229; Bl.-W. 79.
2. „Stiefel"
12. Jh., dazu prov. *bòta* dass., bezeichnet ursprünglich den langen, das Bein bis zum Knie umschließenden Schaftstiefel; dazu seit dem 14. Jh. **bottine** „lange, lederne Reitgamaschen, die nur das Bein umschließen", heute „Halbstiefel"; gehört wohl zu *bot* in *pied bot*, s. d. Vgl. dazu angev. *botter* „die Schuhe mit der hängenbleibenden Erde beschweren", dazu *pied botté* „mit Erde behängt", das den Bedeutungsübergang von *bot* zu *botte* vielleicht erklärt. Frz. *botte* 2, über prov. *bota* aus sp., port. *bota* „Schlauch", Brüch, ZFSL 49, 308, ist lautlich unmöglich.
3. „Weinfaß"
15. Jh., aus prov. *bota*, das mit afrz. *bout* „große Flasche", „Schlauch" auf vlat. **bŭttis* aus gr. βύτις „Faß" zurückführt, s. *boute* 2 und *boucaut*.
4. „Stoß", „Ausfall"
16. Jh., aus ital. *botta*, dieses postverb. Subst. von *bottare*, tosk. Nebenform von *buttare* „stoßen", der Entsprechung von frz. *bouter*.
5. „Getreidewurm", s. *beauvotte*.

botteau „Bündelchen"
14. Jh., heute in Poitou und dem Centrum, ist Abl. von *botte* 1.

botteler „in Bündel zusammenbinden"
15. Jh., ist Abl. von mfrz. *bottel*, s. *botteau*. Dazu seit dem 19. Jh. die Werkzeugsableitung **botteloir** „Holzstab zum Spannen der Strohbündel".

botter „beschuhen"
16. Jh., ist Abl. von *botte* 2.

bottier „Schuster"
15. Jh., ist Abl. von *botte* 2.

bottillon 1. „Bündelchen" (von Gemüsen u. ä.)
19. Jh., ist dem. Abl. von *botte* 1.
2. „Lederstück, das die Darmsaitenspinner auf dem Spann tragen"
19. Jh., ist dem. Abl. von *botte* 2.
Wegen des Suffixes *-illon* vgl. *cendrillon*, *chambrillon*, *bouvillon*, *dardillon* usf.
bottine s. *botte* 2.

boubouler „schreien" (von der Eule)
19. Jh., ist Schallwort, vielleicht in Anlehnung an den Namen der Eule *(hi)bou*.
bouard s. *bouvard*.

bouc „Bock"
12. Jh., in der Lex Salica *buccum*, aus fränkisch **buk* (ahdt. *boc*, anord. *bukkr*), Diez 529; REW 1378; oder aus gallisch **buccos*, zu irisch *boc* „Bock", das mit dem germanischen Wort urverwandt ist, Dottin 238; Bl.-W. 79; Kluge s. Bock.

boucage „Bibernelle"
18. Jh., auch „Bockspetersilie" genannt, frz. *persil de bouc*, ist Abl. von *bouc* „Bock", vgl. mlat. *tragoselinom* zu gr. τράγος „Bock". Die Form der Abl. ist unklar. Vielleicht liegt Anlehnung an *saxifrage* vor, das mundartlich für *boucage* gebraucht wird.

boucan „Räucherhütte der Indianer", „Räucherrost"
16. Jh., im 17. Jh. daraus die Bedeutung „Spelunke", dazu im Rotwelsch mit Suffixwechsel *boucard* „Geschäft", *boccard* „Bordell", das erst sekundär an *bouc* „Bock" (als Typus der Ausschweifung) angeschlossen wird, vgl. aber Sain. LPar. 12; das Wort wurde von den Franzosen im 16. Jh. während ihres Verkehrs mit den küstennahen Indianern Brasiliens aus dem Tupí-Guaraní entlehnt, Friderici ZFSL 54, 179; lebt als *boucan* „Räucherhütte" in Kanada, auch *boucanière*; der Stamm bezeichnet ursprünglich ein „hölzernes Gitter zum Räuchern von Lebensmitteln", Read, Louisiana French, Bâton rouge, 1963. Dazu 17. Jh. *boucanier* „Büffeljäger", „Seeräuber".
Innerhalb des Frz. wird im 16. Jh. zu *boucan* „Hütte" *boucaner* „Spelunken aufsuchen" gebildet, das im ‚bas langage' die Meinung „lärmen", „Radau machen" annimmt; daraus pop. *boucan* „Lärm", s. im ‚bas langage', seit Beginn des 19. Jhs. *faire boucan* „faire un tapage affreux en se réjouissant", Larchey 52.
Dieses nicht zu ital. *baccano* „Lärm", G. Paris, Rom. 9, 624. Auch nicht zu *vulcan* „Vulkan", Piron, Rom. Gandensia 4, 193. Vgl. Bl.-W. 79; Wiener, ZRP 33, 515.

boucassin „Futterbarchent"
14. Jh., alt auch *bougarassin*, aus türkisch *bogasy* „Art Barchent". REW 1188.
Nicht aus englisch *buckskin*, Baist, ZPR 5, 556, dessen Bedeutung „Bockshaut", „bockslederne Hosen" begrifflich nicht entspricht.

boucau „Hafeneingang"
17. Jh., aus nprov. *boucau* „Öffnung", prov. *bocal*, dem afrz. *bouchel* dass. entspricht; aus vlat. **bŭccale*, d. i. Abl. von *bucca* „Mund", s. *bouche*, *bouchelle* und *bouchot*. Dict. gén.

boucaut „Bocksfellschlauch", „Packfaß"
17. Jh., vgl. dazu Blois *boucaut* „kleines Faß", pik. *bouchiau* „Fäßchen aus Bocksfell",

d. i. *-ellus*-Abl. von afrz. *bouc*, dieses schon afrz. Nebenform von *bout* „Schlauch", die Anlehnung an *bouc* „Bock" aus dem Grunde, weil die Schläuche vielfach aus Bocksfell gemacht wurden. Zugrunde liegt vlat. **bŭttis* „Faß", s. *boute* 2, *botte* 3.

Zu *bouche*, Bl.-W. 79, ist begrifflich und morphologisch unverständlich.

boucharde „Spitzhammer", „Zackenmeißel"
16. Jh., ist vermutlich Franzisierung von *bocard* „Bochhammer", s. *bocambre*, oder unabhängige Abl. von dem unter *boquet* erwähnten mfrz. *boquier*, s. d.; *boucharde* lebt in Anjou.

bouche „Mund"
11. Jh., aus lat. *bŭcca* „Backe", das schon spätlat. in Vertretung des untergehenden *os* die Bedeutung „Mund" angenommen hat. Die Bedeutung „Backe" ist noch rumänisch und in den keltischen Mundarten erhalten. REW 1357; Jud, ZRP 38, 31 f.; Zauner, RF 14, 380.

Dazu seit dem 12. Jh. die *-ata*-Abl. **bouchée** „Mundvoll".

bouchelle „Eingang des Fischzauns"
19. Jh., ist wohl irrtümliche Schreibung für *bouchel* dass., s. *boucau* und *bouchot*.

boucher 1. „verstopfen"
13. Jh., *boschier*, ist Abl. von grom. **bosca* „Gestrüpp" zu *boscum* „Klaubholz", s. *bois*. Die ursprüngliche Bedeutung des Verbums noch in Centre *boûcher* „eine Wiese mit Gebüsch umgeben", *boûchon* „kleines Dornenzweigbündel zur Verrammelung der Öffnungen in einer lebenden Hecke", *bouchure* „lebende Hecke", auch Anjou *bouchis* „Reisigbündel zum Verstopfen der Lücke in einer Hecke"; s. *bouchon*, *bouquet*; Bl.-W. 79.

2. „Metzger"
12. Jh. *bouchier*, setzt ein **buccarius* voraus, das zu *bucola* Corp. gloss. 2, 31, 29 „Rindertöter" und *macellarius — sic a (macello), bucida* gehören dürfte. Mittellat. *bucola*, *bucida* sind Umdeutung von gr. βουθύτης „Rindertöter", das erste in Anlehnung an lat. *sacricola* „Opferdiener" u. ä., das letztere nach *homicida*, *deicida* u. ä.; **buccarius* ist also ein nach *bouc* „Bock" umgedeutetes **bucarius*, das mit dem Handwerker charakterisierenden Suffix *-arius* erweitertes mlat. *bucola*, *bucida* darstellt. Niedermann, Gl. 1/2. (*bucularius* auf einer jüdischen Inschrift, Reinach, MSL 11, 126 ff., ist Lesefehler, s. Rom. 34, 342.) S. auch Wiener, ZRP 34, 664.

Nicht Abl. von *bouc* „Bock", G. Paris, Mél. 305 f., da für *boucher* eine Bedeutung „Verkäufer von Bockfleisch, Ziegenfleisch" nirgends bezeugt ist, auch ein **buccarius* „derjenige, der junge Böcke schlachtet" ist nirgends überliefert, Marchot, SFR 9, 146 ff.; vgl. auch REW 1378. Zu katal. *butxi* „Henker" u. H. Baist, ZRP 5, 239 überzeugt ebensowenig.

Dazu seit dem 12. Jh. die Abl. **boucherie** „Schlächterei".

Unmittelbare Ableitung von *bouc*, wobei *buccarius* zunächst den Knecht bezeichnet hätte, der die Aufgabe gehabt hätte, die jungen Böcke zu schlachten, die zur Aufzucht überflüssig waren, Bl.-W. 79, ist nur ad hoc erschlossen; ital. *beccaio* „Metzger" zu *becco* „Bock", stützt nicht die Etymologie *boucher* aus **bŭccarius*; ist erst im 14. Jh. belegt, und dürfte Toskanisierung von mfrz. *bouchier* nach *becco* „Bock" sein; **beccarius* ist nur oberital., als 2. Schichte über *macellarius*, *(macellaio)*, das im größten Teil Italiens noch lebt; **boucher* als Lehnwort lebt in Sizilien und in einzelnen Gegenden Süditaliens, s. AIS 244.

bouchet 1. „Getränk aus Zucker, Sirup und Zimt"
14. Jh., ist Franzisierung von *bouquet de vin*. Dict. gén.

2. „Seil, an dem das Schleppnetz befestigt ist"
19. Jh., scheint dem. Abl. von *boche*, der pik. norm. Form von *bosse* „Tauende mit Schleifknoten", zu sein, gehört also zu *bosse* 1.

bouche-trou, *bouchoir* s. *boucher*.

bouchon 1. „Strohbündel" (als Zeichen des Weinausschankes)
13. Jh., ist dem. Abl. von afrz. **bosche* „Reisig", s. *boucher* 1.

2. „Pfropfen"
16. Jh., ist Werkzeugsableitung von *boucher* „verschließen".

bouchonner „zusammenpacken", „mit einem Strohwisch abreiben" u. ä.
16. Jh., ist Abl. von *bouchon* 1.

bouchot „Fischzaun", „künstliche Austernbank"
17. Jh., ist poitevinisch, dort latinisiert als *buccaudum* seit dem 12. Jh. bezeugt; steht für *bouchau*, d. i. die poitevinische Entwicklung des unter *boucau* erschlossenen grom. **bŭccale*. S. auch *bouchelle*.

Kaum unmittelbar zu mundartlichem *bouche* „Hecke", s. *boucher*, Dict. gén., doch dürfte dieses Wort, das in der Heimat von *bouchau* bezeugt ist, auf die Bedeutung des letzteren eingewirkt haben.

boucle „Ring", „Öse"
11. Jh. „Schnalle" (am Sattelzeug), dann „Metallring", „Schildknauf", vgl. dazu aspan. *bloca* „Erzbeschlag in der Mitte des Schildes", Storm, AGI 4, 388 ff.; aus lat. *bŭccŭla* „Backe", „Backenstück am Helm". REW 1364. Vgl. *bouclier*.

Dazu seit dem 15. Jh. die Abl. **boucler** „anschnallen", „ringeln".

bouclier „Schild"
12. Jh. *bocler*, ist ursprünglich adjektivische Ergänzung zu *escut*, s. *écu*, bedeutet „mit einem Schildknauf versehen"; aus vlat. **bŭc-*

cŭlare, d. i. Zugehörigkeitsadjektiv zu lat. *buccula*, s. *boucle*. Ein *bucculare* „metallener Kochtopf“ bei Marcellus Empiricus, ALL 8, 470 ist gleichgebaute Abl. von *buccula* in der spätlat. belegten Bedeutung „Kochgefäß“. REW 1364.

boucon „Gifttrank“, „Giftbissen“
15. Jh., im 17./18. Jh. veraltet, Br. 4, 245, aus ital. *boccone* „Mundvoll“, „Lockspeise“, d. i. Abl. von *bocca* „Mund“, der Entsprechung des frz. *bouche*. Dict. gén.

bouder „schmollen“
14. Jh., vgl. dazu norm. *boude* „Maulen“, Anjou *boudard* „Schmollen“ (das literarische Entlehnung sein kann), dann mit sekundärer Einmengung von *boudin* V. d'Yères *faire du boudin* „maulen“; gehört zum Stamm **bodd-* „schwellen“, der unter *bedaine* besprochen ist.
Dazu seit dem 17. Jh. die Abl. **bouderie** „üble Laune“; seit dem 17. Jh. auch **boudeur** „verdrießlich“; 18. Jh. **boudoir** „(kleines) Damenzimmer“, *-orium*-Ableitung, s. *dortoir*.

boudin „Blutwurst“, „Wulst“
13. Jh., aus grom. **botellinus* „aus Kaldaunen“, zu vlat. **botellus* „Eingeweide“, „Darm“, vgl. schon lat. *botulus* „Wurst“, s. *boyau;* entsprechend ital. *boldone* „Blutwurst“, aus **botellone*. Die Umstellung des *-l-* und *-d-* ist erfolgt, da die Ableitung vermutlich erst gebildet wurde, als **botellus* bereits die Stufe **bodel* erreicht hatte. Abgelehnt REW 1192; zum Schallstamm, wie in *bedaine*, Bl.-W. 80, ist wegen der italienischen Entsprechung unwahrscheinlich.
boudine s. *bedaine*.

boudiner „Baumwolle vorspinnen“
19. Jh., ist Abl. von *boudin* „Wulst“.
boudoir s. *bouder*.

boue „Kot“
12. Jh., aus gallisch **bawa*, d. i. die gallische Entsprechung von urkeltisch **bovā* zu kymrisch *baw* „Schmutz“ (Pokorny). Diez 539; REW 1000; Jud, AR 6, 202; ASSL 127, 435.
**bauga* wegen Poschiavo *boga*, Jud, BDR 3, 69 Anm., ist nicht nötig und für das Französische lautlich unmöglich.

bouée „Boje“
15. Jh., für *boie* mit der Aussprache des 15./16. Jhs. bzw. der heute entsprechenden westfrz. Aussprache des Wortes in literarischer Schreibung, aus fränkisch **bôkan* (anddt. dass.) „Bake“, „Wahrtonne“, vgl. friesisch *bâken*, agls. *béacen* „Zeichen“, s. Kluge s. Bake; Tobler, SABerlin 1896, 862; REW 1005.
Aus mhdt. *bouchen*, dessen heutige Vertreter im Alemannischen die Bedeutung „Boje“, „Ankerzeichen“ haben, Schuchardt, ZRP 25, 346 ist lautlich nicht möglich, doch ist das mhdt. Wort die Entsprechung des angesetzten fränkischen Wortes. Nicht lat. *bōja* „Halsfessel“, Diez 57; Vidos, RLiR 21, 99, oder lat. *bŏa*, *bŏva* „Wasserschlange“, Nigra ZRP 27, 341.

bouer „(Münzplatten) gleichschlagen“
17. Jh., mit der Nebenform **bouver**, dazu seit derselben Zeit die Abl. **bouard** und **bouvard** „Schlaghammer“, u. H.

bouette „Fischköder“
17. Jh., ist südwestfrz. Entsprechung von *bête*, das für Guernesey in der Bedeutung „Köder“ angegeben wird, s. *abet*.
Nicht aus bret. *boed* dass., das selbst aus dem Frz. stammt, Dict. gén.

boueur „Straßenkehrer“
16. Jh., ist Abl. von *boue*, s. d.

boueux „kotig“
12. Jh., ist schon vorhistorische Abl. von *boue*, s. d.

bouffarde „kurze Pfeife“
19. Jh., ist Abl. von *bouffer* „aufblasen“.

bouffe 1. „Aufblasen“
17. Jh., ist postverb. Subst. von *bouffer*, s. d.
2. „komisch“; „Possenreißer“
18. Jh., aus ital. *buffo* „komisch“; dieses ist Rückbildung von *buffone* „Possenreißer“, zu *buffare* „Possen reißen“, eigentlich „die Bakken voll aufblasen“, s. *bouffer*.

bouffer „aufblasen“, „schnauben“ u. ä.
12. Jh., aus vlat. **buffare*, das Schallwort ist, REW 1373. *bouffer* wird im 16. Jh. im Populärfranzösischen für „gierig essen“ gebraucht und verdrängt *bâfrer*, *briffer*, s. d. Sain. LPar. 35.

bouffette „Quaste“, „Bandschleife“
15. Jh., ist ursprünglich abstrakte Ableitung von *bouffer* „bauschen“, „schwellen“, s. d.

bouffir „aufschwellen“
13. Jh., ist grom. Neubildung zu *bouffer*, zu dem es ursprünglich das Intransitivum bildet.

bouffon „Possenreißer“
16. Jh., aus ital. *buffone*, s. *bouffe* 2.

boufron „Tintenfisch“
17. Jh., aus nprov. *boufaroun* dass., eigentlich „aufgeblasen“, dieses Abl. von nprov. *bouffà*, der Entsprechung von *bouffer*.

bouganèse „Kind eines Indianers mit einer Negerin“
19. Jh. u. H.

bouge 1. „Ledersack“ va.; „Blasbalg“
12. Jh., dazu in den Reichenauer Glossen 181 *bulzia*, aus gallisch-lateinisch *bŭlga*, das spätlat. belegt ist. Dottin 238; REW 1382; Scheuermeier, VRom. 16, 166.
2. masc. „der gewölbte bzw. hohle Teil eines Gegenstandes“ (so „Mauernische“, „Faßbauch“, „Kopf der Radnabe“ u. ä.)
15. Jh., vermutlich aus mndl. *booge* „etwas, was um ein anderes herumgebogen wird“.
Zu *bouger*, Dict. gén., ist begrifflich schwie-

rig; agls. *boga* „Krümmung", „gekrümmter Gegenstand", Regnaud, RPFL 10, 133 f. ist kaum die unmittelbare Quelle, doch mit dem mndl. *booge* urverwandt.

3. „Rumpelkammer", „Bettnische", heute „Kaschemme"

ist fem., 16. Jh. latinisiert *bougia* „Stall", aus gallisch **bōtego*, **boutegon* „Stall", Jud, Rom. 52, 341; Wartburg, Rom. 53, 217.

bougeoir „Handleuchter"

16. Jh., in Anlehnung an *bouger* für **bougioir*, d. i. Abl. von *bougie*.

bouger 1. „sich bewegen"

12. Jh., aus vlat. **bŭllĭcare*, d. i. Intensivform von lat. *bullire* „aufwallen", „sprudeln", vgl. lyon. *bouliguer* „bewegen", „erschüttern", nprov. *boulega, bouliga* usf. Schuchardt, SAWien 141, 3, 129; Diez 530; REW 1388.

2. „(den Kohlenmeiler) mit Erde bedecken"

18. Jh., ist Abl. von *bouge* „Rundung". Dict. gén.

bougette „Ranzen"

12. Jh., ist deminutive Abl. von *bouge* 1; vgl. im 11. Jh. bei Raschi die entsprechende *-eola*-Abl. *boljole, bolzole*.

bougie „Kerze"

1300 *chandele de Bougie*, nach der algerischen Stadt *Bugia*, arabisch *buǧaïe*. Lam. 55; Diez 73; REW 1375.

Dazu seit dem 16. Jh. die Abl. **bougier** „(den Rand eines Stoffes) mit geschmolzenem Wachs wichsen"; vgl. auch *bougeoir*.

bougillon „unruhiger Geist"

19. Jh., ist Abl. von *bouger*, s. d. Dict. gén.

bougonner „knurren", „schelten"

19. Jh., stammt aus dem Westen, vgl. H. Maine *bougon* „übellaunig", poitev. *bougonner* wie literarisch; dazu auch Anjou *bougrasser* dass. Es dürfte Abl. von afrz. *bougon* „Pfeil", „Bolzen", „Widerhaken" zugrunde liegen, s. *boujon*, zum Teil mit *bougre* als Schimpfwort vermischt.

bougraine s. *bugrane*.

bougran „Steifleinwand"

12. Jh. *bouquerant*, nach der Stadt *Bukhara*. G. Paris, Rom. 11, 442; REW 1366. Kaum aus arabisch *barkân* „Barchent", Baist, ZRP 5, 556.

bougre „Schuft"

12. Jh., in der Bedeutung „Ketzer" bis ins 16. Jh. gebräuchlich, dann als Schimpfwort, namentlich im Typus *bougre de (temps)*, „imbécile" u. ä.; daher schon im 13. Jh. *bougrerie* „Sodomie", dazu *bougre* „Knabenschänder", nach Ménage, weil Ketzer und Knabenschänder mit der gleichen Strafe bedroht wurden; aus mlat. *bŭlgărus* „Bulgar", „Ketzer", die zweite Bedeutung, weil die manichäistischen Bulgaren im Mittelalter als Ketzer galten, im Zusammenhang mit den religiösen Bewegungen des 10. bis 12. Jhs. besonders des ‚Bogomilismus', einer seit dem 11. Jh. in Südosteuropa verbreiteten Sekte; Petkanov, s. Stimm, ZRP 75, 578; Diez 530; REW 1383.

bouguière „großes Netz zum Salpenfang"

19. Jh., aus nprov. *bouguiero*, dieses Abl. von *bougo* „Salpe", s. *bogue*. Dict. gén.

boui-boui „Kneipe", „kleines Theater"

19. Jh., stammt aus dem Rotwelsch, = „verrufener Ort", hier aus mundartlichem, z. B. Bresse *bouis* „Entenstall", „Gänsestall", Jura „schmutzige Wohnung", Sain. LPar. 38; Sources 2, 293. Letzten Endes dürfte dem Worte lat. *bovīle* „Rinderstall" zugrunde liegen.

bouillabaisse „provenzalische Fischtunke"

19. Jh., aus nprov. *bouiabaisso* dass., wörtlich „siedet und setzt sich", zu nprov. *bouli*, s. *bouillir*, und *abaissà*, s. *abaisser*. Dict. gén. In den Jahren 1841 bis 1848 erschien in Marseille ein Wochenblatt *lou Boui-abaisso*, Mistral.

bouille 1. „Störstange zum Aufjagen von Fischen"

17. Jh., ist postverb. Subst. von *bouiller*, s. d. Vgl. auch *bouloir*.

2. „Zollstempel auf Wollwaren"

17. Jh., aus kat. *bolla* „an Waren angebrachtes Zeichen, daß diese durch den Zoll gegangen sind", s. *bulle*; Dict. gén.; Schmidt, Span. Elem. 116.

3. „Butte zur Beförderung von Weintrauben", „Kohlenmaß"

15. Jh., zuerst in lothr. *boille* „Weinmaß", lebt heute im Zentrum, *bouillet* „Fäßchen zum Wassertransport", und Osten, namentlich Südosten, vgl. lothr. *beuile, boèlotte* „Ölkrug", frz. Schweiz *boilla* „Holzgefäß für Milch" und setzt sich im Rätoromanischen und Oberitalienischen fort; aus fränkisch **bullja* zu agls. *bolla* „Napf", „Gefäß", „Topf", altisländisch *bolli* usf.; vgl. Jud, BDR 3, 71.

Aus vlat. **buttula* „Fäßchen", zu *buttis* „Faß", s. *bouteille* 1, Meyer-Lübke, LGRP 16, 240, Salvioni, AGI 16, 487 ff., ist morphologisch und begrifflich schwierig.

bouiller 1. „Wasser mit der Störstange trüben"

erst im 17. Jh. bezeugt, dazu noch im 18. Jh. die Form *bouler* dass., mit dem Stamm, der bei dem zugrunde liegenden *bouillir* ursprünglich ist; vgl. dazu lothr. *boler* „das Wasser trüben", Metz *bouler* „den Fisch durch Stören fangen", poitev. *bouler* „trüben"; es ist Transitivbildung zu *bouillir* „sprudeln", vielleicht über *bouille* „Störstange", wenn dieses nicht umgekehrt postverb. Subst. von *bouiller* ist.

Nicht lat. *bullare* „aufsprudeln", Schuchardt, SAWien 141, 3, 128; REW 1386, wegen des späten Auftretens des Wortes.

2. „versiegeln"

18. Jh., ist Abl. von *bouille* 2.

bouilleau „Suppenschüssel der Sträflinge"
17. Jh., ursprünglich scherzhaft aus nprov. *(-eolus)* von *bouille*, s. *bouille* 3.

bouillerie „Branntweinbrennerei"
19. Jh., ist Abl. von *bouillir*, s. d.

bouilli „Suppenrindfleisch"
14. Jh. auch *bouli*, ist subst. Part. von *bouillir* „sieden", s. d.

bouillie „Brei"
12. Jh. *boulie*, die heutige Form wie beim Verbum, ist subst. Partizip von *bouillir* „aufwallen", s. d.
Nicht zu *bolus* „Erdscholle", s. *bol* 1, Cohn, ASSL 103, 268, das begrifflich und morphologisch schwierig ist.

bouillir „sieden"
12. Jh. *bolir* „sieden", „wallen", „kochen" u. ä., auch „zum Sieden bringen", aus lat. *bullire* „Blasen werfen", „aufwallen". Die Formen mit palatalisiertem *-l-* stammen ursprünglich aus der 1. Sing. Präs. und dem Konj. Präs., d. h. den Formen, in denen das lat. *-i̯-* im Galloromanischen erhalten ist. REW 1389.

bouillitoire „Weißsieden des Metalls zu Münzen"
17. Jh., ist Abl. von *bouillir* „sieden", s. d. Die Form ist literarisiert aus einem mundartlichen *bouilliteure*, dieses mundartlich für *bouilliture*, vgl. prov. *bolidura* „Färberbad" u. a. unter *bouldure*. *-eure* ist mundartlich weitverbreitete Form für lit. *-oire* und gleichzeitig für *-ure*, daher die fälschliche Literarisierung des Wortes.

bouilloir „Weißsudkessel"
14. Jh., ist Abl. *(-orium)* von *bouillir*, s. d.; desgleichen die seit dem 18. Jh. belegte feminine Form des Wortes **bouilloire** „Kochkessel".

bouillon „Blase", „Aufwallung", „Fleischbrühe"
12. Jh., aus grom. **bŭllione*, d. i. ursprünglich abstrakte Ableitung von *bullire* „sieden", s. *bouillir*.

bouillon-blanc „Königskerze"
16. Jh., ist literarisiert aus südwestlichem *boulon*, *blon* (mit Ersatz des Stammes *bol-* durch *bouill-* wie beim Verbum *bouillir*), das mlat. *bladona* dass. in männlicher Form entspricht. Vgl. die den Stamm noch deutlich zeigenden lim. *blažou*, Corrèze *bloou*, Aveyron *blàyzàn*, Roll. Fl. 8, 146 ff.; die zwischen *bladona* und *blon* anzusetzende Form **bleon* ist in mlat. *blionia-molena*, s. *molène*, Rev. Celt. 9, 27 gesichert. Vgl. ferner in Poitou *boulon blanc*, und *bonblanc* aus *blonblanc*, ALF 872. Das zugrunde liegende *bladona* ist vermutlich gallisch; wenn es die Entsprechung des mlat. *lupicuda* ist, enthält es vielleicht den Stamm von kymr. *blaidd* „Wolf" aus **bladio*.
Zu *bouillon*, weil die Pflanze in der Medizin zur Herstellung eines Kräutertees verwendet wird, Dict. gén.; Bl.-W. 81, ist keine Erklärung.

bouillonner „aufwallen"
14. Jh., ist Abl. von *bouillon*.

bouillotte „Kochkessel", „Wärmrohr"
19. Jh., vermutlich in Weiterbildung von **bouillette* abgeleitet von *bouillir* „sieden", s. d.

bouin „Bund Seidensträhne"
18. Jh., scheint zu wall. *bonge* „Bund" zu gehören, vgl. *bongeau*, doch ist die Form unklar.
bouis, *bouisse* s. *buis*, *buisse*.

boujaron „kleines Flüssigkeitsmaß auf Schiffen, besonders aus Messing"
19. Jh., aus nprov. *boujarroun* „kleines Maß zur Verteilung der Getränke unter der Schiffsbesatzung"; dazu kaum nprov. *boujarroun* „kleiner Spitzbube", mit zahlreichen Varianten, Mistral I, 373, in denen zum Teil frz. *bougre* zu erkennen ist; u. H.; vgl. Spitzer, Bibl. AR II, 2, 116.

boujon „Zeugstempel", „Werkzeug zum Plombieren"
12. Jh. *bouzon*, *boujon*, *boudon* „großer Pfeil", „Bolzen", dazu prov. *boson* dass., auch „Widder" (als Belagerungsgerät); aus fränkisch **bulþjo*, das zu **bŭldio* romanisiert wurde, s. Gg., RG I, 177; Stamm ist fränkisch *bolôn* „werfen", „schleudern", zu mhdt. *boln*; *bougon* ist falsche Normannisierung von *boujon*, s. *bougonner*.
Nicht fränkisch **bultjo* „Bolzen", das seit dem 8. Jh. in Glossen belegt ist, Kluge, AR 6, 302 f.; Mackel, 24; REW 1391, da afrz. **bousson* nicht besteht, **bultjo* aber afrz. *bouzon*, *boujon* nicht zugrunde liegen kann; vgl. mit stimmhaftem Konsonanten noch wall. *bouson* „Eisenzapfen", Morvan *boujon* „Holztraverse an Stühlen" u. ä. Zu *bŭlla* „Nagelkopf", s. *boule*, Diez 58, also etwa über einen Typus **bullicione*, ist morphologisch schwierig und lautlich nicht genügend.
boujeau s. *bongeau*.

boukinkan „englische Mütze"
17. Jh., nach dem Herzog von *Buckingham*, der unter Ludwig XIII. diese Kopfbedeckung in Paris einführte. Dict. gén.

boulage „Sieden der Wäsche im Kessel", „Einweichen der Rüben in der Kufe zur Siruperzeugung"
19. Jh., ist mundartliche Form für *bouillage*, mit Erhaltung des ursprünglichen Stammes von *bouillir*, s. d., der sich auch beim Stammverbum im Norden, Pikardie, und vereinzelt im Osten noch findet; Dict. gén.

boulaie „Birkenwäldchen"
13. Jh. *bouloie*, ist Abl. *(-ēta)* von afrz. *beoul* „Birke", s. *bouleau*.

boulanger „Bäcker"
12. Jh. *bolengier*, ist Abl. von afrz. *bolenc*

„Weißbrot", das in Centre *boulan* noch lebt und im 17. Jh. für die Pikardie noch nachweisbar ist; *bolengier* ist also „einer, der Weißbrot bäckt"; grom. *boulenc* ist ferner durch daraus entlehntes irisch *builin,* schottisch *builionn* „Brotlaib" gesichert; aus fränkisch **bulling*, vgl. agls. *bylling* „Gebäck", vgl. zu dem Stammwort seit dem 10. Jh. belegtes ahdt. *bolla* „feines Mehl", „Gebäck aus feinem Mehl", das auch im Niederdeutschen weit verbreitet ist, und in dem sich vermutlich entlehntes lat. *bulla,* s. *boule,* mlat. auch zur Bezeichnung eines runden Gebäckstücks bezeugt, mit ebenfalls entlehntem lat. *pollen* „feines Mehl" kreuzt, Suchier, ZRP 3, 611; Falk-Torp 91; Gg. ZRP 40, 141.

Nicht abgeleitet von afrz. *bolenge* „Mehlbeutel", Wedgwood, Rom. 8, 437; Brüch, ZRP 36, 578, da der Bäcker nichts mit dem Mehlbeutel zu tun hat; *boulengier* als Abl. von afrz. *boulenc* „Weißbäcker", Marchot, Rom. 47, 213, ist unwahrscheinlich, da aus *loi (costume) de boulenc* im 12. Jh. nicht ein Substantiv mit der Bedeutung „Bäcker" erschlossen werden kann; es bedeutet vielmehr „Bestimmung für die Weißbäckerei". Vgl. FEW I, 427; dieses *boulenc* aus *pestour boulenc* „Bäcker, der mit Weißmehl zu tun hat" dagegen schwierig, da ein afrz. *boule* *„weißes Mehl" (dieses aus fränkisch **bolla* dass.) nicht besteht. Bl.-W. 81.

boular „langschweifige Meise"
17. Jh., ist in dieser Form mundartlich nicht nachweisbar, s. Roll. F. 2, 309; 10, 189, vgl. aber Orne *bouligneu, petit bouligò,* dazu nprov. *boulegoun, bouligon* „zappelige, aufgeregte Person", zu *boulegà, bouligà* „zappeln" u. ä., das zu frz. *bouger,* lat. **bullicare* gehört; dazu nprov. *boular* „große Kugel" zu *boule.*

bouldure „Radgrube an der Wassermühle"
16. Jh., ist Abl. von mundartlichem, z. B. lyon. *boudre* „sieden", s. *bouillir,* vgl. lyon. *boudre* „Stelle, wo das Wasser eine Gegenströmung, einen Wirbel macht"; vgl. auch prov. *bolidura,* nprov. *bouliduro* „Färberbad" u. ä.

boule 1. „Kugel"
13. Jh., aus lat. *bŭlla* „Blase", REW 1385, doch scheint die Bedeutungsentwicklung von fränkisch **bolla* (ahdt. *polla* „kugelförmiger Körper" u. ä.) beeinflußt zu sein.
2. in *meuble de boule* „Rokokomöbel mit Metalleinlegungen"
18. Jh., nach André *Boule,* einem Kunsttischler des 18. Jhs. Dict. gén.

bouleau „Birke"
16. Jh., ist Abl. von afrz. *beoul* (pik. *boul,* norm. *bou*); auch fem. afrz. *beoule,* daher frz. Schweiz *biola,* wall. *beiol,* dieses aus lat. *betŭlla* dass. REW 1068; Jud, ASSL 127, 426 f., vgl. Baist, RF 19, 633.

bouledogue „Bulldogg"
19. Jh., aus englisch *bulldog.*

boulée „Bodensatz des Talges beim Schmelzen"
18. Jh., vgl. dazu prov. *bolar* „im Kot pantschen", nprov. *bòli, bòri* (Marseille) „Bodensatz", „Bodenhefe", *boulié, laboulié* dass., auch „Kot", „Schlamm", dann in Glossen *bolonium* „Düngergrube"; vgl. noch lyon. *bolô* „Pfütze als Tiertränke", piem. *bôla* „Pfütze"; es scheinen sich in der Familie zwei Stämme zu treffen: afrz. *bolir* „sprudeln", s. *bouillir,* und gr. βολεών „Düngergrube" bzw. aus gr. βῶλος entlehntes lat. *bolus,* s. *bol* und das davon abgeleitete mlat. *bolarium* „Klümpchen". Thomas, Rom. 26, 416 f.; Cohn, ASSL 103, 227; s. FEW 428.

bouléjon „Netz zum Sardinenfang"
17. Jh., dazu seit dem 17. Jh. bezeugtes **boulier** „Zugnetz mit Sack und Flügeln"; das erste aus langued. *boulejou* „Art Sardinennetz", das zweite aus nprov. *boulié, bouliech,* aprov. *bolech,* mlat. für Marseille *retia de boliet,* das auf eine Grundform **bolilegium* „Einziehen des Fischnetzes", dann konkretisiert „Fischnetz" zurückführt; zu lat. *bolus* „Auswerfen des Netzes", „Netz" und *legere* „einziehen", wie in lat. *lina legere* „die Angelschnur einziehen", Brüch, ZFLS 49, 308; vgl. Schuchardt, ZRP 25, 449 f.
Zu *bullare* „das Wasser aufsprudeln machen", s. *bouiller,* Schuchardt, SAWien, 141, 3, 170 f., ist lautlich und morphologisch bedenklich.

boule-ponche „Punsch-Bowle"
18. Jh., aus englisch *bowl punch.* Dict. gén.

bouler „rollen", „aufgehen" (vom Brot)
13. Jh., ist Abl. von *boule* „Kugel", Dict. gén.; s. *boulure.*

boulerot „Meergrundel" (kleiner kugelähnlicher Fisch)
16. Jh., bei Nemnich *bouillerot,* ist Abl. von *bouler* „sich aufblasen", zum Teil mit Ersatz des Stammes *boul-* durch *bouill-,* mit Übernahme des Schwankens wie bei *bouillir,* s. d. Zu **bottus* „Kröte" über **bottulus,* mit sekundärer Einwirkung von *boule,* Barbier, RLR 56, 179 ff., ist lautlich und historisch schwierig.
boulet, boulette s. *boule.*

bouleux „beständig vorwärtsschreitend"
18. Jh. fam. *un bon bouleux* „ein geduldiger Arbeiter" steht für **bouleur* mit erhaltener Aussprache des 16. Jhs.; ist Abl. von *bouler* „rollen", s. d.

boulevard „Boulevard"
so seit Beginn des 19. Jhs., alt „Bollwerk", 15. Jh. *boloart, boulever, boloirque, bollvercq* u. ä., aus mndl. *bolwerc* „Festungswall", „Wallgang zwischen der Brustwehr und der inneren Böschung". Diez 530; REW 1197; Behrens, DS 50.

boulevari „lärmende Unordnung"
19. Jh., ist volksetymologische Umgestaltung

von *hourvari* nach *boulevard, bouleverser* u. ä. Dict. gén.

bouleverser „umstürzen"
16. Jh., dürfte im ersten Bestandteil, wie *ébouler*, afrz. *boele* „Eingeweide" enthalten, s. *boyau*, also = *boele verser* „die Eingeweide umkehren", da ein *boule verser* wohl nicht „umstürzen", sondern „rollen" bedeutet hätte, REW 1230; Bl.-W. 81. Vgl. afrz. *torneboële* „Purzelbaum", *torneboëler* „über den Haufen werfen" mit der (außerhalb des Infinitivs) normalen Stellung des Accusativobjekts.

boulevue in *jouer à la boulevue* „hastig", „unüberlegt"
16.—18. Jh. auch getrennt *à la boule vue*, wörtlich „beim Anblick der Kugel", d. h. zunächst „hastig", daraus „unüberlegt"; Bl.-W. 81. Wegen der Meinung der Wendung vgl. *la peur du crime découvert* „die Furcht vor der Entdeckung des Verbrechens", Gg., Syntax 41 f. Dict. gén.

boulièche s. *bouléjon*.

boulier s. *bouléjon*.

boulimie „Heißhunger"
16. Jh., aus gr. (βουλιμία).

boulin 1. „Nistnapf im Taubenschlag", „Nistloch"
16. Jh., scheint auf ein afrz. nicht belegtes *bole* „Napf" zurückzugehen, aus fränkisch (ahdt.) *bolla* dass.; s. *bouille* 3.
2. „Gerüstbalken"
ursprünglich „Loch in der Mauer, zum Ansetzen der Stütze eines Gerüstbalkens", ist identisch mit *boulin* 1. Vgl. dazu im Rotwelsch *bouliner* „ein Loch in die Mauer schlagen", *boulinoire* „Bohrwinde".

bouline „Buleine"
12. Jh., zuerst im Anglonorm. belegt, Bl.-W. 81/2, aus englisch *bowline*. Diez 530; REW 1248; s. auch Valkhoff, Neoph. 21, 194.

bouliner 1. „die Buleinen anholen"
17. Jh., ist Abl. von *bouline*; daraus in Anlehnung an *bouler, boule* „hin und her schwanken".
2. „stehlen"
stammt nach Sain. LPar. 246 aus dem Rotwelsch der Budenbesitzer auf Jahrmärkten, hier zu *bouline* „Börse", und „Scheinkollekte der Budenbesitzer"; es ist ursprünglich wohl Matrosenausdruck und eins mit *bouliner* 1. Vielleicht liegt auch Umdeutung des Wortes nach westprov. *boulá* „stehlen" vor, s. *voler*.

boulingrin „Rasenplatz im Garten"
17. Jh., aus englisch *bowling green* „Rasen zum Kugelspiel". Dict. gén.

boulingue „Topsegel"
16. Jh., ist vermutlich neuerliche Entlehnung aus niederld. *boelijne*, s. *bouline*, vom Tau, womit das Luvleik der Raasegel nach vorne gerichtet wird, auf das Segel selbst übertragen.

boulinier „beim Winde gut segelndes Segelschiff"
17. Jh., ist Abl. von *bouline*, wörtlich „mit aufgezogener Buleine gehend". Dict. gén.

bouloir 1. „Störstab", „Rührstab der Gerber"
18. Jh., ist *-orium*-Abl. von *bouler* „stören", d. i. mundartliche Form von *bouiller*, s. d.
2. „Scheuerfaß der Goldarbeiter"
steht für **bouilloir*, mit dem unter *bouillir* angeführten Wechsel der Stämme *bouill-* und *boul-*; d. i. Abl. von *bouille* 3.

boulois „Pulverwurstzünder"
19. Jh., ist wohl mit *bouloir* 1 identisch.

boulon 1. „Bolzen", „Bohrstampfer"
13. Jh., ist schon afrz. Nebenform von *boujon*, s. d., in Anlehnung an *boule*, bzw. mlat. *bulla* „Nagelkopf", vgl. Diez 58.
2. „Eisenpflock mit rundem Kopf"
13. Jh., ist Abl. von afrz. *bolle, bole* „Keule", auch *borle*, dazu prov. *borra* „Eisenkolben", „Steinmeißel" wie langued *bouro*; dazu venez. *borelo* „Holzkeule", aus gallisch **borra* zu schottisch *borr* „Knoten", „Knorren"; die nordfr. Form setzt eine deminutive Abl. **borrula* voraus, s. REW 1224 a; Tilander, Lex. 24; s. *bourdon* 1.

boulongeon „schlechte Lumpensorte" (Papierfabrikation)
19. Jh., ist Abl. von mundartlichem *boulanger* „mischen", so Centre, dazu Centre *boulange* „Mischung von Heu und Stroh als Viehnahrung", poitev. *boulangé* und *boulangeat* „Stoff aus Wolle und Garn", das den Bedeutungsübergang zu literarischem *boulongeon* andeutet; *boulanger* scheint Umdeutung von Centre *malenger* „mischen" zu sein, s. *mélanger*, dessen erster Bestandteil mit *mal* „schlecht" indentifiziert wurde, so daß *boulanger* (< *boun-langer*) Euphemismus für *mal-enger* darstellt.

boulonner s. *boulon* 1.

boulot „dick und fett"
19. Jh., ist Abl. von *boule* „Kugel".

boulue „Art Kürbisflasche mit in Wachs gekochtem Lederüberzug"
19. Jh.; ist die angegebene Bedeutung ursprünglich, dann wohl Fem. zu *boulu* „gekocht", s. *bouillir*; die Bedeutung erinnert an *bouille* 3; vgl. wegen des abweichenden Stammes *bouloir* 2.

boulure „knotenförmiger Auswuchs an der Wurzel junger Pflanzen"
19. Jh., ist Abl. von *bouler* „aufgehen", in der besonderen Bedeutung von Pflanzen, deren kranke Wurzel knollige Auswüchse verursacht; Dict. gén. unter *bouler* 2.

bouque „Eingang" (Marine, Fischfang)
14./15. Jh., aus nprov. *bouco*, s. *bouche*.

bouquer in *faire bouquer* „etwas zu tun zwingen"
17. Jh., bei Rabelais „sich aufs Antlitz niederwerfen", aus nprov. *bouca*, prov. *abocar*

„umstoßen", d. i. Abl. von *boca,* s. *bouche.* Dict. gén.

bouquet 1. „Wäldchen" va.; „Blumenstrauß" ist pik. Form von afrz., seit dem 14. Jh. bezeugten *boschet,* d. i. Deminutivabl. von *bois,* s. d.
2. „Ausschlag" (an der Schnauze von Schafen)
Ende des 15. Jhs., neben *barbouquet, bouquin,* ist rückgebildet von *barbouquet,* s. d.
3. „Böckchen"
13. Jh., ist Abl. von *bouc* „Bock"; bedeutet im Norm. „Meerkrabbe", s. dazu *bouqueton.*

bouquetin „Steinbock"
13. Jh., zuerst in Savoyen *boc estaign,* seit dem 16. Jh. in der Literatur, P. Meyer, Rom. 17, 598 Anm. und 19, 303; Delboulle, Rom. 19, 302. Das Wort ist Umdeutung von mhdt. *Steinbock,* nicht umgekehrt das deutsche Wort Umdeutung eines prov. **boc estanh* „der auf festen Füßen stehende Bock", P. Meyer l. c.; vgl. Roll. F. 1, 72; 7, 220; Diez 403; REW 8240; Behrens DS 32.
Dafür im 11. Jh. im Judenfrz. *estainboc* (Raschi).

bouqueton „Netz zum Krabbenfang"
18. Jh. *bouquetout,* so Calvados, la Manche, Roll. F. 12, 99, auch *bouteux,* dieses für *bouqueteux,* das sind mundartliche Formen für literarisches **bouquetoir,* d. i. Abl. *(-orium)* von *bouquet* „Krabbe", s. *bouquet* 3. Dict. gén.; ZRP 40, 142 ff.
Das *-orium*-Suffix hat mundartlich die gleiche Funktion wie *-arium,* das als Masculinum wie als Femininum bei Netzbezeichnungen auftritt, s. *congrois* neben *congrier* „Netz zum Fangen des Meeraals", frz. *congre.*

bouquette „Buchweizen"
17. Jh., aus wall. *boquette,* dieses aus mndl. *bôkwete* bzw. flämisch *boekweit,* Joret, Rom. 13, 405; Dict. gén.; Behrens, DS 61; vgl. *beaucuit.*

bouquin 1. „Mundstück"
16. Jh., aus ital. *bocchino,* eigentlich „Mündchen", d. i. dem. Abl. von *bocca,* s. *bouche.*
2. „Böckchen"
16. Jh., ist deminutive Abl. von *bouc* „Bock", vgl. *bouquet* 3.
3. „Schmöker"
16. Jh., aus *boeckîn* „Büchlein", Diez 530; vgl. auch Behrens, DS 88; REW 1185.
4. „Bocks-"
in *barbe bouquine,* auch zusammengeschrieben = „Wiesenbocksbart", ist adjektivische Abl. *(-inus)* von *bouc,* s. d.

bouquiner 1. „(das Weibchen) belegen"
17. Jh., ist Abl. von *bouquin* 2.
2. „schmökern"
17. Jh., zu *bouquin* 3.

bouracan „Berkan" (Wollenstoff)
16. Jh., aus arabisch *barrakân* „Art grober Stoff", das aus dem Persischen stammt, vielleicht über mlat. *barracanus,* Lam. 55; Baist, ZRP 6, 426; Diez 41; REW 941; FEW 261; Littmann 94; vgl. dazu mfrz. *baragan,* nfrz. auch *barracan,* während die literarische Form Beeinflussung durch *bourre* zeigt.

bouracher „Seidenwebereiarbeiter"
18. Jh., ist pik. Abl. von *bourras,* für das im 16./17. Jh. die Bedeutung „Seidenflocken" bezeugt ist, Dict. gén., würde also einem literarischen **bourrassier* entsprechen. Vgl. auch *bourrette.*

bourbe „Schlamm"
12. Jh., aus gallisch **borvo,* das zu schottisch *borbhan* „rauschen", air. *berbaim* „ich koche" gehört, zeigt also die gleiche Bedeutungsentwicklung wie lat. *bullire,* s. *bouille.* Diez 531; Thurn. 91; Dottin 235; Jud, AR 6, 204; Maver, SAWien 175, 156; Hubschmied, VR III, 120; Pokorny VR X, 258; dazu Ende des 12. Jh. *bourbier* „Schlammloch", 1195 *borbrois,* Roques, VR VI, 171.
bourbe lautnachahmend, Schuchardt, SAWien 141, 3, 130, ist bei der Übereinstimmung zwischen dem Keltischen und Galloromanischen nicht wahrscheinlich. *bourbe* als Rückbildung von afrz. *bourbeter* u. ä. s. *barboter,* dieses zu *bullare,* s. *bouiller,* REW 1386, ist wenig wahrscheinlich.

bourbelier „Brust des Ebers"
14. Jh., u. H.
bourbier, bourbillon s. *bourbe.*

bourbotte „Schmerle", „Quappe"
17. Jh., s. *barbote*; vgl. dazu pik. *bourbe* „Meerqualle".

bourbouille „Hitzblatter"
19. Jh., ist Weiterbildung von mundartlichem, z. B. angev. *bouille* „Blase", „Anschwellung", d. i. eins mit *boule* „Blase", das mundartlich in den Wechsel der Stämme *bouil-* und *boul-* von *bouillir* hineingezogen wurde. Vgl. auch *chauboulure*; die Vorsilbe vielleicht in Kreuzung mit *bourbe.*
bourcer s. *bourser.*

bourd „Waid"
in *pastel bourd,* 17. Jh. gleichzeitig mit *pastel bâtard* überliefert, doch scheint das letztere nur Französisierung von *bourd* zu sein, das mit nprov. *bourd* „Bastard" identifiziert wurde; s. *bourde* 3.

bourdaigne „Waid"
ist mundartliche Form (Loir-et-Cher, Orne) von **bourdaine** „Waid", „Faulbaum", 1200 *borzaine,* afrz. auch *borjaine,* daher noch heute westfrz., norm. *bourjaine* u. ä. Das Wort ist nach Verbreitung und Form gallisch, vielleicht zu bretonisch *évor* „Faulbaum", gallisch als Personenname *Eburos,* Jud, AR 6, 208, die Endung ist das in gallischen Pflanzennamen wiederholt belegte *-ēna.* Die Grundform könnte also ein gall. **eburijēna*

sein. Nach Bl.-W. 82 Grundform **burgena,* das vorhistorischer Herkunft wäre.
Zu *bourde,* s. *bourdillon,* Richter, SAWien 156, 5, 20, ist wegen der -z-Formen unmöglich; *bourdaine* dürfte westfrz. Form für *bourjaine* sein, vgl. *ardile* für *argile.*

bourdalou „Hutschnur", „Nachttopf"
18. Jh., dazu seit dem 18. Jh. **bourdaloue** „buntgewirkte Leinwand", dieses nach dem Dict. gén. „gewöhnlicher Stoff", den die Frauen nach den Predigten des Predigers Bourdaloue (1632—1704) über den Luxus für ihre Kleidung gebrauchten; die maskulinische Entsprechung, angeblich (Dauzat) weil Bourdaloue eine solche Hutschnur getragen hätte; die Bedeutung „Nachttopf" dürfte im ‚bas-langage' nach nprov. *bourdalho, bourdaîo* „Unrat" in *boudalou* hineingedeutet worden sein.

bourde 1. „Aufschneiderei"
12. Jh., afrz. „Scherzrede", „Prahlerei", „Lüge", dazu prov. *borda* dass., in Glossen (Corp. gloss. 2, 31) *burdit*-γαυριᾷ (zu γαυριᾶν „stolz tun", „sich brüsten") setzt ein grom. *burdire* „summen" voraus, zu *bŭrda,* s. *bourdon* 4, Brüch, ZFSL 49, 311; dazu afrz. *border* „schwatzen", „scherzen", „aufschneiden", nfrz. *b o u r d e r* „aufschneiden". Zu *burra* „Possen" bei Ausonius, das sich mit *bourde* 2 gekreuzt hätte, Richter, SAWien 156, 5, 38 f., überzeugt nicht; zu afrz. *behorder,* s. *bourdon* 2, REW 1411, ist wegen der Glossenform unwahrscheinlich. Doch scheint in prov. *bordir* und *baordir* „tanzen" u. ä. Verschmelzung der beiden Stämme stattgefunden zu haben.
2. „Krücke"
13. Jh., ist Rückbildung von *bourdon* 1, s. d. REW 1403.
3. „minderwertige Soda bei der Glasfabrikation"
18. Jh., bei Schmidlin, Cath. „eine sehr schlechte Art Pottasche", wird für Languedoc als lebend angegeben, ist vielleicht eins mit prov. *bort* „Bastard", vgl. mundartliches *bor* „unechter Diamant", dann *pastel bourd* „Waid", s. *bourd, bourde* 3, ist also losgelöst aus *soude bourde;* vgl. REW 1405; FEW 633.
bourdigue s. *bordigue.*

bourdillon „Faßdaubenholz"
18. Jh., aus nprov. *bourdilhoun* „der Länge nach gespaltenes Eichenholz"; dieses ist deminutive Abl. von nprov. *bourdo* „Strunk eines ausgerissenen Baumes", „Keule" u. ä., bei Isidor v. Sevilla *borda* „Keule", „Stab", in Glossen des 10. Jhs. als „Stab", „Rute" bezeugt; vgl. noch *burdunculus* bei Marcellus Empiricus „Boretsch", „Ochsenzunge", Richter, SAWien 156, 5, 155 und 58. Dazu vielleicht schon im 8. Jh. bezeugtes *borda* „Riedgras". Das Wort ist nach der Verbreitung gallisch, vgl. besonders mit dem gallischen *-īca-* Suffix *bordigue,* doch scheint Anknüpfung in den lebenden keltischen Mundarten zu fehlen.

bourdon 1. „Pilgerstab"
13. Jh., aus grom. ** b o r d o ,* d. i. dem. Abl. von *borda* „Keule", „Knotenstock", s. *boulon* 2, u. *bourdillon.*
Kaum lat. *bŭrdo* „Maulesel", Diez 59; REW 1403; Brüch, ZFSL 49, 311, da metaphorisch übertragene Tiernamen entweder als Träger einer Last angesehen werden *(chevron, baudet, sommier),* oder eine Ähnlichkeit mit der neu bezeichneten Vorstellung haben, was beides bei *bourdon* „Pilgerstab" nicht zutrifft; auch nicht zu engl. *burden* „Last", Regnaud RPFL 10, 135.
2. „Tournierlanze"
ist Abl. von afrz. *behort* dass., oder Werkzeugsbezeichnung von afrz. *behorder* „Lanzen brechen"; zugrunde liegt fränkisch ***behordjan** zu mhdt. *behürden* „mit Hürden einschließen", übernommen in der speziellen Meinung „den Tournierplatz abschließen", dann „Lanzen stechen", das in afrz. *behordir* vereinzelt noch belegt ist. Vom Verbum aus das postverbale Substantiv *behort* „ritterliches Lanzenbrechen", zu dem das Verbum afrz. *behorder* „Lanzen brechen" neu gebildet wurde, das das ältere *behordir* ersetzte; zu dem Verbum das neue Abstractum afrz. *behordëiz* „ritterliches Lanzenspiel", das im Pikardischen als *behordich* seit dem 13. Jh. den 1. und den 2. Sonntag in den Fasten bezeichnete, da nach Godefr. I, 613 an diesen Tagen Lanzenspiele aufgeführt wurden. Im Departement Nord wird *behourdi, bon hourdit* an einzelnen Orten für das Feuer gesagt, das am ersten Sonntag in der Fastenzeit angezündet wird, um die Hilfe Gottes zu erflehen; afrz. *behort* „Tournierlanze" ist, wie das abstrakte *behort,* postverb. Subst. des Verbums *behorder.* Die Wortfamilie ist im Gefolge der Ritterkultur Nordfrankreichs in die benachbarten Sprachen eingedrungen, so prov. *baordir, bordir, baordar, bagornar,* ital. *bagordo* usf., s. Bezzola 124. Holthausen, GRM 21, 71; REW 1098; Goldschmidt, Festg. Förster 55; Brüch, Misc. Schuchardt 41; FEW I, 357.
3. „Bohnenstange", „Schleppnetzhalter" ist wohl eins mit *bourdon* 1.
4. „Schnarrpfeife"
12. Jh., vgl. dazu champ. *bordon,* morv. *beurdon* „Sackpfeife", „Schnarrpfeife", Berry *bourdon* „große Glocke", Chambéry *bordon* „Kuhglocke", dazu ital. *bordone* „Posaune", wird von Richter, SAWien 156, 5, 85 ff. zu *b ŭ r d a* „Rohr als tönendes Instrument" gestellt, das bei Ausonius als „Schilfrohr" bezeugt und vermutlich Schallwort ist, REW 1404; s. auch Flasdieck, Acta Musicologica, 45, 111.

5. „Hummel"
16. Jh., aber wohl älter, vgl. in agls. Glossen *atticus* (lies *attacus* „Art Heuschrecke), vel *burdo,* Diez 59; dazu Corp. gloss. 2, 61 *burdit* — ψηρτιᾷ, das Richter SAWien 156, 5, 98 zu ψαίρειν „rascheln" u. ä. stellt. Der Stamm ist eins mit dem unter *bourdon* 4 angeführten *burda.* Vgl. REW 1404.
Dazu seit dem 13. Jh. die Abl. **bourdonner** „summen", „brummen".
6. „Auslassung einer Stelle im Druck, die sich zwischen zwei gleichlautenden miteinander verwechselten Wörtern befindet"
17. Jh., gehört vermutlich zu *bourde* 1, Dict. gén., doch ist die zugrunde liegende spezielle Meinung nicht festzustellen.

bourdonnet „Wieke" (Scharpiekügelchen)
18. Jh., ist Abl. von *bourdon* 1, wegen des knotenförmigen Endes des Pilgerstabes. Dict. gén.

bourg 1. „Marktflecken"
12. Jh. *borc,* ist wegen der Bedeutung nicht bei Vegetius bezeugtes *burgus* „castellum parvulum", das außerdem *-ū-* hatte, aus gr. πύργος, s. Gg., RG I, 35, sondern stammt aus fränkisch **borg* zu ahdt. *burg* „Stadt"; Brüch, ZFSL 49, 312; Sofer 85; FEW 634; Diez 59; REW 1407; s. auch *faubourg.*
2. s. *bourd.*

bourgade „kleiner Marktflecken"
15. Jh., aus prov. *borgada,* d. i. Kollektivableitung von *borc,* s. *bourg* 1.
bourgène s. *bourdaine.*

bourgeois „bürgerlich"
11. Jh., *borjois* „Bürger", im 12. Jh. adj. „bürgerlichen Sinnes", aus grom. **borgensis,* das in Nachbildung von **pagenses,* s. *pays,* von *bourg* abgeleitet ist. Dazu seit dem 13. Jh. die Abl. **bourgeoisie** „Bürgerschaft". REW 1407.

bourgeon „Knospe", „Finne"
12. Jh., aus grom. **borrione,* aus fränkisch **borrjo,* zu ostfriesisch *burre* „Knorren", „Baumwurzel", eigentlich „das sich Erhebende", zu **bŭrrjan* (ahdt. *purren*) „sich erheben"; Braune, ZRP 19, 355; Diez 531. Vgl. wegen der Bildung *drageon;* Gg., RG I, 211.
Zu *bŭrra* „Scherwolle", Thomas, Rom. 28, 174 (Mél. 35 f.); Richter, SAWien, 156, 5, 42; REW 1414; Bl.-W. 82, überzeugt aus begrifflichen und morphologischen Gründen nicht; aus **bourillon,* Horning, ZRP 27, 142 f., ist lautlich unmöglich; aus *botryo* „Traubenstengel", G. Paris, Rom. 24, 612, ist lautlich und begrifflich abzulehnen; zu as. *brustian* „sprießen", Regnaud, RPFL 10, 136, ist lautlich nicht möglich.

bourgeonnier „Gimpel"
19. Jh., ist norm. Nebenform von *ébourgeonneur,* d. i. „Knospenfresser"; dieses Abl. von *ébourgeonner* „entknospen". Roll. Fl, 2, 168; 10, 43; Dict. gén.

bourg-épine „Wegedorn"
14. Jh., dazu mundartlich weit verbreitet ein Typus *broque-épine,* der zu *broc, broche* und *épine* zu gehören scheint. Doch dürfte dies eine Umdeutung von *bourd-épine* sein, das den Stamm von *bourdaine* „Faulbaum", der nächstverwandten Pflanze, enthält. Kaum für *bouc-épine,* trotz mlat. *spina cerbalis, cervispina, sentix ursina* u. ä. Roll. 4, 19; Dict. gén.

bourgeron „Leinenrock der Arbeiter"
19. Jh., vgl. dazu V. d'Yères *boujaron,* ist Abl. von wall. *bourge,* im 14. Jh. als „Art Leinwand" bezeugt, s. Thomas, Rom. 33, 140 (31, 365), auch sonst mfrz. *borge* „grober Wollenstoff", das wohl zu *burra* „Scherwolle", s. *bourre,* gehört; vielleicht über ein **burrica,* vgl. das unter *barrette* angeführte mlat. *birrica* „Gewand aus feiner Ziegenwolle". Dict. gén.
Von *bourge* abgeleitet seit dem 16. Jh. bezeugtes **bourgeteur** „Wollverarbeiter" (Flandern).

bourgin „Art Zugnetz"
17. Jh., doch schon im 13. Jh. für Marseille mlat. *bruginus, broginus, burginus* in den Statuten von Marseille, nprov. *bourgin,* Marseille, dass., aus spätgr. βρόχινος zu gr. βροχίς „kleine Schlinge", Plural „Fischnetz", Stammwort βρόχος „Schlinge", s. Lexikon tes hellenikes glosses 4, 143; von dem gleichen abgeleiteten Adjektiv die Femininform nprov. *bourgino* „Strick zum Bändigen wilder Stiere", Mistral (ohne Ortsangabe). Das Wort stammt deutlich aus dem Griechischen der Mittelmeerküste.
Nicht zu *bourbe,* Schuchardt, SAWien 141, 3, 174; oder zu *bourdillon,* Richter SAWien 156, 5, 66; vgl. *bregin.*
Wegen der zahlreichen gleichgebauten Bezeichnungen für Zugnetze nicht aus gr. βρόχος „Netzstrick", vgl. immerhin nprov. *bourgino* „Strick zum Bändigen wilder Ochsen".

bourgmestre „Bürgermeister"
14. Jh. *bourguemaistre,* aus mhdt. *burgmeister* bzw. mnddt. *burmester.* Behrens, DS 40.

bourgne „Art Fischreuse"
15. Jh. *borgne* und *borgnon,* stammt aus dem Südwesten, vgl. Anjou *bourgne* dass., auch „Wiege aus Weiden", *beurgne* „Strohkorb", *bourgnon, beurgnon* „kleiner langgestreckter Strohkorb", poitev. *bourgne, bourgnaon* „Fischreuse", auch „Strohkorb mit engem Hals", H. Maine *bornao* und mit andrer Abl. poitev. *boureche* „korbförmiges Instrument zum Fischen", s. auch *bourrache* 2. Die Grundbedeutung des Wortes ist wohl „Binsenkorb", „Strohkorb", daher weit verbreitet „Bienenkorb", s. H. Alpes *borna,* prov. *bornac, bornhon,* heute ähnlich in ganz Südfrank-

reich und im Südgürtel des Nordfrz.; zu einem Stamm *bŭrr-* bzw. *burn-* unsicherer Herkunft s. Wartburg, RDR 4, 26 f., und zu trennen von **born-* „Höhlung", Wartburg l. c. 25, bzw. **bŭn-* dass., Jud, BDR 3, 73.

bourgogne „Esparsette"
19. Jh., ist nach Roll. Fl. 4, 242 ff. mundartlich nicht nachweisbar, vielleicht zu *Bourgogne* „Burgund". Dict. gén.

bourguignotte „Gardehelm"
16. Jh., scheint Fem. zu *bourguignot* „burgundisch" zu sein. Dict. gén.

bourjassotte „Art Feige"
17. Jh., aus nprov. *bourjassoto,* als *bournosainte, barnissotto, barnissenco* im Süden weit verbreitet, ist zuerst im Katalanisch-Aragonesischen im 16. Jh. als *burjacote,* heute span. *burjasotes* überliefert; nach *Peyron, Nouv. voy. en Espagne 1782 nach dem Namen der kleinen Stadt *B u r j a z o t* in der Nähe von Valencia. Schmidt, Span. Elem. 37.

bourle „Betrug", „Schabernack"
16. Jh., aus ital. *burla,* dieses u. H. REW 1418.
bourlet s. *bourrelet.*

bourlinguer „gegen die Wellen kämpfen", „mühsame Arbeit verrichten"
18. Jh., ist vielleicht eins mit *boulinguer,* zu dem eine Nebenform *bouringuer* besteht, s. *boulingue, bouliner,* Dict. gén. Vgl. Sain. LPar. 169.
bournous s. *burnous*

bourrache 1. „Ochsenzunge"
13. Jh. *bourrace,* auch mit den Endungen *-ache, -aiche, -oiche, -oche, -ouche, -aige,* s. Roll. Fl. 8, 70; ALF 159, aus mlat. *(b o r r a g o),* nach Cor. I, 494 (nach älteren Quellen) aus span., kat. *borraja, borratja,* dieses aus *abu áraq* „Vater des Schweißes", wegen der schweißtreibenden Kräfte der Pflanze" (?); REW 1412.
Zu *bŭrra* „Scherwolle", s. *bourre,* Gröber, Misc. Caix-C. 43; oder zu *bourde,* Richter, SAWien, 156, 5, 18 ist begrifflich bzw. lautlich unverständlich.
2. „Fischreuse" (aus Weidengeflecht)
13. Jh. auch *bouresce, berroiche bouroiche,* heute mit verschiedenen Endungen in Spezialwörterbüchern des Fischfangs, dazu in Puybarraux *buerichon,* Ardennes *berroige* „Netz", Wartburg, ASSL 137, 252, Anjou *bourroche* „runder Korb", „Fischreuse"; gehört zu den unter *bourgne* angeführten Formen, doch ist die Bildung unklar, s. *bourriche.*

bourrade „Zahnhieb" (mit dem der Jagdhund dem fliehenden Hasen Haare aus dem Fell reißt), „Rippenstoß"
16. Jh., ist Abl. von *bourrer* „die Wolle herausreißen", s. *bourreau* 2.
bourrage s. *bourrer.*

bourras „grober Wollenstoff"
13. Jh. *borraz,* 14. Jh. latinisiert *borazius,* TL I, 1075, im 17. Jh. auch für eine Art Seidengewebe gebräuchlich, s. *bouracher,* ist grom. *-aceum*-Abl. von *bŭrra,* s. *bourre.*

bourrasque „Windstoß"
16. Jh., aus ital. *burrasca,* das zu lat. *b o r e a s* „Nordwind" gehört. REW 1219.

bourre „Wollhaar", „Füllhaar"
13. Jh., aus lat. *bŭrra* „Scherwolle". REW 1411.

bourreau 1. „Sitzpolster", va. „Strohsack der Salinenarbeiter als Schutz der Schultern beim Tragen schwerer Lasten"
13. Jh., *borrel* „Polster", d. i. Abl. von afrz. *borre* „Stopf-, Polstermaterial", eigentlich „Scherwolle", s. *bourre,* TL I, 1075.
2. „Henker", „Scharfrichter"
13./14. Jh. *bourrel,* ist postverb. Subst. von **bourreler** „peinigen", „quälen", das erst seit dem 16. Jh. belegt ist, aber wohl älter sein kann; als postverb. Subst. ist *bourrel* zunächst abstrakt (wie z. B. *combat* „Kampf" zu *combattre* „kämpfen"), wird dann konkretisiert, und zwar 1. als Sachvorstellung „Marterpfahl", Richter, SAWien 156, 5, 50, 2. zur Personenbezeichnung „Scharfrichter"; vgl. mit gleicher semantischer Entwicklung *guide* „Führung", dann „Führer" und „Leitseil"; *bourreler* ist Weiterbildung von *bourrer,* als Jagdausdruck zunächst vom Zerzausen des von den Hunden verfolgten Hasen geprägt, dann allgemein seit dem 14. Jh. „mißhandeln", ist also Abl. von *bourre* „Wollhaar"; in dieser Bedeutung dringt das Verbum auch in das Provenzalische, daher nprov. *bourrà* „mißhandeln", „(den Feind) angreifen", dazu *bourrado* „Faustkampf" usf., das als *bourrade* in das Französische zurückwanderte; *bourreau* als unmittelbare Abl. von *bourrer* ist morphologisch unmöglich, Bl.-W. 83.

bourrée 1. „Reisigbündel"
14. Jh., ist substantiviertes fem. Partizip von *bourrer* „vollstopfen" (z. B. eine Matratze), dann über „Füllmaterial" „Reisigbündel", Dict. gén.; ist Abl. von *bourre,* s. d.
2. „Wachteljagd" (mit Hilfe eines Netzes) gehört zu *bourrer* „verfolgen" (das gejagte Tier), s. *bourreau,* ist aber beeinflußt durch die unter *bourrache* angeführten Netzbezeichnungen.
3. „ländlicher Tanz in der Auvergne"
17. Jh., vgl. dazu *bourrée* in den Ardennes „Freudenfeuer", das zu *bourrée* „Reisigbündel" gehören dürfte, s. Pohl, Fr. mod. 17, 127.
Nicht zu *bourrir* „mit den Flügeln schlagen", Richter, SAWien 156, 5, 99, da eine solche Abl. **bourrie* lauten würde.
bourreler s. *bourreau* 2.

bourrelet „Sitzpolster"
14. Jh., ist Abl. von *bourreau* 1.

bourrelier „Sattler", „Kummetmacher"
13. Jh., ist *-arius*-Abl. von *bourrel* in der Bedeutung „Sattelpolster", s. *bourreau* 1.

bourrer s. *bourreau* 2.

bourrette „rohe Seide" (die erste Lage an der Puppe des Seidenspinners)
16. Jh., vgl. wegen der Bedeutung *bourras* und *bouracher*, ist Abl. von *bourre*, s. d.

bourriche „langer, henkelloser geflochtener Korb zum Versenden von Fischen, Austern u. ä."
17. Jh., gehört zu der unter *bourrache* 2 und *bourgne* angeführten Wortsippe.

bourrier „Strohhaufen", „Strohreste im gedroschenen Korn", „von Fellen abgeschabtes Fleisch"
16. Jh., lebt in Anjou, Poitou, Saintonge „alles was weggefegt werden kann", von Balzac aus dem Lokalfranzösischen übernommen, Pignon, Fr. mod. 14, 194; dazu limusinisch *bourrié* „Wollreste", „Schmutz", „Abfall" u. ä., ist Abl. von *bourre* „Wollhaar", Richter, SAWien 156, 5, 35 ff.

bourrique „schlechte Eselin"
Anfang 17. Jh., zunächst auch „Esel", aus span. *borrico, borrica,* dieses aus lat. *burrīcus* „kleines Pferd", bei Isidor von Sevilla in verstümmelter Form belegt, s. Sofer 67; Cor. I, 496; Bl.-W. 83; REW 1413.
Dazu seit dem 16. Jh. die dem. Abl. **bourriquet** „Eselchen", dann übertragen „Träger", vgl. *chevron, chevalet, poutre* u. ä.

bourrir „beim Auffliegen mit den Flügeln schlagen"
16. Jh., gehört wohl zu dem seit dem 12. Jh. bezeugten *burir* „sich losstürzen", dazu seit dem 14. Jh. *burine* „heftiger Streit", das in wall. *bourène* „Geldbuße für Prügelei" erhalten ist; aus fränkisch **būrjan* „erheben", „losstürzen", zu mhdt. *bürn*, dass., anord. *bysja* „mit gewaltiger Schnelligkeit ausströmen", norw. *buse* „losstürzen"; die neufrz. *-ou-Form* wohl in Anlehnung an *bourrer* „das Vogelwild aufjagen", s. *bourreau* 2, *bourrée* 2. Schuchardt, ZRP 24, 417; SAWien 141, 3, 132.
Zu *burda* „Schilfrohr" als tönendes Instrument, Richter, SAWien 156, 5, 96, ist historisch nicht begründet.

bourroir „Stampfe"
18. Jh., ist Werkzeugsableitung von *bourrer* „stopfen", s. d.

bourron s. *bourre.*

bourru „filzig"
16. Jh., ist Abl. von *bourre* „Filz", s. d.

boursal „kegelförmiges Fischnetz"
18. Jh., aus languedok. *boursal*, dieses Abl. von *bourso* „Beutel", s. *bourse*, Dict. gén.

boursaut „Weidenart"
ist eins mit gleichzeitig im 16. Jh. bezeugtem *marsaux*, s. d., dessen erster Bestandteil mit afrz. *mar* „unglücklicherweise" (aus lat. *mala hora* „zu böser Stunde") identifiziert und durch das Gegenteil afrz. *bor* (aus *bona hora*) ersetzt wurde. Die Weide ist im Volksglauben ein Unglücksbaum; Judas soll sich an einer Weide erdrosselt haben u. ä., Stephan, GB 5, 39 f.; wegen der euphemistischen Umgestaltung vgl. *bonace* und *boulongeon.*

bourse 1. „Beutel"
12. Jh., aus vlat. **bŭrsa* aus gr. βύρσα „Fell", „abgezogene Haut". Diez 61; REW 1432.
2. „Börse"
17. Jh., vom Namen der holländischen Familie *Van der Burse* in Bruges, vor deren Haus sich die Handelsgeschäfte abspielten, Bloch, Fr. mod. III, 2; so schon Ménage; ausführlicher Bl.-W. 83.

bourseau 1. „Hautanschwellung", „Simsverzierung"
13. Jh. *borsel*, so heute Morvan, ist Abl. von mfrz. *bourser* „aufschwellen", vgl. dazu angev. *boursoler* „finnig werden", *boursolure* „Finne", „Warze", das vermutlich aus *boursoufler* rückgebildet ist.
2. „Bleischlägel"
19. Jh., d. i. Schlägel, mit dem der Klempner die Bleiplättchen zurechtschlägt; setzt ein Verbum „mit einem Schlägel bearbeiten" voraus, das in **bourser** „Felle rauh, gar machen" eine spezielle Meinung entwickelt haben dürfte. H. u.

bourser 1. „aufgeien"
17. Jh., ist Abl. vom scheinbaren Stamme von *bourset* „Bugsegel", s. d.
2. s. *bourseau* 2.

bourset „Bugsegel"
16. Jh., aus ndl. *boeg-zeil* „Bugsprietsegel". Dict. gén.; REW 1187; Behrens DS 69.

boursette s. *bourse.*

boursicaut „kleiner Beutel", „Sparpfennig"
13. Jh., dazu seit dem 16. Jh. die Abl. **boursicoter** „kleine Ersparnisse machen", „kleine Börsengeschäfte machen", ist mit einem mundartlichen, z. B. normannischen Deminutivsuffix *-icot* abgeleitet von *bourse*, s. d.; vgl. norm. *rachicot* „kleiner Baumstumpf", zu *rache* „Baumstumpf", *sauticot* „Krabbe", zu *sauterelle*, frz. *moricaud* „kleiner Mohr" u. ä.

boursier s. *bourse.*

boursiller „Geld zusammenschießen", „Tribut zahlen"
17. Jh., ist Abl. von *bourse*, s. d.

boursoufler „aufblasen", „auftreiben"
13. Jh., afrz. mit den Nebenformen *borrofler, boutoufler, bousoffler* u. ä., vgl. dazu norm. *boudsoufler*, lyon. *boutiflo*, langued. *boudeflo, boudoufle*, prov. *botenflat* „aufgeblasen" u. ä. Im ersten Teil steckt wohl der

Stamm **bodd-*, s. *bedaine*, der „schwellen" bedeutet, im zweiten dürfte ursprünglich *inflare*, s. *enfler*, enthalten gewesen sein, der später durch das der Bedeutung nahestehende *soufler* ersetzt wurde.

Vgl. Richter, SAWien 156, 5, 42, die an Einmischung von *burra*, s. *bourre*, und *burd-*, s. *bourdon*, *bourdaine*, denkt; zu **bod* „Kröte", Sain. Chien 130 f., ist wohl richtig, aber nicht unmittelbar.

bousard „Hirschkot"
18. Jh., für **bousaz*, d. i. *-aceum*-Abl. von *bouse*, s. d. Vgl. afrz. *fangeas* „Misthaufen" und *vasard*. Bibl. AR II, 2, 43.

bousculer „durcheinanderwerfen"
18. Jh., zuerst graphisch, dann auch in der Aussprache für **bouculer*, afrz. seit dem 13. Jh. belegt *bouteculer* dass.; dieses Abl. von afrz. *boute-cul* „der Umstoßer", 13. Jh. Dieses ist zusammengesetzt aus *boute* „stoße", „stößt", s. *bouter*, und *cul*, wie afrz. *bat-cul*, das auch in lautlicher Entwicklung mit *bousculer* gemeinsame Wege geht. S. *basculer*. Dict. gén.; vgl. Bl.-W. 174.

bouse „Kuhfladen"
12. Jh., dürfte Kreuzung von *boue* bzw. lat. *bove*, s. *bœuf*, mit gallisch **mudso* (mittelbretonisch *mous*, kymr. *mws*)„Exkrement" sein; oder zu *buceta*, so wiederholt in Glossen, „Weideland", „loca boum", d. i. **boviceta*, zu *bœuf*, Loewe 82, das zu **bousoie* werden konnte, aber nicht belegt ist; dann wäre *bouse* eine Rückbildung von *bousoie*, das als Zusammensetzung eines Stammes **bouse* mit dem Ortsnamenbildenden Suffix frz. *-oie*, aufgefaßt worden wäre. Nicht lat. **bovacea*, Diez 531, das in der Bedeutung des frz. *bouse* im Oberitalienischen und Rätorom. lebt; auch nicht **bovusa*, de Gregorio, SGI 7, 59, bzw. **bovosa* „voller Rinder", oder **bau-osa*, zu *boue*, Dauzat, Fr. mod. 8, 311, s. die entsprechende Abl. unter *boueux*.
Dazu u. a. seit dem 18. Jh. die Abl. **bousier** „Mistkäfer".

bousiller „mit Strohlehm bauen"
16. Jh., ist Abl. von *bouse* „Kuhmist".

bousin 1. „schlechter Torf"
17. Jh., ist ursprünglich adjektivische Abl. von *bouse* „Kuhmist", s. d.
2. „verrufene Weinschenke"
19. Jh., dazu **bousingot** „Matrosenhut", dann nach der Revolution von 1830 Spottname für die jungen Revolutionäre, daher norm. *bousingot* „kleiner verwachsener Mensch"; stammt aus dem Rotwelsch der norm. bretagn. Matrosen, die das Wort aus dem vulgärenglischen *b o w s i n g* „finstere Kneipe" entlehnt haben; vgl. auch norm. *bousingot* „kleiner verwachsener Mensch", Bl.-W. 84; Sain. LPar. 168; Dict. gén.

boussole „Bussole"
16. Jh., aus ital. *bussola*, dieses südital. Entsprechung von frz. *boîte*. REW 6892.

bousure s. *bouture*.

bout 1. „Ende"
12. Jh., afrz. *bot*, dass., so in *tot a bot* „vollständig", wörtlich „ganz bis zum Ende"; dazu frz. *à tout bout de champ* „bei jeder Gelegenheit", wörtlich „jedesmal (beim Umdrehen des Pfluges) am Ende des Feldes" u. v. a.; aus fränkisch *b u t*, vgl. ostfriesisch *bot* „Grenze", „Ziel", englisch *butt* „dickes Ende". Dazu seit dem 13. Jh. **aboutir** „zu einem Ergebnis führen", s. auch *about*.
2. „Mondkalb" (Fisch)
16. Jh., wird als gleichbedeutend mit *molebout* und *lune* angegeben, Dict. gén.; das 2. Namensglied *-butt* ist Bezeichnung für Flachfische, s. dt. *Steinbutt*, s. auch frz. *turbot;* das erste Namensglied gehört vermutlich zu altfriesisch, agls. *môna* „Mond", daher die gelehrte alte Übersetzung in frz. *poisson lune*, dt. „Mondkalb"; die Umdeutung zu *molebout* dürfte schon germanisch sein, zu nd., ndl. *mol*, englisch *mole* „Maulwurf". Wie im frz. *bout* das 2. Namensglied verselbständigt wurde, so in englisch *mole* „Mondkalb" das erste.

boutade „Grille", „Laune"
16. Jh., ist Abl. von *bouter* in der Meinung „hervorbrechen".

boutargue „Art Kaviar"
16. Jh., zuerst 1320, Venedig, *butarigus*, s. Steiger, VR 10, 48, ital. *bottarga*, kommt über nprov. *boutargo* „Speise, die man in der Provence und in Italien bereitet" in das Französische; Goulard, Mél. Michaëlsson 198; im Spanischen seit Beginn des 17. Jh., als *botarga* „Art Wurst aus Schweinefleisch"; aus arabisch *b u t â r i h a*, Cor. I, 501; Lam. 56; de Gregorio SGI 7, 48.

bout-dehors s. *boute-hors*.

boute 1. „Weinfaß", „Weinschlauch"
16. Jh., aus prov. *bota*, lat. *b u t t i s*, s. *botte* 3; die entsprechende afrz. Form ist fem. *bout*.
2. „Tabakfäßchen"
dann „Schachtel, mit nach den Farben geordneten Spielkarten"; dazu im 19. Jh. die *-ata*-Abl. **boutée** „Inhalt einer Schachtel mit den geordneten Spielkarten", ist begriffliche Weiterentwicklung von *boute* 1; Dict. gén.

bouté 1. „ölig" (vom Wein)
13. Jh., so heute Vend. *botté*, ist Abl. von *boute* 1., vgl. *vin qui sent la boute* „der nach dem Faß riecht".
2. „geradschenklig" (vom Pferd, das auf dem vorderen, unteren Teil = *bout* des Hufes auftritt)
17. Jh., ist Abl. von *bout* 1. Dict. gén.

boute-à-port „Beamter, der die einlaufenden Schiffe einordnet"
18. Jh., ist zusammengesetzt aus *bouter* in

der vulgären Bedeutung „mettre" und *port* „Hafen"; Dict. gén.

bouteau s. *bouquetou.*

boute-charge „Signal zum Satteln"
19. Jh., ist zusammengesetzt aus *bouter* in der vulgären Bedeutung „legen", „stellen", und *charge* „Last", „Bepackung", vgl. *boute-selle.*

boute-dehors s. *boute-hors.*

boutée 1. „plötzliche Eingebung"
16. Jh., ist Nebenform von *boutade,* s. d.
2. „Strebepfeiler", „Mauerstütze"
ist rückgebildet von *arc-boutant,* s. d.

boute-en-train „Lustigmacher"
18. Jh., ist zusammengesetzt aus *bouter* in der Bedeutung „bringen", s. d., und *train* „Bewegung"

boute-hors „Kämmerchenspiel", „Spiere", „Brandhaken"
14. Jh., ist zusammengesetzt aus *bouter* in der vulgären Bedeutung „mettre" und *hors,* s. d.

bouteille 1. „Flasche"
12. Jh., schon spätlat. *buticula* belegt, ALL 2, 268, aus grom. **bŭttĭcula,* 9. Jh.; d. i. dem. Abl. von **buttis* „Faß", s. *botte* 3, *boute* 1; seit dem 15. Jh. speziell „Glasflasche", früher aus Leder, Holz, Zinn, Scheuermeier, VR 16, 169; Hubschmid, Schläuche etc.; Diez 62, REW 1426.
2. „Wasserblase", „Schwellung" va.
dürfte in Anlehnung an *bouteille* 1 umgedeutetes *bouton* „Bläschen" sein, s. *bouter* 2. Dazu seit dem 19. Jh. die Abl. **bouteiller** „sich aufblasen". Oder Umdeutung von prov. *botenflar,* s. *boursoufler?*

bouteiller 1. „Kellermeister"
12. Jh., ist Abl. *(-arius)* von *bouteille.*
2. s. *bouteille* 2.

boute-lof „Butluf" (starke Spiere, um den Fockhals so weit als möglich nach vorne zu bringen)
17. Jh., ist zusammengesetzt aus *bouter* in der vulgären Bedeutung „bringen", s. *bouter* 1. und *lof,* s. d.

bouter 1. „stellen", „setzen"
11. Jh. *boter* „stoßen", „mit Gewalt wohin bringen", „hineinstecken" u. ä., von da Weiterentwicklung zu „stellen", „setzen", als Ersatzform für lat. *ponere,* frz. *pondre,* (neben *mettre*), das mundartlich über weite Gebiete Nordfrankreichs verbreitet ist; aus fränkisch *bôtan,* zu ahdt. *bôȥen,* agls. *béatan* „schlagen", „stoßen", älter **bautan,* Gg., RG I, 221; dazu afrz. *bout* „Schlag", das mit *bout* „Ende" nicht verwandt ist; zu *bout* „Schlag" s. auch *but.*
Keltorom. **bottare* „schlagen", „stoßen", H. E. Keller—H. Wagner, ZRP 1962, 97 ist keltisch nicht zu rechtfertigen, s. ZFSL 73, 90; auch nicht zu *buttis* „Faß" über „gießen", H. Meier, RDiR 23, 270.
2. „keimen", „sprießen"
16. Jh., ist in Anlehnung an *bouter* 1 Rückbildung von **bouton** „Knospe", „Ausschlag", auch „Knopf", aus seit dem 11. Jh. belegtem afrz. *boton;* dazu afrz. *botoner* „sprossen", „mit Knöpfen besetzen", fr. **boutonner** dass.; aus fränkisch **butto,* ndt. *butte* „Knospe", ndl. *bot* „Sproß" u. ä., zu **buttôn,* mndl. *botten* „sprießen", s. Schuchardt, ZRP 15, 101; Braune ZRP 19, 351; vgl. zu beiden Bl.-W. 84.

bouterame „Buttertörtchen"
17. Jh., aus flämisch *boterham.* Dict. gén.; Behrens, DS 91.

boutereau „Schlossermeißel"
18. Jh., ist Abl. von *bouter* „stoßen", s. d. Desgleichen das seit dem 14. Jh. bezeugte **bouterolle** „Werkzeug zum Schlagen" u. ä.

bouteroue „Eisenbeschlag auf Brücken als Schutz gegen das Anstoßen von Wagenrädern"
17. Jh., ist zusammengesetzt aus *boute* zu *bouter* „stoßen" und *roue,* s. d.

boute-selle „Signal zum Aufsitzen"
16. Jh., ist zusammengesetzt aus *bouter* in der vulgären Bedeutung „legen" und *selle* „Sattel", s. *boute-charge.*

boute-tout-cuire „Verschwender"
17. Jh., wörtlich „gibt alles zum Verkochen", s. d.

bouteux s. *bouqueton.*

bouticlard „Fischkasten"
18. Jh., ist Abl. von *bouticle, boutique,* die erste Form seit dem 14. Jh. für das Norm. bezeugt, das mundartlich ebenfalls „Fischkasten" bedeutet; dieses ist Kreuzung von *boute* 2 mit *boutique.* Blondheim, Rom. 39, 142.

boutillier s. *bouteiller.*

boutique „Kramladen"
13. Jh., auch *bouticle,* so noch im 16. Jh., dazu gleichzeitig *bouticlier,* heute **boutiquier** „Krämer", s. auch *bouticlard;* aus prov. *botica,* auch *botiga,* aus mgr. ἀποθήκη „Speicher", „Magazin", Brüch, ZFSL 49, 312; *boutique* bedeutet im 16. Jh. ein Lokal, in dem ein Beruf (Maler, Bildhauer, Arzt) ausgeübt wird, G. de G., Fr. mod. 3, 175; Diez 62; REW 531; FEW 106.

boutis „Stoßen" va.; „Saubruch"
14. Jh., für afrz. *botëiz,* d. i. *-aticium*-Abl. von *bouter* „stoßen", s. d.

boutisse in *pierre boutisse* „Binderstein"
16. Jh., ist Fem. zu afrz. *botëiz,* adj. „zum Hineinstecken bestimmt", vgl. *pont levis, coulis, coulisse,* d. i. adjektivische *-aticius*-Abl. von *bouter* in der Bedeutung „hineinstecken", s. *bouter* 1.

boutoi „Wildschweinrüssel", „Wirkeisen"
auch **boutoir,** 14. Jh., ist Werkzeugsableitung von *bouter* in der Bedeutung „stoßen", bzw.

„wühlen". Die -r-lose Form ist mundartlich, im 16./17. Jh. auch literarisch.

bouton 1. „Knospe", s. *bouter* 2.
2. „Radnabe"
ist im Süden des Nordfrz. und im Südostfrz. zu Hause, zu einem Stamm **bott*, der ohne Suffix in südostfrz. *abot* erhalten ist, s. *abot;* zu kymr. *both* „Nabe", also gallisch **botto*. Thurn. KR 47; Jud, ASSL 124, 386; Schuchardt, ZRP 15, 101; Tappolet, Rom. 49, 497 ff.

bouture 1. „Steckling", „Setzling"
15. Jh., ist Kollektivableitung von *bouter* „sprießen", s. d.
2. „Weinsteinlauge", „Weißsiedlauge"
17. Jh., auch *boulure,* dieses wohl ursprünglich; ist Abl. von *bolir,* der ursprünglichen Form von *bouillir,* s. auch *bouldure.*

bouvard 1. „junger Stier"
14. Jh. für *bouvat,* d. i. Abl. *(-attus)* von *bœuf.*
2. „Schlaghammer"
auch *bouard,* s. *bouer.*

bouveau 1. „junger Ochs"
14. Jh. *bovel,* ist dem. Abl. *(-ellus)* von *bœuf.*
2. „Keller", „Minenstollen"
13. Jh., ist Abl. von afrz. *bove,* lothr. *bowe* „Graben", „Erdhöhle", pik. *bove* „Keltengrab", „Römergrab", Rouchi *bofe* „Höhle" u. H.
bouvelet s. *bouveau* 1.

bouvement „Art Hobel"
17. Jh., s. *bouvet* 2.
bouveret s. *bouvret.*

bouverie „Ochsenstall"
12. Jh., ist Abl. von *bœuf,* s. d., für älteres grom. **bovaricia* dass., das in Ortsnamen noch erhalten ist.

bouvet 1. „junger Ochs"
14. Jh., ist dem. Abl. von *bœuf;* vgl. *bouvard* und *bouveau.*
2. „Leisten", „Spundhobel"
16 Jh., eigentlich „Öchslein", ist identisch mit *bouvet* 1, als Tiermetapher, wie *rabot* „Hobel", aus *rabot* „Kaninchen", Gade 26 f.; REW 1225.
Dazu seit dem 19. Jh. die Abl. **bouveter** „mit dem Falzhobel hobeln".

bouvier „Ochsentreiber"
12. Jh., aus grom. **bovarius*, d. i. Abl. von *bove,* s. *bœuf.* REW 1225.

bouvillon „junger Ochs"
13. Jh. *boveillon,* d. i. Abl. *(-ellione)* von *bœuf,* vgl. belegtes *asellio* zu *asellus* „Esel" u. ä.

bouvret „afrikanischer Gimpel"
19. Jh., ist mundartliche Form für *bouvreuil,* s. d.

bouvrette „kleine Orgel zum Abrichten der Gimpel"
19. Jh., eigentlich „Gimpelweibchen", ist Femininbildung zu *bouvret* „Gimpel", s. *bouvreuil.*

bouvreuil „Dompfaffe", „Gimpel"
17 Jh.; der Vogel wird wegen seines großen Kopfes und seiner gedrungenen Gestalt mit einem Ochsen verglichen, daher im Zentrum, Morbihan dafür *bœuf;* davon die Abl. *bouvet* südfrz., *bouvard* Anjou, *bouvreux* Anjou, B. Norm., Beauce, Morvan u. ä.; *bouvreuil* ist also deminutive Weiterbildung von *bouvet* „Öchslein", nicht Abl. von **bovarius,* G. Paris, Mél. 515. Vgl. REW 1225; Roll. F. 2, 165; 10, 42.

bouvron „Gimpelart"
19. Jh., ist dem. Abl. von den unter *bouvreuil* angeführten Formen.

bovin „zum Ochsen gehörig"
14. Jh., aus lat. *(bovinus).*

box „Verschlag", „Box", „Theaterloge" u. ä.
18. Jh., aus engl. *box*, ursprüngl. „Büchse", „Buchsbaum", aus lat. *buxus* „aus Buchsbaumholz bereiteter Gegenstand".

boxe „Boxkampf"
19. Jh., ist postverb. Subst. von **boxer** „boxen", dieses aus englisch *to box.*

boyard „Bojar"
17. Jh., aus russisch-rumänisch *boiar* dass., eigentlich „Herr".

boyau „Darm"
11. Jh. *bodel,* 12. Jh. *boiel,* aus vlat. **botĕllus* für lat. *botulus* „Darm", „Eingeweide". Vgl. auch *breuilles.* REW 1230.
Dazu seit dem 19. Jh. mit Stammverkennung die Abl. **boyauderie** „Darmsaitenfabrik".

boycotter „boykottieren"
19. Jh., aus englisch *boycott.*

boyer „Bujer"
17. Jh., aus mndl. *boyer* (ndl. *boeier*). Behrens, DS 67.

bracelet „Armband"
14. Jh., ist Abl. von afrz. **bracel* aus lat. *brachiale* „Armspange", vgl. prov. *brasal* „Armschutz an der Rüstung". REW 1254.

brachet „Hühnerhund"
12. Jh., ist vorhistorische Abl. von grom. *braccus,* das in der Lex Frisionum und in den Formulae Senonenses belegt ist; dieses aus fränkisch **brak*, einer starken Nebenform von ahdt. *bracko,* Bruckner, LGRP 35, 339; Jud, Acc. ain 13; Brüch 63; REW 1268. Vgl. *braque.*

brachial „zum Arm gehörig"
16. Jh., aus lat. *(brachialis).*

bracon „Strebeband", „Balken der Schleusentore"
13. Jh. „Zweig", „aus Baumholz hergestellter Gegenstand", „Stütze", so heute Rouchi „Stütze", aus nddt. *braken* „Stangenholz" bzw. anddt. *brako,* Acc. *braken,* Holthausen, GRM 21, 71. Behrens, ZRP 13, 414; (Wg. 30); REW 1267.

braconner „wilddieben"
13. Jh., ist afrz. zunächst von der Ausübung des jus primae noctis durch den Grundherrn gesagt; es ist Abl. von afrz. **bracon* (prov. *bracon* „junger Hühnerhund"), d. i. dem. Abl. von **brac* „Hühnerhund", s. *brachet;* afrz. *bracon* ist nicht belegt, aber durch die Abl. *braconier* „Koppelknecht", heute in Rückanlehnnung an das Verbum, **braconnier** „Wilddieb", für das 12. Jh. gesichert. Diez 63; REW 1268.

braconnière „Schurz von Panzerketten"
14. Jh., aus ital. *braconi* „Hosen", d. i. Abl. von *braca,* der Entsprechung des frz. *braie.* Die Abl. ist vermutlich auch schon ital., vgl. ital. *brachiere* „Bruchband". Dict. gén.

bractée „Deckblatt"
18. Jh., aus lat. *(bractea)* „dünnes Metallblättchen".

brader „verschleudern"
20. Jh., dazu **braderie** „Straßenverkauf zu herabgesetzten Preisen", „Ausverkauf", aus dem Französischen in Belgien; aus ndl. *braden* „rösten", „verschleudern", Wind, Neoph. 22, 86; FEW I, 508.

brague „Kniehose"; „Deckleiste der Laute", auch „Anhaltetau", „Brocktau"
16. Jh., aus nprov. *brago* dass., der Marineausdruck, weil die *brague,* ein starkes Tau, dazu dient, das Abrutschen der Lafetten der Kanonen auf dem Schiffsdeck aufzuhalten; dazu im 14. Jh für Rouen *bragot* für dieses Tau belegt, gleichzeitig im Katalanischen, um 1500 im Genuesischen, Vidos 253; vgl. auch urverwandtes nddt. *brôkh* „Anhaltetau"; zugrunde liegt gallisch-lat. *brâca, bracae* das bei Lucilius und später in der Bedeutung „lange Beinkleider" belegt ist, vgl. auch *braie* und *débrailler.* Diez 62; Schuchardt, ZRP 4, 148; Thurn. KR 47 f.; Dottin 301; REW 1252.

braguet „Borgtau"
18. Jh. auch **braguette,** ist dem. Abl. von *brague* in der Bedeutung „Anhaltetau", s. o.

braguette „Hosenschlitz"
bezeichnet im 16. Jh. den nach vorn aufklappbaren Teil der Männerhosen, ist Abl. von *brague* „Beinkleid". Sain. Rab. 1, 161; Bl.-W. 85.

brahmane „Brahmane"
16. Jh., aus lat. *(brachmanus),* das letzten Endes aus dem Sanskrit stammt, zum Namen des indischen Gottes *Brahma,* Littmann 118; Dict. gén.

brai 1. „Teer"
14. Jh., aber schon im 13. Jh. die Abl. **brayer** „kalfatern", kann kaum von prov. *brac,* afrz. *brai* „Kot", „Schlamm", dieses seit dem 12. Jh., getrennt werden und geht auf ein vermutlich gallisches **bragum* zurück, das im 7. Jh. belegt ist, Buckeley 7; vgl. über den Stamm in Ortsnamen Gröhler, Frz. On. 1, 155; Terracini, RFIC 49, 427. Aus geographischen Gründen nicht gr. βραγός „Sumpf", Diez 63; zu mndl. *brack* „salzig" u. ä., norw. *brak* „etwas salzig", ndl. *brak* dass., Baist, ZRP 28, 105, ist begrifflich und lautlich bedenklich; *brai* „Teer" als Rückbildung von *brayer,* dieses aus mndl. *bragen* „kalfatern", Baist, ebd. 105 f.; REW 1260, ist schwierig, da nach Falk-Torp 97 das nddt. Wort selbst aus frz. *brayer* entlehnt ist; aus anord. *braði,* Falk, WuS 4, 51?
2. s. *brais.*
3. „Vogelfalle"
12. Jh., dazu afrz. die dem. Abl. *broion,* s. *broyon,* bezeichnet ursprünglich eine Falle, die aus zwei wie die Flügel einer Doppeltür zusammenklappenden Brettern besteht, vgl. dazu prov. *bret* und daraus entlehnt ital. *brete* dass.; vermutlich aus gotisch **brids* „Brett" (agls. *brēd*). REW 1294; Tilander, Rem. 140 ff.
Zu ahdt. *brëttan* „ziehen" (as. *brëgdan* „flechten"), Diez 66, ist lautlich nicht möglich.

braie 1. „Hose" va., „Windel"
12. Jh., aus gallo-lat. *braca,* s. *brague,* afrz. *braie* „Hose", wird mit dem Aufkommen der *chauce,* s. *chausse,* zur „Unterhose", und sinkt mit dem Aufkommen von *caleçon* zur Bezeichnung der Windeln herab.
2. „Hanfbreche", „Quetsche zum Wachskneten"
ist westfrz., z. B. angev., aus afrz. *broie,* s. d.

braille 1. „Einsalzschaufel"
18. Jh., ist postverb. Subst. von *brailler* 2.
2. „Spreu"
18. Jh., aus lothringisch *braïe* „Getreidespelzen", vgl. *braion de chène (=chanvre)* „Hanfbündel", für afrz., seit dem 13. Jh. belegtes *braaille,* dieses dissimiliert aus **blaaille,* d. i. Kollektivableitung von afrz. *blé,* bedeutet der Bildung nach „Kornabfall", wie *grenaille* „Kornabfall" zu *grain.*

brailler 1. „kreischen", „kläffen"
13. Jh., dazu prov. *brailhar, braulhar,* dazu afrz. *braail* „Geschrei", ist mit dem pejorativen Suffix *-ailler* erweitertes *braire,* s. d. Nicht **bragulare,* REW 1263; Bl.-W. 85; Flechia, AGI 2, 380.
2. „(Heringe) mit einer Einsalzschaufel umwenden"
17. Jh., aber mundartlich wohl älter, aus fränkisch **brakôn* (ndl. *braken* „einsalzen"), zu mndl. *brac* „salzig", s. Kluge-G. unter „Brackwasser"; dann ist *brailler* Schreibung für *brayer.*

braiment „Eselsgeschrei"
12. Jh. *braiement,* ist Abl. von **braire** „schreien wie ein Esel", 11. Jh., afrz. auch allgemein „schreien", vgl. heute wall., Rouchi *braire* „schreien", „weinen", aus grom. **bragĕre,* das Kreuzung von lat. *rūgire* „brüllen" mit gallisch **brag-* „krachen" (air.

braigim, „ich farze") ist. Thurn. KR 92. Kreuzung mit *bramer,* REW 1261, ist wegen des späten Auftretens dieses Wortes im Nordfrz. schwierig. Vgl. Diez 532; s. *bruire.*

brais „geschrotene Gerste"
13. Jh., aus gallo-lat. *brace,* das bei Plinius in der Bedeutung „eine weiße Getreideart, aus der Malz bereitet wurde" bezeugt ist; Thurn. KR 92; Meyer-Lübke, ZRP 31, 701; REW 1253; Diez 532. Vgl. *brasser.*

braise „Glut"
12. Jh. *brese,* aus fränkisch **brasa,* vgl. schwedisch *brasa* „Scheiterhaufen", „Feuer"; vielleicht schon westgerm. Entlehnung, Mackel 37; Brüch 87; REW 1276; Gg. RG I, S. 31.
Dazu im 12. Jh. *brasier* „Kohlenglut", dann im 17. Jh. mit dem gleichen Suffix, aber mit anderer Funktion, neu abgeleitet, die Abl. **braisier** „Kohlenkasten"; seit dem 18. Jh. **braisière** „Glutpfanne".

braisine „Gußformüberzug aus Tonerde und Kuhmist"
18. Jh., ist Abl. von **brais* „Mischung aus Tonerde und Kohlenstaub", dieses aus grom. **brasicum,* zu **brasa,* s. *braise*; vgl. *brasque.* Parodi, Misc. Rossi-Teiß 335 ff.

brak (hareng-) „halbgesalzener Hering"
19. Jh., aus ndl. *brak* „salzig", s. *brailler* 2.

bramer „röhren", „brüllen"
erst seit dem 16. Jh. bezeugt, stammt daher wohl aus prov. *bramar,* dieses aus gotisch **brammôn,* vgl. dazu nach Braune, ZRP 19, 355 mndt. *brammen,* altsächsisch *bremmja* „Bremse". REW 1270; Brüch 63.

bran „Kleie" va.
heute in *bran de son,* wo also der Begriff „Kleie" doppelt bezeichnet ist; dann in *bran de scie* „Sägemehl", mundartlich auch „Menschenkot", s. *bernique;* 12. Jh. *bren,* aus gallisch **brennos* „Kleie" (bret. *brenn*), das im 9. Jh. in den Formulae imperiales als *brinna* bezeugt ist. Diez 65; Thurn. KR 48; Jud, ASSL 126, 114 ff.; REW 1284; s. *berner.*

brancade „Trupp an eine Kette gefesselter Galeerensträflinge"
17. Jh., aus nprov. *brancado* „Zweig mit Früchten", d. i. Abl. von *branca,* s. *branche.*

brancard „Tragbahre"
16. Jh., bei Rabelais „dicke Stange", aus nprov. *brancan, brancat, brancal* „Tragbahre", „Nische" (in der bei Prozessionen die Statuen der Heiligen getragen werden), auch „grosse branche" wie bei Rabelais; die *brancards* sind ursprünglich die Tragstangen der Tragbahre; *brancard* lebt in Westfrankreich in verschiedenen Bedeutungen; gehört zu *branche* „Zweig", s. d., doch ist die Abl. schwer verständlich; vielleicht aus **brancatum* zu *branca,* s. afrz. *branchié,* wie *tabulatum* „Bretterwerk" zu *tabula* „Brett", REW 8515; oder, mit dem Kollektivsuffix *-amen *brancamen,* wie kat. *brancam* „Gezweige", so daß nprov. *brancan* der Grundlage am nächsten käme; zu **brancamen* vgl. **materiamen* „Bauholz", s. *mairain,* lat. *lateramen* „Ziegelwerk", afrz. *lorain* „Riemenwerk", s. *lormier* usf. *-ard* aus einem gallischen, angeblich kollektivischen Suffix *-areto,* Hubschmied, VR II, 24, überzeugt nicht. *brancard* Abl. von norm. *branque,* der Entsprechung von frz. *branche,* läßt das Suffix unerklärt, Bl.-W. 86.

branche „Zweig"
12. Jh., aus lat. *branca,* das bei den Gromatici (Feldmessern) im 4. Jh. zuerst in der Bedeutung „Fußspur", dann „Pfote" belegt ist, mit einer Bedeutungsverschiebung zu „Zweig", nach dem Bild der 5 Finger, die von dem Handballen ausgehen wie die Zweige am Stamm; vgl. lat. *brachium,* das „Arm" und „Zweig" bedeutet. Herkunft des Wortes ist unsicher; germanisch, Walde s. v., ist wegen der Erhaltung des Wortes im Rumänischen unwahrscheinlich; *branca* aus **biramica* zu *ramus* „Zweig", Neumann ZRP 5, 386, oder Umstellung aus germ. **krampa,* Nigra AGI 15, 100 ff., ist unmöglich; auch kein Zusammenhang mit kymr. *breich* „Arm", Diez 63, da dieses Entlehnung aus lat. *brachium* ist. Thurn. KR. 48; REW 1271.
Dazu seit dem 16. Jh. die Abl. **brancher** „aufknüpfen", „verzweigen" u. ä.

branche-ursine „Bärenklaue"
15. Jh., auch **branque ursine,** aus mlat. *(branca ursina)* zu lat. *branca* in der auf der Iberischen Halbinsel erhaltenen Bedeutung „Klaue", s. *branche,* und *ursinus,* s. *ours.*

branchies „Kiemen"
17. Jh., aus lat. *(branchiae).*

branchier *(oiseau)* „Ästling" (Falke, der noch nicht flügge ist)
15. Jh., ist ursprünglich adjektivische Abl. von *branche* „Zweig", s. d.

brandade „provenzalisches Stockfischgericht"
18. Jh., aus nprov. *brandado* dass., eigentlich „Erschütterung", weil nach Mistral die Pfanne beim Kochen des Gerichtes ständig geschüttelt wird, damit die Bestandteile (Stockfisch, Öl, Knoblauch) nicht anbrennen; ist Abl. von prov. *brandar* „erschüttern", s. *branler;* Dict. gén.

brande „Brandheide"
seit Beginn des 13. Jhs. namentlich aus dem Südwesten bezeugt, lebt dort noch heute, ebenso im Zentrum, dazu in der Gaskogne die Form *brana.* H. u.
Als postverb. Subst. von prov. *brandar* „verbrennen", Baist, ZRP 43, 81 ff., bzw. zu afrz. *brande* „Verbrennung", „Flamme", Barbier, RDR 4, 71, vgl. *brûle* in Berry „Heidekraut", also beide zu fränkisch **brand,* s. *brandir,* ist möglich, weil Heidekraut zur Urbarmachung des Bodens gerne verbrannt wird, doch kann der Stamm *brand-* „Brand" auch

erst sekundär hineingedeutet worden sein; auch nicht zu ostfriesisch *brâme* „Besenginster", bzw. einem entsprechenden gallischen **bramita,* das nicht begründet ist, Gg. ZRP 40, 145. Vgl. auch Roll. Fl. 7, 249.

brandebourg „langärmeliger Reitrock"
17. Jh., nach dem Namen der Provinz *Brandenburg;* der Rock wurde durch die i. J. 1674 in das Elsaß einfallenden Truppen des Kurfürsten von Brandenburg bekannt. Behrens, DS 50 f.

brandevin „Branntwein"
18. Jh., aus ndl. *b r a n d e w i j n.* Behrens, DS 58.

brandi „lebhaft" va.
16. Jh., bei Rabelais *brandif* „stürmisch", „lebhaft", lebt in dieser Form in Anjou, Centre, Sain. Rab. 2, 168; ist Kreuzung von *brandir* mit afrz. *braidif,* seit dem 12. Jh. als Beiwort von Pferden gebraucht, „hitzig", „stürmisch", bisweilen schon afrz. auch auf Personen übertragen; dieses ist Abl. *(-ivus)* von afrz. *braidir* „wiehern", aus grom. ** b r a g i t i r e,* d. i. in Anlehnung an die begriffsverwandten **bombitire,* s. *bondir,* **retinnitire,* s. *retentir,* umgestaltet aus **bragitare,* vgl. prov. *braidar* „schreien", „weinen", REW 1262, d. i. Intensivform zu **bragĕre,* s. *braire.* Vgl. aus dem gleichen Gesichtskreis *poussif, rétif.*

brandille „Loch, durch das ein Zapfen führt, der zwei übereinanderliegende Balken fest miteinander verbindet"
19. Jh., ist Abl. von *brandir* „mit einem Pflock befestigen", in Anlehnung an *cheville* „Pflock".

brandiller „schlendern", „flattern"
13./14. Jh., für älteres *brandeler,* d. i. deminutive Abl. von *brandir,* s. *branler.*
Dazu seit dem 16. Jh. die Abl. **brandilloire** „Schaukel", vielleicht in Weiterbildung von *balançoire,* s. d.

brandir 1. „schwingen", „schütteln"
11. Jh., afrz. „(eine Waffe) schwingen", intr. „schwanken", ist Abl. von afrz. *brant* „Schwert" aus frk. *b r a n d* (ahdt. *brant*), dass., REW 1273; Brüch 87; Bl.-W. 86.

brandon 1. „Brandfackel"
12. Jh., ist Abl. von afrz. **brant* „Fackel", das vermutlich wegen afrz. *brant* „Schwert" sich nicht gehalten hat, s. *brandir* 1, sich auch noch durch afrz. *abrander, s'abrander* „Feuer fangen", so 12. Jh. und heute Centrum, erschließen läßt; zu diesem als Rückbildung afrz. gelegentliches *brande* „Verbrennung", s. auch *brande;* afrz. **brant* „Fackel" stammt aus fränkisch ** b r a n d* „Brand", „brennendes Holzstück" (anord. *brandr,* mndl. *brant* dass.). REW 1273.
2. „Strohwisch als Zeichen gerichtlicher Beschlagnahme"
14. Jh., lebt in Poitou als Zeichen für verbotene Wege, ist ehemals ein aufgehängter Fetzen; ist wohl *brandon* 1, in der Bedeutung von *brandiller* beeinflußt.
Dazu seit dem 14. Jh. die Abl. **brandonner** „einen Landstrich beschlagnahmen", eigentlich „mit einem Strohwisch bezeichnen".

branée „Kleietrank"
19. Jh., ist Abl. von va. *bran* „Kleie", s. d.
branle s. *branler.*

branle-bas „Vorbereitung zum Kampf", „Lärm"
18. Jh., ist ursprünglich Kommando, wörtlich „Hängematten abbrechen" (auf Schiffen), d. i. zusammengesetzt aus *les branles* „Hängematte" und *bas;* vgl. *boutecharge, bouteselle.*

branle-queue „Bachstelze"
16. Jh., lebt Fr.-Comté, Champ. Auvergne, daneben die gleichgebauten *hoche-queue,* s. d., *batte-queue, baissequeue* u. ä., Roll. F. 2, 224; 10, 100; s. *branler* und *queue.*

branler „schütteln", „schwanken"
11. Jh., zunächst, wie *brandir,* „(eine Waffe) schwingen", dann intransitiv „schwanken", „wanken"; dazu das postverb. Subst , 12. Jh., *branle* „Schwanken", dann „Schaukelbrett", nfrz. „Hängematte", s. *branle-bas;* afrz. gelegentlich auch *branlir,* in Anlehnung an das begriffsverwandte *brandir; branler* zeigt den ursprünglich nur in den endungsbetonten Formen entstandenen Stamm von *brandeler* „schaukeln", „schwanken"; es stehen also nebeneinander *brandelle — branler,* dann verallgemeinert sich je einer der beiden Stämme (vgl. *déjeuner: dîner*), und *brandeler* übernimmt die expressivere Endung *-iller,* s. *brandiller; -eler* ist Deminutivsuffix, s. *harceler, crêteler, greneler* usf.; vgl. Jaberg, VRom. 8, 6.
Dazu seit dem 16. Jh. **branloire** „Schaukel" u. a.

bransqueter „brandschatzen", „erpressen"
16. Jh. *branschatter,* lebt in Wall. *branscater, branzecoter,* aus nddt. *b r a n d s c h a t t e n* bzw. mndl. *brandschatten,* Valkhoff 74; Dict. gén.; Behrens, DS 46.

braque „Hühnerhund"; „ausgelassen"
15. Jh., aus ital. *bracco,* d. i. die Entsprechung des afrz. **brac,* s. *brachet.*

braquemart „altes breites und plumpes Schwert"
15. Jh., im 14. *bragamas, bergamas,* wohl aus ital. *bergamasco* „aus Bergamo". Baist, RF 14, 637; Sain. Rab, 1, 70; REW 1040.
Nicht aus mndl. *breecmes* „Hirschfänger", Barbier, Misc.-Lex. 13; Bl.-W. 86, das weder lautlich noch begrifflich befriedigt.

braquer „(aufs Ziel) einrichten"; „visieren"
16. Jh., im 17. Jh. auch *brater,* vgl. dazu lothr. *brater* „ein Fuhrwerk von links nach rechts lenken", frz. Schweiz *britta* „die Deichsel richten", Jura *breta,* sav. *bréta, arbreta*

dass.; es scheint Abl. von *bras* „Arm" zugrunde zu liegen.
Aus ital. *braccare* „durchstöbern", vgl. auch nprov. *braca* „suchen", zu *bracco* „Spürhund", s. *braque*, REW 1268, ist begrifflich schwierig; aus anord. *brâka* „unterwerfen", Diez 532 desgleichen; aus ital. *bracare* „die Beinkleider anlegen", dann „eine Kanone laden", „eine Kanone richten", Barbier, RDR 4, 71 ff., ist schon für das Italienische nur erschlossen, also ohne tatsächlichen Hintergrund. **brachitare* zu *brachium*, s. *bras*, Wartburg, Mél. Thomas 493; Bl.-W. 86 ist morphologisch und lautlich bedenklich und wegen des späten Auftretens des Wortes unwahrscheinlich. Die Form der Abl. von *bras* ist vielleicht durch *abraquer*, *embraquer* beeinflußt. Vgl. *brasser*.

braques „Krebsscheren"
17. Jh., aus lat. *(b r a c h i a)*. Dict. gén.

braquet „kurzes Schwert" va.; „kleiner Schuhnagel"
17. Jh., ist vielleicht Rückbildung von *braquemart*, s. d. Dict. gén.

bras 1. „Arm"
12. Jh. *braz*, aus lat. *b r a c h i u m*; s. *brasser* 3; *brasse*. REW 1256.
2. „Malz", s. *brasser* 1.

brase „weißglühende Kohle"
19. Jh., aus nprov. *braso*, s. *braise*.

braser „hartlöten", „sich spalten" (von der Salzkruste)
17. Jh., ist Abl. von *braise*, s. d.

brasero „Kohlenbecken"
18. Jh., aus span. *brasero*, d. i. *-arium*-Abl. von *brasa*, der Entsprechung des frz. *braise*, wie frz. *brasier*.

brasiller „in der Glut braten", „glühen" (vom Meer in der untergehenden Sonne)
13. Jh., ist Nebenform von afrz. *brasoier*, d. i. Abl. (*-idiare*, ersetzt durch *-iculare*) von afrz. *brese*, s. *braise*.

brasque „Mischung von Ton und Kohlenstaub"
18. Jh. neben *brasse*, aus oberital. (piem. maild.) *brasca* „Kohlenasche", dieses aus vlat. **brasicum* zu **brasa* „Glut", s. *braise*. Parodi, Misc. Rossi-Teiß 335—54. Vgl. *braisine* und *brésil*. Dazu seit dem 19. Jh. die Abl. **brasquer** „mit Gestübe ausschlagen".

brassadelle „Oberring am Gewehrschaft"
19. Jh., ist ursprünglich wohl scherzhaft gebrauchtes nprov. *brassadel* „Brezel", dieses mlat. im 10. Jh. als *bracidelli* bezeugt, dazu im 16. Jh. frz. *bresseau*, 15. Jh. vielleicht poitev. *braceau*; aus grom. ** b r a c h i a t e l l u m* zu *brachiatum* „mit einem Arm versehen", s. *bras*, *brasse*; Thomas, Rom. 35, 300 ff.
brassadelle aus genuesisch *bressadella*, Barbier, RDR 4, 73, ist aus kulturhistorischen Gründen bei einer Entlehnung des 19. Jhs. unwahrscheinlich.

brassard „Armharnisch", „Armschutz" va.
16. Jh. für *brassar*, dieses aus prov. *brassal*, vgl. bei Rabelais *brassal*, Sain. Rab. 1, 90, d. i. lat. *b r a c h i a l e* „Armband", s. *bracelet*, bzw. grom. Abl. von *brachium*, s. *bras*.

brasse „Klafter"
12. Jh., afrz. singularisch-kollektiv *la brace* „die Arme", 11. Jh., dann über *les braces* dass., singul. *brace* „Arm"; aus grom. *b r a c h i a* „die Arme", dann „Armlänge", d. i. Plural von *brachium*, s. *bras*.
Wegen des Übergangs zur Maßbezeignung vgl. afrz. *doie* „Fingerbreite" aus **digita*, zu *doigt*, FEW 3, 76.
Davon in den Formulae Merow. *braciatum* „ein Arm voll", dazu afrz. in femininer Form *brassie*, nfrz. **brassée** „Armvoll", vgl. *brassadelle*. REW 1256; Barbier, RDR 4, 68; ALL 2, 268.

brasser 1. „brauen", „umrühren"
12. Jh. *bracier*, aus grom. ** b r a c i a r e*, d. i. Abl. von gallolat. *brace*, s. *brais*. Dazu als Rückbildung mlat. *bracium*, als *bracios* im Capitulare de Villis bezeugt, das selbst in frz. **bras** „Malz" erhalten ist. Meyer-Lübke, ZRP 31, 701; REW 1257; Jud-Spitzer, WuS 6, 129; Bartoli, Dalm. 1, 237; Horning, ZRP 30, 455.
2. „die Brassen anholen"
17. Jh. auch **brasseyer**, ist Abl. von *bras* in der Bedeutung „Tau am Ende der Segelstangen"; eine ältere Abl. von *bras* vgl. in afrz. *bracier* „mit den Armen arbeiten" u. ä,; vgl. auch *braquer*. Dict. gén.; Falk-Torp, s. *Bras*.
3. in *brasser des affaires* u. ä.
13. Jh. *bracier* „in Angriff nehmen", auch „umarmen" wie *embrasser*, aus vlat. **brachiare* zu *brachium* „Arm", das durch grom. *braciatum*, frz. *brassée* gesichert ist; s. *brasse*.
brasserie, *brasseur* s. *brasser* 1.
brasseyer s. *brasser* 2.

brassiage „Sondentiefe", „Messen nach Klaftern"
18. Jh. für *brasseyage*, ist Abl. von afrz. *braçoier* „abmessen", dieses abgel. von frz. *brasse* „Klafter", s. d. Dict. gén.

brassicourt „Pferd mit natürlich gebogenen Vorderbeinen"
17. Jh. auch *brachicourt*, vgl. dazu nach Sain. Chien 132 Clairvaux *courcibot*, wall. *court et bot* „untersetzt", „kurz", dieses zu *court* und *bot* „klumpfüßig"; stammt aus ital. *braccicorto* „kurzarmig", oder span. *bracicorto*, dass., nach einem schon lat. Vorbild *(Longimanus* neben ital. *manilargo)* zusammengesetzt aus den Entsprechungen von *bras* und *court*; vgl. dazu auch span. *rabicorto* „kurzschweifig", *rabilargo*, *colicano* u. a. (Kuen); s. Barbier, PLeeds I., 194; Baist, RF 1897.

brassière „Miederleibchen", „Tornistertraggürtel"

14. Jh. „Armschutz", ist die Umhüllung anzeigende Abl. *(-aria)* von *bras,* s. d. Vgl. *genouillère, jarettière* u. ä.

brassin „Braupfanne"; „Gebräu"
14. Jh. in der zweiten Bedeutung, dafür schon im 13. Jh. mlat. *brassamen,* ist Abl. von *brasser* 1. Die Bedeutung „Pfanne" vielleicht in Anlehnung an *bassin.*
brassoir s. *brasser* 1.

brassoure „kleiner Kanal, der das Seewasser in die Kristallisationsbecken führt"
18. Jh. auch *brassour,* vgl. dazu lyon. *brassiri* „Flußarm", prov. *brassiera* dass., „Verbindungsgraben", d. i. *-aria*-Abl. von *bras* „Arm"; frz. *brassour(e)* entspricht einem literarischen **brassoir(e),* ist also *-orium*-Abl. von *bras* „Flußarm", in mundartlicher, z. B. norm. Form; vgl. *bétoure.*
brasure s. *braser.*

bravache „Bramarbas"
16. Jh., gilt im 17./18. Jh. als veraltet, aus ital. *bravaccio,* d. i. Abl. von *bravo,* s. *brave.* Dazu seit dem 16. Jh. die Abl. **bravacherie** „Prahlerei".

bravade „beleidigende Prahlerei"
16. Jh., aus ital. *bravata,* Dict. gén., oder span. *bravada,* Meyer-Lübke, Rom. Gram. 2, 257, s. *brave.*

brave „tapfer"
16. Jh., im 17. Jh. in Anlehnung an ital. *bravo* auch „Mordknecht", aus ital. *bravo,* dieses aus span. *bravo* „wild" (besonders von Tieren), auch „unfruchtbar", dazu prov. *brau* „Stier", aus lat. *barbarus* „barbarisch", mlat. „wild", „unfruchtbar" u. ä., das über **brabrus* zu *bravus* verkürzt wurde; daher seit 13. Jh. span. *bravo* „wild", „stürmisch", im Siglo de oro „tüchtig", „großartig", daher im 16. Jh. frz. „ausgezeichnet", „gut"; Meyer-Lübke VKR 3, 4; Aebischer, Rev. portug. fil. VI, 37; Lausberg, ASSL 191, 370; Schmeck RF 60, 551; Cornu, Rom. 13, 110 ff.; REW 945; FEW 248 f.
Wegen der mlat. Belege für *barbarus* „wild", „unfruchtbar" nicht aus **barbus,* dieses Rückbildung von *barbatus* „bärtig", Körting, ZFSL 21, 1, 86, oder zu ahdt. *raw* „roh", asächs. *hrâ* ‹ *hrawa,* Baist, ZRP 5, 557; auch nicht, wenn man Kreuzung dieses Wortes mit *rabidus* „wütend", „ungestüm" annimmt; auch nicht *rabidus* gekreuzt mit dem Anlaut von *braire, bramer,* Schuchardt, SAWien 138, 1, 42.

braver „Trotz bieten"
16. Jh., aus ital. *bravare,* d. i. Abl. von *bravo,* s. *brave.*

bravo 1. „bravo!"
18. Jh., ist mit der italienischen Musik nach Frankreich gekommen, aus ital. *bravo* „wakker", „rechtschaffen", s. *brave.*
2. „gedungener Mörder"
19. Jh., aus ital. *bravo* dass., so seit dem 15. Jh. aus span. *bravo* „wild", derselben Herkunft wie *bravo* 1.

bravoure „Tapferkeit"
17. Jh., aus ital. *bravura,* d. i. Abl. von *bravo* „tapfer", s. *brave.*

brayer 1. „teeren"
13. Jh., ist Abl. von *brai* 1.
2. „Hosenriemen" va.; „Bruchband"
12. Jh., ist schon vorhistorische Abl. *(-arium)* von *braie* „Hose", s. d.

brayette „Höschen" va.; „Schlüsselblume"
lebt zur Bezeichnung der Blume Somme, Oise, Aisne, dazu Jura und sonst *brayeta,* vgl. dazu heute wall. *brayes de cocu (= coucou),* nprov. *bradza de coucu* u. ä., Roll. Fl. 9, 65 f.; es ist dem. Abl. von *braie* „Hose", s. d.
brayon, broyon s. *brai* 3.

break „vierrädriger, englischer Wagen"
19. Jh., aus englisch *break.*
bréant s. *bruant.*

brebis „Schaf"
12. Jh., aus grom. *berbice,* das seit dem 8. Jh. belegt ist, so im Capit. de Villis; es ist mit Suffixwechsel und Assimilation des Anlautes an den Inlaut umgestaltetes lat. *vervex,* das lat. „Hammel" bedeutet (so noch obwaldisch und rumänisch), aber im Gallorom. die Bedeutung „Schaf" im allgemeinen angenommen hat, so bei Marcellus Empiricus, ALL 8, 474, bei dem Gallier Cyprianus, 5. Jh., Kr. Jb. 5, 1, 92, da nach Wartburg „Schaf" 27 ff. das im Galloromanischen erhaltene keltische **multo* „Hammel", s. *mouton,* die Bedeutung des entsprechenden lat. Wortes beeinflußt hätte; vgl. Gröber, ALL 1, 250; Cohn, Suff. 41; Parodi, Rom. 27, 217; Jud, ASSL 120, 462; Jud-Spitzer, WuS 6, 122 f.; REW 9270.

brèche „Bruch", „Spalt"
12. Jh., afrz. „Bruch", „eingebrochene Öffnung", aus spätfränkisch **brëka* „Bruch", vgl. mndl. *breke* dass. Diez 532; Mackel 78; Bruckner Char. 26.
Ahdt. *brëcha* „Instrument zum Brechen", REW 1281; Bl.-W. 87 ist geographisch schwierig. Wegen der Entwicklung des fränkischen *-k-* s. Gg. RG I, 253. Vgl. *croc* neben *encrouer.*

brèche-dent „zahnlückig"
13. Jh., zuerst als Personenname überliefert, ist Nachbildung von Rufnamen, die aus Imperativ und Nomen zusammengesetzt sind wie afrz. *Hue-leu (= loup),* s. *brèche* und *dent*; *Brichedent* ist afrz. als Personenname bezeugt, Bl.-W. 87.

brechet „Kamm des Brustbeins der Vögel"
14. Jh., besonders im Nordwesten und Westen belegt, mit den Nebenformen *brichet* und *bruchet.* Es lebt heute in allen drei Formen im Norm. = „Bauchhöhle", H. Norm. *briquet,* Guernesey *bruquet* und ist als *burchet* „Busen" ins Bretonische gedrungen; vermutlich aus nddt. *bröske* „Brustdrüse des

Rindes" (anord. *brjosk* „Knorpel", dänisch *bryske*, englisch *brisket* „Brust der Tiere"), s. Kluge unter *Brausche* und *Bröschen*. Aus einer Grundform **breuchet* erklären sich die Formen *brechet* und *bruchet*, während *brichet* aus *brechet* dissimiliert ist, vgl. afrz. *isnel* aus *esnel* „schnell"; s. auch *Brichedent* unter *brèche-dent*. Zu REW 1310.

brécin s. *bressin*.

bréda „kurzes Hakenseil"
18. Jh., scheint zu frz. Schweiz *breda* bei Bridel als Maskulinum „Zügel", „Halfter", Blonay als Fem., auch „Schlinge", „Öse", Aosta *breuda* „Zügel" usf. zu gehören. Dieses ist postverb. Subst. von asofrz. **bredier* „den Zügel auflegen" aus **bridier* für frz. *brider*, vgl. frz. Schweiz *bredhi* „den Zügel auflegen", das wohl ebenfalls dem seit dem 18. Jh. bezeugten **brédir** „mit Binderiemen zusammenheften" zugrunde liegt. Mask. *breda* könnte auch mundartliche Entsprechung eines literarisierten **bridail* „Werkzeug zum Anlegen des Zügels" sein.

brédaler „schnurren" (vom Spinnrad)
18. Jh., aus norm. *berdaler* „lärmend bewegend", dieses Abl. von norm. *berdi-berda* „Getöse beim Fallen eines Körpers", s. d. F. und *bredouiller*.

bredi-breda „in aller Eile", „im Fluge"
16. Jh.; vgl. dazu Lüttich *bèrdi berda*, dass., dazu *ènn-aler bèrdi-berdoye* „schmutzig angezogen fortgehen", auch *bardah*, *bèrdah* „Geräusch beim Fallen eines Gegenstandes", sind an *bredouiller* angeschlossene Schallbildungen; wegen des Ablautes *-i-* *-a-* s. *cahin-caha*, *bric-à-brac*.

bredindin „Winde zum Heben von mäßigen Lasten", übertragen „Fiaker"
im 17. Jh. in der burlesken Dichtung Bezeichnung eines schlechten kleinen Fuhrwerks, Sain. LPar. 12, dürfte in Anlehnung an *bredi-breda* geschaffene Schallbildung sein.

brédir s. *bréda*.

bredouille „Matsch" (im Kartenspiel)
16. Jh., bedeutet ursprünglich vermutlich „Dreck", vgl. bei Cotgrave *estre en bredouille* „im Dreck sitzen"; zu wall. (Mons) *berdouille*, *bedouye*, pik. *badrouille* „nasser Kot", s. auch *patrouiller*, *vadrouille* usf. Die Entwicklungsgeschichte des Wortes ist unklar. Zu *brouée* bzw. einer dazugehörigen jüngeren germanischen Entsprechung, Doutrepont, ZRP 21, 229 f.? Aus einem **burdulliare*, prov. *bardoulha* „das Wasser trüben", „den Schlamm umwühlen", dieses nach **burbulliare* von *burd-*, s. *bourdon*, gebildet, Schuchardt, SAWien 141, 3, 211 wird den angeführten Formen für Kot, Schmutz nur zum Teil gerecht.

bredouiller „schnell und undeutlich sprechen"
16. Jh., ist in Anlehnung an *bredouille* u. ä. umgestaltetes mfrz. *bredeler*, s. *brédaler*, dazu poitev. *bredasser*, *berdasser* u. Abl. „schwätzen", *bredoquer* „lärmen", *berdaquer* dass., lyon. *bredin*, *bardin* „Dummkopf"; nprov. *breidoula*, *bridula* u. ä., „flennen", „brummeln", *bradalà* „brüllen" u. ä. sind Schallbildungen, s. *bredi-breda*, *bredouille*; zu älterem *breter* „murmeln", „stottern", und dieses zu afrz. *bret* „bretonisch", auch „dumm", „spröde", Bl.-W. 87 überzeugt nicht. Vgl. REW 1282, Schallstamm **bred*.

brée s. *braie*.

bref „kurz"
auch **brief**, so afrz. seit dem 11. Jh., aus lat. *brĕvis*, REW 1291; substantiviert afrz. *brief* „Brief", schon im Rol.

bregin s. *bourgin*.

bréhaigne „unfruchtbar" (von Frauen, Tieren)
ist Femininum zu afrz. *brehain*, auch *barhain*, *barain* dass., auch „unfruchtbar" (Grund und Boden), übertragen „zwecklos", lebt besonders in *terre brehaigne* „brach liegendes Land", dazu in Westfrankreich *bregne*, *bragaigne* „unfruchtbares Feld", und so *brahagne* schon im 12. Jh.; „unfruchtbarer Boden" ist die ursprüngliche Bedeutung, die adjektivische Funktion ist sekundär wie bei *châtain*, *violet* u. a.; zugrunde liegt fränkisch **brakhagin* „brachliegendes, umgrenztes Grundstück", zu *brak* „brach", wie in dem ON *Braclog*, silva, im 9. Jh. in Geldernland, zu *loh* „Hain", das dem **brak-hagin* begrifflich genau entspricht. Wegen der Lautentwicklung (*kh-* zu *'h-*) s. *bahut*.
Das Wort ist nordfrz. Ausdruck der karolingischen Güter, und wandert so in den Süden bis über die Pyrenäen. Daß im zweiten Bestandteil des Wortes konsonantisches *h-* gesprochen wurde, zeigt unter anderem die südwestliche Form *bragaigne*; intervokalisches ursprünglich fränkisches *-h-* verstummt im Süden, daher die Formen vom Typus *bragne*, *bregne*, die auch spanisch *breña* „Dorngebüsch" zugrunde liegen.
Grundform *barañ* FEW 242, mit Formen, die an *bréhaigne* nur anklingen, auch Bl.-W. 87, berücksichtigt nicht das auf fränkische Herkunft hinweisende *-h-*, s. Gg., AA II, 54.
Zu **barr* „wüstes Land", „Steppe", das außer in Frankreich noch in Oberitalien und Katalonien lebt, Jud, BDR 3, 13, Anm. 6; ASSL 127, 435, ist lautlich nicht genügend; germ. **âberandja* „nicht tragend", Brüch, ZRP 36, 579 oder zu *barre*, ders. WuS 7, 158; **barañа* REW 942 sind weder lautlich noch begrifflich begründet.

bréher „Nägel in das Hufeisen schlagen"
19. Jh., ist Abl. von *brée* „Eisenbeschlag" (am Schmiedehammer), d. i. Graphie für *braie*, s. d.

brelan „Spieltisch" va.; „Hasardspiel"
12. Jh., aus fränkisch **brĕdling* zu mhdt. *brët* „Spielbrett", Diez 533; REW 1283; da-

zu im 16. Jh. im Argot *brelandeur, brelandier* „kleiner Kaufmann“, „Standhändler“, Esnault, Rom. 83, 310; zu ital. *bilenco* „krumm“, „schief“ G. Paris, Rom. 8, 618 ist nicht möglich.

Dazu seit dem 15. Jh. die Abl. **brelander** „stets Karten spielen“ u. ä.

brelandinier „Standkrämer“, „Straßenverkäufer“
18. Jh., setzt ein **brelandiner* „mit dem Verkaufsstand herumziehen“ voraus, dieses Abl. von *brelan* „Spieltafel“, s. d.

brelauder „die Zeit mit Kleinigkeiten verlieren“
19. Jh., stammt aus dem Zentrum, wo es in verschiedenen Formen lebt: *berlauder,* dazu *berlaud, berlaudin* „Schwachkopf“, *berlaiser, berlasser, berdiner* dass., dann auch *bernauder, bernasser* u. ä. Es kreuzen sich in dem Wort verschiedene Stämme: *berlue,* vgl. angev. *ouvrir des berlots* „große Augen machen“, *berlauderie* „wertlose Kleinigkeit“; *bren* „Abfall“, vgl. Centre *berner, brener* „beschmutzen“, vielleicht auch *brelander, bredeler,* s. *brédaler.*
Zur Sippe um *berle, belle* „Glocke“, Richter, SAWien 156, 5, 89, überzeugt nicht.
brelée s. *bergelade.*
breline s. *berline.*

brelique-breloque „in Unordnung“, „Hals über Kopf“
17. Jh., ist pikardisch, daher Weiterbildung von *bernique,* vgl. auch *brédi-bréda.*

brelle „Gebinde“, „Floßholz“
17. Jh., dazu **breller** „festschnüren“, 19. Jh., aber durch *embraeler,* s. *embreler,* für das 14. Jh. gesichert, ist Abl. von afrz. *braiel* „Tau“, s. *breuil* 2, gehört also zu *braie* „Haltetau“; vgl. dazu angev. *brêler* wie lit., Démuin *brêloir* „Aufseilwinde“, *brêler* „aufwinden“ u. ä. Barbier, RDR 4, 76.

breloque „zierliche Kleinigkeit“
17. Jh. *breloque* und *breluque,* 16. Jh. *brelique,* dieses wohl ursprünglich; es dürfte zu *bernique* gehören.

breluche „halbwollenes Zeug aus der Normandie“
18. Jh., scheint für **bourreluche* zu stehen, also über **bourluche;* vgl. *bourlet*; es gehört dann zu frz. *bourre* „Wollhaar“, vgl. *bourras* „grober Wollstoff“.

brème „Brasse“
12. Jh. aus älterem **braisme,* dieses aus fränkisch **brahsima* (ndl. *brasem*), Kluge s. *Brasse;* Meyer-Lübke, LGRP 6, 456; REW 1265. Nicht umgelautetes fränkisches **brehsima,* Mackel 89.

brenneux „schmutzig“
14./15. Jh., ist Abl. von *bren, bran* „Kleie“, das mundartlich die Bedeutung „Abfall“, „Schmutz“ hat, s. *bran, bernique, brelauder.*

brequin „Spitzbohrer“
18. Jh., ist Rückbildung von *vilebrequin,* Thomas, Rom. 26, 452. Nicht ndl. *bôrkin* „Bohrer“, Dict. gén.; REW 1212; auch nicht zu der unter *burin* angeführten Wortsippe, Richter, SAWien 156, 5, 101.

brésil „Rotholz“
gibt getrocknet und pulverisiert eine rotfärbende Menge; 12. Jh., im 16. Jh. bei Hulsius als „geräuchertes Ochsenfleisch“ bezeugt, Behrens, ZFSL 39, 2, 83 f., vgl. dazu verd. chal. *braisil* „Glutaschenstaub“, jur. *bresi* „Kohlenstaub“, fr. comt. *brézi* „auf Glut gebackener Kuchen“; ist Abl. von *braise* „Glut“. Vgl. REW 1277; Bibl. AR 2, 2, 57; Bl.-W. 86.

brésiller 1. „mit Rotholz färben“
14. Jh., ist Abl. von *brésil,* s. d.
2. „zerbröckeln“
16. Jh., ist aus *brisiller* dissimiliert, das westfrz. (H. Maine) in der Bedeutung „zerbrechen“ noch lebt, dazu prov. *brezilhar,* pik. *berziller* dass., lothr. *bresiyi* „sich unfruchtbaren Beschäftigungen hingeben“, verd. chal. *brésiller* „in kleine Teile brechen“, burg. Morvan dass.; es ist dem. Abl. *(-iculare)* von *briser,* s. d. Nicht Abl. von *brésil,* Dict. gén.

brésoles „Kalbsschnitte im Ragout“
18. Jh. *bressoles,* im 18. Jh. auch *brusolles à la braise,* Fr. mod. 17, 65; Behrens, Wg. 341, stammt aus dem Südosten, vgl. sav. *bresolâ* „braten“, als fem. Subst. *(-ata)* „Inhalt einer Bratpfanne“, im Lokalfrz. *braisolée* dass., dazu *bresoleuse* „Kastanienbraterin“; es liegt also ein *braisoler* „braten“ zugrunde, dieses dem. Abl. *(-ulare)* von *braise,* s. d.
Aus ital. *bresuola,* so im 17. Jh., bzw. tosk. *braciuola* „Rostbraten“, Barbier, RDR 4, 77; Dict. gén., ist nicht begründet; *bresuola* stammt vielmehr aus dem Südostfranzösischen, *braciuola* gehört zum Stamm von *brassadelle,* s. d.

bressin „Hakenseil“, „Stangenwindreep“
17. Jh., u. H.
Zu *brasser,* Dict. gén., ist lautlich schwierig.

breste „Vogelfang mit Leimruten“
19. Jh., *-s-* wird heute angeblich gesprochen, war aber vermutlich ursprünglich nur Längezeichen für das *-e-*; das Wort lebt in Anjou, ist postverb. Subst. von *brester* „Vögel mit der Leimrute fangen“, auch *brête* „Vogelfalle“, *brêteler* „kleine Vögel mit der Leimrute fangen“ mit der zu erwartenden Aussprache; es ist Abl. von afrz. *broi* „Vogelfalle“, also *brêter* für ein afrz. **broieter,* s. *brai* 3.

brétailler „gleich mit dem Degen bei der Hand sein“
18. Jh., ist Abl. von *brette* „langes Schwert“, s. d.

brétauder „ungleich scheren“, „kastrieren“
13. Jh. *bertoder,* mit *-ô-,* dessen Länge graphisch auch mit *-au-* wiedergegeben wird, aus

gallorom. **bistōsĭtare* „ungleich scheren", d. i. Intensivform von **bistonsare* dass., afrz. *bertouser* „scheren", „rasieren", Thomas, Rom. 38, 367, und dieses wieder abgeleitet von dem Part. **bistonsum* zu afrz. *bestondre* dass., d. i. zusammengesetzt aus *bĭs-* als pejorativem Präfix, s. *barlong,* und *tondre* „scheren", Gg. ZRP 40, 146. Vgl. wegen der Bildung *radoire, revider.* Vgl. *bertaud.*
Zum Personennamen *Bertau,* Schultz-Gora, ZRP 18, 137 Anm., ist kaum richtig, doch kann das Wort sekundär mit *Bertau* in Beziehung gebracht worden sein.

bretêche „Belagerungsturm"
12. Jh., aber mlat. *brittisca (turris)* seit dem 9. Jh., aus agls. *brittisc* „britisch", Förster, ZRP 6, 118; Kluge, AR 6, 302; REW 1314. Das Wort ist auch adjektivisch als *bretois* „britisch" im Altfrz. erhalten.

bretelle 1. „Tragriemen", „Hosenträger"
13. Jh., vgl. dazu angev. *braiteler* „fest verschnüren", *braiter* „festbinden", die zu *braie* „Tau" gehören; *braiter* für **braie-t-er, braiteler* als Deminutivbildung zu *braiter*; s. *breller;* Barbier, RDR 4, 78.
2. „Netz zum Fang des Katzenhais"
so Dict. gén.; nach Schuchardt, ZRP 25, 347 bedeutete es vielmehr den „Hunds- oder Katzenhai", und ist so von Schmidlin bezeugt, lebt am Ärmelkanal und im Dep. Gironde, Roll. F. 3, 82; es ist dem. Abl. von *brette,* das für den gleichen Fisch in der Normandie und im Gaskognischen gebräuchlich ist; dieses nach Schuchardt = „Bretonin", also grom. *brittus* „britisch", vgl. *bretêche;* dazu nach Behrens, Wg. 341 f. auch *brette* „Schläger".
Dazu seit dem 18. Jh. die Abl. **bretellière** „Netz zum Fangen von Katzenhaien".
bretesse s. *bretêche.*

brette „Hieber", „Schläger"
16. Jh., ist vermutlich Fem. von afrz. *bret* „bretonisch", „britisch", s. *bretelle* 2 und *bretêche.* Dict. gén.; REW 1316.
Aus ahdt. **bretta* zu anord. *bredda* „kurzes Messer oder Säbel", Diez 533; Goldschmidt, Festg. Förster 57, ist nicht möglich.

bretteler „zähnen", „zackig machen"
17. Jh., auch **berteler,** dazu schon im 12. Jh. *bretelece* „gezackte Brustwehr", Godefr. I, 728 c, das mit *bretêche* homonym ist; *breteler* ist Kreuzung von *créneler* mit *bretêche,* s. d.; **bretter** „zähnen" ist Rückbildung von *breteler;* dazu seit dem 17. Jh. die Abl. **bretture** „Zackenstriche", „Verzahnung".

breuil 1. „eingehegtes Gebüsch"
12. Jh., aus gallisch **brŏgĭlo,* im Capitulare de Villis *brogilus,* zu gallisch *broga,* das bei dem Scholiasten zu Juvenal in der Bedeutung „Acker" belegt und in prov. *broa* „Rand eines Feldes, eines Flusses" erhalten ist; das gallische Wort zu schottisch, bretonisch *bro* „Land". Diez 69; Thurn. KR 50; REW 1324; Dottin, 238; Thomas, Ess. 98 ff.; Latouche, Le Moyen âge, 54, 77.
2. „Geitau"
12. Jh. *braiel,* auch *braiuel,* jedoch in anderer Bedeutung, das der heutigen Form zugrunde liegt; ist dem. Abl. von *braie* „Anhaltetau", Barbier, RDR 4, 79; s. *braie, bretelle, brelle.*
Dazu seit dem 17. Jh. die Abl. **breuiller** „Segel aufgeien", auch *brouiller,* in Anlehnung an das expressive Verbalsuffix *-ouiller,* s. *barbouiller, gargouiller* u. v. a.
breuilles s. *brouailles.*

breuvage „Getränk"
12. Jh., afrz. *bevrage,* in Canada „Getränk", Gardette, RLiR 18, 91, ist ursprünglich abstrakte Abl. von afrz. *boivre* „trinken", s. *boire* 1.

brevet „offener Gnadenbrief" va; „Erlaß"
13. Jh., ist Abl. von afrz. *brief* „kurzer, offizieller Brief", aus lat. *brĕve*, s. *bref.*
Dazu seit dem 18. Jh. die Abl. **breveter** „bestallen", bzw. von *brevet* in der speziellen Bedeutung „Rezept" die Abl. **breveter** „eine Anweisung geben"; dazu **brevetage** „Zusetzen von Kalisalz" u. ä. Dict. gén.

breveux „Krabben-, Hummerhaken"
18. Jh., ist vermutlich mundartliche Form von *verveux* „Fischgarn", s. d.
Zu afrz. *prover* „sondieren", s. *prouver,* Mosemiller, RDR 1, 423, ist lautlich nicht möglich, s. REW 6764.

bréviaire „Brevier"
12. Jh., aus lat. *(breviarium),* vgl. *brimborion.*

bribe „Bettelbrot", „Brocken"
14. Jh. *brimbe,* seit dem 15. Jh. in der heutigen Form, ist zuerst im Nordosten nachgewiesen, lebt dort auch heute, vgl. wall. *bribé,* rouchi *brimber* „betteln", dazu in derselben Gegend *brimbeur, bribeur* „Bettler"; das Wort findet sich im 16. Jh. auch im Rotwelsch Deutschlands und Italiens, Sain. Sources 2, 296. Die ältere Form scheint *brimbe* zu sein, *bribe* in Anlehnung an das begriffsverwandte *brifer,* s. d. Vgl. noch sav. *bribanna,* im Lokalfrz. *bribander* „vagabundieren", das aber vermutlich zu ital. *birbante* „Landstreicher" gehört. *brimber* ist wohl ursprünglich Schallbildung
Aus ahdt. *bilibi* „Brot", „Nahrung", Diez 66, ist lautlich und geographisch nicht möglich.

bribri „Zaunammer"
19. Jh., ist Schallbildung.

bric in *de bric et de broc* „auf allerlei Art"
15./16. Jh. *en bloc et en blic,* ist Ablautbildung wie *brelique-breloque* u. ä., s. d., der vermutlich *en bloc* zugrunde liegt, Dict. gén.
Dazu die weitere Ablautbildung **bric-à-brac** „Trödlerkram", zuerst im 16. Jh. als *à bric et à brac* „kreuz und quer, kunterbunt"; wegen des Ablauts s. *bredi-breda.*

briche „peinliche Situation“
12. Jh *„entrer en male (folle) briche“*, „in eine üble Lage kommen“, zu afrz. *briche* „Schlinge“, „Falle“, auch „Trug“, „List“, dazu afrz. *jeu de la briche, brique,* ferner im 16. Jh. *prendre au bric* „(Vögel) fangen“ zu *bric* „Vogelfalle“; scheint zu *bric, bricon* „Schurke“, „Narr“, „Tor“ zu gehören; H. u.

bricole „Wurfmaschine“
14. Jh., vom Riemenwerk der Wurfmaschine her seit dem 17. Jh. „Tragriemen“, „Brustriemen“ (am Pferdegeschirr); andrerseits „Rückprall“ (im Billardspiel), dazu im 16. Jh. *bricoler* „hin und hergehen“, „bald rechts, bald links von der Fährte abweichen“, dann „allerlei Geschäfte machen“, davon pop. *bricole* „geringe, schlecht bezahlte Arbeit“; geht mit spät bezeugtem prov. *bricola* auf ital. *briccola* zurück, „Wurfmaschine“, „Katapulte“, dazu ital. *briccolare* „mit der Wurfmaschine schleudern“, dieses aus langob. ***brihhil** zu mhdt. *brëhel* „Brecher“; Diez 532; REW 1298; Barbier, PLeeds 15, 10; Bl.-W. 88; von *jeu de b r i c o l e, coup de b r i c o l e,* **bricole** „Rückprall“; von *bricole* „Brustriemen“, 18. Jh. **bricolier** „Nebenpferd“, *-arius*-Abl. wie das im gleichen Gesichtskreis lebende *limonier* „Zugpferd“, s. d.; s. auch *destrier.*
bricot s. *brigaut.*

bricoteau „steinerne Wurfscheibe“, „Trittbrett“, „Weberlatte“
16. Jh., ist Abl. von *bricol,* so als Nebenform von *bricole* in der Dauphiné bezeugt, d. i. postverb. Subst. von *bricoler* „schleudern“ u. ä., das *-t-* der Ableitung, da *-l* im 16. Jh. verstummt ist; s. *bricole.*
Aus begrifflichen Gründen nicht zu *bricot* „Baumstumpf“, „kleiner Baum“, so 16. Jh. für *brigaut,* s. d. Dict. gén.

bride „Zügel“
13. Jh., aus grom. **brejda,* s. Marseille *breida,* frankoprov. *breda,* aus fränkisch ***brĕgda,** zu fränkisch *brĕgdan* „zügeln“, vgl. wegen des Stammes ahdt. *brittil,* ndl. *breidel* „Zaumzügel“, Grundform **brigdil,* das sich zu *brĕgda* verhält wie **brihhil* zu *brĕcha,* s. *bricole;* frk. *brĕgdan* gehört zu agls. *brĕgdan* „ziehen“, anord. *bregda* „schnell bewegen“; dazu seit dem 15. Jh. **brider** „zäumen“, „festbinden“, seit dem 17. Jh. **bridon** „Reittrense“, s. auch *ébrissade.*

bridole „Vorrichtung aus einem Querholz und einer Trosse, um die Schiffsplanken mit dem Schiffsgerippe zu verbinden“
18. Jh., aus nprov. *bridoulo,* dass., eigentlich „Seil“, d. i. Abl. von *brido, breido* „Zügel“, s. *bride*; Dict. gén.

bridure „Kreuzung der Taue“
15. Jh., ist Abl. von *brider* „verbinden“, s. d.

brie 1. „Teigpritsche“
17. Jh., ist normannisch, hier postverb. Subst. von *brier,* der mundartlichen Entsprechung von *broyer,* s. d. REW 1299; vgl. dazu *brioche.*
2. „schlechter Wein“, „Käseart“
17. Jh., nach *Brie,* der Bezeichnung einer Landschaft im Osten von Paris, aus *vin (fromage) de B r i e*, Dict. gén.
brief s. *bref.*

brieveté „kurze Dauer“
13. Jh., ist Abl. von *brief* „kurz“, s. *bref.*

brifaud „Leckermaul“
Im 13. Jh. auch als Eigenname, dazu im 13. Jh. **brifauder** „gierig verschlingen“, dazu erst im 16. Jh. *brifer* dass., im 17. Jh. *brife* „gieriges Verschlingen von großen Stücken“, ist Schallbildung wie *bâfrer, bouffer* u. ä.; dazu in der frz. Schweiz *briffà* „verschlingen“, dann „die Kleider abnützen“, dazu literarisiert *brifeur* „Kleiderzerreißer“; anderseits seit dem 17. Jh. „Tellerlecker“; Bl.-W. 88; s. dazu *brisauder;* Barbier, Mél. Roques II, 23.

brifier „Bleieinfassung am Dache“
18. Jh., u. H.
brig s. *brick.*

brigade „Trupp“ va., „Brigade“
14. Jh., aus ital. *brigata* „Streithauf“, d. i. Abl. von *brigare* „im Streithaufen kämpfen“ und dieses wieder Abl. von ital. *briga* „Streit“, „Zank“, „Handel“, ursprünglich wohl „Streitmacht“, aus gallisch ** b r î g a* (schottisch *brigh,* kymr. *bri* „Macht“), Thurn. 50; dazu auch afrz. *brie* „Streit“, „Lärm“.
Dazu seit dem 17. Jh. die Abl. **brigadier** „Brigadier“.

brigand „Straßenräuber“
14. Jh., aus ital. *brigante,* dieses ursprünglich „Fußsoldat“, d. i. Abl. von *brigare* „im Streithaufen kämpfen“, s. *brigade.*
Dazu seit dem 15. Jh. die frz. Abl. **brigandage** „Straßenraub“ u. ä.

brigandine „Panzerhemd“
15. Jh., aus ital. *brigantina* dass. zu ital. *brigante* in der alten Bedeutung „Fußsoldat“, s. *brigade*; dazu im 15./16. Jh. *desbringandé* „Soldat, dem man das Panzerhemd weggenommen hat“, Dupire, Rom. 65, 14.

brigantin „Brigantine“ (kleines, leichtes Fahrzeug)
18. Jh., lebt als *bregantin* am Genfersee, aus ital. *brigantino,* eigentlich „kleiner Straßenräuber“, s. *brigand;* Vidos, 256.

brigaut „alte Buchen- oder Eichenzweige als Brennholz“
16. Jh. *bricot,* stammt vermutlich aus Marseille *brigau* „Abfall“, langued. *brigal, brical,* d. i. Abl. *(-ale)* von gleichbedeutendem *brigo* (gewöhnlich kollektivisch *brigalho, bricalho*), prov. *briga* dass., das wohl Kreuzung von *brega,* vgl. *bregar* „zerbrechen“, s. *broyer,* mit *miga, mica* „Krume“, s. *mie,* ist. Es scheint im Provenzalischen zu einer Vermengung der Stämme *breg-*, s. *broyer, bris-*, s.

briser, und *bric-* aus gotisch *brikan* „brechen" gekommen zu sein.

brignole „Dörrpflaume", „Prunelle"
16. Jh. auch *brugnole,* bei Olivier de Serres als *prune de Brignole,* dieses ein Ort im Dep. Var, bezeugt, enthält aber kaum die Ortsbezeichnung ursprünglich (vgl. für afrz. *davoisne,* mundartlich *prune d'Avesne,* aus lat. *damascenus* „damaskische Pflaume", REW 2464), sondern stammt aus prov. *brignolo, brignou,* das wohl ein **pruneolus,* d. i. Dem. von *prunum* „Pflaume" darstellt, vgl. *brugnon, brignon* „Blutpfirsich", von dem der Anlaut von *brignole* beeinflußt sein dürfte. Roll. Fl. 5, 392; die Abl. von *prunus* zeigen vielfach im Anlaut *br-,* s. REW 6799; 6800.

brigue „Umtriebe", „Bewerbung"
14. Jh., aus ital. *briga,* s. *brigade;* dazu seit dem 16. Jh. die Abl. **briguer** „umwerben".

brillanter, brillantine, brillant s. *briller.*

briller „glänzen"
16. Jh., im 16. Jh. auch „sich ungeduldig bewegen", aus ital. *brillare* in beiden Bedeutungen, u. H.
Nach Diez 67 zu *beryllus* „Beryll"; nach Nigra AGI 14, 359;REW 6522 wäre *brillare* „glänzen" Weiterbildung von aital. *brillare* „sich drehen", vgl. *brillare con l'ali* „mit den Flügeln schlagen", *brillare dalla gioia* „vor Freude strahlen, glänzen", eigentlich „sich drehen", das den Übergang zu *brillare* „glänzen" vermittelte; dieses ein Schallstamm *birl-, pirl-,* Schuchardt, RB 41, was nicht ohne weiteres einleuchtet; keineswegs *brillare* „sich drehen", zu *pira* „Birne", Nigra l. c. Nach Battisti I, 601 sind die beiden Bedeutungen unabhängig voneinander; „glänzen" zu *beryllus,* „sich drehen" mit *brillo, birlo* „Kreisel" zu einem Schallstamm **brl.*

brimbale „Pumpenschwengel", „Schlingerstock"
16. Jh., ist postverb. Subst. von **brimbaler** „schwanken", „(die Glocken) zum Schwingen bringen", 15. Jh., im 16. Jh. auch mit den Nebenformen *bringuebaler, brinquebaler,* die noch für Boulogne angegeben werden; das Verbum lebt in der Bedeutung „stark läuten" Boulogne, Bray, Reims, dann mundartlich weit verbreitet als „schwanken", in St. Pol „überall hinschleppen"; es ist lautnachahmend umgestaltet aus gleichbedeutendem *trimbaler,* s. d. Vgl. auch den expressiven *i-a*-Ablaut, s. *bredi-breda,* dt. *bim-bam* in Nachahmung des Glockengeläutes, FEW 221 a.

brimborion „Lumperei", „Lappalie"
15. Jh. *breborion* „Brevier", im 16. Jh. „Zaubergebete", „Zauberformel", nach Ménage in zwei Bedeutungen: „unaufmerksam geplapperte Gebete" und „Kinderspielzeug", wird schon von Pasquier, 16. Jh., als Verballhornung von *breviarium,* s. *bréviaire,* erkannt; nach Antoine, Mél. Delbouille 27 formell beeinflußt durch *bribe,* alt auch *brimbe;* Sain. Rab. 1, 319; Förster, ZRP 22, 273; REW 1289.

brimer „fleckig, rötlich machen", „ätzen"
19. Jh., lebt in Anjou, hier seit Beginn des 18. Jhs. bezeugt, ist Abl. von *brim* „feuchtkalte Witterung", auch *brime,* in dieser Form im ganzen Westen verbreitet; die Bedeutung „fleckig machen" daher, weil die feuchtkalte Witterung sich an der Schädigung der Feldfrucht zeigt; vgl. auch *brime* in Anjou als Ausdruck für Erkrankung von Obst und Gemüse. Es kreuzen sich in dem Worte zwei Stämme; westfrz. *brime* „neblig kalte Witterung", d. i. frz. *brume* gekreuzt mit *frimas* „Nebel", und seit dem 13. Jh. bezeugtes *bruiner, briner* „durch Staubregen beschädigen", d. i. Abl. von *bruine,* s. d.
Dazu im Schulrotwelsch *brimer* „den neuen Ankömmling in der Schule, oder beim Militär verprügeln", daraus wieder Mayenne *brimer* „schlagen", „quälen", Sain. LPar. 441.

brin „Halm", „Faser", „Kleinigkeit"
16. Jh., vielleicht in der Bedeutung „Hanffaser" schon im 15. Jh., aus nprov. *brin* „Hanffaser", auch *prim, prin,* geht also mit afrz. *prin* „fein", „zart" auf lat. *primus* „erster" zurück; zu diesem REW 6754; der Anlaut beeinflußt durch *broyer* bzw. *briser.*
Zu gallisch **brinos* „Rute", REW 1304, ist wegen des späten Auftretens des Wortes und wegen der Bedeutung unwahrscheinlich.

brinasse „schlechter Werg"
19. Jh., aus nprov. *brinasso,* d. i. Kollektivabl. von *brin* „Hanffaser", s. *brin.* Wegen der Abl. vgl. berrich. *bourasse* „Hanf schlechter Qualität", poitev. *ferasse* dass., Bibl. AR 2, 2, 43.

brinde „Zutrunk"
16. Jh., bei Cotgrave auch *bringue,* dazu frz. Schweiz *brinda, bringa* „zutrinken", im 18. Jh. im Argot *être dans les brindezingues* „betrunken sein", aus deutsch *bring dir's,* vgl. ital. *brindisi* dass. Behrens, DS 95; Bl.-W. 89; Larchey 62.

brindestoc „an beiden Enden beschlagener Stock"
16./17. Jh., aus ndl. *springstok,* Dict. gén. Wegen des Schwundes des Anlauts vgl. *tribord.*

brindille „Zweiglein"
16. Jh., steht wohl für **brondille,* gekreuzt mit *brin,* s. d.; **brondille* ist Abl. von afrz. *bronde* „Zweig", die Abl. wie in *ramille,* s. Jud, BDR 3, 68 Anm. Wegen afrz. *bronde* s. *brondissage.* Abl. von *brin,* mit unerklärtem *-d-,* Bl.-W. 89.

bringue „Stück"
18. Jh., ist normannisch, auch poitevinisch, kommt durch den Poissardstil in die Literatur, Sain. LPar. 15 f.; *bringue* ist nasalierte Form von prov. *briga* „Teilchen", s. *brigaut;* wegen der Nasalierung s. *brimbe* unter

bribe; dazu seit dem 18. Jh. *bringue de femme* „Weibstück", *bringue de cheval* „Klepper", vgl. dazu norm. dauph. Saintonge *bringue* „leichtsinniges Frauenzimmer", lyon. „mageres Mädchen", Anjou „schlechtes Tier, Weib", dauph. „schlechtes Roß" u. ä. Oder *bringue de femme* u. ä. in Weiterentwicklung von *une b r i n de femme*, vgl. angev. *un brin de fille*.

bringuebale s. *brimbale*.

brio „Feuer"
19. Jh., aus ital. *brio*, dieses aus gallisch **b r i v o* „Kraft", „Lebhaftigkeit", Thurn. KR 50; REW 1318.

brioche „feiner, gewölbter Kuchen"
15. Jh. für die Normandie bezeugt und noch von Cotgrave als normannisches Wort angegeben; ist deminutive Abl. von norm. *(pain) brié* „Brot mit harter Kruste", dieses Part. von *brier* „den Teig kneten", d. i. Abl. von norm. *brie* „Teigpritsche", s. d. Vgl. auch rouchi *brioche* „gebackene Apfelschnitte", dann mit sekundärer Einmischung von *beurre* verd. chal. *beurioche*, Morv. *beurioge* dass.; populär „Schnitzer", nach dem Dict. gén. nach einer Einführung bei der Gründung der Pariser Oper, nach der für jeden Fehler in der musikalischen Aufführung eine Geldstrafe in der Höhe des Preises für eine ‚Brioche' fällig wurde; s. Larchey 62.

brion 1. „Knotenmoos"
s. *bryon*.
2. „Ansatz, oberster Teil des Vorderstevens"
17. Jh., u. H.

briotte „Anemonenart"
18. Jh., vgl. dazu gask. *briolo* „Gänseblümchen", auch „Veilchen", „Frühlingsduft"; dazu gask. *briouletes* u. ä. ALF 1401, d. i. *violette* + *avril*, dieses zu *avril* „April".

briquaillon „Backsteinstücke"
18. Jh., ist dem. Abl. von unbelegtem **briquaille*, d. i. Kollektivableitung von *brique* „Backstein", s. d.

brique „Ziegelstein"
zu Beginn des 14. Jhs. in angepaßter literarischer Form *briche*, vgl. *miche*, seit dem 16. Jh. in der heutigen Form, dazu schon im 15. Jh. *briqueter*, s. d., aus mndl. *b r i c k e* „Ziegelstein" (ndl. *brik* „Backstein"), Behrens, ZRP 13, 415; (Wg. 31 f.); REW 1300. Nicht aus agls. *brice* „abgebrochenes Stück", Diez 67.

briquet 1. „Feuerstahl", „Feuerzeug"
zuerst Beginn des 18. Jhs. als „eiserner Stift anstelle eines Scharniers" belegt, die Bedeutung „Feuerstahl" seit Ende des 18. Jhs.; ist in beiden Bedeutungen aus nprov. *briquet* entlehnt; dieses bedeutet eigentlich „Felsennadel", gehört zum Stamm von nprov. *brecoun* „kleiner, zugespitzter Fels", d. i. Abl. von nprov. *brec, bric* „kegelförmige Bergspitze", „Felsennadel" aus gallisch ** b r i g i c o* „bergig" zu kymr. *bre* „Berg", „Hügel", s. Schuchardt, ZRP 4, 126; Thurn. 49 f.; *briquet* bedeutet also zunächst „Stahl in der Form einer Felsennadel", daraus „Feuerstahl".
Zu *brique* „Backstein" über *„Feuerstein", REW 1300, ist begrifflich unwahrscheinlich.
2. „kleine Bracke"
15. Jh., scheint mundartlich umgestaltetes afrz. *brachet* zu sein, vielleicht in Anlehnung an die Ablautformen *bricbrac*, s. o.; vgl. mit derselben Ablautform *briquet* „krummes Seitengewehr der Infanterie", 19. Jh., statt *braquet*, s. d.

briqueter „mit Backsteinen arbeiten"
15. Jh., ist Abl. von *brique*, s. d. Desgleichen das seit dem 19. Jh. bezeugte **briquette** „Lohkuchen" u. ä.

bris „Zerbrechen", „Bruch"
15. Jh., ist postverb. Subst. von *briser*, s. d.

brisauder „die Wolle zum erstenmal krempeln"
zuerst 1382 in Valenciennes *brifauder du drap*, noch 1823 *brifauder*, die literarische Form seit 1863 bezeugt; ist metaphorische Weiterbildung von *brifauder* „gierig verschlingen", s. *brifaud*, volksetymologisch mit *briser* zusammengebracht, Barbier, Mél. Roques II, 23.

briscambille s. *brusquembille*.

brise „Brise"
16. Jh., zuerst Ende des 15. Jhs. im Katalanischen bezeugt, dringt in das Spanische Anfang des 16. Jhs. und mit den großen Meeresfahrten von da in das Englische und Niederländische, Cor. I, 522; gehört zu *bise* „Nordostwind", also gleichbedeutend mit span. *brisa*, port. *briza*, gekreuzt mit einem zweiten Wort; dieses wäre nach Alleyne, RDiR 25, 400 *gris*, s. auch Brüch, ZPSL 49, 312; Schuchardt, Rom. 4, 255.
Gallisch **brîsja*, aus älterem **briusja*, zur Wurzel **bhreus* „brausen", „stürmen", Hubschmied, ZRP 66, 59, ist wegen des Fehlens des Wortes in alter Zeit unwahrscheinlich.

briser „brechen"
11. Jh. *brisier* „zerbrechen", absolut und transitiv, daneben *bruisier*, 12. Jh. „zerschmettern", „zertrümmern", „aufbrechen", verschmelzen im Lauf der grom. Entwicklung; *briser* gehört zu *brisare*, das Ende des 7. Jhs. in der Bedeutung *exprimere uvam* „die Weinbeeren zerquetschen" belegt ist, zu *brisa*, das bei Columella (1. Jh. n. Chr.) als „Weintrestern", d. i. „Rückstand beim Keltern" belegt ist; die romanischen Formen setzen ein ** b r i s i a r e* voraus, das von dem Subst. *brisa* abgeleitet ist; *bruisier*, das nur im Galloromanischen lebt, aus fränkisch *brūsjan* zu agls. *brȳsan* „zermalmen", s. Braune ZRP 36, 705; Brüch, ZRP 68, 281; s. auch Rohlfs, Festgabe Gamillscheg 115; FEW I, 531.
bruisier nicht zu ais. *bruighim*, Stamm **brŭs-*

„schlagen", „stoßen", „zermalmen", K. Meyer, Contr. Ir. Lex., da das afrz. Wort langes *ū* voraussetzt; *brisier* nicht zu ais. *brissim* „ich zerbreche", da *-ss-* sich lautlich mit afrz. *brisier* nicht vereinbaren läßt; zu **brūs-* s. Thurn. KR 94; zu **bris-* Thurn. KR 93; Jud, AR 6, 206; ahdt. *brochisôn* „zermalmen", Diez 536, ist lautlich unmöglich; *bruisier* von *brisier* zu trennen, und auf lat. **brugitiare* zu **brugitum, bruit* zurückzuführen, Tilander, Rom. 51, 105, überzeugt nicht, da rein konstruiert. Dazu die *-aticeum*-Ableitung afrz. *brisëiz*, 12. Jh., „Zerbrechen", frz. **brisis** „Dachbruch"; ferner seit dem 18. Jh. **brise-os** „Beinbrechgras", Franzisierung von lat. *ossifraga*, s. *orfraie*.

briska „leichter Reisewagen"
19. Jh., aus russisch *b r i s k a*. Dict. gén.

brisque „Art Kartenspiel", „Trumpf im Spiel"
18. Jh., ist vielleicht Rückbildung von *briscambille*, s. *brusquembille*?

brize „Zittergras"
18. Jh., aus gr. (βρίζα). Dict. gén.

broc 1. „Krug"
14. Jh., aus prov. *broc;* dazu im 11. Jh. *broçon* „Flaschenhals", d. i. deminutive Abl. von vlat. **brocus, (broccus),* aus gr. πρόχους „Gießkanne"; Diez 68, vgl. REW 1320; Bl.-W. 90.
2. „Bratspieß"
in *de broc en bouche*, vgl. dazu angev. *broc* „zweizackige Eisengabel", Blois dass., Vend. „Heugabel", 16. Jh., aus prov. *broc* „Dorn", nprov. auch „Spieß", d. i. maskulinische Entsprechung von prov. *broca* „Spieß", s. *broche*.
3. s. *bric*.

brocaille „kleine Pflastersteine"
19. Jh., ist dissimiliert aus *blocaille*, s. d. Dict. gén. Wegen der Form vgl. *braille*.

brocanter „schachern", „trödeln"
17. Jh., ist Abl. von mndl. *b r o k e n* „mäkeln", „trödeln". Kaum mit Recht abgelehnt Valkhoff 76. Dazu seit dem 18. Jh. die Abl. **brocanteur** „Händler mit Gemälden, Medaillen u. ä." im Pariser Vulgärfrz., Sain. LPar. 23.

brocard 1. „Stichelei"
15. Jh., ist Abl. von *broquer* „sticheln", das im 15. Jh. belegt und entweder norm. pik. Form von *brocher* oder aus prov. *brocar* dass. entlehnt ist, s. *broche*. Die Ableitung ist unverständlich. Vielleicht liegt scherzhafte Anlehnung an mlat. *brocardus* „Rechtsaphorismus" vor, dieses nach dem Bischof Burckard von Worms, der ein bekanntes Buch über das kanonische Recht geschrieben hat, Dict. gén.
Nach Spitzer, Mod. Langu. Notes 70, 501 wäre *brocardus* Latinisierung von frz. *brocard*, der Verweis auf den Bischof von Worms, (der im 11. Jh. lebte) eine Phantasie des 17. Jhs. Dazu seit dem 15. Jh. die Abl. **brocarder** „sticheln".
2. „einjähriger Hirsch", „einjähriger Bock" u. ä.
16. Jh., ist Abl. von *broc* = *broche* „Spieß"; vgl. das gleichbedeutende *dagard, daguet*.

brocart „Brokat"
16. Jh., aus ital. *broccato* „durchwirkter Stoff", d. i. Abl. von ital. *broccare*, der Entsprechung des frz. *brocher*.

brocatelle „nachgemachter Brokat"
16. Jh. *brocadel, brocatel*, aus ital. *broccatello*, d. i. dem. Abl. von *broccato*, s. *brocart*.

broche „Spieß", „lange Nadel"
12. Jh., afrz. „spitzer Pflock", „Zacken", „Spieß" u. ä., Grundbedeutung „spitzer Gegenstand", aus grom. **brocca*, d. i. augmentative Abl. von grom. **broccus*, prov., westfrz. *broc*, s. *broc* 2; aus gallisch ** b r o k k o s* „Spitze", „spitzig", das im Keltischen in der Bedeutung „Dachs" lebt und im Lateinischen entlehnt in der Bedeutung „mit hervorstehenden Zähnen", eigentlich „dachsschnauzig" erhalten ist. Thurn. KR 50; Diez 68.
Dazu seit dem 11. Jh. die Abl. **brocher** „aufspießen", „heften", „durchwirken", afrz. „stacheln", „die Sporen geben", „reiten" u. ä.,

brochet „Hecht"
13. Jh., ist wohl schon vorhistorische Abl. von ** b r o k k -* „spitzig", s. *broche*. Jud, BGPSR 11, 32; REW 1319.
Dazu seit dem 17. Jh. die kollektivische Abl. **brochetaille** „kleine Hechte".
brocheter s. *broche*.
brocheton s. *brochet*.
brochette s. *broche*.
brochoir s. *brocher*.

brocoli „italienischer Kohl"
16. Jh., aus ital. *broccoli* „Kohlsprossen", d. i. dem. Abl. von *brocco* „Sprößling", s. *broche*. Dict. gén.

brocotte „Käseklümpchen in den Molken"
18. Jh., ist assimiliert aus lothringisch *brecotte* „käsiger Schaum beim Kochen der Molken", würde in literarischer Form **briquette* lauten; d. i. Abl. von mundartlichem *brique* „Bruchstück", vgl. verd. chal. *briques* „Stükke", „Trümmer", bress. *breque*, Genf, Jura *brique*, langued. *brico*, nprov. mit den Nebenformen *brigo, breco, brego*, s. darüber *brigaut*.
Fragend zu mhdt. *brocke* „Brocken", Brüch, ZPSL 49, 313; s. auch Jud, VR 3, 324.

brode 1. „Spitze" va.
14. Jh., ist postverb. Subst. von *broder*, s. d.
2. „Frau mit dunkelbrauner Gesichtsfarbe" wird für Orléans angegeben, dazu zuerst im 15. Jh. *pain de brode* „schwarzes Brot aus Weizen und Roggen", bei Cotgrave *pain brode* „braunes Brot", dazu Blois *brode* „braun"; es gehört vermutlich zu den unter *bredouiller* angeführten Formen für „Kot", „Schmutz", vgl. besonders norm. *brauder*

„beschmutzen", *débrauder* „vom Schmutz reinigen".

brodequin „Stoffart" va., „Stoffschuh"
14. Jh. *broissequin,* dann in Anlehnung an *broder* seit Ende des 15. Jhs. die heutige Form, aus ndl. *brosekin* dass., vgl. norm. *brosquin*; Valkhoff 77; Diez 61; REW 1330. Aus span. *borcequi,* Bl.-W. 90, ist formell unverständlich; das span. Wort, dazu auch ital. *borzacchino,* ist selbst unerklärt.

broder „sticken"
12. Jh. *brosder,* aus fränkisch **brordôn* zu ahdt. *gaprortôn,* ahdt. *brort* „Spitze"; *brosder* ist dissimiliert aus **brorder,* vgl. afrz. *desver* neben *derver,* s. *endêver;* die ältere Form lebt in afrz. *brouder,* mit Längung des *o,* wie in *endêver* aus *enderver*; Diez 59; REW 1349. Fränkisch **bruzdôn,* Bl.-W. 90, ist unmöglicher Ansatz; gotisch **brŭzdôn* lebt dagegen vielleicht in prov. *broidar, brodar,* wenn dies nicht aus dem Nordfrz. stammt.

brogue „schottischer Riemenschuh"
18. Jh., aus englisch *brogue*, Dict. gén, dieses zu gälisch *brôg* „Schuh", air. *brocc* „Hosenstrumpf" (M. Förster).

broie 1. „Flachsbreche"
15. Jh., ist postverb. Subst. von *broyer,* s. d.
2. „Fruchtband" (Wappenkunde)
15. Jh., scheint mit mfrz. *broie* „Kappzaum" eins zu sein, dieses analogische Nebenform von gleichbedeutendem *braie.* Dict. gén.

brome 1. „Trespe"
17. Jh., aus lat. *(bromos)* „Art Unkraut".
2. „Brom"
19. Jh., von dem Chemiker Balard zu gr. (βρῶμος) „Gestank" gebildet. Dict. gén.

bromélie „Narzissenschwertel"
19. Jh., gebildet nach dem Namen des Botanikers *Bromelius.* Dict. gén.
bronchade s. *broncher.*

bronche „Bronchie"
17. Jh., im 16. Jh. *bronchies,* aus mlat. *(bronchia),* das aus dem Griechischen stammt.

broncher „straucheln", „stolpern"
12. Jh. *bronchier* „neigen", „senken", neben gleichbedeutendem *abronchier, embronchier,* aus vlat. **prōnĭcare* „neigen", d. i. Abl. von lat. *pronus* „nach vorne geneigt"; REW 6778; Diez 568. Die *-br-*Form geht vielleicht von der Zusammensetzung **impronicare,* d. i. afrz. *embronchier* aus.
Zu einem **bruncus* „Klotz", das selbst unsicherer Herkunft ist, FEW I, 564, ist begrifflich unverständlich.

brondissage „Ausstopfen mit Werg"
19. Jh., ist Abl. von mundartlichem, z. B. rouchi *brondir* „ein Loch verstopfen", d. i. Abl. von afrz. *bronde* „Zweig", vgl. prov. *bronda* „Reisigholz", „Reisigbündel", Waadt *bronda* „belaubter Zweig", *Malabronde,* ON im Dep. Ain; wegen der Bedeutung des Verbums vgl. das gleichgebaute *boucher.* Das zugrunde liegende **bronda* ist vermutlich die gallische Entsprechung des lat. *frons, fronde* „Laub", Meyer-Lübke, ZRP 36, 599, oder nach REW 1271 Kreuzung von *branca,* s. *branche,* mit lat. *fronde.* Vgl. auch *brindille.*
brunda „Hirschgeweih" bei Isidor, Barbier, RDR 4, 80, hat keinen wirklichen Bestand, s. Meyer-Lübke, ZRP 36, 599. Die Sippe zu flämisch *breeuwen* „kalfatern", FEW I, 510 ist unverständlich.

bronze „Bronze", „Erz"
16. Jh., mask. und bis ins 17. Jh. gelegentlich auch fem., aus ital. *bronzo,* das im Mittellateinischen als *brundium* bezeugt ist, lebt namentlich in Norditalien und dem Alpenromanischen, auch als „Gegenstand aus Bronze", 1339 Venedig, 1349, Rom, usf.; u. H. Vielleicht aus persisch *biriǵ* „Kupfer", REW 1113, doch müßte der Stammvokal des Wortes aufgeklärt werden; vielleicht in Anlehnung an *bronza* „Glut", das germanischer Herkunft ist, s. Gg. RG II, 137; über mgr. βροντήσιον aus lat. **aes Brundisium* „Erz aus Brindisi", *Berthelot, Rev. arch. 1888, 274, ist lautlich unmöglich; dagegen würde gr. βροντεῖον, Meyer-Lübke, Gr. Gr. I, 667 in mgriechischer Aussprache lautlich entsprechen; es bedeutet nach Battisti I 611 ein Instrument, ein Gefäß aus Erz mit Steinchen, mit dem auf der Szene durch Schütteln Lärm erzeugt wird. Aber das gr. Wort gehört zu βροντή „Donner", für die Weiterentwicklung zu „Bronze" fehlen Anhaltspunkte; s. Renée Toole, Berliner Beitr. III, 4, 51—78.

broque „Kohlsprosse"
17. Jh., aus ital. *brocco,* vgl. *brocoli.*

broquelin „Tabakabfall"
19. Jh., aus ndl. *brokkeling* „Bröcklein". Dict. gén.; Valkhoff 78.

broquer „an die Angel stecken"
19. Jh., ist norm., pik. Form von *brocher,* s. d.

broquette „Tapetennagel"
16. Jh., ist mundartliche Form von *brochette,* s. *broquer.* In derselben Bedeutung seit dem 17. Jh. auch die Abl. **broquillon.**

brosse 1. „Bürste"
13. Jh. *broisse,* entsprechend noch heute pik. *brouesse,* daneben seit dem 15./16. Jh., infolge Verschmelzung mit *brosse* 2, *brousse,* aus fränkisch **bŏrstja,* romanisiert **brostia,* Grundform **bŭrstja* (mit Wandel von *-ŭr-* zu *-or-* im Fränkischen vgl. „Storm" zu „Sturm"), zu dt. „Bürste"; zu *brosse* 2, REW 1340 a, Bl.-W. 90 ist weder lautlich noch begrifflich annehmbar.
2. „Gebüsch" (am Waldrand, zum Schutz von Setzlingen gegen Wind und Wildfraß).
12. Jh. *broce* „Heide", „Gebüsch", im Rom.

Renard *broce, broche* „Heidekraut“, Til. Lex. 26, in dieser Bedeutung auch pik. *broce,* nprov. *brousso* „Besenheide“; Grundform **brọccia* mit geschlossenem *-o-*, prov. *brọssa,* d. i. *-ia*-Ableitung von **broccu,* das nach REW 1333 als *brok, brokon* „Heidekraut“ im Nordosten des Lombardischen noch bezeugt ist; *brokk-* ist romanisierte Form für gallisch **wroik-* zu irisch *froech* „Heidekraut“, mit Wiedergabe von im Gallischen und Gälischen erhaltenen keltischen *-oi-* durch lat. *-ọ-*, da zur Zeit der Romanisierung gallischer Lehnwörter das Lateinische keinen *-oi*-Diphthong mehr hatte. Wegen der *-ja*-Abl. in grom. **broccia* vgl. *vernia* „Erlengebüsch“ neben *verna* „Erle“, s. *verne.*
Der gallisch-britannischen Entwicklung von *-oi-* zu *-ū-* entspricht die Variante **brūk* „Heidekraut“, erhalten in der Abl. **brucaria* „Heidekraut“, s. *bruyère.* Über das Auftreten von lautlichen Varianten des irischen wie des britannischen Zweiges im Gallischen vgl. Jud, AR 6, 190; Thurneisen KR 8; REW 1333; über die Entwicklung von keltischem *-oi-*, Pedersen I, § 39.
Brosse 2 zu *bruscum,* das bei Plinius als „Baumschwamm“ bezeugt ist, dazu eine Grundform **bruscia,* Bl.-W. 90 (für *brosse* 1 und 2) ist lautlich und begrifflich gleich unwahrscheinlich; lautlich, weil *-scj-* zu *-iss-* wird, wie *stj* in *brosse* 1, afrz. *broisse;* **brŭscia* von *brŭscum* getrennt, REW 1340 a, ist nicht erklärt und lautlich ebenso unmöglich; die Bedenken gegen die Verbindung von *brosse* „Heidekraut“, „Gebüsch“ mit *bruyère* werden REW 1333 durch eine teilweise Anerkennung widerlegt, Cor. I, 527; *brosse* 2 zu prov. *brotar* „sprießen“, „sprossen“, dazu prov. *broton,* aus *broton* „Trieb“, „Knospe“; dieses aus gotisch **brutôn* (mhdt. *broȝȝen*), „Knospen treiben“, das lautlich erinnert, ist begrifflich unwahrscheinlich; *brosse* 2 zu keltisch **broxn,* **bruxn,* bretonisch *broenn* u. ä. „Binse“, Thurn. KR 51, ist lautlich nicht möglich. Die literarische Form *brosse* ist entlehnt aus prov. *brossa*; die einheimische Entsprechung s. unter *broussaille.*

brou „grüne Nußschale“
16. Jh., ist auf dem Südgürtel des Nordfrz. die dem prov. *brot* „Knospe“ entsprechende Form, s. über dieses *brosse* 2 Anm.; Gg. RG I, 376; REW 1347.

brouailles „Eingeweide“ (von Fischen, Geflügel) u. ä.
14. Jh., aber zweifellos älter, in Glossen als *burbalia* dass. bezeugt, vgl. dazu nprov. *buerbo, burbo* „Eingeweide“, auch „Kot“, „Schlamm“, und dazu *bourbaio* „Schlamm“, „Bodensatz“; grom. *burbalia* ist Kollektivableitung von gallisch-lat. **borba,* s. *bourbe.* Die lautliche Entwicklung über **brubalia,* Schuchardt, SAWien 143, 3, 208 f.; Diez 534. Dazu seit dem 12. Jh. in Anlehnung an afrz. *boële* „Eingeweide“, s. *boyau,* die Nebenform *broeille,* daher heute **breuilles** „Heringseingeweide“.
Dieses unmittelbar zu afrz. *boele* mit eingeschobenem *-r-*, *Eurén, Rec. G. Paris, 12, s. G. Paris, Rom. 19, 119, ist lautlich nicht möglich; zu *bŭrd-*, s. *bourde, bourdon,* Richter, SAWien 156, 5, 108 ist entwicklungsgeschichtlich nicht begründet; *brouaille* nach G. Paris, Rom. 5, 382; 6, 133 mit Suffixwechsel aus *brueilles,* wird durch die Glossenform widerlegt. Zugehörigkeit zu *burbalia* nicht mit Recht abgelehnt REW 1241.

brouée „Staubregen“
13. Jh., ist Kollektivabl. von afrz. **broe* (vgl. norm. *broe, broue* „Geifer“, „Schaum“, „klebrige Masse), im 17. Jh. *broue* „kleine weiße Wolke“; geht auf ein grom. **brŏda* zurück (vgl. wegen der Entwicklung *rŏta* zu *roue* über *ruee*), d. i. Kollektivform von grom. **brŏdum* aus fränkisch **brođ* (agls. *broþ* „flüssige, schlammige Masse“), Bruckner, Char. 21; Joret, Rom. 9, 118 ff; FEW I, 550. Vgl. auch *brouillard, brouiller.*
Nicht zu *bruir,* REW 1325.

brouet „Kraftsuppe“
13. Jh. „flüssige Nahrung“, Rom. 44, 534, ist schon vorhistorische Abl. von grom. **brodum,* s. *brouée,* das in afrz. *breu, bro* „Brühe“, Rom. 25, 511, erhalten ist, s. FEW I, S. 554.

brouette „Schubkarren“
12. Jh., *bourouaite,* im Frz. von Louisiana *bourouette, birouette,* ist dem. Abl. von afrz. **berruetz,* das vielleicht in ostfrz. Formen erhalten ist, aus grom. *birrŏtis,* das in Glossen bezeugt ist; dieses zusammengesetzt aus lat. *bi(s)* „zwei-“ und *rota* „Rad“, s. *roue.* Dict. gén.; FEW I, 374.

brouhaha „lärmendes Geschrei“
16. Jh., ist im mittelalterlichen Theater als Geschrei des als Geistlichen verkleideten Teufels bezeugt, Barbier, RDR 4, 81, aus hebräisch *bārûkh hab-bā* „gesegnet sei, der da kommt“ aus Psalm 118. REW 968; Spitzer, WuS 5, 126; FEW 266 b; Bl.-W. 91.

broui „Lötrohr“
18. Jh., vermutlich für afrz. **broeil,* d. i. *-ĭculum*-Abl. von *bruir* „versengen“, s. d. Vgl. wegen der Abl. *verteil.*
brouillage s. *brouiller.*

brouillamini „Boluspflaster“
dann in volksetymologischer Umdeutung nach *brouiller* „Wirrwarr“, 18. Jh., aus lat. *(boli armenii)* „von armenischem Bolus“, seit dem 14. Jh. *bouli-aminy,* Bl.-W. 91; Dict. gén.; s. *bol.*

brouillard „Nebel“
13. Jh. *broillas,* auch „Verwirrung vor den Augen“, vermutlich aus älterem *brouas* in

Anlehnung an *brouiller* umgestaltet; vgl. bei S. V. *brouas* „kalter Nebel"; dieses ist *-aceum-Abl.* von afrz. **broe* „feuchte Witterung", s. *brouée:* H. Kläui, Die Bez. für Nebel im Gallorom. Aarau, 1930 (Diss. Zürich. 1930); wegen der Abl. vgl. *frimas.* Gg., ZRP 40, 149; Bl.-W. 91; FEW I, 550.

Von der älteren Form seit dem 17. Jh. abgeleitet **brouillasser** „fein regnen", „nebeln"; dazu seit dem 19. Jh. das postverb. Subst. **brouillasse** „feiner Nebel". Vgl. Barbier, RDR 4, 81.

Unmittelbar *brouillard* zu *brouiller,* REW 1325 ist morphologisch unverständlich.

brouille 1. „Zerwürfnis"
18. Jh., ist postverb. Subst von *brouiller* „entzweien", s. d.
2. „Schwadengras", „Hahnenfuß" u. ä.
vgl. Bresse *brouille blanche* „Wasserhahnenfuß", dürfte zu dem Stamm *brouill-* in *brouillard* u. ä. gehören.

brouiller „durcheinandermengen", „trüben", „entzweien"
13. Jh. *brooillier, *broeillier,* s. Tilander, Renard 164 ff., aus grom. **brodĭculare,* d. i. dem. Abl. von **brŏdĭcare* „in schmutzigem Wasser pantschen", das durch bergamaskisch *brodigar* „beschmutzen" gesichert ist, Jud, Rom. 44, 140; **brodicare* ist Abl. von grom. **brŏda* „Schmutzwasser", s. *brouée.*
Dazu seit dem 16. Jh. **brouillon** „Wirrkopf", anderseits zu „Roh-Entwurf".
brouiller zu *breuil,* Diez 69, oder zu *bruir,* REW 1325; oder zu nhdt. *brodeln,* Spitzer, ZRP 40, 696, oder zu *bouger,* Schuchardt, SAWien 141, 3, 208, ist wegen der alten Form nicht möglich.

brouir „die bereifte Saat verbrennen"
ist mundartliche (pik. lothr.) Form von *bruir,* 12. Jh., aus fränkisch **brôjan* (ndl. *broeijen*) „verbrühen". Diez 535; Mackel 30; REW 1325.
Prov. *brauzir,* Mackel 31, besteht nicht. Dazu seit dem 17. Jh. die Abl. **brouissure** „Verbrennung".

broussaille „Buschwerk", „Dickicht"
16. Jh., im 17./18. Jh. in Rückanlehnung an das Grundwort auch *brossaille,* ist kollektivische Abl. von *brosse* 2. Vgl. dazu, abgeleitet von der ursprünglichen Bedeutung von *brosse* 2, nprov. *broussaio* „Heidekraut".

brousse „Topfen aus Ziegen- oder Schafmilch"
16. Jh., aus nprov. *brousso,* dass.; dieses ist postverb. Subst. von nprov. *broussà* „molkig machen", „gerinnen machen". Ein nprov. *broussà* entsprechendes alt belegtes prov. **brossar* scheint nicht bezeugt zu sein; es gehörte wohl zu kat. *brossa,* span. *broza* „Abfall", „Abschnitzel", aus gotisch **brukja* „Brocken" zu ahdt. *broccho,* vgl. belegtes got. *gabruka* dass.; das dazugehörige romanisierte Verbum **brọcciare* bedeutete dementsprechend „zerbröckeln", speziell „zu Käseklümpchen machen"; vgl. zum gleichen Stamm gehöriges *brocotte;* Gg, RG I, 369.

brousser s. *brosser.*

broussin 1. „Knorren", „Baumschwamm"
14. Jh., ist deminutive Abl. von afrz. *bruis,* wohl auch matl. **brouis* „Ahornschwamm", „Maserholz", dieses, 12. Jh., aus lat. *brūscum* „Baumschwamm". REW 1342.
2. „Käse mit Essig und Pfeffer"
ist dem. Abl. von *brousse,* s. d.

broussure s. *brouissure.*

brout „Treibreis"
12. Jh. *brost,* vgl. dazu prov. *brọst* „junger Trieb", *brọsta* „Blätterwerk", „Gezweige", aus fränkisch **brŭst,* vgl. das von *brust* abgeleitete asächs. *brustjan* „sprossen". Diez 70.
Dazu seit dem 12. Jh. die Abl. *broster,* frz. **brouter** „die Triebe abgrasen", „ungleich bohren" u. ä., das mit prov. *brostar* dass. auf ein schon grom. **brustare* zu **brust* „Trieb" zurückführt. Dazu in Anlehnung an *ramille* seit dem 15. Jh. die kollektivische Abl. **broutille** „abgehauenes Reisholz".
Germ. **brŭstjan* für prov. *brostar,* REW 1344, ist im Germanischen nicht genügend gesichert, da *brustjan* nur asächs. bezeugt ist, auch macht die Konjugationsklasse des provenzalischen Verbs Schwierigkeit.

broyer „zerreiben", „Hanf brechen"
13. Jh., afrz. *brie-broier,* vgl. *brie,* aus fränkisch **brĕkan* (as. agls. *brĕcan*) „brechen". Storm, Rom. 5, 171. Westgerm. **brĕkan,* Brüch 87, ist nicht notwendig; gotisch *brikan,* REW 1299, ist für das Nordfrz. lautlich schwierig, doch dürfte sich in Südfrankreich das gotische Verbum mit dem fränkischen getroffen haben, vgl. *briquet, brocotte.* **bricare* als italische mundartliche Form für *fricare,* Ulrich, ZRP 11, 419, kommt nicht in Betracht. Vgl. auch Gerig, HF 56 Anm. 2 und 57.

broyon 1. „Rührkeule"
13. Jh., belegt für das Gerät eines Bäckers, gleichbedeutend mit *broie,* ist dem. Abl. von diesem; zu *broyer* „zerreiben", s. d.
2. „Wildfalle", „Tritteisen"
12. Jh., auch *brayon,* s. *brai* 3.

bru „Schwiegertochter"
12. Jh. *brut,* bezeichnet afrz. die Verlobte kurz vor der Hochzeit, dann wie heute norm., Eure, Bessin „die junge verheiratete Frau"; das Wort ist im 3./4. Jh. im Ostromanischen als *brutis* inschriftlich bezeugt, hier aus urgotisch **brûþis,* Braune, PBB 32, 38 f. und ist in der Form *brutis* ins Vlat. übernommen worden; daher inschriftlich in Gallien, dativisch, *bruti,* Pirson 236; Brüch 48. Vlat. *brutis* „Soldatenbraut" verschmilzt mit fränkisch **brûd** (zu ahdt. *brût* „Braut", „Gemahlin"), wird im Gesichtskreis der Schwieger-

mutter zu „Schwiegertochter", T. L. I, 1168, so gleichfalls schon im 12. Jh. belegt.

bruant „Ammer"
auch *bréant,* 14. Jh., vgl. dazu Mayenne *brouan, bəruan* u. ä. Roll. Fl. 10, 71; 2, 197 für *bruant jaune;* nach ALF, Suppl. I, 30 auch *verdière, berdaulo* u. ä., gask. *bedorlo;* H. u.
bruant zu germ. *embering,* deutsch *Ammer,* Bugge, Rom. 4, 351, ist lautlich nicht möglich. Nach REW 2858 wäre *bruant* Schallwort; Bl.-W. 92, zu *bruire?*
Lautlich anklingend, aber begrifflich schwer zu verbinden, ist afrz. *bruant* „Maikäfer", so im Metzer Psalter, Dauzat, Ess. géogr. lingu. 93, das in der Form *brigantes* = *bruchi,* d. i. „Art Heuschrecken", bei Marcellus v. Bordeaux belegt ist, Thomas, JS 1920, 20; Terracini, RFIC 49, 430; dieses *brigantes* gehört nach Jud, Rom. 46, 475 ff. zu bret. *grec'h* „Milbe", ist also die gallische Entsprechung des kymrischen Plurals *gwraint,* s. Henry s. *grec'h.*
Nach Palay s. *berdaule* gilt der Vogel als sehr gefräßig; s. dort (ins Frz. übersetzt) „Il fait comme le bruant-sitôt levé, sitôt à table"; dazu die *-arius*-Abl. *berdaulè* „halber Faulenzer", „Trödler". Die Gefräßigkeit könnte die begriffliche Verbindung von „Maikäfer" zu „Ammer" herstellen.
brucelle s. *bercelle.*

bruche „Samenkäfer"
18. Jh., aus lat. *(bruchus)* „Art geflügelte Heuschrecke", bzw. gr. (βροῦχος) „Maikäfer", vgl. *bruant.*

brugnon „Blutpfirsich"
16. Jh. auch *brignon, brignole, brugnole,* stammt wohl aus dem Süden, hier auch mit den Formen *aoubrignoun* (adauph.), *ibrougnon* (Toulouse), *abrignoun* (Landes); dazu nprov. *auberjo, auberyo* u. a.; es kreuzen sich in dem Worte vermutlich eine Ableitung von *pruna* mit einer weiteren Fruchtbezeichnung, die nicht feststeht; vielleicht *abricot,* s. d., vgl. Roll. Fl. 4, 300.
Nach REW 6799; Jud, ZRP 38, 49 Anm. 3 lat. **prūnea* mit einem weit verbreiteten Übergang des Anlautes in *br-*; daß dieser nach gr. προῦμνον erfolgt sei, Brüch, ZRP 40, 320, ist geschichtlich unwahrscheinlich, s. auch *brunelle;* FEW 9, 492.

bruine „kalter Staubregen"
12. Jh. *broine,* ist Kollektivableitung von *brouée* „Staubregen", vgl. burg. *bruene, breugne,* pik. *breuaine,* wall. *bruhène* dass., Joret, Rom. 8, 120; Dict. gén.
Zu lat. *pruina* „Reif", mit *br-* von *bruma,* s. *brume,* REW 6796, Bl.-W. 91/21, ist auch möglich.
Dazu seit dem 13. Jh. die Abl. **bruiner** „nieseln", „durch Staubregen beschädigen".
bruir, bruissage s. *brouir.*

bruire „lärmen", „erdröhnen"
12. Jh., ist Kreuzung von lat. *rūgire* „brüllen", mit grom. **bragĕre,* s. *braire,* Thurn. 92; kaum mit dem Stamm von *bramer,* das in Nordfr. in älterer Zeit fehlt und den Konjugationswechsel des lat. Wortes nicht erklärt, REW 7428. Nach Rauhut, VKR I, 128 wäre *br-* lautmalend.

bruisiner „Malz schroten"
18. Jh., ist abgeleitet von afrz. *bruisier* „brechen", s. *briser; -iner,* ist mundartlich deminutives Suffix bei Abl. von Verbalstämmen, s. afrz. *esgratiner* unter *égratigner,* Guernesey *crachiner* zu *cracher* usf.
bruissement s. *bruire.*

bruit „Lärm"
12. Jh., aus grom. **brūgĭtum,* d. i. vorhistorisches Part. von grom. **brūgĕre* „lärmen", s. *bruire.*

brûler „verbrennen"
11. Jh. *brusler,* daneben afrz. *usler,* prov. *usclar* dass., während prov. *bruslar, brulhar* aus dem Norden stammt; es liegt lat. *ūstŭlare* „anbrennen", „verbrennen" zugrunde, das in den Pompeianischen Wandinschriften belegt ist, und sich mit einem zweiten Wort gekreuzt hat; dieses ist vermutlich ein Typus **brūsiare,* der in prov. *bruizar, bruzar* belegt und heute noch in Südfrankreich erhalten ist, s. Rohlfs, ASSL 181, 150; der Typus wäre gallischer Herkunft, Hubschmid, VR 12, 116; kaum **bustulare,* zu *comburere, amburere, combustum, ambustum,* vgl. lat. *ambustio* „Verbrennung", *ambustulatus* „rund herum verbrannt", vgl. in Glossen *busticeta* „locus ubi comburuntur corpora", Loewe 84, mit ungeklärtem *-r-,* s. auch Skok, Časopis pro moderni filologii 14, s. Rom. 57, 591; **brustulare* aus **bustulare* mit Vorwegnahme des *-l-,* das in *r* übergegangen wäre, wie in *trabla* aus *tabula,* Niedermann, Festschr. Gauchat 46, wäre nur für das Frankoprovenzalische möglich; zu **combustulare* s. auch Storm, Rom. 5, 173, der, wie Baist, ZRP 24, 406 an Beeinflussung durch germ. *brennen,* got. *brunsts* denkt.
Unwahrscheinlich ist Kreuzung von *ustulare* mit **brūscum* „Besenheide", s. *brusc,* bzw. prov. *bruscar* „das Äußere eines Schiffes mit Besenheide ausbrennen", s. *brusquer,* Nigra, Rom. 31, 515; *brûler* aus **būrum ūstulare* zu **burum* „Schilfrohr", das wieder zu *bŭrda* s. *bourde, bourdon* gehören soll, Richter, SAWien 156, 5, 73, ist unmöglich, da ein **burum* „Schilfrohr" nirgends gesichert ist. *brûler* zu **brurere,* aus einem mundartlich lat. **combrurere* für *comburere,* zu dem ein Part. **combrustum* bestanden hätte, dazu nun **brustulare,* Ascoli, AGI 1, 35; 10, 41, ist ohne Stütze in der tatsächlichen Überlieferung. Doch ist ein von *comburere* rückgebildetes *burere* in den Form. Merow. be-

zeugt, s. ALL 2, 268. Unmögliches s. auch Alessio, Neuphil. Mitt. 37, 289.

brûlot „Branderschiff", „stechendes Insekt im Gras"
17. Jh., steht wohl für **brûlaud,* da *-ot* = *-ottus* funktionnell hier nicht am Platze ist; s. *brûler.*

brûlure „Brandschaden"
13. Jh., als „Getreidebrand" seit dem 17. Jh., ist ursprünglich abstrakte Abl. von *brûler,* s. d. Barbier, RDR 4, 82.

brumaille s. *brume.*

brumaire „Nebelmonat"
1793 gebildete Abl. von *brume.*

bruman „Schwiegersohn" va.; „Verlobter"
16. Jh., 1198 als Beiname belegt, seit 1335 im Normannischen bezeugt, wo es noch heute besteht; aus anord. *bruđmann,* d. i. Acc. zu *bruđmađr,* bzw. altdänisch *brudemand* „Begleiter des Bräutigams zur Kirche am Hochzeitstag", FEW I, 559; Walberg, Stud. Neoph. 16, 39; Michaëlsson, RDiR 25, 335; vgl. norw. *enkemand* „Witwer" zu *enke* „Witwe", vgl. REW 1346.

brumasse „leichter Nebel"
19. Jh., ist fem. Neubildung zu älterem, seit dem 15. Jh. belegten *brumas,* d. i. nach *frimas, brouillas,* s. *brouillard,* abgeleitet von *brume* s. d.

brume „dichter Nebel"
14. Jh., aus lat. *(brūma)* „Winterszeit", „Winternebel", das ehemals auch im Galloromanischen in volkstümlicher Entwicklung vorhanden war, aber mit *pruina,* frz. *brime* u. ä. verschmolzen ist, vgl. auch *brime.* REW 1335 Oder entlehnt aus prov. *bruma* „Nebel", Bl.-W. 92.

brumer, brumeux s. *brume.*

brun „braun"
12. Jh., aus westgerm. **brûn,* das wie *blond* schon vlat. Entlehnung aus dem Germanischen ist, da die lat. Entsprechungen *fuscus* „schwarzbraun", *lividus* „blaubraun" andere Farbtöne wiedergaben; *brunus* findet sich zuerst bei Isidor v. Sevilla. REW 1340; Brüch 87; Kluge, ZRP 41, 679.
Dazu seit dem 19. Jh. die Abl. *brunâtre* „bräunlich", vgl. *bleuâtre, blanchâtre* u. ä.

brunelle „Prunellenkraut"
16. Jh. *prunelle,* im 17. Jh. die heutige Form, mlat. *brumella, prunella,* heute mundartlich *burnette, brunette, brignole* u. ä., Roll. Fl. 8, 199, dürfte wegen der Farbe wohl zu *brun* „braun", gehören, doch hat sich das Wort an verschiedene andere Wörter angelehnt, so *brume, prune*; vgl. auch REW 6798, wo das Wort zu *prunus* gestellt wird; s. auch *brugnon.*

brunir „bräunen", „polieren"
11. Jh., aus fränkisch **brûnjan* „braunglänzend machen" (ahdt. *brûnen* dass., ostfriesisch *brûnen* „beizen"), Braune, ZRP 19, 356.
Gallorom. Abl. von *brun* ist auch möglich, REW 1340.
Dazu seit dem 16. Jh. die Abl. **brunissoir** „Glätterwerkzeug".

brusc „Besenheide"
15. Jh., aus prov. *brusc,* dass., auch *bruc,* dieses aus gallisch-lat. **brūcus,* s. *bruyère;* die Endung *-sc* in Anlehnung an *brūscum,* das in Glossen lat. *rhamnus* „Weißdorn" erklärt; Meyer-Lübke, WS 25, 93; Schuchardt, SAWien 138, 1, 67.

brusquambille „Art Kartenspiel"
18. Jh., nach dem Beinamen des Komödianten Deslaurier, der im 17. Jh. eine bekannte Persönlichkeit war, Dict. gén.; Dauzat S. 118. Der Beiname *(brusqu' en bile)* bedeutet „schroff bei übler Laune".

brusque „ungestüm", „rauh", „heftig", „schroff"
16. Jh., aus ital. *brusco,* dass.; dieses ist als Adjektiv im 14. Jh. in der Verbindung *vinum bruscum* bezeugt, ist ursprünglich Subst. mit der Bedeutung „Mäusedorn", so ital. *brusco, bruscone* dass., zu *bruscus,* das im 7. Jh. in der Bedeutung „stachlige Myrthe" in einer Glosse belegt ist; Battisti I, 618; s. *brusc.*

brusquer 1. „hart anfahren"
16. Jh., ist Abl. von *brusque,* oder unmittelbar entlehnt aus ital. *bruscare.*
2. „ein Schiff ausbrennen", va., „Geflügel absengen"
17. Jh., aus ital. *bruscare* dass., das seit dem 13. Jh. zuerst für Venedig bezeugt ist; dieses aus vlat. **brusicare* zu vlat. *brusiare* „brennen", s. *brûler. bruscare* hat im 16. Jh. auch die allgemeine Bedeutung „sengen", „bräunen".
3. in *brusquer fortune* „sein Glück versuchen" 17./18. Jh., ist Kreuzung von *busquer* „suchen" mit dem Stamm von *brusque, brûler* u. ä.

brussoles „ragoutartige Speisen"
18. Jh., dafür schon seit Beginn des Jahrhunderts in England *brusole* aus frz. *brusoles,* das in Frankreich schon im 17. Jh. nachweisbar ist, Behrens, Wg. 224 f.; dieses nach Barbier, RDR 4, 82 aus ital. *brusuola* zu nordital. *brusar* „verbrennen", wohl aber umgestaltet aus *brasuola,* s. *brésoles.*

brut „roh"
14. Jh., aus lat. *(brūtus)* „schwerfällig", „stumpf", „gefühllos". Dazu seit dem 15. Jh. die Abl. **brutal** „rücksichtslos"; dazu seit dem 14. Jh. mit dem *-ivus*-Suffix erweitert *brutif, bruitif* „roh", „brutal".

bruyant s. *bruire.*

bruyère „Heideland", „Heidekraut"
12. Jh., aus grom. **brūcaria,* d. i. Abl. von grom., aus dem Gallischen entlehnten **brūcus* (airisch *froech)* „Heidekraut",

Schuchardt, ZRP 4, 148; Thurn. KR 94; REW 1333; Diez 535. Vgl. auch *brosse* 2.

bryon „Jungfernmoos“
16. Jh., aus lat. *(b r y o n e).*

bryone „Zaunrübe“
auch **bryoine,** 14. Jh., aus lat. *(b r y o n i a).*

buade „Pferdegebiß mit langen, geraden Scheren“
18. Jh., ist, wie 1751 ausdrücklich erwähnt wird, nach dem Namen des ersten Erzeugers benannt; Barbier, PLeeds 1, 33.

buanderie s. *buer.*

bubale „Antilopenart“
18. Jh., aus lat. *(b u b a l u s)* „Gazelle“.

bube „Pustel“
13. Jh., ist Rückbildung von **bubon** „Geschwulst“, zu dem es als Grundwort angesehen wird; dieses aus gr. (βουβών) dass.

bucail, bucaille s. *beaucuit.*

bucarde „Herzmuschel“
18. Jh., aus lat. *(b u c a r d i a),* das in der Bedeutung „eine Art Edelstein“ bezeugt ist, eigentlich „Ochsenherz“.

buccal „Mund-“
18. Jh., aus lat. *(b u c c a l i s)* zu *bŭcca* in der romanischen Bedeutung „Mund“, s. *bouche.*

buccin „Trompetenschnecke“
18. Jh., aus lat. *(b ŭ c c ĭ n u m).*

bucentaure „venezianisches Paradeschiff“
17. Jh., aus ital. *bucentoro,* d. i. zusammengesetzt aus gr. βοῦς „Ochs“ und κένταυρος „Centaure“, Dict. gén.

bûche „Holzscheit“
12. Jh. *busche,* aus grom. **bŭsca* „Gehölz“, dessen Bedeutung durch die Abl. *débucher* „aus dem Gehölz kommen“, *embûche* „Hinterhalt im Gehölz“, wohl auch durch das etymologisch hierhergehörige span. *buscar* „suchen“, ⟨ „das Gehölz durchsuchen“, gesichert ist; vlat. **bûsca* ist kollektiver Plural von **bûscum* „Knüttel“, dieses aus fränkisch ** b û s k* dass., vgl. mhdt. *bûsch,* nhdt. *Bausch* „Knüttel“. Brüch, ZRP 36, 584; Braune, ZRP 36, 713 ff.
Diez 75 zu *bois,* ist lautlich unmöglich; *busca* aus *bustica,* dieses zu *burere* „brennen“, s. *brûler,* Storm, Rom. 5, 170 desgleichen; REW 1420 **bûsca* „Scheit“ u. H.

bûcher 1. „Holzschuppen“, „Scheiterhaufen“
12. Jh. *buschier,* ist Abl. *(-arium)* von *bûche,* s. d.
2. „grob behauen“
15. Jh., eigentlich „zu Scheitern zerkleinern“, ist Abl. von *bûche,* s. d.
3. „den Falken auf die Stange setzen“
steht für *abûcher* oder *embûcher,* s. *bûche.*

bûcheron „Holzhauer“
17. Jh., ist in Anlehnung an *bûche* umgestaltetes afrz. *boscheron* dass.; dieses, seit dem 13. Jh., ist Abl. von *bois,* s. d.

bûchette s. *bûche.*

bûchille „Metallspäne“
15. Jh. „Hobelspäne“, vgl. poitev *buchille, bucheille* „kleines Holzstück“, ist kollektivdeminutive Abl. *(-icula + -ilia)* von *bûche.*

bucolique „bukolisch“
13. Jh., aus lat. *(b u c o l i c u s).*

budget „Staatshaushalt“
18. Jh., aus englisch *b u d g e t,* eigentlich „Lederbeutel“, zunächst „Geldsack des Schatzmeisters“, Bl.-W. 92; M. L. Wagner, VKR 7, 99; dieses aus frz. *bougette* dass.

buée „Wäsche“ va.; „Wäschedunst“
13. Jh., ist ursprünglich abstrakte Abl. *(-ata)* von **buer** „waschen“; dieses, 12. Jh., aus fränkisch ** b û k ô n* (nhdt. *bauchen*), „in heißer Lauge einweichen“. Diez 72; REW 1379.
Kaum schon westgerm. **bûkôn,* Brüch 87. Dazu seit Beginn des 15. Jhs. *buandier,* das im Westfrz. noch lebt, ebenso *buandière* „Wäscherin“ namentlich im Südosten; zu diesem seit dem 15. Jh. **buanderie** „Wäscherei“; FEW I, 604; Bl.-W. 93; die Abl. nach den im gleichen Gesichtskreis liegenden *tisserand, taillandier* s. d. Unmögliches bei Flechia, AGI 15, 102.

buffet „Anrichtetisch“
seit dem 11. Jh. ein Hausgerät, aus edlem Marmor oder Elfenbein, dazu afrz. *vin de bufet,* „der Wein, der am Anrichtetisch übrigbleibt“, daher seit dem 14. Jh. *buffeteur* „Fuhrmann, der unterwegs den Wein wegtrinkt“, *buffeter* „den Wein wässern“ u. ä.; H. u., vgl. Blondheim, Rom. 39, 151.

buffeter 1. s. *buffet*
2. „ohrfeigen“
12. Jh., so heute für das Poitevinische bezeugt, dazu Montreux „mißhandeln“, ist Abl. von afrz. *bufet* „Ohrfeige“, auch „Blasebalg“, das von einem Verbum *buffer* ausgeht, wie *soufflet* von *souffler;* dazu seit dem 12. Jh. afrz. *bufe* „Backenstreich“, *bufer* „ohrfeigen“, das wie *bouffer* eine Schallbildung ist.

buffle „Büffel“
13. Jh. auch in der Form *boufle,* aus ital. *bufalo,* dieses aus ** b u f a l u s,* d. i. italische Dialektform für lat. *bubalus,* Barbier, RDR 4, 83; REW 1351.
Dazu seit dem 19. Jh. die Abl. **buffleterie** „Lederzeug der Soldaten“.

buffletin, bufflon s. *buffle.*

bufonie „Krötenkraut“
19. Jh., aus nlat. *(b u f o n i a),* dieses zu lat. *bufo* „Kröte“.

bugadier „Fettrog“
dazu auch **bugadière** „Laugentrog des Seifensieders“, beide seit dem 19. Jh., aus nprov. *bugadié, bugadiero* „Wäschtrog“, d. i. Abl. *(-arium, -aria)* von nprov. *bugado* „Wäsche“, der Entsprechung des frz. *buée.* Vgl. ALF 375.

bugalet „Lichterschiff", „Küstenfahrer" seit Beginn des 18. Jhs., dazu ebenfalls im 18. Jh. an der bretagnischen Küste *bugale* „Hilfsschiff eines größeren Schiffes", das von Raymond, Dict. gén. als bretonisch bezeichnet wird; tatsächlich ist *bugale* Plural von *bugel* „Kind", so daß *bugale, bugalet* vermutlich ursprünglich „Kind", „Kindchen" (des größeren Schiffs) bedeutete. Kemna 74 f.; Barbier, RDR 4, 83.

bugle 1. „Signalhorn"
19. Jh., aus englisch *bugle* dass., das zu frz. *beugler* „gehört", s. d. Dict. gén.
2. „Günsel"
16. Jh., aus lat. *b u g u l a*, das neben *bugillo* bei Marcellus Empiricus belegt ist; es ist heute über ganz Frankreich verbreitet. Roll. Fl. 8, 176 f.; Dict. gén.

buglosse „Ochsenzunge"
15. Jh., aus lat. *(b u g l o s s a)*.

bugrane „Ochsenbrech"
16. Jh. *bougrande, bouverande,* ist in Glossen als *boveretna* bezeugt, d. i. **b o v i - r e t ĭ n a* „hält den Ochsen auf", vgl. mundartliches *arrête-bœuf,* nordwestfrz. auch *retien-bœuf* für die gleiche Pflanze; s. *retenir* und *bœuf.* Thomas, Rom. 42, 380 ff.; Roll. Fl. 4, 111 ff. Aus lat. *bucranium* „Ochsenkopf", auch Bezeichnung einer Pflanze, Dict. gén., entspricht nicht der Bedeutung.

buhot „Weberschiffchen" va.
vgl. dazu afrz. *buhot, behot* „Röhre", so noch heute pik. *buhot,* norm. *buhet, buhot,* im Rouchi „Schornsteinröhre", wall. „Röhre aus Hanfstengel", bedeutet im ganzen Norden und Nordosten auch „Wetzsteinbehälter"; aus fränkisch **b e h ô f* zu mhdt. *behuof* „was man braucht", „was einem nützlich ist", zu altfränkisch *bihovian* „brauchen", „nötig haben", mndl. *behôf,* Plural „Utensilien", ist also die germanische Entsprechung von lat. *utensilia,* s. *outil;* die Endung von *behof* ist unfranzösisch, wird daher an *-ot* angepaßt; dazu mit vortonigem *-i-* wall. *bihot, biyo,* Ardennes *büa, büwo, boé; -h-* ist konsonantisch, s. ALF 307; Haust, Etymologies wallonnes et fr., s. Ch. Brunot, Rom., 51, 428; vgl. Dembrowski, RPh. 15, 12.
Dazu afrz. *buhotel* „Röhre".

buhotier „kleines, sackförmiges Netz zum Krabbenfang"
18. Jh., ist Abl. von *buotte,* das Roll. F. 12, 101 für Calvados als Bezeichnung für „Krabbe" anführt, doch ist dieses *buotte* von *buhotier* rückgebildet; das Grundwort ist *buhot* in der allgemeinen Bedeutung „was man braucht", „Werkzeug", s. o.

buie „irdener Wasserkrug" va.; „Schenkkanne"
12. Jh., dazu seit Beginn des 14. Jhs. die Abl. *buirette* „Kännchen", d. i. **buierette,* heute *burette* dass., von dem aus als Grundwort eine Form **buire** rückgebildet wurde; aus fränkisch ** b û k* „bauchiges Gefäß", bzw. an die Entsprechung von *cruche* angelehntes grom. **bûka;* dieses wird durch poitev. (Civray) *buge* bestätigt; *buire* lebt heute pik. wall.

buis „Buchsbaum"
14. Jh. *bois,* dazu bis ins 18. Jh. *bouis;* daneben *buis* mit dem gleichen Wechsel von *-ois-* und *-uis-* wie bei *boisson, buisson* s. d.; die ursprüngliche Form des Stammes s. in **buissière** „Buchsbaumgehölz", 17. Jh., bzw. **buissaie** dass., 19. Jh. Die alte Form *bouis* ist noch erhalten in der Bedeutung „Polierwerkzeug der Schuster"; dazu **rebouiser** „alte Stiefeln ausbessern", von dem wieder im Vulgärfrz. *ribouis* „alter Schuh", 18. Jh., rückgebildet ist; vgl. noch bei S. V. *bouis* „Aufstutzen alter Hüte", als Rückbildung von *rebouiser* in der bei Littré verzeichneten Bedeutung „einen Hut reinigen und aufglänzen", Sain. LPar. 200; aus lat. *b ŭ x u s* „Buchsbaum". Vgl. *boesse.* Diez 61; REW 1430.

buisse „Block aus Buchsbaumholz", „Bügelklotz"
18. Jh., auch *bouisse,* ist augmentative Weiterbildung von *bouis* bzw. *buis,* s. d.
buisserie s. *busserie.*
buissière s. *buis.*

buisson „Gebüsch", „Gehölz"
11. Jh. *boisson* und *buisson,* bedeutet afrz. gewöhnlich „Wäldchen", ist dem. Abl. von afrz. *bois* „Wald", doch mundartlich vermutlich schon vorhistorisch von grom. **bûsca* „Gehölz" beeinflußt, s. *bûche.* REW 1226. Germ. **bûski,* Braune, ZRP 36, 716, ist für das Germ. bedenklich und lautlich nicht genügend.
buissonnaie, buissonner, buissonnier s. *buisson.*

buissure „Schmutz, der auf zu vergoldenden Gegenständen bleibt, wenn man diese auf dem Feuer erhitzt"
18. Jh., ist vermutlich aus *bruissure* „Erhitzung" dissimiliert, Dict. gén.

bulbe „Zwiebel", „Knollen"
15. Jh., aus lat. *(b ŭ l b u s).* Dazu seit dem 19. Jh. die dem. Abl. **bulbille** „kleine Zwiebelknospen".

bulime „Vielfraßschnecke"
18. Jh., aus lat. *(b u l i m u s),* eigentlich „Heißhunger".

bullaire „Sammlung von päpstlichen Bullen"
18. Jh., ist Abl. *(-arium)* von *bulle,* s. d. F.

bulle „kleine Kugel", „Siegel", „Blase"
13. Jh., aus lat. *(b ŭ l l a)* „Blase", das im Mittellat. die von volkstümlich entwickeltem *bulla,* s. *boule,* mitgemachte Bedeutungsverschiebung auch in lat. Form aufweist.

bulletin „Wahlzettel", „Bericht"
16. Jh., aus ital. *bulletino,* d. i. dem. Abl. von *bulla,* der Entsprechung des frz. *bulle.*

bulteau „Kugelbaum"
18. Jh., steht für **bulleteau,* d. i. dem. Abl. von *bulle* „Kügelchen". Dict. gén.

bune „Feuermauer über der Schmiedeesse", „Essenmantel"
18. Jh., scheint zu deutsch *B ü h n e* zu gehören, das z. B. in Basel die Bedeutung „obere Zimmerdecke" hat, s. Barbier, PLeeds I, 109; Kluge s. v. Oder Druckfehler für *bure* 4?

bunette „Heckensperling", „Baumschlüpfer"
18. Jh., von Nemnich bezeugt, lebt im Normannischen, ist Weiterbildung von gleichbedeutendem *busette,* s. d. das volksetymologisch mit auf dem gleichen Gebiet lebendem *buser* „nachdenklich sein", „träumen" zusammengebracht und nach gleichbedeutendem *bunner,* so z. B. boulogn. „(von Kühen) mit gesenktem Kopf ohne zu fressen dastehen", Démuin *buigner* = *buser* „nachdenken", umgestaltet wurde; zu *buser* s. d.; *bunner* ist bei Froissart als *busner* bezeugt, ist vorhistorische Abl. von afrz. *buison* „dumm", eigentlich „Weihe", s. *buson, buse,* da der Vogel als besonders dumm gilt, Tilander, Rem. 14 ff.; vgl. das ebenfalls schon vorhistorisch von *buison* „Weihe" abgeleitete afrz. *buisnard* „Dummkopf", „dumm".
bunette für *brunette,* Barbier, RDR 4, 85, ist lautlich nicht verständlich, auch nicht über **burnette,* *du Bois-Joret, s. Behrens, ZFSL 25, 1, 122 f. *bunette* als Kreuzung von *brunette* mit *busette,* Baist, ZRP 43, 84, wäre möglich, doch kann das geographische Zusammentreffen der Formen *buner* für *buser* mit *bunette* für *busette* nicht zufällig sein.

buplèvre „Hasenöhrchen"
16. Jh. *bupleuron,* 17./18. Jh. *bupleurom,* seit dem 18. Jh. die heutige Form, aus lat. *(b u p l e u r o n).*

bupreste „Stinkkäfer"
16. Jh., aus lat. *(b u p r e s t i s).*

buquer „schlagen" va.
14. Jh. *buskier,* ist pik., rouchi, dazu lothr. *beuquai;* es ist norm. pik. Nebenform von afrz. *buschier* „hauen", „schlagen", d. i. Abl. von *bûche,* wie *bâtonner* zu *bâton* u. ä. Dazu seit dem 18. Jh. die Abl. **buquet** „Indigoquirl".

buquette „Maßstab zum Messen der Dicke der Maste"
18. Jh., ist norm. pik. Form von afrz. *buschette* „Stäbchen", d. i. dem. Abl. von *bûche,* Dict. gén.

burail „Art Sarsche"
16. Jh. *bural,* daraus wie bei *corail, portail* u. e. a. die heutige Form; daneben das ursprünglichere **burat,** dieses aus ital. *buratto,* s. *bureau.*

buraliste „Inhaber eines Verkaufslokals"
18. Jh., ist mit Suffixverkennung abgeleitet von *bureau,* s. d.

buratin „halbseidener Borat"
17. Jh., aus ital. *burratino,* s. *burail.*

bure 1. „grober Wollstoff"
erst im 16. Jh. belegt, ist daher wohl Rückbildung von gleichbedeutendem *burel,* das seit dem 12. Jh. bezeugt und auch in prov. *burel* als alt gesichert ist; (es ist daher wohl auch portug. *bura* „Wollzeug", ital. *buratto* „durchsichtiges Tuch" u. ä., s. *bluteau,* aus dem Galloromanischen entlehnt, nicht ein vlat. **būra* anzusetzen); über *burel* s. *bureau.*
2. s. *buire* unter *buie.*
3. s. *bire.*
4. „Wetterschacht"
zuerst im 14. Jh. für das Wallonische gesichert, lebt heute in lüttichisch *beûr,* bezeichnet ursprünglich nicht den Wetterschacht selbst, sondern die Hütte am Eingang desselben; es ist also das Grundwort von *buron* „Hütte", s. d., bzw. Rückbildung von diesem. Haust, Etym. 26 ff.
Nicht zu **burd-,* s. *bourde, bourdon,* Richter, SAWien 156, 5, 70; auch nicht zu ndl. *booren* „bohren", Dict. gén.; REW 1211.

bureau „grober Wollenstoff", „Tischdecke", „Schreibtisch", „Schreibstube"
12. Jh., bedeutet afrz. den Stoff, mit dem man Bänke, Tische u. ä. zum Schutz bedeckte, dann verschiedene mit *bure* überzogene Möbelstücke, so besonders den Rechentisch, auf dem die Münzen bei der Kontrolle nach der Echtheit aufgeworfen wurden, daher die spätere Bedeutungserweiterung, Richter, ZRP 31, 232 ff. Die Bedeutung von afrz. *bure* ist identisch mit der von *bourre* „grober Wollenstoff", s. *bourras, bourre* „grober Wollenstoff" im 12. Jh., so in *drap de bourre* wie *drap de burel; burel* ist daher wohl nach afrz. *buire* „dunkelbraun", in *chape buire* „Mönchskutte" (berrich. *bure, buré* „schwärzlich") umgedeutetes *bourrel,* gehört also zu *bŭrra* „Wollhaar", s. *bourre.* Wegen afrz. *buire* vgl. *busette.* Richter, SAWien, 156, 5, 30; Diez 74.
REW 1398 **bûra* „grober Wollenstoff" u. H.

bureaucrate „Bureaukrat"
19. Jh., dazu schon im 18. Jh. **bureaucratie** „Beamtenherrschaft", ist in Anlehnung an *démocratie, aristocratie* u. ä. abgeleitet von *bureau,* s. d.

burelé „mit paarigen, schmalen Querstreifen"
13. Jh. „gestreift", ist Abl. von afrz. *burel* „Wollstoff als Möbelüberzug", da nach Dict. gén. dieses Tuch in der Regel gestreift war, s. *bureau.* Dazu seit dem 17. Jh. die Rückbildung **burelle** „paarige, schmale Querstreifen" (Wappenkunde).
burette s. *buie.*

burgau „Perlmuttermuschel"
16. Jh., vgl. für die Posaunenmuschel *burgaud* in Noirmoutier, Roll. F. 3, 189; dann für buccinum lapillus Bretagne *bigornet, bigor-*

neau, Ile de Ré *brigô,* Saintonge *burgau morchou,* Roll. F. 12, 11 ff.; im 16. Jh. für Marseille latinisiert *bius cornetus,* dessen erster Bestandteil in nprov. *bièou, bivo, biouve* „Meermuschel" (verschiedene Gattungen) enthalten zu sein scheint, das nur zum Teil mit den Entsprechungen von *bove,* s. *bœuf,* zusammenfällt; dazu für die Purpurschnecke seit dem 16. Jh. bezeugtes *buret,* Roll. F. 12, 10, und dafür nprov. *bigournau,* wie *bigornet* in der Bretagne; ob damit Cantal *bürgau, bürgauda* „Wespe", weiter verbreitet „Hummel" zusammenhängt, Dauzat, Ess. géogr. lingu. 72, ist sehr zweifelhaft. Einzelne der angeführten Formen scheinen auf lat. *bicornis* „zweihörnig", aber auch allgemein „zweiteilig" zurückzugehen.

burgaut führt nach den frz. Antillen, die in enger Verbindung mit Brasilien standen; daher findet sich das Wort nur im Frz. und Portugiesischen, im Frz. zur Bezeichnung verschiedener Mollusken; nach Friederici vermutlich aus Tupí *perigoa,* s. Anneliese Eilers, Westkarolinen, 2. Halbband, Hamburg 1936, S. 255 f.

Dazu seit Beginn des 18. Jhs. **burgaudine** „Perlmutter der Perlmutterschnecke", das fälschlich auch als *burgandine* verbucht ist.

burger „das geschmolzene Glas aufwallen lassen" (indem man einen Stab aus grünem Holz hineintaucht)

18. Jh., gehört wohl zu afrz., seit dem 14. Jh. belegten *burguer,* nach Godefr. „das Tuch einer bestimmten Behandlung unterziehen", d. i. afrz. *burgier* „stoßen", „schlagen", vgl. dazu norm. *burguer* „stoßen" (rouchi *burgau* „Lümmel"), angev. „mit einer Spitze schlagen", poitev. *burguai* „stoßen", ebenso prov. *burcar,* nprov. *burcà, burgà* „schüren", „anstacheln", dazu afrz. *burgeor* „Räuber", „Plünderer", die auf eine Grundform **bûricare,* Barbier, RDR 4, 86, zurückführen. Dieses ist Intensivform zu grom. **būrīre,* afrz. *burir* „sich auf jemanden stürzen", aus frk. **bûrjan,* s. *bourrir.*

burger aus **bŭricare,* über **bŭrbicare* zu *bourbe,* also zu nprov. *bourja* „pulsen", Schuchardt, SAWien 141, 3, 130, paßt lautlich und begrifflich nicht.

burgrave „Burggraf"

15. Jh. *bourgrave,* 17. Jh. in der heutigen Form, aus deutsch *burggraf,* Behrens, DS 39. Dazu seit dem 16. Jh. die Abl. **burgraviat** „Burggrafschaft".

burin „Grabstichel"

15. Jh., dazu ital. mundartlich *burin,* tosk. *burino, bulino,* ohne daß es klar wäre, ob das ital. Wort aus dem Frz. stammt oder umgekehrt; zu ahdt. *bora* „Bohrer", bzw. *borôn* „bohren", Diez 60; Gade 27; Barbier, RDR 4, 87; REW 1224 bietet lautliche und begriffliche Schwierigkeiten.

Dazu seit dem 15. Jh. die Abl. (oder das Grundwort?) **buriner** „mit dem Grabstichel arbeiten", „meißeln".

burle s. *bourle.*

burlesque „burlesk"

16. Jh. *bourlesque,* aus ital. *burlesco* zu *burla,* s. *bourle.*

burnous „Beduinenmantel"

16. Jh. *barnusse,* 17. Jh. *bernus, bornoz* u. ä., aus arabisch *burnus* „Kapuze", Lam. 58 f.; König, ZRP 60, 372.

buron „Hütte", „Sennhütte"

12. Jh. *buiron,* lebt heute in Saintonge, Poitou, B. Maine, ist Abl. von **buire,* das durch *buria* in Adalhards Statuten von Corbei, 9. Jh., = „eine der Wirtschaftsstellen im Kloster, in der Dienste zu leisten sind", vermutlich auch durch norm. *bure* „ländliche Behausung" gesichert ist; *buria* ist schon germanische Abl. von **bûr,* das in *faraburem* „Reisestation" inschriftlich auf grom. Boden belegt ist, zu agls. *býre* „Stall", Gg., RG I, 187, s. Pirson 236; dazu heute norm. *bur* als Nebenform von *bure,* dazu *buret* „Schweinestall", durch mlat. *cum buro* für ältere Zeit bezeugt, Moisy; dieses stammt aus fränkisch **bûr* „Haus", „Vorratskammer", vgl. as. *bûr* „Haus", „Kammer", agls. *bûr* „Hütte", „Zimmer", REW 1397; Diez 536. Vgl. auch Jud, Acc. ain. 20 f.; FEW I, 630.

bursaire „beutelartig"

19. Jh., ist gelehrte Abl. von *(bursa),* s. *bourse.*

bursal „eine außerordentliche Steuer betreffend"

16. Jh., ist Abl. von *bourse* „Börse", in der lat. Form *(bursa),* s. *bourse.*

bus „Brustbild im Wappen"

17. Jh. *bust,* aus ital. *busto,* s. *buste.*

busaigle „Rauhfußbussard"

19. Jh., ist zusammengesetzt aus *buse* und *aigle,* s. d.

busard „Weihe"

12. Jh., ist mit Suffixwechsel umgestaltetes afrz. *buison, buson* „Bussard", s. *buse.* Roll. F. 2, 22 f.

busc „Blankscheit im Schnürleibchen"

16. Jh., aus ital. *busco,* eigentlich „Splitter", s. *bûche.*

buse 1. „Mäusefalke", „Bussard"

15. Jh., ist Rückbildung von gleichbedeutendem afrz. *buson, buison,* dieses aus lat. *būteo, -one,* da *-on* bei Tiernamen nicht das erwachsene Tier, sondern das Tierjunge charakterisiert. Diez 536; Horning, ZRP 9, 501; REW 1423; Roll. F. 2, 12; vgl. dazu Schlutter, ALL 10, 198.

2. „Mühlgerinne", „Zugröhre"

14. Jh. neben *buise,* dazu afrz. *busel* „Röhre", auch „Flöte", dessen Ableitung durch obwaldisch *bischel* „Wasserleitungsrohr" (engad. *büschen* „hölzerne Röhre einer Wasserlei-

tung") als alt gesichert ist; *buise, buse,* das in Ponthieu *buise,* Rouchi *büs, büis,* wall. *buse* noch lebt, ist also Rückbildung von *busel,* dieses aus grom. **būcĕllum*, d. i. Abl. vom Stamme von lat. *būcĭna* „Waldhorn", REW 1365. Nach Dupire, Rom. 53, 167 wäre *buise* Rückbildung von *buisine,* im 16. Jh. „Wasserpfeife", heute matl. „Dachrinne".
Ndl. *buis* dass., Davidsen 78; Dict. gén., stammt aus dem Französischen.
3. „Wetterschacht", s. *bure* 4.

buser „sich dumm benehmen"
15. Jh., ist Abl. von *buse* „Bussard", da der Vogel als besonders dumm gilt, vgl. englisch *buzzard* „Bussard" und „dumm" und das schon im 12. Jh. belegte, von afrz. *buison* dass. abgeleitete afrz. *buisnart* „dumm", „Dummkopf". Vgl. auch *bunette.* FEW 655.

busette „Braunelle"
19. Jh., auch *passe-buse,* so für Orléans angegeben, s. dazu *passe* „Sperrling" s. *passereau;* steht für *burette,* so in Berry neben *buriche,* und gehört zu berrich. *bure, buré* „dunkel", „schwärzlich", eigentlich „dunkelbraun", afrz. *buire,* aus lat. **būrius* „braunrot". REW 1410; FEW I 636. Vgl. *barrette* 1; wegen des Wechsels von *s* und *r* s. *buse* 3 und *bure* 4.
busette für *bisette,* also zu *bis,* Schuchardt, ZRP 40, 602, ist lautlich nicht möglich. Zu *buse* „Bussard", ‚wegen der Ähnlichkeit des Kleides in Farbe und Eindruck der Zeichnung', dann die *-r*-Formen sekundär, Baist, ZRP 43, 84; Tilander, Rom. 52, 464 nach Dict. gén.? Vgl. Roll. F. 2, 253.
buson s. *buse* 1.
busque s. *busc.*

busquer 1. „suchen" va.
16. Jh., aus span. *buscar* dass., s. darüber *bûche.*
2. „einschnüren", „krümmen"
16. Jh., ist Abl. von *busc,* s. d.

busquière Blankscheitscheide der Schnürbrust"
17. Jh., ist Abl. von *busc,* s. d.

bussard „Tonne"
15. Jh., vermutlich für **bussas,* ist Abl. *(-aceum)* von *busse* „Art Faß", s. d.

busse „Art Faß" va.
wird für Sarthe, Poitou, Vendôme, Perche, Marne als lebend angegeben, bezeichnet an der ganzen Nordküste einen kleinen Heringfänger, dazu seit dem 12. Jh. belegtes *busse* „sehr breites Lastschiff", seit dem 14. Jh. „Faß"; aus anord. *buza*, *bussa* „ein Handelsschiff", das in England als nordisches Lehnwort seit dem 11. Jh. bezeugt ist, Mackel 20; Falk, WuS 4, 110; Kluge s. *Büse.* Ob das Wort für „Faß" mit dem für „Lastschiff" identisch ist, ist zweifelhaft. Nach FEW I, 659 würde *busse* „Faß" zu *bosse* 3 gehören, mit dem Tonvokal von *cuve.*
Dazu seit 1700 die Abl. **busserie** „Faßdaubenholz".

busserole „Bärentraube" (eine Art Baumerdbeere)
18. Jh. auch *bousserade,* aus nprov. *bouisserolo,* so Gard, auch *bouy'ssarelo* Var, *bouy'ssorilho* Aveyron, Roll. Fl. 7, 243; ist abgeleitet von nprov. *bouey'ssar* u. ä., so Alpes, dauph. „Erdbeerbaum", und dieses nach *bouis, bouissièro* „Buchsbaum", „Buchsbaumpflanzung", s. *buis,* umgedeutet aus *arboussié,* d. i. die Entsprechung des frz. *arbousier* „Erdbeerbaum", s. d. Roll. Fl. 7, 240 ff.

buste 1. „Büste"
16. Jh., aus ital. *busto* „Brust", „Rumpf", „Leib", im 16./17. Jh. auch in der Form *bust, bus* aufgenommen, s. *bus,* dazu prov. *bust* „Rumpf", vielleicht auch „Baumstrunk", vgl. Var *büs* „Pflugbaum", engad. *büst* „Stamm", „Leib"; ist die Bedeutung „Baumstrunk" ursprünglich, Thomas, Mél. 49, dann liegt vielleicht ein lat. **būstum* „Brennholz" zugrunde, dieses zu vlat. *burĕre* „verbrennen", s. *brûler.*
REW 1422 *būstum* „Brandstätte", „Grabmal" über *„Brustbild eines Verstorbenen"? Germ. **bûst* zu schwäbisch *baust* „Bausch", „Geschwulst", „Wulst" u. ä., Braune, ZRP 36, 715 Anm., ist im Germanischen zu wenig gesichert.
2. „Rosinenkistchen"
18. Jh., aus ital. *busta,* der Entsprechung von frz. *boîte.*

but „Ziel"
afrz. nicht vor der 2. Hälfte des 13. Jhs. und nur in der Wendung *but a but* „geradewegs" belegt; in der gleichen Wendung und Bedeutung *bot a bot, tot a bot, de bot,* u. ä. seit dem 12. Jh.; zu diesem afrz. *aboter* „anstoßen", „angrenzen", „zu einem Ziel führen", wie frz. *aboutir;* daneben afrz. *abuitier* „herankommen an etwas", transitiv „zu einem Ziel bringen", auch *abuter,* dazu seit dem 15. Jh. *buter* „sich als Ziel setzen", Godefr. 8, 399, dann „anstoßen"; dazu im 13. Jh. *buter d'un bout* „mit einem Ende sich aufstützen". Es ist also zu einer Verschmelzung der Formen mit dem Stamm *bout-* und denen mit dem Stamm *buit-* gekommen; über *bout-* s. *bout;* den *-u*-Formen liegt fränkisch **biutan*, zu anord. *ýta* „etwas darreichen, damit der andere es ergreifen kann" zugrunde; dazu anord. *byta* „tauschen", „wechseln", „teilen", nd. *büten,* Falk Torp. I, 122; dazu das afrz. *abuitier,* ursprünglich „nach etwas greifen", „erbeuten"; so wird *bouter* „stoßen" zum Ausdruck des durchgeführten *buter* „aufs Ziel nehmen".
Zu dem gleichen Stamm gehört **butin** „Beute", aus fränkisch **biutî* zu mnd. *bûte* „Tausch", „Wechsel", „Beute", älter dänisch *bytte* „plündern"; wegen der Romanisierung zu **butînum* s. fränkisch *krettjo, krettîn,*

afrz. *cretin* „Tragkorb", Gg. RG I, 277/8.; Gg., Misc. Coelho 193.
Aus fränkisch **bût* „Holzklotz", nach anord. *bûtr* (lies *bŭtr*), Mackel 23; FEW 651; REW 1424a ist als germanischer Ansatz unhaltbar, vgl. *bout;* zu *bosse* 1, Diez 62, ist lautlich unmöglich; zu *bouter* mit Erhaltung des *-ü-* des zugrunde liegenden fränkischen **buttôn,* Braune, ZRP 19, 352, erklärt nicht das späte Auftreten des Wortes in der Literatur; aus demselben Grunde auch nicht germ. **bût* als Nebenform von **baut-* zu ahdt. *bôzan* „stoßen", Brüch, ZRP 36, 584. Vgl. Jaberg, Festschr. Jud 310.

bute „Wirkmesser" (Hufschmiede)
17. Jh., ist postverb. Subst. von *buter,* aber in der Bedeutung von *bouter* „stoßen", s. *but.*

butée „Eckpfeiler", „Steinmassiv zum Aufhalten eines Stoßes"
17. Jh., ist *-ata* Abl. von **buter** „gegen etwas anstoßen", „sich stützen" u. ä., d. i. nach *but* umgedeutetes *bouter* „stoßen", s. *but.* Das Verbum ist seit dem 15. Jh. bezeugt, daher nicht fränkisch **buttôn,* Braune, ZRP 19, 352; Dict. gén.

butière „Scheibenbüchse"
17. Jh. auch *arquebuse butière,* ist also ursprünglich adjektivische Abl. von *but* in der Bedeutung „Scheibenziel".

butin s. *but*

butoir 1. „Wirkeisen" u. ä.
18. Jh., steht für *boutoir,* s. d., mit Vermengung mit dem Stamm von *buter, but,* s. d.
2. „Stein, an dem der Flügel der Haustür beim Öffnen angehalten wird" ist Abl. *(-orium)* von *buter* „anstoßen", s. *butée.*

butor „Rohrdommel"
13. Jh., aus grom. **b ū t i - t a u r u s,* zu *butio* „Rohrdommel" und *taurus* „Stier", s. *bihoreau.* 14. Jh. *bruitor,* von Tobler, Misc. Caix-Can. als „Lärmstier" gedeutet, also zu *bruire* gestellt, bzw. zum Stamm von *bruyère,* vielleicht auch zu *butio* „Rohrdommel", ist wohl sekundäre Form für das tatsächlich älter belegte *butor*; zu **butīre* „bu schreien", so daß **buti-taurus* aus vokativischem *taurus* und dem Imperativ von **butire* zusammengesetzt wäre, Spitzer, Misc. Schuchardt 142, ist gekünstelt, trennt auch die grom. Bildung von dem italienischen **taurobutio.*
Dazu seit dem 19. Jh. die Abl. **butorderie** „Tölpelei", mit einem schon bei *butor* eingetretenen Übergang von *butor* „Rohrdommel" zu „Tölpel", vgl. auch *buser.*

butte „Erdaufwurf"
besonders auch „Erdaufwurf, auf dem die Zielscheibe aufgestellt wird"; dazu mit graphischer Verwechslung mit *but,* der Militärausdruck *tirer de b u t en blanc* „von einem Erdaufwurf auf das Weiße im Ziel schießen", Thomasson, Fr. mod. 2, 345.
14. Jh., ist postverb. Subst. von *buter* in der ursprünglichen Bedeutung „(mit dem Fuß) an etwas anstoßen", s. *buter.* Dazu seit dem 18. Jh. die Abl. **butter** „häufeln". Dict. gén. Aus ndl. **bûta,* zu nhd. *Baute,* das selbst aus dem niederdeutschen, z. B. pommerischen *bûwte* stammt, Brüch, ZRP 36, 584, ist unwahrscheinlich, da **bûta* im Niederländischen nicht belegt ist und paßt auch in der Bedeutung nicht.

butté, in *chien butté* „Hund, der eine Geschwulst am Fußgelenk hat"
17. Jh., ist Abl. von *buter* „(mit dem Fuß) an etwas stoßen", s. *but, butture.*

buttoir 1. „Häufelpflug"
19. Jh., ist Werkzeugsableitung von *butter,* s. d.
2. „Schutzleiste", s. *butoir* 2.
3. „Puffer der Lokomotive"
für *boutoir,* zu *bouter* „stoßen", mit der unter *but* angeführten Vermengung der Stämme *bout-* und *but-.*

butture „Fußgelenksgeschwulst" (der Hunde)
17. Jh., zu *buter* „(mit dem Fuße) anstoßen", s. *butté.*

butyreux „butterartig"
16. Jh., ist Abl. von lat. *(b u t y r u m),* s. *beurre.*

buvable „trinkbar"
13. Jh. *bevable,* auch in der aktiven Bedeutung „Trinker", ist Abl. von *boire,* s. d.

buvande „Nachwein"
16. Jh., dazu prov. kat. *bevenda,* span. *bebienda* „Getränk", aus lat. **b i b e n d a* zu *bibere* „trinken", s. *boire;* Brüch, ZFSL 49, 313.

buvard „Schreibunterlage"
19. Jh., eigentlich „Trinker" (von Tinte), ist Abl. von *boire-buvons.*

buveau s. *biveau.*

buvée „Mehltrank der Kühe"
17. Jh. für afrz. *bevee* „Trank", dieses abstraktes Subst. *(-ata)* von *boire,* s. d.

buvette „Erfrischungszimmer"
16. Jh. „Trunk"; die abstrakte Bedeutung ist die ursprüngliche, vgl. wegen der Abl. *causette* u. ä.; es ist Abl. von *boire,* s. d.

buveur „Trinker"
12. Jh. *beveor,* in Glossen *b i b a t o r,* d. i. nach *potator* dass. umgebildetes lat. *bibitor* dass. Pirson, Kr. Jb. 11, 1, 83; REW 1077.

buvoter „nippen"
16. Jh., ist deminutive Abl. vom Stamme *buv-* von *boire,* s. d.

by „Ablaßgraben eines Teiches"
14. Jh., lebt in lyon. *bi* „Bewässerungskanal", ist die östliche und südöstliche Entsprechung des frz. *bief,* s. d.; *buy* im 14. Jh. ist wohl nur Graphie für *bî,* nicht Entlehnung aus flämisch *buis,* das selbst aus dem Französischen stammt, s. *buse* 2. Dict. gén.

byssus „Muschelseide"
16. Jh., aus lat. *(b y s s u s)* „feines Leinen".

byzantin „byzantinisch"
19. Jh., aus lat. *(b y z a n t i n u s).*

C

ca-, cha-
zusammenfassendes Präfix, besonders zur Bildung von Verben, auch **cal-**, **cali-**, ist verschiedener Herkunft. Innerhalb des Französischen durch Kreuzung von begriffsverwandten Wörtern wie *hutte* und *caverne*, s. *cahute*, entstanden, s. v. Wartburg, Misc. Schuchardt; damit trifft namentlich im Südostfrz. gr. *κατά-* zusammen, das für Unteritalien schon für das frühe Mittelalter bezeugt ist und dort heute noch lebenskräftig ist, de Bartholomaeis, AGI 15, 336; de Gregorio, SGI 7, 196; in Westfrankreich kann auch bretonisch *ka, kav, kan* derselben Funktion von Einfluß gewesen sein, ZRP 40, 166 ff. Vgl. Nyrop, Gram. Hist. 3, 526; *Salverda de Grave, Mélanges Kern 1903; Nigra, AGI 14, 272 ff.; Darmesteter, Traité form. 114 Anm.; Brunel, Études Roques 119.

ça „dies"
seit dem 17. Jh. bezeugte Verkürzung von *cela*, s. d.

çà „hier", „hierher"
12. Jh., aus lat. *(ec)ce hâc* „auf dieser Stelle", REW 3965; auch Interjection, um die Aufmerksamkeit des Gesprächpartners zu erwecken, „her damit!", „wohlan!", Orr., Essais 93; Henry, RLiR 19, 1.

cab „leichter Einspänner"
19. Jh., aus englisch *cab*.

cabale „jüdische Geheimlehre"
16. Jh., aus hebräisch *qabbālâh* „Überlieferung", Diez 75 f.; REW 4649; dazu seit Beginn des 17. Jhs. die Abl. **cabaler** „Ränke schmieden".

cabalette „musikalische Phrase am Ende eines Stückes"
19. Jh., aus ital. *cabaletta* dass.; dieses umgedeutetes *cobboletta*, d. i. dem. Abl. von *cobbola* „Refrain", aus prov. *cobla*, s. *couple;* Dict. gén.
cabaliste s. *cabale*.

caban „Regenmantel"
zuerst 1388 für Piacenza belegt *(cabano)*, aus arabisch *qabâ'* dass., de Gregorio, SGI 7, 296, das zuerst in das Sizilianische drang, = *cabba*, dann in der Endung an ital. *palandrano* „weiter Mantel", *pastrano*, dass. angepaßt; die frz. Form aus prov. *caban*, *quaban* bei Rabelais, aus ital. *gabbano*, venez. *gaban;* Vidos ZFSL 58, 449; Bl.-W. 95.

cabane „Erdhütte" u. ä.
14. Jh., aus prov. *cabana;* das Wort war wohl auch in Nordfrankreich lebend, vgl. *tugurium-cauanna* in den Reichenauer Glossen 191; dazu in Ortsnamen *Chavannes* in der Ostschweiz u. ä.; es geht mit ital. *capanna* „Laubhütte" auf ein gallisches *capanna* zurück, das bei Isidor v. Sevilla bezeugt ist und kymr. *caban* „Bude", „Hütte" entspricht, dazu kymr. *cab* „Hütte aus Ruten, die in die Erde gesteckt und oben zusammengebunden sind", aus einem Stamm **kap-*. Thurn. KR 53; Diez 85; REW 1624; Jud, AR 6, 206; Bl.-W. 95; FEW II, 244.
Dazu seit dem 19. Jh. die Abl. **cabaneau** „kleine Hütte für Stockfischfänger" u. ä.; ferner seit dem 16. Jh. **cabaner** „in einer Erdhütte wohnen", va.; „(ein Boot) mit dem Kiel nach oben aufrichten" u. ä., Dict. gén.

cabarer „gekochten Most mit dem Hopfen aus einem Gefäß in ein anderes füllen"
18. Jh., u. H.

cabaret 1. „Schenke", „Teegeschirr"
13. Jh., zuerst für das wallonische Sprachgebiet erwiesen, lebt auch heute boulogn., wall., dann im Süden, berrich. *cabaret* = *cabasson* „Holzplanken zum Waschen am Flußufer", Genf „kleine Tafel"; daneben seit dem 14. Jh. *cabaret* „Kellereingang", dazu langued. *cavarié* „Grube"; ist nach P. Meyer, Rom. 20, 463 südwestliche Form von afrz. *caverel* „hohler Raum", d. i. Abl. von *cave, cavin, cavée*, s. d. REW 1796.
Die Deutung ist lautlich und begrifflich für das Französische befriedigend, doch bleibt auffällig, daß das Wort zuerst im Wallonischen bezeugt ist; auch scheint berrich. *cabaret* als Grundbedeutung des Wortes eher „Balkenwerk" zu erweisen.
Auf vorhistorische Herkunft scheint hinzuweisen, daß *cabaret* im Dep. Aude als ON stark verbreitet ist, 1063 als Bergname *Cabarez, Le Cabardès*, 870 *Cabardense*, ein Teil des pagus Carcassonensis, latinisiert als Caput arietis bei Gregor v. Tours, s. Sabarthès, Dict. top. Aude 52; aber *cabaret* als Zusammensetzung von prov. *cap* „Kopf", s. *chef*, und *aret* „Widder", aus *aries, ariete*, weil z. B. in den Cevennen die Gewohnheit herrschte, die Weinschänken mit einem Widderkopf zu bezeichnen, Geijer, Rom. 20, 462, ist begrifflich und lautlich nicht möglich. Mit der Verbreitung im Norden stimmt besser überein die Entlehnung von *cabaret* aus mndl. *cabret*, das zu frz. *chambre* gehört, Bl.-W. 95; dann wäre das nördliche und das im Süden bezeugte Wort verschiedener Herkunft. Zusammenhang von *cabaret* mit berberisch *ikaber* „schlechtes Zelt", „Hütte", das ein vlat. **cabĕra* als Kreuzung von *cabanna* (lies *capanna*, s. *cabane*) mit *camera* erschließen ließe,

Schuchardt, SAWien 188, 4, 63, ist entwicklungsgeschichtlich nicht möglich.
2. „Leinfink"
18. Jh., wird für Calvados angegeben, Roll. F. 2, 194, ist Abl. von Calvados *cambre* „Hanf", ist also aus **cambrel, *cambret* nach *cabaret* 1 umgedeutet, vgl. mlat. *canapellus, canabeus, canabicea* für den Vogel; Calvados *cambre* „Hanf" ist die Entsprechung von frz. *chanvre.* ALF 234.
3. „Haselwurz"
16. Jh., ist Umgestaltung von im 16. Jh. bezeugtem *baccaret* aus mlat. *(bacchar, baccara),* das in volkstümlicher Entwicklung im Oberitalienischen lebt; das Wort wird von Dioscorides als gallisch bezeichnet, lebt aber auch in gr. βάκκαρις (Bertoldi); Roll. Fl. 9, 216 ff.
cabaretier s. *cabaret* 1.

cabas „Binsenkorb", „alter Strohhut"
14. Jh., aus prov. *cabas,* dieses aus vlat. **capacium* zu lat. *capax* „vielumfassend", „geräumig". REW 1623.
Dazu seit dem 15. Jh. die Abl. **cabasser** „in seinen Korb stecken", „stehlen" u. ä.
cabéliau s. *cabillaud.*

cabestan „Windemaschine"
14. Jh., aus prov. *cabestan, cabestran,* d. i. kollektive Abl. von *cabestre* „Halfter" = *chevêtre.* Dict. gén.; REW 1631.

cabillaud „Kabeljau"
13. Jh., aber schon im 12. Jh. mlat. *cabellauwus,* aus ndl. *kabeljau.* Diez 536; REW 4650; Behrens, DS 59.
Nicht zu lat. *caput, capito,* Barbier, RPFL 20, 112.

cabillet „Sperrholz" (des Ballraketenmachers)
18. Jh., ist dem. Abl. von nprov. *cabilho* „Holzpflock", d. i. westliche Form von prov *cavilha,* der Entsprechung des frz. *cheville.* Dict. gén.
Dazu seit dem 17. Jh. mit gleichfalls deminutiver Abl. **cabillot** „Holzpflock".

cabine „Koje", „Kabine"
18. Jh., im 14. Jh. für Lille für eine Spielerhöhle bezeugt, ist an das frz. *-ine*-Suffix *(colline, racine, poitrine, narine* u. a.) umgestaltetes *cabane*; das nordfrz. *cabine* wandert in das Englische *(cabin)*; Bl.-W. 95; *cabine* ist vom 16. bis Ende des 18. Jhs. in derselben Bedeutung wie *cabane* gebräuchlich, Dict. gén.; Spitzer, Misc. Schuchardt 146; vgl. Diez 85; REW 1441.
Dazu 16. Jh. die dem. Ablt. **cabinet** „kleines Gemach".

cabiou „Würze aus dem Saft des Maniok"
19. Jh. auch *capiou,* stammt vermutlich aus einer Einheimischenmundart Südamerikas.
cabirotade s. *capilotade.*

câble „dickes Seil", „Tau"
15. Jh., ist norm. Dialektform für afrz. (12. Jh.) *chable,* aus lat. *capulum,* das bei Isidor v. Sevilla belegt ist; die im 13. Jh. auftauchende Variante *chaable* deutet auf eine Vermengung mit afrz. *chaable* „Wurfmaschine", Bl.-W. 95; FEW II, 333; s. Diez 87; REW 166.

cabliau s. *cabillaud.*

câblière „in der Mitte durchlöcherter, am Kabel festgehaltener Stein"
18. Jh., ist ursprünglich adjektivische Abl. von *câble,* steht also für *pierre câblière* „für das Kabel bestimmter Stein", s. Behrens, Wg. 343.

caboche 1. „Schädel", „Hufnagel"
12. Jh. *caboce,* ist in der ersten Bedeutung pik., Artois, Rouchi, Norm. und von hier in die Literatur gewandert; aus der Literatur vermutlich in den Südwesten, daher Saint. *caboche,* und da dieses hier als Abl. von *cap* „Kopf" gefühlt wurde, s. *chef,* daraus mit Suffixwechsel poitev. *cabèche* dass.; dagegen mit richtiger Umsetzung der Endung poitev. *cabosses* „Köpfe gewisser Pflanzen"; die Bedeutung „Nagel mit breitem Kopf" ist boulogn., metaphorische Anwendung von *caboche* „Schädel"; dazu, aus dem fam. Frz. übernommen, berrich., vend., lyon. *cabochi,* angev. *cabosse* u. a. *caboche* „Schädel" ist norm. pik. Form für *cabosse,* und dieses postverb. Subst. von **cabosser** „Beulen schlagen", 12. Jh., norm. *cabocher, bocher* „beulig machen", lyon. *cabosser* „buckelig machen", d. i. mit *ca-,* s. d., präfigierte Abl. von *bosse* „Beule", „Buckel", Wartburg, Misc. Schuchardt 119 f.; FEW I, 468; vgl. REW 1668.
Poitev. *cabèche* nicht aus spanisch *cabeza* „Kopf", Dauzat, RPFL 25, 196.
2. „Nachteule"
stammt aus dem Zentrum, dazu Orléans *chavoche,* ist an *caboche* 1 volksetymologisch angeschlossene dialektische Entsprechung von *chevèche,* s. d.

cabochon „Hutschnecke"
14. Jh., ist dem. Abl. von *caboche* „Schädel", s. o. Desgleichen *cabochon* in den Bedeutungen „Art Mütze als Abschluß von Bienenstöcken", „kleiner Tapezierernagel" u. ä.

caboter „Küstenfahrt treiben"
17. Jh., aber durch **caboteur** „Küstenfahrer" für das 16. Jh. gesichert, vgl. dazu auch **cabotier** „zur Küstenschiffahrt dienend", ist Abl. von *cabo* „Kap", das in dieser Bedeutung im 16. Jh. bezeugt ist, s. Schmidt, Span. Elem. 128, und aus spanisch *cabo* dass., eigentlich „Kopf", s. *chef,* entlehnt ist.

cabotin „herumziehender Schauspieler"
19. Jh., angeblich nach dem Namen eines fahrenden Schauspielers und Truppenführers *Cabotin,* der sich Ende des 17. Jhs. großer Beliebtheit erfreute. Martin, Courrier de Vaugelas 6, 42 f.; Schmidt, Span. Elem. 17; der Schauspieler wird einmal 1858 erwähnt; der Name ist Beiname zu pik. (1774) *cabo-*

tin „kleiner Dummkopf", zu pik. *caboter* „klein bleiben", dieses mit *ca-* gebildete verbale Abl. von *bot,* in *(pied) bot,* s. d.; Letessier, Fr. mod. 20, 116.

cabouille „Agave"
17. Jh. *cabuya,* aus span. *cabuya,* Dict. gén.; dieses unsicherer Herkunft.

caboulot „Kneipe"
ist 1860 als Ausdruck der Franche-Comté erwähnt, zu Bresse, Jura *caboulot* „Schlupfwinkel", „armseliges Lager", ist mit *ca-* (nach *cabane* u. ä.) erweitertes *boulot,* das gleichfalls im Südosten als „Stall" bezeugt ist; dieses doppelt deminutive Abl. *(-ellus + ĭttus)* von einem Stamm **bod-,* dessen Herkunft nicht sicher ist; *boulot* bedeutet als deminutive Form „Schweinestall", während maskulinisches **bodel* (bö) den „Kuhstall" oder Pferdestall" benennt; s. ALF 451; FEW I, 653; Bl.-W. 96.

cabre „Hebebock"
17. Jh., aus prov. *cabra,* eigentlich „Ziege", s. *chèvre.*

cabrer refl. „sich bäumen"
17. Jh., aus nprov. *cabrà* dass., d. i. Abl. von prov. *cabra* „Ziege", s. *chèvre.*

cabri „Zicklein"
14. Jh., ist champ., lothr., Orléans, Saint. Burgund, stammt hier wohl aus dem Süden, zu langued. *cabrit,* aus grom. *caprītus,* das in der Lex Salica bezeugt ist; die eigentlich nordfrz. Entsprechung des Wortes ist afrz. *chevril,* mit Suffixwechsel aus **chevri.* Roll. F. 5, 178; Horning, ZRP 20, 352; Meyer-Lübke, Einf. 204; Jud, ASSL 120, 93 Anm. 4; REW 1655; Bl.-W 96.

cabriole „Luftsprung"
16./17. Jh. auch *capriole,* aus ital. *capriola;* dieses postverb. Subst. von *capriolare* „Luftsprünge machen", das seit dem 16./17. Jh. zunächst als *caprioler,* heute **cabrioler,** ins Frz. gedrungen ist; das Verbum ist Abl. von ital. *capriuolo* „Rehbock", s. *chevreuil.*

cabriolet „leichter Einspänner"
18. Jh., ist Abl. von *cabrioler,* s. d.
Die Bezeichnung nicht wegen der Form des Wagens, die eine Ähnlichkeit mit Hörnern oder Geweih hätte, Wölfflin, ALL 3, 58, da unmittelbarer Zusammenhang mit *capriuolo* „Rehbock" nicht vorliegt.

cabrion „Lafettenträger"
17. Jh., aus nprov. *cabrioun,* d. i. die Entsprechung von frz. *chevron;* FEW II, 306.

cabron „Fell einer jungen Ziege"
17. Jh., aus nprov. *cabroun,* d. i. mit Suffixwechsel (*-ōne* für *-ūnus)* umgestaltetes prov. *cabrun* „von der Ziege" aus lat. *caprūnus* (neben *caprīnus*), s. *chèvre.* REW 1657; FEW 310.

cabus in *chou cabus* „Kopfkohl"
zuerst im 13. Jh. bei dem Italiener Aliprando v. Siena bezeugt, dann im 15. Jh. im Wallonischen adjektivisch „Köpfe bildend", seit dem 16. Jh. literarisch, stammt aus oberital. z. B. piemontesisch *cabus,* d. i. die Entsprechung von toskanisch *capuccio* „Trotzkopf", dann *cavolo cappuccio* wie frz. *chou cabus;* dieses ist dem. Abl. von *capo* „Kopf", s. *chef.* REW 1668; Roll. Fl. 2, 4 f.
Aus dem Ital. ins Provenzalische, von hier das frz. Wort, Bl.-W. 96?; Dict. gén.

caca „Gack"
16. Jh., ist Schallwort.

cacade „Stuhlentleerung"
17. Jh., aus ital. *cacata* bzw. prov. *cagada,* s. *chier.*

cacao „Kakao"
17. Jh., aus span. *cacao,* dieses aus mexikanisch *kakahuatl,* „Kakaobohne"; Nykl, Mod. Phil. 1926, 349; dazu seit dem 17. Jh. die Abl. **cacaoyer** bzw. **cacaotier** „Kakaobaum"; Diez 76; Lenz, Dicc. 149; REW 4661.

cacarder „gackern"
17. Jh., ist Schallwort, vgl. dazu vend. *cacabrer* „schreien wie ein Rebhuhn", *cacailler* „gackern", angev. *cacasser* „krächzen" u. ä.

cacatois „Kakadu"
18. Jh., aus ndl. *kakketoe,* das selbst aus dem Malaischen stammt, Kluge s. v. Dazu wohl auch wie *mât de perroquet* „Bramstenge" *cacatois* in der Bedeutung „Oberbramstenge", „Oberbramsegel".

cachalot „Pottfisch"
17. Jh., aus span., portug. *cachalote* dass.; dieses scheint Abl. von span. *cachuelo,* portug. *cachola* „Name eines Süßwasserfisches", eigentlich „Großkopf" zu sein, vgl. dazu für den Pottfisch lat. *physeter macrocephalus,* kat. *capgros* „großer Kopf" u. ä.; *cachola* „Großkopf" stammt nach Cor. I, 564 aus dem Portugiesischen. Bl.-W. 96; Arveiller, RLiR 28, 313.
Oder zu span. *cacho* „Junges", Tobler, ZRP 4, 376; vgl. auch Sainéan, ZRP 30, 569; Roll. F. 1, 174; 8, 154 f.

cache 1. „Versteck"
16. Jh., ist postverb. Subst. von *cacher,* s. d.
2. „Pfahlnetz am Ausgang eines Tierparks" wird im 18. Jh. als gleichbedeutend mit *chasse* angegeben, s. Behrens, Wg. 343, ist also norm. pik. Form von *chasse,* s. *chasser.*
3. s. *quaiche.*

cache-mitoulas „Ringspiel" va.
16. Jh., aus *cache, mie tu ne l'as,* s. die einzelnen Bestandteile, Dict. gén.; dazu im Rotwelsch die Rückbildung *cachemite* „Gefängnis".

cachemire „Kaschmir"
19. Jh., aus dem tibetanischen Distriktsnamen *Kaschmir.* Dict. gén.
cache-marée s. *chasse-marée.*
cache-museau s. *casse-museau.*

cacher „verstecken"
13. Jh., bedeutet ursprünglich „zusammen-

drücken", „quetschen", vgl. dazu mit Erhaltung der alten Bedeutung die Zusammensetzung *écacher* und *cachet* „Petschaft"; dann vend. *cacher* „pressen", „drängen", Anjou „bedrücken", „eingraben", Berry „zum Schutz gegen die Kälte zudecken", lyon. „verletzen"; aus grom. **coacticare* „zusammendrükken", d. i. Intensivform von *coactare* „mit aller Gewalt zwingen", vlat. *„zusammendrücken", d. i. Intensivform von *cogere* „zwingen"; Diez 260; Horning, ZRP 9, 140 f.; REW 2001 und 1999; Brüch, ZFSL 49, 314. Dazu seit dem 14. Jh. **cachette** „(kleines) Versteck", d. i. dem. Abl. von gleichbedeutendem afrz. *cache*, s. Foerster, zu V. 1265 Yvain, heute noch adverbiell in *à la cachette*, wie frz. *(jouer) à cache-cache*, „Versteck spielen"; vgl. ferner *aveuglette, à la clignette* „Blindekuh spielen", Bloch RLiR 11, 319. Die Bedeutungsverschiebung von „zusammendrücken" zu „verstecken" ist vielleicht durch den Untergang von afrz. *muer* „verstecken", s. *muette*, veranlaßt worden.

cachère „Loch in der Mauer des Glasofens, in das die Flaschen gestellt werden, wenn sie der Glasbläser vom Glasrohr trennt"
18. Jh., Abl. von *cache* „Versteck", s. *cacher*.

cacheron „grober Bindfaden"
14. Jh., lebt heute in Boulogne als „Peitschenschmitz", pik. auch *cachuron*, dafür norm. *cache*, vgl. auch boulogn. *cachoire* „Fuhrwerkerpeitsche", burg. fr. comt. *chaissoure* „Peitsche" u. ä. *cacheron* ist Abl. von norm. *cacher* „antreiben", so seit dem 12. Jh., und dieses norm. pik. Form von frz. *chasser*, s. d. Behrens, ZRP 26, 657.

cachet „Petschaft", „Siegel"
15. Jh., ist Abl. von *cacher* in der ursprünglichen Bedeutung „aufdrücken", s. d. Dazu seit dem 15. Jh. die Abl. **cacheter** „versiegeln".

cachette s. *cacher*.

cachiment „Rahmapfel"
18. Jh., stammt angeblich aus dem Kreolischen. Dict. gén.; auch *cachimas, cachiman*, aus der Aruak Mundart der Tainos von Haiti, Friederici, ZFSL 56, 34.

cacholong „Schönstein" (Art Opal)
18. Jh., angeblich aus einem mongolischen Dialekt. Dict. gén.

cachot s. *cacher*.

cachotte s. *cageotte*.

cachou „Katechu"
17. Jh., aus port. *cacho, cachu*, aus dem Tamerlischen (im Süden Indiens), Bl.-W. 97.

cacique „Kazike"
16. Jh., aus span. *cacique*, dieses angeblich aus dem Karaibischen, Dict. gén.; Schmidt, Span. Elem. 98.

cacis s. *cassis*.

cacolet „Krankenkorb mit Lehne und Polstern"
19. Jh., aus nprov. *cacoulet, cacolet*, das in den Pyrenäen als „Tragkorb" gebräuchlich ist, u. H.

cacou s. *cagou*.

cactée „Kaktee"
19. Jh., ist Abl. von lat. *(cactus)* dass. Dazu seit dem 18. Jh. die Abl. **cactier** „Kaktus".

cadastre „Kataster"
16. Jh., aus nprov. *cadastre*, dieses aus mgr. κατάστιχον „Liste", „Notizbuch", das zuerst im 12. Jh. für Venedig als *catastico* bezeugt ist, *Stud. Marshall Elliot 1, 237; REW 1762 a; FEW II, 494; Bl.-W. 97.
Davon verschieden **cadastre** „Faßlager", dieses aus nprov. *cadastre* u. ä., ähnlich auch oberitalienisch, aus lat. *catasta* „Schaugerüst", „Tribüne", aus gr. κατάστασις „Aufstellung", „Anordnung"; dazu auch prov. *encadastar, cadastar* „einfügen", bei dessen Bedeutung auch *cadastre* 1 mitspielen kann, s. Ettmayer, ZFSL 33, 1, 274; REW 1762; FEW II, 494.
Nicht aus **catastracum*, dieses aus einem ebenfalls nur erschlossenen gr. *κατόστρακον „Verzeichnis der Ländereien, welche zu einem Haus gehören", Ulrich, ZRP 22, 262; **capitastrum* „Kopfsteuerliste", das an mlat. *capitularium* dass. anknüpfen würde, Diez 93, ist morphologisch und lautlich bedenklich.

cadavre „Kadaver"
16. Jh., aus lat. *(cadaver)*.

cade 1. „Zedernwacholder"
16. Jh. *huile de cade*, aus prov. *cade*, nprov. auch *cadre, cae* u. ä., aus im 7. Jh. in den Glossen belegtem *catanus*, das gallischer Herkunft sein dürfte, vgl. bei Marcellus Empiricus *calocatanos* „Mohn". Thomas, NE 188 ff.; Behrens, ZFSL 31, 1, 282 f. (Wg. 37 f.); FEW II, 490.
Nach Brüch, IF 1922, 196 ff. wäre das Wort sabinisch.
2. „Salztonne"
18. Jh., aus lat. *(cadus)*.

cadeau „mit Schnörkeln verzierter Anfangsbuchstabe" va.; „Geschenk"
15. Jh., aus prov. *capdal, cabdau, cadau* „hauptsächlich", wie in frz. *lettre capitale* „Großbuchstabe", aus lat. *capitalis* „vorzüglich", „den Kopf betreffend", s. *cheptel*; aus der Handschrifttechnik heraus bekommt das Wort die Bedeutung Schreibfloskel, dann übertragen „überflüssige Worte, Schritte" u. ä.; die Nebenvorstellung des Überflüssigen führt zur Vorstellung des Luxus, und in der weiteren Folge zu der des Geschenkes; Gg., Bed. 164.
Nicht aus *capitellus*, das der Bildung nach „Köpfchen" u. ä. bedeutet, s. prov. *capdel* „Kommandant", „Herr", Dict. gén.; Bl.-W. 97; auch nicht **catellus* „Kettchen", Diez 537; Rönsch, ZRP 3, 104.
Dazu seit dem 15. Jh. mit Suffixverkennung die Abl. **cadeler** „mit Schnörkeln verzieren".

cadédiou „zum Henker"
17. Jh., ist gaskognisch *cap de dious* „beim Haupt Gottes", s. *chef* und *dieu*. Dict. gén.
cadenas „Vorlegeschloß"
16. Jh., aus prov. *cadenat* „Kette mit Vorhängeschloß", d. i. Abl. *(-atum)* von *cadena*, der Entsprechung des frz. *chaîne*. Dazu seit dem 16. Jh. die Abl. **cadenasser** „mit einem Vorlegeschloß versehen".
Wegen der Form der Abl. s. *prélasser* zu *prélat*. Dict. gén.
cadence „Kadenz"
16. Jh., aus ital. *cadenza* „Fall", d. i. wohl schon vlat. Abl. von *cadere* „fallen", s. *choir*. Vgl. das gleichgebaute *chance*.
Dazu seit dem 16. Jh. die Abl. **cadencer** „nach dem Takte abmessen".
cadène „Kette der Galeerensträflinge"
16. Jh. neben *catène*, doch schon im 17. Jh. wieder veraltet, aus ital. *catena* bzw. prov. *cadena*, s. *chaîne*; Bl.-W. 97; Vidos 308.
cadenette „Haarschopf, den die Männer im 17. Jh. auf der linken Seite herabhängen ließen"
im 18. Jh. „auf beiden Seiten getragener Zopf der Infanteriesoldaten", nach dem Verbreiter dieser Haartracht, *Honoré d'Albert, sire de Cadenet*. Dict. gén.
Das Wort ist in die Mundarten gedrungen, vgl. sav. *cadnëta* „Militärzopf", boulogn. *cadenette* „beiderseitiger Backenbart", poitev. „Ohrhaare des Esels"; dazu aus **casnette* rückgebildet angev. *casennes* „Zopf im Pferdeschwanz". Trotz des Anklangs an *cadena*, s. *cadène*, *cadenas*, gehört es wegen der ersten Bedeutung des Wortes wohl nicht zu lat. *catena* s. *chaîne*.
cadet „nachgeborener Sohn", „Kadett"
15. Jh., aus gaskogn. *capdet* (prov. *capdel*) „Haupt", „Hauptmann", das ursprünglich die gaskognischen Offiziere am Pariser Hof bezeichnete; die Bedeutungsübertragung zu „jüngerer Sohn" daher, weil die von der Erbfolge ausgeschlossenen jüngeren Söhne der gaskognischen Adeligen als Offiziere an den Hof kamen; prov. *capdel* aus lat. *capitellum* „Köpfchen". P. Meyer, Rom. 3, 316; Meyer-Lübke, LGRP 27, 370 f.; REW 1636.
cadette „Steinplatte zum Pflastern"
17. Jh., aus lyon. *cadette*, in der Mundart *cadèta*, ähnlich sav., verd.-chal. Morvan, ist im Lyonesischen seit dem 16. Jh. bezeugt; es scheint zu prov. *cadasca* „flach hingelegte Steinplatte" zu gehören, u. H.; das Wort dürfte vorhistorischer (iberischer oder ligurischer) Herkunft sein.
cadi „Kadi"
14. Jh., aus arabisch *qâḍī* „Richter", „Entscheider"; Littmann 71; Lam. 63.
cadichon „kleiner, jüngerer Sohn"
17. Jh., ist berrich. neben *cadet*, *cadi*, *cadichouniau* u. ä., dazu *cadiche*, *cadichonne* „nachgeborene Tochter"; ist mit Ersatz des deminutiven *-et* durch das ebenfalls deminutiv-kosende *-ichon* gebildet aus *cadet*, s. d.; s. Berry *capichon* „Überwurf", auch *capiche*, zu *cape*; frz. *gonichon*, *folichon*, usf.
cadil „altes Hohlmaß"
18. Jh., während der frz. Revolution dekretiertes Flüssigkeitsmaß, ist Abl. von *cade* 2; Dict. gén.
cadis „billiges Wollenzeug"
14. Jh., aus prov. *cadis*, vgl. auch katal. *cadius*, span. *cadiz*, u. H.
cadmie „grauer Hüttenbruch"
16. Jh., aus lat. *(cadmia)*.
cadogan „aufgeschürzter Zopf bei der Infanterie des 18. Jhs."
angeblich nach der englischen Familie *Cadogan*, Dict. gén., vgl. aber *cadenette*.
cadole „Türklinke"
17. Jh., aus nprov. *cadaulo*, dieses aus vlat. **catabŭla* aus gr. καταβολή „Niederwerfen", vgl. *chable*. Thomas, Mél. 40; REW 1756; FEW II, 484.
cadran „Zifferblatt"
13. Jh. *quadran*, ist Part. von lat. *(quadrare)* „viereckig sein", da das Zifferblatt der Sonnenuhr ursprünglich viereckig war. Dict. gén.
cadrat „Quadrat"
18. Jh., aus lat. *(quadratus)* „viereckig"; dazu seit dem 18. Jh. die Abl. **cadratin** „Gevierte".
cadrature s. *quadrature*.
cadre „Einfassung", „Rahmen"
16. Jh., aus ital. *quadro* „Gemälde im Rahmen", aus lat. *quadrus* „viereckig", REW 6922; dazu seit dem 16. Jh. die Abl. **cadrer** „übereinstimmen", „das Fell auf den Rahmen spannen" u. ä.; Dict. gén.; s. *carreau*.
cadriller s. *quadriller*.
caduc „hinfällig"
14. Jh., aus lat. *(cadūcus)*; dazu seit dem 16. Jh. die latinisierende Abl. **caducité** „Hinfälligkeit".
caducée „Heroldsstab"
15. Jh. *caduce*, seit dem 16. Jh. die heutige Form, aus lat. *(caduceum)*.
cafard „scheinheilig"
16. Jh., dazu im 13. Jh. das Grundwort *cafre* „aussätzig", das in span. *cafre* „roher Mensch", kat. „wild", „grausam" noch erhalten ist; aus arabisch *kâfir* „ungläubig", Lam. 65; Diez 435; REW 4655; dazu noch im Argot des 19. Jhs. *cafarder* „sich scheinheilig benehmen", Larchey. Die Aussätzigen und Ungläubigen wurden im Mittelalter gleichgestellt; vgl. die Bedeutungsverschiebung von „aussätzig" zu „scheinheilig" unter *cagot*; dann seit dem 16. Jh. übertragen auf die Bezeichnung eines Insektes, besonders der „Schabe" (des Wollfäden und Pelze zerstörenden Insektes); dazu, zunächst im Argot der Frem-

denlegion *avoir le cafard* „von einer fixen, bösartigen Idee befallen sein", daher pop. seit Beginn des 20. Jhs. **cafard** „Heimweh", „Melancholie", Sain. SI III, 80; Bl.-W. 98; FEW II, 42.
Unmögliches Spitzer, ZRP 44, 191.

café „Kaffee"
17. Jh., aus ital. *caffè,* das aus dem türkischen *qahvé* stammt, Lam. 65; Kaffee wurde zuerst 1615 in Venedig genommen und 1667 von Thévenot in Paris eingeführt; im 17. Jh. auch *cahué* u. ä., König, ZRP 50, 373, das unmittelbar aus dem Türkischen entlehnt ist; Littmann 82.
Dazu seit dem 18. Jh. die Abl. **caféier,** auch verschmolzen in **cafier** „Kaffeebaum", FEW II, 44.

cafetan „Kaftan"
16. Jh., aus türkisch *qaftân.* Lam. 66; FEW II, 43.

cafouiller „sich nicht ordentlich benehmen", „schlecht funktionieren"
Ende des 19. Jhs. fam., ist matl. für Normandie und Picardie bezeugt, = „herumstöbern", ist mit dem expressiven *ca*-Präfix erweitertes *fouiller;* s. gleichbedeutendes *farfouiller;* kaum *cacher* + *fouiller,* Bl.-W. 98.

cage „Käfig"
12. Jh., aus lat. *căvea* „Höhlung", „Käfig", Diez 150; REW 1789; FEW II, 552.
Daß *cage* norm. pik. Form wäre, Thomas, Rom. 41, 451, ist trotz mundartlichem *chage* nicht nötig.

cageotte „Tabakspfeife ohne Schwammkugel"
18. Jh. neben *cachotte,* u. H.

cagerotte „Weidengeflecht zur Käsebereitung"
vgl. im 16. Jh. *chasiere; c'est à dire ... cages d'ozier faites exprès pour cela,* Wartburg, RPFL 34, 112, ist dem. Weiterbildung von *cageotte, cageot,* das westfrz., z. B. vend. die Bedeutung „Weidenkörbchen zur Käsebereitung" hat; dieses unmittelbar Abl. von *cage.*

cagnard 1. „Faulenzer", „indolent"
17. Jh., ist angev., dazu lyon. *cagne* „Faulheit", nprov. *cagno, cagnasso* dass., dann pik. *cagne* „feig", „faul", das wohl mit *cagne* „Hündin", auch als Schimpfwort bezeugt, eins ist. Dict. gén.; Baist, ZRP 43, 85; dazu fam. **cagnarder** „Anstrengungen aus dem Wege gehen", 16. Jh., *cagnardier* „Bettler", Esnault, Rom. 63, 313.
2. „Schlupfwinkel" va.; „Segeltuch zum Schutz der Wache auf der Windseite"
16. Jh., aber schon 1480 *coignart,* P. Barbier, s. Rom. 61, 247, stammt aus dem Languedokischen, vgl. dort *cagnar* „sonniger Winkel", dazu *cagnardà* „der Sonne aussetzen", „vor dem Winde schützen", dazu wohl auch frz. Schweiz *cagnard* „Alkove in der Küche, wo sich das Bett der Köchin befindet"; das Wort lebt ferner im Südgürtel des Nordfrz. in der Bedeutung „Schnellsieder", so vend. berrich., dann auch norm.; *cagnar* „Schnellsieder", „Sonnenwinkel", ist Abl. von *coin,* bedeutet also ursprünglich „(sonniger) Winkel", zeigt aber deutlich Beeinflussung durch *cagnard* 1 bzw. prov. *calina* „Hitze", dieses aus vlat. **calīna* zu *calēre* „heiß sein", s. über dieses Baist, ZRP 28, 108; Göhri, RDR 4, 148; REW 1517, vgl. dazu auch norm. *caline* dass., pik. *calineau* „Badeplatz", norm. *caliner* „sich in der Hitze ausruhen", vgl. *cagnarder* unter *cagnard* 1.
cagnard „Sonnenseite", „Schnellsieder" aus *cagnard* „Faulenzer", Spitzer, ZRP 40, 697 ff.; und in der weiteren Folge zu *canis,* Sain. Chien 27, befriedigt weder begrifflich noch geographisch; auch nicht zu **caneolus* „Hündchen", Behrens, ZFSL 39, 2, 84.

cagne „Hündin", „liederliches Frauenzimmer"
15. Jh., aus prov. *canha* bzw. ital. *cagna,* dieses aus vlat. **cania,* d. i. Rückbildung von **caneolus* „Hündchen", REW 1583; Guiraud, Bul. Soc. Lingu. Paris 52 (1956, 274).

cagneux 1. „mit einwärts gebogenen Beinen"
16. Jh., 1607 *pieds coigneux,* eigentlich „winkelige Füße", ist Abl. von *coin* in der Bedeutung „Winkel", P. Barbier, s. Rom. 61, 247; zu *cagne* „Hündin", weil die Hunde vielfach einwärts gebogene Vorderpfoten besäßen, Bl.-W. 98, ist Phantasie und morphologisch unmöglich. Champ. *cagner* „hinken" ist nicht Grundwort zu *cagneux,* Sain. Chien 31, 39, sondern von diesem rückgebildet. Vgl. lothr. *caignous,* champ. *cagneux* „hinkend".
2. „runde Formstampfe"
auch **cogneux,** ist mundartliche Form für afrz. *coigneur* "Schläger", d. i. Abl. von afrz. *coignier* „schlagen", s. *cogner.*

cagnot „Seehund"
16. Jh., aus prov. *canhot,* d. i. Abl. von *canha,* s. *cagne.*

cagnotte „kleine Weinkupe", „Körbchen für das Spielgeld"
19. Jh., aus nprov. *cagnoto* „Weinkupe", Lot-et-Gar., Sain. LPar. 320; dieses Abl. von prov. *cana* „Hohlmaß", dazu afrz. *chane* „Kanne", aus fränkisch **kanna,* vgl. REW 1596.
Zu *cagne* „Hündin", Bl.-W. 98?

cagot „scheinheilig", „Scheinheiliger"
16. Jh., bezeichnet zunächst in der Gaskogne und Bretagne Leprakranke ohne äußerlich sichtbare Pusteln; dafür im 15. Jh. *caqueux, cacous,* das heute als **cagou** „Elender", „Bettler" gebucht wird und als *kakouz* ins Bretonische gewandert ist; vgl. dazu im Hennegau ein *hameau des caqueux,* nach Chottin 306, „Judenweiler", lothring. *caqueux* „Bettler", berrich. *cagou* „von Leiden erschöpfter Mensch", Blois „allein lebender Mensch"; *caqueux, cacou* ist Abl. von mundartlichem *caquer* „scheißen", s. *caca.* Schuchardt, ZRP 31, 658; Sainéan, RER 8, 180 ff.; das Wort ist

in Form und Bedeutung vielleicht von *bigot* beeinflußt; Bl.-W. 98; FEW 19.
Kreuzung von *bigot* und *cafard*, Richter, Kr. Jb. 9, 1, 70, erklärt die westfrz. Formen nicht. Unwahrscheinlich aus baskisch *kako* „Haken“, Rohlfs, ASSL 171, 136.

cagouille „Krülle“
17. Jh., aus *cagouille* „Muschel“, „Schnecke“, das im Süden des Nordfrz. lebt, so Saint. Angoumois, Berry, dann Périgord, Gaskogne; dieses aus vlat. **cocŭlia* „Muschel“, „Schnecke“, das vielleicht schon von Plautus gebraucht wurde, und aus gr. κοχλίας stammt, wenn es nicht Kreuzung von lat. *conchylium* „Muscheltier“ mit *cochlea* „Schnecke“ ist, Schuchardt, SAWien 141, 3, 31; Thomas, Mél. 40; REW 2114; vgl. auch *caïeu.*

cagoule „Mönchskutte“
13. Jh. *cogole*, 16. Jh. *cagoule*, wird von Cotgrave als normannisch bezeichnet, wo es heute zu fehlen scheint; es ist mundartliche Nebenform von *coule*, aus lat. *cŭcŭlla* „Mönchskapuze“. REW 2356.

cague 1. „Fahrzeug zur Kanalschiffahrt“
18. Jh., aus ndl. *kaag*. Behrens, DS 67.
2. „an Bord befindliches Fäßchen“
zu *cague* 1?, Dict. gén.

cahier „Heft“
12. Jh. *caern*, die heutige Form in Anlehnung an das Suffix *-ier*, aus vlat. **quadernum*, d. i. nach *quadrus, quadrare* u. ä. umgestaltetes lat. *quaternum* „vier zusammen“, vgl. lat. *quaternio* „vierteiliger Bogen“, die *-d*-Form wegen prov. *cazern* „Serie von vieren“, *cazerna* „Gruppe von 4 Personen“, s. auch *caserne, carnet.* Diez 537; G. Paris, Mél. 516 f.; REW 6944.

cahin-caha „bald so, bald so“
15. Jh. *cahu-caha*, ist vielleicht aus lat. *(qua huc — qua hac)* „teils dahinaus, teils hierher“ entlehnt, wenn nicht einfach Schallbildung vorliegt; Dict. gén.; Beaulieux, Rom. 73, 238.

cahot „Stoß eines Wagens“
15. Jh., dazu seit dem 16. Jh. **cahotter** „rütteln“, ist wohl Schallbildung, vgl. *cahin-caha.* Nicht aus *ca-hoter*, zu einem fränkischen **hottôn, *hott* „Hindernis“, Bl.-W. 99, aber FEW IV, 500 nicht aufgenommen.
**quatitare* zu *quatere* „schütteln“, Bugge, Rom. 4, 352, ist nicht möglich.

cahute „schlechte Hütte“
13. Jh. *chäute*, ist in der literarischen Form pik., norm., lothr.; es ist Kreuzung von *hutte* mit einem zweiten Wort; dieses ist vielleicht *caverne*, wenn afrz. *chäute* ein literarisiertes norm. *cahute* darstellt; Wartburg, Misc. Schuchardt 118. Vielleicht ist es *capanna*, s. *cabane*, da dieses in vorhistorischer Zeit auch in Nordfrk., gelebt hat, so daß afrz. *chahute* Kreuzung von *hute* mit **chavanne* ist.
cabute nach Streng, HH 44; Valkhoff, Neoph. 21, 199, mittels *ca-*, s. d., präfigiertes *hutte*?; **cavūtum* zu *cavum* „Loch“, „Höhle“, das sich an deminutives *-utta* angeschlossen hätte, Schuchardt, SAWien 141, 3, 139, ist morphologisch und lautlich schwierig; deutsches *kaue* „Käfig“, „Behältnis“ + „Hütte“, Diez 538, ist nicht möglich, weil die fränkische Entsprechung eines solchen zusammengesetzten Substantivs, **kaua-hûtta*, lautlich nicht genügt; auch nicht im ersten Bestandteil ndl. *kaai*, nddt. *kaje* „hölzerne oder steinerne Hafen- oder Ufereinfassung“, s. *quai*, Braune, ZRP 18, 520 ff.

caïd „Kaid“
16. Jh., häufiger im 17. Jh., Fr. mod. 17, 131, aus arabisch *qâ'id* „Richter“, „Entscheider“, Littmann 71.

caïeu 1. „Brutknospe“, „Schößling aus einer Blumenzwiebel“
17. Jh., dürfte mit afrz. *caiel* „Junges“, besonders „junger Hund“ eins sein, vgl. Yonne *chau*, Mayenne *chiot* „Schößling“, „Trieb“; afrz. *caiel* ist norm. pik. Form von afrz. *chael*, d. i. vlat. *catĕllus* „Hündchen“, *„Junges“ aus lat. *catulus*, das beide Bedeutungen vereinigt; Sain. Chien 26; zu REW 1763; s. *catillac.*
2. „Miesmuschel“
15. Jh., ist norm., zu *cagouille*, s. d. Nach dem Fischerdorf *Cayeux*, Thomas, Rom. 34, 289? Zu *cochlea* „Schnecke“, Schuchardt, SAWien 141, 3, 14, ist unmittelbar lautlich nicht möglich.

caillasse „kieselhaltiger Mergel“
19. Jh., ist in Anlehnung an kollektives *-asse* umgebildetes *caillou*, s. d.

caille „Wachtel“
12./13. Jh., dazu ahdt. *quahtila*, entsprechend *quacoles* in den Reichenauer Glossen, ndl. *kwakkel;* Grundform **quacula*, das Schallbildung sein dürfte; ob germanischer oder romanischer Herkunft, ist umstritten, Mackel 74; Diez 259; REW 2004; Kluge-Götze 846; Bl.-W. 19; Wartburg, Mél. Haust 26.

caillebot 1. „Wasserholunder“, „Schneeballen“
19. Jh., ist Rückbildung von *caillebotier*, so mundartlich für *caillebot*, das selbst wieder Abl. von *caillebotte* „Schneeballen“ ist, Roll. Fl. 6, 261; dieses ist eins mit *caillebotte* „Quark“ wegen der blassen Farbe und der runden Form der Blüten, vgl. auch wall. *matons* „Milchklümpchen“ und „Schneeballen“. Behrens, ZFSL 31, 1, 283 (Wg. 38 f.); REW 2005.
2. s. *caillebotte.*

caillebote „Holzstück zum Übernageln der Zwischenräume zwischen den Rippen eines Schiffsgerüstes“
18. Jh., ist Rückbildung von **caillebotis** „Gitterrahmen zum Bedecken der Lukenöffnungen“; 17. Jh., aus ital. *carabottino*, u. H.

Kaum *-aticium*-Abl. von *caillebotte* „Quark", Behrens, Wg. 38.

caillebotte „Quark"
16. Jh., ist postverbales Subst. von **caillebotter** „gerinnen machen", dieses, 13./14. Jh. ist aus den Stämmen von *cailler* und *botter* zusammengesetzt, wie *tournevirer, cornemuser* u. ä. *botter* ist westfrz. „sich zu Klumpen ballen", *caille-botte* + *er* bedeutet also „gerinne und forme Klümpchen", s. *botte* 1; FEW II, 818.
Nicht unmittelbar zu *caille* „Quark" und *bot* „klumpig", Spitzer ZRP 40, 699, da es ein afrz. *caille* „Quark" nicht gibt und das Subst. *caillebotte* viel jünger ist als das Verbum.

caille-lait „Labkraut"
17./18. Jh., wörtlich „bringe die Milch zum Gerinnen", s. *cailler*; die Bildung, weil man dem Labkraut die Eigenschaft zuschrieb, die Milch zum Gerinnen zu bringen; s. dazu St. Pol *cal'-lait*, frz. auch *herbe à cailler* u. ä.; Rol. Fl. 248; dann in Anlehnung an lat. *galium* „Labkraut" die gelehrte Umsetzung zu *gaillet*, dass.; Dict. gén.; Bl.-W. 99.

cailler 1. „gerinnen"
12. Jh., *coaillier*, aus lat. *coagulare;* Diez 259; REW 2005; FEW II, 816.
2. „Vorrichtung zum Wachtelfang"
13. Jh., *caillier*, ist *-arium*-Abl. von *caille* „Wachtel"

cailleter „schwatzen", „plaudern"
18. Jh., ist Abl. von *caille* „Wachtel".

caillette 1. „Labmagen" (4. Magen der Wiederkäuer)
14. Jh., nfrz. auch *caillet*, ist Abl. von südwestfrz. (Nantes) *cail* „Labmagen", weiter verbreitet in der Bedeutung „Lab", auch „geronnene Milch"; dazu prov. *calh* „Quarkkäse", auch adj. „dickflüssig"; zeigt den begrifflichen Übergang vom Produkt zum Ort der Erzeugung; aus lat. *coagulum* „Lab", „geronnene Milch"; FEW II, 818; Bl.-W. 99.
2. „leichtfertige Persönlichkeit"
16. Jh., zunächst groß geschrieben, bei Cotgrave noch als Maskulinum, angeblich nach einem populären Possenreißer des 16. Jhs., namens *Caillette*. Dict. gén.
3. „Plaudertasche"
ist abgeleitet von *caille* „Wachtel", *cailleter* „schwatzen".
4. „Sturmvogel"
19. Jh., ist Abl. von *caille* „Wachtel", da beide Vögel weiß und grau gesprenkelt sind, Dict. gén.; Spitzer, ZRP 42, 6 f. Nach Baist, ZRP 43, 92 zu *caille* „Wachtel" in Nachahmung von englisch *mother Careys chickens*?

caillot „Gerinsel", „Blutkuchen"
16. Jh., ist mit Endungswechsel umgestaltetes afrz. *caillié* „geronnene Milch".

caillot-rosat „steinige Rosenbirne"
16. Jh., ist angev., von Ménage als *cailleaurozat* u. ä. angeführt; es ist Zusammensetzung von afrz. *caillouel* „Birnenart", wohl „Steinbirne", d. i. *-alis* Abl. von *caillou*, s. d., und *rosat*, s. d. Verrier-Onillon s. v.

caillou „Kieselstein"
ist norm., pik. Abl. von afrz. *chaille*, in der ersten Hälfte des 11. Jhs. in der Pluralform *chailos* belegt; aus gallisch **kalljavos* „steinig", „von der Art des Kieselsteins", zu norw. *helle* „flacher Stein" *(<*halljôn)*, kymr. *caill* „Hode", gallisch *calliomarcus* als Pflanzenname; das Grundwort **kalljo* liegt in apoitev. *chail* „Kieselstein" vor, das im Südwesten des Nordfrz. noch lebt, dann in kollektiver Weiterbildung in anorm. *caille*, im Süden und Südosten des Nordfrz. *chaille;* s. auch *galet;* vgl. FEW II, 95; Gg. ZRP 40, 161; Meyer-Lübke, SAWien 143, 2, 55.
Aus vlat. **caclagu*, dieses aus **caclacu* für *coclaca* aus gr. κόχληκες „Kieselsteinchen", auch κάχληξ, Schuchardt, SAWien 141, 3, 14; ZRP 25, 244 ff.; ZRP 26, 385, oder schon gr. κάχλαγα, Meyer-Lübke, LGRP 22, 117, ist lautlich bedenklich, s. Thomas, Rom. 31, 1 ff. (NE 192 ff.), auch ist kulturhistorisch das Vorhandensein eines griechischen Wortes in der Bedeutung „Stein" nur auf galloromanischem und nordspanischem Gebiet unverständlich; die Bedenken Schuchardts gegenüber gallisch **kal-* „Stein", ZRP 25, 245 f., sind nicht berechtigt, vgl. auch REW 1449.
caillouter, caillouteux, cailloutis s. *caillou.*

caïmacan „Stellvertreter des Großveziers"
17. Jh., aus arabisch *qâ'im-maqâm*, d. i. die Übersetzung des frz. *lieu-tenant* mit Umstellung der Begriffe. Lam. 67.

caïman „amerikanisches Krokodil"
16. Jh., aus span. *caiman*, das aus dem karaibischen *acayuman* stammt. Focker, ZRP 34, 566 f.; Schmidt, Span. Elem. 149; doch ist die Herkunft des Wortes umstritten, s. Friederici, Gött, gel. Anzeigen 1933, 70; Cor. I, 576.
caimand u. ä. s. *quémand.*

caïque „türkische Barke"
1579 *caïq*, 1605 *cayes*, seit 1619 *caïque*; Vidos 261; König, ZRP 50, 374; aus ital. *caicco*, das aus türkisch *qāýq* stammt. Kemna 210.

caire „Kakaobaumbast"
18. Jh., u. H.

cairon „weicher behauener Stein"
16. Jh., aus prov. *cairon*, d. i. dem. Abl. von prov. *caire* „Baustein", aus lat. *quadrum*. REW 6921; Dict. gén.

caisse „Kiste", „Kasse"
16. Jh., aus prov. *caissa*, dieses aus lat. *capsa*, s. *châsse.* REW 1659; Cor. I, 577.
**capsea*, Brunel, Rom. 46, 115 ff.; Bertoni, Rom. 47, 579; Walberg, Rom. 48, 273 f.; FEW II, 314, ist morphologisch nicht begründet und lautlich nicht notwendig; vgl. wegen der Lautentwicklung *chas* 1 und 2.

caissetin „Rosinenkistchen" u. ä.
18. Jh., aus nprov. *caissetin*, d. i. dem. Abl. von *caisseta*, s. *caisse*.
caissier s. *caisse*.

caisson „Kastenwagen", „Munitionswagen"
16. Jh. *casson*, aus ital. *cassone*, d. i. augmentative Abl. von *cassa*, der Entsprechung des frz. *caisse*; Dict. gén.
Einheimisch zu frz. *caisse*, Bl.-W. 99, wegen der Form des 16. Jh., unwahrscheinlich.

cajoler 1. „schwatzen" (von Elstern)
16. Jh., ist wohl Schallbildung, vielleicht in Weiterbildung von *cacarder* und den dort angeführten Bildungen.
Oder Umstellung von **jacoler*, dieses zu *jacques*, das mundartlich für Elster gebraucht wird? REW 3640; Nigra, Rom. 31, 518; zu *cage*, weil es im 16. Jh. bedeutet hätte, „schnattern wie eine Elster im Käfig", Bl.-W. 99, ist wenig überzeugend.
2. „zu gewinnen suchen", „liebkosen"
16. Jh. „schmeicheln", wird heute für das Wallonische als „verzieren" angegeben, dazu wall. *cajolé*, *crajolé* „buntfarbig", es ist vermutlich Kreuzung von *enjôler* mit *caresser*. REW 1790.
cajot s. *cageot*.

cajute „Kajüte"
17. Jh., aus ndl. *kajuit*, das selbst aus frz. *cahute* entlehnt ist, Behrens, DS 70; setzt voraus, daß schriftliche Entlehnung von ndl. *kajuit* in das Frz. erfolgt ist, Valkhoff 83.

cal „Schwiele"
16. Jh. auch *calle*, aus lat. *(callus)*.

calade „Abhang auf der Reitbahn"
16. Jh., aus ital. *calata*, d. i. Abl. von *calare* „herablassen" aus lat. *chalare*, das bei Vitruv bezeugt ist; dieses aus gr. χαλᾶν „herunterlassen", Diez 78; REW 1487.

calais „Gemüsekorb" (als Maßeinheit für Kohl, Salat u. ä.)
seit 1867 belegt, aus katal. *calaix* „Schublade", „Kiste der Ladenbesitzer", in Glossen *calatium — canistrum*, aus gr. καλάθιον „Körbchen", Horning ZRP 18, 231; 24, 551; Brüch ZRP 64, 391; aus dem Griechischen an der frz.-katal. Ostküste, Wartburg, Spr. u. M. 92; FEW II, 61.
Das lautlich und begrifflich anklingende afrz. *jalais*, *jalois* „Getreidemaß, vgl. Berry, Sologne *jalais*, champ. Aube *jalois* „kleines Holzgefäß als Maß", gehört zu *galléta* „Gefäß", „Kübel", afrz. *jaloie*, FEW III, 35; nicht zu lat. *calathus* „Korb", Bugge, Rom. 4, 352; Dict. gén.

calambour „grünliches Aloeholz"
17. Jh., stammt angeblich aus dem Malaiischen. Dict. gén.; Bl.-W. 99.

calament „Bergmelisse"
13. Jh., aus lat. *(calaminthe)*.

calamine „Galmei"
13. Jh. *calemine*, aus mlat. *(calamina)*, d. i. Umgestaltung von lat. *cadmia*. Diez 77; REW 1453.

calamistrer „die Haare kräuseln"
14. Jh., aus lat. *(calamistrare)*.

calamite 1. „Magnet"
16. Jh., aus ital. *calamita*, hier schon im 13. Jh., wohl aus mgr. καλαμίτα, d. i. Abl. von κάλαμος „Rohr", da im Mittelalter die Magnetnadel in einen Halm oder ein Stückchen Kork gesteckt und so in ein Gefäß mit Wasser gelegt wurde. Diez 77; REW 1485; Vidos 267.
2. „Küchenstorax"
13. Jh., ist Abl. von gr. κάλαμος wie in *calamite* 1, doch in anderer Bedeutungsentwicklung.
3. „Kreuzkröte"
19. Jh., auch *crapaud des roseaux*, aus lat. *(calamites)* „Laubfrosch", das aus dem Griechischen stammt.

calamité „Unglücksfall"
14. Jh., aus lat. *(calamitate)*.

calandre 1. „Zeugrolle", „Glander"
15. Jh., dazu **calandrer** „rollen", das durch *kalendreur* für Beginn des 14. Jhs. gesichert ist; beide zunächst aus dem frz.-flämischen Grenzgebiet; aus ndl. *kalandern* „hin- und hergleiten", „glitschen", dessen Herkunft umstritten ist.
Zu lat. (gr.) *cylindrus* „Walze", um 400 auch *pars columnae*, in Glossen „lapis volubilis", erhalten in neapol. *celentro* „Rolle"; dazu logud. *colondra* „Säule", mit Einwirkung von *columna*; dazu asturisch *colondra* „Holzstück am Dach, das den Dachvorsprung hinausrückt", Schuchardt ZRP 26, 411; Brüch ZRP 65, 195, dürfte dem niederländischen Wort zugrunde liegen, doch ist der Gang und die Herkunft der Entwicklung ungeklärt; s. auch Bl.-W. 100.
2. „Haubenlerche"
12. Jh., aus prov. *calandra*, dieses aus vlat. **calandra*, das aus gr. καλάνδρα entlehnt ist. REW 1486; Diez 77; Roll. F. 2, 214; 10, 93; FEW II, 56.
Über *caliendrium*, das bei Arnobius und Varro in der Bedeutung „Häubchen" belegt ist, aus gr. χαραδριός, Sittl, ALL 2, 478 ff.; vgl. G. Paris, Mél. 147, ist nicht nötig, da καλάνδρα belegt ist.
3. „Kornwurm"
16. Jh., aber durch *calendreux* für das 15. Jh. bezeugt, ist norm. pik. Form für mundartliches, z. B. Meuse *chalendre* dass., dieses dissimiliert aus **charendre*, das zum Stamm von afrz. *charanton*, s. *charançon*, gehört. ZRP 40, 158.
Ndl. *kalander*, Dict. gén.; Behrens, DS 33, stammt wohl selbst aus dem Französischen.
calandrer s. *calandre* 1.

calanque „kleine Bucht", „Schlupfhafen"
17. Jh. auch *calangue*, aus nprov. *calanco*,

d. i. schon vorhistorische Abl. von prov. *cala* dass., s. *cale* 1. Wegen des Suffixes vgl. *barange* und *avalanche*, FEW II, 56.

calcaire „kalkhaltig"
18. Jh., aus lat. *(calcarius)*.

calcédoine „Chalcedon"
12. Jh., afrz. auch *cacidoine*, aus lat. *(chalcedonius)*.

calcet „viereckiger Topp eines Galeerenmastes"
17. Jh., mlat. schon im 10. Jh. *calcese*, Vidos 272, aus ital. *calcese*, dieses aus lat. *(carchesium)* „Topp". REW 1681.

calcin 1. „Bruchglas", „Glassplitterchen"
18. Jh., ist postverb. Subst von *calciner*, s. d.
2. „Kalkkonglomerat"
19. Jh., ist gelehrte Abl. von lat. (*calx, calce*) „Kalk", s. *chaux*.

calcine „Kalk", „Mörtel"
13. Jh., für volkstümlich entwickeltes afrz. *chaucine*, aus vlat. **calcina* zu *calx* „Kalk", Vidos, AR 14, 152; dazu seit dem 14. Jh. *calciner* „verkalken", „ausglühen", s. *chaux*.

calcul 1. „Rechnung"
15. Jh., ist postverb. Subst. von *calculer* s. d.
2. „Gallenstein"
16. Jh., aus lat. *(calculus)* „Kiesel".

calculer „rechnen"
14. Jh., aus lat. *(calculare)*.

cale 1. „abhängiges Ufer", „natürlicher Hafen"
16. Jh., aus prov. *cala* „Bucht", „geschützte Stelle" (für Schiffe), lebt auch in Spanien, Portugal, Süditalien und ist, wie die Abl. **calanca* (s. *calanque*) vermuten läßt, vorhistorischer (iberischer oder ligurischer) Herkunft. Unklar ist das Verhältnis zu arab. *kallâ'* „geschützter Ankerplatz", Baist, ZRP 32, 33, REW 4664; FEW II, 1, 50; Cor. I, 579.
2. „Schiffsraum"
13. Jh., vielleicht über prov. *cala* aus ital. *cala*, d. i. postverb. Subst. von *calare* „herablassen", s. *calade*. Baist, ZRP 32, 33; REW 1487; s. *caler* 1.
3. „Herablassen ins Wasser", „Senkblei an der Angel"
ist postverb. Subst. von *caler* (la ligne de pêche), s. *caler* 1.
4. „Art Kopfbedeckung", „Platthaube"
15. Jh., ist Rückbildung von *calotte*, s. d. REW 1536.
5. „Unterlage", „Keil"
17. Jh., ist postverb. Subst. von *caler* 2. Das Wort lebt in sav. *câla*.

calebasse „Flaschenkürbis", „Kürbisflasche"
16. Jh. *calbasse, canebasse, cabasse*, stammt aus dem Süden, vgl. lyon. *carabasse*, nprov. *carbassa, carabasso* u. ä., Roll. Fl. 6, 30; Herkunft unsicher, REW 6900.
Nach Schuchardt, ZRP 28, 149 Anm. aus vlat. **cucurbacea*, s *courge*, das sich mit arabisch *qar^e a* „Flaschenkürbis" gekreuzt hätte; daß der Ausgang des Wortes portug. *cabaça* wäre, daraus mit falscher Anpassung span. *calabaza* usf., das portug. Wort zu lat. *cavus* „hohl", Sainéan, ZRP 30, 569, ist durch nichts begründet und lautlich schwierig.

calebotin „Drahtkorb der Schuhmacher"
17. Jh., u. H.

calèche „leichter, offener Wagen"
17. Jh., aus nhdt. *Kalesche*, das selbst aus dem Polnischen oder Tschechischen stammt. Kluge s. v.

caleçon „Unterhose"
16. Jh., aus ital. *calzoni*, d. i. Abl. von *calza* „Strumpf", der Entsprechung des frz. *chausse*. REW 1495.

calembour „Wortspiel"
18. Jh., vgl. dazu seit der gleichen Zeit belegt **calembredaine** „lächerliche Bemerkung" u. ä.; das erste Wort wird für Anjou als lebend angegeben; zum zweiten vgl. norm. *calemberdaine*, champ. dass., sav. frz. *calembourdaine*, Morv. Verd. Chal. *calibeurdaine*, dazu pik. *calaimberdaine* „Unterrock mit Leibchen um den Bauch herum", dieses zu pik. *berdaine* „Bauch", aber lothr. *berdaine* „Geschwätz", frz. matl. *bredin* „kopflos", Bl.-W. 100, das auf einen Zusammenhang mit *bredouiller* hinweist. Die Entwicklung im einzelnen ist kaum mehr festzustellen; s. auch *bourde*. *calembour* ist wohl Rückbildung von *calembourdaine*.
Zu *carrefour, califourchon*, weil der Kalauer eine Gabelung der Vorstellung mit sich bringt, Spitzer, ZRP 42, 9 ff., ist begrifflich und lautlich gleich unwahrscheinlich.

calencar „ostindisches, auch persisches bedrucktes Baumwollenzeug"
16. Jh. *caracas*, seit dem 18. Jh. die heutige Form, aus persisch *kalamkar*. Dict. gén.

calendes „erster Tag des Monats"
12. Jh., aus lat. *(calendae)*. Dazu seit dem 12. Jh. *calendier*, dafür seit dem 16. Jh. in Anlehnung an ein aus *calende* fälschlich überliterarisiertes *calendre* die heutige Form **calendrier** „Kalender", die mit lat. *calendarium* „Schuldregister" (der Geldverleiher) keine direkten Beziehungen hat; s. Bl.-W. 100.

calenture „tropisches Fieber"
18. Jh., aus span. *calentura* dass., d. i. Abl. von *calentar* „erhitzen", s. *chaloir*, Dict. gén.

calepin „Wörterbuch" va.; „kleines Notizbuch"
16. Jh., nach dem polyglotten Wörterbuch von *Ambrosio Calepino*, 1502; Dict. gén.

caler 1. „niederlassen", „streichen"
12. Jh. im Normannischen bezeugt, dazu heute pik. *caler* „eine Kugel werfen", auch „nachgeben", „fliehen", die letztere Bedeutung auch norm., dann in der eigentlichen literarischen Form *chaler* in der Bedeutung „Nüsse abschlagen" in H. Maine, Poitou, Centre, Ardennes; aus vlat. *calarę* „niederlassen", das inschriftlich auf grom. Boden belegt ist, Pir-

son 232, s. *calade,* REW 1487. *caler* in der literarischen Bedeutung ist vielleicht sekundär aus ital. *calare* dass. entlehnt, Dict. gén.
2. „einen Keil unterlegen"
17. Jh., in der frz. Schweiz *calà* „die Fässer auf die Faßlager herablassen", dann „*die Fässer durch Unterlegen eines Keils am Lager festhalten", ist spezielle Verwendung von *caler* „herablassen", also identisch mit *caler* 1; Hubschmid, VR 8, 136, dazu s. *cale* 2.
Zu ndl. oder dt. *keilen,* Dict. gén.; Brüch, ZRP 38, 697; Bl.-W. 100 ist lautlich und begrifflich schwierig.

calère „Fischnetz, das man am Vorderteil eines Fischerbootes hängen läßt"
19. Jh., aus nprov. *calelh* dass., dieses mit Bedeutungsübertragung aus prov. *calelh* „Hängelampe", das in der frz. Form *chaleil* heute im ganzen Südgürtel des Nordfrz. zu Hause ist; aus vlat. **c a l ĭ c u l u s* für lat. *calīculus* „kleiner Kelch". Dict. gén.; REW 1513; ZRP 40, 159; FEW II, 87.

calfater „kalfatern"
14. Jh. *calafater,* Ende des 14. Jhs. *calefestrer,* 15. Jh. *galefeustrer,* Vidos 263; mit Einwirkung von *feutre* „Filz", daher **calfeutrer;** stammt über prov. *calfatar* oder ital. *calfatare* aus ngr. καλαφατεῖν „Schiff teeren", dessen Herkunft unklar ist; s. Littmann 17; Lam. 68; Diez 77; REW 4663.

calibre „Kaliber"
15. Jh., aus ital. *calibro,* dieses aus arabisch *q â l i b* „Form", „Modell", das selbst aus dem Griechischen stammt; Littmann 100; Lam. 70; Diez 78; Schuchardt, ZRP 24, 571; de Gregorio, SGI 7, 299.
Nach Kluyver, ZdW 11, 219 ff. wäre das arabische Wort aus ital. *calibro* entlehnt, dieses zu mlat. *collumbar, colubar* „Halseisen eines Gefangenen" u. ä., 11. Jh. *calibum,* zu lat. *chalybs* „Stahl"; doch ist unmittelbare Entlehnung der romanischen Wörter aus dem Lateinischen lautlich nicht möglich.
Dazu u. a. seit dem 16. Jh. die Abl. **calibrer** „die Mündung ausmessen".

calice „Kelch"
12. Jh., aus lat. *(c a l i x , - i c e).*

caliche „salpetrige Erde"
19. Jh., aus span. *caliche* „Kalkkruste, die sich beim Kalken von Mauern bildet", d. i. Abl. von span. *cal* „Kalk" aus lat. *(c a l x),* vgl. REW 1534; Schmidt, Span. Elem. 160.

calicot „Kattun"
17. Jh., vom Namen der Stadt *Calicut* in Indien. Der Leinwandstoff wurde im 16. Jh. im Abendland bekannt; so in dt. *Kalkute;* Littmann 124; Bl.-W. 101.

calife „Kalif"
12. Jh. *algalife,* aus arabisch *ḫ a l î f a* „Nachfolger", „Stellvertreter", nämlich des Propheten in der Herrschaft über die Gläubigen; Littmann 68; Lam. 261; FEW I, 69.

califourchon „rittlings"
in *à* —, zuerst im 12. Jh. *a caleforchiés* bezeugt, im 16./17. Jh. *calfourchon,* daraus in Anlehnung an das Präfix *cali-,* s. *ca-,* die heutige Form, gehört zu nprov. *caforc* „Gabelung eines Baumes", in ON Dordogne *Cafourche,* auch *la Cofourche,* d. i. vlat. **c o n f ŭ r c u m* zu lat. *fŭrca* „Gabel", s. *fourche,* Thomas, NE 191 f.; oder afrz. *caleforchiés* dissimiliert aus **carreforchiés,* zu *carrefour* „Kreuzweg", Spitzer, ZRP 42, 9 ff. Kreuzung von *caballus,* s. *cheval,* mit *furca,* s. *fourche,* Schuchardt, ZRP 27, 614, oder zu *cochlea* „Schnecke", Schuchardt, SAWien 141, 3, 50 ff., ist beides lautlich nicht möglich; *cali-* in *califourchon* zu afrz. *caëlet* „Kätzchen", Sain. Chat 52 f., ist lautlich und begrifflich gleich unwahrscheinlich; ebenso eine Verschmelzung von bret. *kall* „Hoden" mit *fourche,* Bl.-W. 101.

calige „römischer Soldatenstiefel"
19. Jh., aus lat. *(c a l i g a).*

calin „Bleizinn"
18. Jh., aus port. *calaim,* das aus dem Türkischen stammt. REW 4662; Dict. gén.

câlin „schmeichlerisch", auch subst. „Schmeichler", „Schmuser"
16. Jh., ist postverb. Subst. von **câliner** „liebkosen", „hätscheln"; dieses, seit dem 16. Jh., steht für *cadliner,* das in Jersey *cadliner* noch erhalten ist, s. Spence, Gloss. S. 127; dazu *cadlin* „verzogen", d. i. kosende Ableitung von afrz. *cadeler,* das norm. die Bedeutung „umschmeicheln" besitzt und wohl schon in alter Zeit besessen hat, vgl. daraus entlehntes englisches *caddle* „mit Sorgfalt umgeben"; norm. *cadeler* ist nördliche Form von afrz. *chadeler* „führen", „lenken", d. i. Abl. von afrz. *chadel* „Anführer", „Hauptmann", der Entsprechung des unter *cadet* angeführten prov. *capdel,* s. d.
Aus norm. *caliner,* refl. „sich im Schatten ausruhen", zu vlat. **calina* „große Hitze", dieses zu *calere,* s. *chaloir,* Bl.-W. 101, erklärt nicht die Länge des *a* in *câlin;* s. dagegen die Längung in *moule* aus *modle; câlin* zu lat. *catellus* „Junges", s. *caïeu* 1, Spitzer, ZRP 40, 699, ist entwicklungsgeschichtlich zu wenig gestützt; auch nicht *caninus* „hündisch", Brinkmann, ASSL 46, 434.

caliorne „dickes Aufziehseil"
17. Jh., aus Marseille *caliourno,* vgl. auch angev. *caillourne;* ist auch oberitalienisch, venezianisch *calorna,* genuesisch *calornia;* zu nprov. *cau* „Tau", d. i. gr. κάλος „Schiffstau", Wartburg, Spr. u. Ch., 75; die Endung ist nach Battisti I, 684 charakteristisch für Wörter mittelländischer Herkunft.

calisson „Art Biskuit"
auch *canisson,* 19. Jh., aus nprov. *canissoun* dass., auch „Hürde aus Rohr, auf der die Bäcker ihre Bäckereien tragen", dieses die

ursprüngliche Bedeutung; es ist dem. Abl. von nprov. *canisso* „Geflecht aus Rohr", d. i. Augmentativform von *canis* dass., aus lat. *canniciae* „Schilfgebüsch" bzw. vlat. **cannīcium*, REW 1604; s. *canne*.

callade „alle Stiche beim Tressettespiel"
19. Jh., zu rotwelsch *callé* „auf den Hund gekommen", d. i. Part. von *caler* „herabsenken", s. d.

calleux „schwielig"
16. Jh., aus lat. *(callosus)*.

calligraphe „Schönschreiber"
18. Jh., aus gr. (καλλιγράφος).

calmande „Wollzeug"
18. Jh., aus ital. *calamandra*, das vermutlich orientalischen Ursprungs ist; dazu ital. *caramandula* „Baumwollgewebe" zum Füttern von Schuhen, aus neugr. καραμάνδουλον „verstärktes Tuch", das in Süditalien entlehnt wurde; Battisti I, 752.

calmar „Schreibfederbüchse" va., „Tintenfisch" auch **calemar**, 15. Jh., aus lat. *(calamarium)* „Federbehälter". REW 1485.

calme 1. „Windstille"
16. Jh., aus ital. *calma*, dieses aus vlat. **calma*, in dem sich gr. καῦμα „Hitze" mit lat. *calēre* „warm sein" kreuzt. Diez 78; REW 1779; vgl. *chômer*.
2. „ruhig"
15. Jh. *carme*, aus ital. *calmo* dass., d. i. postverb. Adjektiv von ital. *calmare* „beruhigen", das zu *calma* „Windstille" gehört, s. *calme* 1; oder frz. *calme* Rückbildung von **calmer** „beruhigen", das im 15. Jh. aus ital. *calmare* entlehnt wurde.

calomel „Kalomel"
18. Jh., zusammengesetzt aus gr. (καλός) „schön" und (μέλας) „schwarz". Dict. gén.

calomnie „Verleumdung"
14. Jh., aus lat. *(calumnia)*; in volkstümlicher Entwicklung im Grom. afrz. *chalonge* „Verleumdung", auch „Klage", „Widerspruch", „Anspruch", dazu entsprechend lat. *calumniari* „fälschlich anklagen", afrz. *chalongier, chalengier* „anklagen", „streitig machen", „herausfordern"; Jordan, ZRP 53, 708.

calorie „Wärmeeinheit"
seit 1835, gelehrte Bildung zu lat. *calor*, s. *chaleur*; Bl.-W. 101.

calonnière s. *canonnière*.

calot 1. „Tschakodeckel"
18. Jh., ist Rückbildung von *calotte* oder Neuabl. von *cale* 4.
2. „Holzkeil"
18. Jh., ist dem. Abl. von *cale* 5.
3. „Nuß"
17. Jh., lebt heute über ganz Frankreich verstreut, auch als *écalot, échalot, chalot* u. ä., Roll. Fl. 4, 35 f. Die ursprüngliche Bedeutung ist „aus der Schale gelöste Nuß", so ausdrücklich von Furetière und Trevoux bezeugt, desgleichen heute poitev. *calea, calau*, u. ä. (= **caleau*), dagegen angev. *calon* „Nuß mit Umhüllung"; es ist also *calot* Rückbildung von *écaler, échaler* „die Nuß ausschälen", bzw. Abl. von *escale* „Nußschale", s. *écale*, dessen Anlaut fälschlich als Präfix aufgefaßt wurde.

calotin s. *calotte*.

calotine „kleine Verssatyre"
18. Jh., ist Neubildung zu *calotins*, der Bezeichnung einer Narrengesellschaft unter Ludwig XIV.; dieses zu *calotin* „Käppchenträger", s. *calotte*.

calotte „Käppchen", „Vorderhaupt", dann „Maulschelle"
14. Jh., aus ital. *calotta*; dieses aus mlat. *calota* „Mütze", das 1355 für Rom belegt ist; dieses ist gelehrte Rückbildung von lat. *calautica*, „eine Art Kopfbedeckung vornehmer römischer Frauen", das von Afranius (2. Jh. v. Chr.) an bis in die späteste Kaiserzeit belegt ist. Als Bezeichnung der Kopfbedeckung der katholischen Geistlichen dringt das Wort im Lauf des späteren 14. Jhs. in die Provence und nach Nordfrankreich; Battisti I, 692.
Gr. καλύπτρα „Hülle", „Schleiertuch", Caix Studi 95, ist lautlich und historisch ebenso unmöglich wie arabisch *kalûta* „Kapuze", „Barett", Schuchardt ZRP 25, 491, Anm.; Frz. *calotte* als nordfrz. Abl. von mdl. *cale* „Nußschale", Bl.-W. 101, läßt sich historisch nicht rechtfertigen.
Dazu seit dem 18. Jh. **calotin** „Käppchenträger", seit 1700 pejorative Bezeichnung für den Priester, pop. „Pfaffenknecht".

caloyer „griechischer Mönch"
16. Jh., im 14./15. Jh. dafür *calogere*, aus ngr., byzant. (καλόγερος), wörtlich „schöner Alter", Dict. gén.

calque „Durchzeichnung", „Abdruck"
18. Jh., aus ital. *calco*, d. i. postverb. Subst. von *calcare*, der Entsprechung des frz. *caucher*.

calquer „durchzeichnen"
17. Jh., aus ital. *calcare* dass., eigentlich „stampfen", „treten", s. *caucher*.
Dazu seit dem 18. Jh. die Werkzeugsabl. **calquoir** „Metallstift der Kupferstecher".

calumet „amerikanische Rohrart", „Friedenspfeife"
18. Jh., ist norm. pik. Form von *chalumeau*, *(chalumel)*; Dict. gén.

calus s. *cal*.

calvaire „Kalvarienberg"
12. Jh., im 13. Jh. „Glatze", bis ins 16. Jh. „Schädel", Flutre, Rom. 65, 508, s. Behrens, Wg. 344, aus lat. *(calvaria)* „Hirnschale", dazu *calvariae locus* „Schädelstätte" als Übersetzung des hebräischen *Golgotha*. Dict. gén.; s. *chauve*.

calvitie „Kahlköpfigkeit"
14. Jh., aus lat. *(calvities)*.

camaïeu „Bilderstein"
13. Jh. *camaheus,* dazu mlat. seit dem 13. Jh. *camahutus* u. ä., vgl. dazu span. portug. *camafeo,* u. H. REW 1538.
Diez 80 fragend zu gr. κόμμα „Schlag", „Prägung", ist nicht möglich; zu gr. καματεύειν „arbeiten", Dict. gén., desgleichen. Aus lautlichen Gründen nicht aus arab. *qamq'îl* „Knospen", Brüch, ZFSL 49, 315 (3).

camail „Eisenschutz des Hinterhauptes" va.
14. Jh., aus prov. *capmalh,* dieses postverb. Subst. von einem nicht bezeugten prov. **capmalhar* „den Kopf bepanzern", bzw. rückgebildet von prov. **cap-malhat* „mit gepanzertem Hinterkopf", d. i. Zusammensetzung von *cap,* s. *chef,* und *malhar,* s. *mailler.* Dict. gén.; Diez 79; vgl. REW 1668.
Ausgang grom. **capimaculum,* mit **maculum* als Rückbildung von *macula,* s. *maille,* in Nachbildung von mhdt. *houbetdach* „Kopfbedeckung", Brüch, ZFSL 49, 315, ist nicht besser.

camarade „Kamerad"
16. Jh. als Femininum = „Kameradschaft", d. i. „die in einem Zimmer schlafenden Genossen", von dem aus *le camarade* „der einzelne zur Kameradschaft Gehörige" neugebildet ist; aus span. *camarada* „Kameradschaft", d. i. Abl. von *cámara,* der Entsprechung des frz. *chambre.* Diez 79; REW 1545; Schmidt, Span. Elem. 83.

camard „stumpfnasig"
16. Jh., ist mit Suffixwechsel umgestaltetes *camus,* s. d.

camarilla „Hofpartei"
19. Jh., aus span. *camarilla* „Privatkabinett des Königs", eigentlich „Kämmerchen", d. i. dem. Abl. *(-ella)* von *cámara,* s. *camarade.*

cambiste „Wechselmäkler"
17. Jh., aus ital. *cambista,* d. i. Abl. von *cambiare* „wechseln", s. *changer.*

cambouis „verdicktes Schmieröl"
14. Jh. *cambois,* stammt aus dem Südostfrz., vgl. dauph. *cambois* dass., steht für **camboil, *cambouil,* d. i. postverb. Subst. von z. B. lyon. *cambouillir* „zu stark einkochen", vgl. auch poitev. *écambouille* „große Menge Regenwasser, die sich in Gräben, Abflußkanälen sammelt", d. i. Zusammensetzung von *ca-,* s. d., mit *bouillir,* s. d.

cambrer „krümmen"
15. Jh., ist Abl. von afrz. *cambre,* d. i. pik. norm. Form von afrz. *chambre* „gekrümmt", aus lat. *c a m u r* „gewölbt". Densusianu, Rom. 28, 61; REW 1564. *cambre* lebt in Rouchi „Krummstab", in Blois „leicht gebogen".
Lat. *camerare* „wölben", Diez 539; Dict. gén., liegt kaum unmittelbar zugrunde, wenn man nicht annehmen will, das ein vorhistorisches *chambrer, cambrer* unterging und später nach *cambre* neugebildet wurde.
Dazu seit dem 18. Jh. die Abl. **cambrillon** „Absatzstück am Schuhwerk"; **cambreur,** 19. Jh. „Schweifer" (Schuhmacherei).

cambrioleur „Einbrecher"
1828 Vidocq, aus dem Rotwelsch, ist Abl. von **cambrioler** „einbrechen", gleichfalls aus dem Rotwelsch, dieses bei Balzac noch definiert mit der Bedeutung „tout ce qui se fait dans une chambre"; ist Abl. von *cambriole* „Zimmerchen", seit 1790 belegte dem. Abl. von prov. *cambra* „Zimmer", s. *chambre;* Ullmann Fr. mod. 22, 44; Dict. gén.

cambrousse „Land"
19. Jh. *cambrouse,* aus nprov. *cambrousso* „schlechte Wohnung", „Spelunke", ist Abl. von nprov. *cambre,* s. *chambre*; in der Wendung *courir la cambrouse* „Spelunken frequentieren" wird das Wort mit *campagne* zusammengebracht; dazu im Rotwelsch *cambrousier* (Vidocq) „Dieb am Land", 1865 plur. „Leute vom Land", dazu sing. „Jahrmarkthändler"; Bl.-W. 102; Larchey 73; s. dazu *cambuse,* das im „bas langage" „Kneipe" u. ä. bedeutet.
cambrure s. *cambrer.*

cambuse „Proviantkammer"
18. Jh., lebt in Anjou als „Keller, in dem mehrere Arbeiter gemeinsam ihren Wein aufbewahren", in B. Maine „Wagen der Jahrmarktsgaukler", Sain. LPar. 176; in Blois, Berry „verfallene Hütte"; aus mndl. *k a b u y s* bzw. ndl. *kombuis,* doch ist die Geschichte des germanischen Wortes selbst noch aufzuklären. Behrens, DS 71; REW 4651.

cambuser 1. „wässern", s. *combuger.*
2. „Lebensmittel verteilen", s. *cambuse.*

came 1. „Hebearm", „Radzahn"
18. Jh., aus mndl. *k a m m e,* ndl. *kamm* „Zahn am Mühlrad" u. ä. Behrens, ZFSL 30, 1, 160 (Wg. 39 f.); DS 85.
2. „Gienmuschel", s. *chame.*

camée „Bilderstein"
18. Jh., aus ital. *cameo,* d. i. die Entsprechung des frz. *camaïeu,* s. d.

caméléon „Chamäleon"
12. Jh., aus lat. *(c h a m a e l e o n).*

camélia „Kamelie"
19. Jh., aus nlat. *(c a m e l l i a),* dieses nach dem Namen des Botanikers P. *Camelli.* Dict. gén.; Bl.-W. 102.

cameline „Leindotter"
16. Jh., auch *camomille de Picardie,* aus lat. *(c h a m a e m e l i n u s),* auch *chamomillinus* „von der Kamille", s. *camomille.* Dict. gén.; Roll. Fl. 2, 100.

camelle „Salzpyramide"
19. Jh., aus nprov. *camello, gamello* „Haufen", eigentlich „Weibchen des Kamels", s. *chameau;* visuelle Metapher, nach dem Höker des Kamels, Dict. gén.
Zu prov. *comol* „Haufen", aus lat. *cumulus,* über **comóla, *camóla, *camela,* Brüch ZFSL 49, 316, setzt zu viele, nicht belegte Zwischenstufen voraus.

camelot 1. „wollener Kleiderstoff"
13./14. Jh. *chamelot* „orientalischer Stoff, der angeblich aus Kamelhaar erzeugt wurde", Dict. gén., dürfte erst sekundär mit *chameau* „Kamel" in Zusammenhang gebracht worden sein, vgl. dafür bei Isidor v. Sevilla *melota,* in der Vulgata *melotes* „Schaffell", so heute berrich. *mélote* „Schaffell mit Wolle"; dieses aus dem Griechischen. Rönsch, ZRP 1, 418. Arabisch *ḫamlāt,* Plural zu *ḫamla* „Behaarung am Stoff", „Plüsch", ist lautlich und begrifflich schwierig, Cor. I, 616; „wolliges, zottiges Tuch", de Gregorio, SGI 7, 194, stammt wohl aus dem Romanischen.
2. „Zeitungsverkäufer", „Verkäufer in Krämereien"
ist postverb. Subst. von *cameloter* „vagabundieren", so für ein älteres **coesmeloter,* d. i. Abl. von *coesmelot* „reicher, kleiner Krämer", das seit dem 16. Jh. im Rotwelsch bezeugt ist; dieses wieder ist Abl. von *coesme* „Großkrämer", Ende des 16. Jh. *coesmelotier* „Kurzwarenhändler", Lars Bergh, Stud. Neoph. 24, 17, seit dem 16. Jh. im Rotwelsch, d. i. mundartliches *couème* „dumm", „beschränkt", vgl. in einem Polizeibericht von 1743 *coëme* „übel beleumundetes Subjekt"; dieses *couème* hat nichts mit *couenne* „Schwarte" zu tun, Sainéan, RPFL 22, 113; Sain. Aa 2, 224; 313; LPar. 240; 522, sondern gehört zu Guernesey (Cherbourg) *couême* „Kuhfladen", norm. *coesme* „Dreck", *coesmer* „Kot auswerfen", wall. *koèm* „Kuhfladen"; dieses scheint ein älteres dänisches *kô ême* wiederzugeben, aus norw. *kô* „Kuh" und *êm* „Dampf", d. h. „Kuhdampf", *„Kuhfladen", Métivier unter *couême.*
Lyon. *couame* „furchtsam", „verlegen", berich. *couème* „Dummkopf", stammt vermutlich aus dem Rotwelsch; nicht zu *Can* „Khan der Tataren" bei Villon, Dauzat, RPFL 25, 296. *camelot* zu genuesisch *camallo,* Nizza *camalo* „Lastträger", dieses aus türkisch *ḫammâl,* Wagner, LGRP 38, 251, bzw. arabisch *ḫammâl* „Lastträger", Schuchardt, ZRP 23, 334; 38, 130; REW 4021, ist wegen der älteren Formen nicht wahrscheinlich. Da sich der Stamm *[koèm-]* von der Bretagne bis in die Wallonie verfolgen läßt, ist die Herkunft aus dem Norden kaum zweifelhaft.

camelote „Pfuscherei", „schlechte Ware"
18. Jh., ist postverb. Subst. von **cameloter** „pfuschen", eigentlich „Waren anbieten" (von fahrenden Händlern), s. *camelot* 2.

camembert „Art Käse"
19. Jh., nach der Herkunft der Erzeugung, der Stadt *Camembert* in der Normandie; Bl.-W. 102.

camérier „Kämmerer"
17. Jh., aus ital. *cameriere,* vgl. *chambrier.*

camériste „Hofkammerherr"
16. Jh., aus span. *camarista,* d. i. Abl. von *cámara,* der Entsprechung des frz. *chambre,* s. *camarade.* Schmidt, Span. Elem. 98 f.

camerlingue „päpstlicher Kämmerer"
15. Jh., aus ital. *camerlengo,* das selbst aus afrz. *chambrelenc* entlehnt ist, s. *chambellan.*

camion 1. „Zugkarren"
14. Jh. *chamion,* lebt wall. (Mons), boulogn. „dreirädriger Karren", doch dürfte *chamion* angepaßtes südliches *camion* sein; dieses zu prov. *caminar* „marschieren", (s. *chemin*), zu dem prov. die *-arius*-Abl. *caminier* „Vagabund", „Roll-Fuhrmann" belegt ist; ähnlich nprov. *caminaire,* wie frz. *roulette* „bewegliche Gehschuhe" (für kleine Kinder), catal. *caminador* „ausdauernder Fußgänger"; zu diesen eine fortgehende Bewegung anzeigenden Subst. dürfte mit Suffixwechsel prov. **caminon* (zu **camin-ator, *camin-arius)* gebildet worden sein, das zu *camion* dissimiliert wurde; über adverbales *-one* zur Bezeichnung von handelnden Personen s. *brouillon, grognon, souillon* usf., von Werkzeugen *bouchon, curon* usf.
2. „Kopf der Kardendistel", „kleinste Stecknadel"
16. Jh. *camillon,* H. Maine *camignon,* bourb. *camion* „kleine Nadel", dürfte für ein prov. *cap mignon* stehen, zu prov. *cap* in der Bedeutung „Nadelöhr" und *mignon,* s. d.
3. „Kinderholzschuh"
u. H.

camisade „nächtlicher Überfall"
16. Jh., aus gaskognisch *camisade* dass., vgl. bei Monluc 'donner une *camisade* et porter une chemise blanche', dieses aus ital. *camiciata, incamiciata,* zu *camicia* „Hemd", da die Soldaten in der Dunkelheit Hemden überzogen, um für einander sichtbar zu bleiben, s. *chemise.* Vgl. auch Sain. Rab. 1, 90; Dict. gén.; Bl.-W. 102.

camisole „Unterjacke"
16. Jh., aus prov. **camisola,* vgl. im Berner Jura 1590 *chemeseuz,* d. i. *camisia* + *-eolus* „Art Bekleidung", Gossen, ZRP 77, 200, s. *chemise.*
camme s. *came.*

camomille „Kamille"
14. Jh., aus lat. *(camomilla),* dieses aus gr. χαμαίμηλον. REW 1553; Roll. Fl. 7, 28 ff.

camoufler „tarnen", „verschleiern"
19. Jh., im Argot bezeugt, ital. *camuffare* dass., ist hier seit dem 15. Jh., belegt und in Oberitalien im Rotwelsch weit verbreitet; das frz. Wort ist italienischer Herkunft, aber in der Form von *camouflet* beeinflußt; vgl. Bl.-W. 103.

camouflet „Qualm von brennendem Papier, den man jmd. zum Possen unter die Nase bläst"
15./17. Jh. auch *chaumouflet,* scheint ein Verbum **camoufler, *chaumoufler* „die Nüstern blähen" erschließen zu lassen, dieses Zusam-

mensetzung von *moufle* „Schnauze“ mit dem Präfix *ca-*, *cal-*, s. *ca-*; Bl.-W. 103.
Davon rückgebildet im Rotwelsch *camoufle* „Kerze“. Sain. Aa. 2, 303.

camourlot „Schiffskitt“
18. Jh., u. H.

camp „Feldlager“
16. Jh., aus ital. *campo*, d. i. die Entsprechung des frz. *champ*.

campagnard „Landbewohner“, „ländlich“
ist Abl. von **campagne** „offenes Gelände“, in dieser Bedeutung seit dem 12. Jh. als normannisch-pikardische Entsprechung von *champagne* bezeugt; seit dem 16. Jh. als militärischer Ausdruck „Feldzug“ aus ital. *campagna*, s. *champagne*.

campagnol „Feldmaus“
18. Jh., aus ital. *campagnoli*, Arveiller, RLiR 28, 317.

campane „Glocke“ va.; „Quaste“
14. Jh., aus prov. *campana*, dieses aus lat. *campana* „Schnellwage“, „Glocke“, s. über dieses Wölfflin, ALL 11, 538 ff.; Schuchardt, SAWien 141, 3, 8 ff.; ZRP 24, 567; Diez 83; REW 1556.
Dazu seit dem 16. Jh. die dem. Abl. **campanelle,** auch **campanette** „Glockenblume“, im Norm. seit dem 13. Jh. *campenelle*.

campanile „Glockenturm“
18. Jh., aus ital. *campanile* dass., d. i. mittels des die Umfassung anzeigenden *-ile* abgeleitetes *campana* „Glocke“, s. *campane*.

campe „Art halbwollenes Zeug“ (aus Poitou), 17. Jh., u. H.

campêche „Blauholz“
17. Jh., nach dem Ort *Campeche* in Mexiko. Diez 83; REW 1559.

camper „lagern“
16. Jh., ist Abl. von *camp*, s. d., REW 1563.

camperche „hölzerne Querrute“ (am Webstuhl) 18. Jh., in der Bedeutung „kleine Holzstange“ 14. Jh. *escouberge*, apik. *escamperche* u. ä., enthält im 2. Glied *perche* „Stange“, das 1. Glied ist unklar“; s. *écoperche*.

camphre „Kampfer“
14. Jh., aus mlat. *(camphora)*, dieses aus arabisch *kāfūr*, Lam. 72; Fokker, ZRP 34, 567; Diez 84; REW 4656.

campine „kleines, wohlschmeckendes Huhn“
18. Jh., angeblich nach *La Campine*, einem Distrikt in Belgien. Dict. gén.

camping „Zelten“
seit 1905, aus dem Englischen, zu *to camp* „kampieren“; Bl.-W. 103.

campos „Schulferien“
16. Jh., lebt in wall. (Mons) *camposse* „toller Streich“, pik. *campousse* in *prendre la campousse* „davoneilen“, dazu lothring. *campousse* „Schwung“; stammt aus der Schülersprache; hier aus mlat. *habere campos* „Ferien haben“, eigentlich „auf die Felder gehen können“, s. *champ*, Dict. gén.

camus „stumpfnasig“
13. Jh., dürfte zu **mus* „Schnauze“, s. *museau*, gehören, also etwa einem gallischen **kommûsos* „schnauzig“ entsprechen.
Nach Diez 83 zu gallisch **kamm* „krumm“ (das nach Thurn. KR 53 als Nebenform von **camb-*, s. *jante*, möglich wäre) und **mûsus*, s. *museau;* das ist aber nur dann möglich, wenn *camus* aus dem Provenzalischen oder Pik. Norm. stammte; desgleichen ein schon gallisches **kammûs*, Thurn. 53; zu afrz. *camoissier* „verletzen“, „mit Wunden bedekken“, Spitzer, ZRP 42, 13 f., ist lautlich und begrifflich gleich unmöglich; zu der Zusammensetzung gallisch **kommusos* vgl. bei Paulus Diaconus *combenonnes* u. a. Dottin 247 f. Zusammensetzung von *canis* und **musus*, Brinkmann, ASSL 46, 452 f., ist unmöglich.
Dazu seit dem 17. Jh. die Abl. **camuson** „stumpfnasiges Mädchen“, berich. *camus* „Zauberer“, vom Teufel her, der stumpfnasig dargestellt wird, u. ä.

canaille „Gesindel“
15. Jh., aus ital. *canaglia* „Hundepack“, d. i. Abl. von *cane* „Hund“, s. *chien*. Vgl. das entsprechende afrz. *chienaille*.

canal „Kanal“
12. Jh., aus lat. *(canalis)*, das in volkstümlicher Entwicklung in *chenal* und *chéneau* vorliegt, s. d.
Dazu seit dem 19. Jh. die Abl. **canaliser** „schiffbar machen“; fig. „lenken“.
canamelle s. *cannamelle*.

canapé „Kanapee“
17. Jh., aus mlat. belegtem dissimiliertem *canopeum* aus lat. *(conopeum)* „Himmelbett“, „Mückennetz“; ist in dieser Bedeutung als *conopé*, *conopée* im 16. Jh. belegt; Bl.-W. 103; H. Meier, NSpr. 43, 182; Blanc RLR 34, 438.

canapsa „Schnappsack“
16./17. Jh., aus ndl. *knapzak*, Valkhoff 85.

canard „Enterich“, „Ente“
13. Jh., ist wohl in Anlehnung an afrz. *maslart*, s. *malart* „wilder Enterich“, abgeleitet von *cane* „Ente“, wenngleich dieses auch erst im 14. Jh. erscheint; *cane* „Ente“ ist lautmalend umgestaltetes gleichbedeutendes afrz. *ane*, aus lat. *anas*, *anăte*, vgl. *bédâne*. Marchot, Rom. 47, 217 ff.; Rohlfs, ASSL 163, 252; dazu seit 1750 *canard* „Zeitungsente“, seit 1843 auch „Extraausgabe“, Fr. mod. 13, 118, aus Wendungen wie „vendre à qn. un canard à moitié, en le faisant passer pour un canard entier“, Darmesteter, La vie des mots 59; Bl.-W. 103.

canari „Kanarienvogel“
16. Jh. va., auch **canarie,** aus spanisch *canario*, eigentlich „kanarisch“. Dict. gén.

canasse „Tee-, Tabakskiste“
18. Jh., auch **canastre,** wird im ältesten Beleg als spanisch bezeichnet, hier *canastro*, *canasto*,

aus vlat. **c a n a s t r u m* aus gr. κάναστρον „Brot-, Frucht-, Blumenkorb", für literarisches *canistrum*. Diez 436; REW 1594; Schmidt, Span. Elem. 132.

cancan „Universitätsrede" va.; „überflüssiger Lärm", „böse Nachrede"
16. Jh. *quanquan de college*, aus lat. *(q u a m q u a m)* vom Eingang der lateinischen Schulreden her. Dict. gén.; Matoré, Mél. Bruneau 177.
cancan wäre nach Sain. LPar. 351 Bezeichnung für „Ente" in der Kindersprache, von hier aus im Vulgärfrz. in Anlehnung an den watschelnden Gang der Enten zur Bezeichnung des *Cancan* genannten Tanzes usf., doch lebt ein *cancan* „Ente" nur vereinzelt in Côte d'Or, s. Kocher, Redupl. 48, dann in Waadt, Doubs als „üble Nachrede", das aus der Literatur stammt; vgl. auch Spitzer, NM 23, 87 ff., der selbst ital. *stare sul quamquam* als sekundäre Umbildung des volkstümlichen *cancan* auffassen möchte.
Dazu seit dem 19. Jh. die Abl. **cancaner** „klatschen", „Kankan tanzen" u. ä.

cancel „Raum hinter dem Gitter"
12. Jh. *chancel*, die heutige Form neu entlehnt aus lat. *(c a n c e l l u s)* „Gitter".

canceller „(gitterförmig) durchstreichen"
13. Jh. *chanceler*, dann rückangelehnt an lat. *(c a n c e l l a r e)* „vergittern".

cancer „Krebs"
16. Jh., aus lat. *(c a n c e r)*, s. *chancre*.

canche „Schmielengras"
18. Jh., u. H.

cancre „Krabbenart"
13. Jh., aus lat. *(c a n c e r, c a n c r u m)*, s. *chancre*.

cancrelat „Schabenart"
auch *cancrelas, cakerla, kakerlat*, seit Beginn des 18. Jhs., lebt in Saint. *cankerla*, aus ndl. *k a k e r l a k*, gekreuzt mit *cancre*. Dict. gén.; Behrens, DS 33.
Daß das ndl. Wort aus dem Französischen stamme, und dieses letzten Endes auf ein vlat. **quinque cornua* „Maikäfer" zurückginge, Barbier, RPFL 34, 43 ff., ist historisch und lautlich gleich unmöglich.

candélabre „Armleuchter"
11. Jh. *chandelabre*, aus lat. *(c a n d e l a b r u m)*.

candelette „Seitentakel"
17. Jh., mlat. 13. Jh. für Genua *candela* „Warttau", dazu ital. *candeletta*, auch *candelizza, candalizza*, 16. Jh., ebenso im 16. Jh. sp. *candeleta, candeliza*; zu *candela* „Kerze", nach Cor. I, 630 nach der vertikalen Stellung des Mastes, der an die Figur einer aufgestellten Kerze erinnert, s. *chandelle*; das frz. Wort kann aus dem Ital. oder Spanischen kommen; Vidos 276; Battisti I, 716; unmittelbar ist es aus nprov. *candeleto*, gleichzeitig mit *caliorne* übernommen; Dict. gén.

candeur „Arglosigkeit"
16. Jh., aus lat. *(c a n d ō r e)* „Reinheit", „Lauterkeit".

candi „Kandiszucker"
13. Jh., ital. *candi*, arabisch *q a n d î* „vom Zuckerrohr". Lam. 74; Diez 84; REW 6899; Bl.-W. 104.

candidat „Kandidat"
13. Jh., aus lat. *(c a n d i d a t u s)* „der mit glänzend weißer Toga bekleidete Amtsbewerber"; in der allgemeinen Bedeutung seit dem 17. Jh., vielleicht aus dem dt. „Kandidat" der Universitätsterminologie übernommen; Bl.-W. 104.

candide „aufrichtig"
16. Jh., aus lat. *(c a n d i d u s)*.
candir s. *candi*.
cane s. *canard*.

canéfice „Fisettkassia"
18. Jh., aus span. *cañafistula* dass., d. i. Zusammensetzung von *caña* „Rohr" und *fistula* „Röhre", aus lat. *c a n n a*, s. *canne*, bzw. *(f i s t u l a)*.

canepétière „Zwergtrappe"
16. Jh. *cane petière*, ist so und mit anderen Suffixen in Frankreich mundartlich weit verbreitet, s. Roll. F. 2, 344 f., ist zusammengesetzt aus *cane* „Ente" und *pet* „Furz", s. d., das letztere wegen des Schreis des Vogels.

canéphore „Korbträgerin"
16. Jh., aus lat. *(c a n e p h o r a)*.

canepin „feines Leder, das man benützt, um die Spitzen von Lanzetten u. ä. zu erproben"
14. Jh., im Mittelfrz. mit der Nebenform *canequin*, bedeutet nach Littré auch „Lindenbaumbast", seit 1310 *peau de canepin*, daraus die literarische Bedeutung; u. H.
Zum Stadtnamen *Canope* im Nildelta, Haust, Rom. 47, 552 (Etym. 44 f.), müßte historisch gerechtfertigt werden.
caner s. *cane*.
caneter s. *cane*.

canetière „Seidenspulerin"
19. Jh., ist Abl. von *canette* „Spulröhrchen", vgl. *canut*.
caneton, canette s. *cane*.

canevas 1. „grobes Segeltuch", „Sackleinwand"
13. Jh. in norm. pik. Form. für afrz. *chenevaz*, so seit dem 12. Jh., heute boulogn. *quennevas*, das mit prov. *canabas* „Tuch aus Hanffasern" auf vlat. **c a n n a p a c e u m* zu *cannapum* „Hanf" zurückführt, die Bildung, ursprünglich adjektivisch, muß schon vlat. sein; vgl. *sas* „Sieb" aus vlat. *saetaceum*, prov. *sedas* „Seidenstoff", „seidenes Sieb", Gg. Bibl. AR II, 2, 38 f.; s. *chanvre*. Dict. gén.
2. „Stickleinwand"
16. Jh., aus ital. *canevaccio*, das selbst aus dem Grom. stammt, s. *canevas* 1. Dict. gén.; REW 1599.

canevette „Flaschenkeller" (auf Schiffen)
19. Jh., aus nprov. *canaveto*, dieses wahr-

scheinlich aus dem Norditalienischen, z. B. piem. *canaveta* „Weinkorb"; dieses dem. Abl. von lat. *canaba* „Weinstube". Dict. gén.; REW 1566. Das Wort ist im Altprovenzalischen nicht belegt, daher im Nprov. kaum einheimisch.

canezou „Rundspenzer"
19. Jh., u. H.
cangrène s. *gangrène.*

cangue „tragbarer Schandpfahl"
17. Jh., angeblich aus dem Chinesischen. Dict. gén.; Bl.-W. 104.

cani „faulendes Holz"
18. Jh. in *bois cani*, ist norm. in *pain cani* „schimmeliges Brot" u. ä., d. i. Part. von norm. *canir* „schimmelig werden", „vor Feuchtigkeit zugrunde gehen", d. i. die norm. Entsprechung von afrz. *chanir* „grau werden", aus grom. **canire* für lat. *canescĕre* „grau werden", vgl. *chancir*. REW 1584.
Nicht aus nprov. *cani* „hündisch", Dict. gén.

caniche „Pudel"
18. Jh., ursprünglich nur für das Weibchen gebraucht, dürfte aus einer südlichen Mundart stammen; hier dem. Weiterbildung von prov. *can* „Hund"; *-iche* als deminutives Suffix ist in Berry, Anjou geläufig; so angev. *tauriche* „junge Färse", *crapiche* „kleine Kröte", Berry *capiche* = *capuchon*, *maniche* „weiblicher Sperling" u. a.; vgl. *babiche*, *pouliche*.
Abl. von *cane* „Ente", weil der Pudel gerne ins Wasser geht, Dict. gén.?

canichon 1. „kleiner Pudel"
19. Jh., ist dem. Abl. von *caniche*, s. d.
2. „junge Ente"
17. Jh., ist dem. Abl. von *cane*, s. d.

canicule „Hundsstern"
15./16. Jh., aus lat. *(canicula)* dass.

canière „Netz zum Fangen des kleinen Haies" wird für das 18. Jh. als Ausdruck der Basse-Norm. angegeben, ist also Abl. *(-aria)* von norm. *kien* „kleiner Haifisch", das heute dort in literarischer Form als *chien* bezeugt ist; dieses ist Rückbildung von *chien de mer* dass.; norm. *kien* ist in der Bedeutung „Hund" heute noch vereinzelt zu finden, ALF 277, wird aber allgemein durch die literarische Form *chien* zurückgedrängt. Vgl. Roll. F. 11, 154 f.; Dict. gén.

canif „Taschenmesser"
15. Jh., ist durch das Deminutivum *canivet* auch *cnivet*, für das 12. Jh. gesichert, zu dt. *Kneif* „Messer"; unmittelbar aus anord. *knifr* oder mndl. *cnijf;* kaum schon fränkisch **knif*, Bl.-W. 104; Diez 539; REW 4723.

canin „hündisch"
14. Jh., aus lat. *(caninus)*, für afrz. *chenin*, das neben dem Lehnwort bis ins 16. Jh. bezeugt ist.

canitie „Grauhaarigkeit"
13. Jh., aus lat. *(canĭties);* vgl. *chenu* und *calvitie, chauve.*

caniveau „Rinnstein" (zum Abfluß von Wasser), dann „Reihe von Pflastersteinen, zur Begrenzung eines Baches"
17. Jh., vielleicht schon 1453 *caniseau*, Barbier, Etym. and Lex. Notes 19, 1938, dessen Existenz von Salverda de Grave, Neoph. 25, 81 bezweifelt wird, lebt in Westfrankreich und im Zentrum, vgl. Berry *caniviau* „gepflasterte Rinne an Straßen", H. Maine „Entwässerungskanal", norm. *caleheau*, wie literarisch; scheint auf ein grom. **canabellum* zu lat. *canabula* zurückzuführen, dieses bei den Gromatikern mit der Bedeutung „zur Trockenlegung der Grundstücke bestimmte Abzugröhre" bezeugt, ist auch in Ortsnamen Oberitaliens und der Toscana, ferner in ON Kroatiens erhalten, s. REW 1566 a; Maver, AR VI, s. Jud, Rom. 52, 202; Pieri, Nuova Antologia 1911, 718. Doch ist die lautliche Entwicklung des Wortes noch aufzuklären. Die Erhaltung des anlautenden *ka-* in der normannischen Entsprechung ist lautgesetzlich, auch in Berry kann erhaltenes *ka-* eine ältere Entwicklungsstufe des Anlautes erhalten haben. Dann ist *caniveau* aus älterem **caneviaus* entstanden. Die normannische Form bleibt unklar. Zu *niveau*, erweitert durch das Präfix *ca-*, s. d., Salverda de Grave, l. c., ist unhaltbar, s. Hasselrot, ZRP 62, 178. Auch nicht zu *canif*, Spitzer, ZRP 42, 15, oder zu lat. *colliquiae* „Wasserrinne", Bugge, Rom. 4, 352.
canivet s. *canif*. *cannage* s. *canner.*

cannaie „Röhricht"
16. Jh., seit dem 12. Jh. in der pikardischen Form bezeugt, *canoie*, daraus seit dem 16. Jh. die literarische Form, ist Abl. *(-eta)* von *canne*, s. d.

cannamelle „Zuckerrohr"
17. Jh., aus mlat. *(cannamellis)*, d. i. unorganische Zusammensetzung von *canna* „Rohr" und *mel* „Honig". Dict. gén.

canne „Rohr", „Schilf", „Rohrstock", auch Art Längenmaß
13. Jh., aus prov. *cana* dass., dieses aus lat. *canna* dass. REW 1597.

canneberge „Sumpf-Moosbeere"
17. Jh., heute norm. *cannebirge*, Roll. Fl. 7, 240, aus englisch *cranberry* dass. Mosemiller, *MLN 19, 46; REW 2295.

cannelade „Zimtbeize"
17. Jh., ist Abl. von *cannelle*, s. d.

cannelas „Zimtkonfekt"
16. Jh. *canelat*, aus nprov. *cannelat*, d. i. Abl. von prov. *canela* „Zimt", s. *cannelle* 1.
canneler s. *cannelle* 2.

cannelle 1. „Zimtrinde"
12. Jh. neben vereinzeltem *chanele*, aus prov. *canela*, d. i. dem. Abl. von *cana* „Rohr", s. *canne;* Bl.-W. 104.
Fr. *cannelle* aus portug. *canela* derselben Herkunft, REW 1597?

2. „Röhrchen", „Faßhahn"
15. Jh., ist frz. dem. Abl. von *canne* „Röhre", s. d.
3. „Riefen-Furchensäge"
ist postverb. Subst. von *canneler* „kannelieren", das selbst Abl. von *canne* „Röhre" ist; dazu seit dem 16. Jh. *cannelure* „Riefelung", „Rille".

cannequin „weißer, indischer Kattun"
16. Jh. *caniquis*, seit dem 18. Jh. in der heutigen Form, stammt angeblich aus dem Chinesischen. Dict. gén.

canner 1. „mit der Elle messen"
18. Jh., ist Abl. von *canne*, das in der Bedeutung „Meßwerkzeug" seit dem 14. Jh. belegt ist; zu *canne*.
2. mit Binsengeflecht versehen"
19. Jh., ist Abl. von *canne* „Schilfrohr", s. d.

cannetille „Gold-Silberdraht"
16. Jh., aus ital. *cannutiglio* bzw. span. *cañutillo* dass., d. i. Abl. von *caña*, der Entsprechung von frz. *canne* „Rohr". REW 1597; Bl.-W. 104.

cannette „Röhrchen", „Spule" u. ä.
15. Jh., ist dem. Abl. von *canne*, s. d.

cannibale „Kannibale"
16. Jh., aus span. *canibal*, dieses durch ein Mißverständnis der ersten Entdecker umgebildet aus *caribal*, Bewohner der karibischen Inseln in Westindien, zu *carib* „tapferer Mann"; Littmann 142; Bl.-W. 104. Columbus gebrauchte *Canibales* neben *Caribales* und *Caribes*, Read, Louisiana 135.
canoe s. *canot*.

canole „Art Backwerk"
18. Jh., aus poitev. *canole* „Aschenkuchen", dieses aus nprov. *canaulo* „kranzförmiger Kuchen", so Gask., Langued., aus vlat. **cannabula* zu lat. *canna* „Luftröhre". Die frz. Entsprechung, 12. Jh., *chanole* (norm. pik. *canole*) bedeutet „Röhrenknochen am Hals", „Luftröhre", „Kehle". Nigra, ZRP 27, 129 ff.; REW 1600; FEW II, 214.

canon 1. „Kanone"
14. Jh., aus ital. *cannone*, d. i. augment. Abl. von *canna* „Röhre", s. *canne*.
2. „Regel", „Satzung"
13. Jh., aus lat. *(canon)*.

canonial „kanonisch"
12. Jh. *chanonal*, ist Abl. von afrz. *chanoine*, s. d.; die heutige Form seit dem 13. Jh. in latinisierender Anlehnung an lat. *(canonicus)* „zum Kanon gehörig".

canonnade „Kanonenfeuer"
16. Jh., aus ital. *cannonata*, d. i. Abl. von *cannonare* „mit Kanonen beschießen", s. *canon* 1.

canot „Baumkahn"
16. Jh., fem. *canoe*, so noch Ende des 17. Jhs.; aus span. *canoa*, seit 1492 bezeugt, aus dem Karaibischen *kanawa*, s. Friederici 127; Cor. I, 636; daneben seit 1614 *canot*, aus dem Englischen *canoe*, Bl.-W. 105; Barbier, Misc. 17, 289. Unbegründetes Wiener, ZRP 33, 529.

cant 1. „scheinheilige Ziererei"
19. Jh., aus englisch *cant* dass.
2. s. *chant* 2.

cantabile „singbares Musikstück"
18. Jh., aus ital. *cantabile*, s. *chanter*.

cantal „Kantalkäse"
17. Jh., nach dem ON *Cantal*, einem Berg und Departement der Auvergne.

cantaloup „Beulenmelone"
18. Jh. *cantaloupe*, nach dem ON *Cantaluppi*, dem Sommersitz der Päpste in der Umgebung Roms; diese Melone wurde im 15. Jh. aus Florenz nach Frankreich gebracht. Roll. Fl. 6, 42.

cantanette „Lichtpforte zur Erhellung der Kajüte auf Galeeren", „Kiste zur Aufbewahrung verschiedener Dinge in der Kajüte"
17. Jh. neben *cantelette*, aus ital. *cantarette* „runde kleine Tür als Eingang in die Kajüte am Schiffshinterteil der Galeeren", d. i. dem. Abl. von ital. *cantaro*, *cantero* „Art Gefäß", aus lat. *cantharus* „Humpen", „Kanne", das lat. auch verschiedene an einen Humpen erinnernde Gegenstände bezeichnet; Dict. gén.; REW 1614. Vgl. auch ital. *canterale*, *canterano* „kleines Schränkchen".

cantate „Singgedicht"
18. Jh., aus ital. *cantata*, d. i. subst. Part. von *cantare*, s. *chanter*.

cantatille „kleine Kantate"
18. Jh., aus span. *cantatilla*, d. i. dem. Abl. *(-ella)* von span. *cantata*, das aus dem Ital. entlehnt ist, s. *cantate*.

cantatrice „Sängerin"
18. Jh., aus ital. *cantatrice*, dieses aus lat. *(cantatrice)*.

cantharide „spanische Fliege"
14. Jh., aus lat. *(cantharis, -idis)*.
canthus s. *décanter*.

cantilène „Singsang"
16. Jh., aus ital. *cantilena*, dieses aus lat. *(cantilena)* „Singerei", „Musik".

cantine „Flaschenkeller"
17. Jh., aus ital. *cantina*; das Wort ist vermutlich gallisch, vgl. auf einer grom. Inschrift *ad cantunas novas*, Pirson 237, inschriftlich auch *cantena*.
Zu ital. *canto* „Ecke", „Winkel", s. *chant* 2, REW 1616; Bl.-W. 105 ist weder begrifflich noch formell befriedigend, s. Battisti I, 728.

cantique „Lobgesang"
12. Jh., aus lat. *(canticum)* „Gesang".

canton „Landstrich" va.; „Kanton"
seit 1467 für die Schweizer Kantone, seit 1789 für die Distrikte der Verwaltungsbezirke der frz. Départements, Bl.-W. 105; 13. Jh. „Ecke", „Winkel", so noch heute poitev., aus prov. *canton* dass.; dieses aus vlat. **canto, -one*, d. i. Abl. von *canthus* „Winkel", s. *chant* 2.

cantonade „Raum der Schaubühne hinter den Kulissen"

17. Jh., aus ital. *cantonata* „einspringender Winkel", d. i. Abl. von *cantone*, s. *canton* und *chant* 2.

cantonal „zum Kreise . . . gehörig"
19. Jh., ist Abl. von *canton* in der administrativen Bedeutung „Landkreis", s. d.

cantonner „an einen versteckten Ort bringen", „in den Winkeln anbringen"
14. Jh., ist Abl. von *canton* in der alten Bedeutung „Winkel", s. d.

cantonnier „Straßeneinräumer", „Bahnwärter"
19. Jh., ist Abl. von *canton* in der Bedeutung „Straßensektion".

cantonnière „Eckbeschlag", „Fenstervorhang"
16. Jh., ist ursprünglich adjektivische Abl. von *canton* in der alten Bedeutung „Winkel", „Ecke"

cantre „Scherlatte", „Scherbank"
18. Jh., aus ndl. *kanter*, das selbst aus frz. *chantier* bzw. dessen nördlicher Entsprechung *cantier* entlehnt ist; s. Kluge s. *Kanter;* abgelehnt Valkhoff 85.

canule „Röhre", „Hohlzapfen"
14./15. Jh., aus lat. *(cannula)* „kleines Rohr".

canut „Arbeiter der Lyoner Webereien"
19. Jh., aus nprov. *canut* dass., ist nach Mistral Spottname der Weber von Lyon und Avignon, so gebildet in Anlehnung an die Bezeichnung der „Webspule" *cannette*, s. *canetière*. Oder *canut* „Webereiarbeiter" scherzhaft umgedeutetes prov. *canut* „grau", s. *chenu*?

caolin s. *kaolin.*

caouane „europäische Meerschildkröte"
17. Jh., wird von Nemnich als bei den Amerikanern gebräuchliches Wort bezeichnet, aus span. *cauana*. Dict. gén.; Behrens, Wg. 345.

caoutchouc „Kautschuck", „Gummibaum"
18. Jh., zuerst 1653 in Peru bezeugt, dann im 18. Jh. von den Italienern und den Franzosen (1736) erwähnt, aus einer Sprache des alten Perú; Friederici, ZFSL 58, 145; Littmann 150.

cap „Vorgebirge", „Schiffsvorderteil"
14. Jh. zuerst als *de pied en cap* bezeugt, hier aus prov. *cap* „Kopf", während die Bedeutung „Vorgebirge" wohl an prov. *cap* angeschlossenes span. *cabo* darstellt, s. *caboter.*

capable „fähig, etwas aufzunehmen"
14. Jh., aus lat. *(capabilis)* „faßbar", „greifbar".

capacité „Geräumigkeit", „Geschicklichkeit"
15. Jh., aus lat. *(capacitate).*

capade „locker zusammengeschlagenes Stück Filz"
18. Jh., aus nprov. *capado* „Inhalt einer Kapuze", d. i. Abl. von *capa*, der Entsprechung des frz. *chape*, s. d.

caparaçon „Pferdedecke"
15. Jh., aus nprov. *caparassoun*, dieses wohl aus span. *caparaçon* „Schabracke", im marokkanischen und algerischen Arabischen *qarbaṣûn*, dass., das auf türkisch *čaprak* „Satteldecke" zurückgehen dürfte, s. Kluge-Götze unter „Schabracke", Cor. I, 652; nprov. *caparasso* „großer Kapuzenmantel" ist Rückbildung von *caparassoun.*

cape 1. „Kappenmantel"
15. Jh., aus prov. *capa*, s. *chape.*
2. in *mettre à la cape* „die Segel einziehen", „beilegen"; dazu *voiles de cape* „Hauptsegel", 16. Jh., aus ital. *essere alla cappa* „das Segel eingezogen haben", „beiliegen"; dazu das gegenteilige ital. *dar le vele (mettere le vele) ai venti* „unter Segel gehen", „absegeln"; zu ital. *cappa* „Hauptsegel", Grundbedeutung „Kappenmantel", s. *chape;* vgl. Bl.-W. 106.
Dazu die (-idiare)-Abl. *capeyer*, **capéer** „beiliegen", seit dem 16. Jh.; seit dem 17. Jh. **capeler** „(Wanttaue) um die Mastspitze legen", zu *cape* „Hauptmast", vgl. in der allgemeinen Bedeutung prov. *capelar* „bedekken", „überdecken", s. *chapeau.*

capelan 1. „Bettelmönch" va.
16. Jh., aus prov. *capelan* „Priester", s. *chapelain.*
2. „Zwergdorsch"
auch *capelin, caplan*, aus nprov. *capelan*, das eine ganze Reihe von Fischen und anderen Tieren bezeichnet; es ist scherzhafte Übertragung von *capelan* 1.

capelet „Art Gelenksgeschwulst beim Pferde"
17. Jh., aus prov. *capelet*, s. *chapelet.*

capeline „Kopfpanzer der Fußsoldaten" va.; „haubenartiger Verband"
14. Jh., aus prov. *capelina*, d. i. Abl. von *capel* „Kopfbedeckung", s. *chapeau.*

capendu „Kurzstielapfel"
15. Jh. *courtpendu, carpendu* u. ä., dazu Namur *côrpendu*, bei Rabelais *pomme de court pendu*, Sain. Rab. 1, 185, die Form *capendu* seit dem 16. Jh.; das Wort ist im Mittellateinischen als *mala curtipendula* überliefert, gehört also zu *court* und *pendu*, s. *pendre*. Roll. Fl. 5, 94 f.
Nicht zu *chat* „Katze", Sain. Chat. 43.

caperon s. *capron.*

capharnaüm „Ort, an dem viele Gegenstände ohne Ordnung aufbewahrt werden"
17. Jh., nach dem biblischen Namen *Capharnaum* in Judäa, wo Christus eine Predigt hielt, die eine solche Menschenmenge herbeizog, daß der Raum vor dem Haus zu klein wurde, Marc. II, 2; nach Bl.-W. 106 wäre der biblische Name eine ursprünglich scherzhafte Ersatzform für mundartliches, z. B. Berry, *caforniau* „Abstellkammer".

capie „Bindefaden einer Garnsträhne", (den man um die Strähne schlingt)
18. Jh. auch **capieuse**, das erste Rückbildg. aus prov. *capió(n)* „Häubchen", „Kapuze", s. *capion*, das letztere mit innerfrz. Entwicklung aus **capiure*, das aus nprov. *capiuro* ent-

lehnt ist; nprov. *capiuro* ist Kollektivabl. von *capio,* dieses mit nicht klarer Abl. aus grom. **capio*, *-ione* „Köpfchen", vgl. oberital. *co* „Fadenende", zu lat. *caput.* (J. Jud.) Oder zu *cappa,* s. *chape,* vgl. prov. *acapar* „einhüllen", *capion* „Kapuze"? Dazu seit dem 18. Jh. die Abl. **capier** „mit dem Garnende befestigen"

capillaire „haarartig"
14. Jh., aus lat. *(capillaris).*

capilotade „Art Ragout mit zerkleinerten Fleischresten"
Ende des 16. Jhs. *capilotade* und *capirotade,* aus span. *capirotada* „Gericht aus Kräutern, Eiern, Knoblauch u. ä." (zum Bedecken anderer Speisen); dieses Abl. von span. *capirote* „Art Kapuze", und dieses wieder aus katal. oder gask. *capirot,* das zu *cappa* gehört, s. *chape;* Dict. gén.
Davon verschieden bei Rabelais *cabirotade* „Art Rehbraten"; dieses zu gaskogn. *cabirot,* s. *chevreuil.* Sain. Rab. 1, 178.

capion „Vordersteven"
17. Jh., aus nprov. *capioun* dass., auch „Fell zum Schutz des Schiffsschnabels gegen die Feuchtigkeit", d. i. prov. *capion* „Kapuze", s. *capie.*

capiscol „Domdechant"
17. Jh., aus nprov. *cabiscol* „Vorsänger am Chor" u. ä. oder mlat. *(capiscolus),* d. i. unorganische Zusammensetzung von lat. *(schola),* s. *école,* und *(caput),* s. *chef.* Dict. gén.

capitaine „Hauptmann"
13./14. Jh., für älteres *chataigne, chevetaigne,* im Roland *cataine,* aus lat. *(capitaneus),* das bei den Gromatikern in der Bedeutung „durch Größe hervorragend" bezeugt ist. REW 1633.

capital „hauptsächlich", „Haupt-"
14. Jh., für volkstümliches *cheptel,* s. d., aus lat. *(capitalis)* dass.; dazu seit dem 16. Jh. das Subst. *capital* „Kapital", seit dem 15. Jh. *ville capitale,* daraus *la capitale* „Hauptstadt"; zu dem Subst. *(le) capital* seit dem 19. Jh. **capitaliser** „in Kapital verwandeln".

capitan „Maulheld"
17. Jh., aus ital. *capitano* „Hauptmann", die frz. Bedeutung wegen der Verwendung des Wortes zur Bezeichnung des Maulhelden im italianisierenden Lustspiel des 16./17. Jhs., aus vlat. **capitanus* „Haupt-", für *capitalis,* zu *caput-capite,* s. *chef;* REW 1634.

capitane „Hauptgaleere"
17. Jh., dafür im 16. Jh. *capitanesse, capitainesse,* aus ital. *(nave) capitana* bzw. *capitanessa,* zu *capitano* „hauptsächlich"; s. *capitan.*

capitation „Kopfsteuer"
16. Jh., aus lat. *(capitatione)* dass.

capiteux „berauschend", „zu Kopf steigend"
im 14. Jh. *capitous* „halsstarrig", das in poitev. *capitou* erhalten ist, im 16. Jh. „berauschend"; vgl. ital. *capitoso* „halsstarrig", „eigensinnig", aus mlat. *(capitosus)* zu lat. *caput — capite,* s. *chef.*

capiton „grobe Flockseide"
16. Jh., dazu bei Rabelais, dann wieder im 19. Jh. **capitonner** „auspolstern", aus ital. *capitone,* das zu *caput, capita* zu gehören scheint, doch ist die Bedeutungsentwicklung unklar; vgl. Brüch, ZFSL 49, 316.

capitoul „Ratsherr in Toulouse" va.
17. Jh., aus toulous. *senhor de capitoul* „Kapitelherr", aus lat. *(capitullum),* s. *chapitre.* Dict gén. Dazu seit dem 18. Jh. die Abl. **capitoulat** „Ratsherrenwürde".

capitule „Schlußkapitel"
18. Jh., aus lat. *(capitulum),* das bei den Kirchenschriftstellern eine Abteilung, einen Abschnitt aus einer Schrift u. ä. benennt, besonders auch „Schlußkapitel" (Priscian); im 18. Jh. belegtes **capitule** „Köpfchen" (in der Botanik), aus lat. *capitulum,* d. i. dem. Abl. von *caput,* s. *chef;* Bl.-W. 106.

capituler „bezüglich eines Vertrages verhandeln" va.; „kapitulieren"
14. Jh., aus mlat. *(capitulare),* d. i. Abl. von mlat. *capitulum* „Kapitelüberschrift", „Vertragsabschnitt", s. *chapitrer.*
caplan s. *capelan* 2.

capon 1. „Kriecher", „Falschspieler"
17. Jh., aus prov. *capon* „Kastrat", s. *chapon.*
2. „Ankerkatt" (Winde mit Eisenhaken, um den Anker zu ergreifen und zu hissen)
17. Jh., dazu seit dem 16. Jh. **caponner** „hissen", aus ital. *capone, cappone,* d. i. Abl. von *cappa,* s. *cape* 2; vgl. Vidos 287, der an Zusammenhang mit *capulum,* **capu,* s. venez. *cavo* „Seil" denkt, s. *câble.*

caponnière „Schießgrube"
18. Jh., aus span. *caponera* dass., eigentlich „Kapaunengehege", „gastlicher Aufenthalt" u. ä., d. i. Abl. *(-aria)* von span. *capón* „Kapaun", s. *chapon.* Oder aus ital. *capponiera.* Dict. gén.

caporal „Korporal"
16. Jh. neben *corporal;* aus ital. *caporale* dass., eigentlich „hauptsächlich", vgl. wegen der Entwicklung afrz. *chedel* unter *câlin,* d. i. ital. Abl. von *capo* „Kopf", nach dem Vorbild von *corpo — corporale, petto — pettorale.* REW 1668.

capot 1. „Regenmantel" u. ä.
17. Jh., ist dem. Abl. von *cape,* s. d.
2. in *faire capot* „umschlagen", „kentern"
18. Jh., ist postverb. Subst. von **capoter** „kentern", dieses vermutlich aus einem nicht belegten prov. **capbotar* „auf den Kopf stellen", zu *cap,* s. *chef,* und *botar* „stellen", s. *bouter,* wie prov. *capvirar,* das in frz. *chavirer* erhalten ist. Oder *capot* ursprünglich und zu *capot* 3?
3. „matsch" (im Kartenspiel)

17. Jh., in *être capot, faire qn. capot,* ist als Spielerausdruck in Deutschland schon im 17. Jh. gesichert, ist vielleicht Rückbildung von *capoter,* norm. pik. Form von frz. *chapoter* „abkratzen", s. d., würde dann aus dem Rotwelsch stammen. Daß man dem Verlierenden ein „capot", eine Kapuze aufgesetzt hätte, Bl.-W. 106, müßte erst nachgewiesen werden.

capotage „Beobachtung der Fahrtlinie seitens des Steuermanns"
18. Jh., setzt ein **capoter* „sich orientieren" voraus, das wohl von *cap* in der Bedeutung „Schiffsnase" bzw. *cap de boussole* „mit der Richtung des Kiels parallel gehender Strich" abgeleitet und nach dem Vorbild von *caboter* gebildet ist, s. d.; vgl. Dict. gén.

capoter 1. s. *capot* 2.
2. „mit einem Verdeck versehen", „verkleiden" ist Abl. von *capot* 1 bzw. *capote* „Verdeck".

capoulière „weitmaschiges Netz"
18. Jh., aus nprov. *capouliero* „Netz", das am Ende des Fischzaunes angebracht wird, um das Entkommen der Fische zu verhindern"; bedeutet auch „Direktorin", „Leiterin", d. i. Femininum zu *capoulié* „Direktor", aber auch „Vorarbeiter", „Beaufsichtiger von Schnittern" u. ä.; dieses die ursprüngliche Bedeutung, die Bed. „Direktor", „Präsident" usf. in Anlehnung an prov. *cap* „Chef"; *capoulié,* älter **capolier,* ist mit Suffixtausch aus prov. *caporal* gebildet, d. i. „Korporal", „Unteroffizier", s. d.; **capolier* ist selbst aus **caporier* dissimiliert, doch lebt die alte Form in Marseille *capourié* weiter.

capre „Freibeuter"
17. Jh., aus ndl. *k a a p e r.* Dict. gén.; Behrens, DS 67.

câpre „Kaper"
15. Jh., aus ital. *cappero,* und dieses aus lat. *c a p p a r i s.* Dict. gén.; dazu schon im 11. Jh. *câprier* „Kapernstrauch"

capricant „hüpfend", „springend"
17. Jh., ist unorganische Abl. von lat. *(c a p r a)* „Ziege".

caprice „Eigensinn"
16. Jh., aus ital. *capriccio* dass., ursprünglich „Schauder", dazu *raccapricciare* „schaudern", „Entsetzen erregen"; *caporiccio* „Schauder", die heutige Bedeutung in volksetymologischer Beziehung zu *capra* „Ziege", s. *capricant;* ist Zusammensetzung von *capo* „Kopf" und *riccio* „Igel", „Stachelschwein", adjektivisch „kraus" u. ä., aus lat. *e r i c e u s* „Igel", vgl. *hérisson; caporiccio* (vgl. Perugia *capuriccio*), bedeutet also ursprünglich „Kopf mit zu Berge stehenden Haaren"; vgl. dazu REW 1668. *capriccio* als Ableitung von ital. *capora* zu *capo* (s. *caporal*), Brüch, ZFSL 49, 317; Bl.-W. 107, ist weder begrifflich noch formell befriedigend, da *-iccio* als Stamm ein Adjektiv oder ein Part. der Vergangenheit voraussetzt, s. Meyer-Lübke, Ital. Gr. 296; Abl. von *capra* „Ziege", Dict. gén., ist aus dem gleichen Grund unwahrscheinlich.
Dazu seit dem 16. Jh. die Abl. **capricieux** „eigensinnig", in Anlehnung an ital. *capriccioso.*

capricorne „Steinbock"
13. Jh., aus lat. *(c a p r i c o r n u s).*
câprier s. *câpre.*

caprifiguier „wilder Feigenbaum"
18. Jh., ist in Anlehnung an *figuier* abgeleitet von lat. *(c a p r i f i c u s)* dass.

caprin „zur Ziege gehörig"
13. Jh., bis ins 16. Jh. daneben volkstümlich entwickeltes *chevrin* „aus Ziegenhaar" u. ä., aus lat. *(c a p r i n u s).*
capriole s. *cabriole.*

capron „Moschuserdbeere"
17. Jh. auch **caperon,** ist dem. Abl. von *câpre* „Kaper", wegen des scharfen Geschmacks dieser Erdbeerart. Dict. gén.

capselle „Täschelkraut"
19. Jh., für volkstümliches *bourse à pasteur,* aus mlat. *(c a p s e l l a)* für lat. *capsula* „Täschchen", s. *capsule,* als Übersetzung des volkstümlichen *bourse, boursette,* s. Roll. Fl. 2, 105.

capsule „Kapsel"
16. Jh., aus lat. *(c a p s u l a),* d. i. dem. Abl. von *capsa,* s. *châsse.*

captateur „Erbschleicher"
16. Jh., aus lat. *(c a p t a t o r e)* dass.

capter „erschleichen", „(eine Quelle) fassen"
15. Jh., aus lat. *(c a p t a r e)* „greifen", „haschen", „erschleichen".

captieux „verfänglich"
14. Jh., aus lat. *(c a p t i o s u s)* „betrügerisch", „verfänglich".

captif „kriegsgefangen", auch in *ballon captif* „Fesselballon"
15. Jh., aus lat. *(c a p t i v u s),* s. *chétif;* dazu seit dem 15. Jh. **captiver** „gefangen halten", „für sich gewinnen" aus lat. *(c a p t i v a r e).*

capuce „Kapuze"
16. Jh., aus ital. *cappuccio,* d. i. Abl. von *cappa* „Mantel", s. *chape.*

capuche „Frauenkopfbedeckung"
19. Jh., ist Rückbildung von **capuchon,** 16. Jh., „Kapuze", „kapuzenartiger Überwurf", d. i. dem. Abl. von *cape* 1, s. d.

capucin „Kapuziner"
16. Jh. neben *capuchin,* aus ital. *cappuccino,* d. i. Abl. von *cappuccio,* s. *capuce.*

capucine 1. „Kapuzinerkresse"
17. Jh., ist Femininum von *capucin* „Kapuziner", s. d., so benannt nach der Form der Blüte; Bl.-W. 107; vgl. Roll. Fl. 3, 329.
2. „Gewehrring", „irdener Topf" u. ä. ist Abl. von *capuce,* s. d.

capulet „Regenkappe"
19. Jh., aus gask. *capulet* dass., dieses Abl. von gask. *capule* „Kapuze", zu spanisch *capullo;* dieses Kreuzung von *capillo* „Kapuze" und *cogulla* „Mönchsmantel", Cor. I, 660, zu *capa* s. *chape.* Vgl. dazu languedoc, rouerg. *capullo* „Frauenhaube", s. auch *capuche.*

caque „Heringstönnchen" u. ä.
14. Jh., aus norwegisch *kagge* „kleine Tonne", Beets, Taal en Letteren 15, 509; 16, 203, s. Valkhoff 86.
Nicht aus mndl. *kaecke* bzw. ndl. *kaak* „Tönnchen". *Pfeifer, Neugerm. Bestandteile frz. Spr. 83; Behrens, DS 60, Anm. 7.

caquer 1. „Heringe zum Einsalzen vorbereiten"
14. Jh., aus ndl. *kaken* „die Kiemen entfernen", Valkhoff 86.
2. „in Tonnen verpacken"
ist Abl. von *caque,* s. d.

caquerolle s. *casserolle.*

caque-sangue „Ruhr"
16. Jh., aus ital. *caca-sangue,* zu *chier* und *sang.*

caquète s. *caquette.*

caqueter „gackern", „schwatzen"
14. Jh., ist Schallbildung wie *cacarder* u. ä. Dazu seit dem 17. Jh. die Abl. **caquetoir** „Plauderort", nach Bildungen wie *dortoir* u. ä.; auch **caquetoire** „Plauderstuhl", seit dem 16. Jh.

caquette „Fischbutte"
18. Jh., ist dem. Abl. von *caque* „Tonne", s. d.

caqueur 1. „Heringseinsalzer"
18. Jh., ist Abl. *(-ore)* von *caquer* 1.
2. „Messer der Heringseinleger"
ist mundartliche Form für **caquoir,* d. i. *-orium* Abl. von *caquer,* s. d.

caqueux s. *cagou.*

car „denn"
afrz. *car, quer* „deshalb", dann zur Einleitung eines Wunsches, einer Aufforderung, rückt dann, da auch *que* aus *quia* afrz. begründend ist, an die Stelle von *que* „daß", schließlich auch für das Relativpronomen *que* ein; die Konjunktion der nachträglichen Begründung ist schon in den Pompeianischen Inschriften belegt.
Die Entwicklung geht von zwei Seiten aus: 1. von fragendem *quare* „warum", mit dem Übergang von der Beiordnung zur Unterordnung und Aufgabe des Fragetones, etwa in Sätzen wie *non es eques, quare?; non sunt tibi milia centum,* „du bist kein Reiter; ja warum?, weil du keine hunderttausend hast"; 2. aus *quā rē* der relativen Anknüpfung, so bei konsekutivem Nachsatz; T. L. II, 37 f.; Stolz-Schmalz 695; Väänänen, Inscr. pomp 213; Löfstedt Aeth. 323; Diez 87; REW 6934; Bl.-W. 107. *Quare* statt *cur* wird schon im Lateinischen in höheren Schichten vermieden; ähnlich wird frz. *car* im 17. Jh. z. B. von Malherbe verpönt, doch dringt die Ächtung des Wortes durch die Grammatiker nicht durch.

caraba „Anakardienöl"
18. Jh., u. H.

carabas 1. „große, alte Kutsche"
18. Jh., aus norm. westfrz. *carabas* dass., lebt in der Bedeutung „alter Hut" in Louisiana, auch „zweirädiger Korbwagen", dieses mit Morvan *carabène* „Weidenrutenwagen" abgeleitet von *carabe* „Tragsessel", s. d.
2. „steinreicher Mann, Grundbesitzer"
18. Jh., nach dem *marquis de Carabas* in dem Märchen vom gestiefelten Kater bei Ch. Perrault. Der Name *Carabas* geht letzten Endes auf den Griechen Philon (Liber in Flaccum), den Erzähler vom „gestiefelten Kater" zurück, findet sich um 1700 in der Histoire des Empereurs von Lenain de Tillemont, und kam so, vielleicht über eine weitere Zwischenstufe, zu Charles Perrault; Krappe, Festschr. Wechssler 89.

carabe 1. „Kahn aus Flechtwerk" va.; „Tragsessel"
17. Jh., aus span. *cáraba* „Kahn aus Flechtwerk", dieses aus lat. *carăbus,* das in der Bedeutung des spanischen Wortes bei Isidor v. Sevilla belegt ist, s. *caravelle.* Dict. gén.; REW 1672.
2. „Laufkäfer"
18. Jh., aus lat. *(carabus)* „Art Meerkrebs" oder Rückbildung von *scarabée,* s. d.

carabé „Bernstein"
14. Jh., über portug. *carabé* aus arabisch (pers.) *kahrubā* dass. Lam. 262; Dict. gén.

carabin „leichter Reiter"
16. Jh., zuerst von den flämischen Bogenschützen Egmonts von Flandern gebraucht, ist ferner im 18. Jh. zur Bezeichnung der Arztgehilfen in Gebrauch, so *carabin de St. Côme,* mit dem Namen des Schutzheiligen der Chirurgen; Kanton Waadt „schlechter Arzt", Thorn, ZFSL 55, 293, familiär frz. „Student der Medizin"; daher nfrz. *carabin* „Tölpel", wohl auch „zaghafter Spieler", vgl. Sain. LPar. 329; das Wort geht von frühnfrz. *escarrabin* „Leichenträger während der Pest" aus, auch *scarrabin* und im 17. Jh. *carabin,* so auch nprov. *escarrabin;* dieses dürfte Spottname in Anlehnung an *scarabée* „Käfer" sein, also ursprünglich etwa „Leichenkäfer" bedeutet haben; dann wurde das Wort als Schimpfwort auf die flandrischen Bogenschützen übertragen; wegen der Rückbildung von *escarabin* zu *scarabin, carabin* vgl. *tribord.*
Ein westfrz. und norm. *carabin* „Buchweizen", schon bei Ménage angeführt, ist wohl im Normannischen fälschliche Franzisierung von *charasin,* dieses für literarisches *sarrasin,* vgl. Spitzer, WuS 4, 144 f.; daß dieses *carabin* einerseits mit *carabin* „flandrischer Reiter" identisch sei, andrerseits über „minderwerti-

ges Korn" zu „Taugenichts" wurde, *Kluyver, Tyds. Ned. Taal- en Letterkunde 19, s. G. Paris, Rom. 30, 157 f., ist lautlich und historisch unmöglich.

Dazu seit dem 16. Jh. die Abl. **carabine** „kleine Armbrust", „Karabiner".

carabiné in *brise carabinée* „sehr starker, günstiger Wind"

18. Jh., ist Abl. von *carabiner,* vgl. bei Schmidlin *le vent carabina* „der Wind wehte ruckweise", zu *carabiner* „nach Art der Carabinierer seinen Schuß tun und dann sich wegwenden", dann übertragen „auf einen Augenblick kommen und gleich wieder weggehen", s. Behrens, Wg. 344 f.; *carabiner* ist also Rückbildung von **carabinier** „schwerer Reiter", „Scharfschütze" u. ä., dieses seit dem 17./18. Jh. abgeleitet von *carabine* „Karabiner", „Stutzen", s. *carabin.*

caracal „Art wilde Katze"

18. Jh., aus span. *caracal* „persischer Luchs"; s. Bl.-W. 107.

caracara „Karakara" (brasilianischer Raubvogel)

18. Jh., aus span. portug. *caracara,* dieses aus der Sprache der Nord- und Süd-Tupís, Friederici ZFSL 56, 35; Dict. gén.

caraco „Mieder"

19. Jh., aber vermutlich älter, ist wohl alte Form von *caracol* „Schneckenhaus", s. d. F.

caracol 1. „Schneckenhaus", „Spirale"

16. Jh., zunächst Maskulinum, dann wegen des im Auslaut gesprochenen *-l* Fem., und darnach auch **caracole** geschrieben; aus wall. *caracoll,* Rouchi *caracol* „Schnecke", s. darüber *escargot,* REW 7658; Schuchardt, SA-Wien 141, 3, 33.

2. „Herumtummeln eines Pferdes", „Schwenken einer Abteilung"

17. Jh., ist postverb. Subst. von **caracoler** „das Pferd herumtummeln", „schwenken", 17. Jh., dieses abgeleitet von *caracol* „Spirale", s. o.; das Wort ist über Flandern nach Frankreich gekommen; Bl.-W. 108.

Nicht aus arabisch *karkara* „wiederholen", „zusammenraffen", „die Mühle drehen" u. ä., Diez 88; Lam. 75; auch nicht zu gälisch *carach* „gewunden", Diez l. c., da dieses auf einen Stamm **kor-* „bogenförmige Bewegung" zurückführt, s. Thurn. KR 54.

caractère „auszeichnende Eigenschaft", „Schriftzeichen" u. ä.

13. Jh., aus lat. *(character)* „Kennzeichen", „Gepräge", dieses aus gr. χαρακτήρ „Stempel", „Gepräge", dann „Charakter", „Wesen"; Bl.-W. 103.

carafe „Wasserflasche"

17. Jh., aus ital. *caraffa;* dieses gehört zu der arabischen Wurzel *ġarâfa* „mit der Hand schöpfen", vgl. arab. *ġarâf* „ein Trockenmaß", mit der ostarabischen Aussprache -g- für *ġ* (Haffner).

Aus arabisch *qarâᵉa* „Flaschenkürbis", REW 4676; Baist, RF 19, 635 ff., vgl. *calebasse,* ist wegen der Wiedergabe des arabischen ‛ durch *-f-* schwierig.

carafon 1. „große Flasche im Kühleimer", „Kühleimer"

17. Jh., aus ital. *caraffone* „große Flasche", d. i. Augmentativbildung von *caraffa,* s. *carafe.*

2. „Likörfläschchen"

17. Jh., ist dem. Abl. von *carafe,* s. d.

caragne „Karannaharz"

17. Jh., aus span. *caraña,* dieses aus einer Mundart des Orinoko-Beckens, vielleicht aus der Sprache der Guahibos; Friederici, ZFSL 56, 33.

carambole „roter Ball beim Billardspiel"

Ende des 18. Jhs., dazu **caramboler** „karambolieren", übertragen „aufeinanderprallen", Beginn des 19. Jhs.; ist wegen der Farbe übertragen von **carambole** „Frucht des Karambolabaumes"; dieses aus spanisch *carambola,* das aus dem Malaiischen stammt; Bl.-W. 108. Dazu im Rotwelsch **carambouille** „Schwindel durch nicht Bezahlung von bestellten Waren", auch „Verkauf von Waren, die nicht vorhanden sind" (1931), willkürliche Umgestaltung von famil. *carambole* „Auslagendiebstahl", das zu caramboler gehört; Bl.-W. 108.

caramel „Gerstenzucker"

17. Jh., aber schon afrz. *calemele* „Zuckerrohr", aus nlat. *(caramellis),* d. i. Kreuzung von *cannamellis* „Zuckerrohr", s. *cannamelle,* mit lat. *calamus* „Rohr", Baist, ZRP 28, 106 ff.; REW 1602.

Nicht aus dem Arabischen, Dict. gén.; Lam. 76.

carangue „westindische Makrele"

17. Jh., wird von Th. Corneille als Fisch der Antillen angegeben; aus spanisch *caranga*; das Wort lebt auch in boulogn. *caringue,* 13. Jh. *carrambe;* H. u. Barbier, RLR 58, 289 ff.

carapace „Rückenschild der Schildkröten"

18. Jh., aus span. *carapacho* „Muschelschale"; dieses umgestellt aus **caparacho, *caparacha,* s. südfrz. Entsprechungen unter *caparaçon;* vgl. Cor. I, 652/3.

caraque „großer Indienfahrer"

14. Jh., dazu 1157 mlat. für Genua *carraca,* venezianisch 15. Jh., ital. literarisch seit dem 15. Jh., aus arabisch *qarāqîr,* d. i. Plural zu *qurqûr* „Kauffahrteischiff"; Lam. 77; REW 47, 40; Vidos 288.

Nicht aus arabisch *ḫarrâqa* „Branderschiff", da nach Cor. I, 702 die älteren Beschreibungen des Schiffes in nichts auf eine Verwendung als Brander hinweisen.

carat „Karat"

14./15. Jh., aus ital. *carato* dass., dieses aus arabisch *qīrâṭ* „kleines Gewicht", das aus dem griechischen κεράτιον stammt; daher das bei Isidor v. Sevilla belegte *cerates;* Littmann 76; Brüch ZFSL 49, 317; Diez 88; REW 6906; Bl.-W. 108.

caratch „Kopfsteuer der Nichtmuselmanen in der Türkei"
17. Jh., aus arabisch *ḫarâğ* „Kopfsteuer"; Dict. gén.; Lam. 77.

carature s. *carat.*

caravane „Karawane"
13. Jh., aus persisch *kârwân* „Kamelzug", „Reisegesellschaft", zuerst für Genua 1217 bezeugt, Dict. gén.; dazu persisch *kârwân särâi* „das Gebäude, in dem die Karawane einkehrt", 15. Jh. frz. **caravanserail**, Littmann 111; Dict. gén.; dazu im 17. Jh. mit Stammverkennung *caravanserasquier* „Aufseher einer Karvanserai.

caravelle „großes, türkisches Kriegsschiff"; „kleiner Küstenfahrer"
15. Jh. *carvelle,* wird im ältesten Beleg als portugiesisches Schiff bezeichnet, Kemna 203; aus portug. *caravela* „großes portugiesisches Schiff", ursprünglich „Fischerbarke", ist dem. Abl. von port. *cáravo* „kleine Karavelle im mittelländischen Meer", dieses aus lat. *carăbus* „geflochtener Kahn", s. *carabas* 1. Die Form *carvelle* des 15. und 16. Jhs. vielleicht über ndl. *karveel* gleicher Herkunft. Kemna 203 f.; Diez 88; REW 1672; Vidos, ZFSL 58, 457; Tagliavini, ZFSL 59, 189.

carbet „Gemeinde- und Beratungshaus der Karaiben", „Schutzdach für Schiffe"
17. Jh., aus dem Nordtupí, wo das Wort auch das ganze Dorf bezeichnet; Friederici, ZFSL 56, 36; Dict. gén.

carbatine „frisch abgezogenes Tierfell"
17. Jh., aus neulat. *carbatina* (lat. *carbatinus* „rohledern"), zu gr. καρβατίνη „Bauernschuh aus ungegerbter Ochsenhaut"; Dict. gén.

carbonaro „Mitglied der italienischen Geheimgesellschaft der Carbonari"
19. Jh., aus ital. *carbonaro,* eigentlich „Köhler", s. *charbonnier.*

carbone „Kohlenstoff"
18. Jh., gelehrte Entlehnung aus lat. *(carbo, -one)* „Kohle", s. *charbon.*

carbonnade „Rostbraten"
16. Jh., aus ital. *carbonata,* zu *carbone* „Kohle", Bl.-W. 108.

carbouille „Weizenbrand"
19. Jh., ist norm. pik. Form von *charbouille,* s. d.; Dict. gén.

carbure s. *carbon.* *carcailler* s. *courcailler.*

carcaise „Frittofen" (Glasfabrikation)
18. Jh., aus spanisch *carquesa* dass.; dieses aus in Glossen belegtem *carchesia* „Mastkorb", das aus gr. καρχήσιον stammt, s. über dieses Rönsch, RF 1, 449; REW 1681; Castro, RFE 5, 34.
Nicht zu *carquois* „Köcher", Spitzer, ZRP 42, 337.

carcajou „Labradordachs"
18. Jh., u. H.

carcan „Halseisen"
12. Jh., afrz. auch *charchan, cherchant,* ist im Merowingerlatein als *carcannum* bezeugt, u. H.
Aus fränkisch **querkband,* zu ahdt. *querca* „Hals", „Gurgel", Diez 539; Bugge, Rom. 3, 146; Meyer-Lübke, ZRP 40, 211; Brüch, Misc. Schuchardt; REW 1678, ist aus Gründen der Lautlehre schwierig.

carcasse „Gerippe"
16. Jh., aus ital. *carcassa* (oder umgekehrt?), vgl. dazu afrz. *carquois* „Rippenkasten", Förster, ZRP 1, 156 (dazu vendôm. *charcois* „Aas", „Gerippe", angev. *charcois* „Fleisch und Knochen"), das später scheinbar mit afrz. *tarcais* „Köcher" zusammengefallen ist, vgl. auch ital. *carcasso* „Köcher", s. *carquois;* Herkunft und Entwicklung des Wortes ist ganz unsicher. Vgl. REW 1681.

carcinome „Krebsgeschwür"
16. Jh., aus gr. (καρκίνωμα).

cardamine „Wiesenkresse"
16. Jh., aus lat. *(cardamina),* für volkstümliches *cresson des prés.*

cardamome „Kardamome"
12. Jh., aus lat. *(cardamomum).*

cardasse „Flockseidenkartätsche"
17. Jh., aus nprov. *cardasso,* d. i. kollektivische Abl. von prov. *carda,* s. *carde* 2.

carde 1. „eßbare Mittelblattrippe der Artischocke"
14. Jh., aus nprov. *cardo,* frz. Schweiz *carda* „wilde Artischocke", dieses aus grom. **carda,* für lat. *carduus, cardus,* das in der Bedeutung „Artischocke" bezeugt ist; vgl. *chardon.*
2. „Wollkratze"
13. Jh., aus prov. *carda* dass., d. i. postverb. Subst. von *cardar* „krämpeln", „Wolle kämmen", ist nach Maßgabe von ahdt. *charta* „Wollkratze", auch „Kardendistel", postverb. Subst. von vlat. **cardare,* d. i. Abl. von lat. *carduus* „Kardendistel"; Brüch, ZFSL 49, 317; FEW II, 370; Bl.-W. 109; FEW 7979.
Dazu seit dem 13. Jh. **carder** „Wolle kämmen", seit dem 13. Jh. **cardeur** „Wollkämmer", das mit nprov. *cardaire* auf ein grom. **cardator, -tore* zurückgeht.

cardère „Weberdistel"
18. Jh., lebt in Berry, im 18. Jh. auch *cardière,* ist kollektive Erweiterung von *carde,* bedeutet also der Bildung nach „Distelgebüsch"; vgl. Bl.-W. 109.

cardiaque „zum Herzen gehörig"
14. Jh., aus lat. *(cardiacus).*

cardier s. *carde* 2.

cardinal „Kardinal"
12. Jh. *chardenal,* dann im 16. Jh. neu entlehnt aus mlat. *(cardinalis)* dass., d. i. lat. *cardinalis* „hauptsächlich".

cardon „wilde Artischocke"
16. Jh., ist dem. Abl. von *carde* dass., das im 16. Jh. belegt ist und aus nprov. *cardo,* lyon. *carda* dass., s. *carde* 1, stammt. Roll. Fl. 7, 113 ff.
cardonnette s. *chardonnette.*

carême „vierzigtägige Fastenzeit"
12. Jh., aus lat. *quadragesima* „der 40. Tag", in Übersetzung des gr. τεσσαρακοστή (ἡμέρα). REW 6911; Diez 260; Merlo WuS 3, 1.
Dazu seit dem 12. Jh. für den Aschermittwoch, das ‚initium quadragesimae', in Südfrankreich, der frz. Schweiz und in Südostfrkr. *carême-entrant;* in Lothringen, im Centre und im Westen *carême-prenant,* in der Pikardie und der Wallonie *caresmel,* d. i. eine *-ellus*-Abl. von *carême,* wie apik. *pasques cariemaus* „erster Sonntag der Fastenzeit" zeigt; Jud, RLiR 10, 41; Dupire, Rom. 68, 194; *prenant* in der Bezeichnung der beginnenden Fastenzeit beruht auf afrz. *prendre* „beginnen"; nicht zu lat. *praegnis* „schwanger", Spitzer, WuS 3, 193.

carence „Mangel", „Dürftigkeit"
15. Jh., aus lat. *(carentia).*

carène „Schiffskiel"
16. Jh. neben *carine,* aus ital. *carena,* aus vlat. **carena,* für lat. *carīna;* die *-ēna*-Abl. ist durch kymrisch *cerwyn* gesichert (M. Förster); *carène* taucht zuerst in der frz. Übersetzung eines genuesischen Textes auf; genuesisch *carena* könnte auch die Fortsetzung des klassischen *carīna* sein; Ettmayer, WuS 2, 213; Diez 443; REW 1693; Vidos 294; Bl.-W. 109.
Dazu seit dem 17. Jh. die Abl. **caréner** „(ein Schiff) kielholen".

caresse „Liebkosung"
16. Jh., ist postverb. Subst. von **caresser** „liebkosen", dieses seit dem 15. Jh. aus ital. *carezzare;* dieses Abl. von *caro* „teuer", s. *cher.*

caret 1. „Seilwinde"
14. Jh., dann in *fil de caret* „Kabelgarn", ist norm. pik. Form von afrz. *charet* „Spinnrad", d. i. dem. Abl. von norm. *car,* frz. *char* „Wagen". Dict. gén.
2. „Schuppenschildkröte"
17. Jh., aus dem Spanischen Amerikas und der Philippinen, wo das Tier *carey* lautet; Friederici, ZFSL 56, 36; Bl.-W. 109; span. *carey* stammt aus dem Malaiischen, Dict. gén.

carex „Riedgras"
19. Jh., für volkstümliches *laîche,* aus lat. *(carex).*

cargaison „Schiffsladung"
17. Jh., aus span. *cargazón,* dass., auch „dichtes Gewölk"; dieses Abl. von span. *cargar* „beladen", „befrachten", refl. (vom Himmel) „sich überziehen"; dann im Gesichtskreis der Schiffahrt „die Segel hochraffen", gewissermaßen „belasten", d. i. als Schiffahrtsausdruck „aufgeien"; dieses wird als **carguer** im 17. Jh. ins Französische übernommen; von diesem seit dem 17. Jh. das postverb. Subst. **cargue** „Geitau".
Nicht aus dem Provenzalischen, Bl.-W. 109.

cargo „Frachter"
Beginn des 20. Jhs., aus englisch *cargo (boat);* Bl.-W. 109.

cari „Gewürzpulver"
19. Jh., entstammt einer Einheimischenmundart Indiens; Bl.-W. 109.

caria „Termite"
19. Jh., aus neapolitanisch *caria* „Holzwurm", dieses aus vlat. **caria* für lat. *caries* „Fäulnis"; zu REW 1692.

cariatide „Karyatide"
16. Jh., aus ital. *cariatide,* dieses aus lat. *(caryátides),* Plural zu lat. (gr.) *caryatis,* als Ausdruck der Architektur „weibliche Figuren, welche (die Stelle der Säule vertretend) das Gebälk tragen", Vitruvius, Georges s. v. Vgl. Bl.-W. 109.

caribou „amerikanisches Renntier"
18. Jh., aus einer Indianermundart Canadas; Bl.-W. 109; Dict. gén.

caricature „Zerrbild"
18. Jh., aus ital. *caricatura* „Überladung", d. i. Abl. von *caricare* „beladen", s. *charger;* Diez 89.

carie „Fäulnis"
16. Jh., aus lat. *(caries)* dass. Vgl. *caria.*
Dazu seit dem 16. Jh. die Abl. **carier** „anfressen".

carillon „Glockenspiel", „Knoppereisen"
14. Jh., für älteres *caregnon,* aus lat. *quaternione* „Vierzahl" u. ä., Meyer-Lübke, ZRP 23, 476; REW 6943. Oder zu *quadrus* „viereckig", Nigra, AGI 14, 362 f.
Dazu seit dem 15. Jh. die Abl. **carillonner** „die Glocken spielen lassen".

carisel „grober, englischer Wollenstoff"
auch **créseau,** im 15. Jh. zuerst als *carizé,* im 16. Jh. als *carisez* oder *creseau d'Angleterre* bezeugt, aus englisch *kersey.* Dict. gén.

carlin 1. „italienische Münze"
14. Jh., aus ital. *carlino,* dieses Abl. von *Carlo,* d. i. Karl von Anjou, König von Neapel. Dict. gén.
2. „Mops"
Beginn des 19. Jh., angeblich nach *Carlo Bertinazzi,* genannt *Carlin,* der im 18. Jh. als Komiker in Paris eine große Rolle spielte. Dict. gén.

carline „Eberwurz"
16. Jh., aus südostfrz. *carlina,* d. i. Abl. von lat. *carduus* „Distel", über *cardina,* das im Neuprov. noch erhalten ist; die Umgestaltung von *cardina* zu *carlina* vermutlich in Anlehnung an die mittelalterliche Legende, nach der die Armee Karls des Großen durch

die Eberwurz von der Pest geheilt worden sei, vgl. daher mlat. *carolina.* Roll. Fl. 7, 107 ff.
Oder ist umgekehrt die Legende in Umdeutung der Namensform *carolina* entstanden?

carlingue „Kielschwein"
14. Jh. *callingue*, im 20. Jh. aus der Terminologie der Schiffahrt übertragen in die Sphäre der Luftschiffahrt, daher „Führerkabine im Aeroplan", Zastrow 543; aus anord. *kerling*, Falk, WuS 4, 56.
Nicht aus span. portug. *carlinga*, Behrens, Wg. 345, die selbst aus dem Französischen stammen.

carmagnole „Jakobinerjacke", „Jakobiner", „Art Tanz der Revolutionäre"
15. Jh. *carmignole, cramignole* „Art Mütze", lebt in der Dauphiné und in Savoien zur Bezeichnung eines Bauernwams, nach der Stadt *Carmagnola* in Piemont; dazu piemontesisch *carmignola* „Jäckchen"; das Kleidungsstück wird später als Kennzeichen der Revolutionäre übernommen, die im Jahr 1792 Carmagnola besetzten; Dict. gén.; Bl.-W. 110.

carme „die beiden Vier beim Tricktrackspiel"
13. Jh. *carnes*, aus lat. *quaterna* „je vier", Diez 537; REW 6944. Die seit dem 17. Jh. bezeugte Form *carme* zeigt vielleicht scherzhafte Anlehnung an **carme** „Karmelitermönch", dieses Rückbildung vom Namen des Berges *Carmel* in Palästina; Dict. gén.

carmeline „Karmelinwolle"
18. Jh., aus span. *carmelina*, dieses aus *(lana)* **carmenina* zu *carmenar* „(Wolle) krämpeln", aus lat. *carminare;* REW 1698; vgl. FEW II, 379.

carmin „Karminrot"
12. Jh., aus mlat. *(carminium)*, dieses Verschmelzung von arabisch *qirmiz* „Scharlach" mit lat. *minium* „Zinnober". Dict. gén.; REW 6907.

carminatif „Mittel gegen Blähungen"
15. Jh., aus mlat. *(carminativus)* „heilkräftig", d. i. Abl. von lat. *carminare*, s. *charmer*, das im Mittellat. die Bedeutung „durch Besprechungen heilen" angenommen hat.

carnage 1. „Fleisch getöteter Tiere als Fraß für Raubtiere, Hunde u. ä."
16. Jh., aus prov. *carnatge* „Fleisch", „Aas", d. i. pejorative Abl. *(-aticum)* von *carn* „Fleisch", s. *chair;* vgl. die afrz. Entsprechung *charnage* „Fleisch", „Gemetzel", „Fleischzeit", TL II, 271.
2. „Metzelei"
16. Jh., aus ital. *carnaggio* derselben Herkunft wie *carnage* 1.

carnal „Talje zum Aufholen des Sonnendecks auf Galeeren"
zuerst im 16. Jh., aus venez. *quarnale*, in die ital. Schriftsprache als *carnale* übernommen, daraus prov. *carnal, carnau*, ist ursprünglich adj. *quadernale* „vierteilig", daher „vierfach gedrehtes Tau", Vidos 296, s. *cahier.*
Nicht lat. *cardinale* „zur Türangel gehörig", Dict. gén.

carnassier „fleischfressend"
16. Jh., aus prov. *carnassier*, d. i. Abl. von *carnasa* „schlechtes Fleisch", und dieses pejorativ-kollektivische Abl. *(-acea)* von *carn*, s. *chair.*

carnassière „Jagdtasche"
18. Jh., aus nprov. *carnassiero*, d. i. Abl. von *carnasso* „Fleisch", s. *carnassier.*

carnation „Fleischdarstellung"
15. Jh., ist in Anlehnung an *incarnation* abgeleitet von lat. *(carne)* „Fleisch", s. *chair.*

carnaval „Faschingszeit"
zuerst im 13. Jh. als gelegentliche Entlehnung, aus ital. *carnevale*, dann allgemein seit dem 16. Jh.; das ital. Wort ist zunächst lat. als *carnelevare* in Latium, 965, belegt, dann vom 11. bis zum 13. Jh. *carlevamen, carnelvale, carnem laxare* überliefert; dazu 1160 in Genua *carnelevarium*, das *carnisprivium* d. i. „Entziehung des Fleisches" glossiert; enthält also in Umsetzung von gr. ἀπόκρεως „ohne Fleisch" die Stämme von ital. (lat.) *carne* und ital. *levare* „wegnehmen", s. *lever*, bzw. *lasciare*, s. *laisser;* Aebischer Mél. Michaëlsson; Kahane RDiR 26, 127; Jud RLiR 10, 42; die Umgestaltung von *carnel(e)var* zu *carneval* in Anlehnung an *natale*, s. *noël.*
Nicht scherzhaftes *carne vale!* „Fleisch, leb wohl", Diez 362 und Spätere.

carne 1. „Winkel"
12. Jh., ist norm. pik. Form von afrz. *charne*, s. *charnière.*
2. „schlechtes Fleisch"
19. Jh., zunächst im Argot bezeugt, aus norm. *carne* „schlechtes Fleisch", s. *carnage*, d. i. Kollektivbildung zu anorm. *carn* „Fleisch", s. *chair.*

carné „fleischfarben"
17. Jh., aus lat. *(carnatus)* „fleischig".

carneau „Heizkanal bei Dampfmaschinen" u. ä.
19. Jh., ist schon afrz. Nebenform von *créneau* „Schießscharte". Dict. gén.

carneler „riefen", „einfassen"
17. Jh., ist mundartliche Form von *créneler* „mit Zinnen versehen", s. d., und *carneau.*
Dazu seit dem 17. Jh. das postverb. Subst. **carnelle** „gekerbter Münzenrand".

carnet „Notizbuch"
15. Jh., aber wegen der Form älter, ist dem. Abl. von afrz. *caërn* „Schreibheft", s. *cahier.* Dict. gén.

carnier „Jagdtasche"
18. Jh., zuerst von Rousseau gebraucht, aus prov. *carnier*, d. i. Abl. von prov. *carn* „Fleisch", vgl. *carnassière.*

carnifier „fleischähnlich machen"
18. Jh., ist Zusammensetzung von lat. *(carne)* „Fleisch" mit *-ficare* wie in *aedificare* u. ä.
carnivore „Fleischfresser"
16. Jh., aus lat. *(carnivorus).*
carogne „Aas" (Schimpfwort)
14. Jh., ist norm. pik. Form von *charogne,* s. d.
carolus „alte französische Silbermünze"
16. Jh., nach dem ersten Wort der Aufschrift *Carolus Francorum rex* auf einer unter Karl VIII. geprägten Münze. Dict. gén.
caronade „Schiffskanone"
18. Jh., aus englisch *carronade* dass. Dict. gén.
caroncule „Fleischwärzchen"
16. Jh., aus lat. *(caroncula)* dass.
carotide „Kopfpulsader"
16. Jh., aus gr. (καρωτίς).
carotte „Mohrrübe"
16. Jh., aus lat. *(carota).* Die im Capitulare de Villis überlieferte Form *caruita* scheint in norm. pik. *garoite,* so im 14. Jh., vorzuliegen; *carotte* ist heute über ganz Frankreich verstreut, doch ist die eigentlich volkstümliche Form die Entsprechung von *pastinaca,* s. *panais.* Roll. Fl. 6, 121 ff.
carotter „prellen", „einen Bären aufbinden"
18. Jh., ist Abl. von *carotte,* das im Rotwelsch die Bedeutung „Schwindelei" hat; dazu dann **carotteur** „knickeriger Spieler", „Anpumper" u. ä.
caroube „Johannisbrot"
dazu schon seit dem 12. Jh. auch die Form **carouge,** aus grom. *carrubium,* d. i. Abl. von arabisch *ḫarrûb* „Johannisbrotbaum". Schuchardt, SAWien 188, 4, 22; Lam. 78; REW 4680; Roll. Fl. 4, 77.
carpe 1. „Karpfen"
fem. 13. Jh., aus prov. *carpa,* dieses aus vlat., aus dem Gotischen entlehnten *carpa,* das bei dem Goten Cassiodor im 6. Jh. bezeugt ist. Diez 89; REW 1708; Brüch 8.
Nicht gallisch, Jud, ASSL 124, 393, vgl. auch Jud, BGPSR 11, 8.
2. „Handwurzel"
mask., 16. Jh., aus gr. (καρπός).
carpendu s. *capendu.*
carpette „grobes Packtuch"
16. Jh., aus englisch *carpet.* Dict. gén.
carpier, carpière, carpillon s. *carpe.*
carpion „Sälmling"
15. Jh., wird von Duez 1660 als Fisch des Gardasees bezeichnet, daher aus ital. *carpione,* d. i. vlat. **carpione* zu *carpa* „Karpfen", s. *carpe.* Barbier, RDR 1, 434.
carquaise s. *carcaise.*
carqueron „Quertritt am Webstuhl"
18. Jh., ist Abl. von prov. *calcar* „treten", vgl. *caucher.* Dict. gén.
Oder Abl. von *carquer,* d. i. pik. Form von frz. *charger,* Thomas, Mél. 42; REW 1719.
carquois „Köcher"
13. Jh. *carcassium,* Tilander, Stud. Neoph. 27, 208, für älteres, seit dem 12. Jh. belegtes *tarcais,* dann in Anlehnung an *turc* auch *turcais,* vgl. dazu ital. *turcasso* dass.; Förster, ZRP 1, 156; *tarcais* über mlat. *tarcasium* aus gr. ταρκάσιον, das wohl auch in arabisch *tarkaš* „Köcher" vorliegt, Lam. 78; REW 8571. Die Umbildung von afrz. *tarcais* zu *carcois* vermutlich in Kreuzung mit afrz. *cuivre* „Köcher"; dieses aus einer Grundform **cŏcrum,* das in der Bedeutung „Köcher" auch im Angelsächsischen und im Niederdeutschen bezeugt ist; diesem entspricht *cucra* „faretra" (Köcher) in den Reichenauer Glossen, so verbessert durch Jud, VR 11, 241 für das handschriftliche *cupra,* das wohl schon eine Latinisierung von afrz. *cuivre, cuevre, coivre* sein dürfte; vgl. wegen der Entwicklung substantiviertes lat. *cŏquere* „kochen" in afrz. *cuivre* „Bedrängnis", Tilander, Rem. 46; dazu mlat. *cucurum,* das auch ins Russische als *kukor* „Patronentasche" eingedrungen ist; Kluge-Goetze, s. Köcher. Nach Hubschmid, VR 14, 186 wäre das Wort letzten Endes hunnischer Herkunft.
carrare „karrarischer Marmor"
18. Jh., vom italienischen Orte *Carrara* an der genuesischen Küste. Behrens, Wg. 346.
carrassin „bartloser Karpfen"
19. Jh., ist dem. Abl. von **carasse,* vgl. Lunéville *carache,* dazu in Metz *carouche,* mlat. im 16. Jh. *carassius,* dieses aus frühnhdt. *karas, karutze,* das aus dem Tschechischen stammt. Kluge s. *Karausche*; Barbier, RDR 1, 434.
carre „Winkel", „Oberteil"
13. Jh., bedeutet afrz. auch „Seite", „Seitenfläche", gewöhnlich als Femininum, aus lat. *quadra* „Viereck". REW 6911.
carré „Quadrat", „quadratisch"
13. Jh., aus lat. *quadratus* „viereckig". REW 6915.
carreau „Viereck", „viereckige Platte"
11. Jh., aus grom. **quadrellum,* d. i. dem. Abl. von *quadrum* „Viereck", s. *carre.*
carrée „viereckiges Segel", „Schieferart"
13. Jh., ist subst. Femininum von *carré* „viereckig", etwa in *voile, ardoise carrée.*
carrefour „Kreuzweg"
12. Jh., aus vlat. **quadrifŭrcum,* d. i. Zusammensetzung von *quadrus* „viereckig", „vierseitig" und *furca* „Gabel". Diez 540; REW 6917.
carréger „mit vollen Segeln fahren"
18. Jh., aus nprov. *carejà* dass., eigentlich „abfahren", aprov. *carrejar* „wegführen", „transportieren", d. i. die Entsprechung von frz. *charrier;* Dict. gén. Vgl. *carrosser.*
carreler, carrelet, carrelette, carreleur s. *carreau.*

carrer „viereckig machen"
13. Jh., aus lat. *quadrare.* REW 6914; Bl.-W. 111.

carrick „Art Kabriolett", „englischer Reitrock"
aus englisch *carrick,* auch *carrack* „Art Lastschiff" (Holthausen), dann eine Art leichtes offenes Kabriolett (N.Landais), das in dieser Bedeutung Ende des 18. Jhs. ins Französische drang; von hier aus die Bedeutung „Fuhrmannsrock"; Barbier, PLeeds 1, 35 f.

carrier „Steinbrucharbeiter", auch „Steinbruchbesitzer"
13. Jh., ist Abl. von nicht belegtem afrz. **charre* „Quaderstein", das sich aus prov. *caire* dass., erschließen läßt, s. *carrière* 2.

carrière 1. „Rennbahn"
16. Jh., aus ital. *carriera* „Fahrstraße", auch „Rennbahn", aus lat. *(via) carraria* „Fahrweg", zu *carrus* „Wagen", s. *char;* dasselbe Wort lebt auch in prov. *cariera* „Weg", afrz. *charrière* „Fahrstraße", usf., REW 1718.
Entlehnung aus prov. *carriera,* von dem auch ital. *carriera* stamme, Bl.-W. 111, ist weniger wahrscheinlich.
2. „Steinbruch"
12. Jh., afrz. *quarriere,* ist Abl. von afrz. **quarre* „Quaderstein", das sich aus prov. *caire* dass., erschließen läßt; dieses aus lat. *(lapis) quadrus,* lat. *quadrus* „Grundstein" eines Säulenstuhls u. ä.; s. dt. *Quader;* vgl. *carrier.*

carriole „Karren"
alt „zweirädrige Kutsche, 16. Jh., aus ital. *carriola, (carriuola)* „Handwagen", „Krankenkarren", ist dem. *(-eŏla)* Abl. von *carro* „Wagen", Battisti I, 782; eine *-eolus*-Abl. von *carrus* lebt auch im Galloromanischen, s. *chariot.*
Nach Bl.-W. 111 würde das ital. Wort selbst aus dem Provenzalischen entlehnt sein, desgleichen frz. *carriole;* das prov. Wort wäre Abl. von prov. *carri,* das aber bei Levy nicht verzeichnet ist, FEW II, 438; das in Glossen belegte mlat. *carreum,* Battisti l. c., ist kaum direkte Abl. von *carrus,* sondern Rückbildung von dem alten **carreola.*

carrosse „Kutsche", „Staatswagen"
16. Jh., aus ital. *carroccia, carrozza,* dieses über **carrautium* aus *carracutium,* das bei Isidor v. Sevilla belegt ist; das zweite *-c-* ist dissimilatorisch geschwunden. *carracutium* ist schon gallische Abl. von dem gleichfalls aus dem Gallischen entlehnten *carrus.*
Unmittelbare Abl. von *carro,* REW 1721; Bl.-W. 111 ist schwierig, da *carrozzo* urkundlich schon im 9. Jh. in Italien nachgewiesen ist, s. de Bartolomeis, AGI 15, 271, d. i. zu einer Zeit, zu der sonst *-occio, -ozzo*-Bildungen noch nicht vorkommen, s. Dorn, Nom. Suffixe Altital. 1906, 59 ff. *quadriroteus* „vierrädrig", Ulrich, ZRP 11, 42, ist lautlich nicht möglich.
Dazu seit dem 19. Jh. die Abl. **carrosser** „kutschieren", mundartlich (la Manche) auch „mit vollen Segeln fahren", vgl. dazu *carréger.*

carrousel „Ringelstechen", „Platz zum Ringelstechen"
16. Jh. *carrouselle,* seit dem 17. Jh. die heutige Form, aus ital. *carosello,* auch *garosello* „Ringelstechen". Das Wort stammt aus dem Neapolitanischen, bezeichnet ein Spiel zwischen zwei Parteien, die gegeneinander Bälle warfen, die die Form von Sparbüchsen hatten; das Spiel wurde von Spanien nach Neapel gebracht. Die Sparbüchsen hatten vielfach die Form eines kahlen Kopfes, daher die Bezeichnung *caruso* „Kahlkopf", dieses zu *carosare, carusare* „scheeren", eigentlich „abnagen", aus vlat. **corrosare,* dass.; Battisti I, 776; Bl.-W. 111; zu *carosare* REW 2256.

carrousse „Sauferei"
16. Jh. *carous, boire carous* „(gar)aus trinken", im 17. Jh. die heutige Form, dazu bei d'Aubigné die scheinbar franzisierte Form *charrousse,* Sain. Rab. 2, 15, stammt wohl aus der Sprache der württembergischen bzw. schwäbischen Landsknechte des 16. Jhs.; aus der mundartlichen Entsprechung des frühnhdt. *garaus* „Ruf oder Aufforderung zum Verlassen der Wirtschaften", „Feierabend" u. ä., s. Kluge s. v.; REW 3861; Behrens, DS 95.

carrure „Schulterbreite"
12./13. Jh., afrz. *carrëure* „Körperbau", „Viereck" u. ä., gehört zu *carré* „vierschrötig", s. d.

cartable „Register", „Zeichenmappe"
17. Jh., vgl. heute rouchi *cartabele,* dann verd. chal., sav. Doubs *cartable* „Schultasche"; es ist ein an *carte* und das die Eignung ausdrückende Suffix *-able* angeschlossenes, aus dem Spanischen entlehntes *cartapel* „einseitig beschriebenes Blatt" (das zur öffentlichen Ankündung von Erlässen, Edikten u. ä. an Kirchentüren, Gerichten usf. befestigt wurde), dann „Flugblatt", „Löschpapier" u. ä.; lebt auch im Katalanischen als *cartabel,* dazu ital. *scartabello* „Wisch", „Schmöker", „Strazze"; enthält im ersten Namensglied *charta,* s. *carte,* das zweite Glied ist umstritten; zu spanisch *piel,* kat. *pel* „Haut", „Leder", „Fell", G. Paris, Rom. 8, 620; Caix, Studi 147?
**Chartabulum,* das Behälter für Papiere bedeutet hätte, Spitzer, ZRP 43, 323; Bl.-W. 111, entspricht zwar der Bedeutung nach der Bedeutung „Schulmappe", „Schultasche", wird aber der ursprünglichen Bedeutung nicht gerecht; daß es sich vielleicht um einen Ausdruck der Schülersprache handelt, eine *-abulu* Abl. von *carta* wäre, ist rein erschlossen; s. Cor. I, 712.

cartahu „Jolltau"
17. Jh., aus ndl. *keertouw* „Seil, das dazu

dient, einen Gegenstand festzuhalten oder in Entfernung zu halten", zu ndl. *keren* „wenden", „drehen", „richten"; Valkhoff 87.

cartayer „Halbspur fahren"
18. Jh., dazu wall. *quateler*, saint. *cartayer*, berrich. *cartéier*, *cartiller*, ist Abl. von *quart* „Viertel", bedeutet also ursprünglich „im Wegviertel fahren", Thomas, Mél. 42; bzw. „durch eine bald nach rechts, bald nach links ausbiegende Bewegung die Straße vierteln", Horning, ZRP 27, 144.

carte „Karte"
14. Jh., aus lat. *(charta)* „Papier", s. *charte*.

cartel „Fehdebrief"
16. Jh., aus ital. *cartello* „öffentlicher Anschlag", „Plakat", dann „Herausforderung"; ist dem. Abl. von *carta* „Karte", s. *charte*; seit dem 20. Jh. „(politisches) Kartell"; Bl.-W. 111.

carteron s. *quarteron*.

carthame „Saflor"
16. Jh., aus mlat. *(carthamus)*, dieses aus arabisch *qurṭum*. Lam. 262; de Gregorio, SGI 7, 301.

cartier s. *carte*.

cartilage „Knorpel"
16. Jh., aus lat. *(cartilago)*.

cartisane 17. Jh., „ein Stück feines, in Seide gewickeltes Pergament oder Karton" (zur Relief-Bildung in der Stickerei)
dazu im 18. Jh. *cartesienne* „Art italienischer Seide", ferner ital. *carteggiana*, port. *cartasana*, „Verzierung in der Bortenwirkerei", nprov. *cartesano* wie frz. *cartisane;* scheint zu *carta*, *carton* zu gehören, doch ist die Herkunft und die formelle Entwicklung ungeklärt, vgl. Battisti I, 784.
Ital. *carteggiana* ist nicht der Ausgangspunkt des Wortes, Dict. gén., sondern wahrscheinlich umgekehrt das Französische die Quelle desselben.

carton „Pappe"
16. Jh., aus ital. *cartone*, d. i. augmentative Abl. von *carta* „Papier", s. *carte*.

cartouche „gerollte Einfassung aus Papier"
16. Jh., in der Bedeutung „Papierrolle" aus ital. *cartuccia*, d. i. dem. Abl. von *carta*, s. *carte;* in der Bedeutung „Kartusche", so schon im 16. Jh., aus ital. *cartoccio*, da die Ladung des Gewehrs in einem ‚cartoccio' „Düte", „Kartusche" eingewickelt war, Battisti I, 787.

cartulaire „Urkundensammlung"
14. Jh., aus mlat. *(chartularium)*, s. *chartrier*.

carus „todesähnlicher Schlaf"
18. Jh., aus nlat. *(carus)*, dieses aus gr. κάρος.

carvelle in *clou à carvelle* „großer Schiffsnagel"
18. Jh. *crevelle*, auch *caravelle*, aus ndl. *karveelnagel*, Dict. gén.; Behrens, DS 85, wenn dieses nicht selbst aus dem Französischen stammt.

carvi „Kümmel"
14. Jh., aus mlat. (8. Jh.) *carvita*, so im Cap. de villis; im 16. Jh. auch *chervis* u. ä., aus arabisch *karwijâ';* Lam. 262; REW 1696; de Gregorio SGI 7, 79; Bl.-W. 111.

cas 1. „Fall", „Vorfall"
frühnfrz. auch „Verbrechen", „Unglück", geht in diesen Bedeutungen im 17. Jh. unter, Br. 4, 267; 13. Jh., aus lat. *(casus)* „Fall".
2. „hohlklingend"
12. Jh. „zerbrochen", aus lat. *quassus* „gebrochen", „schwach", vgl. *casser*. Diez 91; REW 6942.

casanier „zu Hause hockend"
14. Jh. *casenier*, aus einem nicht mehr belegten mundartl. ital. *casaniere*, d. i. Abl. von dialektischem *casana* „Familie", „Geschlecht", mlat. auch „Häuslichkeit", auch sardisch *casana* „Schar", d. i. Abl. von ital. *casa* „Haus", s. *chez;* Battisti I, 789; vgl. auf lat. Inschriften *casanicus* „zum Haus gehörig".
Nicht aus spanisch *casanero*, da im Spanischen eine *-ana*-Abl. von *casa* fehlt, s. Cor. I, 713.

casaque „Reisemantel"
16. Jh., aus ital. *casacca*, dieses Rückbildung von *casacchino*, *casacchina*, dass., aus russisch *kasakin* „Kosakenrock", Brüch, ZRP 64, 165; zu *cosaque* schon G. Paris, Rom. 9, 625; Barbier Misc. 17, 292; Cor. I, 714.
Nicht aus span. *casaquín*, Schmidt, Span. Elem. 58, das der Form nach im Spanischen nicht ursprünglich sein kann; *casaquin* mit afrz. *casingan* „gefütterte Weste" aus arabisch-persisch *kuzāġand*, *Lagarde, Göttingische Gel. Anz. 1877, 298 ff., ist lautlich nicht möglich, s. Thomas, Rom. 35, 600; ebenso lautlich nicht möglich aus persisch *kazagand*, Bl.-W. 112.

casbah „Burg", „Zitadelle"
19. Jh., im Argot „Haus", aus spanisch-arabisch *qáṣaba* „Zitadelle"; Cor. I, 100; Bl.-W. 112.

cascade „Wasserfall"
17. Jh., aus ital. *cascata*, d. i. Abl. von *cascare* „fallen", aus vlat. **casicare*, d. i. frequentative Abl. von *cadĕre* „fallen". Diez 363; REW 1739.

cascarille „bittere Rinde"
18. Jh., aus span. *cascarilla*, d. i. dem. Abl. *(-ella)* von *cáscara* „Rinde", u. H.; vgl. Cor. I, 716.

cascatelle „kleiner Wasserfall"
18. Jh., aus ital. *cascatella*, d. i. dem. Abl. von *cascata*, s. *cascade*.

case „Häuschen", „Fach"
13. Jh., aus lat. *(casa)* „Häuschen", „Hütte". Dazu seit dem 17. Jh. die Abl. **caser** „unter Dach bringen".

caséeux „käsig"
18. Jh., ist Abl. von lat. *(caseus)* „Käse".

casemate „Kasematte"
16. Jh., aus ital. *casamatta;* dafür zuerst im 13. Jh. *camata,* das noch im Westlombardischen in der Bedeutung „vorübergehender Unterstand", „Aufbewahrungsort für Geräte" lebt, Marcora, La Geografia 12, 256; dann in Ravenna volksetymologisch umgedeutet *casa amata,* und noch im 17. Jh. *camatta* als Bezeichnung eines Gebäudes auf einem Abhang oder Absturz, s. Bertoni, ZRP 36, 293; das Wort ist zunächst in Ravenna aus ngr. χάσμα, χάσματα „Spalte", „Schlund", „Erdkluft" entlehnt, das seit Machiavellis Arte della guerra zur Bezeichnung der „der Mauer auf der Grabensohle vorgelegten sogenannten Caponnieren, welche den Graben decken und zugleich als Mineneingang dienen", verwendet wurde. Baist, RF 7, 414; 10, 177 f.; ZRP 32, 41; 33, 63.
Zusammensetzung aus ital. *casa* „Haus" und *matto,* s. *mat,* Diez 90, ist aus begrifflichen Gründen abzulehnen; auch unwahrscheinlich, daß *matto* hier die Bedeutung „beträchtlich", „übermäßig" hätte, was nur in gelegentlichen Verbindungen so übersetzt werden kann, aber als usuelle Bedeutung *matto* fehlt, Sainéan, ZRP 30, 316 f.; 33, 59. Vgl. noch aus der Literatur in die Mundart gedrungenes lyon. *casamatta* „Ablagerungsplatz für das Getreide, das von der Tenne kommt", „Grotte", dazu *casamattô* „sich zum Schutz in eine Höhle begeben".
caser s. *case.*

caserette „Käseform"
18. Jh., ist dem. Abl. von afrz. *casiere,* pik. norm. Form von *chasiere* „Käsehürde", aus vlat. **casearia* zu lat. *casearium* „zum Käse gehörig", das auch afrz. in der maskulinischen Form *chasier* bezeugt ist; FEW II, 456; REW 1735; Richter, ZRP 31, 575.

caserne „Kaserne"
16. Jh., aus prov. *cazerna,* d. i. ursprünglich ein kleiner Raum auf Festungsbauten für die zur Nachtwache bestimmten Soldaten; als unter Ludwig XIV. Kasernen gebaut wurden, wurde der Ausdruck für die neuen Bauten beibehalten, aber noch im 17. Jh. ist *caserne* in der Bedeutung „kleines Zimmer auf Verschanzungen für 6 Soldaten" bezeugt; aus vlat. **quaderna* für *quaterna* „je vier", s. *carme.* G. Paris, Mél. 517 ff.; REW 6944; Bl.-W. 112.
caserne als Kreuzung von *casa* „Hütte" mit *caverna* „Höhle" widerspricht der ursprünglichen Bedeutung des Wortes, Diez 90.

casernet „Wachtafel" (Marine)
18. Jh., aus prov. *cazernet,* d. i. dem. Abl. von prov. *cazern* „Heft", s. *carnet.* Dict. gén.
casette, casier s. *case.*

casilleux „brüchig"
17. Jh., aus nprov. *cassilhous,* das ist Abl. von nprov. *cassilho* „Geröll", und dieses Abl. vom Stamme von *casser,* vgl. auch berrich. *câsse* „Bruch", „Erdscholle"; die *-s*-Form zeigt Beeinflussung durch mundartlich, z. B. vend. saint. bourb. verd. chal. weit verbreitetes gleichbedeutendes *casuel* „zerbrechlich", das selbst volksetymologisch nach *casser* umgedeutetes literarisches *casuel* „zufällig" ist, vgl. noch saint. *casuel* „zufällig" und „zerbrechlich"; Dict. gén.

casimir „Tuchart"
19. Jh., aus englisch *kerseymere* „reines Wollentuch" in dem sich der Name der Stadt *Kersey* in Suffolk und des Landes *Cashmere* „Kaschmir" kreuzen; Holthausen, Wb., s. v.; vgl. Bl.-W. 112; Dict. gén. Vgl. *carisel.*

casino „Vergnügungslokal"
19. Jh., aus ital. *casino* „Häuschen", d. i. dem. Abl. von *casa* „Haus", s. *case.*

casoar „Kasuar"
17. Jh. *gasuel,* ist in der Form *kasuwaris* über den ganzen indischen Archipel verbreitet, stammt letzten Endes aus einer (nicht malaio-polynesischen) Mundart West-Neuguineas oder der Molukken; Friederici, ZFSL 56, 37; Dict. gén.

casque „Helm"
16. Jh., aus spanisch *casco* „Sturmhaube", eigentlich „Kopf", ursprünglich „Scherbe", d. i. postverb. Subst. von span. *cascar* „zerbrechen", aus vlat. **quassicare,* d. i. Abl. von *quassus* „zerbrochen", s. *cas* 2. Diez 437; REW 6941; Spitzer, Mod. LN 64, 44.
Dazu seit dem 19. Jh. die dem. Abl. **casquette** „Mütze".

cassade „Überbieten beim Kartenspiel", „Notlüge"
16. Jh., aus venezianisch *cazzada,* d. i. Abl. von venez. *cazzàr,* der Entsprechung des frz. *chasser.* Sain. Rab. 1, 151.

cassaille „erstes Umpflügen des Ackers"
17. Jh., lebt im Zentrum, ist Abl. von *casser,* s. d.; vgl. auch *casilleux.*

cassation „Aufhebung"
15. Jh., ist als Ausdruck der Gerichtssprache im 17./18. Jh. verpönt, Br. 4, 401, ist gelehrte Abl. von *casser,* s. d.

cassave „Brotkuchen aus der Wurzel des Maniok"
16. Jh. *cassade,* seit Ende des 17. Jhs. in der heutigen Form, aus einer Einheimischenmundart Südamerikas (Guaraní, Tupí); Dict. gén.

casse 1. „Pfanne"
14. Jh., lebt heute im Südgürtel des Nordfrz., dann auch im Wall. Norm. Pik.; aus prov. *casa,* dieses aus vlat. *cattia,* das mit *trulla, panna* übersetzt in Glossen belegt ist, Meyer-Lübke, WS 25, 96; vlat. *cattia,* das auch im Hochdeutschen weiterlebt, aus gr. κυάθειον „Schöpfgefäß". Baist, RF 1, 106; REW 2434; dazu im Lokalfrz. von Loire *cassot* „kleine Pfanne", Gonon RLiR 20, 26,

98; ferner seit dem 16. Jh. die dem. Ab. **casserole** „Schmorpfanne“, fam. „Stahlhelm“, im Argot „Spitzel“ u. a., Bl.-W. 112; Wartburg, ZRP 68, 8; FEW II, 1601; wegen der Abl. vgl. *fèverole, fuserole, caterole,* dann Saintongeais *caquerole* „Schuppe“ zu westfrz. *caque* „Eischale“, angev. *évrole,* lit. *everole,* u. a.; *-erole* ist Weiterbildung des *-ole*-Suffixes (wie *-ereau* zu *-eau*) usf.; vgl. dazu prov. *casola* = *casserole.*

2. „Kasse“

12. Jh., aus ital. *cassa,* s. *caisse.*

3. „Kassia“

14. Jh., aus lat. *(cassia)*; dazu im 16. Jh. **cassier** „Kassiabaum“.

4. „Bruch“

17. Jh., lebt im Zentrum, s. *casilleux,* ist postverb. Subst. von *casser,* s. d.

casseau 1. „halber Schriftkasten“

18. Jh., lebt im Normannischen als „Nadelschächtelein“, ist dem. Abl. von *casse* 2.

2. „Zwickzange“

steht für **cassot,* d. i. Werkzeugsableitung von *casser,* s. d.

casse-pierre „Steinbrech“, „Meerfenchel“

16. Jh. auch *romp-pierre,* schon im 15. Jh. *frain-pierre,* sind Übersetzungen des lat. *saxifraga.*

casser „zerbrechen“

12. Jh., afrz. auch „zerdrücken“, „mißhandeln“, „verletzen“, so mundartlich auch heute noch weit verbreitet, vgl. ALF 179, 1017, 1531 u. a., dann „durch Drücken, Stoßen zerbrechen“, aus lat. *quassare* „schütteln“, „zerschlagen“, „zerbrechen“; das Wort hat in den Mundarten das allgemeinere *rompre* großenteils verdrängt. ALF 1162; Diez 91; REW 6939.

casserole s. *casse* 1.

cassetin „Fach im Schriftkasten“

16. Jh., aus ital. *cassettino* „Schubkästchen“, d. i. dem. Abl. von *cassetta,* s. *casse* 2.

cassette „Kästchen“

14. Jh., aus ital. *cassetta,* d. i. dem. Abl. von *cassa,* s. *casse* 2.

cassie „Mimosenart“

17. Jh., aus nprov. *cassio,* so Avignon, Tarascon, Marseille, für *acacio* „Akazie“, s. *acacia.* Gewisse Mimosen werden schon in der lateinischen Bezeichnung als Akazienarten aufgefaßt. Roll. Fl. 4, 251.

cassier 1. „Kassienbaum“

16. Jh., ist Abl. von *casse* 3.

2. „Schriftkastenschrank“

19. Jh., ist Abl. von *casse* 2, vgl. *casseau* 1.

cassine „kleines Landhaus“

16. Jh., wird von Rabelais als italienisch bezeichnet, Sain. Rab. 1, 152, und ist in die Mundarten gedrungen, daher mit pejorativer Bedeutungsentwicklung norm. wall. Artois, Rouchi, Berry, H. Maine „verfallenes kleines Haus“, „Keusche“ u. ä.; aus oberital. *cassina* (piem. *cascina,* lomb. *casina,* venez. *cassina* „Landgut“, „Meierei“), das zu dial. ital. *casso* „Heuboden“, „Scheuer“ u. ä. gehört; dieses zu lat. *capsus* „Einfriedigung für wilde Tiere“, s. Battisti I, 790; vgl. Salvioni, Misc. Ascoli 80; Streng, HH 39; REW 1660.

cassis 1. „Johannisbeere“

16. Jh., heute mit gesprochenem *-s,* doch ist die volkstümliche Aussprache in ganz Frankreich *cassi;* aus lat. *(cassia)* „Kassia“, da die Johannisbeere in der mittelalterlichen Arzneikunst als Ersatzmittel für die Kassia verwendet wurde. Die bei Cotgrave erwähnte Form *castillier* steht für mundartliches *cass'tiè,* Manche, d. i. *cassitier,* L.-et-Ch., ist also mit *-t-* als Übergangslaut abgeleitet von *cassi;* Roll. Fl. 6, 86 ff.; ZRP 40, 164; Budahn, ZFSL 63, 277.

2. „Querrinne“ (über den Fahrweg)

19. Jh., ist norm., hier seit dem 15. Jh. bezeugt; es ist norm. Form für afrz. *chassil,* s. *chassis*; oder zu *casser*?; Dict. gén.; Bl.-W. 112.

cassole „Kohlenbecken zur Erwärmung des Leims“

14. Jh. „Pfanne“, aus gleichbedeutendem prov. *casola,* s. *casserole.*

cassolette „Räucherpfanne“

16. Jh., aus prov. *casoleta,* d. i. dem. Abl. von *casola,* s. *cassole;* oder aus span. *cazoleta* „Zündpfanne“, Schmidt, Span. Elem. 51 f., gleicher Herkunft.

casson „Zuckerbrocken“, „Glassplitter“

14. Jh., ist Abl. von *casser,* s. d. Vgl. mit einer anderen Bedeutungsentwicklung berrich. *câsson* „Scherbe“.

cassonade „Rohzucker“

17. Jh., daneben auch *castonade,* dieses vermutlich in rein äußerlicher Anlehnung an *bastonade,* ist Abl. von *casson,* s. d.

cassot s. *casse* 2.

castagnette „Tanzklapper“

17. Jh., aus span. *castañeta* dass., eigentlich „kleine Kastanie“, d. i. dem. Abl. von *castaña,* s. *châtaigne.*

caste „Kaste“

dann in *esprit de caste* „Klassengeist“, 17. Jh., aus iberoromanisch (span., port. kat.) *casta* „Gattung“, „Geschlecht“, „Abstammung“, dann „Kaste“, „Rasse“, zuerst im Spanischen Beginn des 15. Jhs. bezeugt, gleichzeitig im Katalanischen, dann jenseits der Pyrenäen in der Provence *casto* „Sippschaft“, *de touto casto* „jeder Art“; wird zunächst von den Portugiesen zur Bezeichnung der nicht rassenvermischten Bevölkerung verwendet und wird in dieser besonderen Bedeutung im 16. Jh. nach Italien und England gebracht, im 17. Jh. nach Frankreich, im 18. Jh. nach Deutschland; vermutlich aus einem gotischen **kasts* „Menge“, „Haufen“, zu norw. *kast,* „Steinhaufen“, *kost* „aufgestappelter Hau-

fen", namentlich von Holz, anord. *kostr;* das Wort wird zunächst zu **castus* „Haufen" romanisiert, dazu die kollektive Weiterbildung **casta;* Cor. I, 722.
Nicht zu lat. *castus* (moralisch) „rein", „fleckenlos", port. *casto* dass., das der früheren Bedeutung des Wortes nicht gerecht wird; vgl. zu diesem Dict. gén.; REW 1751; Bl.-W. 113, u. v. a.

castel „Schloß" va.
17./18. Jh., aus prov. *castel*, s. *château*.

castille „Streit", „Händel"
im 17./18. Jh. als veraltet angegeben, Br. 4, 329, lebt noch in Berry, Lyon, dann aus der Literatur entlehnt in pik. *castille*, dazu boulogn. *castouille;* es ist postverb. Subst. von *castiller*, das im 15. Jh. in der Bedeutung „ärgern" belegt ist; dieses aus prov. *castiar* „tadeln", „bestrafen", s. *châtier*.
Zu span. *castillo* „Burg", über „*Kampfobjekt", Littré; Schmidt, Span. Elem. 76, ist nicht begründet.

castine „Kalkzuschlag"
16. Jh., ist in Anlehnung an *-ine* umgedeutetes deutsches *Kalkstein*. Dict. gén.; vgl. afrz. 13. Jh. *chaucine* „kalkhaltiger Boden", aus **calcina*, das in Nord- und Südfrankreich weit verbreitet ist, FEW II, 74.

castor „Biber"
13. Jh., für volkstümliches *bièvre*, aus lat. *(castor)*.

castrat „Hämmling"
18. Jh., aus ital. *castrato*, d. i. Abl. von *castrare*, s. *châtrer*.

castration „Verschneidung"
14. Jh., aus lat. *(castratione)*, s. *châtrer*.

casuel „zufällig"
15. Jh., aus lat. *(casualis)*, vgl. *casilleux*.

casuiste „Kasuistiker"
17. Jh., aus spanisch *casuista*, d. i. Theolog, der die Moralgesetze auf die einzelnen Gewissensfälle anwendet, zu *casus* „Fall", s. *cas*.

catacois s. *cacatois*.

catacombe „Katakombe"
13. Jh., aus ital. *catacomba* oder spätlat. *(catacumba)*, dieses vermutlich zusammengesetzt aus gr. κατὰ und *tumba* „Grabmal", s. *tombe*. Vgl. wegen der Bildung *chafaud* und *châlit*. Diez 91; Brüch, ZFSL 50, 300.

catafalque „Leichengerüst"
17. Jh., aus ital. *catafalco*, s. *chafaud*.

cataire „Katzenminze"
18. Jh., aus spätlat. *(cattaria)*, s. *chat*, ist für „Katzenkraut" in der lateinischen Terminologie seit dem 15. Jh. überliefert, vgl. auch *herbe au chat, herbe à chat* u. ä. seit dem 15. Jh.; Roll. Fl. 9, 8 f.

catalogue „Verzeichnis"
13. Jh., aus lat. *(catalogus)*.

catalpa „Trompetenbaum"
18. Jh., aus nlat. *(bignonia) (catalpa)*, u. H.

catapulte „Katapult"
14. Jh., aus lat. (gr.) *(catapulta)* „Wurfmaschine", im 20. Jh. neu belebt als *catapulte pour avions* „Flugzeugschleuder".

cataracte „(großer) Wasserfall"
fem., 16. Jh., aus lat. (gr.) *(cataracta)*.

catarrhe „Schleimfluß"
15. Jh., aus lat. *(catarrhus)*, das bei Marcellus Empiricus, Isidor v. Sevilla u. a belegt ist, dieses aus gr. κατάῤῥους, Urtel, BGPSR 12, 6 f.; im 16. Jh. vereinzeltes, im 17. Jh. fast ausschließlich gebrauchtes *caterre*, so heute noch norm., zeigt Gegenwirkung der Gebildetenaussprache gegen die mundartliche Aussprache der Lautgruppe *-er-* als *-ar-*.

catastrophe „schweres Unglück"
16. Jh., aus lat. (gr.) *(catastrofa)* „Wendung", „Wendepunkt einer Handlung".

catau „Hofmagd auf dem Lande"
19. Jh., ist Koseform für *Cathérine*. Dict. gén.

catéchisme „Katechismus"
14. Jh., aus lat. *(catechismus)*.

catégorie „Klasse", „Gruppe", „Gattung"
16. Jh., aus lat. *(categoria)*, als Ausdruck der Logik „Prädikat", „Eigenschaft".

caterole „Nistloch außerhalb des Kaninchenbaus"
16. Jh., scheint mit Suffixwechsel aus **catiche** gebildet zu sein, das in der Literatur als „Fischotterloch am Flußrand" bezeugt ist und aus pik. *catiche* „Damm", „lebende Einfassung von Gemüsegärten" stammt; dafür im Merowingerlatein *casticia* = *aedificia*, im Polypticum Irminonis *casticia* „Wirtschaftsgebäude", dazu mlat. *casticiare* „Wehrbauten aufführen", das den Übergang zu pik. *catiche* „Damm" zeigt; grom. *casticia* ist Kollektivabl. vom Stamm von *castellum*, z. B. in der schon lat. bezeugten Bedeutung „Wasserbehälter".
caterole zu frz. *catir* „verbergen", „nisten", so heute norm. pik., s. Thomas, Rom. 35, 472, wäre als Abl. unverständlich. Wegen des Suffixes s. *casserole*.

cathédrale „Kathedrale"
12. Jh. *église cathédrale*, seit dem 17. Jh. substantiviert, aus mlat. *(cathedralis)*, d. i. „zum Kirchensitz = *cathedra* gehörig"; Bl.-W. 113.

cati s. *catir*.

catiche s. *caterole*.

catillac „Winterbirnensorte"
18. Jh. auch *catillard*, im 17. Jh. *cadillac;* ist gelehrte Bildung zu vlat. *catellus*, prov. *cadel* „junger Hund", vgl. für die „Hundsbirne" westfrz. *poire de chiau*, zu mfrz. *chiot*, *chiau* „kleiner Hund", FEW II, 496; Roll. Fl. 5, 56, 36; s. auch *caïeu* 1.

catimini „Menstruation" va.
heute in *en catimini* „insgeheim", daraus umgestaltet boulogn. wall. *cachimini* dass., 14.

Jh. mit der Nebenform *catamini*, die bis ins 17. Jh. gebucht ward, aus gr. (καταμήνια) „Menstruation".

catin 1. „leichtsinniges Frauenzimmer"
16. Jh.; in dem Worte berühren sich zwei Stämme, zunächst *Catin* als Koseform zu *Cathérine*, s. *catau*, dann seit dem 12. Jh. belegtes wall. *catier* „Schimpfwort für Albigenser und Waldenser", denen man zuschrieb, daß sie den Teufel in Form einer Katze anbeteten, daher wall. *cati* „wankelmütig", „Vagabund", „Faulpelz", norm. *catis*, *cataud* „scheinheilig", „schmeichlerisch", dazu norm. *catiner* „umschmeicheln" (von der Katze), in dem sich *cat*, die Entsprechung des literarischen *chat*, neuerdings eingefunden hat; afrz. *catier* ist Abl. von anorm. *cat* „Katze", s. *chat*. Pirsoul s. v.
2. „Vortiegel"
15. Jh., aus lat. *(catinus)*.

catir „(Tuch) pressen"
afrz. 12. Jh., *quatir* „drücken", „pressen" refl. „sich verbergen", grom. **quattare* aus **quatitare*, d. i. Abl. von lat. *quatere* „schütteln", „zerstampfen", dazu nprov. *catà* „sich ducken", „gegen Kälte schützen", prov. *recatar* „verbergen", *acatar* „sich beugen, um sich zu verstecken", 16. Jh., mit Konjugationswechsel nach den begrifflich nahestehenden *se blottir*, *s'accroupir*; Brüch, ZFSL 50, 301; Tilander, Rem. 63.
Nicht zu *coactus*, Regula, AR 12, 274; Bl.-W. 114; Diez 260, da ein **coactire*, **caitir* ergeben hätte.
Dazu seit dem 18. Jh. die Abl. **catissoir** „Einfügemesser der Vergolder".
catogan s. *cadogan*.

caton 1. „streng tugendhafter Mann"
16. Jh., nach dem Namen des *Cato*, frz. *Caton*.
2. „Eisenstange" (Drahtzieherei)
18. Jh., ist Abl. (*-one* zur Bezeichnung des Werkzeugs, vgl. *coupon*) von *catir* „pressen", s. *catir* und *caterole*.

cauchemar „Alpdrücken"
15. Jh. in pik. norm. Form *quauquemaire*, die heutige Form seit dem 16. Jh., daneben *chauchemare*, *cauchemare* u. ä.; bedeutet bei Rabelais ein „Wasserungeheuer", vgl. dazu Saône-et-L. „Vogelscheuche"; das Wort enthält im 2. Bestandteil ein in einem lat. frz. Glossar belegtes *mare* „Vampir" aus mndl. *mare* „Gespenst", s. mndl. *nachtmare*, Valkhoff 87; der 1. Bestandteil enthält afrz. *cauchier* „treten", „drücken", s. *côcher*; Diez 635; REW 1491; Bl.-W. 114.

caucher „Pergamentquetsche für die Goldfadenpresse"
18. Jh., seit dem 13. Jh. belegtes *cauchoir* „Werkzeug zum Pressen", literarisiert auf der Stufe **cauchouer*, das zu **cauchēr* wurde (wie *françoues* zu *français*), d. i. Abl. von afrz. *cauchier* „treten", „drücken", s. *côcher* und *cauchemar*; vgl. *chauderet*.

caudebec „Filzhut" va.
17. Jh., angeblich nach der normannischen Stadt *Caudebec*, wo Filzhüte erzeugt werden sollen.

caudrette „taschenförmiges, an einem Ring aufgezogenes Netz zum Krabbenfang"
18. Jh. für **cauderette*, d. i. dem. Abl. von *caudière*, norm. pik. Form von *chaudière* „Kessel". Dict. gén.

cauris „Otterköpfchen" (Muschel, die in Afrika als Münze diente)
18. Jh., angeblich aus dem Bengalischen. Dict. gén.

causalité „Ursächlichkeit"
15. Jh., ist Abl. von **causal** „ursächlich", 17. Jh., aus lat. *(causalis)*.

cause „Ursache", „Prozeß"
12. Jh., aus lat. *(causa)*, vgl. *chose*.

causer 1. „plaudern"
ist schon in den Reichenauer Glossen als vulgäres Wort bezeugt, daraus afrz. *choser* „zanken", REW 1782; Stalzer, RG 56, d. i. lat. *causari* „einen Grund vorbringen", „sich beklagen"; das seit dem 13. Jh. belegte literarische Wort ist an das lat. Wort rückangelehnt.
2. „verursachen"
16. Jh., ist Abl. von *cause* „Grund".
causerie, *causette*, *causeur* s. *causer* 1.

causse „Mergel"
18. Jh., aus nprov. *causse*, d. i. vlat. **calcĭnus* „von Kalk", „kalkartig", d. i. Abl. von *calx*, s. *chaux*. Dict. gén.
Wall. (Mons) *cauche*, *causse* „Kalk" ist neue Femininbildung zu *chaux*.

caustique „kaustisch"
15. Jh., aus lat. *(causticus)* „brennend", „ätzend".

caut „vorsichtig"
13. Jh., wird in der Literatur seit dem 17. Jh. verworfen, Br. 3, 107, lebt dagegen noch heute V. d'Yères, aus lat. *(cautus)*.

cautèle „Vorsicht"
13. Jh., seit dem 17. Jh. veraltet, Br. 3, 127, aus lat. *(cautēla)*.

cautère „Brennmittel"
14. Jh., aus lat. *(cauterium)*.

caution „Bürgschaft"
13. Jh., aus lat. *(cautione)* dass., eigentlich „Behutsamkeit".

cavagnole „Art Hasardspiel nach Art des Lottospiels"
18. Jh., aus ital. *cavagnuolo* „Maulkorb" eigentlich „Körbchen", d. i. dem. Abl. von *cavagno* „Korb", aus vlat. **cavaneum* zu lat. *cavea* „Korb". REW 1786; Dict. gén.

cavalcade „Reiterzug"
14. Jh. *cavalcate*, aus ital. *cavalcata*, der Entsprechung des frz. *chevauchée*.

cavalcadour „Hofstallmeister"
16. Jh., aus ital. *cavalcatore* dass., ist wie zahlreiche andere Ausdrücke der Reitkunst im 16. Jh. ins Frz. übernommen worden; die Form ist vielleicht von dem entsprechenden prov. *cavalcador* „Reiter" beeinflußt. S. *chevaucher.*
cavale „Stute"
16. Jh., aus prov. *cavala,* oder ital. *cavalla,* aus lat. *caballa* „Stute". Dauzat, RPFL 28, 161 f.; ALF 736; REW 1437.
cavalerie „Reiterei"
16. Jh., aus ital. *cavalleria,* s. *chevalerie.*
cavalier „Reiter"
15. Jh., aus ital. *cavalliere,* s. *chevalier.*
cavatine „kurze Arie ohne Wiederholung"
18. Jh., aus ital. *cavatina,* d. i. ein Musikstück, das aus einer großen Szene oder einem größeren Musikstück herausgenommen ist; ist Abl. von *cavare* „herausnehmen", s. *caver* 2.
cave 1. „hohl"
13. Jh., aus lat. *(cavus)*; eine halbgelehrte Form *chave* ist vereinzelt im 12. Jh. bezeugt.
2. „Keller"
12. Jh., aus lat. *(cava)* „Vertiefung", „Höhlung".
3. „Spieleinsatz"
17. Jh., ist postverb. Subst. von *caver* „herausnehmen", s. d.
caveau s. *cave* 2.
cavèce „Kopf von Pferden"
16. Jh., aus span. *cabeza,* dieses zu lat. **capĭtius* „zum Kopf gehörig", vgl. *chevet.* REW 1637.
Dazu die adj. Abl. *cavecé* in *cavecé de noir* „Mohrenkopf".
caveçon „Kappzaum"
16. Jh., aus ital. *cavezzone,* d. i. Abl. von *cavezza* „Halfter", „Zaum", aus vlat. **capĭtia,* Fem. zu **capitius* „zum Kopf gehörig", vgl. lat. *capĭtium* „Kopföffnung", „Tunika", s. *cavèce.* REW 1637.
cavée „Hohlweg"
17. Jh., lebt norm. pik., ist nördliche Form für afrz. *chavée* „Hohlweg", „Höhle", d. i. Abl. von afrz. *chaver, chever,* norm. pik. *caver* „aushöhlen" aus lat. *cavare,* s. *chever.* REW 1788.
caver 1. „aushöhlen"
13. Jh. für afrz. *chaver, chever,* aus lat. *(cavare)* dass., oder norm. pik. Form von *chever,* s. d. und *cavée.*
2. „das Spielgeld auslegen"
17. Jh., aus ital. *cavare* „herausnehmen", d. i. Weiterbildung von *cavare* „aushöhlen", s. *caver* 1.
caverne „Höhle"
12./13. Jh., aus lat. *(caverna).*
cavet „Hohlleiste"
16. Jh., aus ital. *cavetto,* d. i. dem. Abl. von *cavo* „hohl", s. *cave* 1. Dict. gén.

caviar „Kaviar"
15. Jh. *cavyaire,* 16. Jh. *caviat,* im 17. Jh. auch *cavial(e),* aus ital. *caviale,* das aus türkisch *châvijâr* stammt; Littmann 110; König ZRP 50, 375; REW 4086.
cavillation „Spitzfindigkeit"
13. Jh., seit dem 17./18. Jh. veraltet, Br. 4, 245, aus lat. *(cavillatione).*
cavin „Hohlweg"
18. Jh. *cavain,* lebt wall. norm., ist *-amen*-Abl. von lat. *cavare* „aushöhlen", s. *caver,* also ein schon grom. **cavamen,* vgl. wegen der Bildung *lien.*
cavité „Höhlung"
13. Jh. *caveté,* seit dem 16. Jh. die heutige Form, aus lat. *(cavitate).*
cavoir „Beschneidemesser"
18. Jh., ist Werkzeugsableitung *(-orium)* von *caver* „aushöhlen", s. d.
caye „unsichtbare, unter dem Wasser befindliche Sandbank"
17. Jh., aus span. *cayo* „Klippe", das aus frz. *quai* stammt, s. d.
cayenne „Matrosenkaserne"
18. Jh., vermutlich nach dem Ort *Cayenne,* der Verbrecherkolonie in Guyana. Dict. gén.
cayeu s. *caïeu.*
cazelle „Goldspinnerspule"
18. Jh. für **carelle,* dieses aus nprov. *carelho,* das in der Bedeutung „Schwebelampe" bezeugt ist, aber nach nprov. *careiè* „Rahmen vor der Haspelwelle bei der Seidenweberei, an dem mehrere sich drehende Spulen angereiht sind" auch die Bedeutung des literarischen *cazelle* besessen hat; *carelho* ist fem. Weiterbildung von prov. *calelh* „Schwebelampe" aus lat. *calĭculus* „kleiner Kelch", s. *calère.* ZRP 40, 160.
ce „das", „es"
afrz. *ço,* aus lat. *ecce hoc* „siehe das", vgl. *ceci, cela, cependant.* REW 4158. Rydberg, ə II, 5.
ce, cet, cette, Plur. **ces** „dieser" usf.
ist die Akkusativform des afrz. adj. Demonstrativpronomens, dazu afrz. das subst. *cestui,* Fem. *cesti,* das noch im 17. Jh. vereinzelt zu finden ist; aus lat. *ecce ĭstum* usf. „siehe diesen", REW 4553; vgl. Giesecke, Dem. im Afrz. 1888; Lemme, Syntax der Dem.-Pron. 1906; **Mathews,* Cist and Cil, Baltimore 1907; Rydberg 787; Gg. Syntax 143—154.
céans „hier im Hause"
12. Jh. *çaienz,* ist zusammengesetzt aus *ecce hac,* s. *çà,* und lat. *intus* „hinein", das im Gallorom. die Bedeutung „drinnen" annimmt, s. afrz. *enz* s. *dedans.*
ceci „dieses da"
14. Jh., ist Zusammensetzung von afrz. gleichbedeutendem *ce,* s. o., mit afrz. *ci* „hier", s. *ici.*
cécité „Blindheit"
13. Jh., aus lat. *(caecitate).*

céder „zurückweichen", „überlassen"
16. Jh., aus lat. *(cedĕre)*.
cédille „Cedille"
16. Jh., vom Grammatiker Geoffroy Tory eingeführt, aus spanisch *cedilla* „kleines *c*", da die Cedille ursprünglich aus einem kleinen, unter den Buchstaben gesetzten *-c-* bestand. Dict. gén.
cédrat „Frucht des Cedrat, des Zitronenbaums"
16. Jh. *cedriac*, so bei Olivier de Serres, 17. Jh. *cédra*, seit dem 18. Jh. die heutige Form neben *cedrac*, aus ital. *cedrato* dass., eigentlich „mit Zitronen versehen", d. i. Abl. vone *cedro* „Zitronenbaum", „Zitrone", aus lat. *cĭtrus*. Dict. gén.; REW 1957; Roll. Fl. 4, 2.
cèdre 1. „Zederbaum"
12. Jh., aus lat. *(cedrus)*.
2. „Zedratzitrone"
heute nur in *aigre de cèdre* „Zedratlimonade", seit dem 15. Jh. aus ital. *cedro*, s. *cédrat*.
cédrel „Zedrelabaum"
18. Jh., aus nlat. *(cedrela)*, d. i. gelehrte Abl. von lat. *cedrus*, s. *cèdre* 1.
cédrie „Zedernharz"
16. Jh., aus lat. *(cedria)*.
cédule „Zettelchen"
13. Jh., aus lat. *(schedula)*.
ceindre „umgürten"
12. Jh., aus lat. *cĭngĕre*. REW 1924.
Dazu seit dem 13./14. Jh. das subst. Part. **ceinte** „Umgürtung" va.; „Berghölzer" (Marine), vgl. das F.
ceintrer „ein Schiff umgürten"
14. Jh., ist Abl. von afrz. *cintle, cintre* „Gürtel", aus vlat. **cinctula*, d. i. dem. Abl. von *cinctum* „Gürtel", entsprechend belegtem *cingula, cingulum*, dass.; s. *ceindre*.
**cincturare* zu *cinctura*, s. *ceinture*, Dict. gén., ist wegen des späten Auftretens der Form unwahrscheinlich.
ceinture „Gürtel"
12. Jh., aus lat. *cĭnctūra*. REW 1922.
ceinturelle, ceinturette, ceinturon s. *ceinture*.
cela „das dort"
15. Jh., ist verschmolzen aus *ce* und *là*, vgl. *ceci*.
céladon „zärtlicher Liebhaber"
17. Jh., nach dem Namen des Haupthelden im Romane Astrée von Honoré d'Urfé; der Name selbst stammt aus Ovid. Kölbel 64.
célèbre „berühmt"
16. Jh., aus lat. *(celebris)*.
célébrer „feiern"
12. Jh., aus lat. *(celebrare)*.
celer „verheimlichen"
12. Jh. *çoile-celer*, aus lat. *cēlare*. REW 1800.
céleri „Sellerie"
zuerst im 17. Jh. als *sceleri d'Italie* belegt, dafür jedoch schon im 15. Jh. in einer normannischen Urkunde *scellerin;* aus oberital. *selleri*, d. i. Plural zu *sellero*, aus lat. *selinum* dass. Der eigentlich französische Ausdruck ist *ache*, s. d. Diez 289; REW 7794; Roll. Fl. 6, 174.
célerin „Pilchard" (Sardinenart)
13. Jh. *harenc celerin*, lebt im Pikard. neben *célan*, dazu V. d'Yères *célin* dass.; enthält im ersten Teil vermutlich nordisch *sild* „Hering" (so anord., schwedisch *sill*), so daß *célan* vermutlich ein **silling*, *celérin* vielleicht ein anord. **sild-hering* fortsetzt. Barbier, RDR 2, 176; RLR 52, 125.
célérité „Schnelligkeit"
14. Jh., aus lat. *(celeritate)*.
céleste „himmlisch"
11. Jh., aus lat. *(caelestis)*.
célibat „Ehelosigkeit"
16. Jh., aus lat. *(coelibatus);* dazu seit dem 18. Jh. die Abl. **célibataire** „Junggeselle".
cellérier s. *cellier*.
cellier „Keller"
12. Jh., aus lat. *cellarium* „Speisekammer". REW 1804; dazu seit dem 13. Jh. die *-arius*-Abl. *cellérier* „Kellermeister".
cellule „Zelle"
15. Jh., aus lat. *(cellula)*.
celui, celle, ceux, celles „derjenige" usf.
ist afrz. die substantivische Form von *cel, celle*, die mit dem 16. Jh. untergehen, vgl. *ce, cet* usf. Im Mittelfrz. gelegentlich adjektivisch verwendetes *celui* dringt nicht durch; aus vlat. *ecce illui* usf. REW 4266.
Dazu seit dem 14./15. Jh. mit den Ortsadverbien *ci* und *là* erweitertes *celui-ci, celui-là* usf., die für das afrz. Nebeneinander von *cestui* und *celui* eintreten; Gg. Syntax 143 f.
cément „Zement"
17. Jh., aus lat. *(caementum)* „Geröll", vgl. *ciment*. Dazu seit dem 17. Jh. die Abl. *cémenter* „zementieren".
cénacle „Abendmahlsaal", „literarische Gesellschaft"
13. Jh., aus lat. *(coenaculum)* „Speisesaal"; das Wort lebt in volkstümlicher Entwicklung in afrz. *cenaille* „Speisesaal", *cenail* „Abendmahlzeit", dann mit anderer begrifflicher Weiterentwicklung als *cenail* „Heuboden" u. ä., mundartlich über ganz Nordfrankreich verbreitet, Herzog, Mahlzeiten 110 ff.; REW 1807.
cendre „Asche"
12. Jh., aus lat. *cinis, cĭnĕre*. REW 1929.
cendré „aschfarben"
14. Jh., aber durch das Femininum *cendresse (couleur)* für das 12. Jh. gesichert; steht für **cendrez*, d. i. lat. *cinerĭcius* „aschfarben", REW 1923.
cendrée „Bleiasche"
12. Jh., ist afrz. kollektivische Nebenform von *cendre*, von diesem mittels *-ata* abgeleitet.

cendreux „aschig“
12./13. Jh., ist wohl schon vorhistorische *-osus*-Abl. von *cendre*, vgl. prov. *cendros*.
cendrier s. *cendre*.
cendrillon „Aschenbrödel“
18. Jh., aus Perraults Märchen *Cendrillon*, d. i. Nachbildung nach *chambrillon*, s. d. und *cendre*.
cendrure s. *cendre*.
cène „letztes Abendmahl“
12. Jh., aus lat. *(coena)* „Abendmahl“.
cenelle „Frucht der Stechpalme, des Weißdorns“
12. Jh., dazu in einem anglonorm. Glossar des 13. Jhs. *hoc scinum — scenelle, hec scinus ... aubepine*, Priebsch, Festg. Mussafia 542, das vielleicht das Stammwort von *cenelle* enthält; vgl. dazu nprov. *arçano, aouçano, ancenelo*, nordfrz. mundartlich weit verbreitet *cinelle;* die Grundform und die Herkunft des Wortes ist unsicher, vielleicht zu mittelirisch *scian*, wallisisch *ysgien* „Messer“, vgl. Pedersen, Litteris 1925, 85.
**coccinella* zu *coccum* „Scharlachbeere“, Diez 540; Bugge, Rom. 4, 351, ist lautlich nicht möglich; desgleichen **acinella* zu *acinus* „Weinbeere“, das auch begrifflich nicht entspricht, Dict. gén.; **assana*, Thomas, NE 170; REW 715, u. H., genügt lautlich nur einem Teil der Formen; vgl. auch Roll. Fl. 5, 150 ff.
cens „Zins“
13. Jh., aus lat. *(census)*.
cense „Zinshof“, „Meierhof“
12. Jh., bedeutet afrz. auch „Zinsertrag“; die literarische Bedeutung wird für Boulogne als veraltet, für die Pik. als lebend angegeben; aus grom. **censa*, d. i. kollektiver Plural von *census*, s. *cens*.
censer „rechnen“, „für etwas ansehen“
16. Jh. in der ersten Bedeutung, seit dem 17. Jh. veraltet, Br. 3, 147, in der zweiten nur mehr als Part. *censé* „angesehen als“, „gehalten für“ gebräuchlich, aus lat. *(censēre)*.
censeur „Zensor“
14. Jh., aus lat. *(censore)*.
censier s. *cens*.
censive „Zinsgut“
13. Jh. *terre censive*, aus mlat. *(terra) (censiva)*, d. i. Abl. von *census*, s. *cens* und *cense*.
censuel „den Zins betreffend“
14. Jh., aus lat. *(censualis)*.
censure „Zensur“
14. Jh., aus lat. *(censura)*. Dazu seit dem 16. Jh. die Abl. **censurer** „öffentlich tadeln“.
cent „hundert“
aus lat. *centum*. REW 1816.
centaine „das Hundert“
12. Jh., aus vlat. *centena*, d. i. kollektive Pluralform von *centeni* „je hundert“.
centaure „Kentaur“
15. Jh., aus lat. *(centaurus)*.
centaurée „Flockenblume“
14. Jh., daneben seit dem 15. Jh. *centoire*, das bis ins 17. Jh. in den Wörterbüchern zu finden ist und mundartlich noch lebt, Roll. Fl. 8, 48 f.; aus lat. *(centaurea)*.
centenaire „hundertjährig“
14. Jh., aus lat. *(centenarius)*.
centenier „Zenturio“
14. Jh., aus lat. *(centenarius)*, das z. B. bei Vegetius für klassisches *centurio* gebraucht wird.
centième „hundertster“
12. Jh., afrz. *centiesme, centisme, centesme* u. ä., aus lat. *centesimus*, in Anlehnung an die Endung *-ième* der Kardinalzahlen, deren Entstehung umstritten ist, vgl. Meyer-Lübke, Frz. Gr. 2, § 177; Thomas, Rom. 30, 398; Staaf, Studier mod. språkvetenskap 1, 102 ff.; Marchot, ZRP 21, 102; Herzog, ZFSL 21, 2, 165 ff.; Gilliéron, RPFL 32, 101 ff.; Clédat, RPFL 32, 119.
centime „Centime“
ist als Münzbezeichnung erst seit Ende des 18. Jhs. in Gebrauch, daher kaum Fortsetzung von afrz. *centisme* „hundertster“, s. *centième*, sondern Neubildung nach *cent* und *décime*, s. d. Dict. gén.
centimètre „Zentimeter“
18. Jh., ist künstliche Zusammensetzung von lat. *(centum)* „hundert“ und *mètre*.
centon „aus verschiedenen Werken zusammengestoppeltes Gedicht“
16. Jh., aus lat. *(centone)* dass., eigentlich „Flickwerk“.
centre „Mittelpunkt“
14. Jh., aus lat. *(centrum);* dazu seit dem 18. Jh. die Abl. **centrer** „in die Mitte stellen“ u. ä.; von diesem seit dem 19. Jh. die Abl. **centreur** „Mittelsucher“ (Kerzenerzeugung).
centrisque „Meerschnepfe“
18. Jh., aus nlat. *(centriscus)*, Linné, dieses aus gr. κεντρίσκος. Barbier, BDR 2, 128.
cent-suisse „Soldat der hundert Schweizer, der ehemaligen Garde der französischen Könige“
18. Jh., ist zusammengesetzt aus *cent* und *Suisse*, s. d.
centuple „hundertfach“
15. Jh., aus lat. *(centuplus)* dass.; dazu gleichzeitig die Abl. *centuplier*, heute ersetzt durch **centupler** „verhundertfachen“.
centurie „Zenturie“
15. Jh., dann seit dem 16. Jh. „nach Jahrhunderten eingeteiltes Werk der Kirchengeschichte“, aus lat. *(centuria)* „Centurie“.
cep „Pflock“, „Rebstamm“, „Pflughaupt“
11. Jh., afrz. auch „Fessel“, „Gefängnis“, aus lat. *cĭppus* „Spitzsäule“, „Pfahl“ (eines Schanzwerkes) u. ä.; FEW II, 691; REW 1935.
Von *cep* in der Bedeutung „Rebholz“, seit dem 16. Jh. die Abl. **cépage** „Weinstock“, während *cépage* „Abästen der Reben“, 19. Jh.,

ein von den Wörterbüchern nicht verbuchtes **céper* „die Rebschößlinge abästen" voraussetzt.

cèpe „Löcherpilz"
18. Jh. auch *ceps* geschrieben, ist die allgemeine gaskognische Bezeichnung für „Pilz", ALF 227; dieses vermutlich zu *cep* „Schößling", s. d. Dict. gén.

cépeau „Prägestock"
13. Jh. *cepel* „Holzklammer zum Strecken von Füßen und Händen des Angeklagten", „Pflock" u. ä., d. i. Abl. von afrz. *cep* „Pflock", „Holzfessel", s. d.

cépée „Busch von Schößlingen aus gemeinsamem Wurzelstock"
12./13. Jh., ist kollektive Abl. *(-ata)* von *cep* „Schößling", s. d.

cependant „mittlerweile"
14. Jh., ist erstarrter Ablativus absolutus, zusammengesetzt aus *ce*, s. d., und *pendant*, d. i. Part. von afrz. *pendre* in der Bedeutung „anhängig sein", s. d.

céphalique „den Kopf betreffend"
14. Jh., aus lat. *(cephalicus)*.

ceps s. *cèpe*.

céramique „keramisch"
19. Jh., aus gr. (κεραμικός).

cérasine „Schleimstoff des Kirschbaumgummis"
19. Jh., ist gelehrte Abl. von lat. *(cerasus)* „Kirschbaum", vgl. *cerise*.

céraste „gehörnte Viper"
13. Jh., aus lat. *(cerastes)*.

cérat „Wachssalbe"
16. Jh., aus lat. *(ceratum)*, vgl. *cire*.

cerbère „Cerberus"
16. Jh., aus lat. *(cerberus)*.

cerce „Siebbeschlag"
11. Jh. *cerche* „Einfassung" (eines Hutes, Schreines u. ä.), aus vlat. **circa*, das im Oberitalienischen und im Iberoromanischen gesichert ist; ist Rückbildung von *circulus* „Kreis", s. *cercle*, ital. *cerchio* „Ring", „Einfassung", span. *cerca* „Umzäunung" etc., oder postverb. Subst. von lat. *circare* „einschließen", „umkreisen"; die Form *cerce* seit dem 17. Jh., in Anlehnung an *cerceau*; Bloch RLiR 11, 332; Livingston, Mod.LN 62, 554; Serra, Fr. mod. VI, 155.
Über **cirtice* umgestellt aus lat. *circes, circitis* „Kreis", Thomas, Mél. 43 f. setzt eine unerklärte Umstellung voraus, vgl. REW 1940; auch nicht mundartliche Form für *cerne*, Schuchardt, ZRP 26, 401.

cerceau „Reifen"
12. Jh., aus lat. *cĭrcellus* „Ringelchen", REW 1939.

cercelle s. *sarcelle*.

cercle „Zirkel", „Reifen"
11. Jh., aus lat. *cĭrculus*, REW 1947; dazu seit dem 16. Jh. die Abl. **cercler** „mit Faßreifen versehen" u. ä.

cercueil „Sarg"
12. Jh. *sarqueus*, Akk. *sarqeu*, dann in Anlehnung an die Deklination *deus-duel*, s. *deuil*, die analogische Akkusativform *sarcuel*, die mit alten *-uel*-Bildungen, vgl. *chevreuil*, den Übergang in die Klasse der Substantiva mit palatalem Wortausgang mitmachte; aus lat. *sarcofăgus*. REW 7600; vgl. Wartburg, ZRP 58, 415.

céréale „Getreide-"
16. Jh. „der Ceres geweiht", seit Ende des 18. Jhs. in der heutigen Bedeutung, beide Male entlehnt aus lat. *(cerealis)* „der Ceres geweiht", „zum Getreidebau gehörig".

cérébral „Gehirn-"
16. Jh., ist Abl. von lat. *(cerebrum)* „Gehirn".

cérémonie „Zeremonie"
13. Jh., aus lat. *(caeremonia)*.

cerf „Hirsch"
12. Jh., aus lat. *cervus*; dazu seit dem 14. Jh. die Abl. **cervaison** „Hirschfeiste".

cerfeuil „Kerbel"
13. Jh., aus lat. *caerefolium*. REW 1469; Roll. Fl. 6, 205.

cerise „Kirsche"
11. Jh., aus vlat. *cerĕsia*, d. i. Abl. von vlat. **ceresus* für lat. *cerasus* „Kirschbaum", Diez 100; REW 1823; Brüch, ZFSL 49, 490; dazu seit dem 12. Jh. belegt die schon vorhistorische Abl. **cerisier** „Kirschbaum".

cerne „Rundung" va.; „Kreis um die Augen", „Jahresring" u. ä.
12. Jh., aus lat. *cĭrcĭnus*, belegt in der Bedeutung „Zirkel" als Instrument, aber als postverbales Subst. von lat. *circinare* „kreisförmig machen", wohl auch *„Rundung", s. d. F.

cerneau „die noch sehr zarte und etwas wässerige Nuß, die mit einem messingenen Messer ausgeschnitten werden muß"
13. Jh., pluralisch *cerniaus* „frische Wallnußkerne", TL II, 130, gehört zu *cerner* „durch einen Kreisschnitt austrennen", muß aber der Ableitung nach von einem Substantiv **cerne* abgeleitet sein; dieses kann als postverb. Subst. zunächst abstrakt „Ausgeschnittenes" bedeutet haben, daraus die frz. Bedeutung des Wortes. Dagegen ist vom Verbum abgeleitet **cernoir** „Messer zum Ausschneiden von Nüßen", 14. Jh.
cerneau zu deutsch *kern*, Thomas, Rom. 33, 264 (NE 203 ff.), ist lautlich nicht möglich.

certain „sicher"
12. Jh., aus vlat. **certanus*, d. i. ursprünglich nur auf Lebewesen bezügliches Adjektiv für allgemeines *certus* „sicher", das in afrz. *cert, certe*, ausschließlich auf Sachbezeichnungen bezogen, erhalten ist. REW 1839.

certes „sicherlich"
12. Jh., mit prov. *certas* aus grom. **certas* für lat. *certo*, mit Annahme einer bei **primas*

u. ä. vertretenen, für Adverbia charakteristischen Endung; zu REW 1841.

certifier „bezeugen"
12. Jh., aus mlat. *(certificare)*, vgl. wegen der Entwicklung des zweiten Bestandteiles *affier*.

certitude „Sicherheit"
14. Jh., aus lat. *(certitudo)*.

céruse „Bleiweiß"
14. Jh., aus lat. *(cerussa)*.
cervaison s. *cerf*.

cerveau „Gehirn"
12. Jh., aus lat. *cerebellum*, d. i. Koseform für *cerebrum* dass. Diez 96; REW 1826; Bl.-W. 117.

cervelas „Cervelatwurst"
16. Jh., aus ital. *cervellata*, der Entsprechung des afrz. *cervelee*, d. i. Abl. (*-ata* zur Bezeichnung der aus dem Stammwort hergestellten Speise) von *cervello* bzw. frz. *cervel* „Gehirn", s. *cerveau*.
cervelet s. *cerveau*.

cervelle „Gehirnsubstanz", „Gehirn"
12. Jh., aus grom. **cerebella*, d. i. Kollektivform zu *cerebellum*, s. *cerveau*.

cervical „zum Nacken gehörig"
16. Jh., ist gelehrte Abl. von lat. *(cervix, -icis)* „Nacken".

cervier „Hirsch-"
12. Jh., in *chat, loup cervier*, aus lat. *cervarius* „zum Hirsch gehörig". REW 1843.

cervoise „Kräuterbier"
12. Jh., aus lat. *cerevĭsia, cervisia*, das bei Plinius und in Glossen bezeugt ist und aus dem Gallischen stammt. Diez 55; REW 1830.

césar „Kaiser"
15. Jh., aus lat. *(Caesar)*.

césarien „Kaiser-"
in *opération césarienne* „Kaiserschnitt", 16. Jh., ist Abl. von lat. *(caesar)* in seiner etymologischen Bedeutung „das durch Einschnitt, vgl. lat. *caedere*, zur Welt gebrachte Kind".

cesse „Aufhören"
12. Jh. neben mask. *ces*, das bis ins 17. Jh. hinein gebucht wird, ist postverb. Subst. von *cesser* „aufhören", 12. Jh., aus lat. *cessare*. REW 1851.

cessible „abtretbar"
16. Jh. für volkstümliches afrz. *cessable*, ist Neuabl. (*-ibilis*) von *cesser*, s. d.

cession „Abtretung"
13. Jh., aus lat. *(cessione)*.

ceste 1. „Kampfhandschuh der Faustkämpfer"
15. Jh., aus lat. *(caestus)*.
2. „Venusgürtel"
16. Jh., aus lat. *(cestus)* „Gürtel der Venus" (der Liebe erwecken soll).

cestreau „Hammerstrauch"
18. Jh., auch *cestrau*, ist Abl. von lat. *(cestrum)* „Betonie", vgl. die Bezeichnungen *cestrum diurnum* bzw. *nocturnum* für *cestreau* bei Linné; der eigentliche frz. Ausdruck ist *galant de jour* bzw. *galant de nuit*, s. Roll. Fl. 8, 129.

césure „Einschnitt"
16. Jh., aus lat. *(caesura)*.

cétacé „zu den Walen gehörig"
16.—18. Jh. *cétacée*, dann substantiviert *les cétacées*, so 1804; aus nlat. *genus (caetaceum)*, zu lat. *cetus, caetus* „Wallfisch"; Arveiller, F. mod. 31, 99.

cétérac „Milzkraut"
15. Jh., aus mlat. *(ceterac)*, das aus arabisch *šīṭaraǵ* stammt, Lam. XIV.

cétoine „Metallkäfer"
18. Jh., aus nlat. *(cetonia)*, u. H.
cette s. *ce* 2.

chabin „Bastard von Ziegenbock und Schaf"
wird im 17. Jh. für die Bezeichnung einer Schafart in Berry angegeben; hier heute *cabin* „Ziegenbock", *chabin* „Wollart", *chabine* „Schaffell mit der Wolle"; vgl. dazu Saint. *chabine* „schlechte Ziege"; es ist Abl. von einem frühneufrz. *chab(r)e*, d. i. die südliche nordfrz. Entsprechung des literarischen *chèvre* „Ziege", s. d.; *chabre* ist heute größtenteils durch das literarische Wort verdrängt, vgl. aber berrich. *chabrotter* „kratzen", Montbéliard *cabe* „Ziege". Roll. F. 5, 176; Dict. gén.

chable „Rollseil", „Flaschenseil"
12. Jh. *chaable, cheable*, aus vlat. **catabula* „Niederwerfen", dieses aus gr. καταβολή dass., das in seiner Bedeutung in Nordfrankreich vielleicht durch lat. *capulum* „Fangseil" beeinflußt wurde; vgl. REW 1666 und 1756. Vgl. *câble* und *cadole*.
chableau s. *câbleau*.

chabler 1. „eine Last mit der Seilwinde heben"
17. Jh., ist Abl. von *chable*, s. d.
2. „ein Kabel schlagen"
ist Abl. von afrz. *chable* „Kabeltau", s. *câble*.
3. „Nüsse abschlagen"
13. Jh., ist Nebenform von afrz. *chapler*, s. *chapeler*.

chableur „Marktschiffsführer"
15. Jh., ist Abl. von *chabler* 2.

chablis „vom Winde oder vom Alter umgestürzter Baum"
16. Jh. als *bois chablis* belegt, muß wegen der adjektivischen Funktion älter sein, aus afrz. **chablëiz*, vgl. *coulis, coulisse*, d. i. *-aticius*-Abl. von afrz. *chapler, chabler* „losschlagen", „abschlagen", s. *chapeler* und *chabler* 2; dazu bei Godefr. II, 28 belegtes norm. *bois caablé*, zur Bezeichnung des vom Wind abgeschlagenen Holzes; dazu **chablëiz*, mit der Funktion des *-(at)īceus*-Suffixes, als zuständlich zu bezeichnen, was im Verbaladjektiv (wie in *chablé*) als geschehen ausgedrückt wird; die entsprechende substantivische Form ist in afrz. *chaplëiz*, prov. *capladiz* „Gemetzel" belegt. Vgl. *accabler*.
Zu afrz. *chaable* „Wurfgeschütz zum Stein-

schleudern", Diez 536; Dict. gén., wohl kaum unmittelbar, doch dürfte wie bei *chable* eine Verschmelzung der Stämme **catabulum* und *capulare* eingetreten sein.

chabot „Kaulkopf", „Meergrundel"
13. Jh., daneben *cabot*, stammt aus dem Süden, vgl. Hérault *kabot*, Aude, Ariège, H. Gar., Gers usf. *kabos* „Kaulquappe", dazu prov. *cabot;* wird in alten Glossen mit lat. *capito* „Großkopf" wiedergegeben; dazu in einheimischer nördlicher Entwicklung Doubs *chavot*. Grundform scheint **capottum* bzw. **capoceus* zu sein, beides Abl. von *caput*, prov. *cap;* doch kann pik. norm. *cabot* wegen des *-b-* nicht ein **capottum* in einheimischer Entwicklung wiedergeben; ebensowenig **capoceum;* daher vermutet Sjögren, Neuph. Mit. 29, daß apik. *cabot* ein *cap*, vermehrt um die Endung von *turbot*, s. *bout* 2, sei, was lautlich im Norden unmöglich ist, für den Süden deshalb nicht wahrscheinlich, weil *-bot*, *-but* „Fisch" nur im Norden als Lehnwort denkbar wäre. Sicher ist nur, daß eine Abl. von *caput* in südlicher Entwicklung zugrunde liegt.
Die *-oceus*-Abl. wird durch poitev. *chaboisseau* im 15. Jh. *chaboceau*, Barbier, RPFL 20, 120 nicht einwandfrei sichergestellt, s. Dauzat, Ess. géogr. 53; RPFL 29, 97; REW 1668; vgl. Bl.-W. 118; FEW II, 335.

chabotte „Pflock aus Gußeisen, als Unterlage des Ambosses in Schmieden"
18. Jh., auch **chavotte**, ist vielleicht in der allgemeinen Bedeutung „Unterlage" Tiermetapher zu *chabot* „Kaulquappe", vgl. *poutre, chevron* u. ä.
Unwahrscheinliches bei Sain. SI 3, 11.

chabraque s. *schabraque*.

chacal „Schakal"
18. Jh., stammt aus türkisch *č a q â l* oder persisch *š a g â l*.

chaconne „ernster Tanz"
17. Jh., aus span. *chacona*, u. H. Nicht baskisch *tšukun* „lieblich", „rein", Diez 439, das begrifflich nicht entspricht; nach Cor. II, 3 würde es wie *chacota* „freudiger Tumult, mit Gesang und Gelächter" auf einen Schallstamm *čak* zurückgehen.

chacun „jeder"
11. Jh. *chascun*, neben gleichbedeutendem *chäun*, *chëun*, aus grom. **c a s c u n u s*, d. i. Kreuzung von vlat. *cata unum* „einer nach dem anderen", aus gr. κατά „gemäß", „zufolge", „nach" u. ä. und lat. *unum*, s. *un*, in Nachbildung von gr. καθ' ἕνα „einer nach dem andern", mit lat. *quisque* „jeder" bzw. vlat. *quisque unus* „jeder einzelne", das namentlich im Oberitalienischen bezeugt ist, vgl. REW 1755 und REW 6968.
Dazu seit dem 16. Jh. die scherzhafte Abl. **chacunière** „Privatwohnung", das kaum nach *chaumière* gebildet ist, Sain.Rab. 2. 400.

chafaud „Gerüst"
12. Jh. *chaafaus*, Akk. *chaafauc*, aus vlat. **c a t a f a l i c u m ;* dieses scheint Zusammensetzung von *cata*, d. i. gr. κατά, das im Spätlateinischen als Präposition mit der Funktion „gemäß", „entsprechend" bezeugt ist, s. Löfstedt, Aeth. 175, und lat. *fala* „hohes Gerüst" zu sein; *catafalicum* wäre entsprechend substantiviertes Neutrum eines Adjektivs **catafalicus* „einem hohen Gerüst entsprechend"; s. auch **catatumba* „gleichsam ein Grab" unter *catacombe* und *châlit;* Dict. gén.; REW 1757;
s. auch *échafaud*.
Aus lautlichen Gründen nicht im ersten Teil die Entsprechung von prov. *catar* „schauen", das auf *captare* „(mit den Augen) erfassen" zurückgeht, Diez 92; im 2. Bestandteil gr. φάλαγξ, Ettmayer, ZFSL 33, 1, 275, ist nicht möglich.
Dazu seit dem 18. Jh. die Abl. **chafaudier** „der die Gerüste zum Trocknen der Stockfische aufstellt".

chafouin „hagere kleine Person mit verschlagenem Gesichtsausdruck"
17. Jh., ist eins mit mundartlichem (Saint., Berry, Vendée, Gironde) *chatfouin* „Marder", Roll. F. 1, 58; 7, 135, dieses rückgebildet aus *chat-fouine*, s. beides. Dict. gén.

chagrin 1. „Kummer", „kummervoll"
14./15. Jh. zunächst in der Abl. **chagrineux** „kummervoll" bezeugt, seit dem 15. Jh. adjektivisches *chagrin*, ist postverb. Subst. bzw. Adjektiv von westfrz. z. B. angev. *chagraigner* „betrüben" (dazu mit gleicher Bildung, aber anderer Bedeutungsentwicklung norm. *chagreiner* „sich verdüstern" [vom Wetter], s. dazu *grain* „Wetterschauer" unter *grain* 2); dieses ist kollektivisch zusammenfassende Abl. von afrz. *graignier* „betrüben", refl. „sich verfinstern", s. auch *ca-*, und dieses Abl. von afrz. *graim* „kummervoll", „betrübt", aus fränkisch **g r a m*, vgl. as. *gram* „zornig", „betrübt"; vgl. auch afrz. *graigne* „Unmut", das Braune, ZRP 38, 189 aus germ. **gramî* (ahdt. *gramî* „Erbitterung") ableiten möchte, das aber eher postverb. Subst. von afrz. *graignier* ist; vgl. auch Langres *graigne* „übellaunig", und Thomas, Rom. 41, 458; Gg. ZRP 40, 168 f.
Zu *grigner* „die Zähne zeigen", und *chat* „Katze", Spitzer, ZRP 42, 15; Bl.-W. 118; Sain., Chat 78, wobei das Verbum *c h a g r i n e r* der Ausgang wäre, ist wenig überzeugend, und morphologisch unverständlich.
2. „Eselshaut"; „Maultiershaut", „Haut vom Haifisch"
1606, Lyon, *sagrin*, 1648 *chagrain*, aus türkisch *ṣ ā g r ý* „Haut über der „Kruppe", de Gregorio, SGI 7, 423; REW 7513.

chagriner s. *chagrin* 1 und 2.

chah s. *schah*.

chai „Gewölbe zu ebener Erde zur Aufbewahrung von Branntwein, Wein u. ä."
19. Jh., doch wird schon von Cotgrave für Bayonne *chaiz* „großes Warenlager" angegeben; lebt heute in bearnisch *chay,* im 13. Jh. latinisiert *caya,* dazu saint. poitev. *chai* „Wein-, Branntweinkeller", aus dem das literarische Wort stammt; aus grom. **caveum,* d. i. fälschlich gebildete Singularform von lat. *cavea* „Höhlung" u. ä., s. *cage.* Dict. gén.; REW 1789; Streng, NM 10, 1 ff.
Identität mit *quai* „Flußdamm", aus gallisch **kagio* „Umwallung", Bl.-W. 118, ist begrifflich unbefriedigend; die lautlichen Bedenken gegen den Ansatz **caveum,* FEW II, 47, sind nicht begründet; vgl. *gouet, aieul, tayon.*

chahut „Art lärmender Tanz", „wirrer Lärm"
19. Jh., aus westfrz. z. B. vend. *chahut* dass., ist postverb. Subst. von *chahuter,* vend. „wie ein Kauz schreien", d. i. Rückbildung von *chat-huant,* s. d. Sain. LPar. 299; Chat 108. Dazu bei Sue, Myst. de Paris *la chahute* „une danse folle et obscène" (Kuttner).
Schallbildung, mit Hinweis auf seit dem 18. Jh. belegtes lüttichisch *cahu, cafu,* Bl.-W. 118; Spitzer, Misc. Schuchardt 145?

chail „Kieselstein"
15. Jh., stammt aus dem Südwesten des Nordfrz., daher das späte Auftreten in der Literatur, s. *caillou.*
Lat. *calculus* „Steinchen", Dict. gén., wäre lautlich und begrifflich möglich, trennt jedoch das Wort von gleichbedeutendem *caillou.*

chaille „Schotter zum Straßenbau", „kalkhaltiges, steiniges Land"
19. Jh., ist Kollektivform zu *chail* „Kieselstein", s. o., die in südöstlichen Mundarten, z. B. Doubs, auch in ON lebt.

chaîne „Kette"
12. Jh. *chaeine,* aus lat. *catēna,* REW 1764; vgl. *cadenas.*
chaînetier, chaînette, chaînier, chaînon s. *chaîne.*

chair 1. „Fleisch" (im Rohzustand)
dann auch in Verbindungen wie *chair d'ananas* u. ä., während sonst *viande* eingetreten ist, 15. Jh. für afrz. *charn, char* „Fleisch" (im allgemeinen), das neben *chair* im 15. und 16. Jh. angegeben wird; aus lat. *caro, carne* dass. REW 1706; Gilliéron, Path. 1, 2 ff.; vgl. Bl.-W. 118.
2. „Schienenstühlchen"
19. Jh., aus englisch *chair,* das selbst aus afrz. *chaiere,* s. *chaire,* entlehnt ist. Dict. gén.

chaire „Sitz", „Lehrstuhl", „Kanzel"
12. Jh. *chaiere,* ist die Form der gebildeten Kreise, während zunächst in der Mundart, dann auch in der Literatur im 15. Jh. die Form **chaise** „Stuhl", „Sessel" dafür eintritt; aus lat. *cathĕdra* „Stuhl", „Sessel". Literarisches *chaise* verdrängt heute in den Mundarten allgemein das dort noch einheimische *chaire.* ALF 222; REW 1768; Br. 3, 230.
Die *-s-*Form von *chaise* unter dem Einfluß von afrz. *chese,* so in *chese dieu,* heute noch in *chaise de moulin* „Mühlenhaus", aus lat. *casa* „Hütte", Richter, ZRP 31, 574, ist chronologisch unmöglich und lautlich nicht nötig, s. Bl.-W. 118.
chako s. *schako.*

chaland 1. „Warentransportschiff"
11. Jh., aus arabisch *šalandî,* das selbst aus gr. χελάνδιον stammt; Lam. 83; Kemna 119 ff.; REW 1869.
2. „Kunde"
12. Jh., „Schutzherr", ist Part. von afrz. *chaloir* „angelegen sein lassen", „sich eines andern annehmen", s. *chaloir.*
Dazu seit dem 13. Jh. die Abl. **chalandise** „Befreundung", seit dem 14. Jh. in der heutigen Bedeutung „Kundschaft", „Zulauf".

chalcographe „Kupferstecher"
17. Jh., ist gelehrte Zusammensetzung aus gr. χαλκός „Kupfer" und γράφειν „schreiben".

châle „Umschlagetuch"
19. Jh., aus englisch *shawl.*

chalemie „Hirtenschalmei"
14. Jh., lebt heute burg., norm., poitev., ist in alter Zeit hauptsächlich in östlichen Mundarten bezeugt, daher mhdt. *schalmîe* dass.; steht für **chalemelie,* d. i. Abl. von afrz. *chalemel* „Hirtenpfeife", s. *chalumeau,* bedeutet der Bildung nach ursprünglich wohl „Lied auf der Schalmei". REW 1484.

chalet „Schweizerhaus", „Sennhütte"
18. Jh., aus frz. Schweiz *chalet* „Sennhütte", das von Rousseau in die Literatur eingeführt wurde, aber im Bereich von Freiburg zwischen 1328 und 1525 latinisiert als *challetus* belegt ist, und wie die Schreibung der mundartlichen Entsprechungen bei Bridel *(tzallet, tzallé* „Almhütte") zeigt, mit kurzem vortonigen *-a-* gesprochen wurde und noch heute in Wallis und Savoien gesprochen wird; *chalet* ist Abl. von afrz. *chasel* „Hütte", „Baracke", „Meierhof", „Gehöft" u. ä., d. i. lat. *casale* „das zum Haus Zugehörige"; *chalet* steht also für **chăslet,* mit Verstummen des *-s-,* mit Beibehaltung der früheren Kürze des Vortonvokals. Die Vereinfachung von **chaselet* zu **chaslet* erfolgte viel später als das Verstummen des *-s-* vor Konsonant, z. B. in *chastel,* hat daher auch nicht die Längung des vorhergehenden Vokals zur Folge; s. Dauzat, ZOF 2, 216.
chalet zu einem vorromanischen *kala,* das im Provenzalischen und Iberoromanischen als *cala* „Bucht" heimisch ist, nach FEW II, 50 „geschützte Stelle" bedeutet hätte, s. Aebischer Augusta Praetoria 1921; Gossen ZRP 77, 196 (*chalet* in Wallis auch „Weide", „Wiese vor der Almhütte), ist unwahrscheinlich, da abgesehen von der Verwendung des Wortes für

die Landung der Schiffe (spätere Übertragungen nicht berücksichtigt), das Wort im Galloromanischen sonst nicht belegt ist; auch weist die Bedeutung „Sennhütte", Gr. Combe „Käserei", in einen ganz verschiedenen Sinnesbezirk; s. *cale* 1.

**Casula + -ittum,* Zauner ZRP 33, 95, oder **castellittum,* REW 1745 sind lautlich bedenklich.

chaleur „Hitze"
12. Jh. „Wärme", „Hitze", „Brunst", „Fieber", aus lat. **calore,** REW 1526.

châlit „Bettstelle"
12. Jh., *chaalit, chaëlit,* bezeichnet afrz. ein massives Bettgestell, aus Elfenbein, Gold, Silber u. ä., ist also Einrichtungsgegenstand der höheren Kreise, bezeichnet z. B. das Paradebett des toten Hektor im Trojaroman; sinkt dann später herab zu „Bettstelle" im allgemeinen; Grundform **catalectum,* d. i. Weiterbildung von **catafalicum* „Schaugerüst", s. *chafaud,* oder Kreuzung von lat. **catasta** „Schaugerüst", zur Ausstellung zu verkaufender Sklaven, dann „eisernes Gestell, unter welchem zur Folterung von Missetätern und Märtyrern Feuer gemacht wird, mit *lectus* „Bett"; so nach Brüch ZFSL 50, 300; FEW 488, 494, REW 1759. Bei Annahme der 2. Vermutung müßte das Verhältnis des ausgesprochen pejorativen *catasta* mit dem ebenso ausgesprochen positiven *catalectum* aufgeklärt werden.

chaloir „an etwas gelegen sein"
9. Jh., schon afrz. besonders in der unpersönlichen Wendung *il me chaut,* wörtlich „es macht mir warm", d. h. „es liegt mir am Herzen"; dazu afrz. *chalant* „dem etwas (einer) am Herzen liegt", d. i. „Freund", „Schützer" u. ä., s. *chaland, nonchalant,* Tobler VB I, 47; aus lat. *calēre* „warm sein". Das Wort ist im 17. Jh. ausgestorben, Br. 3, 107; REW 1510; H. H. Christmann, Lat. *calere* etc., 1958 (Mainzer Rom. Arbeiten 3).

chalon „Zuggarn", „großes Netz, das zwischen zwei Fahrzeugen mitgezogen wird"
17. Jh., dazu seit dem 18. Jh. **chalut** „Sacknetz, das am Schiffsende mitgezogen wird"; das letztere wird heute für Bayeux (Calvados) als lebend angegeben und ALF 569 für Punkt 363 des gleichen Departements bestätigt; aus ndl. *sloep,* gesprochen *šlup;* ist als Ausdruck der Schiffahrt und der Fischerei aus dem normannischen Küstengebiet bis in den Golf von Gascogne gekommen, wo es als *chalup, chalut* lebt, s. Palay s. v.; von hier aus wurde das Wort in die Wörterbücher aufgenommen; die Bedeutungsentwicklung wohl von „Schiffsboot", (das beim Fischfang an das Schiff angehängt wird), zu „Schleppnetz", doch ist die ältere Bedeutung in bearnisch *galup* „flaches Boot" (mit *ga-* nach *galère)* ersichtlich; s. *chaloupe;* die ungewöhnliche Endung *-up* wurde dann durch *-on* ersetzt, daher die Variante *chalon.*

chaloupe „Schaluppe"
16. Jh., zuerst für Flandern bezeugt, bezeichnet dort ein holländisches Schiff, aus ndl. *sloepe,* Baist, ZRP 32, 36 Anm.; REW 8034; Kluge s. v.; Kemna 11; Behrens, DS 69.

chaloupe zu mundartlichem *chalope, chaloupe* „Nußschale", s. *escalope,* Sainéan, ZRP 30, 561, das auch die Quelle von ndl. *sloepe* wäre, Bl.-W. 119, ist schon deshalb unwahrscheinlich, weil das ndl. Wort seit der ältesten Zeit mit *sl-* im Anlaut belegt ist, eine ndl. Form **saloupe, *chaloupe* sich nicht nachweisen läßt; das ndl. Wort nach Kluge Götze zu ndl. *sluipen,* mhdt. *sliefen* „gleiten", „schlüpfen"; auch nicht mit bearnisch *galup,* Kreuzung von gr. κέλυφος mit gr. κάλυξ „Schale", Schuchardt, ZRP 29, 326, Anm.; über *galup* s. *chalut.*

chalumeau „Strohhalm", „Schalmei"
12. Jh. *chalemel,* aus lat. *calamellus* „Röhrchen", REW 1484.

chalut s. *chalon.*

chamade „Trommelzeichen zur Unterhandlung"
16. Jh., aus oberital. *ciamada* „Ruf", d. i. Abl. von *ciamar* „rufen", aus lat. *clamare,* REW 1961.

chamailler „sich balgen"
14. Jh., ist literarisiertes norm. *camâiller* dass., dieses Zusammensetzung von *ca-,* s. d., mit afrz. *mailler* „losschlagen", das seit dem 12. Jh. bezeugt ist; vgl. darüber *mail,* und wegen der Bildung *chagrin.*

Oder Kreuzung von afrz. *maillier* „hämmern", „zuschlagen" mit *chap(e)ler* „schlagen", „hauen", Bl.-W. 119, s. *maille, chapelure.* Unmögliches bei Sain. Chat 84; **clamaculare* zu *clamare* „rufen", Dict. gén., ist entwicklungsgeschichtlich nicht begründet; s. auch Philipot, RER 5, 134 f.

Dazu seit dem 16. Jh. die kollektivabstrakte Ableitung **chamaillis** „lärmende Balgerei"

chamarrer „verbrämen", „ausstaffieren"
16. Jh., dazu seit dem 17. Jh. die Abl. **chamarrure** „Verbrämung", „Überladung", ist Abl. von mfrz. *chamarre, samarre* „verbrämter Pelzmantel", aus spanisch *zamarra,* dieses aus baskisch *zamar* „Schafpelz", Rohlfs, ZRP 47, 407; Krüger, VKR 8, 7; Cor. IV, 815; vgl. *simarre.*

Nicht arabisch *sammûr* „Zobel", de Gregorio, SGI 7, 157; REW 7563 a.

chambarder „umstürzen", „auf den Kopf stellen"
19. Jh., aus dem Rotwelsch, wird von Larchey als Ausdruck der Marine „durcheinander werfen" angegeben; auch *chamberter* „seine Freude am Umstoßen haben", gask. „umdrehen" u. ä., Sain. Paris 317, unklarer Herkunft, s. Bl.-W. 119; dazu *chambardement*

„Umsturz" u. a.; dazu mit Einmischung von matl. *boule* in der Bedeutung „Kopf" **chambouler** „auf den Kopf stellen".

chambellan „Kammerherr"

11. Jh. *chamberlenc,* aus fränkisch **kamarling* (ahdt. dass.), Diez 79; Bruckner, ZFSL 41, 2, 8.

Da das Stammwort *Kammer* selbst aus dem Romanischen stammt, nicht schon westgermanische Entlehnung, REW 4668; Brüch 87.

chambourin „Kristallglaskiesel"

18. Jh., u. H.

chambranle „Gesims", „Türbekleidung", „Leisten rund um die Öffnungen der Luken"

14. Jh. *chambrande,* dürfte ein **chambrade* darstellen, dieses zu *chambrage, chambraie* „Hölzer zur Befestigung des Bugsprietfußes" (S. V.), nprov. *camerat* „Lattenwerk", „Wand" u. ä., Centre *cambra* „Lattenwände, welche den Estrich einschließen" u. ä., d. i. ein grom. **cameratum, *camerata* zu lat. *camerare* „wölben", vgl. mit der dem literarischen Worte entsprechenden femininen Endung ostfrz. *chambrée* „Weinlaube", Jud, ZRP 38, 14 f.; Thomas, Rom. 39, 209 f.; REW 1546. Das literarische Wort dürfte aus einer nordprovenzalischen Mundart stammen; die literarische Form zeigt Beeinflussung durch *branler.*

chambre „Zimmer", „Höhlung"

11. Jh., bezeichnet zunächst die nach römischem Vorbild gebauten, gewölbten und besonders festen Gemächer des Palastes, daher noch im Rolandslied als Beiwort gewöhnlich *voltice* „gewölbt", dagegen schon im Alexius auch „Wohnzimmer", s. Davidsen 38 f.; aus lat. *camera* „Wölbung", „Gewölbe". REW 1545.

chambrelan „Zimmerhandwerker"

17. Jh., ist nach *chambre* scherzhaft umgedeutetes afrz. *chamberlenc,* s. *chambellan.*

chambrier „Kammerherr"

12. Jh. *chamberier* „Kämmerer", auch „Kammerdiener", aus grom. *****camararius*** für *camerarius,* das bei Gregor von Tours als „Kämmerer" bezeugt ist; dieses ist Latinisierung von fränkisch *kamerling,* s. *chambellan;* s. *chambre.* Dazu afrz. *chamberiere* „Dienerin", „Zofe"; dafür seit dem 16. Jh. mit Suffixwechsel *chambrillon* „Dienerin"; vgl. wegen der Bildung *carpillon, grappillon* u. a.

chame „Gienmuschel"

16. Jh., aus lat. *(chama).*

chameau „Kamel"

11. Jh. *chameil, chamoil,* daneben in Anlehnung an das Suffix *-ellus chamel,* das dem heutigen *chameau* zugrunde liegt; aus lat. *camēlus;* dazu im 12. Jh. das Femininum *chamoile,* heute in Anlehnung an das Maskulinum, **chamelle** „Kamelweibchen", REW 1544.

chamois „Gemse"

14. Jh., aus dem Südostfranzösischen, hier aus gallo-lat. *camox, camoce,* das bei Polemius Silvius belegt ist, s. Much, ZdA 42, 168; Meyer-Lübke, ZRP 31, 503; REW 1555; Schuchardt, ZRP 31, 718; Jud, AR 6, 206; Dottin 240; H. E. Keller, VR 24, 88.

Die Grundformen **cammossu,* Gossen, ZRP 77, 176, oder **kammossiu,* Hubschmid ZRP 66, 9 widersprechen sowohl dem für das Galloromanische belegten *camox* wie der Grundform des dt. „Gemse", nämlich *gamiʒa,* Kluge-Götze s. v.

chamoiser „sämisch gerben"

14. Jh. *camoisser,* dann erst wieder in der literarischen Form im 18. Jh., ist Abl. von *chamois* in der Bedeutung „Gemshaut", „sämisch Leder", vgl. dazu ital. *camosciare* „matt gerben", zu *camoscio* „Gemshaut", „Sämischleder", s. *chamois; chamoiser* zu afrz. *chamoissier* „quetschen", „blau schlagen" ist von *camox* unabhängig, gehört zu afrz. *chamois* „Teil der Lanze, den der Kämpfer in der Hand behält", *chamoissier* bedeutet daher ursprünglich *„mit der Lanze drauf losschlagen", vgl. *bûcher, bâtonner* u. ä.

champ 1. „Feld"

12. Jh., bedeutet afrz. auch „Kampf", „Kampffeld", zu dieser Bedeutung afrz. *champestre* in *bataille champestre* „Feldschlacht", wie schon lat. *campestris* „auf ebenem Felde wohnend, kämpfend", s. Georges s. v.; dann seit dem 15. Jh. belegtes *sur le champ* „sofort", ursprünglich wohl „noch auf dem Kampffeld", vgl. Baldinger ZRP 67, 15; vgl. *champion;* aus lat. *campus* „ebener Boden", „Tummelplatz". REW 1563.

2. „Kante", s. *chant* 2.

champagne „Schildfuß" (Wappenkunde)

14. Jh., ist spezialisierte Bedeutung von afrz. *champagne* „Ebene", s. *campagne,* aus lat. *campania* „das flache Land", Diez 82; REW 1557.

champart „Kehrzehent"

13. Jh., aus mlat. *(campi partem, campipartium, camparium),* das ursprünglich Femininum ist, aber nach den Zollbezeichnungen auf *-age* Maskulinum wird; es ist zusammengesetzt aus *campus* „Feld" und *pars* „Teil". Dazu seit dem 13. Jh. die Abl. **champarter** „den Kehrzehent erheben", Dict. gén.

champarteresse „für den Kehrzehent"

16. Jh. in *grange champarteresse,* ist Fem. zu einem nicht belegten Maskulinum **champarterez* „für den Kehrzehent bestimmt", d. i. *-aricius*-Abl. von *champart,* s. o.

champeaux „Wiesen", „Auen"

16. Jh., besonders in *prés champeaux,* aus afrz. adj. *champal, champel,* dieses aus lat. *campalis* „Feld-".

champêtre „ländlich"

13. Jh., aus lat. *campestris.* REW 1560; s. auch *champ.*

champi s. *champis.*

champignon „Pilz"
14. Jh. *champaignon,* aus älterem *champaignol, champaignuel* dass. mit Suffixwechsel umgestaltet; dieses aus grom. **campaniolus*, d. i. Abl. von *campana* „Glocke", vgl. Brüch, ZFSL 50, 302. **campaniolus* zu *campania* „flaches Land", ist unwahrscheinlich, da die Pilze ebenso gut im Wald wie auf der freien Ebene wachsen; Bl.-W. 120, REW 1575.

champion „Kämpfer"
12. Jh., gilt im 17./18. Jh. als veraltet und burlesk, Br. 4, 329, aus grom. *campione*, das in den Isidorschen Glossen belegt ist; ob das Wort schon als Ableitung aus dem Fränkischen stammt, vgl. anddt. *kempjo,* ahdt. *chempho,* Braune, ZRP 40, 335 ff., oder umgekehrt aus dem Gallorom. entlehnt wurde, Brüch, ZRP 38, 697 f.; 40, 691 ff., ist unsicher; jedenfalls ist das Stammwort romanisch, doch kann die Weiterbildung zu „Kampf", s. afrz. *champ,* und damit die Abl. **kampjo* in germanischem Mund erfolgt sein; vgl. auch REW 4671.

champis „Findling"
14. Jh., bei Rabelais in der Bedeutung „Bastard", auch „boshaft", „heuchlerisch" bezeugt, lebt nach Ménage in der Touraine, aber auch Saint., Poitou, Berry, Sain. Rab. 2, 138 f.; es stammt also aus den südlichen Mundarten des Französischen, daher das späte Auftreten in der Literatur; aus grom. **campīcius* „zum Feld gehörig", vgl. prov. *campis;* Dict. gén.
champleure s. *chantepleure.*

champlever „das Feld einer Metallplatte gegen die Mitte zu erheben"
18. Jh., vermutlich aus *champ* „Feld" und *lever* „erheben" zusammengesetzt. Dict. gén.

champlure 1. „Frostschaden des Weinstocks"
17. Jh., dazu bei S. V. *champlé* „vom Rost beschädigt", bei Littré *échampelé* („Weinstock), der vor der Hitze keine Knospen angesetzt hat", burg. *vignes champelées* „die im Winter abgefroren sind", s. Thomas, Rom. 40, 152; das zugrunde liegende Verbum *champeler* bedeutet ursprünglich vermutlich „schwer beschädigen", im 13. Jh. als „zertreten" belegt, Godefr. II, 48 c; ist Weiterbildung von afrz. *chapler* „schlagen", „hauen"? Zu *champeau,* das poitev. „eine zur Weide bestimmte Wiese" bedeutet, bei Rousseau „trockene, hoch gelegene Wiesen", Spitzer, ZRP 42, 22 Anm. 2, ist begrifflich unbefriedigend; zu norm. *canepeleuse,* Eure *quinpeleuse* „Raupe", Sain. Chien 38 desgleichen. 2. s. *chantepleure.*

chance „Fall der Würfel" va.; „Wechselfall", „Glücksfall"
12. Jh. *cheance,* ist Abl. von afrz. *cheoir* „fallen", s. d. Tiktin, ASSL 127, 162.
chancel s. *cancel.*

chanceler „wanken"
12. Jh., aus lat. *cancellare* „gitterförmig machen", dann „(eine Schrift) durch ein Gitter durchstreichen", zu lat. *cancelli* „Gitter", „Schranken", das in afrz. *chancel* „abgeschlossener Raum", „Altargitter" erhalten ist; dazu afrz. *chanceler* „durchkreuzen", „(einen Akt) annullieren", dann allgemein „zerstören"; die Bedeutung „wanken", „schwanken" nach Bl.-W. 120 über *„im Zickzack gehen"; vgl. in Glossen *cancellat* „er zerstampft".
cancellare aus **calcellare,* zu *calcare* „mit den Füßen treten", Brüch, ZRP 50, 304, ist wenig wahrscheinlich und unnötig.

chancelier „Kanzler"
11. Jh., aus lat. *cancellarius*, ursprünglich „Türsteher", zu *cancelli* „Gitter", s. *chanceler,* dann „Vorsteher der Türsteher", „Kanzleidirektor", dann schon im 11. Jh. ein hoher Beamter, Kanzler, s. Gg. Bed. 97. Dazu schon im 12. Jh. **chancellerie** „Kanzlei".

chancir „schimmelig werden"
16. Jh. für gleichbedeutendes afrz. *chanir,* s. *cani,* in Anlehnung an *rancir* gebildet; afrz. *chanir* aus lat. *canescĕre* „grau werden", vgl. Jud, ZRP 38, 72 Anm.; Bl.-W. 120.
Mit prov. *canezir* aus grom. **canicire, *canicescere,* Diez 542; REW 1585, ist möglich, wenn das Wort aus dem Süden des Nordfrz. stammt, da dann das späte Auftreten des Wortes in der Literatur verständlich wird.

chancre „Krebs"
15. Jh., aus lat. *(cancer, cancrum),* nur scheinbar volkstümlich entwickelt; vgl. *cancre, cancer,* REW 1574.

chandeleur „Lichtmeß"
12. Jh., aus mlat. *(candelorum),* d. i. mit falscher Endung umgestaltetes lat. *festum candelarum.* Dict. gén.; REW 1578.

chandelier 1. „Leuchter"
12. Jh., für schon im 10. Jh. bezeugtes *chandelabre,* aus lat. *(candelabrum)* + lat. *-arium.* 2. „Kerzenerzeuger" u. ä.
13. Jh., ist Abl. von afrz. *chandoile* „Kerze", s. *chandelle.*

chandelle „Kerze"
14. Jh. für älteres *chandoile* mit Suffixwechsel, aus lat. *candēla* dass. REW 1578.

chanfraindre „abschrägen", „abkanten"
15. Jh. für *chant-fraindre* „die Kante abbrechen", d. i. Zusammensetzung von *chant* 2 mit afrz. *fraindre* „brechen", dieses aus lat. *frangĕre.*

chanfrein 1. „Stirnblech des Ritterpferdes" u. ä.
12. Jh. „Pferdetrense", steht für **chafrein,* d. i. postverb. Subst. von afrz. *chafresner* (prov. *capfrenar*) „den Kopfzügel anlegen", d. i. Zusammensetzung von *caput* „Kopf", s. *chef,* und *frenum* „Zügel", s. *frein*; vgl. wegen der Bildung auch *camail;* vgl. Armstrong, Mod. L. N. 55, 134.

Gallisch **canto-srin* „Teil, der am Rande der Nase liegt", Jud, AR 6, 211, ist zu wenig begründet.
2. „Schrägkante", „Abschrägung"
15. Jh., ist subst. Part. von *chanfraindre*, s. d., steht also für *chanfraint*. Vgl. *chinfreneau*.
chanfreiner s. *chanfrein* 2.
chanfreneau s. *chinfreneau*.

change „Tausch"
12. Jh., ist postverb. Subst. von **changer** „tauschen", „wechseln", dieses aus gallolat. *cambiare*, das bei Apuleius und den Gromatikern belegt ist. Diez 79; REW 1540; Dottin 240; Walde 118.

chanlatte „vorspringende Bohle, welche die letzte Ziegelreihe am Dache trägt", „Stange im Flußwehr"
13. Jh. für **chalatte*, ist die Entsprechung von prov. *caplatta*, auch *canlat*, aber wie *caplata* nur bei Levy, petit dict. erwähnt; Brüch ZRP 55, 448, also ein grom. **capilatta* „Hauptlatte", d. i. Zusammensetzung von *caput*, s. *chef*, und **latta*, s. *latte*. Vgl. die nicht nasalierte Form in frz. Schweiz *etzarlatte* „Balken zum Aufhängen der zu selchenden Würste".
Zu *chant* 2, Dict. gén., bzw. **kantolatta*, Jud, AR 6, 211; Bl.-W. 363, wäre möglich, wenn prov. *caplatta* volksetymologische Umgestaltung von **cantlatta* ist.

chanoine „Mönch"
11. Jh., aus lat. *(canonicus)*.

chanson „Lied"
12. Jh., aus lat. *cantione* „Singen", „Gesang", REW 1619.
chansonnier s. *chanson*.

chant 1. „Gesang"
12. Jh., aus lat. *cantus*. REW 1620.
2. „Schmalseite", „Winkel"
auch *champ* geschrieben, 13. Jh., aus gallisch **kanto* (bretonisch *kant* „Reif"), dazu gallisch bezeugt *cantalon* wie kymrisch *cantal* „Rand eines Reifens", Dottin 241; vgl. bei Quintilian belegtes *canthus* „eiserner Radreifen", das dieser als Fremdwort afrikanischen oder spanischen Ursprungs ansieht, Walde s. v.; Thurn. KR 53.
Aus gr. κανθός „Augenwinkel", das im Vlat. die Bedeutung „Winkel" angenommen hätte, REW 1616, ist in der Überlieferung nicht gestützt. Die ältere Bedeutung des Wortes „Rand", „Ecke" ist für das Gallorom. durch das daraus entlehnte nddt. *kante* dass. gesichert, s. Kluge s. *Kante*. Vgl. auch *chanteau*.

chantage 1. „Art Fischfang, bei dem die Fische durch Lärm in das Netz getrieben werden"
18. Jh., ist Literarisierung von gleichbedeutendem pik. *cantage*, d. i. Abl. von pik. *canter* „singen", s. *chanter*. Schuchardt, SAWien 141, 3, 86 f.
2. „Erpressung"
19. Jh., ist Abl. von *faire chanter*, im Rotwelsch „erpressen", „Geld abknüpfen", eigentlich „singen machen", s. *chanter*; s. Brüch ZRP 50, 304.

chanteau 1. „abgeschnittenes Brotstück", „Zwikkel", „Mondviertel"
12. Jh. „Trumm", ist Rückbildung von afrz. *eschanteler* „ausbrechen", eigentlich „den Schildknopf weghauen", d. i. Abl. von afrz. *chantel* „Schildknopf", das mit prov. *cantel* dass. auf ein grom. **cantellus*, d. i. dem. Abl. von *cantus* „Reif" zurückführt, vgl. *chant* 2 und *échantillon*.
2. „Faßbodenmittelstück"
13. Jh., ist des gleichen Stamms wie *chanteau* 1, doch scheint die Abl. schon gallisch zu sein, vgl. bretonisch *kanten* „Boden eines Siebs" u. ä.
3. „Radfelgen"
14. Jh., stammt aus dem Zentrum, dort Abl. von *chante* „Radfelge", d. i. die mundartliche Entsprechung des literarischen *jante*, s. d.

chantepleure „langer Seihetrichter", „Gießkanne"
13. Jh., bedeutet afrz. auch „Art Klagegesang", das ebenfalls seit dem 13. Jh. bezeugt ist; ist zusammengesetzt aus dem Imperativ oder der 3. Sing. des Präsens von *chanter* und *pleurer*, s. wegen des Typus Krüger, VKR I, 234; ebenso prov. *cantaplora* dass.; vgl. aber Thomas, Rom. 34, 196. Tobler, VB 2, 215; P. Meyer, Rom. 13, 510; Diez 542; REW 1611.

chanter „singen"
12. Jh., aus lat. *cantare*. REW 1611.

chanterelle 1. „Lockvogel"
16. Jh., ist Femininum zu afrz. *chanterel* „kleiner Sänger", d. i. dem. Abl. von *chanteur*; vgl. wegen der Bildung *passerelle*, *sauterelle*.
2. „falsches Winkelmaß der Tischler"
19. Jh., ist nach *chant* 2 umgedeutetes *chanterelle* 1.
3. „Eierschwamm"
18. Jh., aus nlat. *(cantharella)* zu gr. κάνθαρος „Becher". REW 1612.

chanterille „Lockvogel"
ist mit Suffixwechsel (dem. *-īcula* für *-ĕlla*) umgebildetes *chanterelle* 1.

chanteur „Sänger"
12. Jh. *chantere*, Akk. *chanteour*, aus lat. *cantator*, *cantatore*. Dazu seit dem 16. Jh. die fem. Abl. **chanteuse** für afrz. *chanteresse*, dieses lat. *cantatrice* + *-issa*.

chantier „hölzerne Unterlage", „Lagerplatz", „Schiffswerft" u. ä.
13. Jh., aus lat. *cantherius* „Gaul", „Dachsparren", „Jochgeländer" u. ä. Diez 85; REW 1615. Wegen der Bedeutungsentwicklung (Tragtier zu Träger) s. *jument*, *poutre*, u. ä.

chantignole „Unterlegeklötzchen", „schmaler Ziegel für Röhren, Ofen u. ä."
16. Jh., für **chantillole*, d. i. dem. Abl. von

mfrz. *chantille* „schmaler Ziegel", dazu heute Berry „große Ziegelart", neben *chandelle* „Holzpflock, auf dem ein Balken ruht"; es kreuzen sich in dem Worte afrz. *eschandele* „Schindel" aus vlat. **scandella* für lat. *scandula,* mit *chantier* „hölzerne Unterlage", s. dort und *échandole;* eine Nebenform **échantignole** dass. steht dem zugrunde liegenden *eschandele* noch näher; wegen der -*é*-Form vgl. *échantillon* und *écente;* wegen des Überganges von **chantillole* zu *chantignole* s. *cligner.*

chantonner s. *chanter.*

chantourner „ausdrechseln", „nach einem Modell aushauen", „abrunden", „scharf hervortreten lassen"
dazu das subst. Part. **chantourné** „zierlich geschnitztes Kopfstück am Bett", 17. Jh., ist literarisiertes norm. *cantourner,* zu afrz. *contorner* „drehen", „wenden", mit Dissimilation, wie in *bardot* aus **bordot, étalon* 2; dazu Namur *cotourner* „umgestalten", „nach verschiedener Richtung drehen" u. ä., *contourner* s. d. Das norm. *cantourner* bedeutet heute „auf die Seite drehen", ist also volksetymologisch zu *cant* „Seite", s. *chant* 2, und norm. *canter* „auf die Seite legen" bezogen worden. Wegen der Literarisierung eines norm. Wortes vgl. *chantage* 1.

chantre „Vorsänger" (in der Kirche)
13. Jh., aus lat. *(cantor),* kaum rein volkstümlich entwickelt; dazu seit dem 16. Jh. die Abl. **chantrerie** „Kantorstelle".

chanvre „Hanf"
11. Jh., *cheneve,* dazu die *-aceus*-Abl. afrz. *chenevaz* „hanffärbig", Tilander, ZRP 46, 249, aus vlat. *canabum,* das in den Tironischen Noten belegt ist, ALL 12, 60, bzw. *canaba,* das spätlat. gleichfalls für klassisches *cannabis* bezeugt ist; die weibliche Form wird für das Gallorom. durch die mundartlichen Entsprechungen des Pik., Wall., Fr. Comté gesichert, die männliche durch Formen des Südostfrz.; REW 1599; Gerig, HF 9; Thomas, Ess. 255; FEW II, 210; zu den lat. Formen s. Graur, Rom. 56, 106.

chaparder „stehlen", „stiebizen"
19. Jh., aus dem Rotwelsch, dazu **chapardeur,** Le Journal 1931; **chapardage** *de bois,* ebd. 1929, „kleiner Holzdiebstahl"; u. H.

chaos „Chaos"
14. Jh., aus lat. *(chaos).*

chape „Überwurf", „Chorherrnrock", „Hülle" u. ä.
bei Isidor v. Sevilla und in Glossen *cappa* „Art Kopfbedeckung", dazu mit gleicher Bedeutung die dem. Abl. **cappellum,* das in afrz. *chapel* „Kopfbedeckung", „Helm", auch „Kranz" erhalten ist und mit der Änderung der Mode der Kopfbedeckung im 15. Jh. die Bedeutung „Hut", d. i. **chapeau** bekam; mit der Bildung von **cappellum* bekommt *cappa* die Bedeutung „Mantel", daher afrz. *cape, chape* „Mantel"; von der alten Bedeutung ausgehend auch *cape del ciel* (Roland) „Himmelsgewölbe"; s. *cape;* Diez 86; Esau 11; REW 1642; Bl.-W. 121; FEW II, 269.
Zu afrz. *chapel* in der Bedeutung „Kranz", die dem. Abl. **chapelet** „kleiner Kranz", 13. Jh., z. B. „Kränzlein, mit dem sich junge Mädchen schmücken", so in *chapelet de fleurs,* wie *chapel de fleurs;* bezeichnet so den ‚Rosenkranz', den die Jungfrau Maria auf dem Haupte trägt; später ersetzt die Rosen die lange Reihe von Kügelchen, an denen die entsprechenden Gebete abgezählt werden; analogisch *un chapelet d'injures* u. ä.; Gg., Bed. 145; Bl.-W. 121.

chape-chute „Vorteil auf Kosten eines anderen", „glücklicher Fund"
12. Jh., zuerst in der pikardischen Form *cape këue* belegt, bedeutet wörtlich „herabgefallener, d. h. verlorener Überwurf"; die literarische Form entspricht einem afrz. *chape cheoite,* d. i. Zusammensetzung von *chape* mit dem Part. von afrz. *cheoir* „fallen", vgl. wegen der lautlichen Weiterentwicklung *chute,* Dict. gén.

chapelain „Pfründner" va.; „Kaplan"
12. Jh., aus mlat. *cappellanus,* d. i. Abl. von *cappella,* s. *chapelle.*

chapeler „abkratzen"
12. Jh. *chapler, chabler,* vgl. zu letzterem *chablis,* aus vlat. *capulare,* das bei Anthimus in der Bedeutung „abschneiden", „abbrechen", dann in der Lex Salica, Lex Burgund., Reich. Glossen als „zusammenschlagen" bezeugt ist; ALL 8, 448; Hetzer, Reich. Gl. 31; *capulare* gehört zu lat. *capulum* „Schwertgriff", Dict. gén., oder ist vielleicht ursprünglich Ausdruck der Fischerei, wie lat. *capulare pisces* „Fische harpunieren", so bei Pomponius Mela, das wohl zu lat. *capulum* „Fangseil" gehört; in beiden Bedeutungen liegt Werkzeugsableitung von lat. *capĕre* „ergreifen" zugrunde.
Daneben lebt im Vlat. **cappare* „verschneiden", „entmannen", s. iberorom. *capar* dass., aital. *cappare* „aushülsen", zu vlat. **cappo, *cappus* „Kapaun", s. *chapon,* das mit *capulare* gekreuzt die Form **cappulare* ergeben hat, die zunächst in afrz. *chapler* „schlagen", „hauen", begrifflich zu *capulum* „Schwertgriff" gehört, aber der Form nach zu **cappulare;* zu *chapler,* afrz. *chaplëiz,* daneben *chablëiz* „Aufeinanderschlagen", u. ä., s. *chablis*; zu dem Stamm *capulum* s. ferner *câble.*
**cappare* zu mndl. *kappen,* bzw. fränkisch **kappôn* „spalten", „behauen" entspricht nicht der Bedeutung und Verbreitung des **capp*-Stammes, s. auch Cor. I, 658; Ausgang der Wortfamilie **capp,* ist vermutlich lat. *capus, capo, capone* „Kapaun"; der Grund

der Verdoppelung des *-p-* in vlat. **cappone*, s. *chapon*, ist umstritten. Nach Regula, AR 12, 274 Kreuzung mit **cuppare*, s. *couper*, ist chronologisch und geographisch nicht möglich. Vgl. REW 1646; FEW II, 284; Bl.-W. 122; Gossen, ZRP 77, 197.

chapelet s. *chapeau*.

chapelle 1. „Kapelle"
12. Jh., aus grom. *cappella*, wörtlich „Mäntelchen", dann nach dem Aufbewahrungsort des *cappella* genannten Mantels des hl. Martin v. Tours die Bedeutung „Kapelle"; ist dem. Abl. von *cappa*, s. *chape*. Diez 86; REW 1644.
2. in *faire chapelle* „durch Unvorsichtigkeit des Steuernden das Schiff umlegen"
17. Jh., ist scherzhafte Umdeutung von *faire capot*, s. d.

chapellenie s. *chapelain*.

chapelerie, chapelier s. *chapeau*.

chapelure „abgeriebene Brotrinde"
14. Jh., ist Abl. von afrz. *chapler* „brechen", frz. *chapeler du pain* „die obere Brotrinde abnehmen", s. *chapeler*.

chaperon „Schweifkappe", „Kopfbinde"
12. Jh., ist im 14./15. Jh. die Kopfbedeckung der Edelleute und Bürger, im 16. Jh. die der Damen, Sain. Rab. 1, 167; es ist dem. Abl. von afrz. *chape* „Mantel", s. d.
Dazu seit dem 12. Jh. die Abl. **chaperonner** „mit einer Haube versehen", daher die spezialisierten Bedeutungen „(eine Mauer) mit einem Regendach versehen", „(einem jungen Mädchen) zum Schutze dienen".

chapiteau „Aufsatz", „Deckel"
12. Jh., ist volkstümlicher Entwicklung angepaßtes lat. *(capitellum)* „Köpfchen", s. *cadet*.

chapitre „Kapitel" u. ä.
12. Jh., aus lat. *(capitulum)* „Abschnitt", „Kapitel", das im Kirchenlatein die Bedeutung „Abschnitt in der Bibel" annahm, daher die Bedeutungen „die zu einem Capitulum der Bibel versammelten Gläubigen", „Ordenskapitel", so seit dem 8. Jh.; Berger, Lehnw. 76.
Dazu seit dem 16. Jh. die Abl. **chapitrer** „abkanzeln"; vgl. wegen der Bedeutung *sermonner*.

chapon „Kapaun"
12. Jh., aus vlat. **cappone* für lat. *capone*, s. *chapeler*; dazu seit dem 14. Jh. die Abl. **chaponner** „kastrieren", s. d. F.

chapoter „mit dem Abkratzeisen entfernen", „abschnitzen"
17. Jh., ist mit Suffixwechsel aus *chaponner* „kastrieren" umgebildet; vgl. auch *capot*; Dict. gén.

chappe s. *chape*.

chaque „jeder"
13. Jh. *chasque*, ist nach dem Vorbild von *quelque* neben *quelqu'un* rückgebildet von *chacun*, das im Altfrz. auch in adjektivischer Verwendung steht.

char „Wagen"
12. Jh., aus gallo-lat. *carrus*, REW 1721; Hinz, carrus, Rostock 1907.

charabia „Kauderwelsch", „Mundart der Auvergne"
literarisch seit der Wende des 18. zum 19. Jh. Zugrunde liegt arabisch *algarabía* „arabische Sprache", „Kauderwelsch", „wüstes Geschrei"; daraus zunächst prov. *algaravic* „arabische Sprache" (mit pejorativem Sinn), gerät im Provenzalischen in den Bereich von *charrar* „schwätzen", vielleicht auch in den von *charivari*, mit dessen Entsprechungen das Wort vielfach vermengt wird; vgl. dazu lyon. *charabarat* „wüster Lärm", „Pferdemarkt", nprov. *charabiat*, *sarabia* „Pferdehandel" u. ä.; die südliche Dialektform wird nach Dauzat, Festschr. Tappolet für die Mundart der Auvergnaten gebraucht, die sich gegen 1800 in Paris aufhielten, nach Bl.-W. 122, wegen der auffallenden Aussprache des frz. *-s-* als *-š-*, daher die Bedeutung „Mundart der Auvergne"; span. *algarabía* aus arabisch *al^e^arabîja* „arabische Sprache"; Lam. 85; Sain. LPar. 85; vgl. Cor. I, 120; Dauzat, RPFL 1922, 137; Lopes, Misc. Michaelis de Vasc. 31.

charade „Silbenrätsel"
18. Jh., aus nprov. *charrado* „Unterhaltung", d. i. *-ata*-Abl. von nprov. *charrà* „plaudern", „schwätzen", das Schallbildung sein dürfte. Bl.-W. 122; s. *charabia*.
Wegen des späten Auftretens nicht zu afrz. *charaie* „Bezauberung", „Talisman", mlat. *caragius* „Zauberer", dieses u. H. Förster, ZRP 3, 263, vgl. zu diesem Jordan, Festschr. 12. Neuphil. München 1906; Richter, Kr. Jb. 10, 1, 80; REW 1673. Auch nicht mit Baist, ZRP 5, 243 aus spanisch *charrada*, der Bezeichnung eines in der Gegend von Salamanca üblichen Tanzes, dann „Tölpelei", dieses zu spanisch *charro* „Tölpel", aus arabisch *šarr* „schlecht", „boshaft".

charançon „Kornwurm"
16. Jh. neben *charanton*, ist Abl. von einem afrz. **charent*, **charenc*, das sich aus im 15. Jh. belegtem *calendreux* „wurmstichig" und mundartlichem *chalendre*, s. *calandre*, erschließen läßt; **charent* stammt vermutlich aus einem grom. **caring*, d. i. mittels des zur Bezeichnung kleiner Tiere dienenden Suffixes *-ing* abgeleitet von lat. *caries* „Fäulnis des Holzes vom Alter", zu dem spätlat. ein in Glossen belegtes *carius* „Holzwurm" belegt ist, s. Meyer-Lübke, WS 25, 95; *carius* lebt in rumänisch *car(iu)* „Holzwurm" (im Holz lebende Larve verschiedener Insekten), Tiktin s. v. Über *-ing* zur Bildung von Bezeichnungen kleiner Tiere s. Kluge, Nom. Stammbildungslehre S. 54. Die Weiterbildung von

charenc zu *charançon* mit dem Suffix *-ione*, s. *oisillon, bouvillon* usf. zu *oisel, bovel*, usf., REW 1697.

Zu *caries* „Morschheit" des Holzes auch Brüch, ZFSL 50, 309; aber über ein Verbum **carire* „morsch machen", dazu das Part. **cariente*, ist morphologisch bedenklich; ebenso **cariare* zu *carius* „Holzwurm", dazu **cariante* Schuchardt, ZRP 26, 411 Anm., das auch lautlich nicht entsprechen würde.

charançon aus einem gallischen **karantionos*, eigentlich „kleiner Hirsch", zu *kar, ker* „Hirsch", Hubschmied VR III, 72 berücksichtigt nicht den Zusammenhang des frz. Wortes mit den lat. und romanischen Formen des gleichen Gesichtskreises; ist auch begrifflich unverständlich; s. aber Bl.-W. 122.

charbon „Kohle"
12. Jh., aus lat. *carbone*, REW 1674. Dazu seit dem 12. Jh. die Abl. **charbonner** „verkohlen" u. a.

charbonnerie 1. „Kohlendepot"
19. Jh., davon unabhängig, aber gleich gebildet schon im 16. Jh. „Platz, wo man Kohlen verbrennt", Behrens, Wg. 346, ist Abl. von *charbon*, s. d.
2. „Geheimgesellschaft der Carbonari"
ist Anpassung des ital. *carbonaro* an frz. *charbonnier* und das Stichwort.

charbonneux „Kohlen-"
in *tumeur charbonneuse*, 17. Jh., für afrz. *charbonel*, mit Verallgemeinerung der ursprünglich nur vor Konsonanten gebräuchlichen Form; es ist *-ale*-Abl. von *charbon*.
charbonnier s. *charbon*.

charbouille „Getreidebrand"
18. Jh., ist in Anlehnung an das Suffix *-ouille* umgestaltetes lat. *carbŭncŭlus* „Karfunkel", „Geschwür", das bei Plinius die Bedeutung „Verkohlung der Knospen unter der Sonnenhitze" hat; vgl. die halbgelehrte Entwicklung unter *escarboucle*.
Wegen Forez *chambucle* u. ä. aus **carbusculus*, Thomas, Mél. 46 f., ist morphologisch schwierig und unnötig; den südostfrz. Formen liegt vielmehr Kreuzung mit prov. *usclar* „verbrennen", s. *brûler*, zugrunde, vgl. mit der ähnlichen Kreuzung *chambrule* unter *champlure*. Dazu seit dem 18. Jh. die *-atus*-Abl. **charbouillé** „vom Getreidebrand ergriffen".

charbouillon „Rotzkrankheit der Pferde"
18. Jh., ist Abl. von *charbouille* in der nicht bezeugten Bedeutung „Geschwür", die das zugrunde liegende lat. *carbunculus* besitzt, s. *charbouille*.

charcuter „Fleisch zerhacken"
16. Jh., ist Abl. vom scheinbaren Stamme von **charcutier** „Fleischhacker"; dieses, 15. Jh. *chaircuitier*, so noch im 18. Jh., ist Abl. von *chair cuite* „gekochtes Fleisch", s. *chair* und *cuit*; vgl. dazu boulogn. *charcuitier*, berrich. *chaircuitier*. Dict. gén.

chardon „Distel"
12. Jh., aus vlat. *cardo* (für lat. *carduus*), das bei Marcellus Empiricus und reichlich in Glossen belegt ist. ALL 8, 473; 9, 297; REW 1685.

chardonneret „Distelfink"
15./16. Jh., dafür schon im 13. Jh. *chardonel*, ist Abl. von gleichbedeutendem *chardonnier*, das in wall. *cherdonî* erhalten ist; dieses Abl. von *chardon* „Distel", s. d. Roll. F. 2, 187.

chardonnet „Drehpfosten einer Tür"
18. Jh., dafür schon im Mittelfrz. gleichbedeutendes *chardonnereau*, setzt ein afrz. *chardon* „Türangel", einmal belegt als (norm., pik.) *cardon*, FEW II, 367, voraus, dieses aus vlat. **cardo, -ōne* für lat. *cardo, -ĭne*; vgl. auch *charnière*. Dict. gén.

chardonnette 1. „wilde Artischocke"
16. Jh., lebt im Poitev., dazu nprov. *cardouneto*, auch *cardouno*, s. darüber *carde* 1.
2. „Art Keil zur Erhaltung des Gleichgewichts von Fässern u. ä."
19. Jh., ist Femininform zu *chardonnet*.

charge „Last", „Aufladen"
12. Jh., ist schon vorhistorisches postverb. Subst. von **charger** „beladen", 11. Jh. *chargier*, aus vlat. *carricare*, das in Glossen belegt ist, ALL 9, 426; dieses ist Abl. von *carrus* „Wagen", s. *char*. Diez 89; REW 1719.

chargette „Pulvergradmesser"
19. Jh., ist Werkzeugsabl. von *charger* in der Bedeutung „laden", bedeutet also ursprünglich „Mittel zum Laden".

chargeure „Bedeckung eines Wappenstückes durch andere Stücke"
17. Jh., für afrz. seit dem 13. Jh. bezeugtes allgemeines *chargëure* „Last", „Gewicht", ist Abl. von *charger*, s. d.

chariot „Fuhrwerk", „Karren"
13. Jh., ist im Süden des Nordfrz. entstandene Umgestaltung von prov. *cariol*, d. i. *-eolus*-Abl. von *car* „Wagen", s. *char*; dazu prov. *carriola* „Schubkarren", daher bei Oudin *charriole* „Gehschule", angev. *chariolée* „Inhalt eines ‚chariot'", vgl. Brüch, ZFSL 50, 310, der Kreuzung eines älteren **charrot* mit *charrier* annimmt, was chronologisch nicht möglich ist.

charitable „mildtätig"
12. Jh., ist abgeleitet von *charité* „Mitleid" mittels des Suffixes *-able*, das afrz. auch an Subst. antreten kann und die Fähigkeit zu dem im Stammwort ausgedrückten Begriff bezeichnet; *charitable* bedeutet also der Bildung nach „zu Mitleid fähig", dann „voller Mitleid"; vgl. *pitoyable*.

charité „Mitleid"
12. Jh., aus lat. *(caritate)* „Hochschätzung", „Anhänglichkeit". REW 1695; vgl. auch *cherté*.

charivari „Wirrwarr", „großer Lärm", „Polterabend"

seit Beginn des 14. Jhs. als *chalivali,* lat. *chalvaricum* u. ä. bezeugt, bezeichnet ursprünglich den Lärm der Hochzeitsgäste beim Verschwinden der jung Verheirateten; das Wort ist Umgestaltung von einem älteren Typus *šavarim,* latinisiert *šavaricum,* das wohl auf dem *-i-* zu betonen ist, dazu norm. *chavarim,* poitev. *savari* „Lärm"; aus hebräisch *ḥaverim* „Genossenschaft", *ḥaver* „Genosse"; knüpft an an den bei den jüdischen Hochzeiten bestehendem Gebrauch, eine lärmende Feier zu veranstalten; Kahane, Jewish Quarterly Review 52, 289.

Zu *caribaria* „Kopfweh", das in den spätlateinischen Oribasius Rezensionen belegt ist, s. Svennung, Wortstudien etc., s. Roques, Rom. 61, 284, ist unwahrscheinlich, da der Bedeutungsübergang von ‚Kopfschmerz' zu ‚wilder Lärm' sich nicht damit rechtfertigen läßt, daß einem Lärm Kopfweh machen kann, Bl.-W. 122; FEW II, 374. Es fehlt auch jede chronologisch-kulturgeschichtliche Verbindung zwischen dem alten *caribaria* und der reich umgestalteten Wortfamilie von *charivari;* auch läßt sich die Erhaltung des unbetonten *-i-* der 2. Silbe nicht als Folge der Expressivität des Ausdrucks rechtfertigen.

Zu *chat* „Katze", Sain. Chat 81, so daß *charivari* ursprünglich „Katzenmusik" bedeutet hätte, ist nicht begründet; desgleichen zu *calvarium* „Kalvarienberg", ursprünglich von der Verspottung Christi durch die Juden, Spitzer, ZRP 39, 371.

charlatan „Quacksalber", „Schwindler"
16. Jh., aus ital. *ciarlatano*; dieses ist Kreuzung von *cerretano, ciarratano* „Ablaßverkäufer", eigentlich „Bewohner von Cerreto" (bei Spoleto), mit *ciarlare* „schwätzen", s. *charade.* Baist, RF 16, 404; REW 1836.
Aus byzantinisch *keratā̆* „(gehörnter) Schurke", gekreuzt mit ital. *ciarlare* „schwätzen", Kahane, RPh. 5, 177?
Unmögliches bei Malkiel, RPh. 11, 39; s. Cor. II, 32; Battisti 2, 921.

charlemagne „einer der vier Könige im Kartenspiel"
19. Jh., nach dem Namen Karls des Großen, frz. *Charlemagne.*

charlot „großer Brachvogel"
18. Jh., so im Languedoc, ist kaum eins mit dem Vornamen *Charlot* „Karlchen", sondern vermutlich volksetymologische Umdeutung des heimischen *corli,* der Entsprechung des frz. *courlis,* nach nprov. *charrà* „schwätzen", s. *charabiá.* Roll. F. 2, 351.

charlotte „Apfelbreitorte"
19. Jh., scheint mit dem Vornamen *Charlotte* eins zu sein, vgl. aber angev. *charlote* = *échalote* und Behrens, DS 38.

charme 1. „Hagebuche"
12./13. Jh., aus lat. *carpĭnus.* Diez 544; REW 1715.

2. „Bezauberung"
12. Jh., aus lat. *carmen, carmine* „Gedicht", „Weissagespruch", das im Mittellat. die Bedeutung „Zauerformel" u. ä. angenommen hat, s. d. F. Oder postverb. Subst. von *charmer,* s. d.

charmer „bezaubern"
13. Jh., aus grom. *carminare* „dichten", mittellat. „bezaubern", das bei den gallischen Schriftstellern Sidonius und Marcellus Empiricus belegt ist. ALL 8, 476 f.; REW 1699.
Dazu seit dem 13. Jh. die Abl. **charmeur** „Bezauberer", mit dem Femininum *charmeresse,* das seit dem 16. Jh. durch das zum Maskulinum neugebildete **charmeuse** ersetzt ist.

charmille „Hagebuchenschößling"
17. Jh., lebt in der Bedeutung „Hagebuche" im Süden des Nordfrz., hier *-īlia-*Abl. von *charme* 1; dem literarischen Worte könnte eine *-ĭcula-*Abl. vom gleichen Stammwort zugrunde liegen. ALF 241.

charmoie „Hagebuchenpflanzung"
13. Jh., ist *-ēta-*Abl. von *charme* 1, neben der maskulinischen Form *charmoi,* die mundartlich bis ins 19. Jh. und in zahlreichen Ortsnamen lebt.

charnage „Fleischzeit der Katholiken" va.
lebt heute im Pikardischen und ist hier seit dem 13. Jh. belegt; daneben afrz. „Fleisch", „Fleischessen", d. i. kollektivische Abl. von afrz. *charn* „Fleisch", s. *chair.* Vgl. auch *carnage.*

charnaigre „Kreuzung von Windhund und Vorstehhund"
17. Jh. auch *charnègue,* aus dem nprov. *charnigue, charnego* u. ä., dass., auch „bösartiger, kratzbürstiger Mensch", dieses aus katalanisch *xarnego,* alt für Valencia „Art Hund", dazu im Norden (Vic) *xarnegos* „Proletarier spanischer Sprache, die sich dort niedergelassen haben"; *xarnego* ist aus *loxarnego* mit fälschlicher Abtrennung des Anlauts, der mit dem Artikel kat. *lo* identifiziert wurde, entstanden; dieses zu spanisch *nocharniego,* z. B. *robadores nocharniegos* „Einbrecher, die in der Nacht arbeiten", 1817 bezeugt *perro lucharniego* „Hund, der in der Nacht die Hasen jagd"; ist Abl. von nicht erhaltenem **nochorno* „nächtlich" aus lat. *nocturnus;* Cor. III, 519.
Nicht zu spanisch *charneca* „Gestrüpp", Aquarone, Mél. Roques III, 19.

charnel „fleischlich"
11. Jh. neben *charnal,* ist trotz der scheinbar volkstümlich entwickelten Form Lehnwort aus lat. *(carnalis)* dass.

charneux „fleischlich"
15. Jh., dürfte aus dem Süden stammen, wo prov. *carnos* alt belegt ist; dieses aus lat. *carnosus* dass.

charnier 1. „Friedhof" va.; „Beinhaus", „Fleischbank"

12. Jh., aus lat. *carnarium* „Fleischkammer", „Metzelei". REW 1702.
2. „Weinpfahl"
13. Jh., lebt in Berry und Anjou neben gleichbedeutendem *charasson*, s. *échalas*, zu dem es zu gehören scheint; doch ist die Bildung unverständlich.
Zu *cardo* „Türangel", s. *chardonnet*, Dict. gén., ist morphologisch und begrifflich schwierig.

charnière „Winkelgelenk"
12. Jh., aus grom. **cardonaria*, d. i. die Umfassung anzeigende Abl. von grom. **cardone* „Türangel", s. *chardonnet*. Dazu schon im 11. Jh. bei Raschi die Pluralform *chardenels*, die den Ansatz *cardonaria* stützt; daher auch nicht Abl. von afrz. **charne* „Türangel", das nur einmal in der pik., norm. Form *carne* belegt ist, Bl.-W. 123; REW 1684. Dazu *charnon* „kurzes Röhrchen, in dem der Stift des unteren Teils der Türangel spielt", seit dem 18. Jh.

charnu „fleischig"
13. Jh., aus vlat. **carnūtus* „stark fleischig", d. i. Abl. von *carne* „Fleisch", s. *chair*. REW 1705.

charnure „Fleischteile vom Menschen"
14./15. Jh., ist Abl. von afrz. *charn* „Fleisch", vielleicht in Anlehnung an *membrure*, das ein schon lat. *membratura* wiedergibt, s. *chair*.

charogne „Aas"
12. Jh., aus vlat. **caronia*, d. i. dissimiliert aus **carionia;* dieses ist ursprünglich abstrakte Abl. von *caries* „Fäulnis", vgl. wegen der Bildung *ivrogne*, wegen der Dissimilation s. *casse* 1 aus **kjattja*.
Abl. von *caro*, *carne* „Fleisch" ist unwahrscheinlich, weil die Ableitungen von *carne* zu allen Zeiten das stammhafte *-n-* zeigen, s. die Typen vom Typus *charnage*.
**caronia* zu adjektivischem **caroneus*, das zu *caro* gebildet wäre, wie *pulmoneus* zu *pulmo*, s. *poumon*, Ascoli, AGI 11, 419 ff.; Meyer-Lübke, Einf. 201, ist schwierig, da eine *pulmone* entsprechende analogische Form **carōne* zu *caro* nicht bezeugt ist.
charogne, zu dem bei Plinius bezeugten Ortsnamen *Charonia* „mephitische Dünste aushauchende Klüfte", Alessio, Festschrift Wartburg, ist nicht begründet.

charpente „Zimmerwerk", „Gebälk"
16. Jh., afrz. nur vereinzelt in übertragener Bedeutung als „Gebahren" bezeugt, dazu die maskulinische Entsprechung, seit dem 12. Jh. belegt, *charpent* „Leib"; aus lat. *carpentum*, das in der Bedeutung „zweirädriger Wagen", „Karren" belegt ist, aber vlat. die Bedeutung „Balken" besaß; daher im 7. Jh. belegt *carpenta* „Holzwerk", und dazu im 7./8. Jh. *carpentarius* „Zimmermann", Bambeck 92. Zur Bedeutung „Holzwerk" gehört afrz. seit dem 12. Jh. belegtes **charpenter** „zimmern", dazu afrz. *charpentëiz* „Gezimmere". *carpentum* gehört zu *char*, ist wie dieses gallischer Herkunft; Jud, AR 6, 195; REW 1710. Auffällig ist, daß die zu *carpentum* „Balken" gehörigen Wörter vorhistorisch fest gesichert sind, in der Literatur sich aber erst so spät durchsetzen; FEW II, 400.

charpi 1. „Leinwandfasern"
16. Jh., ist subst. Part. von **charpir** „zupfen", afrz. auch „(Wolle) krempeln", heute va., 13. Jh., aus vlat. **carpire* für lat. *carpĕre* „rupfen", „pflücken" u. ä. Diez 544; REW 1711; dazu seit 1300 die feminine Entsprechung **charpie** „Scharpie", auch „zu Fasern zerkochtes Fleisch"; nicht **carpia*, REW 1712.
2. „Block, auf dem die Tonnenmacher Faßdauben schneiden"
steht vermutlich für älteres **charpëiz* „Zuhauen", d. i. *-aticium*-Abl. von afrz. *charpir*, auch *charper* „zerhauen", „zerteilen", „zerzupfen", s. *charpi* 1.

charpir 1. „zupfen", s. *charpi* 1.
2. „zimmern"
ist nach *charpent* umgedeutetes *charpir* 1 oder unabhängig mit Stammverkennung von ersterem abgeleitet.

charrée „ausgelaugte Asche"
13./14. Jh., lebt in pik. *carée*, Bessin *cârée*, dann in Westfrankreich, H. Maine, B. Maine; dazu Mayenne *cherrouée;* es führt mit prov. *cairada*, Rom. 40, 368, nprov. *cairado* „Wasser, in dem Asche und Wäsche gekocht hat", auf eine Grundform **catarata* zurück, zu spätlat. *(aqua) cathara* „reinigendes Wasser", das bei Oribasius (in der lat. Übersetzung des 5./6. Jhs.) belegt ist; dieses aus gr. καϑαρός rein; zu *cathara* die *-arium*-Abl. **catararium*, in **charrier**, 15. Jh., „Laugentuch", „Äschertuch", nprov. *cairié*, *chairié*, lim. *chadrié*, dann mit unklarer Endung bei Cotgrave *charevastre* „Aschentuch"; Brüch, s. Wartburg ZRP 68, 31; dazu norm. *careux* „viereckiges Stück grober Leinwand, das über die in der Kufe gelegte Wäsche ausgebreitet wird", d. i. mundartliche *-orium*-Abl. vom gleichen Stamm.

charretée, *charretier* s. *charrette*.

charrette „zweirädiger Wagen"
12. Jh., ist schon vorhistorische dem. Abl. von *carrus* „Wagen", s. *char*.

charrier „auf einem Wagen führen", „mit sich führen"
11. Jh. afrz. *charriier*, dreisilbig, und *charroiier*, die beide auf *charreiier* zurückgehen, „mit dem Wagen fahren", „auf einem Wagen transportieren", ist *-idiare*-Abl. von *carrus* „Wagen", s. *char*; dazu seit dem 12. Jh. afrz. *charroi* „Wagenfahrt", „Fuhre". Die *-ier*-Form analogisch nach Verben wie *nier-noier*, LGRP 29, 232, ist nicht nötig.

charron „Wagner"
13. Jh., muß der Bildung nach aber älter sein,

aus vlat. **carro* „Wagner", zu *carrus* „Wagen", s. *char.*
Dazu seit dem 17. Jh. die Abl. **charronnage** „Wagnerarbeit".
charroyer s. *charrier.*

charrue „Pflug"
12. Jh., aus gallisch *carrūca*, das im Lateinischen zunächst in der Bedeutung „Reisewagen", „Staatswagen" belegt ist, im Vlat. die Bedeutung „Karren" angenommen hat und so in Südfrankreich erhalten ist; die Weiterentwicklung zu „Pflug" ist nordfrz.; *carruca* bezeichnet in der Lex Salica, dann im Pol. Irmin. den Räderpflug, im Gegensatz zum lat. *aratrum*, s. *araire, areau.* Diez 23; Jud, ASSL 126, 112; LGRP 29, 232; Förster, ZRP 29, 5 ff.; REW 1720.

charte „Urkunde"
11. Jh., aus lat. *charta* „Papier", „Schrift", kaum rein volkstümlich entwickelt, s. *chartre.* REW 1866.
chartier s. *charretier.*

chartil „Wagengerüst", „Wagenschuppen"
12. Jh. *charetil*, ist mittels *-ile*, das im Vlat. die Einfassung ausdrückt, abgeleitet von *charrette*, s. d.

charton „Kutscher"
12. Jh. *chareton*, ist nach dem Vorbild von *charron* abgeleitet von *charrette.*

chartre 1. „Urkunde"
12. Jh., seit dem 17./18. Jh. veraltet, Br. 4, 245, aus lat. *(chartula)* „kleine Schrift", Diez 544; REW 1867; dazu seit dem 14. Jh. **chartrier** „Urkundensammlung", d. i. Nachbildung des mlat. *chartularium*, s. *cartulaire;* und **chartrier** „Archivar", zu lat. überliefertem *(cartularius).*
2. „Gefängnis"
12. Jh., aus lat. *carcĕre*, REW 1679.

chartreuse „Kartäuserkloster", „Art Likör"
13. Jh., nach dem Ortsnamen *Chartreuse* in der Dauphiné, wo das erste Kartäuserkloster gegründet worden war. Dict. gén. Davon seit dem 15. Jh. rückgebildet **chartreux** „Kartäusermönch".
chartrier s. *chartre.*

charybde „Charybdis"
16. Jh., aus lat. *(Charybdis).*

chas 1. „Nadelöhr", „durchlöchertes Senkblei"
13. Jh. *chaas*, zweisilbig, T. L. II, 150, aus vlat. **cavacium* „etwas wie eine Höhle", d. i. Abl. von lat. *cavum, cava* „Höhlung", „Loch", vgl. wegen der Abl. lat. *arenaceus* „sandartig" u. v. a.; Gg., Rom. Jb. 3, 281.
Prov. *caus*, so bei Levy, pt. dict., gesichert durch *chaou, cau, chaus* in einem Gebietsstreifen zwischen den Dep. Creuse und Tarn, scheint auf *capsus* „Wagenkasten" zurückzugehen, doch bestehen, abgesehen von dem afrz. zweisilbigen *chaas* und den heute entsprechenden Formen mit gelängtem *-â-* begriffliche Schwierigkeiten. Daß die Bedeutung „Nadelöhr" von *capsus* in der Bedeutung „Blase", das im 3. Jh. belegt ist, ausgeht, FEW II, 317, überzeugt nicht. Prov. *caus* gehört eher zu lat. *cavum* „Höhle", prov. *cau* „hohl", „Höhle", mit Verallgemeinerung der Form des Nom. Sing. bzw. des Akkusativs des Plurals. Die Verallgemeinerung der Form *caus* mag auch damit zusammenhängen, daß frühzeitig eine Verschmelzung der Formen von *capsus* in der Bedeutung „Innenraum", „Kinnbacken" und *cavum* „Höhlung" eingetreten ist. Tatsächlich ist die auf **cavacium* zurückführende Form auch in mundartlichen Formen nachweisbar, die begrifflich zu *capsus* gehören, s. nach FEW l. c. *chaas*, um 1300, im Champagnischen, zweisilbiges *chaât* in Langres. Dazu kommt, daß sich in der Bedeutung „Nadelöhr" nirgends ein Stamm **kais-* findet, wie in den Entsprechungen von *capsa* und den sicheren Abkömmlingen von *capsus*, und in der Bedeutung „Kinnbacken", „Wange" nirgend eine Form mit der Lautentwicklung *-ps-* zu *-us*, also der Typus **caus.* Vgl. REW 1660; Bl.-W. 124.
Dazu in der 1. Hälfte des 13. Jh. die feminine Weiterbildung *(la) chasse de l'aguille*, TL II, 300; dann (norm.) *casse de l'uel* „Augenhöhle", TL II, 300.
2. „Weberschlichte", „Weberkleister"
dazu nprov. *cadais*, dass., *encadeissà* „die Weberschlichte über den Webfaden streichen", aus gr. καταψᾶν „drüber hinwegstreichen", latinisiert **catapsare;* zu diesem zunächst das Verbum, frz. **chaasser*, prov. **cadaissar*, davon die postverb. Substantiva frz. *chaas*, **chas**, prov. *cadais;* Jud, Rom. 50, 609; Wartburg ZRP 68, 28; Spitzer ZRP 46, 598; FEW II, 492.

chasse 1. „Jagd"
12. Jh., aus vlat. **captia* dass., vgl. im 6. Jh. für Auxerre bezeugtes *captiosus* „auf die Jagd bedacht", ALL 7, 183; zugrunde liegt vlat. **captiare* „erhaschen", „erfassen", daher afrz., seit dem 12. Jh., *chacier* „aufsuchen", „verfolgen", dann als Ersatz für das untergehende *vener* aus *venari* „jagen", auch „jagen", „treiben", nfrz. *chasser* „jagen", „treiben", „einschlagen" u. ä. Diez 76; REW 1662.
2. „Setzhammer", „Treibhammer"
ist postverb. Subst. von *chasser* „hineintreiben", s. o.

châsse „Kästchen", „Einfassung"
12. Jh., afrz. „Reliquienschrein", wohl auch „Sarg", wie heute für *cercueil*, Gernand, GB 22, 20, und schon spätlat. *capsa*, Bl.-W. 124; aus lat. *capsa* dass., vgl. *caisse;* Diez 91; REW 1658.

chasse-bosse „gemeiner Weiderich"
16. Jh., ist westfrz., Maine, zusammengesetzt aus *chasser* „vertreiben" und *bosse* in der Be-

deutung „Pestbeule", va. auch „Pest", Dict. gén.; vgl. bei Roll. Fl. 9, 55 mlat. *centimorbia*, bei Cotgrave *herbe aux cent maladies* u. ä.

chasselas „weiße Weintraubenart"
17. Jh., angeblich nach dem Orte *Chasselas* im Dep. Saône-et-L., wo diese Traubenart zuerst gezogen wurde; Dict. gén.; Roll. Fl. 3, 294; Bl.-W. 124.

chassepot „Chassepotgewehr"
19. Jh., nach dem Namen des Erfinders *Chassepot*, Dict. gén.

chasser, chasseur s. *chasse.*

chassie „Augendrüsen-Schleim", „schleimige Masse"
in den Tironischen Noten *cacida, cacidosus*, 11. Jh. (Raschi) *chacide*, Grundform **caccita*, d. i. Kreuzung von *pitūīta* „zähe Feuchtigkeit", „Schleim" mit gallisch *caccus* „Exkrement"; Jud, Rom. 48, 611; Brüch, ZFSL 50, 312; Bl.-W. 124.
Dazu seit dem 12. Jh. die Abl. **chassieux** „triefäugig".

châssis „Einrahmung", „Chassis" u. ä.
12. Jh. *chassiz* „Einfassung", „Rahmen", aus grom. **capsīceum* zu *capsa* „Einfassung", s. *châsse;* wegen der Abl. vgl. **canniceum* zu *canna, casticea*, s. *catiche*, usf.; Gg. AA I, 156.

chassoir s. *chasser.*

chaste „keusch"
12. Jh., aus lat. *(castus);* das Wort gilt im 17./18. Jh. als ungebräuchlich, so ändert Racine, Phèdre 1035 *chaste* in *noble.* Br. 4, 246.

chasteté „Keuschheit"
12. Jh. *chastee*, aus lat. *(castitate);* die heutige Form seit dem 14. Jh. in Rückanlehnung an das lat. Wort.

chasuble „Meßgewand"
aus vlat. **casupula*, d. i. lat. *casula* „kleine Hütte", das bei Venantius Fort. und bei Isidor v. Sevilla in der Bedeutung „Mantel mit Kapuze" belegt ist, Bl.-W. 124, nach Battisti verschmolzen mit lat. *cūpula* „Kufe", „Gewölbe", s. dt. „Kuppel", also ursprünglich „Hütte mit Runddach"; *casupola, casupula* ist in Italien als „armselige Hütte" u. a. weit verbreitet; vgl. Bl.-W. 124; Diez 91; G. Paris, Rom. 9, 624; REW 1752; FEW II, 480. *casubla* als *-bulum*-Abl. von *casa* zur Bezeichnung der Umfassung, Spitzer, ZRP 43, 325, ist morphologisch und begrifflich unhaltbar.

chat „Katze"
dazu das Fem. **chatte,** 12. Jh., aus vlat. *cattus, catta*, ersteres zuerst bei Plinius zur Bezeichnung einer Frettchenart bezeugt, dann im 4. Jh. bei Vegetius als „Schirmdach", s. Sittl, ALL 5, 133; seit dem 4. Jh. ist *catta* „Katze" gesichert, findet sich so bei Gregor v. Tours; das Wort dürfte aus dem Gallischen stammen, wo das Wort seit dem 1. Jh. n. Chr. bezeugt ist, Thurn. KR 62; Walde s. v.; Blankenhorn, ZdW 11, 312 ff.; Brüch 7; Diez 158; REW 1770. Nach Sofer 63, FEW II, 520 (mit Zweifel) wäre das Wort afrik. Ursprungs.
Nicht germanischer Herkunft, da deutsch *Katze* selbst entlehnt ist, s. Kluge, PBB 14, 585; auch nicht zu lat. *cătus* „gewandt", oder Kreuzung von *cătus* mit **rattus*, s. *rat*, Brøndal, Substr. 175 ff.

châtaigne „Kastanie"
12. Jh., aus lat. *castanea*, REW 1742; dazu seit dem 12. Jh. die Abl. **châtaignier** „Kastanienbaum".

châtain „kastanienbraun"
13. Jh., ist Rückbildung von adjektivisch gebrauchtem *châtaigne* „Kastanie", das als scheinbare Femininform gefaßt wurde.

chataire s. *cataire.*

chat-brûlé „steinige Herbstbirne"
17. Jh., ist volksetymologisch an *chat* angelehntes *chambrulé* zu mundartlichem *chambrûle* „Getreidebrand", „Sonnenbrand", s. *champlure*, Spitzer, ZRP 42, 23, da nach Roll. Fl. 5, 58 diese Birnenart auf einer Seite stark gerötet, auf der anderen hellfarbig ist; es ist also Doppelform zu *charbouillé*, s. d. Das Wort ist volksetymologisch zu *chat* bezogen worden, daher die Weiterbildungen *chatgrillé*, Saint., bei Cotgrave *poire chat*, aber nicht ursprünglich zu *chat* gehörig, Sain. Chat 43; Dict. gén.

château „Schloß"
12. Jh. *chastel*, bedeutet afrz. einen festen Platz militärischer Art, daraus „Burg", und nach dem Verfall der mittelalterlichen Burgen „Schloß", Davidsen 7 f.; aus lat. *castellum* „Blockhaus", „Bollwerk", REW 1745.

chateaubriand „auf dem Rost gebratenes Rinderfilet"
19. Jh., angeblich nach dem Dichter Conte de Chateaubriand; Bl.-W. 124.

châtelain „Burgvogt"
12. Jh., aus lat. *castellanus* „Bewohner eines festen Platzes", REW 1744.

châtelet s. *château.*

châtellenie s. *châtelain.*

chat-huant „Nachtkauz"
im 11. Jh. (Raschi) *javanz* (zu lesen *chavanz)*, 13. Jh. *chahuan*, aus grom. *cavannus*, das im 5. Jh. bei Eucherius v. Lyon als volkstümlicher Ausdruck für lat. *ulula* angegeben wird, s. Kr. Jb. 5, 1, 86; Sain. Chat 97 ff.; vgl. in lautgesetzlicher Entwicklung *chouan*, während die literarische Form schon früh volksetymologische Beeinflussung durch *chat* und *huer* zeigt; Diez 547; REW 1787. Das Wort dürfte wie die dazugehörigen *chouette, chevèche* gallischen Ursprungs sein.

châtier „züchtigen"
12. Jh. auch „belehren", „unterweisen", aus lat. *castīgare* „zurechtweisen", „strafen". REW 1746. Vgl. *castille.*

chatière s. *chat.*

chatillon „Köderlamprete"
17. Jh., ist mit Suffixwechsel umgestaltetes **chatouille,** 16. Jh. dass., im 15. Jh. *satouille, satrouille,* dann in volksetymologischer Anlehnung an *chat* die heutige Form, für älteres *setueille,* Thomas, Rom. 35, 399 Anm. 3; Rom. 42, 424, d. i. ein grom. *septem ocula* „Siebenauge", mit *ocula* als vlat. Plural von *oculus* „Auge", s. *œil.*
Nicht unmittelbar zu *chat,* Sain. Chat 33; Barbier, RDR 1, 435; auch nicht zu nprov. *chatroulha* „im Schlamm wühlen", Sainéan, ZRP 31, 258, das selbst der Aufklärung bedarf.
châtiment s. *châtier.*
chatoiement s. *chatoyer.*

chaton 1. „Kätzchen"
13. Jh., ist dem. Abl. von *chat* „Katze", s. d.
2. „Ringkasten"
12. Jh., aus fränkisch **kasto* (ahdt. dass.), REW 4682; wegen der Bedeutung kaum schon westgerm. **kasto,* Brüch 87.
chatouille s. *chatillon.*

chatouiller „kitzeln"
12./13. Jh., zuerst in nördlichen Texten als *catillier, chateillier* belegt, die heutige Form in Anlehnung an das Suffix *-ouiller* in *barbouiller* u. ä., ist vielleicht entlehnt aus nddt. (ostfriesisch) *katelen* „kitzeln".
Oder Schallbildung, REW 4684; nicht lat. *catulire* „brünstig sein", das lautlich und begrifflich nicht entspricht, Diez 544 f.; auch nicht unmittelbar zu *chat.* Flechia, AGI 2, 322 f.; Sain. Chat 32 f.

chatouilleux „kitzelig"
14. Jh. *catillos,* ist wie das Verbum zuerst in nördlichen Texten belegt, aus nddt. *katel* „kitzlig", mit einreihender Erweiterung durch das Suffix *-osus,* vgl. *disette;* unmittelbare Ableitung vom Verbum ist morphologisch schwierig.

chatoyer „schillern"
18. Jh., ist Abl. *(-idiare)* von *chat* „Katze", nach den schillernden Augen des Tieres. Dict. gén.

chat-pard „Pardelkatze"
17. Jh., ist Zusammensetzung von *chat* und *pard,* s. d.

châtrer „verschneiden"
12. Jh., aus lat. *castrare.* REW 1749.

chat-rochier „Klippenhai"
16. Jh., ist Franzisierung eines langued. *catarouquieira,* d. i. Zusammensetzung von *cata,* der Entsprechung des frz. *chatte,* und *rouquié* „Felsen-" zu prov. *roca,* s. *roche.* Roll. F. 3, 84.
chattée s. *chatter.*
chatterie s. *chat.*

chattemite „Schmeichelkätzchen"
16. Jh., steht für *chatte mite,* von dem beide Bestandteile ursprünglich „Katze" bedeuten; *mite* ist vielleicht ursprünglich Eigenname (wie *renard* für den Fuchs, s. d.), dann aus ndt. *Mitje* „Mariechen", vgl. auch *matou.* Sain. Chat 46.

chatter „werfen" (von Katzen)
17. Jh., ist Abl. von *chat* oder *chatte,* s. d.

chauche-branche „Hebebaum"
auch „Ziegenmelker" (Vogel), 18. Jh., ist Zusammensetzung von afrz. *chauchier* „drükken", „pressen", s. *côcher,* und *branche* „Zweig", s. d.

chaud „warm", „Wärme"
12. Jh., aus lat. *calĭdus.* REW 1506.

chaudeau „warme Eiersuppe"
12. Jh. *chaudel,* vgl. dazu norm. *caudelée* „konservierte geronnene Milch", ist dem. Abl. von *chaud,* das afrz. subst. „warme Speise" bedeutet und auch heute in dieser Bedeutung mundartlich weit verbreitet ist.

chauderet „Heft mit Goldschlägerhäutchen, zwischen denen die bereits zweimal geschlagenen Goldblättchen zum dritten Schlag zugerichtet werden"
18. Jh. auch **chaudret,** dafür auch *caucher,* ist also wohl ein **chaucherez* „zum Pressen geeignet, zubereitet", d. i. *-ariceus-*Abl. von afrz. *chauchier* „pressen", „drücken" u. ä., s. *côcher* und *cauchemar, chauche branche;* lautlich ist das Wort an *chaudière, chaudron* oder an *chaud* und Ableitungen angelehnt worden; Dict. gén.

chaudière „Kessel"
12. Jh., aus vlat. *caldaria,* das bei Marcellus Empiricus in der Bedeutung „Warmzelle im Bade", in der Vulgata als „Kochtopf" belegt ist, Rönsch, ZRP 1, 417; zu lat. *caldarius* „zum Wärmen gehörig". Diez 78; REW 1503; FEW II, 75.
Dazu seit dem 13. Jh. die *-ata-*Abl. *chauderee,* heute **chaudrée** „ein Kessel voll", „die auf einmal zu färbende Menge Seide"; seit dem 13. Jh. die dem. Abl. *chauderon,* heute **chaudron** „Kochkessel" u. a.

chauffer „warm machen"
12. Jh., aus vlat. **calefare* für lat. *calefacere.* Diez 545; REW 1507.
Dazu die Werkzeugsableitung afrz. *chaufette,* heute Lüttich *châfett* „Wärmetopf", „Kohlenpfanne"; daraus in Anlehnung an das aus *-ier* oder *-eur* und *-ette* zusammengesetzte Deminutivsuffix *-erette* heutiges **chaufferette** dass., so seit dem 14. Jh.
chaufferie, chauffeur, chauffoir, chauffure s. *chauffer.*

chaufour „Kalkofen"
13. Jh., ist durch die Abl. **chaufournier** „Kalkbrenner" für das 12. Jh. gesichert, aus grom. *calcifurnium* (d. i. Zusammensetzung aus *calx, calce* „Kalk" und *furnum* „Ofen"), das in den Urkunden der Karolingerzeit reichlich belegt ist. Dict. gén.

chauler „mit Kalkwasser benetzen"
18. Jh., vgl. dazu seit Beginn des 17. Jhs.

chaulier „Kalkarbeiter", ist mit Stammverkennung abgeleitet von *chaux* „Kalk", s. d.

chaume „Halm", „Stoppel"
13. Jh., aus lat. *calămus* „Rohr", „Stengel", Diez 545; REW 1485; dazu seit dem 14. Jh. die Abl. **chaumer** „die Stoppeln abschneiden"; von diesem im 14. Jh. und heute Blois die Werkzeugsableitung *chaumette*, dafür literarisch und vend. die maskulinische Entsprechung **chaumet** „Stoppeleisen", dieses seit dem 18. Jh.

chaumière „Strohhütte", „kleines Landhaus"
17. Jh., ist subst. fem. Adjektiv, vgl. im 16. Jh. *terre chaumière* „auf der noch das Stroh steht", s. *chaume* und *chaumine*.

chaumine „kleine, ärmliche Strohhütte"
15. Jh., zunächst in *maison chaumine*, ist Fem. zu afrz. *chaumin* „aus Stroh", d. i. Abl. von *chaume*, s. d. und das gleich entwickelte *chaumière*.

chaune „Zainhammer"
17. Jh. u. H.

chausse „kurze Kniehose"
11. Jh. (Raschi) *chalce*, 12. Jh. *chauce*, bezeichnet afrz. „Gamaschen mit Füßlingen"; in der 2. Hälfte des 15. Jhs. erweitern sich die *chausses* nach oben zu anschließenden Hosen, die mittels Spangen am *pourpoint*, s. d., befestigt werden; da nunmehr die *chausses* eine doppelte Aufgabe haben, wird der obere Teil als *haut-de-chausses* „Kniehose" von dem unteren *bas-de-chausses* „Gamasche" getrennt; daraus einerseits *chausses* „Kniehose" (wie *champagne* für *vin de champagne*), andrerseits *bas* „Strumpf", Jaberg, Sprachgeographie 13 ff.; Sain. Rab. 1, 159. Zugrunde liegt grom. *calcea*, das Anfang des 9. Jhs. bei Theodolfus von Orléans belegt ist; dieses ist kollektiver Plural zu lat. *calceus* „Schuh, der den Fuß bis an die Wade bedeckt", vgl. *chausser*.

chaussée „Fahrdamm", „Kunststraße"
988 *via calciata* „geschotterter Weg", d. i. Abl. von einem untergegangenen **calciare* „mit Kalkstein bedecken", „schottern", das sich im Gallorom. wegen *chausser* „beschuhen" nicht halten konnte. **calciare* ist Abl. von lat. *calx, calce* „Kalk", s. *chaux*. Wace weist ausdrücklich darauf hin, daß die Schotterung mit Kalkstein geschah, s. Rom. 74, 531; so eher, als zu **calciare* „stampfen", dieses zu *calx* „Ferse", Aebischer, RFE 35, 8; Bl.-W. 125; Rönsch, ZRP 1, 417.
Zu **chausser* „schottern", afrz. *chaucieour* „Straßenmeister" und anorm. *cauchin* „Schotterunterlage", Lüttich *châcin* „mit Kalk durchtränktes Wasser"; vgl. REW 1533.

chausser „beschuhen"
12. Jh. *chaucier*, aus lat. *calceare* dass., s. *chausse*.
chaussetier, chaussette s. *chausse*.

chausse-trape 1. „Fußangel", „Fangeisen"
13. Jh., zuerst in pikardischer Form als *kauke trape* belegt, so daß *chausse-trape* vermutlich an *chausser* angelehntes *chauche-trappe* darstellt; dieses zusammengesetzt aus afrz. *chauchier* „treten", s. *côcher*, und *trappe* „Falle", bedeutet also wörtlich „tritt auf die Falle".
2. „Sterndistel"
12. Jh. *cachatrepe*, 13. Jh. *cauchetrepe, caudetrepe, kauketrape* u. ä., geht mit prov. *calcatrepa* auf ein in Glossen belegtes *calcatrippa* zurück, das selbst in doppelt imperativischer Form zu *calcare* „treten", s. *côcher*, und afrz. *treper* „trippeln", s. *trépigner*, gehört. Thomas, Rom. 41, 449; REW 1494; Roll. Fl. 7, 154.
chausson s. *chausse*.
chaussure s. *chausser*.

chauve „kahl"
12. Jh., ist ursprünglich Femininum zu afrz. *chauf*, aus lat. *calvus* dass., REW 1532.

chauve-souris „Fledermaus"
in den Reichenauer Glossen als *calves sorices*, in den Karlsruher Glossen als *calva surices* bezeugt, Stalzer, RG 123, ist zusammengesetzt aus *chauve* und *souris*. Dann mit der Normalstellung des Adjektivs Umstellung zu **souris chauve*, daraus in Anlehnung an *chaud* in ganz Westfrankreich *souris chaude*, das sich auch im Frz. von Louisiana gehalten hat. REW 8101.
Der zweite Teil zu *saurix, sorix* „Art Eule", Baist, ZRP 5, 56, ist nicht wahrscheinlich, da das Wort im Romanischen als Simplex nicht erhalten ist.
Oder *chauve-souris* schon volksetymologisch umgedeutet aus **kawa-sorice*, d. i. Zusammensetzung von **kawa* „Eule", s. *chouette*, mit *sorix*, Jud VR 2, 230, s. H. Meier, ZRP 55, 379; Eggenschweiler, die Namen der Fledermaus.
chauveté s. *chauve*.

chauvin „Säbelraßler"
19. Jh., dürfte ursprünglich ein Eigenname sein, doch ist der erste Träger desselben umstritten. Nach Tobler, ASSL 86, 296 ff. würde die Bezeichnung von einem Aufsatz im Figaro 1882 ausgehen, in dem von einem napoleonischen Soldaten berichtet wird, der durch seine Schwärmerei für den Kaiser bekannt war. Nach Sain. LPar. 467 nach der Figur eines Chauvin in dem Stück La cocarde tricolore der Brüder Cogniard 1831. Das Lustspiel Le Soldat laboureur von Scribe, das gewöhnlich als erster Beleg für den Säbelraßler Chauvin angeführt wird, besteht nicht, s. Kölbel 65 f.

chauvir „(die Ohren) spitzen"
ist zuerst im 13. Jh. als transitives Verbum *chauvir les oreilles* belegt, seit dem 16. Jh. absolut *chauvir des oreilles;* scheint ursprünglich als Abl. von afrz. *choue* „Eule"

(s. *chouette*) „wie eine Eule ausschauen", im besonderen „aufstehende Ohren haben" bedeutet haben, was dem Aussehen der Eulen (*chouette, hibou* usf.) tatsächlich entspricht; nicht mehr verstanden, wird das intransitive Verbum „aufstehende Ohren haben" transitiv, bekommt das Akkusativobjekt *les oreilles;* erst später wird es mit der übertragenen Bedeutung wieder absolut; wegen der syntaktischen Verschiebungen vgl. afrz. *desciller (le faucon)* „die zugenähten Augenlider öffnen" zu absolutem *desciller* derselben Bedeutung, dazu nun, da der Zusammenhang mit *cils* nicht mehr fühlbar ist, *dessiller les yeux*, s. d.; wegen des Überganges vom transitiven *chauvir* zu dem absoluten Gebrauch vgl. altes *moquer qn.* zu *se moquer de qn.* Dict. gén.; Spitzer ZRP 42, 16; Sain. Chat 112; REW 1785.

chaux „Kalk"
12. Jh., aus lat. *calx, calce.* REW 1533.

chavirer „umschlagen" (von Schiffen)
17./18. Jh., ist franzisiert aus prov. *capvirar* dass., wörtlich „den Kopf umdrehen", vgl. bei S. V. *capvirade* „Ackerende, wo die Ochsen umdrehen", d. i. zusammengesetzt aus *cap,* s. *chef,* und *virar,* s. *virer,* Dict. gén.; vgl. *capoter.*

chebec „Dreimaster"
18. Jh., im Frz. von Louisiana *chabec,* aus ital. *sciabecco,* dieses aus arabisch *šabbâk.* Lam. 86; Baist, ZRP 32, 44; REW 7668; Vidos 313.

chéchia „rote Mütze" (der frz. Kolonialsoldaten"
19. Jh., aus *šašiya,* zur Stadt *Châche;* Bl.-W. 126.

cheddite „Chloralsprengstoff"
20. Jh., vgl. Le Journal 16. 10. 1930; nach dem Ort der ersten Versuche mit diesem Sprengstoff, *Cheddes,* im Dep. Haute-Savoie; Bl.-W. 126.

chef „Haupt"
10. Jh., afrz. *chief,* auch in übertragener Bedeutung „Führer", „Mittelpunkt", „Hauptstadt", dann „Kopf" bzw. „Ende eines Gegenstandes", s. im 13. Jh. *chief d'un fleuve* „Mündung", Flutre, Rom. 65, 510; dazu seit dem 13. Jh. **chef-d'œuvre** „Meisterstück", eigentlich „Höhepunkt eines Werkes"; aus grom. *capum* für lat. *caput.* Zauner, RF 14, 355 f.; Meyer-Lübke, LGRP 27, 369; Bernitt, Lat. *caput,* Kiel 1905; REW 1668; s. auch *chef-lieu.*
chefecier s. *chevecier.*

chef-lieu „Hauptort"
14. Jh., zuerst im äußersten Norden pik. *kies lieu* belegt, ist vermutlich Nachbildung eines flämischen *hoofd-oord* dass., so wird *chief, chef* der Funktion nach zu einem Adjektiv, dt. *Haupt-;* so in afrz. *chief-mes* „Hauptort", *kief manoir,* dass., TL. II, 384; Brüch, ZRP 55, 447; 57, 727 (gegen Spitzer, ebda. 564); Bl.-W. 126; FEW II, 343; 348; Zauner, RF 14, 355; REW 1668; Bernitt, Lat. caput, Kiel 1905.

chégros „Pechdraht"
16. Jh. *chefgros,* vgl. dazu berrich. *chigrou,* und in Anlehnung an *fil* „Faden", pik. *figrou,* das bei S. V. als *fil gras* franzisiert ist"; scheint aus *chef* in der Bedeutung „Ende" und *gros* „dick" zusammengesetzt zu sein, Dict. gén., doch ist die Bedeutungsentwicklung noch aufzuklären.

cheik „Oberhaupt eines Stammes"
13./14. Jh., dann erst wieder im 18. Jh., aus arabisch *šeiḫ* „alter, ehrwürdiger Mann". Lam. 86; Littmann 67.

chelem „Schlemm" (Whistspiel)
19. Jh., aus englisch *slam* dass., eigentlich „vollständige Niederlage". Dict. gén.

chélidoine „Schöllkraut"
13. Jh., aus lat. *(chelidonium),* für volkstümliches *grande éclaire* bzw. *ficaire.* Roll. Fl. 1, 61 ff. und 190 ff.

chêmer „abzehren"
16. Jh., aus ital. *scemare,* dieses zu lat. *semare* „halbieren", das in afrz. *semer* „abmagern", prov. *semar* „vermindern", „berauben" erhalten ist; dazu als Grundlage des ital. Wortes vlat. **exsemare,* Battisti s. v.; REW 7799.

chemin „Weg"
11. Jh., aus vlat. **cammīnus,* das aus dem Gallischen stammt; doch hat die gallische Grundform -*ĭ*-, so daß innerhalb des Lateinischen Suffixwechsel vorliegt. Diez 81; Thurn. KR 52; REW 1552.

cheminée „Ofen"
12. Jh., afrz. „heizbares Zimmer", „Rauchkammer", „Schornstein", aus vlat. *caminata* „mit einem Kamin versehenes Gemach", das seit dem 6. Jh. bezeugt ist, Davidsen 81; REW 1548; dieses ist Abl. von lat. *camīnus* „Ofen", das wegen Zusammenfalls mit dem gallo-lat. **camminus* aus der Sprache schwand, s. *chemin.* Doch zeigt sich das ehemalige Bestehen von *caminus* „Ofen" im Galloromanischen in der Erhaltung des -*i*- von *cheminée,* ferner in prov. *camin* „Ofen", afrz. *cheminel* „Feuerbock".

cheminer „wandern"
12. Jh., afrz. „reisen", „fahren", ist Abl. von *chemin,* s. d.

chemise „Hemd"
10. Jh., (Passion) aus vlat. *camĭsia,* das seit Beginn des 5. Jhs. bezeugt ist und im Galloromanischen anläßlich des Ersatzes des Suffixes -*ĭcula* durch -*īcula*, -*ĭceus* durch -*īceus*, -*ĭsia* durch -*īsia*, Gg. AA II, 189, zu *camīsia* wurde; dieses bedeutet ursprünglich das Männerhemd im Gegensatz zum Frauenhemd = **linea,* s. *linge,* Wagner, GRM 8, 51; das Wort dürfte aus dem Gallischen stam-

men, Thurn., KR 51 f., wo es selbst aus dem Germanischen entlehnt ist (über urgerm. **kamitja* zu ahdt. *hemidi*, s. Kluge s. *Hemd*). Diez 99; REW 1550.

Wegen rum. *cămeaşă* nicht aus urgerm. **chamisja*, Mackel 130 f.; auch nicht aus dem Griechischen, *Sepulcri, Rend. ILomb. 50, 371—381, s. Terracini, RFIC 49, 423; Jud, Rom. 47, 595, da mgr. κάμασον erst gleichzeitig mit *camisia* auftaucht und wohl aus dem Romanischen stammt.

Dazu seit dem 11. Jh. mittellateinisch *camisile* „Hemdenstoff", Duvau, MSL 6, 339 ff., Longnon, Pol. Irm. 147, das in afrz. *chainsil*, prov. *camsil* „Linnen", „Linnengewand" erhalten ist; von diesem wieder die Rückbildung afrz. *chainse* „ein Frauengewand, das über der ‚chemise' getragen wird, gelegentlich auch von Männern getragen", s. Goddard, Womens Costume, Johns Hopkins Studies, 1927, das als *camice* „Meßhemd" ins Italienische wanderte, also nicht etwa das Grundwort von *chemise, camisia* usw. darstellt. Vgl. Meyer-Lübke, SAWien 143, 2, 17.

chênaie „Eichenpflanzung"
13. Jh., ist *-eta*-Abl. von *chêne* „Eiche", neben der maskulinischen Form afrz. *chesnoi*, die schon im 12. Jh. belegt ist.

chenal „Fahrwasser", „Strommenge"
12. Jh., ist westliche Nebenform von afrz. *chenel, chanel, chanal* „Bett eines Gewässers", „Röhre", „Dachrinne" aus lat. *canalis* „Röhre", „Rinne". REW 1568.

chenapan „Strauchdieb", „lange Büchse"
17. Jh. *snapane*, 1657 als deutscher Ausdruck angegeben, König, ZRP 58, 399; Bourciez RPFL 40, 137, aus nhdt. *schnapphahn* „Strauchdieb". Diez 546; REW 7699; Behrens, DS 97.

chêne „Eiche"
12. Jh. *chasne* und in Anlehnung an *fraisne*, s. *frêne*, auch *chaisne*, daraus die literarische Form; aus grom. **cassanus*, das nach Ascoli, AGI 11, 425 ff. die gallische Entsprechung des gr. κάστανος ist, s. *châtaigne*; eine Nebenform *cassĭnus* (mit *-ĭnus* nach *fraxinus* u. ä.) ist durch den ON *Casneti*, so zu Beginn des 6. Jhs auf gallorom. Boden, gesichert. Schuchardt, Vok. 1, 209; ALL 8, 474; REW 1740.
Nicht lat. **quercinus* zu *quercus* „Eiche", Diez 546.

chéneau „Dachrinne"
15. Jh. *chesneau*, dazu vogesisch *chanotte* dass., bei S. V. *chenette* „kleine Rinne um die Presse", ist, mit irrtümlicher Graphie, die Form des Südwestens des Nordfranzösischen von afrz. *chenal*, s. dass., Bl.-W. 126.

chenet „Feuerbock"
13./14. Jh., ist dem. Abl. von *chien* „Hund", da die beiden Enden des Feuerbocks mit Vorliebe mit Tierköpfen geschmückt wurden, Meringer, s. Meyer-Lübke, GRM 1, 640; vgl. dazu afrz. *chienet* „Hündchen"; s. auch *landier*.

chêneteau s. *chêne*.

chênette „Gamander"
16. Jh., ist dem. Abl. von *chêne* „Eiche", vgl. schon mlat. *quercula*, d. i. „kleine Eiche" für die Pflanze. Roll. Fl. 8, 168.

chènevière „Hanfacker"
13. Jh., aus vlat. *canabaria*, das in den Tironischen Noten bezeugt ist, Heraeus, ALL 12, 69, d. i. Abl. von vlat. *canabum* „Hanf", s. *chanvre*.

chènevis „Hanfsame"
13. Jh. *chenevuis*, aus grom. **canabūtium*, Thomas, Mél. 50, dessen Endung in *ceputium* = *cepe longum* „langer Zwiebel", s. *civette*, bei Marcellus Empiricus ein Vorbild hat, ALL 2, 270; vgl. auch afrz. *linuis* „Leinsamen" aus grom. **linūtium*, REW 1599.
Nicht **canapucium*, Horning, ZRP 27, 146, das morphologisch keine Stütze hat und lautlich nicht genügt.

chènevotte „abgeschabter Hanfstengel"
15. Jh., auch *chenevot*, ist Abl. von afrz. *chaneve* „Hanf", s. *chanvre*, mittels eines Suffixes, das deminutiv, in der Femininform auch kollektive Funktion aufweist; vgl. norm. *cracotte* „der erste Zahn" kleiner Kinder; afrz. *pelotte* „Spielballon", s. *pelotte; hachotte* „kleine Axt"; poitev. *grenotte* „Holzschüssel für das zum Säen bereitgestellte Getreide", norm. *grabotte* „Kopf der Leinsamen". Dazu seit dem 18. Jh. die Abl. **chènevotter** „zu dünne Zweige treiben", d. h. so dünne Zweige, wie die *chènevotte* genannten Hanfstengel; Dict. gén.

chenil „Hundehütte"
14. Jh., aber wohl älter, aus vlat. **canīle* dass., d. i. Abl. von lat. *canis* „Hund", vgl. lat. belegtes *bovile, equile, ovile, caprile* u. e. a. Gg., Bibl. AR II, 2, S. 6; REW 1588.

chenille „Raupe"
13. Jh., aus lat. *canicula* „Raupe", eigentlich „Hündchen"; vgl. dazu afrz. *honine* „Raupe" aus fränkisch **hunnina*, d. i. „Hündin", Rom. germ. I, S. 215; Diez 546; REW 1586; Schutz, Language III, 6.
Dazu seit dem 18. Jh. die Abl. **chenillette** „Raupenklee", eigentlich „kleine Raupe", da nach dem Dict. gén. die Schote der Pflanze an eine eingerollte Raupe erinnert; vgl. auch in Glossen belegtes *caniculata*, frz. **chenillée** „Bilsenkraut", A. Thomas, Rom., 57, 270.

chenu „grau"
10. Jh., aus vlat. *canūtus*, das inschriftlich belegt ist, ALL 8, 372, d. i. einreihend mit dem ein Versehensein ausdrückenden Suffix *-ūtus* erweitertes lat. *canus* „grau", REW 1622.

cheptel „Viehpachtvertrag", auch „Pachtviehbestand"

11. Jh., *chatel, chaptel, cheptel, chetel* „Besitz", „Habe", „Gewinn", im 12. Jh. auch „zinsbringendes Kapital", aus lat. *capitale* zu *capitalis* „hauptsächlich", „vorzüglich", vgl. *cadeau.* REW 1632.

chèque „Scheck"
19. Jh., aus englisch *check*, zuerst 1774 in England, aus persisch *čäk* über türkisch *chek*, Steiger, VR 10, 60; dazu 1893 **chécard** „von der Panamagesellschaft bestochener Deputierter", Lerch, Rom. Jb. 3, 139.

cher „teuer"
12. Jh. *chier,* aus lat. *carus.* REW 1725.

cherche 1. „Suche"
13. Jh., ist postverb. Subst. von *chercher,* s. d. 2. „Linie eines Stichbogens", s. *cerce.*

chercher „suchen"
12. Jh. *cerchier,* aus vlat. *cĭrcare*, das auf afrikanischen Inschriften, ALL 8, 186, und in Glossen, Wölfflin, ALL 3, 559, wiederholt in der Bedeutung „durchstreifen", „durchsuchen" belegt ist, vgl. dazu auf grom. Boden *circitor* „Inspektor", Pirson 239; *circare* ist Abl. von lat. *circa, circum* „ringsumher", vgl. auch Wiener, ZRP 35, 436 ff.; Diez 95; REW 1938.

chère „Angesicht"
seit dem 17. Jh. veraltet, afrz. *chiere* „Antlitz", besonders als Ausdruck der Seelenstimmung", dazu *faire bonne chiere* „freundlich aufnehmen", besonders bei Tisch „gastfreundlich behandeln"; gerät so in den Bereich von „Mahlzeit", daher schon im 13. Jh. auch *chiere* „Mahlzeit"; im 14. Jh. ferner *faire grant chiere* „freudigen, liebevollen Empfang bereiten", auch übertragen „großen Aufhebens machen"; dann wie noch nfrz., *faire chère lie* „es sich gut gehen lassen" u. ä., zu *lie,* d. i. altes Femininum zu *lietz* „froh", aus lat. *laetus; chiere, chère* aus spätlat. *cara,* belegt im 6. Jh., aus gr. κάρα „Haupt", „Antlitz", Renson, visage 105 ; Diez 87; REW 1670; Bl.-W. 127.

chérif „Scherif"
16. Jh., aus ital. *sceriffo,* dieses aus arabisch *šarîf* „berühmt", „vornehm". Lam. 87; Sain. Rab. 1, 149; Littmann 71.

cherté „hoher Preis"
10. Jh. „Liebe", aus lat. *caritate* „Wertschätzung", in Form und Bedeutung von dem Adjektiv *cher* beeinflußt. REW 1695.

chérubin „Cherubin"
11. Jh., aus lat. *(cherubin).*

chervis „Zuckerwurzel"
16. Jh., aber schon Beginn des 15. Jhs. *eschervi,* so heute *échèrvi* Manche, *échavie* Yonne; aus arabisch *karwijâ',* ist also Doppelform von *carvi;* wegen des *es*-Vorschlags vgl. *écrevisse.* Lam. 262; Diez 440; REW 1697 a; Roll. Fl. 6, 161 ff.

chétif „armselig"
12. Jh. *chaitif* „Kriegsgefangener", daneben seit der ältesten Zeit auch „arm", „schwach", „unglücklich" u. ä., und in dieser Bedeutung schon *captivus* bei Firmicus Maternus, s. Niedermann, IF 23, Anz. 79; zugrunde liegt lat. *captivus* „gefangen", „Kriegsgefangener", das den angeführten Bedeutungen unmittelbar entspricht; in der Kirchensprache wurde *captivus* zur Bezeichnung des von der Sünde umstrickten, gefangen gehaltenen Menschen, daher afrz. *chaitif,* ital. *cattivo* „schlecht" 〈 „sündhaft", das in dieser Bedeutung mundartlich noch lebt, ALF 826; Jud, Wissen und Leben 1911, S. 11 SA; Diez 93; REW 1663. Die lautliche Entwicklung des Wortes zeigt Beeinflussung durch gallisch **kachto-,* vgl. airisch *cacht,* bretonisch *keaz* „gefangen", „unglücklich", das selbst aus lat. *captus* stammt. Dottin 98; Thurn. KR 16; Bl.-W. 127.

chétron „Kofferschublade"
ist dem. Abl. von afrz. *cheste,* pik., norm. *keste* „Kiste", „Truhe", dazu im 15. Jh. *kestelete* „Kästchen", im 14. Jh. *cheston, queston* „Kasten in einer Truhe", im 15. Jh. *chaisteron, questron* „Schuhkasten"; aus fränkisch **kista* „Kiste, Kasten" zu ahdt. *kista;* FEW II, 716; wegen des *-eron*-Suffixes vgl. *mancheron* mit *manchon; carqueron; cotteron; liceron* u. v. a.

cheval „Pferd"
12. Jh., aus lat. *caballus* „Mähre", das als Soldatenausdruck im 6. Jh. das lat. *equus* in Nordfrankreich bereits verdrängt hat. Wölfflin, ALL 7, 318; Diez 93; REW 1440. Dazu u. a. seit dem 15. Jh. die Abl. **chevaler** „hin- und herreiten".

chevaleresque „ritterlich"
17. Jh., in Anlehnung an *chevalier* „Ritter" entlehnt aus ital. *cavalleresco* dass.; dieses Abl. von *cavallo,* s. *cheval.*

chevalet „Bockgerüst", „Bockgestell"
13. Jh., eigentlich „Pferdchen", vgl. *chenet, chevron* u. ä.

chevalier „Ritter"
11. Jh., aus lat. *caballarius* „Pferdewärter", rückt auf zum „unbewaffneten, reitenden Soldaten", daher afrz. in letzten Resten „Reiter", auch als Figur im Schachspiel; dann, im Gegensatz zum Fußgänger, wird *chevalier* zu dem niedrigsten Grad des mittelalterlichen Adels, Bl.-W. 127; Gg. Bed. 98; in der Bedeutung „Reiter" tritt im 13./14. Jh. die Abl. *chevaucheur* auf, im 16. Jh. *gens à cheval,* schließlich dringt im 15. Jh. ital. *cavalier* ein, frz. *cavalier,* s. d., so daß nun die Vorstellungen „Ritter" und „Reiter" eindeutig geschieden sind; Gougenheim, Mél. Hoepffner 117; Deutschmann, ZRP 69, 13.

chevance „Hab und Gut"
13. Jh., ist Abl. von afrz. *chevir* „verfügen", bedeutet also ursprünglich „Verfügung", s. *chevir.*

chevanne „Alant"
13. Jh. *chevesne,* aus vlat. ***capĭtĭne,*** zu *capito,* eigentlich „Großkopf", das bei Ausonius belegt ist. Thomas, Rom. 24, 581 ff.; Ess. 261; REW 1638.
Wegen norm. *cheverne* u. ä. Einfluß von **capiceus, *capoceus* anzunehmen, Horning, ZRP 27, 147, ist lautlich nicht nötig.

chevaucher „reiten" va.
12. Jh., aus vlat. *caballicare,* das bei Anthimus bezeugt ist, REW 1439; dazu seit dem 12. Jh. die *-ata*-Abl. afrz. *chevauchie, chevauchiee* „Zug von Reitern", „Kriegsdienst zu Roß", „Reiterangriff", nfrz. **chevauchée** „Spazierritt", „Reitergesellschaft", der Bildung nach ursprünglich abstrakt „das Reiten", aus vlat. **cavallicata,* s. *cheval;* die Bildung muß sehr alt sein, denn sie ist Voraussetzung für die *-ura*-Abl. afrz. *chevauchëure* „Reiter", „Reittier", wie span. *cabalgadura;* s. Gg., Bed. 91.

chevau-léger „Mitglied der königl. Leibgarde"
im 16. Jh. bezeugtes *cheval leger* ist Verschmelzung von *cheval(i)er leger,* wie lat. *semodius* aus *semimodius,* Risop, ASSL 158, 84.

chevèche „Kauz"
13. Jh., dazu prov. *cavec,* auch *cavesca,* letzteres vermutlich aus *caveca* umgestaltet, das in nprov. *caveco* noch lebt; das Wort ist vermutlich schon gallische Abl. vom Stamme, der in *chouette* vorliegt. Roll. F. 2, 54; REW 1785.

chevecier s. *chevet*

chevelé, chevelure s. *cheveu.*

chever „aushöhlen" va.; „konkav schleifen"
12. Jh. *chaver,* so noch heute Poitou, Wall., Berry, aus lat. *cavare* „aushöhlen", REW 1788; vgl. *souchet.*

chevet „Kopfende" (eines Bettes), „Kopfkissen", „Apsis" (d. i. Abschluß des Altarraumes)
12. Jh. *chevez* „Kopfkissen", „Teil der Kirche hinter dem Hochaltar", aus lat. *capitium,* mit der Grundbedeutung „was zum Kopf gehört", belegt als „Kopföffnung der Tunica", auch „Frauenmieder", bei Isidor v. Sevilla „Hinterkopf"; dazu im Lokalfrz. in Pouilly (Loire) *chevet* „Schlummerrolle", mit zahlreichen Ableitungen, die den alten Stammesauslaut bewahrt haben; so 11. Jh. (Raschi) *chevecine* „Kopfharnisch", afrz. auch „Kopfstück des Zaumes", „Halfter"; afrz. *cheveçuel* „Kopfkissen", awall. *cavechuel,* Dupire, Rom. 59, 592; dann zu *chevez* „Apsis" afrz. *chevecier* „Beaufsichtiger der Apsis", dann „Hüter des Kirchenschatzes" u. ä.; Sofer 105; Gossen, RDiR 26, 98; FEW II, 263; REW 1637.

chevêtre „Unterkieferverband"
12. Jh. *chevestre* „Halfter", aus lat. *capistrum* „Schlinge zum Halten eines Gegenstandes", „Halfter"; REW 631.

cheveu „Haupthaar"
12. Jh. *chevel,* die heutige Form mit Verallgemeinerung der Pluralform afrz. *cheveuz,* aus lat. *capĭllus* dass. Zauner, RF 14, 411; REW 1628.

cheville „Pflock", „Zapfen", auch „Füllwort"
12. Jh., aus lat. *clavicula,* das lat. in der Bedeutung „Gäbelchen, womit sich der Weinstock um die Pfähle schlingt" belegt ist; dieses gehört wohl zu lat. *clavus* „Nagel", nicht mit *clavicula* „Schlüsselchen" zu *clavis,* s. *clé,* Zauner, RF 14, 472; Bl.-W. 128. Die in Glossen belegte Form *cabicola,* Niedermann, Glotta 2, 51 f., ist dissimiliert aus *clavicla,* doch sind Formen mit erhaltenem Anlaut im Westladinischen (vgl. obwaldisch *claviglia* „Nagel", „Pflock") und Pyr. Or. erhalten. Tobler ZVS, NS 3, 4; Gröber, ALL 1, 543; 6, 381; Meyer-Lübke, LGRP 12, 304; REW 1979; Lausberg, ASSL 198, 294.
capitula* zu *caput* „Kopf", G. Paris, Rom. 5, 382, wird nur den nordfrz. Formen gerecht. Dazu seit dem 12. Jh. die Abl. **cheviller „anpflocken", „ein Loch verstopfen", afrz. auch nach *a-* 3 *achevillier* u. ä.

chevillier 1. „Wirbelbrett" (eines Saiteninstrumentes)
12. Jh., ist *-arium*-Abl. von *cheville* „Pflock".
2. „Vorderpferd" (von zwei nacheinander eingespannten Pferden)
ist ursprünglich adjektivisch „zum Spannpflock = *cheville* gehörig", s. d.

chevir „(als Besitzer) über etwas verfügen"
12. Jh. „ausführen", „zu Ende kommen", so noch heute norm., angev. *chevir,* ist Abl. von *chef* in der Bedeutung „Ende", s. *achever.*
Nicht **capire* für lat. *capĕre,* Dict. gén., s. REW 1668.

chèvre „Ziege"
12. Jh. *chievre,* aus lat. *capra.* REW 1647. Dazu seit dem 12. Jh. die dem. Abl. **chevreau** „Zicklein".

chèvrefeuil „Geißblatt" va.
auch **chèvrefeuille,** 12. Jh., aus mittellat. *caprifŏlium.* REW 1652; Roll. Fl. 6, 215; K. Kögler, Die Bez. des Geißblatts, etc., Leipziger rom. Stud., I, 18.

chèvre-pied „ziegenfüßige Gottheit"
16. Jh., ist gelehrte Nachbildung von lat. *(capripes).*

chevrette „kleine Ziege" va.; „kleiner Meerkrebs", „Feuerbock"
13. Jh., ist dem. Abl. von *chèvre,* s. d.; zur Bedeutung „Meerkrebs" vgl. *crevette,* zur Bedeutung „Feuerbock" vgl. *chenet, chevalet.*

chevreuil „Rehbock"
12. Jh. *chevruel,* aus lat. *capreolus* dass. REW 1649.
chevrier s. *chèvre.*

chevrillard „Rehkalb"
18. Jh., ist mit Suffixwechsel umgestaltetes, seit dem 16. Jh. belegtes *chevriau,* d. i. mund-

artliche Form von *chevreau,* s. d. Die „Rehgeiß“ wird mundartlich vielfach durch dieselben Stämme wie die „Ziege“ bezeichnet. Roll. F. 1, 104; 7, 250.

chevron „Dachsparren“
13. Jh., aus vlat. **caprione*, d. i. dem. Abl. von *capra* „Ziege“, s. *chèvre.* Vgl. *capriuns* in den Kasseler Glossen, Jud, ASSL 120, 91 ff., ist für das Vulgärlateinische gesichert durch das serbokroatische Lehnwort *kŕplun,* Meyer-Lübke, RLiR I, 33.
Nach REW 1650 wäre **caprio* Abl. von **capreus,* dieses Rückbildung von *capreolus,* das lat. in der Bedeutung „Stützenträger“ bezeugt ist.

chevroter „werfen“, „hüpfen“, „meckern“
16. Jh., ist Abl. von mfrz. *chevrot* „Zicklein“, das seit dem 16. Jh. bezeugt, aber durch *chevrotin* 1 für das 13. Jh. gesichert ist; *chevrot* ist dem. Abl. von *chèvre,* s. d. Roll. F. 5, 177 f.

chevrotin 1. „Rehkalb während des ersten Halbjahrs“
13. Jh., ist dem. Abl. von *chevrot* „Rehkalb“, s. *chevroter.*
2. „Moschustier“
auch **chevrotain,** ist wohl übertragen von *chevrotin* 1.
3. „gegerbte Ziegenhaut“
14. Jh. *peau chevrotine,* dann auch *peau de chevrotin,* ist ursprünglich adjektivische Abl. von *chevrot* „Zicklein“, s. *chevroter.*

chevrotine „kleine Flintenkugel“ für die Jagd auf Rehe u. ä.
18. Jh., ist substantiviert aus **balle chevrotine,* d. i. adjektivische Abl. von *chevrot* „Rehkalb“, vgl. *chevrotin* 3; Dict. gén.

chez „bei“
12. Jh., afrz. *enchies* „bei“, „zu“, aus vlat. *in casa* mit nachfolgendem casus obliquus in Verbindung mit Personenbezeichnungen, so bis ins 13. Jh.; davon die Rückbildung afrz. *chies,* nfrz. *chez;* der Schwund des auslautenden *-a* wie bei *sans* aus *absentia,* s. d., wegen der vortonigen Stellung als Präposition; Gg., Syntax 309; Cornu, Rom. 11, 83; Haberl, ZFSL 36, 1, 303; REW 1728.
casus für *casa,* das inschriftlich bezeugt ist und Kreuzung von *casa* mit *domus* darstellt, ist schwierig, da dieses *casus* sich als selbständiges Wort nicht findet. Gröber, ALL 1, 543; Richter, ZRP 31, 572 f.

chialer „heulen“
Ende des 19. Jhs., aus dem Rotwelsch, zu älterem pop. *chier des yeux,* s. *chier,* Bl.-W. 128.

chiaoux „Gerichtsbeamter bei den Türken“
16. Jh., aus dem türkischen *čāūš*. Lam. 87.

chiasse s. *chier.*

chibouque „Tschibuk“
19. Jh., aus türkisch *čybûq* „Pfeife“. Lam. 88.

chic „Schick“, „Geschmack“, „Gewandtheit“
16. Jh., wird im 19. Jh. Modewort in der Bedeutung „guter Ton“, Sain. LPar. 458 f., lebt im Wall. (Lüttich) in der wohl ursprünglichen Bedeutung „Geschicklichkeit in der Führung von Rechtssachen“; aus mnddt. *schick* „Ordnung“, „Geschick“, das im Nddt. seit dem 14. Jh. bezeugt ist; vgl. Dauzat, RPFL 25, 306.

chicambaut „Schiffsschnabel“, „Leesegelstange“
16. Jh. *chicabaut* „ein großes Rundholz“, die heutige Form seit Beginn des 17. Jhs., doch findet sich *chicabaut* noch im 18. Jh., u. H. Behrens Wg. 347; Wartburg, Mél. Delbouille 675.

chicane 1. „Rechtsverdrehung“, „Schikane“
16. Jh., ist postverb. Subst. von *chicaner,* s. d.
2. „die am Spielplatz eingezeichnete Grenzlinie, welche die Kugel überlaufen muß“ (Mailspiel)
17. Jh., aus nprov. *chicano* „Kugelspielplatz“, „Art Kugelspiel“; auch in der Bedeutung „unebener, für das Kugelspiel ungeeigneter Boden“, ist also mit *chicane* 1 identisch; s. aber *chique.*

chicaner „Recht verdrehen“, „schikanieren“
zuerst im 15. Jh. bei Villon bezeugt, ist wohl Ausdruck des Rotwelsch, Kreuzung von *ricaner* „hämisch lachen“ und *chic* in der unter *chic* angeführten Bedeutung „Geschicklichkeit in der Führung von Rechtssachen“; vgl. Bl.-W. 129.
Umgestellt aus gleichbedeutendem wall. *chaquiner,* Ardennes, „beim Spiel betrügen“ (wie nprov. *chicana*), dieses zu einem Schallstamm **šak-*, der in luxemb. *chakè les mwins* „klatschen“ u. ä. vorhanden wäre, Haust, Rom. 47, 554 (Etym. 48 f.), ist historisch nicht wahrscheinlich.

chiche 1. „knauserig“
12. Jh., ist Femininum zu einem nicht mehr bezeugten afrz. **chic,* vgl. dazu prov. *chic* „klein“, das vielleicht lautmalend aus lat. *ciccum* „Kerngehäuse“, „wertloser Gegenstand“ umgestaltet ist; Diez 98; REW 1899. Auffallend ist, daß das Wort im Romanischen durchwegs mit *ch-* anlautet.
Nach Bl.-W. Schallbildung zu einem Stamm **čik-*, das etwas Kleines, Wertloses bezeichnete; s. Mél. Delbouille 675; Cor. II, 43; FEW 2451 b.
2. „Kichererbse“
13. Jh. auch *ciche,* aus lat. *(cĭcer)*, das volkstümlich entwickelt in afrz. 11. Jh. *cedre* (Raschi), 1214—17. Jh. *cerre,* R. Levy, ZRP 66, 362, erhalten ist. Roll. Fl. 4, 182 ff.; Bl.-W. 129.
ciche als erhaltener Nominativ in volkstümlicher Entwicklung, Horning, ZRP 19, 71, ist morphologisch nicht verständlich.

chicon „römischer Lattich“
17. Jh., lebt boulogn., dann namentlich im

Südosten, ist vermutlich umgestaltetes *chicorée*, das z. B. in Genf *chicò* lautet, vgl. dazu *chicò* „Lattich" in Waadt. Roll. Fl. 7, 179 ff.

chicorée „Cichorie"
13. Jh., ist norm. pik. Form für *cicorée*, das im 15. Jh. bezeugt und mundartlich weit verbreitet ist; aus mlat. *(cichorea)*, zu lat. *cichoreum* dass.

chicot „Stumpf", „Splitter", „Baumknorren"
16. Jh., dürfte zu *chiquet, chiquette* „Stück", „Kleinigkeit" gehören, vgl. vogesisch *chicot* „Kleinigkeit", pik. „Getreideart mit kleinen Körnern", ist Abl. von dem Stamm *čik* „klein", s. *chiche* 1.
Dazu seit dem 17. Jh. die Abl. **chicoter** „wegen Kleinigkeiten herumzanken", die ursprüngliche Bedeutung noch in Louisiana *chicoter* „schnitzeln", s. dazu auch *chipoter*.

chicotin „Bitterstoff der Aloe"
15. Jh. *cicotin*, ist volksetymologische Umgestaltung von *socotrin, soccotorin* „Art Aloe", vgl. im 15. Jh. die Verbindung *aloès cicotin*, d. i. Abl. vom Inselnamen *Socotra*. Dict. gén.; Bl.-W. 129.

chien „Hund"
12. Jh., aus lat. *canis*. REW 1592.

chiendent „Quecke"
14. Jh., mundartlich auch *dent de chien*, ist übersetztes mittellat. *canidente*, wörtlich „Hundszahn". ALF 278. Unmögliches bei Dauzat, Fr. mod. 15, 306.
chienner s. *chien*.

chier „scheißen"
13. Jh. *chie-cheier*, aus lat. *cacare*. REW 1443.

chiffe „Papierlumpen" u. ä.
17. Jh., jedoch durch die Abl. *chiffetier* „Lumpensammler" für das 16. Jh. gesichert, ist Kreuzung von mfrz. *chipe* „Lumpen" mit einem zweiten Wort, wahrscheinlich mfrz. *chiffre* „wertloser Gegenstand", d. i. Übertragung von *chiffre* in der alten Bedeutung „Null", Bl.-W. 129; vgl. seit dem 15. Jh. poitev. *chiffres, chiffrailles* „Baugeröll" u. ä. Wegen *chipe* vgl. *chipoter* 1.
Aus mhdt. *kipfe* „Weizenbrot in Form eines zweigipfeligen Weckens", Braune, ZRP 18, 522 f.; REW 4703, ist lautlich und historisch schwierig; aus ahdt. *kevâ* „Spreu", Diez 547, desgleichen.
Dazu seit dem 17. Jh. die ursprünglich dem. Abl. **chiffon** „Lumpen", „Lappen"; von diesem seit dem 17. Jh. die Abl. **chiffonner** „Lumpen sammeln", „zerknittern".

chiffre „Ziffer"
13. Jh. *cifre* „Null", findet sich in dieser Bedeutung bis ins 17. Jh., daneben seit dem 15. Jh. *cifre* „Ziffer", „Zahlenzeichen", seit dem 16. Jh. die heutige Form, die vielleicht Beeinflussung durch das entsprechende ital. *cifra, cifera* zeigt; aus arabisch *ṣifr* „leer", „Null", s. *zéro*. Diez 98 f.; REW 1910; Lam. 262. Der Bedeutungsübergang von „Null" zu „Zahlzeichen", „Chiffre" als Folge der Übernahme von ital. *zéro*, Littmann 77.

chignon „Nackenzopf"
12. Jh. *chaeignon* „Kettchen", „Nacken", seit dem 18. Jh. vermutlich unter Einfluß von *tignon* auch die Bedeutung „Nackenzopf", die heute allein üblich ist; aus grom. **catenione*, d. i. dem. Abl. von *catena* „Kette", s. *chaîne*. Diez 547; REW 1765; Ruelle, Mél. Delbouille 575.

chimère „Hirngespinst"
15. Jh., doch schon im 13. Jh. adj. als „phantastisch" bezeugt, aus lat. *(chimaera)* „feuerspeiendes Ungeheuer".
Dazu seit dem 16. Jh. die Abl. **chimérique** „phantastisch".

chimie „Chemie"
17. Jh., aus mlat. *(chimia)*, vgl. darüber *alchimie*.

chimoine „aus verkalkten Muscheln hergestellter Zement", „indischer Steinkitt"; 19. Jh., u. H.

chimpanzé „Schimpanse"
18. Jh., stammt angeblich aus einem Negerdialekt des Kongo.

china „Chinarinde"
17. Jh. *chine*, auch *china*, ist eins mit dem Ländernamen *Chine*.

chinche „brasilianisches Stinktier"
18. Jh., aus span. *chinche* „Wanze", dieses aus lat. *cīmĭce*, aber über das Mozarabische in das Kastilische eingedrungen; Cor. II. 53; REW 1915.

chinchilla „peruvianischer Wollhase"
17. Jh., aus span. *chinchilla*, dieses wahrscheinlich dem. Abl. von *chinche* „Wanze", Cor. II, 55.

chiner „ein buntes Muster einweben"
18. Jh., ist Abl. von *chine* „chinesische Tapete", auch *papier de Chine*, ist also identisch mit *Chine* „China"; dazu *chiné* „von verschiedenen Farben", so seit dem 18. Jh.

chinfreneau „Schmarre", „heftiger Schlag"
16. Jh., auch *chanfreneau*, ist seit dem 17. Jh. va., Br. 3, 128, lebt poitev. als „Hieb", ist Ableitung von *chanfrein* „Kopfzügel", aber in übertragener Bedeutung, die von dem Verbum afrz. *chafresner* „zähmen", „bändigen", eigentlich „den Kopfzügel anlegen" ausgeht, s. *chanfrein* 1.

chiourme „Rudervolk auf der Galeere"
16. Jh., doch schon im 15. Jh. *cheurme*, Marseille *churmo*, daneben *chourme*, bei Rabelais *chorme*, das noch im 17. Jh. lebt, Sain. Rab. 1, 113; aus ital. *ciurma* bzw. aus portug. *churma* dass., dieses aus gr. κέλευσμα „Takt, nach dem gerudert wird", bei Rabelais „Gesang der Matrosen bei der Arbeit"; Diez 101; REW 1801; Vidos 321.

chipeau „Schnarrente"
18. Jh., gehört zu einem der Verba *chipoter*, s. d., vgl. angev. *chipaud* „Zauderer".

chiper 1. „lohgerben"
18. Jh., ist aber durch die Abl. *chipier*, auch *chupier*, für den Beginn des 15. Jhs. gesichert. Herkunft und Geschichte des Wortes unbekannt.
2. „mopsen", „stibitzen"
19. Jh., ist heute in den Bedeutungen „betrügen", „plündern", „stehlen" weit verbreitet, so Anjou, Vogesen, Lothr. usf., ist aber hier aus dem Vulgärfrz. entlehnt; es gehört zu langued. *acipa, achipa, chipa* dass. und stammt mit diesem aus dem Schulrotwelsch für *aciper* aus lat. *(accipere)* „empfangen", wie D'Hautel 1808 unter *acciper* ausdrücklich bestätigt. Sain. LPar. 438.

chipie „schnippisches Mädchen"
19. Jh., vgl. dazu wall. „zänkisches Weib", boulogn. „habsüchtiges, halsstarriges Weib", Saint. „streitsüchtiges Weib", gehört also zu *chipoter* „streiten", s. d. Die Abl. zeigt vielleicht Kreuzung mit *pie* „Elster"; vgl. noch die Weiterbildungen norm. *gripie* (+ *gripper*), angev. *chigripie* dass.
chipie unmittelbar für *chipe-pie* = „pie qui chipe" zu *chiper* 2 ist morphologisch schwierig, Sain. LPar. 115; ebenso aus *chie-pie*, Dauzat s. v.

chipolata „Zwiebelragout"
18. Jh., aus ital. *cipollata*, d. i. Abl. von *cipolla* „Zwiebel" aus lat. *cepŭlla* dass. REW 1820.

chipolin „Temperamalerei"
18. Jh., aus ital. *(marmo) cipollino* „Art stark geaderter Marmor", zu *cipolla* „Zwiebel", s. *chipolata, cipolin.*

chipoter 1. „knabbern", „kleinstückweise essen"
15. Jh., ist Abl. von mfrz. *chipe* „Lumpen", aus ndl. *kip* „Kerbe", „Schnitt", „abgespaltenes Stück Holz", in der Bedeutung von *chicoter* beeinflußt", s. d.
2. „knausern", „abhandeln", „über Kleinigkeiten streiten"
ist ursprünglich eins mit *chicoter*, vgl. besonders die zuletzt angegebene Bedeutung, lautlich gekreuzt mit *chiper, chipie*, s. d.

chique 1. „Spielkugel"
17. Jh., ist in dieser Bedeutung besonders in östlichen Mundarten zu Hause, so Lothr., Vogesen, Verd. chal., dann auch Centre, gelegentlich mit der Nebenform *chuque*, dazu vogesisch *chique* „kleiner Erdapfel", u. H.
Zu deutsch *schicken*, vgl. flämisch *schikkeren* „ein Spiel mit Kugeln", Behrens, Festg. Mussafia (Wg. 50 f.); REW 7688; Bl.-W. 130 (?).
2. „Zigarrenstummel"
19. Jh., bedeutet mundartlich meistens „Kautabak", ist postverb. Subst. von mundartlichem *chiquer* „kauen", „fressen", „verschlingen", so seit dem 16. Jh. über Norden, Westen und Mittelfrankreich verbreitet; dieses stammt aus dem Rotwelsch: *chiquer* „essen", *se chiquer* „sich prügeln", *chiqueur* „Vielfraß; vgl. besonders boulogn. *chicot* „Zigarrenstummel" wie lit. *chique.*
3. „Sandfloh"
17. Jh., gehört wohl zu *chique* „Kügelchen", s. d.

chiquenaude „Nasenstüber"
16. Jh., ist mundartlich in Nordfrkr. als einheimisch nicht nachweisbar, daher wohl aus nprov. *chicanaudo, ticanauco* dass. entlehnt; zu mundartlichem z. B. sav. *chique* „Stoß, den man der Kugel gibt", nprov. *chicà* „einen Stüber geben", gehört also zu *chique* 1; wegen der Abl. vgl. *baguenaude* und gaskogn. *chiriscaudo* „Fledermaus" zu *chirisca* „zwitschern"; Sain. LPar. 386; nach Bl.-W. 130 zu einem Schallstamm *čik.*
Zu *chiquer* „kauen", „essen", s. *chique* 2, Sainéan, ZRP 30, 308, ist begrifflich unverständlich, vgl. Baist, ZRP 32, 46; zu wall. *zik* „Erschütterung", deutsch *zick* „leichter Stoß", Behrens, ZFSL 30, 1, 359 (Wg. 249 f.), ist lautlich und morphologisch schwierig.

chiquet „Stückchen", „Kleinigkeit"
17. Jh. auch **chiquette**, ist postverb. Subst. von **chiqueter** „zerkleinern", „zerteilen" u. ä.; dieses seit dem 15. Jh., dürfte zu afrz. *chiche* „armselig", „klein" gehören, vgl. *chicot*, doch ist die Entwicklung des Wortes ungeklärt.

chiragre „Handgicht"
16. Jh., aus lat. *(chiragra)*; dazu nach dem Vorbild von *podagre* die Rückbildung **chiragre** „an der Handgicht leidend"; Dict. gén.

chiromancie „Handwahrsagekunst"
15. Jh., aus mlat. *(chiromantia)*, dieses aus mgr. χειρομαντεία. Dict. gén.

chirurgie „Chirurgie"
12. Jh., aus lat. *(chirurgia).*

chirurgien „Chirurg"
12. Jh., alt auch „Barbier", „Tierarzt", „Henker" u. ä., seit dem 13. Jh. „Arzt", so noch heute im Osten und Nordwesten weit verbreitet, Thorn, ZFSL 55, 257; ist Abl. *(-anus)* von *chirurgie.*
chiste s. *kyste.*
chiure s. *chier.*

chlamide „Art griechischer Mantel"
15./16. Jh., aus lat. *(chlamys, -yde).*

chleu „Deutscher"
herabsetzend, seit 1943, bei der Widerstandsbewegung; aus dem Marokkanischen; Dauzat, Fr. mod. 15, 64.

chlore „Chlor"
19. Jh., aus gr. (χλωρός) „grün".

choc „Stoß"
16. Jh., ist postverb. Subst. von *choquer*, s. d.

chocolat „Schokolade"
17. Jh., aus span. *chocolate*, das aus mexikanisch *chocolate* „herbes Wasser", „Kakaowasser", Nykl, Modern Phil. 1926, 349, stammt. Diez 100; REW 1878; Schmidt, Span. Elem. 49.

chœur „Chor"
12. Jh., trotz afrz. *cuer, cor* nicht volkstümlich entwickeltes lat. *(chorus)* dass.
choir „fallen" va.
12. Jh. *chiet — chëoir,* noch im 17. Jh. gebräuchlich; aber schon im 15. Jh. dafür auch *tomber,* Lerch, Rom. Jb. 3, 100, aus vlat. *cadēre* für lat. *cadĕre.* REW 1451; Gilliéron, Faillite 54; Weick, Lat. ‚cadere' im Frz. Gießen 1922 (GB 8); s. *échoir.*
choisir „auswählen"
12. Jh. „erspähen", „bemerken", „erküren", noch im 16. Jh. „bemerken", Dupire, Rom. 59, 584, aus gotisch *kausjan* „prüfen", „kosten". Diez 548; REW 4685.
Dazu seit dem 12. Jh. das postverb. Subst. *chois,* heute **choix** „Wahl".
choléra „Cholera"
16. Jh., aus lat. *(cholera)* „Galle", „Gallenerguß", „Cholera", vgl. *colère.*
chômer „feiern"
13. Jh., aus vlat. **caumare* „in der Hitze ausruhen", d. i. Abl. von vlat. **cauma* „Hitze", s. *calme.* Diez 78; REW 1779.
chope „kleines Seidel"
19. Jh., aus elsässisch *schoppe.* Diez 548; REW 7709; Behrens, DS 90; Bl.-W. 131.
chopine „altes Weinmaß"
13. Jh., aus mndt. *schôpen* „Brauerkelle", Wartburg, RLiR 24, 285; dazu seit dem 15. Jh. die Abl. **chopiner** „Schoppen auf Schoppen trinken". Vgl. *chope* und Behrens, DS 65.
chopper „straucheln"
12. Jh. *çoper,* die literarische Form stammt aus dem Norm. Pik., aus vlat. **zoppare,* das wohl lautnachahmende Umgestaltung von *cloppare* „hinken" ist, s. *clampin.*
Zu deutsch *schupfen* „stoßen", bzw. ndl. *schoppen* „mit den Füßen fortstoßen", Diez 347, ist lautlich nicht möglich.
choque „Treibeisen"
17. Jh. auch *choc,* ist postverb. Subst. von *choquer,* s. d.
choquer „anstoßen"
13. Jh., aus mndl. *schokken* „stoßen", „zusammenstoßen", „erschüttern", das durch agls. *scyccan* „ins Wanken bringen", „antreiben" als altgermanisch erwiesen ist. Braune, ZRP 19, 356.
Kaum Schallnachahmung wie die Interjektion *choc!* Horning, ZRP 18, 216; Bl.-W. 131; auch nicht aus portug., span. *chocar,* dieses aus **cloccare* zu *cloche* „Glocke", Schuchardt, SAWien 141, 3, 12; deutsch *schock* „Haufe", „Anzahl", Diez 100, liegt begrifflich ferner.
choquetage s. *souchetage.*
choral „Choral", „Chor-"
16. Jh. *sociéte chorale,* 19. Jh. als Subst., ist Abl. von lat. *(chorus)*; Lerch, Rom. Jb. 3, 140.
chorée 1. „Choreus", mask.
18. Jh., aus lat. *(choreus)* dass.
2. „Veitstanz", fem.
19. Jh., aus lat. *(chorea)* „Tanz".
chorège „Chorausrüster"
16. Jh., aus gr. (χορηγός).
chorévêque „Landbischof"
dann in scherzhafter Anlehnung an *chorus,* s. *chœur,* „erster Domsänger", 17. Jh., ist in Anlehnung an *évêque* entlehnt aus lat. *(chorepiscopus).*
chorus „Wiederholung der Endstrophen"
17. Jh., aus lat. *(chorus)* „Chor", s. *chœur.*
chose „Gegenstand"
9. Jh., ist afrz. auch indefinites Pronomen für nfrz. *quelque chose,* daher im 15.—17. Jh. neutrales *le chose* „Dingsda", namentlich als Verlegenheitsausdruck und Deckwort; aus lat. *causa* „Anlaß", das bei Cassian und später in Glossen schon die romanische Bedeutung „Ding" aufweist. ALL 9, 413; REW 1781.
chosette, chosier s. *chose.*
chott „Salzsee" (in der Sahara)
19. Jh., aus arabisch *šaṭṭ* „Rand", „Ufer eines Flusses". Lam. XLII.
chou 1. „Kohl", „Rosette"
12. Jh., aus lat. *caulis.* Diez 94; REW 1778.
2. „such", „such!"
18. Jh., ist wohl Schallwort, s. *choupille!* Dict. gén.
chouan „roter Kauz"
13. Jh., auch Bezeichnung der aufständigen Gegner der Revolution vom Jahr 1791, nach dem Beinamen *Chouan* eines ihrer Anführer, Jean Cottereau; Bl.-W. 131; ist die lautgesetzliche Weiterbildung von grom. *cavannus* „Eule", s. *chat-huant.* Das Wort wird für Norm., H. Maine angegeben. Roll. F. 2, 39; REW 1787.
Dazu mit Endungswechsel seit dem 18. Jh. **chouart** „Schleiereule", das im Vendom. lebt.
choucas „Nebelkrähe"
16. Jh. neben mundartlichem *chouquette, chouchette* u. ä., Roll. F. 2, 127, geht mit prov. *caucala* auf ein grom.**caucalla* zurück, das den Stamm von *choue,* s. *chouette,* enthalten kann, also einem älteren **kauakalla* entspricht, das gallische dem. Abl. von **kaua* ist, vgl. bei Aurelius Victor bezeugtes *caracalla* „Kapuzenmantel" zu gallisch *cara* (prov. *cara*) „härenes Gewand", Dottin 242; Gg. ZRP 40, 171; *choucas* ist also mit Suffixwechsel umgestaltetes *choucale,* dessen Endung im Nordfrz. vereinzelt gewesen wäre. Zu dem angeführten *caracalla* vgl. noch Creuse *carcalha* „Gänseblümchen", Roll. Fl. 7, 90.
choucas als Schallbildung, Sain. Chat 101; Bl.-W. 131, ist nicht begründet.
choucroute „Sauerkraut"
18. Jh. *sorcrote,* dieses aus dem schon im 16. Jh. bezeugten dt. *saurkraut*, dann die

literarische Form aus alemannisch *sûrkrût*, das volksetymologisch an *chou* 1 und *croûte* angeschlossen wurde; Behrens, DS 58, Anm. 6; Bl.-W. 131.

chouette 1. „Eule"
11. Jh. *çuete*, ist dem. Abl. von afrz. *choe*, das namentlich die „Alpenkrähe", „Nebelkrähe" bezeichnete, s. *choucas*, Cornu, ZRP 16, 520, aber wohl auch die Bedeutung „Eule" besessen hat, da schon im 3. Jh. *cauua* mit γλαύξ „Nachteule" glossiert wird, vgl. Terracini, RFIC 49, 427; Rom. 30, 476; 41, 450. Es kreuzen sich in dem Worte zwei Stämme: ein gallisches **kaua* „Eule", s. *chevèche*, *chouan*, *chat-huant*, *choucas*, *chouard*, und vielleicht ein germanisches **kauw-* „Krähe", vgl. ndl. *kauw* dass., in den leges Alam. *cauha*, Diez 547f.; REW 1785. Vgl. Bl.-W. 131.
2. „hübsch", „allerliebst"
19. Jh., ist norm. „gepflegt", „kokett", V. d'Yères allgemein als Adjektiv verwendet, so *une chouette maison*, *une chouette fille* usf. Das Wort gehört zu afrz. *choëter* „umschmeicheln", nfrz. *chouter* „verhätscheln", „verzärteln", d. i. Abl. von afrz. *chouer* „schmeicheln", „liebkosen" und dieses Nebenform von *choyer*, s. d.; *chouette* ist zunächst Bildung des ‚bas langage', wird bei Larchey zu dem Kosewort *mon chou*, *mon chouchou* gestellt, „mein Liebling", besonders kleinen Kindern gegenüber, und wird dort mit der Antwort „kleine Kinder werden im *Kohl* gefunden", wenn diese bei ihren Eltern nach ihrer Herkunft fragen", zu frz. *chou* gestellt; s. Dict. gén.
Zu *chouette* 1, Sain. Chat. 112, ist trotz *joli comme une chouette* (das sekundäre Anlehnung von *chouette* 2 an *chouette* 1 zeigt) bei Rabelais unwahrscheinlich.

chou-fleur „Blumenkohl"
16. Jh. zunächst *chou-fleuri*, ist zusammengesetzt aus *chou* und *fleur*, s. d., vielleicht in Nachbildung des ital. *cavolo fiore*, Bl.-W. 131.

chou-pille „Fanghund"
17. Jh., ist zusammengesetzt aus der Interjektion *chou* „such, such!", s. *chou* 2, und *pille*, dem Imperativ von *piller*, s. d.

chouquet „Schlagstock", „Eselshoofd" (Marine)
14. Jh. „Holzstab", „Holzstück", ist norm., westfrz., hier dem. Abl. von wall., Rouchi, boulogn. *choque* „Baumstumpf", d. i. die norm. pik. Entsprechung des frz. *souche*. Dict. gén.

choyer „verhätscheln", „liebkosen"
13. Jh., ist Nebenform von afrz. *chouer* gleicher Bedeutung, s. *chouette* 2, bedeutet afrz. auch „sich vor etwas hüten", T. L. II, 430; aus grom. **cavicare*, **caucare*, d. i. Intensivform von lat. *cavēre* „sich hüten", aber auch, wie im Afrz. *choiier* „für jmd. Sorge tragen". Das Wort entwickelt im Frz. zwei Stämme, *choi-* vor *a*, *chou* vor den übrigen Vokalen; beide Stämme verallgemeinern sich wie in *adjutare* afrz. *aiier* und *aidier*, s. *aider*, oder wie im Nebeneinander der afrz. Adjektiva *bloi* und *blou*, s. *bleu*, *poi* neben *pou*, s. *peu*; zu *choyer* vgl. vogesisch *choyon* „verzärteltes Kind", s. *chouette* 2; Havet Rom. 3, 331.
Daß *choyer* eine expressive Bildung der Kindersprache wäre, ist in der Geschichte des Wortes nicht begründet. Zu *choue* „Eule", weil die Eulen angeblich zärtliche Eltern sind, Sain. Chat 111, ist begrifflich zu gekünstelt.

chrême „Chrisam"
12./13. Jh., aus lat. *chrĭsma* „Salbung", „Ölung". REW 1887.

chrémeau „Taufmützchen"
16. Jh., aber im 14. Jh. als „Chrisamvase" bezeugt, ist in beiden Bedeutungen im Mittellat. als *chrismale* seit dem 13. Jh. belegt; dieses ist Abl. von *chrisma* „Salbung", s. *chrême*. Vgl. dazu angev. *crémeau* „Kopfbedeckung".

chrestomathie „Mustersammlung"
19. Jh., aus gr. (χρηστομάθεια).

chrétien „Christ"
9. Jh. dreisilbig *chrestiien*, aus lat. *(christianus)* „christlich", REW 1888; dazu seit dem 11. Jh. die Abl. **chrétienté** „Christenheit"; vgl. *crétin*.

christ „Erlöser"
10. Jh., aus lat. *(christus)* „gesalbt", „Christus".

christe „Meerfenchel"
15. Jh. *crete marine*, 17. Jh. *christe marine*, ist volksetymologisch umgestaltetes gr. (χρῆθμος) dass., das mit *crista*, s. *crête*, fälschlich identifiziert wurde. Dict. gén.

christianisme „Christentum"
13. Jh., aus lat. *(christianismus)*.

chrome „Chrom"
Ende des 18. Jhs. von Vauquelin aus gr. (χρῶμα) „Farbe" gebildet. Dict. gén.

chronique 1. „chronisch"
14. Jh., aus lat. *(chronicus)*.
2. „Chronik"
12. Jh., aus lat. *(chronica)*.

chrysalide „Schmetterlingspuppe"
18. Jh., aus lat. *(chrysallis, -ide)*.

chrysanthème „Wucherblume"
17. Jh., aus lat. *(chrysanthemon)*.

chrysochalque „nachgeahmtes Gold"
19. Jh., ist gelehrte Zusammensetzung aus gr. (χρυσός) „Gold" und gr. (χαλκός) „Kupfer".

chucheter s. *chuchoter*.

chuchillement „Geflüster"
17. Jh., ist mit Suffixwechsel aus *chuchotement* dass. umgestaltet; dieses ist Abl. von **chuchoter** „flüstern", 17. Jh. für älteres, seit dem 14. Jh. belegtes *chucheter*, d. i. Abl. von einer Interjektion *chuche* „still".

chuinter „den Eulenruf nachahmen", „die Laute *j* und *ch* zischend aussprechen"
18. Jh., ist Schallnachahmung, die von der Bezeichnung der Eule, westfrz. *chouan* u. ä., s. d., ausgeht. Dict. gén.; Bourcier, RPFL 40, 137.

chut „still!"
16. Jh., ist Schallwort, vgl. *chuchoter.*

chute „Fall"
16. Jh. *cheute,* ist Kreuzung von afrz. *chëue* und afrz. *cheoite* dass., das sind beides Partizipialformen von afrz. *chëoir* „fallen", s. *choir. chëue* ist eine *-ūta*-Abl., *cheoite* entspricht einem vlat. **cadecta,* das vielleicht von *collecta* zu *colligere,* s. *cueillir,* ausgeht. Dict. gén.

chuter 1. „still! schreien"
19. Jh., ist Abl. von *chut,* s. d.
2. „einen Fall machen"
19. Jh., ist Abl. von *chute,* s. d.

chyle „Milchsaft"
14./15. Jh., aus lat. *(chylus)* „ausgezogener Pflanzensaft".

chyme „Speisebrei"
15. Jh., aus lat. *(chymus)* dass.

ci 1. „hier"
12. Jh., ist Kurzform für *ici,* s. d., namentlich im Vorton, wie in *ci-dessus, ci-contre.*
2. „dieses"
19. Jh., ist volkstümliche Form für *ceci,* s. d., in Wendungen wie *comme ci comme ça* „so so, la, la".

cibaudière „Sackgarn zum Fang von Seebarben"
18. Jh., ist *-aria*-Abl. von einem nicht belegten prov. **cibau*(d); vgl. dazu bei Ambrosius, Erzbischof von Mailand, belegtes aus dem Griechischen stammendes *cephalus* „Meeräsche", das in ital. *cefalo,* im östlichen Oberitalien (venez. *cievolo*) weiterlebt. Die griechische Grundform κεφαλός „Meeräsche", romanisiert als **kipal(l)u,* ist eine ältere Form der Romanisierung als das lat. bezeugte *cephalus,* wie die Wiedergabe des gr. -φ- durch lat. *-p-* zeigt; diese Form ist auch durch die serbokroatische Lehnform *cipal* gesichert, s. dazu Wartburg, Spr. u. Mensch S. 100. Die Romanisierung des griechischen Wortes, auf dem die frz. Form **cibau* beruht, ist wahrscheinlich in Marseille erfolgt; hier ist auch die Entwicklung des auslautenden *-l* zu *-u* lautgesetzlich. Die Betonung der romanisierten Form auf der zweiten Silbe wird auch durch mlat. Formen wie *cevallus,* a. 1227 Venedig u. a. angedeutet. Daß dabei Nachahmung der lat. Form *cavallus* mitspielt, ist wenig wahrscheinlich. Wegen der suffixalen Abl. vgl. die Netzbezeichnungen *canière, combrière, harenguière* u. a., ferner an der Adria *cievolera* „Netz zum Fangen von ‚cievoli'"; Schuchardt ZRP 41, 347; FEW II, 593; Battisti 838.
Nicht zu *caepa,* s. *cive,* Barbier, RLR 53, 32.

cible „Zielscheibe"
17. Jh. für *cibe,* vgl. Lüttich *cibe,* frz. Schweiz *ciba, chiba,* hier seit Ende des 15. Jhs., aus alemannisch *schîbe* „Scheibe". Dict. gén.; REW 7687; Bl.-W. 132.

ciboire „Speisekelch"
12. Jh., aus lat. *(ciborium)* „Trinkbecher".

ciboule „Zwiebelart"
13. Jh. *cibole,* aus prov. *cebola,* dieses aus lat. *cēpŭlla* „kleine Zwiebel". REW 1820.
Dazu seit dem 17. Jh. die Abl. **ciboulette** „Schnittlauch", für älteres *civette,* das selbst von *cive* „Zwiebel", aber auch „Schnittlauch", abgeleitet ist, s. *cive.*

cicatrice „Narbe"
14. Jh., aus lat. *(cicatrice);* dazu seit dem 14. Jh. die Abl. **cicatriser** „Narben machen.

cicéro „Ciceroschrift"
17. Jh., nach dem Namen *Cicero,* dessen Werke zuerst in dieser Druckform gedruckt wurden. Dict. gén.

cicerole „Kichererbse"
16. Jh., ist in Anlehnung an gleichbedeutendes altes *cice, ciche* (s. *chiche*) Französisierung eines im Süden weit verbreiteten Typus *sezero, sezerou, cécérou,* d. i. *-eolus*-Abl. von prov. *cezer* dass., aus lat. *cĭcer,* s. *chiche.* Roll. Fl. 4, 182 ff.

cicerone „Fremdenführer"
18. Jh., aus ital. *cicerone,* d. i. *Cicero,* vgl. *cicéro.*

cicindèle „Sandkäfer"
18. Jh., aus lat. *(cicindēla)* „Leuchtwurm".
cicisbée s. *sigisbée.*

cicutaire „Wasserschierling"
16. Jh., ist Abl. von lat. *(cicuta),* s. *ciguë.*

cidre „Apfelmost"
12. Jh. *cisdre, cire,* aus lat. *sīcĕra* bzw. daraus umgestelltem *cisera* „Scherbet", das in der Vulgata steht und letzten Endes aus dem Hebräischen stammt, vgl. *siceratores* im Cap. de Villis. Diez 294; REW 7898; Bl.-W. 132; H. Meier, NSpr. 43, 183.

ciel „Himmel"
9. Jh., aus lat. *caelum.* REW 1466.

cierge „Kerze"
12. Jh., über **cerie,* s. prov. *ceri, ciri, cire,* daraus afrz. *cirge,* daneben auch *cierge,* das seit dem 13. Jh. überwiegt, aus lat. (*cērĕum*) „Wachskerze". REW 1829.

cigale „Zikade"
15. Jh. für *cigade,* das im 14. Jh. bezeugt ist, aus prov. *cigala,* aus *(cigala),* das in Glossen bezeugt ist; dieses ist nach Brüch, ZFSL 50, 315 die sabinische Entsprechung von lat. *(cicada).* Diez 99; REW 1897.

cigare „Zigarre"
18. Jh., aus span. *cigarro,* dazu *cigarrar* „in „Wickel zusammenrollen", u. H. Schmidt, Span. Elem. 42; dazu seit dem 19. Jh. die dem. Abl. **cigarette** „Zigarette"; s. über die

verschiedenen Erklärungsversuche Cor. I, 798.

cigogne „Storch" u. a.

12. Jh. *cegoine, ceogne,* aus lat. *cĭcōnia,* mit sekundärer Rückanlehnung des volkstümlich entwickelten Wortes an die lat. Wortform. REW 1906; Diez 440; s. *échignole.*

Oder frz. *cigogne* aus prov. *cegonha.* REW 1906.

ciguë „Schierling"

12. Jh. *cëue,* daher norm. *chue* dass., daneben *cegue, cigue,* aus lat. *cĭcūta.* REW 1909.

cil „Wimper"

12. Jh., aus lat. *cĭlium,* das im Lateinischen in den Bedeutungen „Augenlid" und „Wimper" bezeugt ist, s. Zauner, RF 14, 378; afrz. *cil* hat noch beide Meinungen; dazu afrz. *cillier* „blinzeln", dann in der Falknerei „dem Falken) die Augenlider zunähen", vgl. dazu *déciller;* frz. **ciller** „blinzeln"; Bl.-W. 133; REW 1913.

cilice „Büßerhemd"

13. Jh., aus lat. *(cilicium).*

ciller s. *cil.*

cimaise „Hohlkehle", „Hohlleiste"

12. Jh., aus lat. *(cymatium)* dass.

cime „Gipfel", „Spitze"

12. Jh., aus vlat. **cima,* dieses aus gr. κῦμα. REW 2438.

ciment „Zement"

13. Jh., aus lat. *caementum* „Bruchstein". REW 1467.

cimeterre „krummer Türkensäbel"

15. Jh., stammt mit gleichbedeutendem ital. *scimitarra* aus türkisch bzw. persisch *šemšîr* „Säbel". Lam. 88.

cimetière „Friedhof"

12. Jh., aus lat. *(coemeterium)* „Schlafstätte". Diez 99; REW 2023.

cimier 1. „Helmstutz"

13. Jh., ist ursprünglich adjektivische Abl. von *cime* „Gipfel", s. d.; Wartburg, RLiR 28, 214.

2. „Lendenstück", „Ziemer"

12. Jh. *escimer, seimier, semier,* bedeutet afrz. „Fleisch am Kreuz vom Pferde oder dem Hirsch", dann auch „Schwanz", und daher „männliches Glied"; in beiden Bedeutungen lebt das Wort auch im Deutschen: mhdt. *zimere* „Rückenstück des Wildes", dann in „Ochsenziemer", „Rute des Stiers", dazu die metaphorische Bedeutung „zäher Faserstrang, mit Stiel zur Klopfpeitsche verarbeitet"; nach Kluge-G. unter „Ziemer" würden zwei verschiedene Wörter zugrunde liegen. Wahrscheinlich stammt das französische Wort aus dem Deutschen, was die voneinander abweichenden Formen des afrz. Wortes erklären würde, nicht umgekehrt; Tilander, Stud. Neoph. 13, 1; Brüch, ZRP 40, 324.

Zu *sagimen* „Fett", s. *saindoux,* Dict. gén., trennt das französische Wort vom deutschen, was bei der Gleichheit der Bedeutung unwahrscheinlich ist; s. REW 7506.

cinabre „Zinnober"

13. Jh. *cenobre,* aus lat. *(cinnabaris).* Diez 99.

cincenelle „Windeseil", „Hebeseil", „Zugseil"

17. Jh. auch **cinquenelle;** wenn diese Form die ursprüngliche ist, kann *cinquenelle* für **ciquenelle, *ciconelle* stehen, vgl. mfrz. *cigonille* „Winde am Zugbrunnen", für gebräuchlicheres *ceoignole,* s. *soignole* und *échignole,* gehört also zu *ciconia* „Storch", s. *cigogne;* wegen der *-c*-Form vgl. *cicognat* neben *cigognat* „junger Storch"; s. dazu FEW II, 665.

Zu lat. *cincinnus* „gekräuseltes Haar", „Haarlocke", Dict. gén. ist begrifflich unverständlich, s. FEW II, 667.

cinéma „Kino"

20. Jh., auch *ciné,* beides Verkürzungen von *cinématographe,* ist allgemein geworden, gelehrte Zusammensetzung von gr. κίνημα „Bewegung" mit dem Stamm vor gr. γράφειν „schreiben".

cinéraire „Aschen-", „Aschenpflanze"

18. Jh., aus lat. *(cinerarius),* vgl. *cendré*

cingler 1. „segeln"

11. Jh. *sigler,* die *-n*-Form seit dem 14./15. Jh., aus anord. *sigla* „segeln". Diez 295.

2. „geißeln", „peitschen"

13. Jh., aus prov. *cenglar, cinglar,* d. i. die Entsprechung des frz. *sangler,* s. d. REW 1927.

cinnamone „echter Zimt"

13. Jh., aus lat. *(cinnamomum).*

cinq „fünf"

aus vlat. *cinque* (für klassisches *quinque),* das inschriftlich wiederholt belegt ist. Ihm, ALL 7, 66; REW 6964.

cinquante „fünfzig"

aus vlat. *cinquaginta* (für klassisches *quinquaginta*), das inschriftlich wiederholt belegt ist. Ihm, ALL 7, 70; Jud, Festschr. Morf 244 f.; REW 6963.

cinquenelle s. *cincenelle.*

cintre „Bogen", „Gewölbe"

14. Jh., ist postverb. Subst. zu afrz. *ceintrer, cintrer* „umgürten", seit dem 14./15. Jh. „die Balken anordnen, auf die die Wölbung aufgesetzt werden soll" (Architektur), „in Gewölbeform anordnen", daher die nfrz. Bedeutung; aus vlat. **cincturare* „umgürten", zu *cinctura,* s. *ceinture;* FEW II, 678.

cioutat „Petersilientraube"

18. Jh., besonders in *chasselas ciotat,* dürfte zu einem Ortsnamen *Ciotat* gehören, dieses die prov. Entsprechung des frz. *cité.* Dict. gén.

cipaye „Spahi"

18. Jh., letzten Endes aus persisch *sipâhî* „Soldat", „Kavallerist", ist die französische Bezeichnung der berittenen algerischen und tunesischen Truppen; dazu englisch *sepoy,* Bezeichnung der in Indien dienenden einheimischen Soldaten, die nach europäischer Weise

ausgebildet sind; lebt auch in portug. *sipay;* ob die Entlehnung aus dem Portugiesischen erfolgte, Bl.-W. 133, oder aus dem Englischen, Dict. gén., ist noch aufzuklären; Littmann 108.

cipolin „Zipolinmarmor"
18. Jh., aus ital. *cipollini,* so nach Schmidlin „eine Art grünlichen Marmors, der in den Gebirgen bei Carrara gefunden wird", Behrens, Wg. 347; dieses ist Abl. von ital. *cipolla,* s. *ciboule.* Vgl. *chipolin.*

cippe „Halbsäule"
18. Jh., aus lat. *(cippus)* „Spitzsäule"

circée „Hexenkraut"
17. Jh. auch *herbe aux sorciers,* aus nlat. *(circaea),* zu dem Namen der Zauberin *Circe* in der Odyssee.

circon- „rund herum-"
in Zusammensetzungen, aus lat. *(circum)* dass., vgl. *chercher.*

circoncire „beschneiden"
12. Jh., aus lat. *(circumcidere).*

circonspecte „vorsichtig", „zurückhaltend"
14. Jh., aus lat. *(circumspectus)* „überlegt", „besonnen", eigentlich „überall herumblickend".

circonstance „Umstand"
13. Jh., aus lat. *(circumstantia)* „das Umherstehen", „beengende Umgebung", „Umstand"

circonvenir „umgarnen", „hintergehen"
14. Jh., aus lat. *(circumvenire)* „umringen", „umzingeln", „umgarnen".

circonvoisin „benachbart"
14. Jh., ist Franzisierung eines mittellat. *(circumvicinus).*

circuit „Umkreis", „Kurzschluß"
13. Jh., aus lat. *(circuitus).*

circuler „umkreisen" u. ä.
14. Jh., aus lat. *(circulare),* s. *cercler.*

cire „Wachs"
12. Jh., aus lat. *cēra.* REW 1821; dazu seit dem 12. Jh. die Abl. **cirer** „wichsen".

ciroène „Wachspflaster"
13. Jh., ist in nördlichen und westlichen Mundarten in der Bedeutung „Schusterpech" zu Hause, norm. *chiroine,* B. Maine *chirouenne,* Lüttich *cerwen* u. ä.; aus mlat. *(ceroneum)* zu lat. *cera* „Wachs", Dict. gén. Vgl. auch *chimoine.*

ciron „Milbe"
11. Jh. *seiron,* 13. Jh. *suiron,* d. i. mundartliche Form für *soiron,* vgl. bournois *swerõ,* prov. *soiró,* aus fränkisch **seuro,* zu ahdt. *siuro;* s. dazu bei dem mantuanischen Arzt Matthaeus Silvaticus, 13. Jh., *siriones* „Zahnwürmer"; dieses wegen seiner Verbreitung im Frankoprovenzalischen, Neuprov. Oberitalienischen vielleicht aus gotisch **siurjô* zu ahdt. *siurra* „Krätzmilbe"; s. Gg., RG I, S. 283, Anm.; Til. Lex. 143; REW 7964.

cirque „Zirkus"
14. Jh., aus lat. *(circus).*

cirre „Wickelranke"
16. Jh., aus lat. *(cirrus)* „krauses Haar".
cirure s. *cirer.*

cis- „diesseits-"
in Zusammensetzungen, aus lat. *(cis-)* dass.

cisaille „Abschnitzel (von Münzen)" u. ä.
14. Jh., gehört zu einer Wortfamilie, mit der ersten Silbe *cis-,* mit der Bedeutung „schneiden" bzw. „Schere" u. ä., die zuerst in der Abl. *cisorium* „Schneidewerkzeug" bei Vegetius (4./5. Jh.) belegt ist; dazu seit der 2. Hälfte des 12. Jhs. afrz. *cisour,* Plur. *cisours,* mit mundartlicher Entwicklung des *-orium* Suffixes, nfrz. **cisoir** „Metallschere", vgl. dazu mundartlich port. *cisoio,* Sofer 177; daneben die feminine Weiterbildung *cisoire* 13. Jh. pluralisch **cisoires** „Werkzeug zum Gravieren der Münzstempel", „Stockschere". Der Stamm **cisum* gehört zum Verbum *caedere* „hauen", „schlagen", „herausbrechen", „zerhauen", „zerhacken" u. ä., mit Übernahme des Stammvokels des damit zusammengesetzten *incīdere, incīsum.*
Zu *caedere* gehört schon im Lateinischen bei Vegetius belegtes *caesa* „Hieb", dann *caesus* „das Abhauen" (des Laubes), *caesum* „Einschnitt", d. i. postverb. Substantiva eines Verbums **caesare,* Intensivum zu *caedere,* wie lat. *cantare* zu *canĕre, volvere* zu *volutare* (afrz. *voudre* neben *vouter* „wölben", bzw. afrz. nach vlat. **volsum* statt *volutum, vousser,* dass.); zu lat. *caesus* „Abschlagen des Laubes", mit Übernahme des Stammes *cis-* für *caes-,* in der frz. Schweiz *sisa* „Hecke", auch „Büschel Gras, das der Mäher hinter sich zurückgelassen hat", s. FEW II, 38. Das Wort fehlt weiter nördlich, wahrscheinlich ersetzt durch das expressivere, kollektive **caesalia, cisalia* „das Abgehauene", „Abgeschlagene", „Abgeschnittene", das im 14. Jh. singularisch kollektivisch als *cisaille,* seit dem 16. Jh. pluralisch als **cisailles** „Abschnitzel" erhalten ist. Von *cisaille* seit dem 15. Jh. die Abl. **cisailler** „zerschneiden", „zerschnitzeln".
Daneben besteht seit dem 13. Jh. das Subst. *cisaille* „große Schere", prov. *cizalha* „Blechschere", literarisch pluralisch **cisailles** dass., das mit *cisaille(s)* „Abschnitzel" nicht unmittelbar zusammenhängt; es ist vermutlich mit Suffixwechsel vergröberndes **ciseaux** „Schere". Dieses geht auf eine Grundform **cisellum* (statt **caesellum*) zurück, das nicht unmittelbare Abl. vom Particip *caesum (cisum)* zu *caedere* sein kann. Es ist mit Suffixwechsel (*-ellum* für *-ulum*) aus **caesulum* entstanden, vgl. wegen des schon vlat. Suffixwechsels Appendix Probi *catulus* non *catellus* usf.; **caesulum* ist mittels des werkzeugbezeichnenden Suffixes *-ulum* (s. M. L., Rom. Gram. II. § 430) abgeleitet von vlat. **caesare,* der Intensivform von *caedere, *caesellum* ist also

eine alte Variante des später gebildeten *caesorium, cisorium.* Vgl. die im gleichen Gesichtskreis stehende Abl. ital. *segolo* „Gartenmesser" neben *segare* „schneiden", „abmähen" bzw. vlat. **seculum* zu *secare.*
Von den verschiedenen Möglichkeiten, die sich mit der Vorstellung „Werkzeug zum Schneiden, Abhauen" verbinden, hat sich bei **caesulum* die Bedeutung „Meißel" festgesetzt, aber auch die Vorstellung „Schere" ist dabei nicht vollständig ungebräuchlich geworden, s. afrz. *cisel,* frz. **ciseau** „Meißel", pluralisch *ciseaux* „Schere"; doch ist schon afrz. gelegentlich für den Singular *cisel* die Bedeutung „Schere" bezeugt, REW 1472; 1474; Gröber ALL 1, 546; Brüch, ZFSL 50, 315; Bl.-W. 134. Zu *ciseau* seit dem 13. Jh. die Abl. **ciseler** „mit Meißel oder Schere arbeiten".

ciseau s. *cisaille*

cisoir s. *cisaille.*

ciste 1. „Zistenrose"
17. Jh., aus lat. *(cisthos).*
2. „Art Korb"
18. Jh., aus lat. *(cista).*

cistre „deutsche Mandoline mit Drahtsaiten"
16. Jh. *citre,* daneben *cistre* zunächst rein graphisch, dann im Laufe des 18. Jhs. auch mit *-s-* gesprochen, aus deutsch *Zither,* das selbst aus lat. *cithara* stammt. Dict. gén.; aus lat. *(cithara),* Bl.-W. 134, nicht möglich, da bei einer Entlehnung im 16. Jh. die Form **citare* zu erwarten wäre.

citadelle „Zwingburg"
15. Jh., aus ital. *cittadella,* d. i. dem. Abl. von *cittade* „Stadt", der Entsprechung des frz. *cité.*

citadin „Stadtbewohner"
15. Jh., aus ital. *cittadino,* d. i. Abl. von *cittade* „Stadt", s. *cité.*

citation „Berufung", „Zitat"
14. Jh., aus lat. *(citatione).*

cité „Altstadt", „Bürgerschaft"
10. Jh. „Stadt", bezeichnet seit dem 17./18. Jh. nur mehr eine Stadt, in der neben einem neuen ein altes Viertel besteht, dann „von Mauern eingeschlossene Stadt", „innere Stadt", auch „Bischofsstadt", Br. 4, 268; aus lat. *cīvĭtate* „Bürgerschaft"; für *civitas* ist die Bedeutung „Stadt" in der volkstümlichen Sprache alt; in der Peregrinatio der Aetheria ist es der einzige Ausdruck, lat. *urbs* und *oppidum* sind bereits geschwunden; Löfstedt, Aeth. 174; REW 1959; vgl. *village.*

citer „zitieren"
14. Jh., aus lat. *(citare).*

citérieur „diesseitig"
15. Jh., aus lat. *(citeriore).*

citerne „Sammelbrunnen für Regenwasser"
12. Jh. *cisterne,* aus lat. *cisterna* „Wasserbehälter unter der Erde", REW 1951; dazu seit dem 18. Jh. die Abl. **citerneau** „kleiner Wasserbehälter".

cithare „Zither"
14. Jh., aus lat. *(cithara),* vgl. *cistre;* das eigentlich afrz. Wort ist *citole,* das bis ins 19. Jh. erhalten ist; dazu um 1200 mlat. *citheola,* d. i. *cithara* + *-eola;* Sachs, NM 53, 46; Dick, GB 25, 51.

citoyen „Bürger"
12. Jh. *citeain,* ist Abl. *(-anus)* von *cité* „Stadt", s. d. und *citadin.*

citrate „zitronensaures Salz"
18. Jh., ist gelehrte Abl. von lat. *(cĭtrus)* „Zitrone".

citron „Zitrone"
14. Jh., ist in Anlehnung an *limon* abgeleitet von lat. *(citrus)* „Zitrone".

citrouille „Kürbisart"
13. Jh. *citrole,* 14. Jh. *citrule,* das bis ins 16. Jh. zu finden ist; daneben seit dem 16. Jh. in Anlehnung an das Suffix *-ouille* die heutige Form; aus ital. *citriuolo* bzw. neapolitanisch *cetrulo* „Gurke", d. i. *eolus*-Abl. von lat. *citrium* „Zitronengurke", „Zitrone", s. *citron.* REW 1956; Roll. Fl. 6, 19 ff.; Bl.-W. 135.

civadière „Bugsprietsegel"
16. Jh., aus nprov. *civadiero* dass.; in der gleichen Bedeutung im 16. Jh. ital. *civada,* das aber vielleicht erst Rückbildung von *civadiera* ist; dazu spanisch *cebadera* „Futterbeutel", der dem Vieh auf freiem Feld statt der Krippe um den Hals gehängt wird; von dieser Meinung aus wohl die Übertragung auf das Segel; ist Abl. *(-aria)* von nprov. *civado* „Hafer", dann „Mahlzeit", vgl. span. *ceba* „Mastfutter", zu lat. *cibare* „speisen", „füttern"; Mistral s. v.; Battisti 970; Cor. I, 744; FEW II, 660.

cive „Schnittlauch"
13. Jh., bedeutet ursprünglich auch im Nordfrz. „Zwiebel", wie die seit dem 16. Jh. belegte Abl. **civette** „Knoblauchart" zeigt; aus lat. *cēpa* „Zwiebel"; vgl. auch pik. *chivot* „grüne Zwiebel", s. auch *ciboule.* REW 1817; Jud, ZRP 38, 20; Gilliéron-Mongin, RPFL 20, 109 ff.; ALF 937.

civet „Schnittlauchragout"
13. Jh. *civé,* ist *-atum*-Abl. von *cive* „Schnittlauch", s. d., die heutige Form seit dem 17. Jh. in graphischer Anlehnung an das dem. Suffix *-ittus.*

civette 1. s. *cive.*
2. „Zibetkatze"
15. Jh., aus ital. *gatto zibetto,* dieses aus arabisch *qaṭṭ azzabâd* „Katze, welche die Sekretion *zabâd* von sich gibt", zu *zabâd* „Art parfümierte Substanz". Lam. 88; Diez 346; REW 9585; Littmann 81.

civière 1. „Tragbahre"
afrz. zuerst in der Bedeutung „Misttrage" mit *cenovectorium* glossiert; dieses ist Zusammensetzung von lat. *caenum* „Kot", „Unflat" und *vectorius* „zum Transport dienend"; noch deutlicher ist die alte Bedeutung im

Glossar von Tours angegeben: *capistercum*, d. i. Zusammensetzung von *capere* in der Bedeutung „fassen" und *stercus* „Mist", „Dünger"; Zusammenhang mit lat. *cibarius*, also etwa in einer Verbindung **bēra cibaria* „Bahre zum Transportieren von Lebensmitteln" ist wegen der alten Bedeutung des Wortes unwahrscheinlich; H. u.
Unmögliches bei Hubschmied VR I, 95; ebenso Alessio RDiR 17, 169; s. FEW II, 661.
2. „Rackseil" (Seil an der Sprietsegelrahe = civadière)
gehört kaum zu *civière* 1; scheint vielmehr eine volksetymologische Weiterbildung von *civadière* zu sein, s. d.

civil „bürgerlich"
13. Jh., aus lat. *(civilis)*.

civilité „Lebensart"
14. Jh., aus lat. *(civilitate)* dass.

civisme „Bürgersinn"
18. Jh., ist Abl. von lat. *(civis)* „Bürger".

clabaud „Bracke" (Jagdhund mit herabhängenden Ohren)
zuerst im 16. Jh. von den herabhängenden Ohren des Hundes gebraucht, daher heute noch *chapeau clabaud* „Schlapphut", vgl. dazu pik. *clabaud* „mit herabhängenden Ohren"; die ursprüngliche Bedeutung ist „Kläffer", so heute boulogn., d. i. Abl. von mundartlichem *claber* „kläffen", „lärmen", vgl. ALF 347 im äußersten Norden *clabet* „Klapper", für weiter verbreitetes *clapet*, *clapette*; aus ndl. **klab-*, vgl. ndl. *klabbaerd* „Klapper", dessen Stamm auch sonst im Germanischen nachweisbar ist, Diez 598, s. Braune, ZRP 20, 360; vgl. auch *glapir* und *clapper*.
Dazu seit dem 16. Jh. die Abl. **clabauder** „kläffen".

claie „Hürde", „Flechtwerk"
12. Jh. *cloie*, aus gallisch **clēta*, der Entsprechung des irl. *cliath* dass. Diez 548; REW 1988; Dottin 246.
clain s. *clin*.

clair „klar"
12. Jh. *cler*, auch „glänzend", „berühmt" u. ä., aus lat. *clarus* „klar", „hell", „ausgezeichnet", „berühmt". REW 1963.

clairce „geklärter Zucker"
18. Jh., ist postverb. Subst. von **claircer** „den Zucker klären", d. i. nach dem Vorbild von *éclaircir* u. ä. abgeleitet von *clair* „klar", s. d. Dict. gén.

clairet 1. „bleichrot" (vom Wein)
12. Jh. *claret* „ziemlich hell", auch übertragen „Bleicher", „heller Edelstein", ist dem. Abl. von *cler*, s. *clair*. 2. „Weinlikör"
12. Jh. *claré*, mittellat. *claratum*, d. i. Partizipium von lat. *clarare* „erhellen", mittellat. „(den Wein) klären", s. *claircer*. Wegen der Endung vgl. *civet*.

claire-voie „Aussichtslücke", „Raum zwischen zwei Balken", „Gitter"
15. Jh., ist ursprünglich wie noch heute mundartlich „Mauergitter", scheint ursprünglich präpositionales *à clere voie* „mit offenem Durchgang zu sein, in der Bedeutung von *voir* „sehen" beeinflußt, doch weisen einzelne östliche Formen auf Zusammenhang mit *claie* „Hürde" hin, vgl. lothr. *claie-voie*, das zu lyon. *cliedas*, *clédar*, Genf, Freiburg *clédar* „gitterförmige Barriere" führt, doch ist bei Zusammenhang mit **clēta* der zweite Bestandteil unverständlich; vgl. noch norm. *claire vaie*, angev. *claievoir* „mit Stangen verschlossene Maueröffnung", bourb. *clerroir*, die aber durchwegs wohl sekundäre Umgestaltungen zeigen; vgl. Bl.-W. 135.

clairière „Lichtung im Walde", „dünne Stelle eines Gewebes"
17. Jh., ist kollektive Abl. von afrz. *cler* „Helle", s. *clair*.

clairon „Zinke", „helltönende Trompete"
15. Jh., ist Abl. von *clair* in der Bedeutung „helltönend", s. auch *clarinette*.

clairsemé „dünngesät", „spärlich"
12. Jh. *clersemé*, ist Zusammensetzung von afrz. *cler* wie in *lait clair*, *toile claire*, d. i. „durchsichtig", und *semer*, s. d.

clairvoyance „Scharfblick"
16. Jh., ist Abl. von **clairvoyant** „scharfsichtig", 13. Jh. *clervëans*, d. i. Zusammensetzung von *cler*, s. *clair*, und *vëans*, d. i. Part. von *vëoir* „sehen", s. *voir*.

clameur „Geschrei"
12. Jh., aus lat. *(clamōre)* dass., kaum rein volkstümlich entwickelt. Dict. gén. Das Wort wird im 17. Jh. verworfen, Br. 3, 108.

clameux „lärmend"
14./15. Jh., aus lat. *(clamosus)* dass.

clamp „Klampe", „Zapfenloch"
17. Jh. auch **clan**, aus ndl., mflämisch *klamp* „Klammer", „Zapfen", s. *acclamper* und *gland* 2. Braune, ZRP 19, 358; Diez 548.

clampin „Nachzügler", „Nichtstuer", mundartlich „hinkend"
17. Jh., vgl. dazu pik. *clampin* „hinkend", poitev. *cliapon* dass., norm. *clampin* „wertloser, energieloser Mensch", V. d'Yères „Nichtstuer", „Lärmer" u. ä.; in die Literatur ist das Wort als Soldatenausdruck zur Bezeichnung des nachziehenden fußmaroden Soldaten gekommen; es steht für *clopin*, so im 13. Jh. als „hinkend" bezeugt, vielleicht gekreuzt mit *ramper* „kriechen", s. Regula, AR 12, 275; aus vlat. *cloppus*, das in den Tironischen Noten und später in Glossen bezeugt ist, Heraeus, ALL 12, 82; Diez 550; REW 1997; vlat. *cloppus* stammt vermutlich aus gr. χωλόπους; Walde s. v.; Brüch ZFSL 50, 316. Vgl. auch *écloper*, *clocher* 1.

clan 1. s. *clamp*.
2. „Stamm", „Verbrüderung"
18. Jh., aus irisch *clann* dass. Dict. gén.

clandestin „heimlich"
14. Jh., aus lat. *(clandestinus).*
clapet „Klappe"
13. Jh. wallonisch *clapette* „Ventil", ist Werkzeugsbezeichnung von *claper* 12. Jh. „lärmend zuschlagen", so wall., boulogn. „Lärm machen", daher in der Literatur seit dem 16. Jh. **clapper** „mit der Zunge schnalzen", vgl. *clabauder;* in ähnlicher Bedeutung mndl., mnddt. *klappen* „lautes Geräusch machen", „klappern", „krachen", „schwätzen", „knallen" u. ä.; es liegt ein Schallstamm **klap-* zugrunde. Ob Ausgang der Wortfamilie in Nordfrankreich liegt oder im Niederländischen, ist unbestimmt; s. dazu *clapoter;* Valkhoff 91; Wind, Neoph. 22, 163; Bl.-W. 135.
clapier „Bau in einem Tiergehege", „Kaninchenbau"
zuerst im 11. Jh. im Forez bezeugt, aus prov. *clapier* dass., eigentlich „Steinhaufen", dafür auch *clapiera* und *clap;* der Stamm **klap-* „Stein" ist in Südfrankreich, in den Alpen und in Oberitalien bodenständig, daher wohl gallisch. Jud, BDR 3, 70; Hubschmid, ZRP 66, 45; Duraffour, Hommages G. Guichard, 1947, S. 70; H. E. Keller, Parlers Valdôtains 14, Anm.; Bl.-W. 135.
Zum Schallstamm **klapp-*, s. *clapir, clapoter,* Dict. gén.; REW 4706 a, überzeugt nicht.
clapir „quieken" (von Kaninchen); refl. „sich verkriechen"
18. Jh. für afrz., seit dem 12./13. Jh. belegtes *glapir* „kläffen", s. d., ist in Form und Bedeutung von *clapier* „Kaninchenbau" beeinflußt.
Zu ahdt. *chlaph* „Spalte", „Riß", „Ritze", dazu ein germ. **klapjan,* Braune, ZRP 20, 361 f., ist nicht möglich, da die Bedeutung „sich verkriechen" jung ist; zu *clepere* „stehlen", Diez 549, ist auch lautlich nicht möglich.
clapoter „plätschern"
19. Jh., so heute Namur, norm., für älteres *clapeter,* ist dem. Abl. von mfrz. *claper* „lärmen", s. *clapet;* REW 4706 a.
Dazu seit dem 18. Jh. die Abl. **clapoteux** „plätschernd".
claque „Klatsch", „Klapphut"
14. Jh., ist postverb. Subst. von *claquer,* s. d.
claquebois s. *claquer* und *bois.*
claquedent s. *claquer* und *dent.*
claquemurer „einkerkern"
17. Jh., nach dem Dict. gén. abgeleitet von einem präpositionalen *mettre à claquemur,* d. i. Zusammensetzung von *claquer* und *mur,* vgl. im 15. Jh. belegtes *claquedent* „Bettler", d. i. „dem die Zähne vor Kälte klappern", *claquebois* „Art Harmonika", wörtlich „bei der der Wald schnalzt"; *mettre à claquemur,* bedeutet also wörtlich, „jmd. hinbringen, wo die Mauern knallen"; Dict. gén.; Bl.-W. 135.
claquer „klappern", „knallen", „schnalzen"
16. Jh., ist Kreuzung von *cliquer* „lärmen", „klingen", s. *clique,* und mfrz. *claper,* s. *clapoter,* das die meisten der Bedeutungen von *claquer* aufweist.
Zu mndl. *klack* „Lärm", „widerhallender Schlag", ostfriesisch *klakken* „anschwärzen", „schlecht machen", Braune, ZRP 19, 360, ist nicht nötig; wahrscheinlich ist das niederdt. Wort selbst aus dem Französischen entlehnt.
clarière s. *clairière.*
clarifier „aufhellen", „erläutern"
12. Jh. zunächst in der Bedeutung des lat. *(clarificare),* bei den Kirchenschriftstellern „verherrlichen", die nfrz. seit dem 16. Jh. allein belegte Bedeutung in Anlehnung an *éclairer;* Bl.-W. 136.
clarine „Glöckchen", „Schelle"
16. Jh., ist Femininbildung zu afrz. *clarin, clerin,* das poitev. in der Bedeutung des frz. *clarine* erhalten ist, sonst im Altfrz. ein helltönendes Instrument bezeichnet; dieses ist Weiterbildung von *clairon,* s. d., bzw. unmittelbar abgeleitet von afrz. *cler* „helltönend", s. *clair.*
Dazu seit dem 18. Jh. die Abl. **clarinette** „Klarinette".
clarté „Helle"
11./12. Jh., neben später aufgenommenem *clarité,* aus lat. *claritate* dass.; Dict. gén.
classe „Abteilung", „Klasse"
14. Jh., aus lat. *(classis);* dazu seit dem 18. Jh. die Abl. **classer** „in Klassen einteilen" u. ä.
classique „klassisch", „für die Schulklassen geeignet"
16. Jh., aus lat. *(classicus)* „der (ersten) Klasse angehörig"; vgl. auch *glas.*
clatir „oft anschlagen" (vom Jagdhund)
17. Jh., ist in Anlehnung an *claquer, clapper* u. ä. umgestaltetes *glatir,* s. d.
claude „einfältiger Mensch", „einfältig"
18. Jh., ist gelehrte Erinnerung an den römischen Kaiser Tiberius *(Claudius),* der im Mittelalter als geistig beschränkt galt; Dict. gén.; anders FEW II, 752.
claudication „Hinken"
13. Jh., aus lat. *(claudicatione).*
clause „Vorbehalt"
14. Jh., aus lat. *(clausa)* „Verschluß".
clausoir s. *closoir.*
claustral „klösterlich"
15. Jh., aus mittellat. *(claustralis)* zu lat. *claustrum* „Kloster".
clavaire „Keulenschwamm"
18. Jh., aus neulat. *(clavaria)* zu lat. *clava* „Keule".
claveau 1. „Wölbstein", „vorspringendes Mittelstück des Bogens"
14. Jh., gehört zu *clavette* „Keil", s. d.
2. „Schafpocken"
14. Jh., aus vlat. *clavellus,* das bei Marcellus Empiricus in der Bedeutung „Furunkel" bezeugt ist; ist dem. Abl. von *clavus* „Nagel". REW 1977.

clavecin „Klavier"
17. Jh. für *clavecimble,* aus mlat. *(clavicymbalum),* das im 15. Jh. in der Form *clavycimbale* belegt ist; ist zusammengesetzt aus lat. *clavis* „Schlüssel", s. *clavier,* und *cymbalum* „Schallbecken", afrz. *cimble.* REW 2441; Dict. gén.
clavelé s. *claveau* 2.

clavelée „Schafpocken"
15. Jh., ist kollektive Abl. von *claveau* 2.

clavette „Keil", „Bolzen"
13. Jh., ist vorhistorische Abl. von grom. **clavare* „verschließen", „verkeilen", zu lat. *clavus* „Nagel", s. *clouer,* vielleicht auch beeinflußt von *clavis* „Schlüssel", s. *clef*; vgl. prov. *clavar,* das sowohl mit der Bedeutung „mit dem Schlüssel zusperren", wie mit der Bedeutung „vernageln" belegt ist, vgl. afrz. *clavëure* „Verschluß" u. ä. S. auch *claveau* 1. Vgl. dazu mundartliches (S. V.) *claveter* „festkeilen", *clavet* „Rabatteisen".

clavicule „Schlüsselbein"
16. Jh., aus lat. *(clavĭcula)* „Schlüsselchen".

clavier „Schlüsselbewahrer", „Schlüsselring", dann übertragen „Tastenbrett", vgl. *clavecin*
12. Jh., ist Abl. von *clef* „Schlüssel", s. *clé.*

clayère „Austernpark", „grobes Reisiggeflecht"
19. Jh., ist kollektive Abl. von *claie* „Hürde", s. d.

clayette „Satz von 24 Körben Champagner"
19. Jh., ist dem. Abl. von *claie* „Hürde", s. d.

claymore „schottisches Schwert"
19. Jh., aus englisch *claymore,* das aus dem Keltischen stammt. Dict. gén.
clayon s. *claie.*
clé s. *clef.*

cléché „schlüsselringförmig durchbrochen"
17. Jh., steht für **clechel,* d. i. pik. norm. Form von afrz. *clecel* „schlüsselartig", d. i. in Anlehnung an afrz. *clacelier* „Schlüsselbewahrer", *clacelle* „kleiner Schlüssel", dieses aus lat. *clavicella* „kleiner Schlüssel", abgeleitet von *clé* „Schlüssel", s. d. F.

clef „Schlüssel"
12. Jh., auch *clé,* aus lat. *clāvis* dass. REW 1981.

clématite „Waldrebe"
16. Jh., aus lat. *(clematitis),* für volkstümliches *viaube* = lat. *vitis alba* u. ä. Roll. Fl. 1, 1 ff.

clémence „Milde"
13. Jh., aus lat. *(clementia).*

clenche „Klinke"
13. Jh., zuerst in pikardischen Texten als *clenke* bezeugt, dazu heute norm., Rouchi *clinque,* dagegen boulogn. schon franzisiert *clenche,* vgl. auch H. Maine *clanche,* lyon. *clenchi* „Holzriegel"; aus mnddt. *klenke, klinke* dass. Diez 549.
Kaum schon fränkisch **klinka,* Mackel 96; REW 4713; Bl.-W. 136.

clephte „Klephte"
19. Jh., aus gr. (κλέφθης) „Dieb". Dict. gén.

clepsydre „Art Wasseruhr"
14. Jh., aus lat. *(clepsydra).*

clerc „Kleriker", „Gelehrter" va., „Schreiber"
11. Jh., *clerc* aus lat. *clērĭcus,* neben *clerge,* das ebenfalls schon im Leodegar bezeugt ist; zu diesem vgl. *clergeon,* s. d.

clergé „Geistlichkeit"
10./11. Jh., aus lat. *clericatus.* REW 1986.

clergeon „Schreiberlein" va.
12. Jh. *clerjon* „junger Geistlicher", daneben *clerjastre* „schlechter Kleriker", *clerjois* neben *clercois* „gelehrte Sprache", mit *-j-*, das in *clergé,* s. d. lautgesetzlich entwickelt und auf die Formen des gleichen Stammes übergegangen ist; *clerjon* ist dem. Abl. von *clerc* bzw. *clerge,* s. *clerc;* die Weiterentwicklung wie bei dem Stammwort, s. poitev. *clerjon* „Chorknabe", auch „junger Schreiber", Bl.-W. 136.

clergie „Gelehrsamkeit"
12. Jh., ist Abl. von afrz. *clerge,* d. i. Nebenform von *clerc* „Gelehrter", s. d.

clérical „klerikal"
14. Jh., aus mittellat. *(clericalis),* s. *clerc.*

cléricature „geistlicher Stand"
15. Jh., aus mittellat. *(clericatura),* s. *clerc.*

cliché „Abklatsch"
19. Jh., ist subst. Part. von **clicher** „abklatschen", 18. Jh., aus nhdt. *klitsch* „Klümpchen", „klebrige, teigige Masse", bedeutet also ursprünglich „in Lehm nachbilden", vgl. deutsch *ab-klatschen;* dürfte letzten Endes ein Schallwort sein; vgl. Dict. gén.; Bl.-W. 136; s. auch *cliqueter.*

client „Klient", „Kunde"
15. Jh., lat. *(cliens, cliente)* „Schützling" einer *gens;* dann „Lehensmann", „Dienstmann" u. ä.

clientèle „Schutz", „Kundschaft"
14. Jh., aus lat. *(clientela).*

clifoire „Klystierspritze", „Spritzbüchse aus Holunderholz"
im 16. Jh. bei Rabelais *glyphouoire,* d. i. *glifoire* in einer Graphie, die den Eindruck des Gelehrten erwecken soll; lebt nach Ménage in Anjou und Berry; in Anjou auch *clifoire;* dieses scherzhafte Umgestaltung von *clisoire, clissoire,* das gleichfalls in Anjou und in der Normandie als lebend angegeben wird; dazu mit neuer Umdeutung auch *glissoire,* mit Einwirkung von *glisser;* im 17. Jh. noch einmal nach *cliquer* „klingen", „rasseln" u. ä. umgestaltet *cliquefoire,* wie *clifoire,* in Anlehnung an *foire, foirer* umgedeutetes *clysoir,* s. d., das letzten Endes auf das im 13. Jh. entlehnte *clystère* zurückgeht.

cligne-musette „Blindekuhspiel"
15. Jh. *cligne-mussette,* die heutige Form in Anlehnung an *muser* u. ä. seit dem 17. Jh., ist Abl. von afrz. *clignemusse* „schließe die

Augen — verbirg dich!", s. *cligner* und *musser*.
Zu einem *musette* „Kätzchen", Sain. Chat 70, ist wegen der alten Formen unmöglich.

cligner „blinzeln"
12. Jh. *cluignier les ieuz*, auch absolut *cluignier* „die Augen schließen", „blinzeln", ist dissimiliert aus **cluillier*, d. i. grom. **clūdiculare* „die Augen halb schließen", dieses selbst wieder dem. Weiterbildung von grom. **clūdicare* zu grom. belegtem *clūdere* für *claudere* „schließen"; die Zwischenstufen sind alle belegt; **cludicare* in prov. *clucar, clugar* „die Augen schließen", *cludere* in der Form des Partizips *clusé* „geschlossen", prov. *clusa* „Nest", „Lager"; wegen der Ableitungen s. das gleichgebaute *fouiller* aus **fodiculare*, *brouiller* aus **brodiculare*.
Wegen der Dissimilation von **cluillier* zu *cluignier* s. auch *chantignole;* nicht Grundform **cludulare*, Brüch, ZFS 55, 327, da **cludulare* nicht das angenommene **cluillier* ergeben hätte; auch nicht **cludiniare*, Bloch, RLiR 11, 334; Bl.-W. 136, da eine solche Ableitung von *cludere* morphologisch unverständlich wäre; auch nicht **caluginare* „Nebeldunst verbreiten", Spitzer, ZRP 43, 588. Weitere unhaltbare Deutungen s. Diez 549; Gröber, ALL 1, 547; Baist, ZFSL 31, 1, 147. Dazu die afrz. Abl. *cluigneter, cligneter*, seit dem 15. Jh. **clignoter** „häufig blinzeln".

climat „Klima"
14. Jh., aus lat. (griechisch) *(clima, climate)*, Neigung der Erde gegen die Pole vom Äquator", „Klima"; anderseits „Gegend".

climatérique „absteigend", „Stufen-"
16. Jh., in Anlehnung an *climat* aus lat. *(climactericus)*, zu lat. (gr.) *climax* „Steigerung", „Stufe".

clin 1. „Blinzeln"
16. Jh., ist postverb. Subst. von *cligner* „blinzeln", s. d.
2. „Neigung"
12./13. Jh., ist postverb. Subst. von seit dem 11. Jh. belegtem afrz. *cliner* „sich neigen", auch „niedergleiten" u. ä., aus lat. *clinare*, dass.; REW 1990.
3. „Anordnung von Schiffsplanken oder Faßdauben in der Art, daß diese, statt unmittelbar an die vorhergehende Planke bzw. Daube anzuschließen, die nachfolgende Planke mit ihrem Anfang überdeckt"
gewöhnlich **clain** geschrieben, dann in *bordage à clin d'œil* „Klinkerwerk", eine Manier, die nach Mozin, Dict. fr.-all. 1811 aus England oder Holland nach Frankreich gekommen ist; aus ndl. *klinken* „festmachen", bzw. in *bordage à clin* unmittelbar aus ndl. *klinkwerk*. Thomas, Rom. 29, 170 f.; Mél. 53 f.; Behrens, DS 85; REW 4714 a.
clinquaille s. *quincaille*.

clinfoc „Außenklüver"
18. Jh., aus ndl. *kleine fok* „kleiner Klüver"; Valkhoff 93.

clinique „bettlägerig", „klinisch"
17. Jh., aus lat. *(clinicus)*.

clinquant „Flittergold", „falscher Glanz"
15. Jh. als *or clicquant*, im 16. Jh. ohne *or* belegt, ist subst. Part. von afrz. *cliquer, clinquer* „klingen", „glänzen", s. *cliqueter* und *quincaille*. Dict. gén.; REW 4714.

cliquart „Klikart" (Art sehr guten Bausteins)
16. Jh., aus mflämisch *klinkaert* „harter, guter Baustein", steht also für *clinquart*, mit Aufgabe der Nasalierung nach den Doppelformen *cliquer* und *clinquer*, s. *clique;* vgl. *clin* 3.

clique „Sippschaft"
14. Jh., ist postverb. Subst. von afrz., seit dem 13. Jh. belegten *cliquer, clinquer* „lärmen", „klingen", in dem sich zwei Stämme kreuzen: ndl. *klinken* „schallend schlagen" und ndl. *kliken* „klatschen", „schwatzen", vgl. auch *clinquant* und *cliquart;* Diez 549; Braune, ZRP 19, 359; die Bedeutungsentwicklung von *clique* „Lärm" zu „Sippschaft" erinnert an die von *claque* zu „Theaterclaque", Sain. LPar. 24.
Oder *cliquer* Schallwort, REW 4711.

cliquet „Türklinke", „Sperrhaken", „Schlagfeder" u. ä.
14. Jh., vgl. dazu pik. *clique* „Fallriegel", wall. *clichè* „Vogelfalle", *cliche, clichette* „Klinke", wall. *clichi* „zuklinken", Wind, Neoph. 22, 163, auch prov. *clinquet* „Klinke"; es ist dem. Abl. von apik., seit dem 13. Jh. belegten *clique* „Türriegel", d. i. unter dem Einfluß der Doppelformen *cliquer* und *clinquer* „lärmen" entstandene Nebenform von apik. *clinke*, s. *clenche;* vgl. auch *déclic* und *déclin* 2. REW 4713.

cliqueter „klirren", „rasseln"
13. Jh., ist dem. Abl. von afrz. *cliquer* „lärmen", s. *clique;* dazu afrz. *cliquetes* „Schellen", „Klingeln", die Menschen mit ansteckenden Krankheiten tragen mußten; dazu der Träger dieser Klapper *clicquant*, das in anderer Bedeutungssphäre auch „Mühle", nach dem Geräusch der in Gang befindlichen Mühlräder, bedeutete; Dupire Rom. 65, 11; dazu seit dem 14. Jh. die *-aticium*-Abl. **cliquetis** „Geklirr", „Gerassel".
cliquette s. *cliqueter*.

clisse „Käsehürde", „Korbgeflecht"
12. Jh., vgl. dazu wall. *cleuse* „Hürde", norm. *cliche* „Käsehürde", poitev. *clisse* „Hürde", ALF 1504, *clissou* (d. i. *-oir*) „Brathürde", angev. *clisse* „niederer Kasten"; dann frühnfrz. *clesche* neben *clisse;* die Doppelformen mit *-e-* und *-i-* erinnern an das Nebeneinander von gleichbedeutendem prov. *clida* und *cleda*, s. *claie*, es liegt also frz. *clisse* wohl ein schon gallisches **clētja*, **clitja* „hürden-

artiger Gegenstand" zu *cleta* „Hürde" zugrunde.
Pik. *cliche* bei Jouancoux „Haselnußrute, aus der Hürden geflochten werden", gehört wohl zu *éclisse* „Span" mit sekundärer Einwirkung von *clisse;* dagegen *éclisse* „Käsehürde" zu **cletja* mit *es*-Vorschlag wie in *écrevisse;* doch läßt sich kaum *clisse* „Hürde" auf *éclisse* „Span" zurückführen. Dict. gén.; J. Jud; Bl.-W. 137 *claie* + *éclisse.*
Dazu seit dem 16. Jh. die Abl. **clisser** „einflechten".

clitoris „Kitzler"
17. Jh., aus gr. (κλειτορίς).

cliver „(Diamanten) spalten"
18. Jh., lebt in Mons, aus ndl. *klieven* dass. Diez 549; Braune, ZRP 19, 361; REW 4712; Behrens, DS 88.

cloaque „Kotgrube"
mask. 14. Jh., ist bis ins 17. Jh. als Femininum gebraucht, aus lat. *(cloaca)* dass.

cloche „Glocke"
12. Jh., ist zuerst im 7. Jh. in der Vita Columbae des Adamnanus als *clocca* bezeugt, s. Wölfflin, ZDW 1, 65 f.; ALL 11, 537, ist dagegen für das Keltische im 5. Jh. gesichert, Thurn. KR 95, vgl. airisch *cloc* „Schelle", „Glocke"; das Wort ist vielleicht von irischen Mönchen nach Frankreich und Oberitalien gebracht worden, vgl. *Dottin, Rev. Et. anc. 22, 39 f.; Wölfflin, SAMünchen 1900, 1, 3 f.; Terracini, RFIC 49, 425; REW 1995. Dazu **chlochard** „Landstreicher", so benannt, weil die *clochards* genannten Pennbrüder in den ‚Halles' von Paris auf den Glockenschlag 4 Uhr morgens, mit dem der Großhandel seine Tätigkeit einstellt, warten, um sich auf die auf den Boden gefallenen Lebensmittel zu stürzen (Kuttner); ferner *cloche* „eng anliegender Hut ohne Krempe", ungefähr seit 1927. Zu lat. *cochlea* „Schnecke" über *clocca,* da die Kirchenglöckchen einer Schnecke überaus ähnlich seien, Schuchardt, SA Wien 141, 3, 11 ff. und 52 f., ist schon deshalb schwierig, weil auf romanischem Boden ein **clocca* „Schnecke" fehlt.

clocher 1. „hinken"
12. Jh. *clochier,* aus vlat. **cloppicare,* d. i. Abl. von vlat. *cloppus* „hinkend", s. *clampin* und *clopin.* Diez 550; Nigra, AGI 15, 180; REW 1996.
Wegen prov. *clopchar* nicht aus lat. *claudicare* „hinken", Nigra l. c.; Diez l. c. Auch nicht zu einem Stamm **klock* „Knall", Braune, ZRP 20, 364.
2. „Glockenturm"
12. Jh., ist schon vorhistorische Abl. *(-arium)* von *cloche,* s. d.

clocheton „kleiner Glockenturm"
17./18. Jh., ist mit Endungsverkennung abgeleitet von *clocher* 2.
clochette s. *cloche.*

cloison „Scheidewand"
12. Jh., afrz. noch abstrakt „Verschluß", konkretisiert als „Umwallung", „Stadtmauer", TL II, 496, aus vlat. **clausione* „Verschließen". Gröber, ALL 6, 382; REW 1970.

cloître „Kloster", „Klostergang"
12. Jh. *cloistre* mit der Nebenform *clostre,* das sich durchs ganze Mittelalter findet, vgl. auch *clostre* „Umfriedigung", „Kreuzgang", „Kloster", „Klausur", TL II, 497; dazu afrz. *cloistrier* „Mönch"; aus lat. *claustrum* „Verschluß"; die *-oi-Form* unter Einwirkung von *cloison,* s. d. REW 1972.

clopin-clopant „humpelnd"
17. Jh., ist Zusammensetzung von afrz. *clopin* „hinkend", so heute Guernesey, und *clopant,* d. i. Part. von afrz. *cloper* „hinken", das für das Altwall., heute für Norm. Berrich. als lebend angegeben wird; oder *clopant* als Ablautform von *clopin* nach dem Vorbild von frz. *bric-à-brac* u. ä., Lüttich *clik-clak, flic-flac* usf.; *clopin, cloper* sind Abl. von afrz. *clop* „hinkend", s. *clampin.*
Dazu seit dem 16. Jh. die Abl. **clopiner** „hinken", das im Pik. und auf Guernesey als lebend angegeben wird, für afrz. *clopier* bzw. noch älteres *clochier,* s. *clocher* 1.
Nicht zu deutsch *kläppern* „klappernd laufen", „klopfen" u. ä., Braune, ZRP 20, 364.

cloporte „Assel"; mask.
13. Jh., s. Thomas, Rom. 38, 372 (*choplote,* Dict. gén., ist Lesefehler), steht für *clo-porte* „schließ die Tür", s. *clore* und *porte,* nach der Gewohnheit der Assel, sich bei Berührung zusammenzurollen, Thomas, Rom. 56, 165; *clausiporcae* bei Ménage ist umgedeutet nach *porcus* „Schwein", weil die meisten Bezeichnungen der Assel Ableitungen von dem Wort für „Schwein" sind; Haust, Bull. Comm. Royale Top. 12, 145, 359; so schon lat. *porcellio* „Assel"; vgl. afrz. *clobourse* „der Teufel, dessen Aufgabe es ist, die Börse der Habsüchtigen geschlossen zu halten", s. auch Sainéan, ZRP 31, 258. Nach Schuchardt, ZRP 31, 660 ff. würde *cloporte* eine Umgestaltung von lat. *scolopendra* „Tausendfuß", „Assel" sein, doch fehlen für die Annahme dieser Herleitung die Stützen in der mittellat. Literatur.
cloporte für **cloteporte,* dieses aus **croteporque,* also zu *grotte* und *porc,* Bugge, Rom. 4, 353, hat in der tatsächlichen Überlieferung keine Stütze. Vgl. Roll. F. 3, 245; REW 7730.

cloque „Bläschen", „Zusammenschrumpfen"
18. Jh., ist norm. pik. Form von *cloche,* vgl. Lüttich *clok* „Glocke", *clokett* „Blase", „Bläschen".

clore „einschließen"
12. Jh., gilt schon im 17. Jh. als veraltet, Br. 3, 108, s. dazu *Clédat,* RPFL 34, 7 ff.; aus lat. *claudĕre* „schließen". REW 1967; s. H.

Meuser, Lat. *claudere,* GB 22 (1929); FEW II, 1, 747.

clos „Gehege" u. ä.
12. Jh., aus lat. *clausum* zu *claudĕre,* s. *clore.* Diez 97; REW 1973.

closoir „letzter Stein, der die Konstruktion eines Gewölbes ausfüllt", u. ä.
17. Jh. auch *clotoir,* Werkzeugsableitung von **clo(s),* dem Stamm von *clore.*

closser s. *glousser.*

clostre „Fasergefäß", „Baströhre"
19. Jh., aber wohl älter, aus afrz. *clostre* „Einschließung", „Einfassung", aus lat. *claustrum,* s. *cloître.* Das *-s-* dürfte zunächst graphische Längenbezeichnung gewesen sein, wurde dann seit dem 18. Jh. gesprochen?

clotoir s. *closoir.*

clôture „Einfriedigung"
12. Jh. *closture,* aus einem grom. **clausitura; clôture* Umgestaltung des afrz. *closure* „Verschluß", „Umfriedigung", mit den gleichen Bedeutungen wie afrz. *closture,* in Anlehnung an die vielen Bildungen auf *-ture,* Bl.-W. 138 ist nicht nötig und berücksichtigt nicht prov. *clauzedura de la man* „Handgelenk".

clou „Nagel"
12. Jh., aus lat. *clavus.* REW 1984. Dazu seit dem 12. Jh. die Abl. **clouer** „nageln".

clouet 1. „kleiner Nagel"
13. Jh., ist dem. Abl. von *clou,* s. d.
2. „Stopfmeißel der Böttcher"
16. Jh , ist Werkzeugsableitung von *clouer* „festmachen".

clouière s. *cloutière.*

clouter „mit Nägeln versehen"
17. Jh., ist nach dem Vorbild von *cloutier* abgeleitet von *clou* „Nagel", s. d., und *clouer.*

cloutère s. *cloutière.*

cloutier „Nagelschmied"
13. Jh. *clouetier,* bei Rabelais mit Übernahme einer südlichen Endung *clouatier,* ist Abl. von *clou* „Nagel".

cloutière „Gießform für Nägel", „Nagelkasten"
15./17. Jh. neben *clouere, clouiere, clouviere,* ist in der Bildung nicht mehr eindeutig erkennbare Abl. von *clou* „Nagel", die *-t-*Form in Anlehnung an *clouter, cloutier.*

clovisse „eßbare Muschel"
19. Jh., ist Saint., dafür wird von Cotgrave ein *clouisse* für Marseille angegeben; aus Marseille *clauvisso,* sonst nprov. *clausisso* „Muschel", auch „Holzschachtel", d. i. schon vorhistorische *-īcea-*Abl. (zur Bezeichnung der Zugehörigkeit, Ähnlichkeit) von prov. *claus* „Einfassung", s. *clos.*

clown „Hanswurst"
19. Jh., aus englisch *clown.*

cloyère „Fisch-", „Austernkorb"
18. Jh., ist kollektive Abl. von afrz. *cloie* „Hürde", s. *claie* und *clayère.*

club „Klub"
18. Jh., aus englisch *club;* dazu seit dem Ende des 18. Jhs. die Abl. **clubiste** „Klubbesucher"

cluse „enge Schlucht"
16. Jh., stammt aus dem Süden, nach dem Dict. gén. aus dem Jura, vgl. nprov. *cluso* dass., *cluseu* „Grotte", d. i. vlat. **clūsa,* Femininform zu **clusum,* d. i. nach den Zusammensetzungen vom Typus *concludere* gebildete Nebenform von *clausum* zu *claudĕre* „verschließen", s. *clore.* Vgl. auch *cligner.*

clysoir „Klystierschlauch"
19. Jh., vgl. dazu pik. *clissoire* „Wasserspritze", V. d'Yères *cliche* „Durchfall", d. i. Abl. von einem Stamm *clis-,* der aus *clystère* s. d. losgelöst wurde; nach Spitzer, AR 7, 202, da das gräzisierende *-tère* (wie in *physetère, cathétère)* funktionell dem frz. *-oir* genau entspricht.

clysopompe „Klystierpumpe"
19. Jh., ist Zusammensetzung eines scheinbaren Stammes *clys-,* s. *clysoir,* mit *pompe* „Pumpe", s. auch *clifoire.*

clystère „Klystier" va.
13. Jh., aus lat. *(clyster).*

co- „mit-"
in gelehrten Bildungen, aus lat. *(co-), (con-);* s. dazu die zweiten Bestandteile der zusammengesetzten Wörter.

coactif „zwingend", „Zwangs-"
14. Jh., ist gelehrte Abl. von lat. *(coactus),* d. i. Part. von *cogĕre* „zwingen".

coadjuteur „Amtsgehilfe"
13. Jh., aus lat. *(coadjutore).*

coaguler „zum Gerinnen bringen"
13. Jh., aus lat. *(coagulare),* s. *cailler.*

coaliser „verbünden"
18. Jh., in Anlehnung an **coalition** „Verbündung" für älteres, schon im 17. Jh. belegtes *coalescer,* dieses aus lat. *(coalescĕre)* „verwachsen", „verschmelzen".

coaltar „Steinkohlenteer"
19. Jh., aus englisch *coal-tar* dass. Dict. gén.

coasser „quaken"
16. Jh., aus lat. *(coaxare).*

coati „Nasentier"
16. Jh., angeblich aus einer Einheimischenmundart Südamerikas. Dict. gén.

cobaea „mexikanische Schlingpflanze"
19. Jh. auch *cobée,* aus neulat. *(cobaea),* d. i. Abl. vom Namen des spanischen Missionars *Juan Cobo.* Dict. gén.

cobalt „Kobalt"
18. Jh. auch **cobolt**, aus nhdt. *kobalt, kobelt,* das mit *Kobold* „neckischer Geist" ursprünglich eins ist, s. Kluge s. v.; Behrens, DS 30; 98.

cobaye „Meerschweinchen"
19. Jh. für volkstümliches *cochon d'Inde,* angeblich aus einer Einheimischenmundart Südamerikas. Dict. gén.

coca „Koka"
16. Jh., aus spanisch *coca* „Hunger- und Durststrauch", dieses aus Peru, Bezeichnung eines Strauches, dessen Blätter die Indianer kauen; aus dem quechua *kuka;* Friederici 195; Cor. I, 826; Littmann 150; Schmidt, Span. Elem. 114; dazu die Abl. **cocaïne** „Kokain".

cocagne 1. „Belustigung"
12./13. Jh., zunächst als *pais de cocaigne* „Schlaraffenland" bezeugt, daraus die allgemeine Bedeutung „Belustigung", aus mnddt. *kokenje* „aus gekochtem Zucker und Syrup gefertigter kleiner Kuchen, welcher als Naschwerk für Kinder häufig auf Jahrmärkten ... ausgeboten wird", s. Doornk. s. *kokinje;* afrz. *pais de cocaigne* bedeutet also dem Ursprung nach „Honigkuchenland", vgl. Diez 114; Makkel 34; REW 4734.
2. „kegelförmiger Waidkuchen"
15. Jh., aus prov. *coucagno, caucagno* dass., d. i. kollektive Abl. von prov. *coca* „Kuchen", das aprov. nicht belegt ist, sich aber aus nprov. *coco* „kleiner Waidkuchen", gask. *coco* „Kuchen" und katal. *coca* dass. erschließen läßt; aus gotisch **kôka* „Kuchen" (ahdt. *kuocho,* mndl. *kôke*). REW 4734.

cocarde „Kokarde", „Bandschleife"
16. Jh., zunächst präpositionell in *bonnet à la cocarde* bezeugt, ist Fem. zu afrz. *cocard* „eitel", „beschränkt", d. i. Abl. von *coq* „Hahn", s. d. Dict. gén.; REW 4733.

cocardeau „Fensterlevkoje"
15. Jh., wird heute für Reims angegeben als *cocareau,* s. Roll. Fl. 1, 215, ist Abl. von *coquard* „Hahn", nach den roten Blüten der Pflanze, die mit dem Hahnenkamm verglichen werden. Dict. gén.

cocasse „drollig", „spaßhaft"
18. Jh., dringt im 19. Jh. ins Vulgärfrz. in der Bedeutung „fein", von hier in die Mundarten, Sain. Sources 2, 313; ist mit Suffixwechsel umgestaltet aus *cocu* „Hahnrei"; oder aus afrz. *cocard,* s. *cocarde,* Bl.-W. 138.

coccinelle „Marienkäferchen"
18. Jh., aus nlat. *(coccinella),* d. i. Abl. von lat. *coccinus* „scharlachrot"; der Ausdruck ist in den Mundarten nirgends bodenständig, dafür *bête à bon Dieu* u. a. Roll. F. 3, 349 f.

coccyx „Steißbein"
16. Jh., aus gr. (κόκκυξ).

coche 1. „Holzkerbe"
12. Jh., geht mit ital. *cocca* „Kerbe", „Einschnitt", „Nuß an der Armbrust", „Spindelknopf" u. ä., dann prov. *encocar* „einkerben" auf ein vlat. **cocca* zurück, das Schuchardt, SAWien 141, 3, 41 ff. als Rückbildung von **cocula* für *cochlea* „Schnecke" ansieht, im REW 2009 zu *coccum* „Kern", „Beere" gestellt wird; beide Zusammenstellungen befriedigen begrifflich nicht, auch nicht **cocca* Rückbildung von **incoccare* „in die Kerbe legen", dieses aus **incogicare,* zu *cogere* „einzwängen", Brüch, ZFSL 50, 317. Vgl. auch Diez 101 f.; Thurn. KR 54 f.
**caudica* zu *cauda, coda* „Ende", s. *queue,* Nigra, AGI 15, 128, ist auch lautlich nicht möglich.
2. „großer Personendampfer"
13. Jh., ist Franzisierung eines seit dem 12. Jh. in norm. pik. Texten belegten *kogue, coque, koggue,* dieses aus andl. *kogghe* dass., s. Brüch 78 f.; Gröber, ALL 1, 548. Das niederld. Wort ist selbst aus dem Romanischen entlehnt, desgleichen die Entsprechungen des Keltischen, Thurn., KR 55; die verschiedenen Formen führen auf ein vlat. **cocca* zurück, das Nigra, AGI 15, 128 mit lat. *caudica* zusammenbringt, das bei Gellius in der Bedeutung „Kanoe" belegt ist, von diesem aber ausdrücklich als ein von Früheren übernommenes Wort bezeichnet wird; hier findet sich aber nur *caudicariae, codicariae naves,* zu *caudex, codex* „Baumstamm", s. Wölfflin, ALL 9, 290; *caudica* hat daher vermutlich überhaupt nicht bestanden. **cocca* gehört vielleicht zu *concha* „Muschel", mit dem Stammwechsel, der auch bei *coquille* eingetreten ist.
3. „Sau" va.
13. Jh., ist Rückbildung von *cochon* in der alten Bedeutung „Ferkel", da im allgemeinen die Namen der jungen Tiere mittels des Suffixes *-on* vom Namen des Muttertieres abgeleitet werden; vgl. das gleich entstandene nprov. *caio* „Sau" neben *caion* „Ferkel", Dauzat, Ess. géog. lingu. 31. Über das Wort und die Literatur s. *cochon.*
4. „Kutsche"
16. Jh., ist im 16. und z. Teil 17. Jh. Femininum, heute in Anlehnung an *coche* 2 Maskulinum; aus nhdt. *kutsche,* das selbst aus dem Ungarischen stammt, nach Sainéan SI 3, 136 aus ungarisch *kocsi* „aus Kocs", nach Titz, Časopis Mat. Morávské 46 aus dem Czechischen, zu dem Namen der Stadt *Kosice,* s. Rom. 55, 602; s. REW 4729; Behrens, DS 73.

cochenille „Schildlaus"
16. Jh., aus spanisch *cochinilla* dass., ursprünglich „Assel", deren Bezeichnung nach der Entdeckung Amerikas „auf die den berühmten roten Farbstoff liefernde Schildlaus ... übertragen wurde". Schuchardt, ZRP 32, 239; wegen *cochinilla* „Assel" vgl. *cochon.*
Zu lat. *coccinus* „scharlachrot", Diez 102; REW 2008, das frz. Wort unmittelbar aus ital. *cocciniglia,* dessen Endung aber selbst auf Entlehnung hinweist, ist historisch nicht haltbar.

cocher 1. „einkerben"
16. Jh., ist Abl. von *coche* 1.
2. „Kutscher"
16. Jh., für **cochier,* ist Abl. von *coche* 4.

côcher „treten", „begatten" (von Vögeln) ist spezialisierte Bedeutung von afrz., seit dem 12. Jh. belegten *cauchier* „treten", „drükken" „„pressen", aus lat. *calcare* „treten"; REW 1491; vgl. auch *cauchemar, chaussetrape.* Die Orthographie zeigt Anlehnung an *coq* „Hahn".

cochère in *porte cochère* „Torweg"
17. Jh., ist adjektivische Abl. von *coche* „Kutsche", s. d.
cochet s. *coq.*

cochevis „Haubenlerche"
14. Jh. *kokevieus* in pikardischer Form, dazu heute wall. *coklivi,* Namur *coklouwi,* so daß *cochevis* Franzisierung eines nördlichen *kokevis* darstellt; dieses geht mit gleichbedeutendem nprov. *cugullada, couquilhado* auf mlat. *(alauda) (cuculleata)* zu lat. *cŭcŭlla* „Haube" zurück, REW 2357, doch ist die nordfrz. Form lautmalend umgestaltet, so daß die tatsächliche Lautentwicklung nicht mehr festzustellen ist. S. Roll. F. 2, 216 f.
cochoir s. *cocher* 1.

cochois „Zurichtholz der Wachszieher"
18. Jh., ist eins mit *cochoir* „Kerbmesser" u. ä., d. i. *-orium*-Abl. von *côcher* 1, mit Erhaltung der allgemeinen Aussprache des 16./17. Jhs.

cochon „Schwein"
zuerst im Südwesten im 13. Jh. in der Bedeutung „Ferkel" bezeugt, Rom. 44, 540, dazu mfrz. eine Nebenform *coichon,* die in pik. *coechon* erhalten ist; das gleiche Wort lebt in der Bedeutung „Assel" norm. und kann von *cuciones* „Asseln" bei Marcellus Empiricus kaum getrennt werden, dem es auch bei normannischer Entwicklung lautlich entspricht; die eigentlich frz. Form liegt in *cousson* bei Olivier de Serres vor, vgl. ferner wall. *cosset* „Ferkel", Yonne *coussi* dass., Sain. Chien 86 f. Es hat also wohl Übertragung vom Namen der Assel auf den des Ferkels innerhalb des Normannischen stattgefunden, dann ist das Wort weitergewandert, vgl. Gg. ZRP 40, 173. Die Bezeichnungen für Assel und Ferkel sind vielfach identisch, wenn auch im allgemeinen umgekehrt der Name des Ferkels auf die Assel übertragen wird, vgl. lat. *porcellio* „Assel"; vgl. noch Berry *treue, true* „Sau" und „Assel".
Gewöhnlich wird das bei TL nicht belegte, im Dict. gén. erst im 15. Jh. nachgewiesene *coche* „Sau" als das Grundwort angesehen; dieses von Diez 550 zu *coche* „Kerbe" gestellt, hätte also ursprünglich das verschnittene Tier bezeichnet, wofür keine Stütze vorhanden ist; zu deutsch *Kunz, Kuntsch* „ungesitteter, roher Bauer", bzw. mhd. *kotze* „Hure", Settegast, ZRP 15, 246, ist weder lautlich noch historisch möglich; *coche* als Rufwort wie ostfriesisch *kuf,* Behrens, ZRP 13, 413 f. (Wg. 55 f.); REW 4745; Baist, ZRP 43, 87; Bl.-W. 139, kann durch den Lockruf *cocho, cocho,* Alpes, nicht gestützt werden, da dieses viel wahrscheinlicher selbst von *coche* „Sau" her gebildet ist; vgl. Stangier, Bez. des Schweines im Galloröm. 28 f.

coco 1. „Kokosnuß"
16. Jh., aus portugiesisch *coco* dass., auch „Hirnschale", aus lat. *cŏccum* „Kern", „Beere". REW 2009; Friederici, Mitteilungsblatt des Ges. für Völkerkunde 1938, S. 3.
2. „Ei", „Käsehoch"
19. Jh., aus der Kindersprache für frz. *coque* in *œuf à la coque,* s. *coque* 1; vgl. Pauli, Enfant 339, Anm. 4.

cocon „Puppe", „Eiersack der Spinnen"
16. Jh. *coucon,* 17. Jh. *coccon,* aus nprov. *coucoun* „Eischale", dann wie im Frz.; dieses ist dem. Abl. von prov. *coca* „muschelartiges Gefäß", wohl auch „Eierschale", s. *coque* 1.
cocotier s. *coco.*

cocotte 1. „Pipihühnchen", „Mädchen", „Dirne"
18. Jh., ist Kinderwort, zu *coco* „Ei", s. d., bzw. zu *coq* „Hahn", Pauli, Enfant 339; Spitzer, Liebessprache 31 ff.; Riegler, ZRP 42, 249; Schuchardt, SAWien 141, 3, 25.
2. „Art Kasserolle"
19. Jh., lebt vend., poitev., Berry, in Weiterbildung von *cocasse,* das im 16. Jh. in der Bedeutung „Muschel" bezeugt ist, heute in der französischen Schweiz als *kokassa* „großer Zinntopf" lebt; dieses wohl Umgestaltung von *coquemart,* s. d.; Bl.-W. 139; REW 2362.

coction „Abkochen"
16. Jh., aus lat. *(coctione)* dass.

cocu „Hahnrei"
15. Jh., mit den Nebenformen *coquart, couquiol, coqu* in der Bedeutung „Kuckuck" bezeugt, dann gleichfalls seit dem 15. Jh. in der literarischen Bedeutung; ist also mundartliche Form für *coucou* „Kuckuck", da bekanntlich das Kuckucksweibchen seine Eier in fremde Nester legt, vgl. auch deutsch *gauch* „Kukkuck" und „Hahnrei"; vgl. Diez 114 f.; Spitzer, ZFSL 43, 1, 272; Riegler, ZRP 42, 251; Schmittlein, Mél. Roques II, 251; R. Levy, Med. Aevum 24, 95.
Dazu seit dem 16. Jh. die Abl. **cocuage** „Hahnreischaft", in Anlehnung an *cu(l)* auch *coculage;* seit dem 17. Jh. **cocufier** „zum Hahnrei machen", in Nachahmung der lateinischen Verba auf *-ficare.*

coda „Schlußsatz"
19. Jh., aus ital. *coda* dass., eigentlich „Schweif", s. *queue.*

code „Gesetzbuch"
13. Jh., aus lat. *(codex)* „Schrift", „Verzeichnis"; dafür im 19. Jh. auch **codex.**

codéine „Kodëin"
19. Jh., gelehrte Bildung zu gr. (κώδεια) „Mohnkopf".

codicille „Testamentszusatz"
13. Jh., aus lat. *(codicillus)* „Handschreiben", „Bittschrift".
codifier „kodifizieren"
19. Jh., ist gelehrte Zusammensetzung von frz. *code* und *-fier,* der Entsprechung der lat. Verba auf *-ficare* „zu etwas machen".
codille „gewinnender Stich im L'Hombrespiel"
17./18. Jh., aus span. *codillo,* aus der Terminologie des Whistspieles, eigentlich „Ellbogengelenk", ist *-ellus*-Abl. von span. *codo* „Ellbogen", aus lat. *cŭbĭtus,* s. *coude,* Dict. gén.
coemption „Aufkauf"
17. Jh., aus lat. *(coemptione)* dass.
coercible „zusammendrückbar"
18. Jh., ist Abl. von lat. *(coercere)* „zusammendrücken".
cœur „Herz"
12. Jh. *cuer,* aus grom. *cŏr, coris* für lat. *cor, cordis.* REW 2217. Vgl. Schittenhelm, Zur stilistischen Verwendung des Wortes *cuer* in der afrz. Dichtung, Tübingen 1907.
Auch in *par cœur* „auswendig", spätlat. *ex corde,* daraus **per cor,* wie lat. *per oculos* „mit den Augen", Bambeck 80; Tobler, SABerlin 1904, s. Rom. 34, 133; nicht zu *chœur* „Chor", s. D'Ovidio, Rom. 32, 638; Orr, Words and Sounds 1953.
coffin „Körbchen" va.; „Kumpf" („Wetzsteinbehälter")
12. Jh. besonders „Fruchtkorb", aus lat. *(cophĭnus)* „Korb", „Tragkorb", das als eines der ältesten Lehnwörter in der Karolingerzeit aus dem Lateinischen aufgenommen wurde, vgl. im Capit. de Villis *cofinis* i. e. *scriniis,* s. *écrin,* und in den Reichenauer Glossen *cophinus* als Übersetzung von *canistra* „Frucht-, Blumenkorb". REW 2207; Diez 103; Gg. AR 6, 1 ff. Vgl. *coffre.*
coffine „gewölbter Schieferstein"
18. Jh., ist angev., bedeutet dort auch „Kumpf", ist also Augmentativform zu *coffin* „Kumpf", s. *coffin.* Dict. gén.
coffre „Koffer", „Lade"
12. Jh., aus lat. *cophĭnus* „Tragkorb", s. *coffin;* ob das Wort erbwörtliche Entwicklung zeigt, ist zweifelhaft. Diez 103; REW 2207. Dazu seit dem 13. Jh. die dem. Abl. **coffret** „Schmuckkästchen", und seit dem 15. Jh. ebenfalls unmittelbar von *coffre* abgeleitet **coffretier** „Koffermacher", d. i. *coffre-t-ier.*
cognasse „wilde Quitte"
16. Jh., bezeichnet zunächst die „echte Quitte", s. *coing,* und ist auch heute in dieser Bedeutung noch weit verbreitet, s. Roll. Fl. 5, 9 ff.; die literarische Bedeutung zeigt Beeinflussung durch das aus dem Italienischen bzw. dem Süden übernommene Suffix *-asse* in pejorativer Bedeutung; *cognasse* ist ursprünglich vermutlich die Fruchtbezeichnung *(-aceus)* zu *cotoneus,* afrz. *cooin* „Quittenbaum", s. *coing;* dazu seit dem 17. Jh. die Abl. **cognassier** „Quittenbaum", für afrz. *coignier,* das in Capitularien Karls des Großen als *cotonarius* bezeugt ist.
cognat „mütterlicher Anverwandter"
13. Jh., aus lat. *(cognatus)* „Blutsverwandter"
cognée „Axt"
12. Jh., ist als *cuniada* im Capit. de Villis, als *coniada* im Polypt. Irm. bezeugt, Jud-Spitzer, WuS 6, 131; es ist ursprünglich adjektivische Ergänzung von lat. *ascia* bzw. grom. **hapja,* s. *hache,* aus lat. *cuneatus* „keilförmig zugespitzt". Dict. gén.; REW 2393.
cogne-fétu „geschäftiger Nichtstuer"
15./16. Jh. als *cogne-le-fétu* bezeugt, ist Zusammensetzung von *cogner,* afrz. „schlagen", d. i. Abl. von *cognée* „Axt", s. d., und *fétu* „Halm", s. d.
cogner „verkeilen", „einschlagen", „prügeln"
14. Jh., ist Abl. von *coin* „Keil", in der Bedeutung von *cognée* „Axt" beeinflußt. Dazu seit dem 16. Jh. die Werkzeugsableitung **cognoir** „Treibholz", „Schließnagel".
cohérent „zusammenhängend"
16. Jh., aus lat. *(cohaerente).*
cohésion „Kohäsion", „Zusammenhalt"
17. Jh., ist gelehrte Abl. vom Partizip lat. *cohaesus* zu *cohaerēre* „zusammenhangen", für lat. *cohaerentia,* s. *cohérent.*
cohober „wiederholt destillieren"
17. Jh., aus neulat. *(cohobare),* dieses aus arabisch *qohba* „schmutzig graue Farbe", Lam. XXXIV.
cohorte „Kohorte"
13. Jh., aus lat. *(cohors-orte),* vgl. *cour.*
cohue „lärmende Versammlung", „öffentlicher Markt"
13. Jh., auch als *choue* „Markthalle" bezeugt, dürfte aus mittelbretonisch *cochuy* „lärmende Versammlung" (bret. *coc'hu* „Verkaufshalle") stammen, Henry s. v.; REW 2013, wenn das bretonische Wort nicht selbst aus dem Französischen entlehnt ist, Thurn. KR 96; dann ist *cohue* postverb. Subst. von einem **cohuer* „lärmen", vgl. berrich. *cahuer* = *huer,* s. auch *chahuter,* das mit dem Präfix *ca-,* literarisiert auch *cha,* erweitertes *huer* darstellt, s. Diez 551.
coi, coite „ruhig"
12. Jh. *coi, coie,* aus vlat. *quētus* für lat. *quietus* dass. Schuchardt, Vok. 2, 450 f.; Diez 96; REW 6958.
coiffe „Kopfhaube"
12. Jh., ist ursprünglich ein Teil der Rüstung, aber durch aengl. *cuffie* „Frauenhaube" schon für das 10. Jh. als Ausdruck der weiblichen Kopfbedeckung gesichert (M. Förster); aus lat. *cofea, cufea* „Helm", das im 6. Jh. bei Venantius Fortunatus belegt ist, aber nach rum. *coif* „Helm" schon früher im Vulgärlat.

bestanden haben muß; das Wort stammt wohl aus dem Griechischen, zu κύφελλον „alles Umhüllende“, bzw. σκυφίον „Hirnschale“. Baist, RF 1, 111 f.; REW 2024.
Aus ahdt. **kuppja,* später *kupfa* „Mitra“, Diez 115 f.; Mackel 21 f., ist wegen des Auftretens des Wortes im Rumänischen nicht möglich; das rum. Wort Sonderentlehnung aus dem Mittelgriechischen, das frz. zu deutsch *kopf,* Brüch, ZRP 38, 676, gleichfalls unmöglich; vgl. Kluge, AR 6, 303.
coiffer, coiffure s. *coiffe.*
coigner, coignier s. *coing.*

coin „Spitze“, „Keil“
dann von innen betrachtet „Winkel“, in den ersten beiden Bedeutungen seit dem 12. Jh., in der dritten seit dem 16. Jh., aus lat. *c ŭ n e u s* „Keil“. REW 2396.
Dazu mit Stammverkennung die Abl. **coincer** „verkeilen“, seit dem 18. Jh. für älteres *cognier,* s. *cogner;* wegen der Ableitung vgl. *claircer.*

coïncider „zusammenfallen“
14. Jh., aus lat. *(c o i n c i d e r e).*

coing „Quitte“
12. Jh. *cooin* „Quitte“, auch „Quittenbaum“, aus lat. *c o t ō n e u s* „Quittenbaum“, s. *cognasse.* Diez 111; REW 2436.

cointe „niedlich“, „höflich“
wird im 17. Jh. in der Literatur verworfen, 12. Jh. „klug“, „geschickt“, „liebenswürdig“, aus lat. *c ō g n ĭ t u s,* Verbaladjektiv zu lat. *cognoscere,* in aktiver Bedeutung „einer der erfahren hat“, s. Gg. Syntax 416; Tobler VB I, 151, s. die spätere Entwicklung in afrz. *conëu* „kenntnisreich“; s. auch Svennung, Palladius 287 f.; Diez 107; REW 2030. Eine analogisch gebildete Maskulinform *coint* findet sich vereinzelt seit dem 13. Jh., ohne durchzudringen.

coion „Feigling“, „Memme“
16. Jh., aus ital. *coglione,* s. *couillon;* seit dem 17. Jh. die Abl. **coionner** „foppen“, „gemein scherzen“; oder auch das Verbum entlehnt aus ital. *coglionare* dass.

coït „Koitus“
14. Jh., aus lat. *(c o i t u s).*
coite s. *couette.*

coke „ausgeglühte Steinkohle“
18. Jh., aus englisch *c o k e.* Dict. gén.

col „Hals“, „Kragen“
12. Jh., aus lat. *c o l l u m* „Hals“, s. *cou.* REW 2053.

colarin „Fries am Kapitäl“
16. Jh., aus ital. *collarino,* eigentlich „kleiner Kragen“, d. i. dem. Abl. von ital. *collare* „Halskrause“, s. *collier.*

colature „Durchseihen“
14. Jh., ist Abl. von lat. *(colare)* „seihen“, s. *couler.*

colback „Husarenpelzmütze“
19. Jh. auch *kalpack,* aus türkisch *q a l p a q.* Dict. gén.

colchique „Herbstzeitlose“
17. Jh., aus lat. *(c o l c h i c u m),* das im Lat. bei Plinius eine giftige Medizinalpflanze bezeichnet, s. Bertoldi, Bibl. AR 2, 4, 135 ff.

colcotar „Bergrot“
15. Jh., aus arabisch *q o l q o ṭ â r,* das aus gr. χαλκάνθη entlehnt ist. Dict. gén.; Lam. 262.

cold-cream „Hautpomade“
19. Jh., aus englisch *c o l d - c r e a m.*

coleoptère „Käfer“
18. Jh., aus gr. (κ ο λ ε ό π τ ε ρ ο ς).
coléra s. *choléra.*

colère „Zorn“
14./15. Jh. als „Galle“, im 16. Jh. in der heutigen Bedeutung, im 16. Jh. auch adj., Laurent, Rom. 65, 167, aus lat. *(c h o l e r a)* „Galle“, auch „Cholera“; die Weiterentwicklung zu „Zorn“ wie bei *bile* „Galle“, dann „Zorn“, Bl.-W. 141; s. *choléra.* Dazu im 16. Jh. die Abl. *se* **colérer** „sich erzürnen“, das im 17. Jh. bereits als veraltet gilt, Br. 3, 128, und seit dem 16. Jh. **coléreux** „zornig“.

coliart „Glattroche“
17. Jh., aus prov. *colhard,* das in der Bedeutung „Widder“ belegt ist; dieses zu *couille,* Barbier PL Leeds I, 197; zu *colin* 3, Brüch, ZFSL 50, 380, ist morphologisch schwierig.

colibri „Kolibri“
17. Jh., stammt nach einem Bericht vom Jahre 1640 aus dem Karaibischen von Martinique (Kleine Antillen), wo das Wort bei den Wilden der allgemeine Ausdruck für „Vogel“ gewesen sein soll, Barbier, Misc. 17, 294; Dict. gén.; Littmann 146.
Zu lat. *colubra* s. *couleuvre,* das von den Franzosen nach Martinique gebracht, und wegen der raschen Bewegungen der Natter auf den Vogel übertragen worden wäre, ist weder lautlich noch begrifflich befriedigend; Esnault, RPFL 26, 291; Bl.-W. 141.

colifichet „Papierschnitzel“ (die auf Holz, Samt u. ä. aufgeklebt werden); „Tändelei“, „Flitterkram“
17. Jh., ist in Anlehnung an *colle* „Leim“, vgl. die zuerst angegebene Bedeutung, umgestaltetes *coiffichier, coeffîcher,* das im 15. Jh. belegt ist und vermutlich eine Art Haartracht bezeichnete; ist diese Bedeutung richtig, dann ist mfrz. *coiffichier* Abl. von einem **coiffiche* „kleines Häubchen“, vgl. afrz. *coifette* dass., d. i. namentlich im Südgürtel des Nordfrz. gebräuchliche dem. Abl. von *coiffe,* s. d.

colimaçon „Weinbergschnecke“
16. Jh., aus normannisch *colimachon,* auch *calimaçon,* das in dieser Form auch im Louisiana-French lebt, dazu schon im 14. Jh. *caillemasson.* Da *limaçon,* wie *limace,* sowohl die Schnecke, die ohne ihr Gehäuse sich bewegt, wie die Schnecke, die das Schneckenhaus an sich trägt, bezeichnet, sucht die Sprache die beiden Gruppen zu unterscheiden;

darauf weist z. B. (nach Bl.-W. 369) die westfrz. Dialektform *lima(z) à coque* hin. Es dürfte, da eine unmittelbare Zusammensetzung von *limaçon* mit einer Bezeichnung des Gehäuses als erstem Glied eines zusammengesetzten Substantivs im Französischen nicht üblich ist, ursprünglich eine Kreuzungsform von afrz. *coque* „Schale" bzw. *coquille* „Schale einer Schnecke" mit der allgemeinen Bezeichnung der Schnecke vorliegen; etwa in der Form **kok-limaçon,* in der an die Stelle von *coque* eine begriffsverwandte Bezeichnung einrücken konnte; so afrz. *escale,* s. TL III, 469 *escale de limaçon* oder *escaille* „harte Schale", s. Schuchardt SAWien 141, 3, 33; s. *coque* 1, *écale, écaille.*
Erweiterung von *limaçon* mittels des Präfixes *ca-,* s. d., Dict. gén., ist morphologisch unverständlich; *ca-limaçon* normannische Form für *chat-limaçon* „Katzenschnecke", Sain. Chat 53, ist nicht ernst zu nehmen.

colin 1. „Hirte in der komischen Oper"
1752, Rousseau, ist Ableitung bzw. Umbildung von *Nicolas;* dazu weit verbreitet *colas* „Dummkopf", auch *colasse* „idiotische Person", Larousse, in Anlehnung an das aus dem Italienischen übernommene pejorative Suffix *-accio;* vgl. auch *colas* in Anjou „kleiner Schnellsieder"
2. „Wasserhuhn"
16. Jh., bezeichnet verschiedene Vögel mit schwarzem oder dunklem Gefieder; s. *colin* 3.
3. „Seehecht"
14. Jh. *cole,* dass., aus ndl. *kole* dass.; vgl. englisch *coal-fish,* als Übersetzung von mittellat. *carbonarius,* zu *carbo* „Kohle", s. *charbon,* das nprov. (Pyr. Orient.) als *carboner* lebend angegeben wird; Barbier, Mél. Roques II, 26; Franke, RF 48, 105; Roll. F. 3, 111; Behrens ZRP 26, 658; Wg. 57; REW 4736.

colin-maillard „Blindekuh-Spiel"
in *jouer à colin-maillard,* 16. Jh., ist zusammengesetzt aus zwei Namen, *Colin* und *Maillard,* stammt aus der Hirtendichtung, wie das daraus übersetzte ‚Klas Knüppel'; *Colin* zu *Nicolas,* s. *colin; maillard* zu *mailler* „mit dem Knüttel schlagen", s. *mail.* Anders Larousse, Colin sei ein tapferer Krieger aus der Gegend von Lüttich gewesen, der den Beinamen Maillard gehabt habe, weil er in die Schlacht mit einem Knüppel als Waffe ging.

colin-tampon „Trommelschlag der Schweizer Garden"
16. Jh., heute nur in der Wendung *se soucier comme de —* „sich in keiner Weise um etwas kümmern", ist zusammengesetzt aus dem Namen *Colin,* s. oben, und *tampon* „Pfropfen", dieses scherzhaft für *tambour;* vgl. die deutsche Übersetzung ‚Klas Tambour'; Dict. gén.; Bl.-W. 141.

colique „Bauchgrimmen"
13. Jh., aus lat. *(colicus)* „an Kolik leidend".

colis „Gepäckstück"
18. Jh., zunächst für Lyon bezeugt, ist singularisch verwendetes ital. *colli,* d. i. Plural von ital. *collo* „Warenballen", „Hals", eigentlich „das, was man auf einmal am Nacken trägt", s. *cou.*

collaborer „mitarbeiten"
19. Jh., aus lat. *(collaborare);* dazu im 18. Jh. die gelehrte Abl. **collaboration** „Zusammenarbeit", das seit 1940 die pejorative Meinung „Zusammenarbeit mit dem Feind" bekommt, ohne die allgemeine Bedeutung zu verlieren. Dagegen tritt neben die seit dem 18. Jh. belegte Abl. *collaborateur* „Mitarbeiter" zur Bezeichnung der Mitarbeit mit dem Feind die neue Abl. **collaborationiste** auf.

collataire „Inhaber einer Pfründe"
18. Jh., ist gelehrte Abl. von lat. *(collatum)* „übertragen", d. i. Part. von lat. *conferre* „übertragen"; vgl. auch *collation.*

collatéral „Seiten-"
13. Jh., aus lat. *(collateralis).*

collation „Verleihung", „Übertragung"
dann aus der mitttelalterlichen Klostersprache „leichte Abendmahlzeit", 13. Jh., aus lat. *(collatione)* „Übertragung"; s. auch Herzog, Mahlzeiten 27 ff.
Dazu seit dem 14. Jh. die Abl. **collationner** „vergleichen", d. h. „von einem Platz auf den andern übertragen".

colle 1. „Leim"
13. Jh., aus vlat. **colla,* gr. κόλλα, REW 2039; dazu seit dem 15. Jh. im Rotwelsch *colle* „Lüge", „Schwindelei", heute im Schülerrotwelsch *faire des colles* „bei schriftlichen Aufgaben Fallen stellen"; Sain. LPar. 440 f.; Sources 2, 314; dazu **coller** „leimen", mit vielen Übertragungen, seit 1320 belegt; Barbier, Misc. 17, 296.
2. in *en chaude colle* „im ersten Eifer"
13. Jh. *cole* „Galle", „Zorn", *a chaude cole* „plötzlich", „unvermutet" u. ä., aus gr. (χολή) „Galle", „Zorn", „Ingrimm"; s. *colère.*

collecte „Altargebet", „Steuererhebung"
in der 1. Bedeutung zuerst im 13. Jh. scheinbar volkstümlich entwickelt *colloite;* in der 2. seit dem 14. Jh., aus lat. *(collecta)* „Sammlung".

collection „Vereinigung", „Sammlung"
14. Jh., aus lat. *(collectione).*

collège „Genossenschaft", „Wählervereinigung", „geistliches Stift", „Mittelschule" u. ä.
14. Jh., aus lat. *(collegium)* „Amtsgemeinschaft", „Genossenschaft", „Truppe" u.v.a.

collègue „Amtsgenosse"
14. Jh., aus lat. *(collega).*
coller s. *colle* 1.

colleret „Schleppnetz"
16. Jh., ist dem. Abl. von *collier* „Halskrause", s. d.; Dict. gén.

collerette „Halskrause"
13./14. Jh., ist Abl. von *collier,* s. d.
collet 1. „Halskragen"
13. Jh., ist dem. Abl. von *col* „Hals", s. d.
2. „Fangschlinge", „Halsstück beim Ochsen" steht für afrz. *coller,* s. *collier,* dessen Auslaut im 16. Jh. verstummt war.
colleter s. *collet* 1 und 2.
collier „Halsring", „Halsstück", „Halsjoch" u. ä.
12. Jh. *coller,* aus lat. *collare* „Halsband", „Halsfessel". REW 2042; Bl.-W. 142.
collière „Lagerbaum eines Holzfloßes"
18. Jh., ist fem. Weiterbildung von afrz. *colier* „Lastträger", 13. Jh., bzw. norm. *colier* „Zugpferd", d. i. ursprünglich adj. Abl. von *col* „Hals", s. d. Vgl. wegen der Bedeutung *colis.*
colliger „vereinigen"
16. Jh., im 17. Jh. wieder veraltet, Br. 3, 128, aus lat. *(collĭgĕre)* „sammeln".
colline „Hügel"
16. Jh., aus ital. *collina* dass., d. i. Fem. von lat. *collinus* „hügelig". REW 2049. Nach Bl.-W .142 wäre *colline* ein Dialektwort aus dem Westen, unmittelbar aus lat. *collina.*
collision „Zusammenstoß"
15. Jh., aus lat. *(collisione).*
collodion „in Äther aufgelöste Schießbaumwolle"
19. Jh., ist gelehrte Bildung nach gr. (κολλώδης) „klebend".
colloque „Zwiegespräch"
16. Jh., aus lat. *(colloquium).*
colloquer „aufstellen"
12. Jh., aus lat. *(collocare),* s. *coucher.*
colluder „unter einer Decke stecken"
16. Jh., aus lat. *(colludere)* dass.; dazu seit dem 13. Jh. **collusion** aus lat. *(collusio)* „geheimes trügerisches Einverständnis".
collyre „Augensalbe"
12./13. Jh., aus lat. *(collyrium).*
colmatage „Erhöhung des Bodens durch künstliche Überschwemmung"
19. Jh., ist Abl. von **colmater** „einen Landstrich erhöhen", und dieses abgeleitet von **colmate** „Erde, welche zur Erhöhung niedriger Stellen aufgeführt wird", „Flußschlamm"; dieses aus ital. *colmata* „aufgeworfener Damm" u. ä., d. i. subst. Part. von *colmare* „aufhäufen", zu lat. *cŭlmen,* ital. *colmo* „Gipfel", vgl. *combler.* REW 2376.
colombe 1. „Taube"
16. Jh., afrz. vereinzelt im 12. Jh., wohl Latinismus, für volkstümliches afrz. *colomb,* 9. Jh., später *coulon,* das noch im Wallonischen, Lothr. und in der frz. Schweiz lebt; aus lat. *(colŭmba)* bzw. lat. *colŭmbus* „Taube", REW 2066; hierher wohl auch *colombe* in der Bedeutung „Kimmhobel der Böttcher", s. Gade 30 f.
2. „Säule" va.; „Ständer"
12. Jh. neben *colonne,* aus lat. *colŭmna* „Säule". REW 2069.
colombier 1. „Taubenschlag"
12. Jh., aus lat. *colŭmbarium.*
2. „Schlittenständer beim Stapellauf"
17. Jh., ist Abl. von *colombe* 2.
3. „Papier von großem Format"
18. Jh., angeblich nach dem Namen des Fabrikanten *Colombier.* Dict. gén.
colombin „taubenartig"
13. Jh., aus lat. *(columbinus)* oder Abl. von afrz. *colomb* „Taube", s. *colombe* 1.
colon „Kolonist", „Ansiedler", „Pächter" u. a.
14. Jh., aus lat. *(colonus),* dass.
côlon „Grimmdarm"
14. Jh., aus lat. *(colon).*
colonel „Oberst"
16. Jh. auch *coronel,* aus ital. *colonello,* d. i. Abl. von *colonna* in der Bedeutung „Heeressäule", s. *colonne.*
colonne „Säule"
12. Jh. *colomne, colombe,* s. *colombe* 2, aus lat. *colŭmna.* REW 2069; Bl.-W. 142.
colophane „Kolophonium"
16. Jh., auch *colophone,* aus lat. *(colophonia).*
coloquinte „Purgiergurke"
so seit dem 16. Jh., aber schon im 14. Jh. *coloquintide,* aus lat. *(coloquintida)* bzw. *(colocynthis),* Roll. Fl. 6, 33; dazu seit dem 18. Jh. mit Endungsverkennung die Abl. **coloquinelle** „kleine runde Kürbisart".
colorer „färben"
13. Jh., aus lat. *(colorare),* s. *coudrer* und d. F.
colorier „kolorieren"
17. Jh., ist Abl. vom Stamme von **coloris** „Farbengebung", dieses seit dem 17. Jh. aus ital. *colorito* dass., d. i. Part. von *colorire* „färben", dieses Nebenform von *colorare,* wie afrz. *colorir* neben *colorer,* s. o. Dict. gén. Dazu seit dem 17. Jh. die Abl. **coloriste** „Kolorist".
colosse „Koloß"
15. Jh., aus lat. *(colossus).*
colostre „erste Milch"
16. Jh., aus lat. *(colostrum).*
colporter „herumtragen"
16. Jh., doch durch **colporteur** „Hausierer" für das 14. Jh. gesichert, ersetzt afrz., seit dem 13. Jh. belegtes *comporter* dass., auch „stützen", „aushalten", dieses aus lat. *comportare* „zusammentragen"; die Umgestaltung zu *colporter* unter dem Einfluß von *col* „Hals". REW 2104; Dict. gén.
coltiner „Lasten tragen", fig. fam. refl. „sich eine Last aufladen", auch „sich prügeln"; populär *colletiner* „Lasten in die ‚Halles' tragen", Abl. von pop. *colletin* „Schutzleder", das die Träger auf die Schultern legen, um sich das Tragen zu erleichtern; dazu schon im 16. Jh. *colletin* „Lederwams", ist Abl. von

collet „Rockkragen" u. ä. s. d.; dazu seit 1827 *colletineur* „Arbeiter, der das unter den Brücken angesammelte Holz sammelt und wegträgt", Baldensperger, RPFL 42, 84; Barbier, Misc. 11, 19; 17, 296.

coltis „Ohrspann" (Marine); „Erkerstübchen"
18. Jh., dafür im 17. Jh. *coltie,* wohl aus einem mnddt. **kol-tie* „Sammelplatz am Kiel", aus nddt. *kol* „Kiel" und mnddt. *tie* „öffentlicher Sammelplatz".

colure „Kolur"
14. Jh., aus lat. (gr.) *(colurus).*

colza „Raps"
17. Jh., lebt in wall. *golzâ* „Rapskuchen", aus ndl. *koolzaad* „Kohlsaat". Grandgagnage 1, 122; Behrens, ZRP 26, 658; DS 61; REW 4731; Roll. Fl. 2, 57; ALF 1512.

coma „Schlafsucht"
18. Jh., aus gr. (κῶμα) „tiefer Schlaf".

combat „Kampf"
16. Jh., ist postverb. Subst. von **combattre** „kämpfen", 12. Jh., aus vlat. **combattĕre* „zusammenschlagen", s. *battre.* REW 2073.

combe „Bodeneinschnitt", „Bergschlucht"
12. Jh., aus mittellat. *cŭmba*, das bei Isidor v. Sevilla in der Bedeutung „Schiffsboden" bezeugt ist, dessen Grundbedeutung „hohler Gegenstand" war; aus gallisch **cumba,* vgl. kymr. *cwm* „Tal", bretonisch *comm* „Trog", Thurn. KR 55; Glück, Celt. Namen bei Caesar 28; Dottin 249; REW 2386.
Lat. *concavum* „Höhlung", Diez 105, ist lautlich nicht möglich; lat. *cymba* „Kahn", auch *cumba* geschrieben, bzw. gr. κύμβος „Höhlung", „Gefäß", ist begrifflich schwieriger. Storm, Rom. 5, 175.

combien „wieviel"
afrz. „wie sehr", „wie viel", ist verschmolzenes afrz. *com,* s. *comme,* und *bien* als Adverb „sehr", bzw. „viel", s. TL I, 964; Gg. Syntax S. 77.

combinaison „Verbindung", „Berechnung"
17. Jh., im 16. Jh. *combination,* aus lat. *(combinatione)* dass.

combiner „verbinden", „berechnen"
13. Jh., aus lat. *(combinare).*

comble 1. „Überhäufung"
12. Jh., ist postverb. Subst. von *combler,* s. d.
2. „Gipfel", „Spitze", „Dachstuhl"
12./13. Jh., aus lat. *cŭmŭlus* „Haufen", in dem auch lat. *cŭlmen* „Gipfel", „Giebel" aufgegangen ist. Diez 104; REW 2390; Jud, Rom. 44, 631.
3. „übervoll"
13. Jh., ist postverb. Adjektiv von **combler** „anfüllen", „anhäufen", 12. Jh., aus lat. *cŭmŭlare* „aufhäufen". REW 2389.

comblette „Klauenspalt des Hirsches"
auch *comblète,* 14. Jh. *combelette* „schmaler Einschnitt", ist also dem. Abl. von *combe* „Schlucht" bzw. afrz. *combelle* „kleine Schlucht". Dict. gén.

combrière „Thunfischnetz"
17. Jh., aus nprov. *coumbriero,* auch *escoumbriero* u. ä. „Fischnetz für große Fische"; dieses ist Abl. von einem nicht belegten prov. **escombre* „Thunfisch" aus lat. *scomber*, das auch im Italienischen und Spanischen erhalten ist, REW 7733; Mistral s. v.; vgl. REW 7733 und 2144.
Nicht zum Stamm von *encombrer,* Brüch, ZFSL 50, 311.

combuger „wässern"
17. Jh., ist südwestliche Form für ein literarisiertes **combuer,* d. i. grom. **combŭcare* zu *buer* „waschen", s. *buée.*

combustion „Verbrennung"
12. Jh., aus lat. *(combustione).* Dazu seit dem 14. Jh. die Abl. **combustible** „verbrennbar".

comédie „Komödie"
in der Bedeutung „Lustspiel" seit dem 16. Jh., aber schon im 14. Jh. „gesprochene Dichtung", dann im 17. Jh. in der allgemeinen Bedeutung „Theaterstück", das in Verbindungen wie *comédie pastorale, c. d'intrigue,* in *jouer la comédie* „Theater spielen" u. ä. erhalten ist; daher auch neben Théâtre-Français, auch *Comédie-Française* für das Pariser Theater, in dem das Repertoir des klassischen Dramas aufgeführt wird; aus lat. (gr.) *(comoedia)* „Lustspiel", „Theaterstück"; Bl.-W. 143.
Dazu seit 1500 **comédien** „Schauspieler", „Komödiant", „Heuchler".

comestible „eßbar"
14. Jh., ist Abl. von lat. *(comestum),* d. i. Part. von lat. *comedere* „essen".

comète „Komet"
12. Jh., aus lat. *(cometa), (cometes).*

comice „Volksversammlung"
14. Jh. in Übersetzungen aus dem Lateinischen als „der zur Abhaltung der Volksversammlungen bestimmte Teil des Forums in Rom", seit dem 17. Jh. als „Volksversammlung" belegt; aus lat. *comitium* in der ersten, *comitia* in der zweiten Bedeutung; Bl.-W. 143.

cominge „großkalibrige Bombe"
17. Jh., nach dem Grafen von *Cominge,* dem Flügeladjutanten Ludwigs XIV., dessen Wohlbeleibtheit den Anlaß zum Vergleich mit der großkalibrigen Bombe bildete; Dict. gén.

comique „komisch"
15. Jh., aus lat. *(comicus).*

comite „Rudermeister"
15. Jh., dafür im 15. Jh. auch die volksetymologisch umgestaltete Form *commetre,* d. i. **commaître,* aus ital. *comito* dass., auch „Galeerenvogt", „Profoß", aus lat. *comes, -ite* „Begleiter", in der karolingischen Beamtenhierarchie „Befehlshaber", so besonders als *comes navium* „Schiffskapitän", vgl. *comte;* s. auch Vidos 330; Bezzola 80.

comité „Ausschuß"
17. Jh., aus englisch *committee* dass.
comma „eingeschobener Satz", „Beistrich"
18. Jh., aus lat. *(comma)* „Einschnitt".
command „Auftraggeber"
11. Jh., abstrakt, dann konkretisiert, aktiv „Bevollmächtiger" und passiv „Untergebener"; ist postverb. Subst. von afrz. *comander* „gebieten", „übergeben", „empfehlen", „rühmen", aus vlat. **commandare,* d. i. lat. *commendare* „anvertrauen", „übergeben", „empfehlen", dann, gekreuzt mit dem Stammwort *mandare* „einen Befehl, eine Weisung übergeben", d. i. „befehlen"; dazu nfrz. **commander** „befehlen", anordnen", „beherrschen", während die Meinung „empfehlen" heute auf die Abl. *recommander* beschränkt ist.
Dazu seit dem 13. Jh. **commande** „Auftragserteilung", „Antrieb", „Steuerung" u. ä., afrz. seit dem 11. Jh. „Befehl", „Gewalt", „Schutz"; Bl.-W. 143.
commande 1. „Befehl", s. *command.*
2. „Bindetau" (zum Festhalten eines Netzes) 16. Jh., zu *commander* in der technischen Bedeutung „betätigen" u. ä.
commandite „Verfügungstellung von Kapital"
17. Jh., ist Ableitung von *commander* „bestellen", nach dem Vorbild von im 15. Jh. belegtem *credite* „Darlehen", s. darüber *crédit;* dazu seit dem 19. Jh. **commanditer** *(une entreprise)* „in ein Unternehmen Geld hineinstecken", „sich als stiller Gesellschafter betätigen".
comme „wie"; „nachdem" (als kausale Konjunktion)
afrz. *com,* aus vlat. *quōmo,* das seit dem 4./5. Jh. wiederholt bezeugt ist, dieses Kurzform für lat. *quomodo* „wie"; daneben afrz. *come,* ursprünglich nur vor Personen und Personalpronominen, aus vlat. *quomo et* „wie auch", wie ähnlich spätlat. *ita et, quoque et, simul et* u. ä. Schuchardt, LGRP 12, 414; Vising, Quomodo in rom. Spr., Festschr. Tobler 113 ff.; Pirson, Festschr. Vollmöller 61 ff.; REW 6972; dazu 16.—19. Jh. **commer** „Vergleiche ziehen".
commémorer „ins Gedächtnis zurückrufen"
16. Jh., aus lat. *(commemorare).*
commencer „anfangen"
10. Jh., aus vlat. **comĭnītiare,* d. i. Abl. von *initium* „Anfang". Diez 105; REW 2079.
commende „Ordenspfründe"
16. Jh., aus mittellat. *(commenda)* zu lat. *commendare* „anvertrauen".
commensal „Tischgenosse"
15. Jh., aus lat. *(commensalis).*
commensurable „mit gleichem Maße meßbar"
14. Jh., aus lat. *(commensurabilis).*
comment „wie"
12. Jh., ist Adverbialbildung zu afrz. *com* „wie", s. *comme.*
Nicht *qua mente* „wie", Cornu, Rom. 10, 216, trotzdem dieses bei Gregor dem Gr. belegt ist, Weymann, ZRP 19, 105, doch kann immerhin lat. *quomodo* + *-mente* mit *qua mente* zusammengefallen sein; die Endung aber keineswegs aus lat. *inde* „davon", das syntaktisch nicht berechtigt ist, G. Paris, Rom. 10, 216.
commenter „auslegen"
14. Jh., aus lat. *(commentari).*
commer s. *comme.*
commérage „Geklatsch"
16. Jh. in der Bedeutung „Taufe", seit dem 17. Jh. die heutige Bedeutung, ist Abl. von **commère** „Klatschbase", eigentlich „Gevatterin", 13. Jh., aus vlat. *commater,* das bei Gregor v. Tours belegt ist, vgl. lat. *compatruelis* „mit von des Vaters Bruder stammend". REW 2082; Bl.-W. 144.
commerce „Handel"
14. Jh., aus lat. *(commercium).*
commère s. *commérage.*
commettre „zusammenstellen", „begehen", „anvertrauen"
13. Jh., aus lat. *(commĭttĕre)* „zusammenbringen", „veranstalten", „anvertrauen", in lautlicher Angleichung an *mettre.* REW 2086.
comminatoire „bedrohend"
16. Jh., aus mittellat. *(comminatorius)* zu lat. *comminari* „bedrohen".
commis „Handlungsgehilfe"
14. Jh., ist Part. von frz. *commettre* „beauftragen", „bestellen".
commise „Bloßstellung", „Lehenseinziehung"
14. Jh., ist subst. Part. von mlat. *committere* in der Bedeutung „konfiszieren", zu lat. *commissum* „das Unternommene", dann mit pejorativer Entwicklung „Verstoß gegen Pflicht und Gesetz", daher „Einziehung", „Konfiskation".
commisération „Bemitleidung"
12. Jh., aus lat. *(commiseratione).*
commissaire „Beauftragter"
14. Jh., aus mlat. *(commissarius),* zu *committere* in der Bedeutung „beauftragen", s. *commettre.*
commission „Auftrag", „Kommission"
13. Jh., aus mlat. *(commissione),* zu *committere* „beauftragen", vgl. *commis;* dazu seit dem 17. Jh. die Abl. **commissionnaire** „Dienstmann".
commissoire „die Ungültigkeit nach sich ziehend"
13. Jh., aus lat. *(commissorius)* in Verbindung mit *lex,* zu *commissum,* s. *commise.*
commissure „Verbindungsstelle"
14./15. Jh., aus lat. *(commissura)* „Zusammenfügung", „Verbindung".
commodat „ohne Verzinsung dargeliehene Sache"
17. Jh., aus lat. *(commodatum)* „Darlehen", zu *commodare* „auf Zeit leihen".

commode „bequem", „umgänglich"
15. Jh., aus lat. *(commodus)* dass.
commodore „Kommodore"
18. Jh., aus englisch *commodore*, dieses aus frz. *commandeur*, s. *commander*.
commotion „Erschütterung"
12. Jh., aus lat. *(commotione)*. Vgl. 11. Jh., (Raschi) das zugrunde liegende Verbum in *conmovre* „(mit einem Löffel) umrühren".
commuer „umwandeln"
14. Jh., in Anlehnung an volkstümlich entwickeltes *muer*, s. d., aus lat. *(commutare)*.
commun „gemeinsam"
9. Jh., aus lat. *commūnis;* das Femininum zeigt seit der ältesten Zeit die Form *commune*, so daß vermutlich schon in vorhistorischer Zeit Übergang des Adjektivs in die *-us*, *-a*-Klasse stattgefunden hat. REW 2091.
communal „gemeinsam", „zur Gemeinde gehörig"
12. Jh., ist latinisierende Nebenform von *comunel* dass., d. i. *-alis-* (der Zugehörigkeit) Abl. von lat. *commune* „gemeinschaftlicher Besitz", s. *commune;* von *communal* seit dem 13. Jh. die Abl. **communauté** „Gemeinschaft"; von *comunel* das Adverbium **communément,** mit *-é-* seit dem 16. Jh.; vgl. zu diesem Tobler, VB 1, 16, REW 2091.
commune „Gemeinde"
12. Jh. und so bis ins 14. Jh. *comugne, comuigne*, die heutige Form in Anlehnung an die Femininform von *commun*, aus lat. *commūnia*, d. i. Plural von lat. *commune* „gemeinschaftlicher Besitz". Vgl. *communal*.
communication „Verbindung", „Mitteilung"
14. Jh., aus lat. *(communicatione)*.
communier „kommunizieren"
10. Jh., aus lat. *(communicare)*, bei den Kirchenschriftstellern „kommunizieren", eigentlich „gemeinschaftlich machen", „Anteil haben".
communion „Glaubensgemeinde", „Kommunion"
12. Jh., aus lat. *(communione)* dass.
communiquer „mitteilen"
14. Jh., aus lat. *(communicare)*.
commutation „Umwandlung einer Strafe"
12. Jh., aus lat. *(commutatione)*, s. *commuer*.
compacité „Festigkeit"
18. Jh., in Anlehnung an Bildungen wie *capacité* abgeleitet von **compact** „fest zusammengedrängt", 14. Jh., daneben gebräuchlicher für beide Geschlechter *compacte*, aus lat. *(compactus)* dass.
compagne „Genossin"
12. Jh., ist neugebildetes Femininum zu afrz. *compain*, s. *copain*.
compagnie „Gesellschaft", „Genossenschaft"
12. Jh., ist schon vorhistorische Abl. von afrz. *compain* „Genosse", s. *copain*, oder von afrz. *compagne* „Gesellschaft", aus vlat. **compania*, zu dem eine maskulinische Form *companium* in der Lex Salica bezeugt ist; dieses ist Abl. von *panis* „Brot" nach fränkischem Vorbild, s. *compagnon*. REW 2092 f.
compagnon „Gesellschafter"
11. Jh., ist afrz. der Akkusativ zu *compain*, aus grom. *companio*, d. i. Zusammensetzung von *panis* „Brot", s. *pain*, mit *com-* „mit-", nach dem Vorbild von fränkisch **gahlêbo*, das sich aus gotisch *gahlaiba*, ahdt. *gileibo* dass. erschließen läßt; dieses zusammengesetzt aus *ga-*, der Entsprechung des lat. *con-* und **hlêb* (ahdt. *hleib)* „Brot". Diez 106; Brüch 81; REW 2093; A. Thomas, Vendryès, Rom. 58, 475; eine begrifflich ähnliche Bildung s. unter *matelot*.
comparaison „Vergleich"
12. Jh., aus lat. *(comparatione)*.
comparaître „vor Gericht erscheinen"
15. Jh., in Anlehnung an *paraître* aus lat. *(comparēre)*. Vgl. *comparoir*.
comparer „vergleichen"
12./13. Jh., aus lat. *(comparare)* „gleichstellen".
comparoir „vor Gericht erscheinen"
13. Jh., seit dem 17. Jh. nur mehr als Gerichtsausdruck zulässig, Br. 4, 246, aus lat. *(comparēre)* in Anlehnung an *paroir*.
comparse „stumme Person im Theater"
17. Jh., aus ital. *comparsa*, d. i. subst. Part. von ital. *comparire* „erscheinen" für lat. *comparēre*, s. *comparoir*.
compartiment „Abteil"
16. Jh., aus ital. *compartimento*, d. i. Abl. von *compartire* „abteilen", s. *partir*.
comparution „Erscheinen" (vor Gericht)
16. Jh., ist Abl. von *comparaître* in Anlehnung an die Partizipialform des Verbums.
compas „Zirkel"
12. Jh. „Distanzmessung", „Richtung" u. ä. ist postverb. Subst. von **compasser** „abzirkeln", „genau überlegen", afrz. „genau einteilen", aus vlat. **compassare* „abmessen", eigentlich „mit gleichen Schritten abgehen", d. i. Abl. von lat. *compassum* „gleicher Schritt". Diez 106; REW 2095; vgl. auch afrz. *compas* „gleicher Schritt".
compassion „Mitleid"
12. Jh., aus lat. *(compassione)*.
compatible „vereinbar"
15. Jh., ist Abl. von **compatir** „übereinstimmen" va.; „bemitleiden", aus lat. *(compati)* „mitfühlen"; davon seit dem 16. Jh. **compatir** „mitfühlen", „Mitleid empfinden", s. *compassion*.
compatriote „Heimatsgenosse"
16. Jh., aus lat. *(compatriota)*.
compendium „Zusammenfassung"
17. Jh., aus lat. *(compendium)* dass., eigentlich „Ersparnis".
compenser „aufwiegen", „vergüten"
14. Jh., aus lat. *(compensare)*, vgl. *penser*.

compérage „Gevatterschaft“, „heimliches Einverständnis“
13. Jh., ist Abl. von **compère** „Gevatter“, „schlauer Fuchs“, 14. Jh., d. i. in Anlehnung an *commère*, s. d., abgeleitet von *père*, s. d. Oder schon vlat. **compater*, REW 2096.

compère-loriot 1. „Goldammer“
16./17. Jh., stammt aus dem wallonisch-pikardischen Grenzgebiet, aus älterem *père loriot*, das volksetymologisch aus **mère-loriot* umgedeutet ist, da *loriot* maskulinisches Geschlecht hat; dieses wieder ist verschmolzen aus *merle-loriot*, zu *merle*, das in der angegebenen Gegend die Bedeutung „Vogel“ besitzt, eigentlich „Amsel“, s. *merle*, und *loriot* „Goldammer“; dieses für seit dem 12. Jh. bezeugtes *oriol* dass., mit dem Artikel verwachsen, aus lat. *(aureolus)* „goldig“ in halbgelehrter Entwicklung, vgl. auch afrz. *orie* „golden“ aus lat. *(aureus)*. Gilliéron, Abeille 298 ff.; Roll. F. 2, 230; ALF 1612; REW 791; FEW 178 f.; Tilander, Gedenkschrift Lerch, 1955, N. 13. Wegen der Verschmelzung von *merle* mit einem Adj., das „golden“ bedeutet, s. frz. *merle doré* für den Pirol.
Anders Falk, Acta Soc. Linguisticae Upsal., nova series, I, 2, 32 SS.; Heimat des Wortes wäre der Südosten: **pierre glorieux*, Dep. Rhône, Isère, *père loriot*, Drôme, Rhône usf., Bouche-du-Rhône *loriòu;* Ausgangspunkt gr. (Marseille) χλωρίων „Goldammer“ zu gr. χλωρός „grünlichgelb“, „bleich“, „farblos“; *père, pierre* würden zu dem Vogelnamen dt. *Pirol* gehören, dieses aus gr. πυρρός „feuerfärbig“; überzeugt nicht; s. auch Bl.-W. 374; G. Colón, ZRP 80, 269.
2. „Gerstenkorn am Auge“
dafür im 15. Jh. *leurieul*, heute mundartlich *lorieul, loriol*, dafür schon Anfang des 9. Jhs. *auriola*, Barbier, RDR 2, 184; es ist schon frühzeitig lat. *hordeolum* „Gerstenkorn“, s. *orgelet*, mit *aureolus* „goldig“ verschmolzen, bzw. ursprünglich scherzhaft mit ihm zusammengebracht worden; als für *oriol, loriot* „Goldammer“ die Form *compère-loriot* gebräuchlich wurde, s. o., trat dieses auch für *oriol, loriot* „Gerstenkorn“ ein; s. die Literatur unter *compère-loriot* 1.
Als Witz der Kinderstube für gelehrtes, medizinisches *hordéole*, Baist, ZRP 43, 90 f., wird durch den alten Beleg von *aureola* „Gerstenkorn“ widerlegt.

compersonnier „Mitbesitzer“, „Teilnehmer“
14. Jh. *comparçonnier*, ist nach dem Vorbild von *compagnon* erweitertes afrz. *parçonier* „Teilhaber“, d. i. Abl. von afrz. *parçon* „Teilung“, „Anteil“ aus lat. *partītione*. REW 6260.

compéter „zustehen“
14. Jh., aus lat. *(competere)* „zutreffen“, „entsprechen“; dazu seit dem 13. Jh. **compétent** „zuständig“, seit dem 17. Jh. **compétence** „Zuständigkeit“.

compétiteur „Mitbewerber“
14./15. Jh., aus lat. *(competitore)* zu *competere* „etwas gemeinsam zu erreichen suchen“.

compiler „kompilieren“
13. Jh., aus lat. *(compilare)* „ausplündern“, „ausrauben“.

complaindre „beklagen“
12. Jh., aus vlat. **complangĕre*, s. *plaindre*. Gröber, ALL 1, 551; REW 2100.
Dazu seit dem 12. Jh. das subst. Part. **complainte** „Klage“, „Klagelied“, das im 17. Jh. aus der Literatur verbannt wird, aber in der burlesken Dichtung weiterlebt.

complaire „willfahren“
14. Jh., in Anlehnung an *plaire* aus lat. *(complacēre)*.
Dazu in Anlehnung an *plaisance* u. ä. die Abl. **complaisance** „Gefälligkeit“, 14. Jh.

complant „(Reben)pflanzung“
13. Jh., ist postverb. Subst. von afrz. *complanter* „bepflanzen“, aus lat. *complantare* dass.

complément „Ergänzung“
17. Jh., aus lat. *(complementum)* „Ausfüllungsmittel“; dazu seit dem 18. Jh. die Abl. **complémentaire** „ergänzend“.

complet „vollständig“
12./13. Jh., aus lat. *(completus)* dass. Dazu seit dem 18. Jh. die Abl. **compléter** „ergänzen“.

complexe „zusammengesetzt“, „verwickelt“
17. Jh., aus lat. *(complexus)* zu *complecti* „umschlingen“, „umfassen“.

complice „Mitschuldiger“
14. Jh., aus lat. *(complex, -ice)* „Teilnehmer“; dazu seit dem 15. Jh. **complicité** „geheimes Einverständnis“

complie „letzter Teil des Nachmittagsgottesdienstes“
12. Jh., ist in Anlehnung an kirchenlat. *completa*, s. *complet*, abgeleitet von afrz. *complir* „vollenden“, aus vlat. **complire* für lat. *complēre;* vgl. *compliment*.

compliment „feierliche Anrede“, „Schmeichelei“
17. Jh., aus ital. *complimento* dass., dieses aus span. *complimiento*, heute *cumplimiento* „Erfüllung“, „Vollkommenheit“, „Höflichkeitsbezeigung“, d. i. Abl. von span. *complir, cumplir* „erfüllen“, aus vlat. **complire*, s. *complie;* oder das frz. Wort unmittelbar aus dem Spanischen. G. Paris, Mél. 30, 306; Spitzer, ZFSL 44, 216; REW 2101.

compliquer „verwickeln“
14./15. Jh., aus lat. *(complicare)*, eigentlich „zusammenfalten“.

complot „heimlicher Anschlag“
12. Jh., afrz. auch *complote* „Häufung, Ansammlung in der Schlacht“, dazu *complotëiz*

dass., auch „Kampf"; dazu im 16. Jh. *peloter* „hinundherschütteln", „streiten"; dazu auch prov. *pelota* „Truppe", „Masse", „Haufen"; ist postverb. Subst. von **compeloter* ursprünglich „zusammenknäueln", d. i. schon alte Zusammensetzung von *con-* und *pelote* „Kugel", „Knäuel", s. d. Körting 2374.
Dazu seit dem 16. Jh. die Neuableitung **comploter** „heimlich verabreden".

compon „viereckiges Feld im Wappen"
19. Jh., ist subst. Part. von *componer* „in viereckige Felder einteilen", das in der Partizipialform **componé** „aus verschiedenen Feldern bestehend" erhalten ist; *componer* aus lat. *(componĕre)* „zusammensetzen"

componction „Zerknirschung"
12. Jh., aus lat. *(compunctione)* dass.

componende „päpstliche Kanzleisporteln"
17. Jh., aus mlat. *(componendum)* „zu zahlen", zu lat. *componĕre* „ordnen", mlat. „zahlen".

comporter „geeignet sein für ..."; refl. „sich betragen".
13. Jh., aus lat. *(comportare)* „zusammentragen", „einbringen"; vgl. *colporter.*

composer „zusammensetzen", „verfassen"
12. Jh., ist Französisierung von lat. *componĕre* dass., nach *poser,* das dem lat. *ponĕre* entspricht.

composite „aus verschiedenen Stilen zusammengesetzt"
16. Jh., aus lat. *(compositus)* „zusammengesetzt".

composition „Zusammensetzung", „Ausarbeitung"
13. Jh., aus lat. *(compositione).*

compost 1. „künstlich angelegter Dünger"
19. Jh., aus englisch *compost,* das selbst aus afrz. *compost* „zusammengesetzt", seit dem 13. Jh. auch „Mistdünger", entlehnt ist; aus lat. *compositus* „zusammengesetzt"; REW 2105.
2. „landwirtschaftlicher Kalender"; „Kenntnis vom Gang der Gezeiten im Hafen"
ist afrz. *compoz* „Zusammenstellung", „Erzählung", in dem sich lat. *compositus,* s. *compost* 1, und lat. *(compŭtus)* „Erzählung" kreuzen, vgl. *comput.*

composteur „Winkelhaken" (Schriftsetzerei) u.ä.
17. Jh., aus ital. *compostore,* eigentlich „Zusammensetzer", aus lat. *compositore* dass. Dict. gén.

compôt „Einteilung der Felder in Schläge"
17. Jh., ist afrz. *compost* „zusammengesetzt", s. *compost, compote* und *compon.*

compote „Eingemachtes"
13. Jh. *composte,* ist Kollektivform von afrz. *compost* „zusammengesetzt", s. *compost* 1 und 2.

compréhension „Verständlichkeit"
15. Jh., aus lat. *(comprehensione)* „Zusammenfassen", „Begreifen".

comprendre „verstehen"
12. Jh., afrz. „erfassen", „begreifen", schon in der Vulgata in der übertragenen Bedeutung „verstehen", so im Frz. erst im 16. Jh., ersetzt *entendre;* aus lat. *comprehendere;* Lerch, Rom. Jb. 3, 142; REW 2106.

compresse „Bäuschchen"
13. Jh. „Zusammenpressen", seit dem 16. Jh. in der modernen Bedeutung, ist postverb. Subst. von afrz. *compresser* „zusammendrükken" aus lat. *compressare* dass.

compression „Druck"
14. Jh., aus lat. *(compressione)* dass.; vgl. *compresse;* dazu seit dem 17. Jh. die Abl. **compressible** „zusammendrückbar".

comprimer „zusammendrücken"
14. Jh., für volkstümlich entwickeltes *compresser,* s. *compresse,* aus lat. *(comprĭmĕre)* dass.

compromettre „sich auf den Schiedsspruch verlassen" va.; „in eine unangenehme Lage bringen"
13. Jh., aus lat. *(compromĭttĕre)* dass.
Dazu seit dem 13. Jh. das subst. Part. **compromis** „schiedsgerichtliche Entscheidung".

comptable „rechnungspflichtig"
in der heutigen aktiven Bedeutung seit dem 16. Jh., ist aber sicherlich älter, aus afrz. *comptable,* das in der passivischen Bedeutung „zahlbar" belegt ist, aber auch die Bedeutung „zum Zahlen geeignet" gehabt haben muß; ist Abl. von *compter,* s. d.

comptant „bar"
13. Jh., ist erstarrtes Part. von *compter* „zahlen", in der passivischen Bedeutung „mit dem gezahlt wird", vgl. auch *comptable.* Tobler, VB 1, 41; Spitzer, ZRP 38, 358 ff.
Wegen Damprichard *kūtõ* gegen *kūtẽ* als Partizip, zu lat. *contente* „sofort", ist nicht nötig, REW 2181, da *kūtõ* Umsetzung des literarischen *comptant* sein kann.

compte „Zählung", „Rechnung"
13. Jh., ist in Rückanlehnung an lat. *compŭtus* Schreibung für *conte,* s. d.; desgleichen das seit dem 13. Jh. belegte **compter** „zahlen", „rechnen", „berechnen", Schreibung für afrz. *conter,* aus lat. *compŭtare* dass. REW 2108. Vom Verbum seit dem 14. Jh. die Abl. **comptoir** „Zahltisch", dann „Schreibstube".

compulser „die Vorlegung von Akten durch Gerichtsspruch durchsetzen"
15. Jh., aus lat. *(compulsare)* „erzwingen".

comput „Berechnung der beweglichen Festtage"
17. Jh., für afrz. *compoz,* s. *compost* 2, aus lat. *(compŭtus)* „Berechnung".
comtat s. *comté.*

comte „Graf"
12. Jh., *cuens-conte,* aus lat. *cŏmes, cŏmĭte,* das in der klassischen Sprache „Begleiter" bedeutete, zunächst jemanden aus dem Gefolge einer hohen Persönlichkeit, z. B. des

Kaisers; in der späteren Kaiserzeit wichtige Persönlichkeit in der Verwaltung und der Armee; die Stellung des *comes* wird in der Völkerwanderungszeit gehoben, die alten ‚pagi' werden zu ‚comitatus'; unter Karl dem Großen ist der *comte* Chef der Marken, in ihrer Verwaltung wie in ihrer Verteidigung; Hollyman, Vocab. féodal 1957; Bourciez RLR 73, 105; REW 2078; Bl.-W. 147.
Dazu seit dem 11. Jh. die Abl. **comtesse** „Gräfin".

comté „Grafschaft"
11. Jh., aus lat. *cŏmĭtatus*, das ursprünglich „Gefolgschaft" bedeutete, mit der Bedeutungsentwicklung von *comes, comte* zu „Graf" die Bedeutung des literarischen Wortes annahm. REW 2080.

con „weibliche Scham"
aus lat. *cunnus* dass., auch „feile Dirne", afrz. auch in Flüchen, nfrz. im Rotwelsch „Feigling", „Dummkopf".

concasser „zerstoßen"
13. Jh., aus lat. *(conquassare)*, s. *casser.*

concave „hohl"
14. Jh., aus lat. *(concavus).*

concéder „überlassen"
15. Jh., aus lat. *(concedĕre).*

concentrer „in einem Mittelpunkt vereinigen"
17. Jh., ist gelehrte Zusammensetzung von *con-* „mit-" und *centre*, s. d.

concept „Begriff", „Vorstellung"
15. Jh., aus lat. *(conceptus)* „Aufnahme"

conception „Empfängnis"
12. Jh., aus lat. *(conceptione).*

concerner „betreffen"
14. Jh., aus mittellat. *(concernĕre)* zu lat. *cernere* „im Auge behalten", „berücksichtigen".

concert „Einverständnis", „Harmonie", „Konzert"
16. Jh., aus ital. *concerto,* d. i. postverb. Subst. von *concertare* „übereinstimmen" aus lat. *(concertare).*

concerto „Konzert"
18. Jh., aus ital. *concerto*, s. *concert.*

concession „Zugeständnis"
13. Jh., aus lat. *(concessione).*

concetti „Witzfunken"
18. Jh., aus ital. *concetti,* d. i. Plural zu *concetto,* der ital. Entsprechung des frz. *concept.*

concevoir „empfangen", „ersinnen"
12. Jh., in Anlehnung an *recevoir* u. ä. aus lat. *(concĭpĕre)* „zusammenfassen", „aufnehmen".

conche 1. „zweites Behältnis in Salzteichen"
18. Jh., aus poitev. *conche* „kleine Senkung im Sumpfland", aus lat. *concha* „Muschel", das nach asardisch *conca* „Talmulde" wohl schon vlat. die Bedeutung „Mulde" besessen hat. Vgl. auch *conca* als Übersetzung von *labium,* d. i. „der umgebogene Rand", in den Reichenauer Glossen 234. Zu REW 2112.
2. „Ausrüstung"
16./17. Jh., aus ital. *concio* dass., d. i. postverb. Subst. von *conciare* „zurichten", aus vlat. **comptiare* zu lat. *comptus* „geschmückt", „zierlich". REW 2107.

conchite „Schaltierversteinerung"
18. Jh., ist gelehrte Abl. von lat. *(concha)* „Muschel", s. *coquille* und *conche* 1.

concierge „Hausmeister"
12. Jh. mittellat. *consergius,* afrz. *cumcerges,* aus vlat. **conservius*, d. i. in Anlehnung an *consocius* u. ä. abgeleitet von *servus* „Sklave" bzw. lat. *conservus* „Mitsklave".
Daß wegen pik. *conchierge* eine Grundform mit *-c-* vorliegen muß, Thomas, Rom. 41, 452, ist nicht begründet, da in *con-s-* als Übergangslaut ein *-t-* eintreten konnte, als der Zusammenhang mit *servus* = *serf* nicht mehr gefühlt wurde; **conserviens,* Baist, RF 16, 404; REW 2159, ist schwieriger, da ein dazu gehöriges **conservire* weder lateinisch noch romanisch bezeugt ist; **concerius,* zu *cera* „Wachs", Lebel, Fr. mod. 13, 93 ist unbegründet.

concil „Konzil"
12. Jh., aus lat. *(concilium)* „Versammlung".

conciliabule „ungesetzmäßige Kirchenversammlung"
16. Jh., aus lat. *(conciliabulum)* „Malstätte", „Marktplatz".

concilier „aussöhnen"
16. Jh., aus lat. *(conciliare)* „zustandebringen", „ermitteln".

concis „bündig"
17. Jh., aus lat. *(concisus).*

conclave „Wahlversammlung"
14. Jh., aus lat. *(conclave)* „verschließbares Gemach"

conclure „beschließen", „folgern"
13. Jh., aus lat. *(conclūdĕre).*

concombre „Gurke"
13. Jh., aus prov. *cogombre,* dazu in volkstümlicher Entwicklung vielleicht lyon. *conbro,* in Somme die Abl. *conbrade*; aus lat. *cucumis, cŭcŭmĕre* dass. Roll. Fl. 6, 35 ff.; REW 2364.

concomitant „begleitend", „Begleit-"
16. Jh., aus lat. *(concomitari)* „mitbegleiten"; s. *comte*; Bl.-W. 148.

concordat „Konkordat"
16. Jh., aus lat. *(concordatum)* „Übereinstimmung".

concorde „Eintracht"
12. Jh., aus lat. *(concordia).*

concorder „übereinstimmen"
18. Jh., aus lat. *(concordare).*

concourir „in einem Punkte zusammenlaufen", „sich gemeinsam bewerben"
16. Jh., in Anlehnung an *courir* aus lat. *(concurrĕre).*

concours „Zusammentreffen“, „gemeinschaftliche Bewerbung“
16. Jh., aus lat. *(concursus).*
concret „fest“, „konkret“
16. Jh., aus lat. *(concretus)* zu *concrescĕre* „sich verdichten“, „verhärten“.
concubine „Beischläferin“
13. Jh., aus lat. *(concŭbīna).*
concupiscence „Begierde“
13. Jh., aus lat. *(concupiscentia),* das bei den Kirchenschriftstellern belegt ist.
concurrence „Zusammentreffen“, „Wettbewerb“
14./15. Jh., ist Abl. von **concurrent** „zusammentreffend“, „Mitbewerber“; dieses seit dem 12. Jh. aus lat. *(concurrente)* „mitlaufend“, s. *concourir.*
concussion „unlauterer Erwerb“, „Erpressung“
15. Jh., aus lat. *(concussione)* „Erschütterung“, „Erpressung“.
condamner „verurteilen“
11. Jh. *condemner,* wie prov. *condemnar* neben *condamnar,* das neben „verbannen“ auch „(eine Tür) verschließen“, (so daß sie nicht geöffnet werden kann) bedeutet; aus vlat. *condamnare*, d. i. nach dem Stammwort *damnare* umgestaltetes lat. *condemnare* „verbannen“; die metaphorische Verwendung von *condamner (une porte, une fenêtre)* „vermauern“, „verrammeln“, ist spätlat. auch bei *damnare* bezeugt, Bambeck 15.
condenser „verdichten“
14. Jh., aus lat. *(condensare).*
condescendre „nachgeben“
14. Jh., aus lat. *(condescendere)* „sich zu jmd. herablassen“, das bei den Kirchenschriftstellern belegt ist.
condiment „Würze“
13. Jh., aus lat. *(condimentum).*
condition „Bedingung“
12. Jh., aus lat. *(conditione).*
condoléance „Beileid“
15. Jh., in Anlehnung an *doléance* abgeleitet von **condouloir** „sein Beileid bezeugen“; dieses seit dem 13. Jh. in Anpassung an *douloir* aus lat. *(condŏlēre).* Das Verbum schwindet seit dem 17. Jh. aus der Sprache. Br. 3, 108.
condominium „Mitherrschaft“
19. Jh., aus engl. *condominium,* d. i. gelehrte Bildung aus *con-* und lat. *dominium* „Herrschaft“, s. *domaine.*
condor „Greifgeier“
17. Jh., aus spanisch *condor,* das aus dem Quechua (Perú) stammt.
condottiere „Bandenführer“
18. Jh., aus ital. *condottiere,* d. i. Abl. von *condotta* „Führung“, „Hauptmannschaft“, der Entsprechung des frz. *conduite.*
condouloir s. *condoléance.*
conducteur „Führer“
13. Jh., aus lat. *(conductore).*
conduire „führen“
10. Jh., aus lat. *condūcĕre*, REW 2127. Dazu seit dem 12./13. Jh. die Abl. **conduiseur** „Führer“, das seit dem 17. Jh. vor *conducteur* u. ä. schwindet.
conduit „Leitungsröhre“
12. Jh., aus lat. *condūctus* „Zusammenziehen“, *„Führung“, REW 2128; *conduite* in der gleichen Bedeutung wird im 17./18. Jh. als normannisch verworfen. Br. 4, 330.
Oder erst grom. Bildung zu *conduire,* s. d., wie die seit dem 13. Jh. bezeugte feminine Entsprechung **conduite** „Führung“, „Aufführung“.
cône „Kegel“
16. Jh., aus lat. *(conus).*
confection „Fertigstellung“
12. Jh., aus lat. *(confectione);* dazu seit dem 18. Jh. die Abl. **confectionner** „fertigstellen“
confédération „Bündnis“
14. Jh., aus lat. *(confederatione).*
conférence „Vergleichung“, „Zusammenkunft“, „Besprechung“, „öffentlicher Vortrag“
15. Jh., aus mittellat. *(conferentia),* zu lat. *conferre* „vergleichen“.
conférer „übertragen“, „verleihen“, „sich besprechen“ u. ä.
14. Jh., aus lat. *(conferre)* „zusammentragen“, „zuweisen“.
conferve „Wasser-Haarmoos“
18. Jh., aus lat. *(conferva).*
confesse „Beichte“
12. Jh., ist postverb. Subst. von **confesser** „beichten“, 12. Jh., aus vlat. **confessare*, d. i. Intensivform von lat. *confiteri* „gestehen“.
confession „Bekenntnis“, „Beichte“
10. Jh., aus lat. *(confessione)* „Einverständnis“, „(Glaubens)bekenntnis“; dazu seit dem 17. Jh. **confessional** „Beichtstuhl“.
confiance „Vertrauen“
15. Jh., in Anlehnung an *confier* aus lat. *(confidentia);* dazu seit dem 14. Jh. **confidence** dass., seit dem 17. Jh. „vertrauliche Mitteilung“, nach ital. *confidenza* dass.; ebenso seit dem 16. Jh. **confident** aus ital. *confidente* „Vertrauter“ zu lat. *(confidĕre),* s. *confier;* Dict. gén.
confier „anvertrauen“
14. Jh., in Anlehnung an *fier* aus lat. *(confidĕre).*
configurer „bilden“, „gestalten“
12. Jh., aus lat. *(configurare)* „gleichförmig bilden“
confiner „an der Grenze gelegen sein“, „in seine Grenzen bringen“
13. Jh., dazu im 14. Jh. *confine* „Grenzen“, ist Abl. von lat. *(confinis)* „angrenzend“; dazu **confinement** „Einsperren“, „Verbannung“

confins „gemeinsame Grenze"
seit dem 15. Jh., aus lat. *(confīnium)* „Grenzscheide".
confire „(Früchte) einlegen"
13. Jh. „zubereiten", aus lat. *(confĭcĕre)* „anfertigen". REW 2133; Bambeck 12.
confirmer „befestigen", „bestätigen"
13. Jh., daneben seit der ältesten Zeit bis ins 17. Jh. die an *ferme* angeglichene Form *confermer*, aus lat *(confĭrmare)*.
confiserie „Zuckerbäckerei"
18. Jh., ist Abl. von **confiseur** „Zuckerbäkker", 16. Jh., dieses Abl. von *confire* in der Bedeutung „Früchte kandieren" u. ä., s. *confire*.
confisquer „in Beschlag nehmen"
14. Jh., aus lat. *(confiscare)*.
confit „Kleienbeize", „Hühnerkonserve" u. ä., afrz. „Brühe zum Einmachen von Früchten", ursprünglich abstrakt „Zubereitetes", 13. Jh., ist subst. Part. von afrz. *confire* „fertigstellen", „einlegen", s. *confire*.
Dazu seit dem 13. Jh. die kollektive Weiterbildung **confiture** „Eingemachtes".
conflagration „allgemeiner Brand"
15. Jh., aus lat. *(conflagratione)*.
conflit „Reibung", „Streit"
wird als Ausdruck der Gerichtssprache im 17./18. Jh. aus der Literatur verbannt, Br. 4, 401; 12. Jh., aus lat. *(conflictus)*, zu lat. *confligĕre* „zusammenschlagen", „(als Gegner) zusammenstoßen".
confluent „Zusammenfluß"; „zusammenfließend"
16. Jh., aus lat. *(confluente)*, d. i. Part. von *confluĕre* „zusammenfließen", das ebenfalls, seit dem 14. Jh., als **confluer** ins Frz. aufgenommen wurde.
confondre „vermengen", „verwirren"
12. Jh., aus lat. *confŭndĕre*. REW 2141.
conformer „gleichförmig machen"
12. Jh., aus lat. *(conformare)*; dazu seit dem 14. Jh. **conforme**, aus lat. *(conformis)* „gleichförmig"; ferner im 17. Jh. **conformiste** „Jasager", unmittelbar aus dem Englischen, Lerch, Rom. Jb. 3, 143; seit Beginn des 20. Jhs. **conformisme** „Anpassung", auch „Opportunismus".
confort 1. „Trost"
12. Jh., gilt im 17. Jh. als ungebräuchlich, Br. 3, 108, ist postverb. Subst. von **conforter** „trösten"; dieses seit dem 12. Jh. aus lat. *(confortare)*. Auch das Verbum wird im 17. Jh. getadelt, Br. 3, 108; REW 2138.
2. „Behaglichkeit"
19. Jh., aus englisch *comfort*, das selbst aus afrz. *confort* „Stärkung" stammt.
confortable „behaglich"
19. Jh., aus englisch *comfortable*, das selbst aus afrz. *confortable* „Trost, Stärkung bringend" entlehnt ist. Dict. gén.
conforter s. *confort* 1.
confrère „Mitbruder"
13. Jh., aus mittellat. *(confrater)*, s. *compère, commère*. Dazu seit dem 13. Jh. die Abl. **confrérie** „Bruderschaft", aus mittellat., im 9. Jh. bezeugtem *confratria* „geistliche Gemeinschaft, Bl.-W. 150.
confronter „gegenüberliegen", „-stellen"
14. Jh., aus mittellat. *(confrontare)* zu lat. *frons, fronte* „Stirne", s. *front*.
confus „verwirrt", „bestürzt"
12. Jh., aus lat. *confūsus* dass., vgl. *confondre*; oder Lehnwort wie das seit dem 11. Jh. belegte **confusion** „Verwirrung" aus lat. *(confusione)*.
conge „Flüssigkeitsmaß", „Erzkorb", „Lebertrangefäß"
16. Jh., aus lat. *(congius)* „Flüssigkeitsmaß"; vielleicht liegt in der 2. und 3. Bedeutung trotz des späten Auftretens des Wortes volkstümliche Entwicklung vor, vgl. REW 2146.
congédier „verabschieden"
14./15. Jh., für älteres *congeer, congeier*, d. i. Abl. von afrz. *congié*, frz. **congé** „Abschied", 12. Jh., aus lat. *commeatus* „Urlaub"; die *-d*-Form zeigt vermutlich Einfluß von ital. *congedare, congedo*, das selbst aus dem Französischen entlehnt ist. Dict. gén.; REW 2083; vom Subst. seit dem 16. Jh. die Abl. **congéable** „auf Kündigung gepachtet" va.
congeler „gefrieren machen"
13. Jh., aus lat. *(congelare)* dass.
congénère „der gleichen Art angehörig"
16. Jh., aus lat. *(congener)*.
congestion „Blutandrang"
14. Jh., aus lat. *(congestione)* „Aufhäufung".
conglober „aufhäufen"
16. Jh., aus lat. *(conglobare)*.
conglomérer „zusammenhäufen"
18. Jh., aus lat. *(conglomerare)*.
conglutiner „zusammenleimen"
14. Jh., aus lat. *(conglutinare)*.
congratuler „beglückwünschen"
14. Jh., aus lat. *(congratulari)*.
congre „Meeraal"
13. Jh., aus vlat. *congrus*, das in Glossen belegt ist, für klassisches *conger*. Barbier, RDR 2, 157; RPFL 23, 120ff.; REW 2144.
congréer „ein starkes Tau mit Werg u. ä. umwickeln"
18. Jh., scheint Kreuzung von afrz. *conreer* „zurichten", s. *corroyer*, mit *agréer, gréer* zu sein, s. d. Dict. gén.
congréganiste „Laienbruder"
18. Jh., ist dissimiliert aus **congrégariste*, d. i. Abl. von mittellat. *(congregarius)* „zur selben Herde, Bruderschaft gehörig".
congrégation „Ordensgesellschaft"
12. Jh., aus lat. *(congregatione)* „versammelte Menge", „Versammlung", „Vereinigung".

congrès „Zusammenkunft"
17. Jh., aus lat. *(congressus).*
congru „genau entsprechend"
13. Jh., aus lat. *(congruus);* dazu seit dem 14. Jh. die Abl. **congruité** „genaue Entsprechung".
conifère „Nadelbaum"
16. Jh., aus lat. *(conifer).*
conique „kegelförmig"
17. Jh., aus lat. *(conicus).*
conjecturer „mutmaßen"
13. Jh., aus lat. *(conjecturare).*
conjoindre „vereinigen"
12./13. Jh., aus lat. *conjŭngĕre;* dazu seit dem 12. Jh. das adj. Part. **conjoint** „verbunden".
conjonctif „verbindend", „konjunktivisch"
14. Jh., aus lat. *(conjunctivus)* dass.
conjonction „Verbindung", „Konjunktion"
13. Jh., aus lat. *(conjunctione)* dass.
conjoncture „Zusammentreffen von Umständen"
14. Jh., aus ital. *congiuntura* „Verbindung", „Umstand", d. i. Abl. von ital. *congiunto,* s. *conjoint.* Dict. gén.. Vgl. aber schon im 12. Jh. *conjointure* „Verbindung", „Vergleichung der einzelnen Umstände", das unmittelbar von lat. *conjunctus* „Verbindung" abgeleitet und angepaßt sein kann; Bl.-W. 151.
conjouir refl. „sich gleichzeitig freuen"
12. Jh., in Anlehnung an *jouir* aus lat. *(congaudēre).*
conjugaison „Konjugation"
16. Jh., aus lat. *(conjugatione)* „Verbindung", „Konjugation".
conjugal „ehelich"
13. Jh., aus lat. *(conjugalis).*
conjuguer „vereinigen" va.; „konjugieren"
16. Jh., aus lat. *(conjugare).*
conjurer „verschwören", „beschwören"
12. Jh., aus lat. *(conjurare);* dazu seit dem 13. Jh. das Verbaladjektiv **conjuré** „Verschworener".
connaissance „Kenntnis"
12. Jh. *conoissance,* ist Abl. von afrz. *conoistre,* frz. **connaître** „kennen", 12. Jh., aus vlat. **connōscĕre,* d. i. in Anlehnung an *noscere* „wissen" umgebildetes *cognoscere* dass. Meyer-Lübke, Einf. 35; REW 2031.
conné „mitgeboren"
18. Jh., aus lat. *(connatus).*
connectif „Staubfädenverlängerung"
18. Jh., ist gelehrte Bildung zu lat. *connectere* „verknüpfen".
connétable „Oberstallmeister", „Stadtkommandant"
12. Jh., aus lat. *cŏmes stabuli,* dieses in Frankreich im 6. Jh. bezeugt, Bezzola 89; bei Fredegar *comes aestabolarius,* das einem gesprochenen **comestablier* entspricht, Müller-Taylor 72; dazu *constabulus* im Frankoprovenzalischen beliebter alter Personenname; zu lat. *comes,* s. *comte* und *étable;* die Entwicklung ist nicht rein volkstümlich; dazu seit dem 12. Jh. die Abl. **connétablie** „Marschallsgericht". Diez 107; REW 2129. *connétable* wäre nach Brüch, ZRP 38, 677 Kreuzung von **comestable* als Nominativform und **contestable* als Akkusativform, doch wäre bei schon vorhistorischer Verschmelzung des Wortes *comesstabuli* zu **constable* geworden; immerhin kann eine solche Form mit Rückanlehnung an *estable* zu *conestable* umgestaltet worden sein.
connexe „verbunden"
13. Jh., aus lat. *(connexus).*
conniver „nachsehen"
16. Jh., aus lat. *(connivēre)* „sich schließen", „ein Auge zudrücken".
conque „Hohlmuschel"
15./16. Jh., aus lat. *(concha),* s. *conche.*
conquérir „erobern"
14. Jh., in Anlehnung an *quérir* für älteres *conquerre, conquierre* „erwerben", „erobern", aus vlat. **conquaerĕre* für *conquirere* „sich zu verschaffen suchen", „nachspüren".
conquêt „Erwerb der in Gütergemeinschaft lebenden Eheleute"
12. Jh., afrz. *conquest* „Erwerb", „Gewinn", „Vorteil", ist subst. Part. von afrz. *conquerre, conquierre* „erwerben", s. *conquérir* und das F.
conquête „Eroberung"
12. Jh., ist subst. Part. von afrz. *conquierre* „erobern", s. *conquérir.*
Dazu seit dem 12. Jh. die Abl. *conquester* „erwerben", frz. in Anlehnung an *conquête* *conquêter* „erobern", das im 17./18. Jh. in der Konkurrenz mit *conquerre* und *conquérir* unterging. Br. 4, 246.
consacrer „weihen"
12. Jh., aus vlat. *(consacrare),* das für klassisches *consecrare* „heiligen", „weihen" belegt ist.
consanguin „vom selben Vater abstammend"
13./14. Jh., aus lat. *(consanguinus)* „geschwisterlich".
conscience „Gewissen"
12. Jh., aus lat. *(conscientia);* dazu seit dem 16. Jh. die Abl. **consciencieux** „gewissenhaft".
conscription „Aushebung zum Kriegsdienst"
18. Jh., ist Abl. von **conscrit** „Rekrut", 18. Jh., aus lat. *(conscriptus)* „(in die Listen) eingetragen".
consécration „Weihe"
12. Jh., aus lat. *(consecratione).*
consécutif „aufeinanderfolgend"
15. Jh., ist Abl. von lat. *(consecūtus),* d. i. Part. von *consequi* „folgen".
conseil „Rat", „Überlegung", „Ratsversammlung"
10. Jh., aus lat. *consĭlium.* REW 2164.
conseiller 1. „raten", „beraten"

12. Jh., aus vlat. *consĭliare* zu lat. *consiliari* „Rat pflegen".
2. „Ratgeber"
9./10. Jh., aus lat. *consĭliarius.*
consentir „zustimmen"
12. Jh., aus lat. *(consentire).*
conséquence „Folgerung"
13. Jh., aus lat. *(consequentia)* „Aufeinanderfolge" zu lat. *consequi* „nachfolgen", *consequens* „in richtiger Folge stehend", auch subst. „Folgerung"; zu diesem seit dem 14. Jh. *par conséquent* „infolgedessen"; s. *suivre;* Bl.-W. 152.
conséquent 1., s. *conséquence.*
2. „wichtig", „einflußreich"
17. Jh., aus lat. *(consequens, -entis)* „folgerichtig", „vernunftgemäß".
conserver „bewahren"
9. Jh., aus lat. *(conservare);* dazu im 14. Jh. das postverb. Subst. **conserve** „Aufbewahrung", erhalten in verschiedenen konkretisierten Meinungen.
considérer „aufmerksam betrachten", „erwägen"
12. Jh., aus lat. *(considerare)* „in Augenschein nehmen" u. ä.; dasselbe Wort in volkstümlicher Entwicklung in afrz. *consirrer* „betrachten", „ergreifen", „erlangen" u. ä.; REW 2161.
consigner „hinterlegen"
15. Jh., aus lat. *(consĭgnare)* „besiegeln", „urkundlich niederlegen"; dazu seit dem 14. Jh. das postverb. Subst. **consigne** „urkundlich beglaubigte Tatsache", nfrz. „Dienstvorschrift", dann „Hinterlegung", „Gepäckaufbewahrung" u. ä.
consister „bestehen"
14. Jh., aus lat. *(consistĕre)* „sich hinstellen", „stille stehen", „bestehen".
consistoire „Konsistorium"
12. Jh., aus lat. *(consistorium)* „Versammlungsort".
consolation „Trost"
12. Jh., aus lat. *(consolatione).*
console „Tragstein", „Tragbaum der Balustrade eines Balkons u. ä.", „Konsole"
16. Jh., gehört zur Wortfamilie um *consoler,* s. d. „trösten". Der Übergang von „Trost" zu „Hilfe", „Stütze" ist CGL 4, 588, 28 in der Glosse *gestamen-consolatio* zu *gestamen* „Trage" angedeutet, Löfstedt, Aeth. 113 f.; dazu *consolator* „Tröster", frz. *consolateur,* das im 16. Jh. für die Bezeichnung der eine Konsole bildenden menschlichen Figuren bezeugt ist. Ob nun dazu ein wie es scheint nicht belegtes *consoler* „unterstützen" gebildet wurde oder *console* unmittelbar von *consolateur* rückgebildet wurde, Bl.-W. 152, ist noch aufzuklären.
console aus ital. **consola,* dieses interne Entwicklung aus ital. *consolare* „trösten", Spitzer AR 23, 92 ist unmöglich, da ital. **consola* nicht besteht und auch sonst ein Zwischenglied (wie das frz. *consolateur*) fehlt. Zu lat. *consolidare* „befestigen", Barbier, Misc. 17, 300, ist lautlich nicht möglich; *console* zu lat. *cum* und *solum,* Brüch, ZRP 38, 677, befriedigt weder morphologisch noch begrifflich. Vgl. noch Spitzer, ZFSL 44, 1, 246; Barbier, Proc. Leeds 4 (1936); Wartburg ZRP 62, 152.
consoler „trösten"
15. Jh., aus lat. *(consolari).*
consolider „befestigen"
14. Jh., aus lat. *(consolidare),* vgl. *console.*
consommer 1. „zu Ende führen"
12. Jh., aus lat. *(consŭmmare).* REW 2178; dazu schon im 12. Jh. **consommation** „Vollendung", „Erfüllung", nfrz. „Ausübung" (eines Rechtes), „Vollziehung" (der Ehe) u. ä.
2. „verzehren"
16. Jh., aus lat. *(consūmĕre).* Vgl. *consumer;* dazu frz. **consommation** „Verzehr", „Verbrauch", „Abnutzung" u. ä.
Lat. *consumere* und *consummare* verschmelzen schon spätlateinisch, Bambeck 13.
consonance „Übereinstimmung"
12. Jh., aus lat. *(consonantia);* s. *sonner.*
consonne „Mitlaut"
16. Jh. für und neben *consonant,* aus lat. *(consŏna),* d. i. Fem. zu *consŏnus* „zusammenlautend".
consort „Ehegenosse" va.; „Schießgenosse"
14. Jh., aus lat. *(consorte)* „Mitgenosse".
consoude „Schwarzwurz"
14. Jh., aus lat. *consŏlĭda.* REW 2168; Roll. Fl. 8, 72.
conspirer „verschwören"
13. Jh., aus lat. *(conspirare).*
conspuer „anspeien", „öffentlich verunglimpfen"
16. bzw. 18. Jh., aus lat. *(conspuere).*
constable „englischer Polizist"
19. Jh., aus englisch *constable,* das selbst aus afrz. *conestable* entlehnt ist, s. *connétable.*
constant „beständig"
14. Jh., aus lat. *(constante)* dass.; dazu schon seit Beginn des 13. Jhs. **constance** „Beständigkeit" aus lat. *(constantia).*
constater „feststellen"
18. Jh., ist gelehrte Weiterbildung von lat. *(constat)* „es steht fest", Dict. gén. Vgl. *conster.*
consteller „mit Sternen besäen"
14. Jh., aus lat. *(constellare)*; dazu **constellation** „Stand der Gestirne", figürlich „Konstellation", 13. Jh., aus lat. *(constellatio).*
conster „bestehen" va.
seit dem 14. Jh. besonders in der 3. Person *conste* „es steht fest", aus lat. *(constat),* s. *constater.*
consterner 1. „bestürzt machen"
14. Jh., aus lat. *(consternare).*

2. „der Länge nach niederwerfen“
18. Jh., aus lat. *(consternĕre).*
constiper „verstopfen“
14. Jh., aus lat. *(constipare).*
constituer „feststellen“, „begründen“
13. Jh., aus lat. *(constituere).*
constitution „Anordnung“, „Konstitution“
12. Jh., aus lat. *(constitutione)* „Einrichtung“, „Verordnung“.
constriction „Zusammenschnürung“
14. Jh., aus lat. *(constrictione).*
construire „erbauen“, „aufbauen“
15. Jh., aus lat. *(construĕre).*
consul „Konsul“
13. Jh., aus lat. *(consul).*
consulter „zu Rate ziehen“
15. Jh., aus lat. *(consultare).*
consumer „zerstören“, „verzehren“, „verbrauchen“, „aufreiben“
12. Jh., aus lat. *(consūmĕre)* „verwenden“, „verbrauchen“, „vernichten“ u. ä., vgl. *consommer* 2.
contact „Berührung“
17. Jh., aus lat. *(contactus).*
contagion „Ansteckung“
14. Jh., aus lat. *(contagione).*
contaminer „beflecken“
13. Jh., aus lat. *(contaminare).*
conte s. *conter.*
contempler „betrachten“
13. Jh., aus lat. *(contemplari).*
contemporain „zeitgenössisch“
15. Jh., aus lat. *(contemporaneus).*
contempteur „Verächter“
15. Jh., gilt im 17. Jh. als gemein, aus lat. *(contemptore)* dass.
contenance „Inhalt“, „Fassung“
12. Jh., afrz. „Verhalten“, „Gebahren“, „Fassung“, *faire contenance* „sich eine Haltung geben“ u. ä., aus lat. *(continentia)* „Zurückhaltung“, „Mäßigung“, s. *contenir;* vgl. Renson 427.
contenir „enthalten“, „zurückhalten“, refl. „sich beherrschen“
11. Jh., aus vlat. *contĕnēre,* das in der Mul. Chir. belegt ist, Löfstedt, Aeth. 259, für lat. *contĭnēre* „zurückhalten“, „in Schranken halten“ u. ä., mit dem bei *tenir* eingetretenen Konjugationswechsel.
content „zufrieden“
13. Jh., aus lat. *(contentus)* „sich mit etwas begnügend“; dazu seit dem 14. Jh. die Abl. **contenter** „zufriedenstellen“.
contentieux „streitig“
13. Jh., aus lat. *(contentiosus).*
contentif „festhaltend“
14. Jh., ist gelehrte Abl. von *contenir,* afrz. „festhalten“, nach dem lat. Partizipialstamm *contentum.*
contention 1. „Streit“ va.; „Anspannung“
14. Jh., aus lat. *(contentione)* dass.
2. „Befestigung“, „Verband“
18. Jh., ist gelehrte Abl. von *contenir* in der alten Bedeutung „festhalten“, s. *contentif.*
conter „erzählen“
11. Jh., afrz. „zählen“, „rechnen“, „Rechenschaft ablegen“; dann „erzählen“, „berichten“ u. ä.; aus lat. *computare* „berechnen“, „überschlagen“, grom. auch „erzählen“, vermutlich in Nachahmung des beide Bedeutungen enthaltenden fränkischen **taljan* (engl. *tell*) im Mund der romanisierten Franken; dazu das postverb. Subst. **conte** „Erzählung“; afrz., daneben „Berechnung“, „Betrag“, „Rechenschaft“, das die latinisierende Graphie *compte* übernommen hat, s. *compte.*
contester „bestreiten“
14. Jh., aus lat. *(contestari)* „zum Zeugen anrufen“.
conteur s. *conte.*
contexte „Zusammenhang“
16. Jh., aus lat. *(contextus).*
contigu „anstoßend“
15. Jh., aus lat. *(contiguus);* dazu seit dem 15. Jh. die Abl. **contiguité** „Aneinanderstoßen“.
continence „Enthaltsamkeit“
12. Jh., aus lat. *(continentia);* vgl. *contenance.*
continent „enthaltsam“, „anhaltend“
12. Jh., aus lat. *(continente),* s. *contenir;* dazu seit dem 16. Jh. *terre continente* „Festland“; von diesem rückgebildet und substantiviert *le* **continent** „Festland“.
contingent „zustehend“, „zufallend“, „zufällig“ u. ä.
14. Jh., dann subst. „Anteil“, „Kontingent“, 16. Jh.; dazu seit 13./14. Jh. **contingence** „Zufälligkeit“, plur. „Nebensache“; im 16. Jh. auch *la contingente,* sc. *(portion, part),* Baldinger, ZRP 67, 22; aus lat. *(contingere)* „berühren“, „in Berührung, Beziehung stehen“, „zutreffen“, „eintreffen“ (von Ereignissen), unpersönlich *contingit* „es gelingt mir“ usf.
continu „fortlaufend“, „anhaltend“
13. Jh., aus lat. *(continuus);* von diesem, mit dem *-alis*-Suffix erweitert, schon seit dem 12. Jh. **continuel** „fortdauernd“, „beständig“.
continuer „fortsetzen“
12. Jh., aus lat. *(continuare).*
contorniate „Denkmünze mit erhabenem Rand“
18. Jh., aus ital. *contorniato,* d. i. Part. von *contorniare* „ringsum einfassen“, dieses Abl. von *contorno* „Umkreis“, s. *contour*; Dict. gén.
contorsion „Verrenkung“
14. Jh., aus lat. *(contortione)* „Verschrobenheit“, gekreuzt mit dem Part. der Vergangenheit *contorsus* zu *contorquēre* „herumdrehen“.
contour „Umriß“, „Kontur“
16. Jh., als Ausdruck der Zeichnung, der

Architektur u. ä aus ital. *contorno;* entsprechend seit dem 17. Jh. **contourner** „einen Umriß entwerfen" aus ital. *contornare;* ist in einheimischer Entwicklung im 12. Jh. als *contor(n)* „Umkreis", „Umfang", metaphorisch „Umgebung", „List" belegt; dazu auch prov. *contorn* „Ackerrain"; doch taucht ein entsprechendes Verbum erst im 14. Jh. als *contorner* „drehen", „wenden" auf, fehlt im Provenzalischen ganz; aus vlat. ***contornare** „im Kreis umdrehen", s. *tourner,* von dem im Galloromanischen nur das postverb. Subst. **contornum* „Umkreis" erhalten zu sein scheint.

contracter 1. „schließen", „eingehen"
14. Jh., ist Abl. von *(contractus)* „Kontrakt".
2. „zusammenziehen"
18. Jh., ist Abl. von *(contractus),* d. i. Part. von lat. *contrahĕre* „zusammenziehen".

contracture „Verjüngung der Säulen", u. ä.
17. Jh., aus lat. *(contractura)* dass.

contradiction „Widerspruch"
12. Jh., aus lat. *(contradictione).*

contraindre „in Zwang halten"
12. Jh. *constreindre, constraindre* „zusammenschnüren", aus lat. *constrĭngĕre* bzw. vlat. **constrangĕre* „zusammenschnüren", „binden" u. ä. REW 2173.
Dazu seit dem 12. Jh. das subst. Part. **contrainte** „Zwang".

contraire „entgegengesetzt"
11. Jh., aus lat. *(contrarius)* „entgegengesetzt", auch „feindlich entgegenstehend", daher afrz. auch „Gegner"; dann lat. *contrarium* „Gegensätzlichkeit", afrz. *contraire* „Kummer", „Unglück", das durch die gelehrte Abl. **contrariété,** afrz. schon im 12. Jh. bezeugt als „Gegensatz", „Widerspruch", „Feindseligkeit", nfrz. „Unannehmlichkeit", „Ärger" zurückgedrängt wird; dazu 11. Jh. **contrarier** „sich widersetzen", „schelten", „feindselig behandeln", aus lat. *(contrariare)* „entgegen sein".

contralto „Konter-Alt"
18. Jh., aus ital. *contralto,* d. i. Zusammensetzung von *contra,* s. *contre-,* und *alto* „hoch", s. *haut.*

contrapontiste „Kontrapunktist"
18. Jh. auch **contrepointiste,** ist Abl. von ital. *contrappunto* bzw. frz. *contrepoint,* s. d.

contrarier „hinderlich sein"
12. Jh., aus lat. *(contrariari).*

contraste „Widerspruch" va.; „schroffer Gegensatz"
16. Jh., aus ital. *contrasto,* d. i. postverb. Subst. von ital. *contrastare* „widersetzen", aus vlat. **contrastare* „entgegenstehen", aus lat. *contra* „entgegen" und *stare* „stehen", das auch afrz. in *contrester* erhalten ist; vgl. dazu *contretemps;* dazu seit dem 17. Jh. die Abl. **contraster** „in Widerspruch stehen, setzen".

contrat „Kontrakt"
14. Jh., aus lat. *(contractus);* oder nach Brüch, ASSL 133, 360 aus ital. *contratto,* als Zeichen des Einflusses der Rechtsschule in Bologna?

contravention „Übertretung"
14. Jh., ist gelehrte Abl. von lat. *(contravenire)* „entgegentreten", das bei den Kirchenschriftstellern belegt ist.

contre „gegen", „gegenüber", „dicht an"
9. Jh., ist Präposition und Adverb, afrz. in der Meinung „gegen" noch nicht ausschließlich in feindlichem Sinn; Gg. Syntax, 277; aus lat. **contra** dass., in Zusammensetzungen „entgegen-", „gegenüber-", „seinerseits"; s. auch die zweiten Bestandteile der mit *contre-*zusammengesetzten Neubildungen.

contrebande „Schleichhandel"
16. Jh., aus ital. *contrabbando,* d. i. Zusammensetzung von *contra* „gegen" und *bando* „Verordnung", s. *ban,* bzw. postverb. Subst. von *contrabbandare* „Schmuggelhandel treiben", das aus den gleichen Gliedern zusammengesetzt ist.

contre-bas „abwärts"
heute meist *en contre-bas,* 14. Jh., ist in Anlehnung an *contre-mont* zusammengesetzt aus *contre* in der afrz. lokalen Bedeutung „gegen" und substantivischem *bas* „Tiefe".

contrebasse „Kontrabaß"
16. Jh., auch *contre-basse,* aus *contre* und *basse,* bzw. ital. gleichgebautem *contrabbasso.*

contre-cœur 1. „Rückenblatt" (beim Großvieh), „Hinterwand eines Kamins"
12. bzw. 13. Jh., ist Substantivierung von afrz. *contre cuer* „in der Gegend des Herzens", zu afrz. *contre,* das aus der indifferenten Bedeutung „gegen" = lat. *erga* die Bedeutung „in der Gegend von" entwickelt hat.
2. „ungern"
in *à contre-cœur,* ist mit *à* zur Angabe des Begleitumstandes erweitertes afrz. *contre cuer* „gegen das Herz".

contre-danse „Kontertanz"
18. Jh., bedeutet ursprünglich einen ländlichen Tanz in England, aus englisch *country-danse* „Landtanz", die heutige Bedeutung in Anpassung des Wortes an die Zusammensetzungen mit *contre-*. Dict. gén.

contredire „widersprechen"
9. Jh., aus lat. *contradīcĕre.* REW 2189.

contrée „Gegend"
12. Jh., aus vlat. **contrata,* das vermutlich aus vlat. **incontrata* „Begegnung" rückgebildet ist; dieses Abl. von vlat. **incontrare* „entgegenkommen", zu *contra* „entgegen"; vgl. prov. *encontrada* neben *contrada* „Gegend", Diez 107; REW 2191, s. *encontre.* Mhdt. *gegenote,* nhdt. *Gegend* ist kaum Vorbild für die romanische Bildung, sondern die-

ser nachgebildet. **contrata* aus einem **regio contrata* „Gegend, die dem Sprechenden gegenüber liegt", Bl.-W. 155, überzeugt nicht.

contrefaire „nachahmen", „verunstalten", „fälschen"
12. Jh., dazu seit dem 11. Jh. **contrefait** „mißgestaltet", afrz. auch als substantiviertes Partizip „Nachahmung", „Abbild"; aus vlat. **contrafacere* „entgegenhandeln", **contrafactus* „schlecht gemacht"; dazu nach dem Vorbild von *façon* zu *faire*, **contrefaçon** „Nachahmung", seit dem 13. Jh.; wegen der Bedeutungsentwicklung von „nachgeahmt" zu „mißgestaltet", vgl. afrz. *faitiz* eigentlich „nachgemacht", aus *factīcius*, aber pejorativ „minderwertig"; REW 2187.
Contrefait „mißgestaltet", Umdeutung und Umbildung von afrz. *contrait* „lahm", „gelähmt", dieses aus lat. *contractus*, Gougenheim, RLiR 3, 318?

contrefort „Strebemauer", „Widerlager"
13. Jh. *contreforz*, ist postverb. Subst. von afrz. *contreforcier* „entgegenstützen", zu *contre-* und *forcer*, s. d.; vgl. auch *effort*.

contre-haut „aufwärts"
17. Jh., ist Weiterbildung von *contre-mont* und *contre-bas*, s. d.

contremander „Gegenbefehl geben"
13. Jh., ist Zusammensetzung von *contre-* und afrz. *mander* „befehlen", aus lat. *mandare* „beauftragen", REW 5286; vgl. auch *mander*.

contremarche 1. „Gegenmarsch"
17. Jh., s. *contre-* und *marche*.
2. „Futterbrett", „Futterstufe"
18. Jh., ist Zusammensetzung von *contre* „gegenüber" und *marche* „Stufe", vgl. *contrecœur* 1.

contre-mont „aufwärts"
ist seit dem 13. Jh. zur Präposition erstarrtes *contre mont* „gegen den Berg", zu lokalem *contre* und *mont*, vgl. *amont* und *contre-haut*.

contre-passe *(scier à)* „(einen Marmorblock) am oberen Ende in Platten zersägen"
19. Jh., ist zusammengesetzt aus *contre* „gegen" und *passe* in der Bedeutung „Zug der Adern des Marmors".

contre-péterie „Versetzung der Anfangsbuchstaben"
16. Jh., ist Abl. von im 16. Jh. belegtem *contrepéter* „die Anfangsbuchstaben der Wörter vertauschen, um einen neuen Sinn derselben zu erhalten", dieses zusammengesetzt aus *contre*, s. d., und *péter* „farzen", s. d.

contre-pied „Rückspur", „Gegenteil"
16. Jh., stammt aus der Jägersprache, zunächst in *prendre le contre pied;* schon früher, 14. Jh., *chasser contre ongle* „auf der Kehrspur jagen"; steht für ein vollständiges *prendre la piste contre pied* „die Spur entgegen der Fußform aufnehmen", zu *contre* und *pied*, s. d.

contrepoint „Kontrapunkt"
14. Jh., ist Zusammensetzung von *contre* „gegen" und *point* in der Bedeutung „Musiknote"; Dict. gén.

contrepointer 1. „mit den Spitzen gegeneinander kehren"
16. Jh., ist Zusammensetzung von *contre* und *pointer*, s. d.
2. „steppen"
15. Jh. *cortepointer, coustepointer*, ist Abl. von afrz. *coustepointe* „Steppdecke", s. *courtepointe*, bedeutet also ursprünglich „eine Steppdecke machen". Dict. gén.

contre-temps „widriger Umstand", „Unzeit"
16. Jh., ist in Anlehnung an *contre* und *temps* geschriebenes afrz. *contrestant*, d. i. Part. von afrz. *contrester* „sich entgegenstellen", „widerstreben", 12. Jh., aus vlat. **contrastare* dass., s. *contraste*. *Jenkins, Mod. Phil. 10, 439 ff.

contrevallation „Gegenverschanzung"
17. Jh., ist gelehrte Zusammensetzung aus *contre-*, s. d., und lat. *(vallatione)* „Verschanzung".

contrevent „äußerer Fensterladen", „Windstütze"
17. Jh., ist substantiviertes *contre vent* „gegen den Wind", s. d. Dazu seit dem 16. Jh. die Abl. **contreventer** „durch Windstützen befestigen".

contribuer „beitragen"
14. Jh., aus lat. *(contribuĕre)*.

contrister „tief betrüben"
12. Jh., aus lat. *(contristare)* „betrüben", „verdüstern".

contrit „zerknirscht"
12. Jh., aus lat. *(contritus)*, lat. „abgenützt", „abgedroschen", in der Bedeutung beeinflußt von **contrition** „Zerknirschung", 12. Jh., aus lat. *(contritione)* „Abreibung", das bei den Kirchenschriftstellern die Bedeutung „Zerknirschung" angenommen hat.

contrôle „Gegenrechnung", „Kontrolle"
15. Jh. *contre-role*, seit dem 17. Jh. die heutige verwachsene Form, aus *contre* „gegen" und *rôle* „Register", s. d. Dazu seit dem 15. Jh. die Abl. *contreroler*, heute **contrôler** „auf dem Gegenregister eintragen", „kontrollieren". Diez 276.

controuver „eine Unwahrheit erfinden"
10. Jh., im Leodegar als „gemeinsam befinden" belegt, dann afrz. „ausdenken", „erfinden", „dichterisch erfinden", z. B. *une chançon*, wie aspan. *vīesos nuevos contruvar* (Elena y Maria) „neue Weisen finden", ist zuerst in den Westgotengesetzen als *contropare* „vergleichend feststellen" bezeugt, Baist, ZRP 12, 264; dann, gleichfalls im 6. Jh., bei Cassiodor, dem ostgotischen Geheimschreiber und Historiker der ostgotischen Könige *contropatio* „gemeinsame Feststellung" Haussleitner ALL 14, 264; *contropare* ist

Latinisierung eines gotischen **gaþaúrþôn*, aus *ga-*, der Entsprechung von lat. *cum, con-*, und **þaúrp-* „Ansammlung", vgl. anord. *þorp* „Haufen", „Schar", *þyrpast* „sich scharen"; vgl. wegen der Bedeutungsentwicklung lat. *componere* „zusammenstellen", „zurechtlegen", „bilden", „gestalten". Wegen der Latinisierung des gotischen Wortes vgl. vlat. **conredare* aus gotisch *ga-rêdan*, s. *corroyer*. Vgl. Holthausen, GRM 21, 71; RG I, 364. Zu lat. *tropus* „bildlicher Gebrauch eines Wortes", aus gr. τρόπος „Ausdrucksweise", „Stil", „Redefigur" u. a., also *contropare* Latinisierung eines gr. τροπολογεῖν „allegorisch auslegen" wie *attropare* bei Arnobius, Baist, ZRP 24, 410, ist begrifflich nicht ohne weiteres überzeugend und erklärt nicht das Auftreten von *contropare* gerade im gotischen Latein; *contropare* zu lat. *tropus*, so daß *contropatio* „mystische Auslegung der Hl. Schrift" bedeutet hätte, daß dann von der Kirchensprache her das Wort in den Bereich der Rechtsterminologie gelangt wäre, Spitzer, Rom. 61, 1 f.; Heisig, RJb. I, 78 geht von einer in keiner Weise belegbaren Grundbedeutung des Wortes aus, und übergeht gleichfalls die Tatsache, daß das Wort zuerst im Bereich der Goten bezeugt ist. *contropare* als umgekehrte Schreibung für **controbare* und dieses mit *trouver* zu *turbare*, Schuchardt, ZRP 31, 5 ff., ist bei der ausschließlichen Schreibung mit *-p-* bedenklich. S. die weitere Literatur unter *trouver*.

controverse „gelehrter Streit"
14. Jh. neben älterem *controversie*, aus lat. *(controversia)*; dazu seit dem 19. Jh. die Abl. **controverser** „kontroversieren".

contumace 1. „Nichterscheinen vor Gericht", „Geist des Widerstandes" va.
13. Jh., aus lat. *(contumacia)* „Widerspenstigkeit".
2. „jmd., der trotz Aufforderung nicht vor Gericht erscheint"
13. Jh., „widerspenstig", aus lat. *(contumace)*.
Dazu seit dem 13. Jh. die Abl. **contumacer** „wegen Nichterscheinens vor Gericht verurteilen".

contus „gequetscht"
16. Jh., aus lat. *(contūsus)* zu *contundere* zerquetschen".

convaincre „überzeugen"
12. Jh., aus lat. *(convĭncĕre)* „überführen", „widerlegen" mit Anlehnung an *vaincre*.

convalescence „Genesung"
14. Jh., aus lat. *(convalescentia)*, zu lat. *convalescere* „genesen".

convenir „sich geziemen", „übereinkommen"
11. Jh. *covenir*, besonders in der 3. Sing. *covient* „es ist notwendig", „man bedarf", aus lat. *convenire* „zusammenkommen", bzw. *convĕnit* „man vereinbart", „man beschließt", wohl auch „*es geziemt sich"; REW 2192; Bl.-W. 156.

convent s. *couvent*.

conventicule „Winkelversammlung"
14. Jh., aus lat. *(conventiculum)* dass.

convention „Übereinkunft"
13. Jh., aus lat. *(conventione)* dass.; dazu seit dem 15. Jh. die Abl. **conventionnel** „vertragsmäßig" u. ä.

conventuel „klösterlich"
13. Jh., ist Abl. von *(conventum)* in der mittelalterlichen Bedeutung „Kloster", s. *couvent*.

converger „zusammenlaufen"
18. Jh., aus lat. *(convergere)* „sich hinneigen"; dazu *convergent* „auf ein Ziel zustrebend" schon im 17. Jh., Barbier, ML 12, 268.

convers „(Gott) zugewendet"
12. Jh., afrz. besonders in Verbindung mit *frère* „Laienbruder" und *sœur* „Laienschwester"; dann in neuerlicher Anlehnung an das Lateinische *proposition converse* „Wechselsatz", aus lat. *(conversus)* „umgedreht", „hingewendet".

conversation „Unterhaltung"; „Verkehr" va.
12. Jh., aus lat. *(conversatione)* „Verkehr".

converser 1. „verkehren" va.; „sich unterhalten"
12. Jh., afrz. „sein Leben hinbringen", auch „geschlechtlich verkehren"; dazu afrz. *conversacion* „Lebenswandel"; aus lat. *(conversari)* „Verkehr haben", „zusammenleben".
2. „Schwenkungen machen"
19. Jh., ist Abl. von lat. *(conversus)* „gewendet".

conversion „Verwandlung", „Bekehrung"
12. Jh., aus lat. *(conversione)*.

convertir „umwandeln", „bekehren"
10. Jh., in der 1. Bedeutung seit dem 17. Jh. verpönt, Br. 3, 145, aus lat. *(convertĕre)* „umwandeln".

convexe „konvex"
14. Jh., aus lat. *(convexus)* „gewölbt".

convi „Einladung"
13. Jh. „Gastmahl", ist postverb. Subst. von **convier** „einladen", 13. Jh., aus vlat. **convītare*, in dem sich *convivium* „Gastmahl" und *invitare* „einladen" kreuzen. Gröber, ALL 1, 551; REW 2200.

conviction „Überführung", „Überzeugung"
16. Jh., aus lat. *(convictione)*, vgl. *convaincre*.

convive „Gast"
15. Jh., aus lat. *(conviva)*.

convocation „Aufgebot"
13./14. Jh., aus lat. *(convocatione)*.

convoi „Geleit"
12. Jh., ist postverb. Subst. von *convoyer*, s. d.

convoiter „begehren“
12. Jh. *coveitier,* aus grom. **cŭpĭdĭtare,* d. i. Abl. von lat. *cupiditas* „Begierde“, „Begehrlichkeit“, „Habsucht“, das als Ausdruck der Kirchensprache nicht rein volkstümlich entwickelt ist. Tobler, GGA 1877, 1618.
Aus **cupidietare,* dieses Abl. von **cupidietas* statt *cupiditas,* nach *anxietas, medietas* usf., Bl.-W. 156 überzeugt nicht, da neben wenigen Subst. auf *-ietas,* die fast durchwegs Adjektiva auf *-ius* voraussetzen, über 50 nicht umgestaltete Subst. auf *-iditas* bezeugt sind, s. Gradenwitz Laterculi 441.
**cupedietare* als Kreuzung von *cupiditas* mit *cuppedium* „Näscherei“, G. Paris, Rom. 23, 285, ist lautlich und begrifflich nicht möglich; desgleichen *convectare* „zusammenbringen“, mit sekundärer Anlehnung an *cupidus* u. ä., Ebeling, ZRP 43, 289. Vgl. auch REW 2405.

convoiteux „lüstern“
12. Jh. *coveitous,* aus grom. **cŭpĭdĭtosus,* d. i. Abl. von *cupiditas,* wie das Verbum *convoiter* als Kirchenwort nicht rein volkstümlich entwickelt; Abl. von *convoiter* ist morphologisch schwierig.

convoitise „Lüsternheit“
12. Jh., mit Suffixwechsel aus afrz. *coveitié, covoitié,* aus lat. *cŭpĭdĭtate,* s. *convoiter;* dort die Literatur.

convoler „fliegen“ va.
15. Jh., als Gerichtsausdruck *convoler en secondes noces* „sich ein zweites Mal verheiraten“, auch „rasch zu einer zweiten Partei umschwenken“, Benveniste, Fr. mod. 23, 2; aus lat. *(convolare)* „heranfliegen“, „hineilen“.

convoluté „aufgerollt“
18. Jh., in Anlehnung an die *-é*-Part. abgeleitet von lat. *(convolutus)* dass.

convoquer „einberufen“
14. Jh., aus lat. *(convocare).*

convoyer „Geleit geben“
12. Jh., aus vlat. **conviare* zu lat. *via* „Weg“, s. *voie.* REW 2199; dazu **convoi,** 12. Jh. „Geleit“, nfrz. „Geleitzug“, „Wagenkolonne“ u. a.

convulsif „krampfhaft“
16. Jh., ist Abl. vom Stamm von **convulsion** „Krampf“, 16. Jh., aus lat. *(convulsione)* dass.

coobligé „Mitverpflichteter“
14. Jh., s. *con-* und *obliger.*

cooli s. *couli.*

coopérer „mitwirken“
14. Jh., aus lat. *(cooperare).*

coopter „hinzuwählen“
17. Jh., aus lat. *(cooptare).*

coordination „Gleichordnung“
14. Jh., aus lat. *(coordinatione).*

copahier s. *copayer.*

copahu „Kopaivbalsam“
18. Jh., im 17. Jh. dafür *copayba,* stammt aus der Sprache der Inselkaraiben, König, ZRP 58, 396; Dict. gén.

copain „Genosse“, fam.
im 19. Jh. aus dem Schulrotwelsch aufgenommen, ist alter Nominativ von *compagnon,* s. d. Sain. LPar. 439.

copal „Kopal“
16. Jh., aus aztekisch *copalli* „Harz“, das von den Indianern als Weihrauch verwendet wurde; Read, Louisiana 140.

copayer „Kopaivbaum“
18. Jh., ist Abl. von *copahu,* s. d.

copeau „Hobelspan“
13. Jh. *coipel,* vgl. norm., V. d'Yères *coipiau,* H. Maine *couapiau,* daneben mit Anlehnung an *couper* seit der ältesten Zeit *copeau,* daraus die literarische Form, ferner im 16. Jh. *escoupau,* das in Fr. Comté, Aunis *écoupeau,* Canada *écopeau* erhalten ist; aus grom. **skol'pellu,* d. i. Abl. von gallisch **skol'pos* dass., vgl. bret. *skolp* „Span“, „Splitter“; die *es*-lose Form vielleicht in Rückbildung von afrz. **escoipeler,* belegt *escoupeler* „spanen“; Schuchardt, ZRP 26, 400; REW 7731; wegen des palatalen *-l-* des Gallischen vgl. *daille.*
Zu lat. *cuspis* „Stachel“, „Lanzenspitze“; dazu eine kollektive Abl. **cuspia,* Bl.-W. 157, ist begrifflich unverständlich und lautlich nicht zu begründen; Diez 552; Thomas, Mél. 54 f.

copie „Nachbildung“
12. Jh., afrz. „Fülle“, „Menge“, dann „Abschrift“, aus lat. *(copia)* „Überfluß“, „Menge“, „Mittel“; dazu seit dem 14. Jh. die Abl. **copier** „nachbilden“.

copieux „reichlich“
14. Jh., aus lat. *(copiosus).*

copiste „Abschreiber“
15. Jh., ist Abl. vom Stamme von *copier, copie.*

coprah „Kopra“ (getrockneter Kokosnußkern)
19. Jh., stammt über port. *copra* aus dem Indischen; Bl.-W. 157; Littmann 123.

coprose „wilder Mohn“
19. Jh., ist im Süden verbreitet, vgl. Tarnet-Gar., langued. *cap-roso,* nprov. auch *canroso, canrojo* u. ä., nach der roten Farbe des wilden Mohnes übertragen von afrz. *coperose* „Vitriol“, ursprünglich „Kupferausschlag“, s. *couperose;* vgl. nfrz. *couperosé* „finnig“, „rötlich“.
Nicht aus englisch-schottisch *coprose,* obgleich dieses schon im 18. Jh. bezeugt ist; REW 2208; Behrens WG 348.

copter „die Glocke mit dem Klöppel anschlagen“
15. Jh. *copeter,* ist dem. Abl. von mundartlichem *coper* für *couper,* s. d. Dict. gén.

copule „Beischlaf“ va.; „Satzband“
15. Jh., aus lat. *(copula)* „Strick“, „Verbindungsband“, s. *couple.*

coq 1. „Hahn"
12. Jh., ist Schallwort, in der lex Salica *coccus*, ersetzt afrz. *jou* aus lat. *gallus* dass., das noch heute im Zentrum, Südwesten und Osten des nordfrz. Sprachgebietes lebt. ALF 320; Gröber, ALL 1, 549; REW 4733; Diez 552.
2. „Schiffskoch"
17. Jh., aus ndl. *k o k* „Koch", Dict. gén.; vgl. *coquerie.*
coq-à-l'âne „ungereimtes Gerede"
14. Jh., bezeichnet im Mittelfrz. eine satyrische Dichtung ohne einheitliche Gedankenführung, ist zuerst in der Verbindung *saillir du coq en l'asne* belegt, wörtlich „vom Hahn auf den Esel überspringen", s. *coq* und *âne.*
Daß die Benennung nach einem Kunststück mittelalterlicher Gaukler, die Hähne auf überhitzten Metallplatten tanzen ließen, benannt worden sei, Sain. Rab. 1, 390, ist sprachlich nicht gerechtfertigt.
coq-souris „zweiteiliges Leesegel"
19. Jh., ist volksetymologisch umgedeutetes englisches *c o x r e e f* „Steuersegel".
coquard „alter Hahn"
12. Jh., ist pejorative Abl. von *coq*, s. d.
coquâtre „Halbkapaun"
16. Jh., ist pejorative Abl. *(-aster)* von *coq*, s. d.
coque 1. „Schale", „Balg"
ist in Frankreich zuerst mittellat. im 7. Jh. als *coco* bezeugt, lebt ferner in spanisch *coca*, dazu Rovereto *scoccone* „Schale der Haselnuß, der Mandel" u. ä.; H. u.; vgl. bedeutungsverwandtes *cosse* „Schote", „Hülse".
cocca als Rückbildung von *cocula*, dieses aus lat. *cochlea* „Schnecke", Schuchardt, SAWien 141, 3, 22, ist nicht ohne weiteres überzeugend; desgleichen zu lat. *coccum* „Kern", „Beere", REW 2009.
2. „eßbare Herzmuschel"
ist für das Normannische seit dem 13. Jh. bezeugt, lebt ferner in Westfrankreich in der allgemeinen Bedeutung „Muschel"; ist auch anglonorm. (Walter v. Biblesworth), aus agls. *cock*, dieses seit ungefähr Jahr 1000 bezeugt, das selbst aus *coque* 1 entlehnt ist; Tollenaere, ZFSL 63, 445.
Nicht erst aus mittelenglisch *cockle* (aus frz. *coquille)* oder aus dem Keltischen, Schuchardt, SAWien 141, 3, 17; REW 2114.
3. „Klinke", „falscher Knoten am Schiffsseil" dann in *coque de cheveux, de ruban* u. ä., ist Rückbildung von *encoquer* „verschlingen", s. d.
Nicht mit *coque* 2 zu *cochlea* „Schnecke", Schuchardt, SAWien 141, 3, 44.
coquecigrue „fabelhafter Wasservogel", „Posse", „Possenreißer"
14. Jh. *coquesague;* dann 16. Jh., bezeichnet mundartlich verschiedene Pflanzen, so B. Maine „Ochsenbrech" (auch „scherzhafte Antwort"), vend. „kleiner, roter Holzschwamm", dann mit Ersatz des Vogelnamens *grue* „Kranich", durch *grole* „Krähe", s. d., B. Maine *koksigrole* „Judenkirsche", angev. „eine Art Lilie" (Plur. „magere Kost"); dazu nach Trévoux 1752 *coquecigrue* „Frucht des Färbersumachs", und ist hier wohl ursprünglich; es ist ein volksetymologisch umgestaltetes mlat. *(c o c c y g r i a)*, klassisch *coccygia* „Färbersumach", s. Roll. Fl. 4, 72; vom Sumach wurde die Bezeichnung auf andere Pflanzennamen übertragen, dann bemächtigte sich die Volksphantasie des Wortes und brachte es mit *grue* „Kranich" und *coq* „Hahn" in Zusammenhang.
Für **coquesse-grue*, das erste als Fem. zu *coq* „Hahn", Sainéan, RER 5, 401 f., läßt sich durch wall. *coquesser* „wie ein Hahn sich benehmen" nicht stützen, da dieses einem literarischen **cocasser* entspricht; *coq* + *cigogne* + *grue*, Sainéan, Rev. 16ème s. 4, 240; Riegler, ASSL 145, 263; NSpr. 33, 225.
coquefredouille „armseliger Tropf"
17. Jh., vgl. dazu Doubs *coquefredouille* „armer Teufel, der überall Hand mitanlegt", auch *coqfreguille*, dazu *fredouiller* „überall suchen", *freguiller* „zappeln", vgl. zu letzterem *frétiller;* andrerseits poitev. *fredeilloux*, angev. *ferdeilloux*, Berry *frédilleux* „Fröstling", das zu mundartl. *frédir, ferdir*, s. *froidir* „frieren" gehört, s. auch *frileux;* endlich norm. *coque cidrouille* „Dummkopf", s. *citrouille;* im ersten Teil steckt wohl ursprünglich *coq* „Hahn", bzw. *cocu* „Hahnrei", die ursprüngliche Form des zweiten Bestandteils ist nicht mehr aufzuklären.
coquelicot „Klatschrose"
16. Jh., bezeichnet schon im 14. Jh. den „Hahn", und ist in dieser Bedeutung als Schallnachahmung gebildet, vgl. bei Petron *coco-coco* für den Hahnenschrei; der Vergleich mit der Klatschrose ist durch den roten Hahnenkamm gegeben. Diez 552; Schroefl, Mohn 33 ff.; Rauhut, VKR 1, 137.
coquelourde „Küchenschelle", „Leberblümchen"
16. Jh., ist zunächst in der Bedeutung „Klatschrose" bezeugt, doch heute in dieser Bedeutung nicht mehr lebend, Schroefl, Mohn 36; es ist wohl Weiterbildung von *coquelicot*, s. d. Vgl. Roll. 1, 16; vgl. auch *coqueret.*
coqueluche 1. „Weibermütze" va.; „Frauenliebling", „Männchen des Rohrammers"
15. Jh., ist in Anlehnung an *capuche* abgeleitet von im 13. Jh. belegtem *coquille* „Frauenmütze", das entweder aus niederld. *kogel*, mnddt. *koggel* „hohe Frauenmütze" oder aus prov. *cogola* „Frauenkopfbedeckung", „Kapuze" entlehnt, dann volksetymologisch an *coquille* „Muschel" angelehnt wurde; prov. *cogola* stammt wie das niederld., mnddt. Wort aus vlat. *c ŭ c ŭ l l a* „Haube", s. *coule, cochevis;* wegen der Verschmelzung von ***cucullа*** mit ***coquille*** s. auch ***coquillade*** **2.**

Dazu seit dem 15. Jh. die dem. Abl. **coqueluchon** „Käppchen" va.
2. „Keichhusten"
bezeichnet in der ersten Hälfte des 15. Jhs. eine Art Grippe, später „Keichhusten", Eva Rodhe Lundquist, La mode et son vocabulaire, Göteborg 1950; Badía Margarit, Etymologica 55, Anm. Herkunft und Entwicklung unsicher.
Vielleicht ist *coqueluche* „Keichhusten" Ablösung eines *cornette,* das in der Bedeutung „Frauenhaube" belegt ist, s. d., also mit *coqueluche* 1 begriffsverwandt ist und nach *corner* „keichen", s. d., auch „Keichhusten" bedeuten konnte; die Ablösung wie bei *compère-loriot* 2. Gg. ZRP 40, 513 f.
Nach Schuchardt, ZRP 41, 696 würde ndl. *kinkhoest* zugrunde liegen, an *coqueluche* 1. volksetymologisch angepaßt; ist begrifflich nicht gerechtfertigt; reine Schallbildung, Spitzer, Misc. Schuchardt 144, nach dem Hahnengekrähe, ist schon deshalb unwahrscheinlich, weil ein *coqueluche* Hahnenschrei oder in einer davon abgeleiteten Bedeutung nicht nachweisbar ist, s. *coquelicot, coquelourde* u. ä.; aus ndl. *kuchhôst* „Keichhusten", angepaßt an mfrz. *cocusse* „Kapuze", weitergebildet nach Ausdrücken des Hahnenschreis, Brüch, ZFSL, 50, 321, führt auch nicht weiter.

coquemar „Flaschenkessel"
14. Jh., wird für Lüttich als lebend angegeben, „Topf, Kessel, zum Wasserkochen", aus ndl. *k o o k m o o r ,* das im Westflämischen bezeugt ist, zu *koken* „sieden", und *moor* „Neger"; ist eine Metapher zum geschwärzten Kessel; daher auch die Umdeutung zu *coquenoir,* wie der Kessel im Rouchi heißt; Tollenaere, ZRP 60, 502; Groetars, Leuvensche Bijdragen 1939, 77.
Aus byzant. κουκουμάριον „Topf", dieses zu lat. *cucuma* „Kessel", Sainéan, ZRP 30, 307; Baist, ZRP 32, 46; Bl.-W. 139, ist bei dem späten Auftreten des Wortes und seiner Beschränkung auf den äußersten Norden Frankreichs unwahrscheinlich; vgl. auch *cocotte* 2 und REW 2362.
coquemelle s. *coucoumelle.*

coqueret „Judenkirsche"
16. Jh., daneben auch *coquerel, coquerelle,* das gleichmäßig auch für „Küchenschelle", s. *coquelourde,* gebraucht wird; trotzdem ist der Zusammenfall mit der Schallbildung, die *coquelourde* zugrunde liegen dürfte, wohl erst sekundär; vgl. mittellat. (Diefenbach) *boborella,* dazu deutsch mundartlich *boborellen, bokerellen,* Roll. Fl. 8, 116 ff. Oder zu afrz. *coqueret* „junger Hahn", 13. Jh. (Tilander, Glan. 152), wegen der roten Beeren der Pflanze, Bl.-W. 157?
coquerelle zu *cochlea* „Schnecke", über **cocarella,* ist durch die tatsächliche Überlieferung in keiner Weise gestützt, Schuchardt, SAWien 141, 3, 32; *coqueret* wegen *herbe à cloques* bei Nemnich für **cloqueret,* bzw. *coquerelle* dissimiliert aus **cloquerelle,* dieses zur norm. pik. Entsprechung von *cloche* „Glocke", Behrens, ZFSL 32, 1, 149?

coquerico „Kikeriki"
16. Jh., ist Schallwort, vgl. *coquelicot.*

coquerie „Hafenküche"
19. Jh., aus flämisch *k o o k e r i j e* „Kocherei", bzw. englisch *cookery,* Behrens, ZRP 26, 654 (Wg. 293).

coquet „gefallsüchtig", „niedlich"
15. Jh., ist dem. Abl. von *coq* „Hahn", s. d. Vgl. das F.

coqueter „herumstolzieren wie ein Hahn" va.; „liebäugeln"
17. Jh., ist Abl. von *coq,* s. d.

coquetier 1. „Geflügel-, Eierhändler"
15. Jh., ist *-arius*-Abl. von *coq* „Hahn"; vgl. wegen der Abl. *cloutier,* afrz. *cloetier* u. a.
2. „Eierbecher"
16. Jh., *-arium*-Abl. von *coque* „Eierschale".

coquillade 1. „Haubenlerche"
aus nprov. *couquilhado,* d. i. Kreuzung von vlat. **(c ŭ c ŭ l l i a t a)* „Haubenlerche", s. *cochevis,* mit *couquilho,* s. *coquille;* vgl. auch *coqueluche* 1.
2. „gestreifter Schleimfisch"
16. Jh., aus nprov. *couquilhado,* d. i. Fem. zu *couquilhat* „mit einer Haube versehen", dieses Abl. von nprov. *couquilho,* d. i. Kreuzung von prov. *cogola* „Haube" mit aus frz. *coquille* entlehntem *couquilho* „Muschel", ersteres aus vlat. *c ŭ c ŭ l l a* dass., s. *coqueluche* 1.

coquillard 1. „Eierbecher"
17. Jh., ist in der Form unklare Abl. von *coquille* „Eierschale", s. *coquille* 2 und *coquetier* 2.
2. „Muschelkalklager"
18. Jh., steht für **coquillas,* d. i. *-aceum*-Abl. von *coquille* „Muschel", s. d.

coquille 1. „Muschel"
13. Jh., aus lat. *(c o n c h y l i u m),* das in volkstümlicher Form, vlat. **caculium,* namentlich in Westfrankreich erhalten ist, s. *cagouille, caïeu;* die lautliche Entwicklung des Wortes ist durch *coque* beeinflußt. Diez 102. Nach Schuchardt, SAWien 141, 3, 31 **coculium* als Kreuzung von *conchylium* „Muschel" mit *cochlea* „Schnecke"; *coquille* nach REW 2114 aus mgr. κοχύλιον.
2. „Eierschale", „Balg"
in Anlehnung an *coquille* abgeleitet von *coque* 1.

coquin „Spitzbube"
12. Jh. „Landstreicher", dazu afrz. *coquinerie* „Landstreicherei", ist vermutlich herabsetzende Abl. von *coq* „Hahn"; Bl.-W. 157; Wartburg, RLiR 23, 214.
Aus mlat. *coquinus* „Küchenjunge", Corominas, ist nicht begründet.

coquiole „Windhafer“, „taube Trespe“
16. Jh., aus nprov. *couguièulo* „Kuckuck“, das auch verschiedene Blumenarten bezeichnet; wegen der Form vgl. mfrz. *couquiol* „Kukkuck“, s. *coucou, cocu.*

cor „Horn“
12. Jh. *corn,* aus lat. *cŏrnu* dass. REW 2240.

corail „Koralle“
12. Jh. *coral,* die heutige Form seit dem 14. Jh., zeigt falsche Analogie nach den *-ail*-Stämmen, mit denen die *-al*-Stämme den Nominativ Sing. gemeinsam haben, s. *frontail;* aus lat. *corallum.* REW 2219.
corail kaum aus *corallium,* das im Lat. neben *corallum* bezeugt ist, Dict. gén.

corallin „korallenrot“
15./16. Jh., aus lat. *(corallinus).*

coran „Koran“
17. Jh., aus arabisch *qor'ân* „Lektüre“, s. *alcoran,* das noch im 18. Jh. bevorzugt wird; König, ZRP 60, 376; Lam. 262.

corbeau „Rabe“
dann in übertragener Bedeutung in der Architektur „vorragender Kragstein“, *corbeau de fer* „eiserner Träger“ u. ä. 12. Jh., ist dem. Abl. von afrz. *corp* dass., aus lat. *cŏrvus.* REW 2269; Jud, ASSL 124, 387.

corbeille „Korb“
12. Jh., aus lat. *corbĭcula* „Körbchen“. Diez 553; REW 2222.

corbigeau „große Brachschnepfe“
auch *corbegeau,* 16. Jh., ist in Westfrankreich zu Haus, Roll. F. 2, 351, scheint aus afrz. *corbel* „Rabe“, s. *corbeau,* und afrz. *jau* „Hahn“, s. *coq,* zusammengesetzt zu sein, vgl. gask. *courbagau* dass. Dict. gén. Vgl. auch *perdreau.*

corbillard „Prunkwagen“ va.; „Leichenwagen“
17. Jh. *corbillat,* 18. Jh. die heutige Form, bezeichnet ursprünglich das Marktschiff zwischen Paris und Corbeil; ist von der Ortsbezeichnung Corbeil abgeleitet; Dict. gén.

corbillat „Rabenjunges“
16. Jh., ist dem. Abl. *(-attus)* von *corbeau.*
corbillon s. *corbeille.*

corbin „Rabe“ va.
12. Jh., lebt heute noch auf den normannischen Inseln, ist dem. Abl. von afrz. *corp* dass., s. *corbeau.*

corbine „Rabenkrähe“
18. Jh., ist poitev., Fem. zu *corbin* „Rabe“, s. d.

corbleu „alle Wetter“
12. Jh., ist Euphemismus für *corps Dieu,* vgl. die ähnlichen Umgestaltungen afrz. *cuerbieu* (zu *cœur),* afrz. *charbleu* (= *chair Dieu).* Dict. gén.

corbule „Korbula“ (Muschelgattung)
19. Jh., aus lat. *(corbula)* „Körbchen“.

corde „Seil“
11. Jh. *cordes* für die Saiten eines Instrumentes, aus lat. *chŏrda* „Saite“, „Strick“. Dazu seit dem 13. Jh. die dem. Abl. **cordeau** „Schnur“; von diesem seit dem 16. Jh. die Abl. **cordeler** „zu einem Strick drehen“.

cordelle „kurzes Seil“
14. Jh., ist vorhistorische dem. Abl. von *corde,* s. d. Dazu seit dem 14. Jh. die weitere dem. Abl. **cordelette** „Schnürchen“; dann von der Bedeutung „Franziskanerstrick“ aus seit dem 13. Jh. **cordelier** „Franziskanermönch“; von diesem seit dem 15. Jh. **cordelière** „Knotenstrick der Franziskaner“ u. ä.
corder s. *corde.*

cordial „herzlich“
15. Jh., aus mittellat. *(cordialis),* d. i. Abl. von lat. *cor, corde,* s. *cœur.*

cordiforme „herzförmig“
18. Jh., ist gelehrte Zusammensetzung von lat. *(cor, corde)* „Herz“, s. *cœur,* und *forme,* s. d.

cordon „Schnur“, „kleines Seil“
12. Jh., ist dem. Abl. von *corde,* s. d.

cordonnier „Schuster“
14. Jh., für älteres, seit dem 13. Jh. belegtes *cordouanier,* ist Abl. von afrz. *cordouan* „Leder, Schuhwerk aus Cordova“, 13. Jh., dieses Abl. von *Cordoue* „Cordova“; Diez 108; REW 2230; das Wort ersetzt die ursprüngliche Bezeichnung *sueur* aus lat. *sutore.* Thorn, ASSL 127, 81 ff.; Jud. ASSL 124; 387.

coriace „lederartig“
18. Jh., aus lat. *(coriaceus).*

coriandre „Koriander“
14. Jh., aus lat. *(coriandrum).*

corindon „Korund“
17. Jh. *curind,* 18. Jh., angeblich aus dem Tamulischen. Dict. gén.
coris s. *cauris.*

corme „Spierling“
dazu **cormier** „Spierlingsbaum“, beide seit dem 11. Jh. belegt, gehören zu dem bei Marcellus Empiricus belegten *curmus* für den Baum; *corme* entspricht also einem vlat. **cŭrma,* vgl. auch prov. *corma* dass., dazu grom. **cŭrmarium* für den Baum, während das im 12. Jh. bezeugte mittellat. *corberius,* heute in östlichen und südöstlichen Mundarten *corbier,* Kreuzung des Wortes mit *sorbus* zeigt, vgl. *sorbier; curmus* ist wohl gallisch; vgl. belegtes κόρμα, κοῦρμι „berauschendes Getränk“, Dottin 248 f.; aus Spierling wird ein beliebter Schnaps gebrannt; vgl. auch Roll. Fl. 5, 109; Brüch, ZFSL, 50, 322.
corme nach Schuchardt, ZRP 24, 412 f. aus gr. κόμαρον, bei Plinius *comaron* „Frucht des Erdbeerbaums“, weil *sorbus* und *arbutus* vielfach miteinander verwechselt werden, also *curmus* Kreuzung von *comaron* mit *sorbus?* Vgl. REW 2072.

Dazu seit dem 16. Jh. die *-atum*-Abl. **cormé** „Spierlingsmost"

cormoran „Scharbe" (Vogel)
12. Jh. *cormare(n)g*, Thomas, Rom. 36, 308, ist Zusammensetzung von afrz. *corp* „Rabe" und *marenc* „Meer-", vgl. die entsprechende fem. Form in Anjou, Bret. *pie marange* „Meerelster", Thomas, Rom. 24, 115 ff.; wegen afrz. *corp* s. *corbeau*; *mareng* ist *-ing*-Abl. von *mer* „Meer" ; *cormareng* ist die nordfrz. Entsprechung des *corvus marinus*, das in den Reichenauer Glossen 235 belegt ist; die Form *cormaran* lebt noch heute auf den normannischen Inseln, die literarische Form zeigt Anlehnung des *-a-* von *mareng* an das *-o-* der ersten Silbe, nicht Einfluß von bretonisch *môr* „Meer". REW 2269.
Nicht aus bretonisch *môr-vran* „Meerrabe", dem *corp* „Rabe" pleonastisch nochmals vorgesetzt worden wäre, Diez 553.

cornac „Elefantenführer"
17. Jh., stammt angeblich aus dem Cingalesischen. Dict. gén.

cornaline „Art Achat", „Karneol"
13. Jh. *corneline*, ist dem. Abl. von gleichbedeutendem afrz. *corneole*, das zu *corne* 1 gehören dürfte.

cornard 1. „Hahnrei"
13. Jh., ist Abl. von *corne* „Gehörn"; das Hörnertragen des Hahnreis läßt sich ins Altertum zurückverfolgen. Diez 553.
2. „Doppelhaken" (Glasfabrikation)
aus prov. *cornat* „gehörnt", d. i. Abl. von *corn*, s. *cor*.

cornaret „Schädelnuß", „Rüsselpflanze"
18. Jh., ist Abl. von *cornard* „gehörnt", s. d.

corne 1. „Horn"
13. Jh., ist ursprünglich Kollektivum, d. i. alter *-a*-Plural von *corn* „Horn", s. *cor*.
2. „Kornelkirsche"
13. Jh., aus einem gleichbedeutenden vlat. **c o r n a*, d. i. Fem. zu *cornus* „Kornelkirschenbaum", vgl. die Paare *pirus—pira*, s. *poire*, *prunus-pruna*, s. *prune* u. a. Oder mit prov. *cornha* dass., aus lat. *cornea* zu *corneus* „vom Kornelkirschenbaum"; vgl. *cornouille*.

corné „hornartig"
18. Jh., aus lat. *(c o r n e u s)* „hörnern".

corneau 1. „Blindling" (Bastard von einem Hatzhund und einer Windhündin)
17. Jh., gehört wohl zu *cornard* „Hahnrei", s. d.
2. s. *créneau*.

cornée 1. „Hornhaut"
16. Jh., aus lat. *(c o r n e a)* zu *corneus* „hornartig".
2. „Ladeschaufel zum Schlagen der Hülsen in der Feuerwerkerei"
steht für *cornet*, d. i. Werkzeugsabl. von *corner* „stoßen".

cornéenne „Hornstein"
18. Jh., ist Abl. von *corné* „hornartig", s. d.

corneillard „junge Krähe"
16. Jh., steht für *corneillat*, d. i. *-attus*-Abl. von *corneille* „Krähe", vgl. *cornillat*.

corneille 1. „Krähe"
13. Jh., aus grom. *cornĭcula* für lat. *c o r n ī c u l a*. REW 2237; Roll. F. 2, 124; 9, 193.
2. „Weiderich"
auch **cornéole**, beide seit dem 16. Jh., scheint von *corneille* „Kornelkirsche" übertragen zu sein, s. *cornouille*, doch ist der Grund der Übertragung nicht aufgeklärt. Dict. gén.

corneillon „Krähenjunges"
18. Jh., ist dem. Abl. von *corneille* „Krähe", bedeutet also der Bildung nach „junge Krähe", vgl. *corneillard* und *cornillat*.

cornemuse „Dudelsack"
13. Jh., ist postverb. Subst. von afrz. *cornemuser* „Dudelsack blasen", d. i. Zusammensetzung von afrz. *corner* „blasen", s. d., und *muser* „dudeln", dieses Abl. von einem vorfrz. **mus* „Maul", „Schnauze", s. *museau*, *camus*, *musette*, vgl. *chantepleure*, *tournevirer;* Bl.-W. 159.
cornéole s. *corneille* 2.

corner „blasen", „mit dem Horn stoßen"
11. Jh., ist Abl. von afrz. *corn* „Horn", s. *cor*.

cornerotte „Horneule"
18. Jh., das gleiche Wort im 14. Jh. in der Bedeutung „hörnernes Tintenfaß", ist ursprünglich wohl adj. „hörnern", in der literarischen Bedeutung Ergänzung von *choue* oder *hulette;* steht dann für *cornerette*, und dieses analogisches Fem. zu einem afrz. **cornerez* „hörnern", d. i. *-ariceus*-Abl. von *corn* „Horn", s. *cor*; wegen der Form der Abl. s. *banneret*, *dameret*, *osseret*, *pailleret* u. a.

cornet „Hörnchen"
13. Jh., als Musikinstrument, Fr. mod. 17, 70, dann spezialisiert auf „Schröpfhörnchen"; von diesem seit dem 16. Jh. die Abl. **corneter** „Schröpfhörner setzen", ist dem. Abl. von afrz. *corn*, s. *cor*.
cornetier s. *corne*.

cornette 1. „Art Frauenhaube mit zwei Hörnchen", „Fähnlein", „Fahnenjunker"
14. Jh., ist dem. Abl. von *corne* bzw. *cor* „Horn", s. d. Vgl. auch *coqueluche* 2 Anm.
2. „Ackerbrand", „Wachtelweizen"
wird für Calvados als lebend angegeben, dürfte wie *cornette* 1 Abl. von *corne* sein, s. d.
corneur s. *corner*.

corniche 1. „Kranzgesimse"
16. Jh., aus ital. *cornice*, dieses aus lat. *c o r o n i s* „verschlungenes Zeichen", das schon im Vlat. mit *cornix* „Krähe" volksetymologisch zusammengebracht wurde. Diez 109; REW 2247.
2. „Hörnchen"

17. Jh., ist dem. Abl. von *corne* „Horn", s. d. Dazu seit dem 16. Jh. die Abl. (oder auch das Grundwort) **cornichon** „Hörnchen", „Gurke".

cornicule „Hörnchen", „hornartiger Schröpfkopf"
16. Jh., aus lat. *(corniculum)* „Hörnchen".

cornier 1. „an einer Ecke stehend"
15. Jh., vgl. dazu schon afrz. *corniere* „Ecke", „Winkel", ist Abl. von afrz. *corn* in der nicht mehr belegten Bedeutung „Ecke", „Winkel", die sich außerdem durch wall. *coirnete* dass. erschließen läßt; aus lat. *cŏrnu* „Horn", für das schon im Lat. eine Bedeutung „Winkel" gesichert ist. Schuchardt, ZRP 41, 254 ff.
2. „Kornelkirschenbaum"
13. Jh., ist Abl. von lat. *cŏrnus* dass., s. *corne* 2.

cornière 1. „Winkeleisen"
in *fer de cornière,* gehört zu dem unter *cornier* erwähnten afrz. *corn* „Ecke", „Winkel".
2. „Topfhenkel"
ist Abl. von *corne* in der Bedeutung „Henkel", s. *cornude.*
3. „Kehlrinne" (Architektur)
ist an *cornière* 1 und 2 angeglichenes *corniche,* s. d.

cornillat „Krähenjunges"
16. Jh., aus älterem *corneillat,* s. *corneillard,* ist *-attus*-Abl. von *corneille* „Krähe", s. d.

cornillon 1. „Hornzapfen der Rinder"
19. Jh., ist dem. Abl. *(-ellus + -ione)* von *corne,* s. d.
2. s. *corneillon.*
3. „Dohle"
ist mundartlich für *choucas,* dem. Abl. von *corneille* „Krähe", das z. B. im Jura „Dohle" bedeutet.

cornion „Beutelgarn an einer Fischreuse"
18. Jh., vgl. dazu Berrich. *cornion de charrue* „Pflugsterz", steht also für *cornillon* und bedeutet ursprünglich „Hörnchen", s. *cornillon* 1.

cornouille „Kornelkirsche"
13. Jh., daneben schon früher belegt *corneille, cornille,* dieses aus lat. *cornicula* dass., REW 2237; daneben bestand schon im Vlat. eine Nebenform, **cornŭcŭla,* die sich aus *cornucularius* auf spanischen Inschriften erschließen läßt, Herzog, ALL 13, 294; Roll. Fl. 9, 117; die Form *corneille* ist mundartlich noch weit verbreitet; das Wort zeigt mundartlich vielfach Kreuzung mit *corme, cormier,* s. d.
Dazu seit dem 15. Jh. die Abl. **cornouiller** für älteres *cornillier* „Kornelkirschenbaum".

cornu „gehörnt"
12. Jh., afrz. auch „zackig", übertragen „dumm"; aus lat. *cornūtus.* REW 2242.

cornude „hölzerner Eimer", „Henkelkorb"
15. Jh., aus prov. *cornuda* „zweihenkeliger Korb", d. i. Weiterbildung von *cornut* „mit Hörnern, Henkeln versehen", s. *cornu.*

cornuelle „Wassernuß"
16. Jh., lebt heute im Zentrum und Südosten, vgl. auch gleichbedeutendes *corniche;* gehört trotz frz. *châtaigne cornue* kaum zu *cor* „Horn", sondern ist Umgestaltung von mittellat. *(corneola),* d. i. *cornouille,* s. d.; vgl. die deutsch-lothringische Bezeichnung „Judenkirsche" für die „Wassernuß"; Roll. Fl. 6, 6 ff.

cornuet 1. „zweizinkige Hacke"
14. Jh. *cornuel* „Art Waffe", ist *-alis*-Abl. von *cornu* „mit Zacken (Zinken) versehen", s. d.
2. „Kipfel"
15. Jh., ist wie *cornuet* 1 im 15. Jh. als *cornuel* bezeugt, ist *-alis*-Abl. von *cornu* „gehörnt", vgl. das Grundwort in wall. *cornue* „halbkreisförmige grobe Torte", B. Maine, poitev. *cornue* „Kuchen", dazu poitev. *cornuelle* „kleiner Kuchen".

corollaire „Zusatz", „Folgerung"
14. Jh., aus lat. *(corollarium)* „Kränzchen", „Zusatz".

corolle „Blumenkrone"
18. Jh., aus lat. *(corolla).*

coron 1. „Ende", „äußerster Teil"
13. Jh. „Winkel", „Ecke", „Ende", „Ausgang", „Ziel" u. a., lebt noch im Wall., Rouchi, war in der alten Zeit aber weiter verbreitet; aus gallisch **korro* „Ende", „Spitze", dann „Überschuß", das sich aus airisch *corr* „Ecke", „Winkel", schottisch „Überschuß" erschließen läßt.
coron Abl. von apikardisch *cor* „Ecke", „Winkel", älter *corn,* s. *cornier* 1, Bl.-W. 159, ist schwierig, da die Verstummung des auslautenden *n* in *corn* schon älter sein müßte als bei *charn,* s. *chair,* oder *jorn,* s. *jour,* und ist morphologisch unverständlich. Der Stamm *korr-, kor-* ist in gallischen Namen wiederholt belegt, s. Holder, Altceltischer Sprachschatz I, 1132 f.
2. „Arbeiterhaus bei Hüttenwerken"
19. Jh., aus dem Wallonischen, hier mundartliche Form von afrz. *quaron* „Quaderstein", s. *carreau.* Sain. LPar. 277; das Wort ist durch Zola in die Literatur gebracht worden.

coronaire „kranzförmig"
16. Jh., aus lat. *(coronarius).*

coronelle „metallener Halfter der Zähne eines Stahlkammes"
14. Jh., „kleine Krone", ist dem. Abl. von *couronne,* s. d.
Oder für *colonnelle,* s. *coulemelle,* Thomas, Ess. 274?

coroner „Totenbeschauer in England"
17. Jh., aus englisch *coroner.*

coronille „Kronwicke"
1700 *coronilla,* aus spanisch *coronilla* „klei-

ne Krone", vgl. im 15. Jh. überliefertes mittellat. *corona regia*. Roll. Fl. 4, 246 f.

corossol „Frucht des Flaschenbaums"
17. Jh., angeblich aus dem Kreolischen der Antillen. Dict. gén.

corporal „geweihtes Meßtuch"
13. Jh., aus mittellat. *(corporale)*, d. i. Abl. von *corpus domini*. Dict. gén.

corporation „Körperschaft"
17. Jh., aus englisch *corporation* dass. Dict. gén.

corporel „körperlich"
12. Jh., aus lat. *(corporalis)*.

corps „Körper"
9. Jh. *cors*, dient afrz. auch zur Umschreibung des Personalpronomens *(mes cors* für „ich"). Tobler, VB I, 30; E. Richter, NSpr. 39, 280; aus lat. *cŏrpus* dass. REW 2248.

corpulence „Beleibtheit"
14. Jh., aus lat. *(corpulentia)*.

corpuscule „Urkörperchen"
15. Jh., aus lat. *(corpusculum)* „Körperchen".

correct „einwandfrei", „vorschriftsmäßig"
16. Jh., aus lat. *(correctus)*, d. i. Verbaladjektiv zu lat. *corrigere* „zurechtrücken", s. *corriger*.

correction „Verbesserung"
13. Jh., aus lat. *(correctione)*.

corrégidor „spanischer Landrichter"
17. Jh., aus spanisch *corregidor*, d. i. Abl. von spanisch *corregir* „verbessern", aus lat. *(corrigere)*, s. *corriger*.

corrélation „wechselseitige Beziehung"
17. Jh., aus neulat. *(correlatione)*, d. i. Zusammensetzung von *(co-)* „mit" und *(relatione)* „Beziehung".

correspondance „Übereinstimmung", „Verkehr"
14. Jh., ist Abl. von **correspondre** „entsprechen" u. ä., 14. Jh., aus mittellat. *(correspondēre)*, d. i. Zusammensetzung von *(co-)* „mit" und *(respondere)* „antworten", s. *répondre*.

corridor „enge Galerie um Festungen" va.; „Gang"
17. Jh. auch *courridour, corridour*, dieses aus nprov. *courredou(r)*, prov. *corredor*, die literarische Form in Anlehnung an gleichbedeutendes ital. *corridore, corridorio*, d. i. *-itorium*-Abl. von prov. *corre* „laufen" bzw. ital. *correre;* ist zunächst Ausdruck des Festungsbaus = „Laufgraben". Vgl. *couloir und couroir*.

corriger „verbessern"
13. Jh., aus lat. *(corrigĕre)*.

corroborer „bestärken"
14. Jh., aus lat. *(corroborare)* „erstarken machen".

corroder „anfressen"
14. Jh., aus lat. *(corrodĕre)* dass.
corroi s. *corroyer*

corrompre „verderben", „bestechen"
12. Jh., aus lat. *(corrŭmpĕre)*.
corrond s. *coron*.

corrosif „ätzend"
13. Jh., aus lat. *(corosivus)*.

corroyer „zurichten" va.; „gerben"
11. Jh. *conreider* (Raschi), *conroier* „für jmd. sorgen", „in Ordnung bringen", „herrichten", „ausrüsten", aus vlat. **corrēdare*, d. i. Latinisierung eines gotischen **ga-rêdan* „auf etwas bedacht sein", das zu ahdt. *rât* „Vorsorge", „Vorrat", *râtan* „in sorglicher Absicht bereiten", „verschaffen" gehört; **corrēdare* gehört zu den ältesten gotischen Lehnwörtern des Westromanischen; Gg. RG I, 363; REW 2252; Diez 265 f.
Oder Abl. von gotisch *rêþs, rêdis*, Mackel 86; Bruckner, Char. 9; Brüch, ZRP 38, 623; 40, 322, das dem angeführten ahdt. *rât* entspricht. Vorgotische Entlehnung, Pogatscher, ZRP 12, 553, ist begrifflich unwahrscheinlich und lautlich schwierig; Entlehnung aus dem Fränkischen ist lautlich ausgeschlossen. Zu der gallischen Entsprechung des angeführten germ. Wortes, die in Personennamen als *rêdo-* überliefert ist, vgl. air. *réid* „eben", „glatt", kymr. *rhwyddhau* „erleichtern", Thurn., KR 76, liegt begrifflich ferner. Dazu das postverb. Substantiv afrz. *corroi* „Ausrüstung", „Fürsorge", auch „Lebensunterhalt", „Schlachthaufen", 12. Jh., bei Raschi, 11. Jh. *conreid* „Befriedigung der menschlichen Bedürfnisse", nfrz. **corroi** „Gerbung"; dazu ferner, mit unklarer Ableitung, **corroyère** „Gerberstrauch", 19. Jh.

corrude „wilder Spargel"
16. Jh., aus lat. *(corruda)*.

corruption „Verderbnis"
12. Jh., aus lat. *(corruptione)*.
cors s. *cor*.

corsac „Steppenfuchs"
18. Jh., aus russisch *korsak*. Dict. gén.

corsage „Oberleib", „Leibchen"
12. Jh., afrz. *corsage* „der (ganze) Leib", „Statur", geht in dieser Bedeutung im 17./18. Jh. unter, ist konkrete Variante von afrz. *cors* „Körper", wie *visage* neben *vis*, *langage* neben *langue;* die Übertragung auf die Bekleidung von *corsage* „Oberleib" seit dem 18. Jh., s. Gg., Bed. 64; vgl. *corset*.

corsaire „Seeräuber"
13. Jh. *coursaire*; im Beginn des 14. Jhs. einmal belegt *courseaux*, als Plural zu **coursal*, und schon um 1200 provenz. *corsari;* das frz. Wort bedeutet zunächst „Seeräuberschiff im Mittelmeer", heute „Kreuzer", daneben adj. „zur Kaperei geeignet"; aus ital. *corsaro*, *corsale* „Seeräuber", „Kaperschiff", Kemna 41 ff.; Vidos 332; vgl. dazu *coursier* 1.

corsé „kräftig", „(Wein) mit Alkohol versetzt", fam. „gepfeffert"
19. Jh., ist *-atus*-Abl. von *corps* in der Be-

deutung „Substanz", „Hauptbestandteil" u. ä.

corselet „leichter Brustharnisch" va.; „Brustschild der Insekten"
12. Jh., afrz. als „kleiner Leib" (des verstorbenen Kindes) bezeugt, ist doppelte dem. Abl. von afrz. *cors* „Körper", s. *corps.*

corset „Schnürleib", „Mieder"
13./14. Jh., ist dem. Abl. von afrz. *cors* „Körper", s. *corps.* Wegen der Bedeutungsentwicklung s. *corsage.*

cortège „Gefolge"
17. Jh., aus ital. *corteggio* dass., d. i. postverb. Subst. von *corteggiare* „den Hof machen", „aufwarten", d. i. *-idiare*-Abl. von *corte* „Hof", s. *cour;* s. die entsprechende frz. Bildung in afrz. *cortoiier* „Hofdienst tun".

cortès „Landstände in Spanien"
17. Jh., aus spanisch *cortes,* d. i. Plural von *corte* „Hof", s. *cour.*

cortical „rindenartig"
18. Jh., ist Abl. von lat. *(cortex,-ice)* „Rinde".

cortine „Dreifuß" (der Pythia), „Schleier der Pilze"
18. Jh., aus lat. *(cortina)* „rundes Gefäß", „Rundung", „Dreifuß der Pythia".

corvée „Fronarbeit"
12. Jh., aus mittellat. **corrogata,* d. i. Abl. von lat. *corrogare* „zusammenbitten". Longnon, Irm. 114; REW 2255; Jud, D. Schweizerische Gesch. II, 4; s. ZRP 46, 476.

corvette „Rennschiff"
15. Jh., ist zuerst in dem Flandern zunächstliegenden Gebiete bezeugt, zugleich auch *corvot;* es ist Abl. von mndl. *korf* „Art Schiff". Kemna 156.
Nicht zu lat. *corbita* „langsam fahrendes Lastschiff", Diez 108; REW 2225. Ital. *corvetta* ist junges Wort, stammt aus dem Frz.

corymbe „Korymbus", „Doldentraube"
16. Jh., aus lat. *(corymbus).*

coryphée „Chorführer", „hervorragendste Persönlichkeit"
16. Jh., aus lat. *(coryphaeus)* „Stimmführer einer Partei".

coryza „Schnupfen"
14.—18. Jh. auch *coryze,* aus lat. *(coryza).*

cosaque „Kosak", „Kosakentanz"
17. Jh., aus dem Russischen.

cosmétique „die Toilette betreffend"
16. Jh., aus gr. (κοσμητικός) „zum Zieren gehörig".

cosmique „kosmisch"
16. Jh., ist Abl. von gr. (κόσμος) „Welt".

cosmo- „Welt-"
in gelehrten Zusammensetzungen, aus gr. (κόσμος) „Welt".

cossard „Faulpelz"
Ende des 19. Jhs., aus dem Rotwelsch; dazu *cosse* „Faulheit", u. H.; Bl.-W. 161.

cossat „Hülsen", „Schalen"
16. Jh., lebt norm. „getrocknete Stengel von Schotengemüsen" (vgl. dazu norm. *avenas* „getrocknete Haferstengel", *pésas* zu *pois, favas* zu *fève*), steht für **cossas,* d. i. *-aceum*-Abl. in kollektiver Bedeutung von *cosse* 1.

cosse 1 „Schote", „Hülse"
12. Jh., im 12. Jh. latinisiert *cossae uvarum,* Graur, Rom. 56, 107, seit der ältesten Zeit mit *-ss-* geschrieben, so daß kein Zusammenhang mit ital. *coccia* „Muschelschale", „Schneckengehäuse" (dieses zu *cochlea* Schnekke") besteht. H. u. Vgl. auch *gousse* und *écosse, coque* 1.
**coccia* für *conchea* zu lat. *concheus* „zur Muschel gehörig", Thomas, Ess. 85; oder vlat. *coča,* dieses aus *cočula* zu *cochlea* „Schnecke", Schuchardt, SAWien 141, 3, 29, ist weder für das Vlat. noch Galloromanische möglich; vgl. REW 2011.
2. „Kausch", Ankerring"
17. Jh., aus ndl. *kous* bzw. daraus entlehntem dänischen *kause;* Behrens, ZRP 26, 654; DS 71; Valkhoff 98.

cosser „mit den Hörnern stoßen"
16. Jh., aus ital. *cozzare,* dieses aus vlat. **cottiare,* d. i. Abl. von gr. κόττη „Haupt". Zauner, RF 14, 426; Barbier, RLR 51, 264; Battisti II, 1144; s. ital. *cozzo* „heftiger Stoß", sizil., südital. *cozzu, cuozzu* „Hinterkopf".
Nicht aus gr. κόπτειν „schlagen", Bl.-W. 161.

cosson „Holzrüsselkäfer", „Kornwurm"
11. Jh. (Raschi) *coçons,* gehört zu einem Stamm *kuk-,* der in der Gascogne in den Bezeichnungen verschiedener Insekten erhalten ist; so für Engerling, Regenwurm, Leuchtkäfer, auch „Maikäfer", Bec, RLiR 26, 34; dazu *cuciones* „Asseln" bei Marcellus Empiricus, s. *cochon;* dazu nprov. *coussou(n)* u. ä. weit verbreitet im ganzen Süden; mit dem Stamm *cucione* hat sich lat. *cossus* „Weidenbohrer" gekreuzt, das im Südosten für „Engerling" als *ko(s)* (in Doubs, Fr. Comté, Morvan) erhalten ist, s. ALF 1740.
2. „junges Rebenreis"
17. Jh., lebt in Indre-et-L., dann Blois, ist dem. Abl. von *cosse,* das z. B. im Zentrum die Bedeutung „Baumstrunk", „Pflanzenstock der Rebe" hat, dazu poitev. *cossard* „alter Baum", u. H.; s. auch *crossette* 1.

cossu „vielschotig"; „begütert"
in der übertragenen Bedeutung seit dem 14. Jh. belegt, ist Abl. von *cosse* 1.

costal „zu den Rippen gehörig"
16. Jh., ist gelehrte Abl. von lat. *(costa)* „Rippe", s. *côte.*

costaud „stämmig", „untersetzt"
fam., 19. Jh., im Rotwelsch „Zuhälter", ist Abl. von nprov. *costo* „Rippe", ist eine Bildung wie *cossu* „begütert", *corsé* „kräftig", s. *côte;* Bl.-W.
costière s. *côtière.*

costume „Zeitgebrauch", „Tracht"
17. Jh., aus ital. *costume* dass., auch „Gewohnheit", aus lat. *consuetūdĭne*, s. *coutume*. Dazu seit dem 18. Jh. die Abl. **costumer** „kostümieren". REW 2176.

cote „Buchstabe", „Ziffer", „Quote"
14. Jh. *quote*, aus lat. *(quota) pars* „der wievielte Teil". Dict. gén.

côte „Rippe", „Abhang", „Küste"
12. Jh. *coste*, auch „Seite", so noch nfrz. *côte à côte* „Seite an Seite", aus lat. *cŏsta* „Rippe", das wohl schon im Vlat. die übertragene Bedeutung „Seite" besessen hat, vgl. d. F.

côté „Seite"
12. Jh. *costé*, aus lat. *costatum* „mit Rippen versehen", das im Vlat. die Bedeutung „Ort, wo die Rippen sind", „Seite" angenommen haben dürfte, s. *côte*. REW 2280.

coteau „Abhang", „Hügel"
16. Jh. für afrz. *costal*, so seit dem 12. Jh. Nebenform von *costel* „Seite", „Flanke", „Rain", „Abhang", ist *-ale*-Abl. von afrz. *coste* „Abhang", s. *côte*.

côtelé „gerippt"
12. Jh. *costelé*, ist *-atus*-Abl. von afrz. *costel* „Rippe", d. i. dem. Abl. von *coste* „Rippe", s. *côte*.

côtelette „Rippchen"
14. Jh., ist dem. Abl. von afrz. *coste* „Rippe", s. *côte*.

coteline „Stoff aus Leinen und Baumwolle"
19. Jh., scheint willkürliche Zusammensetzung von *coton* „Baumwolle" und *lin* „Linnen" zu sein, s. d.

cotepalis „leichter Stoff aus Seide und Ziegenhaar"
19. Jh., u. H.

coter s. *cote*.

coteret s. *cotret*.

coterie „Clique", „Sippschaft"
17. Jh. „geschlossene Gesellschaft", ursprünglich „Vereinigung von Bauern, die die Ländereien eines Grundherren gemeinsam bewirtschaften", dazu im 13. Jh. *cens cotage* und subst. *cotage* „Zinsen für die Nutzung eines dem Grundherren gehörenden Besitzes", ist Abl. von einem in Ortsnamen der Normandie erhaltenen anorm. Subst. **cote* „Hütte", vermutlich „Hütte der zu einem Großgrundbesitz gehörigen Hintersassen", aus anord. neutralem *kot* „Hütte", „Kate"; Longnon, Noms de lieu 183; Bl.-W. 161; kaum aus dem Altsächsischen, H. E. Keller, Mél. Delbouille 354; vgl. *cotier*; REW 4746; Dict. gén.

cothurne „Kothurn"
16. Jh., aus lat. *(cothurnus)*.

cotice „Bandstreif"
13. Jh. *costice*, ist *-īceus*-Abl. von *côte* „Seite"; vgl. gleich abgeleitetes afrz. *costiz* „Abhang", s. *coteau*; vgl. Rohlfs, ASSL, 159, 1511; s. wegen der Abl. *champis*.

cotier „lehenszinspflichtig"
14. Jh., ist Abl. von afrz. **cote* „Hütte" (im Besitz einer großen Herrschaft), bedeutet also der Bildung nach „in einer *cote* wohnend", vgl. dazu *coterie*. Dict. gén.

côtier s. *côte*.

côtière „Abhang" va.; „Meeresküste" va.; „Schrägbeet"
12. Jh., afrz. *costiere* „Seitenfläche", „Abhang", „Ufer", „Küste", aus grom. **costaria*, d. i. Kollektivabl. von *costa* „Abhang", s. *côte*; vgl. dazu norm. *cotière* „Mauer an der Fassade oder hinter dem Hause" u. ä.

cotignac „eingemachte Quitte"
16. Jh., in Rückanlehnung an lat. *cotoneus* „Quittenbaum" für älteres, seit dem 14. Jh. belegtes *coudignac*, *coudougnac*, vgl. dazu vend. *codignac*, Blois *codignat*, bei Rabelais *cotoniat*, burg. *côtignar*; aus prov. *codonhat*, d. i. schon vorhistorische *-atum*-Abl. von *cotoneus*, s. *coing*. Roll. Fl. 5, 15 f.

cotillon „Unterrock"; „Art Tanz"
15. Jh., in der ersten Bedeutung seit dem 17. Jh. verpönt, Br. 3, 169, ist dem. Abl. von *cotte* „Frauenrock", s. d. Wegen der Bedeutungsänderung vgl. *aimer le cotillon* (wie *courir les jupes*) „jeder Schürze nachlaufen", dann *faire danser le cotillon* „eine Frau schlagen", eigentlich „den Unterrock tanzen lassen"; daraus *danser le cotillon*; Gg. Bed. 133; Bl.-W. 162.

cotin „Gelbholzbaum"
17. Jh., aus lat. *(cotĭnus)* dass.

cotinga „Schmuckvogel"
18. Jh., stammt angeblich aus einer Einheimischenmundart Amerikas. Dict. gén.

cotique „Ring-Porzellanschnecke"
18. Jh., u. H.

cotir „mit den Hörnern, dem Kopfe stoßen", „quetschen", „beschädigen"
13. Jh., zuerst belegt vom Stoßen des Meeres gegen die Klippen, TL II, 952, ist in der Bedeutung „Früchte beschädigen" in ganz Westfrankreich verbreitet, aus grom. **cottire*, d. i. vielleicht an *ferire* „schlagen", s. *férir*, angeglichenes vlat. **cottiare*, das namentlich in Italien weit verbreitet ist, s. *cosser*; dieses ist Abl. von vlat. **cotta* „Hinterhaupt", vgl. prov. *cota* „Nacken", aus gr. κόττη, κόττα „Kopf", s. die Literatur unter *cosser*; vgl. auch *courterole*; dazu **cotissure** „Quetschung am Obst", 18. Jh.
Nicht mit Recht abgelehnt REW 4748; auch wegen der Bedeutung „mit den Hörnern stoßen", die ursprünglich zu sein scheint, nicht aus gr. κόπτειν „schlagen", Brüch, ZRP 38, 698; Wartburg, ZRP 68, 28.

cotiser s. *cote*.

coton „Baumwolle"
12. Jh., aus arabisch *qoṭon*, Lam. 262; REW 6910; Diez 111; ist über Sizilien nach Europa gekommen, da das arabische Wort

ohne den Artikel *al-* übernommen wurde; vgl. daneben aus dem Arabischen Spaniens entlehntes afrz. *auqueton* „ein Stoff", dann „Wams", „Jacke" (wird meist unter dem ‚Halsberg' getragen), s. *hoqueton*; Battisti-Giuseppe Furlani, ID 3, 234; Bl.-W. 161. Dazu seit dem 18. Jh. die Abl. **cotonnade** „Baumwollstoff" u. a.

côtoyer s. *côte.*

cotre „Kutter"
16. Jh., auch *cottre, cutter, cotter* und *cutter,* aus englisch *cutter* dass. Behrens, Wg. 349, bzw. daraus entlehntem ndl. *kotter.*

cotret 1. „Reisigbündel", „Stück Holz am Reisigbündel"
ist saint. *coutret* „kleines Bündel aus Tannenreisig", poitev. „die Menge Trauben, die in zwei offenen Fässern enthalten sind", bei Rabelais *porteur de coustrets;* scheint zu lim. *codorosso* „kleiner, trockener Zweig", *cadarot* „Stumpf", „Stummel", bei Mistral *cadarosso* zu gehören, dazu nprov. *cadaroussoun, coudourassou,* lim. *coudoursou* „kleiner, trokkener Zweig", „Kohlstrunk" u. ä.; vgl. dazu *cosson* 2; H. u.
2. „Balken am Webstuhl", „Brett am Hochschaftswebstuhl" u. ä.
vgl. dazu bei S. V. *coteret, coterelle* „Rollen- und Walzenträger am Hochschaftsstuhle", steht für ein afrz. **costerez* „an der Seite befindlich", d. i. *-ariceus*-Abl. von *côte* „Seite", s. d.; Tobler, SABerlin 1893; Thomas, NE 84; REW 2279.

cottage „Landhäuschen"
18. Jh., aus englisch *cottage,* das zu dem unter *cotier* angeführten afrz. **cote* „Hütte" gehört. Dict. gén.

cotte 1. „Kutte" va.; „Frauenrock" u. ä.
12. Jh., aus fränkisch **kotta* (ahdt. *chozza* „grobes, zottiges Wollenzeug", „Rock oder Mantel davon"); Diez 111 f.; REW 4747; kaum schon westgerm. Entlehnung, Brüch 10 f. Dazu seit dem 17. Jh. die dem. Abl. **cotteron** „kurzes Unterröckchen".
2. „Kaulkopf"
18. Jh., aus lat. *(cottus).*

cottière „starke Eisenstange"
18. Jh., vgl. dazu Doubs *coutieure* „Stange vor dem Bett, um das Herabfallen der Decke zu verhindern", angev. *coûtières, côtières* „feste Holzstangen im Gerüst eines Schiffbaus", ist also wohl ursprünglich adj. Abl. von *côte* „Seite", s. d.; vgl. *cotret* 2.

cotyle „Flüssigkeitsmaß", „Gelenkspfanne"
18. Jh., aus gr. (κοτύλη).

cou „Hals"
12. Jh., aus lat. *cŏllum*, s. *col.* REW 2053.

couac „Schrei der Raben", „falsche Note"
16. Jh., ist Schallwort.

couagga „Pferdezebra"
18. Jh., u. H.

couaille „das an der Schwanzseite Befindliche", „Schwanzwolle", „austrocknendes Ende eines Teiches"
17. Jh., ist westfrz., vgl. H. Maine *couaille* „leinene Lumpen", dazu B. Maine *couaillon* „schlechte Schafwolle", „beschmutztes Gewand", vend. „Schmutzfink"; es ist kollektiv-pejorative Abl. von *coue,* d. i. westfrz. Entsprechung des frz. *queue* „Schwanz", s. d.

couard 1. „Memme", „feig", „mit eingezogenem Schwanz"
11. Jh., ist pejorative Abl. *(hard)* von afrz. *coe,* s. *queue.* REW 1774.
2. „Schwanzstück beim Ochsenfleisch", „Endstück der Sichel im Holzgriff"
ist angev., poitev., steht dort für älteres *coer,* d. i. mundartliche *-arium*-Abl. von afrz. *coe* „Schwanz", s. *queue,* bezeichnet der Bildung nach die Umfassung des Schweifes. Vgl. *coyer* 2.

couardise „Feigheit"
11. Jh., auch afrz. *coardie,* ist Abl. von *couard,* s. d.

couche „Lager", „Schichte"
12. Jh., ist postverb. Subst. von **coucher** „zu Bett bringen", „niederlegen", „niederdrücken" u. ä., 12. Jh., aus lat. *collocare* „aufstellen", „legen", „setzen". Diez 103 f.; REW 2051; Bl.-W. 162; vgl. *accoucher.*
Dazu seit dem 17. Jh. die ursprünglich abstrakte Abl. **couchis** (-aticium) „Sandschicht", „Untergebälk", aus *„Auflegen", vgl. dazu norm. *couchis* „Grundstück, das soeben erst in Weideland verwandelt wurde", angev. „Holzplatten, die das Bogengerüst im Innern einer Wölbung beim Bau bedecken".

couchoir „Auftragehölzchen" (Buchdruckerei)
17. Jh., ist Werkzeugsabl. von *coucher* in der Bedeutung „niederdrücken".

couci-couci „so, so"
17. Jh., aus ital. *così, così,* aus lat. *eccum sic*; REW 7892.

coucou „Kuckuck", „kleiner Torwagen", „Kukkucksblume" u. ä.
12. Jh. auch *cucu, cucul, coqu, cocul* u. ä., ist Schallbildung nach dem Kuckucksruf, vielleicht in Nachwirkung des lat. *cŭcūlus;* vgl. auch bei Isidor v. Sevilla *cucus.* Diez 114; REW 2360; Bl.-W. 162.

coucoumelle 1. „Nabelkraut"
18. Jh., stammt aus dem Languedokischen, gleichbedeutend mit *coucarela,* s. *coquerelle, coqueret,* und ist wohl ursprünglich Abl. von *coucou* „Ei", s. *coque,* da die Pflanze die Form eines Pilzes hat, dessen Hohlseite nach oben steht, also die Form einer Eierschale besitzt; die Form von *coucoumelle* 2 beeinflußt.
2. „knolliger Blätterpilz"
18. Jh., zu langued. *coucoumè,* dazu bei Nemnich portug. *cogumelo* u. ä., ist in Anlehnung an langued. *coucou* „Ei" umgestaltetes *coulemelle,* s. d.

Zu *cucuma* „Kochtopf", Schuchardt, ZRP 28, 157, setzt voraus, daß **cucumella* schon lat. Bildung ist, da *cucuma* als Einzelwort im Romanischen nicht erhalten ist; andererseits entspricht ein schon lat. **cucumella* lautlich nicht dem frz. Wort; auch nicht zu *cucumber* „Gurke", Dict. gén. Vgl. auch Behrens, Wg. 349.

coucourelle „Feigenart"
19. Jh., aus nprov., langued. *coucourèlo,* d. i. die Entsprechung des frz. *coquerelle* „Judenkirsche", nach dem roten Fleisch der Feigenart, Dict. gén. S. *coqueret.*

coude „Ellbogen"
12. Jh., afrz. meist *coute,* mit *-t-* noch heute im Osten, Nordosten und ganzen Westen verbreitet, aus lat. *c ŭ b ĭ t u s.* ALF 330; Diez 114; REW 2354; Zauner, RF 14, 441 ff.
Dazu seit dem 12. Jh. die Abl. *coutée,* **coudée** „Elle"; seit dem 15. Jh. **couder** „knieförmig umbiegen" u. ä.

coudelatte „Kniekammhölzer"
17. Jh., ist vermutlich zusammengesetzt aus *coude* „Ellbogen", vgl. *couder* „knieförmig umbiegen", und *latte,* s. d. Oder für *cou de latte,* Dict. gén.?

coudraie „Haselgebüsch"
12. Jh., ist *-ēta*-Abl. von **coudre** „Haselstrauch"; dieses seit dem 12. Jh. aus vlat. **c o l ŭ r u s* für klassisches *corulus,* das sich aus *colurnus* „von der Haselstaude" schon für das Vlat. erschließen läßt. Diez 554; Meyer-Lübke, Einf. 177; REW 2271.

coudre „nähen"
12. Jh. *cosdre,* auch *costre,* aus vlat. **c o s ĕ r e* für *consuere,* zu dem zunächst in der 1. Sing. für *consuo* eine Form **coso* entstand, die den übrigen Formen als Ausgang diente; vgl. *battre;* vgl. schon in Glossen *cusire.* Diez 115; REW 2174.

coudrer „in die Treiblauge legen", „färben"
16. Jh., aber durch die Abl. **coudrement** „Treibfarbe", „Einlegen der Häute in die Treiblauge" für das 14. Jh. gesichert, ist die Entsprechung des prov. *colrar* „färben" aus lat. *c ŏ l ō r a r e* dass., da die mit *coudrer* bezeichnete Handlung den Zweck hat, die Häute rot zu färben, Behrens, ZRP 26, 722; (Wg. 59 f.); das gleiche afrz. *coudrer* „färben" scheint in angev. *coudrer* „in der Sonne austrocknen" vorzuliegen, dazu B. Maine *coudré* „halbtrockenes Holz", vend. *coudre* „halb trocken", ursprünglich vermutlich vom Ausreifenlassen der Früchte gesagt.
coudrette s. *coudre* unter *coudraie.*

coudrier „Haselnußstrauch"
16. Jh., ist in Anlehnung an die Baumnamen auf *-ier* einreihend erweitertes gleichbedeutendes *coudre,* s. *coudraie.*

couenne „Schwarte"
12./13. Jh., geht mit prov. *codena* auf ein grom. **c ŭ t e n n a* zurück, das zu lat. *cutis* „Haut" gehört; vielleicht ist es Kreuzung von vlat. **cutīna* „an der Haut" mit gallisch **tunna* „Haut", vgl. bret. *tonnenn* „Speckschwarte", s. zu diesem Thurn. KR 87; oder vlat. **cutīna* mit Annahme des gallischen Suffixes *-inno,* wohl aber in Anlehnung an eine bestehende bedeutungsverwandte Abl. des Gallischen. Brüch, ZRP 38, 678.
**cutīna,* REW 2431, genügt lautlich nicht; auch nicht **cutanea,* Diez 111, oder **cutinia,* Flechia, AGI 3, 135 Anm.

couet „Hals", „Smeite eines Segels"
14. Jh.; die daneben stehende Form *écouet* zeigt Beeinflussung durch *écoute* „Segelleine", wie andererseits dieses, in der Nebenform *écouette* bei Cotgrave, durch *couet, écouet* beeinflußt ist, Behrens, ZFSL 31, 1, 284 (Wg. 60 ff.); ist vermutlich „metaphorische Verwendung von afrz. *coët* „Schweiflein" zu *queue;* s. auch *couette* „Schweiflein", Haust, Rom. 47, 555 (Etym. 52 f.).

couette 1. „Federbett", „Gelenkpfanne", „Schlittenbalken"
12. Jh. *coilte* und *coute,* die literarische Form aus *coilte,* vgl. dazu im Forez *coistre, couestre, couitre,* Gonon, RDiR 26, 18, während die afrz. Form *coute* in *courte-pointe, contrepointer, coutil, coutissée* erhalten ist; aus lat. *c ŭ l c ĭ t a* „Kissen". Diez 104; REW 2372.
2. „Schwänzchen" va.; „kleine aschgraue Möwe"
13./14. Jh., ist Abl. von afrz. *coe* „Schwanz", s. *queue.*

couffe „Gemüsekorb" u. ä.
18. Jh. *coufle,* aus nprov. *coufo,* dieses aus katalanisch *cofa,* das seit dem 14. Jh. belegt ist und aus arabisch *qúffa* stammt; Cor. I, 837, vgl. Bl.-W. 163.

couguar „amerikanischer Löwe"
18. Jh., von Buffon angeblich aus der Bezeichnung des Wortes in einer Einheimischenmundart von Brasilien künstlich gebildet. Dict. gén,; Bl.-W. 163.

coui „amerikanischer Kalebassenbaum"
18. Jh., stammt angeblich aus dem Kreolischen, Dict. gén.; Wiener, ZRP 33, 515, ist dort aber selbst aus dem Frz. entlehnt; hier lebt es als Bezeichnung für den Flaschenkürbis im Südwesten des Nordfrz., so poitev. *coie,* ähnlich in Bayonne, Landes, auch in der Abl. *cuyoun, cujoun;* aus einem Typus **c ŭ b i a,* der wohl zu lat. *cucurbita* „Kürbis" gehört, s. *courge, gourde.* Roll. Fl. 6, 14 ff.; ALF 296; AR 6, 72 f.

couier „Seil zum Befestigen des Schiffshinterteils am Ufer"
18. Jh., ist Nebenform von *coyer,* d. i. ursprünglich adj. Abl. von *queue* „Schwanz", „Ende". Dict. gén.

couillard 1. „großhodig"
14. Jh., ist Abl. *(hard)* von *couille* „Hode", s. d.

2. „Balkenstütze des Windmühlengehäuses“, „Aushilfebau“
ist figürliche Verwendung von mfrz., seit dem 14. Jh. belegten *coillard* „das unkastrierte Tier“, das der Bildung nach mit *couillard* 1 eins ist.

couille „Hode“
13. Jh., aus grom. **cōlea* „Hodensack“, d. i. Kollektivform zu lat. *coleus* „Hodensack“. REW 2038.

couillon 1. „Hode“
13. Jh., aus vlat. *coleone*, so in Glossen belegt, s. Väänänen, Mél. Gardette 482, ist Abl. von **colea* „Hodensack“, s. *couille*. Gröber, ALL 1, 549; REW 2036.
2. „Feigling“, „Dummkopf“
13. Jh. *coion*, aus ital. *coglione* „Tölpel“, dieses aus vlat. *cōleone* „Entmannter“, das in Glossen belegt ist, d. i. mit dem charakterisierenden *-o, -one* abgeleitet von vlat. **colea* „Hodensack“, s. *couille*. REW *2036*.

coulavan „Art Pirol“
18. Jh., stammt angeblich aus einer Einheimischenmundart Hinterindiens. Dict. gén.

coule „Kapuzinerkutte“
12. Jh. *caole, cöule*, aus lat. *cŭcŭlla* „Hülle, „Kapuze“, das bei Columella und den Kirchenschriftstellern belegt ist, zu lat. *cucullus* dass. REW 2356; vgl. auch *coqueluche, coquillade*.

coulé 1. „Bleiguß“; „erster Farbenauftrag“
18. Jh., ist subst. Part. von *couler* „fließen lassen“.
2. „Schleifung der Noten“, „Bindung der Schrift“ u. ä.
steht für *couler*, d. i. subst. Inf. von *couler*, s. d. Eine Scheidung der zahlreichen Bedeutungen von *coulé* nach 1 und 2 läßt sich heute nicht mehr durchführen.

coulée „Fluß“, „Guß“, „ungeschichtete Lagerung“
17. Jh., ist subst. fem. Part. von *couler*, s. d. und *coulé* 1.

coulemelle „Schirmpilz“
auch **coulemotte**, zu diesem im 16. Jh. *colemette*, vgl. dazu berrich. *coumère*, vend. *couamelle* „Pilz“; aus vlat. **colŭmnella* „Säulchen“, s. *colonne*, Thomas, Ess. 275 f.; Mél. 58; Rom. 41, 452; REW 2067; vgl. dazu auch *coucoumelle* 2.
Eine dem. Abl. von *columna, columella* ist schon lat. belegt, doch muß aus lautlichen Gründen *coulemelle* auf ein nach *columna* neugebildetes **columnella* zurückgehen.

couler „durchseihen“, „fließen“, „gleiten“ u.ä.
12. Jh., aus lat. *cōlare* „durchseihen“, Diez 554; REW 2035; vgl. *coulis, coulisse*.

couleresse „Kübel in den Zuckerraffinerien“
16. Jh. „Durchseiher“, ist subst. Fem. von afrz. *colerez* „zum Durchseihen bestimmt, tauglich“, d. i. *-ariceus*-Abl. von *couler*, s. d.

coule-sang „Art Viper“
16. Jh., ist zusammengesetzt aus *couler* in der Bedeutung „fließen machen“ und *sang* „Blut“, s. d.

coulette „kleiner Eisenstift in der Bandweberei, der zum Drehen der Seidenspule dient“, „Art Käscher“ u. ä.
18. Jh., ist Werkzeugsabl. von *couler*, s. d. Vgl. wegen der deverbalen *-ette*-Abl. zur Bezeichnung von Werkzeugen u. ä. *allumette, écumette, lorgnette, mouchette* usf.

couleur „Farbe“
11. Jh., aus lat. *cŏlōre*. REW 2056.

couleuvre „Natter“
12. Jh. *coluevre*, aus vlat. **colóbra*, so wegen der Abschwächung der mittleren Silbe, s. *coluber* non *colober* in der Appendix Probi; dann mit der vlat. Accentuierung (s. *íntegrum* zu *intégrum*) *colóbra*; Brüch, ZFSL 50, 323; Havet, Rom. 6, 433; REW 2060.

couleuvrée „Zaunrebe“
16. Jh., vgl. dazu Berry *vigne de serpent*, steht für *couleuvraie*, vgl. im 16. Jh. *couleuvroie*, d. i. *-ēta*-Abl. (zur Angabe des Standortes) von mfrz. *couleuvre* dass., dieses übertragen von *couleuvre* „Natter“, vgl. Roll. Fl. 6, 44 ff.

couleuvrin „schlangenartig“
17. Jh., aus lat. *(colubrinus)* in Anlehnung an *couleuvre*.

coulevrine „Feldschlange“
14./15. Jh., ist Abl. von *couleuvre* „Natter“, s. d.

couli „Kuli“
17. Jh., nach dem Namen der *Kolî* „einer Bevölkerung im westlichen Indien, deren Angehörige seit langem als angeworbene Arbeiter in die Fremde gingen“, Littmann 120.

couliner „Ungeziefer von Fruchtbäumen absengen“
19. Jh., ist Abl. von norm. *coline, couline* „angezündetes Strohbündel zum Absengen der Bäume“, dieses vermutlich aus flämisch *koolen* „verkohlen“.
Zu *couler*, Dict. gén., ist begrifflich nicht verständlich.

coulis in *vent coulis* „Zugluft“
dann „flüssiges Metall“, „durchgeseihte Kraftbrühe“, 12. Jh. *colëiz* „zum Durchseihen bestimmt, geeignet“, ist in der 1. Bedeutung noch adjektivisch erhalten, sonst substantiviert; ist *-aticius*-Abl. von *couler*, s. d.
Vom afrz. Adjektivum in fem. Form substantiviert 13. Jh. *colëice*, heute **coulisse** „Rinne“, „Schiebefenster“, „Fallgatter“ u. ä. Von diesem die Abl. **coulisser** „mit Falzen u. ä. versehen“; dazu seit dem 18. Jh. belegt die Werkzeugsableitung **coulissoire** „Werkzeug der Instrumentenmacher“.
coulmelle s. *coulemelle*.

couloir 1. „Filter“, „Seiher“
11. Jh. (Raschi) *coledoir*, auch *coledoire*, die-

ses in nfrz. **couloire,** dass., ist *-atorium*-Abl. von *couler* „durchseihen".
2. „Verbindungsgang"
14. Jh. neben *couroir,* aus grom. **cŭrrĭtōrium* „Ort, wo man laufen kann", vgl. *dormitorium* „Ort, wo man schläft", im Nordfrz. an das Suffix *-atorium* angeschlossen; vgl. *corridor;* die *-l*-Form, als Dissimilation, oder in Anlehnung an *couler* „gleiten", das bei Raschi auch für *aller* gebraucht wird.

coulon „Feldtaube"
9. Jh. *coulomb,* lebt heute weit verbreitet im Norden und Osten, aus lat. *colŭmbus* dass.; vgl. *colombe.* REW 2066.

coulotte „Neigeholz"
19. Jh., Nebenform von *coulette,* d. i. Werkzeugsabl. von *couler,* s. d.

coulpe „Schuld"
9. Jh., afrz. *coupe,* seit dem 16. Jh. *coulpe* geschrieben, aus lat. *(culpa);* Bl.-W. 163; s. *coupable.*

coult „Holz zu eingelegter Arbeit"
18. Jh., u. H.

coumaille „gestürzter Gang in den Kohlenminen"
19. Jh., aus wall. *coumaie, goumaie* „Steinkohlenschlacke", lüttich *gômâ* „Haufen ungesunden Abfalls", auch „Skrofeln", scheint zu *gourmailles* „Skrofeln" zu gehören, d. i. kollektive Abl. von *gourme,* s. d.; Haust, Dict. Liégeois, s. v.
Kaum zu lüttich. *coumaye* „Amboß", s. *enclume;* Haust. Etym. 53.

coumarou „Tonkabaum"
18. Jh., aus dem Nord-Tupí; Friederici, ZFSL 56, 38.

coumier „Kumabaum"
18. Jh., angeblich aus einer Mundart der Guayana, Dict. gén.

coupable „schuldig"
12. Jh. aus lat. *(culpabilis).*

coupage „Verschneiden", „Milderung"
19. Jh., aber schon mfrz. in der allgemeinen Bedeutung „Zuschneiden", „Abschlagen", d. i. Abl. von *couper,* s. d.

coupe 1. „Schale", „Becher"
12. Jh., aus lat. *cŭppa,* dass.; Diez 108; REW 2409.
2. „Schneiden", „Fällen"
12. Jh., ist postverb. Subst. von *couper,* s. d.

coupé „Gegenstand, von dem ein Teil abgeschnitten ist", z. B. „Halbkutsche" u. ä.
17. Jh., ist subst. Partizip von *couper,* s. d.
2. Umgehen der Degenspitze", „Abstoßen des Tones"
steht für den subst. Infinitiv *couper.*

coupeau 1. „Gipfel", „Kuppe"
12. Jh., ist *-ellum*-Abl. von grom. **cuppum* „Kopf", s. *couper.*
2. „Holzspan" va., „Eisenfeilspäne"
ist in Anlehnung an *couper* umgestaltetes afrz. *coipel,* s. *copeau.*

coupeillon „kleiner Fischhamen"
18. Jh., aus nprov. *coupaioun,* scheint zu nprov. *coupà* zu gehören, s. *couper.*
coupelle s. *coupe* 1.

couper „abschneiden"
12. Jh. *coper,* ist afrz. von *couper* „schlagen" (zu *coup,* s. d.) noch meist geschieden; es ist grom. **cŭppare* „den Kopf abschlagen", d. i. Abl. von **cŭppum* „Schädel", „Spitze", s. *coupeau* 1, vgl. prov. *cop* „Schädel" und nhdt. daraus entlehntes *kopf,* Kluge s. v.; dieses **cŭppum* ist Rückbildung von lat. *cŭppa* „Becher", s. *coupe* 1, im Geschlecht beeinflußt durch grom. **capum* dass., s. *chef.* Vgl. wegen der Bedeutungsübertragung von „Becher" zu „Kopf" *tête;* oder **cuppum* zu *cuppa* „Hinterhaupt" s. Zauner. RF 14, 422 f.; Merlo, Atti Acc. Torino 42, 296; REW 2409; wegen der Bedeutung des von *cuppa* abgeleiteten Verbums vgl. auch *cotir, cosser.* Wegen pik. *cauper la teste* nicht mit Recht abgelehnt von Spitzer, ZFSL 43, 1, 270, da pik. *cauper* wohl auf *colper* zurückführt, aber nur anzeigt, daß schon afrz. *couper* und *coper* zusammenfallen.
Abl. von *coup* „Schlag", „Hieb", Bl.-W. 163, ist begrifflich unwahrscheinlich, da afrz. *coper* stets „abschneiden", aber nicht „schlagen" bedeutet.

couperet „Hackmesser" u. ä.
16. Jh., für afrz. *coperez* „zum Abschneiden bestimmt", d. i. *-ariceus*-Abl. von *couper,* s. d. Kaum Abl. von *coupeur,* Gade 31.

couperose „Vitriol"
13. Jh. dass., auch als Krankheitsname „Rotlauf", „Kupferausschlag", dazu afrz. *couperosé* „rötlich", ist gelehrte Bildung, mittellat. *(cuprirosa),* zu *cuprum* „Kupfer" und *rosa* als Krankheitsbezeichnung, d. i. metaphorische Verwendung von lat. *rosa* „Rose", nach dem roten Ausschlag als Krankheitserscheinung; dazu seit dem 16. Jh. belegt *roose* als Krankheitsbezeichnung im Ndl., dt. „Gürtel*rose*" u. ä.; auch lat. ist *rosa* metaphorisch als „Rosenöl", „Rosensalbe" bezeugt; vgl. Bl.-W. 164.
Schon aus chronologischen Gründen nicht aus nhdt. *Kupferasche,* REW 4794; Englisch *copperas,* aengl. *coperose* stammt aus dem Frz.

couperu „Art Fischreuse"
18. Jh., ist angeblich westfrz., dazu bei S. V.

couperas „Art Schöpfnetz"; s. *coupeillon.*
Zu *couper* und *ru* „Bach", Dict. gén., ist begrifflich schwierig, erklärt auch *couperas* nicht.

coupet „Bauernmusik-Muschel"
19. Jh., ist dem. Abl. von *coupe* „Schale", s. d.
coupeter s. *copter.*

coupis „Erhöhung am Hinterdeck"
18. Jh., dazu bei Röding *coupée* „Vertiefung oder Erhebung des Decks auf verschiedenen

Fahrzeugen, wenn solche eine Pflicht oder Kajüte hinten haben, die alsdann höher wie das Deck ist"; steht also für ein ursprünglich abstraktes **copëiz* „das Abschneiden" (des Decks durch die Kajüte), vgl. im 13. Jh. belegtes gleichgebautes *coupis* „abgehauenes Holz"; es ist *-aticium*-Abl. von *couper* „abschneiden". Dict. gén.; Behrens, Wg. 349.

couple 1. „Vereinigung", „Koppelriemen"
12. Jh., aus lat. *cōpula* „Koppel", „verknüpfendes Band". REW 2209; vgl. *cabalette.*
2. „Getreidemaß", „Fruchtmaß"
aus lat. *cŭppŭla* „kleine Kufe", oder dem. Abl. von afrz. *cope* „Getreidemaß" (TL II, 826) aus lat. *cŭppa,* s. *coupe* 1; Tilander, Stud. neoph. 19, 292.

coupler „paarweise zusammentun"
12. Jh., aus lat. *cōpulare* „zusammenkoppeln". REW 2210.

couplet „Vereinigung", „gemeinsamer Reim mehrerer Strophen"
14. Jh., ist dem. Abl. von *couple,* s. d.

couplière „Floßband"
18. Jh., ist ursprünglich adj. Abl. von *couple* „Koppel", s. d.

coupole „Kuppel"
17. Jh., aus ital. *cupola,* dieses aus lat. *cūpŭla* „kleine Tonne" u. ä. REW 2410.

coupon s. *couper.*

cour „Hof", „Hofstaat", „Gerichtshof" u. ä.
11. Jh., aus lat. *cohors, cohorte,* das schon im 1. Jh. n. Chr. zu *cors, corte* verschmolzen war, mit gelängtem und daher geschlossenem *-o-*, das im Mittellat. mit der Graphie *curtis* (d. i. mit *-ŭ-* für geschlossenes *-o-*) offizieller Ausdruck wurde, der in den verschiedenen kodifizierten Gesetzen, namentlich in dem westlichen Frankenreich belegt ist. Das zugrunde liegende lat. *cohors,* etymologisch „Gehege", hat sich schon im Lateinischen bei gleichbleibender lautlicher Entwicklung in zwei Wörter gespalten; einerseits entwickelt sich aus lat. *cohors* „Hof", „Viehof" seit dem 6. Jh. belegtes *curtis* „ländlicher Besitz", „Hof", daraus mit der Weiterentwicklung des Landbesitzes zur Wohnungsgemeinschaft, die Bedeutung „Dorf", die im Lauf des 10. Jhs. durch *villa-ville* zurückgedrängt wird, aber noch nfrz. in *cour* „Hof", „Viehhof" weiterlebt. Aus lat. *cohors* „Viehhof", dann übertragen „Gefolgschaft", so besonders für das den Praetor in die Provinz begleitende Gefolge gebraucht, führt zu afrz. *cort,* 11. Jh. „Hausgenossenschaft des Fürsten", dann „des hohen adeligen Grundherren", daher nfrz. *cour* „Hof eines Fürsten", „Hofgesellschaft" u. ä.; daneben im 12. Jh. in Anlehnung an die Ausübung der Gerichtsbarkeit durch den Grundherren, frz. *cour(t)* „Gerichtshof", afrz. vielfach auch pluralisch (wie spanisch *cortes* „Landstände"); Longnon, Noms de lieu 225; Bl.-W. 164; Diez 109; REW 2032.
Die Schreibung *curtis* beeinflußt durch lat. *cūria* ist schon deshalb unwahrscheinlich, weil *curia* langes *-u-* hat, und ist nicht nötig; *curtis* wegen einer alten Deklination *cohors,* **cohurtis,* REW l. c. ist auch chronologisch nicht zu rechtfertigen.

courable „jagdbar"
14./15. Jh., ist Abl. von *courre* in der Bedeutung „jagen", bedeutet der Bildung nach „zum Jagen geeignet"; s. *courir.*

courade „Art Sardinen"
18. Jh., aus bret. *kored,* Barbier, PLeeds I, 201.

courage „Mut", „Ausdauer" u. ä.
11. Jh. *corage* „Sinn", „Gemüt", „Stimmung", auch „Mut", ist kollektive Abl. von *coeur* „Herz", das als Sitz der angegebenen seelischen Regungen angesehen wurde; die Reduzierung der Meinungen zu „Mut" seit dem 17. Jh.; Bl.-W. 140; Diez 108; REW 2217; dazu **courageux** „mutig", 12. Jh., afrz. *corajous* „seiner Stimmung nachgebend", „voller Lust", „eifrig", auch „mutig".

courai s. *corroi.*

courailler s. *courir.*

courantille „Treibnetz"
18. Jh., aus nprov. *courrentilho,* das verschiedene bewegliche Gegenstände bezeichnet; d. i. Abl. *(-īlia)* von nprov. *courrent* „laufend", zu prov. *correr* „laufen", s. *courir.*

courantin „Laufbursche", „Bummler"
18. Jh., ist in Anlehnung an *galopin, trottin* abgeleitet von *courant,* dem Part. von *courir* „laufen".

couraquet „Rohrdrossel"
19. Jh., wird für Orléans angegeben, ist Schallwort nach dem Krächzen des Vogels, vgl. mundartliches *cracra, criccrac, caricara.* Roll. F. 2, 284.

courbache „Karbatsche"
19. Jh., aus türkisch *qyrbač* „Lederpeitsche", Littmann 114; Lam. 91; vgl. *cravache* und REW 4691.

courbaril „Heuschreckenbaum"
17. Jh., aus den Mundarten der Insel-Karaiben und Guayanas, Friederici, ZFSL 56, 38.

courbaton „Gabelholz", „Stütze"
1600, aus spanisch *curvaton* dass., d. i. dem. Abl. von span. *curva* „gekrümmtes Stützholz", zu lat. *cŭrvus* „krumm", s. *courge* 2; Hatzfeld-Thomas, Rom. 22, 556; REW 2423; kaum Kreuzung von *courbeton,* s. d., mit *bâton,* Barbier, Misc. 17, 304.

courbatu „zerschlagen", „steif"
15. Jh., ist Rückbildung von **courbature** „Mattigkeit", „Steifheit", 16. Jh., das in Anlehnung an *battre* aus nprov. *courbaduro* „Krümmung", „Mattheit" entlehnt ist; dieses ist Abl. von prov. *corbar,* der Entsprechung des frz. *courber.*
Ursprünglich zu *court* und *battre,* Dict. gén., Bl.-W. 63, ist angesichts des provenzalischen

Wortes nicht wahrscheinlich, da ein *court-battre* nicht belegt und begrifflich nur zum Teil entsprechend ist.

courbe „krumm"
12. Jh., seit der ältesten Zeit für Mask. und Fem. gebräuchlich, ist ursprünglich Femininform zu mask. *corp,* das vereinzelt im Afrz. noch belegt ist und sich im Namen des Epenhelden *Guillaume au court nez,* in der ältesten Form *G. au corb nes* erhalten hat; aus lat. *c ŭ r v u s* „krumm". REW 2423; Toni Fischer, Ausgleichserscheinungen frz. Adj. 183.

courber „krümmen"
12. Jh., aus lat. *c ŭ r v a r e.* Das Wort bedeutet afrz. auch „nachgeben", „sich krümmen", vgl. dazu *courbatu.* REW 2422.

courbet „Holzhippe", „Saumsattelbogen"
14. Jh., ist in der ersten Bedeutung Abl. von *courber* „krumm machen", in der zweiten von *courbe* „winkelförmiger Gegenstand", s. d.

courbeton „gekrümmter Holzpflock beim Ochsengespann"
18. Jh., ist B. Maine, H. Maine, vgl. dazu angev. *courbe* „gebogenes Holzstück zur Stütze der Innenhölzer eines Bootes", schon im 14. Jh. als *corba aratri* für Marseille als „Pflugjoch" bezeugt; *courbeton* ist also Abl. von *courbe,* dieses subst. Fem. von lat. *c ŭ r v u s* „krumm" bzw. dem von diesem abgeleiteten *courbette,* das im 14. Jh. bezeugt ist, Barbier, Misc. 17, 305, vgl. ähnlich bedeutendes span. *curva* unter *courbaton.* Vgl. Hatzfeld-Thomas, Rom. 22, 557; Du Cange s. *corba,* und *courge* 2.

courbette „Bogensprung", „Bückling"
17. Jh., doch ist schon im 14. Jh. *corbete* als Art Verzierung am Pferdesattel überliefert; ist Abl. von *courbe*; in der Bedeutung „Bogensprung" vielleicht aus ital. *corvetta* gleicher Herkunft; Dict. gén.

courbure s. *courber* und *courbatu.*

courcailler „schlagen" (von der Wachtel)
19. Jh., dazu **courcaillet** „Wachtelschlag", im 15. Jh. *carcaillet,* ist Schallbildung, vgl. *couraquet.*

cource „Trageholz" (das man beim Beschneiden der Reben stehen läßt)
18. Jh., ist postverb. Subst. von afrz. *corcier* „verkürzen", s. *courçon.*

courcet „großes Gartenmesser"
19. Jh., ist Werkzeugsabl. von afrz. *corcier,* mundartlich *courcer,* aus vlat. **c ŭ r t i a r e* „kurz machen" zu *curtus* „kurz", s. *court.* REW 2419.

courcive s. *coursive.*

courçon „gestutzter Rebenzweig", „Pfahlstumpf"
14. Jh., ist Abl. von afrz. *corcier* „verkürzen", vgl. *courcer; courgée.*

coureau „Ladeschiff", „Einfahrt in die Flußmündungen", „gewundene Durchfahrt"
16. Jh. *corau, courau,* ist saint., scheint zu spanisch *corral* „Gehege", „Schafpark", im Cidepos „Innenhof" (= patio) zu gehören, dazu nprov. *courrau, courral* „Sammelplatz", „Schafpark" u. ä., altprov. *corral* „freier Platz zum Zirkulieren"; Grundbedeutung dürfte „Gehege", „abgeschlossener Raum" sein, doch ist die Bedeutung deutlich von *courir,* span. *correr* beeinflußt, vgl. Cor. I, 908. Herkunft unbekannt. Zu *currus* „Rennwagen, *currūlis* „zum Rennwagen gehörig" ist weder begrifflich noch morphologisch verständlich.

courée s. *corroi.*

courée „Eingeweide"
12. Jh., aus grom. **c ŏ r a t a,* d. i. Abl. von *cor* „Herz", s. *curée* und *courade.* REW 2220.

coureur s. *courir.*

courge 1. „Kürbis"
14. Jh. *cohourge,* ist östliche Form aus lat. *c ŭ c ŭ r b ĭ t a,* über **cogorbeda, *coorbia,* während die eigentlich zentrale Form in *gourde, courde* vorliegt, s. *gourde.* Vgl. die mundartlichen Formen Roll. Fl. 6, 14 ff.; Diez 115; REW 2365. Vgl. auch *coui.*
2. „Tragstange", „Rauchfangträger
15. Jh., doch durch die Abl. **courgée** „Tracht Wasser" für das 14. Jh. gesichert, ist norm., angev., poitev., Berry, Morvan, aus grom. **c ŭ r b i a* „gekrümmter Gegenstand" zu *curba* dass., s. *courbeton.* Thomas, Rom. 25, 388; REW 2422 a.

courgée „die beschnittene Rebe"
19. Jh., wird für Orléans angegeben, vgl. dazu Loiret *corgée,* Doubs *courdjir*; das Wort gehört zu *court,* s. *courçon*; es scheint auf einem Verbum **courgir, courzir* aufzubauen, d. i. *-icescĕre*-Abl. von *court* „kurz", in der für das Übergangsgebiet zwischen Norden und Süden charakteristischen lautlichen Entwicklung. Vgl. Roll. Fl. 3, 225.

courir „laufen"
13. Jh. für afrz. *courre,* s. d. REW 2415.

courlieu „Brachschnepfe"
auch **courlis,** *corleru, corlu,* Tilander, ZRP 46, 253, 13. Jh., ist Schallwort nach der Stimme des Vogels, Baist, RF 1, 134; ZRP 32, 35; Roll. F. 2, 351; die an erster Stelle gegebene Form vermutlich in Anlehnung an afrz. *corlieu* „Läufer", „Bote", d. i. Zusammensetzung von *courir* und *lieu.*

couroi s. *corroi.*

couroir „Hausflur", „Verbindungsgang"
erst im 17. Jh. belegt, ist Kreuzung von *couloir* (s. d.), mit *courir.*

couronne „Kranz", „Krone"
11. Jh., afrz. *corone* „Krone", aus lat. *c ŏ r ō n a* „Kranz", „Blumenkrone" (als Schmuck), „Kreis von Menschen" u. ä. REW 2245.

couronner „krönen"
12. Jh., afrz. *coroner* dass., auch „bekränzen", im 11. Jh. auch „mit der Tonsur versehen",

aus lat. *cŏrōnare*; ist nicht rein volkstümlich entwickelt; REW 2246.

courratier „Intrigant", „Makler" va.
13. Jh., ist namentlich im Westen und Zentrum verbreitet, vgl. Berry „herumziehender Kaufmann", dazu neu abgeleitet *courater* „herumziehen, statt einer Beschäftigung nachzugehen", B. Maine „herumziehender Kaufmann", angev. „jmd., der herumläuft, um Neuigkeiten zu erfahren oder mitzuteilen", lyon. „jmd., der nie zu Haus ist"; dazu Namur *couratrie* „ununterbrochenes Hinundher" u. ä.; aus prov. *corratier* „Makler", s. darüber *courtier.*

courre „Jagd machen auf..."
11. Jh. „laufen", in dieser Bedeutung noch angev., Morvan und vereinzelt sonst, ist die afrz. Form von *courir*, aus lat. *cŭrrĕre* „laufen". REW 2415; dazu schon im 11. Jh. (Raschi) das substantivierte Gerundium **courant** „Strömung".

courrier 1. „Intendant bei einer geistlichen Gemeinschaft"
14. Jh., steht für **correiier*, d. i. *-arius*-Abl. von afrz. *correi* „Fürsorge", s. *corroyer*, Dict. gén.
2. „Eilbote"
15. Jh., für afrz. *corlieu*, s. *courlieu*, bzw. *coureur*, aus ital. *corriere* entlehnt; dieses ist schon im 12. Jh. als *currerius* für Genua belegt, ist also nach *currere* „lauten" umgebildetes vlat. **cŭrsarius*, s. *coursier* 1. Baist, ZRP 32, 34; 32, 425.
courroi s. *corroi.*

courroie „Riemen"
12. Jh., aus lat. *corrĭgia.* REW 2253.

courroucer „erzürnen"
11. Jh., afrz. auch „schänden", „prügeln", aus vlat. **corrŭptiare*, d. i. Abl. von vlat. **corrŭptium* „Herzzerbrechen", das nach *cordolium* „Herzeleid" aus *cor* „Herz" und *ruptus* zu *rumpere* „zerbrechen" zusammengesetzt ist. G. Paris, Rom. 28, 287; REW 2261.
Abl. von *corruptum* zu *corrumpere* „verderben", s. *corrompre*, Gröber, ALL 1, 552 f.; Bl.-W. 165, ist begrifflich schwieriger.

courroux „Zorn"
11. Jh. *corroz*, aus vlat. **corrŭptium* „Herzzerbrechen", s. *courroucer;* vgl. REW 2262; dazu afrz. *corroços* „bekümmert", „zornig".

cours „Lauf", „Umlauf", „Bahn"
12. Jh., afrz. auch *corse* in *a grant corse* „im eiligen Laufe"; dazu im 13. Jh. „feindlicher Einfall", auch „Zulauf", Flutre, Rom. 65, 487; aus lat. *cŭrsus.* REW 2417.

course „Rennen"
14. Jh., aus ital. *corsa*, d. i. subst. fem. Part. von *correre* „laufen", s. *courre;* Bl.-W. 165.
coursie s. *coursive.*

coursier 1. „Renner"
12. Jh., ist afrz. auch adjektivisch „schnell laufend", aus vlat. **cŭrsarius* für lat. *cursorius* „zum Laufen gehörig", vgl. besonders *cursoria* „Jachtschiff" wie das entsprechende aus dem Italienischen entlehnte *corsaire.*
2. „Verbindungsgang auf den Galeeren"
ist nach *coursier* 1 umgestaltet aus ebenfalls belegtem **coursie**; dieses seit dem 16. Jh., aus ital. *corsia* dass., auch „Anlauf des Schiffes, wenn es vom Wind getrieben wird", „Strömung" u. ä., d. i. Abl. von *corso* „Lauf", s. *cours.* Sain. Rab. 1, 115; Vidos 339.
3. „unterschlächtiges Mühlgerinne"
ist ursprünglich adjektivische Abl. von *cours* „Wasserlauf", s. d.

coursive „Laufbrücke", „Walengänge" u. ä.
15./16. Jh., aus ital. *corsia* „Wasserlauf", „Verbindungsgang" u. ä., d. i. subst. Fem. zu *corsio, corsivo* „laufend", „fließend", s. *coursier* 2.
courson s. *courçon.*

court 1. „kurz"
12. Jh., aus lat. *cŭrtus.* REW 2421.
2. in *couper court* „unterbrechen" u. ä., 15. Jh., steht für *cours* „Lauf", mit der Verschmelzung von Verbum und Objekt, wie dies bei einheitlichen Vorstellungen eintritt. Vgl. bei Molière *pour rompre à toute chose cours* „um allem den Weg abzuschneiden"; Gg., Syntax 529; Tobler VB II, 105.

courtage „Maklergeschäft"
14. Jh., für älteres *courratage, courretage*, letzteres noch im 18. Jh., ist Abl. von *courtier*, s. d.

courtaille „Stecknadelausschuß"
18. Jh., bezeichnet die zu kurzen, daher ausgeschiedenen Stecknadeln, ist pejorativ-kollektive Abl. von *court* „kurz", vgl. wegen der Abl. *blanchaille.*

courtaud „gestutzt"
15. Jh., ist Abl. von *court* „kurz", vielleicht in Weiterbildung von *bertaud*, s. d. Dazu seit dem 18. Jh. die Abl. **courtauder** „Schwanz bzw. Ohren stutzen".

court-bâton „Prügelstock", va.
13. Jh., als Spiel *jouer au court bâton* belegt, s. *court* und *bâton;* Barbier, Misc. 17, 306.

court-bouillon „gewürzte Brühe aus weißem Wein und Essig, in der Fische gekocht werden"
17. Jh., scheint aus einem mundartlichen **co-bouillon, *ca-bouillon* zu stammen, dieses kollektive Abl., s. *ca-*, von *bouillon*, vgl. lyon. *cambouillir* „zu stark einkochen", wall. *cabour* „sieden machen", *cabolèie* „Speise aus eingekochtem Gemüse", vgl. auch *cambouis.*
court-bouton s. *courbeton.*

court-carreau „Hammerstütze"
18. Jh., u. H., vgl. *court-côté.*

court-côté „oberster Teil des Kopfgeschirrs des Pferdes"
18. Jh., steht wohl für *couvre-côté*, vgl. im Mittelfrz. *couvrecol* für ein Kleidungsstück, das den Hals bedeckt; ist zusammengesetzt aus *couvre* zu *couvrir* „bedecken" und *côté* „Seite", vgl. *court-carreau.*

courte-graisse „Abtrittdünger"
19. Jh., ist angeblich wall., bedeutet eigentlich „junger Dünger", zu *court* „kurz" und *graisse* in der mundartlichen Bedeutung von *engrais.*

courtepointe „Steppdecke"
12. Jh. *coute-pointe*, die heutige Form seit dem 17. Jh., über **coutrepointe* Riegler, AR 11, 408, ist zusammengesetzt aus afrz. *coute*, d. i. Nebenform von *coilte*, frz. *couette* „Kissen" und dem Part. von *poindre* „stechen", s. beides. Vgl. auch *contre-pointer* und *coutil, coutissée.* REW 6850.

courterole 1. „Engerling"
16. Jh., stammt aus dem Südosten, vgl. lyon., H. Loire dass., dazu freib. *cotairu*, burg. *cotteria, cottereau*, frz. Schweiz *cotteret*, Roll. F. 3, 331 f.; *courterole* „Engerling" ist also in Anlehnung an *courterole* 2 oder unmittelbar an *courtil* „Garten" umgestaltetes *cotterole*, und dieses Abl. von südostfrz. *coti* „fressen", vgl. auch nprov. *couti* dass., *descouti* „gierig fressen", angev. *cotisson* „Erbsenfresser", d. i. die Entsprechung des westfrz. *cotir* „beschädigen", zu afrz. *cotir* „anschlagen", s. *cotir;* s. Jud, Rom. 51, 454.
Zu *cossus* „Weidenbohrer", Bertoni, AR 3, 101 f., ist schwierig; dann müßte *coti* von *ko* „Engerling" abgeleitet sein, das tatsächlich im Südosten belegt ist, s. *cosson.* Doch findet sich *cotir* „fressen" weit über das Gebiet hinaus, in dem sich **cos* „Engerling" belegen läßt.
2. „Maulwurfsgrille"
stammt wie *courterole* 1 aus dem Osten, gehört aber wohl zu den unter *courtilière* angeführten Formen.

courtier „Makler"
seit 1247 in lothringischen und wallonischen Texten als *coletier* bezeugt, dazu wall. *coulti*, rouchi *coultier*, daneben seit 1220 mit Anlehnung an *courre* „laufen" *corretier*, daraus die literarische Form; prov. *corratier*, katal. *corrater*, katal. *corrater* sind an das provenzalische *-atier*-Suffix angepaßte Formen des nordfrz. *corretier*, s. Cor. I, 914; aus lat. *collectarius* „Eintreiber von Auktionsgeldern". Die älteste Form des afrz. Wortes ist in anglonorm. *coreiter* (davon mittelenglisch *careiter*) erhalten. Spitzer, ZRP 41, 170 ff.
Nicht mittellat. *correctarius*, REW 2250, das vielmehr aus afrz. *corretier* latinisiert ist, da das mittellat. Wort erst im 15. Jh. bezeugt ist; aus morphologischen Gründen nicht zu *currere* „laufen", Horning, ZRP 13, 325; Thomas, Rom. 41, 453; Bl.-W. 165; auch nicht mittellat. *corratarius* zu lat. *rata* in *pro rata (parte)* „ausgerechnet", Baist, ZFSL 32, 1, 297 f., und daraus in gelehrter Entwicklung das frz. Wort; *corratarius* ist vielmehr Latinisierung von prov. *corratier*; auch nicht zu *cura* „Sorge", bzw. *curatus* „beauftragt", s. *curé*, Diez 161; vgl. *courratier.*

courtil „Bauerngärtchen"
12. Jh., bezeichnet noch heute im Norm. und dann im Südostfrz. allgemein den Garten, bedeutet ursprünglich den an den Hof = *cour* anschließenden Garten; aus vlat. **cortile* mit einem die Umschließung anzeigenden Suffix zu lat. *cohortalis* „zum Hof gehörig", vgl. *cour.* Streng, HH 123 f.; REW 2033.

courtilière „Maulwurfsgrille"
16. Jh., vgl. dazu im 16. Jh. *courtil* dass., auch *courtille*, wall. *costîre*, auch *costreû*, das erste heute = „Näherin", s. *couturière*, das zweite heute für den „Küster", zu afrz. *costre* aus vlat. **cŭstor* für *custos;* Jud, ZRP 32, 18; REW 2427; dann Lozère *courcyèlo*, Yonne *courciyé*, endlich im Südosten, Rhône, Isère, Sav. *courterole*, s. *courterole*; *courtilière* ist volksetymologisch mit *courtil* „Garten" zusammengebracht worden, daher die Umsetzungen *jardinière* Rhône, Frz. Schweiz, Anjou, *ortolan* H. Sav.; doch liegt dem Wort wohl ein anderer Stamm zugrunde, vgl. Roll. F. 13, 111. Nach Bl.-W. 165 wäre Grundbedeutung des Wortes „Gärtnerin".

courtine „Bettvorhang" va.; „Schacht des Hochofens" u. ä.
13. Jh., aus vlat. *cortina* dass., das in der Vulgata, dann bei Isidor v. Sevilla belegt ist; dieses ist Übersetzung aus gr. αὐλαία „Vorhang", das zu gr. αὐλή „Hof", „Gehöfte" gestellt wurde; daher als Nachbildung **curtina* zu *curtis* = αὐλή, s. *cour.* Thurneysen, IF 21, 176; REW 2266.

courtisan „Höfling"
16. Jh., nach dem Titel *Le Courtisan* der Übersetzung des ‚Cortegiano' von Castiglione durch Jacques Colin, 1537, Sain. Rab. 1, 134; schon im 14. und 15. Jh. dafür *courtisien*, aus ital. *cortigiano* dass., d. i. Abl. *(-esianus)* von *corte*, der Entsprechung des frz. *cour.*
Dazu seit dem 16. Jh. das Femininum **courtisane** „Buhlerin", wie ital. *cortigiana.*

courtiser „umschmeicheln"
16. Jh. für älteres *corteier*, ist in Anlehnung an *courtisan* abgeleitet von *cour* in *faire la cour* „den Hof machen".

court-mancher „mit einem Holzspieß die Stelze einer Hammelkeule an der Schulter befestigen"
18. Jh., ist Abl. von adverbiellem *parer à court-manche*, zu *manche* „Stelze", Dict. gén.

couscous „in Öl gebackener Hirsebrei, mit Fleisch gemischt"
17. Jh., aber schon im 16. Jh. *coscosson*,

stammt aus dem Berberischen, über arabisch *kuskus, kuskussu,* „es ist das Lieblingsgericht der Nordwestafrikaner, aus Grütze oder Mehl mit Hammelfett", Littmann, 93; Lam. 91; Bl.-W. 165; König, ZRP 60, 376.

couseau „Bund Weizen- und Roggenstroh, untereinander gemischt"
14. Jh. *conseel* „Mengkorn", dazu Morvan *conseai, conseau,* vog. fr. comt. *consé* und *consaule,* dazu langued. *coussegau,* ALF 1626, aus gallorom. **consecalium,* d. i. Zusammensetzung von *con-* „mit" und *secale* „Roggen", s. *seigle. couseau* ist erhaltene Nominativform für *cousail.* Thomas, Rom. 25, 390; 39, 215 f.

couseur „Näher"
13./14. Jh., ist Abl. vom Stamme von *coudre* „nähen"; s. d.

cousin 1. „Vetter"
12. Jh., aus vlat. **cosinus,* d. i. familiäre Abkürzung von lat. *consobrinus,* so z. B. im 8. Jh. in St. Gallen bezeugt; Aebischer, Annali Sc. Norm. Sup. di Pisa, 1943, S. 31; *consobrinus* bezeichnet ursprünglich adjektivisch die Kinder der Schwester, dann allgemein „Geschwisterkind"; Tappolet, Verw. 115; Diez 116; REW 2165.
2. „Stechmücke"
16. Jh.; die Form mit stimmhaftem *-s-* weist auf Entlehnung aus dem Süden, hier aus grom. **cŭlĭcīnus,* d. i. dem. Abl. von lat. *culex* „Mücke"; vgl. mit anderem Deminutivsuffix lat. belegtes *culicellus;* Diez 554; REW 2374.
culice zu **couz,* von diesem *cousin* abgeleitet, Bl.-W. 165, ist nicht begründet und nicht notwendig.

cousinette „Seidenapfel"
17. Jh. gleichzeitig mit *cousinotte,* auch *coussinotte, coussinette;* die letzte Form ist ursprünglich; sie ist Abl. von *coussin* „Kissen", vgl. die deutsche Bezeichnung „Seidenapfel"; daß eine Grundform mit *-ss-* vorliegt, zeigt pik. seit dem 16. Jh. belegtes *couchine* dass. Roll. Fl. 5, 91 f.

cousoir „Heftlade" (des Handschuhmachers)
17. Jh., ist Ortsableitung vom Stamme von *coudre* „nähen", s. d.

coussin „Kissen"
12. Jh. *cossin* und *coissin,* die letztere Form liegt auch mittellat. im 11. Jh. belegtem *coxinum* zugrunde; es ist ein grom. **culcînum,* d. i. Kreuzung von lat. *pulvīnus* „Kopfkissen" mit *culcĭta* „Kissen", s. *couette;* Regula, AR 12, 275; das *-oi-* in afrz. *coissin* (ebenso norm., angev., B. Maine, H. Maine) entspricht der Form *coilte* von *culcita,* s. *couette,* die Form *coussin* der Entsprechung *coute,* s. *courte-pointe.* Einfluß von fr. *cuisse* bzw. vlat. *coxa* „Schenkel" ist nicht notwendig anzunehmen.
**coxinum* zu *coxa* „Schenkel", s. *cuisse,* P. Meyer, Rom. 21, 83 f.; Bl.-W. 165, ist morphologisch und begrifflich schwierig; vgl. auch REW 2292; **culcitinum,* Diez 104; Gröber, ALL 1, 556, ist lautlich nicht möglich; auch nicht *coussin* als afrz. Ableitung von afrz. *keuce* als Nebenform von *coute, coite* aus *culcita,* Horning, ZRP 15, 496.
coussinette s. *cousinette.*

coût „Kosten"
12. Jh., ist postverb. Subst. von *coûter,* s. d.

coutarde „Gebäck aus Mehl, Eiern und Milch"
18. Jh., aber wohl schon älter, da das daraus entlehnte englische *custard* schon im 15. Jh. belegt ist, Behrens, Wg. 350; ist entlehnt aus nprov. *croustado* dass., d. i. Abl. von prov. *crosta* „Kruste", s. *croûte.*

couteau „Messer"
12. Jh., aus lat. *cŭltellus* „Messerchen". REW 2381.
Dazu seit dem 13. Jh. die Abl. **couteler** „mit dem Messer stechen" va.; „mit dem Schabeisen beschädigen".

coutelas „großes Küchenmesser"
16. Jh., aus nprov. *coutelas,* d. i. augmentative Abl. *(-aceum)* von *coutèu* „Messer", s. *couteau.*
Oder Anpassung des ital. *coltellaccio* derselben Herkunft, REW 2381.

coutelet 1. s. *couteau.*
2. „Eingang eines Fischzauns"
steht wohl für afrz. *costelet* „Seite", d. i. dem. Abl. von afrz. *costel* „Seite", s. *côte;* vgl. auch *cotret, côtelette.*

coutelier 1. „Messerschmied"
12. Jh., aus vlat. *cŭltellarius,* das in Glossen belegt ist. ALL 8, 374.
2. „Messerscheide" (Muschel)
auch *manche de couteau,* lat. *solen vagina,* ist mask. Form zu **coutelière** „Messerbehälter", 13. Jh., d. i. *-aria-* (zur Bezeichnung der Umfassung) Abl. von *couteau,* s. d.
coutelure, s. *couteau.*

coûter „kosten"
12. Jh., aus lat. *constare,* das in der Geschäftssprache die Bedeutung „zu stehen kommen", „kosten" aus der allgemeinen Bedeutung „feststehen" entwickelt hat. REW 2170.

coûteux „kostspielig"
13. Jh., ist Abl. von *coût,* s. d.

coutier „Polstermacher" va.; „Zwilchweber"
13. Jh., ist Abl. von afrz. *coute* „Kissen", s. *couette.*

coutil „Bettzwillich"
13. Jh., ist Abl. von afrz. *coute* „Kissen", vgl. von der afrz. Nebenform *coilte* abgeleitetes norm. *couétil* „Kissenleinwand", B. Maine, H. Maine, Anjou *kweti,* s. *courte-pointe, coutier;* wegen der Abl. vgl. afrz. *chainsil* „Linnen", eigentlich „Hemdstoff", s. *chemise.*

coutillade „Messerstich"
17. Jh., ist Abl. von **coutille** „großes Messer"

va., „goldfarbiges Schwingelgras", 14. Jh., das selbst aus einem nicht belegten, aber jederzeit zu bildenden **coutillon* „Messerchen" rückgebildet ist; dieses dem. Abl. von *couteau*; *coutille* unmittelbar mit Suffixwechsel aus *couteau*, ist morphologisch und begrifflich schwierig.

coutissée „mit Leinwandstreifen besetzter Stickrahmen"
19. Jh., vgl. dazu B. Maine *coutisse* „Lederschuhband", H. Maine dass., H. u.

couton „die nach dem Rupfen zurückbleibenden Flaumfedern am Geflügel"
19. Jh., aus nprov. *coutoun*, d. i. Nebenform von *coutissoun* „Flaumfedern"; dieses ist Abl. von nprov. *coutis* „kurze, verfilzte Wolle", „an der Spindel hängenbleibende Wergflocken", und dieses *-iceum*-Abl. von nprov. *couti* „schlagen", „pressen", s. *cotir;* vgl. nprov. *couti* „niedergedrückt und verfilzt" (von Haaren). Zu *costa*, s. *côte*, Dict. gén. ist lautlich nicht möglich.

coutre „Pflugmesser"
11. Jh., *coltre*, aus lat. *cŭlter* „Pflugschar". REW 2382.

coutrier „tiefgehender Pflug"
19. Jh., aus nprov. *coutriè* dass., d. i. Abl. von *coutre*, s. d.

coutume „Gewohnheit" u. ä.
11. Jh., aus lat. *consuetūdĭne*, REW 2176; dazu gleichzeitig die Abl. **coutumier** „gewohnheitsmäßig" u. ä., s. auch *costume*.

couture „Näherei", „Naht" u. ä.
12. Jh. *costure*, aus vlat. **consūtūra*, d. i. Weiterbildung von lat. belegtem *consūtio* dass., zu *coudre*, s. d. Dazu seit dem 13. Jh. die ursprünglich adj. Abl. *valet couturier* „der Gehilfe, der den vom Meister = *maître tailleur* zugeschnittenen Stoff näht", dann „Schneider", das in der Literatur vor *tailleur* veraltet ist, aber im Zentrum, Bretagne, sonst noch vereinzelt, noch lebt, dazu seit dem 12. Jh. **couturière** „Näherin"; Thorn, Sartre 39 ff.; 48; Wartburg, ZRP 39, 750.

couvain „Brut"
14. Jh., ist kollektive Abl. *(-amen)* von *couver*, s. d.

couvaison, couvée s. *couver*.

couvent „Kloster"
13. Jh., aus lat. *conventus* „Versammlung", „Gemeinde", das im Mittellat. die Bedeutung des frz. Wortes angenommen hat. REW 2195.
Afrz. *couvent* „Versprechen" ist davon zu trennen, zu lat. *conventum* „Übereinkunft". REW 2194.

couver „brüten"
12. Jh., afrz. *cover* „brüten", „heimlich betreiben", „versteckt halten"; dazu seit dem 11. Jh. *covéde*, frz. **couvée** „Brut"; aus lat. *cubare* „ruhend liegen"; REW 2351.

couverceau „Decke" va.; „Bohle über dem Mühlstein"
12. Jh., aus grom. **copercellum*, d. i. vulgäre Form von lat. *cooperculum*, s. *couvercle*. Dict. gén.; Thomas, Rom. 41, 453.

couvercle „Deckel"
12. Jh., aus lat. *cooperculum*. REW 2203.

couverseau s. *couverceau*.

couvert „Bedeckung", „Gedeck" u. ä.
13. Jh., ist subst. Part. von *couvrir*, s. d.; desgleichen das schon im 12. Jh. bezeugte **couverte** „Decke", „Überzug", afrz. das „Bedeckte", „das Verdeckte" u. ä.

couverture „Bedeckung"
12. Jh., aus lat. *coopertura*, das im 4. Jh. bei Oribasius belegt ist; Bambeck 13; s. *couvrir*.

couvet „Kohlenbecken"
17. Jh., ist mundartlich weit verbreitet, so wall., rouchi, boulogn, lyon., frz. Schweiz, dazu auch burg. *côvo*; es ist Abl. von *couver* „brüten", vgl. Démuin *couver* „den irdenen Topf mit der Glut den ganzen Tag zwischen den Beinen behalten, um sich zu erwärmen", dazu norm. auch *couvette* „Kohlenbecken".

couvi „angebrütetes Ei"
12. Jh. *couvëis*, aus vlat. **cŭbatīcius* „wie bebrütet", d. i. Abl. von *cubare* in der romanischen Bedeutung „brüten", s. *couver;* vgl. ital. *covaticcio* „zum Brüten geneigt".

couvoir s. *couver*.

couvraille „Bedeckung des ausgesäten Samens mit Erde"; „Aussaat"
16. Jh., vgl. dazu vend., berrich. „Aussaat", „Zeit der Aussaat", dazu mit anderem, aber sekundärem Suffix pik., Reims *couvraine* „Herbstsaat", Démuin *couvrinne;* ist kollektive Abl. von *couvrir* „bedecken", s. d.

couvrir „bedecken"
11. Jh., aus lat. *cooperire*. REW 2205.

covet „netzförmige Wellenschnecke"
18. Jh., u. H.

cowpox „Kuhpocken"
19. Jh., aus englisch *cowpox*.

coyau „Schaufelstuhl am Mühlrad", „Aufschiebling am Dachstuhl"
14. Jh., lebt B. Maine, Pléchatel, Anjou, Poitou, dazu in Westfrankreich weit verbreitet *coyauder* „den Rand eines Daches heben", „Aufschieblinge einlegen"; auch „Brassenart"; ist Abl. von afrz. **coël*, **coiaus* „Schweiflein", zu *queue;* vgl. afrz. *coële* „Schweiflein"; Brüch, ZFSL 50, 324; Barbier, RLR 67.

coyer 1. „Kruppe", „Walensparren" (Zimmerei)
14. Jh., ist *-arium*-Abl. von afrz. *coe* „Schweif", s. *queue*.
2. „Wetzsteinbehälter", „Kumpf"
19. Jh., aber zweifellos älter; lebt heute hauptsächlich in westlichen und südwestlichen Mundarten, aus lat. *cōtarium* zu *cos, cotis*

„Wetzstein", s. *queux*. REW 2281; AR 6, 1 ff.
crabe 1. „Krabbe"
12. Jh., aus mnddt. *krabbe;* ist fem. in den Mundarten, wird 1762 in dem Wörterbuch der Akademie als Masculinum angegeben, weil es fälschlich mit lat. *carabus* identifiziert wurde; Sjögren, Stud. Neoph. I, 129; Melander, Stud.Neoph. IV, 141; Valkhoff 91; Diez 555; Roll. F. 3, 225; 12, 89.
2. „Gewürznelkenart"
18. Jh., aus portug. *cravo,* dieses aus lat. *(clavus)* „Nagel". Dict. gén.; REW 1984.
crabier s. *crabe* 1.
crabron „Hornisse" va.; „Kritiker"
16. Jh., aus lat. *(crabrone)* „Hornisse".
crabs „Art Würfelspiel"
18. Jh., aus englisch *crabs*. Dict. gén.
crac 1. „krach!"
ist Schallnachahmung, vgl. *craquer.*
2. „Falkensucht"
11. Jh. *crac* „Rotz", auch prov. *crac* „sanies naris", d. i. postverb. Subst. zu *escracar* „ausspucken", s. *cracher.*
crachat „Auswurf", „Speichel"
13. Jh., ist angev., steht für *crachas,* d. i. kollektiv-pejorative Abl. von **crache** „Auswurf" va.; „aus der Gießform herausgekommene Metalltropfen"; dieses seit dem 15. Jh. postverb. Subst. von *cracher,* s. d.
cracher „spucken"
12. Jh., aus vlat. **craccare, *excraccare,* das nach REW 4752 Schallwort ist, dem aber in den germanischen Sprachen ein gleichbedeutender Stamm **hrak-* entspricht, vgl. anord. *hrâki,* agls. *hrâca* „Speichel", anord. *hrækja* „spucken", so daß in grom. **craccare* wohl fränkisch **hrâkjan* und der vlat. Schallstamm **krak-* zusammengefallen sind, vgl. auch Meyer-Lübke, GRM 1, 638; Flechia, AGI 3, 124; Diez 663; Braune, ZRP 19, 366. Einfluß des germanischen Wortes ist namentlich wegen afrz. *rachier* dass. nötig anzunehmen, das die spätfränkische Entwicklung des anlautenden *hr-* zeigt; vgl. aber REW 7017, wo ein weiterer Schallstamm **rak-* angesetzt wird.
crachoir, crachoter s. *cracher.*
crafe „Schuppe", „Bank von fremdem Gestein in einem Schieferbruch"
13. Jh., ist postverb. Subst. von afrz. *crafer* „abschuppen", das vielleicht aus bretonisch *krafa* „abkratzen" stammt; vgl. aber *crape* „Grind" u. ä., so daß *crafe* Doppelform für *crape* sein kann, nach dem Nebeneinander von *graf-* und *grap-,* s. *grefe* und *grappe,* bzw. von *griffe* und *grippe,* s. d. Dict. gén.
crag „tertiäre Kalk-, Mergelablagerung in England"
19. Jh., aus englisch *krag*, das aus dem Keltischen stammt, s. *cravan.*
craie „Kreide"
13. Jh. *croie,* aus lat. *crēta*. Diez 555; REW 2319.
crailler „krächzen"
16. Jh., vgl. dazu Morvan „mit Geräusch ausspucken", berrich. „rufen", „speien", champ. *crailler* und *craler* „schreien", „platzen", angev. „schreien", „rufen", H. Maine „kreischen"; ist also Kreuzung von *cracher* und *brailler,* die literarische Bedeutung vielleicht angelehnt an die Bezeichnungen für das Krächzen der Krähen, s. *croasser.*
crain s. *cran.*
craindre „fürchten"
12. Jh. *criembre, criendre,* die literarische Form in Anlehnung an die Verba auf *-angere,* s. *plaindre,* aus grom. **crĕmere*, d. i. Kreuzung von lat. *trĕmere* „zittern" mit einem gallischen Stamm **crito,* der sich aus irl. *crith* „Zittern" erschließen läßt und in gallischen Personennamen erhalten ist. Ascoli, AGI 11, 439 ff.; Jud, AR 6, 207; REW 8877.
Dazu seit dem 13. Jh. das subst. Part. *criente,* frz. **crainte** „Furcht".
cramail „Kesselhaken"
14. Jh., lebt heute in wall. *cramâ,* als *cramail* bezeugt auch für den Südosten (Doubs, Jura, das aber vielleicht zu dem 2. Typus gehört), aus grom. **cramaculum*, das als *cramaculus* im Capit. de Villis, als *cramailas* in den Kasseler Glossen belegt ist, s. Jud-Spitzer, WuS 6, 130; daneben besteht ein Typus **cremasculum* im Südostfrz., s. alyon. *comascle,* Jura *coumacle,* frz. Schweiz *koumalho* u. ä.; aus gr. κρεμαστής „Aufhängendes", κρεμαστός „aufgehängt", das wohl ursprünglich ist; *cremaculus, cramaculus* im Anschluß an das grom. Werkzeugssuffix *-aculum* umgestaltet; Wartburg, ZRP 68, 26; Benoit ZRP 44, 437; Horning ZRP 21, 453; REW 2310.
Dazu seit dem 13. Jh. die *-arium*-Abl. **cramailler** „Kesselhaken" va.; „Rechen in Repetieruhren".
crambe „Ackerkohl"
16. Jh., aus lat. *(crambe)* „schmalblättriger Kohl".
craminer „ein Fell auf die Streckbank ziehen"
18. Jh., aus ndl. *krammen* „feststecken".
cramique „Weißbrot mit Rosinen"
14. Jh., in ganz Belgien üblich, aus ndl. *kraammik;* Wind, Neoph. 22, 88; Henry Lex. 62.
cramoisi „karmesinfarbig"
Ende des 13. Jhs. *cremosi,* zunächst aus ital. *crémisi,* das selbst über das Griechische aus arabisch *qirmizî* „scharlachfarbig" stammt, vgl. *armoisin.* Lam. XIX; Sain. Rab. 1, 150; REW 6908.
crampe „gekrümmt"
13. Jh., ursprünglich vermutlich nur maskulinisches Adjektiv, aus fränkisch **kramp* zu ahdt. *krampf* dass.; wegen der Verallgemei-

nerung der Form des Fem. s. *courbe.*
2. „Schiffshaken", „Klammer"
ist Rückbildung von *crampon* oder Entlehnung aus mndl. *krampe* „Klammer".
3. „Krampf"
11. Jh., aus frk. **kramp* zu ahdt. *krampf;* Bl.-W. 167.

crampon „Krampe", „Klammer"
13. Jh., aus fränkisch **krampo* (ahdt. *chrampho* „Eisenhaken"). Bruckner, Char. 12; REW 4754.

cran 1. „Einschnitt", „Kerbe"
12. Jh. auch *cren,* s. *crain,* ist postverb. Subst. von afrz. **craner,* das erst im 16. Jh. als *créner* (mit Verallgemeinerung der stammbetonten Formen) bezeugt, aber durch *crenëure,* s. *crenure,* für das 12. Jh. gesichert ist; aus vlat. **crēnare* „einkerben", d. i. Abl. von vlat. *crēna* „Kerbe", das in späten Glossen belegt ist, s. Walde s. v. Ob das Wort, das auch in ahdt. *chrinna* „Kerbe" erhalten ist, ursprünglich lateinisch ist, ist zweifelhaft. Diez 555; REW 2311.
2. „Kielholen"
17. Jh. in *mettre un navire en cran,* ist postverb. Subst. von *craner,* d. i. wie *carner* eine Nebenform von *caréner* „kielholen", s. d. Dict. gén.
3. „Meerrettich"
18. Jh., aus deutsch *kren,* das selbst aus dem Slawischen stammt. Dict. gén.

crancelin 1. „Rautenkranz" (im Wappen)
17. Jh., aus deutsch *kränzlein.* Behrens, DS 97.
2. „Haartracht des 16. Jhs."
17. Jh., Valenciennes *cranchelin de fleurs,* aus mndl. *cranselijn* „Kränzlein"; Valkhoff, Neoph. 18, 2.

crâne „Schädel", „Tollkopf"
14./15. Jh., aus lat. *(cranium).*

cranequin „Art Armbrust", „Armbrustspanner"
15. Jh. *grenequin,* bei Rabelais *crenequin,* aus mndl. *kranekijn* „Armbrust". Diez 555; REW 4757; Behrens, DS 48.

craner 1. „die Zähne eines Uhrrades einschneiden"
19. Jh., ist wohl Neuableitung von *cran* 1, nicht das *cran* zugrunde liegende afrz. **craner,* s. d.
2. „kielholen", s. *cran* 2 und *caréner.*
crânerie s. *crâne.*

crangon „Meergarnele"
18. Jh., aus gr. (καραγγών) „Krabbenart".
cranoir s. *craner* 1.

crapaud „Kröte"
12. Jh. *crapot,* ist mit dem für kleine Tiere charakteristischen Suffix *-ottum* abgeleitet von *crape* „Unrat", „Grind", s. d. Vgl. wegen der Bedeutung vlat. *crassantus* „Kröte" zu *crassus* „fett", s. *crasse, graisse.* Schuchardt, SA-Wien 138, 1, 28; ZRP 27, 611; Bertoni, AR 2, 76; Sain. Chien 119.
Zu frz. *grappe,* afrz. auch *crape* „Haken", weil die Füße der Kröte hakenförmiges Aussehen haben, Bl.-W. 167, ist begrifflich nicht überzeugend; vgl. auch Nigra AGI 15, 109; REW 4760.
crapaudaille s. *crépodaille.*

crapaudine „Krötenstein"
schon im 13. Jh. belegt, auch *pierre de crapaud;* dann in *pigeon à la crapaudine* „plattgedrückte, auf dem Rost gebratene Taube"; endlich „Metallpfanne, die einen Zapfen trägt", in dieser Bedeutung berrich. *crapaud,* sind voneinander unabhängige Abl. von *crapaud* „Kröte".

crape „Unrat", „Auswurf" u. ä.
14. Jh., vgl. wall. „Grind", boulogn. „Schmutz wegen Nichtwaschens", rouchi „Kopfschuppen bei Neugebornen", norm. „das beim Dreschen zertretene, mit Stroh und Staub vermischte Getreide", dazu *décraper* „reinigen", dann weit verbreitet *crape* in der Bedeutung „leichtsinniges Frauenzimmer", ist Rückbildung von afrz. *escraper* „abkratzen", das durch die Abl. *escrapoir* für das 14. Jh. gesichert ist; dieses aus andl. *scrapan* (ndl. *schrappen,* anord. *skrapa* „schaben", „kratzen" u. ä.), s. Falk-Torp unter *skrabe.* Wegen der Bedeutung „Grind" u. ä. vgl. die gleich rückgebildeten *grate* unter *grattelle* und *gale.* Vgl. auch *crapaud.*

crapelet „junge Kröte"
19. Jh., ist dem. Abl. von *crapaud,* als ob dieses das Suffix *-eau* = *-ellus* enthielte.

craponne „Bastardfeile", „Vorfeile"
18. Jh., nach dem Ort *Craponne,* H. Loire; Barbier, PLeeds I, 203 (?)

crapoussin „kurzer dicker Mensch"
18. Jh., ist berrich., dafür sav. *crapotin,* dann mit Suffixwechsel poitev., angev. *crapasson,* blaisois *crapu* (+ *trapu*), ist Abl. von afrz. *crapot* „Kröte", s. *crapaud,* Dict. gén. Das Wort hat mundartlich, z. B. angev., noch die ursprüngliche Bedeutung „kleine Kröte".
craps s. *crabs.*

crapule „Schwelgerei" va.; „Gesindel"
14. Jh., aus lat. *(crapŭla)* „Weinrausch". Dazu seit dem 15. Jh. die Abl. **crapuleux** „schwelgerisch", „lumpenmäßig"; oder ebenfalls entlehnt aus lat. *(crapulosus).*

craque 1. „Aufschneiderei"
19. Jh., ist postverb. Subst. von *craquer* in der Bedeutung „aufschneiden", s. d.
2. „Kristalldruse"
19. Jh., lebt in wall. *crake* „Korb kleiner Kohle", dazu *crakète* „Gerölle", Lüttich *crak* „Ladung großer Kohlenstücke", *crakette* „ganz kleiner Kiesel", aus flämisch *krak* „Gesteinsspalte", „Riß", vgl. Braune, ZRP 19, 364.
Aus geographischen Gründen nicht aus englisch *crack* „Riß", „Spalte", Dict. gén.

craqueler „eine gerissene Glasur geben"
18. Jh., ist Abl. von wall. *craque* in der ursprünglichen, nicht mehr belegten Bedeutung „Riß", die das zugrunde liegende flämische *krak* besitzt, s. *craque* 2.
Kaum unmittelbar zu mndl. *krakel* „Falte", Braune, ZRP 19, 364, da *craqueler* „kleine Risse machen" zu *craque* „Riß" eine ganz geläufige Abl. darstellt.

craquelin 1. „Art Brezel"
13. Jh., ist lüttichisch, dazu norm. „Knorpel", boulogn. „Kuchen", aus ndl. *kraakeling* dass. Braune, ZRP 19, 367.
2. „zu leicht gebautes Schiff", „schwächlicher Mensch"
zu *craquer* „krachen", wohl über *craqueler*, s. dazu mit anderer Bedeutungsentwicklung *craqueler* und *craquelin* 1; ferner ostfriesisch *krakke* „altes, schwaches, abgetriebenes Pferd", ndl. *kraeke*, dass.

craquelot „Krabbe, die sich frisch geschält hat", „frischer Pökling"
18. Jh. auch *craquelin*, ist wohl Weiterbildung von *craquelin* 1 oder 2.
craquelure s. *craqueler*.

craquer „krachen", „aufschneiden"
16. Jh., ist Schallwort wie *crac* 1, oder entlehnt aus mndl. *kraken* „krachen", „springen", „knistern", Braune, ZRP 19, 366. Vgl. auch *craque* 2 und *craquelin*.

craquet „Art Tang"
19. Jh., zu *craquer*?

craqueter „oft knacken", „knistern"
16. Jh., ist dem. Weiterbildung von *craquer*, s. d.

craquette 1. „Knopflocheisen"
18. Jh., ist Werkzeugsableitung von *craquer*, s. d.
2. „gebräunter Bodensatz beim Auslassen von Butter"
dürfte zu *crape* „Schmutz", „Bodensatz" gehören, dann gekreuzt mit *craquer*?
crassane s. *cresane*.

crassatelle „Dickmuschel"
von Lamarck künstlich zu lat. *(crassus)* „dick" gebildet. Dict. gén.

crasse „Schmutz", „Unrat", adj. „zäh", „dick"
14. Jh., aus lat. *(crassus)* „fett", s. *gras*; von *crasse* in der Bedeutung „Metallschlacke" seit dem 18. Jh. die Abl. **crassier** „Schlackenhalde".

cratère „Trinkschale", „Krater"
15. Jh., aus lat. *(crater)*, auch *(cratera)* „Kessel", „Wassereimer", „Krater".
craticuler s. *graticuler*.

cravache „Reitpeitsche"
18. Jh., aus deutsch *karbatsche*, das selbst aus dem Türkischen stammt, s. *courbache*.

cravan „Entenkronmuschel", „Ringelgans"
16. Jh., lebt in der 1. Bedeutung Vendée, dazu gask. *craouan*, Roll. F. 12, 81; das Wort ist, wie die Verbreitung andeutet, vermutlich gallisch, vielleicht zu einem Stamm **krago-*, der im Fischnamen *cragacus* „Stör" in lat.-agls. Glossaren bezeugt ist, Schuchardt, ZRP 31, 653 f.; Barbier, RPFL 34, 154, vielleicht auch in **Cragodunum* (überliefert als *Cregadunum)* für heutiges *Craon*, Dep. Cher, Meyer-Lübke, SAWien 143, 2, 28; vgl. dazu norm. *crau* „kalkiger Kies", basse Norm. *cray, gray* u. ä.; dann liegt dem Wort eine schon gallische Abl. **kraganno* zugrunde. Wegen des Übergreifens des Wortes auf die Bezeichnung der Ringelgans s. *barnache*; wegen der gallischen Abl. s. *chouan* und *cabane*.

cravate „kroatisches Pferd" va.; „Halsbinde"
17. Jh., bedeutet ursprünglich „kroatisch" und stammt in der ehemaligen Bedeutung „kroatischer Söldner" aus deutsch *krawat*, d. i. mundartliche Form für *Kroat* aus kroatisch *hrvat*.

crayer „verglaste Kohlenasche"
18. Jh., zu *craie*?
crayère s. *craie*.

crayon „Tonmergel", „Zeichenkreide", „Bleistift"
in der 1. Bedeutung seit dem 14., in der 2. seit dem 16. Jh., ist dem. Abl. von *craie* „Kreide", s. d.
Dazu seit dem 18. Jh. die Abl. **crayonneux** „mergelartig".

créance „Glaube", „Glaubwürdigkeit"
11. Jh., aus mlat. *(credentia)*, das seit der Karolingerzeit belegt ist, vgl. *croyance*.
Von *créance* in der sekundären Bedeutung „Schuldforderung" seit dem 12. Jh. die Abl. **créancier** „Gläubiger".

créat „Bereiter in einer Reitschule"
17. Jh., aus ital. *creato* „Diener", dieses Part. von *creare* „hervorbringen", bedeutet also der Bildung nach „Geschöpf"; vgl. wegen der Bedeutungsentwicklung span. *criado* „Diener" u. ä.; s. *créole*.

créateur „Schöpfer"
12. Jh., aus lat. *(creatore)*.

créatine „Kreatin"
19. Jh., ist gelehrte Abl. von gr. (κρέας) „Fleisch".

créature „Geschöpf"
11. Jh., aus lat. *(creatura)*.

crécelle „Klapper"
12. Jh. auch *cercelle, crecerelle* u. ä., aus grom. **crepicella* für lat. *crepitaculum, crepitulum* zu *crepitare* „platzen". Dict. gén.; REW 2315. *crécelle* als Schallwort, Spitzer ZRP 44, 192, ist nicht ernst zu nehmen.
**crapicella* zum Stamm von *crapaud*, über **crapicula* „Frosch", Nigra, AGI 15, 109, ist lautlich und begrifflich unwahrscheinlich; mit Arezzo *crialeso* dass., Caix, Studi 104, zu *kyrie eleison*, G. Paris, Rom. 8, 619, ist lautlich schwierig.

crécerelle „Turmfalke"
13. Jh. auch *cresselle, quercelle*, 12. Jh. *cer-*

celle, zeigt in der Form Beeinflussung durch *crécelle,* mit dem das Wort auch die Nebenformen gemeinsam hat; es ist vermutlich aus einem **cresterel* umgestaltet, vgl. englisch *kestrel, kastrel,* das mit sizilianisch *cristareddu,* ital. mundartlich auch *tristarello, cestariello* auf ein vlat. **cristarellum* zu *crista* „Kamm" zurückgeht; Festa-Merlo, ID 5, 114; mittellat. *cristula,* Roll. F. 2, 31 f.; 9, 51.
Zu *sarcelle* „Knäkente" ist aus begrifflichen Gründen nicht wahrscheinlich.

crèche „Krippe"
13. Jh., aus fränkisch **krippja* (ahdt. *chripfa)* dass. Diez 172; Brüch 34; REW 4773; ALF 348.
Zu lat. *praesepe,* Brøndal, Substr. 153 ff., ist nicht möglich.

crécy „Mohrrübe"
19. Jh., ist angeblich nach dem Namen des Ortes *Crécy* im Dep. Somme gebildet. Dict. gén.

crédence „Vertrauen" va.; „Kosten der Speisen auf einem Seitentischchen, bevor sie den Herrschaften serviert werden", „Speisetischchen"
14. Jh. in der ursprünglichen Bedeutung, die zweite seit dem 16. Jh., aus ital. *credenza* „Vertrauen", s. *croyance;* dazu ital. *dar la credenza* „Speisen, Getränke vorkosten lassen", eigentlich „Vertrauen vermitteln", zur Sicherung gegen Vergiftung; daraus im 16. Jh. angepaßtes frz. *faire la credenza, la crédence* „die Speisen vorkosten". Nach dieser Gepflogenheit der vornehmen Leute *credenza* auch „Schrank, in dem die für die Speisen notwendigen Geräte aufbewahrt werden", d. i. „Kredenz", Battisti, II, 1148; Bl.-W. 168.
Dazu seit dem 16. Jh. die Abl. **credencier** „Vorkoster", „Speisemeister".

crédibilité „Glaubwürdigkeit"
17. Jh., aus mlat. *(credibilitate)* zu lat. *credibilis* „glaubwürdig".

crédit „Vertrauen", „Kredit"
15. Jh., fem. *credite,* aus lat. *(credita)* d. i. Plural von *creditum* dass.; seit dem 16. Jh. in der Bedeutung „Darlehen", besonders in Verbindung mit *dette,* dann in *faire crédit* „Kredit einräumen", das übertragen „Glauben schenken", „vertrauen" meinen kann; Baldinger, ZRP 67, 23; s. auch *commandite.*
Dazu seit dem 18. Jh. die Abl. **créditer** „Kredit gewähren".

créditeur „Gläubiger" va.; „Kredithälter"
15. Jh., aus lat. *(creditore)* „Gläubiger"; die heutige Bedeutung seit dem 18. Jh., in Anlehnung an *créditer.*

credo „Glaubensbekenntnis"
13. Jh., aus lat. *(credo)* „ich glaube", dem Anfang des apostolischen Glaubensbekenntnisses.

crédule „leichtgläubig"
14. Jh., aus lat. *(credulus).*

créer „schaffen"
12. Jh., aus lat. *(creare).*

crema „Abbrand" (Verlust an Eisen im Schmelzofen durch Oxydation)
19. Jh., aus nprov. *cremat* „Brandgeruch", aber wohl auch „Verbrennung"; d. i. subst. Part. von prov. *cremar* „verbrennen", aus lat. *cremare* dass., das auch im Südgürtel des Nordfrz. lebt. Diez 479; REW 2309.

crémaillère „Kesselhaken", „Hakeneisen" u. ä.
13. Jh., afrz. gewöhnlich *cramaillere,* auch in der mask. Form *cramailler,* s. d., ist mit dem Suffix, das die Umfassung anzeigt, abgeleitet von gleichbedeutendem *cramail,* s. d.

crémaillon „kleiner Kesselhaken"
14. Jh., ist dem. Abl. von afrz. *cramaille* „Kesselhaken", s. *cramail.*

crémaster „Hodenmuskel"
16. Jh., aus gr. (κρεμαστήρ), vgl. *cramail.*

crémation „Verbrennung"
13. Jh., aus lat. *(crematione),* s. *créma.*

crème „Sahne"
13. Jh. *cresme,* dessen *-s-* aber auch graphisch die Länge des *-e-*Lautes bezeichnen kann; in dem Worte treffen sich gallisch *krama,* das bei Venantius Fortunatus belegt ist und als prov. *crama,* obwaldisch *grama, grome* u. ä. weiterlebt, und lat. *chrĭsma* „Salbe", das namentlich durch ostfrz. *krim* „Sahne" verlangt wird, vgl. Meyer-Lübke, GL 9, 1749; ZRP 11, 253; ASSL 126, 185 f.; REW 1887, 2294; Jud, ASSL 134, 385.

crément „Anschwemmung von Land an Ufern", „Verlängerungssilbe"
18. Jh., aus lat. *(crementum)* „Zuwachs".
crémer s. *crème.*

crémillée „Kesselhaken" va.; „Eingerichte" (im Schloß, Uhrwerk)
13. Jh., vgl. dazu Namur *cramiète* „Art Haken", Mons *cramion* „Kesselhaken", ist mit Suffixwechsel umgestaltet aus *cremaillée, cramaillée,* d. i. Abl. von *cramail* „Kesselhaken", s. d.

crémone 1. „Kremonesergeige"
19. Jh., nach dem Namen der Stadt *Cremona.*
2. „drehbare eiserne Stangen, die oben und unten mit Haken versehen, zum Fensterverschluß dienen"
18. Jh., gehört wohl zum Stamm von *cramail* „Kesselhaken", vgl. mfrz. *crammis* dass., frühnfrz. *cramillon* „kleiner Haken".
Oder unmittelbar abgeleitet von ndl. *kram* „Klammer", „Haken"?

créneau „Mauerzahn", „Zinne" u. ä.
12. Jh., afrz. auch *carnel, quernel,* aus grom. **crenellum,* d. i. Abl. von vlat. *crena* „Kerbe", s. *cran.* Diez 555; REW 2311. Dazu seit dem 12. Jh. die Abl. **créneler** „mit Zinnen versehen".

créner „mit einer Kerbe versehen"
16. Jh., ist wohl Neuableitung von *crain* „Kerbe", s. *cran,* nicht vlat. **crenare,* s. ebd.

crenet „Brachschnepfe"
18. Jh., ist von Rousseau in die Literatur gebracht, aus dem Lokalfrz. Savoyens, ist dort literarisiert aus mundartlichem, für die frz. Schweiz bezeugten *crenot;* dieses steht wohl für *cornot,* vgl. frz. Schweiz *creniaula* für **corniola* u. ä., und ist Weiterbildung von frz. Schweiz *corliu* dass., vielleicht über **corlot,* s. *courlieu.* Vgl. Roll. F. 2, 351.

crénon „erstes Spalten eines Blockes in einem Schieferblock"
18. Jh., ist Abl. von wall. *cren, cran* „Steinmasse, in der sich die Kohlenadern verlieren" = *faille* „Gesteinsspalte", ist also wohl mit *cran, crain* „Einschnitt" eins.
Oder Abl. von *créner,* s. d.?

crenure „Punkturöffnung am Schließrahmen der Presse"
12. Jh. *crenëure* „Einkerbung", ist Abl. von grom. **crenare* „einkerben", s. *cran* 1.

créole „Kreole", „in den spanischen Kolonien Amerikas geborener Weißer"
17. Jh., aus spanisch *criollo,* dieses aus portug. *crioulo* „Sklave, der im Haus seines Herren geboren wurde", „in den Kolonien geborener Weißer"; dieses Abl. von port. *cria* „im Haus des Herren geborener Sklave", Schuchardt, ZRP 13, 484; Cor. I, 943; REW 2305.

créosol „Kreosol"
19. Jh., ist Weiterbildung von **créosote** „Kreosot", d. i. gelehrte Zusammensetzung von gr. (κρέας) „Fleisch" und (σώζειν) „bewahren".

crêpe „Kranzkuchen" (fem.), „Flor" (mask.)
14. Jh. bzw. 16. Jh., ist subst. aus afrz. *crespe* „kraus", bis Ende des 12. Jhs. mask. *cresp,* fem. *crespe,* aus lat. *c r ĭ s p u s* dass. Diez 556; REW 2329; T. Fischer, Ausgleichserscheinungen 184.

crêper „kräuseln"
16. Jh. durch die Abl. *crespëure* für das 14. Jh. gesichert, aus lat. *c r i s p a r e* dass.; Bl.-W. 168.

crépi „Kalkbewurf", „Verputz"
16. Jh. für *crépis,* das auch belegt ist, ist *-aticium*-Abl. von afrz. *crespir,* s. *crépir* „eine Mauer verputzen".

crépine „Franse", „Netz" (der Lämmer)
13. Jh., ist *-ina*-Abl. in ursprünglich abstrakter Bedeutung von *crespir* „kräuseln", s. *crépir.*

crépinette 1. „Vogelknöterich"
16. Jh., ist ursprünglich wohl für eine Pippauart, mlat. *crepis,* frz. *crêpette* gebräuchlich gewesen und gehört zu mlat. *crispula,* d. i. dem. Abl. von *crispus* „kraus", s. *crêpe.* In der literarischen Bedeutung wird das Wort von Roll. Fl. 9, 185 nicht verzeichnet.
2. „in Netze gewickelte Hirnwurst"
19. Jh., ist dem. Abl. von *crépine,* s. d.

crépinière „kretischer Berberitzenstrauch"
19. Jh., ist Abl. von einem nicht belegten gleichbedeutenden **crespin,* das durch oberital. *crespin,* ahdt. *krispil,* mlat. *crispinus* gesichert ist; nach dem Volksglauben ist die Dornenkrone Christi aus dem Berberitzenstrauch hergestellt worden, vgl. frz. mundartlich *épine-croix* H. Maine, *espine benoiste* bei Cotgrave u. ä. Roll. Fl. 1, 139 f. Es ist daher mlat. *crispinus* vermutlich Rückbildung von **crispina* (das der Form nach die Frucht bezeichnen müßte), und dieses verschmolzen aus *C h r i s t i s p i n a* „Christusdorn".
Oder Grundform **acrispina,* d. i. Übersetzung von ὀξυάκανθος „berberis vulgaris", mit Wiedergabe von ὀξύς „scharf" durch *acer,* und von ἄκανθα „Stachel", „Dorn" durch *spina,* etwa nach dem Vorbild von lat. *acrifolium,* Bertoldi, RLiR II, 157; ist bedenklich, weil sich die Zwischenstufen nicht belegen lassen.

crépir „kräuseln" va.; „Leder krischeln", „Mauern verputzen"
12. Jh., ist Abl. von afrz. *cresp* „kraus" aus lat. *c r ĭ s p u s ,* s. *crêpe.*

crépiter „rasseln", „knirschen"
18. Jh., aus lat. *(c r e p i t a r e)* dass. Vgl. *crécelle.*

crépodaille „dünner Haubenflor"
17. Jh. zuerst als *crapaudaille* bezeugt, das neben dem literarischen Wort sich bis ins 18. Jh. findet; steht für **créponaille,* d. i. Abl. von *crépon* „feiner, leichter Wollen- und Seidenstoff", s. *crépon* 2, das ursprünglich scherzhaft nach *crapaud* „Kröte" umgestaltet wurde.

crépon 1. „Haarlocke" va.; „Haarwulst, die unter die Frisur gelegt wird"
16. Jh., ist kollektive Abl. (*-ūmen* in mundartlicher Entwicklung) von *crespe* „kraus", s. *crépir.*
2. „Krepon" (leichter Wollen- oder Seidenstoff)
17. Jh., ist dem. Abl. von *crêpe* „Flor".

crépu „kraus"
12. Jh., *crespu,* ist mittels des Suffixes *-ūtus,* das ein Versehensein mit etwas ausdrückt, einreihend erweitertes afrz. *cresp, crespe* „kraus", s. *crêpe, crépir.*

crépuscule „Dämmerung"
13. Jh., aus lat. *(c r e p u s c u l u m).*

crèque „Haferschlehe"
14./15. Jh., ist hauptsächlich im Nordosten von Frankreich zu Hause, vgl. dazu ostfrz. *crehette, crehelle* seit dem 14. Jh., Roll. Fl. 5, 385; aus mhdt. *k r i e c h e* bzw. ndl. *kriek* „Pflaumenschlehe", „Vogelkirsche". Dazu seit dem 15. Jh. die Abl. **créquier** „Schlehenstrauch". REW 4774; Dict. gén. Vgl. auch *griotte.*

cresane „Herbstbirne"
17. Jh., vgl. dazu norm. *cressane* „Art saftige Birne" (mit Einfluß von *gras,* mundartlich *cras),* ist Fem. zu einem mundartlichen **croi-*

san „wilder Apfel“, vgl. für dieses sav. *cruêson,* Genf *crouazon,* u. ä. im ganzen Südostfrz., s. auch Keller, Genferdialekt 108 Anm. 3; dieses ist abgeleitet von Berry *créoa,* Cher *croua,* Nièvre *creu,* Yonne *crô* u. ä., die auf eine Grundform **croie* zurückführen; d. i. Femininum von dialektischem *croi,* das im Südosten in der Form *croie* „mauvaise“, ALF 826, bezeugt ist; *croie* demnach wahrscheinlich aus *poire croie* „minderwertige Birne“. Die Abl. zeigt Verschmelzung mit ostfrz. *crois,* d. i. die regionale Form von afrz. *crues,* s. *creux*; *croi* aus gallisch **k r ō d i o s* „hart“, „fest“, zu irisch *cruaidh,* dass. Zu den Fruchtnamen s. Roll. Fl. 5, 65; zu **krodios* Thurn. KR 83; REW 2338; ALF 826.

cresane nach dem Ort *Crazannes,* Charente-Inf., Barbier, PLeeds I, 204 (?)

crescendo „an Tonstärke wachsend“
18. Jh., aus ital. *crescendo,* d. i. Gerundium zu *crescere* „wachsen“, s. *croître.*

créseau s. *carisel.*

cresson „Kresse“
12. Jh., ist mlat. im 9. Jh. als *crissonus,* in Glossen *crescione,* Bambeck 14, für das Germanische für das 4./5. Jh. gesichert, Kluge, AR 6, 303 f.; Jud, Acc. 22 ff.; Meyer-Lübke, ZRP 33, 438 ff.; die afrz. Nebenform *creisson* und ihre Entsprechungen im Provenzalischen und Italienischen erweisen in der Grundform nicht ein *-j-*, Jud, WL 2, 114, sondern zeigen volksetymologischen Einfluß von *crescere* „wachsen“, s. *croître;* zugrunde liegt ein fränkisches **k r e s s o,* dessen Herkunft selbst unsicher ist, s. Kluge s. Kresse; REW 4770; Jud, ASSL 126, 141 ff.; Barbier, BDR 2, 494.

crésus „Krösus“
16. Jh., nach dem Namen des durch seinen Reichtum berühmten Königs *(Croesus)* von Lydien.

crétacé „kreidig“
18. Jh., aus lat. *(c r e t a c e u s).*

crête „Kamm“
12. Jh., aus lat. *c r ĭ s t a.* REW 2330.

crételer 1. „gackern“
14. Jh., bedeutet mfrz. und frühnfrz. „keifen“, aus nddt. *k r e t e l e n* „kritteln“; die literarische Bedeutung in Anlehnung an *crête* „Hahnenkamm“.
2. „schnitzen“, „Streifen machen“ (Tuchmacherei)
aus wall. *crèteler* „in falsche Falten gelegt sein“, Lüttich „in den Stoff falsche Falten machen“ u. ä., dieses zu nddt. *k r e t e* „Runzel“, „Falte“. Behrens, ZFSL 31, 285 ff. (Wg. 63 ff.).

crételle „Kammgras“
18. Jh., ist Abl. von *crête,* s. d.

crêter „wie der Hahn seinen Kamm aufrichten“ va.
12. Jh., ist Abl. von *crête* in der Bedeutung „Hahnenkamm“.

crétin „geistig zurückgebliebenes Geschöpf“
18. Jh., stammt aus dem Südosten, wo für das Wort die Bedeutung „armselig“ angegeben wird; es ist die mundartliche Entsprechung von afrz. *crestien* „Mensch“, im Gegensatz zu *animal* „Tier“, eigentlich „Christ“, s. *chrétien;* FEW II, 654; Thomas, Ess. 133; REW 1888. Dazu seit dem 19. Jh. die Abl. **crétinisme** „Verblödung“.

creton „Fettstück“, „Talg oder Speckgrieben“
13. Jh., lebt in Namur *crèton* „Speckstück“, norm. *créton* „Fettgriebe“; es ist dissimiliert aus *croton,* das im Pik. in der Bedeutung „Fettgeruch“ erhalten ist; dazu mit Suffixwechsel *crotin* „Speckgrieben“, afrz. auch mit anderer Dissimilation *craton*; endlich frz. *crotton* in der Bedeutung „Zuckergrieben“; es ist dem. Abl. von *crotte* „Kotkügelchen“, s. d.
Zu nddt. *krete* „Spalte“, „Falte“, s. *crételer,* Haust, Rom. 47, 561 f.; (Etym. 62 f.), Corin, Rev. belge phil. hist. 10, 69; Bl.-W. 169, ist begrifflich unwahrscheinlich und lautlich nur zum Teil entsprechend.

cretonne „Hanfleinen“
18. Jh., lebt lothr. voges. bourn. Doubs, daher kaum mit Dict. gén. nach dem normannischen Dorf *Creton,* das angeblich wegen seiner Leinenindustrie bekannt war.

creuser „hohl machen“
12. Jh., ist Abl. von *creux,* s. d.

creuset „Schmelztiegel“ u. ä.
11. Jh. *croisel, croisol,* auch in der Bedeutung „Nachtlicht“, „Hängelampe“, dann mit dem *-eolus*-Suffix afrz. *croisuel, crusol, creuzeul* u. ä., dazu im Südosten *crèseu, criseu, crèjeu, cruzio* u. ä. für verschiedene Arten von Lampen; das Wort ist auch ins Spanische und Italienische gedrungen; formell ist das Wort Abl. von afrz. *crois* „Kreuz“, vgl. mlat. wiederholt belegtes *crucibulum* „Nachtlicht“ (ursprünglich vom ewigen Licht, das vor dem Kreuze Christi brennt); das gleiche Grundwort ergab in Anlehnung an den Stamm von *gras, graisse, crasse* afrz. *crasset, graisset, craisset, cresset,* das in norm. *craisset* „Hakenlampe“, pik. *craisset, crechet* usf. weiterlebt; daraus auch englisch *cresset*; der ursprüngliche Stamm dürfte aber weder *crŭce,* s. *croix,* noch *crassus,* s. *gras,* sein, ist wohl gallischer Herkunft; vielleicht zum Stamm von *creux*; Bl.-W. 169. **crocca* „Krug“, **croceolum* „Schmelztiegel“ zu *cochlea* „Schnecke“, Schuchardt, SAWien 141, 3, 15; ZRP 26, 314 ff.? *creuset* nicht unmittelbar aus mlat. *crucibulum,* Marchesini, SFR 2, 2.

creux, creuse „hohl“
13. Jh. *crues,* vgl. dazu bourb. *creuze* „Muschel“, „Nußschale“, burg. *creuse* „Muschel“, Aunis *creuge, cru* „Loch“, Morv. *crô* „hohl“, „Loch“, „Graben“, Maine *crouse* „Höhle“, „Tierbau“, dazu prov. *croza* „Grotte“,

„Loch", geht auf einen Stamm **krŏso* zurück, der vermutlich gallisch ist; vielleicht zu airisch *cró,* schottisch dass. „Nadelöhr", wenn dieses auf eine Grundform **kroso* zurückführt; vgl. auch Schuchardt, ZRP 41, 696; REW 2257; Hubschmid, ZRP 66, 63; vgl. *crône* und *décruser.*
Nicht lat. *corrōsum* zu *corrodĕre* „zernagen", Diez 556; s. Förster, ZRP 6, 109; auch nicht **corrŏssum,* *Bourciez, Ann. Fac. Lettres Bordeaux 1889, 74 ff., was weder lat. noch für das Frz. möglich ist.

crevaille „Geplatze" va.; „Schwelgerei"
16. Jh., ist Kollektivabstraktum zu *crever,* s. d.

crevasse „Spalte", „Sprung"
12. Jh., aus vlat. **crepacia* d. i. *-acea* Abl. von **crepa,* postverb. Subst. von *crepare,* s. *crever,* gesichert durch afrz. *crieve* „Spalte"; vgl. nfrz. populär *crève* „Tod", junge Rückbildung von *crever,* s. d.; dazu seit dem 14. Jh. die Abl. **crevasser** „rissig machen".
crevé s. *crever.*

crève-chien „schwarzer Nachtschatten"
19. Jh., ist giftig, daher die Bezeichnungen *herbe à la mort* Sav., *herbe du danger* Vienne, *mort aux couleuvres* Charente; die literarische Bezeichnung ist in ganz Westfrankreich zu Hause, Roll. Fl. 8, 102; ist zusammengesetzt aus *crève* zu *crever,* s. d., und *chien,* s. d.
crevelle s. *caravelle.*

crever „platzen", „zum Platzen bringen", vulgär „krepieren"
12. Jh., afrz. „platzen", „vor Wut bersten", auch „sterben" (von Mensch und Tier), aus lat. *crĕpare* „klappern", „bersten", s. *crécelle.* REW 2313.

crevet „Schnürsenkel" (mit Metallspitzen an beiden Enden)
18. Jh., ist vielleicht mundartliche Form für den „Krebs", bei Vergleich mit den Scheren des Tieres; vgl. für das Tier afrz. *crevece, creveche* u. ä., heute vogesisch *grawet,* ferner die technische Bedeutung „Scherenzange" u. ä. für frz. *écrevisse,* s. d.

crevette „Garnele", „Flohkrebs"
16. Jh., ist norm. Form von frz. *chevrette* „kleine Ziege", auch „Garnele"; die Bezeichnung nach Roll. F. 3, 228 daher, weil die gefangenen Tierchen im Netze wie Ziegen hüpfen; vgl. dazu die mundartlichen Formen westfrz. *bouc, bouquet* „Böcklein" und *sauterelle* „Heuhüpfer". Joret, Rom. 8, 441 f.
Oder aus mndl. *krevet,* (ndl. *kreeft)* „Krebs", Suchier, ZRP 3, 611; REW 4768; dann wäre die Beziehung zu der norm. Entsprechung von *chevrette* erst sekundär. Zu lat. *carabus* „Meerkrebs", bzw. deutsch *krabbe,* Diez 556, ist beides lautlich nicht möglich.

crevure „Riß" va.; „Sprung in der Farbe alter Bilder"
12. Jh. *crevëure* „Spalte", aus lat. *crepatura* „Riß", „Spalte", REW 2314.

cri „Schrei"
11. Jh., aus vlat. **critum,* d. i. postverb. Subst. von vlat. **critare* für lat. *quĭrītare* „laut schreien", frz. **crier** dass. Diez 173; REW 6967; vgl. auch Brüch 11; Meyer-Lübke, PDS 8, 77 f.

crible „Sieb"
13. Jh., aus vlat. *crīblum* für klassisches *cribrum,* das durch das Verbum, s. d. F., für das Vlat. zu erschließen ist. REW 2324.

cribler „sieben"
13. Jh., aus vlat. *crīblare* für klassisches *cribrare,* das bei Marcellus Empiricus wiederholt belegt ist. ALL 8, 476; REW 2322.
Dazu seit dem 14. Jh. die Abl. **criblure** „Siebmist".

cribration „Durchsieben" (pulverförmiger Medikamente)
17. Jh., ist gelehrte Abl. von lat. *(cribrare)* „sieben".

cric „Hebewinde"
15. Jh. *crils d'Allemaigne,* wohl verlesen oder verschrieben für *cric d'A.,* aus mhdt. *kriek* „Winde", „Kran"; ist ursprünglich Ausdruck der Kriegführung; Bl.-W. 169; Braune, ZRP 19, 366.

cric crac „krach"
16. Jh., ist Schallwort mit dem Ablaut *-i- -a-,* wie in *bric-à-brac, clopin-clopant* u. ä.

cricket „Schlagballspiel"
19. Jh., aus englisch *cricket.*

cricri „Zirpen", „Grille", „Grauammer"
16. Jh., ist Schallnachahmung; s. *criquet* 1.
crid s. *criss.*
crier s. *cri.*

crime „Verbrechen"
12. Jh., aus lat. *(crīmen).*

crin „Haar" va.; „Schweifhaar"
11. Jh. *crin* „das einzelne Haar", dazu nach dem Vorbild der Neutra wie *mare,* Plur. *maria* vlat. die Kollektivform **crinia,* in afrz. *crigne* „Haupthaar", „Behaarung"; daneben eine weitere Kollektivform grom. **crina,* mit der Kollektivendung *-a* wie in *digita* neben *digitus,* afrz. *crine,* dass., auch „Mähne"; aus lat. *crīnis,* Mask., Plural *crines*; zu afrz. *crigne* die kollektive *-acea*-Abl. norm. *crignasse,* angev. *cregnasse* „zerzaustes Haar", ferner Guernesey *décrigni* „zerzaust"; vgl. *tignasse;* zu afrz. *crine* seit dem 16. Jh. die Abl. **crinière** „Mähne"; REW 2326.

crincrin „schlechter Fiedler", „schlechtes Geigenspiel"
17. Jh., ist Schallwort, vgl. *cricri.*

crinoline „Roßhaarzeug", „Reitrock"
19. Jh., aus ital. *crinolino,* dieses zu *crino* „Haar" s. *crin,* und *lino* „Leinen", s. *lin*; Battisti, 1158; Bl.-W. 170.

crique 1. „kleine Bucht“
14. Jh., aus anord. *kriki* „Bucht“. Mackel 93; REW 4776.
Kaum aus ostfriesisch *krîke* „kleiner, sich schlängelnder Bach“, „Gewässer, welches sich in Krümmungen durch Wiesen windet“, Braune, ZRP 19, 361; doch dürfte *crique* in der Bedeutung „Durchschnittsgraben“ zu dem nddt. Worte gehören. Ndl. *kreek* „Bucht“, Diez 556, liegt lautlich ferner.
2. „Härteriß im Stahl“
ist postverb. Subst. von *criquer* 2, s. d.

criquer 1. „krachen“ va.
16. Jh., ist Nebenform von *craquer*, vgl. den Ablaut *-a- -i-* bei *cric crac*. Diez 556; REW 4775.
2. „rissig werden“
aus ndl. *krieken* „knarren“, das wohl auch die Bedeutung des französischen Wortes besessen hat, wie die Ablautform *krak*, s. *craquer*; Braune, ZRP 19, 364.

criquet 1. „Schnarrheuschrecke“
12. Jh. und noch heute pik. norm. Guernesey „Grille“, so auch englisch daraus entlehntes *cricket*, aus mndl. *krikel* „Grille“, Braune, ZRP 19, 368; oder Schallbildung wie *cricri*?
2. „kleines Pferd“, „Knirps“, „Krätzer“ lebt voges. „armseliges Pferd“, fr. comt. dass., auch „schwacher Mensch“, Doubs „schlechtes Pferd“, sav. im Lokalfrz. „schwächlich“ u. ä., ist wohl Schallbildung wie *criquer* und ostfriesisch *krakke* „altes, schwaches, abgetriebenes Pferd“.
Kaum aus ndl. **krikke* als Ablautform für das angeführte *krakke*, Braune, ZRP 19, 365; Behrens, ZRP 26, 658; Brüch, ZRP 38, 698, da die geographische Verbreitung des Wortes nicht für eine Entlehnung aus dem Niederdeutschen spricht.

criqueter „leicht krachen“
16. Jh., ist dem. Weiterbildung von *criquer* 1, s. d.
Dazu seit dem 16. Jh. die Abl. *(-aticium)* **criquetis** „Kreischen“ (des Griffels auf schlechtem Kupfer) u. ä.

criqure „Metallriß“
19. Jh., ist Abl. von *criquer* „rissig werden“, s. d.

crise „entscheidender Wendepunkt“
15. Jh., aus lat. *(crisis)* „Entscheidung“.

crisper „kräuseln“
18. Jh., aus lat. *(crĭspare)*, vgl. *crêpe*.

crispin „Bediententypus in der Komödie“, „kurzer Bedientenmantel“
19. Jh., nach dem Personennamen *Crispin*, bzw. ital. *Crispino*. Dict. gén.; Bl.-W. 170.

criss „malaiischer Dolch“
16. Jh., stammt aus dem Malaiischen, Dict. gén., auf Java *krîs*, dieses angeblich Lehnwort aus Vorderindien, Littmann 131.

crisser „mit den Zähnen knirschen“
11. Jh. „knirschen von Stahl, beim Aufschlagen auf den Stein“, dann seit dem 15./16. Jh., vgl. dazu wall. *grusi* dass., lyon. *creci, cruissi* „schreien“, „lärmen“, „krachen“, fr. comt., Jura, H. Saone *cruci, crecir, croissi*, H. Maine, B. Maine *cricher* dass., norm. *cressir* „die Zähne zusammenbeißen“; es ist Kreuzung von afrz. *croistre, cruistre* „mit den Zähnen knirschen“, auch „krachen“ u. ä., auch *croissir*, mit *criquer*, s. d.; die Form *crisser* beruht also auf einem älteren *cristre*, wie frz. *tisser* auf afrz. *tistre*, s. d.; afrz. *croistre* gehört zu altschwedisch *krysta* „mit den Zähnen knirschen“, gotisch *kriustan* „knirschen“, bzw. zu dem nicht erweiterten Stamm, der in mndt. *krossen*, schwedisch *krossa* „zermalmen“ vorliegt; doch ist das afrz. Verbum nicht unmittelbar vom germanischen Verbum abzuleiten möglich; vielleicht ist afrz. *croissir, croistre* unmittelbar Abl. von afrz. *crois* „Geknirsche“, dieses aus fränkisch **krusî* zum Stamme *krus-*, vgl. gotisch *krusts* „Knirschen“ zu *kriustan;* vgl. Bl.-W. 170.
Fränkisch **krostjan*, REW 4781, entspricht lautlich nicht, vgl. *bâtir* 2; auch nicht gotisch **kraústjan*, Diez 113.

cristal „Kristall“
11. Jh., aus lat. *(crystallus)*.

critère „Prüfstein“
auch **criterium**, 18. Jh., aus lat. *(criterium)*.

critique 1. „kritisch“
14. Jh., aus lat. *(criticus)*.
2. „Kritik“
16. Jh., aus gr. (κριτική).

croailler „krächzen“
auch *crailler, croasser*, 15. Jh., sind Schallwörter.

croc 1. „knack“
17. Jh., ist Schallwort wie *cric crac*.
2. „Haken“, „Hakenstock“
12. Jh., im Corp. gloss. V. 624 uncinus-croccus, Graur, Rom. 54, 504, aus fränkisch *krôk* zu anord. *krôkr*, Diez 557; REW 4780; Brüch 79; Braune, ZRP 19, 362; RG I, 254; Bl.-W. 170; s. *encrouer*.

croche 1. „hakenförmig gebogen“
16. Jh., ist postverb. Adjektiv von **crocher** „hakenförmig krümmen“, dieses seit dem 12. Jh., ist Abl. von *croc* „Haken“, s. d.; vgl. auch *croquer*. Wegen der Bildung des Adjektivs vgl. *gonfle*; s. auch *anicroche, bancroche*.
2. „Achtelnote“
17. Jh., ist Rückbildung von *crochet* „Häkchen“, s. d.
crocher s. *croc* 1.

crochet „Häkchen“
12. Jh., ist schon vorhistorische Abl. von *croc* 2; dazu seit dem 15. Jh. die Abl. **crocheter** „mit einem Dietrich öffnen“; zu diesem seit dem 15. Jh. **crocheteur** „Einbrecher“.

crocheteur 1. s. *crochet.*
2. „Lastträger"
16. Jh., ist Abl. von mundartlichem *crocheter* „auf den Haken nehmen", d. i. Abl. von *crochet,* s. d.; vgl. d. F.

crocheton „Häkchen", „der gebogene Arm des Tragereffs eines Lastträgers"
17. Jh., ist angev., hier neben *crochette* „Häkchen", von dem es deminutiv abgeleitet ist; s. *crochet.*

crochu „mit einem Haken versehen"
12./13. Jh., ist *-ūtus*-Abl. von *croc,* s. d., in Anlehnung an den Stamm der Abl. afrz. *crochié, crochet* u. ä.

crocodile „Krokodil"
12. Jh. und mundartlich bis heute *cocodrille,* aus lat. *(crocodilus).*

crocus „Safranpflanze"
14. Jh., aus lat. *(crocus).*
croie s. *craie.*

croire „glauben"
11. Jh., aus lat. *crēdĕre.* REW 2307.

croisade „Kreuzzug"
15. Jh., aus prov. *crozada,* in Fortsetzung von afrz. *croisement, croiserie,* im 15. Jh. auch *croisee* „Kreuzzug", zu afrz. *soi croisier* „das Kreuz als Kreuzfahrer nehmen", prov. *se crozar* dass.; s. *croisée.*

croisée „Fensterkreuz", „Kreuzweg"
14. Jh., bedeutet ursprünglich abstrakt „Kreuzung", d. i. Abl. von **croiser** „kreuzförmig zusammenlegen", „kreuzen", 11. Jh. *croisier* „in Kreuzesform legen", refl. „das Kreuz nehmen", s. *croisade*; ist Abl. von *croix* „Kreuz" s. d. *croisée* bedeutet westfrz. auch „Fenster", vgl. dazu *croisillon.* ALF 549; REW 2348.
Dazu seit dem 18. Jh. die Abl. **croiserie** „Kreuzgeflecht".
croisette s. *croix.*

croisière „Kreuzungsstelle", „Kreuzfahrt"
16. bzw. 17. Jh., ist in Anlehnung an ein begriffsverwandtes, noch festzustellendes Wort auf *-ière* abgeleitet von *croiser*; die eigentlich frz. Bildung ist *croisée.*

croisille „Kreuzchen", „Hakenknopf", „Krone am Spinnrade des Seilers"
12. Jh., aus lat. *crŭcicula,* das spätlat. bezeugt ist; vgl. auch die afrz. *croisillié* „mit Kreuzen übersät" entsprechende Abl. *cruciclata (scutella argentea)* um 700 auf grom. Boden. ALL 2, 275.

croisillon „Querholz des Fensterkreuzes"
14. Jh., ist dem. Weiterbildung von *croisée* in der Bedeutung „Fensterkreuz", s. d.

croissance „Anwachsen"
12. Jh., aus lat. *crescentia*; daß nicht frz. Neuableitung vorliegt, zeigt u. a. Namur *crèchınce.*

croissant „zunehmender Mond", „Zeit der Mondzunahme", „Heckensichel" u. ä., auch „Hörnchen", so seit dem 19. Jh., Bl.-W. 171; 12. Jh., aus lat. *(lunā) crescente* „bei zunehmendem Mond"; vgl. *croître.*

croît „Wachstum"
12. Jh. *crois,* ist postverb. Subst. vom Stamme *croiss-* zu *croistre* „wachsen", s. *croître.*

croix „Kreuz"
11. Jh. *croiz,* aus lat. *crŭce.* REW 2348.
croler s. *crouler.*

cromlech „druidischer Steinbau"
18. Jh., zuerst von Schottland erwähnt, aus englisch *cromlech,* dieses aus dem Walisischen, wo es zu *crom* „krumm", und *llech* „Steinfliese" gehört, Barbier, PLeeds, I, 212; im Französischen wird das Wort unrichtig verwendet, da es hier aufrecht stehende Steinbauten bezeichnet, Loth, Rev. celt. 44, 284.

cromorne „Krummhorn", „Trompetenpfeife"
17. Jh., aus nhdt. *krummhorn.* Behrens, DS 36.

crône 1. „Schlupfloch auf dem Grunde des Wassers"
17. Jh., ist in Westfrankreich verbreitet, vgl. Blois, Anjou *crône* „Schlupfloch für Fische", dazu Blois *crôner* „die Fische mit der Hand aus den *crônes* herausfischen", vend., angev. „das Wasser bewegen, um die Fische aus den *crônes* zu treiben", dazu angev. *crônier* „Scherbe", „hohler Baumstrunk"; das Wort gehört wohl zu *creux* bzw. prov. *croza* „Höhle", geht dann auf ein schon gallisches **krŏsno,* **krŏnno* zu **krŏso* „hohl" zurück; vgl. schon im 14. Jh. belegt *crosnel* „Vorrichtung zum Fischfang in den *crônes*"; Gg. ZRP 40, 516; FEW II, 1362.
2. „Kran"
17. Jh., aus ndl. *kraan* „Kran", „Kranich", das mundartlich *kraon* gesprochen wird, Valkhoff 103; Braune, ZRP 20, 354; Behrens, ZRP 26, 658; Behrens, DS 71; vgl. auch Diez 557; REW 4756.

croquant „Bauernkerl", „Lump"
16./17. Jh., angeblich nach dem Feldruf *sus aux croquants* „los auf die Volksvernichter" der Bauern der Provinz Guyenne, die sich Ende des 16. Jhs. gegen Heinrich IV. erhoben, Dict. gén.; vgl. *croquer* 1. Weitere Deutungsversuche Bl.-W. 171.

croque-abeille „Kohlmeise"
18. Jh., zu *croquer* „verspeisen" und *abeille* „Biene"; das Wort wird für Berry, Bourbon angegeben. Roll. F. 10, 182.

croque-mitaine „Popanz"
lebt in der Bedeutung „Schreckgespenst", „Popanz" in Paris, und von dort in weiten Gebieten Frankreichs (Touraine, Jura, Béarn usf.); dazu im 15. Jh. in einer Sottie *happe ces mitaines,* bei einer Balgerei, wörtlich „schnappe nach diesem Fausthandschuh", gemeint ist „da hast du eine Ohrfeige"; dann in einer Farce *croque, croque, mon amy, ceste mitaine* im gleichen Sinn; *croque-mitaine*

ist vermutlich ursprünglich die Figur des ‚Watschenmannes' auf den Jahrmärkten. Der Ausdruck wird nicht mehr verstanden und umgedeutet; so familiär in Paris „zahnloser Alter", anderseits „Popanz"; ist aus *croquer* „fressen" und *mitaine* „Fausthandschuh" zusammengesetzt; Ph. A. Becker, ZFSL 60, 106; Cramer, VKR 9, 129; s. auch *croquignole.*

croque-mort „Totengräber"
18. Jh., ist scherzhafte Zusammensetzung von *croquer* „verschlingen" und *mort.*

croque-note „Stümper", „Notenfresser"
18. Jh., ist Zusammensetzung von *croquer* in der Bedeutung „die Noten unter das Klavier fallen lassen", ⟨„fressen", und *note.*

croquer 1. „knarren", „zwischen den Zähnen zum Knarren bringen", „fressen"
16. Jh., ist wohl Schallwort wie *criquer, craquer.* Oder aus ndl. *kroken* „knarren", Braune, ZRP 19, 367?
2. „flüchtig entwerfen", „zeichnen"
ist wohl Weiterbildung von *croquer* „knabbern", s. d.
3. „mit dem Haken ergreifen"
18. Jh., ist Abl. von *croc* „Haken" oder die norm. Entsprechung von frz. *crocher,* s. d.

croque-sol „Stümper"
18. Jh., ist Zusammensetzung von *croquer* „die Musiknoten unter das Klavier fallen lassen", und *sol,* d. i. die Note g in der Musik, vgl. *croque-note.*

croquet 1. „Honigkuchen"
17. Jh., ist Abl. von *croquer* „knabbern", s. *croquer* 1. Dazu seit dem 19. Jh. die fem. Weiterbildung **croquette** „Kartoffelkuchen" u. ä.

croquignole 1. „Nasenstüber"
15. Jh., dazu im 14. Jh. *se croquer sur le nez* „sich Nasenstüber geben", ist Abl. von afrz. *crochier,* norm., pik. *croquier* „schlagen" bzw. von *croque* „Schlag" (auf die Finger); steht für **croquillole,* d. i. doppelt dem. Abl. von *croque* „Schlag"; wegen der Dissimilation von **croquillole* zur überlieferten Form vgl. *cligner* aus **cluillier.* Daneben in Anlehnung an *craquer* die Form *craquignole.* Baist, ZRP 32, 46.
Unmittelbare Abl. von *croc* „Haken", REW 478, ist begrifflich schwierig; Übertragung von *croquignole* 2, *Sainéan,* ZRP 30, 307, ist historisch nicht möglich.
2. „Pfeffernuß"
19. Jh., ist Abl. von *croquer* „knabbern", vgl. *croquet, croquette,* in formeller Anlehnung an *croquignole* 1.

croquis „flüchtige Skizze"
18. Jh., ist *-aticium*-Abl. von *croquer* 2.

crosne „Knollenziest"
19. Jh., angeblich nach dem Ort *Crosne* bei Corbeil, von wo die Kultur dieses Gemüses ausging. Dict. gén.

crosse „Krummstab", „Stockkrümmung"
11. Jh., afrz. *croce* „Krummstab des Bischofs", auch „Krücke", aus grom. **crŏccia,* Thomas, Ess. 85, das nicht grom. Abl. von *croc* „Haken" sein kann, Förster, ZRP 2, 84; Barbier, RLR 52, 108, da eine solche Abl. bei einem aus dem Nordischen oder Niederdeutschen entlehnten Wort nicht mehr möglich ist; **croccia* ist eher Kreuzung von fränkisch **krŭkkja* „Krücke", „Bischofstab" mit *croc* „Haken", REW 4785; Brüch 9; schon germ. **krōkja* zu mndl. *krocke* „Krückstock", Braune, ZRP 19, 363 ist historisch unhaltbar. Dazu seit dem 13. Jh. die Abl. **crosser** „mit dem Kolben spielen".

crossette 1. „Schößling"
16. Jh., ist Kreuzung von mundartlichem *cosse* „Pflanzenstock", vgl. *cosson* 2 „junges Rebreis", mit der Sippe um *crosse,* vgl. sav. *crosse* „Rebschoß", berrich. 1. „Häkchen", 2. „Rebschoß", poitev. *crosson* „Stück eines Zahns, Stück Holz" neben *cosson* „Baumstrunk".
2. „Verkröpfung an Türen, Fenster" u. ä.
ist dem. Abl. von *crosse,* s. d.

crotale „Klapper", „Klapperschlange"
16. Jh., aus lat. *(crotalum)* „Klapper", s. *crouler.*
crotesque s. *grotesque.*

croton „Krebsblume"
19. Jh., aus gr. (κρότων).

crotte „Kot"
13. Jh., bezeichnet ursprünglich die Kotkügelchen an Ziegen, Kaninchen u. ä.; auch ein Gericht, wahrscheinlich „Grieben", s. *creton;* dazu schon im 12. Jh. *croter* „beschmutzen", absolut „schmutzig werden"; aus fränkisch **krotta,* zu mndl., flämisch *krotte* „an den Kleidern hängenbleibender Kot"; dazu seit dem 14. Jh. **crottin** „Pferdeäpfel", „Mist", d. i. kollektive *-amen*-Abl. von *crotte,* s. *gratin;* seit dem 18. Jh. die dem. Abl. **crotton** „Kotkügelchen", „Zuckergriebe", ferner *crottu,* s. d.; Bl.-W. 171; Braune ZRP 20, 354.
So besser als aus anord. *krota* „Überrest" zu *krota* „ausschneiden", Brüch, ZRP 38, 698; nicht aus nddt. *klôt* „kugelförmige Masse", Diez 557; vgl. REW 4717.

crottu „pockennarbig"
im 18. Jh. von Rousseau in die Literatur eingeführt, ist aber als *croteux* schon im 16. Jh. von Palissy gebraucht; das Wort stammt aus dem Südostfrz., vgl. Westschweiz *crotet* „Pokkennarbe", wallis. *kroto,* sav., lyon., Bresse, Morvan *crotu, crotou* „blatternarbig", im Morvan auch „beschmiert", „beschmutzt" (d. i. unter Einwirkung von *crotte,* s. d.); es ist Abl. von *croûte* in der Bedeutung „Hautschorf", vgl. besonders in Lens *kroha* „blatternarbig" neben *krohe-crŭsta;* das Wort ist zum Teil in der Form von *crotte* „Kot" beeinflußt. Scheuermeier 33 f.
Nicht Abl. von *crotte,* Dict. gén.

crouchaut „Krummholz am Schiffsvorderteil"
17. Jh., dürfte ein ndl. **krom-schot* „Krummwand" wiedergeben, zu ndl. *krom* „krumm" (mndl. *cromp,* Wind, Neoph. 22, 88) und *schot* „Schutzwand", vgl. ostfriesisch *achterschot, middelschot* „Hinterwand, Mittelwand" u. ä. Vgl. auch das ndl. Adjektiv allein in wall. *cron-brèse,* d. i. **crom-brasse* „Ellbogen", Mons *cron* „hinkend", rouchi „krumm", dazu Mons *crombir* „krümmen".

croule „Schnepfenjagd" (zur Paarungszeit)
19. Jh., u. H.

crouler „zusammenstürzen"
11. Jh., *crodler,* dann in *croller le chief* „das Haupt schütteln", aber auch vom Baum gesagt, der durch leichten Wind geschüttelt wird; dazu intransitiv und reflexiv „sich heftig bewegen", „wanken", „zittern"; Grundform **crotulare,* zu einem Stamm **krot,* der von Hubschmied VR 8, 10 Anm., aus irisch *crothaid* „er schüttelt" erschlossen wird; zu diesem Stamm engadinisch *cruder* „herabfallen", Parma *kröda* „Fallobst"; vgl. aber spätlat. *crotolare* „mit den Kastagnetten klappern", lat. belegt *crotalissare,* dieses zu lat. *crotalum* „Klapper", s. *crotale;* REW 2339.
Die Verbreitung des Stammes **krot* legt nach Jaberg, VR 8, 10 Annahme eines keltischen Etymons nahe.
**corrotulare* zu *rota* „Rad" bzw. *rotula* „Rädchen", Diez 113; Gröber, ALL 1, 552; REW 2260, ist begrifflich schwierig.

croup „häutige Bräune"
18. Jh., aus englisch *croup.* Dict. gén.

croupade „Hochsprung mit eingezogenen Beinen"
17. Jh., in Anlehnung an frz. *croupe* aus ital. *groppata,* d. i. Abl. von ital. *groppa,* der Entsprechung des fr. *croupe,* s. d.

croupe „Kruppe"
12. Jh., aus fränkisch **kruppa,* d. i. fem. -*ō*-Stamm zu anord., isl. *kroppr* „truncus corporis" (deutsch *Kropf*), s. Falk-Torp s. Krop; Mackel 24; vgl. dazu anord. *kryppa* „Buckel", Diez 174. Oder **cruppa* grom. für **cruppum* in Anlehnung an *coda* (vgl. auch **cuppum* neben *cuppa* unter *coupeau* 1, *couper*); dieses aus fränkisch **krop,* der Entsprechung des angeführten anord. Wortes; dazu afrz. *croper* „hocken".
Schon westgermanische Entlehnung, REW 4787, ist begrifflich und geographisch nicht überzeugend.

croupiader „ein Schiff mit Ankern vorn und hinten verteien"
18. Jh., ist Abl. von **croupiat** „Spring auf dem Ankertau"; 1382 (Rouen) *groupiail,* im 17. Jh. *croupial, croupias,* d. i. **croupillas,* zu *croupière,* s. d. Nach Barbier, Misc. 16, 271, aus genuesisch *gruppia,* ital. *gripia* „Ankertau", zum Stamm *grīp-,* s. *grip.*

croupier „hinten aufsitzend" va.; „Spielgehilfe" (der beim Bassetspiel hinter dem Bankhalter steht) u. ä.
17. Jh., ist Abl. von *croupe,* s. d.

croupière „Schwanzriemen", „Hintertau"
12. Jh., ist zunächst in der 1. Bedeutung mittels des die Umfassung anzeigenden Suffixes *-aria* abgeleitet von *croupe* „Krupp", s. d.

croupion „Schweifwurzel", „Steiß der Vögel"
15. Jh., Graphie für **croupillon,* ist dem. Abl. von *croupe,* s. wegen des *-i-* der Abl. auch *croupiat.*

croupir „sich zusammenkauern" va.; „im Schmutze liegen", „in stehendem Wasser verfaulen"
12. Jh., ist Abl. von *croupe* „Krupp", s. d.; vgl. *s'accroupir.*

croupon „gegerbte Rindshaut ohne Kopf und Haut"
18. Jh., ist afrz. in der Bedeutung „Krupp" belegt, ist dem. Abl. von *croupe,* s. d.

crousille „Netzumstellung"
17. Jh., aus nprov. *crousilho* dass., auch „kreuzförmige Anordnung", prov. *crozilha* „Gewölbe mit gekreuzten Gurten", ist *-īlia*-Abl. von prov. *crotz* „Kreuz", s. *croix.*
Das prov. Wort wegen der Bedeutung nicht eins mit frz. *croisille.*

croustade „warme Pastete mit knuspriger Rinde"
19. Jh., aus nprov. *croustado,* s. *coutarde.*

croustille „Brotkrüstchen", „Frühstück"
17. Jh., aus nprov. *croustilho,* d. i. dem. Abl. *(-īcula)* von *crousto,* s. *croûte.* Dazu in Berry die Abl. **croustiller** „zwischen den Zähnen knabbern", „eine leichte Mahlzeit nehmen", das von dort in die Literatursprache gedrungen ist.

croûte „Kruste"
13. Jh. *croste,* auch „Schorf", aus lat. *crŭsta* „Rinde". REW 2345.
Dazu afrz. die dem. Abl. *crostele* und von diesem die weitere dem. Abl. **croûtelette** „kleine Brotkruste", seit dem 13./14. Jh.

croûtier „Farbenklexer"
18. Jh., ist Abl. von *croûte* in der Bedeutung „altes, rissig gewordenes Gemälde".

croûton 1. s. *croûte.*
2. s. *croûtier.*

croyable „glaublich"
12. Jh. *creable,* ist Abl. von dem Stamm *cre-* in afrz. *creons* für nfrz. *croyons* u. ä., s. *croire,* entsprechend lat. *credibilis.*

croyance „Glaube"
14. Jh., ist in Anlehnung an *croire* umgestaltetes afrz. *creance,* dieses aus grom. *credentia,* s. *créance.*

cru 1. „roh"
12./13. Jh., aus lat. *crūdus.* REW 2342.
2. „Gewächs"
16. Jh., ist subst. Part. von *croître* „wachsen", s. d.

cruauté „Grausamkeit"
12. Jh., aus grom. **crudalitate* für lat. *crudelitate,* vgl. aber *cruel.* REW 2341 a.

cruche „Krug"
13. Jh., aus fränkisch **krûka* (as. *krûka,* mhdt. *kruche,* das heutigem mundartlichem *krauche* entspricht, s. Kluge s. *Krug*); Mackel 19 f.; REW 4784.
Das gleiche Stammwort in früherer Entlehnung in afrz. *cruie,* dazu die Deminutivform *cruion.* Nicht zu kymrisch *crwc* „Eimer", Diez 557, da das keltische Wort selbst aus dem Romanischen stammt, Thurn. KR 97; zu lat. *cochlea* „Schnecke", Schuchardt, ZRP 26, 315; SAWien 141, 3, 21 ist weder lautlich noch begrifflich annehmbar.

crucial 1. „kreuzförmig"
16. Jh., gelehrte Abl. von *(crux, cruce)* „Kreuz", s. *croix.*
2. „entscheidend"
Beginn des 20. Jhs., aus englisch *crucial* „entscheidend", „kritisch"; Bl.-W. 172.

crucifier „kreuzigen"
12. Jh., aus lat. *(crucifigere),* in Anlehnung an die auf lat. *(-ficare)* zurückführenden frz. Verba auf *-fier.*

crucifix „Kruzifix"
12. Jh., aus lat. *(crucifixus)* „der Gekreuzigte".

crudité „roher Zustand"
14. Jh., aus lat. *(cruditate),* s. *cru.*

crue „Anwachsen", „Hochwasser"
13. Jh., ist subst. Part. von *croître* „anwachsen", s. d.

cruel „grausam"
12. Jh., dazu westfrz. *crual,* prov. *crual* neben *cruzel,* ist lat. *crudēlis,* dessen Endung z. T. an *-alis* angeschlossen wurde; vgl. *cruauté;* REW 2341.

crural „zum Schenkel gehörig"
16. Jh., aus lat. *(cruralis).*

crustacé „gelenkschalig"
18. Jh., ist gelehrte Abl. von lat. *(crŭsta)* „Schale".

crypte „Krypta", „Hohldruse"
18. Jh., aus lat. *(crypta),* s. *grotte.*

cryptogame „kryptogamisch"
18. Jh., ist gelehrte Zusammensetzung von gr. (κρυπτός) „verborgen", und (γάμος) „Eheschließung".

crystal s. *cristal.*

cu s. *cul.*

cubature „Kubatur"
17. Jh., aus neulat. *(cubatura)* zu lat. *(cubus)* „Würfel", das als **cube** „Würfel" schon im 13. Jh. ins Frz. entlehnt wurde, Barbier, PLeeds I, 216.

cubèbe „Kubebenpfefferstrauch"
13. Jh., aus mlat. *(cubeba),* das aus arabisch *kabâba* entlehnt ist. Diez 114; REW 4648 a; Lam. 92.

cubilot „Kupolofen"
19. Jh., u. H.

cuceron s. *cusseron.*

cuculle „Mönchskapuze"
16. Jh., aus lat. *(cŭcŭlla),* vgl. *coule, cagoule, coquillade.*

cucurbite „Kürbis", „Destillierkolben"
14. Jh., aus lat. *(cŭcŭrbĭta),* s. *courge, gourde.*

cueillaison s. *cueillir.*

cueille 1. „Ernten"
16. Jh., ist postverb. Subst. von *cueillir* „ernten", s. d. und *cueillette.* Oder von diesem rückgebildet?
2. „Segeltuchbreite"
17. Jh., ist postverb. Subst. von *cueillir* „(auf einmal) aufnehmen".

cueillette „Obsternte", „Aufnahme"
13. Jh. *coilloite,* die heutige Form seit dem 13./14. Jh. an das Suffix *-ette* angeschlossen, aus lat. *collēcta* „Beitrag", „Beisteuer", das die begriffliche Entwicklung des dazugehörigen Verbums, frz. *cueillir,* mitgemacht hat, s. d. REW 2045.

cueillie „Maltermenge, die der Maurer zum Beginn des Verputzens von Mauern nimmt" u. ä.
15. Jh., ist subst. Part. von *cueillir,* ist also die französische Entsprechung des älteren *cueillette.*

cueillir „pflücken", „ernten", „aufnehmen" u. ä.
11. Jh. *coillir-quieut,* afrz. auch *cueildre,* das heute als Verbum der *-ĕre*-Klasse noch Dep. Nord, V. Chal., Bresse lebt; aus vlat. **cŏlgĕre,* d. i. Neubildung nach *colgo* für lat. *colligo* zu *colligĕre* „auflesen", „sammeln"; vgl. wegen der vlat. Neubildung *battre.* Die nfrz. Form hat die ursprünglich stammbetonten Formen verallgemeinert. REW 2048.

cuffat „Kübel zum Aufwinden aus dem Schacht"
19. Jh., lebt im Wallonischen, vgl. Mons *cufat, cufar* „großes Faß zur Kohlenförderung", Lüttich *coufade,* aus mndl. *cupe-vat* „Faß in Gestalt einer Kufe". Behrens, DS 82; Valkhoff 104.

cuider „glauben"
11. Jh. *cuidier, cuier,* schwindet aus der Literatur seit dem 17. Jh., lebt aber noch in der frz. Schweiz, dazu südostfrz. *cude* „verfehlte Spekulation", Doubs *cudaud* „Phantast"; aus lat. *cōgĭtare.* Diez 103; REW 2027. H. Ertel, Lat. *cogitare* im Gallorom., Diss., Gießen, 1926.
**cūgitare,* Thomas, Rom. 41, 452, ist lat. nicht möglich und nicht notwendig, da sich das stammhafte *-ui-* von *cuidier* erklärt wie afrz. *tuit* aus vlat. **tottī,* s. *tout,* oder afrz. *dui* aus vlat. *doi,* s. *deux,* Tuttle, RR 4, 381 f. Vgl. auch Thomas, Rom. 34, 332, 334.

cuiller „Löffel"
11. Jh. (Raschi) *culier,* 12. Jh. *cuiller,* dazu ursprünglich mit vergrößernder Bedeutung

das Femininum **cuillère**, das heute allein erhalten ist, trotzdem die Schreibung bei der alten maskulinischen Form blieb; im 8.—10. Jh. als *cochlearis* belegt, Thomas, Rom. 41, 451; s. Rom. 57, 271, aus lat. *cochlearium* dass., doch zeigt der Vorton Einfluß eines zweiten Wortes, das noch aufzudecken ist; es ist nicht *cuire, cuisine,* da sich das vortonige *-ū* auf dem größten Teil der Romania findet. Diez 114; REW 2012.

cuine „Retorte zur Erzeugung der Salpetersäure"
16. Jh. *cuenne,* ist dissimiliert aus arabisch *qanîna, qinnîna.* Dict. gén.; Lam. 263.

cuir „Leder"
11. Jh., afrz. auch „Haut", so noch im 18. Jh., Bl.-W. 173, aus lat. *cŏrium.* REW 2233.

cuirasse „Brustharnisch", „Panzer"
13. Jh., aus vlat. **coracea* für klassisches *(vestis) coriacea* „Ledergewand" in der Form an *cuir* angelehnt; wegen der Dissimilation des 1. *-i-* vgl. *charogne.* Zu REW 2233.

cuiratier „Lederbereiter"
18. Jh., in Anlehnung an frz. *cuir* aus prov. *coiratier,* d. i. Abl. von prov. *cor* „Leder", s. *cuir*; vgl. wegen des Suffixes auch *courratier.*

cuire „kochen", „sieden", „backen", auch in übertragener Verwendung
9. Jh., afrz. dass., transitiv, absolut und reflexiv, aus lat. *cŏquĕre.* REW 2212; Diez 557.

cuirier „Lederschürze der Fischer"
19. Jh., ist Weiterbildung von *tablier* nach *cuir* „Leder".

cuisine „Küche"
12. Jh., afrz. auch „gekochte Ware", aus lat. *coquīna,* im Vortonvokal von *cuire* beeinflußt. REW 2213; dazu seit dem 13. Jh. **cuisiner** „kochen", aus lat. *coquinare,* Bambeck 13.

cuissard „Beinharnisch"
17. Jh., mit Suffixwechsel für afrz. *cuissal,* d. i. westfrz. Form für *cuissel* dass., dieses *-ale*-Abl. von *cuisse,* s. d.

cuisse „Schenkel"
12. Jh., aus lat. *cŏxa* „Hüfte", das schon vlat. (aber noch nicht rumänisch) für lat. *femur* „Oberschenkel" eingetreten ist. *coxa* „Schenkel" ist bei Oribasius belegt, s. ZFSL 57, 128; Zauner, RF 14, 455, 457; REW 2292.

cuisseau „Lendenstück"
19. Jh., ist unetymologische Schreibung für *cuissot,* s. d.

cuissette „halber Gang der durch den Rietkamm gezogenen Kette"
18. Jh., ist vielleicht mit *cuissette* „kleiner Schenkel" eins, das seit dem 15. Jh. belegt ist, s. *cuisse.*

cuisson „Kochen"
13. Jh., afrz. „Brand" (der Weinreben), „Brandwunde", aus lat. *cŏctione,* in der Form durch *cuire* beeinflußt. REW 2018; Thomas, Rom. 41, 452.

cuissot „Keule", „Schlägel"
14. Jh., wird im 17. Jh. als unliterarisch verworfen, Br. 3, 103, ist dem. Abl. von *cuisse,* s. d.

cuistre „Schulpedell" va.; „Schulfuchs"
12. Jh., stammt aus dem Schulargot, ist dort neu belebtes afrz. *cuistre,* Nom. zu *coistron* „Küchenjunge", aus lat., in den Isidorschen Glossen belegten *coquistro* „königlicher Vorkoster", REW 2215, doch mit begrifflicher Vermengung mit afrz. *coustre,* Akkusativ *coustour* „Kirchendiener", „Küster", aus vlat. *cŭstor, cŭstore* für lat. *custos, custode* „Wächter", REW 2427. Schon afrz. findet sich für *coustre* eine Form *cuistre,* die Verschmelzung der beiden Stämme ist also schon im Altfrz. erfolgt.
Oder *cuistre* Kreuzung von *coustre* mit *cuire,* da die ehemals unter diesem Namen benannten Angestellten der Collegien in der Küche verwendet wurden, Dict. gén.?

cuite „Brennen"
18. Jh., ist subst. Part. von *cuire,* s. d.

cuivre „Kupfer"
12. Jh., aus vlat. **cubreum,* als *cobrium* im Liber hist. Francorum belegt, ist romanisierte Form aus gr. κύπριον, lat. *cyprium (aes),* d. i. „Erz aus Cypern", zu gr. Κύπρος „Cypern"; nicht unmittelbar aus lat. *cuprum, cupreum,* da prov. *coure, coire* in der Grundlage ein *-br-* voraussetzt; *-br-* für -πρ-, mit der Wiedergabe von gr. π durch lat. *-b-,* wie in *gubernare* u. ä.; Meyer-Lübke, ZRP 36, 231; 39, 83; Brüch ZFSL 50, 325; Hubschmid Bibl. Fac. Phil. Liège 129 (1953), 189; ALL 2, 270; Baist, ZRP 7, 116; REW 2444; Bl.-W. 173.
Dazu die *-alis*-Abl. afrz. *cuivrel* „kupferfarbig", die seit dem 18. Jh. (mit der im 16. Jh. allgemeinen Verstummung der Endkonsonanten, die hier nicht rückgängig gemacht wurde, weil das Wort in die *-é = -atum*-Abl. eingereiht wurde) in der Form **cuivré** „kupferfarbig", seit dem 17. Jh. mit Verallgemeinerung der ursprünglich nur vorkonsonantischen Form als **cuivreux** dass. bezeugt ist.

cuivrot „messingenes Drehscheibchen"
18. Jh., steht vermutlich für **cuivrau,* d. i. südwestliche Form für *cuivrel* „kupfern", s. *cuivré.*

cul „Hinterer", „hinterer Teil"
13. Jh., aus lat. *cūlus.* REW 2384; dann in übertragener Verwendung „hinterster Teil" (eines Sackes u. ä.), 18. Jh. *en cul d'enfer* „am Grund der Hölle", „in der tiefsten Hölle"; entsprechend *cul-de-sac* „Sackgasse", Michaëlsson, Stud. Neoph. 20, 160.
Dazu seit dem 18. Jh. die Abl. **culard** „Schwanzzapfen des Schmiedehammers".

culasse „Bodenstück eines Geschützlaufes".
16. Jh., aus ital. *culaccio,* d. i. augmentative Abl. von *culo,* s. *cul.*

culave „Ausglühtopf" (in der Glasbläserei)
18. Jh., zu mhdt. *küelen* „auskühlen" und *haven* „Topf"; die unmittelbare Quelle ist noch festzustellen.

culbute „Purzelbaum"
16. Jh., ist postverb. Subst. von **culbuter** „Purzelbaum schlagen", „umstoßen", 16. Jh., d. i. Zusammensetzung von *cul* „Hinterer" und *buter* in der Bedeutung von *bouter* „stoßen", vgl. wegen der Vermengung der Stämme *bout-* und *but- but* und *bouter.*
Vgl. als ähnliche, vielleicht *culbuter* fortsetzende Bildungen voges. *cuboulé* (+ *bouler*) „umgestoßen", Mons *cutourniau* „Purzelbaum", also zu **cultourner* u. ä. REW 2384.
Dazu seit dem 17. Jh. die Abl. *(-aticium)* **culbutis** „Gewirre durcheinandergestürzter Dinge".

culée 1. „Hinterstück", „Stütze für den Hinterteil" u. ä.
14. Jh., ist kollektive Abl. von *cul,* s. d.; vgl. prov. *culada,* das mit *cul* gleichbedeutend ist.
2. „Übersteuergehen"
ist subst. Part. von **culer** „über Steuer gehen", „weichen", d. i. Abl. von *cul* in der Bedeutung „Gatt" (Hinterteil eines Schiffes).

culeron „Schwanzriemen am Pferdegeschirr"
17. Jh., ist Abl. von *culière* „Schwanzriemen", s. d.; das Suffix *-on* hat nicht nur dem. Bedeutung, sondern bezeichnet auch etwas zu dem Grundwort Zugehöriges.
culier s. *cul.*

culière „Schwanzriemen"
13. Jh., ist mittels des die Einfassung anzeigenden Suffixes *-aria* abgeleitet von *cul,* s. d.

culinaire „zur Küche gehörig"
16. Jh., aus lat. *(cŭlīnarius).*

culminer „den Höhepunkt erreichen"
18. Jh., aus lat. *(cŭlmĭnare).*
culot s. *cul.*

culotte „Schwanzstück"; „Kniehose"
ist als Bekleidungsstück im 16. Jh. mit dem *pantalon* eins, während die enge Kniehose als *haut de chausses* bezeichnet wird, vgl. *chausses;* seit dem 18. Jh. in der heutigen Bedeutung; Esau 38 f.; ist dem. Abl. von *cul.*
Dazu seit dem 17. bzw. 18. Jh. die Abl. **culottin** „kleine Kniehose", dieses mit deminutivem *-in* abgeleitet; davon unabhängig (mittels des charakterisierenden *-in* als Ablautform für *-on* abgeleitet) *culottin* „Hosenmatz"; seit dem 20. Jh. **culotte-gaine** „Hüfthalterhöschen", s. *gaine;* Lange-Koval, Leb. Spr. 1964.

culpabilité „Strafbarkeit"
18. Jh., ist gelehrte Bildung zu lat. *(culpabilis)* „strafbar", s. *coupable.*

culte „Kult"
16. Jh., aus lat. *(cŭltus).*

cultiver „anbauen", „bebauen"
12./13. Jh., aus mlat. *(cultivare),* d. i. Abl. von mlat. *cultivus,* dieses durch *-ivus* einreihend erweitertes lat. *cultus* „bebaut" zu *colere* „bebauen".

culture „Bebauung" u. ä.
18. Jh., aus lat. *(cŭltūra).*

cumin „Kreuzkümmel"
16. Jh., aus lat. *(cŭmīnus);* eine anscheinend volkstümlich entwickelte Form des gleichen Wortes *comin,* 14. Jh., findet sich noch im 16. Jh., vgl. dazu prov. *comin* dass. und mfrz. *cominée* „Kümmelragout", REW 2442.

cumul „Häufung"
17. Jh., ist postverb. Subst. von **cumuler** „aufhäufen", 14. Jh., aus lat. *(cŭmŭlare),* s. *combler.*

cunéiforme „keilförmig"
16. Jh., ist Zusammensetzung von lat. *(cŭneus)* „Keil", s. *coin,* und *forme,* s. d.

cunette „Abzugsgraben in der Mitte eines trokkenen Festungsgrabens"
17. Jh., auch gelegentlich *lacunette,* aus ital. *cunetta* dass., eigentlich „Pfütze", d. i. mit falscher Abtrennung des Anlauts, der als Artikel gefaßt wurde, rückgebildet aus *lacunetta,* d. i. dem. Abl. von *lacuna* „Sumpf" aus lat. *lacūna* dass. Dict. gén.

cupide „begierig", „geldgierig"
15. Jh., aus lat. *(cŭpĭdus)* dass., vgl. *convoiter.*

cupidon „Schönling", „Geck"
ist ursprünglich, seit dem 13. Jh., Name des Gottes *Cupido,* des Sohnes der Venus.

cuprate „kupfersaures Salz"
19. Jh., ist gelehrte Abl. von lat. *(cŭprum)* „Kupfer", s. *cuivre.*

cupule „Näpfchen"
17. Jh., aus lat. *(cūpŭla).*

curable „heilbar"
13. Jh., aus lat. *(cūrabilis).*

curaçao „Art Pomeranzenlikör"
19. Jh., nach dem Namen der niederländischen, zu den Antillen gehörigen Insel *Curaçao.* Dict. gén.

curage 1. „Reinigung"
14. Jh., ist Abl. von *curer,* s. d.
2. „Wasserpfeffer"
14. Jh. auch *culrage,* ist volksetymologisch umgestaltetes älteres *scurage,* dieses aus mlat. *(scurago)* u. H. Roll. Fl. 9, 192.

curandier „Leinwandbleicher"
13. Jh., ist nach dem Dict. gén. norm., hier Abl. von *curer,* für das seit dem 15. Jh. eine Bedeutung „Wäsche bleichen" bezeugt ist, so heute noch wall., afrz. *cureur* „Bleicher", „Bleicherlohe"; es ist mit dem die Handwerker bezeichnenden Suffix *-arius* einreihend erweitertes **curerenc,* d. i. Abl. von *curer* „bleichen", wie afrz. *teisserenc* zu *tistre, tisser,* s. *tisserand.*

curare „Pfeilgift der Eingeborenen in Südamerika"
18. Jh., aus einer Eingeborenen-Mundart Südamerikas. Dict. gén.

curatelle „Pflegschaft"
14. Jh., aus mlat. *(curatela)*, das zu lat. *curator* „Pfleger" gebildet wurde, wie lat. *tutela* zu *tutor*.

curateur „Pfleger", „Vormund"
13. Jh., aus lat. *(curatore)*, s. *cureur*.

curcuma „Gelbwurz"
16. Jh., aus spanisch *cúrcuma*, dieses aus arabisch *kurkuma* „Safran". Lam. 93.

cure „Sorgfalt" va.; „Seelsorge"
12. Jh., aus lat. *cūra* „Sorge", „Fürsorge", mlat. auch „Seelsorge", REW 2411; dazu mlat. *curatus* „Seelsorger", das französisiert seit dem 13. Jh. als **curé** „Pfarrer" bezeugt ist.

cureau „Klöppelchen der Tuchscherer"
18. Jh., steht für **curot*, d. i. Werkzeugsableitung von *curer* „reinigen", vgl. seit dem 15. Jh. belegtes, in der Bildung entsprechendes *curet* dass.

curée „die den Hunden gegebenen Teile des erjagten Wildes"
so aufgrund lautlicher Entwicklung seit dem 15. Jh. für afrz. *cuirée*, das durch sein Auftreten als Lehnwort bei Gottfried von Straßburg für das 12. Jh. gesichert ist; das Wort ist volksetymologisch seit der ältesten Zeit mit *cuir* „Leder" zusammengebracht worden, weil die *curée* den Hunden auf einem Fell vorgeworfen wurde; es kreuzen sich in dem Wort zwei Stämme: mlat. *corata*, d. i. Kollektivabl. von *cor* „Herz", s. *courée*, und *curer* „reinigen", dann speziell „ausweiden", vgl. ital. *curare* „Geflügel ausweiden". Tiktin, ASSL 133, 120 ff.; G. Paris, Rom. 4, 511; Tilander. Nouv. mél. d'étym.-cynégétique, 1961, s. RDiR 25, 456.
Nicht ursprünglich zu *cuir*, Förster; ZöG 1875, 538 ff.; REW 2233.

curer „pflegen" va.; „reinigen"
12. Jh., aus lat. *cūrare* „sich angelegen sein lassen", „besorgen", „befehlen" u. ä. REW 2412.

curette „Bohrkrätzer", „Räumlöffel"
15. Jh., ist Werkzeugsabl. von *curer* „reinigen", s. d. und *curandier, curée*.

cureur „Kanalräumer" u. ä.
13. Jh., ist Abl. von *curer* „reinigen", s. *curette*.

curial 1. „die Seelsorge betreffend"
17. Jh., ist Abl. von *cure* „Seelsorge", in Anlehnung an lat. *curialis* „Gemeindegenosse", s. d. F.
2. „Kurial"
18. Jh., aus lat. *(curialis)*.

curie „Kurie"
16. Jh., aus lat. *(cŭria)* „Versammlungsort", z. B. des Senats, dann „Ort ernster Beratung", daher seit dem 19. Jh. *curie* „päpstliche Kurie"; Bl.-W. 175.

curieux „sorglich" va.; „neugierig"
12. Jh., aus lat. *(cŭriōsus)* in beiden Bedeutungen.

curle „Rädchen des Seilers für das Kabelgarn"
18. Jh., aus ital. *curlo*, auch *corlo*, die *-u-*Form vom Verbum *curlare*, mundartlich, z. B. trientinisch *corlare* „rollen", „rutschen", d. i. Abl. von vlat. **cŭrrŭlus* zu *cŭrrus* „Rennwagen". Thomas, Mél. 59 f.; Meyer-Lübke, RomGr. 2, 471.

curseur „Läufer" va.; „Schiebring" u. ä.
14. bzw. 17. Jh., aus lat. *(cŭrsore)* „Läufer".

cursif „laufend"
18. Jh., aus mlat. *(cŭrsivus)*, d. i. Abl. von *cŭrsus*, dem Part. von *cŭrere* „laufen", s. *courre*. Vgl. wegen der mlat. Bildung *cultiver*.

curviligne „krummlinig"
17. Jh., dafür im 16. Jh. mit dem Versuch einer Anpassung an das Französische *courbeline*, ist gelehrte Zusammensetzung aus *(cŭrvus)* „krumm", s. *courbe*, und *ligne*.

cuscute „Flachsseide"
14. Jh., aus mlat. *(cuscuta)*, auch *cassutha* u. ä., dieses aus arabisch *kušûṭ, kašûṭa*. Lam. L.; Dict. gén.; Roll. Fl. 8, 64 ff.

cusseron „Erbsenkäfer"
19. Jh., ist Kreuzung von *cosson* „Holzkäfer" u. ä., s. d., mit *puceron* „Blattlaus", bzw. Kreuzung von *cosson* mit *puce*, s. d. Dict. gén. Vgl. auch *cusson* als Nebenform von *cosson* und lim. *cussou* dass.
Von diesem seit dem 16. Jh. die Abl. **cussonné** „wurmstichig".

custode 1. „Wächter" va.; „Kirchenschatzverwahrer"
12. Jh., aus lat. *(cŭstode)* „Wächter", vgl. *cuistre*.
2. „Vorhang des Ziboriums" u. ä.
14. Jh., aus lat. *(cŭstōdia)* „Obhut".

cutané „die Haut betreffend"
18. Jh., ist gelehrte Abl. von lat. *(cutis)* „Haut".

cuticule „Oberhäutchen"
16. Jh., aus lat. *(cŭticula)* „Häutchen".

cuve „Kufe"
12. Jh., aus lat. *cūpa*, das verschiedene Arten von Bottichen bezeichnet; bei Isidor v. Sevilla „Weinbottich"; ist aus Holz gemacht, daher auch „Wanne", „Badewanne"; zur Unterscheidung von *cuve* „Bottich", „Kufe" im Allgemeinen, von *cuve* „Weinbottich" wird *cuve à lessive* bzw. **cuvier** „Waschtrog" gebildet, zu mlat. *cuparium* „cella ubi cupae servantur" also „Weinkeller", wie noch heute gask.; Feiler RF 45, 265; REW 2401; ALF 375; Bl.-W. 175.

cuzcuz s. *couscou*.

cyanogène „Kohlenstickstoff"
19. Jh., von Gay-Lussac gebildet nach gr. (κύανος) „blau" und (γεννᾶν) „erzeugen".

cyclamen „Erdscheibe", „Zyklamen"
14. Jh., aus lat. *(cyclamen).*
cycle „Zyklus", „Kreis"
16. Jh., aus lat. *(cyclus).*
cyclone „Wirbelsturm"
19. Jh., aus englisch *cyclone.* Dict. gén.
cygne „Schwan"
12. Jh., aus vlat. *cĭcĭnus,* das in der Lex Salica und verschiedentlich in Glossen belegt ist; dieses aus gr. κύκνος. Schramm 68 f.; REW 2435.
cylindre „Zylinder", „Walze"
14. Jh., aus lat. *(cylindrus).*
symaise s. *cimaise.*
cymbale „Zymbel", „Klingspiel"
12. Jh., aus lat. *(cymbalum),* vgl. *clavecin.*
cymette „Rosenkohlsprößling"
16. Jh., ist wall., als *chime, chimette* norm.; ist dem. Abl. von gleichbedeutendem *cime, chime,* d. i. die Entsprechung von frz. *cime,* s. d. Roll. Fl. 2, 12.
cynégétique „die Jagd betreffend"
18. Jh., aus gr. (κυνηγετικός).
cynique „hündisch", „zynisch"
14. Jh., aus lat. *(cynicus).*
cyprès „Zypresse"
12. Jh., aus lat. *(cypressus).*
cyprin „Karpfen" (Gattung)
18. Jh., aus lat. *(cyprinus).*
cyrillien „kyrillisch"
19. Jh., auch *cyrillique,* nach dem Begründer dieser Schrift, dem Slawenapostel *Cyrillus,* frz. *Cyrill.*
cytise „Bohnenbaum"
16. Jh., aus lat. *(cytisus).*
czar s. *tzar.*

D

da „in der Tat"
gewöhnlich nach der Bejahung oder Verneinung gesetzt, auch *dia,* 15./16. Jh. *dea;* ist Kurzform für seit dem 12. Jh. bezeugtes *diva* „geh sag", „heda" u. ä., d. i. Zusammensetzung von afrz. *di* „sage", s. *dire,* mit *va* „gehe", s. *aller,* das im Altfrz. und Mittelfrz. zur Bekräftigung der Aufforderung verwendet wird. Die volle Form *diva* lebt noch in der Bretagne. Diez 558; REW 2628; Sainéan, RER 8, 158 ff.; vgl. *dada.*
dactyle „Daktylus", „Hundsgras"
14. Jh., aus lat. *(dactylus)* dass.; vgl. auch *datte.*
dada „Pferd"
17. Jh., stammt aus der Kindersprache, geht zurück auf den Treibruf der Pferde *dia dia,* s. d., vgl. die volle Form noch in Clairvaux *diadia;* Kocher, Red. 50; Roll. F. 4, 126; vgl. *da.*
Die Übertragung auf „Steckenpferd", „Liebhaberei" erfolgt im 18. Jh. in Nachahmung von englisch *hobby* gleicher Bedeutung, zunächst in einer Übersetzung von Tristram Shandy des Engländers Sterne; Dauzat, Fr. mod. 13, 241; Pignon, Fr. mod. 14, 60; Ullmann, Fr. mod. 15, 214.
dadais „läppischer Bengel"
17. Jh., vgl. dazu 16. Jh. *dadée* „läppisches Benehmen", Lüttich *dadaie* „läppische Frau", *dâda* „läppisch", pik. *dadèle* „Mann, der sich mit Frauenarbeiten beschäftigt", rouchi *dadeler* „geschäftig tun", „trödeln" u. ä.; ist wohl Schallbildung, vgl. *dandin.* Kocher, Red. 80 ff.
dagard s. *daguet.*
dagorne „Kuh, der ein Horn fehlt"
17. Jh., steht für *décorne,* das in dieser Form noch normannisch lebt; es ist postverb. Adj. von norm. *décorner* „ein Horn brechen", d. i. Abl. von *corne,* s. d.; vgl. mit anderem Präfix Lüttich *hoirné* in der literarischen Bedeutung, = **escorné;* die literarische Form zeigt Beeinflussung durch *dague,* s. d., s. *daguer* 2.
dague + unicornis „einhörnig" Schuchardt, Globus 80, 207; REW 2456, ist historisch schwierig; *dague + corne,* Diez 558; Dict. gén., ist begrifflich nicht befriedigend.
dague „langer Dolch", „Spieße des Hirsches im 2. Jahr", „Schwingemesser der Flachsspinner"
13. Jh., scheint aus prov. *daga* zu stammen; dazu ital. *daga,* während südital. so z. B. neapolitanisch *daca* „kurzes Schwert" vermutlich falsche Anpassung eines toskanischen *daga ist* (vgl. tosk. *paga* gegen neapolit. *paca* u. ä.); das Wort ist zuerst um 1200 als *daggarius* in Schottland bezeugt, Baist bei Kluge, s. Degen 2.
Zu *dacus* „dakisch", also *daca* *„dakisches Schwert", Schuchardt, Globus 80, 206 ff.; REW 2456, ist durch die tatsächliche Überlieferung nicht gestützt.
daguer 1. „erdolchen"
16. Jh., ist Abl. von *dague,* s. d.
2. „mit den Hörnern stoßen"
ist Kreuzung von *daguer* 1 mit *doguer,* s. d.
daguerréotype „Daguerrotyp"
19. Jh., ist Zusammensetzung von *type,* s. d., mit dem Namen des Erfinders, *Daguerre.* Dict. gén.
daguet „Spießer" (zweijähriger Hirsch), „Schellfisch"
16. Jh. auch **dagard,** ist Abl. von *dague* „Spieß", s. o.; vgl. wegen der Bildung *brocard* „einjähriger Hirsch", Dauzat, RPFL 28, 96; Brüch, ZFSL 50, 326; s. Dauzat, RPFL 28, 96.
dahlia „Dahlia"
18. Jh., aus neulat. *(dahlia),* dieses gebildet nach dem Namen des schwedischen Forschers *Dahl.* Dict. gén.
daigner „geruhen"
10. Jh. *deignier,* aus lat. *dĭgnari.* REW 2639.

dail „Sense"
15. Jh., auch in der femininen Form **daille,** stammt aus dem Süden, vgl. prov. *dalh, dalha* dass.; dazu auf dem Südgürtel des Nordfrz. die Form *dar, der*; aus älterem *dal'*, vielleicht gekreuzt mit *dard* „Spieß"; Grundform von *dalha, daille* ist **dalkla,* das nach Leumann, VR III, 281, aus sikulisch ζαγκλον „Sichel" zu erschließen ist, nach Niedermann, Ess. Etym. Crit. verb. lat., Paris, 1918, die ligurische Entsprechung von lat. *falcula* „Sichel" (neben *falx* „Sense") ist; nach der Verbreitung des Wortes ist die unmittelbare Quelle des Wortes gallisch, besonders da auch die südfrz. Bezeichnung der „Sichel", **volamos,* nach REW 9430a gallischer Herkunft ist. *Dalkla* bedeutet ursprünglich vermutlich „Sichel", ist dem. Abl. von **dalkis* „Sense", wohl auch „Winzermesser", „Gartenmesser" wie lat. *falx*; **dalkis* lebt in mfrz. *andausse* „Gartenmesser", Corrèze *dâou, daousso* „Art Messer mit halbmondartig abgebogener Schneide und Holzgriff", Thomas, Rom. 38, 360 f. Vgl. auch *andain.*
**daculum* zu *daca* „dakisches Schwert", Schuchardt, Globus 80, 206 ff.; Brüch, ZRP 41, 583; REW 2458, ist schon deshalb schwierig, weil das angebliche Grundwort *daca* vermutlich selbst nicht bestanden hat, s. *dague.* Lat. *dactylus* „Dattel" bzw. gr. δάκτυλος „Finger", Barbier, RDR 1, 263, ist begrifflich unwahrscheinlich; doch kann seit dem 16. Jh. belegtes *dail, daille* „eine Muschelart" auf das bei Plinius in dieser Bedeutung belegte *dactylus* zurückführen, Schuchardt, Globus 80, 208; zu gotisch *dailjan* „teilen", Dict. gén., ist begrifflich und morphologisch schwierig. *daculum,* glossiert mit *sica,* 7. Jh., Terracini, AGI 20, 2, ist Latinisierung von prov. *dalh,* nicht Grundwort von diesem, FEW III, 2.
daillot s. *andaillot.*

daim „Damhirsch"
13. Jh., aus vlat. **damus* für lat. *dam(m)a,* das nach Walde allgemeiner Ausdruck für ein Tier aus dem Rehgeschlecht ist; die Bezeichnung für den Damhirsch erst seit Beginn des Mittelalters, als das Tier aus Vorderasien nach Europa gebracht wurde. Schuchardt, SAWien 188, 4, 78 f.; Diez 558; Gröber, ALL 2, 101; REW 2466; FEW III, 11.
Dazu seit dem 17. Jh. mit Stammverkennung das neugebildete Femininum **daine,** auch *dine* „Hirschkuh".

daintiers „Hirschgeilen"
11. Jh. (Raschi) *deintiers* „Leckereien", 12. Jh. *deintié* „Würde", dann mit einer Bedeutungsentwicklung, die aus der mittelalterlichen Klostersprache stammt und schon dem zugrundeliegenden lat. Worte eigen ist, „Freude", „Leckerbissen"; diese Bedeutung, spezialisiert in der Jägersprache, liegt dem literarischen Wort zugrunde; aus lat. *dĭgnĭtate* „Würde". Diez 558 f.; G. Paris, Mél. 306 f.; REW 2640.

dais „Thronhimmel"
13. Jh. *dois* „Eßtisch", die heutige Bedeutung daher, weil die Eßtische mit einem an den Seiten herabhängenden Tuch überspannt waren; aus lat. *dĭscus* „Teller", „Platte". Diez 559; REW 2664.
daleau s. *dalot.*

dalle 1. „Traufrinne"
vgl. dazu wall. *dâ, dau* „Uringrube", Lüttich *dâ* „Jauche", norm. *dalle* „Tal", „Abgußrinne", dazu *dallée* „Urin", B. Maine *dalé* „urinieren"; wohl aus flämisch *daal* bzw. ndl. *dal* „Tal", „Schlucht", „Grube", auch „Rinne, welche das mittels der Pumpen gehobene Leckwasser über Bord führt", s. *dalot,* REW 2455.
2. „Steinplatte", „Diele"
15. Jh., vgl. dazu wall. *daile* „schmales Tannenbrett" u. ä., norm. *delle* „Gruppe zusammengehöriger Äcker"; aus ndl. *deel,* mndl. *dêle* „Brett", „Flur", das wohl bei der Aufnahme in die Literatursprache mit *dalle* 1 verschmolzen ist.
3. „Schnitte", „Scheibe"
15. Jh., ist Kreuzung von gleichbedeutendem *darne,* s. d., mit *dalle* 2.

dalmatique „Meßgewand der Diakone"
12. Jh., aus lat. *(dalmatica) (vestis),* das in halbgelehrter Entwicklung auch in afrz. *daumaie* vorliegt; letzteres lebt noch heute mundartlich. REW 2463.

dalot „Speigatt", „Ablaufrinne"
17. Jh., ist dem. Abl. von *dalle* 1, vgl. ndl. *dal* „Rinne, welche auf allen Segelschiffen das mittels der Pumpen gehobene Leckwasser über Bord führt". Falk, WuS 4, 6.

dam „Schaden", „Verdammnis"
9. Jh., erstarrt seit dem 17. Jh. in den Wendungen *à ton dam* u. ä., Br. 3, 110, aus lat. *damnum.* REW 2468.

damas „Damast"
14. Jh., aus älterem *drap de Damas,* d. i. dem Namen der kleinasiatischen Stadt *Damascus,* arabisch *Dimašq.* Diez 117; REW 2465; Lam. 263.

damasquin „damaszenisch"
16. Jh., aus ital. *damaschino,* s. *damas*; dazu seit dem 16. Jh. die frz. Abl. **damasquiner** „mit Gold und Silber auslegen".

damasser „auf Damastart weben"
14. Jh., ist frz. Abl. von *damas,* s. d.

dame 1. „Edelfrau" va.; „Dame"
11. Jh., afrz. „Herrin", „Gebieterin", „Ehefrau des Ritters", „ehrende Bezeichnung für verheiratete Frauen", aus lat. *dŏmĭna* „Herrin", mit der lautlichen Entwicklung, die der Verwendung des Wortes als Titel in unbetonter Stellung entspricht; daneben in volltoniger Entwicklung afrz. *domme,* südlich

donne, das afrz. in Scheidung von *dame* die Bedeutung „junge Frau" angenommen hat. Förster, ZRP 13, 543; REW 2733; Diez 122.
2. „sicherlich", „gewiß"
17. Jh. auch *tredame,* ist Verkürzung von *nôtre dame* „unsere liebe Frau".
3. „Schlackendamm"
17. Jh., scheint aus dem Süden zu stammen, vgl. Berry *damme* „übrig gelassene Erdschicht in einem aufgeworfenen Graben" u. ä., ähnlich Saintonge; dazu frz. Schweiz *dammette* „Pfosten aus Tannenholz in Dämmen"; kann aus geographischen Gründen nicht aus ndl. *damm* „Damm" stammen; auch nicht aus dem Hochdeutschen, da hier *damm* erst seit dem 17. Jh. aus dem Niederdeutschen entlehnt wurde; aus gotisch **dăm* „Damm" zu gotisch *faúrdammjan* „verdämmen", die feminine Form vermutlich in Anlehnung an *fossa,* s. *fosse*; das gleiche Wort als *damp* im 15. Jh. in der Gegend von St. Omer, Artois, hier aus mndl. *damm* „Damm", Dupire, Rom. 68, 196, ist davon unabhängige neue Abl.; vgl. Valkhoff, 106.

dame-jeanne „große Flasche"
17. Jh., dürfte aus dem Süden stammen, vgl. langued. *damajano,* Nizza *damejano* u. ä.; ist vermutlich ursprünglich scherzhaft gebrauchtes *dame-Jeanne* „Frau Johanna", vgl. norm. *christine* „große, irdene Schnapsflasche"; auf *dame-jeanne* baut sekundär im 17. Jh. für Saintonge belegtes *putain-jeanne* auf; Sainéan, ZRP 30, 308; 33, 61.
Nicht aus arabisch *damağâna,* da dieses erst ein Jahrhundert später belegt ist als das frz. Wort und selbst aus dem Französischen stammt, s. Baist, ZRP 32, 45; 33, 64; Brüch, ZRP 41, 584; Schuchardt, ZRP 41, 697; **dimidiana* zu *dimidium,* s. *demi,* Alart, RLR 5, 5 ff.; REW 2644, befriedigt weder lautlich noch begrifflich.

damer „zur Dame machen" (Schachspiel); „mit dem Rammbock = *dame* stampfen"
16. Jh., sind unabhängige Abl. von *dame* 1, s. d.

dameret „Stutzer"
16. Jh., für älteres *damerez* „Frauen-", d. i. *-ariceus*-Abl. von *dame* 1. Tobler, SABerlin 1893, 3, 22.

damette „Bachstelze"
ist für das Südostfrz. bezeugt, hier neben *jacobine, religieuse;* nach Roll. F. 2, 230 nach dem schwarz-weiß gefleckten Gefieder des Vogels, das an das Habit gewisser Orden erinnert. In der Bedeutung „kleine Dame" ist das Wort seit dem 13. Jh. bezeugt.

damier „Damenbrett"
16. Jh., ist Abl. von *dame* 1.

damoiseau „Junker", „Weiberknecht"
12. Jh. *damoisel,* aus grom. **dŏmnĭcellus* „Herrlein", in den Formulae Marculfi „kleiner Edelmann", „Königsenkel", Väänänen, NM 56, 313; afrz. auch *dancel, donzel* „junger Mann", zu *dominus* „Herr". Diez 122; REW 2737.

damoiselle „Edelfräulein"
9. Jh. *domnizelle,* ist Nebenform von *demoiselle,* aus grom. **dŏmnĭcella,* d. i. dem. Abl. von *domina* „Herrin", s. *dame* 1; in der Bedeutung „Edelfräulein" noch in *les demoiselles de Saint Cyr* erhalten; im 17. Jh. „bürgerliche verheiratete Frau", heute „Verkäuferin", fam. „Dirne"; H. Hofmann, Zur Bedeutungsverzweigung des Wortes domnicella im Gallorom., Diss., Zürich, 1939; REW 2737.

dandin „linkischer Mensch"
16. Jh., zuerst bei Rabelais als Spottwort belegt, Sain. Rab. 2, 475, dann als Eigenname bei Molière, Racine, Lafontaine, ist postverb. Subst. von *dandiner,* s. d. Vgl. Kölbel 69.

dandine „Eisenlatte zur Klärung des Weines"
19. Jh., ist postverb. Subst. von *dandiner,* das volkstümlich auch die Bedeutung „schlagen" besitzt; vgl. wegen der Bedeutung des Wortes frz. *fouetter* „den Wein klären".

dandiner „schaukeln", „schlendern", „schlottern"
auch kausativ „zum Schlottern u. ä. bringen", daher die unter *dandine* erwähnte Bedeutung „schlagen", dann *dandinette* „Züchtigung", 16. Jh.; ist Abl. von mfrz. seit dem 14. Jh. belegten *dandin, dandain* „Schelle", „Glocke", das Schallwort ist, vgl. *dodiner.* Schuchardt, ZRP 13, 176; REW 2748.

dandy „Stutzer"
ist seit 1830 belegt, ist ursprünglich der Vertreter des Weltschmerzes, auch des Nihilismus in der Gesellschaft, wird dann zum Modehelden; aus englisch *dandy.* Köhler, 33. Beiheft ZRP; Usinger, GB 4, 13 f.

daneau „junger Damhirsch"
17. Jh., früher *dainceau, dainteau,* alle drei dem. Abl. von *daim,* s. d.

danger „Gefahr"
12. Jh., „Herrenrecht", „Gewalt", die heutige Bedeutung aus Verbindungen wie afrz. *estre ou dangier de aucun, entrer ou dangier de aucun* „sich in die Gewalt eines anderen begeben"; dann wohl auch unter Einfluß von *dam* „Schaden", s. d.; aus gallorom. **dŏmniarium,* d. i. Abl. von *dominus* „Herr". Nicht unmittelbar zu afrz. *dam* „Schaden", Diez, 559; vgl. *dommage.*
Dazu seit dem 12./13. Jh. die Abl. **dangereux** „gefährlich". Förster, ZRP 13, 535; REW 2736.

danois „dänisch"; „Dogge"
12. Jh. *danois,* fem. *danesche,* aber schon seit dem 12. Jh. analogisch Fem. auch *danoise,* aus fränkisch **danisk* „dänisch"; dazu afrz. *daneschier* „dänisch reden".

dans „in"
16. Jh., für älteres, seit dem 12. Jh. bezeugtes

dedenz, das ursprünglich adverbiell gebraucht wird, s. *dedans,* aber seit dem 13. Jh. wie die Adverbien *dessous, dessus* u. ä. auch als Präposition gilt; es ist vorhistorische Zusammensetzung von *de,* das die attributivische Unterordnung ausdrückt, mit *deintus,* das im klassischen Latein „von innen" bedeutet, aber seit den Gromatikern, dann in Karolingerurkunden, in der Lex Salica usf. als Adverbium „drinnen" und als Präposition verwendet wird. Hamp, ALL 5, 346; Geyer, ALL 8, 478; REW 2528. *dans* nicht in Fortsetzung von afrz. vereinzelt noch erhaltenem *denz* aus *de intus,* s. Gg., Syntax 274.

danse „Tanz"
12. Jh., ist postverb. Subst. von afrz. *dancier,* heute **danser** „tanzen", aus fränkisch *dansôn,* zu ahdt. *dansôn* „ziehen", wahrscheinlich zur Bezeichnung des Reigentanzes, bei dem die Tanzenden sich an den Händen halten und bald nach rechts, bald nach links ziehen; die Romanisierung zu grom. **dantsare,* da nach dem Verstummen des lat. *-s-* vor *-n-* (s. *mēsa* für *mensa*) die Lautfolge *-ns-* in der lateinischen Umgangssprache nicht mehr vorhanden ist; an ihre Stelle tritt die Lautfolge *-nts-*, wenn alt und später die Aufeinanderfolge von *n* und *s* neu entsteht; vgl. dazu *conservius* s. *concierge*; ferner nach dem Verstummen der Auslautvokale in Proparoxytonis bei ursprünglichem *-nn-* und *-mn-*, afrz. *anz* für *annus* (über *ă-n-t-s*), *danz,* Nom. zu *dan-dominus,* z. B. Alexius, Hs. L, 13b; ähnlich wird *-l'* + *s* zu *-euts* (*soleuz,* Nom. zu *soleil*), *-nr-* zu *-ndr-* usf. Diez 117; Mackel 73; Gg., RG I, 218.
Die ältesten Formen des Verbums sichern stammhaftes *-a-*; daher *danser* nicht aus fränkisch **dintjan* (s. Brüch, WS 9, 126, zurückgezogen ZRP 56, 51), Bl.-W. 176; auch nicht aus *cadentia* mit Abfall der ersten Silbe, Nordfelt, Stud. mod. Språkv. 11, 69; nicht ernst zu nehmendes ZRP 56, 643; **demptiare,* Baist, ZRP 32, 35, erklärt nichts; zu **dentiare* „mit Zähnen versehen", fragend REW 2562, ist begrifflich unwahrscheinlich, trotz einmal belegtem afrz. *a dances d'or,* das Baist l. c. mit „sägenartig ausgezackt" übersetzt.

daphné „Seidelbast"
18. Jh., aus gr. (δάφνη).
darce s. *darse.*

dard 1. „Spieß", „Stachel", „Harpune"
12. Jh., aus fränkisch **darođ.* Diez, 117; REW 2479; Brüch 31.
Nicht fränkisch **darroþ* mit *-rr-* wie in anord. *darradhr,* Baist, Festg. Förster 215, da die Erhaltung des fränkischen *-a-* im Frz. bei einem gallorom. Proparoxytonon nicht gedeckte Stellung des *-a-* verlangt.
Dazu seit dem 16. Jh. die dem. Abl. *(-ellus* + *-ione)* **dardillon** „kleiner Spieß", „Widerhäkchen" u. ä.
2. „Lauben" (Fisch)
12. Jh. *dars,* vgl. dazu mfrz. *darceau*; aus gallisch *darsus,* das im Mittellat. seit dem 8. Jh. belegt ist. Thomas, Rom. 36, 91 ff.; REW 2480; Långfors, NM 39, 283.

dare dare „hui"
auch *dardar,* 17. Jh., ist Schallwort.

dariole „Sahnentörtchen"
14. Jh., ist pik. Amiens, steht für **doriole,* d. i. Abl. von *dorée,* das norm. „Törtchen mit Butter, Sahne und eingemachten Früchten", H. Maine „gebackene Brotschnitte mit Eiern", wall. *dorêie* u. ä. lebt; dieses ist subst. Part. von *dorer* „vergolden", norm. „Butter, Honig u. ä. aufs Brot streichen", s. d. Bauer, Gebäck 40; FEW 183 a.

dariolette „Kupplerin"
16. Jh., nach dem Namen der Kupplerin *Dariolette* in dem Amadisroman; der Name selbst knüpft an *dariole* „Sahnentörtchen" an. Dict. gén.; Kölbel 70.

darne „Schnitte", „Stück"
1335 (Hauck), lebt norm. in der allgemeinen Bedeutung „Stück", dazu die Abl. Jersey *derner,* Guernesey *darner* „flicken"; aus bretonisch *darn* „Stück". Diez 559; REW 2477.

darse „kleiner Binnenhafen in der Adria"
15. Jh., aus ital. *darsena,* dieses aus arabisch *dâr (es-)ṣinâ'a* „Haus der Handwerkerarbeit", „Schiffsbauhaus", Diez 27; REW 2474; Lam. 95. Vgl. *arsenal*; Littmann 88.

dartre „Flechte"
16. Jh., für älteres, seit dem 14. Jh. belegtes *dertre,* aus gallisch **dervita* (bret. *darvoued*), das als *derbita* wiederholt in Glossen überliefert ist. Diez 559; Thurn. KR 97; REW 2580; Jud, AR 6, 207 f.; Meyer-Lübke, WS 25, 98.
Nicht lat. *herpes, herpite* „kriechendes Geschwür", Horning, ZRP 20, 86 f., das den Anlaut nicht erklärt; lat. *derbiosus* „grindig" besteht nicht, s. Walde s. v.
dasticoter s. *asticoter.*

dataire „Vorsteher der päpstlichen Pfründenkammer"
17. Jh., aus mlat. *(datarius)* „erster Minister der päpstlichen Kanzlei"; nach Du Cange die Bezeichnung von der Endesfertigung der päpstlichen Schriftstücke: *datum Romae* „zu Rom gegeben" hergenommen; dazu seit dem 17. Jh. **daterie** „päpstliche Pfründenkanzlei", vgl. *date.*

date „Datum"
13. Jh., aus mlat. *(littera) (data)* „gegeben", mit nachfolgender Orts- und Zeitbezeichnung, vgl. auch *dataire.* Dazu seit dem 14. Jh. die Abl. **dater** „datieren".

datif „Dativ", „von Amts wegen übertragen"
13. Jh., aus lat. *(dativus)* „zum Geben gehörig", „Dativ"; dann *tutor dativus* „im Testament bestimmter Vormund"

dation „Übertragung“, „Bestellung eines Vormundes“
13. Jh., aus lat. *(datione).*
datte „Dattel“
12. Jh. auch *dade,* wohl aus älterem **datle, *dadle,* aus lat. *(dactylus)* „Dattel“. Diez 117; Barbier, RDR 1, 266.
Frz. *datte* aus ital. *dattero,* REW 2457, ist wegen des frühen Auftretens des Wortes nicht überzeugend.
datura „Stechapfel“
16. Jh., im 18. Jh. auch *dature,* stammt aus dem Sanskrit. Dict. gén.; Bl.-W. 178.
daube „Dämpfen“, „Schmoren“, „Schmorfleisch“
17. Jh., ist postverb. Subst. von **dauber** „schmoren“, „dämpfen“, seit dem 13. Jh. mit *-au-* in der allgemeinen Bedeutung „zurichten“, „versehen“, ursprünglich „übertünchen“, „(mit Weiß) überziehen“, aus lat. *dealbare* „weiß anstreichen“, „übertünchen“. Wegen der Spezialisierung von „zurichten“ zu „schmoren“, vgl. *corroyer* u. ä., s. Gg. Bed. S. 49.
Dazu auch seit dem 16. Jh. metaphorisch **dauber** „prügeln“; Dict. gén.
daube „Schmoren“, „Schmorbraten“ aus einem nicht belegten spanischen **doba,* dieses zu spanisch *(a)dobar,* s. *adouber,* Bl.-W. 178, und damit *dauber* „schmoren“ von *dauber* „übertünchen“ zu trennen, ist unbegründet. Ebenso unhaltbar, daß *dauber* „übertünchen“ eine Dialektform von *(a)douber* wäre, da das stammhafte *-au-* seit der ersten Hälfte des 13. Jhs. gesichert ist. Wegen der lautlichen Entwicklung von *dealbare* zu *dauber* vgl. *dorer* aus *deaurare, antan* aus *anteannum*; s. auch Flutre, Rom. 65, 487, 511.
daubeur „Zuschläger des Schmieds“; „Lästerzunge“
17. Jh., ist Abl. von *dauber* in der Bedeutung „zurichten“, „schlagen“, s. o.
daubière „Schmortopf“
19. Jh., ist Abl. von *daube* „Schmorfleisch“, s. d.
dauphin „Kronprinz“, „Delphin“
Zum erstenmal wird mit *dalfinus* Wigo IX. von Burgund im Jahr 1110 genannt; nach ihm kommt der Delfin in das Wappen der Burgunder. *Dalfin* war ursprünglich der Taufname, der Wigo IX. zur Unterscheidung von seinem älteren Bruder *Wigo* gegeben worden war. Bei seinem Nachfolger Wigo X. ist *dalfinus* bereits Herrschaftsbeiname und wird später Herrscherbezeichnung. *Dalfinus* als Name stammt aus dem Kreis der mütterlichen Verwandten, die aus England stammten. *Dolfin* und *Dalfin* ist eine in Schottland heimische Form des altnordischen Namens *Dólg-finnr,* zu anord. *dólg* „Feindschaft“, „Wunde“ und *finn-r,* das häufiges zweites Namensglied in nordischen Namen ist und vielleicht zu dem Namen der Finnen, der Urbevölkerung Skandinaviens gehört. Der Name wird in der Form *Dalfinus* nach Südostfrankreich gebracht und hier, wie die latinisierten Doppelformen *delphinus* und *dalphinus* zeigen, mit dem lat. *delphinus* als Fischbezeichnung volksetymologisch zusammengebracht; Kurt Mayer, Genealogisch-heraldische Untersuchungen zur Geschichte des alten Königreichs Burgund, Speier, 1930, S. 7 ff.; Max Förster, schriftlich. Anders FEW III, 35.
dalfinus als katalanische Form für *delfinus,* Brüch, ZFSL 50, 327, ist unbegründet.
daurade „Goldbrasse“
auch **dorade,** 16. Jh., aus prov. *daurada,* d. i. subst. Part. von *daurar* „vergolden“, aus lat. *deaurare,* REW 2489; vgl. lat. *aurata* „Goldbrasse“, FEW 178 a.
davantage „mehr“, „um so mehr“
14. Jh., ist verschmolzen aus adverbiellem *d'avantage* „um das Weitere“, s. *avantage.*
davier „Zahnzange“, „Bandhaken“
16. Jh. *daviet,* lebt in Berry als Bezeichnung eines Böttcherwerkzeugs; es ist Abl. von *david,* vgl. le Fourgs *davi* „Tischlerwerkzeug“, Lüttich *davî,* das für das Normannische schon im 14. Jh. bezeugt ist; das Wort ist scherzhafte Verwendung des biblischen Namens *David,* vgl. im 15. Jh. in der Gaunersprache *roy David* „Dietrich“, auch als *roi Davyot* bezeugt; nach Spitzer, Rom. 64, 101, nach Is. 22, 22 „et dabo clavem domus David super humerum eius“; *roi David,* ist also der Schlüsselträger; Joh. Knobloch, König David und der Diebsschlüssel, ZRP 74, 88. *daviet* bedeutet also eigentlich „kleiner David“. Thomas, Rom. 33, 344; 36, 263; 38, 451; Sain. Sources 1, 85; 2, 325; REW 2487; Bl.-W. 178.
de „von“
ist im Vulgärlat. von der Partitivkonstruktion aus, wo *de* + Subst. mit dem Genitiv konkurrierte, allgemein zur Umschreibung des attributiven Genitivs verwendet worden; ist heute im Begriff, mit dem Infinitiv zu verschmelzen, konkurriert afrz. in dieser Funktion noch mit *à,* s. d.; aus lat. *de* „von“, „betreffs“ u. ä. REW 2488; Clairin, Du génitif latin et de la prép. de, 1880; Gg., Syntax 260.
de-
1. Präfix zur Verbalbildung, hat die volle Bedeutung der Präp. *de* „von ... weg“, „von ... herab“, „davon“, nur in aus dem Lateinischen ererbten Bildungen, Typus afrz. *defuir* aus lat. *defugere* „fortfliehen“, „aus dem Wege gehen“; s. *dérocher.*
2. zur Ableitung von Substantiven, Typus *decollare, depilare, *devitare* „aus dem Leben scheiden“, afrz. *devier*; dann ohne die volle Bedeutung der Präposition, Typus *déhonter* aus afrz. *dehonter.*
3. Abl. von Adjektiven, Typus *deliberare* „frei machen“, s. *décruer.*

4. dient zur Verstärkung der Verbalvorstellung, Typus lat. *deprecari* „inständig bitten", zu *precari* „bitten", s. *prier; depascere* „abweiden" zu *pascere* „weiden"; in dieser Funktion ist *de-* im Altfrz. unbeschränkt lebenskräftig; wird aber im Lauf der grom. Entwicklung zuerst durch *des-* (lat. *dis* „auseinander") ersetzt, wo das Gesamtverbum selbst schon ein „zertrennen", „zerstören", „zerreißen" u. ä. bedeutet; daher schon lat. *disspoliare* neben *despoliare*; s. *discrescere, décroître;* afrz. seit der ältesten Zeit *desrompre* neben *derompre, desperdre* neben *deperdre.* Von dieser Gruppe aus werden die übrigen mit *de-* präfigierten volkstümlich erhaltenen Verba erfaßt, s. *décevoir, démettre* usf.; *de-* bleibt erhalten, in adv. Ausdrücken wie *demi, debout,* wo noch die Präposition *de* gefühlt wird, ferner in Adverbien wie *dessus, dessous,* und in alten Zusammensetzungen mit *de-,* bei denen der Zusammenhang mit dem Stammwort nicht mehr gefühlt wird, wie in *devenir.* Der Übergang von *de-* zu *des-* bringt zunächst Zweideutigkeit in die Bildungen, vgl. *dépeindre,* und führt meist zum Untergang der auf den Zusammensetzungen mit *de-* beruhenden Bedeutungen.

dé 1. „Würfel"
12. Jh., aus vlat. **d a t u m,* das vielleicht zu *dare* in der Verbindung *dare ad terram* „auf die Erde werfen" gehört. Diez 116; REW 2486.
Zu arab. *dad* oder persisch *dadā* „Spiel", „Vergnügen", „Scherz", Cor. II, 102; s. Wartburg RLiR 23, 215, würde kulturgeschichtlich besser entsprechen, ist aber lautlich schwierig.
2. „Fingerhut"
14. Jh. *deel,* zu dem ein Nominativ *deiaus* gehört, der mundartlich als *deau, diau* noch zu finden ist, vgl. *andaillot;* aus lat. *d ĭ g ĭ t a l e.* REW 2637.

dé-, vor Vokalen *des-*, frz. *dé-*.
Die mit *dis-*, *dé-* zusammengesetzten Bildungen bezeichnen ein „auseinander", „zer-", „ver-", also Trennung, Unterbrechung u. ä., oder deuten das dem Stammwort Entgegengesetzte an.
1. Gegenbildungen zu Verben, s. *dédire, délier, démentir.*
2. Gegenbildungen zu Verben, die mit *a-* zusammengesetzt sind; *desservir* „von der Knechtschaft befreien", zu *asservir, dégrafer.*
3. Gegenbildungen zu Zusammensetzungen mit *es-*, afrz. *establir* „festsetzen", s. *établir,* neben afrz. *destablir* „etwas wegnehmen"; s. *déchouer.*
4. Gegenbildungen zu Verben, die mit *en-* präfigiert sind; s. *débarquer, débarrasser.*
5. *des-* bezeichnet ein Losmachen, Wegnehmen, Freimachen u. ä., s. *décourager, dégager, déchaîner, décharner* usf. Diese Funktion bleibt zu allen Zeiten lebenskräftig.
6. *des-* verstärkt *es-*Verba und Verbaladjektiva, die selbst schon ein Loslösen, Trennen u. ä. bezeichnen, s. *de-* 4.
7. *des-* tritt an Verbaladjektiva, Adjektiva und Subst., um das Gegenteil des Stammwortes zu bezeichnen; wird so zu einer Variante des Präfixes *mal-*, in Bildungen wie *malhonnête* neben *deshonnête;* diese Gegenbildungen werden pejorativ, wenn das Stammwort lobenswert ist.
Die hierhergehörigen Bildungen sind nur dann angeführt, wenn das Stammwort selbst nicht vorhanden oder die Abl. als solche nicht selbstverständlich ist.

déambuler „herumschlendern"
15. Jh., aus lat. *(d e a m b u l a r e)* „spazieren gehen".

débâcle „plötzlicher Eisbruch", „plötzliche Auflösung", „Katastrophe"
17. Jh., ist postverb. Subst. von **débâcler** „freimachen", 17. Jh., s. *bâcler.*

débagouler „kotzen", „herausplatzen"
16. Jh., gilt im 17./18. Jh. als gemein, Br. 4, 332, lebt boulogn., norm., ist Abl. von **bagueule* „Rachen", s. *bagou.*

débander 1. „eine Binde abnehmen", „einen Bogen abspannen"
12. Jh., ist Abl. von *bande* 1.
2. „sich von der Schar trennen", „auseinanderlaufen"
16. Jh., in Nachbildung von ital. *sbandare* abgeleitet von *bande* 2.

débarcadère „Löschplatz", „Landungsbrücke"
18. Jh., in Anlehnung an *embarcadère* abgeleitet von *débarquer* „ausschiffen", s. d. Daneben im 17. und 18. Jh. eine Form *débarcadour,* die aus prov. *desbarcador,* d. i. *-orium*-Abl. von *desbarcar* „ausschiffen", entlehnt ist.

débarder „Holz wegschaffen", „Waren löschen"
16. Jh., dürfte Abl. von *bard* „Tragbahre" sein, also ursprünglich „mit der Bahre wegschaffen" bedeutet haben; s. *bard* und *barder* 2. Dict. gén.
Nach FEW 265 zu südlichem *barder* „beschmutzen", s. *embarder,* also ursprünglich „den Schmutz wegräumen"; vgl. Yonne *débarder* „Schutt wegräumen", schweiz. „verschwenden" u. ä.

débarquer „ausschiffen"
16. Jh., ist Abl. von *barque,* s. d.

débarrasser „freimachen"
17. Jh., ist Gegenbildung zu *embarrasser,* als ob ein Grundwort **barras* „Hindernis" zugrunde läge.

débarrer „aufriegeln"
12. Jh., ist Abl. von *barre,* s. d.

débat „Wortstreit"
13. Jh., ist postverb. Subst. von *débattre,* s. d.

débâter „absatteln"
15. Jh., ist Abl. von *bât* „Saumsattel", s. d.

débâtir „niederreißen", „Heftfäden ausziehen" 17. bzw. 13. Jh., ist Abl. von *bâtir* 1 bzw. *bâtir* 2.

débattre „durchsprechen"; refl. „sich sträuben" 11. Jh. „schlagen", „bestreiten", refl. „sich streiten", „sich abmühen", ist nach *de-* I, 4 verstärktes vlat. **battere,* s. *battre.*

débauche „Ausschweifung" 15./16. Jh., ist postv. Subst. von **débaucher** 13./14. Jh. „von der Arbeit abziehen", „abspenstig machen" u. ä.; s. *ébaucher.*
Dazu seit dem 19. Jh. die Abl. **débauchée** „Feierabend der Arsenalarbeiter".

débeller „unterwerfen" 14. Jh., gilt im 17./18. Jh. als veraltet, Br. 4, 247, aus lat. *(debellare).*

débet „Passivschuld" 15. Jh., aus lat. *(debet)* „ist schuldig", s. *devoir.*

débiffer „zerrütten", „schwächen" 14. Jh., ist nach *de-* 4 verstärktes *biffer* „ausstreichen".

débile „kraftlos" 13. Jh., aus lat. *(debilis);* s. dazu in volkstümlicher Entwicklung afrz. *endeble, endieble* „schwach", „hinfällig", aus vlat. **indebilis* „(innerlich) schwach", vgl. *enriede* u. ä. unter *endêver.*

débillarder „schräg absägen" 18. Jh., dürfte zu *billard* „Krummstock" oder dem diesem zugrunde liegenden Stammwort gehören, doch ist die unmittelbare Grundlage nicht aufgeklärt.

débiller „abspannen" 17. Jh., ist Abl. von *bille* „Holzpflock", s. d.

débiner 1. „anschwärzen" „bösartig kritisieren" 18. Jh., im ‚bas-langage', lebt im Normannischen, dazu norm. und im Argot seit 1809 (Larchey) „Verfall", „Elend", ist im Argot zu *débiner* 2 gebildet, wie *harceler* „plagen", „ärgern" u. ä., aus *herceler* „mit der Egge bearbeiten"; dazu in anderer Entwicklungsrichtung Mons *desbiner, débiner* „sich aus dem Staub machen", ebenso populär se *débiner.*
2. „(den Weinberg) zum zweitenmal harken" (um das Unkraut zu vernichten) ist mit verstärkendem *de-,* s. *de-* 4 erweitertes *biner,* s. d.

débit 1. „Kleinhandel" u. ä. 16. Jh., ist postverb. Subst. von *débiter* 1, s. d.
2. „Debetseite eines Handelsbuches" 18. Jh., aus lat. *(debitum)* „Schuld", s. *dette.*

débiter 1. „zerstückeln", „zuschneiden", „zerteilen" 14. Jh., dann seit dem 15. Jh. in der übertragenen Bedeutung „im kleinen verkaufen", s. *débit* 1, ist mit dem für Verba des Trennens charakteristischen Präfix *des-* erweitertes mfrz. *biter, bitter* dass., dieses aus mnddt. *biten* „schneiden", „spalten"; vgl. REW 1134b. Vgl. Bl.-W. 179, zu *bitte,* s. *débitter.*
2. „in das Soll eintragen" 18. Jh., ist Abl. voi *débit* 2.

débitter „das Ankertau von den Betingshölzern abwickeln" 17. Jh., ist Gegenbildung zu *bitter* „um die Betingshölzer schlingen", s. *bitte.*

déblai „Abtragung" u. ä. 16. Jh., ist postverb. Subst. von *déblayer.*

déblatérer „schimpfen" 18. Jh., aus lat. *(deblaterare)* „herplappern".

déblayer „Schutt wegräumen" 13. Jh. *desbleer, desblaer* „das Getreide wegschaffen", „ernten", ist also Abl. von *blé* „Getreide", s. d. Vgl. auch *emblayer.*

déboire „übler Nachgeschmack" 15. Jh., scheint subst. Inf. eines **déboire* „das letzte trinken" zu sein, dieses aus lat. *debĭbĕre* „austrinken".

débonnaire „gutmütig" 11. Jh. *de bon aire,* bedeutet afrz. auch „gut", „freundlich", „zahm"; das Wort entstammt der Jägersprache, bedeutet „von guter Rasse", so besonders von Jagdhunden, Falken u. ä.; ist also Abl. von *aire* 2. Rohlfs, Ager 47ff.; REW 276.

déboqueter „die Bretterhülle von Brückenpfeilern u. ä. wegnehmen" 19. Jh., setzt ein *boquet* „Holz" voraus, das tatsächlich norm. in der Bedeutung „junger Baum" lebt; vgl. zu diesem *bosquet;* dazu boulogn. *déboquer* „aus dem Wald herausziehen" u. ä. Dict. gén.

débord „Austreten eines Gewässers" va.; „äußerster Rand" 16. Jh., ist postverb. Subst. von **déborder** „den Rand abtrennen", „überfluten", 14. Jh., d. i. Abl. von *bord* „Rand", s. d.

débouché „Ausgang" 18. Jh. auch **déboucher,** ist subst. Infinitiv zu *déboucher* 2.

déboucher 1. „den Ausgang freimachen" 16. Jh., ist Gegenbildung zu *boucher* „verstopfen".
2. „aus einer Enge herauskommen" 17. Jh., ist Abl. von *bouche* „Öffnung", vielleicht in Anlehnung an das gleichbedeutende ital. *sboccare.*

débouillir „die Farbe eines Zeuges durch Kochen erproben" 17. Jh., aber wohl schon älter, ist verstärkende Abl., s. *de-* 4, von *bouillir,* vgl. afrz. *decuire* „auskochen" u. ä.

débouler „herabrollen" 18. Jh., ist mittels *de-,* s. *dévaler,* abgeleitet von *bouler* „rollen"; s. *de-* 1.

débouquer „aus einem Kanal herausfahren" 17. Jh., ist Abl. von *bouque,* s. d., oder norm. pik. Form von *déboucher* 2, s. d.

débours „Vorschuß"
18. Jh., ist postverb. Subst. von **débourser** „aus der Börse nehmen", 13. Jh., s. *bourse.*

debout „stehend", „auf den Beinen"
16. Jh., ist afrz. adverbiell *de bout* „am Ende", „Kopf an Kopf", ist also zusammengesetzt aus *de* und *bout* „Ende" u. ä., s. d.

débouter „hinausstoßen" va., „eine Bitte abweisen"
12. Jh., ist verstärktes *bouter* „stoßen", s. d., und *de-* 4.

débrailler „Hals und Brust unanständig entblößen"
16. Jh., ist Abl. von afrz. *braiel* „Hosenriemen", d. i. *-ale*-Abl. von *braie* „Hose", s. d.; vgl. dazu V. d'Yères *débrêler* „entkleiden", vgl. auch *bretelle*; Dict. gén.

débrayer 1. „vom Schiffsteer befreien"
19. Jh., ist Abl. von *brai* 1.
2. „loskuppeln", „die Fensterstange am Kreuz losmachen"
19. Jh., ist Gegenbildung zu *embrayer* „einkuppeln".

débris „Scherben", „Trümmer"
16. Jh., ist postverb. Subst. von afrz., seit dem 12. Jh. belegtem *debruisier, debrisier* „zerbrechen", d. i. mit *de-* verstärktes *briser,* s. d. und *de-* 4.

débrouiller „entwirren"
16. Jh., ist Gegenbildung zu *embrouiller,* s. d.

débrûler „des Sauerstoffes berauben"
19. Jh., ist gelehrte Abl. von *brûler* „verbrennen", s. d.

débrutir „aus dem Rohen herausarbeiten"
19. Jh., ist Abl. von *brut* „roh"; vgl. *abrutir* „stumpfsinnig machen", *dé-* 2.

débucher „aus dem Wald herauskommen", „aufscheuchen"
12. Jh. *desbuschier,* enthält als Stamm **busche* „Gehölz", das unter *bûche* erschlossen wurde.

débusquer 1. „zum Verlassen des Waldes zwingen", „aus dem Dickicht hervorbrechen"
16. Jh., aus nprov., z. B. langued. *desbusca,* d. i. die prov. Entsprechung des frz. *débucher.*
2. „Reifen aus einem Unterrock herausnehmen und ihn dadurch verlängern"
19. Jh., ist Abl. von *busc* „Blankscheit".

début 1. „erster Schlag, Stoß bei einem Spiel"; „Anfang", „Eintritt" u. ä.
17. Jh., ist postverb. Subst. von *débuter* 1.
2. „leichte Entfernbarkeit vom Ziel"
17. Jh., ist postverb. Subst. von *débuter* 2.

débuter 1. „anspielen", „beginnen", „zum erstenmal auftreten"
16. Jh., ist Abl. von adverbiellem *(jouer) de but* „aufs Ziel spielen", s. *de but en blanc* unter *but.*
2. „vom Ziel entfernen"
17. Jh., ist Gegenbildung zu *abuter,* s. d. und *dé-* 2.

deçà „hier, auf dieser Seite"
12. Jh., aus adverbiellem *de ça,* dient ursprünglich zur attributiven Verknüpfung für selbständiges *ça,* wird aber schon im 12. Jh. für *ça* rein adverbiell gebraucht; s. *çà.*

décade „Dekade"
14. Jh., aus lat. *(decas, decade).*

décadence „Verfall"
15. Jh., aus lat. *(decadentia),* s. *déchoir.*

décadi „zehnter Tag einer Dekade"
18. Jh., ist Wort der frz. Revolution, zusammengesetzt aus gr. (δέκα) „zehn", und lat. *(dies)* „Tag".

décagone „zehneckig"
17. Jh., aus lat. *(decagonus).*

décalogue „zehn Gebote"
15. Jh., aus lat. *(decalogus).*

décalquer „einen Gegenabdruck machen"
17. Jh., ist Abl. von *calquer,* s. d.; *de-* 4.

décamper „ein Lager abbrechen"
16. Jh., ist Abl. von *camp* „Lager", s. d.

décanat „Dechantenamt"
17. Jh., aus mlat. *(decanatus),* i. d. Abl. von *decanus,* s. *doyen.*

décaniller „auskneifen", „sich aus dem Staub machen", fam.
19. Jh., ist norm., hier auch als *déqueniller,* dazu V. d'Yères *décheniller* „austreiben", ist heute in der literarischen Form über ganz Frankreich zerstreut; vgl. dazu bei Oudin und Cotgrave *escaniller* „auskneifen machen"; das Wort ist Abl. von norm. *canil, quenil* „Hundshütte", s. *chenil,* bedeutet also der Bildung nach „den Hund von seinem Lager aufscheuchen"; vgl. gleichgebildetes, aber von dem norm. Wort unabhängiges Creuse *deischonilla* „sich losmachen und fortlaufen" (von sich paarenden Hunden). Dict. gén.; Larchey 135.
Zu lyon. *canilles* „Beine", und dieses zu *canne* „Rohr", „Stock", Sain. LPar. 307; Bl.-W. 179, ist kaum richtig, da sich als Heimat des Wortes Lyon nicht wahrscheinlich machen läßt.

décanter „abgießen"
18. Jh., aus neulat. *(decanthare),* d. i. Abl. von lat. *canthus* „Augenwinkel", dann übertragen „Schnabel eines Krugs", dieses aus gr. κανθός „Augenwinkel". Dict. gén.

décapeler „abkappen"
18. Jh., vgl. angev. *décapeler* „ein Tau aufrollen", ist Gegenbildung zu *capeler* „um die Mastspitze legen", zu frz. *chapeau,* oder entlehnt aus gleichgebildetem nprov. *descapelà;* Dict. gén.

décaper 1. „abbeizen", „Metalle abscheuern"
18. Jh., ist abgeleitet von *cape* in der technischen Bedeutung „Schimmelbildung" u. ä., s. *cape* 1 und *chape*; vgl. angev. *décaper* „die Oberschichte wegnehmen".
2. „von einem Vorgebirge wegsegeln"
18. Jh., ist Abl. von *cap* „Vorgebirge", s. d.

décapiter „enthaupten"
14. Jh., aus mlat. *(decapitare),* d. i. Abl.

von *caput* „Haupt" wie lat. gleichbedeutendes *decollare* von *collum* „Hals".

décaver „jmd. seine Habe abgewinnen"
19. Jh., ist Abl. von *cave* „Spieleinsatz".

décéder „dahinscheiden"
15. Jh., aus lat. *(decedere).*

décembre „Dezember"
12. Jh., aus lat. *(december).*

décence „Anstand"
13. Jh., aus lat. *(decentia).*

décennal „zehnjährig"
16. Jh., aus lat. *(decennalis).*

décentoir s. *décintroir.*

déception „Enttäuschung"
13. Jh., afrz. „Täuschung", s. *decevoir,* aus lat. *(deceptione).*

décerner „verfügen"
14. Jh., aus lat. *(decernere)* „beschließen", „bestimmen" u. ä.

décès „Ableben"
12. Jh., aus lat. *(decessus).*

décevoir „enttäuschen"
12. Jh., afrz. auch *deçoivre* „täuschen", „kränken", „berücken", aus lat. *decĭpĕre* „täuschen", „betrügen", vgl. *recevoir.* REW 2504.

déchalasser „abpfählen"
18. Jh., für **dé-échalasser,* ist Abl. von *échalas* „Weinpfahl", vgl. *déchouer.*

déchaler „zurückweichen, sinken" (vom Meer); „mit dem Kiel außerhalb des Wassers liegen"
19. Jh., dazu B. Maine „einen Abhang bilden", „sich davon machen", ist wohl literarisiertes norm. *décaler,* d. i. Zusammensetzung von *caler* „herablassen" u. ä., kaum ein schon grom. **decalare,* trotz prov. *decalamen* „Mißachtung", eigentlich „Herabsinken in der Achtung"; vgl. *enchaler.*

déchant „Diskant"
13. Jh., in Anlehnung an *chant* „Gesang" aus mlat. *(discantus)* dass.

déchanter 1. „diskantieren"
13. Jh., ist Abl. von *déchant.*
2. „den Gesang wechseln", „den Ton herabstimmen"
13. Jh., ist Gegenbildung zu *chanter.*

déchaper „aus der Gießform herausnehmen"
16. Jh., ist Abl. von *chape* „Umhüllung", s. *décaper.*

décharger „abladen", „abschießen"
12. Jh. *deschargier,* aus vlat. **dĭscarrĭcare, discarregare* in der Lex Salica, s. *charger.* REW 2652.

décharneler „abpfählen"
17. Jh., für **descharnerer,* d. i. Abl. von *charnier* „Rebpfahl", s. d. Dict. gén.; vgl. *déchalasser.* Das Wort ist in den südwestlichen Mundarten zu Hause.

décharner „entfleischen"
12. Jh., aus grom. **dĭscarnare,* bzw. Abl. von afrz. *charn* „Fleisch", s. *chair,* dazu afrz. *descharné* „fleischlos", „abgemagert", auch mit Suffixwechsel *descharnu* dass.

décharpir „Verfitztes auseinanderlösen"
14./15. Jh., ist nach *de-* 4 abgeleitet von *charpir* „zupfen"; vgl. *charpi.*

déchasser 1. „hinausstoßen", „einen Pflock herausschlagen"
12. Jh., ist nach *de-* 4 verstärktes *chasser* „vertreiben".
2. „links abtanzen"
18. Jh., ist Gegenbildung von *chasser* in der Bedeutung „einen Schritt nach rechts machen", d. i. Spezialisierung von *chasser* „(den Fuß) vorschieben"

déchausser „Fußbekleidung ausziehen"
12. Jh., aus vlat. **dĭscalceare,* das als *discalceatus* „entschuht" lat. belegt ist; dazu im 12. Jh. *deschaucié* „barfuß"; s. *chausser.*

déchaussure „Wolfslager"
17. Jh. (in den Wb. bezeugtes *déchaussière* ist nach Hatzfeld-Thomas, Rom. 22, 561 Druckfehler), ist Abl. von *déchausser* in der Weidmannsbedeutung „die Erde mit den Pfoten aufscharren" (vom Wolf).

déchaux „bloßfüßig"
12. Jh. *deschauz,* aus vlat. **dĭscalceus* für belegtes *discalceatus,* s. *déchausser.* REW 2662; Bl.-W. 180.

dèche „Klemme", „Geldknappheit"
19. Jh., als Ausdruck des ‚bas langage' seit 1835 bezeugt, Esnault, Fr. mod. 14, 53; heute in den Mundarten weit verbreitet, so V. d'Yères, Anjou, Norm., Poitou; dazu le Fourgs *detse* „Unfall"; es ist nach einem im Rotwelsch beliebten Abkürzungsverfahren verkürzt aus *déchéance,* A. Thomas, bzw. von *déchet* „Verfall", das von Larchey (1878) als gleichbedeutend mit *dèche* angeführt wird.
Wegen des späten Auftretens im Nordfrz. kaum mit prov. *dec, deca* „Fehler", „Übel" alte Rückbildung von *déchoir,* s. d.; Sain. LPar. 287; Spitzer, ZRP 43, 330; AR 7, 255; gr. δύστυχα „Mißgeschick" zu δυστυχεῖν „Mißgeschick haben", Mosemiller, MLR 22, 142, kommt nicht in Betracht.

déchéance „Verfall"
12. Jh., *decheänce* „Verfall", „Niedergang", mit nfrz. *dé-* nach *de-* 4, ist Abl. von afrz. *decheoir,* s. *déchoir.*

déchet „Verfall", „Abfall"
13. Jh. *dechiet,* ist postverb. Subst. von *déchoir,* s. d. REW 2494.

déchiffrer „entziffern"
15. Jh., ist zusammengesetzt aus aufhebendem *des-* und *chiffre,* bedeutet also „die Chiffern auflösen".

déchiqueter „zerstückeln"
15. Jh., ist nach *de-* 4 abgeleitet von *chiqueter* „zerkleinern", „zerteilen", s. d.
Zu *échiquier* „Schachbrett", *eschiqueté* „schachbrettartig gemustert", Bl.-W. 180, wird durch den Hinweis auf ein vereinzeltes im 14. Jh. belegtes *deschaquetey* nicht hinlänglich begründet.

déchirer „zerreißen“
12. Jh., ist Abl. von afrz. *eschirer* dass., in Anlehnung an die mit *des-* präfigierten Verba der Trennung; dieses aus fränkisch **skîran* „reinmachen“, „abkratzen“, das sich aus anord. *skîra*, agls. *scîran* „reinigen“, ostfriesisch *schiren* auch „abkratzen“ erschließen läßt. Braune, ZRP 20, 355.
Nicht fränkisch **skërran* (ahdt. *skërran* „schaben“, „kratzen“), Diez 574; REW 7990, das lautlich nicht genügt; auch nicht aus fränkisch (ahdt.) *skerjan* „abteilen“, „absondern“ u. ä., Bl.-W. 180, da dieses lautlich nicht entspräche.

déchoir „verfallen“, „herabsinken“
12. Jh., afrz. *dechëoir* „verfallen“, „einstürzen“, auch transitiv „zum Einsturz bringen“, aus lat. *decadere* „herabfallen“, das bei Isidor v. Sevilla, in der Mul. Chironis und in Glossen belegt ist; Sofer 107; REW 2494; s. *dèche, déchéance, déchet, choir.*

déchouer „wieder flott machen“
18. Jh., ist nach *dé-* 3 Gegenbildung zu *échouer* „scheitern“, s. d.; vgl. *déchalasser.*

déci „zehn-“
in gelehrten Zusammensetzungen, aus lat. *(decem)* „zehn“, s. die zweiten Bestandteile der zusammengesetzten Wörter.

décider „beschließen“
15. Jh., aus lat. *(decidĕre).*

déciller „die Augen öffnen“
13. Jh., mit Dativobjekt der Person und Accusativobjekt *les yeux* ist Gegenbildung zu afrz. *cillier*, das als Abl. von *cil* „Augenlid“ ‚blinzeln‘ bedeutet, dann in der Falknersprache in *cillier le faucon* „dem Falken die Augenlider“ zunähen; dazu schon im 13./14. Jh. mit Verkennung der etym. Beziehungen *cillier les ieux* „jemandem die Augen (gegenüber einer Tatsache) verschließen“; *descillier, déciller* als Gegenbildung bedeutet zunächst in der Terminologie der Falknerei, mit *faucon* als Accusativobjekt, „dem Falken die zugenähten Augenlider öffnen“, dann in der übertragenen Bedeutung *déciller les yeux* „jemandem die Augen öffnen“; Tilander, ZRP 46, 256; Bl.-W. 133.

décimable „zehentpflichtig“
16. Jh., ist gelehrte Abl. von mlat. *(decima)* „Zehent“, s. *dîme.*

décimal 1. „dezimal“
16. Jh., ist Abl. von lat. *(decimus)* „der zehnte“
2. „Zehent-“
13. Jh., ist Abl. von mlat. *(decima)*, s. *dîme.*

décime 1. „Zehent“
15. Jh., aus lat. *(decima) (pars)*, vgl. *dîme.*
2. „Zehntelfrank“
18. Jh., ist Wort der frz. Revolution, aus lat. *(decimus)* „der zehnte“.

décimer „dezimieren“
16. Jh., aus lat. *(decimare)* „jeden zehnten Mann zur Bestrafung herausheben“ u. ä.

décintrer „das Bogengerüst wegnehmen“
17. Jh., ist Abl. von *cintre* „Bogengerüst“, s. d.; dazu die Werkzeugabl. **décintroir** „Brechhammer mit zwei Schneiden“, im 18. Jh. in Anlehnung an *descendre* in der aktiven Bedeutung „herunternehmen“ auch **décentoir.** Gade 32.

décision „Entscheidung“
14. Jh., aus lat. *(decisione).*

déclamer „vortragen“
16. Jh., aus lat. *(declamare).*

déclarer „erklären“
13. Jh., aus lat. *(declarare)*, für afrz. *desclairier*, s. *éclairer.*

déclencher „ausklinken“, dann übertragen „in Gang bringen“, „ankurbeln“
18. Jh., ist Abl. von *clenche* „Klinke“, s. *clenche;* Lerch, Rom. Jb. 3, 140.

déclic „Rammbock“, „Ausheber“, „Druckfeder“
16. Jh., ist postverb. Subst. von **décliquer** „die Hemmung losmachen“, d. i. Abl. von afrz. *clique* „Riegel“ u. ä. Vgl. auch *déclin* 2.

déclin 1. „Abnahme“
12. Jh., ist postverb. Subst. von *décliner* „abnehmen“, „ablehnen“, „deklinieren“ u. ä.; afrz., seit dem 11. Jh., intrans. „abweichen“, „sich neigen“, „enden“, transitiv „ablehnen“, vielleicht auch „vortragen“, aus lat. *declīnare* „abwenden“, „abweichen“ u. ä., nur z. T. volkstümlich entwickelt.
2. „Schlagstück einer Pistole“
17. Jh. auch *déclic*, ist also mit *déclic* 1 eins, beruht aber vielleicht auf einem nicht belegten **déclinquer* „die Schlagfeder loslassen“, dieses nach dem Nebeneinander der Stämme **klink-* und *clik-* für *décliquer*, s. *cliquet, clinquant.*

déclive „abschüssig“
16. Jh., aus lat. *(declivis).*

décocher „einen Pfeil abschießen“
13. Jh. *descochier*, ist Abl. von *coche* „Kerbe des Pfeiles, in die die Bogensehne gelegt wurde“, s. *coche* 1; vgl. auch *encocher.*

décoction „Abkochung“
13. Jh., aus lat. *(decoctione).*

décognoir „Treibholz“
17. Jh., ist Werkzeugabl. von einem nicht belegten **decogner* „verkeilen“, d. i. nach *de-* 4 verstärktes *cogner*, s. *cognoir.*

décoller 1. „enthaupten“
10. Jh., aus lat. *decollare.* REW 2506.
2. „Angeklebtes loslösen“
16. Jh., ist Abl. von *colle* „Leim“.

décolleter „den Nacken entblößen“
17./18. Jh., ist Abl. von *collet, cou, col* „Hals“, vgl. *débrailler.*

décolorer „entfärben“
16. Jh., aus lat. *(decolorare)*, für volks-

tümlich entwickeltes afrz. *descolourer*, das in norm. *decouleurer* noch erhalten ist.

décombre „Wegräumung" va.; „Schutt"
15. Jh., ist postverb. Subst. von **décombrer** „von Schutt reinigen", 11. Jh. *descombrer* „freimachen", d. i. Abl. von gallisch-lat. *combros* „Verhau", „Hindernis", so im Liber hist. Franc. belegt, v. Todd, Memorial Vol. II, 208, afrz. *combre* „Holzverhau", das im Loiregebiet als „Stauwehr in einem Fluß" noch lebt; G. Paris, Rom. 23, 243; es ist ein gallisches **komberos* „Zusammentragen", das sich aus irisch *commar* „Zusammentreffen von Tälern, Strömen, Wegen" u. ä. erschließen läßt. Meyer-Lübke, ZRP 19, 275 ff.; REW 2075.
Zu lat. *cumera, cumerus* „Behälter aus Weidengeflecht", „Getreidebehälter", Cornu, Rom. 24, 114 f., ist begrifflich unwahrscheinlich; vgl. *encombrer.*

déconfire „übel zurichten"
12. Jh., afrz. *desconfire* „zerstören", „vernichten", „(ein Wild auf der Jagd) zur Strecke bringen", refl. „am Ende seiner Kräfte sein", ist Gegenbildung von afrz. *confire* „zubereiten", vgl. *desconfit* wie *tres malement confit,* TL II, 680.
Dazu seit dem 12. Jh., auf dem Part. *desconfit* „vernichtet" aufbauend, die Abl. **déconfiture** „Niederlage", das seit dem 17./18. Jh. als veraltet gilt. Br. 4, 248.

déconvenue „Mißerfolg"; fam. „Pech"
12. Jh., afrz. *descovenue* „Unziemlichkeit", „Mißgeschick", „Mißhelligkeit"; dazu afrz. *descovenant, descovenable* „unziemlich"; ein Verbum *descovenir* scheint nicht zu bestehen; ist Abl. von afrz. *covenir* „passen", „wohl anstehen", vereinzelt auch *covenue* „Verhalten"; die Abl. (nach *dé-* 7) geht vermutlich von den Formen afrz. *covenant, covenable* „schicklich" aus, s. *convenir*; vgl. lat. *(disconvenire)* „nicht übereinstimmen", *disconvenientia* „Disharmonie"; dazu seit dem 16. Jh. die gelehrte Entlehnung **disconvenir** „nicht übereinstimmen".

décor „Schmuck", „Dekoration"
18. Jh., ist postverb. Subst. von **décorer** „verzieren", 14. Jh., aus lat. *(decorare).*

décortiquer „entrinden"
19. Jh., aus lat. *(decorticare)*; s. *écorce.*

décorum „Anstand"
16. Jh., aus lat. *(decorus)* „wohlanständig"; dafür im 16. Jh. auch *décore.*

découcher „vom Lager entfernen", medial „nicht im eigenen Bett schlafen"
12. Jh., afrz. auch „sich vom eigenen Lager entfernen", ist Abl. von *couche* „Lager" bzw. *coucher* „liegen", s. d.

découdre „auftrennen"
12. Jh., ist vorhistorische Abl. von afrz. *cosdre* „nähen", s. *coudre.*

découler „abfließen"
12. Jh., nach dem Vorbild von lat. *decurrere* u. ä. abgeleitet von *couler,* s. d.; s. *de-* 1.

découper „zerschneiden"
12. Jh. *decolper,* ist schon vorhistorische Abl. von *couper,* nach dem Vorbild von **decapitare, decollare,* in Glossen *decurtare,* Loewe 13.

décours „Abnehmen des Mondes", „Abnahme"
12. Jh., aus lat. *(decŭrsus).*

décousure „aufgetrennte Naht", „Schlitz"
17. Jh., ist Abl. von *décousu* „aufgetrennt", d. i. Part. von *découdre,* s. d.

découverte „Entdeckung"
12./13. Jh., ist subst. Part. von **découvrir** „aufdecken", „entdecken", 12. Jh. *descovrir,* aus lat. *dĭscooperire* „öffnen", REW 2659; dazu die maskul. Entsprechung afrz. *descovert* „ohne Deckung", nfrz. **à découvert** „offen", 12. Jh., s. Flutre, Rom. 65, 487; TL II, 1545.

décrépir „den Mauerbewurf abkratzen"
19. Jh., ist Gegenbildung zu *crépir,* s. d.

décrépit „gebrechlich"
14. Jh., aus lat. *(decrepĭtus).* Dazu seit dem 19. Jh. die Rückbildung **décrépir** „verfallen". Tobler, ASSL 97, 378.

décrépiter 1. „das Salz ausglühen, bis es zu prasseln aufhört"
17. Jh., ist Gegenbildung zu *crépiter* „knistern".
2. „in der Feuersglut ein trockenes Geräusch von sich geben"
18. Jh., ist nach *de-* 4 verstärktes *crépiter* „knistern".

décrépitude „Abgelebtheit"
14. Jh., ist in Anlehnung an lat. *valetudo, orbitudo, tabitudo* u. ä. abgeleitet von lat. *(decrepĭtus),* s. *décrépit.*

décret „Beschluß"
12. Jh., aus lat. *(decrētum).*
Dazu seit dem 14. Jh. die Abl. **décréter** „anordnen" u. ä.
décreuser s. *décruser.*

décri „Verrufserklärung"
15. Jh., ist postverb. Subst. von **décrier** „in Verruf bringen", 13. Jh., afrz. zunächst **decrier* „laut ausrufen", s. *de-* 4, dann umgestaltet zu *descrier,* dass.; dann unter Einwirkung von *des-*, das eine Gegensätzlichkeit der Grundvorstellung suggeriert, *descrier* „eine Ankündigung rückgängig machen", „widerrufen".

décrire „beschreiben"
12. Jh., aus lat. *descrībĕre.*

décroire „nicht glauben wollen", va.
13. Jh. „bezweifeln", ist Gegenbildung von *croire;* vgl. bei den Kirchenschriftstellern *(discredere)* „nicht glauben".

décroit „Abnahme", „Verminderung"
12. Jh., afrz. *descrois, decrois,* ist postverb. Subst. von **décroître** „abnehmen, 12. Jh.

decroistre und *descroistre,* aus lat. *decrescĕre,* s. *de-* 4; dazu das substantivierte Partizip **décrue** „Abnahme".

décruer 1. „Garn auskochen"
17. Jh., ist Abl. von *cru, écru* „rein", „roh" nach *de-* 3.
2. „entschälen"
ist Abl. von mundartlichem, z. B. südostfrz. *krö* „Schote", „Hülse", s. *creux.*

décruser „Seidengehäuse abschweifen"
17. Jh., aus nprov. *decrusa, descrusa,* das mit frz. *décruer* 2 eins ist.

décuple „zehnfach"
15. Jh., aus lat. *(decuplus).*

dédaigner „verschmähen"
12. Jh., afrz. *desdeignier* „abweisen", „verschmähen", auch *soi desdeignier* „Verachtung empfinden", „grollen", aus grom. **dĭsdĭgnare* für lat. *dedignari.* REW 2666, s. *de-* 4. Dazu seit dem 12. Jh. die Rückbildung **dédain** „Verachtung"; zu diesem seit dem 12. Jh. die Abl. **dédaigneux** „verschmähend".

dédale „Irrgang"
16. Jh., aus dem Personennamen *Dédale,* d. i. *Daedalus,* der Erbauer des Labyrinths in Kreta.

dedans „drinnen"
11. Jh. *dedenz,* ist die Vollform zu vortonigem *dans,* s. d.

dédicace „Widmung"
12. Jh. *dicace,* so heute pikardisch; wall., rouchi *ducace* „Kirchweihfest", aus lat. *(dedicatio)* „Einweihung". REW 2512.

dédier „widmen"
12. Jh., aus lat. *(dedicare)* „zueignen", „weihen", in halbgelehrter Entwicklung.

dédire „absagen"
12. Jh., afrz. *desdire* „in Abrede stellen", „widerrufen", „widersprechen", refl. „sein Wort brechen", ist Gegenbildung zu *dire*; vgl. *décrier*; dazu seit dem 12. Jh. das subst. Part. **dédit** „Absage".

dédommager „entschädigen"
13. Jh., *desdamagier, desdomagier* dass., ist Gegenbildung zu afrz. *damagier* „schädigen", s. *dommage.*

déduction „Ableitung"; in der Terminologie des Handels „Abzug"
14. Jh., aus lat. *(deductio),* eigentlich „das Abführen", „der vermindernde Abzug", dann im Mittellat. von dem Stammverbum *deducere* „den Ursprung von etwas ableiten" die abstrakte Bedeutung, s. *déduire.*

déduire „in Abzug bringen"
14. Jh., aus lat. *(deducere),* eigentlich „von etwas wegführen", „herabführen"; die frz. Bedeutung nach *déduction,* s. d.

déduit „Unterhaltung", „Vergnügen"
12. Jh. *deduit* „Kurzweil", „Ergötzen", seit dem 17./18. Jh. veraltet, Br. 4, 332, d. i. subst. Partizip von afrz. *deduire,* aus grom. *deducere,* d. i. nach *de-* 4 verstärktes *ducere* „führen", in der Bedeutung „verbringen", 11. Jh., besonders reflexiv „sein Leben verbringen", wie lat. *vitam (per)ducere;* dann, vielfach mit *soi deporter* gekuppelt „sich vergnügen", „die Zeit vertreiben".

déesse „Göttin"
12. Jh., afrz. auch *dieuesse, deuesse,* ist Abl. von *dieu* bzw. lat. *(deus)* „Gott".

défaillir „mangeln"
seit dem 16. Jh. „schwach, ohnmächtig werden", mit verstärkendem *de-* 4 abgeleitet von lat. *fallere,* s. *faillir*; dazu seit dem 12. Jh. afrz. *defaillance* „Mangel", frz. **défaillance** „Schwächeanfall", „Ohnmacht".

défaire „abmachen", „vernichten"
12. Jh., aus vlat. **dĭsfacĕre,* das über die ganze Romania verbreitet ist; dazu seit dem 13. Jh. das subst. Part. **défaite** „Auflösung", „Vernichtung"; daneben afrz. auch die entsprechende maskulinische Bildung *desfait,* vgl. *défaut* neben *défaute.*

défalquer „von etwas abrechnen"
14. Jh., aus mlat. *(defalcare),* so schon im 13. Jh. belegt; d. i. Abl. von *falx* „Sense", bedeutet also etymologisch „mit der Sense, Sichel abschneiden"; vgl. *faux.* Das Wort taucht gleichzeitig auch im Italienischen als *defalcare, diffalcare* auf; s. Bl.-W. 181.

défaut „Mangel"
13. Jh., ist Rückbildung von **défaute** „Mangel" va.; „Verzögerung im Urteilsprechen"; 12. Jh., aus grom. **defallĭta,* d. i. vorhistorisches Part. von **defallĕre,* s. *défaillir*; vgl. auch *faute,* Bl.-W. 242.

défectif „mangelhaft"
14. Jh., aus lat. *(defectivus).*

défendre „verteidigen", „verbieten"
11. Jh., afrz. *defendre* „verteidigen", „abhalten", „abwehren", daher „verbieten", aus lat. *defendĕre* „abwehren", „verteidigen". REW 2517; Gg. Bed. 22.

défendude „Verbotstafel"
18. Jh., aus nprov. *defendudo,* eigentlich „Verbot", d. i. subst. Part. von prov. *defendre,* s. d., s. *défendre*; Hatzfeld-Thomas, Rom. 22, 561.

défens 1. „verbotener Wald, Weg"
12. Jh., afrz. *defens* „Abwehr", „Verbot", aus lat. *(defensum)* „verboten", das in volkstümlicher Entwicklung in afrz. *defois* „Verteidigung", „Abwehr", auch „abgeschlossenes Gebiet", heute norm. *defais* dass. vorliegt. REW 2518.
2. „Verbot"
12. Jh., ist Nebenform von *défense,* s. d.

défense „Verbot"
11. Jh., afrz. auch „Verteidigung", „Abwehr", „gerichtliche Einwendung", ist subst. Part. von lat. *defendere,* s. *défendre, défens.*

défenseur „Verteidiger"
13. Jh., aus lat. *(defensore).*

déféquer „abklären"
16. Jh., aus lat. *(defaecare).*
déférer „zuerkennen"
14. Jh., aus lat. *(deferre)* „zuteilen", „übertragen" u. ä.
déferler „(die Segel) entfalten", „sich brechen" (von den Wogen) u. ä.
16. Jh., ist Gegenbildung zu *ferler* „(Segel) an der Rahe befestigen", s. d.
déferre „altes Hufeisen" va.; „abgelegtes Kleidungsstück"
13. Jh., ist postverb. Subst. von **déferrer** „den Eisenbeschlag abnehmen" u. ä., 12. Jh., d. i. schon vorhistorische Abl. *(dis-)* von *fer*, s. d.
défet „Mangel" va.; „Ergänzungsbogen"
14. Jh., in der technischen Bedeutung seit dem 18. Jh., aus lat. *(defectus).*
défi „Herausforderung"
15. Jh., ist postverb. Subst. von **défier** „herausfordern", refl. „mißtrauen", 11. Jh. *desfier*, afrz. „herausfordern", „sich von jemandem lossagen", refl. „mißtrauen", aus grom. **dĭsfīdare* „kein Vertrauen schenken", von dem aus transitives *desfier aucun* „jemandem das Vertrauen entziehen" gebildet wird; vlat. **disfidare* ist Abl. von lat. *fides* „Vertrauen" bzw. *fidus* „treu". REW 3282.
déficit „Fehlbetrag", „Verlust"
16. Jh., aus lat. *(deficit)* „es fehlt".
défilé 1. „Lumpenbrei" (Papiererzeugung)
19. Jh., ist spezialisiert aus „Entfädung", s. *défiler* 1.
2. „Engpaß"
17. Jh., steht für *défiler*, vgl. *débouché*, ist eins mit *défiler* 3.
défiler 1. „ein Gewebe in die Fäden zertrennen"
13. Jh., ist Abl. von *fil* „Faden"; vgl. auch *effiler.*
2. „ausfädeln"
14. Jh., ist Gegenbildung von *enfiler*, s. d.
3. „defilieren"
17. Jh., aus adverbiellem *de file*, so mfrz. und heute berrich., z. B. *ranger des objets de file* „in einer Reihe", „der Reihe nach" verbalisiert, vgl. *débuter.*
défilocher s. *effilocher.*
définir „bestimmen"
15. Jh., aus lat. *(definire).*
definiteur „Mitvorsteher eines Klosters"
17. Jh., aus mlat. *(definitore)* zu *definire* „(die Ordensregeln) feststellen".
déflagration „Verbrennung"
18. Jh., aus lat. *(deflagratione).*
défléchir „ablenken"
13. Jh., aus lat. *(deflectĕre)*, in Anlehnung an *fléchir.*
déflegmer s. *flègme.*
déflorer „die Frische wegnehmen"
13. Jh. *desfleurer*, das sich bis ins 16. Jh. erhält, ist Abl. von *fleur* „Blüte", in seiner Form durch lat. *(deflorare)* „des Glanzes berauben" beeinflußt; vgl. auch *florir* neben *fleurir.*
défoncer „den Boden wegnehmen", „den Boden einschlagen", „durchbrechen"
14. Jh., ist Abl. von afrz. *fonz* „Boden", s. *fond*; vgl. auch *enfoncer.*
défonceuse „Pflug ohne Streichbrett"
19. Jh., ist Femininum zu einem nicht belegten **défonceur*, d. i. Werkzeugsableitung von *défoncer* in der Bedeutung „das Land tief umgraben".
déformer „verunstalten"
13. Jh., aus lat. *(deformare)*; vgl. *difformer.*
défourner „aus dem Backofen nehmen", „den Ball von hinten her durch die Pforte treiben" (Billard)
13./14. Jh., ist Abl. von *four* „Ofen", s. d.
défrai „Bestreitung des Unterhalts"
15. Jh., alt pluralisch *defrais, defrois*, ist postverb. Subst. von **défrayer** „die Kosten tragen" u. ä., d. i. Abl. von *frais* 2 „Kosten" nach *de-* 4.
défricher „Brachland der Kultur zuführen"
14. Jh., aber durch das rückgebildete *friche* „Brachfeld" für das 13. Jh. gesichert, lebt im Südwesten als *defreucher*, im Südosten *defrucher*, dazu Berry *défruiche* „Brachfeld", geht also auf eine Grundform **defruichier* zurück; diese aus grom. **defrūctĭcare* „der Nutznießung zuführen", d. i. Abl. von grom. *defructus* „Nutznießung", zu spätlat. belegtem *defrui* „ganz genießen", vgl. lothr. *défruit* „Versorgung mit Gemüse"; vgl. ferner afrz. *afruiter* „bebauen", 15. Jh. *enfruiter* dass. Gg., ZRP 40, 642 f.
friche als Stammwort zu mndl. *vrisch*, Diez 589; Behrens, Wg. 295 (ZRP 26, 655); oder zu *fracticeum*, Grimm bei Diez 589; oder zu *frigidus*, Streng, HH 129, ist lautlich nicht möglich.
défroque „Nachlaß eines Mönches", „abgetragenes Kleidungsstück"
17. Jh., ist postverb. Subst. von **défroquer** „die Kutte ausziehen", 15. Jh., zu *froc*, s. d.
défubler „ein Gewand abnehmen" va.; „eine Hülle wegnehmen"
12. Jh., auch **défuler**, ist pik., wall., norm. in verschiedenen, an *affubler*, s. d., anknüpfenden Bedeutungen, FEW 49b; ist Gegenbildung zu *affubler*, s. d., und *dé-* 2.
défunt „verstorben"
13. Jh., aus lat. *(defunctus)*, für volkstümliches *fëu*, s. *feu* 2, dessen syntaktische Stellung *défunt* übernimmt.
dégager „losmachen"
12. Jh., ist Gegenbildung zu *engager.*
dégaine „lächerliches Benehmen", fam.
16. Jh., ist postverb. Subst. von afrz. *desgaïner*, nfrz. **dégainer** „das Schwert aus der Scheide ziehen", „blankziehen", 13. Jh.; dazu

seit dem 16. Jh. in übertragener Bedeutung „Geld aus der Börse nehmen", dazu prov. *desgueinà* „mit dem Geld herausrücken", „finanzieren"; zu dem Verbum in der „übertragenen Bedeutung „Art wie man sich benimmt", in pejorativer Weiterentwicklung, die nfrz. fam. Verwendung; Camproux Fr. mod. 17, 42; Esnault Fr. mod. 17, 227; s. *gaine*.

dégaler „Felle kämmen"
19. Jh., ist Abl. von *gale* „Räude", s. d.

dégât „Beschädigung"
13. Jh. *degast*, ist postverb. Subst. von afrz. *degaster* „verwüsten", „verschwenden", 12. Jh., aus lat. *devastare* mit Einwirkung von *gâter*, s. d.

dégauchir „gerade richten"
16. Jh., ist ursprünglich medial „gerade gerichtet sein"; dieses Gegenbildung zu *gauchir* „schief sein", s. d., und *dé-* 1.

dégel „Tauwetter"
13. Jh., ist postverb. Subst. von **dégeler** „auftauen", 13. Jh. *desgeler*, aus vlat. **dĭsgĕlare*, s. *geler*. REW 3714.

dégénérer „entarten"
14. Jh., aus lat. *(degenerare)*.

dégingandé „schlotterig", „unzusammenhängend"
lebt norm., 16. Jh. *dehingandé*, vgl. dazu H. Maine *dejingander* „unsicheres Auftreten, unsicheren Gang haben", dazu *jinguer* „mit den Füßen zappeln", wall. *dihâhiné* wie lit., dazu *hahiner* „schwanken", Verviers *duhanguiner* „schütteln" u. ä.; ist Abl. von mfrz. *hingant*, d. i. Part. von mfrz. *hinguer*, *henguer* „sich abstrampeln", „springen"; scheint zu mhdt. *hingeln* „hinken", „zaudern" zu gehören; die literarische Form gekreuzt mit *gigot* und Abl., s. d.
Oder zu deutsch *hangen, hängen*, Haust, Etym. 67 f.?; nicht zu ital. *ganghero* „Türangel" u. ä., Bugge, Rom. 3, 146 f., da ein entsprechendes afrz. **jangre*, **jangle* nicht belegbar ist und auch lautlich schwierig wäre; trotz *deshinganđer* „aus den Angeln heben" bei Cotgrave kaum zu mndl. *hengue* „Angel".

déglutition „Verschlucken"
16. Jh., aus lat. *(deglutitione)*.

dégobiller „kotzen"
16. Jh., ist boulogn., auch angev., hier neben *dégober* dass.; dieses ist Gegenbildung zu *gober* „hinunterschlucken", s. d., vielleicht gekreuzt mit mundartlichem, z. B. norm. *dégosiller* dass., dieses zu *gosier*, s. d. Vgl. Sain. LPar. 330.

dégoiser „schwatzen"
13. Jh., afrz. *degoisier*, refl. „zwitschern", „vor Freude singen", auch intransitiv, dass., vgl. nfrz. *chanter à plein gosier* „aus voller Brust singen", dazu das postverb. Subst. afrz. *degois* „Gezwitscher", norm. *dégois* „Geschwätz"; es ist Abl. von afrz. **goise* „Kehle", das nicht belegt, aber durch lothringisch-wallonische Formen zu erschließen ist; dieses aus vlat. **gŭsia*, das vermutlich gallischem *geusiae* entspricht, s. *gosier*. REW 3750.

dégor „Abflußrohr"
18. Jh., ist Kreuzung von *dégorger*, s. d., mit afrz. *gorc, gort* „Wasserloch", das heute namentlich im Südosten verbreitet ist; dieses aus lat. *gŭrges* „Wasserstrudel". REW 3923.

dégorgeoir „Ausfluß" u. ä.
17. Jh., ist Ortsableitung *(-orium)* von **dégorger** „aus dem Schlund geben" u. ä., 13. Jh., d. i. Abl. von *gorge*, s. d.

dégoter „(mit einem Stein, einem Ball) umwerfen", „von seinem Posten vertreiben"
17. Jh., wird von Ménage als Ausdruck seiner Heimat Anjou angegeben, wo es Bezeichnung eines Kinderspieles ist; als *gals* oder *gaux* wurden von den Kindern zwei Steine bezeichnet, gegen die Bälle oder ähnliche Dinge geschleudert werden; dazu *dégoter* „von dem eigenen *gau* ausgehen"; heute sind, da an Stelle der Steine Löcher in die Erde gegraben werden, angev. *gots*, d. i. Schreibung für das alte *gau*, die Erdlöcher, dazu *dégoter* „die gegnerische Kugel aus dem feindlichen *got* vertreiben"; das Wort wird als Schulausdruck verbreitet, bedeutet zunächst „von seinem Platz verdrängen", so Trévoux, dann seit 1800 im Pariser Frz. „von seinem Posten verdrängen", das von hier in die Mundarten dringt; daher Hennegau „durch Feinheiten betrügen", Le Havre „stehlen", Mons *se dégoter* „sich aufraffen", boulogn. „aufpulvern" u. ä., die z. T. Einfluß von *dégoûter* zeigen. Sain. LPar. 61 ff. Älteres angev. *gau*, heute *got*, ursprünglich „Stein", dann mit der Änderung des Spieles „Erdloch", ist norm. *gau, gal* „Stein", s. *galet*.
Zu prov. *gauta* „Wange" u. ä., Spitzer, ZRP 42, 17 f., berücksichtigt nicht die ältere Bedeutung des Grundwortes.

dégourdir „die Erstarrung benehmen"
12. Jh., ist Gegenbildung zu *engourdir*, s. d.

dégout 1. „Guß" va.; „Bratenkruste"
12. Jh., lebt heute berrich., norm., südostfrz. in verschiedenen Bedeutungen, wird in der Literatur, vermutlich wegen des Zusammenfalls mit *dégout* 2 abgelehnt, ist postverb. Subst. von *dégoutter* „herabträufeln", s. d.
2. „Ekel"
16. Jh., ist postverb. Subst von **dégoûter** „anekeln", d. i. seit dem 15. Jh. belegte Abl. von *goût* „Geschmack", s. d.
dégoûter Umdeutung von *dégoutter*, dessen ursprüngliche Bedeutung noch in *dégoûtant* „übermäßig", „empörend", eigentlich *dégouttant* „überströmend" zu erkennen sei, Gilliéron, RPFL 34, 20 ff., überzeugt nicht.

dégoutter „herabträufeln"
12. Jh., aus grom. **degŭttare* zu *gutta* „Tropfen", s. *goutte*.

dégradation 1. „Absetzung"
14. Jh., aus lat. *(d e g r a d a t i o n e).*
2. „Abstufung des Lichtes"
17. Jh., ist Abl. von *dégrader* in der Bedeutung „die Farben, das Licht stufenweise brechen", dieses aus ital. *digradare,* s. d. F.; Bl.-W. 183.

dégrader „herabsetzen"
12. Jh., aus lat. *(d e g r a d a r e).*

dégrafer „aufhaken"
16. Jh., ist Gegenbildung zu *agrafer,* s. *dé-* 2.

dégras „Gerberfett" u. ä.
18. Jh., ist wohl postverb. Subst. von *dégraisser* „entfetten", „von Fett reinigen", in der Form angelehnt an *gras*; das Wort lebt im B. Maine.

degré „Stufe", „Grad"
11. Jh. *degret* „Treppe", „Stufe", in der ersten Bedeutung afrz. meist im Plural, wird in dieser Bedeutung durch *échelle,* später *escalier* ersetzt, Jaberg, RLiR 6, 92; zu lat. *g r a d u s* „Stufe", afrz. *gré,* das in der Literatur meist nur in übertragener Bedeutung *(de gré en gré)* gebraucht wird, in östlichen und nordöstlichen Mundarten aber noch heute als lebend angegeben wird. In der Literatur tritt an die Stelle von *gré* „gradus" *degré,* das die ursprüngliche und die übertragene Bedeutung von lat. *gradus* „Stufe" übernimmt. Die Zusammensetzung mit *de-* dürfte schon vlat. sein, sie wäre für das Nordfranzösische wegen der Verwechslungsmöglichkeit mit *gré* „Gutdünken", „Gefallen" verständlich, nicht aber für die südlichen Entsprechungen. Anlehnung an lat. *degradare* „herabsteigen", „herabsetzen" ist keine ausreichende Erklärung; FEW IV, 207; Diez 560; REW 2523.

dégréer „abtakeln"
17. Jh., neben heute veraltetem *désagréer,* ist Gegenbildung von *agréer* „auftakeln".

dégringoler „herabrollen"
17. Jh., dafür im 16. Jh. *gringoler*; ist in der Pikardie zu Hause; dazu vielfache mundartliche Umgestaltungen: Mons *dégribouler* (+ *boule*), *dégrivaler* (+ *avaler*), boulogn. *dégarouler* (+ *gargouille* + *rouler*), norm. *dégrouler.* V. d'Yères *dégruler, dégrouvaler,* dazu *dégriller* „vom Dach herunterstürzen" (vom Schnee), pik. auch *déringoler.* H. u.
Vielleicht zu mfrz. belegtem *gringole* „Dachrinne", das selbst unerklärte Nebenform von *gargouille* ist; *gringole* „abschüssiger Hügel", Pas de Calais, ist kaum Stammwort zu *dégringoler,* Sainéan, ZRP 30, 308 f.; 33, 61, sondern von diesem rückgebildet; zu ndl. *krinkelen, kringelen* „sich schlängeln", Behrens, ZFSL 30, 1, 356 (Wg. 77 ff.); Bl.-W. 183, ist begrifflich schwierig, vgl. aber *gringole*; aus ital. *gringolare,* das altital. vereinzelt belegt ist, dieses zu langob. **kringan* „fallen", „untergehen", Brüch, ZRP 38, 699, erklärt nicht, daß das Wort gerade im Norden Frankreichs zu Hause ist; auch ist das ital. Wort selbst zweifelhaft; vgl. auch Baist, ZRP 33, 64; REW 4777.

dégrosser „dünn ausschmieden" u. ä.
17. Jh., ist Abl. von *gros,* s. d.

dégrossir „strecken", „dünn ausschmieden" u. ä.
17. Jh., ist Gegenbildung zu *grossir* in der aktiven Bedeutung „anschwellen machen".

déguenillér „zerlumpen"
17. Jh. „die Lumpen ablegen", ist Abl. von *guenille,* s. d.

déguerpir fam. „sich aus dem Staub machen", „türmen"
12. Jh. *deguerpir,* ist nach *de-* 4 verstärktes afrz. *guerpir* „jmd. etwas zu eigen geben", „preisgeben", „verlassen", „im Stich lassen", 11. Jh., aus grom. *w e r p i r e,* das in fränkisch-romanischen Urkunden in der Zusammensetzung *làisowerpire* bezeugt ist, dazu in den Malbergischen Glossen *lesewerpo* „Verzichtleistung"; das Verbum bedeutet wörtlich „einen Strohhalm (in den Schoß) eines anderen werfen", und diesem das Anrecht auf einen Besitz übertragen, ein altes Rechtssymbol, durch das eine Besitzübertragung als rechtskräftig bestätigt wird, s. auch Gg. Bed. S. 149. *werpire* ist Anpassung des fränkischen *wërpan* „werfen" an die fränkisch-romanischen Rechtsausdrücke wie *nantire* aus *nanthjan* „ein Pfand geben", *plevir* „bürgen", vgl. RG I, S. 164. Der Übergang von „verzichtleisten" zu „sich aus dem Staub machen" in der familiären Rede nach Wendungen wie *déguerpir d'un lieu",* ursprünglich „den Verzicht auf etwas durch das Verlassen des Ortes der Verhandlung aussprechen"; *déguerpir d'un lieu* wird schon im 18. Jh. als Rechtsausdruck und gleichzeitig als familiär angegeben; dazu im 13./14. Jh. auch *enwerpir* „in Besitz setzen".
guerpir aus fränkisch **werpjan,* REW 9525; Bl.-W. 183, setzt eine im Germanischen nicht vorhandene Grundform voraus. Prov. *gorpir* „im Stich lassen", „nachlassen", ist vermutlich aus gotisch **waúrpjan* romanisiert, Brüch, ZFSL 50, 327; Stimm, ZRP 71, 263, so daß die *-ire* Konjugation bei afrz. *werpire* aus einer Kreuzung von gotisch **waúrpjan* und fränkisch *wërpan* entstanden sein kann; ähnliche Doppelentlehnungen s. bei *héberger, heaume*; vgl. Brosman, RPh. 18, 31.

dégueuler „speien"
15. Jh., ist Abl. von *gueule,* s. d.; vgl. *dégobiller.*

déguiser „verkleiden", „verstecken"
12. Jh., ist vorhistorische Abl. von *guise* „Art", afrz. *desguiser* „verändern", seit dem 13. Jh. schon „verkleiden", ursprünglich *„aus seiner Art bringen", eine Bedeutung, die prov. *desguisar* noch aufweist.

déguster „kosten"
19. Jh., aus lat. *(d e g ŭ s t a r e).*

déhait „vergnügt“
16. Jh., für seit dem 13. Jh. belegtes adverbielles *de hait* dass., zu afrz. *hait* „Freude“, „Vergnügen“, norm. *déhait* „Vergnügen“, Sjögren, Rom. 54, 400; vgl. dazu afrz. *haitier* „Vergnügen bereiten“, s. auch das Folgende; afrz. *hait* aus fränkisch **haiþ*, vgl. anord. *heiþ* „klarer Himmel“, *heiþr* „heiter“ u. ä. Zu anord. *heit* „Gelübde“ (nhdt. *geheiss*), Diez 609; REW 4096, ist begrifflich schwieriger.

déhaité „entmutigt“ va.; „nicht gerne fliegend“
12. Jh., ist Part. von afrz. *deshaitier* „die Freude benehmen“, d. i. Gegenbildung zu afrz. *haitier*; dazu norm. **déhait** „Kummer“, aus älterem *deshait*, 12. Jh., „Traurigkeit“, „Widerwärtigkeit“.

déhonter „entehren“
12. Jh., afrz. *deshonter* und *dehonter*, letzteres ursprünglich; ist nach *de-* 4 verstärktes afrz. *honter* „mit Schande bedecken“, s. *honte*.

dehors „außerhalb“
11. Jh. neben *defors*, das letztere unter Einwirkung von *fors* mit erhaltenem *-f-*, das in der Zusammensetzung lautgesetzlich schwinden mußte; aus lat. *deforis*, das ursprünglich bei Verben der Bewegung „von außen“ bedeutete, aber in der Vulgata, dann bei Marcellus Empiricus = *foris* verwendet wurde, Hamp, ALL 5, 343; REW 2520; Gros, RF 27, 623; Brall, Lat. *foris*, *foras* im Gallorom. Berlin 1918.

déicide „Gottesmörder“
16. Jh., aus lat. *(deicida)*; dann, da das bedeutungsähnliche *homicide* gleichzeitig „Menschenmord“ und „Mörder“ bedeutet, auch die Bedeutung „Gottesmord“.

déifier „vergöttern“
13. Jh., aus lat. *(deificare)*.

déjà „schon“
13. Jh. *desja*, ist zusammengesetzt aus der Präposition *des* „unmittelbar von ...“ (diese zusammengesetzt aus *de* und der Obliquusform von *ipse* „selbst“, afrz. *es*, das ursprünglich appositionell zu dem nachfolgenden Substantiv gehört, aber schon frühzeitig mit dem vorhergehenden *de* verschmolz) und adverbiellem *ja* „jetzt“, „sofort“, „schon“, aus lat. *jam* „schon“, „jetzt“, „bisher“, zur Andeutung, daß etwas unerwartet lange her ist, afrz. *des ja* bedeutet also der Bildung nach „von eben diesem Augenblick an“, „zu eben diesem Augenblick“; vgl. *dès*.

dejection „Auswurf“
16. Jh., aus lat. *(dejectione)*.

déjeter „verkrümmen“
12. Jh., afrz. *dejeter* „hin und herwerfen“, reflexiv, dass., dazu nfrz. *se déjeter* „sich wieder aufrichten“, vom Holz, das in eine abweichende Lage gebracht wurde; dann in der Anatomie, vom Krümmen gewisser Körperteile, die ihre ursprüngliche Lage verändern; daher die allgemeine Bedeutung „sich verziehen“, „sich werfen“, dazu **déjeté** „verwachsen“, „verbogen“; ist nach *de-* 4 verstärktes *jeter*; vgl. davon unabhängig lat. *dejectare* „wegwerfen“, „zurückstoßen“.

déjeuner „frühstücken“
dann substantiviert „Frühstück“, bedeutet afrz. das Essen, durch das man den nüchternen Zustand aufgab; dann „essen“, „nähren“; vgl. noch heute Morvan „zu fasten aufhören“, dazu *dîner* „Morgenmahlzeit“; das Wort hat heute in Paris und im Osten die Bedeutung „Mittagessen“ angenommen, daher trat in der ursprünglichen Bedeutung *petit déjeuner* ein, Herzog, Mahlz. 21 ff.; es ist afrz. *desjëuner*, ursprünglich mit diesem Stamm nur in den stammbetonten Formen, neben *dîn-* in den endungsbetonten Formen, also *desjëune-disnons;* aus vlat. **dĭsjejūnare* „zu fasten aufhören“, im 11. Jh. belegt, dessen zweites *-j-* dissimilatorisch schwand; die endungsbetonten Formen s. unter *dîner*. Dort die weitere Literatur.

déjouer 1. „spielen“, „die Flaggen im Winde spielen lassen“
12. Jh. *soi dejoer* „sich belustigen“, vgl. dazu afrz. *soi deduire, soi deporter* unter *déduire*; ist nach *de-* 4 abgeleitet von *jouer*.
2. „vereiteln“, „entgegenspielen“
13. Jh., ist Gegenbildung (= *dĭs*) zu *jouer*, s. *dé-* 1.

déjour „Raum zwischen den Felgen eines Rades“
18. Jh., dürfte subst. Adverbium *de jour* zu sein, s. afrz. *de jor* „bei Tage“, aber mit der Meinung „Tageslicht, Öffnung, Durchbruch“ u. ä.; vgl. wegen der Substantivierung Gg. Syntax 11.

déjuc „Zeit des Aufwachens der Hühner“
16. Jh., ist postverb. Subst. von norm. *déjuquer* „von der Stange wegfliegen“, s. *déjucher*.

déjucher „Hühner von der Stange aufjagen“
13. Jh., ist Abl. von *juc* „Hühnerstange“, s. *jucher*.

delà „jenseits“
12. Jh., Adverb und Präposition, ist Zusammensetzung von *de* und *là* „dort“, das *de* ursprünglich als Zeichen attributivischer Unterordnung; s. *là*.

délabrer „hinfällig machen“
16. Jh., dürfte aus dem Osten bzw. Südosten stammen, vgl. vogesisch dass., dazu frz. Schweiz *délabra* „zerteilen“, „vierteilen“, dieses Abl. von frz. Schweiz *délabra* „Haue“ aus lat. *dolabra* „Haue“, „Brechaxt“; ZRP 40, 523 f.; vgl. zu dem Subst. Thomas, NE 238; REW 2717.
Zu *lambeau*, bzw. alt *label* „Lappen“, „Fetzen“, Dict. gén.; Bl.-W. 184, ist lautlich schwierig; zu nprov. *eslabrà* „die Lippen

spalten", Spitzer, ZRP 42, 31 Anm., ist begrifflich unwahrscheinlich.

délai „Aufschub"
12./13. Jh., ist postverb. Subst. von afrz. *delaier* „hinhalten", intr. „säumen", „ausbleiben", dazu afrz. *delai* „Aufschub", „Vernachlässigung", auch *delaie, delaiement* dass., d. i. vorhistorische Zusammensetzung von verstärkendem *de-*, s. *de* 4, und afrz. *laiier* „etwas unterlassen", „zurücklassen", Förster, ZRP 6, 108, das mit oberital. Formen vom Typus *lagar* auf eine Grundform **laggare* zurückführt, die wohl Weiterbildung von gallisch **laggos* (irisch *lag*) matt", „schlaff", „lässig" ist, wie das entsprechende vlat. *laxare* „lassen", so seit dem 6. Jh., s. *laisser*, Abl. von *laxus* „lässig" u. ä. Daß eine vom Gallischen beeinflußte Bildung zugrunde liegt, wird durch die geographische Verbreitung des **laggare*-Typus gestützt. Gg. ZRP 40, 524; vgl. auch *dilayer, délayer, relais* 2.
Aus lat. *dilatum* zu *differre* „verschieben", Diez 560, also ein grom. **dilatare,* hätte afrz. **deleer* ergeben, das allerdings mit afrz. *laissier* gekreuzt afrz. *delaier* entsprechen würde; doch ist *dilatum, *dilatare* nirgends in der Romania bezeugt; afrz. *laier* aus germ. **lagjan* „legen", Thomas, Ess. 322 ff., ist begrifflich und morphologisch schwierig; *laier* aus lat. *legare* „hinterlassen", Diez 189, oder dieses gekreuzt mit *laxare,* Salvioni, AGI 16, 495? Als Grundform **lakare,* dieses rückgebildet von **laca stare* aus **laxa stare* „laß stehen", Marchot, Misc. Ascoli 29 f., ist schon deshalb schwierig, weil zur Zeit, als *laxare* die Bedeutung „lassen" angenommen hatte, s. o., das *-x-* von *laxare* vermutlich nicht mehr als *-ks-* gesprochen wurde.
laiier aus *laissier,* in Anlehnung an die Präsensformen von *faire,* z. B. *lait* nach *fait,* Bl.-W. 184, berücksichtigt nicht die nordital. Formen; *laiier* dissimiliert aus *largare,* Regula, AR 12, 275 ist auch begrifflich unverständlich.

délais „Aufgeben", „Abtreten"
15. Jh., ist postverb. Subst. von **délaisser** „aufgeben", „verlassen", 12. Jh. afrz. *delaissier* „verlassen", refl. „ablassen von", aus vlat. **delaxare,* d. i. nach *de-* 4 verstärktes *laxare,* s. *laisser*; vgl. wegen der Zusammensetzung auch *delaier* unter *délai.*

délateur „Angeber"
16. Jh., aus lat. *(delatore).*

délaver „verwaschen", „auswaschen"
14./15. Jh., ist nach *de-* 4 abgeleitet von *laver,* s. d.; vgl. afrz. und heute in der frz. Schweiz die reine Gegenbildung *délaver* „beschmutzen".

délayer „auflösen", „verdünnen"
13. Jh. *delaier,* beruht wohl auf einem älteren **deloier,* das prov. *delegar, deslegar* dass. entspricht und auf vlat. **delĭcare* (nach *delico* für *deliquo*) für klassisches *deliquare* dass. zurückgeht; das *-ai-* des Verbums vermutlich wegen Verschmelzung mit afrz. *delaier,* s. *délai.* Diez 119; Thomas, Rom. 41, 455; REW 2542.
**dislacare* zu *lacus* „See", Förster, ZRP 6, 108, ist schon wegen prov. *deslegar* nicht möglich.

délecter „ergötzen"
14. Jh., gilt im 17./18. Jh. als veraltet, aus lat. *(delectare),* das volkstümlich in afrz. *deleitier* dass. vorliegt.

déléguer „abordnen"
14. Jh., aus lat. *(delegare).*

délétère „schädlich"
16. Jh., aus gr. (δηλητήριος).

délibérer „überlegen"
15. Jh., aus lat. *(deliberare).*

délicat „köstlich"
15. Jh., aus lat. *(delicatus)* „reizend", „delikat", „fein" u. ä, das afrz. volkstümlich als *deugié, dougié* „zart", „fein", „dünn", heute westfrz., noch lebt; dazu norm. *se deuger, deugir* „zart werden", „sich abnützen", vgl. *délié.* REW 2538. Dazu seit dem 16. Jh. die Abl. **délicatesse,** wohl unter dem Einfluß von ital. *delicatezza.*

délice „Entzücken"
12. Jh., aus lat. *(delĭcium);* das Wort gilt im 17. Jh. als sehr gemein. Br. 3, 169.

délicoter „abhalftern"
17. Jh., ist Abl. von *lico(l),* d. i. die Aussprache des 16. Jhs. für *licol,* s. d.; die literarische Form lebt pik., berrich., dazu B. Maine *délicoler* dass.

délictueux „verbrecherisch"
19. Jh., ist Abl. von lat. *(delictum)* „Verbrechen", s. *délit.*

délié „schlank", „zart"
13. Jh., aus lat. *(delicatus)* „reizend" in halbgelehrter Entwicklung, vgl. *délicat.*

délimiter „abgrenzen"
18. Jh., aus lat. *(delimitare).*

délinquer „verbrechen"
14. Jh., aus lat. *(delinquĕre)* „sich vergehen".

déliquescent „zerfließend"
18. Jh., aus lat. *(deliquescente)* zu lat. *deliquescĕre* „zerfließen".

délire „Wahnsinn"
16. Jh., aus lat. *(delīrium).*

délisser 1. „Lumpen sortieren"
18. Jh., eigentlich „glatt streichen", ist verstärktes *lisser* bzw. Abl. von *lisse* „glatt".
2. „in Unordnung bringen"
19. Jh., ist Gegenbildung zu *lisser* „glatt streichen".

délit 1. „Vergehen"
14. Jh., aus lat. *(delictum).*
2. „falsche Lagerung eines Steines", „Schichtfuge"
16. Jh., ist postverb. Subst. von **déliter** „aus

seinem Bett, seiner Schichte nehmen", d. i. Abl. von *lit*, s. d.

délivre 1. „ungezwungen" va.
12. Jh., afrz. *delivre* „frei", „frisch", „gesund", „ungehindert", dazu schon im 12. Jh. *a delivre* „ungehindert", in Verbindungen wie *estre, avoir a delivre* „ungehindert sein", „etwas unbehindert besitzen", mit *a* in der afrz. gelegentlichen Funktion von *comme, pour*, beim zweiten Objekt oder beim Prädikatsnomen, s. Gg., Syntax 605; aus vlat. **deliber* „frei", d. i. Rückbildung von vlat. *deliberare* „befreien", nach dem Vorbild von lat. *liber* „frei" neben *liberare* „befreien"; s. *délivrer*.
2. „Nachgeburt"
15. Jh., ist Rückbildung von *délivrer* in der Bedeutung „entbinden", s. d.
3. „Salzwasserkanal"
19. Jh., ist Abl. von afrz. schon belegtem *delivrer* „leeren", „räumen", s. *délivrer*.

délivrer „freilassen", „ausstellen" u. ä., refl. *se délivrer* „entbinden"
12. Jh., afrz. „befreien", „freigeben", „übergeben", refl. „entbinden" u. ä., s. *délivre* 2; aus vlat. *deliberare* „befreien", d. i. nach *de-* 4 verstärktes *liberare* dass.; klassisches *deliberare* bedeutet „reiflich überlegen", „um Rat fragen", ist also nicht die unmittelbare Grundlage des frz. Wortes und seiner Familie; s. *délibérer*.

délot „Lederfingerhut" (der Kalfaterer)
16. Jh. auch *déliot*, steht daher für *déleau*, d. i. *-ellus*-Abl. von afrz. *deel*, s. *dé* 2.

déloyal „treulos"
12. Jh. *deslëal* „unrechtmäßig", „unehrlich", „treulos", gilt im 17./18. Jh. als veraltet, aus grom. **dĭslēgalis*, d. i. Gegenbildung zu *legalis*, s. *loyal*; dazu seit dem 11. Jh. *deleauté* heute **déloyauté** „Untreue".

delphinette s. *dauphin*.

delta „Delta"
19. Jh., nach der Form des großgeschriebenen gr. δ; die Übertragung auf die Bezeichnung des Nildeltas findet sich schon bei den Griechen. Dict. gén.

déluge „Sintflut"
12. Jh. *diluvie*, schließt sich später an die volkstümlichen Bildungen auf *de-* an, z. B. im 15. Jh. *delouvre*, Dupire, Rom. 65, 14, aus lat. *(dīlŭvium)*. REW 2643.

déluré „munter", „pfiffig"
18. Jh., 1807 noch als fehlerhafter Provinzialismus angesehen, Pignon, Fr. mod. 14, 266, ist für Berry bezeugt, steht für ein älteres *desleurré* „der sich nicht ködern läßt", d. i. Abl. von *leurrer* „ködern", im 18. Jh. *déleurrer* „eines Besseren belehren"; Bl.-W. 185; Dict. gén.; vgl. *luron*.
Zu *allures*, Spitzer, NS 31, 203; REW 412 ist morphologisch und begrifflich unwahrscheinlich.

démacler „geschmolzenes Glas umrühren"
18. Jh., ist nach *de-* 4 verstärktes macler, s. d.

démagogue „Demagog"
14. Jh., aus gr. (δημαγωγός).

demain „morgen"
12. Jh., aus vlat. *de mane*, d. i. mit der Präposition der attributiven Unterordnung verschmolzenes *mane* dass., das seit Plautus auch substantivisch verwendet wird, Löfstedt, Aeth. 297; vgl. *dehors*; REW 2548. Vgl. *lendemain*.

demander „bitten", „fragen"
11. Jh., afrz. „fordern", „verlangen", „nach etwas fragen", aus lat. *demandare* „etwas einem anderen überweisen", „auftragen", d. i. nach *de-* 4 verstärktes *mandare* „übergeben", „einen Auftrag geben", „benachrichtigen", aber noch nicht „bitten"; übernimmt die Bedeutungen von lat. *rogare* „fragen", „bitten", das afrz. als *rover* „bitten", dann „beten" erhalten ist; dazu seit dem 12. Jh. das postverbale Subst. **demande** „Bitte", „Frage".

démanger „jucken", „beißen"
13./14. Jh., früher „verschlingen", „zernagen" ist nach *de-* 4 verstärktes *manger*, s. d.

démantibuler „die Kinnbacken zerbrechen"
16. Jh. *démandibuler*, ist Abl. von *mandibule*, s. d.

démarcation „Abgrenzung", „Abmarkung"
18. Jh., aus spanisch *demarcación*, s. *marquer*, *démarche*; Dict. gén.

démarche „1. Gang", „Schritt", „Maßregel"
15./16. Jh., ist postverb. Subst. von **démarcher** „einen Schritt tun", 12. Jh. *demarchier* „niedertreten", seit dem 15. Jh. in der heutigen Bedeutung, ist nach *de-* 4 abgeleitet von *marcher*, dessen Bedeutungsentwicklung *demarcher* nachträglich nachholt, s. *marcher*; Bl.-W. 390.
2. „schlechte Schur des Tuches"
18. Jh., ist pejorative Abl. von *marche* „Anordnung", „Verlauf", s. *dé-* 7.

démarque „Auslöschen der Points beim Kartenspiel" u. ä.
ist postverb. Subst. von **démarquer** „das Zeichen auslöschen", 16. Jh., dieses Gegenbildung zu *marquer*.

démarrer „von den Tauen losmachen"
15. Jh., ist Gegenbildung zu *amarrer*, s. *dé-* 2. Vgl. über Weiterbildungen des Wortes in den Mundarten FEW I, 1; Behrens, DS 72.

démascler „(die Korkeiche) abrinden"
19. Jh., aus nprov. *desmasclà* dass., d. i. Abl. von *mascle* „erste Rinde der Korkeiche", eigentlich „männlich", s. *mâle*; vgl. der Bildung nach gleich, aber von *mascle* in der ursprünglichen Bedeutung abgeleitet nprov. *desmascla* „kastrieren".

démence „Wahnsinn"
14. Jh., aus lat. *(dementia)*; dazu seit dem 19. Jh. **dément** „wahnsinnig", aus lat. *(demens, dementis)*.

démener „heftig bewegen" va.; refl. „sich abmühen"
11. Jh. *demener* „hinführen", „hinundherbewegen", „(sein Leben) verbringen", „etwas äußern", refl. „sich aufführen", ist nach *de-* 4 verstärktes *mener,* s. d.

démentir „Lügen strafen"
12. Jh *desmentir,* mit Hineinbeziehung des Objektes in die Vorstellung des Grundwortes „etwas bei einem anderen als lügenhaft erweisen", dann verallgemeinert „hinfällig machen", „zugrunde richten", „zerstören"; refl. „sich als untauglich erweisen", so auch intransitiv; ist nach *dé-* 1 abgeleitet von *mentir* „lügen"; wegen der Bildung vgl. *dédire.*

démérite „Versehen", „Verschulden"
14. Jh., ist postverb. Subst. von **démériter** gegen jmd. verschulden", d. i. Abl. von *mériter,* s. d.; s. *dé-* 1.

démesuré „übermäßig"
12. Jh., ist Part. der Vergangenheit (mit der im Altfrz. allgemeinen aktiven Bedeutung zur Bezeichnung der aus der Handlung hervorgehenden Eigenschaft) von afrz. *desmesurer* „über das richtige Maß hinausgehen", „sich maßlos hingeben", d. i. Abl. von *mesure* „Maß", s. d.

démettre „verstellen", „ausrenken", „eines Amtes entsetzen"
11. Jh., afrz. „sich auflösen", „ausnehmen von", „absondern", refl. „eine Sache aufgeben", wie nfrz. *se démettre de qch.*" „etwas niederlegen", ist nach *de-* 1 gebildetes vlat. *demittere,* das klassisch lat. als „herabschicken", „hinabziehen", refl. „herabströmen" u. ä. belegt ist; s. *mettre.*

demeure „Verzug", „Aufenthalt"
12./13. Jh., ist postverb. Subst. von **demeurer** „verzögern" va.; „sich aufhalten", 12. Jh., aus lat. *demorari* „verzögern", „sich aufhalten", vlat. auch „wohnen"; Löfstedt, Aeth. 31.

demi 1. „halb"
12. Jh., aus ursprünglich adverbiellem *de mi* „zur Hälfte" aus vlat. *de mĕdio*; das Wort wird afrz. mit dem zugehörigen Substantiv nur appositionell verbunden, s. *parmi*; oder vlat. **dimedius* für lat. *dimidius* „halb", vgl. ostfrz. *demei,* Behrens, ZFSL 28, 2, 55; REW 2644; s. d. F.
2. „Hälfte"
13. Jh., aus vlat. *dimĕdium* für lat. *dimidium,* das in den Tironischen Noten belegt ist; aus diesem kymrisch *dimay* „halber Penny"; Bambeck 16.

demi- „halb-"
in Zusammensetzungen, größtenteils aus nfrz. Zeit, s. die zweiten Bestandteile der zusammengesetzten Wörter.

demi-ceint „Halbgürtel", „enger Frauengürtel aus Metallplättchen"
14. Jh., ist zusammengesetzt aus *demi,* s. d., und afrz. *ceint* „Gürtel", d. i. subst. Part. von *ceindre,* s. *ceinte.* Hatzfeld-Thomas, Rom. 22, 561.

démieller „den Honig aus dem Wachs auspressen"
18. Jh., ist Abl. von *miel* „Honig", s. d.

demistier „halber Schoppen"
19. Jh. auch *demi-setier,* s. *setier.*

démission „Abdankung"
14. Jh., aus lat. *(demissione)* „Herablassen", mlat. in der französischen Bedeutung, in Anlehnung an frz. *se démettre* „abdanken", s. d.

démiurge „Weltschöpfer"
16. Jh., aus lat. *(demiurgos).*

démocrate „Volksmann"
16. bzw. 18. Jh., ist Rückbildung von **démocratie** „Volksherrschaft", 14. Jh., aus gr. (δημοκρατία).

demoiselle s. *damoiselle.*

démolir „niederreißen"
14. Jh., aus lat. *(demoliri).*

démon „Dämon", „böser Geist"
16. Jh., aus lat. *(daemone)*; daneben 13. Jh. *demoigne* aus lat. *(daemonium),* dass.

démonétiser „Geldwert herabsetzen"
18. Jh., ist gelehrte Abl. von lat. *(moneta)* „Münze", s. *monnaie.*

démonstration „Beweisführung"
14. Jh., aus lat. *(demonstratione).*

démontrer „beweisen"
11. Jh. *demonstrer* und *demostrer,* letzteres rein volkstümlich, das erste halbgelehrt, aus lat. *demonstrare* „nachweisen".

démotique „volkstümlich", „demotisch"
14. Jh., aus gr. (δημοτικός).

dénaire „zehnteilig"
16. Jh., aus lat. *(denarius)* „zehn enthaltend", s. *denier.*

denché „gezähnelt"
13. Jh., in der gleichen Bedeutung auch *denté,* s. d., im 13. Jh. *dentu,* Laurent, Rom. 65, 489; dazu languedokisch *dentegat,* aus lat. **denticatus,* das aus belegtem *denticulatus* „mit Zähnen (Spitzen, Zinken) versehen" rückgebildet sein dürfte; vgl. FEW III, 43; s. dazu *dentelé.*

dénégation „Leugnung"
14. Jh., aus lat. *(denegatione),* vgl. *dénier*

dénéral „Probeplatte bei der Münzenprägung"
14. Jh. *denarial,* ist gelehrte Abl. von lat. *(denarius),* s. *denier.*

dengue „Art rheumatisches Fieber der Tropen"
19. Jh., aus spanisch *dengue* „Ziererei", „Affektation", Dict. gén.; die begriffliche Verbindung von „Tropenfieber" mit „Ziererei" wegen des steifen, abgemessenen Ganges der von der Krankheit Befallenen, Brüch, ZFSL 50, 330.

déni „Verweigerung"
12. Jh., afrz. auch *denoi,* ist postverb. Subst. von **dénier** „verweigern", 12. Jh. afrz. *denie-denoier,* aus lat. *denĕgare*; vgl. wegen der Form *nier.* REW 2554.
dénicher s. *niche.*

denier „Heller"
afrz. auch als Bezeichnung des Minimalwertes, pluralisch „Geld", aus lat. *denarius,* das ursprünglich eine Gold- bzw. Silbermünze bezeichnet, in der Kaiserzeit eine Kupfermünze; die weitere Abwertung des Wortes mit der allgemeinen Entwertung des Geldes. Dazu grom. die *-ata-*Abl. **denariata* „was man mit einem Denar kaufen kann", im Pol. Irminonis *denerata cerae,* afrz. *deneree* „vom Wert eines Denier", anderseits „Ware", so noch in frz. **denrée** „Ware", Plural „Lebensmittel"; REW 2553; Bl.-W. 186.

dénigrer „anschwärzen"
14. Jh., aus lat. *(denĭgrare).*

dénombrer „aufzählen"
12. Jh., in Anlehnung an *nombrer* entlehnt aus lat. *(denŭmĕrare).*

dénommer „benennen"
12. Jh., afrz. *denomer* „benennen", auch „festsetzen", aus lat. *denōmĭnare.*

dénoncer „ankündigen", „anzeigen"
12. Jh., aus lat. *denŭntiare,* vielleicht nur scheinbar volkstümlich entwickelt.

dénoter „bezeichnen"
14. Jh., aus lat. *(denotare).*
denrée s. *denier.*

dense „dicht"
13. Jh., aus lat. *(densus).*

dent „Zahn"
11. Jh., ist afrz. Mask. und Fem., heute in der Literatur Fem., dagegen pik., wall., lothr. Mask.; aus lat. *dens, dente,* mask. REW 2556.

dentaire 1. „zu den Zähnen gehörig"
17./18. Jh., aus lat. *(dentarius).*
2. „Zahnkraut"
16. Jh., aus neulat. *(dentaria).*
denté s. *denché.*

dentée „Zahnhieb"
12. Jh., ist *-ata-*Abl. von *dent*; das Wort kann nach den Bildungsgesetzen des Afrz. sowohl Hieb a u f die Zähne wie Hieb m i t den Zähnen bedeuten; s. afrz. *colee* „Hieb auf den Nacken", nfrz. *fessée* „Hieb auf die ‚fesses'"; *dentée* „Hieb in die Zähne".

dentelaire „Bleiwurz"
18. Jh., aus mlat. *(dentellaria),* d. i. Abl. von mlat. *dentellus* „Zähnchen", wegen der gezähnten Blätter der Pflanze. Roll. Fl. 9, 81.

dentelé „gezähnt", „zackig"
16. Jh., doch schon im 15. Jh. *dentillé,* ist Abl. von afrz. **dentil* „Zähnchen", das nicht belegt ist, aber aus prov. *dentilh* dass. erschlossen werden kann; vgl. das schon lat. belegte *denticulatus* unter *denché*; aus lat. *denticulus* dass. REW 2564. Die literarische Form könnte auch Abl. von afrz. *dentelle* „Zähnchen" sein, dieses unmittelbar zu *dent,* s. d.

denteler „auszacken"
17. Jh., ist dem. Abl. von *dent,* s. *bosseler, greneler,* oder Rückbildung von *dentelé,* s. d. Dazu mit falscher Schreibung der subst. Infinitiv **dentelet** „Auszackung", 17. Jh.

dentelle „Spitze", „Zähnchen"
seit dem 14. bzw. dem 16. Jh., ist dem. Abl. von *dent,* s. d.

denticule „Zähnchen"
18. Jh., aus lat. *(denticulus),* s. *dentelé.*

dentier „Gebiß", „Werkzeug zum Seifenschneiden"
17. Jh., ist mit dem die Umfassung anzeigenden *-arium* abgeleitet von *dent,* s. d.

dentifrice „Zahnpulver" u. ä.
15. Jh., aus lat. *(dentifricium).*

dénuder „entblößen"
18. Jh., aus lat. *(denudare),* vgl. *dénuer.*

dénuer „berauben"
12. Jh. *denuer,* später in Anlehnung an die Verba des Trennens, Beraubens *desnuer,* aus lat. *denūdare.*

dépareiller „Gleiches trennen"
17. Jh., ist Gegenbildung von *appareiller* 2, s. d. Vgl. gleichbedeutendes *désappareiller.* Afrz. *despareillier* (als Weiterbildung von *desparer,* s. *déparer*) bedeutet „berauben"; dazu unmittelbar das nfrz. Wort, Spitzer, ZRP 43, 590, ist begrifflich schwierig und nicht nötig, s. *dé-* 2.

déparer „des Schmuckes berauben"
11. Jh. *desparer* „(den Schmuck) abnehmen", aus lat. *disparare* „absondern", grom. in Anlehnung an *parare* „schmücken", s. *parer,* wohl schon „den Schmuck abnehmen", so afrz. *soi desparer* „den Schmuck ablegen".

déparier „ein Paar trennen"
16./17. Jh., ist nach *dé-* 2 Gegenbildung zu *apparier* „Gleiches zusammentun", s. d.

départ „Abreise"
13. Jh., afrz. *depart* „Trennung", „Teilung", „Abschied", ist postverb. Subst von afrz. *departir,* 11. Jh., „trennen", „scheiden", reflexiv „auseinandergehen", „scheiden", auch intransitiv dass., daher nfrz. die Spezialisierung der Bedeutung zu „Abschied"; anderseits frz. **départir** „trennen", „verteilen"; aus vlat. **departire* „teilen", nach *de-* 4 verstärktes *partire,* s. *partir.*
Mit *departir* „teilen" fällt lautlich und zum Teil auch begrifflich afrz. *departir* „zuteilen", „spenden" zusammen, dieses Abl. zu *faire part* „Anteil geben". Das reflexive *se départir* „Abschied nehmen" gilt im 17. Jh. als veraltet, Br. 3, 148; REW 2679.
Zu afrz. *departir* „trennen", „teilen" seit dem

12. Jh. *departement* „Teilung", „Verteilung", auch schon „Weggehen", „Abreise; dazu nfrz. **département** „Wirkungskreis", „Bezirk".

dépasser 1. „überschreiten"
13. Jh. *depasser,* ist nach *de-* 4, besonders nach den mit *de-* präfigierten Verben der Bewegung, abgeleitet von **passare,* s. *passer.*
2. „zurückziehen"
17. Jh., ist Gegenbildung zu *passer* in der faktitiven Bedeutung „durchziehen".

dépecer „zerstückeln"
12. Jh. *despecier,* auch „zu nichte machen", „verletzen", refl. „in Stücke gehen", ist schon vorhistorische Abl. von *pièce,* s. d.; dazu mit Verallgemeinerung der betonten Präsensformen wie *depiecent,* (Erec) seit dem 14./15. Jh. **dépiécer** „zerstückeln".

dépêche „Beförderung" va.; „Eilbrief"
15. Jh., ist postverb. Subst. von **dépêcher** „Hindernisse aus dem Weg räumen" va.; „beschleunigen", „absenden", afrz. *despeechier,* 13. Jh., d. i. nach *dé-* 4 Gegenbildung zu *empêcher* „verhindern", s. d. REW 4296.

dépeindre „darstellen", „schildern"
13. Jh. „bemalen", aus lat. *d e p i n g e r e ,* s. *peindre.* Daneben afrz. *despeindre* „Gemaltes austilgen", das wegen des Übergangs von *depeindre* zu *despeindre* (s. *de-* 4) untergehen mußte.

dépenaillé „zerlumpt"
17. Jh., ist angev., dort auch *dépenillé,* dazu V. d'Yères *dépenailler* „zerfetzen", Mons *despené* „gerupft", „zerlumpt" (+ *penne,* s. *pennage*), H. Maine *dépainer* „zerreißen", dazu *paine* „Fleck"; verd. chal. *depanelé* „zerlumpt"; dazu im 16. Jh. *penaillon* „Lumpen", auch „zerlumpter Mensch"; es liegt als Stamm *pan* „Fleck" zugrunde, s. d.; angev. *dépenaillé, dépenillé* unmittelbar zu *penaille, penille* „Lumpen" für **panaille,* d. i. kollektiv-pejorative Abl. von *pan.*
Zu *pinnaculum* „Federbusch", vgl. *panache,* Hetzer, RG 44, ist historisch nicht haltbar, trotz *pinnaculum* in den Reichenauer Glossen.

dépendre 1. „ausgeben"
12. Jh., aus lat. *d ī s p e n d ĕ r e* „austeilen", REW 2776; das Wort wird im 17. Jh. zugunsten von *dépenser* verworfen. Br. 3, 145.
2. „Hängendes abschneiden"
12. Jh., ist Gegenbildung zu *pendre* „hängen", s. d.
3. „abhängig sein"
12. Jh., afrz. hauptsächlich in der 3. Sing. *depent* „es hängt ab" überliefert, aus lat. *d e p e n d e t ,* d. i. 3. Sing. zu *dependēre* dass. Der Inf. ist vermutlich in Anlehnung an *dépendre* 1 und 2 von *depent* aus neu gebildet.

dépens „Auslage"
12. Jh., auch **dépense** dass., sind subst. Part. von *dépendre* 1 „ausgeben", d. i. grom. *dispensum* bzw. *dispensa,* deren *-ns-* in Anlehnung an die vom Präsensstamm gebildeten Formen erhalten bleibt; vgl. dagegen unbeeinflußt entwickeltes afrz. *despoise* „Art", „Stoff" u. ä. REW 2677.
Dazu seit dem 15. Jh. die Abl. **dépenser** „ausgeben", die wegen des späten Auftretens nicht mit *dispensare* in den Reichenauer Glossen unmittelbar zusammenhängen kann, G. Paris, Rom. 26, 106; 25, 624; *Lindström, Mél. Wahlund 281, und für älteres *dépendre* 1 eintritt.

déperdition „allmähliche Zerstörung"
14. Jh., ist gelehrte Abl. von lat. *(d e p e r d ĕ r e)* „zugrunde richten".

dépérir „absterben"
13. Jh., aus lat. *(d e p e r i r e).*

dépêtrer „herauswickeln"
13./14. Jh., ist Gegenbildung zu *empêtrer,* vgl. *dépêcher.*

dépiauter „schinden"
19. Jh., ist Abl. von mundartlichem *piau* „Haut", d. i. weitverbreitete Dialektform (pik., norm., bretagn., centr.) von frz. *peau;* das Verbum wird für Lille, Rouchi, norm., boulogn. angegeben.
dépiécer s. *dépecer.*

dépiéter „einen Baum am Fuß von Erde entblößen", „ein Tuch gleichrauhen"
19. Jh., ist in Anlehnung an Bildungen wie *décolleter* u. ä. abgeleitet von *pied,* bedeutet also der Bildung nach „den Fuß, das Unterste freimachen".

dépiler 1. „enthaaren"
16. Jh., aus lat. *(d e p ī l a r e).*
2. „Pfeiler niederlegen"
19. Jh., ist Abl. von *pile,* s. d.

dépiquer 1. „gesteppte Arbeit auftrennen"
18. Jh., ist Gegenbildung zu *piquer,* s. d.
2. „Getreide ausstampfen"
18. Jh., aus nprov. *despigà,* dann in Anlehnung an *picà,* s. *piquer,* langued. *depicà,* ist Abl. von prov. *espiga* aus lat. *s p ī c a* „Ähre", s. *épi;* Dict. gén.
Oder unmittelbar zu nprov. *picà,* Thomas, Ess. 278, also mit *dépiquer* 1 eins?

dépister 1. „die Spur verfolgen"
18. Jh., ist nach *de-* 2 abgeleitet von *piste,* s. d.
2. „von der Spur ablenken"
19. Jh., ist aufhebende Abl., s. *dé-* 7, von *piste,* s. d.

dépit 1. „Unwille", „Verdruß"
12. Jh., afrz. *despit* „Mißachtung", „Ärger", *por (en) despit* „zum Trotz", so schon im 12. Jh., die alte Bedeutung noch in *en dépit de* „trotz", „ohne Rücksicht auf", aus lat. *d e s p ĕ c t u s* „Verachtung". REW 1598; Bl.-W. 187.
2. „ärgerlich" va.
12. Jh., aus lat. *d e s p ĕ c t u s ,* d. i. Part. von

lat. *despicĕre* „verachten", das afrz. als Verbum *despire* ergeben hat. REW 2601.

dépiter 1. „verachten"
12. Jh. *despitier*, aus lat. *despectare* dass., s. *dépit*; REW 2597.
2. „zum Zorn reizen"
16. Jh., ist Abl. von *dépit* 1.
dépiteux s. *dépit* 1.

déplaire „mißfallen"
12. Jh., aus vlat. **displacēre* für lat. *displicēre*, REW 2680; der alte Infinitiv noch erhalten als **déplaisir** „Mißfallen".

déplorer „beklagen"
12. Jh., aus lat. *(deplorare)*.

déployer „ausbreiten", „entfalten"
12. Jh., *desploiier* „entfalten", „aufknoten", „(Mittel) aufwenden"; ebenso prov. *desplegar*; aus lat. in Glossen belegten *displicare* „entfalten", „entwickeln", d. i. Gegenbildung zu lat. *plicare* „falten", s. *ployer*.

déponent „Deponens"
16. Jh., aus lat. *(deponente)*.

déport 1. „Verwaltung" va.; „vorläufige Verwaltung einer Pfründe" u. ä.
12. Jh., ist postverb. Subst. von afrz. *deporter* „die Nutznießung haben", eigentlich „davontragen", s. *déporter*; desgleichen zu afrz. *deporter* „schonen" nfrz. *sans déport* „ohne Schonung".
2. „Einbuße durch Mieten und Aktien"
19. Jh., ist Gegenbildung zu *report* „Vergütung". Dict. gén.

déporter 1. „unterstützen", „begünstigen" va.; refl. „sich vergnügen"
12. Jh., bedeutet afrz. zunächst refl. „ablassen von etwas" entsprechend lat. *deportare* „wegtragen", dann absolut gebraucht „sich gehen lassen", so besonders in der Verbindung mit *soi deduire* „sich vergnügen"; davon als neue transitive Bildung *deporter aucun* „jemandem nachgeben", „schonen", s. *déport 1.*
2. „abschieben", „deportieren"
16. Jh., aus lat. *(deportare)*, das schon lat. diese Sonderbedeutung aufweist.

déportuaire „Inhaber einer Pfründe während der Zeit der Nichtbesetzung derselben"
18. Jh., ist in Anlehnung an Bildungen wie *actuarius, fructuarius* u. ä. abgeleitet von *déport* 1.

dépose „Abnehmen eines festgemachten Gegenstandes"
19. Jh., ist postverb. Subst. von *déposer* 2.

déposer 1. „absetzen", „abstellen"
12. Jh., aus lat. *deponere* in der ursprünglichen Bedeutung „wegstellen", „herabsetzen", mit Ersatz von lat. *ponere* „setzen", „stellen" durch *pausare, s. poser.*
2. „hinterlegen", „deponieren"
14. Jh., aus lat. *deponere, s. déposer* 1.

déposition „Absetzung"
12. Jh., aus lat. *(depositione)*.

dépôt „Hinterlegung", „anvertrautes Gut"
14. Jh., aus lat. *depŏsĭtum* dass.; REW 2573.

dépoter „auspflanzen", „mit der Kanne abmessen"
17. Jh., ist Abl. von *pot* „Topf", s. d.

dépouille „abgelegte Kleider", „Nachlaß", „Beute", „Bodenertrag"
12. Jh., in allen diesen Bedeutungen schon afrz. *despueille, despoille*, ist postverb. Subst. von afrz. *despoillier* „berauben", „entblößen", „jmd. entkleiden", dazu *soi despoillier* „sich entkleiden"; übertragen *despoillier la terre* „die Ernte vom Feld einholen"; von diesem das postverb. Subst. *dépouille* „Bodenertrag"; aus lat. *despoliare*, nfrz. **dépouiller** „ausplündern", „ausbalgen" u. ä.; REW 2062.

dépourvu „entblößt", „mittellos"
dazu *prendre au dépourvu* „unversehens überfallen", afrz. *desporvëu* „entblößt", „unvorbereitet", „unvorhergesehen", ist nach *dé-* 7 Gegenbildung zu afrz. *porvëu* „mit etwas versehen", s. *pourvoir.*

dépraver „verderben"
14. Jh., aus lat. *(depravare)*.

déprécation „Abbitte"
12. Jh., aus lat. *(deprecatione)*.

déprécier „herabwürdigen"
18. Jh., aus lat. *(depretiare)*, vgl. *dépriser.*

dépréder „plündern"
14. Jh., aus lat. *(depraedare)*.

dépression „Niederdrücken", „Vertiefung"
14. Jh., aus lat. *(depressione)*.

dépri „Bitte" va.; „Gesuch um Erlaß von Lehensgebühren"
14. Jh., ist postverb. Subst. von **déprier** „bitten", „flehen" va.; 11. Jh., aus vlat. **deprĕcare* für lat. *deprecari* dass.

déprier 1. s. *dépri.*
2. „absagen lassen"
16. Jh., ist Gegenbildung von *prier* „einladen", s. d. und *dé-*1.

déprimer „niederdrücken"
14. Jh., aus lat. *(deprĭmĕre)*, dass.; in volkstümlicher Entwicklung, vlat. **depremere*, afrz. *depriendre* „niederdrücken", „unterdrücken".

dépriser „den Wert herabsetzen"
ist nach *dé-* 7 abgeleitet von *prix* „Wert"; verschieden von afrz. *deprisier* „verachten", „mißachten" aus *depretiare, s. déprécier.*

dépurer „(Blut, Säfte) reinigen"
12. Jh., in Glossen *depurare* „den Eiter ausdrücken", afrz. „abtropfen" (von Eiter, Blut), ist nach *de-* 2, *de-* 4 abgeleitet von lat. *pus, pūris* „Eiter"; damit zusammengefallen ist afrz. *depurer* „läutern", d. i. nach *de-* 3 abgeleitet von lat. *pūrus* „rein", s. *purer*; Bl.-W. 188.

depuis „von . . . an", „seit"
12. Jh., aus lat. *de post*, auf afrikanischen Inschriften *depost* „nach", Gg. Syntax 300, das

spätlat. als Adverb und Präposition bezeugt ist, Hamp, ALL 5, 340 f., in der Form an die Fortsetzung des einfachen *post,* nämlich *puis,* s. d., angeschlossen.

député „Abgesandter", „Abgeordneter"
14. Jh., ist subst. Part. von **députer** „abordnen", auch „auswählen", „für etwas bestimmen", so für eine Aufgabe, eine Mission, daher die nfrz. Bedeutung von *député*; aus lat. *(deputare)* „für etwas bestimmen"".

déraper „losreißen"
mundartlich, Zentrum, dann als Marineausdruck „(den Anker) vom Boden losmachen", Sain. LPar. 175; 17. Jh., aus nprov. *derapa* „losreißen", dazu prov. *derabar* „ausreißen", „entwurzeln", und *rapar* „ergreifen", neben dem wohl schon aprov. ein **derapar* bestanden hat, das der nprov. Form zugrunde liegt; *rapar* aus gotisch **hrapôn* (mhdt. *raffen* „rupfen", „erraffen"), die *-b*-Form in Kreuzung mit grom. **rapire* „rauben", s. *ravir.* Zu REW 7057.

dérayer „eine Grenzfurche ziehen"
19. Jh., aber durch Abl. schon für das 17. Jh. gesichert, ist nach *de-* 2 abgeleitet von *raie* „Furche".

derby „Derby"
19. Jh., aus englisch *derby.*

derechef „von neuem"
13. Jh., *de rechief,* ist mit *re-* „nochmals" erweitertes afrz. *de chief* „von Anfang an", zu afrz. *chief,* das „Anfang" und „Ende" bedeuten kann; s. *chef.*

dérision „Verhöhnung"
13. Jh., aus lat. *(derisione).*

dérive „Abtrift"
17. Jh., ist postverb. Subst. von *dériver* 4.

dériver 1. „herleiten"
12./13. Jh., aus lat. *(derivare).*
2. „aus den Ufern ableiten"
12./13. Jh., ist Abl. von *rive,* bzw. lat. *derīvare* dass.
3. „losnieten"
16. Jh., ist Gegenbildung zu *river,* s. d.
4. „treiben", „dem Strome folgen"
16./17. Jh. *driver,* dann in Anlehnung an *dériver 2* die heutige Form, aus ndl. *drijven* „treiben". Dict. gén.

dérivette „Fischen mit Treibnetzen"
18. Jh. auch *dérivonnette, drivonnette* „Treibnetz", aus englisch *drift-net* „Treibnetz". Behrens, ZFSL 33, 1, 142 (Wg. 84); REW 2773.

dérivotte „Abstoßstange"
18. Jh., ist Werkzeugsabl. von *dériver* „ableiten", s. *dériver* 2.

derle „Porzellanton"
14. Jh., ist in der alten Zeit für das Wallonische bezeugt, mfrz. auch *derliere* „Tonlager", und lebt auch heute dort, vgl. wall. *dièle* „Tonerde", *tére dierlise* „kompakte kalte Erde", Namur *dêle,* auch *dièle* „plastische Erde", die weiß, schwarz, rot und braun sein kann, Pirsoul s. v.; Grundform ist **derwila,* das der Form und der Bedeutung nach wohl gallisch ist, vgl. *mergila* unter *marne,* und *diève*; zu FEW III, 50.

derme „Haut"
17. Jh., aus gr. (δέρμα).

dernier „letzte"
13. Jh. *derrenier,* ist Abl. von afrz. *derrain* dass., das noch im Normannischen und sonst an der äußersten Grenze des frz. Sprachgebietes lebt, älter *deerrain, dederain,* d. i. dissimilierte Form eines älteren **dererain,* das selbst schon vorhistorische Abl. von *derrière* „rückwärts" ist, s. d.; grom. *-anus* dient zur Bildung von Adjektiven zu Adverbien, *-arius* schafft zu solchen allgemeinen Adjektiven auf Lebewesen bezügliche Adjektiva. REW 2582.

dérober 1. „stehlen", „verschleiern", refl. „sich wegstehlen", „sich davonmachen" u. ä.
12. Jh., *desrober* neben vereinzeltem *derober* „berauben", „plündern", „stehlen" ist nach *de-* 4 expressive Abl. von afrz. *rober* „rauben", s. d.; Bl.-W. 189.
2. „enthülsen", „schälen"
13. Jh. „entkleiden"; dazu afrz. *desrobé* „dem sein Kleid ausgezogen ist", ist nach *dé-* 5 abgeleitet von afrz. *robe* „Gewand", s. d. vgl. wegen der Bedeutungsentwicklung und der Form *dépouiller.*

dérocher 1. „vom Felsen herunterstürzen"
12. Jh., afrz. *derochier* und *desrochier* dass., auch „steinigen" u. ä., aus vlat. **deroccare,* mit der vollen Funktion des Präfixes *de-* „von ... weg", s. *de-* 1; daneben eine spätere Abl. von *rocca* nach *de- (dĭs)* 2, in der Bedeutung „mit Felsen, Steinen bewerfen", s. *roche*; vgl. prov. *derocar (desrocar)* „umstürzen", „zerstören", *deroc* „Ruine", „Verlust"; vgl. REW 7357; vgl. auch *déroquer.*
2. „ein Metall abbeizen"
17. Jh., ist Abl. von *rocher* „Borax aufschütteln", s. d.

déroger „einer Sache zuwiderhandeln"
14. Jh., aus lat. *(derogare).*

dérompre „zerbrechen" va.; „eine Wiese umbrechen" u. ä.
12. Jh. afrz. *derompre* und *desrompre,* ist nach *de-* 4 verstärkende Abl. von *rompre,* s. d.

déroquer „hinabstürzen", „hinabrollen"
15. Jh., ist norm., pik. Form von *dérocher* oder aus gleichbedeutendem und gleichgebildetem prov. *derocar* entlehnt.

déroute „gänzliche Niederlage", „Auflösung"
17. Jh., ist postverb. Subst. von frz. **dérouter,** 12. Jh., afrz. *(soi) desroter* „sich von der Schar, der Bande trennen", „auseinanderlaufen", d. i. Abl. von *route* in der Bedeutung „Rotte", „Schar", das in dieser Bedeutung schon zu Beginn des 13. Jhs. als Lehnwort im Mittelhochdeutschen belegt ist, s. Kluge-G. 626; dazu seit dem 14. Jh. die neue Abl. von

route in der Bedeutung „Landstraße", „Route", als Schiffahrtsausdruck „den Kurs ändern", refl. „vom rechten Weg abkommen"; s. *route, routier*; vgl. Bl.-W. 564.

derrière „rückwärts", „hinter"
12. Jh., aus lat. *de retro*, das spätlat. als Adverb. belegt ist, Hamp, ALL 5, 342; REW 2582; Gg. Syntax 308; vgl. *dernier, arrière.*

derviche „Derwisch"
auch **dervis**, 16. Jh., aus persisch *därwisch* „arm", „Bettler", das auch von den Arabern und Türken gebraucht wird; Littmann 64.

dès „von . . . an"
12. Jh., aus lat. *de ipso* mit nachfolgendem Artikel und Substantiv, zu dem *ipse* ursprünglich gehört; doch ist das Identitätspronomen schon vorhistorisch mit der vorhergehenden Präposition verschmolzen. Meyer-Lübke, Rom. Gr. 3, 280 f.; Gg., Syntax 317; Torsten Sävberg, Mél. Melander 1 f.
Aus lautlichen Gründen nicht *de ex*, das spätlat. belegt ist, Richter, ZRP 32, 674 f.; REW 2514; Bl.-W. 189.

dés- „ent-", „zer-"
ist vorvokalische Form von *dé-*, s. d.
désabuser s. *abus.*

désairer „junge Falken aus dem Neste nehmen"
13. Jh., ist Abl. von *aire* 2; vgl. *débonnaire.*
désaltérer s. *altérer.*

désarroi „Unordnung", „Verwirrung"
13. Jh., ist postverb. Subst. von *désarroyer* „in Unordnung bringen", so im Mittelfrz. belegt, und dieses Gegenbildung von afrz. *arroier* „in Ordnung bringen", s. *arroi.*

désastre „schweres Mißgeschick"
16. Jh., wird in der Prosa im 17./18. Jh. vermieden, Br. 4, 250; ist in Anlehnung an ital. *disastro* zusammengesetzt aus *dés-*, s. d., und *astre*, s. d.

desceller „entsiegeln"
12. Jh. *dessaieler*, aus lat. *dĭssĭgillare*, vgl. *sceller.*

descendre „herabsteigen", „herabbringen"
10. Jh., aus lat. *descendĕre* „herabsteigen". REW 2588.

descente „Abstieg"
14. Jh., ist in Anlehnung an *pente, rente* u. ä. abgeleitet von *descendre*, s. d., für älteres *descendue*, d. i. subst. Part. von diesem.

description „Beschreibung"
12. Jh., aus lat. *(descriptione)*, vgl. *décrire.*
desçu s. *dessu.*

désert 1. „verlassen"
12. Jh., aus lat. *desertus*. REW 2592.
2. „Einöde"
12. Jh., aus lat. *desertum*, das für älteres *deserta* bei den Kirchenschriftstellern belegt ist.

déserter „verlassen"
12. Jh., aus vlat. **desertare*, d. i. Intensivform zu lat. *deserĕre* dass.; oder frz. Abl. von *désert* 1.

désertes „große Schere zum Wollanschneiden von Tüchern"
18. Jh., bei Schmidlin, Cath. *forces désertes* „stumpfe Scheren", ist postverb. Subst. von mundartlichem, z. B. norm. *déserter* „ausreuten", hier seit dem 14. Jh., d. i. in Anlehnung an *désert* umgestaltetes *desserter, dessarter* dass., das mundartlich im Süden des Nordfrz. weit verbreitet ist; dieses ist nach den mit *dé-* 6 präfigierten Verben der Trennung u. ä. umgestaltet aus *essarter*, s. d., Gg. ZRP 40, 525 f.; vgl. mit der ursprünglichen Bedeutung des Verbums B. Maine *[dezertuer]* „Art Haue".
Aus begrifflichen Gründen nicht zu *désert*, Behrens, Wg. 351 f.

déserteur „Fahnenflüchtling"
13. Jh., aus lat. *(desertore).*

déshérence „Erbenlosigkeit"
13. Jh., afrz. *desheritance* „Enterbung", d. i. Abl. von **déshériter** „enterben", 12. Jh., dieses in Rückanlehnung an lat. *heres* „Erbe" für afrz. *desireter*, und dieses Gegenbildung zu *ireter* aus lat. *hereditare*, s. *hériter*; *hoir.*

désigner „bezeichnen"
14. Jh., aus lat. *(desĭgnare).*

désinence „Endung"
14. Jh., aus neulat. *(desinentia)*, d. i. Abl. von lat. *desinĕre* „aufhören".

désinvolte „ungezwungen", „munter"
17./18. Jh., aus ital. *disinvolto* dass., eigentlich „ausgewickelt", d. i. Part. von *disinvolgere* „auswickeln", zu lat. *involvĕre* „einwickeln". REW 4540; dazu 19. Jh. **désinvolture** „Ungezwungenheit", „Frechheit"; vgl. Bl.-W. 189.

désir „Wunsch"
12./13. Jh., ist postverb. Subst. von **désirer** „wünschen", 11. Jh. *desirrer*, aus lat. *desīdĕrare*; dieses ersetzt in volkstümlicher Sprache lat. *optare*, das zum Ausdruck der Begehrlichkeit wird, Löfstedt, Aeth. 118.

désireux „begierig"
11. Jh., gilt im 17./18. Jh. als veraltet, Br. 4, 250, aus spätlat. bezeugtem *desīdĕrosus*. REW 2595.

désister „abstehen"
14. Jh., aus lat. *(desĭstĕre).*

désœuvré „beschäftigungslos"
17. Jh., ist nach *dé-* 7 abgeleitet von *œuvre*, s. d.
désœuvrer s. *desseuvrer.*

désoler „verwüsten", „untröstlich machen"
14. Jh., aus lat. *(desolare)* „einsam machen", „verlassen", vgl. wegen der Bedeutungsentwicklung lat. *desolatio* „Wüste", so daß mittellat. *desolare* die Bedeutung „zur Wüste machen" annahm.

désopiler „die Verstopfung beheben"
16. Jh., ist gelehrte Gegenbildung zu lat. *(oppilare)* „verstopfen".
désormais „von nun an"
12. Jh., ist zusammengesetzt aus *dès* „von ... an", *or* „nun" und *mais* „mehr", „weiters", s. *jamais.*
désorner „von Schlacken reinigen"
19. Jh., ist in volksetymologischer Anlehnung an *orner* umgestaltet aus gleichbedeutendem **dessorner**, d. i. Abl. von *sorne* „Schlacke", s. d. Dict. gén.
despote „Zwingherr"
14. Jh., aus gr. (δεσπότης).
despumer „abschäumen"
16. Jh., aus lat. *(d e s p u m a r e).*
desquamation „Abschuppen"
18. Jh., ist Abl. von lat. *(desquamare)* „abschuppen".
dessarter „ausreuten"
14. Jh., ist in Anlehnung an das Präfix der Trennung *des-*, s. *dé-* 6, umgestaltetes *essarter,* s. d. Vgl. *désertes.*
dessécher „austrocknen"
12. Jh., aus lat. *d e s ĭ c c a r e.*
dessein „Absicht", „Abriß"
15. Jh., aus ital. *disegno* dass., d. i. postverb. Subst. von *disegnare* „bezeichnen", „beabsichtigen", aus lat. *d e s ĭ g n a r e,* s. *désigner.* REW 2596; vgl. *dessin.*
dessert „Abtragen der Speisen" va.; „Nachtisch"
14. Jh., ist nach Doppelformen wie *défens* und *défense, défaut* und *défaute* u. ä. neugebildet zu älterem *desserte* 2, s. d.
desserte 1. „Dienstleistung", „Verdienst", „Vertretung eines Pfarrers" u. ä.
12. Jh., aus grom. **deservĭta,* zu *desservir* 1.
2. „Abtragen der Speisen" u. ä.
14. Jh., ist in Anlehnung an *desserte* 1 abgeleitet von *desservir* 2, s. *dessert.*
desservir 1. „treu dienen", „verdienen"
11. Jh., aus lat. *d e s e r v i r e* „dienen", „sich ganz widmen", „verdienen", s. *desserte* 1.
2. „den Tisch abtragen", „schlechte Dienste leisten"
14. Jh., ist nach *dé-* 1 abgeleitet von *servir.*
desseuvrer „(die Papierblätter) voneinander trennen"
11. Jh. *desevrer* „trennen", aus grom. **d e s e p e r a r e,* s. *sevrer,* das nach *de-* 4 von **disseperare* abgelöst wird; dazu afrz. *dessevraille,* auch *dessevrance* „Trennung", „Scheidung" u. ä. Hatzfeld-Thomas, Rom. 22, 562 f.
dessiccation „Austrocknung"
14. Jh., aus lat. *(d e s i c c a t i o n e).*
dessiller s. *déciller.*
dessin „Zeichnung", „Abriß"
17. Jh., ist mit teilweiser begrifflicher Scheidung weiter entwickelte Nebenform von *dessein,* s. d.
dessinateur „Zeichner"
17. Jh., im 17. Jh. auch *desseignateur,* ist gelehrte Abl. von **dessiner** „entwerfen", „zeichnen", 17. Jh., im 16. Jh. *desseigner,* das noch heute für H. Maine angegeben wird, d. i. Abl. von *dessein,* s. d.
dessoler 1. „die Hufsohle aufreißen"
12./13. Jh., ist Abl. von *sole* „Sohle", s. d.
2. „die Fruchtfolge eines Ackers ändern"
17. Jh., ist Gegenbildung zu *assoler,* s. *dé-* 2.
dessous „unterhalb", „unter"
auch subst. „Unterteil" u. ä., 12. Jh., aus lat. *d e s ŭ b t u s* „von unterhalb", seit dem 8. Jh. in der frz. Bedeutung belegt. Hamp, ALL 5, 360; Delbouille, Festschr. Rheinfelder 78; vgl. *dessus, sous.*
dessu „Nichtwissen"
15. Jh. meist in der Verbindung *au dessu* wie heute *à l'insu* „ohne Wissen"; ist subst. afrz. Adjektiv *dessëu* „unwissend", d. i. afrz. Part. mit aktiver Bedeutung von afrz. *dessavoir* „nicht wissen", dieses Gegenbildung zu *savoir.*
dessus „oberhalb", „Oberfläche" u. ä.
12. Jh., aus lat. *d e s u r s u m* „von oben", das schon im 4. Jh. bei Hieronymus, auch in der Itala, in der Bedeutung „oben" bezeugt ist; fällt zusammen mit afrz. *desor(e)* aus lat. *desuper,* s. Gg., Syntax 293; Delbouille, Festschr. Rheinfelder 78; vgl. *dessous* und *sur.* REW 8478.
destin „Bestimmung"
12. Jh., ist postverb. Subst. von **destiner** „bestimmen", 12. Jh., aus lat. *(d e s t i n a r e).*
destituer „absetzen"
14. Jh., aus lat. *(d e s t i t u ĕ r e).*
destrier 1. „Kampfroß"
11. Jh., geht mit der Ritterdichtung unter und wird im 16. Jh. in die Literatur neu eingeführt; *destrier* ist ursprünglich adj. Ergänzung von *cheval,* wie span. *caballo en diestro* „das an der Halfter geführte Pferd"; es ist *-arius*-Abl. von afrz. *destre* „Leine", „Zaumzeug", „Zügel« (wie frz. *limonier* „Zugpferd" zu *limon* „Deichselarm") in *mener en destre;* dieses wie in frz. *mener en laisse* „(einen Hund usf.) an der Koppel führen"; *destre* „Leine" usf. ist postverb. Subst. von afrz. *destrer* „führen", so neben *adestrer,* vgl. dazu frz. *guide* „Pferdezügel" zu *guider* „leiten", „lenken"; das Verbum ist Abl. von lat. *d e x t r a* „rechte Hand"; Gg., ZFSL 71, 68.
Unmittelbar zu *dextra* „rechte Hand", „weil der Knappe das Streitpferd an der rechten Hand führt, wenn der Ritter nicht kämpft", Diez 119; Dict. gén.; Bl.-W. 190, ist unwahrscheinlich, da das Führen an der rechten Hand nicht allein für das Streitroß kennzeichnend ist; *en destre* kann auch nicht „an der rechten Seite bedeuten.
2. „Schmiedehammer"
14. Jh., ist mit Suffixwechsel aus *destrel* entstanden, das vermutlich noch in *détret* vor-

liegt; aus vlat. *dextralis* „Axt", das bei Isidor und in Glossen bezeugt ist, dieses zu lat. *dextra* „rechte Hand"; die Erhaltung des *-s-* in der Aussprache vermutlich in Anlehnung an mittelfrz. *destre*, s. *dextre*; die lautgesetzlich entwickelte Form ist als *detra, detro* im Südosten erhalten. REW 2620.

destruction „Zerstörung"
12. Jh., aus lat. *(destructione)*.

désuétude „Ungebräuchlichkeit"
16. Jh., aus lat. *(desuetudo)*.

détacher 1. „losmachen"
12. Jh., ist Gegenbildung zu *attacher*, s. d. Meyer-Lübke, PDS 8, 75.
2. „von Flecken reinigen"
16. Jh., ist Abl. von *tache* „Fleck", nach *dé-* 5.

détail „Abtrennung", „Einzelheit"
12. Jh., ist postverb. Subst. von **détailler** „abteilen", „in den Einzelheiten darlegen", 12. Jh., afrz. „zerhauen", seit dem 14. Jh. „im kleinen verkaufen", d. i. nach *de-* 4 verstärktes *tailler*, s. d.

détaler „einpacken"
14. Jh. „wegräumen", „entfernen", gilt im 17./18. Jh. als gemein, Br. 4, 334; ist Gegenbildung zu *étaler* „auslegen", als würde diesem ein Stamm **tal* zugrunde liegen.

détalinguer „das Ankertau losmachen"
17. Jh., ist Gegenbildung zu *étalinguer*, vgl. auch *talinguer*.

détective „Detektiv"
19. Jh., aus englisch *detective*.

déteindre „bleichen", „abfärben"
12. Jh. „entfärben", ist nach *dé-* 1 Abl. von *teindre*.

dételer „losspannen"
12. Jh., ist Gegenbildung zu *atteler* „einspannen", als würde diesem ein Stamm **tel-* zugrunde liegen.

détenir „zurückhalten"
aus lat. *(detĭnĕre)* dass.; seit dem 12. Jh. belegtes *detenir* „festhalten" u. ä. ist davon unabhängige Abl. von frz. *tenir*, s. *de-* 4.

détente „Abschnappen", „Abzug"
14. Jh., ist in Anlehnung an Bildungen wie *tente, pente, descente* u. ä. abgeleitet von **détendre** „entspannen", 12. Jh. „(ein Zelt) abbrechen" s. *tente*, „abschießen" (vom Bogenschießen), dann „losschnellen", „rennen" u. ä.; ist Gegenbildung zu *tendre* „spannen", s. d.

détention „Vorenthaltung", „Gefangenhaltung"
13. Jh., aus lat. *(detentione)*, s. *détenir*.

déterger „von Eiter reinigen"
16. Jh., aus lat. *(detergĕre)* „abwischen", „reinigen".

détériorer „unbrauchbar machen"
15. Jh., aus lat. *(deteriorare)*.

déterminer „festsetzen", „bestimmen"
12. Jh., aus lat. *(determinare)*.
détersif s. *déterger*.

détester „verwünschen"
15. Jh., aus lat. *(detestari)*.

détirer „ausziehen", „ausrecken"
12. Jh., ist nach *de-* 4 verstärktes *tirer*, s. d.

détiser „(die Feuerbrände) auseinanderschüren"
13. Jh., ist Gegenbildung zu *attiser*, s. d.; *dé-* 2.

détoner „losknallen"
17. Jh., aus lat. *(detonare)*.

détonner „den Ton verfehlen"
17. Jh., ist in Anlehnung an *déchanter* abgeleitet von *ton*, s. d.

détordre 1. „drehen" va.
11. Jh., ist nach *de-* 4 verstärktes *tordre*, s. d.
2. „aufdrehen", „auseinander drehen"
12. Jh., ist nach *dé-* 1 abgeleitet von *tordre*.

détorquer „verdrehen"
16. Jh., aus lat. *(detorquēre)*, s. *détordre* 1.

détorse „Verrenkung" va.
13. Jh., ist subst. Part. von *détordre* 1.

détouper „das mit Flachswerg Zugestopfte aufmachen"
13. Jh., ist Gegenbildung zu *étouper* „verstopfen", s. d.

détracteur „Verleumder"
14. Jh., aus lat. *(detractore)*.

détrancher „zerschneiden" va.
12. Jh., ist nach *de-* 4 verstärktes *trancher*, s. d.

détranger „Ungeziefer vertilgen, vertreiben"
17. Jh., ist nach den mit *dé-* präfigierten Verben der Trennung u. ä., abgeleitet von afrz *estrangier* „entfernen", das im Übergangsgebiet zwischen dem Norden und Süden noch lebt, s. *étranger*. Dict. gén.

détraquer „aus dem Gang bringen"
15. Jh., ist nach *dé-* abgeleitet von *trac* „Spur"; die ursprüngliche allgemeinere Bedeutung „von seinem Wege abbringen" gilt im 17. Jh. als veraltet. Br. 3, 148; die übertragene Bedeutung „(den Geist) verwirren", „(Gesundheit) zerrütten" ist namentlich im Verbaladjektiv **détraqué** „geistesgestört", „mit verdorbenem Magen" u. ä. gebräuchlich.

détremper 1. „einrühren"
11. Jh., aus lat. *dĭstempĕrare* dass. Dict. gén.
2. „aus der Tränke nehmen", „(Stahl) weich machen"
17. Jh., ist Gegenbildung zu *tremper*.

détresse „Drangsal", „Elend"
12. Jh. *destrece*, aus grom. **dĭstrĭctia*, d. i. Abl. von *districtus* „eingeengt", vgl. afrz. *destroit* „enge", „geängstigt". REW 2694.

détret „Feilkolben", „Schmiedezange"
17. Jh., steht für afrz. *destrel* „Axt", aus lat. *dextrale*, s. *destrier* 2; kaum zu afrz. *destroit* „enge", s. *détresse*, Dict. gén.

détriment „Nachteil"
13. Jh., aus lat. *(detrimentum)*.

détriter „(Oliven) zerquetschen"
18. Jh., aus mlat. *(detritare)* „zerreiben", d. i. Intensivform zu lat. *deterĕre* dass.

détritus „Trümmer"
18. Jh., aus lat. *(detritus)* „das Abgeriebene".

détroit 1. „Engpaß" va.; „Meerenge"
12. Jh. *destreit,* aus lat. *dĭstrĭctum,* d. i. subst. Neutrum zu *districtus* „enge", s. *détresse.* REW 2695.
2. „Distrikt", „Gerichtsbezirk" u. ä.
17. Jh., ist Französisierung von lat. *(districtus)* „Umgebung der Stadt". Das Wort gilt im 17./18. Jh. als Ausdruck der Gerichtssprache. Br. 4, 402.

détroquer „die Austern ablösen"
19. Jh., lebt Saint. mit den Ableitungen *détroquage, détroqueur,* hier aus nprov. *destrouca* dass., d. i. die Entsprechung des afrz. *destrochier* „abbrechen", „abtrennen", dieses Abl. von *troche* „Anhäufung (von Steinen, Perlen u. ä.)", s. *troche.*

détruire „zerstören"
12. Jh., aus vlat. **destrūgĕre,* das für lat. *destruere* dass. eintrat wie **tragere* für *trahere,* s. *traire.* Gröber, ALL 2, 101; REW 2606.

dette „Schuld"
12. Jh., aus vlat. **dēbĭta,* d. i. Kollektivform zu lat. *debitum* dass.; das mask. Wort in afrz. *det, dette* mask. REW 2492.

detteur „Schuldner"
12. Jh., gilt im 17./18. Jh. als veraltet, Br. 4, 248, aus lat. *dēbĭtore.* REW 2493.

deuil „Trauer"
12. Jh. *dieus-duel,* letzteres in norm. B. Maine, H. Maine, Anjou *deul, deu* erhalten, während die literarische Form auf ein vom Nominativ *dieus* aus analogisch neugebildetes mfrz. *dueil* zurückführt, vgl. *œil-yeux;* aus vlat. *dŏlus,* d. i. postverb. Subst. von *dolēre,* s. *douloir; dolus* „Trauer" ist inschriftlich auf grom. Boden belegt, Schuch. Vok. I, 35; III, 9; Pirson 240; REW 2727; nicht vlat. **dolium,* Dict. gén.

deutéronome „fünftes Buch Mosis"
13. Jh., aus lat. *(deuteronomium).*

deux „zwei"
setzt den afrz. Akk. des Maskulinums *dous* fort, aus lat. *dŭos,* neben dem afrz. eine Nominativform *dui* aus vlat. **dui* für *duo,* eine Femininform *does,* namentlich im Osten, und eine neutrale Form *doe* bestehen. REW 2798.

deuxième „zweiter"
14. Jh., ist Abl. von *deux,* s. *centième.*

dévaler „hinabsteigen" va.; „hinablassen"
12. Jh., aus grom. **devallare,* d. i. Abl. von *vallis* „Tal", vgl. **deroccare* unter *dérocher,* und *avaler.*

devancer „vorangehen"
12. Jh., ist nach dem Nebeneinander von *avant-avancer* abgeleitet von *devant,* s. d.

devant „voran", „vor"
11. Jh., afrz. auch *davant,* ist ursprünglich die adverbielle Entsprechung von *avant,* als dieses zur Präposition geworden war, auch die Form der attributiven Unterordnung für selbständiges *avant;* es ist afrz. wie *avant* auch als Präposition der Zeit und des Ortes gebraucht; aus grom. *de abante* „von vorne". REW 4; FEW I, 2.

devanteau „Schürze" va.
14. Jh., ist mit Suffixwechsel *(-ellus* für *-ale)* aus afrz. *devantel* entstanden; dafür mit anderem Suffixwechsel heute ebenfalls veraltetes **devantier** dass.; vgl. dazu B. Maine *devanquiau,* H. Maine *devantiau,* die zeigen, daß *-eau* im literarischen Wort wirklich *-ellus* darstellt; afrz. *devantel* ist *-ale*-Abl. von substantiviertem *devant,* s. d.; vgl. im 11. Jh. *devant* „Schoß", FEW 2.

dévaster „verwüsten"
14. Jh., für afrz. *degaster,* aus lat. *(devastare).*

déveine „fortwährendes Unglück"
seit 1860 populär, Esnault, Fr. mod. 14, 54, ist Gegenbildung zu *veine,* s. d.

développer „aufwickeln", „entwickeln"
12. Jh., ist Gegenbildung zu *envelopper,* nach *dé-* 4.

devenir „werden"
10. Jh., aus lat. *devĕnire* „herabkommen", „wohin geraten" u. ä. Regula, AR 12, 276, afrz. auch „herkommen von", „geschehen" u. ä. REW 2612.

dévergondé „unverschämt"
12. Jh., ist abgeleitet von afrz. *vergonde* „Schande", d. i. Nebenform von *vergogne,* aus lat. *(verecŭndia)* „Scham", „Scheu". Dazu seit dem 16. Jh. die Abl. *se* **dévergonder** „sich schamlos benehmen".

devers „in der Richtung von"
11. Jh., afrz. auch noch mit voller Bedeutung der Präposition *de* „von der Gegend von ... her", dann mit Schwund des Ausdrucks der Bewegung, statisch, Gg. Syntax 237, ist zusammengesetzt aus *de* und *vers,* s. d. REW 9247.

dévers „nach einer Seite hin geneigt", „abgeschrägt"
17. Jh., gelehrte Bildung zu *(deversus)* „abgelenkt", d. i. Partizip von lat. *devertere* „ablenken"; auch substantiviert als „Schräglager", „Neigung"; dazu seit dem 17. Jh. **déverser** „abschrägen".

déverser 1. s. *dévers.*
2. „anders wohin lenken"
17. Jh., ist Abl. von *dévers* in der etymologischen Grundbedeutung „abgelenkt".

dévêtir „entkleiden"
12. Jh., aus lat. *dĭsvestire,* das in den Tironischen Noten belegt ist, Heraeus, ALL 12, 49; REW 2698.

déviation „Abweichung"
13./14. Jh., aus lat. *(deviatione).*

dévider „leeren", „abhaspeln"
12. Jh. *desvuidier*, afrz. auch „abspulen", ist in Anlehnung an die mit *des-* präfigierten Verba der Trennung u. ä. abgeleitet von *vuidier*, s. *vider*.

dévier „abweichen", „ablenken"
14. Jh., aus lat. *(deviare)*, für volkstümlich entwickeltes *dévoyer* „vom Wege ablenken".

devin „Seher"
12. Jh., afrz. „Geistlicher", „Wahrsager", „Errater", auch als Adjektiv „göttlich", aus vlat. **dēvinus* für lat. *dīvīnus* „göttlich"; REW 2705; dazu seit dem 12. Jh. die Abl. **deviner** „erraten", aus lat. *divinare* „Sehergabe haben", „weissagen", „erraten".

dévirer 1. „rückwärts drehen"
18. Jh., ist Gegenbildung zu *virer*, s. d.
2. „(ein Tau) abwinden"
19. Jh., aber zweifellos älter, ist nach *de-* 4 verstärktes *virer*, s. d.

devis s. *deviser*.

deviser „sich unterhalten"
11. Jh., *deviser* „teilen", „trennen", „im Auge haben", „anordnen", „bestimmen", „schildern", „beschreiben", „plaudern" u. ä., vereinigt zwei Grundlagen: a) vlat. **dīvīsare* „teilen", expressive Entsprechung von *dividere* „trennen", abgeleitet vom Partizip *divisum*; b) Abl. von *viser* „aufs Korn nehmen", „ins Auge fassen", nach *de-* 4, s. *viser*; dazu afrz. *devise*, postverb. Subst., nach a) „Abteilung", „Trennung", „Unterbrechung", „Grenze", „Unterscheidung"; nach b) „Bestimmung", „Anordnung", „Begehren", „Wunsch", „Verfügung", „Vorschrift", schließlich „Art und Weise"; dazu nfrz. **devise** „Wahlspruch", das vermutlich altes „Art und Weise" abschließt; afrz. devis zu a): „Trennung", „Unterscheidung", zu b) „Begehren", „Wunsch", „Beschreibung", nfrz. **devis** „Kostenvoranschlag", das wohl zur Meinung „anordnen", „bestimmen" gehört. Daß im Sprachbewußtsein die Zugehörigkeit der Familie *deviser* zu einer bestimmbaren Vorstellung nicht mehr fühlbar war, ergibt sich daraus, daß hier *de-* (wie bei *devenir*) nicht mehr durch *des-* ersetzt wurde, s. *de-* 4. Gg., Bed. 170; vgl. *dévisager*; Diez 120; REW 2706; Bl.-W. 192.

dévisager 1. „das Gesicht entstellen"
16. Jh., ist nach *dé* 7 abgeleitet von *visage* „Gesicht".
2. „scharf ansehen"
seit 1800, ist pejorative Weiterbildung von *envisager* „ins Auge fassen", Renson 215; s. *vis*.

devoir „schuldig sein", „Pflicht"
9. Jh., als Subst. seit dem 12. Jh., aus lat. *dēbēre* „schulden", REW 2490.

dévolu „heimgefallen"; subst. in *jeter son dévolu sur qch.* „auf etwas sein Auge werfen"
14. bzw. 16. Jh., aus der Rechtsterminologie, aus lat. *(devolutus)*, Part. zu lat. *devolvĕre* „zuteilen"; Bl.-W. 192.

dévorant „Mitglied eines Pflichtvereins"
19. Jh., ist nach *dévorer* scherzhaft umgedeutet aus **devoirant*, d. i. Abl. von *(association) du devoir* „Pflichtverein". Dict. gén.

dévorer „verschlingen"
12. Jh., aus lat. *(devorare)*. REW 2616.

dévot „fromm"
12. Jh., in der Bedeutung „verehrungswürdig", seit dem 17. Jh. verworfen, Br. 3, 145; aus lat. *(devotus)* „ergeben", „gottergeben".

dévouer „weihen", „widmen"
16. Jh., ist nach *de-* 4 verstärktes *vouer*, s. d.

dextérité „Geschicklichkeit"
16. Jh., aus lat. *(dexteritate)*.

dextre „rechts", „geschickt" va.
auch subst. als Femininum „die rechte Hand", 14. Jh., für volkstümlich entwickeltes *destre*, das in norm. *dêtre* „rechte Seite", „rechte Hand", ähnlich B. Maine, H. Maine, Anjou noch lebt; aus lat. *(dexter)* „rechts"; vgl. auch *destrier* 1.

dey „Statthalter von Algier"
18. Jh. auch **day**, aus türkisch *dáy* „Onkel mütterlicher Seite". Lam. 96 f.

dia „hist, hott"
16. Jh., ist bald für „rechts!" bald für „links!" in den Mundarten weit verbreitet, ist eins mit der älteren Form *dia*, *dea* für *da* „heda", s. d. und *dada*.

diabète „Zuckerkrankheit"
17. Jh., aus gr. (διαβήτης).

diable „Teufel"
10. Jh., aus lat. *(diabolus)*.

diablezot „saperlot"
16./17. Jh. auch *au diable zot*, *diable zop* geschrieben, aus ital. *diavolo zoppo* „hinkender Teufel", vgl. *diable* und *chopper*.

diabolique „teuflisch"
13. Jh., aus lat. *(diabolicus)*.

diaconesse „Diakonissin"
14. Jh., aus mlat. *(diaconĭssa)*, vgl. *diacre*.

diacre „Diakon"
12. Jh. *diacne* aus lat. *(diacŏnus)*. REW 2623.

diadème „Diadem"
12. Jh., aus lat. *(diadema)*.

diagnose „Krankheitsbestimmung"
17. Jh., aus gr. (διάγνωσις).

diagonal „diagonal"
13. Jh., aus lat. *(diagonalis)*.

dialecte „Mundart"
16. Jh., aus lat. *(dialectus)* dass.

dialectique „dialektisch"
12. Jh., aus lat. *(dialecticus)*.

dialogue „Zwiegespräch"
13. Jh., aus lat. *(dialogus)*.

diamant „Diamant"
12. Jh., aus mlat. *(diamas, diamante)*, s. *aimant*.

diane „Morgenwache"
16. Jh., aus spanisch *diana* zu span. *dia*, lat. *dies* „Tag". Dict. gén.
diantre „Teufel"
16. Jh., willkürlich gebildete Deckform für *diable*.
diapason „Stimmumfang"
12. Jh., aus lat. *(diapason)*.
diaphane „durchsichtig"
14. Jh., aus gr. (διαφανής).
diaphragme „Zwerchfell"
13./14. Jh., aus lat. *(diaphragma)*.
diaprer „buntfarbig machen"
12. Jh., ist Ableitung von afrz. *diaspre* „geblümtes Seidentuch" aus mlat. *(diasprum)* „Jaspis", dessen Anlaut falsche Latinisierung eines gesprochenen *dj*, dem lat. *j* entsprechend, darstellt. Dict. gén.; REW 4251 a. Vgl. *jaspe*.
diarrhée „Durchfall"
14. Jh., aus lat. *(diarrhoea)* „Durchfluß".
diastole „Herzerweiterung"
14. Jh., aus gr. (διαστολή).
diathèse „Krankheitsanlage"
16. Jh., aus gr. (διάθεσις).
diatribe „kritische Beurteilung", „Schmähschrift"
16. Jh., aus lat. *(diatriba)*.
dictame „Eschenwurz"
12. Jh. *ditan*, *dictam*, das noch im 17. Jh. zu finden ist (Roll. Fl. 4, 4), dann neuerdings latinisiert aus lat. (gr.) *(dictamnum)*.
dictateur „Diktator"
14. Jh., aus lat. *(dictatore)*.
dicter „diktieren"
12. Jh., aus lat. *(dictare)* „vorsagen", „diktieren", d. i. Intensivform von *dicere*, s. *dire*, das in volkstümlicher Form afrz. *ditier* „dichten" ergeben hat.
diction „Redeweise" u. ä.
12. Jh., aus lat. *(dictione)*.
dictionnaire „Wörterbuch"
16. Jh., aus mlat. *(dictionarium)* zu *dictio*, s. *diction*.
dicton „sprichwörtliche Redensart"
15. Jh., in Anlehnung an das frz. Suffix *-on* aus lat. *(dictum)* „das Gesagte".
didactique „den Unterricht betreffend"
16. Jh., aus gr. (διδακτικός).
dideau s. *guideau*.
dièdre „ebener Winkel"
18. Jh., aus gr. (δι-) und (ἕδρα) „Ebene".
diérèse „Trennung"
18. Jh., aus lat. *(diaeresis)*.
dièse „Viertelton"
16. Jh., aus lat. *(diesis)*.
diète 1. „Lebensweise"
13. Jh., aus lat. *(diaeta)*.
2. „tagende Versammlung"
17. Jh., aus neulat. *(dieta)*, d. i. Ableitung von lat. *dies* „Tag".
dieu „Gott"
9. Jh., aus lat. *dĕus*; REW 2610.

diève „bläulichgraue Tonschicht"
18. Jh., von Schmidlin, Cath. im frz. Hennegau für eine grünliche Art Mergel angegeben, s. Behrens, Wg. 352, sieht aus wie die wallonische Entsprechung eines gallischen **dĕrgua* zu dem unter *derle* „Porzellanton" angesetzten gallischen **derwila*; tatsächlich wird *dief* im Wallonischen von Mons als gleichbedeutend mit lüttichisch *dièle* usf., d. h. der Entsprechung von frz. *derle* angeführt. Vgl. dazu den Weilernamen *Le Der* (Dep. Aube), 673 *foresta Dervus*, seit 1201 *Derf*.
diffamer „in übeln Ruf bringen"
13. Jh., aus lat. *(diffamare)*.
différer „verzögern", „verschieden sein"
in beiden Bedeutungen seit dem 14. Jh., ist in Anlehnung an den Stamm von **différence** „Unterschied" aus lat. *(differentia)* angepaßtes lat. *differre*, das beide Bedeutungen hat; dazu **différent** „verschieden", das seit dem 14. Jh. in der substantivierten Bedeutung „Streitfall" in der Schreibung **différend** von dem Adjektiv geschieden wird. Bl.-W. 191.
difficile „schwierig"
14. Jh., aus lat. *(difficilis)*.
difficulté „Schwierigkeit"
13. Jh., aus lat. *(difficultate)*.
difformer „verunstalten"
14./15. Jh., aus mlat. *(difformare)* für *deformare*.
diffraction „Ablenkung" (der Lichtstrahlen)
17. Jh., gelehrte Ableitung von lat. *(diffractus)* „gebrochen".
diffusion „Ausbreitung"
16. Jh., aus lat. *(diffusione)*.
digérer „in Ordnung setzen", „verdauen"
14. Jh., aus lat. *(digerĕre)* „verteilen", „verdauen".
digestion „Verdauung"
13. Jh., aus lat. *(digestione)*.
digital „zum Finger gehörig"
18. Jh., aus lat. *(digitalis)*, vgl. *dé* 1.
digitale „Fingerhut" (Pflanze)
16. Jh., wegen der Ähnlichkeit ihrer Blüte mit den Fingern eines Handschuhs, aus nlat. *(digitale)* „Fingerhut", s. *dé*; Bl.-W. 194.
digne „würdig"
11. Jh., aus lat. *(dĭgnus)*, vgl. *daigner*.
dignité „Würdigkeit", „Würde"
11. Jh., aus lat. *(dignitate)*, vgl. *deintiers*.
digon „Wimpelstock am Ende einer Rahe", „Spieß zum Fischestechen"
17. Jh., ist Abl. von dial. (norm.) **diguer** „stechen", dann „spornen", aus mndl. *diken* bzw. dän. *dige*, engl. *dig* „graben", „ausstechen", vgl. *digue*.
digot „Muschelhäkchen"
13. Jh., ist Abl. von *diguer*, s. *digon*, vgl. norm. *diguet* „zugespitztes Holzstück zum Antreiben von Eseln", Guernesey *digards* „Sporenerzeuger", das als „Sporn" seit dem

14. Jh. belegt ist, ferner Bessin *digar* „gemeiner Stichling" (Fisch) = frz. *épinoche.*

digue „Deich", „Fangdamm"
14. Jh. zunächst als *dike* bezeugt, das noch in Lüttich, Boulogne lebt, aus ndl. *dijk* „Deich". Diez 119; REW 2642; Behrens, DS 84.

digueau 1. „Bohlenwerk am Strand"
13. Jh., afrz. in Vermengung mit *digueau* 2 auch *guideau,* d. i. Anlehnung an *guider,* da das Bohlenwerk der Strömung eine günstige Richtung geben soll; ist *-ale*-Ableitung von *digue* „Deich", ist also die Fortsetzung von westfrz. *digal,* afrz. *diguel* dass.; zu ersterem heutiges mundartliches *digail,* vgl. *frontail,* und *diguial.*
2. „Sperrnetz", s. *guideau* 2.
diguer s. *digon.*
diguiau s. *digueau.*

dilacérér „zerreißen"
12. Jh., aus lat. *(dilacerare).*

dilapider „steinigen"
13. Jh., aus lat. *(dilapidare).*

dilater „erweitern"
14. Jh., aus lat. *(dilatare).*

dilayer „aufschieben", „hinhalten"
seit dem 16. Jh. in Anlehnung an **dilatoire** „verzögernd", dieses aus lat. *(dilatorius),* für seit dem 12. Jh. bezeugtes *delaier,* s. *délai.*

dilection „fromme Liebe"
12. Jh., aus lat. *(dilectione)* „Liebe".

dilemme „Dilemma"
16. Jh., aus lat. *(dilemma).*

dilettante „Musikliebhaber"
18. Jh., aus ital. *dilettante,* d. i. Part. von *dilettare* „erfreuen", aus lat. *delectare,* vgl. *délecter.*

diligence „Emsigkeit"
12. Jh., aus lat. *(diligentia).*

diluer „auflösen"
15. Jh., aus lat. *(diluĕre).*

diluvien „sintflutlich"
18. Jh., ist *-anus*-Abl. von lat. *(diluvium),* s. *déluge.*

dimanche „Sonntag"
als *die dominica* „Tag des Herrn", in der Peregr. Aeth. und in der Vulgata bezeugt, Löfstedt, Aeth. 76, ist also ursprünglich Femininum, doch ist schon afrz. auch die maskulinische Variante bezeugt; daneben auch halbgelehrt *diemaine,* in Anlehnung an afrz. *demaine* „herrschaftlich", „hauptsächlich", dieses gelehrtes *dominicus*; die Weiterentwicklung durch Verschmelzung von *die* und *dominicu (dominica),* über dissimiliertes **diominicu (*diominica)*; Diez 122; REW 2738; vgl. Jud, RDiR 10, 45.

dîme „Zehent"
12. Jh., aus lat. *dĕcima (pars)*; das Adjektiv ist afrz. auch als *dismes* „zehnter" belegt. REW 2503.
Dazu seit dem 12. Jh. die Abl. **dîmer** „den Zehent erheben".

dimension „Ausdehnung".
15. Jh., aus lat. *(dimensione).*

diminuer „vermindern"
14. Jh., aus lat. *(diminuĕre).*

dimissoire „kirchlicher Auftrag"
16. Jh. *lettres dimissoires,* ist Französisierung von lat. *(litterae dimissoriae)* „Bericht an eine höhere Instanz", zu lat. *dimittere* „absenden".

dinanderie „Messingware"
14. Jh., dazu heute veraltetes *dinandier* „Messingschläger", ist Abl. vom Namen der belgischen Stadt *Dinant,* die seit dem Mittelalter durch ihre Messingindustrie bekannt war. Dict. gén.

dinde „Truthenne"
1542 bei Rabelais *poulle d'Inde,* das aus lat. *gallina Indica* übersetzt ist; daneben sekundär *coq d'Inde, poulet d'Inde,* das ursprünglich eine Bezeichnung des Perlhuhns ist, Sainéan, Rab. I, 28; Jud, Rom. 52, 374; davon losgelöst *dinde,* das der Grundlage entsprechend zunächst sowohl als Masculinum wie als Femininum bezeugt ist; Diez 562; REW 4733; Bl.-W. 195.
Dazu seit dem 16. Jh. die dem. Abl. **dindon,** ursprünglich „Küken der Truthenne", dann „Truthahn"; vgl. wegen der Bedeutungsentwicklung *cochon, mulet.*

dînée „Mittagessen" va.; „Mittagsherberge"
12. Jh., ist substantiviertes fem. Partizip von *dîner,* s. d.

dîner „die Hauptmahlzeit einnehmen"
12. Jh., bedeutet zunächst „die um 9 Uhr morgens stattfindende Mahlzeit einnehmen"; im 12./13. Jh. wird diese Mahlzeit gegen Mittag verschoben, für die neue Morgenmahlzeit wird die ursprüngliche Doppelform von *dîner,* d. i. *déjeuner* spezialisiert; beide Mahlzeiten werden dann auf später verlegt, daher heute *déjeuner* „Mittagsmahlzeit", *dîner* „Abendmahlzeit"; Jud, WL 1911, 15 f.; Herzog, Mahlz. 45 ff.; aus vlat. **dĭsjejūnare* „das Fasten aufgeben", das grom. zu **desjëunat-*desīnare* wurde, aus letzterem die seit dem 9. Jh. mittellat. belegte Form *disnare,* s. *jeun*; vgl. wegen der lautlichen Entwicklung Meyer-Lübke, ZRP 39, 489 f. Vgl. Rönsch, ZRP 1, 418 f.; G. Paris, Rom. 8, 95 ff.; REW 2670; Dauzat, Mél. Huguet, 1940.
**decenare,* Diez 118, oder **discenare,* d. i. **decenare* + **disjejunare,* Storm, Rom. 5, 177, ist weder lautlich noch begrifflich befriedigend; desgleichen **discinare* zu *discus* „Tisch", s. *dais,* Suchier, ZRP 1, 429; Einfluß von *dies* „Tag" für *dîner* als Tagesmahlzeit gegenüber *souper* als Abendmahlzeit, Brüch, ZFSL 40, 2, 102 f., ist nicht nötig anzunehmen.

diocèse „Kirchensprengel"
12. Jh., aus lat. *(dioecesis).*
dionysiaque „dionysisch"
18. Jh., aus gr. (διονυσιακός).
dioptrique „Strahlenbrechungslehre"
17. Jh., aus gr. (διοπτρική).
diorama „Durchsichtsgemälde"
19. Jh., aus gr. (διά-) „durch" und (ὅραμα) „Blick".
diphthérie „Diphtherie"
19. Jh., gelehrte Bildung zu gr. διφθέρα „die abgezogene und präparierte Tierhaut", Dict. gén.
diphtongue „Doppellaut"
13. Jh., aus lat. *(diphthongus).*
diplomate „Diplomat"
18. Jh., ist Rückbildung von **diplomatique** „urkundlich" u. ä, aus neulat. *(diplomaticus)* zu lat. *diploma* „Urkunde", frz. **diplôme** (18. Jh.).
diptyque „doppelt zusammenklappbare Schreibtafel"
17./18. Jh., aus lat. *(diptycha).*
dire „sagen"
10. Jh., aus lat. *dīcĕre.* REW 2628.
direct „geradeaus"
13. Jh., ist gelehrte Nebenform von *droit,* aus lat. *(directus).* REW 2648.
direction „Richtung"
14. Jh., aus lat. *(directione).*
diriger „Richtung geben"
15. Jh., aus lat. *(dirĭgĕre)*; dazu **dirigeable** „lenkbares Luftschiff", 1789 adjektivisch, Ergänzung zu *ballon,* seit 1884 substantiviert; Zastrow 232.
dirimant „die Ehe aufhebend"
18. Jh., mit der frz. Partizipialendung aus lat. *(dirimĕre)* „scheiden".
dis- „ent-", „zer-"
in gelehrten Bildungen, entsprechend volkstümlichem *dé-* (s. *dé-* 2) bzw. *dés-*, s. d., verschiebt das zugehörige Stammwort in sein Gegenteil.
discerner „sichten", „unterscheiden"
13. Jh., aus lat. *(discernĕre).*
disciple „Jünger"
12. Jh., aus lat. *(discipulus)* „Schüler".
discipline „Zucht", „Gehorsam"
11. Jh. *descepline* „Zucht", „Züchtigung", „Strafgericht", aus lat. *(disciplina)* „Schule", „Unterricht", „Ordnung", „Verfassung".
discobole „Diskuswerfer"
16. Jh., aus lat. *(discobolus).*
discompte „Abzug"
18. Jh., aus ital. *disconto,* das aus lat. *dĭs-* und ital. *conto* „Rechnung", s. *compte,* zusammengesetzt ist.
discord „Zwietracht" va.
im 12. Jh. *descort,* auch als Bezeichnung einer Art Lied; dann seit dem 14. Jh. in gelehrter Anlehnung an lat. *discors, discordia* die literarische Form; das afrz. Wort ist postverb. Subst. von *descorder* „in Zwietracht bringen", „bestreiten", reflexiv-medial „in Zwietracht leben", das, wie das Substantiv, seit dem 16. Jh. mit dem gelehrten Präfix *dis-*, zu *discorder* „einen Mißklang geben" umgestaltet wurde; aus lat. *dĭscordare* „zwieträchtig sein". REW 2656.
discorde „Zwietracht"
12. Jh., neben volkstümlichem *descorde,* aus lat. *(discordia),* vgl. *discord.*
discourir „besprechen"
12. Jh. *discorre,* seit dem 16. Jh. in der heutigen Form, aus lat. *(discŭrrĕre)* dass., eigentlich „durchlaufen". REW 2663.
discours „Gespräch"
16. Jh., aus lat. *(discursus).*
discret „besonnen"
12. Jh., aus lat. *(discretus)* „mit der Eigenschaft des Unterscheidens = *discernere* bedacht".
discrétion „Besonnenheit"
12. Jh., in dieser Bedeutung seit dem 17. Jh. veraltet, Br. 3, 148, heute „Anstand", aus lat. *(discretione)* „Besonnenheit".
disculper „entschuldigen"
17. Jh., für afrz. *descouper,* aus vlat. **dĭscŭlpare*, vgl. *coulpe,* die heutige Form vielleicht in Anlehnung an ital. *discolpare.*
discursif „von einer Vorstellung zur anderen übergreifend"
17. Jh., aus mlat. *(discursivus)* zu lat. *discursus,* s. *discours.*
discussion „Erörterung"
12. Jh., aus lat. *(discussione).*
discuter „erörtern"
13. Jh., aus lat. *(discŭtĕre).*
disert „beredt"
14. Jh., aus lat. *(disertus).*
disette „Mangel", „Hungersnot"
13. Jh. auch *disiete, diseite,* gilt im 17./18. Jh. als Ausdruck der Halles, daher als ordinär, Br. 4, 334; ist rückgebildet aus **disetteux** „bedürftig", 13. Jh., das wohl einreihend mit dem Suffix *-osus* erweitertes bretonisches *dized*, mundartlich *dizet* „ohne Getreide" ist, Gg., ZRP 40, 528.
**disecta, *desecta* zu *dissecare* „abschneiden", Diez 562, ist lautlich und begrifflich nicht möglich; *decepta* zu *decipere* „im Stich lassen", Cornu, Rom. 32, 124 f.; REW 2499, desgleichen; über nordital. (z. B. lombardisch) *desįeta* aus neugr. δίσεχτος „Schaltjahr als Unglücksjahr", Schwyzer, ZVS 56, 311 Anm., entspricht nicht der Bedeutung des Wortes, die stets auf „Entbehrung", „Mangel" hinweist, nicht auf „Unglück", ist auch historisch schwierig; aus **disjecta* „Verschwendung", Jenkins, Mél. Thomas 231, ist abgesehen von der Bedeutung auch deshalb unmöglich, weil *disjecta* zu *disjicere* „auseinanderwerfen" nicht „Verschwendung" bedeuten würde; zu

être à dire „fehlen" (zögernd), Bl.-W. 197, s. *adirer,* ist morphologisch unverständlich.

diseur „Erzähler"
13. Jh., ist Abl. von *dire* mit dem Stamm der endungsbetonten Formen des Verbums.

disgrâce „Ungnade"
16. Jh., aus ital. *disgrazia,* vgl. *grâce.*

disjoindre „trennen"
14. Jh., aus lat. *(disjŭngĕre)* in Anlehnung an volkstümliches afrz. *desjoindre* dass.

disjonction „Trennung"
13. Jh., aus lat. *(disjŭnctione).*

disloquer „gewaltsam trennen"
16. Jh., ist Rückbildung von seit dem 13./14. Jh. belegtem **dislocation** „Zerlegung", aus mlat. *(dislocatione)* für lat. *delocatione* „Verrenkung".

dispache „Schiedsgericht" (bei Schiffshavarien u. ä.)
18. Jh., aus ital. *dispaccio* „Abmachung", „Erledigung"; dieses ist postverb. Subst. zu *dispacciare,* gewöhnlich *spacciare* „abfertigen" u. ä.; dieses ist Gegenbildung von *impacciare* „hindern", „stören" u. ä., aus prov. *empachar,* das selbst aus frz. *empêcher* entlehnt und dann nach Italien und auf die Pyrenäenhalbinsel weitergewandert ist, die Anpassung nach dem Nebeneinander von nordfrz. betontem *-e-* neben prov. *-a-*, wie in *mer:mar* usf.; zum gleichen Stamm, unmittelbar aus englisch *dispatcher* entlehnt, **dispatcher** „Betriebsüberwacher"; dieses selbst aus ital. *(dis)spacciatore* „Abfertiger"; vgl. REW 4296.

disparaître „verschwinden"
13. Jh., s. *dis-* und *paraître.*

disparate „unvereinbar"
17./19. Jh., dazu substantivisch *une disparate* „Mißverhältnis", aus lat. *(disparatus)* zu *disparare* „ungleich machen".

disparition „Verschwinden"
16. Jh., ist Gegenbildung zu *apparition* nach dem Verbum *disparaître* „verschwinden".

dispendieux „kostspielig"
18. Jh., aus lat. *(dispendiosus).*

dispensaire „Poliklinik"
18. Jh., aus englisch *dispensary,* s. *dispenser;* Bl.-W. 197.

dispense „Erlaß" u. ä.
16. Jh., ist postverb. Subst. von **dispenser** „jemd. etwas erlassen", dann „zuteilen" u. ä., seit dem 13. Jh. aus lat. *(dispensare)* „verteilen", dann in der mittelalterlichen kirchlichen Bedeutung „eine Gunst zuteilen". In volkstümlicher Form erscheint das Stichwort als afrz. *despoise* „Glockenspeise", REW 2677; vgl. *dépense.*

disperser „zerstreuen"
15. Jh., ist Abl. von lat. *(dispersus)* „zerstreut", dieses Part. von *dispergĕre* „ausbreiten".

disponible „verfügbar"
14. Jh., aus mlat. *(disponibilis)* zu lat. *disponĕre* „verfügen".

dispos „geeignet", „munter"
15. Jh., ist vermutlich in Anlehnung an ital. *disposto* „wohl geordnet", „gut aufgelegt", postverb. Adjektiv von **disposer** „anordnen", 12./13. Jh., d. i. gelehrte Bildung zu lat. *disponere* dass., vgl. *disposition,* nach dem Nebeneinander von lat. *ponere* und frz. *poser.*

disposition „Anordnung"
12. Jh., aus lat. *(dispositione).*

disputer „streiten"
12. Jh., aus lat. *(disputare)* „hin und her überlegen", „disputieren".

disqualifier „vom Wettbewerb ausschließen"
18. Jh., unter Anlehnung an *qualifier* aus engl. *(disqualify).* Dict. gén.

disque „Wurfscheibe" u. ä.
16. Jh., aus lat. *(discus);* vgl. *dais.*

disquisition „detaillierte Untersuchung"
14. Jh., aus lat. *(disquisitione).*

diss „Dis" (afrikanische Grasart)
19. Jh., aus arabisch *dīs* „imperata cylindrica", „phragmites communis". Dict. gén.

dissection „Zergliederung"
16. Jh., aus lat. *(dissectione).*

dissemblable „unähnlich"
14. Jh., ist gelehrte Gegenbildung zu volkstümlichem *semblable,* für älteres volkstümliches *dessemblable.*

dissemblance „Unähnlichkeit"
18. Jh., für älteres, seit dem 12. Jh. belegtes *dessemblance,* in Anlehnung an *dissemblable.*

disséminer „zerstreuen"
16. Jh., aus lat. *(disseminare).*

dissension „Uneinigkeit"
12. Jh., aus lat. *(dissensione).*

dissentiment „Meinungsverschiedenheit"
17. Jh., ist Abl. von **dissentir** „verschiedener Meinung sein", aus lat. *(dissentire).*

disséquer „sezieren"
17. Jh., aus lat. *(dissecare).*

disserter „gelehrt abhandeln"
18. Jh., aus lat. *(dissertare).*

dissidence „Spaltung"
18. Jh., aus lat. *(dissidentia).*

dissimuler „verheimlichen"
14. Jh., aus lat. *(dissimulare).*

dissiper „vergeuden"
13. Jh., aus lat. *(dissipare).*

dissolu „lose gearbeitet", „ausschweifend"
12. Jh., aus lat. *(dissolutus)* dass.

dissolution „Auflösung"
12. Jh., aus lat. *(dissolutione).*

dissoner „mißtönen"
14. Jh., aus lat. *(dissonare).*

dissoudre „auflösen"
12. Jh., in Anlehnung an *soudre,* das im Afrz. in zahlreichen Verwendungen („abzahlen",

„lösen", „auflösen" usf.) lebt, aus lat. *(dissolvĕre)* „auflösen", s. *soudre.*

dissuader „abraten"
14. Jh., aus lat. *(dissuadēre).*

distance „Entfernung"
13. Jh., aus lat. *(distantia).*

distendre „ausdehnen"
16. Jh., aus lat. *(distendĕre).*

distiller „herabträufeln"
13. Jh., aus lat. *(distillare).*

distinguer „unterscheiden"
15. Jh., aus lat. *(distinguĕre).*

distique „Distichon"
16. Jh., aus lat. *(distichon).*

distorsion „Verdrehung"
16. Jh., aus lat. *(distorsione).*

distraction „Absonderung", „Zerstreuung"
14. Jh., aus lat. *(distractione).*

distraire „ablenken", „abziehen"
14. Jh., in Anlehnung an afrz. *traire* „ziehen" aus lat. *(distrahĕre).*

distribuer „verteilen"
13. Jh., aus lat. *(distribuĕre).*

district „Bezirk"
15. Jh., aus lat. *(districtus).*

dit „Spruch" va.; „kleine, mittelalterliche Verserzählung"
12. Jh., ist substantiviertes Partizip der Vergangenheit von *dire* „sagen".

dito „desgleichen"
13. Jh., aus ital. *detto* unter Einwirkung von frz. *dit,* aus lat. *dĭctum* „gesagt".

diurétique „harnabtreibend"
14. Jh., aus lat. *(diureticus).*

diurne „am Tag sich abspielend"
15. Jh., aus lat. *(diŭrnus),* vgl. *jour.*

diva „berühmte Sängerin"
19. Jh., aus ital. *diva* dass., der Entsprechung von *dive,* s. d.

divaguer „umherschweifen"
16. Jh., aus lat. *(divagari).*

divan „türkischer Staatsrat"
16. Jh., aus arabisch-persisch *dīwân* „Empfangszimmer", „Ruhepolster", auch „Gedichtsammlung", Lam. XXXVI; Littmann 89.

dive „Göttin" va.
16. Jh., aus lat. *(diva),* vgl. *diva.*

diverger „auseinanderlaufen"
18. Jh., aus lat. *(divergĕre).*

divers „verschieden"
12. Jh., aus lat. *(diversus).*

diversifier „verschieden machen"
13. Jh., aus mlat. *(diversificare).*

divertir „ablenken" va.; „unterhalten"
14. Jh., aus lat. *(divertĕre)* „wegwenden".

dividende „Dividende", „Anteil"
16. Jh., aus lat. *(dividenda)* zu *dividĕre* „teilen".

divin „göttlich"
12. Jh., aus lat. *(divinus);* dazu **divinité** „Gottheit", „göttliche Natur", 12. Jh. „Theologie", „Weissagung", dieses in Anlehnung an *devin,* s. d.; aus lat. *(divinitas)* „Göttlichkeit".

divise s. *devise.*

diviser „teilen"
12. Jh., für *deviser,* in gelehrter Anlehnung an lat. *dividĕre* dass.

divorce „Ehescheidung"
14. Jh., aus lat. *(divortium).*

divulguer „bekannt machen"
14. Jh., aus lat. *(divŭlgare).*

dix „zehn"
12. Jh. *diz,* aus lat. *dĕcem,* REW 2497; dazu seit dem 12. Jh. die Abl. **dixième,** vgl. darüber *centième,* für *dismes* aus lat. *dĕcimus,* s. *dîme.*

dizain „Summe von zehn Dingen"
15. Jh., ist Rückbildung von **dizaine** dass. 14. Jh. (vgl. aber seit dem 12. Jh. belegtes *huitain,* so daß *dizain* der Bildung nach auch älter sein kann); dieses ist *-ēna*-Abl. von *dix* „zehn", s. d.; die Endung nach lat. *septeni, noveni* „je sieben, neun", dazu schon bei Paulus Diaconus in Ausdehnung auf die Kardinalzahlen *tricenus* für *trigesimus, vicenus* für *vicesimus,* Sittl, ALL 6, 108 f.; dazu *-ena* als Kollektivform. Meyer-Lübke, Frz. Gr. 2, 127.

dizeau „Haufe von zehn Garben" va.; „Haufe Garben"
16. Jh. vgl. Namur *dîzia* dass., boulogn. *dijau* „je zehn Garbenbündel", pik. *dizieu,* norm. *dizeau,* dazu *endizeler* „die Garben in je zehn Bündel zusammenlegen"; ist *-ellus*-Abl. von *dix* „zehn", bzw. mit Suffixwechsel umgestaltet aus grom. *decēni* „je zehn", vgl. norm. *dizain* als gleichbedeutende Nebenform von *dizeau.*

dizenier „Befehlshaber von zehn Leuten"
15. Jh., ist Abl. von *dizaine,* in Nachahmung des lat. *decanus.*

djinn „böser Geist" (bei den Arabern)
17. Jh., aus arabisch *ğinn* „Dämon", bezeichnet auch die unheimlichen Geister in den Sandhosen der Wüste, M. L. Wagner, AR 18, 612; Lam. 98.

do „erste Note der Tonleiter"
18. Jh., aus ital. *do,* s. *fa* und *la.*

docile „gelehrig"
15. Jh., aus lat. *(docĭlis).*

dock „Dock" u. ä.
17. Jh. auch *dogue,* aus ndl. *dok*; die heutige Form und z. T. die Bedeutung nach englisch *dock* dass. Dict. gén.

docte „gelehrt"
16. Jh., aus lat. *(doctus).*

docteur „Gelehrter", „Doktor"
12. Jh. „Lehrmeister", aus lat. *(doctore).*

doctrine „Gelehrsamkeit" va.; „Lehre"
12. Jh., aus lat. *(doctrina).*

document „Lehre" va.; „Schriftstück"
12./13. Jh., aus lat. *(documentum)* „Beweis", „Lehre".

dodeca- „zwölf"
in gelehrten Zusammensetzungen, aus gr. (δ ώ δ ε κ α) „zwölf".

dodeliner „schaukeln", „den Kopf wiegen"
16. Jh., ist Weiterbildung von **dodiner** „schaukeln", das schon im 14. Jh. belegt ist; dieses ist wohl dissimiliert aus **dondiner,* zu *dandiner* dass., ist also letzten Endes Schallbildung.
Oder unmittelbar zum Schallstamm **dond-,* Schuchardt, ZRP 13, 176; 41, 698, bzw. zu dem Schallstamm *dod-,* REW 2713?

dodine „Milchtunke mit Zwiebeln und Saft von gebratenem Geflügel"
14. Jh., zu *dodiner?*

dodo „Schlaf"
15. Jh., ist Wort der Kindersprache, in Anlehnung an den Anlaut von *dormir,* s. d.

dodu „dick", „fett", „rund"
16. Jh., lebt B. Maine, gehört wohl zu **dondon** „dickes, rotbäckiges Weib", so seit dem 16. Jh. in den Mundarten weit verbreitet, vgl. Namur, Pik. dass., frz. Schweiz *dondaine* „dickes, lustiges Mädchen", Doubs „starkes Weib", das auch nprov. lebt; es ist wohl Schallbildung, die an *bedondaine* „dicker Wanst" und Sippe anknüpft. REW 2748; FEW III, 138.

dogaresse „Frau des Dogen"
19. Jh., aus ital. *dogaressa,* d. i. *-arĭssa*-Abl. von *doge,* s. *doge.*

dogat „Dogenwürde"
17. Jh., aus ital. *dogato,* d. i. *-atus*-Abl. von *doge,* s. d.

dog-cart „leichter Jagdwagen"
19. Jh., aus engl. *d o g - c a r t.*

doge „Doge"
17. Jh., aus ital. *doge,* das selbst aus dem Venezianischen stammt; hier die Entsprechung von lat. *d ŭ c e ,* s. *duc* 1. REW 2810.

dogme „Glaubenssatz"
16. Jh., aus lat. *(d o g m a).*

dogre „Doggerboot"
17. Jh., aus ndl. *d o g g e r ,* Dict. gén.; Behrens, DS 67.

dogue 1. „Dogge"
15. Jh., aus engl. *d o g* „Hund".
2. s. *dock.*

doguer „(mit den Köpfen) stoßen"
17. Jh., vgl. dazu Namur „mit den Fäusten schlagen", refl. „raufen", Mons „schlagen", dafür rouchi *doquer* „mit einem harten Gegenstand berühren", pik. *doker* „schlagen", dann B. Maine *doguer* „schlagen", „stoßen", dann wie literarisch „mit den Hörnern aufeinander stoßen"; aus mndl. *d o c k e n* „schlagen", Behrens, Festschr. Gröber 151 f. (Wg. 80 f.), vgl. *daguer* und *doquet.*

doguin „Mops"
norm. auch „Art Schweinerasse", 17. Jh., ist dem. Abl. von *dogue* „Dogge", s. d.

doigt „Finger"
11. Jh. *dei, doi,* aus lat. *d ĭ g ĭ t u s.* REW 2638; dazu seit dem 18. Jh. die Abl. **doigter** „die Finger setzen", daraus substantiviert *doigter,* auch **doigté** „Fingersatz".

doigtier „Fingerling"
14. Jh., mit Suffixwechsel für **doitel,* d. i. *-ale*-Abl. von *doigt* „Finger", wie das entsprechende lat. *digitale,* vgl. *dé* und *délot;* wegen des Suffixwechsels vgl. *devantier.*

doisil „Spundloch im Faß" va.; „Spund"
13. Jh., so heute Bretagne, dafür im ganzen Übergangsgebiet zwischen Norden und Süden die Form *douzil,* die auch in die Wörterbücher aufgenommen wurde; aus grom. *d ŭ c ī c u l u m ,* das im Merowingerlatein bezeugt ist; dieses Abl. von *dūcĕre* „leiten", vgl. *doit,* bedeutet der Bildung nach „Mittel, Ort, wo der Wein ins Faß geleitet wird". REW 2786.
Abl. von afrz. *dois* „Kanal", fem., dieses aus lat. *dūce* zu *dux* „Führer", aber im Geschlecht von *crŭce* beeinflußt, Dict. gén., ist nicht nötig, da die Abl. alt belegt ist.

doit „Abflußrinne", „Schleuse"
12. Jh., lebt heute im ganzen Westen von der Normandie bis nach Poitou, aus lat. *d ŭ c t u s* „Leitung". REW 2789.

doite „Stärke des Garns"
18. Jh., ist Rückbildung von **doitée** „Probegarn", „Garnmuster", 18. Jh., der Bildung nach „eine einen Finger starke Garnsträhne", dieses *-ata*-Abl. von *doigt* „Finger", da nach dem Dict. gén. die Garnstärke nach Fingern gemessen wird, vgl. Gerig, HF 43.

dol 1. „Betrug"
13. Jh., aus lat. *(d o l u s).*
2. „große Trommel"
18. Jh., aus türkisch *d a ú l (ṭaúl).* Dict. gén.

dolabelle „kleine Hacke", „Beilschnecke"
19. Jh., aus lat. *(d o l a b e l l a),* vgl. *délabrer.*

dolce „weich" (Musik)
18. Jh., aus ital. *dolce,* der Entsprechung des frz. *doux.*

doléance „Klage"
13. Jh. *douliance* „Schmerz", in dieser Bedeutung im 17. Jh. abgelehnt, Br. 3, 145, ist Abl. von afrz. *doleier* „wehklagen", das durch die Partizipialform *doliant* im Jonasfragment, 10. Jh., gesichert ist; dieses ist *-idiare*-Abl. von afrz. *duel* „Schmerz", s. *deuil.* FEW III, 118.

doleau „Schneideeisen" (zum Bearbeiten des Schiefers)
18. Jh., ist Werkzeugsabl. von **doler** „hobeln" u. ä., 12. Jh., aus lat. *d ŏ l a r e* dass., vgl. wegen der Abl. *marteau, ciseau, gratteau.* REW 2718.

dolent „schmerzerfüllt", „kläglich"
seit dem 11. Jh. mit der Femininform *dolente* belegt, aus grom. **d o l e n t u s* für *dolente* zu *dolēre,* s. *douloir;* die Form des Adjektivs

vielleicht durch *contentus* veranlaßt.

doler s. *doleau.*

doliman „langes, türkisches Gewand"
16. Jh. *doloman,* König, ZRP 60, 377, aus türkisch *dolaman*; Littmann 113; s. *dolman*; Dict gén.

dollar „Dollar"
18. Jh., aus englisch *dollar.*

dolman „ungarischer Husarenpelz"
19. Jh., über deutsch *Dolman* aus ungarisch *dolmany,* das selbst aus dem Türkischen stammt, s. *doliman.*

dolmen „keltisches Steindenkmal"
19. Jh., angeblich aus bretonisch *dol-men* „Steintafel", doch ist dieses nach J. Loth, Rev. celt. 44, 284 Erfindung von Legrand d'Aussy; die richtige Form für „Steintafel" wäre *tọl-vẹn* (M. Förster); Bl.-W. 200.

dolmon „Art Transportwagen"
19. Jh., u. H.

doloir „Schabeeisen"
19. Jh., ist Werkzeugsabl. von *doler,* s. d.

doloire „Axt", „Hobeleisen"
12. Jh., aus vlat. **dŏlātōria*, zu lat. *dolatorium* „Werkzeug zum Behauen des Steins", s. *doler.* Gade 33; REW 2719.

dolomie „Dolomit"
auch **dolomite,** nach dem Namen des Naturforschers *Dolomieu* im 18. Jh. gebildet; Dict. gén.

dolure „Leimleder" (Handschuhlederabfall)
19. Jh., ist Abl. von *doler* „abschaben", s. d.

dom „Herr" (als Titel, besonders vor Personennamen)
16. Jh., für afrz., seit dem 11. Jh. belegtes *dam, dan,* aus spanisch *don* oder ital. *don*; dieses wie das afrz. Wort aus lat. *dŏmĭnus* in unbetonter Stellung; nicht nur zum Ausdruck der Ehrfurcht, sondern ausgedehnt auf Liebe und Freundlichkeit; Löfstedt, Aeth. 115.

domaine „Besitz"
12. Jh., aus lat. *(domĭnium)* „Herrschaft", afrz. *demaine,* aus älterem *domenie,* das aus prov. *domini* dass. zu erschließen ist; aus lat. *(dominium)* „Herrschaft", „Machtgebiet"; da der Zusammenhang von **dominie* mit *dominus* nicht mehr fühlbar war, wurde für *do-* das Präfix *de-* eingesetzt, *-aine* für *-eine,* wie bei den Zahlbezeichnungen, Typus *centaine, dizaine;* REW 2740; dazu seit dem 14. Jh. die Abl. **domanier** „Herrschaftspächter" va.; „Beamter der Domänenkammer". Nicht substantivierte Form von afrz. *domenie, demeine* u. ä. „herrschaftlich", dieses aus lat. *(domĭnĭcus),* Thomas, Rom. 41, 455.

dôme 1. „Domkirche"
15. Jh., aus ital. *duomo,* d. i. lat. *dŏmus (Dei)* „Gotteshaus". Diez 368; REW 2745.
2. „Kuppel"
16. Jh., aus prov. *doma,* nprov. *domo* „Kuppel", „Absturz in einem Steinbruch" u. ä., aus lat. *dōma* „Dach", das in dieser Bedeutung bei den Kirchenschriftstellern zu finden ist. G. Paris, Rom. 24, 274; REW 2730. Nach Wartburg, ZRP 68, 21 aus griechisch (δῶμα) „Palast", „Tempel", auch „Dach des Hauses", aus dem Bereich von Marseille.

domerie „geistliche Pfründe, deren Inhaber den Titel *dom* trägt"
17./18. Jh., ist Abl. von *dom,* s. d.

domestique „zum Haus gehörig"; „Diener"
14. Jh., aus lat. *(domesticus),* das in volkstümlicher Entwicklung afrz. *domesche* „zahm" ergeben hat.

domicile „Wohnort"
14. Jh., aus lat. *(domicilium).*

dominer „beherrschen"
10. Jh., aus lat. *(dominare).*

dominicain „Dominikaner"
18. Jh., nach dem Namen des Begründers des Ordens, des hl. *Dominicus.*

domino „Dominomaske" u. ä.
16. Jh., bedeutet ursprünglich den Winter-Chormantel des Geistlichen, ist vermutlich ursprünglich scherzhafte Benennung, nach Gebetsformeln wie *benedicamus domino* u. ä. Dict. gén.

dommage „Schaden"
12. Jh. *damage, demage,* seit dem 13. Jh. die literarische Form. ist Kollektivableitung von afrz.. *dam* „Schaden", s. d. Der Übergang von *damage* zu *dommage* in Anlehnung an die Doppelformen *dongier* und *dangier,* s. *danger*; Brüch, ZFSL 50, 330; Diez 562; REW 2468.
**dominaticum,* Förster, ZRP 13, 541 Anm., ist begrifflich nicht befriedigend.

dompter „bezwingen", „zähmen"
12. Jh. *donter,* aus lat. *dŏmĭtare.* REW 2742.

don 1. „Geschenk"
10. Jh., aus lat. *dōnum.* REW 2749.
2. „Don" (spanischer Herrentitel)
15. Jh., aus spanisch *don,* d. i. die Entsprechung des afrz. *dam,* s. *dom.*

donation „Schenkung"
13. Jh., aus lat. *(donatione).*

donc „also"
10. Jh., afrz. auch *donques, don, dont, dons* „damals" (von der Vergangenheit), „alsdann", „daraufhin" (von der Zukunft), „dann" (den Hauptsatz einführend), dazu in Fragen, entsprechend *nonne, numquid;* aus vlat. inschriftlich belegtem *dunc*, d. i. Kreuzung von lat. *tunc* „damals", „alsdann" und *dum* „während", „solange bis"; Zimmermann, ALL 5, 567; Pirson 252; REW 2795; Wölfflin, ALL 9, 591; Schuchardt, LGRP 12, 413; Zimmermann, ZRP 16, 243; *Skutsch, Forsch. lat. Sprachgeschichte, 1, 152.
Wegen der alt belegten Form nicht lat. *donique* „solange bis", Gröber, ALL 2, 103 ff.;

Förster, RF 1, 322 ff.; oder *donec*, Körting, ZFSL 18, 1, 268 ff.; oder *numquid*, Cornu, Rom. 7, 363 ff.; oder *dum quid* für *quid dum*, de Gregorio, SGI 7, 112; oder *de umquam* „seit unbestimmter Zeit", Nicholson, RLiR 9, 136; oder Rückbildung von *adonc*, dieses aus *a tunc* „von da ab", Tobler, ASSL 108, 258.

dondon s. *dodu*.

donjon „Schloßturm", „Erker"

12. Jh., afrz. auch *dognon* u. ä., ist ursprünglich ein Wachturm, der zur Zeit der Einfälle der Bretonen in Westfrankreich auf ein im Bereich der Burg schon vorhandenes Wirtschaftsgebäude aufgebaut wurde; ist als Aufbau für das 10. Jh. ausdrücklich bestätigt; aus fränkisch **dungjo* zu anord. *dyngja* „Haus in der Erde, wo die Frauen Handarbeiten verrichten"; dazu mhdt. *tunc* „unterirdische Stätte als Wintergemach, Webegemach der Frauen", „Aufbewahrungsort der Feldfrüchte"; die ursprüngliche Bedeutung von *donjon* zeigt sich noch a. 1025, für Anjou „turrem mirae altitudinis *super domgionem* ipsius castri erexit", Du Cange s. v.; wegen des Bedeutungsüberganges von *donjon* „Wirtschaftsgebäude" + „Turm" zu *donjon* „Turm" vgl. *étiquette* „petit bâton" ⟩ bâton portant une marque ⟩ la marque elle-même", Dict. gén., ferner Gg. Bed. 139; ZFSL 54, 190.

**dominione* zu *dominus*, also „das beherrschende Gebäude", Diez 562; Förster, ZRP 13, 535; G. Paris, Rom. 19, 327; Thomas, Rom. 41, 455; Bl.-W. 101, ist trotz prov. *domnhon* morphologisch und begrifflich unmöglich; vgl. auch Baist, ZRP 41, 451 Anm. 3, der ohne Angabe von Gründen die germanische Herkunft des Wortes bezweifelt.

donne „Weib"

ist im 16. Jh. neu entlehnt aus ital. *donna* dass., aus lat. *dŏmĭna*, für afrz., seit dem 12. Jh. in südlichen Mundarten bezeugtes *donne* „junge Frau" derselben Herkunft, s. *dame*.

donné „Laie, der sich in einem Kloster auf Lebensdauer einkauft"

dann im 16.—18. Jh. „invalider Soldat, der von den Klöstern erhalten werden muß", 12. Jh., ist afrz. Part. von medialem *soi doner* „hingeben", in der aktiven Bedeutung „der sich hingegeben hat".

donner „geben"

11. Jh., aus lat. *dōnare*. REW 2746; tritt, neben *bailler*, für lat. *dare* „geben" ein, das schon vorhistorisch untergegangen ist; vielleicht lebt es in afrz. *doin(s)* „ich gebe", gekreuzt mit dem neuen *donner*, weiter; vgl. dazu spanisch *doy*, das auch für das frühere Galloromanische angesetzt werden kann; vgl. Gg., Bed. 51.

donques s. *donc*.

dont „von wo" va.; „dessen"

10. Jh., aus lat. *de ŭnde*, d. i. *de* als Präposition, und *unde* „von wo", das vlat. die Funktion von *ubi* „wo" übernommen hat; REW 9062.

donte „Bauch der Lauten und ähnlicher Instrumente"

17. Jh., u. H.

donzelle „Dame", „Fräulein"

12. Jh., aus prov. *donzella*, das ist die Entsprechung des frz. *demoiselle*; wirkt heute familiär herabsetzend.

doper „dopen"

20. Jh., aus englisch *to dop*, dass.

doquet „vierte Trompete einer Fanfare"

19. Jh. auch *toquet*, ist Abl. von mundartlichem *toquer* „schlagen", so norm., berrich., morv., s. dazu *toquade*, *toucher*, bzw. *doquer*, so pik., dieses aus mfläm. *docken* „schlagen", s. *doguer*, Behrens, Wg. 80 f.; *doquet*, *toquet* bedeutet also der Bildung nach zunächst „Schläger".

doradille „Milzfarn"

18. Jh., aus spanisch *doradilla*, d. i. die Entsprechung des frz. *dorelle*, s. d.

dorelle „leinblättriges Goldhaar"

16. Jh., ist *-ella*-Abl. von *doré* „goldig", s. *dorer*.

dorénavant „künftig"

12. Jh., ist zusammengesetzt aus *de*, *or*, *en* und *avant*, s. d., wörtlich „von jetzt an vorwärts"; vgl. auch *désormais*. REW 4176.

dorer „vergolden"

12. Jh., aus lat. *deaurare*. REW 2489; FEW I, 183 b, Anm. 4.

dorine „Goldmilz"

18. Jh., dafür schon im 16. Jh. *romptpierre dorée*, im 17. Jh. latinisiert *saxifraga aurea*, ist mit Suffixwechsel aus *dorée* umgestaltet, vgl. *doradille*, *dorelle*. Roll. Fl. 6, 114 f.; Barbier, PLeeds 1, 43; FEW 182 b.

Nicht zum Frauennamen *Dorine*, Dict. gén.

dorloter „verzärteln"

15. Jh., zunächst in der Bedeutung „den Bart, die Haare ringeln" überliefert, ist Abl. von afrz., seit dem 13. Jh. belegten *dorelot*, *dorenlot* „Haarlocke, die über die Stirn herunterhängt", dann „Band", „Schmuckstück" u. ä., vgl. dazu fr. comt. *dourelot*, *dourelote* „Kinderhäubchen", pik. *dorlots*, *derlots* „Schmuck, den ein Bräutigam seiner Braut verehrt", dazu pik. *orloterie* „Ringe", „Ohrringe"; das Wort gehört wohl zu *or*, bzw. *dorer*, vgl. angev. *doreau* „Goldstück", so daß afrz. *dorelot* dem. Abl. von *dorel* sein kann, doch ist die Bedeutungsentwicklung unklar. Vielleicht ist seit dem 13. Jh. belegtes *dorelot* „Liebling" als kosende Bezeichnung der Ausgangspunkt der Bedeutungsentwicklung; vgl. Thomas, Rom. 37, 118; Sainéan, ZRP 30, 309; FEW 182 a; 183 b; Bl.-W. 202; Piron, Etymologica 554.

Zu dem afrz. Refrain *dorenlot*, und *dorlot* „Haarlocke" als Rückbildung von *dorloter*, Spitzer, Misc. Schuchardt 164 ff., ist historisch nicht möglich, da *dorelot* „Haarlocke" zwei Jahrhunderte früher belegt ist als *dorloter*; doch kann afrz. *dorelot* „Liebling" vom Refrain stammen und die Bedeutung „Schmuckstück" durch sekundäres Hineindeuten von *or*, *dorer* entstanden sein.

dorlotine „Ruhebett"
19. Jh., ist Abl. von *dorloter*, mit begrifflicher Einwirkung von *dodo, dormir*.

dormir „schlafen"
12. Jh., aus lat. *dŏrmire*. REW 2751.

doronic „Gemswurz"
15. Jh., aus neulat. *(doronicum)*, dieses aus arabisch *durûnağ*, vgl. Lam. 99.

dorsal „den Rücken betreffend"
13./14. Jh., aus lat. *(dorsualis)*.

dortoir „Schlafsaal"
12. Jh. auch *dortour*, aus lat. *dŏrmītōrium*. REW 2753.

dos „Rücken"
12. Jh., aus vlat. *dossum*, das als vulgäre Form für lat. *dorsum* in den Tironischen Noten, in der Mulomedicina Chironis und sonst belegt ist. Heraeus, ALL 12, 90; REW 2755.

dose „Dosis"
15. Jh., aus lat. *(dosis)*.

dosse 1. „Baumschwarte", „Futterbohle" u. ä.
1400, ist rouchi, dazu angev. *dousse* „die „äußersten Balken des Schiffsbodens", Morvan *édosse* „Baumschwarte", das wohl zu fr. comt. *pois en dôsse* „in der Schote", forez. *dorse* dass. gehört; *dosse* ist also nordöstliche oder südöstliche Entsprechung von afrz. *dousse* „Schote", aus grom. *dolsa*, das seit dem 9. Jh. in der Bedeutung „Schote" belegt ist, aber wie andere Bezeichnungen für Schote, Hülse, so z. B. schottisch *plaosg*, schottisch *rusg*, auch die Bedeutung „Baumrinde" besessen haben dürfte; *dolsa* ist vermutlich gallischer Herkunft; s. zu diesem Thomas, Rom. 33, 219 (NE 245); REW 2716. Vgl. auch *édosser*.
Kaum gallisch **dosso-* zu irisch *dos* „Büschel", das begrifflich ferner liegt, Gg. ZRP 40, 529; *dolsa* zu lat. *dolichos* „Bohne", Schuchardt, ZRP 29, 452 f., ist lautlich und begrifflich abzulehnen.
2. „Stützbalken" (für das Erdwerk in Schützengräben) u. ä.
dürfte zu *ados, adosser*, also letzten Endes zu *dos* „Rücken" gehören.

dosseret „kleiner pfeilerartiger Vorsprung", „Vorlage", „Eisenschiene zur Verstärkung des Rückens einer Säge" u. ä.
14. Jh., sind substantivische Bildungen von afrz. adjektivischem *dosserez* „zum Rücken gehörig", „als Rücken dienend", d. i. *-ariceus*-Abl. von *dos*, s. d.

dossier „Rücklehne", „Umschlag um ein Aktenbündel", daher „Aktenstoß"
13. Jh., ist mit dem Suffix der Einfassung *-ier* abgeleitet von *dos* „Rücken".

dot „Mitgift"
13. Jh., aus lat. *(dos, dōte)*; ist lat. Femininum, aber als afrz. *dot* wegen der Form und als nicht volkstümliches Lehnwort Masculinum; wird im 16. Jh. zu [*do*], das mit *dos* „Rücken" gleichlautend wird; daher in Anlehnung an *doter* die Aussprache *[dot]*, die das lat. feminine Geschlecht zurückbringt, vgl. *[det]* „dette" usf.; s. Bl.-W. 202.

doter „ausstatten"
13. Jh., aus lat. *(dōtare)* dass., vgl. *douer*.

douaire „Wittum", „Leibgedinge"
12. Jh., aus mlat. *(dotarius)* „die Mitgift betreffend", „die Mitgift beziehend", d. i. Abl. von *dos, dote* „Mitgift", in der Form an volkstümlich entwickeltes *douer* angeschlossen; Diez 563; REW 2757; dazu seit dem 15. Jh. die adj. Abl. **douairier** „das Leibgedinge beziehend", heute in der Bedeutung „Kind, das auf die Erbfolge nach dem Vater verzichtet, um das mütterliche Erbteil anzutreten"; dazu die fem. Form **douairière** „Witwe mit Leibgedinge".

douane „Zoll"
14. Jh. *douwaine*, im 16. Jh. auch *dogane*, aus arabisch *dīwân* „Empfangszimmer", „Ruhepolster im Empfangszimmer", dann „Zollbüro", Littmann 89, die heutige Form vielleicht über ital. *dogana, doana* dass. Lam. 100; REW 2707; dazu seit dem 16. Jh. **douanier** „Zöllner".

douar „Wanderdorf der Beduinen"
17. Jh., aus arabisch *'adwâr*, d. i. Plural zu *dâr* „Haus". Lam. 99.

double „doppelt"
10. Jh., aus lat. *dŭplus*. REW 2802.

doubleau „doppelt" va.
im 13. Jh. *pain doublel* „Brot zu 2 Deniers", subst. „Bogen, welcher 2 Kreuzgewölbe voneinander trennt", TL II, 1973; nfrz. dann in *arc doubleau* „Pfeiler-Querbogen", davon selbständig „Doppelbalken" u. ä., ist vermutlich an *gemellus*, frz. *jumeau* anschließende Abl. von *double*, s. d.

doubler „verdoppeln"
12. Jh., aus lat. *dŭplare*; REW 2800; dazu seit dem 18. Jh. die Kollektivabl. *(-aticium)* **doublis** „Doppelschicht von Dachziegeln" u. ä.

doublon 1. „fehlerhafter Doppelsatz", u. ä.
13. Jh., ist Abl. von *double*, s. d.
2. „spanische Goldmünze"
16. Jh., aus spanisch *doblón*, d. i. Abl. von spanisch *doble*, der Entsprechung von frz. *double*; Dict. gén.

doublot „Doppelfaden" (zum Fertigen der *droguet* genannten Bänder)
18. Jh., ist unetymologische Schreibung für *doubleau*, s. d.

douce-amère „Bittersüß"
16. Jh., ist Übersetzung von lat. *(solanum) dulcamara,* auch *amarum dulce,* so genannt, weil die Blätter beim Kauen zuerst einen süßen, dann einen bitteren Geschmack abgeben; das Wort ist volksetymologisch vielfach umgedeutet worden, so zu *douce mère,* daher *herbe de la bonne mère* in provenzalischen Mundarten; dazu *mère douce,* Aube, das wieder in *merde d'ours* in der Umgebung von Paris zerdeutet wurde. Roll. Fl. 8, 98 ff. REW 2725.

doucereux „voll Süße" va.; „widerlich süß"
13. Jh. „süß", „wonnig" u. ä., erst nfrz. *pejorativ,* auch „affektiert", ist *-osus*-Abl. von **douceur** „Süße", 12. Jh.; dieses *-ōre*-Abl. von afrz. *douz* „süß", s. *doux.* REW 2793; Bl.-W. 203.

douche „Wasserrinne" va.; „Gießbad"
16. Jh., aus ital. *doccia* in beiden Bedeutungen; *doccia* „Rinne" ist Rückbildung von *doccione* „Leitungsröhre", aus lat. *dŭctione* „Leitung"; dazu ital. *docciare* „begießen", von dem *doccia* „Gießbad" postverbal rückgebildet ist. REW 2788 a.

douci „Schliff des Spiegelglases"
18. Jh., ist subst. Partizip von **doucir** „schleifen", eigentlich „glatt machen", zu *doux,* s. d.

doucin 1. „Seeigel"
16. Jh., zunächst zugleich mit *ursin* für Marseille angegeben, ist in Anlehnung an gleichbedeutendes *oursin* abgeleitet von *doux*; das Tier ist eßbar. Roll. F. 12, 83.
2. „wilder Zwergapfelbaum"; „Brackwasser"
18. Jh., sind voneinander unabhängige Substantivierungen von adjektivischem *doucin* „süßlich", so z. B. angev., d. i. *-inus*-Abl. von *doux,* s. d.; zur Baumbezeichnung vgl. Roll. Fl. 5, 90.

doucine „Kehlleiste", „Sturzrinne"
16. Jh., u. H.
Zu *dorsum,* s. *dos,* REW 2755; oder *(pente) douce* „sanfter Abhang", Thomas, Rom. 41, 455; oder zu *dosse* „Schalbrett", Gade 33, überzeugt nicht.
doucir s. *douci.*
douègne s. *duègne.*

douelle „kleine Faßdaube", „Faßdaube", dann auch „Gewölbebogenfläche"
13. Jh., ist norm., ursprünglich dem. Abl. von afrz. *doue* „Faßdaube", s. *douve* 2.

douer „eine Mitgift geben" va.; „beteiligen", „ausstatten"
12. Jh., schon afrz. auch übertragen „begaben", besonders im Part. *doé,* nfrz. *doué* „begabt mit ...", aus lat. *dōtare* „ausstatten". REW 2756.
douge s. *douche.*

douillage „schlechte Beschaffenheit des Gewebten"
18. Jh., ist Kollektivabl. von afrz. *doille* „weichlich", „schlaff", auch pejorativ, bei der Beschreibung eines Bauern neben *rude* gestellt, aus fränkisch **dulli,* zu ostfriesisch *düll,* vgl. englisch *dull* „dumm", „träg", „matt", in der begrifflichen Weiterentwicklung zum Teil in Anlehnung an *doux* „zart"; wegen der lautlichen Entwicklung s. Gg. RG I, 258; dazu seit dem 14. Jh. **douillet** „sanft und weich".
Zu lat. *ductilis* „verschickbar", „dehnbar", Diez 563; REW 2788; Brüch, ZRP 41, 585; Bl.-W. 203, das sonst in der Romania nicht erhalten ist, ist begrifflich nicht überzeugend, lautlich schwierig, wegen der Beschränkung des Wortes auf Nordfrankreich unwahrscheinlich.
Zu dem gleichen Adjektiv seit dem 18. Jh. einreihend erweitertes **douilleux** „schlecht gewebt", „ungleich breit" und **douillon** „geringe Wollsorte".

douille „kurze Röhre", „Dille", „Hülse", „Nabe"
14. Jh., aus fränkisch **dulja* zu mhd. *tülle* „Röhre, womit eine Eisenspitze am Schaft befestigt wird", s. Kluge s. v.; Gg. ZRP 40, 530.
Nicht zu *dolium* „Faß", Jud, LGRP 39, 249 f.
douilleux, douillon s. *douillage.*

douleur „Schmerz"
11. Jh., aus lat. *dŏlore.* REW 2724.

douloir refl. „Schmerz empfinden", va.
10. Jh., aus lat. *dŏlēre.* REW 2721; s. *deuil.*

douloureux „schmerzlich"
11. Jh., aus lat. *dŏlōrosus,* in der lautlichen Entwicklung von *douleur* beeinflußt.
doussin s. *doucin.*

doute „Zweifel"
11. Jh., afrz. auch „Furcht", ist postverb. Subst. von **douter** „zweifeln", 12. Jh., afrz. auch „fürchten", dessen Nachwirken sich im Neufrz. noch in der Setzung von *ne* in dem von *douter* abhängigen Objektsatz zeigt, wird in der Bedeutung „fürchten" von dem ursprünglich gleichfalls zweideutigen *redouter* abgelöst, s. d.; aus lat. *dŭbĭtare* „zweifeln", für das seit dem 5. Jh. auch die Bedeutung „fürchten" belegt ist; Compernaß, Glotta 8, 97 f.; REW 2781; vgl. *redouter*; dazu **se douter** *(de)* „vermuten" wie spätlat. *dubitari* als Medium, Löfstedt, Aeth. 214.

douvain „Daubenholz"
15. Jh., ist in Anlehnung an *merrain, mairain* dass. abgeleitet von *douve* 2.

douve 1. „Wassergraben", „innere Mauer eines Bassins" u. ä.
afrz. 12. Jh. „Wall", „Böschung" (eines Grabens), ist in der Bedeutung „Wassergraben" bei Gregor v. Tours als *doga* belegt, u. H.
Zu gr. δοχή „Aufnahme", konkret „Gefäß", lat. *doga* „Gefäß", Diez 121; Thomas, Ess. 172; Brüch, ZFSL 50, 331 ist begrifflich nicht verständlich; zu *douve* 2, REW 2714?
2. „Faßdaube"

13. Jh., im Polypt. Irminonis als *dovae* bezeugt, ist über das ganze romanische Sprachgebiet verbreitet; Grundform **dōga*, u. H.
3. „Leberegel"
11. Jh. *dolve*, Levy, Rom. 81, 281, dafür Doubs *dorve*, dazu *endorver* „Schwindel verursachen", bournois *drôv* „Drehwurm der Schafe", ist im 5. Jh. als *dolva*, *dolba* belegt; dieses ist vermutlich gallisch. Thomas, Rom. 26, 421 f. (Ess. 279 ff.); REW 279; vielleicht zu air. *dolbaim* „fugo" (Pokorny).
Dazu im 16. Jh. *herbe de douve* „Sumpfhahnenfuß", daraus heute **douve** dass., so bezeichnet, weil nach Cotgrave und heute nach Moisy die Schafe beim Fressen der *douve* genannten Pflanze an der Egelsucht eingehen.
douvelle s. *douelle*.

doux, douce „süß"
12. Jh., aus lat. *dŭlcis*. REW 2792.
**dulcius, dulcia* wegen afrz. fem. *douce*, Thomas, Rom. 39, 393, ist nicht nötig.
douzain, douzaine, douzième s. *douze* und *dizain*.

douze „zwölf"
12. Jh., aus lat. *duodĕcim*. REW 2799.
douzil s. *doisil*.

doyen „Dechant", „Dekan"
12. Jh., aus lat. *decanus* „Vorsteher von zehn Mann". REW 2496.

doyenné 1. „Dechanei"
13. Jh., ist *-atus*-Abl. von *doyen*, s. d.
2. „Butterbirne"
17. Jh., auch als *poire de doyen* Ardennes, alt auch *doyenne*, bezeugt, Roll. Fl. 5, 50 f.; steht wohl für **doyenel*, d. i. *-alis*-Abl. von *doyen*, s. d.
draban s. *traban*.

drachme „Drachme"
13. Jh. auch *dragme*, aus lat. *(drachma)*.

draconien „drakonisch"
19. Jh., ist Abl. vom Namen des athenischen Gesetzgebers *Dracon*.

dragan „Heckbalken" (einer Galeere)
1246 in einer Übersetzung aus dem Italienischen; frz. *dragant* seit 1622, aus ital. *triganto, driganto*, das in Genua seit dem 13. Jh., in Neapel seit dem 16. Jh. bezeugt ist; dieses aus mgr. τρικάνδουνον „Dreieck", wegen der dreikantigen Form des Balkens; Cor. II, 194; Kahane, Byzantion 16, 339; Vidos, 342.
drage s. *drèche*.

dragée „Zuckermandel"
13. Jh. *dragie, dragiee*, scheint zu gr. τραγήματα „Naschwerk" zu gehören; geht dann zurück auf ein spätgr. *τραγεῖα, d. i. Abl. von τραγεῖν, dem Infinitiv des Aoristes von gr. τρώγειν „knabbern", „essen"; der Infinitiv des Aoristes tritt im Spätgr. vielfach an die Stelle des Inf. des Präsens; das Wort ist vermutlich über Marseille ins Galloromanische gedrungen; vgl. Diez 326; REW 8834.
Zu mundartlichem *dragée* „Mischung von Hafer und Wicke", s. *dravière*, Spitzer, ZRP 42, 20 Anm. 2, ist begrifflich nicht begründet.
Dazu seit dem 14. Jh. die Abl. **drageoir** „Konfektbüchse" u. ä.

drageoir „kreisförmige Riefe zum Aufnehmen eines Uhrglases", „Falz"
ist vermutlich mit *drageoir* „Konfektbüchse" identisch, Dict. gén.; nach Brüch ZFSL 50, 335 über „Konfektbüchse aus Glas in Uhrenform"; daher „Uhrglas", dann „Falz" (?).

drageon „Wurzelschößling"
16. Jh., aber wohl älter, aus fränkisch **draibjô* zu ostfriesisch *drêfe, drêve* „Trieb", „Neigung", Diez 563; Braune, ZRP 19, 355; REW 2763. Das Wort gehört wegen der Erhaltung des fränkischen *-ai-* zu den ältesten Entlehnungen aus dem Salfränkischen, vgl. auch *déhait*.
dragoman s. *drogman*.

dragon „Drache", „Lindwurm"
11. Jh. im Roland sowohl in der Bedeutung „Drache", wie „Feldzeichen" bezeugt; aus lat. *draco, -one* „Drache", dann „Feldzeichen" einer Cohorte, eine Lanze, mit einem darauf befestigten Drachen aus bemaltem Zeug, „der sich, wenn der Wind in den offenen Rachen des Drachen blies, sich hin und her bewegte wie eine Schlange" (Georges s. v.); seit dem 16. Jh. in Fortsetzung der Meinung „Drache als Feldzeichen" *dragon* „Dragoner"; REW 2759; Bl.-W. 203.
Dazu 17. Jh. **dragonne** „Schlagzeug des Trommlers", so bei den Dragonern; dann „Troddel", Portepee", beides unabhängig voneinander, Fem. zu *dragon* „Dragoner"; zu *dragon* „Drache" die Deminutivform **dragonneau**, 13. Jh. „kleiner Drache", bezeichnet einen in das Hautgewebe eingedrungenen Wurm, der Entzündungen verursacht u. ä.

dragonnier „Drachenbaum"
15. Jh., ist Abl. von *dragon*, s. d.; davon unabhängig afrz. *dragonier* „Bannerträger", aus lat. *(draconarius)* dass.

drague 1. s. *dreche*.
2. „Erd-, Sand-, Schlammräumer"
17. Jh., aus englisch *drag* oder nddt. *dragge*, s. d. F.

draguer „Austern fischen", „dreggen", „baggern"
18. Jh., aus ndl. *draggen* „etwas auf dem Grund des Meeres Liegendes auffischen" (dazu auch englisch *to drag*, auch „Austern fischen"), Barbier, RLiR 10, 101; Dict. gén.; REW 2761.
draille s. *traille*.

drain „unterirdischer Abzugskanal"
19. Jh., aus englisch *drain*. Dict. gén.

drainer „trocken legen"
19. Jh., aus englisch *to drain*. Dict. gén.
draine s. *drenne*.

draisienne „dreirädriger Wagen zum Selbstfahren"

19. Jh., ist Abl. vom Namen des Erfinders *Drais*. Dict. gén.

drame „Drama"
18. Jh., aus lat. *(drama)*.

dran „Schmier-, Taurack der unteren Rahen"
12. Jh. *drenc,* im 14. Jh. in östlicher Form *dronc,* aus anord. *drengr* „ein zum Festbinden dienendes Tau", Acc. *dreng,* das „Knabe", aber schon alt auch „Schiffstau" bedeutet. Sjögren, Rom. 54, 405; Falk, WuS 4, 61.
Nicht anord. *þrongva* „drücken", Thomas, Rom. 33, 346.

dranet „Art Fischnetz"
17. Jh., lebt norm., Guernesey, aus englisch *dragnet* „Schleppnetz", Dict. gén.; vgl. *dranguelle.*

dranguelle „Art enges Netz"
18. Jh. auch *dranguel, dranguette, draguette,* ist für das Normannische bezeugt, dort alt *dranguiet,* ist Umgestaltung von englisch *dragnet*, also eins mit literarischem *dranet;* die Form *dranguelle* mit Suffixwechsel aus *dranguette.*

drap „Tuch"
10. Jh., im Plural schon im 11. Jh. „Kleider", aus vlat. *drappus*, das in den Tironischen Noten, bei Oribasius, dann in den leges Alam. bezeugt ist, Heraeus, ALL 12, 82; das Wort dürfte kaum gallischer Herkunft sein, Brüch, ZRP 41, 687; ZFSL 50, 335, trotz der Personennamen *Drappo, Drappeto,* Dottin 252; REW 2765.
Zu spätahdt. *trabo* „Gewebe", „Franse", Diez 123, ist lautlich nicht möglich; ebensowenig zu afrz. *tref* „Zelt aus Tuch", dieses aus agls. *trâf,* Baist ZRP 6, 117.

drapant „jedes der beiden Bretter, zwischen welche die frisch aus dem Bad genommenen Bogen zum Pressen gelegt werden"
18. Jh., vermutlich zu *draper* „walken", dieses zu *drap,* Brüch, ZFSL 50, 335; Dict. gén.

drapeau „Stück Tuch" va.; „Lappen"; dann „Flagge", „Fahne"
12. Jh., afrz. pluralisch „Kleider", wie *draps;* auch „Windeln", ist dem. Abl. von *drap* „Tuch", s. d.
draper, draperie, drapier vgl. *drap.*

drastique „schnell wirkend"
18. Jh., aus gr. (δραστικός).

drave „Hungerblümchen"
15. Jh., von Cotgrave als „spanische Kresse" bezeichnet, aus spanisch *draba,* seit dem 16. Jh.; aus gr. δράβη; Dict. gén.

dravière „Mengkorn", „Mischfutter"
14. Jh., lebt pik. „Mischung von Wicke, Hafer, Gerste, Bohnen und Futtererbsen", rouchi „das noch grün abgemähte Getreide als Viehfutter", ähnlich Lille, Valenciennes, Reims u. ä.; ist ursprünglich zur Bezeichnung des Feldes abgeleitet von *dravie,* so boulogn. „Mischung von Hafer und Wicke", dazu boulogn. *dravière* „ein Feld von *dravie*"; dazu V. d'Yères, norm. *dragie* „Mischung von Hafer, Wicke und Gerste" u. ä., poitev. *drogée* „Mischung von Gerste und Hafer", daraus englisch *dredge* „Mischkorn" (Holthausen); das Wort kann kaum von *droue,* s. d., besonders norm. *droue* „Art Hafer" getrennt werden; Grundform **dravicata*, das über *draviiée* zu *dravie* bzw. über *draviíe* zu *dragie* werden konnte, vgl. Thomas, Rom. 41, 64; Baist, ZFSL 32, 1, 298.
Von *dravière* rückgebildet, seit dem 17. Jh. belegtes **dravée** „Mengkorn".

drawback „Rückzoll"
18. Jh., aus englisch *drawback*. Dict. gén.

drayer „ausschaben" (Gerberei), „das Fleisch von der Haut abkratzen"
18. Jh., aus bretonisch *draílla* „(Fleisch, Stroh, Heu) in Häcksel zerschneiden" u. ä., vgl. *drille* 1.

drêche „Darrmalz"
18. Jh., dafür schon im 15. Jh. *drague, draque,* heute auch *drège, drage, drague,* ist mlat. als *drascus, drasqua* bezeugt, aus einer Grundform **drasica*, die vermutlich gallisch ist. *drague* ist normannische Form für **drasge,* daher nicht aus anord. *dregg* „Hefe", „Bodensatz", Diez 563: *drasche* auch nicht zu ahdt. *drescan,* „dreschen", Diez ebd., so schon bei Du Cange angedeutet; ein afrz. *drasche* „Hülse", „Schote" zu *drescan,* vgl. nhdt. *drasch* „Dreschen", Diez 563, ist ebenfalls unmöglich, da dem ahdt. Wort im Fränkischen eine Form **þrëskan* entsprach; germ. **þrakkja, draggja,* Mackel 67, sind lautlich nicht möglich, s. Kluge-G. unter *Trester;* desgleichen germ. **drastja* zu agls. *dœrste* „Trester", Bugge, Rom. 3, 147.

drège 1. „großes Schleppnetz"
16. Jh. auch **dreige,** ist pik. „Netz für den Schollenfang", norm. „Schleppnetz", dazu norm. *bateau dregeur, drageur, dragueur* „Fischerfahrzeug", Kemna 68; aus nddt. *dregge, dragge* „ankerartiges Ding zum Auffischen von Gegenständen", vgl. englisch *drag, dredge* „Austernfischernetz" u. ä.; s. *draguer.*
2. „Riffelkamm"
dazu **dréger** „den Flachs riffeln" (d. h. die reifen Samenknoten von den Stengeln reißen) 1700, dürfte zu der unter *drague* 2, *drège* 1 angeführten niederdeutschen Wortfamilie gehören.

drelin „klingkling"
17. Jh., ist Schallwort.

drenne „Misteldrossel"
16. Jh. auch *drine, draine;* lebt mit stammhaftem *-e-* auch in Oberitalien; Grundform gallisch **tresdila, *dresdila*, mit einer auch in dem deutschen Wort vorhandenen Abl., vom Stamm *tresd-,* die Entwicklung über **dresdina,* vgl. frz. *troène* aus frk.

**trugil* „Hartriegel"; dazu mit stammhaftem *-o-* irisch *truid,* bret. *tréd* „Star"; das gleiche Wort wurde neuerdings aus dem Bretonischen entlehnt und lebt heute weit verbreitet (*trida, trie, trée, trâ, trage, traye, treue* u. ä.) im Südwesten und Zentrum; vgl. auch in einem Glossar des 8. Jhs. belegtes *trita* „Drossel", Barbier, BDR 2, 196 f.; Alessio, RLiR 17, 74.

dresser „aufrichten", „ausfertigen", seit dem 16. Jh., auch „abrichten"
11. Jh. *drecier,* dass., besonders auch *drecier les escuelles* „die Schalen für die Speisen auf den Anrichtetisch bringen", daher „anrichten" u. ä.; Grundbedeutung ist „gerade machen", „eine Richtung geben", d. i. vlat. **directiare* zu lat. *directus,* s. *droit.*

drille 1. „Papierlumpen"
14. Jh., ist postverb. Subst. von mundartlichem *driller* „zerfetzen", „zerlumpen", poitev. *drillai* „zerreißen", für das eine ältere Form *druillier* durch das daraus entlehnte bret. *trulenn* und durch lyon. *drouilles* „Lumpen" gesichert ist; *drille* lebt im Osten, Südosten, dann Südwesten; Herkunft umstritten; aus mbretonisch *druilla* „zerreißen", wenn dieses nicht aus dem Französischen stammt wie das angeführte *trulenn;* Diez 564; Thurn. KR 97; REW 2778; oder aus fränkisch **dorhilôn,* erschlossen aus ahdt. *dürhel* „durchbohrt", agls. *þyrian* „durchbohren" u. ä., über umgestelltes **drohilôn,* FEW III, 191, doch spricht die Verbreitung nicht zugunsten einer Herkunft aus dem Fränkischen, auch ist Bedeutung und Lautentwicklung unklar; s. auch Barbier, RPh. I, 17; Valkhoff, Mél. Roques II, 305.
2. „Eichenart" (quercus sessiliflora)
16. Jh. *drylie* für Savoyen bezeugt, in der Literatur als *drille* seit dem 17. Jh., stammt aus dem Südosten, aus **druille,* daneben Centre *drouille* dass., das in Anjou, Mayenne, Loire-et-Ch. lebt; aus grom. **drŭllia,* das in Ortsnamen seit dem 11. Jh. bezeugt ist, Roll. Fl. 10, 175; dieses ist schon gallische Abl. zu einer Grundform gallisch **derulla,* zum Stamm **derw,* der vermutlich in frz. Schweiz *derbi* „Fichte", Sav. *darbé* „Zwergfichte" weiterlebt; wegen der Abl. von **d(a)rulla* vgl. mazedonisch δάρυλλος dass.; ferner gallisch *betulla* unter *bouleau.*
Dazu im Osten (Cher, Indre, Loiret, Yonne, Nièvre) ursprünglich zur Bezeichnung der Holzart die Abl. *durlin, dërlin, drëlin,* aus älterem **dreuillin,* das literarisiert als **durelin** in die Wörterbücher übernommen wurde. Gg., ZRP 40, 532; FEW III, 50.
Letzteres nicht aus deutsch *Dürrling* trotz „Dürreiche" bei Nemnich, Behrens, Wg. 352.
3. „Fußsoldat" va.; „guter Kerl"
16. Jh. im Argot *soudrille,* dazu im 19. Jh. im Rotwelsch *soudrillard* „Wüstling", ist im Rotwelsch entstandene Umbildung von *soudard* „Söldner", s. d., vielleicht in Anlehnung an *drille* 1 bzw. *driller* „laufen".
Kaum unmittelbar zu *drille* 1, Revillot, RLR 22, 138; Sain. Sources 77 Anm.; Spitzer, ZRP 42, 18, da bei Zusammenhang mit *drille* „Lumpen" vor allem ein *drille* „Lump", „Bettler" zu erwarten wäre; wegen des späten Auftretens auch nicht aus ahdt. *drigil* „Diener", Diez 564.
4. „Drillbohrer"
18. Jh., aus ndl. *dril(boor)* dass. Gade 34; REW 2771; Behrens, DS 44, 85.

driller 1. „laufen"
16. Jh., ist verd. chal., dazu Morvan *dreuiller* „herumspringen" (von jungen Vögeln), auch „spielen", „übermütig sein", Grundform **dru-iller* zu *dru* „üppig", s. d.; vgl. zum gleichen Stamm, aber in anderer Abl. (*-icare*) Doubs *druger* „springen", „hüpfen", norm. *drugier* „sich unterhalten", „laufen wie junge Kälber" u. ä. Jud, AR 6, 318 ff.; oder aus ndl. *drillen* „im Kreis herumlaufen", Barbier, RPh. I, 17?
2. „glänzen"
16. Jh., ursprünglich vom Diamanten gesagt, ist Kreuzung von *briller* mit dem Anlaut von *diamant.*

drin „afrikanische Grasart"
19. Jh., aus arabisch *drîn* „aristida pungens". Dict. gén.

drisse „Hißtau"
16. Jh., aus ital. *drizza,* d. i. postverb. Subst. von *drizzare* „hissen", eigentlich „richten", d. i. die Entsprechung des frz. *dresser.*
drivonnette s. *dérivette.*

drogman „Dolmetsch"
13. Jh. *troquement,* auch *druguement,* als Ausdruck der Kreuzfahrer, Flutre, Rom. 65, 488, dann im 16. Jh., auch *dragoman, drogoman,* aus ital. *dragomano,* dieses über mgr. δραγόμανος aus arabisch *targumân,* vgl. *trucheman.* Diez 123; REW 8580; Lam. 101; Littmann 72; Bl.-W. 204.

drogue „chemisches Material" u. ä.
14. Jh., aus nddt. *droge-fate* „trockene Fässer", d. h. „Güter in Packfässern", in dem *droge* irrtümlich als Bezeichnung des Inhalts der Packungen verstanden wurde, vgl. auch *droguerie* 2. Diez 123; REW 2777; Baist, ZFSL 32, 298 ff.
Nicht aus iranisch *dârûk, dârôg* „Arzneikraut", *Salemann, Zapiski Akad. Petersburg 1, 65, vgl. ZFSL 30, 1, 354, da nach Baist l. c. das Wort weder arabisch noch griechisch noch türkisch ist, also die Zwischenglieder bei der Annahme der Wanderung eines iranischen Wortes fehlen; auch nicht arabisch *ḏurâwa* „Abfall beim Worfeln", Kluyver, ZDW 11, 9 ff.; zu *droue* bzw. **drauca,* s. *droue,* Spitzer, ZRP 42, 194 Anm. 1, paßt begrifflich nicht, auch ist ein prov.

**drauca, *drauga,* das zugrunde liegen müßte, auch in der ursprünglichen Bedeutung nicht belegt; arabisch *duwâ'* „Heilmittel", Seybold, ZdW 10, 213, ist lautlich nicht möglich.

droguerie 1. „Drogenhandlung"
15. Jh., ist Abl. von *drogue,* s. d.
2. „Heringsfang", „Heringszubereitung"
17. Jh., aus ndl. *droogerij* „Ort, wo getrocknet wird"; das frz. Wort bedeutet also ursprünglich „Trocknung der Heringe"; vgl. auch d. F.

drogueur „Heringsfischer" va.; „Fahrzeug zum Heringsfang"
15. Jh., ist Abl. von ndl. *droogen haring* „geräucherter Hering". Behrens, DS 60; Dict. gén.; REW 2777.

droguet „billiger, gemischter Stoff", „Schund"
16. Jh., ist Abl. von *drogue* in der übertragenen Bedeutung „schlechte Ware".

droit „gerade", „rechtschaffen", subst. „Recht", „Abgabe", „Gebühr" u. ä.
11. Jh., afrz. auch „wirklich", „rechtmäßig", „eigen"; substantivisch auch „Recht", „Gesetz", „Anrecht" u. ä., aus lat. *directus* „gerade gerichtet", s. *adresser;* dazu entsprechend lat. *directura* „gerade Linie", seit dem 12. Jh. **droiture** „Geradheit", afrz. auch „Gerechtigkeit", „Recht", „Gebühr"; von diesem seit dem 12. Jh. afrz. **droiturier** „gerecht", als Bezeichnung der menschlichen Eigenschaft, während das ursprüngliche *droit* die sachliche Eigenschaft oder die abstrakte Vorstellung bezeichnet, vgl. dazu *voir* neben *vrai,* afrz. *prim* neben *premier* u. ä.; von *droit* „rechts", das für *destre* „rechts" eintrat, da die ‚rechte' Hand als die ‚richtige', die ‚eigentliche' Hand angesehen wurde (so schon vlat.), afrz. *droitier* „rechtshändig"; vom Subst. *droit* „Recht" seit dem 16. Jh. *droitier* „Student der Rechte" u. ä.; Diez 272; REW 2648; Schuchardt, Vok. II, 442; Rydberg I, 51; FEW III, 87; Bl.-W. 205.

drolatique „spaßhaft"
16. Jh., ist gelehrte, an lat. Adjektiva wie *phlegmaticus, asthmaticus, fanaticus* u. ä anschließende Abl. von *drôle,* s. d.; nach Brüch, ZFSL 50, 335 wie *volatique* „flüchtig", „unbeständig", neben mfrz. *vole* „flüchtig", s. *veule.*

drôle „drollig", „Schlingel"
16. Jh. *drolle,* mit ursprünglichem *-ll-,* das durch limusinisch *dronle* gesichert ist; lebt im Südwesten weit verbreitet als *drole, drolle, droile,* prov. *drolo* „Kind", „Knabe", „Mädchen"; ähnlich im Südosten Waadt, Wallis *drôle* „Knabe" bzw. *drôla* „Mädchen", „Frau"; im Centre *drôle, drôlière* „Kind", H. u. Vgl. Pauli 379.
Deutsch *drollig,* Diez 564; Tappolet Verw. 46, stammt selbst aus dem Französischen; desgleichen schottisch *droll* „fauler Bursch" u. ä. in den anderen keltischen Mundarten, hier auf dem Umweg über das Englische; wegen der Verbreitung namentlich in den Mundarten im Südgürtel des Nordfrz. nicht aus mndl. *drol* „kleiner Kerl", „Kobold", Brüch, ZRP 38, 680; FEW III, 160.

dromadaire „Dromedar"
12. Jh., aus lat. *(dromedarius).*

drome 1. „langer, starker Balken, der zur Unterstüzung anderer dient", „Leine, welche die Boje über den Netzen hält"
18. Jh., aus nddt. *drôm* (mhdt. *drâme*) „Balken". Schuchardt, ZRP 25, 346; REW 2774.
2. „Strandläufer"
19. Jh., aus lat. *(dromas)* „laufend".

drongo „Art Fliegenfänger" (Vogel)
18. Jh., angeblich aus einer Einheimischenmundart von Madagaskar, Dict. gén.

dronte „Dudu", „Waldvogel"
17. Jh., angeblich aus einer Einheimischenmundart der Insel Mauritius. Dict. gén.

drop „Hängemaschine"
19. Jh., aus englisch *drop* „Falltür", „Klappe" u. ä. Dict. gén.

droschki „Droschke"
19. Jh., aus russisch *droški.* Dict. gén.

drosse „Taurack"
17. Jh. auch *drousse,* bei Oudin 1642 als „Holzbalken, die von Seilen durchzogen werden" erklärt, gehört zu gleichbedeutendem ital. *trozza,* genuesisch *trossa*; das genuesische Wort vielleicht zu lat. *tradux* „Weinranke"; nach dem Bild der Weinranke, die sich um den Pfahl schlingt wie das Seil, *drosse,* das sich um das Steuer rankt; Dict. gén.; Bl.-W. 205; Vidos 599; REW 8833.

drosser gegen die Küste zu ablenken", „verschlagen"
18. Jh., aus nddt. *drossen* „davonschleppen", „sich davonmachen", Valkhoff 119.

droue „Taumellolch"
12. Jh. *droe,* vgl. dazu norm. *droue* „Art Hafer", dann in der Bedeutung „Trespe" wall., Ardennes *drâwe,* voges. *drage, drauge, droge,* fr. Comt. *droe,* B. Maine *drö,* ALF 706; das Wort ist zuerst in Glossen des 10. Jhs. als *dravoca* = lappa, dieses wohl = „Klebekraut" belegt, s. Thomas, Rom. 41, 62 ff.; Kluge, AR 6, 304; es lebt einerseits in den keltischen Mundarten, vgl. bretonisch *draok, dréok,* kymr. *drewg,* andrerseits im Germanischen, vgl. ndl. *dravik* u. ä.; es dürfte ursprünglich wohl gallisch sein, vgl. Baist, ZFSL 32, 1, 298; Schuchardt, ZRP 32, 477; REW 2768; Bambeck 18.
Nicht zu deutsch *drot, dort* „Trespe", „Lolch", Behrens, Wg. 353.

drouillet „kleines Netz an zwei Stangen"
18. Jh., dazu **drouillette** „Art Netz zum Makrelenfang", 18. Jh., dürfte wohl zu *drivonette, dérivette* u. ä. gehören, s. d.

drouine „Kesselflickersack"
17. Jh., aus bretonisch *d r o u i n*, Dict. gén.; dazu die Abl. **drouinier, drouineur** „Kesselflicker".

drousse „Wollkamm"
18. Jh., ist postverb. Subst. von **drousser** „die Wolle überkämmen", „schlumpen"; stammt aus dem Wallonischen, vgl. Lüttich *drouss, droucette* „Wollkamm", dazu *drouci, droucé* „die Wolle der Länge nach kämmen", ursprünglich wohl „die an der geschorenen Wolle noch haftenden Fetteilchen entfernen"; d. i. Abl. von Lüttich *drouss* „Bodensatz", „Hefe" u. ä., aus ndl. *d r u s*, *druse* dass. Gg., ZRP 40, 534; Haust, Dict. LS 239; vgl. Valkhoff 120.

dru „dicht bewachsen", „kräftig", „üppig"
11. Jh. afrz. „dicht", „reich ausgestattet", „üppig", „stark", „kräftig", aus gallisch **d l û t o s*, das sich aus airisch *dlúith* „dicht" u. ä. erschließen läßt; Diez 124; Thurn. KR 56; REW 2708; Jud, AR 6, 313 ff. Vgl. *druge*. Davon verschieden afrz. *dru* „Getreuer", „Geliebter", 11. Jh., im 8. Jh. *drudus* „Freund", aus spätfrk. *d r ū d* „Geliebter"; zu diesem afrz. (12. Jh.) *druerie* „Freundschaft", „Buhlschaft" u. ä.

druge „üppiger Trieb", „Sproß"
16. Jh., gleichbedeutend auch **drugeon**, das vielleicht Einwirkung von *drageon* zeigt, ist postverb. Subst. von *druger* „üppig sprießen", 16. Jh., vgl. dazu voges. *dröži* „(von Getreide u. ä.) dicht stehen", sav. *drujhe* „Dünger", frz. Schweiz *druge, drudje* „Dünger", „Überfluß", dazu im 13. Jh. *druge, druche*, heute Forez „Vorrat", aus grom. **d r ū t ĭ c a r e*, das in verschiedenen Bedeutungen außer über Wallonie, Pikardie und Gaskogne über ganz Frankreich verbreitet ist; dazu in Glossen *indruticare* „üppig, geckenhaft sein", Schlutter, ALL 13, 287 f.; Jud, ASSL 124, 391 f., das zu gallisch **d l û t o s* „dicht stehend", „üppig" gehört, s. *dru*. Jud, AR 6, 313 ff.
Germ. **drûdjan*, Mackel 18, dieses zu deutsch *traut*, ist germanisch nicht genügend gesichert und geographisch unwahrscheinlich.

druide „gallischer Priester"
13. Jh., dazu als Femininum **druidesse**, aus lat. *(d r u i d a)*, das aus dem Gallischen stammt.

drupe „Steinfrucht"
18. Jh., aus lat. *(d r u p p a)* „die vollreife Olive".

druse „Kristalldrüse"
18. Jh., aus nhdt. *d r u s e*. Behrens, DS 30.

dryade 1. „Waldnymphe"
13. Jh., aus lat. *(d r y a s , -ade)*.
2. „Dryade" (Rosaceenart)
18. Jh., aus neulat. *(d r y a d e)*, das mit *dryade* 1 eins ist.

du „des"
für älteres *deu*, d. i. vorkonsonantische Form von afrz. *del* aus vlat. *d e ĭ l l o*.

dû „Gebühr"
14. Jh., ist subst. afrz. *dëu*, d. i. Part. von *devoir*, s. d.

dualisme „Dualismus"
18. Jh., ist gelehrte Abl. von lat. *(d u a l i s)* „zwei enthaltend".

dubitation „Zweifel" va.; „Zweifelform"
14. Jh., aus lat. *(d u b i t a t i o n e)*, s. *douter*.

duc 1. „Herzog"
11. Jh., aus lat. *(dux, d ŭ c e)*.
2. „Ohreule"
in *le grand duc*, stammt vermutlich aus dem Süden, lebt im Prov., Oberital. und auf der iberischen Halbinsel; aus einer Grundform **d ū c u*, die nach García de Diego, RFE 7, 123 f. italische Dialektform für lat. belegtes *alūcus* wäre. Zu italisch *l* aus *d* (**dūcu* müßte dementsprechend Latinisierung eines sabinischen *(a)lūcu* gewesen sein), s. Meyer-Lübke, GröbersGrd. I, 2. Aufl., S. 448; vgl. REW 2789 a; Bertoldi, Studi Fil. Class. 7, 257.
ducasse s. *dédicasse*.

ducat „Dukat"
14. Jh., mit den Kreuzzügen nach Frankreich gebracht, aus ital. *ducato*, d. i. ein von dem Dogen von Venedig = *duca* geprägtes Goldstück; *duca* stammt aus dem Mittelgriechischen. REW 2810.

duché „Herzogtum"
11. Jh. *duchede*, ist wohl schon vorhistorische Abl. von *duc*, vgl. *comté*.

duchesse „Herzogin"
12. Jh., ist fem. Abl. von *duc* 1, s. d.

ducroire „gegen Vergütung geleistete Bürgschaft"
18. Jh., ist Übersetzung von ital. *del credere* „für das Kreditschenken", s. *croire, crédit*.

ductile „dehnbar"
13./14. Jh., aus lat. *(d ŭ c t ĭ l i s)*.

duègne „Aufsichtsdame"
17. Jh., aus spanisch *dueña*, dieses aus lat. *d ŏ m ĭ n a* „Herrin", s. *dame*. REW 2733.

duel 1. „Zweikampf"
16. Jh., aus lat. *(d u e l l u m)*, d. i. alte Form für *bellum* „Krieg".
2. „Dual"
17. Jh., aus lat. *(d u a l i s)*, s. *dualisme*.

dugazon „Liebhaberinnenrolle"
19. Jh., nach dem Namen der Schauspielerin Louise Rosalie *Dugazon*. Dict. gén.; Koelbel 73.

dugon „ostindische Meerkuh"
18. Jh., stammt angeblich aus dem Malaiischen. Dict. gén.

duire 1. „abrichten"
10. Jh.; der Infinitiv *duire* seit dem 12. Jh. belegt, dafür vermutlich ein älteres **doisir*, vgl. *plaire, taire* für *plaisir, taisir*, so daß afrz. also eine Konjugation *duist-doisir* an-

zusetzen ist; aus lat. *dŏcēre* „lehren". REW 2709.
Kaum eins mit *duire* 2 Diez 564.
2. „führen" va.
10. Jh., dann unpersönlich *il me duist* „es wird mir zugeführt", „kommt mir zu", „gefällt mir", vgl. noch heute rouchi *i·m duit* „es liegt mir daran", „geziemt sich"; davon seit dem 13. Jh. rückgebildet *duire* „gefallen"; aus lat. *dūcĕre* „führen", REW 2785.

duit 1. „Rinne" va.; „durch parallele Dämme eingeschränktes Flußbett"
13. Jh., ist ursprünglich eins mit *doit* aus lat. *dŭctus*, s. d., in der Form von *duire, duite* beeinflußt.

duite „Einschlagfaden"
18. Jh., ist subst. Part. von *duire* 2 in der Bedeutung „anordnen" u. ä.; vgl. aber *doite.*

dulcifier „versüßen", „mildern"
17. Jh., aus lat. *(dulcificare),* das bei den Kirchenschriftstellern belegt ist.

dulcinée „Herzensdame"
18. Jh., nach dem Namen der *Dulcinea* von Toboso, der Herzensdame des Don Quichote. Dict. gén.; Koelbel 73.

dulie „Ehrfurcht vor dem Heiligen"
14. Jh., aus mlat. *(dulia),* ursprünglich „Sklaverei", aus gr. δουλεία.

dune „Düne"
13. Jh., aus mndl. *dune*, dazu seit dem 16. Jh. die Abl. **dunette** „kleine Düne", „Kajüte auf Deck", s. Kluge s. *Düne*; Diez 124; REW 2790; Valkhoff 120.

duo „Duo"
16. Jh., aus ital. *duo,* dieses aus lat. *(duo)* „zwei".

duodénum „Zwölffingerdarm"
16. Jh., aus lat. *(duodenum)* (digitorum), das im 16. Jh. auch übersetzt als *douze-doigtier* belegt ist. Dict. gén.

dupe „Wiedehopf" va.; „Tropf", „einfältig"
15. Jh. und so bis ins 18. Jh. *duppe*; dazu zuerst im 15. Jh. im Rotwelsch **duper** „anführen", älter *dupper*; ist lautmalende Umgestaltung von lat. *ŭpŭpa*, s. *huppe*, Schuchardt, ZRP 15, 99; Dauzat, RPFL 25, 297; REW 9076; *duppe* zur Bezeichnung des Vogels wird noch für Berry, Poitou angegeben, Roll. F. 2, 99 f.
dupe aus *tête d'upe*, Horning, ZRP 21, 454, wäre für *dupe* in der übertragenen Bedeutung denkbar, müßte dann von hier aus auf den Vogelnamen rückübertragen worden sein.

dupliquer „eine zweite Verantwortungsschrift einreichen"
13. Jh., aus lat. *(dŭplĭcare)* „verdoppeln".

dur „hart"
10. Jh., aus lat. *dūrus*. REW 2808.

dur-bec 1. „Kernbeißer"
18. Jh., ist ursprünglich als Apposition verwendet, zu *dur* und *bec*, s. d.; vgl. *bon bec.*
2. s. *hure-bec.*

durcir „härten"
12. Jh., aus grom. **dūricīre*, dessen Suffix Kreuzung von *-icare* mit *-escere* darstellt; s. *dur.*
durelin s. *drille* 2.

dure-mère „harte Hirnhaut"
13./14. Jh., ist Übersetzung von lat. *(dura mater).*

durer „dauern"
11. Jh., aus lat. *dūrare*. REW 2805; dazu **durant** „während", im 13. Jh. belegt aus lat. *(durante)* + Abl.; d. i. Abl. des Part. von *durare*, s. *pendant*; Baldinger, ZRP 70, 305.

dureté „Härte"
13. Jh., ist Abl. von *dur*, s. d.

durillon „Schwiele", „harte Stelle" (im Marmor)
14. Jh. *dureillon*, ist *-ellione*-Abl. von *dur*, s. d.

duvet „Flaumfeder"
14. Jh., ist dem. Abl. von afrz. *dum*, auch *dun* „Daune", so heute noch norm.; aus anord. *dúnn* dass.; das *-m-* von afrz. *dum*, wahrscheinlich auch der Vokal des Wortes, zeigt Einfluß von *plume*; eine Form *dumet* ist seit dem 16. Jh. bezeugt und lebt im ganzen Westen und Teilen des Zentrums; das *-v-* der literarischen Form ist unerklärt. Diez 564; REW 2797.
Der gleiche ebenso unerklärte Übergang von *-m-* zu *-v-* in afrz. *davoisne* „Art Pflaume", aus *damascinus* „aus Damascus", s. *brignole.* Nicht zu deutsch *dumpf*, Regnaud, RPFL 10, 289.

dynamique „dynamisch"
17. Jh., aus gr. (δυναμικός).

dynaste „Gewalthaber"
16. Jh., aus lat. *(dynastes).*

dysenterie „Ruhr"
13. Jh., aus lat. *(dysenteria).*

E

é- „aus-", vor Vokalen und afrz. *es-*, Präfix aus lat. *ex-*, vlat. vor Konsonanten *es-;* dient
1. zur Bildung von Verben nach Substantiven, und zwar
a) das Subst. ist das Objekt der Verbalvorstellung; das Verbum bezeichnet ein „heraus ... nehmen, -stellen, -reißen" u. ä.; die Bildungen sind lat., grom. und französisch; s. *effeuiller, égrainer, épucer* usf.
b) das Verbum bezeichnet ein „Herauskommen (-stellen, -setzen, -reißen u. ä.) aus"; das Subst. hat die Funktion eines Präpositionalausdruckes; s. *échapper, ébaucher* usf.; die Bildungen sind lat. und grom.
2. zur Bildung von Verben nach Adjektiven; die Verba benennen ein „zu etwas machen" u. ä.
a) die Verba werden in die *-iare*-Konjugation eingereiht; sie bezeichnen zur Grundvorstellung die Nebentöne der Ausdehnung, Ausweitung; s. *exaucer*; die Bildungen sind nur aus dem Lateinischen ererbt oder solchen nachgebildet;
b) mit der gleichen Funktion, aber ohne fühlbare mitschwingende Töne, eingereiht in die *-are*-Konjugation; s. *écloper, écourter, égayer* usf.
3. zur Bildung von Verben nach Verben
a) das abgeleitete Verbum verstärkt die Vorstellung des Stammverbums, das selbst schon ein „heraus ... machen, -stellen, -reißen" u.ä. ausdrückt; es bedeutet eine vollständige, starke Form der Heraushebung; vgl. lat. *emovere*, vlat. *esmovere*, zunächst „wegbewegen", vlat. „stark bewegen"; s. *érafler, ébattre, ébranler* usf.
b) die Verbalvorstellung bezeichnet zu dem Stammverbum, das eine „Bewegung von etwas weg" ausdrückt, ein „hinaus-, heraus- ... nehmen, -setzen, -stellen" u. ä.; s. *érailler, échoir, élancer* u. ä.
c) die Abl. mit *ex-* schafft zu einem intransitiven Stammverbum ein Factitivum; lat. *evigilare* „durchwachen" wird zu *exvigilare* „aufwecken", s. *éveiller*.
d) die Abl. mit *ex-* verkehrt die ursprüngliche Verbalvorstellung in ihr Gegenteil, Typus lat. *exhereditare*; die Bildungen sind nur lateinisch, s. *émoi*; im Gallorom. geht diese Funktion von *ex-* auf *dis-* über, s. *dé-*.
4. *é-, es-* tritt anorganisch an Substantiva, ohne Änderung der Bedeutung des Stammwortes; Ausgang ist doppelt:
a) Zu *cosse* „Schote" wird nach 1 b *écosser* „entschoten" gebildet; davon als postverb. Subst. *écosse* „Schote", das zu einer Variante von *cosse* wird;
b) zu Pluralia tantum, Dualformen u. ä. wie *tenailles*, die eine singularische Vorstellung wiedergeben, so in *les tenailles, des tenailles* wird ein neuer Singular gebildet; dabei erfolgt eine unetymologische Abtrennung des scheinbaren Artikels von dem Gesamtkomplex pluralischer Artikel + Substantiv; *lestenailles* wird zu *l'estenaille(s)*; so tritt *estenaille* neben *tenaille*(s); s. *écale* 3; *échafaud, échalas, échampeau, écrevisse* usf.
5. *es-* steht für *a-*, als Ergebnis mundartlicher lautlicher Entwicklung; so z. B. bei Robert de Blois allgemein; in der Entwicklung der Schriftsprache spielt diese Form der *é-, es*-Abl. keine Rolle.

eau „Wasser"
11. Jh., afrz. *eve, eue, iaue*, südlich *aigue* u. ä., s. *aigail*; aus lat. *aqua*, Diez 565; REW 570; vgl. Clara Hürlimann, Entw. *aqua*, Diss. Zürich 1903; Rydberg, Kr. Jb. 6, 336; ALF 431; TL I, 236.

ébahir „erstaunen"
12. Jh. *esbahir*, gilt im 17./18. Jh. als provinziell, Br. 5, 334 f., ist Abl. von der afrz. Interjektion *ba!*, die Ablehnung, aber auch Erstaunen ausdrückt; Diez 37; REW 851; TL I, 785.
Zum Bellaut des Hundes, Sain. Chien 49, ist begrifflich nicht begründet; zu *béer* „gaffen", FEW I, 285 b, kaum unmittelbar; **exvagire*, Parodi, Rom. 27, 201, ist morphologisch und lautlich bedenklich.

ébalançon „Sprung und Ausschlagen mit den Hinterbeinen"
17. Jh., ist Abl. von mfrz. *esbalancer* „sich wiegen", dann, angelehnt an *élancer*, refl. „sich stürzen auf", z. B. burg. *ébalancer* „zum Springen Anlauf nehmen"; es ist Abl. von *balance*, s. d.

ébarber „den Bart wegnehmen", „abfeilen" u. ä.
12./13. Jh., ist Abl. von *barbe*, s. d.; FEW I, 246 b; dazu seit dem 18. Jh. die Werkzeugsabl. **ébarboir** „Schaber", „Schroteisen", das wohl auch dissimiliert in **ébardoir** „Kratzeisen" (Tischlerei) vorliegt, Gade 34.
Letzteres zu mundartlichem *barder* „beschmutzen", so daß *ébardoir* ein Verbum **ébarder* „den Schmutz wegräumen" zugrunde läge, FEW I, 264 a?

ébarouir „durch Trockenheit die Dauben eines Fasses u. ä. undicht machen"
17. Jh., lebt poitev. refl. „(vom Alter) zerfallen", „(vom faulen Obst) zwischen den Fingern zerfallen"; d. i. medial gebrauchtes lim. *ebaroui, eibarri* „Dielen lockern", für

**esbarrir* „(von Balken) auseinandergehen"; dazu afrz. (13. Jh.) *esbarir,* neben *esbarer* „jmd. aus der Fassung bringen", prov. *esbarrit* „verirrt", „verlaufen" (von Schafen), gask., dann nprov. *esbarrà* „das Überschüssige wegnehmen (von dem aus der Gußform herausgehobenen Schmuckstück)"; Grundform ist *esbarrir* (neben *esbarrar*), zu *barre* „Balken"; die übertragene Bedeutung in Anlehnung an *ébahir, effarer*; s. Langfors Rom. 59, 492; Jud, Rom. 60, 79; Spitzer, ASSL 127, 157; wegen der Neubildung im Infinitiv vgl. *évanouir, épanouir*; oder vielleicht Einfluß von *brouir,* s. d.
Nicht zu *éblouir,* Thomas, Rom. 38, 383, trotz altpoitev. *esbaloir* u. ä., das begrifflich und lautlich schwierig ist; auch nicht germ. **barwjan,* vgl. mdt. *berwen* „entblößen", das für das Germanische nicht richtig angesetzt ist, Brüch, ZRD 38, 68; FEW I, 266 f.; vgl. ZRP 43, 572 f.

ébat „Belustigung"
13. Jh., ist postverb. Subst. von **ébattre,** refl. „sich belustigen", 12. Jh., zu afrz. *esbattre* „mit den Flügeln ausschlagen" (von Vögeln), ist Zusammensetzung von *ex-* und *battre,* s. d.

ébaubi „verdutzt", „verblüfft"
13. Jh. *esbaubi* und *abaubi,* letzteres als korrekte Bildung, während *esbaubi* Beeinflussung durch *esbahi* zeigt; Verbaladjektiv zu afrz. (13. Jh.) *abaubir, esbaubir* „verblüffen", frz. **ébaubir,** dass.; d. i. Abl. von afrz. *baub* „stotternd", aus lat. *b a l b u s,* REW 898; FEW I, 210 f.

ébauche „Entwurf"
17. Jh., ist postverb. Subst von **ébaucher** „entwerfen", „aus dem Rohen herausarbeiten"; ist in dieser Bedeutung spezialisiert aus afrz. *esbochier* „jäten", das im 14. Jh. für Seine-et-Marne belegt ist; vgl. dazu prov. *esbozigar* „reuten", nprov. *débousiga* u. ä.; der Stamm des Wortes scheint in portug. *bouça boiça* „unbebauter Boden", „Steppe" vorzuliegen, dazu *boiçar, bouçar* „roden", „Gestrüpp verbrennen" und mit einer ähnlichen Abl. wie im Galloromanischen Miranda *boucica* „Steppe"; die Formen führen auf einen Stamm **bouþ, *bôþ, *bouss-* zurück, das sind gallische mundartliche Entsprechungen eines keltischen **b o u s t -*; prov. *boziga* „Brachfeld" entspricht dann einem gallischen **b ô þ ī c a,* prov. *esbozigar,* frz. *ébaucher* einem davon abgeleiteten grom. **e x b ô þ ī c a r e;* vgl. REW 1184; ZRP 40, 519 f.; Castro, RFE 5, 31 f.; keltisch **boust-* lebt in air. *búais* „Erdbruch" (Pokorny); dazu nprov. *bousigo, bouigo,* dazu die ON *La Bouygue, La Boige, Bouzigues* u. ä. weit verbreitet in der Provence, Gascogne, Périgord. Über die Entwicklung von keltisch *-st-* im Gallischen, s. Jud, RFE 7, 340; AR VI, 194; Meyer-Lübke, Betonung im Gallischen 42, Anm.; vgl. zu **majusta* „Walderdbeere" Gg., ZRP 43, 563 die Typen *maiosa,* nprov. *mayüso, modzufo* u. ä.; dazu als Gegenbildung afrz. *desbochier* „die Arbeit stehen lassen", mfrz. *soi desbochier* „sich vergnügen" (statt zu arbeiten), zu dem neufrz. *débaucher* „von der Arbeit abhalten" u. ä. gehört, s. d.
Zu afrz. *bauc* „Balken", Richter, ZFSL 44, 1, 130; FEW I, 215 f., ist nicht möglich, da die alten Formen für *ébaucher* ein stammhaftes *-o-* sichern; daher auch nicht zu *bauche* „Strohlehm"; dazu *débaucher* „den Strohlehm von den Mauern entfernen", Huet, Fr. mod. 8, 246; auch nicht zu angev. *bauche* „Art Wiese", dazu *emboucher* „die Tiere auf die Weide treiben", dazu *débaucher* „sie daraus vertreiben" u. ä., Sorin, SI 3, 12.

ébaudir „erfreuen"
11. Jh., ist Abl. von afrz. *baud* „kühn", „froh" u. ä., s. *baudet*; das Adjektiv lebt noch weit verbreitet in den Mundarten. FEW I, 212 b.

ébène „Ebenholz"
12. Jh., aus lat. *(ĕ b ĕ n u s).*

ébergement „Anlage von Uferböschungen"
19. Jh., ist Abl. von einem nicht bezeugten **éberger* „ausböschen", d. i. Abl. von *berge,* s. d.

éberguer „Stockfische fangen und zum Verkauf auf eine besondere Art zubereiten"
19. Jh., ist Abl. von dem Namen der norwegischen Stadt *Bergen,* wo diese Art der Zubereitung zu Hause sein soll; Dict. gén.

éberner „vom Schmutze reinigen"
19. Jh., ist umgestellt aus seit dem 13. Jh. bezeugtem *esbrener,* d. i. Abl. von afrz. *bren* „Schmutz", eigentlich „Kleie", s. *bran.*
ébertauder s. *bertauder.*

ébiseler „trichterförmig ausbohren"
18. Jh., dafür schon im 15. Jh. *abiselé,* aus älterem **esbiseler,* d. i. Abl. von *biseau* „Schrägfläche", s. d.; Dict. gén.

éblouir „blenden"
12. Jh. *esbloir,* geht mit prov. *emblauzit* u. ä. auf ein grom. **blaudire* zurück, das aus fränkisch **b l a u đ j a n* (as. *blôđian,* gotisch *blauþjan* „entkräften", eigentlich „blöde machen") stammt; das Wort zeigt lautlich vielfach den Einfluß von prov. *beluga, boluga* „Funke", s. *bluette.* Diez 565; Mackel 119; REW 2943.

ébotter „abköpfen"
18. Jh., ist mundartliche Form von **ébouter** „das Ende wegschneiden", d. i. Abl. von *bout* „Ende", s. d. Dict. gén.

ébouler „zum Einsturz bringen", „einstürzen"
13. Jh. *esboouler,* dafür älter *esboeler* „ausweiden", „zerstören", ist Abl. von afrz. *boel* „Eingeweide", s. *boyau.* Tobler, SABerlin 1893, 3, 22; REW 1230; vgl. *bouleverser.*

ébouquer „Tuch säubern"
15. Jh. *esbuquier, esbusquier,* d. i. norm. pik. Form von afrz. *esbuschier* „ausholzen" zu *bûche,* s. d.; das *-ou-* der literarischen Form zeigt Beeinflussung durch das begriffsverwandte und urkundlich mit *ébouquer* zusammengebrauchte mfrz. *esbourrer le drap* „die Knoten entfernen"; dieses Abl. von *bourre* „Kratzwolle", s. d.; Dict. gén.

ébouqueter „Blätterknospen abschneiden"
19. Jh., ist norm., hier Kreuzung von gleichbedeutendem *ébouter,* s. *ébotter,* mit *bouquet,* s. d.

ébouriffé „zerzaust", „struppig"
17. Jh., ist eins mit nprov. *esbourrifá* dass.; dazu nprov. *esbourrissa, esbourricha* „bei den Haaren reißen"; *esbourrassà,* dass., dann *esbouriflá* „zerzaust"; gehört zu *bourro* „Kratzwolle", s. *bourre,* Richter, SAWien 156, 5, 32, die Umgestaltung zu *esbourifla* vielleicht nach nprov. *riflà* „abschaben", doch ist die Entwicklung im einzelnen nicht aufgeklärt, s. FEW I, 643.

ébourrer s. *ébouquer.*

ébouter s. *ébotter.*

ébranler s. *branler.*

ébraser „ausschrägen", „Fenster- und Türöffnungen nach innen erweitern, aushauen"
17. Jh. neben älterem **embraser,** dazu *braser* „sich spalten" (von der Salzkruste"), ferner **embrasure** „Tür-, Fensteröffnung", „Schießscharte", u. H.

ébrener s. *éberner.*

ébriété „Trunkenheit"
14. Jh., aus lat. *(e b r i e t a t e),* s. *ivre.*

ébrillade „Schlag mit den Zügeln"
17. Jh. *esbrillade,* aus ital. *sbrigliata,* d. i. Abl. von *sbrigliare* „abzäumen" bzw. *briglia* „Zügel", das selbst vermutlich aus einem vorhistorischen afrz. **breille* „Zügel" bzw. **breiller, *briller* „zäumen", das durch afrz. Abl. gesichert ist, entlehnt ist; dieses aus fränkisch **b r i j d l i a n* zu ags. *briġdlian* dass.; vgl. *bride.*

ébronder „(den Draht) vom Grünspan reinigen"
19. Jh., unsicherer Herkunft; vielleicht Kreuzung von *émonder* mit einem zweiten Wort, das unklar ist.

ébroudir „durch die Ziehbank ziehen"
18. Jh. u. H.

ébrouer 1. „(Zeuge) ausspülen"
15. Jh., ist boulogn., aus mndl. *broen, broeien* „in warmes Wasser tun", Ausdruck der flämischen Textilindustrie, zu dt. *brühen*; Valkhoff 126.
2. „schnauben"
16. Jh., für seit dem 12. Jh. belegtes *esproher* „besprengen", aus fränkisch **s p r ô w a n,* das sich aus mhdt. *spræwen* „stieben" und nhdt. *sprühen* erschließen läßt; Kluge s. *sprühen*; Diez 88 f.; REW 8188; Haust, Etym. 88 f.; Jeanroy, Rom. 67, 80; nach Roques, Rom. 71, 72, Schallbildung. Die heutige Form vermutlich in Anlehnung an *ébrouer* 1.
3. „die grünen Nußschalen ablösen"
19. Jh., ist Abl. von *brou* „Nußschale", s. d.

ébrouter „(die Blätter der Maulbeerbäume) von den Holzstückchen reinigen"
19. Jh., aus nprov. *esbrouta,* d. i. Abl. von prov. *brot* „Sprosse", s. *brout.*

ébuard „Spaltkeil"
18. Jh., steht für **ébuoir,* d. i. Werkzeugsableitung von angev. *ébuer* „ausschneiden" u. ä., dieses Abl. von angev. *bue* „Öffnung, die durch Entfernen eines Zapfens, durch Undichtwerden zweier Planken u. ä. entsteht", bedeutet also der Bildung nach „ein Loch, einen Spalt machen", Spitzer, ZRP 42, 19; angev. *bue* „Loch", „Spalt", ist Rückbildung von *buette,* so V. d'Yères „Lichtloch im Keller", dazu im Rom. de Renard *boët* „Loch in der Tür", Til. Lex. 5, westfrz. als *bouette* weit verbreitet; dieses aus älterem *baiette,* eigentlich „Gaffloch", d. i. Abl. von *bayer, béer* „gaffen", s. d. FEW I, 285 a.
Nicht zu ital. *buco* „Loch", Spitzer l. c., das für das Galloromanische nicht nachweisbar ist.

ébullition „Aufkochen"
13. Jh., aus lat. *(e b u l l i t i o n e).*

écabocher „das Kopfende der Tabaksdocken abschneiden"
19. Jh., ist Abl. von *caboche* „Kopf", s. d.

écacher „zerquetschen", „plattdrücken"
12. Jh., ist vorhistorische Abl. von *cacher* in der ursprünglichen Bedeutung „festdrücken", s. d.

écafer „spalten" (Weidenruten, Faßreifen)
in dieser Bedeutung seit dem 17. Jh., älter in der Bedeutung „zerreißen", „zerteilen", afrz. auch *eschefler,* heute wall. *esquefler, squefler* „zerreißen"; zu mndt. *s k a v e n* „schaben", „hobeln", „schneiden", s. auch *anchiflure*; in der Bedeutung „in zwei Teile spalten" kann das Wort von afrz. *escafe* „Muschel", „Schote" beeinflußt sein; dafür auch *escrafe,* dieses wohl ursprünglich, dazu vermutlich auch wallonisch *scârbote* „Nußschale, zu dem mittellat. im 10. Jh. *scarfia de ovo* belegt ist; dieses aus fränkisch **s c a r b i a* zu mndl. *scherve* „Schale", Kluge, AR 6, 308.

écagne „Gebinde", „Strähne"
14. Jh. *escaigne,* stammt aus dem pikardischen *écaigne, écagne,* vgl. dazu dauph. *eichagni* dass.; aus fränkisch **s w a d i l* zu agls. *swedel* „Wickel", „Binde", das zu *skwadil-* romanisiert und als *eskwadinu* in das Gallorom. eingereiht wurde; vgl. *Esquerdes,* 857, im Dep. Pas-de-Calais, neben der germanischen zugrunde liegenden Form *Zwerdes,* die bis 1200 bezeugt ist; wegen fränkisch *-il* zu grom. *-inu* s. *troëne, drenne, guigne;* Gg., Mél. Coelho 196; s. *écang.*

Nicht zu schottisch *sgéinnidh* „Flachs-, Hanffaden", irisch *sgainn* „Strähne", Dict. gén.; diese sind aus dem Englischen entlehnt, kommen daher für die Grundlage des frz. Wortes nicht in Betracht (Pokorny); zu **scamnium* „Bank", REW 7648, ist begrifflich schwierig.

écaille „Schuppe"
13. Jh. *escaille, esquaille,* aus grom. **squalia*, in dem sich fränkisch **skalja* „Rinde", „Ziegel" (mndl. *schelle* dass.) mit lat. *squama* „Schuppe" kreuzen; die reine fränkische Form scheint in verd. chal. *échaille,* Bresse dass. „Maisspelzen", dazu *échailler* „entschoten" vorzuliegen, dazu wall. *hayî,* d. i. **es-chaillir* „die Steine aus einer Kohlenschicht entfernen", eigentlich „entschuppen", Haust, Dict. Liég. 315; Ch. Bruneau, Rom. 54, 134; Braune, ZRP 22, 203; Diez 283; REW 7971; vgl. *écale.*

écale 1. „Nußschale", „Schote"
12. Jh. *escale, eschale,* die literarische Form in Anlehnung an *écaille* für zu erwartendes *échale,* das in Pléchatel erhalten ist; aus fränkisch **skala* (ahdt. *scala*) „Schale", das wegen des kurzen *-ă*-Lautes im Gallorom. zu **scalla* wurde; Braune, ZRP 22, 203; Diez 283; REW 7970; Gg., RG I, S. 248.
2. „Nothafen" s. *escale.*

écang „Brechstock", „Flachsschwinge"
18. Jh., auch **écangue,** dazu die Abl. **écanguer** „Flachs, Hanf brechen", aus fränkisch **swang*, zu agls. *svéngan* ‹ *svangjan,* mhdt. *swanc* „schwingende Bewegung"; wegen der Lautentwicklung s. *écagne*; Gg., Mél. Coëlho 197.
Nicht zu irisch *sgainim* „brechen", das lautlich nicht entspricht, Dict. gén.
écarbouiller s. *écrabouiller.*

écarlate „Scharlach"
12. Jh., *escarlate,* bezeichnet im Mittelalter eine besondere Art von Gewebe, die noch nicht durch das Scharlachrot charakterisiert wird; aus mittellat. *scarlatum,* das letzten Endes auf persisch *saqirlat* „Art reiches Gewebe" zurückgeht; s. auch *siglaton*; Colin, Rom. 56, 178; vgl. Littmann 114.

écarquiller „auseinanderspreizen", „aufsperren"
16. Jh. neben *écartiller,* das wohl das Ursprüngliche ist; dieses mit Suffixwechsel aus *écarteler* „vierteilen", s. d.
Mit nprov. *escarcaia* dass. zu *cochlea* „Schnecke" *„Schale", vgl. poitev. *charcle* „Fischschuppe", Schuchardt, SAWien 141, 3, 200 f., ist lautlich und begrifflich unwahrscheinlich.

écart 1. „Abwendung", „Entfernung", „Skat"
13. Jh., *escart* „Zerstückelung", „Entfernung", ist postverb. Subst. von afrz. *escarter* „vierteilen", aus vlat. **exquartare,* s. *quart,* das durch *es* + *quartier* „Viertel" + *-er* ersetzt wurde, s. *écarteler* und *équinter.*
2. „eines der vier Felder im Wappenschild"
17. Jh., in Anlehnung an *écart* 1 rückgebildet von *écarteler* „das Wappenschild in vier Felder teilen". Dict. gén.
3. „Verzahnung"
18. Jh., steht für **écarf,* d. i. postverb. Subst. von *écarver* „aneinanderfügen", s. d.; Dict. *gén.*

écarté „Art Kartenspiel"
19. Jh., ist Abl. von **écarter** „die Karten abwerfen"; dieses seit dem 17. Jh. belegte Abl. von *carte* „Spielkarte".

écarteler „vierteilen"
12. Jh., ist Abl. von afrz. *quartier* „Viertel", s. d., steht also für *écarterer,* das afrz. belegt ist. Dict. gén.

écarter 1. „entfernen"
13. Jh., aus vlat. **exquartare* „vierteilen", vgl. *écart* 1, dann allgemein „entfernen". REW 3061.
Zu *écarter* 2, Diez 284, ist historisch nicht möglich; gallisch **skart-,* Thurn. KR 78, ist lautlich nicht möglich.
2. „die Karten ablegen", s. *écarté.*
écartiller s. *écarquiller.*

écarver „verscherben", „verbinden"
18. Jh., aber durch *carvelle* vielleicht schon für das 16. Jh. gesichert, s. d., aus der altnordischen Entsprechung von altdänisch, norw. *skarve* „zusammenfügen", „falzen". Diez 565; Mackel 73; REW 7979 a.
écatir s. *catir.*

écatoir „Schieß-, Fugemeißel"
18. Jh., auch in Anlehnung an *écarter* als **écartoir** überliefert, ist dissimiliert aus **écâtroir, *encâtroir,* d. i. Abl. von anorm. apik. *encastrer,* afrz. *enchastrer* „einfassen", aus vlat. **incastrare* „einfassen" u. ä. zu *castra*; Dict. gén.; REW 4344. Vgl. auch *encastrer, enchâtre.*

écaveçade „gewaltsamer Ruck mit der Trense"
17. Jh., aus ital. *scavezzata,* d. i. Abl. von *scavezzare* „die Trense anziehen", zu *cavezza* „Halfter", s. *chevet* und *caveçon.* REW 1637.

écente „Dachschindel"
1700 *aissante,* ist norm. Form von afrz. *essendle, essendre, essaune, essaule* u. ä., aus lat. *scĭndŭla* dass. REW 7652; Jud, ZRP 38, 38; vgl. auch *échandole* und *essoré.*

écéper „die Reben ausreißen"
13. Jh., ist Abl. von *cep,* s. d.

échafaud „Baugerüst"
12. Jh., ist mit unorganischem *es-* erweitertes *chafaud,* s. *é-* 4.

échalas „Rebstange"
12. Jh., dazu pik. *écaras,* berrich. *charasson,* aus vlat. **caracium*, dieses aus gr. χάραξ, dass., Diez 565; REW 1862; wegen des Anlauts vgl. *échafaud.*
Nach Brüch, ZFS 50, 336 aus **scaracium,* d. i. gr. χάραξ, im Anlaut beeinflußt durch gal-

lisch **skoro* nach irisch *scor* „Gehege für ausgespannte Tiere“, und *-l-* statt *-r-* nach *échelle,* ist nicht ausreichend begründet, s. Bl.-W. 208.

échalier „Holzstiege“ va.; „Art Öffnung im Zaun“
westfrz. seit dem 14./15. Jh. bezeugt, im Südostfrz. seit dem 13. Jh.; ist ein Wort des Südgürtels des Nordfranzösischen; aus *scalarium* „Treppe“, das in Glossen und auf Inschriften bezeugt ist; dieses mittels des eine Umfassung bezeichnenden *-arium*-Suffixes abgeleitet von *scalae* „Leiter“, zu dem spätlat. eine neue Singularform *scala* geschaffen wurde, die einerseits wie *scalae* verwendet wird, andererseits singularisch die ‚*scalarium*‘ zusammensetzende „Stufe“ bezeichnet, und konkurriert in dieser Meinung *(de)gré,* s. d.; vgl. *escalier, échelle*; Jaberg, RLiR 6, 106; Bl.-W. 232.

échalotte „Schalotte“ (Knoblauchart)
16. Jh., mit Suffixwechsel aus afrz. *eschaloigne,* 11. Jh.; auch afrz. *eschalette,* aus lat. *ascalonia.* Diez 283; REW 694; FEW I, 151 f.; Gilliéron, Etud. géogr. lingu. 19 ff.

échamp „Raum zwischen zwei Reihen von Reben“
13. Jh., afrz. *eschamp* als Jagdausdruck „Stelle an der das Wild den Wald verläßt“; dieses ist konkretisiertes *eschamp* „Ausweichen“, „Entweichen“, auch *eschampe,* abstrakt „Ausflucht“, konkret „Schlupfweg des Wildes“; dann von der Jägersprache her in der Allgemeinsprache „Weg, Raum zwischen zwei Furchen“; in der gleichen Bedeutung „Ausflucht“ afrz. *eschampement*; dazu nfrz. *échappée* „Ausbruch des Wildes“, „Ausbruch des Viehs aus der Hürde“; *eschamp* ist postverb. Subst. von afrz. *eschamper* „entweichen“, in den ältesten Belegen noch deutlich in Verbindung mit *champ* in der Meinung „Schlacht“, „Schlachtfeld“, dann allgemein „entweichen“; zugrunde liegt das schon vlat. **excappare,* s. *échapper,* dann in Anlehnung an *champ = campus eschamper*; FEW III, 268; Dict. gén.

échampeau „Ende der Angelschnur, wo der Angelhaken befestigt ist“
17. Jh., ist unorganisch erweitertes *champeau* (vgl. dazu *échafaud, eschalas*), das angev. in der Bedeutung „Faden, an dem der Angelhaken befestigt wird“ belegt ist; dieses ist dem. Abl. von *chappe,* so poitev. „Riemenstück, mit dem der Dreschflegel an dem Stiel befestigt wird“, 13. Jh. in pikardischer Form *cappes a flaaus,* lyon. *échappe* u. ä., s. dazu Schuchardt, ZRP 34, 268 ff.; Tilander, Rem. 119 ff.; ist also eins mit *chape, cape* „Mantel“, s. d.; die nasalierte Form des angev. und des literarischen Wortes wegen des Schwankens zwischen *échamper* und *échapper,* s. *échamp.* Unmittelbar zu *eschamper,* Dict. gén., Spitzer, ZRP 42, 21 f. ist begrifflich und morphologisch nicht möglich.

échampir „eine Figur aus dem Grunde hervortreten lassen“
18. Jh. auch *réchampir,* im 14. Jh. *eschampir* „sich aus dem Staub machen“, dieses intransitive Entsprechung von gleichbedeutendem *eschamper,* s. *échamp*; die neufrz. Bedeutung ist die transitive Verwendung des intransitiven *eschampir*; s. Gg., Syntax 342.

échancrer „bogenförmig ausschneiden“
16. Jh., scheint Abl. von *chancre* „Krebs“ zu sein, vgl. nprov. *eschancra, chancra* dass., auch „benagen“, *achancri* „benagen wie ein Krebs“; vgl. dazu *écrancher.*

échandole „Schindel“
16. Jh., ist südostfrz. Form von lat. *scandŭla,* dieses schon lat. Nebenform von *scindula* dass. Diez 565; REW 7652; vgl. auch *essoré, écente.*

échanger 1. „auswechseln“
12. Jh., aus vlat. **excambiare,* s. *changer.* REW 2949; dazu seit dem 11. Jh. das postverb. Subst. **échange** „Tausch“, „Wechsel“.
2. „Wäsche vorwaschen“, „Papierbogen planieren, damit das restliche Wasser austritt“
14. Jh. *essangier* „ausschweiben“, „eintauchen“, das auch heute als **essanger** gebucht wird; die literarische Form seit dem 18. Jh. in Anlehnung an *échanger* 1; aus grom. **exsalicare* zu *sale* „schmutzig“, d. i. Gegenbildung zu **expuricare,* s. *épurge.*
Lat. *exsaniare* „aus der Jauche, Unreinlichkeit herausziehen“, Dict. gén., ist lautlich nicht möglich; oder **exsanicare* Abl. von *sanies,* vlat. *sania* „verdorbene Flüssigkeit“, das im Südosten erhalten ist, Gerig, HF 32; REW 7577.

échanson „Mundschenk“
12. Jh., aus fränkisch **skankjo,* das in der Lex Salica und den Reichenauer Glossen als *scantione* belegt ist; dieses bezeichnet ursprünglich den Unfreien, der bei großen Trinkgelagen in der Methalle das Einschenken besorgt. Kluge, SAHeidelberg 6, 10, 11; Jud, Acc. 17; REW 7973; Beckmann, ZRP 79, 307; dazu afrz. *eschançoner* „vor dem Einschenken kosten“.
échant s. *échamp.*
échantignole s. *chantignole.*

échantillon 1. „Probestück“, „Muster“, „Probe“
dazu im 13. Jh. *eschanteillon, eschantillon* „(hölzernes) Maß“ (bei der Glockengießerei), dann ein Maß (in der Bäckerei), daneben gleichzeitig *eschantillon* „Brotrinde, die den Leuten in der Küche überlassen wird“; ist in der letzten Bedeutung Abl. von afrz. *eschanteler* „zerbrechen“, s. dazu *chanteau*; zu der Bedeutung „Maß“, „Muster“, s. *échantillon* 2. Die Verschmelzung mit *échantillon* 2, s. d. in den Anfängen schon im 13. Jh.

2. „Richtmaß"
13. Jh. *eschandillon,* ist Abl. von afrz. **eschandil,* das sich aus lyon. *eschandil,* prov. *escandilh* „ein Hohlmaß" erschließen läßt; daneben prov. *escandalh* „Art Hohlmaß", dazu *escandalhar* „aichen", „mit dem Normalmaß kontrollieren", das in das Italienische gewandert ist; daher ital. *scandaglio* „Senkblei", auch *scandiglio,* dazu *scandagliare* „mit dem Senkblei untersuchen"; Grundform ist grom. **scandīculum,* d. i. Kreuzung von lat. *perpendiculum* „Senkblei", zu lat. *perpendere* „genau abwägen", wohl auch **pendiculum,* Werkzeugsbezeichnung zu lat. *pendēre* „herabhangen", das in Oberitalien in verschiedenen, auf die Grundbedeutung „das Herabhängende" zurückgehenden Bedeutungen erhalten ist, REW 6385, mit grom. **scatīre* „abschätzen", aus fränkisch **skattjan* zu ahdt., mhdt. *schetzen* „schätzen"; dazu prov. belegt *escat* „Art Maß"
Grundform **scandaculum* „Leiter", „Senkblei" zu lat. *scandĕre* „steigen", „emporsteigen", trans. „besteigen", Vidos, 353; AR 18, 474 ist morphologisch unmöglich und begrifflich nicht zu rechtfertigen, da alle notwendigen Zwischenglieder rein erschlossen sind; Grundform **scandīle,* gebildet wie *sedīle* „Sitz", **jacīle* „Lager", zu *scandĕre,* (das „Ort wo man aufsteigt" bedeuten würde, wenn der Ansatz stimmte), dazu Plural **scandilia,* von diesem wieder neuer Singular **scandilium,* Brüch ZFSL 50, 340, ist gleichfalls im Widerspruch mit der Überlieferung, trotz REW 4563 b, wo von *scandĕre,* aber in der lat. nicht belegten Bedeutung „skandieren", d. h. „nach dem Takt lesen" ausgegangen wird. Die Angabe, daß *escandilh* usf. zu *scandĕre* zunächst „Leiter zum Messen" bedeutet hatte, Bl.-W. 208, ist nur erschlossen.

échapper „entkommen"
12. Jh., afrz. *eschaper* „entkommen", dann faktitiv „befreien" u. ä., eigentlich „aus dem Mantel schlüpfen", zu *cappa* „Mantel", s. *chape,* doch ist schon vlat. die etymologische Beziehung zu *cappa* nicht mehr fühlbar, s. rum. *a scăpa* „entkommen"; REW 2952.

écharbot „Käfer"
11. Jh. *escharbot,* aus grom. **scarabottus,* d. i. mit Suffixwechsel aus lat. *scarabaeus,* mit dem für kleine Tiere charakteristischen Suffix *-ottus*; REW 7658; Dufour, Rom. 59, 321; vgl. *escargot, escarbot.*

écharde 1. „Holzsplitter", „Distelstachel"
13./14. Jh., dazu afrz. *escharder* „zersplittern", „abschuppen"; *eschardos* „stachlig", zu fränkisch **skarda* (mhdt. *scharte*) „durch Hauen oder Druck hervorgebrachte Vertiefung", „Scharte", „Wunde"; daneben afrz. *escherde,* 12. Jh. auch „Schuppe", besonders von Fischen; dieses aus fränkisch *skërda* zu altfriesisch *skerda* „Scharte", das mit *skarda* zur gleichen Familie gehört; Henry, Mél. Roques I, 99; Lex. 74.
2. „Stichling"
bei Polemius Silvius als *scarda* bezeugt, ist fränkisch **skarda,* vgl. mndl. *schaerde,* englisch *sharde* dass.; vgl. Thomas, Rom. 35, 190 ff.
Nach Schuchardt, ZRP 30, 729 ff. wäre der Fischname bei Silvius nicht mit dem frz. Wort eins; nach Barbier, RPFL 34, 139 wäre für *scarda* bei Silvius *sarda* zu lesen; vgl. auch Diez 89; REW 7979.

écharner „entfleischen"
12./13. Jh. *escharner,* als Jagdausdruck „aus dem Fleisch heraustreten" (von dem Nagel eines Jagdvogels), Tilander, Glan. 87; dann als Ausdruck der Gerberei „das Fleisch von der Haut abschaben"; ist Abl. von afrz. *charn,* s. *chair.*

écharpe „Schärpe", „Schulterbinde", „Schlinge"
12. Jh. afrz. *escherpe, esquerpe,* auch *escreppe* „Pilgertasche, die um den Hals getragen wurde"; in dem Wort fallen zwei germanische Grundwörter zusammen: gotisch *skaírpa* „Ausrüstung", „Gerät", zu agls. *sceorp* „Kriegsausrüstung", prov. *esquirpa, escripa* „Pilgertasche", „Tasche", dieses mit betontem *-i-*, als Zeichen spätgotischer Entlehnung, vgl. dazu aus dem Gotischen entlehntes prov. *esquila* „Schelle" gegen *eschele* aus fränkisch *skëlla,* Gg., RG I, S. 244; I, 389; dazu im 7. Jh. auf italienischem Boden *scherpa* „Brautausrüstung", dazu im westlichen Oberitalien *scherpa* neben *schirpa* „Brautausstattung", im Alpenromanischen in verschiedenen auf die Grundbedeutung „Ausrüstung" zurückführenden konkretisierten Bedeutungen; wegen des spätgotischen Übergangs von *-e-* zu *-i-* s. Meyer-Lübke, Rom. Namensstudien I; zu dem gotischen *skaírpa* kam zunächst in Nordfrankreich das aus dem Fränkischen aufgenommene **skarpa,* zu nddt. *schrap,* das nach Falk-Torp S. 1026 mit dem Typus *skërpa* verwandt ist; in Nordfrankreich wurde *skarpa* für „Pilgerausrüstung", im besonderen „Pilgertasche" spezialisiert; aus afrz. *escrepe* stammt mit gleicher Bedeutung belegtes anord. *skreppa,* aus grom. *skarpa* in der Bedeutung „Pilgertasche", mndl. *scharpe,* spätahdt. *skarpa*; Kluge ZRP 41, 682; Diez 287; REW 7989; vgl. *escarcelle.*
écharpe usf. aus lat. *scirpeus* „aus Binsen", *scirpea* „ein aus Binsen geflochtener Wagenkorb" (*skarpa* hätte zunächst „eine aus Binsen geflochtene Tasche" bedeutet), Frings-Wartburg ZRP 70, 93; Bl.-W. 209; ist weder lautlich noch begrifflich annehmbar und trennt die grom. Formen von den italienischen und alpenromanischen.

écharper 1. „krämpeln", „zerstückeln"
17. Jh., ist Rückbildung von *écharpiller*, s. d., oder unmittelbar abgeleitet von afrz. *charper*, d. i. Nebenform von *charpir* „zerzupfen", s. *charpi*.
2. „umschärpen", s. *écharpe*.

écharpiller „Matratzenhaare aufzupfen" u. ä.
15. Jh., *escharpillier*, *escharpeler* „zerstükkeln", das mundartlich über ganz Frankreich verbreitet ist, d. i. nach *écarteler* weitergebildet von afrz. *escharper* „zerstückeln"; von *écharpiller*, das im Südwesten die Bedeutung „die geschorene Schafwolle in kleine Bündel zerteilen, um sie zu zerbrechen" hat, die literarisch angegebene Bedeutung.

échars „geizig" va.; „geringhaltig"
12. Jh., aus vlat. **excarpsus* „dürftig", eigentlich „ausgerupft", d. i. nach dem Perfekt *excerpsi* bzw. vlat. **excarpsi* neugebildetes Part. von vlat. **excarpĕre* für lat. *excerpere* „ausrupfen"; dazu seit dem 18. Jh. die Abl. **écharser** „(den Münzwert) verringern". Diez 284; REW 2961; *excarsus* ist in Glossen des 10. Jhs. belegt. ALL 1, 28.

échasse „Stelze", „Gerüstbaum" u. ä.
12. Jh., *eschace* „Stelzfuß", „Stelze", auch „Krücke", aus fränkisch **skattja*, zu ndl., 15. Jh., *schaitze* „Krücke", ndl. *schaats* „Stelze", „Stützbalken"; dazu seit Ende des 18. Jhs. **échassier** „Stelzenläufer" (Vogel), für afrz. *eschacier* „der an einer Krücke geht".
Aus fränkisch **skakkja* zu asächs. *skakan* „fliehen", englisch *shake* „schütteln" u. ä., so daß **skakkja* ein Instrument wäre, mit dem man sich rüttelnd und schüttelnd fortbewegt, Frings-Wartburg, ZRP 70, 89; Bl.W. 209 ist weder notwendig noch begrifflich überzeugend.

échau „Bewässerungsgraben"
13. Jh. *eschau*, ist boulogn., dazu champ. *échaux* „Bewässerungskanal"; es ist postverb. Subst. von afrz. *essever*, *essiauer*, *escheauer* „das Wasser ableiten", aus lat. **exaquare* „entwässern" vielleicht gekreuzt mit afrz. *eschaver* „ausgraben" aus lat. *excavare*, vgl. REW 2964 und 2939.

échauboulé „voller Hitzblattern"
16. Jh. *eschaubouillé*, dazu gleichfalls seit dem 16. Jh. die Abl. **échauboulure**, alt *eschaubouillure* „Hitzblatter", bei Cotgrave *échambouillure*, vgl. dazu angev. *échaubouillé* „sehr heiß", *échaubouillure* „Blase, die von heißem Wasser verursacht wird"; es ist nach *chaud* umgedeutetes **écharbouillé* „versengt" zu *charbouille* „Getreidebrand", s. d., gehört also letzten Endes zu lat. *carbŭncŭlus* „Geschwür"; wegen der Form bei Cotgrave vgl. *champlure*. Spitzer, ZRP 42, 22.
Nicht zu *chaud* und *bouillir*, über mundartliches *chaudebouillure*, das vielmehr selbst aus *charbouillure* umgedeutet ist, Dict. gén.; Bl.-W. 209.

échauder 1. „abbrühen", „überhitzen"
12. Jh., aus lat. *excaldare* „leicht abkochen". REW 2946.
2. „mit Kalk überstreichen"
18. Jh., ist mit Stammverkennung abgeleitet von *chaux* „Kalk", vgl. *échauler*.

échaudis „großer Eisenring am Bugspriet"
18. Jh., u. H.

échauffer „erhitzen"
12. Jh., aus vlat. **excalefare* für lat. *excalefacere*. Diez 545; REW 2957.

échauffourée „erfolgloser Versuch eines Handstreiches gegen einen Gegner"
13. Jh. *échaffourée*, ist nach *chaud* und Sippe umgedeutetes norm. *échaffourée* dass., vgl. dazu B. Maine *échaffourer* „ein Tier jagen, es erschrecken", H. Maine „erschrecken"; d. i. Weiterbildung von *chaffourer*, so H. Maine „durchwühlen", dazu bei S. V. *chaffourer* „Papier besudeln" u. ä.; das Wort dürfte zu *échauffer* in der übertragenen Bedeutung „erregen" gehören, gekreuzt zum Teil mit *fourrer*, doch ist die Entwicklung im einzelnen noch aufzuklären; Dict. gén.
Zu *chaufour* „Kalkofen", *chaufournier* „Kalkbrenner", FEW III, 908; Bl.-W. 272 ist lautlich und begrifflich schwierig.

échauguette „Wache", „Wachthäuschen"
11. Jh. *eschargaite*, *eschalgaite*, aus dem letzteren die literarische Form, im 16. Jh. auch „Hinterhalt" (+ *aguets*), im 17. Jh. veraltet, Laurent, Rom. 65, 178, aus fränkisch **skarwahta* „Scharwacht", zu mhdt. *scharwahte* „Patrouille", zu ahdt. *skara* „Heeresabteilung", und *wahta* „Wachtdienst", Diez 566; REW 7983; wegen der *-l*-Form des afrz. Wortes vgl. *échelle* 2; Gg. RG I, S. 173.

échaume „Rudernagel"
scheint erst im 19. Jh. belegt zu sein, daher wohl französiert aus prov. *escalme*, nprov. *escaume* u. ä., aus lat. *scalmus* „Rudernagel"; Diez 283; REW 7640; das eigentlich nordfrz. Wort s. unter *tolet*.

échaumer „ein Feld abstoppeln"
19. Jh., aber durch *eschaumage* „abgestoppeltes Feld" für das 15. Jh. gesichert, lebt burgundisch, ist Abl. von *chaume* „Stroh", **s. d.**

échaux s. *échau*.

èche „Köder"
afrz. *esche* „Zunder", „Lockspeise", aus lat. *esca* dass.; Diez 127; REW 2913; vgl. *achée*.

échéance „Fälligkeit", „Verfalltag"
13. Jh., *escheänce* „zufallendes Gut", „Erbe", die Weiterentwicklung nach dem Stammwort *échoir*, s. d.

échec „Schach", „Mißerfolg"
11. Jh., afrz. *eschac*, auch „Schachfigur", dazu afrz. *joer as eschacs* eigentlich „mit den Schachfiguren spielen", dann „Schach spielen", nfrz. *jouer aux échecs* dass.; dazu afrz. (13. Jh.) *eschequier* „Schachbrett", „schachbrettförmige

Aufstellung" (dazu ehemals „Oberlandesgericht in der Normandie", auch „Schatzkammer", daraus englisch *exchequer* dass.), dafür nfrz. **échiquier** „Schachbrett, vgl. wegen der Lautentwicklung für lat. *cantassemus* afrz. *chantessiens,* daraus *chantissiens;* das Nebeneinander der Formen des Stammes *eschac* und *eschec* wie bei *achat* neben *acheter* usf.; aus mlat. *scaccus*; das Spiel ist durch die Perser zu den Arabern gebracht worden, dazu arab. *esch schâh mât* „der König ist tot", Littmann 115; aus Verbindungen wie *faire échec et mat* „schachmatt machen", *tenir en échec* „in Schach halten", die nfrz. Bedeutung „Mißerfolg".
Afrz. *eschiec* „Raub" ist fränkisch **skâk,* und hat in der Geschichte des Schachspiels keine Rolle gespielt. Vgl. Dict. gén.; Lam. 103; Diez 282; REW 7669; Bl.-W. 209.

échée „Garnsträhne"
14. Jh. *eschief,* vgl. dazu wall. *echê,* boulogn. *échez,* aus lat. *scapus* „Zylinder, um den die Blätter aus Papyrus gerollt wurden", vgl. *écheveau.* Diez 566; Dict. gén.
Nicht zu ostfriesisch *schif, schift* „das Abgeschiedene", „gesondert", Behrens, Wg. 353, da *échée* nicht von *écheveau* getrennt werden kann; auch nicht Rückbildung von *écheveau,* REW 7633.

échelet „Klettervogel"
16. Jh., ist Abl. von veraltetem *écheler* „klettern", 14. Jh. „mit Leitern ersteigen" (s. *escalader,* TL III, 880), dieses Abl. von *échelle* „Leiter", s. d.
échelier s. *échalier.*

échelle 1. „Leiter"
12. Jh. *eschiele,* aus lat. *scāla* dass. REW 7637; s. *échalier.*
2. „Schar", „Staffel"
12. Jh. neben *eschiere* dass., ist Kreuzung von *échelle* 1 mit fränkisch **skâra* „Schar", „Heeresabteilung", s. *échauguette.* Dict. gén. Ohne Einwirkung von afrz. *eschiere* zu *échelle* 1, REW 7637?

échelon „Sprosse", „Staffel"
11. Jh., ist dem. Abl. von *échelle* 1.

échenal „hölzerne Dachrinne"
13. Jh., vgl. dazu poitev. *achenau,* H. Maine, Morvan, frz. Schweiz *échenau* „Röhre" u. ä., ist mit unorganischem *-es,* s. *échafaud,* erweitertes afrz. *chenal,* s. *chéneau.*

écheniller 1. „die Raupen ablösen"
14. Jh., ist Abl. von *chenille* „Raupe", s. d.
2. „mit der Zweispitze behauen"
ist unorganische Umgestaltung von *essemiller,* so bei S. V., für *smiller* dass., s. d. Dict. gén.
écheno s. *échenal.*

écheveau „Gebinde", „Strähne"
13. Jh., bedeutet ursprünglich wohl auch „Garnwinde", wie das entsprechende prov. *escaveu*; aus grom. **scapellum*, d. i. Abl. von lat. *scapus* „Schaft der Weberkämmer", „Zylinder, um den die Blätter aus Papyrus gerollt wurden", vgl. dazu gehöriges afrz. *eschaveoir* „Garnwinde", Thomas, Rom. 43, 68; Diez 566; Brüch, Misc. Schuchard 42 f.; grom. **scapellum* ist im Süden mit lat. *scabellum* „Schemel" vermengt worden; daher prov. *escavel* für zu erwartendes **escabel,* während umgekehrt *scabellum* in der Form *escabel* erscheint, s. *escabeau.*
Zu lat. *scabellum* „Schemel", *Schuchardt, An Adolf Mussafia 8 f.; REW 7633; Bl.-W. 209, setzt einen unwahrscheinlichen Vergleich voraus; vgl. auch *échée.*
Dazu seit dem 15. Jh. mit Suffixtausch die Abl. **échevette** „kleine Strähne".
écheveler s. *cheveu.*

échevin „Schöffe"
12. Jh., ist als *scabini* in den Form. Merow. bezeugt, aus fränkisch **skapin* (ahdt. *sceffin*). Diez 282; REW 7976; Bl.-W. 210.

échif „wild" va.; „gefräßig"
12. Jh., afrz. auch *esquieu,* dazu prov. *esquiu;* von *esquieu* mit Endungstausch *eschif,* vgl. frz. *juif* aus älterem *juieu,* vielleicht auch unter dem Einfluß von *eschivir,* s. d. F.; bedeutet „scheu", „abweisend", feindselig" u. ä., aus fränkisch **skeuh* zu mhdt. *schieh* dass., agls. *scéoh* „feindselig"; dazu afrz. *eschivir,* prov. *esquivir* „meiden", „aus dem Wege gehen", aus fränkisch **skiuhjan* zu ahdt. *skiuhen* „scheu machen", „meiden"; ferner als neue Abl. von *eschif* das Verbum afrz. *eschiver,* mit den gleichen Bedeutungen wie *eschivir*; s. dazu *esquiver*; Gg., RG I, S. 247; Diez 286; REW 8002; Mackel 126; Bl.-W. 235.

échiffe „Schilderhaus" (auf den Mauern mittelalterlicher Städte), dann aus der Verbindung *mur d'échiffe* „Treppenmauer", „Stiegengerüst"
12. Jh. *eschive,* 14. Jh. *eschif, eschief* und dazu nach dem Maskulinum das Femininum *eschife, eschiffre, eschifle,* ist postverb. Subst. von *eschiver* „vermeiden", „abhalten", s. *échif.*

échignole „Winde zum Aufwickeln von Seidensträhnen"
18. Jh., gehört zu westfrz. (Pléchâtel) *šigueñ* „Radkurbel", afrz. *ceoignole* „Brunnenschwengel", dazu frz. *soignole* „Pumpenbolzen"; s. auch *cincenelle*; aus vlat. **ciconiola*, d. i. dem. Abl. von lat. *ciconia* „Storch", s. *cigogne.* REW 1907; Cohn, Suff. 258; ASSL 103, 229; Behrens, Wg. 101; Thomas, Ess. 265; Tilander, Rem. 135 f.; ZRP 46, 282.

échillon „Wasserhose"
12. Jh. *eschaillon* „Leiter", aus grom. **scalione*, d. i. dem. Abl. von lat. *scala* „Leiter", s. *échelle* 1. Cohn, ASSL 103, 243; REW 7639.

échine 1. „Rückgrat"
12. Jh., aus fränkisch **skina* (ahdt. *scina* „Schienbein"). Diez 286; REW 7994.
2. „eirunder Zierat"
16. Jh., aus lat. *(echinus)* „Kastanie".
échinée „Rückenstück" (vom Schwein)
12. Jh., ist Abl. von *échine* 1.
échiner „das Rückgrat brechen"
16. Jh., dafür infolge von Verschmelzung mit *réchigner,* s. d., auch die Form **échigner,** ist Abl. von *échine* 1.
échiqueté „schachbrettförmig geteilt"
14. Jh., ist in Anlehnung an *chiqueter, déchiqueter* u. ä. abgeleitet von *échiquier* „Schachbrett", s. d.; Dict. gén.
échiquier s. *échec.*
écho „Echo"
13. Jh., aus lat. *(echo)*; dazu 19. Jh. **échotier** „Redakteur, der die Tagesnachrichten zusammenstellt"; Weil, Fr. mod. 13, 127.
échoir „zufallen", „fällig werden", „verfallen"
12. Jh., afrz. *eschëoir* „zufallen", „ergehen", „geschehen", aus vlat. **excadēre,* d. i. Rückbildung von lat. *excidere,* das etymologisch „herausfallen" bedeutet, aber vulgärsprachlich die Entwicklung von *cadere* mitmacht; vgl. afrz. *chëoir* in den Bedeutungen „zufallen", „ergehen", „in etwas hineingeraten"; vgl. zu dieser Bedeutungsentwicklung, im Rumänischen *a cădeà,* neben der Bedeutung „fallen" auch „zufallen", mit *bine,* „gelegen kommen", unpersönlich „es gehört sich" u. ä.; dazu seit dem 13. Jh. das subst. Partizip *eschaoite, escheoite,* heute **échoite** „Heimfall"; s. *chute.*
échôme s. *échaume.*
échople s. *échoppe.*
échoppe 1. „Stecheisen", „Griffel" u. ä.
15. Jh. *eschaupre,* aus lat. *scalprum* „Meißel". Diez 448; REW 7645.
2. „kleine Krambude"
12. Jh. *escope,* auch *essope, echope,* aus mndl. *schoppe* (englisch *shop*) „Verkaufsbude", vgl. das später entlehnte *chopine*; die afrz. Graphien *-ss-, -c-, -ch-* suchen den zwischen dem ursprünglichen *-sk-* und dem jüngeren *-sch-* liegenden Zwischenlaut des niederdeutschen Wortes wiederzugeben. REW 7710; Valkhoff 121.
échouer „scheitern"
16. Jh., zuerst als Schiffahrtsausdruck *galeres... eschouees fermement contre la terre* belegt, das etymologisch „heftig gegen das Land hin getriebene Galeeren" bedeutet; *eschouer* ist Literarisierung eines vermutlich normannischen *écouer, escouer* „erschüttern", nach dem Vorbild norm. *eskif,* lit. *échif,* s. d.; *écouer* ist mit Konjugationswechsel aus afrz. *escorre* „schütteln" gebildet, vgl. belegtes *escoer* „erschüttert werden", *escoement* „Schlagen des Jagdfalken mit den Flügeln"; zugrunde liegt also ein *escoer* „scheitern"; in der Terminologie der Schiffahrt, in der Verbindung mit Schiffahrtsbezeichnungen kann die Ergänzung *contre terre* u. ä. schließlich wegbleiben; afrz. *escorre* aus lat. *excutere* „ausschütteln", „heftig hin und her bewegen"; Gg., ZRP 41, 510; vgl. *secouer* in medialer Funktion, eigentlich „heftig bewegt werden". Zu *échoir,* REW 2963, ist begrifflich nicht begründet; zu *cautes* „Klippe", Diez 566, ist nicht möglich, da das Wort erst im 16. Jh. belegt ist.
échute s. *échoite.*
éclabousser „mit Kot bespritzen"
16. Jh. für seit dem 13. Jh. belegtes *esclaboter* „spritzen", „bespritzt werden", das in norm. *éclaboter,* rouchi *esclabouter* noch lebt; dieses ist Abl. von westfrz. *clabot* „Wasserloch", „Pfütze", auch *clabout,* so B. Maine, Poitou, das mit Verkennung des verstummten Auslautkonsonanten *-t* dem später gebildeten *éclabousser* zugrunde liegt; vgl. poitev. *amoisser* „(die Hunde) zu sich rufen" aus *à moi* „hierher!", Horning, ZRP, 26, 327; *clabot* „Wasserloch" kann von poitev. *cla* gleicher Bedeutung nicht getrennt werden; ob dieses Schallwort ist wie der Stamm von *clapoter, clabauder,* Bl.-W. 210; Varnhagen, RF 3, 411, oder zu schottisch *clábar* „Pfütze", Stamm **klabb-,* Gg., ZRP 41, 511, ist umstritten.
éclair „Blitz"
13. Jh., afrz. „Schein", „Glanz", „Licht", ist postverb. Subst. von *éclairer* „erleuchten", 12. Jh., aus vlat. **exclariare* für klassisches *exclarare*; *éclair* ersetzt im Norden afrz. *espart,* s. *épart,* im Süden afrz. *esloide, esloise,* das keltischer Herkunft ist. REW 2972 f.; Thomas, Rom. 41, 456.
éclaircie „Lichtung"
15./16. Jh., ist subst. Part. von afrz. *esclarcir,* afrz. „hell werden", „aufleuchten", auch „erleuchten", nfrz. **éclaircir** „aufklären", „heller machen", 12. Jh., aus grom. **exclaricire* zu *clarus* „hell", s. *clair.* Thomas, Rom. 26, 422 ff.
éclairer s. *éclair.*
éclamé s. *esclame.*
éclanche „Knochenende der Keule", „Keule"
16. Jh., in der zweiten Bedeutung im 17./18. Jh. Ausdruck der Pariser Bürgerkreise, Br. 4, 335, ist trotz des späten Auftretens (das sich aus der Bedeutung erklärt) entlehnt aus fränkisch **skankila* zu nhdt. *Schenkel,* das als **esclanca* romanisiert wurde, vgl. vlat. **clopa* für *copula* u. ä. Dict. gén.
Zu germ. *slink* „link", Zauner, RF 14, 437, über afrz. *esclenche* „linke Hand", REW 8029; Bl.-W. 210?; *éclanche* zu *crena* „Kerbe", s. *cran,* Baist, ZRP 7, 116 ist begrifflich unwahrscheinlich; das Wort wurde wohl gleichzeitig mit *hanche* ins Galloromanische aufgenommen.

éclancher s. *écrancher.*

éclat „Splitter", „Span", „plötzliches Getöse", „Krach" u. ä.

11. Jh. *esclat* „Splitter", auch „Krach", in der letzteren Bedeutung auch afrz. *esclate,* dazu prov. *asclat* „Holzsplitter", *esclat* „Lärm"; ist postverb. Subst. von afrz. *esclater* „in Splitter schlagen", intrs. „zersplittern", auch mit der Nebenbedeutung des „Lärmens", s. dazu afrz. *esclatëiz* „Lärmen", nfrz. **éclater** „bersten", „krachen", „zum Ausbruch kommen", „platzen", „zersplittern"; dazu prov. *esclatar* „zersplittern", refl. „aufbrechen" (von Abszessen); Grundlage ist vlat. **ascla* „Splitter", „Span", das über die ganze Romania verbreitet ist, s. u. a. rum. *așchie* „Splitter", „Span"; dazu das Verbum **asclare* „in Splitter schlagen", das durch prov. *asclar* „spalten", rum. *ășchia* transitiv „zersplittern" gesichert ist; zu diesem vlat. **asclare* „zersplittern", eine Intensivform **asclatare,* d. i. Abl. vom Part. **asclatum,* dann mit Dissimilation **esclatare,* das als expressiver Ausdruck die geminierte Variante **esclattare* bildete; dazu als postverb. Subst. die angeführten afrz. Formen; vlat. *ascla* „Span" ist die volkstümliche Form von lat. *astula* „Splitter", wie vlat. *veklus* zu lat. *vetulus;* H. Meier, Rm. Jb. 10, 27.

**exclapitare* zu dem Stamm **klap-,* Varnhagen, RF 3, 408 f., oder **sclap + it + are,* Ascoli, ZVS 16, 209, oder zu schottisch *sgoilt* „Splitter" (das auf eine Grundform **sqolto* zurückführt), Schuchardt, ZRP 26, 400, ist lautlich nicht möglich; *éclater* aus fränkisch **slaitan* zu ahdt. *sleiʒʒen* „sich spalten", Bl.-W. 210 (zu ersetzen durch *slaitjan*), ist schon deshalb nicht möglich, weil das Wort auch im Rumänischen erhalten ist.

éclefin s. *aigrefin* 2.

écli „Holzsplitter"

18. Jh., dafür im 16. Jh. das Femininum *esclie,* ist postverb. Subst. von *éclier* „(ein Holzstück) zersplittern", 12. Jh. *esclier,* aus fränkisch **slîtan* zu asächsisch *slîtan* „zerreißen", s. Kluge s. *schleißen;* Diez 285; REW 8032; vgl. auch *éclisse.*

éclipse „Verfinsterung"

12. Jh., aus lat. *(eclipsis).*

éclisse „Span", „Schiene", „Spreize"

11. Jh., *esclice* „flaches kleines Holzstück", „Lanzenbruchstück" u. ä., ist postverb. Subst. von **éclisser** „schienen", 11. Jh. *esclicier* „zertrümmern", refl. und absolut „in Spänen davonfliegen", „zersplittern", aus fränkisch **slittjan* zu ahdt. *slitz* „Spaltung", „Bruch", romanisiert *sclịttiare,* mit der Konjugationsklasse und dem Tonvokal des stammverwandten *slîtan,* s. *éclier.* Aus geographischen Gründen kaum aus ahdt. *slîzen,* REW 8032; Bl.-W. 211; vgl. auch Mackel 111.

2. „Käsehürde"

ist eins mit *clisse* gleicher Bedeutung, s. d., wie umgekehrt für afrz. *esclisse* „Span", s. *éclisse* 1, auch die Form *clisse* belegt ist.

éclisser 1. „die gekäste Milch auf Strohflechten abtropfen lassen", „mit Wasser bespritzen" ist Abl. von *éclisse* 2.

2. „schindeln", „(ein Bein) schienen"

16. Jh., ist Abl. von *éclisse* 1.

éclogue s. *églogue.*

écloper „lahm machen"

12. Jh., ist Abl. von afrz. *clop* „hinkend", aus vlat. *cloppus,* s. *clampin,* REW 1997.

éclore „aus dem Ei schlüpfen", „aufblühen"

12. Jh., bedeutet afrz. „ausschließen", „ans Tageslicht setzen", dann „ausbrüten", dazu medial die Bedeutung „auskriechen", aus vlat. **exclaudĕre* für lat. *exclūdĕre* „ausschließen"; dazu seit dem 18. Jh. die gelehrte Abl. **éclosion** „Auskriechen".

écluse „Schleuse"

13. Jh., aus vlat. *exclūsa* dass., das in der frz. Bedeutung in der lex Salica, bei Gregor v. Tours u. a. bezeugt ist; es ist subst. Part. von lat. *exclūdĕre* „ausschließen", das selbst durch vlat. **exclaudĕre* ersetzt wurde, vgl. *éclore.* Diez 128; REW 2975.

écobuer „ausreuten", „Rasen abbrennen"

16. Jh. für die Bretagne als *égobuer* belegt, dazu poitev., 16. Jh., *gobuée,* heute *gobuis, cobuis* „ausgereutetes Land, an das man Feuer legt", angev. *écobus* „ausgereutete Felder", poitev. *écobue* dass., dazu poitev. *gaubue* „Art Reuthaue", das postverb. Subst. von *gaubuer* ist; die Verbreitung des Wortes spricht für Herkunft aus dem Gallischen; doch fehlt dafür jede Anknüpfung.

Zu *cobe,* d. i. alt für Berry und Touraine, heute für Charroux bezeugte Form für *coup,* dazu angev. *cobir* „bosseln", Spitzer, ZRP 42, 19, ist nicht möglich, da der Stamm langes *-u-* verlangt; daher auch nicht zu mundartlichem *gobe* „Erdscholle", Bl.-W. 211; auch nicht zu *ébauche,* Dict. gén.

écocheler „Schwaden machen"

1700, vgl. dazu lyon. forez. *cuchon,* dauph. *cuchou,* forez. auch *quichon,* frz. Schweiz *cuchet* „kleiner Heuhaufen", boulogn. *cache* „eine Reihe mit der Sense abgeschnittenes Getreide", u. H.

écœurer „anekeln"

17. Jh., ist champ., dort Abl. von *écœur* „Ekel", 13. Jh. *ascrour,* das z. B. im Altburgundischen belegt ist, Mussafia, LGRP 3, 105; dieses ist mit dem Adjektivabstrakta bildenden Suffix *-ōre* einreihend erweitertes afrz. *ascre* „Ekel", aus lat. *ascra* „Schorf", vgl. von dem gleichen Grundwort abgeleitet afrz. *ascrous* „widerwärtig", fr. comt. *acrou* „häßlich". ZRP 41, 512.

écœurer zu afrz., 13. Jh., *avoir mal cuer* „Übelkeit empfinden", *mal au cuer* „Übelkeit", zu *cuer* Herz als Sitz der physischen

Empfindungen, TL II, 1114; ferner in der Falkner Sprache *a cuer jëun, en jëun cuer* „mit nüchternem Magen", dazu **escuerer* „aus dem Magen geben", Deckwort für *vomir,* Tilander Glan. 67; Spitzer, ZRP 42, 23; FEW I, 153, Anm. 1?; afrz. *ascre* zu gotisch *aiwiski* „Schande", Diez 426, ist lautlich nicht möglich; zu gr. αἰσχρός „häßlich", Wiese, ZRP 11, 554, ist kulturhistorisch nicht wahrscheinlich; vgl. auch Caix, Studi 72.

écofier „Lederarbeiter", „Schuster"
16. Jh., stammt aus dem Südostfrz., wo das Wort z. B. lyon., frz. Schweiz, sav. mit *-f-* noch lebt; für afrz. *escohier* dass., das seit dem 13. Jh. belegt ist; aus grom. **scoffarius* für fränkisch **skôhwâri* „Schuster", d. i. Abl. von fränkisch **skôhw* „Schuh", s. Kluge s. Schuh; REW 8004; Thomas, Mél. 69.
Trennung von afrz. *escohier* und asüdostfrz. *escofier* ist nicht begründet, Thorn, ASSL 127, 124 ff.; wegen der Lautentwicklung s. Gg. RG I, S. 268 Anm.

écofrai „Schusterladen", „Schusterbank"
16. Jh. auch *écofroi,* die *-oi-*Form als Gegenbildung zu *écofrai* nach dem Vorbild von *croie* und *craie* u. ä., steht für **escoferez,* d. i. *ariceus-*Abl. von asüdostfrz. *escofier* „Schuster", bedeutet der Bildung nach „für den Schuster bestimmt".

écoinçon „Eckschrank", „Eckstein"
14. Jh., ist Kreuzung von afrz. *escoisson,* apik. *escouchon, escochon* dass., mit *coin* „Winkel", „Ecke"; afrz. *escoisson,* eigentlich „Herausschlagen" (eines Loches in der Mauer, zum Einsetzen eines Steines oder eines Holzblockes als Träger), Godfr. III, 411; aus lat. *excŭssione* dass., vgl. auch lyon. *écouesson* „Dreschen", Thomas, NE 250 ff.; REW 2996; vgl. *écoucher.*

écoine „große Raspel"
14. Jh. *escohine,* heute auch *écouanne, écouenne* geschrieben, aus vlat. **scoffīna,* das ist oskisch-umbrische Form für klassisches *scobina* „Feile", „Raspel"; REW 7729; südostfrz. Dialektformen zeigen das intervokalische *-f-* erhalten, vgl. *écofier;* daher das frz. Wort auch nicht aus der klassisch-lateinischen Form *scobina.*

écolâtre „Schulmeister" va.
13. Jh., aus mittellat. *(scholasticus),* s. *école.*

école „Schule"
11. Jh., aus lat. *(schŏla).* REW 7703.

écolier „Schüler"
12. Jh. *escoler,* aus lat. *(scholaris).* REW 7704.

éconduire „abweisen", „höflich hinauskomplimentieren"
in dieser Form seit dem 15. Jh. unter Einwirkung von *conduire,* das auch die Bedeutung beeinflußt hat, für seit dem 11. Jh. belegtes *escondire* „verweigern", „leugnen", dann mit Passivobjekt der Person und Respektivobjekt der Sache: *escondire aucun de une rien* „jmd. eine Sache abschlagen"; aus vlat. **excondīcĕre* als Gegenbildung zu *condicere* „zusagen"; dazu seit dem 13. Jh. das subst. Part. *escondite,* heute **éconduite** „Abweisung". Diez 574; REW 2983.

économie „Haushalt" va.; „innere Ordnung"
14. Jh., aus lat. *(oeconomia)* „harmonische Einteilung".

écope „Wasserschaufel", „Schöpfkelle"
13. Jh. auch *escope, escoupe, écoupe,* vgl. auch Platz, Misc. Schuchardt 175, aus mndl. *schope* „Schöpflöffel", vgl. Diez 566; REW 8006; Schuchardt, ZRP 33, 641.

écoperche „Kranbalken"
seit dem 14. Jh. in verschiedenen Formen belegt: *escouberge* „kleine gesägte Holzstange", *escorberge,* apik. *escrueperche, escaperche, escamperche, eschamperche* u. ä.; die älteste Form dürfte das apik. *escrueperche* sein; dieses zusammengesetzt aus afrz. *escroe* „Schraube", s. *écrou,* und *perche* „Stange", entspricht also nhdt. „Schraubstock"; vgl. auch *camperche* und *goberge.*

écorce „Rinde"
12. Jh., aus lat. *cortĭce* „Rinde", mit unorganischem Anlaut, vgl. *échafaud, échalas* u. ä., der vielleicht von *excorticare* „entrinden", s. *écorcher,* stammt; Diez 288. Dazu seit dem 12. Jh. die Abl. **écorcer** „entrinden".
Aus lat. *scortea* „Leder", REW 7742; Bl.-W. 211, ist begrifflich bedenklich; vielleicht ist aber vlat. **scortex, scortice* „Rinde" aus Kreuzung von *cortex* mit *scortea* entstanden.

écorcher „das Fell abziehen"
12. Jh., aus vlat. *excorticare* „die Rinde abziehen", das spätlat., so z. B. in der lex Salica und in den Form. Andecavenses belegt ist; dieses zu *cortex* „Rinde", s. *écorce,* REW 2988.

écore s. *accore.*

écorer s. *accorer.*

écorer „den Verkauf der gefangenen Fische überwachen"
19. Jh., aber schon im 18. Jh. die Abl. **écoreur** „Verkaufsüberwacher", stammt aus der Gegend des Kanals, aus englisch *to score* „anmerken", „anrechnen", Dict. gén.

écorne „Beleidigung"
16. Jh., ist postverb. Subst. von im 16. Jh. bezeugtem *écorner* „beleidigen", vgl. auch englisch *scorn* „Verachtung", „Spott"; dieses ist Kreuzung von afrz. *escarnir,* d. i. norm. pik. Form von afrz. *escharnir* „verspotten", „beleidigen" mit afrz. *corn* „Horn", *cornu* „gehörnt", da das Hörnertragen seit dem 13. Jh. als Eigenschaft der von ihren Frauen betrogenen Ehemänner angesehen wurde; afrz. *escharnir* „verspotten", aus fränkisch

**skarnjan*, d. i. Intensivform zu ahdt. *skërnôn* „verhöhnen", „verspotten".
**skirnjan*, Bruckner, Char. 17; REW 7999, ist lautlich nicht möglich, da die ältesten Formen des Verbums ein stammhaftes *-a-* sichern; s. auch Diez 285; Brüch 33.

écorner „enthörnen"
12. Jh., ist Abl. von *corne* „Horn", vgl. auch *dagorne*.

écornifler „erschnappen"
15. Jh., zunächst im Rotwelsch für „stehlen" bezeugt, so heute noch norm., dafür in der literarischen Bedeutung angev. *écornifier*, ist burleske Zusammensetzung von *écorné* „enthörnt" und *-fier* aus *-ficare*, vgl. pik. *ébornifler* „durch einen Hieb blind machen", aus **esborgne-fier* u. ä. Auch das Grundwort *écorner* hat im Rotwelsch die Bedeutung „aus den Auslagen stehlen".

écosse „Schote"
14. Jh., ist in Anlehnung an *écosser* umgestaltetes *cosse* dass.; **écosser** „enthülsen", seit dem 12. Jh., ist Abl. von *cosse*, s. d.

écot 1. „Zeche (die jeder einzelne in einer Gesellschaft für sich zahlt)", dann „Zeche", „Tischgesellschaft"
12. Jh. *escot*, auch kollektiv „die Kosten", dann „Gelage" u. ä., dazu afrz. *escoter* „seinen Anteil zahlen" aus fränkisch **skot* „Steuer", mhdt. *schoz* „Steuer", „Abgabe" usf., das im Galloromanischen zu **scottum* wurde. Diez 288; REW 8007.
**exquottare* „seine Quote zahlen", s. *cote*, Jeanroy, Rom. 22, 63, ist morphologisch und begrifflich schwierig.
2. „Baumstumpf"
13. Jh., aus fränkisch **skot* „Schößling", das mit dem unter *écot* 1 angeführten Stamm ursprünglich eins ist, s. Kluge s. *Schoß*; Diez 288; REW 8006 a.
Dazu seit dem 15. Jh. die Abl. **écoté** „mit Astknoten besetzt", „einem Baumstumpf ähnlich".

écôter „(Tabak) ausrippen", „(Draht) glatt ziehen"
18. Jh., ist Abl. von *côte* „Rippe", s. d.
écouaille s. *couaille*.
écouane s. *écoine*.

écoucher „(Hanf, Flachs) schlagen"
13. Jh., ist norm. pik. boulogn., s. Gerig, HF 70, aus **escoissier*, vgl. frz. mundartliches *écouesse* „Schwingmesser", Guernesey *écouacher* „wundreiben", aus vlat. **excŭssiare*, d. i. Abl. von lat. *excŭssus* „herausgeschlagen" zu lat. *excŭtĕre* s. *échouer* und *écoinçon*.
**excuticare*, Thomas, Rom. 39, 222; (Mél. 64); REW 2999 entspricht zwar dem pik. norm. Wort, trennt aber dieses von den angeführten Formen, die ein *-oi-* im Stamm voraussetzen; vgl. auch afrz. unmittelbar von *escos*, d. i. dem Part. von afrz. *escorre* abgeleitetes *escosser* „schütteln", „dreschen"; s. *escousse*.
écouenne s. *écoine*.

écouer „den Schwanz abschneiden"
12. Jh., ist Abl. von afrz. *coe* aus lat. *cōda* „Schweif", s. *queue*.

écoufle „Gabelweihe", „Papierdrache"
12. Jh., aus abretonisch **skouvl* zu bret. *skoul* „Gabelweihe"; Diez 566 f.; Thurn. KR 98; REW 8003 a.
écoupe s. *écope*.

écourgée „Peitsche", „Peitschenhieb"
12. Jh. *escorgie* neben *corgie* „Peitschenhieb", aus grom. **corrĭgiata* dass. zu lat. *corrigia* „Riemen", s. *courroie*; die *es*-Form vielleicht in Anlehnung an afrz. *escorgier* „auspeitschen", das unmittelbar von *corrigia* „Peitsche" abgeleitet ist; vgl. auch *écosse*.

écourgeon „sechszeilige Gerste"
auch **escourgeon**, zuerst im 13. Jh. als *secourgeon* belegt, lebt im äußersten Norden, wall. *sokurõ*, *skurã*, Artois *sukriõ*, *sukeriõ*, *sukoriõ*, dazwischen *skuržõ*, *eskuržõ*, aus dem die Form lit. *escourgeon* stammt, während *écourgeon* Franzisierung des wallonischen Wortes darstellt, also mundartlich nirgends lebt; aus mndl. **siedkoren* „Sottgetreide", d. i. als Viehfutter vor der Reife geschnittenes und vor der Verfütterung abgesottenes Getreide; nach S. V. wird die *escourgeon* genannte Gerstenart als Pferdefutter verfüttert; vgl. dazu ähnlich gebildetes norm. *moncorne* „Mischung aus Gerste, Hafer, Erbsen und Wicke als Frühjahrssaat", aus mittelenglisch *moncorn*, d. i. „Mengkorn", Moisy s. v.; zu **siedkoren* s. Valkhoff 122.
Zu afrz. *escourgeon* „Lederstreifen einer Karbatsche", d. i. dem. Abl. von *escorgie* „Peitsche", s. *écourgée*, Spitzer, ZRP 42, 24, ist weder lautlich noch begrifflich möglich.
écousser s. *écoucher*.

écoute 1. „Horcher" va.; „Horchen", „Horchplatz"
12. Jh., ist **ursprünglich abstraktes postverb.** Subst. von vlat. *ascŭltare*, s. *écouter*, vgl. mittelgr. σκοῦλτα, Wiener, ZRP 35, 438 ff.
2. „Segelleine"
12. Jh., aus fränkisch **skôta* zu mndl. *skôte*; Mackel 27; Diez 288; REW 7707; Bl.-W. 211.

écouter „zuhören"
9. Jh. *escolter*, aus vlat. *ascŭltare* für klassisches *auscultare*, mit altem Präfixwechsel; doch ist die lautgesetzliche Form, afrz. *ascolter*, heute *acouter*, mundartlich über ganz Nordfr. zerstreut zu finden. REW 802; FEW 184 f.

écoutille „Füllung der Deckluke", „Deckluke"
16. Jh., zuerst bei Rabelais belegt, von diesem vielleicht aus languedokischem *escoutilha*, das aus spanisch *escotilla* „Deckluke" entlehnt ist; dieses ist dem. Abl. *(-ella)* von

spanisch *escote* „Ausschnitt am Kleide“, aus gotisch *skauts* „Zipfel“, „Saum des Kleides“. Diez 448; REW 7986.
Dazu seit dem 16. Jh. die dem. Abl. **écoutillon** „kleine Deckluke“, das aber auch schon als Ableitung aus dem gleichgebildeten und -bedeutenden spanischen *escotillon* entlehnt sein kann.

écouvette „Löschwischer“, „Kehrbesen“
14. Jh., ist dem. Abl. von afrz. *escove* „Besen“, aus lat. *scōpa* dass., REW 7734; von dem gleichen Grundwort seit dem 12. Jh. die dem. Abl. *(-ellione)* afrz. *escoveillon*, frz. **écouvillon** „Ofenwischer“ u. ä.

écrabouiller „zermalmen“
15. Jh., zuerst für das Normannische bezeugt, im 16. Jh. auch umgestellt *écarbouiller*, ist Kreuzung von *écraser* mit afrz. *esboeillier* „den Leib aufreissen“, d. i. Abl. von *boële* „Eingeweide“, s. *ébouler*, norm. *boille*, frz. *boyau, brouailles;* Bl.-W. 212.
Zu ital. *garbuglio*, s. *grabuge*, und letzten Endes zu *carabus* „Meerkrebs“, Nigra, AGI 14, 278, ist nicht möglich; Kreuzung von *écarteler* und afrz. *esboiller* „ausweiden“, Dict. gén.?

écran „Feuerschirm“, „Ofenschirm“, „Schutzblech“, „Bildschirm“, „Film“
13. Jh., *escren* dass., aus fränkisch **skërm* zu ahdt. *skërm* „Schild“, „Schirm“, „Schutzwehr“; Bl.-W. 212.
Nicht fränkisch **skrago* „Schragen“, Diez 567; Mackel 45; auch nicht dt. *Schrank*, REW 8009.

écrancher „Falten aus dem Tuch streichen“
18. Jh., ist Gegenbildung zu **décranché*, d. i. ostfrz. *décrainché* „schlecht gelegt“ (von den Falten eines schlecht getrockneten Tuches), zu *chancre* „Krebs“. Horning, ZRP 26, 327 f.; REW 1574.
Gallorom. **excrenicare* „die Kerben ausgleichen“, Baist, ZRP 7, 116, vgl. *cran*, ist wegen des späten Auftretens des Wortes unwahrscheinlich.

écraser „zermalmen“, „erdrücken“
16. Jh. neben *accraser*; letzteres ist ursprünglich, ist Abl. von norm. *à crase* „zum Zusammenbrechen“, d. i. postverb. Subst. von afrz. *crasir* „zerbrechen“, 12. Jh., aus fränkisch **krasjan*, das sich aus englisch *to crash*, schwedisch *krasa* „zerbrechen“ erschließen läßt; Mackel 45; Gg., ZRP 41, 513; vgl. auch Brüch, ZRP 38, 698 f., der von einem nicht bezeugten **craser* zu englisch *craze* ausgeht; *écraser* wäre nach Bl.-W. 212 während des hundertjährigen Kriegs aus mittelenglisch *crasen* zu englisch *to craze* „zermalmen“ aufgenommen worden (?)

écrémer „abrahmen“, „(die Glasschlacken, die an der Oberfläche des geschmolzenen Glases schwimmen) abschäumen“
14. Jh., ist Abl. von *crême*, s. d.; dazu seit dem 19. Jh. die Abl. **écrémure** „abgehobene Glasschlacken“.

écréner s. *créner.*

écrevisse „Krebs“
13. Jh. *escrevice*, afrz. auch *crevice, crevece* u. ä., wall. *graviche*, kann von ahdt. *krebaz, krebiz* nicht getrennt werden, kann aber aus geographischen Gründen nicht unmittelbar aus diesem stammen, Diez 567; REW 4768; aus fränkisch **krabîpja*, umgelautet **krebitja*, d. i. dem. Abl. von dem Stamme, der in deutsch *Krabbe* erhalten ist, vgl. *crevette*; wegen des Anlautes vgl. *échafaud, écosse*, wegen des germanischen Deminutivsuffixes Kluge, Nom. St. § 60; dazu im 13. Jh. *crevece* für das Sternbild „Krebs“, Flutre, Rom. 65, 487.

écrier 1. „ausrufen“
12. Jh., aus vlat. **excrītare* nach *exclamare*, d. i. Abl. von vlat. **critare* für *quiritare*, s. *crier.*
2. „(den Draht mit Sandstein) reinigen“
18. Jh., vgl. dazu berrich. *equiller* „reinigen“, „ausbessern“, seit 1500 belegt, Morvan *écuhier* „reinigen“, *équiller* „einen Topf reinigen“, ist mundartliche Form von altsüdostfrz. *escurier*, s. *écurer.*

écrille „Fischwehr“, „Teichgitter“
18. Jh., ist Weiterbildung, vgl. *échafaud, échalas*, von mfrz. *crille* „Gitter“, d. i. mundartliche Form von *grille*, s. dort und Behrens, Wg. 354 f.

écrin „Schmuckkästchen“
mundartlich auch „Sarg“, so schon im 12. Jh., aus lat. *scrinium* „Schrein“. REW 7746.

écrire „schreiben“
11. Jh. *escrivre*, afrz. auch „malen“, „zeichnen“, „mit einer Aufschrift versehen“, aus lat. *scrībĕre.* REW 7745.

écriteau „Aufschrift“, „Anschlag“
14. Jh., ist dem. Abl. von afrz. *escrit* „Schrift“, „Schriftwerk“, „Inschrift“, auch „die heilige Schrift“, nfrz. **écrit**, aus lat. *scriptum* „das Geschriebene“.

écritoire „Schreibzeug“, „Schreibzelle“
12. Jh. in beiden Bedeutungen, dazu prov. maskulinisch *escriptori* „Schreibstube“, ist gelehrte Weiterbildung von lat. *scriptorium*, das als „Schreibgriffel“ bezeugt ist; die latinisierende Form, die die Grundlage des grom. Wortes darstellt, hat die Bedeutung der *-orium*-Ableitungen übernommen, die zu Ortsbezeichnungen geworden sind; nach prov. *escritori* liegt auch dem frz. *escritoire* eine ältere maskulinische Form **escritorie* zugrunde, deren Endung den Übergang des Wortes zu den femininen Subst. erklärt; vgl. Gg., Bibl. Arch. Rom., Serie II, 2, S. 30.

écriture „Schrift“
afrz. *escriture*, 12. Jh., auch „Geschriebenes“, „Malerei“, s. *écrire*, aus lat. *scriptura.*

écrivain „Schriftsteller"
12. Jh., afrz. „Schreiber", aus vlat. *scrība*, Acc. *scribane*, für lat. *scriba*, *scribae* (declinatio semigraeca); REW 7744.

écrou 1. „Schraubenmutter"
14. Jh. *escroue*, im 9. Jh. als *scrofa* „Schraubenmutter" im Pol. St. Germain belegt, ist Kreuzung von lat. *scrōfa* „Sau", mit vlat. **scroba* (lat. *scrobis*) „weibliche Scham", daher „Schraubenmutter", vgl. frz. *vis femelle* dass., aus dem westgermanisches **skrûba* entlehnt ist; vgl. auch in der ursprünglichen Form *scrova* in der Lex Salica, Diez 567.
Ohne Einfluß von *scrobis* unmittelbar aus *scrofa*, Baist, RF 22, 629; Jud, ASSL 120, 94 f.; Koukal 56. Jb. Realschule Wien 4, 23 f.; REW 7748; Bl.-W. 212 trennt das germanische Wort von dem romanischen; *scroba* als lateinische Form für mundartliches *scrofa*, belegt Graur, Rom. 54, 507, aus Corp. Gloss. V, 331; s. dazu Barbier, BDR 4, 17.
2. „Pergamentrolle" va.; „Verbrecherliste"
12. Jh. *escroe* „Stück", „Streifen", dann *escroe de parchemin*, daher seit dem 13. Jh. belegtes *escroe* „Pergamentstreifen"; aus fränkisch **skrôda* (mndl. *schroode* „Abschnitt, abgeschnittenes Stück"), das über *escroee* zu *escroe* wurde, vgl. *roue*. Dict. gén.; zu *écrou* in der Bedeutung „Verbrecherliste" seit dem 17. Jh. **écrouer** „in die Verbrecherliste eintragen", „ins Gefängnis einliefern"; Bl.-W. 212; s. Lecoy, Etymologica 487.
Zu lat. *scrobis*, s. *écrou* 1, REW 7747, läßt afrz. *escroe* „Abschnitt" außer acht; auch nicht zu *scrofa* „Sau", bzw. *„Schraubenmutter", Jud, ASSL 120, 95.

écrouelles 1. „Skrofeln"
13. Jh., aus vlat. **scrōfella* für lat. *scrofula* dass. Diez 567; REW 7749.
**scrobella*, Barbier, BDR 4, 17, ist nicht nötig.
2. „Flohkrebs"
steht für **écrevelle*, d. i. mit Suffixwechsel umgebildet aus *crevette*, *écrevisse*, in westfrz. Form, vgl. Sainéan, ZRP 31, 161 f.

écrouir „kalt hämmern", „schmiedehart machen"
17. Jh., ist vielleicht ostfrz. Form für **écruir* zu *cru* „roh" oder *écru*, vgl. *fer écru* „schlecht gegossenes Eisen", s. d.
écrouler s. *crouler*.

écru „roh", „im ursprünglichen Zustand"
13. Jh., ist unorganische Weiterbildung von *cru*, vgl. *échafaud* u. ä.; vgl. auch *écrouir*.

écrue „Anwachsen"
13. Jh., ist subst. Part. von afrz. *escroistre* „anwachsen" aus lat. *excrēscĕre* dass.

écu „Schild", „Taler"
12. Jh., aus lat. *scūtum*. REW 7759; dazu **écuage**, 12. Jh. *escuage* „Verpflichtung des Lehensmanns zur militärischen Dienstleistung", auch „Loskaufsumme".

écuanteur „Neigung der Radspeichen gegen die Radnabe"
19. Jh., ist Abl. von *écuanter*, vgl. Maine *équanter* „den Radspeichen die gehörige Neigung geben", dazu *équantage* „Neigung der Radspeichen gegen die Radnabe", poitev. übertragen *équagner* „nachgeben", „folgen"; d. i. Abl. von *écuant*, dieses Part. von *écuer* „die Radspeichen neigen", so Blois, Berry, das von *écu* „Schild" abgeleitet zu sein scheint. Dict. gén.

écubier „Klüsgat"
16. Jh. *escouve*, 17. Jh. *équibien*, *écubier*, schon im 14. Jh. *esquembieu*, Thomas, Rom. 33, 353, scheint aus spanisch *escoben* dass. entlehnt zu sein, dieses u. H. Dict. gén.; s. Cor. II, 350.

écueil „Klippe"
15. Jh. *scoigles*, 16. Jh. *escueil*, aus ital. *scoglio* dass., dieses angepaßtes genuesisches *sköğu*, nach dem Vorbild von ital. *foglio* neben gen. *föğğu*; das genuesische Wort lautgesetzlich entwickelt aus lat. *scopulus* „Fels am Meer", „Klippe". Die einheimische auf die lat. Grundlage zurückführende Form *scoppio* ist im Altumbrischen bezeugt, ebenso mundartlich in der Toscana und in Dalmatien; Vidos, 364; REW 7738.
Grundform **scoculu*, zuerst angesetzt von Gröber, ALL V, 461, nach Skok, Rom. 57, 473 mit Suffixtausch aus *scopulus* umgestaltet (wie *manuculum* für *manupulum*), ist ebenso unwahrscheinlich wie **scoclus* aus *scopulus* + *cotulus* „Kieselstein", Brüch, ZFSL 50, 341; Regula AR 12, 276, da eher eine Dissimilation von **scoclu* zu *scoplu* in der Tendenz des Romanischen läge als die entgegengesetzte Assimilation; s. auch Bl.-W. 212; Diez 287; d'Ovidio, AGI 13, 434.

écuelle „Schüssel"
12. Jh. *escuele*, aus vlat. *scūtella*, das bei Venantius Fortunatus, dann bei Servius zu Vergil, Aeneis 2, 324 mit langem *-ū-* gemessen wird; dieses ist Kreuzung von *scūtum* mit *scŭtella* „Schüssel"; Gröber, ALL 5, 462; REW 7756.
Dazu seit dem 18. Jh. die dem. Abl. **éculon** „Schale" (aus Kupfer oder Holz zum Wachseingießen).

éculer 1. „in der Schüssel auftragen", „Wachs in Formen gießen"
12. Jh. *escueler*, ist Abl. von afrz. *escuele* „Schüssel", s. *écuelle*.
2. „die Stiefel schieflaufen", „abtreten"
16. Jh., für älteres *aculer* derselben Bedeutung, lebt als *aculer* heute norm., ist Abl. von *cul* „Hinterer", scherzhaft auf die Stiefelabsätze übertragen.

écume „Schaum"
11. Jh., afrz. *escume*, auch „Geifer", „Schleim", „Schlacke"; dazu 13. Jh. *escumer* „schäumen", „geifern", „abschäumen", frz. **écumer** „ab-

schäumen", „entschlacken" u. ä., entsprechend lat. *spumare* dass., aus grom. **s c ū m a*, in dem sich lat. *spūma* und fränkisch **skûm* „Schaum" kreuzen. Diez 286.
Aus altwestgermanisch **skûma* „Schaum", romanisiert vor dem germanischen Schwund der Auslautvokale, Brüch, ZFSL 50, 342; REW 8033 ist historisch unwahrscheinlich.
écuménique s. *œcuménique*.

écumeresse „Schaumkelle"
18. Jh., ist Femininum zu adjektivischem **escumerez* „zum Abschäumen bestimmt", steht also für *escuelle escumerece* „Schaumkelle"; dieses ist *-ariceus*-Abl. von *écume* „Schaum", s. d.

écurer „vollständig reinigen"
12. Jh., aus vlat. **e x c ū r a r e*, das sich aus belegtem *excuratus* „wohlgepflegt" erschließen läßt, Gröber, ALL 6, 387; REW 2991; vgl. *écrier* 2.

écureuil „Eichhörnchen"
11. Jh. *escurel*, 12. Jh. *escuriuel*, aus grom. *s c ū r i o l u s*, d. i. dem. Abl. von vlat. *scurius* aus gr. σκίουρος dass.; REW 8003; Diez 287; Jud, VR V, 183; dazu die dem afrz. *escuriuel* unmittelbar entsprechende Form **écurieu,** die als Ausdruck der Wappenkunde in den Wörterbüchern zu finden ist.

écurie „Pferdestall"
13. Jh. *escuierie* „Knappenschaft", ist Abl. von *écuyer* „Knappe", s. d.; bezeichnet im 15./16. Jh. den Dienst, den die Knappen im Dienst eines Prinzen in der Pflege der Pferde zu leisten hatten, daher noch bei Montaigne *escuyer d'escuirie,* eigentlich „Knappe beim Pferdedienst"; so nach Bl.-W. 213.

écusson „Wappenschild", „Schüsselchen", „Okulierschild" u. ä.
14. Jh., ist dem. Abl. von lat. *scūtum* „Schild", also ein grom. **s c ū t i o n e*, s. *écu*; dazu seit dem 16. Jh. die Abl. **écussonner** „mit dem Schildchen okulieren". Diez 567; REW 7759.

écuyer „Knappe", „Stallmeister", dann „Mitläufer" (junger Hirsch), „Baumstütze", „Treppen-Anhaltholz" u. ä.
13. Jh., aus lat. *s c ū t a r i u s* „Schildträger". REW 7755.

eczéma „Hitzblatter"
18. Jh., aus lat. *(e c z e m a)*.

éden „Paradies"
18. Jh., aus hebräisch *ᵉ ê d e n* „Garten".

édicter „durch ein Edikt kundgeben"
14. Jh. *editer,* ist Abl. von lat. *(edictum)*, s. *édit*.

édifice „Gebäude"
12. Jh., aus lat. *(a e d i f i c i u m)*.

édifier „erbauen"
12. Jh., ist in der materiellen Bedeutung im 17./18. Jh. untergegangen, Br. 4, 269, aus lat. *(a e d i f i c a r e)*, vgl. *affier* 2.

édile „Aedil"
13. Jh., aus lat. *(a e d i l i s)*.

édit „Edikt", „Anordnung"
13. Jh., aus lat. *(e d i c t u m)*.

éditer „herausgeben"
19. Jh., ist Neubildung nach dem Stamme von *édition* „Ausgabe", das schon im 13. Jh. aus lat. *(e d i t i o n e)* entlehnt wurde.

édosser „den Bodenwuchs eines Grundstückes mit den Wurzeln ausheben, um ihn zu verpflanzen", „das Wasser auf der Aasseite der Felle ausdrücken"
18. Jh., ist Abl. von *dosse* „Baumschwarte", bedeutet also der Bildung nach ursprünglich „abschwarten".

édredon „Eiderdaunen"
1700, aus frühneuhdt. *e j d e r d u n*, das aus dem Isländischen stammt, vgl. *duvet*; Kluge, s. Eider.

éducation „Erziehung"
15. Jh., aus lat. *(e d u c a t i o n e)*.

édulcorer „versüßen"
17. Jh., aus mittellat. *(e d u l c o r a r e)*; dieses ist literarisierende Abl. von frz. *douceur,* s. d.

efendi „Effendi"
17. Jh., aus türkisch *e f f e n d i*, dieses Formel der höflichen Anrede, eigentlich „mein Herr", aber auch bei der Ansprache von Frauen (wie prov. *midons*); stammt selbst aus gr. αὐθέντης „unumschränkter Herr"; Littmann 107; König, ZRP 60, 377.

effacer „verschwinden machen"
12. Jh., afrz. *esfacer* „tilgen", „auslöschen", „entstellen", intransitiv „erlöschen", „schwinden", ist schon vorhistorische Abl. von *face* „Antlitz", s. d. Renson 282.
effaner s. *fane*.

effarer „in Bestürzung setzen"
14. Jh., ist Abl. von afrz. 12. Jh. *esfreé*, *esfraé* „heftig erregt", „erschrocken" und dieses zu *effrayer*, s. d. Dict. gén.; REW 3008. Die Umstellung von *esfraër* zu *esfarer* vielleicht in Anlehnung an *farouche*.
Zu lat. *ferus*, über *esferé*, das Ende des 12. Jhs. in der Bedeutung „scheu", „erschrocken" belegt ist, ist lautlich schwierig und bei der begrifflichen Gleichheit mit *esfreé, esfraé* auch sonst unwahrscheinlich; Diez 567; Bl.-W. 213.
effautage s. *effûtage*.

effectuer „durchführen"
15. Jh., aus mittellat. *(e f f e c t u a r e)*, d. i. Abl. von lat. *effectus* „Wirksamkeit", *effectuosus* „wirksam" u. ä.

effélure „Lederabfälle", „Leimleder"
19. Jh., ist Abl. von afrz. *esfeler* „spalten", „brechen", s. *fêler*. Dict. gén.

efféminer „verweichlichen"
12. Jh., aus lat. *(e f f e m i n a r e)*.

effervescence „Aufbrausen"
17. Jh., ist Abl. von lat. *(e f f e r v e s c ĕ r e)* „aufbrausen".

effet „Ergebnis", „Wirkung"
13. Jh., pluralisch „Kleider", „Wäsche", im

16. Jh. „beweglicher Besitz", aus Verbindungen wie *des effets d'équipement* „das Erreichte an Ausrüstung", aus lat. (*effectus*) „Wirkung" s. *effectuer*, zu *efficere* „zustandebringen" u. ä. Baldinger, ZRP 67, 24.

efficace „wirksam"
13. Jh., aus lat. *(efficace)*.

effigie „Bildnis"
15. Jh., aus lat. *(effigies)*.

effiler 1. „ausfädeln"
16. Jh., ist Abl. von *fil* „Faden", s. *enfiler*.
2. „verdünnen", „schwächen"
ist mit Präfixwechsel umgebildetes *affiler*, eigentlich „zu einem Faden machen", s. d.; wegen des Präfixwechsels vgl. *éculer* 2.

effilocher „ausfasern"
18. Jh. auch *effiloquer*, ist Abl. von *filoches*, norm. *filoques* „die von einem ausgefaserten Stoffstück herabhängenden Fäden", d. i. Abl. von *fil* „Faden", s. d. und *filoche*.

effleurer „leicht berühren", „(Erde) auflockern", „(ein Thema) streifen" u. ä.
16. Jh., dazu im 13. Jh. *esfloré* „der Blüte beraubt", über *„den Flaum wegnehmen" die nfrz. Bedeutung; Bl.-W. 266.

efflorescent „aufblühend"
18. Jh., aus lat. *(efflorescente)*.

effluve „Ausströmung"
18. Jh., aus lat. *(effluvium)*.

effondrer „untergraben", „einstoßen"
12. Jh., aus vlat. **exfŭndĕrare* „den Boden einstoßen", d. i. Abl. von vlat. *fundus, fundere* für lat. *fundus, -i*, s. *fond;* vgl. d. F.; REW 3009.

effondrilles „Bodensatz", „Grieben"
für älteres *fondrilles*, 11. Jh. bzw. 16. Jh., aus vlat. **fŭnderīlia* zu vlat. *fundus, fundere* „Boden", s. *fonds* und *éffondrer*.

efforcer refl. „sich anstrengen"
11. Jh., afrz. „zu etwas zwingen", „Gewalt antun", refl. „sich anstrengen", dazu prov. *esforsar*, mit den Bedeutungen des afrz. Wortes „stark machen", „befestigen" u. ä., aus grom. **exfortiare*, d. i. nach *é-* 3 verstärktes **fortiare*, s. *forcer*; dazu 12. Jh. das postverb. Subst. *esforz* „Anstrengung", „Kraft", frz. **effort.**

effraction „Einbruch"
16. Jh., gelehrte Bildung zu dem Stamm von lat. *effractura* u. ä., dass.; Bl.-W. 214.

effraie „Schleiereule"
16. Jh., ist in Anlehnung an *effrayer* volksetymologisch umgedeutetes *orfraie*, das noch heute als „Schleiereule" auf weiten Gebieten im Zentrum lebt, aber ursprünglich den Fischadler bezeichnet, s. d.

effrayer „erschrecken"
12. Jh. *esfroie-esfreer*, daher seit dem 12. Jh. das postverb. Subst. *esfroi*, heute **effroi** „Entsetzen"; dann afrz. in Anlehnung an die Verba mit stammhaftem *-a-*, mit denen *esfreer* in den endungsbetonten Formen reimt, *esfreer-esfraie*, endlich analogisch *esfraier-esfraie*, aus dem die literarische Form entstand; vgl. auch *délayer* „auflösen"; aus grom. **exfretare*, d. i. Abl. von grom. *fretus* „Strafe für Verletzung der Rechtsordnung", „Strafzahlung", das in der Lex Salica belegt ist; ursprünglich bedeutet **exfretare* also „die Strafzahlung eintreiben"; zugrunde liegt frk. *friþu* „Friedensgeld", d. i. „der Teil der Buße, welcher an die öffentliche Gewalt gezahlt wird"; gehört zu den ältesten fränkisch-romanischen Rechtsausdrücken; Gg. RG I, S. 166; s. *effarer*.
Zu einem fränkisch-romanischen **exfridare* „aus dem Zustand des Friedens bringen", ist in der historischen Überlieferung nicht begründet; genügt auch nicht prov. *esfredar;* Foerster, ZRP 6, 109; Mackel 92; FEW III, 293; auch nicht zu *frigidus* „kalt", Diez 588.

effréné „zügellos"
12./13. Jh., aus lat. *(effrenatus)*.

effriter 1. „(den Boden durch Überkultur) aussaugen"
1700, dafür im 13. Jh. *effruiter* „der Frucht berauben", bourb. *efruter* dass., ist Abl. von *fruit* „Frucht", s. d.; vgl. dazu die ältere Abl. *défricher*. Dict. gén.
2. „zerstäuben"
19. Jh., ist Abl. vom Stamm von *friable* „zerreibbar", s. d. Dict. gén.

effronté „unverschämt", „unverschämte Person"
13. Jh., ist Verbaladjektiv zu afrz. *esfronter* „den Schädel einschlagen", 12. Jh., dieses nach den Verben mit dem *es*-Präfix, die ein ‚Zerbrechen' u. ä. ausdrücken, wie z. B. *esfraindre* „zerbrechen", umgebildet aus afrz. *afronter* „niederschlagen", dann übertragen „zuwiderhandeln"; zu diesem das Verbaladjektiv afrz. *afronté* „unverschämt", das die Umbildung von *afronter* zu *esfronter* mitmacht.

effroyable s. *effrayer*.

effumer s. *fumer*.

effusion „Ausguß"
12. Jh., aus lat. *(effusione)*.

effûtage „untaugliches Daubenholz"
1700, ist Abl. von einem nicht belegten **effûter* „ausholzen", d. i. Abl. von *fût*, s. d.; dazu mit Anlehnung an *faute, fautif* die Nebenform *effautage* dass.

éfourceau „Blockkarren"
18. Jh., u. H.

égail s. *aigail*.

égal „gleich"
12. Jh., afrz. auch *evel, ivel* u. ä., aus lat. *(aequalis)*, in halbgelehrter Entwicklung, REW 238; dazu seit dem 13. Jh. die Abl. **égaler** „gleichmachen"; seit dem 15. Jh. **égaliser** dass.

égalité „Gleichheit"
17. Jh. für älteres *equalité*, afrz. auch *ivelté, egalté*, aus lat. *(aequalitate)* in Anleh-

nung an die Entsprechungen von *aequalis*, s. *égal*.

égard „Achtung", „Rücksicht"
12. Jh., *esgart* „Anschauen", „Aufmerksamkeit", „Bedacht", auch „Urteil", „Beschluß", ist postverb. Subst. von afrz. *esgarder* „schauen", „achten", „prüfen", „überlegen" u. ä., 11. Jh., d. i. nach *é-* 3 verstärktes *garder*, in der ursprünglichen Bedeutung „Sorge tragen für", s. d.; REW 9502.

égarer „irreleiten", „verlegen", refl. „sich verirren"
afrz. durch das Verbaladjektiv *esgaré* für das 11. Jh. gesichert, „in die Irre führen", absolut „irregehen", aus grom. **exwarare* „der Obhut entziehen", d. i. nach *é-* präfigiertes **warôn* „in Obhut nehmen", s. *garer*; zu REW 9508; Bl.-W. 287.
égarrotter s. *garrot*.
égayer s. *aigayer*.

églantier „wilder Rosenstock"
12. Jh. *eglentier, aiglentier*, ist mit dem Sträuche und Bäume bezeichnenden Suffix *-arium* einreihend erweitertes gleichbedeutendes afrz. *aiglent, eglent*, aus grom. **aculentus*, eigentlich „stachelig", d. i. in Anlehnung an *spinulentus* „dornig" abgeleitet von lat. *acus* „Nadel", *aculeus* „Stachel", s. *aiguille, aiguillon*. G. Paris, Rom. 13, 132.
Kaum **aquilentus*, REW 584; FEW 118 f,; Brüch, ZFSL 50, 343, nach *aquifolium*, da **aquilentus* „reich an Wasser" bedeutet hätte; oder **acuculentus*, Diez 504. Dazu seit dem 16. Jh. die ursprünglich adj. Abl. **aiglentine** „Heckenrose"; vgl. Ochs, Bez. wilden Rose, GB I, 10 ff.; Roll. Fl. 5, 222.
églefin s. *aigrefin*.

église „Kirche"
11. Jh., aus vlat. *(eclesia)*, das so in lateinischen und griechischen Inschriften belegt ist, für lat. *ecclesia*, das seit dem 3. Jh. in der Bedeutung „Kirchengebäude" überliefert ist; dieses aus gr. ἐκκλησία τοῦ θεοῦ „die von Gott berufene Gemeinde", s. Jud, BK 9 ff.; frz. *église* ist umgelautet aus *eglesie*, vgl. afrz. *Grice* aus *Graecia*, als *ecclisia* seit dem 7. Jh. in Merowinger Urkunden geschrieben, s. Schuchardt ZRP 25, 345; REW 2823; Meyer-Lübke, Einführung, 3. Aufl. 172; Aebischer RDiR 27, 119; Jud, RLiR 10, 1 f.

églogue „Hirtengedicht"
15. Jh., aus lat. *(ecloga)*.

égoger „Ohren und Schwanz eines Kalbfells abschneiden"
17. Jh., u. H.
Zu **excuticare*, s. *écoucher*, Spitzer, ZRP 42, 25, ist lautlich nicht möglich, vgl. auch die Formen für **excussorium* „Dreschflegel" bei Jeanjaquet, BGPSR 4, 35, die nirgends ein -g- zeigen; außerdem hat **excuticare* vermutlich überhaupt nie bestanden, s. *écoucher*.

égoine „kleine Handsäge"
17. Jh., ist berrich., dazu norm. *égohaine*, ist Nebenform von *écoine*, s. d. Dict. gén.

égoiste „selbstsüchtig"
18. Jh., ist Abl. von lat. *(ego)* „ich".

égosiller 1. „sich müde singen", „schreien"
15. Jh., ist Abl. von mfrz. *gosiller* „zwitschern", d. i. Abl. von *gosier* „Kehle", s. d.
2. „die Kehle abschneiden"
15. Jh., ist Abl. von *gosier* „Kehle", wie gleichbedeutendes **égorger** von *gorge* „Kehle".

égout „herabtropfendes Wasser", dann „Dachfuß, auf dem die Rinne ruht", „Kanal", „Schleuse" u. ä.
13. Jh., ist postverb. Subst. von **égoutter** „abtropfen lassen", refl. „ablaufen", d. i. seit dem 13. Jh. belegte Abl. von *goutte* „Tropfen", s. d.
égrain s. *égrin*.
égrainer s. *égrener*.

égratigner „kratzen", „aufritzen"
12. Jh. *esgratiner*, die *-gn*-Form wie in *échigner*, s. d., ist Abl. von *gratiner* dass., dieses dem. Abl. von *gratter*, s. d.

égravillonner „die Wurzeln eines zu verpflanzenden Baumes von der Erde reinigen"
1700, ist Abl. von *gravillon* „Rollsplitt", d. i. dem. Weiterbildung von afrz. *gravele* „Kies", auch „kiesige Erde", s. *gravelle*; vgl. dazu im 16. Jh. *esgraver* „den Kies aus der Baumgrube entfernen".

égravoir „Spitzbohrer"
18. Jh., mit Präfixwechsel aus **engravoir*, d. i. Werkzeugsableitung von *engraver* „einschneiden", s. d.
égrefin s. *aigrefin*.

égrener „entkernen", „riffeln"
12. Jh. *esgrainer*, aus vlat. **exgranare* zu belegtem *egranatus* „ausgekernt", zu *grain, graine*.

égrenoire „kleiner, niedriger Käfig"
1700, auch *égrainoire*, scheint aus afrz. *escriegne, escraigne, escraine* „mit Stroh oder Rasen zugedeckte Hütte, deren Wände aus in der Runde aufgestellten oder zueinander gebogenen Stäben besteht" und *noire* „schwarz" zusammengesetzt zu sein; vgl. wall. *eskrienne* „Abendwachen", dazu *eskrenie* „Licht während der Abendwache", rouchi *ecrène* „Spinngesellschaft"; dieses aus fränkisch *screona, screuna*, das in der Bedeutung „unterirdisches Gemach, Sammelplatz der Weiber und Kinder für die Abendzeit" wiederholt belegt ist; Diez 574, REW 7743; van Helten, PBB 25, 396 f.; Gg. RG I, S. 188; *égrenoire* könnte auch *-oria*-Abl. von dem angeführten *escriegne* sein. Dict. gén.

égrillard „ausgelassen"
16. Jh., *esgrillard* „Straßenräuber" (der den Passanten auflauert und dann verschwindet), dieses zu norm. *égriller* „gleiten", „schlittern", „unversehens dasein", aus anord.

**s k r i d l a* „auf Schneereifen gleiten", Bl.-W. 215.

égrilloir „Wasserschutzwehr", „Teichrechen"
17. Jh., ist Weiterbildung von gleichbedeutendem *écrille,* vgl. B. Maine *ékrij* „Teichabfluß", doch mit dem Wortanlaut des etymologisch identischen *grille,* s. d.
Kaum mit Dict. gén. zu norm. *égriller, écriller* „schleifen", „ausgleiten", s. *égrillard.*

égrin „sauere Frucht" va.; „Apfel-, Birnensämling"
11. Jh. *aigrum* „Säure", „bitteres Gemüse", aus vlat. **a c r ū m e n* „sauere Frucht", d. i. Abl. von *acer,* s. *aigre.* Thomas, Ess. 285; REW 115.

égriser „die rohen Diamanten aneinander reiben", „glattschleifen"
16. Jh., ist Abl. von **gruiser* „zermalmen", aus gleichbedeutendem ndl. *g r u i z e n,* ist die eigentlich zentralfranzösische Form für *égruger,* s. d. und *gruger*; Dict. gén.; Valkhoff 154.
Zu germ. **gris-* „knirschend reiben", nach ostfriesisch *grîselen* „stark drückend reiben", Braune, ZRP 36, 707 Anm. 3, ist wegen des späten Auftretens des Wortes nicht möglich.

égruger s. *gruger.*

eh s. *hé.*

éherber s. *esherber.*

eider „Eidergans"
18. Jh., von den Feroë-Inseln als *aedhar* nach Skandinavien und Deutschland gebracht, von dem Dänen Olans Worm 1655 ins Neulateinische als *Eider* umgesetzt, wird in Frankreich erst im 18. Jh. bekannt; Arveiller, Fr. mod. 31, 103; Dict. gén.

eissaugue s. *aissaugue.*

éjecter „auswerfen"
19./20. Jh., aus lat. *(e j e c t a r e),* s. *jeter.*

éjaculer „ausspritzen"
16. Jh., aus lat. *(e j a c u l a r i).*

élaborer „verarbeiten"
16. Jh., gilt im 17. Jh. als veraltet, Br. 3, 110, aus lat. *(e l a b o r a r e).*

élaguer „(die Zweige eines Baumes) abhauen", „ausmerzen", „abkürzen"
15. Jh. *eslavé,* auch *allaguer,* im 16. Jh. in der literarischen Form, ist in Westfrankreich und dem Zentrum zu Hause, vgl. norm., Pléchatel, B. Maine *élayer,* H. Maine *elaiger,* kann daher nicht zu ahdt. *lâh* „Einschnitt am Baum" gehören; Diez 567; REW 4851; H. u.
Zu norw. *lag* (anord. *lag*) „Lager", „Zustand", „Ordnung", anord. *laga* „ordnen", Bl.-W. 215, ist begrifflich schwer verständlich.

élaiser „gleichhämmern"
12. Jh. *eslaisier* „verbreitern", „erweitern", aus grom. **e x l ā t i a r e,* d. i. Abl. von *lātus* „breit"; s. *alléser* 2; REW 4926.

élan 1. „Anlauf", „Aufschwung"
15. Jh., ist postverb. Subst. von **élancer** „vorwärtsschnellen", refl. „sich stürzen", „schlank werden"; die Reflexivkonstruktion 12. Jh., sonst seit dem 16. Jh. belegte Abl. von *lancer,* s. d. REW 4879.
2. „Elentier"
15. Jh. *hellent,* aus mhdt. *e l e n.* Diez 568; REW 2840; Behrens, DS 33.

élargir s. *large.*

élastique „elastisch"
17. Jh., aus neulat. *(e l a s t i c u s),* d. i. Abl. von gr. ἠλάσθην zu ἐλαύνειν „in Bewegung setzen". Dict. gén.

élaver „verwaschen"
dann in *poil élavé* „falb", 12. Jh., aus vlat. **e x l a v a r e* „auswaschen", afrz. *eslaver* „waschen", „wegwaschen", s. *laver.*

elbeuf „feines Tuch"
18. Jh., nach dem Namen des Ortes *Elbeuf* im Dep. Seine-Inf., dessen Tuchfabrikation berühmt ist. Dict. gén.

eldorado „fabelhaftes Goldland", „Land der Glückseligen"
17. Jh., aus spanisch *el dorado (país)* „das goldene Land", d. i. Part. von *dorar* „vergolden", s. *dorer.*

élection „Wahl"
12. Jh., aus lat. *(e l e c t i o n e).*

électrique „elektrisch"
17. Jh., aus neulat. *(e l e c t r i c u s),* d. i. Abl. von lat. *electrum* „Bernstein".

élef „Flut"
mundartlich „Erhebung", 18. Jh., ist postverb. Subst. von *s'élever* „sich erheben", s. d.

élégant „elegant"
12 Jh., gebräuchlich seit 15. Jh., lebt bis ins 18. Jh. in der Bedeutung „schmuck", „reizvoll", besonders von Stil und Sprache, dann von der Kleidung, bezeichnet daher seit Ende des 18. Jhs. den Stutzer, Usinger, GB 4, 21 f.; aus lat. (*e l e g a n s, -ante)* „gewählt", „geschmackvoll"; Bl.-W. 216.

élégie „Elegie"
1500, aus lat. *(e l e g i a).*

élégir s. *allégir.*

élément „Element"
10. Jh., aus lat. *(e l e m e n t u m).*

élémi „Elemiharz"
1600, aus spanisch *elemi,* dieses aus arabisch *a l - l ā m î* „amyris elemifera L."; Lam. 263.

éléphant „Elefant"
12. Jh., afrz. gewöhnlich *olifant,* für das Tier 12. Jh., für „Elfenbein", „Horn aus Elfenbeit" 11 Jh., aus lat. *(e l e p h a n t e).*

élévation „Erhebung"
13. Jh., aus lat. *(e l e v a t i o n e).*

élever „erheben", „erhöhen" „(Mauer) aufrichten"
12. Jh. *eslever* „emporheben", „(Wild) aufjagen", refl. „übermütig werden", absolut „anschwellen"; zu *élever* in der Bedeutung „aufziehen" **élevage** „Züchtung", „Viehzucht", 19. Jh., ferner, in Nachbildung von ital. *allievo,* frz. **élève** „Schüler"; seit dem 19.

Jh. in rein französischer Entwicklung *élève* „Zucht“, „Nachwuchs“ u. a.; aus vlat. *exlevare* für *elevare* dass.; Bl.-W. 366.

elfe „Elfe“
zuerst im 16. Jh. belegt für Elfen in Schottland, gleichzeitig in einer schwedischen Darstellung ‚de Elvarum ... nocturna chorea‘, Arveiller, Fr. mod. 18, 234, dann erst im 19. Jh.; zunächst aus englisch *elf*, die zweite Entlehnung vermutlich aus dt. *„Elfe“*; Barbier, RPh. I, 287; Bl.-W. 216.

élider „(den Endvokal) abwerfen“
16. Jh., aus lat. *(elīdĕre)* „herausschlagen“.

élier „Wein abziehen“
19. Jh., ist Abl. von *lie* „Weinhefe“, bedeutet also der Bildung nach ursprünglich „die Hefe ausscheiden“.

éligible „wählbar“
13./14. Jh., ist Abl. von lat. *(elĭgĕre)* „wählen“.

élimer 1. „abnützen“
13. Jh. „abfeilen“, ist Abl. von *limer*, s. d.
2. „(den Falken) purgieren lassen“
17. Jh., aus lat. *(elimare)* „reinigen“, eigentlich „ausfeilen“, s. *élimer* 1.

éliminer „entfernen“
15. Jh., aus lat. *(elīmĭnare)* „von der Schwelle weisen“.

élingue 1. „Schleuder“
12. Jh., ist mundartlich, norm. pik., postverb. Subst. von afrz. *eslinguer* „schleudern“, aus anord. *slyngva* dass., s. Falk-Torp 1071; wegen des Fehlens einer afrz Form **eslinge*, **eslingier* nicht aus dem Fränkischen, Bl.-W. 216, auch nicht ahdt. *slingan*, REW 8027a; Diez 295.
2. „Seil mit doppelter Schlinge“
17. Jh., aus englisch *sling* „Tau mit Schlinge“; dazu seit dem 17. Jh. die Abl. **élinguet** „Sperrkegel“; in der gleichen Bedeutung auch *linguet*, 17. Jh., auch *ginguet* u. a., bezeichnet eine mechanische Vorrichtung, um einen in Bewegung befindlichen Gegenstand aufzuhalten; dazu 1678 *hinguet*, nach Barbier, RLiR 10, 146, aus mndl. *hengel*, *hingel* „Scharnier“, „Gelenk“; doch ist die Weiterentwicklung unklar; keineswegs zu pik. *lingue*, *laingue* „Zunge“, s. *langue*, Behrens, Festschr. Förster 236 ff.; REW 5067, da ein pikardisches *linguet* „kleine Zunge“ nicht belegt zu sein scheint; vgl. *linguet*.

élire „auserwählen“
12. Jh. *eslire*, aus vlat. **exlĕgĕre* für lat. *eligere*, REW 2843; ist in der allgemeinen Bedeutung „auswählen“ seit dem 17./18. Jh. untergegangen. Br. 4, 269.

élision „Auslassung“
17. Jh., aus lat. *(elisione)* „Ausstoßung“.

élite „das Auserwählte“
12. Jh., ist subst. Part. von *élire*, s. d.; dazu im 18. Jh. das heute wieder veraltete **éliter** „das Beste aussuchen“, dann „(den Warenvorrat) entwerten“.

élixir „Elixir“
13. Jh. *eslissir*, aus arabisch *al-iksîr* „Stein der Weisen“. Lam. 104.

elle „sie“
9. Jh., aus lat. *ĭlla*.

ellébore „Nieswurz“
13. Jh., aus lat. *(elleborus)*; vgl. *aliboron*.

elléborine „kleine Nieswurz“
16. Jh., aus lat. *(elleborine)*.

ellipse „Auslassung“, „Ellipse“
16. Jh., aus lat. *(ellipsis)*.
elme s. *feu*.

élocher „erschüttern“, „umstürzen“ va.; refl. „den Glashafen von der Bank ablösen“.
In der Wortfamilie treffen verschiedene Grundlagen zusammen: 1. afrz. *eslochier* „von der Stelle rücken“, „herabreißen“, „schütteln“, dann mit *dis-* für *ex-* afrz. *deslochier* „ausrenken“, 12. Jh., dann rückgebildet afrz. *lochier* „schütteln“, refl. „in Schwung geraten“, „baumeln“, „wackeln“, gleichfalls 12. Jh. 2. lat. **delocare* „verrenken“, zu erschließen durch belegtes *delocatio* „Verrenkung“, Ausdruck der Chirurgie, dazu prov. *delogar* „ausrenken“; dann mit Ersatz von *ex-* durch *dis-* s. *dé-*, afrz. *desloier*, *desloer* „ausrenken“, absolut „aus dem Gelenk treten“, refl. „sich entfernen“; ebenso prov. *deslogar* „verrenken“. 3. *de(s)lok-*, afrz. 12. Jh. *deslochier* usf., s. o. 4. Typus **exluxare* „zu lat. *luxare* „verrenken“, „aus der Lage bringen“, afrz., 12. Jh., *esloissier* „ausrenken“, dazu erste Hälfte des 11. Jhs. *esloissedure* „Stelle, an der der Knochen aus dem Gelenk tritt“.
Die Gruppen 2 und 4 treffen in der Bedeutung „ausrenken“ zusammen. *Delocare* ist zum Teil volkstümlich entwickelt, s. Gruppe 2; als Ausdruck der Chirurgen tritt lat. *delocare* auch in halbgelehrter Form, nachdem *-c-* in *locum* sonorisiert war, in die Volkssprache, machte dann noch die Palatalisierung des *k-* vor dem *-a-* der Endung mit; seine Aufnahme in die Volkssprache fällt also etwa in das 7. Jh. Vgl. nun die heutigen Entsprechungen, deren Herkunft nicht immer eindeutig festzustellen ist. Vgl. boulogn. *élocher* „lockern“, Berry, Poitou *élocher*, Guernesey *eloquer*, norm. *élosser* „erschüttern“ u. ä., Touraine, Champagne, Morvan *élocer*, *élocher*, *éleucher* „straucheln“, burgundisch, Yonne, Auxerre *éloicher*, *élocher* „krümmen“, „brechen“ u. ä.
Zu ahdt. *loger* „locker“, Diez 677; Mackel 25, ist morphologisch und lautlich schwierig, s. REW 5104; aus anord. *sloka* „schlaff herabhängen“, Brüch, ZRP 39, 200, ist lautlich und begrifflich unbefriedigend; **exlocicare*, zu *locus*, *locare*, Tilander Rom. 52, 488, s. Lecoy Rom. 81, 385, ist morphologisch und lautlich

gleich unwahrscheinlich; norm. *élosser* ist Überliterarisierung eines als fremd empfundenen, selbst entlehnten *élocher*; die eigentlich norm. Form s. unter Guernesey *eloquer*; Grundform **exluxare* nach Rigal, RLR 22, 145.

élocution „Ausdrucksweise"
16. Jh., aus lat. *(elocutione)*.

éloge „Lobspruch"
16. Jh., aus mittellat. *(eulogium)* zu gr. εὐλογία.

éloigner „entfernen"
11. Jh. *esloignier*, ist vorhistorische Abl. von *loin*, s. d.

élonger „der Länge nach ausdehnen", „entlang sich bewegen"
12. Jh. *eslongier* „verlängern" u. ä., ist Abl. von *long* „lang", s. d., das afrz. auch als Präposition = „entlang" gebraucht wurde.
Dazu seit dem 18. Jh. die Abl. *(-aticium)* **élongis** „Langsahling", „Scherstöcke der Luken, die in der Länge des Schiffes liegen".

éloquence „Beredsamkeit"
12. Jh., aus lat. *(eloquentia)*.

élucider „aufhellen"
15. Jh., aus lat. *(elucidare)*.

élucubrer „durch fortgesetzte Arbeit fertigstellen"
19. Jh., aus lat. *(elucubrare)* „noch bei Licht arbeiten".

éluder „geschickt ausweichen"
16. Jh., aus lat. *(eludĕre)* dass.

élysée „Wohnort der Seligen"
14. Jh., aus lat. *(elyseum)*.

elzévirien „in der Art der Elzevirbücher"
17. Jh., nach dem Namen der holländischen Druckerfamilie *Elzevir*. Dict. gén.

em- „in-", „ein-"
als Präfix der Ortsangabe, ist die Entsprechung des Präfixes *en-* vor labialen Konsonanten, s. d.

émacié „abgezehrt"
16. Jh., aus lat. *(emaciatus)*.

émail „Schmelz"
12. Jh. *esmail*, ist nach dem Nominativ afrz. *esmauz* analogisch neugebildet für *esmaut*, das im Provenzalischen in dieser Form erhalten ist; aus fränkisch **smalt*, d. i. die fränkische Entsprechung des nhdt. *schmalz*, Ablaut zu fränkisch **smeltan* (ahdt. *smelzan)* „schmelzen", vgl. *émeut*; Diez 296; REW 8040.

émanciper „freigeben", „mündig sprechen"
14. Jh., aus lat. *(emancipare)*.

émaner „ausströmen"
14. Jh., aus lat. *(emanare)*.

émarger „den Rand beschneiden", „Randbemerkung machen" u. ä.
17. Jh., ist Abl. von *marge* „Rand".

embâcle „Anhäufung von Gegenständen", „Eisberge, die die Schiffahrt hindern" u. ä.
19. Jh., ist postverb. Subst. von **embâcler*, d. i. Weiterbildung von *bâcler* „verrammeln", vgl. *débâcler* neben *débâcle*.

emballer „einpacken", fam. „begeistern", „beschwatzen", refl. „sich begeistern", (vom Pferd) „scheu werden" u. ä.
14. Jh., ist Abl. von *balle* „Ballen", vgl. *mettre en balle*, dass.

embarbe „Schnur mit Öse, an der beim Musterweben die Litzen angebunden werden"
18. Jh., ist postverb. Subst. von einem nicht belegten *embarber* *„einfädeln", „anheften" (vgl. bei S. V. *embarber un pont* „in einen Brückenbogen hineinfahren"), das zu *barbe* „Widerhaken" oder ähnlicher Bedeutung gehört.

embarcadère „Ladeplatz", „Anlegestelle"
18. Jh., aus spanisch *embarcadero*, d. i. *-arium*-Abl. von *embarcar* „verladen" u. ä. zu *barco* „Schiff", s. *barque*. Vgl. *débarcadère*.

embarcation „kleines Ruderfahrzeug"
18. Jh., aus spanisch *embarcación*, vgl. *embarcadère*.

embarder „nach der Seite geschleudert werden", „dem Schiff eine drehende Bewegung geben"
17. Jh., aus nprov. *embarda* dass., eigentlich „den Schlamm aufwühlen"; *embarda* bezeichnet also ursprünglich die Trübung des Wassers, wenn das Schiff in untiefen Gewässern sich aus der Fahrtrichtung herausbewegt; *embarda* ist Abl. von nprov. *bard* „Schlamm", s. darüber *bardeau* 2; dazu 17. Jh. **embardée** „plötzliche Seitenwendung".

embargo „Beschlagnahme"
18. Jh., aus spanisch *embargo*, d. i. postverb. Subst. von *embargar* „mit Beschlag belegen", aus vlat. **imbarricare* zu *barra* „Querstange", s. *barre*. REW 4277.

embarquer „einschiffen"
16. Jh., im 15. Jh. französiert zu *embarchier*, aus spanisch *embarcar*, s. *barque*.

embarrasser „versperren", „in Verlegenheit bringen"
16. Jh., aus ital. *imbarrazzare*, d. i. pejorative Abl. von *imbarrare* „verrammeln" zu *barra* „Querholz", s. *barre* und *embargo*; oder aus spanisch *embarazar* „versperren" gleicher Herkunft; Baist, RF 32, 894; REW 963; FEW 260 a.

embarrer 1. „den Boden einstoßen", „einen Hebel unterlegen"
12. Jh., ist Abl. von *barre* „Stange", s. d. FEW 258 a.
2. „mit den Füßen über den Standbaum treten"
17. Jh., ist von *embarrer* 1 unabhängige Abl. von *barre* „Stange"; kaum aus ital. *imbarrare* „verrammeln", Dict. gén.

embas „der untere Teil eines Gegenstandes"
16. Jh., ist substantiviertes adverbiales *en bas* „unten", vgl. FEW 275 a.

embase „Grundmauer", „Schildzapfenscheibe", „Sitz des Rades auf der Achse" u. ä.

18. Jh., ist postverb. Subst. von im 17. Jh. belegtem, heute ungebräuchlichen *embaser* auf die Unterlage stellen", d. i. Abl. von *base* „Grundlage", s. d.; vgl. auch *soubassement.* FEW 275 b.

embassure „Ofenwand von der Diele bis zur Wölbung"
19. Jh., ist kollektive Weiterbildung von *embas* „unterster Teil", s. d.
embatage s. *embatre.*
embâter s. *bât.*

embattre „(Räder) beschlagen" u. ä.
12. Jh. „hineinschlagen", aus grom. **i m b a t - t ĕ r e*, d. i. Abl. von **battĕre* „schlagen", s. *battre.*

embaucher „als Arbeiter einstellen", „zum Heeresdienst verleiten"
16. Jh., ist Gegenbildung zu *débaucher* „von der Arbeit abhalten", s. dort und *ébaucher.*
embauchoir s. *embouchoir, bouche.*
embéguiner s. *béguin.*

embelle „Hals eines Schiffes"
17. Jh., ist substantiviertes adverbielles *en belle* „auf Oberdeck", s. *belle.*

embellie „kurzer Zwischenraum von schönem Wetter zwischen zwei Windstößen"
18. Jh., ist subst. Part. von **embellir** „schöner werden", dieses seit dem 12. Jh., abgeleitet von *bel* „schön", s. *beau.*

embérize „Ammer"
18. Jh., aus neulat. *(e m b e r i z a)*, dieses aus deutsch-mundartlichem *emberitz* dass. Behrens, DS 33.

emberlificoter „verwirren", „in Verlegenheit bringen" u. ä.
19. Jh., dazu **emberlucoquer** „sich etwas fest einbilden"; burleske Bildungen ohne eigene Wortfamilie, in die sich verschiedene ebenso isolierte Wortstämme ohne greifbare begriffliche Verwandtschaft einfinden; so *berlique — berloque*, s. *bernique*, vielleicht auch *berlue* u. a., s. Massignon, Mél. Dauzat 209; vgl. dazu schon im 14. Jh. *embireliquoquier, embrelicoquer, emberloquer* u. ä., bei Rabelais *emburelucoquer* „den Kopf mit Hirngespinsten anfüllen", zu *berlue* „Blendung", s. *bluette*, vgl. boulogn. *éberluer* „blenden", dazu *éberlifofé* „ungeschickt eilfertig", norm. *emberlificoter* „betören", „blenden", V. d'Yères *emberluquer* „Unruhe, Hindernisse verursachen", limusinisch *emberluca* „blenden"; dann mit Einwirkung von *bren* „Dreck", s. *berlique, bran,* norm. *embreninquer* „lästig fallen", V. d'Yères *emberniquer* „verrammeln" u. ä.; vgl. auch Sain. Rab. 2, 99; Sain. LPar. 312; Sources 2, 286.
Nach Bl.-W. 217 würde ein Schallstamm *bir-, pir-* die Grundlage bilden, s. *pirouette*, dann *coque* in der Bedeutung „wertloser Gegenstand"; ganz Unmögliches Spitzer, Rom. 70, 523.

embesogné „stark beschäftigt"
12. Jh., ist substantiviertes Partizip von afrz. *embesoignier* „beschäftigen", s. *besogne.*

embêter „stark langweilen"
19. Jh., ist Abl. von *bête* als Schimpfwort.

embichetage „Bestimmung der Größe der Oberplatte des Rädergehäuses einer Taschenuhr"
18. Jh. auch **embistage,** ist Abl. von einem nicht belegten **embicheter, *embister* „nachmessen", d. i. Abl. von *bichet* „Scheffel", s. d.; vgl. H. Maine *bicher* „eine Distanz nachmessen".

emblaver „ein Feld bestellen"
13. Jh., afrz. *emblaver, emblaiier* „Land besäen", dann übertragen „befruchten", „in Anspruch nehmen" u. ä., daneben afrz. *ablaver, ablaier* „mit Getreide besäen" ist Abl. von afrz. *blef, blé* „Getreide", s. d.; Levy, Rech. lex., s. ZFSL 58, 125; s. d. F.

emblayer „hemmen", „beschweren"
ist zuerst im 12. Jh. als Partizip *emblaé* „reich mit Getreide versehen", „überladen", „beschwert", „gehemmt" belegt, von der letzteren Bedeutung aus die Neubildung *emblaer* „überladen", „beschweren"; ist ursprünglich Abl. von *blé* „Getreide", also Doppelform zu *emblaver;* von der afrz. Nebenform *embleer* stammt der Marineausdruck **emblier** „viel Platz einnehmen". Dict. gén.
emble s. *amble.*

emblème „symbolische Figur"
16. Jh., aus lat. *(e m b l e m a).*

embler 1. „rauben" va.
heute erhalten in *d'emblée* „auf einen Griff", 10. Jh. *embler* „stehlen", aus lat. *i n v ŏ l a r e* „hineinfliegen", „ein Besitztum wegnehmen", Diez 568; REW 4538.
2. „mit den Hinterfüßen vorgreifen" s. *ambler.*

embobiner „aufspulen", „umwickeln" u. ä.
19. Jh., Abl. von *bobine* „Spule", s. d.

embobeliner „betören", „beschwatzen"
17. Jh., mundartlich in Anlehnung an *embobiner* auch „einwickeln", „bekleiden", ist Abl. von afrz. *bobelin* „dumm", „einfältig", subst. auch „Art Schuhe für Schäfer", dazu im 14. Jh. *souliers bobelinés* unklarer Bedeutung; zugrunde liegt der Schallstamm *bob-* „einfältig", afrz. auch *bobert, bobu* „einfältig"; Bl.-W. 218.

emboiser „durch Schmeicheleien betören"
13. Jh., ist Abl. von afrz. *boisier* „betrügen", aus grom. **b a u s i a r e*, d. i. Abl. von fränkisch **bausja* zu mhdt. *bœse* „Schlechtigkeit", „Betrug"; vgl. prov. *bauza* „Betrug", *bauzar* „betrügen"; Mackel 119; REW 1006; Brüch, ZFSL 50, 343.

emboîter „einschachteln", refl. „ineinandergreifen", dazu *emboîter le pas à qn* „jmd. auf dem Fuße folgen", daher fam. „nachäffen"
14. Jh. *emboister,* ist Abl. von afrz. *boiste* „Schachtel", „Büchse", s. *boîte.*

embolie „Arterienverstopfung"
19. Jh., aus gr. (ἐμβολή).

embonpoint „Wohlbeleibtheit"
15./16. Jh. *em point* wie *être en forme*; älter gesichert durch *empointier* „in eine gute Lage versetzen", 13. Jh.; im 12.—14. Jh. *en bon (mal) point* „gesund" (‚krank'), dazu subst. *empoint* „frisches Aussehen", namentlich im Sinne von Schönheit weiblicher Körperformen; im 16./17. Jh. herabsetzend von der Körperfülle gesagt; Fahlin, ZRP 62, 33; s. *point.*

embosser „quer vor Anker legen"
18. Jh., ist Abl. von *bosse* „Ankertaustopper", s. d.

emboucher „die Trense anlegen", „herausfüttern" u. ä.
14. Jh., „in den Mund (die Öffnung) einführen", dazu afrz. *mal embochié* „verstockt", „widerspenstig", s. *bouche*; dazu die normannische Entsprechung *embouquer* „(in einen Kanal) einlaufen".

embout „metallene Zwinge am Ende eines Stockes"
19. Jh., ist postverb. Subst. von seit dem 16. Jh. belegtem **embouter** „(am Ende) mit einer Zwinge, einem Reifen versehen", eigentlich „am Ende versehen", d. i. Abl. von adverbiellem *en bout* „am Ende", vgl. *embas.*

embouteiller „auf Flaschen abziehen"; „(Straße) verstopfen"; dazu **embouteillage** „Verkehrsstockung"
19. Jh., s. *bouteille.*

emboutir „ausbauchen", „mit Blechzieraten versehen".
14. Jh., u. H.

embrancher s. *branche* bzw. *embroncher.*

embraquer „ein Seil mit Gewalt anholen"
17. Jh., aus ital. *imbracare* dass., d. i. Abl. von *braca* „Schiffsseil", „Brooktau", s. darüber *brague*; Barbier, RDR 4, 72.

embraser 1. „ausschrägen"
s. *ébraser.*
2. „in Brand stecken"
12. Jh., ist Abl. von *braise*, s. d.

embrasser „umarmen"
12. Jh., aus vlat. **imbrachiare* zu *brachium* „Arm", s. *bras.* REW 1256.

embrayer „einen Maschinenteil einrücken" (indem man den Transmissionsriemen auf das Treibrad legt)
19. Jh., ist Abl. von *braiel* „Hosenriemen", aus gallisch *braca* „Hose", s. *braie, brague* und *breuil* 2. Dict. gén.; dazu im 20. Jh. **embrayage** „Kupplung".

embreler „eine Wagenladung festbinden"
14. Jh. *embraeler*, ist Abl. von afrz. *braiel* „Art Tau", s. *breuil* 2. Dict. gén.; vgl. auch *bretelle.*

embrener „besudeln"
16. Jh., ist Abl. von *bren* „Kot", s. *bran, berlique.*

embrever „tränken" va.; „einfalzen", auch *embreuver*, in der ursprünglichen Bedeutung „eintauchen"
12. Jh., afrz. *emboivre — embevrer* „eintauchen", „trunken machen", „tränken", „benässen", „füllen"; zeigt die gleichen Meinungen wie afrz. *emboivre* „einsaugen", „trunken machen", „tränken" u. ä., dieses aus lat. *imbibere*, intr. „in sich hineintrinken", dazu afrz. *embu* „durchtränkt", „erfüllt von etwas", das selbst Grundlage von frz. **embuer** refl. „ganz erfüllt werden von etwas" ist; dazu afrz. *embué* „feucht", „angelaufen", nfrz. „durchtränkt", „erfüllt von etwas"; *embevrer*, aus grom. **imbiberare* „in die Flüssigkeit (bibere) „eintauchen", s. auch *abreuver*; Bl.-W. 218.

embroncher „zur Erde neigen" va.; „verbergen", „Dachsteine so auflegen, daß jeder einzelne den vorhergehenden zum Teil bedeckt"
11. Jh., afrz. *embronchier* „(das Haupt) nach vorne neigen", „sich neigen" u. ä., aus vlat. **imprōnĭcare* zu lat. *pronus* „vorwärts geneigt", s. *broncher;* REW 6770.

embrouiller s. *brouiller.*

embrun „bedeckter, düsterer Himmel"
19. Jh., ist postverb. Subst. von *embruncher*, so norm. „düster werden" (vom Wetter), auch *embrunchir*, berrich. *embruncher* „verdunkeln", „verhüllen", daher bei Rabelais *ambrun* „Bedeckung", „Bekleidung", aus grom. **imbrūnĭcare* „braun, dunkel werden", d. i. Abl. von *brun*, s. d.
Über nprov. *embrum* zu *embruma* „mit Nebel bedecken", s. *brume*, Dict. gén., erklärt nicht die nordfrz. Formen vom Typus *embruncher*; doch könnte diesen ein von *bruma* „Winternebel" abgeleitetes **imbrumicare* zugrunde liegen; beide Bildungen sind morphologisch für das Galloromanische möglich.

embruncher s. *embrun.*

embu „nachgedunkelt" (Malerei), „verblaßt" eigentlich „(von der Nässe) angelaufen", s. *embrever.*

embryon „Embryo"
14. Jh., aus gr. (ἔμβρυον).

embûche „Hinterhalt"
13. Jh., ist postverb. Subst. von afrz. *embuschier* „in den Wald gehen", dann medial „sich verstecken", „einen Hinterhalt legen", d. i. Abl. von grom. **būsca* „Gehölz", s. *bûche;* vgl. auch *débûcher.* REW 1226.

embuscade „Hinterhalt"
16. Jh., ist Abl. von **embusquer** „einen Hinterhalt legen", 15. Jh.; dieses ist Kreuzung von gleichbedeutendem afrz. *embuschier*, s. *embûche*, und ital. *imboscare*; dieses Abl. von *bosco* „Wald", s. *bois*; dazu **embusqué** „Drückeberger", 1914 im Argot der Kasernen gebildet, als Gegensatz von ‚combattant', hat zwischen den beiden Kriegen den pejo-

rativen Wert abgeschwächt, Fournier, Fr. mod. 15, 291; Richter, ASSL 136, 270.

émender „verbessern"
13. Jh., aus lat. *(emendare)*.

émeraude „Smaragd"
12. Jh. *esmeralde*, aus vlat. *(smaraldus)* für lat. *smaragdus*. Diez 296; REW 8041.

émerger „emportauchen"
19. Jh., aus lat. *(emergĕre)*.

émeri „Schmirgel"
13. Jh. *esmeril*, aus ital. *smeriglio*; dieses aus mgr. σμερί (lat. *smyris*) dass. Diez 296; REW 8044.

émerillon „Lerchenfalke", „Schmerl"
12. Jh. *esmerillon*, ist dem. Abl. von afrz. *esmeril* aus fränkisch **smeril* (ahdt. *smirl*) dass., s. Kluge *Schmerl*, REW 8043; Roll. F. 2, 30; 9, 49; Bezzola 138.
Zu lat. *merula* „Amsel", Diez 296, ist nicht möglich.

émérite „ausgedient" va.
in dieser Bedeutung 14. Jh., seit 18. Jh. „hervorragend", „geschickt", aus lat. *(emeritus)* „ausgedienter Soldat", aber auch „einer, der sich um etwas verdient gemacht hat"; s. *mérite*; Bl.-W. 218.

émersion „Hervortreten"
17. Jh., aus lat. *(emersione)*.

émétique „Erbrechen erregend"
16. Jh., aus lat. *(emeticus)*.

émettre „ausgeben", „äußern"
15. Jh., aus lat. *(emĭttĕre)*.

émeut „Vogelmist"
14. Jh., ist postverb. Subst. von **émeutir** „misten", 12. Jh. *esmeltir*, *esmoutir*, afrz. besonders von Vögeln gebraucht, aus fränkisch **smeltjan* zu adänisch *smelte* „verdauen", anord. *melta* dass., vgl. *émonde* 2.
Ital. *smaltire* „Wasser abfließen lassen", ist davon unabhängige, auf gotisch **smaltjan* zurückführende Entlehnung, vgl. *émail*; s. Diez 296; REW 8039.

émeute „Aufregung", „Aufruhr"
12. Jh. *esmuete*, aus grom. **exmŏvĭta*, d. i. vorhistorisches femin. Part. von **exmovēre* „erregen", s. *émouvoir*.

émeutir 1. s. *émeut*.
2. „sich um ein Amt bewerben" (beim Malteserorden)
18. Jh., ist vielleicht Abl. von *émeute* in der im Afrz. belegten Bedeutung „Anstiftung", „Anregung", doch ist die Geschichte des Wortes dunkel.

émier „zerbröckeln", va.
12. Jh. „zerteilen", ist Abl. von *mie* „Krume", s. d.; dafür seit dem 15. Jh. zu *miette*, **émietter** dass., auch refl. „(sein Leben) verzetteln" u. ä.

émigrer „auswandern"
18. Jh., aus lat. *(emigrare)*; dazu seit dem 19. Jh. die Abl. **émigrette** „Art italienisches Spiel".

éminent „hervorragend"
13. Jh., aus lat. *(eminente)*.

émir „Emir"
13. bzw. 16. Jh., aus arabisch *amîr* „Anführer", „Prinz" u. ä. Lam. 105; Littmann 69; vgl. dazu *amiral*.

émissaire „Sendling"
17. Jh., aus lat. *(emissarius)* dass.; dazu nach lat. *caper emissarius*, frz. *bouc émissaire* „Sündenbock", d. i. ursprünglich der Bock, den die Juden am Versöhnungsfest in die Wüste sendeten, damit er die Sünden der Juden mit sich forttrage.

émission „Aussenden", „Ausgabe"
14. Jh., aus lat. *(emissione)*.

émissole „Glatthai"
wird im ältesten Beleg, 1554, als provenzalisch angegeben, aus nprov. *emissolo*, auch *meissolo*, *missolo*, vgl. dazu norm. *moutelle*, Pyr. or. *moustela de mar*, ferner valencianisch *muçola*, logudoresisch *mussola*, die eine Grundform **musteola* erschließen lassen; dieses mit Suffixwechsel aus *mustēla*, das lat. zur Bezeichnung eines fleckigen Seefisches, wahrscheinlich vom Geschlecht der Haifische überliefert ist; nprov. *missolo* ist also wohl Kreuzung von prov. **moissola* aus vlat. **mŭsteola* mit einem zweiten Wort, vermutlich nprov. *mito*, *mino* „Katze", vgl. nprov. *cat roukier*, frz. *chat rochier* für den gleichen Fisch. Roll. F. 3, 84; 11, 155 f.
Zu *maxilla*, s. *mâchoire*, Dict. gén., kaum ursprünglich; doch dürfte nprov. *meissolo* den Einfluß von *meissello* „Kinnbacke" zeigen; auch nicht zu lat. *nitēla* „Maulwurf" trotz *nissole* bei Cotgrave, Barbier, RLR 54, 162 f.; vgl. auch REW 5927; vgl. wegen des Anlauts *écrevisse*.

emmailloter „(Kind) wickeln"
12. Jh., aber Beginn des 11. Jhs *emmailloler*, ist Abl. von afrz. *mailluel* bzw. *maillot*, s. d.

emmener „davon führen"
12. Jh. *en mener*, getrennt und verschmolzen, ist zusammengesetzt aus *en* „davon" und *mener*, s. d.

emmi „inmitten" va.
12. Jh., ist zusammengesetzt aus *en* „in" und *mi* „mitten" aus lat. *mĕdius*; dieses gehört ursprünglich appositionell zum nachfolgenden Substantiv, ist dann mit der vorhergehenden Präposition verschmolzen, vgl. *parmi*.
emmerder s. *merde*.

emménager „(Möbel) in eine neue Wohnung bringen"; intr. „einziehen"
15. Jh., s. *ménage*.

émoi 1. „Aufregung"
12. Jh. *esmai*, ist postverb. Subst. von afrz. *esmaier* „in Unruhe bringen", refl. „in Aufregung geraten", aus grom. **exmagare* „der Kräfte berauben", d. i. Abl. von fränkisch **magan* (ahdt. *magan* „können", „bei

Kräften sein"), vgl. wegen der Bildung *effrayer*. Diez 296.
Kaum schon westgermanisch-vlat. Entlehnung, Brüch 87; REW 3022.
2. „Holzboden der Ziderpresse"
16. Jh., ist Guernesey *émé*, Bayeux *émey*, d. i. unorganisch erweitertes *maie*, *mait* „Backtrog", vgl. *mait* und wegen des Anlauts *écrille*, *écrevisse* usw. Dict. gén.

émollient „erweichend"
16. Jh., aus lat. (*emolliente*).

émolument „gelegentliche Einkunft", „Nutzen"
13. Jh., aus lat. (*emolumentum*) „guter Erfolg" u. ä.

émonctoire „Reinigungsweg"
13./14. Jh., aus lat. (*emunctorium*) „Lichtschere" zu lat. *emungĕre* „ausschneuzen".

émonde 1. „Reinigung", „die abgestorbenen, von den Bäumen geschnittenen Zweige"
13. Jh., ist postverb. Subst. von **émonder** „reinigen", „die überflüssigen Zweige eines Baumes abschneiden", 12. Jh. *esmonder*, aus vlat. **exmŭndare* für lat. *emundare* „reinigen". REW 2865.
2. „Kot der Raubvögel"
17. Jh., in Anlehnung an *émonder* für älteres *esmont*, so bei Cotgrave, für afrz. *esmout*, d. i. postverb. Subst. von afrz. *esmoutir* „misten", s. *émeut*. Dict. gén.

émorfiler s. *morfil*.

émotion „Erregung"
16. Jh., in Anlehnung an *motion* abgeleitet von *émouvoir*.

émoucher „die Fliegen abwehren", dann übertragen „die beim Dreschen abfallenden Spelzen von den Ähren sondern"
12./13. Jh., ist Abl. von *mouche* „Fliege", s. d.; vgl. *émoustiller*.

émouchet 1. „Sperber", „Turmfalke"
letzteres in Anjou, Vienne, *amouchet* Bresse; 16. Jh., so in Anlehnung an *émoucher* für älteres *mouchet*, 12. Jh. *moschet*, *mouschet*, ostfrz. *moischet*, vgl. heute wall. *mohè*, pik., rouchi *mouquet*, sav. *moucet* u. ä.; dazu prov. *moiseta*, mlat. *muscetus*, *muscardus* u. ä. Roll. F. 2, 32; 9, 51 ff. Das Wort sieht aus wie eine deminutive Abl. von lat. **muscio* „kleiner Vogel", s. *moisson*, matl. „Sperling", ALF 866, so wall., pik., norm.
Daß der *émouchet* genannte Raubvogel kleiner ist als der Sperber und der Falke, ist keine Begründung dafür, daß eine deminutive Abl. von *musca* „Fliege" den Turmvogel bezeichnen soll; Bl.-W. 219. Die Bezeichnung des Turmfalken durch den Stamm *moiss-*, *mosk-* „Sperrling" mit einem Suffix ohne fühlbare Funktion mag einen Versuch darstellen, die fränkische Entsprechung *sparwâri*, ursprünglich **sparw-ar* „Sperlingsfalke", vgl. englisch *sparrow-hawk* dass., zu romanisieren; dann würde eine halbe Lehnübersetzung die Grundlage des Wortes bilden; non liquet; s. auch Gilliéron, abeille 98, 108.
2. „Schwanzhaar des Pferdes", „Schwanzende des Fells"
18. Jh., ist Werkzeugsableitung von *émoucher* „die Fliegen abwehren"

émoudre „schleifen", „schärfen"
12. Jh., aus grom. **exmŏlĕre* für lat. *emolere* „zermahlen", mit begrifflicher Einwirkung von *mola* bzw. frz. *meule* in der Bedeutung „Schleifstein", s. d.; dazu das alte Partizip *esmolu* in nfrz. *frais* **émoulu** „frisch gebacken"; Bl.-W. 219.

émousser 1. „abstumpfen"
14. Jh., ist Abl. von *mousse* „stumpf".
2. „vom Moose reinigen"
16. Jh., ist Abl. von *mousse* „Moos".

émoustiller „zu lebhafter Heiterkeit veranlassen"
18. Jh., „in fröhliche Stimmung versetzen", dazu im 16. Jh. (Rabelais) *amoustiller* „mit prickelnden Säften anfüllen", ist nicht Abl. von *moustille* „Prickeln (des Weins)", da dieses erst im 19. Jh. bezeugt und selbst von *émoustiller* rückgebildet ist; dazu im 18. Jh. *émoustiller* „die Fliegen verscheuchen", dieses dem. Weiterbildung von *émoucher* „Launen vertreiben", zu *mouche* „Fliege", s. d.; dazu auch poitev. *émoustiquer* „Bewegung verschaffen", absolut „lebhaft werden", wo *moustique* „Stechmücke" für *mouche* „Fliege" eingetreten ist; wegen der Lautentwicklung vgl. *embistage* für *embichetage*, s. d. Zugrunde liegt eine Abl. von *mouche* „Fliege", die begriffliche Weiterentwicklung in volksetymologischer Anlehnung an *mousser* „mussieren" (vom Wein); Gg., ZRP 41, 517; Barbier, Mél. Roques II, 31.
Zu einem nicht belegten **émousser* „zum Moussieren bringen", Regula, AR 12, 277, erklärt die Ableitung nicht.

émouvoir „fortbewegen", „erregen"
12. Jh., aus vlat. **exmŏvēre* für lat. *emovere* „erschüttern", afrz. *esmovoir* „in Bewegung setzen", „in Aufregung versetzen" u. ä., Dict. gén.; s. *émeute*.

empalement 1. „Strafe des Aufspießens"
16. Jh., ist Abl. von **empaler** „aufspießen", dieses Abl. von *pal* „Pfahl", s. d.
2. „Schiebetür", „Schutzwehr einer Schleuse, eines Mühlbaus" u. ä.
18. Jh., auch *empellement*, ist Abl. von einem nicht belegten **empaler*, **empeller* „den Schieber vorlegen", d. i. Abl. von *pale*, *pelle* „Schieber", „Wasserschaufel", s. d.; Dict. gén.

empan „Spanne"
12. Jh. *espan*, seit dem 16. Jh. in sekundärer Nasalierung die heutige Form, ist Rückbildung von afrz. *espanne* dass., das seiner Form nach als kollektiver Plural gelten konnte, vgl. afrz. *doie* neben *doi(t)* „Finger"; aus fränkisch

(ahdt. dass.) **spanna.* Diez 301; REW 8118; Glaser, ZFSL 16, 1, 112.
empanner s. *panne.*

empannon „Pfeilfeder" va.; „Sattelhölzer", „Deichselarm des Langbaumes" u. ä.
13. Jh., ist Abl. von afrz. *empenner* „mit Federn versehen", bedeutet also ursprünglich kollektiv den Federschmuck am Pfeil, dann die einzelne Pfeilfeder; dieses ist Abl. von *penne,* s. d.; vgl. auch *empenne.* Dict. gén.

emparer „vorsehen", „verstärken" va.; refl. „sich bemächtigen"
14. Jh., aus prov. *antparar, amparar* „schützen", „bewahren", „ergreifen" u. ä., aus grom. **anteparare* „vor einem anderen instand setzen", vgl. lat. *anteambulare, antecrescere, anteliminare* u. ä. Thomas, Rom. 41, 459; REW 500 a.

empâter „klebrig machen" u. ä.
13. Jh. *empaster* „in Teig einwickeln", refl. „festkleben", „klebrig werden", s. *pâte.*

empattement „Grundbalken", „Achsstand" u. ä.
16. Jh., ist Abl. von *empatter* „verzapfen", „Holz unterlegen", 14. Jh., zu *patte* in der Bedeutung „Halter", „Stütze", s. d.

empaumer „mit der Handfläche auffangen", „geschickt in die Hand nehmen", „geschickt verfolgen"; fam. „übertölpeln"
15. Jh., ist Abl. von *paume* „Handfläche".

empeau „Pfropfreis", „Pfropfen in der Rinde"
16. Jh., vgl. dazu saintong. *empeu* dass., ist postverb. Subst. von afrz. *empeuter* „aufpfropfen", das unter *empouter* erwiesen wird; vgl. Jud, ASSL 124, 105 f.

empêcher „hindern"
12. Jh. *empeechier,* afrz. auch als Gerichtsausdruck „zur Rede stellen", eigentlich „eine Falle stellen", aus lat. *(impĕdĭcare)* „verstricken", s. *piège.* REW 4296.

empeigne „Vorderblatt eines Schuhes"
11. Jh. *empiegne,* vgl. lüttich. *épegne,* norm. *empiègne,* berrich. *empeigne,* afrz. auch *empiegne* „Oberleder des Schuhs", im 12. Jh. latinisiert *impedia, impedium;* mit *em-* statt *ant-* wie in *emparer,* s. d.; aus vlat. **antepĕdĭnum* zu lat. *antepes* „Vorderfuß"; vgl. REW 4297.
Zu *pinna* „Feder", D'Ovidio, ZRP 28, 544, ist lautlich nicht möglich; **empendia,* Buckeley 27, ist morphologisch und begrifflich unmöglich; zu *pecten* „Kamm", weil der Vorderfuß eine Ähnlichkeit mit den Gliedern eines Kammes hätte, Bl.-W. 220; REW 6328, ist begrifflich wenig überzeugend und morphologisch unverständlich; s. Cor. II, 239.

empeigner „(die Fäden im Gewebe) mehr oder weniger fest anordnen"
19. Jh., ist in der Bedeutung „stoßen" seit dem 14. Jh. belegt, ist nach den endungsbetonten Formen neugebildeter Infinitiv für afrz. *empeindre* dass., aus lat. *impĭngĕre* dass.; Dict. gén.; REW 4309; vgl. wegen der Infinitivform *imprégner.*
empellement s. *empalement.*

empenne „Pfeilfeder"
18. Jh., ist postverb. Subst. von **empenner** „(den Pfeil) mit Federn versehen", 11. Jh., d. i. Abl. von *penne* „Feder", vgl. *empannon.*

empenoir „Krummeißel" (zum Einsetzen von Schlössern)
19. Jh., ist Werkzeugsableitung von *empêner* „das Schloß mit einem Riegel versehen", d. i. Abl. von *pêne* „Riegel". Gade 36 f.

empereur „Kaiser"
11. Jh. *emperere — empereor,* aus lat. *(imperator, imperatore).* REW 4305.

empeser „(Wäsche) stärken"
11. Jh., ist Abl. von afrz. *empoise* „Stärke", 12./13. Jh., aus lat. *impensa* „Ingredienzien", Horning, ZRP 22, 94 f.; REW 4303. Dazu seit dem 16. Jh. das postverb. Subst. **empois** „Stärke".
Aus begrifflichen Gründen nicht zu *poix* „Pech", Dict. gén.

empêtrer „(die Füße eines weidenden Pferdes) fesseln", „verwickeln"
12. Jh. *empaistrier,* dazu 3. Sing. *empasture* für älteres **empastoire,* Darmesteter, Rom. 5, 155, aus vlat. **impastoriare* zu lat. *pastoria (catena)* „Kette zum Weiden", s. *pâture* 2; Diez 238; REW 4295.

emphase „Übertreibung"
16. Jh., aus lat. *(emphasis).*

empiété „mit Füßen versehen"
15. Jh., ist in Anlehnung an afrz. *piétaille* u. ä. abgeleitet von *pied* „Fuß", s. d. und *piéter.*

empiéter „seinen Fuß auf fremden Boden setzen", „in fremde Rechte eingreifen"
16. Jh., 13. Jh. als Ausdruck der Falknerei „in die Krallen bekommen", seit dem 17. Jh. die heutige Bedeutung, ist abgeleitet von *pied* „Fuß", s. d.

empiffrer „mit Essen vollstopfen"
16. Jh., gleichzeitig auch *piffre* „Fettwanst" bezeugt, dazu im 14. Jh. *piffraille* „Gesindel", ist Kreuzung von *piffre* „Querpfeife" aus ital. *piffero* „Pfeifer" (dieses aus mhdt. *pfîfer* „Pfeifer", REW 6486) mit afrz. *brifer* „gierig verschlingen", s. *bâfrer.* Dict. gén.
Ohne Beziehung zu ital. *piffero,* aus einem echt französischen Schallstamm **piff-,* bezeichnend für einen unmäßigen Fresser, Bl.-W. 220 (?).

empiler 1. „aufschichten"
12./13. Jh., ist Abl. von *pile* „Haufen", s. d.
2. „an der Angelschnur befestigen"
18. Jh., doch in der Bedeutung „erwischen" schon im 16. Jh. bezeugt, ist Abl. von afrz. *pil* „Spitze", „Haken", aus fränkisch **pîl* „Pfeil", das selbst aus lat. *pilum* „Wurfgeschoß" entlehnt ist, s. Kluge s. *Pfeil; empile, pile, peile* „Angelschnur" sind sämtlich erst

im 18. Jh. belegte Rückbildungen von *empiler* „an der Angelschnur befestigen", nicht das Grundwort von diesem, Dict. gén.

empire „Herrschaft"
11. Jh. *emperie, empirie,* aus lat. *(impĕrium).*

empirée s. *empyrée.*

empirer „verschlechtern"
12. Jh., aus vlat. **impĕjorare* für lat. *pejorare* dass.; oder Abl. von *pire* „schlechter", s. d.

empirique „erfahrungsgemäß"
13./14. Jh., aus lat. *(empiricus).*

emplaigner „Tuch aufrauhen"
18. Jh., ist mit Suffixwechsel aus gleichbedeutendem *éplaigner* gebildet, dieses Abl. von *pelain* „Behaarung", s. *plain* 2. Dict. gén.

emplâtre „Pflaster"
12. Jh., aus lat. *emplastrum.* REW 2863.

emplette „Einkauf"
12./13. Jh. *emploite,* afrz. auch „Tatkraft", „Verwendung", aus grom. **implĭcĭta,* d. i. vorhistorisches Part. von vlat. *implicare,* s. *emploi;* wegen des Suffixwechsels vgl. *cueillette* aus *coilloite.* REW 4313.

emplir „anfüllen"
12. Jh., mit schon vulgärlateinischem Konjugationswechsel aus lat. *implēre* dass. REW 4310.

emploi „Verwendung", „Amt"
16. Jh., ist postverb. Subst. von **employer** „verwenden", 12. Jh., aus vlat. *implĭcare,* das aus medialem *implicari* bzw. *se implicare (negotiis)* „sich auf etwas einlassen", mit der aktiven Bedeutung „etwas geschäftlich heranziehen", daher „kaufen" u. ä. rückgebildet wurde; vgl. prov. *emplegar* „einkaufen" und *emplette.* REW 4312.

empoigner „mit der Faust ergreifen"
12. Jh., ist Abl. von *en poing* „in die Faust", vgl. *en-* 1 b.

empointer 1. „zuspitzen"
14. Jh., ist Abl. von *pointe* „Spitze", s. d.
2. „durch einige Nadelstiche befestigen"
18. Jh., ist Abl. von *point* „Stich" (mit der Nähnadel).

empois s. *empeser.*

empoise „Zapfenlager"
15. Jh., ist postverb. Subst. von mfrz. *empeser* „auf etwas drücken", s. *peser.* Dict. gén.

empoisser „teeren"
16. Jh., ist Abl. von *poix* „Pech", s. d.; vgl. dazu auf lat. gleichbedeutendes *impĭcare* zurückführendes mfrz. *empiger, empeger* in südwestlicher Form.

emporter „davontragen"
13. Jh., ist verschmolzen aus *ent porter* „davon tragen", s. *en-* 2.

empouiller „ein Feld bestellen"
besonders in *terre empouillée* „Feld, dessen Frucht nicht abgeerntet ist", 14. Jh., ist Gegenbildung zu *dépouiller* „berauben", als ob diesem ein Stamm *pouille* zugrunde läge; vgl. mit ähnlicher Rückbildung west- und zentralfrz. *pouiller* „bekleiden". Thomas, NE 320 ff.

empouter „anschnüren" (Seidenweberei)
18. Jh., eigentlich „pelzen", „aufpfropfen", das durch *empeau* für den Südgürtel des Nordfrz. gesichert ist und im Süden lebt; dieses aus grom. **impĕltare,* das als *belzôn* im Althochdeutschem bezeugt ist, s. Kluge s. *belzen;* dieses Ableitung von lat. *pelta* „Schild", vgl. dazu zu *écusson* „Schild", *écussonner* „okulieren"; Spitzer, AR 9, 96; ASSL 161, 231; Josef Neubauer, Die Ausdrücke für das Veredeln im Romanischen, Diss. Tübingen, 1956 (ungedruckt), S. 45 f.
**impeltare,* von Meyer-Lübke, VKR III, 12 abgelehnt, weil *pelta* im Lateinischen nicht gelebt habe; daher von Wartburg, ZRP 68, 19, dieses direkt zu gr. πέλτη „leichter halbrunder Schild von Leder" gestellt, das aus dem Griechischen von Marseille in das Lateinische Galliens gewandert wäre; s. auch FEW IV, 582; **impellitare* als Weiterentwicklung von lat. *impellere* „hineinstoßen", Brüch, ZFSL 50, 344, überzeugt ebenso wenig wie ein **impeltare* das zu dem Praeteritum **pepeli* für *pepuli* zu *pellere* „stoßen", „schlagen" gebildet worden wäre, Graur, Todd Mem. Vol. I, 147.
Vgl. Diez 568; REW 4300; Jud, ZRP 38, 48 Anm. 2.
Oder grom. **impeltare* Kreuzung von **impotare* mit *impellĕre* „hineintreiben", REW 4300?

empreindre „aufdrücken", „einprägen"
12. Jh., dazu im 12. Jh. **empreinte** „Abdruck" und *empreinter* „eindrücken", „einprägen"; zu diesem vereinzelt belegtes afrz. *empriente* „Abdruck", das ein vorhistorisches **empriendre* „einprägen" voraussetzt; dieses aus vlat. **imprĕmĕre* für lat. *imprimere* „aufdrücken"; wegen der Form des Infinitivs vgl. afrz. *criembre,* nach Verben wie *fraindre* umgebildet zu *craindre;* Diez 661; REW 4318; Bl.-W. 220.

empresser „drücken" va.; refl. „sich bemühen"
12./13. Jh., afrz. „aufdrücken", „bedrängen" refl. „sich zusammenschließen", ist Abl. von *presser.*

emprise „Einwirkung", „beherrschender Einfluß"
12. Jh. „Unternehmung", ist subst. Partizip von afrz. *emprendre* „etwas auf sich nehmen", „unternehmen" u. ä., dann als alter Rechtsausdruck „seine Hand auf fremden Besitz legen", daher *emprise* „Enteignung", nfrz. *avoir de l'emprise sur qn* „auf jmd. Einfluß haben"; aus vlat. **imprehendere* „hineingreifen", s. *prendre; entreprendre.*

emprunt „Anleihe"
13. Jh., ist postverb. Subst. von **emprunter** „ausleihen", afrz. auch „borgen", 12. Jh., aus

vlat. **impromūtare* zu lat. *promūtuum* „Anleihe"; Diez 162; REW 4319; wegen der lautlichen Entwicklung vgl. *dîner*.
**imprūmutare*, G. Paris, Rom. 10, 62, ist selbst unerklärt und nicht nötig, entspricht auch nicht ital. *improntare*.

empuantir „mit Gestank erfüllen"
15. Jh. *empuanter*, ist Abl. von *puant*, d. i. Part. von *puer* „stinken".

empyrée „Himmel"
13. Jh., ist substantiviert aus *ciel empyrée*, aus lat. *(empyreus)* „feurig".

émulation „Nacheiferung"
13. Jh., aus lat. *(aemulatione)*; entsprechend **émule** „Nacheiferer", „Nebenbuhler", 13. Jh. aus lat. *(aemulus)*.

émulsion „Pflanzenmilch"
16. Jh., ist Abl. von lat. *(emulsus)*, d. i. Part. von *emulgēre* „abmelken".

en 1. „in", „auf"
9. Jh., afrz. auch „unter", „zwischen", verschmilzt vorhistorisch mit nachfolgendem tonlosen Wort, z. B. *en* + *lo*, über *enl*, zu afrz. *eu*, *ou*, das im 15./16. Jh. mit *au* aus *à*+*l* zusammenfällt; s. Gg., Syntax 256; aus lat. *in*.
2. „von dort", „davon"
10. Jh. *ent*, aus lat. *inde*; vertritt volkstümlich auch den Genetiv des Personal- und des Relativpronomens; afrz. auch noch als Vollwort „betreffend", „im Austausch für", kausal „darum"; tritt dann pleonastisch zu Verben der Bewegung, ohne Hinweis auf einen bestimmten Ort als Ausgangspunkt der Bewegung, Typus nfrz. *s'en aller*, *en venir* u. ä., verliert jede eigene Funktion, Typus *en appeler à* u. ä., Gg. Syntax 135.

en-, vor labialen Konsonanten **em-**
lat. *in-*, dient zu Ableitungen.
1. Das Stammwort ist ein *Verbum*
a) Die Ableitung bezeichnet die Bewegung nach innen = „hinein"; die meisten Bildungen sind schon lat. oder vlat.: s. *emprendre*, *enclaver*, *enmêler*, *empoudrer* usf.
b) Die Abl. bezeichnet die Handlung, die sich innerlich abspielt; s. *endêver*.
c) Die Abl. bezeichnet den Eintritt in die Handlung des Stammverbums; ist also zu diesem das Inkohativum, s. *endormir*, *enrager*.
2. Das Stammwort ist ein *Substantiv*.
a) Zu dem Präfix *in-* *(en-)* tritt als Suffix *-iare* an das Substantiv, Typus **incalciare* (afrz. *enchaucier*); die Bildungen sind nur lateinisch.
b) Das Stammwort ist das Objekt der abgeleiteten Handlung, die ein „hinein" ausdrückt: *embarrer*, *embourrer*, *enosser*; die Bildung ist nicht mehr lebensfähig.
c) Das Stammwort ist das Ziel der Handlung, „in ... stellen, setzen", Bildungen sind lat. und französisch; es bilden sich zusammenhängende Reihen: **imbuccare*, **imbrancare*, **imbrachiare*, *empaumer*, *embraser* usf.
d) Die Bewegung „in ... hinein stellen" führt zur Meinung „mit etwas versehen"; die Bildungen treten in Wettbewerb mit den Abl. mittels *à* „mit"; lat. *incapistrare (enchevêtrer)*; ist afrz. und nfrz. bildungsfähig; verdrängt seit dem 15./16. Jh. die nicht mehr lebensfähigen Abl. mittels *à-*; es bilden sich zusammenhängende Reihen: *embouser*, *emmieller*, *empanacher*, *empoisonner*.
e) *en-* ersetzt etymologisches *a-*, zum Teil, weil das abgeleitete Verbum eine Bewegung nach innen ausdrückt, zum Teil mechanisch wegen der unter 2 d) angeführten Konkurrenz; s. afrz. *encuser*, *enfranchir* usf.
3. Das Stammwort ist ein *Adjektiv*; das mit *in-* erweiterte Adjektiv bezeichnet nicht mehr die Negierung der Grundvorstellung, sondern die Verinnerlichung der Eigenschaft; Typus spätlat. *inhabitabilis* „drinnen wohnend"; vlat. **inrefragus* „innerlich auflehnend", s. *endêver*.
4. Das Stammwort ist ein Adjektiv;
a) Die Abl. ist verbal: „zu ... machen", die Bildungen sind alle nur lateinisch, wenn das abgeleitete Verbum in die *-iare*-Konjugation eingereiht ist; s. **infortiare*, *engraisser*, **inhaltiare*.
b) Das Verbum bedeutet „zu etwas ... machen", die Abl. sind in die *-are*-Konjugation eingereiht; die Bildung bleibt im Altfrz. lebensfähig: *empuanter*, *enrouer*, *ensanglanter*.
c) Das Verbum bedeutet „zu etwas ... werden"; das abgeleitete Verbum wird in die lat. *-ire*-Konjugation eingereiht. Ausgang bilden die lat. Inkohativverba wie *incanescere*, die vlat. durch die *-ire*-Form, z. B. *incanire* „grau werden" ersetzt werden; vgl. *enaigrir*, *enchérir*, *engrandir* usf; im Gallorom. können diese Verba auch reflexiv gebraucht werden; dazu wird der formell gleich gebaute Typus *en*+ Adj.+*-ire* gebildet, „zu etwas machen", der den Typus *en-*+*Adj.*+*-are* verdrängt; dazu können auch die fränkischen Verba auf *-jan* beigetragen haben, *(*hardjan* „hart machen"), die bei der Romanisierung in die *-ire*-Konjugation eingereiht wurden.
d) Das neugebildete Verbum bedeutet „zu etwas machen"; die Bildungen werden in die *-ire*-Konjugation eingereiht; dieser Typus ist noch nicht vlat., wohl aber grom.; er geht aus von dem ursprünglich intransitiven 4 c).
5. Ohne Zwischenglied eines Verbums werden nach *en-* 2 Verbaladjektiva gebildet, s. *encercelé*, afrz. *enëagié* usf.
6. *en*-Verba als Gegenbildung zu Verben, die mit *des-*, *dé-* (s. d.) präfigiert sind; s. *embaucher*, *emplacer*, *envider*.
7. *en-* tritt für *es-* ein, das gelegentlich auch nur verstärkend wirkt; auch rein mechanisch,

namentlich bei nachfolgender nasalierter Silbe; Typus *emprendre* 2.
8. *en-* ist mit dem nachfolgenden Verbum verschmolzen, enthält *en* aus *inde*, s. *ensuivre, enfuir, enlever, entraîner, emporter, emmener* usf.
Die mit *en* präfigierten Bildungen werden nur dann angeführt, wenn die Abl. in Form oder Bedeutung auffällig sind.

enamourer „verliebt machen" va., refl. „sich verlieben"
12. Jh., ist abgeleitet von präpositionalem *en amour*.

énaser „der Nase berauben"
12. Jh. *esnaser*, ist vorhistorische Abl. von afrz. *nes* „Nase", s. *nez*.

encabanement „Einziehung der Inhölzer"
17. Jh., aus nprov. *encabanament*, d. i. Abl. von *encabanà* „in Hüttenform bringen", zu *cabana*, s. *cabane*; vgl. dazu das aus dem gleichen nprov. Verbum entlehnte frz. *encabaner* „die Seidenwürmer auf die Hürde bringen", S. V.

encablure „Kabellänge"
18. Jh., ist von einem nicht belegten **encâbler* „nach Kabeln messen" abgeleitet, s. *câble*.

encaisse „Kassenbestand"
19. Jh., ist subst. aus *en caisse* „in der Kasse"; Dict. gén.

encaisser „in Kisten packen", auch „kassieren", „einnehmen" u. ä.
seit dem 16. Jh. nach *en-* 2 c abgeleitet von *caisse* in verschiedenen Bedeutungen.

encan „Versteigerung"
14./15. Jh. *enquant*, aus lat. *(in quantum)* „für wieviel". REW 6933.

encaquer „in das Heringsfaß legen", dann „zusammenpfropfen"
16./17. Jh., ist Abl. von *caque* „Heringstonne".

encart „Einlage"
19. Jh., ist postverb. Subst. von **encarter** „die Abschnitte einlegen", 17. Jh., d. i. Gegenbildung zu *écarter* „herausnehmen", s. d.

encâssure „Einschnitt für die Radachse"
ist norm. pik. Form für *enchâssure* „Einfassung" u. ä., 15. Jh., dieses Abl. von *enchâsser* „einfassen", 12. Jh., d. i. Abl. von *châsse* „Einfassung", s. d.

encasteler refl. „vollhufig werden"
17. Jh., besonders in *cheval encastelé* „vollhufiges Pferd", ist entlehnt aus italienisch *incastellato* dass., eigentlich „verstärkt", bedeutet also in der Veterinärsprache ursprünglich „mit verstärktem Hufe"; dieses ist Part. von ital. *incastellare* „verstärken", „verschanzen", Dict. gén.; s. *encastiller* 2.

encaster „einkapseln"
18. Jh., steht für **encaseter*, d. i. Abl. von *case* „Fach". Dict. gén.

encastiller 1. „einfassen"
16. Jh., ist mit Suffixtausch aus gleichzeitig belegtem **encastrer** „einfalzen" gebildet, vielleicht in Kreuzung mit afrz. *enchassiller* dass., das zu *enchâsser* „einfassen" gehört, s. *encâssure*; *encastrer* aus ital. *incastrare* „einfalzen", „einfügen", aus vlat. **incastrare* „einschneiden", s. *châtrer*. REW 4344. Vgl. *enchâtre, écatoir*.
2. „das Oberdeck mit Baulichkeiten versehen"
17. Jh. *accastiller*, dieses aus spanisch *acastillar* „mit Baulichkeiten versehen"; zugrunde liegt vlat. **incastellare*, das afrz. als *enchasteler* „mit einem Kastell versehen" erhalten ist, vgl. *château* und *accastillage*.

encaustique „Wachsmalerei"; „Bohnerwachs"
16. Jh., aus gr. (ἐγκαυστική).

enceindre „umschließen"
13. Jh., aus lat. *incĭngĕre*, vgl. *ceindre*. REW 4352.

enceinte 1. „schwanger"
12. Jh., aus lat. *incĭncta*, eigentlich „nicht gegürtet", s. *ceindre* (Meyer-Lübke). REW 4351; dazu afrz. *enceinter* „schwanger werden".
2. „Umfassung"
13. Jh., ist subst. Part. von *enceindre* „umfassen", s. d.

encens „Weihrauch"
12. Jh., aus lat. *incensum* dass.; dazu seit dem 12. Jh. die Abl. **encenser** „Weihrauch verbrennen".

encensier „Weihrauchfaß"
12. Jh., ist *-arium*-Abl. zur Bezeichnung der Umfassung von *encens*; gleichbedeutendes **encensoir** ist Werkzeugs- bzw. Ortsableitung von *encenser*, s. d.

enchaîner „mit Ketten binden"
12. Jh., aus grom. **incatēnare* zu *catena* „Kette", das nach *impedicare*, s. *empêcher*, **impastoriare*, s. *empaîtrer* u. ä. gebildet ist.

enchaler „aufschichten"
18. Jh., ist Gegenbildung zu *déchaler* „zurückweichen", s. d.

enchambrer „ins Zimmer, Gefängnis bringen"
12. Jh., ist Abl. von *chambre* nach *en-* 2 c; die Bedeutung „(Seidenwürmer) auf die Hürde bringen" dürfte Französisierung von nprov. *encabana* sein, vgl. *encabanament*.

enchanteler „(Holz) aufstapeln", „(Weinfässer) auf Lagerbäume legen"
13. Jh., ist dissimiliert aus **enchanterer*, d. i. Abl. von *chantier* „Stapelblock", „Faßlager", s. d. Dict. gén.

enchanter „bezaubern"
12. Jh., aus lat. *incantare dass.* REW 4341.

encharibotté „aufgeregt"
16. Jh. *encharboté*, ist im Südosten weit verbreitet und bedeutet dort „in Unordnung, Verwirrung bringen, besonders von den Fäden einer Strähne, eines Knäuels"; vgl. burg. *enkairbotai*, Bresse *encharbouter*, Genf dass.; Isère *eicharbota*, Montret *écharbouter*, Verd. Chal. *écharboter, encharboter*; sav. *echarbota*

„zerraufen“, „vermengen“, dazu *echarboton* „in Verwirrung gebrachte Strähne“, Doubs *écharbouton* „Knopf, Verwirrung im Faden“, im Genfer Frz. *écharboter une échevette* „eine Strähne in Verwirrung bringen“; *encharboter* ist Kreuzung von *enchevêtrer* „durcheinanderbringen“, „verwirren“ mit verschiedenen begrifflich bzw. formell anklingenden expressiven Ausdrücken, z. B. *écheveau* „Strähne“, vielleicht auch mit mundartl. *charbot* „Käfer“, s. *écharbot,* nach dem Wimmeln einer Brut von Käfern, Sain. LPar. 304; dazu formell auch westfrz. *écharbotter* „die jungen Triebe entfernen, poitev. *escharbotter* „Fische abschuppen“, bei Rabelais *escharbotter la merde des petits enfants*; dieses wieder zu wall. *scârbote* „Nußschale“, so daß *escharbotter* ursprünglich „aus der Schale lösen“, „die Umhüllung loslösen“ bedeutete; s. auch *escarbillat.*

encharneler „(den Weinstock) pfählen“
16. Jh., ist dissimiliert aus **encharnerer,* d. i. Abl. von *charnier* 2 „Weinpfahl“, s. d. Dict. gén.

encharner „mit Scharnieren versehen“
18. Jh., ist Abl. von einem Stamm **charne,* der aus *charnière* rückgebildet ist, s. d.

enchatonner „(einen Edelstein) einfassen“
12. Jh., *enchastoner* dass., ist Abl. von afrz. *chaston* „Ringkasten“, s. *chaton* 2.

enchâtre „Bindestück“
14. Jh., ist postverb. Subst. von afrz. *enchastrer* „einfalzen“, „einfügen“, aus vlat. **incastrare*, s. *encastiller* 1, *écatoir.*

enchauler s. *chauler.*

enchaussener s. d. F.

enchausser „(den Fuß eines Baumes) mit Stroh, Dünger zudecken“, „die Speichen an ein Rad setzen“
18. Jh., ist übertragene Bedeutung für „beschuhen“, vgl. *chausser.*

enchaussumer „in Kalkwasser legen“
15. Jh., steht für älteres *enchaussemer,* vgl. *alumelle,* d. i. Abl. von grom. **calciamen* „Kalkwasser“, zu lat. *calx* „Kalk“, s. *chaux*; das zugrunde liegende afrz. **chaussain* zeigt sich in der seit dem 14. Jh. bezeugten Nebenform *enchaussener,* Barbier, ML 12, 275; REW 1533.
**calciumen* für *enchaussumer,* afrz. *chauchumier,* heute Bresse *chaussumier* „Kalkarbeiter“, Thomas, Ess. 286, ist für das Südostfrz. und Prov. ohne weiteres möglich; doch ist das entsprechende Suffix des Nordfrz. *-amen.*

enchaux „Kalkbad“
14. Jh., ist postverb. Subst. von *enchausser* „einkalken“, so vielleicht im 14., sicher im 18. Jh. belegt, Barbier, ML 12, 276; zu *chaux* „Kalk“.

enchère „höheres Gebot“
12. Jh., ist postverb. Subst. von afrz. *encherer* „den Preis erhöhen“, „einen höheren Preis anbieten“, d. i. nach *en-* 3 b, 12. Jh., Abl. von *cher,* s. d.

enchérir „teurer werden“, dann faktitiv „ein höheres Angebot machen“
12. Jh., nach *en-* 4 c abgeleitet von *cher,* s. d.

enchevaler „durch ein Gerüst stützen“
12. Jh., ist Abl. von *cheval* in der Bedeutung „Unterlage“, vgl. auch *chevalet* „Arbeitsgerüst“, *chevaler* „mit Strebebalken unterstützen“.

enchevaucher „(Ziegeln) übereinanderlegen“
18. Jh., für älteres, seit dem 12. Jh. bezeugtes „beritten machen“, ist Abl. von *chevaucher* „reiten“, s. d.

enchevêtrer „(Pferd) anhalftern“, „durcheinander bringen“ u. ä.
12. Jh. „mit Halfter versehen“, aus lat. *incapistrare*, s. *chevêtre;* Bl.-W. 221.

enchifrener „Stockschnupfen verursachen“
13. Jh. *enchifrené d'amour,* das wohl „an die Trense der Liebe gelegt“ zu übersetzen ist, stammt aus dem Norden, vgl. boulogn. *enchiferné* „verschnupft“, V. d'Yères *ne pas être enchifferné* „mit der Antwort rasch zur Hand sein“; d. i. Abl. von *chifernée* „Gehirnschnupfen“, so boulogn., St. Pôl *chifarney* dass., von dem ein *chiferne* „Gehirnschnupfen“, vielleicht in Anlehnung an frühnfrz. *caterre,* s. *catarrhe,* rückgebildet ist; *chiferne* „Gehirnschnupfen“ ist pikardisch, aber früher wohl auch westfrz., da bretonisch *sifern, chifern* „Gehirnschnupfen“ daraus entlehnt ist; vgl. auch nprov. *chifarneu, gifarneu* „Gehirnschnupfen“, aber auch noch „Hieb auf den Kopf“, das auch für poitev. *chinfreneau* gesichert ist; es liegt also ein *chifrenée, enchifrenée* „Hieb auf den Kopf“, ursprünglich „Hieb mit der Trense“ zugrunde, d. i. mit dem Hiebe, Schläge bezeichnenden Suffix *-ata* abgeleitet von *chanfrain* „Trense“, s. d.; wegen der Lautentwicklung vgl. im 16. Jh. *chinfreneau* neben *chanfreneau* „Schmarre“, ferner afrz. *chafresner* „zügeln“, neben *chanfrein,* s. d.; Dict. gén.
Nach Bl.-W. 221 zu afrz. *chief* „Kopf“ und *frener* „zügeln“, also wörtlich „mit dem Zügel (der Trense) am Maul“ (?).
Kreuzung von *caterre* bzw. *caterne* mit einem Stamm **chiff-,* der ursprünglich den Namen eines Dämonen bezeichnet hätte, Urtel, BGPSR 12, 17 ff., ist historisch nicht gestützt; zu afrz. *cifoine* „Nieswurz“, Spitzer, ZRP 41, 165, befriedigt weder lautlich noch morphologisch.

enclave „eingeschlossenes Gebiet“ u. ä.
14. Jh., ist postverb. Subst. von **enclaver** „einschließen“, 13. Jh., aus vlat. **inclavare* zu lat. *clavis* „Schlüssel“, s. *clé.* REW 4358.

enclin „geneigt“
11. Jh., aus vlat. **inclīnus* für lat. *inclinis* dass.; *enclin* Rückbildung von afrz. *encliner*

„neigen", s. *incliner,* Bl.-W. 222, ist morphologisch schwierig.

encliqueter „eingreifen lassen" (Uhrmacherei)
18. Jh., ist Abl. von *cliquet* „Sperrklinke", s. d.

enclitique „enklitisch"
17. Jh., aus lat. *(encliticus).*

enclôre „einschließen"
12. Jh., aus vlat. **includĕre* für lat. *includere,* s. *clôre*; dazu seit dem 13. Jh. das subst. Part. **enclos** „Umfriedung".

enclotir „(das Wild) in den Bau treiben"
16. Jh. „sich in den Bau zurückziehen", dazu bei Ménage *clotir, se clotir* „(von Tieren) sich in den Höhlen verbergen"; ist Abl. von *clot* „Höhle", das im Südgürtel des Nordfrz., so Anjou, Poitou, Wallis, ferner im Süden verbreitet ist, zu prov. *clot* dass., seit dem 11. Jh.; dazu ferner das Femininum prov. *clota* „Erdloch", „Höhle", „Graben"; auch in Ortsnamen *La-Clotte* in den Dep. Lot-et-Gar., Tarn usf.; s. Scheuermeier 46 ff.; das Wort ist wohl gallisch, doch ist Zusammenhang mit irisch *cladh* „graben", ZRP 41, 518, kaum möglich; FEW II, 796.
Prov. *clot* nicht Kreuzung von *crypta* und *clausum,* bzw. prov. *crota* und *claus,* da das offene *-o-* von *clot* sich bei keinem der beiden Stämme findet, REW 2349; noch weniger Kreuzung von *cochlea* „Schnecke" mit *crypta,* Schuchardt, SAWien 141, 3, 189.

enclume „Amboß"
11. Jh., aus grom. **includine* bzw. mit Suffixwechsel **inclumine,* in dem sich lat. *incudo, incudine* dass., mit einem zweiten Wort kreuzte; vielleicht ist dieses gallisch **kladim* „zerbrechen", „zersplittern", zu schottisch *cladh* dass.; wegen einer ähnlichen romanisch-gallischen Kreuzung vgl. *orteil.*
Das *-l-* von **inclumine* aus lat. *includere* „einschließen", Ascoli AGI 3, 399, Bl.-W. 222, ist begrifflich unverständlich; Zusammenhang mit *enclusa* „Amboß", so katal., altaragonesisch, Thomas, Rom. 24, 194; Rohlfs ASSL 159, 95, also zu *includere,* über ein **massa inclusa* „die in die Erde eingeschlagene Masse", ist begrifflich nicht besser; *enclume* aus **encnume* oder aus *l'encume,* Niedermann, AR V, 445 bzw. Mél. Meillet 107 Anm. ist formell unverständlich.

encognure „einspringender Winkel"
16. Jh. *encoignure,* ist Abl. von afrz. *encoignier* „einkeilen" u. ä., Abl. von *coin* „Keil", „Winkel"; Barbier, ML 12, 276; s. *encablure.*

encoler „an den Hals hängen", „(die Ankerarme an die Ankerrute) anschweißen"
12. Jh., ist Abl. von afrz. *col* „Hals", s. *cou.*

encoller „leimen"
14. Jh., ist Abl. von *colle* „Leim", s. d.

encolure 1. „Bauart des Halses", „Halsausschnitt" u. ä.
16. Jh. *encoleure,* ist Abl. von afrz. *encoler,* belegt als „umarmen", dieses mit Präfixtausch aus *acoler,* das afrz. auch in der allgemeinen Bedeutung „umfassen", „einschließen" bezeugt ist; s. *accoler;* vgl. *encablure, encognure.*
2. „zusammengelötete Stücke"
ist Abl. von *encoler* „zusammenschweißen", s. d.

encombre „Hindernis"
12. Jh., afrz. „Belästigung", „Bedrängnis", „Not", ist postverb. Subst. von afrz. *encombrer* „erschweren", „behindern", 11. Jh., **encombrer** „versperren", „überfüllen", auch „belästigen" u. ä., d. i. nach *en-* 6 Gegenbildung zu *décombrer,* s. d.

encontre 1. „gegen" va.
10. Jh., heute besonders in *à l'encontre de* „im Gegensatz zu" mit Substantivierung der alten Präposition, aus vlat. *incontra* zu *in,* s. *en,* und *contra,* s. *contre,* das als zusammengesetzte Präposition in den Reichenauer Glossen belegt ist. REW 4361; Gg. Syntax 239, 278.
2. „Begegnung" va.
12. Jh., ist postverb. Subst von afrz. *encontrer* „begegnen", „entgegen gehen", auch „angreifen", aus vlat. **incontrare* dass., d. i. Abl. von *contra* „entgegen", vgl. auch *contrée* und das deutsche, dem Romanischen nachgebildete *be-gegen-en.* REW 4361; s. *rencontrer.*

encoquer „mittels eines Ringes, den man längs einer Stange hinabgleiten läßt, befestigen"
17. Jh., ist dissimiliert aus **enconquer,* d. i. Abl. von nddt. *kunke* „Schlinge", „Schleife", s. Doorn.-Kol., s. *kinke*; daraus die Rückbildung *coque* „falscher Knoten am Schiffsseil", „Kinke", s. *coque* 3; dazu seit dem 17. Jh. **encoqûre** „Verschlingung". Gg., ZRP 41, 518.

encorbellement „Mauervorsprung", „Vorbau"
14. Jh., ist Abl. von *corbeau* „vorragender Kragstein", s. d.; vgl. auch *corbeau de fer* „eiserner Träger". Dict. gén.

encore „noch"
11. Jh. *uncor,* afrz. auch *oncor, ancor(e), encor(e)* u. a. „noch jetzt", „bis jetzt", „bis dahin", „weiterhin" u. ä., TL III, 243—251, enthält im 2. Glied *hā(c) horā,* verschmolzen zu *aor* „zu dieser Stunde", s. *or* „nunmehr"; die Herkunft des ersten Gliedes ist umstritten: *umquam* „irgendeinmal", das selbständig in afrz. *onques, onc* „jemals" erhalten ist, ist keine organische Ergänzung von *hāc hōrā*; doch dürfte *onques* an der Umgestaltung von *encore* zu *oncore* beteiligt sein; *ancor(es)* ist aus *oncor(es)* dissimiliert, ist auch als *ancora* in das Italienische gewandert; in *enk-* ist wohl das lat. *hinc* „von hier", zeitlich und lokal, zu sehen, zunächst nicht verschmolzen mit dem nachfolgenden *hā(c) hōrā,* vgl. sein

Gegenstück *inde* „von dort", das als *ent* in Eulalia und den Straßburger Eiden auch noch mit erhaltenem Auslaut als *ent* bezeugt ist; **enk-aora(s)* verschmilzt, nachdem *ao* zu *-o-* geworden war bzw. nachdem *ca-* nicht mehr zu *cha, che* wurde; vgl. gleichgebautes *hinc ha(c) nocte, *enk-anoite* in afrz. *enquenuit* „heute Nacht", Lommatzsch, ASSL 181, 45; Ebeling ZRP 43, 285; *hinc horā* „von nun eine Stunde", wie bei Plautus belegtes *hinc ducentos annos* „(vor oder nach) 200 Jahren", Rohlfs ASSL 172, 203; Stud. Neoph. 20, 161; Lausberg, ASSL 187, 160 genügt nicht, da betontes *hōrā* zu *oure, heure* geworden wäre; statt *hinc hā(c) hōrā* würde auch *hinc ad horam* genügen, Bl.-W. 222.

Schwierigkeit macht die Verbindung des frz. *encore* mit rum. *încă* „noch", „schon", ital. *anche* „auch", *per anche* „bis jetzt"; es könnte das für das Galloromanische erschlossene *hinc+hā horā* bzw. *hinc ad horam*, mit Übereinstimmung des ersten Bestandteils *hinc* an *hora(m)*, als wäre *hinc* eine Form des Demonstrativpronomens *hic* zu *hanc ad horam* „bis zu dieser Stunde" umgestaltet worden sein; *(h)ora(m)* konnte bei der Zeitpartikel weggelassen werden, vgl. REW 488; Cioränescu 423; Tiktin s. v.; dieses **ank-* aus **anique*, d. i. *denique* „und sodann", verschmolzen mit *ab* „von", Brüch ZRP 41, 583, hat in der Überlieferung keine Stütze. Auch nicht *in qua hora*, *Bourciez, Ann. Fac. Lettres Bordeaux 1889, 74 ff., oder *atque ad horam*, Havet, Rom. 8, 93 ff.

encornail „Hummergatt" (Loch an der Mastspitze, um Segelstangen daran auf- und abzuziehen)

17. Jh. *encornal* und *encornail*, ist Abl. von *corne (de vergue)* „gabelförmiger Ausschnitt (der Segelstange)", das zu *corne* „Horn" gehört. Dict. gén.

encorner „mit Hörnern versehen", „mit den Hörnern stoßen", „auf die Hörner nehmen"

13. Jh., ist Abl. von *corne* „Horn", s. *en-* 2 d bzw. *en-* 2 c.

encornet „rautenförmige Tintenschnecke"

17. Jh., steht wohl für *encorné* „gehörnt", s. *encorner*; vgl. *bigorneau*.

encouloir „Brustbaum" (Weberei, durch dessen Spalte das gewebte Tuch gleitet)

18. Jh., ist Abl. von *couler* „gleiten", s. d., und *couloir*.

encoulure s. *encolure*.

encourager „ermutigen", „ankurbeln", „anfeuern"

12. Jh. *encoragier* „ermuntern", neben *encouragir* „mutig werden"; ist nach *en-* 2 d bzw. *en-* 4 c abgeleitet von *courage*.

encourir 1. „sich etwas zuziehen", „zu gewärtigen haben"

12. Jh., afrz. auch *encorre* „anrennen gegen", „einen Schaden nehmen", „(einer Krankheit) verfallen" u. ä., aus lat. *incurrere* „hineinlaufen", „anstürmen", (einem Übel) „verfallen"; Bl.-W. 222.

2. refl. „davonlaufen"

12. Jh. *soi en corre*, ist Zusammensetzung von *courir* mit *en* „davon", s. *en-* 2. Dict. gén.

encouture „Übereinanderfügung", „klinkerweise übereinander gelegte Planken"

18. Jh., ist Abl. von afrz. *encouter* refl. „sich stützen", d. i. Abl. von afrz. *coute* „Ellbogen", dieses mundartlich weit verbreitete Nebenform von *coude*, s. d.

Oder zu afrz. *encoudre* „einnähen", mit Übernahme des Stammes von *couture*, Dict. gén.?

encre „Tinte"

11. Jh. *enque*, 12. Jh. *encre*, aus einer Grundform *íncautum* (vgl. daraus entlehntes ndl. *inkt*, nddt. *inket*), Kluge, LGRP 21, 95; Thomas, Rom. 38, 389; *encautum* ist neben *encaustum* im Codex Theodosianus bezeugt; dieses über *éncatum* zu afrz. *enque*, vgl. wegen der lautlichen Entwicklung *foie* aus *fícatum*, s. d.; die grom. Grundform *encautum* ist durch das davon abgeleitete poitev. *enchotir* „beschmutzen" gesichert; Ausgangswort ist gr. ἔγκαυστον, mit Beibehaltung der griechischen Accentstelle und der Aussprache von -αυ- als *av*, daraus bei mündlicher Entlehnung **éncafstu, éncautu;* daneben an das lateinische Betonungssystem angepaßt *encaustum*, das in prov. *encaust*, ital. *inchiostro* erhalten ist.

Lat. *atramentum*, afrz. *arrement* ist für das Volk die schwarze Flüssigkeit; *encaustum, encre* ist daneben zunächst die purpurrote Tinte, z. B. in den fränkisch-romanischen Kanzleien, wird dann für die Gebildeten die Tinte als Mittel der schriftlichen Mitteilung; *noir comme de l'encre* ist erst seit dem 16. Jh. belegt, afrz. ist *noir comme arrement;* Gg. Bed. 184; Brüch, ZFSL 50, 345; Bl.-W. 222; vgl. Diez 183; REW 2869.

Gr. ἔγκαυμα „Eingebranntes", Groeber, Misc. Caix-Can. 43 f., befriedigt weder begrifflich noch lautlich.

encrèchement „Pfahlrost", „Umfriedigung der Fundamente hydraulischer Werke"

19. Jh., setzt ein **encrècher* „umfriedigen" voraus, zu *crèche* „Krippe".

encroix „gepflöcktes Garn", „Kreuzrahmen"

13. Jh. für *encrois*, d. i. postverb. Subst. von *encroiser* „kreuzen", dann „die Fäden kreuzweise anlegen", dieses Abl. von *croiser*. Dict. gén.

encrouer „aufhängen", „befestigen"

12. Jh., heute in *arbre encroué* „Baum, der auf einen andern gestürzt und daran hängen geblieben ist"; aus grom. *incrocare*, das in der Lex Salica belegt ist, d. i. Abl. von fränkisch **krôk* „Haken", s. die stammverwandten Wörter unter *croc* 2; vgl. wegen der Ent-

wicklung afrz. *affoer* aus vlat. **affocare* unter *affouage*. Diez 557; REW 4780.

encyclopédie „Sammelwerk"
16. Jh., aus neulat. *(encyclopaedia)*, dieses aus gr. (ἐγκυκλοπαιδεία).

endanché s. *endenché*.

endémique „endemisch"
17. Jh., ist Abl. von **endémie** „Endemie", 16. Jh., aus gr. (ἐνδημία).

endenché „gezahnt"
17. Jh., ist nach *en-* 2 d verstärktes gleichbedeutendes *denché*.

endêver „ärgerlich sein", fam.
12. Jh. *endierve — enderver* „rasen", „den Verstand verlieren", ist nach *en-* 1 a Weiterbildung von afrz. *derver* „den Verstand verlieren", „rasen"; dazu schon im 12. Jh. *devé, dervé*, dann Ende des 12. Jh. *desvé* „toll", „wahnsinnig", wo *desv-* auch *dêv-* wiedergeben kann, da *-s-* vor stimmhaften Konsonanten nicht mehr gesprochen wurde, sondern nur die Länge des vorhergehenden Vokals andeutete; auch refl. *soi derver*, und mit Accusativ der Beziehung (Gg. Syntax 348) *derver le sen(s)* „wahnsinnig sein"; mit *derver* identisch ist *desver*, mit Dissimilation des ersten *-r-* von *derver* in *-s-*, namentlich in den von dem Infinitiv abgeleiteten Verbalformen wie *derverai, derveroie*.

derver, desver kann nicht von gleichbedeutendem *rêver* getrennt werden; afrz. *resver* „rasen", „außer sich sein", dann seit dem 13. Jh. auch „(in der Nacht) sich herumtreiben", „ausschweifen", seit dem 17. Jh. in der Bedeutung abgeschwächt zu „träumen", „phantasieren"; daß die Grundbedeutung nicht „herumirren" ist, sondern „rasen", „delirieren", zeigen die Abl. wie im 12. Jh. *resverie* „geistige Verwirrung", „Raserei", „Wahnsinn", dann wie bei dem Verbum nfrz. **rêverie** „Träumerei", „Hirngespinst", s. Gg., Bed. 99.

Stammwort der Wortfamilie ist lat. *refragus*, Ausdruck der Kirchen- und Juristensprache, zunächst „Widersacher", dann in Glossen *refragus fidei* „der sich gegen den Glauben auflehnt", „Ketzer", Landgraf, ALL 9, 378; dazu als Ausdruck der Kirchenschriftsteller *refragium* „innere Widersetzlichkeit", lat. *refragari* „sich widersetzen", bei Lucifer von Cagliari „ableugnen", Hartel ALL 3, 31; dazu in den Merowingerurkunden wiederholt *refragare* „sich widersetzen"; zu *refragus* „ketzerisch", nach *en-* 3 **inrefragus* „der sich innerlich auflehnt", das in afrz. *enrievre* „halsstarrig", „toll" erhalten ist; wie *naufragare (navifragare)* zu *navrer*, mußte *refragare* „toll sein" zu **revrer* werden; dazu mit *de-* nach *de-* 4 verstärkt *de-revrer*, verschmolzen zu *derv(r)er*, wo einer der 3 in dem Wort vorhandenen *-r*-Laute dissmiliert werden mußte, daher *derver* bzw. *desver, dever*; nach *dêver* entsprechend *rêver*, wenn man nicht annehmen will, daß auch unabhängig von *dêver* in dem älteren **revrer* das zweite *-r-* dissimilatorisch verstummte; zu den mit *in-* zusammengesetzten Adjektiven, in denen die Grundbedeutung nicht aufgehoben wird, s. *inhabitabilis* „bewohnbar" bei Arnobius, Vogel ALL 4, 320; Wölfflin ebd. 400; Svennung, Palladius 574; Staaf, Stud. Neoph. I, 45; Tailliez, Neoph. 35, 46.

desipere „unsinnig sein", Diez 561; *diruere* „voneinander reißen", Bartsch, ZRP 2, 307; **de-ex-ripare* „aus dem Ufer bringen", in übertragener Bedeutung, Ulrich, Rom. 9. 579; *desvé* aus **desuatus*, zu *suus* „sein", also eigentlich „seiner selbst beraubt", Cohn, ZRP 18, 202 ff.; **disaequare*, Ulrich, ZRP 23, 418; **disviare* bzw. für *rêver* **reexviare*, Staaf, Mélanges Geijer 251 ff.; *derivare* „ableiten", „wegleiten", bzw. **disrivare*, Marchot, Rom. 46, 223, sind z. T. lautlich, z. T. morphologisch, z. T. begrifflich unmöglich. **deaestuare* bzw. **reaestuare* zu lat. *aestuare* „in Hitze sein", das auch mittellat. reichlich bezeugt ist, Vising, Rom. 37, 157 ff.; Rom. 49, 98 ff., Dauzat unter *endêver*, ist lautlich schwierig, da für *aestuare* ein vlat. **aestare* zu erwarten ist, vgl. auch *étier*, das ein **aestarium* für *aestuarium* sichert.

rêve zu wall. *raibe*, der Entsprechung des frz. *rage*, Diez 660, ist lautlich nicht möglich; **reex-vare* zu *vadĕre* „gehen", Körting, ZFSL 18, 1, 271, ist morphologisch unmöglich; zu *requies* „Ruhe", über **requa* ein **requare* „sich zur Ruhe begeben", Nigra, AGI 14, 297, ist morphologisch und begrifflich nicht möglich, vgl. auch *recoi*; *rêver* als fälschliche Rückbildung von afrz. *reveler* „sich auflehnen", Tobler, ASSL 95, 203, s. *ravauder*, trennt das Wort von *derver* und erklärt die Länge des *-ê* nicht; afrz. *enrievre* führt Tobler, Bemerk. zu V. 6165 Chev. au lion auf *irrĕvĕrens* „unehrerbietig" zurück, Thomas, Rom. 26, 425 f. auf **inreprobus* zu **rĕprŏbus* „verworfen", „schlecht"; ersteres ist unwahrscheinlich, weil das zugehörige Verbum nicht erhalten ist; zu lat. *reprobus* „unecht", „schlecht" (von Münzen) und *reprobare* „für untüchtig erklären" u. ä. steht außerhalb der historischen Entwicklung von *derver, rêver*; *desver* ursprünglich und *derver* sekundär, zu lat. *evagari* bzw. vlat. **exvagare* „umherschweifen", „um sich greifen" u. ä., über **éxvagus*, das zu **esvus* geworden wäre, dazu ein Verbum **esver+de, desver*, dann *derver*, Jud Rom. 62, 145, geht von einer Grundbedeutung „umherschweifen" aus, berücksichtigt daher nicht die Chronologie der überlieferten Formen; ein Übergang von *desver* zu *derver* ist ferner unwahrscheinlich, die normale Formentwicklung führt zur Dissimilation, nicht zur Assimilation; auch zeigt sich in der späteren Überlieferung kein Weiterleben des Stammes *vag-*, und *enrievre* bleibt unerklärt; **devehere, *revehere* zu *vehi*, zu lat. *vehi* „weggetragen werden", Lindfors-Nordin ist begrifflich und morphologisch unbefriedigend; unmöglich **disvariare+dissipare*, Alessio, RLiR 17, 174.

endive „Endivie"
13./14. Jh., aus mlat. *(endivia)* zu gr. ἔνδυβον. Hiltbrunner, ASSL 197, 22.

endizeler s. *dizeau*.

endolorir „Schmerzen verursachen"
18. Jh., ist Abl. von lat. *(dolor)* „Schmerz", s. *douleur*.

endormir „einschläfern"
12. Jh., ist neugebildet zu afrz. medialem *soi endormir*, dieses aus lat. *indŏrmire* „einschlafen".

endos „Überweisung"
16. Jh., ist postverb. Subst von **endosser** „überweisen", eigentlich „auf den Rücken schreiben", „auf den Rücken nehmen", so seit dem 12. Jh.; dieses ist Abl. von *dos* „Rücken", s. d.

endroit „Ort", „Stelle"
seit dem 11. Jh. in der Bedeutung „gerade in", „gerade bei" belegt, ist zusammengesetzt aus *en* „in", „bei" und *droit*, das ursprünglich appositionell zu dem nachfolgenden Substantiv tritt, dann aber mit der vorhergehenden Präposition verschmilzt, vgl. *emmi, parmi*; aus Verbindungen wie *ci endroit, illuec endroit* „gerade hier", „gerade dort", ist *endroit* als scheinbares Substantiv losgelöst worden. Diez 272; REW 4379.
2. „die rechte Seite", „Glanzseite"
13. Jh., ist substantiviert aus *en droit* „auf der rechten Seite" zu *droit* „rechts", s. d.

enduit „Überzug", „Bewurf", „Anstrich"
16. Jh., ist subst. Partizip von **enduire** „einschmieren", „überstreichen", „übertünchen", „verputzen", 12. Jh., afrz. „beziehen", „tünchen", aus lat. *inducere* „etwas überziehen", besonders auch „Kleidungsstücke anziehen", s. *induire*; afrz. *enduire* in der Bedeutung „hineinführen" geht auf ein homonymes lat. *inducere* dass., zurück. Bl.-W. 222.

endurcir s. *dur*.

endurer „ausstehen", „dulden"
12. Jh., aus vlat. *indūrare* „ertragen", das zu klassischem *indurare* „sich verhärten" gehört, also aus Verbindungen wie *indurare dolore* „durch Schmerzen verhärten", in dem *dolore* als inneres Objekt gefühlt wurde (wie frz. *trembler la fièvre*) und in aktiver Bedeutung = „erdulden" losgelöst wurde. REW 4386.

énergie „Tatkraft"
15. Jh., aus lat. *(energia)*.

énergumène „vom Teufel Besessener"
16. Jh., aus lat. *(energumenos)*.

énerver „der Nerven berauben"
13. Jh., aus lat. *(enervare)*.

enfaîteau „Firstziegel"
15. Jh., ist Abl. von **enfaîter** „mit Firstziegeln bedecken", „den First eines Schieferdaches mit Blei einfassen", 1400, d. i. Abl. von *faîte* „First", s. auch *faîteau*.

enfance „Kindheit"
12. Jh., aus lat. *infantia*. REW 4393 a.

enfançon „Kindlein"
12. Jh., aus grom. **infantione*, d. i. dem. Abl. von *infante*, s. d. F.

enfant „Kind"
10./11. Jh., dazu afrz. der Nom. *énfes*, aus lat. *ĭnfans, ĭnfante*, das im klassischen Latein das noch nicht sprechende Kind, bei den Kirchenschriftstellern Kinder zwischen 5 und 15 Jahren bezeichnet und in den Reichenauer Glossen *liberi* und *pueri* übersetzt, also allgemeiner Ausdruck für Kind geworden ist, s. Funck, ALL 7, 75 ff.; Pauli, Enf. 23 ff.; REW 4393; ALF 461.

enfantillage „kindliches Benehmen"
13. Jh., ist Abl. von afrz. *enfantil* „kindlich", aus lat. *ĭnfantīlis*, s. *enfantin*.

enfantin „kindlich"
12. Jh., in Anlehnung an das Deminutivsuffix *-in* aus afrz. *enfantil* dass., s. *enfantillage*.

enfer „Hölle"
10. Jh. *enfern*, aus lat. *ĭnfernum* „Unterwelt", afrz. auch pluralisch *as enfers* „in die Hölle", aus lat. *infernus* (locus) „Hölle, bzw. plur. *inferni* „Unterwelt"; Bl.-W. 220; REW 4397.

enfermer s. *fermer*.

enferrer „durchbohren", „eiserne Keile in die Fugen der Schieferblöcke schlagen"
12. Jh. in der Bedeutung „mit Eisen versehen", die heutige Bedeutung aus einer älteren „das Eisen hineinstoßen", ist Abl. von *fer* „Eisen", s. d.

enfeu „Gruft"
15. Jh., ist westfrz., hier postverb. Subst. von *enfouir* „eingraben". Dict. gén.

enfiler „einfädeln", „auffädeln"
13. Jh., ist Abl. von *fil* „Faden".

enfin „endlich"
12. Jh., ist zusammengesetzt aus *en* und *fin* „Ende".

enflammer „entzünden", „begeistern"
12. Jh., afrz. auch *enflamber* „in Flammen setzen", „entzünden", „begeistern", aus lat. *inflammare*; wegen der *-mb-* Form s. *flamme*.

enflécher „auf die Wewelings hinaufsteigen", „mit Wewelings versehen"
19. Jh., ist Rückbildung von **enfléchure** „Webeleinen" (dünne, quer über die Wanttaue gezogene Leinen, die den auf den Mast steigenden Matrosen als Stufen dienen); 17. Jh., ist Abl. von *flèche* in der Bedeutung „Mastspitze". Dict. gén.

enfler „aufblasen"
10. Jh., aus lat. *inflare*, REW 4406; dazu seit dem 13. Jh., das postverb. Subst **enfle** „Aufblasung", auch zur Bezeichnung eines Kartenspiels.

enfoncer „eintauchen", „einstoßen"
13. Jh., afrz. belegt als „(ein Faß) mit einem Boden versehen", dies nach *en-* 2 d abgeleitet von afrz. *fonz* „Grund", „Boden" s. *fonds*; die neufrz. Bedeutung ist aus Verschmelzung von *enfondrer* mit afrz. *fonz* hervorgegangen, s. *enfondrer*.

enfondrer „einstoßen"
12. Jh., afrz. „einstoßen", „versenken", auch „untersinken", aus vlat. **infŭndĕrare*, d. i. Abl. von vlat. *fundus*, **fundere* für lat. *fundus, -i*, s. *fonds* und *effondrer*, ist also die vlat. Entsprechung des frz. *enfoncer*.

enforcir „kräftiger machen"
12. Jh., bedeutet ursprünglich „kräftiger werden" und ist neugebildet zu afrz. *enforcier* „kräftiger machen"; dieses aus grom. **infŏrtiare*, das nach *en-* 4, von lat. *fortis* „stark" abgeleitet ist, dem aber auch schon abgeleitetes **fortia* „Stärke", s. *force*, zugrunde liegen kann.

enformer 1. „bilden" va.; „mit einem Rand versehen"
13. Jh., aus lat. *informare* „eine Gestalt geben", Dict. gén.
2. „über die Form schlagen" (Hutmacherei)
16. Jh., ist Abl. von *forme* „Hutform".

enfouir „eingraben"
12. Jh., aus grom. **infŏdire* für lat. *infodĕre*. REW 4409.

enfourcher „mit der Gabel durchbohren", „sich gabelförmig auf etwas setzen"
12. Jh. „gabelförmig zuspitzen", sind Abl. von *fourche* „Gabel", nach *en-* 2; dazu mit Erhaltung der afrz. Form der Partizipia von Verben, deren Stamm auf einen palatalen Konsonanten endet, *tête enfourchie* „Gabelgehörn", (zum Maskulinum afrz. *enfourchié*).

enfourner „in den Ofen stecken"
13. Jh., ist Abl. von afrz. *forn* „Ofen", s. *four*.

enfourrer s. *fourrer*.

enfrayer „(neue Karden) in Gang setzen"
18. Jh., ist Abl. von *frais* „frisch"; dazu seit dem 18. Jh. die Abl. **enfrayure** „das erste, auf neuen Karden gerauhte Futter".

enfreindre „übertreten"
12. Jh. *enfraindre*, aus vlat. *infrangĕre* zu *frangere* „brechen", das in den Reichenauer Glossen belegt ist. Diez 587; REW 4412.

enfuir „fliehen" refl.
12. Jh *en fuir*, ist Zusammensetzung aus *en* „davon" und *fuir*, vgl. *en-* 8.

engager „verpfänden"
12. Jh., ist Substantivierung von präpositionalem *(mettre) en gage*.

enganter 1. „behandschuhen"
13./14. Jh., ist Abl. von *gant* „Handschuh", s. *en-* 2 d.
2. „ergreifen" va.; refl. „sich mit jmd. enge einlassen"
aus nprov. *enganta, anganta, aganta* „ergreifen", refl. „festhalten", s. darüber *aganter*.

engarde „sehr langes Rebholz, das abgeschnitten wird, um das Wachstum der Triebe zu fördern"
19. Jh., bedeutet ursprünglich wohl „Rebstange", aus nprov. *engardo* „Stütze", vgl. Provence *gardo* „Rebstange", d. i. postverb. Subst. von nprov. *engardà* „(Weinstöcke) pfählen", dieses Abl. von *gardo*, s. *garde*.

engarder „bewahren" va.
12. Jh., ist verschmolzen aus *en* „davor" und *garder* „bewahren", s. *en-* 8.

engarrotter s. *égarrotter*.

engaver s. *gaver*.

engeance „Zucht", „Brut"
16. Jh., ist Abl. von *enger* „züchten", s. d.

engeigner „betrügen" va.
12. Jh. *engignier* „kunstvoll bereiten", dann „betrügen", ist Abl. von *engin*, s. d.

engendrer 1. „zeugen"
12. Jh., aus lat. *ingĕnĕrare*. REW 4418.
2. „mit einem Schwiegersohn versehen"
17. Jh., ist von Molière scherzhaft gebildete Abl. von *gendre* bzw. Wortspiel zu *engendrer* 1. Dict. gén.

engeoler s. *enjôler*.

enger „(mit einer Tierrasse, Pflanzengattung) versehen"
13. Jh. *aengier, aenchier* „anhäufen", „reichlich versehen", absolut „wachsen", „gedeihen", daher die Abl. *engeance*, s. d.; das Wort lebt noch im Norden, vgl. boulogn. *s'enger* „sich mit etwas Fehlendem versehen", *enge* „Vorrat", Lille *inge*, norm. *enge* „Art", „Rasse", deren Form im Stamm des Wortes *-en*-Kons. bzw. *-in*-Kons. sichert; aus grom. **adĭmplĭcare*, d. i. Intensivform von *adimplēre* „vollfüllen", das afrz. als *aemplir* „anfüllen" erhalten ist; vgl. die ähnliche Bildung **adamplicare* „erweitern" in westlad. *adampchiar*, Ulrich, ZRP 28, 364; Gg. ZRP 41, 520.
enecare „plagen", Diez 569, ist lautlich und begrifflich unmöglich; **indicare* zu lat. *index* „Keim", „Brutstätte", Michaelis de Vasconcellos, ZRP 7, 110, oder *indicare* „anzeigen" unter Einfluß von mlat. *index* „Nestei", Bl.-W. 223, wäre möglich, wenn *enger* und afrz. *aenchier* „vermehren" nicht zusammengehörten und wenn ein solches *index* „Brutstätte" oder „Nestei" wirklich bestünde; **indicare* zu lat. *indĕre* „einflößen", „hineintun", Marchot, Rom. 42, 226 ff., ist unwahrscheinlich, da *indere* im Romanischen nicht lebt; **enticare* aus **entare* „aufpfropfen", Parodi, Misc. Rossi-Teiß 347, ist für das Galloroma-

nische nicht möglich, da ostfrz. *emper* und aus dem Gallorom. entlehntes bretonisches *embouda* „pfropfen" die Grundform **entare* für **impotare* ausschließen, vgl. *enter*; afrz. *aengier* aus *aongier* und dieses aus **adundicare* „überschwemmen", Jeanroy, Rom. 33, 602; REW 9064, ist wegen der nördlichen Formen lautlich unmöglich; *engier* aus *inviare*, Brunel, Rom. 83, 520, ist begrifflich unverständlich; aus vlat. **enthecare* „einheimsen", belegt *enthecatus* „eingeheimst", zu lat. (gr.) *entheca* „Geldschatulle", „Geld", Alessio, RLiR 17, 176, ist begrifflich abliegend.

engin „Erfindungsgeist" va.; „Maschine" (Winde, Falle, Fischgerät, Werkzeug u. ä.)
12. Jh. *engin, engien* „Findigkeit", „List", „Betrug", „sinnreiche Vorrichtung", „Werkzeug", aus lat. *ingĕnium* „Scharfsinn", „sinnreiche Erfindung". Diez 184; REW 4419.

englanté „Eicheln tragend"
16. Jh., ist mit Stammverkennung abgeleitet von *gland* „Eichel", s. d.

engloutir „verschlingen"
12. Jh., aus lat. *inglŭttire*, REW 4423; vgl. *glouton*.
engluer s. *glu*.

engober „die Tonmasse mit einer Erdschicht überziehen, um den Farbton zu ändern"
19. Jh., dazu das postverb. Subst. **engobe** „die bei der mit *engober* bezeichneten Handlung verwendete Erdmasse", ist Abl. von *gober* „den Mund vollstopfen", s. d.

engoncer „den Hals einschnüren" (von schlecht sitzenden Kleidern)
17. Jh., vgl. dazu pik., rouchi *engoncé* „in den Kleidern sich unbehaglich fühlend", „eingeengt", boulogn. *enganser* „in eine lästige Lage bringen", d. i. Abl. von boulogn. *ganse* „Schlinge", s. *ganse*, geht auf *enganser* „eine Schlinge umlegen" zurück.

engouer „die Kehle vollstopfen"; refl. „sich von jmd. vollständig einnehmen lassen"
14. Jh., ist mundartliche Form für **engaver*, s. *gaver, gavache, gouailler*.
engoujure s. *goujure*.

engouler „verschlingen"
12. Jh., ist schon vorhistorische Abl. von afrz. *gole*, s. *gueule*.

engoulevent „Nachtschwalbe", „Ziegenmelker"
13. Jh. *engoule-vent*, ist nach *engouler* „verschlingen" und *vent* „Luft" umgedeutetes bretonisches *golvan* „Sperling", Henry, Misc. Ascoli 214 f.; bei unabhängiger Bildung wäre statt *vent* wohl ein anderes Objekt des Verschlingens gewählt worden, vgl. Roll. F. 2, 325; 10, 209; REW 3910; Sain. Rab. 1, 256; Riegler, Misc. Schuchardt 1 f.

engourdir „empfindungslos, starr machen"
13. Jh., ist rückgebildet aus afrz. *soi engourdir*, d. i. medial gebrauchtes *engourdir* „starr werden", dieses Abl. von *gourd*, s. d.

engrain 1. „Saatkorn"
15. Jh., ist postverb. Subst. von *engrener* „aussäen", s. d.
2. „Mühlsteinkeil"
19. Jh., ist postverb. Subst. von *engrener* „Getreide in die Mühle schütten"

engrais „Mastfutter", „Dünger"
16. Jh., ist postverb. Subst. von **engraisser** „fett machen", „düngen", 11. Jh., aus vlat. **incrassiare* für lat. *incrassare*, zu **crassia* „Fett", s. *graisse*. REW 4427.

engraver 1. „beschweren", „einschneiden"
15. Jh., gilt im 17. Jh. als veraltet, Br. 3, 13; ist verstärktes *graver*, s. *en-* 1.
2. „auf den Sand treiben", „versanden", „den Fuß im Sand verletzen"
17. Jh., ist Abl. von afrz. *greve* „Kies", s. *gravier*.

engrêler „am Rande mit Zieraten ausschmükken"
14. Jh., dazu die Abl. **engrêlure** „Randzäckchen", „Art Spitzen", 17. Jh., afrz. *engresler* „zart-, mager machen", z. B. „die Zähne eines Lammes abfeilen", Brüch ZRP 50, 346; dazu im 14. Jh. als heraldischer Ausdruck „Verzierungen mit kleinen Zacken"; ist Abl. von afrz. *graisle* „schlank", „dünn", „fein". Zu *grêle* „Hagelschloße", Dict. gén., ist begrifflich nicht verständlich.

engrener 1. „Getreide aufschütten", „mit Körnern mästen", dann übertragen „die Pumpe mit Wasser ansaugen lassen", „Waren auf ein Schiff laden", wohl auch „ein Zahnrad in ein anderes eingreifen lassen"
12. Jh., ist Abl. von *grain* „Korn", s. d.
2. „Schleifsand zwischen zwei Glastafeln bringen"
ist Abl. von *grain de sable* „Sandkörnchen".

engri „afrikanischer Leopard"
17. Jh., stammt angeblich aus einer Einheimischen-Mundart Afrikas. Dict. gén.

engrois „kleiner Keil zum Befestigen der Stiele in eisernen Werkzeugen"
18. Jh., ist nach Schmidlin, Cath. ein kleiner Keil, den man zwischen den Stiel und den Kopf der Spitzhämmer setzt, um ihnen eine solche Neigung zu geben, daß das Eisen des Hammers mit seinem Stiel einen stumpfen Winkel macht, Behrens, Wg. 355, ist also ursprünglich wohl „Verstärkung", d. i. postverb. Subst. von afrz. *engroissier* „verstärken", s. *engrosser*.

engrosser „schwängern", „schwanger werden", vulgär
12. Jh. *engroissier* „dick machen", „schwängern", auch „dick werden", „anschwellen", „schwanger werden", dann in der Form wieder an das Stammwort *gros* angeschlossen, aus grom. **ingrŏssiare* zu *grossus* „dick", s. *gros*; vgl. *engraisser*.
engrumeler s. *grumeau*.

engueulement 1. „Einkerbung in der Dachstuhlsäule für die Kanten des Giebelspießes"
19. Jh., ist Abl. von *gueule* in der Bedeutung „Scherloch" (schwalbenschwanzförmiges Loch in einem Balken), s. *gueule.*
2. „Ausschimpfen"
19. Jh., ist Abl. von **engueuler** „schimpfen", 18. Jh., vulgär, dieses verstärkende Abl. von *gueuler* dass., s. *gueule.*

enguiché „mit einem Hifthornriemen, einem Mundstück versehen" va.; „mit einem Mundstück von anderer Farbe"
14. Jh. *enguichié, enguigié,* ist Abl. von **guiche** „Schildriemen", „Hifthornriemen" u. ä., 12. Jh. mit der Nebenform *guige,* auch *guinche,* das die ursprüngliche Form ist, während *guiche* nach dem Nebeneinander von *flenchir* und *flechir, chiche* und *chinche, cliche* und *clinche,* s. *cliquet,* neugebildet ist; aus grom. *windĭca*, dieses in Anlehnung an das Suffix *-icus, -ica* dissimiliert aus **windinga,* aus fränkisch *winding* zu anord. *vindingr* „Gürtel", „Band", anddt. *winding* dass. Diez 607; Kluge, AR 6, 239 f.; die grom. Form *windica* ist in den Kasseler Glossen belegt. Fränkisch **viþinga* zu agls. *wîþig* „Weide", „Band", „Fessel", Koukal 56. Jb. Realschule Wien 4, 19 ff.; REW 9563, ist lautlich nicht möglich und befriedigt begrifflich nicht; fränkisch **wiþþja* „Weidenband", Bl.-W. 14, lautlich unmöglich; lat. **vitica* zu *viere* „binden", Barbier, RDR 4, 19, trennt das Wort von der Form der Kasseler Glossen und ist im Lateinischen nicht gestützt; zu ahdt. *wickel* „Kinderwickel", mdt. *wîke* „Lampendocht aus Garn gedreht", Braune, ZRP 18, 529, ist lautlich und begrifflich unwahrscheinlich.

enhardir „kühner machen"
12. Jh., ist Weiterbildung eines vorhistorischen **hardir* „kühn machen", das durch das Part. *hardi* „kühn" gesichert ist; aus fränkisch **hardjan* (gotisch *gahardjan* „verhärten", ahdt. *hertan* „fest, stark machen"); ein spätafrz. *hardir* „kühner machen" ist von *enhardir* rückgebildet. Diez 24; REW 4042.
enharnacher s. *harnacher.*

enhendé „geteilt"
in *croix enhendée* „Kreuz, das an jedem Ende in zwei rückwärts gekrümmte Arme geteilt ist"; 17. Jh., aus spanisch *enhendido* „gespalten", zu spanisch *hender* „spalten", der Entsprechung des frz. *fendre.* Dict. gén.

énigme „Rätsel"
15./16. Jh., aus lat. *(aenĭgma).*

enliser „(im Sand, Dreck) versinken lassen", refl. „versinken", „steckenbleiben", „versacken"
19. Jh., aus norm. *s'enlizer,* d. i. Abl. von *lise* „Treibsand", s. d.

enivrer „berauschen"
12. Jh., aus lat. *inĕbriare*; die lautliche Entwicklung ist durch das daneben stehende *ivre* beeinflußt. REW 4389.

enjaler „den Stock an dem Ankerschaft befestigen"
17. Jh. auch *enjauler,* aus älterem *enjoaler,* d. i. Abl. von *joual,* älter *joal* „Ankerstock", s. *jouail.* Dict. gén.

enjamber „überschreiten", „überspannen"
dazu um 1200 *enjambé* „fest auf den Beinen", im 13. Jh. *enjamber* „mit den Beinen überspannen", **enjambée** „Schrittweite", 13. Jh., sind Abl. von *jambe,* s. d.; vgl. wegen der Bildung *empiéter.*

enjeu „Einsatz"
17. Jh., ist subst. aus adverbiellem *en jeu* „im Spiele".

enjoindre „einschärfen"
12./13. Jh., aus lat. *(injŭngĕre)* in Anlehnung an *joindre.*

enjôler „betören"
auch *engeoler,* in der heutigen Bedeutung seit dem 16. Jh.; in dem Wort treffen afrz. *enjaoler* „in den Käfig bringen", s. *geôle,* Diez 150; REW 1790, und afrz. *enjoeler* „schmükken", „mit Schmuck versehen", d. i. Abl. von afrz. *joel* „Schmuck", s. *joyau,* zusammen, Sainéan, ZRP 30, 309; vgl. *cajoler.*
enjoliver s. *joli.*
enjoualer s. *enjaler.*

enjoué „fröhlich", „heiter"
13. Jh., ist aktives Part. von afrz. *enjoer* „freudig sein", „fröhlich aufnehmen", d. i. von *joer* „spielen", s. *jouer,* beeinflußte Nebenform von afrz. *enjoier,* dieses Abl. von *joie* „Freude", s. d.

enjouer 1. „aufheitern"
13. Jh., s. *enjoué.*
2. „(die Flinte) anlegen"
17. Jh., ist verbalisiertes *(mettre) en joue* zu *joue* „Wange", s. d.

enlacer „umschlingen", „umklammern"
11. Jh., auch figürlich „verstricken", aus vlat. **inlaqueare* für lat. *illaqueare* „verstrikken", „umgarnen"; s. *lacer.*

enlaidir „häßlich machen", „häßlich werden"
12. Jh., afrz. dass.; ist Abl. von *laid* „häßlich", s. *en-* 3 c.

enlarme „große Randmasche am Vogelnetz" u. ä.
18. Jh., ist durch **enlarmer** „ein Netz mit Randmaschen versehen" für das 17. Jh. gesichert; dazu seit dem 18. Jh. die Abl. **enlarmure** „Einfassung von Randmaschen", „Weidenrutensaum eines Netzes"; das Wort ist volksetymologisch umgedeutet aus *ā-narme,* das seit dem 12. Jh. als *enarme* „Schildriemen" bezeugt ist; dieses postverb. Subst. von seit dem 12. Jh. bezeugtem *enarmer* „den Schild mit Schulterriemen versehen"; dieses ist ein grom. **inarmare* zu lat. *armus* „Schulterblatt", „Oberarm", s. *ars, ers.* Dict. gén.

Zu *armare* „bewaffnen“, FEW 140b, erklärt nicht die Einschränkung der Bedeutung auf den Schildriemen.

enlever „wegnehmen“
12. Jh. *en lever*, ist Zusammensetzung von *en-* 8 und *lever*, s. d.

enluminer „bunt ausmalen“, „schmücken“
11. Jh., afrz. „erhellen“, „beleuchten“, „Glanz verleihen“, „bemalen“, „färben“, aus vlat. *inlūmĭnare* für klassisches *illuminare* „beleuchten“, „Glanz verleihen“.

ennemi „Feind“
9. Jh. *inimi*, 12. Jh. *enemi*, aus lat. *(ĭnĭmīcus)* in halbgelehrter Entwicklung; das Wort ist aus der Kirchensprache übernommen worden. REW 4435.
Nicht **inamicus*, Neumann, LGRP 4, 17, da prov. *enamic* nur seltene, von *amic* „Freund“ beeinflußte Nebenform von *enemic* ist. Thomas, Ess. 12, Anm. 2.

ennui „Verdruß“, „Kummer“, „Langeweile“ u. ä.
11. Jh., ist postverb. Subst. von afrz. *ennoiier* „lästig sein“, trans. „belästigen“, „langweilen“, mit -ui- in den stammbetonten Formen wie *ennuie*, das sich verallgemeinert, nfrz. **ennuyer** „langweilen“, in *s'ennuyer de qn.* „jmd. vermissen“; aus vlat. *inŏdiare*, das in den Tironischen Noten, auf afrikanischen Inschriften und sonst belegt ist; ALL 3, 254; 12, 49; dieses über *in odio habere*, so bei Lucifer v. Cagliari, zu lat. *odium* „Haß“. Diez 224; REW 4448.

ennuyeux „langweilig“
12. Jh. „langweilig“, „verdrossen“, „widerlich“, aus vlat. *inŏdiosus*, das in den Tironischen Noten und bei Quintilian belegt ist, ALL 3, 254; 12, 70; dieses zu *inodiare*, s. *ennuyer*.

énôcher „einkerben“ va.; „die Form des Nadelschaftes eingraben“
auch *énaucher*, und daraus verdruckt *énancher*, 12. Jh. *enoschier* „einkerben“, ist Abl. von afrz. *osche* „Kerbe“, s. *hoche*; Dict. gén.

énoncer „kundtun“
17. Jh., aus lat. *(enŭntiare)*; dazu 17. Jh. **énoncé** „Aussage“, „Wortlaut“.
énoper s. *nope*.

énorme „ungeheuer“
14. Jh., aus lat. *(enormis)*.

énouer „(das Tuch) durchrauhen“, „die Lötknoten vom alten Blei losmachen“
18. Jh., ist Abl. von *nœud* „Knoten“, in Anlehnung an *nouer* „knüpfen“; Dict. gén.

enquérir „nachforschen“
13. Jh., in Anlehnung an *quérir* für afrz. *enquerre*, 11. Jh., dass., auch „nach etwas forschen“, „durchsuchen“, aus vlat. **inquaerĕre* für lat. *inquīrere* „nachforschen“. REW 4450.

enquerré „auffällig“
19. Jh. in *armes enquerrées* „ungewöhnliches, unregelmäßiges Wappen“; dafür gewöhnlich *armes à enquerre*, von dem *enquerré* abgeleitet ist; *enquerre* ist die afrz., in der Heraldik erhaltene Form von *enquérir* „nachforschen“, s. d. **Dict. gén.**

enquête „Nachforschung“
12./13. Jh., aus grom. **inquaesīta*, d. i. vorhistorisches Partizip von vlat. **inquaerĕre* für *inquirere* „nachforschen“, (dafür afrz. *enquis*, *enquise*), s. *enquérir*; dazu seit dem 12./13. Jh. die Abl. **enquêter** „nachforschen“; vgl. *quête*.

enquinauder „betören“
17. Jh., ist Abl. von *quinaud* „beschämt“, s. d.

enquiquiner „grob beschimpfen“, pop.
19. Jh., aus dem Rotwelsch, expressive Weiterbildung von *engueuler*, s. *gueule*.

enrager „rasend, toll sein“
12. Jh. *enragier* „rasend, toll werden“, ist nach *en-* 1 abgeleitet von *rager* „wüten“, „toben“, s. d.

enrayer 1. „die ersten Furchen ziehen“
13. Jh. *enroier*, ist Abl. von afrz. *roie* „Furche“, s. *raie*.
2. „die Speichen einsetzen“, „Einhalt gebieten“, „hemmen“
16. Jh., ist Abl. von *rai* „Radspeiche“, s. d.; Dict. gén.

enrayure 1. „die erste Furche“
17. Jh., ist Abl. von *enrayer* 1.
2. „Hemmschuh“ u. ä.
13./14. Jh., ist Abl. von *enrayer* 2.
3. „Balkenriß“, „sternförmige Anordnung der Deckbalken um einen Mittelpunkt herum“
17. Jh., ist Abl. von *rai* „Strahl“, s. d.
enrhuner, *enrimer* s. *arrimer*.

enrober „umhüllen“, „umkleiden“, dann besonders „für die Zolldeklaration als unverzollbar kenntlich einhüllen“
13. Jh. „bekleiden“, ist Abl. von *robe*, s. d.

enrocher „auf einer Steinschüttung errichten“
15. Jh., ist Abl. von *roche* „Stein“, s. d.

enrôler „anwerben“, „anmustern“
13. Jh. „in die Rollen eintragen“, ist Abl. von *rôle*, s. d.; vgl. dazu *contrôler*.

enrouer „heiser machen“
12. Jh., aus grom. **inraucare* zu lat. *raucus* „heiser“, das afrz. als *rou* dass. erhalten ist. REW 7093.
enrouler s. *rouler*.

ensabler „mit Sand bedecken“, refl. „versanden“
ist nach *en-* 1 abgeleitet von *sabler* „mit Sand bestreuen“, das durch die Abl. *sablement* „Sandboden“ für das 14. Jh. gesichert ist; dazu **ensablement** „Versandung“, „Sandbank“, s. *sable*.

ensacher „in den Sack stecken“
13. Jh., afrz. *ensachier*, auch übertragen „betören“, ist Abl. von *sac* „Sack“, s. d.

ensanglanter „mit Blut beflecken"
11. Jh., ist Abl. von *sanglant,* s. d.

enseigne „Kennzeichen", „Standarte" u. ä.
12. Jh., aus lat. *insĭgnia* „Abzeichen", REW 4463; afrz. ist auch *insigne* bezeugt, so daß vielleicht gelehrte Entwicklung vorliegt.

enseigner „zeigen", „lehren"
12. Jh., afrz. *enseignier* „bezeichnen", „lehren", „unterweisen", aus vlat. **insĭgnare* für lat. *insignire* „bezeichnen", zu lat. *signum* „Zeichen". REW 4462.

ensémer s. *ensimer.*

emsemble „zusammen"
11. Jh., aus vlat. **insemul* für lat. *insimul,* mit Erhaltung der alten lautgesetzlichen Form *semul* für *simul,* dessen *-i-* in der Ableitung *similis* entstanden ist; Meyer-Lübke, Einführung § 170; seit dem 18. Jh. substantiviert „Gesamtheit" u. ä.; Bl.-W. 224.

ensemencer s. *semence.*

enserrer 1. „einschließen"
12. Jh., ist verstärkende Weiterbildung von *serrer,* s. *en-* 1 a.
2. „in ein Treibhaus bringen"
17. Jh., ist Abl. von *serre* „Treibhaus", s. d.

enseuillement „Höhe der Brustmauer eines Fensters"
14. Jh., bedeutet ursprünglich die Einfassung des Bodens einer Mauer, ist Abl. von *seuil (de fenêtre)* „Fensterschwelle", „Fenstersohle", s. *seuil;* vgl. dazu *entablement* „Fensterverdachung", mfrz. *enchappement* dass., zu *table* bzw. *chappe,* s. d.; Dict. gén.

ensevelir „eingraben"
12. Jh., aus vlat. *insĕpĕlire,* das in den Tironischen Noten belegt ist; dieses nach *en-* 1 a verstärktes *sepelire* dass., das afrz. als *sevelir* erhalten ist. Heraeus, ALL 11, 45; REW 7827; Graur, Rom. 53, 202.

ensiler „(das Korn) in Kornmieten bringen"
19. Jh., auch **ensiloter,** ist Abl. von *silo,* s. d.

ensimer „einfetten"
auch **ensémer,** aus älterem, seit dem 12. Jh. belegten *ensaïmer,* ist Abl. von afrz. *saïm* „Fett", s. *saindoux;* Dict. gén.

ensochure „Dille zur Befestigung der Pflugschar"
19. Jh., ist Abl. von einem nicht belegten **ensocher* „die Pflugschar befestigen", d. i. Abl. von *soc* „Pflugschar", s. d.

ensonaille s. *ensouaille.*

ensorceler „verzaubern"
12. Jh., dissimiliert aus *ensorcerer,* ist Abl. von *sorcier* „Zauberer", s. d.

ensouaille „Steuerruderstrick"
18. Jh., auch als *ensonaille* verdruckt und in die Wörterbücher gebracht, ist Abl. von afrz. *soe* „Seil", vlat. *sōca* dass., das gallischer Herkunft und im späteren Latein belegt ist; Ausgang der Abl. ist ein **ensouer,* das aus spanisch *ensogar* „mit einem Seil festbinden" erschlossen werden kann; Thomas, Rom. 25, 81 (Ess. 290); zu *soca* vgl. Diez 297; Thurn. KR 79; REW 8051.

ensouple „Weberbaum"
11. Jh. *ensoble,* 13. Jh. *essouble,* heute auch *ensuble,* seit dem 17. Jh. in volksetymologischer Anlehnung an *souple* in der Schriftsprache die Form des Stichwortes; aus lat. *insŭbŭlum* dass., das bei Isidor v. Sevilla und in Glossen belegt ist, Sofer 139; Diez 311; REW 4474; dazu seit dem 17. Jh. die dem. Abl. **ensoupleau** „Brustbaum".

ensoyer „eine Schweinsborste an dem Pechdraht befestigen"
13. Jh., ist Abl. von *soie* „Schweinsborste", s. d.

ensuble s. *ensouple.*

ensuite „in der Folge"
16. Jh., verschmolzen aus *en suite* zu *suite* „Folge", s. d.

ensuivre, refl. „daraus hervorgehen"
13. Jh., „sich ergeben", besonders unpersönlich *il s'ensuit que* „daraus folgt daß", ist nach *en-* 6 abgeleitet von *suivre,* s. d.; davon unabhängig afrz. *ensivre, ensuivre* „nachfolgen", „verfolgen", „befolgen", aus lat. *insequi* bzw. vlat. **insequere* „unmittelbar nachfolgen", „verfolgen" u. ä.

entablement „Gebälk", „Gesims"
12. Jh., ist Abl. von **entabler* „täfeln", das afrz. wegen der neuen Abl. *entabler* „sich an den Tisch setzen", 13. Jh., unterging, aber durch prov. *entaular* „mit einem Gesims versehen", dazu prov. *entaulamen* „Gebälk" gesichert ist; das Verbum aus vlat. **intabulare* „mit Täfelwerk bekleiden", so auch ital. *intavolare* dass.; dazu die vorhistorische Abl. lat. **intabulatura,* gesichert durch afrz. *entablëure* „Getäfel", ital. *intavolatura* dass., auch „Lattenwerk" u. ä., span. *entabladura* „Täfelung"; den grom. Ausdrücken für Gebälk kann auch grom. **intabulamentum* zu *tabulamentum* „Täfelung" zugrunde liegen.
2. „Nietenpunkt der beiden Scherenhälften"
18. Jh., auch **entablure,** sind Abl. von **entabler** „ineinanderschaften", im 12./13. Jh. „Bretter legen", d. i. Abl. von *table,* s. d.

entacage s. *entaquer.*

entacher s. *tache.*

entaille „Einschnitt", „Kerbe"
12. Jh., ist postverb. Subst. von **entailler** „einkerben", 12. Jh., d. i. nach *en-* 1 a erweitertes *tailler,* s. d.

entalinguer s. *talinguer.*

entamer „(Brot) abschneiden", „(Vorrat) anbrechen", „in Angriff nehmen"
12. Jh., „verletzen", „verwunden", „schädigen", auch „anschneiden"; aus lat. *intaminare,* das in der Bedeutung „besudeln" vereinzelt belegt ist, aber wie das zum gleichen Stamm gehörige *contaminare* auch „berühren", „in Berührung bringen", dann mit aus-

gesprochener pejorativer Weiterentwicklung „verderben", „beflecken" u. ä. bedeutet haben dürfte; wegen des Verhältnisses zwischen *intaminare* und *contaminare* vgl. lat. *insequi* neben *consequi*, s. *ensuivre*; Bl.-W. 225; Jaberg, RLiR I, 143; Roques, Rom. 53, 374; dazu seit dem 12. Jh. das postverb. Subst. **entame** „Anschnitt".
Nicht aus gr. ἐντάμνειν „zerschneiden", über Massilia eingedrungen; Brüch, ZRP 45, 81.
entartrer s. *tartre*.

entaquer „aneinandermachen", „(drei Stücke Tuch) dicht zusammenbinden"
18. Jh., ist mit Präfixwechsel umgestaltetes norm. *attaquer*, d. i. die norm. *Entsprechung* des frz. *attacher*.
entasser s. *tasse*.

ente 1. „Pfropfreis", „Sproß"
12. Jh., dazu *inpotum* in der Lex Salica und in Glossen, Geffcken 138, ist vorhistorische Rückbildung von vlat. **impotare* „pfropfen", frz. **enter** dass., das aus gr. ἐμφυτεύειν entlehnt ist; das Wort ist als *embouda* ins Bretonische gedrungen; Diez 570; Thurn. KR 99; Horning, ZRP 16, 242; Jud, ZRP 38, 12 ff.; REW 4325. Nach Bl.-W. 225 grom. **imputare*, aus dem Griechischen von Massilia; vgl. dazu verd. chal. *enter* „(die Strümpfe) hinaufziehen".
2. „Verlängerungsstück an der Rute eines Windmühlenflügels"
auch *ante*, ist vielleicht mit *ente* 1 eins, vielleicht mundartliche Form von afrz. *hanste* „Holzstiel", s. *ante* 2 und *hante*.
3. „ausgestopfter Lockvogel"
ist Abl. von *enter* in der Verbindung *enter une penne* „eine Feder aufsetzen".

entendre „beachten" va.; „verstehen", „hören"
12. Jh., afrz. mit *à* „auf etwas bedacht sein", „auf etwas hören", trans. „etwas im Auge haben", „hören", „verstehen", aus lat. *intendere* (animum) „auf etwas richten", „aufmerken"; ersetzt afrz. *ouir*, s. *ouies*; dazu aus grom. **intendita*, d. i. subst. Part. von *intendere*, afrz. **entente** „Streben", „Verständnis", „Bemühen", „Verstand", nfrz. „Einvernehmen" usf.; REW 4483; Gottschalk, GB 3, 80.
enter s. *ente* 1.

entériner „endgültig bestätigen", „ratifizieren"
13. Jh., ist Abl. von afrz. *enterin* „gänzlich", d. i. Abl. von *entier* „ganz", s. d.

enterrer „begraben", „in die Erde legen"
12. Jh., aus vlat. **interrare* zu lat. *terra*, s. *terre*.

enthousiasme „Begeisterung"
16. Jh., aus gr. (ἐνθουσιασμός).

entêté „eigensinnig"
13. Jh., ist Verbaladjektiv von afrz. *entester*, 12. Jh., „etwas jmd. in den Kopf setzen", dazu refl. „sich etwas in den Kopf setzen", zunächst „auf den Kopf schlagen", ist nach *en-* 2 c abgeleitet von *teste*, s. *tête*.
enticher s. *tache*.

entier „ganz", „unversehrt"
12. Jh., afrz. dass., aber auch mit pejorativer Weiterentwicklung „starr", „unbesonnen", anderseits positiv bewertet „treu", „gewissenhaft" u. ä., aus lat. *integer* (vlat. *intégrum*) „unberührt", „unversehrt", „unvermindert", „unverdorben" u. ä. durchwegs mit positiver Bewertung; REW 4479; vgl. *entériner*.

entité „Wesenheit"
15./16. Jh., aus mittellat. *(entitate)*, d. i. Abl. von lat. *ens, entis* „Sein".

entoir „Pfropfmesser"
1700, ist Werkzeugsableitung von *enter* „pfropfen", s. *ente* 1.

entoiser „in Klafterform anordnen"
17. Jh., ist Verbalisierung von adverbiellem *en toise* „in Klaftern", s. *toise*.

entomologie „Insektenkunde"
18. Jh., ist zusammengesetzt aus gr. (ἔντομον) „Insekt" und (λόγος) „Lehre".

entonner 1. „in Fässer füllen"
12./13. Jh., ist Abl. von *tonne* „Tonne", vgl. *tonneau*; dazu die Werkzeugsableitung **entonnoir** „Trichter", 11. Jh. *entonedoir* dass.
2. „intonieren"
13. Jh., ist Abl. von *ton* „Ton".

entôler „bestehlen"
19. Jh., aus dem Rotwelsch, eigentlich „in ein Haus eindringen, um zu stehlen", ist Abl. von *tôle*, im Argot „Bleibe", eigentlich „Blech", s. d.; Larchey.

entorse „Verrenkung"
16. Jh., ist subst. Part. von afrz. *entordre* „verdrehen", „einwickeln" aus vlat. **intorquere*, s. *tordre*. REW 4505.

entortiller „einwickeln", „verwickeln"
13. Jh. *entorteiller*, ist nach *en-* 1 verstärktes *tortiller*.

entour „Umgebung"
10. Jh. *entorn*, ist afrz. Präposition „um ... herum"; die substantivische Bedeutung seit dem 16. Jh., vgl. *endroit*; aus vlat. *in torno* zunächst als Adverbium, afrz. „in der Runde", aber schon vorhistorisch auch als Präposition gebraucht; zu lat. *tornus*, afrz. *torn* „Drehung", „Wendung", „Runde"; s. *autour*, *alentours*, REW 8796; Gg., Syntax 312; vgl. *environ*.

entourer „umgeben"
16. Jh., ist Abl. von *entour* „herum", für älteres, nach *tourner* neu gebildetes, seit dem 14. Jh. belegtes *entorner* dass., heute als Marineausdruck erhaltenes **entourner** „(ein Kabel) aufwickeln"; dazu seit dem 16. Jh. die Abl. **entournure** „Ärmelausschnitt".

entr-, entre- „einander", „zwischen"
in nominalen und verbalen Zusammensetzungen; aus lat. *ĭnter* dass.; für die ersteren vgl. lat. *interamnus, intercessus, inter-*

columnium u. a., für die letzteren *intercalare, interbibere, interire* u. ä.; neu im Galloromanischen ist die Bedeutung „einer den anderen", wie bei der selbständigen Präposition *entre*; vgl. dazu afrz. *entreaidier* „sich gegenseitig helfen", *entrebaisier* „einer den andern küssen" u. v. a.; aus der lat. Bedeutung „zwischen" entwickelt sich im Frz. die Bedeutung „halb", z. B. in *entr'ouvrir, entrebâiller* u. ä.; die hierhergehörigen Bildungen sind unter dem Stammwort nachzuschlagen, wenn nicht die Form oder Bedeutung eine gesonderte Behandlung verlangt.

entrailles „Eingeweide"
12. Jh. neben afrz. *entraigne*, aus lat. *interanea* dass., das namentlich bei den Medizinern gebräuchlich ist, Landgraf, ALL 9, 378; die literarische Form vielleicht in Anlehnung an *burbalia*, s. *brouailles*, mit Suffixwechsel umgestaltet; eine Form *intralia* ist schon in den Reichenauer Glossen bezeugt; Diez 571; REW 4487; Hetzer, RG 39.

entraîner „mit sich fortreißen", „nach sich ziehen", fig. „mitreißen", „Erregung auslösen"
12. Jh. *en traïner*, eigentlich „davon schleppen", ist nach *en-* 8 abgeleitet von *traîner*, mit *en=inde*, wie bei den Verben der Bewegung; nfrz. **entraîner** „trainieren" ist rückentlehnt aus englisch *to train*; Bl.-W. 643; Dict. gén.; dazu seit dem 19. Jh. **entrain** „Schwung", „Begeisterung".

entrait 1. „Spannriegel", „Zugbalken"
14. Jh. *entref*, normannisch, 15. Jh. *entrais*, aus **entre-tref* „Zwischenbalken" zu afrz. *tref* „Balken", aus lat. *trabe*, s. *entravailler*; vgl. afrz. *entrebau* dass., zu *bau(c)* „Balken"; Dubois, Fr. mod. 25, 209. Nicht zu afrz. *entraire* „anziehen", Bl.-W. 226.
2. afrz. „Wundsalbe"
12. Jh., auch *entraite*, zu lat. *tracta*, bei Pelagonius „Art Pflaster", zu lat. *trahere, tractum*, s. *traire*, gebildet nach gr. τράκτωμα „Klebepflaster"; Bambeck 86.

entravailler „hemmen" va.
dann in *oiseau entravaillé* „mit einem Stock zwischen Flügeln und Füßen" (Heraldik), 14. Jh. *entraveillier*, ist Abl. von afrz. *traveil, travail* „Balken", das erstere vermutlich ursprünglich, d. i. deminutive Abl. *(-iculum)* von afrz. *tref* „Balken", aus lat. *trabe*, s. zu diesem *entraver*.

entrave „Fesselklotz", „Spannstrick", „Hindernis"
16. Jh., ist postverb. Subst. von **entraver** „Fesseln anlegen", „hindern", 12. Jh. „fesseln"; dazu prov. *entravar* dass., span. *trabar* „verbinden", „fesseln", prov. *travar* dass.; aus vlat. **trabare* bzw. grom. **intrabare*, zu *trabs, trabe* „Balken", afrz. *tref* dass.; vgl. Diez 326; REW 8823; dazu seit dem 17. Jh. die dem. Abl. **entravon** „lederner Ring an den Pferdefesseln".

entre „zwischen"
11. Jh., aus lat. *ĭnter*; vgl. auch *entr-*. REW 4485 a; Gg., Syntax 298.
entre- s. *entr'-*.

entrebâiller „halb öffnen"
15. Jh., ist zusammengesetzt aus *entre* „zwischen" und *bâiller* „gaffen", bedeutet also ursprünglich „halb offenstehen".

entrebande „Salleiste" (an den Enden des Tuches)
15. Jh., ist nach *bande* umgedeutet aus mfrz. *entrebate*, noch älter *entrebat* „Unterbrechung", „Anfang und Ende eines Stoffstükkes", d. i. postverb. Subst. von afrz. *entrebattre* *„unterbrechen", eigentlich „dazwischenschlagen".

entrebas „zu großer Zwischenraum bei den Kettenfäden eines Gewebes"
18. Jh. auch *entrebat*, ist mit dem unter *entrebande* angeführten afrz. *entrebat* „Unterbrechung" identisch.
Zu *entrebaail* „Kluft", „Öffnung" bei Cotgrave, vgl. *entrebâiller*, Dict. gén., wäre möglich, wenn *entrebas* aus dem Westfranzösischen stammt.

entrechat „Kreuzsprung", „Luftsprung"
17. Jh., ist angepaßtes ital. *intrecciato* „verflochten", *salto intrecciato* „verflochtener Sprung", zu *intrecciare* „verflechten", dieses zu *treccia* „Flechte", s. *tresse*; dann angelehnt an *chasser*; vgl. Bl.-W. 226.

entre-côte „Mittelrippenstück"
18. Jh., für *entre-côtes* „zwischen den Rippen", s. d.

entrecours „Austausch" va.; „Freizügigkeit", „Weidegemeinschaft"
12. Jh., ist subst. Part. von afrz. *entrecorre* „von einem zum andern laufen", d. i. Abl. von afrz. *corre* „laufen", s. *courir*.

entrecuisse „Zwischenraum der Schenkel"
16. Jh., für *entre cuisses* „zwischen den Schenkeln", vgl. *entre-côte*.

entredeux „Zwischenraum", „Mittelstück"
12. Jh., substantiviert aus adverbiellem *entre deux* „zwischen beiden".

entrée „Eingang"
12. Jh., ist subst. Part. von **entrer** „eintreten", 12. Jh., aus lat. *ĭntrare*. REW 4511.

entrefaite „Zwischenzeit"
besonders in *sur*, alt auch *dans, en ces entrefaites*, so seit dem 13. Jh., ist subst. Part. von afrz. *soi entrefaire* „unterdessen geschehen", bedeutet also der Bildung nach „das, was unterdessen geschieht"; ein mfrz. *entrefaite* „Unternehmung" ist dagegen Neubildung nach *entreprise* und *faire*.

entrefesse „Mittelfleisch", „Damm"
19. Jh., aber durch **entrefesson** „Wolf", „Wundwerden zwischen den Hinterbacken" für das 16. Jh. gesichert, steht für *entre-fesses*, s. d. und *entrecuisse, entre-côte, entrefilet* u. a.

entrefilet „eingeschobener, kurzer Artikel"
19. Jh., steht für *entre-filets* „zwischen den Druckzeilen", d. i. Abl. von *filet* in der technischen Bedeutung „Druckzeile".

entregent „Lebensart"
15. Jh., ist substantiviert aus adverbiellem *entre gent* „unter Leuten".

entrelacs „Geflecht", „Netzwerk"
12. Jh. *entrelaz,* ist postverb. Subst. von afrz. *entrelacier,* 12. Jh., heute **entrelacer** „verflechten", d. i. Abl. von *lacer,* s. d.; vgl. wegen der Schreibung des Substantivs *lacs.*

entreligne „Raum zwischen zwei Zeilen", „das zwischen zwei Zeilen Geschriebene"
16. Jh., steht für *entre-lignes* „zwischen den Zeilen", vgl. *entrefilet.*

entremets 1. „Zwischengericht"
12. Jh., ist Abl. von frz. *mets* „Gericht", s. d.
2. „Zwischenspiel"
17. Jh., aus ital. *intermezzo* dass., aus lat. *intermĕdius* „dazwischen befindlich".

entre-nœud „Knotenweite"
16. Jh., steht für *entre nœuds,* s. *entrefesse.*

entrepas „Mittelgang"
15. Jh., bezeichnet die Gangart zwischen *trot* und *galop,* ist daher Zusammensetzung von *entre* und *pas,* s. d.

entrepied 1. „Fußgestell" va.
14. Jh., für *entre pieds,* s. *entrefesse.*
2. „Teil des oberen Mühlsteins, welcher in den untern eingreift"
18. Jh., ist postverb. Subst. von einem nicht belegten **entre-piéter* „ineinander eingreifen", d. i. Weiterbildung von *empiéter* „eingreifen"; vgl. *entreprendre.*

entrepont „Zwischendeck"
18. Jh., steht für *entre ponts* „zwischen den Schiffsbrücken", s. *entrefesse.*

entrepos „Ruhe" va.; „Unterhaltung"
16. Jh., ist postverb. Subst. von afrz. *entreposer* „dazwischenstellen", „einschalten", die Bedeutung beeinflußt von *repos,* s. d.

entrepositaire „der Waren aufgespeichert hat"
19. Jh., ist in Anlehnung an *dépositaire* abgeleitet von *entreposer* „aufspeichern", s. *poser.*

entrepôt „Speicher", „Stapelplatz"
16. Jh. *entrepos,* dann in Anlehnung an *dépôt* die literarische Schreibung, ist postverb. Subst. von afrz. *entreposer* „vorübergehend deponieren", „aufspeichern", s. *entrepositaire.*

entreprendre „unternehmen"
12. Jh., ist verstärktes *emprendre,* s. d.; vgl. auch *entrepied* 2; dazu seit dem 12./13. Jh. das subst. Part. **entreprise** „Unternehmung", wie das ältere *emprise,* s. d.

entrer s. *entrée.*

entresol „Zwischenstock"
17. Jh. *entresole,* im 17. Jh. zunächst „Wohnraum auf der Höhe eines Stockwerks", bei Oudin 1607 als Femininum „Fußboden", Ende des 17. Jhs. als Masculinum, französiertes spanisches *entresuelo* „Zwischenstock", „Mezzanin", zu span. *suelo* „Fußboden"; *entre-suelo* bedeutet entsprechend „das dazwischen liegende Stockwerk"; Colon, RDiR 27, 101; vgl. *sol;* Bl.-W. 226.

entretemps „inzwischen", „Zwischenzeit"
12. Jh. *entretant,* im 15. Jh. in Anlehnung an *temps* „Zeit", die heutige Form und Bedeutung, ist Zusammensetzung von *entre* „zwischen" und *tant* „soviel", s. d.

entretenir „gegenseitig halten", „unterhalten"
12. Jh. „aufhalten", „anhalten", Ende des 12. Jhs. refl. „zusammen halten", „zu einander passen", daraus *s'entretenir* „sich unterhalten", ist Abl. von *tenir,* s. d.; dazu seit dem 16. Jh. das postverb. Subst. **entretien** „Unterhaltung".

entretoise „Holz- oder Eisenstück, das zwei Gegenstände miteinander verbindet"
12./13. Jh., ist Abl. von afrz. *toise* „Ausdehnung", *entre-toise* bedeutet also der Bildung nach „der zwischen zwei Gegenständen befindliche Raum", dann „Zwischenstück"; afrz. *toise* aus vlat. **tēsa,* d. i. subst. Neutrum Plur. von lat. *tensus* „gespannt", vgl. *toise.* REW 8651.

entrevous „Feld zwischen zwei Bodenbalken"
17. Jh., ist in der Form *entrebaus, entravaus* schon im 14. Jh. belegt, vgl. dazu poitev. *entravaux* „Zugbalken", Doubs *entrebochure* „Holzbalken als Unterlage"; es ist Abl. von afrz. *bauc* „Balken", s. *bau,* bedeutet also der Bildung nach „der zwischen den Balken befindliche Raum", vgl. *entretoise;* die Form *entravaux* zeigt Kreuzung mit afrz. *travail* „Balken", s. *entravailler;* die Form *entrevous,* dazu die im 19. Jh. belegte Abl. **entrevoûter** „das Zwischenfeld mit Gips ausfüllen", zeigt Anlehnung an *voûte,* s. d.

entriguet in *gens d'entriguet* „Ballett"
17. Jh., bei Molière verkleidet in der Form *gens de Lantriguet,* auch *de l'intriguet,* ist Abl. von *intriguer,* älter auch *entriquer, intriguer.*

enture 1. „Pfropfen"
14. Jh., ist kollektive Abl. von *ente,* s. d., bzw. *enter,* s. d.
2. „Querholz einer einbäumigen Leiter"
ist kollektive Abl. von afrz. *hanste* „Stab", s. *hante* und *ente* 2.

énumérer „aufzählen"
18. Jh., aus lat. *(enŭmĕrare).*

envahir „überfallen"
12. Jh., aus grom. **invādire* für lat. *invadĕre.* REW 4525.

envaler „den Garnsack mit dem Netzbogen offenhalten"
18. Jh., u. H.

envasement „Verschlammung"
18. Jh., ist Abl. von **envaser** „verschlammen", s. *vase.*

enveloppe „Hülle"
13. Jh., ist postverb. Subst. von **envelopper** „einhüllen", 10. Jh., afrz. *envoloper,* daraus *enveloper* dissimiliert, setzt ein grom. **volŭp-* „Hülle" voraus, das wohl gallisch ist.
**involutare* zu *involūtus,* d. i. Part. von *involvere* „einhüllen", Storm, Rom. 5, 187 (die Form in Anlehnung an *fluctuare*), ist lautlich nicht möglich; lat. **voluculare* zu lat. *involucrum* „Hülle", gekreuzt mit einem germanischen Wort, das im Mittelenglischen *wlappen* „einwickeln" erhalten ist, Schuchardt, ZRP 29, 327 f. Anm.; Bl.-W. 226, ist unwahrscheinlich, denn gerade im Nordfrz. fehlt eine Form *goloper* u. ä.; *faluppa,* das Corp. Gloss. 5, 525, 32 in der Bedeutung „Abfall", „Strohabfall", „Spänchen" bezeugt ist, und nach trientinisch *falop,* Rovereto *falopa,* friaulisch *volop* „schlecht ausgesponnene Hülle des Seidenwurms" als ursprüngliche Bedeutung die von „Hülle", „Schale", daher „Abfall" besessen haben dürfte", s. Horning, ZRP 21, 192 ff.; 30, 71 f.; Schneller, Rom. Vma. Südtirols 140; REW 3173, ist die grom. Entsprechung des angesetzten gallischen **volup* „Umhüllung", mit Dissimilation des ersten *-o-* zu *-a-*, vgl. *bardot*; die Zweifel an der Existenz von *faluppa,* Landgraf, ALL 9, 416, sind angesichts der romanischen Formen nicht berechtigt.

envenimer „vergiften"
12. Jh., ist Abl. von afrz. *venim,* frz. *venin* „Gift", s. d.

envergure „Festmachen der Segel", „Weite" (eines Segels auf seiner Rah), dann übertragen „Weite" (eines Kleides), „Flügelweite eines Vogels", „Weitblick", „Ausmaß" u. ä.
17. Jh., ist Abl. von *vergue* „Rah", „Segelstange".

envers 1. „Kehrseite"
12. Jh. adjektivisch „verkehrt", auch „auf dem Rücken liegend" u. ä., die substantivische Bedeutung aus *côté envers* seit dem 13. Jh., aus lat. *inversus* „verkehrt". REW 4530.
2. „gegen"
11. Jh., zusammengesetzt aus *en* und *vers* „gegen", in Umbildung von älterem *encontre,* wird bis ins 18. Jh. auch in feindlichem Sinn gebraucht; wird im 18. Jh. in der Verwendung von *vers* getrennt; Gg., Syntax 279.

enverser „umdrehen" va.
12. Jh., dann seit dem 13. Jh. „(das Tuch) auf der Kehrseite noppen", ist Abl. von *envers* 1.

envi 1. „wider Willen"
10. Jh. *enviz,* 11. Jh. *envis,* afrz. adverbiell, auch „schwerlich", „kaum", später gewöhnlich in Verbindung mit instrumentalem *à,* als ob *envi* ein Substantiv wäre, aus lat. *invītus* „ungern". Diez 571; REW 4537.
2. „Herausforderung"
dann in *à l'envi* „im Wettbewerbe um", 16. Jh., ist postverb. Subst. von afrz. *envier* „herausfordern", ursprünglich „einladen", aus lat. *invītare* „einladen". Tobler, Mitt. afrz. Handschr. 1, 262; G. Paris, Mél. 520; REW 4535.
Nicht zu *envie,* Diez 572.

envider „(eine Bindfadenrolle) bewickeln"
18. Jh., ist Gegenbildung zu *dévider* „abhaspeln", mit Verkennung der ursprünglichen Bedeutung von *vider.*

envie „Neid"
10. Jh., afrz. auch *envirie, envidie* „Neid", „Verlangen" (nach etwas), aus lat. *(invĭdia).* REW 4534; dazu 12. Jh. **envieux** „neidisch", aus lat. *(invidiosus).*

envieillir „alt machen"
12. Jh. „alt werden", dazu afrz. *soi envieillir* dass., von diesem transitives *envieillir,* vgl. *endormir.*

envier 1. „den Spieleinsatz erhöhen"
12. Jh. „herausfordern", s. *envi* 2.
2. „beneiden"
13. Jh., ist Abl. von *envie,* s. d.
envieux s. *envie.*

environ „um ... herum", „ungefähr", „Umgebung"
12. Jh., zunächst Adverb, seit dem 15. Jh. auch Präposition, s. Gg., Syntax 240; dazu seit dem 15. Jh. subst. *les environs* „Umgebung"; ist Zusammensetzung von *en* und afrz. *viron* „Runde", „Kreis", d. i. ursprünglich abstrakte Abl. von *virer* „drehen", s. d.; vgl. wegen der Entwicklung des Wortes *entour;* dazu seit dem 12. Jh. die Abl. **environner** „umgeben".

envoi „Sendung"
12. Jh., ist postverb. Subst. von **envoyer** „schicken", 12. Jh. *enveier,* aus grom. **invĭare* „auf den Weg machen", d. i. Abl. von lat. *vĭa,* s. *voie.*

envoler refl. „dahin fliegen"
12. Jh. *en voler,* das noch zu Beginn des 17. Jhs. zu finden ist; ist Ableitung von *voler* mittels *en-* 8.

envoûter „jmd., dem man schaden möchte, in Wachs bilden und ihm die Leiden zufügen, die ihm in Person zustoßen sollen"
13. Jh., ist Abl. von afrz. *vout* „Bildnis", 12. Jh., wie *face* „Antlitz Gottes", aber auch allgemein „Gesicht", wird in dieser Bedeutung im 14. Jh. ungebräuchlich; daneben seit Ende des 12. Jhs. „Bildnis", dann im 14. Jh. „Wachsfigürchen", das im 15. Jh. ungebräuchlich wird; Renson, Visage 312; aus lat. *vŭltus* „Angesicht". G. Paris, Rom. 10, 61 Anm. 9; REW 9469; Bl.-W. 227.
envoyer s. *envoi.*

éolien „äolisch"
in *harpe éolienne,* 18. Jh., ist Abl. von dem Namen des Windgottes *(Aeolus)*; vgl. dazu

B. Maine *eolé* „(Baum), dessen Zweige vom Wind abgebrochen sind".

épacte „Zuschußtage zum Mondjahr"
12. Jh., aus lat. *(epactae)* „Schalttage".

épagneul „spanischer Wachtelhund"
14. Jh., aus lat. *(hispaniolus)* „spanisch". REW 4147; afrz. 12. Jh. *espaignol* „spanisch", „Spanier", seit dem 14. Jh. „Wachtelhund"; Brüch, ZFSL 50, 347.

épailler „(das Zuckerrohr) von den minderwertigen Knoten reinigen", „(das Rauhe vom Goldguß) reinigen" u. ä.
12./13. Jh. *espaillier* „das Stroh ausscheiden", ist Abl. von *paille* „Stroh", s. d.

épais „dicht"
12. Jh. *espes,* afrz. gelegentlich in Anlehnung an das dazugehörige Substantiv *espoisse,* s. d. F., auch *espois,* aus lat. *spĭssus* dass. REW 8160.

épaisseur „Dichtigkeit", „Stärke"
14. Jh., ist in Anlehnung an das Adjektivabstrakta bildende Suffix *-ore* erweiternd abgeleitetes afrz. *espoisse* „Dichte", dieses aus vlat. **spĭssia,* d. i. Abl. von lat. *spissus* „dicht", s. *épais.*

épaissir „dichter machen"
16. Jh., 12. Jh. *espessir* „sich verdichten", „trübe werden", ist mediale Variante von afrz. *espessier, espoissier* dass., auch transitiv „dicht machen", verdrängt das afrz. *espoissier,* vgl. *en-* 3 c; aus grom. **spĭssiare,* d. i. Abl. von lat. *spissus* „dicht" bzw. grom. **spissia* „Dichte", s. *épaisseur.*

épaler „Hohlmaß eichen"
13. Jh., afrz. *espaeler,* ist heute pik., boulogn. „durch Schritte abmessen" (mit volksetymologischer Einwirkung von *pas*), norm. „die Milch abmessen, um den Buterertrag zu bemessen"; es ist Abl. von afrz. *paele* „Flüssigkeitsmaß", das mit prov. *pagela* dass. auf ein grom., im Mittellatein belegtes *pagella* zurückführt; dieses ist lat. als Deminutivableitung von *pagina* „Seite" in der Bedeutung „Kolumne" belegt, und in der Bedeutung „kleines Maß", „Gefäß" ins Germanische eingedrungen; dazu, selbst aus dem Niederdeutschen aufgenommen, dt. „Pegel"; Kluge s. *Pegel;* Thomas, Mél. 70; REW 6144.
Nicht zu westfälisch *uitpalen* „abgrenzen" u. ä. Behrens, ZFSL 25, 2, 51 (Wg. 90 f.).

épancher „reichlich ausgießen"
12./13. Jh., aus grom. **expandĭcare,* d. i. Intensivform zu lat. *expandĕre,* s. *épandre.* Diez 572; REW 3031.

épandre „ausstreuen", „verbreiten", „ergießen"
12. Jh., afrz. „ausbreiten", „ausschütten", intr. „ausfließen" aus lat. *expandere* „ausbreiten, *expandi* „sich ausbreiten" (von Flüssen); REW 3030; s. *répandre.*

épanneler „aus dem Groben behauen"
18. Jh., ist Abl. von *panneau* „(unbearbeitete) Steinfläche", s. d.

épanner „aus einer viereckigen Steinplatte den Mühlstein aushauen"
19. Jh., ist Abl. von *pan* „Fläche", „Mauerstück", s. d.

épanouir „aufschließen", refl. „aufblühen"
16. Jh., vermutlich in Anlehnung an *évanouir* für afrz., seit dem 12. Jh. belegtes *espanir,* lebt heute als *épanir* in Guernesey, Pik., Fr. Comt., Burgund; aus fränkisch *spannjan* „zum Spannen, Ausbreiten bringen", mhdt. *spennen* „spannen", Brüch, ZFSL 50, 349; vgl. auch *empan.*
Afrz. *espanir* „ein Kind entwöhnen", so heute Artois, Rouchi, Wallonie, dazu prov. *espanar,* dieses aus fränkisch *spânjan,* zu mhdt. *spenen* dass., eigentlich „abwendig machen", vgl. zu diesem Thomas, Mél. 71 f.; REW 8117.

épar „Sparren", „Riegel", „Angelhaken", „Spiere"
auch *éparre, épare, épars, épart* geschrieben, 12. Jh. fem. *esparre* „großes Holzstück", dazu afrz. *esparree* „Hieb mit dem Stock", dazu prov., kat. *esparra,* aus gotisch **sparra,* d. i. die Entsprechung des ahdt. *sparro* „Sparren". Thomas, Ess. 122; REW 8121.
Im Südostfrz. belegtes *esparron* könnte aus fränkisch *sparro* entlehnt sein, ist aber wahrscheinlicher Abl. von **sparra;* s. Gg., RG I, 378.

éparcet „Esparsette"
auch *esparcet, esparcette,* stammt aus dem Süden bzw. dem Südosten, s. Roll. Fl. 4, 244; die eigentlich nördliche Bezeichnung ist *sainfoin,* s. d.; 16. Jh., dazu nprov. *esparset, esparseto,* auch *esparseu,* zu dem auch gask. *esparset* gehört; ferner spanisch *esparcilla;* sind Ableitungen von einem Grundwort *espars,* das nprov. eine Art Rebe bezeichnet; Zusammenhang mit afrz. *espars* „zerstreut", „allein dastehend", s. *épars,* ist ebenso unsicher wie Zugehörigkeit zu einem in Glossen belegten *sparsio* „Art Safran".

éparer refl. „ausschlagen"
17. Jh. *esparer,* ist französisiertes ital. *sparare calci* „ausschlagen", zu *sparare* „schleudern", „werfen", d. i. Abl. von *parare* „ablenken", „parieren", s. *parer.* Dict. gén.

épargne „Ersparnis"
12. Jh., ist postverb. Subst von **épargner** „ersparen", „verschonen", in den Reichenauer Glossen *sparniare;* 11. Jh. *espargnier* „ersparen", „schonen", mit dativischem Objekt „nachsichtig sein", wie lat. *parcere,* das beide Bedeutungen des afrz. Wortes aufweist; dazu auch agls. *sparjan* „sparen", „schonen"; Grundlage ist grom. **sparinjare,* zu fränkisch (ahdt.) *spari* „Sparsamkeit", mit einer Verbalableitung, die der Ableitung *waidanjan*

zu fränkisch *waida* „Weide" entspricht, s. *gagner.*
Aus **sparanjan,* romanisiert zu **esparaniare,* aus fränkisch *sparôn,* mit der Endung von **waidanjan,* Brüch 76; Bl.-W. 227 ist morphologisch schwer verständlich und entspricht auch lautlich nicht. Vgl. Ulrich, ZRP 3, 265 f.; Mackel 53; REW 8119; Diez 302; Kreuzung von **sparôn* mit **economiare,* Brüch, ZRP 40, 647 ff., ist nicht nötig, da die fränkischen Proparoxytona auf *-jan* nicht in die *-ire*-Klasse eingereiht werden; vgl. *agacer.*

éparpiller „zerstreuen"
12. Jh., *esparpaillier,* auch *-eillier, -illier,* aus diesem die nfrz. Form, geht zurück auf *dispare pallavit* bei Petronius, dieses zu lat. *dispare* „ungleichmäßig" und *palari* „sich zerstreuen", das einem gesprochenen **disparpalare* entspricht; dieses vielleicht erhalten in afrz. *desparpeler,* im 12. Jh. im Perf. 3. Sing. *desparpelat;* ist sonst in Anlehnung an das Verbalsuffix *-ailler,* vlat. *-aliare,* zu **disparpaliare* geworden, das auch durch das postverb. Subst. prov. *desparpalh* „Zerstreuung", span. *desparpajo* „Schwatzhaftigkeit" gesichert ist; die mit *es-* präfigierten Formen nach dem funktionellen Nebeneinander von *des- (dis-)* und *es- (ex),* s. *dé-* 6. Brüch, ZFSL 50, 351; Regula ZFSL 70, 199. Beeinflussung durch *palea* „Stroh", REW 2675; Bl.-W. 227 ist nicht notwendig.
éparre s. *épar.*

épars „zerstreut"
12./13. Jh., aus lat. *sparsus.*

épart 1. „Wetterleuchten"
12. Jh. „Blitz", „Funke", dazu afrz. *espartir* „blitzen", aus fränkisch **spartjan* „bersten", „sprühen", zu mhdt. *spretzen* „spritzen", *sprât* „Spritzen", „Sprühen" (vom Regen); s. Brüch ZFSL 50, 352. Wegen der Umstellung von **spratjan* zu **spartire* vgl. frk. *wrist* zu *wërst* unter *guêtre;* das Wort lebt heute noch in Westfrankreich und im Zentrum; im eigentlichen Norden ist es durch *éclair* ersetzt worden, s. d.
Zu afrz. *espartir* „trennen", „sich spalten", ist begrifflich bedenklich, da ein dazugehöriges *espart* eher „Sonnenstrahl" als „Blitz" bedeutet hätte.
2. s. *épart, sparte.*

épartir „nach verschiedenen Richtungen verbreiten"
12. Jh. *espartir* „zerteilen", „trennen", „zerstreuen", refl. „sich verbreiten", „sich zerstreuen", ist Abl. vom Part. **espart* zu afrz. *espardre,* dass., das Part. analogisch nach *perditus* zu *perdere,* s. *perte,* während das klassisch lat. *sparsus* zum Adjektiv wurde, s. *épars;* in der Bedeutung „zerteilen" vielleicht Einfluß von *partir.*

éparvin „Spat" (Pferdekrankheit)
13. Jh. *esparvin,* d. i. mit Suffixwechsel umgestaltet aus *esparvain,* mit einer Nebenform *espavin,* die im englischen *spavin* erhalten ist, vgl. dazu Mons *spavagn, espavagne,* norm. *éprevin,* wall. *spavin,* Lüttich *splawin,* Malmédy *splawon* u. ä., champagnisch adjektivisch *pieds espavins,* vgl. auch altital. *sparguano,* spanisch *esparavan* u. ä., die vermutlich aus dem Französischen stammen; das Wort gehört wohl zu ostfriesisch *spat, spadde,* auch *sparre* „Knorpelgeschwulst am Fesselgelenk der Pferde", d. i. genau die im Dict. gén. angegebene Pferdekrankheit, führt vielleicht auf ein fränkisches **spadwâni* zurück, dessen zweiter Bestandteil ags. *vane,* englisch *wane* „Abnahme", „Verfall", gotisch *wanains* „Mangel" entspricht. **spadwâni* bedeutet also etwa „Verfall durch die Spatkrankheit"; vgl. Cor. II, 381.
Zu *épervier* „Sperber", Diez 302; oder zu gotisch **sparwa* „Sperling", Schuchardt, An A. Mussafia 30; aus frk. **sparwun,* Acc. zu *sparo* „Sperling", Bl.-W. 227 ist begrifflich, morphologisch und lautlich unbefriedigend; vgl. REW 8125.

épater „der Pfoten berauben"
16. Jh., ist Abl. von *patte* „Pfote"; dann übertragen in *nez épaté* „Stumpfnase", so seit 1800; seit 1808 *s'épater* „auf den Bauch fallen", zu dem *épatant* „was einen auf den Bauch fallen macht" abgeleitet ist; dieses liegt dem im Vulgärfrz. allgemein üblichen *épater* „verblüffen" zugrunde. Sain. LPar. 398.

épaufrer „absprengen"
19. Jh., aber durch *épaufrure* „abgesprengtes Steinstück" für das 18. Jh. gesichert, ist Kreuzung von *érafler* mit *épautrer* (wenn *épaufrer* nicht nur Druckfehler für *épautrer* ist), das in der Bedeutung „zermalmen" noch mundartlich lebt, vgl. Mons *spautrer* „zermalmen", rouchi *pautrer* dass., bei Rabelais *espautré* „vor Müdigkeit zerschlagen", dazu Berry, Morv., Bourg. *pautrer* „zerbrechen", „mit Füßen treten", afrz. *espautrer* „zermalmen", „spalten", intr. „in Stücke gehen"; die angeführten Belege lassen zwei Bedeutungsgruppen erkennen, 1. „Lumpen", „zerlumpen", deutlich in afrz. *pautraille* „Lumpenpack", *pautonier* „Landstreicher", dazu mnd. *palter* „Lumpen", ndd. *palterig* „zerlumpt", s. Falk-Torp unter *pjalt;* 2. ein Stamm *spald-, spalt-* „zermalmen", „zerbrechen", dazu mndt. *spelderen* „gespaltene Holzstückchen"; ostfriesisch *spalter* „abgespaltenes Stück", „Scheit", Behrens, ZFSL 28, 1, 302 (Wg. 94); beide Entwicklungsreihen könnten auf der Grundbedeutung „zerspalten" aufbauen; die Wortfamilie lebt außer im Nordosten auch im Zentrum; daher ist Herkunft aus dem Althochdeutschen oder Niederdeutschen nicht wahrscheinlich; doch ist auf Grund des grammatischen Wechsels zwischen *-d-* und *-t-* (s. Braune, Ahdt. Gr. § 100 f.) eine Grundform

fränkisch *spaltan* (zu ahdt. dass.) nicht ausgeschlossen; die Entwicklung im einzelnen bleibt ungeklärt.
Zu lat. *spelta* „Spelz", REW 8139, s. *épeautre,* ist lautlich nicht möglich; auch nicht zu *spalta* „Schlamm", Regula, AR 12, 278.

épaulard „Butzkopf"
16. Jh., aus saintongeais *espaular,* ist sekundär nach *épaule* umgedeutetes älteres *espaart,* das mit den für den gleichen Fisch bezeugten Formen *espadin, espadon* auf lat. *spatha* „Schwert" zurückführt; das angeführte afrz. *espaart* ist durch spanisch *espadarte* gesichert; Schuchardt, ZRP 32, 85 Anm.; REW 8128; wegen der Bedeutung vgl. die neulat. Bezeichnung *orca gladiator,* deutsch „Schwertfisch".

épaule „Schulter"
12. Jh. *espalle,* aus älterem **espadle,* das umgestellt in anorm. *espaude* vorliegt; aus *espalle,* einerseits mit Assimilierung des ersten *-l-* an das zweite wall. *spâle,* Poitou, Saint. *épâle,* sonst mit Vokalisierung des *-l-* wie sonst vor Konsonanten *espaule*; vgl. auch *saule*; aus lat. *spatŭla* „Schulterblatt", ursprünglich „Schöpflöffel". Zauner, RF 14, 435 f.; Diez 301; REW 8130; Förster, ZRP 26, 430.
épaule als Kreuzung von *espaude* mit *espale,* Drouhet, Rom. 35, 102 ff., ist geographisch nicht möglich. Unmöglich aus lat. *scapulae* „Schultern", Leumann, VR II, 470.
Dazu seit dem 16. Jh. die dem. Abl. **épaulette** „Achselband" u. ä.

épave „herrenlos", „herrenloses Gut"
13. Jh. *espave,* bedeutet ursprünglich „furchtsam", so noch oberitalienisch, daher wohl in *bête épave* „verschrecktes, versprengtes Tier", daraus die Bedeutung „herrenlos"; vgl. angev. *s'en aller d'épave* „(von Tieren), getrennt von der übrigen Herde gehen", Littré; aus lat. *(expavidus)* „furchtsam", in halbgelehrter Entwicklung; das Wort gehört wohl schon ursprünglich der Rechtssprache an. Diez 572; REW 3037.

épeautre „Spelz"
11. Jh. *espelte,* 13. Jh. *espiaute, espiautre,* aus vlat. *spĕlta* dass., das im 4. Jh. von den Römern vermutlich in Pannonien aus der Sprache der Langobarden bzw. Sweben entlehnt wurde. Brüch 12; Diez 302; REW 8139; Flasdieck, Bibl. Liège 129, 173.

épée „Schwert"
9. Jh. *spede,* aus lat. *spătha* dass.; vgl. auch *épaulard.* Diez 301; REW 8128; Bl.-W. 228.

épeiche „Buntspecht"
13. Jh. *espec, especbe,* lebt in der frz. Schweiz als *épeicha,* dann vermutlich aus dem Französischen entlehnt und an die Mundart angepaßt in boulogn., pik. *épèque*; aus ahdt. *spech* dass.; die dem nhdt. *specht* entsprechende fränkische Form **speht* ist afrz. als *espoit,* heute wall. *spoi* erhalten. Diez 573; REW 8135.

épeler „erklären" va.; „buchstabieren"
seit dem 15. Jh. in Anlehnung an *appeler* für älteres, seit dem 11. Jh. bezeugtes *espeudre,* auch *espelir* „erklären", „bedeuten", aus fränkisch **spellôn* (ahdt. *spellôn* „erzählen"); Diez 573; REW 8138; dazu seit dem 18. Jh. die gelehrte Abl. **épellation** „Buchstabieren". Unhaltbares bei Brüch, ZFSL 50, 353.

épenthèse „Einschaltung eines Buchstabens"
17. Jh., aus lat. *(epenthesis).*

éperdu „außer sich", „bestürzt"
12. Jh., ist Part. von afrz. *esperdre* „gänzlich verlieren", d. i. Abl. von *perdre,* s. d.

éperlan „Spierling"
13. Jh. *esperlenc,* dazu wall. *spierlin,* Namur *spîrengue,* norm. *éperlan,* aus fränkisch **spërling* zu mndl. *spirling.* Diez 573; REW 8149.
Nicht aus mndt. *spierlinc,* Valkhoff; (wall. *spierlin* u. ä. sind lautgesetzlich aus *spërling* entwickelt).

éperon „Sporn"
12. Jh., grom. **sporone,* das im 8. Jh. in Glossen als *sporonus* belegt ist; aus fränkisch **sporo* (ahdt. *sporo* dass.). Diez 303; REW 8178; Kluge, AR 6, 238.
Die entsprechende gotische Form **spora* ist gleichfalls in Glossen belegt und findet sich auf der Iberischen Halbinsel erhalten, s. auch Jud, Acc. *-ain* 18.

éperonnelle „Klebekraut", „Spitzklette"
17. Jh., ist Abl. von *éperon* „Sporn", wegen der stacheligen, spornähnlichen Früchte der Pflanze.

épervier „Sperber"
12. Jh., ist in der Lex Salica, dann im Cap. de Villis als *spervarius* belegt, Jud-Spitzer, WuS 6, 129, in der lex Salica handschriftlich auch *sparwarium,* Schramm 65, dieses die germanische Form, während *spervarium* die dissimilierte romanische Form darstellt; aus fränkisch **sparwâri* (ahdt. dass.) eigentlich „Sperlingsaar", vgl. auch *émouchet.* Diez 302; REW 8126.
Dazu seit dem 18. Jh. die Abl. **épervière** „Habichtskraut".
épervin s. *éparvin.*

épeuler „mit einer Zange die durch das Pergament gehenden Fäden zurückziehen"
19. Jh., doch schon afrz. als *espeler,* 13. Jh., „ausrupfen", *espelé* „haarlos", prov. *espelar,* aus vlat. **expilare* dass., s. *poil.*

éphèbe „junger Mann"
17. Jh., aus lat. *(ephebus).*

éphémère „einen Tag dauernd"
13./14. Jh., aus gr. (ἐφήμερος).

épi „Ähre"
12. Jh., aus vlat. *spīcum,* d. i. von lat. *spica* „Ähre", das nach seiner Endung als grom. Kollektivbildung aufgefaßt wurde,

rückgebildeter Singular; s. auch *empan.* REW 8145; Brüch, ZFSL 50, 353.

épiaire „Ziest"
19. Jh., im 18. Jh. dafür *épi fleuri,* ist gelehrte Ableitung von *épi,* in Anlehnung an die neulat. Bezeichnung der Pflanze *stachys spicata,* die seit dem 16. Jh. bezeugt ist. Roll. Fl. 9, 1 ff.

épicarpe 1. „Pulspflaster"
18. Jh., ist zusammengesetzt aus gr. (ἐπί) „auf" und (καρπός) „Handwurzel".
2. „Fruchtoberhaut"
19. Jh., ist zusammengesetzt aus gr. (ἐπί) „auf" und (καρπός) „Frucht".

épice „Gewürz"
12. Jh. *espice,* über *especie* (vgl. prov. *especi),* aus lat. *(spĕcies),* das zunächst in der Juristensprache die Bedeutung „Spezereien" annahm. Wölfflin, ALL 1, 540; Diez 303; REW 8131. Wegen der Lautentwicklung vgl. *empire, nice.*

épicéa „Weißtanne"
16. Jh. *arbre de picea,* im 18. Jh. fälschlich in *arbre d'épicéa, épicia* getrennt, aus lat. *(pĭcea)* „Föhre".

épicène „mit demselben grammatischen Genus"
15. Jh., aus lat. *(epicoenus).*

épicrâne „Hirnschalendecke"
18. Jh., aus gr. (ἐπικράνιον).

épicurien „epikurisch"
13. Jh., ist Abl. vom Namen des Begründers der Lehre *(Epicurus).*

épidémie „Seuche"
12. Jh., aus mlat. *(epidemia)* zu gr. ἐπιδήμιος „seuchenartig auftretend".

épiderme „Oberhaut"
14. Jh., aus lat. *(epidermis).*

épie „Spion"
12. Jh., seit dem 17. Jh. von dem neuentlehnten *espion* zurückgedrängt, Br. 3, 132, afrz. *espie,* noch vereinzelt in der ursprünglichen abstrakten Bedeutung „Ausspähen", „Lauer" femininen Geschlechts, dann konkretisiert mask. und fem. „Späher", ist postverb. Subst. vom afrz. *espier,* s. *épier*; vgl. *garde, guide* u. ä.; kaum entlehnt aus prov. *espia,* Bruckner, Char. 22; Brüch 39; Diez 303; REW 8136.

épier 1. „ausspähen"
12. Jh. afrz. *espoier* neben *espier,* dieses mit Verallgemeinerung der stammbetonten Formen, vgl. *plie-ploier,* s. *plier, ployer*; *brie, broyer,* aus fränkisch **spëhôn* „spähen", s. *épie.*
2. „Ähren ansetzen"
13. Jh., ist Abl. von *épi,* s. d.

épierrer 1. „von Steinen säubern"
16. Jh., ist Abl. von *pierre,* s. d.
2. „(das Fell nach dem Enthaaren auf der Flaumseite) mit dem Schleifstein abreiben" steht für **apierrer,* d. i. Abl. von *pierre à aiguiser* „Schleifstein".

épieu „Spieß"
12. Jh., Nom. *espieus,* Akk. *espiet,* dann analogisch nach dem Nominativ auch *espiel, espieu,* aus fränkisch **speut* zu ahdt. *spioz* dass., das mit falscher Schreibung des *-u-*Lautes im 8./9. Jh. als *speltum* überliefert ist. Meyer-Lübke, WS 25, 107 f.; Kluge, AR 6, 238; Suchier, ZRP 1, 429; Diez 575; REW 8163.

épigeonner „den Gips auftragen"
17. Jh., steht für **apigeonner* oder **empigeonner,* d. i. Abl. von *pigeon* 2 „Handvoll Mörtel", s. d.

épigone „Nachkomme"
18. Jh., aus gr. (ἐπίγονος).

épigramme „Sinngedicht"
14. Jh., aus lat. *(epigramma).*
épilence s. *épilepsie.*

épilepsie „Fallsucht"
16. Jh., daneben im Mittelfrz. eine Form *epilence,* aus lat. *(epilepsia),* die zweite Form infolge Kreuzung mit *pestilentia,* s. *pestilence.*

épiler 1. „enthaaren"
18. Jh., ist gelehrte Nebenform von afrz. *espeler,* s. *épeuler*; d. i. Abl. von lat. *(pĭlus)* „Haar".
2. „Gießzapfen abschmelzen"
18. Jh., gleichzeitig belegt *épilure* „abgeschmolzene Gießzapfen", ist mundartliche Nebenform von *épiller,* auch *épier,* die beide auf ein älteres *épeiller* zurückführen; dieses ist Abl. von westfrz. *peil* „Haar", s. *poil.*

épillet „Grasährchen"
18. Jh., ist unetymologische Schreibung für *épiet,* d. i. dem. Abl. von *épi,* s. d.

épilogue „Nachwort"
12. Jh., aus lat. *(epilogus).*
épilure s. *épiler* 2.

épinaie „Land mit Dorngestrüpp"
12./13. Jh., aus grom. **spinēta,* d. i. Kollektivform für lat. *spinetum* „Dornenhecke". REW 8152.

épinard „Spinat"
14. Jh. *espinarde,* auch *espinace, espinache, espinoche,* aus mittellat. *spinachia, spinacium* u. ä., die aus spanisch *espinaca* stammen; dieses aus arabisch *isbinâḫ,* in der Form durch *spina* „Dorn" und Ableitungen beeinflußt; der Spinat wurde von den Arabern im 11. Jh. nach Spanien gebracht und verbreitete sich von dort über ganz Europa. Lam. 107; de Gregorio, SGI 7, 118; REW 706; Littmann 84.
Nicht zu lat. *spina,* s. *épine,* Diez 303.

épinarde „Stichling"
17. Jh. auch *épinoche,* die erste Form Saintonge, vgl. ferner *épine, épinouse, pinoche* Jura, *spina, spinette* Wall., *épinette, épinoque* Pikardie, *epeinnoque* Lille u. ä.; ist Abl. von *épine* „Dorn". Roll. F. 3, 172 f.; Barbier, RDR 1, 436.

épinceler „(Tuch) ausputzen"
18. Jh., ist dem. Weiterbildung von im 13. Jh. belegtem *espincier* „die Knoten im Tuch entfernen", so nfrz. **épincer,** auch „(den Baumstrunk) von den Sprößlingen befreien", allgemein seit dem 12./13. Jh. „ausästen", „ausputzen"; dieses auch in übertragener Bedeutung seit dem 13. Jh. „herausputzen", „schmücken" u. ä., ist nach *é-* 3 erweitertes *pincer* „mit der Zange fassen", „abkneifen", s. d.

épincette „Pflückeisen", „Feuerzange"
16. Jh., ist Werkzeugsableitung von *épincer.*

épine „Dorn" u. v. a.
12. Jh., aus lat. *s p ī n a.* REW 8150.

épinette 1. „kanadische Tanne"
steht mit unorganischem Anlaut, vgl. *écrevisse, échafaud,* für **pinette,* d. i. Femininform zu mfrz. *pinet* „kleine Fichte", s. *pin*; der Anklang an *épine* ist erst sekundär.
2. „Art Angelhaken"
14. Jh. „kleiner Dorn", ist dem. Abl. von *épine,* s. d.
3. „Mastkäfig, aus verschiedenen Abteilungen bestehend"
ist Abl. von mundartlichem *épiner* „einhecken", vgl. poitev. *épiner* „mit Dornengebüschen einhecken", Morv. *épeuner,* Vionnaz *épena,* boulogn. *épiner* dass.; *épinette* ist also sekundäres Femininum zu einem **épiné* „Einheckung", dessen Endung mit dem *-et*-Suffix identifiziert wurde.
4. „Spinett"
16. Jh., aus ital. *spinetta,* d. i. Abl. von *spina* „Dorn", da es ursprünglich ein Saiteninstrument bezeichnete, das mit zugespitzten Federkielen angeschlagen wurde. REW 8150.

épineux „dornig"
12. Jh., aus lat. *s p ī n o s u s.* REW 8153.

épine-vinette „Berberitze"
15. Jh., dafür schon im 13. Jh. *vinette,* das wie nprov. *vineto, vigneto* „Berberitze" bedeutete, aber in der Bretagne, Poitou, Centre, Norm. auch den „Sauerampfer" bezeichnet; *épine vinette* bedeutet also die dornige *vinette,* d. i. die Berberitze, im Gegensatz zu dem nicht dornigen „Sauerampfer"; beide Pflanzenbezeichnungen sind Weiterbildungen von mfrz. *vinet* „schlechter Wein", d. i. dem. Abl. von *vin* „Wein", nach dem säuerlichen Geschmack der Beere bzw. der Pflanze; vgl. Roll. Fl. 1, 137 ff.; vgl. auch *crépinière.*

épingle „Nadel"
11. Jh. *espinde* und *espinle,* die beide auf eine gemeinsame Grundform *espindle* zurückgehen, das durch mittellat. *spindula* und Formen ostfrz. Mundarten gesichert ist, Gröber, ALL 5, 476 f.; Horning, Ostfrz. Grenzmundarten 173; Gröber, ALL 6, 397; daneben im 12. Jh. *espigle,* R. Levy, Trésor 102, dieses aus lat. *spīculum* „Spitze" bzw. *spīculus* „spitzig", das bei Tertullian belegt ist, s. dazu REW 8147; *épingle* ist Kreuzung von lat. *s p ī n ŭ l a* „kleiner Dorn", für das durch ahdt. *spinula, spenula* „Stecknadel" eine wohl schon vlat. Bedeutung „Nadel", „Stecknadel" erschlossen werden kann, mit *spīculum.* Vgl. dazu Morosi, AGI 4, 141; Ascoli, ebd. 4, 171; Nigra AGI 14, 298; Schuchardt ZRP 31, 11; Diez 303; REW 8154; Bl.-W. 229.
**sphingula* zu *sphinx* „Sphinx", G. Paris, Rom. 9, 623, ist begrifflich unwahrscheinlich und trennt das frz. Wort von dem ahdt. Wort und ital. *spillo.*
épinoche s. *épinarde.*

épinocher „geziert, ohne Appetit essen", „sich bei Kleinigkeiten aufhalten" u. ä.
16./17. Jh., ist dem. Weiterbildung von afrz. *espiner* „herumstochern", „mit Dornen stechen", d. i. Abl. von *épine* „Dorn", s. d.; vgl. bretonisch *spina* „eine Wunde aufsaugen", das aus dem angeführten frz. Wort entlehnt ist; vgl. mit anderer Bedeutungsentwicklung das gleiche Verbum unter *épinette* 3.

épiphanie „Dreikönigsfest"
12. Jh. halbgelehrt *epifaine,* aus lat. *(e p i p h a n i a).*

épique „episch"
16. Jh., aus lat. *(e p i c u s).*

épiscopal „bischöflich"
12./13. Jh., aus mittellat. *(e p i s c o p a l i s),* s. *évêque.*

épisode „Nebenhandlung"
15. Jh. *episodie,* aus gr. (ἐπεισόδιον).

épisser „zwei Tauenden aneinander flechten", „splissen"
17. Jh., ist in volksetymologischer Umdeutung gebildet aus **esplisser,* dieses aus ndl. *s p l i s s e n* (ostfriesisch dass., „zwei getrennte Etwas ... zusammenflechten", dazu ostfr. *splisse* „Zusammenfügung zweier Taue durch zuvoriges Auftrennen oder Ausfasern"), ist also die Entsprechung des hochdeutschen *spleißen.* Dict. gén.
17. Jh., dazu die Abl. **épissoir** „Splißhorn".

épister „durch Zerstoßen in Teig verwandeln"
18. Jh., ist gelehrte Abl. von lat. *(pĭstare)* „stampfen".

épistolaire „brieflich"
16. Jh., aus lat. *(e p i s t o l a r i s),* s. *épître.*

épitaphe „Grabschrift"
12. Jh., aus lat. *(e p i t a p h i u m).*

épithalame „Hochzeitsgedicht"
16. Jh., aus lat. *(e p i t h a l a m i u m).*

épithète „Beiwort"
16. Jh., aus lat. *(e p i t h e t u m).*

épitomé „Auszug aus einem Buch"
16. Jh., aus lat. *(e p i t o m e).*

épître „Sendschreiben", „Epistel"
12. Jh. *epistre* „Brief", auch „Teil der Messe", aus lat. *(e p i s t u l a)* „Brief".

épizootie „Viehseuche"
18. Jh., ist gelehrte Zusammensetzung aus

gr. (ἐπί) „über" und (ζωότης) „Lebewesen".
éplaigner s. *aplaigner* und *emplaigner*.

éploré „verweint"
12. Jh., ist erhaltenes Part. von afrz. *esplorer* „weinen", auch aktiv „mit Tränen benetzen", d. i. Weiterbildung von afrz. *plorer*, s. *pleurer*; die lautgesetzlich entwickelte Form *épleuré* findet sich noch im 17. Jh., die literarische Form zeigt Rückanlehnung an das Lateinische.

éplucher „ausklauben", „auszupfen", „von Ungeziefer reinigen"
12. Jh. *espelucher,* ist Weiterbildung von afrz. *peluchier* „auspicken", wie noch heute wall. *ploki,* V. d'Yères *perlukier* „wenig und zart essen", Tournai *pluquer* „schnäbeln", frz. Schweiz *plucher* „auszupfen"; dieses aus vlat. **pĭluccare, *pĭloccare,* das mit beiden Suffixen schon vor dem Eintreten der hochdeutschen Lautverschiebung (ca. 600) in das West- und Nordgermanische eingedrungen ist; vgl. die beiden Formen auch in nordital. *peloc, peluc* „Haarbüschel"; wegen der *-occare*-Abl. vgl. auch *effilocher* zu *filum* „Faden", wie **piloccare* zu *pilus* „Haar"; ferner *épinocher;* die Bedeutung von vlat. **piloccare* war also „die Haare ausrupfen", d. i. verstärktes *pilare* „der Haare berauben". Die Verbreitung von *peluchier* im Nordfrz. weist darauf hin, daß das frz. Wort aus fränkisch **pilukkan* „pflücken" rückgewandert ist; prov. *pelugar* ist Kreuzung des aus dem nördlichen Galloromanischen entnommenen **pelucar* mit dem im gleichen Bereich liegenden vorhistorischen **mandugar,* s. *manger*. Vgl. Kluge s. *pflücken*; Diez 247; Horning, ZRP 19, 181; REW 6506; Brüch, ZRP 40, 313 f.; Brüch, ZRP 58, 331; Mackel 112; Meringer, JF 17, 114.
Nicht (wegen prov. *pelugar*) aus **pĭlūcare,* dazu eine Abl. **pilucicare,* FEW 508; Bl.-W. 230, da ein Verba bildendes Suffix *-ūcare* nicht vorhanden ist und eine Intensivbildung wie **pilucicare* der romanischen Dissimilierungstendenz widerspricht.

époi „oberste Sprosse am Hirschgeweih"
13. Jh., afrz. *espoit* „Spieß", „Bratspieß", dazu in den Reichenauer Glossen *spidus ferreus,* in Glossen seit dem 8. Jh. *spitus,* lebt auch im Sardischen, so logudoresisch *ispiðu* „Bratspieß", das nicht aus dem toskanischen *spiedo* entlehnt sein kann, Wagner, Sard. 154 Anm. 5; es liegt daher Entlehnung aus einer germanischen Mundart ins Vulgärlateinische vor, vermutlich aus gotisch **spitus* zu agls. *spitu,* ahdt. *spiz* „Bratspieß", „Geweihende des Wilds"; das Wort ist auf der Iberischen Halbinsel ein zweitesmal aus dem Gotischen entlehnt worden, daher spanisch *espeto* „Bratspieß". Diez 304; Gg. RG I, S. 373; Tilander, Nouv. Encyn., 1957, 206; vgl. *épieu.*
Wegen des Auftretens im Sardischen nicht erst fränkische Entlehnung, REW 8161.

époinçonner „anstacheln"
16. Jh., ist Abl. von *poinçon* „Stichel", s. d.

époindre „stechen", „stacheln"
13. Jh., ist verstärkende Weiterbildung von *poindre,* s. d.

épointer „abstumpfen"
11. Jh., *espointer* „die Spitze abbrechen", „stumpf machen", ist nach *é-* 1 abgeleitet von *pointe* „Spitze", s. d.

épointiller „(Tuch) noppen"
in Anlehnung an *époindre* u. ä., aus **époutiller** dass., dieses Schreibung für *époutier* „die Wolle von Unreinigkeiten reinigen", 18. Jh.; *époutier* ist Abl. von afrz. *poutie* „Unrat", „Schmutz", d. i. Ableitung von afrz. *pout* „Brei", aus lat. *pŭls, pŭlte* dass. REW 6836; Dict. gén. Die Formen *époutis, époutiller* sind normannisch. Dict. gén.
Nicht über **pëuture* zu *paître,* Lebel, Fr. mod. 10, 294.

éponge 1. „Schwamm"
12. Jh., aus lat. *spongia,* REW 8173; *éponge* nicht aus vlat. **sponga,* das nach gr. σπόγγος von *spongia* rückgebildet worden wäre, da ein norm., pik. **espongue* weder in alter noch in heutiger Zeit nachweisbar ist; Brüch, ZRP 50, 354; Bl.-W. 230.
2. „umgebogene Enden der Hufeisenarme", „Rand des Gießtisches" u. ä.
16. Jh., ist in Anlehnung an *éponge* 1 umgestaltetes afrz. *esponde* „Rand" (eines Tisches, Bettes u. a.), u. ä. Tilander, ZRP 46, 260; dazu Lüttich *sponse* „Bettrand", „Brunnenrand", die *-s*-Form nach Haust, Dict. Liégeois nach dem Nebeneinander von *rèsponde* und *rèsponse* „Antwort"; aus lat. *sponda* „Fußgestell des Bettes". Diez 402; REW 8170.

éponte „Berührungsfläche eines Minenganges mit dem Erdreich"
18. Jh., ist westwallonische Form für afrz. *esponde* „Rand", s. darüber und wallonische Entsprechungen des Wortes *éponge* 2.

épontille „Deckstütze"
17. Jh. *pontille,* die erweiterte Form heute in sav. *epontilie* „Stütze", aus ital. *pontile,* d. i. Abl. von *ponte* in der Bedeutung „Baugerüst". Dict. gén.

épontiller 1. „die Decke abstützen"
18. Jh., ist Abl. von *épontille,* s. d.
2. s. *épointiller.*

éponyme „namengebend"
18. Jh., aus gr. (ἐπώνυμος).

épopée „Epik", „Epos"
17. Jh., aus gr. (ἐποποιία).

époque „Zeitraum"
18. Jh., aus gr. (ἐποχή) „Haltepunkt".

épouffer, refl. „sich aus dem Staub machen", „fast ersticken vor Lachen"
17. Jh.; die erste Bedeutung ist Abl. von

pouffer „blasen" (vom Wind), bedeutet also „sich wegblasen"; die zweite ist unmittelbare Ableitung von *pouffer* in der Bedeutung „vor Lachen platzen", s. d.

épouiller „ablausen"
14. Jh., ist Abl. von afrz. *peoil* „Laus", s. *pou.*

époule „Schiffchen an der Weberspule"
13. Jh. *espole,* wall. *spoule,* rouchi *épeule* mit sekundärem *-eu-,* ist Rückbildung von afrz. *espolin,* nfrz. **époulin** dass.; dieses aus fränkisch **spôlo* zu ahdt. *spuolo* „Spule", vgl. Diez 304; Braune, ZRP 22, 204; Bruckner, ZFSL 41, 2, 7; REW 8167.
Aus gotisch **spôla,* Brüch 30, vgl. auch ZFSL 50, 355, erklärt die Erhaltung des *-ou-*Lautes im Nordfrz. nicht, entspricht auch lautlich nicht dem prov. *espol*; aus wallonisch *spoule, sipoule* stammt das in den Wörterbüchern gleichfalls verzeichnete *sépoule* dass., Behrens, ZRP 13, 406; (Wg. 243); vgl. Gg., RG I, S. 373.

épousailles „Hochzeitsfeier"
12. Jh., aus lat. *sponsalia.* REW 3174.

épouse „Gattin"
11. Jh., aus lat. *sponsa* „Verlobte", „junge Frau", REW 8177; die Erhaltung des *-ou-* wegen *épouser,* s. d.

épouser „ehelichen"
11. Jh., aus lat. *sponsare* „verloben". REW 8175.

épousseter „abstauben"
15. Jh., ist Abl. von dem in *poussière* erschlossenen Stamm **pousse,* s. *poussière;* dazu seit dem 15. Jh. das postverb. Subst. **époussette** „Staubwedel".
épouster s. *épousseter.*

épouti „Unreinigkeit im Tuch"
18. Jh., ist norm., zu *époutier* „Unreinigkeiten vom Tuche entfernen", zu dem im 15. Jh. das postverb. Subst. *espoutie* „Abfall" (von Stroh, Unreinigkeit in der Wolle) bezeugt ist, s. darüber *épointiller*; von *épouti* aus die Neubildung **époutir** in der Bedeutung des ursprünglichen *époutier.* Dict. gén.

épouvantail „Vogelscheuche"
13. Jh. *espoentail,* ist Werkzeugsableitung *(-aculum),* von afrz., 11. Jh., *espoenter,* heute **épouvanter** „erschrecken", aus vlat. **expaventare* (klassisch *expavescere, expavere* „zurückschrecken"), d. i. Abl. von lat. *pavens, pavente* zu *pavēre* „vor Angst beben". Diez 302; REW 3035.

époux „Gatte"
11. Jh., afrz. *espos* „verlobt", „angetraut", subst. „Gemahl", aus lat. *sponsus* „Verlobter". REW 8177.

épreindre „ausdrücken"
13. Jh. „auspressen", „eindrücken", aus vlat. **exprĕmĕre* für lat. *exprimere*; der Infinitiv für ein älteres, nicht belegtes **espriembre* in Anlehnung an *étreindre* u. ä., vgl. auch *craindre*; dazu seit dem 14. Jh. das subst. Part. **épreinte** „Auspressung", „Stuhlzwang". REW 3057.

éprendre „anzünden"; refl. „sich entzünden"
11. Jh., afrz. *esprendre* „entbrennen" und „anzünden" (z. B. einen Scheiterhaufen), gilt im 17./18. Jh. auch in der übertragenen Bedeutung als veraltet, aus grom. **exprendĕre,* in dem sich vlat. *prendere* „nehmen", s. *prendre,* und fränkisch **brinnan* (so gotisch, ahdt.) „brennen" kreuzen; vgl. eine ähnliche Kreuzung unter *brûler*; dazu im 14. Jh. *espris,* frz. **épris** „begeistert".

épreuve „Versuch", „Probe"
12. Jh. *esprueve,* ist postverb. Subst. von afrz. *esprover,* 11. Jh., heute **éprouver** „versuchen", „erproben", aus vlat. **exprŏbare* zu lat. *probare* „prüfen", s. *prouver*; dazu seit dem 16. Jh. die Werkzeugsabl. **éprouvette** „Werkzeug zum Erproben einer Sache", so heute in verschiedenen spezialen Bedeutungen.
eptacorde s. *heptacorde.*

épuiser „ausschöpfen"
12. Jh., ist verstärkende Weiterbildung von *puiser* „schöpfen", s. d.; dazu seit dem 18. Jh. die Werkzeugsableitung **épuisette** „Schöpfkelle", „Sacknetz zum Fischfang".

épure „Aufriß", „geometrische Zeichnung"
17. Jh., ist postverb. Subst. von *épurer* in der speziellen Bedeutung „rein darstellen", s. d. F.

épurer „reinigen"
13. Jh., ist Abl. von *pur* „rein", s. d.

épurge „Wolfsmilchart"
13. Jh., ist postverb. Subst. von afrz. *espurgier* „purgieren", d. i. Weiterbildung von *purger* dass., die Bedeutung wegen der abführenden Wirkung der Wurzeln der Pflanze. Dict. gén.

équarrier „rechteckig zuschneiden"
19. Jh., mit Endungswechsel aus älterem **équarrir** „vierkantig zuschneiden", „ein viereckiges Loch bohren", „ausweiten" u. ä.; dieses ist seit dem 12. Jh. belegte Abl. von afrz. *esquarre,* auch in provenzalischer Form *escaire,* dann *esquierre, esquire* (mit unerklärter Form) „Viereck", d. i. postverb. Subst. von vlat. **exquadrare* „viereckig zuschneiden" zu lat. *quadrare* dass.; REW 3060; vgl. auch *querre* 2 und *équerre.*

équateur „Äquator"
14. Jh., aus lat. *(aequatore)* „Gleichmacher".

équation „Gleichung"
13. Jh., aus lat. *(aequatione)* „Gleichstellung".

équerre „Winkelmaß", „winkelförmige Biegung"
12. Jh., ist postverb. Subst. von afrz. *escarrer* „viereckig zuschneiden" u. ä., s. darüber *équarrier.*

équerrin in *vache équerrine* „Kuh mit viereckigem Milchspiegel"
19. Jh., ist Abl. von afrz. *esquerre* „Viereck", s. *équarrier.*
équestre „Reiter-"
14. Jh., aus lat. *(equestris).*
équifle „Spritzbüchse"
19. Jh., ist von Rousseau in die Literatur gebracht, aus dem Lokalfrz. Savoyens, heute *éqifle,* dafür in Genf *écliffe,* d. i. Abl. vom Stamm von *clifoire* und den dort angeführten Wörtern.
équignon „eiserner Beschlag einer hölzernen Achse"
14. Jh. *eskinon,* vgl. dazu pik. *ékignon* „Keil am Pflug, der dem Pflugmesser seine Neigung gibt und das Eisen reinigt" (auch wall. *skinon* „abgezogenes, schmales Rindenstück, aus dem man Bänder zum Binden von Besen herstellt?"), scheint Abl. von norm., pik. *esquine* zu sein, s. *échine*; Dict. gén.; Brüch, ZFSL 50, 355.
équilatéral „gleichseitig".
16. Jh., aus lat. *(aequilateralis).*
équilibre „Gleichgewicht"
16. Jh., aus lat. *(aequilibrium);* dazu seit dem 19. Jh. die Abl. **équilibriste** „Gleichgewichtskünstler".
équille „Sandaal"
16. Jh., ist normannisch, aus lat. (gr.) *(schĭdia)* „Splitter", besonders „Knochensplitter", daraus mfrz. *esquille* in halbgelehrter Entwicklung, über **schedie, *schidie,* vgl. die Entwicklung von *nice, cire* usf.; Diez 397; REW 7689; Dict. gén.; die Übertragung auf den Sandaal wegen der nach vorne zu spitzig verlaufenden Gestalt des Fisches (Dict. gén.). Daher auch im Mittelfrz. dafür *aiguille* „Nadel", Roll. F. p. 11, 178.
Nicht norm. Form für *cheville,* Barbier, RLR 67, s. Rom. 63, 423.
équin „das Pferd betreffend"
15./16. Jh., aus lat. *(equinus).*
équinoxe „Tag- und Nachtgleiche"
12. Jh., aus lat. *(aequinoctium).*
équinter „(einen Riemen) spitz zuschneiden"
19. Jh., aus nprov. *esquintà* „zerreißen", „zerstückeln", prov. *esquintar* „zerreißen", eigentlich „zerfünfteln", zu prov. *quinta* „der fünfte Teil", zu lat. *quintus* „der Fünfte"; aus vlat. **exquintare,* wie *exquartare* „in vier Teile teilen", s. *écarter, esquinter.*
Mit nprov. *esquinta* „zerreißen" u. ä. zu ahdt. *scintan* „schinden", Gröber, ALL 2, 281, ist nicht möglich, s. *esquinter.*
équipage „Schiffsmannschaft", „Schiffsgerät"; „Ausrüstung" u. ä.
15. Jh., ist Abl. von **équiper** „ein Schiff ausrüsten", dann allgemein „mit dem Nötigen versehen", 12. Jh. *soi esquiper* „sich einschiffen", aus anord. *skipa* „ein Schiff mit Besatzung und anderem Zubehör versehen", das nach norw. *skipa* wohl auch die Bedeutung „einschiffen" besessen hat; s. Falk-Torp s. *skib*; Mackel 94; vgl. Diez 286; dazu seit dem 15. Jh. das postverb. Subst. **équipe** „Mannschaft", „Belegschaft" u. ä.
Oder aus angelsächsisch *scipian,* REW 7997.
équipet „Brett an den Wänden der Offizierskajüten zum Aufbewahren von Kleinigkeiten"
18. Jh., dafür mfrz. *esquipel,* Rom. 33, 354, für Dieppe alt *esquipou,* Rom. 33, 348, dazu angev. *esquipot, estipot* „kleines Gefäß", „Körbchen", vielleicht auch seit dem 18. Jh. belegtes *esclipot* aus **esquipelot* und *esquipot* „irdene Geldbüchse"; ist vermutlich dem. Abl. von afrz. *esquipe* „Schiff", s. *équipage;* Dict. gén.
équipollence „Gleichwertigkeit"
13. Jh., dazu im Normannischen noch lebend, in der Literatur im 17. Jh. untergegangen *équipoller* „aufwiegen", aus lat. *(aequipollentia).*
équitable „billig denkend", „gerecht"
16. Jh., ist Abl. von **équité** „Billigkeit", „Gerechtigkeit", 13. Jh., aus lat. *(aequitate),* mit der afrz., aktiven Funktion des Suffixes *-able,* vgl. *charitable.*
équitation „Reitkunst"
16. Jh., aus lat. *(equitatione).*
équivaloir „gleichwert sein"
18. Jh., aus lat. *(aequivalēre).*
équivoque „gleichklingend" va.; „zweideutig"
13. Jh., aus lat. *(aequivocus).*
érable „Ahorn"
13. Jh. *airable, arrable,* aus grom. *acerarbore,* so in Glossen, dazu im 13. Jh. in einer Glosse *azaroarbor,* Brunel, Rom. 83, 161, das in der Provence *arzerable, ardzerabre* u. ä. noch lebt, s. ALF 478.
Nicht aus *acerabulum,* so in einer angelsächsischen Glosse des 7./8. Jh., das nach Vendryès, 32, 128 aus lat. *acer aceris* „Ahorn" und einer Endung zusammengesetzt wäre, die aus gallisch *-abolos* „Baum" stammt und ins Galloromanische übergegangen wäre; FEW 19; REW 93; *acerabulus* ist vielmehr aus der Vorstufe *akerarbre,* dissimiliert und romanisiert; wegen der Bildung vgl. afrz. *lievrepois,* d. i. *lepore-piscis* „ein Seefisch", auch *lievre de mer,* Thomas, Rom. 41, 79; die Zusammensetzung, um anzudeuten, daß es sich nicht um *lepore* „Hase" sondern *lepore,* ein „Fisch" handelt; ebenso besagt *acer-arbor acer* „der Baum" und nicht *(acus) aceris* „Spreu"; Gg., LiR 25, 290; vgl. Barbier, RDR 2, 182; Roll. Fl. 3, 140.
érafler s. *rafler.*
érailler „herausrollen" va.; „auflockern"
12. Jh. *esroeillier* „(die Augen) rollen", über **es-roaillier,* ist Abl. von afrz. *roeillier* „rollen", s. *rouiller* 1. Dict. gén.

**exradiculare,* Boucherie, RLR 4, ist nicht möglich.

érater „die Steifheit abgewöhnen"
17. Jh., ist in der Bedeutung verschobenes, seit dem 16. Jh. belegtes *érater* „die Milz ausschneiden", d. i. Abl. von *rate* „Milz", s. d. Dict. gén.

érayer „beim Pflügen die Erdschollen nach links auswerfen"
19. Jh., ist Abl. von *raie* „Furche", s. d.

erbue s. *herbue.*

ère „Zeitalter", „Ära"
16. Jh., aus lat. *(a e r a).*

érection „Aufrichtung"
15. Jh., aus lat. *(e r e c t i o n e).*

éreinter „das Kreuz brechen" va.; „schwer ermüden"
17. Jh., für älteres *esrener,* das in *arêner* erhalten ist, s. d.; ist Abl. von *reins* „Nieren", s. d. Dict. gén.; REW 7206.

érémon s. *armon.*

érésipèle s. *érysipèle.*

ergastule „Sklavengefängnis"
14. Jh., aus lat. *(e r g a s t u l u m).*

ergo „daher"
13. Jh. *argo,* s. *ergoter* 1, aus lat. *(e r g o)*; Bl.-W. 231.

ergot „Sporn", „Kralle", dann „Geschwulst am Sprunggelenk", „abgestorbenes Zweigende"
12. Jh. *argot, argor,* auch *arigot*; dazu gehört wohl auch afrz. *haligot, harigot* „Nadel", „Spange", von diesem abgeleitet *harigoter, haligoter, harligoter* „zerreißen", „zerfasern", von dem afrz. *harigote, haligote* „Fetzen" rückgebildet ist; vgl. *haricot* 1, *argot* 2.
Zum Stamm von *jarret,* d. i. **garr-,* Nigra, AGI 14, 353, ist lautlich nicht möglich; zu prov. *argaut* „altes Kleidungsstück", und dieses zu **harja,* s. *haire,* Dauzat, Rom. 48, 403 ff., ist lautlich nicht möglich und begrifflich schwierig; zu Rouergue *argal* „Spindel am Maiskolben" und dieses letzten Endes aus arabisch *al-ġulaq* „euphorbia cactus", Brüch, ZRP 38, 680, vgl. dazu FEW 65 a, ist historisch zu wenig gestützt.
Von *ergot* in der Bedeutung „parasitärer Auswuchs am Getreide" die Abl. *blé ergoté* „Mutterkorn", 18. Jh., Arveiller, Fr. mod. 18, 235.

ergoter 1. „über Kleinigkeiten zanken"
13. Jh. *argoter,* ist in Anlehnung an *argot* „Hahnensporn" abgeleitet von lat. *(ergo)* „daher", nach dem in der scholastischen Beweisführung häufigen Satzbeginn mittels *ergo* „daher"; Salverda de Grave, Mél. Roques II, 243.
2. „trockene Zweige abschneiden"
19. Jh., ist Abl. von *ergot* in der Bedeutung „abgestorbenes Zweigende", s. d.
3. „sich spreizen (vom Hahn)" va.
16. Jh., ist Abl. von *ergot* „Hahnensporn", s. d.

éridelle s. *héridelle.*

ériger „aufrichten"
15. Jh., aus lat. *(e r i g ĕ r e).*

érigne „Hakenpinzette"
16. Jh. *ireigne,* aus dem die literarische Form umgestellt ist, wie frz. *hérisson* aus afrz. *ireçon,* s. d.; das Wort bedeutet ursprünglich „Spinne", so heute *ireigne* boulogn., *iragne* Genf, Berry, dann boulogn. *erignez* „Spinne", afrz. *iraigne, eraigne, eiraigne,* aus lat. *ă r ā n e a* dass., s. *araignée,* mit einer unerklärten Entwicklung des Anlauts. Dict. gén.; FEW 121.

erminette s. *herminette.*

ermitage „Einsiedelei"
12. Jh., ist Abl. von **ermite** „Einsiedler", 12. Jh., aus lat. *(e r e m i t a).*

érosion „Zerfressen"
16. Jh., aus lat. *(e r o s i o n e).*

érotique „erotisch"
16. Jh., aus lat. *(e r o t i c u s).*

errant 1. „umherirrend", „wandernd"
12. Jh., ist Part. von afrz. *errer* „wandern", 11. Jh. *edrer* „pfadlos wandern", aus vlat. *ĭ t e r a r e,* d. i. nach *iter* „Weg", s. *erre,* umgedeutetes lat. *iterare* „wiederholen"; Diez 573; REW 4555; Fuchs, RF 38, 335 ff.
2. „irrend"
16. Jh., ist Part. von **errer** „irren", 13. Jh., aus lat. *(e r r a r e)* dass. REW 2904.

errata „Fehlerverzeichnis"
16. Jh., aus lat. *(e r r a t a),* d. i. Part. von *errare* „fehlen", s. *errer.*

erratique „umherschweifend"
13. Jh., aus lat. *(e r r a t i c u s).*

erre „Gang" va.; „Schiffsgeschwindigkeit", „Wildfährte"
12. Jh., in der zweiten Bedeutung auch *aire* geschrieben, aus lat. *ĭ t e r* „Weg", vgl. *errant* 1. Diez 573; REW 4555.

errements „Verfahren", „Vorgehen"
12. Jh. „Weg", ist Abl. von afrz. *errer* „wandern", s. *errant* 1.

errer s. *errant* 2.

erreur „Irrtum"
12. Jh., afrz. auch „Irrglauben", dazu „Sünde", „Besorgnis", aus lat. *e r r o r e,* kaum rein volkstümlich entwickelt.

erroné „irrtümlich"
15. Jh., aus lat. *(e r r o n e u s).*

ers 1. „Erve", „Ervenlinse"
16. Jh., aus lat. *e r v u m.* REW 2910.
2. „Pferdeschulter"
dann in Anlehnung an afrz. *errer* „wandern", s. *errant* 1, „Vorderläufer der Tiere", in dieser Bedeutung auch *erres* geschrieben, afrz. seit dem 13. Jh. *ars* „Vorderteil eines Pferdes, eines Hirsches", aus lat. *a r m u s* „Schulterblatt", Dict. gén.; REW 661; vgl. *ars* und *enlarme.*

erse s. *herse.*
erte s. *alerte.*

éructation „Aufstoßen"
13. Jh., aus lat. *(e r u c t a t i o n e).*

érudition „Gelehrsamkeit"
14. Jh., aus lat. *(e r u d i t i o n e).*

éruption „Ausbruch"
14. Jh., aus lat. *(e r u p t i o n e).*

érysipèle „Rotlauf"
14. Jh., aus lat. *(e r y s i p e l a s).*

erythème „Rötung der Haut"
19. Jh., aus gr. (ἐρύθημα) „Röte".

ès „in den"
nur in *docteur ès lettres, sciences* u. ä., ist die afrz. gewöhnliche verschmolzene Form für *en les.*

esbroufe „Wichtigtuerei"
19. Jh., ist postverb. Subst. von **esbroufer** „wichtig tun", 19. Jh., beide aus dem ‚bas langage', Esnault, Fr. mod. 14, 59; Larchey 158; dieses aus nprov. *esbroufa* „aus den Nüstern schnauben"; dieses ist in alter Zeit nicht belegt, daher wohl entlehnt aus ital. *sbruffare* „bespritzen", aus langobardisch **s p r ô w a n* „sprühen", aber in der Entwicklung beeinflußt durch den Schallstamm *buff-*, der in *sbuffare* „schnauben", „pusten" u. ä. erhalten ist, s. *bouffer* und *ébrouer* 2; dort die Literatur. *esbroufer* ist als Ausdruck des Volksfrz. in die Mundarten gedrungen, s. Sain. LPar. 511; Sources 2, 230; REW 8188; nach Bl.-W. 232; Regula, AR 12, 278 Schallbildung.

escabeau „Schemel"
auch *escabelle,* 15. Jh., aus lat. *(s c a b e l l u m)* dass.; oder aus prov. *escabel,* s. über dieses *écheveau*; afrz. ist dafür *eschamel* aus lat. *scamellum* dass. erhalten. REW 7647.

escabelon „Fußgestell"
17. Jh., aus ital. *scabellone,* d. i. Abl. von ital. *scabello, sgabello* „Schemel", s. *escabeau.*

escache „ovales Mundstück", „Pferdegebiß"
17. Jh., u. H.

escadre „Geschwader"
15. Jh., aus ital. *squadra* dass., ursprünglich „viereckige Schlachtordnung", d. i. die Entsprechung des frz. *équerre,* s. d.; dazu seit dem 16. Jh. die dem. Abl. *escadrille* „kleines Geschwader", das sein Suffix von dem gleichbedeutenden spanischen *escuadrilla* entlehnt hat.

escadron „Schwadron"
15./16. Jh., aus ital. *squadrone,* d. i. augmentative Abl. von dem unter *escadre* angeführten ital. *squadra.*

escafe „Fußtritt" (beim Ballspiel)
17. Jh., ist postverb. Subst. von *escafer* „einen Fußtritt versetzen", das nach Richelet im 17. Jh. in den Schulen aufgekommen ist; dieses ist Abl. von dem Stamm von *escafignon* „Art leichter Schuh", s. d.

escafignon „Art leichter Schuh", „Pantoffel"
14./15. Jh. *escafillon,* ist dem. Abl. von afrz. *escafe* „Schaluppe", „kleines Boot", aus lat. *(s c a p h a)* „Boot"; wegen der Bedeutungsübertragung von „Boot" auf „Pantoffel", „Schuh" vgl. Sain. LPar. 173.

escalade „Erklettern"
16. Jh., aus ital. *scalata,* d. i. Abl. von *scala* „Leiter", s. *échelle.*

escale „Hafen", „Landeplatz"
13. bzw. 16. Jh., aus ital. *scala* in der Bedeutung „Seehafen", dazu *far scala* „in den Nothafen einlaufen", zu lat. *s c a l a* (s. *échelle*), für das die Bedeutung „Landungsbrücke" durch daraus entlehntes mgr. σκάλα im 9. Jh. bezeugt ist, Wagner, ZRP 39, 96 ff. Dazu seit dem 19. Jh. die Abl. **escaler** „während einer Reise zum Löschen und Neuladen der Waren haltmachen".

escalier „Leiter", „Treppe"
16. Jh., aus prov. *escalier,* d. i. die Entsprechung von *échelier, échalier,* s. d.

escalin „Schilling"
13. Jh., lebt in der Wallonie, ist daher von dort oder als historisches Wort später in die Literatur wieder aufgenommen worden, aus mndl. *s c h e l l i n g,* die *-a-*Form vielleicht in Anlehnung an den Namen *Carolus,* vgl. afrz. auch *escarlin* und ital. *carlino,* das verschiedene alte Münzen bezeichnet. Diez 284; Dict. gén.
Fränkisch **skalling* zu mndl. *schellingh,* Braune, ZRP 22, 203, ist germanisch nicht gestützt, s. Kluge s. *Schilling*; spanisch, prov. *escalin* stammen aus dem Französischen.

escalope 1. „Fleisch-, Fischragout"
19. Jh., aus englisch *s c a l l o p* „das in der Muschel vorgesetzte Ragout" u. ä., auch „Kammuschel", das selbst aus afrz. *escalope* „Muschel" entlehnt ist, s. d. F.
2. „entbalgte Bohnen"
19. Jh., daneben im 13. Jh. „Muschelschale", dann apik., norm. *escalope* „Schale", „Schote", in dem vermutlich mehrere begriffsverwandte Wörter zusammentreffen; zugrunde liegt fränkisch **skalupa* zu mndl. *s c h o l p e, schulpe* „Muschelschale"; vgl. ferner im 10. Jh. mittellat. *scarfia de ovo* „Eierschale", afrz. 13. Jh. *escrafe* „Schote", „Nußschale", aus fränkisch **skalfjā* „Hülsenfruchtschote", zu dt. *Schelfe* dass.; daneben frk. **s k a r b̄ i a* zu mndl. *scherve* „Schale", Kluge, AR 6, 308; dazu wall. *scârbotte* „Nußschale", dann mit Einwirkung von afrz. *escafer* „spalten" u. ä. s. *écafer,* wall. *scafelotte, scafiole* „Nuß-, Kastanienschale", Mons *scafoter* „enthülsen", *scafion* „Nußschale", boulogn. *écaloffe,* pik. *écaflot* „Schote" u. v. a.; auch *écale* mag sich eingefunden haben. Im einzelnen ist die Entwicklung nicht mehr aufzuklären. Vgl. Gg., Rom. Jb. 3, 286; Tilander, Stud. Neoph. 27,

26; Sneyders de Vogel, Neoph. 38, 81; Wartburg, Festschr. Rohlfs 487.
Nach Baist, ZRP 32, 36 Anm. liegt Kreuzung von *écale* mit *enveloppe* vor; Kreuzung von gr. κέλυφος und κάλυξ, die beide „Schale" bedeuten, Schuchardt, ZRP 29, 326 Anm.; SAWien 141, 3, 202, ist in der tatsächlichen Überlieferung zu wenig gestützt.

escamoter „verschwinden lassen"
16. Jh., aus nprov. *escamoutar* „die Haut über den Kopf ziehen", „betrügen", oder unmittelbar aus spanisch *escamotear* „eskamotieren", „wegstibitzen"; dieses ist Abl. von spanisch *escamar* „abschuppen", zu lat. *s q u a m a* „Schuppe", Schmidt, Span. Elemente 67; vgl. Diez 573; REW 8200; Sainéan, ZRP 31, 280.

escampativos „heimliche Flucht"
16. Jh., aus gaskognisch *escampativos*, d. i. Plural zu *escampativo* dass.; dieses Abl. von nprov. *escampà*, prov. *escampar* „sich davon machen", aus vlat. **e x c a m p a r e* zu *campus* „Schlachtfeld", s. *champ*; *échamp*.

escamper „sich davon machen"
16. Jh., aus ital. *scampare* oder prov. *escampar*, s. o.
Dazu seit dem 17. Jh. die Abl. **escampette** „Flucht".

escapade „Durchgehen", „leichtsinniger Mensch"
16. Jh., aus ital. *scappata*, d. i. die Entsprechung des frz. *échappée*.

escape „Säulenschaft"
17. Jh., aus lat. *(s c a p u s)*.

escarbille „halb verbrannte Kohlenstücke in der Asche"
18. Jh. auch *escarpille*, stammt aus der Wallonie wie andere Ausdrücke der Kohlenindustrie, vgl. Mons *skabille, escabille, écabille*, boulogn. *escarbille*, pik. *escorbille*.
Nach Barbier, ML 12, 278, und Bl.-W. 238 zu niederl. *schrabben* „kratzen", „ritzen"; *escarbille* wäre demnach das „(aus der Asche) Herausgekratzte", vgl. dazu Lüttich *craheler* „die Kohlenstücke aus der Asche heraussuchen"; unmittelbare Entlehnung aus dem ndl. Wort ist lautlich nicht möglich; doch könnte ein älteres **craheler*, **escraheler* mit dem Stamm von westwall. (Mons) *carbon* „Kohle" verschmolzen sein. Das Wort ist auch nprov., hier gleichfalls aus dem Norden entlehnt; im Prov. hat sich das Wort mit *escarpillo* „Splitter" gekreuzt, vgl. darüber *écharper*, *charpi* 2; daher die Nebenform *escarpille*.

escarbillat „aufgeweckt", „boshaft"
16. Jh. auch *escarbillard*, aus nprov. *escarrabilhat*, *escabilhat* u. ä., „heiter", „munter", „aufgeweckt", d. i. Part. von nprov. *escarrabilhà* „aufmuntern", „heiter stimmen"; dazu vielleicht auch pik. *s'écarbouiller* „lebhaft werden", *écarbouillé* „aufgeweckt", „lebhaft", Berry *équerbouillé*, Barbier, 12, 278; u. H.
Kreuzung von nprov. *revelhà* mit *escarrabilhà*, dieses zu *escarbille*, nprov. *escarbilho*, *escrabilho*, Jud, RLiR II, 196, führt auch nicht weiter.
Zu lat. *carabus* „langgeschwänzter Meerkrebs", Nigra, AGI 14, 277; REW 1671; oder mit katalanisch *escarabitllarse* „sich sputen" zu katalanisch *carabat* „Käfer", dieses zu lat. *scarabaeus* bzw. *carabus*, Spitzer, Lex. 61; ZRP 42, 27, ist in der historischen Entwicklung nicht gestützt und begrifflich unwahrscheinlich.

escarbit „Gefäß zum Anfeuchten des Kalfatwergs"
17. Jh., zu Doubs *carabin* „Fäßchen", und dieses zu *carabe* ?

escarbot „Goldkäfer", „Maikäfer"
15. Jh., ist halbgelehrte, an *scarabaeus* angelehnte Form von frz. *écharbot*, s. d.

escarboucle „Karfunkel"
12. Jh. *escarbuncle*, ist durch unorganisches *es-*, s. *écrevisse*, erweitertes lat. *(c a r b ŭ n c ŭ l u s)* „Karfunkel", vgl. *charbouille*. REW 1677.

escarcelle „Bettelsack"
16. Jh., aus prov. *escarsela*, *escrasela* (aus dem auch ital. *scarsella* stammen dürfte); dieses aus grom. **s c e r p i c e l l a*, d. i. dem. Abl. von grom. **s c e r p a* „Pilgertasche", s. *écharpe*; eine afrz. entsprechende Form ist in apik. *esquerchelle* „Art Bettelmönch" belegt; vgl. auch H. Maine *écarcelle* „Tierskelett", mit sekundärem Anklang an *carcasse*, Morvan *escairçalle* 1. „Ledersack", 2. „Skelett"; die *-a*-Form des provenzalischen Wortes zeigt Einfluß von prov. *escars* „habsüchtig", „sparsam", „arm", s. *échars*.
Unmittelbar zu diesem, Dict. gén.; REW 7989; Bl.-W. 233, ist begrifflich nicht einleuchtend, auch wegen apik. *esquerchelle* lautlich nicht möglich; die morphologischen Bedenken gegen **scerpicella* im Galloromanischen, REW 7989, sind nicht begründet, vgl. grom. **clavicella* neben *clave*, s. *clacelle*, *navicella* neben *navis*, s. *nacelle;* auch nicht die lautlichen Bedenken, Cor. II, 332.

escargot „Weinbergschnecke", „Schnecke"
14. Jh. *escargole*, in dieser Form aus Toulouse *escargol*, sonst auch nprov. *escaragol*, lebt heute in der literarischen Form weit verbreitet Champ., Lothr., Fr. Comté, Bresse, Dauph., dazu wall. *caracole*, s. *caracole*; zugrunde liegt vlat. *c o c ŭ l i u m* zu lat. *conchylium* „Schnecke", vgl. agask. *cagoulhe*, heute Saint., Vienne dass., s. *cagouille*, *cayeu*; das Wort ist in der lautlichen Weiterentwicklung durch *scarabaeus* „Käfer" beeinflußt, vgl. lim. *escarabott*, auch *escarabol*; auch durch *coque* „Schale", s. d., vgl. Jura *coque-*

reuil, coquillard, bei Rabelais *caquerole,* wohl aus älterem **coquerole;* die lautliche Entwicklung der Formen im einzelnen ist nicht mehr festzustellen; vgl. Schuchardt, SA-Wien 141, 3, 33; Roll. F. 3, 193; 12, 22ff.; REW 7658, 7970.

escargotage „Vernichtung der Weinbergschnecken"
19. Jh., ist Abl. von einem nicht belegten **escargoter* „die Weinbergschnecken vernichten", d.i. Abl. von *escargot* „Weinbergschnecke", als ob das anlautende *es-* mit dem Präfix der Trennung *es-*, lat. *ex-*, eins wäre.

escarmouche „Scharmützel"
14. Jh. *escarmuche,* dazu gleichzeitig das Verbum *escarmucher,* aus ital. *scramuccia,* auch *scaramuccio,* dazu *scaramucciare* „scharmützeln"; H. u.
Aus ital. *scaramuccio* dass., und dieses zu *schermire* „fechten", s. *escrime,* Diez 284; REW 7998, erklärt die Ableitung nicht; *scaramuccio* als Kreuzung von *schermugio* und *scaraffare* „mit Gewalt an sich reißen", *schermugio* aus **skermūtium,* d.i. Abl. von **skermūta* für aital. *schermita* „Fechten", Brüch, Misc. Schuchardt 43, setzt eine *-j-*Abl. in altitalienischer Zeit voraus, die nur im Lateinischen möglich ist; das ital.-frz. Wort aus spanisch *escaramuza,* und dieses Kreuzung von **escara* „Schar" (das im Spanischen weder in alter noch neuer Zeit belegt ist), mit *escamocho* „Bienenschwarm", Spitzer, Lex. 53, ist weder begrifflich noch historisch gestützt.
Unmögliches RLiR 23, 226; Bl.-W. 233.

escarole „wilder Lattich"
13. Jh. *scariole,* auch *scarole,* lebt als *escariole* im Wall., als *iscariole* in Genf, *escarole* in Boulogne; aus mittellat. *(escariola),* das in Glossen als Übersetzung von gr. τρώξιμα „Knusperwerk" belegt ist; es ist also Abl. von lat. *(esca)* „Lockspeise". Thomas, Rom. 36, 614; Roll. Fl. 7, 217; REW 2914; Niedermann, IF 23, Anzeiger 79.
escarotique s. *escharotique.*

escarpe 1. „Böschung"
16. Jh., aus ital. *scarpa* dass., dieses aus gotisch **skrapa* zu ostfriesisch *schrap* „Halt", „Stütze", von dem eine Ablautform in nhdt. *Schroffe* lebt.
Nicht zu anord. *skarp* „scharf" u.ä., Diez 284, vgl. REW 7982; vgl. auch *escarpin.*
2. „Dieb, der auch vor Mord nicht zurückschreckt"
19. Jh., stammt aus dem Rotwelsch der Diebe, gehört hier zu *escarper* „morden, um zu stehlen", d.i. Dialektform von *écharper* „zerstückeln", s.d.; dazu als Weiterbildung nach prov. *cap* „Kopf" im Rotwelsch *escaper, escapoucher* „morden", Larchey 158; s. *écharpiller*; vgl. Sain. Sources 2, 230; 339.

escarpé „steil abfallend"
16. Jh., ist Part. von *escarper* „steil abfallen", d.i. Abl. von *escarpe* „Böschung", s.d.

escarpin „leichter Schuh"
16. Jh., aus ital. *scarpino,* d.i. dem. Abl. von ital. *scarpa* „Schuh"; dieses aus gotisch **skarpa,* d.i. Ablautform von langob. *scerpa* „Ledertasche", s. *écharpe,* die sich aus ndl. *schrap* „Tasche", dänisch mundartlich *skrappe* „Ranzen" erschließen läßt, s. Falk-Torp s. *skreppe* 2; Brüch, ZRP 35, 636; Roques, Rom. 30, 610.
Zu germ. **skarp* „scharf", Bertoni, Elem. germ. 181, weil die *scarpa* benannten Schuhe ursprünglich spitz zulaufend gewesen wären, ist nicht begründet.

escarpolette „Schaukel"
17. Jh., H. u.
escarre s. *eschare.*

escarre „Winkelmaß", „Galgen"
16. Jh. *equare,* ist in dieser Form Nebenform von gleichbedeutendem *équerre,* s.d.; das *-s-* war ursprünglich vermutlich nur graphisch als Längenbezeichnung und ist dann seit dem 18. Jh. gesprochen worden.

escart „Vorsprung" (beim Ablauf im Barrenspiel)
19. Jh. auch *escors,* letzteres wahrscheinlich ursprünglich; ist Part. von afrz. *escorre* „einen Anlauf nehmen", vgl. *escousse;* die Form *escart* zeigt Einfluß von *écart,* s.d.; wegen der Lautform vgl. *escarre.*
escaveçade s. *écaveçade.*

eschare „Grind", „Schorf"
13./14. Jh., aus lat. *(eschara).*

escient „Wissen"
11. Jh., afrz. „Wissen", „Einsicht", besonders adverbiell *mon escient, mien escient* „meines Erachtens" *a escient* „wissentlich", ist Rückbildung von afrz. *escience* „Wissen", 12. Jh. aus lat. *(scientia),* oder Versuch einer Wiedergabe von lat. *(sciendo)* „durch das Wissen", das dem afrz. *a escient* entsprechen würde.

esclame „schlank", „schnell fliegend"
lebt in der lautgesetzlich entwickelten Form in norm. *éclame* „mager", „ausgemergelt", „kraftlos", bourb. *esclâme* „mager", „schwächlich", dazu die literarische Abl. **éclamé** „mit zerbrochenem Fuß oder Flügel"; 12. Jh., afrz. *esclem* „schief", „schräg", dazu das Femininum *escleme, esclame* „minderwertig", „ausgemergelt", so namentlich im 17. Jh. in Verbindung mit *boeuf, cerf* u.ä., dazu afrz. *esclemir* „sich neigen", „sich beugen", „sich zum Einschlafen bereitmachen"; aus fränkisch **slimm* „schräg", zu ahdt. *slimp* „schief", „schräge", „nicht in Ordnung", zu nhdt. *schlimm,* neben fränkisch *slimb,* s. Francke Altfr. Gram. § 126, entsprechend dem Übergang von fränkisch *-nd* zu *-nn,* s. Gg., RG I, 274; die pejorative

Weiterentwicklung wie bei dt. „schlimm“ seit der frühen Neuzeit, s. Kluge-G. s. v.

esclame aus *esclemb* + *lam* Regula, AR 12, 278 ist weder nötig noch verständlich. Zu deutsch *schlank* ist trotz ostfriesisch *slenke* „schlanke, gelenkige Taube“, wegen der alten Form und Bedeutung nicht möglich, Behrens, Wg. 356; REW 8021.

esclaffer, refl. „schallend lachen“

16. Jh., aus nprov. *esclafà*, das seit dem 15. Jh. belegt ist, auch *esclachà* „lärmend schlagen“, „zermalmen“, dazu *esclafaire* „der rasch schlägt, Ohrfeigen gibt“ u. ä., ist Schallbildung in Anlehnung an *éclater*, vgl. *éclater de rire* „laut auflachen“ wie *s'esclaffer*; Bl.-W. 233.

esclandre „ärgerlicher Auftritt“, „böser Streich“

12. Jh. *escandele, escandre, esclande, esclandre,* aus lat. *(scandălum)* „Anstoß“, „Verführung“, s. *scandale.*

esclavage 1. „Slaverei“

16. Jh., ist Abl. von *esclave* „Sklave“, s. d.

2. „Verkaufs- und Kaufmonopol“

18. Jh., bei Savary de Bruslons als „Handelssteuer der Franzosen in England“ bezeugt, dafür im 16. Jh. als englisches Wort *scavaige* „Tribut, der dem Bürgermeister von London zukommt“, aus englisch *scavage* „Verkaufstaxe“. Thomas, NE 262 ff.

esclave „Sklave“

13. Jh., aus mittellat. *(sclavus).* Der Volksname der Slawen, urslav. **slověne*, wird im Griechischen mit σκλαβῆνοι, lat. mit *sclaveni* bezeichnet; davon ist **sclavus* „Slawe“ Rückbildung; in der Bedeutung „Slawe“ zuerst in gr. σκλάβος belegt, Dölger, SAMünchen 47, 255; der Übergang von *-sl-* zu *-skl-* ist sowohl lateinisch wie im Byzantinischen an den aus dem Balkanromanischen eindringenden Wörtern nachgewiesen; im 9. Jh. wird *sclavus* „Slawe“ bei den Franken zum „Halbfreien“, im 11. Jh. in Süditalien zum „Pächter“, dann zum „Sklaven“; im Arabischen wird der *sclavus* zu dem aus gekauften Kindern aufgezogenen „Hörigen“, daraus „Eunuche“; im Westen wird vermutlich im Gefolge der Kreuzzüge *sclavus* in der Bedeutung „Sklave“ allgemein; Baist, ZFSL 13, 2, 190; G. Paris, Mél. 307; Vasmer ZdW 9, 21; Diez 285; REW 8023; Verlinden. Arch. lat. med. aevi 17, 97; s. Rohlfs, ASSL 186, 166; Aebischer, AR 20, 484; H. und R. Kahane, Studi Lo Gatto e Giovanni Maver, 348.

esclipot s. *équipet.*

escobarder „mit jesuitischen Mitteln verfahren“

17./18. Jh., ist Abl. von *Escobar,* dem Namen des bekannten spanischen Jesuiten des 17. Jhs. Dict. gén.

escoffion „Frauenhaube“ va.

16. Jh., aus ital. *scuffione,* d. i. Abl. von *scuffia,* s. *coiffe.*

escofier „töten“

18. Jh., stammt aus dem Rotwelsch und ist über das Vulgärfrz. in zahlreiche Mundarten gedrungen, so norm., wall., boulogn., auch in der Bedeutung „betrügen“; aus prov. *escofir* „vernichten“, d. i. Abl. von lat. *confĭcĕre* „abtun“ u. ä., vgl. *déconfire*; das Wort zeigt in der Form Einfluß von *coiffe,* vgl. languedokisch *escoufia* „plündern“, „stehlen“, auch „auf den Kopf schlagen“, s. Sain. LPar. 510. Nicht aus ital. *scuffiare* „verschlingen“, Dauzat, RPFL 27, 72.

escogriffe „Schnapphahn“, „langer Schlingel“

17. Jh., enthält im 2. Teil *griffe* „Kralle“; der 1. ist unklar; vielleicht zu *escofier* „töten“, s. d.; nach Regula, AR 12, 278 dissimiliert aus **escrogriffe,* d. i. *escroc* + *griffe.*

escompte „Abzug“

16. Jh. *esconte,* aus ital. *sconto,* d. i. postverb. Subst. von ital. *scontare* „abrechnen“, dieses Abl. von *contare* „rechnen“, s. *compter*; dazu seit dem 17. Jh. **escompter** „diskontieren“, „im voraus ausgeben“, entsprechend ital. *scontare.*

escope s. *écope.*

escopette „Stutzen“, „Hakenbüchse“

16. Jh., aus ital. *schioppetto,* d. i. dem. Abl. von *schioppo* „Flinte“, aus lat. *stloppus* „Schlag“, „Klatsch“. REW 8270.

escor s. *escart.*

escorte „Geleit“

15./16. Jh., aus ital. *scorta,* d. i. subst. Part. von *scorgere* „geleiten“, ursprünglich „in Aufsicht nehmen“, aus vlat. **excorrĭgĕre* zu lat. *corrigere* „auf den richtigen Weg führen“; REW 2986.

escot s. *ascot, anacoste.*

escotard „dicke, an den Seiten des Schiffes hervorragende Planke, an der die unteren Wanttaue befestigt werden“

17. Jh., auch *écotard,* ist Abl. (ursprünglich wahrscheinlich vergrößerndes *-as* aus *-aceum*) von *écot* „Baumstumpf“, s. d.; Dict. gén.

escouade „Korporalschaft“

16. Jh. *esquade,* aus spanisch *escuadra,* s. *escadre.* Schmidt, Span. Elem. 85.

escoupe s. *écope.*

escourgée s. *écourgée.*

escousse „Anlauf zum Springen“

12. Jh., vgl. dazu norm. *par escousse* „von Zeit zu Zeit“, ist der Form nach Part. von afrz. *escorre* „schütteln“, aus lat. *excŭtĕre,* REW 2989, s. *secouer,* gehört aber der Bedeutung nach zu dem homonymen afrz. *escorre* „Anlauf nehmen“, aus vlat. **excŭrrĕre* „auslaufen“; vgl. das morphologisch richtige *escors* unter *escart.*

escrime „Fechten“

15. Jh., aus prov. *escrima* oder daraus entlehntem ital. *scrima,* d. i. postverb. Subst. von prov. *escrimir, escremir* „fechten“, aus fränkisch **skirmjan* zu ahdt. *skirman* „schir-

men"; die eigentlich afrz. Form ist das von *escremir* „fechten" abgeleitete *escremie, escrimie,* das noch bei Rabelais die alte, auf Kraftanwendung aufgebaute Art des Fechtens bezeichnet, während das aus dem Italienischen entlehnte *escrime* die neue Fechtkunst der Italiener, die die Lehrer ganz Europas im Fechten wurden, benennt; vgl. Diez 285; REW 7998; Sain. Rab. 2, 89; dazu seit dem 16. Jh. **s'escrimer** „sich streiten", „sich abmühen".

escroc „Betrüger"
17. Jh., aus ital. *scrocco*; dazu ital. *scroccare* „erhaschen", „ergaunern", das im 16. Jh. als **escroquer** entlehnt wurde; *scroccare* ist Abl. von ital. *crocco* „Haken", s. *croc,* bedeutet also der Bildung nach „vom Haken nehmen".

esculape „Arzt"
18. Jh., nach dem Namen des römischen Gottes der Heilkunst *(Aesculapius).*

esherber „ausjäten"
auch *esserber,* 13. Jh., aus vlat. **exherbare* zu *herbe,* s. d.

esmiller s. *smiller.*

ésotérique „geheim"
18. Jh., aus gr. (ἐσωτερικός).

ésoucher s. *essoucher.*

espace „Raum"
12. Jh., aus lat. *(spatium),* REW 8129; dazu seit dem 15. Jh. die Abl. **espacer** „Zwischenraum lassen".

espadassin s. *spadassin.*

espade „Schwingmesser", „Schlagholz"
18. Jh., bei Rabelais in der Bedeutung „Schwert", aus nprov. *espado* zu prov. *espada* „Schwert", s. *épée.*

espader „Hanf schwingen"
18. Jh., aus nprov. *espadà,* d. i. Abl. von *espado* „Schwingmesser", s. *espade.* Dict. gén.

espadille s. *spadille.*

espadon „großes Schlachtschwert", „Sägefisch"
17. Jh., aus ital. *spadone,* d. i. vergrößernde Abl. von *spada* „Schwert", s. *épée.*

espadrille „Art Schuh aus grober Leinwand"
18. Jh. auch *espardille,* im 17. Jh. gelegentlich *espartigne,* aus nprov. *espardilho,* lim. *espadrilho,* Gascogne *espartilho* „Schuh aus Spagat oder Spartgras", d. i. Abl. von prov. *espart* „Spartgras", aus lat. *spartum* „Pfriemengras", s. *sparte.* Dict. gén.

espagnol „spanisch"
12. Jh. *espaignol,* auch „Spanier", auch „Wachtelhund", aus spanisch *español,* dieses aus mlat. *(hispaniolus)* zu lat. *hispanus,* über prov. *espanhol*; Aebischer, Estudios de *toponimía,* 1948, 23.

espagnolette „Spagniolettstoff"
18. Jh., ist Abl. von *espagnol* „spanisch", da nach dem Dict. gén. diese Art Wollenzeug zuerst in Spanien hergestellt wurde; dazu auch *espagnolette* „Drehriegel"?

espale „letzte Ruderbank einer Galeere"
17. Jh. *espale de galere,* aus ital. *spalla,* eigentlich „Schulter", s. *épaule*; dazu seit dem 16. Jh. die Abl. **espalier** „Vorruderer einer Galeere"; Dict. gén.

espalet „Mittelruhe am Flintenschloß"
19. Jh., u. H.

espalier 1. „Baumgeländer"
16. Jh., aus ital. *spalliere,* d. i. Abl. von ital. *spalla* „Stütze", „Damm", eigentlich „Schulter", s. *épaule.*
2. s. *espale.*

espalme „Schutzfirnis"
18. Jh., ist postverb. Subst. von *espalmer* „überfirnissen", dieses seit dem 16. Jh. aus prov. *espalmar,* s. *spalmer.*

espar s. *épar.*

esparcette, esparcet s. *éparcet.*

espardille s. *espadrille.*

espargoute s. *spergule.*

espart s. *épar* und *sparte.*

espèce „Art"
12. Jh., afrz. „Art", „Gattung", „Kundgebung", „Schein", „Gewürz", aus lat. *(species)* „Anblick", „Gestalt", „Erscheinung", auch schon pluralisch „Gewürze zur Bereitung von Arzneien" u. ä.; s. *épice.*

espérance „Hoffnung"
11. Jh., ist Abl. von **espérer** „hoffen", auch „vermuten", „befürchten", „erwarten", 11. Jh., afrz. *espoir — esperer,* dazu seit dem 12. Jh. das postverb. Subst. **espoir** „Hoffnung"; aus lat. *spērare* „hoffen", REW 8141; die Erhaltung des *-s-* in der Aussprache erklärt sich nach Gilliéron, Abeille 228 ff. infolge volksetymologischer Einwirkung von *esprit,* s. d.; eher in Rückanlehnung an das Lateinische, das auch die Erhaltung des *-é-* in der zweiten Silbe erklärt; aus in den Satz eingeschobenem *espoir* „ich vermute" das Adverb. afrz. *espoir* „vielleicht", „vermutlich", das mundartlich als *époir* noch erhalten ist; s. Gossen, ZRP 71, 337.

esperlucat „mit offenen Augen"
15. Jh., aus langued. *esperlucat,* d. i. Part. zu *esperlucà,* nprov. gewöhnlich *esperlugà* „die Augen öffnen"; dieses ist Abl. vom Stamm von prov. *lugor* „Licht", „Helligkeit", s. *lueur,* doch wohl in Anlehnung an prov. *berluga* „Blendung", vgl. *berlue,* so daß ursprüngliches **esberlugar* „die Blendung benehmen" bedeutet haben dürfte.
**experlūcare* als alte Bildung, Tilander, Minnesskrift Göteborg 1925, S. 161 ff., ist historisch zu wenig gestützt.

espiègle „schalkhaft", „Schelm"
16. Jh., ist verkürzt aus *Ulespiegle,* d. i. dem Titel des dem hochdeutschen Eulenspiegel entsprechenden, im 16. Jh. beliebten niederländischen Volksbuches *Ulenspiegel.* Mackel 38; REW 2922; Behrens, DS 38; Sain. Rab. 1, 341.

espingole „Art altes Schießgewehr"
17. Jh., aus prov. *espingola* dass., das schon Ende des 13. Jhs. belegt ist; älter *espringale*, s. d.; Bl.-W. 235.

espion „Spion"
16. Jh., aus ital. *spione*, d. i. Abl. von *spia* dass., der Entsprechung des frz. *épie*, s. d.

esplanade „Festungsglacis", „freier Platz"
15. Jh., aus ital. *spianata*, d. i. Abl. von *spianare* „ausebnen", aus lat. *explanare*. REW 3050.

espoir s. *espérer*.

espole, espolin, espoule, espoulin s. *époule*.

espolette „Zündröhrchen"
18. Jh., aus ital. *spoletta*, d. i. dem. Abl. von *spuola* „Spule", aus langob. **spôla*, das sich aus niederdeutschen Entsprechungen erschließen läßt. Braune, ZRP 22, 204; Bruckner, ZFSL 41, 2, 7; vgl. *époule*.

esponton „Kurzgewehr", „Enterpike"
16./17. Jh., aus ital. *spuntone* bzw. oberital. *sponton*, dieses Abl. von *spuntare* „einen Punkt einnehmen", „den Feind vertreiben", d. i. Abl. von *puntare* „stechen", zu lat. *pŭnctum* „Stich", s. *point*.

espoulette s. *espolette*.

espringale „Art Steinschleuder"
13. Jh. auch *espingale, espringale, espringarde* u. ä., bei Furetière *espingard* „kleine, einpfündige Kanone, dt. „Sperber", s. auch *espingole*; ist Abl. von afrz. *espringuer* „tanzen machen", ursprünglich „tanzen", „springen", aus fränkisch **springan* „springen", vgl. ahdt. *springan* dass. Diez 304; *Salverda de Grave, Tijdsch. Ned. Taal- und Letterkunde 1900, s. Rom. 30, 157; REW 8185.

esprit „Geist"
12. Jh. *espirit*, auch *esperit*, letzteres vielleicht zu *espérer* in Beziehung gebracht, s. *espérer*, aus lat. *(spīrĭtus)*; vgl. Portier, RPFL 29, 98 ff.

esquicher „die niederste Karte ausspielen", refl. „sich drücken"
18. Jh., aus nprov. *esquichar* „pressen", „drücken", refl. „sich klein machen", dann wie frz., dazu lyon. *ecuchi* „pressen", „zerdrücken"; in dem Wort kreuzen sich prov. *esquisar, esquinsar* „zerreißen" aus vlat. **exquintiare* „fünfteln", Diez 449; REW 3063 und nordfrz. *écacher*, s. d.; vgl. auch *escache* und *esquinter*.

esquif „kleines Boot"
15. Jh., aus ital. *schifo*, dieses aus langobardisch **skif* (ahdt. dass.). Diez 286; REW 7996; Kemna 11.

esquille s. *équille*.

esquinancie „Bräune", „Halsentzündung"
12. Jh. *quinancie*, 13. Jh. *esquinancy* mit dem in *écrevisse* u. ä. auftretenden unorganischen Anlaut, aus gr. (κυνάγχη) dass., eigentlich „Halsband für Hunde". Dict. gén.

esquine 1. „Rückgrat"
17. Jh., ist Kreuzung von frz. *échine* mit dem entsprechenden ital. *schiena*. Dict. gén.
2. s. *squine*.

esquinter „verprügeln"
19. Jh., aus nprov. *esquintà*, prov. *esquintar* „zerreißen", aus vlat. **exquintare* „fünfteln", vgl. dazu nprov. *quintà* „die Erde zum fünftenmal umarbeiten", d. i. Abl. von lat. *quintus* „fünfter"; vgl. wegen der Bildung *écarter*; das Wort ist zunächst ins Rotwelsch gedrungen, dann auf dem Weg über das Vulgärfrz. in zahlreiche Mundarten, vgl. boulogn. *esquinter* „niederschlagen", refl. „sich erschöpfen", norm. *s'esquainter* „sich abmühen" (Einfluß von *esquine* 1); pik. *esquinter* „töten", vend. „ermüden", „erschöpfen", berrich. „verprügeln" u. a.; Dict. gén.; Sain. LPar. 511 und Anm. 1. Vgl. auch *esquicher*, *équinter*.

esquipot s. *équipet*.

esquisse „Entwurf"
16. Jh., aus ital. *schizzo*, d. i. postverb. Subst. von *schizzare* „entwerfen", das vermutlich ursprünglich mit stimmhaftem *-źź-* gesprochen wurde, aber mit *schizzare* „spritzen", „sprühen", „absplittern", vermengt wurde; das angenommene *schiźźare* aus vlat. **schediare* „aus dem Stegreif machen", zu lat. *schedius* „aus dem Stegreif gemacht", Diez 286; REW 7680, ital. *schizzare* „absplittern" aus gotisch **slîtjan*, zu dt. „schleißen", s. Gg., RG II, 22.
Dazu seit dem 17. Jh. die Abl. **esquisser** „entwerfen".

esquiver „ausweichen", refl. „sich davon machen"
17. Jh., aus ital. *schivare*, d. i. der Entsprechung des unter *échif* angeführten afrz. *eschiver*, s. d.

essai „Versuch"
12. Jh., ist schon vorhistorisches, postverb. Subst. von vlat. **exăgiare* „abwägen", frz. **essayer** „versuchen", zu lat. *exagium* „Wägen", „Gewicht", im 4. Jh. auch „Versuch"; Diez 279; REW 2932; Bl.-W. 235.

essaim „Bienenschwarm"
13. Jh., aus lat. *examen* dass.; dazu seit dem 13. Jh. die Abl. *essamer*, heute **essaimer** „ausschwärmen". Diez 286; REW 2936.

essaler „die Salzpfanne mit der Salzsole bestreichen"
18. Jh., ist Abl. von *saler* „salzen", s. d.

essandole s. *échandole*.

essanger s. *échanger* 2.

essarder „trocknen"
14. Jh. für älteres, seit dem 12. Jh. belegtes *essardre*, auch *essardoir* „verbrennen", aus vlat. *exardere* „ausbrennen", das in der Vulgata belegt ist; vgl. *ardre*.

essart „Reutland"
12. Jh., aus vlat. *exsartum*, das als *exar-*

tum in den leges Bajuv., Burg. belegt ist, d. i. subst. Part. von vlat. **exsarire* für lat. *sarire* „jäten"; dazu seit dem 12. Jh. die Abl. **essarter** „reuten", vgl. auch *désertes*. Diez 575 f.; REW 3066.
Vom Verbum seit dem 17. Jh. die *-aticium*-Abl. **essartis** „gereutetes Land".
essaugue s. *aissaugue*.

essaver „ausschöpfen"
13. Jh. „dem Wasser freien Abzug verschaffen", vgl. dazu wall. *sêwe* „Abzugskanal", dazu *sêwer*, champ. *essiauer* u. ä.; aus vlat. **exaquare*, REW 2939; das Wort ist afrz. mit der Entsprechung von *excavare* „aushöhlen" verschmolzen, vgl. *échau*; dazu mit der *exaquare* entsprechenden Form norm. *essaver* „die Haut leicht abschürfen", *essavure* „leichte Hautabschürfung" u. ä.
essayer s. *essai*.

essayiste „Verfasser literarischer Aufsätze"
19. Jh., aus englisch *essayist*. Dict. gén.

esse 1. „s", „s-förmiger Gegenstand", „Schalloch an der Geige" u. ä.
14. Jh., ist der Name des Buchstaben *-s-*.
2. „Hebehammer", s. *aisse*.
3. „Pflocknagel"
11. Jh., *hece*, glossiert „Pflock", „Haken", afrz. auch *heuce, euce*, norm. *eusse*, so heute noch neben *euche*, boulogn. *euche*, wall. *ese, wese* dass., dazu afrz. *tarel ouecereç, tarere eucherece* „Bohrer zum Lochen von Pflöken", s. *esseret*, dazu vogesisch *osat, ausat*, die auf ein älteres **elsette*, **eusette* zurückführen, vgl. im Artikel *dou, do* im Ostfrz.; aus fränkisch **hiltja* zu mhdt. *helze, hilze* „Fessel", „woran etwas befestigt werden kann", Vising, Stud. Neoph. 15, 204; Thomas, Rom. 25, 81; 26, 427; zu afrz. *heut* vgl. Diez 369; REW 4131.
Zu lat. *obex, obice* „Querbalken", „Hindernis", Horning, ZRP 22, 560; 25, 614 f. s. auch Rom. 48, 200, ist begrifflich schwierig und entspricht lautlich nicht den nordfrz. Formen; prov. *olze* scheint nicht zu bestehen; vgl. auch *heuse*.
esseau s. *aisseau* und *échau*.
esselier s. *aisselier*.

essence „Wesenheit"
12. Jh., aus lat. *(essentia)*.
essente s. *écente*.

essentiel „wesentlich"
12. Jh., aus lat. *(essentialis)*.

esser „(den Eisendraht) halbkreisförmig biegen"
18. Jh., ist Abl. von *esse* 1 in der Bedeutung „s-förmiger Drahtrichter".

esseret „Locheisen"
18. Jh., dafür seit dem 13. Jh. *eucherez, eucherece*, ist *-ariceus*-Abl. von afrz. *euce, heuce*, s. *esse* 3. Thomas, Rom. 26, 427; Ess. 295 f.

essère „juckender Schorf"
18. Jh. auch *essera*, aus neulat. *(essera)*, das zu arabisch *haraṣ* „Räude", „trockene Krätze", *hariṣa* „räudig sein" gehört. (Haffner.)
essette s. *aissette*.

esseuler „allein lassen"
12./13. Jh., ist Abl. von *seul* „allein".

essieu „Wagenachse"
13. Jh. *aissil*, Nom. *aissieus*, aus grom. **axīle* für ein älteres **axale*, das auch für das Galloromanische durch *ascialis* in den Reichenauer Glossen gesichert ist; s. Hetzer, RG 28; vlat. **axale* ist Abl. von lat. *axis* dass., die Ableitung wegen der Vermengung von *assis* „Brett" und *axis* „Achse" im Vulgärlateinischen, vgl. *ais*; Meyer-Lübke, LGRP 12, 304; REW 841; FEW 189 b.
Nicht **axiculus*, Diez 576, oder **axeolus*, Cohn, Suff.

essimer „mager werden" va.; „(den Jagdvogel) hungern lassen", „(den Boden) erschöpfen"
13. Jh. *essaïmer*, ist Abl. von afrz. *saïm* „Fett", s. *saindoux*, bedeutet also der Bildung nach „das Fett entziehen"; vgl. *ensimer*.

essonier „doppelte Einfassung eines Wappenschildes"
17. Jh., ist Abl. von afrz. *essaune* „Dachschindel", *essauner, essoner* „mit Schindeln bedecken", vgl. *essoré*.

essor „Aussetzen in der freien Luft"; „Aufschwung"
12. Jh., übertragen in *prendre l'essor* „sich emporschwingen" u. ä., ist postverb. Subst. von *essorer*, s. d.

essoré „eingedacht"
17. Jh., ist in der Literatur im 17. Jh. untergegangen, Br. 3, 132, ist Part. von afrz. *essauner* „mit Schindeln bedecken", dann in der Form von *essorer* „der Luft aussetzen" beeinflußt; das Verbum ist Abl. von afrz. *essaune* „Schindel", auch *essaule* u. v. a., in dem sich lat. *scandula* und *scindula* kreuzen, vgl. *écente, échandole*. Dict. gén.

essorer „an die Luft setzen", „die Wäsche trocknen", refl. „dahinfliegen"
12. Jh., aus vlat. **exaurare* „lüften", d. i. Abl. von lat. *aura* „Luftzug"; Diez 282; REW 2941; vgl. dazu in graphischer Anlehnung an *sortir* afrz. und heute champagnisch *essort de cave* „Kellerluftloch", Streng, NM 11, 111.

essoriller „die Ohren abschneiden" va.; „die Haare kurz schneiden"
14. Jh., aus vlat. belegtem *exaurĭculare* zu lat. *auricula* „Ohr", s. *oreille*; FEW 180a.
essoucher s. *souche*.

essouffler „außer Atem bringen"
12. Jh., ist vorhistorische Abl. von *souffle*, s. d.

essourisser „(einem Pferde) den Aufhebemuskel der Oberlippe durchschneiden"

17. Jh., ist Abl. von *souris* in der Bedeutung „Aufhebemuskel".

essucquer s. *suc.*

essui „Trockenplatz", „trocknender Wind"
16. Jh., ist postverb. Subst. von **essuyer** „abtrocknen", „trocknen", „abwischen", 12. Jh. *essuer, essuier,* auch *essuwer,* aus lat. *e x s ū c a r e* „austrocknen". Diez 312; REW 3073.

essuyer 1. „abtrocknen", „trocknen"
s. *essui.*
2. „erdulden", „ertragen", „ausgesetzt sein" z. B. *essuyer une défaite* u. ä., ist formell an *essuyer* 1 angepaßtes mundartliches *essoyer,* afrz. *essaiier* „erproben", „prüfen", aber auch subjektbezogen „etwas als Probe bekommen, erfahren"; s. *essayer*; Orr. Words and Sounds, 1953, s. NM 55, 146; RPh. 6, 296.

est „Osten"
12. Jh., aus agls. *e á s t* (mengl. *ēst*); Brüch, ZFSL 52, 393; Alleyne, RDR 25, 426; Diez 576; REW 2814.

estacade „Verpfählung"
16. Jh., aus nprov. *estacado,* d. i. Abl. von prov. *estaca* „Pfahl", „Balken", das mit afrz. *estache* dass. auf fränkisch **s t ă k a* zurückführt, vgl. *tache*; aus ital. *steccata,* Bl.-W. 236, ist zu wenig begründet.

estadou „Zahnsäge der Kammacher"
18. Jh., aus nprov. *estadou* dass., d. i. postverb. Subst. von nprov. *estadoussà* „(Maiskolben) abrebeln", „(Kohlköpfe) entblättern"; weitere sichere Anklänge fehlen.
Zu nprov. *seità, setà* „sägen", dazu die *-orium*-Abl. **seitadour* „Säge", Brüch, ZFSL 52, 394 ist lautlich und begrifflich unwahrscheinlich.

estafette „Eilbote"
16. Jh., aus ital. *staffetta* dass.; dieses ist Abl. von ital. *staffa* „Steigbügel", aus langobardisch **s t a f f a* zu asächsisch, agls. *stapan* „schreiten". Diez 403; Bruckner, Char. 19; REW 8213.

estafier „bewaffneter Bedienter", „Büttel", „Zuhälter"
16. Jh., aus ital. *staffiere* „Stallknecht", dieses Abl. von ital. *staffa* „Steigbügel", s. *estafette.*

estafilade „Schmarre"
16. Jh., aus ital. *staffilata* „Peitschenhieb"; dieses ist Abl. von *staffilare* „peitschen", d. i. Abl. von *staffile* „Steigbügelriemen", dann allgemein „Riemen", „Peitschenriemen", zu *staffa* „Steigbügel", s. *estafette.* REW 8213.

estain s. *étain, étaim.*

estame „Kammwolle", „gezwirnte Wolle"
13. Jh., aus ital. *stame,* für afrz. *estain,* nfrz. *étaim* dass., beide aus lat. *s t ā m e n* „Kette des Gewebes"; vgl. auch *étamine.* REW 8220.
Dazu seit dem 15. Jh. die dem. Abl. mit pejorativer Bedeutung **estamet** „grober Wollenstoff".

estaminet „Rauchkaffee", „Kneipe"
17. Jh., stammt aus dem belgischen Französisch, vgl. Lüttich *sitâmini* „Krippe", wall. *stamini, staminîre, staminée* „Pflock, an den man das Vieh im Stall festbindet"; d. i. Abl. von wall. *stamon* dass., dieses Abl. von afrz. **estam* „Pflock", vgl. rouchi *estamet* „Pflock", „Stütze", s. darüber *étanfiche.* REW 8222.

estampe „Prägestempel", „Druckplatte", „Holzschnitt" u. ä.
16. Jh. als „Druck" belegt, seit dem 17. Jh. in den heutigen Bedeutungen, aus ital. *stampa* dass.; dazu **estamper** „prägen", „pressen", „stempeln", aus ital. *stampare* dass.; stammt aus dem fränkischen Mittellatein, Romanisierung von fränkisch *s t a m p ô n,* zu ahdt. *stampfôn* „stampfen"; daneben ist im Galloromanischen das dazugehörige fränkische **stampjan,* romanisiert als *estampire,* afrz. *estampir* „stempeln", „brandmarken", zu mhdt. *stempfen* „stampfen", „prägen", „mit einem Stempel versehen" erhalten; zu diesem afrz. *estampie* „Art Tanz", vermutlich der „Schuhplattler", 13. Jh., zu dem als postverb. Subst. im 13. Jh. *estampe* „Stempel" bezeugt ist; daneben von dem älteren **stampôn* afrz. *estamper* „stampfen".
In der weiteren Entwicklung ist es kaum mehr möglich, die autochthonen frz. Bildungen von den italienischen Lehnwörtern zu unterscheiden; vgl. mundartlich noch bezeugtes *étampe* „Prägestempel", *étamper* „stanzen", „prägen", beide mit der lautlichen Entwicklung des Galloromanischen, aber mit der Bedeutung der italienischen Entsprechungen; Diez 306; REW 8224; Bl.-W. 236.

estampille „Stempel"
18. Jh., aus spanisch *estampilla,* d. i. dem. Abl. *(-ella)* von *estampa,* der Entsprechung des frz. *estampe,* s. d.

estampoir „Prägestempel" u. ä.
16. Jh., ist Werkzeugsableitung von *estamper* „prägen", s. *estampe.*

estance s. *étance.*

estase „oberes Querholz am Webstuhl"
18. Jh., stammt aus lyonesisch *estase* dass., zu ital. *staggia,* auch *staggio* „Netzstange", „Leitersprosse" u. ä., dazu *staggiare* „stützen"; weiteres s. *étai.*

esteau s. *étau.*

estéminaire „Ansatzstück der Schiffsbohlen", „Auflanger der Spanten"
auch *esteménaire,* 14. Jh. *estaminare,* aus ital. *staminara* „Knieholz zu Schiffen", so genuesisch *stamanaea,* ital. *staminara,* d. i. Abl. von *stámina, stámino* „Ansatzstück der Bohlen", aus gr. (σταμίς, σταμίνος) „Schiffsrippe"; Vidos 379; Battisti V, 3616.

ester in *ester en jugement* „vor Gericht stehen"

ist Archaismus aus afrz. *ester* „stehen", aus lat. *stare* dass., s. *éter*. REW 8231.

estère „Binsenmatte"
18. Jh., aus spanisch *estera*, dieses aus lat. *stŏria* „Matte". Diez 308; REW 8279.

esterlin s. *sterling*.

esteuble s. *éteule*.

esthétique „ästhetisch"
18. Jh., stammt über das Deutsche, wo 1750 der Philosoph Baumgarten ein Buch *Aesthetica* veröffentlichte, aus gr. (αἰσθητικός). Behrens, DS 29.

estimer „schätzen"
13./14. Jh., aus lat. *(aestimare)*, das in volkstümlicher Entwicklung afrz. *esmer*, pik. *hamer* „zubereiten", lothr. *aumoua* „schätzen" ergeben hat".

estival „sommerlich"
12. Jh., aus lat. *(aestivalis)*.

estivant s. *estiver 1*.

estive „Befrachtung eines Schiffes mit zusammendrückbaren Waren", „Gegengewicht", „Anspannen der Wanttaue"
17. Jh., ist postverb. Subst von **estiver** „die Schiffsladung zusammendrücken", 18. Jh., aus ital. *stivare* „zusammenpressen", dieses aus lat. *stīpare* dass. REW 8263.

estiver „den Sommer zubringen", „auf die Sommerweide treiben"
16. Jh., aus prov. *estivar*, dieses aus lat. *aestīvare* „den Sommer zubringen". REW 247; FEW 46 b; dazu 20. Jh. **estivant** „Sommerfrischler", s. Bl.-W. 237.

estoc 1. „Baumstumpf", „Stock"
12. Jh., afrz. auch übertragen „Herkunft", aus fränkisch **stŏk* zu ahdt. *stock* dass.; Diez 307; REW 8271; s. *étau*.
2. „Stoßdegen"
14. Jh., 15.—17. Jh. „Schwertschneide", aber schon im 12. Jh. *ferir d'estoc* „mit der Spitze schlagen", s. im 13. Jh. ‚ferir de pointe, que les Franczeis appellent *ferir d'estoc*', ist postverb. Subst. von afrz. *estoquier* „mit der Schneide, der Spitze schlagen", so seit dem 14. Jh. aus nddt. *stoken* „stechen", Baist, ZRP 28, 108 f.; Bl.-W. 237; s. auch *estoc* 1.

estocade „Degenstoß", „Stoßdegen"
16. Jh., aus ital. *stoccata*, d. i. Abl. von *stocco* „Stoßdegen", das aus dem Französischen entlehnt ist, s. *estoc* 2.

estocard „Eisen zum Reinigen der Blasbalgröhre, zum Feuer schüren"
ist Abl. von afrz. *estoquer* „hineinstechen", „stochern", s. nddt., ndl. *stoken* „das Feuer schüren", vgl. *estoc* 2; Brüch ZFSL 52, 396.

estomac „Magen"
13. Jh., aus lat. *(stŏmăcus)*; Zauner, RF 14, 512; REW 8276 a.

estomaquer „in Eifer bringen", refl. „aufgebracht sein"
15. Jh., aus lat. *(stŏmăchari)* „ärgerlich sein".

estompe „Zeichenwischer"
17. Jh., dazu gleichzeitig belegt **estomper** „mit dem Wischer zeichnen", aus ndl. *stomp* „Stumpf", „Stummel"; Behrens, ZRP 26, 688; REW 8277.

estoquiau s. *étoqueau*.

estouffade s. *étouffade*.

estrade „Straße" va.; „erhöhter Platz", „Rasenstufe"
15. Jh., aus prov. *estrada* „Straße", in dieser Bedeutung frz. nur noch in *battre l'estrade* „die Straßen unsicher machen", vermutlich prov. auch „erhöhter Platz", dessen Bedeutung im Frz. im 17. Jh. übernommen wird; Schultz-Gora, ZRP 63, 409; aus vlat. *strata* „Straße", so gesichert auch durch dt. „Straße"; zu lat. *stratus*, *stratum* „Hingebreitetes"; vgl. wegen der Entwicklung *chaussée*; das Wortpaar *via strata* und *via calciata* bezeichnen so die verschiedene Art des Verkehrsweges; vgl. Bl.-W. 237; vgl. dazu ital. *strato* „Fußboden", „Bett", „Lager", „Schichte" u. ä.; Diez 309; REW 8291.

estragon „Dragun", „Kaisersalat"
16. Jh. *targon*, dann mit unorganischem Präfix, vgl. *écrevisse*, *estargon*, daraus die literarische Form umgestellt; über mittellat. *tarcon*, *altarcon* aus arabisch *aṭ-ṭarḫûn* „arthemisia dracunculus L." Dict. gén.; Lam. 108.

estramaçon „Hieb mit der Schwertklinge" va.; „Schwertschneide" u. ä.
17. Jh., aus ital. *stramazzone* „Hieb von oben nach unten", d. i. Abl. von *stramazzare* „hinschleudern", eigentlich „mit der Keule einen Schlag versetzen", d. i. Abl. (*stra-*, das lautlich auf *extra-*, der Bedeutung nach auf vlat. *trans-* „durch und durch" zurückführt) von *mazza* „Keule", s. *massue*.

estrapade „Wippe", „Schnellgalgen", „Wippsprung", „Aufziehwerkzeug"
15. Jh., aus ital. *strappata* „Zug", „Ruck", d. i. Abl. von *strappare* „herausreißen", ursprünglich „straff anziehen", aus fränkisch **strappôn* dass., zu schweizerisch *strapfen* „straff ziehen"; Diez 404; Falk-Torp s. *Straf*.

estrapasser „(ein Pferd) über seine Kräfte anstrengen"
17. Jh., aus ital. *strapazzare*, auch *strapacciare* „mißhandeln", „zu Schanden reiten" u. ä., d. i. Abl. von *strapazzo* „Quälerei" zu *strappare* „herausreißen", „vernichten", s. *estrapade*.
Ital. *strapazzare* als Zusammensetzung von *stra-*, s. *estramaçon*, und *pazzo* „verrückt", Diez 388 f., *impazzire*, *impazzare* „verrückt werden", „Narrheiten machen", Battisti, V, 3649, ist unwahrscheinlich.

estrif „Streit"
12. Jh. *estrif* als Neubildung zu dem Nominativ *estris,* der zu ursprünglichem, seit dem 10. Jh. bezeugten *estrit* gehört; aus fränkisch **strîd* „Streit". Diez 130; REW 8316.

estrigue „Kühlofen"
18. Jh. *estrique,* ist postverb. Subst. von **estriquer** „die Zuckerform vor dem Abkühlen mit Ton verstreichen", vermutlich auch *„die Zuckerform abkühlen", vgl. wegen der angenommenen Bedeutungsverschiebung *drousser*; in der ursprünglichen Bedeutung „mit Ton verstreichen" ist das Wort aus ndl. *strijken* „verstreichen" entlehnt, vgl. dazu mit der ursprünglichen Bedeutung wall. *striche* „Streichholz", boulogn. *étrique* dass., dazu *s'étriquer* „sich am Boden ausstrecken", „verrecken"; Behrens, Wg. 356; DS 86, 89, 96.
Von dem Verbum in der ursprünglichen Bedeutung „verstreichen", die Abl. **estriqueur** „Streichholz zum Feststreichen des Tones vor dem Abkühlen"; damit eins, aber mit mundartlicher Entwicklung des *-orium*-Suffixes, **estriqueux** „Schabeisen zum Glätten der Tonpfeifen", und das postverb. Subst. **estrique** „Zange zum Herausnehmen des Tiegels aus dem Ofen". Vgl. auch *étricher,* REW 8314.
estriver s. *étriver.*
estrop s. *étrope.*

estropiat „Krüppel"
16. Jh., aus ital. *stroppiato,* s. d. F.

estropier „verkrüppeln", „verstümmeln"
16. Jh., aus ital. *stroppiare*; dieses aus vlat. **extorpiare,* d. i. oskisch-umbrische Form von lat. *extorquēre* dass., vgl. lat. *extortus* „verkrüppelt". Der Wandel von *qu* zu *p* ist der Mehrheit der italischen Sprachen eigen, s. z. B. osk.-umbr. *pis* = lat. *quis,* oskisch *petora* = lat. *quatuor*; daher auch lat. *popina* „Garküche" = lat. *coquina,* ML, Gr. Gr. I 2, S. 431, 446; *extorqueo* lautete entsprechend in italischer Umsetzung **extorpeo,* dazu **extorpeare,* das im Vlat. zu *estorpiare* werden mußte; Gg., ZRP 41, 525; wegen der Umstellung zu *estropiare* vgl. *turbulare* zu *troubles* u. v. a.
Zu lat. *torpidus* „betäubt", „erstarrt", Diez 311, ist lautlich und begrifflich schwierig; desgleichen **extorpeare* zu lat. *torpēre* „regungslos sein", de Gregorio, SGI 7, 124; ebenso zu *stuprare* „schänden", REW 8333a; auch nicht zu gr. στρόφος, *Bourciez, Ann. Fac. Lettres Bordeaux 1889, 74 ff., beziehungsweise zu dessen lat. Entsprechung *stroppus,* s. *étrope,* G. Paris, Rom. 18, 519; zu lat. *turpis* „ungestaltet", „schimpflich", dazu die Ableitungen **disturpare,* **exturpare* „verstümmeln", die im Iberoromanischen bezeugt sind, Merlo, Mél. Roques IV, 177; Bl.-W. 237 ist schwierig, da für die Umwandlung von **exturpare* zu **exturpiare* kein sichtbarer Grund vorliegt.

estuaire „weite Flußmündung"
15. Jh., aus lat. *(aestuarium),* s. *étier.*

esturgeon „Stör"
13. Jh., auch **éturgeon,** lebt sowohl im Norden, Wall., wie im äußersten Süden Frankreichs; aus fränkisch (= ahdt.) **stŭrjo* dass. Diez 309; REW 8336.

ésule „Wolfsmilch"
14. Jh., aus mittellat. (*esula*), vgl. im 14. Jh. *esul,* für Montauban *yesele* bei Mowat, Alphita; auch heute *segulo* P. de Dôme, Roll. Fl. 9, 225? Herkunft des Wortes ist unbekannt.

et „und"
aus lat. *et.* REW 2919.

établage „Stallgeld"
15. Jh., ist Abl. von **étable** „Stall", 12. Jh., aus grom. *stăbŭla,* d. i. Kollektivform zu lat. *stabulum* „Standort", „Lager", „Stall"; Diez 306; REW 8209.

établer „in den Stall führen"
11. Jh., aus lat. *stăbŭlare* dass. REW 8208.

établi „Hobelbank"
15. Jh. *establis,* für älteres *establi, establie* „Anordnung", „Befestigung", auch „Verkaufsstand", d. i. ursprünglich abstrakte Abl. von **établir** „befestigen", „feststellen", 12. Jh., aus lat. *stăbīlire* „befestigen". Diez 578; REW 8206.

étage „Aufenthalt" va.; „Stockwerk"
11. Jh. „Wohnort", „Lage" u. ä., aus vlat. **stătīcum,* d. i. Abl. von lat. *stare* „stehen", „sich aufhalten", für klassisch lateinisches *statio* dass.; vgl. mit noch durchsichtiger Ableitung alomb. *staego;* REW 8231.
Nicht **stabium* zu *stab-ulum, stabilire,* de Gregorio, SGI 7, 364.

étager „in Stockwerke einteilen"
17. Jh., ist Abl. von *étage* in der Bedeutung „Stockwerk"; ein afrz. *estagier* bedeutet „den Wohnsitz aufschlagen".

étagère „Gestell aus übereinander angebrachten Brettern"
15./16. Jh., ist Abl. *(-aria)* von *étage* „Stockwerk", s. d.

étai „Stag" (starkes Tau zur Befestigung von Masten und Stengen nach vorne)
13. Jh., aus fränkisch **stag* zu anord., *stag,* agls. *stæg*; die Bedeutungsangabe „*Stütz*tau" beeinflußt durch *étai* 2, s. *étayer.*
2. s. *étayer.*

étain 1. „Zinn"
12. Jh. *estain, estaim,* aus lat. *stagnum,* so bei Isidor v. Sevilla belegt, Sofer 158; Graur, Rom. 54, 507, das nach Walde s. v. und Gröber, ALL 5, 478 f. die eigentlich lat. Form für auch belegtes *stannum* ist; nach Schuchardt, Revue celtique 5, 492 wäre *stagnum* gallisch; vgl. auch Diez 305.

**stanneum* zu *stannum,* Thomas, Ess. 78; REW 8228 ist nicht nötig.
2. „Randsomhölzer“
17. Jh. auch *étein,* aus ndl. *steven* „Baumstamm“, Valkhoff 129; s. auch *étambot, étançon, estéminaire.*
Zu *étaim* „Kette am Gewebe“, s. *estame,* Dict. gén., ist nicht möglich.

étal „Verkaufstisch“ va.; „Fleischbank“
11. Jh. *estal* „Aufenthalt“, „Platz“, dann schon im 12. Jh. auch „Verkaufsplatz“, aus fränkisch **stăl* „Standort“, „Wohnort“ u. ä., s. Kluge, s. *Stall;* Diez 306; REW 8219.
Dazu seit dem 12. Jh. die Abl. *estaler* „Halt machen“; seit dem 15. Jh. in Anlehnung an das Subst. **étaler** „Waren ausbreiten“, „auseinandersetzen“ u. ä.
étalinguer s. *talinguer.*

étalon 1. „Hengst“
13. Jh., älter **estalljon,* das durch das daraus entlehnte engl. *stallion* gestützt ist, daraus in Anlehnung an *estal* *„Stall“, die Form *estalon*; aus fränkisch **stalljo* „der Bespringer“, zu **stalljan* „bespringen“; s. dazu in den malbergischen Glossen *stalagia* „Stute“, d. i. Fem. zu *stalljo,* s. van Helten PBB 25, 444; Gg. RG I, 198, vgl. ostfriesisch *stallen* „auf etwas springen“ u. ä., der Bildung nach „sich aufstellen“, das sich aus nhdt. *stellen* erschließen läßt.
Unmittelbar zu **stal* „Stall“, vgl. *equum ad stallum* in den leges Visigoth., Diez 306; Jud, Acc. *-ain* 25; REW 8219; Bl.-W. 238, ist morphologisch unverständlich.
2. „kleiner Holzpflock“
12. Jh., afrz. *estalon, estolon, estelon,* mit den 3 Varianten wie bei afrz. *brohon, brehon, brahon* „Art Jagdhund“, aus fränkisch **stollo* „Stütze“, „Pfosten“, so ahdt. dass.; Gg. Rom. Jb. 3, 287.
Afrz. *esteil,* mit den Nebenformen *estel, estiel* „Pflock“, ist nicht das Grundwort von *étalon,* sondern, wie das Schwanken im Vokal zeigt, Rückbildung von afrz. *estelon*; also auch nicht aus ahdt. *stihhil* „Stachel“, „Stichel“, Diez 576; REW 8255, das lautlich nur z. T. entspricht.
3. „Eichmaß“
14. Jh., auch *astelon,* letzteres infolge Verwechslung mit *étalon* 2, gehört zu ostfriesisch *stâl* „Muster“, „Probe“, aus fränkisch **stalo,* das im 9. Jh. mittellat. als *stallo, stalo* belegt ist.
4. „Baum, der beim Holzschlag stehen gelassen wird“
ist wallonisch als *stalon,* auch „Fuß der Garnwinde“, dürfte mit *étalon* 2 identisch sein.
étalon 4, zu ahdt. *estaler* „haltmachen“, s. *étal,* Regula, AR 12, 278, ist begrifflich unverständlich.

étalonner „eichen“
14. Jh., ist Abl. von *étalon* 3.

étambot „Hintersteven“
16. Jh. *estambor,* aus altnordisch *stafnborð;* Falk, WuS 4, 35; REW 8215.

étambrai „Stützstück des Mastes“, „Öffnung auf dem Deck für Masten“, „geteerte Leinwand, die man um die Masten legt“
14. Jh. *estambres, tambroiz,* 17. Jh. und später *estambraie* u. ä., u. H.

étamer „verzinnen“
13. Jh., ist mit Stammverkennung abgeleitet von *étain* „Zinn“, s. d.

étamine 1. „leichter Wollenstoff“, „Siebtuch“
12. Jh., ist mit Suffixwechsel umgebildet aus afrz. **estameigne,* das sich aus prov. *estamenha* erschließen läßt, dieses aus lat. *stamĭneus* „voll Fäden“, *„wollig“, vgl. *estame*; Diez 306; Thomas, Rom. 25, 389; REW 8221.
2. „Staubfaden“
17. Jh., aus lat. *(stāmĭna),* d. i. Plural von *stamen* „Faden“.

étamoi „Lötbrett“, „Lötschale“
17. Jh. auch *étamoir* geschrieben, für afrz., seit dem 14. Jh. belegtes *estamal, estamoie, estamaie* „großes zweihenkeliges Gefäß“; es ist vielleicht ein afrz. **estamel* „Zinngefäß“, d. i. *-ale*-Abl. von *étain,* s. d.; Dict. gén.

étance „Deckstütze“ va.; „Sprießenleiter“
15. Jh., ist Rückbildung von **étançon** „Deckbalkenstütze“, „Spannholz“, „Strebe“, dieses, 12. Jh., ist Abl. von afrz. *estant* in *en estant* „stehend“, *remanoir en estant* „still stehen“, dazu prov. *estan* „Pflock“, „Stütze“, d. i. subst. Gerundium von afrz. *ester* „stehen“, zu lat. *stare,* s. *éter;* wegen der Abl. vgl. afrz. *enfançon* „Kindchen“ zu *enfant, coincer* zu *coin,* usf. Grundbedeutung von *estant* ist also „Ständer“; vgl. Tilander, Rem. 53; Bl.-W. 239.
Nicht erst Ableitung von *estance,* das afrz. „Stehen“, „Zustand“, „Aufenthaltsort“ u. ä. bedeutet, Dict. gén.; Barbier RDR 3, 248; Spitzer, ZRP 42, 27.

étanche 1. „wasserdicht“
12. Jh. *estanc,* dazu *estanche* als Femininum, das seit dem 14. Jh. die maskulinische Form verdrängt; bedeutet afrz. auch „müde“, es ist postverb. Adj. von afrz. *estanchier* „zum Versiegen bringen“, „stillen“, daher auch „(einen Teich) austrocknen“, dann, übertragen, „aufhören machen“, „hemmen“, „ermüden“, „erschöpfen“; nfrz. **étancher** „austrocknen“, „wasserdicht machen“, „(Blut) stillen“ u. ä.; dazu gehört prov. *tancar* „verstopfen“, *estanca* „Schleuse“, „Balkenwerk“; der Gesichtskreis der Ermüdung, Erschöpfung ist auch durch ital. *stanco* „müde“, dann *mano stanca* „linke Hand“, dann rum. *stâng* „links“, *stânga* „linke Seite“ usf. gesichert, doch ist das rumänische Wort nicht direkt auf

eine Grundform **stancu* zurückzuführen, es muß wegen der Entwicklung von *-nk-* zu *-ng-* auf dem Umweg über das Griechische eingedrungen sein. Zugrunde liegt ein Verbum **ex-tanc-are,* das vlat. sein muß, dessen Herkunft aber unerklärt ist; vgl. Brüch, ZFSL 52, 398.
Zu lat. *stagnare* „stehen machen", Diez 306; über **stagnicare,* Gröber, ALL 5, 479, ist lautlich nicht möglich, vgl. REW 8225; zu *stante,* vgl. *aqua stans* bei Isidor v. Sevilla, über **stanticare* „zum Stehen bringen", Tilander, Rem. 52 f., ebenso H. Meier, Rom. Jb. 9, 270; Bl.-W. 239, wäre für das Nordfrz. möglich, trennt aber das Wort von den Entsprechungen auf der Iberischen Halbinsel und noch mehr von **stancus* „müde", „links", das bis ins Rumänische reicht. Gallisch **tanko,* zu ir. *co-técim* „ich mache gerinnen", Cor. II, 417, hilft auch nicht weiter.
2. „Trockenes"
in *mettre à l'étanche,* 17. Jh., „aufs Trockene bringen", ist postverb. Subst. von *étancher,* s. d.
étançon s. *étance.*

étanfiche „Anhäufung der Steinbänke in einem Steinbruch" u. ä.
14. Jh. *estanfique* „Grundbau", „Unterbau", vgl. dazu wall. *stanfliche* „Höhe einer Steinbank", „Querbalken", rouchi *étanfique* „Querholz am Fensterbrett", pik. *s'estafiker* „sich festlegen" u. ä., ist postverb. Subst. von einem auch aus dem pikardischen Verbum zu erschließenden afrz. **estanfichier* „Stützbalken einrammen", d. i. Zusammensetzung von afrz. *estant* „Stützbalken", s. *étançon* und *ficher* „einrammen", s. d.

étang „Teich", „Löschtrog"
12. Jh. *estanc* „Teich", „Sumpf", ist postverb. Subst. von afrz. *estanchier* „das Wasser abdichten", s. *étancher.*

étangue „Schrötlingszange"
17. Jh., mit unorganischem Anlaut, vgl. *écrevisse,* aus älterem, vielleicht belegten *tangue,* aus ndl. *t a n g* dass. Dict. gén.; Behrens, Wg. 356; DS 85.

étape „Handelsplatz", „Warenmagazin"
dann „Verköstigungsstation", „Lagerplatz", „Weg zum Lagerplatz", 13. Jh. *estaple,* aus ndl. *s t a p e l* „Stappelplatz". Diez 579; Behrens, DS 57, s. d. F.

étaple „Gesangspult" va.; „Hornamboß"
13. Jh., dazu gleichzeitig die deminutive Abl. *estaplel, estapel,* heute **étapleau** „Pult" va.; „Schemel des Schieferbrechers", als *stapplus* in Glossen bezeugt, Geffken, Lex. Sal., aus fränkisch **s t a p e l* zu ahdt. *staffal* „ein etwas, auf was und worauf gesetzt, gestellt ... wird", s. Doornk.-Kolm. s. *stapel* 1; Behrens, DS 82.

état „Zustand"
12. Jh., aus lat. *(s t ă t u s)* „Stand", „Stellung", dann „Beschaffenheit", „Wohlstand" u. ä.; in der Bedeutung „Staat", aus ital. *stato,* wie lat. *(status),* das in dieser besonderen Bedeutung seit Tertullian belegt ist, Goelzer, Bull. Du Cange II, 39.

état-major „Generalstab"
17. Jh., ist zusammengesetzt aus *état* „Stand" und *major* in der adjektivischen Bedeutung „übergeordnet", s. d.

étau 1. „Schraubstock", „Einsetzeisen" u. a.
bei Cotgrave noch mit der Nebenform *estoc,* ist mit *étoc* eins, vgl. *estoc* 1. Dict. gén.
2. „Fleischladen", s. *étal.*

étaupiner „die Maulwurfshügel ebnen"
14. Jh., steht für **étaupinerer,* d. i. Abl. von *taupinière* „Maulwurfshügel", s. d.

étayer „abstützen", fig. „(eine Behauptung) untermauern"
13. Jh. *estaiier* „abstützen", „untermauern", „stützen", aus grom. **s t a d i a r e* zu fränkisch **stadjan,* dieses zu agls. *stæððan* „stützen"; dazu das postverb. Subst. afrz. *estaie* „Stützbalken", fem., erst nfrz. verschmolzen mit dem Stamm von *étai* 1, nfrz. **étai** mit der Bedeutung „Stütze" u. ä.; dazu ital. *staggia,* auch *staggio* „Stütze", dann speziell auch „Netzstange" u. ä., das entweder aus afrz. *estaie,* entlehnt ist oder direkt auf grom. *stadiare* zurückführt; vgl. Flutre, Rom. 65, 491; Diez 578.
Unverständliches ZRP 70, 96.
Mndl. *staye* „Stütze", Diez 578; REW 8212 entspricht zwar dem nordfrz. Wort, nicht aber seinen Entsprechungen im Südostfrz. und Rätoromanischen; ebenso fränkisch **staka,* s. *tache,* Bl.-W. 238.

été „Sommer"
12. Jh. *esté,* aus lat. *a e s t a t e*; REW 245; FEW 45 b; Merlo, Stag. 31.
éteignoir s. *éteindre.*

éteindre „auslöschen"
12. Jh., aus lat. *e x s t i n g u e r e;* dazu seit dem 15. Jh. das subst. Part. **éteinte** „Verlöschen" va.; REW 3070.
ételon s. *étalon.*

étendard „Standarte", „Flagge" va.
11. Jh.; die Standarte, seit 1138 im Mittelenglischen, seit 1218 im Mhdt. bezeugt, war nach Albertus Aquensis zunächst die große goldbeschlagene Lanze, die dem Heer der babylonischen Könige folgte; sie wurde zunächst auf einem Karren mitgeschleppt, dann bei der Sammlung der Kämpfenden als Zentrum des Heerhaufens entweder auf dem Karren aufgepflanzt oder direkt in die Erde eingerammt; sie wird dann von den Sarazenen übernommen und so in den Westen gebracht, s. Bezzola 187. Damit stimmt überein, daß im ersten französischen Beleg, Oxforder Roland 3267, der sarazenische Admiral die Standarte mit den Bildern der heidnischen Götter vor sich hertragen läßt; Her-

kunft unsicher; wenn die historischen Angaben richtig sind, ist der Ursprung außerhalb Europas zu suchen; der Ausdruck geht dann von der Bezeichnung des Banners zu der des Bannerträgers über.

étendard, zu *étendre* „ausbreiten", Diez 307, ist lautlich ausgeschlossen; aus fränkisch **standhard* „standfest", Brüch, ZFSL 52, 404; Wartburg, RLiR 23, 222; Bl.-W. 239 ist germanisch nicht belegt, steht im Widerspruch mit der historischen Geschichte des Wortes, und ist begrifflich unverständlich; ebenso germ. *stand-* + *-ale,* Spitzer, Rom. 76, 84, das außerdem auch morphologisch unmöglich ist; zu ahdt. *stanter,* mnd. *stender* „Pfosten", „Pfahl", H. u. R. Kahane, Journ. Engl. Germ. Phil. 60, 460 führt auch nicht weiter.

étendelle „Ort, wo man Häute ausbreitet, wo das in Walzen geblasene Fensterglas geplättet wird", „ausgedehnter Gegenstand", „Roßhaarsack" u. ä.

14. Jh., ist dem. Abl. von afrz. *estende,* d. i. im Süden des Nordfrz. allgemeine Entsprechung des eigentlich nordfrz. *estente* „Ausdehnung", s. *étente.*

étenderie „Ort, wo man etwas ausbreitet"

19. Jh., ist nach *blanchisserie* u. ä. abgeleitet von *étendre* „ausbreiten", s. d. und *étendelle.*

étendre „ausstrecken", „ausbreiten"

12. Jh., aus lat. *extendĕre.* REW 3083; Diez 307.

Dazu seit dem 15. Jh. das subst. Part. *étendue* für älteres *étente,* s. d.

étente „Ausdehnung" va.; „Trockengestell", „ausgebreitetes Netz"

13. Jh., aus grom. **extendĭta,* d. i. vorhistorisches Part. zu *étendre,* s. d.; vgl. auch *étendelle.*

éter „stehen", va.

heute nur mehr in *(bois) en étant* „aufrechtstehend, 10. Jh., afrz. *ester* „stehen", „wohnen", „verweilen", „säumen"; als Ergänzung zum Verbum *être* in der umschriebenen Perfektbildung *avoir été* erhalten, vielleicht auch in den Formen des Imperfekts statt dem älteren *ere (iere)* usf. aus lat. *eram* etc.; aus lat. *stare* „stehen"; REW 8231.

éternel „ewig"

12. Jh. aus lat. *(aeternalis).*

éternité „Ewigkeit"

12. Jh., aus lat. *(aeternitate).*

éternuer „niesen"

11. Jh. *esternuder,* aus lat. *sternūtare.* REW 8250.

éteuf „Schlagball"

in der heutigen Form seit dem 16. Jh. mit analogischem *-f,* vgl. *soif,* für afrz., seit dem 12. Jh. bezeugtes *estuet, estui,* im 15. Jh. auch *esteur, esteul;* H. u.

Aus fränkisch **staup* „Becher", Dict. gén., ist lautlich nicht möglich, vgl. REW 8238.

éteule „Stoppel"

auch *éteuble, étouble,* 12. Jh. *estoble,* lebt in der literarischen Form pik., poitev., dazu V. d'Yères „Stroh", Mons *steule, stol,* boulogn. *ételle,* rouchi *éteule* „Stoppel" neben *esteule* „Stroh"; dafür norm. *étouble,* Morvan *étoule* u. v. a.; aus vlat. *stŭpŭla, *stupila,* das erstere spätlat. belegt, s. Schuchardt, Vok. 2, 227, das auch der Sippe um deutsch „Stoppel" zugrunde liegt, für klassisches *stipula;* Diez 308; REW 8265; Behrens, ZFSL 28, 2, 59; Thomas, Ess. 150. Nicht aus deutsch *stoppel,* Mackel 24; Braune, ZRP 22, 204 f.

éther „Himmelsluft"

12. Jh., aus lat. *(aether).*

éthique „ethisch", „Ethik"

13. Jh., aus lat. *(ethicus)* bzw. *(ethica).*

ethno- „Volks-"

in gelehrten Zusammensetzungen, aus gr. (ἔθνος) „Volk".

etho- „Sitten"

in gelehrten Zusammensetzungen, aus gr. (ἦθος), „Gebrauch", „Sinnesart".

étiage „niedrigster Wasserstand"

18. Jh., ist Abl. vom Stamm von **étier** „Zuleitungsgraben", in der Bretagne „Strand", Nantes „Kanal, der vom Sumpfgebiet ins Meer führt", FEW 47 a, aus vlat. **aestarium* für lat. *aestuarium* „Niederung, die unter Wasser gesetzt wird", „Seelache"; REW 250; vgl. wegen der Form des Vulgärlateinischen vlat. **fata* für *fatua,* s. *fée,* s. auch *février.*

Aus *aestus* „Strömung" + *-arium,* Vising, Rom. 49, 103 ist unwahrscheinlich, weil das Grundwort *aestus* im Romanischen nicht bezeugt ist.

étibois „Spitzstöckel" (Drahtzieherei)

dazu norm. *étibot,* auch *étibos* „Holzspan", ursprünglich wohl „Holzpflock", vgl. im 16. Jh. belegtes und nach *bois,* pik. *bos* umgestaltetes *étibois, atibois* als Ausdruck der Drahtzieherei „kleiner Block als Unterlage"; aus altdänisch *stîgbord* „Brett zum Steif-, Festmachen", dazu volksetymologisch nach *borner* umgebildetes für Amiens belegtes *estibourner* „(das Erdreich) durch Holz abdichten, festigen", gehört also zum Stamm *bord,* s. *borde;* Gg. AA II, 71.

Aus **stickbosk,* zu dem unter *étiquette* angeführten Stamm *stik-* und frz. *bois,* Barbier, ML 12, 259, ist nicht genügend gesichert.

étier s. *étiage.*

étincelle „Funke"

12. Jh. *estincelle,* aus lat. *scintĭlla,* das auf der Stufe *st'intilla* zu *stint' illa* umgestellt wurde. Diez 579; REW 7720.

étioler „bleichsüchtig machen", refl. „dahinsiechen"

17. Jh., ist Abl. von afrz. *tiolé, tieulé* „ziegelfarbig", so afrz. als ständiges Beiwort von

croupe, dann auch auf Stoffe, Kleider übertragen; wird dann für „rötlich" gebraucht; dazu *estioler,* bedeutet also der Bildung nach „die rote Farbe nehmen"; afrz. *tiolé, tieulé* ist Abl. von afrz. *tieule,* frz. *tuile* „Ziegel"; ZRP 41, 530.
Zu *éteule* „Stoppel", Dict. gén.; REW 8265; Bl.-W. 240?

étique „abzehrend"
13. Jh., ist Umgestaltung von *hectique,* s. d.
étiquet s. *étiquette.*

étiquette „in die Erde gesteckte Netzstange", „Stecknetz"; „Einkerbung in einem Pflock", „Aufschrift"; von letzterem „Vorschrift", „gesellschaftlicher Zwang"
14. Jh., ist Werkzeugsableitung von afrz. *estiquier, estequier,* d. i. norm. pik. Form von afrz. *estichier, estechier* „hineinstecken", aus flämisch *steeken* dass.; vgl. *atiche, tache.* Diez 579; Bl.-W. 240.

étire „Streichmesser"
17. Jh., ist postverb. Subst. von **étirer** „strekken", „(Stoff) dehnen" u. ä., eigentlich „auseinanderziehen", d. i. seit dem 13. Jh. belegte Abl. von *tirer,* s. d.

étisie „Abzehrung"
18. Jh., ist nach *phtisie* gebildete Abl. von *étique.*
étoc s. *estoc, étau.*

étoffe „Stoff", „Zeug", „Material", auch übertragen „Anlage", „Fähigkeit" u. ä.
13. Jh., Grundbedeutung „Material zum Auffüllen, Ausstopfen", so z. B. Füllung eines Polsters, eines Gebäcks u. ä., dann übertragen „Art", „Tüchtigkeit"; dazu seit dem 13. Jh. afrz. *estofer* „herstellen", „ausstatten", frz. **étoffer** „ausstaffieren", „ausgestalten" u. ä.; scheint mit dem Eindringen der Seidenweberei aus Byzanz in den Westen gekommen zu sein; ist in Byzanz zuerst im 6. Jh. durch Justinian aus dem Osten eingeführt worden; daher gehört das Wort wohl zu gr. στύφειν „dicht, festmachen", „stopfen"; doch ist die Lautentwicklung unklar. Baist RF I, 112; Kluge-Götze s. Stoff.
Aus ahdt. *stopfôn,* REW 8333; Bl.-W. 240 ist unwahrscheinlich, da hochdeutsche Lehnwörter nur in den romanisch-deutschen Grenzgegenden nachweisbar sind.

étoile „Stern"
12. Jh. *esteile,* aus grom. **stēla* für klassisches *s t ē l l a.* REW 8242.

étoilé „gestirnt"
12. Jh. *estelé,* seit dem 14. Jh. in Anlehnung an *étoile* die heutige Form, aus lat. *s t e l l a t u s.*

étoiler „mit Sternen besetzen"
17. Jh., für afrz. *esteler,* die literarische Form in Rückanlehnung an das Stammwort, aus lat. *s t e l l a r e.*

étole „Stola"
12. Jh. *estole,* aus lat. *(s t ŏ l a).*

étonner „erschüttern", „erstaunen"
12. Jh. *estoner,* ist mit Präfixwechsel umgestaltetes lat. *a t t ŏ n a r e* „betäuben", „verblüffen". Diez 579; REW 3092.

étoqueau „Auslösestift"
15. Jh. *estoquiau,* dann im 19. Jh. auch die Weiterbildung **étoquereau;** ferner in westfrz. mundartlicher Entwicklung **étouteau,** aus **étoutiau, *étouquiau*; sind Abl. von afrz. *estoc* „Stock", „Stift", s. *estoc* 1. Dict. gén.
étouble s. *éteule.*
étoudeau s. *hétoudeau.*

étouffée „Schmoren", „Geschmortes"
18. Jh. *estoufade,* daraus in Kreuzung mit *étuvée,* 17. Jh., s. *étuve,* die literarische Form; andrerseits heute auch **étouffade;** aus ital. *stufato* „Schmorbraten", zu ital. *stufare* „erwärmen", „bähen", s. *étuver.*

étouffer „ersticken"
12. Jh., ist Kreuzung von afrz. *estuver* „heiß baden" und *estoper* „verstopfen", s. *étuver* und *étouper*; oder Kreuzung von *estoper* „verstopfen", mit afrz. *estoffer* „ausstopfen", Bl.-W. 241.
Zu mhdt. *stopfen* „verstopfen", Brüch, ZFSL 52, 405 ist unwahrscheinlich, wie hdt. Entlehnung bei *étoffer,* und ist auch begrifflich wenig überzeugend.

étoupe „Werg"
13. Jh., aus lat. *s t ŭ p p a,* Diez 307; REW 8332.

étouper „verstopfen"
12. Jh., aus vlat. **s t ŭ p p a r e,* das durch rum. *astupà* dass., und durch westgerm. **stoppôn* gesichert ist, Graur Rom 53, 201; dieses aus lat. *stuppa* „Werg", s. *étoupe.* REW 8333.

étoupille „Zündschnur"
18. Jh., ist Rückbildung von **étoupillon** „Wergstöpsel für das Zündloch", im 15. Jh. in der allgemeinen Bedeutung „Stöpsel"; dieses ist dem. Abl. *(-ellione)* von *étoupe,* s. d.

étoupin „Zündschnur", „Vorladung"
17. Jh., aus ital. *stoppino* „Docht", d. i. dem. Abl. von *stoppa* „Werg", s. *étoupe* und *étoupille*; Dict. gén.

étourdi „unbesonnen", „leichtsinnig"
ist als Beiname schon im 11. Jh. bezeugt, ist Part. in der afrz. aktiven Bedeutung von **étourdir,** afrz. *estordir* „betäuben", „bestürzt machen", seit dem 16. Jh. auch „halb kochen", „lauwarm machen", aus vlat. **e x t ŭ r d i r e* „vor Geschwätz betäuben", d. i. Abl. von *tŭrdus* „Drossel". Förster, ZRP 2, 84; REW 8999.
Zu *torpidus* „betäubt", „starr", Diez 309, oder *turbidus* „stürmisch", „aufgewühlt", Baist, ZRP 6, 419; Gröber, ALL 6, 136, oder *turbidus* gekreuzt mit *tŭrdus,* Schuchardt, SAWien 141, 3, 62, ist nur möglich, wenn das nordfrz. Wort von ital. *stordire* u. ä. getrennt wird.

étourneau „Star“, „unbesonnener Mensch“
12. Jh., aus vlat. **stŭrnellus*, d. i. dem. Abl. von lat. *sturnus* „Star“. REW 8339; Roll. F. 2, 151; 10, 17; ALF 497; Tilander, ZRP 46, 274.
étouteau s. *étoqueau.*

étrain „Stroh“, „Streu“
12. Jh., ist heute noch mundartlich über Norden, Osten und Zentrum verbreitet, aus lat. *strāmen* „Streu“. REW 8287; ALF 963; dazu afrz. *estramer, estrainer* „mit Stroh oder Blättern bestreuen“.
étrampage s. *étrempage.*

étrange „fremd“, „außerordentlich“
12. Jh. *estrange,* meistens *estraigne, estragne,* seit dem 13. Jh. überwiegend die literarische Form, aus lat. *extrāneus* „fremd“, in der Form angelehnt an *étranger* „entfernen“, s. d.; dazu seit dem 14. Jh. die Abl. (*-arius*) **étranger** „Fremdling“. REW 3098.

étranger 1. s. *étrange.*
2. „entfernen“, „Wild verscheuchen“
12. Jh. *estrangier,* aus grom. **extrānĭcare,* d. i. Abl. von lat. *extraneus* „fremd“, s. *étrange*; vgl. auch *détranger.*

étrangler „erdrosseln“, „erwürgen“
12. Jh., aus lat. *strangulare.* REW 8290.
étranglion s. *étranguillon.*

étrangloir „Tau, an einer Gaffel, welches das Hauptgeitau eines Segels bildet“
19. Jh., ist Abl. *(-orium)* von *étrangler* „erwürgen“, bedeutet also der Bildung nach ursprünglich „Würgeschnur“.

étranguillon „Kehlsucht“
11 Jh. *estranguillon,* 14. Jh. *stranguillon,* lebt heute im Norden, vgl. Mons *stranguion,* boulogn. *étranquison,* rouchi *etranglion, etranguion* „Knebel“, so daß die im 14. Jh. belegte Form aus dem Wallonischen stammen kann; scheint auf ein vlat. **strangulio(ne)* zurückzugehen, d. i. Abl. von *strangulare* „erwürgen“, s. *étrangler*; dazu ital. *stranguglione* dass.; vgl. Bl.-W. 241.

étraper „die Stoppeln absicheln“
12. Jh., afrz. *estreper, esterper* „herausreißen“, „roden“, die Form *estraper* analogisch nach dem Nebeneinander von *achate* und *acheter,* s. *achat*; aus lat. *exstirpare*; REW 3071; Bl.-W. 248.

étraque „Schiffsplankenbreite“
17. Jh., dürfte zu ahdt. *stracken* „ausgedehnt sein“, mndl. *strecke,* Valkhoff 133; Dict. gén. gehören.
étraquer s. *trac.*
étrasse s. *strasse.*

étrave „Steven“
auch **étable,** früher auch *étante, étauve,* erst im 16. Jh. bezeugt, aber zweifellos älter, geht auf ein nicht belegtes afrz. **estavne* zurück, das einerseits zu *estavle, estable,* andererseits zu *estalve, étauve* wurde; dann *estavne* zu *estan,* das infolge des femininen Geschlechts zu *étante* wurde; aus anord. *stafn* dass.; vgl. auch *étance* und die dort angeführte Wortsippe. Dict. gén.; REW 8214.

être „sein“
aus vlat. **essĕre* für lat. *esse.* REW 2917; vgl. dazu Pernoux, Formen Praes. Ind. *être* im grom. Sprachgebiet, Basel, 1909.

étrécir „verengen“
14. Jh., ist Kreuzung von afrz., seit dem 14. Jh. belegten *estroicir,* dieses Abl. von *estroit* „enge“ (wie *noircir* zu *noir)* und afrz. *estrecier* „enge machen“, aus vlat. **strictiare* zu lat. *strĭctus* „enge“; dazu das postverb. Subst. afrz. *estrece* „Enge“, 12. Jh., das vermutlich in nfrz. **étresse** „Verdunklungspapier“ (bei Spielkarten) weiterlebt.

étreignoir „Schraubzwinge“
17. Jh., ist Werkzeugsableitung vom Stamme der endungsbetonten Formen von *étreindre,* s. d.
étrein s. *étrain.*
étreindelle s. *étendelle.*

étreindre „zusammenschnüren“
12. Jh., aus lat. *strĭngĕre,* Diez 310; REW 8315; dazu seit dem 13. Jh. das subst. Part. **étreinte** „Zusammenschnüren“.

étrempage „mehr oder weniger starkes Hineintreiben des Pflugmessers in den Ackerboden“, „Lochreihe im Pflugbalken“
19. Jh. auch *étrempure,* sind Abl. von afrz. *estremper* „anordnen“, „mäßigen“, s. *tremper*; Dict. gén.

étrenne „Neujahrsgeschenk“, „erste Tageseinnahme“
12. Jh., *estreine* „Neujahrsgeschenk“, „Geschenk“, seit dem 13. Jh. auch *estrine* dass., dafür seit dem 17. Jh. die Schreibung *étrenne,* die auf die Aussprache (ẹtrēn statt ẹtrēn, vgl. pēn, plēn) einwirkt; dazu seit dem 12. Jh. die Abl. *estreiner,* auch *estriner,* ursprünglich wohl mit Ablaut *estreine* neben *estriner,* dann mit Bildung auch der *-i-*Form bei dem Substantiv; aus lat. *strēna* „Wahrzeichen“, „Omen“, dann „Neujahrsgeschenk“.
Die *-i-*Formen wegen Anlehnung an *prime* „Prämie“, REW 8296?

êtres „Einrichtung“, „Räumlichkeiten“
10. Jh. *estras,* bedeutet afrz. „Vorplatz vor Gebäuden“, „Außenraum“, dazu auch singularisch *li estres* „Außenseite“, vgl. dazu Guernesey *être* „Kuhstall“, aus vlat. *extĕra* zu lat. *exterus* „außen befindlich“, das afrz. zunächst *estre* ergab, dann das *-s* der femininen pluralischen Stämme annahm; Neumann, ZRP 5, 385; Streng, HH 61; REW 3087; Davidsen 70 ff.

étrésillon „Knebel“ va.; „Strebe“, „Spreize“
14. Jh. auch *estesillon* „Knebel“, dies die ursprüngliche Form, während das *-r-* der literarischen Form auf Einfluß von *étreindre, étrangler, étroit* u. ä. zurückzuführen ist; vgl. dazu wall. *estèsiner* „am Spieß braten“, lyon.

étresillon „Strebe", dazu *étrès* „Holzjoch, mit dem die Ochsen beim Beschlagen festgehalten werden", Anjou *trezillon, terzillon* wie literarisch; afrz. auch *teseron*; es ist Abl. von afrz. *esteser* „ausdehnen", zu *tensus* „gespannt", s. *toise*. Dict. gén.; Thomas, Rom. 41, 85 f.

étresse s. *étrécir*.

étricage s. *étriquer*.

étricher „(Darmsaiten) entfetten, reinigen" (indem man sie mit nassen Haarseilen reibt)
12. Jh., ist zunächst als Ausdruck der Schiffahrt *estrichier* „die Segel streichen" belegt, afrz. auch „(den Mantel) fallen lassen"; aus fränkisch **strîkan* zu mhdt. *strîchen* „glätten" u. ä.; s. die spätere Entlehnung unter *estriquer*; Bl.-W. 242.

étrier „Steigbügel"
12. Jh., dafür mittellat. im 11. Jh. *strepa, strepus*, afrz. *estrieus*, Akk. *estrieu*, dann nach dem Nominativ analogisch Akk. *estrief*, daraus die literarische Form, s. Kluge, SA-Heidelberg 6, 10, 12 f., aus fränk. **streup*, d. i. Ablautform von **strup*, das aus mhdt. *strupfe* „Strippe", „Lederschlinge" zu erschließen ist (Schatz, s. Gg. RG I, S. 180).
Aus mhdt. *striefen* für gewöhnliches *ströufen* „die Haut abstreifen", Brüch, ZRP 35, Anm. 1, ist begrifflich unverständlich; aus lautlichen Gründen auch nicht aus der fränkischen Entsprechung des deutschen *stegreif*, also **stîgrêp*, vgl. Kluge s. v.
Dazu seit dem 16. Jh. die Abl. **étrière** „Steigbügelriemen", adjektivisch „unterstützend", als würde frz. *étrier* ein Stamm *étri-* zugrunde liegen; s. *étrivière*.

étrieu „Querstützpfeiler"
19. Jh., ist mundartliche, auf afrz. *estrieu* „Bügel" beruhende Nebenform von *étrier*, s. d.

étrille „Striegel"
12. Jh. *estrille*, aus vlat. **strĭgĭla* für lat. *strigilis* dass.; Diez 310; REW 8312; dazu seit dem 12. Jh. die Abl. **étriller** „striegeln".

étriquer „eng machen", „knapp halten"
16. Jh. „die Füße anstemmen, um mit größerer Kraft ziehen zu können", so pikardisch, Démuin „sich auf der Erde ausstrecken", aus mndl. *strecken*; Tilander, Glan. 99; dazu **étriqué** „zu eng", „armselig", „dürftig".
Wegen der Lautentwicklung (**estrekier* zu *estriker*) s. *enticher* unter *tache*.

étrive „Sorrung zweier Taue an einer Kreuzungsstelle"
18. Jh., ist postverb. Subst. von **étriver** „zwei Taue durch ein drittes zusammenbinden", „übers Kreuz zusammenlegen" u. ä.; ist vermutlich Abl. von *étrier* in der maritimen Bedeutung „Schleife zum Aufziehen der Segelstangen", s. *étrier*; Dict. gén.

étriver 1. s. *étrive*.
2. „streiten"
seit dem 17. Jh. veraltet, Br. 3, 133; 12. Jh. *estriver* „bekämpfen", „sich sträuben", „sich anstrengen", ist Abl. von afrz. *estrif* „Streit", „Kampf", s. *estrif*. Das Wort lebt in wall., rouchi „bestreiten", norm., westfrz. „um den Verstand bringen", Reims „sich bemühen".
Zu **strîban* als starkes Wurzelverbum zu mhdt. *strëben* „sich abmühen", Kluge s. *streben*, Mackel 109, ist nicht nötig; doch könnte immerhin Zusammenfall von fränkisch **strîban* „sich abmühen" und **strîd-* „streiten" vorliegen.

étrivière „Steigbügelriemen", „Lederriemen, mit dem man schlägt", „schlechte Behandlung"
12. Jh., ist Abl. von afrz. *estrieu* „Steigbügel", s. *étrier*; vgl. dort auch gleichbedeutendes *étrière*.

étroit „enge"
12. Jh. *estreit*, afrz. auch „eng anliegend", daher mit negativer Auffassung „einengend", „karg", „träg", positiv „angelegentlich", „vertraut"; zur negativen Einschätzung nfrz. *étroit* „einseitig", „kleinlich", positiv „genau", „innig"; aus lat. *strĭctus* „zusammengeschnürt" u. ä., s. *étreindre*; REW 8305; dazu seit dem 13. Jh. die Abl. **étroitesse** „Enge" für älteres *estrece*, s. *étresse*.

étron „Menschenkot"
13. Jh. *estron*, dazu *struntus, strundius* in Glossen, aus fränkisch **strunt* (mndl. dass.) „Dreck"; Diez 404; REW 8322. Das im 9. Jh. bezeugte *strundius* (sive struntus) gibt entweder ein langob. **strunz* oder ein grom. nominativisches *estronz* (neben Akk. *estront*) wieder, s. Kluge, AR 6, 309; nicht umgekehrt das germanische Wort aus dem Romanischen, Brüch 13.

étrope „Stropp" (Tauring am Ruder)
14. Jh. *estrop*, aus lat. *stroppus* „Riemen"; REW 8321; Diez 311; dazu seit dem 17. Jh. die Abl. **étroper** „stroppen".

étude „Studium", „Schreibstube"
12. Jh. *estuide, esturie, estudie* „Studium", „Eifer", „Sorgfalt" u. ä., aus lat. *(stŭdium)* „wissenschaftliche Beschäftigung"; dazu die Abl. afrz. *estudiier* „studieren", „sich bemühen um etwas", frz. **étudier** „studieren"; zu diesem seit dem 14. Jh. **étudiant** „Student"; s. auch *étui*.

étui „Hülle", „Kapsel" u. ä.
12. Jh. *estui* dass., afrz. auch „Gefängnis", ist postverb. Subst. von afrz. *estuier, estoier* „in die Hülle legen", „einschließen", dann auch „verbergen", „aufsparen", vgl. dazu poitev. *étouer* „aufbewahren", Bresse *étoyer* „einschließen", „aufbewahren", dazu prov. *estuch, estuit, estoch* wie frz. *étui* und *estojar, estujar* wie afrz. *estoier*; aus vlat. **stŭdiare*, d. i. Abl. von *studium*, s. *étude*, für lat. *studēre* „eifrig auf etwas bedacht sein", „etwas zu erreichen, erlangen suchen"; vgl. wegen der Konkretisierung des ursprünglich

abstrakten Verbums *panser*. Diez 30; REW 8325.
Zu anord. *stûka* „Kopftuch", „Schleier", Mackel 20, oder ahdt. **stûchjo* zu mhdt. *stûche* „Futteral für den Arm", Diez 30, ist lautlich nicht möglich.

étuve „Badestube" va.; „Schwitze"
12. Jh. *estuve*, dazu seit dem 13. Jh. *estuver* „ein warmes Bad nehmen", „in warmes Wasser stecken", heute **étuver** „bähen", „schmoren", aus vlat. **extūfare* „ausdünsten" zu vlat. **tūfus* „Qualm", aus gr. τῦφος dass.; dazu schon vlat. das postverb. Subst. **extufa* „Ausdünsten", dann konkret „Badestube"; das Wort ist auf verschiedenen Wegen auch ins Germanische gedrungen, s. Kluge s. *Stube;* Diez 334; Bugge, Rom. 4, 354 f.; Schuchardt, ZDW 1, 66; Meringer, IF 18, 273 ff.; Meyer-Lübke, PDS 8, 78; REW 3108; Jud, ASSL 124, 398; Brüch, ASSL 145, 103; Wartburg, ZRP 68, 12; Gg., RG I, 20.
Die romanischen Formen mit intervokalischem *-f-* (ital. *stufa*, dazu die iberoromanischen Formen), zeigen die jüngere Wiedergabe des gr. -φ-; die ältere Wiedergabe durch lat. *-p-* wie in *palanca, elpandus* dürfte dem *-f-*Typus vorangegangen sein; zu diesem gehört prov. *estuba* „Badestube", und vermutlich auch dt. „Stube".

étuvée 1. „Gedämpftes"
15. Jh., ist subst. Part. von *étuver* „dämpfen", vgl. *étuve* und *étouffade.*
2. „ein Ofen voll Zuckerbrot" u. ä.
18. Jh., ist subst. Part. von *étuver* „in den Backofen legen", s. o.

étymologie „Wortableitung"
12. Jh., aus lat. *(etymologia).*

eucharistie „heiliges Abendmahl"
12. Jh., aus lat. *(eucharistia)* dass., auch „Danksagung".

eufraise „Augentrost"
15. Jh., aus mlat. *(euphrasia)*, dieses aus gr. εὐφρασία „gute Laune".

euh, heu „oh! ach!"
17. Jh., ist Schallwort.

euménide „Rachegöttin"
15. Jh., aus lat. *(eumenide).*

eunuque „Eunuch"
13. Jh., aus lat. *(eunuchus).*

euphémisme „beschönigender Ausdruck"
18. Jh., aus gr. (εὐφημισμός).

euphonie „Wohlklang"
16. Jh., aus lat. *(euphonia).*

euphorbe „Wolfsmilch"
13. Jh., aus lat. *(euphorbia) (herba).*

eustache „grobes Taschenmesser"
18. Jh., angeblich nach dem Messerschmied *Eustache* Dubois in Saint-Etienne. Dict. gén.

évacuer „ausleeren", „räumen"
13. Jh., aus lat. *(evacuare).*

évader „entkommen"
14. Jh., aus lat. *(evadĕre)* „hinausgehen"

évaltonner refl. „sich mündig machen" va.; „anstrengen"
16. Jh., ist Abl. von afrz. *vasleton* „Jüngling", bedeutet also zunächst „aus dem Jünglingsalter hinaustreten"; *vasleton* ist dem. Abl. von *valet*, s. d.

évaluer „abschätzen"
1400, ist Abl. von afrz. *value* „Wert", d. i. subst. Part. von *valoir* „wert sein", s. d.

évanescent „nach und nach verschwindend", „sich verflüchtigend"
19. Jh., ist gelehrte Abl. von lat. *evanescĕre* „entschwinden", s. *évanouir.*

évangile „Evangelium"
12. Jh., aus lat. *(evangelium).*

évanouir refl. „ohnmächtig werden"
12. Jh., neben afrz. *esvanir*, aus vlat. **exvanire* für lat. *evanescere* „entschwinden"; die literarische Form vielleicht ausgehend von der Perfektform *evanuit*, das Lukas 21, 31 vom Entschwinden Christi vor den Jüngern von Emmaus gebraucht wird; doch kann auch volksetymologische Umdeutung des Wortes nach afrz. *oir* „hören", s. *ouir*, vorliegen; vgl. auch *épanouir, ébarouir;* Diez 579; Horning ZRP 6, 438; REW 2924.
Eine ähnliche Infinitivbildung nach einem Perfektum s. in afrz. *engenoir* „erzeugen", zu lat. *genuit* „erzeugte", aus der Geschlechtsreihe, welche das Matthäusevangelium eröffnet und jede neue Generation mit einem neuen *genuit* verzeichnet. Horning l. c.; Berger, Lehnw. 141.

évaporer „in Dampf auflösen"
14. Jh., aus lat. *(evaporare).*

évaser „ausbauchen", „ausweiten"
gesichert für das 12. Jh. durch afrz. esvasement „Erweiterung", dazu frz. **évasé** „geschweift", „bauchig", „glockig", ist eine vermutlich schon lat. Abl. von *vasum* in der Bedeutung „Gefäß", „Korb", „Geschirr"; Bl.-W. 243.

évasion „Entweichung"
13. Jh., aus lat. (*evasione*); dazu seit dem 18. Jh. **évasif** „ausweichend".

évêché „Episkopat"
12. Jh., aus lat. *epĭscŏpatus*, das bei Tertullian belegt ist; vgl. *évêque.*

éveil „Erwachen"
12. Jh., ist postverb. Subst. von afrz. *esveillier*, 12. Jh. „durchwachen", dann auch „aufwecken", wie frz. **éveiller**, aus vlat. **exvĭgĭlare* für lat. *evigilare* „aufwachen", „wachend zubringen", das in der vita S. Hilarii Arelatensis in der aktiven Bedeutung belegt ist; Diez 405; REW 3114; Wölfflin, ALL 3, 132; dazu seit dem 12. Jh. das Verbaladjektiv *esveillié* „wach", „geweckt", auch wie nfrz. **éveillé** „aufgeweckt", „flink", „munter".

événement „Geschehnis"
16. Jh., ist in Anlehnung an *avènement* abgeleitet von lat. (*evenire*) „geschehen".
évent 1. „frische Luft", „Zugloch" u. a.
16. Jh., ist postverb. Subst. von **éventer** „an die frische Luft setzen", refl. „an der Luft verderben" u. ä.; 12. Jh., aus vlat. **exventare* zu lat. *ventus* „Wind"; vgl. wegen der Bildung *essorer*. REW 3112.
2. „sportliche Veranstaltung"
ca. 1900, aus englisch *event*, eigentlich „Ereignis", dieses aus mfrz. *event* dass., s. *événement*; Bl.-W. 243.
éventail „Fächer"
16. Jh., ist Abl. von *éventer* „frische Luft zuführen", die Ableitung in Anlehnung an *ventail*, s. *vantail*.
éventaire „Weidenhürde, auf der fahrende Kaufleute ihre Waren tragen", „Fruchtkorb"
14. Jh. *eventoire*, seit dem 17. Jh. in Anlehnung an *inventaire* die heutige Form, ist Abl. von *éventer* in der Bedeutung „an der Luft tragen", „frische Luft zuführen", s. *évent*. Dict. gén.
évente „Lichterkasten"
17. Jh., ist postverb. Subst. von *éventer* „an die Luft setzen", s. *évent*.
éventer s. *évent*.
éventiller „die Flügel in der Luft schütteln" (Falknerei)
16. Jh., ist mit Suffixwechsel umgestaltet aus afrz. *esventeler* dass.; d. i. dem. Weiterbildung von afrz. *esventer* „lüften", „Luft zufächeln", s. *évent* 1; vgl. *harceler*, *greneler*, ferner *écartiller*, *frétiller* u. ä. REW 3113.
éventoir „Feuerwedel", „Luftloch"
14. Jh., ist Werkzeugs- bzw. Ortsableitung von *éventer* „Luft zuführen", s. *évent*; vgl. eine entsprechende feminine Bildung unter *éventaire*.
éventuel „zufällig"
18. Jh., ist Abl. von lat. *(eventus)* „Geschehnis".
éventure „Flintenriß", „Flintensprung"
15. Jh., ist Abl. von *éventer* „der Luft aussetzen", s. *évent*.
évêque „Bischof"
10. Jh. *evesque*, aus grom. **episcous*, d. i. aus lat. *ĕpĭscŏpus* dissimilierte Form, die sich auch im Westladinischen findet. REW 2880; Jud, BK 18.
éverdumer „grünen Saft auspressen"
16. Jh., ist Abl. von einem wohl nur zufällig nicht belegten afrz. **verdum* „Grüne", aus vlat. **vĭr(ĭ)dūmen* zu *viridis* „grün", s. *verd*. Dict. gén.; REW 9368 a.
évérer „einem Hund den Wurm (d. i. einen Nerv unter der Zunge) abschneiden"
16. Jh., lebt in Anjou, H. Maine; die Operation dient nach dem Volksglauben dazu, die Tollwut zu heilen; ist Abl. von *ver* „Wurm". Dict. gén.
èverole „Wasserblase"
16. Jh., lebt angevinisch, ist Abl. (*-eola*) von *aquarius* „zum Wasser gehörig", das in verschiedenen Bedeutungen in den frz. Mundarten lebt; FEW I, 116.
éversion „Umsturz"
15. Jh., aus lat. *(eversione)*.
évertuer refl. „seine Kräfte aufbieten"
12. Jh., ist vorhistorische Abl. von afrz. *vertu* „Kraft", „Mut", s. *vertu*; vgl. prov. *esvertudar* „die Kraft nehmen"; das frz. Wort bedeutet also seiner Bildung nach „seine Kraft aus sich hervortreten lassen".
éveux „wasserhaltig", „morastig"
12. Jh., in Anlehnung an afrz. *eve* „Wasser", s. *èverole*, aus lat. *aquosus* „wasserreich". REW 588; FEW 119 a.
éviction „gerichtliche Wiedererlangung des Eigentums von einem bisherigen Besitzer"
13. Jh., aus lat. *(evictione)*.
évidemment „offenbar"
13. Jh., ist Adverbium zu afrz. *evident*, d. i. altes Femininum zu **évident** „offenbar", 13. Jh., aus lat. *(evidente)* dass.
évidence „Augenscheinlichkeit"
13. Jh., aus lat. *(evidentia)*.
évider „aushauen", „ausbohren"
12. Jh. *esvuidier* „gänzlich leeren", ist Abl. von afrz. *vuidier* „leeren", s. *vider*.
évier „Gußstein"
13. Jh., aus lat. *aquarium* „Gosse", „Tränke" u. ä. REW 576; FEW 117 a.
évincer „aus dem Besitz bringen"
14. Jh., aus lat. *(evincĕre)* „die Oberhand gewinnen", s. *éviction*.
éviter „ausweichen"
14. Jh., aus lat. *(evitare)*.
évocation „Beschwörung"
14. Jh., aus lat. *(evocatione)* „Hervorrufen", s. *évoquer*.
évoluer „Umdrehungen machen", „sich weiterentwickeln"
18. Jh., ist Rückbildung von **évolution** „Umschwung", „Entwicklung", 16. Jh., aus lat. *(evolutione)*, mlat. in der Bedeutung an lat. *devolvere* „entwickeln" angelehnt; ist klassisch lateinisch als „Aufschlagen" (von Büchern) belegt.
évoquer „beschwören", „wachrufen"
14./15. Jh., aus lat. *(evocare)* „hervorrufen", „vor sich fordern".
ex- „aus-"
in gelehrten Zusammensetzungen, aus lat. *(ex-)*, für volkstümlich entwickeltes *es-*, *é-*, s. d.; die Bildungen sind unter den Stammwörtern nachzusehen.
exacerbation „Verbitterung"
16. Jh., aus lat. *(exacerbatione)*.
exact „genau"
17. Jh., aus lat. *(exactus)*.
exacteur „Forderer" va.; „Halsabschneider"
14. Jh., aus lat. *(exactore)* dass.

exactitude „Genauigkeit"
17. Jh. neben *exactesse, exacteté,* ist in Anlehnung an lat. Bildungen wie *sanctitudo, multitudo* u. ä. abgeleitet von *exact,* s. d.

exagérer „auf den höchsten Stand bringen", „übertreiben"
16. Jh., aus lat. *(exaggerare)* „hoch aufdämmen", „vergrößern", in Glossen auch in der Bedeutung „reizen", „erbittern" bezeugt, s. Compernaß, Glotta 8, 111.

exalter „überheben"
10. Jh., aus lat. *(exaltare)* „erheben".

examen „Beobachtung", „Prüfung"
14. Jh., aus lat. *(examen)* „Untersuchung", „Prüfung".

exanthème „Hautausschlag"
16. Jh., aus lat. *(exanthema).*

exarchat „Exarchat"
16. Jh., ist Abl. von **exarque** „Exarch", 16. Jh., auch *exarche,* aus lat. *(exarchus).*

exaspérer „erbittern"
15. Jh., aus lat. *(exasperare).*

exaucer „erhören"
12. Jh. *eshaucier* „erhöhen", „in die Höhe heben", dann in Anlehnung an lat. *exaudire* in religiösem Sinn „erhören", ist Abl. von afrz. *haucier* „erhöhen", „hoch halten", „preisen", „erhören", die Abl. in Anlehnung an *exaltare,* s. *exalter,* s. *hausser.* Brüch, ZRP 38, 681; 41, 393; Bloch, RDR 11, 335.

excavation „Aushöhlung"
16. Jh., aus lat. *(excavatione).*

excéder „überschreiten"
13./14. Jh., aus lat. *(excedĕre)* „hervorgehen".

exceller „sich auszeichnen"
16. Jh., aus lat. *(excellĕre).*

excentrique „vom Mittelpunkt abweichend", „auffallend"
14. Jh., aus mlat. *(excentricus)* zu lat. (gr.) *centrum* „Mittelpunkt", s. *centre.*

excepter „ausnehmen"
12. Jh., aus lat. *(exceptare).*

excès „Überschreitung"
13. Jh., aus lat. *(excessus).*

exciper „eine Ausnahmestellung einnehmen"
13. Jh., aus lat. *(excĭpĕre)* „ausnehmen".

excise „Getränkesteuer in England"
18. Jh., aus engl. *excise,* s. *accise.*

excision „Ausschneiden"
14. Jh., aus lat. *(excisione).*

exciter „erregen"
12. Jh., aus lat. *(excitare).*

exclamer „ausrufen"
16. Jh., aus lat. *(exclamare).*

exclure „ausschließen"
14. Jh., aus lat. *(exclūdĕre).*

excommunier „aus der Gemeinschaft der Kirche ausschließen".
12. Jh., aus mlat. *(excommunicare)* zu lat. *communis* „gemeinsam".

excorier „abschürfen"
16. Jh., aus lat. *(excoriare)* „abhäuten".

excrément „Auswurf"
16. Jh., aus lat. *(excrementum).*

excrétion „Aussonderung"
16. Jh., aus lat. *(excretione).*

excroissance „Auswuchs"
13./14. Jh., in Anlehnung an *croissance* aus lat. *(excrescentia).*

excursion „Ausflug"
16. Jh., aus lat. *(excursione).*

excuser „entschuldigen"
12. Jh. *escuser,* aus lat. *excūsare,* die heutige Form und Aussprache rückangelehnt an das Lateinische.

exécrer „verwünschen"
15. Jh., aus lat. *(execrari).*

exécuter „durchführen"
14. Jh., ist Rückbildung von **exécution** „Durchführung", dann „Auspfändung" aus lat. *(executione)* „Vollstreckung", „rechtliche Verfolgung".

exégèse „wissenschaftliche Erklärung"
17. Jh., aus gr. (ἐξήγησις).

exemplaire 1. „musterhaft"
14. Jh., aus lat. *(exemplaris).*
2. „Muster", „Stück"
12. Jh. *essemplaire* aus lat. *(exemplarium).*

exemple „Beispiel"
11. Jh. *essample,* ist afrz. Femininum, aus grom. *exempla,* d. i. singularisch gewordener Plural von lat. *exemplum* dass., das heutige maskulinische Geschlecht und die Aussprache in Rückanlehnung an das Lateinische; dazu *par exemple*! „zum Beispiel", pop. „warum nicht gar", so im 18. Jh. für feineres *parbleu* u. ä.; Tobler, VB 4, 91; Barth, Festschr. Gauchat 221; Kalepky, ZFSL 51, 507.

exempt „frei", „befreit", dann „nicht unter dem Sprengel seines Bischofs stehender Geistlicher", „Kavalleriegefreiter"
13. Jh., aus lat. *(exemptus)* zu *exĭmĕre* „herausnehmen".

exercer „üben", „ausüben"
12. Jh. *essercer,* aus lat. *(exercēre).*

exercice „Übung"
13. Jh., aus lat. *(exercitium).*

exérèse „Operation"
18. Jh., aus gr. (ἐξαίρησις).

exergue „Raum für eine Inschrift", „Inschrift"
17. Jh., aus mlat. *(exergum),* aus gr. ἐξ „außerhalb" und ἔργον „Werk".

exfolier „abblättern"
16. Jh., aus lat. *(exfoliare).*

exhaler „ausdünsten"
14. Jh., aus lat. *(exhalare).*

exhausser s. *exaucer.*

exhéréder „enterben"
15. Jh., aus lat. *(exheredare).*

exhiber „öffentlich zeigen"
13. Jh., aus lat. *(exhibēre)* „beibringen" u. v. a.
exhorter „aufmuntern"
12. Jh., aus lat. *(exhortari)*. Das Altfrz. hat dafür volkstümliches *enorter* aus einem entsprechenden vlat. **inhortare*.
exhumer „wieder ausgraben"
17. Jh., aus mittellat. *(exhumare)* zu lat. *humus* „Erde", als Gegenbildung zu lat. belegtem *inhumare* „mit Erde bedecken".
exiger „fordern"
14. Jh., aus lat. *(exigĕre)*.
exigu „winzig", „kärglich"
16. Jh., aus lat. *(exiguus)*.
exil „Verbannung"
12. Jh. *eissil, essil*, aus lat. *(exĭlium)*, später an das lateinische Wort wieder angeschlossen. REW 3016.
exister „bestehen"
15. Jh., aus lat. *(existĕre)*.
exode 1. „Auszug", „Auswanderung"
13. Jh., aus lat. *(exodus)*.
2. „Ausgang der griechischen Tragödie"
16. Jh., aus lat. *(exodium)*.
exonérer „entlasten"
19. Jh., aus lat. *(exonerare)*.
exorbitant „übermäßig"
15. Jh., aus lat. *(exorbitante)* „aus dem Geleise springend", „abweichend".
exorciser „beschwören"
14. Jh., aus lat. *(exorcisare)*.
exorde „Einleitung"
15. Jh., aus lat. *(exordium)*.
exotérique „öffentlich geschehend"
16. Jh., aus lat. *(exotericus)*.
exotique „ausländisch"
16. Jh., aus lat. *(exoticus)*.
expansion „Ausdehnung"
17. Jh., aus lat. *(expansione)*.
expatrier „aus der Heimat entfernen"
14. Jh., aus mittellat. *(expatriare)*, d. i. Gegenbildung zu lat. *repatriare* „ins Vaterland zurückkehren", s. *repaire*.
expectation „Erwartung"
14. Jh., aus lat. *(expectatione)*.
expectorer „den Schleim auswerfen", „sich ausreden"
17. Jh., aus lat. *(expectorare)* „aus der Brust reißen".
expédient „angemessen", „Auskunftsmittel"
14. Jh., aus lat. *(expediente)* zu *expedire* „dienlich sein".
expédition „Erledigung", „Entfernung" u. ä.
13. Jh., aus lat. *(expeditione)* „Erledigung", „Abfertigung"; davon seit dem 14. Jh. die Rückbildung **expédier** „erledigen", „entfernen".
expérience „Erfahrung"
13. Jh., aus lat. *(experientia)*.
expérimenter „einen Versuch anstellen"
14. Jh., in Anlehnung an lat. *(experimentum)* „Versuch" latinisierende Neubildung für älteres *espermenter*; dieses ist Abl. von afrz. *esperment* „Versuch", aus lat. *(experimentum)* in halbgelehrter Entwicklung.
expert „erfahren", „Fachmann"
13. Jh., aus lat. *(expertus)*.
expertise „Erfahrung" va.; „fachmännisches Urteil"
16. Jh. für älteres *espertise*, *apertise*, ist Abl. von *expert*, s. d. Dazu im 19. Jh. die Abl. **expertiser** „einem Fachurteil unterlegen".
expier „sühnen"
14. Jh., aus lat. *(expiare)*.
expirer „ausatmen"
12. Jh. *espirer*, aus lat. *(expirare)*.
explétif „ausfüllend"
15. Jh., aus lat. *(expletivus)*.
expliquer „entfalten" va.; „erklären"
14. Jh., aus lat. *(explĭcare)* „entfalten", „erörtern".
exploit „Heldentat"
11. Jh. *esploit* „Leistung", „Vorteil", „Ertrag"; dazu seit dem 11. Jh. *esploitier* „verfahren", „gerichtlich verfahren", „Erfolg haben", „richten", „etwas erreichen", nfrz. **exploiter** „ausnutzen", „ausbeuten", dann als Gerichtsausdruck „Gerichtsakten zustellen", daher **exploit** „Vorladung" u. ä.; aus vlat. **explicitum* „restlose Ausführung", d. i. subst. Partizip von lat. *explicare* „im Detail ausführen", *explicitus* „ohne Schwierigkeit in der Ausführung"; Diez 579; REW 3053.
explorer „durchforschen"
16. Jh., aus lat. *(explorare)*.
explosion „Ausbruch", „Zerplatzen"
17./18. Jh., aus lat. *(explosione)*.
exporter „ausführen"
18. Jh., aus lat. *(exportare)*.
exposer „auseinandersetzen"
12. Jh., aus lat. *(exponere)*, nach dem scheinbar zusammengehörigen Wortpaar lat. *ponere*, frz. *poser* umgebildet.
exposition „Ausstellung"
12. Jh., aus lat. *(expositione)*.
exprès „ausdrücklich", „absichtlich"
13. Jh., aus lat. *(expressus)* „ausgeprägt".
express „Eilzug"
19. Jh., aus englisch *express*; dazu übertragen *courrier exprès* „Eilbote".
expression „Ausdruck"
14. Jh., aus lat. *(expressione)*.
exprimer „ausdrücken"
12. Jh., aus lat. *(exprĭmĕre)*.
exproprier „aus dem Besitz setzen"
17. Jh., ist gelehrte Abl. von lat. *(proprius)* „eigentümlich", s. *propre*.
expulser „austreiben"
15. Jh., aus lat. *(expulsare)*.
expurger „ausmerzen"
15. Jh., aus lat. *(expurgare)*, vgl. *épurge*.
exquis „ausgesucht"
15. Jh. für älteres *esquis*, in Anlehnung an

lat. *(exquisitus)*; *esquis* ist Part. von afrz. *esquerre* „durchforschen" aus vlat. **exquaerĕre* für lat. *exquirere* dass.

exsangue „blutleer"
16. Jh., aus lat. *(exsanguis)*.

exsuder „ausschwitzen"
16. Jh., aus lat. *(exsudare)*.

extase „Verzückung"
16. Jh., aus lat. *(ecstasis)*. Von dem entsprechenden afrz., durch das Suffix *-ie* erweiterten *extasie* dass. ist abgeleitet **extasier** „in Verzückung bringen" va., 16./17. Jh., heute refl. „in Verzückung geraten".

extension „Ausdehnung"
14. Jh., aus lat. *(extensione)*.

exténuer „abzehren"
15. Jh., aus lat. *(extenuare)* „dünn machen", „abmagern".

extérieur „äußerlich", „Äußeres"
15. Jh., aus lat. *(exteriore)*.

exterminer „ausrotten"
12. Jh., aus lat. *(exterminare)*.

externat „Schule ohne Pensionat"
15. Jh., ist Abl. von **externe** „außen gelegen", „außerhalb der Schule wohnend", 15./16. Jh., aus lat. *(externus)* „äußerlich".

extinction „Auslöschen", „Erlöschen"
15. Jh., aus lat. *(extinctione)*, s. *éteindre*.

extirper „ausreuten", „ausrotten"
14. Jh., aus lat. *(extirpare)*, vgl. *étraper*.

extorquer „auspressen"
14. Jh., aus lat. *(extorquēre)*, vgl. *estropier*.

extra- „außerhalb", „außer"
als Präfix bei Neubildungen seit dem 15./16. Jh., wird populär im 19. Jh.; Guilbert-Dubois, Fr. mod. 29, 91.

extraction „Herausziehen", „Förderung"
12. Jh., aus lat. *(extractione)*.

extradition „Auslieferung"
18. Jh., aus lat. *(ex)* und *(traditione)* dass. zusammengesetzt.

extrados „Gewölbrücken"
17. Jh., ist gelehrte Zusammensetzung von lat. *(extra)* „außerhalb" und frz. *dos* „Rükken", vgl. auch *intrados*; dazu im 17. Jh. die Abl. **extradosser** „mit einem glatten Gewölbrücken versehen", Dict. gén.

extraire „herausziehen"
13. Jh. *estraire*, afrz. auch „entspringen", „abstammen", dazu afrz. *estrait* „abstammend", später an die gelehrten Bildungen auf *ex-* wieder angeschlossen, vgl. z. B. *extraction*; aus lat. *extrahĕre*, vgl. *traire*; dazu seit dem 14. Jh. das subst. Part. *estrait*, heute **extrait** „Auszug".

extrajudiciaire „außergerichtlich"
16. Jh., ist gelehrte Zusammensetzung von lat. *(extra)* „außerhalb" und frz. *iudiciaire*, s. d.

extraordinaire „außergewöhnlich"
13. Jh., aus lat. *(extraordinarius)*.
extrapasser s. *strapasser*.

extravaguer „abschweifen", „unsinnige Dinge sagen, tun"
14. Jh., aus mittellat. *(extravagari)* zu lat. *vagari* „unstet sein".

extravaser „das Austreten von Flüssigkeiten aus ihren Gefäßen bewirken", refl. „austreten"
17. Jh., ist gelehrte Zusammensetzung von lat. *(extra)* „außerhalb" und *vase* „Gefäß".

extrême „äußerst"
13. Jh., aus lat. *(extremus)*.

extrémité „äußerstes Ende", „Übermaß"
13. Jh., aus lat. *(extremitate)*.

extrinsèque „von außen kommend", „äußerlich"
13./14. Jh., aus lat. *(extrinsecus)*.

exubérance „Überfülle"
16. Jh., aus lat. *(exuberantia)*.

exulcérer „leicht eitern"
16. Jh., aus lat. *(exulcerare)* „zum Schwären bringen".

exutoire „künstliche Ableitung schlechter Stoffe"
18. Jh., ist Abl. von lat. *(exūtum)*, d. i. Part. zu *exŭere* „herausziehen".

F

fa „f" (in der Musik)
13. Jh., aus ital. *fa,* dieses willkürlich entlehnt aus der ersten Silbe des Wortes *famulus* in dem zweiten Halbvers der Hymne Mira gestorum — famuli tuorum; vgl. *mi* u. ä. Dict. gén.

fabago „Bohnenkaper"
17. Jh., auch *fabagelle,* aus neulat. *(f a b a g o),* d. i. Abl. von lat. *făba* „Bohne", s. *fève.*

fable „Fabel"
12. Jh., afrz. auch *faule, flave* „Gerede", „Geschwätz", „erdichtete Geschichte", „Tierfabel", dazu afrz. *fabler,* auch mit *-idiare*-Abl. *fabloiier* „schwatzen", „erzählen", aus lat. *f a b u l a* „Gerede", „Sage", „Erdichtung", lat. *f a b u l a r i* „schwatzen", „plaudern"; dazu seit dem 19. Jh. die *-arium*-Abl. **fablier** „Fabelbuch"; Bl.-W. 251.

fabliau „alte, scherzhafte Verserzählung"
12. Jh., dann im 16. Jh. in pikardischer Form wieder aufgenommen, ist *-ellus*-Abl. von *fable,* s. d. Dict. gén.

fabrique „Erbauung", „Bau", „Kirchenbau", „Kircheneinkünfte", „Fabrik" u. ä.
14. Jh., ist postverb. Subst. von **fabriquer** „erzeugen", „aufbauen", 12./13. Jh., aus lat. *(f a b r i c a r e)* „verfertigen", bzw. *(f a b r i c a r i)* „zimmern", „bauen", s. *forger*; von *fabrique* in der Bedeutung „Kircheneinkünfte" seit dem 17. Jh. die Abl. *fabricier,* später **fabricien** „Kirchenvorsteher".
A. Rehmann, Die Geschichte der technischen Begriffe *fabrica* und *machina* in den rom. Sprachen, Diss. Münster, 1935; Bl.-W. 251.

fabuleux „fabelhaft"
16. Jh., aus lat. *(f a b u l o s u s).*

façade „Vorderseite"
16. Jh., aus ital. *facciata,* d. i. Abl. von *faccia* „Vorderseite", eigentlich „Angesicht", s. *face.*

face „Gesicht", „Vorderansicht", „Seite"
12. Jh., aus vlat. *f ă c i a* für klassisches *facies* „Gesicht", das in Glossen bezeugt ist. Diez 130; REW 3130; Renson 226.
Dazu seit dem 17. Jh. die Abl. **facer** „mit der Front gegen etwas gerichtet sein"; dann als Spielerausdruck „eine besetzte Karte treffen".

facétie „Schwank"
15. Jh., aus lat. *(f a c e t i a).*

facette „Seitenfläche", „kleine Rautenfläche", von der letzteren Bedeutung *à facettes* „schillernd" (wie die Diamantenschleifflächen), „vielseitig"
12. Jh. „Gesichtchen", ist dem. Abl. von *face* in den verschiedenen Bedeutungen; dazu seit dem 15. Jh. die Abl. **facetter** „vieleckig schneiden, schleifen".

fâcher „überdrüssig werden" va.; „bekümmern", „erzürnen"
15. Jh., ist mittelfrz. Form für älteres **fastegier,* das durch überliefertes *soi fastengier* „überdrüssig werden" 1240 im Anglonorm. gesichert ist; vgl. auch mfrz. *frouchier* für älteres *frotegier* aus lat. *fructificare;* die Umbildung von afrz. **fastegier* zu *fastengier* in Anlehnung an afrz. *blastengier, laidengier, haëngier,* Regula, ZRP 44, 649; nicht aus **fasticare* für lat. *fastidiare* „Widerwillen haben", Brüch, ZFSL 52, 406, da der alte Beleg für *fâcher* diese Grundform ausschließt und ein Ersatz von *-idiare* durch *-icare* vereinzelt wäre; Bl.-W. 250; aus grom. **f a s t ī d ĭ c a r e* zu lat. *fastidium* „Ekel"; vgl. wegen der Bildung **extranicare* unter *étranger.* Diez 135; REW 3217.
Dieses **fastidicare* zu lat. *fastus* „Stolz", „abweisendes Benehmen", Storm, Rom. 5, 184, ist morphologisch nicht möglich; **fascare* zu lat. *fascis* „Bündel", Thomas, Rom. 37, 121 ff., ist nicht nötig und historisch nicht gestützt.

fâcheux „ärgerlich", „unangenehmer Mensch"
16. Jh., stammt wegen des späten Auftretens vermutlich aus dem Süden des Nordfrz., geht dann mit prov. *fastigos,* lim. *fostigou* auf ein vlat. **f a s t ī d ĭ c o s u s* für lat. *fastidiosus* „voll Ekel", „voll Widerwillen" zurück; der Suffixwechsel in Anlehnung an das Verbum vlat. **fastidicare* für lat. *fastidiare,* s. *fâcher.* Diez 135; REW 3216.

faciende „Beschäftigung" va.; „Ränke"
16. Jh., aus lat. *(f a c i e n d a)* „das zu Tuende", zu lat. *facere,* s. *faire.*

facies „Angesicht"
19. Jh., aus lat. *(f a c i e s)* dass., s. *face.*

facile „leicht", „zugänglich"
15. Jh., aus lat. *(f a c i l i s)* dass.

façon „Verarbeitung", „Form", „Äußerlichkeit"
12. Jh., aus lat. *f a c t i o n e* „Tun", „Treiben"; das Wort ist mit afrz. *façon* „Gesichtchen" verschmolzen; dieses dem. Abl. von *face,* s. d. Dazu seit dem 12. Jh. die Abl. **façonner** „eine Form geben". Diez 580; REW 3133; Renson 334; 429.

faconde „Redegewandtheit"
12. Jh., aus lat. *(f a c u n d i a).*

fac-similé „genaue Nachahmung"
19. Jh., aus lat. *(f a c s i m i l e)* „mach ähnlich".

factage „Überbringen von Waren in die Wohnung", „Transportgesellschaft"

19. Jh., ist Abl. vom Stamm von **facteur** „Vollbringer" va.; dann „Briefträger", „Dienstmann", aus lat. *(factore)* „Verfertiger", „Urheber"; das gleiche Wort ist afrz. volkstümlich als *faitre, faitour* erhalten.

factice „künstlich"
17. Jh., aus lat. *(factīcius)* dass., das afrz. in volkstümlicher Entwicklung als *faitiz* erhalten ist.

faction „Handlung" va.; „Schildwachstehen", „Partei"
14. Jh., aus lat. *(factione)* „Tun", s. *façon*; die Bedeutungsentwicklung aus Verbindungen wie *estre en faction,* wörtlich „beim Tun sein", daher seit dem 16. Jh. „Schildwache stehen", anderseits „in der Partei tätig sein"; vgl. Bl.-W. 251; zu *faction* in der pejorativen Bedeutung „übles Tun" seit dem 15. Jh. die Neubildung **factieux** „aufrührerisch", „Aufrührer".

factorerie „Faktorei"
17. Jh., für älteres, seit dem 15. Jh. bezeugtes *factorie,* ist Abl. von *facteur,* s. *factage.*

factotum „Faktotum"
17. Jh., auch *factoton,* aus lat. *(fac totum)* „mach alles".

facture 1. „Ausarbeitung", „Komposition"
13. Jh., aus lat. *(factura)* „Bearbeitung", „Geschöpf", das volkstümlich entwickelt afrz. *faiture* „Handlung", „Geschöpf", „Form" u. ä. ergeben hat.
2. „Warenrechnung"
17. Jh., ist Umdeutung von *facture* 1 nach *facteur* „Dienstmann" u. ä., s. d.

faculté „Fähigkeit"
14. Jh., aus lat. *(facultate).*

fadaise „Albernheit"
16. Jh., aus prov. *fadeza* „Dummheit", d. i. Abl. *(-itia)* von prov. *fat* „dumm", s. *fade, fat.*

fade „abgeschmackt", „läppisch"
12. Jh. auch „schwächlich", „albern", vgl. dazu norm. *fade* „feige", „lärmend", bourg. „schwächlich", Morvan „weichlich"; in dem Wort treffen zwei Wörter zusammen: lat. *fătuus* „albern" und lat. *văpidus* „kahmig", „verdorben", dessen Bestehen im Galloromanischen namentlich durch lyon. *vadous* = *fade,* d. i. *-osus*-Abl. von *vapidus,* gesichert ist, s. Horning, ZRP 15, 496; G. Paris, Rom. 17, 288 Anm. Es liegt also ein grom. **fatidus* als Kreuzungsform zugrunde. Diez 581; REW 3223.
Oder **fatidus* Kreuzung von *fatuus* mit *sapidus,* Wartburg, RLiR 23, 233; die lautlichen Bedenken von Regula, AR 12, 278 sind nicht entscheidend.
Nicht aus nddt. *fâd, fade* „fad", „schal", „saftlos", Braune, ZRP 18, 515, das selbst aus dem Romanischen entlehnt ist, s. Meyer-Lübke, ZRP 19, 277 ff.

fafelu „fettlich", „weich", „dick"
16. Jh., lebt H. Maine „dick und fett", norm. „aufgeblasen", „gefüllt", dazu vendom. *fafée* „große Menge von Nahrungsmitteln", das seit dem 17. Jh. belegt ist, sich vielleicht schon im 15. Jh. in der Bedeutung „Aufschneiderei" u. ä. findet; das Wort ist wohl Schallbildung wie nprov. *faf, fafia, fafiè* „Hühnerkropf", Namur *fafî* „kauen", s. Friesland, ZFSL 19, 2, 123 ff.; Sain. Sources 2, 231; 2, 343; Spitzer, ZRP 42, 339; zu dem gleichen Schallstamm auch **fafiot** „Bankzettel", im 17. Jh. „hartes Notgeld", unmittelbar zu dem Wort *faffe* des Rotwelsch, hier auch *faffiot,* nach Larchey nach dem Geräusch, das bei dem Aufzählen von Geldscheinen entsteht; *fafiot* ist bei Balzac belegt; Bl.-W. 251.
Kaum zu lyon. *faviau* „Bohnenschote" und letzten Endes zu *faba* „Bohne", s. *fève,* Horning, Rom. 36, 269; vgl. auch G. Paris, Rom. 16, 423 Anm.

fagara „Frucht des Sattelbaums"
18. Jh., dazu gleichzeitig die Abl. **fagarier** „Sattelbaum", aus arabisch *fâgira* „Kubebe". Lam 110.

fagine „Bucheckeröl"
19. Jh., ist gelehrte Abl. von lat. *(fagus)* „Buche", vgl. *faîne.*

fagne „Sumpf auf Bergeshöhen"
19. Jh., ist mundartliche, für Wallonie, Poitou, Saintonge nachgewiesene Form für frz. *fange,* s. d.

fagot „Reisigbündel", „Bündel", „Büschel"
zuerst im äußersten Norden Frankreichs (12./13. Jh.) bezeugt, daher nicht aus dem Provenzalischen oder Italienischen, wo das Wort später belegt ist, und auch nicht zu gr. φάκελος „Bündel", Brüch, ZFSL 52, 408; das Wort wird zu norw. *fagg* „Haufen", „Bündel" gestellt, Schultz-Gora ASSL 157, 261; Holthausen GRM 22, 67, die genauere Herkunft ist unbekannt; s. auch Bl.-W. 251; ferner das lautlich und begrifflich anklingende *bagues.*
Dazu seit dem 13. Jh. **fagoter** „bündeln". Zu *fax* „Fackel", Diez 131, ist nicht möglich; auch nicht zu lat. *fagus* „Buche".

fagotin 1. „Hanswurst", „Pickelhering"
17. Jh., ist ursprünglich Eigenname und wird seit Molière für den Hanswurst charakteristisch; es ist Abl. von *fagoter* in der übertragenen Bedeutung „einem etwas aufbinden".
2. „kleines Reisigbündel"
19. Jh., ist dem. Abl. von *fagot* „Reisigbündel", s. d.

fagoue „Brustdrüse", „Bauchspeicheldrüse"
16. Jh., u. H.

faguenas „muffiger, schimmliger Geruch"
16. Jh. *faguenat,* lebt im Südgürtel des Nordfrz., vgl. lyon. *faganat,* dauph. *fargagnas,* berrich. *faguenat* „Fäulnis", forez. *fagana*

„Geruch nach Unsauberkeit", bourb. *faguenâ*, dann auch B. Maine *fagna*, norm. *fagueni*; das Wort stammt aus nprov. *faganas* dass., auch „Mardergeruch"; es ist *-aceum*-Abl. von nprov. *faguino* „Marder", vgl. *fouine*. Sain. Chat 87.
Zu ahdt. *fnëhan* „schnauben", Bugge, Rom. 3, 147, ist nicht möglich.

faible „schwach"
12. Jh. *foible*, auch *flebe*, *fleve*, *floive* u. ä., aus grom. **feblis* neben **flebis*, die beide aus lat. *flēbĭlis* „kläglich", vlat. in Anlehnung an *debilis* auch „schwach", dissimiliert sind; die lautgesetzlich zu erwartenden Formen sind afrz. *feble* und *floive*, doch haben sich die beiden Formen gegenseitig beeinflußt; Diez 139; REW 3362; dazu seit dem 12. Jh. die Abl. *foiblece*, heute **faiblesse** „Schwäche"; seit dem 12. Jh. *flebir*, *foiblir*, heute **faiblir** „schwach werden".

faïence „Steingut"
16. Jh., aus älterem *vaisselle de Faïence*, nach dem Namen der italienischen Stadt *Faenza*. Dict. gén.; formell nach Brüch, ZFSL 52, 411, beeinflußt durch *Mayence* „Mainz".

faille 1. „Kopfbedeckung flämischer Bürgersfrauen" va.
dann aus *taffetas à failles* losgelöst „grober, flandrischer Seidenstoff", 13. Jh., lebt noch heute in Lüttich für eine Art Frauenmantel, aus mndl. *falie* (ostfriesisch *feil*) „weites Frauengewand". Dict. gén.; REW 3163.
2. „Spalte im Gestein", „Riß im Marmor"
18. Jh., wird im ältesten Beleg als für Lüttich eigen angegeben, lebt dort noch heute als *faïe* „Steinbank zwischen zwei Kohlenflözen", dazu wall. *faié* „in schlechtem Zustand", *faieler* „spalten", s. darüber *fêler*.
Zu afrz. *faille* „Mißerfolg", „Mangel", „Bedürfnis", „Irrtum", dieses zu *faillir*, s. d., Bl.-W. 251; Haust. Dict. L.-fr. s. *fay*, ist schwierig, weil das afrz. Subst. durchaus in abstrakter, in der Entwicklung an das Verbum gebundener Bedeutung bezeugt ist.

failli „fallit"
17. Jh., aus ital. *fallito*, d. i. Part. von *fallire* „fehlschlagen", auch „betrügen", dann „Bankrott machen", d. i. die Entsprechung des frz. *faillir*, s. d.

faillir „ermangeln", „fehlen"
11. Jh., aus vlat. **fallire* für lat. *fallĕre*, „betrügen", dann „im Stiche lassen"; dazu afrz. *(il) faut* „es ermangelt", „es ist notwendig", von dem aus als neuer Infinitiv **falloir** „notwendig sein" gebildet wurde. Tobler, VB 1, 218 ff.; Diez 133; REW 3167; Leicht, Morph. und Semasiologie der frz. Verben faillir und falloir, Kiel 1909; Bl.-W. 252.

faillite „Bankerott"
16. Jh., aus ital. *fallita*, in der Form angelehnt an *faillir*, s. *failli*.

failloise „Westen" va.
16. Jh., ist Rückbildung von afrz. *failloison*, *faillison*, das in der Bedeutung „Fehler" bezeugt ist, aber nach afrz. *faillir* „zu Ende gehen", wohl auch die Bedeutung „Zuendegehen" besessen hat; wegen der Rückbildung vgl. *florès* und das dort angeführte angev. *foutaize*. Dict. gén.

faim „Hunger"
11. Jh., aus lat. *fămes*. REW 3178.

faim-valle „Freßkrampf"
12. Jh., lebt in dieser Form westfrz. B. Maine, Pléchatel, dazu poitev. *faimgalle* „wütender Hunger", so im Ovide moralisé (14. Jh.), Henry, Rom. 77, 343, angev. *faimcalle*, dann mit *-r-* erweitert norm. *frainvalle* und der südlichen Form *faingalle* entsprechend **fringale**; dazu, aber erst in neuerer Zeit belegt, nprov. *fangalo*, *fangano*, *fringalo* u. ä.; das Wort scheint Umdeutung eines bretonischen Wortes zu sein, dessen zweiter Bestandteil bretonisch *gwall* „böse" war, vgl. das gleichbedeutende afrz. *male fain*; die *-r*-Form in *fringale* vielleicht unter dem Einfluß von *fringuer* „hüpfen", Sain. LPar. 111, oder *friand*, *friper*, Regula, AR 12, 278; vgl. auch Spitzer, ZRP 41, 173.
Zu gr. φάγαινα, φαγέδαινα, G. Paris, Rom. 19, 120, ist nicht möglich; auch nicht aus *fri-* + afrz. *galer* „verspotten", Salverda de Grave, Neoph. 28, 86.

faîne „Buchecker"
12. Jh. *faïne*, *favine*, heute auch *fêne* geschrieben, aus lat. *(nux) fagīna* zu lat. *faginus* „Buchen-"; REW 3144; vgl. *fouine*.

fainéant „Faulpelz"
14. Jh., ist nach *faire* und *néant*, s. d., umgedeutetes afrz. *feignant* dass., dieses Part. zu afrz. *soi feindre* „faulenzen", s. *feindre* (Meyer-Lübke). Dazu seit dem 16. Jh. die Abl. **fainéantise** „Müßiggang".

faire „tun"
9. Jh., aus lat. *făcĕre*; REW 3128; vgl. Rydberg, Le dév. de facere dans les langues romanes, Upsala 1893.

faisan „Fasan"
12. Jh., aus prov. *faisan*, dieses aus lat. *phasianus*. REW 6465.

faisance „Vollbringung" va.; „Leistungen des Pächters an den Grundherrn"
12. Jh., seit dem 13. Jh. als Rechtsausdruck „Verpflichtung", „Frone", „Abgabe", ist Abl. von *faire*, nach den endungsbetonten Formen des Verbums.

faisandeau „junger Fasan"
14. Jh., ist nach dem Vorbild von *grand-grandeur* u. ä. mit Stammverkennung abgeleitet von *faisan*, s. d

faisander „(das Wild) alt werden lassen, damit es schmackhafter wird"

14. Jh., bedeutet ursprünglich wohl „nach Art eines Fasans zubereiten", ist Abl. von *faisan,* vgl. auch *faisandeau.*

faisceau „Bündel"
12. Jh., aus grom. **fascellum*, d. i. dem. Abl. von lat. *fascis* „Bürde", REW 3214; Diez 134; vgl. *faix.*

faisse „Binde" va., „Weidenrutenbinde" u. ä.
12. Jh., aus lat. *fascia* „Binde". REW 3208.

faiscelle „Korb aus Strohgeflecht" (zum Abtropfenlassen des Käses)
12. Jh., afrz. *fisselle, feiscelle, foisselle,* lebt heute im ganzen Süden des Nordfrz., aus lat. *fĭscella* dass.; die heutige *-ai-*Form vielleicht in Anlehnung an *faiture* „Form für Hauskäse", d. i. afrz. *faiture* „Gestalt", „Form", aus lat. *factura* „Machen", „Bau". Luchsinger 31 f.; Diez 371; REW 3323.

faisser „mit Weidenruten verschnüren"
12. Jh. „einhüllen", „umbinden", im 17. Jh. veraltet, Br. 3, 133, aus lat. *fasciare* „umwickeln", REW 3209; dazu die Abl. **faisserie** „durchbrochene Korbmacherarbeit", **faissier** „Korbmacher", vgl. *faisse.*

fait „Tat" u. ä.
12. Jh., aus lat. *factum.* REW 3135.

faîtage „Giebelzins", „Firsteindeckung" u. ä.
13. Jh. *festage,* ist kollektivische Abl. von afrz. *fest, feste,* s. *faîte.*

faîte „Giebel"
dann in *ligne de faîte* „Wasserscheide", 12. Jh. *feste,* auch *freste, festre, fest,* s. *faix* 2, aus fränkisch *fërst* zu deutsch *first*; wegen des altwestfränkischen Übergangs von *-ĭ-* zu *-ĕ-* s. Gg., RG I, S. 247; G. Paris, Rom. 1, 96 ff.; Mackel, ZRP 20, 517; REW 3321.
**ferst* nicht umbrischer Herkunft, Brøndal, Nord. Tidskr. for fil. 1914, 7; vgl. auch Horning ZRP 21, 454; Jud, Rom. 44, 630.

faîteau „Firstziegel" va.; „Zinkblech am Dachfirst"
16. Jh. *festel,* ist an *-ellus* angeschlossene, ursprüngliche *-alis-*Abl. von *faîte* „First", bedeutet der Bildung nach „am First befindlich"; vgl. dazu berrich. *faîtiau* „Firstziegel".

faîtière „Firststange", „Firstluke"
14. Jh., ist ursprünglich adjektivische Abl. von *faîte* „Giebel", s. *faîte* und *faîteau.*

faix 1. „Bürde"
dann in *prendre son faix* „fest auf dem Grund stehen", 12. Jh. *fais,* afrz. „Bündel" „Menge", „Haufen", „Last", aus lat. *fascis* „Bündel". Diez 134; REW 3214; vgl. *affaisser.*
2. „Firsteindeckung" va.
dann in *faix de pont* „Scherstock des Decks", 12. Jh. *fest,* ist westfrz. Nebenform von afrz. *festre, feste,* s. *faîte.*
3. „zum Spalten bestimmter Schieferblock" scheint zu dem unter *faille* 2 angeführten wall. *faïe* zu gehören, s. d., entspricht dann einem maskulinischen **fai.*

faix-du-corps s. *faux-du-corps.*

fakir s. *faquir.*

falaise „Klippe"
12. Jh. *faleise, faloise,* auch *falise,* in Ortsnamen *Falise* in Luxemburg, Namur, alt *Falisia*; *Mal Falise,* Hennegau, s. Vincent, Noms de lieu de Belgique 124; Chottin 172; ist vorromanisch und vordeutsch wie dt. *Fels*; nach seiner Verbreitung im Nordfranzösischen ist die Grundform **falisia* zunächst in das Germanische gedrungen und von hier in das Nordfrz. zurückgewandert, Frings, Germ. Rom. 215. Wegen der sekundären Grundform *falīsia* für ursprüngliches *falĭsia* mit kurzem betonten *-i-* vgl. Gg. AA II, 188, ferner *chemise, tamis.*
Unmittelbar aus einem germanischen **fálisa,* der angeblichen Grundform von deutsch „Fels", Pogatscher, ZRP 12, 557; Braune, ZRP 20, 358; REW 3165, mit Umakzentuierung in Anlehnung an **fallire* „zu Ende gehen", Brüch, ZRP 52, 411, oder weil das Galloromanische keine Wörter mit nachtonigem *-esa* besessen hätte, Wartburg ZRP 61, 405; Bl.-W. 253, beruht auf falschen Voraussetzungen.

falarique „Brandpfeil"
13. Jh., aus lat. *(falarĭca).*

falbala „Faltensaum"
17. Jh., gilt im 17. Jh. als neues Wort, Br. 4, 474, lebt auch in italienischen Mundarten als *falbalà,* auch *falpalà,* doch auch hier aus lautlichen Gründen nicht als alt einheimisches Wort, vgl. Nigra, AGI 15, 283; vgl. dazu lyon. *farbella* „Fransen", nprov. *farbello* „Franse", „Lumpen", so daß das frz. *falbala* einem aus dem Süden entlehnten, heute aber nicht mehr nachweisbaren **farbellas* „fransenartig" entsprechen könnte; dieses gehört zu afrz. *frepe, felpe* „Franse", in der Form vermutlich durch *frange* beeinflußt, s. d. und *foupir*; das Wort ist auch als *furbelow* ins Englische gewandert; s. Bl.-W. 253; nach Baldinger, Mél. Gardette 63 aus dem Frankoprovenzalischen.

falcade „kleine Sprünge am Schluß einer Reitübung"
17. Jh., aus ital. *falcata* „Krümmung der Hinterbeine der Pferde mit nachfolgendem Sprung", d. i. Abl. von ital. *falcare* „beugen", „krümmen", zu lat. *falx* „Sichel", s. *falquer.*

fallace „Trug"
13. Jh., aus lat. *(fallacia).*

falloir s. *faillir.*

falot 1. „große Laterne", „Pechpfanne" u. ä.
14. Jh., aus ital. *falò,* dieses aus gr. φάρος „Leuchtturm", mit ital. *l* für gr. ρ; Brüch, ZFSL 52, 414; 61, 219; Vidos ZFSL 60, 161; Diez 133, REW 6463; Schuchardt, ZRP 28, 139.
2. „lächerlich", „schnurriger Mensch"
15./16. Jh., aus englisch *fellow* bzw. schot-

tisch-englisch *fallow* „Gefährte", „Bursche", vgl. bei Rabelais *il est goud fallot*. Dict. gén.; Sain. Rab. 2, 14; Bl.-W. 253.
Nicht zu ital. *far falò* „Freudenfeuer anzünden", s. *falot* 1, Schuchardt, ZRP 28, 129.

falourde „großes Holzbündel"
16. Jh., dafür schon im 14. Jh. belegt *vellorde, vallorde*, die auf eine gemeinsame Grundform **vollorde* zurückführen; der Anlaut des literarischen Wortes in Anlehnung an *fagot, faisceau* u. ä.; aus gallisch **voloreto*, d. i. Kollektivableitung von **volu-* „einhüllen", s. *enveloper*; vgl. auch *falun*; wegen des keltischen *-reto*-Suffixes vgl. Pedersen, § 396, 1; ZRP 41, 632.
Zu ital. *falò* „flammender Holzstoß", Schuchardt, ZRP 28, 145, s. *falot*, widerspricht der alten Form *vellorde*; zu galizisch *villardo* „Bündel von Stöcken", Schuchardt, RB 50, ist möglich, doch ist dieses dann nicht Kreuzung von *viburnum* und *retorta*, s. *billard*, sondern mit dem angesetzten **voloreto* identisch.

falque 1. „Schlußsprung des Pferdes"
19. Jh., ist postverb. Subst. von **falquer** „den Schlußsprung machen"; dieses seit dem 17. Jh. bezeugt, ist Rückbildung von *falcade*, s. d.
2. „Setzbord"
18. Jh., zuerst im 13. Jh. in Genua und in Marseille bezeugt, im Katalanischen im 14. Jh., noch später in spanisch *falca*; Ursprung ist vermutlich in gr. φάλκης „Binnenvorsteven" zu sehen, Baist, RF I, 113; Brüch, ZFSL 52, 415; Lam. 114. Das frz. *falque* ist nach Cor. II, 475 unmittelbar aus dem Katalanischen entlehnt; daneben aus dem Provenzalischen die Nebenformen *fauque, fargue*, vgl. Hauck 444.

falquet „Lerchenfalke"
16./17. Jh., aus ital. *falchetto*, d. i. dem. Abl. von *falco* „Falke", s. *faucon*.

falsifier „fälschen"
15. Jh., aus lat. *(falsificare)*.

falun „Muscheldünger"
18. Jh., aus nprov. *falun* „Ansammlung von Nußschalen", H. u.; dazu seit dem 18. Jh. die Abl. **falunière** „Muscheldüngerbank".

fâme „Ansehen" va.
12. Jh., aus lat. *(fama)* „Ruf"; dazu seit dem 15. Jh. die Abl. **famé** „in ... Rufe stehend", wie lat. *famatus* „berüchtigt".

famélique „hungerleidend"
15. Jh., aus lat. *(famelicus)*.

fameux „berühmt", „berüchtigt"
16. Jh., aus lat. *(famosus)* „vielbesprochen", „berüchtigt".

famille „Familie"
14. Jh., aus lat. *(famĭlia)*. REW 3180.

familleux „hungrig" va.
12. Jh. *fameillos*, aus grom. **fămĭculosus*, d. i. Abl. von lat. *fames* „Hunger" wie lat. *siticulosus* zu *sitis*, s. *soif*; vgl. dazu afrz. *fameiller* „Hunger haben"; vgl. REW 3178.

famine „Hungersnot"
12. Jh., ist kollektiv-abstrakte Abl. von *faim* „Hunger", s. d.; aus vlat. **famīna*, aus älterem *fames, faminem*, das durch sardische und iberoromanische Entsprechungen gesichert ist, Brüch, ZFSL 52, 416?; vgl. wegen der denominalen Abl. auf *-ina marine*, boulogn. *soivine* „brennender Durst" u. v. a.

fanage 1. „Heumachen"
14. Jh. *fenage*, ist Abl. von afrz. *fener*, 12. Jh., „heuen", „trocknen", auch „welk, weich, teigig machen" und intransitiv „dürr werden", „trocknen"; aus vlat. **fenare* zu lat. *foenum* „Heu"; Diez 580; REW 3241; Bl.-W. 268; dazu seit dem 18. Jh. **fanage** „Trocknen der Futterkräuter" u. a.; seit dem 13. Jh. *fenaison* „Heuernte".
Prov. **fanar* „welken" ist nicht gesichert, beweist daher auch nicht eine Grundform mit stammhaftem *-a-*.

fanal „große Laterne", „Leuchtfeuer"
16. Jh., aus ital. *fanale*; dieses vielleicht über arabisch *fanâr* dass., aus griechisch φανός „Leuchte", „Fackel". Diez 133; REW 6463; Lam. 111.

fanatique „fanatisch", „Fanatiker"
16. Jh., bei Rabelais „wer an göttliche Eingebung glaubt", daher *fanatisme religieux* bei Mme de Staël, die *-isme*-Abl. seit 1688; dazu seit dem 18. Jh. **fanatiser** „aufputschen" u. ä.; aus lat. *(fanaticus)* „begeistert", „schwärmerisch", Abl. von lat. *fanum* „Heiligtum"; Schalk, RF 60, 206; Bl.-W. 253.

fanatique „fanatisch"
16. Jh., aus lat. *(fanaticus)*.

fanchon „Kopftuch, dessen Enden unter dem Kinn zusammengebunden sind"
19. Jh., aus der Koseform *Fanchon* zu *Françoise*, Dict. gén.

fandango „spanischer Tanz"
18. Jh., aus spanisch *fandango*, u. H.

fane „welkes Blatt", „Streulaub"
14. Jh., ist postverb. Subst. von *faner* „welken", s. *fanage*.
faner s. *fanage*.

fanfan „Kindlein"
17. Jh., ist Koseform zu *enfant*, Kocher, Red. 15, 19 usf.

fanfare „Trompetengeschmetter"
16. Jh., ist postverb. Subst. von **fanfarer** „Trompeten blasen", 16. Jh.; dieses ist Abl. vom Stamm von **fanfaron** „Aufschneider", „Prahler", 16. Jh., das aus spanisch *fanfarron*, älter auch *fafarron* dass. entlehnt ist; dieses aus arabisch *farfâr* „leichtsinnig", „geschwätzig", REW 3194; Lam. 111; s. Brüch, ZFSL 52, 417.
fanfare als Schallausdruck, Diez 133; Bl.-W. 252, ist angesichts von arabisch *farfâr* unwahrscheinlich; zu *fanfaluca*, s. *fanfreluche*,

Storm, AGI 4, 390; Schuchardt, ZRP 28, 143, ist begrifflich und lautlich schwierig; vgl. auch A. Levy, ZRP 30, 675 ff.

fanfreluche „Flitterkram"
12. Jh. *fanfelue,* seit dem 14./15. Jh. in Anlehnung an das Deminutivsuffix *-uche* die heutige Form, vgl. dazu norm. *fanfelue* „Blendung", *fanferluque* „Flitterkram"; aus vlat. *famfaluca,* das im 8. Jh. bezeugt ist, Meyer-Lübke, Kr. Jb. 2, 70; dieses aus gr. πομφόλυξ „Luftblase", Diez 133; Schuchardt, ZRP 28, 143; REW 6643.
Nicht zu **farfar-* zur Bezeichnung des vom Wind getragenen Kleinzeugs, Baist, ZRP 24, 406, und dieses weiter zu vulgärarabisch *farāfîr,* Plural zu *furfûr* „Schmetterling", Baist, LGRP 13, 24; *fanfreluche* als Kreuzung von afrz. *fanfelue* mit gleichbedeutendem ital. *fanfaluca,* Sain, Rab. 1, 154, ist nicht nötig und auch lautlich nicht überzeugend.

fange „Kot", „Schlamm"
12. Jh., aus fränkisch **fannja* zu ahdt. *fenna* „Sumpf", „Morast"; Bruckner, ZFSL 41, 2, 9; Diez 133; REW 3184. Vgl. auch *fagne.* Die lautliche Entwicklung wie mundartlich *tenge* zu *teneat* u. ä., s. Haberl, ZRP 34, 50; AR 6, 72; dazu die *-ētum*-Abl. afrz. *fanjoi* „Schlamm", „Sumpf"; daneben seit dem 11. Jh. bezeugt afrz. *fanc,* das mit prov. *fanc,* ital. *fango* auf ein stammverwandtes gotisches **fanni,* latinisiert *fannium,* zurückgeht, s. GG, RG I, 370; über ein ripuarisch fränkisches **fanni* dass., das in ostfrz. *fain(s)* als Appellativum und als ON reich bezeugt ist, s. Gg. Sdlg. 139, Anm. 1.
Als Grundform **fangu,* dieses Kreuzung von germ. **fani* mit germ. **dunga,* das selbst im Romanischen nicht erhalten ist, Brüch 69, ist nicht nötig und widerspricht prov. *fanha,* frz. mundartlich *fagne* usf.; ebenso unwahrscheinlich und unnötig **fangu* aus frk. **fanig* zu agls. *fennig* „schlammig".

fanion „Feldflagge", „Wimpel"
17. Jh., steht wohl für **fanillon,* d. i. dem. Abl. von afrz. *fanon* aus fränkisch **fano* (ahdt. *fano* „Fahne"), s. *fanon.*

fanir „welken"
16. Jh., ist in Anlehnung an *flétrir, fleurir* u. ä. umgebildet aus frz. *faner* dass., s. *fanage* 2.
fanoir s. *faner* unter *fanage.*

fanon „Leinwandfleck", „Haarbüschel" (am Pferdefuß")
12. Jh., afrz. „Manipel" (des Priesters); „Hautlappen" (des Hahnes), aus fränkisch **fano* „Tuch", vgl. ahdt. *fano* dass.; vgl. auch *fanion.* Diez 580; REW 3185.

fantaisie „Einbildungskraft", „eigensinniger Wunsch"
12. Jh. *phantasie,* zu diesem seit dem 15. Jh. die Abl. **fantasier** „einbilden", aus lat. *(phantasia)* „Gedanke", „Einfall".

fantasia „Fantasia"
19. Jh., aus dem Arabischen Marokkos, wo das Wort die Bedeutung „glänzendes Fest" angenommen hat; stammt aus spanisch (griechisch) *fantasia* „Erdichtung", „Laune", der Entsprechung von frz. *fantaisie;* Bl.-W. 254.

fantasmagorie „Vorstellung von Geistererscheinungen"
18./19. Jh., ist gelehrte Zusammensetzung von gr. (φάντασμα) „Erscheinung" und ἀγορεύειν) „sprechen"; oder im 2. Glied frz. *allégorie,* Bl.-W. 254.

fantasque „eigensinnig", „grillenhaft"
16. Jh., ist popularisierte Form von *fantastique,* s. d.

fantassin „Fußsoldat"
16. Jh., aus ital. *fantaccino,* d. i. augmentativ-pejorative Abl. von ital. *fante,* dieses aus langob. *fanþjo* zu ahdt. *fendo* „Fußsoldat", Gg. RG II, 139, vgl. Brüch, ZFSL 52, 422.

fantastique „wunderlich"
14. Jh., ist in der Bedeutung „töricht" im 17. Jh. veraltet, s. *fantasque,* Br. 3, 148, aus lat. *(phantasticus)* „auf die Einbildungskraft wirkend".

fantoccini „Puppen auf dem Theater"
19. Jh., aus ital. *fantoccini* dass., d. i. dem. Abl. von *fantoccio* „Puppe" zu *fante* „Knabe", s. *fantassin.*

fantoche „Puppe"
19. Jh., aus ital. *fantoccio* dass., s. *fantoccini.*

fantôme „Gespenst"
12. Jh., s. prov. *fantauma,* über gr. dialektisches *fantagma* aus gr. φάντασμα dass.; wegen der Entwicklung von *-gm-* zu *-um-* s. *sommier;* Wartburg, ZRP 68, 29; REW 6460.
fanton s. *fenton.*

faon „Junges" va.; „Hirsch-, Rehkalb"
12. Jh., aus vlat. **fēto, *fētone,* d. i. mit dem deminutiven *-one*-Suffix abgeleitetes lat. *fetus* „Leibesfrucht", „Junges"; dazu seit dem 12. Jh. die Abl. **faonner** „werfen" (von Jungen), vgl. auch bourb. *fanner* „ausschwärmen" zu *fan* „Bienenschwarm", ursprünglich wohl „die jungen Bienen". REW 3272.

faquin „Dienstmann" va.; „Strohmann zum Lanzenrennen", „lästiger Mensch"
15. Jh., ist Abl. von mfrz. *compaignon de la facque* bei dem Belgier Chastelain; dieses zu mfrz. *faque* „Tasche", bei Rabelais unetymologisch *fasque* geschrieben, dessen *-s-* nur die Länge des *-a-* bezeichnet, aus ndl. *vak* „Fach", das nach ostfriesisch *fikke* „Tasche" wohl auch „Sack", „Tasche" bedeutet hat; *faquin* bedeutet also der Bildung nach „Taschen-, Sackträger"; Baist, RF 14, 637; Sainéan, RER 5, 405 f.; Sain. Rab. 1, 139.
Nicht aus ndl. *vantkin* „Bürschchen", Diez 130; auch nicht zu lat. *fax* „Fackel", Storm,

AGI 4, 390; auch nicht das frz. Wort aus ital. *facchino*, das selbst aus dem Französischen entlehnt ist, Dict. gén., vgl. Schuchardt, ZRP 28, 137 f.; die Bedenken gegen den Zusammenhang von *faquin* mit mittelfrz. *faque* „Tasche", REW 3150, sind nicht entscheidend; *faquin* bedeutet am Ende des 18. Jhs. auch „Geck", „Stutzer", s. Usinger, GB 4, 23 f.

faquir „Fakir"
17. Jh., aus arabisch *faqîr* „arm", „Bettler", „Derwisch".

faramineux „erstaunlich", „kolossal"
18. Jh., populär, stammt nach Bl.-W. 254 aus matl. *bête faramine*, der Bezeichnung eines fantastischen Tieres, das im 16. Jh. für die Bretagne bezeugt ist und in westlichen Mundarten noch lebt; zu prov. *feram* „wildes Tier", dieses kollektive *-amen*-Abl. von lat. *fera*, dass.

farandole „Art provenzalischer Tanz"
18. Jh., aus nprov. *farandoulo*; H. u. Nach Kohler, Mél. Hoepffner 127 wäre das provenzalische Wort aus dem Katalanischen entlehnt, die Heimat wäre Italien, wo *farandola* erst im 18. Jh. bezeugt ist; dieses würde zu *fara* „Familie" gehören, was weder begrifflich noch morphologisch gestützt ist; wenig überzeugend die Erklärung Bl.-W. 254; wahrscheinlich ist das Wort zunächst im Südfranzösischen einheimisch, verschmolzen aus *fa* „mach", s. *faire*, und *roundelo* „Runde", wie frz. *ronde*; s. auch Deutschmann, ZRP 69, 136; Rom. 71, 264.

faraud „Stutzer"
16. Jh., ist zuerst im Rotwelsch bezeugt, kommt im 18. Jh. in der Poissardliteratur auf und dringt von hier in das Vulgärfrz., Sain. LPar. 17; im Rotwelsch ist es aus prov. *faraut* „Herold", „Bote" entlehnt, das selbst aus afrz. *heraut* dass. stammt, s. *héraut*; das prov. *f-* im Anlaut des Wortes kann Wiedergabe des afrz. *'h-* sein, vielleicht liegt auch volksetymologische Umdeutung des Wortes nach prov. *fer*, d. i. frz. *fier* vor, vgl. frz. Schweiz *faraud* „stolz", das sekundär das aus dem Vulgärfrz. entlehnte *faraud* an die einheimische Entsprechung von *fier* anlehnt; vgl. Usinger, GB 4, 24 f.; Schuchardt, ZRP 28, 129 ff.; REW 4115 b. Nach Bl.-W. 254 wäre die unmittelbare Quelle span. *faraute* „Schauspieler, der im Schauspiel den Prolog sprach"; dieses selbst aus afrz. *heraut*, mit dem Ersatz von *h* durch *f*, wie in aspan. *fonta* aus afrz. *honte*.

farce „Fleischfüllsel", „Füllsel", „Posse"
ist in der ursprünglichen Bedeutung seit dem 13. Jh., in der Bühnenbedeutung seit dem 15. Jh. belegt, ist postverb. Subst. von **farcir** „füllen", „vollpfropfen", 13. Jh., aus lat. *farcire* „stopfen"; REW 3192.

farceur „Possenspieler", „Spaßmacher"
15. Jh., ist Abl. von *farce* in der übertragenen Bedeutung „Posse".

farcin „Wurm" (Pferdekrankheit)
12. Jh., mit Suffixwechsel (*-īmen*) aus vlat. **farcimnum* für lat. *farcīmĭnum*, das bei Vegetius für eine Art Pferdekrankheit bezeugt ist. Dict. gén.; Meyer-Lübke, ZRP 8, 236; REW 3191; Thomas, Ess. 374.

farcir s. *farce*.

fard „Schminke"
13. Jh., ist postverb. Subst. von **farder** „schminken", 12. Jh.; dieses ist Abl. von afrz. *farde* „Schminke", aus fränkisch **farwida*, d. i. Part. zu **farwjan* „färben", wie lat. *tincta*, s. *teinte*, zu *tingere*, s. *teindre*; die Bedeutungsübertragung des germanischen Wortes von „färben" zu „schminken" zeigt sich schon in der ahdt. Glosse *givarida-fucata*, letzteres zu lat. *fucare* „schminken"; Diez 581; vgl. auch REW 3207; Brüch, ZRP 38, 684.

Aus arabisch *hard* „Färben mit roter Farbe" (lies *ḥarrada* zu Inf. *taḥrîḍ* „Farben", Haffner), Brüch, ZRP 42, 226, ist angesichts der ahdt. Glosse, die das Partizip von **farwjan* in der Bedeutung „Schminken" enthält, nicht nötig.

fardage „Ladung schwerer, hinderlicher Gegenstände auf einem Schiff", „Holzunterlage"
14. Jh., ist Abl. von **farder** „beladen" va.; „drücken", d. i. Abl. von afrz. *farde* „Bündel", s. *fardeau*.

fardeau „Ballen" va.; „Bündel"
12. Jh. *fardel*, ist schon vorhistorische Abl. von afrz. *farde* „Paket", „Bündel", aus arabisch *farda* „Ballen", „Kamellast"; afrz. *farde* lebt in der Bedeutung „Ladung", „Last" im Rouchi; Diez 134; REW 3193; Lam. 113; das Wort ist im 19. Jh. als **farde** „Kaffeeballen" ein zweitesmal aus dem Arabischen entlehnt worden.

farder s. *fard* bzw. *fardage*.

fardier „Blockwagen"
18. Jh., ist Abl. von afrz. *farde* „Last", s. *fardeau*.

farfadet „Kobold", „Irrwisch"
16. Jh., ist von Rabelais aus dem Neuprov. übernommen worden, hier *farfadet* neben *fadet* dass., vgl. auch berrich. *fadet* „Kobold"; letzteres ist dem. Abl. von prov. *fada* „Fee", s. *fée*; *far-* ist expressives Präfix, s. *farfouiller*; vgl. auch frühnfrz. *farfaille* dass., aus ital. *farfalla*, vgl. Horning, ZRP 18, 228, Anm. 2.

Zum Stamm von *fanfreluche*, Sainéan, ZRP 31, 273, ist unwahrscheinlich; zu arabisch *farāfîr* „Schmetterlinge", s. *fanfreluche*, Baist LGRP 13, 24; Lam. 113, ist unmittelbar nicht möglich; doch dürfte ital. *farfalla* auf diesen Stamm zurückführen.

farfelu „eindrucksvoll"
16. Jh., bei Rabelais „phantastisch", „abge-

schmackt" u. ä., ohne definierbare pejorative Bedeutung; wird von Malraux in dem Titel seines Essai „Royaume farfelu" wieder populär gemacht (1928); mit dem expressiven Präfix *far-* (s. *farfouiller*) aus älterem *fafelu*, s. Pohl, Fr. mod. 31, 302, das zu afrz. *fanfelue* „Flitterkram" gehört, s. *fanfreluche*, Grevisse, Problèmes II, 18.

farfouiller „durchstöbern", „durchwühlen"
16. Jh., ist Reduplicationsbildung zu gleichbedeutendem *fouiller*, ähnlich wie *barbouiller* neben *bouiller* u. ä.; das Präfix *far-* mit expressiver Wirkung wandert weiter, s. *farfadet*, *farfelu*; vgl. mit ähnlicher Meinung wie *farfouiller* afrz. *fatrouiller*, s. *fatras*, lyon. *barfolhi* „in einer Flüssigkeit herumwühlen", Horning, ZRP 22, 483; vgl. Bl.-W. 272; Regula, ZRP 43, 7.

fargue s. *falque*.

faribole „Narretei"
auch **faribourde**, 16. Jh., aus nprov. *faribolo*, *falibourdo*, auch *faribourlo*, *farabourdo*, *falabourdo* u. ä.; dieses aus mfrz. *falibourde*, d. i. Kreuzung von afrz. *falourde* „Trug" mit *bourde* „Aufschneiderei", über eine ältere Form **falbourde*, mit sekundärem Einschub eines *-i-* wie im Präfix *cali-* neben *cal-* oder *encharibotter* für *encharboté*, s. d.; afrz. *falourde* ist vermutlich Kreuzung von afrz. *falir* „betrügen", s. *faillir*, mit *bourde*, s. d.; REW 3167.
faribole zu **faliva* „Funke", dieses Kreuzung von lat. *favilla* mit *famfaluca*, s. *fanfreluche*; dann afrz. *falourde* Rückbildung von *falibourde*, ist z. T. historisch nicht gestützt, z. T. chronologisch unmöglich, Schuchardt, ZRP 28, 144; afrz. *falourde* zu *balourd*, s. d., Bugge, Rom. 4, 355, ist lautlich unmöglich.

faridondaine „Kehrreim in Volksliedern"
19. Jh., auch *faridondon*, ist Schallbildung.

farine „Mehl"
12. Jh., aus lat. *f ă r ī n a*, REW 3197.

farinelle „Art Pilz mit mehligem Aussehen"
19. Jh., ist Abl. von *farine* „Mehl", s. d.

farinet „nur auf einer Seite bezeichneter Würfel"
18. Jh., steht wohl für *(dé) fariné* „mit Mehl gepudert", da fünf von den sechs Würfelflächen weiß sind; d. i. Part. von *fariner* „mit Mehl bepudern", das seit dem 15. Jh. überliefert ist, s. *farine*. Dict. gén.

farineux „mehlhaltig", „mehlfarbig"
16. Jh., aus lat. *(f a r i n o s u s)*.

farlouse „Wiesenpieper", „Schaflerche"
16. Jh., vgl. dazu poitev. *alouette ferlure*, angev. *berlute*, *berluche*, mundartlich frz. auch *fallope*, *falope*, Roll. F. 2, 223; u. H.

farniente „süßes Nichtstun"
17. Jh., aus ital. *far niente*, d. i. die Entsprechung des frz. *faire néant*, s. d.

faro „in Belgien gebraute Bierart"
19. Jh., wird von Forir für Lüttich bestätigt, dort für eine besonders starke Art Bier; H. unsicher.

farouch „Inkarnatklee"
18. Jh., aus dem Languedokischen, vgl. dazu Gers *fé routch*, Tarn *ferroutjo* u. ä., Roll. Fl. 4, 136; aus prov. *fe roge* „Rotheu", der Entsprechung des frz. *foin rouge*, s. d. Dict. gén.

farouche „wild"
13. Jh. *faroche* neben *forasche*, vgl. dazu berrich. *fourâche*, saint., poitev. *fourache*, *forache*, dazu *forasticus* in den Formulae Augienses, *foraticus* in den Form. Merow., aus vlat. *f o r a s t i c u s* „außerhalb befindlich", zu lat. *foras* „außerhalb", das im Gegensatz zu *domesticus* „häuslich", dann „zahm", die Bedeutung „wild" angenommen hat; das Wort hat sich im Galloromanischen mundartlich mit *domesticus* zu **foresticus* gekreuzt; daher vorhistorisch prov. **foretge*, das in Anlehnung an *ferus* „wild" zu *ferotge* umgestaltet wurde, Horning, ZRP 19, 102 ff.; REW 3432.
Lat. *feroce*, Diez 581, oder **feroticus* zu *ferus* „wild" nach *silvaticus*, Meyer-Lübke, Rom. Gr. I, § 336, widerspricht den alten Formen.

farrago „Mischkorn"
18. Jh., dafür im 16. Jh. *farrage*, aus lat. *(f a r r a g o)*.

fasce „Binde", „Fries"
12. Jh., aus lat. *(f a s c i a)*, s. *faisser*.

fascicule „Lieferung", „Bündel"
15. Jh., aus lat. *(f a s c i c u l u s)* „Bündel".

fascie „Muschelstreifen"
13./14. Jh., aus lat. *(f a s c i a)* „Binde".

fascine „Reisigbündel"
13. Jh. *faissine*, die literarische Form seit dem 16. Jh. in Anlehnung an gleichbedeutendes ital. *fascina*, aus lat. *f a s c i n a* dass. REW 3211.

fasciner „bezaubern"
14. Jh., aus lat. *(f a s c i n a r e)* für älteres, volkstümlich entwickeltes *faisnier*.

fasciole „Leberwurm"
19. Jh., aus lat. *(f a s c i o l a)* „Bändchen".

faseier, *faseyer* s. *fasier*.

faséole „Bohne"
15. Jh. *faisole*, seit dem 17. Jh. in der heutigen Form, aus lat. *(f a s e o l u s)*.

fashion „Mode der vornehmen Welt"
19. Jh., aus englisch *f a s h i o n*, das selbst aus frz. *façon* entlehnt ist; gleichzeitig aus englisch *f a s h i o n a b l e* frz. **fashionable** „modisch", das um die Wende des 18. Jhs. den Herrn bzw. die Dame der feinen Welt bezeichnet; Usinger, GB 4, 25 ff.

fasier „hin- und herschlagen" (von Segeln)
17. Jh. auch *faseier*, *faseyer*, aus mndl. *f a s e l e n* „heftig bewegen", s. Dornk.-K. s. *faseln*.

fasin „Asche mit Erde und Reisigstücken gemischt"

18. Jh., ist mit Suffixtausch umgestaltet aus afrz. *faisil*, mundartlich *fasil* „Steinkohlenschlacke" u. ä., s. *fraisil;* Dict. gén.

faste 1. „Pracht", „Prunk"
16. Jh., aus lat. *(fastus).*
2. in *jour faste* „Audienztag"
16. Jh., aus lat. *(fastus)* in *dies fastus* zu *fari* „sprechen".

fastes „Staatskalender"
15. Jh., aus lat. *(fasti).*

fastidieux „langweilig"
14. Jh., aus lat. *(fastidiosus),* s. *fâcheux.*

fastigié „gegipfelt"
18. Jh., aus lat. *(fastigiatus).*

fastueux „prunkvoll"
16./17. Jh., aus lat. *(fastuosus).*

fat „dumm" va.; „eingebildet"
16. Jh., bezeichnet seit Ende des 17. Jhs. den Stutzer, Usinger, GB 4, 29 ff., aus prov. *fat* „einfältig", dieses aus grom. **fatĭdus* für lat. *fatuus,* vgl. *fade.*
Prov. *fat* aus **fatus* für *fatuus,* Brüch, ZFSL 52, 422, trennt das prov. Wort von frz. *fade.*

fatal „vom Schicksal bestimmt", „unvermeidlich"
14. Jh., aus lat. *(fatalis).*

fatidique „weissagend"
15. Jh., aus lat. *(fatidĭcus).*

fatiguer „ermüden"
14. Jh., aus lat. *(fatigare);* dazu seit dem 16. Jh. das postverb. Subst. **fatigue** „Müdigkeit".

fatras „Plunder", „Wortschwall"
14. Jh. *fastras,* ist Abl. vom Stamme von afrz. *fastrouiller,* seit dem 13. Jh. in der Bedeutung „durchwühlen", „schwätzen" bezeugt, seit dem 16. Jh. auch in der Bedeutung „eine Arbeit schlecht machen"; zu diesem seit dem 16. Jh. die Rückbildung **fâtrer** „schlecht arbeiten", „verpatzen", vgl. bei Palsgrave *je fatre ... and je fatrouille;* vgl. dazu bei Rabelais *fatrouiller* „durchstöbern", ebenso pik. Vermand. *fertouiller* dass.; H. u. Das Wort dürfte Kreuzung von *fouiller* mit einem zweiten Wort sein, das noch aufzudecken ist.
Zu lat. *fartus* „Füllsel", Diez 581, oder zu *farsura* „Füllsel" über ein **farsurare* „stopfen", G. Paris, Rom. 19, 289; REW 3204, oder aus **farsuraceus,* REW 3204, vgl. Brüch, ZFSL 52, 424, ist begrifflich und lautlich schwierig; außerdem gibt es ein afrz. *fastrer* weder in dieser noch einer ähnlichen Bedeutung; vgl. auch L. C. Porter, La Fatrasie et le Fatras, 1960; Bl.-W. 256.

fatuité „Albernheit"
14. Jh., aus lat. *(fatuitate).*

fauber „Schwabber", „Schiffsbesen"
17. Jh., ist postverb. Subst von **fauberter** „mit dem Schiffsbesen kehren", 17. Jh., H. u.
Zu afrz. *foubert* „tölpelhaft", „einfältig", und dieses zu dem PN *Foubert,* Spitzer, ZRP 42, 29, ist durch nichts gestützt; aus ndl. *zwabber,* das *swabber, sfabber* ausgesprochen worden wäre, und die gleiche Bedeutung wie das frz. Wort hat, Valkhoff 135, ist lautlich noch unklar; vgl. FEW III, 840 mit wenig wahrscheinlicher begrifflicher Verbindung von „Dummkopf" mit „Schiffsbesen".

faubourg „Vorstadt"
12. Jh. *forsborc,* ist Zusammensetzung von *fors* „außerhalb", s. *for-* und *dehors,* mit *bourg,* s. d.; dazu seit dem 19. Jh. die Abl. **faubourien** „Vorstädter"; Diez 581.

faucard „Binsenmesser"
14. Jh., ist norm. pik. Form für frz. *fauchard,* s. d.

fauchard „zweischneidige Hippe"
12./13. Jh., ist Abl. von **faucher** „abmähen", 12. Jh., aus vlat. **falcare* zu lat. *falx* „Sense", „Sichel", „Hippe".

fauchère „Schwanzholz am Saumsattel"
18. Jh., ist Französisierung von nprov. *fauquiero* dass., dieses Abl. von nprov. z. B. rouerg. *falco* „Hinterbacken der Tiere", dieses aus vlat. **falca* „Krümmung", d. i. postverb. Subst. von vlat. **falcare* „krümmen", s. *falcade.* Dict. gén.; vgl. FEW III, 404.

fauchet „Heurechen"
13. Jh., ist Abl. von *faucher* „mähen", s. *fauchard.*

fauchette „Heckenschere"
19. Jh., ist dem. Abl. von *faux* „Sense", s. d.
faucheur, faucheux s. *faucher.*
fauchon s. *faux.*

faucille „Sichel"
12. Jh., aus lat. *falcicula* dass.; REW 3156; dazu seit dem 13. Jh. die dem. Abl. **faucillon** „Gartenmesser", „Hippe".

faucon „Falke"
12. Jh., afrz. Nom. *fauc,* Acc. *faucon,* der Nominativ erhalten in Blois *faux* „Sperber", vgl. auch *fauperdrieu* und *émouchet* Anm.; aus vlat. *falco, falcone,* das bei Firmicus Maternus um 330 n. Ch. bezeugt ist und aus dem Germanischen stammt; zu ahdt. *falaho* dass., das die gleiche Ableitung zeigt wie deutsch *Stor-ch, Kran-ich,* gotisch *ahaks* „Taube", Baist, ZDA 27, 50 ff.; ZFSL 13, 2, 186 Anm.; Koukal, 56. Jb. Realschule Wien 4, 6 ff.; REW 3158.
falco aus kulturhistorischen Gründen nicht zu lat. *falx* „Sense", also etwa **falco* „Sichelträger" (wegen der starken, krummen Krallen des Vogels), Diez 132; G. Paris, Rom. 12, 99 f.; Brüch 8; Thomas, Rom. 41, 456; Bl.-W. 256.

faude „Schafgehege" va.; „Meilerplatz"
12. Jh., aus grom. **falda,* d. i. Kollektivform zu grom. **faldum,* das aus fränkisch **fald* zu asächsisch *faled* „Schafhürde" stammt, vgl. auch dänisch *fold* „Hürde", „Pferch"; Diez 582; Brüch, ZFSL 52, 425; REW 3160.

fauder „ein Stück Tuch brechen"
13. Jh., ist Abl. von afrz. **faude* „Falte", dieses aus fränkisch **falda* zu mhdt. *falde,* anord. *falda* u. ä.; Diez 132; REW 3162; kaum schon westgermanische Entlehnung, Brüch 87.
Afrz. *faude* ist nicht belegt, kann aber bestanden haben und wurde durch *faude* „Schafgehege" verdrängt, s. auch *fauteuil*; oder *fauder* unmittelbar aus frk. *faldan* „falten", Brüch, ZFSL 52, 425.
faufil „Heftfaden"
19. Jh., ist postverb. Subst. von **faufiler** „heften", 14. Jh. *forfiler,* d. i. Zusammensetzung von *fil* „Faden" mit dem Präfix *for-* „drüber hinaus", s. *for-*. Dict. gén.; REW 3306.
faulde s. *faude.*
faulx s. *faux* 2.
faune „Faun"
14. Jh., aus lat. *(faunus).*
fauperdrieu „Rohrweihe"
14. Jh. *faulx perdriel,* ist Zusammensetzung von afrz. *fauc* „Falke", s. *faucon,* und afrz. *perdriel* „junges Rebhuhn", s. *perdreau,* Dict. gén.; vgl. die lat. Bezeichnung *falco aeruginosus.*
fauque s. *falque.*
faussaire „Fälscher"
12. Jh., aus lat. *(falsarius).*
fausse-braie „Unterwall"
ist Zusammensetzung von *faux* „falsch" und *braie* in der technischen Bedeutung „Vormauer eines Festungstores", s. d.
fausser „fälschen"
12. Jh., aus lat. *falsare.* REW 3170.
fausset 1. „Kopfstimme"
13. Jh., ist ursprünglich adjektivisch-deminutivische Abl. von *faux* „falsch", s. d.
2. „Zwicker" (spitziger Holzpflock, mit dem man das Spundloch des Fasses verstopft)
14. Jh. *fausset,* Werkzeugsbezeichnung von afrz. *fausser* in der Bedeutung „beschädigen", „durchbohren", afrz. meist in Verbindung mit *fraindre* „brechen", zu *haubert, écu* u. ä.; d. i. schon vorhistorische Weiterbildung von *fausser* „fälschen"; *fausset* bedeutet wohl ursprünglich das „Spundloch" am Faß, sekundär erst den Pflock, zum Verstopfen des Spundloches.
Zu diesem *fausser,* prov. *falsar,* vgl. prov. *falsart* „Stoßdegen", das auch im Französischen als *faussart* dass. verzeichnet wird; Bl.-W. 256.
fausseté „Falschheit"
12. Jh., ist aus spätlat. *falsitas, -ate,* zu *faux* „falsch", s. d.; Bl.-W. 257.
faussetier „Buch über die falschen Edelsteine"
19. Jh., ist Abl. von *(pierre) fausse* „falscher Edelstein".
faussure „Stelle, wo ein Gegenstand verunstaltet ist"; „Schweifung einer Glocke"
13. Jh. „Beschädigung", ist postverb. Subst. von *fausser* in der alten Bedeutung „(eine Rüstung) beschädigen", s. *fausset* 2.
faute „Fehler"
12. Jh., aus vlat. **fallĭta,* d. i. vorhistorisches Part. von *fallĕre* „betrügen", „im Stiche lassen", s. *faillir.* REW 3169.
fauteuil „Lehnstuhl"
11. Jh. *faldestoel,* aus fränkisch **faldstôl,* das in ahdt. Glossen belegtem ahdt. *faltstuol,* agls. *fyldstól* entspricht. Diez 137; REW 3161; Kluge, ZRP 41, 681; Bl.-W. 257; s. *fauder.*
fauteur „Gönner", „Beschützer"
14. Jh., aus lat. *(fautore).*
fautif s. *faute.*
fautre s. *feutre.*
fauve „falb", „rötlichgrau"
11. Jh., aus fränkisch **falw* zu ahdt. *falo* dass.; *falvus* ist inschriftlich im 9. Jh. belegt; Kluge, AR 6, 304; REW 3174; Brüch 87; dazu seit dem 13. Jh. die Abl. **fauvette** „Grasmücke".
faux 1. „falsch"
12. Jh., aus lat. *falsus.* REW 3171.
2. „Sense"
12. Jh. *fauz,* aus lat. *falce.* REW 3175.
faux-du-corps „dünnster Teil des Leibes"
14. Jh., im 17./18. Jh. auch *fort-du-corps, faix-du-corps, fonds-du-corps*; enthält im ersten Teil vermutlich afrz. *faut* „Mangel", „Aufhören", d. i. subst. Part. von *faillir* „im Stiche lassen", s. d. und *faute.* Dict. gén.
faux-fuyant „Schlupfweg", „Ausflucht"
16. Jh., ist substantiviertes Part. von afrz. *forsfuir* „sich entziehen", das aus afrz. *forfuiance* „Recht des Sklaven, den Boden seines Herrn zu verlassen" sich erschließen läßt; dieses zusammengesetzt aus *for-,* s. d., und *fuir,* s. d. Dict. gén.
faux-marcher „schräggehen" (von Hirschen, nach dem Abwerfen des Gehörns)
17. Jh. auch *formarcher,* ist zusammengesetzt aus *for-,* s. d., und *marcher*; die Bedeutung vielleicht durch *faux* 1 beeinflußt.
faveur „Gunst"
12./13. Jh., aus lat. *(favore).*
favoriser „begünstigen"
14. Jh., ist gelehrte Abl. von *faveur,* s. d.
favori „Günstling"
16. Jh., aus ital. *favorito,* d. i. Part. von *favorire* „begünstigen", dieses Abl. von *favore* „Gunst", s. *faveur.*
fayence s. *faïence.*
féage „Lehenschaft", „Lehensvertrag"
14. Jh., mittellat. schon im 12. Jh. *feudagium,* ist *-aticum*-Abl. von afrz. *fie* „Lehen", s. *fief.*
féal „dem Schwur getreu"
12./13. Jh., im 17. Jh. va., Br. 3, 133, im 11. Jh. latinisiert *fevalis, fedalis,* älter *feudalis,* eigentlich „Vasall", ist Abl. von mittellat. *(feudum),* s. *fief.*

fébrile „fieberhaft"
16. Jh., aus lat. *(febrilis)*.
fécal „zum Kot gehörig"
16. Jh., ist gelehrte Abl. von lat. *(faex, faece)* „Bodensatz", „Hefe".
féchelle s. *faisselle*.
fécond „fruchtbar", „ergiebig"
13. Jh., aus lat. *(fecundus)*; schon im 11. Jh. belegt das dazu gehörige Subst. **fécondité** „Fruchtbarkeit", aus lat. *(fecunditate)*.
fécule „Bodensatz"
17. Jh., aus lat. *(faecula)*.
fédéral „Bundes-"
18. Jh., ist gelehrte Abl. von lat. *(foedus, foedere)* „Bündnis".
fée „Fee"
12. Jh., aus vlat. *fata*, das auf einer spanischen Inschrift belegt ist, Carnoy 227; Löfstedt, Synt. II, 374, Anm., für klassisches *fatua* „Weissagerin". REW 3219.
féer „feien"
12. Jh. *fee-faer*, aus vlat. **fatare* für **fatuare* zu *fatua* „Weissagerin"; belegt ist mediales *fatuari* „bezaubert sein". REW 3219.
féerie „Feenreich"
12. Jh. *faerie*, ist Abl. von *fée*, s. d.
feindre „vorschützen"
12. Jh., afrz. „bilden", „gestalten", „vorgeben", reflexiv *soi feindre* „sich verstellen", dann „träge sein", „zögern", aus lat. *fĭngĕre* „bilden", „erdichten", „sich so und so stellen", „erheucheln" u. ä. REW 3313; Portier, RPFL 29, 183 ff.
feinte „Verstellung"
13. Jh., dazu schon im 12. Jh. die Abl. **feintise** „Verstellung", im 17. Jh. va., Br. 3, 133, afrz. auch *feintie* und *feintié* „Verstellung", „Heuchelei"; ist subst. Part. von *feindre*, s. d.
félatier „Glasbläser"
18. Jh., in Anlehnung an *fer* auch **fératier**, ist Abl. von **fêle** „eisernes Blasrohr des Glasbläsers"; dieses aus lat. *fĭstŭla* „Röhre"; Baist, ZRP 24, 406; REW 3332; das Suffix ist südlicher Herkunft, vgl. *courratier*; s. *fistule*.
feldspath „Feldspat"
18. Jh., aus nhdt. *feldspat*.
fêler „Risse, Sprünge machen"
13. Jh. *faëlé* „rissig", „gesprungen" (von einem Turm gesagt), dazu gleichzeitig *faielure* „Riss", nfrz. **fêlure** „Riß", „Spalt", „Sprung"; dazu prov. *falhar* „Faßreifen" (aus einem gespaltenen Weidenzweig); zu diesem gaskognisch das Verbum *halhà* „spalten", „die Rinde der Weidenruten abziehen", s. auch *feuillard*; H. u.
Aus lat. *flagellare* „geißeln", „peitschen", „schlagen", über dissimiliertes **fagellare*, Thomas Rom. 41, 457; Brüch ZFSL 52, 430; Bl.-W. 257, ist aus begrifflichen Gründen unwahrscheinlich und schon deshalb abzulehnen, weil das lat. *flagellare* in lautgesetzlicher, nicht dissimilierter Form *flaieler, flaëler* „mit der Peitsche, der Geißel, dem Flegel schlagen", (von den Vögeln) „mit den Flügeln schlagen", „zucken" (vom Herzen) belegt ist, dagegen nie im Gesichtskreis des Rissigwerdens auftritt, während die angeblich dissimilierte Entsprechung des Verbums **fagellare*, d. i. afrz. *fa(i)eler*, ausschließlich im Gesichtskreis von Riß, Spalt bleibt; *faieler* aus einer Kreuzung von **faculare* (zu *facula, fax* „Span" mit **fragellare* zu *fragilis* (frêle) Regula, AR 12, 279, ist begrifflich ebenso bedenklich und durch die Überlieferung noch weniger gestützt; *fissiculare*, das nach Georges „die Einschnitte an den Eingeweiden der Opfertiere besichtigen" bedeutet, bzw. ein davon unabhängiges, von *fissus* zu *findere* „spalten" abgeleitetes **fissiculare* „leicht spalten", Diez 582, ist lautlich nicht möglich; vgl. auch REW 3218.
félibre „provenzalischer Dichter"
19. Jh., aus nprov. *felibre*, das im Jahre 1854 bei der Begründung der neuprovenzalischen Dichtervereinigung aus einer volkstümlichen Legende zur Bezeichnung der neuen Dichter übernommen wurde; das Wort ist im übrigen unbekannt, bedeutet an der Stelle: *felibre de la lei* „Kenner des Glaubens"; woher das Wort stammt, ist unbekannt; vielleicht ist es verballhornt aus spanisch *feligrés* „Pfarrkind", dieses aus lat. *(filius gregis)* „Sohn der (Kirchen)herde", Diez 451; so besser als aus *(filii ecclesiae)*, Jeanroy, Rom. 23, 463; Subak, ZRP 29, 420; vgl. REW 3303; vielleicht liegt auch lat. *fellebris* „Sauger", das in Glossen als *fellebris* in der Bedeutung „Schüler" bezeugt ist, Meyer-Lübke, Kr. Jb. 6, 125, zugrunde, doch ist nicht verständlich, auf welchem Weg dieses Glossenwort in die neue Literatur übernommen worden wäre; s. Bl.-W. 257.
félicité „Glück"
14./15. Jh., aus lat. *(felicitate)*.
félin „katzenartig"
18. Jh., aus lat. *(felinus)*.
fellah „ägyptischer Landarbeiter"
19. Jh., aus arabisch *fellâḥ* „Ackerbauer"; Littmann 67; Lam. 115.
félon „treubrüchig", „verräterisch"
afrz. *fel, felon*, dazu das Femininum *felonesse*, ist allgemeiner Ausdruck für eine maßlose schlechte Eigenschaft und deren Träger, „schurkisch", „tückisch", „treulos", „böse", „gefährlich" usf., ohne deutlich definierbare Grundbedeutung; zuerst mittellat. *fellones* 858; aus grom. *fello, -one*, d. i. charakterisierende Abl. von lat. *(fel) fellis* „Galle", „Gehässigkeit", „Zorn"; Weinrich, Festschrift Rheinfelder 339.
Dieses *fello* aus lat. *fĕllare* „saugen", vgl. *fellator* „Sauger", auch im obszönen Sinn,

Herzog, ZRP 26, 733 f., ist bedenklich, da das Verbum im Romanischen keine deutlichen Spuren hinterlassen hat; germ. **fillo* „Schinder", Diez 136; Bl.-W. 258, zu asächsisch *fillôn* „geißeln" ist germanisch nicht möglich, da dieses *fillôn* mit Konjugationswechsel aus *filljan* entstanden ist, dem als Ableitung ein **filljo* entspräche; auch eine entsprechende fränkische Form **felljo* ist lautlich nicht genügend; **fello* unmittelbar zu fränkisch **fel* „Fell", Brüch 70, könnte nur die Bedeutung „Fellhändler", „Fellbearbeiter" haben; vgl. auch Herzog, Festg. Mussafia 488; REW 3304.
Dazu schon vorhistorisch die Abl. *feunie* „Treulosigkeit", neben dem an *félon* neuerdings angeschlossenen, seit dem 12. Jh. bezeugten **félonie** „Treulosigkeit".

felouque „kleines Ruderschiff"
16. Jh. *pelouque*, 17. Jh. *falouque*, aus spanisch *faluca*, dieses aus arabisch *fulûka*, das auf gr. ἐφόλκιον „Schleppboot" zurückgeht; daneben zuerst in Unteritalien *feluca* erwähnt, das auch die Grundlage für span. *faluca* sein dürfte, da dieses wegen des Fehlens des arabischen Artikels nicht unmittelbar aus dem Westarabischen romanisiert sein kann; s. Littmann 97. Das ital. *feluca* ist in das Französische und Deutsche übergegangen; vgl. Lam. 115; de Gregorio SGI 7, 145; Brüch, ZFSL 52, 438; Kurylowicz, Rocznik orjentalistozny II, s. Rom. 53, 435; Bl.-W. 258.
felous s. *flou*.
fêlure s. *fêler*.

femelle „Weibchen"; „Pfanne der Torangel" u. ä.
12. Jh., aus lat. *fēmella* „Weibchen". REW 3238.

fèmelot „Angelring des Steuerruders"
18. Jh., ist dem. Abl. von *femelle* in der übertragenen Bedeutung „Vorrichtung, die etwas anderes in sich aufnimmt".

féminin „weiblich"
12. Jh., aus lat. *(femininus)*.

femme „Frau", „Ehefrau"
11. Jh., lat. „Weib", „Weibchen", in der Vulgata wie *mulier* „Frau" im Allgemeinen gebraucht, tritt auch für *uxor* „Ehefrau" ein; Lerch, Rom. Jb. 3, 150.

fémoral „zum Schenkel gehörig"
19. Jh., aus lat. *(femoralis)*.

fémur „Schenkelknochen"
16. Jh., aus lat. *(femur)*.
fenaison s. *fanaison*.

fendille „Riß" (in Holz oder Eisen)
19. Jh., ist postverb. Subst. von **fendiller** „einritzen", d. i. seit dem 16. Jh. bezeugte deminutive Abl. von *fendre* „spalten", s. d.

fendis „Zustand der Spaltung"
18. Jh., ist in Anlehnung an *fendre* umgestaltetes *fentis*, so im 12. Jh. adjektivisch „wie gespalten" belegt, aus grom. **fĭnditīcius* zu *fĭndĕre* „spalten", s. *fendre*; vgl. *fentoir*.

fendre „spalten"
11. Jh., aus lat. *fĭndĕre* dass., REW 3312; dazu seit dem 14. Jh. das subst. Part. **fendue** „Spalt" für älteres *fente*, s. d.
fêne s. *faîne*.

fenestré „fensterartig durchlöchert"
18. Jh., aus lat. *(fenestratus)*; daneben volkstümlich entwickeltes afrz. *fenestré* „mit Fenstern versehen", „fensterartig durchlöchert", so seit dem 12. Jh. nfrz. **fenêtré**; Bl.-W. 258.

fenêtre „Fenster"
12. Jh. *fenestre*, *freneste* „Fenster", „Öffnung", aus lat. *fenestra*; REW 3242.

fenil „Heuboden"
12. Jh., aus lat. *fēnīle*. REW 3244.

fenouil „Fenchel"
13. Jh., aus vlat. *fēnŭculum*, das mittellat. belegt ist, für klassisches *feniculum;* Diez 140; REW 3246; Roll. Fl. 6, 151 ff.; dazu mit Suffixtausch für *fenouillé* die Form **fenouillet** „Fenchelapfel", auch „Fenchelbranntwein", die den Ausgangspunkt für gleichbedeutendes **fenouillette** bildet.

fente „Spalte"
14. Jh., aus vlat. **fĭndĭta*, d. i. vorhistorisches Part. von frz. *fendre* „spalten", s. d.; vgl. *fendue*, *fendis*, *fentoir;* afrz. 11. Jh. *fendedure*, grom. **finditura* als Weiterbildung von *findita* „Riß" (in einer Narbe).

fentoir „Hackmesser"
14. Jh. adjektivisch „zum Spalten bestimmt", aus grom. **fĭndĭtōrius* dass., zu lat. *findere* „spalten", s. *fendre*.

fenton „Eisenklammer", „gespaltenes Pflockholz"
17. Jh., ist mit dem charakterisierenden Suffix *-one* abgeleitet von *fente* „Spalte", s. d.

fenugrec „Bockshorn"
13. Jh., aus lat. *(foenugraecum)*.

féodal „zum Lehen gehörig"
14. Jh., aus mittellat. *(feodalis)*, s. *féal* und *fief*.

fer 1. „Eisen"
10. Jh., aus lat. *fĕrrum*. REW 3262.
2. in *marchand de literie et de fer en meubles* auch *faire* geschrieben, steht für afrz. *fuerre*, mundartlich *feurre* „Futterstroh", „Futter", s. d. Dict. gén.
fératier s. *félatier*.

féraud „poröser, rötlicher Stein"
auch *ferault*, im 14. Jh. *ferrot*, scheint ein afrz. **ferral*, **ferrel* „Eisen-" fortzusetzen, dieses *-alis*-Abl. von *fer* „Eisen", s. d.; vgl. auch *ferret*. Dict. gén.

fer-blanc „Weißblech"
14. Jh., ist zusammengesetzt aus *fer* 1 und *blanc*, s. d.; dazu seit dem 18. Jh. mit Stammverkennung die Abl. **ferblantier** „Blechschmied".

féret s. *ferret.*

fériable „Feier-"
dafür im 13. Jh. volkstümlich entwickelt *foirable,* ist Gegenbildung zu *ouvrable* „an dem gearbeitet wird", s. d., in Anlehnung an *féries,* s. d.

férial „Wochentags-"
13. Jh., aus mittellat. *(ferialis),* d. i. Abl. von mittellat. *feria* „der tägliche Gottesdienst", zu lat. *feria* „Feiertag".

féries „Ferien"; dann in der katholischen Liturgie „generelle Bezeichnung der Wochentage"
12. Jh., aus lat. *(feriae)* „Ruhetage" bzw. mittellat. *(feriae)* „Wochentage", s. über dieses *férial.*

férir „schlagen" va.; „treffen"
11. Jh. *ferir* „dreinschlagen", refl. „sich wohin werfen, stürzen"; intr. „auf etwas treffen" u. v. a., heute nur mehr gebräuchlich in *sans coup férir* „widerstandslos", Bl.-W. 258, aus lat. *fĕrire* „stoßen", „stechen", „schlagen", „treffen", die Form vermutlich beeinflußt durch *fer,* für lautgesetzlich zu erwartendes, afrz. gelegentlich belegtes *frir.* REW 3253; Gilléron, RPFL 34, 11.

ferler „die Segel einziehen und an der Segelstange festmachen"
18. Jh. auch *fresler,* für afrz., seit dem 12. Jh. bezeugtes *ferlier,* auch *fermlier* „anbinden", „festmachen", d. i. Zusammensetzung aus afrz. *ferm, fer* „fest", s. *ferme,* und *lier* „binden", s. d.; der Übergang von *ferlier* zu *ferler* erfolgte zu der Zeit, als für die Infinitive auf afrz. *-ier* durchwegs die Endung *-er* eintrat; zu afrz. *ferlier* vgl. Haust, Rom. 40, 324; Etym. 94 f.
Zu lat. *ferula* „Rute", Barbier, RLR 51, 267, ist begrifflich und historisch nicht möglich, s. REW 3263; zu *frenum* „Zügel", fragend REW 3496, ist lautlich nicht verständlich.

ferlet „Aufhängering"
18. Jh., ist Ortsbezeichnung zu *ferler* „festmachen", s. *ferler.*
Zu lat. *ferula* „Rute", Barbier, RLR 51, 266, ist historisch nicht möglich; *ferula* ist im Galloromanischen nur in der botanischen Bedeutung „Rutenkraut" bezeugt und auch dieses nicht volkstümlich, vgl. *férule.*

fermail „Spange", „Schnalle"
12. Jh., aus grom. **fĭrmăcŭlum* „Werkzeug zum Befestigen", d. i. Abl. von *firmare,* s. *fermer.*

ferme 1. „fest"
12. Jh., afrz. Mask. *ferm,* Fem. *ferme,* letzteres seit dem 13. Jh. auch für das Mask., s. T. Fischer, Ausgleichserscheinungen 186 ff., aus lat. *fĭrmus,* REW 3320.
2. „Verpachtung", „Pachthof"
13. Jh., zuerst in der Verbindung *à ferme, à la ferme,* ist abstraktes, postverb. Subst. von *fermer* in der Bedeutung „beschließen", „einen Vertrag schließen", d. i. Weiterentwicklung von *fermer* „festmachen".

ferment „Gärungsmittel"
14. Jh., aus lat. *(fermentum).*

fermenter „in Gärung bringen", „gären"
13. Jh., aus lat. *(fermentare),* wie das Subst. kaum in volkstümlicher Entwicklung.

fermer „festmachen" va.; „schließen"
12. Jh., aus lat. *fĭrmare* „befestigen", spätlat. auch „schließen", als populäre Variante von *claudere,* s. *clore*; vgl. bei Tibull *janua clauditur sera firma* „die Haustür wird mit einem sicheren Querriegel geschlossen"; Bambeck 20; REW 3318.
fermeret s. *formeret.*

fermeté „Festigkeit"
12. Jh., ist Abl. von *ferme* „fest", für älteres, auf lat. *firmitate* zurückführendes *ferté,* das in Ortsnamen erhalten ist.

fermeture „Verschließung"
14. Jh., ist im 13. Jh. in der Bedeutung „Festung" belegt, ist *-ura-*Abl. von *fermer,* s. d., mit dem Übergangs-*t-* von *ferté, fermeté.*

fermier „Pächter"
13. Jh., ist Abl. von *ferme* 2.

fermoir 1. „Schließe"
13. Jh., ist Werkzeugsableitung von *fermer* „schließen", für älteres *fermail,* s. d.
2. „breites Stemmeisen"
14. Jh. *framoir,* ist dissimiliert aus *formoir,* das im 15. Jh. belegt ist; d. i. Werkzeugsableitung von *former* „formen", vgl. *fermeret* für *formeret*; Dict. gén.

féroce „wild", „grausam"
15. Jh., aus lat. *(feroce).*

ferraille „altes Eisen"
14. Jh., ist Kollektivableitung *(-alia)* von *fer* 1; dazu seit dem 17. Jh. die Abl. **ferrailler** „ohne Ergebnis fechten", eigentlich „auf altes Eisen dreschen".

ferrandier „Hanfreiber", „Hechler"
17. Jh., ist Abl. von norm. *ferrer* „den Hanf mit dem *ferreur,* dem eisernen Hechelkamm kämmen"; dieses Abl. von *fer* „Eisen", s. d.; Gerig, HF 74; wegen der Endung vgl. *filandière,* im Zentrum *filandreux* „Hechler" zu *filer.*

ferrandine „halbseidener Stoff"
17. Jh., ist angeblich abgeleitet vom Namen eines lyonesischen Kaufmanns *Ferrand,* der diese Stoffart zuerst erzeugt hätte, Dict. gén.; dazu seit dem 17. Jh. die Abl. **ferrandinier** „Erzeuger dieser Stoffart".

ferrant in *maréchal ferrant* „Hufschmied"
17. Jh., ist Part. von *ferrer* „beschlagen"; afrz. *ferrenc* „Eisen-", dieses *-ĭng-*Abl. von *fer,* ist davon wohl unabhängig.

ferrasse „Blechkasten des Glasbläsers", „Spiegelgießerwagen" u. ä.
18. Jh., bedeutet der Bildung nach ursprünglich „Eisengerät" und ist dann übertragen auf den Ort, wo sich das Eisengerät befindet; es

ist kollektivische Abl. *(-acea)* von afrz. *ferre* „Eisengerät", s. *ferre* 1.

ferre 1. „Flaschenzange des Glasmachers"
15. Jh., aus grom. *fĕrra* „Eisengerät", „eisernes Werkzeug", d. i. Kollektivform zu lat. *ferrum* „Eisen", s. *fer* 1; vgl. wegen der Bedeutungsentwicklung von „Eisengerätschaften" zu „eisernes Werkzeug", lat. *ferramentum* unter *ferrement.* Dict. gén.
2. „Eisenstaub"
ist afrz. Kollektivform zu frz. *fer* „Eisen", s. d.

ferrement „eisernes Werkzeug" va.; „Eisenwerk"
13. Jh., aus lat. *ferramentum* „mit Eisen beschlagenes Werkzeug". REW 3255.

ferrer „mit Eisen beschlagen"
12. Jh., aus vlat. **fĕrrare* zu lat. *ferrum* „Eisen"; REW 3256; vgl. zu dem lat. nicht belegten Verbum lat. *ferratus* „mit Eisen beschlagen", *ferramentum* „mit Eisen beschlagenes Werkzeug".

ferret „kleines Eisen", „Schnürsenkel", „Löschhütchen"
16. Jh., ist dem. Abl. von *fer* „Eisen", s. d.

ferretier „Schmiedehammer"
17. Jh., ist ursprünglich den Schmied bezeichnende Abl. von *ferrer* „beschlagen", s. d.

ferrière „Beschlagtasche"
16. Jh., ist mit dem Suffix der Umfassung abgeleitet von afrz. *ferre* „Eisengerät", s. *ferre* 1.

ferron „Eisenhändler"
13. Jh., aus grom. **ferrone*, d. i. mittels des die Personen, die sich mit dem Stammwort befassen, charakterisierenden Suffixes *-one* abgeleitet von lat. *ferrum* „Eisen", vgl. *charron*; dazu seit dem 16. Jh. die einreihende Weiterbildung **ferronnier** „Eisenarbeiter"; „Kunstschmied"; seit dem 13. Jh. **ferronnerie** „Eisenkram".

ferronnière „Stirnband mit einem Kleinod in der Mitte"
19. Jh., nach dem Bild *La belle ferronnière* des Leonardo da Vinci; also zu *ferronnier*, s. d.; Dict. gén.

ferrugineux „eisenhaltig"
17. Jh., ist Abl. von lat. *(ferrugine)* „Eisenrost".

ferrure „Eisenbeschlag"
13. Jh. *ferëure*, aus vlat. **ferratura* zu vlat. **ferrare* „beschlagen", s. *ferrer*, das durch prov. *ferradura*, ital. *ferratura* u. ä. gesichert ist.

ferse „Segelbreite"
14. Jh. für Rouen *fers de coton* „baumwollenes Segeltuchkleid", aber im Italienischen als *ferzo*, *sferzo* u. ä. schon im 13. Jh. bezeugt, lebt im Sizilianischen für jede Art Leinwand; daneben südital. *fersa* „Leinwandstreifen", vermutlich aus gr. φάρσος „abgebrochenes Stück", „Fetzen", Vidos 390; s. dazu bei Schmidlin Cath. *ferze*, aus ital. *ferscio*, *ferzo d'una vela* „das Kleid eines Segels", s. Behrens, Wg. 357.

fertile „fruchtbar"
14. Jh., aus lat. *(fertĭlis).*

férule „Steckenkraut"; auch „Zuchtrute"
15. Jh., aus lat. *(ferula)* in beiden Bedeutungen; Bl.-W. 259.

fervent „inbrünstig"
12. Jh., aus lat. *(fervente)* zu *fervēre* „glühen".

ferveur „Inbrunst"
12. Jh., aus lat. *(fervore).*

fesse „Hinterbacke"
14. Jh., aus lat. *fĭssa* „Einschnitt", „Spalte", das schon lat. als Kollektivform für gleichbedeutendes *fissum* zu *findere* „spalten" gebraucht wird. Diez 583; REW 3329; dazu seit dem 15. Jh. **fesser** „auf den Hintern klopfen"; s. d. F.

fesse-cahier „Abschreiber"
17. Jh., ist zusammengesetzt aus *fesser* „einen Fußtritt geben" und *cahier* „Heft"; vgl. dazu *fesser le cahier* „rasch, oberflächlich abschreiben".

fesse-Mathieu „Wucherer"
16. Jh., wird von allem Anfang an mit *fesser* „auf den Hintern klopfen" und dem Namen des hl. Mathaeus, der Zöllner war und im Mittelalter als Wucherer galt, volksetymologisch zusammengebracht; diese sich aufdrängende Erklärung ist entwicklungsgeschichtlich nicht haltbar; *fesse* steht für afrz. *faisce* (s. *faisse*) und bedeutet noch im 16. Jh. „Gürtel", „Schärpe"; am Gürtel wird im späteren Mittelalter der Geldbeutel getragen; *faisse Mathieu* bedeutet also „Gürtel (mit dem Geldbeutel) des hl. Mathaeus", der Ausdruck wird zum Symbol für St. Mathieu als „Wucherer"; Lindfors-Nordin, ZFSL 63, 72.
Daß auch *fesser* „prügeln" zu *faisse*, *fascia* gehört, Wartburg, RDiR 11, 333; FEW III, 424 ist begrifflich unwahrscheinlich, da afrz. *faiscier* „einwickeln", „bandagieren" bedeutet, niemals „prügeln" oder Sinnverwandtes; das für den Zusammenhang mit *faiscier* angeführte mundartliche *fessier* ist *-idiare*-Abl. von *fesse*, entspricht dem Typus *fesseier* *(*fessoyer).*
fesser s. *fesse.*
fessoir s. *fossoir.*

festin „Schmaus"
16. Jh., aus ital. *festino*, d. i. dem. Abl. von *festa* „Fest", s. *fête.*

festival „Musikfest"
19. Jh., aus englisch *festival*; dieses ist selbst aus afrz. *festivel*, *festival* „feierlich" entlehnt; dieses *-alis*-Abl. von lat. *(festivus)* „feierlich".

feston „Blumenbogen"
16. Jh., aus ital. *festone*, d. i. Abl. von ital. *festa* „Fest", s. *fête.*

festoyer „feiern"
12. Jh., ist *-idiare*-Abl. von afrz. *feste*, s. *fête*; die heutige Aussprache in Anlehnung an ital. gleichgebautes *festeggiare*; *fétoyer* wird noch von Voltaire gebraucht; Bl.-W. 259.

fête „Fest"
12. Jh., aus vlat. *fĕsta*, d. i. Kollektivform zu lat. *festum* „Fest"; REW 3267; dazu seit dem 16. Jh. **fête-Dieu** „Fronleichnam", wörtlich „Fest Gottes" in alter syntaktischer Verbindung; Bl.-W. 259.

fétiche „Götzenbild"
17. Jh., aus portug. *feitiço* „Zauber", „Amulett", adj. „künstlich", „nachgemacht", dieses aus lat. *factīcius* „nachgemacht", „künstlich", s. *factice*; REW 3132; dazu seit dem 18. Jh. **fétichisme** „Fetischismus"; Bl.-W. 259.

fétide „stinkend"
15. Jh., aus lat. *(foetĭdus)*.
fétoyer s. *festoyer*.

fétu „Strohhalm"
12. Jh. *festu*, aus vlat. *festūcum*, so belegt in Glossen, Brüch, ZFSL 52, 439, d. i. zu lat. *festuca* „Halm" analogisch neu gebildeter Singular, da *festuca* nach seiner Endung als Kollektivform gefaßt wurde, vgl. *épi*; REW 3268.
Dazu *rompre le fétu* „mit jmd. sich verfeinden" in Nachwirkung des alten Gebrauchs, nach dem durch das Zerbrechen eines Strohhalms die Kündigung des Lehensverhältnisses zwischen Lehensherrn und Lehensträger symbolisch dargestellt wurde, vgl. Settegast, ZRP 31, 588 ff.; Tilander, Rem. 25; dort weitere Literatur.

feu 1. „Feuer"
10. Jh. *fou*, aus lat. *fŏcus*, das ursprünglich den „Herd" bezeichnet, im klassischen Latein dichterisch für „Feuer" verwendet wurde, dann im Vlat. lat. *ignis* verdrängte; so schon durchgeführt bei Marcellus Empiricus u. a.; REW 3400.
2. „verstorben"
11. Jh. *fadud*, ist afrz. zunächst von *mal* oder *bien* begleitet, bedeutet „glückselig" bzw. „unglückselig"; seit dem 13. Jh. die heutige Bedeutung wie spanisch *santo*, deutsch „selig" u. ä.; es liegt ein grom. **fatūtus* zugrunde, d. i. mit dem *ūtus*-Suffix, das mit *-atus* in adjektivischer Funktion konkurriert, umgestaltetes vlat. **fatatus* „von Feen bezaubert, beschenkt", vgl. das entsprechende prov. *fadat, mal fadat* u. ä.; dieses ist Part. von **fatare*, s. *fée, féer*.
**fatutus* zu *fatum* „Geschick", das also „mit einem (starken) Geschick versehen" bedeutet hätte, Bl.-W. 260, ist auch möglich.
Zu lat. *(fuit)* „ist gewesen", ist wegen der alten Formen ausgeschlossen; vgl. REW 3222.

feudataire „Lehensträger"
15. Jh., aus mittellat. *(feudatarius)*, zu mittellat. *feudum* „Lehen", s. *fief*.
feuillade s. *feuillée*.

feuillantine „Blätterteigkuchen"
17. Jh., bezeichnet ursprünglich die Nonnen des Feuillantinenklosters; der Name *feuillantine* nach der Abtei Notre Dame des *Feuillants* bei Toulouse. Die Übertragung auf die Bezeichnung des Blätterteigkuchens, frz. *feuilletage*, wohl nur wegen des Anklangs des Namens der Nonnen an die Bezeichnung des Kuchens; anders Arveiller, RDR 28, 319.

feuillard 1. „Blätterwerk" va.; „Zweige und Laub als Winterfutter"
14. Jh. „Blätterwerk", „Laub", steht für **foillas*, d. i. Kollektivabl. *(-aceum)* von afrz. *fueille* „Laub", s. *feuille*; *foliaceus* „blätterig" ist lat. bezeugt, doch ist das angesetzte afrz. **foillas* wohl sekundäre kollektivische Abl. von *fueille*; *feuillard* aus prov. *folhat*, Brüch, ZFSL 52, 440 ist wortgeschichtlich nicht gerechtfertigt"; s. afrz. *foillié* „mit Laub bedeckt" aus lat. *foliatus*.
2. „gespaltene Weidenzweige als Faßreifen" 18. Jh., stammt aus dem Lokalfranzösischen von Bordeaux, Dict. gén., ist hier an *feuille* volksetymologisch angeschlossenes prov. *falhar* dass.

feuille „Blatt"
12. Jh., bedeutet ursprünglich „Laub", aus lat. *fŏlia*, d. i. Plural zu *folium* „Blatt"; der alte Singular ist erhalten in afrz. *fueil*. REW 3415.

feuiller „falzen"
dazu seit dem 17. Jh. die *-arĭceus*-Abl. **feuillerez** „Falzhobel", afrz. *foillier* „Laub treiben", auch als technischer Ausdruck „einfassen", entsprechend prov. *folhar* „belatten", dazu nprov. *fuià* „verschalen"; setzt ein vorhistorisches **foliare* „ein Blatt auflegen" als Ausdruck des Handwerks, eigentlich „Laub ansetzen" voraus, zu *folium*, s. *feuille*; Thomas. NE 271; Behrens, ZFSL 30, 1, 358; REW 3415.

feuilleter „in Blätter einteilen", „überblättern" u. ä.
13. Jh., ist Abl. von *feuillet* „kleines Blatt", s. *feuille*; dazu seit dem 18. Jh. die Abl. *(-aticium* in ursprünglich abstrakter Bedeutung) **feuilletis** „Stelle im Schieferblock, wo der Schiefer dünnblättrig liegt".

feuilleton 1. „kleines Heft im Duodezformat, ein Drittel des Druckbogens umfassend"
17. Jh., ist dem. Abl. von *feuillet* „Druckblatt".
2. „Feuilleton" (literarische Beigabe zu einer Zeitung)
18. Jh., ist Abl. von *feuilleter* „(ein Buch überblättern".

feuillette 1. „Blättchen", „Knüppelband der Reepschläger"

13. Jh., ist dem. Abl. von *feuille* „Blatt", s. d.
2. „Fäßchen als Weinmaß" (mit 114 bis 140 Litern)
14. Jh., lebt im Südosten, vgl. lyon., forez. *folieta, foulieta,* auch vogesisch *fiotte,* Morvan *fillette;* dazu prov. *folheta* „Weinmaß", während im 15./16. Jh. belegtes *foille* „Faß" wohl Rückbildung von *foilette* ist; vgl. dazu *fillette,* das im Mittelalter für Lille, Orléans, Dijon bezeugt, aber wohl selbst aus dem Süden entlehnt ist; es gehört zu asächsisch *ful* „Becher", „Krug", agls. *ful* „Behälter zu Flüssigkeiten", agls. *fyllô* „volles Maß", aus fem. got. *fullj(a)* zu *fullei* „Fülle"; Grundform ist **fuillette.*
Zu *feuille* „Blatt", REW 3415, ist begrifflich nicht verständlich; ebenso zu frz. *feuiller* „falzen", Bl.-W. 260. Oder zu *follis* „Schlauch", Skok, AR 8, 574.

feurre „Stroh" va.; „Langstroh zum Füllen von Stühlen"
12. Jh. *fuerre,* heute auch in mundartlicher Entwicklung *foerre, foarre,* bedeutet ursprünglich „Viehfutter", so noch heute rouchi *feurre,* wall. *foûr, fôre,* und durch die Abl. *fourrage* gesichert, s. d.; dazu schon im 12. Jh. *aller en fuerre,* das wohl „auf Futterholen ausgehen" bedeutet; aus fränkisch **fôđr* zu anord. *fôđr* „Viehfutter"; vgl. mit der Bedeutung des literarischen Wortes pik., B. Maine *för,* norm. *feurre* „Haferstroh", „Stroh"; Diez 142; REW 3405; s. *fourrage* 1; vgl. dieselbe Wortsippe, aber unmittelbar anderer Herkunft unter *fourreau.*

feutre „Filz"
11. Jh., aus fränkisch **filtir,* zu ahdt. *vilz* dass.; Bruckner, Char. 6; REW 3305; Brüch, SAWien, 235, 5; ZFSL 52, 440; RLR II, 30; Flasdieck, Buchreihe der Anglia, Bd. 2; vgl. auch Pogatscher, ZRP 12, 554; ML Einf., 2. Aufl., S. 49.
Davon zu trennen ist afrz. *fautre* „Kerbe im Brustharnisch, in die der Ritter beim Angriff zu Pferde die Lanze zum Halt einsetzt"; dies aus fränkisch **faltur* zu mhdt. *falz* „Falz", „Fuge", zu einer Wurzel **falt-* „stoßen", „schlagen", „hämmern", die auch in afrz. *fautrer* „schlagen", „hauen" erhalten ist; die beiden Wörter sind schon afrz. verwechselt worden; daher gelegentlich afrz. *feutre* „Lanzenstützpunkt" und *fautre* „Filz"; Gg. ZRP 46, 634; FEW III, 394.

fève „Bohne"
12. Jh., aus lat. *făba;* REW 3117; dazu seit dem 14. Jh. die dem. Abl. **fèverole** „Pferdebohne" entsprechend lat. *faba minor;* wegen des Deminutivsuffixes vgl. *èverole.*

févier „Bohnenbaum"
18. Jh., ist Abl. von *fève* „Bohne"; ein gleichgebautes grom. *fabarium, fabaria* „Bohnenfeld" ist in Ortsbezeichnungen weit verbreitet.

fèvre „Schmied" va.; „Kesselmeister in Salinenwerken"
12. Jh., bedeutet afrz. „Metallarbeiter", „Schmied", „Hufschmied", dann „Arbeiter" im allgemeinen, ist im 18. Jh. für Flandern auch in der Bedeutung „Schlosser" bezeugt; die Bedeutungserweiterung des Wortes erklärt sich daraus, daß es im Französischen ohne zugehörige Stammesbildungen dasteht; aus lat. *făber* „Schmied". REW 3120.

février „Februar"
12. Jh., aus vlat. *fĕbrarius,* das in der Appendix Probi belegt ist, für lat. *februarius.* Schuchardt, Vok. 2, 468; Merlo Stag. 108 ff.; REW 3231.
fèvrolle s. *fèverole.*

fez „Fez"
17. Jh., nach der marokanischen Stadt *Fez,* in der diese Kopfbedeckungen erzeugt wurden; Dict. gén.; Lam. XX.

fi 1. „pfui"
12./13. Jh., ist Schallwort.
2. s. *fic.*

fiacre „Lohnkutsche"
17. Jh. nach einem heilig gesprochenen Mönch, der durch sein Gebet die Unfruchtbarkeit Anne d'Autriche's geheilt hätte; nach Ménage sei das Bild des Heiligen in der rue Saint-Antoine an dem Gebäude angebracht gewesen, vor dem die Lohnkutscher ihre Wagen parkten; diese hätten als Kennzeichen das Bild des heiligen Fiacre an ihren Wagen angebracht; Letessier, Fr. mod. 20, 118; Dict. gén.; Bl.-W. 260.

flammette „Feuerfarbe"
17. Jh., aus ital. *fiammetta* „Flämmchen", d. i. dem. Abl. von *fiamma,* s. *flamme.*

fiançailles „feierliche Verlobung"
12. Jh., ist *-alia*-Abl. von **fiancer** „feierlich verloben"; dieses seit dem 12. Jh. belegte Abl. von afrz. *fiance* „Vertrauen", „Treueschwur" zu *fier* 1, s. d.; wegen der Abl. vgl. *épousailles.*

fiasco „Durchfall am Theater"
19. Jh., aus ital. *far fiasco,* zu ital. *fiasco* „Flasche"; dieses ist Rückbildung von *fiascone* dass., das bei Gregor dem Großen als *flascone* belegt ist; das Wort stammt aus gotisch **flaskô,* das sich aus dem daraus entlehnten lappländischen *lasko* erschließen läßt; die entsprechende Form des Fränkischen **flaska* ist unmittelbar ins Galloromanische gedrungen, findet sich schon bei Isidor v. Sevilla in der Bedeutung „Weinflasche", auch kennt Isidor eine ältere Bedeutung „Strohumhüllung der Weinflasche"; daher afrz. *flasche* u. ä., das noch in wall. *flache* lebt, Haust, Dict. LF, s. v.; das Wort ist echt germanisch, gehört etymologisch zu *flechten;* Diez 138; Schröder, ADA 23, 157; Brüch 6; Meringer, WuS 7, 11 ff.; REW 3355; vgl. *flacon.*

fibre „Faser"

14. Jh., aus lat. *(fĭbra)*. Dazu seit dem 18. Jh. die dem. Abl. **fibrille** „Muskelfäserchen".

fic „Feigwarze"
15. Jh., lebt heute als *fi* im Südteil des Nordfrz., aus lat. *fīcus* „Feige", „Warze", s. *figuier;* ALF 1375.

ficelle „Bindfaden"
14. Jh. *fiucelle,* falsch gelesen *fincelle,* Godefr. IX, 615, aus vlat. **fīlĭcella,* d. i. dem. Abl. von lat. *filum* „Faden", s. *fil;* Diez 584; REW 3299; dazu seit dem 17. Jh. die Abl. **ficeler** „schnüren".
Aus **funicella* „dünnes Seil", Bl.-W. 260; FEW III, 878 ist lautlich und begrifflich schwierig.

fiche „Rammpflock", „Kennzeichen"
15. Jh., ist postverb. Subst. von **ficher** „einrammen", „festmachen", populär Deckwort für *foutre,* ohne logisch definierbare Grundbedeutung, „schleudern", „schmeißen", „machen", „tun", „geben" usf., *se ficher de,* wie *se foutre de* „auf etwas pfeifen" u. ä.; 12. Jh. *fichier* „hineinstecken", „festheften", „festsetzen", refl. „eindringen", „sich verbergen", aus vlat. **fīgĭcare,* d. i. Intensivform zu lat. *figere* „heften". Diez 139; REW 3290; dazu seit dem 17. Jh. als Deckwort für *foutu,* **fichu** „jämmerlich", „erbärmlich", „futsch" u. ä., als populäre pejorative Variante von *fait,* bezogen auf Menschen, erweitert durch *bien* oder *mal,* „gekleidet", „ausstaffiert"; daher die substantivierte Form **fichu** „Halstuch"; zu dem gleichen Deckverbum die Interjektion **fichtre** „verflucht"; Orr, Essais 54.
**ficticare,* Ulrich, ZRP 9, 429, ist lautlich nur für die nordfrz. Entsprechungen des Wortes genügend.

fiction „Erdichtung"
13. Jh., aus lat. *(fictione),* s. *feindre*; zum gleichen Stamm **fictif** „erdichtet", „Schein-", 15. bzw. 17. Jh., Bl.-W. 261.

fidéicommis „unveräußerliches, im Erbe abzugebendes Vermächtnis"
13. Jh., aus lat. *(fideicommissum)* „eine derartige testamentarische Verfügung über einen Gegenstand, daß ihn der Erbe gemäß dem Vertrauen, das der Erblasser zu ihm hat, einem andern, den man nach den Gesetzen nicht zum Erben einsetzen darf, übergeben soll"; d. i. Part. von *fideicommittĕre* „auf seine Ehrlichkeit anvertrauen".

fidéjussion „Bürgschaft"
16./17. Jh., aus lat. *(fidejussione).*

fidèle „treu"
16. Jh. für afrz. *feoil,* aus lat. *(fĭdēlis).*

fidélité „Treue"
13./14. Jh., für volkstümlich entwickeltes afrz. *feeuté,* aus lat. *(fidelitate).*

fiducie „Verkauf unter Vorbehalt des Rückkaufs"
18. Jh., aus lat. *(fiducia)* „Vertrauen"; dazu schon im 16. Jh. **fiduciaire** „treuhänderisch", aus lat. *(fiduciarius)* „auf Treu und Glauben gegeben".

fief „Lehen"
12. Jh., Nom. *fieus,* Acc. *fieu,* dann analogisch *fief* als neuer Akkusativ, wie in *juif* u. ä., dazu im 10. Jh. mittellat. *feu,* aus grom. *feudum,* mittellat. auch *feaudus, fevodium* u. a., die auf ein fränkisches **fëh-ôd* „Besitztum an Vieh" zurückführen; dieses zu fränkisch *fëh* „Vieh", das in den malbergischen Glossen belegt ist, vielleicht schon mit der Bedeutung „Vermögen", vgl. gotisch *faíhu* „Vermögen", ahdt. *fihu* „Vieh", afriesisch *fia* in beiden Bedeutungen; wegen **ôd* s. *alleu*; *fëhu* „Vieh" = „Vermögen" ist in langobardischer Form als *faderfiu* „väterliches Vermögen" mittellat. belegt und als *fio* „Lehen" u. ä. ins Italienische gedrungen. Diez 140; Braune, ZRP 10, 268 ff.; Bruckner, Char. 17; Jud, WL 2, 117; REW 3274; Gg. RG I, 168.
fief aus lat. *fiscus,* Krawinkel, Forschungen zum deutschen Recht III, 2; Lerch, RF 54, 437 ist lautlich und begrifflich unhaltbar.
Dazu seit dem 12. Jh. die Abl. **fieffer** „belehnen".

fiel „Galle"
12. Jh., aus spätlat. *fĕle,* lat. *fĕl,* B. Löfstedt, Stud. Neoph. 36, 386; REW 3234; s. *félon.*

fiente „Dreck"
12. Jh., aus vlat. **fĕmita,* d. i. postverb. Subst. von vlat. **femitare* „Kot auswerfen"; dieses ist Abl. von vlat. **fĕmus* „Kot" (daraus afrz. *fiens* „Dreck"), in dem sich lat. *fimus* „Dreck" und *stĕrcus* dass. kreuzen; von *fiente* seit dem 14. Jh. die Abl. *fienter* „misten". REW 3309.
Kreuzung von *fimus* und *faex* „Hefe" bzw. *foetere* „stinken", Ulrich, ZRP 23, 536, ist begrifflich fernerliegend bzw. lautlich bedenklich.

fier 1. „anvertrauen" va.; refl. „vertrauen"
schon afrz. seit dem 11. Jh. fast ausschließlich reflexiv „Vertrauen haben", aus vlat. **fīdare,* d. i. Abl. von lat. *fidus* „treu". Diez 120; REW 3282.
2. „wild" va.; „stolz"
11. Jh. „wild", „leidenschaftlich", „heftig", „grausam", „stolz", „anmaßend", aber auch positiv „erhaben", „hoch", aus lat. *fĕrus* „wild", „kühn". REW 3264.

fier-à-bras „Eisenfresser", „Prahlhans"
18. Jh., nach dem Epenhelden *Fierabras*; der Name ist ursprünglich als Apposition verwendeter Beiname, wie afrz. *Raoul grosseteste, Guillaume grosventre* u. ä., aus prov. *fera brassa* „Wildhand", d. i. zusammengesetzt aus prov. *fer* „wild", s. *fier* 2, und *brassa,* altes Kollektivum zur Bezeichnung beider Hände zu prov. *braz* „Arm", s. *bras*;

vgl. Hoefer, Apposition im Altfrz. 27ff.; Kölbel 78.

fierte „Reliquienschrein"
12. Jh. *fiertre,* lebt heute im Norm., Rouchi, aus lat. *(fĕrĕtrum)* „Bahre zum Tragen von Opfergaben", nicht in rein volkstümlicher Entwicklung, da die Beibehaltung des Akzentes auf der ersten Silbe der vlat. Betonung widerspricht; FEW III, 462; REW 3249.

fierté 1. „Stolz"
12. Jh., aus lat. *fĕritate* „Wildheit", in lautlicher Anlehnung an *fier* 2.
2. „mit von der Körperfarbe abweichender Färbung der Zähne, Flossen und des Schwanzes" (vom Walfisch im Wappen)
11. Jh. *ferreté* „durchbohrt" (so daß die Unterlage durchscheint); „gesprenkelt"; dieses scheint in Anlehnung an *fer* „Eisen" aus **foreté* umgestaltet zu sein; dieses zu *forer* „bohren", s. d.; vgl. auch *formeret* neben *fermeret.*
fieux s. *fils.*

fièvre „Fieber"
12. Jh., aus lat. *fĕbris.* REW 3230.

fifi „Kleiner", „Kleine"
19. Jh., ist Koseform zu *fils* nach der alten Aussprache *fi*; Kocher, Red. 15.

fifre „Querpfeife"
16. Jh., aus mhdt. *pfîfe* oder assimiliert aus *piffre,* s. *empiffrer.* Behrens, DS 45.

fifrelin „Pfifferling"
19. Jh., aus dem Deutschen.

figaro „Barbier"
19. Jh., nach der Hauptperson im Barbier von Sevilla von Beaumarchais. Dict. gén.; Kölbel 78 f.

figer „gerinnen machen"
12. Jh. *fegier,* ist Abl. von afrz. *fige, fege* u. ä. „Leber", s. *foie,* vgl. mhdt. *liberen* zu *leber*; *fegier* bedeutet also wörtlich „zur Leber werden lassen", da das gestockte Blut der Zusammensetzung nach an die Leber erinnert; G. Paris, Rom. 8, 434 (Mél. 554); REW 8494; vgl. dafür angev., poitev., Pléchatel *féger* dass.

fignoler „verfeinern", „mit Sorgfalt ausführen"
18. Jh., lebt im Nordosten, vgl. wall. *fignoler* „den Eleganten spielen", rouchi „sich herausputzen", dazu *fignon* „elegant", „herausgeputzt"; *fignoler* steht also für *fignoner* zu *fignon,* d. i. dem. Abl. von *fin* „fein"; vgl. auch mundartlich weitverbreitetes *fignoleux* „Mensch mit eleganten Manieren" u. ä.

figue „Feige"
12. Jh., aus prov. *figa,* d. i. die Entsprechung des afrz. *fie* aus vlat. **fīca* zu lat. *ficus* „Feigenbaum"; dazu seit dem 12. Jh. die Abl. **figuier** „Feigenbaum" neben ursprünglichem *fier,* dieses aus vlat. **ficarium.* REW 3281; Roll. Fl. 10, 61; vgl. auch *fic.*

figure „Aussehen", „Gestalt", „Haltung", „Gesicht" u. ä.
10. Jh., aus lat. *(fĭgura)* „Gestalt", „Erscheinung", „Gepräge", aus „Bildung" weiterentwickelt, s. *feindre*; Renson, passim; dazu seit dem 11. Jh. **figurer** „gestalten", intr. „erscheinen"; s. Portier, RPFL 29, 183ff.

figurine „kleine Statue"
16. Jh., aus ital. *figurina,* d. i. dem. Abl. von *figura,* der Entsprechung des frz. *figure,* s. d.

fil „Faden"
dann über „feine Linie oder Kante der Klinge" auch die Bedeutung „Schärfe", „Schneide der Waffen", 12. Jh., aus lat. *fīlum* „Faden". Diez 139; REW 3306; vgl. auch *affiler.*

filadière „kleines Schiff mit flachem Boden"
16. Jh., ist zuerst zur Bezeichnung eines Fahrzeugs auf der Garonne bezeugt, aus prov. *(barca) filadiera* „Fischerbarke", zu prov. *filadier* „Fischer"; dieses ist Abl. von prov. *filat* „Netz", s. *filet* 2.

filage 1. „Spinnen"
13. Jh., ist Abl. von *filer* „spinnen".
2. „Fadenkraut"
14. Jh., aus mittellat. *(filago),* zu lat. *filum* „Faden".

filagor „Packstrick", „Würgschnur der Feuerwerker"
18. Jh., u. H.

filament „Fädchen"
16. Jh., aus lat. *(filamentum)* „Fadenwerk"

filandière „Spinnerin"
neben *filandrière,* seit dem 13. Jh., aus vlat. **filandaria,* zu *filanda* „das zu Spinnende", zu *filare,* s. *filer*; vgl. *lavandaria* „Wäscherin" zu *lavare,* s. *lavande, lavandière* usf. REW 4951; Brüch, 52, 440; dazu die Rückbildung **filande* „Faser", mit unorganischem *-r* erweitert **filandre** „Fädchen", „Faser", auch „Faserwurm", daher die Neuableitung afrz. *filandrier* „Spinner".

filardeau „junger, hochgewachsener Baum", „junger Hecht"
14. Jh. auch *filardet,* vgl. dazu für den jungen Fisch auch *filet, filaton* u. ä. in den Mundarten, ist Abl. von *filard* „der schnell hingleitet" zu *filer* in der Bedeutung „schnell hingleiten", s. d.; vgl. auch berrich. *filardiau* „große Säge".

filardeux „geadert" (vom Marmor)
17. Jh. *filadreux,* ist in Anlehnung an das Suffix *-ard* umgestaltet aus *filandreux,* s. *filandre.*

filaret „Holzballustrade an Bord von Galeeren"
18. Jh., aus ital. *filaretti* „die Querbalken über den *filari* von Holzbarken, die aufgelegt wurden, wenn das Schiff im Hafen liegt", d. i. dem. Abl. von *filare* „Reihe", „Zug", „Schicht" u. ä., zu *fila* dass., s. *file.*

filasse „der noch nicht gesponnene Hanf oder Flachs" u. ä.

12. Jh. *filace* „Spinnweben", aus vlat. **fīlacea* „Fadenwerk", d. i. kollektivische Abl. von lat. *filum* „Faden", s. *fil*; dazu seit dem 14. Jh. die Abl. **filassier** „Hanf-, Flachsbearbeiter". REW 3292.

filateur „Spinner", „Spinnmeister"
19. Jh., ist gelehrte Abl. von *filer* „spinnen", s. d.

filatrice „Gespinst von Floretseide"
17. Jh., aus ital. *filaticcio*, d. i. *-aticium*-Abl. von *filare* „spinnen", s. *filer*. Dict. gén.

file „Reihe"
15. Jh., zuerst adverbiell als *à file, à la file* bezeugt, ist postverb. Subst. von *filer* in der Bedeutung „in einem Faden, einer Reihe vereinigen".
filé s. *filet*.

filer „spinnen", dann übertragen von der Tätigkeit des Spinnens, des in die Länge Ziehens, (Draht) „ziehen", (ein Tau) „allmählich nachlassen", (von der Zeit) „vergehen", daraus familiär „sich davon machen", „sich drükken" u. ä.
12. Jh., aus lat. *fīlare* „in Faden ziehen". REW 3293.
filet 1. „kleiner Faden", „Faser" u. ä.
12. Jh. *filet*, ist dem. Abl. von *fil* „Faden", s. d.
2. „Netz"
13. Jh. *filé*, auch *filer* geschrieben, aus grom. **fīlatum* „Fadenwerk", d. i. Kollektivableitung von lat. *filum*; „Faden"; vgl. auch *filadière*. REW 3293; Tilander, Stud. Neoph. 27, 209. Wegen der Abl. vgl. lat. *tabulatum* „Bretterwerk", REW 8515.

fileter „Schraubengewinde schneiden", „Draht ziehen"
13. Jh., ist Abl. von *filet* 1.

fileux „Kreuzklampen"
18. Jh., steht für *fileur* mit Beibehaltung der im 16. Jh. allgemeinen Aussprache des Suffixes *-eur* als *-ö*, d. i. *-atore*-Abl. von *filer* in der Bedeutung „fadenförmig ausdehnen", s. d.; Dict. gén.

filial „Kindes-"
15. Jh., aus lat. *(filialis)*.

filiation „Abstammung"
13. Jh., aus lat. *(filiatione)*.

filigrane „feine Goldverzierung"
17. Jh. auch *filigramme*, *filagramme*, aus ital. *filigrana;* dieses, auch *filagrano*, ist zusammengesetzt aus *fila* zu *filare* „spinnen" und *grana* „körniges Gewebe an der Metalloberfläche", s. *grain*. REW 3306.

filin „leichtes Tau"
17. Jh., ist Kreuzung von *funin* „starkes Tau" mit *fil* „Faden".

fillasse „lockere Dirne"
16. Jh., aus prov. *filhassa*, d. i. pejorative Abl. von *filha* „Mädchen", s. *fille*.

fille „Mädchen" va.; „Dirne"
10. Jh., aus lat. *fīlia* „Tochter". REW 3295; dazu im 14. bzw. 15. Jh. *fille de joie, fille de vie* „Prostituierte", daher nfrz. *fille* dass.; Gg. Bed. 100.

filleul „Patenkind"
12. Jh. *filluel*, aus lat. *fīliŏlus* „Söhnchen", Tappolet, Verw. 39 f.; Jud, BK 35 f.; REW 3302.

filoche „Seidennetz"
17. Jh., mit Suffixtausch aus *filet* gebildet, s. *filet* 2.

filon „Ader im Bergbau"
16. Jh., ist dem. Abl. von *file* „Reihe", s. d.

filoselle „Flockseide"
14. Jh. *filoisel*, aus ital. *filugello* „Seidenwurm", dann „Flockseide"; dieses ist nordital. Form von vlat. **follicellus* für klassisches *folliculus* „Balg", „kleiner Sack", in der Form an *filo, filare*, s. *filer*, angeschlossen; das Wort ist auch afrz. als *foucel* u. ä. „Umhüllung" erhalten. Thomas, Ess. 297; REW 3418.

filotier „Zwirnhändler am Lande"
15. Jh., ist mundartliche Form für **filetier*, s. d., dieses Abl. von *filet* „Fädchen", s. d.

filou „Gauner"
zuerst 1564 in einer Chronik von Bordeaux bezeugt, Bl.-W. 263, dann in einem Parlamentsbericht von 1623 als *hommes hardis se disant filous*, ist vermutlich Lehnwort aus englisch *fellow* „Bursche", das englisch mundartlich auch als Schimpfwort gebraucht wurde; s. *falot* 2; dazu seit dem 17. Jh. die Abl. **filouter** „begaunern". Diez 585.
filou als westfrz. Form für frz. *fileur de laine* „Manteldieb", Sain. LPar. 232 f., ist nicht genügend gestützt.

fils „Sohn"
10. Jh., afrz. Nom. *fieus*, dann, nach dem Acc. *fil* neu gebildet *filz*, das als *Fitz-* in englischen Namen erhalten ist, Akk. *fil*, aus lat. *fīlius*. REW 3303.

filtre „Seihetuch", „Filter"
16. Jh., aus mittellat. *(filtrum)*, dieses aus fränkisch **filtir* „Filz", s. *feutre*; dazu seit dem 16. Jh. die Abl. **filtrer** „filtern". Kluge s. *Filter*.

fimbrille „Spreufaden"
19. Jh., ist gelehrte dem. Abl. von lat. *(fimbria)* „Faden", „Franse", s. *frange*.

fin 1. „Ende"
10. Jh., aus lat. *fīnis* dass. REW 3315.
2. „äußerst" va.; „fein", „zart"
12. Jh., aus grom. **fīnus*, d. i. Neubildung nach *finis* „Ende" in prädikativer Verwendung wie afrz. *ço est fins* „das ist das Äußerste, Beste" u. ä., entsprechend lat. *finis bonorum, malorum* u. ä. Herzog, Festg. Mussafia 484 f.; Speich, ZRP 33, 293; REW 3315; Bl.-W. 263.
Oder **finus* Rückbildung von lat. *finitus* „vollendet", Diez 140.

final „endlich"
12. Jh., aus lat. *(finalis)*.
finale „Endstück eines Musikstücks"
18. Jh., aus ital. *finale*, s. *final*.
finance „Barschaft", „Einkünfte"
13. Jh., afrz. „Abzahlung", „Finanzierung", aber auch „Ende", „Erledigung", ist Abl. von *finer* „bezahlen", so schon im 12. Jh., s. *finer*; dazu seit dem 16./17. Jh. die Abl. **financer** „bar bezahlen" u. ä.
finasser „grobe Kniffe gebrauchen"
17. Jh., ist in Anlehnung an das pejorative Suffix *-asser* umgestaltet aus **finesser*, dieses Abl. von *finesse* „Feinheit", s. d.; Dict. gén.
finaud „pfiffig", „gerieben"
18. Jh., ist Abl. von *fin* „fein", s. d.
fincelle „Saumtau"
18. Jh., aus grom. **fūnicella* zu lat. *funicula* „dünnes Seil"; vgl. dazu schon afrz. *afinceler* „mit einem Seil binden", und vogesisch *faincê* „Stück Faden", „Seil", dessen *-ain-* nicht auf lat. *-i-* zurückführen kann, Horning, Rom. 48, 179; daher das Wort nicht zu *ficelle*, Dict. gén.
finer „beenden" va.
12. Jh., dazu afrz. absolut gebraucht *finer d' une rien* „mit etwas zu Ende kommen", „abschließen", daraus nfrz. *finer* „bezahlen", s. *finance*; ist Abl. von *fin* „Ende", s. d.
finesse „Feinheit"
14. Jh., ist *-itia*-Abl. von *fin* „fein", s. d.
finette „leichter Wollenstoff"
16. Jh., ist subst. Fem. von afrz. *finet* „ziemlich fein", d. i. dem. pejorative Abl. von *fin* fein", s. d.
finiment „Vollendung in der Malerei"
17. Jh., aus ital. *finimento*, d. i. Abl. von *finire* „vollenden", s. *finir*.
finir „vollenden", „zu Ende gehen"
12. Jh. *fenir*, aus lat. *fīnīre*; der Vorton zeigt sekundären Einfluß von afrz. *finer*, s. d., bzw. *fin* „Ende". REW 3314.
fiole „kleines Fläschchen"
12. Jh., aus prov. *fiola*; dieses aus vlat. *fiola*, das in Glossen belegt ist; dieses in Anlehnung an das Deminutivsuffix *-eola* umgestaltet aus lat. *phiala* „Tasse". Diez 657; REW 6466.
fion „letzter Schliff", „Vollendung", pop., in *donner le coup de fion*
18. Jh., dazu *fionner* refl. „den Eleganten spielen", *fionneur* „Stutzer"; Ausgang ist das Verbum *fionner*, das mit dem unter *fignoler* erschlossenen **fignoner* gleichbedeutend ist, s. d.; Bl.-W. 263.
fioriture „Fioritur"
19. Jh., aus ital. *fioritura*, d. i. Abl. von ital. *fiorire*, eigentlich „blühen", s. *fleurir*.
firmament „Himmelsgewölbe"
12. Jh., aus mittellat. *(firmamentum)*, eigentlich „Befestigung", s. *fermer*.
firman „großherrlicher Befehl"
18. Jh., aus türkisch-persisch *firmân*. Lam. 263.
fisc „Staatsschatz"
16. Jh., aus lat. *(fiscus)* „Korb", „Geldkorb", „Staatskasse".
fissi- „Spalt-"
in gelehrten Zusammensetzungen, aus lat. *(fĭssus)* „gespalten", s. *fesse*.
fissure „Spalt"
13./14. Jh., aus lat. *(fĭssura)*.
fistule „Fistel"
14. Jh., aus lat. *(fĭstula)*, vgl. *fêle* unter *félatier*.
fixe „fest"
13. Jh., aus lat. *(fixus)*; dazu seit dem 14. Jh. die Abl. **fixer** „befestigen".
fla „Doppelschlag auf der Trommel"
19. Jh., ist Schallbildung.
flabellation „Fächeln"
16. Jh., ist Abl. von lat. *(flabellum)* „Fächer".
flaccidité „Schlaffheit"
18. Jh., ist gelehrte Abl. von lat. *flaccidus* „schlaff", vgl. *flache* 1.
flache 1. „schlaff" va.; „Weichteil in einem festen Körper"
13. Jh. Mask. *flac*, Fem. *flache*, die Mask.-Form noch im 14. Jh.; dann verallgemeinert sich die Femininform wie bei *ferme, large, lisse* u. a., T. Fischer, Ausgleichsersch. 192 f.; aus lat. *flaccus* „welk", „schlapp". Diez 137; REW 3343.
2. „Wasserlache"
14. Jh., ist Französisierung von norm., pik. *flaque*, aus mndl. *vlacke* (ostfriesisch *flakke*) dass.; *flache* lebt heute berrich., champagn., verd. chal. Diez 585; Behrens, Wg. 357; REW 9423.
Zu *flache* 1 über „Stelle, wo der Boden nachgibt", „Bodenvertiefung", FEW III, 593; Bl.-W. 265 überzeugt nicht.
flacher „(Bäume) anschlagen" (um das Kennzeichen der Wälderverwaltung daran anzubringen)
15. Jh., lebt im äußersten Norden, vgl. Mons *flacher, flachi*, Lüttich *flahi* „stark schlagen", rouchi „schlagen", Namur „dreschen"; ist Intensivform zu *flatir* „gleichschlagen"; aus grom. **flatticare* zu **flattire*, s. *flatir*.
Oder unmittelbare Abl. von afrz. *flac* „weich", s. *flache*, Dict. gén.(?)
flacon „Fläschchen"
12. Jh. *flascon*, aus grom. *flascone*, d. i. dem. Abl. von grom. **flasca* „Flasche", s. *fiasco*; Bl.-W. 264.
Nicht aus der gotischen Entsprechung des Wortes **flascô*, vgl. die Literatur unter *fiasco*.
flageller „geißeln"
16. Jh. für volkstümlich entwickeltes afrz. *flaeler, flaieler*, aus lat. *(flagellare)* dass.; s. *fléau*.
flageoler „Flöte blasen" va.; „in den Füßen zittern"

13. Jh. bzw. 18. Jh., ist Abl. von afrz. *flageol* „Flöte“, 13. Jh. auch in der eigentlich zentralen Form *flageul* für älteres **flajuel* belegt, Rom. 33, 358, aus vlat. **flabeolum* zu *flare* „blasen“, *flatus* „Blasen auf der Flöte“, unmittelbar mit Suffixwechsel aus lat. *flabellum* „Fächer“ gebildet, das wohl schon vlat. auch „Flöte“ bedeutet hat, wie das entsprechende afrz. *flavel.* Mussafia Beitr. 54; Salvioni, AGI 16, 243 f.; REW 3339.

flageolet 1. „Art Flöte“
14./15. Jh., ist dem. Abl. von afrz. *flageol* „Flöte“, s. *flageoler.*
2. „kleine weiße Bohne“
19. Jh., ist dem. Abl. von einem Grundwort, das nach Roll. Fl. IV 171 heute als *fajole* für Cambrai, als *flajole* im Dep. Nord bezeugt ist; dieser Typus stammt aus dem ehemals prov. Zwischengebiet zwischen Norden und Süden, ist sonst heute im Norden nicht nachzuweisen; daher erklärt sich auch das späte Auftreten des Wortes in der nordfrz. Literatur; vgl. dazu als Kreuzung zwischen *faviole* und *fève* die Form *fèviole*, in einem Streifen, der vom Dep. Nièvre in nordöstlicher Richtung das Dep. Haute-Saône erreicht. Zugrunde liegt lat. *phaseolus* „Art Bohne“, das in der ganzen westlichen Romania erhalten ist, REW 6464, z. B. prov. *faizol*; dann wohl schon vorhistorisch gekreuzt mit *faba* „Bohne“, s. *fève*, **fabeolus*, zu dem eine Nebenform *flabeolum* unter Einwirkung eines zweiten Wortes, das eindeutig nicht festgestellt ist; s. dazu nprov. *faiòu*, *fajòu*, *faviòu*, *flaiòu*, ferner katalanisch *fayol.*
Zusammenhang mit *flageolet* „Art Flöte“, Bl.-W. 264 ist nicht überzeugend.

flagorner „niedrig schmeicheln“
15. Jh., scheint Kreuzung von afrz. *flageoler* „betören“, „betrügen“, eigentlich „umflöten“, s. o., mit afrz. *corner* „Hörner aufsetzen“ zu sein. Dict. gén.; Diez 585.
Aus germ. **flêhan*, **flêhôn* „flehen“, Caix, GFR 1, 49, ist lautlich und historisch nicht möglich, vgl. auch Mackel 116.

flagrant „brennend“ va.; „in die Augen springend“
15. Jh., aus lat. *(flagrante)* zu *flagrare* „flammen“.

flair „Geruchsinn“, „Witterung“
12. Jh., ist postverb. Subst. von **flairer** „einen Geruch ausströmen“ va.; „spüren“, „wittern“, 13. Jh., aus lat. *fragrare* „duften“. Diez 146; REW 3476.
Kreuzung von lat. *fragrare* mit *flagrare* „brennen“, von den gottesdienstlichen Räuchersitten her, Richter, ZRP 43, 472, ist nicht nötig, da *fragrare* zu *flagrare* einer ganz gewöhnlichen Dissimilation des Vlat. entspricht; Väänänen, Mél. Gardette 482.

flamand „flämisch“
12. Jh. *flamenc*, aus andl. *flaming*, s. d. F.

flamant „Flamingo“
16. Jh., aus spanisch *flamenco*, auch *flamengo* dass.; *flamenco* ist seit dem 14. Jh. in der Bedeutung „flämisch“, „aus Flandern“ belegt, ist aber auch in der Bedeutung „mit roter Gesichtsfarbe“ bezeugt, nach Cor. II, 532, weil den Spaniern der rosige Teint der nordischen Frauen auffiel; die rote Färbung stellt die Verbindung mit der Bezeichnung des Vogels her; *flamenc* in der Bedeutung „mit gerötetem Antlitz“, „jugendfrisch“ dürfte auch im Provenzalischen vorhanden gewesen sein, daher der Name der schönen *Flamenca* in dem provenzalischen gleich betitelten Sittenroman; zugrunde liegt andl. *flaming* „flämisch“; s. Diez 531; REW 3349; Colón ZRP 78, 65.
Oder abgeleitet von *flamma*, s. *flamme* 1, Brüch ZFSL 56, 44; Bl.-W. 264?

flambart „brennende Kohle“, „Kesselfett“ u. ä., dann übertragen „Seeräuberbarke“
13. Jh., ist Abl. von *flamber*, s. d.; Dict. gén.

flambe „helles Feuermal“; „Flammenschwert“; „Schwertlilie“
12. Jh. neben *flamble* „Flamme“, seit dem 14. Jh. „Schwertlilie“, aus lat. *flammula* „Flämmchen“, REW 3353; dazu seit dem 12. Jh. die Abl. **flamber** „hell brennen“, „anbrennen“, übertragen „zugrunde richten“; vom Subst. seit dem 14. Jh. die dem. Abl. **flambeau** „Fackel“.

flamberge „langes, schweres Schwert“
13. Jh., in Anlehnung an *flambe*, *flamber* umgestaltet aus älterem *floberge*, *froberge*; dieses ist ursprünglich Name, so als *Frodeberga*, *Flotberga* im Pol. Irminonis überliefert; das Wort ist fränkisch, im 1. Teil fränkisch **hrôđ-* bzw. **hlûd-*, die beide in fränkischen Namen wiederholt belegt sind; der zweite Teil gehört zu ahdt. *bergan* „schützen“, s. Kalbow, Germ. Personennamen 46.
Zu ahdt. *frô* „Herr“ bzw. *flamberge* zu *flanc* Goldschmidt, Festg. Förster 57, ist nicht möglich.
flamberge ist das Schwert des Hauptheldən in Renaut v. Montauban; daraus im Rotwelsch Bezeichnung für „Schwert“ überhaupt; im 17. Jh. dringt das Wort ins Vulgärfrz., gilt aber weiter als komisch bzw. burlesk, s. Sain. Sources 2, 347.

flamboyer „blinken“, „flimmern“
11. Jh., ist Abl. *(-idiare)* von *flambe* „Flamme“, s. d.

flambure „ungleiche Färbung im Stoff“
18. Jh., ist Abl. von *flamber* „versengen“, s. d.

flamiche „Brötchen aus Butter, Eiern und Käse“
13. Jh., lebt pik., Namur, dazu Jura *flamesse* „Maiskuchen“, Morv., burg. *flaimeusse*, dazu mittellat. die latinisierte Form *flamiciae*, TL III, 1906, u. H.

flamine „römischer Priester"
14. Jh., aus lat. *(flāmĭne).*
flamme 1. „Flamme"
10. Jh., aus lat. *flamma.* REW 3350.
2. „Aderlaßeisen"
12./13. Jh. *flieme,* vgl. dazu wall. *flime,* die literarische Form in volksetymologischer Anlehnung an *flamme* 1, aus vlat. **fléutomum* für lat. *phlĕbŏtŏmus;* vgl. in Glossen *fledomum,* Meyer-Lübke, WS 25, 99, das auch ahdt. *fliedima* zugrunde liegt, Diez 137; Gröber, ALL 4, 435; REW 6467; Jud, VR 5, 183; *Sepulcri, Grecolat. phlebotomu e i suoi continuatori germanici e romanzi, RILomb. 47, 1059.
flammèche „Feuerfunke"
12./13. Jh. *flamesche, flamasche,* auch *flamesque, flamesse* „Flämmchen", dazu ebenfalls seit dem 13. Jh. auch *falemesche,* dann im 16. Jh. *falevuche,* das ein **falevesche* voraussetzt und von Cotgrave bestätigt wird; aus fränkisch **falawiska,* so ahdt. „Asche", „Aschenstäubchen", anord. *fǫlski,* norw. *falaska* „Brandstaub", „Aschenhaufe", das zu **falwa* „graublaß", s. *faube,* gehört; Falk-Torp 202; afrz. *flamesche* zeigt Beeinflussung der Form und Bedeutung durch *flamme,* s. d.; Schuchardt, ZRP 28, 739; REW 3152.
Nicht vlat. **favillesca* zu *favilla* „Loderasche" Gröber, ALL 2, 283.
flammule „brennende Waldrebe"
18. Jh., aus lat. *(flammula)* „Flämmchen", s. *flambe.*
flan „Torte", „Münzplatte" u. ä.
11. Jh. *fladon,* 12. Jh. *flaon,* im 10. Jh. mittellat. als *flado* belegt, Kluge, AR 6, 304, aus fränkisch **flađo* zu nhdt. *Fladen* „breiter Kuchen"; Diez 137; Brüch 31; REW 3344.
flanc „Weiche"
11. Jh., aus grom. **flancum,* d. i. nach **flanca* dass. neugebildeter Singular, da die Endung *-a* bei den Bezeichnungen von Körperteilen im Gallorom. in der Regel die Zweizahl bzw. Mehrzahl bezeichnet; grom. **flanca* aus fränkisch **hlanka* zu ahdt. *hlanca* „Hüfte", „Lende"; die feminine Form ist in afrz. *flanche,* so schon 1. Hälfte des 11. Jh., pik. *flanke* dass. erhalten; vgl. Kluge s. *lenken.* REW S. 846.
Nicht zu *flaccus,* s. *flache* 1, Diez 138; auch nicht zu germ. **hlanc* „dünn", Mackel 66; die Bedenken gegen fränkisch **hlanka* bei Diez und Mackel l. c. sind nicht begründet.
Dazu seit dem 14. Jh. die dem. Abl. **flanchet** „Mittelstück beim Rindfleisch".
flanchis s. *flanquis.*
flanconade „gewundene Quarte"
17. Jh., ist Abl. von *flanc* „Weiche", s. *flanquer.*
flandrin „langer, schmächtiger Kerl"
15. Jh., ist Abl. von *Flandres* „Flandern", ursprünglich pejorative Bezeichnung der männlichen Bevölkerung von Flandern, das sich im 13./14. Jh. zäh gegen die französischen Könige wehrte, Dict. gén.; das Wort bedeutet im 19. Jh. im Rotwelsch „Faulpelz". Sain. Sources 2, 348.
flanelle „Flanell"
17. Jh., aus englisch *flannel,* das selbst aus dem Kymrischen stammt, Dict. gén.; REW 3354; Holthausen s. v.
Nicht zu *Flandern* über **flandrelle,* Schuchardt, LGRP 6, 113; RB 52, was weder lautlich möglich, noch historisch begründet ist.
flâner „umherschlendern", „Zeit vertrödeln"
18. Jh., aus norm. *flanner* dass., seit dem 17. Jh. bezeugt, dazu seit dem 17. Jh. belegt *flanier* „Bummler", lit. seit dem 16. Jh. **flâneur** dass., aus altdänisch *flane* „umherlaufen"; Brüch, ZFSL 52, 443; Esnault, Fr. mod. 15, 198.
Nicht zu *Flandres* „Flandern", Schuchardt, LGRP 6, 113; noch weniger zu *fouine* „Marder", Spitzer, Lex. 69 ff.
flanier in *meule flanière* „in Gang gesetzter Mühlstein"
17. Jh. in der allgemeinen Bedeutung „umherschlendernd" bezeugt, ist Abl. von *flâner,* s. d.
flanquer „die Seite bilden", „die Seite bestreichen", „eins in die Seite versetzen", dann volkstümlich für „werfen", „zuwerfen" u. ä.
16. Jh., ist Abl. von *flanc* „Weiche", s. d.
flanquis „Art Steigbügel im Wappen"
17. Jh. auch *flanchis,* ist *-aticium*-Abl. von *flanquer,* s. d.
flaque „Pfütze"
18. Jh., ist die ursprüngliche, im Pik. Norm. erhaltene Form von *flache* 2, s. d.
flaquer „gießen"
16. Jh. „glucksen" (vom Wasser, das in die Schuhe dringt), ist Schallbildung in Anlehnung an *flaque* „Pfütze", s. *flache* 2; vgl. auch afrz. *flat, flac* „Lärm eines fallenden Gegenstandes".
flaquière „Schaublech am Mauleselgeschirr"
17. Jh., ist Abl. von ndl., nddt. *flabbke* „Stirnbinde", Behrens, ZFSL 20, 2, 246; REW 3340.
Zu *fauchère,* da die in der Übersetzung angegebene Deutung des frz. Wortes unrichtig wäre, Thomas, Rom. 26, 428 (Ess. 295 f.), ist nicht begründet, s. Behrens, l. c.
flasque 1. „schlaff"
so seit dem 15. Jh. zuerst nur altertümelnd mit *-s-* geschrieben, vgl. *flaque* bei Cotgrave, später auch gesprochen, ist norm., pik. Form von frz. *flache* 1, s. d.; Dict. gén.; Bl.-W. 265.
Schallbildung, Spitzer, ZRP 43, 331, ist nicht begründet; **flaccicus* zu *flaccus,* s. *flache* 1, Subak, LGRP 24, 246, ist historisch und morphologisch unmöglich.
2. „Pulverhorn"

16. Jh., ist angepaßtes ital. *fiasca* „große, flache Flasche", d. i. die Entsprechung des afrz. *flasche*, s. *fiasco*; Dict. gén.
3. „Seitenstück des Kanonenrohrs", „Blasbalgfläche"
15. Jh. *flasque* „flaches Brett", ist aber wohl als *flâke* zu lesen, vgl. Namur *flache* „4 cm breites Brett", bezeichnet besonders die Bretter am Boden eines Karren; aus ndl. *vlak* „Fläche", „flacher Boden"; vgl. dazu *flache* 2.

flatin „Art Taschenmesser"
17. Jh., angeblich nach dem Namen des Messerschmiedes Denis *Flatin* in Saint Étienne; Dict. gén.

flatir „gleichschlagen"
12. Jh., afrz. auch „zur Erde schlagen", „umwerfen", aus grom. **flattire* aus fränkisch **flattjan* „flach, platt machen", vgl. anord. *fletja* dass.; Diez 585; REW 3356; vgl. die dazugehörige Intensivform unter *flacher*.

flâtrer 1. „mit einem Eisen brennen"
16. Jh., ist Kreuzung von afrz. *flater* mit *flétrir* „brandmarken", s. d.
2. „abplatten", refl. „sich flach auf den Boden werfen" u. ä.
17. Jh., dazu **flâtrure** „Ort, wo verfolgtes Wild sich duckt", auch *flature, flatrissure*, d. i. Abl. von afrz. *flatir* „zur Erde sinken", auch *flatrir*, s. *flatir* und *flétrir*.

flatter „schmeicheln"
12./13. Jh., afrz. „lecken", „schmeicheln", „liebkosen", dann „belügen", „betrügen", dazu das postverb. Subst. afrz. *flate* „Betrug", prov. *flatador* „Betrüger", „Lügner", prov. *flataria, flatenga* „Betrug" u. ä.; dann „umschmeicheln", u. H.
Zu germ. **flat* „flach", s. *flatir*, Diez 585, ist begrifflich nicht verständlich, auch nicht, wenn man mit G. Paris, Rom. 10, 404 Anm. annimmt, daß die ursprüngliche Bedeutung von *flatter* „mit flacher Zunge lecken" gewesen wäre; prov. *flatar* Rückbildung von *aflatar* „auflegen", „anschmiegen" (das zu *flat* „flach" gehört), dann „sich einschmeicheln" (das umgekehrt Einfluß von *flatar* „betrügen" zeigen dürfte), Brüch, ZRP 38, 685; ZFSL 52, 444, setzt auch für *flatar* eine Grundbedeutung „schmeicheln" voraus; wird daher auch nicht durch den scheinbar entsprechenden Bedeutungsübergang von arabisch *ḫalaq* „platt" zu kat. *afalegar* „schmeicheln" gestützt, Spitzer, Lex. 6 ff.; **flatitare* zu **flatare* „blasen", Storm, Rom. 5, 178, ist begrifflich ebensowenig überzeugend; unwahrscheinlich auch **flabitare* zu *flabellare* „fächeln", Regula, AR 12, 279.
Daß das Verbum ursprünglich „zwei glatte Flächen aneinander schmiegen" bedeutet hätte, FEW III, 610, oder „mit der Hand liebkosen", Bl.-W. 265, ist in der Überlieferung zu wenig begründet.

flatueux „blähend"
16. Jh., ist gelehrte Abl. von lat. *(flatus)* „Wind".

flatulent „voll Blähungen"
16. Jh., ist in Anlehnung an lat. Wörter wie *virulentus, rorulentus, florulentus* u. ä. abgeleitet von lat. *(flatus)* „Wind".

flavelle „Mottenart"
18. Jh., ist gelehrte Abl. von lat. *(flavus)* „goldgelb".

flavéole „gelber Ammer"
18. Jh., ist gelehrte Abl. von lat. *(flavus)* „goldgelb".

flavert „kanadischer Kernbeißer"
18. Jh., steht für *flave-verd*, d. i. gelehrte Zusammensetzung von lat. *(flavus)* „goldgelb" und *verd* „grün", nach der Färbung des Vogels. Dict. gén.

flavet „wollene Sarsche"
17. Jh., u. H.

fléau „Flegel", „Schlagbaum" u. ä.
12. Jh. *flaiaus, flael*, zu letzterem das im 16./17. Jh. in der Literatur, in den Mundarten noch heute verbreitete *fleau, flau*, aus lat. *flăgĕllum* „Peitsche", „Dreschflegel". Diez 585; REW 3347.

flèche 1. „Pfeil"
12. Jh. *fleche*, dazu prov. *fleca* dass., aus fränkisch **flĕukka*, älter **fleugika*, zu ahdt. *fliuka*, mndl. *vlieke*, das zu *fliegen* gehört; **fliugika* bedeutet der Bildung nach „das Fliegende"; wegen des Suffixes vgl. Kluge, Stammbildungslehre § 45; s. Bruckner, VR I, 142; Lebel, Fr. mod. 15, 293.
Aus ndl. *flits*, Diez 147; Behrens, Wg. 358, ist nicht möglich, da das niederländische Wort selbst jung ist, Baist, RF 1, 108; gallisch **vliska* „Rute", Thurneysen, KR 59 f.; REW 9425, ist lautlich nicht möglich, da die älteste frz. Form kein *-s-* aufweist; auch prov. *fleca* widerspricht der Grundform, könnte allerdings angepaßtes frz. *flèche* darstellen.
2. „Speckseite"
13. Jh. *fliche*, lebt noch heute mit *-i-* in norm. *flique* „Fleisch-, Brotschnitte", bourb. *fiche* < *fliche*, aus anord. *flikki* „Speckseite", die *-e*-Form sekundär in Anlehnung an *flèche* 1; Diez 585.
Fränkisch **flikka*, REW 3370, hätte afrz. *fleche* ergeben.

flécher „schießen" (vom Zuckerrohr); „bespringen"
18. Jh., ist Abl. von *flèche* 1.

fléchir „biegen", „sich beugen", „nachgeben"
12. Jh. *flenchir* und *flechir*, das letztere in Anlehnung an gleichbedeutendes afrz. *flechier*, dieses aus vlat. **flecticare*, d. i. Intensivform zu lat. *flectĕre* „beugen", Gröber, ALL 2, 425; afrz. *flenchir*, auch *flainchir*, aus fränkisch **hlankjan* zu mhdt. *lenken* „beugen", „biegen", „richten", Herzog, ZRP 23, 381; vgl. Regula, AR 12, 279.
fléchir unmittelbar zu afrz. *flechier* mit Kon-

jugationswechsel, erklärt nicht die *-n*-Form des so seit der ältesten Zeit belegten Wortes; afrz. *flechier* aus **flexicare,* d. i. Abl. von *flexus* zu *flectere,* *Rice, PMLA America 20, 339 ff., widerspricht der ältesten Form des Verbums, die kein *-s-* aufweist; vgl. aber nach Förster, ZRP 3, 262 *fleskir* im Ogier.

flegme „Schleim" va.; „Kaltblütigkeit"
13./14. Jh., in halbvolkstümlicher Form afrz. *flaime, fleume* „Fettaugen auf der Suppe", lyon. *flume,* Démuin *flumme* „ausgespuckter Schleim, aus lat. *(phlegma)* „Schleim". REW 6468.
flegmon s. *phlegmon.*

flemmard „träge", „Faulpelz", pop.
19. Jh., ist Abl. von populärem **flemme** „Trägheit", dieses vielleicht aus ital. *flemma* dass. entlehnt, s. *flegme*; Bl.-W. 266.

fléole „Lieschgras"
18. Jh., ist gelehrte Abl. von lat. *(phleum).* Behrens, Wg. 358.

flet „Flunder"
13. Jh., aus ndl. *vleet* „Rochenart", Behrens, Festschr. Gröber 154 f. (Wg. 103 ff.); REW 9424; Behrens, DS 60; das Wort wird für die V. d'Yères als *flaie* angegeben.

flétan „Heilbutt"
16. Jh., ist mit dem im Niederländischen als *vleet* bezeichneten Fisch nahe verwandt, geht also auf ein ndl. **vleeting* zurück, dessen Suffix zur Bezeichnung von Fischen gebräuchlich ist. REW 9424.
Vom Partizip *vlettinghe* zu flämisch *vletten* „schwimmen", „auf dem Wasser treiben", Barbier, RDR 1, 436. ist morphologisch unwahrscheinlich.

flétrir 1. „welkmachen", „den Glanz nehmen"
12. Jh. *flaistrir* „welk werden", auch „welk machen", ist Abl. von afrz. 11. Jh. *flacede, flaistre* „welk", „schlaff", aus lat. *flaccĭdus* dass.; Meyer-Lübke, ZRP 11, 254; REW 3342; vgl. dazu berrich. *flâtrir* dass., *flâtre, flâte* „verwelkt", angev. *flaître* dass.
Zu afrz. *flestre* „Fistel" aus lat. *fistula,* Behrens, ZRP 14, 367 (Wg. 106 f.), ist lautlich nicht möglich, vgl. G. Paris, Rom. 20, 325.
2. „brandmarken", „mit einem Kennzeichen versehen" va.
13. Jh. dafür *flatir, flastrir,* ist Kreuzung von *flatir* „zu Boden werfen" mit afrz. *flaistrir* „welk machen", s. *flatir* und *flétrir* 1; Dict. gén.; REW 3356; vgl. auch *flacher* und *flâtrer*; vgl. auch Gougenheim, Fr. mod. 18, 216.

flette „Nachen"
14. Jh., aus mndl. *vlette*; Valkhoff, NM 18, 5; Mackel 88; Kemna 167.

fleur 1. „Blüte", „Blume"
12. Jh., aus lat. *(flos), flōre.* REW 3382.
2. „monatlicher Fluß"
16. Jh. auch *flueur,* aus lat. *(fluore).*
Volksetymologisch werden *fleur(s)* 2 und *fleur* 1 als zusammengehörig empfunden, Bl.-W. 266; vgl. Richter, ASSL 1917, 361; Spitzer ASSL 139, 89; *Vising, Göteborgs Högskolas Årsskrift 39 (1933).
3. in *à fleur de* „in einer Linie mit"
14. Jh., umstritten; die Wendung umgedeutet aus *à flair de,* zu *fleurer* = *flairer* „wittern", vgl. *flair* „Witterung", Lindfors-Nordin, Les Presses Modernes, 1930, s. Richter, ZFSL 55, 251; Ausgang wäre *à fleur de peau,* zu *fleur* „Blume", „Saum", vgl. *effleurir une peau* „streifen", „ritzen", Brüch, ZFSL 52, 446; *à fleur d'eau,* so 16. Jh., zu dem Marineausdruck *fleurs,* so 18. Jh. „Bodenbalken im Vorderschiff", dieses zu englisch *floor* dass., Barbier, ML 12, 284; 17, 311; zu afrz. *fluet* „Fluß", „Strömung", 12. Jh., dazu belegt *aflues* adverbiell, unsicherer Deutung; auszugehen wäre von **a fluet de* „im Fluß von"; aus fränkisch *flôd* zu ahdt. *fluot* „Flut", s. *flot* 1; Gg.

fleurage „Grießkleien"
18. Jh., ist Abl. von *fleur* in der Verbindung *fleur de farine* „feinstes Mehl".

fleurdeliser „mit Lilien merken", „brandmarken"
16. Jh., ist Abl. von *fleur de lis* „weiße Lilie", dann „Brandmarke der Verbrecher", die letztere Bedeutung nach der Lilie im Wappen der französischen Könige, die den Verbrechern eingebrannt wurde. Dict. gén.

fleurer „duften"
14./15. Jh., ist in Anlehnung an *fleur* „Blume" umgestaltetes *flairer,* s. d. Dict. gén.
Oder Abl. von afrz., seit dem 12. Jh. bezeugten *flaour* „Duft"; dieses dissimilierte Nebenform von *flarour,* aus vlat. **fragrore* zu *fragrare* „duften", s. *flairer,* Cornu, Rom. 11, 413; afrz. *flaour* zu vlat. **flatore* für lat. *flatus* „Hauch", „Atem", in der Bedeutung gekreuzt mit *foetor* „Gestank", vgl. ital. *fiatore* „Gestank", Suchier, ZRP 1, 629; Gröber, ZRP 8, 158; REW 3358, ist begrifflich schwierig und lautlich nicht nötig; auch fehlt ein entsprechendes prov. *flador.*

fleuret 1. „Florettwolle"
16. Jh., ist dem. Abl. von *fleur* „Flaum", „Reif", s. *fleur* 1.
2. „Stoßdegen"
16. Jh., ist Französisierung von ital. *fioretto* dass., eigentlich „Blümchen", so nach dem geblümten Handschutz des Degens?; oder zu dem Folgenden?
3. „Florettanzschritt"
17. Jh. auch *fleurette,* ist postverb. Subst. von *fleureter,* das im 16. Jh. in der Bedeutung „von Blume zu Blume fliegen" überliefert ist; dieses Abl. von *fleur* „Blume".

fleuretis „musikalische Verzierung"
14. Jh., ist *-aticium*-Abl. von afrz. *fleureter* „mit Blumen verzieren", d. i. Abl. von *fleur* 1, s. d.

fleurir „blühen"
12. Jh. *florir,* die literarische Form in lautlicher Anlehnung an *fleur,* aus vlat. **florire* für lat. *florere* dass.; REW 3380; dazu das Verbaladj. 11. Jh. *flori* „in Blüte stehend", „mit Blumen geschmückt", nfrz. **fleuri** dass., dann in *Pâques fleuries* „Palmsonntag".

fleuron „Blumenzierat"
14. Jh., ist Kollektivableitung, ursprünglich *-umen,* von *fleur* 1; vgl. ital. *fiorume* „Heublume". REW 3382.

fleuve „Fluß"
ist afrz. synonym mit *rivière,* so noch gelegentlich im 18. Jh., wird dann zum Gewässer, das sich ohne den Namen zu ändern in das Meer ergießt, L. Foulet, RPh. II, 285; 12. Jh. *fluive* u. ä., dann in Anlehnung an afrz. *fluet* s. *flot* 1, *flueve,* aus dem die literarische Form stammt, aus lat. *(flŭvius).* REW 3391.
Lat. *flŭvius* ist in der volkstümlichen Sprache seit der Zeit Cäsars vor *flumen* geschwunden, s. Wölfflin, ALL 7, 589 f.; daher die unvolkstümliche Entwicklung des Wortes; daher auch nicht als Grundlage ein vulgäres **flŏvius* Gröber, ALL 2, 425; *Oestberg, Les voyelles vélaires acc. Upsala, 1899, S. 75; vgl. Herzog, LGRP 22, 331.

flexion „Biegung"
15. Jh., aus lat. *(flexione);* entsprechend seit 13./14. Jh. **flexible** aus lat. *(flexibilis)* „biegsam".

flibot „kleines Lastschiff"
16./17. Jh., aus englisch *fly-boat,* das selbst aus niederländisch *vlieboot* entlehnt ist. Diez 586; Kemna 169; REW 3395.

flibustier „Freibeuter"
17. Jh. *fribustier,* aus englisch *flibutor* 1591, *frybuiter* 1622, oder ndl. *vrijbuiter,* Valkhoff 138; *-s-* in *flibustier* zunächst nur graphisch, wie in *flasque,* s. d.; Bl.-W. 266.

flic „Polizist"
19. Jh., auch *flique* geschrieben, stammt aus dem Rotwelsch, im 16. Jh. im deutschen Rotwelsch „junger Mann", wird populär; Bl.-W. 266; Fr. mod. 15, 199, besonders im Argot der Prostituierten.

flic flac „klipp", „klapp"; „schneller Tanzschritt"
17. Jh., ist Schallbildung.

flin „pulverisierter Markasit"
16. Jh., aus englisch *flint* „Kiesel", oder mdänisch *flint* „Stein-, Metallsplitter", s. Falk-Torp s. *flint.* Mackel 100.

flingot „Infanteriegewehr"
seit ca. 1850, im Militärjargon, aus mundartl. dt. *Flingge* für *Flinte,* Bl.-W. 266.

flinquer „flinkern machen" (Goldarbeit)
18. Jh., aus nhdt. *flinkern* „schimmern", „blinken". Behrens, DS 88.

flint-glass „Flintglas"
19. Jh., aus englisch *flint-glass.*

flion „Tellermuschel"
16. Jh., ist normannisch, hier dem. Abl. von norm., Guernesey *flie* „Schüsselschnecke", s. Rom. 35, 409; Roll. F. 12, 21; ALF, Suppl. s. *patelle;* dieses aus dänisch *fli* „Eichel", Métivier, s. v.; ZRP 41, 636; Behrens, Wg. 358.

flip „Art warmes Getränk"
19./20. Jh., aus englisch *flip* dass., eigentlich „Ruck", „Klaps" zu *to flip* „schnellen", „hüpfen" u. ä.

flipot „Füllstück", „Flickstück"
18. Jh., zu afrz. *ferpe, felpe, frepe* „Fransen", „alte Kleider", „Lumpen", s. *foupir, friper,* vgl. FEW III, 395; vgl. dazu wall. *flibote* „Flecken", „abgenütztes Gewand", auch *fligote* „ausgefranstes Stoffstück", dieses durch Kreuzung mit wall. *migote* in *picote a migote* „nach und nach", dieses zu *picot* „Spitze" u. ä.; Haust, Dict. L. s. *flibote,* S. 271.
Oder nddt. *flikken* „einen Fleck aufsetzen" + *chipe,* Regula AR 12, 279 (?); nicht aus *Philippot,* Dict. gén.

flirter „kokettieren"
19. Jh., aus englisch *to flirt,* das selbst aus afrz. *fleureter* entlehnt ist, vgl. *fleuretis.*

floc „Quaste", „Federbusch"
12. Jh., gilt im 17. Jh. als veraltet, Br. 3, 135, im 18. Jh. auch *flot* geschrieben, aus lat. *flŏccus* „Flocke". Diez 451; REW 3375.

floche „wollig", „langhaarig" va.; heute nur in Verbindung mit *soie*
16. Jh., ist postverb. Adjektiv von afrz. *flochier,* 11. Jh. „Flocken bilden", „(Wolle, Haar) kräuseln", „kämmen", dieses aus vlat. **floccare* zu lat. *floccus* „Flocke", s. *floc.* REW 3375.

flocon „Flocke", „Faserbüschel"
13. Jh., ist dem. Abl. von *floc* „Flocke", s. d.

flonflon „Gassenhauer"
17. Jh., ist Schallbildung.

flopée „große Masse"; „Tracht Prügel"
zuerst in der Bedeutung „Tracht Prügel", 19. Jh., zu *floper* „prügeln", beides im Argot; lebt weit verbreitet in westfrz. Mundarten, auch *v'lopé* „prügeln", *v'lopée* = *flopée;* dürfte Weiterentwicklung von *envelopper* sein, vielleicht beeinflußt durch *volée de coups* „Tracht Prügel", *frapper* „schlagen". Die Weiterentwicklung zu „große Masse" etwas später im Argot bezeugt, Larchey 177; Bl.-W. 267; beeinflußt durch *flotte,* 16. Jh., das im Argot für „große Anzahl" bezeugt ist, s. G. de G., Fr. mod. III, 175.

floral „Blumen-"
16. Jh., in *jeux floraux,* dichterischer Wettbewerb (in Toulouse), als botanischer Ausdruck 18. Jh., aus lat. *(floralis),* Bl.-W. 267.

floran „Stampftrog" (Papiererzeugung)
18. Jh., gehört zu *affleurer* „den Papierteig einrühren", *florer* „mit Unschlitt bestreichen", steht also für **florant,* d. i. Part. von *florer* „einrühren" u. ä., s. *flore* 1. Dict. gén.

flore 1. „Bestreichen mit Unschlitt"
17. Jh., ist postverb. Subst. von **florer** „mit Unschlitt bestreichen", dieses seit dem 17. Jh. aus prov. *florar* „Glanz geben", d. i. Abl. von prov. *flor* „Blüte" u. ä., s. *fleur* 1.
2. „Blumenwelt"
18. Jh., aus lat. *(Flora),* dem Namen der Göttin der Blumen.

floréal „der achte Monat des republikanischen Kalenders"
18. Jh., ist gelehrte Abl. von lat. *(floreus)* „blumig".

florée „Mittelindigo"
15. Jh., ist Abl. von *fleur* „Flaum", „Reif", s. *fleur* 1, das im 15. Jh. auch in der Bedeutung „Indigo" bezeugt ist. Dict. gén.

florence „Futtertaffet"
18. Jh., auch *florentine,* nach dem Namen der Stadt *Florence.* Dict. gén.
florer s. *flore* 1.

florès in *faire florès* „eine Freudenkundgebung machen" va.; „großen Erfolg haben"
17. Jh., ist in latinisierender Anlehnung an lat. *(flores)* „Blumen" geschriebenes, mundartliches *floraise,* so bourb. *faire floraise* „der Erste sein", „den Vorrang haben", d. i. Rückbildung von **floraison** „Zeit des Blühens", „Blühen" (18. Jh.), latinisiert aus älterem *fleuraison,* s. *fleur,* mfrz. in *estre en floroison* „auf der Höhe des Glückes sein", dieses Abl. von *fleur* in der Bedeutung „das Beste", s. *fleur* 1; vgl. dazu die Gegenbildung angev. *foutaize* „wertloses Ding".
Aus nprov. *faire flori* dass., *flori* aus lat. *flōridus* „blühend", „lebhaft", in nprov. *flòri* entlehnt, dieses angeblich im Schülerargot als Plural aufgefaßt und zu lat. *flores* latinisiert, FEW III, 637, ist in der Wortgeschichte nicht genügend gestützt.

florifère „Blumenträger"
18. Jh., aus lat. *(florifer).*

florilège „Blumenlese"
Beginn des 18. Jhs. aus neulat. *(florilegium),* dieses in Weiterbildung von lat. *spicilegium* „Ährenlese", Bl.-W. 267.

florin „Gulden"
14. Jh. *flourin de Florence,* aus ital. *fiorino* angepaßt; daneben im 14. Jh. auch *florence*; *fiorino* ist Abl. von ital. *fiore* „Blume", wegen der Lilien, die auf den ersten, im 13. Jh. in Florenz geprägten Gulden aufgeprägt waren. Dict. gén.

florissant „blühend"
13. Jh., ist latinisierende Form für afrz. *flourissant,* d. i. Part. von afrz. *flourir,* s. *fleurir.*

flot 1. „Welle", „Woge"
12. Jh., s. *flotter.*
2. s. *floc.*

flotre „Filzunterlage"
auch *floutre, flautre,* scheint zu afrz. mundartlichem *fautre* „Filz" zu gehören, s. *feutre,* doch ist die Geschichte des Wortes unklar. Dict. gén.

flotte „Flotte"
12. Jh., zunächst im Normannischen nachgewiesen, dazu schon im 11. Jh. (Rol.) *floter* „auf dem Wasser treiben", „schwimmen", frz. **flotter** dass., auch „flößen"; aus anord. **floti,* Neutrum, „Flotte", „Floß", dann „das im Wasser Treiben", „treiben lassen"; dazu afrz. *a flote* „vom Wasser getragen", wie anord. *a floti* dass., Sjögren, Rom. 54, 400.
Von *flote* „Flotte" abgeleitet das Verbum *flotter*; von der Bedeutung „Flotte" d. i. „Ansammlung von Schiffen" die im 12./13. Jh. belegte Bedeutung „Menge", „Haufen", „Schar" u. ä., die heute im Argot erhalten ist, s. *flopée.*
Dazu afrz. *flot* „Flut", „Wasserschwall", so im Normannischen, während im Norden und Nordosten dafür das aus fränkisch *flôd* stammende afrz. *fluet* bezeugt ist; *flot* aus gleichlautendem anord. *flot* (Sjögren, s. oben).
flote „Menge" usf. zu ital. *fiotto* „wogende Menschenmenge, *fiotta* „Schar", wie *populus fluctuans* bei Gellius, Brüch, ZFSL 52, 443; Bl.-W. 267, also zu *fluctus* „Strömung", *fluctuari* „auf den Wellen umhertreiben", setzt eine kulturgeschichtlich und geschichtlich unverständliche Entlehnung und schwer verständliche lautliche Anpassung voraus; *flotter* „auf dem Wasser treiben" aus vlat. **fluttare* für *fluctuare,* über das Italienische, Brüch ASSL 133, 356, setzt eine willkürliche Lautentwicklung und Entlehnung voraus; ebenso vlat. **fluptare* als Überliterarisierung einer vorhistorischen italienischen **fluttare,* Niedermann, Neue Jahrbücher 15, 337.

flotteron „Kork an der Angelschnur"
18. Jh., ist dem. Abl. von *flotte* „schwimmender Gegenstand", „Korkschnur", „Boje" u. ä.
13. Jh., zunächst in *a flote* „schwimmend", s. *flotte.*

flottille „kleine Flotte"
18. Jh., aus spanisch *flotilla,* d. i. dem. Abl. *(-ella)* von *flota* „Flotte", s. *flotte* 1.

flou „sanft", „weich"
12. Jh. *flo,* Fem. *floe* und *floie* „matt", „abgespannt", „elend", aus fränkisch **hlâo,* zu ahdt. *lâo,* anord. *hlær* „mild" (vom Wetter), „lau"; die im Gallorom. zu erschließende begriffliche Weiterentwicklung zeigt das aus grom. **flau, *flavus, *flava* entlehnte ndl. *vlouw, flouw* „flau", „matt", „schlaff", mit

den Bedeutungen des afrz. Wortes; Meyer-Lübke, LGRP 6, 456; REW 4151; wegen der Wiedergabe von fränkisch *hl-* durch grom. *fl-* s. Gg. RG I, S. 265; nicht aus lat. *flavus* „goldgelb", für das die Bedeutung „welk" weder lat. noch afrz. sicher bezeugt ist, Brüch, ZFSL 52, 452; Bl.-W. 267, und auch durch lat. *flavescere* „(von der reifen Saat) goldgelb werden" (aber nicht „welken") nicht gestützt ist.

flouer „bestehlen", „betrügen"
19. Jh., doch im Rotwelsch seit dem 15. Jh. neben *frouer* „betrügen" (im Spiel) bezeugt, vgl. dazu im Rotwelsch *froart, floart* „Betrüger"; es ist Schallbildung wie im Rotwelsch *faire flou-flou, faire frou-frou* „die Vögel anlocken" (von der Eule), Sain. Sources 2, 349; LPar. 232.
Wegen des späten Auftretens nicht aus lat. *fraudare* „betrügen", REW 3487; auch nicht aus afrz. *froer* „zerbrechen", „zerschmettern", aber nie „betrügen", Bl.-W. 267, und dieses auch nicht aus *fraudare* „betrügen", sondern zu **fragum* „Bruch", REW 3481.

flouette „Windfahne am Schiff"
ist subst. Fem. von *flouet* „schmächtig", „dünn", 15. Jh., dann seit dem 17. Jh. **fluet,** d. i. dem. Abl. von afrz. *flou* „schlaff", „matt" u. ä., s. *flou,* Dict. gén.; der Übergang von *flouet* zu *fluet* nach dem Nebeneinander von mfrz. *fluer, floer* aus lat. *(flŭere)* „fließen".

fluctuation „Schwankung"
12. Jh., aus lat. *(fluctuatione).*

fluer „fließen" (Medizin)
13. Jh., seit dem 17. Jh. veraltet, Br. 3, 133 f., aus lat. *(fluĕre),* s. *flouette.*
flueur s. *fleur* 2.

fluide „flüssig", „flüssiger Körper"
14. Jh., aus lat. *(fluidus).*

flûte 1. „Flöte"
12. Jh. *flëute, fläute,* dazu seit dem 12. Jh. afrz. *flëuter, fläuter,* nfrz. **flûter** „auf der Flöte blasen"; Ausgangspunkt der Wortsippe ist prov. *fläut* „Flöte", d. i. Kreuzung von prov. *flaujol* „Flöte", bzw. davon rückgebildetem *flauja* „Flöte", s. *flageolet,* mit prov. *läut* „Laute", s. *luth*; von *fläut* „Flöte" ist zunächst das Verbum *fläutar* abgeleitet, von diesem *fläuta* als postverb. Subst. gebildet; das nordfrz. Wort stammt aus dem Süden.
fläuter aus **flatuer,* dieses zu lat. *flatus* „Blasen auf der Flöte", Diez 141 f., ist lautlich nicht möglich; über **flatuare, *flatutum* zum selben Stamm, Horning, ZRP 22, 484, ist morphologisch schwierig und verlegt die Heimat des Wortes nach Nordfrankreich; Schallbildung in Anlehnung an *flatus, flare,* Spitzer, ZRP 43, 332; Bl.-W. 267 berücksichtigt nicht die Beziehungen zwischen den gleichbedeutenden prov. *flauja* und *fläut, fläutar*; **flautare* aus **flatare* zu *flatus* „Blasen" (auf der Flöte) mit dem prov. *flaŭjol, flauja,* Cor. II, 534 steht im Widerspruch mit den offenkundigen Gesetzen der Chronologie.
2. „großes Lastschiff"
16. Jh. *fluste,* aus ndl. *fluit* „Fleutschiff"; REW 3387; Valkhoff 139.
Aus gleichbedeutendem *fuste,* dieses aus ital. *fusta,* s. *fût,* Dict. gén.; Kemna 201 f., erklärt weder das *-l-* noch das Verstummen des *-s-* beim literarischen Wort.

fluvial „Fluß-"
13. Jh., aus lat. *(fluvialis).*

flux „Flut", „Ausfluß"
im 13. Jh., zuerst in *flux de ventre,* seit dem 16. Jh. die moderne Bedeutung, aus lat. *(fluxus)* „das Fließen"; Bl.-W. 268.

fluxion „Fluß-"
13./14. Jh., aus lat. *(fluxione).*
foarre s. *feurre.*

foc „Klüver"
18. Jh., aus dänisch oder ndl. *fok.* Dict. gén.

focal „den Brennpunkt betreffend"
19. Jh., ist Abl. von lat. *(focus)* „Brennpunkt".

focile „Arm-, Schenkelknochen"
16. Jh., aus mittellat. *(focile),* u. H.
foène s. *fouine.*
foerre s. *feurre.*

foetus „Leibesfrucht"
16. Jh., aus lat. *(foetus).*

fogue „Öffnung der Kette, durch welche die Spule geht" (Weberei)
19. Jh., aus nddt. *fôg, foge* „Fuge", „Schließ-, Verbindungsstelle".

foi „Glaube"
11. Jh. *feid,* aus lat. *fĭdes* „Treue", im Kirchenlatein „Glaube". REW 3285.

foie „Leber"
12. Jh. *feie,* auch *fie, fege, firie* u. ä., aus vlat. **fécătum,* daneben auch in Anlehnung an das lat. *-ĭtum* Suffix **fécitum,* das sich aus *figido* in den Casseler Glossen erschließen läßt; die literarische Form aus **fécatum* über *fegade, feiede, feie,* vgl. dazu *figer*; **fécatum* ist Kreuzung von vlat. *fīcātum* „Tierleber", das selbst Latinisierung von gr. συκωτόν darstellt, mit lat. *hepar, hepatis* „Menschenleber", das in jüdisch-afrz. *ebre, evre* erhalten ist. Diez 135; Schuchardt, ZRP 25, 605 f.; 28. 435 ff.; G. Paris, Misc. Ascoli 41 ff.; Herzog, LGRP 1900, 67; Zauner, RF 14, 504 ff.; REW 8494; Bl.-W. 268; M. L. Wagner, RLiR 4, 14; Wartburg LGRP 1930, 452.
Das spätlateinisch belegte *ficotum* ist unmittelbar Kreuzung von gr. συκωτόν mit lat. *ficus*; **fiticum* als älteste Form, dazu *ficatum* als volksetymologische Umgestaltung, Gröber, ALL 2, 288, erklärt die Grundform nicht.

foin 1. „Heu"
12. Jh. *fein,* aus lat. *fēnum.* REW 3247, s. *faner.*
2. „pfui", „zum Teufel"
16. Jh., ist Schallbildung, in Fortsetzung von *fi,* s. d.
foine s. *fouine.*
foirail „Marktplatz"
19. Jh., stammt aus dem Südwesten des Nordfrz., vgl. berrich. *foirail, foiral,* Saint. *foirail;* dieses aus nprov. *feiral* dass. französisiert; dieses ist Abl. von *feira* „Markt", s. *foire.*
foirande „Bingelkraut"
19. Jh. auch *foireuse, foirole,* dieses seit dem 17. Jh., dafür im 16. Jh. *foriole,* heute mundartlich auch *foiraude, fouerette, foireuse, fouerasse,* dann *fouerande, fouerante* u. ä., sind Abl. von *foirer* „Durchfall haben"; die Form *foirande* mit Endungsverkennung für **foirant,* d. i. Part. des Verbums; Roll. Fl. 9, 249 ff.
foire 1. „Markt"
12. Jh. *feire,* aus lat. *feriae* „Ruhetage", da die Märkte in der Regel an den Festtagen abgehalten wurden, wohl schon vlat. **feria* „Markt"; Bl.-W. 268; REW 3250; dazu afrz. *foiriee, foirie* „Festtag", aus lat. (dies) *feriata* „von Arbeit freier Tag".
2. „Durchfall", „Angstzustände"
13. Jh., aus lat. *fōria* „Durchfall"; dazu seit dem 17. Jh. die Abl. **foirer** „Durchfall haben". REW 3438.
foirole s. *foirande.*
fois „mal"
11. Jh. *feiz,* aus lat. *vĭces* „Wechsel", bzw. *in vicem, ad vicem* „anstatt", *in vices* „wechselseitig", als reines Formelement „-mal", seit dem 4. Jh., s. *tribus vicibus,* Palladius, *duae vicis,* ca. 800, Beckmann, ZRP 79, 316 u. ä.; das ungewöhnliche anlautende *-f-* ist nur grom., findet sich noch nicht in *una vice* der Reichenauer Glossen; da älteres **veiz* als Formelement nachtonig mit dem hervorgehobenen Zahlwort verschmilzt und der Anlaut sich an die Stimmlosigkeit des vorhergehenden Konsonanten assimiliert, wie in *flaccidus* über *flacede* zu *flaiste,* s. *flétrir* oder nfrz. [*ắšfal*] mit affektischer Anfangsbetonung neben [*ažvál*] „à cheval", s. Gg. AA I, 202 und Anm.; Holthausen, ZRP 10, 292; Clédat RPFL 15, 64; es findet sich auch in dem von *vice* abgeleiteten afrz. *foiee* „mal", hier wohl sekundär nach *fois;* vgl. Compernass, Glotta 2, 125; Diez 338; REW 9307.
Das *-f-* nach mhdt. *vart* in *tûsend vart* „tausendmal", Settegast, ZRP 37, 197 ff., ist historisch unverständlich; *f-* assimiliert an den ursprünglich stimmlosen Inlaut von *vice,* Skok, Misc. Schuchardt 127 f., würde die Form **fice* ins Vlat. vor dem 6. Jh. zurückverlegen; dem widerspricht die Form der Reichenauer Glossen, auch findet sich kein zweiter ähnlicher Fall einer Assimilation an den Inlaut; unwahrscheinlich auch *f-* nach *fais* in afrz. *a un fais* „mit einem Schlag", „zugleich", zu *fais* „Bündel", Regula, AR 12, 279.
fois-du-corps s. *faux-du-corps.*
foison „Überfluß"
12. Jh., aus vlat. *fŭsione* für klassisches *fūsione* „Ausfluß", das *-ŭ-* in Anlehnung an *fŭndere,* s. *fondre.* Dazu seit dem 12. Jh. die Abl. **foisonner** „Überfluß haben", „reichlich vorhanden sein". REW 3612.
foissier „Tonne für die Kabeljaulebern"
18. Jh. auch *foissière,* ist Abl. von *foie* „Leber".
fokker „Art Aeroplan"
20. Jh., seit dem ersten Weltkrieg, nach dem Namen des holländischen Flugzeugkonstruktörs *Fokker;* Valkhoff 140.
fol s. *fou.*
folâtre „leichtfertig"
14. Jh., ist Abl. *(-aster)* von *fol,* s. *fou;* dazu seit dem 16. Jh. die Abl. **folâtrer** „mutwillig schäkern" u. ä.
foliacé „blätterig"
18. Jh., aus lat. *(foliaceus).*
folichon „lustig", „närrisch"
17. Jh., ursprünglich nur in femininer Verwendung, ist kosend deminutive Abl. von *fou,* s. d.
folie „Narrheit"
12. Jh., ist vorhistorische Abl. *(-īa)* von *fol,* s. *fou.*
folié „mit Blättern versehen"
18. Jh., aus lat. *(foliatus).*
folilet „Schulterblattstück"
14. Jh. *fol l'y leisse,* so noch heute bei S. V. *follilaisse* überliefert, bedeutet also wörtlich „nur ein Tor läßt es stehen"; die literarische Form in Anlehnung an das Suffix *-et;* das Wort dürfte selbst volksetymologische Umdeutung eines anderen Wortes sein. Dict. gén.
folio „Blatt eines Registers"
18. Jh., ist losgelöst aus *in-folio* bzw. lat. *(in folio)* „auf dem Blatte".
foliot „Unruhe in der Uhr", „Anschlagestift"
14. Jh., ist Abl. von afrz. *foleier, folier* „verrückt sein", dann „davon schießen" (von durchgehenden Pferden), „hin und her irren" u. ä.; d. i. seit dem 12. Jh. belegte Abl. *(-idiare)* von *fol,* s. *fou.*
folioter „die Blätter numerieren"
19. Jh., ist Abl. von *folio,* s. d.
folle „breitmaschiges Sackgarn"
16. Jh., ist norm. *folle* „breitmaschiges Netz", u. H.
folliculaire „Zeitungsschreiber"
18. Jh., ist von Voltaire mit beabsichtigter Anlehnung an *fou, folle* abgeleitet von lat. *(folium)* „Blatt". Dict. gén.
follicule „Drüsenbläschen", „Balgkapsel"

16. Jh., aus lat. *(folliculus)* „Hülse", „Balg".

fomenter „warme Umschläge machen", „bähen"
13. Jh., aus lat. *(fomentare)* „bähen".

fonçaille „Bodenholz"
16. Jh., ist kollektive Abl. *(-alia)* von afrz. *fonz* „Boden", s. *fond.*

fonceau „Buckel am Pferdegebiß", „Frittetafel"
16. Jh., zunächst in der Bedeutung „kleines Tal" belegt, dann „Ausbuchtung", daraus die literarischen Bedeutungen; ist dem. Abl. von afrz. *fonz* „Grund", s. *fond.*

foncée „Gang in einer Schiefergrube"
18. Jh., ist Abl. von *foncer* in der Bedeutung „einen Schieferbruch ausbrechen", s. d. F.

foncer „mit einem Boden versehen", „in den Boden stoßen" u. ä.; dann „mit Geld versorgen"
14. Jh., in der letzt angegebenen Bedeutung im 17./18. Jh. als burlesk angesehen, Br. 4, 338, ist Abl. von afrz. *fonz* „Grund", „Boden" bzw. „Kapital", s. *fond* und *fonds*; vgl. die ältere entsprechende Bildung unter *fondrier.*

foncet 1. „großes Lastschiff"
14. Jh. *foncé,* wird besonders für die Normandie angegeben, ist Abl. von *foncer* in der Bedeutung „(sich) tief eingraben", „Tiefgang haben", s. d.; wegen der Form des literarischen Wortes vgl. *filet* 2.
2. „Schloßblech"
ist dem. Abl. von afrz. *fonz* „Grund", „Boden", s. *fond.*

foncier „zu Grund und Boden gehörig", „gründlich"
14. Jh., ist Abl. von lat. *(fundus)* „Grund und Boden", in Anlehnung an die volkstümlich entwickelte Entsprechung afrz. *fonz,* s. *fond, fonds.*

foncière „Schiefergang"
15. Jh., ist Abl. von *foncer* in der Bedeutung „einen Schieferbruch ausbrechen", s. *foncer* und *foncée*; vgl. dazu berrich. *foncière* „Untergrund eines Weges", „Schlammloch", das unmittelbar von afrz. *fonz* „Grund" abgeleitet ist.

fonction „Verrichtung"
16. Jh., aus lat. *(functione).*

fond „Grund", „Boden", „Hintergrund", dann „Talmulde" u. ä., dazu *à fond* „gründlich", *au fond* „im Grunde" usf.
11. Jh., afrz. *fonz* „Boden", „Grund", „Tiefe", dann „Boden eines Gerätes, eines Gefäßes" usf., aus lat. *fundus* „Grund", „Boden", „Grundstück", das im Lateinischen zur *-us*-Deklination gehört, aber vlat. als Neutrum *fundus, funderis* dekliniert wird; s. die alte Abl. unter *fondrier*; *effondrer*; Appel, Neutrum 107; Diez 143; REW 3585; s. *fonds.*

fondamental „zum Grund gehörig"
15. Jh., aus lat. *(fundamentalis).*

fondation „Gründung"
13. Jh., aus lat. *(fundatione).*

fondement „Grundbau", „Begründung"
12. Jh., aus lat. *fŭndamentum.* REW 3579.

fonder „gründen", „sich stützen", „den Grund legen"
12. Jh., afrz. auch übertragen „anfertigen" „begründen", aus lat. *fŭndare* „mit einem Boden versehen", „gründen", „begründen". REW 3580.

fondis „Erdrutsch"
13. Jh. *fondëis,* ist *-aticium*-Abl. von *se fondre* „zusammenstürzen", s. d.

fondoir „Schmelzkessel"
13. Jh. *fondeoir,* ist *-atorium*-Abl. von *fondre* „schmelzen", s. d. F.

fondre „gießen" „schmelzen", „auflösen", refl. „sich auflösen", „zusammenstürzen"
11. Jh., afrz. „schmelzen" (transitiv und intransitiv) „zerstören", „vernichten", „überfließen", dann, vermischt mit dem Stamm von *effondrer,* „herabstürzen", „fallen" usf., aus lat. *fŭndĕre* „gießen", „flüssig machen", „ausströmen", medial „sich ausbreiten" u. ä.; REW 3581; Bl.-W. 269.

fondrier „auf den Grund gehend", „den Grund bildend"
16. Jh., ist Abl. von afrz. *fondrer* „auf den Grund bringen" u. ä., d. i. vlat. **fŭnderare* zu vlat. *fundus, fundere* „Grund", s. *fond;* vgl. *effondrer,* dann mfrz. *fondree* „Bodensatz", *fondril* „Grund" u. ä.

fondrière „Schlammloch", „Schlucht"
16. Jh., ist Abl. von afrz. *fonz* „Grund" in Anlehnung an die unter *fondrier* erwähnten Ableitungen; vgl. in der gleichen Bedeutung, aber mit verschiedenem Stamm berrich. *foncière* unter *foncière.*
fondrille s. *effondrilles.*

fonds „Grundstück", „Grundkapital"
13. Jh., in latinisierender Anlehnung an lat. *(fundus)* für afrz. *fonz* „Grund" u. ä., s. *fond.*

fondue „Rührei mit Käse"
18. Jh., bedeutet ursprünglich „Schmelzen", d. i. subst. Part. von *fondre,* s. d.; vgl. *fonte.*

fonger „löschen", „fließen" (vom Papier)
17. Jh., ist Abl. von mfrz. *fonge* „Schwamm", dieses aus lat. *(fŭngus)* dass. Dict. gén.

fongible „im Gebrauch sich abnützend", „in Natur nicht ersetzlich"
18. Jh., ist gelehrte Abl. von lat. *(fungi)* „fertig werden".

fongueux „schwammig"
16. Jh., aus lat. *(fungosus).*

fongus „Schwamm"
16. Jh. auch *fungus,* aus lat. *(fungus)* dass.; vgl. *fonger.*

fontaine „Quelle"
12. Jh., aus lat. *fontana.* REW 3426.
fontainier s. *fontenier.*

fontanelle „Fontanelle"
16. Jh., aus neulat. *(fontanella),* eigentlich „kleine Quelle", d. i. Latinisierung von afrz. *fontenelle* dass., s. *fontaine*; vgl. auch *fonticule*; Bl.-W. 269.

fontange „Art Bandschleife"
17. Jh., nach der Herzogin von *Fontanges,* der Freundin Ludwigs XIV.; Dict. gén.; Boileau, Anm. zu V. 372 der 10. Satire erzählt, daß die Herzogin auf einem Spaziergang bemerkte, daß ihre Frisur nicht halte; sie nahm daher ein Strumpfband und band es sich um den Kopf; dies fand Nachahmung und die Bandschleife wurde Mode.

fonte „Satteltasche", „Pistolenhalfter"
18. Jh., dazu prov. *fonda,* auch *fronda,* s. *fronde,* aber unmittelbar entlehnt aus ital. *fonda* dass., auch „Schleuder", „Beutel", mit unklarer lautlicher und begrifflicher Entwicklung aus lat. *funda* „Schleuder", dann von „schleuderartig gestalteten Gegenständen", „Geldbeutel", vgl. Bl.-W. 270.

fontenier „Brunnenmacher"
13. Jh., ist Abl. von *fontaine,* s. d.

fonticule „Fontanelle"
18. Jh., aus lat. *(fonticulus)* „kleine Quelle", vgl. *fontanelle.*
fontis s. *fondis.*

fonts „Taufbecken"
11. Jh., Sing. *li fonz,* aus vlat. *fontes,* d. i. kollektiver Plural von lat. *fons* „Quelle"; in der ursprünglichen Bedeutung = „Quelle", „Brunnen", afrz. *font,* masc. und fem., seit dem 13. Jh., in übertragener Bedeutung, doch volkstümlich entwickelt als Femininum in ON als *La Font,* so nur im südlichen Nordfrz., während in der Bedeutung „Quelle", „Brunnen" volkstümlich *fontaine* bzw. *source* eintritt; REW 3425; Brüch, ZFSL 52, 453; 270.

for erhalten in *dans mon for intérieur* „in meinem Innersten"
17. Jh., aus dem Kirchenlatein, s. bei Gregor dem Großen *in cordis foro litigatur* „vor dem Tribunal des Herzens wird prozessiert", zu *(fŏrum)* „Marktplatz", dann „Tribunal", seit 744 in karolingischen Formularen „Marktpreis", daher afrz. *fuer* „Marktpreis", „Taxe", dann übertragen „Maß"; dazu afrz. *à fuer de* „nach Maßgabe von"; dies in Verbindung mit *mensura* „Maß" schon im 9. Jh. *ut populus christianus forus et mensura faciat* „daß das christliche Volk gesetzliche Preise und Maße einhalte", daher nfrz. *au fur et à mesure,* mit Anpassung von *feur,* der späteren Form von *fuer,* an das nachfolgende *mesure,* „im gleichen Maße", „entsprechend"; REW 3459; Bl.-W. 281; Bambeck 22.

for- „ver-"; „drüber hinaus-"
ist Präfix zur Bildung von Verben nach Verben oder Substantiven; die Bedeutung ist die von „über hinaus", „übermäßig", „schlecht", vgl. *forjeter, forcener, forligner*; in dem frz. Präfix *for-* treffen fränkisch *for-, fir* zum Ausdruck des Entgegengesetzten, des Schlechten, und lat. *foris* „außer", „außerhalb" zusammen; Baist, Fränkisch *fir-* im ältesten Franz., RF 12, 650; Rom. 31, 633.

forage 1. „Preisbestimmung", „Weinsteuer"
13. Jh., gewöhnlich *aforage,* ist Abl. von afrz. *aforer* „den Preis bestimmen", das noch heute in Guernesey als *affeurair* „zum Marktpreis ausbieten" lebt; dieses ist Abl. von afrz. *fuer* „Preis" aus lat. *fŏrum* „Markt". REW 3459; s. *for.*
2. „Bohrung"
14. Jh., ist Abl. von *forer* „bohren", s. d.

forain 1. „auswärtig"
12. Jh., afrz. „auswärts lebend", „fremd", „äußerlich" u. ä., aus vlat. *foranus* dass., d. i. Abl. von lat. *foris* „außerhalb"; *foranus* ist im Spätlateinischen belegt, s. Heraeus, ALL 12, 74; Diez 149; REW 3429.
2. „Markt-"
18. Jh., ist in Anlehnung an *forain* 1 umgestaltetes *foirin,* das z. B. in Boulogne in der Bedeutung „Kaufmann, der die Märkte abgeht" belegt ist; dieses ist Abl. von *foire* „Markt", s. d.

foraminé „löcherig"
19. Jh., ist Abl. von lat. *(foramen)* „Öffnung".

forban 1. „Verbannung"
13./14. Jh., ist postverb. Subst. von **forbannir** „verbannen", das in Merowingerurkunden als Partizip *ferbanniti* belegt ist, aus fränkisch **fërbannjan* dass. REW 3317.
2. „Freibeuter"
17. Jh., ist zusammengesetzt aus *fors* „außerhalb" und *ban* „Gerichtsbarkeit", in Nachahmung von gleichbedeutendem englischen *out-law;* Dict. gén.

forçat „Sträfling"
16. Jh., aus ital. *forzato* „gezwungen", s. *forcer.*

force „Kraft", „Gewalt"
12. Jh., afrz. auch „Mut", „Streitmacht", dann seit dem 15. Jh. auch „Menge", seit dem 16. Jh. auch adjektivisch = „viele", s. Ebeling, ZFSL 23, 2, 113, so literarisch noch heute; dann afrz. *a grant force* „gar sehr"; vgl. afrz. *merveille* „gar sehr"; Gg., Syntax 91; aus vlat. **fŏrtia* zu lat. *fortis* „stark". REW 3455.

forceau „Stellstange zum Garn"
18. Jh. auch *pauforceau,* dazu afrz. *forcel* „Schlüsselbein", eigentlich „kleine Gabel", aus grom. **fŭrcĕllum* zu lat. *fŭrcĭlla* dass., s. *fourche*; Thomas, Rom. 26, 438; REW 3594.

forcément „notgedrungen"
14. Jh. *forcieement,* ist Adverbialbildung zu *forcé* „gezwungen", s. *forcer;* vgl. afrz. *a force* „mit Gewalt".

forcené „verrückt", „rasend"
11. Jh. *forsené,* ist Part. von afrz. *forsener* „von Sinnen sein", heute in Anlehnung an *force* **forcener** geschrieben, d. i. Ableitung von afrz. *sen* „Verstand" mit dem Präfix *for-* „hinaus", s. d.; afrz. *sen* aus fränkisch **sīn* zu ahdt. *sin;* Dict. gén.; REW 7932; vgl. dazu wall. *dèsêne* „einfältig".

forceps „Zange"
18. Jh., aus lat. *(forceps).*

forcer „zwingen"
13. Jh., aus vlat. **fŏrtiare,* d. i. Abl. von lat. *fortis* „stark", s. *fort* und *force.* REW 3456.

forces „Schere"
12. Jh. *force,* heute nur pluralisch, aus lat. *forfex, fŏrfice* dass. Diez 587; REW 3435.

forcet „dünne Schnur zum Binden des Tabaks"
19. Jh., ist Werkzeugsableitung von *forcer* „Gewalt antun" u. ä., s. d.

forcière „kleiner Brutteich"
14. Jh., lebt heute in Blois, vgl. dazu im 14. Jh. *foursiere* „Karpfenteich", mfrz. *foursin* „Fischlaich", dazu heute Béthune *foursain* „Hechtlaich", pik. *forsin* „Fischlaich", norm. *fourciner* „werfen" (von der Sau), dazu das postverb. Subst. Lüttich *frouhenn* „Laichort der Fische" u. ä.; es ist Abl. von afrz. *froiz* „Fischlaich", s. *frai* 2.

forcine „Verdickung eines Baumstamms an der Stelle, wo ein Ast ansetzt"
18. Jh., vgl. dazu poitev. *fourchine* „Gabelungsstelle eines Baumes"; dieses ist wohl die ursprüngliche Form, d. i. Abl. von *fourcher* „gabeln", s. d.; die literarische Form zeigt Anlehnung an *force, forcer* u. ä. bzw. norm. *forchir, enforchir* „stärker werden", d. i. Weiterbildung von *forcier* „stark machen", dazu **forcir* „stark werden".

forclore „ausschließen" va.
12. Jh., ist Zusammensetzung von *clore* „schließen" mit *for-,* s. d.; dazu seit dem 15. Jh. in Anlehnung an *exclusion* u. ä. die Abl. **forclusion** „Verfall eines nicht ausgeübten Rechtes".

forer „bohren"
12. Jh., aus lat. *fŏrare.* REW 3430.

forestier „den Wald betreffend"
12. Jh. „Waldhüter", das mittelfrz. zu *foretier* wurde; seit dem 16. Jh. adjektivisches *forestier* „Wald-", „im Walde lebend", dieses gelehrte Ableitung von mittellat. *(foresta)* „Wald", während das afrz. Wort ein volkstümlich entwickeltes grom. **forestarius* fortsetzt, s. *forêt;* Bambeck 20.

forêt „Wald"
zuerst 648 in latinisierter Form als *foreste* in einer Urkunde Sigeberts III bezeugt, durch die der König ‚den Mönchen von Stablo-Malmédy ein umfangreiches Gebiet schenkt'; dann 774 als *forestis* in einer Schenkungsurkunde Karls des Großen an Bobbio; das Wort dringt später nach England, Deutschland und Italien; Kluge-G., 16. Aufl. 221; Bezzola 94; Aebischer, ZRP 61, 122; grom. *forestis,* dann als Fem. auch *foresta,* bezeichnet den Jagdwald des Königs, dessen Betreten zum Holzen u. ä. verboten ist, also den „Bannwald"; aus fränkisch **forhist,* d. i. Abl. von fränkisch *for(h)a* „Föhre", ahdt. *forha* „Föhre"; im gleichen Gesichtskreis liegt die Romanisierung von fränkisch *wald,* als *waldus* in der Lex Salica bezeugt, afrz. *gaut,* das den Wald bezeichnet, dessen Betreten nicht verboten ist, s. Gg., RG I, 212. Wegen des Suffixes *-īst* s. Kluge, Nom.-St. § 94 a, der auf ähnliche Bildungen wie ahdt. *awist* „Schafstall" u. ä. hinweist; wegen des Verstummens des *-h-* in der Gruppe *-rh-* im Westfränkischen s. nach Franck, Altfränkische Grammatik, Gg. RG I, 264; *fora* für *forha* „Föhre" ist belegt.
Als Bezeichnung des Hüters des königlichen Bannwaldes wird grom. *forestarius* gebildet, daraus dt. „Förster"; die *forestarii* sind, seit dem 7. Jh. bezeugt, technische Beamte, deren Aufgabe es ist, die Ländereien auszumessen, *mensurare et designare;* als Beamte werden sie auch in die von den Franken neu besetzten Gebiete geschickt, z. B. nach Italien; dort vollzieht sich der Bedeutungsübergang von „Feldmesser", „Förster" zu „Fremder", vielleicht weil der Ausdruck dort volksetymologisch mit *foris, foras* „außerhalb" zusammengebracht wurde; daher aus dem Mittellat. aufgenommen ital. *forestiere* „Fremdling", während die autochthone grom. Bildung in afrz. *forestier* „Waldhüter" überliefert ist, s. *forestier.*
Die Geschichte des Wortes weist eindeutig auf Herkunft aus dem Fränkischen, s. auch Aebischer, l. c.; daher *forestis* auch nicht Abl. von *forum* „Bann" (das nicht bezeugt ist), nach Adjektiven wie *agrestis, campestris,* ursprünglich in der Verbindung *(silva) forestis,* M. L. VKR 3, 11; REW 3439; auch nicht, wenn für *forum* die Bedeutung „Strafgewalt" erschlossen wird, Kaufmann, Wald 27, oder „Tribunal", Bl.-W. 270; *forestis* auch nicht Abl. von *foris, foras* „außerhalb", wobei *silva forestis* den „außerhalb des Bannwaldes liegenden allgemein zugänglichen Wald" bezeichnet hätte (warum nicht „Wiese" u. ä.?); der Einwand, daß *-h-* in *forhist* in der latinisierten Form *forestis* nie auftritt, Dauzat, Fr. mod. 13, 367, übersieht, daß im Westfränkischen *-h-* nach Konsonanten verstummt; in Namen wie *Gerhardus* wird *-h-* nicht mit dem vorhergehenden *-r-* in einer Silbe gesprochen, sondern hat die Stellung

eines anlautenden germanischen *-h-*. Wegen der Herkunft des Wortes aus dem Germanischen s. Bruckner VR I, 142; Meringer IF 18, 259; vgl. auch Baist, ZDW 12, 235; RF 15, 318; Diez 144. Unüberlegtes bei Lerch, RF 60, 650, s. RF 61, 217.

forfaire „pflichtwidrig handeln"
11. Jh. *forsfaire* „Unrecht tun", „Schaden zufügen", intr. und mit Dativobjekt, auch reflexiv-medial, ist Zusammensetzung von afrz. *for-*, s. d., mit der fränkischem *fër-* entsprechenden Funktion, mit *faire*; vielleicht liegt als Vorbild ein fränkisches **fërwërkjan* zugrunde, vgl. gotisch *frawaúrkjan* „sündigen", ahdt. *firwirken* „verderben", „durch seine Handlungsweise verwirken"; vgl. ahdt. *wirkên* „schaffen", „machen", „tun", wie frz. *faire*; vgl. wegen der Romanisierung eines germanischen Wortes *compagnon*. Diez 145. REW 3128.
Dazu seit dem 12. Jh. das subst. Part. **forfait** afrz. „Missetat", „Vergehen", 10. Jh. *forsfait*, nfrz. auch „auferlegte Buße", das als *forsfeit* in das Englische gedrungen ist und als Ausdruck des Rennsports mit der Bedeutung „Reugeld beim Pferderennen" im 19. Jh. ins Französische zurückwandert; Bl.-W. 270.

forfait 1. s. *forfaire*.
2. „Lieferungsvertrag"
17. Jh. *fort-fait*, ist substantiviert aus afrz. *a fuer fait*, auch *a for fait* „zu abgemachtem Preis", so in *travailler à forfait* „im Akkord arbeiten" u. ä., zu afrz. *for*, d. i. gelehrte Nebenform von afrz. *fuer* „Preis", s. *for*; Dict. gén.

forfaiture „Verletzung der Lehenstreue", „Pflichtvergessenheit"
13. Jh., ist nach dem Vorbild von *fait, faiture* abgeleitet von *forfait* 1.

forfante „Bösewicht" va.; „Großsprecher"
so seit dem 16. Jh., dafür im 15. Jh. auch *forfant*, aus ital. *furfante*; dieses ist selbst aus prov. *forfan* „Bösewicht" entlehnt; dieses Part. von prov. *forfaire* „sich vergehen", s. *forfaire*; vgl. auch *fourbe*; vgl. Bl.-W. 270; Brüch, ZFSL 52, 456.

forfanterie „Gewalttat" va.; „Prahlerei"
16. Jh., aus ital. *furfanteria*, d. i. Abl. von *furfante*, s. *forfante*.

forge „Eisenwerk", „Schmiede"
12. Jh., aus lat. *făbrĭca* „Werkstätte". Diez 145; REW 3121; Skok, ZRP 33, 688 ff.

forger „schmieden"
12. Jh., aus vlat. **făbrĭcare* für lat. *fabricari* „schmieden". REW 3122.

forgeron „Schmied"
seit dem 16. Jh. für afrz. *fevre*, s. *fèvre*, ist Abl. von *forger* bzw. *forge* „Schmiede", s. d.

forhu „Ruf für die Hunde"; „das für die herbeigerufenen Hunde beiseite gelegte Fleisch"
15. Jh., ist postverb. Subst. von **forhuer** afrz. „(die Hunde) in eine andere Richtung hetzen", d. i. „hinaustreiben", zu *hors* und *huer*, s. *hor-*; Dict. gén.
forhuir s. *forhuer*.

forière „Waldrand", „Rand eines bebauten Grundstückes"
12. Jh., vgl. dazu norm. *forière* „Querrandfurche eines Ackers", Mons „Randstreifen, den man nicht bebaut", Pléchatel „der unbebaute Teil eines Ackers längs der Umzäunung", vogesisch *fourière* dass., vgl. dazu auch pik. *mener al forriere* „die auf bebauten Grundstücken weidend angetroffenen Tiere vor den Richter führen", ursprünglich *„vom bebauten Feld weg auf die *forière* führen"; ist mit dem *-aria*-Suffix abgeleitet von grom. *forum, forrum*, dazu schon im 9. Jh. in einer Urkunde von StPierre-de-Gand *foraria*, aus fränkisch **forh*, zu ahdt. *furh*, Fem., s. Jud, Rom. 47, 483; Gg. RG I, 193; wegen des fränkischen *-o*-Lautes s. Gg. RG I, 246; wegen des Verstummens des *-h-* s. *forêt*; wegen der Ableitung vgl. Feldbezeichnungen wie *chenevière, houblonnière* usf.
Zu *foris* „außerhalb", Horning ZRP 21, 454; Dict. gén.; FEW III, ist abgesehen von der Bedeutung auch deshalb unmöglich, weil *-aria* nicht an Präp. bzw. Adverbien antritt.

forjeter „Vorsprünge anbringen", „vorspringen"
12. Jh. *forsjeter* „hinauswerfen", afrz. auch mit der verallgemeinernden Bedeutung „bringen", „führen" von *jeter*, „herausführen" „herausstrecken", ist zusammengesetzt aus *for-*, s. d., und *jeter*, s. d.

forlâchure „schlecht angezogene Schnur" (Weberei)
15. Jh., ist Abl. von einem nicht bezeugten afrz. **forlaschier*, d. i. Zusammensetzung aus *for-* „schlecht", s. *for-*, und *lâcher* „schlaff lassen".
forlancer s. *for-* und *lancer*.

forlançure „Fehler im Gewebe"
18. Jh., ist Abl. von *forlancer* in der nicht belegten Bedeutung „(das Weberschiffchen) schlecht einschießen", d. i. Zusammensetzung von *for-* in der fränkischem *fër-* entsprechenden Bedeutung, s. *for-*, und *lancer* „einschießen", s. d.

forlane „alter Tanz"
18. Jh., aus ital. *furlana* „friaulischer Tanz", dieses aus venezianisch *furlano* „friaulisch", d. i. Abl. von *Friuli* „Friaul" aus lat. *forum Julii*.

forligner „von der geraden Richtung abweichen"
12. Jh. *forsligner*, ist Abl. von *ligne* „Linie", s. d., und *for-*.

forlonger „in die Länge ziehen", „zurücklassen"

12. Jh. *forslongier, forsloignier,* ist mit Präfixwechsel, s. *for-,* gebildet aus *allonger,* s. d.

formalité „Äußerlichkeit"
15. Jh., ist Abl. von *(formalis)* „die Form betreffend".

formariage „Heirat zweier Höriger, die verschiedenen Herrn gehören"
14. Jh., ist Abl. von afrz. *soi forsmarier* „vom Besitz des rechtmäßigen Herrn wegheiraten", d. i. Zusammensetzung von *for-,* s. d., und *marier,* s. d.

format „Buchform"
18. Jh., aus lat. *(formatum)* „das Geformte".

formateur „Bildner", „bildend"
15. Jh., aus lat. *(formatore),* für volkstümliches afrz. *formeour,* dieses unmittelbar von *former* abgeleitet, s. d.

forme „Form"
11. Jh., auch in der konkreten Bedeutung „Form" (für den Schuh, das Brot) u. ä.; wie in nfrz. *forme* „Druckrahmen", „Rahmen", Schuhleisten", dazu nfrz. **formier** „Leistenmacher" u. ä., aus lat. *(forma);* das Wort erscheint in volkstümlicher Entwicklung in afrz. *fourme.*

formel „förmlich"
13. Jh., aus lat. *(formalis);* dazu *(démenti) formel* „Widerruf", „Ableugnung", zu *formel* „in voller Form"; Dauzat, Fr. mod. VI, 66.

former „bilden"
11. Jh., aus lat. *formare,* vielleicht nicht rein volkstümlich entwickelt, vgl. *forme.* REW 3443.

formeret „Rippe am gotischen Kreuzgewölbe"
15. Jh. *fourmeres, formerez,* ist ursprünglich adj. *-ariceus*-Abl. von *forme,* bedeutet der Bildung nach „zur Form gehörig", „formbildend". Thomas, NE 103.

formiate „ameisensaures Salz"
18. Jh., ist Abl. von dem Stamm von lat. *(formica)* „Ameise", s. *fourmi.*
formica-leo s. *fourmi-lion.*

formication „Jucken", „Ameisenlaufen"
19. Jh., aus lat. *(formicatione)* zu lat. *formica* „Ameise", s. *fourmi.*

formidable „fürchterlich"
15. Jh., aus lat. *(formidabilis).*

formuer „die Mauser vertreiben"
17. Jh., ist Abl. von *mue* „Mauser" nach *for-,* s. d.

formule „Formel"
15. Jh., aus lat. *(formula)* dass., eigentlich „Gestalt", „Form", s. *forme.*

fornication „Fleischessünde"
12. Jh., aus lat. *(fornicatione).*

fornouer „Kreuzknoten machen"
18. Jh., ist zusammengesetzt aus *for-* in der Bedeutung des fränkischen *fër-,* s. *for-,* mit *nouer* „Knoten bilden", entspricht also deutschem „ver-knüpfen".
forpaiser s. *forpayser.*

forpaisson „Hüten von Tieren auf verbotenem Grund"
19. Jh., ist Abl. von **forpaître** „auf verbotenem Grund weiden", 16. Jh. „(außerhalb des Waldes) auf die Atz gehen" (von Hirschen), d. i. Abl. von *paître* „weiden" nach *for-* in beiden etymologischen Bedeutungen; die Substantivbildung nach dem Vorbild von *paisson* neben *paître.*

forpayser „aus dem Land entfernen" va.; „das Lager verlassen"
12. Jh., wird bisweilen mit *forpaître* verwechselt, ist Abl. von *pays* „Land" nach *for-,* s. d.

fors „außerhalb", „ausgenommen"
10. Jh., ist die vortonig entwickelte Form zu afrz. *fuers* dass., aus lat. *fŏris* „außerhalb". Diez 149; REW 3431; vgl. auch *hors.*

forsenant „hitzig" (von Hunden)
18. Jh., ist Part. von afrz. *forsener* „von Sinnen sein", s. *forcener.*

fort „stark", „Fort"
10. Jh., aus lat. *fŏrtis.* REW 3457; auch altes Adverbium = Neutrum aus lat. *forte,* Gg., Syntax 527.
fort-du-corps s. *faux-du-corps.*

forte „stark" (in der Musik)
18. Jh., aus ital. *forte,* s. *fort.*

forteresse „Festung"
12. Jh., bedeutet afrz. auch „Macht", „Kraft", geht mit prov. *fortaleza* auf ein grom. **fortarĭcea* zurück; dieses ist Kollektivableitung von *forte* in der substantivischen Bedeutung „militärische Befestigung"; afrz. *forterece* „Macht" ist entsprechende abstrakte Abl. von adjektivischem *fort,* s. d.; vgl. wegen der letzteren Bildung *sécheresse*; wegen der Substantivableitung vgl. grom. belegtes *vaccaricea, bovaricea* u. ä. „Kuh-, Ochsenstall", das als Ortsname weit verbreitet ist. Thomas, NE 99; REW 3457; Brüch, ZFSL 52, 457.
forteresse als Weiterbildung von *fortece,* Tobler, SABerlin 1896, 854, ist wegen prov. *fortaleza* nicht wahrscheinlich; **fortalicia* zu **fortalis,* G. Paris, Rom. 25, 621, vgl. afrz. *fortelece,* ist morphologisch schwierig; *forterece* als Abl. von afrz. vereinzelt als „Festung" belegtem *fortiere,* Brüch, ZFSL 44, 135 ff., ist nicht nötig, da die *-aricea*-Ableitungen von Nominalstämmen hinreichend gesichert sind.

fortifier „stärken"
14. Jh., aus lat. *(fortificare).*

fortin „kleines Fort"
17. Jh., aus ital. *fortino,* d. i. dem. Abl. von *forte* „Festung", s. *fort.*

fortitrer „(vom Hirsch) den Wegen ausweichen, auf denen sich Sammelstellen für Jagdhunde befinden"
14. Jh., ist mittels des Präfixes *for-* „außerhalb" abgeleitet von *titre* „Aufstellungsplatz für die Hunde", s. d.

fortrait „abgetrieben", „abgeritten" (von Pferden)
17. Jh., ist Part. von afrz. *forstraire* 12. Jh. „herausziehen", auch „entziehen", „entwenden", d. i. nach *for-*, s. d., abgeleitet von *traire* in der afrz. Bedeutung „ziehen", „zerren", s. d.
Dazu seit dem 18. Jh. die Abl. **fortraiture** „Erschöpfung", „Überrittensein".

fortiori, in *à-* „um so mehr" u. ä.
17. Jh., aus nlat. *(a fortiori)*, eigentlich „von dem Stärkeren ausgehend", zu lat. *fortius*, d. i. neutraler Komparativ von lat. *fortis* „stark", s. *fort*; Bl.-W. 271.

fortuit „zufällig"
16. Jh., aus lat. *(fortuitus)*.

fortune „Glück"
12. Jh., afrz. „Zufall", „Schicksal", „Glück", auch „Sturm", nur die letzte Bedeutung volkstümlich entwickelt, s. *tourmente*, aus lat. *fortuna* „das zufällige Schicksal", mit Übergängen zur Bedeutung „das glückliche Schicksal"; dazu lat. *fortunatus* „beglückt", afrz. *fortuné* dass., heute „begütert", „reich", entsprechend seit dem 15. Jh. belegtes *fortune* „Vermögen", „Reichtum"; Orr, Ess. 5; Vzadrowski, ZRP 46, 445; REW 3458; Bl.-W. 271.

forvêtu „Habenichts, der sich reich kleidet"
18. Jh. *fort-vêtu*, ist volksetymologisch umgedeutetes afrz. *fervestu* „mit der eisernen Rüstung bekleidet", d. i. Zusammensetzung von *fer* „Eisen" und *vestu*, s. *vêtir*; oder über ein nicht belegtes **fuerre-vestu* „mit Stroh bekleidet", s. *feurre*, Dict. gén. mit?

fosse „Graben"
11. Jh., aus lat. *fŏssa*. REW 3460.

fossé „Graben"
12. Jh., aus lat. *fŏssatus* bzw. *fossatum*, die beide belegt sind, zu lat. *fossare* „graben"; REW 3461.

fossile „ausgegraben"
16. Jh., aus lat. *(fossĭlis)*.

fossoir „Weinberghacke"
12. Jh. auch *fessoir*, so z. B. im Lokalfrz. von Pouilly (Loiret), Gonon, RDR 26, 99, aus lat *fŏssōrium* „Grabscheit. REW 3462.

fou 1. „Buche"
12. Jh., heute nur mehr mundartlich erhalten, vgl. bretagnisch *feu*, Guernesey *faue*, pik. *fay*, wall. *faw*, lothr. *fô*, Morvan *fau*, Genf *feu* u. ä., aus lat. *fāgus* dass.; Diez 131; REW 3145; Walter, GB 10, 6 ff.; Roll. Fl. 10, 97 ff.; vgl. auch *hêtre*.
2. „toll", „verrückt", „wahnsinnig"; auch substantivisch
11. Jh., afrz. auch „Blasebalg", so bis ins 16. Jh. gebräuchlich; in Glossen *fatuus, vacuus follis*, im 6. Jh. *folle homo* „Törichter", aus lat. *follis* „Blasebalg", die Bedeutungsentwicklung mit dem Verbindungsglied „aufgeblasen"; lat. *follis* wird bei den Kirchenschriftstellern für die Hülle des Leibes, d. i. den menschlichen Körper gebraucht; das in den Glossen belegte *vacuus follis* meint entsprechend „Leib, in dem keine Seele ist"; Brüch, ZFSL 52, 461; Diez 142; REW 3422; Bl.-W. 271.
Unbegründet aus *follis* in der obszönen Bedeutung „Hodensack", Brøndal, Nord. Tidskr. 1913/14 S. 23.

fouace „flaches, unter der Asche gebackenes Weißbrot"
12. Jh., aus lat. *(pasta) fŏcācea* „auf dem Herde gebacken", so bei Isidor v. Sevilla belegt; d. i. Abl. von *focus* „Herd", s. *feu*; dazu seit dem 14. Jh. die Abl. **fouacier** „Kuchenbäcker". Bauer, Gebäck 45 f.; Diez 142; REW 3396.

fouage „Herdsteuer"
13. Jh. auch *feuage*, ist *-aticum*-Abl. von *feu*, s. d.

fouaille „Anteil der Hunde am erlegten Wild"
17. Jh., ist in Anlehnung an das Kollektivsuffix *-aille* umgestaltetes älteres *fouail*, auch *fouel* dass., auch in der Bedeutung „Brennholz" bezeugt; dieses ist Rückbildung von afrz. *fouaille* „Brennholz", aus grom. **fŏcālia*, d. i. Plural von **focalis* für lat. *focaris* „zum Feuer gehörig"; der Bedeutungsübergang zu „Anteil der Hunde" über „Abfall, der ins Feuer geworfen wird", vgl. wall. *fouaie* „kleine Kohlenabfälle".

fouailler „immerfort peitschen"
14. Jh. *foueillier*, die literarische Form in Anlehnung an das Kollektivsuffix *-ailler*, ist mit Endungsverkennung abgeleitet von *fouet* „Peitsche", s. d. Dict. gén.

fouane s. *fouine*.

fouarre s. *feurre*.

foucade s. *fougade* 2.

foudre 1. „Blitz"
12. Jh., aus vlat. *fŭlgĕre* für lat. *fulgur*, Diez 587; REW 3555; Göhri, RDR 4, 153; *fulgere* ist spätlateinisch belegt und durch prov. *folzer* gesichert.
2. „großes Weinfaß"
15. Jh. *voudre*, 17. Jh. in der heutigen Form, aus nhdt. *fuder* „Wagenlast"; Diez 587; REW 3547; Behrens, DS 65.

foudroyer „durch den Blitz erschlagen"
13. Jh., ist Abl. *(-idiare)* von *foudre* 1, s. d.

fouée 1. „Jagdfeuer", „Herdfeuer"
12. Jh. „Scheiterhaufen", „großes Feuer", vgl. dazu norm., Maine *fouée* „helles Feuer", südwestfrz. „Aschkuchen", ist Kollektivableitung von lat. *focus* „Feuer", entsprechend einem grom. **focata*; vgl. *nuée* neben *nue*.
2. „Reisigbündel"
14. Jh., vgl. dazu pik. *foée* „Klaubholz", bretagn. *fouée* „kleines Reisigbündel" u. ä., dürfte Abl. von afrz. *fou* „Buche" sein, vgl. *fouet*; vgl. aber auch die zu *focus* gehörigen

Bildungen wie *fouaille* „Brennholz" u. ä. unter *fouaille.*

fouet „Rutenbündel aus Buchenzweigen" va.; „Rute", „Schlagschnur", „Peitschenriemen", „Peitsche" u. ä.
13. Jh., ist Abl. von afrz. *fou* „Buche", vgl. auch *fouée* 2; dazu seit dem 16. Jh. die Abl. **fouetter** „mit der Rute, der Peitsche schlagen"; Diez 587; REW 3145.

fougade 1. s. *fougasse.*
2. „Einfall", „Laune"
16. Jh., ist Abl. von *fougue* „Aufwallung" u. ä., s. d.
Das Wort lebt mit der Nebenform *foucade* im Normannischen, auch in der Bedeutung „führungsloses Davonrennen von Vieh auf der Weide"; dieses unmittelbare Abl. von afrz. *fouc* „Herde", Sain. LPar. 178 f. ist morphologisch nicht möglich; es ist vielmehr *foucade* mit der angegebenen Bedeutung volksetymologisch nach *fouc* umgedeutetes, aus der Literatur aufgenommenes *fougade*; afrz. *fouc* zu fränkisch **folk* „Schar", „Haufe"; vgl. Barbier, Proc. Leeds V, 224.

fougasse „Flattermine"
16./17. Jh. *fougade,* dann in Anlehnung an das seit dem 16. Jh. im Französischen lebende pejorative Suffix *-asse* die literarische Form; aus ital. *fogata* dass., d. i. Abl. von *fogare* „stürzen", „fliegen", s. *fougue* 1. Dict. gén.

fouge „aus dem Boden aufgewühlte Nahrung des Wildschweins"
16. Jh., ist postverb. Subst. von **fouger** „im Boden, in der Erde wühlen"; dieses seit dem 14. Jh., aus lat. *fŏdicare* „wühlen", vgl. *fouiller*; Diez 587; REW 3403.
Nach Tilander, Rom. 51, 253 ist *fouge* eine Wurzel, die von Ebern als Nahrung gesucht wäre; würde zu *fougeraie* gehören, s. d.

fougeraie „mit Farnkraut bewachsener Ort"
17. Jh., ist *-ēta*-Abl. von **fougère** „Farnkraut", 12. Jh. *fougiere, feugiere, feuchiere,* aus vlat. **fĭlĭcaria* „Farnpflanzung" zu lat. *filex, filice* „Farnkraut"; Diez 135; REW 3298.

fougon „Schiffsküche am Mittelmeer"
16. Jh., aus genuesisch bzw. venezianisch *fogon,* der Entsprechung von ital. *focone* dass., d. i. Abl. von *fuoco* „Feuer", s. *feu*; Vidos 404.
Aus prov. *fougoun,* Dict. gén., ist möglich; doch stammt das provenzalische Wort selbst aus dem Oberitalienischen.

fougue 1. „Aufwallung", „zu üppiges Wachsen eines Baumes"
16. Jh., aus ital. *foga* dass., ursprünglich „Dahineilen", „Eile", aus lat. *fŭga* „Flucht", Diez 371; REW 3548.
2. in *mât de fougue* „Besanmast"
17. Jh. zuerst als *mast de foule* belegt; u. H. Zu *fouler,* Dict. gén., ist begrifflich nicht verständlich.

fouguette „kleine Rakette"
19. Jh., ist Abl. von *fougue* 1 in der übertragenen Bedeutung „Schwärmrakette".
fougueux s. *fougue* 1.

fouille „Ausgrabung", „Schurf"
17. Jh., auch „Untersuchung beim Zoll oder bei der Polizei", 19. Jh., Fr. mod. 15, 201, ist postverb. Subst. von **fouiller** „wühlen", „durchstöbern", 13. Jh. *fooillier,* aus grom. **fŏdĭculare,* d. i. dem. Weiterbildung von *fodicare* „wühlen", s. *fouger.* Diez 587; REW 3404. Dazu seit dem 14./15. Jh. die *-aticium*-Abl. **fouillis** „Durcheinander".
fouillot s. *foliot.*

fouine 1. „Heugabel", „Harpune des Fischers"
12. Jh. *foisne,* aus lat. *fŭscĭna* „Dreizack", „Harpune"; das Wort lebt in der ersten Bedeutung in den Ardennen, in der zweiten in der Normandie; Diez 371; REW 3610.
2. „Hausmarder"
12 Jh. *foïne,* neben *faïne,* wall. *fawine,* aus vlat. *(meles) *fāgīna* „Buchmarder", zu vlat. **faguus* für *fageus* „buchen", die Umgestaltung nach den zahlreichen Adj. auf *-uus* wie *vacuus, patruus* usf.; die Umgestaltung, weil *fageus* vlat. zu **fajus* werden mußte und dadurch den Zusammenhang mit *fagus* „Buche" verlor, s. *fou* 1; vgl. auch die deutsche Bezeichnung „Buchmarder".
Afrz. Abl. von *fou* „Buche", Gröber, ALL 6, 388, ist morphologisch schwierig; **fagina,* Diez 131; REW 3144, genügt zwar afrz. *faine,* nicht aber der Nebenform *foine,* auch nicht nprov. *faguino,* s. *faguenas*; vgl. auch *chafouin* und Roll. F. 7, 135 ff.

fouiner „sich aus dem Staube machen"
18. Jh., vgl. dazu poitev. „peinlich genau suchen", Lille „im Boden ein Loch machen", Saint. „zu plündern suchen", Genf *fougner* u. ä., ist Abl. von *fouine* „Marder", s. o.; Roll. F. 7, 139 f.; Sain. Chat 87 f.; Schuchardt, ZRP 21, 203.

fouinette „kleine Eisengabel"
15. Jh., ist dem. Abl. von *fouine* 1.

fouir „graben"
12. Jh., aus grom. **fŏdīre* für lat. *fŏdĕre* dass., das unmittelbar in prov. *foire* vorliegt; REW 3401; dazu seit dem 14. Jh. die Abl. **fouisseur** „Wühler", „Grabwespe".

foulard „Seidenzeug"
18. Jh., aus südostfrz. *foulat,* d. i. *drap foulé* „gewalktes Tuch", Sain. LPar. 318; s. *fouler.*

foule „Walken" va.; „Walkstube" u. ä.; „Gedränge", „Menge"
13. Jh., ist postverb. Subst. von **fouler** „walken", „zerdrücken"; dieses seit dem 13. Jh. belegt, aus vlat. **fŭllare* „walken" zu lat. *fullo* „Walker", s. *foulon.* Diez 142; REW 3560.

foulon „Tuchwalker"
12. Jh., aus lat. *fŭllone*; Diez 142; REW

3562; dazu seit dem 18. Jh. einreihend erweitertes, gleichbedeutendes **foulonnier.**

foulque „Wasserhuhn"
14. Jh. *fourque,* aus prov. *folca,* dieses aus lat. *fŭlĭca* dass.; REW 3557; Barbier, RDR 4, 113.

foulure „Verstauchung"
13. Jh. *foulëure,* ist Abl. von *fouler,* s. d.
fou-l'y laisse s. *folilet* und *sot-l'y laisse.*

foupir „zerknittern"
16. Jh., gilt im 17. Jh. für veraltet, Br. 3, 134, ist Abl. von afrz. *ferpe, felpe, frepe, feupe* „Franse", „alte Kleider", vgl. dazu H. Maine *flupes* „Lumpen", pik. *flèpes* dass., dann „Scharpie", Blois *fouppe, fnouppe* „Stoffabfälle", dann vend., angev. *faupir,* H. Maine *feupir* „zerknittern", u. H.; literarisches *foupir* geht auf älteres *felpir* zurück; vgl. *flipot.*
Zu mittellat. *faluppa* „Spänchen", eigentlich „Umhüllung" u. ä., s. *envelopper,* Horning, ZRP 21, 197; 22, 484; REW 3173, ist lautlich und begrifflich nicht verständlich; das Wort dürfte gallischer Herkunft sein, doch fehlt Anknüpfung in den lebenden keltischen Mundarten.

fouquet 1. „Eichhörnchen"
18. Jh., ist westfrz., so Mayenne *foukè,* Ille-et-Vil. *fouiké,* Sarthe *foukié* u. ä., Roll. F. 7, 156; *fouquet* ist dem. Abl. vom Namen afrz. *Fouque,* aus fränkisch *Fulko*; aber erst in Weiterbildung von benachbartem *Jacquet,* so Manche, Calvados; dieses ist nach *Jacques* umgedeutetes bretonisches *c'has koet* „Waldkatze", vgl. dazu Guernesey, Morbihan für das Eichhörnchen *chat de bois* als Übersetzung des bretonischen Wortes; vgl. auch Gauchat, Mél. Wilmotte 184.
2. „Name einiger nächtlich fliegender Wasservögel"
18. Jh., ist dem. Abl. von *foulque* „Wasserhuhn", s. d.

four 1. „Backofen"
12. Jh. *forn,* aus lat. *fŭrnus* „Ofen"; REW 3602.
2. „Gabelung", „gegabelter Gegenstand"
12. Jh., lebt in norm. *fourc, fourquet,* afrz. „Gabelung" (eines Baumes, Zweiges, Weges) u. ä., aus vlat. **furcum,* dieses über **furcare* „gabeln" zu lat. *furca* „Gabel", s. *fourche, forceau, fourchure, fourcat.*

fourbe „Betrug", „Hinterlist"
15. Jh. zuerst im Rotwelsch bezeugt; ist postverb. Subst. von *fourber* „betrügen", 17. Jh.; im 15. Jh. auch mask. „Dieb"; ist im Rotwelsch verwendete, seit dem 13. Jh. bezeugte (TL III, 2057) Umdeutung von *fourbir* „polieren", s. d., mit einer Bedeutungsänderung wie bei *polir,* s. *polisson,* Diez 144; REW 3592; Sain. Sources 2, 351; Bl.-W. 273.
Im Afrz. seit dem 13. Jh. bezeugtes *forbeter* „betrügen", dazu mfrz. *forbetor* „Betrüger", ist nach *for-* weitergebildetes *abeter* dass., s. *abet*; Brüch, ZFSL 52, 462.

fourbir „glatt reiben", „polieren"
11. Jh., aus fränkisch **forbjan* zu mhdt. *fürben* „reinigen", „säubern". Diez 144; Mackel 22; REW 3592; Brüch 87.

fourbu „von der Rehe befallen" (Pferdekrankheit)
16. Jh. *forbëu,* ist Part. von afrz. *forboire* „übermäßig trinken", dieses Abl. von *boire* „trinken" nach *for-,* s. d.; *forbëu* bedeutet der Bildung nach „der zuviel getrunken hat"; dazu seit dem 17. Jh. die Abl. **fourbure** „Rehe" (Pferdekrankheit, die die freie Bewegung hindert). Dict. gén.

fourcat „Gabelholz"
17. Jh., aus prov. *forcat,* d. i. Abl. von prov. *forcar* „gabeln", s. *fourcher.*

fourche „Gabel", „Galgen"
12. Jh., afrz. auch „Gabelung", s. *four* 2, aus lat. *fŭrca* „Gabel". Diez 144; REW 3593.

fourche-fière „zweizackige Heugabel"
12. Jh. *fourche fire,* heute norm. *fourque fiere,* dazu nprov. *fourcho ferrio* „eiserne Gabel"; der zweite Bestandteil setzt ein halbgelehrtes **ferrie* „eisern" voraus, das sich auch aus prov. *ferrienc* „eisern" erschließen läßt, für lat. *ferreus* „eisern", das populär durch **de ferro* ersetzt wurde; die gleiche Entwicklung zeigt lat. *aureus* „golden", in afrz. *orie, oire* dass., halbgelehrt entwickelt, s. *compère-loriot*; aus **ferrie* mit tertiärer Umlautung **firie,* daraus afrz. *fire, fiere,* auch *fierge,* dazu afrz. *firges, ferges* „eiserne Fußfesseln", FEW IV, 369; zu **fer(i)e* vgl. wegen der tertiären Umlautung *titre*; Bl.-W. 273; die *-ie*-Formen in *fierge* usf. seit dem 13. Jh. lautgesetzlich wie in *desiert,* älter *desirt,* Konj. Praes. 3. Sing. zu *desirier, cierge* für *cirge, *cerie*; s. auch Brüch, ZFSL 52, 467.

fourcher „sich gabeln"
12. Jh., aus grom. **fŭrcare,* d. i. Abl. von lat. *furca* „Gabel", s. *fourche, four* 2.

fourcheret „Gabelschwanz" (Habicht von mittlerer Größe)
17. Jh., ist ursprünglich adjektivische *-ărĭceus*-Abl. von *fourche* „Gabel", also entsprechend einem afrz. *(astor) forcherez* „Habicht mit gegabeltem Schwanz".

fourchet „Geschwür zwischen Fingern", „Klauenseuche"
17. Jh., ist Abl. von *fourche* in der Verbindung *avoir les fourches* „Geschwüre zwischen den Fingern haben", d. i. ursprünglich abstraktes *fourche* „Gabelung" (der Finger, wegen des in der Fingergabel entstehenden Geschwürs); dieses ist fem. Form zu afrz. *fourc* „Gabelung", s. *four* 2.

fourchette „Tischgabel“ u. ä.
14. Jh., ist dem. Abl. von *fourche* „Gabel“, s. d.

fourchon 1. „Gabelzinke“
13. Jh. *fourçon*, dann in Anlehnung an *fourche* die literarische Form, aus grom. **fŭrcione*, d. i. dem. Abl. von lat. *fŭrca* „Gabel“, s. *fourche*; vgl. dazu verd. chal. *forçon* „zweizackige Gabel“.
2. „Baumgabelung“
17. Jh., ist *-umen*-Abl. von *fourcher*, s. d.

fourchu „gegabelt“
11. Jh., ist mit Suffixwechsel (*-ūtus* für *-atus*) gebildet aus *fourché* dass., d. i. Part. von *fourcher* „sich gabeln“, s. d.

fourchure „Ort der Gabelung eines Weges, der Finger“ u. ä.
12. Jh., ist ursprünglich abstrakte Abl. von *fourcher* „sich gabeln“, s. d.

fourgon 1. „Ofengabel“, „Kohlenbrücke“
11. Jh., ist *-one*-Abl. von afrz. *forgier*, später in Anlehnung an *fureter* und Familie auch *furgier* „schnüffeln“, „nachforschen“, „ausstochern“, aus grom. **fŏrĭcare*, d. i. Intensivform von lat. *forare* „bohren“, s. *forer*; Thomas, Rom. 23, 455 ff. (Ess. 303). Oder **fūricare* als Grundform, zu *fūrare* „stehlen“, Bl.-W. 273, s. span. *hurgar* „schüren“, *hurgón* „Schüreisen“, prov. *furgon* dass., die *-o*-Form durch Kreuzung mit *fŭrca* Schuchardt, SAWien, 141, 3, 135; REW 3597, ?; die Bl.-W. 273 vermutete Lautentwicklung von *furgier* zu *forgier* ist unhaltbar.
2. „Bagagewagen“
17. Jh., aus nprov. *fourgoun* „Stock zum Stöbern“, dann „Wagenleiter“, „Gepäckwagen“, Brüch, ZFSL 52, 468; REW 3597; Bl.-W. 273; also zu *fourgon* 1.

fourmi „Ameise“, fem.
11. Jh. *formi*, Nom. *formis*, masc., neben vereinzeltem *formie*, dieses aus lat. *formica* dass., das sich im Süden und im Südgürtel des Nordfranzösischen in lautgesetzlicher Entwicklung erhalten hat; seit dem 17. Jh. wird es in Anlehnung an die lat. Grundlage wieder Fem., FEW III, 719; afrz. mask. *formi* führt auf eine Grundform **formicum* zurück, d. i. scheinbarer Singular von lat. *formica*, das der Endung nach die Vorstellung eines Kollektivums erweckt, also eher den Ameisenhaufen als die Ameise zu bezeichnen scheint; vgl. *folia* „Laub“ neben *folium* „das einzelne Blatt“; ähnliche Rückbildungen auf gleicher Grundlage s. in *spīcum, épi*, statt lat. *spica, fétu*, aus *festūcum* für lat. *festūca* usf.
Afrz. *formi* kaum aus einer Grundlage **formice*, Bl.-W. 273, da ein Grund für einen Suffixtausch nicht einzusehen ist; das vereinzelt belegte *formitz*, neben *formis*, und entsprechende mundartliche Formen der heutigen Zeit, beruhen wahrscheinlich auf einem analogischen Nom. Sing. bzw. Acc. Plural von *formi*, nach dem Vorbild von afrz. *feni* = „fini“, neben *feniz*; vgl. auch ALF 605; *formiz* auch kaum vom Plural lat. *formicae*, REW 3445, da, neben anderen Gründen vlat. die Pluralform auch im Nominativ *formicas* lautete.

fourmilière „Ameisenhaufen“
16. Jh., ist Abl. von *fourmi*, mit Verkennung des Auslauts, da im 16. Jh. auslautendes *l* allgemein verstummt war, vgl. *puéri(l)* neben *puérilité*; *viri(l)* neben *virilité* usf.; das Wort ersetzt älteres *formiere*, so seit dem 12. Jh. aus grom. **formicaria*.

fourmi-lion „Ameisenlöwe“
14. Jh., ist gelehrte Zusammensetzung aus *fourmi* und *lion*, s. d., in Nachahmung des bei Isidor v. Sevilla belegten *formicoleo*. Dict. gén.

fourmiller „kribbeln“, „jucken“
16. Jh., ist Abl. von *fourmi* „Ameise“, als ob diesem ein älteres **formil* zugrunde läge, vgl. *fourmilière*, für afrz. seit dem 12. Jh. belegtes *formier*, aus lat. *formīcare*; REW 3446; vgl. das Nebeneinander von *fusi(l)* und *fusiller*, *sourci(l)* und *sourciller*, *outi(l)* neben *outillage* usf.

fournaise „Schmelzofen“
12. Jh., afrz. neben vereinzeltem *fornais* und *fornatz*, das vermutlich aus dem Provenzalischen stammt; aus lat. *fornax*, *fornace*, fem., aber schon vlat. im Geschlecht schwankend, s. prov. *fornatz* masc. und fem.; *fornaise* dürfte wegen des feminischen Genus die feminine Endung angenommen haben; s. Bl.-W. 273; REW 3451.

fourneau „Kuchenofen“, „Pfeifenkopf“
12. Jh., aus grom. **fŭrnellus*, d. i. dem. Abl. von lat. *fŭrnus* „Ofen“, s. *four* 1. REW 3602.

fournée 1. „Ofenladung“
12. Jh., ist *-ata*-Abl. von afrz. *forn* „Ofen“, s. *four* 1.
2. „Gruppe von Personen“, „Lieferung“, „Schub“
ist wohl eins mit *fournée* 1, aber in der Bedeutung von *fournir* „liefern“ beeinflußt.

fournier „Backofenbesitzer“, „Bäckervogel“, dann „Billardspieler, der seine Kugel durch die Pforte auf der Zielseite gespielt hat“ (mit scherzhaftem Vergleich mit dem Loch des Backofens)
12. Jh., ist Abl. von afrz. *forn* „Ofen“, s. *four* 1.

fournil „Backstube“
12. Jh., ist Abl. von afrz. *forn* „Ofen“, s. *four* 1, mit dem Suffix *-ile*, das zur Bezeichnung des das Stammwort umgebenden Raumes verwendet wird; REW 3602; Meyer-Lübke, WuS 1, 120; Gg., Bibl. AR, Serie II, 3, S. 7.

fourniment „Pulverhorn" va.; „Ausrüstung der Soldaten"
17. Jh., aus ital. *fornimento* „Zubehör", „Ausrüstung", d. i. Abl. von *fornire* „ausrüsten", s. *fournir*; vgl. gleichgebautes, seit dem 13. Jh. bezeugtes einheimisches afrz. *fornement* „Ausrüstung", „Ausstattung".

fournir „versehen", „liefern", „erfüllen"
12. Jh., *fornir* „anfertigen", „ausstatten", „ausführen", „erfüllen" u. ä.; dazu das Verbaladj. *forni* „gut ausgestattet", „stark", „kräftig", aus fränkisch **frŭmmjan*, zu ahdt. *frummjan* „fördern", „vollbringen"; die ursprüngliche Form vgl. in prov. *formir, fromir*; das nordfrz. *-n* zeigt vermutlich Kreuzung mit der Entsprechung von *garnir*, s. d. Brüch 71; REW 3541; Diez 145 f.
Kreuzung von **frumjan* mit *finire*, Salvioni, RILomb. 40, 1119, ist begrifflich weniger wahrscheinlich; wegen der *-n*-Formen *fournir* aus germ. **frônjan* „frönen", „dem Herrn dienen", Haberl, ZRP 34, 151, ist lautlich bedenklich, und läßt das *-m-* der provenzalischen Form unerklärt.

fourniture „Lieferung"
13. Jh. *forneture*, seit dem 14. Jh. mit Übernahme des Kennvokals von *fournir, fournirai*, die literarische Form, ist Abl. von *fournir*, s. d.

fourrage 1. „Viehfutter", „Futterholen"
12. Jh., ist Abl. von afrz. *fuerre* „Viehfutter", s. *feurre*.
2. „geteertes Band aus Riedgrasschnur zur Umhüllung von Tauwerk"
15. Jh. „Kürschnerbeschäftigung", ist Abl. von *fourrer (les cables)* „die Taue bekleiden, mit Stricken umwinden", s. *fourrer*.

fourrager 1. „Futter holen", „plündern"
14. Jh., ist Abl. von *fourrage* 1.
2. „Futter gebend"
19. Jh., ist *-arius*-Abl. von *fourrage* „Viehfutter".

fourré „Dickicht"
17. Jh. *bois fourré*, seit dem 19. Jh. in der subst. Verwendung, ist Part. von *fourrer* „ausstopfen", s. d.

fourreau „Scheide", „Überzug", „Ausfütterung"
11. Jh., ist vorhistorische Abl. von afrz. *fuerre* „Scheide", „Futteral", „Sack" u. ä., seit dem 13. Jh. auch „Überzug", vgl. frz. Schweiz *fourre* dass., aus fränkisch **fôdr* „Scheide", zu ahdt. *fuotar*, gotisch *fôdr* dass.; vgl. denselben Stamm, aber unmittelbar anderer Herkunft unter *feurre*; Diez 142; REW 3405.

fourrée „hufeisenförmiger Fischzaun"
18. Jh., ist Weiterbildung von *fourré* „Dikkicht", s. d.

fourrelier „Scheidenmacher"
13. Jh., ist Abl. von afrz. *forrel* „Scheide", s. *fourreau*.

fourrer „überziehen", „füttern", „hineinstopfen", „vollstopfen"
13. Jh., ist Abl. von afrz. *fuerre* „Überzug", s. *fourreau*.

fourrier „Quartiermacher"
12. Jh. „Futterholer", ist Abl. von afrz. *fuerre* „Viehfutter", s. *feurre, fourrage*.

fourrière „Aufbewahrungsort für das Viehfutter" va.; „Holzschuppen", „Pfandstall"
13. Jh., ist Abl. von afrz. *fuerre* „Viehfutter", s. *feurre*.

fourrure „Überzug", „Pelzfutter", „Füllkeil"
12. Jh. *forrëure*, ist Abl. von *fourrer* „überziehen" bzw. „hineinstopfen", s. d.

fourvoyer „vom Wege abbringen", „ablenken"
12. Jh. *forvoier* „sich verirren", auch trans. „verführen" u. a., ist Abl. von *voie* „Weg", nach *for-*, s. d. Dict. gén.

fouteau „Buche"
16. Jh., ist westfrz., dann im ganzen Übergangsgebiet zwischen Norden und Süden, daher das späte Auftreten in der Literatur; die lautliche Entwicklung des Wortes zeigt Übereinstimmung mit *rastellum*; daher ist *fouteau* nicht unmittelbar Ableitung von *fou* „Buche", s. d., sondern geht auf grom. **fagustellum* zurück; dieses ist dem. Abl. von **fagustum* „Buchenpflanzung", dieses nach *arbustum* „Gehölz" abgeleitet von *fagus* „Buche"; Baist, ZRP 28, 110; REW 3146; Walter, GB 10, 38; Roll. Fl. 10, 97 ff.; ALF 690.

foutre „schmeißen", fam.
12./13. Jh., „ehelich beiwohnen", trans. „sinnlich befriedigen", ist heute Ersatzwort für *faire, jeter, mettre* in festen Verbindungen; *foutre qn à la porte; s'en foutre* „sich einen Dreck um etwas kümmern", aus lat. *futuere* „beschlafen", das über Formen wie *futuo, futo* zu *futĕre* geworden ist (vgl. *battre*); dazu mit Beibehaltung der etymologischen Bedeutung **fouterie** „Geschlechtsverkehr", dann „Klemme" u. ä.; ferner als Argotableitung *foutaise* (wie *fichaise*), 18. Jh. „Quatsch", Esnault, Fr. mod. 15, 196.

fovic „Gerbersumach"
17. Jh., aber älter in der prov. Form *fouvil* bezeugt, aus nprov. *foouvi, faouvi* u. ä.; das Wort sieht aus wie eine Abl. von *fauve* „falb", vgl. Roll. Fl. 4, 73 ff.

foyer „Herd", „Brennpunkt"
12. Jh., „Herd", auch „heizbarer Raum", aus lat. *fŏcarium* „zum Herd gehörig", REW 3398.

frac „Frack"
18. Jh., aus englisch *frack*, das selbst aus afrz. *froc*, s. d., entlehnt ist. Dict. gén.

fracas „Zerschmetterung", „Getöse"
15. Jh., aus ital. *fracasso*, d. i. postverb. Subst. von *fracassare* „zerschmettern", und dieses Zusammensetzung von *fra-* aus lat. *infra* „hinein", im Italienischen als Präfix der Ver-

stärkung, mit *cassare* „vernichten", s. *casser*; Diez 146; oder ital. *fracassare* „Kreuzung von *frangere* „zerbrechen", s. *frainte,* mit *cassare,* s. *casser,* Bl.-W. 274. Auch das Verbum ital. *fracassare* ist seit dem 15. Jh. im Frz. als **fracasser** „zertrümmern" bezeugt.

fraction „Bruch" va.; „Abteilung"
12. Jh., aus lat. *(fractione)* „Bruch".

fracture „Bruch"
13. Jh., aus lat. *(fractura).*

fragile „zerbrechlich"
14. Jh., aus lat. *(fragĭlis),* vgl. *frêle.*

fragment „Bruchstück"
15./16. Jh., aus lat. *(fragmentum).*

fragon „Mäusedorn"
12. Jh. *fregon,* heute in Anlehnung an *frelon* auch als *houx-frelon* bezeugt, bei den Botanikern auch *fourgon*; ist zuerst mittellat. im 10. Jh. als *frisgone, brisconis* belegt, zu dem letzteren vgl. Corrèze *brégou,* Thomas. Rom. 38, 402 f.; der Wechsel im Anlaut weist auf Herkunft aus dem Gallischen; die Grundform ist **vrosk-*, **vrosg-*, dessen Stammvokal gegen das *-o-* der Endung zu *-a-* bzw. *-e-* dissimiliert wurde, vgl. *bardot*; vgl. auch Lozère *frogoun picayre* „Stechpalme", norm. *fracon* dass.; Roll. Fl. 9, 107; REW 3517; FEW 806; Jud. Rom. 49, 398.

fragrance „Wohlgeruch"
13. Jh., ist gelehrte Abl. von lat. *fragrare* „duften", s. *flairer.*

frai 1. „Abnützung" (von Münzen)
16. Jh., ist postverb. Subst. von *frayer* „reiben", „abnützen", s. d.
2. „Fischlaich"
14. Jh. *froiz,* ist postverb. Subst. von afrz. **froicier,* seit dem 14. Jh. als *fourser* „laichen" bezeugt, vgl. wegen der mundartlichen lautlichen Entwicklung *copeau*; daneben im 16. Jh. *froissiere* neben *forcière,* s. d.; aus vlat. **frĭctiare*, d. i. Abl. von *frictum,* Part. von lat. *frĭcare* „reiben"; REW 3506; TL III, 2298; FEW III, 788.

frain „Bruch der Wellen"
16./17. Jh., steht für *fraint,* 12. Jh. „Krachen", „Getöse", d. i. Part. von afrz. *fraindre* „brechen", aus lat. *frangĕre* dass.; REW 3482; vgl. auch *chanfrein, chinfreneau, refrain.*

frainte „Schwund der Baumwolle bei der Zwirnbereitung" u. ä.
12. Jh. „Brechen", auch „Krachen", „Getöse", im 15. Jh. „Schwund am Volumen des eingelagerten Getreides", ist subst. Part. von afrz. *fraindre* „brechen", dann „zerstören", „schwächen", s. *frain.*

frairie „Bruderschaft" va.; „Kirchweihfest"
12. Jh. *frarie,* aus vlat. **fratrīa*, d. i. Abl. von lat. *frater* in der kirchlichen Bedeutung „Ordensbruder".
Lat. *fratria* „politische Volksabteilung", aus gr. φρατρία, ist davon unabhängig.

frais, fraîche „frisch"
12. Jh. *frois, fresche,* dann schon afrz. mit Übernahme des Tonvokals der femininen Form auch Mask. *fres,* aus fränkisch **frisk*, bzw. westgerm. **frisk,* Diez 148; REW 3521; Brüch 87.

frais „Kosten"
13. Jh. *fret, frait,* dazu Plural *fres,* ist Lehnwort aus mittellat. *(fredum),* früher *fredus,* in der Lex Salica *fridus* „Strafsumme, nach deren Abzahlung der Besiegte den Frieden erhält", auch „Strafsumme für begangenen Friedensbruch", s. Du Cange s. *fredum*; dieses aus fränkisch **friđu* (ahdt. *fridu* „Friede"), Diez 587.
Das Fehlen einer afrz. Form **froid* spricht nicht gegen die Erklärung, Mackel, 92, da das Wort als juridischer Ausdruck in die Umgangssprache gedrungen ist; die Erklärung wird durch die lückenlose Überlieferung seit dem 7. Jh. gesichert; daher afrz. *fret* nicht aus lat. *fractum,* d. i. Part. von *frangere* „zerbrechen", das zunächst „Bezahlung für einen Bruch" bedeutet hätte, Tobler, SABerlin 1902. 93 ff.; G. Paris, Rom. 32, 129; REW 3468; Bl.-W. 274; eine Grundform **frai* zu *fraindre* läßt sich nicht aus *frayer* „die Kosten tragen" erschließen, da dieses erst in der zweiten Hälfte des 13. Jhs. belegte Wort selbst erst von *[frēt]*, geschrieben *frait,* abgeleitet ist; s. auch *effroi.*

fraise 1. „Erdbeere"
12. Jh., aus grom. **frasia*, d. i. Kreuzung von vlat. *fraga,* lat. *fragum* dass., mit **fraga ambrosia* „Himbeere", s. *framboise*; die ursprüngliche Form vgl. in wall. *fréve,* gask. *arrago* u. ä.; heute ist nordfrz. *fraise* bis tief in den Süden gewandert; Diez 587; Gröber, ALL 2, 427; REW 3480; Barbier, Proc. Leeds VI, 482.
Kreuzung von *fraga* mit gotisch *basi,* Schuchardt, ZRP 29, 221, ist nicht möglich, da die Heimat von **frasia* Nordfrankreich ist, also außerhalb des Einflußgebietes des Gotischen liegt; *fraise* aus *fraire,* Grundform **fragaria,* Cor., ist unbegründet, s. Wartburg, RLiR 23, 223; der eigentliche südliche Typus ist **madusta, *madupa,* s. darüber Gg. ZRP 43, 563 ff.; Horning, ZRP 28, 514; 30, 459 f.; Merlo, Stagioni 233 ff.; Schuchardt, ZRP 29, 218 f.
2. „Halskrause" u. ä
16. Jh., schon im 12. Jh. *fresel, fresele* „Borte", „Krause", dazu **fraiser** „kräuseln", „ein Loch ausweiten" u. ä., so seit dem 16. Jh., aus prov. *frezar* „kräuseln", s. *frise* 1; das Wort ist afrz. als *fresé* „mit Krausen besetzt, geschmückt" seit dem 13. Jh. gesichert; dagegen ist das entsprechende Subst. afrz. **frois* nicht nachweisbar. Diez 148. Kaum zu *fraise* 3 bzw. *fraiser* 1, REW 3498.
3. „Gekröse"
14. Jh. *frase, fraise,* vgl. dazu wall. *frase,*

rouchi *frasse, fresse*, Démuin *frasse*; die afrz. Formen in Anlehnung an *fraser* „schroten", s. *fraise* 4, die nfrz. neuerdings nach *fressure*, s. d., umgestaltet; für im 12. Jh. belegtes *froise* aus fränkisch **hrūsli* „Schmer", „Fett" zu agls. *hrysel* „Fett", „Wanst", ostfriesisch *rösel* „Fett unter den Rippen von Schweinen" u. ä. Kaum über *„Hülle" zu afrz. *fraser*, enthülsen", s. *fraise* 4, Bl.-W. 274.

4. „runde Feile", „Senkkolben"

17. Jh., ist postverb. Subst. von afrz. *fraser* „schroten", „enthülsen", aus grom. **frēsare*, d. i. Abl. von lat. *fresus* „zermalmt" zu lat. *frendere* „knirschen"; vgl. dazu afrz. *feve frasee* „entschälte Bohne", entsprechend lat. *faba fresa*. REW 3498.

fraiser 1. „entschoten"

12. Jh. *frese-fraser*, s. *fraise* 4.

2. „kräuseln", s. *fraise* 2.

3. „Teig, Kalk kneten, durcharbeiten"

15. Jh., ist wohl mit *fraiser* 1 eins, aber in der ursprünglichen Bedeutung „zerreiben", „schroten".

fraisil „Kohlengestübe"

13. Jh. *fesil*, seit dem 17. Jh. in Anlehnung an *braise, braisine* u. ä. in der heutigen Form, vgl. aber bei S. V. *faisil* „Krätze" (Gold- und Silberschmiedekunst), *faiseleux* „Aufräumer im Schieferbruch"; aus grom. **facīle*, d. i. Abl. von lat. *fax, face* „Fackel"; vgl. auch *fasin*; Thomas, Rom. 23, 586 (Ess. 305); REW 3131.

Zu fränkisch **fësa* (ahdt. *fësa)* „Spreu", Brüch, ZRP 38, 683, ist schwierig, da die Abl. nur romanisch ist, hier aber das Grundwort nicht erweisbar ist; zu lat. *faex* „Hefe", Tobler, ZRP 19, 146, ist begrifflich nicht besser.

framboise „Himbeere"

12. Jh., hat stammhaftes *-o-*, vgl. schon im 10./11. Jh. in Glossen *framboses*; aus grom. **frambosia*, d. i. verschmolzen aus *fraga ambrosia* „ambrosische Erdbeere"; vgl. auch selbständiges afrz. *ambroise* zur Bezeichnung verschiedener wohlriechender Pflanzen, Rom. 37, 373; so wird agls. *hindhœlepe* „Himbeere" mit *ambrosia* glossiert, Kluge s. Himbeere; Gg., ZRP 41, 637; Einfluß von *ambrosius* vermutet schon Schuchardt, ZRP 29, 221 f.

Gotisch **brêma-basi*, REW 1269, frühahdt. **brambesi* „Brombeere", Horning, ZRP 28, 522 ff., oder fränkisch **brâmbasi*, FEW I, 194, sind wegen des alten Belegs, der betontes *-o-* sichert, lautlich unmöglich, die angeblich fränkische Form wegen der Erhaltung des *-s-* im Wort für „Beere", d. i. ahdt. *bẹri* aus *bari*, unrichtig angesetzt.

framée „fränkische Lanze"

16. Jh., aus lat. *(framea)*.

franc 1. „Frank" (Münze)

14. Jh., nach der ursprünglichen Umschrift *Francorum rex*. Dict. gén.

2. „fränkisch", „Franke"

10. Jh., aus lat. *francus*.

3. „frei"

12. Jh., auch subst. „der Freie", ist eins mit dem Namen der Franken, s. *franc* 2, der Eroberer und Herren in Nordfrankreich; s. Gg., RG I, 155; Stimm, 26 f.

Kaum aus westgermanisch **frank* „unerschrocken", „mutig" (anord. *frakkr* dass.), das dem Namen des Volkes zugrunde liegt, Baist, ZFSL 13, 2, 190; vgl. auch REW 3483.

français „französisch"

11. Jh. *françois*, fem. *francesche*, das letztere im 12. Jh. bezeugt, daneben gleichzeitig in Anlehnung an die Adjektiva auf *-ensis* auch Fem. *françoise*, aus vlat. *francĭscus*, das bei Isidor v. Sevilla belegt ist und wohl gleichzeitig mit *Francia* „Frankenland" im 3./4. Jh. von den Römern gebildet wurde. Förster, ZRP 16, 244 ff.; Behrens, ZFSL 5, 72; Baist, ZFSL 13, 2, 190.

Oder Neuableitung von *France* aus lat. *Francia*, Dict. gén.; REW 3483; daß *français* als Adjektiv *-isk*-Abl. sei, dagegen *français* „Franzose" *-ensis*-Abl. von *France*, Gröber, ZRP 16, 286 ff., ist nicht begründet.

francatu „Art Winterapfel"

17. Jh., dafür im 16. Jh. *pomme de francestu*, auch *francetur*, latinisiert *poma francetura*, Roll Fl. 5, 95. ist u. H.

franchipane s. *frangipane*.

franchir „freimachen" va.; „frei werden", „ein Hindernis überschreiten"

12. Jh., ist Abl. von *franc* „frei", s. d.

franchise „Freiheit" va.; „Offenheit"

12. Jh. „Freiheit", „Verfügungsrecht", „Edelsinn" u. ä., ist Abl. von *franc* „frei", s. d.

franciser „franzisieren"

16. Jh., ist gelehrte Abl. vom Stamm von *français;* vgl. dazu lokalfrz. *fransquillon* „Belgier, der französische Sitten nachahmt", *fransquignoler* „frz. Aussprache nachahmen", 19./20. Jh.

francisque „zweischneidige Streitaxt"

16. Jh., aus mittellat. *(ascia) (francisca)* „fränkische Axt", s. *français*.

franc-maçon „Freimaurer"

18. Jh., ist Übersetzung von englisch *freemason* dass. Dict. gén.

franco „portofrei"

18. Jh., aus ital. *porto franco*, zu *franc* 3.

francolin „Rebhuhnart"

13./14. Jh., aus ital. *francolino*, u. H. Dict. gén.

frange „Franse"

13. Jh. *frenge*, aus lat. *fĭmbria* bzw. daraus umgestelltem **frimbia*, Diez 147; REW 3308; Bl.-W. 275; ML, RLiR I, 33; dazu seit dem 17./18. Jh. die dem. Abl. **frangeon** „kleine Franse".

frangipane „Art Parfüm"
16. Jh., stammt angeblich vom Namen der römischen Familie der *Frangipani,* Dict. gén.; dazu seit dem 17. Jh. die Abl. **frangipanier** „Jasminstrauch".

franquette in *à la franquette* „frank und frei"
17. Jh., ist Abl. von *franc* „frei", in Anlehnung an adverbielle Bildungen wie *à la cachette,* s. *franc* 3 und *cachette.*

frapper „schlagen"
12. Jh., *fraper* „dreinschlagen", „schlagen", refl. „sich auf etwas stürzen", dazu afrz. *frap* „Schlag", „große Menge", *frape* „Bedrängnis", „Trug", dann die *-erium*-Abl. *frapier* in *soi metre au frapier* „sich eilig davonmachen", *frapaille* „Troßbuben", „Gesindel", aus fränkisch **hrăpôn* „rupfen", „raufen", „raffen", zu ahdt. **raffôn,* mhdt. *raffen* dass., ndt. *rapsen* „an sich reißen", s. auch *floper,* engl. *raps* „Schlag", engl. dial. *frap* „streiten" (M. Förster, schriftlich).
Zu *faluppa* „Spänchen", „Umhüllung", s. *envelopper,* Horning, ZRP 21, 194 ff.; 25, 741; Nigra, AGI 14, 365; REW 3173, ist begrifflich und lautlich unverständlich; Schallbildung, Spitzer, AR 11, 245; Bl.-W. 275?

fras „Bruststück" (Fleischhauerei)
19. Jh., scheint aus dem Südosten zu stammen, vgl. Morvan *frâs* „der wohlschmeckendste Teil eines Kuchens", u. H.
fraser s. *fraiser*

frasque „Possenstreich"
15. Jh., aus ital. *frasche* „Possen" u. ä., d. i. Plur. von *frasca* „Zweig", aital. auch „leichtsinniger Mensch", im Italienischen mlat. (9. Jh.) belegt, nach Battisti III, 1708 vorromanisch.
Zu *virere* „grünen", Diez 372, Brüch, ZFSL 52, 470, ist nicht möglich; vgl. REW 9360; zu einem vlat. **fraxicare* zu **fraxus* statt *fractus,* zu *frangere,* s. *frainte,* Bl.-W. 275, lat. durch nichts gestützt.

frater „Mönch", „Barbier"
16. Jh., in der zweiten Bedeutung poitev., saint., norm., aus lat. *(frater)* „Klosterbruder".

fraternité „Bruderschaft"
12. Jh., aus lat. *(fraternitate),* vgl. *frairie;* dazu **fraternel** „brüderlich", 12. Jh., *-alis*-Abl. von lat. *(fraternus)* dass.

fratricide „Brudermord", „Brudermörder"
12./13. bzw. 15. Jh., aus lat. *(fratricidium)* bzw. *(fratricida).*

fraude „Betrug"
13. Jh., aus lat. *(fraus, fraude).*
frauler s. *frôler.*

fraxinelle „Eschwurz"
16. Jh., ist gelehrte Abl. von lat. *(fraxinus)* „Esche", s. *frêne.*

frayer 1. „reiben", „abnützen", „laichen"
12. Jh. „reiben", „scheuern", „zerstoßen", seit dem 13. Jh. *coïre,* seit dem 14. Jh. „laichen", 14. Jh. *froie* „Fischlaich", seit dem 18. Jh. „Zeit des Laichens", Bl.-W. 275, aus lat. *frĭcare* „reiben". Diez 147; REW 3501.
2. „Kosten verursachen"
13. Jh., ist Abl. vom Stamm von *frais* „Kosten", s. d.

frayère „Laichplatz"
19. Jh., ist Abl. von *frayer* „laichen", vielleicht in Weiterbildung von älterem *forcière,* s. d.

frayeur „Bestürzung"
12. Jh. *freor* „Lärm", die literarische Bedeutung in Anlehnung an *effrayer,* s. d., aus lat. *frăgore* „Krachen". Förster, ZRP 6, 109; REW 3474.
Nicht zu *frigidus,* s. *froid,* Diez 588.

frayeux „Blatt am Wallstein des Hochofens"
19. Jh., ist mundartliche Form für *frayoir,* d. i. *-orium*-Abl. von *frayer* „reiben". Dict. gén.

frayon „Wolf" (am Gesäß); „hölzerner Verschlag über dem Mühlstein"
12./13. Jh. *froion* in der Bedeutung „Hieb", eigentlich „Reibung", d. i. *-umen*-Abl. von afrz. *froiier,* s. *frayer* 1.

fredaine „Narretei"
15. Jh. *faire ses fredaines* „großen Lärm machen", „arrogant auftreten", Jeanroy, Rom. 75, 587, gehört irgendwie zu *fredon;* Spitzer ZRP 56, 75.
Zu *fraidin,* das nach Bl.-W. 276 im 15. Jh. „schlecht" bedeutet, aber, wie seit dem 12. Jh. belegtes *frairin, frarin,* eher „elend", „armselig" meint, afrz. zunächst *fraidi* „eidbrüchig", s. zu diesem Gg., RG I, S. 237, ist lautlich (wegen des vortonigen *e*-sourd von *fredaine*), morphologisch (wegen *-aine* für *-in*) und begrifflich gleich unwahrscheinlich; s. auch Brüch ZFSL 52, 743; ebenso unwahrscheinlich zu mndl. *verdoen* „vergeuden", Barbier, RLiR 6, 260.

fredon „Triller"
16. Jh., dazu pik. *ferdons,* Lüttich *furdon,* lebt nach Bl.-W. 276 hauptsächlich in den südlichen Mundarten, dazu nprov. *fredoun* „musikalisches Motiv", „Singweise", dürfte Schallbildung sein, vgl. languedokisch *fredin fredan* „Töne beim Schlag mit einer Rute"; oder ursprünglich ein Refrain?; ob der Ausgangspunkt des Wortes der Norden oder der Süden ist, bleibt ungewiß; dazu gleichzeitig seit dem 16. Jh. **fredonner,** nprov. *fredounà* „summen", „trällern".
Da das Wort alt nicht belegt ist, nicht aus einer Grundform **fritunnare* für lat. *fritinnire* „zwitschern", Brüch, ZFSL 52, 475; *Ruelle, Dial. belgorom. 16; auch nicht Kreuzung von *fritinnire* mit einem germ. **verdonen,* zu ndl. *deun* „Lied", „Gesang", Barbier, RLiR 6, 26; Bl.-W. 27 zu lat. *fritinnire.*

frégate „Fregatte"
ist zuerst 1521 als *fragate* bezeugt, so neben der literarisch gewordenen Form noch im 17. Jh., aus spanisch *fragata,* dieses aus neapolitanisch *fragata,* in Marseille *fragato,* dessen Herkunft umstritten ist; aus (πλοῖα) ἄφρακτα „Schiff ohne Verdeck, das nach Vidos 409 in Sizilien zu *navis afrācata* umgestellt worden wäre; oder aus arab. *harrâqat,* Plural von *harrâqa* „Branderschiff", „Schiff", Brüch, ZFSL 52, 476; daneben dissimiliert die Form *fregata,* im Provenzalischen seit 1326 bezeugt; dieses aus ital. *fregata,* das schon vorher nachgewiesen ist; dazu frz. *frégate* seit dem 16. Jh., bei Rabelais aus venezianisch *fregada* übernommen oder an das frz. *-ade*-Suffix angepaßt, *frégade;* Kemna, 207; Sain. Rabelais I, I, 115.
Aus *(navis) naufragata,* Cor. 562, ist ebenso wenig ernst zu nehmen wie aus *navis *virgata* zu ital. *verga* „Rute", „mit einer Antenne versehenes Schiff", Battisti 1713; s. Bl.-W. 276.

frégile „Alpenrabe"
19. Jh., aus neulat. *(fregilus)*; u. H.

frein „Zügel", heute nur „Bremse"
12. Jh., aus lat. *frēnum.* REW 3496; dazu afrz. *freine-frener* „Zügel anlegen", „im Zaum halten", seit dem 19. Jh. **freiner** „bremsen", aus lat. *frenare* „in Zaum halten", „bändigen"; die ursprüngliche Bedeutung s. unter *réfréner.*
freinte s. *frainte.*

frelampier „Tunichtgut"
16./17. Jh., auch *ferlampier,* das z. B. berrich., angev. bezeugt ist, steht für *frère lampier,* so bei Oudin „Bruder Laternanzünder", bezeichnet also ursprünglich eine untergeordnete Beschäftigung in der Klosterbruderschaft. Dict. gén.
Zu norm., pik. *ferlamper* „sich besaufen", dazu *ferlampier* „Trunkenbold", zum ndl. (dt.) Präfix *ver-* und *lamper* „rasch hinunterschlucken, s. d., Barbier, RDiR 6, 235, ist nicht überzeugend; wahrscheinlich ist die Bedeutung des Subst. durch *lamper* beeinflußt.

frelater „verfälschen"
16. Jh. *fralater le vin* „den Wein umgießen", daraus seit dem 17. Jh. „den Wein verfälschen", und übertragen „Heringe umpakken" u. ä., aus ndl. *verlaten* „(Wein) ablassen", ostfriesisch *wîn verlaten* dass., Dict. gén.; F. Brunot, Mél. Salverda de Grave 35; Barbier RLiR 6, 240.

frêle „schwächlich"
11. Jh. *fraisle, fraile,* aus lat. *fragĭlis* „schwächlich", Diez 588; REW 3471.

freloche „Gazenetz" (zum Insektenfang)
14. Jh., mit Suffixwechsel aus **freluche** „seidenes Quästchen", „Flocke", „Sommerfäden" u. ä.; dieses seit dem 15. Jh., ist Kreuzung von *fanfreluche,* s. d., mit *frelon* „Sommerfäden", s. *frelon* 3. Settegast, ZRP 16, 395; REW 6643.

frelon 1. „Hornisse"
erscheint in Glossen des 8. Jhs. als *furslones,* in den Reichenauer Glossen *fursleones,* bei Isidor v. Sevilla als *furlone*; aus fränkisch **hrŭslo* zu ndl. *horzel* „Hornisse". Meyer-Lübke, Misc. Ascoli 415 ff.; Behrens, ZRP 26, 655; Jud, Acc. *-ain* 21; REW 4191.
2. „stacheliger Mäusedorn"
14. Jh. *fraillon,* s. *fragon.*
3. „Härchen an den Nasenlöchern der Falken"
18. Jh., ist in der Bedeutung „das mit einem Haarbüschel versehene Fesselgelenk des Pferdes" seit dem 13. Jh. belegt, dazu afrz. die Nebenformen *feslon, fellon, feillon,* fränkisch **fētilok* „Fußlocke" zu *fēti,* Plural zu *fēt* „Fuß", s. Kluge-G. zu „Fuß"; vgl. engl. *fetlock* „Fesselhaar", „Kötenhaar" (der Pferde), mhdt. *vizzeloch* „Hinterbug des Pferdefußes", mit unklarer lautlicher Entwicklung; s. auch *freluquet.* Settegast, ZRP 2, 312; 16, 388; REW 9422. Aus ndl. *vetlok,* abgelehnt von Valkhoff 140.

freluquet „kleine, unwichtige Münze"
17. Jh., im 18. Jh. auch „leichtsinniger Mensch", so familiär, dazu im 15. Jh. *frelusques,* Ponthieu, „kleine Münzen", das auf Guernesey und in der Vallée d'Yères noch lebt; dafür früher 1375 *furrelique,* 1758 *virlique,* schon im 12. Jh. *ferlin, frelin* „Viertelmünze", „Minimalwert"; doppelte Entlehnung zu dt. „Viertel", die Formen des 14. bzw. 18. Jh. wohl unmittelbar aus mndl. *vierlinc*; die afrz. Form unsicherer Herkunft, zu agls. *feortheling*; Barbier, RLiR 6, 260; Valkhoff 141; vgl. REW 3248; Diez 137.
Zu *frelaut* „lustiger Kumpan", so bei Cotgrave, und dieses zu berrich. *frelu* in *parler frelu* „affektiert reden", *ferlaud* „feinschmekkerisch" u. ä., Sainéan, ZRP 31, 263, entspricht nicht der alten Bedeutung des Wortes.

frémir „brausen"
12. Jh., afz. auch *freindre, fromir, formir* „tosen", „brausen", „dröhnen" u. ä., älter **friembre,* lat. *frĕmĕre* dass. REW 3492.

frênaie „Eschenpflanzung"
13. Jh., ist *-ēta*-Abl. von **frêne** „Esche", afrz. *fraisne,* 12. Jh., aus lat. *fraxĭnus* dass. Diez 588; REW 3489; Brüch, ZFSL 52, 479.

frénésie „Wahnsinn"
13. Jh., aus mittellat. *(phrenesia)* für lat. *phrenesis.*

fréquent „häufig"
14./15. Jh., aus lat. *(frequente)*; dazu **fréquence** „Häufigkeit", afrz. 12. Jh. „Versammlung", „Gesellschaft", die nfrz. Bedeutung nach *fréquent,* aus lat. *(frequentia)* „zahlreiche Versammung"; 14. Jh. **fréquenter** „häufig besuchen", „mit jmd. verkehren", aus lat. *(frequentare)* „zahlreich versam-

meln“, „häufig besuchen“, „immer erneuern“ u. ä.; Bl.-W. 276.

frequin „Viertelfaß für Zucker, Öl u. ä.“
18. Jh., aus englisch *firkin, ferken,* 15. Jh. *ferdekyn,* das selbst aus mndl. **vierdekijn* zu *vierde* „Viertel“ entlehnt ist; vielleicht stammt das frz. Wort auch unmittelbar aus dem Niederländischen; vgl. auch *freluquet.* Behrens, ZFSL 23, 2, 29; (Wg. 359); Glaser, ZFSL 26, 1, 166; REW 9323.

frère „Bruder“
9. Jh. *fradre,* 10. Jh. *fredre,* 11. Jh. „Waffenbruder“, „Genosse“, ferner 12. Jh. „Ordensbruder“ u. ä., s. TL III, 2242; aus lat. *frātĕr.* REW 3485; Tappolet Verw. 52; A. Graf, Zur Geschichte von frater etc., Diss. Zürich, 1951.

fresaie „Schleiereule“
12. Jh., aus lat. *praesāga,* das mit lautgesetzlich entwickeltem Anlaut in poitev. *presaie,* gaskogn. *brezague* erhalten ist; die literarische Form zeigt Anlehnung an afrz. *orfraie,* vgl. *effraie.* Meyer-Lübke, ZRP 11, 255; REW 6723; Diez 588; Roll. F. 2, 45.
Des Anlauts wegen Kreuzung mit ahdt. *forasaga* „Prophetin“, d. i. die ursprüngliche Bedeutung auch von lat. *praesaga,* Holthausen, ZRP 10, 293, ist nicht möglich, da das germanische Wort nicht die übertragene Bedeutung von lat. *praesaga* kennt.

fresque „Freskomalerei“
17. Jh., ist ursprünglich adverbiell in *peindre à fresque, peinture à fresque,* daraus losgelöst die literarische Bedeutung, aus ital. *fresco* „frisch“, s. *frais.*

fressure „Geschlinge“
13. Jh. *froisure,* ist kollektivische Abl. von afrz. *froise* „Eingeweide“, s. *fraise* 3; die-*ss*-Form in Anlehnung an afrz. *frissoir, frissoire* „Pfanne“ aus lat. *frixoria* bzw. afrz. *frissure* „Rösten“ aus lat. *frixura* „Röstpfanne“ u. ä.
Nicht unmittelbar zu lat. *frīxura* „Röstpfanne“, REW 3526; Bl.-W. 277, da dieses weder lautlich *(-s)* noch begrifflich befriedigt; vlat. *frixura* *„Bratfleisch“ ist nicht belegt; und dieses kann auch nicht von spätlat. *frixare* „braten“, „rösten“ abgeleitet sein; auch nicht zu mittellat. *frixatura* „was geröstet wird“, Bugge, Rom. 4, 356; noch weniger **frustiatura* zu *froisser,* Grammont, RLR 42, 471, was weder begrifflich noch lautlich genügt, vgl. Schultz-Gora, ZRP 24, 453.

fret „Transportkosten“, „Schiffsmiete“, „Schiffsladung“
13. Jh., aus mndl. *vraecht* dass. Diez 148.
Zusammenhang mit *frais* „Kosten“, REW 3468, ist wegen prov. *freit* nicht wahrscheinlich.
Dazu seit dem 13. Jh. die Abl. **fréter** „ein Schiff in Miete geben“.

frétiller „zappeln“
12. Jh. „zappeln“, „sich unruhig hin und her bewegen“, besonders von Pferden und Reitern, wird schon im 12. Jh. mit afrz. *fresteler* verwechselt, dieses eigentlich „auf der Flöte spielen“, auch „dröhnen“, d. i. Abl. von afrz. *freste* „Rohrpfeife aus lat. *fistula* dass., s. *fêle;* dann im 13. Jh. mit der Bedeutung von *freteler, fretillier,* mit Stammbetonung 3. Sing. Praes. *freteille;* nfrz. *frét-* setzt in der Grundform den Stamm *frest-* von *fresteler* voraus; H. u.
Zu afrz. *freter* „reiben“ (das nicht zu bestehen scheint), im Provenzalischen eine Entsprechung hat, die aber auch erst spät belegt ist, s. FEW III, 787, und dieses aus *frictare* „reiben“, ist weder prov. noch nordfrz. lautlich möglich und begrifflich wenig überzeugend; *frétiller* zu *frétin* „kleine Fische, die wieder ins Meer geworfen werden“, dieses aus **fraitin,* Regula, AR 12, 279, ist gleichfalls lautlich unmöglich; das Wort aus ndl. **fer-tillen* zu ostfriesisch „vom Boden aufheben“, Barbier, RDiR 6, 270 ist weder lautlich noch begrifflich befriedigend; vgl. *frotter.*

fretin „kleine Bruchstücke“, „Ausschuß“; „kleine Fische, die ins Meer zurückgeworfen werden“
13. Jh., ist kollektivische Abl. *(-amen)* von afrz. *frait* „zerbrochen“, d. i. Part. von afrz. *fraindre* „zerbrechen“, aus lat. *frangĕre* dass.; vgl. dazu nprov. *frachan, frechan* „Abfall im Hanffeld“, „Mauerbruchstücke“ u. ä., Dict. gén.

frette „eiserner Nabenring“, „eiserne Zwinge“
12. Jh., dass., auch „Wickelband“, ist postverb. Subst. von afrz. *freter, ferter* „mit einer Zwinge versehen“, „mit einem Wickelband kreuzweise umwinden, umwickeln“, „mit Metallbeschlag umgeben“, dann schon im 12. Jh. „mit Rauten anderen Stoffes oder anderer Farbe überziehen“; dazu **fretté** „rautenförmig angeordnet“, „gegittert“ (im Wappen), dann seit dem 14. Jh. „Bändchen, mit dem die Windeln beim Säugling festgehalten werden“; vgl. dazu heute in Mundarten poitev. *fretter* „verflechten“, *frette* „kleine, elastische Rute“, angev. *ferte* „Stab mit eiserner Spitze“, *ferteau* „eiserner Ring, der das Ende eines Pflockes einfaßt“, H. Maine, B. Maine *ferte* „lange Stange mit Eisenbeschlag“ u. ä.; zugrunde liegt entweder die Vorstellung „befestigen“ oder „Zwinge“; im ersten Fall ist vom Verbum **firmitare* „befestigen“ auszugehen, d. i. Intensivum von *firmare* dass., vgl. lat. *clamitare, rogitare, vocitare, crepitare* neben *clamare* usf.; wegen der lautlichen Entwicklung vgl. zu *firmitas, firmitate* in ON *Ferté,* eigentlich „Festung“; im zweiten Fall liegt das fränkische Verbum **fëtterôn* „fesseln“ zugrunde, dieses zu agls. *gefeterian,* ahdt. *vezzerôn* „fesseln“, zu fränkisch *fëtor* „Fessel“, Tobler, SABerlin 37, 864; REW 3276; Bl.-W. 277; die Gemination

in fränkisch **fëtterôn* (statt **feteron),* die aus lautlichen Gründen vorauszusetzen wäre, ist vor *-r-* charakteristisch für das Westfränkische, s. Franck, Afr. Gram. § 119, s. *lûttar* für *lûter* „lauter" usf. Nach dem Bild der Bänder, die nebeneinander zur Befestigung der Windeln dienen", s. o., der Ausdruck der Architektonik „Zinnenfries"; Tilander, Stud. Neoph. 18, 18.

freux „Saatkrähe"
13. Jh. anglonorm. *fru, fryu,* für älteres **fruec,* aus fränkisch **h r ô k* zu ahdt. *hruoh* u. ä.; Diez 589; REW 4211; Tilander, Glanures 123; A. Thomas, Rom. 55, 578; Roll. F. 2, 126; 9, 206.
Aus gallisch **fravos* zu bret. *frav,* Lecoy, Rom. 70, 145, ist lautlich und wortgeographisch unbefriedigend.

friable „zerreibbar"
16. Jh., aus lat. *(f r i a b i l i s).*

friand „feinschmeckend", „leckermäulig"
13. Jh., afrz. „lüstern", „gierig", ist Part. von *frire* „rösten", das afrz. auch in der übertragenen Bedeutung „vor Begierde zittern" u. ä. überliefert ist; vgl. wegen der Bedeutungsverschiebung auch *tôt;* dazu seit dem 16. Jh. die Abl. *friantise,* später mit Stammverkennung **friandise** „Lüsternheit", „Feinschmeckerei"; Diez 590; REW 3510.

fric, frac „krach"
heute nur in *il n'y a ni fric ni frac* „da hilft alles nichts", 18. Jh., ist Schallbildung.

fricandeau „Pastetenfülle" (aus Innereien)
15. Jh., dazu *fricadelle* „deutsches Beefsteak", s. Salverda de Grave, Neoph. 28, 83, aus prov. **fricadel,* daraus *fricandel,* die Umgestaltung in Anlehnung an *friand* „lüstern", „gierig", s. d.; setzt ein älteres **fricada* voraus; daraus vermutlich in Anlehnung an die nprov. Entsprechung von frz. *fouace,* nämlich *fougasso,* die Abl. prov. *fricasso,* südöstlich *fricassi* „Braten", „Ragout"; zu diesem die Abl. nprov. *fricassà* „schmoren", „rösten", das seit dem 15. Jh. als **fricasser** „frikassieren", „kochen" ins Französische drang; von diesem, gleichfalls seit dem 15. Jh., die *-ata-*Abl. **fricassée** „Fleischragout in Tunke". Zu *fricasse* seit dem 18. Jh., zunächst in der Poissardliteratur, mit Suffixwechsel **fricot,** populär, „Ragout", „Essen"; zu diesem seit dem 19. Jh. die Abl. **fricoter** „ein Fleischgericht herstellen", übertragen, fam., „etwas im Schilde führen", und im Militärargot „sich drücken", dazu **fricoteur** „Drückeberger"; gleichzeitig belegt *frigousser* „rösten", so heute verd.-chal., burg, Genf, dann in der Literatursprache, bei Littré als „gute Mahlzeit", „gutes Leben" verzeichnet, s. Pignon, Fr. mod. 14, 191.
Der Stamm *frik-* taucht zuerst in prov. *fric,* Acc. *fricon* „junger Mann" auf, so im südostfranzösischen Girard von Roussillon im Gegensatz zu *vilh* „alt"; dazu in Grenoble *fricò* „fröhlicher, kräftiger Mann", lyon. *friquetta* dauph. *fricandela* „kokettes Mädchen", s. *friquet;* dazu nprov. *fricaud* „aufgeweckt", auch als Ausdruck der Küche „lekker", „köstlich", das die begriffliche Brücke zu den ‚leckeren' Speisebezeichnungen herstellt, s. Diez 590; prov. *fric* aus gotisch oder burg. *f r i k s* s. gotisch *faíhufriks* „habgierig", agls. *frëc* „verwegen", zu dt. „frech"; die Grundbedeutung, die ins Romanische übernommen wurde, war vermutlich „kräftig", „jung". (Die Einwände gegen die Erhaltung des ostgotischen *-i-* bei der Romanisierung des Wortes in REW 3491 sind nicht berechtigt, s. Gg. RG II, 51; III, 186); vgl. FEW III, 803.
Nach Bl.-W. 277 wäre *fricasser,* die Grundlage der Wortfamilie, Kreuzung von *frire* „rösten" mit *casser* „zerbrechen", doch überzeugt diese Deutung weder morphologisch noch chronologisch.

friction „Einreibung"
16. Jh., aus lat. *(f r i c t i o n e).*

frigidité „Kälte"
14. Jh., aus lat. *(f r i g i d i t a t e).*

frileux „frostig" va.; „kälteempfindlich"
12. Jh. *fruileux,* daneben später in Anlehnung an *froid* die Form *froidellous,* die im Zentrum, Südwesten, Südosten erhalten ist; vgl. daneben mit Erhaltung der ursprünglichen Form wall. *froûleûs, frusleus;* aus vlat. *f r ī g ŏ r o s u s,* das spätlat. belegt ist, zu lat. *frigor* „Kälte"; Thomas, Ess. 362; REW 3514.
**frigidulosus,* Diez 589, zu lat. *frigidulus* „ein wenig kalt", ist lautlich nicht entsprechend; auch nicht Abl. von afrz. *freor* „Lärm", „Entsetzen", dieses zu lat. *frigor* „Kälte", Cohn. ASSL 103, 240, vgl. vielmehr über das Subst. *frayeur.*

frimaire „Reifmonat"
18. Jh., ist gelehrte Abl. vom Stamm von *frimas,* s. d.

frimas „Reif"
15. Jh., aber zweifellos älter, ist Kollektivableitung *(-aceum)* von afrz. **frime* vgl. dazu angev., H. Maine *frime,* norm. *freime* „Reif", aus fränkisch **h r î m* zu anord. *hrîm* „Rauhreif"; Diez 589; REW 4207.

frime „Miene", „Gesicht", „Anschein"
17. Jh., für afrz., seit dem 12. Jh. bezeugtes *frume* „üble Laune", daraus gekreuzt mit *mine* „Miene" im 15. Jh. *frine,* dessen *-i-* auch in der aus *frume* weiterentwickelten Form *frime* weiterlebt; dieses behält bis ins 19. Jh. die pejorative Meinung, Renson 453; *frume* lebt noch mundartlich, z. B. in B. Maine. Dazu afrz. *frun* „übel gelaunt", auch afrz. *enfrun* „mürrisch", „gierig", „knauserig", „grausam", dazu prov. *enfrunar,* refl. „sich vollstopfen" dem nicht belegtes afrz.

**enfrumer, *enfruner* entspricht, die *-n*-Form im Südgürtel des Nordfranzösischen, die *-m*-Form im eigentlichen Norden, mit einer Doppelentwicklung, die eine Lautfolge *-m . . . n-* voraussetzt, s. frz. *femme,* afrz. südlich *fenne* — ,femina'; das Verbum aus vlat. **infrūminare* „den Mund vollstopfen", zu lat. *frūmen, frūmine* „Schlund", „Kehle"; *enfrun, frun, frume* sind Rückbildungen vom Verbum; FEW III, 827.

frume nicht aus **ferume,* Brüch, ZFSL 52, 481; auch nicht *frime* mit *i* von *grim-,* s. *grimace.*

frimousse „Fratze"

17. Jh. *phlymouse, phrylellimouse, firlimouse,* heute *flimousse* im Hennegau, *frelimousse* in der Pikardie, Renson 548, ist zunächst Bildung des burlesken Stils, wird im 18. Jh. Ausdruck des ,bas langage', wird im 19. Jh. fam.; lebt im Argot in der gleichen Bedeutung wie *frime* „Gesicht", s. d. und ist Abl. von diesem mittels des im Argot beliebten Suffixes *-ouse,* auch *-ousse,* s. Bauche 63; mit dem gleichen Suffix und der Bedeutung „Gesicht" s. im Argot *gluteuse,* 1878, *gargarousse,* 19. Jh., Renson 455.

frimousse aus einem Präfix *fir-* „ver-", und *mousse* „Gesicht", das im Hennegau neben *mouzon, mujon* u. ä. lebt, Salverda de Grave, ist nicht genügend gestützt; auch ist *mousse,* Rückbildung von *frimousse,* in dessen Bereich es liegt, selbst zum Teil von *museau* beeinflußt; Unhaltbares auch bei Brüch, ZFSL 52, 480.

fringale s. *faim-valle.*

fringille „Fink"

1800, aus lat. *(fringilla).*

fringuer 1. „hüpfen"

15. Jh., ist Abl. von afrz. *fringue, fringre* „Tanz", „Unterhaltung", dazu **fringant** „lebhaft", „munter", auch *fringard,* 16. Jh.; *fringue,* 13. Jh., aus fränkisch **hringila* (ahdt. *ringila* „Ringelblume"), vgl. den Ringel Ringel Reihentanz der Kinder; Gg. ZRP 41, 643 f.

Nicht zu *fricare* „reiben", Bugge, Rom. 4, 357; auch nicht zu lat. *fringilla* „Fink" bzw. im 17. Jh. belegtem *frinson* „Fink", Spitzer, ZRP 41, 161 ff.; dieses ist vielmehr nach *fringuer* umgestaltetes *pinson*; Schallbildung, FEW III, 804?

2. „ausspülen" (ein Glas)

17. Jh., heute burg., scheint übertragene Verwendung von frühnfrz. obszönem *fringuer une femme* „sinnlich befriedigen", im 15. Jh. *fringoter* „karessieren", zu sein, eigentlich „hüpfen machen", d. i. faktitiv gebrauchtes *fringuer* 1.

Zu nhdt. *rein,* ahdt. *hreinjan* „reinigen", G. Paris, Rev. crit. 1867, 332, ist lautlich und historisch nicht möglich.

frioler „rösten" va.

14. Jh., so heute Morvan, dann poitev. *friouler,* ferner in Anlehnung an die Bedeutung von *friand, friandise* obernorm. *frioler* „große Sehnsucht haben", das abgeleitet in lit. **affrioler** „mit Leckerbissen anlocken" erhalten ist; es ist Abl. von *frire,* vielleicht ein schon grom. **frīgulare* mit südlicher Lautentwicklung, d. i. dem. Abl. von *frīgĕre* „rösten", vgl. mit der ursprünglichen dem. Bedeutung Morvan *friller* „anbraten lassen", fr. comt. *freler* „leicht anbrennen" u. ä.

Dazu seit dem 17./18. Jh. die Abl. **friolerie** „Leckerbissen".

frion s. *frayon.*

friper 1. „verschlingen"

13. Jh., ist Kreuzung von *happer* mit der Wortfamilie um *frire, friand,* Regula, AR 12, 280.

Zu *friper* 2, Horning, ZRP 21, 198, ist lautlich und begrifflich nicht möglich.

2. „zerknittern", „abnützen"

16. Jh., ist in Anlehnung an *friper* 1 umgestaltetes afrz. *freper,* d. i. Abl. von afrz. *frepe, ferpe* u. ä. „Lumpen", s. *foupir.* Vgl. auch *friperie.*

Zu isländisch *hripa* „lärmend handeln", Diez 590, ist begrifflich unwahrscheinlich und lautlich schwierig.

friperie „Trödel", „Schuppen, in dem die zu zerreibenden Zuckerrohre aufbewahrt werden"

13. Jh. *freperie,* die *-i*-Form wie in *friper* 2, ist Abl. von afrz. *frepe* „Lumpen", s. *foupir.*

fripier „Hadernhändler"

13. Jh. *frepier,* ist Abl. von afrz. *frepe* „Lumpen", s. *friper* 2.

fripon „Spitzbube"

17. Jh., bedeutet im 16. Jh. „gefräßiger Mensch", dazu im Rotwelsch der Schulen *fripon de collège* „Küchenjunge", von dem aus im 18. Jh., namentlich im Normannischen *friper sa leçon* „die Schule schwänzen" rückgebildet ist; Sain. LPar. 441; es ist Abl. von *friper* 1 „verschlingen", im Rotwelsch auch „stehlen", s. o.; dazu schon im 14. Jh. belegt, **friponner** „geschickt stehlen"; Brüch, ZFSL 52, 481; dazu im Rotwelsch, dann fam., **fripouille** „Schuft", s. Bauche 224, und wegen des im Argot beliebten Suffixes *-ouille,* S. 63.

friquet „leichtfertig" va.; „Feldsperling"

13. Jh., ist Abl. von afrz. *frique, friche,* dann in Anlehnung an *frois, fresche,* s. *frais,* auch *frische, frisque* geschrieben, s. dazu *frisque,* bedeutet afrz. „kräftig", „lebhaft" u. ä., aus gotisch **friks* „gierig", „kampflustig", wohl auch „Held", „Mann", vgl. angels. *frĕca* „kriegerischer Held", zu dem auch prov. *fricon* „junger Mann" gehört, s. Kluge s. *frech*; Diez 590; vgl. auch REW 349; s. *fricandeau*; Bl.-W. 278.

frire „braten", „backen"
11. Jh. *frit* als 3. Sing. Präs. und Verbaladjektiv, 12. Jh. „braten", „wallen", hat afrz. auch die übertragene Bedeutung „vor Begierde, Erwartung brennen", „gierig sein", vgl. dazu *friand, frioler*; aus lat. *frīgĕre* „rösten"; REW 3510.

frise 1. „Fries"
16. Jh., aus mittellat. *(frisium), (frisum)* „Franse", „Zipfel", das in volkstümlicher Entwicklung in ital. *fregio* „Einfassung", „Zierat", „Gesimsfries" u. ä. überliefert ist, vgl. dazu ferner prov. *fres* „Einfassung", afrz. *fresé* „eingefaßt", während ein entsprechendes afrz. Subst. **frois* nicht belegt ist, aber aus afrz. *enfroisier* „mit Borten besetzen" zu erschließen ist; aus fränkisch **frīsi* „Krause", „Borte", zu mndl. *vries*, ostfriesisch *frese* dass., agls. *fris* „gelockt", vgl. noch die ursprüngliche Bedeutung des Wortes in prov. *frezar* „kräuseln"; s. auch *fraise* 3; Diez 148.
2. „Art Wollstoff", „gepichtes Wollenzeug zum Verhindern des Eindringens von Wasser"
15. Jh., aus mndl. *frise* „krauses, flockiges Tuch", das mit dem unter *frise* 1 angesetzten Stamm urverwandt ist.
3. in *toile de Frise* „feine Leinwand", *cheval de frise* „spanischer Reiter"
16. Jh., aus *Frise* „Friesland", dieses aus lat. *Frisia* dass.

frisée „Art Kartoffelkrankheit" (bei der die Blätter verschrumpfen)
18. Jh., ist Abl. von *friser* „sich kräuseln", s. d.

friser „kräuseln", „einrollen", „frisieren", „sich einrollen"
16. Jh., zu prov. *frezar* „kräuseln" s. *frise* 1. Nach einem Stamm **fris-* zu *frire* „rösten" neugebildet, Gilliéron, Faillite Etym. phon. 40; Bl.-W. 278, ist begrifflich nicht überzeugend.

frison 1. „Art Wollstoff"
15. Jh., ist dem. Abl. von *frise* 2.
2. „irdenes oder metallenes Gefäß, zur Aufbewahrung des süßen Wassers an Bord", „altes Flüssigkeitsmaß"
16. Jh., wird von Cotgrave mit „holländischer Topf" übersetzt, ist in alter Zeit für das Normannische beglaubigt, Sain. Rab. 1, 106, ist daher wohl eins mit *frison* „friesisch", s. *frise* 3.
3. „Haarlöckchen" (an den Schläfen)
16. Jh., ist Abl. von *friser* „kräuseln", s. d.; s. dazu agls. *fris* „gelockt".

frisque „lebhaft", „munter"
13. Jh. *frique*, dann in Anlehnung an *frois, fresche* die literarische Form mit ursprünglich nur graphischem, dann in der Aussprache durchdringenden *-s-*, vgl. dazu *flasque*; s. darüber *friquet*.

frisquet „etwas kalt"
16. Jh., ist zuerst im Rotwelsch bezeugt, hier „sehr kalt", Sain. LPar. 313, aus nprov. *fresquet*, d. i. dem. Abl. von prov. *fresc* „frisch", s. *frais*; das vortonige *-i-* vielleicht in Anlehnung an *frisson*, s. d. Dict. gén. Nach Bl.-W. 278, Abl. von wall. *frisque*, dieses aus flämisch *frisch* „frisch".

frisquette „Rahmen, der mit durchbrochenem Papier überzogen ist, zum Durchschlagen der Druckschrift"
16. Jh., aus nprov. *frisqueto, fresqueto*, dazu spanisch *frasqueta* „viereckiger Rahmen zum Festhalten des Papiers", H. u.

frisselis „Kräuseln" (des Wassers eines Teiches, in den man einen Stein geworfen hat)
Le Journal, 17. IV. 1931; ist in Anlehnung an *frisson* umgebildet aus *friselis* „Säuseln", 19. Jh., dieses Schallbildung in Anlehnung an *friser* „kräuseln", s. d.; vgl. FEW III, 780.

frisson „Schauder"
11. Jh., *friçon* aus vlat. *frīctione*, das bei Gregor v. Tours belegt ist; dieses ist Abl. von lat. *frīgēre* „kalt sein" bzw. *frīgescere* „frösteln", Diez 590; REW 3507; Ulrich, ZRP 11, 420.
Dazu seit dem 15. Jh. die Abl. **frissonner** „erschauern".

friteau „Rostbraten"
12./13. Jh., ist Abl. von afrz. *frit* „Geröstetes", d. i. Part. von *frire* „rösten", s. d.

fritillaire „Liliengattung"
1700, ist gelehrte Abl. von lat. *(fritillus)* „Würfelbecher".

fritte „Verglasung gewisser Substanzen", „Glassatz"
18. Jh., ist subst. Part. von *frire* „rösten", s. d.; dazu seit dem 18. Jh. die Abl. **fritter** „Glasmasse zubereiten".

friture „Braten", „Bratfett"
12. Jh., aus spätlat. *frīctura* zu lat. *frīgĕre*, s. *frire*. REW 3510; Bl.-W. 278; Bambeck 24.

frivole „nichtig", „leichtfertig"
12. Jh., aus lat. *(frīvŏlus)* „wertlos", „abgeschmackt"; dazu seit dem 18. Jh. die Abl. **frivolité** „Nichtigkeit", „Leichtfertigkeit".

froc „Mönchskutte"
12. Jh., aus fränkisch **hrŏk* zu in ahdt. Glossen belegtem *hroc*, das mit nhdt. *Rock* nicht verwandt ist, s. Kluge s. v.; Mackel 36; REW 4212; dazu seit dem 18. Jh. die *-alia*-Abl. **frocaille** „Mönchsvolk".
Nicht zu *floccus*, s. *floc*, Diez 590.

froid „kalt", „Kälte"
11. Jh., aus lat. *frīgĭdus*, vlat. *frĭgĭdus*, so in der ganzen westlichen Romania, durch Kreuzung mit lat. *rĭgĭdus* „starr"; die Vorstellungen „kalt" und „starr" sind auch sonst im Lateinischen miteinander verbunden;

Bambeck 24; REW 3512.

froideur „Kälte"
12. Jh., aus vlat. wiederholt belegtem *frīgdore*, REW 3511; zu *frigidus* s. *froid.*

froidureux „kältebringend", „frostig"
16. Jh., ist Abl. von **froidure** „Kälte", dieses, 12. Jh., Abl. von *froid,* s. d.; vgl. *frileux.*

froisser „zerbrechen" va.; „wundreiben", „kränken"
12. Jh. *froissier,* aus vlat. **frŭstiare* „zerstückeln" zu lat. *frŭstum* „Brocken"; Schuchardt, Über einige Fälle bed. Lautwandels, S. 9; Havet, Rom. 3, 328; REW 3542.
Nicht zu *frendere, fressus* „zermalmen" oder *fricare* „reiben", Diez 590.
Dazu seit dem 12. Jh. die *-aticium*-Abl. *froissëis,* heute **froissis** „Knarren", „Klirren".

frôler „streifen"
15. Jh., bedeutet mundartlich auch „prügeln", „entblättern", „zerkleinern", scheint Kreuzung von *frotter* „reiben", das afrz. auch in der Bedeutung „prügeln", d. i. der zuerst belegten Bedeutung von *frôler,* bezeugt ist, mit einem zweiten Wort, das noch nicht festgestellt ist, zu sein.
**flabulare* „umwehen", Tobler, ASSL 84, 225, s. *flageolet,* ist begrifflich und lautlich schwierig; aus *fragulare* zu *frangere,* über *frauglare,* Tilander, ZRP 67, 164, setzt eine unmögliche Lautentwicklung voraus und erklärt auch nicht das Fehlen des Wortes bis zum 15. Jh.; auch nicht zu einem nicht bezeugten Adj. **fragulus,* über nordital. *fraolo* „verdorben", da ein Verbum *fraolar* nirgends besteht und ital. *frollare* erst im 17. Jh. (aus dem Französischen entlehnt) auftaucht; Battisti, 1721; aus dem Schallstamm **frl-,* Spitzer, AR VII, 572; FEW III, 815 erklärt alles und nichts.

fromage „Käse"
13. Jh. *formage,* ist ursprünglich adjektivisch „zur Käseform gehörig", d. i. *-aticus*-Abl. von lat. *forma* „Käseform", das lat. bezeugt und in nprov. *fourmo* dass. erhalten ist; Luchsinger 9; Diez 145; REW 3441.

froment „Weizen"
12. Jh., aus lat. *frūmentum* „Getreide", „Weizen"; REW 3540.

fromental „Raygras", „Art Hafer"
18. Jh. *fromentel,* ist ursprünglich adjektivisch „von der Art des Getreides", d. i. *-alis*-Abl. von *froment,* s. d.

fronce „Falte"
11. Jh. „Runzel", ist postverb. Subst. von afrz. *froncir* „runzeln", aus fränkisch **hrŭnkjan* zu anord. *hrukka,* mhdt. *runke* „Runzel", vgl. dazu in den Reichenauer Glossen *fruncetura* „Runzel", d. i. *-itura*-Abl. von grom. **fruncire,* der Entsprechung des angesetzten fränkischen Wortes. Oder **hrunkjan,* **fronciare* zu **froncer** „runzeln", „falten", 11. Jh.; dazu *fronce* als postverb. Subst. Kluge, PGr. I, 333; Hetzer, RG 37 f.; REW 4219.

froncle „Furunkel"
16. Jh. neben älterem, seit dem 13. Jh. bezeugten *feroncle, ferongle,* aus lat. *(fūrŭnculus)* in halbgelehrter Entwicklung; dafür heute **furoncle.** REW 3607.

fronde 1. „Schleuder"
so seit dem 14. Jh. für älter bezeugtes *fonde,* ist wohl umgestaltet aus **fondre,* dieses aus vlat. **fŭndŭla,* d. i. dem. Abl. von lat. *funda* „Schleuder"; die Form *fonde* findet sich in der Literatur noch im 17. Jh., heute noch mundartlich Mons, Saint.; Diez 141; REW 3577.
2. „Laub"
15. Jh., aus lat. *(fronde).*

fronder „schleudern", dann „der Fronde genannten Partei angehören", „unzufrieden sein"
17. Jh., ist Abl. von *fronde* 1, im besonderen von *fronde* als Bezeichnung der Aufständischen gegen Mazarin und die Regentin Anna von Österreich, zur Zeit der Minderjährigkeit Ludwigs XIV; Bl.-W. 279.

front „Stirn"
11. Jh., afrz. auch „Vorderseite", „Spitze" (einer Truppe) u. ä., s. *frontière,* aus lat. *frons, frŏnte.* REW 3533.

frontail „Stirntuch" (der Trauerpferde)
16. Jh., mit Suffixwechsel aus *frontal,* das seit dem 13. Jh. als westfrz. Nebenform von *frontel* belegt ist und heute als **frontal** „Stirnbinde", „Stirnknebel" verzeichnet wird; zu dem gleichen Wort, aufbauend auf der afrz. Form *frontel,* **fronteau** „Stirnbinde" u. ä., dessen Endung *-el* fälschlich mit *-el* aus lat. *-ellus* zusammengebracht wurde; aus lat. *frŏntāle* „Stirnblatt". REW 3534.

frontalier „Grenzbewohner", „Grenz-"
18. Jh., zunächst Bezeichnung der Bewohner an der spanisch-französischen Grenze, daher z. B. gask. *frountalier,* Serra, Fr. mod. V, 79; heute „Grenz-" ohne geographische Begrenzung; aus prov. *frontalier* „dem Angesicht zugewandt", dieses Weiterbildung *(-arius)* von *frontal* „Fassade" u. ä., zu *front* „Stirn", s. *frontail*; Spitzer, Fr. mod. IV, 329.

frontière „Grenze"
13. Jh. „Spitze einer Schar", wie afrz. *front,* s. d., dann „Grenzbefestigung", auch schon im 13. Jh. die heutige Bedeutung, ist Abl. von *front* in der übertragenen Bedeutung „das an der Spitze, in der Front liegt".

frontispice „Vorderseite", „Titelblatt"
16. Jh., aus lat. *(frontĭspĭcium).*

fronton „Giebel"
17. Jh., aus ital. *frontone,* d. i. augmentative Abl. von *fronte* „Stirne", s. *front.*

froquer „in die Kutte stecken"
16. Jh., ist Abl. von *froc,* s. d.

frotter „reiben"
zeigt schon im 12. Jh., auch in westfrz.

Denkmälern, die Entsprechung eines offenen *-o*-Lautes, kann daher mit prov. *fretar* dass. nicht unmittelbar zusammengebracht werden; begrifflich gehören beide Verba zu vlat. **frĭctare,* d. i. Intensivform von *fricare* „reiben", Part. *frĭctus,* doch ist eine unmittelbare Verbindung von **frĭctare* lautlich weder für *frotter* noch für prov. *fretar* möglich; *froiter* in der Übersetzung eines Lombarden des 14. Jhs. ist falsche Franzisierung, s. Tilander, Glan. 122; s. *frayer*; es hat sich daher das romanische Wort wohl mit einem gallischen gekreuzt, vgl. *orteil, craindre.* Vgl. Diez 148; REW 3505.

Kreuzung von **frictare* mit *frôler,* Spitzer, AR 7, 390, ist chronologisch nicht möglich.

Dazu seit dem 17. Jh. die *-aticium*-Abl. **frottis** „Auftragen einer durchscheinenden Farbe".

frotton „Streichballen"

18. Jh., gelegentlich auch *fronton* geschrieben, ist Werkzeugsableitung von *frotter,* s. d.

frouer „Vögel locken (durch Nachahmung des Geschreis des Käuzchens)

18. Jh., bei S. V. dafür auch *effrouer,* ist Abl. vom Ruf des Käuzchens *frou frou,* s. *flouer*; s. dort die Literatur.

frou-frou „Knittern", „Fliegenvogel"

19. Jh., in der ersten Bedeutung auch *flouflou,* ist Schallwort, s. *frouer.*

frousse „Furcht"

19. Jh., ist aus dem Ostfrz. in das Vulgärfrz. gedrungen, zu vogesisch *frousse,* auch *froust,* d. i. Schallwort zur Bezeichnung des plötzlichen Auffliegens von Vögeln u. ä. Sain. LPar. 303.

fructidor „Fruchtmonat"

18. Jh., ist gelehrte Zusammensetzung von lat. *(fructus)* „Frucht" und gr. (δῶρον) „Geschenk".

fructifier „gedeihen", „Früchte hervorbringen"

12. Jh. neben der volkstümlich entwickelten Form *frotigier, frouchier,* 13. Jh. auch *frogier,* Rom. 44, 555, vgl. dazu poitev. *frutifiai* „werfen" (von Tieren), aus lat. *(frŭctĭfĭcare)* „Früchte treiben".

fructueux „gewinnbringend"

12. Jh., aus lat. *(fructuosus).*

frugal „genügsam"

16. Jh., dazu seit dem 14. Jh. **frugalité** „Genügsamkeit" aus lat. *(frugalis)* bzw. *(frugalitas, -ate).*

fruit 1. „Frucht"

10. Jh., afrz. auch übertragen „Gewinn"; dazu der kollektive Plural afrz. *fruite* „Früchte", „Obst", aus vlat. **fructa,* s. ital. *frutta* dass., zu lat. *fructus.* REW 3537.

2. „Verjüngung einer Mauer nach oben" in *donner du fruit à un mur,* 16. Jh. *frit, frid* „Böschung", bedeutet ursprünglich den zur Verstärkung der Mauer angebrachten Erd-, Steinaufbau, u. H. Dict. gén.

frusques „Kleidungsstücke"

19. Jh., ist Rückbildung von **frusquin** „Besitz", „Habe", das in der Umgangssprache seit dem 18. Jh., im Rotwelsch seit dem 17. Jh. bezeugt ist; es bedeutet ursprünglich wohl zerrissene Kleidungsstücke"; es ist im Rotwelsch gebildete Abl. von *frusser,* d. i. mundartliche Form von *froisser,* s. d. Sain. Sources 2, 356.

Nach Valkhoff, Neoph. 19, 243, *frusquin* abgeleitet von *frusser* mittels des flämischen Suffixes *-quin.*

fruste „verwischt", „abgerieben", „abgescheuert"

15./16. Jh., aus ital. *frusto* „abgetragen", „abgenutzt", d. i. postverb. Adj. von *frustare* „Kleider abtragen", „Kleider beschädigen, ausklopfen", dieses Abl. von ital. *frusta* „Staubbesen", auch „Peitsche", „Rute"; dieses wieder postverb. Subst. von *frustare* „auspeitschen", ursprünglich „zerstückeln", zu lat. *frūstum* „Stück", s. *froisser.* REW 3544.

frustrer „um etwas bringen"

14. Jh., aus lat. *(frustrari)* „täuschen", „vereiteln".

frutille „chilenische Erdbeere"

18. Jh., aus spanisch *frutilla,* d. i. dem. Abl. *(-ella)* von *fruto* „Frucht", s. *fruit.*

fuchsia „Fuchsia"

17. Jh., aus neulat. *(fuchsia),* d. i. gebildet nach dem Namen des bayrischen Botanikers Leonhard *Fuchs.* Dict. gén.; Behrens, DS 31.

fuchsine „Fuchsin" (roter Farbstoff)

19. Jh., aus deutsch *fuchsin,* dieses Abl. von nhdt. *fuchs,* nach der Farbe des Fuchsfells. Dict. gén.

fucus „Alge"

16. Jh., aus lat. *(fūcus)* „rotfärbende Steinflechte".

fugace „flüchtig"

18. Jh., aus lat. *(fŭgāce).*

fugitif „flüchtig"

13./14. Jh., aus lat. *(fŭgĭtivus)*

fugue „Fuge"

16. Jh., aus ital. *fuga* dass., eigentlich „Flucht", aus lat. *(fŭga),* s. *fougue*; dazu seit dem 19. Jh. die Abl. **fugué** „in Fugenform".

fuie „Flucht" va.; „kleiner Taubenschlag"

13. Jh., die zweite Bedeutung wird für berrich., saint. angegeben, dazu verd. chal. *füard,* burg. *fuard,* Bresse *fuiard* „Taube", berrich. *pigeon fuyard* „die Taube, die im Taubenschlag lebt, im Gegensatz zur frei lebenden Taube"; ist subst. Part. von **fuir** „fliehen", 10. Jh., aus vlat. *fūgīre* (mit *-ū-* nach der Befehlsform *fūgi* zu *fŭgĕre,* Brüch, ZFSL 52, 483), das in den Reichenauer Glossen belegt ist, für klassisches *fŭgĕre* dass. REW 3550.

fuite „Flucht"

13. Jh., aus vlat. **fŭgĭta*, d. i. subst. Part. von lat. *fŭgĕre* vor dem Ersatz durch *fugīre* und *-ū-* nach vlat. *fūgīre*, s. *fuie*, s. *fuir*. REW 3552.

fuitif „flüchtig"
12. Jh., aus lat. *fŭgĭtivus*, in Anlehnung an *fuir, fuite*.

fulguration „Wetterleuchten"
16. Jh., aus lat. *(fŭlgŭratione)*.

fuligineux „rußig"
16. Jh., aus lat. *(fūlīgĭnosus)*.

fulmicoton „Schießbaumwolle"
19. Jh., ist gelehrte Zusammensetzung von lat. *(fulmen)* „Blitz" und frz. *coton* „Baumwolle".

fulminer „Blitz und Donner schleudern"
14. Jh., aus lat. *(fulminare)*.

fumée „Rauch"
12. Jh., ist kollektivische Abl. von **fumer** „rauchen", 12. Jh., aus lat. *fūmare*. REW 3566.

fumer 1. „rauchen", s. *fumée*.
2. „düngen"
12./13. Jh. *femer*, die heutige Form daraus lautgesetzlich entwickelt, seit dem 15. Jh. belegt, aus vlat. **fĕmare* zu vlat. **fĕmus* für *fĭmus*, s. *fiente*; Dict. gén.; REW 3307.

fumerole „kleine, vulkanische Dämpfe aushauchende Erdspalten"
19. Jh. auch *fumarolles*, aus lat. *(fumariolum)* „Rauchloch".

fumeterre „Erdrauch"
14. Jh., aus mittellat. *(fumus terrae)*.

fumeux „rauchig"
12. Jh., aus lat. *fūmosus*. REW 3571.

fumier „Dünger"
12. Jh. *femier*, aus vlat. **fĕmarium* zu vlat. **fĕmus* für *fimus*, s. *fumer* 2. Diez 591; REW 3307 a.

fumiger „räuchern"
14. Jh., aus lat. *(fūmĭgare)*.

fumiste „Ofensetzer"
18. Jh., ist gelehrte Abl. vom Stamm von *fumée*, s. d.; das Wort bedeutet im Vulgärfrz. einen Menschen, der einem blauen Dunst vormacht. Sain. LPar. 401.

fumure s. *fumer* 2.

funambule „Seiltänzer"
15./16. Jh., aus lat. *(funambulus)*.

fune „Seil"
15. Jh., ist angev., dazu angev. *funer, funicler* „mit einem Seil befestigen", *enfener* „auf der Weide an einem Pflock anbinden", ist vergrößernde feminine Abl. von afrz. *fun* „Seil", aus lat. *fūnis* dass., s. *funin*.

funèbre „Begräbnis-", „düster"
14. Jh., aus lat. *(funebris)* „Begräbnis-".

funer „mit den Seilen versehen"
16. Jh., ist Abl. von afrz. *fun* „Seil", aus lat. *fūnis* dass., s. *funin, fune*.

funérailles „Begräbnisfeierlichkeiten"
14. Jh., aus lat. *(fūnĕralia)*.

funéraire „Leichen-", „Beerdigungs-"
16. Jh., aus lat. *(funerarius)*.

funeste „unglückbringend"
14. Jh., aus lat. *(fūnestus)*.

fungus s. *fongus*.

funiculaire „Seil-"
18. Jh., ist Abl. von lat. *(funiculus)* „Seil", s. *funin*.

funin „Tauwerk" va.; „starkes Seil"
12. Jh. *funain*, aus vlat. **fūnamen*, d. i. Kollektivableitung von lat. *funis* „Seil", s. *fune, funer*. Dict. gén.; REW 3574.

fur „Maßstab"
in *au fur et à mesure* „je nachdem", steht mit Assimilation des ersten Wortes an das zweite für afrz. *a fuer* „in der Preislage", 12. Jh., zu afrz. *fuer* „Preis", aus lat. *fŏrum* „Marktplatz", s. *for*. REW 3459.

furet „Frettchen"
13. Jh. *fuiret*, ist mit Suffixwechsel umgestaltet aus gleichbedeutendem afrz. *fuiron*, aus vlat. **fūrio*, d. i. mit dem Deminutivsuffix *-ione* abgeleitet von lat. *fūro* „Dieb", das bei Polemius Silvius und Isidor v. Sevilla schon in der übertragenen Bedeutung „Frettchen" belegt ist. Thomas, Rom. 35, 174; Roll. F. 7, 147 ff.; Diez 149 f.; REW 3603. Kaum schon vlat. **furittus*, Bl.-W. 281.

fureur „Wut"
10. Jh., aus lat. *(fūrore)*. REW 3605.

furibond „wütend"
13. Jh., aus lat. *(fŭrĭbundus)*.

furie „Furie", „Wut"
14. Jh., aus lat. *(fŭria)*.

furieux „wütend"
13. Jh., aus lat. *(fŭriosus)*.

furole „Irrlicht"
16. Jh. *fuirole*, ist norm., vgl. dazu pik. *fofu*, d. i. *faux feu* dass., ist wohl *-erole*-Abl. von *feu* „Feuer", vgl. ital. *focajuolo* „feurig", Diez 591; die Form und Bedeutung vielleicht durch *fuir* beeinflußt.
Kaum unmittelbar zu *fuir*, Dict. gén.; REW 3550.

furon „Frettchenjunges"
19. Jh., ist mit der für Tierjunge charakteristischen Endung *-on* abgeleitet vom Stamme von *furet* „Frettchen", s. d., nicht eins mit afrz. *fuiron, furon* „Frettchen".

furoncle s. *froncle*.

furtif „heimlich"
14. Jh., aus lat. *(furtivus)*.

fusain „Spindelbaum", „Zeichenkohle aus dem Holz des Spindelbaums"
12. Jh., aus vlat. **fūsāgĭne*, zu lat. *fūsus* „Spindel", s. *fuseau*. Meyer-Lübke, LGRP 12, 303; Diez 374; Roll. Fl. 9, 97; REW 3608.

fusarole „Kragen an Säulen"
17. Jh., aus ital. *fusaruola, fusajuola*, d. i. kollektiv-pluralische Weiterbildung von *fusai-*

uolo „Wirbel an der Spindel", und dieses Abl. *(-eolus* über *-arium)* von ital. *fuso* „Spindel", „Säulenschaft" aus lat. *fūsus* „Spindel", s. *fuseau.* REW 3620.

fuseau „Spindel"
12. Jh., ist vorhistorische Abl. von afrz. **fus* „Spindel", vgl. prov. *fus* dass., aus lat. *fūsus* dass.; REW 3620; dazu seit dem 14. Jh. die Abl. **fuselé** „spindelförmig"; dazu im 20. Jh. *fuseau* „Keilhose".

fusée 1. „die um die Spindel gewickelte Fadenmenge", „Spindel"
13. Jh., ist vorhistorische kollektivische Abl. *(-ata)* von afrz. **fus* „Spindel", s. *fuseau.*
2. „Ausströmen", „Rakete", „Zünder"
15. Jh., ist Abl. von **fuser** „ausströmen", 16. Jh., d. i. Abl. von lat. *(fūsus)* „hingegossen" zu lat. *fundere,* s. *fondre*; dazu seit dem 19. Jh. die Abl. **fuséen** „Raketenschleuderer". Dict. gén.

fuserole „Seele der Weberspule"
18. Jh., ist dem. Abl. *(-erole)* vom Stamme von *fuseau* „Spindel", s. d.

fusible „schmelzbar"
15./16. Jh., ist Abl. von lat. *(fūsus)* „flüssig", s. *fusée* 2.

fusil „Feuerstahl", „Steinschloß", „Flinte"
12. Jh. *foisil,* dazu heute norm. *foisil* „Feuerstein", Blois *foisil* „Eisenhammer zum Dengeln der Sense", die literarische Form wohl in Anlehnung an ital. *fucile* derselben Herkunft, aus vlat. **fŏcīle* „zum Feuer gehörig", d. i. Weiterbildung von *focale, petra focaris* in Glossen, *petra focaria* „Feuerstein" bei Isidor v. Sevilla, s. Sofer, 89.
Dazu seit dem 16. Jh. die Abl. **fusilier** „Liniensoldat"; seit dem 18. Jh. **fusiller** „füsilieren", „auf dem Wetzstahl wetzen" u. ä.; REW 3399.

fusion „Schmelz", „Fluß"
16. Jh., aus lat. *(fŭsione)* „Ausfluß", vgl. *foison.*

fuste „kleines, griechisches Ruderschiff mit Segeln"
14. Jh., aus ital. *fusta* dass., d. i. kollektive Weiterbildung von ital. *fusto* bzw. lat. *fūstis* „Prügel", „Stock", s. *fût*; *fusta* bedeutet also der Bildung nach „Holzwerk"; vgl. dazu angev. *fûtreau* „kleines Schiff zur Schiffahrt auf der Loire", 15. Jh. *fustereau,* als unabhängige, einheimische Bildung zu afrz. *fuste* „Gehölz". Diez 150; REW 3618; Jud, ASSL 120, 87.

fustet „Färbersumach"
14. Jh. *fustel, fustet,* aus prov. *fustet* dass., dieses u. H.

fustiger „auspeitschen"
15. Jh., aus lat. *(fustigare).*

fût „Baumstamm" va.; „Schaft", „Weinfaß"
11. Jh. *fust,* afrz. „Knüppel", „Stange", „Schaft", „Holz", „Holzklotz", „Balken", 13. Jh. auch „Schiff", aus lat. *fūstis* „Knüppel". Diez 150; REW 3618; vgl. *fuste.*

futaie „Hochwald"
14. Jh. *fustoie,* ist *-ēta*-Abl. von afrz. *fust,* s. *fût.*

futaille „Faß"
13. Jh. *fustaille,* ist Kollektivableitung *(-alia)* von afrz. *fuste* „Holzwerk", prov. *fusta* dass., auch „Faß", d. i. Weiterbildung von afrz. *fust* „Knüppel", s. *fût.*

futaine „Barchent"
13. Jh., aus vlat. *fustaneum,* so im 12. Jh. bezeugt; dieses ist in Anlehnung an lat. *fustis* „Knüppel", afrz. *fuste* „Holzwerk" übersetzt aus gr. ξύλινον, mittellat. *xylinum* zu gr. ξύλον „Holz"; vgl. dazu die mittellat. Definition des Wortes *lana de ligno.* Baist, RF 4, 380; ZRP 18, 280.
Nicht arabisch *fuhšṭân* „Art Wollenstoff", Diez 150; REW 3463; Lam. 119, da dieses selbst erst junge Entlehnung aus dem Romanischen ist.

futé 1. „übersättigt", „gerieben"
14. Jh., ist Part. von afrz. *fuster* „schlagen", d. i. Abl. von afrz. *fust* „Knüppel", s. *fût*; vgl. daraus entlehntes engl. *fusty* „muffig". (Holthausen.)
2. „geschäftet"
17. Jh., ist Abl. von *fût* „Schaft", s. d.

futée „Kitt aus Sägspänen und Leim, zum Verstopfen von Holzlöchern"
17. Jh., bezeichnet wohl ursprünglich nur die Sägspäne, ist dann kollektivische Abl. von afrz. *fuste* „Holz", s. *futaille, fût.*

futile „nichtssagend"
17. Jh., aus lat. *(fūtĭlis).*

futur „zukünftig"
13. Jh., aus lat. *(fŭtūrus).*

futurisme „Futurismus"
1909 gebildet zum Manifest von Marinetti; Lerch, Rom. Jb. 3, 151.
fuyard s. *fuir.*

G

gaban s. *caban.*

gabardine „Gabardine“ (Mantel)
19. Jh., aus spanisch *gabardina* „eng anschließender Männerrock“, so seit dem 15. Jh. bezeugt; zuerst im 16. Jh. entlehnt als *galvardine,* s. Cor. II, 605, s. *caban.*

gabare „Art Lastschiff“, „Schlagnetz“
14. Jh., aus prov. *gabarra,* das mit ital. *gubarra* u. ä. letzten Endes wohl aus dem Arabischen stammt; vielleicht zu arabisch *ǧ u r â b,* das selbst aus lat. *carabus* „geflochtener Kahn“ entlehnt ist, s. *carabe* 1, *caravelle.* REW 1672; Lam. 120.
Zu germ. **gabb-,* s. *jabot,* Braune, ZRP 42, 143, erklärt die Endung nicht und ist begrifflich unwahrscheinlich.
Dazu seit dem 15. Jh. die Abl. **gabarier** „Kapitän einer Gabarre“.

gabarier 1. s. *gabare.*
2. „nach einem Schiffsmodell arbeiten“
18. Jh., ist Abl. von **gabari** „Schiffsmodell“, „Gehalt und Form der Proviantwagen“ u. ä., aus nprov. *gabarrit* dass.; dieses ist Kreuzung von nprov. *gabarro* „Art Lastschiff“, s. *gabare,* mit nprov. *gaubì* „geschickt anordnen“, mit anderer Konjugation auch *gaubià* „in die richtige Form bringen“, *engaubià* dass., d. i. Abl. von nprov. *garbi, galbe, gaubi* „Geschicklichkeit“, „Anmut“, „Form“, auch schon „Schiffsmodell“ u. ä., das durch die *-arius*-Abl. prov. *garbier* „geschickt“ auch für die alte Zeit gesichert ist; dieses aus gotisch **g a r w i* zu ahdt. *garawi* „Zurüstung“, „Schmuck“, s. Bruckner, Char. 15; Diez 156; REW 3695; vgl. *galbe;* zur Ableitung s. *acabit.*

gabarot „kleine Gabare“
16. Jh., aus nprov. *gabarrot,* d. i. dem. Abl. von nprov. *gabarro,* s. *gabare.*

gabatine „Flunkerei“
16./17. Jh., aus ital. *gabbattina,* d. i. Abl. von *gabbare* „betrügen“, s. *gaber.*

gabegie „Betrug“
19. Jh., ist heute mundartlich weit verbreitet, ist aber zum Teil wohl erst durch das Vulgärfrz. in die Mundarten gedrungen; vgl. Morvan „Betrug“, „Vertrauensmißbrauch“, Berry „List“, „Betrug“, Lüttich *gabjeie* dass., Mons „glücklicher Fund“, pik. „Durcheinander“, „Streit“, „geheime Unternehmung“, Démuin „Unordnung“, „Verwirrung“, norm. „Verschwendung“, „Unordnung“, auch „List“, „Betrug“, Rouchi „die verdeckt bleibende, bunte Seite der Spielkarten“, Pléchatel „Betrug“, B. Maine „Lärm“, „Streit“ u. ä.; scheint mit lim. *gabugio* auf ein afrz. **gabusie* „Betrug“ zurückzugehen, dieses Abl. von afrz. *gabuser* „betrügen“, d. i. Kreuzung von *gaber* „hänseln“ mit *abuser* „Mißbrauch treiben“; vgl. Sain. LPar. 305; Braune, ZRP 40, 334; *-s-* zu *-ž-* ist im Zentrum vereinzelt zu Hause, s. die Karten *fraise, église* des ALF.

gabelle „Salzsteuer“ va.; „Salzhaus“
14. Jh., stammt aus prov. *gabela,* dieses aus ital. *gabella* „Salzsteuer“, „Auflage“, „Zoll“ u. ä., das zuerst in einer Verordnung Rogers II. von Sizilien in der Bedeutung „Verkaufsabgabe“ bezeugt ist; aus arabisch *a l - q a b â l a* „Abgabe“; Baist, ZRP 22, 630; REW 6893; Diez 417; Lam. 121; dazu seit dem 14. Jh. die Abl. **gabeler** „das Salz im Salzhaus deponieren“; dann seit dem 16. Jh. mit westfrz. mundartlicher Form **gabelou** für literarisches **gabeleur* „Salztrockner“, „Steuerbeamter“, im 16. Jh. als *gabeleux* belegt.
Nicht zu altirisch *gabal* „gesammelt“, s. Thurn. KR 62; vgl. zu diesem *javelle.*

gaber „hänseln“, refl. „sich lustig machen“
11. Jh., ist Abl. von afrz. *gab* „Spott“, aus anord. *g a b b* „Verspottung“, *gabba* „hintergehen“. Diez 150; REW 3626; Braune, ZRP 42, 134; FEW 16, 3.

gabet 1. „kleine Windfahne auf dem Topp der Masten“
16. Jh., lebt nach Thomas Corneille am Ärmelkanal, wird heute für Guernesey „Fähnchen am Giebel“ bezeugt; es ist Abl. von norm. *gable* „Giebel“, ist also aus **gablel* dissimiliert; norm. *gable* aus englisch *g a b l e* „Giebel“. Sain. Rab. 1, 106.
Aus alemannisch *gabel* „Giebel“, Braune, ZRP 42, 148, ist geographisch nicht möglich.
2. „kleiner Wurm, der sich im Fell von Hirschen, Rehen u. ä. einnistet“, „Dassellarve“
18. Jh., aus nprov. *cavet* „Getreidewurm“, „Erbsenkäfer“ bzw. dessen languedokischer, gaskognischer Entsprechung **cabet,* vgl. dazu bei Roll. F. 3, 347 Bouches du Rh. *cavet, cavaroun* u. ä. „Kornwurm“; dieses ist Abl. von nprov. *cava,* languedok. *caba* „bohren“, „graben“, „aufwühlen“, aus lat. *c ă v a r e* dass.; vgl. dazu REW 1788.
Zu deutsch **gab-* in *gabel* u. ä., Braune, ZRP 42, 148, vgl. *gabet* 1, ist nicht möglich.

gabie „Mastkorb“
16. Jh., aus prov. *gabia,* nprov. auch *gábi* dass., ursprünglich „Käfig“, dieses aus italienisch *gabbia,* das als Schiffahrtsausdruck für Genua schon im 13. Jh. bezeugt ist, Vidos 414, d. i. Entsprechung des frz. *cage,* s. d.; dazu seit dem 17. Jh. die Abl. **gabier** „Marsgast“. Dict. gén.
Nicht zu **gabb-* „Kropf“, s. *jabot, gavache,*

Braune, ZRP 42, 144.

gabion „Schanzkorb", „Kopfschutz im Schützengraben"
16. Jh., aus ital. *gabbione* dass., eigentlich „großer Käfig", d. i. vergrößernde Abl. von *gabbia* „Käfig", s. *cage, gabie*; dazu seit dem 16. Jh. die Abl. **gabionner** „sich mittels des Schanzkorbes decken". Dict. gén.
Nicht zu **gabb-*, s. *gavache*, Braune, ZRP 42, 144.

gabord „unterste Planken eines Schiffes"
16. Jh., aus ndl. *gaarboord*. (Holthausen.)

gaburon „Wange", „Verstärkungsstück am Maste"
17. Jh., gehört zu nprov. *gaburjoun*, dauph. *gaburjon* „Dielenträger", gaskogn. *cabiroun* u. ä., ist also mundartliche Form für frz. *chevron* „Sparren", s. d.; dazu seit dem 18. Jh. die Abl. **gaburonner** „den Mast verstärken".

gâche 1. „Schließklappe", „Loch für den Riegel"
13. Jh. pik. *gaiche*, zu mhdt. *hespe* „Türhaken", anord. *hespa* „Türriegel", Grundform **haspia*; dazu mit *ga-* präfigiert (wie in dt. ‚Gehege' usf.), aus fränkisch **gahaspia* zu mndl. *gespe* „Haken", „Schnalle", in nördlicher (norm. pik.) Lautentwicklung; Brüch, ZRP 51, 462; vgl. Wartburg-Frings, ZRP 67, 168; FEW 16, 24.
2. „Kalkschaufel", „Rührscheit"
14. Jh., ist postverb. Subst. von **gâcher** „Mörtel anrühren", „Wäsche ausspülen", 14. Jh. *gaschier, waschier* „waschen", „das Wasser trüben", „Mörtel anrühren", dann „beschmutzen", „verderben" u. ä.; aus fränkisch *waskan* zu dt. ‚waschen' usf. Diez 591; REW 9512.

gachet „schwarze Meerschwalbe"
18. Jh., u. H.

gâchette „Schießhaken", „Zuhalter am Schloß", „Stange im Gewehrschloß"
15. Jh., ist dem. Abl. von *gâche* 1, s. d.

gâcheur „Kalkeinrührer", „Pfuscher"
13. Jh., ist Abl. von *gâcher*, s. *gâche* 2.

gâcheux „schlammig", „kotig"
16. Jh., ist Abl. vom Stamm von **gâchis** „Mörtel", „Kot", „Durcheinander", das erst im 17. Jh. belegt, aber wohl alte Bildung ist; es ist ursprünglich adj. Abl. *(-aticius)* von *gâcher* „sudeln", s. *gâche* 2, vgl. wall. *wachis* „kotig", dann mit Suffixwechsel rouchi *gachif* dass.

gade „Trüsche" (Fisch)
18. Jh., aus neulat. *(gadus)*; dieses aus gr. γάδος „Stockfisch". Dict. gén.; Barbier, RDR 1, 437.

gadouard „Mistbauer"
16. Jh., ist Abl. von **gadoue** „Abtrittdünger", 16. Jh., das mundartlich weit verbreitet ist, vgl. angev. *gadoues* „Anstandsort", „schmutziges, kotiges Wasser", dazu *gadouiller* „Wasser mit dem Ruder aufrühren", norm. *gadoux* „Mistbauer", *gadolier* „schlechtes Individuum"; bourb. *gadoue* „Misthaufen", verd. chal. „Abtrittdünger", *gadrouille* „kotiges Wasser", frz. Schweiz *gadroullhi* „Wasser trüben", dazu wall. *wadrouiès* „weichlich", „teigig" u. ä., rouchi *watroulier* „im Wasser pantschen", norm. *vâtre* „Kot", „Schlamm" u. ä.; s. dazu *vadrouiller*, dann norm. *varouiller* „schlecht arbeiten"; *gadoue* ist also in Anlehnung an *boue* rückgebildet von *gadouiller, gadrouiller* „im Kot pantschen", in dem wohl verschiedene Stämme zusammentreffen: vermutlich ein vlat. **aquaceolum*, d. i. dem. Abl. von vlat. **aquacea* „Wassermenge", vgl. prov. *aigassiera* „Wassergefäß" u. ä., das im 12. Jh. als *gaçuel* „Pfütze" belegt ist und als *gassouil*, dazu *gassouiller* „pantschen", in westlichen Mundarten noch lebt; so in Anjou, Poitou, Vendôme, Lyon, dazu poitev. *gaçouail* „schmutziger Ort", Hubschmid, ZRP 69, 279; dann *vadrouiller, patrouiller, souiller, vautrer*, in den nördlichen Mundarten vielleicht auch ndl. *wateren* „wässern" u. a.; im einzelnen ist die Entwicklung der hierhergehörigen Wörter kaum mehr aufzuklären.
Aus einem fränkischen **wrotjan* zu mnddt. *wroeten* „im Schmutz wühlen" (vom Schwein), Barbier, ZFSL 53, 3, ist schwer verständlich; es hätte afrz. *garoçer* ergeben, das nicht nachgewiesen ist.

gaffe 1. „Bootshaken", „Fischhaken"
15. Jh., aus nprov. *gafo* dass., dazu gaskogn. *gaho*, prov. *gaf* „Haken", in nördlicher Entwicklung berrich. *jaffe* „Hakenstock"; prov. *gaf* ist postverb. Subst. von *gafar* „ergreifen", dieses zu einem Stamm **gaf-*, dessen Herkunft unbekannt ist; vgl. Cor. II, 609.
Zu deutsch *gaifen* „krumm ausschneiden", oder *gafel, gabel*, Diez 150, ist lautlich und geographisch nicht möglich: auch nicht aus englisch *gaff* „mit Fischhaken ergreifen", Braune, ZRP 36, 83, das vielmehr selbst aus dem Französischen stammt; **gafa* als Kreuzung von lat. *gomphus* „Nagel", „Pflock", mit dem Stamm von *agrafe*, s. d. und *gond*, Brüch, ZRP 38, 688, ist unwahrscheinlich, weil der Ursprung der Wortfamilie **gaf-* im Provenzalischen bzw. Katalanischen zu suchen ist, *agrafe* aber erst im 14. Jh. nachweisbar und auf das Nordfranzösische beschränkt ist; *gaffe* aus begrifflichen Gründen auch nicht Rückbildung von prov. *gafon* neben *gofon* „Türangel", dieses zu *gond*, Brüch ZRP 51, 463; aus gotisch **gaffôn*, das zu dem Stamm **gabh-* gehören soll, Bl.-W. 283, ist germanisch schwer verständlich und begrifflich abzulehnen, ist auch FEW III, 18 nicht angenommen.
Dazu seit dem 17. Jh. die Abl. **gaffer** „mit dem Bootshaken anziehen".
2. „Ungeschicklichkeit"
lebt im Lokalfrz. von Lyon, dazu *gaffer* „in

die Pfütze treten und Wasser ausspritzen", in der Mundart *gafô*; dazu sav. *gafa, gwafa* „halb geschmolzener Schnee", daneben gleichbedeutend *gllafa* „Schlamm aus halbgeschmolzenem Schnee", ist Kreuzung von lat. **aquacea* „schmutziges Wasser", auch adj. mundartlich *evaz* „mit Wasser durchtränkt", und lat. *glacies*, s. *glace*, savoiisch *glafo*, ALF 647; Heimat des Wortes ist Savoien, FEW III, 139; seit dem 17. Jh. **gaffer**, fam. „einen Bock schießen"; dazu das postverb. Subst. **gaffe** in *faire une gaffe* „einen Schnitzer (eine Dummheit) machen"; Esnault 16, 291; Rohlfs schriftlich.

Zu nddt. *gaffen* „laut lachen", Braune, ZRP 42, 155, ist geographisch nicht möglich.

gage „Pfand", „Lohn"

11. Jh., afrz. auch *wage*, aus fränkisch **waddi* zu ahdt. *wetti* „Pfandvertrag", „Pfand", „Einsatz" u. ä., s. Kluge s. *Wette*; Diez 151; Mackel 51; REW 9474; Gg., RG I, 164; das Wort ist im Mittellateinischen frühzeitig als *vadium* u. ä. belegt.

Dazu seit dem 12./13. Jh. die Abl. **gager** „pfänden", „als Pfand einsetzen", „wetten" u. ä.

gagner „gewinnen", „verdienen" „(einen Ort) erreichen" u. ä.

12. Jh., afrz. *gaaignier*, aus fränkisch **waidanjan* zu ahdt. *weidenen* „weiden", „jagen", das zu **guadaniare* latinisiert wurde und aus dem Galloromanischen in das Iberoromanische und Italienische gedrungen ist, Bruckner, ZRP 24, 70, Anm.; Brüch 31; vgl. ferner Diez 175; Ulrich, ZRP 3, 265; Bruckner, Char. 21; Tappolet, BGPSR 10, 28; REW 9483; Bl.-W. 284.

Das Wort ist zuerst als Ausdruck der Jagd eingedrungen entsprechend anord. *veiða* „erjagen"; diese Bedeutung, die auch durch ahd. *weidôn* „jagen", „Futter suchen" zu erschließen ist, scheint in afrz. *gaaignier* „Beute machen" (mit dem Jagdvogel) erhalten zu sein; daraus verallgemeinert „erwerben", „gewinnen", usf. s. auch RG I, S. 195.

Das gleiche fränkische Wort ist auch als Ausdruck der Landwirtschaft romanisiert worden, entsprechend dt. „Weide" usf. So stehen afrz. nebeneinander *gaaignier* „Land bebauen" und „gewinnen", „Vorteil haben"; afrz. *gaain*, auch *gaaigne*, beide postverb. Subst. von *gaaignier*, als „Feldarbeit", „Feld", „Acker" und „Gewinn"; dann als Ausdrücke der landwirtschaftlichen Terminologie, afrz. *gaaigneor* „Ackersmann"; dann in den Mundarten erhalten fr. comt. *vagni*, wall. *wagni* „das Feld bebauen", „säen", bretagn. *gagner*, berrich. *gaigner* „Ackerbau treiben", s. auch *gain, regain*.

gagui „dicke, lustige Trutsche"

16. Jh., aus dem Zigeunerischen *gagi* „Weib"; Reichenkron, ZFSL 55, 222; vgl. dazu Lüttich *gaga*, auch „geschwätziges Weib", dazu *gagâ* „Schlucker", „feiger Schreier", *gagâie* „Aufputz", *gagâtte* „Dummheit", pik. rouchi *gaga* „verzogenes Kind", wall. *gagué* „große Sorgfalt auf die Kleider verwenden" u. ä.; die Form *gagui* ist sav. „plumpes, unsauberes Mädchen", saint. „dicke Frau", auch Koseform für Marguerite, doch das letztere wohl sekundär infolge Anklingens des Namens an *gagui*; vgl. Kocher, Red. 79 f.; Spitzer, LGRP 43, 377; FEW III, 20.

gai „heiter"

12. Jh., bedeutet afrz. auch „lebhaft", „stürmisch" (von Tieren), aus prov. *gai* „fröhlich", dieses aus ahdt. *gâhi* „rasch", „hastig"; Bl.-W. 284; FEW 16, 7. Auffällig, daß ein Wort mit der Bedeutung „heiter", „stürmisch" aus dem Provenzalischen entlehnt ist; die Deutung ist nur möglich, wenn ahdt. *gâhi* auf ein ursprüngliches **ganhi* zurückführt, s. Schatz- Ahdt. Gr. W. 19; Braune, Got. Gr. W. 5; s. auch *gaillard*.

Aus frk. **wâhi* zu ahdt. *wâhi* „zierlich", „blinkend" ist nicht möglich, da alt **guai, wai* für frz. *gai* nicht bezeugt ist; zu *geai*, Diez 151; Sainéan, ZRP 31, 263, ist lautlich nicht möglich; nicht aus fränkisch *gâhi*, Brüch, ZRP 51, 469, da es sich nicht wahrscheinlich machen läßt, daß das Wort ausschließlich im Norm. Pik. zu Hause war; deshalb auch nicht aus lat. *Cajus* von den Gebräuchen bei der Vermählung her, Baist, ZRP 5, 247; vgl. REW 3640; das Wort ist ins Spanisch-Portugiesische bzw. Italienische weitergewandert.

gaïac „Pockenholz"

16. Jh., stammt angeblich aus einer Einheimischen-Mundart Zentralamerikas, Dict. gén.; aus spanisch *guayaco*, dieses aus einer Mundart von Haiti; Read, Louisiana 141.

gaieté „Heiterkeit"

12. Jh., ist Abl. von *gai*, s. d.

gaillard „gründlich" va.; „kräftig", dann in Anlehnung an *gai* auch „lustig"

11. Jh. „kräftig", „tüchtig", ist Abl. von grom. **gallia* „Kraft", „Macht", d. i. Romanisierung von gallisch **gal'l'-* (urkeltisch **galn*) zu kymrisch *gallu* „Fähigkeit", „Macht", *gallu* „imstande sein" u. ä., vgl. Thurn. KR 61; die Erhaltung des anlautenden *g-* erklärt sich wie bei *cage* u. ä. als Dissimilation gegen das palatale *-l'-*, vielleicht auch wegen volksetymologischer Beziehung zu *gai*, die sich auch in der Bedeutung „lustig" für *gaillard* verrät. Diez 151; Bl.-W. 284.

Kaum mit Recht abgelehnt REW 3657; das Wort ist ins Italienische gewandert und hat dort mundartlich nach den Entsprechungen frz. *gagner*, ital. *guadagnare* den Anlaut *gua-* angenommen, vgl. Salvioni, Rom. 28, 97; zu *Gallia* „Gallien", de Gregorio, Misc. Ascoli 450 f.; SGI 7, 152, ist historisch schwierig; zu lat. *galla* „Gallapfel", über **galleus* „gallapfelartig", *„Keim", „Schößling", REW 3657, ist begrifflich nicht überzeugend.

Dazu seit dem 15. Jh. die Abl. **gaillardise** „ausgelassene Fröhlichkeit".

gaillet „Labkraut"

18. Jh., s. *caille-lait.*

gaillette „Kohlenstück mittlerer Größe"

18. Jh., stammt aus dem Wallonischen; es ist dem. Abl. von pik., wall. *gaille* „Nuß", d. i. die mundartliche Entsprechung von frz. *gauge,* s. d.; Behrens, Wg. 359; FEW III, 37; REW 3659; die Form des rouchi *galiéte* liegt dem in den Wörterbüchern verzeichneten *galiette* zugrunde; Haust, Dict. 288.

gain s. *gagner.*

gaine „Scheide" u. ä.

12. Jh., afrz. auch in nördlicher Form *waïne,* aus lat. *vāgīna* dass., mit einer Entwicklung des Anlauts, als würde germanisches *w-* zugrunde liegen; das Wort ist wohl zunächst aus dem Romanischen ins Fränkische gewandert und als Wortrelikt des Fränkischen im Französischen erhalten. Diez 176; REW 9122; Marchot, Petite phonétique du français prélittéraire, 63.

Der Anlaut wegen Kreuzung mit ahdt. *waga* „Bewegung", Settegast, ZRP 37, 196, ist begrifflich unwahrscheinlich, ebenso lat. *vagina* + frk. *wâgi* „Gefäß", Brüch, ZFSL 51, 473.

gaîté s. *gaieté.*

gala „Festlichkeit"

18. Jh., aus ital. *gala* dass., das selbst aus afrz. *gale* entlehnt ist, s. darüber *galant.*

galactomètre „Milchmesser"

18. Jh., ist gelehrte Zusammensetzung aus gr. (γάλα, γάλακτος) „Milch" und *mètre,* s. d.

galandage „dünne Backsteinwand"

18. Jh., ist normannisch, dazu hier *galander* „eine Backsteinwand aufrichten"; es steht für **garlandage,** das in der Bedeutung „Rand am Mastkorb" in den Wörterbüchern gebucht wird; es ist Abl. von afrz. *garlander* „mit einem Reif versehen", „ausschmücken", „herrichten", dazu seit dem 14. Jh. die afrz. Abl. *garlandeïs, gallandis* „Umkleidung", vgl. dazu lim. *gorlando* „über die Mauer vorragender Teil des Daches", Doubs *galandure* „schmale Wand", Pierrecourt „Bretterwand" u. ä.; *garlander* ist Abl. von afrz. *garlande,* der ursprünglichen Form für *guirlande,* s. d. unter *galon.* Dict. gén.

galanga „Galgant"

14. Jh., aus mittellat. *(galanga),* das aus arabisch *ḫalanǧân* stammt; Heimat des Wortes ist China; Littmann 83; Lam. 122.

galant „lebhaft", „unternehmend" va.; „liebenswürdig", „galant"

bedeutet im 16. Jh. „kräftig", „fähig", „tüchtig", mit sichtbarer Anlehnung an *gaillard;* im 17. Jh. „Bösewicht", „aufgeweckt", andrerseits „anständig", „Liebhaber", s. Br. 3, 237; es ist seit dem 14. Jh. belegtes Part. von afrz. *galer,* 13. Jh., „sich erfreuen", „unterhalten"; dieses Abl. von seit dem 13. Jh. belegtem *gale* „Vergnügen", „Freude" u. ä., zuerst im Pikardischen bezeugt, aus fränkisch **wala* zu mndl. *wale* „Reichtum", agls. *wela* „Wohl", „Glück", „Reichtum", s. Suchier ZRP I, 431; Bl.-W. 284.

Ahdt. *geilî* „Prunk", „Stolz", Diez 152, bzw. germ. **gaila,* Bruckner, ZRP 24, 70, ist lautlich nicht möglich; zu lat. *galla* „Gallapfel", aus dem Italienischen, über *gallare, galleggiare* „auf dem Wasser schwimmen", Schuchardt, ZRP 29, 331; REW 3655, ist historisch und geographisch schwierig und wird durch afrz. *waler,* s. Du Cange s. *gala,* afrz. *walois* „heiter" u. ä. unmöglich, wenn dieses nicht wallonisiertes literarisches *gale* darstellt; aus gr. καλά „das Schöne", de Gregorio, SGI 7, 193, ist lautlich ebenfalls unmöglich.

Dazu seit dem 16. Jh. die Ableitung **galanterie** „Liebenswürdigkeit".

galantin „Geck", „Süßling"

16. Jh. „artig", „liebenswürdig", aus ital. *galantino* dass.; dieses ist dem. Abl. von ital. *galante* „artig", „gefällig", das aus afrz. *galant* entlehnt ist, s. d.

galantine „kaltes, mit Gallerte versetztes Gericht aus Hühnern und Kalbfleisch"

12./13. Jh. *galatine* „Gallerte", „Fischsulz", dazu mit Suffixwechsel afrz. *galee* „Art Tunke", aus mittellat. *(galatina),* vgl. dazu prov. *galareia, jalareia, gelaria,* mittellat. *gelatria,* dt. *Gallerte* dass.; mittellat. *galatina* ist wohl assimiliert aus **gelatina* zu *gelata,* s. *gelée;* vgl. REW 3643.

Nach Bl.-W. 284 wäre *galatina* Lehnwort aus dem Altromanischen von Ragusa, wo **gelatina* mit gutturalem *ge-* gesprochen worden wäre?

galantiser s. *galant.*

galaxie „Milchstraße"

16. Jh., aus lat. *(galaxias).*

galbanum „Mutterharzkraut"

12./13. Jh., im 11. Jh. *galme,* seit 12./13. Jh. die heutige Form, aus lat. *(galbanum).*

galbe „zierliche Rundung", „Umriß"

16. Jh. neben *garbe,* aus ital. *garbo* „Gefälligkeit", aus gotisch **garwi* zu ahdt. *garawi* „Zurüstung", „Schmuck", s. *gabarier* 2; Bruckner, Char. 15; Diez 156; REW 3695.

Nicht aus mittelhdt. *walbe* „Einbiegung des Daches", Diez 592; Mackel 64, da die älteste Bedeutung auch des frz. Wortes „Reiz" u. ä. ist.

gale „Krätze", „Räude"

11. Jh. „Gallapfel", 12. Jh. „schwielenartiger Knoten", auch „Art Krätze", dazu 14. Jh.

galer „kratzen“, „sich kratzen“; aus lat. *(galla)* „Gallapfel“; Diez 592; Bl.-W. 285; dazu seit 15. Jh. **galeux** „krätzig“, „räudig“; vgl. dazu mndl. *gāle* „Hautausschlag“, Valkhoff 143.

galé „Gagel“, „Torfmyrte“
18. Jh., aus neulat. *(gale)*; dieses ist Latinisierung von englisch *gale*. Dict. gén.

galéace „Art große Galeere“
15. Jh., aus ital. *galeazza*, d. i. vergrößernde Abl. von *galea* „Galeere“, s. *galée*.

galée „Galeere“ va.; „Setzschiff“ (Buchdrukkerei)
12. Jh. *galie*, *galee*, im 9. Jh. latinisiert als *galea* bezeugt; Diez 152; G. Paris, Rom. 9, 482; REW 3642; Kemna 122 ff.; s. *galère*.

galefretier „gemeiner Wicht“
16. Jh., zuerst bei Rabelais, dann bei Henri Étienne, der das Wort mit *gale* „Krätze“ und *fretter*, d. i. die südliche Entsprechung von *frotter*, s. d. zusammenbringt; daher bei Cotgrave auch *galefrotier* „a scabie fricanda“; wird von Cotgrave mit *calfeutrer* gleichgestellt, d. i. „kalfatern“ (ein Schiff ausputzen), dazu s. *calfater*. Das Wort ist im Südgürtel des Nordfrz. heimisch, poitev. „Parasit“, „wehrloser Mensch“, bourb. „Fresser“, „Säufer“, Morvan *galfeurtier* „Vagabund“, „Tunichtgut“, lyon. *galafreti* „Bettler“, „Gauner“, aber heute auch normannisch „armseliger Wicht“; ferner im Neuprov. *galafatre* (Rouèrgue), lyon. *galafataire* „Kalfater“ und ‚galefretier‘; langued. *galabard* „Landstreicher“, „Faulenzer“, adj. „gefräßig“; mit der gleichen Meinung auch südfrz. *galafre*, *galèfre*.
Zugrunde liegt *calfeutrer* „kalfatern“, da die Kalfaterer wie die Matrosen überhaupt von Alters her in üblem Ruf stünden, Sain. LPar. 165.
Zu mndl. *walvaert* „Wallfahrt“, dazu **walvaerer* „Wallfahrer“, entspricht nicht der Verbreitung des Wortes. Spanisch *galfarro* „Häscher“, „Büttel“, zu *garfa* „Kralle“, *agarrafar* „ergreifen“, klingt an, ist aber kaum der Ausgangspunkt für die grom. Wortfamilie; Cor. II, 687.

galéga „Geißraute“
17. Jh., vgl. dazu ital. *galega*, spanisch *galega*, *gallega* aus neulat. *(gallica) (herba)*, der Bezeichnung, die von Fracastor der Geißraute gegeben wurde, s. Behrens, Wg. 360. Bezweifelt REW 3660.

galéjade „Aufschneiderei“
19. Jh., aus nprov. *galejada*, d. i. Abl. von nprov. *galejà*, *gallejar* „selbstzufrieden sein“, „den Stolzen herauskehren“, „scherzen“ u. ä., dazu spanisch *gallear* „sich hervortun“, d. i. *-idiare*-Abl. von prov. *gal* bzw. spanisch *gallo* „Hahn“ aus lat. *gallus* dass.
Zu afrz. *galer* „sich unterhalten“, Bl.-W. 285 ist morphologisch schwierig.

galère „Galeere“, „Maurerkarren“
14./15. Jh., zuerst als *galee*, *galie* im 12. Jh. bezeugt, dieses aus mittelgr. γαλέα, ursprünglich „Wiesel“, dann wohl noch im Griechischen, wenn auch nicht bezeugt, auf „schnelles Schiff“ übertragen; wird Ende des 11. Jhs. von Gaufred de Malaterra nach der iberischen Halbinsel gebracht, als *galea* in Katalonien und Aragonien belegt, wird in Aragonien mit Übernahme des spanischen Suffixes *-era (-aria)* zu *galera* umgestaltet, so zuerst Ende des 13. Jhs., dann im 14. Jh. wiederholt bezeugt; kommt dann zu Beginn des 15. Jhs. nach Frankreich; Vidos 421; ZFSL 59, 339; Hesseling, Neoph. 6, 208; Brüch ZRP 51, 473; 58, 462; Pottier Fr. mod. 17, 64; Kahane, Etymologica 428; s. auch *galée*; so besser als aus arab. *ḫalîja* „großes Schiff“, Brüch, s. o.; s. auch Cor. II, 627.
Nicht aus gr. γαυλίς „Gefäß“, Settegast, RF 1, 246; auch nicht aus mittellat. *calaria*, das im 13. Jh. bei Johannes von Genua bezeugt ist und wohl auch nicht zu gr. κᾶλον „Bauholz“ gehört, so daß also die Heimat des Wortes Genua wäre, Canello, AGI 3, 301; Flechia, AGI 8, 355, da *galea* mittellat. schon im 9. Jh. belegt ist, s. oben.

galerie „bedeckter Gang“, „langer Saal“
14. Jh. in Anlehnung an *guerre* zunächst in der Form *guerrerie* bezeugt, aus ital. *galleria*, das seit dem 10. Jh. zunächst in Rom die Vorhalle vor der Kirche bezeichnet, die sonst auch nach dem biblischen Namen *(Galilea)* heißt, dieses der Name der Provinz *Galilaea* in Palästina, aus der nach der Bibel nichts Gutes kommen konnte. *Galilée* wird zum Aufenthalt der Menschen, die noch zu bekehren sind, vor dem Tempel der Bekehrten; Gardette, RLiR 18, 112; Baist, bei Kluge s. *Gallerie*; vgl. auch REW 3642; dazu angev. *galenée*, afrz. *galilée* „Vorhalle“, dieses in grom. einheimischer Entwicklung.
galérien s. *galère*.

galerne „Nordwestwind“
12. Jh. auch „Westwind“, in ganz Westfrankreich gebräuchlich, im Mittelalter vereinzelt auch im Osten, Alleyne, RLiR 25, 118; ist normannische mundartliche Form für ein vermutlich gallisches **galerna* „stürmischer Wind“, das zu irisch *gal*, *gail* „Windstoß“, „Rauch“, < **galā* gehören dürfte (Pokorny); das Suffix *-erna* ist im Gallischen gesichert.
Aus norw. *gal(en)* „wütend gemacht“, Brüch, ZRP 38, 689, ist begrifflich und morphologisch schwierig, da die ursprüngliche Bedeutung von anord. *gala* „Zauberformeln singen“ ist, s. Falk-Torp 294, vgl. anord. *galinn* „verzaubert“, „von Sinnen“, „rasend“. Bretonisch *gwalarn*, *gwalern* „Nordwesten“ stammt selbst aus dem Französischen, s. Thurn. KR 61; Henry 146.

galet „Uferkiesel“, „Drehscheibrolle“
12. Jh., vgl. dazu boulogn. *galet* „Steinkügelchen“ (mit dem Kinder spielen), dazu verd. chal. *galine* „kleiner Stein“, berrich. *jeu à la galine* u. ä., ist dem. Abl. von norm. *gal, gau* „Stein“, „Kiesel“, altangev. *gau* dass., s. *dégoter,* dazu pik. *galer* „rollen“ u. ä.; aus anord. *valr* „rund“, wohl auch „runder Stein“ wie bayrisch *wal-stain.* Braune, ZRP 20, 358. Im 15./16. Jh. bezeugtes *jalet* dürfte als militärischer Ausdruck literarisiertes norm. *galet* sein.
Nicht aus gallisch **gall-* zu airisch *gall* „Steinpfeiler“, Thurn. KR 100; Diez 592; REW 3654, Bl.-W. 285, da der Anlaut germanisches *w-* voraussetzt.

galetas „Dachkammer“, „armselige Wohnung“
14. Jh. *galatas, galatois* „Turmzimmer“, nach dem Turm *Galata* in Konstantinopel; Dict. gén.; vgl. dazu Mons *galatasse* „Gartenlaube“, boulogn., sav. *galatas* wie frz. *galetas.*

galette „runder, flacher Kuchen“
13. Jh., ist dem. Abl. von afrz. *gal* „Kiesel“, s. *galet*; Bauer, Gebäck 48 f.
galeux s. *gale.*

galfâtre „Herbergsdiener“
zuerst Beginn des 19. Jhs. im ‚bas langage‘, aber schon Ende des 19. Jhs. „Kalfakter“ „der sich zu niederen Diensten drängt“, aus lat. *calefactor* „Warmmacher“ zu *calere,* s. *chaloîr* und *facere, factor,* s. *facteur* (Spitzer); oder zu *calfat* „Kalfaterer“, s. *calfater,* Bl.-W. 285; vgl. Kluge-G. unter ‚Kalfakter‘.

galhauban „Pardunen“ (lange, starke Taue, die vom Topp der Stengen hinter den Wanttauen herabgehen)
17. Jh., auch *galauban, galeban,* enthält im zweiten Bestandteil *hauban* „Wanttau“, die erste Silbe ist unsicher; daß es sich um das Präfix *ca-, gal-* handelt, Kalkhoff 143, ist unverständlich; s. auch Bl.-W. 317.
galiette s. *gaillette.*

galimafrée „geröstete Fleischreste“, „unappetitliches Essen“
14. Jh. *calimafree,* Guernesey *galifrée* „Lekkerbissen“, norm. *gallifre* „eßgierig“, *galigâs* „wüster Genuß“, angev. *galimache* „Mund“ u. ä.; es kreuzen sich in dem Wort wohl mehrere Stämme, so *bâfrer, gueule* u. ä., vielleicht auch afrz. *gale* „Vergnügen“, „Lust“, nach Bl.-W. 284 auch pik. *mafrer* „viel essen“, dessen Herkunft aus mndl. *maffelen* zweifelhaft ist.

galimatias „verworrenes Zeug“
16. Jh., aus neulat. *(gallimathia),* ursprünglich in der Satire Ménippée als *‚jargon de galimatias‘* „unverständliche Sprache“, von einem Bewohner von *Galimathie* gesagt; dieses angeblich Verballhornung von *Arimathie,* einer Stadt in Judäa, dem Wohnort von Joseph, dem Nährvater Christi, Elwert, RLiR 23, 78; ist gelehrte Zusammensetzung von *(galli),* der Bezeichnung der Disputanten bei den Doktordissertationen der Pariser Universität im 16. Jh., und gr. (-μάθεια) in Wörtern wie χρηστομάθεια, s. *chréstomathie,* bezeichnet also ursprünglich „Wissen eines Gallus“; dieses wohl zu lat. *(gallus)* „Hahn“, vielleicht in Weiterbildung von *ergoter* „disputieren“, das volksetymologisch mit *ergot* „Hahnensporn“ zusammengebracht wurde. A. Nelson, Gallimatias, in Strena phil. Upsaliensis, Festskrift Per Person 1922, vgl. ZRP 42, 731 f.
galimatias verballhornt aus *garrimantia* bei Albertus Magnus, dieses scherzhafte Bildung nach lat. *garrire* „schwatzen“ und μαντεία „Weissagung“, Eitrem, ZRP 38, 357, ist historisch zu wenig gestützt; zu *grammatica,* Schuchardt, ZRP 31, 658; Salverda de Grave, Neoph. 2, 146, ist lautlich unverständlich; desgleichen zu *ballematia,* das in Glossen als „obszöne Lieder, Spiel“ bezeugt ist, FEW I, 222; zu bearnisch *Galimatié* „Name eines unbekannten Landes“ und dieses zu *gavots,* s. d. Sain. ZRP 31, 265 ist beides lautlich und begrifflich unverständlich; zu gr. χαλιμάζειν „die Herrschaft über sich selbst verlieren“, über χαλιμάζεις „Unsinn!“ in der Anrede, Justesen, Banjœwangi 1926 (lithographiert), müßte historisch für Byzanz beglaubigt werden.

galion „großes, dreimastiges, spanisches Kriegsschiff“
12./13. Jh., bedeutet zunächst „kleine Galeere“, dann seit dem 13./14. Jh. in Neuanlehnung an spanisch *galeon* „großes Lastschiff“ die heutige Bedeutung; ist dem. Abl. von afrz. *galie, galee,* s. *galée.*

galiote 1. „kleines Schiff“
14. Jh., ist dem. Abl. von afrz. *galie* „Galeere“, s. *galée*; das Wort wird für Anjou als lebend angegeben; vgl. dazu auch lyon. *galiot* „Galeerensträfling“.
2. „eichener Balken zur Unterstützung des Deckels der großen Schiffsluken“
auch **galion,** ist in der literarischen Form angev., scheint mit Suffixwechsel aus *galiot* „Galeerensträfling“ umgestaltet zu sein, das für Lyon angegeben wird; dieses Abl. von afrz. *galie* „Galeere“, s. *galiote* 1; die Bedeutungsübertragung über „Träger“, vgl. *chevalet, poutre, chevron.* Vgl. aber Lüttich *galiot* „Schubkarren“, das wohl unmittelbar von *galie* abgeleitet ist, ferner langued. *galhard, galiard* „gegabelte Stange zur Unterstützung zu schwerer Äste“.

galipot „Fichtenharz“, „Art Kitt aus Harz und Fett“
so seit dem 18. Jh., ist aber in der Bedeutung „Weißtanne“ schon im 16. Jh. als **garipot** bezeugt; dazu prov. *garapot* „Fichtenharz“; beides u. H.

galis „Ort, wo der Rehbock die Erde aufgescharrt hat“
17. Jh., ist Abl. *(-aticium)* von afrz. *galer* „kratzen“, s. *gale*.
galle „Gallapfel“
13. Jh., aus lat. *(galla)*; vgl. *gauge*.
gallican „die französische, katholische Kirche betreffend“
14. Jh., aus mittellat. *(gallicanus)* zu lat. *gallicanus* „die Gallia provincia betreffend“.
gallicisme „Eigentümlichkeit des Französischen“
16. Jh., ist Abl. von lat. *(gallicus)* „gallisch“.
gallinacés „hühnerartige Vögel“
19. Jh., aus lat. *(gallinaceus)* „hühnerartig“.
gallon „Gallone“ (englisches Flüssigkeitsmaß)
19. Jh., aus englisch *gallon*, das aus anorm. *galon* entlehnt ist; dieses ist norm. pik. Form von afrz. *jalon, jallon, jaillon,* vgl. heute norm. *gallon* „kleiner irdener Krug“, Caen *galon*, Langres *gaulon* „Flüssigkeitsmaß“, poitev. *geallon* „irdener Milchtopf“ u. ä.; das Wort geht auf ein grom. **gallone* zurück, das zum Stamm von spätlat. belegtem *galleta*, afrz. *jaloie* „Flüssigkeitsmaß“ gehört, vgl. über dieses REW 3856; beide sind Abl. von **galla* „Gefäß“, s. *jale*, ferner afrz. *jalet* „Maß für Land, Flüssigkeiten“, das wohl gallisch ist; vielleicht aus urkeltischem **galna* zu **gali-* „sieden“, das sich aus irisch *guilim*, älter **gailim*, schottisch *goil* „sieden“ erschließen läßt; vgl. wegen der Bedeutung *bouillotte*; s. auch *jalon, jauge*; vgl. Glaser, ZFSL 26, 1, 126.
Afrz. *jalle, jaille* „Mulde“ zu lat. *gerula* „Tragkorb“, Tobler, Misc. Caix-Can. 85 f., ist lautlich schwierig und trennt das Wort von *gallon*; **gall-* aus dem Germanischen, und zwar über **galja* zum Stamme von ahdt. *gellida* „Mulde“ (das selbst aus dem angeführten *galleta* entlehnt ist), Braune, ZRP 42, 146 f., ist schon germanisch unmöglich; *gallēta* aus **gaullēta* + lat. *galeola* „helmartiges Gefäß“, und zu gr. γαυλίς γαυλίδα, Brüch, ZRP 38, 690, ist zu konstruiert; zum Stamm von **galla* vgl. auch *jaillir* bzw. norm. *galir*.
galoche „Überschuh“, „Pressenkeil“ u. ä.
ist für das 13. Jh. durch die Abl. *galochier* „Erzeuger von Überschuhen“ gesichert; geht zurück auf lat. *gallĭculae*, das schon in den Märtyrerakten in der frz. Bedeutung bezeugt, s. Heraeus, ALL 13, 431, und in der spätlateinischen Literatur wiederholt belegt ist, ALL 9, 137; vlat. *gallicula* „kleine Sandale“, so bei Hieronymus, 4. Jh., und in Glossen belegt, ist dem. Abl., vielleicht in Anlehnung an lat. *caligula* „Soldatenstiefelchen“, von *gallica*, das bei Cicero und später eine ländliche Männersandale bezeichnet; steht also für *solea gallica* „gallische Sandale“; die lautliche Entwicklung des Wortes ist unklar; vgl. die Entwicklung von *basilica* zu *basoche*; Diez 154.
Aus vlat. **calipode* für gr. καλόπους „hölzerner Schuh“, „Korksohle“, G. Paris, Rom. 3, 113; REW 1525, ist lautlich auch nicht besser und widerspricht der spätlateinischen Überlieferung; *galoche* Rückbildung von **galocher* „im Kot stampfen“ und dieses zu *galet* „Kiesel“, Spitzer, ZRP 43, 333, ist begrifflich und historisch gleich unmöglich; vgl. Bl.-W. 286; Brüch, ZRP 51, 482.
galon „Borte“, „Litze“
17. Jh., ist postverb. Subst. von **galonner** „mit Borten besetzen“, 12. Jh., afrz. auch „mit Goldfäden verzieren“, „mit Bändern schmücken“; dieses vielleicht aus fränkisch **wôlôn* „umwickeln“, zu ndl. *woelen*; Brüch, ZRP 51, 485.
Oder zu *galant*, afrz. *galer* „erfreuen“, „sich unterhalten“, Bl.-W. 286?
galop „Galopp“
12. Jh., ist postverb. Subst. von **galoper** „galoppieren“, 12. Jh., afrz. auch *waloper*, aus fränkisch **wala hlaupan*, zu deutsch *laufen* und *wala*, der niederdeutschen und mittelfränkischen Form von ahdt. *wola* „wohl“; *Grammont, Bull. Soc. Lingu. 1903, Nr. 51; Herzog, Festg. Mussafia 485 f.; REW 9489; Brüch 41; Frings, ZRP 56, 189.
**ga-hlaupan* zu gotisch *hlaupan* „laufen“, Diez 154; Bruckner, ZRP 24, 64, ist wegen altlothr. *waloper* nicht möglich; desgleichen germ. **kloppôn* „klopfen“, Braune, ZRP 20, 364.
Dazu seit dem 12. Jh., zunächst als Eigenname, seit dem 13./14. Jh. als Gattungsname die Abl. **galopin** „Laufbursche“; Michaëlsson, Mél. Roques IV, 163.
galoubet „kleine Flöte“
18. Jh., ist Lehnwort aus nprov. *galòubet, galaubet* dass.; dieses nach Mistral s. v. nach dem Namen des mittelalterlichen Troubadours *Galaubet*; vgl. noch heute *Galaup* als prov. Name; der Name zu prov. *galaubier* „prächtig“, *galaubia* „Pracht“, „Freigebigkeit“, aus gotisch **galaubei*, zu *galaufs* „wertvoll“, „schätzbar“. Diez 592.
galuchat „Art feines Leder aus Fischhaut“
18. Jh., angeblich nach dem Namen des ersten Erzeugers *Galuchat*. Dict. gén.
galvanisme „Berührungselektrizität“
18. Jh., ist Abl. vom Namen des Erfinders *Galvani*.
galvauder „in den Dreck ziehen“, „herumlungern“, im Argot „sich durch faule Geschäfte in Verruf bringen“
17. Jh., dazu seit dem 19. Jh. **galvaudeux** „Strolch“, „Herumtreiber“ (für **galvaudeur* mit alter Aussprache), ist in der Bedeutung „herumstrolchen“ bzw. „Vagabund“, „schlechter Arbeiter“ in ganz Westfrankreich verbreitet“, s. Barbier, ZFSL 55, 392; vgl. im

Argot *galvaudin,* 19. Jh., „Schriftsteller ohne Religion"; ferner nprov. *galabard* „Landstreicher" u. ä., s. darüber *galefretier.* Kreuzung von *galer* s. *galant,* mit *ravauder* „flikken", „unnützes Zeug reden", Bl.-W. 286, überzeugt nicht; ebensowenig Abl. von einem (nicht bezeugten) afrz. PN *Galvaut* aus einem fränkischen *Gailbald,* das auch nicht überliefert ist, Brüch, ZRP 51, 487.

gamache „Gamasche"
16./17. Jh., aus nprov. *gamacho, garamacho* u. ä.; aus spanisch *guadamací* „Lederart", dieses aus arabisch *ġadāmasî* „aus Gadâmas", dem Namen der Stadt Gadames, einer Stadt in Tripolis; Menéndez Pidal, Cid, Glossar s. v.; Littmann 94; Brüch, ZRP 51, 489; Lam. 122.
Nicht zu *jambe,* Diez 155.

gambade „Luftsprung"
15. Jh., aus ital. *gambata,* d. i. Abl. von *gamba* „Bein", s. *jambe*; dazu seit dem 16. Jh. die Abl. **gambader** „Sprünge machen".

gambe 1. „Kniegeige"
in *viole de gambe,* 18. Jh., aus ital. *viola di gamba,* zu *gamba* „Bein", s. *jambe.*
2. „Seil"
in *gambes de hune* „Seile zum Halten des Obermastes", 18. Jh., aus nprov. *gambo, cambo,* eigentlich „Bein", dann „Stengel", „Stütze" u. ä., s. *jambe.*

gambier „Gambir"
19. Jh., aus malaiisch *g a m b i r,* Brüch, ZRP 51, 496; Dict. gén.

gambiller „mit den Beinen baumeln", „ein Segel umschlagen"
im 16. Jh. in der ersten Bedeutung, aus pikardisch-normannisch *gambiller,* zu *gambe,* literarisch *jambe*; Bl.-W. 286. Der Marineausdruck ist erst im 19. Jh. belegt, bedeutet „auf einem gespannten Seil mit herabhängenden Beinen klettern"; dieses aus nprov. *gambilhà, gambaya* „sich mit den Füßen oder Händen längs eines Seils fortbewegen"; dieses zu nprov. *gambo,* s. *jambe*; Barbier, ZFSL 56, 344.
gambir s. *gambier.*

gambit „Gambitzug"
18. Jh., aus spanisch *gambito* dass., obwohl dieses später bezeugt ist als die französische Entsprechung; das spanische Wort ist Umgestaltung von ital. *gambetto* (das spanische Deminutivsuffix tritt für das dem. *-etto* des Italienischen ein), aus der Verbindung *dar il gambetto* „ein Bein stellen"; aus diesem die Meinung *gambetto* „hinterlistige Art, das Schachspiel zu eröffnen"; *gambetto* ist dem. Abl. von ital. *gamba* „Bein", s. *jambe*; Brüch, ZRP 51, 492.

gamelle „Art große Schüssel"
1611, aus ital. *gamella* „hölzerne Schüssel" (für Matrosen, Soldaten u. ä.), dieses aus lat. *c a m e l l a* „Schale", neben dem spätlateinisch auch *gamella* belegt ist; der Typus *camella* lebt in Süditalien, *gamella* in Oberitalien; Vidos, Neoph. 32, 154; 48, 6; dazu seit dem 19. Jh. die dem. Abl. **gamelon** „kleine Schüssel" (in Militärspitälern); REW 1543.

gamin „junger Hilfsarbeiter", „Gassenbube", „Lausbube"
zuerst 1765 für „Hilfsarbeiter in einer Glashütte" bezeugt, wird von V. Hugo 1831 in die Literatur gebracht, Léger, Fr. mod. 22, 116; lebt populär in der Bedeutung „Knabe", „Sohn" weit verbreitet, so wall., lothr. ALF 623, im Plural auch Champ., Nivernais, Bourg., Bourb.; als „junger Sohn" Morvan, Centre, und anschließend im Süden; Sain. Sources indigènes I, 59; Pauli 367. H. umstritten.
Zu *gamer,* das für Berry, dann das Limousinische in der Form *gamà,* belegt ist und „stibitzen", „mausen" bedeutet, Sain. l. c., von Brüch zu prov. *gamait* "Schlag" gestellt wird, zu diesem s. REW 4667, ist morphologisch schwierig und entspricht auch der alten Bedeutung nicht; zu einem Stamm **gamm-,* der in alemannischen Mundarten in verschiedenen Bedeutungen lebt, dazu nddt. *gammeln* von Jugendlichen „so tun, als ob sie keine Aufgabe vor sich hätten", „die Zeit vertrödeln", dazu mundartl. dt. *gammel* „lärmende Freude", ‚Hör zu', 1965, Heft 3; Gossen, Etymologica 297, würde norm. *galmin,* pik., Rouchi *galmite* „Taugenichts" begrifflich gut erklären, wenn die *-l*-Formen ursprünglich sind, und nicht umgekehrt *galmin* Kreuzung von *gamin* mit den unter *galvauder* angeführten Formen mit *gal-* in der Bedeutung „Taugenichts" u. ä. ist.
Aus nhdt. *gemein* „gemeinsam", „vertraut", auch „niedrig", „gemein", REW 3719, bzw. nhdt. *gemeiner* „gemeiner Soldat", Dict. gén., überzeugt begrifflich und lautlich nicht; letzten Endes zu germ. **wamb-* „Kropf", Spitzer, ZRP 42, 201, ist historisch nicht gestützt; zu anord. *gaman* „Freude", „Lustigkeit", Braune, ZRP 42, 134, Anm. 1 desgleichen; das Wort scheint aus der Mundart von Berry in das Vulgärfrz. gewandert zu sein; dazu berrich. *gamer* „stibitzen", das aber auch von *gamin* rückgebildet sein kann.

gamme „Tonleiter"
12. Jh., aus gr. (γάμμα), dem Namen des Buchstabens -γ-, mit dem im Mittelalter, dem Buchstaben *-c-* des lateinischen Alphabets entsprechend, der erste Ton der Tonleiter bezeichnet wurde.

ganache „untere Kinnlade des Pferdes" u. ä.
17. Jh., aus ital. *ganascia,* dieses aus mgr. γ ν ά ϑ α zu gr. γνάϑος „Kinnbacke". Meyer-Lübke, ZRP 11, 255 f.; REW 3812.
Germ. **ganaski,* Braune, ZRP 40, 333, zu **gan-* „Maul aufsperren", ist unwahrschein-

lich, da eine entsprechende germanische Abl. zum Stamm von *gähnen* fehlt.

gancette s. *gansette.*

gandin „Geck"

19. Jh., nach dem Namen *Gandin,* der Hauptfigur in dem Lustspiel 'Les Parisiens' von Th. Barrière, 1855; 1858 *Les Gandins,* Titel eines Romans von Ponson du Terrail; als Gattungsname ist *gandin* seit 1861 bezeugt; der Name *Gandin* ist selbst Ableitung vom Namen des Boulevard de *Gand,* des späteren Boulevard des Italiens, der schon 1822 als Treffpunkt der Pariser Stutzer erwähnt wird. Usinger, GB 4, 35 ff.; Dict. gén.; Sain. LPar. 458.

Daher keine Anlehnung des Namens *Gandin* an frz. Schweiz *gandet* „Landstreicher", „Bettler", nprov. *gandoun,* auch *gandar, gandal* „Taugenichts" u. ä., dazu *gandouno* „Vagabundin", oder lyon. *gandine* „Hure", „Sau", Sain. Chien 114, da wegen der Bedeutung des Wortes die Heimat nur Paris sein kann; nach Bl.-W. 286 wäre *gandin* Lehnwort aus dem Südostfrz. und würde zu prov. *gandir* „Umwege machen", „ausweichen" gehören; s. *gourgandine*; daß *gandin* zu *dandiner* gehöre, Spitzer, NSpr. 30, 401, ist durch nichts gestützt.

ganelonnerie „Verrat"

17. Jh., ist Abl. vom Namen des Verräters im Rolandslied *Ganelon*; kaum über nprov. *ganeloun* „Verräter", Dict. gén.

ganer „einen Stich auslassen" (Hombrespiel)

18. Jh., ist Abl. von **gano** „Schlagwort im Hombrespiel, mit dem der Spieler seinen Mitspieler zum Nichtüberstechen der ausgespielten Karte auffordert"; so seit dem 17. Jh. aus spanisch *gano* „ich gewinne" zu *ganar* „gewinnen", aus gotisch **gainôn* „schnappen nach ..."; Gg., RG I, 382.

ganglion „Nervenknoten"

16. Jh., aus lat. *(ganglion).*

gangrène „Brand"

15. Jh., aus lat. *(gangraena).*

gangue „Mineralgang"

16. Jh., aus nhdt. *gang*. Behrens, DS 82.

gano s. *ganer.*

ganse „Rundschnur", „Schlinge", „Schleife"

17. Jh., aus nprov. *ganso,* dazu *gansà* „einen Knoten machen", „durch einen Knoten (eine Schleife) abschließen", dieses Kreuzung von nprov. *anso* „Schlinge", „Schleife", mit *ganche* „Haken", s. *aganter*; vgl. FEW I, 100.

Nicht aus gr. γαμψός „krumm", Bl.-W. 287.

Dazu seit dem 18. Jh. die dem. Abl. **gansette** „Schnürchen", „Leibchen".

gant „Handschuh"

11. Jh., ist schon im 7. Jh. als *wantos* „tegumenta manuum" bezeugt; aus fränkisch **want* „Umhüllung", wohl auch schon „Fäustling", vgl. ostfriesisch *want, wante* „gestrickter, fester, warmer, wollener Handschuh ohne Finger", das zu schwedisch *vante* u. a. gehört. Diez 176; Behrens, Wg. 109; ZRP 13, 414 f.; REW 9500.

gantelée „halskrausartige Glockenblume" u. ä.

16. Jh., ist fem. Neubildung nach gleichzeitig belegtem *gantelet,* dieses dem. Abl. von *gant* „Handschuh", s. d.; vgl. für die gleiche Blume im 16. Jh. die Bezeichnungen *gants Nostre dame,* heute Eure *gants de la bonne vierge,* Roll. Fl. 7, 226; dazu mit anderem Suffix seit dem 18. Jh. **ganteline** „knäuelblütige Glockenblume".

gantelet „Panzerhandschuh", „Handbinde" u. ä.

13. Jh., ist dem. Abl. *(-ellus + ittus)* von *gant,* s. d.

ganter s. *gant.*

garance „Färberröte", „Krapp"

12. Jh., in Glossen *warantia,* auch *warentia,* so im Cap. de Villis, s. Jud-Spitzer, WuS 6, 135; dieses ist in Anlehnung an das Abstraktsuffix *-antia* bzw. *-entia* umgestaltet aus grom. **waratia* aus fränkisch **wratja,* der Entsprechung von gleichbedeutendem ahdt. *rezza*; Kluge, ZDW 14, 160; AR 6, 311; das germanische **wratja* würde nach Niedermann, AR 5, 436 ff. selbst aus lat. *brattea* „Goldplättchen" entlehnt sein; vgl. REW 9576; Roll. Fl. 6, 240.

Als Grundform **verantia,* und dieses Lehnübersetzung von gr. ἀληθινόν „Scharlachfarbe" zu ἀληθινός „wahr", Diez 593, ist historisch und lautlich nicht möglich.

garant „Bürge", „bürgend"

11. Jh., ursprünglich fränkisch **wërend,* zu ahdt. *wërënto* „Gewähr leistend", das zu **guerentus* romanisiert wurde, dazu prov. *guiren,* während in afrz. *guarant, warant* „der bei Gericht die Gewähr leistet", dann allgemein „Beschützer", in der Endung, wie beim Partizip der Gegenwart der Verba der 2. bis 4. Konjugation, *-ant* an die Stelle von *-ent* tritt; das vortonige *-ë-* wird durch *-a-* ersetzt, zunächst assimilatorisch, dann in Anlehnung an *garir* „beschützen", „verteidigen" aus fränkisch **warjan* zu ahdt. *werian* dass., s. *guérir*; aus grom. *guarant,* mittellat. *guarandus, warandus* u. ä., das auch prov. *garen* neben *guiren* erklärt.

Zu ahdt. *biwârran* „als wahr dartun", also zu ahdt. *wâr* „wahr", gotisch *(un)wêrs,* so daß die nordfrz. Form ein fränkisches **wârjan,* s. REW 9523 a; Bl.-W. 287 wäre, ist begrifflich nicht entsprechend, da ein afrz. *garir* „die Wahrheit dartun" nicht besteht und ein fränkisches **wârjand* afrz. **gairant* oder **garjant* ergeben hätte.

garbe s. *galbe, gabarit.*

garbure „dicke Brotsuppe"

18. Jh., aus gaskogn., bearnisch *garburo* dass., vgl. dazu poitev. *gaboreau* „Gemenge von vor der Reife geschnittenem Weizen und Gerste als Viehfutter"; dazu span. *garbías*

„Art Ragout"; H. u.

garce s. *garçon.*

garcette 1. „kleines Mädchen"
13. Jh. va.; daraus mit unklarer begrifflicher Entwicklung im 17. Jh. „dünnes Tau", s. *garce.*
2. „Bubenscheitel", „Schläfenlöckchen"
17. Jh. in *coiffure à la garcette,* wörtlich „Reiherfrisur", zu spanisch *garceta* „Silberreiher"; Brüch, ZRP 51, 503.
3. „Federzänglein"
19. Jh., aus ital. *garzetta*; dieses ist Abl. von *garzare* „Federn aus der Wolle ziehen", aus vlat. **cardiare,* s. *cardère, carde*; zu REW 1687.

garçon „Knabe", „Junggeselle", „Gehilfe", „Knecht" u. ä.
11. Jh. Nom. *gartz,* Acc. *garçon,* afrz. „Dienstbursch niedriger Herkunft" (Troßknecht, Küchenjunge, Jägerbursche), dann allgemein als Schimpfwort; daneben auch ohne pejorative mitschwingende Töne „Knabe", „Bursche"; aus fränkisch *w o r k j o* zu ahdt. *wurcho* „artifex, operarius", ahdt. *wurchen* „arbeiten", „tätig sein", „schaffen", romanisiert zu **guorkjone,* ein *-n*-Stamm, daraus vorfrz. **gorçon,* das zu *garçon* dissimiliert wurde, vgl. wegen der Dissimilation *bardot* für **bordot* u. a.; dazu der Nominativ afrz. *gartz,* von dem aus seit dem 12. Jh. das Femininum **garce** „Dirne", „Hure" gebildet wurde; Brüch, ZRP 51, 499; REW 9578 a.
Nicht aus fränkisch **wrakjo,* **warkjo* zu ahdt. *rekko* „verfolgter landesflüchtiger Verbannter", Kluge, Frankfurter Zeitung 21, I, 1916; Gg. RG I, 172, da ein afrz. zu erwartendes **guarçon* nicht belegt ist; zu *jars,* Baist, ZRP 6, 426; oder zum Stamm **garr-* „kreischen", Ulrich, bei Tappolet, Verw. 47, Anm. 3; oder zu ahdt. **gartja* „Gerte", *Vising, Le moyen âge 2, 31; oder zu deutsch *garzen* „rülpsen", vgl. tirolisch *garz* „junger Rebschoß", Braune, ZRP 42, 132 Anm.; oder zu *carduus,* s. *cardère, chardon,* Diez 157, sind wegen des Anlauts nicht möglich; *garce* als Koseform zu germanisch *Garsindis,* Suchier, ZRP 18, 281 f., ist historisch nicht möglich; *garçon* aus anord. *garđ sveinn* zu anord. *garđ* „Hof" und *sveinn* „Bursche", „Diener", *Trana, Svensk hum. tidskrift 1919, 28 f., würde afrz. **garcin* ergeben haben; germanisch **wartja* zu ahdt. *warza,* Körting 1928, ist unrichtiger Ansatz, vgl. anord. *varta,* entspricht auch begrifflich nicht, da die Grundbedeutung des germ. Wortes „Auswuchs" bzw. „Schwiele" ist; s. auch Herzog, ZRP 27, 124; Pauli, Enf. 145; arabisch *ḫarṣ* „Hure", de Gregorio, SGI 7, 171, entspricht nicht der ursprünglichen Bedeutung des Wortes.

garde „Bewachung", „Bewahrung", „Wächter"
10. Jh. „Aufmerken", „Wache", „Vormundschaft" u. ä., fem. auch in der Meinung „Wächter", neufrz. in dieser Bedeutung mask., s. *guide,* ist postverb. Subst. von **garder** „bewahren", „bewachen", afrz. „beobachten", „achtgeben", „sich hüten vor", auch refl., 11. Jh., aus fränkisch **w a r d ô n* zu asächsisch *wardôn* „Sorge tragen für", „auf der Hut sein", s. Kluge s. *Warte*; Diez 177; Goldschmidt, ZRP 22, 261; REW 9502; Brüch 88.

gardénia „Gardenia"
18. Jh., aus neulat. *(g a r d e n i a),* zum Namen des schottischen Botanikers *Garden.* Dict. gén.

garder, garderie s. *garde.*

gardien „Wächter", „Hüter"
13. Jh., in Anlehnung an das Suffix *-ien* aus *-ianus* für älteres *gardenc*; dieses aus fränkisch **w a r d i n g* „Wärter" zu **wardôn* „sorgen für" s. *garde,* Dict. gén.; der Suffixtausch vielleicht in Anlehnung an mittellat. *gardianus*; dieses ist in die spätvlat. *-ane*-Deklination eingereihtes mlat. *guardia* „Wächter" aus gotisch *wardja* dass.; Diez 177; REW 9502.

gardon „Art Weißfisch"
13. Jh., dazu limusinisch *gardèche* dass., vgl. dazu für die „Ellritze" frz. Schweiz *vouardon,* Vienne *verdon, vrédon,* Charente *gardon*; für „leuciscus dobula" Vienne *gardon de fond* u. ä.; Roll. F. 3, passim; *gardon* in der literarischen Bedeutung ist angev., dazu berrich. *gardonnaille* „minderwertige Fische"; die Formen führen auf eine Grundform **w a r d o n e* zurück, die vermutlich fränkisch ist, vielleicht zu agls. *warođ* „Ufer", „Gestade", von dem ein **wardo* „Uferfischlein" abgeleitet sein kann; die Weißfische leben in der Nähe des Ufers; *verdon,* Vienne, zeigt Einfluß von *vairon* „Ellritze", s. d.
Zu *carduus* bzw. mundartlichem *garde* „Wollkratze", Behrens, Wg. 360 f., oder zu *scarda,* s. *écharde* 2, Schuchardt, ZRP 30, 729, ist wegen des Anlauts nicht möglich; germanischen Ursprung, aber zu *garder* s. o. bzw. nprov. *gardoun* „Rebstange" vermutet Barbier, RLR 56, 194 f.; vgl. auch Jud, BGPSR 11, 14.
Zu *garder,* also *gardon* „Wächter", Brüch ZRP 51, 503; Bl.-W. 287, weil der Fisch die Gewohnheit hätte, seinen gewohnten Standort festzuhalten, ist wenig wahrscheinlich.

gare 1. „Achtung"
16. Jh., ist Kurzform für *garde,* s. *garder.*
2. „Flußhafen", „Ausladestelle"
17. Jh., seit 1840 auch in der Bedeutung „Bahnhof", Swann 21, ist postverb. Subst. von **garer** „in Obhut bringen", refl. „sich hüten"; dieses ist erst im 15. Jh. bezeugt, daher entlehnt aus prov. *garar* „achtgeben", „bewahren", aus gotisch **w a r ô n* „beachten", „aufmerken" zu ahdt. *biwarôn,* mhdt. *warn* dass. Diez 593; REW 9508.
Nach Bl.-W. 287 frz. *garer* aus dem Normannischen, wo es aus anord. *vara*

entlehnt sei; ist unwahrscheinlich, auch weil anord. *v-* nicht zu *-g-* wird; wegen des späten Auftretens *gare* nicht aus anord. *varar* „Steinmauer, die die Einfahrt zum Hafen umgibt", Falk, WuS 4, 25; doch ist das angeführte anord. Wort mit dem angesetzten gotischen **warôn* urverwandt.

garenne „Bannwald" va.; „Kaninchengehege"
12./13. Jh., afrz. auch *warenne*, auch *garende*, *warende*, heute norm. *varenne*, *varende*, Sjögren, ZFSL 54, 319; in ON *La Warenne* (Ardennes), *La Garenne* (Seine-et-Oise), sonst meist *Varenne*, Vincent, Top. 270, ist Kreuzung von *varenne*, s. d., mit *garder*, prov. *garar* u. ä., s. *gare*; aus gallisch **varenna* „mit Pflöcken abgegrenztes Gebiet", d. i. Abl. von gallisch **varros* „Pfahl", zu irisch *farr* „Pfahl", „Pfosten", das in gallischen Personennamen belegt ist, s. Dottin 296; vgl. auch *varaigne*; auf gallische Herkunft deutet auch die Nebenform mit *-nd-*; vgl. Bl.-W. 287.
Zu *garer*, Diez 593, ist historisch und morphologisch unmöglich, vgl. REW 9508.
garer s. *gare* 2.

gargamelle „Gurgel"
15. Jh., aus prov. *gargamela* dass., vgl. dazu prov. *gargata*, *gargasson* dass., nprov. auch *gargalhoun*, *gargalhol* „kleiner Schlund", dann afrz. *gargate* „Gurgel", heute Démuin *gargate* „großer Mund", franchecomt. *gargate* „Gurgel", angev. *gargaton*, *gargotton* „Kehle", „Gurgel", Guernesey, wall., champ. *garguete*, poitev. *gaigate*, saint. *gargate* dass.; zu einem Stamm **garg-*, s. *jargon*; REW 3685; Zauner, RF 14, 428; Diez 156; Brüch ZRP 51, 504.
gargamela als Kreuzung von prov. *calamela* „Rohr" (s. *chalumeau*) mit **garg-*, Bl.-W. 287?

gargariser „gurgeln"
14. Jh., aus lat. *(gargarizare)*.

gargote „Auskocherei"; pop.
17. Jh., ist postverb. Subst. von **gargoter** „mit Geräusch sieden", dann „beim Essen, Trinken schmatzen"; dafür im 14. Jh. *garguеter*, ist also Abl. von afrz. *gargate*, *garguete* „Gurgel", s. *gargamelle*; dazu nfrz. die Neuableitung **gargoter** „in Auskochereien gehen"; vgl. Diez 593.

gargouille „Traufröhre"; „Abflußrinne"
13. Jh., dissimiliert aus **gorgolje*, s. *garçon*, aus vlat. **gŭrgŭlia* zu lat. *gurgulio* „Luftröhre"; dazu seit dem 18. Jh. die Abl. **gargouillée** „Wassersturz aus einer Traufröhre"; dazu mit anderem Suffix nordfrz. **gerjau*, vgl. wall. *gerjâ*, awall. *gergeaux*, Namur *jorjau*, die auf eine Grundform **gargallu* zurückführen; dazu mit grom. Suffixwechsel **gargellu*, das in frz. Schweiz *dzerdzi* erhalten ist, s. Gignoux, ZRP 26, 147.
Zu nddt. *gagel* „vorragendes Zahnfleisch" u. ä., Behrens, Wg. 369 f., ist begrifflich schwierig; deutsch *gargel*, *gergel*, REW 3686, ist selbst aus dem Romanischen entlehnt, s. Kluge, PGr I, 339; ist also auch nicht Ablautform von *gurgel*, Schuchardt, ZRP 26, 418; zu deutsch *gabel*, Thomas, Mél. 94, ist begrifflich und geographisch schwierig; zu germ. **gabbo-* über **gábbalo*, Braune, ZRP 42, 141 (vgl. *gober*, *gavache*), für *jable*, ist auch für die verwiesenen Wörter unwahrscheinlich, s. d.; nach Jud, ZRP 38, 51, Anm. 2 wäre die ursprüngliche Bedeutung von **gargalum* „Rinne", „Kanal", würde dann zu dem unter *gargamelle* angeführten Stamm **garg-* gehören.

gargouiller „plätschern", „im Wasser pantschen", auch „knurren" (von den Gedärmen)
14. Jh., ist Kreuzung von afrz. *gargueter*, s. *gargote*, im 13. Jh. *gargote* „Traufröhre", s. d., und *gargoulette*, mit gleichbedeutendem *patouiller*, mundartlichem *gadrouiller* u. ä., s. *gadoue*.
Nach Schuchardt, SAWien 141, 3, 209, würde unabhängige Schallbildung zum Stamm **grg* vorliegen. wie *barbouiller* zu **brb-*, s. d.; vgl. Brüch, ZRP 51, 513.
gargouillis s. *gargouiller*.

gargoulette „poröser Krug"
14. Jh., bezeichnet ursprünglich den Schnabel eines Gefäßes, ist dem. Abl. von *gargouille* „Traufröhre", s. d., das *-l-* in Anlehnung an *gueule* und Abl.

gargousse „Kartusche"
16. Jh. *gargouche*, ist nach *gargouiller* und Sippe volksetymologisch umgestaltetes *cartouche*, s. d. Dict. gén.

garidelle „Garidelle" (Blume)
18. Jh., nach dem Namen des südfrz. Botanikers *Garidel*. Dict. gén.

garigue „Heide", „Steppe"
16. Jh., aus prov. *garriga* „Steppe, auf der nur Sommereichen wachsen", aus *garrīca*, das im Merowingerlatein belegt ist, Bambeck 24, dazu afrz. *jarrie* „Eiche", „Steppe", das im Südgürtel des Nordfrz. noch lebt, vgl. angev. *jarrie* „Busch von Schößlingen", poitev. *jarige* „schlechter, unbebauter Boden", berrich. *jarrige* „Weideboden" u. ä.; erreicht in ON die Dep. Sarthe, Eure, Seine-et-M., wäre nach Longnon 25 iberisch; dazu afrz. auch maskulinisch *jarris* „Stechpalme", prov. *garric* „Steineiche". Vgl. REW 1716; Brüch, ZRP 51, 521; s. auch Schuchardt, ZRP 23, 198.
garipot s. *galipot*.
garite s. *guérite*.
garlandage s. *galandage*.

garnement „Schlingel"
12. Jh. „Schutz", „Ausrüstung", ist vorhistorische Abl. von **garnir** „zum Schutz mit etwas versehen", „ausstatten", 11. Jh., afrz. „ausstatten", „benachrichtigen", „warnen", aus fränkisch **warnjan* „weigern", „sich

vorsehen", vgl. mnddt. *warnen* „verweigern", „vorbereiten", „ausrüsten", s. Falk-Torp 1370; REW 9507; Gg. RG I, S. 224.
Kreuzung von **warnôn* „sich vorsehen", „hüten", so ahdt., mit *fournir*, Brüch 71 f., ist nicht nötig, da die *-j*-Ableitung für das Germanische durch asächsisch *wernjan* gesichert ist.

garnisaire „Exekutionssoldat"
18. Jh., ist Abl. vom Stamme von **garnison** „Vorsehung", „Ausrüstung", „Befestigung", dann „Garnison", dieses seit dem 11. Jh. belegte Abl. von *garnir*, s. d.; dazu mit dem korrekten Stamm gleichbedeutendes **garnisonnaire.**

garniture „Ausstattung", „Ausrüstung"
14. Jh., für älteres *garnison* und noch älteres *garnement*, ist Abl. von *garnir*, s. d.; afrz. ist schon im 12. Jh. der Bildung nach konkretes *garneture* belegt.

garou 1. „Werwolf"
12. Jh., Nom. *garous*, Akkusativ *garoul*, dann nach dem Nominativ analogisch umgestaltet Akk. *garou*, nach dem Vorbild Nom. *fous*, Akk. *fou*, s. *fou*; aus fränkisch **warwolf*, zu mndl. *warwulf* „Mannwolf", zu ahdt. *wër* „Mann" und dt. *wolf*.
Die älter bezeugte Form *wërwulf*, zu angels. *werewulf*, ist zu Beginn des 12. Jhs. in England durch latinisiertes *guerulfus* gesichert, dazu bei Marie de France in handschriftlicher Überlieferung, neben *garoul*, auch das als normannisch (anord.) bezeugte *vargulf* erhalten, dieses zu anord. *vargr* „Wolf", „Räuber", „Dieb"; (schwedisch, norw. *varulf* stammen aus dem Niederdeutschen, Falk-Torp 1354); im Niederdeutschen ist neben *warwolf* auch *werwolf* bezeugt; der Übergang von *werwulf* zu *warwolf* ist nicht sicher erklärt, da eine Kreuzung mit dem altnord. Wort auf grom. Boden unverständlich ist, und *vargr-* Umdeutung von einem unverständlich gewordenen *wër* „Mann" sein kann. Vielleicht ist im Gegensatz zu der heute bevorzugten Bedeutung *wërwulf* Umdeutung von *warwulf* „Kleiderwolf", zu gotisch *wasjan* „kleiden", also fränkisch *warjan*, zu ahdt. *weren*, dessen Entsprechung auch in den nordischen Sprachen nachgewiesen ist, Braune, ZRP 20, 372. Vgl. zu *wërwulf* Diez 477; Kluge-G, s. v.; REW 9524; Bl.-W. 375; zu *warwolf*, Brüch, ZRP 51, 523.
2. „rispiger Seidelbast"
1700, für im 16. Jh. belegtes *garoupe*, Nizza *garoup*, sonst nprov. *garou*; das Wort gehört zu nprov. *garoufo*, lim. *jaroufo* „Art Wicke", s. *jarousse*; vgl. Roll. Fl. 9, 206.

garouage „nächtliches Abenteuer"
16. Jh., ist Abl. von *garou* „Werwolf", s. d.

garron „Männchen des Rebhuhns"
17. Jh., aus nprov. *garroun*; vgl. dazu nprov. *gabre*, lim. *jabre*. langued. *galabre*, *garabre* dass., auch „Enterich", „laichloser Fisch", zu dem wohl auch frz. *jars* „Gänserich" gehört; zugrunde liegt gallisch *g a b r o s* „Bock", dazu Aveyron *gabre* „Mannsweib", langued. „schamloses Frauenzimmer", Hérault „Männchen des Rebhuhns", dazu irisch *gabor*, gallisch als ON *Gabromagus*, Pedersen I, 117; dazu schon gallische Zusammensetzung **gallogab* „Hahn", zu lat. *gallus*, Fem. **gallogabria*, daher *galabre*, sav. *jalabre*, dazu katal. *calàbria* zur Bezeichnung verschiedener Schwimmvögel, piemontesisch *g'alabria* „Rebhuhn"; Hubschmied, VR III, 132; FEW III, 17.
Zu nprov. *garre* „grau", ursprünglich **garabre*, dieses aus germ. **garap-hôni* „Rebhuhn", Brüch, ZRP 51, 678, ist unhaltbar.

garrot 1. „Widerrist beim Pferde"
1. „Widerrist beim Pferde"
13. Jh. *gerrot*, hat ursprüngliches *w-* im Anlaut, vgl. wall. *warò*, Namur *warè* dass.; *garrot* ist also wohl mit Suffixwechsel aus älterem **garret* entstanden, dieses für afrz. **garest* aus fränkisch **w ë r s t*, über **warest*, vgl. *garance*, zu nddt. *wrist* „Hand- oder Fußgelenk" u. ä.; wegen der Lautentwicklung vgl. *garrot* 3.
2. „Quakente"
18. Jh., u. H., wohl Schallbildung.
3. „Knebel", „Bolzen"
13./14. Jh., mit Suffixwechsel aus *garoc*, dazu afrz. *garochier* „knebeln", *desgarochier* „in Trümmer gehen", ferner wall. *waroquier* „knebeln", norm. *varoque* „Pflock", aus fränkisch **w r o k* zu ndl. *wruk* „knotiger Block von einem Baumstamm"; Gg., Bed. 155; Bl.-W. 288; Henry, Lex. 241.
garrotter s. *garrot* 3.
gars s. *garçon*.

garum „Art Fischsauce"
16. Jh., aus lat. *(g a r u m)*.

garus „Magenelixir"
18. Jh., angeblich nach dem Namen des Erfinders; Dict. gén.

gascon „gaskognisch", „Gaskogner"
seit dem 17. Jh. auch „prahlerisch", „Prahlhans", schon im 16. Jh. **gasconnade** „Prahlerei", aus gotenlateinisch **w a s k o* für lat. *vasco* „vasconisch", „Vascone"; dazu lat. *Vasconia*, gotenlat. **wasconia*, rückromanisiert *Guasco*, *Guascone* bzw. *Guasconia*, **Gascogne**, mit Ersatz des lateinischen *-v-* durch das bilabiale gotische *-w-*; die lat. Form *váscones*, ohne gotisches Zwischenglied, ist in prov. *bascle* erhalten; Gg. AA II, 1 f.; Bl.-W. 288.

gaspiller „vergeuden", „verschwenden"
16. Jh., steht für älteres *gaspailler*, vgl. dazu afrz. *gaspail*, *waspail* „Verschwendung", im 16. Jh. *gaspailles* „das von der Kornschwinge abfallende Korn", das mittellat. seit dem 12. Jh. als *waspalium* bezeugt ist; dazu seit

der ersten Hälfte des 13. Jhs. mit dem Suffixwechsel der literarischen Form *gaspilio*; vgl. dazu norm. *gaupailler* „gierig essen“, vend., Blois *gapailler* „vergeuden“, poitev. *gapailler* und *gaspailler* dass.; dann mit der ursprünglichen Bedeutung des Stammes Pléchatel *gapè* „Kornabfall auf der Tenne nach dem Sieben“, angev. *gapiers, gâpiers* „Abfall beim Dreschen“, berrich. *gapier* „Haufen von Haferspelzen“; zugrunde liegt ein Stamm **waspa*, der einerseits mit dem Kollektivsuffix *-alia* afrz. *gaspaille*, andererseits mittels *-arium* die Formen vom Typus *gâpier* ergeben hat; der Stamm liegt rein vor in lim. *gaspo* „was von der Milch übrigbleibt, wenn Butter, Quark, Käsebestandteile entfernt sind“; dazu kollektivisch grom. **guaspata*, das über dissimiliertes **guespata* als *guipod* ins Bretonische zurückgewandert ist und wohl auch auvergn. *guispo* dass. zugrunde liegt; der Stamm ist gallisch **wâspa* „Abfall“, „Spreu“, das wohl Ableitung von einem Stamm **wâst-* ist, der in schottisch *fàsan* „Getreideabfall“ erhalten ist; das Wort lebt veraltet als *wèspa* „Strohabfall“, in der Ardenne Liégeoise; E. Legros, Mél. Roques IV, 163; vgl. jetzt auch Hubschmied, Festschrift Gauchat 437.

Zu agls. *gespillan* „verzehren“, „ausgeben“, Diez 593, bzw. fränkisch **gaspildan*, Mackel 72, entspricht nicht der ursprünglichen Bedeutung des Wortes; ebenso wall. *gaspiyi* aus dem flämischen Präfix und Lüttich *spiyi* „in Stücke brechen“, Valkhoff, Neoph. 21, 201. Zusammensetzung von *gâter* und *paille*, Horning, ZRP 22, 485; REW 9168, ist morphologisch nicht möglich.

gastronomie „Feinschmeckerei“

17. Jh., aus gr. (γαστρονομία).

gasuel s. *casoar*.

gâteau „Kuchen“

12. Jh. *gastel* neben *wastel*, vgl. dazu rouchi *watiau*, aus grom. **wastellum* zu fränkisch **wastil*; dieses zu asächsisch *wist* „Lebensunterhalt“, „Speise“. Diez 593; REW 9514; Bl.-W. 288.

Aus *vascellum* „kleines Gefäß“ gekreuzt mit fränkisch *wist* „Speise“, Brüch, ZRP 51, 680, ist wenig wahrscheinlich; Unmögliches bei Spitzer, Rom. 64, 395; Nils Törnquist, Stud. Neoph. 17.

gâter „verwüsten“ va.; „verderben“ u. ä.

12. Jh., aus grom. **wastare*, in dem sich lat. *vastare* „verwüsten“ und fränkisch **wôsti* „Wüste“ kreuzen. Diez 178 f.; REW 9168.

gâteux „Kranker, der den Unrat unbewußt von sich gehen läßt“

19. Jh., steht für *gâteur*, mit der im 16. Jh. allgemeinen Verstummung des auslautenden *-r*; afrz. *gasteor* „Vernichter“, „Verschwender“, 12./13. Jh., die nfrz. Bedeutung zu afrz. *soi gaster* „sich besudeln“, s. *gâter*.

gâtine „Waldteil, in dem das Holz geschlagen ist“

12. Jh. *gastine, wastine* „Verheerung“, „Einöde“, „Wüste“, ist ursprünglich Abstractum zu afrz. *gastir* „(ein Land) verheeren, verwüsten“, aus fränkisch (asächs.) *wôstjan* dass., bzw. grom. **wastjan*, mit *-a-* wie in *gâter*, s. d.; vgl. Brüch, ZRP 51, 681.

gâtis „Wildschaden“

18. Jh., aber schon im 15. Jh. als „verlassener Boden“ bezeugt, geht auf ein älteres *gastëiz* „Verwüstung“ zurück; dieses ist *-aticium*-Abl. von *gâter*, s. d.

gatte „Wasserback“

16. Jh., aus nprov. *gato*, eigentlich „Trog“, d. i. die Entsprechung des frz. *jatte*, s. d. Dict. gén.

gattilier „Keuschlamm“

18. Jh., ist mit dem Sträucher und Bäume bezeichnenden Suffix *-arium* abgeleitet von *gatillo, gatilla*, so spanisch *sauz gatillo* u. ä.; vgl. langued. *gattsaouzé*, der zweite Bestandteil wie spanisch *sauz* zu lat. *salice* „Weide“; spanisch *sauz gatillo* ist in Anlehnung an *gato, gata* „Katze“, s. *chat*, umgestaltet aus *agno castil*, das portugiesisch neben *agno casto* die Pflanze bezeichnet; dieses aus mittellat. *agnus castus:* aus gr. ἄγνος „Keuschlamm“, das als ἁγνός „rein“, „sauber“, „keusch“ gefaßt im Latein der Botaniker die Übersetzung und zugleich Entlehnung *agnuscastus* erfuhr, s. Kluge s. *Keuschlamm*; vgl. auch Roll. Fl. 8, 37; Behrens, Wg. 361; Brüch, ZRP 51, 682.

gauche „schief“, „linkisch“, „links“

15. Jh., ist postverb. Adjekt. von mfrz., seit dem 15. Jh. belegten **gauchir** „abweichen“, „ausweichen“, in dem sich afrz., seit dem 12. Jh. belegtes *ganchir, guenchir* „umdrehen“, „sich wenden“, „zur Seite schwenken“ (vgl. dazu afrz. *ganche, guenche* „Drehung“, „Bewegung“; dieses aus fränkisch **wankjan* umgelautet **wenkjan*, zu ahdt. *wenken* „eine Bewegung nach vorne, rückwärts, seitwärts machen“, „wanken“), mit afrz. *gauchier* „Tuch walken“, aus fränkisch **walkan* „rollen“, „hin und her bewegen“ zu agls. *wealcan* dass. kreuzen; vgl. das Verbum in lyon. *gouchi, gauchi* „pressen“, „niedertreten“, vogesisch *gauché* „Stoff walken“; Bl.-W. 289.

Zu fränkisch **walki* als Ablautform zu ahdt. *wëlk* „feucht“, „mild“, „lau“, vielleicht auch schon „*schwach“, Diez 594; Mackel 52; Jud, ASSL 122, 173, ist wegen des späten Auftretens des Wortes im Frz. schwierig, auch germanisch durch nichts gestützt, s. REW 9492; *gauche* unmittelbar postverb. Rückbildung von *gauchier* „walken“, „niederdrükken“, so daß *main gauche* „gepreßte, verwundete Hand" bedeutet hätte, Sainéan, ZRP 31, 266; Schuchardt, ZRP 31, 660, ist in der Überlieferung zu wenig gestützt; die Verschmelzung von afrz. *ganchir* und *gauchier* zeigt sich auch in frühnfrz. *gauchier* „ausweichen", das also die Form von afrz. *gauchier* „walken", aber die Bedeutung von afrz. *ganchir* aufweist.

gaucher „Linkshänder"
16. Jh. *gauchier,* ist *-arius*-Abl. von *gauche* „links", s. d.
gauchir s. *gauche.*

gaude 1. „Wau"
13. Jh., aus gotisch **walda* zu englisch *weld* u. ä.; Diez 176; REW 9490; Kluge s. v.; dazu gleichzeitig *gauder* „gelb färben", Barbier, ZFSL 53, 12.
2. „dunkelgelber Maisbrei"
18. Jh., stammt aus dem Südosten, so verd. chal.; dazu bourn. *gâd,* dauph. *gaudiho* „Suppe mit Mehlbrocken", burg., fr. comt., sav. *gôde* „Mais"; ist Abl. von *gauder* „gelb färben", s. *gaude*; Dict. gén.; Bl.-W. 289.
Aus geographischen Gründen nicht zu *gaudo* „Holzschüssel", s. *jatte,* Spitzer, WuS 4, 128.

gaudir „erfreuen", „belustigen"
dazu im 13. Jh. *gaudel* „Freude", wird im 17. Jh. in den burlesken Stil verbannt, Br. 3, 112, aus lat. *(gaudēre)* „sich freuen", s. *jouir.*
Dazu seit dem 18. Jh. die Abl. **gaudriole** „Schwank", „Späßchen".
gaudron s. *godron.*

gaufre „Honigwabe", „Waffel", „Pressung eines Stoffes"
12. Jh. *walfre,* aus fränkisch **wâfel,* zu ndl. *wafel* „Waffel", vgl. rouchi *waufe* dass.; Diez 594; REW 9475; Bl.-W. 289; dazu seit dem 17. Jh. die Abl. **gaufrer** „in Falten pressen".

gauge „Walnuß"
13. Jh., afrz. auch *gauke,* dazu heute mundartlich *jôle, gaille* u. ä., s. *gaillette,* aus vlat. **gallĭca* in **nux gallica* „gallapfelartige Nuß", d. i. Abl. von lat. *galla* „Gallapfel", da ‚der Gallapfel und die grüne Schale der Walnuß beide dazu dienen, schwarz zu färben', Schuchardt, ZRP 29, 325; REW 3659.
Ndl. *walnoot,* anord. *walhnot,* wörtlich „welsche Nuß", ist Übersetzung von grom. *nux gallica,* da germ. *walh-* in historischer Zeit die Romanen überhaupt bezeichnet, s. *gaulois.* Daher nicht umgekehrt *gauge* aus fränkisch **walh-,* Baist, ZFSL 13, 2, 191, da diese Grundform lautlich nur zum Teil entspricht, s. auch Koukal, 56. Jb. Realsch. Wien 4, 19.

gaule „langer Stab", „Rute"
13. Jh. *waule,* aus grom. **walla* zu fränkisch **wălu,* das sich aus gotisch *walus,* friesisch *walu* „Stock", „Gerte" erschließen läßt; Diez 594; Mackel 44; REW 9496; dazu seit dem 14. Jh. die Abl. **gauler** „mit dem Stab abschlagen", und von diesem die *-aticium*-Abl. in ursprünglich abstrakter Bedeutung *gaulis* „starker Zweig", „Schoßreiser"; wegen der Lautentwicklung s. Gg. RG I, 250.

gaulois „gallisch"
17. Jh., ist Abl. von *Gaule* „Gallien"; dieses aus fränkisch **walha* „die Welschen", das in den Casseler Glossen lat. *galli* übersetzt; **walh-* ist in frühgermanischer Zeit aus dem Namen der keltischen Völkerschaft der *Volcae* entlehnte Bezeichnung der Kelten, die dann auf die Romanen, besonders Italiener und Franzosen übertragen wurde, s. Kluge s. Walnuß; Gröber, ALL 5, 475; Koukal, 56. Jb. Realsch. Wien 4, 17 f.; wegen der Lautentwicklung s. Gg. RG I, 250.
Lat. *gallus* ist auf grom. Boden untergegangen, ist dagegen bei den Inselkelten als „Fremdling" erhalten, Meyer-Lübke, ZRP 34, 572 ff.; *gaulois* unmittelbar aus fränkisch **walhisk* „welsch", Koukal l. c., ist wegen des späten Auftretens des Wortes nicht möglich; doch ist *walhisk* in afrz. galois „walisisch", auch „munter", lustig", die feminine Entsprechung in *lieue galesche* „walisische Meile" erhalten.

gaumine „Eheschließung ohne Segenssprechung"
18. Jh., angeblich nach dem Namen des Intendanten Ludwigs XIII. *Michel Gaumin,* dessen Eheschließung großes Aufsehen erregte; Dict. gén.

gaupe „Schlampe"
15. Jh., lebt im ganzen Südosten und ist wohl von dort in das Vulgärfrz. und von hier in nördliche Mundarten gewandert; aus deutsch *walpe* „dummes Weib", s. Waadt *gopa* „starke Frau", Jura *gope, gopienne* „Dirne", „Kupplerin", Behrens, ZFSL 29, 144 f.; REW 9494.
Agls. *wallop* „Stück Fett", Diez 594, besteht nicht (Holthausen); zu fränkisch *hwëlp* „junger Hund", Barbier, ZFSL 55, 414, befriedigt weder begrifflich noch chronologisch.

gausse „Schnurre"
17. Jh. *gosse,* ist postverb. Subst. von **gausser** „verspotten", „sich lustig machen", auch refl., so seit dem 16. Jh., für das 15. Jh. durch die Abl. *gausseté* „Spott" gesichert, gilt im 17. Jh. als gemein und burlesk; vgl. dazu pik. *gausse* „unschuldige Lüge", burg., lothr. dass., u. H.; vgl. Bl.-W. 289.
B. Maine *gaos* in der literarischen Bedeutung erweist nicht *-al-* in der Grundform, sondern ist der Mundart angepaßtes literarisches *gausse*; zu *gaver* „stopfen", da die älteste Bedeutung von *gausser* „stopfen" wäre, Sainéan, LPar. 332, ist lautlich nicht möglich und begrifflich nicht einleuchtend; aus spanisch *gozarse* „seine Freude haben", Diez 514; Brüch, ZRP 51, 683, ist wortgeschichtlich nicht gestützt.

gavache „Feigling"

16. Jh., vgl. berrich. dass. „feig“, poitev. *gavachai* „eine Arbeit schlecht tun“, *gavachin, gavachon* „Boden, auf dem nur Binsen und Heidekraut wachsen“, stammt aus dem Süden, nprov. *gavach, gavai* „gefräßig“; dieses zu prov. *gavach*, katal. *gavaig* „Vogelkropf“, das auf eine Grundform **gabactum* zurückführt; dieses ist schon vorromanische Abl. vom Stamm **gab-*, der unter *gaver* erschlossen ist; das Wort ist auch ins Spanische gedrungen, bezeichnet dort zunächst die Pyrenäenbewohner, dann die Franzosen überhaupt; vgl. auch *gavot*; unmöglich nprov. *gavach* usf. aus einer Grundform **gavagium*, dieses aus **gabibagium*, zu *gava* + (prov.) *baga* „Sack“, Brüch, ZRP 51, 683.

gaver „Geflügel stopfen“
17. Jh., das Wort lebt heute boulogn., dazu wall., lüttich., rouchi *gafe* „Hühnerkropf“, pik. *gaffe* dass., dessen *-f-* im Westwallonischen lautgesetzlich aus auslautendem *-v-* in *gave* entstanden ist; das Verbum lebt ferner im Süden, nprov. *gavá* dass., dazu prov. *gavach* „Hühnerkropf“, s. *gavache*; ob die nördlichen Formen einheimisch sind, ist zweifelhaft, vgl. aber *gavion*; der Stamm **gaba-*, **gava-* ist wohl vorromanisch, u. H.; vgl. *joue*; REW 3623.
Zu lat. *cavus* „hohl“, Diez 594 f., ist lautlich nicht möglich; **gaba* als Rückbildung von *gabata* „Eßgeschirr“, Horning, ZRP 16, 530 ff.; Brüch, ZRP 38, 688, ist morphologisch nicht verständlich, da *-ăta, -ĭta* im Galloromanischen keine denominalen Suffixe sind; **gaba* germanisch, zu *geben*, das ursprünglich „den Schnabel aufsperren“ bedeutet hätte, Braune, ZRP 42, 144, ist germanisch nicht genügend gestützt und geographisch unwahrscheinlich, erklärt auch nicht die Endung von prov. *gavach*; vgl. auch Dauzat, Rom. 45, 250 ff.

gavette „Goldstab zum Drahtziehen“
18. Jh., aus ital. *gavetta* „gezogener Goldfaden“, auch „Strähne von Darmsaiten“, das REW 7633 zum Stamm von frz. *écheveau* gestellt wird.

gavial „langschnauziges Krokodil“
18. Jh., stammt angeblich aus einer Einheimischenmundart Indiens. Dict. gén.

gavion „Schlund“
13. Jh., stammt aus dem Normannischen, hier auch *gaviau* „Kehle“, ist dem. Abl. von pik., norm. *gave* „Kehle“, so heute pik., vermand., s. darüber *gaver*.

gaviteau „Boje“
17. Jh., aus nprov. *gavitèu* oder ital. *gavitello*, Vidos 424; dieses ist dem. Abl. von *gaveto* „Holzschale“, „Trog“, s. *jatte*; Dict. gén.

gavotte „Art Tanz“
17. Jh., aus nprov. *gavoto*; d. i. subst. Fem. zu nprov. *gavot* „Grobian“, „Lümmel“, dann Spitzname für die Alpenbewohner in der Provence, für die Bewohner von Lozère im Languedokischen, so seit dem 13. Jh. bezeugt; dieses ist mit Suffixwechsel aus gleichbedeutendem *gavach* umgestaltet, s. *gavache*; Dict. gén.; Sainéan, ZRP 31, 273 f.
gayac s. *gaiac*.

gaz „Gas“
17. Jh., ist in Anlehnung an lat. *chaos* „die gestaltlose Urmasse“, willkürlich gebildet von dem Alchymisten van Helmont in Brüssel (gest. 1644), Kluge s. v.; Bl.-W. 289.

gaze „Gase“, „Schleier“
16. Jh., nach der Stadt *Gaza* in Palästina; Diez 595; REW 3710; oder zu arab. *gazz* „Flockseide“, Littmann 94.

gazelle „Gazelle“
13./14. Jh., aus arabisch *ġazâla*; vgl. dazu mit volkstümlicher Bedeutungsentwicklung poitev. *gazea* „Esel“, langued. *gazel* „Rehbock“; Lam. 123; de Gregorio, SGI 7, 156; Littmann 79.

gazetin „kleine Zeitung“ va.
18. Jh., aus ital. *gazzettino* dass., d. i. dem. Abl. von *gazzetta*, s. d. F.

gazette „Zeitung“
16./17. Jh., aus ital. *gazzetta*; dieses aus venezianisch *gazeta de le novità*, d. i. eine Zeitung, die man um eine *gazeta*, d. i. eine Münze im Wert von zwei venezianischen Kreuzern erstand; *gazeta* als Münzbezeichnung ist vermutlich dem. Abl. von venez. *gaza* „Elster“, zu frz. *geai*; Schmeller, ASSL 120, 435; Diez 159; REW 3640.

gazon „Rasen“
13. Jh., afrz. auch *wason*, so heute rouchi *wazon*, aus fränkisch **waso* zu ahdt. *waso* dass.; Diez 595; REW 9513.

gazouiller „zwitschern“
14. Jh., mfrz. auch *gaziller*, ist dem. Abl. von *gazer*, d. i. norm., pik. Form von *jaser*, s. d.; beiden liegt ein Stamm **gas-* zugrunde, dieser u. H.; vielleicht Schallstamm, REW 3696; dazu seit dem 16. Jh. die kollektivisch-abstrakte Abl. *(-aticium)* **gazouillis** „Gezwitscher“.
Zu anord. *gassi* „Schnatterer“, Diez 621; Stimming, ZRP 30, 588 ff., ist lautlich nicht möglich; prov. *gazar*, Sain. ZRP 31, 268, besteht nicht; daher dieses auch nicht zu Hérault *gaz* „Elster“, also letzten Endes zu *geai*; zu dem Nom. *gas* für *gabs* „Spottrede“, „Scherz“, s. *gaber*, Brüch, ZRP 51, 686, ist wenig überzeugend und erklärt auch nicht *jaser*.

geai „Eichelhäher“
12. Jh., aus vlat. *gajus*, das bei Polemius Silvius belegt und wahrscheinlich Schallbildung ist. Thomas, Rom. 35, 175; Schuchardt, ZRP 30, 712; Baist, ZRP 7, 119; REW 3640; Roll. F. 2, 142; 10, 1.
Nicht zu *gai*, Diez 151; auch kaum zu *Cajus* in der Hochzeitsformel *ubi tu Cajus, ego*

Caja, so daß *geai* zunächst den „Hochzeitsvogel" bedeutet hätte, Baist, ZRP 5, 247. Eher zum PN *Gaius,* Thomas, Rom. 35, 175; Brüch, ZRP 51, 692; Bl.-W. 290; vgl. mundartliche Benennungen des Vogels wie *Jacques, Richard* u. a., Roll. Faune 10, 2.

géant „Riese"
12. Jh. *jaiant,* pik., norm. *gaiant,* aus vlat. **gagante* für lat. *gĭgante* „Gigant"; Diez 595; Meyer-Lübke, ZFSL 15, 2, 88; REW 3758.

gecko „Blättereidechse"
18. Jh., stammt aus einer hinterindischen Mundart, vgl. malaiisch *goke* dass.; Dict. gén.; Littmann 128.

géhenne „Hölle"
13. Jh., aus lat. (*gehenna*), das aus dem Hebräischen stammt, wo *gê ḥinnôm* „Tal der Kinder Hinnom", auf der Südseite des Zionsberges, die Bezeichnung der Stätte war, wo dem Moloch Kinder geopfert wurden; hierhin wurde die Stätte des Endgerichtes verlegt; Littmann 35; Bl.-W. 290.

geindre 1. „ächzen", „wimmern"
12. Jh. *giembre,* daraus entweder in Anlehnung an die lat. *-ingere, -angere*-Verba die literarische Form, oder mit Beibehaltung des Stammes und Konjugationswechsel **gémir** „seufzen", so seit dem 13. Jh. belegt; aus lat. *gĕmĕre* dass.; Diez 595; REW 3722.
2. s. *gindre.*

gel „Frost"
11. Jh. *giel,* aus lat. *gĕlu* dass.; REW 3718; das Wort gilt im 17. Jh. als verpönt, Br. 3, 112.

gélatine „Gallerte"
17. Jh., aus ital. *gelatina* s. *galantine.*

gelée „Frost", „Gallerte"
11. Jh., aus *gĕlāta,* das in den Reichenauer Glossen bezeugt ist; dieses ist subst. Part. von lat. *gelare* „frieren", s. *geler.*

geler „frieren"
12. Jh., aus lat. *gĕlare*; REW 3714.

gélif „eisklüftig"
16. Jh. „wie gefroren", mit Suffixwechsel aus daneben bestehendem **gélis** dass., aus grom. **gĕlātīcius* „vom Frost betroffen", d. i. Abl. von grom. *gelata* „Frost", s. *gelée.*

geline „Henne" va.
13. Jh., lebt heute als *glène* im Pik., Rouchi, sonst vereinzelt hauptsächlich im Osten; dafür als Ersatzform *poule,* im Frankoprovenzalischen *poulaille,* Gardette, RLiR 24, 354; aus lat. *gallīna* dass.; REW 3661; ALF 1071.
Vlat. **galina,* Thomas, Rom. 32, 449, ist nicht nötig und wegen gaskogn. *garie,* das eine Grundform mit *-ll-* voraussetzt, auch für Nordfrkr. nicht wahrscheinlich.
Dazu seit dem 16. Jh. die dem. Abl. **gelinotte** „Haselhuhn".
gélis s. *gélif.*

gélissure „Frostspalte"
18. Jh., ist Kollektivabl. von *gélis* „eisklüftig", s. d.; von dem gleichbedeutenden *gélif* im 18. Jh. auch die Abl. *gélivure.*

gémeaux „die Zwillinge" (Astronomie)
16. Jh., ist in Anlehnung an lat. *gemellus* umgebildet aus *jumeau,* s. d.; Bl.-W. 290.

géminé „doppelt"
15./16. Jh., aus lat. (*geminatus*).
gémir s. *geindre.*

gemme „Edelstein", „Sprosse"
12. Jh. *jamme,* bedeutet afrz. wie heute noch mundartlich auch „Harz", „Baumsprosse", die heutige Aussprache in Rückanlehnung an das lat. Wort, aus lat. *gemma* „Edelstein", „Sprosse"; REW 3725; dazu **gemmer** „(Baum zur Harzgewinnung) anzapfen", das nicht zu *gémir* zu stellen ist, Barbier, Misc. 17, 312.

gémonies, in *traîner aux gémonies* „mit Schmach überhäufen"
17. Jh., aus lat. (*gemoniae*) (*scalae*) „eine Art Treppe am Abhang des Capitolin, wohin die Leichen der im Carcer Hingerichteten geschleift und dann in den Tiber geworfen wurden", (Georges); Bl.-W. 290.

gencive „Zahnfleisch"
13. Jh., auch *gengive,* das heute den Formen des Südgürtels des Nordfrz. zugrunde liegt, aus lat. *gingīva* dass.; Diez 160; Zauner, RF 14, 390; REW 3765.

gendarme „waffentragender Mann" va.; „Polizeisoldat", „Pflugmesser"
14. Jh., ist zusammengesetzt aus *gent d'arme,* s. d.; dazu im 16. Jh. *gendarmée* „bewaffnete Truppe", wie im 15. Jh. *gendarmerie,* heute „Polizeitruppe"; Bl.-W. 292.

gendre „Schwiegersohn"
12. Jh., aus lat. *gĕnĕr, gĕnĕrum,* nicht in in rein volkstümlicher Entwicklung; Diez 498; REW 3730.

gêne „Störung", „Zwang"
alt auch „Folter", 13. Jh. *gehine* „das durch die Folter erpreßte Geständnis", in *metre a gehine* „der Tortur aussetzen", ist Abl. von afrz. *jehir* „zum Geständnis zwingen", „gestehen", aus fränkisch **jahhjan* „zum Gestehen bringen", d. i. faktitive Abl. von fränkisch (= ahdt.) *jëhan* „eingestehen"; Holthausen; Bruckner, VR I, 143; Stimm, ZRP 71, 259; vgl. Brüch 34 f.; Baist, ZRP 28, 110 f.
Das Verbum aus fränkisch **jëhan* „gestehen", Diez 159 f.; REW 4580, ist wegen der Konjugation des romanischen Wortes schwierig; **jahhjan* ist zwar germanisch nicht erhalten, Bruckner, ZFSL 41, 2, 7, ist aber morphologisch einwandfreie Bildung; *gêne* aus lat. *gehenna* „Hölle", Diez 595, ist wegen der alten Form nicht möglich.
Vom Subst. seit dem 14. Jh. die Abl. *gehiner* „foltern", frz. **gêner** bedrücken", „stören".

généalogie „Genealogie“
12. Jh., aus lat. *(genealogia)*.
génépi „Name mehrerer Alpenkräuter“
18. Jh., lebt in Savoyen und der frz. Schweiz, daraus deutsch-schweizerisch *schneppi* dass.; Roll. Fl. 7, 66; u. H.
gêner s. *gêne*.
général „allgemein“
12. Jh., aus lat. *(generalis)* „allgemein“; dazu seit dem 14. Jh. *capitaine général* „Befehlshaber einer militärischen Truppe“, daher heute „General“; Bl.-W. 291.
généralissime „Oberstkommandierender“
16./17. Jh., aus ital. *generalissimo*, d. i Superlativform zu *generale* „General“, s. *général*.
génération „Erzeugung“, „Geschlecht“
12. Jh., aus lat. *(generatione)* dass.
généreux „edel“
14. Jh., aus lat. *(generosus)*.
générique „eine Art betreffend“
16. Jh., ist gelehrte Abl. von lat. *(genus, genere)*, s. *genre*.
genèse „Entstehung“, „Genesis“
17. Jh., aus lat. (gr.) *(genesis)*.
genestrole „Färberginster“
15./16. Jh. *genetrole*, aus nprov. *genestrolo*, d. i. dem. Abl. von prov. *genesta*, nprov. *ginestro* „Ginster“, s. *genêt*.
genêt „Ginster“
13. Jh. *genest, ginest*, aus grom. **genestum*, d. i. Rückbildung von vlat. *genesta*, da dessen Endung als Pluralendung aufgefaßt wurde, vgl. *épi*; *genesta* ist schon lateinisch als mundartliche Form für *genista* bezeugt, Schuchardt, Vok. 2, 62 f.; die feminine Form liegt in afrz. *geneste* vor, das heute mundartlich noch weit verbreitet ist, Roll. Fl. 4, 93 ff.; Meyer-Lübke, Einf. 179; Diez 459; REW 3733; dazu die *-ētum, -ēta*-Abl. afrz. *genestoi, genestoie* „mit Ginster bewachsener Boden“, dann auch „Ginster“.
genet „kleines, spanisches Pferd“
14. Jh., aus spanisch *jinete*; dieses aus arabisch *zenâta*, Bezeichnung einer durch ihre Reiterei bekannten Berbernation; vgl. auch *genette* 2; Lam. 124.
Dazu seit dem 15. Jh. die Abl. **genétaire** „leichter, spanischer Kavallerist“, im 15. Jh. auch „Art Lanze“; Schmidt, Span. Elem. 54.
genette 1. „Zibetkatze“
13. Jh., afrz. auch *janette*, aus spanisch *gineta*, vgl. auch die Bezeichnung *chat d'Espagne*; dieses aus arabisch *ǵarnait*. Diez 165; REW 3849; Lam. 264.
2. „Pferdegebiß auf türkische Art“
15. Jh., in *à la genette*, ist Femininbildung zu *genet* „kleines spanisches Pferd“, s. d.
genévrier „Wacholderstrauch“
14. Jh., ist Abl. von **genièvre** „Wacholder“, 12. Jh. *genoivre*; die literarische Form mit betontem *-iè-* auf Grund einer Rückbildung von *genevrier*, nach dem Nebeneinander von *lièvre-levrier* u. ä.; Bl.-W. 291; Brüch, ZFSL 54, 341; Indogerm. Forschungen 40, 230; Meyer-Lübke, Frz. Gram. I, 49; die literarische Form ist heute hauptsächlich westfrz. aus vlat. *jeniperus* für lat. *jūnĭpĕrus*. Diez 165; Gröber, ALL 3, 142; Behrens, ZFSL 28, 2, 54 f.; REW 4624.
génial „genial“
18. Jh., ist Abl. von **génie** „überirdisches Wesen“, „hervorragende Anlage“, „Genietruppe“, 17. Jh., aus lat. *(genius)* „Genius“.
genièvre s. *genévrier*.
génisse „Färse“
14. Jh., aus grom. **junicia* für lat. *jūnīx, -ice*; Diez 595; REW 4622.
génitoires „Zeugungsorgane“
12. Jh. *genitaire* „Hode“, mask. Plural oder kollektivischer femininer Sing., die heutige Form seit dem 12. Jh. in Anlehnung an das Werkzeugsuffix *-oria*, aus lat. *(genitalia)*, zu *genitalis* „zur Zeugung gehörig“.
Zu lat. *genitores* „Zeuger“, Spitzer, AR 7, 200 ist wegen der alten Form nicht begründet.
genou „Knie“
10. Jh. *genoil*, die heutige Form aus dem Plural, afrz. *genouz*, aus vlat. *gĕnŭcŭlŭm* für lat. *geniculum*, das in der Lex Salica belegt ist; Diez 165; Zauner, RF 14, 460 ff.; REW 3737.
Dazu seit dem 17. Jh. die Abl. *genouillade* „Kniebeugung“; seit dem 12. Jh. **genouillère** „Knieschutz“, „Stiefelstulpe“, „bewegliches Scharnier“ u. ä.; s. auch *agenouiller*.
genre „Art“
12./13. Jh., aus lat. *(gĕnĕre)*.
gens 1. „Leute“
11. Jh. *la gent*, daneben seit dem 12. Jh. gleichbedeutendes pluralisches *les genz*, das ursprünglich weiblichen Geschlechts ist, dann in Anlehnung an *les hommes* männlich wird; aus lat. *gens, gente* „Stamm“, „Geschlecht“, „Volk“; vgl. *gent* 1; REW 3735.
2. „Gens“
19. Jh., aus lat. *(gens)*.
gent 1. „Volk“ va.; „Rasse“
11. Jh., ist die alte singularische Form zu *gens* 1, s. d.
2. „hübsch“, „zierlich“
11. Jh., ist im 17. Jh. nur mehr in der burlesken Dichtung gebräuchlich, aus lat. *gĕnĭtus* „(wohl)geboren“; Diez 160; REW 3734.
Aus qualitativem Genetiv *gentis* „von Geschlecht“, Ettmayer, ASSL 128, 138, ist wegen der seit der ältesten Zeit bestehenden Femininform *gente* unwahrscheinlich und nicht nötig, vgl. *gentil*.
gentiane „Enzian“
13. Jh., aus lat. *(gentiana)*.
gentil 1. „Heide“
16. Jh., aus lat. *(gentīlis)*, eigentlich „einem

Geschlecht angehörig", das in der Kirchensprache die Bedeutung „heidnisch", „Heide" angenommen hat.
2. „adelig" va.; „artig" u. ä.
11. Jh., aus lat. *gentīlis* „einem Geschlecht angehörig"; die Bedeutungsverschiebung zu „adelig", weil im Mittelalter nur der Vornehme ein Geschlecht, eine Sippe hat, vgl. die gleiche Bedeutungsverschiebung bei ahdt. *adal* „Geschlecht" zu nhdt. *Adel*; Kluge s. v.; vgl. auch *gent* 2.
Dazu seit dem 11. Jh. die Zusammensetzung **gentilhomme** „Edelmann".

gentilité „Heidenschaft"
14. Jh., aus lat. *(gentilitate)*, zu lat. *(gentilis)* in der mittellat. Bedeutung „Heide"; vgl. *gentil* 1.

gentillâtre „Krautjunker"
14. Jh., ist pejorative Abl. *(-aster)* von afrz. *gentil* „adelig", s. *gentil* 2.
gentillesse s. *gentil* 2.

gentiment „edel", „liebenswürdig"
12./13. Jh. *gentiument*, ist Abl. von afrz. *gentil* „vornehm" u. ä., das afrz. auch Femininform ist, s. *gentil* 2.

gentleman „Ehrenmann"
18. Jh., aus englisch *gentleman*, das selbst aus frz. *gentilhomme* entlehnt ist.

génuflexion „Kniebeugung"
14. Jh., aus lat. *(genuflexione)*.

géodésie „Erdmessekunst"
17. Jh., aus gr. (γεωδαισία).

géographie „Erdkunde"
15./16. Jh., aus lat. *(geographia)*.

geôle „Gefängnis"
12. Jh. *jaiole* „Käfig", „Gefängnis", vgl. dazu südwestfrz. *giole* „Hühnersteige", franch.-comt. *javiole* dass., rouchi *guéiole* „Käfig", aus vlat. *căveola*, d. i. dem. Abl. von lat. *cavea* „Käfig"; *caveola* ist in Glossen belegt. ALL 8, 372; Diez 150; REW 1790. Nicht haltbare Einwände Brüch ZRP 51, 699; Unmögliches bei H. Meier, Rom. Jb. 11, 303.

géologie „Geologie"
18. Jh., ist gelehrte Zusammensetzung aus gr. (γή) „Erde" und (λόγος) „Rede".

géomancie „Wahrsagekunst"
15. Jh., aus lat. *(geomantia)*.

géométrie „Geometrie"
12. Jh., aus lat. *(geometria)*.

gérance „Geschäftsführung"
19. Jh., ist Abl. von **gérer** „verwalten", 17. Jh., aus lat. *(gerĕre)* „ausführen", „verwalten".

géranium „Storchschnabel"
16. Jh., aus lat. *(geranium)*.

gerbe „Garbe"
12. Jh. *jarbe*, aus fränkisch **garba*, das mittellat. seit dem 7. Jh. bezeugt ist, vgl. ahdt. *garba* dass. Kluge, AR 6, 305; Barbier, RDR 2, 189; Diez 595; REW 3682.
Dazu seit dem 13. Jh. die Abl. *jarber*, heute **gerber** „in Garben binden".

gerbo „Art Springmaus"
auch *gerboise*, 1700, aus arabisch *jarbûᵉ*, auch *ǵarbûᵉ* dass.; Lam. 124.

gerce 1. „Riß", „Spalte im Holz", „Bohle mit oberflächlichen Spalten"
16. Jh., ist postverb. Subst. von **gercer** „aufreißen", refl. „rissig werden", afrz. 12./13. Jh. *jarser*, norm., pik. *garser* „verletzen", „schröpfen", das in wall. *garsî* „schröpfen" erhalten ist, Haust, Rom. 47, 566; dazu auch afrz. *jarse* „Schröpfwerkzeug" und wohl auch die verbalen Abl. Morvan *jaiceran* „Stachel", *jaisson* „Schlangenzunge", „Bienenstachel", Berry *gesson* u. ä., Thomas, Rom. 29, 180; Ausgangspunkt der Wortfamilie ist afrz. *jarse* „Schröpfmesser", „Messerchen zum Aderlassen", dieses aus gr. ἐγχάραξις „Schröpfen" zu gr. χαράσσειν „kratzen", „ritzen", s. *échalas*, in dem das nachtonige *-a-* vorhistorisch verstummte, wie in *seigle* aus *sécale*, *jatte*, *lasdre* usf.; von *jarse*, das ursprünglich vermutlich abstrakt „das Einritzen/Schröpfen" bedeutete, die Werkzeugsbezeichnung *jarse*, während nfrz. *gerce*, älter *jarse*, neuerdings Rückbildung von *jarser* „ritzen", „schröpfen" ist; Brüch, ZRP 52, 321.
Unmittelbar zu lat. *charaxare*, in der Bedeutung von belegtem gr. ἐγχαράσσειν „schröpfen", Baist, ZRP 32, 425; Bl.-W. 292 ist lautlich wegen des Schwundes des zweiten *-a-* schwierig. Nicht aus *carptiare*, zu *carptus* „gerupft", Diez 595; auch nicht zu gr. διαίρεσις „chirurgischer Einschnitt", Baist, ZRP 5, 563; RF 15, 319.
2. „Kleidermotte"
16. Jh., ist Werkzeugsbildung zu *gercer* „aufreißen", s. *gerce* 1.
gérer s. *gérance*.

gerfaut „Gerfalke"
12. Jh., auch *girfauc*, aus fränkisch **gêrfalko* zu anord. *geirfalki*. Mackel 65; Baist, ZDA 27, 50 ff.; ZFSL 13, 2, 186; REW 3713; FEW 16, 43; Bezzola 139; wegen der afrz. Doppelformen s. afrz. *geron* neben *giron*, *gerofle* neben *girofle* usf.

germain „leiblich"
12. Jh., bedeutet afrz. auch „Bruder", zunächst *frere germain* „leiblicher Bruder", aus lat. *germanus* „leiblich"; Diez 459; REW 3742; das Wort ist seit dem 17./18. Jh. veraltet; Br. 4, 270.

germandrée „Gamander"
12. Jh., aus mlat. *(calamendria)*, das aus *camidria*, so im 16. Jh. belegt, bzw. lat.-gr. *chamaedris* verballhornt ist; Diez 77; REW 1859; Roll. Fl. 8, 168.

germanisme „Germanismus"
18. Jh., ist Abl. von lat. *(germanus)* „germanisch".

germe „Keim"
12. Jh., aus lat. *germen, germinis;* REW 3744.

germer „keimen"
12. Jh., aus lat. *germĭnare;* REW 3745.

germinal „den Keim betreffend", „der 7. Monat des republikanischen Kalenders"
18. Jh., ist Abl. von lat. *(germen)* „Keim".

germoir s. *germer.*

gérofle s. *girofle.*

gérondif „Gerundium"
16. Jh., aus lat. *(gerundivum).*

géronte „gutmütiger Alter"
ist seit dem 16. Jh. die Bezeichnung des edlen, ernsten Familienvaters, so bei P. Corneille, Rotrou, Molière; wird später zum Vorbild des einfältigen, schwachen Greises; stammt aus der italienischen commedia sostenuta, wo die Figur den Namen *Gerontio* führt. Kölbel 84.

gerseau „Wirbelstrick"
17. Jh., ist Kreuzung von gleichbedeutendem *herse,* s. d., mit mundartlichem, z. B. frz. Schweiz *dzenzi, dzengiau* „Zimmermannsschnur", aus vlat. **cĭngellum* für lat. *cingillum* „Gürtel"; vgl. REW 1925.

gerzeau „Kornrade"
12. Jh., vgl. dazu B. Maine *žerziao,* H. Maine *gerdereau* „Art kleine Wicke", angev. *jarzeau,* berrich. *geardriau* dass., *geargiau* „blattlose Platterbse" u. ä.; geht auf eine Grundform **gargellum* zurück, deren Stamm mit anderer Abl. in afrz. *gargarie, jarjerie, jarzerie* „Taumellolch" wiederkehrt; der Stamm **garg-* ist in Ortsnamen in Frankreich weit verbreitet, Aebischer, AR 14, 436; Hubschmid, ZRP 66, 25; das Wort dürfte gallisch sein; vielleicht zu irisch *garg* „rauh", „bitter", „scharf" (Pokorny); vgl. auch *jarousse.*

gésier „Fleischmagen des Geflügels"
12./13. Jh. *giser, gisier,* später mit falscher Rückbildung auch *juisier,* aus lat. *gĭgērium* „Hühnergekröse", in der Form gekreuzt mit *gosier,* s. d.; dazu lat. *gizeria* „Magen und Eingeweide bei Vögeln, besonders bei Hühnern", bei Petronius und in Glossen, auch *geseria,* Heraeus, Kleinere Schriften 81; Diez 596; Schuchardt, ZRP 28, 444 ff.; REW 3760.

gésine „Wochenbett"
12. Jh., afrz. „Liegen im Bett", dann konkret wie im Neufrz., ist ursprünglich abstrakte Abl. von **gésir** „liegen", va., afrz. 11. Jh., „liegen", „im Kindbett liegen", „beischlafen", „übernachten" u. ä., bis ins 15. Jh. in allen Formen gebräuchlich, verkümmert vom 15. bis 17. Jh., heute nur in *ci gît,* im Gerundium *gisant* „ausgestreckt liegend", „ruhend", *gisement* „Lagerung", „Vorkommen" erhalten; aus lat. *jacēre* „liegen"; Spalinger, Absterben von *jacere* im Gallorom., Romanica Helvetica 51; Stimm ZRP 75, 56; REW 4562.

gesse „Platterbse"
11./12. Jh. *jaisse,* zuerst aus der Gegend von Dijon bezeugt, stammt aus dem Südgürtel des Nordfrz., vgl. dazu saint. *gîsse,* prov. *geissa,* im 16. Jh. dazu die Abl. *gessette* „gebaute Platterbse" u. ä., u. H. Roll. Fl. 4, 212; REW 1658.
Aus lat. *cicera* „Platterbse", Horning, ZRP 19, 70 ff., oder lat. *capsa* „Kapsel", Schuchardt, ZRP 23, 195, ist lautlich nicht möglich; ebenso aus *(faba) Aegyptia,* Alessio, RLR 17, 176.

gestation „Tragezeit"
18. Jh., aus lat. *(gestatione).*

geste 1. „Heldentaten"
ist im 16. Jh. aus afrz. *geste* „ruhmvolle Tat" neu belebt worden; dieses aus lat. *gesta* bzw. *(res) gesta* „Kriegstat". REW 3749; Bl.-W. 293.
2. „Bewegung"
15. Jh., aus lat. mask. *(gestus).*

gesticuler „Gebärden machen"
16. Jh., aus lat. *(gesticulare).*

gestion „Verwaltung"
15. Jh., aus lat. *(gestione).*

geyser „Geyser"
18. Jh., aus isländisch *geyser.* Dict. gén.; Bl.-W. 293.

ghetto „Getto"
19. Jh., aus ital. *ghetto;* Bl.-W. 293.

gibbeux „buckelig"
15. Jh., aus lat. *(gĭbbosus).*

gibbie „Höckerkäfer"
19. Jh., ist gelehrte Abl. von lat. *(gibbus)* „Höcker". Dict. gén.

gibbon „langarmiger Affe"
18. Jh., entstammt vermutlich einer Einheimischenmundart Indiens. Dict. gén.

gibecière „Jagdtasche"
13. Jh., im 14. Jh. auch maskulinisch *gibecier, gibacier,* ist mittels des *-arium, -aria*-Suffixes abgeleitet von afrz. *gebiez* „Beize", „Vogelwild"; dazu afrz. das Verbum *gebecier, gibecier,* 12. Jh., „auf die Vogelbeize (die Jagd) gehen"; aus fränkisch **gabaiti* (oder **gibaiti*) „Vogelbeize", zu mhdt. *gebeize* „Jagd mit Falken", bzw. **gabaitjan (*gibaitjan)* „auf die Beize gehen"; Gg. RG I, 183; ZRP 51, 545; Brüch ZRP 50, 103; FEW 16, 1; vgl. *giboyer, gibier.*

gibelet „Zwickbohrer"
15. Jh. *guibelet, guimbelet,* die literarische *gi*-Form wegen Überliterarisierung des ursprünglich normannischen Wortes, aus ndl. *wimbel* „Art Bohrer". REW 9540; vgl. Bl.-W. 293.
Zu *vibrare* „schwingen", Bugge, Rom. 3, 149, ist lautlich nicht möglich; desgleichen zu **gibb-* „Galgen", s. *gibet,* Braune, ZRP 42, 152 Anm.

gibelot „Gabelholz"
17. Jh., ist mit Endungsverkennung abgeleitet von *gibet,* für das in alter Zeit eine Bedeutung „Gabel" bezeugt ist, s. *gibet.*
gibelot als Verballhornung von deutsch *Gabelholz,* Dict. gén., ist historisch nicht gerechtfertigt; zu ahdt. **gibbil,* bayrisch *gippel* „gegabelter Ast", Braune, ZRP 36, 82, ist historisch schwierig.

gibelotte „Kaninchenfrikassee"
19. Jh., ist Abl. von *gibier* „Jagdtier", s. d., steht also für **giberotte*; vgl. afrz. *gibelet* „Wildbraten", Lüttich *jiblett* „Kaninchenbraten".

giberne „Patronentasche"
16./18. Jh., in unklarer Entwicklung aus spätlat. *diaberna, zaberna* „Quersack", das aus dem Griechischen stammt. Bugge, Rom. 4, 357; REW 9586.
Zu *gibier* „Wildbret", Braune, ZRP 42, 151, ist morphologisch nicht möglich.

gibet „Galgen"
13. Jh. „Gabelholz", auch „starker kurzer Stock mit Krücke", dazu afrz. die Abl. *giber* „schütteln", „erschüttern", s. *regimber,* aus fränkisch **gibb,* das sich vielleicht aus bayrisch *gippel* „gegabelter Ast" erschließen läßt. Braune, ZRP 36, 80; 42, 151.

gibier „Jagdtier", „Wild"
12. Jh. „Vogeljagd", „Jagd", ist mit Suffixwechsel gebildet aus afrz. *gibiez,* s. *gibecière, giboyer.*
Zu *gibet* „gegabelter Stock", so daß *gibier* „was an einem gegabelten Ast getragen wird" bedeutet hätte, Braune, ZRP 42, 151, ist begrifflich und morphologisch schwierig.

giboulée „Unwetter von Regen- und Graupenschauer"
16. Jh., ist Kreuzung von *giblée,* das noch wallonisch erhalten ist, mit *boule,* bzw. *boulir,* mundartlicher Form von *bouillir*; vgl. auch das Stammwort mit mundartlicher lautlicher Entwicklung in B. Maine *gilé, žilé*; dieses ist kollektivische Abl. (*-ata* wie in *nuée* neben *nue*) von berrich. *gibe, gible* dass., d. i. mundartliche Form von *givre* „Rauhreif" u. ä., s. d.; vgl. mit einer dem Stammwort noch näher stehenden Bedeutung nprov. *gibourna* „graupeln", zu *gibre, giure* u. ä. = *givre,* und unmittelbar vom Stammwort abgeleitet *gibrà, gieurà* „Rauhreif fallen".

giboyer „auf die Jagd gehen"
12. Jh., mit Suffixwechsel (*-oyer,* das denominales Verbalsuffix ist, während *-ecier* als Infinitivendung vereinzelt ist) aus afrz. *gibecier* „auf die Jagd gehen", s. *gibecière*; von *giboyer* aus die Rückbildung afrz. *gibois* „Vogeljagd", „Jagdtier", zu dem im 16./17. Jh. *giboyeux* „wildreich" abgeleitet wird.

gicler „herausspritzen"
19. Jh., hat die Form eines im Südgürtel des Nordfranzösischen lebenden Wortes, vgl. daselbst [*méklé*] = *mêler,* prov. *mesclar,* dazu prov. *gisclar* „schrille Töne herausstoßen"; H. u.; Bl.-W. 294; FEW II, 712.

gifle „Wange", „Ohrfeige"
13. Jh. pikardisch *gife* „Wange", dazu *gifard, gifarde* „bausbäckig", 16. Jh. *gifle* „Wange", mit anlautendem *-ǧ-* nach *joue,* dagegen lautgesetzlich wall., belgisch Luxemburg *chiffe*; dazu seit dem 19. Jh. die Abl. **gifler** „ohrfeigen", von diesem seit dem 19. Jh. das postverb. Subst. **gifle**; aus frk. *kiuwi* „Kiefer", „Kinnbacken", zu mhdt. *kiuwe* dass.

gigadou „Instrument zum Abnehmen der Maße von Winkeln, Krümmungen u. ä."
19. Jh., ist Werkzeugsableitung (*-orium*) von einem nprov. **gigà* „abschreiten", das sich aus nprov. *gigado* „Schritt" erschließen läßt; dieses zu nprov. *gigo* „Schenkel", „Bein", s. *gigot.*

gigantesque „riesenhaft"
17. Jh., aus ital. *gigantesco,* d. i. Abl. von *gigante* „Riese", s. *géant.*

gigolo „junger Mann, der die öffentlichen Tanzunterhaltungen aufsucht", „Playboy"
19. Jh., familiär, dazu das Fem. **gigolette** „Begleiterin des Gigolo", ist Bildung zum Stamm von *gigoter, gigot* usf., s. *gigot*; Bl.-W. 294; Esnault, Fr. mod. 16, 294.

gigot „Hammelkeule"
15. Jh., ist deminutive Abl. von mundartlichem *gigue,* nprov. *gigo* „Schenkel", „Bein"; dieses ist postverb. Subst. von **giguer** „hüpfen", 14. Jh., seit dem 15. Jh., vielleicht in Kreuzung mit afrz. *espringuer* „tanzen" auch **ginguer** dass., vgl. dazu burg., morv. *ginguer* „ausschlagen", champ. *giguer* „mit den Füßen baumeln", fr. comt., norm., berrich., Maine *ginguer* „springen", „ausschlagen", poitev. *giguer, ginguer* dass., H. Maine *ginguer* „im Spiel ringen", frz. Schweiz *giguer, ziguer* „springen" u. ä.; das Verbum ist Abl. von afrz. *gigue* „Geige", so seit dem 12. Jh., aus dem Germanischen, vermutlich unmittelbar aus fränkisch **gîga,* das sich aus anord. *gîgja,* mhdt. *gîge* erschließen läßt; Diez 164 f.; REW 3757; FEW 16, 36; vom Verbum *giguer* rückgebildet ist **gigue** „mageres, flinkes Mädchen", so norm. und im Pariser Vulgärfrz., Sain. LPar. 24; Dick, GB 25, 89; Fryklund, Stud. mod. Språkv. 6, 101.
Dazu seit dem 17. Jh. die Abl. **gigoté** „mit starken Schenkeln"; seit dem 18. Jh. **gigoter** „die Beine bewegen", „tanzen" u. ä.

gigue 1. „Bein", „mageres, flinkes Mädchen", s. *gigot.*
2. „Art rascher Tanz"
17. Jh., aus englisch *jig* „Tanz", „tanzen", das selbst aus afrz. *giguer* „tanzen" entlehnt ist, s. *gigot.*

gilet „Weste"
18. Jh., aus türkisch *jelek,* vielleicht über spanisch *chaleco,* im 16./17. Jh. auch *gileco,*

s. Cor. II, 8; Schuchardt, ZRP 5, 100; 14, 180; SAWien 141, 3, 6f.; REW 9582; Barbier, PLeeds I, 115.
Nicht zum Personennamen *Gilles,* s. *gille* 2, G. Paris, Rom. 10, 444.

gille 1. „Art Fischnetz"
17. Jh., scheint zum Stamm von *guideau* 2 zu gehören, s. d.
2. „Hanswurst"
17. Jh., ist eins mit dem Personennamen *Gilles* aus lat. *(Aegidius)*; die Bedeutungsübertragung vielleicht nach einem Spaßmacher *Gille le niais,* der 1640 für Paris nachgewiesen ist; Kölbel 85; FEW 43a; wegen der Lautentwicklung s. Michaëlsson, Mél. Vising 336; vgl. auch *giries.*
3. in *faire gille* „sich davonmachen"
16. Jh., ist postverb. Subst. von norm. *giler* „eilen", aus fränkisch *gîlan* „eilen", zu ahdt. *gîlan* dass.; Diez 596; REW 3764.

gimblette „kleiner, trockener Kuchen"
17. Jh., aus nprov. *gimbeleto, gembeleto, jambeleto* „ringförmige Bäckerei"; dieses ist vielleicht Femininbildung zu nprov. *gimbelet* „Schraube", s. *gibelet.*
Nach Schuchardt, ZRP 31, 29; 32, 240 würde das Wort aus oberitalienisch *giambela,* ital. *ciambella* „Brezel" stammen; zu polnisch *žemla,* deutsch *Semmel,* Sainéan, ZRP 31, 274, ist historisch nicht gerechtfertigt.

gindre „Bäckergehilfe"
11. Jh. *joindre* „Gehilfe", dieses Dialektform für **juindre,* aus lat. *jūnior* „jünger", dann schon lat. in der Bedeutung „Lehrling", bei Apuleius *(disciputi juniores)* gesichert, Bambeck, ZRP 77, 326; seit dem 14. Jh. als *jaindre* belegt, das die heutige Form ergibt, Brüch, ZRP 52, 327; vgl. saintong. *gindre* „Bäckergehilfe", dazu die Akkusativform les Fourgs *dzgnou* „Meiereigehilfe"; Thomas, NE 288f.; Behrens, ZFSL 29, 145 (Wg. 111f.); REW 4623.

gingembre „Ingwer"
11./12. Jh., aus lat. *zingĭbĕri.* Diez 346; REW 9619.

gingival „das Zahnfleisch betreffend"
19. Jh., ist Abl. von lat. *(gingiva)* „Zahnfleisch", s. *gencive.*

ginguer s. *gigot.*

ginguet „Dreimännerwein", „minderwertig"
16. Jh., stammt aus dem Südostfrz., vgl. lyon. *ginguet, ginguetta* „minderwertiger Wein", Genf *gingealet,* vogesisch *geingeolet* „schwacher, minderwertiger Wein" u. ä.; dieses ist dem. Abl. von mundartlichem, z. B. dauph. *gingo* „schlechter Wein", vgl. dazu nprov. *gingoulin, jangoulin, jacoulino* dass., das zu nprov. *gingla, gingoula, jangoula* „heulen", „jammern" gehört; dieses ist aus afrz. *jangler* „Übles nachreden", „kläffen", „schwätzen" (so auch prov. *janglar, jangolar*) entlehnt; aus fränkisch **jangalôn* zu mndl. *janckelen* „kläffen"; FEW 16, 280; Valkhoff 148; Diez 620; Doornk.-K. s. *janken.*
Kaum mit Recht bezweifelt REW 4574. Oder *guingot* zu westfrz. *ginguer* „springen", s. *gigot?*; Dict. gén.; Bl.-W. 294.

ginseng „Kraftwurzel"
18. Jh., stammt angeblich aus dem Chinesischen. Dict. gén.

gipon s. *guipon.*

girafe „Giraffe"
13. Jh. *giraf,* 15. Jh. *girafa,* aus ital. *giraffa,* dieses aus arabisch *zarâfa, zurâfa.* Diez 165; REW 9602; Lam. 127; Littmann 79.

girande „Feuerrad", „Wasserrad"
17. Jh., aus ital. *giranda*; dieses ist Abl. von *girare* „sich drehen", s. *girouette.*

girandole „Wasser-, Feuerrad", „mehrarmiger Leuchter" u. ä.
17. Jh., aus ital. *girandola,* d. i. dem. Abl. von *giranda,* s. *girande.*

girasol „opalartig schimmernder Quarz", „Sonnenblume" va.
16. Jh., aus ital. *girasole* „Sonnenblume"; dieses ist in Übersetzung des gr. ἡλιοτρόπιον zusammengesetzt aus *girare* „sich drehen", s. *girouette,* und *sole* „Sonne", aus lat. *sole.*

giratoire „zum Drehen bringend"
18. Jh., ist gelehrte Abl. von lat. *(gyrare)* „sich drehen", vgl. *girouette.*

giraumont „Türkenbund" (Kürbisart)
17. Jh., stammt aus dem Tupí, Friederici, Götting. Gel. Anz. 1933, 69.

girie „heuchlerisches Jammern", „falsche Ziererei"
18. Jh., ist normannisch, dazu rouchi, pik. „Betrug", H. Maine „lügnerisches Gerede", „übertriebene Schmerzesäußerung", Blois „übertriebenes Gejammer", Anjou „Lüge", „Betrug", poitev. „Spott", „Heuchelei", berrich. „heuchlerisches Jammern" u. ä.; es ist Abl. von *Gire,* der norm., seit dem 12. Jh. bezeugten Form des Namens *Gilles,* der Bezeichnung des Hanswurstes, aus lat. *(Aegidius),* s. *gille* 2; Corblet s. v.; Sain. LPar 39; vgl. dazu norm. *girot* „Dummkopf", champ. *giller* „betrügen".
Abl. von *girer* „drehen", s. *girouette,* über *girerie,* Bl.-W. 295, befriedigt weder begrifflich noch morphologisch.

girofle „Gewürznelke"
11. Jh., auch *gérofle,* aus lat. *caryophyllon*; Diez 156; REW 1727; dazu seit dem 13. Jh. die *-atus*-Abl. **giroflé** „nelkenartig"; zu diesem seit dem 15. Jh. das Fem. **giroflée** „Levkoje".

girole „Zuckerwurzel"
16. Jh., aus nprov. *giroulho, girolo,* in Alpes *chirouis,* limusinisch *cherbi,* dazu span. *chirivía, cherevía*; vgl. dazu mittellat. im 13. Jh. *gerla,* Genf *gérole,* dauph., 16. Jh.,

chiroulo u. ä.; das Wort stammt letzten Endes aus arabisch *karāwijâ'*; vgl. *chervis*. Roll. Fl. 6, 161 f.

girolle „Drehling" (Art Schwamm)
16. Jh., ist Abl. *(-eola* in westfrz. oder südlicher Entwicklung) von afrz. *girer* „sich drehen", aus lat. *gyrare*; das Wort wird für Poitou angegeben; Roll. Fl. 11, 140 ff.; Behrens, Wg. 361; REW 3937.

giron „dreieckig zugeschnittener Stoffzwickel" va.; „dreieckige Stufe einer Wendeltreppe", „Schoß" u. ä.
12. Jh. *gieron, geron* „Schoß", auch „Tuchwand eines Zeltes" u. ä., aus fränkisch **gêro* zu anord. *geire* „keilförmiges Stück Zeug". Mackel 89; REW 3638; Jud, Acc. *-ain* 15; FEW 16, 32.

girouette „Windfahne"
16. Jh., steht für **guirouette,* dessen Anlaut vielleicht in volksetymologischer Anlehnung an *girer* „sich drehen", s. *girolle*, überfranzisiert wurde; dieses ist vielleicht in Anlehnung an *rouette* „Rädchen" umgestaltet aus **guirewitte,* altnorm. im 12. Jh. als *wirewite* belegt, aus anord. *vedrviti* „Wetterhahn am Hausdach". Cohn, ASSL 103, 238 f.; Falk, WuS 4, 42; REW 5916.
girouette als Abl. von **girou* „sich im Kreise drehend", dieses aus vlat. *girovagus*, das im 5./6. Jh. belegt ist, Thomas, Rom. 24, 119; (Ess. 307 ff.), entspricht nicht der Überlieferung.
gisant s. *gésir.*

gisement „Lage", „Streckung der Küste"
13. Jh., auch *gissement,* ist Abl. von *gésir* „liegen", mit dem Vokal der stammbetonten Formen wie afrz. *jist* aus *jacet,* s. d. F.

gîte „Lager"
12. Jh. *giste,* gilt seit dem 17. Jh. als familiär bzw. komisch, Br. 3, 171, aus grom. **jácĭtum,* d. i. vorhistorisches Part. von lat. *jacēre* „liegen", s. *gésir*; dazu seit dem 13. Jh. die Abl. **gîter** „sein Lager haben" u. ä.

givre 1. „Rauhreif"
15. Jh. *joivre, geuvre. gèvre,* morv. *gevri,* lebt in Nordfrankreich im Osten, dann im Übergangsgebiet zwischen Nordfr. und Südfr., ferner nprov. *gibre, giure,* kat. *gebre*; nach Hubschmied VR III, 128 aus gallisch **gevro* aus **gêmero,* zu lat. *hibernus* „winterlich"; dazu oberital. *geleivro,* prov. *gelibre,* d. i. Verschmelzung von *givre, geivre* mit *geler*; so eher als schon gallisch **gelugêmeron,* Hubschmied l. c.; vgl. Brüch ZRP 52, 329.
Nicht aus fränkisch **gibara,* zu nddt. *geiber* „Geifer", Braune ZRP 42, 136; auch nicht *gelibre* aus lat. **gélivitrum,* Nigra AGI 14, 282.
2. s. *guivre.*

givrée „Schicht zerstoßenes Glas"
19. Jh., ist *-ata*-Abl. von *givre* 1, s. d.

givreux „rissig" (von Edelsteinen)
19. Jh., auch *glaceux,* ist Abl. von *givre* „Rauhreif", wie *glaceux* von *glace* „Eis".

glabre „kahl", „unbehaart"
16. Jh., aus lat. *(glaber).*

glace „Eis"
12. Jh., aus vlat. *glăcia* für lat. *glacies*; REW 3771; dazu seit dem 11. Jh. **glaçon** „Eiszapfen" u. ä., aus grom. **glacione,* d. i. dem. Abl. von *glacia* „Eis".

glacer „vereisen", „erstarren machen"
12. Jh., aus lat. *glăciare* dass. Diez 597; dazu afrz. *glacier,* in der Bedeutung „gleiten", „ausgleiten", „gleiten machen", auch *glaçoiier* „auf dem Eise gleiten", dieses, unabhängig von lat. *glaciare,* neu abgeleitet von *glace* „Eis"; von *glacier* „ausgleiten" seit dem 15. Jh. belegtes *(-atīceum)* **glacis** „Abhang", „ausgebogener Rand", „Vorfeld" u. ä.; s. auch *glisser*; dazu im 18. Jh. das postverb. Subst. *glas* „Ausgleiten", Tilander, ZRP 46, 263.
glacier „gleiten" aus fränkisch **glattjan* „glätten", Barbier, MLeeds 12, 288 ist ein germanisch unrichtiger Ansatz.

glaciaire „zum Gletscher gehörig"
19. Jh., ist gelehrte Abl. von **glacier** „Gletscher", 16. Jh.; dieses stammt vermutlich aus dem Südosten, aus vlat. **glăciarium* „Eismasse", d. i. Abl. von vlat. *glacia* „Eis", s. *glace*. Wißler, RF 27, 73; REW 3771.

glacial „eisig"
14. Jh., aus lat. *(glacialis).*
glacis s. *glacer.*
glaçon s. *glace.*

glaçure „Glasur"
18. Jh., ist Umsetzung von dt. *Glasur,* dieses zu dt. „Glas"; Bl.-W. 295.

gladiateur „Gladiator"
13. Jh., aus lat. *(gladiatore).*

glai „Wasserschwertlilie", va.
12. Jh., daneben seit dem 13. Jh. gleichbedeutend **glaieul**, aus lat. *glădius* „Schwert" bzw. lat. *glădiŏlus* „kleines Schwert". REW 3772/73; Stimm, Festschr. Krahe 1958, S. 164.

glaire „Eiklar", „rohes Eiweiß"
12. Jh., aus vlat. **clāria,* d. i. Abl. von lat. *clarus* „hell". Diez 597; REW 1962.

glaise „Tonerde"
12. Jh. *glise* neben *gloise,* aus gallisch **glīsa, *glêsa,* das in der Zusammensetzung *glisomarga* „Art Mergel", s. *marne,* bei Plinius belegt ist. REW 3788.
Aus vlat. **glitia,* in Glossen *gliteus,* dieses zu lat. *glis* „humus tenax" unsicherer Herkunft, Diez 598; Philipon, Rom. 45, 465 f., ist lautlich schwierig und erklärt die Doppelformen mit stammhaftem *-ê-* bzw. *-ī-* nicht, die sich innerhalb des Gallischen aus einer

gemeinsamen Vorstufe *-ei-* verstehen lassen; auch nicht zu *lie,* Horning, ZRP 25, 503 ff.

glaive „Schwert"
12. Jh., gilt im 17./18. Jh. als veraltet bzw. burlesk, aus lat. *(glădius),* belegt als *gladie* im Leodegarlied, 2. Hälfte des 10. Jhs., ca. 1122 *glavie,* das um 1200 auch im Mittelhochdeutschen als Lehnwort nachgewiesen ist, Frings-Linke NM 53, 36; daraus über *glaïe* afrz. *glaïve* „Lanze", „Wurfspieß", „Schwert", „Unglück", „Herzeleid", TL IV, 354; der Übergang von *glaïe* zu *glaïve,* mit Einschiebung eines *-v-* als Übergangslaut, um die Verschmelzung des dreisilbigen *glaïe* zu *(glêə)* aufzuhalten, wie in *gravir;* die lautgesetzliche Entwicklung von *gladius* s. unter *glai, glaieul.*
glaive aus **glavius,* dieses Kreuzung von lat. *gladius* mit *clava* „Keule", Brüch, ZRP 52, 335, ist schon wegen der altbelegten Formen unwahrscheinlich; vgl. auch Flasdieck, ZRP 74, 24; Bl.-W. 296; REW 3773; FEW III, 144.
glama s. *lama.*

gland 1. „Eichel"
12. Jh., aus lat. *glande.* REW 3778.
2. „Kluppe", „Klemme"
18. Jh., aus ndl. *klamp* „Klammer", s. *clamp.*

glande „Drüse"
13. Jh. *glandre,* so heute norm., aus lat. *glandula* dass. REW 3777.

glandule „kleine Drüse"
16. Jh., aus lat. *(glandula)* „Drüse", s. *glande.*

glane „Handvoll aufgelesener Ähren", „Handvoll"
13. Jh., ist postverb. Subst. von **glaner** „Nachlese halten", 14. Jh. *glener,* aus grom. *glennare,* das seit dem 6. Jh. belegt ist; dieses stammt aus gallisch **glenn-* dass., aus urkeltisch **glendn-,* das in der Bedeutung des frz. *glaner* in air. *díghlaim* < **dē-glendsmn̥* erhalten ist. (Pokorny.) Vgl. FEW III, 152; Bl.-W. 296.
Zu irisch *glenaim* „hafte an", REW 3784, ist begrifflich schwierig; keltisch *glan* „rein", Diez 598, hat stammhaftes *-a-,* s. Thurn. KR 100.

glapir „kläffen"
12./13. Jh., aus fränkisch **klappjan,* zu ahdt. *klapfôn* „schlagen", „schwatzen" u. ä.; vgl. auch *clapir.* Diez 598; Braune, ZRP 20, 359.
Oder nach REW 3781; Bl.-W. 296 Kreuzung von *glatir* mit *japper;* nach Sain. Chien 12 würde unabhängige Schallbildung vorliegen.

glaréole „Sandhuhn"
19. Jh., aus neulat. *(glareola)* zu lat. *glarea* „Kies", „Sand".

glas „Kirchengeläute", „Salve"
12. Jh., afrz. „Lärm", „Getöse", „Schall", auch „Glockengeläute", auch *glais,* das erste aus vlat. **classum* zu lat. *conclassare* „zusammenrufen", das zweite aus lat. *classĭcum* „Trompetenstoß", das vlat. zu **clascu* wurde. Diez 97; REW 1965; zu afrz. *glais* eine analogische Akkusativform *glai* gleicher Bedeutung.

glatir „kläffen" va.
12. Jh., heute durch *glapir* ersetzt, s. d., aus spätlat. belegtem *glattire,* das wohl Schallbildung ist. Diez 162; REW 3781.

glaucome „grüner Star"
17. Jh., aus lat. *(glaucoma).*

glauque „meergrün"
16. Jh., aus lat. *(glaucus).*

glèbe „Erdscholle"
15. Jh., aus lat. *(gleba).*

glène 1. „Gelenkpfanne"
16. Jh., aus gr. (γλήνη).
2. „ein um sich selbst aufgewickeltes Tau"
18. Jh., aus nprov. *gleno* „regelmäßig gewickeltes Tau"; dieses ist postverb. Subst. von nprov. *glenà* „ein Tau rundbiegen", das zu *glenà* „auflesen" zu gehören scheint, s. *glaner.*

glette „Bleiglätte"
12. Jh. „zäher Schleim", „Auswurf des Meeres", „Geifer" u. ä., so wall. *glète* „Geifer", dann „Abschaum eines flüssigen Metalls", Namur *glète* „Geiferspur", „Essensspuren auf dem Teller"; dazu afrz. *gleteus* „eiterig", Namur *glèter* „geifern" u. ä., aus lat. *glitta* zu *glittus* „zäh", „klebrig". FEW III, 157; vgl. Brüch, ZRP 52, 337.
Aus deutsch *glätte* in *Silberglätte, Bleiglätte* u. a., Diez 599; entspricht nicht der ursprünglichen Bedeutung des Wortes.
gletteron s. *glouteron.*

gline „bedeckter Fischkorb"
18. Jh., auch in der Form *glene* bezeugt, ist vielleicht eins mit rouchi *glène* „Henne", boulogn. *gline* dass., s. *geline.*

glisser „gleiten"
12. Jh., ist Kreuzung von afrz. *glier* „gleiten" und *glacier, glaçoier* „ausgleiten", s. *glacis;* afrz. *glier* aus fränkisch **glîdan* (as. dass.) „gleiten". Diez 599; REW 3789.
Nicht aus ahdt. **glitzan,* als Iterativum zu *glîtan,* Mackel 100; Unmögliches bei Braune ZRP 20, 366.

globe „Kugel"
14. Jh., aus lat. *(globus).*

globule „Kügelchen"
17. Jh. aus lat. *(globulus).*

gloire „Ruhm"
11. Jh. *glorie,* aus lat. *(glōria)* dass.

gloria „Kaffee mit Branntwein"
19. Jh., vermutlich aus lat. *(gloria)* „Ruhm", scherzhaft aus dem Anfangsvers der Psalmen „gepriesen sei". Dict. gén.

glorieux „ruhmvoll"
11. Jh., aus lat. *(gloriosus).*
gloriole „armseliger Ruhm"
18. Jh., aus lat. *(gloriola).*
glose „Glosse"
12. Jh. „Sprache", „Erklärung", aus spätlat. *(glosa)* „seltenes Wort", „Worterklärung", zu lat. *(glossa)* „Zunge", „Sprache"; Bl.-W. 297; dazu seit dem 12. Jh. die Abl. **gloser** „erläutern".
glossaire „Wörterbuch"
17. Jh., dafür im 16. Jh. in Anlehnung an die Schreibung von *glose* die Form *glosaire,* aus lat. *(glossarium).*
glossateur „Erläuterer"
15. Jh., ist Abl. von lat. *(glossa),* s. *glose.*
glosse s. *glose.*
glotte „Stimmritze"
17. Jh., aus gr. (γλῶττα) „Stimme".
glougloter „kollern" (vom Puter)
17. Jh., auch *glouglouter,* dazu gleichzeitig **glouglou** „Glucken", ist Schallbildung, vgl. *glousser.*
gloume s. *glume.*
glousser „glucken"
14. Jh. *clocer, cloquer,* ist Schallbildung wie deutsch *glucken,* lat. *glocire* u. ä.; vgl. auch *glocidare* in Glossen, Gundermann, ALL 12, 414; kaum mit Suffixwechsel umgebildet aus lat. *glocire,* Gröber, ALL 1, 547; Braune, ZRP 19, 367.
glout „Vielfraß"
12. Jh., seit dem 17. Jh. veraltet, Br. 3, 135, ist afrz. adjektivisch „gierig", aus vlat. **glŭttus* zu lat. *gluttire* „verschlingen", s. *glouton.* REW 3810.
glouteron „Klette"
15. Jh., ist in volksetymologischer Anlehnung an *glout, glouton* umgestaltet aus älterem *gleteron*; dieses ist Weiterbildung von afrz. *gleton* dass., aus fränkisch *klëddo* zu ahdt. *cletto* dass. Diez 598; REW 4709.
glouton „Fresser", „Schwelger"
11. Jh., afrz. auch Schmähwort „Schurke", aus lat. *glŭttone* dass. REW 3808.
glu „Leim"
12. Jh. *gluz,* aus vlat. *glūtis, glute* für spätlat. belegtes *glus, glute* dass.
Das Wort ist afrz. indeklinabel (aber im 11. Jh. belegt als *glud*); doch deshalb nicht **gluteum,* Horning, ZRP 24, 553; vgl. AR 6, 8 f.
gluau „Leimrute"
16. Jh., dafür im 14. Jh. *gluon,* steht vermutlich für **gluot,* d. i. Werkzeugsbildung zu **gluer** „mit Leim bestreichen"; dieses, 12. Jh., ist Abl. von *glu* „Leim", s. d.; oder *gluau* westfrz. Form für **glual,* dann unmittelbare Abl. von *glu* „Leim".
glucose „Traubenzucker"
19. Jh., ist Abl. von gr. (γλυκύς) „süß".
glui „Roggenstroh"
12. Jh., dafür im Süden Formen mit anlautendem *cl-* in der Bedeutung „Roggen", geht auf eine Grundform **clŏdium* zurück, die wohl gallisch ist, REW 3796; die von Diez 599 angeführten keltischen Wörter stehen diesem **clŏdium* fern, s. Thurn. KR 101; FEW II, 793.
glume „Kelchspelze der Gräser"
19. Jh., auch *gloume,* aus lat. *(glūma)* „Hülse", „Balg".
gluten „Kleberstoff"
16. Jh., aus lat. *(glūten)*; s. *glu.*
glycérine „Glyzerin"
19. Jh., ist abgeleitet von gr. (γλυκερός) „süß".
glycine „Glyzinie"
18. Jh., ist Abl. von gr. (γλυκύς) „süß".
glyptique „mit Schriftzügen, Zeichnungen versehen"
18. Jh., aus gr. (γλυπτικός).
gnacare „Art Zymbel"
18. Jh., aus römisch, venezianisch *gnaccara* (toskanisch *nacchera*) „Perlmuschel", dann „Art Klapper von Nußschalen", „Pauke"; aus kurdisch *nakára* „Perlmuschel", vgl. *nacre.* Diez 221; REW 5814.
gnaf „Flickschuster"
ist aus dem Vulgärfrz. in zahlreiche Mundarten gewandert; es stammt vermutlich aus dem Südosten, vgl. lyon. *gnafre* dass., ursprünglich „Fresser", vgl. dazu nprov. *gnafla* „pampfen", pik. *gnafrée* „große Menge von Lebensmitteln"; es ist letzten Endes Schallbildung. Thorn, ASSL 127, 130 ff.; Sain. LPar. 197.
gnan-gnan „Jammerfritze"
19. Jh., ist Schallbildung.
gneiss „Gneiß"
18. Jh., aus nhdt. *Gneiß.*
gnognotte „wertloses Ding"
19. Jh., ist Schallwort.
gnole „Schramme, die ein Kreisel beim Zusammenstoßen mit einem zweiten erleidet", „Hieb, der eine Schramme zurückläßt"
18. Jh., stammt aus dem Rotwelsch und ist über die Poissardliteratur ins Vulgärfrz. gewandert; heute ist es mundartlich weit verbreitet, so Mons, pik., lothr., burg. usw.; es ist Rückbildung von *croquignole* bzw. *torgnole,* s. d. Sain. LPar. 96.
gnôle „Schnaps"
19. Jh., stammt aus dem in Paris und beim Militär gebräuchlichen Rotwelsch; *gnôle* ist burgundische Form von lat. *ĕbulus* „Attich", „Zwergholunder", s. *hièble,* aus dem ein minderwertiger Schnaps erzeugt wird; vgl. gleichbedeutend *eau d'hièble,* wie *eau de vie*; Esnault, Fr. mod. 16, 295; Bl.-W. 321.
gnocchi „Klösse"
Anfang des 20. Jhs., aus ital. *gnocchi* dass., dieses Plural zu *gnocco* „Kloß", „Klotz", dieses umgebildet von *nocchio* „Knorren",

„Knoten", „Kern", „Stein" (im Obst), aus lat. *nŭcleus* „Kern".

gnome „Berggeist"
16. Jh., aus mittellat. *(gnomus)*, das von Paracelsus künstlich gebildet wurde; dazu seit dem 18. Jh. die Abl. **gnomide** „weiblicher Erdgeist". Dict. gén.; vgl. FEW III, 177.

gnomon „Zeiger der Sonnenuhr"
16. Jh., aus lat. *(gnomon)*.

gnose „höhere Kenntnis von Gott"
17. Jh., aus gr. (γνῶσις) „Erkenntnis".

gnou „Stierhirsch"
18. Jh., stammt aus dem Hottentottischen. Dict. gén.; Bl.-W. 297; Littmann 144.

go (tout de) „geradezu", „mir nichts, dir nichts" älter *tout de gob*, 16. Jh. „auf einen Zug", ist postverb. Subst. von *gober* „verschlingen", s. d. Dict. gén.

gobelet „Becher", „Raketenhülse" u. ä.
13. Jh., vgl. dazu mfrz. *gobel, gobeau* „Trinkgefäß", das im 14. Jh. belegt ist, daher aus *gobelet* rückgebildet sein kann; vgl. dazu mundartlich Pas de Calais *gob, gop* „Schale", das aus bretonisch *gob*, auch *kop* „Trinkgefäß" entlehnt ist; dieses stammt selbst aus afrz. *cope*, s. *coupe* 1; so dürfte *gobelet* dem. Abl. von einem afrz. **gobe* „Trinkgefäß" sein, dieses Entlehnung aus dem Bretonischen; das Fehlen des afrz. Wortes in der afrz. Literatur mag sich daraus erklären, daß **gobe* in dem abgeleiteten *gobelet* aufgegangen ist.
Aus einem gallischen **gobbo* „Schnabel", „Mund", aus altirisch *gop* dass., FEW III, 177, ist begrifflich und morphologisch unsicher, vgl. *gober*.

gobelin 1. „Kobold"
16. Jh., ist durch mittellat. *gobelinus* bei Ordericus Vitalis (1075—1142) für die Normandie gesichert, bezeichnet dort (in Évreux) einen harmlosen Geist, der sich in verschiedenen Formen zeigt, Diez 599; dazu bretonisch *gobilin* „Irrlicht"; scheint zu germ. *kobold* „neckischer Hausgeist" zu gehören, doch ist die unmittelbare Herkunft unklar; vgl. Brüch ZRP 52, 341, der das Wort aus gr. κόβαλος „Schalk" herleiten will, was u. a. aus geographischen Gründen unwahrscheinlich ist.
2. „gewirkte Tapete"
15. Jh., nach der *les Gobelins* genannten Teppichfabrik in Paris, diese nach dem Färber *Gille Gobelin*. Dict. gén.

gobeloter „gerne Wein trinken", „herumkneipen"
17. Jh., ist Abl. von mfrz. *gobelot* „Becher", vgl. norm., rouchi *gobelot* dass., fr. comt. *goubelot* „Glas", dieses mit Suffixwechsel gebildet aus *gobelet*, s. d.

gober „verschlingen"
16. Jh., vielleicht schon im 13. Jh. *soi gober* „sich rühmen", dazu **gobet** „Mundvoll", „gutes Stück", 13. Jh., vgl. die Rückbildung norm. *gobe* „große Mundvoll"; afrz. *gobet* gehört vermutlich zu gallisch **gobbo-* „Mund", „Schnabel", vgl. irisch-schottisch *gob* dass.; die *-t*-Abl. ist möglicherweise schon gallisch. Diez 599; Thurn. KR 60; REW 3814; FEW III, 177.
**gobb-* nicht germanisch, zu englisch *gob* „erbrechen", Braune, ZRP 36, 82; 42, 137, da dieses selbst aus dem Französischen stammt.

goberge 1. „getrockneter Stockfisch"
12. Jh. *gauberge*, ist poitevinisch, hier seit dem 13. Jh. bezeugt, u. H.
2. „Preßstange"
17. Jh., ist mit unorganischer Abtrennung des Anlauts rückgebildet aus *escoperche, *esgoberche*, vgl. frz. *écobuer* neben Vendée *gobuis, cobuis* u. ä., s. *écoperche*.

goberger refl. „sich unterhalten"
16. Jh., vgl. dazu lyon. *se gobargi*, bournois *goberdji*, dann wohl aus dem Französischen B. Maine *goberžö* „der sich unterhält"; es ist nach dem Vorbild von afrz. *haubert* „Panzerhemd", *haubergier* „mit einem Panzerhemd bekleiden" u. ä. abgeleitet von mfrz. *gobert* „heiter", „lustig", älter wohl **gobard*; dieses Abl. von afrz. *gobe* „prächtig", „zart", von Personen „eitel", „stolz" u. ä., vgl. dazu Aunis *gobe* „aufgeblasen", Centre „verschlafen", das wohl zu *gober* „verschlingen", *gobet* „guter Bissen" gehört, s. *gobet*.

gobet 1. s. *gober*.
2. in *chasser au gobet* „(Rebhühner) mit Habicht und Sperber beizen"
ist Abl. von *gober* „erhaschen" in der faktitiven Verwendung „erhaschen machen", also aus syntaktisch vollständigem *faire gober les perdrix au faucon*.

gobeter „mit Mörtel, Kalk bewerfen"
ist Abl. von mundartlichem *gobe* „Maurerkelle", s. *gobe* „Schale" unter *gobelet*.
Im 13. Jh. belegtes *gobeter*, Dict. gén., bedeutet „gute Stücke verzehren", s. *gober*, hat mit heutigem *gobeter* nichts zu tun; nach Thomas, Mél. 85, wäre dieses eins mit afrz. *copeter, copter* „eine Glocke wiederholt kurz anschlagen", dieses zu westfrz. *cobe*, der Entsprechung von *coup*, s. d.
Dazu seit dem 19. Jh. die *-aticium*-Abl. **gobetis** „Bewurf".

gobeur s. *gober*.

gobille „Kugel", „Kügelchen"
19. Jh., stammt aus dem Südgürtel des Nordfrz., vgl. berrich., bourb. dass., lyon. *gobilhi*, languedok. *gloubilhou*; *gobille* ist dissimiliert aus **globille*, d. i. dem. Abl. *(-īcula)* von *globe* „Kugel", s. d.; Puitspelu s. v.
Nicht zu *bille*, Dict. gén.

gobin „Buckliger"
16./17. Jh., aus ital. *gobbino* zu ital. *gobbo* „Buckel" aus vlat. **gŭbbus* für lat. *gibbus*,

mit *-u-* aus gr. κυφός „gebeugt", s. Walde s. *gibba*; REW 3755.
Nicht aus germanisch **gŭbb-* zu norw. *gobb* „Schultergegend", Braune, ZRP 42, 140.
godaille s. *gogaille.*

godailler „herumkneipen"
18. Jh., wird für rouchi, Vogesen angegeben, dazu frz. Schweiz *godalhi*; es ist Abl. von afrz. *godaille*, d. i. an das Suffix *-aille* angelehnte Nebenform von afrz. *godalle* „Art Bier", vgl. champ., frz. Schweiz *godaille* „schlechter Wein", saintong. *godale, godaille* „Weinsuppe"; dieses aus agls. *gôd ealu*, mengl. *good ale* „gutes Bier"; zu diesem s. FEW 64 b.

godan „Betrug"
17./18. Jh., vgl. schon im 14. Jh. bezeugtes *godon* „Schimpfwort für Engländer", frz. Schweiz *godeme*, bei S. V. frz. *goddam* dass., aus englisch *god dam* „Gott verdamme".

godelureau „junger Geck"
15./16. Jh., ist Weiterbildung von dem Stamm **god-*, in dem zwei verschiedene Grundlagen zusammentreffen; frühnfrz. *godon*, Spottname für „Engländer", nach dem Fluch *god dam* „Gott verdamme, s. *godan*, auch *gondon, gordon*, und ndl. *gôd* „gut", vgl. im 13. Jh. *godeherre* „Herrgott!", Deutschen in den Mund gelegt; dazu im 16. Jh. *faire gode chere* „es sich gut gehen lassen", wie frz. *faire chère lie*; zu dem Spottwort gehört vielleicht, 15. Jh. *gode* „unfruchtbar gewordenes Schaf", im 16./17. Jh. *godal* „Schindmähre"; im 16. Jh. *un lasche gode* gleichfalls Schimpfwort; mit dem ndl. *gôd* „gut" ist vermutlich der Stamm von afrz. *gaudir* „sich freuen" zusammengetroffen, s. daselbst; der zweite Teil von *godelureau* in Anlehnung an *lureau, luron* „flotter Kerl", s. d., bzw. *galureau* „Stutzer", 15. Jh., das zu *galant* und *lureau* gehört; *godelureau* gekreuzt mit *gogue* s. *gogaille*, ergibt die Nebenform *goguelureau*, 17. Jh.; vgl. Bl.-W. 298 der in *god* Lockruf für Tiere vermutet.

godenot „Hampelmann"
17. Jh., ist dem. Abl. von afrz. *godon* „Spottname für Engländer", s. *godan.*

goder „falsche Falten werfen", „sich aufbauschen"
18. Jh., dazu **godron**, 15. Jh. *goderon* „Eierleiste", „Rundfalte" (in Frauenputzsachen); dann im 14. Jh. *gouderonner*, heute **godronner** „rund fälteln" (Stecknadelköpfe), angev. *godi* „Stoffeinschlag bei einem Kleid", ist mit Suffixwechsel (*-eron* deminutiv wie *-et*) aus *godet* „falsche Falte" gebildet; vgl. Bl.-W. 298.

godet „kleiner Becher ohne Fuß und Henkel", „falsche Falte", „Eichelnäpfchen" u. ä.
13. Jh., berührt sich in der Bedeutung mit *gobel, gobelet*, s. d.; Entwicklung im einzelnen unsicher.
Aus mndl. *codde* „zylinderförmiges Holzstück", Bl.-W. 298, ist begrifflich und geographisch unbefriedigend.

godiche „ungeschickt"; „Einfaltspinsel", „albern" u. ä.
18. Jh., lebt heute, aber wohl aus dem Vulgärfrz. entlehnt, in rouchi „scherzend", „heiter", V. d'Yères „einfältig", angev. „linkisch"; es ist dem. Abl. von nprov. *godo* „einfältig", „Taugenichts", s. *godelureau*; der Bildung nach dürfte das Wort aus dem Süden des Nordfrz. stammen.
Aus spanisch Rotwelsch *godizo* „reich", Dauzat, RPFL 25, 195, trennt das Wort von *gode* „verweichlicht" und entspricht begrifflich nicht; nach Bl.-W. 298 Umbildung von *Godon*, das nach Ménage als Koseform für *Claude* gebraucht und auf Kinder beider Geschlechter angewendet worden wäre(?).

godille „großer Bootsriemen zum Wricken"
18. Jh., vgl. dazu norm. *godiller* „eine Barke mit einem einzigen Ruder vorwärtsbringen", dazu *godille* „das dazu gehörige Ruder", berrich. *godille* „Ruderstange", *godiller* „mit der *godille* abwechselnd rechts und links ins Wasser setzen, in Nachahmung der Bewegung des Fischschwanzes"; H. u.

godillot „derber Schuh", fam.
19. Jh., angeblich im Militärargot gebildet nach dem Namen eines Militärlieferanten vom Krieg 1870/1871; Larchey 195; Bl.-W. 298.

godinette „lustiges Mädchen"
15. Jh., auch *gaudine, godine*, ist Femininbildung zu mfrz. *godinet* „lustig", „heiter"; dieses ist Abl. von afrz. *gaudir* „lustig sein", *gaudisserie* „Lust", „Spott", „Freude", aus lat. *(gaudēre)*, s. *gaudir.*

godiveau „Art Fleischpastete"
16. Jh., bei Rabelais *gaudebillaux*, Vendée *godebeilla* „Kaldaunen", Guernesey *godnivelles* „Kalbfleischhachis", sav. *godiviau* „kleine Bratwurst", nprov., aber wohl aus dem Französischen entlehnt, *goudivèu* u. ä.; scheint aus aital. *godoviglia* „Schmauserei", „Schmaus", „Schwelgerei entlehnt zu sein, das schon im 14. Jh. gesichert ist, wurde dann als expressives Lehnwort im Französischen an Bezeichnungen von Vorstellungen des gleichen Gesichtskreises volksetymologisch angeschlossen und in der Bedeutung spezialisiert, so nach *veau* „Kalbfleisch", *bueille* „Eingeweide", „Kaldaunen", s. *écrabouiller.* Das aital. Wort wäre nach Alessio RLiR 17, 177 im Klosterlatein gebildetes **gaudibilia* zu **gaudibilis* „erfreulich", s. *gaudir*; s. Battisti 1851 unter *gozzoviglia*; vgl. *gogaille.*
Zu afrz. *gode* „Schaf", und afrz. *bueille* „Eingeweide", s. *boyau*, Sainéan RER 7, 462 ist morphologisch nicht verständlich; ebenso Kreuzung von *god-* in *godelureau* mit poitev. *beille* „Eingeweide", Bl.-W. 298.

godron s. *goder.*

goéland „Seemöve"
15./16. Jh. *gaellan,* aus bretonisch *gwelan.* Diez 600; Thurn. KR 101; REW 3932.

goélette „leichter Zweimaster", „Meerschwalbe"
18. Jh., dürfte mit Suffixwechsel aus *goéland* „Seemöwe" neugebildet sein.

goémon „Tang", „Meergras"
14. Jh., aus bretonisch *gwemon.* Bugge, Rom. 4, 358; REW 3933.

goffe „schwerfällig"
16. Jh., aus ital. *goffo* „tölpisch", „geistesschwach". Das Wort lebt hauptsächlich im Süditalienischen, so „Bausch, Puff an Kleidern"; wäre nach Battisti 1839 italische Dialektform für lat. **gubbus, gibbus* „Höcker", „Geschwulst"; dieses aus vlat. *gŭfus* „grob", das bei Isidor v. Sevilla als *vestis gufa* belegt ist; dieses ist vielleicht Schallbildung. REW 3907.
Nicht germanisch, zu norw. *guff* „dicke Person", Braune, ZRP 18, 524 ff.; ZRP 42, 156.

gogaille „heiterer Schmaus"
16. Jh., aus dem Südosten, wo das Wort (Burgund, Verdun etc.) noch lebt; dazu poitev. *gogue* „Fülle aus gehacktem Blut, Speck und Zwiebeln", Centre „Art Blutwurst", Lyon *gòga* „in Milch getauchte Weißbrotschnitte" u. ä.; die Speisebezeichnungen zeigen deutlich die begriffliche Kreuzung mit den unter *godiveau* angeführten mundartlichen Formen; Stammwort ist afrz., 13. Jh., *gogue* „Scherz", „Heiterkeit", älter **gogle,* das durch prov. *gogla* „lärmende Freude" wahrscheinlich zu machen ist; dazu mit der gleichen erweiterten Form des Stammes prov. *gogol,* frz., 15. Jh. *goguelu* „eitel", „anspruchsvoll"; zum Stamm *gog-* 15. Jh. *gogoier* „lustig sein", „sich unterhalten"; gleichfalls im 15. Jh. *goguettes* „Scherzreden", dazu bei Cotgrave *avoir une femme dans ses goguettes* „sich der vollen Gunst einer Frau erfreuen", Tilander, Glanues 134; aus mhdt. *gogel* „ausgelassener Scherz", zu ahdt. *gougolôn* „Taschenspielerei, Zauberkünste treiben", dt. „gaukeln", Brüch, ZRP 52, 344.
Nach Bl.-W. zu einem Schallstamm *gog-*?

gogo 1. in *à gogo* „in Hülle und Fülle", s. *gogaille.*
2. „Leichtgläubiger"
19. Jh., ist Schallbildung, bezeichnet ursprünglich den Einfältigen.

gogue s. *gogaille.*

goguelu s. *gogaille.*

goguenard „spöttischer Spaßmacher"
17. Jh., dazu schon im 16. Jh. **goguenarder** „spöttische Witze machen", gilt im 17./18. Jh. als gemein, Br. 4, 341, dürfte zum Stamme *gog-* gehören, der unter *gogaille* erwähnt ist.

goguenot „Zidertopf", „Latrine"
19. Jh., vgl. dazu vend. *godenot* „kleines Gefäß", angev. *goguenot* „Mistkübel", „Latrine", poitev. *godeneau* „irdenes Gefäß", norm. *goguenot* „Zidertopf"; stammt nach Sain. LPar. 136 aus dem Rotwelsch der algerischen Soldaten und gehört zu manceau *coquenot* „Nußschale", das aus *coquillot* umgestaltet ist, s. *coquille*; das Wort zeigt in Form und Bedeutung Beeinflussung durch *godet,* von dem es aus morphologischen Gründen nicht unmittelbar abgeleitet sein kann.

goguette s. *gogaille.*

goinfre „Schlemmer", „Fresser"
16. Jh., alt auch „Marodeur", ist postverb. Subst. von **goinfrer** „fressen"; dieses stammt angeblich aus dem Gaskognischen (Agrippa d'Aubigné), wo es heute nicht mehr nachweisbar ist; dazu nprov. in der Bedeutung von *goinfre,* Toulouse *gòlis,* nprov. auch *goulas;* es dürfte *goinfrer* eine Kreuzung von *bafrer* mit dem Stamm von *gueule* sein; vgl. Bl.-W. 298.

goitre „Kropf"
ist erst im 16. Jh. belegt, ist also Rückbildung von afrz. *goitron* „Kehle", 12. Jh., für das im 16./17. Jh. die Bedeutung „Kropf" belegt ist; *goitre* bedeutet also der Bildung nach ursprünglich „großer Kropf"; afrz. *goitron* aus vlat. **gŭttrione* für lat. *guttur* „Kehle". Vgl. Diez 600; Bl.-W. 298.
Die Bedenken REW 3930, daß *goitre* weiter verbreitet ist als *goitron,* sind nicht ausschlaggebend; **goitreux** „kropfig", so seit dem 15. Jh., ist Abl. von *goitre;* so eher als aus vlat. **gutturiosus,* da aprov. **goitros* nicht belegt ist; Dict. gén.

golfe „Golf"
15. Jh., aus ital. *golfo,* vgl. *gouffre.*

gomène s. *gumène.*

gomme „Gummi"
11. Jh., aus vlat. *gŭmma,* das bei Dioscorides belegt ist, Bambeck 26, für lat. *cummi,* das letzten Endes aus dem Ägyptischen stammt und ein wohlriechendes Harz bezeichnet; Littmann, 12; Groeber, ALL 2, 442; REW 3916; dazu seit dem 15. Jh. die Abl. **gommeux** „gummihaltig", das im 19. Jh. zur Bezeichnung des Stutzers wird; von *gommeux* dann rückgebildet *gomme* „Art und Wesen des Stutzers". Usinger, GB 4, 41.

gomphose „Nagelfügung"
16. Jh., aus gr. (γόμφωσις).

gond „Türangel"
13. Jh. *gon,* aus lat. *gomphus* „Pflock". REW 3819.
Nicht zu lat. *contus* „Ruderstange". Diez 169.

gondole „Gondel"
zuerst 1094 als *gondula* für eine venezianische Ruderbarke bezeugt, Battisti 1843; dazu im 13. Jh. in einem Bericht der Stadt Genua *gondele,* dann mfrz. *gondre* in einem Text von Rouen, seit dem 16. Jh. *gondole,* aus

ital. (venezianisch) *gondola*; daneben im 14. Jh. für Ragusa bezeugt *condura*, dieses aus byzantinisch κονδούρα „Art kleines Fahrzeug“; es dürfte daher das byzantinische Wort als *condula, gondula* romanisiert worden sein; Kahane, RPh. V, 174.
Nicht unmittelbar aus gr. κόνδη „Trinkgefäß“, Diez 376; Salvioni, RDR 2, 93 f.; Vidos 430; Bl.-W. 299; vgl. auch REW 2748, Kemna 195 f. Nicht zu *cuna* „Wiege“, über *cunula*, D'Ovidio-Ascoli, AGI 4, 170.
Dazu seit Ende des 19. Jhs. *se gondoler* „lachen“, populär, auch „am Rasen faulenzen“; Esnault fr. mod. 16, 297.

gondolier „Gondelführer“
16. Jh., aus ital. *gondoliere*, s. *gondole.*

gonfalon „Heeresfahne“
11. Jh. auch *gonfanon*, aus fränkisch **gundfano* zu ahdt. *gundfano* „Kampffahne“; das Stammwort *fano* ist mittellat. seit dem 8. Jh. belegt; Diez 169; REW 3918; Jud, Acc. -ain 14; dazu seit dem 12. Jh. *gonfanonier*, heute **gonfalonier** „Fahnenträger“.

gonfle „Hohlraum im Metalldraht“
18. Jh., ist postverb. Subst. von **gonfler** „aufblasen“, das seit dem 16. Jh. für älteres, seit dem 15. Jh. bezeugtes *confler*, wohl in Anlehnung an ital. *gonfiare* eintritt; dieses aus lat. *(conflare)* „(einen Brand) anfachen“; das eigentliche grom. Wort ist *enfler.*

gong „Metallplatte, die wie eine Pauke geschlagen wird“
19. Jh., aus engl. *gong*, dieses aus dem Malaiischen. Dict. gén.

gonichon „Kappe auf dem Zuckerhut“
18. Jh., ist dem. Abl. von afrz. *gone* „langer Überwurf“, *gonele* „Überwurf über der Rüstung“, „Frauengewand“, aus grom. *gŭnna* „Pelz“, das spätlat. belegt ist; das Wort ist gallisch, zu kymrisch *gwn* „Leibrock“. Diez 169; Thurn. KR 64; Dottin 261; REW 3919.

gonin „Schwindler“
16. Jh. *maître Gonin*, ist ursprünglich der Name eines Taschenspielers, der nach Brantôme am Hofe Franz I. lebte. Kölbel 86; Dict. gén.

gonorrhée „Samenfluß“, „Tripper“
14. Jh., aus lat. *(gonorrhoea).*

gonze „dummer Kerl“, pop.
17. Jh., dazu die im Rotwelsch gebildete feminine Form **gonzesse** „Weibsbild“, 19. Jh. aus ital. *gonzo* „tölpelhaft“, u. H.; Larchey 196; Bl.-W. 299.

gord „Fischwehr“
14. Jh., ist als *gordus, gordum* mittellat. seit Beginn des 12. Jhs. bezeugt, vgl. dazu mittellat. *gordana*, afrz. *gourdaine* „Vorrichtung zum Fischfang“; es führt auf einen Stamm **gŏrd-* zurück, der fränkisch ist, zu mhdt. *gŭrt* „Gürtel“, anord. *gardr* „Zaun um das Gehöft“. Vgl. Thomas, Rom. 39, 391.

goret „Schweinchen“, „Schiffsbesen“
13. Jh., ist Abl. von afrz. *gorre, gore*, awall. *waure* „Sau“, heute Centre *gore, gourre*, Perche, H. Maine, Morv., burg., Yonne *gore*, norm. *gaure* „Sau“, „Hure“, „grobes, nachlässiges Weib“; dazu afrz. *gorel* „Schwein“, *goreton* „Milchferkel“, bessin *gorin*, lothr. *gouri, gourri, gouril*, auch *voret, vret* dass., die im Anlaut vermutlich durch frz., wall. *verrat*, Côte-d'Or *vorat* „Eber“ beeinflußt sind; vgl. umgekehrt in Pithiviers *gaurat* „Eber“; zugrunde liegt ein Lockruf.
Schweizerdeutsch *goren* „wühlen“ (vom Schwein), *gur* „Tierkot“ ist kaum die unmittelbare Quelle des frz. Wortes, Tappolet, ASSL 131, 111; auch nicht aus keltisch **goiros*, Schuchardt, ZRP 30, 213, das im Gallischen in der Form **gûro* erscheinen müßte, vgl. *bruyère*; noch weniger zu oberital. *gor(o)* „rötlich“, Nigra, AGI 15, 114; oder vorindoeuropäisch, Bertoni, AR 9, 422; s. Roques, Rom. 54, 579; s. Stangier, Bez. des Schweines im Gallorom. 40.

gorge „Kehle“
12. Jh., aus lat. *gŭrga* „Wasserstrudel“, das spätlat. für lat. *gurges* dass. seit dem 5. Jh. auch „Schlund“, „Kehle“ belegt ist. Diez 170; 170; REW 3921; FEW IV, 337.
Nach Zauner, RF 14, 429 aus **gŭrgia* zu *gurges*, weil ein apik., anorm. **gorgue* fehlt, ist nicht bindend, da afrz. *gorge* nicht der einzige Ausdruck für „Kehle“ ist, vgl. *goitre, gosier*; auch verlangt prov. *gorga* unter allen Umständen *gurga* als Grundform.

gorge-fouillée „Kehlhobel“
18. Jh., auch **gorge-fouille**; letzteres ist doppelter Imperativ zu *gorger* „*eine Hohlkehle hobeln“, s. *gorget*, und *fouiller* „wühlen“, s. d.; demnach ist *gorge-fouille* die ursprüngliche Form, die unverständlich geworden, in die Verbindung Subst. + Part. umgestaltet wurde.

gorger „in den Hals stopfen“, „anfüllen“
13. Jh., ist Abl. von *gorge*, s. d.

gorgère „Halskrause“, „Halsstück am Harnisch“, „Brustholz am Schiffsvorderteil“
13. Jh. *gorgiere*, ist mittels des die Umfassung anzeigenden Suffixes *-aria* abgeleitet von *gorge* „Kehle“ u. ä.

gorgeret „Sucher in der Steinzange“, „Röhre zur Aufnahme eines schneidenden Instrumentes bei Operationen“
13. Jh., ist ursprünglich adjektivische Abl. *(-ariceus)* von *gorge* in der technischen Bedeutung „Rinne“, „Hohlkehle“, bedeutet der Bildung nach „zur Hohlkehle gehörig“.

gorgerette „Halskrause“ va.; „Mützenband“
13. Jh., ist dem. Abl. von *gorgère* „Halskrause“, s. d.

gorgerin „Halsstück der Rüstung“, „breites Halsband von Hunden“, „Fries am dorischen Kapitäl“

15. Jh., ist ursprünglich adjektivisch „zum Halsstück gehörig", d. i. *-inus*-Abl. von *gorgère*, s. d.

gorget „Kehl-, Falzhobel"
18. Jh., ist Werkzeugsableitung von *gorger* in der nicht bezeugten Bedeutung „eine Rinne, Hohlkehle hobeln", d. i. Abl. von *gorge* in in der technischen Bedeutung „Rinne", „Hohlkehle", s. d.

gorgone „Gorgone", „Seestaude"
19. Jh., aus lat. *(Gorgona)*.

gorille „Gorilla"
19. Jh., aus neulat. *(gorilla)*, dieses nach der Bezeichnung *gorillas* für eine affenartig behaarte Völkerschaft, von der der Punier Hanno ca. 500 v. Chr. berichtete. Dict. gén.

gosier „Kehle", „Schlund"
13. Jh., ist Abl. *(-arium* zur Bezeichnung der Umfassung) von einem nicht mehr belegten afrz. *goise*, aus vlat. **gŭsia*, für gallisch **gousia*, das in der älteren Form *geusiae* „inneres Zahnfleisch", „harter Gaumen" bei Marcellus Empiricus, als *gebsias* „Kinnbein" in einem lat. agls. Glossar des 8. Jhs. belegt ist, s. Schuchardt, ZRP 21, 199; Meyer-Lübke, ZRP 15, 242 f.; REW 3750; eine gallische mundartliche Form **gausiae* liegt wall. *joihe*, lothr., voges. *žöh* „Wange" zugrunde, Zauner, RF 14, 392; wegen des gallischen Wandels von *-eu* über *ou* zu *au* s. den PN *Baudius* aus gall. *boudius* „victoriosus", irisch *búaid*, Holder, Alt-kelt. Sprachschatz 498, vgl. Meyer-Lübke, LGRP 31, 282; Zupitza, Z. celtische Phil. 3, 591; vgl. auch Brüch, ZRP 38, 692; FEW III, 127.
Nach Kluge, Gr. germ. Phil. 1, 332 wäre *geusiae* germanisch, zu ndl. *kies* „Backenzahn"; doch ist das germanische Wort eher die Entsprechung des gallischen; wenn *gosier* ursprünglich im norm., pik. entstanden ist, könnte auch ihm gallisch **gausiae* zugrunde liegen.

gosiller „ausspeien" va.; „übergehen" (beim Destillieren des Branntweins)
13. Jh. „vorzwitschern", eigentlich „aus der Kehle fließen lassen", s. *égosiller*, ist Abl. von afrz. **goise* „Kehle", s. *gosier*.

gossampin „Wollsamenbaum"
16. Jh., aus lat. *(gossympinus)*.

gosse 1. „Kausch" (der mit Stricken umwundene Eisenring an den Tauen) ist Nebenform von *cosse*, aus ndl. *kous* dass.
2. „kleiner Kerl", „Lehrling"
19. Jh., stammt aus dem Rotwelsch, ist von hier in die Arbeitersprache gedrungen, daher *gosse* „Buchsetzerlehrling", von hier in die Literatur und in Mundarten, so Anjou, Vendôme, St. Pol u. a.; Pauli, Enf. 304 f.
Nicht mundartliche Form für *gars*, *Vising, Moyen âge 2, 33; auch kaum eins mit ital. *gonzo* „dumm", „Tölpel", Sain. LPar. 60 f.; noch weniger wahrscheinlich, daß *gosse* aus dem Schwedischen auf militärischem Weg im 16. Jh. nach Frankreich gekommen sei, Richthofen, ZRP 67, 105.

gothique „mittelalterlich", „veraltet", „gotisch" zuerst 1482 in der Bedeutung „mittelalterlich", dann mittelalterliche Schrift", „mittelalterlicher Architekturstil", seit 1556 abgewertet zu „veraltet"; Baldinger, ZRP 77, 95; Bl.-W. 299; ist Abl. vom Namen der Goten, lat. *(gothi)*.

goton 1. „Eisenring am Helmstock"
18. Jh., u. H.
2. „Landmädchen", „Dirne"
ist Koseform für *Margot, Marguerite*, so rouchi, norm. Dict. gén.

gouache „Wasserfarbenmalerei"
18. Jh. in *peindre à la gouache*, aus ital. *guazzo* „Wasserfarbe", eigentlich „Pfütze", „verschüttetes Wasser", zu lat. *ăquātio* „Lache". REW 578.

gouailler „auslachen"
19. Jh., lebt im Vulgärfrz. und ist von hier in die Mundarten gewandert, so pik., berrich., frz. Schweiz; es stammt aus dem Wallonischen, vgl. wall. *guaiî* „sticheln", *guaies* „Stichelworte", Namur *guaie* „Narrheit", „läppisches Zeug", *guaï* „aufschneiden", rouchi *goalier* „scherzen", „verspotten"; es ist mit Suffixwechsel *(-ailler* für *-iller)* gebildet aus afrz. *aguiller* „anstacheln", „sticheln", s. *aiguille*.
Kaum zu **gouer* als mundartlicher Form für *gaver* „stopfen", s. *engouer*, Sain. LPar. 16; Bl.-W. 300; vgl. Esnault, Fr. mod. 16, 298.

gouape „Taugenichts", „Vagabund"
19. Jh., aus spanisch *guapo*, populär „Raufbold", das letzten Endes aus dem Germanischen kommt, zu apik. *wape* „kraftlos; dazu, wie das Subst., aus dem Rotwelsch der Kasernen, **gouaper** „es sich gut gehen lassen", „keine Bleibe haben", „der Witzling sein" u. ä., aus spanisch *guapear* „den Mutigen spielen", „prächtige Kleider tragen", s. Sainéan, Sources 2, 236; Cor. II, 812; Esnault, Fr. mod. 16, 298; Bl.-W. 300.

goudran „Teer"
14. Jh. *cotren*, heute auch **goudron**, im 17. Jh. als *coudran* bezeugt, aus arabisch *qaṭrân*. Diez 93; REW 6902; Lam. 264.

gouet „Rebmesser"
14. Jh. *gouy, goi*; die letztere Form liegt dem literarischen Wort zugrunde, dessen auslautendes *-t* also nur graphisch ist, vgl. Jura, Nivern. *goy* dass., Orléans *gouy* „Holzpraxe", poitev., burg., Yonne *goué*; es ist im Osten und Südwesten lautgesetzlich entwickelte Form von lat. *gŭbia* „Hohlmeißel", das über *goie* zu *gouee, goué* wurde und in Anlehnung an das Suffix *-et* männliches Geschlecht annahm; die angesetzte Grundform

ist durch mittellat. *goia* in einer Urkunde des Beginns des 13. Jhs. gesichert. REW 3906, s. *gouge* 1.

Dazu die femininen Entsprechungen Les Fourgs *gouesse*, fr. comt. *gouisse*, neuenburg. *goueizet* „Gartenmesser" u. a., wegen welcher Jud, AR 6, 197 ff. *gouet* von *gubia* trennt und für ersteres ein **gausium* erschließt; doch lassen sich die femininen Formen als Analogiebildungen verstehen, und **gausium* widerspricht dem im 13. Jh. belegten *goia*.

gouffre „Schlund"

12. Jh., *goufre, goufle, goufe*, bedeutet „Abgrund", „Schlucht", aber seit der ältesten Zeit auch „Meerbusen", so in den Formen *gofre, gofle, grofe* u. ä.; beide Bedeutungen setzen ein vlat. *colphus* voraus, dieses aus gr. κόλπος „Busen", „Bausch", „Meerbusen", auch „Talschlucht", „Talgrund"; bei der Romanisierung des griechischen Wortes wurde gr. -π- durch lat. *-f-* ersetzt, als ob gr. -φ- zugrunde läge, weil bei der Latinisierung des gr. -φ- dieses bald als Aspirata durch -f-, bald als Verschlußlaut durch *-p-* wiedergegeben wurde; vgl. zu gr. τῦφος *-p-* und *-f-* Formen nebeneinander, s. *étuve*; Wartburg, Sprache und Mensch, 109; afrz. *goufre* „Schlund" ist die volkstümliche Wiedergabe des griechischen Wortes, *gofle, grofe* usf. davon unabhängige Entlehnung des lat. Wortes. Beide Formen sind im Lauf der Entwicklung lautlich zusammengefallen. Die Beschränkung der Bedeutungen von *goufre* auf „Abgrund" seit dem 17. Jh., wegen der Übernahme des ital. *golfo* „Golf" in das Französische; Vidos 429; Dupire, Rom. 63, 269; Arveiller, Fr. mod. 23, 191; FEW II, 925; REW 2059; s. *golfe*.

Germ. **guff-* „dick", „aufgeblasen", bzw. „Maul", „Schlund", Braune, ZRP 42, 156, ist zu wenig begründet.

gouge 1. „Hohlmeißel"

14. Jh., aus vlat. *gŭbia*, so bei Vegetius, für lat. *gulbia*, das aus dem Gallischen stammt, vgl. airisch *gulban* „Stachel", Bugge, Rom. 4, 358; Schuchardt, ZRP 4, 125; Niedermann, AR 5, 440 f.; Diez 179; REW 3906; Hubschmied, VR III, 138; Bl.-W. 300.

2. „Weib", „Schlampe"

15. Jh., bedeutet zunächst „junges Mädchen", bei Molinet (15. Jh.) „Dienerin", aus prov. *goja*, auch *goia* „junges Mädchen", vgl. dazu poitev. *gouge* „Schlampe", dazu nprov. weit verbreitet *goujo, gouio* „Dienerin"; aus hebräisch *gôjā* „Nichtjüdin", neuhebräisch „Dienerin" (Haffner); Diez 601.

Kaum mit Recht abgelehnt REW 3815; daß das Wort ursprünglich „Sau" bedeutet und Schallstamm ist, Sain. Chien 111, ist unbegründet.

gouin „schlechtes Individuum"

15. Jh., ist Rückbildung von **gouine** „schlechtes Weib"; aus saintong. *gouine*, dieses aus gask. *gouino* dass.; dieses ist Abl. von prov. *goia* „Mädchen", „Dienerin", das die Bedeutungsverschlechterung zu „Schlampe" ebenfalls mitgemacht hat, vgl. *gouge* 2; s. Sain. LPar. 321.

goujat „Troßbube", „Grobian"

15. Jh., aus seit dem 14. Jh. belegtem prov. *gojat*, heute als *goujat, gouiat* weit verbreitet; ist dem. Abl. von prov. *goja, goia* „Mädchen", s. *gouge* 2. Diez 601; Pauli, Enf. 349 ff.

Zu nprov. *goujo* „Sau", Sain. Chien 111 f., ist schon deshalb nicht möglich, weil die beiden Wörter in verschiedenen Gegenden zu Hause sind; zu *goujon* „Gründling", A. Sperber, 27. Beiheft der ZRP 145, ist begrifflich unwahrscheinlich; vgl. REW 3815; *goujat* zu *gouge* 1, Braune, ZRP 42, 142, ist begrifflich unwahrscheinlich; desgleichen zu poitev. *gouger* „Gänse stopfen", Spitzer, ZRP 42, 202.

goujon 1. „Gründling"

14. Jh., aus lat. *gōbione*; Diez 601; REW 3815.

2. „kleiner Hohlmeißel"

19. Jh., ist dem. Abl. von *gouge* 1.

3. „Pflock", „Zapfen"

13. Jh., vgl. dazu Démuin *gouvion* „Eisenpflock", ist übertragen vom Namen des Fisches, s. *goujon* 1.

goujure „Einschnitt", „Kerbe"

18. Jh. auch *engoujure*, ist Abl. von **gouger** „mit dem Hohlmeißel aushöhlen", d. i. Abl. von *gouge* 1.

goule „Gespenst, das Leichen verzehrt"

19. Jh., aus arabisch *ġûl*; Lam. 127.

goulée „Mundvoll"

12. Jh., gilt seit dem 17. Jh. als unliterarisch, Br. 3, 134, ist Abl. von afrz. *gole*, s. *gueule*.

goulette s. *goulotte*.

goulot „Flaschenhals"

17. Jh., ist dem. Abl. von *gueule* „Öffnung", s. d.

goulotte „Wasserrinne"

17. Jh. auch *goulette*, ist dem. Abl. von *gueule* „Rachen", „Öffnung", s. d.

goulu „gierig"

15. Jh., ist Abl. von *gueule* „Rachen", s. d.

goum „Kriegskontingent der einzelnen arabischen Stämme"

19. Jh., aus arabisch (Algier) *ġûm* (= *qaum*), Lam. 264.

goumène s. *gumène*.

goupil „Fuchs" va.

12. Jh., afrz. auch *gorpil, worpil, werpil*, ist Kreuzung von vlat. *vŭlpīculus*, so bei Marcellus Empiricus, für lat. *vulpēcula* „Füchslein", mit fränkisch **hwelp* „das Junge des Raubtiers"; Baist, ZRP 28, 95; Roquel, Goupil, Diss. Breslau 1906; REW

9463; vgl. auch Diez 168; Barbier, ZFSL 55, 414.

goupille „Pflock", „Keil"
16. Jh., bedeutet auch „Lederstückchen, das den Achsnagel am Herausfallen aus der Achse hindert"; ist in Anlehnung an *goupil* „Fuchs" volksetymologisch umgestaltet aus *coupille,* das in der frz. Schweiz noch lebt; dieses aus nprov. *coupilho* dass., vgl. auch gleichbedeutendes ital. *copiglia,* dessen Suffix auf Entlehnung aus dem Galloromanischen weist; nprov. *coupilho* ist Kreuzung von nprov. *cavilho* „Holzpflock" mit nprov. *coup* „Schädel", „Napf", s. *couper.* Wenn die Kreuzung im Westen des Provenzalischen erfolgt ist, wo *cavilho* die Form *cabilho* hat, kann die Umgestaltung zu *coupilho* mit dem Ersatz von *cap* „Kopf" durch *coup* „Schädel" zusammenhängen, da hier *cab-ilho* die Form einer Ableitung von *cap* besitzt.
Zu *cuspis* „Spitze", Scheler s. v., ist lautlich und historisch nicht möglich; zu *couple,* Roquel, goupil 40 ff. ist auch begrifflich nicht möglich.

goupillon „Wedel", „Art Bürste"
12. Jh. *guipellon,* 13. Jh. *guipillon,* daraus noch im 17. Jh. *guépillon*, vgl. auch norm. *vipillon, évipillon,* die literarische Form seit dem 15. Jh. in volksetymologischer Anlehnung an *goupil,* ist deminutive Abl. von einem nicht belegten afrz. **guipe* „Wischer", das sich auch aus *guipon* erschließen läßt, s. d.; dieses aus mndt. *wîpe, wîp* „Büschel", „Wischer" zu ahdt. *wîfan* „schwingen", „winden", vgl. auch *guiper*; Behrens, Wg. 363 f.; Thomas, Rom. 24, 266 f. (Ess. 309 ff.).
Fränkisch **wisp-*, REW 9560, ist lautlich nicht möglich, da schon im 12. Jh. *-s-*lose Formen auftreten; im 13. Jh. auftauchenden Formen mit *-sp-* sind entweder nur Graphien für gesprochenes *guîp-*, oder analogische Varianten aus der Zeit des Schwankens zwischen *râper* und *rasper,* u. ä.; auch nicht zu mengl. *wips,* Roquel, goupil 77, oder ndl. *guispel,* G. Paris, BSL 2, 115.

gourbi „arabische Hütte", „Zeltdorf"
19. Jh., aus arabisch (Algier) *gurbî*; Lam. 264.

gourd „steif" (gefroren)
12. Jh., afrz. *gort,* auch „dick", „geschwollen", aus lat. *gŭrdus* „dumm", „tölpelhaft"; Diez 169; REW 3920; FEW IV, 327.

gourde 1. „Flaschenkürbis", „Kürbisflasche"
13. Jh. *cohorde,* aus lat. *cŭcŭrbĭta* „Kürbis"; vgl. auch *courge*; Diez 115; REW 2365; Roll. Fl. 6, 14; ALF 296.
2. „Beule"
18. Jh., dürfte zu *gourd* „aufgeblasen" gehören, s. d.; vgl. aber *gourdin* 2.

gourdin 1. „Seil am Seitensegel der Galeere"
17. Jh., aus ital. *cordino* „kleines Seil", d. i. dem. Abl. von *corda* „Seil", s. *corde.* Dict. gén.
2. „Knüttel"
ist etymologisch mit *gourdin* 1 eins, aber wohl Sonderentlehnung aus ital. *cordino* „Knüttel, mit dem die Galeerensklaven gezüchtigt werden", ursprünglich „das zusammengelegte Tau, mit dem geschlagen wird". Dict. gén.

goure „gefälschter Trank", „Betrug"
16. Jh., vgl. dazu pik., rouchi *gourer* „betrügen", poitev. *gaurai* dass., *gaurour* „Betrüger"; so noch im Rotwelsch *goureur* „Kaufmann, der schlechte Ware billig verkauft", „Arbeiter, der gefundene Gegenstände an den Mann bringen will", Larchey 197; dieses aus arabisch *ġurûr* „Betrug", s. Lam. 128; das Wort tritt zunächst im Rotwelsch auf, dringt im 19. Jh. ins Vulgärfrz. und spezialisiert sich in der Bedeutung „Medikamente fälschen", s. Sain. LPar. 517 f.
Daß die ursprüngliche Bedeutung von *gourer* „essen" wäre, vgl. norm. *gourrer* „sich vollstopfen", und das Wort zu *goret* gehörte, Sain. Sources 1, 115; 2, 236, 364, ist entwicklungsgeschichtlich nicht gerechtfertigt; zu dem Stamm von *goret* „Schweinchen", Bl.-W. 300, ist begrifflich unbefriedigend.

gourgandine „leichtfertiges Frauenzimmer", „vorne offenes Korsett"
17. Jh., vgl. dazu bourb. *gregand, gregandin* „Vagabund", berrich. *gargandin* dass., morv. *gourgandine, guergantine* „Dirne"; zur zweiten Bedeutung des literarischen Wortes vgl. angev. *gourgane* „großes Maul", im Rotwelsch „Hals", „Kehle" u. ä.; es kreuzen sich in dem Worte verschiedene Stämme: so **gand-*, vgl. frz. Schweiz *ganda* „Dirne", langued. *gandar* „schamlos", nprov. *gandaio* „Dirne", lyon. *gandilhi* dass., das letzten Endes auf arabisch *ġandur* „Stutzer" zurückführt, REW 3671, s. auch *gandin,* und der unter *gargamelle* angeführte Stamm *garg-*, *gurg-* „Kehle", vgl. poitev. *gourganet* „Hintergrund der Kehle", pik. *gargoine* „Kehle" u. ä.

gourgane „Pferdebohne"
17. Jh., stammt aus der Matrosensprache, hier auch *gourganier* „Matrose", eigentlich „Bohnenfresser"; es gehört wohl zu angev. *gourgane* „großes Maul" u. ä., s. *gourgandine*; die Bedeutungsübertragung dürfte im Rotwelsch erfolgt sein, vgl. aber Mayenne *bourgane,* Calvados *bourgonne* „Pferdebohne", Roll. Fl. 4, 229 f.

gourgouran „schwerer, ostindischer Seidenstoff"
18. Jh., aus englisch *grogram*; REW 3878; s. Bl.-W. 307.

gourmade „Faustschlag ins Gesicht"
16. Jh., ist Abl. von *gourmer* „ins Gesicht schlagen", s. d.; Rückbildung von *gourmande,*

und dieses zu *gubernare,* Skok, s. Rom. 55, 289, ist nicht ernst zu nehmen, s. *colade.*

gourmand „leckerhaft", „gefräßig"
14. Jh., ist mit Suffixwechsel umgestaltet aus afrz. *gromet, gormet* „Gehilfe des Weinhändlers", wall. *groumè* „Müllerbursche", heute **gourmet** „Weinkenner", „Feinschmecker"; u. H.
Agls. *grôm* „Bursche", REW 3879, ist umstritten; nach Brüch ZRP 42, 349 wäre es einheimisch, zu mndl. *grom* „Brut", „Kind", „Knirps"; aber *gormet* wie *gormant* tauchen erst im 14. Jh. auf, und ein afrz. **gorme, *grome*) besteht nicht; vgl. Bl.-W. 300, 301; FEW 16, 91; Kahane, Journ. Engl. germ. Phil. 60 (1960).
gourmander s. *gourmer.*

gourme „Drüsengeschwulst der jungen Pferde", „Milchschorf der Kinder"
13. Jh., vgl. dazu Centre *envournement* „Schnupfen", lothr. *gourmat* „Drüsen der Hammel", Marne *gormes* „Ohrspeicheldrüsen", angev. *dégourmer* „von einer Entzündung befreien", Urtel, BGPSR 12, 26; aus fränkisch **w o r m ,* der Entsprechung von agls. *worms, wurms* „Eiter"; Baist, ZRP 28, 111; REW 9570; Thomas, Rom. 38, 583 ff.; s. auch *morve.*

gourmer „(einem Pferde) die Kinnkette anlegen", „ins Gesicht schlagen"
14. Jh., ist Abl. vom Stamm von **gourmette** „Kinnkette", 15. Jh. *gromette,* afrz. auch mit anderem Suffix *gormel;* letzteres scheint die älteste Form zu sein, entsprechend einem grom. **g r ŭ m a l e ,* d. i. Abl. von vlat. *grumus* „Kehle", das im Italienischen und Ostromanischen weit verbreitet ist, vgl. zu diesem Meyer-Lübke, LGRP 12, 240; REW 3888; **grumale* bedeutet der Bildung nach „für die Kehle bestimmtes Stück des Pferdezaumes", wie *nasale* „Nasenteil der Rüstung" u. ä.
Zur Pferdekrankheit *gourme,* s. o., weil die Kinnkette die freie Bewegung der Kinnlade des Pferdes behindere, Thomas, Rom. 38, 585; REW 9570; Bl.-W. 301, ist entwicklungsgeschichtlich unverständlich, da ein von *gourme* „Drüsengeschwulst" abgeleitetes *gourmer* höchstens „mit einer Geschwulst behaften" bedeutet hätte, und von *gourme* „Drüsengeschwulst" zu *gourmette* „Kinnkette" auch kein begrifflicher Übergang denkbar ist; wegen des Übergangs von *-ū-* vor *m* zu *-om-* s. ALF 1040, *plume,* mit Formen vom Typus *plōma* im Osten weit verbreitet; die Geschichte des vortonigen *-ū-* im Galloromanischen ist noch nicht endgültig geklärt. Daß im Gallorom. der zu dem angesetzten **grūmale* gehörige Stamm **grūmus* „Kehle" nicht nachgewiesen ist, erklärt sich vermutlich aus dem Vorhandensein des Stammes *grūmus* „Kügelchen", „Kern" (im Obst), s. *grumeau;* REW 3890.

gournable „langer Holznagel beim Schiffsbau"
17. Jh., aus ndl. *g o r d n a g e l* zu ndl. *gord* „Schiffsrippe" und *nagel* „Nagel", da mittels der *gournables* die Schiffsplanken am Schiffsgerüst befestigt werden; s. auch *nable;* Brüch, ZRP 39, 209; REW 5810.
gouspiller s. *houspiller, gaspiller.*

goussaut „untersetztes Pferd", „schwerfälliger Hund, Falke"
17. Jh., stammt aus dem Osten, vgl. vogesisch *gossa* „Mann im Mond", zu ostfrz. *gos, gas* „Vogelkropf", Château-Salins *gosi, gasi* „den Kropf anfüllen", „sättigen", so daß *goussaut* ursprünglich „Fresser" bedeutet hätte; es gehört vermutlich zu *gousse,* s. d.; Horning, Rom. 48, 181.
Zu afrz. *gouz* „Hund", Sain. Chien 45, s. *gosse,* ist durch nichts gerechtfertigt.

gousse „Schote", „Hülse"
15. Jh., vgl. dazu frz. Schweiz *gorfa, goueffa* „erste Haut der Bohnen", gaskogn. *golso,* die für *gousse* eine Grundform **goltsa* erschließen lassen; dieses ist nach Maßgabe von venezianisch *sgusso,* toskanisch *guscio* u. ä. Kreuzung eines Stammes **guscj-* mit *dolsa,* der provenzalischen Entsprechung des frz. *gousse;* beide Stämme sind ihrer Herkunft nach durchaus unklar.
**gallicia* zu *nux gallica,* s. *gauge,* Diez 181, ist unmöglich; desgleichen zu lat. *lobus* „Hülse", „Schote" über **lovucea,* Pieri, Misc. Ascoli 421 ff.

gousset „Achselhöhle" va.; „Achselstück", „kleine Börse, die man zuerst in der Achselhöhle trug, dann im Gürtel" va., davon heute „Gilettasche"
13. Jh., dürfte dem. Abl. von *gousse* in der älteren Bedeutung „Scheide" sein, s. d.; Dict. gén.

goût „Geschmack"
12. Jh., aus lat. *g ŭ s t u s* ; REW 3927.

goûter „kosten", „Geschmack empfinden"
12. Jh., aus lat. *g ŭ s t a r e* ; REW 3926.

goutte „Tropfen", „Gicht" u. ä.
10. Jh., bedeutet afrz. auch „Schnupfen" und verschiedene andere Krankheiten, Urtel, BGPSR 12, 7 f., dient afrz. andrerseits zur Verstärkung der Negation, aus lat. *g ŭ t t a* „Tropfen". REW 3928. Dazu seit dem 14. Jh. die Abl. **goutter** „tropfen", afrz. auch „herabtropfen lassen", Bl.-W. 301; altbelegt in dieser Bedeutung ist seit dem 12. Jh. bezeugtes *degoter,* **dégoutter** aus vlat. *d e g u t t a r e .*

goutteux „gichtig"
12. Jh., ist Abl. von *goutte* „Gicht", s. d.

gouttière „Dachrinne"
12. Jh., aus grom. **g ŭ t t a r i a ,* d. i. mit dem Suffix der Umfassung abgeleitet von *gutta* „Tropfen", s. *goutte.*

gouvernail „Steuerruder"
12. Jh., aus lat. *gŭbernaculum*; REW 3902.

gouverner „lenken"
11. Jh., aus lat. *gŭbernare*; REW 3903.

gouverneur „Lenker"
11. Jh., afrz. *governere*, Acc. *governeour;* aus dem letzteren die literarische Form, aus lat. *gŭbernator*, *gubernatore*. REW 3904.

goyave „Gujavaapfel"
16./17. Jh., stammt aus amerikanisch-spanisch *guyáve*, auch *guilláve*, *guayave*, dieses aus brasilianisch einheimischem *guaiva* „Frucht von Psidium guaiava"; Lenz 350.

grabat „schlechtes Bett", „Krankenbett"
12. Jh., aus lat. *(grabatus)*.

grabeau „Durchsieben" va.; „die nach dem Durchseihen übrigbleibenden Abfälle eines Trankes"
15. Jh., zuerst für Lyon bezeugt, lebt heute als Ausdruck der Hanf- und Flachskultur im ganzen Westen, poitev. *grabò* „Samenkapsel des Flachses", gask. „Hanfsame", Maine „Korn vom grünen Hanf" u. ä.; es ist postverb. Subst. von **grabeler** „durchseihen", aus ital. *garbellare* dass., d. i. Abl. von ital. *garbello* „Sieb", in dem sich lat. *cribellum* und arabisch *ḡarbâl* „Sieb" kreuzen; Lam. 264; REW 2321; Gerig, HF 24; Sain. Rab. 2, 279; FEW II, 1333; Battisti 1763.

grabuge „Streit"
16. Jh. *garbuge*, auch *garbouil*, *grabouil*, vgl. berrich. *garbou*, *garbouil* dass., ist entlehnt aus ital. *garbuglio* „Unordnung", vgl. dazu gleichbedeutendes ital. *battibuglio*, *buglione*, die alle im zweiten Bestandteil *bullire* „sieden" zu enthalten scheinen; der erste Teil und die Art der Zusammensetzung sind unklar. Vgl. Diez 602; REW 1386.
Nach Caix, ZRP 1, 424 wäre ital. *garbuglio* zusammengesetzt aus *groppo*, s. *groupe*, und *buglia* „lärmender Streit", „Prügelei", dieses zu *bullire*, s. *bouillir*; zu lat. *carabus* „Meerkrebs", über **carabucula*, Nigra, AGI 14, 277 f., ist begrifflich unwahrscheinlich und morphologisch unmöglich.

grâce „Gnade"
11. Jh., afrz. auch „Gnadengabe", „hohe Meinung", „Vergünstigung", pluralisch „Dank", aus lat. *(grātia)*; dazu seit dem 14. Jh. in Anlehnung an *remercier* die Abl. **gracier** „begnadigen".

gracieux „anmutig"
12. Jh., afrz. auch „gnädig", „huldvoll", aus lat. *(gratiosus)*.

gracilité „Schlankheit"
15. Jh., aus lat. *(gracilitate)*.

gradation „Steigerung"
15. Jh., aus lat. *(gradatione)*.

grade „Grad"
16. Jh., aus lat. *(gradus)* „Stufe", „Abstufung", vielleicht über ital. *grado*, Barbier, BDR 5, 34.

gradille „Zahnschnitt", „Auszackung"
19. Jh., ist Abl. vom Stamme von **gradine** „Gradiereisen der Bildhauer", das im 17. Jh. aus ital. *gradina* dass. entlehnt wurde; dieses postverb. Subst. von *gradinare* „mit dem Gradiereisen bearbeiten", d. i. Abl. von *grado* „Stufe", nach Battisti 1852 über ein *gradire* „eine Stufe nach vorne machen".

gradin „Stufe"
17. Jh., aus ital. *gradino*, d. i. Deminutivform zu *grado* „Stufe" aus lat. *grădus* dass.; Diez 560; REW 3831.

graduer „abstufen"
15. Jh., aus mittellat. *(graduare)*, zu lat. *gradus* „Stufe"; dazu 14. Jh. **graduel** „stufenweise erfolgend", s. Bl.-W. 301.

graffite „Wandzeichnung auf Mauern antiker Stätten"
19. Jh., aus ital. *graffito*, auch *sgraffito*, das zu lat. *graphium* „Griffel" gehört, vgl. *greffe*; REW 3847.

graille „Art Krähe"
16. Jh., wird für Gard angegeben, dazu die maskulinische Entsprechung *grail* „Rabe", H. Loire, Isère, Lozère, Cantal, Roll F. 9, 193 ff.; ist mundartliche Form für im Norden weiter verbreitetes *grole*, s. d., aus lat. *gracula graculus* „Dohle"; Diez 170; REW 3830.

grailler 1. „krächzen"
15. Jh., ist Abl. von *graille* „Krähe", s. d.
2. „ins Hifthorn blasen"
17. Jh., ist Abl. von afrz. *graille* „Blasinstrument", „Zinke", „Hifthorn", so seit dem 12. Jh., dazu spätere anglonorm. Formen vom Typus *gredle*, die auf eine afrz. Nebenform **graisle* hinweisen; dazu afrz. *graisloier* „die Zinke blasen", auch *grailloier* und *gresloiier*; ist Abl. von afrz. *graisle* „grell" (vom Ton), aus lat. *gracilis* „zart"; Bl.-W. 302; vgl. *grésillon* 1.

graillon 1. „Speisereste", „Speisegeruch" „Geruch von verbranntem Fett", „Marmorabfälle"
17. Jh., vgl. dazu norm. *grâillot* „Speisereste", scheint mit Suffixwechsel aus norm. *grâillon* „Schleimauswurf" umgestaltet zu sein, s. d. F.
2. „Schleimauswurf"
19. Jh., ist norm., auch mit der Nebenform *crâillon*, ist Abl. von norm. *grâiller*, *crâiller*, „Schleim auswerfen", in dem sich *grailler* „krächzen", s. d., und *cracher*, s. d., kreuzen. Dict. gén.
Zu afrz. *graïllier* „rösten", s. *grille*, überzeugt weder begrifflich noch lautlich; Bl.-W. 302.

grain 1. „Korn", „kleine Menge"
12. Jh., aus lat. *grānum;* REW 3846; afrz. auch kollektiv „Getreide", „Weizen", s. Aebischer, Mél. Roques III; Gougenheim Fr.

mod. 22, 73, wie stilistisch schon lat. *granum,* s. Gg., Syntax 5; s. *grenier.*

2. „jäher Windstoß", „Hagelschauer", „Regenwolke"

16. Jh., wird von Cotgrave als normannisch angegeben, wo es noch heute Dep. Eure lebt, Sain. Rab. 1, 106 f.; es ist postverb. Subst. von afrz. *graigner* „verfinstern", das mit dem *ca*-Präfix erweitert, in westfrz. *chagraigner* „sich verfinstern" (vom Wetter) erhalten ist; dieses ist Abl. von afrz. *graim* „kummervoll", „gram", aus fränkisch **gram* dass., s. *chagrin.*

grainage s. *grenage.*

graine „Samenkorn"

13. Jh., aus grom. *grāna,* d.i. Kollektivform zu lat. *granum* „Korn", s. *grain* 1.

grainer s. *grener.*

graisse „Fett"

12. Jh. auch *craisse,* aus vlat. **crassia* zu lat. *crassus* „fett", s. *gras*; Diez 377; Gröber, ALL 6, 390; REW 2298.

graisset „Laubfrosch"

16. Jh., ist mundartlich weit verbreitet, vgl. dazu vogesisch *krošot,* norm. *craisset,* pik. *grasset* u. ä.; *graisset* ist mit Suffixwechsel umgestaltet aus afrz. **graissant* „Kröte", vgl. prov. *graissan* dass., aus gallisch *craxantus*, so belegt in der Pergrinatio der Aetheria, als PN schon im 1. Jh. bezeugt, Thomas, Bull. Du Cange III, 4; Herkunft aus dem Gallischen namentlich durch die lat. ungewöhnliche Endung *-antus* nahegelegt, FEW II, 1295; Behrens, ZRP 26, 654; REW 2297.

graissin „Laichschaum"

17. Jh., steht für **graissain,* d. i. kollektivische *-amen*-Abl. von *graisse* „Fett", s. d.

gramen „wildwachsendes Gras"

14. Jh., aus lat. *(gramen)* „Grasstengel", „Gras".

graminées „Gräser"

18. Jh., aus lat. *(gramineus)* „von Gras".

grammaire „Grammatik"

12. Jh., über **gramadie* aus lat. *(grammatica)*; REW 3837; vgl. Brüch, ZRP 55, 141.

gramme „Gramm"

18. Jh., aus lat. *(gramma)* „1/24 Unze".

grand „groß"

10. Jh., afrz. *grant* für Mask. und Fem., die letztere Form noch erhalten in *grand-mère, grand-rue* „Hauptstraße", *grand-messe* „Hauptmesse" u. ä., aus lat. *grandis* „groß"; REW 3842.

grand-mère „Großmutter"

ist vermutlich in Nachahmung von lat. *magnus* „groß" in Verbindungen wie *avunculus magnus* „Großonkel", *amita magna* „Großtante" u. ä. zusammengesetzt aus *grand* und *mère*; die lat. Bildung geht selbst auf griechisches Vorbild zurück, vgl. gr. μεγαλο-μήτηρ „Großmutter"; Meyer-Lübke, LGRP 17, 132; vgl. auch Tappolet, Verw. 76 f., der an unabhängige Bildung des Frz. glaubt.

grandat „Würde eines Grande"

19. Jh., ist gelehrte Abl. *(-atus)* von spanisch *grande* „Grande", s. *grand.*

grandelet s. *grand.*

grandesse „Würde eines Grande"

17. Jh., aus spanisch *grandeza,* d. i. Abl. *(-itia)* von spanisch *grande* „groß", „Grande", s. *grand.*

grandeur „Größe"

12. Jh., ist *-ore*-Abl. von *grand,* s. d.

grandiose „großartig"

18. Jh., aus ital. *grandioso*; dieses ist nach dem Vorbild von lat. *prodigiosus, gloriosus* u. ä. gelehrt abgeleitet von *grande* „groß", s. *grand.*

grandir „größer werden", dann auch „größer machen"

13. Jh., ist Abl. von *grand,* s. d.

grandissime „überaus groß"

13./14. Jh., aus ital. *grandissimo,* d. i. Superlativform von *grande* „groß", s. *grand.*

grange „Scheune"

11. Jh., aus vlat. *grānĭca*, das in den Dokumenten der Merowingerzeit bezeugt, in frz. Urkunden und in der Toponomastik Frankreichs aber selten ist; wird in den Dokumenten über Mustergüter der Zisterzienser in der Schweiz, der Dauphiné, in Béarn, Piemont u. ä. allgemein; Aebischer Rev. Port. de fil. II, 203, s. Giese ZRP 68, 172; *granica* ist Abl. von *granum* in der kollektiven Bedeutung „Korn", s. *grain* 1; ersetzt zum Teil lat. *granarium,* s. *grenier.* Diez 171; REW 3845; Streng HH 95.

granit „Granit"

17. Jh., aus ital. *granito* dass., eigentlich „gekörnt", d. i. Part. von *granire* „körnig machen" zu ital. *grano* „Korn", s. *grain* 1.

granitelle „feinkörniger Granit"

18. Jh., aus ital. *granitello,* d. i. dem. Abl. von *granito* „Granit", s. *granit.*

granivore „körnerfressend"

18. Jh., ist gelehrte Zusammensetzung aus lat. *(granum)* „Korn" und *(vorare)* „verschlingen".

granule „Körnchen"

19. Jh., aus lat. *(granulum).*

grapele s. *grappelle.*

graphique „schriftlich"

18. Jh., aus gr. (γραφικός).

graphite „Reißblei"

19. Jh., ist künstliche Abl. von gr. (γράφειν) „schreiben".

grapignan „Anwalt" va.

17. Jh., nach dem Namen des Sachwalters in der Komödie La matrone d'Ephèse 1682; der Name ist scherzhaft vom Stamm *grap-* „erfassen" abgeleitet, s. *grappe, grappin.* Dict. gén.

grappe 1. „Haken"
13. Jh., heute champ., pik. *crape,* aus prov. *grapa,* dieses aus gotisch **krappa* zu ahdt. *krapfo,* Bruckner, Char. 12; Gg. RG I, 367; dazu seit Ende des 15. Jhs. die dem. Abl. *grapon, crapon,* das auch direkt aus der fränkischen Entsprechung **krappo* romanisiert sein kann; s. *agraper*; REW 4760.
2. „Traube"
12. Jh., ist postverb. Subst. von afrz. *graper, craper* „weinlesen", so in Verbindungen wie *graper de l'autrui vigne* „aus dem Weinberg des Nachbarn Trauben pflücken", s. *vigne*; vielfach mit *vendengier* verbunden, TL 4, 566, also „Weinlese halten und die Trauben pflücken", s. *vendanger*; *graper* „weinlesen" ist Spezialisierung von *graper* „packen", „rauben", d. i. Abl. von *grappe,* in der Grundbedeutung „Haken"; vgl. Bl.-W. 303; vgl. dazu *agraper* unter *agrafe*; Wartburg Spr. u. Mensch 173.
Unmögliches s. Rom. Jb. 11, 300.
3. „Färberröte"
16. Jh. *crape,* 17. Jh. *garance de crap,* Barbier, Misc. 16, 249, aus ndl. *krap.*
4. „dem Eisenerz beigemengter Sand oder Steinchen"
19. Jh., vgl. nprov. *crapo* „Müll", „der Rückstand des durchgesiebten Gipses", „Abfall", „Bodensatz" u. ä., dazu prov. *crapier* „Siebmist"; ist in Anlehnung an *grappe* 1—3 umgebildetes *crape,* s. d.

grappelle „Spitzklette"
16. Jh., ist dem. Abl. von *grappe* „Haken", wegen des Hängenbleibens der Früchte der Pflanze; vgl. *grateron.*

grappiller „in den Weinbergen nachlesen", „zusammenraffen"
14. Jh., mit Suffixwechsel (*-iculare*) aus *grapeler,* das etwas früher in der Bedeutung „stibitzen", „erwischen" belegt ist; dieses dem. Abl. von *graper* „packen" u. ä., s. *grappe* 2.

grappillon „Träubchen"
17. Jh., ist dem. Abl. *(-ellione)* von *grappe* 2.

grappin „Enterhaken", „Scharreisen"
14. Jh. auch *grapil,* das noch im 17. Jh. verzeichnet wird, aus prov. *grapin, grapil* dass., d. i. Abl. von prov. *grapa* „Haken", „Gabel", s. *grappe* 1. Dict. gén.; dazu seit dem 18. Jh. die Abl. **grappiner** „(ein Schiff) entern".
Nicht Akkusativform von fränkisch **krappo,* also **krappin,* mit Erhaltung der fränkischen Endung wie in *jardin, têtin,* Bruckner, Char. 26, da die fränkische Form in afrz. *crapon, grapon,* s. *grappe* 1, die normale Entsprechung zeigt und prov. *grapil* ferne bleiben müßte; s. Gg. RG I, S. 277.

gras „fett", „dick", „dicht"
12. Jh., pik. auch *cras,* aus lat. *crassus,* das sich im Anlaut vermutlich mit *grossus,* s. *gros,* gekreuzt hat; REW 2299. *grassus* ist spätlat. belegt, Schuchardt, Vok 1, 125.

gras-double „Fettdarm", „Kaldaunen"
17. Jh., ist Zusammensetzung von *gras* „fett" und *double* „Bansen" (erster Magen der Wiederkäuer), das selbst aus *double panse* substantiviert ist.

gras-fondu „von Darmentzündung befallen", „Darmentzündung"
17. Jh., steht in Anlehnung an adjektivisches *gras* für **graisse fondu,* zu bei Cotgrave belegtem *se graisse fondre* „vor Hitze zerfließen", das noch heute in nprov. *se graisfoundre* lebt; dieses ist subjektivisch gebrauchtes *graisse fondre* „das Fett schmelzen", s. d.; von *gras-fondu* abgeleitet ist das gleichfalls seit dem 17. Jh. bezeugte **grasfondure** „Darmentzündung des Pferdes", „Fettschmelzen".

grasset „etwas fett", „Fettstück beim Pferde"
12. Jh., ist dem. Abl. von *gras* „fett", s. d.

grasseyer „das *-r-* beim Sprechen schnarren"
16. Jh., ist Abl. *(-idiare)* von *gras* in Verbindungen wie *avoir un parler gras, la langue grasse* „eine schwere Zunge haben".

grat „Scharrplatz der Hühner"
16. Jh., ist postverb. Subst. von **gratter** „kratzen", „scharren", 11. Jh., aus fränkisch **krattôn* zu ahdt. *krazzôn* „kratzen". Diez 172.
Wegen der Bedeutung kaum schon westgerm. Entlehnung, Brüch 87; REW 4764.

grateron „Klette", „Klebekraut"
14. Jh., ist Kreuzung von *gleteron* „Klette", s. *glouteron,* mit *gratter* „kratzen", s. *grat,* wegen der stacheligen Früchte der Pflanze.

graticule „Netz zum Kopieren einer Zeichnung"
18. Jh. auch *craticule,* aus lat. *(craticula)* „kleiner Rost", s. *gril*; dazu seit dem 17. Jh. die Abl. **graticuler,** auch *craticuler,* „ein Zeichennetz herstellen".

gratifier „beschenken"
14. Jh., aus lat. *(gratificari)* „gefällig sein", „freudig aufopfern".

gratin „die an der Pfanne haftenden Reste eines Mahles", „Kruste"
16. Jh., steht für **grattain,* d. i. kollektivische *-amen*-Abl. von *gratter* „abkratzen"; dazu seit dem 19. Jh. die Abl. **gratiner** „am Rande eines Kochtopfes festbacken"; vgl. wegen der Bildung *graissin.*

gratiole „Gottesgnadenkraut"
16. Jh., aus mittellat. *(gratiola),* d. i. dem. Abl. von lat. *gratia* „Gnade", s. *grâce*; die Pflanze heißt im 15. Jh. lat. *gratia dei,* franzisiert *grace Dieu,* Roll. Fl. 8, 139 f.

gratis „umsonst"
15. Jh., aus lat. *(gratis).*

gratitude „Dankbarkeit"
15. Jh., wird von einzelnen Autoren des

17. Jhs. gemieden, Br. 3, 112, aus lat. *(gratitudo).*

gratte „Schrappeisen", „das Zusammengeraffte"
18. Jh., ist postverb. Subst. von *gratter* „kratzen", s. *grat*; Bl.-W. 303.

gratteau „Kratzeisen"
18. Jh., ist *-ellum*-Abl. von *gratte* „Schrappeisen", s. d., oder Graphie für **grattot,* dieses dann unmittelbar abgeleitet von *gratter* „kratzen", s. *grat.*

grattelle „trockene Krätze"
13. Jh., ist dem. Abl. von frühnfrz. *gratte* „Krätze", so heute burg., Yonne, frz. Schweiz, Morv. *graite* dass., d. i. postverb. Subst. von *gratter* „kratzen", s. *grat*; wegen der Bedeutungsverschiebung von *gratte* „Gekratze" zu „Krätze", s. *gale.*

gratte-boesse „Kratzbürste", „Anschußpinsel"
16./17. Jh., aus prov. *grata-boissa,* nprov. *grato-bouysso,* d. i. doppelte Imperativbildung zu nprov. *gratà* „kratzen" und *buissà* „reinigen", „abreiben"; dieses ist Abl. von *bouis* (frz. *buis)* „Buchsbaum". Thomas, Ess. 313 f.; (Rom. 26, 429 f.); REW 4764.

gratter s. *grat.*

gratuit „unentgeltlich"
15. Jh., aus lat. *(gratuitus).*

gravatier „Schuttkärrner"
18. Jh., ist Abl. von **gravats** „Gipsabfall", „Schutt"; dieses seit dem 16. Jh. belegt, ist in Anlehnung an kollektivisches *-as* aus lat. *-aceum,* vgl. *crachat* „Auswurf" u. ä., Bibl. AR 2, 2, 42 f., umgebildet aus **gravois** „Müll", „Schutt" u. ä., älter *graveis,* 12. Jh., später *gravois* „Kies", „Sand", zu dem schon alt in Anlehnung an das Suffix *-ētum* analogisch ein Akkusativ *gravoi* gebildet wurde, s. auch *grès; grève* REW 3851.

gravatif „drückend"
14. Jh., ist gelehrte Abl. von lat. *(gravare)* „drücken".

grave „schwer" va.; „gewichtig"
14. Jh., aus lat. *(gravis),* s. *grief.*

gravelée „Pottasche"
gewöhnlich *cendre gravelée,* 13. Jh. *clavelée,* ist ursprünglich adj. Abl. *(-atus)* von **gravelle** „Kies" va., „Blasengries", „trockene Weinhefe" u. ä., 11. Jh., d. i. dem. Abl. von grom. *grava* „Kies", s. *grève*; davon seit dem 13. Jh. die Abl. **graveleux** „griesig", „kiesig", dann übertragen „schlüpfrig", „anstößig"; dazu seit dem 17./18. Jh. die Abl. **gravelure** „anstößige Anspielung", „Zote". REW 3851.

graver „gravieren", „einschneiden", fig. „eingraben"
als Ausdruck der Holzschnitzer, Stecher im 15. Jh. durch die niederländischen Künstler, die am burgundischen Hof lebten oder als Schriftsetzer in Paris arbeiteten, in die Sprache gebracht, aus mndl. *graven,* Valkhoff, 150; vgl. mhdt. *graben* „graben" und „gravieren". Die fränkische Entsprechung s. unter *gravure* 1; die Nebenform *grafer* zeigt Kreuzung mit afrz. *grafe* „Griffel", s. *greffe*; FEW 16, 48.

gravier „Kies"
12. Jh., ist kollektivische Abl. von grom. *grava* „Kies", s. *grève.* REW 3851.

gravir „erklimmen", „klettern"
13. Jh., ist mit Eintritt eines *-v-* gebildet aus älterem **graïr,* dieses aus vlat. **grădire* zu lat. *gradus* „Stufe" bzw. *gradi* „schreiten", s. ital. *gradire* „emporsteigen", Diez 603; REW 3831.
Die lautlichen Bedenken Spitzers, ZRP 38, 111 ff. sind nicht stichhaltig; *gravir* aus fränkisch **graipjan* „greifen", Brüch, ZRP 38, 691, trennt das frz. Wort von ital. *gradire*; ebenso Abl. von afrz. *groc* „Kralle", zu fränk. **krawa,* Barbier, Misc. 16, 254; Bl.-W. 303; wegen des Übergangslautes *-v-* s. *parvis.*

gravité „Schwere"
12./13. Jh., aus lat. *(gravitate).*

graviter „der Schwerkraft gehorchen"
18. Jh., aus neulat. *(gravitare)* zu lat. *gravitas* „Schwere"; das Wort wurde von Newton gebildet. Dict. gén.

gravoir s. *graver.*

gravois s. *gravatier.*

gravure 1. „Furche", „Drahtrinne" (Schuhmacherei)
12. Jh. *gravëure,* auch „Spalt", „Öffnung", ist Abl. von afrz. *graver* *„graben", „Furchen ziehen", das in historischer Zeit in der spezialisierten Bedeutung „einen Scheitel ziehen" seit dem 12. Jh. bezeugt ist; dieses aus fränkisch **graƀan* „graben". Diez 603; REW 3828.
2. „Stich", „gestochene Arbeit"
16. Jh., ist Abl. von *graver* „stechen", s. d.

gré „Gefallen", „Gutdünken", „Wille" u. ä.
12. Jh., afrz. auch „Freundschaft", „Dank" u. ä., heute nur in festen Verbindungen erhalten, s. auch *malgré,* aus lat. *gratum* „das Angenehme", „Belieben"; dazu afrz. *greable* „genehm", „geziemend", s. *agréable.* Diez 170 f.; REW 3818.

gréage s. *gréer.*

grèbe „Steißfuß" (Wasservogel)
16. Jh. auch *graibe,* stammt aus dem Südosten, vgl. lyon. *grèpe,* frz. Schweiz *gréboz,* sav. *graibioz,* vgl. dazu für den nächstverwandten „kleinen Taucher" (podiceps minor), frz. Schweiz *grebion, grebolan,* ferner für den „Taucher" (mergus merganser) norm. *viard gièvre* u. ä., s. Roll. F. 2, 403 ff.; die Formen führen auf eine Grundform **wĕbra,* die mit Ausnahme der germanisch-romanischen Grenzmundarten zu grom. **guebra* wurde; H. u.
Zu gall. **gabro* „Ziege", Alessio, RLiR 17, 178 ist lautlich und begrifflich unwahrscheinlich.

grec „griechisch"
12. Jh., aus lat. *(g r a e c u s),* das in volkstümlicher Entwicklung afrz. *grieu, grieve* ergeben hat; vgl. auch *grégeois, grègue, grièche, grive*; dazu das substantivierte Fem. **grecque** „Verzierung für laufende Friese" u. ä.

grecquer „(den Buchrücken) mit der Einschneidesäge einschneiden"
18. Jh., ist Abl. von *grecque* in der Bedeutung „Einband mit Rückeneinschnitten", eigentlich „Verzierung" u. ä., s. d.; vom Verbum rückgebildet seit dem 18. Jh. **grecque** „Einschneidesäge".

gredin 1. „Bettler" va.; „Hungerleider", „Schuft"
17. Jh., vgl. dazu pik. *guerdin,* lothr. *gordin* dass., stammt vielleicht aus mndl. *g r ê d i c h* „gierig", „heißhungrig" oder gleichbedeutendem englischen *greedy,* s. Doornk.-K. s. *grêtig*; FEW 16, 54.
2. „langhaariger Wachtelhund"
18. Jh., u. H.

gréer „betakeln"
18. Jh., aber wohl älter, vgl. in übertragener Bedeutung Guernesey *grâie* „bekleiden", „reinigen", ist rückgebildet von gleichbedeutendem *agréer,* s. d., und *agrès*; FEW 16, 55.

greffe 1. „Griffel" va.
12. Jh., afrz. auch *graife, grafe,* bis ins 16. Jh. beiderlei Geschlechtes, bedeutet afrz. auch „spitziges Werkzeug" und wohl auch *„Pfropfmesser", wie in Glossen belegtes *g r a p h i u m,* Meyer-Lübke, MS 25, 100, klassisch = „Griffel"; von *greffe* *„Pfropfmesser" abgeleitet seit dem 16. Jh. *greffer* „pfropfen", auch mit der Nebenform *grafer* bezeugt, von dem seit dem 13. Jh. das postverb. Subst. **greffe** „Pfropfreis" rückgebildet ist; vom Verbum, seit dem 17. Jh. belegt, das abstrakte postverb. Subst. **greffe** „Einpfropfung", „Impfen". Diez 603; REW 3847.
2. „Gerichtsstube", „Registratur", auch „Vorsteher der Gerichtsstube"
14. Jh., ist Rückbildung von **greffier** „Amtsschreiber", „Registrator", 14. Jh. auch *grafier*; dieses aus mlat. *(g r a p h i a r i u s)* mit lautlicher Einwirkung von *greffe* „Griffel", s. d.; das mittellat. Wort ist Abl. von lat. *graphium* „Griffel" bzw. gr. γράφειν „schreiben".

greffon „Pfropfreis"
19. Jh., ist dem. Abl. von *greffe* dass., s. *greffe.*

grège in *soie grège* „rohe, ungezwirnte Seide"
17. Jh., aus ital. *greggio, grezzo* „roh", „unbearbeitet", u. H. REW 3857 a.

grégeois „griechisch"
in *feu grégeois,* 12. Jh., ist mundartliche, pik. Form von afrz. *grezois* „griechisch", aus grom. **g r a e c ĭ s c u s,* d. i. mit fränkischem *-isk*-Suffix, das die Herkunft von Völkern bezeichnet, abgeleitet von lat. *graecus* „griechisch", vgl. *grec*; vgl. prov. *grezesc* „griechisch". Dict. gén.

grègue „türkische Kniehose"
15. Jh., stammt vermutlich aus prov. *grega,* d. i. Fem. von prov. *grec* „griechisch", aus lat. *g r a e c u s* dass.; das Wort lebt im Languedokischen; dazu seit dem 17. Jh. die Abl. **gréguer** „in den Sack stecken".
Zu neukymr. *gwregys* „Gürtel", Diez 603; Thurn. KR 102, ist historisch und lautlich unwahrscheinlich.

grêle 1. „zart", „grell"
12. Jh. *graisle,* aus lat. *g r ă c ĭ l i s* „schlank", „dünn" u. ä. REW 3829.
2. „Hagel"
12. Jh. *gresle,* ist postverb. Subst. von afrz. *gresler,* 12. Jh., heute **grêler** „hageln", s. d.
3. „Zieher", „Feinraspel"
18. Jh., ist postverb. Subst. von **grêler** „ausschaben", d. i. seit dem 18. Jh. belegte Abl. von *grêle* „zart".

grêler „hageln", „durch Hagel verderben"
12. Jh., dazu *gresle* „Hagel" seit der ersten Hälfte des 11. Jhs., s. *grêle* 2; bildet vorhistorisch mit **grésiller** gleicher Bedeutung, auch *grisillier,* ein zusammengehöriges Verbum wie *dîner* und *déjeuner* u. ä.: also afrz. *gresille-greslons* u. ä.; dazu im 11. Jh. *gresil,* 12. Jh. *gresille* „Hagel", im 13. Jh. *tens gresilleus* „Hagelwetter", Tilander, ZRP 46, 264; H. u.
Fränkisches **grîsilôn* FEW 16, 86, ist aus mndl. *grîselen* nicht zu erschließen; auch nicht zu mhdt. *rîsel* „Regen", „Hagel", „Schneeflocke", oder zu mhdt. *griusel* „Körnchen", vgl. Diez 60, da dieses auf einen Stamm *greut-* zurückführt; fränkisch *greusilôn,* REW 3864, ist ein unrichtiger Ansatz; das von Levy, PDict. angeführte *greisel,* über das weitere Angaben fehlen, setzt eine Grundform mit *grex-, grix-* oder *grais-* voraus; da für Blitz, blitzen ein gallisches Wort in Frankreich romanisiert wurde, Grundform **louketon,* REW 5313, liegt es nahe, auch für die „hageln" bedeutende Wortfamilie ein keltisches Etymon zu suchen; doch ist eine sichere Anknüpfung bisher nicht gefunden worden; *grésiller* von dem gleichbedeutenden und gleich frühzeitig belegten *gresler* zu trennen, Bl.-W. 304, kompliziert die Wortgeschichte.
grelet s. *grelot, grillon.*

grelet „Spitzhammer der Maurer"
18. Jh., auch *gurlet,* u. H.

grêlette „kleine Münzfeile"
18. Jh., ist Werkzeugsableitung von *grêler* „ausschaben", s. *grêle* 3.

grêlier „Hagelgeschütz"
18. Jh., ist Abl. von *grêle* „Hagel", s. d.

grêlon „Hagelschloße"
16. Jh., ist dem. Abl. von *grêle* „Hagel", s. d.

grelin „Tau, das dünner ist als das Ankertau"
17. Jh., dazu wohl aus dem Französischen entlehnt nprov. *grelin, garlin,* frz. auch *guerlin;* s. *grêle* 1.

grelot 1. „Schelle"
14. Jh. *grilot,* das im Süden des Nordfrz. und vereinzelt im Provenzalischen noch lebt, scheint zu *grêle* in der Bedeutung „schrill", „grell" zu gehören, vgl. frz. *sonner du grêle,* bei Richelet *greille* „auf dem höchsten Ton blasen", doch ist die lautliche Entwicklung unklar; wegen der Abl. vgl. *clairon.* Diez 603; vgl. auch *grillet.*
2. in *trembler le grelot* „zittern, daß einem die Zähne klappern"
15. Jh., ist in Anlehnung an Wendungen wie *trembler la fièvre* „vor Fieber zittern" rückgebildet aus *grelotter* „vor Kälte zittern", „mit den Zähnen klappern", s. d.

grelotter „vor Kälte zittern", „mit den Zähnen klappern"
18. Jh., aber durch *grelot* 2 für das 15. Jh. gesichert, stammt aus dem Südostfrz., wo es in der allgemeinen Bedeutung „zittern" noch lebt; es ist dem. Abl. von ostfrz. *gruler, greuler, grouler,* sav. *grevola* aus mhdt. *griuwelen, grûweln* „graueln", „schaudern". Nigra, AGI 15, 117; 15, 288 ff.; REW 3877; vgl. Bl.-W. 304; Baldinger, Omagiu I. Iordan 69.

greluchon „der Herzensfreund einer von einem anderen ausgehaltenen Person"
18. Jh., wird für verd. chal. als *gueurlichon* angegeben, erscheint schon im 16. Jh. bei H. Etienne als *Saint-Guerlichon* „Heiliger, der die Unfruchtbarkeit bei Frauen heilt"; dieses ist scherzhafte Abl. von *grelu,* so Trevoux „elend", verd. chal. „Kerl", d. i. *ūtus*-Abl. mit einreihender Funktion von *grêle* „zart", s. d.; vgl. Sain. LPar. 263.

greluchonne „kleine Maurerkelle"
19. Jh., stammt der Bildung nach aus dem Süden des Nordfrz., ist hier mit Suffixwechsel gebildet aus *grelot,* vgl. dazu berrich. *grelot* „irdener Topf", fr. comt. „kleiner Trog", *grelet* „Eimer", Jura *grelot* „Holzeimer", sav. *grêla,* auch *grêlieta* „Art metallene Pfanne" u. ä.; dazu Morvan *grelotte* „kleiner Trog"; dieses ist dem. Abl. von *graal, greal, greel,* das afrz. in der Bedeutung „Art Gefäß", besonders „Gral", bezeugt ist, und im Südosten überall lebt, vgl. verd.-chal. *griau, gruau, gruiau* „Eimer", morv. *grô* „Holznapf", fr. comt. *gré* „kleiner Trog", Doubs *gré,* Pierrecourt *gri* „Backtrog", Schöneberg (Vogesen) *gré* „kleiner Eimer mit einer Handhabe" u. ä.; afrz. *graal,* prov. *grazal* „Schüssel", dazu *gradalis* im 8. Jh., besonders der hl. Gral, die Abendmahlschüssel des Herrn, in welcher Joseph von Arimathia das Blut des Gekreuzigten auffing, TL IV, 412, mit reicher Literaturangabe zur Gralsgeschichte; FEW II, 1294; Roques, RPh. 9. 196. Herkunft unsicher.

grémial „Schoßtuch"
16. Jh., aus mittellat. *(gremiale)* zu lat. *gremium* „Schoß".

grémil „Steinsamen" (Pflanze)
13. Jh. *gromil,* auch *grumil,* daneben *-n*-Formen afrz. *grenil,* nprov. (Lozère) *gronilho,* dann mit sekundärer Einwirkung von *grain* mfrz. *grain du soleil,* frz. Schweiz *gran à perlè,* s. Roll. Fl. 8, 81 ff.; vgl. auch englisch entlehntes *gromwell* (Holthausen); es ist in Glossen als *milium gruinum* belegt; dem frz. Wort liegt ein umgestelltes *grŭīnum milium* zugrunde, zu lat. *gruinus* „Kranich-", das bei Marcellus Empiricus belegt ist, s. *gru,* und *milium* „Hirse", das lautgesetzlich afrz. im Norden *groumil, grumil,* im Süden *grounil* u. ä. ergab; wegen *milium* vgl. *millet.*
Zu nhdt. *Gries,* frz. *grès,* s. d., Behrens, Wg. 362; REW 3876; FEW 409 läßt die Zusammensetzung unerklärt, ist auch lautlich nicht genügend. **grumiculus, zu grūmus* „Haufe" Barbier, Misc. Lex. 16, s. ZFSL 62, 368, ist nicht begründet.

grenade „Granatapfel", „Rundgeschoß", „Granate"
12. Jh. *grenate,* seit dem 16. Jh. in Anlehnung an das *-ade*-Suffix die heutige Form, aus lat. *(malum) (granatum)* dass.; dazu seit dem 15. Jh. die Abl. **grenadier** „Granatapfelbaum", seit dem 17. Jh. **grenadier** „Granatenschleuderer", „Grenadier"; seit dem 17. Jh. mit dem Suffix der Umfassung **grenadière** „Granatentasche" u. ä.
Die militärische Bedeutung „Granate" aus ital. *granata,* Bl.-W. 304?

grenadille „Passionsblume"
17. Jh., bedeutet bei Cotgrave „Blüte des Granatapfelbaums", aus spanisch *granadilla* dass., eigentlich „kleiner Granatapfel", d. i. dem. Abl. *(-ella)* von *granada,* d. i. Fruchtbezeichnung zu *granado* „Granatapfelbaum", s. *grenade;* die Körper der Passionsblume haben angeblich einen dem Granatapfel ähnlichen Geschmack. Dict. gén.

grenadin „Art afrikanischer Fink", „Nelkenart"
18. Jh., ist gelehrte Abl. von *grenade* „Granatapfel", s. d.; ebenso das im 19. Jh. gebildete **grenadine** „kristallisierbarer Stoff in der Wurzelrinde des Granatbaums", „Art Seide" u. ä.

grenaille „Kornabfall", „Schrotkörner"
14. Jh., ist kollektivische Abl. *(-alia)* von *grain* „Korn", s. d.

grenat „Granat"
12. Jh., ursprünglich adjektivisch *jagonce grenat,* eigentlich „gekörnter Hyazinth"; aus lat. *(granatus)* „gekörnt"; afrz. *jagonce*

geht letzten Endes auf lat. *hyacinthus* zurück; REW 4249 a.

greneler „(Leder) narben", „körnig machen"
17. Jh., in der gleichen Bedeutung seit dem 14. Jh. auch **greneter,** sind Abl. von *grain* „Korn", s. d.

grener 1. „Korn tragen", „zur Ausbildung gelangen" (von der Raupe des Seidenwurms)
12./13. Jh., ist Abl. von *graine,* s. d.
2. „körnen", „(Leder) narben"
ist Abl. von *grain,* s. d. und *greneler.*

grèneterie 1. „Schreibstube in der Salzkammer"
14. Jh., ist Abl. von **grènetier** „Verwalter der Salzkammer"; dieses seit dem 13. Jh. mit Endungsverkennung abgeleitet von *grenier (de sel)* „Salzkammer", s. *grenier.* Dict. gén.
2. „Kornhandel"
17. Jh., dazu seit dem 17. Jh. **grènetier** „Kornhändler", ist Abl. von *graine* „Korn", s. d.

grènetis „krauser Perlrand einer Münze", „Kräuseleisen"
17. Jh., dafür mfrz. *grenëis,* ist *-aticium*-Abl. von *greneter* „körnen", s. *greneler.*

grenette „Körnchen", „Beere des Zwergkreuzdorns"
18. Jh., ist dem. Abl. von *grain,* s. d.

grenier „Kornkammer", „Speicher", „Dachboden"
12. Jh., aus lat. *grānārium* „Kornspeicher". REW 3839.

grenouille „Frosch"
12. Jh., *reinoille,* daneben seit dem 13. Jh. die literarische Form, vgl. aber frz. Schweiz *renole,* Bresse châl., Côte d'Or *renoille, renouille,* Morv. *renoueille,* Doubs *r'neuille* u. ä., Roll. F. 3, 65; ALF 668; aus vlat. **rānŭcŭla* für lat. *ranunculus* „Fröschchen", das im Anlaut durch gallorom. *crassantus* „Kröte" bzw. frz. *graisset* „Laubfrosch" umgestaltet wurde. Gröber, ALL 5, 130; Diez 603; REW 7045.
Das g- als Schallnachahmung, Schuchardt, SA Wien 188, 1, 28; Rohlfs, ASSL XI 163, 253, ist unwahrscheinlich, da *gra-gre* für das Quaken des Frosches nicht charakteristisch ist; nach Bl.-W. 804 Kreuzung mit der Wortfamilie *gracula—graille,* s. *graille.*

grenouillet „Wasserhahnenfuß", „Weißwurz"
18. Jh. auch *grenouillette,* ist Französisierung des lat. *ranunculus* „Hahnenfuß", nach dem Vorbild von lat. *ranunculus* „Frosch" = frz. *grenouille.*

grenu „reich an Korn", „körnig", „narbig"
13. Jh., ist *-utus*-Abl. von *grain* „Korn"; dazu seit dem 19. Jh. die Abl. **grenure** „Körnung", das auch unmittelbar von *grener* „körnen" abgeleitet sein kann.

grès „Sandstein", „Sandsteinerde", „Sandsteinpulver", „Pflasterstein aus Sandstein" u. ä.
12. Jh. *grez,* mit offenem *-e-* wie altwall. *gries* und prov. *gręs* deutlich machen; aus gotisch **greuts* (zu ahd. *grioz* „Sand", „Kies", agls. *grēot*), das zu *grettus* romanisiert wurde, s. dazu Gg. RG II, S. 38; das Substantiv ist indeklinabel wie afrz. *couz,* s. *queux,* afrz. *biez,* s. *bief,* und andere als Neutra übernommene Subst. mit einem Dental im Stammauslaut, s. Gg., AR VI, 1, S. 9; daher mit stimmhaftem -z- in Ableitungen wie apoitev. *grezeau* „sandiges Gelände", adjektivisch *grézeux* „sandsteinreich", aprov. *greza* „sandiger Uferstreifen", auch „Kesselstein"; daneben in der Ableitung mit Beibehaltung des ursprünglichen tonlosen Konsonanten aprov. *gressa* neben *greza;* dann mit der Endung des afrz. gleichbedeutenden *graveis, gravois* „Kies", „Sand", „sandiger Platz", (d. i. ursprünglich adjektivische Ableitung von *grève*), die Abl. *greseis, gresois,* Fem. *gresoise,* z. B. in *terre gresoise* „sandiges Erdreich"; daraus mit Dissimilation *grëoise,* das als *groise* namentlich im Osten und Südosten weit verbreitet ist, s. frz. Schweiz *groise* „Kies", lothr. *groise* „Lager von losem Getrümmer", dazu aburg. *groison* „Kies", lothr. *groisin* „Kreidemehl"; dann, aprov. *gressa* entsprechend, wall. *groisse* „Kies", „Kohlenstaub", Lille *grouache* „auf den Wegen aufgestreute Kohlenasche"; weitere Belege FEW 16, 56; vgl. Diez 604; REW 3876.
Entlehnung aus ahd. *grioz,* Mackel 128, ist historisch schwierig und trennt das grom. Wort von ital. *greto;* fränkisch *greot* Bl.-W. 304 ist lautlich nicht möglich, s. Gg. RG I, S. 247; Mélanges Grevisse 127.

gréser „mit Sand polieren"
17. Jh. *groiser,* ist Abl. von *grès* „Kies", s. d.; dazu die dem. Weiterbildung *grésiller,* dass.

grésier „Steinbrucharbeiter"
19. Jh., ist Abl. von *grès,* s. d.

grésil 1. „Hagel"
11. Jh., ist postverb. Subst. von *grésiller,* s. d. unter *grêle.*
2. „gestoßenes Bruchglas"
auch *groisil,* vgl. dazu angev. *gueroiseau* dass., ist *-īle*-Abl. von *grès* „Sandstein" u. ä.; vgl. wegen des Vortonvokals *grès.*

grésiller 1. „hageln", s. *grêle.*
2. „zum Knistern, Prasseln bringen"
14. Jh. *grediller* „anbrennen", „(die Haare) brennen", die literarische Form wegen Vermengung mit *grésiller* 1, aus englisch *griddle,* mittelenglisch *gredel* „Bratrost", wohl auch **to gredel* „anrösten", das selbst aus einem altnorm. **gredil, *gradil* „Bratrost" entlehnt ist, vgl. *gril;* vgl. auch nprov. *grasilhà* wie frz. *grésiller,* das noch deutlich den Zusammenhang mit prov. *grazilha* „Rost" zeigt; vgl. Bl.-W. 305.
3. s. *grésillon* 1.

grésillin „gefrorener Eisregen"

19. Jh., steht für **grésillain,* d. i. *-amen-*Abl. von *grésiller* „graupeln", s. *grêle.*

grésillon 1. „Grille"
12. Jh., ist Abl. von afrz. *graisiller,* auch *graislier, graisloier* „ertönen", „erschallen", zunächst vom Trompetenblasen gesagt, aber auch „zirpen", so zu erschließen aus afrz. *graliement* „heller Klang des Vogelsangs", T. L. IV, 528; ist Abl. von afrz. *graisle* „Trompete", s. *grailler* 2.
Dazu mit anderer Bedeutungsentwicklung afrz. *gresillon* „Handschelle", „Handfessel", meist plur., nach dem Klirren der Ketten; vgl. wegen des Tiernamens englisch *cricket* „Grille" zu *to crick* „knarren", zu *gresillon* „Handfessel" wall. *gruzions* dass.
Abl. von lat. *gryllus,* s. *grillon,* über **grécillon,* Diez 604, ist morphologisch und lautlich schwierig; zum Schallstamm **krik-*, Schuchardt, ZRP 31, 16, vgl. pik. *créquillon,* ist für die literarische Form lautlich unverständlich.
2. „Glasbruch", „Griesmehl"
18. Jh., ist Abl. von *grésil* 2, s. d.

grésoir „Krösel" (Glasarbeit)
17. Jh., ist Werkzeugsabl. von *gréser* „mit dem Krösel abbrechen", s. d.

gresserie „Sandsteinlager", „Sandsteingeschirr"
17. Jh., ist kollektivische Abl. von *grès,* s. d.

gresset s. *graisset.*

grève 1. „Strand", „Sandbank", „grober Sand"
12. Jh., afrz. auch *groe,* daher lothr. *croue;* afrz. *greve* und *groe* führen auf eine gemeinsame Grundform *g r a v a* zurück, die aus dem Gallischen stammt, vgl. kymr. *gró* „Kieselstein". Thurn. KR 102; Diez 604; REW 3851; Bl.-W. 305; Hubschmid ZRP 66, 58.
2. „Streik"
19. Jh., nach dem Platz *La Grève* an der Seine in Paris, wo sich die Streikenden zu versammeln pflegten. Dict. gén.; Esnault, Fr. mod. 16, 300.

grever „bedrücken"
12. Jh. *grieve-grever,* aus vlat. **g r ĕ v a r e* für lat. *gravare* dass., s. *grief.*

gréviste „Streiker"
19. Jh., ist Abl. von *grève* 2, s. d.

grianneau „Birkhahn"
18. Jh., aus savoyisch *grianot;* dieses ist dem. Abl. von frz. Schweiz *grian* (?), dieses aus nhdt. mundartlichem *g r i g e l h a h n.* Dict. gén.; REW 3866; Roll. F. 2, 334.

gribane „Barke mit zwei Masten"
15. Jh., bezeichnet im Pikardischen ein Transportschiff, norm. *gribanne* „Art Karren", boulogn. *gribenne* „schlechte, kraftlose Stute". H. u.

griblette „auf dem Rost in Speck gebratene Fleischschnitte"
17. Jh., ist Kreuzung von gleichbedeutendem *riblette* mit *gril* „Rost", s. d.
Aus historischen Gründen nicht zu nhdt. *griebe,* ahdt. *griobo* „Griebe", REW 3875, doch dürften die dort angeführten mundartlichen Formen aus dem Südosten zu diesem gehören.

gribouiller „sudeln", „schmieren"
17. Jh., dazu schon im 16. Jh. das postverb. Subst. *gribouille* „Tropf", so H. Maine, pik. *griboule* „Dummkopf", vgl. dazu pik. *gribouiller* „schmieren", sav. *gribolyi, grifolyi* dass., *gribuy* „Entwurf", (lüttich) *grabôui* „schmieren", rouchi *graboulier, griboulier,* ist Kreuzung von *grifonner* mit *barbouiller* „sudeln".
Zum Stamm von *grive* „Drossel", Urtel, ASSL 122, 370 f. ist weder lautlich noch begrifflich befriedigend; kaum aus ndl. *kriebelen* „jucken", „stechen", Bl.-W. 305; wall. *grabouyi* auch nicht *ga-* (als Präfix, s. *ca-)* + *bouiller,* Valkhoff, Neoph. 21, 201.

gribouri „Kobold", „Gleitkäfer"
16. Jh., vgl. dazu vend. *gribouri* „Gleitkäfer auf Reben", auch *écrivain* genannt, da er beim Kriechen auf den Blättern Spuren zurückläßt; dafür, gekreuzt mit *bouse* Blois *gribousi,* Pierrecourt *grifuri* „Kobold", das aber wohl aus dem Frz. entlehnt ist; es ist ein nach *gribouiller* „sudeln" umgestaltetes anderes Wort, das vielleicht in wall. *warobia, waribô,* dazu als Grundform *werbe, warbe* dass. vorliegt, s. Haust, Etym. 283 f.; s. darüber *hurebec;* vgl. Sain. Rab. 1, 223; vgl. auch Urtel, ASSL 122, 371.

gridelin „flachsgrau"
17. Jh., steht für *gris de lin,* s. d.

grièche „griechisch"
13. Jh., auch *grezesche, griesche,* ist Fem. zu afrz. *grezois, griois* „griechisch", aus grom. *g r a e c i s c u s, graecisca* dass.; wegen der lautlichen Entwicklung vgl. *grès;* lebt heute nur in *ortie grièche* „Brennessel", *pie grièche* „Würger", Dict. gén.; vgl. *grive;* FEW 4, 210.

grief „schwer", va.
11. Jh., afrz. „schwer", auch übertragen „schwierig", „mühevoll", „lästig", „bekümmert" u. ä.; dazu seit dem 13. Jh. das substantivierte neutrale Adjektiv in *grief* „Last", „Beschwerde", heute erhalten als „Beschwerde", *faire g r i e f à qn* „jmd. etwas vorwerfen", für älteres *grieté,* seit dem 15. Jh. an das Adjektiv rückangelehnt *g r i e v e t é* „Schwere" va.; dazu das Adverbium afrz. *griefment, griement,* nfrz. mit Rückanlehnung an das Adjektiv erhalten in *g r i è v e m e n t blessé* „schwer verwundet"; aus vlat. **g r e v i s,* **g r e v i t a s* für *gravis, gravitas* „schwer", „Schwere", mit *-e-* an Stelle des stammhaften *-a-*, in Anlehnung an das gegensätzliche *lĕvis* „leicht"; Diez 173; FEW 4, 264.

griffe „Kralle", „Haken" u. ä.
15. Jh., ist postverb. Subst. von **griffer** „mit den Krallen ergreifen", „erfassen", 14. Jh.; dieses ist Neubildung zu *gripper,* s. d., nach dem Nebeneinander von *agraper* und *agrafer,* s. *agrafe* und *agrape.*
Aus ahdt. *grîfan* „greifen", Diez 604; REW 3871; FEW 16, 77, ist geographisch und chronologisch schwierig; s. Gg., RG I, S. 282.

griffon 1. „Geier", „Greif", „Affenpintscher", „mit einem Greif bemalte Papiersorte"
12. Jh., aus fränkisch **grîfo* zu ahdt. *grîfo* dass., das selbst aus lat. *gryphus,* in der Vulgata „Geier", entlehnt ist; eine Nebenform mit erhaltenem *-p-* liegt in afrz. *gripon,* ndl. *grijp* dass. vor, vgl. Kluge s. *Greif.* Diez 604; REW 3901.
2. „Hechtangel", „platte Feile des Goldziehers"
17. Jh., ist dem. Abl. von *griffe* „Haken", s. d.
3. „Ort, wo ein Mineralwasser hervorspringt"
19. Jh., dazu prov. *grifon, grifol* „sprudelnde Quelle", nprov. *grifoun* „Faßhahn", „Wasserhahn", dazu *virà lou grifoun* „den Wasserhahn aufdrehen und wieder zudrehen"; ist identisch mit *grifoun* „Greif", nach Mistral, weil der Knopf des Wasserhahns oft die Form des Vogels Greif hatte.

griffonner „schmieren", „rasch verfassen"
16. Jh., ist Abl. von *griffe* „Kralle", s. *gribouiller.*

grignard „Gipsspat", „minderwertiger Baustein", „sehr harter Sandstein"
18. Jh., ist mundartliche Form für **gruignas,* d. i. kollektivische *-aceum*-Abl. von *grouine* „Kalkgries", d. i. Abl. von matl. *groue* „Gries", s. *grève.*
Zu *grigne* „Falte", „Spalte", Braune, ZRP 38, 187, ist begrifflich nicht befriedigend.

grigne 1. „Falte", „Spalte im Brot", „Unebenheit in der Erde, die dem Pflügen Schwierigkeit bereitet"
18. Jh., ist postverb. Subst. von **grigner** „falsche Falten werfen", 12. Jh. „die Zähne fletschen", aus fränkisch **grînan* „den Mund verziehen", zu ahdt. *grînan* „lachend oder weinend den Mund verziehen", „murren", „knurren", vgl. mit Beibehaltung der ursprünglichen Infinitivendung prov. *grinar* dass.; das frz. Wort zeigt im Infinitiv Anlehnung an bedeutungsähnliches *grogner.* Diez 173.
Germ. **grînjan,* Diez 173; REW 3870; Braune, ZRP 38, 185 ff., ist morphologisch schwierig; *grigner* als lautliche Variante zu *grogner,* Schuchardt, ZRP 21, 202, berücksichtigt nicht prov. *grinar.*
2. s. d. F.

grignon „Kruste des Brotes", „Zwiebackration der Matrosen"
16. Jh., dazu die Rückbildung **grigne** „knusperige Farbe des gut gebackenen Brotes"; vgl. dazu norm. *grigne* „Brotkruste", berrich. „Brotstück mit Kruste", vend. „Stück geweihtes Brot", dazu *grignot* „Anschnitt", poitev. *grigne* und *gregne* „Brotstück", „Brotrinde", *gregnou* „Brot, dessen Rinde gesprungen ist", angev. *grégne* „Scherzel", *guergneau* „großes Stück Brot", dazu *-ou*-Formen morv. *grougnon,* berrich. *crougnon* „Brotstück mit Kruste", lyon. *grognon* „Brotkruste", dazu *grougni* „anbeißen", verd. chal. *grûgnot* „Brotstück", „abfallende Brosamen" u. ä.; dazu ferner Vienne, D. Sèvres *cregnon* „Brotanschnitt", „großes Stück", Vendée, Vienne auch *carignon, cargnaon* dass., das auf afrz. *caregnon* „Viertel" zurückführt; dieses aus lat. *quaternione* „Vierzahl", vgl. auch *carillon;* das Wort bezeichnet also ursprünglich „Viertel eines Brotlaibs", „großes Brotstück", wie noch heute in Anjou, s. bei Godefr. I, 783, *cargnon de froument, de seigle* u. ä., die weitere lautliche und begriffliche Entwicklung steht unter dem Einfluß von *croûte* „Kruste" und *grigner* „Falten werfen" u. ä., s. d.
grignon zu *grignoter,* s. d. F., und dieses Abl. von *grigner,* weil eine Person, die an einem Brot knabbert *(grignote)* ein verzerrtes Gesicht macht, Bl.-W. 305, widerspricht dem normalen Gang der Bedeutungsentwicklung und erklärt die angeführten Dialektformen nicht; auch nicht unmittelbar zu *grigner,* Braune ZRP 38, 187.

grignoter „aufknabbern", „benagen"
16. Jh., ist Abl. vom Stamm von afrz. *grigner* „die Zähne fletschen", bzw. *grignon* „Brotkruste", s. d.; dazu seit dem 18. Jh. die *-aticium*-Abl. **grignotis** „punktierte Arbeit des Kupferstechers".

grigou „Lump", „Filz"
17. Jh., ist heute in der Bedeutung „geizig", „schmutzig" pik., champ., stammt aber hier wohl aus dem Vulgärfrz.; aus poitev. *grigou,* auch *gregou* „hinfällig" u. ä., das selbst aus nprov. lim., langued. *grigou,* Femininum *grigouno* dass. entlehnt ist; dieses ist *-one*-Abl. von nprov. *grè,* Fem. *grègo* „Grieche", auch „Schurke", „Lump", aus lat. *graecus* „griechisch", vgl. *grec;* vgl. *grèque.*

gril „Rost"
11. Jh. *gradil,* afrz. auch *grëil, gridil, graïl,* aus lat. *crāticulum,* d. i. Nebenform von *craticula* „kleine Flechte", „kleiner Rost"; wegen des Anlauts vgl. spätlat. belegtes *grates* für *crates,* Schuchardt, Vok. 1, 125; dazu seit dem 12. Jh. die Abl. **griller** „rösten".

grille „Gitter", „gitterartiger Gegenstand"
11. Jh. *gradille,* afrz. *graïlle, grëille,* bedeutet afrz. wie *graïl,* s. *gril,* auch „Rost", aus lat. *crātīcula* „kleiner Rost", Diez 172; REW 2303; dazu seit dem 16. Jh. die Abl.

griller „mit einem Gitter versehen"; vgl. auch *écrille*; s. Bl.-W. 305.

grillet 1. „Schelle an den Beinen der Falken" 1600, auch *grillette*, vgl. dazu lyon. *grillet* „Maultierglocke", auch „Maiglöckchen", ist dem. Abl. von *greille*, älter *graïlle* „grell", vgl. *grelot* 1.
2. „leichte Verbrennungsblase" 19. Jh., steht für *grillé* „Röstung", d. i. Part. von *griller* „rösten", s. *gril*.

grillon 1. „Grille" 14. Jh., aus grom. **grĭllione*, d. i. dem. Abl. von lat. *gryllus* „Grille"; vgl. unmittelbar von diesem abgeleitet afrz., seit dem 13. Jh. bezeugtes *grelet*, ferner prov. *grelh* neben *grilh* dass.; grom. **grillio* „Grillchen" und *gryllus* „Grille" haben sich also lautlich gegenseitig beeinflußt; anders Bl.-W. 305.
2. „Stützpfähle an den Ecken eines Holzstoßes" 14. Jh. *greillon* „Gitter am Fischteich", ist dem. Abl. von afrz. *graïlle* „Gitter", s. *grille*; vgl. wegen der Bedeutung auch *écrille*.

grimace „Fratze" zuerst im 14. Jh. als *grimache* „böse, schwierige Lage" belegt, im 15. Jh. in der heutigen Bedeutung; dazu seit dem 15. Jh. **grimacer** „Gesichter schneiden"; gehört zu iberoromanisch *grima* „Schrecken", „Schauder", „Abscheu" u. ä., doch fehlt ein provenzalisches *grima*, von dem aus eine *-acea*-Abl. zu verstehen wäre; gehört zu gotisch **grimms* „schrecklich", „wild", ahdt. *grim* „zornig", subst. „Grimm"; Gg. RG I S. 391; spanisch *grimazo* nicht einheimisch, sondern selbst aus dem Frz. entlehnt, Cor. II, 788; vgl. Brüch ZRP 39, 370; Diez 456; Mackel 111, REW 3867.
Nach Bl.-W. 306 wäre *grimace* nordfrz. Weiterbildung von *grimmuche*, so Beginn des 13. Jhs. bei J. Bodel Bezeichnung eines heidnischen Idols, und dieses eins mit dem mittellateinischen Personennamen *Grimutio*; befriedigt weder begrifflich noch morphologisch; *Grimutio* ist Latinisierung eines gesprochenen **grimuzzo*, s. die Ablautform *grimizzo* im 10. Jh., Förstemann I, 670; Grundform **Grim-ĭttus (-ŭttus)*, das als Grundlage für *grimmuche* oder *grimace* nicht in Betracht kommt.
grimacer nicht unmittelbar zu ahdt. **grimazen*, Braune, ZRP 38, 191; *grimace* aus *grammatica* + *-acea*, Schuchardt, ZRP 31, 9, über *„verworrene Rede", ist historisch nicht möglich; *grima* „verstohlener Wink mit den Augen" in Corp. gloss. 5, 392, 15, Landgraf, ALL 9, 398, ist zweifelhaft, s. Heraeus, ALL 10, 514.

grimaud 1. „Abc-Schütz", „Schulfuchs" 16. Jh., ist Neubildung nach dem Stamm von *grimoire* „lateinische Grammatik", s. d., Schuchardt, ZRP 31, 9; Bréal, MSL Paris 1889, 336.
Kaum zum PN *Grimwald*, Fö. I, 673 (im Polypt. Irm. *Grimhald*), da *grimaud* als Adj. im Altfrz. nicht belegt ist, Bl.-W. 306; auch nicht zu mundartlichem *grimer* „kratzen", s. *grimace* Anm., Sainéan, RER 5, 406 ff.
2. „verdrießlich", „mürrisch" lebt im Westen, vend., dazu im frühen Neufrz. *grime* „erzürnt", „ergrimmt", dazu im 13. Jh. faire le *grimouard*, TL III, 1575 „den Geringschätzenden, den Spötter spielen", TL IV, 668; dieses ursprünglich der PN *Grimward*, der seit dem 6. Jh. in Gallien bezeugt ist, die Bedeutung durch volksetymologische Hineindeutung des Stammes **grim* veranlaßt, der vorhistorisch auch im Französischen wohl lebendig war, s. *grimace*.

grimaudage „Geschwätz" 17. Jh., ebenso **grimauderie** seit dem 16. Jh., ist Abl. von *grimaud* „Schulfuchs", s. d.; vgl. dazu vend. *grimauder* „schelten".

grime 1. „böser Schüler" 17. Jh., ist Rückbildung von *grimaud* „Abc-Schütz", s. d.
2. „lächerlicher Alter" 19. Jh., aus ital. *grimo* „runzelig", so seit dem 14. Jh. bezeugt, im 16. Jh. populär „Alter", kommt im 18. Jh. als Theaterfigur in das Französische; Bl.-W. 306.

grimelin „kleiner Schüler" va.; „knauseriger Spieler" 16. Jh., ist Abl. von *grimaud* „Abc-Schütz", als ob dieses in der Endung lat. *-ellus*, frz. *-eau* enthielte; dazu seit dem 17. Jh. die Abl. **grimeliner** „knauserig spielen", „kleine Gewinste machen". Schuchardt, ZRP 31, 9.

grimer „Runzeln malen", „Runzeln aufschminken" (um dem Schauspieler das Aussehen des *grime*, des „lächerlichen Alten" zu geben) 19. Jh., ist Abl. von *grime* 2; vgl. Esnault, Fr. mod. 16, 301.

grimoire „Zauberbuch", „unverständliches Zeug" 13. Jh., älter *gramoire*, auch *gramaire*, bedeutet afrz. die für die große Menge unverständliche lateinische Grammatik; es ist *grimoire* in Anlehnung an den Stamm **grim* „grimmig" verballhorntes *grammaire*, s. d. Schuchardt, ZRP 31, 9; REW 3887; s. *grimaud* 2.
Nicht Abl. vom Stamm von *grimace*, das jünger ist, Diez 605.

grimper „klettern" 16. Jh., ist Kreuzung von *ramper* „kriechen", das z. B. in der Bedeutung „klettern" in der Auvergne lebt, Escoffier, RDiR 28, 67, mit *gripper* refl. „sich festklammern", vgl. wall. *griper* „klettern"; dazu seit dem 16. Jh. die Abl. **grimpereau** „Grauspecht". REW 3871. Nicht aus ahdt. *klimban* „klimmen". Diez 605.

grincer „mit den Zähnen knirschen", „knarren"
16. Jh., für älteres, im 15. Jh. bezeugtes *grisser,* ist Kreuzung von gleichbedeutendem *crisser* und *grigner,* s. beides; dazu im 15. Jh. *gricement,* seit dem 16. Jh. *grincement* „Knirschen", „Kreischen"; Bl.-W. 356.
Nach Ulrich, ZRP 28, 114; REW 4778 würde ein Schallwort vorliegen; *grincer* nicht aus ahdt. *gremizôn* „knirschen", Diez 605, oder ahdt. **grimmizôn* „wüten", Mackel 100; auch nicht ahdt. **grinzjan* zu deutsch *grunzen,* vgl. englisch *grint* „knirschen", Braune, ZRP 39, 178 ff., da eine Entlehnung aus dem Althochdeutschen bei einem nur in Nordfrankreich heimischen Wort unwahrscheinlich ist; aus chronologischen Gründen auch nicht zu flämisch *grinke,* Barbier, RDR 4, 121 f.

grincheux „mürrisch", „griesgrämig" u. ä.
19. Jh., dazu zunächst als Ausdruck der Bäkkerei *grincher* „eine unregelmäßige Kruste beim Brotbacken bilden", dann im Rotwelsch *grinche* „widerspenstig", „streitsüchtig", dazu *grinche* „Dieb", *grinchi* „stehlen"; steht für **grincheur,* d. i. Abl. von *grincher,* der norm. pik. Entsprechung von *grincer*; Greima, Fr. mod. 24, 105; Larchey s. v.

gringalet „schwächlicher Mensch"
17. Jh., vermutlich nach dem Namen eines Hanswurst am Hôtel de Bourgogne, vgl. bei Oudin *gringalet* „bouffon amusant"; das Wort bedeutet afrz. „Reitpferd", ist ursprünglich das Pferd Gauwains in den höfischen Romanen, in älterer Form *guingalet,* d. i. französische Wiedergabe des Namens *Keincaled,* wie im kymrischen Schwarzbuch von Caermathen das Pferd des Gwalchmai, des Vorbildes des frz. Gauwain heißt; dieses ist zusammengesetzt aus kymrisch *kein* „schön" und *caled* „hart", *Loth, Mabinogion II, 206; G. Paris, Rom. 20, 149 f.; Meyer-Lübke, ZRP 24, 407; Pauli, Enf. 318.
Nicht zu gotisch *wainags* „elend", Bugge, Rom. 3, 150; fragend zu schweizerdeutsch *grängel* „kümmerlicher Mensch" gestellt, Bl.-W. 306.

gringole „Schlangenkopf" (am Ende gewisser Kreuze, Wappenkunde)
19. Jh., ist Rückbildung von **gringolé** „mit einem Schlangenkopf endend", eigentlich „am Ende umwunden", vgl. im 17. Jh. *croix gringolée d'or*; dieses *gringoler* bedeutet ursprünglich „sich drehen", „rollen", aus ndl. *kringelen* „winden", „ranken", „verschlingen", Brüch, ZRP 38, 700; vgl. auch *dégringoler*; zu *gringoler* vgl. Mons *gringaler* „am Boden ausrutschen", auch *fringaler* (+ *fringuer*), Zell (Vogesen) *grẽgolé* „stolpern, niederfallen und versuchen, wieder aufzustehen, von Betrunkenen".

gringotter „zwitschern", „summen"
15. Jh., ist angev., ist Kreuzung der Stämme von *grisoler* und *fringoter,* Regula, AR 28, 281, s. *fringuer* 1.

gringuenaude „anhängender Unrat", „Nasenpopel"
16. Jh., dafür berrich. *grenette, guernette,* dazu erweitert angev. *gringuenette* „durch Kot zusammenhängende Haare", sav. *gringuiniôte* „Kotreste, die am Haare von Tieren oder Menschen hängenbleiben" u. ä.; wenn berrich. *grenette* ursprünglich ist, dann liegt expressive Weiterbildung von *grain* zugrunde; die Endung nach *baguenaude,* der Stamm von *gringoler* beeinflußt, s. *gringole.*

griot s. *gruau.*

griotte „Weichselkirsche"
16. Jh. neben *aigriotte,* ist als *agriota* im Provenzalischen seit dem 13. Jh. bezeugt und vermutlich aus dem Südostfrz. in die Literatur gewandert; die eigentlich nördliche Form ist *guine,* s. *guigne;* vgl. auch *crèque*; prov. *agriota* ist Abl. von prov. *agre* „sauer", s. *aigre,* vgl. die frz. Bezeichnung *cerisier à cerises aigres* für den Weichselbaum; Roll. Fl. 5, 347 ff.; REW 92; FEW 18; dazu seit dem 16. Jh. die Abl. **griottier** „Weichselbaum".

grip „Raub"
17. Jh., ist postverb. Subst. von **gripper** „ergreifen", „fassen", „schnappen", refl. „sich ankrallen", mundartlich auch „klettern", 15. Jh., s. auch *grimper*; dazu seit dem 10. Jh. belegtes mlat. *agrippare*; dieses aus gotisch *greipan* „greifen", Diez 605; Bl.-W. 306. Das Wort ist im Süden des Nordfranzösischen, z. B. in dem postverb. Subst. *gripe* „Kralle" in Poitou, sonst nur im Westen von Norditalien sicher bezeugt. Sein spätes Auftreten in der nordfranzösischen Überlieferung mag sich daraus erklären, daß es durch das gleichbedeutende aus dem Fränkischen stammende *agraper* vielfach verdrängt wurde; s. *agrafe*; Gg., RG I, S. 387.

grippe 1. „Grille", „Einbildung"
13./14. Jh., ist postverb. Subst. von *gripper* „nach etwas haschen", bzw. von *être grippé* „erfaßt werden", s. *grip.*
2. „Grippe"
18. Jh., aus russisch *chripŭ* „Heiserkeit", *Schuchardt, Slawo-Deutsches; Vasmer, ZDW 9, 20; Rheinfelder, ASSL 161, 217.
Zu *gripper* „ergreifen", Bl.-W. 306, ist begrifflich nicht überzeugend.

grippeler „sich falten", „kräuseln"
18. Jh., ist Deminutivbildung zu gleichbedeutendem *se gripper,* das zu *gripper* „anklammern" gehört, s. *grip.*

gripper s. *grip.*

gris „grau"
12. Jh., dann übertragen seit dem Beginn des 18. Jhs. in der Bedeutung „benebelt"; dazu im 19. Jh. **griserie** „leichter Rausch", Esnault, Fr. mod. 16, 301; dazu afrz. 12. Jh. *griset* „grau", Femininum **grisette,** bezeugt zu-

nächst in der Bedeutung „grauer Stoff", dann übertragen von der Bekleidung auf die Person, die die Kleidung trägt (Gg., Bed. 57, s. *hère*) „lockeres Mädchen", „Putzmacherin", so seit dem 17. Jh.; Hérisson, Fr. mod. 27, 304; aus fränkisch **grîs* zu asächsisch *grîs* dass.; dazu u. a. seit dem 17. Jh. die kollektivische Abl. **grisaille** „Grau in Grau" (Malerei), „Mischung von weißen und braunen Haaren" u. ä. Diez 173; Brüch 87; REW 3873.

grisâtre „gräulich"
15./16. Jh., ist *-aster*-Abl. von *gris,* s. d.

griser 1. s. *gréser.*
2. „grauwerden machen", „benebeln"
16. Jh., ist Abl. von *gris,* s. d.

grisoir s. *grésoir.*

grisoler „trillern" (von der Lerche)
18. Jh., ist vermutlich Schallbildung; oder Abl. vom Stamm *gris* „grau", der mit der Abl. *griset, grisette* u. ä. verschiedene Vögel bezeichnet.

grison 1. „grau werdend", „grau", „Esel", „Bedienter in grauer Livrée"
15. Jh., ist Abl. von *gris* „grau", s. d.; dazu seit dem 16. Jh. die Abl. **grisonner** „grau werden", „grau färben".
2. „grober Sandstein"
vgl. dazu mundartliches *grisard* „sehr harter Kies", s. auch *grignard;* es ist Abl. von *grès* „Sandstein", in der Form von *gris* „grau" beeinflußt.

grisou „schlagendes Wetter"
18. Jh., auch *feu brizou,* bei S. V. auch *griou, grieu,* ist wall., Mons als *grizou, feu grizou* bezeugt, ist die wallonische Form von afrz. *feu gresois* „griechisches Feuer", s. *grégeois; brisou* zeigt begriffliche Anlehnung an *briser* „brechen", s. d.; dazu seit dem 19. Jh. die Abl. **grisouteux** „Grubengas enthaltend".

grive „Drossel"
14. Jh., vgl. dazu norm. *greve,* Guernesey *graive,* aus *(avis) graeca* „griechischer Vogel", ist also Femininform zu afrz. *grieu* „griechisch", vgl. *grièche.* Nigra, AGI 14, 283; REW 3832.
Wegen Vaud *greba* u. ä. abgelehnt von Urtel, ASSL 122, 369; doch ist dieses wie Tarn *gribo* wohl entlehnt aus dem Nordfrz.

grivelé „weiß und braun gemischt"
13. Jh. *griolé,* ist Abl. von *grive* „Drossel"; desgleichen das seit dem 17. Jh. belegte **griveler** „kleine Unterschleife machen".

grivois „in französischen Diensten stehender Soldat", „übermütig"
17. Jh., ist zunächst in der ersten Bedeutung im 17. Jh. scherzhaft rückgebildet von *grivoise* „Art Tabakbeutel mit angehängtem Reibeisen", den die Soldaten ursprünglich trugen, vgl. im ältesten Beleg des Wortes ‚vive la pipe, c'est le salut du grivois', Dict. gén.; *grivoise* scheint verballhorntes deutsches *Reibeisen* bzw. alemannisch *rîbîse(n)* zu sein. G. Paris, Mél. 308 f.; von *grivois* „Soldat" mit Suffixtausch *grivier,* im Argot „Soldat"; dazu die Rückbildung *grive* „Krieg", gleichfalls im Rotwälsch.
Grive „Krieg", aus *grive* „Drossel", weil die Drossel angeblich besonders streitsüchtig wäre, und dazu nun zunächst das Adjektiv *grivois,* Bl.-W. 307, ist wenig überzeugend, s. auch Urtel, ASSL 122, 370; REW 3832.

grog „Grog"
19. Jh., aus englisch *grog.*

grogner „grunzen", „brummen", „beschimpfen"
12./13. Jh., für älteres, seit dem 12. Jh. belegtes *gronir,* dieses aus lat. *grŭnnire* „grunzen", ist wohl Neuableitung von *groin* „Rüssel", „Murren", s. d.; dazu seit dem 14. Jh. das postverb. Subst. **grogne** „üble, brummige Laune"; Barbier, Misc. 17, 313.
Schon vlat. **grunniare,* REW 3893, ist wegen des späten Auftretens des Wortes im Frz. schwierig.

groin „Rüssel"
12. Jh., afrz. auch „mürrische Miene", s. *grogner,* aus lat. *grunium,* das bei Oribasius bezeugt ist, zu *grunnire* „grunzen", Diez 175; REW 3894.

groiser s. *gréser.*

groisil, groisillon s. *grésil, grésillon.*

grole „Saatkrähe", „Dohle"
18. Jh., lebt im Westfrz. und Centrum, so Pléchatel, Anjou, bourb., aus vlat. **graula,* in Glossen in der maskulinischen Form *graulus* belegt, Meyer-Lübke, WS 25, 100; **graula* ist dissimiliert aus *gragula,* so spätlateinisch wiederholt bezeugt, und dieses assimiliert aus *gracula* dass., s. dazu *graille;* Thomas, Mél. 87; REW 3850.

grolle s. *grole.*

grommeler „murmeln"
13. Jh., ist im 17. Jh. verpönt, Br. 3, 171, aus mndl. *grommelen* „grunzen", „murmeln". Diez 605; Braune, ZRP 20, 369; REW 3885; Bl.-W. 307.

gronder „brummen", „murren"
13. Jh. auch *grondir, grondre,* aus lat. *grŭndire* „grunzen", mit frühzeitigem Konjugationswechsel. REW 3893.

grondin „Knurrhahn" (Fisch)
18. Jh., ist Abl. von *gronder* „knurren", da der Fisch ein knurrendes Geräusch von sich gibt, wenn er gefangen wird, Dict. gén.; vgl. dazu für den gleichen Fisch afrz. *gornal, gornart,* für **gronart* zu afrz. *gronir,* der Nebenform von *grondir, gronder,* s. *grogner.* Barbier, RDR 1, 437.
Kaum mit Recht abgelehnt REW 3893.

groom „Reitknecht"
19. Jh., bis 1830 immer bezogen auf englische Verhältnisse, erst später eingebürgert, Esnault,

Fr. mod. 16, 302, aus englisch *groom*, vgl. *gourmet.*

gros „dick", „grob"
12. Jh., aus lat. *grŏssus* „dick". Diez 174; REW 3881.

groseille „Johannisbeere"
12. Jh., auch *groiselle,* aus letzterem mundartlich *grouazel, grouezel,* das im Norden und Westen weit verbreitet ist; auch eine Form **greiselle* hat bestanden, daher lyon. *grizèl,* im Südosten weit verbreitet *grezel,* vgl. Roll. Fl. 6, 62 ff.; 8./10. Jh. mittellat. *groselarius* „Johannisbeerstrauch", latinisiert aus gesprochenem *groiselier;* daneben im 10. Jh. *grissella,* Bambeck 94, dieses mit Abfall des als Endvokal des fem. Artikels angesehenen *a-* aus **acricella,* d. i. dem. Abl. von *acer* „sauer", s. *aigre,* vgl. toulous. *agrassol,* Gers *agrassoun* u. ä., auch deutsch mundartlich *Agraseln;* vgl. *griotte.*
Aus deutsch *Kräuselbeere,* Diez 174; REW 4765, oder mndl. *croesel,* Bl.-W. 307, ist lautlich nicht möglich; das für die mlat. überlieferte Form erschlossene grom. *groiselier* enthält *-oi-* für älteres *-ei-,* da *-ei->-oi* im Vorton durch *noied* im Jonasfragment aus *neiet* gesichert ist; Budahn, ZFSL 63, 113.

gros-guillaume „grobes Brot für Bauernknechte"
17. Jh., bezeichnet nach S. V. auch eine Rebenart, scheint zu *gros* „grob" und *Guillaume* „Wilhelm" zu gehören, doch ist die Geschichte des Wortes unbekannt.

grosserie „Großhandel", „grobe Eisenware"
17. Jh., ist Abl. von substantivischem *gros,* z. B. in *vendre en gros* u. ä., s. d.

grossesse „Schwangerschaft"
12. Jh. „Dicke", seit dem 13. Jh. in der heutigen Bedeutung, ist *-itia-*Abl. von *gros* „dick", s. d.

grossier „grob"
13. Jh., ist persönliches Adjektiv zu *gros* „grob", das ursprünglich hauptsächlich auf Sachen bezogen wird, und ist von diesem unmittelbar abgeleitet; seit dem 13. Jh. auch Engros-Kaufmann, s. *grosserie.*

grossir „dick, grob werden"
12. Jh., dann auch „dick machen", ist Abl. von *gros,* s. d.

grosso modo „im großen und ganzen"
16. Jh., aus lat. *(grosso modo)* „auf grobe Art".

grossoyer „(eine Urkunde) ins Reine schreiben"
14. Jh., ist Abl. von *grosse* „Abschluß eines Aktes, eines Urteils", eigentlich „große Schrift", dieses substantiviert aus *écriture grosse,* zu *gros* „dick", s. d. Dict. gén.

grotesque „Arabeskenfigur", dann „lächerlich", „seltsam"
16. Jh., veraltet auch *crotesque,* aus ital. *grottesca* „kunstlose Malerei" (wie sie in gewissen Kavernen des alten Rom gefunden wurde); im 16. Jh. auch „Grotte", Matoré, Mél. Roques; dieses ist Abl. von ital. *grotta* „Kaverne", s. *grotte;* die Adjektivbildung *grottesco* „lächerlich" zu *grottesca (pittura)* „Kavernenmalerei" ist schon italienisch.

grotte „Grotte"
16. Jh., aus ital. *grotta,* das mit *-ọ-* in Mittelitalien und Oberitalien verbreitet ist; aus vlat. **crŭpta* für gr. κρύπτη, klassisch lat. *crypta* „unterirdischer Gang", „Kloake", „Vorratsraum"; das *-ọ-* vielleicht in Kreuzung mit **mọtta,* vgl. *motte;* das Wort ist volkstümlich entwickelt in afrz. *crepte, crette,* Tilander, ZRP 46, 254, unabhängig davon afrz. *croute,* pik. *creute* „Gewölbe", champ. „Grotte", „Wohnung", Aisne *creutte* dass. erhalten. Scheuermeier 31 ff.; Diez 174; REW 2349.

grouiller 1. „knurren" (im Leib)
lebt im Wallonischen, Rouchi *groûler,* boulogn. *grouiller* und *grouler* „schelten", „böse sein", pik. *grouler* „schimpfen", „murmeln", Mons *grouyer* „schimpfen", „murren", „grollen", dann gekreuzt mit *gargouille* in Lüttich *gargoûî* dass.; aus mndl. *grollen* „ertönen", „lärmen", auch „brummen", „schelten", ostfriesisch *grullen,* s. Doornk.-K. s. v. Die *-oui-*Form wie in *bouillir* neben älterem und mundartlichem *boulir,* s. d.
2. „wimmeln", „krabbeln"
15. Jh., stammt aus dem Süden des Nordfrz. vgl. berrich. *grouiller* „sich bewegen", auch *groûler,* d. i. Abl. von poitev. und westfrz. *grouée* „Menge", „Masse", berrich. *grouée* „Nestvoll", dessen Stamm im neuprov. *grou* „Laich", „Nissen", „Schlangeneier", dazu *grouà, grouvà, grougà* „laichen", „wimmeln" vorliegt, vgl. auch nprov. *grouun, grougun* „Laich", „Menge"; die Herkunft des Stammes **grow-, krow-* ist unbekannt.

grouine s. *grignard*

group „Geldbrief"
18. Jh., aus ital. *groppo, gruppo* „Rolle Geld", eigentlich „Klumpen", „Wickel", s. *groupe.*

groupade s. *croupade.*

groupe „Gruppe", „Vereinigung"
17. Jh., aus ital. *gruppo, groppo,* das ursprünglich „Knoten" bedeutete wie prov. *grop* und vermutlich selbst aus dem Galloromanischen entlehnt ist; prov. *grop* „Knoten" ist postverb. Subst. von *gropar* „verbinden", aus grom. **crọppare,* vgl. dazu in Glossen bezeugtes *cruppa, crupes* „breites Tau"; **croppare* ist verschmolzen aus **corepare,* d. i. Zusammensetzung von lat. *co-* „mit", „zusammen" mit fränkisch **rêp* „Seil", „Strick", das als *rêpus, reipus* in der lex salica belegt ist, vgl. ahdt. *reif* „Seil", „Strick" u. ä.; die Umstellung von **corpare* zu **cropare* wie *trop* für *torp,* vgl. auch afrz. *corp* neben *crop, corpe* neben *crope* für

croupe u. ä.; wegen der Zusammensetzung eines germanischen Stammes mit lat. *co-* vgl. *corroi*; vgl. REW 2344; Kluge, SAHeidelberg 6, 10, 9.
Zu fränk. *krop* „Kropf", Sofer 43, der ein westgerm. **kroppaz* ansetzt, Bl.-W. 308, s. *croupe,* ist begrifflich unverständlich; Grundbedeutung der Wortfamilie ist „verbinden", „Schleife" u. ä., nicht „Auswuchs"; Dilettantisches ASSL 198, 30.

gru „Gerstenschleim"
14. Jh., aus älterem *grui,* das selbst analogischer Akkusativ zu ursprünglich indeklinablem *gruis,* afrz. „Kleie", ist; dieses seit dem 12. Jh. aus fränkisch **krûsk* zu ahdt. *crûsc* „Kleie"; vgl. Diez 367; REW 4788.
Das *-û-* des germanischen Wortes ist durch ital. *crusca,* westladinisch *krisk'a* gesichert, daher die Bedenken Mackels 19 nicht gerechtfertigt, vgl. auch Pogatscher, ZRP 12, 555; **grûs* zu ndl. *gruis* „Kies", „zerbröckelter Stein", Braune, ZRP 36, 707, oder anndt. **grût* bzw. germ. **grût* zu ndl. *grut* „Grütze", Mackel 19; REW 3897 widerspricht der im 12. Jh. bezeugten Form *gruis*; vgl. aber *gruau*; ob ein ahdt. *gruzzi* „Grütze" entsprechendes fränkisches **grutti* afrz. *gruis* zugrunde liegen könnte, ist zweifelhaft; vgl. zu allem Jud, ASSL 126, 136.

gruau 1. „Gries", „feinstes Weizenmehl"
12. Jh. *gruel,* aus grom. **grūtellum,* d. i. vorhistorische dem. Abl. von fränkisch **grût* zu ndl. *grut* „Grütze", s. *gru*; dort weitere Literatur; Diez 606.
2. „Kranichjunges", „kleiner Kran"
16. Jh., steht für **gruot,* ist *-ottus*-Abl. von *grue* „Kranich", s. d. F.

grue „Kranich", „Kran"
12. Jh., dazu schon im 12. Jh. zur Bezeichnung der „Hure" *cou de grue,* wegen des Ausstreckens des Halses nach den Passanten, daher seit dem 15. Jh. *grue* „Hure", Sain. LPar. 259; aus grom. **grua* für lat. *grus,* „Kranich", REW 3896.

gruer „zu Grütze mahlen"
13. Jh., ist Abl. von *gru,* s. *gruau* 1.

gruerie „Waldrecht bezüglich der königlichen Wälder", „Forstgericht"
15. Jh. *gruierie,* ist Abl. von **gruyer** „Forstmeister" va.; „Forstlehensherr", 13. Jh.; dieses ist *-arius*-Abl. von einem nicht belegten afrz. **grui* „grüne Fläche", zu diesem im 16. Jh. *le gru* „tout le fruit de la forêt", Bl.-W. 308; vgl. mit *gruyer* gleichbedeutendes *verdier* zu *verd* „grün", „Grünes"; *grui* über romanisiertes *grôdium* aus fränkisch **grôdi* zu ahdt. *gruoti* „das Grüne"; die Abl. **grodiarius,* dissimiliert **grodarius,* ist in Glossen als *grutarius* bezeugt, Goetz, Com. Woelffl. 129; Landgraf ALL 9, 422.
Unmögliches bei Brüch, ZFSL 48, 116.
gruyer zu *grue* „Kranich" bzw. *faucon gruyer* „Kranichfalke", weil der Forstmeister mit der Falkenbeize betraut ist, Riegler, WuS 6, 189; ist begrifflich sehr unwahrscheinlich.
gruger s. *gréser.*

grume „die auf dem geschlagenen, unbehauenen Holz zurückbleibende Rinde"
18. Jh., u. H.
Aus lat. *(gluma)* „Hülse", „Balg", REW 3805, überzeugt nicht bei der speziellen Bedeutung des Wortes; vielleicht zu *gruma,* gleicher Bedeutung, so einmal im 4. Jh. belegt, d. i. Rückbildung von **glūmula,* FEW IV, 285.

grumeau „Klümpchen"
14. Jh., aus vlat. **grūmellus* für lat. *grūmulus* „Häufchen"; REW 3887; dazu seit dem 13. Jh. die Abl. **grumeler** refl. „molkig werden"; ferner seit dem 16. Jh. belegt die dem. Weiterbildung **grumillon** „Eisenteilchen, die beim Schmieden sich lostrennen".

gruyer 1. „den Kranich jagend"
13. Jh., ist Abl. von *grue,* s. d.
2. s. *gruerie.*

gruyère „Art Käse"
17. Jh., nach dem Namen des Schweizer Bezirks *Gruyère;* REW 3899.

guano „Guano", „Vogeldreck"
16. Jh., aus spanisch *guano,* dieses aus quechua **huanu** „Mist", „Vogelmist". Lenz 374; Friederici ZFSL 58, 138.

gué „Furt"
12. Jh. *guez,* indeklinabel wie *grès,* aus fränkisch **wađ* zu anord. *vađ* „Furt", oder Kreuzung von lat. *vadum* dass. mit dem fränkischen Wort. Mackel 138; REW 9120 a: Brüch 88.
Aus vlat. **vadus, vadere* wegen afrz. indeklinablem *guez,* Förster, Chev. II espees, zu V. 6311, ist nicht nötig, s. AR 6, 8 ff.; auch nicht gallisch **wadon,* Hubschmied VR III, 104.

guèbre „Anhänger der Religion des Zoroaster"
18. Jh., auch *guabres* aus persisch *gebr,* dieses aus arabisch *kâfir* „Ungläubiger", s. *cafard* (Haffner); König, ZRP 60, 378.

guède „Färberwaid"
13. Jh. *waisde,* doch mlat. schon im Cap. de villis *waisdus* und *waisdo,* im 10./11. Jh. *gaisdo,* diesem entsprechend im 17. Jh. angev. *guesdon;* das französische Wort geht auf ein galloromanisches **waisda* zurück; dieses ist Kollektivbildung zu gallorom. *waisdum* aus fränkisch **waizd* zu mnddt. *wêt,* agls. *wád* u. ä.; Thomas, Rom. 36, 436; Kluge, AR 6, 311; Jud. WL 2, 163; Winkler, ZRP 37, 544: Jud-Spitzer, WuS 6, 131; Diez 176; REW 9487; oder schon westgerm. *waizda,* Bl.-W. 398.
Dazu seit dem 18. Jh. **guédasse** „Waidasche", dieses unmittelbar aus flämisch *weedas,* das auch in der ursprünglichen Form *védasse* belegt ist; Barbier, ZFSL 55, 394; ferner seit

dem 16. Jh. die Abl. **guéder** „mit Waid färben", übertragen „sättigen".

guéer „eine Furt überschreiten", „ein Pferd in der Furt schwemmen"
12. Jh., auch *gaĕr* ist Abl. von *gué* „Furt", s. d., oder entlehnt aus fränkisch **wadan* zu ahdt. *watan* dass.; Barbier, ZFSL 55, 395; Suchier, ZRP 67, 152.

guelte „Anteil der Angestellten gewisser Handlungshäuser am Erlös verkaufter Gegenstände"
19. Jh., aus nhdt. *Geld* „Vergütung".

guenille „Lumpen"
17. Jh., ist mit Suffixwechsel umgestaltet aus *guenipe*, vgl. poitev. *ganipe* „Fetzen", „Lumpen", vgl. dazu mit anderem, ebenfalls sekundären Suffix H. Maine *guenas* „Lumpen", *(guener* „ein Kleid zerlumpen"), bourb. *guenas* „Fetzen", saint. *guenillon* „kleiner Lumpen", das seit dem 17. Jh. gleichfalls in die Literatursprache eingedrungen ist; vgl. auch westfrz. aus *gnip* entstandenes *nippe* „Fetzen" unter *nippe;* **guenipe** bedeutet saint. auch „Dirne", „schmutziges Weib", so übertragen aus „Fetzen", und ist in dieser Bedeutung in der Literatur seit dem 15./16. Jh. zu finden; dazu mit Suffixwechsel auch champ. *guenuche*, lothr. *gueniche* „Dirne", s. d. F. H. u.
guenille als Rückbildung von *souquenille* REW 8441 mit ?, entspricht nicht den mundartlichen Formen; als Abl. von afrz. *gone* „Überwurf", s. *gonichon*, Diez 606, ist auch lautlich nicht möglich; *guenipe* „Dirne" zu mndl. *knip* „Bordell", Diez 606, ist geographisch und morphologisch schwierig. Der Stamm *guen-*, *gan-* aus einem gall. *wádana*, zu got. *wato*, Wasser, dazu *gasne* in Urkunden von Puy-de-Dôme, Vienne, 12. Jh. *Gaana*, u. ä., Hubschmid, ZRP 69, 267; Bl.-W. 308 läßt die charakteristische Endung *-ipe* von *guenipe* unerklärt, und führt begrifflich auch nicht weiter.

guenon „Äffin", „Meerkatze"
16. Jh., ist zuerst für die „Meerkatze", einen kleinen, langschweifigen Affen, belegt, dazu mit anderem Suffix Blois *guenot* und gleichfalls seit dem 16. Jh. bezeugt *gueniche*, heute *guenoche* „kleine Äffin"; vgl. ferner norm. *guenon* „elend", „feige", bourb. *guener* „jammern"; das Wort ist vermutlich vom Stamm von *guen-ille*, *guen-ipe*, *guen-as* „Lumpen", „Fetzen" abgeleitet, s. *guenille;* besonders *guenuche* „kleine Äffin" und „Dirne", s. *guenille;* Bl.-W. 308.

guépard „Jagdleopard"
18. Jh., ist dissimiliert aus *gapard*, das im 18. Jh. belegt ist; dieses aus mlat. *(cattus pardus)* „Pardelkatze" als Gegenbildung zu *leo-pardus*, das den größeren Leopard bezeichnet, bzw. unmittelbar aus ital. *gattopardo* „Leopard"; Thomas, Rom. 35, 474; Sain. Chien. 41; Bl.-W. 308.

guêpe „Wespe"
12. Jh. *guespe* und *wespe*, aus lat. *vĕspa* mit einer Anlautentwicklung, die auf Kreuzung mit dem entsprechenden fränkischen **wespa* zu niederrheinisch *wespa* hinweist, s. Kluge s. Wespe; Diez 606; REW 9272; dazu seit dem 14. Jh. die Abl. **guêpier** „Bienenwolf" (Vogel) u. ä.
Das in den Reichenauer Glossen belegte *wapces* ist in nordöstlichen Mundarten erhalten; es kann daher frz. *guêpe* auch auf Kreuzung von lat. *vespa* mit germ. **wafs* beruhen; s. dazu afrz. auch *waspe;* TL IV. 761.

guerdon „Entlohnung" va.
12. Jh. *guerredon*, aus gallorom. *widerdonum*, eine Kleinigkeit, die man zur Bekräftigung der Annahme einer Schenkung gibt, d. i. Kreuzung von fränkisch **widarlôn* (ahdt. dass.), mit lat. *donum* „Geschenk"; Diez 180; REW 9529; dazu seit dem 11. Jh. die Abl. **guerdonner** „vergelten"; Gg., RG I. S. 166.

guère „sehr", „viel"
12. Jh. *guaires*, aus fränkisch **waigaro* zu ahdt. *weigaro in ne weigaro* „non multum"; Diez 177; REW 9485; Gg. Syntax 754; vgl. *naguère.*

guéret „Brachland"
12. Jh. *guaret*, *guareit*, *wareit*, die *e*-Form seit dem 15. Jh., aus lat. *vervactum* dass., dissimiliert **veractum*, **varactum*, s. den ON. *Guéret*, Dep. Creuse, 8. Jh. *Waractus;* der Anlaut zeigt Kreuzung mit einem mit *w*-anlautenden fränkischen Wort an; dieses ist vermutlich afrz., im Wallonischen noch heute lebendes *warescait* „unbebaute Felder", „Weiden", auch *warescap* u. ä., das selbst im Auslaut Einfluß von *vervactum* zeigt; dieses aus fränkisch **wariskapi* zu mndl. *waerschap*, mhdt. *werschaft* „rechtskräftig gesicherter Besitz", s. Baist, ZRP 32, 47; vgl. REW 9264.
Oder Kreuzung von *vervactum* mit fränkisch **wrêt* zu schwedisch *vret* „Ackerfeld", Petersson. ZRP 30, 470; oder *vervactum* + fränkisch **wraita* „Furchen ziehen", Brüch, ZRP 50, 105.

guéridon „Leuchterstuhl", „Leuchtertisch", „Schöpfkelle" (Marine)
17. Jh., ist ursprünglich Name eines Schauspielers in einer Posse mit Ballett-Einlage, dessen Geschicke als unglücklicher Liebhaber erzählt wird; bezeichnet dann in den Balletten den Träger der Fackel inmitten der Tänzer; von da die Bedeutung „Leuchterstuhl" u. ä.; daß der Name künstlich aus afrz. *guerredon*, *guerridon* „Belohnung" gebildet wurde, Spitzer, ZFSL 44, 1, 250, ist möglich; ebenso, daß ein alter Refrain zugrunde liegt, Spitzer, Misc. Schuchardt 152 f.; zur Ge-

schichte des Wortes vgl Martin, Courrier de Vaugelas 7, 1 ff.; Bl.-W. 309.

guérilla „Freischar"
19. Jh., aus spanisch *guerrilla* „kleiner Krieg", d. i. dem. Abl. *(-ella)* von span. *guerra*, s. *guerre*.

guérir „heilen"
11. Jh. *guarir, garir*, das noch im 17. Jh. neben der literarischen Form lebt, aus fränkisch **warjan* zu ahdt. *warjan* „wehren", „verteidigen", „schützen"; Diez 178; REW 9504; Brüch 88.

guérite „Schilderhaus", „Zufluchtsort"
12. Jh., *guarie* „Lebensunterhalt", TL IV, 156, das zu Beginn des 13. Jhs. zu *(garita)* latinisiert wurde; in dieser latinisierten Form seit dem 13. Jh. als Lehnwort *garite* aufgenommen, seit dem 16. Jh. *guérite*, s. *guérir*. Das Wort ist ursprünglich Abstractum zu afrz. *guarir* „bewahren", „schützen", „entschädigen", auch „heilen", s. *guérir;* dazu prov. *garida*, abstrakt „Hilfe", „Gesundheit", dann konkretisiert „Schutzwehr"; ferner zu afrz. *garite* im 14. Jh. *gariter* „mit einer Schutzwehr versehen".
guérite aus *garir*, die Abl. nach *fuite*, Wartburg RLiR 23, 226, ist morphologisch unverständlich; aus arabisch *qarîta* „Häuschen", vgl. sizilianisch *garitta, gallitta*, de Gregorio, SGI 7, 199 f. stammt, wenn es wirklich besteht, selbst aus dem Romanischen, entspricht auch nicht der ältesten Bedeutung des rom. Wortes = „Schutz", „Zuflucht".

guérison „Heilung"
11. Jh. *guarison* „Rettung", „Sicherheit", „Schutz" dann „Heilung", „Genesung", auch, wie afrz. *garie*, „Lebensunterhalt", ist alte abstrakte Abl. von afrz. *guarir*, mit Beibehaltung der verschiedenen Meinungen des Verbums.
guerlande s. *guirlande*.
guerlin s. *grelin*.

guerre „Krieg"
11. Jh., afrz. auch vereinzelt „Wirrnis", „Durcheinander", „Feindschaft", „Widerstand", TL IV, 740; aus fränkisch **wërra* zu ahdt. *wërra* „Verwirrung", „Streit"; oder schon westgermanische Entlehnung, Diez 179; REW 9554; Brüch 88; dazu seit dem 11. Jh. die Abl. **guerrier** „kriegerisch", „Krieger", afrz. auch „feindlich", „Feind"; seit dem 11. Jh. **guerroyer** „Krieg führen" u. ä.

guet „Wache„
12. Jh., ist postverb. Subst. von **guetter** „belauern", „spähen", 12. Jh. *gaitier;* dieses ist schon vorhistorische Abl. von afrz. *gaite* „Wächter" aus fränkisch **wahta* „Wache", s. *wacta* im Pol. Irm. Longnon 171.

guet-apens „Hinterhalt"
15. Jh., gleichzeitig auch *de guet apensé* „aus dem Hinterhalt", daher seit dem 17. Jh., auch *guet-apensé* „vorbedachter Hinterhalt"; *guet-apens* ist vermutlich verschmolzen aus *guet à apens* „Belauerung mit Vorbedacht", zu *guet*, s. d., und afrz. *apenser* „überlegen", „planen", d. i. Zusammensetzung von *penser*, s. d.; G. Paris, Rom. 29, 262; vgl. auch Thomas, Rom. 24, 347; Bl.-W. 309.

guêtre „Gamasche"
15. Jh., aus fränkisch **wërst* zu agls. *wyrst, wrist* „Rist", „Fußgelenk"; *Vising, Minneskrift ... Göteborg 1910, vgl. RDR 2, 500; ASSL 125, 262; REW 9577. Nicht fränkisch **wrist*, Bl.-W. 309, das als fränkischer Ansatz irrtümlich ist, s. Gg. RG I, 247. Nicht zu langob. **gaida* „Zwickel", über **gaidita*, Nigra, AGI 14, 365 f.; auch nicht zu deutsch *Weste*, *Eurén, Rec. G. Paris; bret. *geltren*, Diez 606 f., stammt aus dem Französischen, Thurn. KR 102.

guette 1. „Bewachung"
12. Jh., ist postverb. Subst. von *guetter*, s. *guet*.
2. „Strebeband", „Streckbalken"
17. Jh., ist vendomois; dazu seit dem 17. Jh. die dem. Abl. **guettron, guètron** „kleiner Streckbalken"; unsicherer Herkunft.
guetter s. *guet*.

gueule „Rachen", „Öffnung"
10. Jh. *gole, goule*, afrz. „Kehle", „Hals", dann übertragen „Gefräßigkeit", andererseits „Mündung", „Loch"; im 11. Jh. auch „Mund", so heute familiär und dialektisch; von dieser Bedeutung aus seit dem 17. Jh. auch „Gesicht", Renson, passim; aus lat. *gŭla* „Schlund"; dazu seit dem 17. Jh. die Abl. **gueuler** „schreien", „mit dem Rachen erhaschen"; REW 3910.

gueules „die rote Farbe im Wappen"
13. Jh., afrz. *gole*, bezeichnet die „kleinen Stückchen aus Fell, die als Schmuck um den Hals getragen wurden und im Mittelalter gewöhnlich rot gefärbt waren"; dieses *gole* ist Rückbildung von *engolé* „mit einem aus *goles* bestehenden Schmuck verziert", d. i. Abl. von afrz. *gole* „Kehle", s. *gueule*, weil die Fellstückchen aus dem Kehlfell entnommen waren, vgl. dt. in älterer Sprache „Kehle" für das Kehlstück bei heraldischem Pelzwerk; Nyrop, Danske VS 4, 4; Bl.-W. 301; Vising, Stud. Neoph. 15, 208.
Aus persisch *gul* „Rose", Dict. gén.; Bertoni, AR 2, 269, ist historisch nicht begründet.

gueuleton „große Fresserei"
18. Jh., zuerst in der Poissardliteratur bezeugt, Sain. LPar. 16, ist Abl. von einem nicht belegten, aber jederzeit zu bildenden **gueuleter* „verschlingen", zu *gueule* „Rachen".

gueusaille „Bettelei", „Bettelvolk"
17. Jh., ist kollektivische Abl. von **gueux** „Bettler", „Lump"; dieses ist zuerst im 15. Jh. in der Gaunersprache bezeugt und von Greban in die Literatur eingeführt worden, s. Sain. Sources 2, 370; *gueux* nach Barbier

PLeeds I, 21, aus ndl. *guit* „Taugenichts"; dazu im 15. Jh. im Argot das Fem. *gueuse* auch *gueusesse;* unwahrscheinlich, daß *gueux* identisch mit *queux* „Koch" ist, Cor., s. Wartburg RLiR 23, 227.

gueuse „Gußeisen", röhrenförmige Gußform von Sand" u. ä.
16. Jh. auch *guise,* vgl. dazu berrich. *guise* dass., *guiser* „mit Skulpturen verzieren", *gueuset* „Gußbarren", frz. Schweiz (Vallorbe) *guisa* „geschmolzene Eisenmasse, die aus dem Ofen fließt", nprov. *guiso* „Gußeisen" u. ä.; *gueuse* ist also mundartliche Form für *guise,* vgl. norm. *gleu* für *glui;* das Wort stammt vermutlich aus dem Süden des Nordfrz.; Herkunft unsicher. Nach Bl.-W. von Minenarbeitern aus dem Harz im 16. Jh., aus ndl. *göse,* d. i. Plural von *gôs* „Gans" mitgebracht, vgl. dt. *Gans,* „gegossene Eisenstücke"; Behrens ZFSL 24, 217; ist schwierig, weil dabei die *-i-*Form ungeklärt bleibt.
gueuser s. *gueux.*

gueusette „Farbennapf der Schuster"
17. Jh., ist dem. Abl. von **gueux** „irdener Topf zum Aufbewahren glühender Kohlen", das in angev. *gueux* „irdener Topf, dessen Boden durchlöchert ist", „Napf der Wärmpfanne" erhalten ist; dürfte scherzhafte Weiterentwicklung von *gueux, gueuse* sein, vgl. nprov. *gus* „Stallknecht", „Küchenjunge", neben „Feldflasche", „zinnerner Krug" u. ä., d. i. entlehntes nordfrz. *gueux.*
gueux s. *gueusaille.*

gui 1. „Mistel"
14. Jh. *vist, visc,* gekreuzt mit gleichbedeutendem, seit dem 16. Jh. bezeugten *glu,* so Aube, Vosges, H. Marne, Côte-d'Or, Gironde, vgl. dazu *gü, güi* neben *glü* mundartlich weit verbreitet, Roll. Fl. 6, 227; mfrz. *visc* ist gelehrt entwickeltes lat. *(v ĭ s c u m)* dass., das in volkstümlicher Entwicklung in frz. Schweiz *vë,* H. Vienne, Creuse *vey* vorliegt; *glu* ist eins mit *glu* „Vogelleim", da dieser aus der Mistel bereitet wird; vgl. Diez 607; REW 9376.
gui, aus *viscum* + *guigne,* Bl.-W. 310, ist in der Entwicklung zu wenig gestützt. Kreuzung von lat. *viscum* mit ahdt. *mistil,* Settegast, ZRP 37, 196, erklärt nichts, da als Kreuzungsform wohl **miscum* oder **viscil* entstanden wäre.
2. „Giekbaum"
17. Jh., aus ndl. *g i j k,* vgl. das gleichbedeutende *bôme,* das der zweite Bestandteil des entsprechenden ndl. *gîkbôm* ist; Behrens, DS 69; REW 3756.
guibelet s. *gibelet.*

guibole „Bein"
19. Jh., im Argot, mundartlich, lebt im Norden, vgl. pik. *guibaule,* boulogn. *guiboles* „Beine", Démuin *guibole* „Bein", auch als Spottname „Langbein", norm. *guibolles* „lange, schlecht gebildete Beine", dann gekreuzt mit *quille, quibolles;* dazu norm. im 17. Jh. bezeugt *guibon,* literarisiert *gibon,* dazu V. d'Yères *gibonner* „sich unaufhörlich bewegen"; das Wort ist heute auch angev., poitev., voges., verd.-chal., aber hier vermutlich aus dem Vulgärfrz. entlehnt; wenn *guibole* die ursprüngliche Form ist, dann liegt vielleicht ein nördliches **guiboler* „mit den Füßen zappeln" zugrunde, dieses aus nddt. *w i b b e l n* „zappeln"; nichts Entscheidendes bei Barbier, ZFSL 56, 215.
guiche s. *enguiché.*

guichet „kleine Tür in einer großen", „Schalter"
12. Jh. *guichet,* auch in nördlicher Form *wicket,* so awall., heute norm. *viquet,* wall. *wichè;* in alter Zeit sind Formen vom Typus **guischet* nicht belegt, daher ist prov. *guisquet* falsch angepaßtes nordfrz. *guichet;* vgl. dazu *guipon;* es ist Abl. von anord. **vîk** „Ausweichung" oder mndl. *wijken* „einem Druck weichen", vgl. mndl. *wijk* „Biegung", „Ausweichung"; vgl. auch englisch *wicket* „Pförtchen", das aus altnorm. *wiket* entlehnt ist; Diez 607; REW 9557; Braune, ZRP 18, 528. Nach Dupire, Rom. 53, 167, würde afrz. *guischet* durch *huisset* beeinflußt sein.
Aus agls. **wîdig* „Weidenband", Koukal, 56. Jb. Realschule Wien 4, 21, ist wegen anorm. *wiket* lautlich nicht möglich.

guide „Führer", „Führung", „Richtholz" u. ä.
14. Jh., ist postverb. Subst. von *guider* „führen", s. d.

guideau 1. „Bohlenwerk am Strand, um der „Strömung eine günstige Richtung zu geben" ist in Anlehnung an *guider* „führen" umgestaltet aus *digueau,* s. d.
2. „großes, sackförmiges Sperrnetz" ist zuerst im 12. Jh. latinisiert als *kidellus* belegt, 13. Jh. *quideaulz,* anglofrz. *kidel,* 14. Jh. in Anlehnung an *guider guidel,* im 18. Jh. auch *guidelle;* aus anddt. *k i d e l* zu nddt. *kiedel* „Zugnetz ohne Flügel", Thomas, Rom. 25, 445 (Ess. 314 ff.); Schuchardt, ZRP 25, 498; REW 4696.

guider „führen", „den Weg zeigen" ist in dieser Form erst im 14. Jh. belegt, für älteres, schon im Roland belegtes *guier;* es ist *guider* vielleicht nach dem Nebeneinander von afrz. *aïe-aidier,* s. *aider,* zu *guie* neugebildet, kaum entlehnt aus ital. *guidare* oder prov. *guidar* (neben *guizar, guiar*); aus fränkisch ** w ī t a n* „nach einer Richtung zeigen", „hinweisen auf etwas", zu anord. *vita* dass., vgl. auch agls. *gewītan* „eine Richtung sehend verfolgen" u. ä., vgl. Mackel 109. Die Form *guider* für *guier,* als Neuabl. von *guide* „Führer", das aus ital. *guida* entlehnt wäre, Bl.-W. 310, ist nicht nötig und wenig überzeugend.
Gotisch *wĭtan* „beobachten", „bewachen", Diez 180, ist lautlich und begrifflich nicht möglich; anord. *viti* „Zeichen" bzw. anord.

vita „nach einer Richtung zeigen", Bugge, Rom. 3, 150, kann aus lautlichen Gründen nicht unmittelbar zugrunde liegen; gotisch **widan* „am Seile führen" wie mhdt. *weten,* vgl. gotisch *gawidan* „ins Joch binden", Bruckner, ZRP 37, 205, ist begrifflich und lautlich bedenklich; lat. *vitare* „vermeiden", Settegast RF 1, 248 ist begrifflich unannehmbar; gallisch **veida, *vida* „Weisung", „Wegweiser" zu airisch *infiadim* „ich zeige an", Thurn KR 65, ist lautlich schwierig; frz. *guider* aus ital. *guidare* dass., G. Paris, Rom. 12, 133, ist wegen des frühen Auftretens der Form *guider* im Frz. nicht wahrscheinlich; vgl. auch REW 9528.

guidon „Fähnlein", „Kennzeichen"
16. Jh., aus ital. *guidone* dass., d. i. Kreuzung von *guidare* „führen" mit *gonfalone* „Fahne", s. *gonfanon;* afrz. *guis,* Acc. *guion* „Führer" hängt mit *guidon* nicht unmittelbar zusammen; s. *guider.*

guige s. *enguiché.*

guignard „Regenpfeiferart" (Vogel)
17. Jh. auch *pluvier guignard,* ist in der Bedeutung „schielend", „blinzelnd" schon im 14. Jh. bezeugt; vgl. dazu pik. *guignard* „übermäßig neugierig"; die Übertragung auf den Vogel, weil dieser nach Nemnich besonders neugierig sein soll, Behrens, Wg. 363; *guignard* ist Abl. von *guigner,* s. d.

guigne 1. „Süßweichsel"
14. Jh., alt auch *guine,* beide Formen aus der Grundform *guisne* aus **wihsina,* dieses fränkisch **wîhsila* „Weichsel", vgl. wegen der lautlichen Entwicklung *marne, troène;* Diez 343; Mackel 112; Kluge s. Weichsel.
**byssinus* „rot", REW 1433, ist lautlich nicht möglich.
2. „Unstern", „Pech"
19. Jh., ist Rückbildung von **guignon** dass., so seit dem 16./17. Jh.; dieses dürfte ursprünglich abstrakt „Schiefanschauen", „Schielen" bedeutet haben und vom personifizierten Glück gebraucht worden sein, ist dann Abl. von *guigner,* s. d. Dict. gén.
Nicht zu englisch *wane* „verfallen", Wedgwood, Rom. 8, 437.

guigneau „Balken im Dachstuhl, der die beiden Sparren stützt, zwischen denen der Rauchfang durchgezogen wird"
17. Jh., H. u.

guigner „blinzeln", „verstohlen blicken", „schielen"
Afrz. Ende des 12. Jh. *guignier* „das Gesicht verziehen", „blinzeln", „zublinzeln", absolut und transitiv, dann mundartlich auch „bewegen", dazu frühnfrz. *guigne-queue* „Bachstelze" bei Cotgrave und frz. *guignette* „gemeiner Uferläufer", so seit dem 18. Jh. belegt; aus *guigner (de l'œil)* „mit den Augen winken" entwickelt sich andrerseits die Bedeutung „schielen", die noch für Lothr., Südostfrkr. angegeben wird, Wartburg, RDR 3, 465; aus fränkisch **wingjan* zu engl. *to wink* „blinzeln", mndt. *winken* „die Augen schließen", „Zeichen geben", Brüch, ZRP 36, 490; Bl.-W. 310.
guigner aus germ. **hwînan, *hwinjan* zu engl. *whinny* „wiehern", Cipriani, Rom. 31, 135, ist begrifflich nicht möglich; zu ahdt. *ginên* „gaffen", Diez 162, ist lautlich nicht möglich; vgl. auch Mackel 101; REW 9584.

guignes „Kiemen" (der Fische)
19. Jh., lebt in Guernesey, zu agls. *kinni* „Kinn", früher „Wange", Kluge-G. 380; vgl. Kluge s. *Kieme.*

guignette 1. s. *guigner.*
2. „kleine Harke", „Kalfateisen"
18. Jh., ist poitev., hier seit 1200 belegt, angev. *guignette* „Gartenmesser", ist auch ins Bretonische als *gwiñed* gedrungen, s. Thomas, Rom. 29, 453; unsicherer Herkunft, vgl. *gouet.*
Zu *coin, cognée,* Behrens, Festg. Förster 242 (Wg. 126 f.) ist lautlich schwierig.

guignol „Kasperle"
19. Jh., aus dem PN *Guignol,* der Benennung des Kasperle im Lyoner Theater; der Name selbst abgeleitet von *guigner* „zublinzeln", s. d.; Bl.-W. 310; Esnault, Fr. mod. 16, 302.

guignier s. *guigne* 1.

guignole „Stäbchen, an das die Fallhölzer gehängt werden" (Vogelfalle)
17. Jh., scheint zu mundartlichem *guigner* „schwanken" zu gehören, s. *guigner.*

guignolet „Weichselschnaps"
19. Jh., ist Abl. von *guigne* „Weichsel", s. d.

guignon s. *guigne* 2.

guilandine „Schusserstrauch"
19. Jh., aus nlat. *(guilandina),* d. i. Abl. vom Namen des dt. Botanikers Melchior Wieland; Behrens, Wg. 363.

guildive „Zuckerbranntwein" (in den Kolonien)
18. Jh., u. H.

guilée „Regenschauer"
16. Jh., lebt H. Maine, dazu Mons *viau* „Regenschauer", wall. *wiler* „heulen" (vom Wind), vielleicht auch wall. *walêie* „Regenschauer"; *guilée* ist *-ata*-Abl. von **guiel, *wiel,* das in Mons *viau* erhalten ist, dieses aus mndl. *wiel* „Wasserwirbel", s. Doornk-K. s. *wâl-dîk.*
Ahdt. *wasal* „Regen", vgl. in lex. Alam. *wasilus* „Feuchtigkeit", Diez 608, könnte wall. *walêie* zugrunde liegen, erklärt aber die übrigen Formen nicht.

guillaume „langer Hobel", „Pulverschrotsieb"
16./17. Jh., ist angev. „Messer", Namur „Art Hobel", dafür nprov. *guihèume* zur Bezeichnung verschiedener Werkzeuge, scheint mit dem Personennamen *Guillaume* „Wilhelm" eins zu sein; mit dem gleichen Namen werden ohne sachliche Begründung zusammengebracht

guillemet „Anführungszeichen", 17. Jh.

guillemot „Lumme" (Tauchervogel); 16. Jh., dafür pik. *guillame* u. ä., Roll. F. 2, 406.

guilledin „englischer Wallach"
16. Jh., aus engl. *g e l d i n g;* Diez 608.

guilledou *in courir le* — „sich nachts herumtreiben"
16./17. Jh., dafür pik. *courir le guilledon*, B. Maine, poitev. *gildrõ*, scheint eine ähnliche Bildung zu sein wie *garou*, vgl. poitev. *courir le garou* dass.; nach Bugge, Rom. 3, 151 f. würde ein anord. **kveldúlfr** zu nord. *kveld* „Zeit vom Abend bis Mitternacht" und *ulfr* „Wolf" zugrunde liegen.
Zu bret. *gwill* „nächtlicher Räuber", Thurn. KR 103; REW 3935, erklärt den zweiten Bestandteil nicht; eine Zusammensetzung mit frz. *doux* „zärtlich" ist nicht möglich, da *guille* selbst allein im Romanischen nicht vorkommt; nach Bl.-W. 310 zusammengesetzt aus afrz. *guiller* „betrügen" und *doux*, das begrifflich und morphologisch nicht befriedigt.
guillemet, guillemot s. *guillaume.*

guiller 1. „betrügen" va.
12./13. Jh., afrz. *guiller* neben *guiler*, dazu afrz. *guile*, „Trug", „List", „Tücke"; ferner afrz. *guilëor* „Betrüger", „betrügerisch", aus frk. *w î g i l j a n* zu mengl. *wîgeljen* „Zauberei treiben", mndl. *wijehelen* „zaubern", „wahrsagen", vgl. Diez 608.
Agls. *wîle* „List", Diez 607; Mackel 111; REW 9538, besteht nicht, engl. *wile* stammt selbst aus afrz. *wile*, s. Holthausen s. v.
2. „Spundhefen auswerfen" (vom Bier) 15. Jh., ist boulogn., aus ndl. *g i j l e n* „gären", Bugge, Rom. 3, 152; REW 3762.

guilleret „heiter"
15. Jh., dazu seit dem 18. Jh. *guilleri* „Sperlingsgezwitscher", frz. Schweiz *guilleret* „heiter", sav. *guilieret*, gask. *guilheret*, langued. *guilherit* dass., dazu dauph. *courir le guilleri* „sich nachts herumtreiben", wie frz. *courir le guilledou;* ist vielleicht Weiterbildung von diesem; oder Schallbildung.

guilloche „Grabstichel"
19. Jh., ist postverb. Subst. von **guillocher** „mit verschlungenen Windungen verzieren", 16. Jh., aus venez. *ghiocciare* „träufeln", zu ital. *goccia* „Tropfen", s. *goutte;* Baldinger, ZRP 77, 99; Bl.-W. 310.

guilloire „Gärbottich"
17. Jh., ist Werkzeugs- bzw. Ortsableitung von *guiller* „Spundhefe auswerfen", s. d.

guillot „Käsewurm"
17. Jh., ist H. Maine, vend. *guillot* „Obstwurm", dazu wall. *goiè* „Mehlwurm", dafür im Norden weit verbreitet *gouliard*, scheint also Abl. von *gueule* „Rachen" zu sein.
Zum PN *Guillot* „Guillaume", Peterson 172, entspricht nicht den mundartlichen Formen.

guillotine „Guillotine"
18. Jh., nach dem Namen des Arztes *Guillotin.* Dict. gén.

guimauve „Eibisch"
12. Jh. *widmalve*, auch *ymalve, vimauve*, dafür im Cap. de villis, vermutlich aus *wismalva* verschrieben *mismalva*, die heutige Form in Anlehnung an *gui* „Mispel", das in alter Zeit ebenfalls eine Nebenform *visc* neben sich hatte, s. d.; aus mlat. *(h ĭ b ĭ s c u m m a l v a)* zu lat. *hibiscum* „Eibisch" und *malva* „Malve"; Roll. Fl. 3, 85 ff.; Jud-Spitzer, WuS 6, 135; REW 4127; Barbier, ZFSL 56, 214.

guimbarde „Brummeisen", „Maultrommel"
dann vielleicht wegen des ähnlichen Geräusches „bedeckter, schwerer Lastwagen", vgl. sav. *guinbarda* „alter Wagen", „Nuthobel" u. ä.; 17. Jh., ist zuerst Bezeichnung eines ländlichen Tanzes bezeugt; dafür auch *jombarde, bombarde;* die letzte Form ist vielleicht ursprünglich, gehört dann zu *bombe* und Sippe; die weitere Geschichte des Wortes ist unklar; vgl. Bl.-W. 311.

guimpe „Brustschleier der Nonnen", „Brusttuch"
12. Jh. *guimple, wimple*, aus fränkisch **w i m p i l* zu ahdt. *wimpal*, anord. *wimpil* „Schleier"; Diez 608; REW 9543; dazu seit dem 12. Jh. die Abl. **guimper**, alt *guimpler* „mit dem Nonnenschleier bekleiden", „ins Kloster schicken".

guinche „Glättholz" (zum Glattmachen der Absätze in Frauenschuhen)
18. Jh., Anfang des 19. Jh. auch Stück geschwärzten Kalbsleders, das auf die Absätze der Schuhe aufgenagelt wurde; dazu im Rotwelsch *guincher* „schwofen", „tanzen"; von diesem gleichfalls im Rotwelsch *guinche* „Schwof", „Tanz"; Greimas, Fr. mod. 24, 103; H. u.
Agls. *wince* „Winde", „Kurbel", Holthausen, ZRP 39, 496, liegt begrifflich fern; desgleichen nhdt. *Winkel*, Barbier, RDR 4, 20.
guindal s. *guindas.*

guindas „Schiffswinde", „Haspelwelle"
12. Jh. *vindas*, mit Suffixwechsel dafür auch *guindeau*, aus anord. *v i n d á s s.* Falk, WuS 4, 81; REW 9545.

guinde „Schiffswinde", „Presse der Tuchscherer"
17. Jh., ist postverb. Subst. von **guinder** „aufwinden", 12. Jh., aus anord. *v i n d a* dass., Baist, ZDW 4, 258; REW 9545 a; Sjögren, ZFSL 54, 320.
guindeau s. *guindas.*
guinder s. *guinde.*

guinderesse „Hißtau", „Windreep"
16. Jh., ist ursprünglich adj., zu einem Maskulinum **guinderez* „zum Aufwinden geeignet", d. i. *-ariceus*-Abl. von *guinder* „aufwinden", s. d.; oder **guinderez* umgestaltet aus ndl. *windreep* „Windreep"; Baist, ZDW 4, 258; REW 9546.

guindre „Seidenspule", „Garnwinde"
16 Jh., wird als mundartliche Form von Tours angegeben, ist mit unorganischem *-r-* Antritt umgestaltet aus *guinde* „Winde", s. d.

guinée „alte, engl. Goldmünze", „baumwollenes, kattunartiges Gewebe"
17./18. Jh., aus engl. *guinea;* die zweite Bedeutung angeblich deshalb, weil das als *guinée* bezeichnete Zeug als Handelsartikel mit den Negern von Guinea diente. Dict. gén.

guingan „Gingham" (im Garn gefärbtes Zeug)
18. Jh., vgl. dazu bei S. V. *guinguet* „Art wollener Kamelott, besonders aus Amiens", Lüttich *gainganss* „Art Baumwollstoff", Lüttich *gaingan* „Flitter", *gaingon* „Schmuckstück für Frauen". Nach Bl.-W. 311 zuerst im 16. Jh. in port. *guingão* bezeugt, aus Indien, ohne genauere Geschichte.

guingois „schief", „verschoben"
15. Jh., vgl. poitev. *de ginguois* „schief", „seitlich", berrich. *gimboize* und *gingois,* letzteres auch verd.-chal., burg., forez., dann mit palatalem Anlaut wie in der Literatur burg. *de guingoi,* Genf *guingoine,* frz. Schweiz *de guingouè* „in falscher Richtung", „verkehrt" u. ä.; ob die *gi-* oder die *gui-*Form ursprünglich ist, läßt sich nicht entscheiden. Ausgang der Wortfamilie wäre nach Bl.-W. 311 im 15. Jh. belegtes *ginguer,* dieses zu *giguer* „auf der Geige spielen", was begrifflich nicht verständlich ist; zu einer Wurzel **wing* „gebogen", „gekrümmt sein", nordischer Herkunft, Petersson ZRP 31, 498?
Zu anord. *kingr* „Biegung", „Winkel", Diez 608, ist historisch nicht möglich; zu einem *quincone* *„Maikäfer", dieses aus lat. *quinque cornua,* Barbier, RPFL 34, 52 f., hat in der Überlieferung keinerlei Anhalt; vgl. auch REW 4689.

guinguette „Kneipe", „Schänke"
17. Jh., stammt aus dem Nordosten, vgl. Lüttich *gainguette,* Namur *guinguète* „als Tanzsaal eingerichteter Raum bei Kirchweihfesten", boulogn. „Gartenlaube", „Dorfkneipe", aus mndl. *wînkeete* „Weinschänke", zu *wîn* „Wein" und ostfriesisch *käte, kete* „eine große Hütte von Holz und Stroh", darin die Deicharbeiter kochen und schlafen.
Nach Trévoux 1771 bedeutet *guinguette* auch „schwacher Wein", Sain. LPar. 25, doch liegt wohl Verwechslung mit *ginguet* und Sippe vor; *guinguette* mit mundartlichem *guinche* zu flämisch *winkel* „Verkaufsplatz", Barbier, RDR 4, 20, ist lautlich unverständlich; *guinche* gehört zu angev. *vendre en guinche* „im geheimen verkaufen", dieses zu afrz. *guenchir* „ausweichen", s. *gauchir.*

guiorer „piepen"
17. Jh., scheint Schallwort zu sein.

guiper „mit Seide überspinnen"
14. J., aus frk. **wîpan* zu mndl. *wippen,* ahdt. *wîfan* „winden" u. ä.; Diez 608; Braune, ZRP 18, 530; REW 9550.

guipon „Wischer", „Teerquaste"
14. Jh., ist dem. Abl. von einem nicht belegten, in der Abl. aufgegangenen **guipe* dass., aus mndt. *wîpe* dass.; vgl. *goupillon.*
Bret. *guisboun* ist entlehnt aus nprov. *guispoun,* auch *jispoun;* dieses ist schlecht angepaßtes nordfrz. *guipon,* vgl. *guichet,* beweist daher nicht eine alte Form **guisp-* für das Frz.; Roquel, goupil 79.

guipure s. *guiper.*

guirlande s. *galon.*

guirlande „Girlande", „Blumengewinde"
16. Jh., afrz., 13. Jh. *garlande* „Reif", „Kranz", „Krone" (aus Metall), auch *galande,* dazu afrz. *garlandëiz* „Einfassung von Mauern, Türmen" u. ä.; dann dissimiliert aus *garlande* afrz., *guerlande,* dazu ital. *ghirlanda,* so belegt seit dem 13. Jh.; ist vermutlich toskanisch-literarische Anpassung von afrz. *guerlande,* ist wohl auch ins Provenzalische gewandert, wo es neben *garlanda* „Kranz" in der Abl. *guirlandar* „bekränzen" bezeugt ist; das ital. Wort dringt dann im 16. Jh. zurück in das Französische.
Das Nebeneinander der Formen mit *-l-* *(galande)* und mit *-rl-* läßt eine Herleitung des Wortes aus dem späteren Fränkischen erschließen, vgl. fr. *hallôn* in frz. *hâler* neben pik. *harler;* in ON, z. B. im 12. Jh. *Gillodi Fontem,* heute *Gerlaux,* Dep. Aisne; Gg., RG 1, 249. Annehmbare Anknüpfungen aus dem Germanischen fehlen. Begrifflich nahe liegt fränkisch **wêrôn* zu mhdt. *wieren* „einfassen", „umflechten", „schmücken", Diez 163, doch ist ein davon abgeleitetes **werulare,* Brüch 64 unwahrscheinlich, da nach der Romanisierung der Franken *-ulare*-Deminutiva nicht mehr vorkommen und das zugrunde liegende **werare* keine Spuren hinterlassen hätte; auch bleibt bei dieser Erklärung das 2. Namensglied unerklärt; gallisch **vegro-lenda* „Behang aus Gras", Thurn. KR 63, ist begrifflich und lautlich gleich unbefriedigend; zu ahdt. *wiara, wiera,* „goldener Schmuck" das sowohl die -a-Form wie die -i-Form erklären soll, Bl.-W. 311 ist schon deshalb ausgeschlossen, weil die Diphtongierung des westgerm. *-ê-* im Altfränkischen erst im 9. Jh. nachweisbar ist, s. Schatz, Ahd. Gr. 22; aus **virioranda* zu lat. *viriae* „eine Art Armschmuck", ital. *randa* „Rand", „Ende", De Felice (Battisti III, 1800), ist dilettantisch.

guise „Art und Weise"
10. Jh., afrz. auch konkretisiert „äußere Gestalt", dazu s. *déguiser,* aus fränkisch **wîsa* dass.; Diez 180; REW 9555.
Wegen der Bedeutung kaum schon westgerm., Brüch 88.

guitare „Klampfe", „Laute"
14. Jh., aus spanisch *guitarra,* dieses aus arab.

qîtâra, das selbst aus gr. κιθάρα entlehnt ist; Diez 97; REW 1953; Bl.-W. 311; Littman 91; s. auch *guiterne.*

guiterne „Laute"
13. Jh., ist in der Endung an ein noch festzustellendes Wort angepaßtes gr. (κιθάρα) „Laute", s. *guitare;* vgl. nach FEW II, 718 im 13. Jh. *quinterne,* im 14. Jh. *guinterne,* dann mit näherer Anlehnung an *guitare* im 14. Jh. auch *guiterre.*

guit-guit „südamerikanischer Hartschnäbler"
18. Jh., ist vermutlich Schallbildung.

guivre „Schlange im Wappen"
12. Jh. auch *vivre,* dazu berrich. *vouivre,* vgl. auch *vive,* aus *guivre* mit falscher Literarisierung auch die Form *givre,* aus lat. *vīpĕra,* im Anlaut durch das aus dem Lateinischen entlehnte fränkische **wîpera* (ahdt. dass.) beeinflußt; Diez 596; REW 9358.

gulpe „purpurfarbige Scheibe"
17. Jh., aus dt. *kulpe, külpe,* Brüch, ZRP 38, 698; vgl. REW 4735.

gumène „Ankertau einer Galeere"
16. Jh., aus ital. *gomena* auch *gumina,* umstrittener Herkunft; Cor. II, 849; Vidos 438; REW 3666.
gurlet s. *grelet.*

gustation „Kosten"
16. Jh., aus lat. *(gustatione).*

gutta-percha „Guttapercha"
19. Jh., aus engl. *gutta percha,* dieses aus malaiisch *gẹtah-pertcha*
gutte s. d. F.

guttier „Gummiguttbaum"
18. Jh., ist Abl. von *gutte,* für *gommegutte* „Gummigutt", s. *gomme,* dessen zweiter Bestandteil letzten Endes aus malaiisch *gẹtah* „Gummi" stammt. Dict. gén.

guttural „die Kehle betreffend"
16. Jh., ist Abl. von lat. *(guttur)* „Gurgel", „Kehle".

guzla „Gusla"
18. Jh., aus serbokroatisch *gusla.*

gymnase „Turnanstalt"
14. Jh., aus lat. *(gymnasium).*

gynandrie „weibermännige Pflanzenklasse"
18. Jh., aus gr. (γυνή) „Weib" und (ἀνήρ, ἀνδρός) „Mann" gelehrt gebildet.

gynécée „Frauengemach"
18. Jh., aus lat. *(gynaeceum).*

gypaète „Lämmergeier"
18. Jh., aus gr. (γυπαίετος).

gypse „Gips"
15. Jh., aus lat. *(gypsum).*

gyromancie „Kreiswahrsagerei"
16. Jh., aus gr. (γῦρος) „Kreis" und (μαντεία) „Wahrsagerei" zusammengesetzt.

gyrovague „Vagabund"
18. Jh., aus mlat. *(gyrovagus),* zu lat. *gyrare* „sich drehen" und *vagus* „unstet", vgl. *girouette.*

H

ha „ha!"
ist Schallwort.

habile „geeignet", „geschickt"
14. Jh., für älteres, seit dem 13. Jh. belegtes *able*, aus lat. *(hăbĭlis)* dass.; dazu seit dem 16. Jh. die Abl. **habileté** „Fähigkeit", „Geschicklichkeit"; vgl. auch *habiller.*

habilité „rechtliche Fähigkeit"
13./14. Jh., aus lat. *(hăbĭlĭtate)* „Fähigkeit".

habiller „zubereiten", „bekleiden"
13. Jh., bei Rabelais *habıler*, afrz. *abillier*, glossiert mit *habilitare*, bedeutet zunächst „ausrüsten", „instand setzen" auch „schmükken", seit dem 15. Jh. in volksetym. Anlehnung an *habit* auch „bekleiden"; es ist Abl. von afrz. *abile, abille* „geeignet", „passend", bedeutet also der Bildung nach „passend machen"; Herzog, LGRP 21, 65; vgl. *habile.* Zu afrz. *bille* „Baumstrunk", so daß *abiller* „einen Baumstamm zu einem Strunk machen", „entästen" u. ä. bedeutet hätte, G. Paris, Mél. 305 Anm.; Spitzer, ZFSL 42, 366; REW Anm. zu 3964, Wortverzeichnis; Bl.-W. 71, ist in der tatsächlichen Überlieferung zu wenig gestützt; mfrz. *desbillier* „entkleiden" beweist nicht einen Stamm **bille*, sondern ist Gegenbildung zu *a-biller*, vgl. *dételer.*
Dazu ausgehend von *habiller* in der Bedeutung „instand setzen" seit dem 18. Jh. die Werkzeugsabl. **habillot** „Kuppelholz an Holzflößen"; seit dem 18. Jh. **habillure** „Einzapfung eines Gitterwerkes" u. ä.

habit „Gewand"
12. Jh., aus lat. *(hăbĭtus)* „Gehaben", „Haltung", „Kleidung", das mlat. das Mönchsordenskleid bezeichnete, s. Esau 20 ff.

habitacle „Wohnort", „Kompaßhäuschen"
12. Jh., aus lat. *(habitaculum)* „Wohnplatz"; Gougenheim, Mél. Roques II, 125.

habiter „wohnen"
12. Jh., aus lat. *(habitare)* „sich befinden", „heimisch sein".

habitude „Äußeres", „Gewohnheit"
14. Jh., im 17. Jh. auch „häufiger Besuch" u. ä., das im 17./18. Jh. wieder schwindet, Br. 4, 271; aus lat. *(habitudo)* „äußere Gestalt" u. ä.; dazu seit dem 14. Jh. die unorganische Abl. **habituer** „gewöhnen".

hâbler „prahlen"
16. Jh., aus spanisch *hablar* „sprechen", aus lat. *fābulari* „sprechen", „plaudern"; Diez 135; REW 3125.

hache „Axt", „Beil"
12. Jh., dafür im 10./11. Jh. mlat. *hapia*, Kluge, SAHeidelberg 6, 10, 6, aus fränkisch **happja* zu ahdt. *happa, heppa* „sichelförmiges Messer" u. ä.; Förster, ZRP 3, 264; REW 4035; Frings, ZRP 63, 174; FEW 16, 144.
Zu nhdt. *hacke*, Diez 5, ist aus lautlichen Gründen nicht möglich, da die *-p*-Form in nordöstlichen Mundarten noch erhalten ist.

hachée s. *achée.*

hacher „zerhacken"
13./14. Jh., daneben schon seit dem 12. Jh. *dehacher*, ist Abl. von *hache*, s. d.; dazu u. a. seit dem 16. Jh. die *-aticeum*-Abl. **hachis** „gehacktes Fleisch".

hachisch „Blätter vom indischen Hanf"
16. Jh., aus arab. *hašîš*. Dict. gén.

hâdjî „Mekkapilger"
16. Jh., aus arab. *hâǵǵi*; König, ZRP 60, 378; Littmann 63.

hadot „Schellfisch"
13. Jh., aus engl. *haddock*. Dict. gén.; das Wort lebt poitev.; REW 3970.
Oder umgekehrt das engl. Wort aus dem Französischen? (Holthausen).

hagard „alter, schwer abzurichtender Falke", „verstört"
14. Jh., aus mengl. *hagger* „wild", „hager", „häßlich", auch „wilder Falke", das nach Kluge s. *hager* zu engl. *hag* „Hexe" gestellt wird; die Bedeutung des engl. *haggard* zeigt z. T. Rückbeeinflussung durch das frz. Wort; s. auch Feist, Studien zur Rezeption des frz. Wortschatzes im Mengl., 76; FEW 16, 113.
Zu mengl. *hawke* „Habicht", Diez 608; oder zu frz. *haie* „Hecke", Dict. gén., ist lautlich nicht möglich, vgl. REW 3984.

hagiographe „einer, der heilige Dinge beschreibt"
15./16. Jh., aus gr. (ἁγιόγραφος).

haglure s. *aiglure.*

haha „unerwartetes Hindernis", „Graben hinter einer Maueröffnung", „häßliches Weib"
15. Jh., ist Schallbildung.

hahé „hall" (für Jagdhunde)
13. Jh. *hahai*, ist Schallbildung.

hai s. *hé.*

haie „Hecke", „Umfriedung", auch „Pflugbaum"
12. Jh., aus fränkisch **haga* (agls. *haga* dass.) zu nhdt. *hag* „Dorngestrüpp", „Einfriedung"; vgl. auch *age* und *layon* 2; Diez 608; REW 3984; oder fränkisch **hagja* zu nhdt. *Hecke*, REW 3984; FEW 16, 115.

haïe „huh!"
17. Jh., ist Schallbildung.

haillon „Hadern", „Lumpen"
15. Jh., scheint Abl. von einem nicht belegten **haille* dass. zu sein, dieses aus mhdt. *hadel*

„Hadern“, vgl. wegen der lautlichen Entwicklung *nouille;* Diez 608 f.; Brüch, ZRP 38, 692; Bl.-W. 314; FEW 16, 110.
Fränkisch **hadilo,* Mackel 152; REW 3969 ist germ. nicht möglich, der Stamm ist **haþrô,* dem ein fränkisches **haþra,* bzw. **hadara* entsprechen würde, s. Kluge s. *Hader.*

hain „Angelhaken“
11. Jh. *aim,* lebt heute nur vereinzelt H. Maine, C. du Nord, Pik., vgl. *hameçon,* aus lat. *hāmus* dass.; Diez 505; REW 4025.

haine „Haß“
12. Jh. *haïne,* ist Abl. von afrz. **haïr** „hassen“, 12. Jh., aus fränkisch **hâtjan* zu agls. *hatian* dass.; Diez 609; REW 4075; dazu seit dem 12. Jh. die Abl. **haineux** „haßsüchtig“.

haire „Bußkleid“, „Haardecke“
10. Jh., dann in *drap en haire* „rohes, ungewalktes Tuch“, seit dem 12. Jh. auch „Qual“, matl. „Unglück“, „Kummer“, „Krankheit“, Barbier, RLiR 10, 137; dazu seit dem 16. Jh. **haireux** „kalt und feucht“; s. auch *hère* 1; aus fränkisch **hârja* zu ahdt. *hârre,* agls. *hǣre* „grobes Gewand“; G. Paris, Rom. 15, 448; Mackel 51; REW 4048; FEW 16, 169; Schulz-Gora, ASSL 157, 232; Långfors, Rom. 57, 267.
Nicht ahdt. *hâra,* Diez 609.

halbran „junge, wilde Ente“
14. Jh., vgl. dazu Mons dass. „Taugenichts“, boulogn. „ungeschickter Mensch“, Zell (Vogesen) „schlechtes Subjekt“, aus mhdt. **halberent, *halberant,* vgl. nhdt. *halb-ente,* ndl. *middel end* „junge wilde Ente“; Diez 609; REW 3999; dazu seit dem 16. Jh. die Abl. **halbrener** „Wildenten jagen“, „(Hausenten) verwildern lassen“, dann übertragen „erschöpfen“; von diesem *faucon halbrené* „Falke mit gebrochenen Flügeln“, FEW 16, 128.

halde „taubes Gestein bei Berg- und Hüttenwerken“
18. Jh., aus nhdt. *halde.*

hâle „Sonnenbrand“
12. Jh., ist postverb. Subst. von **hâler** „(Pflanzen) versengen“, „(das Gesicht) bräunen“, so seit dem 12. Jh., afrz. auch *harler,* dagegen die Schreibung *hasler* erst im 15. Jh., so daß hier das *-s-* nur die Länge des *-â-* bezeichnet; aus fränkisch **hallôn* zu nddt. *hallen* „dörren“, „trocknen“, ndl. *hael* „trokken“, „dürr“, elsässisch *hal* „ausgetrocknet“, asächs. *halojan* „brennen, norm. *halitre* „trockene Luft, die die Lippen zum Aufspringen bringt“, ähnlich in Westfrankreich, Barbier, RLiR 10, 137; Diez 609; ZRP 43, 539 f. Wegen der mundartlichen Weiterentwicklung von fränkisch *-ll-* zu *rl,* s. Gg. RG I, 249 f.
Kreuzung von **assulare* „rösten“ mit ndl. *haal* „dürr“, Meyer-Lübke, ZRP 19, 95 f.; REW 737; FEW I, 162, ist nicht nötig und schwierig, da **assulare* sonst im Gallorom. nicht nachweisbar ist.

hale-breu „kleines Tau zum Aufhissen der Geitaue des Besanmastes“
18. Jh., steht für **hale-breuil,* zu *haler* „hissen“ und *breuil* „Geitaue“ s. d. Dict. gén.
Nach Behrens, Wg. 364 würde im zweiten Teil ndl. *broek* „kurzes, einfaches Tau, an dessen beiden Enden sich ein Block befindet“ enthalten sein.

halecret „leichter, geschmiedeter Küraß“
15./16. Jh. auch *hallecrète,* aus mndl. *halscleet* „Halskleid“, Valkhoff 158.

haleine „Atem“
12. Jh., aus vlat. *halēna, alēna,* das in Glossen belegt ist, FEW I 97 a, dieses umgestellt aus *anhēla,* bezeugt als *anhella* in einem lat. agls. Glossar des 8. Jh., s. Meyer-Lübke, Kr. Jb. 2, 70, *anela* in den Tironischen Noten, Thomas, NE 276 f.; dieses ist postverb. Subst. von lat. *anhelare* „atmen“; dazu seit dem 11. Jh. die Abl. **halener** „ausatmen“; REW 473.

haler 1. „einholen“, „heraufziehen“ 12. Jh., lebt in La Hague noch in der allgemeinen Bedeutung „einziehen“, aus anord. *hala* dass.; Diez 18; REW 3997; Behrens, Wg. 297 f. Nach FEW 16, 130, aus dem Westgerm. s. aber ebd. S. 134, a, Anm. 26.
2. „(die Hunde) hetzen“
15. Jh., dafür im 14. Jh. *harer,* ist Abl. von der afrz. Interjektion *hare, hale* „huß!“, „holla!“, die seit dem 13. Jh. belegt ist, s. Tilander, Nouv. Ess. 1957, s. Rom. 80, 114; vgl. auch *harasser, harlou.* Unmittelbare Abl. von ahdt. *hârên* „rufen“, Diez 611, ist begrifflich und morphologisch schwierig.
hâler s. *hâle.*

haleter „keuchen“, „nach etwas sich sehnen“
12. Jh., ist vorhistorische Abl. von afrz. *ele* „Flügel“, s. *aile,* bedeutet der Bildung nach „mit den Flügeln schlagen“ (von erschrecktem Geflügel), vgl. dazu poitev., angev. *daleter* „mit den Flügeln schlagen“; die Aspiration des frz. Wortes vermutlich in Nachahmung des Keuchens; Tobler, SABerlin 1893, 16; REW 304; FEW I. 56.

halin „Seil zum Einholen von Netzen“
19. Jh., ist entlehnt aus ndl. *hâlijn* dass., oder frz. Abl. von *haler* 1; Dict. gén.; s. *haler* 1.

hallali „Hallali“
18. Jh., ist Schallwort.
Nach Tilander, Nouv. Essais, 1957; Pignon, Fr. mod. 27, 231; Bl.-W. 314, zum Ruf *hale!* s. *haler* 2; nach Helen Adolf, Studies in Philology 46, 514, aus hebräisch *haləli,* unwahrscheinlich.

halle „Halle“
12. Jh., schon afrz. auf „Markthalle“ spezialisiert, aus fränkisch **halla* zu asächsisch

halla, agls. *heall*, das lat. *templum* bzw. *palatium* glossiert, s. Baist, ZRP 41, 593 f.; Diez 609; REW 4006; Davidsen 44; FEW 16, 129; kaum schon westgerm. Entlehnung, Brüch 87.

hallebarde „Hellebarde"
15. Jh., zuerst in der Form *alabarde* bezeugt, aus ital. *alabarda;* dieses ist verballhorntes mhdt. *helmbarte* „Streitaxt mit einem Stiel", s. Kluge s. Hellebarde; FEW 16, 194.
Kaum zu arab. *al-ḥarba* „Art Lanze", REW 4040, nach Weise, Zs. für Völkerpsychologie 13, 248.

hallebreda „lange, schlecht gewachsene Person"
16. Jh., ist vielleicht verballhorntes *hallebardier* „Hellebardier", vgl. sizilianisches, gleich gebautes *laparderi* „Gauner", aus *l'alabardiere*. REW 4040.

hallier 1. „Standkrämer", „Hallenvogt" u. ä.
13. Jh., ist Abl. von *halle* „Markthalle".
2. „Gebüsch", „Dickicht"
15. Jh., ist mit Suffixwechsel aus afrz. seit dem 13. Jh. belegten *halot, hallot* „Gebüsch", besonders „Weidengebüsch", auch „Stecken", „Scheit" gebildet, vgl. dazu Lüttich *halot* „Art Weide", V. d'Yères, boulogn. „Gestrüpp". Der Ersatz der Endung *-ot-* durch *-ier*, weil *-ot* dem. Funktion hat, die mit der Bedeutung von *halot* im Widerspruch steht; aus fränkisch **haslholt*, zu *hasla* „Zweig", in der Lex. Rip. mit ‚ramus' glossiert, und *holt* „Gehölz", oder fränkisch *lôh* „Gehölz", „Hain", (ahd. *lôh)*, das im frühen Mittelalter auch als Gattungsname gebraucht wurde, s. Gg., RG I, 109; Vincent 113; Gg. Germ. Sdlg. 47.
Aus morphologischen Gründen nicht unmittelbare Abl. von *hasel* (ahdt. *hasala* „Haselstaude"), FEW 16, 174; vgl. Diez 610; REW 4067; Bl.-W. 314.
3. „Netz zum Wachtelfang", s. *allier* 2.

hallope „großes Schleppnetz"
19. Jh., aus ndl. *hâlop* „hol herauf", Behrens, Wg. 128; (ZRP 13, 414); REW 3997; Valkhoff 159.

hallucination „Sinnestäuschung"
17. Jh., aus lat. *(hallucinatione)*.

halo „Hof um Sonne und Mond", „dunkler Ring um die Brustwarze"
14. Jh., aus lat. *(halos)*, in der ersten Bedeutung.

haloir „Hanfdörre"
18. Jh. auch *hâloir*, ist Werkzeugsabl. von *hâler* „versengen", „dörren", s. *hâle*.

halot „Kaninchenhöhle"
17. Jh., ist dissimiliert aus ** holot*, vgl. dazu mit anderem Deminutivsuffix bei Hulsius 1506 *houlette de connil*, ferner den Stamm in La Hague *houle* „Loch", „Höhle", Bessin *hôle, houôle* „Fischloch", H. Maine *houle* „Höhlung in den Baumwurzeln, am Wasserrand"; dazu im 13. Jh. *hole* „Bordell"; aus mndl. *hole* (ndl. *hool* „Höhle", auch „Kaninchengehege"), Valkhoff 170; vgl. Behrens, ZRP 26, 657; Diez 610; FEW 16, 220.
Fränkisch **hal* zu agls. *hal* „geheimer Ort", „Winkel", Brüch, ZRP 38, 693, ist historisch schwierig und läßt die *-ou*-Formen unerklärt.

halte „Halt", „Haltestelle", „Unterbrechung"
16. Jh., aus nhdt. *halt;* mit gesprochenem *-h-* verlangt von der Akademie 1694; daneben ohne *-'h-* in *faire halte, faire alte* „Halt machen", dieses aus ital. *far alto*, das selbst aus dem Deutschen angepaßt ist; Bl.-W. 314; dazu seit dem 17. Jh. die Abl. **halter** „haltmachen lassen"; Diez 610; REW 4012.

haltère „Turnerhantel", „Schwingkolben"
16 Jh. aus lat. *(haltēres)*.

hamac „Hängematte"
16. Jh. *hamaca*, die heutige Form seit dem 17. Jh., aus spanisch *hamaca;* dieses stammt aus karaibisch *amáka*, wo das Wort die schwebenden Schlaf- und Tragnetze der Wilden bezeichnet; Nobiling, ASSL 126, 427; REW 4020; Lenz 352.
Nicht aus ndl. *hangmat*, Diez 14, das vielmehr selbst aus dem Spanischen entlehnt und volksetymologisch umgestaltet ist, vgl. Kluge s. Hängematte.
hamade s. *hamée*.

hameau „Weiler"
13. Jh., ist Abl. von afrz. *ham*, im 12. Jh. vereinzelt im Anglonorm. bezeugt, wahrscheinlich verdrängt durch die schon im 12. Jh. bezeugte Abl. *hamel, hamiaus;* ist schon vorhistorische Abl. von fränkisch **haim* „kleines Dorf"; FEW 16, 119; über weit verbreitetes *le Ham* als Ortsname, s. Gg., germ. Sdlg. 40, Anm.
Gotisch *haims* „Dorf", „Flecken", Diez 610; REW 3994, ist geographisch schwierig.

hameçon „Angelhaken"
12. Jh., zuerst im Judenfrz. bezeugt, allgemein seit dem 13. Jh., ist dem. Abl. (dem. *-eçon* nach liquiden Konsonanten für sonstiges *-on)* von afrz. *aim* dass., s. *haim*. Thomas, Rom. 41, 281; REW 4018, Wortverzeichnis; Gertrud Stiegler. Die Bezeichnungen des Angelhakens im Galloromanischen. Diss. Tübingen, 1955 (nicht gedruckt).
Abl. von **amez*, dieses aus **hamicium*, G. Paris, Rom. 22, 32, ist historisch und morphologisch schwierig und nicht nötig; *hameçon* als Abl. von wall. *ainche*, dieses aus **hamica*, Horning, ZRP 16, 527 ff., desgleichen; wall. *ainche* ist vielmehr sekundäres Fem. zu *ain* wie *queuche* zu *queux*.
hamède s. d. F.

hamée „Schaft"
15. Jh., ist in Anlehnung an das Suffix *-ée* umgestaltet aus älterem *hamede*, auch *hameide* „Stange", „Schranken", vgl. wall. *hamaite, hamainde* „als Hebel dienende Eisenstange", als Ortsname im Hennegau als *Hamaides* im 12. Jh. bezeugt, latinisiert *Hamedium*, heute

durch den Artikel *La Hamaide* als Appellativum gesichert, Chotin 113; aus mndl. *hameide*, altflämisch *hameyde* „Querbalken", „Riegel"; das gleiche Wort bezeichnet in der Heraldik seit dem 14. Jh. „drei durchkreuzende Querbinden im Wappen", in Anlehnung an das Suffix *-ade* auch *amade*, sonst als *hamède, hamade* in den Wörterbüchern verzeichnet. Der begriffliche Ausgangspunkt liegt in afrz. *hameide* „Schranken". Behrens, Wg. 130 (Festg. Gröber 156 f.); REW 4016; Haust, s. *hamind*.

Das ndl., flämische Wort selbst aus dem Fränkischen, zu *haim*, s. *hameau*, abgeleitet mit einem Kollektivsuffix *-ithi*. Frings, FEW XVI, 120, dann Rückentlehnung in das Niederländische, verlangt noch genauere Untersuchung.

hamée „Schaft" zu trennen von *hamède*, Behrens l. c., und zu westfälisch *hamme* „Sensengriff", ist nicht notwendig und schwierig, da ein afrz. **hame* bzw. ein Verbum **hamer*, das der Ausgang für *hamée* sein müßte, sich nicht erweisen läßt.

hampe 1. „Lanzenschaft", „Peitschenstiel"

16. Jh., aus fränkisch *hanthaba* „Griff", zu ahdt. dass., glossiert mit *capulus* „Griff", „Handhabe", bezeichnet nach Dict. gén. einen langen hölzernen Stiel, an dessen Ende ein Stück Eisen, eine Fahne u. ä. angebracht ist; ist nicht als Ausdruck der afrz. Bewaffnung ins Französische übernommen worden, sondern als Ausdruck des kleinen Haushaltes, des Handwerks u. ä.; daher das späte Auftreten in der Literatur; Diez 610; REW (1. Aufl.) 4034.

Nicht aus lat. *ampla*, REW 429. Die Lautentwicklung über *hantəba* zu *hanpa*, *hampa* mit Assimilation des unbetonten *-b-* an das vorhergehende stimmlose *-nt-*, vgl. *flaccidus* über *flaissede* zu afrz. *flaiste*, s. *flétrir*.

Zu ostfrz. *emper* „pfropfen", s. *empeau*, Thomas, NE 277 ff., ist lautlich und geographisch unwahrscheinlich; aus *hante* + *emper*, Bl.-W. 314, desgleichen.

2. „Hirschbrust"

13. Jh., aus mhdt. *wampe* „Bauch", „Bauchfleisch", gekreuzt mit einem 2. Wort, das unsicher ist, vgl. Thomas, Rom. 24, 120; REW 9497; Baist ZRP 28, 111; Lecoy, Etymologica, 491, Anm.; Bl.-W. 315.

hamster „Hamster"

18. Jh., aus nhdt. *hamster*.

han „keuchender Laut"

19. Jh., ist Schallwort.

hanap „Napf"

12. Jh., doch schon im 9. Jh. belegt mlat. *hanappus*, aus fränkisch **hnap* zu ahdt. *hnapf* dass.; Diez 16; REW 4153.

Kaum schon westgerm., Brüch 87.

hanche „Hüfte", „Schenkel"

12. Jh., aus fränkisch **hanka* zu nddt. *hanke*, das in der Bedeutung „der obere Teil am Hinterfuß des Pferdes" bezeugt ist; Bugge, Rom. 3, 152 f.; REW 4032; Brüch 87. Nicht zu ahdt. *anka*, nhdt. mundartlich *anke* „Genick", Diez 16 f., das begrifflich abliegt; auch nicht zu germ. (lies ahdt.) *ancha* „Beinröhre", „Schenkel", Zauner, RF 14, 455, das den Anlaut des frz. Wortes unerklärt läßt; vorfränkische Entlehnung aus dem Germanischen ist wegen des beschränkten Verbreitungsgebietes des germ. **hanka* nicht möglich; die Geschichte des nddt. *hanke* ist selbst noch aufzuklären.

handicap „Art Wettrennen"

19. Jh., aus engl. *handicap;* dazu die Abl. **handicaper** „die Pferde je nach dem Alter bei Rennen verschieden belasten".

hanebane „schwarzes Bilsenkraut"

14. Jh. auch *hennebane*, lebt heute als *hanebane, halebane, hanebône* im Normannischen; aus spätfränkisch **haninbana* „Hennentod", zu ahdt. *hanin* „Henne" und *bano* „Tod"; vgl. FEW 16, 195; Barbier, RLiR 10, 127; Diez 610; Braune, ZRP 20, 369; REW 4107; vgl. die auf der gleichen Anschauung aufbauenden Manche *mort aux oisons*, belgisch *poison aux poules*, H. Marne *mort aux poules*, schon im 16. Jh. *mort aux oyes*, Roll. Fl. 8, 94.

hangar „Schuppen", „Schirmdach"

14. Jh., 1135 für den ON. *Hangard*, Somme, belegt, Petri I, 399, dann 1337 für Corbie, aus spätfränkisch **haimgard*, zu fränkisch *haim*, s. *hameau*, und *gard*, s. *jardin;* Gg., germ. Sdlg. 13; FEW 16, 120.

Lat. *angaria* „Frondienst", Diez 508, ist begrifflich und lautlich nicht möglich; *angaria* gekreuzt mit dem Stamm von *garde, garder*, Streng, HH 117 f., desgleichen.

hanneton „Maikäfer"

11. Jh., ist dem. Weiterbildung eines in der Abl. aufgegangenen afrz. **hanon*; das in der Muschelbezeichnung *hanon*, so seit dem 9. Jh. bezeugt, heute in Ponthieu, Picardie, Normandie lebend, weiterlebt; dazu an der Kanalküste afrz. *cok hanon*, heute *coque* und *hanon;* A. Thomas, Rom. 55, 577; Tollenaere ZFSL 63, 452; FEW 16, 143; *hanon* aus fränkisch **hano* „Hahn"; vgl. die limusinische Bezeichnung *poule d'arbre*, ferner bei Nemnich für den Maikäfer „Weidenhahn"; Diez 610; REW 4026.

Nach *Grimm, Mythologie Nachträge 1222 zu veraltetem *hanne* „Pferd", vgl. Brinkmann, ASSL 50, 138, ist historisch nicht verständlich.

hanse 1. „Vereinigung der Kaufleute", „Hansa"

13. Jh., aus mhdt. *hanse* „Kaufmannsgilde"; Diez 610; REW 4033.

2. „Stecknadelschaft"

18. Jh., vgl. dazu V. d'Yères *hanse* „Sensenstiel", Zell (Vogesen) „Handhabe", ist Kreu-

zung von *anse* „Henkel" mit afrz. *hanste* Schaft", s. *hante;* Thomas, Rom. 24, 584 (Ess. 320 f.).

hanséatique „hanseatisch"
18. Jh., aus mlat. *(hanseaticus)* zu mhdt. *hanse* „Hansa", s. *hanse* 1.
hansière s. *haussière.*

hante „Hellebardenschaft", „Pinselgriff" u. ä.
12. Jh. *hanste,* scheint Kreuzung von lat. *hasta* „Lanze" mit fränkisch *hanthaba,* s. gleichbedeutendes *hampe,* zu sein; vgl. *ante* 2; *ente* 2; *hâte* 1; REW 4072; Bl.-W. 314.
Lat. *ames, amite* „Querholz", Diez 610, entspricht weder lautlich noch begrifflich; lat. *hasta* mit Nasaleinschub, Förster, ZRP 2, 84, erklärt nichts.

hanter „häufig besuchen", „verkehren", „heimsuchen"
12. Jh., afrz. auch „hausen", „umgehen mit", aus fränkisch **haimithôn,* zu **haimitha,* „Behausung", das als ON. *Hantes,* 866 *Hamtas,* im Hennegau erhalten ist; **haimitha* ist abstrakte subst. Bildung zu **haimjan,* zu mhdt. *heimen* „beherbergen", vgl. wegen der Bildung **haunjan* neben **haunitha* s. *honnir, honte;* dazu afrz. *hantëiz* „Übung", „Gewohnheit", dann „Ort den man aufsucht"; daraus mit Suffixwechsel *hantin* „Heim", „Aufenthalt"; dafür seit dem 18. Jh., für älteres aus *hantëiz* weiterentwickeltem **hantis,* das Subst. *hantise* „Unruhe", „Besessenheit", Gg., Germ. Sdlg. 13; zu anord. *heimta* „holen", „fordern", „ziehen", auch „heimführen", Diez 611; FEW 16, 190, Grundform **haimatjan,* ist lautlich (vgl. fränkisch **anahatjan,* s. *harasser,* REW 471) und begrifflich schwierig.

happe „Krampe", „Klammer"
13. Jh., ist postverb. Subst. von **happer** „schnappen", „erhaschen", 12. Jh.; dieses dürfte Schallbildung sein.
Fränkisch **happan,* zu ndl. *happen,* REW 4036, ist germ. zu wenig gesichert; *happe* aus germ. (d. h. ahdt.) *happa* „Messer mit sichelförmiger Form", Diez 611, ist nicht möglich, da Entlehnung aus dem Althdt. aus geographischen Gründen nicht in Betracht kommt, die fränkische Entsprechung des ahdt. *happa* aber **hapja* ist, s. *hache.*

happelourde „falscher Edelstein", „wertloses Pferd von schönem Äußeren"
16. Jh., bezeichnet im 16. Jh. besonders den Geck, der durch seine Schönheit einfältige Frauen kapert, Philipot, Rom. 41, 119, ist zusammengesetzt aus imperativischem *happe* „erhasche" und *lourde,* d. i. Fem. zu *lourd* in der Bedeutung „einfältig", s. d.

haquenée „Paßgänger"
14. Jh. auch *haguenée, aguenée,* vgl. dazu heute pik., boulog. *haguette* „kleine Stute", dazu wohl auch seit dem 15. Jh. belegtes **haquet** „Rollwagen", „Pontonwagen"; aus engl. *hackney* „Mietpferd"; Diez 181; Skeat, Rom. 37, 164; REW 3966.

harangue „feierliche Ansprache"
14./15. Jh., aus mlat. *(harenga);* dieses aus fränkisch **hari-hring* „Versammlung der Menge" zu *hari* „Heer" und *hring* zu ahdt. *ring* „Kreis", „Versammlung", „Gerichtsstätte"; vgl. besonders altfriesisch *hervröde* „Friede bei Volkszusammenkünften"; Braune, ZRP 10, 273.
Zu gotisch **hriggs* bzw. fränkisch **hring,* s. *rang,* Bl-W. 315, ist lautlich nicht möglich, da weder gotisch noch fränkisch *hr-* zu *har-* wird; Entlehnung aus dem Altnordischen ist begrifflich schwierig, da die Terminologie der Rechtssprechung fränkisch ist; vgl. Diez 25; Bruckner, Char. 10; REW 4209.
Dazu seit dem 15./16. Jh. die Abl. **haranguer** „feierlich ansprechen".

haras „Gestüt"
12. Jh. *haraz,* scheint in Anlehnung an das im Altfrz. kollektivisch wirkende Suffix *-aceum* umgestaltet zu sein aus älterem **haros,* dieses aus anord. *hross* „Pferd"; der Übergang von „Pferd" zu „Gestüte" wegen des kollektivischen Charakters des Suffixes, vgl. auch die umgekehrte Entwicklung bei ahdt. *stuot* „Herde von Pferden" zu nhdt. *Stute;* wegen des anord. *hross* s. die unter *haridelle* angeführten mundartlichen Formen.
Zu arab. *faras* „Pferd", Diez 611, wäre nur auf dem Umweg über das Spanische denkbar, doch widerspricht das frühe Auftreten des Wortes im Frz., vgl. REW 3190.

harasse „Korb zur Verpackung von Glas, Porzellan" u. ä.
14. Jh., ist afrz. zunächst im Pik., Wall. bezeugt, findet sich heute aber auch im ganzen Westen, vgl. bessin *harase* „großer, viereckiger Korb", B. Maine, H. Maine *harasse* „großer Behälter aus Flechtwerk", vend. *harasse* „Kotter, in dem die Schweine auf den Markt gebracht werden", poitev. *harasse* und *haratte* wie literarisch; das Wort scheint zu mhdt. *râz* „Scheiterhaufen" zu gehören, dem als ursprüngliche Bedeutung die von „Flechtwerk" zukommt, vgl. auch das dazu gehörige ahdt. *râȥȥa* „Honigwabe", das in den Reichenauer Glossen als *frata* < fränkisch **hrâta* bezeugt ist, s. Kluge s. Roß 2; dem frz. Wort liegt vielleicht eine anord. Abl. *****hrâtja*** „geflochtener Gegenstand" zugrunde. Vgl. FEW 16, 238.

harasser „erschöpfen"
16. Jh., ist pejorative Weiterbildung von mfrz. *harer* „die Hunde hetzen", s. *haler* 2; vgl. auch *harceler;* oder Kreuzung von *harer* mit afrz. *anecier* „anreizen", „stacheln", dieses aus fränkisch **anahatjan* zu ahdt. *anazzen* „antreiben", das in den Reichenauer Glossen als *anetsare* überliefert ist.

harceler „durch wiederholte Angriffe bedrängen", „necken"
15. Jh., steht für **herceler,* d. i. Weiterbildung von afrz. *hercer* „übel zurichten", eigentlich „mit der Egge bearbeiten", d. i. Abl. von *herse* „Egge", s. d.; Diez 614; REW 4141.
hard s. *hart.*
harde 1. „Rudel", „Schwarm"
12. Jh. *herde,* aus fränkisch *h ë r d a* „Herde"; Diez 614; REW 4112.
2. „Koppelriemen" (für Hunde)
14. Jh., ist augmentative Bildung zu afrz. *hart* „Weidenrutenband", „Henkerstrang" u. ä. (vgl. dazu mfrz. *hardeau* „Taugenichts"), 12. Jh., aus fränkisch ** h a r d ,* s. *hart;* REW 4041; dazu seit dem 17. Jh. die Abl. **harder** „zusammenkoppeln"; seit dem 12. Jh. *hardel* „Strick", heute **hardeau** „Haltseil der Windmühlenpresse". Frings-Wartburg, ZRP 67, 169; FEW 16, 152.
hardé *(œuf)* „(Ei) mit weicher Schale"
16. Jh. *hardré,* so heute pik., norm., norm. auch *hardelé,* steht für **harderez,* d. i. *-ariceus*-Abl. von *harde* „Ei mit weicher Schale", das bei Cotgrave bezeugt ist und heute V. d'Yères lebt; vgl. dafür Zell (Vogesen) *hädnel,* Schöneberg *hâl;* H. u.
hardeau s. *harde* 2.
hardée „Beschädigung des jungen Holzes durch Hirsche"
17. Jh., steht für **herdée,* d. i. Abl. von *hère* „Spießer", „Hirsch", älter *hert,* s. *hère* 2.
harder 1. „auswechseln", „austauschen"
16. Jh., lebt im Normannischen, dafür pik. *harlander* „handeln", „feilschen", das zu wall. (Lüttich) *handlé* „Geschäfte machen", „handeln" führt; diesem liegt ndl. *h a n d e l e n* dass. zugrunde; das pik., norm. Wort zeigt vermutlich Kreuzung mit z. B. norm. *harer* „aufreizen", „drängen", bzw. *haricoter* „feilschen", dann in Anlehnung an *harasse* „altes Pferd", norm. *harasser* „mit alten Pferden handeln", s. darüber *haridelle.* Im einzelnen ist die Geschichte des Wortes unklar.
2. „zusammenkoppeln", s. *harde* 2.
harderie „schwefelsaures Eisenoxyd"
17. Jh. auch unaspiriert, gehört vielleicht zu arab. *ḥadîd* „Eisen", Thomas, Mél. 92; REW 3968.
hardes „Kleidungsstücke"
15. Jh., ist Kreuzung von afrz. seit dem 12. Jh. belegten *farde, fardres* „Bündel", „Kleiderbündel", s. *fardeau,* mit *haillon,* s. d. oder Kreuzung mit afrz. *hardel, hardillon* „Gebinde", „Bündel", das zu *harde* 2 gehört, REW 4041.
Nach Bl.-W. 316 aus gaskognisch *harde,* das aber selbst Entlehnung aus dem Norden sein kann.
hardi „unerschrocken", „kühn"
12. Jh., ist zum Adjektiv gewordenes Part. von einem vorhistorischen gallorom. **hardire* „sich erkühnen", aus fränkisch ** h a r d j a n* „hart werden", „hart machen" zu anord. *herða,* ahdt. *harten* dass.; Bruckner, LGRP 35, 341; REW 4042; Diez 24; FEW 16, 156; nicht schon westgerm. Entlehnung, Brüch 47.
hardillier „eiserner Schaftblock mit einem Haken"
18. Jh., ist ursprünglich adj. Bildung zum Stamm von afrz. *hardeillon, hardillon* „Packstrick", d. i. *-ellione*-Abl. von afrz. *hart* „Strick", s. *harde* 2; vgl. auch *ardillon, ardier.*
hardois „Bindegerten"
17. Jh. *hardouer,* ist *-orium*-Abl. von *harder* „zusammenkoppeln", s. *harde* 2.
hare „hussa!"
13. Jh., s. *haler.*
harem „Harem"
17. Jh., aus arab. *ḥaram* „Verbotenes", „Frauengemach, zu dem anderen der Zutritt verboten ist", „Frauen"; (Haffner); vgl. Lam. 132; Littmann 64.
hareng „Hering"
12. Jh., aus fränkisch **h a r i n g ,* (zu ahdt. *haering),* das im 6. Jh. als *haringus* latinisiert belegt ist; Kluge-G. 316; FEW 16, 162.
haret *(chat)* „verwilderte Katze"
17. Jh., vielleicht zu arab. *hirra* „Katze", Lam. 264.
harfang „Schnee-Eule"
18. Jh., aus schwedisch *h a r f a n g.* Dict. gén.
hargne „Bruch"
16. Jh. *hergne,* aus lat. *(h e r n i a).*
hargner „übler Laune sein", refl. „sich zanken"
15. Jh., ist Abl. vom Stamm von **hargneux** „zänkisch", „gehässig", „mürrisch", 12. Jh. *hargnos, hergnos;* dazu seit dem 13. Jh. das Subst. *hargne, hergne* „Streit", „Zank", zu diesem lothr. *haregne* „Streit", das auf ein nicht mehr erhaltenes Verbum afrz. **hareigne . . . *hargnier* hinweist; dieses aus fränkisch **har(w)injan,* d. i. Weiterbildung von fränkisch **harwjan,* das sich aus agls. *hierwan* „beschimpfen", mißhandeln", ahdt., mhdt. *herwen* „erzürnen" u. ä. erschließen läßt; Ausgangspunkt der Entwicklung ist fränkisch **harwî,* zu mhdt. *hare, harwer* „scharf schneidend", „herb", „bitter"; wegen der Entwicklung vgl. *épargner.*
Ahdt. *harmjan,* Diez 612; REW 4116; FEW 16, 171; Bl.-W. 316, ist morphologisch schwierig, doch ist *harm* und *herb* vielleicht urverwandt, s. Kluge s. v., vgl. auch wienerisch *hâb* „böse auf jmd."; zu *hernia* „Bruch", REW 4116, vgl. *hargne,* ist historisch schwierig; zu *araigne* „Spinne", s. *araignée,* Sainéan, ZRP 31, 267, ist lautlich und begrifflich unmöglich.
haricot 1, „Hammelfleischragout mit Rüben"
14. Jh., *hericoq de mouton,* scheint zu afrz. *harigoter,* auch *haligoter,* „zerschneiden"

„zerreißen" zu gehören, dazu seit ca. 1300 *harigot* „Schlitz", „Spalte"; Ausgangspunkt ist das Verbum; dieses Weiterbildung von afrz. *argoter, ergoter* „sich streiten", „zanken", in Anlehnung an den seit dem 13. Jh. bezeugten Anruf zum Antreiben *hari!*, TL IV, 916; s. *haler* 2; *ergoter* 1.
harigoter aus einem fränkischen **harjôn* „verheeren", das durch das Suffix *-oter* erweitert worden wäre, FEW 16, 164, ist schon deshalb unmöglich, (auch wenn das Wort im Fränkischen **harijôn* ausgesprochen worden wäre, Frings), weil auch ein **harijôn* bei der Romanisierung doch nur zu **hariare* geworden wäre, daraus afrz. **hairier,* und der Übergang eines *-j-* im 13. Jh. zu *-g-* ebenso unerhört wäre, wie eine Weiterbildung von **hariier* zu **hari-* + *-oter.*
haricot 1, zu mndl. *hercoken* „noch einmal kochen", „schmoren", zu mundartlichem *haricoter,* das in Nordfrk. im Norden und Westen bis Anjou in der Bedeutung „streiten", „schlecht ausführen" u. ä. belegt ist, Barbier, RLiR 10, 93, erklärt das zwischentonige *-i-* nicht und ist auch begrifflich nicht überzeugend.
2. „weiße Bohne"
17. Jh., aus aztekisch *ayacotli,* eine Art mexikanischer Bohnen, Nykl, Modern Phil. 1926, 349, wurde von den spanischen Conquistadoren zu *ayacote* verstümmelt, Friederici ZFSL 57, 376, dann zu einer Zeit nach Frankreich gebracht, als in gewissen Kreisen *payis* für *Paris* gesprochen wurde; so wurde das aus dem Spanischen übernommene *ayacot* in der Aussprache zu *aricot* scheinbar verbessert, Schuchardt, Danske VS 2, 6, 50; G. Paris, Rom. 9, 575; REW 847, vgl. FEW I, 190.
Nicht aus *fève de haricot,* zu *haricot* 1, Barbier, RLiR 10, 93 f.; auch nicht aus *fève de Calicot* (Kalkutta), in der Form umgestaltet nach *haricot de mouton,* Bertoldi VR 5, 87, ist dadurch daß *haricot* und *callicot* beide im Sinn von Bohne bei Bonnefous, Le jardinier françois belegt ist, nicht hinreichend begründet; s. Wartburg ZRP 62, 212.

haridelle „Schindmähre"
16. Jh., vgl. dafür norm. *harousse,* das im normannischen Wörterbuch von Moisy mit *haridelle* erklärt wird, Sjögren, Rom. 54, 398, *harasse, harin, harique* „Klepper", boulogn. *harouque* „alte ausgemergelte Stute", Lüttich *harotte* dass., angev. *harou* „schlechtes Pferd", Remilly *hèrat* „Klepper", Bayeux *harin* „kleines Pferd" u. ä., die wohl alle mit Suffixwechsel aus älterem **haros* aus anord. *hross* „Pferd" umgestaltet sind, vgl. angev. *harou,* das das anord. Wort unmittelbar fortsetzen kann, s. auch *haras;* vgl. andrerseits poitev. *aridelle* „alte magere Stute", dazu vend. *aridelle* „dürrer, magerer Boden", Malmédy *haridey* „magere Kuh"; dazu auch frz. *haridelle* „schmale Schieferplatte", die Abl. von *aride* „dürr" sein dürften; *haridelle* „Mähre" ist also Kreuzung von **har-ous* „Klepper" mit *aridelle* „dürrer, magerer Boden" u. ä. Horning, ZRP 26, 329; die Kreuzung ist vermutlich im Südwesten erfolgt, da hier die beiden Wortstämme sich berühren.
Dazu wohl auch, ursprünglich herabsetzend gemeint, wall. *haridelle* „frivole, leichtsinnige Person", pik. *hardelle* „junges Mädchen", H. Maine dass., vend. „kräftiges Mädchen", berrich. „leichtfertiges Mädchen", das seit Ende des 18. Jh. als *hardelle* „junges Mädchen" bezeugt ist.

harle „Sägetaucher"
13. Jh. auch *herle,* dazu auvergn., sav. *gerle,* angev., pik. *hère,* dann in Anlehnung an *hurler* pik. *hurlu,* dazu auf den Orkney-Inseln *harle,* Shetlands-Inseln *harle duck, herald duck,* letzteres zu engl. *herald* „Herold", „Ausrufer"; Zusammenhang der engl. und frz. Dialektformen scheint vorzuliegen, doch bleibt bei Annahme einer Entlehnung aus dem Englischen sav., auvergn. *gerle* unerklärt; vgl. Roll. F. 2, 403.

harlou „drauf!" (Zuruf an die Hunde bei der Wolfsjagd)
16. Jh. *hare-loup* „hetze den Wolf", ist zusammengesetzt aus mfrz. *harer* „hetzen", s. *haler,* und *loup* „Wolf", s. d., Tilander, Nouv. essais cynégétiques, 1951, 149.

harmale „gemeine Harmel" (Rautenart)
17. Jh., aus nlat. *(harmala),* dieses aus arab. *ḥarmal,* vielleicht auf dem Umweg über gr. ἅρμαλα, Baist, ZRP 5, 241; Lam. 264.

harmonica „Harmonika"
18. Jh., über dt. *Harmonika* aus lat. *(harmonicus, -a)* „wohlklingend".

harmonie „Wohlklang"
12. Jh., aus lat. *(harmonia);* dazu seit dem 19. Jh. die willkürliche Abl. **harmonium** „Harmonium".

harnacher „anschirren"
12./13. Jh. *harneschier,* ist Abl. von **harnais** „Harnisch", „Sattel und Zaumzeug"; dieses erscheint afrz., in zwei Formen: 11. Jh. als *herneis* „die dem Heer nachfolgenden, die Verpflegung besorgenden Diener", (Raschi), dann „Ausrüstung", und *harnas* „Waffe", „Werkzeug", vgl. dazu seit Ende des 12. Jh. entlehntes mhdt. *harnas, harnesch* „Harnisch", s. Kluge s. v.; afrz. *herneis* stammt aus anord. **hernest* „Heeresvorrat", zu anord. *herr* „Heer" und *nest* „Mundvorrat", s. norw. *niste, neste* „Reisekost", agls. *nest* „Lebensmittel"; dazu anord. *vegnest, farnest* „Wegvorrat", „Fahrtvorrat" u. ä.; die Endung des anord. Wortes wurde an afrz. *-eis* aus *-isk* angeschlossen; afrz. *harnas* „Waffe", „Werkzeug" scheint dagegen aus einem abret.

**harnaid* zu bret. *harnez* „Bewaffnung", „Harnisch" entlehnt zu sein, das selbst zu kymrisch *haiarn* „Eisen" gehören dürfte, aber in der Form durch afrz. *herneis* beeinflußt ist; zu dem anord. Wort vgl. Baist, ZRP 32, 38 f.; REW 4119; *Jenkins, Mod. Phil. 10, 439 ff.; zu dem bret. Thurn. KR 37. Vgl. FEW 16, 202.
Aus engl. *harness,* dieses aus dem Kymrischen, Diez 26, ist historisch nicht möglich.

haro „Hilferuf", „Zetergeschrei"
12. Jh. *haron,* ist Schallwort wie afrz. *hare,* s. *haler;* Tilander, Nouveaux Ess. Cynégétiques 1957, 89.

harouelle „Stecknetz der Fischer"
18. Jh., dafür kennt Schmidlin Cath. *haroulle,* daneben auch *aronelle,* das wohl aus *arouelle* verdruckt ist, vgl. auch *arondelle* bei S. V., das Einfluß von *aronde* „Schwalbe" zeigt, wenn es wirklich besteht; *harouelle* ist umgestaltet aus *haroulle,* dieses aus Lüttich *havroûle* dass., auch *avroule, avruèle,* FEW 16, 111, dieses ist mundartliche Form für **haverole,* d. i. Abl. von *havet* „Haken", s. d.

harpagon „Geizhals"
18. Jh., nach der Hauptperson in Molières Lustspiel L'Avare; der Name ist selbst in Anlehnung an lat. *harpagare* „stehlen", „wegkapern" gebildet; Koelbel 88 f.

harpail „Rudel Rotwild"
14. Jh. auch *herpail,* dazu bei S. V. *herpaille* „Rudel junger Hirsche", ist Kreuzung von mfrz. *harpaille* „Rotte", „Gaunervolk" mit *hère,* alt *hert* „Hirsch", s. *hère* 2; *harpaille* ist Abl. von afrz. *harper* „stehlen", „erkrallen", so noch V. d'Yères „stehlen", aus fränkisch **harpôn* „zupfen", das vielleicht zu anord. *herpask* „krampfen" gehört, Meringer, IF 16, 128 f.; vgl. auch prov. *arpa* „Kralle", „Egge" und den gleichen Stamm in übertragener Bedeutung in vlat. *harpa* „Harfe", s. *harpe;* Sperber, WuS 3, 68; Diez 26; REW 4056.
Vlat. *harpa* aus gr. ἅρπη zu ἁρπάζειν „raffen", Baist, ZRP 5, 234 ff., ist nicht gerechtfertigt.

harpailler refl. „handgemein werden"
18. Jh., ist Abl. von mfrz. *harper, herper* „zusammenraffen", vielleicht in Anlehnung an *batailler* u. ä. Regula, AR 12, 281, s. *harpail.*

harpe 1. „Harfe"
12. Jh., ist im 6. Jh. bei Venantius Fortunatus als barbarischer, d. h. germ. Ausdruck = *harpa* bezeugt, aus gotisch **harpa* zu agls. *hearpe,* anord. *harpa* dass., s. *harpail;* Brüch 87; REW 4054; FEW 16, 172; Dick, GB 25, 16.
2. „Klaue eines Hundes", „Zahnstein", „Verzahnung"
15. Jh., ist postverb. Subst. von afrz. *harper* „erkrallen", „anheften", s. *harpail,* vgl. aber schon aprov. *arpa* „Kralle", „Egge", so daß vielleicht schon ein fränkisches **harpa* dass. zu **harpôn* „zupfen" u. ä. zugrunde liegt; Gg. RGI, 197.

harper 1. „Harfe spielen"
12. J., ist schon vorhistorische Abl. von *harpe* „Harfe", s. d.
2. „handgemein werden", s. *harpailler.*

harpie „Harpyie"
14. Jh., aus lat. *(harpya).*

harpigner refl. „handgemein werden"
17. Jh., ist vielleicht in Anlehnung an mundartliches *pigner* für *peigner* „kämmen" oder nach *égratigner* umgestaltet aus gleichbedeutendem **harpiller,** dieses mit Suffixwechsel aus *harpailler,* s. d.; oder Kreuzung von *houspiller* „zerzausen" mit *harper, harpailler,* s. d.; Regula, AR 12, 281.

harpin „Bootshaken", „Klaue eines Enterhakens"
17. Jh., ist Ablautform von *harpon* „Harpune", s. d.; oder entlehnt aus ital. *arpino* dass.; Diez 26 f.; REW 4055.

harpon 1. „Eisenklammer", „Harpune"
12. Jh., ist dem. Abl. von *harpe* „Kralle", „Klaue", oder Werkzeugsabl. von afrz. *harper* „ankrallen", s. *harpail;* Diez 26 f.; Bl.-W. 316.
Zu lat. *harpago, -one* „Hakenstange", „Enterhaken", ist wegen des anlautenden konsonantischen *'h* von frz. *harpon* nicht möglich; vgl. FEW 4, 384.
2. „Art große Säge", s. *arpon, herbon.*
harre s. *hart.*

hart „Weidenband", „Strang zum Henken"
12. Jh., aus fränkisch **hard* „gedrehte Fäden", vgl. anord. *haddr* „Haar" und wegen der Bedeutung das zum gleichen Stamm gehörige nddt. *hêde,* mndl. *herde* „Flachsfaser", s. Kluge s. Hede, Haar 1; s. auch *harde* 2; FEW 16, 152.

hasard „Art Würfelspiel" va.; „glücklicher Wurf", „Zufall"
12. Jh., aus arab. *az-zahr* „Würfel zum Spielen", Tiktin, ASSL 127, 162 ff.; Lam. 133; Knudson, Rom. 63, 250; dazu seit dem 15. Jh. die Abl. **hasarder** „aufs Spiel setzen"; vielleicht über spanisch *azar,* FEW I, 191; Bl.-W. 317.
haschisch s. *hachisch.*

hase „Häsin"
16. Jh., alt auch „alter Hase", wird auch für das wilde Kaninchen gebraucht, aus nhdt. *hase.*

hast „Lanzenschaft" va.
dann in *arme d'hast* „Stoßgewehr", im 16. Jh. auch *haste* geschrieben, ist Lehnwort aus prov. *ast* „Pike", „Spieß", s. *hâte* 1.

hastaire „Lanzenträger"
16. Jh., aus lat. *(hastarius)*

haste „Lanze", „Querstrich"
18. Jh., aus lat. *(hasta)* „Lanze".

hâte 1. „Rostbraten"; „Bratspieß"
12. Jh. bzw. 13. Jh., ist afrz. Maskulinum und Femininum, aus fränkisch **harst* zu ahdt. *harst* „Rost", vgl. anddt. *harst* auch zur Bezeichnung eines gebratenen Stückes Fleisch; Bugge, Rom. 4, 359 ff.; Tobler, Jahrbuch 12, 208; REW 4061; Thomas, Rom. 45, 180, Anm. 3; Gg., RG I, 178.
2. „Hast", „Eile"
11. Jh., afrz. besonders in *en haste* „in Eile" auch gelegentlich adj. „rasch", „flink"; aus fränkisch **haist* „Heftigkeit" zu gotisch *haifsts* „Streit"; dazu afrz. *enhastir* „nachsetzen", „verfolgen", refl. „sich beeilen", das ein Verbum afrz. **haistir* „in Hast bringen" voraussetzen läßt; dieses abgeleitet von fränkisch **haisti* „heftig", zu ahdt. *heisti* „gewaltsam"; dafür frz. seit dem 11. Jh. das nach *haste* „Eile" neu gebildete *hastif*, nfrz. **hâtif** „frühreif", „überreif", s. *hâtiveau*. Von *haste* neu abgeleitet, *haster* afrz. „eilen", auch reflexiv, dazu das transitive *haster* „auf jemand eindringen", „hart zusetzen", „etwas rasch fertig machen" u. ä., frz. **hâter** „beschleunigen", refl. „sich beeilen"; dazu in den Reichenauer Glossen *adastet, urguet*, afrz. *ahaster, haster*, Jud, VR 11, 241; Mackel 114; REW 3990; FEW XVI, 123.
Deutsch *hast, hasten* u. ä., Diez 613, stammt selbst aus dem Französischen.
hâtelet s. *hâte* 1.

hâtelette „kleines, geröstetes Fleischstück"
17. Jh., ist dem. Abl. von *hâte* „Rostbraten", s. d.

hâtereau „geröstete Schweinsleberschnitte"
16. Jh., ist dem. Abl. von *hâte* „Rostbraten", s. d.

hâteur „Bratenmeister"
13. Jh. *hasteor*, ist Abl. von afrz. *haste* „Bratspieß", s. *hâte* 1.

hâtier „Bratbock", „Feuerbock"
12. Jh., ist mit dem Suffix *-arium* der Umfassung abgeleitet von afrz. *haste* „Bratspieß", s. *hâte* 1.
hâtif s. *hâte* 2.

hâtille „geröstete Schweinsschnitte"
16. Jh., vgl. dazu norm. *hâtignolle* dass., das als *attignoles* ins Vulgärfrz. gedrungen ist, Sain. LPar. 277; ist ursprünglich kollektivische Abl. von *hâte* „Rostbraten".

hâtiveau „frühkommende Pflanze"
13./14. Jh., vgl. dazu norm. *hativet* „Frühgerste", angev. *hâtiveau* „Art frühe Rebe", ist *-ellus* Abl. von *hâtif*, s. *hâte* 2.

hâture „Sperrhaken am Schlosse"
19. Jh., ist ursprünglich kollektivische Abl. von *hâte* „Spieß", s. d.

hauban „Wanttau"
12. Jh. *hobent*, aus anord. *hofuđbenda* dass., wörtlich „Hauptband", Diez 613; REW 4155; Nyrop, WuS 7, 97; dazu seit dem 17. Jh. die Abl. **haubaner** „Wanttaue anlegen".

haubergeon „Panzerhemdchen"
12. Jh., vgl. dazu Blois dass. „Wulst zur Stütze der Röcke von Bauernweibern", ist dem. Abl. von afrz. *hausberc, hauberc*, „Panzerhemd", frz. **haubert** dass.; aus fränkisch **halsberg* zu ahdt. dass.; dazu seit der ältesten Zeit auch *osberg*, d. i. poitev. Entsprechung von prov. *ausberc* gleicher Herkunft; dazu aus dem Afrz. entlehnt ital. *usbergo*, Bezzola 172; Diez 336; REW 4009.

hausse „Erhöhung", „Untersatz" u. ä.
13. Jh., ist postverb. Subst. von **hausser** „erhöhen"; dieses, 12. Jh., aus vlat. **altiare* zu lat. *altus* „hoch", mit Übernahme des Anlauts des zugehörigen *haut;* s. d.; Diez 14; REW 385; FEW I, 55.

hausse-col „Schulterharnisch", „Ringkragen", „Art Amsel" u. ä.
bezeichnet ursprünglich den eisernen Schutz für Brust und Schultern, wie ihn die Infanterieoffiziere trugen; 16. Jh. *haussecol*, 15. Jh. *hauscolz*, mfrz. auch *houscout*, aus fränkisch **hals-skot* „Halsschutz", zu *hals* und mndl. *schot* „Schutzwehr", s. den ON *Scota*, 866, im Hennegau, s. Fö. II, 790. Oder aus mndl. **hals-cote*, Valkhoff 158; Bl.-W. 317; vgl. Thomas, Rom. 24, 268; REW 4010?; wegen der Zusammensetzung des fränkischen Wortes vgl. afrz. *hausberc* unter *haubergeon*.

haussepied „Trittbrett", „Fußstütze"
14. Jh., auch in der norm. Form *hochepied* überliefert, ist zusammengesetzt aus *hausser* „erhöhen" und *pied*.
haussequeue s. *hochequeue*.
hausser s. *hausse*.

haussière „drei-, vierdrähtiges Tau"
14. Jh. auch *aussière*, aus lat. **helciaria (corda)* zu lat. *helcium* „Halsjoch" u. ä.; in der lautlichen Entwicklung hat sich vlat. **altiare* s. *hausser*, eingefunden, Salvioni, ZRP 23, 516; REW 4099.

haut „hoch"
11. Jh., ist Kreuzung von lat. *altus* dass. mit fränkisch **hauh* bzw. **hôh* dass.; Brüch, ZRP 39, 203; Diez 613; REW 387; FEW I, 78; dazu seit dem 12. Jh. belegt, aber zweifellos älter **hautain** „hochgesinnt" va.; „hochmütig", das der Bildung nach *(-anus)* die auf Personen bezügliche Entsprechung des auf Sachen bezogenen *haut* darstellt.
hautain s. *haut* und *hautin*.

hautbois „Oboe"
15./16. Jh., ist zusammengesetzt aus *haut* „hoch klingend" und *bois* „Holz", s. d.
haut-de-chausse s. *chausse*.

hautesse „Höhe", „Hoheit"
12. Jh., die 1. Bedeutung geht im 17. Jh. unter, aus lat. *altĭtia* „Höhe", mit Beeinflussung des Anlauts durch *haut*, s. d.; REW 386; FEW I, 78.

hauteur „Höhe"
12. Jh., *-ore*-Abl. von *haut* s. d.

hautin „Weinbau mit hochgezogenen Reben", „Rebstange zu hochgezogener Rebenkultur"
16. Jh., vgl. dazu angev. *hautains* „an den Hausmauern gezogenes Weingeländer", lyon., dauph. „auf Spalier gezogene Rebe", ist *-amen*-Abl. von *haut* „hoch", bezeichnet der Bildung nach kollektivisch „das Hochgezogene"; nprov. *autin* stammt wohl aus dem Frz.; vgl. FEW I, 78.

hauturier „auf der hohen See erfahrener Schiffsmann"
17. Jh., aus nprov. *auturié*, im Anlaut von *haut* und Sippe beeinflußt; dieses zu prov. *autura* „Höhe", d. i. Abl. von *aut* „hoch„ aus lat. *altus*, s. *haut*. Dict. gén.

hâve „abgezehrt", „blaß"
12. Jh. auch *havre*, steht für älteres *hasve*, aus fränkisch **haswi* zu mhdt. *heswe* „blaß", „matt"; dazu seit dem 13. Jh. die Abl. **havir** „versengen", „bleichen"; Diez 613. Das dazugehörige fränkische Verbum **hâsjan* < **haswjan* liegt in boulogn. *hasir*, pik. *azir* „bleichen" vor; anders, aber kaum besser, FEW 16, 125.
Bedenken Försters, ZRP 5, 97 wegen des Reims *hasve-oitave* bei Chrétien sind nicht berechtigt, da vor stimmhaften Konsonanten *-s-* im Nordfranzösischen schon vorhistorisch verstummt ist und in historischer Zeit als Längezeichen dient.

haveneau „auf gekreuzten Stangen gespanntes Netz"
18. Jh. auch *havenet*, diese Form noch heute norm., aus anord. **háfr-net* zu *háfr* „Fischfanggerät" und *net* „Netz"; Bugge, Rom. 4, 361; Behrens, Mél. Chabaneau 554 f. (Wg. 223); REW 3983.

haveron „Windhafer"
16. Jh., ist norm., boulogn., aus fränkisch **haboro* zu anddt. *havoro*, s. Kluge s. *Haber;* Diez 613; REW 3956.

havet „Haken"
12. Jh., ist dem. Abl. von afrz. *hef* „Haken", „Enterhaken", dieses postverb. Subst. von einem Verbum *haver* „entern", „an sich reißen", das man aus afrz. *havot* „Plünderung", *havee* „was man mit einem Griff erfassen kann", 12. Jh., erschließen kann; vielleicht auch aus afrz. *haver* „jemand mattsetzen", im Schachspiel; das Verbum ist Abl. von dem im 8. Jh. in den Reichenauer Glossen belegten *havos*, das lat. *uncinos* übersetzt; dieses über fränkisch **hagos* zu fränkisch **hâg* „Haken", zu ahdt. *hâgo*, dass.; wegen der Lautentwicklung vgl. lat. *rogare* in afrz. *rover* s. *corvée;* fränkisch **pligî* „Verpflichtung", in der Lex Salica *plivium*, s. *pleige;* lat. *conjuge*, Acc. zu *conjux* „Gemahlin", im 8. Jh. (Pardessus) *coiuve*, in den Form. Andec. *cogive* (lies *coyive*), Schuchardt, Vok., 2, 438.
Fränkisch **haf* zu ahdt. *heffen* „aufheben", Gg., RG, I, 251; FEW 16, 110 ist germ. nicht ausreichend begründet und begrifflich schwierig; *havet* zu *houe*, REW 4084, oder *hef* zu ahdt. *hâco*, Förster, ZRP 5, 97; 8, 111, ist lautlich nicht möglich.
havir s. *hâve*.

havre „Hafen"
12. Jh. *havene*, aus mndl. *havene* dass.; Diez 614; REW 3982.

havresac „Rucksack", „Tornister"
17. Jh., aus nhdt. *habersack*. Diez 614; REW 3959; Bruckner, Char. 32; Bl.-W. 317.

hayer „mit einer Hecke versehen"
12. Jh., ist Abl. von *haie* „Hecke", s. d.

hayon „kleine Hecke"
13. Jh., ist dem. Abl. von *haie* „Hecke", s. d.

hé „ach"
12. Jh., ist Schallwort.

heaume 1. „Helm"
11. Jh., dafür in den Reichenauer Glossen *helmus*, aus fränkisch *hëlm* zu ahdt. dass. Diez 126; REW 4130; daneben seit dem 11. Jh. auch *elme*, das aus dem Süden stammt wie *osbere*, s. *haubert*, Bl.-W. 318; kaum schon westgerm. Entlehnung, Brüch 87.
2. „Helmstock", s. *jaumière*.

hebdomadaire „allwöchentlich"
16. Jh., aus lat. *(hebdomadarius)*.

héberge „Herberge" va.; „an eine Mittelwand sich stützender Anbau"
11. Jh., in den Reichenauer Glossen *heribergo* = *castro*, die maskulinische Form auch in afrz. *herberc*, bedeutet afrz. auch „Kriegslager", aus fränkisch **heriberga* zu ahdt. *heriberga*, s. d. F. Lommatzsch, Etymologica 508; Gerster, VR 9, 139.

héberger „beherbergen"
11. Jh. *herbergier*, aus fränkisch **heribergôn* zu ahdt. *heribergôn* dass.; zu der gotischen Entsprechung s. *auberge;* FEW 16, 158; Gg. RG I, 367; Diez 11; REW 4045; Brüch 73.
Wegen mlat., 10. Jh., *adalberga* zu ahdt. *adal* „edles Geschlecht", Braune, ZRP 10, 262, ist begrifflich unwahrscheinlich und lautlich unmöglich.

hébéter „stumpfsinnig machen"
14. Jh., aus lat. *(hebetare)*.

hébichet „Art Rohrsieb" (Zuckerfabrikation)
18. Jh., zunächst von den Franzosen von den Karaiben entlehnt, 1667 zuerst erwähnt; Friederici, ZFSL 56, 39; vgl. *bichet* 1.

hébreu „hebräisch"
12. Jh., aus lat. *(hebraeus)*.

hécatombe „Hekatombe"
15./16. Jh., aus lat. *(hecatombe)*.

hectare „Hektar"
18. Jh., zusammengesetzt aus gr. (ἑκατόν) „hundert" und frz. *are*, s. d.

hectique „hektisch"
18. Jh., aus lat. *(hecticus)*.
hecto- „hundert"
in Zusammensetzungen, aus gr. (ἑκατόν) „hundert".
hégémonie „Vorherrschaft"
19. Jh., aus gr. (ἡγεμονία).
hégire „Zeitrechnung der Mohammedaner"
16. Jh., aus arab. *hiğra* „Auswanderung", „Flucht Mohammeds von Mekka nach Medina". Lam. 264; Littmann 62.
heiduque „ungarisch gekleideter Bedienter", „Heiducke"
18. Jh., über dt. *heiducke* aus ungarisch *hajduk* „Fußsoldat", das selbst aus dem Türkischen stammt. Dict. gén.
hein „he?"; „wie?"
19. Jh., ist Schallbildung.
hélas „ach!", „oh weh!"
12. Jh., ist zusammengesetzt aus dem Schallwort *hé* und *las*, das afrz. auch „unglücklich" bedeutet; vgl. 12. Jh., *heu lasse!*
héler „anrufen"
16. Jh., aus engl. *to hail* dass.; Diez 614; REW 3992; vgl. dafür H. Maine *houâler, hâler, houailler*, vend. *houâler*, die über *houeler* sekundär aus *hęler* entstanden sind.
Zu afrz. *herler, heller* „lärmen", dieses zu *hellequin* „wilde Jagd", s. *arlequin*, Lot, Rom. 32, 441 Anm.?
hélicoptère „Hubschrauber"
seit 1907, aus lat. *(helix)* „Schraube" und gr. (πτερόν) „Flügel"; Bl.-W. 318.
hélice „Schraubenlinie", „Schraube"
16. Jh., aus lat. *(helix)*.
hélingue s. *élingue*.
hélio- „Sonnen-"
in Zusammensetzungen, aus gr. (ἥλιος) „Sonne".
héliotrope „Sonnenwende" (Pflanze)
14. Jh., aus lat. *(heliotropium)*.
hellébore s. *ellébore*.
hellénique „hellenisch"
18. Jh., aus gr. (ἑλληνικός).
helminthe „Eingeweidewurm"
19. Jh., aus gr. (ἕλμις, -ινθος).
hem „he da!"
17. Jh., ist Schallwort.
hématite „Blutstein"
16. Jh., aus lat. *(hematites)*.
hémi- „Halb-"
in Zusammensetzungen, aus gr. (ἡμί) „halb"
hémine „altes Hohlmaß"
18. Jh., aus lat. *(hemina)*. Glaser, ZFSL 26, 1, 156 f.
hémo- „Blut-"
in Zusammensetzungen, aus gr. (αἷμα) „Blut".
hendécagone „Elfeck"
18. Jh., aus lat. *(hendecagonus)*.
henné „Henna"
18. Jh., aus arab. *ḥinnâ'*. Lam. 135; REW 4135; FEW I, 65; Littmann 33.

hennir „wiehern"
12. Jh., aus lat. *hĭnnire*, die Aspiration im Anlaut in Schallnachahmung. REW 4136; Bl.-W. 319, oder in Kreuzung mit fränkisch (ahdt.) *hangist* „Hengst", das in der Lex Salica als *hangisto* bezeugt ist.
hépatite „Leberstein"
16. Jh., aus lat. *(hepatites)*.
hepta „Sieben"
in Zusammensetzungen, aus gr. (ἑπτά) „sieben".
héraldique „heraldisch"
15. Jh., ist Abl. von mlat. *heraldus*, d. i. Latinisierung von frz. *héraut*, s. d. F.
héraut „Herold"
12. Jh., aus fränkisch **heriwald* „Heeresbeamter", vgl. bei Tacitus den Bataver *Chariovalda*, ferner den altsächs. Eigennamen *Heriolt* u. ä., s. Kluge s. Herold; das *-w-* des fränkischen Wortes ist im Gallorom. in Anlehnung an das Suffix *-ald, -aud* geschwunden. Diez 22; REW 4115b; FEW 16, 199.
Zu ahdt. *harên* „rufen", Suchier, ZRP 1, 432; P. Meyer, Rom. 11, 36, ist nicht möglich, da afrz. *harer* „aufreizen" bedeutet, s. darüber *haler*.
herbacé „krautartig"
16. Jh., aus lat. *(herbaceus)*.
herbage, herbager s. *herbe*.
herbe „Gras", „Kraut"
11. Jh., afrz. *erbe*, auch „Heilkraut", dazu 12. Jh. *erbé* „Trank aus Kräutern", kollektiv auch *erbe* „Rasen", TL IV, 747, aus lat. *hĕrba*; REW 4109; dazu u. a. seit dem 13. Jh. die Abl. *(-iculare)* **herbeiller** „äsen" (vom Wildschwein).
herbeux „mit Gras bewachsen"
12. Jh., aus lat. *hĕrbōsus*. REW 4111.
herbier 1. „Herbarium"
16. Jh., aus lat. *(herbarium)*.
2. „Grasbank"
12. Jh., bedeutet afrz. „Rasen", „Wiese", ist Kollektivabl. von *herbe* „Gras", „Rasen", s. d.
herbivore „Pflanzenfresser"
18. Jh., ist gelehrte Zusammensetzung aus *herbe* und lat. *(vorare)* „fressen".
herbon „Rundmesser", „Streckeisen"
18. Jh., vgl. H. Maine *harpon* „große Säge mit gebogenem Stiel", andrerseits Blois *herber* „schneiden" (von der Sense), so daß *herbon* wohl Kreuzung von *harpon* mit *herber* ist, vgl. *arpon*.
herboriser „Pflanzen sammeln"
17. Jh., ist Abl. von lat. *herba* „Pflanze" in Anlehnung an *arboriser* „die Form eines Baumes geben", dieses Abl. von lat. *(arbore)*, s. *arbre*; vgl. *arboriser*; Bl.-W. 319.
herbue „leichter Grasboden", „Tonzusatz" (im Eisenerzbau)
18. Jh., auch *erbue, arbue, harbue* aus *terre*

herbue, zu *herbu* „mit Gras bedeckt", dieses seit dem 12. Jh. belegte Abl. von *herbe*, s. d.

herche „Erzkarren in den Minen"
18. Jh., ist postverb. Subst. von **hercher** „den Erzkarren in die Minen schieben"; dieses ist literarisierte Form für wall. *hierchi* „schleppen", „nachziehen", vgl. dazu Lüttich *hiercheus*, rouchi *hercheur* „Schlepper in den Minen"; es ist mundartliche Form für afrz. *soi hercier* „sich hinschleppen", awall. *herchier* „ziehen", „schleppen", dieses eins mit frz. *herser* „eggen", s. d. Dict. gén.
ierš = *herse* lebt noch heute im wall.-pik. Grenzgebiet, s. ALF 689, daher sind die lautlichen Bedenken in REW 4143 nicht ausschlaggebend; oder unmittelbar zu lat. *hirpicare* „eggen", REW l. c.; Bl.-W. 319?

hère 1. „Schlucker", „Bettelmann"
16. Jh., bezeichnet zunächst im 16. Jh. den Träger des Bußkleides = *haire*, s. Sainéan, RER 10, 277 f.; Sain. Rab, 2, 265, ist daher mit diesem identisch, vgl. auch Spitzer, ZRP 40, 702 f.; vgl. dazu angev. *haire* „Mißgeschick", „Elend", „Krankheit", seit dem 15. Jh. belegt; s. *haire*.
Zu dt. *herr*, Diez 614; G. Paris, Rom. 8, 628; REW 4118, Bl.-W. 319, mit ?, ist historisch nicht wahrscheinlich.
2. „Spießer", „Spießhirsch"
aus ndl. *h e r t* „Hirsch", s. *hardée*.
Zu *hère* 1, Spitzer, ZRP 40, 703, ist begrifflich unwahrscheinlich, vgl. auch *harpail*.

hérédité „Erbschaft" va.; „Vererbung"
11. Jh., afrz. auch *erité*, mit dem Stamm, der in *hériter* und Abl. weiterlebt, aus lat. *(h ē r ē d ĭ t a t e)*.

hérésie „Irrlehre"
12. Jh., aus lat. *(h a e r e s i s)* zu gr. αἵρεσις „Sekte", eigentlich „Wahl".

hérétique „ketzerisch"
14. Jh., aus lat. *(h a e r e t i c u s)*.

héreux s. *haireux*.

hergne s. *hargne*.

héridelle s. *haridelle*.

hérigoté s. *ergoté* unter *ergot*.

hérisser „die Haare sträuben", „mit Stacheln bedecken"
12.Jh., aus vlat. **ē r ī c i a r e* zu lat. *ericius* „Igel", s. *hérisson*. REW 2897.

hérisson „Igel"
12. Jh., ist schon vorhistorische, dem. Abl. von lat. *ērīcius* „Igel", entspricht also einem gallorom. **ē r ī c i o n e* „Igelchen"; die Aspiration des Anlautes vielleicht in Anlehnung an afrz. *hureper* „die Haare sträuben", s. *hure;* REW 2897; vgl. auch *oursin*.

hériter „erben"
12. Jh., aus lat. *(h ē r ē d ĭ t a r e)* in halbgelehrter Entwicklung; afrz. auch *hireter*, vgl. noch afrz. *eritance, eritoison, eritage* u. ä. Berger, Lehnw. 121.

héritier „Erbe"
12. Jh. *eritier*, ist der eigentliche Rechtsausdruck für volkstümliches *oir*, s. *hoir;* aus lat. *(h ē r ē d ĭ t a r i u s)* „erbschaftlich". REW 4114.

herle s. *harle*.

hermaphrodite „Zwitter"
13. bzw. 16. Jh., aus lat. *(h e r m a p h r o d i t u s)*.

hermeline s. *armeline*.

herméneutique „Auslegungskunst"
18. Jh., aus gr. (ἑρμηνευτική).

hermétique „die Alchemie betreffend"
18. Jh., nach dem sagenhaften Begründer der Alchemie, *Hermes Trismegistus*. Dict. gén.
2. „mit Hermeskopf"
17. Jh., ist Abl. von *hermès*, „Hermesstatue".

hermine „Hermelin"
12. Jh., vgl. dazu prov. *erméni* dass., auch „vom Hermelin", „Hermelinfell", dafür auch afrz. *ermin;* aus mlat. *(mus) (a r m e n i u s)* für lat. *mus ponticus*, zu lat. *armenius* „armenisch", da das Hermelin angeblich gerade in Armenien häufig vorkam; das vortonige *-e-* des Wortes ist unerklärt, vgl. Kluge s. Hermelin; Diez 25 f.; REW 658; FEW I, 141 f.; Zusammenhang des rom. Wortes mit dt. *Hermelin*, ahdt. *harmilîn* scheint nicht zu bestehen; doch ist es nicht unmöglich, daß *armenius* erst sekundär für ein älteres, dem germ. *harmo* „Wiesel" entsprechendes Wort eingetreten ist.

herminette „Hohlbeil", „Dachsbeil"
16. Jh. auch *erminette*, scheint Abl. von *hermine* zu sein, vielleicht infolge der Ähnlichkeit der Hermelinschnauze mit der krummen Klinge des Werkzeugs. Dict. gén.

herminite „weißes Feld mit roten und schwarzen Flecken" (Heraldik)
18. Jh., ist gelehrte Abl. von *hermine* in der übertragenen Bedeutung „weißes Feld mit schwarzen Flecken".

hermite s. *ermite*.

hermodacte „Hermodattel" (levantische Wurzel)
13./14. Jh. auch *hermodatte, hermodactyle*, aus gr. (ἑρμοδάκτυλος) „Hermesfinger".

hernie „Bruch"
15. Jh., aus lat. *(h e r n i a)*, vgl. *hargne;* dazu seit dem 16. Jh. die Abl. **herniole** „glattes Bruchkraut".

héroide „Heldenbrief"
16. Jh., aus lat. *(h e r o i d e s)*, dem Titel der Episteln des Ovid.

héroique „heldenhaft"
15. Jh., aus lat. *(h e r o i c u s)*.

héron „Reiher"
12. Jh. *hairon*, mlat. schon im 11. Jh. *hairo*, Kluge, AR 6, 305 f.; daneben afrz. *haigron*, das in B. Maine, H. Maine, Pléchatel, vend., berrich., saint. *hégron* weiterlebt; aus fränkisch **h a i g i r o* zu ahdt. *heigir* dass.; Diez 8; Jud, Acc. *-ain* 15; Bruckner, Char. 22; REW 3991; FEW 16, 118.

héros „Halbgott"
14. Jh., wird mit dem vorhergehenden Wort nicht gebunden; der Grund dafür wäre nach Vaugelas, daß Bindungen wie *les héros* mit *zéro* „Null" in Verbindung gebracht werden könnten; dagegen aber schon Ménage. *Héros* wird im 16./17. Jh. mit *héraut* zusammengebracht; daher *héraldique* statt *héroique* u. ä.; aus lat. *(heros)*.
herpe „Strandgut", „vom Meer ans Land geschwemmte Gegenstände"
17. Jh., ist postverb. Subst. von mfrz. *herper* „zusammenraffen", s. *harpailler*.
herpès „Flechte"
15. Jh., aus lat. *(herpes)*.
herse „Egge", „Stakett", „Schlichtrahmen"
13. Jh., aus vlat. **hĕrpĭce*, d. i. mundartliche ital. Form für lat. *hirpice*, in der Lex Salica noch *erpice*, dass.; die Aspiration des Anlauts in Nachahmung der bei der Arbeit notwendigen Anstrengung, lautmalend; Diez 614; Meyer-Lübke, Einf. 179; REW 4141; Horning, Rom. 38, 185; Bl.-W. 320; oder Kreuzung mit **harpa* „Egge", s. *harpe* 2; Regula, AR 12, 281; dazu seit dem 12. Jh. die Abl. **herser** „eggen", vgl. auch *herche*, *harceler*.
hersillon „mit nach oben gekehrten eisernen Spitzen versehenes Sturmbrett"
18. Jh., ist dem. Abl. von *herse* „Egge", s. d.
hésiter „zaudern"
15. Jh., aus lat. *haesitare*.
hétaïre „Hetäre"
18./19. Jh., aus gr. (ἑταίρα) „Gefährtin", „Buhle".
hétéro- „anders-"
in Zusammensetzungen, aus gr. (ἕτερος) „anderer".
hétoudeau „junger Kapaun"
14. Jh., afrz. auch *hastodeau*, *hatodeau* u. ä., heute auch volksetym. umgedeutet in *étourdeau*, ist dem. *-ellus*-Abl. von älterem **haistaud*, belegt im 13. Jh. als Nom. *haitauz* „Einfaltspinsel", aus fränkisch **hagustalt* zu ahdt. dass., „unverheiratet", das ursprünglich den jüngeren Sohn eines Hofbesitzers bezeichnete, der mit einem *hag*, d. i. einem eingefriedigten Grundstück, abgefunden wurde und zu täglicher Dienstleistung verpflichtet war; s. Kluge s. *Hagestolz;* Diez 615; REW 3986. Hakamies, Neuph. Mitt. 57, 220; FEW 16, 116.
hêtre „Buche"
13. Jh., afrz. *haistre* „Buche", „Buchenholz", stammt aus dem Nordosten, ersetzt aber zum Teil schon frühzeitig auf dem größten Teil Nordfrankreichs das afrz. *fou* aus lat. *fagus*, das schon afrz. zu Wortspielen mit *fou*, *foutre* Anlaß gab; aus mnddt. *hêster* „junger Baum, besonders Eiche und Buche"; oder vielleicht schon aus spätfränkisch *hêstr*, zu dt. *Heister* „junger Stamm", meist „Buche", mhdt. „junger Buchenstamm", „Buchenknüttel"; Diez 615; REW 4121; Walter, GB 10, 21 f. und 52 ff.; FEW 16, 121; vgl. auch *fouteau*.
heur „glücklicher Zufall"
va., erhalten in der Verbindung *ne pas avoir l'heur*, afrz. *ëur* „Geschick", mit positiver und negativer Entwicklung, „günstiges Geschick" und „Mißgeschick", aus vlat. *agurium*, klassisch *augurium* „Wahrzeichen", mit unklarer lautlicher Entwicklung; Diez 311; REW 785; FEW I, 147; Foth ASSL 66, 399; Gilliéron, RPFL 34, 12; Bl.-W. 321.
Dazu seit dem 13. Jh. die Abl. **heureux** „glücklich"; s. *malheur*, *bonheur*.
heure „Stunde"
12. Jh., *ore* aus lat. *hōra*. REW 4176.
heureux s. *heur*.
heurt „Stoß", „höchster Teil einer Straße"
14. Jh. *hurt*, ist postverb. Subst. von afrz. *hurter*, heute **heurter** „stoßen", d. i. Abl. von fränkisch **hûrt* zu anord. *hrûtr* „Widder", geht also auf ein gallorom. **hūrtare* „stoßen wie ein Widder" zurück; Brüch, ZRP 38, 694; REW 4244; FEW 16, 271; Frings-Wartburg ZRP 67, 170.
Nicht zu *urgēre* „dringend fortstoßen", Regula ZRP 44, 641; oder **truditare* zu *trūdĕre* „stoßen", Tuttle, RR 7, 350; auch nicht aus dem Gallischen zu kymrisch *gordd* „Hammer" u. ä., Diez 336.
heurtequin „Anstoßeisen einer hölzernen Wagenachse"
16. Jh., aus mndl. *ordekijn* „Ende", „Rand", volksetym. an *heurter* angepaßt; Valkhoff 166.
heurter s. *heurt*.
heuse „Pumpenstöckel"
14. Jh. auch *heusse*, letzteres in Vermengung mit *heusse* „Pflock", s. *esse* 3; vgl. dazu berr. *heuse* „Metallring, in dem der große Schmiedehammer festgehalten wird"; ist übertragen aus afrz. *huese* „hoher Stiefel", aus fränkisch **hosa*, Horning, ZRP 22, 561; vgl. *houseau*.
hévée „Hevea" (kautschukgebende Pflanze)
19. Jh., aus nlat. *(hevea)*, dieses angeblich aus einer Mundart der Guyana. Dict gén.
hexa- „sechs"
in Zusammensetzungen, aus gr. (ἕξ) „sechs".
hiatus „Hiatus"
16. Jh., aus lat. *(hiatus)*.
hiberner „überwintern"
18. Jh., aus lat. *(hibernare)*.
hibou „Nachteule"
16. Jh., vgl. dazu pik., norm. *houhou*, Velay, H. Auvergne *ugou*, langued. *dugou*, Gard *dugo* u. ä., dieses in Anlehnung an *duc* 2, s. d., ist wohl Schallbildung, vielleicht in Weiterbildung von fränkisch = ahdt. *hûwo* „Eule", Diez 615; Nyrop. Danske VS 8, 2, 3 ff.

Zu bret. *hubot* „Schuft", „Lump", für älteres **hibôk, *hêbok,* dieses wieder aus kymrisch *hebauk* „Habicht", über *„Hühnerdieb", Thurn. KR 24 f., ist zu problematisch, vgl. auch REW 4128.

hic „Hauptschwierigkeit"
18. Jh., aus lat. *(hic)* „hier".

hidalgo „spanischer Edelmann"
16. Jh., aus spanisch *hidalgo,* dieses aus älterem *hijo d'algo* „Sohn von jemandem", zu *hijo* „Sohn" aus lat. *fīlius* und *algo* aus lat. *alĭquĭd* „etwas".

hideur „Häßlichkeit"
12. Jh. *hisdour* „Schrecken", ist mit dem Suffix *-ore,* das zur Bildung von Abstrakten dient, einreihend abgeleitet von afrz. *hide, hisde* „Schrecken", „Entsetzen", vgl. boulogn. *hide* „Furcht", „Häßlichkeit", wall. *hisse* „Schrecken"; zu mhdt. *eisde* „Schrecken", *eislich* „schrecklich", ahdt. *agisôn, egisôn* „erschrecken", Stamm got. *agis* „Furcht"; Grundform **agis-itha* (vgl. *honte), *ejisda,* ahdt. *egidî* aus der Sprache der germanischen, sächsisch-friesischen Nachwanderung, namentlich im Hennegau, s. Germ. Sdlg. 153; das anlautende *h-* expressiv wie in *haleter* u. ä.; Diez 618; Corin, Bull. Dict. Wallon 19, 91; Gg. Mél. Haust. 178; Bl.-W. 321.
Zu lat. *hispidus* „rauh", in den Reichenauer Glossen *ispidus* „struppig", Diez 615, ist lautlich nicht möglich und begrifflich schwierig.

hideux „häßlich"
12. Jh., ist Abl. von afrz. *hisde, hide* „Schrekken", s. *hideur.*
hie s. *hier.*

hièble „Attich"
12. Jh., aus lat. *ĕbŭlus.* Diez 125; REW 2821.

hier „gestern"
12. Jh., aus lat. *hĕri.* REW 4115 a.

hier „einrammen"
13. Jh., aus mndl. *hijen* dass., s. Doornk.-K. s. *hêjen;* dazu afrz. *a hie* „stoßweise", „mit Kraft"; davon unabhängig ist die seit dem 15. Jh. bezeugte postverbale Rückbildung **hie** „Rammblock", wenn dieses nicht unmittelbar aus mndl. *heye* dass. entlehnt ist. Diez 615; REW 4093; Behrens, Wg. 366.

hiérarchie „Rangordnung der Engel" u. ä.
13./14. Jh., aus lat. *(hierarchia).*

hilarité „Fröhlichkeit"
13. Jh., aus lat. *(hilaritas).*

hiloire „Scherstock" (Verstärkungsplanke)
17. Jh., dazu angev. *eslure,* vgl. gleichbedeutendes spanisches *esloria, eslora;* aus ndl. *sloerie* dass., zu *slören* „ein Schiff abmessen"; Baist, ZDW 4, 268; REW 8035; Cor. II, 3, 77.
Zu Unrecht abgelehnt Valkhoff 167; nicht für ein afrz. **eslioire,* zu *lier,* Barbier, RLiR 10, 144.

hippo- „Pferd-"
in Zusammensetzungen aus gr. (ἵππος) dass.

hirondelle „Schwalbe"
16. Jh., ist in Anlehnung an lat. *hirundo,* dass., umgestaltetes *arondelle,* das noch im 16. Jh. gebraucht wird, d. i. dem Abl. von *aronde* s. d. Diez 275; REW 4145.

hirsute „struppig"
19. Jh., aus lat. *(hirsutus).*

hisser „hissen"
16. Jh., aus ndl. *hijsen;* Diez 185; REW 4149; Valkhoff 168; nicht zu *hetzen* oder fränkisch **hiskjan,* Barbier, RLiR 10, 141.

histoire „Geschichte"
12. Jh. *estoire, estorie,* in halbgelehrter Entwicklung aus lat. *(historia).*

histologie „Gewebelehre"
19. Jh., gelehrte Zusammensetzung von gr. ἱστος „Gewebe" mit λόγος „Rede".

histrion „Schauspieler", „Jahrmarktshanswurst"
16. Jh., aus lat. *(histrio)* „Schauspieler", „Marktschreier".

hiver „Winter"
12. Jh., afrz. *ivern* neben *iver tens* „hibernum tempus", 12. Jh., ist subst. *hibernum* „winterlich", wie *diurnum* für *diurnum tempus,* s. *jour;* subst. *hiberno* ist spätlat. belegt, Löfstedt, Synt. II, 42; Diez 185; REW 4126.

hiverner „den Winter zubringen"
12. Jh., *iverner* „überwintern" u. ä., aus lat. *hibernare;* REW 4124; Merlo, Stagioni 244.

ho „he da!"
13. Jh., ist Schallwort.

hobereau „Baumfalke", „Krautjunker"
als Vogelbezeichnung im 14. Jh., in der übertragenen Bedeutung seit dem 16. Jh., ist Abl. von im 17. Jh. belegtem, aber zweifellos älteren *aubier, oubier;* vgl. dazu im 13. Jh. belegtes *hobel, hobé* für einen Raubvogel; *aubier* ist *-arius*-Abl. von *albus* „weiß", (wie *primarius* für *primus),* da der Baumfalke durch die weiße Unterseite seines Körpers von den übrigen Falkenarten unterschieden ist; vgl. dazu mit anderem Suffix prov. *alban, albanet* für den gleichen Vogel. Mit dem Untergang von *albus* „weiß" im Nordfranzösischen wurde das Wort volksetym. mit afrz. *hober* „hüpfen" zusammengebracht; dieses zu mndl. *hobbelen* „sich rackern" u. ä.; Roll. F. 2, 27; REW 316; Bl.-W. 322 (ohne die Zwischenstufe **albarius).*
hobin s. *aubin.*

hoc „Art Kartenspiel"
17. Jh., dazu gleichzeitig auch **hoca** „Art Glücksspiel", u. H.

hoche 1. „Kerbe", „Scharte"
13. Jh. *osche,* ist postverb. Subst. von afrz. *oschier,* heute **hocher** „einkerben", vgl. prov. *oscar* dass., „schartig machen".
Aus gallisch *osca* zu kymr. *osg* „Kerbe", s. Thurn. KR 108; FEW 7, 431; Jud. VR, 9,

241; nicht zu lat. *exsecare* „ausschneiden", Diez 650, oder **absecare* zu lat. *absectus* „ausgeschnitten", Förster, ZRP 5, 98; Schuchardt, LGRP 14, 95; **osca* „Kerbe" als Rückbildung aus **cosca,* vgl. baskisch *koska* „Kerbe", und dieses rückgebildet aus lat. *cŭscŭlium* „Scharlachbeere", Schuchardt, SA Wien 141, 3, 47; BR 13, läßt den angeblichen Schwund des Anlauts unerklärt und erklärt auch das offene *-ǫ-* des Grundwortes **ŏsca* nicht.
2. „Holzgestell zum Spannen und Schnüren, mit dem die Mauerdicke abgemessen wird"
18. Jh., ist Weiterbildung von afrz. *hoc* „Haken", vgl. V. d'Yères *hoque* „Hakenstange zum Abladen des Düngers vom Mistkarren"; afrz. *hoc* stammt nach FEW 16, 219 aus fränkischem **hôk* „Haken"; nach Valkhoff 169 aus mndl. *haok;* vgl. REW 4160.
hochepied s. *hausse-pied.*

hochepot „Fleischragout mit Rüben"
14. Jh., stammt aus wall. *hosepot* „Art Brei", vgl. dazu Mons *hachepoter* „zerdrücken", „zerkleinern"; ist zusammengesetzt aus *hocher* „schütteln" und *pot* „Topf", FEW 16, 233; Valkhoff 169.

hocher 1. „schütteln"
ist norm. Form von afrz., seit dem 12. Jh. belegten *hocier,* wall. *hossi* dass., afrz. auch *hoicier,* das nach FEW 16, 231 aus einem fränkischen **hottisôn* entlehnt wäre; dieses zu einem fränkischen *hottôn* „schütteln" zu nddt. *hotten,* dass.
Nicht aus ndl. *hotsen,* Diez 616, das nach Valkhoff 169 aus dem Hochdeutschen entlehnt wäre; auch nicht aus mhdt. *hotzen,* Corin, Bull. Dict. Wallon. 19, 42.
Mit afrz. heute boulogn. *hoquer* „an den Nagel hängen" zu afrz. *hoc* „Haken", s. *hoche* 2, Förster, ZRP 5, 98; REW 4160 ist begrifflich und lautlich nicht entsprechend.
2. „einkerben", s. *hoche* 1.

hochet „Kinderklapper"
14. Jh., ist Werkzeugsbildung zu *hocher* „schütteln", s. d.

hocheur „Blinzelaffe"
18. Jh., ist Abl. von *hocher* „schütteln" (sc. den Kopf).

hogner „brummen", „knurren"
13. Jh. *hognier, hoignier,* norm. *hougner,* H. Maine dass., V. d'Yères *hoingnier, woignier,* pik. *hogner,* rouchi *hoigner* usf., lebt auch in entsprechenden Formen im ganzen Osten, vgl. dazu afrz. *hogne, hoigne* „Schimpfen", „Schelten", *hognis* „Vorwurf", *hoin* „Grunzen" (vom Schwein); es ist wohl lautmalende Abl. vom Stamm von *honnir, grogner* u. ä., vgl. den Schallstamm **hum* unter *hom;* Regula, AR 12, 282.
Ahdt. **humjan* bzw. anord. **humja* zu nhdt. *hummen* „brummen", „murren", Diez 616, ist nicht belegt, entspricht auch lautlich nicht.

hoir „Erbe"
12. Jh., lebt schon im 17. Jh. nur mehr als Ausdruck der Gerichtssprache, aus lat. *hēres;* REW 4115; dazu seit dem 14. Jh. die Abl. **hoirie** „Erbschaft".

holà „holla!"
16. Jh., ist aus *ho* und *là* zusammengesetzt, s. d.

hôler „heulen", „schreien" (von der Eule)
13. Jh. *hoiler,* ist Schallbildung, vgl. *hurler, hogner.*

holocauste „Brandopfer"
12. Jh., aus lat. *(holocaustum).*

hom „hm"
auch *hum,* ist Schallbildung, vgl. *hogner.*

homard „Hummer"
16. Jh., aus dänisch-schwedisch *hummer.* Diez 616; REW 4236.

hombre „der Hauptspieler im Hombrespiel", „Hombrespiel"
17. Jh., aus spanisch *hombre* „Mann", s. *homme.*

homélie „Bibelerklärung"
12. Jh., aus lat. *(homilia).*

homicide 1. „Totschläger"
12. Jh., aus lat. *(homicida).*
2. „Totschlag"
12. Jh., aus lat. *(homicidium).*

hommage „Angelobung der Vasallen dem Lehensherrn gegenüber", „Ehrerbietung"
12. Jh., aus mlat. *hŏmĭnaticum,* zu lat. *homo* „(Lehens)mann".

hommasse „männisch", „männlich wirkend"
15. Jh., ist mit dem aus dem Italienischen entlehnten, pejorativen *-asse-* < *-accio-*Suffix abgeleitet von *homme,* s. d.

homme „Mann"
9. Jh., ist afrz. Akkusativform zu nominativischem *uem,* aus lat. *hŏmo, hŏmĭne.* Diez 335; REW 4170; s. *on.*

homo- „gleich-"
in Zusammensetzungen, aus gr. (ὁμός) „gleich".

homologuer „rechtskräftig machen", „amtlich bestätigen"
15. Jh., aus mlat. *(homologare),* dieses aus gr. ὁμολογεῖν „übereinstimmen"; Bl.-W. 323.

hon „ei", „potz"
16. Jh., dazu im 17. Jh. *faire hon hon* „murren", ist Schallbildung, oder von afrz. *hogner* „murren", s. d., rückgebildet.

honchets „Stäbchen"
ist westfrz. Dialektform für *jonchet,* s. d.

hongre „Wallach"
15. Jh., ist Rückbildung von *hongrois* „ungarisch", die Rückbildung vielleicht in Anlehnung an *bougre,* s. d.; dazu seit dem 17. Jh. die Abl. **hongrer** „(ein Pferd) kastrieren". Dict. gén.

hongreline „eng anschließendes Frauengewand"
17. Jh., lebt poitev. für eine Art Männer-

gewand, ist nach Trévoux ungarischer Herkunft, daher Abl. von *hongrois* „ungarisch".

hongroyer „auf ungarische Art Felle zubereiten"
18. Jh., ist Abl. von *hongrois* „ungarisch".

honnête „anständig"
12. Jh., aus lat. *(honestus);* dazu seit dem 15. Jh. die Abl. **honnêteté** „Anstand".

honneur „Ehre"
11. Jh., afrz. *enour,* auch konkretisiert „Lehen", die heutige Form rückangelehnt an das Lateinische, aus lat. *hŏnōre.* REW 4171; Bl.-W. 823.

honnir „entehren"
12. Jh., aus fränkisch **haunjan* zu gotisch *haunjan* „demütigen", „erniedrigen". Diez 227; REW 4081.

honorable „ehrwürdig", „ehrenhaft"
11. Jh., aus lat. *(honorabilis).*

honoraire „ehrenhalber geschehend"
15. Jh., aus lat. *(honorarius).*

honorer „ehren"
11. Jh., afrz. als Abl. von *enour* „Ehre", s. *honneur,* auch *enorer,* aus lat. *(honorare).*

honte „Schande"
12. Jh., bis zum 17. Jh. auch in der Bedeutung „Schamgefühl", Br. 3, 146, aus fränkisch **haunipa* zu ahdt. *hônida* „Schmach"; Diez 227; REW 4080; dazu seit dem 12. Jh. die Abl. **honteux** „schmachvoll"

hôpital „Spital"
12. Jh., afrz. *ospital* „Unterkunft", „Hospiz", aus lat. *(hospitale)* „Gastzimmer" zu *hospitalis* „gastfreundlich", vgl. *hôtel.*

hoquet „Stoß", „Aufstoßen", „Röcheln"
15. Jh., ist postverb. Subst. von seit dem 12. Jh. bezeugtem *hoqueter* „schütteln", „aufstoßen", vgl. dazu B. Maine *hakté* „schluchzen", *haktoné* „mit Schwierigkeiten sprechen", „stottern", *hoktoné* „stottern"; es ist Schallbildung, vgl. aber auch *hoche* 2; Bl.-W. 324.

hoqueton „Baumwolle" va.; „gestickter Waffenrock" u. ä.
12. Jh. *auqueton,* aus arab. *alqoṭon* „Baumwolle"; Lam. 264; REW 6910; vgl. auch *coton.*

horaire „stündlich", „Fahrplan"
17. Jh., aus lat. *(horarius).*

horde „Horde"
16. Jh., ist 1534 verdeutscht als *horda* „Versammlung der Menge" belegt, stammt auf dem Wege über Rußland aus dem tatarischen *horda* „Lager", s. Kluge s. Horde; Dict. gén.

horion „heftiger Schlag"
13. Jh., dreisilbig *hor̆ion,* vgl. dazu norm. *horgne* dass., *horion* „Stockschnupfen", lothr. *horié* „prügeln"; u. H. Diez 616; Urtel, BGPSR 12, 23 f.; vgl. afrz. *orillon* „Hieb auf das Ohr", Bl.-W. 324; hier s. *oreillons.*
Zu *hure* „struppiger Kopf", also über **hurillon,* Haust. Rom. 45, 189; oder zu fränkisch *horbel* „Schlag auf den Kopf", Baist, ZRP 7, 120, vgl. auch IF 25, 383; ZdW 1, 22, ist lautlich unverständlich; vgl. Bl.-W. 324.

horizon „Horizont"
13. Jh. *orizonte,* aus lat. *(horizonte).*

horloge „Uhr"
12. Jh., aus lat. *(horologium).*
hormin s. *ormin.*

hormis „außer"
13. Jh., ist aus ursprünglich absoluten Verbindungen mit *hors* + *mis* + Subst. erstarrt, ist zusammengesetzt aus *hors* „außerhalb" und *mis,* d. i. Part. von *mettre* „stellen".

hormone „Hormon"
20. Jh., gelehrte Abl. von gr. ὁρμᾶν „in schnelle Bewegung setzen", „erregen", u. ä.; Bl.-W. 324.

horo- „Stunden"
in Zusammensetzungen, aus lat. *(hora)* „Stunde", s. *heure.*

horreur „Schrecken"
12. Jh., aus lat. *(horrōre)* REW 4190.

horrible „schrecklich"
12. Jh., aus lat. *(horribilis).*

hors „außerhalb"
11. Jh., ist Rückbildung von gleichbedeutendem *dehors* nach dem Nebeneinander von afrz. *avec* und *d'avec, sus* und *dessus, soz* und *desoz* u. ä., für und neben gleichbedeutendem *fors,* s. d.; *dehors* aus lat. *de fŏris,* vgl. wegen des Schwundes des intervokalischen *-f- ahaner, écoine, écofier.* Diez 149; REW 3431; Neumann, ZRP 8, 383 Anm.
Dazu seit dem 17. Jh. die Zusammensetzung **hors d'œuvre** „Zutat", „Nebengericht", dann als Ausdruck der Architektur „Pfeiler". „Balustrade"; Bl.-W. 324.

hortensia „Hortensia"
18. Jh., ist gelehrte Abl. vom Frauennamen *Hortense,* angeblich vom Naturforscher Commerson gebildet. Dict. gén.

horticulture „Gartenbau"
19. Jh., ist zusammengesetzt aus lat. *(hortus)* „Garten" und *(cultura)* „Bebauung".

hosanna „Lobgesang"
13. Jh., aus mlat. *(hosanna);* dieses aus hebräisch *hôšîᵉ ā-nnâ* „hilf doch" (Psalm 117, V. 25). Dict. gén.

hospice „Hospitz"
13. Jh., aus lat. *(hospitium)* „Gastfreundschaft".

hospitalier 1. „Spitals-"
12./13. Jh., ist Abl. von lat. *(hospitale),* in der Bedeutung des frz. *hôpital.*
2. „gastlich"
16. Jh., ist Abl. vom Stamm von **hospitalité** „Gastfreundschaft"; dieses seit dem 12./13. Jh., aus lat. *(hospitalitate)* dass.

hostie „Opfer", „Hostie"
14. Jh., aus lat. *(hostia)* „Opfertier".

hostile „feindlich"
15./16. Jh., aus lat. *(hostilis).*

hôte „Gastgeber", „Gast"

12. Jh. *oste*, aus lat. *hŏspĭte* „Gastfreund", „Wirt". REW 4192.

hôtel „Gasthaus", „Wohnort"

11. Jh. *ostel* „für Gäste bestimmtes Haus bei Klöstern, Höfen", seit dem 13. Jh. auch „Gasthaus", andrerseits afrz. auch „Haus einer vornehmen Familie", daher heute mundartlich für *maison* weit verbreitet, dann in *hôtel de Rambouillet, hôtel de ville* u. ä., s. Streng, HH 32 und Anm.; aus lat. *hŏspĭtale*, so bei Gregor v. Tours, für klassisches *cubiculum hospitale* „Gastschlafzimmer" bzw. *hospitalia* „Gastzimmer"; Davidsen 3 f.; Diez 230; REW 4198; dazu seit dem 12. Jh. die kollektive Abl. *ostelerie* „von Klöstern, Städten u. ä. errichtete Wohltätigkeits-Anstalten", seit dem 15. Jh. **hôtellerie** „Beherbergungsgewerbe", Gerster VR 9, 57.

Dazu seit dem 12. Jh. die Abl. **hôtelier** „Gastwirt".

hotte „Rückenkorb", „Eimer" u. ä.

13. Jh., lebt boulogn., aus fränkisch **hŏtta* zu dt. *hotze* „Wiege"; Diez 616; REW 4246; FEW 16, 229; dazu seit dem 15. Jh. die Abl. **hotter** „mit dem Rückenkorb tragen"; seit dem 14. Jh. die dem. Abl. **hottereau,** auch *hotteret*, aus älterem *hotterel* „kleiner Rükkenkorb".

houache s. *ouaiche.*

houage s. *houer.*

houblon „Hopfen"

15. Jh. *hobelon, houbillon* u. ä., dazu im Pol. Irm. *fumlone, umlone, humolone*, schon im 8. Jh. *humlonarias* „Hopfengarten", dann afrz. 11. Jh. *homlon* (Raschi), aus fränkisch **humilo* zu agls. *hymele*, mndl. *hommel* u. ä., s. Kluge, SAHeidelberg 6, 10, 6 f., das auch in das Slawische eingedrungen ist.

Nach dem Verstummen des zwischentonigen *-e-* wird *homlon* zu *homblon*, **houmblon*, daraus durch Dissimilation *houblon*, das im 15. Jh. wieder als *hobelon, hobillon* auftaucht; daß die *-b*-Form auf Beeinflussung durch lat. *lupus* „Hopfen" beruht, Subak ZRP 29, 424, ist chronologisch unwahrscheinlich; *houblon* aus mndl. *hoppe* (das für Bier im Wallonischen sicher bezeugt ist), FEW 16, 225; oder aus ndl. (flämisch) *hop*, Diez 616; Wartburg, Mél. Haust 421; REW 4175 ist lautlich unmöglich, läßt sich auch nicht dadurch rechtfertigen, daß z. B. in afrz. *corp* neben nfrz. *corbeau* in Grundform und Abl. stimmhafter und stimmloser Labial nebeneinander bestehen.

houe „Haue", „Karst"

12. Jh., aus fränkisch **hauwa*; Diez 617; REW 4084; vgl. *hoyau.*

houille „Steinkohle"

16. Jh., ist zuerst für Lüttich und Umgebung bezeugt, bedeutet dort ursprünglich allgemein „Scholle", „Klumpen", daher noch heute *houyot, houyê* „Schneeklumpen", „Butterbrocken" u. ä.; die ältesten Formen *hulhes, huilhes* u. ä. sichern in der Grundlage anlautendes konsonantisches *h-;* aus fränkisch **hukila*, zu ndl. *heukel* „kleiner Heuhaufen", westfälisch *hôke* „Haufen", hessisch *hückel* „Haufe"; vgl. dazu die seit dem 9. Jh. bezeugte Ortsbezeichnung *Hukilheim*, Fö. II, 1, 1487; Warland Bull. dict. wall. 18, 117; Haust, Bull. Com. de Toponymie 8, 463; FEW 16, 258.

Nicht fränkisch *skolla* „Scholle", Diez 617; REW 8005.

houle „hohle See", „Schlagwelle"

16. Jh., aus bret. *houl*, Plural zu *houlenn* „Woge"; Diez 226; Thurn. KR 69; REW 4204; dazu seit dem 18. Jh. die Abl. **houleux** „unruhig", „hohlgehend".

Nicht eins mit afrz. *oule* „Topf", trotz spanisch *olla* „Wirbel im Meer oder Fluß", Baist, ZRP 32, 426; wenn noch im 17. Jh. für *houle* die Bedeutungen „Topf", „Wallung", „Strudel" angegeben wird, Sainéan, RER 8, 38, so beweist dies nicht die ursprüngliche Identität von *oule* und *houle*, sondern den sekundären Zusammenfall der beiden Wörter; oder aus norm. *houle* „Höhlung", Wartburg, RDiR 23, 229; FEW 16, 220?

houlette „Hirtenstab mit einer kleinen Schaufel am Ende, die dazu dient, Erdstücke nach Tieren zu werfen, die sich von der Herde entfernen wollen", „Aushebespaten"

13. Jh., steht für **hauelette*, d. i. dem. Abl. von *houe* „Haue", „Karst"; vgl. noch pik. *heulette* „kleine Haue"; Behrens, ZRP 26, 657.

Abl. von mundartlichem *houler* „stoßen", „schütteln", vereinzelt auch „werfen", und dieses aus mndl. *hollen* „ungestüm rennen", FEW 16, 222?

houleux s. *houle.*

houlque „Honiggras"

18. Jh. auch *houque*, aus lat. *(holcus)* „Mäusegerste".

houper „(Hunde, Pferde) anrufen", „anfeuern"

12. Jh., ist Abl. vom Schallwort *houp!*

houppe „Gipfel eines Baumes", „Büschel", „Quaste"

15. Jh., vgl. dazu Lüttich *hop* in *venir al hop* „voll werden", *hopai* „Haufen", „Menge", dann schon Lüttichisch *houp* „Schopf" (von Vögeln), dieses in Anlehnung an *huppe*, das nun umgekehrt auch in der Bedeutung „Schopf", „Haube" erscheint, s. *huppe* 2; in der neuen Bedeutung wandert das Wort weiter; aus ndl. *hoop* bzw. nddt. *hôp* „Haufe"; Brüch, ZRP 38, 693; Wartburg, RLiR 23, 230; dazu seit dem 16. Jh. die Abl. **houppée** „Schaumkrone bei hohen Wellen"; seit dem 14. Jh. **houppier** „bis auf die Krone gestutzter Baum"; **houppette** „Puderquaste", seit dem 14. Jh.

houppelande „weiter Überrock"

13. Jh., u. H.
houque s. *houlque.*
hour s. *hourd.*

houra „hurra"
19. Jh., aus deutsch *hurra,* bzw. russisch *ura;* Bl.-W. 325.

hourailler „mit schlechten Hunden jagen"
18. Jh., dazu schon im 17. Jh. belegt **houraillis** „Meute mit vielen schlechten Hunden", ist Abl. vom Stamm von **houret** „schlechter Jagdhund"; dieses ist wohl ursprünglich Schimpfwort, vgl. B. Maine *huré* „kleines Pferd", poitev. *houlier* „Hurer", pik. *houret* „kleiner Diener am Land"; dieses ist eins mit afrz. *hourier,* auch dissimiliert *houlier* „Hurer", „Aushälter", aus fränkisch **hôrari,* zu ahdt. *huorari* „Hurer" Diez 616; REW 4177.
houret „schlechter Jagdhund" zu *hure* „struppiger Kopf", Haust, Rom. 45, 186 f.; Bl.-W. 325, wäre nur möglich, wenn das Wort in der Wallonie zu Hause und von hier weitergewandert wäre.

hourd „Schanzpfahl" va.; „Sägebock", „Werkstatt des Holzschuhmachers"
13. Jh., aus fränkisch **hŏrd* „Hürde", „Flechtwerk aus Reisern" zu ahdt. *hurd* dass., anord. *hurđ* „Flechtwerk", „Hürde", „Dekkel", auch „Tor" u. ä.; dazu seit dem 12. Jh. die Abl. **hourder** „verschanzen" va.; „mit Ziegeln ausmauern", eigentlich „das Flechtwerk der Mauern mit Mörtel grob übertünchen", Jud. WL 2, 160; vom Verbum seit dem 12. Jh. die *-aticium*-Abl. *hordeïs,* heute **hourdis** „letzte Holzplanke zur Unterstützung des Schiffshinterteils". REW 4243; Meringer, IF 17, 143; FEW 16, 269; s. *bourdon* 2.
houre s. *hourd.*
houret s. *hourailler.*

houri „Huri" (Schöne im Paradiese Mohammeds)
17. Jh., aus arab. *ḥûr,* mit persischer Endung *ḥûrî,* Littmann 64; Lam. 264.

hourque „Huker" (altes, holländisches Lastschiff)
15. Jh. *hulke,* auch *hurque, houlque,* bei Rabelais *orque,* das vielleicht unmittelbar aus ital. *urca* derselben Herkunft stammt; aus mndl. *hulke* zu englisch *hulk* „schweres Lastschiff", Dict. gén.; oder ndl. *huker* dass., Baist, ZRP 7, 124; Behrens, Wg. 366; REW 4229 a; zu lat. *orca* „Sturmfisch", Diez 495, ist nicht möglich, vgl. auch Sain. Rab. 1, 103.
hourra s. *houra.*

hourvari „List des von Hunden gehetzten Wildes, daß es auf den Ausgangspunkt der Verfolgung zurückgeht", „Zuruf des Jägers an den Hund, von der falschen Fährte zurückzukehren"
16. Jh., zu *houret* „schlechter Jagdhund"?; die Endung in Anlehnung an *charivari*?; vgl. Tilander, Nouv. Essais 174; Bl.-W. 325.
housard s. *hussard.*

houseau „Art Ledergamaschen"
13. Jh. *hosel,* ist vorhistorische Abl. von afrz. *huese* „ledernes Beinkleid", "Stiefel", aus fränkisch **hosa* „Beinkleid vom Schenkel oder Knie an", das mlat. seit Isidor v. Sevilla wiederholt bezeugt ist, Schlutter, ZdW 14, 159 f., vgl. asächsisch *hosa* — calciamentum venatricium, Kluge s. Hose; Diez 335; REW 4195; vgl. in den Reichenauer Glossen *ocreas* (Gamaschen) *-husas;* s. auch *heuse;* FEW 16, 228.

houser „Stiefel anziehen"
12. Jh., ist Abl. von afrz. *huese* „Stiefel", s. *houseau.*

houspiller „herumzausen", „ausschimpfen"
13. Jh. *houcepignier,* daraus die literarische Form mit Suffixwechsel, ist zusammengesetzt aus afrz. *houce* „Mantel", „Überwurf", s. *housse,* und *pigner,* d. i. mundartliche Form für *peigner* „kämmen"; die Form *gouspiller* des 16./17. Jhs. zeigt Kreuzung mit *gaspiller,* Dict. gén.; REW 3753.
Nach Bl.-W. 325, Kreuzung von *housser* „auskehren" mit *pigner;* würde eine Zwischenform **housse-peigne* voraussetzen; zu afrz. *chapignier* „zerzausen", aus *chappepeignier,* + *housser* „mit einem Überzug bedecken", Regula, AR 12, 282, ist nicht begründet.

houssaie „Stechpalmengebüsch"
13. Jh., ist Abl. von *houx,* s. d.
houssard s. *hussard.*

housse „Überzug", „Pferdedecke"
13. Jh. *houce,* afrz. auch „Mantel" u. ä., s. *houspiller,* ist in Glossen 9./10. Jh. als *hultia, ulcia* bezeugt, aus fränkisch **hulftî,* das zu **hulftia, hultia* romanisiert wurde; das fränkische Wort zu mndl. *hulfte* „Tasche für Bogen und Pfeil", frühndl. *holster* „Reisetasche" u. ä.; Kluge, AR 6, 234 f.; REW 4229 b; vgl. auch Diez 617; Mackel 21.

housser 1. „abstäuben"
13. Jh., ist Abl. von *houx* in der mundartlichen Bedeutung „Besenginster".
2. „mit einer Schabracke zudecken" 13. Jh., ist Abl. von *housse,* s. d.

houssette „Federschloß", „Fallschloß"
15. Jh., zu **housse,** Dict. gén.; FEW 16, 261?

houssine „Gerte", „Fuchtel"
15. Jh., ist ursprünglich adjektivische Abl. von *houx* „Stechpalme", steht also für ein *verge, baguette houssine;* dazu seit dem 17. Jh. die Abl. **houssiner** „mit der Gerte schlagen."

houssoir „Abstäuber"
15. Jh., ist Werkzeugsabl. von *housser* „abstäuben", s. d.

housson „stacheliger Mäusedorn"
16. Jh., ist Abl. von *houx* „Stechpalme", s. d.

housure „Kotspur", „Reibespur eines Ebers am Baum"
18. Jh., ist Abl. vom Stamm von *housé* „kotig"; dieses ist scherzhaft übertragen von *housé* „mit Gamaschen, Stiefeln bekleidet", s. *houser;* vgl. dazu Schöneberg (Vogesen) *hôs* „Unreinigkeit auf dem Kopf von Kindern". Dict. gén.

houx „Stechpalme"
13. Jh., ist mlat., seit dem 9. Jh. in Abl. belegt, aus fränkisch **huls* zu ndl. *hulst,* ahdt. *hulis, huls* „Mäusedorn", vgl. wegen der Bedeutung *housson.* Diez 617; REW 4229; Jud, ASSL 121, 90; 124, 97 ff., Meyer-Lübke, ZRP 33, 434; FEW 16, 261; Vising, Stud. Neoph-15, 204.

hoyau „Karst", „Erdhaue"
14. Jh. *hoiel,* Nom. *hoiaus,* ist dem. Abl. von *houe* „Haue", s. d.

huan „Hühnergeier" va.; „Vogelscheuche"
12. Jh. *hua,* vgl. dazu angev. *huace* „Rohrweihe", ist wohl wie *huard* Abl. von *huer* „lärmen", vgl. auch *huette.*

huard „Eistaucher", „Meeradler"
14. Jh., ist Abl. von *huer* „lärmen", vgl. *aigle criard* für aquila Naevia, Roll. F. 2, 5.

hublot „kleine Licht- oder Luftöffnung im Schiffsdeck"
1382 *huvelot* in Rouen, zu afrz. (13. Jh.) *huve* „Haube", Barbier. RLiR 10, 153.
hulot zu den unter *halot* angeführten Dialektformen vom Typus *houlette, hublot* davon zu trennen, Behrens, Wg. 367?

huche „Truhe", „Fischtrog", „Mehlkasten"
12./13. Jh., afrz. auch *huge,* das heute B. Maine, Anjou, Pléchatel, H. Maine, vend. neben *huche,* lebt; aus grom. *hūtica,* das im Cap. de villis bezeugt ist, s. Jud-Spitzer, WuS 6, 132; dieses scheint zu dem 2. Glied von *bahut* gleicher Bedeutung zu gehören, s. d., vgl. Diez 618; REW 4245.
Zu ostfriesisch *huk* „Loch", „elende Wohnung", Braune, ZRP 18, 513, ist lautlich nicht möglich.

hucher 1. „zurufen", „zupfeifen"
12. Jh., aus gallorom. **hūccare* „vor Gericht laden"; dieses ist Abl. von gallorom. *uccus, huccus* „öffentliche Vorladung", vgl. in den Formulae Turonenses *ad uccos currere,* s. Zeumer, Form. Merow. 153, 5; vgl. in den Tironischen Noten *uccus, huccus* „Ausruf"; H. u., s. Wiener, ZRP 35, 454.
Zu lat. *hūc* „hierher", Diez 618, ist morphologisch und lautlich schwierig; germ. **hûkôn* zu norw. *hauka* „jodeln", Brüch, ZRP 38, 694, ist germ. nicht sicher, s. Falk-Torp s. v., und lautlich nicht möglich; vgl. dazu REW 4224; dazu seit dem 15. Jh. die Abl. **huchet** „Jagdhorn".
2. „Truhentischler"
13. Jh. *huchier,* ist Abl. von *huche* „Truhe", s. d.

huchet s. *hucher* 1.

hue „hüh", „hott"
16. Jh. auch *huhau, hurhau,* ist Schallbildung.

huée „Treibruf auf der Wolfsjagd", „Gejohle"
12. Jh., ist Abl. von **huer** „durch Lärm auftreiben", „heulen"; dieses seit dem 12. Jh., ist wohl Schallwort; REW 4221.
Zu ahdt. *hûwo* „Eule", vgl. zu diesem **hiuwilôn* „heulen", „jubeln", s. Kluge s. *heulen* ist nicht nötig.

huette „Waldeule"
17. Jh., ist Abl. von *huer* „schreien", vielleicht in Weiterbildung einer der unter *hibou* angeführten Formen; vgl. auch *hulotte.*

huguenot „Hugenotte"
16. Jh. *eiguenot, enguenos,* auch *eydguenot,* vgl. heute frz. Schweiz *ẽgeno,* nprov. *eiguenau* u. ä.; aus deutsch schweizerisch *Eidgenosse;* die lautliche Weiterbildung zu *huguenot,* das ebenfalls schon im 16. Jh. belegt ist, in Anlehnung an den Parteiführer der Protestanten, den Genfer Bürgermeister *Besançon Hugues;* Constans, Rom. 11, 414 f.; Tappolet, Alem. Lehnw. 2, 34 ff.; Anzeiger für Schweizer Geschichtsforschung 47, 133 ff.; REW 2834.

huhau s. *hue.*

hui „heute" va.
11. Jh. aus lat. *hŏdie, s. aujourd'hui.* REW 4163.

huile „Öl"
12. Jh. *olie, oile,* aus lat. *(ŏleum)* in halbgelehrter Entwicklung.
Nach Meyer-Lübke würde die Dreisilbigkeit des vlat. *oleum* auf Einfluß von gr. ἔλαιον dass. beruhen; nach Herzog, Streitfr. 104 hätte der Genetiv *olei* den Übergang von lat. *oleum* zu vlat. **olju* verhindert; vgl. REW 6054.

huis „Haustor" va.
12./13. Jh., gilt seit dem 17. Jh. als veraltet, Br. 3, 135, aus vlat. *ūstium,* das bei Marcellus Empiricus belegt ist, s. Schuchardt, Vok. 2, 126 f.; Geyer, ALL 8, 480; dieses ist italische Dialektform für klassisches *ostium,* s. Meyer-Lübke, ZRP 25, 355; Einf. 180; vgl. Diez 337; REW 6117.

huissier „Torsteher", „Gerichtsdiener"
12. Jh., aus vlat. *ūstiarius,* das mlat. im 6. Jh. belegt ist, für lat. *ostiarius* dass.; vgl. *huis.* Diez 337; REW 6115.

huit „acht"
11. Jh., aus lat. *ŏcto;* REW 6035; dazu seit dem 12. Jh. die *-anus*-Abl. **huitain,** afrz. „der achte", seit dem 15. Jh. „Achtzeiler"; dazu seit dem 16. Jh. das Fem. **huitaine** „Vereinigung von acht Dingen", „Dauer von acht Tagen" u. ä.

huitième s. *huit* und *centième.*

huître „Auster"
13. Jh. *oistre,* aus lat. *ŏstrea* dass. Diez 618; REW 6119.

hulot s. *hublot.*

hulotte „Waldeule"
16. Jh., scheint dem. Abl. von einem nicht belegten afrz. **huile, *hule* zu sein, dieses aus fränkisch **hûwila* zu ahdt. *hûwela* dass.; vgl. REW 4228.
Nach Braune, ZRP 19, 527 würde fränkisch **hûla* zu mndl. *huile* zugrunde liegen; Kreuzung von lat. *ŭlŭla* „Kauz" mit **hûwila,* Settegast, ZRP 31, 599 Anm.; oder Kreuzung von *ŭlŭla* mit *hurler,* vgl. pik. *hurlote, hourlote,* REW 9039; Wartburg, Mél. Haust 426; Bl.-W. 326, setzt eine ungewöhnliche deverbale Abl. voraus; zu *hure* „struppiger Kopf", Haust, Rom. 45, 186 f., ist lautlich nicht verständlich.

hum s. *hom.*

humain „menschlich"
12. Jh., aus lat. *(humanus).*

humaniste „Humanist"
16. Jh., ist gelehrte Bildung vom Stamm von **humanité** „Menschlichkeit", „Studium der klassischen Sprachen" (als Erziehungsmittel zur Menschlichkeit); dieses seit dem 12. Jh. aus lat. *(humanitate)* „Menschlichkeit", „feiner Geschmack". Jan, ZFSL 55, 1; Schalk, NSpr. 40, 224.

humantin „Stachelhai"
16. Jh., u. H.

humble „demütig", „armselig"
11. Jh., aus lat. *(hŭmĭlis).* REW 4235.

humecter „anfeuchten"
16. Jh., aus lat. *(humectare).*

humer „einschlürfen"
11. Jh., ist vermutlich Schallwort; Diez 618; REW 4230.
Zu gr. ὀσμή „Geruch" bzw. vlat. **osmare,* vgl. im Judenfrz. *omer, umer* „riechen", *h-* unter dem Einfluß eines anderen Wortes, Blondheim, Rom. 49, 382?; vgl. spanisch *husma* „Witterung des Hundes", *husmo* „Witterung des Wildes", *husm(e)ar* „wittern", die zu dem griechischen Wort wie zu Judenfrz. *omer* gehören, Schuchardt, ZRP 32, 235 Anm.; vielleicht ist *humer* eine lautmalende Umgestaltung von *oumer* „Witterung nehmen".

humérus „Oberarmknochen"
16. Jh., aus lat. *(humerus)* „Schulter".

humeur „Feuchtigkeit" va.; „Körpersäfte", „Gemütsart"
12. Jh., aus lat. *(humore)* „Feuchtigkeit".

humide „feucht"
15. Jh., aus lat. *(humidus).*

humilier „demütigen"
12. Jh., aus lat. *(humiliare).*

humoriste „übellaunig" va.; „humoristisch"
16. Jh., ist Abl. von *humeur* „Gemütsart", „Laune", die Bedeutung „humoristisch" in Anlehnung an die engl. Bedeutung des entlehnten *humour* „Humor"; Behrens, Wg. 367 f.

humus „Humus"
18. Jh., aus lat. *(humus)* „Erde".

hune „Mastkorb"
12. Jh., aus anord. *hûnn dass.,* Accus. *hunna;* Sjögren, Rom. 54, 393; Diez 618; REW 4240; dazu seit dem 17. Jh. die Abl. **hunier** „Mast mit Mastkorb", „Topsegel".

huppe 1. „Wiedehopf"
12. Jh., aus lat. *ŭpŭpa,* nicht rein lautlich entwickelt, vgl. auch *dupe;* wegen des unorganischen Anlauts vgl. *huer, hurler, houppe;* Diez 336; REW 9076; Roll. F. 2, 99.
2. „Schopf", „Haube"
16. Jh., ist Kreuzung von *huppe* „Wiedehopf" mit *houpe* „Schopf", s. d.; dazu schon seit dem 15. Jh. bezeugt **huppé** „mit einem Schopf", „hochgestellt"; Dict. gén.

hure „struppiger Kopf", „Rundbürste"
12. Jh. „struppiges Haar", auch „Schnauze wilder Tiere", daher heute „Wildschweinkopf", dazu afrz. *hureper,* auch umgestellt *heruper* „das Haar sträuben", so heute norm. *hérupé, hurepé* „mit struppigen Haaren", auch einfaches *hurer* „sträuben", norm., Bessin *huré* „mit gesträubten Haaren"; u. H.
Zu afrz. **hule* „Eule", s. *hulotte.* Diez 618, vgl. wall. *hurette, hourette* „Eule", Sain. Chat 108, ist lautlich nicht möglich; zu den nördlichen *-r-*Formen für „Eule" vgl. *hulotte; hure* ist hier sekundär hineingedeutet; auch nicht zu ahdt. *unhiuri* „grausig", „schrecklich", Diez 618, da das Stammwort „freundlich", „mild" bedeutet, s. Kluge s. *geheuer;* zu anord. *hufa* „Haube", Bugge, Rom. 4, 36, ist lautlich nicht möglich; vgl. zur ganzen Sippe Haust, Rom. 45, 181 ff.

hurhau s. *hue.*

hurler „heulen", „brüllen"
12. Jh., auch *uller, huller,* aus lat. *ŭlŭlare,* das als Schallwort vlat. *-ŭ-* als geschlossene Kürze beibehalten hat; wegen der Aspiration vgl. *hennir, huer;* Diez 336; Meyer-Lübke, ZRP 22, 6; REW 9039.
Zu ostfriesisch *hurreln* „brausen", „sausen", die Nebenform *huler* aus mndt. *hûlen* „heulen", Braune, ZRP 18, 527, ist schon deswegen nicht wahrscheinlich, weil sich sichere Vertreter von *ŭlŭlare* bis ins Ostromanische finden.

hurluberlu „auffallende Person", „auffallend"
16. Jh., vgl. pik. *heurluberlu* „unverständig", ist verballhorntes, bei S. V. noch verzeichnetes *hurlupé* „struppig", „zerzaust", das selbst wieder aus Kreuzung von afrz. *hurepé* dass., s. *hure,* mit *hurler* entstanden ist; im zweiten Teil des Wortes steckt vermutlich *berlu,* bei S. V. „Faselhans", vgl. bei S. V. auch für *hurluberlu* die Bedeutung „Faselhans"; dieses ist maskulinische Rückbildung von *berlue* „Blendung", s. d.; vgl. Haust, Rom. 45, 188; Bl.-W. 327.

huron „Grobian", „Hurone"

14. Jh., ist charakterisierende Abl. von *hure* „struppiger Kopf", s. d.
hurrah s. *houra.*
hussard „Husar"
17. Jh., über nhdt. *hussar* aus ungarisch *huszar;* dieses selbst über serbisch *husar, gusar* aus mgr. κουρσάριος, das aus vlat. **cursarius* „Läufer" stammt; Leger, MSLParis 23, 48; s. *coursier* 1.
hutte „Hütte"
14. Jh., aus mhdt. *hütte;* Diez 618; REW 4247.
hyacinthe „Hyazinthe"
16. Jh., aus lat. (*hyacinthus*).
hydro- „Wasser-"
in Zusammensetzungen, aus gr. (ὕδωρ, -ατος) „Wasser"
hydre „Hydra" (vielköpfige Schlange)
13. Jh., aus lat. (*hydra*).
hyène „Hyäne"
12. Jh., aus lat. (*hyaena*).
hygiène „Gesundheitslehre"
16. Jh., aus gr. (ὑγιεινά), d. i. substantivierter Plural, Neutr. von ὑγιαινός „der Gesundheit zuträglich".
hymen 1. „Gott der Ehe", „Ehe"
17. Jh., aus lat. (*Hymen*).
2. „Jungfernhäutchen"
16. Jh., aus gr. (ὑμήν) „Häutchen".
hymne „Hymne"
12. Jh., aus lat. (*hymnus*).
hyper- „über-"
in Zusammensetzungen, aus gr. (ὑπέρ).
hypnotique „einschläfernd", „hypnotisch"
16. Jh., aus lat. (*hypnoticus*).
hypocondre „obere seitliche und hintere Bauchgegend"
14. Jh., aus lat. (*hypocondrium*); dazu **hypocondriaque,** 16. Jh., „auf die Hypochondrien bezüglich", dann „milzsüchtig", „hypochondrisch", da man glaubte, daß die Hypochondrie ihre Ursache in einer Störung der Hypochondrien habe; aus gr. (ὑποχονδριακός). Von diesem Adjektiv ist dann rückgebildet **hypocondre** „hypochondrisch", „milzsüchtig", 17. Jh. und **hypocondrie** „Hypochondrie", 19. Jh.; Dict. gén.
hypocras „Gewürzwein"
15. Jh., für *Hippocras,* der mittelalterlichen Form von *Hippocrate* „Hippokrates", dem man angeblich die Erfindung des Trankes zuschrieb. Dict. gén.
hypocrite „Heuchler"
12. Jh., aus lat. (*hypocrita*).
hypogée „unterirdisches Gewölbe"
16. Jh., aus lat. (*hypogeum*).
hypostase „Bodensatz einer Flüssigkeit"; „Wesen" (Theologie)
14. Jh., aus lat. (*hypostasis*).
hypoténuse „Hypotenuse"
16. Jh., aus lat. (*hypotenusa*).
hypothèque „Pfandverschreibung"
14. Jh., aus lat. (*hypotheca*).
hypothèse „Annahme"
16. Jh., aus lat. (*hypothesis*).
hysope „Isop"
13. Jh., aus lat. (*hysopus*).
hystérique „hysterisch"
16. Jh., aus lat. (*hystericus*).

I

i-, Präfix vor Demonstrativpronomen und demonstrativen Adverbien in starktoniger Stellung, z. B. beim Demonstrativpronomen wie afrz. *icil, iço* usf.; aus lat. *ecce* „siehe da", s. im Alexius *icel, içe* usf., gebildet weil die Demonstrativpronomina in tonschwacher Stellung die hinweisende Kraft verlieren, s. *ille* als Artikel; vgl. Rydberg, 326; 755; s. auch *ici.*

ïambe „Jambus"
16. Jh., aus lat. *(iambus).*

ibidem „ebenda"
19. Jh., aus lat. *(ibidem).*

ibis „Ibis"
16. Jh., aus lat. *(ibis).*

icaque „Ikako-Pflaume"
17. Jh., aus spanisch *icaco,* das angeblich aus einer amerikanischen Mundart stammt. Dict. gén.

ici „hier"
11. Jh., aus lat. *ecce hīc,* Diez 268; REW 4129; s. *i-; ci.*

icône „Ikone"
19. Jh., aus russisch *ikona,* Bl.-W. 329. s. d. F.

iconolâtre „Bilderanbeter"
13. Jh., aus spätgr. (εἰκονολάτρης) zu gr. εἰκών „Bild" und λατρεύειν „anbeten".

ictère „Gelbsucht"
17. Jh., aus lat. (gr.) *(icterus).*

idée „Vorstellung"
12. Jh., aus lat. *(idea);* Berger, Lehnw. 144; dazu 16. Jh. **idéal** „vollkommen", wie **idéel** ursprünglich „gedacht", „vorgestellt", aus lat. *(idealis),* dass.

identité „Einerleiheit"
14. Jh., aus lat. *(identitate).*

idiome „sprachliche Eigenheit" va.; „Mundart", „Sprache"
16. Jh., aus lat. *(idioma).*

idio- „Eigen-"
in Zusammensetzungen, aus gr. (ἴδιος) „eigen".

idiot „Schwachkopf"
12. Jh., aus lat. *(idiotes)* „Laie", „Stümper".

idiotisme 1. „sprachliche Eigentümlichkeit"
16. Jh., aus lat. *(idiotismus).*
2. „Schwachsinn"
13. Jh., ist Abl. von *idiot.*

idolâtrie „Götzendienst"
12. Jh., aus lat. *(idololatria),* vgl. *iconolâtre* und *idole.*

idole „Götzenbild"; „Abgott"
11. Jh. *idle,* afrz. auch *idele; idole* erst 13. Jh., aus lat. *(īdōlum)* „Bild".

idylle „Idylle"
16. Jh. *idyllie,* aus ital. *idillio,* dieses aus lat. *(idyllium),* s. *Kattein, Mél. Brunot 219 ff.; Thomas, Rom. 34, 310 Anm. 1.

if „Eibe"
12. Jh., aus gallisch *ivos* (zu irisch *eo* u. ä.), das inschriftlich bezeugt ist, Thurn. KR 65; Dottin 262; REW 4560.
Nicht aus dem Germanischen, Diez 185.

igname „Yamswurzel"
16. Jh., aus frühspanisch *iñame,* heute *ñame,* das angeblich aus dem Karaibischen stammt. Dict. gén.

ignare „nichtswissend"
16. Jh., aus lat. *(ignarus).*

ignoble „unadelig" va.; „widerwärtig"
14. Jh., aus lat. *(ignobilis).*

ignominie „Schmach"
15. Jh., aus lat. *(ignominia).*

ignorer „unwissend sein"
14. Jh., aus lat. *(ignorare).*

ignorantin „Ignorantiner" (geistlicher Orden)
18. Jh., in Anlehnung an die Bezeichnungen der Ordensgeistlichen wie *capucin, jacobin* u. ä. abgeleitet von *ignorant,* s. *ignorer.* Dict. gén.; zur Geschichte des Ordens s. Bl.-W. 330.

iguane „Kammeidechse"
17. Jh., aus der Sprache der Karaiben; Lenz 410; König, ZRP 58, 397.

il „er"
aus lat. *ille* „jener", das im Westrom. in Anlehnung an das Relativpronomen *quī* zu *ellī* wurde; daraus im Gallorom. mit *ī*-Umlaut *illi,* das seit Gregor von Tours belegt ist; s. Rydberg 260; REW 4266; vgl. Wolterstorff, Entwicklung von *ille* zum bestimmten Artikel, Glotta 10, 62 ff.

île „Insel"
12. Jh. *isle,* aus vlat. *iscla* für lat. *īnsŭla,* REW 4475.

iliaque 1. „die Weichen betreffend"
16. Jh., ist Abl. von lat. *(ilia)* „Weichen".
2. „am Darmzwang leidend"
13./14. Jh., aus lat. *(iliacus).*

illec „daselbst" va.
10. Jh. *illo,* 11. Jh. *iluec,* aus lat. *lŏco* „auf der Stelle", vgl. afrz. *lues* „auf der Stelle", „gleich", verstärkt durch das demonstrative *i*-Suffix, s. *i-;* afrz. auch *aluec,* das auf ein lat. *ad locum* zurückführen kann; Einfluß von klassischem *îlico* dass., wegen des Anlautes, ist nicht nötig, da *îlico* (aus *illo loco)* im Spätlat. nicht gebräuchlich war; vgl. Kjellman, Minneskrift Göteborg, 1925, 118; Diez 619; REW 4270.

illégal „ungesetzlich"
14. Jh., aus lat. *(illegalis).*

illégitime „ungesetzlich"
15. Jh., aus lat. *(illegitimus).*

illettré „ungelehrt"
16. Jh., aus lat. *(illitteratus)* in lautlicher Anlehnung an *lettré.*
illicite „unerlaubt"
14. Jh., aus lat. *(illicitus).*
illimité „unbegrenzt"
17. Jh., aus lat. *(illimitatus).*
illisible „unleserlich"
18. Jh., ist gelehrte Abl. von *lisible.*
illuminer „beleuchten"
12./13. Jh., aus lat. *(illuminare).*
illusion „Täuschung"
12. Jh., aus lat. *(illusione).*
illustre „berühmt"
15. Jh., aus lat. *(illustris).*
illustrer „berühmt machen"; „bebildern"
16. Jh., aus lat. *(illustrare),* „berühmt machen", „erklären".
îlot „kleine Insel"; „Häuserinsel"
16. Jh., ist dem. Abl. *(-ottus)* von *île* „Insel" s. d.
ilote „Helote" (spartanischer Sklave)
18. Jh., aus lat. *(ilota).*
im- „un-", „drin-"
bezeichnet 1. in Zusammensetzungen mit Verben „drin", „dran", „drauf", „dabei"; 2. mit Nominalstämmen und Partizipien die Aufhebung des Stammwortes; es ist die gelehrte Entsprechung von volkstümlich entwickeltem *em-*; *im* steht vor stammbeginnendem *b, p, m* gegen sonstiges *in-;* Zusammensetzungen, deren Stammwort auch sonst im Französischen erhalten ist, werden nicht angeführt.
image „Bild"
11. Jh. *imagene,* aus lat. *(imagine);* dazu seit dem 12. Jh. die Abl. *(-arius)* **imager** „Bilderverkäufer"; afrz. auch „Bildhauer", „Holzschnitzer"; dazu seit dem 13./14. Jh. die Abl. **imager** „mit Bildern schmücken".
imaginer „einbilden"
13. Jh., aus lat. *(imaginare).*
iman „Imam"
16. Jh., aus arabisch *'imâm* „Vorbeter; Lam. 136; Littmann 62.
imbécile „schwach" va.; „geistesschwach"
15. Jh., aus lat. *(imbecillus).*
imberbe „bartlos"
15. Jh., aus lat *(imberbis).*
imbiber „tränken"
16. Jh., gelegentlich auch franzisiert als **imboire,** aus lat. *(imbibĕre)* „einsaugen" mit der Bedeutung von lat. *(imbuĕre).*
imbriqué „dachziegelartig liegend"
16. Jh., aus lat. *(imbricatus).*
imbroglio „Verwirrung"
17. Jh., aus ital. *imbroglio;* dieses ist postverb. Subst. von *imbrogliare,* der Entsprechung von frz. *embrouiller,* s. d.
imbu s. *imbiber.*
imiter „nachahmen"
16. Jh., aus lat. *(imitari).*
immaculé „unbefleckt"
14./15. Jh., aus lat. *(immaculatus).*
immanent „innewohnend", „dauernd"
16. Jh., aus lat *(immanente).*
immarcescible „unverwelklich"
16. Jh., aus lat *(immarcescibilis).*
immatriculer „in die Matrikel einschreiben"
16. Jh., aus mlat. *(immatriculare),* s. *matricule.*
immédiat „unverzüglich"
14. Jh., aus lat. *(immediatus).*
immémorial „unvordenklich"
16. Jh., aus mlat. *(immemorialis)* zu *memoria,* s. *mémoire.*
immense „unermeßlich"
14. Jh., aus lat. *(immensus).*
immerger „eintauschen"
18. Jh., aus lat. *(immergĕre).*
immeuble „unbeweglich"
13. Jh., aus lat. *(immŏbĭlis)* in Anlehnung an *meuble* „beweglich", neben rein gelehrtem **immobile.**
immigrer „einwandern"
19. Jh., aus lat. *(immigrare).*
imminent „bevorstehend", „drohend"
14. Jh., aus lat. *(imminente).*
immiscer „einmischen"
15. Jh., aus lat. *(immiscere).*
immoler „opfern"
15. Jh., aus lat. *(immolare).*
immondice „Unrat"
13. Jh., aus lat. *(immŭnditia).*
immunité „Freisein", „Schutz"
13. Jh., aus lat. *(immunitate).*
impact „Zusammenstoß", „Einschlag", „Treffer"
19. Jh., substantiviertes Partizip von lat. *(impingĕre)* „gegen etwas stoßen", das in volkstümlicher Entwicklung in afrz. *empeindre* „stoßen", „vordringen" erhalten ist.
impair „ungerade"
15. Jh. *impar,* aus lat. *(impar),* lautlich angelehnt an *pair.*
impanation „Brotwerdung"
16. Jh., aus mlat. *(impanatione)* zu lat. *panis* „Brot", s. *pain.*
impasse „Sackgasse"
18. Jh., von Voltaire gebildet, aus aufhebendem *in-* und dem Stamme von *passer* „durchschreiten". Dict. gén.
impassible „unempfindlich"
13./14. Jh., aus lat. *(impassibilis).*
impastation „Einteigung"
17. Jh., gelehrte Abl. von lat. *(pasta)* „Teig", s. *pâte.*
impatienter „ungeduldig machen"
16. Jh., ist Abl. von **impatient** „ungeduldig", aus lat. *(impatiente).*
impeccable „unfähig zu sündigen"
übertragen „fehlerfrei", „tadellos", 15. Jh., aus lat. *(impeccabilis),* vgl. *péché.*

impératif „gebieterisch", „Befehlsform"
13. Jh., aus lat. *(imperativus).*
impératrice „Kaiserin"
15. Jh., aus lat. *(imperatrice),* das in halbvolkstümlicher Entwicklung afrz. *empereriz* ergeben hat, vgl. *empereur.*
imperceptible „nicht wahrnehmbar"
14. Jh., aus lat. *(imperceptibilis).*
imperfection „Unvollkommenheit"
12. Jh., aus lat. *(imperfectio).*
impérial „kaiserlich"
12. Jh., aus lat. *(imperialis);* dazu im 17. Jh. *impériale* „Wagenverdeck"; im 16. Jh. *impérialiste* „Anhänger des römischen Reiches deutscher Nation"; im 19. Jh. „Anhänger der Familie Napoleons"; aus englisch *imperialism* „Weltmachtspolitik" *impérialisme*; alles entnommen aus Bl.-W. 332.
impéritie „Unerfahrenheit"
15. Jh., aus lat. *(imperitia).*
impertinent „unangebracht", „impertinent"
14. Jh., aus lat. *(impertinens, -entis)* „nicht zugehörig".
impétrer „erlangen"
13. Jh., aus lat. *(impetrare).*
impétueux „stürmisch"
13. Jh., aus lat. *(impetuosus).*
impie „ruchlos"
15. Jh., aus lat. *(impius).*
implacable „unversöhnlich"
15./16. Jh., aus lat. *(implacabilis).*
implanter „einpflanzen"
16. Jh., aus lat. *(implantare).*
impliquer „verwickeln" va.; „mit einbeziehen"
14. Jh., aus lat. *(implicare).*
implorer „anflehen"
13. Jh., aus lat. *(implorare).*
importer 1. „zur Folge haben" va.; „wichtig sein"
16. Jh., aus ital. *importare* „einbringen", „sich belaufen auf", dann „von Bedeutung sein", „wichtig sein", Bl.-W. 333; dazu 15. Jh. **important** „wichtig", u. ä.; aus lat. *(importare)* „hineintragen", „bringen", „verursachen".
2. „einführen"
18. Jh., aus englisch *import.* Dict. gén.
importun „ungelegen"
14. Jh., aus lat. *(importūnus).*
imposer „darauflegen", „auferlegen"
14. Jh., ist zusammengesetzt aus lat. *(ĭn)* und frz. *poser*, in Nachbildung des lat. *imponere.*
imposte „Gesimse" u. ä.
16. Jh., aus ital. *imposta* dass., allgemein „Auflage"; dieses ist postverb. Subst. von *impostare* „aufsetzen", aus vlat. **impŏstare* zu lat. *positus,* Part. von *ponere* „stellen", *pondre.* Dict. gén.
imposteur „Betrüger"
16. Jh., aus lat. *(impostōre).*
impôt „Auflage"
14. Jh., ist in Anlehnung an *dépôt,* s. d., entlehnt aus lat. *(impŏsĭtum)* zu *imponere* „auferlegen".
impotent „bewegungsunfähig", „impotent"
14. Jh., aus lat. *(impotens, -entis)* „ohnmächtig", „schwach".
imprécation „Verwünschung"
14. Jh., aus lat *(imprecatione).*
imprégner „befruchten" va.; „durchdringen"
17. Jh., aus lat. *(impraegnare).*
impresario „Impresario"
19. Jh., aus ital. *impresario* „Unternehmer", zu *impresa* „Unternehmen", s. *entreprendre.*
impression „Eindruck"
13. Jh., aus lat. *(impressione).*
imprimer „eindrücken", „drucken"
12. Jh., aus lat. *(imprimĕre)* „hineindrücken.
improbe „unredlich"
15. Jh., aus lat. *(imprŏbus).*
impromptu „auf der Stelle"; „aus dem Stegreif geschaffenes Gedicht" u. ä.
17. Jh., aus lat. *(in promptu)* „sichtbar", „vor aller Augen"
impropre „ungeeignet"
14. Jh., aus lat. *(improprius)* „uneigentlich", „unpassend".
improuver „mißbilligen"
14. Jh., aus lat. *(improbare)* in Anlehnung an *prouver* „billigen".
improviser „aus dem Stegreif geben"
17. Jh., aus ital. *improvvisare* zu lat. *(improvisus)* „unvorhergesehen".
improviste „unerwartet"
16. Jh., aus ital. *improvvisto;* dieses ist nach ital. *visto* „gesehen" umgestaltetes lat. *(improvisus).*
impudent „unverschämt"
16. Jh., aus lat. *(impudente).*
impulsion „Antrieb"
14. Jh., aus lat. *(impulsione).*
impunément „straflos"
16. Jh., für älteres *impuniment,* ist Adverbialbildung zu lat. *(impune),* mit Betonung des auslautenden *e* nach der frz. Schulaussprache des Lateinischen.
imputer „anrechnen"
14. Jh., aus lat. *(imputare).*
in- s. *im-.*
inanité „Eitelkeit"
15. Jh., aus lat. *(inanitate).*
inanition „Entkräftung"
13. Jh., aus lat. *(inanitione).*
inaugurer „einweihen"
14. Jh., aus lat. *(inaugurare).*
incamérer mit den päpstlichen Kammergütern vereinigen"
17. Jh., aus ital. *incamerare* zu *camera,* s. *chambre.*
incandescent „weißglühend"
18. Jh., aus lat. *(incandescente).*
incantation „Beschwörung"
13. Jh., aus lat. *(incantatione).*

incarcérer „einkerkern"
15. Jh., ist Abl. von lat. *(carcer)* „Kerker".
incarnat „fleischfarbig"
16. Jh., aus ital. *incarnato*, s. d. F.
incarner „in Fleisch und Blut verwandeln"
15. Jh., aus lat. *(incarnare)* dass.
incartade „lästiger Ausfall gegen jmd.", 17. Jh., auch übertragen „Seitensprung", „Eselei"
Aus ital. *inquartata* „Degenhieb mit gleichzeitigem Ausweichen auf die Seite" (wenn der Gegner einen direkten Angriff unternimmt), dieses ein Ausdruck der ital. Fechtkunst; ist Abl. von *quarta* „Position bei der der Fechter einen Daumen nach rechts ausstreckt und die restlichen Finger einzieht", zu *quarta* „Viertel"; vgl. ital. *farla di quarta* „einen hinterlistigen Streich ausführen"; vgl. Bl.-W. 334.
incendie „Brand"
17. Jh., aus lat. *(incendium)*.
inceste „blutschänderisch", „Blutschande"
13. Jh., aus lat. *(incestus)* in beiden Bedeutungen.
incident „Zwischenfall"
13. Jh., ist subst. Partizip von lat. *(incidĕre)* „begegnen", „widerfahren".
incinérer „einäschern"
15. Jh., aus lat. *(incinerare)*.
inciser „einschneiden"
15. Jh., in Anlehnung an lat. *incīsum* „Einschnitt" umgestaltetes afrz. *enciser* dass., aus vlat. **incīsare*, d. i. Frequentativform zu lat. *incīdĕre* „einschneiden".
inciter „anreizen"
12. Jh., aus lat. *(incitare)*.
incliner „neigen"
14. Jh., aus lat. *(inclinare)*, vgl. *enclin*.
inclure „einschließen"
15. Jh., aus lat. *(includĕre)* mit Anlehnung an *clore*.
inclusivement „einschließlich"
15./16. Jh., ist abgeleitet von mlat. *(inclusivus)* zu lat. *inclŭdĕre*, s. *inclure*.
incognito „unbekannt"
16. Jh., aus ital. *incognito* aus lat. *(incognĭtus)*.
incolore „ungefärbt"
19. Jh., ist unorganische Zusammensetzung von aufhebendem *in-*, s. *im*, und dem Ablativ von *color*, s. *couleur*.
incomber „lasten auf jmdm."
15. Jh., aus lat. *(incŭmbĕre)*.
incommodément „unbequemerweise"
16. Jh., ist Abl. von *incommodé*, d. i. Partizip von **incommoder** „belästigen"; dieses seit dem 15. Jh. aus lat. *(incommodare)*.
inconnu „unbekannt"
15. Jh., in Anlehnung an lat. *incognitus* zusammengesetzt aus lat. aufhebendem *in-* und *connu* „bekannt", s. *connaître*.
incontinent 1. „auf der Stelle"
14. Jh., aus lat. *(incontinenti)*.
2. „unzusammenhängend"
14. Jh., aus lat. *(incontinente)*.
incrédibilité „Unglaublichkeit"
16. Jh., aus lat. *(incredibilitate)*.
incriminer „beschuldigen"
18. Jh., ist Abl. von lat. *(crīmen)* „*Verbrechen*", vgl. *inculper*.
incroyable „unglaublich"
15. Jh., im 17./18. Jh. Modewort für den Stutzer, bezeichnet dann auch diesen selbst, s. Usinger, GB 4, 45, ist Gegenbildung zu *croyable*, s. d.
incruster „mit einer Kruste überziehen"
16. Jh., aus lat. *(incrŭstare)*.
incubation „Bebrütung"
17. Jh., aus lat. *(incŭbatione)*.
incube „böser Geist, der schlafenden Frauen beiwohnte"
14. Jh., aus lat. *(incŭbus)* „Alpdrücken".
inculper „beschuldigen"
16. Jh., aus lat. *(incŭlpare)*.
inculquer „einprägen"
16. Jh., aus lat. *(incŭlcare)*.
inculte „ungebildet"
15. Jh., aus lat. *(incultus)*.
incunable „Wiegendruck"
19. Jh., aus lat. *(incunabula)* „Wiege", „Ursprung".
incurable „unheilbar"
13./14. Jh., aus lat. *(incurabilis)*.
incurie „Sorglosigkeit"
16. Jh., aus lat. *(incuria)*.
incursion „Einfall"
14. Jh., aus lat. *(incursione)*.
incuse „nur auf einer Seite geprägt, auf der andern hohl"
17. Jh., in *médaille incuse*, aus lat. *(incūsus)* „geschmiedet", „bearbeitet".
inde „Indigoblau"
13. Jh., bedeutet afrz. „violett", aus lat. *(indĭcus)* dass., REW 4377.
indécent „unziemlich"
14. Jh., aus lat. *(indecens*, -ente).
indécis „unbestimmt"
16. Jh., aus mlat. *(indecisus)* zu lat. *decidĕre* „abschneiden".
indélébile „unzerstörbar"
16. Jh., aus lat. *(indelebilis)*.
indemne „unversehrt"
14. Jh., aus lat. *(indemnis)*; dazu 15. Jh. **indemniser** „Schadenersatz leisten", 14. Jh. **indemnité** „Schadenersatz", „Entschädigung".
indescriptible „unbeschreiblich"
18. Jh., zu lat. *(describere)* „beschreiben", s. *décrire*.
index „Zeigefinger", „Verzeichnis"
16. Jh., aus lat. *(index)* dass.
indice „Anzeichen"
14. Jh., aus lat. *(indicium)*.
indicible „unsagbar"
15. Jh., aus lat. *in-* und dem Stamme von lat. *(dicere)* „sagen", s. *dire*.

indiction „Festsetzung"
12. Jh., aus lat. *(indictione).*
indienne „Art Baumwolle", „baumwollener Schlafrock"
17. Jh., ist subst. Fem. zu *indien* „indisch", dieses *-ianus*-Abl. von afrz. *inde* dass., s. *inde*. Dict. gén.
indigence „Entbehrung"
13. Jh., aus lat. *(indigentia).*
indigène „eingeboren"
16. Jh., aus lat. *(indigĕna).*
indigeste „unverdaut", „schwer verdaulich"
14. Jh., aus lat. *(indigestus).*
indigner „empören"
14. Jh., aus lat. *(indignari).*
indigo „Indigo", „Indigoblau"
17. Jh., aus span. *índigo;* dieses aus lat. *(ĭndĭcus)* „indisch", s. *inde*; REW 4377; Bl.-W. 336.
indiquer „anzeigen"
16. Jh., aus lat. *(indicare).*
individu „Einzelwesen"
13. Jh., aus lat. *(individuus)* „unteilbar", Bl.-W. 337.
indivis „ungetrennt", „untrennbar"
14. Jh., aus lat. *(indivisus).*
indolent „keinen Schmerz verursachend"; „unempfindlich", „lässig"
16. Jh., aus lat. *(indolente)* „unempfindlich gegen den Schmerz".
indubitable „zweifellos"
15. Jh., aus lat. *(indubitabilis).*
induction „Einführung" va.; „Folgerung"
14. Jh., aus lat. *(inductione).*
induire „verleiten" va.; „folgern"
13. Jh., aus lat. *(indūcĕre)* mit lautlicher Einwirkung von volkstümlich entwickeltem *duire.*
indulgent „nachsichtig"
16. Jh., aus lat. *(indulgente).*
indult „päpstliche Erlaubnis"
15. Jh., aus lat. *(indultus)* „Nachsicht", „Gnade".
indurer „verhärten"
15. Jh., aus lat. *(indurare),* vgl. *endurer.*
industrie „Geschicklichkeit", „Gewerbe"
14. Jh., aus lat. *(industria);* Bl.-W. 337.
indut „Meßgehilfe"
18. Jh., aus mlat. *(indūtus),* eigentlich „bekleidet", zu lat. *induere* „anziehen".
inédit „noch nicht herausgegeben"
18. Jh., aus lat. *(ineditus).*
ineffable „unsagbar"
15. Jh., aus lat. *(ineffabilis).*
inéluctable „nicht bekämpfbar"
16. Jh., aus lat. *(ineluctabilis).*
inénarrable „nicht erzählbar"
15. Jh., aus lat. *(inenarrabilis).*
ineptie „Ungeschicklichkeit"
16. Jh., aus lat. *(ineptia).*
inerme „ohne Dornen"
18. Jh., aus lat. *(inermis)* „ohne Waffen".
inerte „ohne Lebensäußerung"
16. Jh., aus lat. *(iners, -erte).*
inexpugnable „uneinnehmbar"
14. Jh., aus lat. *(inexpugnabilis).*
in extenso „in seiner ganzen Ausdehnung"
19. Jh., aus lat. *(in extenso).*
in extremis „am Lebensende"
18. Jh., aus lat. *(in extremis).*
inextricable „unentwirrbar"
15. Jh., aus lat. *(inextricabilis).*
infâme „ehrlos"
14. Jh., aus lat. *(infamis).*
infant „Infant"
15. Jh., aus spanisch *infante;* dieses aus lat. *(infans, -nte)* „Kind".
infanterie „Fußvolk"
16. Jh., aus ital. *infanteria;* dieses ist kollektive Abl. von ital. *infante* „Fußsoldat", allgemein „Kind", aus lat. *infans, -nte* „Kind"; REW 4393, s. *enfant* und *fantassin.*
infanticide 1. „Kindermörder"
16. Jh., aus lat. *(infanticida).*
2. „Kindesmord"
17. Jh., aus lat. *(infanticidium).*
infantile „Kinder-", „infantil"
19. Jh., als Ausdruck der Medizin aus lat. *(infantilis),* dass.
infarctus „Infarkt"
19. Jh., aus lat. *(infarctus),* eigentlich „vollgestopft", Part. zu *infarcire* „vollstopfen".
infatuer „betören"
14. Jh., aus lat. *(infatuare).*
infecter „anstecken"
15. Jh., ist Abl. von *infect* „angesteckt", „verdorben", 14. Jh., aus lat. *(infectus).*
inféoder „belehnen"
14. Jh., aus mlat. *(infeodare)* zu mlat. *feudum* „Lehen", s. *fief.*
inférer „folgern"
14. Jh., aus lat. *(inferre)* dass.
inférieur „geringer"
15. Jh., aus lat. *(inferiore).*
infernal „höllisch"
12. Jh., aus lat. *(infernalis).*
infester „beunruhigen"
14. Jh., aus lat. *(infestare).*
infidèle „treulos"
13. Jh., aus lat. *(infidelis).*
infiltrer refl. „eindringen", „durchdringen"
16. Jh., ist gelehrte Abl. von *filtre,* s. d.
infime „niedrigst"
16. Jh., aus lat. *(infĭmus).*
infini „unendlich"
13. Jh., aus lat. *(infinitus).*
infinitif „Nennform"
14./15. Jh., aus lat. *(infinitivus).*
infirme „schwächlich", „gebrechlich"
16./17. Jh., aus lat. *(infirmus),* für afrz. *enferme* „schwächlich", dann als Tabuwort „krank"; dazu afrz. *enfermier* „Kranken-

pfleger", seit dem 14. Jh. rücklatinisiert **infirmier** dass.; Bl.-W. 338.

infirmer „entkräften", „ungültig erklären"
14. Jh., aus lat. *(infirmare)* „schwächen", „außer Kraft setzen".

inflammation „Entzündung"
14. Jh., aus lat. *(inflammatio)*.

infléchir „unmerklich biegen"
18. Jh., in Anlehnung an *fléchir*, s. d., abgeleitet vom Stamm von **inflexion** „Biegung"; dieses seit dem 14. Jh. aus lat. *(inflexione)*.

infliger „auferlegen"
15. Jh., aus lat. *(inflĭgĕre)*.

inflorescence „Blütenstand"
18. Jh., ist Abl. von lat. *(inflorescĕre)* „anfangen zu blühen".

influer „durchdringen machen" va.; „beeinflussen"
14. Jh., ist transitiv gebrauchtes lat. *(influere)* „einfließen", „sich einschmeicheln"; dazu **influence** „Einfluß", aus mlat. *(influentia)*, 13. Jh. „atmosphärische Einwirkung", seit 15. Jh. die moderne Bedeutung; Bl.-W. 338.

in-folio „Folio-Format"
17. Jh., aus lat. *(in folio)* „im Blatte".

informe „ungeformt"
15./16. Jh., aus lat. *(informis)*.

informer „Gestalt geben"; „benachrichtigen"
13. Jh., aus lat. *(informare)*.

infortune „Mißgeschick"
14. Jh., aus lat. *(infortunium)*.

infraction „Bruch", „Übertretung"
13. Jh., aus lat. *(infractione)*.

infus „eingegossen"
13. Jh., aus lat. *(infusus)*.

ingambe „flink", „rasch"
16. Jh., aus ital. *in gamba* „auf dem Beine", zu frz. *jambe*.

ingénier refl. „nachsinnen"
14./15. Jh., ist Abl. von lat. *(ingenium)* „Verstand"; dazu seit dem 16. Jh. die Abl. **ingénieur** „Erbauer von Kriegsmaschinen" va., „Ingenieur", vgl. *engin* und *engeigner*.

ingénieux „erfindungsreich"
14. Jh., aus lat. *(ingeniosus)*.

ingénu „freigeboren"; „freimütig"
13. Jh., aus lat. *(ingenuus)*.

ingérer „einführen"; refl. „sich einmischen"
14. Jh., aus lat. *(ingerĕre)* „hineintragen".

ingrat „wenig anziehend", „undankbar"
14. Jh., aus lat. *(ingratus)*.

ingrédient „Bestandteil"
16. Jh., aus lat. *(ingrediente)* „eintretend".

inguinal „die Leisten betreffend"
16. Jh., aus lat. *(inguinalis)*.

ingurgiter „hineingießen"
15. Jh., aus lat. *(ingurgitare)*.

inhalation „Einatmung"
18. Jh., aus lat. *(inhalatione)*.

inhérent „inne wohnend"
16. Jh., aus lat. *(inhaerente)* „anhängend".

inhiber „Einhalt tun"
14. Jh., aus lat. *(inhibēre)*.

inhumer „beerdigen"
15. Jh., aus lat. *(inhumare)*.

inimitié „Feindschaft"
12. Jh. *anemistié, enemistié*, ist Abl. von frz. *ennemi* „Feind" nach *amitié* „Freundschaft". Die heutige Form seit dem 16. Jh. in Anlehnung an lat. *(inimicitia)*.

inique „unbillig"
14. Jh., aus lat. *(iniquus)*.

initier „einweihen"
14. Jh., aus lat. *(initiare)*.

injection „Einspritzung"
13. Jh., aus lat. *(injectione)*.

injure „Ungerechtigkeit" va.; „Beleidigung"
12. Jh., aus lat. *(injuria)*; afrz. dazu *injurer* „Unrecht tun", dazu transitiv **injurier** „jmd. in seinem Recht kränken", daher seit dem 16. Jh. „beleidigen", „beschimpfen"; Bl.-W. 340.

injuste „ungerecht"
14. Jh., aus lat. *(injustus)*.

inné „angeboren"
17. Jh., aus lat. *(innatus)*.

innocent „unschuldig"
13. Jh., aus lat. *(innocente)*.

innocuité „Unschädlichkeit"
18. Jh., ist Abl. von lat. *(innocuus)* „unschädlich".

innombrable „zahllos"
14. Jh., aus lat. *(innumerabilis)* in Anlehnung an *nombrer* „zählen".

innomé „unbenannt"
14. Jh., ist Abl. von lat. *(nomen)* „Namen".

innover „Neuerungen einführen"
14. Jh., aus lat. *(innovare)*.

inoculer „pfropfen" va.; „impfen"
18. Jh., aus lat. *(inoculare)*.

inodore „geruchlos"
18. Jh., aus lat. *(inodorŭs)*.

inonder „überschwemmen"
13. Jh., aus lat. *(inundare)*.

inopiné „unvermutet"
14. Jh., aus lat. *(inopinatus)*.

in partibus „im Lande der Ungläubigen"
18. Jh., aus lat. *(in partibus) (infidelium)*.

in-quarto „Quart-Format"
17. Jh., aus lat. *(in quarto)* „im vierten" (Teil gefaltet).

inquiéter „beunruhigen"
12. Jh., aus lat. *(inquietare)*.

inquisition „Nachforschung" va.; „Inquisition"
12. Jh., aus lat. *(inquisitione)*.

insanité „Verstandeslosigkeit"
18. Jh., aus lat. *(insanitate)*.

insatiable „unersättlich"
13. Jh., aus lat. *(insatiabilis)*.

insciemment „unwissenderweise"
15./16. Jh., in Anlehnung an lat. *inscienter* abgeleitet von *sciemment*.

inscrire „einschreiben"
13. Jh., aus lat. *(inscribĕre)*.
insecte „Insekt"
16. Jh., aus lat. *(insectum)*.
insérer „einfügen", „einschalten", u. ä.
14. Jh., aus lat. *(inserĕre)*, dass.
insidieux „hinterhältig" va.
15. Jh., aus lat. *(insidiosus)*.
insigne 1. „hervorragend"
14. Jh., aus lat. *(insignis)*.
2. „Rangzeichen"
15. Jh., aus lat. *(insignia)*, vgl. **enseigne.**
insinuer „einschieben", „einträufeln"
14. Jh., aus lat. *(insinuare)*, „einströmen lassen", „eindringen".
insipide „geschmacklos", „abgeschmackt"
16. Jh., aus lat. *(insipĭdus)*.
insister „bestehen auf"
14. Jh., aus lat. *(insistĕre)* „sich hinstellen", „fest beharren".
insolation „Sonnen"
16. Jh., aus lat. *(insolatione)*.
insolent „ungewohnt" va.; „unverschämt"
16. Jh., aus lat. *(insolente)*.
insolite „außergewöhnlich"
15. Jh., aus lat. *(insolitus)*.
insomnie „Schlaflosigkeit"
17. Jh., aus lat. *(insomnia)*.
inspecter „inspizieren"
18. Jh., aus lat. *(inspectare)*.
inspirer „einatmen", „einflößen"
12. Jh., aus lat. *(inspirare)*.
installer „(in ein Amt) einsetzen" u. ä.
14. Jh., aus mlat. *(installare)*, dessen Stamm unter *étal* besprochen ist, vgl. auch *stalle*.
instance „dringende Bitte", „Rechtsgang"
13. Jh., aus lat. *(instantia)* „Drängen" zu *instare* „drängen", „bedrängen" u. ä.
instant 1. „drängend"
14. Jh., aus lat. *(instante)*.
2. „Augenblick"
16. Jh., aus lat. *(instans, -ntis)* „im Augenblick Eintretendes".
instar *(à l'-)* „in der Art von"
16. Jh., aus lat. *(ad instar)*.
instauration „Einrichtung"
16. Jh., aus lat. *(instauratione)*.
instiguer „anstacheln"
14. Jh., aus lat. *(instigare)*.
instiller „eintröpfeln"
16. Jh., aus lat. *(instillare)*.
instinct „Eingebung", „Instinkt"
14. Jh., aus lat. *(instinctus)*.
instituer „einsetzen", „festsetzen"
13. Jh., aus lat. *(instituĕre)*.
institut „Anstalt"; „Institut"
15. Jh. „Einrichtung", seit dem 17. Jh. auch „Ordensregel", aus lat. *(institutum)* „Einrichtung", „Anordnung"; Bl.-W. 342.
instruire „unterrichten"
12. Jh. *enstruire* mit *in-*, seit 14./15. Jh., aus lat. *(instruĕre)*.
instrument „Werkzeug"
12./13. Jh. *estrument*, aus lat. *(instrumentum)*.
insu „Unwissenheit"
17. Jh., ist gelehrte Abl. von *su*, d. i. Part. der Vergangenheit von *savoir* in subst. Verwendung, vgl. *dessu*.
insuffler „einblasen"
14. Jh., aus lat. *(insufflare)*.
insulaire „Inselbewohner"
16. Jh., aus lat. *(insularis)*.
insulter „angreifen" va.; „schwer beleidigen"
14. Jh., aus lat. *(insultare)* „übel mitspielen".
insurger refl. „sich erheben"
15. Jh., aus lat. *(insurgĕre)*.
insurrection „Aufstand"
14. Jh. aus lat. *(insurrectione)*.
intact „unversehrt"
17./18. Jh., aus lat. *(intactus)*.
intaille „vertieft gegrabener Edelstein"
19. Jh., aus ital. *intaglio* „gestochene Arbeit" u. ä., zu ital. *intagliare* „einschneiden", das frz. *entailler* entspricht. Dict. gén.
intégral „unversehrt"
14. Jh., ist Abl. von lat. *(integer)* dass., s. *entier*, das auch als **intègre** „ehrlich" seit dem 16. Jh. franzisiert ist.
intellect „Begriffsvermögen"
13. Jh., aus lat. *(intellectus)*.
intelligence „Verständnis", „Einverständnis"
12. Jh., aus lat. *(intelligentia)*.
intempérie „unrichtiges Verhältnis"; „Wetterunbilden"
16. Jh., aus lat. *(intemperies)*.
intempestif „unzeitgemäß"
15. Jh., aus lat. *(intempestivus)*.
intendant „Aufseher", „Verwalter"
16. Jh., aus lat. *(intendente)* „seine Aufmerksamkeit richtend", „aufmerkend", s. *entendre*.
intense „angespannt"
13. Jh., aus lat. *(intensus)*.
intention „Anspannung", „Absicht"
12. Jh., aus lat. *(intentione)*.
inter- „zwischen"
in gelehrten Bildungen für volkstümliches *entre-*, aus lat. *(inter-)*.
intercaler „einschieben"
16. Jh., aus lat. *(intercalare)*.
intercéder „einschreiten"
14. Jh., aus lat. *(intercedĕre)*.
interception „Unterbrechung"
15. Jh., aus lat. *(interceptione)*.
interdire „untersagen"
13. Jh., aus lat. *(interdicĕre)*.
intéresser „interessieren"
15. Jh., ist Abl. vom Stamme von **intérêt** „Interesse"; dieses seit dem 13. Jh. aus lat. *(interest)* „es liegt daran".

interférer „Interferenzerscheinungen zeigen" 19. Jh., aus lat. *(inter)* „zwischen" und *(ferre)* „tragen".
intérieur „innerhalb befindlich" 15. Jh., aus lat. *(interiore)*.
intérim „Zwischenzeit" 16. Jh., aus lat. *(interim)* „unterdessen".
interjection „Empfindungswort" 13./14. Jh., aus lat. *(interjectione)*.
interjeter „(Appellation) einlegen" 15. Jh., aus lat. *(inter)* „zwischen" und frz. *jeter* „werfen" zusammengesetzt.
interligne „leerer Zwischenraum zwischen zwei Zeilen" 16./17. Jh., aus lat. *(inter)* „zwischen" und frz. *ligne* „Zeile" zusammengesetzt.
interlinéaire „zwischen den Zeilen befindlich" 13./14. Jh., aus mlat. *(interlinearis)* zu lat. *(inter)* „zwischen" und *(linea)* „Zeile".
interlocution „Zwischenrede" 16. Jh., aus lat. *(interlocutione)*.
interlope „Schmuggler-Schiff", „Schmuggler" 18. Jh., aus englisch *interloper* „Schleichhändler". Dict. gén.
intermède „Zwischenspiel" 16. Jh., aus ital. *intermedio,* das selbst gelehrte Entwicklung von lat. *(intermedius)* „dazwischen befindlich" darstellt.
intermission „Unterbrechung" 14. Jh., aus lat. *(intermissione)*.
international „zwischenvölkisch" 19. Jh., aus lat. *(inter)* „zwischen" und frz. *nation* „Volk" zusammengesetzt.
interne „innerhalb befindlich" u. ä. 14. Jh., aus lat. *(internus)*.
interpeller „eine Anfrage richten" 14. Jh., aus lat. *(interpellare)* „in die Rede fallen".
interpoler „einschieben" 18. Jh., aus lat. *(interpolare)*.
interposer „dazwischen setzen" 14. Jh., in Nachahmung von lat. *interponere,* aus lat. *(inter)* „zwischen" und frz. *poser.*
interpréter „in eine fremde Sprache übersetzen" va.; „(einen Text) erklären" 13. Jh., aus lat. *(interpretari)*.
interrègne „Zwischenherrschaft" 14. Jh., aus lat. *(interregnum)*.
interroger „befragen" 14. Jh., aus lat. *(interrogare)*.
interrompre „unterbrechen" 16. Jh., aus lat. *(interrumpĕre)*.
interstice „Zwischenraum" 15. Jh., aus lat. *(interstitium)*.
intervalle „Zwischenraum" 13. Jh., aus lat. *(intervallum)*.
intervenir „teilnehmen", „dazwischen kommen" 14. Jh., aus lat. *(intervenire)*.
intervertir „umdrehen" 16. Jh., aus lat. *(intervertĕre)*.
intestat „der vor seinem Tod kein Testament gemacht hat" 13. Jh., aus lat. *(intestatus)*.
intestin 1. „innerlich" 14. Jh., aus lat. *(intestinus)*. 2. „Darm" 14. Jh., aus lat. *(intestinum)*.
intime „innerst" 14. Jh., aus lat. *(intimus)*.
intimer „einschärfen" 14. Jh., aus lat. *(intimare) „bekannt* machen"
intituler „betiteln" 13. Jh., aus lat. *(intitulare)*.
intonation „Tonangeben" 14. Jh., ist Abl. von lat. *(tonus)* „Ton".
intoxiquer „vergiften" 15. Jh., ist Abl. von lat. *(toxicum)* „Gift", vgl. das volkstümlich entwickelte afrz. *entoschier* aus vlat. **intoxicare,* REW 4507.
intransigeant „reiner Republikaner", „unversöhnlich" 18. Jh., aus span. *intransigente,* zu lat. *(transĭgĕre)* „vermitteln", „ausgleichen", Schmidt, Span. Elem. 94.
intrépide „unerschrocken" 15. Jh., aus lat. *(intrepidus)*.
intriguer „in Verlegenheit bringen" va.; „Ränke schmieden" 16./17. Jh., aus ital. *intrigare,* dieses aus lat. *intrīcare* „verwirren", REW 4512.
intrinsèque „innerlich" 14. Jh., aus lat. *(intrinsecus)* dass., ursprünglich Adverbium, das im Mlat. auch adj. gebraucht wurde. Dict. gén.
introduire „einführen" 13. Jh., aus lat. *(introducĕre)*.
introit „Anfang der Messe" 14. Jh., aus lat. *(introitus)* „Eingang".
introniser „feierlich einsetzen" 13. Jh., aus mlat. *(inthronizare)* zu lat. *thronus* „Thron".
intrusion „Eindrängen" 14. Jh., ist Abl. von lat. *(introtrusus)* „hineingedrängt" zu *trūdĕre* „stoßen", „drängen".
intuition „Anschauung", „unmittelbare Erkenntnis" 16. Jh., aus lat. *(intuitione)*.
intumescence „Aufschwellen" 17. Jh., ist Abl. von lat. *(intumescere)* „aufschwellen".
inule „Alant" 18. Jh., aus lat. *(inula),* vgl. auch *aunée;* dazu seit dem 19. Jh. die Abl. **inuline** „Inulin".
inutile „nutzlos" 12. Jh. *inutele,* die heutige Form seit dem 14. Jh., aus lat. *(inutilis)* dass.
invalide „kraftlos", „Invalide"; „ungültig" 16. Jh., aus lat. *(invalidus);* dazu seit dem 16. Jh. die Abl. **invalider** „ungültig machen".

invasion „Einfall"
12. Jh., aus lat. *(invasione).*
invective „Schmähung"
14./15. Jh., aus lat. *(invectiva) (oratio).*
inventaire „Verzeichnis eines Nachlasses" u. ä.
14. Jh., aus lat. *(inventarium).*
inventeur „Erfinder"
15. Jh., aus lat. *(inventore);* davon rückgebildet ist **inventer** „erfinden", seit dem 16. Jh.
inventorier „ein Verzeichnis anlegen"
15. Jh., von mlat. *(inventorium)* für lat. *inventarium,* s. *inventaire,* abgeleitet.
inverse „umgekehrt"
17. Jh., aus lat. *(inversus).*
investigation „Nachforschung"
14./15. Jh., aus lat. *(investigatione).*
investir 1. „bekleiden"; „einkleiden"
14./15. Jh., aus lat. *(investire).*
2. „(eine Festung) einschließen"
15. Jh. „angreifen", älter *envestir,* ist nach Bl.-W. 345 aus ital. *investire,* dass. entlehnt, identisch mit *investir* 1.
invétérer „einwurzeln"
15. Jh., aus lat. *(inveterare).*
invincible „unbesiegbar"
14. Jh., aus lat. *(invincibilis).*
inviter „einladen"
14. Jh., aus lat. *(invitare).*
invoquer „anrufen"
12. Jh., aus lat. *(invocare).*
iode „Jod"
19. Jh., von Gay-Lussac nach gr. (ἰώδης) „veilchenfärbig" benannt. Dict. gén.
iota „Jota", „kleinste Kleinigkeit"
16. Jh., aus lat. *(iota),* der Bezeichnung des gr. *i.*
ipécacuana „Brechwurzel"
17. Jh., angeblich aus einer Mundart Brasiliens. Dict. gén.
irascible „jähzornig"
12. Jh., aus lat. *(irascibilis).*
ire „Zorn" va.
11. Jh., aus lat. *īra;* REW 4542.
iris „Regenbogen", „Regenbogenhaut"
13. Jh., aus lat. *(iris);* dazu seit dem 18. Jh. die Abl. **iriser** „mit den Regenbogenfarben bemalen".
ironie „versteckter Spott"
14. Jh., aus lat. *(ironia).*
iroquois „Irokese", „verdrehter Mensch"
19. Jh., nach dem Namen eines Indianerstammes. Dict. gén.
irr- „un-"
in gelehrten Bildungen für etym. *inr-,* s. *im-.*
irradier „ausstrahlen"
15. Jh., aus lat. *(irradiare).*
irrationnel „vernunftswidrig"
14. Jh., aus lat. *(irrationalis).*
irréfragable „unwiderleglich"
15./16. Jh., aus lat. *(irrefragabilis).*
irriguer „bewässern"
19. Jh., aus lat. *(irrigare).*
irriter „erzürnen"
14. Jh., aus lat. *(irritare).*
irruption „Einbruch"
15. Jh., aus lat. *(irruptione).*
isabelle „lichtgelb"
17. Jh., nach dem Frauennamen *Isabelle;* vgl. Bl.-W. 346.
isard „Gemse"
16. Jh., aus gaskognisch *isar,* das vermutlich iberischen Ursprungs ist; REW 4548; Bl.-W. 347.
isoler „absondern", „vereinzeln"
17. Jh., aus ital. *isolare* „einsam und allein hinstellen"; dieses ist Abl. von *ísola* „Insel", s. *île.*
issir „hinausgehen"
11. Jh. *eissir,* daneben *i* in den stammbetonten Formen, z. B. 3. Sing. *ist,* aus lat. *ĕxire,* REW 3018; dazu seit dem 12. Jh. das subst. Partizip *eissue,* heute **issue** „Ausgang".
isthme „Landenge"
16. Jh., aus lat. (gr.) *(isthmus).*
itague „Hißtau an der Rahe"
auch *étague,* im 12. Jh. *utage, hutage,* enthält im zweiten Teil wohl altnord. *taug* „Tau", der erste Bestandteil ist unsicher; nach Wahlgren, Stud. Neoph. 3, 82, *up-* „hinauf"; im 1. Teil *hisser,* im ganzen *hijstakel,* Valkhoff 175; vgl. REW 8518; Baist, ZDW 4, 286 f.
italique „kursiv-"
15./16. Jh., eigentlich „italisch", aus lat. *(italicus).*
itératif „wiederholend"
15. Jh., aus lat. *(iterativus).*
itinéraire „die Wege betreffend", „Reiseplan"
14. Jh., aus lat. *(itinerarius).*
ive „Bisam-Günsel"
15. Jh., auch **ivette,** geht auf ein vermutlich gallisches **īva* „Günsel" zurück, vgl. *if* „Eibe"; REW 4559.
iveteau „kleine Eibe"
17. Jh., ist dem. Abl. von *if,* s. d.
ivoire „Elfenbein"
12. Jh., aus lat. *(ebŏreum)* „aus Elfenbein", REW 2817; Berger, Lehnw. 152.
ivraie „Taumellolch"
16. Jh., aus vlat. *ebriaca (herba)* zu lat. *ebriacus* „angetrunken", REW 2818.
ivre „betrunken"
12. Jh., aus lat. *ēbrius;* Meyer-Lübke, ZRP 36, 230 ff.; REW 2820; dazu u. a. seit dem 12. Jh. die Abl. **ivresse** „Trunkenheit".
ivrogne „Trunkenbold"
12. Jh., afrz. *ivroigne* „Trunkenheit", dann mit Übergang zum Adj. „trunksüchtig", dazu das rückgebildete Mask. *ivroin* dass., auch „Trunkenbold", vgl. *aubain;* TL IV, 1515; Gg., Bed. 83; aus vlat. **ēbriōnia* „Trunkenheit", s. *ivre;* REW 2819.

J

ja „schon"
Afrz. „schon", „alsbald", auch allgemein einräumend etc., aus lat. *jam*; s. *déjà*; REW 4572.

jable „Kimme", „Gargel"
Zuerst um 1200 im Normannischen als *gable* „Giebel" bezeugt, zu anord. *gafl* „Endwand eines Hauses", „Spitze einer Insel", ahdt. *gabala*, das mit dt. „Giebel" verwandt ist, aus fränkisch **gabla*, Grundbedeutung „hervorstehendes Stück", „Gabel"; Thomas, Mél. 124; dazu seit dem 16. Jh. die Abl. **jabler** „einen Falz machen", und von diesem seit dem 16. Jh. die *-aria*-Abl. **jablière**, im 16. Jh. auch die ursprüngliche *-oria*-Abl. *jabloire* „Gergelmesser".
Aus gallisch **gabulum*, zu irisch *gabul* „gegabelter Zweig", FEW IV, 17 liegt begrifflich ferner; vgl. *gargouille*.

jabot „Kropf der Vögel", „Erweiterung der Speiseröhre", „Busenstreif"
16. Jh., geht auf einen Stamm ***gabb-** zurück, der begrifflich zu schottisch-irisch *gob, gop* „Schnabel", „Mund" paßt, das auf eine Grundform **gobb-* zurückführt; **gabb-* ist vielleicht Ablautform zu diesem **gobb-*; ein Stamm **gabb-* ist auch germ., vgl. anord. *gabba* „Scherz treiben", doch liegt dieser begrifflich ferner; zum Germanischen vgl. Braune, ZRP 40, 330, Anm. 1; ZRP 42, 141.
Zu lat. *gibba* „Buckel", Diez 619, ist nicht möglich; auch nicht zu *gabata* „Eßgeschirr", s. *jatte*, Horning, ZRP 16, 531; oder germ. **gap* „gaffen", Regnaud, RPFL 12, 106; zum Stamm von *gaver*, Bl.-W. 348, ist lautlich schwierig.

jacasser „plappern", „schreien" (von der Elster)
19. Jh., ist Kreuzung von mundartlichem, z. B. norm. *agasser* dass., dieses zu *agace*, s. d., und mundartlichem *jaque*, das für die „Elster", Bresse-châl. (dazu *jaquette* Sav.), für den „Häher" Zentrum, Burg., Lothr., Anjou, Champ., Dauph., dazu Jura, Vienne, Marne *jaquot*, bezeugt ist; dieses ist wohl eins mit dem Namen *Jacques* „Jakob", vgl. die mundartlichen Weiterbildungen *Richard, Colas, Charlot, Gautereau* für den „Häher"; vgl. Roll. Fl. 2, 146; REW 4567; oder *jacasser* Kreuzung von *coasser* mit *jaque*, Regula, AR 12, 282; Bl.-W. 348.
Unmögliches RPFL 38, 62.

jacée „gemeine Flockenblume"
17. Jh., aus mlat. *(jacea)*, u. H.; Roll. Fl. 7, 140.

jacent „herrenlos"
16. Jh., aus lat. *(jacente)*, d. i. Part. von *jacēre* „liegen", s. *gésir*.

jachère „Brache", „Brachfeld"
13. Jh., dazu norm., pik. *gakière*, lebt nur in Nordfrankreich, aus einem gallorom. **gascaria*, u. H.; dazu seit dem 13. Jh. die Abl. **jachérer** „ein Brachfeld bearbeiten"; REW 3698.
Zu einem gallischen **gansko* „Ast", Hubschmied VR 3, 123, zu dem im Gallorom. die Abl. **ganscaria* gebildet worden wäre, FEW 4, 53, ist nicht hinlänglich begründet.

jacinthe „Hyazinthe"
12. Jh., aus lat. *(hyacinthus)*.

jacobée „großes Kreuzkraut", „Jakobskraut"
17. Jh., aus mlat. *(jacobaea)* zu lat. *Jacobus* „Jakob"; vgl. im 16. Jh. *herbe de Saint-Jacques, fleur de Saint Jacques* für dieselbe Pflanze; Roll. Fl. 7, 25 f.

jacobin „Jakobinermönch", „Mitglied des Jakobinerklubs"
13. Jh., ist Abl. von lat. *(Jacobus)* „Jakob"; die revolutionäre Bedeutung des Wortes stammt daher, weil das Jakobinerkloster in der Rue St. Jacques in Paris als Versammlungsort des Jakobinerklubs benützt wurde. Dict. gén.

jaçoit que „wenn auch"
13. Jh. *ja soit que*, ist zusammengesetzt aus *ja*, zur Einleitung einräumender Satzglieder s. d., und *soit* als aufforderndem Konjunktiv = „sei es auch, daß".

jaconas „Musselinart"
18. Jh., wird für Lüttich und die Vogesen angegeben, dafür Namur *jaconâte*, H. u.
jacquemar s. *jaquemart*.

jacquerie „Bauernaufstand"
15. Jh., ist Abl. von *jacques*, der Bezeichnung der aufständischen Bauern vom Jahr 1358; vgl. dazu wall. *jac* „erzürnt", „betrübt"; dieses ist wohl eins mit *Jacques bonhomme*, dem Spitznamen des frz. Bauern in seiner Eigenschaft als rechtloser, zum Zehent und Frondienst verpflichteter Untertan.

jacquet „Diener", „Art Kartenspiel"
16. Jh., ist dem. Abl. von *Jacques* „Jakob".

jactance „Großsprecherei"
12. Jh., aus lat. *(jactantia)*.

jade „Nierenstein"
17. Jh. auch *ejade*, aus spanisch *ijada* „Weichen" in *piedra de la ijada*, dieses ist *-ata*-Abl. von lat. *īlia* „Weichen"; Meyer-Lübke, ZRP 29, 407 ff.; Thomas, Mél. 94; REW 4260; Bl.-W. 348.
Nicht lat. *iaspide* „Jaspis", Behrens, ZFSL 23, 2, 373; Segl, ZRP 42, 103, das weder lautlich noch begrifflich befriedigt.

jadis „ehemals"
12. Jh., aus afrz. *ja a dis*, zu *jà*, *a* = *habet* und afrz. *di* „Tag" aus lat. *dies*, vgl. *midi;* Gröber, Misc. Caix-C. 44; REW 2632.
Nicht aus lat. *jam diu* „schon lange", Diez 619; G. Paris, Rom. 15, 453.

jaguar „Jaguar"
16. Jh. *januare*, *jaouare*, dann im 17. Jh. port. *yaguareté*, 1722 *yaguaté*, aus Tupí *jaguarete;* Friederici, ZFSL 58, 138.
jaiet s. *jais*.

jaillir „hervorsprudeln", „heftig schleudern"
12. Jh., dazu norm. *galir* „werfen", „schleudern", besonders „den Buchweizen unter den Dreschflegel werfen", aus gallorom. **galire* zu gallisch **gali-* „sieden", „sprudeln", s. *gallon;* vgl. REW 3652.
Lat. *jaculari* „schleudern", Diez 619, ist lautlich nicht möglich; auch nicht zu dt. *wallen*, ebd.

jais „Gagat", „Pechkohle"
12. Jh. *jaiet*, so auch noch heute, aus lat. *găgātes;* REW 3635.
jalage s. *jale*.

jalap „Jalappe" (Windenart)
17. Jh., aus spanisch *jalapa;* dieses zunächst als *rayz de Jalapa* überliefert, nach der gleichnamigen Stadt in Mexiko, aus der die als Heilmittel gebrauchte Pflanze nach Europa gebracht wurde; Dict. gén.; Cor. II, 1028; dazu seit dem 19. Jh. die Abl. **jalapine** „Alkaloid der Jalappe".

jale „Art große Schüssel"
12. Jh., afrz. „Kübel", „Eimer"; dazu *jaloie* dass., auch Flüßigkeitsmaß, *jaloi(s)* „Getreidemaß", „Ackermaß", dieses aus mlat. *gallēta* u. H., von dem *galla* rückgebildet ist; s. *gallon*; Bl.-W. 285; aus grom. **galla*, über das unter *gallon* gehandelt wird.

jalet „kleiner, runder Kieselstein"
15. Jh., dann bei Rabelais in der Verbindung *arc à jallet*, ist fälschlich franzisierte Form für norm. *galet* dass., s. d.

jalon „Absteckpfahl", „Richtfähnchen"
17. Jh., dazu seit dem 18. Jh. die Abl. **jalonner** „Absteckpfähle einschlagen", ist Abl. von afrz. *giele* „Absteckpfahl" („an dem die Seile angebunden werden, die das Netz spannen"), Godefr. 4, 275, das einen Stamm **gâl-* erschließen läßt; s. Thomas, Rom. 33, 559; H. u.; vgl. *jauge*.

jalot „Kübel für gereinigten Talg"
16. Jh., ist dem. Abl. von *jale* „Kübel".

jalousie 1. „Eifersucht"
12. Jh., ist Abl. von **jaloux** „eifersüchtig", afrz. auch *jelous*, wie prov. *gelos*, aus vlat. **zelosus* zu lat. *zelus* „Eifersucht". Die lautliche Entwicklung ist umstritten, Diez 346; REW 9613; Hilty, Festschrift A. Kuhn 237, darüber zuletzt L. Söll ZFSL 76 (1966).
2. „Rolladen", „Jalousie"
16. Jh., aus ital. *gelosie*, das ein halbes Jh. vor dem frz. Wort bezeugt ist, Spitzer, Rom. 64, 256; Arveiller, Fr. mod. 18, 235; die Bedeutungsentwicklung von „Eifersucht" zu „Rolladen" sucht schon Henri Étienne zu erklären, s. Nyrop, IV, 226; Gg., Bed, 163.

jamais „niemals"
Wenn das Wort in einem Satzgefüge positiver Bedeutung verwendet wird, logisch auch „jemals", wie afrz. *ja mais* „jemals", stets auf das erst Kommende bezogen; dazu afrz. *ne ... jamais* „nie" (im Kommenden), neben *ne ... onques* „niemals" (in der Vergangenheit); die seit dem 16. Jh. bezeugte logisch negative Bedeutung von *jamais*, wie bei *aucun, pas, rien*, u. a., s. Gg. Syntax 230; aus *ja* „schon" und *mais* „mehr", lat. *magis*, zusammengeschmolzen, s. d.

jambage „Grundmauer"
dann in *droit de jambage* „jus primae noctis", 15. Jh., ist Abl. von *jambe*, s. d.

jambe „Bein", „Schenkel"
12. Jh., aus vlat. *camba*, *gamba*, das entweder aus gr. καμπή „Kniegelenk der Pferde" oder gallisch **kamba* „Biegung" stammt; vgl. zum gallischen Wort *jante;* Diez 154; Thurn. KR 61; REW 1539; Entlehnung aus dem Gallischen läßt sich durch das begriffsverwandte **garra*, s. *jarret*, stützen.

jamble „Napfschnecke"
15. Jh., aus vlat. **chāmula* zu lat. *chama* „Muschel", Thomas, Rom. 26, 430.
Oder aus lat. *gemmula* „kleine Knospe", Behrens, ZRP 26, 653; REW 3726?; nicht aus lat. *cammarus* „Seekrebs", Diez 155.

jambon „Schinken"
13. Jh., bedeutet ursprünglich „kleiner Schenkel", ist dem. Abl. von *jambe* „Bein", s. d.

jambosier „Jambusenbaum"
18. Jh., stammt angeblich aus dem Malaiischen. Dict. gén.

jan „verlierender Stich beim Triktrakspiel"
16. Jh., vgl. dazu bei S. V. *jan* „Fach im Brettspiel", *petit jan* „Fach zur Linken des Spielers, wo man beim Anfang des Spiels die Steine aufstellt", und *grand jan* „Fach zur Rechten des Spielers"; zu *Jean* ?

janissaire „Janitschar"
15. Jh. *jainuseres*, vielleicht über ital. *gianizzero* aus türkisch *jeñi-čeri* „neue Miliz"; Dict. gén.; Sain. Rab. 1, 149; Sainéan, RER 7, 345 f.

jansénisme „Jansenismus"
19. Jh., ist Abl. vom Namen des Begründers der Lehre *(Jansenius)*.

jante „Radfelge"
12. Jh., aus gallisch **kambita* zu bret. *kammed* dass.; Diez 620; Thurn. KR 103; REW 1542; dazu seit dem 14. Jh. die Abl. **jantille** „Schöpfbrett eines Wasserrades".

janvier „Jänner"
12. Jh. *jenvier*, aus vlat. *jenuarius* für lat.

januarius; Schuchardt, Vok. 1, 186 f.; REW 4576; Merlo, Stag. 99 ff.

japon „japanisches Porzellan"
18. Jh., aus *porcelaine de Japon,* ist eins mit dem Ländernamen *Japon* „Japan".

japper „kläffen"
12./13. Jh., lebt in der Bedeutung „bellen" im ganzen Süden außer der Gascogne, ist daselbst aber auch nicht ursprünglich, vgl. Aude, Ariège *žaupa,* das daselbst ein älteres, vereinzelt im Osten noch erhaltenes *baubar* erschließen läßt, s. *aboyer;* vgl. schon aprov. *jap, jaup* „Gebell", *japar* „bellen"; es ist Schallbildung, vielleicht in Weiterbildung von *happer* „happen"; vgl. Sain. Chien 5.
Aus mndl. *jappen* „den Mund aufreißen", „schnappen", Braune, ZRP 40, 334 f., ist geographisch unwahrscheinlich.

jaque 1. „kurzer, enger Männerrock"
14. Jh., ursprünglich in *jaque de mailles* „Panzerhemd", „Kriegswams", aus spanisch *jaco* „Brünne", dieses aus arab. *šakk,* s. Kluge s. Jacke; Esau 28 f.
Nach Cor. II, 27 wie span. *jaco* aus dem Französischen entlehnt und identisch mit dem Namen *Jacques* „Jakob", beliebt bei den Bauern; so schon Diez 165; Bl.-W. 349; Dict. gén.
Dazu seit dem 15. Jh. die dem. Abl. **jaquette** „Art Bauernkutte", heute „Kinderkleidchen" u. ä.
2. „Frucht des Brotbaums"
18. Jh., dazu gleichzeitig die Abl. **jaquier** „Brotbaum", stammt angeblich aus der Einheimischenmundart von Malabar. Dict. gén.

jaquemart „Stundenmännchen in alten Uhren", „Zielpuppe" u. ä.
16. Jh., wird für Waadt als „metallene Brunnenfigur" angegeben, ist Abl. von afrz. *Jacme, Jaqueme,* aus lat. *(Jacobus),* vgl. ital. *Giacomo.*

jaquet s. *jacquet.*

jaquette s. *jaque* 1.

jard „langes, stark glänzendes Haar im Fell von Bibern, Fischottern" u. ä.
13. Jh. *gart* „langes, rauhes Haar in der Wolle", heute auch *jar, jars, jarre* geschrieben, vgl. wall. *dzår* „langes, hartes Haar, das man mit der Zange aus der Wolle zieht"; bei Ménage, dann bei Balzac, bedeutet *jard* den groben Sand, den die Loire mit sich führt, Pignon, Fr. mod. 14, 198; aus gallisch **garvos* zu schottisch, irisch *garbh* „rauh", „grob", das zu lat. *hirsutus, hirtus* „borstig" gehört, vgl. besonders kymrisch *gwlan garw* „rauhe Wolle". Bugge, Rom. 4, 362.
Nicht aus span. *jaro,* das eine Farbe bezeichnet, zu prov. *cardar* „Wolle krämpeln", s. *cardère,* Brüch, ZRP 40, 644; setzt eine andere Behandlung des Anlauts voraus, als das zu *cardère* gehörige *chardon* im Nordfrz. zeigt; zu ahdt. *gart* „Rute", „Stab", „Stekken", aber anord. *gaddr* „Stachel", altdänisch *gad* „Stachelstock", Haust, Rom. 43, 432 ff.; Bl.-W. 349, ist begrifflich bedenklich, FEW 16, 16.

jarde „Hasenspat" (Geschwulst am Sprunggelenk des Pferdes)
17. Jh. auch *jardon,* aus ital. *giarda,* das aus arab. *ǧarad* dass. stammt; Lam. 265; de Gregorio, SGI 7, 160; ZRP 29, 228 ff.; REW 3943.

jardin „Garten"
12. Jh., ist vorhistorische rom. Abl. von afrz. *jard* „Gemüsegarten", dieses aus fränkisch *gard* „Gehege", „Umfriedung", zu ahdt. *gart* dass., wegen der Abl. vgl. im 8. Jh. belegtes *tuninus* zu *tûn* „Zaun"; daß die ursprüngliche Bedeutung von *jardin* „Gemüsegarten" war, wird durch afrz. *jardinage* „Gemüsegarten", südostfrz. *jardinage* „Gemüse" bestätigt; Gg. RG I, 192; FEW 16, 18; vgl. Zipfel, Die Benennung des Gartens im Gallorom., Diss., Leipzig, 1948.

jardinage 1. „Gärtnerei", „Lichten" (Bestimmung der zu schlagenden Bäume)
13. Jh., ist Abl. von **jardiner** „den Garten bebauen", dieses seit dem 14./15. Jh. abgeleitet von *jardin,* s. d.
2. „Flecken am Diamanten, die durch Ritze oder fremde Stoffe hervorgerufen werden"
17. Jh., dazu gleichzeitig **jardineux,** im 19. Jh. auch **jardiné** „fleckig (von Diamanten), scheint zu *jard* „langes, rauhes Haar in der Wolle" zu gehören.

jardinier „Gärtner"
12. Jh., ist Abl. von *jardin,* s. d.; dazu die ursprünglich adj. Abl. **jardinière** „Blumentischchen", „Gericht von Rüben und Wurzeln" u. ä.

jardon s. *jarde.*

jargon 1. „Kauderwelsch", „Klassensprache"
12. Jh. „unverständliche fremde Sprache", schon im 12. Jh. auch „von der Sprache der Vögel", „Gezwitscher", 13. Jh. „Gaunersprache", Elwert RLiR 23, 64, vgl. dazu anorm.-pik. *gargon;* geht auf ein gallorom. **gargone* „Gezwitscher", „Geschwätz" zurück, das wohl zu dem unter *gargamelle* angeführten Stamm **garg-* „Gurgel" gehört; von *jargon* rückgebildet ist seit dem 16. Jh. belegtes *jars,* besonders in *entendre le jars* „gerieben sein"; Sain. Sources 1 ff.
Dazu 12. Jh. *jargoner, gargoner* „zwitschern", „schwätzen", „Übles nachsagen", s. Bl.-W. 349.
2. „gelber Diamant"
18. Jh., aus ital. *giargone,* dieses zu afrz. *jagonce* „Hyazinth" (Edelstein), 11. Jh., geht letzten Endes auf gr. ὑάκινθος „zurück", s. FEW 4, 520, s. *zircon.*

jarni „zum Henker"
auch *jarni dieu, jarnibleu, jarnigué, jarni-*

guienne, ist verballhorntes *je renie dieu* „ich leugne Gott". Dict. gén.

jarousse „Platterbse"
1096 *jarrossia*, H. Loire; in Cahors *gorroustos* „Wicke", 1288 *jarofa*, Forez *jaloufe* „Futterwicke", Grundform **gar-usta*, dessen Endung auf Herkunft aus dem Gallischen weist, Gg., ZRP 43, 564; Hubschmid ZRP 66, 27.
Aus dem Ligurischen, Grundform **gabrosto* „Ziegenkraut", Alessio RLiR 17, 179, ist unbegründet. Zu *cicera* „Kichererbse", Horning, ZRP 19, 70 ff., ist lautlich nicht möglich; zu arabisch *harrûb* „Johannesbrot", frz. *carroube*, gekreuzt mit *gousse* u. a., Schuchardt, SAWien 188, 4, 22, ist historisch zu wenig gestützt.

jarre 1. „großes irdenes Gefäß", „Kleienfaß"
15. Jh. aus nprov. *jarro;* dieses aus arabisch *ǧarra* „Wassergefäß". Diez 164; REW 3944; Lam. 138.
2. s. *jard*.

jarrebosse „Ankerhakentau"
18. Jh., vgl. dazu *bosse* in der Verbindung *bosse du câble* „Tauende mit Schleifknoten, das um das Ankertau geschlagen wird"; der erste Bestandteil des Wortes ist unerklärt.

jarret „Kniekehle", „Sprunggelenk der Pferde"
12. Jh., ist dem. Abl. von gallorom. **garra*, das im Südgürtel des Nordfrz. erhalten ist, vgl. berrich. *jar* „Ellbogen", morv. *jarre* „Kniekehle", berrich. *jarre de noix = cuisse de noix;* dafür mit anderer Abl. pik. *garoule*, V. d'Yères *garille* „Schenkel", s. Zauner, RF 14, 460; aus gallisch **garr-*, das sich aus kornisch *gar* „Bein", irl. *gairri* < **garriā* „Wade" u. a. erschließen läßt; Diez 157; Thurn. KR 62; Meyer-Lübke, ZRP 40, 210 ff.; REW 3690; dazu seit dem 16. Jh. die Abl. **jarreter** „einen Bug, eine Unebenheit bilden"; seit dem 14. Jh. **jarretière** „Strumpfband"; von diesem seit dem 16. Jh. **jarreter** „mit Strumpfbändern versehen", dieses verschmolzen aus **jarreterer*.

jarreux „borstig" (von der Wolle)
18. Jh., ist Abl. von *jarre*, Nebenform von *jard* „rauhes Haar in der Wolle", s. d.; schon im 13. Jh. ist dafür mit Beibehaltung des Auslautes von *jard jardeus* belegt, das heute in wall. *jardeûs* „finnig" (von Schweinen) lebt.

jars „Gänserich"
Im 16. Jh. *garsote*, „wilde Ente"; dazu champ. *jarson* „Zunge der Schlange", morv. *jaiceron* „Spieß"; „Stachel", sav. *jhërne* „Stachel der Biene", Thomas, Rom. 29, 180; dazu das Verbum *jardir*, so poitev., berrich., morv. *jâdi* „treten" (vom Gänserich), morv. *jâdoué* d. i. **jardoire* „Zeugungsorgan beim Geflügel"; gehört zu fränkisch **gardjan* gallorom. **gardire*, zu ahdt. *gerten* „mit einem Treibstecken antreiben"; dazu fränkisch *gard*, zu ahdt. *gart* „Stachel", „Stekken" (anord. *gaddr)*, latinisiert zu **gardis*, mit Einreihung in die neutrale indeklinable Deklination wie afrz. *roiz* aus *retis* s. *rets, réseau*, afrz. *grez* aus **greuts*, s. *grès;* die begriffliche Weiterentwicklung von Rute, Stachel zu „Zeugungsorgan" wie bei frz. *verge;* vgl. FEW 16, 16. Auffällig ist, daß die Wortfamilie zwar im Südgürtel des Nordfranzösischen und im Südosten nachweisbar ist, nicht aber im eigentlichen fränkischen Siedlungsgebiet nördlich der *aune ... verna*-Linie. Der Grund dafür mag sein, daß hier das ältere **gardire* usf. durch die Wortfamilie um *gard* „Gehege", s. *jardin*, vielleicht auch durch **gard* „rauhes Haar in der Wolle", s. *jard*, schon vorhistorisch verdrängt wurde.
Aus lautlichen Gründen nicht zu nprov. *gabre* „Gänserich", Hubschmied VR 3, 131, s. *garron;* auch nicht aus anord. *gassi* „Gänserich", Diez 621; Stimming, ZRP 30, 590.

jas 1. „Ankerstock", „Ankerkrücke"
17. Jh., ist verschmolzen aus älterem **joas*, afrz. *joal* (vgl. *enjaler* mit der Nebenform *enjauler* < *enjoaler)*, vgl. für Blois Beginn des 14. Jh. belegtes *jouau* „Holzstäbchen, das quer über zwei gegabelte Zweige gelegt wird"; *joal* ist westfrz. Form für afrz. **joel* aus gallorom. **jugale* „jochförmiger Gegenstand" zu lat. *jŭgālis* „zum Joch gehörig"; vgl. dazu älteres *jouel* fortsetzendes frz. *jouet* „Ankerkrücke", älteres *joal* in gleichbedeutendem *jal* und mit Suffixwechsel (vgl. *frontail)* **jouail**, so seit dem 18. Jh. bezeugt; vgl. dazu im 14. Jh. belegtes *jouallées de vigne*, ferner seit dem 16. Jh. *jouelle* „Art Joch, mit dem die Weinrebe festgesteckt wird", d. i. femine Weiterbildung von *jouel* „jochartiger Gegenstand"; Thomas, Rom. 33, 561; Rom. 39, 235 ff.; REW 4603; FEW 5, 60; vgl. auch *surjaler*.
2. „erster Teich der Salzwerke", „Ruhestätte der Schafe"
19. Jh., aus nprov. *jas*, prov. *jatz* „Lager", aus vlat. **jăcium* zu lat. *jacēre* „liegen", s. *gésir;* REW 4566.
jaser s. *gazouiller*.

jaseran „Panzerhemd" va.; „goldene Kette"
12. Jh. *jazerenc*, ist vielleicht *-ing*-Abl. vom Namen der Stadt Algier, arabisch *ǧazâ'ir;* vgl. spanisch *jazarino* „Algerier"; Diez 162; Lam. 138; REW 3947.

jasmin „Jasmin"
16. Jh., aus arabisch *jāsamûn* bzw. persisch *jāsemîn;* Diez 161; REW 4577; Littmann 86.

jaspe „Jaspis", „Farben, mit denen ein Buchschnitt farbig gefärbt wird"
12. Jh., aus lat. *(iaspis);* dazu seit dem 17. Jh. die Abl. **jasper** „sprenkeln".

jatte „Schüssel"

12. Jh., aus vlat. **găbĭta* für klassisches *gabata,* das auch durch ahdt. *gabiza, gebiza* verlangt wird; Jud, ASSL 124, 400; Brüch, ZRP 38, 688; REW 3625.

jauge „Eichmaß", „Meßstock"
13. Jh., dazu gleichzeitig belegt **jauger** „eichen", „ausmessen", „Tiefgang haben"; afrz. auch *gauge,* dazu Centre *jauge* „Meßstab", *jauger* auch „die Ausdehnung messen", vgl. dazu lothr. *jaujon* „Leiter am Leiterwagen", „Bremse am Hinterteil des Wagens"; bedeutet in den ältesten Belegen 13.—14. Jh. ein Hohlmaß; dazu im 7. Jh. belegt, *sextarii gallici mensuram habens* „mit dem Maß eines gallischen ‚sextarius'", das sowohl ein Maß für eine Flüssigkeit wie ein trockenes Maß sein kann; Grundform scheint *(mensura) gallica* zu sein; Bambeck, ZFSL 66, 5.
Nach FEW 16, 10 wäre die Grundbedeutung von *jauge* „Maßstab", aus fränkisch **galga* „Rute", ahdt. *galgo* „Galgen", „Gestell am Ziehbrunnen, um den Eimer aufzuhängen"; doch hat das germ. Wort die allgemeine Bedeutung „Stamm", „Balken", wird besonders für die Bezeichnung des Kreuzes Christi verwendet, nirgends findet sich aber im Germanischen das Wort im Gesichtskreis des Abmessens u. ä.
Nicht zu lat. *cala* „Holzstück", „Brennholz", Alessio, RDiR 17, 180, das weder lautlich noch begrifflich annehmbar ist; unmöglich *aequalificare* „gleichmachen", Diez 621; vgl. Horning, ZRP 18, 220; Braune, ZRP 42, 151, Anm. 2; REW 3686.

jaumière „Hennegat"
17. Jh., ist umfassende Abl. von **jaume,* belegt als *heaume* „Steuerruder", so bei Rabelais, Sain. Rab. 1, 101; dieses aus anord. *hjalm* „Helmstock", das zunächst wohl **jaume* ergeben hat, während *heaume* an mundartliches *iaume* für *heaume* „Helm" volksetym. angeschlossen wurde; vgl. auch wall. *halmustok* „Helmstock". Behrens, ZRP 26, 112 f. (Wg. 141 f.); Falk, WuS 4, 75 und Anm. 4; REW 4102; 4104.
Nach FEW 16, 193, aus mndl. *helm* „Ruderstock".

jaunâtre „gelblich"
16. Jh., ist *-aster*-Abl. von **jaune** „gelb"; dieses seit dem 12. Jh., aus lat. *galbĭnus;* Diez 164; REW 3646.

jauneau „Feigenwarzenkraut"
19. Jh., ist angev., dafür norm. *gaunet, jaunet, jaunette,* d. i. Abl. von *jaune* „gelb", s. d.; Roll. Fl. 62.

jaunisse „gelbe Gesichtsfarbe" va.; „Gelbsucht"
12. Jh., ist in Anlehnung an die mit *-iss*-erweiterten Formen von *jaunir* umgestaltetes *jaunesse* dass.; dieses ist *-itia*-Abl. von *jaune* „gelb", s. d.

javart „Fesselgeschwür"
14. Jh., vgl. dazu angev. *javard* „Nagelgeschwür", berrich. *javart* „Art Skorbut am Zahnfleisch", dazu *herbe du javart* für eine Art „Storchschnabel", nprov. *gabard* „Mundfäule", *gavarri* „Fesselgeschwür"; das Wort lebt im Südgürtel des Nordfrz., dann im Süden und auf der Iberischen Halbinsel; das Wort ist vorrom., nach der Endung wohl letzten Endes iberisch; vgl. Cor. II, 606; FEW 4, 11.
Zu **gava* „Kropf", Brüch, ZRP 38, 688; Dauzat, Rom. 45, 252; Barbier RLR 51, 270, s. *gaver, gavache, joue,* ist geographisch nicht wahrscheinlich, auch ist es begrifflich sehr zweifelhaft, ob die ursprüngliche Bedeutung von **gavarr-* „*Mund*geschwür" gewesen ist; auch nicht germ. **gava-,* Braune, ZRP 42, 142.

javeau „aufgeschwemmte Insel"
12. Jh., wird heute für Lüttich als *javâ* angegeben; bedeutet ursprünglich „Haufen", ist maskulinische Entsprechung von *javelle,* bei Haust, Dict. *djavè* als Maskulinum = *javelle,* s. d. Dict. gén.; REW 3627.

javeler „in Schwaden legen", „gelb werden" (vom Getreide, das in Schwaden liegt)
13. Jh., ist Abl. von **javelle** „Haufen", „Bündel", „Schwaden"; dieses ist Kollektivform von gallorom. **gabellum,* vgl. Basses Alpes *gavéou* „Bündel von Weinranken", pik. *gavèl* „Weinranke" u. ä., s. auch *javeau;* dieses ist Romanisierung von gallisch **gabaglā* (Pokorny) zu irisch *gabál* „Halten", „Fassen", „Griff", vgl. Thurn. KR 62; REW 3627; Bl.-W. 350.
Zu lat. *capulus* „Handhabe", „Griff", Diez 158, ist lautlich nicht möglich; zu germ. **gab-* „Gabel", fränkisch **gabilôn* „mit der Gabel fassen, Braune, ZRP 42, 149; ist unbegründet.

javeline 1. „kleiner Wurfspieß"
15. Jh., ist dem. Abl. vom Stamm von **javelot** „Wurfspieß"; 12. Jh., aus gallorom. **gabalottus,* d. i. mit Suffixwechsel aus gallisch **gabalâcos* gebildet, das sich aus kymrisch *gaflach* „Wurfspeer" erschließen läßt. Thurn. KR 63; Diez 164; REW 3624; FEW 4, 12; Jud, VR III, 339.
Zu germ. **gabh-ala* „Gabel", Regnaud, RPFL 12, 111; Braune, ZRP 42, 150, ist begrifflich weniger naheliegend; zu *glaive* über afrz. belegtes *glavelot,* Tobler, VB 5, 36, ist lautlich nicht möglich; *glavelot* ist umgekehrt Kreuzung von *javelot* mit *glaive;* Unmögliches auch Rom. Jb. 11, 307; vgl. H. Keller, ZRP 83, 269.
2. „kleiner Schwaden"
19. Jh. ist dem. Abl. von *javelle* „Schwaden", s. d.

javelot s. *javeline* 1.

jayet s. *jais.*

je „ich"
9. Jh. *eo, io,* ist Kurzform aus lat. *ego;* REW 2830; Rydberg 242 ff.; 619 ff.

jé s. *jet.*

jeanette „Gold- oder Silberkettchen, an dem ein Kreuz getragen wird“
19. Jh., ist in volksetym. Anlehnung an *Jeanne* umgestaltet aus afrz. *chaeinette* „Kettchen“, d. i. dem. Abl. von *chaîne*, s. d.

jeannot „Dummkopf“
16. Jh., eigentlich „Hänschen“; dazu im 16. Jh. *jeaneul* „ausschweifender Mensch“, beides zu *Jean* „Johannes“, Gg., Bed. 114.
jectisse s. *jetisse.*

jéjunum „Leerdarm“
16. Jh., aus lat. *(intestinum) (jejunum).*

jérémiade „Jeremiade“, „endloses Klagen“
17./18. Jh., ist Abl. von *Jérémie* „Jeremias“.

jersey „Art Leibchen“
19. Jh., nach der normannischen Insel *Jersey;* Dict. gén.

jésuite „Jesuit“, „Heuchler“
16. Jh. *jesuiste,* die Abl. vom Namen *Jesus,* zuerst gebraucht von den Anhängern des von Ignatius von Loyola gegründeten Ordens.

jet „Wurf“, „Guß“, „Auswurf“, „Abguß“ u. ä.
12. Jh., ist postverb. Subst. von **jeter** „werfen“, 10. Jh. *jeter,* afrz. auch „einen Streich führen gegen jmd.“, z. B. *jeter la mache,* „die Keule werfen“, dann in Verbindung mit Körperteilen, *jeter les poings* „die Faust entgegenschleudern“, daher „schlagen“, so schon durch *jectus flagellorum* „Peitschenhiebe“ in der Lex Salica 40 gesichert und noch mundartlich erhalten; aus vlat. *jectare* für *jactare,* das in den Leges Alamanorum belegt ist; *jectare* zeigt Anlehnung an *ejectare,* vgl. umgekehrt von *jactare* beeinflußtes *rejactare* für *rejectare* in den Reichenauer Glossen; auf der gallorom. Stufe **d'et'er* wurde das palatale *-t'-* zu *-t-* dissimiliert, daher der *-er* Inf. statt lautgesetzlich zu erwartendem *-ier* des afrz. Wortes. Diez 161; REW 4568; Meyer-Lübke, Kr. Jb. 6, 1, 123; Herzog, ZRP 23, 361.
jeter aus **jeptare,* dieses Überliterarisierung eines vlat. **jettare,* Niedermann, Neue Jahrbücher 15, 337, ist gerade für das Gallorom. unwahrscheinlich, da hier für *-ct-* eine Entwicklung über *-tt-* nicht zu erschließen ist; *jeter* aus frühital. **jittare* des 5. Jhs., Brüch, ASSL 133, 358 f., ist sachlich nicht begründet.

jetisse „Abfall-“
12. Jh., ist Fem. zu afrz. *jetëis* „was wegzuwerfen ist“; dieses *-aticius*-Abl. von *jeter,* s. d.; das Wort ist heute in *terre jetisse, laine jetisse* „Bauerde“, „Ausschußwolle“ erhalten, vgl. dazu Namur substantiviert *jetisse* „Abfall, Schutt aus den Minen“.

jeton „Rechenpfennig“, „Spielmarke“
13./14. Jh., bedeutet ursprünglich „Auswurf“, auch „Sproß“, „Bienenschwarm“, in dieser Bedeutung noch heute Champ., Lothr., Franche-Comté; ist Abl. von *jeter* „werfen“, s. d.

jeu „Spiel“
12. Jh., aus lat. *jŏcus* „Scherz“, „Spiel“, „Zeitvertreib“, REW 4588.

jeudi „Donnerstag“
12. Jh. *juesdi,* aus lat. *jŏvis dies* „Tag des Jupiter“; Diez 165; REW 4594.

jeun „nüchtern“
12. Jh. *jëun,* nur mehr erhalten in *à jeun,* dass., so seit dem 13. Jh., vgl. auch *déjeuner,* aus lat. *jejunus* dissimiliert; REW 4582.

jeune „jung“
12. Jh. *juevne,* aus lat. *jŭvĕnis;* das Wort ist afrz. auch subst. „junger Mann“, „Bäcker-, Müllergehilfe“, vgl. dazu *gindre.* Pauli, Enf. 62 f.; REW 4642.

jeûne „Fasten“
12. Jh. *jëune,* ist postverb. Subst. von **jeûner** „fasten“, 12. Jh. *jëuner,* auch „hungern“ aus lat. *jejūnare,* vgl. *jeun, déjeûner.* Diez 167; REW 4581.

jeunesse „Jugend“
12. Jh. *joevnece,* ist Neuabl. von afrz. *juevne* „jung“, s. *jeune;* das altererbte Wort s. unter *jouvence.*

joaillier „Juwelenarbeiter“
15. Jh. *joellier,* die literarische Form unter Einwirkung des Suffixes *-ail,* ist Abl. von afrz. *joel* „Juwel“, s. *joyau.*

jobard „Tropf“, „Gimpel“
19. Jh., ist in dieser Bedeutung Pléchatel, saint., vgl. dazu im 16. Jh. *chien joubard* unsicherer Bedeutung, dazu wall. *coq jobâ* „schlecht kastrierter Hahn“, „Art großer Hahn“, lüttichisch *jôbâ* „Huhn von einem Jahr“, „hochbeiniger Hahn“, „aufgeschossener, schlecht gebauter Mann“; dann mit anderem Suffix poitev. *jobet* „Tölpel“, so seit dem 16./17. Jh., dieses für **jobel,* vgl. im 15. Jh. *jobelot* „Tölpel“; dazu wohl auch *jobelin* „List“, auch „Hahnrei“, das im 15. Jh. zur Bezeichnung der Gaunersprache wird; der Stamm scheint in mittelfrz. *jobe* „Tölpel“ vorzuliegen, dazu im Rotwelsch *battre jobe* „den Beschränkten spielen“, „sich verstellen“, u. H.; nach Bl.-W. 351 nach der Figur *Job* der Bibel, vgl. Sain. Sources 2, 237; 380.

jockey „Stallbube“, „Rennreiter“
18. Jh., aus englisch *jockey;* dieses ist nordenglische Entsprechung des frz. *Jacquet* „kleiner Johann“.

jocko „Schimpanse“
18. Jh., stammt angeblich aus einer Mundart der Kongoneger. Dict. gén.

jocrisse „Einfaltspinsel“
16. Jh., ist in dieser Form Lustspielfigur seit Ende des 16. Jh., der Name selbst ist umgestaltet aus im 15. Jh. belegtem *joquessu, joques sus,* d. i. Zusammensetzung von norm. *joquier* „wie ein Huhn auf der Stange sitzen“ und *sus* „oben“; vgl. dazu gleichbedeutendes frz. *tâte-poule,* nprov. *tasto-cuou-de-poulo;* vgl. dazu wall. *jobrise* „Einfaltspinsel“, das

Kreuzung von *jocrisse* mit *jobard* dass. zeigt; zu *joquier* vgl. *jucher*.

joie „Freude"
11. Jh., aus lat. *gaudia* „Freudenbezeigungen", d. i. Kollektivform zu *gaudium* „Freude"; REW 3705; Bezzola 239.
joignant s. *joindre*.

joindre „verbinden", „sich vereinigen", „einholen"
12. Jh., aus lat. *jŭngĕre* „verbinden"; REW 4620.

joint „Verbindung", „Gelenk"
13. Jh., eigentlich „das Verbundene", ist subst. Part. von *joindre*, s. d.

jointe „Verbindung", „Gelenk", „Fußfessel beim Pferde"
12. Jh., aus vlat. *jŭncta*, d. i. subst. Part. von lat. *jŭngĕre* „verbinden", s. *joindre*.

jointé „gefesselt"
17. Jh., in *bas, court, long jointé*, vom Pferde gebraucht, ist Abl. von *jointe* „Fessel am Pferdefuß".

jointée „doppelte hohle Hand voll"
13. Jh., ist *-ata*-Abl. (zur Bezeichnung der Umfassung) von *joint*, dieses Part. von *joindre (les mains)* „verbinden".

jointif „dicht aneinander passend", „fugendicht"
15. Jh., ist mit Suffixwechsel umgestaltetes afrz. *jointiz* „verbunden", 12. Jh., aus vlat. **jŭnctīcius* zu *jŭngĕre* „verbinden".

jointoyer „die Fugen einer Mauer verstreichen"
14. Jh., ist Abl. von *joint* in der Bedeutung „Fuge", s. d.

jointure „Fuge", „Gelenk"
11. Jh., aus lat. *jŭnctūra* „Verbindung", REW 4618.

joli „hübsch", „artig", „niedlich"
12. Jh., afrz. *jolif*, Fem. *jolive*, dann nach dem Vorbild von afrz. *anti*, Fem. *antive* (aus *antiquus, antiqua)* auch maskulinisches *joli*, von dem aus fem. *jolie* neugebildet wird; ist vermutlich in vorhistorischer Zeit mittels *-ivus*, das ein „voll sein" ausdrückt, abgeleitet von anord. *jôl* zu aisl. *jôl*, schwedisch *jul* „Julfest", „Weihnachten" über „Festesfreude"; Diez 166; G. Paris, Mél. 291 f.; REW 4590; Meringer, WuS 5, 187.
Wegen des Fehlens des Stammwortes im Altfrz. bezweifelt von Tobler, VB 1, 155 Anm.; doch ist Abl. von afrz. *joï* „erfreut", dieses adjektivisches Part. von *joir*, s. *jouir*, lautlich nicht möglich; auch nicht **gaudiola* zu *gaudium* „Freude", Nigra, AGI 15, 112 f.
Dazu seit dem 13. Jh. die Abl. **joliveté** „Anmut" va.; „artige Kleinigkeit".

jombarde „Flöte mit drei Löchern"
18. Jh., vgl. dazu *bombarde*, das nach S. V. in der Schweiz für „Maultrommel" gebraucht wird und mit *bombarde* „Donnerbüchse" eins ist; vgl. ferner *guimbarde* „Maultrommel"; das Verhältnis der Formen zueinander und ihre Herkunft ist unbekannt.

jonc 1. „Binse", „Rohrstock"
12. Jh., aus lat. *jŭncus* „Binse"; REW 4619; FEW 5, 65.
2. „Stechginster"
13. Jh. *ajou*, das schon im 12. Jh. als *ajothum* latinisiert ist, heute *ajou* im Zentrum und Süden weit verbreitet; das Wort ist Maskulinum, daher wurde *l'ajou* in *le jou* volksetym. berichtigt, vgl. dazu norm. bret. *jô*, zusammengesetzt seit dem 15. Jh. *jomarin, joumarin* u. ä. in derselben Gegend; im Südwesten wurde bei der Verschmelzung von *ajou* mit dem Artikel *la* als fem. Artikel gefaßt, daher die Formen *jaouge, jôghe* u. ä. Gironde, Landes und Umgebung; diese Formen führen auf einen Stamm **ajaug-* zurück, der wohl vorrom. ist, dazu die grom. *-one*-Abl. **ajaugone*, afrz. *jaion*, so norm. im 15. Jh. bezeugt, Henry, Rom. 77, 497, wohl auch **jaon*, dazu die dreisilbige Abl. *jaonnois*, Godefr. 4, 634 b, das frz. **ajonc** „Stechginster" bzw. mit fälschlicher Abtrennung des Anlauts wie beim Stammwort *(a)jou*, die literarische Form *jonc* ergab; vgl. zu afrz. *jaion* die modernen Entsprechungen Orne *jeyon*, Bas Maine *žeį̃õ*, *žeį̃ã*, *žiã*, H. Maine, Sarthe, Mayenne *žiõ* u. ä.; vgl. Roll. Fl. 4, 80 ff.; so in Anlehnung an REW 4579.
Vorrom. Stamm *gabo* Hubschmid VR 11, 290 ist nicht möglich.
3. „Fingerreif mit gleichmäßiger Dicke"
dazu saint. *jonc* „Ehering", 15. Jh. *aniaus de jons*, ist mlat. im 13. Jh. als *annulus de junco* bezeugt; ist ursprünglich ein Ring aus Binsen, mit dem arme Hochzeitsleute ihre Eheschließung kundtun; ähnliche Ringe aus Stroh sind ebenfalls beglaubigt, s. Du Cange s. v.; gehört also zu *jonc* **1**.

joncer „mit Binsen beflechten"
19. Jh., ist nach dem Nebeneinander von *fonds-foncer* abgeleitet von *jonc* „Binse", s. d.

jonchée „Binsenkorb zur Käsebereitung" daher „Art Käse"; „Streu von Blumen, Blättern u. ä. zu einer Festfeier"
13. Jh. *jonchie*, ist Abl. von *jonchier* „mit Binsen versehen", „aus Binsen herstellen", heute **joncher** „den Boden mit Binsen, Blumen u. ä. bestreuen", 12. Jh., ist Abl. von *jonc* 1.

jonchet „Stäbchen"
in *jeu des jonchets*, auch pluralisch *les jonchets* „Stäbchenspiel"; 13. Jh., ist dem. Abl. von *jonc* 1 in der Bedeutung „Rohrstab", s. d.

jonction „Verbindung"
14. Jh., aus lat. *(junctione)*.

jongler „Gaukelei treiben"
16. Jh., ist Abl. vom Stamm von **jongleur** „Gaukler", afrz. 12. Jh., Nom. *joglere*, Acc. *jogleor* „Spielmann", aus lat. *(joculator, joculatore)* „Spaßmacher", das im 8. Jh.

aus dem Lateinischen in die Umgangssprache drang. Diez 165; REW 4587; Faral, Rech. sources lat. etc. 1913.

jonque „Dschunke"
16. Jh., ist chin., vielleicht über arabisch *ǧunk* Lam. 139; Littmann 131; Dict. gén.

jonquille „Art Narzisse", jonkillengelb"
17. Jh., aus spanisch *junquillo*, d. i. *-ellus*-Abl. von *junco* „Binse", s. *jonc* 1. Dict gén.

jote „Runkelrübe", auch „Mangold", „Ackersenf"
Im 8. Jh. *iotta*, Müller-Taylor 14, für eine Art Brei; 12. Jh. *joute*, vgl. dazu in der ersten Bedeutung champ., lothr., poitev., saint., Guyenne, H. Marne *joutte*, *joûte*, dann mit Palatalisierung des *-ou-* Vendée *jutte*, Charente *djyuto*, Roll. Fl 9, 144; dann für Ackersenf Île de Fr., Orléans, Anjou, Berry *jotte*, Roll. Fl. 2, 71; vgl. ferner wall., lothr. *jote* „Kohl", poitev., Aunis *joute* „Runkelrübe", auch „Brei für Gänse", Mons *joutte* „Kohlstengel als Nahrung für Kühe"; aus gallorom. **jotta* zu bret. *iôd* kymr. *uwd* „Brei", Jud. BDR 3, 75 Anm.; Rom. 51, 452; REW 4636; REW 4637; Hubschmied, VRI, 92; Formen zu *jotta* s. Bertoni, AR 3, 105; Horning, ZRP 33, 394; Dosdat, ZRP 33, 275; Bruneau, Enquête pat. Ardennes 497. Das vorrom. *iotta* lebt auch in Süditalien und in Sardinien, s. Hubschmid, Festschr. Jud, 277.
Das *-tt-* der gallorom. Grundlage wegen Kreuzung von gallisch **jūta* mit keltisch **littion* „Brei", Brüch, ZRP 38, 697, ist nicht wahrscheinlich, da die lebenden keltischen Mundarten keine Spur einer solchen Kreuzung zeigen.
jouail s. *jas* 1.

joubarbe „Hauswurz"
12. Jh. *jobarbe*, heute mit zahlreichen unorganischen Umgestaltungen, so *jombarde*, *joubarde*, *jombarbe* u. ä., s. Roll. Fl. 6, 92 ff.; aus lat. *J o v i s b a r b a*, das bei Plinius belegt ist. Diez 185; REW 4593.

joue „Wange"
12. Jh., aus gallorom. **gauta*, das einen Stamm **gav-*, **gab-* enthält, vgl. dazu nprov. *gaunho* „Ohrspeicheldrüsen", „Kiemen", „Skrofeln", ital. *gavigne*, *gavine* „Speicheldrüsen" u. ä.; der Stamm scheint derselbe zu sein, wie der unter *gaver*, *gavache* erschlossene; vgl. Jud, ASSL 124, 400; Dauzat, Rom. 45, 253 ff.; vgl. Bl.-W. 351; REW 3706 a.
Zu *gabata* „Schüssel" mit einer ähnlichen Bedeutungsentwicklung wie lat. *testa* „Scherbe" zu *tête* „Kopf", Diez 158; Zauner, RF 14, 404, erklärt nicht die Sonderentwicklung von **gabita* zu *jatte*, mundartlich *jade* und trennt *joue* von den angegebenen Abl. wie *gaunho*; **cavita* „Höhlung" für lat. *cavitas*, Herzog, ZRP 26, 735, befriedigt weder lautlich noch begrifflich; *gavigne* zu lat. *caput*, Nigra, AGI 14, 281, ist auch nicht möglich; fränkisch **gauwa* für *joue*, Braune, ZRP 42, 145, trennt das nordfrz. Wort von prov. *gauta*.

jouée 1. „Tür-, Fenstertiefe", „Seitenstreben"
16. Jh., ist Abl. von *joue* in der technischen Bedeutung „Seitenwand".
2. „Spielen, Bewegung einer Tür, eines Fensters"
17. Jh., ist Abl. von *jouer* „spielen".
jouelle s. *jas*.

jouer „spielen"
11. Jh. *joer* „spielen", „scherzen", „Kurzweil treiben" u. ä., aus lat. *j o c a r e* dass., s. *jeu*.

jouereau „schlechter, zaghafter Spieler"
17. Jh., ist dem. Abl. von **joueur** „Spieler", 12. Jh. *joere*. Acc. *joeor*, ist *-atore*-Abl. von *jouer*.

jouet „Spielzeug"
16. Jh., ist Werkzeugsabl. von *jouer* „spielen"; REW 4585.

jouette „Scharrloch der Kaninchen"
18. Jh., lebt in Démuin *juette*, vend. *jouette* „Nistloch des Kaninchenweibchens", dazu bei Ménage *jouettes* „Ort, wo Kinder gerne spielen", ist also Abl. von *jouer* „spielen", vgl. *causette*.
joueur s. *jouereau*.

joufflu „pausbäckig"
16. Jh., ist Kreuzung von *joue* „Wange" mit frühnfrz. *giffu* dass., dieses Abl. von *gifle* „Wange", s. d.; Zauner, RF 14, 405; Dict. gén.
Kreuzung von *joue* mit *fafelu* „fettlich", Spitzer, ZRP 42, 340 Anm., ist wegen des Fehlens einer älteren Form **joufelu* unwahrscheinlich; nprov. *gaufelu* dass. zu nprov. *gaufello*, *gaufelho* „Kiemen", „Wange", das zu dem unter *joue* angeführten Stamm **gav-* gehört, scheint die genaue Entsprechung des nordfrz. Wortes zu sein, ist aber wahrscheinlich selbst aus frz. *joufflu* entlehnt und an *gaufello* volksetym. angeschlossen.

joug „Joch"
12. Jh. *jof*, *jou*, aus lat. *j ŭ g u m*; REW 4610; die latinisierte Schreibung mit auslautendem -g hat die heutige Aussprache *žug* hervorgerufen.

jouière „Seitenmauer einer Schleuse"
14. Jh., heute auch unetym. *jouillière* geschrieben, ist Abl. von *joue* in der Bedeutung „Seitenwand", s. d.; mfrz. *joiere* bedeutet „Wangenschutz der Rüstung", ist also von literarischem *jouière* unabhängige Abl. von *joue* in der ursprünglichen Bedeutung.

jouir „Freude empfinden", „genießen"
12. Jh., afrz *joïr*, intransitiv und reflexiv, daneben transitiv „freudig begrüßen" u. ä., aus gallorom. **g a u d i r e* für lat. *gaudēre*; Diez 168; REW 3702; dazu seit dem 15. Jh. die Abl. **jouissance** „Genuß".

joujou „Kinderspielzeug"

18. Jh., ist im Kindermund gebildete Abl. vom Stamm von *jouer* „spielen".

jour „Tag"
11. Jh. *jorz*, Acc. *jorn*, aus lat. *diurnum tempus*, zunächst in der Meinung „erlebter Tag", „Tagewerk" (wie späteres *journée*), greift seit dem 5. Jh. in den Bereich von *dies* „Tag" ein, das nach 1200 als selbständiges Subst. nicht mehr gebräuchlich ist; *jorn* bedeutet zunächst „Tageslicht", ersetzt dann *di* „Tag", das nur in den Bezeichnungen der Wochentage, ferner in Zusammensetzungen wie *midi* erhalten bleibt; Ringenson, Stud. Neoph. 10, 3; Diez 165; REW 2700.

journal „jeden einzelnen Tag betreffend" va.; „Tagesarbeit", „Tageszeitung"
12. Jh. *jornel*, dann in westfrz. bezw. latinisierender Form *jornal*, seit dem 14. Jh. in der Bedeutung „Tagesbericht" bezeugt, ist *-alis*-Abl. von afrz. *jorn* „Tag", s. *jour*.
Kaum Entlehnung aus ital. *giornale*, REW 2700; vgl. Bl.-W. 352; s. auch *journellement*; dazu seit dem 16. Jh. die Abl. **journalier** „täglich", „Taglöhner", „vorübergehend", dann seit dem 18. Jh. **journaliste** „Schriftsteller einer Tageszeitung".

journée „Verlauf eines Tages", „Tagesarbeit"
12. Jh., aus gallorom. **diŭrnāta*, d. i. Abl. von *diurnum*, s. *jour*; REW 2700.

journellement „täglich"
15. Jh. auch *jornelment*, ist Abl. von afrz. *jornel* „täglich", vgl. *journal*.

joute „Lanzenbrechen", „Hahnenkampf", „Wettstreit"
12. Jh. *joste*, ist postverb. Subst. von afrz. *joster* „kämpfen", besonders im Nahkampf, neufrz. **jouter** „Lanzen brechen"; afrz. *joster* ist absolut gebrauchtes *joster bataille*, so im Rolandslied, auch *joster estor* „Kampf liefern", zu selbständigem *joster* „vereinigen", „zustandebringen", aus vlat. **jŭxtare* „nebeneinanderlegen" zu lat. *jŭxta* „dicht daneben"; vgl. zur ursprünglichen Bedeutung von *joster* Bessin, Orl., frz. Schweiz *jouter* „berühren", „angrenzen"; s. auch *ajouter*; Diez 168; REW 4645.

jouvence „Jugend"
13. Jh., ist in Anlehnung an *jouvenceau* umgestaltetes afrz. *jovente* dass., aus lat. *jŭventa*; REW 4643; dazu afrz. *jovent*, dass., aus lat. *juventus*, Bl.-W. 352.

jouvenceau „Jüngling"
12. Jh. *jovencel*, aus gallorom. **jŭvencellus* zu lat. *juvenculus* „junger Mensch"; Pauli, Enf. 65 ff.
Davon zu trennen **juvencellus* „junges Rind", das in fr.-comt. *jouvencé* dass. erhalten ist; ebenso *juvenculus*, das in poitev. *joincle* „zweijähriges Kalb" weiterlebt; Thomas, NE 286 ff.; REW 4640.

jouxte „neben", „gemäß"
13. Jh., aus lat. *(juxta)* für volkstümlich entwickeltes *joste*, vgl. *jouter*.

jovial „heiter"
16. Jh., aus lat. *(jovialis)* „zu Jupiter gehörig", nach Bl.-W. 352 unmittelbar aus ital. *gioviale* gleicher Herkunft; dazu seit dem 17. Jh. die Abl. **jovialité** „Frohsinn".

joyau „Schmuck"
12. Jh. *joel, joal, joial*, aus lat. **jŏcālis* „zum Spiel gehörig", das als Adverbium *jocaliter* belegt ist; die lautliche Entwicklung zeigt Einfluß von *joie*; de Gregorio, SGI 7, 190 f.
Kaum erst frz. Abl. von *jeu* Bl.-W. 352, vgl. sizilianisch *giugali*; auch nicht zu *gaudium* unmittelbar, Diez 168.

joyeux „freudig", „froh"
12. Jh. *joios*, ist Abl. von *joie*, s. d.

jubé „Singchor"
14. Jh., nach dem Anfangswort des Bittliedes *jube, domine, benedicere*, zu lat. *(jubere)* „befehlen". Dict. gén.

jubilé 1. „Jubeljahr", „Ablaßjahr" u. ä.
14./15. Jh., aus lat. *(jubilaeum)*, das aus dem Hebräischen stammt.
2. „der nach 50jährigem Dienst sein Jubiläum feiert"
17. Jh., ist zum Nomen gewordenes absolutes Verbaladjektiv von *jubiler*, s. d., vgl. Gg. Syntax 416, in der Bedeutung angelehnt an *jubilé* 1.

jubiler „jubeln"
12. Jh., aus lat. *(jubilare)* „Freudengeschrei ausstoßen".

jucher „sich auf eine Stange zum Schlafen setzen" (vom Geflügel); „sich einnisten"
12. Jh. *jochier*, norm. pik. *joquier*, seit dem 13. Jh., die heutige Form, afrz. auch in übertragener Bedeutung „nichts tun", „abwarten", vgl. dazu rouchi *joquer* „aufhören", „einhalten", pik., H. Norm. *jouquer* „sich niederlegen", wall. *joker* „hockend dasitzen", rouchi „aufhören", „zögern"; dazu afrz. *joc*, nfrz. *juc* „Hühnerstange", afrz. auch „Wagendeichsel", das dem Verbum zugrundeliegt; heute finden sich beim Verbum und Subst. *-ü*-Formen neben *-u*-Formen in ganz Nordfrankreich; *joucher* zu *jucher* ist im Südwesten lautgesetzlich, kann von hier aus in die Literatur und aus dem Vulgärfrz. wieder in die Mundarten getragen worden sein, vgl. die Doppelformen bei *jute, judelle*; eher aber liegt Kreuzung mit mundartlichem *hucher* gleicher Bedeutung vor, dieses aus fränkisch **hûkôn* zu mhdt. *hûchen* „kauern", „sich ducken", s. Brüch, ZRP 38, 697; FEW 16, 259; afrz. *jochier* ist Abl. von fränkisch **jok* zu gotisch *juk* „Joch Ochsen", vgl. auch ostfriesisch *jük* „Querholz zum Zusammenspannen zweier Stiere". Baist, ZRP 6, 425; Braune, ZRP 18, 513; REW 4611; FEW 16, 287; ALF 733; dazu seit dem 16. Jh. die Abl.

juchoir „Hühnersteige", vgl. auch *jocrisse.*
judaïque „jüdisch"
15. Jh., aus lat. *(judaicus).*
judas „Verräter", „Guckloch"
15. Jh., nach dem Namen des Verräters Christi, *Judas.*
judelle „gemeines Wasserhuhn"
ist in dieser Form B. Maine (neben *jodelle*) und berrich.; dazu im 16. Jh. *joudelle,* Anjou *jodelle,* auch *joserelle;* dazu *jôselle* „Kriekente", poitev. *jauzelle* dass.; wegen der *-ü-* Formen vgl. *jucher;* der Wechsel zwischen *-s-* und *-d-* weist auf eine Grundlage mit *-dz-* H. u.
judiciaire „gerichtlich"
14./15. Jh., aus lat. *(judiciarius).*
juge „Richter"
12. Jh., aus lat. *jūdĭce,* in der lautlichen Entwicklung von *juger* beeinflußt; vgl. auch die Konjunktivform *juge* für älteres *juzt* aus *jūdĭcet;* Diez 622; REW 4599.
**judicum* nach *medicum,* Bos, Rom. 19, 300; G. Paris, ebd. Anm. 6; oder nach Formen wie *veridicus,* Schuchardt, LGRP 8, 19, ist nicht wahrscheinlich, da spätlat. dieses **judicum* nicht belegt ist.
juger „urteilen"
10. Jh., aus lat. *jūdĭcare;* Diez 622; REW 4600.
juglandées „walnußartige Bäume"
19. Jh., ist Abl. von lat. *(juglans)* „Walnuß".
jugulaire „zur Kehle gehörig"
16. Jh., ist Abl. von lat. *(jugulum)* „Kehle".
juguler „unterbinden", „(ein Geschäft) vereiteln", „(eine Krankheit) unterdrücken"
13. Jh., aus lat. *(jugulare)* „die Kehle abschneiden" u. ä.; daher noch im 17. Jh. „erwürgen"; Flutre, Rom. 65, 494.
juif „Jude"
12. Jh. Nom. *juies,* Acc. *juieu;* nach letzterem das Fem. *juive,* von dem aus analogisch mask. *juif* gebildet wird; aus lat. *jūdaeus;* Suchier, ZRP 6, 438; REW 4598.
juillet „Juli"
13. Jh., für älteres, im 12. Jh. belegtes *juignet;* dieses ist dem. Abl. von *juin* „Juni", bedeutet also ursprünglich „kleiner Juni"; die literarische Form zeigt Kreuzung mit afrz. *juil* „Juli", dieses aus lat. *jūlius;* Merlo, Stag. 137; oder Rückanlehnung an lat. *(julius),* Dict. gén.; Diez 622; REW 4625.
juin „Juni"
12. Jh., aus lat. *jūnius;* REW 4625.
juiverie „Wucherhandel", „Ghetto"
12./13. Jh., ist Kollektivableitung von *juif* „Jude", s. d.
jujube „Brustbeere"
16. Jh., aus gr. ζίζυφον in nicht durchsichtiger lautlicher Entwicklung; dazu seit dem 16. Jh. die Abl. **jujubier** „Brustbeerbaum"; Diez 166; REW 9627; Bl.-W. 353.
julep „Erquickungstrank"
13./14. Jh., im 16. Jh. *julet, julé,* erst im 18. Jh. wieder mit *-p* gesprochen, aus arabisch *ǧulâb* „Rosenwasser"; Diez 166; REW 3952; Lam. 139.
julienne 1. „Nachtviole"
17. Jh. auch *juliane,* vgl. dazu Loiret, Eure-et-L. *juilenne,* Var *jouliano, joulieto, julia,* wall. *djoley* u. ä.; Zusammenhang mit *Jules, Julien, Julienne* ist wohl erst sekundär; es liegt vielleicht ein lat. **aviola* zu *avia* „Kreuzwurz" zugrunde, dazu die dem. Abl. **avioletta,* das lautgesetzlich zu *ajolette* und dann volksetymologisch an *joli* bzw. *Jules* angeschlossen wurde; vgl. Bl.-W. 353.
2. „Kräutersuppe"
18. Jh., in *potage à la julienne,* scheint den Taufnamen *Julienne* „Juliane" zu enthalten.
jumart „Bastard von Stier und Stute oder Esel und Kuh"
17. Jh., stammt aus dem Nprov., vgl. Alpes *jumèrri,* Rhône *gimerri,* Mars. *gemèrri* dass., dann „mit vorstehenden Unterzähnen", „widerspenstig", auch *choumarro, chimarro, jamerro, gimerro* wie frz. *jumart,* dann „hochgewachsenes Maultier", „widerspenstige Person"; alte Formen scheinen zu fehlen; Ausgangspunkt des Wortes ist Marseille, kommt von dort über lyon. *jeumarre* nach Paris, wo es zunächst als *jomar, jomor* „Zwitterzicklein" lebt; aus lat. *(chimaera)* bzw. gr. χίμαιρα „fabelhaftes, feuerspeiendes Ungeheuer, vorne Löwe, in der Mitte Ziege, am Ende Drache"; Diez 622; Spitzer ASSL 141, 263; FEW II, 636; Gardette. Festschr. Rohlfs 166.
Zusammenhang mit *jument,* Diez 22, ist nicht möglich.
jumeau „Zwilling", „gleichgelegen", „entsprechend"
12. Jh., aus lat. *gemellus* „zugleich geboren", „doppelt"; Diez 622; REW 3721; dazu seit dem 18. Jh. die Abl. **jumeler** „zwei ähnliche Dinge zusammenfügen".
jumelle s. *jumeau.*
jument „Stute"
13. Jh., bedeutet afrz. seit dem 12. Jh. bezeugt auch „Lasttier", daher heute die übertragene Bedeutung „Münzpresse"; aus lat. *jūmentum* „Lasttier", für das schon in der lex Salica auch die Bedeutung „Stute" bezeugt ist. Bertoni, AR 1, 420; REW 4613.
jumenteux „dick", „trübe" (vom Urin)
19. Jh., nach dem Dict. gén. medizinischer Ausdruck, zunächst in der Verbindung *urine jumenteuse* „Urin vom Aussehen des Urins einer Stute", also zu *jument,* s. d.
jungle „Dschungel"
18. Jh., über englisch *jungle* aus indisch *dschangal* „Wüste", „Sumpfwald". Littmann 121.
jupe „Weiberrock", „Schoß"
12. Jh., aus arabisch *ǧubba,* „baumwollenes

Unterkleid"; dazu seit dem 14. Jh. die dem. Abl. **jupon** „kurzer Frauenunterrock"; Diez 166; REW 3951; Lam. 265.

jurande „Amt der geschworenen Zunftmeister", „Zunft"
16. Jh., ist latinisierende Abl. von **juré** „Geschworener", „Zunftmeister"; dieses seit dem 12./13. Jh. bezeugt, ist Part. mit adj. Funktion von **jurer** „schwören", 12. Jh., aus lat. *jūrare* dass.; REW 4630.

juridiction „Rechtsprechung"
13. Jh., aus lat. *(jurisdictione).*

jurisprudence „Rechtswissenschaft"
17. Jh., aus lat. *(jurisprudentia).*

juriste „Schriftsteller der Rechtskunde"
14. Jh., aus mlat. *(jurista),* zu lat. *jus, juris* „Recht".

juron „gewöhnliche Art zu schwören", „Fluch"
16. Jh., ist Abl. von *jurer* „schwören", s. *jurande.*

jury „Geschworenenkollegium", „Sachverständigenausschuß"
18. Jh., aus englisch *jury;* dieses stammt selbst aus afrz. *juree* „Versammlung der Geschworenen", dieses Abl. von *juré* „Geschworener", vgl. *jurande.* Dict. gén.; Bl.-W. 354.

jus „Saft", „Brühe"
13. Jh., wird mfrz. und frühneufrz. *žü* gesprochen, daher seit dem 14. Jhd. die Abl. **juteux** „saftig", vgl. auch *juter;* aus lat. *jūs* „Brühe"; REW 4633.

jusant „Ebbe"
15. Jh. auch *jussant,* aus prov. *juzan* „unten"; dieses ist vorhistorische *-anus*-Abl. von prov. *jus* „unten", auch *jos,* die Form *jus* aus lat. *deorsum* „abwärts", gekreuzt mit *sus* „oben" aus lat. *sursum* „aufwärts"; Diez 622; REW 2567.

jusée „Lohbrühe"
18. Jh., ist Abl. von *jus* „Brühe", s. d.

jusque „bis"
10. Jh., afrz. auch *jesque, josque;* ist fälschlich losgelöst, aus afrz. *enjusque, enjesque, enjosque,* in dem *en* als Präposition gefaßt wurde; aus lat. *ĭnde ŭsque* „von da bis", Tobler, ASSL 94, 462; REW 4368; die Form *enjosque* dürfte die ursprüngliche sein, wie sich dazu *jusque* verhält, ist lautlich unklar; vgl. dazu *jus* neben *jos* unter *jusant, sur* neben *sor,* s. *sur;* das Wort wird im 16. Jh. *jûque* gesprochen; die Aussprache mit gesprochenem *-s-* in Anlehnung an die Doppelformen *presque* und *prêque, puique* und *puisque, lorque* und *lorsque,* in denen das gesprochene *-s-* ein afrz. *ce* wiedergibt, vgl. afrz. *pres que* neben *pres ce que* u. ä. P. Falk, Jusque et autres termes . . ., Uppsala, 1934; Gg. Syntax 313.
Jusque nicht *de usque,* Diez 622; daß das *-s-* in *jusque* ursprünglich nur graphisch ist, dann gesprochen wird, Rosset bei Brunot 4, 183, wird durch die Grammatikerzeugnisse des 16. Jhs. widerlegt.

jusquiame „Bilsenkraut"
13. Jh., aus lat. *(jusquiamus).*

jussion „Kabinettsbeschluß"
16. Jh., aus lat. *(jussione)* „Befehl".

justeaucorps „bis zu den Knien gehender Mannesrock"
17. Jh. *juste au corps,* s. die einzelnen Bestandteile.

juste „gerecht", „gerade"; adverbiell „genau", „richtig"
12. Jh., afrz. auch gelegentlich *just,* Nom. *juz,* bedeutet afrz. auch „fromm", aus lat. *(jūstus)* „gerecht".

justesse „Richtigkeit", „Genauigkeit"
17. Jh., ist Abl. von *juste,* s. d.

justice „Gerechtigkeit"
11. Jh., aus lat. *(jūstĭtia).*

justicier 1. „hinrichten"
12. Jh., ist Abl. von lat. *(justĭtia)* „Gerechtigkeit".
2. „Gerichtsherr"
12. Jh., ist Abl. von frz. *justice,* s. o.

justifier „gerecht machen", „rechtfertigen"
12. Jh., aus lat. *(justificare).*

jute „Jute-Hanf"
19. Jh., aus englisch *jute.* Dict. gén.

juter „Saft erzeugen"
19. Jh., ist Abl. von *jus* „Saft" mit der alten Aussprache *žü,* s. *jus.*
juteux s. *jus.*

juvénile „jugendlich"
15. Jh., aus lat. *(jŭvĕnīlis).*

juxtaposer „nebeneinanderstellen"
19. Jh., ist gelehrte Zusammenstellung von lat. *(juxta)* „daneben" und frz. *poser* „stellen".

K

ka-, s. auch *ca-*.
kakatoès s. *cacatois*.
kaki „Khaki“ (Stoff)
19. Jh., aus englisch *khaki*, auch „staubfärbig“, Bl.-W. 355.
kaléidoscope „Kaleidoskop“
19. Jh., gelehrte Bildung aus gr. (καλός) „schön“, (εἶδος) „Anblick“ und (σκοπεῖν) „ansehen“.
kali „Kali“
18. Jh., aus arabisch *(al-)qali* „Kalikraut“; s. auch *alcali;* Littmann 86.
kalpack s. *colback*.
kamichi „gehörntes Straußhuhn“
18. Jh., aus der Sprache der Galibis Guayanas; Friederici, ZFSL 56, 34; Dict. gén.
kandjar „zweischneidiger Dolch“
17. Jh., aus arabisch *(al-)ḫanǧar* „Messer“, „Dolch“, s. auch *alfange;* Lam. 11, 142.
kanguroo „Känguruh“
auch *kangourou*, 19. Jh., stammt aus einer Einheimischenmundart Australiens; Littmann 135.
kaolin „Porzellanerde“
18. Jh., aus chinesisch *kao-ling* „hoher Hügel“. Dict. gén.
kapok „Pflanzenwolle“
17. Jh., letzten Endes aus dem Malaiischen; Bl.-W. 355.
karata „Ananasart“
17. Jh., zunächst im Portugiesischen Brasiliens, dann im Spanischen Südamerikas aus dem Tupi-Guarani; Friederici, ZFSL 56, 35.
kayak „Kajak“
19./20. Jh., aus der Sprache der Eskimos; Bl.-W. 355.
keepsake „Album mit Bildern“ u. ä.
19. Jh., aus englisch *keepsake* „Andenken“.
képi „Soldatenkappe“
19. Jh., aus deutschschweizerisch *käppi;* Bl.-W. 355.
kermès „Art Schildlaus“
16. Jh., aus arabisch (persisch) *qirmiz*, s. auch *cramoisi*. Lam. 265.
kermesse „Kirchweihfest“
14. Jh., aus mndl. *kerkmesse;* Valkhoff 176; Dict. gén.
ketmie „Eibisch“
18. Jh., aus nlat. *(ketmia)*, das aus arabisch *ḫaṭmî, ḫiṭmî* stammt. Dict. gén.

khan „Art Karawanserai“
16. Jh., aus arabisch-persisch *khân;* Bl.-W. 355.
khédive „Kedive“
19. Jh. aus russisch-türkisch *khediw* „König“, „Herrscher“.
kilo- „Tausend“
in Zusammensetzungen, aus gr. χίλιοι „tausend“.
kimono „Kimono“
19. Jh., aus dem Japanischen; Bl.-W. 355.
kinine s. *quinine*.
kinkajou „Greifschwanz“
17. Jh., angeblich aus einer Einheimischenmundart Amerikas. Dict gén.
kiosque „Gartenhaus“, „runde Verkaufsbude“
17. Jh., aus (pers.) türkisch *(kûšk), kjöšk*. Lam. 143.
kirsch-wasser „Kirschwasser“
18. Jh., aus dem Neuhochdt.
klaxon „Hupe“
20. Jh., nach dem Namen der amerikanischen Firma, die die ersten solcher Hupen erzeugte; Bl.-W. 355.
klephte s. *clephte*.
kleptomanie „Kleptomanie“
19. Jh., gelehrte Bildung zu gr. κλέπτειν „stehlen“ und μανία „Wahnsinn“.
knout „Knute“
17. Jh., aus russisch *knut*.
kola „Kola“
in *noix de kola;* 19. Jh., aus einer Mundart des Sudans; Bl.-W. 356.
koran s. *coran*.
kouan „Karminkörnchen“
18. Jh., aus arabisch *ḥun'ân*, d. i. Plural von *ḥinnâ'*, s. *henné*, vielleicht über türkisches, aus dem Arab. entlehntes *qyna* „alkanna tinctoria“, das einen purpurroten Farbstoff liefert (Haffner).
kynancie s. *esquinancie*.
krach „Börsenkrach“, „Pleite“
seit den achtziger Jahren aus dt. *krach*; Bl.-W. 356.
kyrielle „Litanei“
13. Jh., aus gr. (κύριε ἐλεῖσον) „Herr, erbarme dich“.
kyste „Zyste“
16. Jh., aus gr. (κύστις) „Blase“.

L

la 1. „die"
ist Schwachtonform aus lat. *ĭlla* „jene", vgl. *le.*
2. „a" (Ton und Saite in der Musik)
13. Jh., aus ital. *la;* dieses willkürlich gebildet aus der Anfangssilbe von *labium* im Verse *Solve polluti labii reatum* der unter *fa* erwähnten Hymne. Dict. gén.

là „dort"
11. Jh., afrz. auch *lai* aus lat. *ĭllāc* „da", „dort"; REW 4265.

labarum „Kreuzesfahne"
16. Jh., aus lat. *(labarum),* dieses Latinisierung von gr. λάβυρον, das selbst aus lat. *laureum (vexillum)* „Lorbeerstandarte" stammt, Kahane, RDiR 26, 136.

labeur „lange Arbeit"
12. Jh., gilt im 17. Jh. als veraltet, Br. 4, 257, ist halbgelehrt entwickelte Form von lat. *(lăbōre)* „Arbeit", vgl. *labourer,* s. G. Keel, laborari und operari im Lat. und Gallorom., Bonn, 1942.

labial „Lippen-"
17. Jh., ist Abl. von lat. *(labium)* „Lippe".

labile „hinfällig"
14. Jh., aus lat. *(labilis).*

laborieux „arbeitsam"
12./13. Jh., aus lat. *(laboriosus).*

labour „Feldarbeit"
12. Jh., ist postverb. Subst. von afrz. *labeure-labourer,* vgl. boulogn. *je labère — os labourons,* heute **labourer** „Feld bestellen", 10. Jh., afrz. allgemein „arbeiten", aus lat. *(lăbōrare)* dass.; REW 4810; vgl. *labeur* Gg. Bed. 143.

labre „Lippe", äußerster Rand von Weichtieren"
18. Jh., aus lat. *(labrum)* „Lippe".

labyrinthe „Labyrinth", „Irrgarten"
15. Jh., aus lat. *(labyrinthus).*

lac „See"
12. Jh., für volkstümlich entwickeltes *lai,* aus lat. *(lăcus).*

lacer „verschnüren", „festbinden"
12. Jh., aus lat. *lăqueare* „verschnüren"; REW 4907; vgl. *lacet.*

lacérer „zerfetzen"
14. Jh., aus lat. *(lacerare).*

laceret „Zapfenbohrer", „Drehnagel"
13. Jh. *loceret,* die heutige Form in Anlehnung an *lacet* und Sippe, ist *-ariceus*-Abl. von afrz. *loce,* heute *losse,* auch *lousse* „Zapfenbohrer", bedeutet also der Bildung nach „bohrerartiger Gegenstand"; *losse* lebt hauptsächlich im Zentrum und Südosten, so burg., Aunis, Morv., Champ., dazu in norm. pik. Form **louche** „Spundbohrer", das in dieser Form in die Wörterbücher gedrungen und von *louche* „Löffel" zu trennen ist, s. *louche* 2. Frz. *losse* zu nhdt. *loch, lochen,* Dict. gén., ist lautlich nicht möglich und begrifflich schwierig, da ahdt. *loch,* agls. *loc* „Verschluß" bedeutet; daher auch kaum fränkisch **lŭkja,* Brüch, ZRP 39, 200 f.

lacerie „feines Korbgeflecht"
18. Jh., ist Abl. von *lacer,* s. d.

laceron „Gänsedistel"
14. Jh., dafür 11. Jh. *laiteron,* beides Abl. von lat. *lac* „Milch"; vgl. dazu spätlat. *lactaria,* Bambeck 31, da die Pflanze milchigen Saft enthält; *laceron* ist Weiterbildung von afrz. *lasson,* so heute u. a. lothr.; dieses ist vorhistorische Abl. von lat. *lacteus* „milchig", vgl. im 6. Jh. *herba lactea* „Wolfsmilch"; Horning, ZRP 32, 365 f.; REW 4829; Roll. Fl. 7, 166; Bl.-W. 357.

lacet „Schnürband", „Tauschleife" u. ä.
13. Jh., ist dem. Abl. von afrz. *laz,* heute etymologisierend **lacs** geschrieben, „Schleife" u. ä., in der gleichen Bedeutung im 13. Jh. *laceron,* mit dem Deminutivsuffix *-eron* abgeleitet; aus lat. *lăqueus* „Schlinge"; Diez 186; REW 4909.

lâche „schlaff", „feige"
12. Jh., ist postverb. Adj. von **lâcher** „nachlassen", 12. Jh. *laschier* aus vlat. **lascare,* älter *laxĭcare,* das bei Oribasius belegt ist, s. ZFSL 57, 128, dieses Intensivform von *laxare* dass., vgl. *laisser.* G. Paris, Rom. 8, 448. Germ. **lask* zu anord. *lǫskr* „schlaff", Gröber, ALL 3, 510; Brüch 80; Speich, ZRP 33, 297; REW 4918, ist schwierig, da die germ. Sippe, die außer durch das anord. Wort nur durch nhdt. mundartlich *lasch* gestützt ist, vermutlich selbst aus dem Romanischen stammt, vgl. Kluge s. v.; *lâcher* unmittelbar zu *laxare,* Diez 188, ist nicht möglich; wegen der lat. belegten Form auch nicht zu **lassicare,* d. i. Abl. von *lassare* „ermüden", Tilander, Stud. Neoph. 19, 310, vgl. REW 4918. Dazu seit dem 12. Jh. die Abl. **lâcheté** „Feigheit".

lacier „Trichternetz"
14. Jh. auch *lacière,* ist Abl. von afrz. *laz* „Schlinge", s. *lacet.*

lacinié „geschlitzt"
17. Jh., aus lat. *(laciniatus)* „mit Streifen besetzt".

lacis „netzförmiges Gewebe", „Netzgestrick"
12. Jh. *lacëis,* ist kollektivische Abl. *(-aticium)* von *lacer* „verschlingen", s. d.

laconique „lakonisch"
16. Jh., aus lat. *(laconicus).*

lacrymal „Tränen-"

13./14. Jh., ist Abl. von lat. *(lacryma)* „Träne".
lacs s. *lacet.*
lacté „milchig"
14. Jh., aus lat. *(lacteus),* vgl. *laceron.*
lacune „Lücke", „kleine Höhlung"
16. Jh., aus lat. *(lacūna)* „Vertiefung" „Loch".
lacustre „den Landseen angehörig"
16. Jh., aus lat. *(lacustris).*
lad „Bursche"
19. Jh., z. B. Lehrling in Rennställen, aus engl. *lad,* dass.; Bl.-W. 358.
ladanum „Ladanum"
13./14. Jh., aus lat. *(ladanum),* vgl. *laudanum.*
ladre „aussätzig"
dann in *tache de ladre* u. ä. „unbehaarte Stelle der Pferdehaut", 12. Jh. *lasdre* „aussätzig", aus dem zum Appellativum gewordenen biblischen Eigennamen *Lazarus;* im Mittelalter werden die Leprakranken *Lazari* genannt, im Anschluß an das Evangelium Johannes II, 1, 44, der erzählt, wie der Bruder Marias und Martas, Lazarus vom Tode aufgeweckt wurde. Die Leprakranken wurden vom 4. Jh. an als lebende Leichname angesehen, Kahane, RDiR 26, 133; Bl.W. 358; Diez 190; REW 4958; dazu seit dem 16. Jh. die Abl. **ladrerie** „Aussatzspital" va.; „Aussatz"; vgl. auch *lazaret.*
lagre „Lagerblatt auf der Streckplatte" (Glasfabrikation)
18. Jh., aus nhdt. *lager;* Behrens, DS 86.
lague „Kielwasser", „Wasserlache"
17. Jh., ist verschmolzen aus dem Artikel *l'* und prov. *agua* „Wasser", s. *eau.* S. V.
lagune „Lagune"
17. Jh., aus ital. *laguna,* dieses aus lat. *lăcūna* „Lache", „Senkung"; REW 4835.
lai 1. „weltlich", „Laie"
12. Jh., bedeutet afrz. auch „unwissend", aus lat. *lāĭcus* „zum Volke gehörig", „gemein", dann „Laie".
2. „Lai" (erzählendes Gedicht, meist mit keltischen Stoffen)
12. Jh., aus irisch *laid,* dessen spirantisches *-d-* wahrscheinlich schon im 12. Jh. *-j-* geworden war; Arbois de Jubainville, Rom. 8, 422 ff.; Suchier, Misc. Ascoli 72 f.; Thurn. KR 103; Diez 623; REW 4854; s. weitere Literatur TL V, 45.
Auch kymrisch *llais* „Stimme", „Ton" < **lleis* ist nicht ausgeschlossen, da *-ai-* im Altfrz. des 12. Jh. als *-ei-* zu lesen ist, aber der kymr. Bedeutung wegen nicht wahrscheinlich; zu agls. *lác* „Spiel", „Kampf", „Beute", gotisch *laiks* „Tanz", G. Paris, Rom. 14, 606, ist begrifflich und lautlich schwierig.
laïc s. *laïque.*
laîche 1. „Lieschgras"
11. Jh. *lesche,* 13. Jh. in der pik. Form *leske,* aus fränkisch **lĭska,* das als *lisca* in den Reichenauer Glossen belegt ist, zu ahdt. *liska* „Farnkraut"; Diez 194; REW 5082; Kluge, AR 6, 235; kaum schon westgerm. Entlehnung, Brüch 87; mit nicht entscheidenden Gründen abgelehnt, Jud, VR 5, 292; s. Wartburg, Festschr. Jud, 336 f.
Nach Bl.-W. 358 vorhistorischer Herkunft.
2. „Angelwurm"
19. Jh., verschmolzen aus dem Artikel und afrz. *esche* „Köder", s. *achée.*
laid „häßlich"
11. Jh., afrz. *lait* „widerwärtig", „häßlich", „mürrisch" u. ä., aus fränkisch *laid* „widerwärtig", „verhaßt" zu ahdt. *leid* dass.; Diez 186; REW 4855; 13. Jh. **laideur** „Häßlichkeit"; afrz. seit dem 12. Jh. *laidir* „schmähen", „beschimpfen"; seit dem 12. Jh. *laidure* „Beschimpfung", „Unrecht" u. ä.; seit dem 16. Jh. **laideron** „häßliches Weib, Mädchen"; FEW 16, 439.
laie 1. „Bache", „Lehne"
12. Jh., ist als *leha* im Cap. de villis belegt, dazu im Polypt. Irminonis 9, 158 und sonst *leare* „Ferkel", aus fränkisch **lêha* zu mhdt. *liehe* „Wildsau"; Diez 623; Kluge, SAHeidelberg 6, 10, 7; Baist, Interpr. Brevium Exempla 29; Winkler, ZRP 38, 563; Jud, Rom. 46, 400; REW 4973; FEW 16, 455.
2. „Wildbahn", „Waldsteig"
13. Jh., scheint ursprünglich die zum Fällen bezeichneten Bäume eines Forstes, dann die nach dem Fällen enstandene Lichtung bezeichnet zu haben; daher die Abl. *laier,* 14. Jh., heute **layer** „die zum Fällen bestimmten Bäume bezeichnen"; *laie* ist dann postverb. Subst. von afrz. *laier* „übriglassen", vgl. das entsprechende zu *laisser* gehörige *lais* „Laßreis"; wegen afrz. *laier* vgl. *délai.*
Zu fränkisch **laida,* der Entsprechung von agls. *lád* „Weg", „Reise", „Fahrt", vgl. mlat. *leda* bei Diez 623; REW 4856, FEW 16, 438, ist lautlich schwierig, da *-d-* nach diphthongischem *-ai-* nicht geschwunden wäre, ein spätfränkisches **lêda* aber afrz. **loie* oder **lie* ergeben hätte; s. wegen der Lautentwicklung *laid,* ferner Gg., RGI, S. 240.
3. „Windlade in der Orgel", „Trog, in dem die Wein- und Öltrester ausgepreßt werden"
14. Jh., aus mndl. *laeye* „Lade"; dazu seit dem 14. Jh. die dem. Abl. *laiette* „Schublade", heute **layette** „Säuglingsausstattung" u. ä.; wegen der Bedeutungsentwicklung s. Gg. Bed. 140; Diez 625; REW 4849; Behrens DS 88.
4. „Zahnhammer der Steinmetzen", „Zahnstreifen"
17. Jh., ist postverb. Subst. von **layer** „mit dem Zahnhammer bearbeiten", das begriffliche Weiterbildung von *layer* „die Laßreiser mit dem Waldhammer zeichnen" ist, s. *laie* 2

laine „Wolle"
12. Jh., aus lat. *lāna;* REW 4875.

laïque „Laien-", „Laie"
13. Jh., aus lat. *(laicus);* vgl. *lai* 1.

lais „Laßreis"
15./16. Jh., ist eins mit afrz. *lais* „Hinterlassenschaft", s. *legs* und *laie* 2.

laisse 1. „Koppelriemen"
12./13. Jh., ist postverb. Subst. von *laisser* in der Bedeutung „(den bisher kurz gehaltenen Hund) an der Koppel locker lassen", also aus Verbindungen wie *laisser le chien,* nfrz. *laisser suivre le chien* „dem Spürhund das ganze Leitseil zur Verfolgung nachlassen" losgelöst, vgl. schon lat. *laxare canes;* oder unmittelbar aus lat. *(funis) laxa* „lockerer Strick"; Diez 623 f.; REW 4955.
2. „Laisse" (durch die Assonanz zusammengehaltene Teile eines afrz. Epos) 12./13. Jh., afrz. „Absatz, Tirade einer Dichtung u. ä., die ohne Unterbrechung vorgetragen wird", seit dem 19. Jh. die heutige spezialisierte Bedeutung; dazu afrz. *d'une laisse* „in Übereinstimmung" u. ä.; ist vermutlich eins mit *laisse* „Schnur", „Koppelriemen", nach dem Bild der Schnur, an der gleiche Perlen, Kugeln = Versen aufgereiht sind. Nicht halbgelehrtes lat. *lectio,* Sahlin, Stud. Neoph. 11, 141; Lerch, Rom. Jb. 3, 155.
3. „Meeresauswurf", „Wildexkremente"
12. Jh., bedeutet afrz. allgemein „Überbleibsel", d. i. postverb. Subst. von *laisser* „übrig lassen", s. d.; vgl. auch *lais.*

laisser „nachlassen", „übrig lassen", „lassen"
10. Jh., aus lat. *laxare* „nachlassen", „loslassen", seit dem 6. Jh. auch allgemein „lassen", Diez 188; REW 4955; Compernass, Glotta 8, 111.

lait „Milch"
12. Jh., aus vlat. *lactis, lacte* für lat. *lac, lactis;* REW 4817; Bambeck 31.

laitance „Milch der männlichen Fische"
1300, in der gleichen Bedeutung seit dem 14./15. Jh., auch **laite,** ist Abl. von *laité* „Milchner" bzw. afrz. *laitier* „Milch geben", d. i. Abl. von *lait* „Milch", s. d.

laiterol „Ausflußloch für Metallschlacke"
19. Jh., ist Abl. von **laitier** „Glasschaum", „Metallschlacke", 17. Jh., über **letier* auch *litier.* Dieses mit Suffixwechsel aus mfrz. *laitel* dass., d. i. *-ale-*Abl. von *lait* „Milch", bedeutet also der Bildung nach „milchartiger Gegenstand".
laiteron s. *laceron.*

laiteux 1. „milchig", „milchfarbig"
14./15. Jh., ist Abl. von *lait,* s. d.
2. „vom Milchner befruchtet"
19. Jh., ist Abl. von *laite* „Milch der männlichen Fische", s. *laitance.*
laitier s. *laiterol.*

laiton „Messing"
13. Jh., vgl. dazu ital. *lattone, lottone,* daraus schriftsprachig *ottone,* spanisch *laton,* katal. *llauto,* arabisch-türkisch *lâtûn* „Kupfer", s. 852 hispanisch *allaton,* katal. *llautò,* prov. *laton;* ist einmal mit dem arabischen Artikel *la* in Spanien romanisiert worden, ein zweites Mal, ohne Artikel, über Süditalien vorgedrungen; Steiger, VR 10, 36; Bl.-W. 359.
Zu afrz. *latte,* Diez 230; REW 4933 ist lautlich und begrifflich schwierig; ital. *latta* „Blech" ist von *lattone* beeinflußt.

laitue „Lattich"
12. Jh., aus lat. *lactūca;* REW 4833.

laize „Breite eines Zeuges"
12. Jh. „Breite", aus vlat. **lātia* zu lat. *latus* „breit", s. *alèze;* REW 4926.

lama 1. „Buddhapriester"
18. Jh., stammt aus dem Tibetanischen. Littmann 127.
2. „Lama", „Schafkamel"
18. Jh., aus amerikanisch-spanisch *el* und *la llama,* Friederici 58, 136, dieses aus quechua *llama* „Herde", „jedes größere vierfüßige Tier"; Lenz 444 f.

lamanage „Lotsengewerbe"
14. Jh., ist Abl. von *laman,* seit dem 16. Jh. mit dem Personen bezeichnenden Suffix *-eur* einreihend erweitert **lamaneur** „Lotse", aus agls. *lâdmann* „Führer", „Geleitsmann", vgl. Behrens, ZRP 26, 659; REW 5106; Barbier, Festschr. Gr. Ritchie, 1949; Bl.-W. 389; vgl. *locman.*

lamantin „Seekuh"
17. Jh., ist volksetym. nach *lamenter* umgestaltetes spanisches *manaté,* das zunächst mit dem Artikel **lemanaté* wurde; das spanische Wort ist Indianerwort, aus dem Karaibischen, wo *manatí* die weibliche Brust bezeichnet, welche dieses Tier kennzeichnet; vgl. bei den Insel-Karaiben *manattoüi* „Seekuh". Friederici 59; König, ZRP 58, 397.

lambeau „Lappen", „Lumpen"
13. Jh. *lambel,* neben *label,* afrz. „Franse", „Stoffstreifen", „Halskragen der Rüstung", „Streif am Wappenschild", TL 5, 19, ist vorhistorische Abl. von fränkisch **labba* zu ahdt. *lappa* „niederhängendes Stück Zeug"; die alte Obliquusform lebt in **lambel** „Tournierkragen"; Brüch, ZRP 38, 700; FEW 16, 431, vgl. REW 4864.
**lambellus* zu lat. *lamberare* „zerlecken", Ascoli, ZVS 16, 123, ist als Ansatz unwahrscheinlich und erklärt afrz. *label* nicht; auch nicht zu *labrum,* s. *lèvre,* Diez 624; wegen des *-m-*Einschubs vgl. *lambris, lambruche, lamper.*

lambin „Trödler", „Faulpelz", „Art Maikäfer"
16. Jh., dazu seit dem 17. Jh. **lambiner** „die Zeit vertrödeln", vgl. dazu Guernesey *laminair,* gehört zu den unter *lantiponner, lanterner, lendore* angeführten Wörtern ähnlicher Form und Bedeutung; im Einzelnen ist der

Gang der Umgestaltungen nicht mehr festzustellen; nach Bl.-W. mit Suffixwechsel aus *lambeau*?
Zu deutsch *lampen* „herabhängen", Schuchardt, ZRP 26, 585, ist historisch nicht gerechtfertigt.

lambourde „Stützbalken", „Pfropfreis mit einer Trageknospe am Ende", „unterste Steinbank in einem Steinbruch"
13. Jh., die gemeinsame Grundbedeutung ist vermutlich „Träger", zu afrz. *bourde* „Stange", s. *bourde* 2; das erste Glied zu afrz. *laon* „Brett", „Planke", s. *long* 2, Bloch, ZFSL 53, 30; Bl.-W. 359; setzt eine unmögliche Zusammensetzung voraus.

lambrequin „Helmdecke", „Zacken-, Bogenbehänge"
15. Jh., aus einem ndl. *lamperkijn* zu ndl. *lamper* „Schleier". Diez 624; REW 4872; Valkhoff, Neophil. 19, 243.

lambris „Deckengetäfel", „Schalwerk"
14. Jh. *lambrus;* beide Formen vereinigen sich unter einem ursprünglichen *lambruis* bzw. gallorom. **lambrūscum* „Vertäfelung", das von einem gallorom. **lambrūscare* „vertäfeln", im 12 Jh. *lambruschier* dass. rückgebildet ist; dieses ist Abl. von gallorom. **lambrūsca* für lat. *labrūsca* „wilde Rebe", bedeutet also der Bildung nach „wie die wilde Rebe einhüllen"; vgl. *lambruche;* afrz. *lambrois* ist mit Suffixwechsel aus *lambruis* gebildet; nfrz. **lambrisser** „austäfeln" für das alte *lambruschier* ist Neuableitung von *lambris;* REW 4814; FEW 5, 108.
Nicht zu lat. *lamina* „Brett"; vgl. *lame,* Diez 624; auch nicht lat. *ambrices* „Dachsparrenleiste", ebd. abgelehnt; auch nicht lat. *imbrex* „Hohlziegel", *imbricare* „hohlziegelartig legen", Gröber, ALL 3, 275, die alle lautlich nicht entsprechen.

lambruche „wilde Rebe"
15. Jh. lebt namentlich im Süden und Südosten, vgl. aber *lambris;* aus vlat. **lambrūsca* für lat. *labrusca* dass.; Diez 187; REW 4814; Roll. Fl. 3, 189 ff.; FEW 5, 108.
lambrusque s. *lambruche.*

lame „Klinge"
11. Jh., aus lat. *lamina, lamna* „Blatt", „Klinge", „Barre" u. ä.; Diez 187; REW 4869.

lamelle „Lamelle", Plättchen"
15. Jh., aus lat. *(lamella);* vgl. *alumelle.*

lamenter „jammern"
13. Jh., aus lat. *(lamentare);* das eigentliche afrz. Wort ist seit der ersten Hälfte des 12. Jhs. bezeugtes *gaimenter,* d. i. Kreuzung von germ. **wai* „wehe" und *lamentare.*
Wegen des späten Auftretens nicht volkstümlich entwickeltes *lamentare,* REW 4867; Bl.-W. 359.
lamentin s. **lamantin.**

lamie „kinderfressendes, weibliches Nachtgespenst", „langnasiger Haifisch"
16. Jh., aus lat. *(lamia)* in beiden Bedeutungen.

lamier 1. „Klingenmacher"
18. Jh., ist Abl. von *lame* „Klinge", s. d.
2. „Taubnessel"
19. Jh., ist Abl. von lat. *(lamium)* dass.; der volkstümliche Ausdruck ist *ortie blanche.*

laminer „plätten", „walzen"
16. Jh., ist Abl. von lat. *(lamina)* „Barre", s. *lame.*

lampadaire 1. „Lampenträger"
18. Jh., aus lat. *(lampadarius).*
2. „Lampengestell"
18. Jh., aus mlat. *(lampadarium)* zu lat. *lampada* „Lampe", s. *lampe.*

lampant „helleuchtend"
18. Jh., aus nprov. *lampan,* d. i. Part. von nprov. *lampà* „wie der Blitz leuchten", s. *lampe.*

lampas 1. „Gurgel", „Anschwellung des Gaumens bei Pferden"
12./13. Jh. als Pferdekrankheit bezeugt, heute Mons „Zäpfchenschwellung beim Pferde", pik. „Zäpfchen", burg., morv. „Gaumen", vgl. daraus entlehntes englisches *lampasse* „mit heraushängender Zunge"; das Wort scheint zu *lamper* „schlürfen" u. ä. zu gehören, doch ist die Bildung morphologisch unverständlich; vgl. FEW V, 173.
2. „gemaltes ostindisches oder chinesisches Seidenzeug"
18. Jh. auch *lampasse,* ist im 13. Jh. als *lampascum* bezeugt, das an mlat. *damascum,* s. *damas,* erinnert; H. u.

lampe 1. „Lampe"
12. Jh., aus lat. *lampăda;* REW 4870.
2. s. *hampe* 2.

lamper „eine große Menge Flüssigkeit auf einen Zug einschlürfen"
17. Jh., gilt im 17./18. Jh. als burlesk, Br. 4, 343, ist Nebenform von *laper,* mit Nasalierung wie in *lambeau, lambruche* u. ä.; vgl. auch *lampas.*

lamperon „Dille einer Lampe"
16. Jh., ist dem. Abl. von *lampe* 1.
lampier s. ***frelampier.***

lampion „Lämpchen"
16. Jh., aus ital. *lampione,* d. i. dem. Abl. von *lampa* „Lampe", s. *lampe* 1.

lampiste „Lampenverkäufer", „Lampenwärter"
19. Jh., ist Abl. von *lampe* 1.

lampon „Art Trinklied"
17. Jh., nach dem Kehrreim dieser Lieder *lampons* „saufen wir tüchtig". Dict. gén.

lamprillon „Querder" (Fisch)
16. Jh., mit Suffixwechsel aus älterem *lampreion;* dieses seit dem 14. Jh., ist dem. Abl. von afrz. *lampreie,* heute **lamproie** „Lamprete", 12. Jh., aus gallorom. *lampreda,* das Ende des 8. Jhs. zuerst bezeugt ist; vgl. dazu

späteres in Glossen bezeugtes *lampetra*, das Anlehnung an *lambere* „lecken" und *petra* „Stein" zeigt; *lampreda* ist selbst schon volksetym. umgestaltetes älteres *naupreda*, so im 5. Jh. bei Polemius Silvius, *nauprida* bei Anthimus (während *nacopretis*, *nocopretis* in Glossen wohl verschrieben ist); Herkunft ist unsicher, vielleicht gallisch; Thomas, Rom. 36, 96; Rom. 35, 186; Schuchardt, ZRP 30, 724; ALL 3, 262; Diez 187; REW 4873; FEW V, 146.

lampsane „Ackersenf"
16. Jh., aus lat. *(lapsana, lampsana)*.

lampyre „Leuchtkäfer"
19. Jh., aus lat. *(lampyris)*.

lance „Lanze", „Harpune", „Spatel"
11. Jh., afrz. auch als Entfernungsmal, aus lat. *lancea* „Lanze"; REW 4878.

lancéole „Art Wegerich" va.; „Geschlechtsorgan der Pflanze"
16. Jh., aus lat. *(lanceola)* „kleine Lanze"; dazu **lancélée** „Spitzwegerich", mlat. *(herba) lanceolata*, d. i. „mit *lanceolae* versehene Pflanze", Bambeck, 32.

lancepessade s. *anspessade*.

lancer „schleudern", „loslassen"
12. Jh., aus lat. *lanceare* „die Lanze schwingen"; REW 4879.

lanceron „junger Hecht"
15. Jh., ist Weiterbildung von älterem seit dem 13. Jh. belegten **lançon**, dieses aus vlat. **lanceone* zu lat. *lancea* „Lanze"; vgl. wegen des zugrunde liegenden Bildes *brochet*, *filardeau*; Barbier, RDR 1, 439; REW 4878.

lancette „Lanzette", „Grabstichel" u. ä.
12. Jh., ist dem. Abl. von *lance*, s. d.

lancière „Ablauföffnung"
12. Jh., muß der Bildung nach von einem nicht belegten abstrakten **lance* „das Herabstürzen (des Wassers)" sein, zu *se lancer* „stürzen" (vom Wasser); vgl. *lancis*.

lancinant „reißend" (vom Schmerz)
16. Jh., aus lat. *(lancinante)* zu *lancinare* „zerfleischen".

lancis „Ausbesserung einer Wand durch Hineinschlagen von Bruchstücken"; „Bruchsteine zum Ausbessern"
12. Jh. *lancëiz*, adj. „ungestüm", „vorwärts stürmend" (vom Pferd), substantivisch „Schleudern", „Gewerfe", TL V, 121, ist **-aticium**-Abl. von *lancer*, s. d.

lançon s. *lanceron*.

landau „leichter Reisewagen"
19. Jh., nach der Stadt *Landau* in der bayrischen Pfalz. Dict. gén.; Behrens, DS 64.

lande „Heide", „Steppe"
12. Jh., aus gallisch **landa* zu bret. *lann* „Heide" u. ä.; Diez 187; Thurn. KR 65; REW 4884; Dottin 264; FEW V, 158.

landgrave „Landgraf"
13. Jh., aus dt. *Landgraf*; Behrens, DS 39.

landier „großer, eiserner Feuerbock"
12. Jh. *andier*, die literarische Form infolge Verschmelzung mit dem Artikel, ist in Glossen als *andena*, im Cap. de villis als *andedus* belegt, s. Winkler, ZRP 37, 543, doch dieses wohl aus **andēnus* verschrieben, das durch *andain*, 14. Jh., als lebend gesichert ist; der „Feuerbock" besteht in historischer Zeit aus einer Metallunterlage mit Vorrichtung zur Hebung des Brennmaterials, die in der Volksphantasie als Tier erschien. Dem frz. Wort liegt daher wohl ein gallisches **andĕra* „Kuh" zugrunde, das schon von den Galliern zur Bezeichnung des Feuerbocks gebraucht worden sein muß, da es in der ursprünglichen Bedeutung im Gallorom. nicht mehr nachweisbar ist, vgl. dazu kymrisch *anner* „Färse", irisch *ainder* „junge Frau". Gallisch *andĕra* wurde grom. zu **andĕrra*, da *ĕ* vor einfacher Konsonanz im Grom. nicht besteht, Meyer-Lübke, ZRP 30, 422, dazu als Neubildung grom. **anderros*, das mit Suffixwechsel afrz. *andier* zugrunde liegt; die Glossenform *andena* zeigt Anlehnung an *catēna*, s. *chaîne*. Meringer, IF 16, 138; ZRP 30, 416; REW 449; FEW I, 94; Benoit, ZRP 44, 385 ff.; vgl. auch ASSL 151, 139 ff.
Zu lat. *ambitus* „Einfassung", Horning, ZRP 29, 526, über **ambitarius*, oder **amitarium* zu *ames* „Querholz", Förster, ZRP 23, 422 f., oder **limitarium*, Salvioni, ZRP 23, 514, ist lautlich nicht möglich.

landwehr „Landwehr"
16. Jh., aus dt. *Landwehr*; Behrens, DS 21.

laneret „Männchen einer Falkenart"
14. Jh., ist, da das Männchen kleiner ist als das Weibchen, mit dem Deminutivsuffix *-ittus* abgeleitet von **lanier** „Weibchen des *laneret*" 12. Jh. *faucon lanier*, auch prov. *falco(n) lanier*, Baldinger, ZRP 81, 367; vlat. **lanarius* für *laniarius*, das lat. für den „Blaufuß" (Falkenart) bezeugt ist, Baist, ZFSL 13, 2, 187; Diez 188; dieses gehört zu *laniare* „zerfleischen" bzw. lat. *laniarius* „Fleischer".
Die lautlichen Bedenken von G. Paris, Rom. 12, 100 sind nicht berechtigt, da bei dem Übergang von *laniarius* zu **lanarius* eine auch sonst zu beobachtende Dissimilation vorliegt. Zu *lanarius* „Wollarbeiter", frz. *lanier* dass., weil die Arbeit der Wollarbeiter im Mittelalter des Mannes nicht würdig erschien, daher afrz. *lanier* „feige", und weil der „Blaufuß" sanftmütig und wenig angriffslustig sei, wäre *lanier* „feige" als Epithet zu *falco* gesetzt worden, FEW V, 150, baut auf unbeweisbaren Hypothesen auf; sicher ist nur, daß volksetym. *lanarius* „Wollarbeiter" mit **lanarius*, dissimiliert aus *laniarius*, in Zusammenhang gebracht wurde; *lanier* „feige" ist nordfrz. lautgesetzliche Entwicklung aus **lenarius*, zu *lenis* „weich", „sanft",

vgl. *ramer* aus *remare, glaner* aus *glenare,* usf.; wegen der Bildung **lenarius,* auf persönliche Eigenschaft bezogen, für *lenis,* s. *plenus* neben *plenarius, altus* neben **altarius* (ital. *altiere), primarius* neben *primus, *leviarius* zu *levis* usf.; s. auch Gg. Bed. 107; auch nicht zu *anas, anate* „Ente“, Lindfors-Nordin, ZFSL 60, 165.

langage „Sprechart“, „Sprache“
12. Jh., ist kollektivische Abl. von **langue** „Zunge“, „Sprache“, 11. Jh., aus lat. *lĭngua;* REW 5067; Hans Georg Koll, Die frz. Wörter *langue* und *langage* im Mittelalter, Diss., Köln, 1958.

lange „Windel“, „Tuchlappen“
12. Jh., ist afrz. auch adj. „aus Wolle“, subst. „Wollstoff“, aus lat. *laneus* „wollen“, das in der Entwicklung von dem danebenstehenden *lana* „Wolle“ beeinflußt wurde, so daß der vlat. Übergang von *laneus* zu **lañus* unterblieb; vgl. *linge;* REW 4888.

langoureux „schmachtend“
11. Jh., ist Abl. von **langueur** „Abspannung“, „Schmachten“, 12. Jh., aus lat. *languōre* „Mattigkeit“; REW 4891.

langouste „Heuschrecke“, „Heuschreckenkrebs“
12. Jh., ist südliche Form für afrz. *laoste,* das namentlich im Südosten noch lebt, aus vlat. **lacŭsta* dissimiliert aus **locosta* für lat. *locusta,* vgl. Förster, ZRP 13, 536; Schuchardt, ZRP 31, 25 ff.; REW 5098; Bl.-W. 360.

langue s. *langage.*

langueur s. *langoureux.*

langueyer „jmd. zum Sprechen bringen“ va.; „die Zunge eines Schweines besichtigen“
12./13. Jh., afrz. *langoiier* „die Zunge bewegen, um zu sprechen“, die nfrz. Bedeutung für das 14. Jh. gesichert, Bl.-W. 360; FEW 5, 360, ist Abl. *(-idiare)* von *langue* „Zunge“, s. d.

languide „matt“, „schlaff“
16. Jh., aus lat. *(languĭdus).*

languir „matt sein“, „dahinwelken“
12. Jh., aus gallorom. **languire* für lat. *languēre* dass.; REW 4889.

lanice „aus Wolle“
13. Jh., ist erhalten in *bourre lanice* „Scherwolle“, feminine Form zu mask. afrz. *lanëiz,* aus gallorom. **lānātīcius* „wie von Wolle“, zu lat. *lana* „Wolle“, s. *laine.*

lanier s. *laneret.*

lanière „Lederriemen“
12. Jh. *lasniere,* ist Abl. von afrz. *lasne* „Schlinge“, das in Anlehnung an afrz. *laz* „Schlinge“, s. *lacet,* aus afrz. *nasle* dass., umgestellt ist, vgl. dazu wall. *nâle* „Band“, *nâli, nâlier* „Lederriemen“, afrz. auch vereinzelt *naliere* dass.; afrz. *nasle* aus fränkisch **nastila* zu ahdt. *nestila* „Bandschleife“, „Schnürriemen“; *Jenkins, Mod. phil. 10, 439 ff., vgl. Rom. 47, 438; Thomas, Rom. 39, 239; Grandgagnage s. v.; REW 5840; FEW 16, 598.
Nicht **laciniaria* zu lat. *lacinia* „Zipfel“, „Fleck“, Bugge, Rom. 3, 154; auch nicht zu lat. *lana* „Wolle“, REW 4875.

lanigère „wollig“
15. Jh., auch **lanifère** dass., 18. Jh., aus lat. *(laniger)* „Wolle tragend“; die Nebenform *lanifère* in Anlehnung an die entsprechenden lat. Bildungen wie *fructifer* u. ä.

laniste „Gladiatorenmeister“
15. Jh., aus lat. *(lanista).*

lanspessade s. *anspessade.*

lansquenet „Landsknecht“
15. Jh., aus dt. *Landsknecht;* Behrens, DS 44.

lanter „ein Kupfergefäß mit Verzierungen versehen“
19. Jh. auch *lenter,* ist Abl. vom Stamm von **lanture** „eingepreßte Verzierung im Kupfergefäß“, auch *lenture,* 18. Jh.; dieses steht für *l'enture,* d. i. afrz. *entëure* „das Aufgepfropfte“, dieses Abl. von *enter* „aufpropfen“, s. *ente* 1.

lanterne „Laterne“
11. Jh., aus lat. *lanterna;* REW 4896; dazu seit dem 19. Jh. die Abl. **lanterneau** „kleines Türmchen oberhalb eines Domes“.

lanterner „die Zeit vertrödeln“, „sich lange besinnen“, u. ä.
14. Jh. ist Abl. von *lanterne* „Laterne“, in Wendungen, in denen das Subst. in übertragener Bedeutung gemeint ist; vgl. bei Rabelais *lanterne* in der Bedeutung „Hirngespinst“, dazu schon im 13. Jh. *por lanterne vendre vessie* „jemandem etwas weismachen wollen“, noch heute *faire prendre à qn. des vessies pour des lanternes,* dass., dann *prendre des vessies pour des lanternes* „etwas nicht Bestehendes als Wirklichkeit ansehen“ u. ä.; die Entwicklung im einzelnen muß noch aufgeklärt werden. Zum Teil gehen die Wendungen zurück auf *lanterne* als Deckwort für *landie* „Kitzler“, aus lat. *landīca* dass., vgl. Horning, ZRP 32, 366; Sainéan, RER 10, 458; so in Wendungen, die auch das ursprüngliche *landie* erhalten zeigen, wie *envoyer à la lanterne de sa mère* „jmd. davontrollen heißen“, *aller à lanterne sa mère* „sich davontrollen“; vgl. FEW V, 167; REW 4886; die Bedeutung „seine Zeit vertrödeln“ zeigt Beeinflussung durch die unter *lantiponner, lendore* angeführten bedeutungsähnlichen Wörter.

lantiponner „seine Zeit mit unnützem Geschwätz verlieren“
17. Jh., vgl. pik. *lantiponner* „feilschen“, V. d'Yères *lentiponnier* „langsamer, unentschlossener Mensch“, norm. *latiponer* „beim Feilschen sorglos mit den Gegenständen umgehen“, ist Kreuzung von *lanterner* „die Zeit

vertrödeln" mit *lent* „langsam" bzw. *pondre,* afrz. „stellen" u. ä., s. *pondre.*
lanture s. *lanter.*

lanturelu 1. „Kehrreim eines im 17. Jh. beliebten Gassenhauers", „Treffbub im jeu de la bête"; dann das Spiel selbst.
17. Jh., ist Schallbildung wie afrz. *turelure, turlurette* „Dudelsack".
2. „Vorrichtung in der Graupenmühle zur Entfernung der sitzen gebliebenen Schalenreste"
dürfte mit *lanturelu* 1 eins sein, doch ist der Grund der Benennung unklar.

lanugineux „wollig"
16. Jh., aus lat. *(lanuginosus).*

lapalissade „Binsenwahrheit"
19. Jh. ist Abl. vom Namen *Lapalisse* eines Hauptmanns des 15. Jhs., auf den ein Volkslied gemacht wurde, das mit den Worten „Un quart d'heure avant sa mort il était encore en vie"; so nach Bl.-W. 361.

laper „auflecken", „schlabbern"
12. Jh., mit der Nebenform *lamper,* vgl. *lampas,* aus fränkisch **lapôn* zu ahdt. *laffan* „lecken", „schlürfen"; Braune, ZRP 20, 370; REW 4905.
Davon verschieden champ., burg., Yonne *laper* „anhaften", „hängen bleiben"; dieses ist Abl. von mundartlichem *lappe* „Klette" aus lat. *lappa* dass.

lapereau „junges Kaninchen"
zuerst im 14. Jh. bei dem Bearnesen Gaston Phébus bezeugt, stammt aus dem Portugiesischen, und ist vermutlich mit dem Handel mit Kaninchenfellen nach Frankreich gebracht worden und von hier ins Ndl. als *lampreel* (über afrz. *laperel)* weitergewandert; die spanischen Formen *láparo,* mundartlich *lapouço,* gehören zu einem vorhistorischen Stamm *lappa* „Höhle", port. *lapa* „Steinplatte", „Höhle"; dazu mit Suffixwechsel seit dem 16. Jh. *lapin* dass. Hubschmid, VR 14, 187; Festschr. Jud 246; Bl.-W. 361.
Herleitung aus dem port. *láparo, lapouço* auch Brüch, ZRP 50, 71; 52, 566, aber mit unmöglicher Herleitung aus dem Gotischen; zum Stamm **lapp-,* „Felsen", als einer Variante von *klapp-,* Lebel, Fr. mod. 18, 1, ist unbegründet; unwahrscheinlich auch dieses *lapp-* als Schallstamm, Spitzer ZRP 51, 705; ebenso zu *glapir* „kläffen", Sainéan, Chien 41; oder zu *clapir* „sich verkriechen", Diez 624.

lapider „steinigen"
10. Jh., aus lat. *(lapidare).*

lapilleux „hart wie Stein"
19. Jh., ist Abl. von lat. *lapillus* „Steinchen".
lapin s. *lapereau.*

lapis lazuli „Lasurstein"
13. Jh., aus mlat. *(lapis lazuli),* s. *azur; lazulite.*

laps 1. „Zeitraum"
15. Jh., aus lat. *(lapsus).*
2. „rückfällig"
13./14. Jh., bedeutet mfrz. auch „von Krankheit verfallen", aus lat. *(lapsus)* zu *labi* „hinsinken".

laquais „Bedienter"
15. Jh., zunächst in der Bedeutung „Hilfssoldat", „Armbrustschütze", Bl.-W. 361, dürfte aus spanisch *lacayo* entlehnt sein; dieses selbst aus prov. *lecai, lecais,* dazu prov. *lecadier* „gierig", „gefräßig", *lecaria* „Gier", seit dem 12. Jh. bezeugt; dieses zu *lecar* „schlecken", s. *lécher;* der Übergang des *-e-* der ersten Silbe kann sich daraus erklären, daß das Wort über das Katalanische ins Spanische übernommen wurde; die Endung kann nach Cor. III, 3 im Anschluß an Adjektiva wie prov. *verai, malvais, morais* entstanden sein; Diez 185.
Nicht aus valencianisch *al(a)cay,* dieses zu spanisch *alcaide* „Burgvogt" u. ä., Spitzer, RFE 12, 239; REW 4657.

laque „Lack"
15. Jh., aus arabisch-persisch *lakk* „rote Farbe"; Lam. 265; Littmann 90.

laqueton „kleiner Bedienter"
18. Jh., ist mit Suffixverkennung abgeleitet von *laquais.*

larbin „Bedienter"
19. Jh., stammt aus dem Rotwelsch, wo es älter die Bedeutung „Henkersknecht", „Bettler" hat; H. u. Vgl. Sain. Sources 2, 383.

larcin „Diebstahl"
11. Jh. *larrecin,* aus lat. *lătrōcĭnium;* Diez 625; REW 4932.

lard „Speck"
12. Jh., bedeutet afrz. „Speckseite", aus lat. *laridum, lardum* „gepökeltes Schweinefleisch"; REW 4915.

larder „bespicken", „überschießen" (vom Schiffchen in der Seidenweberei)
12. Jh., dazu in der technischen Bedeutung seit 18. Jh. die Abl. **lardure** „Überschuß" (fehlerhafte Stelle in Wollstoffen); ist Abl. von *lard* „Speck", s. d.

lare „römischer Hausgott"
16. Jh., aus lat. *(lar, lare).*

large „breit", „weit"
12. Jh., ist ursprünglich die feminine Entsprechung von nicht gesichertem afrz. **larc,* aus lat. *largus* dass., REW 4912; Fischer, Ausgleichserscheinungen 97.

largue „schlaff", „nicht angespannt"
dann subst. *la largue* „das weite Meer"; 17. Jh., ist Lehnwort aus prov. *larc, larga,* der Entsprechung des frz. *large;* dazu seit dem 17. Jh. die Abl. **larguer** „schießen lassen", „Wind bekommen".

larigot „Art Flöte"

dann in *boire à tire-larigot* „reichlich trinken", so im 16. Jh. bezeugt, dazu Beginn des 15. Jhs. als Refrain *larigot va larigot,* vgl. Spitzer, Misc. Schuchardt 162ff.; die Verbindung mit *boire* geht auf die Bedeutung „Kehle" zurück, die für *larigot* bei Cotgrave bezeugt ist, so daß *boire à tire-larigot* „zum Kehle-ausrenken trinken" bedeutet; zeigt Anlehnung an *larynx* „Kehlkopf", so im 16. Jh. nachgewiesen, wenn es nicht unmittelbar von diesem abgeleitet ist, Fleury, BSL Paris 27—32, S. 29; Lindfors-Nordin RLR 67, 247; sekundär ist unverständlich gewordenes *larigot* zum Kehrreim geworden, vgl. saint. *boire à son tirlirlir, boire à son tourlourlour* in einem Volkslied; vgl. Martin, Courrier de Vaugelas 4, 2ff.; 7, 11; Bl.-W. 362.

Der Kehrreim *larigot* zu *arigot* „Art Musikinstrument", Sain. Rab. 2, 258, dreht die Entwicklung um; *boire à tire-larigot* zu afrz. *rigot* „Gürtel", also für *tire-le-rigot,* Raynaud, Rom. 8, 100f., ist begrifflich nicht einleuchtend, weil afrz. *rigot* nicht „Gürtel", sondern „Börse, die man am Gürtel trägt" bedeutet; zum musikalischen Ausdruck *largo,* Diez 625, ist historisch nicht möglich. Ausgang über *tirer l'arigot* „das Orgelregister ziehen", Spitzer, Bibl. AR II, 2, 2, ist unbegründet.

larme „Träne"
11. Jh. *lerme,* die *-a-*Form seit dem 15./16. Jh. in Rückanlehnung an das lat. Wort, aus lat. *lăcrĭma;* REW 4824; dazu seit dem 12. Jh. die *-idiare-*Abl. **larmoyer** „tränen"; seit dem 18. Jh. die dem. Abl. **larmille** „Hiobsträne" (Botanik).

larron „Dieb", „Räuber"
10. Jh., ist afrz. Akk.-Form zu Nom. *lerre,* aus lat. *latro, lătrone;* REW 4931.

larve „Larve"
seit dem 15. Jh. aus lat. *(larva)* „Larve" entlehnt, dann von Linné auf die „Puppe von Schmetterlingen" übertragen; Benveniste Fr. mod. 23, 7; Vildé-Lot, Fr. mod. 24, 51.

larynx „Kehlkopf"
16. Jh., aus gr. (λάρυγξ).

las „müde"
10. Jh., bedeutet afrz. gewöhnlich „unglücklich", „elend", aus lat. *lassus* „abgespannt"; Diez 189; REW 4921.

lascar „Haudegen", „alter Fuchs"
zuerst Anfang des 17. Jhs. als „indischer Matrose" belegt, so noch im 18. Jh. bezeugt, kommt in das Rotwelsch, bei Balzac als „skruppelloser Bursch" bezeugt, auch „Infanterist"; Dauzat, Fr. mod. 8, 17; Esnault, Fr. mod. 18, 139; stammt aus persisch *laskhar* „Soldat", Bl.-W. 362.

lascif „geil", „unzüchtig"
15./16. Jh., aus lat. *(lascivus).*

laser „Laserkraut"
16. Jh., aus lat. *(laser).*

lasser „ermüden"
12. Jh., aus lat. *lassare* dass. Diez 189; REW 4920.

lasseret s. *laceret.*

lassitude „Müdigkeit"
14. Jh., aus lat. *(lassitudo).*

lasso „Lasso"
19. Jh., aus spanisch *lazo* „Schlinge", dieses aus lat. *lăqueus,* s. *lacet.*

last „Last" (Schiffsgewicht)
18. Jh., aus ndl. *last.* Bruckner, Char. 21; Behrens, DS 71.

lasting „Lasting" (glatter Wollenstoff)
19. Jh., aus englisch *lasting* „dauerhaft".

latanier „Fächerpalme"
17. Jh., u. H.

latent „verborgen wirkend"
14. Jh., ist Part. von lat. *(latēre)* „verborgen sein".

latéral „seitlich"
14. Jh., aus lat. *(lateralis).*

laticlave „mit einem breiten Purpurstreifen besetzte Tunika"
16. Jh., aus lat. *(laticlavus)* „der breite Streifen an der Tunika"

latin „lateinisch"
12. Jh., afrz. auch „Sprache fremder Völker", dann auch „Sprache der Vögel", anderseits „katholisch", TL V, 229, aus lat. *(latinus).*

latitude „Breite"
13./14. Jh., aus lat. *(latitudo).*

latomie „als Gefängnis dienender Steinbruch"
15./16. Jh., aus lat. *(latomia)* dass.

latrie „Anbetung"
14. Jh., aus lat. *(latria).*

latrines „Abtritt"
15. Jh., aus lat. *(latrina).*

latte „Latte", „Eisenstange"
12. Jh., ist mlat., seit dem 8. Jh. als *latta* belegt, aus fränkisch **latta* zu agls. *lœtt,* bzw. fränkisch **lappa* zu me. *lœppe* dass.; dazu seit dem 13. Jh. die Abl. **latter** „Latten aufnageln"; dazu seit dem 15. Jh. die kollektivische Abl. **lattis** „Lattenwerk". Diez 190; REW 4933; Brüch 60f.; Kluge, AR 6, 306; vgl. Bl.-W. 363.

laudanum s. *ladanum.*

laudes „Lobgesänge"
12./13. Jh., aus lat. *(laudes),* d. i. Plural von lat. *laus* „Lob".

lauréat „mit Lorbeeren gekrönt", „preisgekrönt"
18. Jh., aus lat. *(laureatus).*

lauréole „Seidelbast"
15. Jh., aus lat. *(laureola)* „Lorbeerzweig".

laurier „Lorbeerbaum"
12. Jh., ist Abl. von afrz. *lor* „Lorbeer", aus lat. *laurus* dass. REW 4943.

lauriot s. *loriot.*

lavabo „Händewaschen des Priesters bei der Messe", „Waschtisch"
17. Jh., aus lat. *(lavabo)* „ich werde mich waschen"; vgl. Bl.-W. 363.

lavallière „Künstlerschleife"
19. Jh., angeblich nach dem Namen der Maitresse Ludwigs XIV, Melle *La Vallière;* Bl.-W. 363.

lavanche s. *avalanche.*

lavandier „Waschmeister"
dazu das Femininum **lavandière** „Wäscherin", „graue Bachstelze", 12. Jh., ist Abl. von *laver* „waschen", vielleicht schon vlat. **lavandarius,* vgl. lat. *lavandaria* „Wäsche".

lavande „Lavendel"
14./15. Jh., aus ital. *lavanda, lavandula,* dazu afrz. *lavende, lavendre,* in Glossen *levindola, leundola, livendola,* Batt. III, 2187; u. H.
Zu *lavare* „waschen", s. *laver,* ist begrifflich und formell schwierig; vgl. FEW 5, 219.

lavange s. *avalanche.*

lavaret „Schnabeläsche", „Blaufelche"
16. Jh., aus savoyisch *lavarë,* das zu *levaricinus* als Fischbezeichnung bei Polemius Silvius zu gehören scheint, s. Schuchardt, ZRP 30, 722; das Wort ist vermutlich gallisch; da der Fisch auf dem Kies laicht, steht *levaricinus* nach Jud, BGPSR 11, 28 Anm. vielleicht für **lavaricinus,* zu dem unter *lave* angeführten Stamm **lawa-,* REW 5001; FEW 5, 286.

lavasse „Regenguß", „gewässerter Wein"
ist schwer verständliche Abl. von *laver* „waschen", vielleicht über *lavee* „Wässerung", das in konkreter Weiterentwicklung mundartlich noch erhalten ist, mittels des pejorativ-kollektiven Suffixes *-acea;* die feminine Form ist mundartlich weit verbreitet, daneben eine maskulinische Entsprechung, schon prov. *lavaci,* das wie ein nicht volkstümlich entwickeltes lat. *lavatio* „Waschung", „Taufe" aussieht und gleichfalls mundartlich, namentlich im Süden, weiterlebt; FEW 5, 214.

lave „Lava"
18. Jh., aus ital. *lava* dass.; das Wort lebt einheimisch in Doubs *lave* „flache Steinplatte", morv., Pierrecourt „Art Schiefer, der zum Dachdecken verwendet wird", frz. Schweiz *lava, lave* „Schichte glatter Steine" u. ä., dazu nprov. *lavo, lauvo* „flacher Stein", *lauvas, lauvasso, lausas* „großer, platter Stein", limusinisch *lavencho* „Steinfliese" u. ä., s. auch *avalanche;* das Wort ist wahrscheinlich gallisch; dazu vielleicht auch der erweiterte Stamm **laus-,* der unter *losange* erwähnt ist; vgl. auch *lavaret.*
lava aus gr. **λάϝας* „Stein", **laus-* zu den zugehörigen Deklinationsformen wie **λάϝασος,* Nigra, AGI 14, 284, ist historisch schwierig; zu lat. *labes* „Einsturz", REW 4806; FEW 5, 100 überzeugt begrifflich nicht.

laver „waschen", „bespülen"
10. Jh., aus lat. *lăvare;* REW 4951; dazu die Abl. **lavement**, das im 17. Jh. die Bedeutung „Waschung" verliert und die Bedeutung *clystère* annimmt. Br. 4, 344.

laveton „Kratzwolle" (die nach dem Walken in der Walkmühle zurübleibt) 13. Jh., dürfte Abl. von *laver* „waschen" sein, doch ist die Abl. und die Bedeutungsentwicklung unverständlich; vgl. Barbier, ML 12, 296.

lavis „Zeichnen mit Tusch", „Tuschzeichnung"
17. Jh., ist *-aticium-*Abl. von *laver (un dessin)* „lavieren", „tuschen".

lavoir „Waschstein", „Waschbecken"
im 19. Jh. in St. Cyr auch „Waschtisch", 12. Jh., ist afrz. auch adj. *laveor* „zum Waschen bestimmt" aus lat. *lăvātōrium* bzw. *lăvātōrius.* REW 4952; vgl. auch *loriot* 2.

laxatif „abführend", „abführendes Mittel"
13. Jh., aus lat. *(laxativus).*

layer 1. „eine Wildbahn durchhauen", „den Wald auf einer Wildbahn durchkreuzen"
14. Jh., ist Abl. von *laie* „Wildbahn", s. d.
2. „mit dem Zahnhammer bearbeiten"
17. Jh., s. *laie* 4.

layette s. *laie* 3.

layeur „Anschalmer"
17. Jh., ist Abl. von *layer* „anschalmen", s. *laie* 2.

layon 1. „kleine Wildbahn"
19. Jh., ist dem. Abl. von *laie* 2.
2. „Bretterwand am Hinterende eines Möbelwagens"
19. Jh., steht für *l'ayon,* d. i. südliche Form für *hayon* s. d.; vgl. im Zentrum und Westen *loquet* für *le hoquet;* Dict. gén.

lazaret „Hospital für Aussätzige", „Infektionsspital"
17. Jh., aus ital. *lazzaretto,* das selbst aus dem Venezianischen stammt, wo das Wort zuerst im 15. Jh. in der Form *nazareto, lazareto* bezeugt ist; das Wort ist Abl. von der Bezeichnung der Kirche *santa Maria di* Nazaret, in der im 15. Jh. ein Pestspital untergebracht war; der Übergang von *nazareto* zu *lazareto,* toskanisiert *lazzaretto,* zeigt Einfluß des biblischen Namens *Lazarus,* ital. *Lazzaro,* dessen Träger im Mittelalter als aussätzig galt, s. *ladre.* *Molmenti, Storia di Venezia 2, 63; Spitzer, WuS 6, 201 ff.; REW 5863 a.

lazarone „neapolitanischer Bettler"
19. Jh., aus ital. *lazzarone;* dieses ist Abl. von ital. neapol. *lazzaro* dass., ursprünglich „aussätzig", s. *lazaret.*

lazuli s. *lapis lazuli.*

lazzi „komische Szene"
17. Jh., aus ital. *lazzi,* d. i. Plural zu *lazzo* „Grimasse", „Gesichterschneiden"; dieses aus

l'azzo, aus lat. *(actio)* „Handlung". REW 116; Bl.-W. 363.

lazulite „Lasurstein"
19. Jh., ist Abl. von *lazuli*, s. *lapis lazuli.*

le, la, les 1. „der, die" usf.
Artikel, dazu afrz. die Nominativformen des Mask. *li* Sing. und *li* Plur., in unbetonter Stellung entwickelt aus lat. *ĭllum, illam, illos, illas,* die Nominativformen aus *illī*, das im Plural schon klassisch ist, im Sing. für lat. *ille* in Anlehnung an *qui* eingetreten ist, s. *il;* zur Form im Afrz. s. Nehb, ZFSL 24, 1, 90 ff.; REW 4266; Gg. AA I, 47.
2. „ihn", „sie"
ist die tonlose Form des Personalpronomens der dritten Person, aus lat. *ĭllum, illam, illos, illas; les* ist afrz. mundartlich vereinzelt noch für den Dativ Plur. belegt, hier aus lat. *illis*, vgl. *leur.*

lé „Breite" va.; „Blatt eines Zeugs"
12. Jh., ist subst. afrz. *lez*, Acc. *le(t)* „breit", „ausgedehnt", aus lat. *lătus.* REW 4935; vgl. *laize.*

léans „da drinnen"
12. Jh. *laenz, laienz,* ist zusammengesetzt aus *là* bzw. afrz. *lai* und afrz. *enz* „drinnen", s. *dans.* Diez 570.

lèche „dünnes Schnittchen"
13. Jh. *lesche,* ist für ganz Westfrankreich bezeugt, dazu berrich. *lauche* „schmaler Streifen", auch *louche,* morv. *loiche* „Schnitte", vog. *lohhe* „Brotschnitte" u. ä., die auf älteres *losche* bzw. *loische,* die östliche Entsprechung eines gallorom. **lēsca* zurückführen, vgl. ferner prov. *lesca,* nprov. *lesco, lescho, lischo* derselben Bedeutung; H. u.; FEW V, 372.
Mit Bedeutungsübertragung aus *lĭsca* „Lischgras", s. *laîche,* REW 5082; Brüch 165, „indem das flach hingelegte Gras von oben gesehen wurde", überzeugt begrifflich nicht; auch nicht die Bedeutungsübertragung wegen Anklangs an *lécher* „lecken", Fass, Rom. 3, 501.

lèchefrite „Gefäß zum Auffangen des Fettes unter Fleischstückchen, die am Spieß gebraten werden"
13./14. Jh. *lechefroie, lechefraie* u. ä., seit dem Ende des 14. Jh. in Anlehnung an *frire, frit lechefrite,* auch *lechefruite,* ist doppelt imperativische Bildung, zu *lécher* „lecken" und afrz. *froier* „reiben", vgl. wegen der Bedeutung Vionnaz *frayer* „die Schuhe einfetten", s. *frayer.*

lécher „lecken"
12. Jh., dazu in den Isidorischen Glossen *lecator* „gulosus", aus fränkisch *lëkkôn* zu ahdt. *lëckôn,* zu ndl. *likken* dass. Diez 190; Brüch 14, 87; FEW 16, 457; vgl. *licher.*
Oder vlat. **ligicare* als Intensivform zu lat. *lingere* „lecken", Ascoli, AGI 14, 338; REW 5027?

leçon „Lesung", „Lehrstunde", „Lehre"
12. Jh., afrz. auch „Unterweisung", „Vortrag der Liturgie in der Kirche", „Lesestück" u. ä., TL V, 298, aus lat. *lectione* „Lesung", REW 4963; dazu seit dem 12. Jh. **lecteur** „Vorleser" u. ä., aus lat. *(lectore);* FEW 5, 235.

lecture „Lesung"
14. Jh., aus lat. *(lectura).*

légal „gesetzlich", „rechtlich"
14. Jh. aus lat. *(legalis)* s. *loyal;* dazu seit dem 14. Jh. **légalité** „Gesetzlichkeit", „Rechtsgültigkeit", Bl.-W. 364.

légat „Legat"
12. Jh., aus lat. *(legatus)* „Gesandter", auch „Unterbefehlshaber", „Statthalter" u. ä., zu lat. *legare* „durch ein Testament verfügen", „als Gesandter senden"; Bl.-W. 364.

lège „ohne Ladung"
17. Jh., aus ndl. *leeg;* Behrens, ZRP 26, 659 (bezweifelt DS 71); REW 4966.
Mit Pisa *lebbiare* „Waren löschen" zu **leviare,* vgl. *alléger,* Salvioni, ZFSL 34, 1, 314, ist schwierig, da ein frz. entsprechendes **léger* nicht bezeugt ist.

légende „Legende"
12. Jh., aus lat. *(legenda)* „das zu Lesende"; Bl.-W. 364.

léger „leicht", „leichtfertig" u. ä.
12. Jh. *legier,* aus gallorom. **lĕviarius,* d. i. auf Personen bezügliche Entsprechung von lat. *levis* „leicht"; dazu seit dem 12./13. Jh. die Abl. **légèreté** „Leichtfertigkeit". Diez 193; Gröber, ALL 3, 512 f.; REW 5003.

légion „Legion"
12. Jh., aus lat. *(legione).*

législation „Gesetzgebung"
14. Jh., aus lat. *(legislatione).*

légitime „gesetzmäßig"
13. Jh., aus lat. *(legitĭmus).*

legs „Hinterlassenschaft"
13. Jh. *lais,* ist postverb. Subst. von *laisser* „hinterlassen"; die heutige Schreibung ist durch etymologische Beziehung zu lat. *legatum,* frz. *léguer,* veranlaßt und wirkt auf die Aussprache ein. REW 4955.

léguer „testamentarisch vermachen"
16. Jh., aus lat. *(legare)* „durch ein Testament verfügen".

légume „Gemüse"
16. Jh., für lautgesetzlich entwickeltes afrz. *lëun,* aus lat. *(legumen)* oder ital. *legume* dass. REW 4972.

lemme „Lemma"
17. Jh., aus lat. *(lemma).*

lémure „Lemure"
15. Jh., aus lat. *(lemures).*

lémuriens „Makis", „Halbaffen"
19. Jh., ist gelehrte Abl. von *lémure* „Lemure", s. d.

lendemain „folgender Tag"

12. Jh. *l'endemain,* ist mit dem Artikel verwachsenes, subst. afrz. *en demain* „am morgigen Tag", s. *demain.*

lendit „Jahrmarkt im Juni zu St. Denis", „Jahrmarktsferien"
13. Jh., ist mit dem Artikel verschmolzenes afrz. *endit* „Ansage", aus lat. *ĭndictum* „das Angesagte". Diez 625; REW 4374; Bl.-W. 364.

lendore „saumseliger Mensch"
16. Jh., ist nach Cotgrave norm., heute Poitou, Berry, Champ., ist postverb. Subst. von norm. *landorer* „trödeln", dieses in volksetym. Anlehnung an *endort* u. ä. s. *endormir,* umgestaltet aus älterem **landrer,* das in frühnfrz. *landreux* „saumselig", Guernesey *élandrai* „trödeln" erhalten ist; vgl. noch Morv. *landroi* „faule, schmutzige Person"; **landrer* aus ndl. *lendern, lentern* „schlendern", „zaudern", Valkhoff 79, (ostfriesisch *lendern, lentern);* dazu *arlander, arland, harlander, harland* „trödeln", „Trödler", von Lille bis in die Normandie, Barbier RLiR 10, 104; vgl. Bl.-W. 364; Doornk. K. s. *lentern.* Diez 625; Schuchardt, ZRP 26, 584 f.; REW 4976; vgl. *malandron.*

lénifier „lindern"
14. Jh., aus lat. *(lenificare).*

lent „langsam"
12. Jh., afrz. „langsam", „lässig", „träge", „matt" u. ä., aus lat. *lentus.* REW 4983; dazu afrz. *lentece* „Langsamkeit", ersetzt im 14. Jh. durch **lenteur,** für lat. *lentitudo.*

lente „Nisse"
13. Jh., aus gallorom. **lendĭte,* für lat. *lens, lendis,* das vlat. zunächst zu *lendis, lendis* wurde, dann mit Zugrundelegung der neuen Nominativform **lendis, lendine* bzw. *lendite* ergab. Thomas, Rom. 25, 81 f. (Ess. 326 f.); Meyer-Lübke, Einführung 186; Diez 191; REW 4978.

lenter s. *lanter.*

lenteur s. *lent.*

lentille „Linse"
12. Jh., durch die Abl. *lentillos* „mit weißen Flecken bedeckt", für das 11. Jh. gesichert, aus gallorom. *lentīcula* zu lat. *lentĭcula* dass.; dazu seit dem 19. Jh. die dem. Abl. **lentillon** „kleinsamige Linse". REW 4980.

lentisque „Mastixbaum"
13. Jh., aus lat. *(lentiscus);* nach Bl.-W. 365 aus prov. *lentiscle* (neben *lentisc),* das ein nicht bezeugtes **lentisculus* fortsetzte.

léonin 1. „zum Löwen gehörig"
12. Jh., aus lat. *(leoninus).*
2. „leoninisch"
12. Jh., angeblich nach dem Namen Léon eines Kanonikus von Saint-Victor in Paris; Dict. gén.

léontine „Art Uhrkette"
19. Jh., nach dem Frauennamen *Léontine.* Dict. gén.

léopard „Leopard"
11. Jh., aus lat. *(leopardus);* vgl. *guépard.*

lépas „Entenmuschel"
18. Jh., aus lat. *(lepas).*

lèpre „Aussatz"
12. Jh., aus lat. *(lepra);* dazu schon im 11. Jh. *lepros,* frz. **lépreux** „aussätzig", aus lat. *(leprosus);* zu diesem im 16. Jh. **léproserie** „Aussatzspital"

lequel „welcher"
12. Jh., ist afrz. zunächst zur relativen Anknüpfung bezeugt, zusammengesetzt aus dem Artikel in der Funktion des Hinweises auf Bekanntes und relativischem *quel,* s. d.

lérida „Spottgedicht"
17. Jh., ist ursprünglich ein Spottgedicht auf den Prinzen von Condé, anläßlich seiner vergeblichen Belagerung der Stadt *Lerida* in Catalonien. Dict. gén.

lérot „graue Haselmaus"
16. Jh., ist dem. Abl. von *loir,* s. d.

lesbien „lesbisch"
19. Jh., nach dem Namen der Insel Lesbos, auf der die durch ihre Liebesgedichte und ihr zärtliches Verhältnis zu den jungen Mädchen berühmte Dichterin Sappho lebte.

lèse „beleidigt", „verletzt"
15. Jh., aus lat. *(crimen) (laesae) (majestatis)* „Majestätsbeleidigung"; dazu seit dem 17. Jh. die Abl. **léser** „beleidigen", „verletzen".

lésine „Knauserei"
17. Jh., aus ital. *lesina* dass., eigentlich „Schusterahle"; die Bedeutungsverschiebung geht auf eine Komödie mit dem Titel Compagnia della lesina zurück, eine Vereinigung von Habsüchtigen, die ihre Stiefel selbst flickten; daher ital. *studiare la lesina, essere della compagnia della lesina* u. ä.; das ital. *lesina* ist die Entsprechung des frz. *alène;* dazu seit dem 17. Jh. die Abl. **lésiner** „knausern". Dict. gén.; FEW I, 68.

lésion „Gesetzesüberschreitung", „Verletzung"
12. Jh., aus lat. *(laesione).*

lesse s. *laisse.*

lessif „Lauge"
13. Jh., lebt im ganzen Übergangsgebiet zwischen Norden und Süden; aus lat. *lĭxīvum* „Lauge"; dazu wurde im Vlat. ein kollektivisches **lĭxīva* gebildet, daher 14. Jh. *leissive,* heute **lessive** „Lauge", dann übertragen „Wäsche"; das Fehlen einer afrz. Form **loissive* erklärt sich daraus, daß die eigentliche Heimat des Wortes der Süden ist, vgl. *buée;* dazu seit dem 17. Jh. die Abl. **lessiver** „laugen". Diez 194; REW 5089; Skok, Mél. Salverda de Grave 284.

lest „Ballast"
13. Jh., aus altfriesisch *hlest,* westfriesisch *lest,* s. *laste;* Diez 189; REW 4922; Behrens, DS 71; dazu seit dem 16. Jh. die Abl. **lester** „den Ballast einschießen".

leste „flink“, „hurtig“
16. Jh., aus ital. *lesto* dass., auch „geschickt“, das wohl zu langobardisch **list* (ahdt. *list* „Klugheit“, „Schlauheit“, bzw. agls. *list* „Klugheit“, „Geschicklichkeit“) gehört; wegen der Bedeutungsverschiebung von „geschickt“ zu „flink“ vgl. *vite;* Diez 192; Colón, ZRP 78, 79.
Kaum mit Recht abgelehnt REW 4152.
lester s. *lest.*

léthargie „Erstarrung“
13. Jh., aus lat. *(lethargia).*

lettre „Buchstabe“, „Brief“, „Inhalt“
10. Jh., aus lat. *lĭttĕra* „Buchstabe“, im Plur. „Brief“; dazu seit dem 12. Jh. die Abl. **lettré** „gebildet“. REW 5087.

lettrine „kleiner, hoch gestellter Buchstabe“
18. Jh., ist in Anlehnung an frz. *lettre* umgebildetes ital. *letterina* „kleiner Buchstabe“, d. i. dem. Abl. von *lettera,* s. *lettre.* Dict gén.
leu s. *loup.*

leucorrhée „weißer Fluß“
19. Jh., aus gr. (λευκόῤῥοια).

leude 1. „Kronvasall der Merowingerkönige“
19. Jh., aus mlat. *(leudes),* dieses aus fränkisch **leud* zu agls. *léod* „Fürst“, „König“, „Mann“, s. d. F.
2. „Warenumsatzsteuer“
13. Jh. *lesde* „von Fremden eingehobener Zoll auf Waren“, afrz. auch *leide, laide,* die Form *leude* aus prov. entsprechendem *leuda* (neben *lesda, leida);* es kreuzen sich in dem Wort zwei Stämme: lat. **lĭcĭta* „Erlaubtes“ und mlat. *(leudis)* „Strafsumme für einen Mord“, in den Malbergischen Glossen *leudi, leodi,* vgl. agls. *leode,* frk. *leudi* „Wergeld“, van Helten, PBB 25, 378 ff., s. Grimm, DR 3 Aufl. 652; vgl. Meyer-Lübke, ZöG 1891, 775; Thomas, Rom. 28, 196; REW 5019.

leur „ihr“, „ihnen“
aus lat. *illōrum,* d. i. Gen. Pluralis von *illī* „jene“, das im Vlat. an die Stelle von *illis* „ihnen“ in betonter Stellung getreten ist, wahrscheinlich von possessivischen Verbindungen ausgehend; schon in vorhistorischer Zeit ist es im Gallorom. an die Stelle von unbetontem *illis* getreten, ohne das entsprechende afrz. *les* aber vollständig zu verdrängen; vgl. *le.*

leurre „Vorlaß“ (nachgemachter Vogel, durch den der Raubvogel angelockt werden soll); „Lockspeise“
so seit dem 14. Jh. bezeugt, afrz. 12. Jh. *loire,* erst im 14. Jh. *loerre,* das dem seit dem 15. Jh. belegten *leurre* zugrunde liegt; wie zahlreiche Ausdrücke aus dem Gebiet der Jagd (Gg. GR I, 184) aus dem Fränkischen, Grundform **lôd(e)r,* zu mhdt. *luoder* „Lockspeise“, „Lockvogel“; afrz *loire* kann aus dem Übergangsgebiet zwischen dem gallorom. Norden und dem Süden stammen, wo Dental + *-r-* zu *-ir-* wurde, s. Gg. AA I, 82; hier, etwa in Poitou, ist auch die Weiterentwicklung von *-oerre* zu heutigem *-eu-* in *leurre* lautgesetzlich, vgl. lat. *lŭtra* „Fischotter“, *louère, lör,* ebd.; Diez 196; REW 5131; FEW 16, 485; dazu seit dem 13. Jh. die Abl. *loirier,* heute in Anlehnung an die literarische Form des Subst. **leurrer** „anlocken“.

levain „Sauerteig“, „Hefe“
12./13. Jh., aus lat. *lĕvāmen,* das in der Bedeutung „Linderungsmittel“, vielleicht auch „Sauerteig“, Jud VR 11, 241, bezeugt ist. Diez 626; REW 4998.

levant „aufgehend“, „Osten“
11. Jh., ist subst. Gerundium von frz. *se lever* „sich erheben“. Diez 192; REW 5000.

levantin „morgenländisch“
16. Jh., aus ital. *levantino,* d. i. Abl. von *levante* „Osten“, s. *levant.*

lève „Werkzeug zum Heben“
17. Jh., ist postverb. Subst. von *lever,* s. d.

levé 1. „Morgenempfang“, „Auftakt“
16. Jh., steht für *lever,* d. i. subst. Infinitiv von *lever,* s. d.
2. „die abgespielten, als Gewinn beiseite gelegten Spielkarten“
16. Jh., ist subst. Part. von *lever,* s. d.

lever 1. „aufheben“, refl. „sich aufrichten“, „aufgehen“ u. ä.
10. Jh., aus lat. *lĕvare,* zu dem schon bei Marcellus Empiricus das Reflexivum *se levare* = „surgere“ belegt ist. ALL 8, 471; REW 5000.
2. „Morgenempfang“ u. ä.
16. Jh., s. *levé* 1.

levier „Hebel“
12. Jh., ist mit Suffixwechsel *(-arium* für *-orium)* umgestaltet aus afrz. *leveor, leveoir* „zum Heben bestimmt“, seit dem 15. Jh. wie *levier* auch in der Bedeutung „Hebel“ belegt, dieses *-atorius*-Abl. von *lever,* s. d.

levière „Hebel“ va.; „Netzseil“
14. Jh., ist fem., vergrößernde Weiterbildung von *levier,* s. d.

levis „zum Heben bestimmt“
besonders in *pont-levis* „Zugbrücke“, 13. Jh. *levëis,* aus gallorom. **lĕvātīcius* zu *levare* „heben“, s. *lever.*

lévite 1. „Levit“
12. Jh., aus lat. *(levita)* Levit (aus dem Stamme **Levi**).
2. „langer Überrock“, fem.
18. Jh., nach dem langen, von rechtgläubigen Juden getragenen Kaftan; Barbier, Misc. 18, 396; Bl.-W. 366.

levrauder „wie einen Hasen verfolgen“
19. Jh., ist Abl. von **levraud** „junger Hase“, 13./14. Jh. (auch „Wegedistel“); dieses steht für *levrot,* d. i. dem. Abl. von *lièvre,* s. d., das seit dem 13./14. Jh. belegt ist, s. TL 5, 387; FEW V, 259; aus gask. *lebraut,*

das über Rabelais, Palsgrave in das Frz. gekommen wäre, Baldinger, RLiR 20, 88, erklärt die Deminutivbildung nicht.

lèvre „Lippe"
10. Jh., aus der Pluralform *labra* zu lat. *labrum* „Lippe", Zauner, RF 14, 383; vgl. auch *balafre.*

levreter „werfen" (von der Häsin)
14. Jh., ist Abl. von *lièvre,* s. d.

levrette „Windhündin", „Windspiel"
15. Jh., ist zusammengezogen aus **levrerette,* d. i. dem. Abl. von *lévrier* „Windhund", s. d.

lévrier „Windhund"
12. Jh., aus lat. *lĕpŏrarius* „zum Hasen gehörig", vgl. rum. *epurar* „Steinadler", das wie frz. *lévrier* aus der Bedeutung „Hasenfänger" weiter entwickelt ist; Diez 192; REW 4991.

levron „junger Windhund"
14. Jh., ist aus **levreron* zusammengezogen, d. i. dem. Abl. von *lévrier,* s. d.; vgl. auch *levrette.*

levure „Hefe"
13./14. Jh., afrz. *levëure* in verschiedenen, zu *lever* gehörigen Bedeutungen, s. auch *levain.*

lexique „Wörterbuch"
16. Jh. aus gr. (λεξικόν).

lez „bei" va.
12. Jh., ist afrz. auch subst. als „Seite" gebräuchlich, daneben schon in vorhistorischer Zeit zur Präposition geworden, bei den Gromatici *de latus montem, de latus casa,* auch *de latus se* „neben sich", Löfstedt, Aeth. 67, daher afrz. *delez,* von dem sich *lez* als Präp. loslöst; vgl. *in giro mensa,* Aeth. „um den Tisch herum"; aus lat. *lătus* „Seite", REW 4934; wegen des Übergangs vom Substantiv zur Präposition der Ortsangabe vgl. *chez.*

lézard „Eidechse"
15. Jh. *laisard,* setzt mit prov. *lazert* ein afrz. **laisert* voraus, dessen Endung an das Suffix *-ard* angeschlossen wurde; aus vlat. *lacĕrtus,* das spätlat. für lat. *lacerta* dass. belegt ist. ALL 8, 475; REW 4821; vgl. d. F.

lézarde „Eidechse"
12. Jh. *leisarde,* dieses in Anlehnung an das Suffix *-arde* aus **laiserde;* dieses ist fem. Weiterbildung von afrz. **laisert,* s. *lézard;* Diez 186; REW 4821; dazu seit dem 18. Jh. die Abl. **lézarder** „Risse verursachen", von dem aus *lézarde* „Riß", „Spalte" rückgebildet ist.

liais 1. „harter, feinkörniger Kalkstein"
12. Jh. *liois,* ist afrz. auch adj. als *marbre liois, pierre lioise,* bezeichnet einen marmorartigen harten Kalkstein, TL V, 494; dürfte Abl. von einem nicht belegten afrz. **lie* sein, das wegen *lie* „Hefe", „Bodensatz" unterging; aus spätfränkisch **legja, (*lagja)* zu asächs. *leia* „Felsen", „Stein", „steiniger Weg", mhdt. *leie* „Fels", „Stein", „Steinweg", „Schiefer".
Das Wort ist auch als Ortsname *Leia* seit dem 9. Jh. für verschiedene Dörfer im Rheingebiet belegt, dazu der ON 1130 *Leie,* heute *Liet* im Dep. Aisne; s. Gg., RG I, 109.
Begrifflich nicht verständlich ist die Zusammenstellung mit *lie* „Hefe", „Bodensatz", wegen der gräulichen Farbe des *liais* genannten Steines, Bl.-W. 367; zu *(*petra) Lidia* vgl. *lapis lydius* „Kieselschiefer", Alessio, RLiR 17, 182, ist durch nichts gestützt.
2. „Litzenträger", „Schienenrute" (Weberei)
13. Jh. *liois,* ist vielleicht übertragen von afrz. **liois* „Jagdhund", das unter *lice* 3 erschlossen ist; wegen der Animalisierung des Trägers vgl. *poutre, chevron* u. ä.

liaison „Verbindung"
13. Jh., ist *-atione*-Abl. von *lier,* s. d.

liane „Liane"
17. Jh., ist die norm. Entsprechung des frz. *liseron* „Winde", dazu die Nebenformen *lièn', liôn',* Mayenne *liorne,* das auch norm. für die „Waldrebe" gebraucht wird; vgl. für diese Berry *viarne, vienne,* Metz *vênne,* frz. mundartlich *viorne;* zugrunde liegt für beide Pflanzen lat. *vībŭrnum* „Schlingbaum"; dazu unmittelbar die fem. Form frz. *viorne;* daraus gekreuzt mit *lier* „verbinden" *liorne* bzw. *lierne;* letzteres führt über *liarne* mit lautgesetzlicher mundartlicher Entwicklung zu norm. *liane;* vgl. bei S. V. *lierne* „Waldrebe". Roll. Fl. 1, 4 Anm.; 8, 56; REW 5024; 9301.

liard „Heller"
15. Jh., u. H.
Vielleicht zu afrz. *liart* „gräulich", das gewöhnlich von Pferden gebraucht wird und vielleicht mit der höfischen Dichtung aus mittellirisch *liath* „grau" entlehnt ist; vgl. zur Farbenbezeichnung B. Maine *leyar,* H. Maine *léard, liard* „Pappel", angev. dass.; zu *lie* „Bodensatz", Dict. gén., FEW 5, 316, nach der Farbe der *(Wein-, Bier)hefe,* ist zu wenig begründet; nach Ménage nach dem Namen eines gewissen *Guigues Liard,* der 1430 diese Münze geprägt hätte, Bl.-W. 367; die Münzbezeichnung zu mlat. *arditus* „Name einer Münze", bearn. *ardit,* Diez 626, ist nicht möglich, vgl. REW 623.

lias „Lias" (schwarzes Juragestein)
19. Jh., aus englisch *lias,* vgl. wegen des Stammes *liais* 1.

liasse „Bündel"
12. Jh., aus vlat. **lĭgācea,* d. i. Kollektivabl. vom Stamm von *ligamen* „Band", s. *lien.*

libage „rauhbehauener Grundmauer- oder Füllstein"
17. Jh., ist kollektivische Abl. von mfrz. *libe* „Steinblock", vgl. Rouergue *libo* „Erdscholle", dazu *libe de grès* „Sandstein", seit dem 14. Jh. für Nivernais, Paris, Seine-et-Marne

bezeugt, dazu Anjou *libage* „steinerne Unterlage, die errichtet wird, wenn für die Aufstellung eines Grabsteins der Boden nicht fest genug ist" (Verrier-Onillon); aus einem **lîpa*, das nach Alessio, RLiR 17, 183 aus gr. λίψ-λιβός „πέτρα ἀφ' ἧ ὕδωρ στάζει", „Stein, von dem Wasser herabträufelt" stammen soll; die Verbreitung des Wortes spricht gegen die Herleitung aus dem Griechischen. Zusammenhang mit airisch *liacc* „Stein" ist nicht möglich.

libation „Trankopfer"
15. Jh., aus lat. *(libatione).*

libelle „Büchlein" va.; „Gerichtsakt" u. ä.
13. Jh. auch *libeau,* aus lat. *(libellus)* „Büchlein".

libellule „Wasserjungfrau"
18. Jh., aus neulat. *(libellula)* zu lat. *libella* „Wasserwaage", die Bezeichnung nach der ausgerichteten Lage der Flügel beim Flug des Insekts.

liber „Bast"
18. Jh., aus lat. *(liber);* vgl. *livre.*

libera „katholisches Kirchengebet"
17. Jh., aus lat. *(libera) (me, domine),* dem Beginn des Totengebetes, das der Priester nach der Totenmesse neben dem Sarge spricht. Dict. gén.

libéral „eines freien Mannes würdig" u. ä.
12. Jh., aus lat. *(liberalis)*; s. Bl.-W. 367.

libérer „freimachen"
15. Jh., aus lat. *(liberare).*

liberté „Freiheit"
13. Jh., aus lat. *(libertate).*

libertin „Freigeist" va.; „leichtfertig"
16. Jh., aus lat. *(libertinus)* „Freigelassener"; Bl.-W. 367; Gg. Bed. 99.

libidineux „sinnlich", „lüstern"
13. Jh., aus lat. *(libidinosus).*

libraire „Abschreiber" va.; „Buchhändler"
13. Jh., aus lat. *(librarius)* „Schreiber", „Buchhändler"; dazu seit dem 14. Jh. die Abl. **librairie** „Bibliothek" va., heute „Buchhandlung"; vgl. die alte Bedeutung, erhalten in entlehntem englischen *library.*

libration „Schwingung des Pendels"
16. Jh., aus lat. *(libratione)* „Abwägen".

libre „frei"
14. Jh., aus lat. *(liber).*

libretto „Operntext"
19. Jh., aus ital. *libretto* „Büchlein", d. i. dem. Abl. von *libro* „Buch", s. *livre*; dazu seit dem 19. Jh. die Abl. **librettiste** „Verfasser eines Operntextes".

lice 1. „Schranken" (die einen Kampfplatz, eine Rennbahn u. ä. umgeben); „Kampfplatz"
12. Jh., aus fränkisch **lîstja* „Rand", „Streifen" zu ahdt. *lîsta* „Saum", „Borte", isl. *lista* „Rand", „Streifen", in der Bedeutung „Schranken" im 6. Jh. in Glossen belegt, Laistner, Bull. Du Cange, II, 40; Dict. gén.; REW 5084; Kluge s. *Leiste.*
Nicht zu gallisch **lissos* „von einem Erdwall eingeschlossene Behausung, Platz", Diez 193, vgl. *lisière,* da die afrz. Form *lice,* pik. *liche -ss-* in der Grundform ausschließt; auch nicht zu *licium* „Faden", s. d. F., Streng, HH 139 Anm.; zu ahdt. *lazi,* mhdt. *lezze* „Schutzwehr", Diez 193, ist lautlich nicht möglich; **lītea* zu lat. *lis, lite* „Streit", *Salvioni, RILomb. 49, 1011 ff., s. Bertoni, AR 1, 151, könnte der Bildung nach zwar „Streitsache", nicht aber „Schranken" bedeuten; auch ist der Ansatz lautlich nicht unbedenklich.
2. „Weberaufzug"
12. Jh., aus grom. **līcia,* d. i. Kollektivform zu lat. *līcium* dass.; REW 5020.
3. „Weibchen des Jagdhundes"
12. Jh., mit den Nebenformen *liesse, leisse,* prov. *leissa,* vgl. dazu wall. *lèhe,* poitev. *laesse* „Hündin, die geworfen hat", morv. *mener les lèches* „in der Hitze sein, von Hündinnen", B. Maine *męs,* für **lęs,* vgl. *mitte*; afrz. *licete, lieicete* „kleine Hündin"; das Wort entspricht begrifflich dem in altdeutschen Glossen belegten *lycisca* „Weibchen der Brakke", zu *liciscus,* das bei Isidor einen starken Hund bezeichnet; dieses aus gr. λυκίσκος „Wolfshund"; *liciscus* ergab grom. **leiseis,* daraus mit Dissimilation des ersten *-s-* **leieis, *leiois,* das vielleicht aus *liais* 2 zu erschließen ist; dazu die fem. Neubildung *(leieise), *leieisse,* die den Formen *lisse, liesse, leisse* zugrunde liegt, vgl. die Entwicklung von lat. *lectus* mit den Varianten *lit, liet, leit*; wegen der Lautentwicklung vgl. die Abl. von *grès,* besonders die Formen vom Typus *groisse.*
Die lautlichen Bedenken von Alessio RDiR 17, 158 sind unbegründet; lat. *lixa* „Marketender" genügt lautlich nicht und ist begrifflich ganz unwahrscheinlich; daß *licisca* ‚durch Weglassung des Suffixes' zu **licia* geworden wäre, FEW 5, 481 setzt eine absonderliche Lautentwicklung voraus.

licence „Erlaubnis", „allzu große Freiheit"
12. Jh., aus lat. *(licentia)*; vgl. wegen der Bedeutungsentwicklung Gg. Bed. 99.

licer „mit Senten versehen" (Schiffsbau)
13. Jh., auch *lisser,* ist Abl. von *lice* 1.

liceron „Weberbaum"
17. Jh., ist dem. Abl. von *lice* 2.

lichen „Flechte"
16. Jh., aus lat. *(lichen).*

licher „schlecken", „zechen und schmausen"
12. Jh., ist Doppelform zu *lécher*; afrz. ist das vortonige *-i-* beim Verbum vor *-ié-* der betonten Silbe berechtigt, so ursprünglich *lichier* neben *leche*; vgl. auch afrz. Nom. *lichiere* zu Acc. *lecheour* „Lecker", heute **licheur** „Schmauser", „Zecher"; später haben sich beide Stämme verallgemeinert.

licite „erlaubt"
13. Jh., aus lat. *(lĭcĭtus).*
liciter „versteigern"
16. Jh., aus lat. *(licitari).*
licol „Halfter"
14. Jh., auch *licou,* ist zusammengesetzt aus *lie* zu *lier* „binden" und *col, cou* „Hals".
licorne „Einhorn"
12. Jh. *unicorne,* ist verballhorntes lat. *(ūnicŏrnis)* „einhornig"; Diez 193; REW 9072.
licteur „Liktor"
14. Jh., aus lat. *(lictore).*
lie 1. in *faire chère lie* „üppig leben"
in dieser Verwendung seit dem 17. Jh., dazu auch frühnfrz. *recevoir à chère lie* „freudig aufnehmen", vgl. dazu angev. *va lie* „geh' in Freude"; *lie* ist fem. Form von afrz. *liez,* Acc. *lie(t)* „fröhlich", aus lat. *laetus* dass.; Diez 626; REW 4848; wegen *chère* in dieser Verwendung s. das Subst. *chère.*
2. „Hefe", „Bodensatz"
ist als *lias* in den Reichenauer Glossen und später bezeugt, s. Jud, ASSL 126, 114, aus gallisch **lĭgja* zu irisch *lige* „Lager" < **legjo,* vgl. bretonisch *lec'hid* „Schlamm", „Hefe", das samt Suffix in *mitte* erhalten ist, s. d.; Thurn. KR 66; Schuchardt, ZRP 23, 196; Jud, BDR 3, 77 f.; zweifelnd angeführt REW 5021; vgl. FEW 5, 314; Wartburg RLiR 23, 231.
lied „Lied"
19. Jh., aus dt. *lied*; Bl.-W. 368
liège „Korkeiche", „Kork"
13. Jh., ist ursprünglich wohl adjektivisch = „leicht", wie entsprechende ital. Formen; die Substantivierung aus Verbindungen wie *chêne liege*; aus vlat. **lĕvius,* das aus vlat. **leviarius* rückgebildet ist, s. *léger*; Diez 626; REW 5006; Bl.-W. 368.
lien „Band"
12. Jh., afrz. *loien,* die heutige Form in Rückanlehnung an *lier,* aus lat. *lĭgāmen* dass.; REW 5022; s. *limier.*
lienne „Fehlschuß" (Weberei, Faden an der Weberkette, der vom Einschlag nicht erfaßt wurde)
18. Jh., ist übertragen von der mundartlichen Form der Waldrebe, mit der der nicht erfaßte Faden verglichen wurde, vgl. *liane, lierne.*
lienterie „Magenruhr"
14. Jh., aus lat. *(lienteria).*
lier „binden"
12. Jh., afrz. *loie, loier,* dann nach dem Vorbild der Verba vom Typus *nie-noier* afrz. *lie-loier*; endlich mit Verallgemeinerung der stammbetonten Formen die heutige Form; aus lat. *lĭgare* dass.; REW 5024.
lierne „Bindesparren", „Planken am Boden eines Schiffes"
16. Jh., scheint vom Namen verschiedener Schlinggewächse, z. B. der Waldrebe, übertragen zu sein, vgl. *liane* und *lienne.*
lierre „Efeu"
10. Jh. *edre,* afrz. *ierre,* die heutige Form seit dem 14. Jh. infolge Verschmelzung mit dem Artikel bzw. Anlehnung an *lier* „binden", aus lat. *hĕdĕra* dass.; Diez 126; REW 4092; vgl. dazu prov. *elre,* das mit ital. *ellera* ein vlat. **ĕlĕra* für *hedera* fortzusetzen scheint; doch kommt dieses für das *l-* des frz. Wortes nicht in Betracht; vgl. auch Behrens, ZRP 32, 118.
liesse „Fröhlichkeit"
11. Jh. *ledece,* später *leesse,* die literarische Form in Anlehnung an afrz. *lie(t)* „fröhlich", s. *lie* 1; aus lat. *laetĭtia* dass.; REW 4847; das Wort ist im 17. Jh. als burlesk verpönt und schwindet aus der Umgangssprache; Br. 3, 115 f.
lieu „Ort"
10. Jh., aus lat. *lŏcus*; REW 5097.
lieue „Meile"
12. Jh., aus gallisch-lateinisch *leuca*; Diez 190 f.; REW 4995.
lieutenant „Stellvertreter", „Leutnant"
13. Jh., ist zusammengesetzt aus *tenant* zu *tenir* „halten" und *lieu* „Ort", „Platz", mit Beibehaltung der afrz. Wortstellung, nach der Partizip und Infinitiv nach dem Passivobjekt stehen.
liève „Auszug aus einem Zinsregister" u. ä.
13. Jh., bedeutet ursprünglich „Erhebung = *levée* einer Steuer" u. ä.; es ist postverb. Subst. von *lever* „erheben".
lièvre „Hase"
11. Jh., aus lat. *lĕpŏre,* zu *lĕpus* „Hase"; REW 4991.
ligament „sehniges Band"
16. Jh., aus lat. *(ligamentum)* „Band".
ligature „Bindung" va.; „Abbindung"
14./15. Jh., aus lat. *(ligatura)* „Bindung".
lige „Lehens-"
afrz. 11. Jh., in *homme lige* „Lehensmann", daher adj. „untertan", „treu ergeben", „frei", „ledig" u. ä.; dann in begrifflicher Weiterentwicklung *seignor lige* „Lehensherr", TL 5, 441; aus *leticus,* überliefert als *laeticus* in den Leges Baiuvariorum; ist eines der ältesten aus dem Gotischen in die offizielle Verwaltungssprache, das Lateinische, übernommenen Lehnwörter, vgl. *corroyer, controuver* u. ä., ferner Gg. RG I, 363 ff.; *laeticus,* dieses Graphie für *lēticus, liticus,* ist Abl. von gotisch *lêts,* latinisiert *letus, litus,* s. got. *fralêts* „freier Mann", das als lateinisches Wort der Terminologie der Staatsorganisation auch bei den Franken üblich war, und als *letus, litus* in der Lex Salica und den Malbergischen Glossen überliefert ist; *lētus* bezeichnet ursprünglich den an die Scholle gebundenen Halbfreien, der selbst Sklaven halten kann, aber seinen Besitz nicht frei veräußern oder

vererben darf. Die Germanen fanden bei ihrer Niederlassung die von den Römern angesiedelten Laeti vor und nahmen sie in ihren Verband auf; daher der begriffliche Aufstieg der ehemaligen Halbfreien.

Das im Gotenlatein gebildete *leticus* wird im Galloromanischen offizieller Ausdruck der Staatsorganisation; es dringt als solcher in die Umgangssprache in halbgelehrter Form; dies zeigt deutlich die lautliche Entwicklung: *-c-* vor der Endsilbe schwindet in volkstümlich gewordenen Wörtern, *monicus* über *monie* zu *moine*; *-t-* wird im 6./7. Jh. im Galloromanischen sonorisiert; in dem daraus entstandenen *ledie, ledje* wird das betonte *-e-* zu *-i-* umgelautet, wie in *caereum* über *cerie, cirie* zu *cirge, cièrge*; und in den Silbenanlaut getretenes *-dj-* wird über *-dž-* zu *-j-*, wie in *cierge*, oder ähnlich *linge, lange*. Gg. I, 156 und Anm.; van Helten, PBB 25, 425; Brüch ZRP 38, 701; Kralik 431; s. REW 4994; FEW 16, 463.

Mhdt. *lëdic* „frei", „ungehindert", Diez 626, läßt sich mit der grom. Überlieferung nicht vereinigen. Das Wort bedeutet ursprünglich „gelenkig", vgl. ags. *liþig* u. ä., Falk Torp 630, steht also auch begrifflich ursprünglich ferne; **leudicus* zu merow-lat. *leudes* „im Dienste eines Lehensherrn im Militärdienst stehende Männer", „vornehme Vasallen", s. darüber *leude* 2, Baist, ZRP 28, 112, wäre für afrz. *liege* möglich, erklärt aber die Form *lige* nicht; wegen der Form *lige* ein **līticus* zu afriesisch *lîtik* „klein", also von *liege* etymologisch zu trennen, Brüch, ZRP 38, 701, ist unwahrscheinlich; gallisch **legios* „kleiner", Brüch l. c., ist auch lautlich bedenklich.

lignage 1. „Familie"
11. Jh., afrz. „Abstammung", „Geschlecht", „(vornehme) Familie", ist Abl. von *ligne* „Geschlechtslinie", s. d.
2. „Holzrecht" u. ä.
15. Jh., ist Abl. von afrz. *legne* „Holz", „Brennholz", aus lat. *lĭgna*, d. i. Kollektivform zu lat. *lĭgnum* „Holz"; vgl. Namur *legne* „Fallholz", Lüttich „Brennholz" u. ä., REW 5034.
3. „Ziehen von Streifen auf einem Holzstück" u. ä.
19. Jh., ist Abl. von *ligner* „Linien ziehen", s. d. F.

ligne „Linie", „Reihe", „Zeile", „Schnur"
12. Jh., afrz. auch „Richtschnur", „Leine" (zumFischen) u. ä.; dann nach *lignage*, „Geschlecht"; aus lat. *līnea* dass.; REW 5061; dazu u. a. seit dem 12. Jh. die Abl. **lignée** „Stamm", „Geschlecht", vgl. wegen der Sonderbedeutung bei Gregor VII. *linea sanguinis*; Diez 194; seit dem 12./13. Jh. die Abl. **ligner** „Streifen ziehen" u. ä.; REW 5061.

lignette „kleine Angelschnur"
13. Jh., ist Abl. von *ligne* in der ursprünglichen konkreten Bedeutung „Schnur", s. d.

ligneul „Pechdraht"
13. Jh., aus vlat. **līneolum* (vgl. *lineola* „kleine Linie"), d. i. dem. Abl. von lat. *linea* „Schnur", s. *ligne, lignette*; dazu in der ursprünglichen Bedeutung prov. *linhol* „Faden"; Bl.-W. 369.

ligneur „Stockfischangler"
18. Jh., ist Abl. von *ligne* „Angelschnur".

ligneux „holzig"
16. Jh., ist Abl. von lat. *(lĭgnum)* „Holz", s. *lignage* 2.

lignite „Braunkohle"
18. Jh., ist gelehrte Abl. von lat. *(lĭgnum)* „Holz", s. *lignage* 2.

ligote „Seil", „Bindfaden"
12. Jh., bedeutet afrz. den „inneren Schildriemen"; das Wort ist normanisch, vgl. ferner gekreuzt mit *licol* lyon. *licotta* „Weidenrute zum Binden", dann vogesisch *ligote* „kleine Erdzunge". Das Wort scheint zu lat. *lingula* „Schuhriemen", auch „Erdzunge" wie vog. *ligote*, zu gehören, das schon im Lateinischen in der Nebenform *ligula* Kreuzung mit *ligare*, s. *lier*, verrät; vgl. auch piem. *lengasa* „Strumpfband", REW 5024; wie im 16. Jh. *lingot* „Strumpfband", Esnault, Fr. mod. 18, 139, dazu im 16. Jh. *ligoter la vigne* „die Reben festbinden"; taucht dann im 19. Jh. im Rotwelsch wieder auf, als *ligotter les mains* „die Hände fesseln", und wird in der allgemeinen Bedeutung „fesseln" populär; unmittelbare Abl. von *ligare* „binden", FEW 5, 323 ist lautlich unverständlich, s. auch Bl.-W. 369.

ligue „Bündnis"
14. Jh., aus ital. *liga*; dieses ist latinisierende Nebenform von *lega*, d. i. postverb. Subst. von *legare* „verbinden", s. *lier*; dazu seit dem 16. Jh. die Abl. **liguer** „in ein Bündnis bringen".

lilas „Flieder"
17. Jh. *lilac*, aus spanisch *lilac*, das aus arabisch *lîlâk* stammt; Diez 193 f.; Lam. 146.

liliacé „lilienartig"
17. Jh., aus lat. *(liliaceus)*.

lilliputien „Liliputaner"
19. Jh., nach dem Land der Zwerge *Lilliput* im Roman Gulliver von Jonathan Swift.

limace „Schnecke"
12. Jh., afrz. auch *limas*, das seit dem 14. Jh. bezeugt ist; aus vlat. **limaceus, *līmācea*, das das alte *limax- -ace* im Norden und z. T. im Süden Frankreichs verdrängt hat; Diez 197; REW 5043; 5045; Bl.-W. 369.

limaçon „Schnecke"
11. Jh., ist dem. Abl. von *limace*, s. d.; dazu 1700 künstlich von Goedaert gebildet **limaçonne** „Büschelraupe", Dict. gén.

limaille „Eisenfeilspäne"
13. Jh., ist kollektivische Abl. von *limer* „feilen", s. d.

limande 1. „Kliesche"
13. Jh., ist gleichzeitig mit *lime* dass. bezeugt, G. Paris, Rom. 27, 500 Anm. 2, vgl. dazu ital. *lima, limanda* dass., das wohl zu *limon* „Schlamm" gehört, doch ist die Bildung unklar; vgl. auch rouchi *limône* dass.; Barbier, RDR 1, 439.
2. „schmales, flaches Holzstück", „Latte", „beteertes Segeltuch zum Bekleiden von Tauen"
14. Jh., lebt in ganz Westfr., so B. Maine, H. Maine in der literarischen Bedeutung, vend. „lange, bewegliche Gerte", angev. „Weidenrute zur Verstärkung von Hecken", berrich. „starkes Brett", poitev. *limante* (+ *charpente*) „auf den Bettpfosten aufliegendes Brett", vgl. dazu *limon* „Stange der Wagengabel", das Kreuzung mit *timon* zu zeigen scheint; die Verbreitung des Wortes deutet auf Herkunft aus dem Gallischen. FEW 5, 247; Bl.-W. 369.
limas s. *limace*.

limbe „Rand der Sonnenscheibe", „Vorhölle"
14. Jh., aus lat. *(limbus)* „Besatz", „Saum".

lime 1. „Feile"
13. Jh., aus lat. *līma* dass.; REW 5042; das Altfrz. hat daneben, seit dem 12. Jh. belegt, ein *lime* „Qual", „Strafe", dieses postverb. Subst. von *limer* „nagen" (von Gewissensbissen), „aufregen", eigentlich „feilen", s. *limer*.
2. „Zitronenart"
17. Jh., bei Oudin auch *limon doux,* im 17. Jh. auch *limonette douce,* aus nprov. *limo*; dieses ist Rückbildung aus *limoun,* der Entsprechung des frz. *limon* 3; vgl. dazu seit dem 19. Jh. belegtes gleichbedeutendes **limette**; Roll. Fl. 4, 2; REW 5057.

limer „feilen"
13. Jh., aus lat. *līmare* dass.; REW 5044.

lime-sourd „duckmäuserisch", „verstellt"
17. Jh., ist Rückbildung von *lime sourde* „Feile, die man nicht hört", dann übertragen „Duckmäuser", dieses zu *lime* 1 und *sourd,* s. d. Dict. gén.

limestre „geköperte Sarsche"
16. Jh., ist nach dem Dict. Trévoux der Name des ersten Erzeugers. Dict. gén.
limette s. *lime* 2.

limier „Spürhund"
12. Jh. *loiemier, liemier,* ist Abl. von afrz. *loien, lien* „Leine", s. *lien; limier* ist also ursprünglich adj. „der an der Leine geführt wird", vgl. *destrier, limonier* 1; Diez 627; REW 5022.

liminaire „am Eingang (eines Buches) befindlich"
16. Jh., aus lat. *(līmĭnaris)* „an der Schwelle befindlich".

limite „Grenze"
14. Jh., aus lat. *(limes, līmĭte)* dass.

limiter „abgrenzen"
14. Jh., aus lat. *(līmĭtare)*.

limitrophe „zur Ernährung der Grenzsoldaten bestimmt", „an den Grenzen gelegen"
15. Jh., aus lat. *(līmĭtrŏphus),* das aus lat. *limes* „Grenze" und gr. (τρέφειν) „ernähren" zusammengesetzt ist.

limoger „(einen Offizier) kaltstellen", dann übertragen „zugrunde richten"
1917 gebildet nach der verfehlten Marne-Offensive, als der General Nivelles nach Limoges in eine Hinterlandstellung kommandiert wurde. Limoges war das Zentrum der Heeresversorgung, aber militärisch unbedeutend; (P. Verdelot); vgl. Bl.-W. 370.

limon 1. „Schlamm", „Lehm"
12. Jh., aus grom. **limone*, dieses Kreuzung von lat. *līmus* „Schlamm" mit fränkisch **lêmo,* Akk. **lêmun* „Lehm" zu ahdt. *leimo* dass. (Holthausen). Eine unbeeinflußte Ableitung von dem lat. Wort ist morphologisch nicht verständlich; vgl. auch afrz. *lum, lun* dass., dessen Tonvokal nicht auf das *-ī-* von lat. *limus* zurückführen kann; vgl. dagegen prov. *lim* neben *limon* dass.; REW 5088; Bl.-W. 370.
2. „Stange der Wagengabel", „Treppenwange"
12. Jh., bedeutet afrz. auch „Bettrahmen", wie poitev. *limante,* s. darüber *limande*; vgl. ferner wall. *limon* „Balken"; H. u.
Nach FEW 5, 247 aus einem gallischen **lēm-* „Querholz", das nach Hubschmid die gallische Entsprechung von lat. *līmen* wäre".
Zu agls. *lim* „Glied", Diez 463, ist begrifflich unwahrscheinlich; Kreuzung von lat. *temone* „Wagendeichsel" mit *limus* „schräg", Suchier, Gr. Gr. 1, 795, desgleichen; Kreuzung von **timone,* s. *timon,* mit *leme,* das spanisch in der Bedeutung „Steuerruder" lebt, und auch im Galloromanischen gelebt haben müßte, selbst auf deutsch *Helm* beruhen soll, Schuchardt ZRP 36, 40, ist historisch nicht gestützt, erklärt auch nicht das danebenstehende *limande,* s. d.; vgl. REW 5041.
3. „Limone"
14. Jh., aus arabisch *laimûn, līmûn*; Diez 194; Lam. 146; Littmann 83.

limonade „Zitronenwasser"
17. Jh., aus ital. *limonata* oder unmittelbar abgeleitet von *limon* 3.

limoner „zu starkem Stangenholz werden"
17. Jh., ist Abl. von *limon* 2.

limonier 1. „Gabel-, Scherenpferd"
12. Jh., ist ursprünglich adjektivisch, ist Abl. von *limons* „Gabelschere", s. *limon* 2; wegen der Abl. s. *limier*.
2. „Limonenbaum"
16. Jh., ist Abl. von *limon* 3.

limonière „Wagengabel"
18. Jh., ist mit dem Suffix der Einfassung abgeleitet von *limon* 2.

limonite „Raseneisenstein"

19. Jh., ist gelehrte Abl. von *limon* „Schlamm", s. d.
limosinage „grobes Mauerwerk"
17. Jh. auch *limousinage*, ist Abl. von *limousin* „Limusiner", da angeblich ein großer Teil der Pariser Maurer aus dem Limusinischen stammte; davon seit dem 19. Jh. die Rückbildung **limousiner** „grobe Maurerarbeit machen". Dict. gén.
limousine „Limusine"
so seit Ende des 19. Jhs., früher „Art weiter Mantel", nach Bl.-W. 370 zu *limousin* „Limousiner", s. *limosinage*.
limpide „klar"
15./16. Jh., aus lat. *(lĭmpĭdus)*.
limure „Feilen" va.; „Eisenfeilspäne"
13. Jh., ist Abl. von *limer*, s. d.
lin „Flachs", „Lein"
13. Jh., aus lat. *līnum*; vgl. *linge*; REW 5073.
linaigrette „Wollgras"
18. Jh., aus *lin* und dazu subst. Attribut *aigrette* „(Same) mit Flugschirm", zusammengesetzt; Bl.-W. 370.
linaire „Leinkraut"
15. Jh., aus mlat. *(linaria)* zu lat. *līnarius* „zur Leinwand gehörig", vgl. *linier;* Roll. Fl. 8, 132.
linceul „Leintuch" va.; „Leichentuch"
11. Jh. *linçuel*, aus lat. *līnteŏlum* „leinenes Tüchlein"; Diez 191; REW 5070.
linçoir „Tragebalken", „Hauptbalken" u. ä.
17. Jh., mit ähnlicher Bedeutung im 17. Jh. auch **lisoir** „Träger der Springfedern eines Wagens" die gemeinsam eine Grundform **leis-*, **leiss-* vorauszusetzen scheinen; s. dazu *liais* 2 und *lice* 3; dazu das Suffix *-orium*, das zur Bildung von Werkzeugnamen dient; vgl. aber auch *limande, limon* 2.
linéal „die Linie betreffend" u. ä.
14. Jh., aus lat. *(līnealis)*.
linette „Leinsame"
15./16. Jh., ist dem. Abl. von *lin* „Lein", s. d.
linge „linnen" va.; „Wäsche"
12. Jh., aus lat. *līneus* „aus Lein"; die lautgesetzliche Form *ligne* ist afrz. belegt, *linge* zeigt lautliche Beeinflussung von *lineus* durch das dazugehörige *lin*, s. *lange;* Diez 627; REW 5064; dazu seit dem 13. Jh. die Abl. *(-arius, -aria)* **linger, lingère** „Wäscher", „Wäscherin"; von diesem aus seit dem 15. Jh. **lingerie** „Wäschegeschäft".
lingette „wollene Sache"
15. Jh., ist Kreuzung von **langette* zu *lange* „wollen", mit *linge* „Wäsche", s. d.
lingot „Barre aus Edelmetall"
14. Jh., aus englisch *ingot* dass., das im Frz. mit dem Artikel verschmolzen ist. Nach Bl.-W. aus prov. *lingot*, das aber erst später bezeugt ist, und daraus erst englisch *ingot*, das im Englischen den frz. Artikel verloren hätte, ist zu wenig begründet. Das englische Wort wird von Holthausen zu aengl. *goten* „gegossen" gestellt. Dazu seit dem 17. Jh. die Abl. **lingotière** „Gießform". Diez 627; REW 4425.
lingual „die Zunge betreffend"
18. Jh., aus lat. *(lĭngualis)*.
lingue „Leng" (Fisch)
14. Jh. *leynge*, aus ndl. *lenge* oder englisch *ling*. Thomas, Rom. 25, 82 (Ess. 328); REW 5065.
linguet „Sperrkegel"
17. Jh., ist rückgebildet von *élinguet*, als ob *é-* an dem Worte Präfix wäre, s. d.; dort weitere Literatur.
lingueter s. *langueter*.
linguiste „Sprachforscher"
17. Jh., ist gelehrte Abl. von lat. *(lĭngua)* „Sprache", s. *langue;* dazu seit dem 19. Jh. die Abl. **linguistique** „sprachwissenschaftlich", „Sprachwissenschaft".
linier „Flachshändler"
13. Jh., aus lat. *līnarius* „Leinweber". REW 5059.
linière „Leinacker"
12./13. Jh., ist schon vorhistorische Abl. *(-aria)* von *lin* „Lein", s. d.
liniment „Einreibmittel"
16. Jh., aus lat. *(līnīmentum)*.
linomple „Schleierleinwand"
15. Jh., ist Zusammensetzung von *lin* „Linnen" und mfrz. *omple* „glatt", „flach", seit dem 14. Jh. besonders mit *drap, satin* u. ä. belegt; *omple* ist nordöstliche Form für *ample*, in einer Bedeutung, die prov. *amples vestirs* „feine Bekleidung" aufweist; vgl. pik. [tšõ] *champ;* die Erklärung nach Wahlgren, Neoph. 8, 1; 9, 14; seit dem 16./17. Jh. wird als gleichbedeutend mit *linomple* auch *linon* angegeben, dieses umgestaltet aus *linomple*, dessen zweiter Bestandteil außer in der Heimat des Wortes nicht verstanden wird.
omple nicht aus **umplus*, dieses aus **uniplus* Lombard, Stud. Neoph. 88, 72 und **uniplus* auch nicht in Weiterbildung von vlat. **simplus* für *simplex*, Brüch, ZRP 57, 732; vgl. Roques, Rom. 66, 424.
linot „Hänfling"
auch *linotte*, 13. Jh., dazu wall., pik. *linette*, im Osten und Zentrum weit verbreitet *lunette*, mit sekundärer Beziehung zu *lune; linot* ist die ursprünglichste Form; sie ist mittels des kleine Tiere bezeichnenden Suffixes *-ottus* abgeleitet von *lin* „Hanf", da der Vogel mit Vorliebe Hanfsamen frißt. Roll. Fl. 2, 194 f.; vgl. Brüch, ZRP 55, 643.
linteau „Oberschwelle", „Zapfenhalter" u. ä.
12./13. Jh., bedeutet im Afrz. „Türschwelle", dazu die Nebenformen *linter, lintier*, aus vlat. **līmĭtare*, in den Reichenauer Glossen 154 *limitem-limptarem*, für klassisches

līmĭnāris „zur Schwelle gehörig"; die Abl. nach vlat. *limes, limite* für klassisches *limen, limine* dass. Diez 463; REW 5052.

lion 1. „Löwe"
12. Jh. *leon,* aus lat. *(lĕōne);* REW 4984; dazu seit dem 12. Jh. die dem. Abl. *(-icĕllus)* **lionceau** „Löwenjunges".
2. „Salonlöwe", „Stutzer"
19. Jh., aus englisch *lion,* das seit Beginn des 18. Jhs. in der Bedeutung „Berühmtheit" „Held des Tages" bezeugt ist; es ist etymologisch mit *lion* 1 eins. Usinger, GB 4, 50 ff.

lioube „Kluft", „Einschnitt" (in einem Maß, um ein anderes Stück darauf zu setzen)
17. Jh., dazu seit dem 18. Jh. **enliouber** „ein Holzstück in die Kluft = *lioube* einsetzen"; es stammt aus dem Südwesten, poitev. *gl'ub l'ub* „gespaltenes Stück Holz, in das die Kerze geklemmt wird", saint. *lloube* „gespaltenes Holzstück", „Wäschekluppe", dazu in Glossen *globa-junctura;* es stammt aus gotisch **kluba* zu anddt. *klobo* „Fußfessel", mhdt. *klobe* „gespaltenes Holzstück zum Festhalten", s. Kluge s. Kloben; Meyer-Lübke, ZRP 20, 533 f.; WS 25, 100; Schuchardt, ZRP 26, 419 f.; Behrens, ZRP 26, 245 ff.; (Wg. 152 ff); REW 3790.
Die entsprechende fränkische Form s. als *gloon* „gespaltenes Holzstück", bei Raschi, 11. Jh.
Nicht aus gr. γλυφή „Eingraben", „Schnitzen", Thomas, Mél. 99 ff.; auch nicht germ. **klŭba* (zu ersetzen durch die oben angeführten Formen), gekreuzt mit lat. *glūbĕre* „abschälen", Thomas, NE 291 f.

lippe „dicke Unterlippe"
13. Jh., aus mndl. *lippe,* vgl. REW 5074. Kluge s. v.
Nicht aus nhdt. *lippe,* Dict. gén., da dieses selbst erst im 16. Jh. aus dem Niederdeutschen entlehnt ist; die fränkische Entsprechung wäre **lippja,* das lautlich dem frz. *lippe* nicht entspricht.
Dazu seit dem 14. Jh. die Abl. **lippée** „ein Mundvoll"; seit dem 16. Jh. **lippu** „mit breiter vorstehender Unterlippe".

liquefier „schmelzen"
14. Jh., in Anlehnung an die Bildungen auf *-fier* aus lat. *(-ficare)* gebildet aus lat. *(lĭquĕfăcĕre)* dass.

liqueur „Flüssigkeit", „Getränk"
12. Jh. *licour,* aus lat. *(lĭquōre)* Flüssigkeit.

liquidambar „Amberbaum"
17. Jh., aus spanisch *liquidambar,* d. i. gelehrte Zusammensetzung von lat. *(lĭquĭdus)* „flüssig" und spanisch *ambra* „Ambra", s. *ambre.* Dict. gén.

liquide „flüssig", „Flüssigkeit"
13./14. Jh., aus lat. *(lĭquĭdus)* „flüssig"; dazu seit dem 16. Jh. die Abl. **liquider** „flüssig machen", „abrechnen".

liquoreux „süß und alkoholisch"
16. Jh., ist gelehrte Abl. von *liqueur* in der speziellen Bedeutung „geistiges Getränk" s. d.

lire „lesen"
11. Jh., aus lat. *lĕgĕre.* REW 4970.

liron „graue Haselmaus", „Murmeltier"
16. Jh. *lairon,* 17. Jh. *liron,* mit den Nebenformen *gleron, gliron,* im 16. Jh. auch *lirot,* vgl. auch *lérot;* für das Tier scheinen im Gallorom. zwei Bezeichnungen vorhanden gewesen zu sein; vlat. **(g)lēre* für lat. *glīs, glīre,* vgl. *loir,* und ein zu *glire* gehöriges, dem. **(g)lirio, *(g)lirione;* vgl. wegen der Doppelformen mit *-i-* und *-e- grillus* neben **grillione* s. *grillon* 1; der Schwund des anlautenden *g-* läßt sich mit romanischen Mitteln nicht erklären. Diez 163; REW 3787.

lis „Lilie"
12. Jh. *lil,* dazu Nom. *lius, lis,* entsprechend im Plural; die Pluralform liegt literarischem *lis* zugrunde; aus lat. *līlium* dass.; Diez 165; REW 5040; vgl. auch *liseron, liset.*

lisage 1. „Einlesen" (des Webemusters)
18. Jh., ist Abl. von *lire* „lesen", s. d.
2. „Glätten" (Tuchmacherei)
18. Jh., ist Abl. von *liser,* s. d.

lise „Triebsand"
12. Jh., vgl. nprov. *liso* dass., saint. *enlise* „nach der Flut zurückbleibender Meersand", ist vermutlich gallisch, afrz. „Schlamm", gesichert durch mundartliches *liser* „(Wiesen) mit Schlamm bedecken" (Berry), u. ä., vielleicht zu *lie* 2, FEW 5, 332.

liser „(ein Tuch) nach der Breite ausziehen", „glätten"
18. Jh., mit der Nebenform *lisser,* ist Kreuzung von *lisser* „glätten" mit *lisière (d'un drap)* bzw. afrz. *laize* „Breite", s. d.

liseré „Vorstoß", „Randschnur"
18. Jh., ist subst. Part. von **liserer** „mit einem Vorstoß versehen", dieses seit dem 16. Jh. abgeleitet von *lisière,* s. d.

liseron „Winde"
ist Weiterbildung von *lis* „Lilie", auch *lison,* da die Blüten der Winde wie kleine Lilien aussehen; die Abl. nach dem Nebeneinander von *glouteron* und *glouton* „Klette", *lanceron* neben *lançon* u. ä.; seit dem 16. Jh. bezeugtes *liron,* lebt in der Normandie, daneben *léron* in Meurthe, ist Kreuzung von *lison* mit *lierre* „Epheu", vgl. für „Winde", mlat. *helxine hederacea* bezeugt; diese Bezeichnung wegen der gemeinsamen Form als Schlingpflanze; Roll. Fl. 8, 55.

liset 1. „Ackerwinde"
16. Jh., ist Abl. vom Stamm des gleichbedeutenden *liseron,* mundartlich auch *lison,* s. *liseron.*
2. „Rebenstecher" (Käfer)
16. Jh., auch *lisette,* aus nprov. *liset* dass.; dieses ist Abl. von nprov. *lisà* „plätten" (der

Rebenstecher frißt die Knospen ab), d. i. Nebenform von *lissà*, s. *lisser;* wegen der Bildung des Namens des Insekts vgl. *gabet.*
Zu *Lisette* „Luischen", Dict. gén., ist begrifflich nicht gerechtfertigt.

liseur „Leser"
12./13. Jh., ist Abl. vom Stamm der endungsbetonten Formen von *lire* „lesen", s. d.

lisible „lesbar"
17. Jh. neben *lisable,* ist in Anlehnung an lat. *lĕgĭbilis* abgeleitet von *lire,* s. *liseur.*

lisier „Mistjauche"
19. Jh., stammt aus dem Südosten, vgl. Doubs *lisier* neben *lisieu,* dazu Zell (Vogesen) *lüzür,* Schöneberg *lu'hêr,* vogesisch *leure, lohère, lohire, louhie, liür* u. ä.; diese sind Abl. von einem nicht belegten afrz. **lois* „Urin" aus lat. *lōtium* dass. Horning, ZRP 22, 486; REW 5129; FEW 5, 424.

lisière „Saum", „Rand"
13. Jh., ist kollektivische Abl. von einem mundartlich bezeugten *lis,* besonders „Stoffrand"; dieses aus gallisch **lissos* „Einfassung", „Einschließung", zu schottisch *lios* „Garten", air *less* „befestigter Platz", das in Namen reich belegt ist, s. Holder, II, 240; da vor *-ss-* im Lateinischen keine langen, d. h. vlat. keine geschlossenen Vokale bestanden, wurde **lĭssos* als *lĭsus* in das Gallorom. übernommen, vgl. aber im 13. Jh. auch *lissiere.*
Nicht Abl. von *liste* „Saum", s. *liste,* Diez 194, was morphologisch nicht möglich ist; vgl. auch *tesson,* das nicht Abl. von *test* sein kann; fränkisch **lêsa* zu ahdt. *waganleisa* „Wagenspur", bzw. **lîsan* „hin und her gehen", Mackel 108, ist germ. unsicher und begrifflich schwierig, vgl. REW 5080; auch nicht **liciaria* zu *līcium* „Faden"; Roensch, RF 1, 447; FEW 5, 312, das lautlich und begrifflich schwierig ist.
lisoir s. *linçoir.*

lisse „eben", „glatt"
16. Jh., ist ursprünglich Fem. zu einem nicht belegten **lis,* das aus prov. *lis* „weich", „sanft", „milde" zu erschließen ist; dieses aus fränkisch **lîsi* zu ahdt. *liso* (Adverbium), mhdt. *lîse* „leise", „sanft", „langsam", Diez 194; REW 5081; Mackel 111; Barbier, RLR 1.
Dazu seit dem 16. Jh. die Abl. **lisser** „glätten" neben mundartlichem *liser,* vgl. prov. *lizat* „glatt", nprov. *lisà, lissà* „glätten", „gleiten", mit einer Bedeutung, die durch agls. *gelīsian* „gleiten" auch für das Fränkische erschlossen werden kann; vgl. Barbier, RLR 56, 211; von diesem seit dem 18. Jh. die Werkszeugsabl. **lissette** „Glättbein". Wegen der Doppelformen *lis-* und *liss-* vgl. *lisière* und *grès.*
Gr. λισσός „glatt", Diez 194, ist lautlich und geographisch schwierig; zu einem lat. *līxare* „auslaugen" Pirson, Berliner Beitr. I, 372, das *-ī-* in der frz. Entsprechung in Anlehnung an *allīsus* „angestoßen", FEW 5, 381, ist weder lautlich noch begrifflich annehmbar.
lisseron s. *liceron.*

liste „Band" va.; „Liste"
12. Jh., bedeutet afrz. „Saum", „Band", das lautgesetzlich entwickelt in *litre* 1 erhalten ist, s. d.; das Wort ist afrz. mit *lisière* gleichbedeutend, läßt sich jedoch mit diesem lautlich nicht vereinigen; aus fränkisch **lîsta* „Leiste", vgl. auch *lice* 1; das gesprochene *-s-* des frz. Wortes zeigt Anlehnung an etymologisch identisches ital. *lista;* s. auch *liteau* 1, *liter* 1. Diez 194; REW 5083.

listel „schmale Leiste"
17. Jh., auch *listeau,* aus ital. *listello,* der Entsprechung der frz. *liteau* 1.

liston „Devisenbinde" (Heraldik)
18. Jh., ist dem. Abl. von afrz. *liste* „Band", mit der Aussprache des *-s-* in Anlehnung an *liste,* s. d.

lit „Bett"
11. Jh., aus lat. *lĕctus.* REW 4965.

litanie „Litanei"
12. Jh., aus lat. *(lĭtănīa)* „öffentliches Beten".

liteau 1. „Latten am Blasbalg", „Randleiste" u. ä.
13. Jh. *listel,* ist vorhistorische, dem. Abl. von afrz. *liste* „Saum", „Leiste", s. *liste.*
2. „Wolfslager"
17. Jh., ist *-ĕllus*-Abl. von *lit* „Bett"; vgl. dazu schon im 12. Jh. belegtes **litée** „auf einem Lager vereinter Wurf".

liter 1. „mit Latten versehen" va.; „den Saum aufrollen"
12. Jh. *lister,* ist Abl. von afrz. *liste* „Saum", s. *liste.*
2. „übereinanderschichten"
18. Jh., ist Abl. von *lit* „Lager", s. d.

litharge „Bleiglätte"
14. Jh., doch schon im 13. Jh. *litargirum,* aus lat. *(lĭthargyrus)* dass.

lithographe „Steindrucker"
19. Jh., ist gelehrte Zusammensetzung aus gr. (λίθος) „Stein" und (γράφειν) „schreiben".

lithotomie „Steinschnitt"
18. Jh., aus lat. *(lĭthŏtŏmia).*
litier s. *laitier* unter *laiterol.*

litière 1. „Sänfte"
12. Jh., aus gallorom. **lĕctaria* zu lat. *lĕctarius* „zur Lagerstatt gehörig".
2. „Streu"
ist pejorativ weiter entwickeltes afrz. *litiere* „Lager", „Bett", dieses kollektivische Abl. von *lit* „Bett", s. d.

litige „Streitpunkt"
14. Jh., aus lat. *(lītĭgium).*

litispendance „Prozeßdauer"
16. Jh., aus mlat. *(litispendentia),* dieses

ist zusammengesetzt aus *līs, līte* „Streit“ und *pendēre* „anhängig sein“, „hängen“.
litorne „Wacholderdrossel“
14. Jh., vgl. dazu pik. *lutrone*, dazu bei Nemnich *loteronne* „oriolus galbula“; gehört nach Behrens, Festg. Förster 245 (Wg. 160 f.) zu pik. *lutron* „Tändler, der sich mit Kleinigkeiten beschäftigt, sich bei der Arbeit unterhält“, und dieses zu mndl. *loteren*, *leuteren* „zögern“, „nachlässig handeln“, ostfriesisch *löteren* dass.; *litorne* wäre daher unmittelbar abgeleitet von pik. *lutourner* neben *lutronner* „sich mit nichtssagenden Dingen unterhalten“; die lautliche Entwicklung bedarf noch der Aufklärung, vgl. auch Roll. F. 2, 238; Bl.-W. 372.
litote „Litotes“
16. Jh., aus mlat. = gr. *(litotes)*.
litre 1. „Trauerbinde“
12. Jh. *liste*, das *-r* seit dem 16. Jh. unorganisch, ist die volkstümlich entwickelte Entsprechung von *liste*, s. d.
2. „Liter“
18. Jh., ist Rückbildung von **litron** „1/16 Pariser Scheffel“, das seit dem 16. Jh. bezeugt ist; dieses ist Abl. von mlat., seit dem 13. Jh. belegten *litra* „Flüssigkeitsmaß“, aus gr. λίτρα „Gewichtsmaß von 12 Unzen“; Dict. gén.
littérature „Literatur“
14. Jh., aus lat. *(lĭttĕratūra)*.
littoral „zum Ufer gehörig“
18. Jh., aus ital. *littorale*, dieses aus lat. *(lītŏrālis)*.
liturgie „Liturgie“
16. Jh., aus mlat. = gr. *(liturgia)*.
liure „Wagenseil“, „Wuhling“
12./13. Jh. *loiure*, dann in Anlehnung an *lier* die literarische Form, aus lat. *lĭgātūra* „Band“. REW 5026.
livarde „Stange, welche ein Sprietsegel ausspannt“, „Knüppelband“
18. Jh., vgl. nprov. *libardo* „Reiber des Seilers“, dazu vielleicht *liban* „Umfassungsschnur des Fußes eines Stellnetzes“, „Seil, mit dem die Gefäße aus dem Ziehbrunnen hochgezogen werden“, dazu prov. *liban* „Tau“, so für Marseille bezeugt; H. u.
livêche „Liebstöckel“
14. Jh. *livesche*, aus vlat. *levīsticum*, in den Tironischen Noten *livisticum*, für klassisches *lĭgŭsticum* dass. ALL 10, 266; Diez 192; REW 5038.
livide „bleifarbig“, „fahl“
14. Jh., aus lat. *(līvĭdus)*.
livre 1. „Buch“
11. Jh., aus lat. *(lĭber)* „Bast“, aber auch schon „jede aus mehreren Blättern bestehende Schrift“, „Buch“.
2. „Pfund“
10. Jh., afrz. auch „Waage“, aus lat. *lībra*. REW 5015.
livrée „die von Fürsten und hohen Adeligen dem Gefolge gelieferte Kleidung“, „Bedientenkleidung“
14. Jh., bedeutet ursprünglich allgemein „das Gelieferte“, „Lieferung“, ist subst. Part. von mfrz. *livrer* „mit etwas versehen“, „liefern“; dieses ist eins mit **livrer**, afrz. „zurückstellen“, dann „überliefern“, das auf lat. *lībĕrare* „freimachen“, mlat. „freilassen“, „ausliefern“ zurückführt. Diez 195; REW 5013.
llama s. *lama*.
lobe „Lappen“ (des Gehirns, der Lunge)
16. Jh., aus gr. (λοβός) dass.; dazu seit dem 17. Jh. die Abl. **lobule** „Läppchen“.
local „örtlich“
14. Jh., aus lat. *(lŏcālis)*; dazu seit dem 16. Jh. die Abl. **localité** „Örtlichkeit“.
locataire „Mieter“
15. Jh., ist Abl. von lat. *(lŏcare)* „vermieten“, s. *louer* 1.
locatif 1. „die Miete betreffend“
13./14. Jh., ist Abl. von lat. *(lŏcare)* „vermieten“, s. *louer* 1.
2. „Lokativ“
19. Jh., ist in Anlehnung an lat. *vocativus* abgeleitet von lat. *(lŏcus)* „Ort“.
locatis „Mietsgaul“, „Mietswagen“ u. ä.
17. Jh., aus lat. *(lŏcātīcius)* „vermietet“.
loch „Log“ (Geschwindigkeitsmesser)
17. Jh., aus englisch oder ndl. *log*, s. auch *locman*.
loche „Schmerle“, „Grundel“
13. Jh., ist für den Fisch in Westfrankreich, H. Maine und Anjou, Saint. bezeugt; auf dem gleichen Gebiet und darüber hinaus in der Bedeutung „Art Schnecke“, vgl. B. Maine „Art dunkelrote Schnecke“, Plèchatel „Gartenschnecke“, H. Maine „Schnecke ohne Schneckenhaus“, saint., berrich. „Schnecke“; daneben ist eine Form *ligoche* u. ä. in beiden Bedeutungen bezeugt; so in Blois für den Fisch, Alençon für die Schnecke; vgl. dazu wohl auch rouerg. *ligoto* „kleine Schnecke“, Sarthe *ligousse*, Vienne *licoche* „Schnecke“; dazu nprov. neben *loco* auch *liocho*, *lioucho* in beiden Bedeutungen; dazu bearn. *lauquet*, Gard *lauqueto* „kleine Schnecke“, setzt eine Grundform **lauka* voraus; diese nach Hubschmied, VR 3, 86; FEW 5, 262, zu gallisch **leukos* „weiß“, mit der gallischen Weiterentwicklung von *-ew-* über *-ou-* zu *au-*, s. Pedersen I. § 42; dann *limauco*, *milhauco*, gask., langued. u. ä., s. ALF 770, die deutlich Kreuzung von **laŭka* mit *limace* „Schnecke“ zeigen, Jud, VR 6, 258; der nördliche Typus *ligoche* dürfte entsprechend auf eine Grundform **li-lauka* zurückführen, d. i. *lim-*lauk(k)a*, mit Dissimilation des zweiten *-l-*.
**locca*, Barbier, RDR 1, 439, genügt den angeführten Formen nur zum Teil; **loccula*

für ital. *locchia,* spanisch *loja,* Barbier, RPFL 23, 126 f., ebenso, s. REW 5094 a; vgl. auch Roll. F. 3, 212; vgl. auch *lotte.*

locher „schütteln", „lose sein"
12. Jh., afrz. auch *logier,* s. *élocher.*

lochies „Reinigung"
17. Jh., aus gr. (λοχεία).

locman „Lotse"
15./16. Jh., aus ndl. *lochman* s. *lamaneur.* Valkhoff 178.
Zu ndl. *log* „Instrument zum Messen der Schiffsgeschwindigkeit", Behrens, ZRP 26, 659, paßt begrifflich weniger.

locomobile „beweglich", „transportable Dampfmaschine"
19. Jh., ist in Weiterbildung von *locomotive* zusammengesetzt aus lat. *(lŏcus)* „Ort" und *(mŏbilis)* „beweglich". Swann 25 ff.

locomotif „die Ortsveränderung betreffend"
18. Jh., ist Abl. vom Stamm von *locomoteur* „von einem Ort an den anderen befördernd", dieses, 17. Jh., aus lat. *(loco)* „vom Orte" und frz. *moteur,* s. d., zusammengesetzt. Dict. gén.

locuste „Heuschrecke", „Flohkrebs"
12. Jh., aus lat. *(lōcŭsta),* s. *langouste.*

locution „Redeweise"
14. Jh., aus lat. *(lŏcūtiōne).*

lodier „durchnähte Bettdecke"
14. Jh., auch *loudier,* ist mlat. im 8. Jh. als *luterium* „Gewand aus Schaffell" bezeugt, bezeichnet afrz. „einen von armen Leuten getragener Überwurf"; aus gallorom. **loddarium,* d. i. ursprünglich adj. Abl. von fränkisch **lođo* zu ahdt. *lodo* „grobes Tuch", agls. *lođa* „Mantel", „Decke", s. Kluge s. Loden; Diez 628; Baist, ZDA 24, 409; REW 5100; von der Bedeutung „Überwurf armer Leute" her würde nach Baist l. c. afrz. *lodier* „Tunichtgut" stammen; besser aber mit Diez 628; REW 5099 dieses aus anord. *loddari* dass.

lods „Gebühr der Grundherren, wenn eines seiner Zinsgüter den Besitzer wechselte"
16. Jh. für afrz., seit dem 12. Jh. belegtes *los* „Taxe, die dem Grundherrn für seine Zustimmung gezahlt wurde", ursprünglich „Lob", „Zustimmung", aus lat. *laus* bzw. pluralischem *laudes* dass.; REW 4944; vgl. *los.*

lof „Luvseite"
12. Jh., aus anord. **lôf* zu schwedisch *lôf,* dän., norw. *luv;* dazu seit dem 18. Jh. die Abl. **lofer** „gegen den Wind steuern", vgl. die ältere Abl. *louvoyer.* Diez 628; REW 5101.

logarithme „Logarithmus"
17. Jh., aus nlat. *(logarithmus);* dieses aus gr. λόγος „Rechnung", „Verhältnis" und ἀριθμός „Zahl".

loge „Häuschen", „verschlossenes Zimmer"
dann in Anlehnung an ital. *loggia,* das selbst aus afrz. *loge* stammt, „Loggia", 12. Jh., dazu in Glossen *laubia* „Laubhütte", aus fränkisch **laubja,* zu deutsch *laube;* Diez 196; Lindsay, ALL 9, 598; Kluge, AR 6, 306; REW 4936; dazu seit dem 12. Jh. die Abl. **loger** „wohnen", „in einer Wohnung unterbringen".

logette „Halbfach in den Staubbeuteln"
12. Jh. „kleines Häuschen", ist dem. Abl. von *loge,* s. d.

logique 1. „Logik"
13. Jh., aus lat. *(lŏgĭca).*
2. „logisch"
16. Jh., aus lat. *(lŏgĭcus).*

logis „Unterkunft"
14. Jh. *logëis,* bedeutet ursprünglich abstrakt „das Unterbringen", ist *-aticium*-Abl. von *loger,* s. d.

logographe 1. „griechischer Geschichtsschreiber"
16. Jh., aus gr. (λογογράφος).
2. „Stenograph" va.
19. Jh., ist Zusammensetzung aus gr. (λόγος) „Wort" und (γράφειν) „schreiben".

logogriphe „Buchstabenrätsel"
17. Jh., ist zusammengesetzt aus gr. (λόγος) „Wort" und (γρῖφος) „dunkle Reden".

logomachie „Wortkampf"
16. Jh., aus gr. (λογομαχία).

loi 1. „Gesetz"
10. Jh., bedeutet afrz. auch „Gewohnheit", „Art", dann mit einer aus der Kirchensprache stammenden Bedeutungsentwicklung „Glaube", aus lat. *lex, lēge* „Gesetz". REW 5008.
2. „Feingehalt"
18. Jh., steht für *aloi,* dessen Anlaut fälschlich als Präfix losgelöst wurde.

loin „entfernt"
11. Jh., aus vlat. **lŏnge.* REW 5116.

lointain „entfernt"
11. Jh., aus vlat. **lŏngĭtānus,* d. i. Abl. von *longiter* „weit"; vgl. schon in der Vulgata die Abl. *longiturnus* „lange dauernd"; vgl. wegen der *-anus*-Abl. von einem Adverbium s. *soudain.* Diez 196; Gröber, ALL 3, 515; REW 5118.
longus + *-itanus,* wie in Herkunftsnamen wie *Neapolitanus, Panormitanus,* Lausberg, RF 62, 743, entspricht nicht der Funktion des Suffixes.

loir „Haselmaus"
12./13. Jh., aus vlat. **lēre* für lat. *glīs, glīre,* das in Glossen als *lerus* bezeugt ist; dieses ist italische Dialektform für *glire;* auch die klassische Form hat sich im Gallorom. erhalten, vgl. *liron;* Meyer-Lübke, WS 25, 101; Diez 163; Meyer-Lübke, Einf. 148; REW 3787; s. Bl.-W. 373.

loisible „statthaft"
14. Jh., ist Abl. vom Stamm von **loisir** „Muße", „freie Verfügung über die Zeit"; dieses ist seit dem 12. Jh. belegter subst. Inf.

von afrz. *leisir, loisir,* „erlaubt sein" aus lat. *lĭcēre* dass. REW 5017.

lombard „Wucherer"
18. Jh., aus ital. *lombardo* „Lombarde", als Sammelwort für die Italiener, die seit dem 13. Jh. sich in Frankreich, namentlich in Montpellier und Cahors als Bankiers niederließen; ital. *lombardo* aus mlat. *langobardus*, dem Namen der Langobarden. M. Zweifel, Unters. über die Bedeutungsentwicklung von Langobardus-Lombardus, Diss., Zürich 1921; Diez 628; REW 5113.

lombe „Lende"
12. Jh., im 11. Jh. (Raschi) die Deminutivform *lonbel,* aus lat. *(lŭmbus),* s. *longe* 2.

lombric „Regenwurm", „Eingeweidewurm"
13. Jh., aus lat. *lŭmbrīcus* „Eingeweidewurm"; die moderne Aussprache des auslautenden *-c* zeigt Anlehnung an die lat. Grundform. REW 5158.

londrin „nachgemachtes, englisches Tuch"
17. Jh., ist Abl. von gleichbedeutendem *londre,* das mit dem Stadtnamen *Londres* „London" eins ist.

long 1. „lang"
10. Jh. *lonc,* Fem. *longe,* heute in Anlehnung an das Maskulinum die neue Femininform *longue,* aus lat. *lŏngus* dass.; REW 5119; dazu u. a. die kollektivische Abl. **longaille** „Daubenholz", als Gegenbildung zu *fonçaille* „Querholz der Fässer"; oder dieses zu *long* 2?
2. in *scieur de long* „Brettschneider", 14. Jh. *scieur de bois en long,* enthält *long* „lange" wohl sekundär für älteres *lon,* afrz. *laon* „Brett", „Laden", frz. Schweiz *lan, lovon* u. ä., dieses aus frk. *lado* „Laden"; Meyer-Lübke, ZRP 25, 611; FEW 16, 434.
Unmittelbar zu *long* „lang", Thomas, Rom. 36, 102; Rom. 40, 443, ist begrifflich nicht überzeugend, da der *scieur de long* auch „Querschnitte" vornimmt; *scieur de bois en long* ist nur Umdeutung eines volksetym. zu *long* bezogenen, als einzelnes Wort nicht mehr verständlichen *lon* „Brett"; afrz. *laon* auch nicht zu lat. *latus* „breit", G. Paris, Rom. 31, 154, was morphologisch und begrifflich unwahrscheinlich ist.

longanimité „Langmut"
12. Jh., aus lat. *(longanimitate).*

longe 1. „Leine", „Leitseil"
13. Jh., bedeutet ursprünglich vermutlich „Verlängerungsstück" (der Schnur), wie *allonge,* von dem es rückgebildet ist, s. d.
2. „Lendenstück"
13. Jh., doch schon früher in der Bedeutung „Lende" bezeugt, dazu die östliche afrz. Nebenform *loigne,* aus vlat. **lŭmbia* zu lat. *lŭmbus* „Lende", vgl. wegen der *-j-*Abl. *rognon* und die auf eine Grundform **splēnia* für lat. *splen* „Milz" zurückführenden mundartlichen Formen REW 8164; Diez 628.
Zu lat. *longus* „lang", REW 5119 ist lautlich und begrifflich nicht überzeugend.

longer 1. „an etwas entlanggehen"
17. Jh., ist Abl. von afrz. *lonc* bzw. nfrz. *le long* „entlang", s. *long.*
2. „die Jagd ins Weite ziehen"
ist Rückbildung von *élonger,* s. d.

longévité „Langlebigkeit"
18. Jh., aus lat. *(longaevitate).*

longis 1. „langsamer, träger Mensch"
16. Jh., im 17. Jh. *Saint-Longis,* auch *Saint-Longin,* ist scherzhafte Bildung zum Bibelnamen *Longīnus*, vgl. im Vulgärfrz. *Saint-Lâche* „der Schutzheilige der Faulen", *Saint Lundi* in *faire la Saint Lundi* „den Montag blau machen" u. ä., Sain. LPar. 409.
2. „Verlängerungsstück"
18. Jh., ist *-aticium*-Abl. von *longer* „ins Weite ziehen", s. *élonger.*

longitude „geographische Länge"
14. Jh., aus lat. *(lŏngitūdo)* „Länge".

long-jointé „lang gefesselt"
17. Jh., ist Zusammensetzung von adverbiell gebrauchtem *long* (wie in *écrire, penser, savoir long* u. ä.) mit *jointe* „Fessel" bzw. *jointé* „gefesselt", s. d.

longrine „Langschwelle", „Wandrute" u. ä.
18. Jh. auch *longuerine,* aus ital. *lungarina,* d. i. Abl. von ital. *lungo,* der Entsprechung des frz. *long;* die Form des frz. Wortes zeigt Anlehnung an frz. *long.*

looping „Louping"
seit 1914, aus englisch *looping the loops,* „sich im Fluge überschlagen", s. Bl.-W. 374; Portier, RPF 42, 129.

longtemps „lange"
11. Jh., vgl. spätlat. *longo (multo) tempore* für *diu,* Löfstedt, Synt. II, 41, ist zusammengesetzt aus *long* und *temps,* s. d.

longuerie „Weitschweifigkeit"
16. Jh., aus ital. *lungheria,* d. i. Abl. von *lungo* „lang", s. *long* und *longrine.*
longuerine s. *longrine.*

longueur „Länge"
12. Jh., ist *-ore*-Abl. von *long* „lang", s. d.
looch s. *loch.*

lopin „Bissen", „Happen", „zum Schmieden hergerichtetes frisches Eisen"
14. Jh., die letzte Bedeutung ist berrich. bezeugt, ist Abl. von afrz. *lope* in *faire la lope* „die Zunge herausstrecken"; dieses ist Ablautform von *lipe* in *faire la lipe* „das Maul hängen lassen", s. *lippe,* vgl. auch *moue;* die Bedeutungsentwicklung von *lopin* zeigt vielleicht Beeinflussung durch *laper, lamper,* s. d., s. auch *lampas* und *loupe.*

loquace „gesprächig"
19. Jh., aus lat. *(lŏquāx, -ace).*

loque „Lumpen", „Fetzen"
15. Jh., dürfte afrz. die Bedeutung *„Haarzotte" gehabt haben, vgl. das davon abgeleitete afrz. *locu* „mit zerzaustem Haar",

wall. *loché* „Haarlocke", s. auch *loquet* 2; aus fränkisch **loc*, Plural **locka* „Locke"; die Form des Wortes deutet auf Entlehnung aus dem Norm.-Pik.; der Übergang von „Zotte" zu „Fetzen" erklärt sich durch das gemeinsame Bild des unordentlichen Herabhängens, vgl. Diez 628, der von anord. *lôkr* „etwas Herabhängendes" ausgeht; REW 5110.

loquèle „Redseligkeit"
13. Jh., aus lat. *(lŏquēla)* „Reden".

loquet 1. „Türdrücker"
14. Jh., ist dem. Abl. von afrz. *loc* „Riegel", „Schloß", aus fränkisch **lok* zu agls. *loc* „Verschluß".
2. „Schenkelwolle" (zum Füllen von Matratzen), „Borsten" (des Ebers)
16. Jh., ist Abl. von *loque* in der alten Bedeutung *„Zotte", s. *loque;* vgl. dazu auch seit dem 17. Jh. bezeugtes **loquette** „Wollöckchen".

loquette 1. „kleines Stück von einem Salm"
19. Jh., ist dem. Abl. von *loque* „Fetzen", s. d.
2. s. *loquet* 2.

lord „Lord"
18. Jh., aus englisch *lord.*

loré „dessen Flossen anders gefärbt sind als der übrige Körper" (Heraldik)
18. Jh. u. H.
loré mit dem Artikel verschmolzenes *oré,* dieses zu lat. *auris* „Ohr", s. *oreille,* das ursprünglich „mit Ohren versehen" bedeutet haben müßte, dann die Bedeutung zu „mit Flossen versehen" bekommen hätte, dazu languedok. *oros* „Feifeln", Drüsenentzündung (bei Pferden)", wobei *or* ein nur in festen Verbindungen erhaltenes Wortrelikt wäre, wie in westfrz. *ormier, ormet,* Bezeichnung einer Art Muschel", lat. *auris maris,* vgl. FEW I, 182, müßte noch näher begründet werden.

lorgner „anschielen", familiär „schielen", „liebäugeln"
15. Jh., ist Abl. von afrz. *lorgne* „schielend", heute vend. „mit krummem Rücken und vorgebeugt gehend", poitev. „traurig", „niedergeschlagen", im 13. Jh. auch *calorgne,* das heute in Westfrankreich weit verbreitet ist, s. Wartburg, RDR 3, 472; aus fränkisch **lōrni* zu ndl. *loeren,* mittelengl. *lûren* „finster blicken", mit fränkisch *-o-* für *-u-* vor *-r-,* wie in *forha* zu „furche", *s. forière*; die ursprüngliche Bedeutung des Adj. dürfte „finster blickend", „traurig", „niedergeschlagen" gewesen sein, so erhalten im Poitevinischen, entsprechend nassauisch *lauern* „traurig, nachdenklich, in sich gekehrt sein", Kluge-G. 440; die literarische Meinung „schielend" wegen Verschmelzung mit *borgne*; FEW 16, 491.
Dazu seit dem 17. Jh. die Werkzeugsbildung **lorgnette** „Augenglas zum Sehen seitlich befindlicher Gegenstände" va.; „Theatergucker" u. ä.

lorgnon „Kneifer"
19. Jh., ist mit dem den Träger charakterisierenden Suffix *-ōne* abgeleitet von *lorgner* „schielen"; vgl. *lorgnette.*

loriot „Goldammer", „Gerstenkorn am Auge", s. *compère-loriot* 1 und 2.
2. „Kübel des Bäckers zum Auswaschen des Ofenwischers"
18. Jh., aus nprov. *lauriot;* dieses ist dem. Abl. von nprov. *lavadouiro,* Alpes *lavouiro* „Wäschestein", d. i. Femininform zu gleichbedeutendem *lavadou* aus lat. *lăvātōrium* „Badegerät", s. *lavoir;* Behrens, Wg. 371 f.; REW 4952.

lormerie „Zaumzeugindustrie"
13. Jh., ist Abl. von **lormier** „Zaumzeugerzeuger", 13. Jh.; dieses ist Abl. von afrz. *lorain, loraim* „Riemen am Pferdegeschirr", aus vlat. **lōrāmen* für lat. *lōrāmentum* „Riemenwerk"; G. Paris, Mel. 522; REW 5123.
lorré s. *loré.*

lors „damals"
12. Jh., aus lat. *ĭllā hōrā* „zu jener Stunde", mit der Entwicklung unbetonter Ausdrücke, vgl. *chez* und den Artikel; Suchier, ZRP 1, 432; Zeitlin, ZRP 6, 279 f.; REW 4176; das auslautende *-s* ist analogisch von anderen Adverbien wie lat. *prius, magis, pejus, minus* u. ä. übertragen; dazu seit dem 16. Jh. die Konjunktionsbildung *lors que,* 16. Jh. auch *lorque,* dann in Anlehnung an *presque* u. ä., s. *jusque,* die literarische Form **lorsque** „als" mit gesprochenem *-s.*
hōra „zur Stunde" mit *-ŏ-* nach *hŏdie,* Gröber, ALL 3, 140 ist nicht nötig, und genügt lautlich nicht, wenn man für das Wort volltonige Entwicklung annimmt.

los „Lob" va.; „Zustimmung"
11. Jh., gilt seit dem 17. Jh. als verpönt, Br. 3, 115, 12. Jh., aus lat. *laus* „Lob" bzw. einem singularisch gebrauchten *laudes* „Lobsprüche", vgl. *lods;* afrz. *los,* auch pejorativ „üble Nachrede", die Bedeutungsentwicklung zunächst in der Sprache der Franken, für die das lat. *laus* „Lob" pejorativ zu „Schmeichelei", „Lüge", „Betrug" wird, wie das zum lat. *laus* gebildete fränkische **lausinga* zeigt, das romanisiert afrz. *losenge* dass. erschließen läßt; das fränkische *-inga*-Suffix greift auf lat. *laus, laude* über, daher, aber nun mit anerkennender Funktion in *louange;* die gleiche Begriffsentwicklung, diesmal ausgehend von der einheimischen romanischen Bevölkerung zeigt fränkisch (ahdt.) *lobôn* „loben", das afrz. als *lober* „schmeicheln", „betrügen" überliefert ist; vgl. FEW 16, 452; s. Baist, ZRP 31, 616; REW 4947.
los nicht aus prov. *laus* entlehnt, dieses post-

verbales Subst. zu *lauzar,* lat. *laudare,* Sandfeld, Neoph. 11, 115; s. FEW 5, 211.

losange „verschrobenes Quadrat", „Rhombus", „halblanger Ton"
14. Jh., ist Rückbildung von seit dem 13. Jh. belegtem afrz. *losengié* „rautenförmig", „in Rauten von verschiedenen Farben abgeteilt", das besonders als Beiwort zu *écu* gebraucht wird; dieses wieder ist abgeleitet von einem nicht belegten **losenc,* dieses aus gallisch **laus-ink* zu gallisch *lausa* „Stein-, Schieferplatte", das spätlat. belegt ist, vgl. dazu auch belegtes *lapides lausiae* „Schlacken im Bergwerksbetrieb"; das Wort dürfte auch dem Namen *Lausanne* zugrunde liegen; wegen der gallischen Abl. vgl. gallisch *jovinkos* zu airisch *óäc* (Pokorny); Gröber, ALL 3, 510; Bücheler, ALL 2, 604 f.; Baist, ZRP 5, 245; Schuchardt, ZRP 6, 424; Nigra, AGI 14, 285 f.; REW 4946; FEW 5, 209; vgl. auch *lave.*
Unwahrscheinlich aus arabisch *lawzinag* „Art arabischer Kuchen", angeblich in der Form einer *losenge,* Rochinson, Festschr. Giorgio Levi Della Vida, II, 425; vgl. Tolkien, Bibl. Fac. Phil. Liège, 129, 6.
Zu dem gleichen *lausa* „Steinplatte", aber innerhalb des Französischen abgeleitet, gehört frz. *losange* „Spitzhammer des Steinhauers", aus einem adj. **losenc* „zum Steinplattenbehauen gehörig", vgl. Gade 47.

losse s. *laceret.*

lot „Anteil", „Los"
12. Jh., ist „der Anteil, den der einzelne Bauer innerhalb der Dorfmark an Grund und Boden besaß", Jud, WL 2, 119, aus spätfränkisch **(h)lot* zu agls., sächsisch *hlot* „zugefallener Anteil"; Diez 197; Brüch 33; REW 5128; FEW 16, 481.

loterie „Lotterie"
16. Jh., aus ital. *lotteria,* d. i. Abl. von ital. *lotto* „Anteil", „Los", dann auch „Lotterie", das selbst aus frz. *lot* entlehnt ist, s. d.; nach Bl.-W. aus ndl. *loterije* ?

lotier 1. „Schotenklee"
16. Jh., ist Abl. von lat. *(lōtus)* dass.
2. „Fischer, der einen ganzen Anteil am Fange hat"
18. Jh., ist Abl. von *lot* „Anteil", s. d.

lotion „Abwaschung", „Abspülung"
14. Jh., aus lat. *(lōtione)* dass.

lotir „in Lose einteilen"
13./14. Jh., ist Abl. von *lot* „Anteil", s. d.

loto „Lottospiel"
18. Jh., aus ital. *lotto,* s. *loterie.*

lotte „Flußtrüsche"
16. Jh., wird mundartlich vielfach mit *loche* vermengt, so in der frz. Schweiz, Anjou, wo *loche* für *grande lotte* verwendet wird, s. Jud, BGPSR 11, 7 f.; Roll. F. 3, 137; 11, 155, 212, 220; das Wort ist mlat. im 10. Jh. als *lota* überliefert, s. Wessner, ALL 13, 279 f., geht also auf eine Grundform **lŏtta* unbekannter Herkunft zurück, REW 5130; FEW 5, 424.
Nach Schuchardt, RB 26 würde deutsches gleichbedeutendes *rutte* zugrunde liegen, das sich mit einem gallischen Wort, das in kymr. *llysywen* dass. vorliegt, gekreuzt hätte; zu prov. *lǫt* „langsam", „schwerfällig", Barbier, RDR 4, 127 ist möglich, doch ist die Herkunft dieses Wortes selbst unbekannt.

lotus „Lotus"
16. Jh., aus lat. *(lōtus).*

louange „Lob"
12. Jh., ist Abl. von *louer* „loben", s. *los.*
Prov. *lauzimi, laudime* dass. ist wie *lauzemnhe, lauzenha* wohl aus dem Norden entlehnt, vgl. afrz. *blastenge* gegenüber prov. *blastemi,* s. *blâmer,* oder prov. *vendemnha* gegenüber frz. *vendange,* s. d.; s. aber Meyer-Lübke, RG II, 552.

louche 1. „schielend"
12. Jh., *lois,* Fem. *losche,* seit dem 13. Jh. ist die fem. Form für die maskulinische bezeugt, vgl. dazu *large, chauve, courbe, ferme, vide* u. ä.; aus lat. *lūscus* „einäugig", „blödsichtig", das sich in der Bedeutung „kurzsichtig" in Südfrankreich erhalten hat; Wartburg, RDR 3, 445 ff.; REW 5181.
2. „Schöpflöffel", „Düngerkelle"
13. Jh., vgl. dazu Artois *louche* dass., auch in der allgemeinen Bedeutung „Löffel", Lille *louche* „Jauchenkelle", norm. *lousse* „Suppenlöffel", Aunis *losse* dass.; aus fränkisch **lotja* zu mndl. *loete* „Benennung verschiedener Werkzeuge, auf breitem Stil" u. ä.; Frings, ZRP 62, 243; Bl.-W. 375.
**locchea* umgestellt aus **cochlea,* dieses für lat. *cochlear* „Löffel", Horning, ZRP 21, 456, ist angesichts von erhaltenem **cūchlearium,* s. *cuiller,* unwahrscheinlich; vgl. REW 2011; vgl. auch *laceret;* nicht aus **lukja* zu dt. „loch", Brüch, ZRP 39, 200.

louchet „schmales Grabscheit"
14. Jh., bedeutet afrz. auch „Hirtenstab", wahrscheinlich wie frz. *houlette* „Stab mit einer schaufelartigen Erweiterung am Ende, um damit von der Herde sich entfernende Tiere mit Erdknollen u. ä. zu bewerfen"; heute in der literarischen Bedeutung Ardennes, Champ. *louchet,* burg., champ., Yonne *lochet;* ist wohl abgeleitet von *louche* „Löffel", „Kelle", s. d.

loudier s. *lodier.*

louer 1. „vermieten", „mieten"
12. Jh., aus lat. *lŏcare* „unterbringen", „vermieten", „Geld herleihen" u. ä.; Diez 629; REW 5094, vgl. *loyer.*
2. „loben"
10. Jh., afrz. auch „raten", „billigen", so schon lat. bei Augustinus, Bambeck 32; aus lat. *laudare;* REW 4938; Diez 629.

loufoque „verrückt"

19. Jh., pop., aus dem Argot, ist mit dem Argotsuffix *-oque* abgeleitet von *louf*, dieses umgedreht aus *foul*, vgl. bei Murger, Vie de bohème *Mon gros Louf-Louf!;* Larchey s. v.; Esnault, Fr. mod. 18, 141.

lougre „Luggerschiff"
18. Jh., aus englisch *l u g g e r*. Dict. gén.

louis „Louisdor"
17. Jh., ist abgekürzt aus *louis d'or*, zu *Louis* „Ludwig", nach dem Namen Ludwigs XIII., unter dem diese Goldmünzen zuerst geprägt wurden. Dict. gén.

loup „Wolf"
12. Jh., afrz. *lou, leu*, analogisch auch *louf, leuf*, ist mundartliche z B. norm. Form aus lat. *l ŭ p u s;* REW 5173; die alte, lautgesetzlich entwickelte Form *leu* ist erhalten in der Verbindung *à la queue leu leu* „im Gänsemarsch", wörtlich „wie ein Wolfsschweif", mit der afrz. möglichen präpositionslosen Unterordnung des persönlichen Attributs unter das Beziehungswort, vgl. die syntaktische Weiterbildung *à la queue au loup* bei Rabelais; vgl. auch in Paris die *rue du Petit et du Grand Hurleur*, alt *hue-leu*, G. Paris, Rom. 10, 50 f.; Roques, Rom. 45, 146.
à la queue leu leu nicht für *à la queue, le loup!* „rückwärts! der Wolf kommt". Frank, RR 1, 31 ff. entspricht nicht der Bedeutung.

loupe „Sackgeschwulst", „Knorren", „Perlmuschelauswuchs", „gereinigte Eisengans"; „Vergrößerungsglas"
14. Jh., ist zuerst in der Bedeutung „Klumpen in der geschmolzenen Eisenmasse" belegt, vgl. auch prov. *lǫpa = loupe d'une perle;* das Wort ist Kreuzung von *lope*, s. *lopin*, mit afrz. *loup* „Geschwulst", „Geschwür", dieses aus lat. *(lupus)* „Wolf", als medizinischem Ausdruck „Lupus", das auch in einer der volkstümlichen Entwicklung von *lupus* angepaßten Form *lou, leu* im 13./14. Jh. belegt ist; FEW 5, 460; die Bedeutungsentwicklung, an deren Ausgang die Bedeutung „Vergrößerungsglas" steht, ist schwer verständlich; nach Kluge-G. 464 wird lat. *lupa* „Wölfin" zum Namen einer kreisförmigen Geschwulst unter der Haut. Frz. *loupe* entwickelte aus dieser Bedeutung die metaphorische „gefaßte Glaslinse als Vergrößerungsglas".
loup-garou s. *garou.*

lourd „schwerfällig"
12. Jh., afrz. auch „töricht", „tölpelhaft", ist zuerst in Glossen des 7./8. Jhs. als *lurdus* „hinkend" bezeugt, Graur, 54, 506; dazu prov. *lort* „schwerfällig", „dumm", ital. *lordo* „schmutzig"; aus gallisch **l o r d o s* „Klumpfuß" zu schottisch *loirc* dass., das aus einer Abl. **lord-sk-* entstanden ist; Spitzer, Lex 86, vgl. Barbier, RDR 2, 191.
Wegen der Glossenbedeutung „hinkend" nicht aus lat. *lūridus* „gelb", „leichenblaß", Diez 197; Gröber, ALL 3, 517 f.; Schuchardt, ZRP 13, 530; Brüch, Misc. Schuchardt 56 f.; dieser Ansatz ist auch lautlich schwierig, da dem lat. *-ū-* kein frz. *-ou-* entspricht; Bl.-W. 375; FEW 5, 465; Kreuzung von *lūridus* mit gr. λύθρος „Besudelung", Brüch, l. c. ist historisch nicht gestützt.

loure „Sackpfeife" va.; „ländlicher Tanz nach langsamem Takt"
15. Jh., ist norm., Pays de Bray, pays de Caux = „Flöte", dazu norm. *lourer* „auf der Sackpfeife spielen", literarisch seit dem 16. Jh. als **lourer** „die erste Musiknote markieren", vgl. dazu V. d'Yères *lourer* „zwischen den Zähnen summen"; aus altdänisch *l ū r* zu anord. *lûdr* „Blasinstrument aus Holz", das nach dem nordfrz. Wandel von *ū* > *ü* entlehnt wurde. Diez 629.
Lat. *lŭra* „Schlauch", REW 5174 entspricht begrifflich nicht genau und ist auch deshalb schwierig, weil eine Form *leure* nicht bezeugt ist; poitev. *loure* bei Cotgrave scheint nicht zu bestehen.
lousse s. *losse.*

loussec „kleiner Wasserbehälter für das auf dem Boden der Fahrzeuge sich ansammelnde Wasser"
17. Jh. *lossec*, auch *lousset, lousseau;* s. *ossec.*

loustic „Bruder Lustig"
18. Jh., ist der Name des Witzbolds in den Schweizer Regimentern des 18. Jh., daher in Genf *loustique* „lustig", Sain. LPar. 340; vgl. aber auch wall. *lustih* „geschickt", „lebhaft"; aus dt. *l u s t i g.*

loutre „Fischotter"
12. Jh., s. Rom. 32, 446, ist gelehrte Nebenform von afrz. *loure, leure*, das heute noch mundartlich weit verbreitet ist, s. Roll. F. 1, 54; 7, 126; der Untergang der lautgesetzlichen Form *leure* mag unter dem Einfluß der Homonymität von **lôpr*, s. *leurre*, mundartlich auch wegen *loure*, s. d., erfolgt sein; aus lat. *(l ŭ t r a)* dass.
loutre aus **ontra*, dieses Kreuzung von lat. *lŭtra* und gr. ἐνυδρίς, vgl. ital., portug. *lontra*, Ettmayer, ZFSL 33, 1, 276 f.; REW 5187 ist unwahrscheinlich, da das zu erklärende *-t-* nur in der Verbindung mit *-n-* verständlich ist und eine Form **lontre, *ontre* für das Gallorom. nicht belegbar ist; Kreuzung von *lŭtra* mit dt. *otter*, G. Paris, Rom. 10, 42 ist auch deswegen schwierig, weil die fränkische Entsprechung des dt. Wortes vermutlich **otr* lautete, also gar kein geminiertes *-tt-* enthielt; **lŭttra*, Thomas, Rom. 34, 109 erklärt nichts; **lŭtrium* für afrz. *loire* ebd. ist nicht nötig, da *loire* die afrz. *loure* entsprechende Form des Südwestens ist, und morphologisch schwer zu rechtfertigen.
Dazu seit dem 14. Jh. die Abl. **loutreur** und **loutrier** „Fischotterjäger" für älteres *lorrier.*

louvard „Wölflein"
14. Jh., auch *louvat,* ist dem. *-attus*-Abl. von afrz. *louf* „Wolf", s. *loup.*
louve 1. „Wölfin", „Dirne" u. ä.
13. Jh., afrz. beeinflußt von den Formen für *lupus,* s. *loup,* auch *leuve, lue, leue,* aus lat. *lŭpa* „Wölfin", „Dirne".
2. „Art Fischernetz"
ist Übersetzung von nhdt. *wolf,* das aus *wertwolf* < lat. *vertabellum* falsch gedeutet wurde; Baist, ZDW 2, 83; REW 5173.
louvelle „Anordnung der Schiffsplanken in der Art, daß die einen im rechten Winkel an die anderen anstoßen, statt sie mit den Enden zu überdecken"
18. Jh. in *border en louvelle,* u. H.
louver 1. „mit dem Kropfeisen hochheben"
17. Jh., ist Abl. von **louve** „Kropfeisen", das wohl mit *louve* „Wölfin" eins ist.
2. s. *lover.*
louvet „wolfsfarbig"
17. Jh., ist ursprünglich appositionelles Subst. in *cheval louvet, jument louvette;* d. i. afrz. *lovet* „Wölflein" zu afrz. *louf* „Wolf", s. *loup.*
louveter 1. „werfen" (von der Wölfin)
17. Jh., ist Abl. von *louve* „Wölfin".
2. „Wolle krämpeln"
19. Jh., ist Abl. von *loup* in der technischen Bedeutung „Wollbrecher", „Reißwolf".
louvetier „Jägermeister bei der Wolfsjagd", „Grundbesitzer, der die Gerätschaften zur Wolfsjagd zu halten verpflichtet ist"
16. Jh., ist Abl. von afrz. *louf* „Wolf", s. *loup;* afrz. ist dafür die unmittelbare Abl. *louvier* bezeugt.
louvette „Hundszecke"
16. Jh., ist norm.; vgl. dazu berrich *loubâche, louâche,* lyon. *lioche, liache,* dauph. *lachi* vogesisch *lahhe;* diese *-acca*-Abl. vom Stamm von *loup, louve.*
louviers „Art Tuch"
19. Jh., aus *drap de Louviers,* nach *Louviers,* einer Stadt im Département Eure. Dict. gén.
louvoyer „die Luv abgewinnen", „lavieren"
16. Jh., ist *-idiare*-Abl. von *lof* „Luvseite"; Wartburg RLiR 23, 231.
lover „einrollen", „ein Tau aufschießen"
auch *louver,* 18. Jh., ist vielleicht aus ostfriesisch *lofen, lufen* „wenden", „drehen" entlehnt; dieses übertragen aus „luven", das also etymologisch zu der unter *lof, louvoyer* angeführten Wortsippe gehört.
loyal „gesetzmäßig", „aufrichtig"
12. Jh., aus lat. *lēgalis* „gesetzlich", „den Gesetzen gemäß", auch „fromm"; dazu seit dem 12. Jh. die Abl. **loyauté** „Gesetzlichkeit", „treue Gesinnung"; REW 4968.
loyer „Miete"
12. Jh., bedeutet afrz. auch „Entlohnung", so bis ins 17./18. Jh., Br. 4, 272; aus lat. *lŏcarium* „Standgeld", vgl. *louer* 1; Diez 629; REW 5094.
lozange s. *losange.*
lubie „sonderbarer Einfall"
17. Jh., ist gelehrte Nachbildung nach *fantaisie, envie,* Regula, AR 12, 282, zu lat. *(lŭbet)* „nach Belieben"; Dict. gén.; dazu seit dem 14. Jh. die Abl. **lubieux** „voller Grillen".
lubrique „schlüpfrig", „unzüchtig"
14./15. Jh., aus lat. *(lūbrĭcus).*
lucane „Hirschkäfer"
18. Jh., aus lat. *(lucanus).*
lucarne „Lichtloch"
13. Jh. *lucanne,* daneben seit dem 14. Jh. die Nebenform *lucarne,* die *-r*-Form in Anlehnung an afrz. *luiserne* „Flamme", „Licht" (vgl. dazu Metz *luhène* „Licht", forez. *lusarna* „Glühwurm", H. Maine *lucerne* „fahles Licht"), dieses aus lat. *lūcĕrna* mit dem Vokal von *lūce,* REW 5137; afrz. *lucane* ist entlehnt aus prov. *lucana* dass., dieses aus lat. *(lucana),* d. i. Femininum zu lat. *lucanus* „zum Tageslicht gehörig", das in der Itala bezeugt ist; dieses Abl. von *lux, luce* „Licht" mit dem Stammauslaut *-c,* wie in vlat. **lucor* „Licht", s. *lueur;* Ausgang der Bedeutung kann *(fenestra) lucana* sein, zu lat. *fenestra* „Öffnung, Luke in Mauer oder Wand".
Fränkisch **lukinna* „Luke", Brüch, ZRP 39, 201 f. zu mndl. *lûke* „Öffnung" (im Schiffsdeck), das zu „Loch", „Lücke" gehört und keine unmittelbare Beziehung zu „Licht", „luiserne" u. ä. hat, FEW XVI, 490, ist auch als Abl. im Germanischen nicht gestützt; auch nicht aus lat. *lucerna* unmittelbar, Diez 629, auch nicht wenn man ein schon vlat. **lucarna* annimmt, wie **lacartus* neben *lacerta,* Bertoni, Rom. 42, 166, vgl. aber *lésard,* da das intervokalische lateinische (aber nicht das gotische) *-c-*, das nicht nach einem Diphthongen steht, im Provenzalischen stimmhaft geworden wäre.
lucide „leuchtend"
16. Jh., aus lat. *(lūcĭdus).*
luciole Glühwürmchen"
19. Jh., aus ital. *lucciola;* dieses ist Abl. von *luce* „Licht", s. *lumière;* vgl. auch afrz. *luiserne* unter *lucarne.*
lucre „Gewinn"
15. Jh., aus lat. *(lucrum).*
ludion „kartesianisches Teufelchen"
18. Jh., aus lat. *(lūdione* „pantomimischer Tänzer".
luette „Zäpfchen" (am Gaumen)
13./14. Jh., steht für *l'uette,* d. i. gallorom. **ūvĭtta* für lat. **ūvula,* das eigentlich „Träubchen" bedeutet und zu lat. *ūva* „Traube" gehört; Diez 630; Zauner, RF 14, 394; REW 9105.
lueur „Schein"
12. Jh., aus vlat. **lūcore* zu *lūcēre* „leuch-

ten"; Diez 630; Gröber, ALL 3, 515, REW 5144.

luge „Schlitten"
ist in der Westschweiz zu Hause, dazu alpenrom. *šlieza*, im 9. Jh. in Glossen *sclodia, studio*, aus gallisch **slodio;* Jud. Rom. 51, 450; Bertoni, AR III, 400; Rohlfs, ASSL 164, 83; Huber, G., Les appellations du *traîneau*, etc.

lugubre „zur Trauer gehörig"
14. Jh., aus lat. *(lūgŭbris)*.

lui 1. „ihm", „ihr"
als unbetonte Form des Personalpronomens der 3. Person Dativ, ist infolge des Schwankens zwischen *-i-* und *-ui-* für etymologisches, unbetontes *-ui-* mit falscher Rückbildung für afrz. *li* dass. eingetreten; dieses aus lat. *ĭllī*, das in unbetonter Stellung in der klassischen Form erhalten blieb, vgl. *le;* Rydberg, Festg. Mussafia 369 f.
2. „ihn"
als volltonige Form des Akk. des Personalpronomens der 3. Person, Masculinum, bedeutet afrz. auch „ihm", das später durch *à lui* umschrieben wird; aus vlat. *ĭllui*, d. i. betonte Form des Personalpronomens der 3. Person, Dativ, Masculinum, für klassisches *illī*, das auf vortonige Verwendung beschränkt wurde, s. *lui* 1; *illui* ist an *cui* angelehnte spätlat. vielfach belegte Form, die älteres vlat. *illo* dass. fortsetzt; vgl. Tobler, ZRP 3, 159; Mohl, Le couple roman lui-lei, s. Roques, Rom. 29, 235; Meyer-Lübke, Einf. 190; dort weitere Literatur.

luire „leuchten"
12. Jh., ist (wie *plaire, taire* für älteres *plaisir, taisir)* aus älterem *luisir* mit Konjugationswechsel gebildet; aus vlat. **lūcire* für lat. *lūcēre;* REW 5136.

luisette „Wassersucht" (Krankheit der Seidenwürmer)
19. Jh., ist franzisiert aus nprov. *luseto* „Seidenwurm, dessen Hautfarbe einen leuchtenden Glanz annimmt und der vor dem Einspinnen eingeht", vgl. dazu das gleichlautende *luseto* „Glühwürmchen"; es ist Abl. von nprov. *lus*, prov. *lutz* „Licht", aus lat. *lūce* dass.

luites „Geilen", „Hoden des wilden Ebers"
17. Jh., ist postverb. Subst von afrz. *luitier* „bespringen", d. i. transitiv gebrauchtes afrz. *luitier* „kämpfen", dieses aus lat. *lūctari*, s. *lutter*, das schon lat. in der Bedeutung „coire" bezeugt ist, Bambeck, 36; vgl. dazu Blois *luter*, berrich. *lutter* „bespringen"; dazu ist seit dem 16. Jh. die Nebenform **suites** bezeugt, so heute B. Maine „männliches Glied", dazu angev. *siette* „Brunst", das zu angev. *assietter* „sich aufsetzen" u. ä. gehört, s. *assiette; suites* ist also Kreuzung von *luites* mit *suivre* bzw. *assietter* u. ä.; auch ist *luites* nicht ein Irrtum für *suites*, Tilander, Nouv. mél. cynégétique; Bambeck, ZRP 81, 383, s. RLiR 25, 456; die afrz. Nebenformen *luire* und *luisir* „bespringen" für *luitier* sind Rückbildungen von *luit* „Brunst" (wie *faire: fait, dire: dit*), vgl. Blois *lut* dass., und dieses ist postverb. Subst. von *luitier* „bespringen" wie das spätere feminine *luites*.
Afrz. *luire* nicht schon vlat. **lūgēre*, das zufällig nicht bezeugt wäre, Tilander, Rem. 112 ff.; auch nicht gallisch **lûg-* zu keltisch **loigos* „Kalb", Brüch, ZRP 38, 693, das der Bedeutung nach nicht befriedigt; wegen der obszönen Bedeutung von *luctari* s. Merlo, Stag. 196 Anm.
luiton s. *lutin*.

lumachelle „Muschelmarmor"
18. Jh., aus ital. *lumachella* dass., ursprünglich „Schnecke", d. i. Abl. von *lumaca* „Schnecke" zu lat. *limax* mit unverständlicher lautlicher Entwicklung, vgl. *limaçon*.

lumbago „Lendenweh", „Hexenschuß"
19. Jh., aus lat. *(lŭmbago)*.

lumière „Licht", „Lichtloch"
13. Jh., bedeutet ursprünglich „Fackel", „Lampe", auch „Sehloch im Helm", aus lat. *lūmĭnaria*, d. i. singularisch gebrauchter Plural von *lūminare* „Fensterladen", „Licht"; das eigentliche afrz. Wort für „Licht" ist *lum* aus lat. *lūmen*, in den südlichen Teilen Nordfrankreichs und im Süden *lus* aus lat. *lūce*, s. *luisette*; *lum, lun* wird noch für Guernesey angegeben; REW 5162.

lumignon „Docht"
13. Jh. *lumilon*, dann über *luimignon* zu *limignon, limegnon*, bzw. aus *limignon* dissimiliert *lemignon;* aus gallorom. **lūminionem*, das formell Abl. von *lūmen* „Licht" ist; etymologisch ist es Abl. von **lūminium*, das in Anlehnung an *lūmen* aus mlat. *lucinium* umgestaltet ist, so mlat. bezeugt, die Umgestaltung zu *luminium*, da dem südlichen *luce* „Licht" in Nordfrankreich *lumen* entspricht, vgl. *lumière; lucinium* ist nach *luce* „Licht" umgedeutetes ebenfalls belegtes *licinium*, so in der Bedeutung „Docht" in Glossen belegt, s. Meyer-Lübke, WS 25, 101; mlat. dafür auch *licmus, licmen, lichimen*, die auf gr. ἐλλύχνιον mit Abfall des Anlauts zurückführen; Scheler, Rom. 4. 460 f.; Schuchardt, ZRP 26, 409 f.; REW 2852.
Zu *limen* „Schwelle", Thomas, Mél. 102 f. ist morphologisch und begrifflich unwahrscheinlich.

luminaire „Beleuchtung"
12. Jh., aus lat. *(luminaria)*, s. *lumière*.

lumineux „leuchtend", „lichtvoll"
13. Jh., aus lat. *(lūminosus)*.

lunaire 1. „den Mond betreffend"
15. Jh., aus lat. *(lūnaris)*.
2. „Mondviole"
16. Jh., aus mlat. *(lunaria)*.

lunaison „Dauer eines Mondwandels"
12. Jh., ist *-ātione*-Abl. von *lune,* s. d.
lunatique „launisch", „schrullenhaft", „vulgär", „epileptisch"
14./15. Jh., aus lat. *(lūnaticus),* „dem Mondeinfluß unterworfen", das in volkstümlicher Entwicklung afrz. *lunage* „mondsüchtig", „sonderbar" ergeben hat.
lunch „Gabelfrühstück"
19. Jh., aus englisch *lunch.*
lundi „Montag"
12. Jh. *lunsdis* aus lat. *lūnae dies* bzw. gallorom. **lunisdies,* mit der Endung des ersten Bestandteiles nach *Martis dies, Jovis dies* u. ä.; REW 5164; Gilliéron-Roques, Etudes géogr. lingu. 85 ff.
lune „Mond"
12. Jh., aus lat. *lūna;* REW 5163; dazu seit dem 16. Jh. **luné,** zunächst „in der Form des Mondes", heute „gelaunt"; Bl.-W. 377.
lunel „vier mit den Spitzen gegeneinander gekehrte Halbmonde"
17. Jh., ist ursprünglich adj. afrz. *lunal, lunel* „zum Mond gehörig", subst. „Mondscheibe", aus lat. *lūnāris* „zum Mond gehörig"; oder neu abgeleitet von *lune,* s. d.
Spanisch *lunel* dass. kann nicht die Quelle des frz. Wortes sein, Dict. gén.; Schmidt, Span. Elem. 101, ist vielmehr selbst aus dem Frz. entlehnt.
lunette „kreisförmig eingefaßtes Glas", plur. „Augengläser"
12./13. Jh., bezeichnet afrz. verschiedene runde Gegenstände, ist dem. Abl. von *lune* „Mond", s. d.
luni-solaire „Mond und Sonne betreffend"
18. Jh., ist gelehrte Zusammensetzung von lat. *(lūna)* „Mond" und frz. *solaire* aus lat. *(sōlaris)* „Sonnen-".
lunule „Halbmond", „halbmondartiger Gegenstand"
17. Jh., aus lat. *(lūnŭla).*
lunure „Rindschäle" (Degeneration einzelner Holzringe)
19. Jh., ist Abl. von *lune* „Mond"; die Krankheit zeigt sich darin, daß die betroffenen Holzringe eine von der Umgebung abweichende Farbe annehmen; *lunure* bedeutet also der Bildung nach „Hof um den Mond". Dict. gén.
lupanar „Hurenhaus"
16. Jh., aus lat. *(lŭpănar).*
lupin „Lupine"
13. Jh., aus lat. *(lŭpīnus);* die scheinbar volkstümlich entwickelte Form *lovin,* im 14. Jh., Tilander, Glan. 159.
lupuline „Hopfenluzerne"
18. Jh., ursprünglich in *luzerne lupuline,* ist adj. Abl. von mlat. *(lŭpŭlus)* für lat. *lŭpus* „Hopfen", s. *houblon.*
luron „rüstiger, munterer Bursch", fem. „entschlossenes Weib"
19. Jh., lebt Morv. in der Bedeutung „Widder", dafür auch *lureau,* dazu *luron* in der literarischen Bedeutung in der frz. Schweiz; andrerseits Lüttich *lûrê* „falscher Mensch"; *lurer* „anlocken"; *luron* „Widder" ist Abl. von afrz. *luire* „bespringen", s. *luites* (aus geographischen Gründen nicht aus anord. *hrûtr,* s. *heurter,* Meyer-Lübke, ZRP 29, 405); wall. *lûrê* gehört zu *leurrer,* vgl. *déluré* (kaum zu mhdt. *lûre* „schlauer, hinterlistiger Mensch", Haust, Etym. 172 f.); zu welchem der beiden angeführten mundartlichen Wörter literarisches *luron* gehört, ist zweifelhaft; vielleicht ist es auch unabhängige Schallbildung, vgl. norm. *lure, lurette* als Kehrreim, *lurer* „summen" u. ä., vgl. Bl.-W. 377.
lustration „Reinigungsopfer"
15. Jh., aus lat. *(lŭstrātione).*
lustre 1. „Reinigungsopfer", „Jahrfünft"
14. Jh., aus lat. *(lŭstrum).*
2. „Glanz"
1500, aus ital. *lustro* dass.; dieses ist postverb. Subst. von *lustrare* „erleuchten", „glänzend machen", aus lat. *(lŭstrare)* dass.
lustrine „Glanzseide"
18. Jh., ist Abl. von *lustre* 2, in Anlehnung an ital. *lustrino;* diese Seidenart stammt angeblich aus Genua. Dict gén.
lut „Kitt"
15./16. Jh., aus lat. *(lŭtum)* „Kot", „Lehm".
luth „Laute"
13. Jh. afrz. *lëut, lut, luc,* dazu *leieur* „Lautenspieler", *laieu* u. a., prov. *lahut,* Dick, GB 25, 54 aus arabisch *al-ᶜûd;* Diez 195; Lam. 148; FEW I, 79; REW 388; dazu u. a. seit dem 17. Jh. die Abl. **luther** „in Lautenform herstellen", vgl. auch *flûte.*
lutin „Kobold"
12. Jh., auch *nuiton, luiton, netun,* vgl. auch mfrz. und frühneufrz. *luton* dass.; *lutin* ist Ablautform zu *luton;* dieses geht letzten Endes auf *Neptūnus* „Neptun", bei Augustinus „Dämon", zurück, daher afrz. *netun,* das volksetym. nach *nuit* bzw. *luire* umgedeutet wurde; Suchier, Gr. Gr. 1, 801 f.; F. E. Schneegans, ZRP 24, 557 ff.; *Huet, Neptunus-Lutin, Le moyen âge 5, 31 ff., vgl. Rom. 44, 141; Diez 630; REW 5894; Bambeck 44.
lutrin „Lesepult"
12. Jh. *letrin,* später auch *lieutrin,* das Einfluß von *lieu* zeigt und aus dem die literarische Form hervorgegangen sein kann, wenn sie nicht Einfluß von *lu* zu *lire* zeigt; aus vlat. **lectrīnum,* das von in Glossen bezeugtem *lĕctrum* dass. abgeleitet ist; dieses aus gr. λέκτρον „Lager", „Bett", daher „Lager für das Buch"; Alessio, RLiR 17, 183; Diez 630; REW 4964; Gröber, ALL 3, 510.
Daß das Wort in vorhistorischer Zeit aus

Italien eingewandert wäre, Brüch, ASSL 133, 360, ist historisch nicht begründet; afrz. *letrin* statt **leitrin* zeigt Einfluß von *lettre*.

lutte „Kampf"
12. Jh. *luite*, die heutige Form in Rückanlehnung an das Verbum **lutter** „kämpfen", das lautgesetzlich aus afrz. *luitier* dass. entstanden ist, vgl. auch *luites; luitier*, mit der Nebenform afrz. *loitier*, aus lat. *l ū c t a r i* „ringen"; REW 5148.

luxation „Verrenkung"
16. Jh., aus lat. (*l ŭ x a t i o n e*).

luxe „Luxus"
17. Jh., aus lat. (*l ŭ x u s*).

luxure „Unzucht"
12. Jh., aus lat. (*l ŭ x ŭ r i a*).

luzerne „Luzerne"
16. Jh., ist in ganz Frankreich verbreitet, doch soll im 16. Jh. *luzerne* der südliche Ausdruck neben nordfrz. *sainfoin* gewesen sein (Olivier de Serres); das Wort ist mit afrz. *luiserne* „Licht", „Leuchte" etymologisch eins, vgl. *lucarne*, da nach Roll. Fl. 4, 122 Anm. der Samen der Luzerne hell leuchtet; *semer de la luzerne* hätte also ursprünglich „leuchtenden Samen säen" bedeutet.

lycée „Standort der Schule des Aristoteles", „Mittelschule"
16. Jh., aus lat. (*L y c e u m*).

lychnide „Lichtröschen"
16. Jh., aus lat. (*l y c h n i s , -ide*).

lycopode „Bärlapp"

lymphe „Lymphe", „Flüssigkeit"
16. Jh., aus lat. (*l y m p h a*) „Wasser".

lyncher „lynchen"
19. Jh., aus englisch-amerikanisch *to l y n c h*.

lynx „Luchs"
12. Jh., aus lat. (*l y n x*).

lyre „Lyra"
12. Jh., aus lat. (*l y r a*), dazu seit dem 16. Jh. **lyrique** „Lyrik", aus lat. (*l y r i c u s*).

M

ma „meine"
aus lat. *m e a, meam* in nebentoniger Entwicklung.

macabre „Toten-", „grauenvoll"
zuerst 1376 als *de Macabré la danse* bezeugt, Dauzat, Fr. mod. 15, 97, aber schon im 12. Jh. findet sich *Judas Macabré* für „Judas Machabaeus" überliefert, *Macabré* aus hebräisch *meqaber* „Leichengräber" zu hebr. *qabar* „begraben", bzw. zu arabisch *maqabîr,* Plural *maqbara* „Grab, Lam. 149; Eisler, Traditio VI, 187 f., vgl. Rom. 71, 408. Sekundär wird das Wort mit *Machabaeus* zusammengebracht, dem Namen der sieben Brüder, die samt der Mutter unter Antiochus Epiphanes den Märtyrertod erlitten haben, s. 1453 *chorea Machabaeorum,* und daraus ndl. „Makkabeusdans", Nauta, Rom. 24, 588, so im 15. Jh. bezeugt. Vgl. Diez 631; G. Paris, Rom. 18, 513; Huet, Moyen-âge Bd. 30; Spitzer, Mél. Dauzat 307; Lecoy, Rom. 71, 408; Du Bruck, Rom. 79, 536; FEW VI, 1; daß ein im 15. Jh. entstandenes, nicht erhaltenes Mirakelspiel den Ausgang bildet, G. Paris, Rom. 18, 513, ist wegen der bis in das 12. Jh. zurückgehenden Tradition nicht möglich; *macabre* in *danse macabre* ist verlesen aus *danse Macabré* „Tanz des Macabré"; *Macabré* als Personenname lebt noch heute nach Bl.-W. 379 in der französischen Schweiz und in der Franche-Comté. Syntaktisch gleich gebaut ist burgundisch *arbre maucabré,* vend. *arbre Macchabée,* „phantastischer Punkt am Horizont, von dem bei klarem Wetter kleine Wölkchen ausgehen", s. Horning, ZRP 21, 233.

macache „Quatsch", „Unsinn"
1939, aus dem Argot der Kolonialtruppen; zu arabisch *mâ-kânch* „nichts du!"; Bl.-W. 378.

macadam „Makadampflaster"
19. Jh., nach dem Namen des Erfinders *Mac Adam.* Dict. gén.

macao „Art Kartenspiel"
19. Jh., angeblich nach dem Namen der Kolonie *Macao* in China. Dict. gén.

macaque „gemeine Meerkatze"
18. Jh., aus portugiesisch *macaco;* dieses stammt aus portugiesisch Westafrika, wo es alle Arten von Affen bezeichnet; von dort kommt das Wort mit dem Sklaven- und Tierhandel nach Brasilien, wird dort in das Portugiesische eingeführt; Friederici, ZFSL 56, 40; Lenz 55.

macareux „Larventaucher", „Papageitaucher"
18. Jh., frz. auch *perroquet de mer,* ist Abl. von **macao** „roter Ara", das angeblich aus einer Einheimischenmundart Indiens stammt; Behrens, Wg. 372; REW 5195.

macaron 1. „Makrone" (Mandeltörtchen)
16. Jh., aus ital. *maccarone, maccherone* „Makkaroni"; dieses aus spätgr. μακαρωνία „Leichenschmaus", dazu die sekundäre Singularbildung μακαρόνιον, das über Venedig in den Westen dringt; Kahane, RLiR 26, 129; vgl. Diez 382; REW 5250 a; Bl.-W. 379.
2. „Stützholz an den Schirmbrettern", „Einsteckkamm"
19. Jh., scheint scherzhaft von *macaroni* „Makkaroni" übertragen zu sein, s. *macaron* 1.

macaronée „makaronisches Gedicht"
16. Jh., ist in Anlehnung an Odyssée u. ä. Epennamen umgestaltet aus ital. *maccheronica poesia,* das selbst scherzhafte Abl. von *maccheroni* „Makkaroni" ist, s. *macaron* 1.

macaroni „Teignudeln"
17. Jh., aus ital. *maccaroni, maccheroni,* s. *macaron* 1.

macaronique „makaronisch"
16. Jh., aus ital. *maccaronico,* s. *macaronée.*

macédoine „Gericht von allerlei Gemüsen", „literarisches Allerlei"
18. Jh., bezeichnet im 15. Jh. eine Art Petersilie, dazu im 14. Jh. *perresil macidoine;* dieses aus lat. *(petroselinon) (m a c e d o n i c u m),* s. Roll. Fl. 6, 187, zu lat. *macedonicus* „mazedonisch"; die Kollektivbedeutung des heutigen Wortes erklärt sich vielleicht durch volksetym. Beziehung zu *masse.*

macérer „auswässern", „kastrieren"
15. Jh., aus lat. *(m ā c ĕ r a r e)* „einweichen", „abhärmen".

maceron „Pferde-Silje"
16. Jh., ist nach S. V. *olus atrum,* bei Plinius auch *hipposelinum,* dessen frz. Bezeichnung *persil de Macédoine* ist, vgl. *macédoine;* aus ital. *macerone,* dieses verballhornt aus lat. *(petroselinum) (m ă c ĕ d ŏ n i c u m),* über *marcidonis,* das in Glossen bezeugt ist; Roll. Fl. 6, 187.

macfarlane „mantelartiger Überwurf"
19. Jh., aus englisch *macfarlane,* das ursprünglich Eigenname ist.

mâche „Rapunzchen"
17. Jh., lebt heute mit kurzem *-a-* in der Ile de Fr., Bretagne, Calvados, dann im Süden, hier als Nebenform von *pomâche,* das schon im 16. Jh. als Art Salat belegt ist, Rom. 33, 596; daraus mit Suffixwechsel *pommette* u. ä.; dieses *pomâche* ist nicht zusammengesetzt aus *pomme* „Apfel" und *mâche* „Rapunzchen", Behrens, ZFSL 28, 1, 309 (Wg.

205 f.), wohl aber volksetym. in *pommemache* zerlegt worden, von dem aus *mache* als selbständiges Wort losgelöst wurde; *pomache* ist vermutlich abgeleitet von einem älteren **pon,* dieses aus **repon,* vgl. mfrz. *ponce* neben *raiponce; repon* läßt sich aus der Umdeutung (+ *ramper) rampon* erschließen, das namentlich im Südostfrz. lebt; es steht für **raiponz,* d. i. aus mlat. *rapuntium* zu erschließende maskulinische Rückbildung von **raiponce** „Rapunzel"; dieses gehört wohl zu *radix pontica,* so Corp. gloss. 3, 195 belegt = γλυκύρριζα, also eigentlich „Süßwurzel" (vgl. dazu gelehrt aufgenommenes *raponthique* „Alpenampfer", Salvioni, Rom. 1914, 567 Anm.); dieses *pontica* hat nichts mit *ponticus* in *mare ponticum* „Schwarzes Meer" u. ä. zu tun, sondern ist Abl. von lat. *phun,* Acc. zu *phu,* das Georges als „Art Baldrian" übersetzt, vgl. *phu minimum* als lat. Entsprechung des frz. *mâche;* so geht *raiponce* auf eine von *phun* abgeleitete Grundform **radice puntia* zurück, vgl. auch *raifort;* vgl. Roll. Fl. 6, 294; 7, 228; Kluge-G. s. v.

raiponce zu lat. *rapa* „Rübe", Diez 264, wäre nur bei Annahme einer Entlehnung des Wortes aus ital. *raperonzo,* mundartlich **raponzolo* möglich, REW 7065; Vidos, AR 14, 146, doch ist die Endung des ital. Wortes bei Abl. von *rapa* unverständlich; es stammt daher wohl wie spanisch *reponche* aus dem Französischen.

mâchecoulis „erkerartiger Vorbau eines Festungsbaues"

15. Jh. auch *mâchicoulis,* ist Abl. *(-aticium)* von mfrz. *machecoler, machicoler* „mit Verteidigungserkern umgeben"; dieses ist Abl. von mfrz. **machicol,* so wohl für belegtes *machicop* zu lesen = „erkerartiger Vorbau"; dieses aus prov. *machacol,* dem in südlicher Entwicklung ein **maca-col* entsprechen würde; dieses ist zusammengesetzt aus imperativischem *maca* zu prov. *macar* „schlagen", „zerquetschen" und *col* „Hals", s. *maquer* und *cou;* von den *mâchecoulis* genannten Vorbauten wurde auf den Feind Pech und andere Gegenstände hinabgeschüttet, vgl. *massacre;* Bl.-W. 380.

Ital. *mazzucolare,* so 14. Jh., auch *macciaculare,* ist wohl aus dem Französischen entlehnt, Baist, ZRP 32, 45; 33, 63; nicht umgekehrt, Sainéan, ZRP 30, 310; 33, 60; auch nicht zu ital. *mazzicare* „prügeln", s. *massue,* *E. Levi, Le palatali piemontesi, S. 135, s. ASSL 141, 263.

mâche-dru „starker Esser"

18. Jh., ist zusammengesetzt aus *mâcher* „kauen" und *dru* „ohne Umstände", „schnell", s. d.

mâchefer „Eisen-, Steinkohlenasche"

15. Jh., ist zusammengesetzt aus mittelfrz. *macher* „zerdrücken", s. *maquer,* und *fer,* s. d.

Mundartliche Form für *merdefer,* *Mosemiller, MLN 20, 248, ist lautlich nicht möglich; nach Orr. Essais 49 ist *merdefer,* prov. *merdafer* eine scherzhafte nach *merde* umgestaltete Weiterbildung von *machefer,* das nicht mehr analysiert werden konnte.

mâchelier „zu den Kinnbacken gehörig"

12. Jh., ist in Anlehnung an *mâchoire, mâcher* umgebildetes afrz. *maisseler,* dieses aus lat. *măxĭllaris* dass.

mâcher „kauen"

12. Jh. *maschier,* aus lat. *măstĭcare;* Diez 207; REW 5398.

machiavélisme „Machiavellismus"

17. Jh., ist Abl. vom Namen des italienischen Staatsmannes *Machiavelli.*

mâchicatoire „Kaumasse"

17. Jh., ist Kreuzung von *masticatoire* mit *mâcher,* s. d.

mâchicoulis s. *mâchecoulis.*

machin „Dingsda"

14. Jh., ist Rückbildung von *machine* „Maschine", s. d.

machine „Maschine"

14. Jh., aus lat. *(māchĭna)* „künstlich zusammengesetztes Werk", so z. B. „Werkzeug, um eine Bewegung hervorzubringen", „Gerüst", „Bühne", auch schon übertragen „Kunstgriff", „List"; dazu lat. *machinari* „Künstliches erdenken" u. ä.; hat im 14. Jh. zunächst die allgemeine Bedeutung, wie lat. *machina mundi;* wird als Kraft- und Bewegungsquelle Leitwort für die Bezeichnung des Luftballons, so im Wb. der Akademie 1798 *machine* „engin, instrument propre à faire mouvoir", etc.; FEW 6, 10; Zastrow 52; dazu frz. **machiner** „aushecken" wie lat. *machinari.*

mâchoire „Kinnbacke"

14. Jh., ist Werkzeugsabl. von *mâcher* „kauen", bedeutet also der Bildung nach „Kauwerkzeug"; das eigentlich frz. Wort ist afrz. *maisselle* aus lat. *măxĭlla* dass., das heute in den Mundarten weit verbreitet ist; Zauner, RF 14, 401; 398; REW 5443; vgl. auch *mastigadour.*

mâchonner „halb kauen"

16. Jh., ist dem. Abl. von *mâcher* „kauen", s. d.

mâchure „gequetscher Hautlappen am Rande einer Wunde", „schlecht geschorene Stelle im Tuche"

15. Jh., ist als *machure* „Quetschung" angevinisch, steht mit Anlehnung an *mâcher* für afrz. *machëure* „Quetschung"; dieses ist Abl. von afrz. *macher* „quetschen", s. *maquer, machecoulis.*

mâchurer 1. „schwärzen", „besudeln"

12. Jh. *mascherer, mascerer,* dann in Anlehnung an afrz. *oscur* „finster" aus lat. *obscūrus mascurer* bzw. *maschurer,* daher

die heutige Form; das Wort geht auf ein grom. **mascarare* zurück, das wohl zu dem unter *mascarade* angeführten arabischen Worte gehört; REW 5390.
Agls. *mœscre,* Diez 207, bedeutet nicht „Fleck“, sondern „Masche“, kommt also begrifflich nicht in Betracht.
2. „stark zusammendrücken“, „quetschen“
14./15. Jh., ist Abl. von afrz. *machëure* „Quetschung“, s. *mâchure*; mfrz. *machurer* ersetzt das durch den Zusammenfall mit *mâcher* „kauen“ unbrauchbar gewordene afrz. *macher.*

macis „zweite Hülle der Muskatnuß“
14. Jh., aus lat. *(mắcĭr)* „rote Baumrinde aus Indien“.

mackintosh „schottischer Überzieher“
19. Jh., aus englisch *mackintosh*, d. i. dem schottischen Namen MacIntosh; Bl.-W. 380.

macle 1. „Wassernuß“
auch *macre,* 16. Jh., ist in Westfrankreich zu Hause, daher wohl auch bretonisch *magl* dass., s. Roll. Fl. 6, 8, u. H.
2. „weitmaschiges Netz“, „Kreuzstein“ u. ä.
16. Jh., lebt heute in der Bedeutung „Masche“ im Artois als *mak*; aus altniederld. *maske* „Masche“; wegen des *-l*-Antritts vgl. *guimple*; schon fränkisch **maskila* „Masche“, FEW 16, 540, ist germanisch nicht gestützt und lautlich schwierig, da die nordfrz. Form bei diesem Ansatz **masle* sein müßte, s. *mêler* aus *misculare.*

macler 1. „in Kreuzesform kristallisieren“
19. Jh., ist Abl. von *macle* 2.
2. „geschmolzenes Glas mit einem Eisenstab durcheinanderrühren“
18. Jh., ist südostfrz. Form für frz. *mêler* „vermengen“, vgl. im 15. Jh. für Freiburg bezeugtes *mascler.*

maçon „Maurer“
12. Jh., aus fränkisch **makjo* „Erbauer“, s. in Glossen *macio* „fabricator aedis, constructores paretium“, zu asächsisch *(gi)makōn* „machen“, „herrichten“, „bauen“, bei Isidor de Sevilla *machiones (maciones, mationes),* die ein gesprochenes *matzones* wiedergeben; als *mationes* = *cementarii* in den Reichenauer Glossen bezeugt, dazu vermutlich auch *magistros comacinos* „Baumeister“, im Edictum Rothari, das eine adj. Abl. von **co-makjo* (vgl. agls. *gamaka* „Genosse“, eigentlich „Mitarbeiter“) darstellen dürfte; Goidanich, AGI 21/131; Brüch ZRP 39, 202; Meringer IF 17, 146; Sofer 142; FEW 16, 506; Bl.-W. 380; vgl. Baist, ZRP 41, 452; Meyer-Lübke WuS 9, 67; REW 5208; Jud, acc. ain 24.
Germ. **matja(n),* zu dt. *„Metzger“*, Karstien, Festschr. Behaghel 28, Weigand, Dt. Wb., zu got. *maitan* „hauen“, „schneiden“, ist auch begrifflich nicht entsprechend.
macque s. *maque.*
macre s. *macle.*

macreuse „Trauerente“
17. Jh., bezeichnet auch das „gemeine Wasserhuhn“, dazu in der letzteren Bedeutung norm. *macroule,* jur. *macrelle*; aus niederländisch *meerkol* dass., das vielleicht in Anlehnung an *maigre* „Fastenspeise“ zu *macrole* umgestellt wurde, das seit dem 12./13. Jh. bezeugt ist; vgl. auch *macreuse* in der Bedeutung „das magere Fleisch am Schulterknochen“; die Trauerente ist nach dem Dict. gén. Fastenspeise; aus *macroule,* dessen Suffix ungewöhnlich ist, mit Suffixtausch die Form *macrouse,* literarisch *macreuse*; dann ist Nizza *macrusa,* Gard *macruso,* sav. *macruse* aus dem Französischen entlehnt; Roll. F. 2, 367 Anm.; Bl.-W. 380.
So der Form nach besser als aus gleichbedeutendem niederld. *meerkoet,* Gröber, Misc. Caix-C. 43.

macrocosme „Weltgebäude“
14. Jh., aus gr. (μακρός) „groß“ und (κόσμος) „Welt“ zusammengesetzt.
macroule s. *macreuse.*

maculature „Auswurfspapier“ u. ä.
16. Jh., ist gelehrte Abl. von **maculer** „beflecken“, 12. Jh., aus lat. *(mắcŭlare)* dass.

madame „Herrin“ va.; „Frau“
12. Jh., ist aus *ma* und *dame* verschmolzen.

madapolam „starker Kaliko“
19. Jh., nach dem Namen der indischen Stadt *Madapolam,* in der diese Art Kaliko zuerst erzeugt wurde. Dict. gén.; Littmann 124 f.

madéfier „anfeuchten“
13. Jh., ist in Anlehnung an die gelehrt entwickelten Verba auf *-fier* aus lat. *(-ficare)* umgestaltet und entlehnt aus lat. *(mădefăcĕre)* dass.

madeleine „kleiner Kuchen“
19. Jh., nach dem Frauennamen *Madeleine* „Magdalena“; s. Bl.-W. 381.

mademoiselle „Fräulein“
12. Jh., ist zusammengesetzt aus *ma* und *demoiselle,* s. d.

madone „Madonna“
17. Jh., aus ital. *madonna,* der Entsprechung des frz. *madame.*

madrague „Thunfischerei“
17. Jh., aus nprov. *madrago,* das über spanisch *almadraba* „Ort, wo die Thunfische gefangen werden“, auch „Netzkreis, in dem die Fische gefangen werden“, aus arabisch *maḍraba* zu *ḍaraba* „schlagen“ stammt, die Bedeutung, weil die Fische durch Schläge getötet werden; Cor. I, 140. Lam. 151; REW 5218.

madras „halbseidenes Zeug“
19. Jh., nach dem Namen der indischen Stadt *Madras.* Dict. gén.; Bl.-W. 381.

madré „gemasert“, „geadert“, „verschmitzt“
14. Jh., ist Abl. von afrz. *masdre, madre*

„Maserholz", aus fränkisch **maser* zu ahdt. *masar*, anord. *mǫsurr* „Ahorn", Diez 631; REW 5389.

madrépore „Sternkoralle"
17. Jh., aus ital. *madrepora;* s. Battisti, III, 2307.

madrier „starke, eichene Bohle"
14. Jh., lebt namentlich im Südgürtel des Nordfranzösischen als *madé, mad(e)rier*, und dürfte von dort in das Nordfranzösische übernommen worden sein; aus vlat. *materium*, d. i. Rückbildung von *materia* „Bauholz", s. *mairain*; die Umgestaltung von *mader, madier* zu *madrier* in Anlehnung an *madré* „gemasert", vgl. bei Cotgrave „*madrier, pièce de charpente, de bois madré*"; Bl.-W. 381; FEW VI, 490.

madrigal „Madrigal"
16. Jh., aus ital. *madrigale*; dieses zu lat. *matricale*, doch ist die Entwicklung im einzelnen unklar; vielleicht übertragene Verwendung von nordital. *madregal* „Mutterkraut", eine immerwährende Pflanze.
Das Wort ist zuerst 1318 als *matricalis* bezeugt, gleichzeitig mit dem Aufkommen der Madrigal benannten Dichtungsform, Biadene, Rass. bibl. lett. ital. 1898; doch ist Zurückführung auf eine Grundform *(carmen) matricale* „ein muttersprachliches Lied" unbegründet, da die Abfassung in der Muttersprache kein Characteristicum des Madrigals ist; ebenso die Herleitung von einem *(carmen) maternum* „Wiegenlied", dann „Lied" überhaupt, Robert A. Hall jr. ZRP 61, 346; unmöglich schon aus lautlichen Gründen eine Verbindung mit lat. *materiale* „primitiv", „plump", „grob", Bembo (16. Jh.); noch weniger mit *materialis* in **filius materialis* „Bastard", Spitzer, ZRP 55, 168, weil das Madrigal eine Art Bastard, halb Musik, halb Dichtung sei; sicher ist nur, daß die Nebenform ital. *mandrigale* sekundär in Anlehnung an *mandra* „Herde" gebildet ist. Daß *madrigale* aus *madriale*, d. i. *materiale*, entstanden sei, mit *-g-* als Übergangskonsonant wie in *pagura* aus *paura*, Rohlfs, ASSL 183, 38 ist phonetisch unhaltbar; vgl. REW 5290; Bl.-W. 381.

madrure „Maser im Holz"
16. Jh., ist Kollektivableitung von afrz. *madre* „Maserholz", vgl. *madré*.
maestral s. *mistral*.

mafflé „pausbäckig"
auch **mafflu**, 17. Jh., vgl. dazu gleichzeitig belegtes *mafler* „mit vollen Backen essen", heute boulogn. *se maffler* „vor Anstrengung den Atem verlieren", *maflu* „beleibt", rouchi *maflier* „(Lebensmittel) benagen"; aus mndl. *maffelen* „mit festgeschlossenem Munde und langsam essen", s. Doornk.-K. unter *muffelen*; vgl. auch *moufler* 1; wegen der Ableitung s. *joufflu*; Braune, ZRP 21, 219; REW 5222.

magasin „Warenhalle"
14./15. Jh., stammt aus den ostalgerischen oder tunesischen Hafenstädten, Steiger VR 10, 46; vgl. Krauss, RF 66, 384; aus arabisch *maḫâzin*, d. i. Plural von *maḫzan* „Schatzhaus", „Warenhaus". Littmann 88; Diez 200; REW 5447; Bl.-W. 381.

mage 1. „Magier"
13. Jh., aus lat. *(măgus)*.
2. s. *maje*.

magie „Zauberei", „Magie"
16. Jh., aus lat. (gr.) *(magia)*; dazu *magicien* „Zauberer", 15. Jh., Abl. *(-anus)* von lat. *(măgicus)* „zauberisch", das selbst seit dem 13. Jh. als **magique** dass. bezeugt ist.

magister „Dorfschulmeister", va; „Schulfuchs"
17. Jh., aus lat. *(măgĭster)* „Lehrer"; vgl. *maître*.

magistère „Großmeisterschaft des Maltheserordens", „Meisterpulver"
12./13. Jh., aus lat. *(măgĭstĕrium)* „Vorsteheramt".

magistrat „Verwaltung" va.; „Verwaltungsbeamter.
14. Jh., aus lat. *(măgĭstratus)* in beiden Bedeutungen.

magma „Magma"
alt „zähige, klebrige Masse", 17. Jh., aus lat. *(magma)* „Bodensatz der Salbe".

magnanerie „Seidenraupenbehälter", „Seidenraupenzucht"
19. Jh., aus nprov. *magnaneria*; dieses ist Abl. von nprov. *magnan* „Seidenraupe", auch *magnaud, magnou*, dazu lyon. *magnons, magnans, magniaud* dass., die letzte Form schon bei Olivier de Serres; die Urkunde, mit der Heinrich II. die Einführung der Seidenzucht verordnet, enthält dafür die Form *meignaz* (1551); aus ital. *magnatto* „Seidenwurm", d. i. volksetymologisch an mundartliches *magnar* „fressen", s. *manger*, angeschlossen; Nigra, AGI 14, 280; REW 5581.

magnat „Magnat"
19. Jh., aus engl.-amerik. *magnate* „Großkapitalist", aus lat. *(magnatus)* „ein Großer, Häuptling eines Volkes", das im 18. bzw. 19. Jh. zur Bezeichnung des hohen Adels in Polen und Ungarn üblich wurde; Bl.-W. 382.

magnanime „großmütig"
13. Jh., aus lat. *(măgnănĭmus)*.

magnésie „Magnesia"
17. Jh., ist gelehrte Abl. von *(magnēsium) (saxum)* „Magnet".

magnétique „magnetisch"
17. Jh., aus lat. *(magnēticus)*.

magnifique „prächtig"
13. Jh., aus lat. *(magnĭfĭcus)*.

magnolia „Magnolie"

18. Jh. auch *magnolier,* nach dem Namen des Botanikers Pierre *Magnol.* Dict. gén.

magot 1. „Ersparnis", „verborgenes Geld"
17. Jh., für älteres, seit dem 14. Jh. bezeugtes *musgot,* das unbeeinflußt in **mugot** „verborgener Schatz" erhalten ist; dieses ist Maskulinum zu älterem seit dem 11. Jh. bezeugten *musgode, musgoe, murjoe, mijoe* „Aufhäufung", „Vorrat", „Vorratskeller" u. ä., vgl. dazu Bessin *migoe* „Vorrat an Winteräpfeln" u. ä.; aus spätfränkisch **muosgadum,* zu ahdt. *muosgaden* „Speisekammer", das mit Übertritt des nachtonigen *-u-* nach dem spirantischen *-d-* in die Tonsilbe zu **musgaudu* romanisiert wurde; wegen der Lautentwicklung vgl. in ON z. B. *Marvie,* Luxembourg, 1207 *Marviuth,* d. i. fränkisch *mariwidu* „Sumpfholz" u. v. a., s. Gg. Slg. 205; Gg. RG I, 248; vgl. Storm Rom. 2, 85; Mackel 129; Bl.-W. 382.
Das vortonige *-a-* in *magot* zeigt kaum Beeinflussung durch afrz. *macaut, magaut* „Tasche", „Börse", das nach Förster, ZRP 32, 449 afrz. nicht belegbar ist, Dict. gén., eher Kreuzung mit mittelfrz. *mague* „Magen", vgl. wall. *magot* „Vogelmagen", dieses aus ndl. *maag* „Kropf", „Magen", Schuchardt, ZRP 28, 447 Anm.
Nach Förster, ZRP 32, 445 ff. würde im 1. Teil germ. **mûs* „Maus" enthalten sein; nach Haust, Etym. 109 ff. im 2. Teil wall. *gô* „kleiner Vorrat an Früchten", dieses zu lat. *cautum* *„Gehege"; Zusammensetzung von **mūc-* „verstecken", s. *musser, muette,* mit germ. **gôd* „Gut", Bertoni, ZRP 31, 715, ist historisch und lautlich unmöglich; zu einem keltischen **smūgauda,* zu agls. *smugan* „schrittweise eindringen", Alessio RLiR 17, 189, ist durch nichts begründet.
2. „gemeiner türkischer Affe"
16. Jh., ist übertragen von *magot,* das im 15. Jh. als Bezeichnung für barbarische, besonders tatarische Völker verwendet wird; der Name geht auf Ezechiel 38, 3, 39 zurück, wo vorhergesagt wird, daß *Gôg,* Fürst des Volkes *Māgôg,* gegen Jerusalem marschieren wird, s. auch Apokalypse 20, V. 8 (Haffner); von hier wandern die Namen in den Alexanderroman, wo *Gos* und *Magos* als Vasallen des Porus, die in der Türkei zu Hause sind, bezeichnet werden; daher die Übertragung auf den aus der Türkei stammenden Affen. Sain. Rab. 1, 257 ff.

mahaleb „Mahaleb-Kirschbaum"
16. Jh., aus arabisch *maḥlab*; Lam. 151; REW 5240.

mahonille „Strandlevkoje"
19. Jh. *giroflée de Mahon* genannt, nach der Stadt *Mahon* auf den Balearen. Dict. gén.

mahute „der obere Teil der Falkenflügel bei der Schulter"
13. Jh. *mahustre* „Oberarmknochen", auch *mahoistre, mohoistre* „Oberarmknochen", geht auf eine Grundform **mo-ŏstrium* zurück; aus **ὠμο-οστεον* zu gr. ὦμος „Schulter" und ὀστέον „Knochen, über Marseille eingedrungen, Alessio RDiR 17, 185?

mai 1. „Mai"
12. Jh., aus lat. *mājus*; REW 5250.
2. s. *mait.*
maie s. *mait.*

maïeur „Ortsvorstand", va.
s. *maire.*

maigre 1. „mager", „Fastenspeise", „magere Kost"
12. Jh., aus lat. *macer, măcrum* „mager". REW 5202.
2. „Schattenfisch"
16. Jh., auch *maigrue,* ist eins mit *maigre* 1, da nach Cotgrave die Weiße des Fleisches den Fisch als mager erscheinen läßt. Barbier, RDR 1, 439; Dict. gén.

mail „Hammer", „Schlägel"
12. Jh., aus lat. *măllеus*; dazu seit dem 12. Jh. die Abl. **mailler** „ausklopfen". Diez 200; REW 5268.
maillard s. *colin maillard.*

maille 1. „Masche", „Schlinge", „Fleck" (auf den Flügeln der Vögel)
12. Jh., aus lat. *măcŭla* dass.; Diez 198; REW 5212.
2. „Heller", „kleinste Menge einer Sache"
12. Jh. *mëaille,* dazu nfrz. *avoir maille à partir avec qn.* „mit jemandem ein Hühnchen zu rupfen haben", wörtlich „mit jmd. einen halben Heller zu teilen haben"; aus vlat. **mĕtăllia (moneta)* „Münze aus Metall", das durch alogudoresisch *metagia* gesichert ist. Diez 208; Wagner, ASSL 134, 315; Beltz 34 ff.
Die romanischen Formen scheinen, abgesehen von altlogudoresisch *metagia,* das ein Maß bezeichnet, auf eine Grundform *medalia* zurückzuführen, die schon Cornu, Rom. 13, 28 Anm. als dissimilierte Form für *medialia* erklärt. Dieses würde zu lat. *mediale* „die Mitte", „das Mittel" gehören; *medialia* könnte nur der kollektive, singularisch gewordene Plural von *mediale* sein, also auch nur kollektiv „das Mittlere" bedeuten; der begriffliche Übergang zu „(kleine) Münze" bliebe ungeklärt. Die Behauptung, daß es sich bei dem *medalia* um die *Hälfte* einer Münze handle, wird zuerst im lateinisch-französischen Wörterbuch des Guillaume Briton (12. Jh.) ausgesprochen: *obolus dicitur medalia, i. e. medietas nummi,* d. h. „halbe Münze". Darin liegt deutlich eine volksetymologische Umdeutung von *medalja,* der Vorstufe von *maille,* in Anlehnung an lat. *medius* „halb". Schon Diez hat mit Recht darauf hingewiesen, daß eine Dissimilation von *medialia* zu *medalia,* wenn *medialia* tatsächlich *„halbe* Münze" bedeutet hätte, den Zusammenhang

von „halb" = ‚medius' mit der Münzbezeichnung geradezu verdrängt hätte.
Die Grundform mit etymologischem *-d-*, die der Erklärung des Wortes durch *(moneta) metallia* „Metallmünze" im Wege zu stehen scheint, wird aber verständlich, wenn man in den *-d-*Formen eine Entlehnung aus dem Gallorom. sieht, die zu einer Zeit erfolgte, als hier intervokalisches *-t-* zu *-d-* geworden war; als *metallia* als *medalja* gesprochen wurde, d. h. zur Zeit des Einflusses der karolingischen Wirtschaft in den unter fränkischer Herrschaft stehenden Gebieten. Die Entlehnung aus dem Nordfranzösischen zeigt sich deutlich an den Formen des Provenzalischen, wo für die Münze die Varianten *medalha, mezalja, mealha* überliefert sind; die gleichen Formen einer Anpassung zeigt z. B. auch frz. *bliaut* gegen prov. *blidal, blial, blizaut;* ebenso ist es wahrscheinlicher, daß ital. *medaglia* aus dem Gallorom. stammt, als aus einem *medialia,* das weder belegt, noch begrifflich oder morphologisch zu rechtfertigen ist. Daß es sich ursprünglich auch nicht um eine minderwertige, eine „halbe Münze" handelt, zeigt auch das bei Levy V, 152 angeführte *medalhe d'aur,* also „Goldmünze", ebenso wie ital. *medaglia* „Schaumünze", das seinerseits in der westlichen Romania weiterwanderte, s. *médaille.* Daß daneben schon im 12. Jh. *mëaille* im Nordfranzösischen die Bedeutung „kleine Münze", „Ausdruck für Wertloses" angenommen hat, wiederholt nur die bekannte Geldentwertung, die von *denarius* „Goldmünze" (Plinius) über „Kupfermünze" zu *denier* „Heller" führt. **metalleus* „aus Metall", Abl. von *metallum,* steht in einer Reihe mit *argenteus* „aus Silber", *aureus* „aus Gold", entsprechend *cupreus, plumbeus,* usf. Daß das „Leitwort" *moneta* wegbleibt, hat in der Entwicklung von dt. *Gulden* (mndl. *gulden florijn,* auf deutschem Boden *guldin pfenninc)* eine genaue Parallele, Kluge-G. 286.
S. zu dem Problem die Bibliographie in FEW VI, 576, unter *medialis.*

maillechort „Neusilber"
19. Jh., ist willkürliche Bildung nach dem Namen der Erfinder dieser Legierung, *Maillot* und *Chorier.* Dict. gén.

mailler 1. „Maschen machen", „sprenkeln"
12. Jh., ist Abl. von *maille* „Masche" bzw. „Fleck", s. d.
2. s. *mail.*

maillet „Klöppel", „Schlägel"
13. Jh., ist Werkzeugsabl. von *mailler* „mit dem Klöppel schlagen", s. *mailler* unter *mail;* davon seit dem 15. Jh. die Abl. **mailleter** „die Kieldoppelung mit Nägeln beschlagen".

mailloche „großer Holzschlägel"
15. Jh., ist Abl. von *mail* „Hammer"; dazu im Vulgärfrz. die Abl. *maillocher* „arbeiten". Sain. LPar. 185.

maillon „kleine Masche"
16. Jh., ist dem. Abl. von *maille* „Masche", s. d.

maillot 1. „Wickelband", „Windel"
12. Jh. *mailloel, mailluel,* dazu in westlicher Form *maillol,* das der literarischen Form zugrunde liegt; es ist *-eŏlus*-Abl. von *maille* in der kollektivischen Bedeutung „gestricktes Tuch" aus *maille* „Masche", s. d.; dazu im 11. Jh. *emmailloler,* nfrz. **emmailloter** „einwickeln".
2. „Trikot der Tänzerinnen"
19. Jh., dazu im 20. Jh. *maillot de bain* „busenfreier Badeanzug", ist wohl dem. Abl. von *cotte de maille* „Panzerhemd", gehört also zu *maille* 1.
Nach dem Dict. gén. würde der Name des ersten Erzeugers *Maillot* zugrunde liegen.

maillure „bunte Flecken auf dem Gefieder der Raubvögel"
17. Jh., ist kollektivische Abl. von *maille* „Fleck" bzw. *mailler* „sprenkeln".

main „Hand"
10. Jh., aus lat. *m ă n u s* dass. REW 5339.
main de gloire s. *mandragore.*

main-d'œuvre „Arbeitslohn" (des Handwerkers)
18. Jh., ist syntaktisch mißlungene Franzisierung des vlat. *manuopera* „Handarbeit", s. *manœuvre.*

mainlevée „Aufhebung einer gerichtlichen Beschlagnahme"
14. Jh., ist subst. Part. von mfrz. *main lever* „die Hand wegnehmen", s. d.

mainmise „Beschlagnahme", „Prügel"
14. Jh., ist zusammengesetzt aus *main* „Hand" und dem subst. Partizip von *mettre* „darauflegen".

mainmorte „Verbot für den Hörigen, im Falle der Kinderlosigkeit seinen Besitz zu vererben", „unveräußerlicher Besitz", auch *morte main,* Flutre, Rom. 65, 495.
13. Jh., aus mlat. *(m ă n u s m ŏ r t u a)* franzisiert, das ursprünglich attributive Bestimmung z. B. in *homines manus mortuae,* oder Präpositionalausdruck wie *tenere in manu mortua* ist, vgl. auch den ältesten frz. Beleg *tenir en main morte* „als toten Besitz haben".
mainotte s. *menotte.*

maint „zahlreich" va.; „mancher"
12. Jh., aus gallisch **m a n t î* „große Menge" zu kymrisch *maint* dass. Wegen des Übergangs von der Mengenbezeichnung zum Adj. vgl. frz. *force,* afrz. auch „Menge", schon im 13. Jh. *force bons borgois* „viele gute Bürger", Gg. Syntax 91; Thurn., KR 105; Diez 632.
REW 5231 aus lautlichen Gründen abgelehnt, doch kaum mit Recht, da der Übergang von **mantî* zu *maint* dem von **totti*

zu afrz. *tuit* entspricht; Kreuzung von *magnus* + *tantus* bzw. *tammagnus* + *tantus*, REW l. c.; Schuchardt, ZRP 15, 241, ist unwahrscheinlich, da als Kreuzung von *tantus* mit *magnus* wohl eine Form **tagnus* oder **mantus* entstanden wäre; auch nicht Kreuzung von ahdt. *manac* „manch" mit *multus*, Dict. gén.; aus germ. **manigitho* zu ndl. *menigte* „Menge", Tilander, Fil. Arkiv 1, Lund 1955, s. Lecoy, Stud. Neoph. 28, 76, ist lautlich nicht möglich.

maintenant „jetzt"
12. Jh., bedeutet afrz. „alsbald", „sogleich", so noch im 15. Jh., daneben seit dem 13. Jh. auch „jetzt", ist in absolutem Gebrauch erstarrtes Gerundium von *maintenir* „in der Hand halten", „festhalten", s. d. F. Vgl. wegen der Bedeutung dt. „behende". Tallgren, NM 18, 125 f.

maintenir „festhalten", „aufrecht erhalten"
12. Jh., aus vlat. **mănutĕnēre* „in der Hand festhalten", vgl. *manuoperare* s. *manœuvrer;* dazu seit dem 13. Jh. das postverb. Subst. **maintien** „Beibehaltung" u. ä.

maïolique s. *majolique.*

mairain „Bauholz" va.; „Faßdaubenholz"
auch *merrain; matriamen* „Bauholz" schon in Lex Salica 27, Geffcken 139, 12. Jh. *mairien,* aus lat. **mātĕrĭāmen*, d. i. kollektive Abl. von lat. *mātĕria* „Bauholz", vgl. *madrier.* REW 5407.

maire „Vorsteher"
10. Jh., afrz. Nom. *maire,* Acc. *maor, maior,* auch adj. „sehr groß", „größer", als Subst. „Herr", „Verwalter", „Gemeindevorsteher" u. ä., TL V, 932, schon spätlat. in der Anrede „Herr", Bambeck 37; dazu seit dem 13. Jh. die Abl. **mairie** „Bürgermeisteramt".

mais „vielmehr", „aber"
10. Jh., bedeutet afrz. auch „mehr", „weiters", vgl. dazu *désormais, jamais,* und veraltetes *maishui* „heute", 12. Jh., wörtlich „noch heute"; aus lat. *măgis* „mehr", „eher", „lieber". Richter, ZRP 32, 656 ff.; Zeitlin, ZRP 6, 285 ff.; Melander, Étude sur magis etc. Diss. Upsala 1916; Hey, ALL 13, 204; Diez 200; REW 5228.

maïs „Mais"
16. Jh., alt auch *blé de Turquie* genannt, so noch heute in Kanada, Read, Louisiana 143, aus spanisch *maiz,* dieses aus haitianisch *mahiz;* Lenz 465 f.; Spitzer, WuS 4, 126 ff.

maison „Haus"
11. Jh., bedeutet afrz. den einzigen Raum des Hauses mit geflochtenen Wänden, Jud, WL 2, 160, daher heute weit in den Mundarten verbreitet die Bedeutung „Küche", s. Gilliéron, Path. 4, 124 ff.; aus lat. *mănsione*, das im klassischen Latein „Aufenthalt", „Nachtlager" bedeutet, vlat. „Stall" bedeutet haben dürfte, vgl. die mundartlichen Formen REW 5311; aus der Soldatensprache erklärt sich die Weiterentwicklung zu „Wohnraum", die bei Marcellus Empiricus belegt ist; Davidsen 2 f.; Streng, HH 29; Diez 200; REW 5311; FEW VI, 234; Löfstedt, Aeth. 26.

mait „Backtrog", „Fleischschüssel" u. ä.
auch *maie, met, mée* geschrieben, s. auch *émoi* 2, 13. Jh. *mait,* aus lat. *măgis, măgĭde* „Backtrog"; vgl. mit erhaltenem Dental westfrz. *mẹd*, lyon. *mat* u. ä.; Diez 382; REW 5227; FEW VI, 26.

maître „Meister"
12. Jh., 10. Jh. *magistre, majestre,* afrz. *maistre,* bezeichnet den Herrn auf allen Gebieten, so Werkmeister, Jägermeister, auch „Vormund", „Beschützer" u. ä., TL 5, 9041; dazu die fem. Entsprechung *maistre* „Herrin", „Erzieherin", aus lat. *magister* „Vorgesetzter", „Anführer" u. ä., *magistra* „Vorsteherin", „Leiterin"; afrz. *maistre* wird auch in der Anrede gebraucht, wie *major,* s. *maire,* mit dem es etymologisch verbunden ist; für fem. *maistre* tritt seit dem 13. Jh. die *-issa*-Abl. *maîtresse* ein; dazu seit dem 12. Jh. die Abl. **maîtrise** „Meisterschaft"; von diesem seit dem 13. Jh. die Abl. **maîtriser** „meistern", für älteres, von *maître* unmittelbar abgeleitetes *maîtrier.* Diez 199; REW 5229.

maje „Oberrichter"
15./16. Jh. in *juge maje,* aus prov. *maje,* älter *majer,* der Entsprechung des frz. *maire,* s. d.

majesté „Majestät"
12. Jh., aus lat. *(mājestate);* dazu seit dem 17. Jh. die Abl. **majestŭeux** „majestätisch".

majeur „größer", „älter"
12. Jh., ist gelehrte Nebenform von afrz. *maire, maour,* s. *maire, maieur.*

majolique „Majolika"
auch *maïolique,* 16. Jh. *majorique,* aus ital. *majolica,* d. i. Abl. vom Namen der balearischen Insel *Majorka.* Diez 382; REW 5248.

major „rangälter" va.; „Major"
16. Jh., aus lat. *(mājore)* „größer", „älter", s. *maire.*

majorat „Majorat"
17. Jh. *majorasque,* aus span. *mayorazgo,* d. i. *-aticum*-Abl. von *mayor,* der Entsprechung von frz. *maire,* s. d. Bl.-W. 384.

majordome „Majordomus"
16./17. Jh., aus mlat. *(major domus)* „Hausvorsteher", bzw. ital. *maggiordomo* derselben Herkunft.

majorité 1. „Mündigkeit"
16. Jh., ist Abl. von lat. *(mājor)* „älter" bzw. entlehnt aus mlat. von diesem abgeleiteten *(majoritate)* dass.
2. „Majorscharge"
14. Jh., ist in Anlehnung an *major,* s. d., umgedeutetes mfrz. *majorité* „Überlegenheit",

dieses Abl. von lat. *(mājor)* „größer“, s. *major.*
3. „Stimmenmehrheit“
19. Jh., aus englisch *majority.*
majuscule „großer Buchstabe“
16. Jh., aus lat. *(mājŭsculus)* „etwas größer“.
maki „Maki“, „Halbaffe“
18. Jh., aus einer Einheimischenmundart von Madagaskar; Bl.-W. 334.
makis „Gestrüpp“, „Gebüsch“ (in Korsika) schon 1775 für Corsica angegeben, Esnault, Fr. mod. 19, 303; Bl.-W. 389, aus ital. *macchia* dass., das begrifflich sich nur schwer mit lat. *macula* „Fleck“ vereinigen läßt. REW 5212.
mal 1. „schlecht“ va.
9. Jh., afrz. auch *mel,* die Form *mal* in Anlehnung an die Zusammensetzungen mit *mal-,* vielleicht auch in westfrz. mundartlicher Entwicklung, aus lat. *mălus* dass. REW 5273.
2. „Übel“
11. Jh., aus lat. *mălum,* vgl. *mal* 1.
3. „schlecht“ Adv.
11. Jh., aus lat. *măle;* vgl. wegen der lautlichen Entwicklung *mal* 1.
mal- „un-“, „schlecht-“
in Zusammensetzungen, gehört zu *mal* 3; die etymologisch durchsichtigen Bildungen sind unter dem Stammwort nachzusehen.
malachite „Malachit“
12. Jh., aus gr. (μαλαχίτης) bzw. mlat. *(malachites).*
malacie „krankhaftes Gelüst, ungenießbare Dinge zu essen“
18. Jh., aus lat. *(mălăcia)* „Ekel“.
malactique „erweichend(es Mittel)“
16. Jh., aus lat. *(mălăcticus).*
malade „krank“
12. Jh., aus vlat. *măle hăbĭtus* d. i. Verbaladjektiv zu lat. *male habere,* „sich nicht wohl fühlen“, ursprünglich Deckwort für *aegrotus, aeger,* das untergegangen ist, zunächst durch *infirmus* „unpäßlich“ ersetzt wurde, und da dieses in der Bedeutung „krank“, afrz. *enferme,* allgemein wurde, durch *male habitus* „unpäßlich“ umschrieben wurde; dieses ist bei Aulus Gelius belegt; Cornu, Rom. 3, 377 f.; Rönsch, ZRP 1, 419; REW 5264; dazu seit dem 12. Jh. die Abl. **maladie** „Krankheit“; seit dem 13. Jh. die Abl. **maladif** „kränklich“, dieses mit dem ein Begabtsein u. ä. ausdrückenden Suffix *-ivus* einreihend erweitertes *malade.*
maladrerie „Spital für Aussätzige“
12. Jh., ist Kreuzung von afrz. *ladrerie* dass., s. *ladre,* mit *malade* „krank“.
maladresse „Ungeschicklichkeit“
18. Jh., ist nach dem Nebeneinander von *adroit* und *adresse* abgeleitet von **maladroit** „ungeschickt“ 16. Jh.; dieses zusammengesetzt aus *adroit* „geschickt“ mit *mal-* 3.
malaguette s. *maniguette.*
malandre „Mauke“ (Pferdekrankheit); „fauliger Knorren im Holze“
14. Jh., aus lat. *malandria* „Blasen am Halse“, „Räude“, in der Mulomedicina Chironis „durch Aufscheuern durch den Sattel hervorgerufenes Wundmal“, vgl. auch Corp. Gloss. 5, 507, 8 *malandria-vulnera cervicis* u. ä., s. Wagner, Sard. 97 und Anm.; Schuchardt, ZRP 14, 178 f.
Dazu seit dem 18. Jh. die Abl. **malandreux** „mit fauligen Knorren“.
malandrin „Straßenräuber“
17. Jh., aus ital. *malandrino,* das latinisiert im 14. Jh. als *malandrenus* überliefert ist; dazu ital. *malandro* „räuberisch“; zu *malandra* „Räude“, s. *malandre;* die Bedeutungsentwicklung über *malandrosus,* „aussätzig“, als herabsetzendes Epither für den Banditen; Cor. III, 203.
malaria „Malaria“
19. Jh., aus ital. *malaria,* d. i. *mala aria* „böse Luft“.
malart „wilder Enterich“
12. Jh. *mallart,* das nach Lüttich *marlâ,* wall. *marlart,* norm., pik. *maillard* auf eine Grundform **maslart* zurückgeht; dieses ist Abl. von afrz. *masle* „Männchen“, vgl. frz. Schweiz *mâle* „Stier“, „Eber“ u. ä., dazu aus dem Französischen alt entlehntes westflamisch *maskelaar* dass., das alt nicht bezeugt ist; Barbier V, 191; Valkhoff 84; Diez 632; Behrens, ZRP 26, 659; Tappolet, ASSL 131, 92, 94; REW 5392.
Nicht zu dem Personennamen *Madalhart,* Dict. gén.
malaxer „durch Kneten weichmachen“.
14./15. Jh., aus lat. *(malaxare)* „weich machen“.
malchance s. *malechance.*
malchus „Stutzsäbel“, „Beichtstuhl mit nur einer Hörluke“
15./16. Jh., nach dem Namen der biblischen Person *Malchus,* der Petrus ein Ohr abschlug. Dict. gén.
maldonne „Vergeben“ (beim Kartenspiel)
19. Jh., ist postverb. Subst. von *mal donner* „schlecht geben“.
mâle „Männchen“, „männlich“
12. Jh. *masle,* aus lat. *mascŭlus* dass. Diez 632; REW 5392.
malebête „böses Tier“ va.; „Klammeisen“
17. Jh., ist zusammengesetzt aus adj. *mal,* s. *mal* 1, und *bête.*
malechance „Pech“
19. Jh., ist in Anlehnung an alte Bildungen wie *malfaçon, maltôte* u. ä. zusammengesetzt aus adj. *mal* „schlecht“ und *chance,* s. d.
malédiction „Verwünschung“

14. Jh., aus lat. *(măledĭctione)*.
malefaim s. *mal* 1 und *faim*.
maléfice „Behexung"
13. Jh., aus lat. *(mălefĭcium)* „Übeltat", „Betrug", „Zauberei".
malemort s. *mal* 1 und *mort*.
malencontreux „unheilvoll", „ärgerlich"
14./15. Jh., ist *-osus*-Abl. von *mal encontre* „schlimmes Begegnen", „feindlicher Zusammenstoß", aus adj. *mal* 1, und *encontre*, dieses postverb. Subst. von afrz. *encontrer* „auf ... stoßen", s. *rencontrer;* Bl.-W. 385.
malengin „Betrug"
14. Jh., ist zusammengesetzt aus adj. *mal*, s. *mal* 1 und *engin* „Kunstfertigkeit", s. d.
maletôte s. *maltôte*.
malévole „übelwollend"
17. Jh., aus lat. *(mălĕvŏlus)*.
malfaçon „mangelhafte Ausführung", „unerlaubter Gewinn"
13. Jh. *malefaçon*, ist zusammengesetzt aus adj. *mal* „schlecht", s. *mal* 1, und *façon* „Herstellung", s. d.; der Schwund des zwischentonigen *-e-* erklärt sich durch Anlehnung an **malfaire** „übel tun", das adverbielles *mal* enthält, s. *mal* 3; dazu seit dem 12. Jh. die Abl. **malfaiteur** „Übeltäter".
malgré „trotz", „unbeschadet"
12. Jh., afrz. auch *maugré*, s. *maugréer*, ist zusammengesetzt aus adj. *mal* „schlecht", s. *mal* 1, und afrz. *gré* „Gefallen", s. d.; es liegt also ein erstarrter absoluter Ablativ vor = „unter Mißfallen", zu dem nach afrz. Syntax der objektive Genetiv der Person in der Form des Obliquus treten kann, also *malgré mon père* „unter Mißfallen meines Vaters"; aus solchen Verbindungen heraus ist *malgré* zur Präposition geworden; dagegen steht für nfrz. *malgré moi* afrz. noch *malgré mien* „unter meinem Mißfallen" u. ä.; die alte subst. Bedeutung von *malgré* zeigt auch die Verbindung *malgré qu'il en ait* „so sehr es ihm mißfällt" u. ä.
malheur „Unglück"
12. Jh. *mal ëur*, ist zusammengesetzt aus adj. *mal*, s. *mal* 1. und afrz. *ëur* „Geschick", s. *heur* und *bonheur;* dazu seit dem 12. Jh. die Abl. *malëuros*, heute **malheureux** „unglücklich".
malice „Bosheit"
12. Jh., afrz. auch „Schlechtigkeit", das im 17./18. Jh. untergeht, Br. 4, 273; aus lat. *(malĭtia)* dass.
malin „bösartig"
dazu das Fem. *maligne*, das afrz. seit dem 12. Jh., auch die Form des Maskulinums ist; die Neubildung *malin* erklärt sich aus der im 16. Jh. verzeichneten Aussprache *maline* für *maligne*, so daß wie bei den Adj. auf *-inus* zu *maline* ein analogisches Maskulinum *malin* gebildet wurde; aus lat. *(mălignus)* dass.; Fischer, Ausgleichserscheinungen 171 ff.; Meyer-Lübke, Rom. Gram 2, § 63.
maline „Springflut"
16. Jh., aus spanisch *malina*, das auf ein spätlat., bei Marcellus Empiricus belegtes *malina* zurückführt; dieses ist Gegenbildung zu *bonacia* „Windstille", s. *bonace*. Diez 58; Cor. III, 207.
Zu lat. *(malignus)* „bösartig", s. *malin*, REW 5266, ist nicht möglich, wenn der alte Beleg für *malina* authentisch ist.
malines „Art feine Spitzen"
18. Jh., nach dem Namen *Malines* „Mecheln" in Belgien. Dict. gén.
malingre „kränklich", „schwächlich"
zuerst im 13. Jh. als Personenname belegt, ist zusammengesetzt aus *mal* und afrz. *heingre*, 11. Jh. *haingre*, 12. Jh. *heingre* „hager", „fleischlos", heute norm. *haingre*, angev. *hingre*, Zell *hęng* „magere Kuh" u. ä.; dieses stammt aus fränkisch **hager*, d. i. Entsprechung des mittelenglischen *hager* „hager"; vgl. *hagard*, *mingrelet*, s. Kluge-G. unter *hager;* oder *malingre* Kreuzung von *malade* mit *heingre*, vgl. *maladrerie*.
Nicht zu lat. *aeger* „krank", Diez 614; auch nicht zu mnd. *enghe*, Barbier, RLiR 10, 121.
malitorne „ungeschickte Person"
17. Jh., seit dem 18. Jh. dazu **maritorne** „schmutziges Weibsbild", nach dem Namen der häßlichen asturischen Dienstmagd *Maritornes* im Don Quijote des Cervantes. Kölbel 108.
malle „Reisekoffer"
12. Jh., aus fränkisch **malha* zu ahdt. *malaha* „Mantelsack", Diez 200; REW 5265; Gg. RG I, 208; FEW 16, 508.
malléable „schmiedsam", „geschmeidig"
15./16. Jh., ist gelehrte Abl. vom Stamm von lat. *malleatus* „mit dem Hammer bearbeitet", s. *mail;* Bl.-W. 385.
malléole „Fußknöchel"
16. Jh., zuerst übersetzt mit *martelet*, d. i. „Hämmerchen", s. *marteau*, aus lat. *(malleolus)* „Hämmerchen".
malle-poste „Briefpost"
19. Jh., aus *malle* in der Bedeutung „Felleisen des reitenden Boten", zu dem *poste* „Post" appositionell hinzutritt.
malotru „übel zugerichtet" va.; „tölpelhaft"
12. Jh. *malastru*, *malestru*, schon im 13. Jh. auch *malostru*, dieses dissimiliert aus *malastru;* aus grom. **mălastrūtus*, d. i. mit dem ein reichliches Versehensein bezeichnenden Suffix *-ūtus* abgeleitet von lat. *mălum astrum* „böser Stern", „böses Geschick", vgl. inschriftlich belegtes *aster* „Geschick", Pirson 231; afrz. *malastru* ist also der Bildung nach afrz. *malfëu* dass. zu *malum fatum* „böses Geschick" genau entsprechend.
Kaum *male *astrucus*, Diez 30; REW 747;

FEW I, 164; Bl.-W. 385, da eine *-ūcus*-Abl. morphologisch nicht verständlich ist; doch kann sich innerhalb des Galloromanischen **astrūtus* an Adjektiva wie *cadūcus* „hinfällig" angelehnt haben, wobei die Aufeinanderfolge der beiden *-t-* von **astrutus* vermieden wurde; ebenfalls sekundär ist das Suffix in prov. *damnuc* „schadvoll", *paoruc* „furchtsam", *pezuc* „schwer", *faduc* „Tor", die an *malastruc,* so prov., anknüpfen.

malt „Malz"
18. Jh., aus englisch *malt* dass. Behrens, DS 89.

maltôte „außerordentliche Auflage" va.; „Steuereinhebung"
14. Jh. *maletote,* ist zusammengesetzt aus adj. *mal* „schlecht", s. *mal* 1 und afrz. *toute* „Wegnehmen", dann „Steuer", aus grom. **tŏllĭta* zu lat. *tŏllere,* afrz. *toudre* „wegnehmen"; *-ô-* für zu erwartendes *-ou-* kann mundartlich sein und aus dem Westen bzw. Südosten stammen; auch ein pik., ostfrz. *taute* für afrz. *toute* kann der literarischen Form zugrunde liegen; dazu seit dem 16. Jh. die Abl. **maltôtier** „Gelderpresser". Diez 632 f.; REW 8769; Bl.-W. 386.

malvacées „malvenartige Pflanzen"
18. Jh., aus lat. *(mălvāceus* „malvenartig".

malveillant „übelwollend"
12. Jh. *malvoillant,* dazu angev. *malvoulant,* morv. *mauvoillant,* aus lat. *mălevŏlente,* in der Form angelehnt an das Partizip von *vouloir* „wollen" bzw. im Neufrz. von *veiller* „wachen".

malverser „Unterschleife machen"
16. Jh., ist zusammengesetzt aus lat. *(măle)* „schlecht" und *(versari)* „im Spiele sein" u. ä.

malvoisie „Malvasierwein"
14. Jh. *malvesy,* nach dem Namen der griechischen Stadt *Malvasia,* gr. *Monemvasia.* Dict. gén.

maman „Mama"
16. Jh., ist Schallbildung im Kindermund. Tappolet, Verw. 25 ff.
mamei s. *mammée.*

mamelle „Brust", „Zitze"
12. Jh., aus vlat. **mămella* für lat. *mămĭlla,* dessen Endung an das Deminutivsuffix *-ĕlla* angeschlossen wurde; dazu seit dem 16. Jh. die deminutive Abl. **mamelon** „Brustwarze". REW 5276.

mameluk „Mameluk"
12. Jh., aus arabisch *mamlûk* „erworben", „gekaufter weißer Sklave", „Kriegsgefangener". Lam. 154; Littmann 72; Bl.-W. 386.

mamillaire „brustwarzenartig"
16. Jh., ist Abl. von lat. *(mămĭlla)* „Brustwarze", s. *mamelle.*

mammaire „die Brust betreffend"
18. Jh., ist Abl. von lat. *(mamma)* „Mutterbrust".

mammée „Mameybaum"
16. Jh. *mamey,* aus spanisch *mamei,* dieses aus der Sprache der Insel-Aruaks. Friederici 58.

mammouth „Mammut"
18. Jh., aus russisch *mamont, mamut,* dieses aus der Sprache der Ostjäken, einem finnischen Stamm in Ostsibirien. Dict. gén.; Fr. mod. 26, 133.

mamour „Liebling", fam.
19. Jh., auch *m'amour,* zeigt Erhaltung der alten apokopierten Form des Possessivpronomens, steht also für ein literarisches *mon amour.*

manant „Lümmel"
12. Jh., afrz. „Grundbesitzer", „Bauer", „zu dem Hausgesinde Gehöriger", dann seit dem 17. Jh. „Lümmel"; auch adj. afrz. „reich", „begütert"; ist zum Adjektiv gewordenes Partizip von afrz. *manoir,* „verweilen", „wohnen", substantiviert „Wohnstätte", frz. **manoir** „Gutsbesitz", aus lat. *manēre* „bleiben", vlat. auch „wohnen", Löfstedt, Aeth. 76; s. *maison;* Diez 206; REW 5296; Bl.-W. 386.

mancenille „Manzanillaapfel"
17. Jh., aus spanisch *manzanilla* „Äpfelchen"; dieses ist dem. Abl. *(-ella)* von *manzana* „Apfel" aus lat. *(mālum) mattianum* zu dem Namen *Matius, Mattius,* der eine Schrift über die Kochkunst herausgegeben hat. Diez 466; REW 5427.

manche fem. 1. „Ärmel"
12. Jh., aus lat. *mănĭca* dass. Diez 203; REW 5300.
2. „Handgriff"
12. Jh., mask. aus vlat. *mănĭcum,* das in Glossen = *manubrium* belegt ist; dieses ist Rückbildung von lat. *manicula* „Pfluggriff" oder Abl. von lat. *mănus* „Hand", dann bedeutet *manicum* ursprünglich „das für die Hand Bestimmte". Densusianu, Rom. 28, 66; REW 5303 a.

mancheron 1. „oberer Ärmelbesatz"
13. Jh., ist dem. Abl. von *manche* „Ärmel".
2. „Pflugsterz"
13. Jh., ist dem. Abl. von *manche* „Handgriff", entspricht also dem unter *manche* 2 angeführten, vielleicht ursprünglichen *manicula* dass.

manchette „Handkrause"
13. Jh., eigentlich „Ärmelchen", ist dem. Abl. von *manche* „Ärmel", s. d.

manchon „Muff"
13. Jh., ist dem. Abl. von *manche* „Ärmel", bedeutet als der Bildung nach „Ärmelchen".

manchot „einarmig"
15. Jh., ist Abl. von afrz. *manc,* Fem. *manche* „verstümmelt", aus lat. *mancus* dass.; vgl. *manquer.* Diez 201 f.; REW 5285.

mandarin „Mandarin"
17. Jh., aus portugiesisch *mandarin*, das von den Portugiesen aus dem indischen *mantrin* „Ratgeber", „Minister" entlehnt und nach China gebracht wurde; als Bezeichnung eines chinesischen Beamten drang das Wort in die europäischen Sprachen; Littmann 132; dazu seit dem 19. Jh. die Abl. **mandarine** „Zwerg-Apfelsine".

mandat „Mandat", „Vollmacht"
15. Jh., aus lat. *(mandatus)* „Auftrag", dazu an das Französische lautlich angepaßt, afrz. *mandé* „Vorschrift der Fußwaschung am Gründonnerstag", TL V, 1027; FEW 6, 153.

mande „zweihenkeliger Korb"
13. Jh., lebt im Pikardischen, aus ndl. *mande* „Korb"; Diez 633; Behrens DS 73; REW 5287; vgl. auch *manne*; dazu seit dem 18. Jh. die Abl. **mandrerie** „Korbmacherarbeit".

mander „beauftragen"
16. Jh., afrz. „etwas durch Boten von jmd. heischen", „kommen lassen", „einberufen", ist Verschmelzung von fränkisch **bannjan* „öffentlich bekannt machen", zu agls. *bann* „Bekanntmachung", „Aufgebot", s. *ban*, *bannir*, mit lat. *mandare* „auftragen", „benachrichtigen"; vgl. *demander*; Gg., RG I, 160.

mandibule „Kinnbacken"
14. Jh., aus lat. *(mandĭbula)*.

mandille „Lakaienrock", „dürftiges Kleid"
16. Jh. *mandilh*, *mandil*; dazu schon im 13./14. Jh. prov. *mandil*, *mantil* „Tischtuch", „Serviette", dazu im 15. Jh. gaskognisch *mandilh* „Kittel", „Bluse mit Kaputze"; wandert im 16. Jh. als „Lakaienrock" ins Französische; aus mittelgr. μανδήλιον, das selbst aus lat. *mantēle*, auch an das *-ile*-Suffix angepaßt, lat. *mantīle* „Handtuch", „Tischtuch", entlehnt ist; Steiger-H. E., Keller, VR 15, 105; Cor. III, 245; REW 5325; vgl. FEW 6, 267.

mandoline „Mandoline"
18. Jh., aus ital. *mandolino*; dieses ist dem. Abl. von *mandola* „Mandora" (Musikinstrument), auch *pandora*, das auf lat. *pandūra* „ein dreisaitiges Musikinstrument" zurückführt, doch ist die lautliche Entwicklung des Wortes unklar, vgl. auch *mandore*. Diez 233; REW 6192.

mandore „Mandore" (Musikinstrument)
13. Jh. *mandoire*, ist ein kleiner Lautentyp, der im 12. Jh. aus dem Orient eingeführt wurde; dazu prov. (Flamenca) *mandura*, im 14. Jh. *almadurië*, das auf arabische Vermittlung hinweist; Dick, GB 25, 59; *mandoire* dürfte auf eine Grundform **mandoria* zurückführen, für lat. belegtes *pandorium*, deren Anlaut ebenso unerklärt ist wie der von *mandoline*; vgl. FEW 7, 540.

mandragore „Alraun"
12. Jh. *mandegloire*, aus lat. *(mandrăgŏras)*, das volksetymologisch vielfach umgestaltet wurde; dem angeführten afrz. *mandegloire* entspricht in den Wörterbüchern angeführtes *main de gloire*; vgl. ferner im 17. Jh. und heute poitev. *main de gorre* zu mundartlichem *gorre* „Sau".
mandrerie s. *mande*.

mandrill „Mandrill"
18. Jh., stammt angeblich aus einer Einheimischenmundart von Guinea. Dict. gén.

mandrin „Kernstück", „Achsenteil"
17. Jh., ist ursprünglich adj. Abl. von afrz. **mandre* zu prov. *mandre* „Wagebalken"; dieses aus lat. **mandar*, zu der bei Paulus Diaconus belegten italischen Dialektform *mamphur* „eine Scheibe, die mit einer zweiten durch einen darum gelegten Lederriemen verbunden ist", Bugge, Rom. 3, 154 f.; Meyer-Lübke, Abhdlg. Schweizer-Sidler 24 ff.; Formen mit erhaltenem *-f-* des italischen Wortes sind in Italien mit der Bedeutung „Stiel des Dreschflegels", „Zapfen", „Stock", auch „Eisenbohrer" u. ä. erhalten, vgl. Jud, ASSL 124, 403; zu prov. **mardre* „Fuchs", so nprov. für Tarn bezeugt, vgl. dazu prov. *mandra* „Weibchen des Fuchses", Sain. Chien 74, ist begrifflich nicht wahrscheinlich; s. FEW 6, 135; Meringer, IF 19, 430; Schuchardt, ZRP 34, 2651; Bambeck 102.

manducation „Essen", „Kauen"
14. Jh., aus lat. *(mandūcātione)* „Kauen".

manéage „unentgeltliche Handarbeit der Matrosen beim Verladen"
17. Jh., ist Abl. von afrz. *maneier* „Hand anlegen", s. *manier*.

manège „Pferdedressur", „Reitbahn"
17. Jh., aus italienisch *maneggio* dass., ursprünglich „Behandlung", „Betrieb"; dieses ist postverb. Subst. von *maneggiare* „mit etwas umgehen", d. i. *-ĭdiare*-Abl. von *mano* „Hand", s. *manier*.

mânes „Seelen der Abgeschiedenen"
16. Jh., aus lat. *(mānes)*.

manet „tuchförmiges Fischnetz"
18. Jh., ist pik. „Netz zum Fang von Makrelen und Heringen", ist in Anlehnung an *dranet* u. ä. Netzbezeichnungen abgeleitet von ostfriesisch *manne* „kleines Fischnetz, das um einen starken Reif befestigt ist"; dieses ist eins mit ndl. *manne* „Korb", s. *manne*. Behrens, Wg. 372.

maneton „Handgriff an der Kurbel"
19. Jh., ist dem. Abl. von **manette** „Handgriff", 13. Jh. „Händchen", s. *main*.

manganèse „Mangan", „Braunstein"
16. Jh., aus ital. *manganese*; dieses aus lat. *(magnēsia)* „Magnesia", gekreuzt mit einem zweiten noch aufzudeckenden Worte, s. Bl.-W. 387.

manger 1. „essen"
12. Jh., aus lat. *mandūcare* „kauen"

„kauend essen", für „essen" schon in der Peregr. Aeth., gegenüber *comedere* des Spanisch-Port., Löfstedt, Aeth. 300; Curt Beyer, Die Verba des Essens, Leipziger Rom. Stud. 9, 1934; Diez 202; REW 5292; Bl.-W. 387.
2. „Speise"
12. Jh., ist substantiviertes *manger* 1.
mangle „Wurzelbaum", „Frucht des Wurzelbaums"
16. Jh., aus spanisch *mangle*, das aus der Sprache der Aruaks von Haiti stammt. Friederici 59; Dict. gén.
mangoustan „Mangostane" (ostindischer Baum)
17. Jh., stammt aus dem Malaiischen. Littmann 129.
mangouste 1. „Mangostanapfel"
18. Jh., ist Rückbildung von *mangoustan*, s. d.
2. „Zibetkatze", „Ichneumon"
19. Jh., aus spanisch *mangosta*, dieses aus indisch *mangûs* dass. Littmann 123.
mangue s. *mangle*.
maniaque „besessen"
13./14. Jh., aus mlat. *(maniacus)* zu lat. *mănia* „Wut".
manichordion „gedämpftes Spinett"
15. Jh., aber schon im 12. Jh. *monacorde*, heute auch *manicorde*, aus lat. *(mŏnochŏrdon)* „der einsaitige Tonmesser"; Dict. gén.
manicle „Schutzhandschuh", „Bürstengriff" u. ä.
12. Jh., auch *manique*, aus lat. *(mănĭcula)* „Händchen", „Griff"; das Wort bedeutet im Vulgärfrz. „Schusterei" u. ä. Sain. LPar. 199.
manie „Wahnsinn", „fixe Idee"
14. Jh., aus lat. *(mănia)* „Wut", in dieser Bedeutung noch im 16. Jh.; Laurent, Rom. 65, 176.
manier „betasten" va.; „behandeln", „gebrauchen"
12. Jh., *maneier, manoier*, ist vorhistorische *-idiare*-Abl. von *main* „Hand". REW 5339.
manière „Art"
12. Jh., bedeutet afrz. auch „Benehmen", aus grom. **manuaria* zu lat. *manuarius* „zur Hand gehörig", grom. „handlich", „geschickt", vgl. afrz. *manier* „geschickt", prov. *manier* „zur Hand", „gezähmt" u. ä. Diez 203; REW 5332. Dazu seit dem 17. Jh die Abl. **maniéré** „geschraubt", „verkünstelt".
maniette „Filz-, Wischlappen"
18. Jh., ist Werkzeugsbildung zu frz. *manier* „behandeln".
manifeste 1. „offenkundig"
12. Jh., aus lat. *(mănifestus)*.
2. „Kundgebung"
17. Jh., ist postverb. Subst. von **manifester** „offenbaren"; dieses seit dem 12. Jh., aus lat. *(mănifestare)*; oder aus ital. *manifesto*, Bl.-W. 388.
manigance „Kniff", „Schlich"
16. Jh., ist Abl. von *manigant*, so Guernesey „geschickt", „flink" (dazu die Rückbildung norm. *manique* „geschickte Art etwas anzupacken", B. Maine *manik* „Handmaschine", Berry *manique* „Hilfsmittel"), morv. *manigan* „der von seiner Handarbeit lebt" u. ä., das sekundäre Beziehung zu *main, manier* zeigt; das Wort stammt aus der Sprache der Taschenspieler, vgl. dazu poitev. *manigant* „Possenreißer"; es ist Abl. von nprov. *manigo* „Ärmel", ist also unmittelbar Partizip von einem nicht mehr belegten **manigà* „in seinen Ärmel verschwinden lassen", vgl. langued. *faire entre man et manigue* „rasch, geschickt machen"; s. *manche* 1. Das Wort ist im 16. Jh. aus dem Süden ins Frz. gewandert und aus dem Vulgärfrz. in die Mundarten gedrungen, wo es sich zum Teil formell an *manique*, s. *manicle*, anlehnte. Sain. LPar. 246; Diez 633. Dazu seit dem 17. Jh. die Abl. **manigancer** „einfädeln", „anzetteln"; vgl. auch *manche*.
maniguette „Paradieskörner"
16. Jh., auch *malaguette*, aus spanisch *malagueta* u. H.
manille 1. „Trumpfkarte"
17. Jh., aus spanisch *malilla* „zweite Trumpfkarte"; dieses aus *carta malilla* „etwas schlechtere Karte" zu *malillo* „etwas schlecht", d. i. dem. Abl. *(-ĕllus)* von *malo* „schlecht", s. *mal* 1.
2. „Fessel des Ruderers auf den Galeeren", auch „Topfhenkel"
17. Jh., Esnault Fr. mod. 19, 303, scheint irgendwie zu lat. *manus*, frz. *main* zu gehören; vgl. *manoque*.
manioc „Maniokstrauch"
16. Jh., aus Tupí *mandihoca, manioch*. Friederici 59.
manipule „Hundertschaft", „Armbinde des Priesters", „Handvoll Kräuter, Körner"
14. Jh., aus lat. *(manĭpulus)* „Bündel", „Kompagnie"; die Bedeutung „Armbinde" ist mittellat., sie zeigt volksetymologische Beziehung zu lat. *manus* „Hand"; von *manipule* in der Bedeutung „Handvoll Kräuter" abgeleitet ist **manipuler** „(chemische, pharmazeutische Substanzen) handhaben", dann allgemein „manipulieren", so seit dem 18. Jh.
manique s. *manicle*.
manitou „der große Geist" (bei den Indianern)
17. Jh., bedeutet ursprünglich die „geheimnisvolle und unbekannte Kraft und Macht des Lebens und des Weltraums", stammt aus dem Ost- und Mittel-Algonquin. Friederici 60.
maniveau „kleines Körbchen"
17. Jh., aus älterem mundartlichen **maniau*, d. i. *-ellus*-Abl. von *manne* 2, vgl. wegen der Form der Endung *caniveau*.
manivelle „Kurbel", „Welle"
12. Jh. *manevelle, manvelle*, in Anlehnung an *manier* auch *manielle*, daraus in Kreuzung mit *manevelle* die literarische Form; aus vlat. **manabella* für **manubella*, d. i. vlat.

Weiterbildung von lat. *manubrium* „Handgriff", vgl. lat. *cerebrum* neben *cerebellum* „Gehirn". REW 5280; Steffen, Bez. Henkel, Berlin 37.

manne 1. „Manna"
12. Jh., aus lat. *(manna).*
2. „Weidenkorb"
16. Jh., aus nddt. *manne*; vgl. *mande, maniveau.* Braune ZRP 21, 214; REW 5287; Behrens DS 73.

mannequin 1. „Tragkorb"
15. Jh. *mandequin,* im 16. Jh. in der heutigen Form, aus einem mndl. *mannekijn* „Körbchen", d. i. dem. Abl. von mndl. *manne*; Valkhoff 186; die Form des 15. Jhs. aus einem von ndl. *mande* in gleicher Weise abgeleiteten **mandekijn* „Körbchen" zu *mande* „Korb", s. *mande.* Behrens Wg. 372 f.; DS 73; REW 5288.
2. „Gliedermann", „Modellpuppe"
15. Jh., aus mndl. *mannekijn* „Männchen", vgl. wall. *manikè,* rouchi *manékin* „Kind", „kleiner Mann". Diez 633; REW 5308; Behrens DS 35.

manocage s. *manoquer.*

manœuvre „Handhabung" u. ä.
13. Jh. „Handfrone", aus vlat. *mănuŏpĕra,* das in der Bedeutung „Handarbeit" in Cap. Caroli M. belegt ist, ALL 3, 259; dieses ist postverb. Subst. von *mănu ŏperare* „mit der Hand arbeiten", frz. *manœuvrer* „in Bewegung halten", afrz. seit dem 12. Jh. „ausführen", „erzeugen". REW 5336; Longnon, Irm. 161.

manoir s. *manant.*

manomètre „Luftdichtigkeitsmesser"
18. Jh., aus griech. (μανός) „dünn", „locker" und (μέτρον) „Maß" zusammengesetzt.

manoque „Puppe Tabaksblätter"
17. Jh., auch *magnotte* bezeugt, ist als *manotte* und *manoque* pikardisch, z. B. St. Pol, dazu rouchi *manoque,* wall. *manotte* „Fessel um die Handknöchel", Lüttich „Bündel"; das Wort ist Abl. von *main* „Hand", ursprünglich *manotte,* dann, gekreuzt mit *manique* „Arbeitshandschuh", s. *manicle,* die literarische Form.

manotte s. *menotte.*

manouvrier „Handarbeiter"
12. Jh., ist Abl. von vlat. *mănuŏpera* „Handarbeit", s. *manœuvre.*

manque „Mangel"
16. Jh., ist postverb. Subst. von **manquer** „fehlen", das im 16. Jh., aus ital. *mancare* dass. entlehnt wurde; dieses ist Abl. von ital. *manco* „mangelhaft", aus lat. *mancus* „verstümmelt", s. *manchot.* Diez 201; REW 5285.

mansard „Ringeltaube"
15. Jh., zuerst in *pigeon mansard* belegt, zu *manse*?

mansarde „gebrochenes Dach", „Mansarde"
17. Jh. *couvert à la mansarde,* nach dem Namen des Architekten François *Mansard.* Dict. gén.

manse 1. „kleiner Besitz"
19. Jh., aus mlat. *(mansus)* „Gehöft mit den dazu gehörigen Grundstücken", Longnon, Pol. Irm. 85 f., d. i. Part. von lat. *mānēre* in der mlat. Bedeutung „wohnen"; das Wort ist in afrz. *mes* lautgesetzlich erhalten; vgl. *manant.*
2. s. *mense.*

mansion „Poststation", „Lage eines Gestirns"
13. Jh., aus lat. *(mansione)* „Aufenthalt", „Herberge".

mansuétude „Sanftmut"
12./13. Jh., aus lat. *(mansuētūdo).*

mante 1. „Kappenmantel", „Trauerschleier"
15. Jh., aus prov. *manta*; dieses ist Rückbildung von *mantel,* s. *manteau*; vgl. schon in der Appendix Probi und bei Isidor v. Sevilla die Rückbildung *mantum* „kurzer Mantel". REW 5326.
2. „Fangheuschrecke"
18. Jh., über nlat. *(mantis),* aus gr. (μάντις) eigentlich „Wahrsagerin"; Arveiller, Fr. mod. 18, 236; Bl.-W. 388.

manteau „Mantel"
12. Jh., bedeutet afrz. den ärmellosen Mantel, den vornehme, reiche Leute tragen, im Gegensatz zur *chape* der armen Leute, s. Esau 50 ff.; aus lat. *mantĕllum* „Hülle", „Decke". REW 5326.

mantille „langes Kopftuch"
16. Jh., aus spanisch *mantilla*; dieses ist deminutive Abl. *(-ĕlla)* von *manta* „wollene Decke", s. *mante* 1.

manuel „mit der Hand", „Handbuch"
12./13. Jh., aus lat. *(mănualis)* „zur Hand gehörig".

manufacture „Handarbeit"
16. Jh., aus mlat. *(mănufăctūra)* zu lat *mănus* „Hand" und *factura* „Bearbeitung"; vgl. Bl.-W. 389.

manumission „Freilassung eines Sklaven"
14. Jh., aus lat. *(mănumĭssione).*

manuscrit „Handschrift"
16. Jh., aus lat. *(mănuscrīptum).*

manutention „Aufrechterhaltung", „Bearbeitung"
15./16. Jh., aus mlat. *(mānutentione)* zu lat. *mănus* „Hand" und *tĕnēre* „halten", s. *maintenir.*

mappemonde „Weltkarte"
12. Jh., aus mlat. *(mappa mundi)* zu lat. *mappa* „Tischtuch" und *mŭndus* „Welt".

maque „Streitkolben" va., „Hanfbreche"
12. Jh., ist pik., norm. Form für afrz. *mache* „Knüttel des Viehtreibers", „Schäferschippe", „Bauernstecken", vgl. dazu die dem. Abl. afrz. *machelotte,* wall. *makelote* „Keule" u. ä.; es ist postverb. Subst. von afrz. *macher* „quetschen", „pressen", dazu die pik. norm. Form **maquer**, die sich als Ausdruck der

Hanf- und Flachskultur „den Hanf brechen" erhalten hat, vgl. dazu Pléchatel *macher* dass., angev., poitev., saint. *macher* „quetschen", dazu die Abl. berrich. *machée* „Masse der Früchte, die ausgepreßt werden sollen", wall. *macoie* „die vom Fleisch losgelösten Bestandteile der geschlachteten Tiere"; das Verbum setzt eine Grundform **maccare* voraus, die auch ins Bretonische gewandert ist, Thurn. KR 66 f.; es geht vermutlich auf ein fränkisches **makkôn* zurück, das sich aus mndt. *smakken* „schlagen" erschließen läßt. Vising, AR 2, 24; REW 911 Anm.; Falk-Torp 1075; nach FEW VI, 66 „expressive Wortsippe **makk-*".

Nicht zu ahdt. *machôn* s. *maçon* Anm., Brüch ZRP 39, 88 ff.; vgl. auch Baist, ZRP 39, 88 ff.; Gerig HH 59.

maquereau 1. „Makrele"

12. Jh., ist zuerst mlat. als *macarellus* für Flandern bezeugt, vgl. dazu in englischen Glossen des 15. Jhs. *megarus-makerel*, Tobler, SABerlin 1902, 90, dessen erstes Wort Schuchardt, ZRP 28, 444 Anm. zu altirisch *magar* „Laich", „Köder" stellt; doch setzt das keltische Wort *-g-* voraus, das dem frz. Wort nicht zugrunde liegen kann; zu *maquereau* 2, Riegler AR 18, 477, da auch andere Fischnamen wie *dauphin, brochet, barbot* für „Kuppler" gebraucht würden, ist wenig wahrscheinlich, da die angeführten Fischnamen eher Nachbildungen nach *maquereau* „Kuppler" und „Makrele" sind; anderer Deutungsversuch Bl.-W. 389.

Zu lat. *macula* „Fleck", Diez 633, ist lautlich nicht möglich.

2. „Kuppler"

13. Jh., *maquerel,* ist umgestellt aus **makeler,* vgl. champ. *maquelard* „Vermittler", wall. *mâculair* „zum Kohlenverkauf Angestellter", vgl. auch die im 13. Jh. belegte Abl. *makelarie* „Maklergeschäft"; aus mittelflämisch *makelaer* „Vermittler"; dazu seit dem 13. Jh. die Abl. **maquerellage** „Kuppelei" u. ä. Diez 633 ff.; REW 5251.

Afrz. *makier, machier* „verabreden", „abmachen" ist nicht Grundwort für *maquereau,* sondern von diesem rückgebildet; afrz. *maqueor,* Tobler ASSL 108, 145 ist nicht sicher; wegen wall. *maquereau* „Hexenmeister" u. ä. zu *masque,* Horning, ZRP 18, 223 ist lautlich und begrifflich unwahrscheinlich.

maquette „Anlage", „erste Skizze"

18. Jh., aus ital. *macchietta* „kleiner Fleck", zu lat. *măcula* „Fleck", s. *maille.*

maquignon „Roßkamm", „Heiratsvermittler"

13. Jh., ist mit Suffixtausch (*-ĕllus + -ione)* gebildet aus afrz. *maquerel* „Makler", s. *maquereau* 2. REW 5251.

maquiller „schminken"

12. Jh. *masquillier le vis* „das Gesicht schwärzen", „beschmieren", TL V, 1231, neben häufigerem *mascurer, mascherer* u. ä., dass.; taucht im 17. Jh. im Argot wieder auf, als Theaterausdruck seit dem 19. Jh.; scheint zu *masque* zu gehören, s. d.

Zu einem pik. *makier,* Bl.-W. 389, dieses aus mndl. *maken* „machen" ist nicht ausreichend begründet.

maquilleur „Boot zum Makrelenfang"

17. Jh., ist mit Suffixwechsel umgestaltetes **maquereleur,* d. i. mundartliche *-ōrium*-Abl. von *maquereau* „Makrele", s. d.; Dict. gén.

maquis s. *makis.*

marabout „Marabu"

17. Jh., aus portugiesisch *marabuto,* dieses aus arabisch *murâbiṭ*. In älterer Zeit verstand man unter *murâbiṭ* die Glaubenskämpfer, die in befestigten Klöstern fromme Übungen mit kriegerischen Vorbereitungen verbanden; dann wurden die Krieger als Heilige angesehen; heutzutage versteht man in Nordwestafrika jemanden, der durch Kenntnis der islamischen Wissenschaften ... in den Geruch der Heiligkeit gekommen ist"; Littmann 64 f.

marager s. *maraîcher.*

maraîcher „Gemüsegärtner"

15. Jh., ist Abl. von afrz. *marois* „sumpfige Niederung" (die einen guten Boden für den Gemüsebau abgibt), frz. **marais** „Sumpf", „Morast"; dieses seit dem 12. Jh., aus fränkisch **marisk* zu agls. *merisk,* dänisch *marsk* „Sumpfland" u. ä.; das Wort ist mlat. seit dem 8. Jh. als *mariscus, marisca* belegt. Kluge AR 6, 236 f.; Diez 204, dazu lat. *ficus marisca,* prov. *maresc* „Feigwurz, 11. Jh. *maresc,* M. L. VKR III, 8; Wartburg, RLiR 19, 278; s. *marécage.*

marasme „Abzehrung", „Gehirnschwund"

16. Jh. aus gr. (μαρασμός).

marasquin „Maraschinolikör"

18. Jh., aus ital. *maraschino,* d. i. Abl. von ital. *marasca, amarasca* „Weichselkirsche" zu lat. *amārus* „bitter". REW 406. Vgl. auch *merise.*

marâtre „Stiefmutter"

12. Jh., aus vlat. *mātraster,* das inschriftlich belegt ist und lat. *noverca* dass. verdrängt hat, vgl. Tappolet, Verw. 134, wie es selbst wieder durch *belle-mère* verdrängt wird.

maraud „Lump"

15. Jh., umstrittener Herkunft; s. Spitzer, RF 62, 417; Kuhn-Richthofen ZRP 70, 414; am wahrscheinlichsten ist die Erklärung, nach der *maraud* „Lump" auf mundartliches im Centrum und im Westen lebendes *maraud* „Kater" zurückführt, und dieses zu einer Schallbildung **mar-* gehört; Bl.-W. 390; Sainéan Chat 60; davon seit dem 17. Jh. die Abl. **marauder** „marodieren"; von diesem seit dem 17. Jh. die Rückbildung **maraude** „Plünderung".

Zu *marrir* „betrüben“, Diez 634, ist morphologisch nicht möglich; Abl. von *mal*, Bugge, Rom. 3, 155, ist lautlich unmöglich; zu *Maria*, Cohn, Festschr. Tobler 285 ist begrifflich unwahrscheinlich; aus hebräisch *mārûd* „heimatlos“, „umherirrend“, mit Anlehnung an *-aud*, Rönsch Jb. 14, 183, wäre möglich, wenn sich als Ausgangspunkt des Wortes das Judenfranzösische erweisen ließe; zu lat. *mas, mare* „Männchen“, Horning, ZRP 22, 487, ist historisch nicht möglich, da *maraud* erst im 15. Jh. belegt ist; ebensowenig zu dem Personennamen *Marou*, Marchot, ZRP 18, 432; oder zu mndl. *marren, merren* „verzögern“, „faulenzen“, Barbier, PLeeds 1, 23. In Poitou ist heute *maraud* Bezeichnung für „Kind“, vgl. die gleiche Bedeutungsentwicklung bei mundartlichem *canaille* dass., s. Pauli 189 f.

marbre „Marmor“
11. Jh., aus lat. *marmor*, REW 5368; dazu seit dem 11. Jh. *marbrer* „mit Marmor überziehen“, heute **marbré** „geädert“, „marmoriert“, aus lat. *marmorare, marmoratus.*

marc 1. „Mark“ (Goldgewicht)
12. Jh., aus gallorom. **marcum*, das von seit dem 9. Jh. belegtem *marca* dass. rückgebildet ist; dieses aus fränkisch **marka* zu mhdt. *marke* „halbes Pfund Silber oder Gold“; REW 5365; *marca* hat im Gallorom. kollektive Form, daher wird dazu ein neuer Singular **marcum* gebildet, vgl. *flanc, épi* u. ä.
2. „Treber“, „Drüsen“, „Satz“
15. Jh., ist postverb. Subst. von *marcher* in der ursprünglichen Bedeutung „mit den Füssen treten“; dazu bei Cotgrave *faire un marc* „Trauben in die Presse legen“ u. ä., Tilander Rom. 57, 419; Diez 635.

marcassin „Frischling“, „junges Wildschwein“
15. Jh. *marquesin*, zuerst für die Pikardie bezeugt, ist Abl von apik. *marcois*, altnorm. *marqueis* „Sumpf“, „Morast“, aus gallorom. **mariskense* „zum Morast gehörig“, s. *marais;* vgl. zu dem apik. Wort angev. *marchais* „Pfütze“, poitev. dass., und mit Suffixwechsel wall. *marcasse* „Schmutz“, „Kot“. Nach Tilander, Rom. 63, 494 bezeichnet *marcassin* den jungen Eber im Alter von weniger als 6 Monaten; dieser wälze sich nicht im Morast; deshalb könne das Wort nicht Abl. von *marais* u. ä. sein; zugrunde liege *marque* Kennzeichen, wegen der schwarz-weißen Streifen im Fell des Frischlings; aber *marque* bezeichnet nicht den Streifen, *(raie, rayure, ligne, filet* usf.), und eine Abl. von *marque* in der (nicht belegten) Bedeutung „Streifen“ führt nicht zu einer Form *mark-assin; bécassin* ist Abl. von *bécasse, agassin* Abl. von *agasse;* so setzt *marcassin* eine Grundform *marcasse* voraus, d. i. die in der Wallonie erhaltene kollektivische Weiterbildung von *marcois*, s. o.; vgl. Bl.-W. 390.

marcassite „goldgelber Schwefelkies“
15. Jh., aus arabisch *marqašîṭa;* Lam. 265.

marcation „Abgrenzung“
19. Jh., ist Abl. von *marquer* „abgrenzen“, s. d.

marceline „Art Taffet“
19. Jh., ist ursprünglich wohl Eigenname.

marcescent „welkend“
18. Jh., aus lat. *(marcescente)*, d. i. Part. von lat. *marcescĕre* „welken“.

marchand „Kaufmann“
12. Jh., *marcheant* ist subst. Part. von afrz. **marcheer*, zu prov. *mercadar* „Handel treiben“, dieses aus gallorom. **mercatare* „auf die Märkte gehen“ zu lat. *mercatus* „Markt“, s. *marché; *marcheer* ist afrz. mit *marchier* zusammengefallen, dieses schon in den Form. Merow. 107, 11, 1 *marcare*, in dem sich lat. *mercari* „Handel treiben“ und die Grundform von *marcher* „marschieren“ kreuzen; dazu seit dem 12./13. Jh. die Abl. **marchander** „feilschen“, „handeln“; seit dem 12. Jh. **marchandise** „Ware“. Diez 634; REW 5516.

marche 1. „Mark“, „Grenzdistrikt“
11. Jh., afrz. auch allgemein „Gebiet“, aus fränkisch **marka* zu ahdt., asächsisch *marka* „Grenze“, „Grenzgebiet“. Diez 204; Braune, ZRP 21, 213; Brüch 87; REW 5364; FEW 16, 522
2. „Tritt“, „Stufe“, „Gang“
14. Jh., ist postverb. Subst. von **marcher**, afrz. 11. Jh., in *marchier des piés* „mit den Füßen treten“, „(ein Land) durchwandern“, „marschieren“ TL V, 1140, daher heute die Bedeutungen „(Stoffe) filzen“, „(Tonerde) treten“, vgl. auch *marc* 2; aus gallorom. **marcare*, d. i. Abl. von lat. *marcus* „Hammer“, das also ursprünglich „hämmern“ bedeutete, dann vermutlich in der Soldatensprache die Bedeutung „den Takt markieren“ annahm. Diez 635 nach Scheler s. v.; oder aus fränkisch **markôn* „Spuren hinterlassen“, zu ahdt. *markôn* „bezeichnen“, Tilander, Rom. 57, 395; FEW XVI 531?
Germ. **marhan* zu *marha* „marsch“, das angeblich bei Ammianus Marcellinus belegt ist, Gundermann ZdW 8, 120; REW 5357, ist germ. nicht gestützt, s. Brüch ZRP 39, 204; Holthausen, ZRP 39, 494.

marché „Handel“, „Markt“
12. Jh. *marchiet*, „Markt“, „Marktplatz“, „Marktware“, „Kaufpreis“, u ä., daher als sytaktisches Relikt *bon marché* „zu günstigem Kaufpreis“, d. i. „billig“, aus lat. *mercatus* „Handel“, „Markt“; Diez 634; REW 5516; wegen des vortonigen *-a-* vgl. *marchand.*

marchepalier „Austrittsstufe auf dem Treppenabsatz“
18. Jh., ist zusammengesetzt aus imperativi-

schem *marche* „setz den Fuß auf“ und *palier* „Treppenabsatz“, s. d.

marchepied „Thronstufe“, „oberste Stufe“, „Schemel“
13. Jh., ist zusammengesetzt aus *marche* zu *marcher* in der alten Bedeutung „den Fuß auf etwas setzen“ und *pied* „Fuß“, s. *marchepalier.*

marcher s. *marche* 2.

marcotte „Senkreis“, „Ableger“
16. Jh., bei Olivier des Serres *margotte,* so heute vend., dazu seit dem Ende des 15. Jh. die Form *marcot;* scheint Abl. von gallisch-lat. *marcus, emarcus* „Art minderwertige Rebe“ zu sein; die *rg*-Form erklärt sich aus gallischen Lautgesetzen als Nebenform von *-rc-;* der eigentliche nordfrz. Ausdruck ist *provin,* s. Roll. Fl. 3, 227 f.; dazu seit dem 16. Jh. die Abl. **marcotter** „ein Reis absenken“; vgl. Dottin 270.
Zu lat. *mergus* „Rebsenker“, REW 5528, wäre möglich, wenn sich *marcotte* als Lehnwort aus dem Italienischen *margotta* erweisen ließe; dagegen spricht die Verbreitung des Wortes im Westfrz., auch die Nebenform *marcot* ist schwer verständlich; zu *marcou* „Kater“ und dieses zu dem germ. Namen *Markolf,* Sain. Chat. 58, ist ganz unbegründet.

mardelle s. *margelle.*

mardi 1. „Dienstag“
12. Jh., lat. *dies Martis* im 4. Jh. belegt, verschmilzt zu **diemartis, *demartis,* daher afrz. *demars,* wie entsprechend *deluns* „lundi“, *demierques* „mercredi“, *devenres* „vendredi“; dann umgestellt zu *martis dies,* „Tag des Mars“, afrz. *mardi,* usf.; der Typus *demars* heute in Nordfrankreich nur in Resten erhalten, im Süden normal; Wartburg, RFE 33, 1; Ruppacher, Die Namen der Wochentage im Ital. und Rätoromanischen, Bern, 1948; Diez 205; REW 5382; Gilliéron-Roques, Etudes géogr. lingu. 109 ff.
2. „potztausend“
16. Jh. *merdé,* ist Euphemismus für *merde dieu* oder *mère de dieu.*

mare „Pfütze“, „Lache“
12. Jh., ist als Appellativum in der Normandie in ON bezeugt *(Bellemare* usf.), lebt bis zum 16. Jh. namentlich in der Normandie; aus anord. *marr* „Meer“ zu agls. *mere* „Sumpf“, Wartburg, RDiR 19, 283; Bl.-W. 391.
Wegen der geographischen Verbreitung nicht aus mndl. *mare, maer,* Valkhoff 188.

maréage „Heuern des Schiffsvolks“
15. Jh., ist Abl. von mundartlichem seit dem 15. Jh., bezeugten namentlich westfrz. *mareier, marayer* „das Meer befahren“, „ein Schiff lenken“ u. ä., d. i. *-idiare*-Abl. von *mer* „Meer“, s. d.; FEW 6, 319.

marécage „Moos“, „Sumpf“
14. Jh., ist kollektive Abl. von afrz. *marois* „Morast“, s. *marais,* in Anlehnung an ältere Abl. wie *mareschiere, maresquiere, mareschoi, maresquoi* dass., die den alten Auslaut des Stammes **marisk-* erhalten zeigen, s. dazu *marcois* unter *marcassin;* dazu adj. afrz. *mareschage* „morastig“, ersetzt durch **marécageux,** Wartburg RLiR 19, 218.

maréchal „Marschall“, „Kavallerieoffizier“
11. Jh., aus fränkisch **marhskalk* zu ahdt. *marahskalk* „Pferdeknecht“, das in der Lex Salica als *mariscalcus* bezeugt ist. „Aus der Stellung des Pferdeknechts entwickelt sich am fränkischen Königshof das Amt des Marschalls als Aufsehers der königlichen Ställe, das mit der Ausbildung des Reiterheeres zu militärischer Bedeutung gelangt“ (Geffcken S. 118). Das Wort lebt als halber Latinismus in afrz. *mareschal* „Beaufsichtiger des Marstalls“, dann in der Wertschätzung gehoben bis zu den Bedeutungen „Stadtkommandant“, „oberster Befehlshaber“ u. ä. Die ursprüngliche, noch nicht aufgewertete Bedeutung lebt in dem seit dem 11. Jh. belegten *maréchal ferrant* (zu *ferrer* „beschlagen“) „Hufschmied“ weiter; Gg., RG I, 154; Gg. Bed. 97; Diez 204; REW 5344; FEW 16, 517; Bl.-W. 391. Dazu mit Erhaltung des etymologischen Auslautes die vorhistorische Abl. **maréchaussée** „Polizeitruppe zu Pferde“, dann „Marschallswürde“, belegt seit dem 12. Jh., afrz. *mareschaucie, mareschauciee,* vgl. auch afrz. *mareschaucier* „Marschall“, *mareschaucier* „Pferde beschlagen“.

marée „Ebbe und Flut“
13. Jh., afrz. „Meeresflut“, „Fischzug“, Seefische“ u. ä., d. i. kollektive *-ata*-Abl. von *mer* „Meer“.
Aus ital. *marea,* REW 5349 ist begrifflich und historisch nicht wahrscheinlich.

marelle „Spielmarke“ va.
dazu *jeu de marelle* „Brettspiel“, 11. Jh. *mereles* „Spielmarken“, „Holzstücke“; *merelle, marrelle* u. ä., ist Kollektivform zu afrz. *merel* „Zahlmarke“, „Beleg für geleistete Zahlung“, nfrz. **méreau** „Ausweismarke“; die *-a*-Form dürfte ursprünglich sein, die *-e*-Form zeigt volksetymologische Anlehnung an afrz. *merir* „verdienen“, „gewinnen“, „belohnen“ aus lat. *mĕrēre* „verdienen“, „erwerben“, vgl. auch afrz. *merel* „Glücksfall“, „Erbschaft“, afrz. *un trait de merelle* „glücklicher Zufall“; *marelle* in der ursprünglichen Bedeutung „Spielmarke“ dürfte wohl zu vlat. **marra* „Geröll“ u. H. gehören, also ursprünglich „Steinchen“ bedeutet haben.
Zu oberital. *marel* „Knüttel“, „Scheit“, deutschtirolisch daraus entlehnt *madreilen* „Ausläufer an Reben“, dieses aus gallisch **mataris* „Wurfspieß“, vgl. *matras* 1, Meyer-Lübke, ZRP 27, 374, ist begrifflich und lautlich schwierig.

mareyeur „Seefischhändler"
18. Jh., ist Abl. von *marée* in der alten Bedeutung „Seefische", s. d. und *maréage.*
marfil s. *morfil.*
margajat „Einheimischer Brasiliens"
16. Jh., lebt als *marcachat* „Laufbursche", „Taugenichts" im Norm. *Margaïas* oder *Margageas* waren die *Tupí*-Verbündeten der Portugiesen gegen die Franzosen bei dem Versuch einer Kolonisierung in der Bucht von Rio de Janeiro; der Name bedeutet „wilde Katzen", auch *naracajá, maracaya;* Friederici, ZFSL 56, 16.
margarine „Kunstbutter"
19. Jh., ist Abl. vom Stamm von *margarique (acide)* „Margarinsäure"; dieses seit dem 19. Jh. aus gr. (μάργαρον) „Perle", „weiße Perlenfarbe". Dict. gén
margay „Marakaja" (Art Tigerkatze)
19. Jh., stammt aus der Sprache der Tupí, s. *margajat;* Dict. gén.
marge „Rand"
13. Jh., aus lat. *(m a r g o , -ine).* Bl.- W. 391.
margelle „Brunneneinfassung"
12. Jh., dazu die südliche Nebenform *marzelle,* poitev., berrich. *mardelle,* die heute neben *margelle* in den Wörterbüchern verzeichnet werden, aus vlat. **m a r g ĕ l l a* zu lat. *margo* „Rand"; REW 5352.
marger „(das zu setzende Blatt) punktieren, zurichten" „(den Glasofen) zuschieben"
14. Jh., ist Abl. von *marge* „Rand", s. d.
marginelle „Randschnecke"
19. Jh., ist gelehrte Abl. von lat. *(margo, margine)* „Rand".
marginer „Randbemerkungen machen"
18. Jh., ist Abl. von lat. *(margo, -ine)* „Rand".
margotas „flacher, vorn viereckiger Kahn"
18. Jh., u. H.
margoter „rufen" (von der Wachtel)
18. Jh., bezeichnet ursprünglich vermutlich den Ruf der Elster, die mundartlich, z. B. Berry *margot* genannt wird; dieses ist eins mit *Margot,* der Koseform für *Marguerite,* vgl. *jacasser.*
margotin „kleines Reisigbündel zum Feueranmachen"
19. Jh., *marcotin,* Fr. mod. 15, 137, ist dem. Abl. von *marcotte, margotte* „Senkreis", s. d.
margouiller „beschmutzen", „besudeln"
12. Jh. *merguillier,* auch *marguillier, margoillier,* dazu in Anlehnung an *souiller, barbouiller, patouiller, gassouiller* u. ä., die alle „beschmutzen" bedeuten, die heutige Form; lebt heute norm., B. Maine, dann poitev. = „eine Feldarbeit bei Regen, im Kot machen", vgl. dazu Rhône *margoui,* Aveyron *margalh,* langued. *margoulis* „Misthaufen" u. ä.; dann mit anderem Suffix B. Maine *margan* „Jauche", *mâlè, mâli, mânil* „Mistgrube", Anjou *margasse* „Kot", „Schmutz", *marganeau* „Schmutzfink", lyon. *margágni* „feuchte Tonerde", „Kot", „Schlamm", vogesisch *margasse* „flüssige Jauche", lothr. *mergasse* u. ä.; die Wörter gehen auf eine Grundform **m ĕ r g a* „Kot" zurück, vgl. prov. *merga* dass., dieses ist Kreuzung von lat. *mĕrda* „Unrat", s. *merde,* mit gallisch-lat. *marga* „Mergel", s. *marne,* gekreuzt mit afrz. *goille* „Pfütze", dieses aus fränkisch **gulja* zu mhdt. *gülle* „Lache", „Pfütze", Jud, AR VI, 200; FEW VI, 320.
margouillette „Art Holzring mit einer Rinne am äußeren Rande", „Kautsch"
16. Jh., ist dem. Abl. von nprov. *margoui* „Drehzapfen", das wohl mit *margoui* „Taucher" eins ist; dieses, älter *margolh,* ist Abl. von lat. *mergus* „Taucher"; Dict. gén.; vgl. REW 5528.
margouillis „Mistpfütze"
17. Jh., ist Abl. *(-atīcium)* von *margouiller* „besudeln" u. ä., s. d.
margoulette „Maul", „Fresse"
19. Jh., ist verd. chal. = „Kinnbacken", burg. „Kehle", champ. „unterer Teil des Gesichtes", H. Maine „Kindermund", vend. „unter dem Kinn befestigte Frauenhaube", „Kinn", angev. „Kinnbacken", Blois „Unterkiefer", poitev. „Kiefer", „häßlicher Mund", saint. „Mund", „Kiefer", berrich. „Kiefer", morv. „Sacktuch, das man sich unter das Kinn steckt" u. ä.; es ist Abl. von *m u r g u l,* so B. Maine = „Mund", dazu *m u r g u l é* „murmeln", vgl. auch angev. *margouiller* „kauen", vogesisch *morgolè* „knabbern", „beißen", Schöneberg *m u̯ a r g u l é* „kauen"; das Wort ist also im ganzen Süden und dem größten Teil des Westens des Nordfrz. zu Hause; es sieht aus wie ein zusammengesetztes **morre-gueule* zu *morre* „Schnauze", s. *moraille,* und *gueule* „Maul", s. d.; oder Kreuzung von *marmonner, mormonner* „zwischen den Zähnen brummen", s. *marmonner,* mit *gueule*?; dann wäre das Verbum *margouler* ursprünglich; dazu *margoule* als postverb. Subst.; dazu seit 1840 bezeugtes populäres **margoulin** „Krämer", dieses zu *margouliner* „von Dorf zu Dorf gehen und Waren zum Kauf anbieten", das in Westfrankreich (B. Maine) zu Hause ist; Bl.-W. 391.
margousier „Paternosterbaum"
18. Jh., ist Abl. von einem nicht belegten **margouse* aus portugiesisch *margosa* dass.; dieses ist Femininum zu *(a)margoso* „bitter", aus vlat. **ă m ā r ī c o s u s* für lat. *amarus* dass., s. *amer,* REW 402; portug. *margosa* ist Übersetzung von arabisch *adsadaraht,* ngr. ἀτζεδεράκ, das zu lat. *acetum* „Essig" gehört, vgl. Roll. Fl. 3, 351; Behrens, Wg. 373.
margrave „Markgraf"
16. Jh., aus nhdt. *m a r k g r a f ;* dazu seit

dem 18. Jh. die Abl. **margraviat** „Markgrafschaft“; Behrens, DS 39, 98.

marguerite „Perle“ va.; „Gänseblümchen“ in der 1. Bedeutung seit dem 12. Jh., neben halb angepaßtem *margerite* für die Blume im 13. Jh., aus lat. *(margarīta)* „Perle“.

marguillier „Kirchenvorsteher“, „Küster“ 12. Jh. *marreglier, marriglier, marglier*, aus mittellat. *(matricularius)* zu lat. *mātrīcula* „öffentliches Verzeichnis“; Diez 635; REW 5418.

mari „Ehemann“ 12. Jh., aus lat. *mărītus* „verheiratet“; REW 5363.

mariage „Heirat“ 12. Jh., ist Abl. von **marier** „verheiraten“, aus lat. *mărītare*; REW 5361.

marin „Meer-“ 12. Jh., aus lat. *mărīnus*; REW 5359.

marinade „Salzlake“, „Essigbrühe“ 17. Jh., ist Abl. *(-ata* in südlicher Form) von **mariner** „(Fleisch, Fische) in Salzwasser legen“, 17. Jh.; dieses ist Abl. von afrz. *marin* „zum Meer gehörig“, s. o.

marine „Meeresufer“ va.; „Marine“ 12. Jh., ist kollektive Abl. (vgl. afrz. *gaudine* „Wald“, zu *gaut* dass., *gastine* „Brachfeld“ zu *gast* dass.) von *mer* „Meer“, bzw. ein grom., gleich gebildetes **marīna*; das Wort bedeutet afrz. „Mcer“, „Meeresufer“, vgl. auch afrz. *marin* „Meer“, das von *marine* rückgebildet ist.

mariné 1. „durch Meerwasser verdorben“ 17. Jh., ist Abl. von afrz. *marin* „Meerwasser“, s. *marine*.
2. „in einen Fischschwanz endend“ 17. Jh., ist Abl. von *marin* „Meeres-“, s. d.

mariner s. *marinade*.

maringote „Art leichter Wagen“ 19. Jh., ist vend. = „einspänniger Wagen, der ehemals den großen *malborough* genannten Wagen begleitete“, norm. „Wagen der fahrenden Kaufleute“, dazu morv. *maringot* „Händler, der Eier und Geflügel verkauft“, saint. *maringote* „einspänniger Wagen“, lyon. *maringotta* „zweirädriger Karren“, angeblich nach dem Ort *Maringues* in der Auvergne, wo zuerst diese Karren erzeugt wurden, s. Puitspelu, s. v.

maringouin „amerikanische Stechmücke“ 17. Jh., aus Tupí-Guarani *maringoin, mbarigui* u. ä. Friederici 61.

marinier „die Schiffahrt betreffend“, „Seemann“ 12. Jh., aus vlat. **mărīnarius*, d. i. persönliches Adj. zu *mărīnus* „zum Meer gehörig“, s. *marin*; die Entwicklung ist durch das daneben stehende *marin, marine* beeinflußt.

marionette „bewegliche Puppe“, „Spule“ (an der Wollkämmaschine) bezeichnet im 15./16. Jh. auch eine Art Musikinstrument, Dupire, Rom. 65, 27; ist mit Suffixtausch umgestaltetes **mariolette*, d. i. Abl. von mfrz. *mariole* „Figürchen“, ursprünglich „Marienbildchen“, dieses dem. Abl. vom Namen *Marie*, s. *marjolet*.
Oder unmittelbar abgeleitet von *Marion* „Mariechen“.

marisque „große Feige“, „Feigwarze“ 16. Jh., aus lat. *(mărisca)* dass.; s. *marais* unter *maraîcher*.

marital „den Ehemann betreffend“ 15. Jh., aus lat. *(mărītalis)*.

maritime „das Meer betreffend“ 14. Jh., aus lat. *(mărĭtĭmus)*.

maritorne s. *malitorne*.

marivaudage „feiner, galanter Stil“ 18. Jh., ist Abl. von *Marivaux*, dem Lustspieldichter des 18. Jhs.; davon seit dem 19. Jh. rückgebildet **marivauder** „in Art des Marivaux schreiben“, „feine Galanterien sagen“; oder dieses unmittelbar abgeleitet von *Marivaux*.

marjolaine „Majoran“ 16. Jh., aus **marjoraine*, dieses aus *majoraine*, das mit prov. *majorana* auf ein vlat. **majorana*, bei Dioscorides *maezurana* zurückführt, Roll. Fl. 9, 22 ff.; daß dieses zu lat. *amarăcus*, gr. ἀμάρακον gehört, Diez 200; REW 398; FEW I, 81 ff. ist möglich, aber in der Entwicklung unaufgeklärt; vgl. Bl.-W. 392.

marjolet „Laffe“, „Geck“ 15. Jh., bedeutet angev. „Treffbub“, auch als *mariolet* bezeugt, dazu im 16. Jh. *mariol* „Betrüger“, „Schlaukopf“, so im 19. Jh. im Argot, im 17. Jh. im Hennegau „Dummkopf“; ist Rückbildung von *mariole*, s. *marionnette*; Dupire, Rom. 65, 27; Dauzat, Fr. mod. 15, 62.

marli 1. „Art feine Gaze für Faltensäume“ va. steht für **merlis*, vgl. poitev. *meslis* „grober Wollenstoff“, so seit dem 16. Jh. bezeugt; *meslis, *merlis* ist Kollektivabl. *(-aticium)* von afrz. *merlé, meslé*, besonders in *drap merlé*, dann auch ohne die Ergänzung „Art bunter, auch grauer Stoff“, d. i. Part. von *mesler* „untermischen“, s. *mêler*.
2. „netzartige Verzierung am Rande eines Tellers“ 18. Jh., steht vielleicht für **marnis*, d. i. *-aticium*-Abl. von afrz. **marner* „begrenzen“, s. *marner* 2.

marlin s. *merlin*.

marlou „Zuhälter“ 19. Jh., aus dem Rotwelsch, nach Larchey 234 Umgestaltung von älterem, gleichbedeutenden *marlier*, eigentlich „Kirchendiener“, so wie früher *sacristain* „Kirchendiener“ im Argot für den „Zuhälter“ gebraucht wurde; zu *marlier* s. *marguillier*; nach Bl.-W. 392 übertragen von matl. *marlou* „Kater“.

marmaille s. *marmotte*.

marmelade „eingemachte Früchte"
16. Jh. *mermelade*, seit dem 17. Jh. mit *-a-*, aus spanisch *mermelada* „Quittenmarmelade"; dieses entlehnt aus portugiesisch *marmelada*, das mittels des Speisen bezeichnenden *-ata*-Suffixes von *marmelo* „Quitte" abgeleitet ist; dieses aus lat. *mĕlĭmēlum* „Honigapfel", bei Isidor v. Sevilla auch *malomellum*, nach *malus* „Apfelbaum", Sofer 100; Diez 468; REW 5478.

marmenteau „wertvolles Bauholz"
17. Jh., lebt H. Maine, vend. = „Baumstrunk", Blois „der Grundstamm jedes Strauches, der eine Hecke bildet"; für afrz. *mairementel*, d. i. Abl. von afrz. *mairement* „Bauholz", aus vlat. **mātĕriamentum* dass.; REW 5408; vgl. *merain*.

marmite „Kochkessel", „Kochtopf"
14. Jh., ist heute über ganz Frankreich verbreitet und hat das alte *oule, eule* dass. aus lat. *olla* größtenteils ersetzt; vgl. zu diesem noch B. Maine *eule* „Salzfaß", „Kastanienschale", Guernesey *houle* „irdener Topf", REW 6059; *marmite* ist ursprünglich vermutlich adjektivische Ergänzung zu *eule*; zu afrz. seit dem 13. Jh. belegten Adj. *marmite* „demütig" u. ä., s. *marmiteux*, doch ist der Bedeutungsgang unverständlich; s. Bl.-W. 392.
marmite „Kochtopf" aus *marmite* „Katze", das nicht belegt ist, und dieses doppelt zusammengesetzt aus *mite* „Katze" und **mar-* dass., Sain. Chat 69, ist unbegründet.

marmiteux „jammervoll", „bekümmert"
12. Jh., ist Abl. von afrz. *marmite*, das seit dem 13. Jh. in der Bedeutung „heuchlerisch", zuerst im Pikardischen belegt ist; dazu gleichzeitig im Pikardischen *mitemoe* „scheinheilig", das zu *mite* „Katze" und *moe* „Grimasse", s. *moue*, zu gehören scheint; die Entwicklung im einzelnen ist unklar; vgl. Bl.-W. 393.
Daß *marmite* ursprünglich „Katze" bedeutet hätte, daher *marmiteux* „frömmelnd wie eine Katze", Sain. Chat 69 f.; Br. 1, 292, ist durch die tatsächliche Überlieferung nicht gestützt.

marmiton „Küchenjunge"
16. Jh., ist Abl. von *marmite* „Kochtopf", s. d.

marmonner „zwischen den Zähnen brummen"
16. Jh., ist dissimiliert aus gleichzeitig belegtem *mormonner* dass., das in der frz. Schweiz als *mormonner* noch lebt; dazu mit anderem Deminutivsuffix afrz., zunächst im Pikardischen belegtes *mormeler*, das an mhdt. *murmeln* dass. erinnert, aber wohl unabhängige Schallbildung ist; vgl. auch apik. *murmillier*, in dem sich *mormeler* und *murmurer* kreuzen; aus *marmonner* neuerdings mit Suffixtausch **marmotter** „murmeln", „brummen".

marmoréen „marmorartig"
19. Jh., ist Abl. von lat. *(marmŏreus)* dass.
marmot s. *marmotte*.

marmotte „Murmeltier"
12./13. Jh., ist Rückbildung von **marmottaine** dass., das zwar erst im 16. Jh. belegt ist, aber durch mittellat. *mormotana* für das 14. Jh. beglaubigt ist; dieses aus lat. *mus-montanus*, das bei Polemius Silvius belegt ist, zu *mūs, mūre* „Maus" und *montanus* „auf Bergen, Gebirgen lebend, heimisch u. ä., das, als *mus* „Maus" als Einzelwort unterging, zu *murmontanus* verschmolz; von dem aus, da *-anus* eine Adjektiva bildende Endung ist, ein scheinbares Stammwort **mormotta* rückgebildet wurde; daraus mit einer im Galloromanischen üblichen Dissimilation *marmotte*; auch deutsches Murmeltier geht auf ein entsprechendes *mūre montis* „Bergmaus" zurück, s. Kluge, s. v.; Diez 205.
Die gleiche rückgebildete Form **marmotta* scheint in *marmote* vorzuliegen, das im 13. bis 15. Jh. in der Bedeutung „Affe" belegt ist, vom 15. Jh. bis zum 18. Jh. in der maskulinischen Entsprechung *marmot*, beide Formen auch in der Bedeutung „kleines Kind"; die Bedeutungsentwicklung populär von „Affe" zu „Kind", ähnlich wie mundartlich *canaille* „Kind" u. ä., s. Gg. Bed. 122; dazu mit Suffixwechsel die kollektive Weiterbildung **marmaille** „Schwarm kleiner Kinder", so seit dem 16. Jh., vielleicht auch in Kreuzung mit afrz. *mermel, mermeau* „minderjähriges Kind", zu afrz. *merme* „minderjährig", „ganz jung", aus lat. *mĭnĭmus* „kleinster", vlat. „ganz klein". Zu *marmot* gehört ferner mit Stammverkennung abgeleitetes **marmouset**, 13. Jh., wie *marmot* in den Bedeutungen „kleines Kind", „kleiner Mann", dann auch „fratzenhafte Figur", „Götzenbild", geschnitzt aus Holz oder in Stein gehauen, s. Baist, ZFSL 47, 187, belegt, so übertragen nach dem drolligen Verhalten der Murmeltiere auf den Bergeshöhen, die bei der Annäherung der Menschen aus ihren Höhlen kommen, und sich, nachdem ihre Neugierde befriedigt ist, rasch wieder zurückziehen; vgl. auch Poerck, Rom. Gandensia VIII, 65; Lecoy, Rom. 80, 507; REW 5587; Bos, Rom. 22, 550; Jeanroy, Rom. 22, 550 f.; Jeanroy, Rom. 23, 236 ff.; Flechia, AGI 2, 365; Wiener, RF 35, 964; Pauli, Enf. 333.
Nicht wahrscheinlich ist es, daß die ursprüngliche Bedeutung der Wortfamilie „Affe" sei und *mus montanus* bei Pol. Silv. nur Versuch einer Latinisierung, Jud, BGPSR 11, 41, Anm., da auch im Westladinischen Formen von *mure montis* erhalten sind, Diez 205; ebenso, daß *marmot* eine Französisierung von arabisch *maymun* „Affe" sei, Vaillant, Fr. mod. 23, 21; auch nicht, daß ein hebräisches *mormōṭâ* „Schrecken" zugrunde

liegt, Spitzer ZRP 40, 105; auch nicht überzeugend, daß *marmot* „Affe“ zu *marmotter*, dieses mundartliche Nebenform von *marmonner* „murmeln“ gehöre, wegen der angeblich ständig in Bewegung befindlichen Lefzen der Affen, Bl.-W. 393; RLiR 23, 232.

marmotter s. *marmonner.*

marmouset s. *marmotte.*

marnage 1. „Mergeldüngung“
17. Jh., ist Abl. von **marner** „mit Mergel düngen“, dieses, seit dem 13. Jh., Abl. von *marne* „Mergel“, s. d. F.
2. s. *maronage.*

marne s. *marneron.*

marner 1. „mit Mergel düngen“, s. *marnage* 1.
2. „über die Höhe der gewöhnlichen Fluten steigen“
18. Jh., ist Abl. von afrz. **marne* „Rand“, dieses aus lat. *margo, margĭne* dass., s. *marli* 2.
Aus lat. *marginare*, Bos, Rom. 19, 301, ist wegen des späten Auftretens des Wortes nicht wahrscheinlich.

marneron „Arbeiter in einer Mergelgrube“
17. Jh., ist Abl. von **marnière** „Mergelgrube“; dieses seit dem 13. Jh. auch *marliere*, ist Abl. von **marne** „Mergel“, afrz. auch *marle*, aus gallisch **margĭla* zu gallisch *margā*, das von Plinius ausdrücklich als gallisches Wort angegeben wird (M. Förster); *margila* ist mlat. bezeugt, vgl. auch *margouiller*; Diez 635 f.; REW 5354.

maronage „Bauholzschlag“
13. Jh. *marenage*, daher heute auch *marnage*, ist kollektive Abl. von afrz. *mairain* „Bauholz“, s. *merrain.*

maronner „in den Bart brummen“
18. Jh., wird für boulogn., pik., Lille angegeben, dazu rouchi *méroner*; es ist dissimiliert aus *marmonner*, s. d.

maroquin 1. „Saffian“, „Marokkoleder“
15. Jh., ist Abl. von *Maroc* „Marokko“, da angeblich diese Art Leder zuerst in Marokko erzeugt wurde. Dict. gén.
2. „Toppreep“
18. Jh., scheint zu nprov. *marroun* „Art Seil“, niederld. *marren* „festbinden“ zu gehören, vgl. auch *amarrer*, doch ist die Form der Abl. unverständlich; Behrens, Wg. 373 f.

marotique „altertümelnd“
16. Jh., ist Abl. vom Namen des Dichters Clément *Marot.*

marotte „Narrheit“, „Steckenpferd“
15. Jh., bezeichnet ursprünglich eine kleine Heiligenfigur, und ist aus gleichbedeutendem *mariole* dass. mit Suffixtausch gebildet; dieses ist dem. Abl. von *Marie*, s. *marjolet*; später bezeichnet *marotte* „Puppenkopf“, „Puppe“, vgl. Aunis *marotte* „Haubenstock“, flandrisch „Puppe“, „kleines Mädchen“, dann „Narrenszepter“ und bekommt von hier aus die literarische Bedeutung; Dict. gén.; Pauli Enf. 315 f.; REW 5358.

maroufle 1. „Lümmel“, „Flegel“
16. Jh., ist Kreuzung von *maraud* „Lump“ mit mfrz. *moufle*, heute *mufle* „großschnauziger Mensch“, s. d.
maroufle als gelehrte Form für den Namen *Marolf*, Marchot, ZRP 18, 432, ist historisch unverständlich.
2. „Malerleim“; fem.
17. Jh. *marouf*, dazu seit dem 18. Jh. **maroufler** „(die Rückseite eines Gemäldes) mit Malerleim bestreichen“, wäre nach Bl.-W. 393 identisch mit *maroufle* 1, von den Anstreichern scherzhaft verwendet; u. H.

marprime „Marlpfriem“
18. Jh., aus ndl. *marlprieme*; Thomas, Rom. 28, 197 (Mél. 106); Behrens, Wg. 374; DS 86; REW 5367.

marque 1. „Spur“, „Kennzeichen“
15. Jh., ist postverb. Subst. von **marquer** „merken“, „kennzeichnen“ u. ä.; dieses aus ital. *marcare* dass., das von ital. *marco* „Zeichen“, „Merkmal“ abgeleitet ist; dieses aus germanisch **mark* „Merkzeichen“, s. Kluge, s. Marke; die eigentliche afrz. Entsprechung des Wortes ist gleichbedeutendes afrz. *merchier, merquier*, dieses Abl. von afrz. *merc* „Kennzeichen“, das auf anord. *merki* „Zeichen“ zurückführt; vgl. noch norm. *merc* = *marque*, norm. auch „Grenzstein“; Diez 204; REW 5533; Braune, ZRP 21, 213; vgl. *amers.*
Die *-a*-Form durch Vermischung mit *marcher* „treten“ u. ä., FEW 16, 555; Bl.-W. 393 ist wegen ihres späten Auftretens im Französischen unwahrscheinlich.
2. „Gegenmaßregel“, „Selbsthilfe“
14. Jh., aus prov. *marca* „Beschlagnahme“, „Pfand“, „Vergeltungsmaßnahmen“, dieses ist postverb. Subst. von *marcar* „festnehmen“, „Gegenmaßregeln ergreifen“, das vermutlich Abl. von einem nicht belegten *marc* „Pfandzeichen“ ist; dieses aus fränkisch **mark* „Zeichen“, zu anord. *mark*, mndl. *mark* dass.

marqueter „mit Flecken bedecken“
14. Jh., ist Abl. von *marque* 1.

marquette „Tafel Jungfernwachs“
18. Jh., aus spanisch *marqueta*, das wohl zu *marque* 1 gehört.

marquis „Markgraf“
12. Jh. *marchis*, im 16. Jh. in Anlehnung an ital. gleichbedeutendes *marchese* die literarische Form, aus grom. **markensis*, d. i. Abl. von **marca* „Grenzmark“, s. *marche* 1; Diez 204; REW 5364; dazu im 12. Jh. *marchise* „Markgräfin“, seit dem 16. Jh. **marquise**, ursprünglich scherzhaft, auch gebraucht für „Wetterdach“, „Sonnendeck“ u. ä., Gg. Bed. 124.

marraine „Patin"
12. Jh., afrz. auch *marrine,* das mit prov. *mairina* auf ein vlat. **matrīna* zurückführt; vgl. auch *parrain*; Tappolet, Verw. 142; Diez 636; REW 5420.

marre „Winzerhacke"
13. Jh., aus lat. *marra* dass.; dazu seit dem 13. Jh. die Abl. **marrer** „mit der Winzerhacke bearbeiten"; REW 5370.

marri „betrübt"
12. Jh., seit dem 17./18. Jh. veraltet, Br. 4, 258, ist Part. von afrz. *marrir* „betrüben" aus westgermanisch **marrjan* zu gotisch *marzjan* „ärgern", „Anstoß geben"; dazu seit dem 13. Jh. die Abl. **marrisson** „Trauer" va.; Diez 205; REW 5373; Gg. RG I, S. 21; dazu im Argot die Neubildung *se marrer* „sich langweilen"; von diesem *marre, avoir marre de* „einer Sache überdrüssig sein", das in die ‚langue parlée' eindringt, Bl.-W. 394.

marron 1. „Edelkastanie"
16. Jh., ist zuerst für das Südostfrz. bezeugt und hier aus Oberitalien eingeführt; aus ital. *marrone,* das auf ein mgr. μάραον u. H. zurückführt; Roll. Fl. 10, 126 f.; REW 5375.
2. „entlaufen", „flüchtig" (von Sklaven), „unrechtmäßig ein Handwerk ausübend"
18. Jh., ist volksetymologisch umgestaltetes spanisches *cimarron,* das in Argentinien, Cuba, Perú von Haustieren, die sich in den Wald flüchten, für fluchtverdächtige Neger u. ä. gebraucht wird; es ist Abl. von aspan. *cimarra* „Gebüsch", das wegen der unromanischen Endung kaum zu lat. *cyma* „junger Sproß" gehört. Lenz 188 f.; Friederici 30.
3. Bewohner der Alpen, die im Winter die Passanten über die Pässe trugen, zuerst bei Rabelais belegt, 10. Jh. *marrones* „Führer", Krankenwärter in der Gegend des großen St. Bernard; dazu einreihend erweitert **marronnier** dass.; zu prärom. **marr-* „Stein", RDiR 26, 141; oder prärom. **marro* „Widder", REW 5374; Dauzat Fr. mod. 22, 84.

marronner 1. „in Locken kräuseln"
18. Jh., ist Abl. von *marron* 1 in der übertragenen Bedeutung „Haarwulst".
2. „im geheimen drucken"
19. Jh., ist Abl. von *marron* 2, s. d.
marronnier s. *marron* 1.

marrube „Andorn", „Berghopfen"
16. Jh., aus lat. *(marrŭbium),* das in volkstümlicher Entwicklung in afrz. *marrouge* erhalten ist; Roll. Fl. 9, 6; REW 5376.

mars „März"
13. Jh., aus lat. *(martius) (mensis)*; das Wort ist afrz. nicht rein volkstümlich entwickelt, wie die Nebenformen *marse, marche* u. ä. zeigen; REW 5383.

marsaux „männliche Weide"
auch *marsaut, marsault* u. ä. geschrieben, 13./14. Jh. auch *marsauce,* aus lat. *măre sălĭce* zu *mas, maris* „männlich" und *salix, salice* „Weide", das afrz. mit den Doppelformen *sauz* und *sauce* erhalten ist; vgl. dazu die Gegenbildung *boursaut.*
Nach Martellière 202 zu *mars* „März" wegen der Blütezeit, ist syntaktisch und begrifflich schwierig; zu *mar-* „Katze", Stephan, GB 5, 39 f.; Sain. Chat 69 ist morphologisch schwierig, auch kommt ein unabgeleitetes **mar* „Katze" nicht vor.

marseillaise „Marseillaise"
18. Jh., ist Femininum zu *marseillais* „aus Marseille", da dieses von Rouget de Lisle gedichtete Lied zuerst 1792 in Paris von den zum Föderationsfest gekommenen Marseillaisen gesungen wurde. Dict. gén.

marsouin „Meerschwein", „inneres Knie am Vorder- und Achtersteven"
14. Jh., aus dänisch-schwedisch *marswîn*; Diez 636; REW 5378; wegen des späten Auftretens kaum aus fränkisch **mariswîn,* Mackel 72; Valkhoff, Neoph. 21, 195.

martagon „Türkenbund", „Martagonlilie"
16. Jh., aus span. *martagón,* dieses wahrscheinlich aus türkisch *martagān* „Art Turban", Cor. III, 277
marte s. *martre.*

marteau „Hammer"
12. Jh., in den Casseler Glossen *martel,* aus vlat. *martellus,* so in Glossen belegt, Sofer 145, für lat. *martulus,* das bei Plinius bezeugt ist; dieses ist aus *marclus* fälschlich literarisiert, da gesprochenem *veclus* literarisches *vetulus* entsprach; es ist dem. Abl. von lat. *marcus* „Hammer"; Walde, s. *marcus*; Gröber, ALL 3, 527; Diez 205; REW 5379; dazu seit dem 13. Jh. die Abl. **marteler** „hämmern", von dem aus seit dem 16. Jh. bezeugtes **martel** „Hämmern", dann in *donner martel en tête à qn.* „beunruhigen" rückgebildet ist; dazu afrz. die dem. Abl. *martelin* „kleiner Hammer", von dem aus die vergrößernde feminine Bildung **marteline** „Spitzhammer", so seit dem 17. Jh., gebildet wurde.

martial „kriegerisch"
16. Jh., aus lat. *(martialis).*

martin-chasseur „Königsjäger" (Eisvogelart)
18. Jh., dazu *martinet* „Segler" (schwalbenähnlicher Vogel), 16. Jh., dann **martin-pêcheur** „Eisvogel", 18. Jh., scheinen Abl. vom Namen *Martin* zu sein, doch dürfte sich dieser erst sekundär eingefunden haben; die älteste Bezeichnung ist *martinet,* so heute noch in Berry für den „Eisvogel"; dafür auch *marteau,* lim. *martelot,* Provence *martelet* für den „Segler"; *martinet* ist also mit Suffixwechsel aus *martelet* „Hämmerchen", „Spitzhammer" gebildet, vgl. auch *martinet* 2; der Schnabel des „Eisvogels" ist auffallend stark und kräftig und kann leicht mit einem Spitzhammer verglichen werden; Weiterbildung

von *Martin* ist norm. *oiseau de St. Martin,* daran anknüpfend Finistère *oiseau de saint Nicolas*; Roll. F. 2, 70, 153, 324; vgl. Diez 205; REW 5381, die unmittelbar vom Namen *Martinus* ausgehen.

martinet 1. s. martin-chasseur.
2. „schwerer Hammer", „Sandstampfe"
14. Jh., ist mit Suffixwechsel aus afrz. *martelet* „Hämmerchen" gebildet, s. *marteau.*
3. „Klopfpeitsche", „Tau zum Auftoppen der Piek der Besahngaffeln"
14. Jh., bedeutet afrz. auch eine Steinschleuder, ist Abl. von *martin,* das als *prestre Martin* im Roman de Renard Umschreibung für „Stock" ist, Delboulle, Rom. 9, 127; dazu noch heute *St. Martin au clou* für die Peitsche als Züchtigungswerkzeug für Kinder; es ist wohl schon ursprünglich Abl. vom Namen *Martin,* vgl. dagegen die unter *martin-chasseur* angeführten Formen; vgl. auch *martinet* „Handleuchterchen", dessen nähere Geschichte unbekannt ist; vgl. Behrens, ZFSL 29, 1, 303 (Wg. 165 ff.).

martingale „Sprungzügel", „Lederklappe an der Patrontasche"
ist zuerst im 16. Jh. in *chausses à la martingale* „Hosen mit der Klappe nach rückwärts" belegt, aus nprov. *martengalo, martegalo*; dieses ist Femininform von nprov. *martegau, martengau* „Einwohner des Martigue", prov. *lou Martegue,* d. i. der Name einer Stadt am Südufer des Teichs von Berre, Dep. Bouches-du-Rhône, deren Einwohner bei ihren Nachbarn den Ruf der Beschränktheit genießen; Mistral unter Martegue; Dict. gén.; Schuchardt, ZRP 23, 189 f.; H. E. Keller, RDiR 23, 293.
Nach Mayhew, MLR 7, 499, s. Barbier, RDR 5, 252, würde spanisch *almártaga* „Art Zaumzeug, das den Pferden über den Zügel gelegt wurde" zugrunde liegen, dieses aus dem Arabischen; dann wäre das Wort erst sekundär mit dem Namen der Bewohner des Martegue in Zusammenhang gebracht worden; abgelehnt Cor. III, s. v.
martin-pêcheur s. *martin-chasseur.*

martin-sec „trockene Martinsbirne"
17. Jh., ist im 16. Jh. als *poire de St. Martin* bezeugt, ist wohl vom Namen des heil. *Martin* abgeleitet; Roll. Fl. 5, 40.

martoire „Aufrichthammer"
18. Jh., ist mit dem Werkzeugssuffix *-oria* abgeleitet vom Stamm von *marteau* „Hammer", s. d.; vielleicht auch umgestaltet aus einem älteren **martroire* für **marteloir* zu *marteler* „hämmern".

martre „Marder"
12. Jh., aus westgermanisch **m a r þ r* zu ahdt. *mardar;* Diez 205; Braune, ZRP 21, 215; REW 5384; Brüch 87; Gg. RG I, 31; FEW 16, 537.

martyr „Blutzeuge"
11. Jh., im 12. Jh. auch *martre,* aus lat. *(m a r t y r)*; Berger, Lehnw. 175.

martyre „Märtyrertod"
12. Jh. *martirie, martire,* aus lat. *(m a r t y r i u m).*

marum „Katzenkraut"
18. Jh., aus lat. *(m a r u m);* dafür volkstümlich wie im Deutschen *herbe aux chats.*

mascarade „Vermummung"
16. Jh., aus ital. *mascherata,* d. i. kollektivische Abl. von ital. *maschera, mascara* „Maske", dieses aus arabisch *m a s ḫ a r a* „Possenreißer", „Posse"; Diez 207; Lam. 160; REW 5394; Cor. III, 282.

mascaret „Springflut"
16. Jh., aus gaskognisch *mascaret,* bezeichnet dort „die in der Garonne vom Meer aufwärts mit großer Geschwindigkeit vordringenden Springfluten"; es ist ursprünglich die Bezeichnung eines braunroten Ochsen, vgl. dasselbe Bild bzw. denselben Vergleich in Guienne, wo *rouart* „Stier" und „Sturmwelle" bedeutet; gask. *mascaret* ist *-ellus-*Abl. von *mascar* „buntscheckig" (von Ochsen); dieses ist postverb. Adjektiv von nprov. *mascarà* „beschmutzen", s. *mâchurer, maquiller*; Mistral.

mascaron „Fratzenkopf"
18. Jh., aus ital. *mascarone,* d. i. vergrößernde Abl. von *mascara* „Maske", s. *mascarade.*

mascotte „Glück verheißende Person, Gegenstand"
19. Jh., aus nprov. *mascotto* dass., d. i. Fem. zu *mascot* „kleiner Zauberer"; dieses ist dem. Abl. von nprov. *masco* „Zauberin", das aus oberital. z. B. piemontesischem *masca* „Zauberin", „Hexe", im Plural „Geister der Toten" stammt; das Wort ist als *m a s c a* „Hexe" schon in den langobardischen Gesetzen bezeugt und vermutlich germanischer Herkunft, Kluge, AR 6, 307 f.; vgl. aber Lüttich *makrai,* Fem. *makrel* „Zauberer", „Zauberin", das auf ein altes Vorhandensein des gleichen Stammes auch in Nordfrankreich hinzuweisen scheint; REW 5393; Esnault, Fr. mod. 19, 304.

masculin „männlichen Geschlechts"
12./13. Jh., aus lat. *(m a s c ŭ l ī n u s).*

masque 1. „Maske"
16. Jh., aus ital. *maschera,* s. *mascarade.* Eine frühere Entlehnung aus dem Italienischen zeigt prov. *mascarat* „verkleidet", „mit geschwärztem Gesicht", zu ital. *mascherare, mascarare* „verkleiden", „vermummen", s. *maquiller.*
2. „schamloses Weib"
17. Jh., aus nprov. *masco* „Hexe", s. *mascotte.*

masquer „unter einer Maske verbergen"
16. Jh., ist Abl. von *masque* „Maske", s. *mascarade.*

massacre „Blutbad"
12. Jh., bedeutet afrz. „Schlächterei" im eigentlichen Sinne, dazu die Nebenformen *macecle, macecre, machecre, machacre*; das Wort ist postverb. Subst. von afrz. *machacrer, macecrer* „hinschlachten", vgl. ferner afrz. *macheclier, machecrier* „Schlächter"; dieses ist vorhistorische Abl. von **mache-col* „Schlächter", wörtlich „schlag den Hals", vgl. *mâchecoulis*, das (wie *boulanger* zu afrz. *boulenc* dass.) mit dem Handwerker u. ä. charakterisierenden Suffix *-ier* zu **machecolier, macheclier* erweitert wurde; zu diesem als Neubildung afrz. *machecler* „schlachten", das in der lautlichen Weiterentwicklung an *masse, massue* „Keule" angeschlossen wurde; das afrz. *masselier* „Fleischhauer" aus lat. *măcĕllarius* „Fleischwarenhändler" ist davon unabhängig, kann aber die Weiterentwicklung von **machecolier* zu *macheclier* beeinflußt haben, vgl. auch afrz. *maisel* „Schlächterei" aus lat. *măcĕllum* „Fleischmarkt".
Afrz. *macecle* zu dem angeführten *maisel*, REW 5201, ist lautlich unmöglich; desgleichen zu nddt. *matsken* „zerhauen", Diez 636. Aus einem **matteuculare* zu *massue*, Bl.-W. 395, entspricht weder den alten Formen, noch ist die dem. Abl. zu rechtfertigen.
Von *massacre* abgeleitet ist das seit dem 16. Jh. bezeugte **massacrer** „hinmorden".

masse 1. „große Masse"
11. Jh., aus lat. *massa* „Masse", „Haufen"; REW 5396; dazu seit dem 13. Jh. die Abl. **masser** „anhäufen", vgl. auch *amas, amasser*; dazu afrz. die dem. Abl. *masselle* „kleine Menge"; dazu seit dem 13. Jh. die deminutive Weiterbildung **masselotte**, afrz. „Kügelchen", heute „überflüssige Masse in der Gießform"; seit dem 19. Jh. **masseau** „Gußeisen", „Massel".
2. „eiserner, viereckiger Hammer", „Klopfhammer"
12. Jh., aus vlat. **măttia* „Keule", d. i. das nicht belegte Grundwort zu lat. *mateola* „Werkzeug zum Einschlagen in die Erde"; vgl. auch *massue*; Diez 208; REW 5425.

massepain „Marzipan"
16. Jh. auch *marcepain*, bezeichnete zunächst die Verpackung des Zuckerwerks; ist seit 1347 im Provenzalischen als „Schächtelchen" (aus Holz oder Karton) bezeugt, dann in der gleichen Bedeutung im Aragonesischen im 14. Jh. als *maçapan*, im 15. Jh. auch *marçapan*, daher spanisch *mazapán* „Marzipan"; zugrunde liegt nach Cor. III, 309 arab. *maḫšabân*, das zu arab. *ḫašab* „Holz" gestellt wird, sich aber in der Bedeutung „Holzschächtelchen" nicht belegen läßt; die Bedeutung „Schächtelchen" wäre die ursprüngliche, daraus Übergang zur Bezeichnung des Inhalts, d. i. „orientalisches Zuckerwerk"; oder aus arabisch **marṭabân* „glasiertes Gefäß" (Haffner).
Kaum richtig ist die Verbindung des Wortes mit *matapan*, das im 12. Jh. eine venezianische Münze bezeichnet (der einmalige Beleg von *marzapanus* im Jahr 1202 ist nur willkürlich mit dem Namen der Münze in Zusammenhang gebracht worden, Cor. l. c.); *matapan* soll aus arab. *mauṭabân* stammen, wörtlich „König, der nicht auf militärische Unternehmungen auszieht", zu einem Stamm der „sitzen" bedeutet; die Übertragung auf die Bezeichnung der Münze, weil auf dieser das Bild des auf seinem Thron sitzenden Christus geprägt war"; die Weiterentwicklung würde von „Münze" über „Hohlmaß" zu „Kiste" führen, Littmann 87; Bl.-W. 396; REW 5446; die Deutung wird schon deshalb bedenklich, weil das *-au-* der ersten Silbe des arabischen Wortes nirgends in der zu erwartenden Lautform erscheint; zu wenig begründet ist auch die Zurückführung des Wortes auf ein arabisches *marzubân*, das „Markgraf" bedeutete; vgl. Kluyver ZDW 6, 59; Diez 206.

masser 1. s. *masse* 1.
2. „massieren"
18. Jh., vielleicht aus arabisch *mass* „abtasten", „berühren", Dict. gén.; Bl.-W. 396; vgl. aber abruzzesisch *amassa* „den Teig kneten", das zu *masse* gehört.
3. „(den Ball) mit umgekehrter Queue stoßen"
19. Jh., ist Abl. von *masse* 2 in der speziellen Bedeutung „dickes Ende der Billardqueue".

massette „Rohrkolbe", „Keulenwurm"
19. Jh., ist in übertragener Bedeutung dem. Abl. von masse 2 „Keule", „Kolben".

massicot 1. „gelbes Bleioxyd"
15. Jh., aus ital. *marzacotto* „Art Schminke", „Glasur", das über spanisch *mezacote* „Soda" aus arabisch *šabbqubṭī* „ägyptischer Alaun" stammen soll; Kluyver, ZdW 6, 66 f.; REW 7677 a.
2. „Papierbeschneidmaschine"
19. Jh., angeblich nach dem Namen des Erfinders, den aber die Grande Encyclopédie nicht verzeichnet; Bl.-W. 396.

massier „Stabträger"
14. Jh., ist Abl. von *masse* 2 in der alten Bedeutung „Keule".

massif „ganz von der außen erscheinenden Masse erfüllt", „kompakte Masse"
16. Jh., ist mit Suffixwechsel umgestaltet aus afrz. *massiz*, dieses aus vlat. **massīceus* „massig" zu lat. *massa* „Masse", s. *masse* 1.

massue „Keule"
12. Jh., aus vlat. **măttiūca*, das nach der Endung zu urteilen, vgl. *charrue*, aus dem Gallischen stammen dürfte; hier zum Stamm *mati-*, der in irisch *to-maith* „drohen", d. h.

„die Hand zum Schlage erheben“ vorliegen dürfte; vgl. Pedersen II, 575; vgl. zu dem gleichen Stamm polnisch *motyka* „Haue“, aindisch *matyam* „Kolben“; vgl. Walde s. *mateola*; s. auch *masse* 2; REW 5426.

mastic „Mastix“, „Kitt“
13. Jh., aus lat. *(mastĭchum)*, *(mastĭx)* dass.

mastication „Kauen“
13. Jh., aus lat. *(masticatione)*.

mastigadour „Kaumasse für Pferde“, „Kaugebiß“
17. Jh., aus prov. *mastegador*, heute *mastegadou* „Kaugebiß“, aus grom. **masticatorium*, s. *mâchoir*.
Nicht aus spanisch *mastigador*, Dict. gén.; Schmidt, Span. Elem. 115, da dieses selbst seiner Form nach aus dem Galloromanischen entlehnt sein muß.

mastiquer 1. „verkitten“
16. Jh., ist Abl. von *mastic*, s. d.
2. „kauen“
15. Jh., aus lat. *(masticare)*, s. *mâcher*.

mastoc „plumper, schwerfälliger Mensch“
19. Jh., ist heute boulogn., B. Maine, Pléchatel, Anjou, Morv., Champ., aber wohl größtenteils aus dem Vulgärfrz. sekundär aufgenommen; vgl. dazu Genf *matoque* u. ä. „dickes Mädchen“; aus dt. *Mastochs*, Dict. gén.; ist nach FEW 16, 541 vermutlich durch die napoleonischen Feldzüge in das Französische gedrungen.
Nicht zu ital. *mastacco* „stark“, „kräftig gebaut“, das selbst aus frz. *mastoc* umgebildet sein dürfte, s. Sain. LPar. 338, Anm. 4.
Von *mastoc* im Argot die Abl. *mastroquet* „Schankwirt“, auch *mastroc*, dazu Rouchi *mastricot* „Taugenichts“; Esnault, Fr. mod. 19, 305.

mastodonte „Mastodon“
19. Jh., übertragen „Fettwanst“, ist gelehrte Zusammensetzung von gr. μαστός „Brust“, „Anhöhe“ u. ä. und ὀδούς, ὀδόντος „Zahn“.

masturber „onanieren“
19. Jh., aus lat. *(mastŭrbare)*.

masure „baufälliges Haus“
12. Jh., bedeutet afrz. „Aufenthalt“, „ländlicher Besitz“, dann seit dem 13. Jh. mit pejorativer Weiterentwicklung „Gemäuer“; aus vlat. **mansūra* „Wohnstätte“ zu *mansum* „Haus“, afrz. *mes* dass., s. *manse*, *maison*; REW 5322.

masurka s. *mazurka*.

mat 1. „schachmatt“
13. Jh., aus arab. *mât* in *šâh mât* „der König ist gestorben“, zu *mât* „sterben“; daher afrz. seit dem 12. Jh. **mater** „überwinden“, heute als Ausdruck des Schachspiels „matt setzen“; Diez 207 f.; REW 5401.
2. „glanzlos“, „matt“
12. Jh. „schwach“, „kläglich“, „bekümmert“, „matt“, ist in dieser Bedeutung im 13. Jh. auch ins Mittelhochdeutsche als Lehnwort eingedrungen; aus vlat. *mattus*, so bei Isidor v. Sevilla in der Bedeutung „feucht“ belegt, aus **madĭtus* „feucht, schwach, weich geworden“, d. i. Partizip zu lat. *madescĕre (madui)* „feucht werden“, „schwach werden“, zu lat. *madidus* „feucht“, „schwach“, „weich“. Wegen des Verbaladjektivs *madĭtus*, vgl. *(habere)*, *habui*, *habitus* u. a.
Dazu seit dem 12. Jh. die Abl. **matir** „glanzlos machen“, „mattieren“, afrz. intransitiv „erbleichen“, „welken“, entsprechend afrz. *amatir* „überwinden“; Wartburg Recueil Brunel II, 671; FEW VI, 519.
Nicht zu *mat* 1, REW 5401.

mât „Mast“
11. Jh., in den Reichenauer Glossen 274 *mastus navis*, aus fränkisch **mast*, zu ahdt. *mast*; Diez 207; REW 5397.

matador „Hauptstierkämpfer“
19. Jh., aus spanisch *matador*, eigentlich „Totschläger“, d. i. Abl. von *matar* „töten“, s. *mat* 1. REW 5401.

matamore „Maulheld“
17. Jh., aus spanisch *matamoros*, wörtlich „Maurentöter“, dieses zusammengesetzt aus *matar* „töten“, s. *mat* 1, und *moro* „Maure“ aus lat. *maurus*; REW 5438.

matasse „Strähn“
17. Jh., aus ital. *matassa*, dieses aus lat. *mătaxa* „rohe Seide“; Diez 207; REW 5403.

matassin „Gaukeltänzer“
16. Jh., aus ital. *mattacino* dass., dieses in Südital. aus arabisch *mutawağğihîn* romanisiert; dieses Plural von *mutawağğih* „maskiert“, Lam. 265.
Ital. *mattacino* als Abl. von *matto* „verrückt“ u. ä., ist nach Battisti 2392 aus chronologischen Gründen nicht möglich; vgl. Cor. III, 288.

maté „Paraguaytee“
18. Jh., aus spanisch *mate*; dieses bedeutet ursprünglich „die als Trink- oder Eßgefäß benutzte Kalotte der Schale einer runden Kürbisart“, dann „jede derartig geformte Schale“, schließlich „der aus solchen Schalen vornehmlich getrunkene Paraguaytee“; aus quechua *mate*. Friederici 62.

mateau „Bündel Seidensträhne“
19. Jh., ist mit Suffixwechsel aus *matasse* umgebildet, da dessen Endung mit dem pejorativ-kollektiven Suffix *-asse* gleichgestellt und durch das indifferente *-eau* ersetzt wurde. Dict. gén.

matelas „Matratze“
13./14. Jh. *materas*, zuerst in Bologna mlat. *matarazum*, d. i. ital. *matarazzo*, aus arabisch *maṭraḥ*; daneben aus spanisch *al-madraque* gleicher Herkunft, prov. *almatrac*; die Kreuzzügler bringen das ital. Wort zunächst nach Nordfrankreich, von hier wan-

dert es nach Deutschland und England; Aebischer, ZRP 66, 303; s. Diez 207; REW 5415; Lam. 161; Bl.-W. 397.

matelot „Matrose“
14. Jh., auch *matenot*, bedeutet im ältesten Beleg im Seerecht von Oléron noch „Kamerad“, wie noch heute in Guernesey *matnot*; eigentlich „Tischgenosse“, aus mndl. *matenoot*, zu mhdt. *mazgenoze*, Nyrop WuS VII, 81; Bl.-W. 397; Roques, Rom. 53, 435.
Nicht aus anord. *motunautar*, Bugge, Rom. 3, 155; Mackel 120; Baist ZDW 4, 275; Falk WuS 4, 8, das selbst aus dem Niederländischen stammt und lautlich schlecht entspricht; auch nicht aus mndl. *mattennoot* „Mattengenosse“. Valkhoff 189; Stoett, Nord en Zuyd 18, 5, s. Rom. 24, 622.

matelote „Fischgericht“, „Matrosentanz“
17. Jh., ist feminine Weiterbildung von *matelot* „Matrose“.

mater s. *mat* 1 und 2.

mâter „mit einem Mast versehen“
14. Jh., ist Abl. von *mât* „Mast“, s. d.

matériel „stofflich“, „materiell“
14. Jh., auch *matérial*, daraus heute der Plural **matériaux** „Materialien“, zu dem populär ein neuer Singular *matériau* „Material“ entstand; Esnault, Fr. mod. IV, 71; aus lat. *(mātĕrialis)* dass.; vgl. auch *madrier*.

maternel „mütterlich“
14. Jh., ist *-alis*-Abl. von lat. *(maternus)* dass.

maternité „Mutterschaft“
15. Jh., ist abgeleitet von lat. *(māternus)* „mütterlich“.

mathématique „mathematisch“
13. Jh., aus lat. *(măthēmătĭcus)*.

matière „Stoff“
12. Jh., aus lat. *(mātĕria)* dass., vgl. eine volkstümlich entwickelte Entsprechung des Wortes unter *madrier*.

matin „Morgen-“
10. Jh., aus lat. *mātūtīnum* dass.; dazu seit dem 12. Jh. die Abl. *matinel* „morgendlich“, das mit Beibehaltung der alten Nominativform und in Anlehnung an das Suffix = lat. *-osus* heute als **matineux** „früh aufstehend“ erhalten ist; REW 5434.

mâtin „Haus-, Fleischerhund“
12./13. Jh. *mastin*, aus vlat. **mansuētīnus* zu lat. *mansuētus* „zahm“; G. Paris, Rom. 21, 597; REW 5320.
Nicht zu *mansio*, s. *maison*, *mansum*, s. *manse*, Diez 200.

matines „Frühmette“
11. Jh., aus vlat. *mātūtīnae*, d. i. Gegenbildung zu *vigiliae* „Nachtwachen“, zu lat. *mātūtīnus* „morgendlich“, REW 5434.

matir s. *mat* 2.

matoir „Mattbunzen“, „Hammer zum Umnieten der Nägel“
17. Jh., ist Werkzeugsableitung von *mater* „glanzlos machen“, s. *mat* 2.

matois „verschmitzt“, „schlauer Fuchs“
16. Jh. aus dem Rotwelsch übernommen, ist abgeleitet von *la Matte*, das im 16. Jh. in der Verbindung *enfants de la matte, compagnon de la matte* eine Diebsgesellschaft bezeichnete; vgl. nprov. *gent de la mato* „Diebe“, und daraus *mato* „List“, „Betrug“; *grant mate* ist bei Villon in der Bedeutung „Stadt“ bezeugt, vgl. heute H. Alpes *gran mata* dass., dazu im Rotwelsch der Schnitter von Montmorin *mata* „Dorf“, Dauzat, Rom. 48, 410 ff.; dieses wohl aus mhdt. *matte* „Wiese“, etwa „Wiese als Versammlungsplatz der Dorfgemeinde“; vgl. auch Diez 636; REW 5404; Sain. Sources 2, 394 f.
Zu *matou* „Kater“, Sain. Chat 64, ist unwahrscheinlich.

maton „Quark“, „Klümpchen in der schlecht gekrämpelten Wolle“
11. Jh., afrz. „Sauerteigmasse“, „geronnene Milch“, lebt heute im ganzen Norden und Osten in der Bedeutung „geronnene Milch“, dann auch „Klümpchen im gärenden Bier“, „Kuchen aus Kleie“ u. ä., vgl. dazu auch norm. *maton* „Ziegel“, poitev., vend. „Mehlklümpchen in der Milch“ u. ä.; davon rückgebildet ist mfrz., heute norm., rouchi *matte* „gestockte Milch“, „Mehlklümpchen“ u. ä.; dazu afrz. *motel* „Klümpchen“, das für *maton* eine Vorstufe **moton* erschließen läßt, mit Dissimilation des unbetonten *-o-* wie in *bardot* aus **bordot* s. d.; s. dazu *motte*.
Kaum zu lat. *matta* „grobe Decke aus Binsen“, *„Käsematte“(?); Schuchardt, ZRP 6, 121; REW 5424.

matou „Kater“
16. Jh. neben *mitou*, ist Kreuzung von *mite* „Katze“, s. *chattemite* und *marcou* „Kater“; dieses aus dem Personennamen *Marcou*, d. i. der fränkische PN *Markolf*, dessen Entsprechungen in dt. Mundarten „Häher“, in der Romagna „Tagedieb“, „Tölpel“ bezeichnet; Benary, ZRP 43, 471; Marchot, ZRP 24, 127; vgl. auch mundartliches *marou*, *macaud* u. ä. „Kater“, Roll. F. 4, 82.
Oder Schallbildung mit den Vokalen *a-u*, REW 774; Sain. Chat. 24; Bl.-W. 397?

matras „Art Pfeil“, „stumpfer Bohrer“
12. Jh. *matelaz*, ist Abl. von gallisch *mătăris* „Wurfspieß“, das lat. neben *matara*, *materis* bezeugt ist; *matras* geht unmittelbar auf ein grom. **mattaraceus* „in der Art eines Wurfspießes“ zurück, das von *mataris* abgeleitet ist wie afrz. *alesnaz* „Art Dolch“ zu *alesne* „Ahle“, s. *alêne*; das *-tt-* des grom. angesetzten Wortes vielleicht in Anlehnung an **mattia*, s. *masse* 2, **mattiuca* s. *massue*; vielleicht auch wegen des kurzen *-a-* des gallischen Wortes, wenn das Wort im Gallo-

romanischen unmittelbar aus dem Gallischen, und nicht aus dem Vulgärlat. aufgenommen wurde; dazu auch seit dem 15./16. Jh. bezeugtes *matras* „Destillierkolben", das an die übertragene Bedeutung „Kolben", „Rolle" des gallisch-lat. Wortes anknüpft; das einfache gallische Wort lebt in Oberitalien; Diez 636 f.; Dottin 271; REW 5402; vgl. Bl.-W. 397.

matrice „Gebärmutter", „Matrize", „Prägestempel"
13. Jh., aus lat. *(mātrīce)* dass.

matricule „Stammrolle", „Matrikel"
11. Jh. *madriz,* noch im 15. Jh. *marriz,* ist die volkstümliche Entsprechung, Bl.-W. 397; aus lat. *(mātrīcula).*

matrimonial „Ehe-"
14. Jh., aus lat. *(mātrĭmōnialis).*

matrone „Familienmutter", „Matrone"
13. Jh., aus lat. *(mātrōna).*

matte „nach der ersten Schmelzung noch mit fremden Teilen vermischtes Metall"
17. Jh., ist mit dem unter *maton* angeführten mundartlichen *mate* „Klümpchen" eins.
matteau s. *mateau.*
matton s. *maton.*

mâture „Mastwerk"
17. Jh., ist kollektivische Abl. von *mât* „Mast", s. d.

maturité „Reife"
15. Jh., aus lat. *(mātūritate).*

matutinal „zum Morgen gehörig"
14. Jh., ist Abl. von lat. *(mātūtīnus)* „morgendlich", s. *matin, matineux.*

maudire „verwünschen"
11. Jh., aus lat. *mălĕdīcĕre*; afrz. lebt daneben halb gelehrt entwickeltes *malëir* wie *benëir,* s. *bénir*; REW 5258.

maudisson „Verwünschung"
12. Jh., aus lat. *malĕdĭctione,* in der Entwicklung von *maudire* beeinflußt; das Wort gilt im 17./18. Jh. als veraltet, Br. 4, 258.

maugrébleu „verflucht"
17./18. Jh., ist verballhornt aus *maugré dieu* „Gott zum Trotz", vgl. *malgré* und *dieu.*

maugréer „fluchen", „wettern"
13. Jh., ist Abl. von afrz. *maugré* „Kummer", „Unzufriedenheit", aus Verbindungen heraus, in denen es als Fluch gebraucht wird, wie in *maugrébleu,* s. d.; ursprünglich Satzadverb „bei schlechtem Gefallen", als Gegenbildung zu *bon gré,* wird dann Präposition, s. *malgré*; ist zusammengesetzt aus adjektivischem *mal* „schlecht" und afrz. *gré* „Gefallen".

maupiteux „erbarmungslos"
16. Jh., ist zusammengesetzt aus adverbiellem *mal,* s. *mal* 3, und *piteux* in der afrz. Bedeutung „voller Mitleid", s. d.
mauricaud s. *moricaud.*

mausolée „Mausoleum"
16. Jh., aus lat. *(mausōlēum)* „das prächtige Grabmal, das dem König Mausolus von Carien von seiner Gattin errichtet worden war".

maussade „verdrießlich", „gelangweilt"
14. Jh., ist zusammengesetzt aus adverbiellem *mal* „schlecht" und *sade,* afrz. „angenehm", „liebenswürdig", aus lat. *sapĭdus* „klug"; Diez 674; REW 7587.

mauvais „schlecht"
12. Jh., aus vlat. *malĭfātius,* das spätlat. belegt ist; dieses ist Gegenbildung zu *Bonifatius,* so als Personenname seit dem 1. Jh. bezeugt, zu *bonus* „gut" und *fatum* „Geschick"; *mauvais* bedeutet also etymologisch „unglücklich", vgl. afrz. *malfëu* dass. unter *malotru*; der Übergang von „unglücklich", „elend" zu „schlecht" wie in *méchant, maraud*; Schuchardt, ZRP 14, 181 ff.; ZRP 30, 320 ff.; REW 5260.
Mauvais aus germ. **balowâsi* zu gotisch *balvavêsei* „Bosheit" + *malus* „schlecht", Diez 201, ist zu konstruiert; **malvatia* zu prov. *malvat* „schlecht", dieses zu *mal* und *lever,* s. d., Bugge, Rom. 4, 362, ist morphologisch nicht möglich; **malvax* zu *malva* „Malve", das ursprünglich „die weiche Pflanze" bedeutet hätte, daher **malva* „weichlich", Hofmann, ALL 1, 592, ist weder lat. noch frz. möglich; **malvace* zu lat. **malvus,* dieses aus gr. μόλυβος „Blei", Bréal, MSL Paris 6, 124, ist auch begrifflich unmöglich; **male-vatius* zu lat. *vatius* „krumm", also ursprünglich „unrecht", Gröber, Misc. Caix-C. 45; ALL 3, 523, ist lautlich nicht möglich, da *-ă-* kurz ist; auch nicht zu *malus* „schlecht" und *vates* „Seher"; Bambeck 105; s. aber jetzt ZFSL 78½. *malevŏlus* „bösartig", das wegen des in *male* gelegenen Begriffes zu *málevolus* geworden wäre, daher vlat. **málvus,* dazu **malvax* wie *verax* neben *verus,* Cohn, ZRP 19, 458 ff., setzt eine unmögliche vlat. Akzentverschiebung voraus; die lautlichen Bedenken gegen *malifatius* wegen der Entwicklung des *-f-* sind nicht begründet.

mauve 1. „Malve"
13. Jh., aus lat. *malva* dass.; aus appositioneller Verwendung des Subst. erklärt sich *mauve* „malvenfarbig"; dazu seit dem 18. Jh. die Abl. **mauvette** „rundblättriger Kranichschnabel"; REW 5274.
2. „Möwe"
16. Jh., ist pik., norm., bret. Form für *moue,* das aus *mouette* rückgebildet ist, s. *mouette;* REW 5442.

mauviette „gemeine Lerche", „schmächtiger Mensch"
17. Jh., ist Abl. von **mauvis** „Haubenlerche", „Weindrossel", vgl. dazu wall. *mâvi,* namur. *mauvi* „Amsel"; 12./13. Jh., afrz. auch *mauviart;* die alten vokalischen Abl. setzen

eine Grundform *mauvi, malvi* voraus, die vermutlich aus altbret. **malhuit* zu mbret. *milhuit*, bret. *milfid* dass. entlehnt ist; das gleiche Wort lebt auch im Kornischen, so daß es im Keltischen entweder einheimisch oder sehr altes Lehnwort ist, Thurn. KR 107 f.; Dottin 272; für bret. Ursprung des Wortes spricht auch das gleichfalls keltische *drenne* „Misteldrossel", s. ferner die ZRP 40, 531 f. angeführten westlichen mundartlichen Formen für die „Haubenlerche"; Diez 637; REW 5274.
Auch aus chronologischen Gründen nicht Abl. von *mauve* „Möwe", Bl.-W. 398; ganz unmöglich zu lat. *milvus, milva* „Weihe", „Hühnergeier", über **milvaceus, malviceus*, Alessio RLiR 17, 72.

maxillaire „zu den Kinnbacken gehörig"
15. Jh., aus lat. *(maxĭllaris)*.

maximum „das Größte"
18. Jh., aus lat. *(maxĭmum)*.

mayonnaise „Art kalte Sauce"
19. Jh., auch *magnonaise, mahonnaise;* die letzte Form scheint ursprünglich zu sein, da die ersten beiden aus dieser, nicht aber umgekehrt, abgeleitet werden können; *mahonnaise* scheint Femininform zu *mahonais* „aus Port Mahon" zu sein, vgl. nprov. *faiòu mahonenc* „Art Bohne", *mahoun* dass., auch „Art Huhn", dieses aus *poule de Mahon;* die Geschichte dieses kulinarischen Ausdruckes ist noch aufzuklären. Dict. gén.; vgl. Bl.-W. 388.

mazagran „kalter Kaffee mit Selterswasser"
19. Jh., nach dem Namen des algerischen Dorfes *Mazagran;* Bl.-W. 398.

mazette „bösartiges, kleines Pferd", „schwächlicher Mensch", „Stümper"
17. Jh.; ein homonymes *mazette* bezeichnet in Doubs die „Meise", norm. dafür *mesette*, dieses mit Suffixwechsel aus *mésange*, s. d., und da die „Meise" als unbesonnener Vogel gilt, kann *mazette* „Stümper" daher stammen; vgl. auch *mauviette* „schmächtiger Mensch" zu *mauviette* „gemeine Lerche", s. o., so daß sich auch die Bedeutung „schwächlicher Mensch" auf den Vogelnamen zurückführen läßt; tatsächlich lebt *mazette* in ähnlichen Bedeutungen im Südosten, vgl. frz. Schweiz *mazeta* in allen drei literarischen Bedeutungen, sav. *mazeta* „schwächliche Person", Schöneberg *mazette* als Ziegenname, *mazoğ* als Rufname für Kühe; Dauzat, Ess. géogr. lingu. 80 ff.; REW 394; FEW I, 80.
Deutsch *matz* „ungeschickt", „Klotz", Diez 637, ist lautlich nicht möglich; auch ist das Wort erst neuhdt., hier Kurzform zu *Matthias;* zu oberital. *mazeta* „Knüppel", G. Paris, Rom. 3, 113, ist lautlich wegen des stimmhaften *-z-* des frz. Wortes nicht möglich; zu dem ital. Wort vgl. *massue*.

mazout „Abfall bei der Petroleumbereitung"
20. Jh., aus russisch *mazùt*, das aus dem Arabischen stammen soll. Dauzat. Fr. mod. 20, 226; Bl.-W. 398.

mazurka „Art polnischer Tanz"
19. Jh., aus polnisch *mazurka*.

me „mir", „mich"
ist die vortonig entwickelte Entsprechung des lat. *mē* „mich", s. *moi*.

mé- „miß-", „un-"
ist Präfix der Negierung, des Minderwertigen, aus fränkisch **mĭssi-* zu ahdt. *missi-, missa-;* Brüch, ZRP 39, 204 ff.; s. Staaff, Nord. Tidskr. for. filologi 4. Serie, VII, 63; Lozinski, Rom. 50, 615; Bl.-W. 414; vgl. REW 5594.

méandre „Krümmung", „Mäander"
16. Jh., nach dem Namen des Flusses *Maeander* in Kleinasien, der wegen seiner vielen Krümmungen bekannt war.

méat „Gang"
16. Jh., aus lat. *(meatus)*.

mec „Zuhälter"
19. Jh., als „Boss", „Patron", „Zuhälter" bezeugt, dazu *mec des mecs* „gefürchtetes Individuum", auch für „Gott"; scheint im Argot entstandene Rückbildung von *maquereau* „Zuhälter", d. h. Patron, Boss der Dirnen, zu sein; Larchey 237; Esnault, FM 20, 132.

mécanique „mechanisch", „Mechanik"
14. Jh., aus lat. *(mechanicus)* bzw. *(mechanica)*.

mécène „Gönner", „Mäcen"
16. Jh., auch *mécènas*, nach dem Namen des Gönners Virgils und Horazens, Cilnius *Maecenas;* die Verwendung des Eigennamens als Appellativum ist seit der silbernen Latinität belegt.

méchanceté „Bosheit"
14. Jh., ist mit dem Abstrakta bezeichnenden Suffix *-itate* einreihend erweitertes afrz. *mescheance*, afrz. „Unglück", seit dem 14. Jh., auch „Bosheit"; d. i. Abl. von *méchant*, s. d., dessen Bedeutungsentwicklung das Substantiv mitmacht.

méchant „elend", „lästig"
so seit dem 12. Jh., seit dem 13./14. Jh. auch „boshaft", „bösartig", ist Part. von afrz. *mescheoir* „vom Unglück betroffen werden"; *mescheant* bedeutet afrz. also der Bildung nach „der vom Unglück betroffen wird"; die Weiterentwicklung von „unglücklich" zu „boshaft" wie in *mauvais* u. ä., s. d.; *mescheoir* ist zusammengesetzt aus *cheoir* „fallen", s. *choir*, und dem Pejorativpräfix *mes-*, s. *mé-*.

mèche „Docht", „Zündschnur"
14. Jh., geht mit prov. *męca* auf ein gallorom. **męcca* zurück, das vielleicht Kreuzung von lat. *myxa* „Schnauze der Lampe für den Docht" mit *mŭccare* „schneuzen" (vom Licht) ist, s. *moucher;* Horning, ZFSL 10, 2, 243; vgl. Diez 213; REW 5804;

Horning, ZRP 30, 460; dazu zur 2. Bedeutung *éventer la mèche* „Lunte riechen", fam. *vendre la mèche* „das Geheimnis verraten", u. a., vgl. Bl.-W. 399; Gg. Bed. 27; Esnault, Fr. mod. 20, 134.

méchef „Mißgeschick"
12. Jh., *meschief*, seit dem 17. Jh. veraltet, Br. 3, 136, ist postverb. Subst. von afrz. *meschever* „Unglück haben", ursprünglich persönlich „zu schlechtem Ende kommen", d. i. Gegenbildung zu *achever* „mit etwas zu Ende kommen", s. d.; vgl. *mé-*.

mécher „(ein Faß) schwefeln"
18. Jh., ist Abl. von *mèche* in der speziellen Verwendung *mèches soufrées* „Schwefelschnitten", „Weineinschlag".

méchoir s. *méchant*.

mécompte „Rechenfehler"
12./13. Jh., ist postverb. Subst. von **mécompter** „sich verrechnen", dieses seit dem 12. Jh. bezeugte Gegenbildung zu *compter* „rechnen", s. d., und *mé-*.

méconnaître „verkennen"
12. Jh. *mesconoistre* „verkennen", „nicht anerkennen", s. *connaître; mé-;* dazu das Verbaladjektiv (Partizip) afrz. *mesconëu*, nfrz. **méconnu** „verkannt".

mécontent s. *content; mé-*.

mécréant „falschgläubig", „ungläubig"
12. Jh., ist erstarrtes Partizip von afrz. *mescroire* „anzweifeln", „ungläubig sein", „verdächtigen", nfrz. **mécroire** „den Glauben versagen", d. i. Zusammensetzung von aufhebendem *mé-*, s. d., und *croire* „glauben", s. d.; das Verbum gilt seit dem 17. Jh. als veraltet. Br. 3, 136; Tobler VB I. 44; TL VI, 1608.

médaille „Denkmünze" u. ä.
15. Jh., aus ital. *medaglia*, s. *maille*.

médaillon „Medaillon"
17. Jh., bedeutet ursprünglich „große Metallmünze", die heutige Bedeutung unter Einwirkung des frz. dem. Suffixes *-on*, aus ital. *medaglione*, d. i. Augmentativform zu *medaglia* „Metallmünze", s. *médaille*.

médecin „Arzt"
14. Jh., ist Rückbildung von **médecine** „Arznei", dieses seit dem 12. Jh., aus lat. *(mĕdĭcīna)*; für dieses im Mittelfrz. und 16. Jh. auch die Form *medicine*, entsprechend die Rückbildung *medicin; médecin* ersetzt afrz. *mire, mege* u. ä., aus lat. *mĕdicus* in halbgelehrter Entwicklung, vgl. auch *mégis*.

médian „mittlerer"
15. Jh., aus lat. *(mĕdianus)*.

médianoche „Mitternachtsschmaus nach einem Fasttag"
17. Jh., aus spanisch *medianoche* „Mitternacht"; dieses ist zusammengesetzt aus *medio* „mittlerer", aus lat. *(mĕdius)* „halb" und *noche* „Nacht", s. *nuit*.

médiateur „Vermittler"
13. Jh., aus lat. *(mediator, -ore)*, s. *médiante*.

médiante „vermittelnder Ton", „Terz über dem Grundton"
16. Jh., aus ital. *mediante* „dazwischenliegend", d. i. Part. von *mediare* „dazwischenliegen", aus lat. *(mĕdiare)* „halbieren".

médiastin „Brustmittelfell", „Scheidewand"
16. Jh., aus neulat. *(mediastinus* „in der Mitte befindlich", das lat. in der Bedeutung „Knecht, Gehilfe, Aufwärter geringerer Art" bezeugt ist; dieses zu *mĕdius* „mittlerer".

médiat „mittelbar"
16. Jh., ist gelehrte Rückbildung von *immédiat* „unmittelbar", s. d.; Dict. gén.

médiation „Vermittlung"
15. Jh., aus lat. *(mĕdiatione)*, s. *médiateur*.

médicament „Arznei"
14. Jh., aus lat. *(mĕdicāmentum)*.

médicastre „unfähiger Arzt"
16. Jh., aus ital. *medicastro*, d. i. pejorative Abl. von *medico* „Arzt", vgl. *médecin*. REW 5459.

médicinal „heilkräftig"
12./13. Jh., aus lat. *(mĕdĭcīnalis)*, s. *médecin*.

médiéval „mittelalterlich"
19. Jh., ist gelehrte Abl. von lat. *(mĕdium aevum)* „Mittelalter".

médiocre „mittelmäßig"
16. Jh., aus lat. *(mĕdiocris)*.
dazu bei Balzac *médiocratie* „Herrschaft des Mittelstandes", gebildet nach *démocratie* zu lat. *(medius)* „mittlerer"; Esnault, Fr. mod. 20, 137.

méditer „überdenken"
15. Jh., aus lat. *(mĕdĭtari)*.

méditerrané „mittelländisch"
16. Jh., aus lat. *(mĕdĭtĕrraneus)*.

médium „Mittelstimme", „Vermittler"
16. Jh., aus lat. *(mĕdium)* „Mitte"; vgl. *médium* „Medium" (Spiritismus), nach Bl.-W. 399, im 19. Jh. aus dem Englisch-Amerikanischen entlehnt.

médullaire „Mark-"
16. Jh., aus lat. *(mĕdŭllaris)*.

méduse „Meerstern"
19. Jh., nach dem Namen der Gorgone *(Medusa)*, deren Anblick in Stein verwandelte; an diese mythische Vorstellung knüpft an die Abl. **méduser** „in Schrecken versetzen", dieses seit dem 17. Jh.

meeting „politische Zusammenkunft"
18. Jh., aus englisch *meeting* „Zusammentreffen".

méfente „kleingehauenes Latten- oder Schindelholz", „Holzabfall"
19. Jh., ist substantiviertes Part. von einem nicht belegten **méfendre* „schlecht spalten", d. i. pejorative Abl. von *fendre* „spalten", s. d. und *mé-*.

mégalosaure „fossile Rieseneidechse"
19. Jh., aus nlat. *(megalosaurus)*, d. i. Zusammensetzung von gr. μέγας „groß" und σαῦρος „Eidechse".
mégalomanie „Größenwahn"
19. Jh., aus gr. μέγας, μεγάλη „groß" und μανία „Raserei" künstlich gebildet; s. *manie*.
mégarde „Versehen"
12. Jh. *mesgarde* „Unachtsamkeit", dieses postverb. Subst. von afrz. *mesgarder* „unachtsam sein", s. *garder*; *mé-*.
mégatherium „Megatherium", „Riesenfaultier"
19. Jh., ist Zusammensetzung von gr. (μέγας) „groß" und (θηρίον) „Tier".
mégère „Megäre", „Furie"
16. Jh., nach dem Namen der Furie *(Megaera)*.
mégie „Weißgerberei"
17. Jh., ist subst. Part. von **mégir** „weißgerben"; dieses seit dem 18. Jh. belegt, ist Rückbildung von **mégis** „Garbrühe zur Weißgerberei", afrz. *megëis* „Mischung von Alaun, Salz und Wasser"; dieses ist kollektiv-abstrakte Abl. von afrz. *megier* „pflegen", „behandeln", vgl. heute wall. *médi*, fr. comt. *medgier*, frz. Schweiz *méger*, angev. *méger* „Kranke behandeln" u. ä., aus lat. *mĕdĭcare* „heilen"; *megëis* bedeutet also ursprünglich der Bildung nach „Behandlung" (der Felle); wegen der Bedeutungsverengung vgl. *corroyer*; von *mégis* in der Bedeutung „Garbrühe" ist abgeleitet **mégissier** „Weißgerber", so seit dem 13. Jh. Diez 637; Tobler, Rom. 2, 244; Behrens, Frz. Wg. 374 f.; REW 5457.
mégot „Zigarrenstummel"
19. Jh., aus dem Argot, ist dem. Abl. von *mec*, auch *meg* „Kerl", s. *mec*, bedeutet also zunächst „kleiner Kerl"; Esnault, Fr. mod. 20, 139.
Zu *mègue* „Molken", in Anjou *mégaud* dass., von diesem *mégauder* „(vom Säugling) an der Mutterbrust saugen", Wartburg, Spr. u. Mensch 174; Bl.-W. 400, dürfte die Entwicklung verkehren; fam. *mégot* wird volksetymologisch in der Mundart mit *mègue* verknüpft; zu diesem s. REW 5537.
meilleur „besser"
11. Jh., ist Akkusativform zu afrz. *mieudre*, aus lat. *mĕlior*, *mĕliore*. REW 5479.
meistre s. *mestre*.
mélancolie „Schwermut"
13. Jh., aus lat. *(mĕlanchŏlia)*.
mélange „Mischung"
15. Jh., ist Abl. *(-inga)* von **mêler** „mischen", 12. Jh. *mesler*, aus vlat. **mĭscŭlare*, d. i. Deminutivform von lat. *mĭscēre* „mischen", das im Romanischen in der Sonderbedeutung „Wein mischen", „einschenken" erhalten ist. Diez 215; REW 5606; 5604.

mélasse „Melasse", „Zuckersirup"
17. Jh., aus spanisch *melaza* dass., mundartlich auch „Honighefe", aus vlat. **mĕlācea*, d. i. Abl. von *mĕl* „Honig", nach Bildungen wie lat. *vinacea* „Weinkannen", s. *vinasse* u. ä.; ein gleichgebildetes lat. *mellaceus* ist als Adjektivum „honigartig" bezeugt; d'Ovidio, Rom. 25, 302 f.; REW 5482.
mêlée „Kampfgetümmel"
12. Jh., ist subst. Part. von afrz. *mesler* in der Verbindung *soi mesler* „in Streit geraten", s. *mêler*.
mêler s. *mélange*.
mélèze „Lärche"
14. Jh., ist Franzisierung eines südostfrz. *melze*, so von Rabelais als Alpenwort angegeben, in dem die unfranzösische Verbindung *-lz-* durch *-lez-* aufgelöst wurde; vgl. dazu die maskulinische Neubildung vogesisch *mêlè*; da der Typus *melze* in unmittelbarer Nachbarschaft von *larze* dass., dieses aus lat. *larice* „Lärche", auftritt, ist die Grundform **mĕlĭce* wohl Kreuzung von *larice* mit *mel* „Honig", vgl. lat. *picea* „Föhre" zu lat. *pix* „Pech", oder vorromanisch, Bl.-W. 400; vgl. Meyer-Lübke, ZRP 15, 243 f.; 24, 141; Jud, ASSL 121, 95 f.; Thomas, Ess. 135; Roll. Fl. 11, 231.
Zusammensetzung von *larice* mit *mĕl*, also aus einer Grundform **mel-larice*, Diez 638, ist lautlich nicht möglich; auch nicht zu lat. *milax* „Taxusbaum", „Eichenart", Cohn, ASSL 103, 221; **mĕllĭgĕnu* zu *mellīgine* „Bienenharz", Nigra, AGI 15, 119, ist lautlich nicht möglich; ebenso **melicinus (larix)*, wie lat. *mastix*, *masticinus*, Serra, Dacoromania 5, 449; ebenso unmöglich gallisch **melatia*, Hubschmied, Rev. Celtique 50, 254.
mélilot „Honigklee"
14. Jh., aus lat. *(mĕlĭlōtum)*.
méli-mélo „Verwirrung", „Sammelsurium"
19. Jh., so in Bayeux, dafür pik. *mélon-mélette*, lothr. *malin-mala*, burg. *maulin-maulô*, fr. comt. *môlin-môlot*, literarisch auch *méliméla*, enthält im ersten Bestandteil vermutlich afrz. *meslëiz* „Gemenge", d. i. *-aticium*-Abl. von *mêler*, s. d.; der zweite Bestandteil ist Ablautform zu diesem; über den Ablaut *i-o* vgl. Bibl. ARom. 2, 2, 51 ff.
mélinite „Melinit"
19. Jh., ist gelehrte Abl. von lat. *(mēlĭnus)* „von Quitten", „quittenfarbig".
mélisse „Melisse"
13. Jh., aus mittellat. *(melissa)*, dieses rückgebildet aus lat. *(mĕlissŏphyllon)* dass. Dict. gén.
mellifère „honigerzeugend"
19. Jh., aus lat. *(mĕllifĕr)*.
melliflu(e) „honigsüß"
15. Jh., aus lat. *(mellifluus)*.
mélodie „Gesangsweise"
12. Jh., aus lat. *(mĕlōdia)*.

mélodrame „Musikdrama"
18. Jh., ist zusammengesetzt aus gr. (μέλος) „Gesang" und frz. *drame*, s. d.

melon „Melone"
13. Jh., aus lat. *(mĕlone)*.

mélongène „Eierpflanze", „Tollapfel"
18. Jh., aus neulat. *(melongena)*; dieses ist latinisiert aus nprov. *meloundjaina, merendjaina* u. ä., vgl. dazu volksetymologisch umgestaltetes mlat. *malum insanum*; es geht letzten Endes auf arabisch *bādinǧân* dass. zurück. REW 876.

mélopée „Gesangsprache"
16. Jh., aus lat. *(mĕlopoeia)*.

membrane „Häutchen"
16. Jh., aus lat. *(membrana)*.

membre „Glied"
11. Jh., aus lat. *mĕmbrum*. REW 5488.

membron „bleierner Dachfirst"
18. Jh., auch *membran*, ist kollektive Abl. (*-amen* bzw. *-umen*) von *membre (couronné)* „oben mit einer schmalen Leiste eingeführtes Gesims", s. *membre*; vgl. gleichfalls kollektiv abgeleitet **membrure** „Rippenwerk", „Rahmstück" u. ä.

même „selbst"
11. Jh. *medisme, mëisme*, daneben afrz. *meesme*, das dem literarischen *même* zugrunde liegt; aus grom. **mĕtĭpsĭmus*, d. i. nach dem Vorbild von Superlativen wie *maximus, minimus* u. ä. abgeleitet von vlat. *mĕtipse* dass.; dieses ist aus klassischen Verbindungen wie *egomet ipse, memet ipsum* u. ä. mit falscher Beziehung des *-met* zu dem nachfolgenden *ipse* losgelöst; das Nebeneinander der afrz. Formen *mëisme* und *meesme* erklärt sich als Nachwirkung der Doppelformen *is* und *es* für einfaches *ipse*; *is* aus vlat. *ipsī*, d. h. nach *qui* umgestaltetes *ipse*, vgl. *il*, während *es* die auf den Akkusativ *ipsum* zurückführende Entsprechung ist. Millardet, RLR 55, 423; RLR 61, 6 ff.; Diez 208; REW 5551; Gröber, ALL 3, 270.

mémento „Erinnerungsgebet", „Erinnerungszeichen"
14. Jh., aus lat. *(mĕmento)* „erinnere dich".

mémoire „Erinnerung", „Gedächtnis"
11. Jh. *memorie*, aus lat. *(mĕmŏria)*; dazu seit dem 14. Jh. aus appositionellen Verbindungen wie *écrit mémoire* u. ä. **mémoire** „Denkschrift".

menace „Drohung"
9. Jh., aus vlat. **mĭnācia* für lat. *mĭnaciae* dass. Diez 215; REW 5584.

menacer „bedrohen"
12. Jh., aus vlat. **mĭnāciare*, d. i. Abl. von vlat. **mĭnācia* „Drohung", s. *menace*; **minaciare* ersetzt klassisches *minari*, s. darüber *mener*.

ménade „Mänade", „Bacchantin"
16. Jh., aus lat. *(maenade)*.

ménage „Haushaltung", „Haushalt"
12. Jh., *maisnage*, daneben, beeinflußt durch afrz. *manoir* „Wohnstätte", als Verbum auch „wohnen", gleichfalls schon im 12. Jh. *manage*; ist kollektive Abl. *(aticum)* von *maison* oder afrz. *maisniee* „Haushalt", „Gefolgschaft", „Gesinde", dieses aus grom. **mansionata*; nicht schon mlat. *mansionaticum*, das in der Bedeutung „Verpflichtung, für die Unterkunft hochgestellter Persönlichkeiten zu sorgen", dann „Haus-, Grundsteuer" reich belegt ist; Baldinger, ZRP 72, 321; vgl. auch *maison*. Diez 638; REW 5314; ALL 3, 259.
Dazu seit dem 14. Jh. *maisnagier* „einen Haushalt führen", dann verallgemeinert „verwalten"; dazu mit dem Nebensinn der Sorgfalt, Sparsamkeit nfrz. **ménager** „sparsam verwalten", schließlich „schonen"; ferner afrz. *maisnagier* „Hausvater", 13. Jh. *maisnagiere* „Hausfrau", nfrz. **ménagère** dass., auch „Haushälterin".

ménagerie „Sammlung lebender Tiere"
16. Jh., bedeutet ursprünglich „Haushaltung", besonders „Verwaltung eines ländlichen Besitzes", daraus „Haustiere", ist also kollektivische Abl. von *ménage*, s. d.

mendiant „Bettler"
12. Jh., ist subst. Part. von **mendier** „betteln", 12. Jh. *mendiier*, aus lat. *mendīcare*; *mendiant* ersetzt afrz. *mendi* aus lat. *mendīcus* dass. REW 5492.

mendicité „Bettlertum"
13. Jh., aus lat. *(mendīcĭtate)*.

mendole „Laxierfisch"
17. Jh., aus nprov. *mendoulo, mendolo*, dieses aus grom. **maendŭla*, das aus **mendla* rückgebildet ist, vgl. *martulus* aus *martlus* unter *marteau*; **mendla* ist grom. Form aus vlat. **maenula*, d. i. dem. Abl. von lat. *maena* dass.; vgl. REW 5219.
Die *-nd*-Form wegen Kreuzung mit prov. *menda* „Fehler", „Versehen", Barbier, RLR 52, 117, ist begrifflich nicht gerechtfertigt; oder *-nd-* wegen Kreuzung mit **amendula* „Mandel", s. *amande*, Thomas, Rom. 38, 620?

mène „Laxierfisch"
17. Jh., aus lat. *(maena)*.

meneau „Mittelpfosten eines Fensters, einer Tür"
15. Jh., ist substantiviert aus afrz. *meinel, moinel* „mittlerer", vgl. mit anderer Bedeutungsentwicklung Blois *méniau* „Ferkel, das nicht mehr saugt, aber noch nicht erwachsen ist", dieses *-alis*-Abl. von *moyen*, s. d.; Baist, RF 15, 320; ZRP 32, 425 f.; REW 5452; vgl. auch *moineau* 2.
Zu *moine* „Mönch", vgl. die deutsche Übersetzung „Mönch" und englisch *mullion*, das „Fensterkreuz" und „Mönch" bedeutet, *Weekley, MLR 4, 396, ist kaum ursprünglich; deutsches „Mönch" ist Lehnübersetzung

des frz. *moineau*, der älteren Form für *meneau*, s. d.; desgleichen englisch *mullion*.

mener „führen"
10. Jh., aus lat. *mĭnare* „(Vieh) durch Schreien und Prügeln antreiben", dieses über „bedrohen" aus lat. *minari* „drohen" entwickelt; die Spezialisierung des Wortes erklärt sich aus dem Eintreten der abgeleiteten Form **minaciare* in der allgemeinen Bedeutung, s. *menacer*, vgl. in der Terminologie der Jagd *mener* "(das Wild) verfolgen", Tilander, Ess. étym. cyr. 39, 77, s. Rom. 75, 282; Bambeck 41; dazu **menée** „Fluchtweg des Hirsches", plur. „Intrigen", „Umtriebe", afrz., 11. Jh., „Verfolgung", „lautes Rufen", „Hornsignal", auch „Hirschjagd", TL VI, 1403; Diez 214; REW 5585.

menestre „Suppe"
16. Jh., aus ital. mundartlich *menestra*, toskanisch *minestra*, das ursprünglich „Verabreichung" bedeutet; dieses ist postverb. Subst. von *minestrare* „anrichten", „verwalten", aus lat. *mĭnĭstrare* „Dienste leisten". Diez 385; REW 5590.

ménestrel „Minnesänger"
im 19. Jh. aus afrz. *menestrel* „Spielmann" neu belebt; dieses seit dem 11. Jh., auch in der Bedeutung „Handwerker", „Diener", mlat. (9. Jh.) noch Beamter, wie lat. *(mĭnĭstĕrialis)* „Beamter"; in volkstümlich angepaßter Form liegt das Wort in **ménétrier** „Dorfmusiker" vor. REW 5588; Gg. Bed. 96; s. *métier*.

menhir „Druidenstein"
19. Jh., aus bretonisch *men hir* „langer Stein". Dict. gén.

méniane „mit Gitterladen verschlossener Erker"
17. Jh., aus lat. *(maenianum)* „Erker", vielleicht über ital. *meniano* derselben Herkunft.

ménianthe „Zottenblume"
17. Jh., aus lat. *(mĭnyanthes)*.

ménin „junger, im Hause des Fürsten aufgezogener Adeliger"
17. Jh., vgl. dazu berrich. *menin* „kleines Kind", aus spanisch *menino* „von der Geburt auf für den Pagendienst bestimmter Adeliger"; dieses ist vermutlich aus **meñino* assimiliert; gehört dann zum Stamm von spanisch *miñon* „zur Verfolgung von Schmugglern bestimmter Soldat", *miñona* „kleiner Druckbuchstabe" u. ä., d. h. zum Stamm **miñ-* „klein", der unter *mignon* erwähnt ist.

méninge „Hirnhaut"
16. Jh., aus lat. *(meninga)*.

ménisque „Körper, der einerseits konvex, andererseits konkav ist"
17. Jh., aus gr. (μηνισκός) „wachsend" (vom Mond).

ménologe „Monatskalender"
17. Jh., aus lat. *(mēnolŏgium)*.

menon „Art levantische Ziege"
18. Jh., ist im 16. Jh. in der Bedeutung „verschnittener Bock" bezeugt, aus prov. *menon* dass., vgl. dazu sav. *mëlon* „junger, verschnittener Ochs"; aus grom. **mĭno, mĭnone*, d. i. mit dem charakterisierenden Suffix *-one* erweitertes lat. *mĭnus* „verschnitten", das in *ovis mina* „Schaf, das nur an einer Euter Milch gibt" belegt ist; vgl. dazu ital. *menno* „entbehrend", „verstümmelt".

menotte „Händchen"
daraus als Euphemismus „Handfessel", 16. Jh. *manotte*, vgl. von diesem neu abgeleitet mittelfrz., frz. Schweiz *manotter* „die Hände fesseln", ist dem. Abl. von *main* „Hand".

mense „Tafel", „Tafelgeld"
19. Jh., aus lat. *(mensa)* „Tisch", vgl. *moise*.

mensole „Schlußstein einer Wölbung"
17. Jh., aus ital. *mensola*, eigentlich „kleine Tafel", d. i. dem. Abl. von *mensa* „Tafel", s. *mense*.

mensonge „Lüge"
11. Jh. *mençonge*, aus grom. **mentionica*, afrz. fem., später in Anlehnung an *songe*, mask.; d. i. subst. **mentionicus* „lügnerisch", das von lat. *(mentio), mentione* „Lüge" abgeleitet ist, Tobler ASSL 108, 258, wie *agonicus* zu *agon*, *daemonicus* zu *daemon*, *fullonicus* zu *fullone* usf.; daneben ein Typus **mentionia*, in afrz. *mençogne*, ital. *menzogna*, das nach Jud, VR 11, 114 eine Kreuzung von *mentitio* mit *daemonia*, d. i. Plural von *daemonium* „böser Geist" wäre; aber *mentio*, *mentione* für *mentitio* ist spätlateinisch, Löfstedt, Stud. 94; vgl. Cohn ASSL 103, 211; REW 5509; Bl.-W. 402.

menstrue „Menstruation"
16. Jh., aus lat. *(menstrŭa)*.

mensuel „monatlich"
18. Jh., aus lat. *(mensualis)*.

mensurer „abmessen"
19. Jh., gelehrte Entsprechung von *mesurer*, s. d. Bl.-W. 402.

mental „geistig"
14. Jh., aus spätlat. *(mentalis)*.

mentalité „Geisteshaltung"
19. Jh., aus engl. *mentality*, Bl.-W. 402; Schalk, RF 60, 546.

menterie „lügnerische Rede"
13. Jh., ist Abl. von **menteur** „Lügner", 12. Jh. *menteor*, aus vlat. **mentītore*. REW 5511.

menthe „Minze"
13. Jh., aus lat. *mentha*. REW 5504.

mention „Erwähnung"
12. Jh., aus lat. *(mentione)*; dazu seit dem 15. Jh. **mentionner** „erwähnen".

mentir „lügen"
10. Jh., aus lat. *mentīri*. REW 5510.

menton „Kinn"
12. Jh., aus grom. **mentone* „kleines

Kinn", d. i. Abl. von lat. *mentum* „Kinn". Zauner, RF 14, 406; REW 5512.
Lat. *mento* bedeutet „Langkinniger", steht also mit frz. *menton* nicht in direkter Beziehung.

mentonnet „Schließhaken", „Kinnstückchen einer Messerklinge" u. ä.
17. Jh., ist dem. Abl. von *menton* „Kinn", s. d.

mentor „Führer", „Ratgeber"
18. Jh., nach dem Namen des Ratgebers von Telemach in der Odysee.

menu „klein", „dünn"
11. Jh., aus lat. *mĭnūtus* „winzig". Diez 215; REW 5600.

menuaille „Kleinigkeiten", „Kleingeld"
13./14. Jh., aus lat. *mĭnūtalia* „Kleinigkeiten". REW 5596.

menuchon „Gauchheil"
19. Jh., ist Dialektform aus dem Dep. Manche und gehört zu norm. *mernuchon* dass., das selbst von **mụernūš*, vgl. M. et L. *mournouche*, abgeleitet ist; *moirnuche* ist dem. Abl. von *moiron* dass., vgl. S-et-M. *mouëron*, boulogn. *mûron*, *meuron*, angev. *môrion*, Blois *moiron*, dann mit volksetymologischer Einwirkung von *mordre*, *morgeline* latinisiert mlat. *morsus gallinae*, berrich. *mordon*, Guernesey *moudron*; dazu das auch in den Wörterbüchern verzeichnete literarische **mouron** dass.; Herkunft und Entwicklung unsicher; mit port. *morugem* aus lat. *mollugo*, *mollugine*, das als Pflanzenname bezeugt ist, Inès Louro, Bol. de Filologia 9, 151 ist als Grundlage der französischen Formen nicht verständlich, vgl. Roll. Fl. 3, 32; 9, 57.

menuet „kleinwinzig" va.; „Menuett"
12. bzw. 17. Jh., ist dem. Abl. von *menu*, s. d.

menuise „Menge kleiner Fische", „Kleinholz", „Vogelschrot"
13. Jh., bedeutet afrz. allgemein „Menge kleiner Gegenstände", aus lat. *mĭnūtia* „Kleinigkeit", im 8. Jh. als *minutiae* „Hobelspäne", Bambeck 42; REW 5597; dazu seit dem 13. Jh. die Abl. **menuisier**, das zunächst den Arbeiter jeder Art bezeichnet, der sich mit Kleinarbeit abgibt, seit dem 16. Jh. für den „Tischler", „Schreiner" spezialisiert wird; vom Subst. seit dem 15. Jh. die Abl. **menuiserie**, zunächst „Herstellung kleiner, feiner Arbeiten", dann „Tischlerarbeit". Diez 215; REW 5598.

menuiser „zerkleinern" „(Holz) behauen", „tischlern"
11. Jh. *menusier* „zerkleinern", „vermindern", aus vlat. *mĭnūtiare*, d. i. Intensivform von gleichbedeutendem *minuere*, *minūtus*, s. *menu* und *mince*; Bl.-W. 403.

méphistophélique „satanisch"
19. Jh., ist abgeleitet vom Namen des bösen Geistes *Mephistopheles* in Goethes Faust.

méphitique „verpestend"
16. Jh., aus lat. (*mĕphĭtĭcus*).

méplat „auf einer Seite stärker als auf der anderen", „wenig gewölbte Fläche"
17. Jh., ist zusammengesetzt aus pejorativem *mé-* und *plat*, s. d.

mépris „Geringschätzung", „Verachtung"
14. Jh., ist postverb. Subst. von **mépriser** „geringschätzen", „verachten", 12. Jh., dieses zusammengesetzt aus pejorativem *mé-*, s. d., und *priser* „schätzen", s. d.

méprise „Mißgriff"
12. Jh., ist subst. Part. von **méprendre** „fehlgreifen", afrz. *mesprendre* „einen Fehler begehen", 12. Jh., s. *mé-* und *prendre*.

mer „Meer"
11. Jh., fem. nach dem begriffsverwandten *terre*, aus lat. *măre*, neutr. REW 5349.

mercanti „Schieber", „Kriegsgewinnler"
19. Jh., aus der französisch-italienisch-arabischen Mischsprache Algeriens, hier aus ital. *mercanti*, d. i. Plural von *mercante*, s. *marchand*; Bl.-W. 403.

mercantile „den Handel betreffend"
17. Jh. *mercantil* aus ital. *mercantile*, d. i. Abl. von *mercante* „Kaufmann", s. *marchand*; das alte Fem. **mercantille** ist in Anlehnung an das Kollektiv-Deminutivsuffix *-ille* zur Bedeutung „kleiner, unwichtiger Handel" gekommen.

mercenaire „Söldner", „für Sold arbeitend"
13. Jh., aus lat. (*mercēnarius*).

mercerie „Kurzwarenhandel"
13. Jh., bedeutet afrz. allgemein „Ware", „Handel"; es ist Abl. von **mercier**, 12./13. Jh., afrz. „Kaufmann", heute „Kurzwarenhändler"; dieses ist vorhistorische Abl. von afrz. (prov.) *merz* „Ware" aus lat. *merx*, *merce* dass. REW 5536.

merci „Gunst" va.; „Gnade"
9. Jh., afrz. „Gnade", „Erbarmen", dazu afrz. *bone merci* und *male merci* „Erbarmen" und „Erbarmungslosigkeit"; entstanden aus dem Satzadverb **mercede* + obliquus der Person „durch die Gnade von", z. B. *merci Dieu* „durch die Gnade Gottes"; s. *remercier*; aus lat. *merces*, *mercedis* „Lohn"; Bl.-W. 403; Diez 211; REW 5517.
mercier s. *mercerie*.

mercredi „Mittwoch"
12. Jh. *mercresdi*, aus lat. *Mercŭrii dīes* „Merkurstag"; das *-s* der afrz. Form stammt von den Tagesnamen wie *martis dies*, *veneris dies* u. ä. REW 5519.

mercure „Liebesbote" va.; „Quecksilber"
15./16. Jh., aus lat. (*Mercŭrius*), dem Namen des Götterboten und Gottes der Kaufleute; die Bedeutung „Quecksilber" Benennung durch die mittelalterlichen Alchimisten; Bl.-W. 403.

mercurial „Bingelkrauthonig"
17. Jh., ist Rückbildung von *mercuriale* 1.
mercuriale 1. „Bingelkraut"
14. Jh. *mercuriel*, aus lat. *(herba) (mercŭrialis).*
2. „Gerichtsversammlung am ersten Mittwoch nach den Ferien", „Parlamentsrede"
16. Jh., wird im 17. Jh. als Gerichtsausdruck angegeben, der sich verallgemeinert hat, Br. 4, 403, ist abgeleitet vom Namen des Mittwoch *(mercŭrii dies)*, s. *mercredi.*
3. „Preistabelle am Markt"
1800, ist abgeleitet vom Namen des Gottes des Handels *(Mercŭrius).*
merde „Kot"
12./13. Jh., aus lat. *mĕrda.* REW 5520.
mère 1. „Mutter"
10. Jh., aus lat. *māter, mātre.* Tappolet Verw. 16 f.; REW 5406.
2. „rein"
in *mère goutte* „Vorlauf vom Wein", *mère laine* „Kernwolle", 14. Jh., enthält im ersten Bestandteil frz. *mère* „Mutter", aber in Nachbildung von mhdt. *muoter* in Verbindungen wie *muoterbar, muoterbloz, muoternacket* „mutternackt", d. i. „nackt wie im Mutterleib"; dazu, aber umgedeutet nach afrz. *mier* „rein", „lauter", Namur *miernu,* Doubs *marnu,* dass.; oder dt. „mutterseelenallein", mit *mutterseele* für *muoter* entsprechend, Namur *mierseu(l);* so wird frz. *mère-* zu einem Steigerungspräfix, wie in *mère laine* „Kernwolle"; die ursprüngliche Funktion als Präfix zeigen *mère goutte, mère laine* noch in der Voranstellung des Adj.; afrz. *mier* aus lat. *merus* „rein"; Rohlfs ASSL 163, 104; Baldinger ZRP 72, 88; anders Bl.-W. 403.
méreau s. *marelle.*
méridien „mittägig", „Mittagskreis"
12. Jh., aus lat. *(mĕrĭdianus);* das Wort ist volkstümlich entwickelt in afrz. *meriiene* „Mittagszeit", „Mittagsschlaf" erhalten, REW 5529; aus *(hora) meridiana* „Mittagsstunde", seit dem 17. Jh. **méridienne;** Bl.-W. 404.
meringue „leichte Bäckerei"
18. Jh., vgl. dazu wall. *marinke* „Hirtenbrot", dazu toskanisch *marenga,* nprov. *meringo;* u. H.
mérinos „Merinoschaf"
18. Jh., aus spanisch *merino,* Beiwort der Schafe, die im Winter in Extremadura, im Sommer auf den Bergen weiden; dieses ist vielleicht Abl. von lat. *(lana) mera* „Kernwolle", s. *mère* 2; vgl. Cor. III, 352.
merise „Vogelkirsche"
13. Jh., ist Kreuzung von *cerise* „Kirsche" mit *amer* „bitter". REW 406; FEW I, 81.
mérite „Verdienst"
12. Jh., afrz. „verdienter Lohn", „Verdienst", „Gnade"; aus lat. *(mĕrĭtum);* dazu seit dem 14. Jh. **mériter** „verdienen", ersetzt *merir* „verdienen", auch „vergelten", aus lat. *merere* „verdienen".
merlan „Weißling"
12. Jh. *merlenc,* ist schon vorhistorische Abl. (fränkisch *-ing,* das zur Bildung von Namen kleiner Tiere dient) von lat. *mĕrŭla,* das neben „Amsel", s. *merle,* auch den Fisch bezeichnet. Joret, Rom. 9, 121 f.; REW 5534.
Mndl. *smerling* (mhdt. *smĕrlinc*) „Schmerling", „Gründling", Vising, AR 2, 25, ist lautlich und begrifflich schwierig.
merle „Amsel"
12. Jh., ist afrz. Maskulinum und Fem., aus lat. *mĕrŭlus,* das lat. neben *mĕrŭla* dass. belegt ist; dazu seit dem 14./15. Jh. die fem. Abl. **merlesse** „Amselweibchen". REW 5534.
merlin 1. „Art Holzhacke", „Keule"
17. Jh., vgl. dazu wall. *mârlin* „starke Holzhacke", sav. *marlin* „eiserne Keule", dazu die Rückbildung Zell (Lothr.) *merle* „Beil, dessen Eisen stumpf ist", frz. Schweiz *mâl* „Schlegel", ALF 7959, dann mit anderem Suffix verd. chal. *marluche* „großer Schlegel", berrich. *malluche,* Bress. *marleuche;* aus vlat. **martelinus* zu lat. *martellus* „Hammer", s. *marteau.* Gade 50 f.
Kaum zu lat. *marculus* „kleiner Hammer", REW 5347, das begrifflich auch nicht besser ist, und unwahrscheinlich wird, weil dieses *marculus* selbst im Gallorom. zu *martellus* umgebildet wurde; **martell-inus* wird nach lat. Lautgesetzen zu *martelinus,* die Bedenken von H. E. Keller, RLiR 23, 299 sind daher unbegründet.
2. „Marling", „dreidrähtiges Seil"
17. Jh., aus dänisch *maerling* bzw. ndl. *meerling.* Behrens, Wg. 375; Braune ZRP 21, 215; REW 5194.
merlon „Schartenkasten", „Art Kopfschutz aus Steinen, für die Verteidiger auf Festungen"
17. Jh., aus ital. *merlone* dass.; d. i. Abl. von *merlo* „Zinne", „Spitze", vgl. dazu *merlare* „mit Zinnen versehen", dieses aus oberital. *merlo,* dem im Sizilianischen *mergula* „Mauerzinne" entspricht; dieses aus vlat. **mergula,* d. i. dem. Abl. von lat. *mergae* „Gabel". Diez 212; Battisti, 2432.
Abgelehnt REW 5527; zu *merlo,* „Amsel" s. *merle,* wie man in arabischen Dörfern die einfachen Zinnen auf Häusern ‚Tauben' nannte, Horning, ZRP 21, 456; Bl.-W. 404.
merluche „getrocknete Flußtrüsche"
17. Jh., ist pikardisch-norm. Form für afrz. *merlutz,* „Stockfisch", vielleicht angeschlossen an das mundartliche *-uche-*Suffix, nfrz. **merlus** „Flußtrüsche", das seit dem 14. Jh. bezeugt ist; *merlus* ist für einzelne Gadusarten die südliche Entsprechung des nördlichen *merlan;* vgl. für gadus virens frz. *merlan jaune,* mars. *marlus,* für gadus

merlangus frz. *merlan*, in Marseille *marlu;* es ist daher prov. *merlutz* wohl Kreuzung von *merlenc*, s. *merlan*, mit prov. *lutz* „Hecht", aus lat. *lūcius* dass., vgl. für den Hechtdorsch, gadus merlucius, katalanisch *llus;* die Kreuzung der Bezeichnungen wegen der silbernen Seiten- und Bauchfarbe der Trüsche; vgl. Schuchardt, RB 25.
Unmittelbare Abl. von *merula* „Weißling", Joret, Rom. 9, 122 f.; Barbier, RDR 1, 440, ist morphologisch nicht möglich; *merluche* als Umdeutung von *morue* „Kabeljau", Schuchardt, ZRP 30, 724 Anm., ist angesichts des Nebeneinanders von *merlan* und *merlus* unwahrscheinlich; da die Flußtrüsche getrocknet als Handelsartikel mit dem Stockfisch verwechselt wird, wird für *merluche* bisweilen auch die Bedeutung „getrockneter Stockfisch" angegeben; *maris lucius* „Seehecht", Diez 212, ist begrifflich abzulehnen; vgl. auch REW 5143.

merrain s. *mairain*.

merveille „Wunder"
11. Jh. *merveille*, aber prov. *meravelha*, dem afrz. **mereveille* entspräche; aus vlat. *mīrābĭlia* zu lat. *mīrabilis* „wunderbar", mit nicht aufgeklärter Entwicklung des vortonigen *-ī-;* REW 5601.

mes „meine"
ist die tonlose Form des Akkusativs Plur. des Possessivpronomens, entsprechend lat. *mĕos*, *meas*.

més- „miß-"
ist vorvokalische Entsprechung des Präfixes *mé-*, s. d.

mésaise „Unbehagen", va.
11. Jh., s. *aise, mé-*.

mésange „Meise"
12. Jh., ist als *mesenga* in der Appendix Probi (10. Jh.) überliefert, älter fränkisch **maisinga* zu anord. *meisingr*, das der literarischen Form zugrunde liegt; eine lat. Bezeichnung des Vogels ist nicht gesichert, vielleicht weil die Meise als Unglück bringender Vogel von den Schriftstellern nicht erwähnt wurde; dagegen ist in den Glossen des 8. Jhs. für den Vogel die romanische Neubildung *laudariolus*, von Barbier, RDR 2, 181 verbessert in *lardariolus* bezeugt, das in Mittelfrankreich erhalten und als *larderelle* im Rosenroman überliefert ist; Behrens, Wg. 146; Sandmann, Bez. d. Meise in den rom. Spr. Diss., Bonn, 1929; Gg., Marche romane II (1952), 75.

mésangette „Meisenfalle"
19. Jh., ist mit Endungsverkennung abgeleitet von *mezā̌žé*, d. i. mittelfrz. *mesangier* dass.; dieses ist mittels des Fallen bezeichnenden Suffixes *-arium* abgeleitet von *mésange* „Meise", s. d.

mésallier „sich unter seinem Rang verheiraten" refl., 16. Jh., s. *allier* und *mé-;* dazu 17. Jh. **mésalliance.**

mésaventure s. *aventure, mé-*.

mésentente „Unstimmigkeit"
19. Jh., s. *entente, mé-*.

mésentère „Gekröse"
16. Jh., aus gr. (μεσεντέρον).

méshui s. *maishui* unter *mais*.

mésestime „Geringschätzung"
18. Jh., s. *estimer, mé-*.

mésintelligence „Mißstimmigkeit"
16. Jh., s. *intelligence, mé-*.

mesquin „armselig", „dürftig"
17. Jh., aus ital. *meschino;* dieses aus arabisch *meskîn* „arm", „elend"; das Wort lebt in volkstümlicher Entwicklung in afrz. *meschin*, *meschine* „junger Mensch", „junges Mädchen", dann „Dienerin", und ist in der letzten Bedeutung im Wall., Rouchi, Pik. erhalten. Diez 212; Schuchardt, ZRP 33, 462 f.; Lam. 164; Pauli, Enf. 183 f.; REW 5539; Bl.-W. 404.

mess „Offiziersmesse"
19. Jh., aus englisch *mess* „Tischgesellschaft", ursprünglich „Gericht", „Schüssel", das aus afrz. *mes*, s. *mets*, entlehnt ist.

message „Botschaft"
11. Jh., ist kollektiv-abstrakte Abl. von afrz. *mes* „Bote", aus lat. *mĭssus* „der Geschickte"; wird dann selbst Bezeichnung der Person, die die Botschaft überbringt, s. *ordonnance;* dazu seit dem 12. Jh. die neue Personabl. *messagier, heute* **messager** „Bote". REW 5616; Bl.-W. 404.

messaline „ausschweifende Frau"
19. Jh., nach dem Namen der unzüchtigen Frau des Kaisers Claudius *Messalina*.

messe „Messe"
10./11. Jh., zuerst 385 bei Ambrosius für „liturgische Opferfeier", im 5. Jh. allgemein üblich, wird im Lat. auch „Feiertag von Heiligen", wie das daraus entlehnte ahdt. *mëssa;* Kluge; aus lat. *mĭssa* „Entlassung", „Messe", zu lat. *mĭttere* in der Bedeutung „gehen lassen", „entlassen".

messéance „Unschicklichkeit"
16. Jh., ist Abl. von **messeoir** „unschicklich sein", 12./13. Jh., dieses Zusammensetzung von pejorativem *més-*, s. *mé-*, mit *seoir* in der unpersönlichen Bedeutung „schicklich sein".

messer „Herr"
16. Jh., aus ital. *messere, missere*, das selbst aus afrz. *messire* „mein Herr" entlehnt ist; dieses ist alter Nominativ zu *monseigneur*, entspricht also einem gallorom. *mĕus sĕnior;* s. auch *monsieur*.

messidor „Messidor" (10. Monat des republikanischen Kalenders)
18. Jh., ist zusammengesetzt aus lat. *(messis)* „Ernte" und gr. (δῶρον) „Geschenk".

messie „Messias"
16. Jh., aus lat. *(messias)*, das über aramäisch *mešîḥā* auf hebräisch *māšîăḥ* „der Gesalbte" zurückführt. Littmann 32 f.

messier „Feldhüter"
13. Jh., aus vlat. **messarius* zu lat. *messis* „Ernte". Dict. gén.
messire s. *messer.*
mestre 1. „Oberst"
16. Jh. *maistre de camp,* aus ital. *mastro di campo,* lautlich von frz. *maistre,* s. *maître,* beeinflußt; ital. *mastro* ist mundartliche Form für *maestro,* die Entsprechung des frz. *maître.*
2. „Hauptmast"
18. Jh., aus nprov. *mestre-mast,* zu nprov. *mestre* „hauptsächlich" aus lat. *măgĭster* „Meister", „Herr"; s. *maître* und *mât.*
mesure „Maß"
12. Jh., aus lat. *mensūra.* REW 5502.
mesurer „abmessen"
12. Jh., aus lat. *mensūrare.* REW 5503.
met s. *mait.*
métabole „Umstellung"
16. Jh., aus lat. *(mĕtăbŏle)* „Übergang in eine andere Tonart".
métacarpe „die fünf parallelen, die Handfläche bildenden Knochen"
16. Jh., aus gr. (μετακάρπιον).
métachronisme „Irrtümliche Versetzung eines Ereignisses in eine andere Zeit"
18. Jh., ist in Anlehnung an *anachronisme* zu gr. (μετά) „anderswohin" gebildet.
métairie „Pachtgut"
12./13. Jh. *moitoierie,* ist Abl. von afrz. *meiteier, moitoier* „Pächter, der als Pachtzins die Hälfte des Ertrages abgibt", heute **métayer** „Pächter"; dieses ist vorhistorische Abl. von mlat. *medietate* in der Bedeutung „Pacht" (die in der Abgabe der Hälfte des Ertrages besteht), zu lat. *mĕdietas* „Hälfte", s. *moitié.* Diez 213; REW 5461.
métal „Metall"
11. Jh., aus lat. *(mĕtallum).*
métalepse „Vertauschung des Vorhergehenden mit dem Nachfolgenden"
17. Jh., aus lat. *(mĕtalēpsis).*
métamorphose „Verwandlung"
16. Jh., aus lat. *(mĕtamorphōsis).*
métaphore „Metapher"
13. Jh., aus lat. *(mĕtaphŏra).*
métaphysique „metaphysisch", „Metaphysik"
14. Jh., aus mlat. *(metaphysicus),* so genannt, weil in den Werken des Aristoteles die Metaphysik ‚nach der Physik' = μετὰ τῶν φυσικῶν steht. Dict. gén.
métaplasme „Wortumbildung"
16. Jh., aus lat. *(mĕtaplasmus).*
métastase „Versetzung eines Krankheitsstoffes in einen anderen Körperteil"
17. Jh., aus gr. (μετάστασις) „Umstellung".
métatarse „die fünf die Fußfläche bildenden Knochen"
16. Jh., aus gr. (μετατάρσιον) zu gr. μετὰ „mitten unter" und ταρσός „die untere Fläche des Fußes".
métathèse „Umstellung"
16. Jh., aus lat. *(mĕtathĕsis).*
métayer s. *métairie.*
méteil „Mischkorn"
13. Jh. *mestueil, mestoil,* ist dem. *-eolum-*Abl. vom Stamm von afrz. *mesture* dass., das heute als *méture* mundartlich weit verbreitet ist, dieses aus lat. *mĭxtūra* „Vermischung", „Mischung"; nfrz. *méteil* zeigt Anlehnung an das bedeutungslose Suffix *-eil* oder ist Rückbildung von afrz. gleichbedeutendem *mesteillon,* das selbst von afrz. *mestueil* abgeleitet ist; vgl. mit anderem Suffixwechsel mundartliches *métau, métaille* u. ä.; ein mlat. *mixtolium* ist seit Beginn des 13. Jhs. für Paris bezeugt, s. Métivier s. v; **mixtīlia,* REW 5619, entspricht nicht der ältesten Form; auch nicht **mistīlium,* zu **mĭstīlis,* das nach *fissilis, coctilis* u. ä. gebildet wäre, Thomas, Rom. 25, 385 (Ess. 79). Die Entwicklung von *xt* zu *st* ist vlat.; s. *lâcher;* über den südlichen entsprechenden Typus s. *couseau.*
métempsychose „Seelenwanderung"
16. Jh., aus lat. *(mĕtempsychōsis).*
météore „Lufterscheinung"
13. Jh., aus mlat. *(meteorum),* dieses aus gr. μετέωρον „Erscheinung in der Luft und am Himmel".
métèque „lästiger Ausländer"
19. Jh., ist gelehrte Franzisierung von gr. μέτοικος „Einwanderer"; s. Bl.-W. 405.
méthode „Methode"
16. Jh., aus lat. *(mĕthŏdus).*
méticuleux „peinlich genau", „zaghaft"
19. Jh., aus lat. *(mĕtĭcŭlosus)* „furchtsam".
métier „Handwerk", „Werkstuhl"
19. Jh., bedeutet afrz. allgemein „Dienstleistung", auch „Gottesdienst" (9. Jh.); andererseits „Notwendigkeit", aus lat. *mĭnĭstĕrium* „Dienstleistung". Diez 212; REW 5589; Longnon, Irm. 56; s. *ménétrier, ministre.*
métif „Mestize"
17. Jh., ist mit Suffixwechsel umgestaltet aus **métis,** afrz. *mestis,* 12. Jh. „gemischt", „unreiner Abkunft", „geringwertig", aus lat. *mĭxtīcius* „von Eltern verschiedener Nation geboren", bei Isitor s. Sevilla *mesticius,* Sofer 109; Diez 212; REW 5681.
métonymie „Metonymie"
16. Jh., aus lat. *(mĕtōnymia).*
métope „Zwischenweise"
16. Jh., aus lat. *(mĕtŏpa).*
mètre 1. „Metrum", „Versmaß"
14. Jh., aus lat. *(mĕtrum).*
2. „Meter"
18. Jh., aus gr. (μέτρον) „Maß".
métropole „Hauptstadt"
14. Jh., aus lat. *(mētrŏpŏlis).*
mets „Gericht", „Speise"
12. Jh. *mes,* die Schreibung *mets* seit dem

15. Jh. in Anlehnung an *mettre* „auftragen", aus lat. *mĭssus* „Gang bei Tisch". Diez 638; REW 5612.
Zu mndl. *met* „Speise", „Fleisch", Braune, ZRP 18, 514, ist wegen der alten Form nicht möglich, vgl. auch *mess;* afrz. *met* besteht nicht, s. Förster, ZRP 19, 106 f.

mettre „stellen", „setzen" u. ä.
10. Jh., aus lat. *mĭttĕre* „senden", das schon im Spätlateinischen, z. B. bei Marcellus Empiricus, die Bedeutung des frz. Wortes aufweist, s. *messe*; es ersetzt im Vlat. lat. *ponĕre*; Diez 213; REW 5616.

meuble „beweglich", „Einrichtungsgegenstand"
12. Jh. *mueble,* aus vlat. *mŏbĭlis* „beweglich", d. i. lat. *mōbĭlis* mit Übernahme des Tonvokals von *mŏveo,* s. *mouvoir*; dazu substantiviert „bewegliches Eigentum", aus Verbindungen wie *biens muebles,* daraus seit dem 16. Jh. *meuble* „Möbel"; REW 5624; Bl.-W. 406.

meugler „brüllen"
16. Jh., ist Kreuzung von *beugler* mit *mugir*; Marchot, ZRP 19, 100.

meulard „großer Mahlstein"
19. Jh., ist zweifellos älter, vgl. dazu im 15. Jh. die feminine Weiterbildung *meularde* „mittlerer Mahlstein", ist franzisierte Form eines südlichen *molar* in *peira molar* aus lat. *mŏlāris* „zum Mühlstein gehörig".

meule 1. „Mühlstein"
11. Jh. *muole,* aus lat. *mŏla* dass.; REW 5641.
2. „Schober", „Miete"
17. Jh. *mule,* ist Rückbildung von afrz. *muilon, mulon,* auch *moilon,* so seit dem 12. Jh., aus älterem **moeillon, *moïllon,* dieses aus vlat. **mŭtellione,* d. i. *-ione*-Abl. von lat. *mutulus, *mutellus* (vgl. *marteau*), das als Ausdruck der Architektur = „Kragstein" überliefert ist, aber nach ital. *mucchio* „Haufen", rum. *muche* „(Messer)rücken", spanisch *mojon* „Grenzstein" u. ä. auch die allgemeine Bedeutung „Erhöhung" gehabt haben dürfte; dazu in der ursprünglichen Bedeutung ital. *modiglione* „Sparrenkopf", s. *modillon.*
Zu *meule* „Mühlstein", aus lat. *mŏla,* da der untere wie ein abgestumpfter Kegel zulaufende Teil des Mühlsteins das Mahlen besorgte und die Bezeichnung dieses Teiles = lat. *mēta,* auch „Heuschober" bedeutete, wäre auch auf *mola* die Bedeutung „Heuschober" übertragen worden, Meyer-Lübke, ZRP 19, 97 f., ist wegen der alten Form nicht möglich; vgl. auch Bl.-W. 407; zu *mutulus,* aber mit unhaltbarer lautlicher Erklärung, Hubschmid RDiR 23, 362.

meuleau „mittelgroßer Mühlstein"
15. Jh., ist gleichbedeutend mit *meulard;* dieses aus prov. *peira* (pierre) *molar,* d. i. adj. Abl. von prov. *mola,* s. *meule* 1.

meulon „kleiner Heuschwaden"
16. Jh., lebt V. d'Yères, Morv., dann nprov. *mouloun,* ist in Anlehnung an *meule* 2 umgestaltetes afrz. *muilon, mulon,* s. *meule* 2. Nicht zu *mulet* „Maultier", Horning, ZRP 9, 500; 27, 150.

meunier „Müller"
13. Jh., aus lat. *mŏlīnarius*; Diez 219; REW 5643.

meurtre „Mord"
11. Jh., afrz. *mordre* mit der von *mort* beeinflußten Nebenform *mortre,* s. d. F., aus fränkisch **morđr* zu agls. *morđor* dass., das *-eu-* des nfrz. Wortes in Anlehnung an die stammbetonten Formen von *mourir;* Diez 639; REW 5743.

meurtrir „eine Quetschung verursachen"
12. Jh. *mordrir,* mit der von *mort* „Tod", *mortel* u. ä. beeinflußten Nebenform *mortrir,* die *-eu*-Form des nfrz. Wortes in Anlehnung an die stammbetonten Formen von *mourir,* bedeutet afrz. „töten", „morden", so bis zum 17. Jh., Br. 3, 146, aus fränkisch **morđrjan* zu gotisch *maúrþjan* „morden; wird als Affektausdruck zu „beschädigen" abgeschwächt, so im 16. Jh. *meurtrir les arbres,* 19. Jh. *meurtri* „übel zugerichtet" (Zola); daneben wieder spezialisiert „quetschen", das auch auf die Ableitung *meutrissure* „Quetschung" übertragen wird, während *meutrier* die alte Bedeutung erhalten hat; s. Gg. Bed. 123; vgl. Bl.-W. 407.

meurtrier „Mörder", „mörderisch"
12. Jh. *mortrier,* ist Abl. von *meurtre* „Mord", s. d.

meute „Bewegung", „Angriff der Hunde bei der Jagd", „Meute"
12. Jh. *muete,* aus vlat. **mŏvĭta,* dieses vorhistorisches Partizip von *mŏvēre* „bewegen", s. *mouvoir*; REW 5704; vgl. *mutin, émeute.*
mévendre s. *mé-, vendre.*

mezzanine „Zwischenstock", „Fenster im Halbgeschoß"
17. Jh., aus ital. *mezzanino*; dieses ist Abl. von *mezzano* „mittlerer", aus lat. *mĕdianus* dass.; vgl. auch *misaine*; REW 5452.

mezzo-termine „Mittelweg zu einem gerichtlichen Ausgleich"
17. Jh., ist die italienische Entsprechung von frz. *mi* und *terme.*

mezzo-tinto „Kupferstich in schwarzer Manier"
18. Jh., ist italienisch, bedeutet wörtlich „halb gefärbt", s. *mi* 1 und *teindre.*

mi 1. „halb", „mittlerer"
heute nur in Zusammensetzungen wie *mi-carême, parmi, midi* u. ä., bedeutet afrz. adjektivisch „mittlerer", subst. „Hälfte", „Mitte", aus lat. *mĕdius* „halb" bzw. *mĕdium* „Hälfte"; REW 5462; s. *milieu.*
2. „e" (Ton, Note)
18. Jh., aus ital. *mi,* das den zweiten Teil der

Hymne des heil. Johannes Baptista eröffnet, die der Notenbezeichnung zugrunde gelegt ist, s. *fa.* Dict. gén.

miasme „Ausdünstung fauler Substanzen"
18. Jh., aus gr. (μίασμα).

miauler „miauen"
13. Jh., ist Schallbildung. REW 5558; Sain. Chat 8 f.

mica „Glimmer"
18. Jh., scheint aus lat. *(mīca)* „Krümchen" entlehnt zu sein; Dict. gén.; dazu seit dem 18. Jh. die Abl. **micacé** „von der Natur des Glimmers".

micaschiste „Glimmerschiefer"
19. Jh., ist gelehrte Zusammensetzung von *mica* und *schiste,* s. d.

miche „Brotlaib mittlerer Größe"
12. Jh., bedeutet afrz. „kleines Brot", aus mndl. *micke* „kleines Weizenbrot", das selbst aus lat. *mīca* „Krümchen" entlehnt ist; REW 5562; Thomas, Rom. 39, 392; Bauer, Gebäck 56 ff.
Unmittelbar aus lat. *mica,* Diez 213, ist lautlich nicht möglich; aus lat. expressivem **mīcca* für *mica,* Wartburg, RLiR 23, 232; Bl.-W. 407, ist romanisch zu wenig gestützt; s. auch Lebel, Fr. mod. 14, 121.

micheline „Triebwagen"
20. Jh., nach dem Namen *Michelin* des Erzeugers.

micmac „Verwirrung", „Mischmasch"
17. Jh., auch dreisilbig als *miquemac* bezeugt, bedeutet ursprünglich „geheimes Einverständnis im Schlechten", „Intrige" u. ä., dafür im 15. Jh. (Reims) *mutemaque* „Aufstand", dieses zu flämisch *muitmaken* „einen Aufstand machen"; Thomas, Rom. 41, 80 ff.; REW 5721 a.
Oder über wallonisch *mihmah* aus nddt. *miskmask* „Mischmasch", Behrens, ZRP 26, 660 (Wg. 304)?; dann ist *mutemaque* des 15. Jhs. davon zu trennen.

micocoulier „Zürgelbaum"
16. Jh., aus nprov. *micocoulié,* auch *micacoulié;* dieses aus ngr. μικροκούκουλι dass.; Roll. Fl. 10, 95; Schuchardt, ZRP 28, 194 f.; REW 5567; die mittelgr. Nebenform μελικουκκιά liegt in languedokisch *melikoukié* vor.

micro- „klein-"
in Zusammensetzungen, aus gr. (μικρός) „klein"; dazu **microbe** „Mikrobe", 19. Jh., aus gr. (μικρόβιος) „kurzlebig" **microcosme** s. *cosmo-,* u. a.

miction „Harnen"
17. Jh., aus lat. *(mictione).*

midi „Mittag"
12. Jh., ist zusammengesetzt aus *mi* 1 und afrz. *di* „Tag" aus lat. *dīes;* REW 2632; dazu in Kreuzung mit *dînette* „kleines Mittagessen", s. *dîner,* seit dem 19. Jh. das vulgrfrz.. **midinette** „Laufmädchen", Sain. LPar. 117.

mie 1. „Krümchen"
12. Jh., dient afrz. und heute mundartlich namentlich im Osten auch zur Verstärkung der Negation, aus lat. *mīca* „Krume"; Diez 213; REW 5559; s. *miette.*
2. „Liebchen"
aus afrz. *m'amie,* das fälschlich zu *ma mie* zerlegt wurde.

miel „Honig"
10. Jh., aus spätlat. *mele* für lat. neutrales *mel,* Löfstedt, Stud. Neoph. 36, 386; dazu seit dem 13. Jh. die Abl. **mielleux** „honigsüß"; REW 5469.

mien „mein"
ist heute die prädikative bzw. substantivische Form des Possessivpronomens, wird aber afrz. auch attributivisch verwendet wie *mon;* die Form *mien* selbst stammt aus satzunbetonter Stellung, für älteres *meon,* das noch in den Straßburger Eiden bezeugt ist; es ist aber schon in vorhistorischer Zeit für das untergegangene, nur durch Reste im Pikardischen zu erschließende afrz. *mieus, mieu* eingetreten, vielleicht da als unbetonte Form das an *ton* anschließende *mon* eintrat; afrz. *meon, mien* geht auf lat. *meŭm* in unbetonter Stellung zurück; lat. *meum* in volltoniger Entwicklung hat das auslautende *-m* verloren, vgl. prov. *mieu,* kann daher nicht frz. *mien* zugrunde liegen; vgl. REW 5556; dazu erst im Mittelfrz. die feminine Neubildung *mienne* für älteres *moie,* dieses aus lat. *mēa,* als volltonige Entsprechung des nebentonigen *mea, ma;* Gg. AA I, 74; SA-Berlin, 1936, 27.

miette „Brotkrümchen"
12. Jh., ist dem. Abl. von *mie,* s. d.

mieux „besser"
9. Jh. *mieux,* aus lat. *mĕlius;* REW 5479.

mièvre „ausgelassen", „affektiert höflich"
13. Jh., wird zuerst von der Ziege gebraucht, schon alt mit *esmievre* „anspruchsvoll" vereinzelt belegt (Godefr.); wegen *es-* s. *es-;* ist heute als „gekünstelt", „geziert" Modewort, s. Richter, ASSL 136, 271; vgl. dazu sav. *muivro* „von Tieren, die gefangen oder an einen neuen Ort gebracht, die Nahrungsaufnahme verweigern, böse dreinschauen", frz. Schweiz *maivro* „furchtsam", „schwach", „schlecht gezähmt", boulogn., St. Pol *mièv* „lebhaft", „stürmisch", norm. *mièvre* „zart", „furchtsam", u. H.
Mit norm. *nièvre* „lebhaft", das Ménage als normannisch mundartliche Form für *mièvre* angibt, aus skandinavisch *snĕver* „lebhaft", „geschickt", Vising, AR 2, 28; Bl.-W. 408, ist geographisch und lautlich schwierig; vgl. Diez 640.

mignard „zierlich", „geziert"
15. Jh., ist mit Suffixwechsel aus **mignon**

„zierlich", „Zärtling" gebildet, das selbst im 15. Jh. für seit dem 12. Jh. bezeugtes afrz. *mignot* „zierlich", „einschmeichelnd" u. ä. mit Suffixwechsel eingetreten ist, vgl. zu diesem burg., fr. comt. *mignot* „zärtlich", Meuse „kindlich", dann seit dem 15. Jh. belegtes **mignoter** „verzärteln", s. auch *amignotter*; ferner seit dem 13. Jh. von *mignot* abgeleitet **mignotise** „Verzärtelung" u. ä.; afrz. *mignot* ist mit dem Deminutivsuffix *-ŏttus* erweitertes vorhistorisches **minjo-* „zart", „zierlich", dieses aus gallisch **mīno*, zu air. *mín* „zart", „sanft", oder vielleicht auch aus gallisch **mĭno* zu air. *min* „klein" (Pokorny). Diez 214 f.; Thurn. KR 69.

Zum Schallwort **min-* „Katze", Sain. Chat 73; REW 5581, ist historisch schwierig und begrifflich nicht notwendig, da die Bedeutung von schottisch, irisch *min* und afrz. *mignot* die gleiche ist; der gleiche gallische Stamm dürfte auch in bearnisch *minet* „Kind" u. ä. erhalten sein, s. darüber *menin*; zu germanisch **minnja*, fränkisch **minnì* „Erinnerung", „Liebe", Diez 640; Mackel 101 f., ist möglich, wenn bearnisch *minet* u. ä. von *mignon* zu trennen ist; *minimus* + *-īnus*, Zauner, RF 14, 452 f., vgl. Pauli, Enf. 311 ff., ist lautlich unwahrscheinlich; zu *mîn-* als Koselaut s. in Glossen *mininnus*, dann *-înna* als Suffix in *pusinna* „kleines Mädchen", *Minna* als Frauenname, Bambeck 40, ?

mignonnette „Klein-Liebchen", „sehr kleine Schrift", „Hungerblume" u. ä.
15./16. Jh., ist Femininum zu heute veraltetem *mignonnet* „zierlich", d. i. dem. Abl. von *mignon*, s. *mignard*.

migraine „Kopfweh"
13. Jh., aus lat. *(hemicrania)* in halbgelehrter Entwicklung.

migration „Wanderung"
15. Jh., aus lat. *(mĭgratione)*.

mijaurée „Mädchen, Frau vom Lande", „Zierpuppe"
17. Jh., ist Franzisierung von nprov. *mijourado*, dauph. *mijoureio*, auvergn. *mïaurèo* u. ä., vgl. dazu Alpes *migoio* „tölpisch", „tölpisches Benehmen", poitev. *migorée* „Schar (Kinder)"; u. H.

mijoter „langsam, bei gelindem Feuer kochen lassen", „langsam vorbereiten"
18. Jh., ist im 17. Jh. in der Bedeutung „ausreifen lassen" von Cotgrave als normannisch angegeben und lebt heute hier als *migauter*, franzisiert *migeoter* „reifen lassen", „in der Obstkammer aufbewahren"; vgl. dazu B. Maine *merjoler* „nachreifen", H. Maine *migeoter* „auf dem Brett nachreifen", dann schon im 16. Jh. bezeugt *migeoller* „ausreifen", Rom. 3, 577; Thomas, Rom. 44, 352; es ist Abl. von mundartlichem *∗mižo* u. ä., vgl. champ. *mijoue* „Versteck für Früchte" (dazu *mijouer* „ausreifen"), angev. *marjou* „mit den Händen gemachte Ernte", *merjot*, *merjou* „Winterfrucht", besonders „Äpfel" u. ä.; dieses ist eins mit afrz. *musgot*, *muisjot* „Vorratskammer" u. ä., s. *magot*.

mil 1. „tausend"
12. Jh., aus lat. *mīlle*; REW 5573.
2. „Hirse"
11. Jh., aus lat. *mĭlium*; REW 5572; dazu seit dem 14. Jh. und heute gewöhnlich die Abl. **millet** dass., wegen der Kleinheit der Körner der Hirse.

milan „Hühnergeier", „Gabelweihe"
16. Jh., aus prov. *milan*; dieses ist vorhistorische Abl. von vlat. **mīlus* für lat. *miluus*, vgl. die bei Isidor v. Sevilla belegte Abl. *milago* „Meerweihe", die dasselbe **milus* als Stammwort voraussetzt; die Endung vielleicht in Anlehnung an *pelicanus* „Kropfgans"; Diez 214; REW 5578.

milanaise „Art Goldstickerei"
18. Jh., aus ital. *milanese* „mailändisch", dieses Abl. von ital. *Milano* „Mailand".

miliaire „hirsekornartig"
16. Jh., aus lat. *(mĭliarius)*, s. *mil* 2.

milice „Krieg" va.; „Truppe", „Bürgerwehr".
16. Jh., aus lat. *(mīlĭtia)* „Kriegsdienst".

milieu „Mitte", „gesellschaftliche Umgebung"
12. Jh., ist zusammengesetzt aus afrz. *mi* „mitten", s. *mi* 1, und *lieu* „Ort", s. d.

militaire „den Krieg betreffend"
14. Jh., aus lat. *(mīlĭtaris)*.

mille „tausend", „Meile"
11. Jh., afrz. *milie*, dann *mille*, aus lat. *(mīlia)*, d. i. Plural zu *mille* „tausend", s. *mil* 1.

mille-feuilles „Schafgarbe"
16. Jh., für älteres *milfueil*, *mirfueil*, dieses aus lat. *mīllefŏlium*, REW 5574; die neufrz. Form ist Übersetzungslehnwort aus dem Lateinischen.

millénaire „die Zahl tausend enthaltend"
15. Jh., aus lat. *(mīllēnarius)*.

mille-pertuis „Johanniskraut"
16. Jh., ist zusammengesetzt aus *mille* „tausend" und *pertuis* „Loch", da die Blätter der Pflanze mit einer Unmenge von Löchern durchsetzt sind; vgl. dazu mlat. *perforata* zu lat. *perforare* „durchbohren".

millépore „Punktkoralle"
18. Jh., ist latinisierende Aussprache von *mille-pore*, s. *mille* und *pore*.

millésime „Tausender"
16. Jh., aus lat. *(millēsimus)* „der tausendste".

milliard „Milliarde"
16. Jh., ist Entlehnung aus prov. *milhar* „ein Tausend voll", das im Französischen zu *mille* „tausend" bezogen und nun als „großes Tausend" aufgefaßt wurde; prov. *milhar* aus lat. *(mīlliarium)* „ein Tausend", s. *millier*.

milliasse „Billion"

15. Jh., ist augmentative Weiterbildung von *million*, bedeutet der Bildung nach und noch heute berrich. „viele Tausende"; die Spezialisierung zu „1000 Milliarden" ist wie bei *milliard* gelehrtem Einfluß zuzuschreiben.

millième „der tausendste"
13. Jh., aus lat. *millēsimus*, in Anlehnung an die Endung von *dixième* u. ä.

millier „ein Tausend"
11. Jh., aus lat. *mīllarium*; REW 5577; vgl. auch *milliard*.

million „Million"
14. Jh., stammt vermutlich aus ital. *miglione*, das der Bildung nach *„ein großes Tausend" bedeutet; dieses ist augmentative Abl. von *mille* „tausend", s. *mil*; wegen der begrifflichen Weiterentwicklung vgl. *milliard, milliasse*.

milouin „Tafelente"
18. Jh., ist Abl. von lat. *(milvus)* „Gabelweihe", s. *milan*; Bl.-W. 409.

milord „Mylord"
14. Jh., aus englisch *my lord*.

mime „Mimus", „Mime"
16. Jh., aus lat. *(mīmus)* dass.; dazu seit dem 19. Jh. die Abl. **mimer** „durch Gebärden darstellen".

mimosa „Sinnpflanze"
17. Jh., aus nlat. *(mimosa) (herba)* zu lat. *mīmus* „Schauspieler", „Gebärdenspiel".

minaret „Moscheenturm"
17. Jh., aus türkisch *minārê*, das aus arabisch *manâra* „Leuchtturm", dann „Moscheeturm", weil dieser in Ägypten und Syrien den Leuchttürmen glich, stammt. Littmann 63; Lam. 164 f.

minauder „sich zieren"
17. Jh., ist Abl. von *minaud*, dieses mundartlich (Anjou) „Gesicht", der Bildung nach „einer der Mienen macht", „der sich ziert" u. ä; dieses ist Abl. von *mine* 3, s. d.; Renson 420; zu *minaud* als Adjektiv einreihend erweitert **minaudier** „affektiert", „Zierbengel".

mince „dünn"
14. Jh., ist postverb. Subst. von afrz. *mincier* „zerkleinern", 12. Jh., 11. Jh. *demincier*, vgl. dazu norm., Bessin, Guernesey *minchier* „zerbrechen", burg., berrich., Maine *mincer* „zerbrechen" u. ä.; afrz. *mincier* ist ursprünglich Doppelform zu *menuisier*, s. *menuise*, entsprechend einer alten Konjugation *menuise-mincier*, G. Paris, Rom. 8, 618; REW 5598; daß im Stamm ein *-ī-* vorhanden gewesen sein muß, Thomas, Rom. 39, 393, ist lautlich nicht nötig, vgl. *pinceau, rincer*.
Nicht zu anord. *minst* „mindest", Diez 640, oder anord. *minka* „vermindern", Regnaud, RPFL 12, 117; auch nicht **mīcidus* zu lat. *mica* „Krume", Schuchardt, SAWien 138, 1, 31, das lautlich nicht genügt.

mine 1. „Art Hohlmaß"
13. Jh., ist aus *une emine* zu *unemine* zusammengezogen und fälschlich in *une mine* zerlegt; vgl. dazu St. Pol *minette* „kleiner Kübel", rouchi *mêniau* „runder Backtrog"; aus lat. *hēmīna* „Viertelchen", s. *hémine*.
2. „Mine", „Erzader"
14. Jh., aus grom. **mîna*, dieses Kollektivform zu gallisch **mînî*, älter **mênî*, zu irisch-schottisch *mēin* „Erz"", „Mine"; dazu seit dem 13. Jh. die Abl. **minière** „Erzgrube", „Bergwerk"; seit dem 12. Jh. **miner** „unterhöhlen"; Thurn KR 68; REW 5465.
3. „Miene", „Gesichtsausdruck"
15. Jh., bedeutet ursprünglich vermutlich „Schnabel", wie die seit dem 17. Jh. belegte, aber zweifellos ältere Abl. **minot** „starke Spiere, um den Fockhals so weit als möglich nach vorne zu bringen" erschließen läßt; aus bretonisch *min* „Schnabel", „Schnauze"; vgl. Thurn. KR 69; REW 5582.
Nicht zu *mener*, Diez 214; auch nicht zu **min-* „Katze", Sain. Chat 73, s. *minet*.
4. „Mine" (Geldmünze)
16. Jh., aus lat. *(mĭna)*.

minerai „Erz"
14. Jh. *mineroi*, ist *-ētum*-Abl., hier in einreihender Funktion, von *minière*, s. *mine* 2.

minéral „mineralisch", „Gestein"
15./16. Jh., aus mlat. *(mineralis)*; dieses latinisierende Abl. von frz. *minière*, s. *mine* 2; davon u. a. abgeleitet **minéralogie** „Mineralogie", 18. Jh., dessen zweiter Teil gr. λόγος „Lehre" enthält.

minerve „Geist", „Verstand"
17. Jh., nach dem Namen der Göttin des Verstandes, lat. *(Minerva)*.

minet „Kätzchen"
16. Jh., auch *minette*, dazu ca. 1400 anglonorm. *minoier* „miauen", Vising, Stud. Néoph. 15, 206; ferner seit dem 16. Jh. **minon** „Katze"; sind Abl. von einem weit verbreiteten Stamm **min*, der als Koseform für die Katze gebraucht wird. Sain. Chat 16; REW 5581.

mineur 1. „Bergarbeiter"
13. Jh., ist Abl. von *miner* „unterhöhlen", s. *mine* 2.
2. „geringer", „minderjährig"
15. Jh., aus lat. *(mĭnōre)*, das in volkstümlicher Entwicklung afrz. *meindre, menour* ergeben hat, s. *moindre*.

mingrelet „mager", „armselig"
16. Jh., ist dem. Abl. von mittelfrz. *mingre* dass., vgl. dazu heute norm. *mingrelin* „armselig"; *mingre* ist Kreuzung von *heingre* „hager", s. *malingre*, mit *maigre* „mager".

miniature „roter Buchstabe in mittelalterlichen Handschriften", „Miniaturmalerei"
17. Jh., aus lat. *(miniatura)*, d. i. Abl. von *miniare* „in Miniatur malen", ursprünglich „mit Bergzinnober ausführen", dieses zu ital.

minio „Bergzinnober" aus lat. *(mĭnium)* dass., s. *minium.*
minière s. *mine* 2.
minime „minimal", „Mindest-"
14. Jh. aus lat. *(minimus)* „kleinster", „geringster".
ministère „Dienst", „Amt", „Ministerium"
15. Jh., aus lat. *(ministerium)* dass.; dazu mlat. *ministerialis* „Beamter", Longnon, Irm. 56; s. *métier.*
ministre „Minister", „Pastor"
12. Jh. *menistre* „Diener", „Verwalter", „Leiter", bezeichnet bis zum 16. Jh. besonders den Diener Gottes, daher bei den Protestanten „Priester"; im 17. Jh. tritt das Wort in die Sphäre der politischen Diener; aus lat. *(mĭnĭster)* „Diener", „Vollstrecker"; vgl. *ménétrier; métier;* Gg. Bed. 96; dazu seit dem 19. Jh. **ministrable** „zum Minister geeignet", fam.; s. *métier.*
minium „Mennige"
16. Jh., aus lat. *(mĭnium),* s. *miniature.*
minois „Miene", „Aussehen"
15. Jh., ist Abl. von *mine* 3, wird im 17. Jh. als unfein angesehen, s. *un vilain minois* bei Scarron, wird aber besonders Ausdruck für ein junges Mädchen, Renson 415; das Wort ist der Bildung nach ursprünglich ein Adj., vgl. *grivois.*
minon s. *minet.*
minoratif „gelinde abführend"
16. Jh., aus mlat. *(minorativus)* „vermindernd".
minorité „Minderjährig"
16. Jh., dann in Anlehnung an englisch *minority* „geringere Stimmzahl", ist Abl. von *mineur* „minderjährig", s. d.
minot 1. „halbe Metze"
13. Jh., ist dem. Abl. von *mine* 1.
2. s. *mine* 3.
minotier „Besitzer, Leiter einer Getreidemühle"
19. Jh., ist Abl. von *minot (de blé)* zu *minot* 1.
minuit „Mitternacht"
12. Jh. *mie nuit,* ist der Zusammensetzung entsprechend bis ins 17. Jh. Fem., wird dann im Anschluß an *midi* Maskulinum, zu *mi* 1 und *nuit,* s. d.
minuscule „sehr klein", „kleiner Buchstabe"
17. Jh., aus lat. *(mĭnŭscŭlus)* „etwas klein".
minute „Minute"
13. Jh., aus mlat. *(mĭnūta),* d. i. Fem. zu lat. *mĭnūtus* „winzig", s. *menu.*
minutie „Kleinigkeit", „peinliche Genauigkeit"
17. Jh., aus lat. *(mĭnūtia)* „Kleinigkeit", s. *menuise.*
mioche „kleines Kind"
zuerst Ende des 18. Jh. im Argot bezeugt, dafür seit dem 17. Jh. auch **mion**, sind beide im 17. Jh. in der Bedeutung „Krümchen" = *miette* bezeugt, daher wie dieses dem. Abl. von *mie* „Krume", s. d. Pauli, Enf. 273.
miparti „zur Hälfte geteilt"
12./13. Jh., ist zusammengesetzt aus *mi* „halb", s. *mi* 1, und *partir* „teilen"; davon abgeleitet seit dem 12./13. Jh. **mipartir** „in Hälften teilen".
miquelot „Pilger, der zum Mont Saint Michel wandert", „Heuchler"
16. Jh., ist norm. Form für *michelot,* d. i. Abl. von *St. Michel* „Sankt Michael".
mirabelle „gelbliche Pflaume"
17. Jh., auch in *prune de mirabel,* dies umgedeutet nach einem der zahlreichen Mirabelnamen in Frankreich, aus ital. *mirabella;* dieses ist volksetymologische Umdeutung von *mirabolano,* dieses aus gr. μυροβάλανος eigentlich „wohlriechende Nuß" u. ä., Wartburg, RLiR 23, 232, s. *myrobolan.* Diez 215.
miracle „Wunder"
11. Jh., aus lat. *(mīraculum);* vgl. *miraillé.*
miraillé „mit Spiegeln" (Heraldik)
17. Jh., ist *-atus*-Abl. von afrz. *mirail* „Spiegel", das mittels des namentlich in Westfrankreich lebenskräftigen Suffixes *-aculum* von *mirer* „ansehen" abgeleitet ist, s. *miroir;* nicht unmittelbar aus lat. *miraculum* „Wunderding", Bambeck 42.
mirbane „Mirbenöl"
19. Jh., u. H.
mire 1. „Visieren", „Richtkorn"
15. Jh., ist postverb. Subst. von *mirer,* s. d.
2. „Wildschweinshauer"
17. Jh., ist zuerst bei Cotgrave belegt, der auf *miroirs d'un sanglier* „Seitenzähne des Ebers" verweist; beides sind Abl. von mundartlichem, z. B. norm. *mirer* „durchscheinen", z. B. von den Zähnen, die man durch das Zahnfleisch durchscheinen sieht, s. Behrens, ZRP 26, 660; (Wg. 303 f.); REW 5603.
mirer „genau ansehen" va.; „im Spiegel betrachten", „aufs Korn nehmen"
12. Jh., „schauen", „erblicken", refl. „sich spiegeln", aus lat. *mīrare* „bewundernd anstaunen"; REW 5603; vgl. auch *miroir, mire, miraillé.*
mirifique „wunderbar"
15. Jh., aus lat. *(mīrĭfĭcus).*
mirliflore „junger Elegant"
18. Jh., dafür bei Cotgrave *mirloret,* vgl. dazu norm. *mirlifiqué* „geschmückt", B. Maine *mirlificher, mirlifichonner* „ausschmücken", angev. *mirlifichures* „Schmuck" (eines Hauses), bei Rabelais *mirelıfiques* „Kinkerlitzchen" u. ä.; es kreuzen sich in dem Wort *mirifique* „wunderbar" und *mirliflore,* das in der Verbindung *rossolis de mirliflore* ein Parfüm, „Tausendblümchenwasser", bezeichnet; vom Parfüm die Übertragung auf den Stutzer, wie bei *muguet, muscadin; mirliflore* selbst stammt aus prov. *milflors* „Tausendblümchen", selbst nach *mirifique* u. ä. umgestaltet;

vgl. auch Spitzer, Misc. Schuchardt 167; Usinger, GB 4, 59 ff.
mirlirot s. *mélilot.*

mirliton „Zwiebelflöte"
18. Jh., ist wall. Bezeichnung einer Goldmünze, in Blois „Glasscherbe zur Nachahmung von Diamanten"; ist nach S. V. auch Kehrreim, wie *mireli* u. ä.
mirmidon s. *myrmidon.*

mirobolant „erstaunlich", „unerhört"
19. Jh., ist ein nach *mirifique, mirliflore* u. ä. ursprünglich scherzhaft umgedeutetes *myrobolan* „Myrobolane", s. d. Sain. LPar. 419.

miroir „Spiegel"
11. Jh. *miredoir,* aus gallorom. **mīrātōrium,* d. i. Werkzeugsabl. von *mirare* „staunend ansehen", s. *mirer;* auf der älteren im 16./17. Jh. bezeugten Aussprache *miroi* beruht die seit dem 17. Jh. belegte Abl. **miroiter** „spiegeln"; seit dem 16. Jh. **miroitier** „Spiegelhändler" u. ä. REW 5603.

miroton „Rindfleischschnitte mit Zwiebeln"
17. Jh., ist vielleicht Abl. von norm. *miroter* „ausstaffieren", eigentlich „in den Spiegel schauen", d. i. Abl. von anorm. *mirour,* heute *mireur* „Spiegel", s. *miroir; miroton* bedeutet dann ursprünglich „kunstvolle Zubereitung".

misaine „Focksegel", „Besanmast"
16. Jh., aus ital. *mezzana (vela),* eigentlich „mittleres Segel", d. i. Fem. zu *mezzano* „mittlerer", aus lat. *mĕdianus* dass.; im 14. Jh. belegtes *mijenne,* bei Rabelais *mejane,* ist aus prov. *mejana* derselben Herkunft entlehnt. Sain. Rab. 1, 113; REW 5452.

misanthrope „Menschenfeind"
16. Jh., aus gr. (μισάνθρωπος).

miscellanées „vermischte Aufsätze"
16. Jh., aus lat. *(mĭscĕllanea).*

miscible „mischbar"
18. Jh., ist gelehrte Abl. von lat. *(mĭscēre)* „mischen", s. *mêler.*

mise „Einsatz", „Festsetzung"
13. Jh., ist subst. Part. von *mettre,* s. d.; dazu u. a. im 19. Jh. die Abl. **miser** „(beim Spiel) den Einsatz machen", fam. „wetten".

misère „Elend"
12. Jh., au slat. *(mĭsĕria).*

miséréré „Bußpsalm", „Kotbrechen"
16. Jh., aus lat. *(mĭsĕrēre)* „erbarme dich", nach dem Beginn des Psalmes 51, miserere mei, Deus; Bl.-W. 411.

miséricorde „Erbarmen"
12. Jh., aus lat. *(mĭsĕrĭcŏrdia).*

misogyne „Weiberfeind"
16. bzw. 19. Jh., aus gr. (μισόγυνος) „die Weiber hassend".

missel „Meßbuch"
12. Jh., aus mlat. *(missale)* zu lat. *mĭssa* „Messe", s. *messe.*

missile „Wurfgeschoß"
20. Jh., aus engl. *missile,* dieses aus lat. *missilis* „zum Werfen geeignet"; Bl.-W. 411.

mission „Sendung", „Auftrag"
12. Jh., aus lat. *(mĭssione);* dazu seit dem 17. Jh. die Abl. **missionnaire** „Missionspriester".

missive „Geleit-"
in *lettre missive,* ist im 16. Jh. von lat. *(mĭssus)* „gesendet", „Bote" abgeleitet.

mistenflute „schwächlicher, verzärtelter Junge"
familiär, 17. Jh., ist burleske Umbildung von nprov. *mistouflet* „bausbäckig", „zart", auch *mistanflet,* dieses nach *enflà, gounflà* „aufblasen" umgebildetes nprov. *mistous* „zart", „liebenswürdig", d. i. prov. *amistos* „freundschaftlich", „liebevoll", s. *amitié;* vgl. Bl.-W. 411.

mistigri „Treffbub", „Art Kartenspiel"
19. Jh. auch abgekürzt zu *misti,* ist im 16./17. Jh. als *mistigouri* als Kosewort bezeugt, wie heute im Rotwelsch *miston* „Liebster", vgl. dazu norm. *mistau* „junger, netter Bursche", Blois *miston* „Liebhaber", B. Maine *misti, mistigri* „ganz kleiner Gegenstand", dann mit pejorativer Bedeutungsentwicklung saint. *mistu* „Esel"; der erste Bestandteil des Wortes ist vom 15. bis zum 17. Jh. belegtes *miste* „liebenswürdig", „gut gekleidet", „hübsch", „elegant", „kokett", auch „geschickt"; dieses entlehnt aus nprov. *miste,* Fem. *misto* „liebenswürdig", „zuvorkommend", „anmutig" u. ä., und dieses rückgebildet von *mistous* „liebenswürdig", „einschmeichelnd", „sanft" u. ä., s. darüber *mistenflute; -gouri* in der ältesten Form *mistigouri* scheint zu afrz. *gorrer* „schmücken", *gorre* „Schmuck" zu gehören, vgl. eine ähnliche Zusammensetzung in verd. chal., burg. *mistifrisé* „elegant", „gut gekleidet"; im einzelnen läßt sich die Entwicklung des Wortes nicht mehr verfolgen.
Zu Caen *mistri, mistigri, mistrique* „Katze" u. ä., Sain. Chat 70, dieses Kosewort wie *mite,* dreht die Entwicklung um; *miste* für *mite* „Katze", und *gris* das „grau" bedeutende Adjektiv, Bl.-W. 112, ist Volksetymologie.

mistoufle „Schinderei", „Pleite"
aus dem Argot, hier seit Beginn des 19. Jhs. *faire des mistoufles* „schikanieren", ist verselbständigter Stamm von *emmistoufler,* das zu Beginn des 19. Jhs. in der Bedeutung „in einen Pelz einhüllen", „einmummeln" belegt ist; dieses ist, vielleicht nach *mistouflet* u. ä., umgebildetes *emmitoufler* dass., zu *mitoufle* „Fausthandschuh", s. *mitaine;* Bl.-W. 412.

mistral „Nordwestwind"
16. Jh., auch *maestral, mestral,* aus prov. *maistral, mistral* dass., eigentlich „hauptsächlich", „hervorragend", aus lat. *măgĭ-*

stralis „zum Lehrer, Meister gehörig", s. *maître*. REW 5229.

mitaine „Fausthandschuh", „schlechtes Biberfell"
12. Jh., aus grom. **medietatanus, -ana* „in der Mitte abgetrennt", ist also ursprünglich Ergänzung von **muffula*, s. *moufle; *medietatanus* ist Abl. von lat. *mĕdiĕtas* „Mitte", s. *moitié*; von *mitaine* rückgebildet ist seit dem 14. Jh. belegtes, für berrich., poitev., comt., frz. Schweiz noch bezeugtes *mite* dass.; im 16. Jh. ist als Kreuzung von *mitaine* und *moufle* die Form *mitoufle* bezeugt, vgl. *métayer*.
Die Abl. muß alt sein, da *-anus*-Abl. im Altfrz. nicht mehr lebenskräftig sind; sachlich erklärt sich die Wortbildung dadurch, daß der *mitaine* genannte Fäustling aus zwei Teilen besteht, von denen einer den Daumen, der zweite die übrigen vier Finger umfängt; zu *mite*, mundartlich „Katze", s. *chattemite*, Sain. Chat 59 f.; REW 5557; Bl.-W. 412 ist begrifflich schwierig und morphologisch bedenklich, da das angebliche Grundwort *mite* erst im 14. Jh. belegt und *mitaine* schon im 12. Jh. üblich ist; zu dem angesetzten **medietatanus* vgl. prov. *meitadar* „zweiteilen", *meitadenc, mitadenc* „zu gleichen Hälften gemischt"; vgl. die ältere Entsprechung lat. *medianum* in prov. *mejana* „Insel inmitten eines Flusses".

mite „Milbe", „Motte"
13. Jh., zu mndl. *mite*, ndl. *mijte*, aus fränkisch **mîta* Mackel 110; REW 5613; Gg. RG I, 215.

mithridate „Latwerge", „Gegengift"
15. Jh., aus lat. *(mithridaticum) (antidotum)*, nach dem Namen des Königs Mithridates von Pontus, der sich durch Gegengifte gegen Gifte immun gemacht hatte.

mitiger „mildern"
14. Jh., aus lat. *(mītĭgare)*.

miton „Stutzhandschuh"
17. Jh., ist dem. Abl. von *mite* „Fäustling", das selbst aus *mitaine* rückgebildet ist, s. d.

mitonner „vorsichtig vorbereiten", „um den Bart gehen", „lange auf schwachem Feuer kochen"
17. Jh., ist Abl. von mundartlichem, z. B. norm. *miton* „Kätzchen", dieses dem. Abl. von mfrz. *mite* „Katze", das wohl Kosewort ist; *mitonner* bedeutet demnach ursprünglich „umschmeicheln", wie im 16. Jh. *mitouiner* zu *mitou* „Kater". Roll. F. 4, 81; Sain. Chat 61; s. *chattemite, matou*.
Aus norm. *miton* (zu *miette*) „Brotsuppe", Bl.-W. 412, ist begrifflich unverständlich.

mitoufle s. *mitaine*.

mitoyen „in der Mitte befindlich"
13. Jh., ist Abl. von afrz. *meitié*, frz. *moitié* „Mitte", ist also *-anus*-Abl. von *medietate*; vgl. *mitaine*.

mitraille „Kleingeld", „zerhackte Blei- und Eisenstücke"
13. Jh. *mitaille*, ist postverb. Subst. von afrz. **mitailler* „zerkleinern", dieses zusammengesetzt aus *mi* „halb" und *tailler* „aufteilen", vgl. afrz. *mipartir* „in der Mitte teilen", im 14. Jh. *for-tailler* „zerkleinern, zerlegen" u. ä., Barbier, RLiR 6, 269; ferner afrz. *mitirer* „halb herausziehen" u. ä.; von *mitailler* „zerkleinern", das als Kollektivableitung *(-aliare)* von einem Stamm *mite* aufgefaßt wurde, afrz. *mite* „Minimalwert", dann „kleine Kupfermünze" (in Flandern); zu *mite* „kleiner Teil" die erweiterte Form *mitre*, wie *encre* zu *enque, guêtre* aus *guête* u. a.; dazu daher die Umdeutung von *mit-aille* zu *mitraille, mitraille* „zerhackte Blei- und Eisenstücke", dazu **mitrailler** „mit Granaten beschießen", dann mit der Entwicklung der Waffen „mit Maschinengewehrfeuer belegen"; dazu *mitrailleur* „Maschinengewehrschütze", **mitrailleuse** „schweres Maschinengewehr"; Gg., Rom. Jb. 3, 290; Bed. 197.
Nach Bl.-W. 412 zu *mite* „kleine Münze", das nddt. Herkunft und mit *mite* „Milbe" verwandt wäre, ein germ. Stamm *mit-* „zerschneiden", FEW 16, 560; ist nur ad hoc angesetzt.

mitre „Bischofsmütze"
12./13. Jh., aus lat. *(mitra)* „Kopfbinde".

mitron „Bäckergeselle"
17. Jh., bezeichnet nach S. V. auch eine Art papierene Mütze, ist daher wohl ursprünglich scherzhafte Bezeichnung des Bäckergesellen nach der weißen Haube der Bäcker; ist dann dem. Abl. von *mitre* „Bischofsmütze".

mitte „Kotgrubenausdünstung", „Augenkrankheit"
18. Jh., aus nprov. (Provence) *mito*, auch *meto, nito* „Schlamm", „Kot"; dieses aus gallisch **lĭgita, *lĕgita* „Ablagerung" zu kymr. *lleid*, bret. *lec'hid* „Schlamm", „Bodensatz"; wegen des Anlautes vgl. mundartliches *messe* unter *lice* 2, ferner *nappe*. Thurn. KR 66; Schuchardt, ZRP 23, 196; 29, 561; Jud, BDR 3, 78; REW 5029; vgl. auch *lie*.
Nicht zu deutsch *Mist*, Barbier, PLeeds 1, 45 ff.

mixte „gemischt"
14. Jh., aus lat. *(mĭxtus)*; volkstümliche Vertreter des Stammwortes s. unter *méteil, métis*.

mnémotechnie „Gedächtniskunst"
19. Jh., ist zusammengesetzt aus gr. (μνήμη) „Gedächtnis" und (τέχνη) „Kunst".

mobile „beweglich", „beweglicher Gegenstand"
14. Jh., aus lat. *(mōbĭlis)*, s. *meuble*; dazu seit dem 19. Jh. die Abl. **mobiliser** „beweglich erklären", „auf den Kriegsfuß setzen".

mocade s. *moquette*.

mocassin „Mokassin"

18. Jh., aus engl. *mocassin* dass. (Indianerschuh).

moche „Seidendocke", „Wollensträhne"
18. Jh., dazu seit dem 19. Jh. die Abl. **mocheuse** „großer, mit Metallstacheln versehener Zylinder zur Fertigmachung der Flockseide", vgl. dazu norm. *moche* „Bündel Regenwürmer, die beim Aalfang an der Angel befestigt werden", Pléchatel *moche* „Butterknollen", *mochon* „kleiner Haufe", B. Maine, H. Maine *moche* „Scholle", „Erdscholle", lyon. *mochon* „Haufe", „kleine Ansammlung", Schöneberg (lothr.) *muoχę* „Stück" u. ä.; dazu auch afrz. *moquet de terre* „Erdscholle"; die Grundform **mŏcca* ist u. H.; vgl. dazu *moquette* 3. Behrens, Wg. 173 ff.
Zu einem fränkischen **mokka* „Klumpen", FEW 16, 562, ist im Germanischen zu wenig gesichert.
Dazu aus dem Rotwelsch, heute familiär **moche** „mies", „kitschig", „häßlich" u. ä., *amocher* „entstellen", 20. Jh., Spitzer, Rom. Rew. 1943, 150. ?

mode „Art", „Mode"
15. Jh., aus lat. *(mŏdus)* „Art und Weise"; s. *mœuf*.

modèle „Vorbild"
16. Jh., aus ital. *modello*; dieses aus vlat. **modellus* für klassisches *mŏdŭlus* „Grundmaß", s. *moule*; davon seit dem 16. Jh. die Abl. **modeler** „modellieren"; vgl. auch das Folgende. Diez 215.

modénature „Gliederung der Formen eines Gesimses"
18. Jh., aus ital. *modanatura;* dieses ist kollektive Abl. von *modano* „Muster", „Maßstab" aus lat. *mŏdŭlus* „Grundmaß", s. *modèle, moule*. Diez 215; REW 5632.

modérer „mäßigen"
14. Jh., aus lat. *(mŏdĕrari).*

moderne „modern"
14. Jh., aus lat. *(mŏdernus)* „neu".

modeste „bescheiden"
14. Jh., aus lat. *(mŏdestus).*

modicité „Mäßigkeit"
17. Jh., aus lat. *(mŏdĭcĭtate).*

modifier „unwesentlich abändern"
14. Jh., aus lat. *(mŏdĭfĭcare)* „ein Maß setzen", „gehörig abmessen".

modillon „Sparrenkopf", „Konsole"
16. Jh., aus ital. *modiglione;* dieses aus vlat. **mŭtellione*, d. i. dem. Abl. von vlat. **mutellus* für lat. *mŭtŭlus* „Kragstein", s. auch *moellon*. REW 5790; s. *meule* 2.

modique „mäßig"
15. Jh., aus lat. *(mŏdĭcus).*

module „Einheitsmaß", „unterer halber Durchmesser einer Säule" u. ä.
16. Jh., aus lat. *(mŏdŭlus)* „Maß", „Grundmaß".

moduler „modulieren"
18. Jh., aus lat. *(mŏdŭlari)* „taktmäßig singen".

moelle „Mark"
13. Jh., ist in Anlehnung an das Suffix *-elle* umgestaltet aus älterem *meole,* aus lat. *mĕdŭlla* dass. REW 5463.

moellon „Bruch-, Baustein"
12./13. Jh. *moillon, moilon,* auch *moulon,* dazu heute wall. *moielon, môlion,* frz. Schweiz *melhon, millon,* vogesisch *meullon,* die literarische Form in Anlehnung an *moelle* „Mark", da der *moellon* genannte Baustein in der Regel mit Gips oder Zement überworfen wird; aus vlat. **mŭtellione* zu lat. *mŭtŭlus* „Kragstein", s. *modillon, meule* 2.
Zu afrz. *moilon* „Mitte", über ein nicht belegtes **pierre de moilon,* das irgendwie zu *modiolus* „Eidotter" gehören soll, s. *moyeu* 2, Bl.-W. 412, ist weder lautlich noch begrifflich befriedigend.

mœuf „Modus"
13. Jh., ist Kreuzung von afrz. **mued* aus lat. *mŏdus* „Art und Weise" mit afrz. *muef* „Grund", dieses postverb. Subst. von afrz. *movoir* „zu etwas veranlassen", s. *mouvoir.* REW 5633.

mœurs „Sitten"
12. Jh., aus lat. *mōres,* d. i. Plural zu *mos, more* „Sitte". REW 5698.

mofette „gefährliche Ausdünstung", „nicht atembares Gas"
18. Jh., auch *moufette,* ist Abl. von *moufir* „in Fäulnis übergehen", „schimmeln", das in der frz. Schweiz bezeugt ist. ALF 869; dazu Alpes *mufi* „schimmeln"; dieses ist Abl. von im 16. Jh. bezeugtem *muffe* „Schimmel", aus nhdt. *muff* dass. Diez 218 f.; REW 5713; vgl. Bl.-W. 413.

mohair „wollener Stoff"
19. Jh., aus englisch *mohair,* s. *moire* und *moncayar.*

mohatra „Art Wuchergeschäft"
17. Jh., aus spanisch *mohatra,* dieses aus arabisch *muḫâṭara* „Glücksfall". Dict. gén.

moi „mich"
ist die volltonige Entsprechung des unbetonten *me,* aus lat. *mē.* REW 5449.

moie „Heumiete", „Haufen Getreide, Sand" u. ä.
12. Jh., aus lat. *mēta* „Heuschober". Diez 212; REW 5548.

moignon „Stumpf eines amputierten Gliedes"
12. Jh., ist Abl. von afrz. *moing* „verstümmelt", TL VI, 142, 13. Jh., fem. **moigne,* das sich aus daraus entlehntem bret. *moñ* dass. und berrich., poitev. *mougne* „ohne Hörner" erschließen läßt; dieses ist Rückbildung von afrz. *esmoignier* „verstümmeln"; dieses geht auf ein gallorom. **exmunniare* „die Armwurzel ausreißen" zurück, dessen Stamm **moni* „Handwurzel", „Armwurzel" sich aus kymrisch *men,* irisch *muin* „Nacken"

erschließen läßt; vgl. Reste des ursprünglichen Subst. in lyon. *avai de la mogni* „Muskelkraft haben", dazu verd.-chal. *mògne* „Kraft und Geschicklichkeit des Kegelschiebens"; der Stamm **münn* wird auch für das Katalanische verlangt; s. span. *moño* „Nackenzopf", „Haarknoten", dazu aspan. *moñeca,* heute *muñeca* „Handwurzel", die Cor. III, 427, 477 auf einen vorrom. Stamm *münn-* „Auswuchs" (am Knochen) zurückführt; wegen der vorhistorischen Abl. **ex-munniare* s. **exradicare* „die Wurzel ausreißen", s. *arracher; *exauriculare* „die Ohren abschneiden", REW 2942 a; dazu spätere gallorom. Bildungen mit *dĭs-* für *ex,* s. *dé-, démembrer,* u. a., s. REW 5747.
moignon als Rückbildung von einem *esmoignier **„reinigen", „das Fleisch zurichten", dieses aus **mŭndiare* zu lat. *mŭndus* „rein", Thurn. KR 69; REW 5747; Bl.-W. 413, ist in der tatsächlichen Überlieferung nicht gestützt. Unmögliches bei Alessio RLiR 17, 187.

moindre „geringer"
12. Jh., ist alter Nominativ, afrz. *meindre, menre* aus lat. *mĭnor;* die Akkusativform, afrz. *menour,* ist untergegangen; vgl. dazu *mineur.* REW 5592.

moine „Mönch"
11. Jh. *monie,* aus vlat. *(mŏnĭcus)* für lat. *mŏnăchus* in halbgelehrter Entwicklung. REW 5654.

moineau 1. „Sperling"
12. Jh., ist dem. Abl. von *moine* „Mönch", nach der braunen Farbe des Gefieders, die an die Färbung der Mönchskutten erinnert; über den älteren Vertreter des Vogelnamens s. *passereau.*
2. „kleines Bollwerk in der Mitte der Kurtine"
afrz. *moinel,* bedeutet das Ausfallspförtchen zum Graben, das in der Mitte der Kurtine zu denken ist; steht für *moienel,* d. i. *-alis*-Abl. von afrz. *moien* „mittlerer", s. *moyen;* Baist, ZRP 32, 425 f.; RF 15, 320; REW 5452; vgl. auch *meneau.* Kaum identisch mit *moineau* 1, Bl.-W. 414.

moins „weniger"
12. Jh., aus lat. *mĭnus.* REW 5594.

moins-value „Wertverringerung"
19. Jh., ist subst. Part. von als Einheit gefaßtem *moins valoir* „weniger wert sein".

moire „Art Ziegenhaarstoff"
im 12. Jh. *moire* „ein kostbarer Stoff", dazu im 16. Jh. die *-atus*-Abl. *moiré,* von der Farbe des ‚moire'; dringt im 17. Jh. als *mouaire* ins Englische, dort *mohair* geschrieben und kommt von dort zurück in das Frz.; Steiger, VR 10, 56; Chevallier, Fr. mod. 25, 36; zugrunde liegt arab. *muḫaijar;* Littmann 95; dazu seit dem 18. Jh. die Abl. **moirer** „(einen Stoff) wässern".

Nicht für afrz. *marmoire* aus lat. *(marmoreus)* „marmorn", Tobler, ZRP 10, 574 ff.

mois „Monat"
12. Jh., aus lat. *mensis.* REW 5500.

moise „Bandbalken", „Einsetzhaken"
14. Jh., bedeutet mittelfrz. auch „Gebälk", aus lat. *mensa* „Tisch", „Wechslerbank", in der Bedeutung vielleicht durch lat. *tabula* beeinflußt, das *mensa* schon in vorhistorischer Zeit in der allgemeinen Bedeutung ersetzt, vgl. *table.* G. Paris, Mél. 522 ff.; REW 5497. Dazu seit dem 19. Jh. die Abl. **moiser** „mit Bändern befestigen".

moïse „Kinderkörbchen"
20. Jh., nach dem Namen des biblischen Moses; Bl.-W. 418.

moisir „schimmeln", „schimmelig machen"
12. Jh., aus lat. *mūcēre* „schimmelig sein", der Vertonvokal wie in *moite.* Diez 642; REW 5710.

moissine „Ende der Weinranke mit der daran hängenden Traube"
13. Jh., afrz. „Rebenstock mit Trauben", auch „Stützpfahl für die Rebe" vgl. dazu berrich. *moussine* „Rebenbündel mit den Trauben, das am Speicher aufgehängt wird", H. Maine *moissine* „gewässerter Wein", lim. *mounssino* „Wäschebündel, wie es zum Waschen hergerichtet wird"; dazu nprov. *mouissino* „Rebenschößling (mit Trauben)", *mouisselo* „kleine Traube", scheint zu lat. *musteus* „mostreich", auch „jung", „frisch" *(vinum mustum)* zu gehören; Einzelheiten der Entwicklung sind unbekannt; vgl. REW 5779.

moisson „Ernte"
12. Jh. *meisson,* aus lat. *messione* „das Mähen". Diez 642; REW 5542.

moite „feucht"
11. Jh. *mostede,* 12. Jh. *moiste,* aus gallorom. **mŭcĭdus* für lat. *mūcidus* „schimmelig"; das *-ŭ-* des gallorom. Wortes in Anlehnung an *mŭsteus* „mostig", s. *moissine,* oder *mŭccus* „Rotz", s. *moucher;* dazu seit dem 13. Jh. die Abl. **moiteur** „Feuchtigkeit". Förster, ZRP 3, 260; REW 5711.
Nicht aus lat. *musteus* „mostig", Diez 642; wegen der afrz. Nebenform *moide* auch nicht aus vlat. **mŭscidus* für *musteus,* Schuchardt, SAWien 138, 1, 57.

moitié „Hälfte"
12. Jh. *meitié,* aus lat. *mĕdietate* „Stelle in der Mitte", das in Anlehnung an *mĕdius* schon vlat. die Bedeutung zu „Hälfte" verschoben hat, so bei Gregor v. Tours bezeugt. Wölfflin, ALL 3, 458 ff.; REW 5461.

moka „Mokka"
18. Jh., vom Namen der Stadt *Mocha* am Roten Meer, dem früheren Hauptplatz für die Kaffeeausfuhr; Littmann 82.
mol s. *mou.*

molaire „Backen-"

in *dent molaire,* 16. Jh., aus lat. *(dens) (mŏlāris)* „zum Zermalmen gehörig".

môle 1. „massiver Bau", „Hafendamm"
16. Jh., über ital. *molo* aus mittelgr. μῶλος, μόλος, das seit dem 6. Jh. bezeugt ist; dieses selbst aus lat. *mōles* „Wehr", „Damm". d'Ovidio, AGI 14, 372; Kretschmer, ZRP 29, 456 ff.; REW 5651.
Nicht unmittelbar aus lat. *moles,* Diez 216; auch nicht lat. *modulus,* Ascoli, AGI 4, 360, da im 13. Jh. mlat. bezeugtes *modulus* „Wehr" fälschliche Latinisierung des ital. *molo* darstellt.
2. „unförmiger Embryo"
16. Jh., aus lat. *(mōles)* „Klumpen".

molécule „Urteilchen"
17. Jh., ist gelehrte dem. Abl. von lat. *(mōles)* „Masse", s. *môle* 2.

molène „Königskerze"
13. Jh. *moleine* lebt besonders im Südwesten des Nordfrz., auch im Frz. von Louisiana, aus gallisch **melēna,* vielleicht schon **molēna,* d. i. Fem. zu kymrisch *melyn* „gelblich" (vgl. gallisch belegtes *melinus* „color nigrus", Walde s. *mulleus)* bedeutet also etymologisch „die gelbe Pflanze"; vgl. *bouillon-blanc.*
Zu *mou, mol* „weich", Bl.-W. 414 angedeutet, ist weder begrifflich noch morphologisch annehmbar.

moleskine „gefirnißte Leinwand"
19. Jh., aus englisch *moleskin.* Dict. gén.

molester „belästigen"
12./13. Jh., aus lat. *(mŏlestare).*

moleter „mit der Drehrolle arbeiten"
16. Jh., ist Abl. von **molette** „Drehrolle", „Reibkeule" u. ä., dieses seit dem 13. Jh. belegte Abl. von *meule* „Mühlstein", s. d., in südlicher bzw. südöstlicher Form.

mollasse „zu weich"
14. Jh., ist in Anlehnung an ital. pejorative Bildungen auf *-accio* abgeleitet von frz. *mou,* s. d.

mollesse „Weichheit"
12. Jh., aus lat. *mŏllĭtia.* REW 5650.

mollet „etwas weich"; „Wade"
13. Jh., tritt in der subst. Verwendung für lat. *pŭlpa,* eigentlich „Dickfleisch des Beines", vlat. „Wade" ein, da dieses wegen der Homonymität mit **pŭppa,* s. *poupée,* unbrauchbar wird; es ist dem. Abl. von *mou,* s. d.; dazu seit dem 17. Jh. die Abl. **molleton** „Art weicher, warmer Flanell". Zauner, RF 14, 465 ff.

mollifier „weich machen"
15. Jh., aus lat. *(mollĭfĭcare).*

mollir „weich werden", „weich machen"
15. Jh., ist Abl. von *mou, molle* „weich", in Anlehnung an lat. *(mollire)* „weich machen"; der alte Ausdruck ist *amollir.*

mollusque „Weichtier"
18. Jh., aus lat. *(mollŭscus)* „weich".

molosse „Art Dogge"
16. Jh., aus lat. *(mŏlŏssus)* „molossischer Hund".

molybdène „Wasserblei"
16. Jh., aus gr. (μολύβδαινα).

môme „Balg", „Range", auch „Mädchen", „Geliebte", pop.
19. Jh., aus dem Rotwelsch, dazu dort *momir* „gebären", *momignard* „kleines Kind", im 16. Jh. „Verleumder", dürfte zum Stamm von *momerie* gehören; Larchey 244.

moment „Augenblick"
12. Jh., aus lat. *(mōmentum),* dass., eigentlich „Bewegung", „Beweggrund"

momerie „Vermummung" va.; „Verstellung"
15. Jh., ist Abl. von *momer, mommer* „sich vermummen", seit dem 13./14. Jh. zunächst im Wallonischen bezeugt, dazu mnddt. *mummen,* das vermutlich aus dem Frz. stammt; dazu heute frz. Schweiz *momo* „Schreckgespenst für Kinder"; es geht vermutlich auf einen Schallstamm **mo-mo* zurück, in Nachahmung der unartikulierten Laute kleiner Kinder; Pauli, Enf. 195 f.; vgl. auch Sain. Sources 2, 241; 400; REW 5653; Bl.-W. 415.
Kaum aus gr. μῶμος „Spott", „Tadel", Schuchardt, ZRP 14, 177 f.

momie „Mumie"
13. Jh., aus arabisch *mûmijâ* „Substanz zum Einbalsamieren der Toten", das aus dem Persischen stammt, Littmann 100; Lam. 168.

momon „Vermummung", „Geldeinsatz der maskierten Spieler beim Würfelspiel"
16. Jh., ist Abl. von dem Stamm von afrz. *momer, mome* u. ä., s. *momerie.*

mon 1. „mein"
12. Jh., ist die unbetonte Entsprechung von *mien,* ist Kreuzung von afrz. *meon* aus lat. *meum* mit *ton,* der aus *tŭum* in unbetonter Stellung entwickelten Entsprechung der zweiten Person; s. *mien.*
2. „fürwahr" va.
12./13. Jh., besonders nach *être* und *savoir,* so afrz. *c'est mon* „so ist es", „fürwahr", das bei Corneille noch zu finden ist und von Molière in seiner Zusammensetzung unverständlich in *ça mon amon?* „nicht wahr?" verballhornt wurde; gilt im 17. Jh. als provinziell, wird von Richepin als bäuerliche vulgäre Ausdrucksform gebraucht; Chaurand, Fr. mod. 31, 224; es ist die alte Maskulinform von afrz. *monde* „rein", aus lat. *mŭndus* „rein"; *c'est mon(t)* bedeutet also ursprünglich „das ist rein so" u. ä.; Diez 642; REW 5746; vgl. auch Behrens, ZRP 26, 662 (Wg. 305).
Aus historischen Gründen nicht aus gr. μῶν „doch nicht", Ebeling, ZRP 24, 511 f.

monacal „mönchisch"
14. Jh., aus lat. *(mŏnăchalis).*

monade „Einheit", „Monade"
16. Jh., aus gr. (μονάς, -άδος).

monarque „Alleinherrscher“
14. Jh., aus lat. *(mŏnarcha).*
monastère „Kloster“
14. Jh., aus lat. *(mŏnăstērium),* vgl. *moutier.*
moncayar „Art Wollenstoff“
16. Jh., aus arabisch *muḫajar,* vielleicht auf dem Wege über ital. *mocajarro,* s. *moire, mohair.* Lam. 266.
monceau „Haufen“
12. Jh., afrz. auch „kleiner Berg“, aus lat. *montĭcĕllus* „kleiner Berg“, vgl. dazu *amonceler,* d. i. Weiterbildung von *monticulus,* dass., das in südfrz. ON vom Typus *Monteil* weit verbreitet ist, Gg. AA II, 375. REW 5670.
mondain „weltlich“
12./13. Jh., aus lat. *(mŭndanus);* dazu seit dem 14. Jh. die Abl. **mondanité** „Weltlichkeit“.
monde 1. „Welt“
12. Jh., aus lat. *(mŭndus);* die gelehrte Wortform verdrängt das seit dem 10. Jh. bezeugte volkstümliche *mont,* da dieses mit afrz. *mont* „Berg“, auch „Haufe“ zusammenfällt; vgl. *mont, montagne.* REW 5749.
2. „rein“
12. Jh., ist seit dem 17. Jh. veraltet, Br. 3, 137, ist auch maskulinisch verwendetes Fem. zu afrz. **mont* aus lat. *mŭndus* dass., das in *mon* „fürwahr“ in der alten Form erhalten ist. Diez 642; REW 5748.
monder „reinigen“
12./13. Jh., aus lat. *mŭndare,* REW 5744.
mondifier „(eine Wunde) reinigen“
13. Jh., aus lat. *(mŭndĭfĭcare).*
mondrain „Sand-, Erdhügel“
18. Jh., stammt angeblich aus dem Kreolischen. Dict gén.
moniteur „Warner“, „Ratgeber“
15. Jh., aus lat. *(mŏnĭtore).*
monnaie „Münze“, „Geld“
12. Jh. *monoie,* aus lat. *mŏnēta* „Münze“. REW 5659; zur Bedeutungsentwicklung des lat. Wortes s. Gg., Bed. 161.
mono- „ein-“
in gelehrten Zusammensetzungen, aus gr. (μόνος) „allein“; die Wörter, deren zweiter Bestandteil selbständig erhalten ist, werden hier nicht besonders angeführt.
monocle „einäugig“ va.; „Monokel“
13. Jh., aus lat. *(mŏnŏculus)* „einäugig“.
monogame „nur e i n Weib heiratend“
14. Jh., aus lat. *(mŏnŏgămus).*
monolithe „aus einem Stein hergestellt“
16. Jh., aus lat. *(mŏnŏlĭthus).*
monôme „Mononom“
18. Jh., ist zusammengezogen aus **mononome* zu gr. (μόνος) „allein“ und (νόμος) „Gesetz“.
monopole „Alleinhandel“
14. Jh., aus lat. *(mŏnŏpōlium).*
monotone „eintönig“
18. Jh., aus lat. *(monotonus).*
mons „Herrchen“
18. Jh., stammt aus dem Rotwelsch, hier verkürzt aus *monsieur* bzw. *monseigneur.*
monseigneur „gestrenger Herr“
12. Jh., ist die volle Form der seit dem 13./14. Jh. belegten Kurzform **monsieur** „Herr“, das selbst bis ins 16. Jh. auch als Ehrentitel gebräuchlich ist wie heute *monseigneur;* beide sind alte Akkusativformen zu nominativisch-vokativischem *mes seindre* bzw. verkürzt *mes sire,* s. *messer.*
monstre „Ungestüm“
12. Jh., aus lat. *(monstrum)* dass.
monstrueux „mißgestaltig“, „ungeheuer“
14. Jh., aus lat. *(monstruosus).*
mont „Berg“
heute nur mehr in Verbindung mit einem Eigennamen oder im Plural gebräuchlich, 10. Jh., aus lat. *monte;* REW 5664; das Wort wird wegen der Homonymität mit afrz. *mont* „Welt“, s. *monde* 1, durch *montagne* ersetzt.
mont de piété „Leihamt“
16. Jh., aus ital. *monte di pietà,* dass., eigentlich „Geldbetrag, der aus Erbarmen vorgestreckt wird“, zu aital. *monte,* s. *montant* „Betrag“; Bl.-W. 416.
montagne „Berg“
12. Jh., bedeutet der Bildung nach „Gebirge“, tritt für das untergehende *mont* „Berg“ ein, s. *mont* und *monde;* aus vlat. **montania,* d. i. nach dem Vorbild von *campania,* s. *campagne,* abgeleitet von *monte* „Berg“, s. *mont; montaniosus* „gebirgig“ ist spätlat. belegt.
montant „aufwärtssteigend“, subst. „Betrag“, „aufrechtstehender Balken, Eisenstab“ u. ä.
12./13. Jh., ist Part. von **monter** „aufwärtssteigen“, dann faktitiv „aufwärts bringen“, „nach oben richten“, 10. Jh., aus vlat. **montare* zu lat. *mons, monte* „Berg“; vom Verbum aus seit dem 16. Jh. das postverb. Subst. **monte** „Bespringen“, „Beschälen“, für das im Afrz. die allgemeine Bedeutung „Besteigen“, „Ansteigen“ belegt ist. REW 5668.
montgolfière „Luftballon“
19. Jh., nach dem Namen der Erfinder, der Brüder *Montgolfier.*
monticule „Hügel“
15. Jh., aus lat. *(montĭculus).*
montjoie „Wegweiser“, „Malhügel“
wird zuerst 998 als *mons gaudii* in einer Chronik erwähnt, vgl. „A Teutonicis mons gaudii, a Romanis mons malus vocatur, René Louis, Fr. mod. VI, 296; weist deutlich auf die Zugehörigkeit des Ausdrucks zu dem Wortschatz der Germanen, hier der Franken hin, im Gegensatz zu der Terminologie der Romanen. *Mons gaudii* ist eine weder im Frankenlatein noch im Romanischen des

frühen Mittelalters mögliche Bildung, da die Unterordnung im Genetiv längst durch die Unterordnung mittels *de* bzw. *ad* ersetzt worden war, eine klassisch lateinische Bildung des frühen Mittelalters aber keine lautgesetzliche Entwicklung wie bei Erbwörtern mitgemacht hätte. Da der Ausdruck als typisch für die Germanen, in Gallien also für die Franken, gesichert ist, ist *mons gaudii* offenbar die volksetymologische Latinisierung eines fremden, d. h. hier fränkischen Ausdrucks.

Im Afrz. hat *monjoie* 2 Meinungen, 1. ist es der Schlachtruf der Franken, also das Kennzeichen der fränkischen Krieger, dann „Kennzeichen" im allgemeinen und Bezeichnung des Banners Karls des Großen, im besonderen; 2. bezeichnet *monjoie* einen künstlich angelegten Stein-, später auch Erdhaufen, zur Bezeichnung der Grenze zwischen 2 Gebieten. Die Bedeutung „Grenzzeichen" ist auch noch in dem aus dem Nordfrz. entlehnten languedokischen *mountjoio* „Grenzstein", Krüger VKR I, 243; Mistral unter *mountjoio* „Steinhaufen, der den Hirten als Grenzzeichen dient", erhalten.

„Allen Germanen gemeinsam ist die Gebietsabgrenzung durch das Belassen von Ödland zwischen den verschiedenen Staatsgebieten", Rübel, Die Franken, 1904, S. 145. Ein solches unfruchtbares noch heute schwach besiedeltes Ödland ist schwäbisch-alemannisch *göį*, zu ahdt. *gewi, gouwes*, mndl. *gouw* d. i. fränkisch **gawi, *gaues.* An die Stelle des unbewohnten Ödlandes an der Grenze eines staatlichen Gebildes trat später der aus zusammengetragenen Steinen aufgebaute „Grenzhügel". Diese kulturelle Entwicklung wurde von der Bedeutungsveränderung von *monjoie* begleitet, vgl. „Steinhaufen als Grenzzeichen", dann als „Wegweiser", „Haufen", „Hügel", s. Louis l. c. 80; Kaspers l. c. 175; vgl. auch *mitrailler.* Grundform von *monjoie* ist daher fränkisch **m u n d - g a u i,* zu ahdt. *mund* „Schutz", ahdt. *muntboro* „Schutzherr", wörtlich „Schutzträger", Gg., RG I, 163; *mundgaui,* latinisiert *mon(d) gauyum* bedeutet also „Schutzgau", d. i. „Ödland, das gegen die angrenzenden Völker wie Goten, Sachsen, Bretonen ‚Burgunder Schutz bietet". Die Latinisierung von **mon(d)gaui* zu *mons gaudii* drängt sich auf. So erklärt sich auch der Übergang zur Bezeichnung des Ausrufes der heimkehrenden Krieger bei der Erreichung ihres ‚Schutzgöįs'; vgl. René Louis, Congrès de Toponymie etc., Actes et Mémoires, 1939; ders. Fr. mod. VI, 296; W. A. Nitze, RPh. 9, 11; Kaspers, Beiträge zur Namenforschung 9, 173, der wenig wahrscheinlich das angesetzte fränkische **mundgawi* durch ein germ. **mundgalga* ersetzen möchte.

Erklärung von *montjoie* aus einem lat. *mons (monte) gaudii* „das aus dem Blickfeld von Religion und Philosophie stammt", Heisig, Rom. Jb.4, 292, übersieht die ganze Überlieferung; daß *mons gaudii* sich auf eine im 13. Jh. auf einer Ortskarte von Jerusalem verzeichnete Anhöhe innerhalb der Stadt bezieht „weil die Pilger über den Anblick der Heiligen Stadt ihre Freude bekunden", Löffel, Beiträge zur Geschichte von montjoie, Diss. Tübingen 1934, berücksichtigt nicht einmal, daß der erste Kreuzzug zwischen 1096 und 1099 stattfand, daß aber der Ausdruck schon ein ganzes Jahrhundert früher sicher bezeugt ist; auch nicht zu *mons Jovis* für die Bedeutung „Hügel" oder *meum gaudium* für den Schlachtruf, Diez 642.

montoir „Tritt", „Aufstiegstein"
14. Jh., aus vlat. **m o n t a t o r i u m,* d. i. Werkzeugsabl. von vlat. **montare* „aufsteigen", s. *montant*; die Ableitung ist in der ganzen westlichen Romania erhalten; REW 5668.

montre „Zeiger", „Zifferblatt" va.; „Taschenuhr"
14. Jh., ist postverb. Subst. von **montrer** „zeigen", wie afrz. *mostre* „Muster", „Vorweisung" u. a. von afrz. *mostrer,* letzteres noch in mfrz. *moutrer*; aus lat. *m o n s t r a r e*; die Form *monstrer* zeigt sekundäre Rückanlehnung an das lateinische Wort; vgl. *penser.* REW 5665.

montueux „bergig"
15. Jh., aus lat. *(m o n t u o s u s).*

monture „Reittier", „Befestigungsstück"
14. Jh., ist der Bildung nach ursprünglich abstrakt „Besteigung", „Einrichtung", und ist Abl. von *monter,* s. *montant.*

monument „Denkmal"
12. Jh., aus lat. *(m ŏ n ŭ m e n t u m).*

moque „in der Mitte ausgehöhlter Holzblock", „Flaschenzug ohne Rolle", „kleiner irdener Henkeltopf"
17. Jh., lebt zur Bezeichnung eines Gefäßes in westlichen Mundarten, vgl. norm. *moque* „Tasse ohne Henkel", angev. „Zydertopf", poitev., saint. „irdenes Trinkgefäß", dazu auch berrich. *moque* „Kastanienhülle"; aus ndl. *m o k* „blecherne Tasse", „Trinkbecher". Behrens, ZFSL 28, 307 (Wg. 172); vgl. FEW 16, 563.

moquer „lächerlich machen"
12. Jh., kann afrz. objektiv und absolut gebraucht werden, afrz. *(soi) moquer* „seinen Spaß treiben" u. ä., wie nfrz. *se moquer de* „verspotten", „sich lustig machen über" u. ä., aus **mŏccare*; dieses ist Abl. von einem **m ŏ c c a,* das in der Bedeutung „Grimasse" u. ä. auch für die Iberische Halbinsel anzusetzen ist; dieses u. H., vielleicht Schallbildung; die Form *moquer* ist entweder

norm.-pik. oder provenzalischer Herkunft. Diez 643; REW 5637; Bl.-W. 417.

moquette 1. „Scherz“, „Lockvogel“
16. Jh., ist Abstraktbildung von *moquer* wie *causette,* mundartlich *disette* „Gerede“ u. ä.
2. „Trippsamt“
17. Jh., u. H.
3. „Losung des Rehbocks“
13. Jh. „Erdscholle“, westfrz. *moche* „steiniger Erdklumpen“, auch „Butterknollen“; s. *moche*; FEW 16, 562. Aus alemannisch *mocke* „Klumpen“, Behrens, Wg. 174; REW 5638 ist geographisch schwierig

moraille „Kneife, die man widerspenstigen Pferden um die Nase legt“, „Streckzange“
13. Jh. „Eisenscharnier am Helm, zum Befestigen des Visiers“, dazu prov. *morralha*; s. prov. *mor, morre* „Schnauze“, vgl. dazu poitev. *maurau, mourau* „Beißkorb aus Stricken oder Weidenruten“, *mouron* „Maulkorb“, das auf eine Grundform **mŭrru-* unbekannter Herkunft zurückführt; der Stamm lebt außer in Südfrankreich auch auf der Iberischen Halbinsel; dazu seit dem 14. Jh. die Abl. **moraillon** „Krampe“, „Schließhaken“.
**murru-* zu kärntnerisch *murre* „verdrießliches Gesicht“, bzw. anord. *murra* „murren“, Braune, ZRP 21, 216, ist geographisch schwierig, da aus begrifflichen Gründen Entlehnung aus dem Gotischen unwahrscheinlich ist; zu **murr* „Katze“, Sain. Chat. 74, ist unbegründet; vgl. auch REW 5762; Bertoni, ZRP 37, 739.

moraine 1. s. *morine.*
2. „Gerölle in Gewässern“, „Gletschermuren“
18. Jh., stammt aus dem Südostfrz., vgl. sav. *morêna* „Erdanhäufung am Fuße eines abschüssigen Feldes“, Genf *moraine* „Geröll am Flußrand“, s. auch Wißler, RF 27, 76 SA; dazu nprov. *mourreno* dass.; dieses bedeutet auch „Hügel“, „Geröllhaufen“; es ist Abl. von nprov. *mourre* „Felsvorsprung“, das mit prov. *morre* „Schnauze“ identisch zu sein scheint; der Stamm lebt in der Bedeutung „Geröll“, „Hügel“ in Mittel- und Oberitalien, Südostfrankreich und Nordspanien, vgl. Jud, BDR 3, 11; wäre nach Pokorny VR 10, 266 vorindogermanisch *mŭrr-* „Geröll“, „Hügel“.
Ablautform zu *marra* „Gerölle“, das unter *marelle* erwähnt ist?

moral „die Sitten betreffend“
13. Jh., aus lat. *(mōrālis).*

morasse „Bürstenabzug“
19. Jh., u. H.; Bl.-W. 417.

moratoire „aufschiebend“
18. Jh., aus lat. *(moratorius)*; entsprechend im 20. Jh. **moratorium** „Moratorium“; Bl.-W. 417.

morbide 1. „die Krankheit betreffend“
15. Jh., aus lat. *(morbĭdus)* „krank“.
2. „zart ausgedrückt“
17. Jh., aus ital. *morbido* „weich“, „geschmeidig“, dieses aus lat. *morbĭdus* „krank“, s. o. REW 5677.

morbidesse „Weichheit“, „Zartheit“ (des Fleisches)
18. Jh., aus ital. *morbidezza,* d. i. Abl. von *morbido,* s. *morbide* 2.
morbieu s. *morbleu.*

morbleu „verflucht“
auch *morbieu,* 17. Jh., ist Deckwort für *mort dieu,* vgl. auch *mordienne.*

morceau „Bissen“, „Stück“
12. Jh. *morsel,* ist Abl. von afrz. gleichbedeutendem *mors,* s. d.; dazu seit dem 17. Jh. die Abl. **morceler** „zerstückeln“. Diez 643; REW 5691.
**morscellus* wegen pikardisch *morchel,* Gröber, Misc. Caix-C. 46, ist nicht nötig, da das pikardische Wort fälschliche Umdeutung des literarischen Ausdruckes sein kann.
mord s. *mors.*

mordache „Mundzwinge“, „Spannblech“, „Lippen eines Schraubstockes“ u. ä.
16. Jh. auch *mordace,* aus spanisch *mordaza,* dieses aus vlat. **mordacia,* zu lat. *mordax* „beißend“, „bissig“, vgl. im 7./8. Jh. in lat.-agls. Glossen belegtes *mordacius* „Spange“. Diez 643; Barbier, RDR 2, 193; REW 5678; Cor. III, 437.

mordacité „Bissigkeit“
16. Jh., aus lat. *(mordacĭtate).*

mordancer „(einen Stoff zur Befestigung der Farben) beizen“
19. Jh., ist Abl. von **mordant** „beißend“, dann substantiviert „Beißzange“, „Beizmittel“, dieses seit dem 12. Jh. Part. zu **mordre** „beißen“, 11. Jh., aus lat. *mordēre* „beißen“. REW 5679.

mordicus „steif und fest“
17./18. Jh., aus lat. *(mordĭcus)* „beißend“.

mordienne „verflucht“
16. Jh., ist Deckwort für *mordieu,* d. i. *mort dieu* „Gottes Tod“, s. *morbieu, morbleu.*

mordoré „rotbraun mit Goldreflex“, „goldkäferfarbig“
17. Jh., ist zusammengesetzt aus afrz. *mor* „Maure“, „Mohr“, „dunkelbraun“, aus lat. *maurus* „maurisch“, und *doré* „vergoldet“, s. d.; vgl. auch *morelle, moreau;* dazu seit dem 19. Jh. die Abl. **mordorure** „Goldkäferfarbe“.
mordre s. *mordancer.*
mords s. *mors.*

more „Mohren-“
in *cap de more* „Mohrenkopf“ (Art Grauschimmel); ist zusammengesetzt aus prov. *cap* „Kopf“, s. *chef,* und frz. *more* „Mohr“, „Schwarzer“, aus lat. *(maurus)*; vgl. *mordoré.*

moreau „mit schwarzglänzendem Haar“ va.; „Rappe“

12. Jh., bedeutet afrz. auch „dunkelbraun", aus vlat. **maurellus* zu lat. *maurus* „Maure"; vgl. *morelle, mordoré.*

morelle „Nachtschatten"
13. Jh., ist als Pflanzenname spätlat. als *maurella* belegt, ALL 3, 260, ist Abl. von lat. *maurus* „Maure", s. *moreau* und *mordoré.*

morfil 1. „rohes Elfenbein"
16. Jh., auch *marfil,* aus spanisch *marfil,* älter *almafil,* dieses aus arabisch *ᵉaẓm al-fîl* „Elfefantenknochen". Lam. 157.
2. „Grat an einem frisch geschliffenen Schneideinstrument"
17. Jh., bedeutet ursprünglich die an der Schneide nach dem Schleifen hängenbleibenden Stahlteilchen, dafür Lüttich *moir-teian,* d. i. **mort taillant*; es ist zusammengesetzt aus adjektivischem *mort* „tot" und *fil* „Schneide", bedeutet also „der tote, d. h. abfallende Teil der frisch geschliffenen Klinge"; vgl. *morvolant.*

morfondre „(im Pferde) Schnupfen verursachen", refl. „sich erkälten"
14. Jh., ist zuerst in der Partizipialform *morfondu* belegt; dieses ist verschmolzen aus **morvefondu,* zu *morve* „Rotz" und *fondre* „schmelzen", bedeutet also der Bildung nach „in Rotz aufgelöst"; vgl. wegen der Bildung afrz. *fervesti* „eisengepanzert", *solbatu* „an der Sohle verletzt", *gras-fondu;* von *morfondu* abgeleitet seit dem 15. Jh. **morfondure** „Schnupfen des Pferdes".
Im ersten Teil nicht afrz. *mourre* „Schnauze", s. *moraille,* Urtel, BGPSR, 12, 14; Bl.-W. 261.

morganatique „morganatisch"
18. Jh., aus mlat. *(morganaticus)* in *matrimonium ad morganaticam* „Ehe auf bloße Morgengabe", bezeichnet ursprünglich die Gabe, die der Neuvermählte nach der Hochzeitsnacht seiner Frau darbringt; dieses ist Verballhornung von mlat. *morgangeba, morgangifa, morgengab* u. ä., das deutsches *morgengabe* in der Form verschiedener germanischer Mundarten wiedergibt.

morgeline „Hühnerdarm" (Pflanze)
15. Jh., ist französisierte Form von mlat. *morsus gallinae* „Hennenbiß"; die eigentlich volkstümliche Form s. unter *mouron, menuchon.*

morgue „dünkelhaftes Auftreten", „Identifizierungsraum im Gefängnis", „Leichenbeschaustätte"
15. Jh. in der ersten Bedeutung, seit dem 17. Jh. in den folgenden, aus nprov. *morgo* auch *morvo* „Rotz", zunächst in der Verbindung *tenir, faire morgue* *„rotzig sein", „dünkelhaft sein" belegt, die Bedeutungsentwicklung zu „Dünkelhaftigkeit" vielleicht in Anlehnung an gleichzeitig auftauchendes und gleich konstruiertes *nargue,* s. d.; dazu seit dem 15./16. Jh. die Abl. **morguer** „verächtlich behandeln"; *morgo* ist die nprov. Entsprechung des frz. *morve,* s. d.
morgue als postverb. Subst. von *morguer* und dieses aus lat. *morigerari* „zu Willen sein", Horning, ZRP 21, 457; 28, 605 ff. ist unwahrscheinlich, da das Wort erst im 15. Jh. auftaucht; auch ist die volkstümliche Erhaltung eines rein abstrakten Wortes schwierig; daher auch nicht pik. norm. *morguer* aus einem zu *morigerari* gebildeten **mōricare* und daraus das literarische Wort; zu **mŭrru-* „Schnauze", wie lothr. *mouriž* „Grimasse", Braune, ZRP 21, 216, ist morphologisch und historisch schwierig; langued. *morga* „Schnauze" besteht nicht, s. Puitspelu s. v., daher auch nicht **mŭrrica,* Brüch, ZRP 39, 206 f.; ähnlich Bl.-W. 418; *morgue* als „Identifizierungszimmer" usf. aus nprov. *morgo* „Eingang" (ins Gefängnis), Sainéan, ZRP 31, 269, ist nicht möglich, da nprov. *morgo* nicht „Eingang", sondern *entrée de la manche de certains filets,* d. h. „Schließe", „Zwinge" bedeutet; dieses ist übertragen aus *morgo* „Art Haube", ursprünglich „Nonnenhaube", ist also eins mit prov. *morga* „Nonne", zu *monachus,* s. *moine*; *morguer* als Neubildung zu mundartlichem *morgue* als Konjunktiv zu *mordre* „beißen", Tobler, SA-Berlin 1902, VII, ist unwahrscheinlich, da ein afrz. *morguer* „beißen" nicht besteht, s. G. Paris, Rom. 32, 130; vgl. auch REW 5684.
morguié, morguienne s. *mordieu.*

moribond „sterbend"
15. Jh., aus lat. *(mŏribŭndus).*

moricaud „von schwarzbrauner Gesichtsfarbe"
16. Jh., bedeutet ursprünglich „kleiner Mohr"; es ist mit einem namentlich in Westfrankreich verbreiteten Suffix abgeleitet von *more* „Mohr", s. d.

morigéner „die Sitten bilden", „tadeln"
14. Jh., aus mlat. *(morigenare)* für lat. *mōrĭgĕrari* „willfahren", s. *morgue* Anm.

morille „Morchel"
16. Jh., aus grom. **moricula,* d. i. *-ĭcula*-Ableitung von fränkisch *morha* „Mohrrübe" bzw. Anpassung von fränkisch *morhila* zu ahdt. *murhila* „Morchel" an das romanische Formensystem; doch ist das späte Auftreten des Wortes in der Literatur auffällig, vgl. REW 5681 a (wo die Angabe des Grundwortes *mora* „Maulbeere" unhaltbar ist); der Stamm *mora* ist die westfränkische Entsprechung von fränkisch *morha* wie *fora* zu *forha,* s. *forêt*; die normale Form des Südens ist *mourilho,* ALF, Suppléments I, S. 147; *mourigouro* u. ä. ist das Ergebnis verschiedener Kreuzungen. Diez 643.
Zu afrz. *mor* „schwarzbraun", s. *mordoré,* REW S. 931 Anm., trennt das frz. Wort von den gleichbedeutenden germanischen; ebenso **maurīcula,* Bl.-W. 418.

morillon „Art schwarze Weintraube", „Rußente"
13. Jh. *moreillon,* ist *-ellione*-Abl. von afrz. *mor* „dunkelbraun", s. *mordoré.*

morine „ansteckende Krankheit" va.; „Aas", dann in *laine morine* „Wolle von einem toten Tiere"
12./13. Jh., afrz. *morine* „Sterben", „Seuche", „Tierkadaver", ist ursprünglich abstrakte Abl. von afrz. *morir* „sterben", s. *mourir,* bedeutet also ursprünglich „Hinsterben".

morion „Art leichter Helm"
16. Jh., aus spanisch *morrion;* dieses zu spanisch *morra* „Schädel", das zu dem unter *moraille* angeführten Stamm **mŭrru-* gehören dürfte; REW 5762.

morne 1. „niedergeschlagen"
12. Jh., ist postverb. Subst. von einem untergegangenen afrz. **morner* „traurig sein", dieses aus fränkisch *mornôn,* zu agls. *murnan,* as. *mornôn* „besorgt sein"; davon seit dem 16. Jh. die Abl. **morner** „abstumpfen", „(der Lanze) die Spitze benehmen", von dem wieder seit dem 16./17. Jh. belegtes **morne** „Zwinge" (an der Lanze, um diese ungefährlich zu machen) rückgebildet ist; Diez 643; REW 5687.
Oder *morne* als Adjektivum unmittelbar aus fränkisch **morni* als germanische Bildung zu dem angesetzten *mornôn,* Mackel 22.
2. „runder Hügel" (auf den Antillen)
18. Jh., stammt angeblich aus dem Kreolischen, hier aus spanisch *morro,* das zu der unter *moraine* 2 angeführten Wortsippe gehört. Dict. gén.

mornifle „Vereinigung von vier gleichen Karten" va.; „Backenstreich mit dem Handrücken"
16. Jh., lebt im Südosten, vgl. sav. *mornifla* „Fausthieb auf die Nase, das Gesicht", Doubs *mournifle,* verd. chal., voges., lothr. *mornife* „Ohrfeige", aber auch pik., boulogn. *mornifle,* norm. *mornife* „Ohrfeige", rouchi *marnioufe* dass., hier im Norden wohl aus dem Vulgärfranzösischen; stammt das Wort aus dem Südosten, dann ist es Kreuzung von *mourre* „Schnauze" und afrz. *nifler* „hinaufschnupfen", vgl. *renifler,* vgl. besonders sav. *morniflan* „der sich in die Hand schneuzt, die Finger in die Nase steckt, hinaufschnupft" u. ä., auch *morniflu;* die weitere Bedeutungsverschiebung zu „Ohrfeige", vielleicht in Einwirkung von *gifle.*

morose „übellaunig"
17. Jh., aus lat. *(mōrōsus).*

morosif „nachlässig"
16./17. Jh., ist Abl. von lat. *(mŏrōsus)* „voll Verzug".

morphine „Morphium"
19. Jh., ist Abl. vom Namen des Gottes des Schlafes, lat. *(Morpheus),* frz. *Morphée.*

morpion „Filzlaus"
16. Jh., ist zusammengesetzt aus *mords* „beiße" und *pion* „Fußsoldat", s. d.

mors „Biß" va.; „Gebiß", „Mundstück"
12. bzw. 14. Jh., bedeutet afrz. auch „Bissen", „Stück", s. *morceau,* aus lat. *mŏrsus* „Biß"; REW 5691; davon abgeleitet seit dem 13. Jh. bezeugtes **morsure** „Beißen", „Biß".

morse „Walroß"
16. Jh. *morce marin,* aus engl. *mors marin,* 15. Jh., das letzten Endes auf lappländisch *morša* zurückgeht; Giese, Rom. Jb. 5, 392; Brüch, IF 40, 198; Thomsen, Rom. 4, 363; REW 5697.

mort 1. „Tod"
9. Jh., aus lat. *mŏrte;* REW 5688.
2. „tot"
10. Jh., aus lat. *mŏrtuus;* REW 5695.

mortadelle „dicke Bologneser Wurst"
16. Jh., aus ital. *mortadella,* alt auch *mortadello,* dieses ist dem. Abl. von lat. *mŭrtatum (farcimen)* „Art Wurst", zu *mŭrta* „Myrtenbeere", vgl. wegen der Bildung *ficatum* unter *foie.*

mortaille „Recht des Herrn auf die Erbschaft nach dem verstorbenen Sklaven"
13. Jh., dazu seit dem 14. Jh. die Abl. **mortaillable** „dem Recht der *mortaille* unterworfen", ist zusammengesetzt aus *mort* 1 oder 2 und *taille* „Auflage", „Zins", doch ist die Art der Zusammensetzung unklar. Diez 643; s. *tailler.*

mortaise „Zapfenloch" u. ä.
Ende des 12. Jhs. *mortaisse,* im 13. Jh. mit Suffixwechsel *mortoise,* mit prov. *mortaiza, mortaira,* letzten Endes aus span. *mortaja* „Kerbe", „Fuge", aus arabisch *murtazz* „befestigt", „eingeheftet", Lam. 266; REW 5763; vgl. Bl.-W. 419.
Aus einem hypothetischen **moritoria* zu *mourir,* Cor. III, 449, ist nicht ernst zu nehmen.

mortalité „Sterblichkeit"
12. Jh., aus lat. *(mŏrtālitate).*

mortel „sterblich"
10. Jh., aus lat. *mŏrtālis;* REW 5691 a.

mortier „Mörser", „Mörtel"
12. Jh., aus lat. *mortarium* „Mörser", „Mörtelpfanne", „Mörtel"; Diez 217; REW 5693.

mortifère „todbringend"
15. Jh., aus lat. *(mŏrtĭfer).*

mortifier „brandig machen", „abtöten"
12. Jh., aus lat. *(mŏrtĭfĭcare),* bei den Kirchenschriftstellern „töten".

mortuaire „Sterbe-", „Todesfall", „Mortalitätstabelle" u. ä.
13./14. Jh., aus mlat. *(mortuarius)* zu lat. *mŏrtuus* „tot", s. *mort* 2.

morue „Kabeljau"
13. Jh., mit der Nebenform *molue,* die in rouchi, westfrz. *moulue,* wall. *moleuwe, molowe* erhalten ist; dazu mit sekundärer Pala-

talisierung des *-l- mouillure* dass., Barbier, RDR 1, 441; die Grundform **mōlūca* ist vermutlich gallisch, aber nicht eindeutig zu bestimmen; die Nebenform **morūca* weist auf gallisch **mor* „Meer"; vgl. Diez 644.
Verschmelzung von keltisch *mor* „Meer" mit afrz. *lutz* „Hecht", Bl.-W. 419, ist entwicklungsgeschichtlich unverständlich.

morve „Rotz"
16. Jh., ist zunächst als Pferdekrankheit bezeugt, dann übertragen auf den Menschen; ist Rückbildung von **morveux** „rotzig", das seit dem 13. Jh. bezeugt ist und auf ein grom. **morwosus* zurückführt; dieses ist umgestellt aus **wormosus,* die Umstellung vermutlich in Anlehnung an **mŭrru-* „Schnauze", s. *moraille*; der Stamm ist fränkisch **worm* „Eiter", der in ursprünglicher Form in *gourme* erhalten ist, s. d.; vgl. auch *morgue*; Baist, ZRP 28, 111; REW 9570; vgl. Bl.-W. 419.
Nicht zu lat. *morbidus* „krank", Horning, ZRP 15, 496.

morvolant „Wirrseide" (vom Abhaspeln des Kokons)
18. Jh., ist zusammengesetzt aus *mort* „tot" und *volant* „wegfliegend", vgl. ähnlich gebautes *morfil.*

mosaïque „Mosaik", „musivische Arbeit"
16. Jh., aus ital. *mosaico,* dieses aus mlat. *(musaicum)* zu lat. *musēum* „Musivarbeit"; Diez 220; vgl. Bl.-W. 419.

moscovade „Rohzucker"
auch *moscouade,* 17. Jh. *mascouade,* stammt aus portug. *mazcabado,* wörtlich „halb vollendet", „minderwertig", d. i. Part. von altportug. *mazcabar* „etwas abziehen", „den Wert verringern", das selbst aus prov. *mescabar* „keinen Erfolg haben", „schlechten Gebrauch machen" u. ä. entlehnt ist; dieses ist Gegenbildung zu *acabar* „zu gutem Ende führen", s. *achever, méchef* und *mé-*. Dict. gén.

mosette s. *mozette.*

mosquée „Moschee"
14. Jh. *meschite,* auch in volksetymologischer Anlehnung an frz. *musc* „Moschus" *musquette,* 16. Jh. *mosquette, muscat,* schon im 15. Jh. *mosquee,* das in das Italienische als *moschea* übernommen wurde, Cor. III, 364, geht über spanisch *mezquita* auf arabisch *masǧid* „Ort wo man sich niederwirft, anbetet" zurück; Lam. 169; Littmann 62; Span. Elem. 23.

mot „Wort"
12. Jh., aus vlat. *mŭttum* „Muckser", „Grunzen", Corp. gloss. II, 132, Graur, Rom. 53, 200, afrz. besonders verneinend in *ne sonner mot* „keinen Grunzer von sich geben", d. i. „kein Wort reden", von dem aus positives *mot* „Wort", „Rede" neu gebildet wird; wird nach Ausdrücken des Redens, Mitteilens reine Negation; die ursprüngliche Bedeutung wirkt noch in der Jägersprache in *sonner mot* „ins Jagdhorn blasen" nach; Tilander, Rom. 64, 347; Rec. Brunet 200; Diez 218; REW 5795; Bl.-W. 419.

moteur „treibende Kraft"
14. Jh., ist auch adjektivisch „bewegend", „treibend", die technische Bedeutung „Motor" seit dem 18. Jh., Bl.-W. 419, aus lat. *(motor, -ore)* „der Beweger".

motif „Beweggrund", „Motiv"
14. Jh., alt auch adj. „beweglich", aus lat. *(mŏtīvus)* „beweglich", die Bedeutung beeinflußt durch afrz. *movoir* „veranlassen", s. *mouvoir.*

motion „Antrag"
18. Jh., aus engl. *motion,* d. i. lat. *(motio, -one)* „Bewegung", das im 13. Jh. in der ursprünglichen Bedeutung auch in das Französische aufgenommen wurde; Bl.-W. 420.

motocyclette „Motorrad mit Beiwagen"
seit Beginn des 20. Jhs., Weiterbildung von *bicyclette* „Fahrrad", dieses künstlich gebildet aus *bi(s)* „zwei-" und *cycle* „Rad"; Bl.-W. 420.

motte „Erdscholle"
11. Jh., bedeutet afrz. auch „Hügel", „Damm", lebt in Oberitalien, Mittelfrankreich und Nordspanien, ist daher vermutlich gallischer Herkunft; doch findet sich in den lebenden keltischen Mundarten nichts Entsprechendes. Thurn. KR 69; Diez 218; Jud, BDR 3, 11 f.

mottereau „Uferschwalbe"
18. Jh., ist Abl. vom Stamm von **motteux** „grauer Steinschmätzer", 18. Jh., eigentlich **motteur,* d. i. Abl. von **motter** „sich hinter den Schollen verbergen", das zu *motte* „Erdscholle" gehört; *mottereau* ist in Anjou die Entsprechung des literarischen *motteux*; vgl. auch *cul blanc* für beide Vögel, Roll. F. 2, 255 und 323.

motus „still", „reinen Mund"
17. Jh., ist scherzhaft latinisierende Ableitung von *mot* „Wort" für *pas un mot.*

mou, molle „weich", subst. „Tierlunge"
11. bzw. 14. Jh., aus lat. *mŏllis* „weich"; REW 5649; vgl. *mollet.*

mouche „Fliege"
12. Jh., schon im 12. Jh. auch in *mouche a miel* „Biene", afrz. auch „Mücke", dazu im 13. Jh. *moschette* „kleine Fliege", dann als Ersatz für *apis* „Biene", afrz. *vaisseau de moschetes* „Bienenkorb"; dazu seit dem 13./14. Jh., die weitere dem. Abl. **moucheron** „Mücke"; aus lat. *musca* „Fliege"; dazu im Rotwelsch des 14. Jhs. *mouche* „Spion", von diesem seit dem 16. Jh. die Abl. **mouchard** „Spion", „Denunziant", Sain. Sources I, 12; REW 5766.

moucher 1. „schneuzen"
13. Jh., aus vlat. *mŭccare*, das in der lex

Rip. belegt ist, zu lat. *mŭccus* „Rotz"; Diez 644; REW 5706.
2. „hin- und herfliegen", „auskundschaften" 16. Jh., ist Abl. von *mouche* „Fliege" bzw. „Spion", s. d.

moucherole „Schnapphähnchen"
16. Jh., ist Abart der Gattung *gobe mouche*, ist daher wohl von *mouche* „Fliege" unmittelbar abgeleitet; *moucherole* ist auch mundartliche Form für *mouchet*, s. *émouchet*; Roll. F. 2, 55.

moucheron 1. „Mücke"
13./14. Jh., ist dem. Abl. von *mouche* „Fliege", s. d.
2. „Lichtschnuppe"
12./13. Jh., ist Kreuzung von mfrz. *mecheron* „kleiner Docht", s. *mèche*, mit *moucher* „(Licht) schneuzen"; vgl. noch berrich. *mécheron* neben *moucheron* in der literarischen Bedeutung.

mouchet s. *émouchet*.

moucheter „sprenkeln"
15. Jh., ist Abl. von *mouche* in der übertragenen Bedeutung „schwarzer Punkt", „Fleck".

mouchette „Lichtputzschere"
18. Jh., ist Werkzeugsableitung von *moucher* „(das Licht) schneuzen" s. d.

mouçon s. *mousson*.

moudre „mahlen"
12. Jh., aus lat. *mŏlĕre*; REW 5642; verdrängt in der Literatur afrz. *moudre* „melken" aus lat. *mulgēre*, Gilliéron, RPFL 20, 90.

moue „Gesichtsverzerrung"
12. Jh. in *faire la moue* „ein Gesicht schneiden", aus fränkisch **mauwa* zu ahdt. *mâwen* „mauen", „schreien", ndl. *maauwen* dass.; Braune, ZRP 21, 221 Anm. 3; REW 5441; vgl. auch Diez 644; Mackel 124; Baist, RF 1, 110 f.

mouée „Hirschschweiß" (Milch oder Suppe mit Brot und dem Blut des erlegten Hirsches)
17. Jh., ist im 16. Jh. in der Bedeutung „große Menge", „Haufe" bezeugt, dazu Guernesey *mouée* „Haufe", H. Maine „Gerstenmehl", angev. „Fischbank", „Truppe von Wandervögeln", poitev. „große Menge von Personen", „Art Brei, den man den Maurern zum Auferstehungsfest macht", d. i. mundartliche Form von afrz. *moiee* „Menge", „Haufen", dieses *-ata*-Abl. von afrz. *moie* dass.; dieses aus lat. *mēta* „Heuschober", s. *moie*.

mouette „Möwe"
14. Jh., aus grom. **mēwĭtta*, d. i. dem. Abl. von grom. **mēwi* aus fränkisch **mêwi*, das sich aus nddt. *mêwe* erschließen läßt, vgl. das Grundwort in pik. (St. Valéry) *miau*, dazu die Weiterbildung Cayeux *miaule*, *miolis*; vgl. auch *mauve*; Diez 644; REW 5442.

moufette s. *mofette*.

moufle 1. „Fäustling"
ist im 9. Jh., als *muffula* „pelzgefütterter Handschuh" für den Winter, dem im Sommer *wantus*, s. *gant*, entspricht, belegt, vielleicht aus fränkisch **mūhila* zu belegtem *mocha* „Handschuh", für das weitere Anknüpfungen fehlen. Gg. RG I, 266.
Fränkisch, aber ohne Zusammenhang mit *mocha*, das nach Kluge, Urgermanisch, aus frühmittelalterlichen Quellen belegt, nach Wartburg, FEW 16, 575, aber erst im 14. Jh. für Montpellier bezeugt ist.
Zusammenhang mit mhdt. *mouwe* „Ärmel", Diez 218, ist lautlich nicht verständlich, vgl. REW 5714; zu deutsch **muff-* in mundartlichem *muffelen* „heimlich verstecken und bedecken", Braune, ZRP 21, 221, ist nicht möglich, da der Stamm von *muff* u. ä. selbst aus dem Romanischen entlehnt ist, s. Kluge s. *Muff*.
2. „Vereinigung mehrerer Blockrollen in einem Gehäuse", „Farbenschmelzofen" u. ä. 14. Jh., aus ndl. *moffel* „Ding, was man über etwas zieht, womit man etwas bedeckt", das selbst aus frz. *moufle* 1 entlehnt ist; oder unmittelbar weitergebildet aus *moufle* 1?

moufler 1. „jmd. bei Mund und Nase anfassen"
17. Jh., bedeutet mundartlich, z. B. wall. „die Backen aufblasen", ist Kreuzung von *moue* mit *enfler* „aufblasen", vgl. Baist, RF 1, 110 f.; vgl. mit der ursprünglichen Bedeutung im 14. Jh. belegtes *mouflard* „pausbäckig"; dazu auch, neu gekreuzt mit *museau* und Sippe, seit dem 16. Jh. bezeugt, **mufle** „Schnauze", „Maul"; dazu die Ablautform Le Havre *mafle* „breites aufgeblähtes Gesicht"; Renson 463; FEW 16, 573; vgl. REW 5714; Braune, ZRP 21, 219.
Nicht entlehnt aus ndl. *moffelen* „die Backen bewegen", ostfriesisch *muffelen* „mit festgeschlossenem Munde und langsam essen und kauen", das vielmehr selbst aus dem Französischen stammt.
2. „(eine Mauer) mit einem Anker versehen", „in dasselbe Gehäuse bringen"
18. Jh., ist Abl. von *moufle* 2.

mouflon „wildes Schaf"
18. Jh., dafür im 16. Jh. *muifle*, *muiflon*, aus ital. (korsikanisch) *muffolo*, literarisch *muffione*, die auf lat. mundartliches *mufrone* zurückführen; REW 5715; vgl. Walde s. v.; Thomas, Rom. 35, 183; M. L. Wagner, Rom. 35, 291 ff.

mouiller „benetzen"
11. Jh., aus vlat. **mŏlliare*, d. i. Abl. von lat. *mŏllis* „weich", s. *mou*: Diez 216; REW 5646.

moulage 1. „Drehvorrichtung am Mühlstein"

14. Jh., ist Abl. von *meule* „Mahlstein", s. d.
2. „Mahlen", „Mahlrecht"
14. Jh., ist Abl. vom Stamm *moul-* von *moudre* „mahlen", s. d.
3. „Abformen", „Abguß"
14. Jh., ist Abl. von *mouler*, s. *moule*.

mouise „Not", „Elend"
19. Jh., aus dem Argot, zunächst „Arme Leutsuppe", H. unsicher; vgl. Bl.-W. 420.

moujik „russischer Bauer"
seit 1787 aus dem Russischen, Fr. mod. 13, 137.

moule 1. „Gießform", „Muster"; masc.
12. Jh. *modle, molle*, aus diesem die literarische Form, aus lat. *(mŏdulus)* „Grundmaß"; dazu seit dem 12. Jh. die Abl. **mouler** „abformen"; REW 5632.
2. „Miesmuschel", fem.
13. Jh. *muscle, mousle, mourle*, aus lat. *mŭscŭlus* dass., vgl. dazu im Süden des Nordfr., so Anjou, Poitou, Saint., auch B. Maine *moucle* dass.; REW 5773.

moulée „Schleifspäne"
14. Jh., ist Abl. von *meule* „Mahlstein", s. d.

moulin „Mühle"
12. Jh., aus lat. *mŏlīnum* „zum Mahlen gehörig", s. *meule*; Diez 219; REW 5644; dazu seit dem 13. Jh. die Abl. **mouliner** „mahlen" va.; „abreiben".

moult „viel" va.
lebt heute nur mehr an der Peripherie des frz. Sprachgebietes, ALF 120, aus lat. *mŭltum* dass.; REW 5740.

mourir „sterben"
10. Jh., aus vlat. **mŏrīre* für lat. *mori* dass.; REW 5681.

mouron s. *menuchon*.

mourre „Morra", „Fingerspiel"
15. Jh., war nach Rabelais namentlich im Languedokischen beliebt, wird heute für Anjou angegeben, aus ital. *morra* dass., u. H.; vgl. Sain. Rab. 1, 287.

mousquet „Luntengewehr"
16./17. Jh., aus ital. *moschetto* dass., eigentlich „Sperber", d. i. die Entsprechung des frz. *mouchet*, s. *émouchet*; auch andere Raubvogelnamen werden im Mittelalter zur Bezeichnung von Schießinstrumenten verwendet, z. B. *fauconneau*; Diez 217; REW 5766; dazu u. a. die Abl. **mousquetaire** „Musketier", 16. Jh.
Oder aus gaskognisch *mosket* derselben Herkunft, G. Paris, Mél. 310.

mousqueton „Stutzbüchse" va.; „Stutzen"
16./17. Jh., bezeichnet ursprünglich eine Waffe von größerem Kaliber als *mousquet*, aus ital. *moschettone*, d. i. Augmentativform zu *moschetto* „Flinte", s. *mousquet*; die Bedeutungsentwicklung zu „kleine Muskete" infolge der dem. Kraft des frz. Suffixes *-on*, vgl. *carafon*.

mousse 1. „Moos"
12. Jh., aber schon im 11. Jh. (Raschi) *molse*, auch in der Bedeutung „Flaum", das frühe Vermengung mit *mousse* 2 andeutet; aus grom. **mossa* zu mndl. *mosse*, schwedisch *mossa* „Moos", „Sumpf"; Braune, ZRP 21, 217; Diez 644; vgl. dazu bei Gregor v. Tours die dem. Abl. *mussula* dass.; dazu **moussu** „moosig" seit dem 12. Jh.
Neben *mossa*, das auch schwedisch *mosse*, norw. dialektisch *mossa* neben *mose*, steht anord. *mosi*, agls. *mos*; das Verhältnis zwischen den Formen mit *-ss-* und denen mit *-s-* ist unklar; vgl. FEW 16, 569.
Kaum mit Recht abgelehnt und zu *mousse* 2 gestellt, REW 5733; ML., ZFSL 58, 35.
2. „Schaum"
16. Jh., aus lat. *mŭlsa* „Wassermet", REW 5733; vgl. dazu *trémousser, moustille*.
3. „abgestumpft"
15. Jh., aber durch *émousser* für das 14. Jh. gesichert, ist ursprünglich wohl Femininform zu einem maskulinischen **mos*, vgl. prov. *mos* dass., aus einer Grundform **mŭttius*, d. i. Ableitung von einem Stamm **mŭttu* „ohne Hörner", „abgestumpft", der ohne *j*-Ableitung im Südostfrz. und den anschließenden Alpenmundarten lebt, REW 5793; Jud, BDR 3, 12 Anm.; der Stamm **mŭtt-* ist auch in airisch *mut* „kurz" erhalten, doch ist dieses (wegen der Grundlage mit *-tt-*) vermutlich selbst Lehnwort (Pokorny). Lat. *mŭtĭlus, mŭtĭcus* „verstümmelt" klingt an, doch ist eine Umgestaltung dieses Wortes zu **mŭttus* unverständlich.
Zu ndl. *motsen* „abstutzen" u. ä., Diez 218, ist nicht möglich; das ndl. Wort stammt selbst aus dem Frz.
4. „Schiffsjunge"
16. Jh., stammt in dieser Bedeutung aus ital. *mozzo* dass., dieses aus spanisch *mozo* „junger Mann" u. ä., aus lat. *mŭsteus* „frisch", „jung", REW 5779; das spanische Wort ist auf direktem Weg über bearnisch *moussou* nach Westfrankreich gedrungen, daher angev., B. Maine, Pléchatel *mousse* „Knabe", „Kind", Pauli, Enf. 82 ff.
Daß *mousse* ursprünglich „Katze" bedeutet hätte, Sain. Chat 65, ist unbegründet.

mousseline „Nesseltuch"
17. Jh., aber schon 1298 *mosulin*, Fr. mod. 17, 138, aus ital. *mussolino*, dieses aus arabisch *muṣilî* „aus Mossul"; Lam. 171; REW 5700.

mousser „schäumen"
17. Jh., ist Abl. von *mousse* 2 „Schaum", s. d.

mousseron „Räßling"
12./13. Jh., vgl. dazu saint. *moussiron, mousseron*, H. Saône *moussiron*, vogesisch *misseron*, les Fourgs *meusron*, aus vlat. *mŭssirione*, das bei Anthimus belegt ist, s. Niedermann, IF 23, Anz. 79; REW 5777.

mousson „Monsun"
17. Jh., auch *monson*, aus portugiesisch

monção bzw. spanisch *monzon*, das aus arabisch *mausim* „Jahreszeit" stammt; Littmann 97; Lam. 172; REW 5439.

moussu s. *mousse* 1.

moustache „Schnurrbart"
15./16. Jh., aus ital. *mostaccio*, dieses seit dem 14. Jh. bezeugt, aus vlat. *mustacia*, das im 7./8. Jh. in Glossen als „Barthaar" belegt ist, Barbier, RDR 2, 193; dieses aus gr. μυστάκιον „Oberlippe", „Schnurrbart"; Diez 218; REW 5803 a; dasselbe Wort aus mgr. μουστάκι in ital. *mostacchio*, Reichenkron, ZFSL 58, 48.

moustille „Aroma eines leicht mussierenden Weines"
19. Jh., ist Rückbildung von *émoustiller* „zur Heiterkeit veranlassen", in der Bedeutung von *mousser* „schäumen" beeinflußt, s. *émoustiller*.

moustillier „Moskitonetz"
19. Jh., ist Abl. von nprov. *mousti* „Moskito", s. *moustique*; *-ll-* ist also nur graphisch wie in *castillier* u. ä., s. *cassis*; die eigentlich nordfrz. Form ist *moustiquaire* 19. Jh.

moustique „Moskito"
17. Jh., ist umgestellt aus **mousquite*, dieses aus spanisch *mosquito*, d. i. dem. Abl. von *mosca* „Fliege", aus lat. *mŭsca* dass.

moustiquaire „Moskitonetz"
19. Jh., ist in Anlehnung an *moustique* entlehnt aus spanisch *mosquitero*, dieses *-arium*-Abl. von *mosquito* „Mücke", s. *moustique*; Schmidt, Span. Elem. 53.

moût „Most"
13. Jh., aus lat. *mŭstum*; Diez 218; REW 5783.

moutard „kleiner Knabe"
populär, dialektischer Herkunft, 19. Jh., lebt Bray, Anjou, dazu mit Suffixwechsel B. Maine *moutache* „kleines Mädchen", das wohl erst sekundär zu *moute* „Schaf", dieses Rückbildung von *mouton*, das hier selbst „Schaf" bedeutet, bezogen wurde; dazu südostfrz. *moutet* „kleiner Knabe", „Knirps", dessen Stamm sich in grödnerisch *mut*, plur. *mutons* Knabe" wiederfindet; es scheint der Stamm **mŭtt-* „stumpf", „kurz" zugrunde zu liegen, vgl. *mousse* 3 und besonders lyon. *mottet* „Knabe" und „mit abgeschnittenen Zweigen"; die Entwicklungsgeschichte des Wortes ist unklar, s. Pauli, Enf. 374.
Angev. *moustot* dass. zeigt erst sekundär Einfluß vom *mousser, émoustiller*; boulogn. *moustafia*, langued. *moustafa* „schmutziges Kind", dazu literarisch *moustapha* „dicker, bärtiger Mensch", ist volksetymologische Umgestaltung des Namens *Moustapha*; die mundartlichen Formen mit Anlehnung an *moût*, die literarische in Kreuzung mit *moustache*, Schuchardt, SAWien 141, 3, 5; Sain. LPar. 290; nach Littré wäre *moutard* aus *mouffetards* zusammengezogen, dies die Bezeichnung der Gassenbuben des *quartier Mouffetard*; dies ist lautlich schwierig und läßt den Zusammenhang mit südostfrz. *mouttet* außer acht; aus arabisch *muṭâhar* „Knabe, der beschnitten werden soll", Devic, MSLParis 5, 37, ist historisch schwierig; zu *motte* „Erdscholle", Behrens, ZFSL 31, 1, 153, überzeugt begrifflich nicht; vgl. auch REW 5783; Jud, BDR 3, 12 Anm.

moutarde „Senf", „Senfpflanze"
13. Jh. *mostarde*, dazu prov. *mostarda, mostalha* dass., dazu spanisch *mostaza*, dazu *mostacera* „Senftopf"; die Abl. mittels des kollektiven lat. *-acea* dürfte die ursprüngliche sein; also zu *mustaceus*, d. i. Abl. von *mustus* „Most", s. *moût*, das in der Bedeutung „Mostkuchen" belegt ist; eine unmittelbare Abl. von *mustus* „Most" mittels des *-ard*-Suffixes ist morphologisch nicht möglich. Der Grund der Umbildung von **mostasse* zu *mostarde* oder *mostalha* ist nicht erklärt. Diez 218; REW 5783; Bl.-W. 422. Dazu seit dem 16. Jh. die Abl. **moutardelle** „Meerrettich".

moutier „Kloster"
11. Jh. *mostier*, afrz. auch „Münster", matl. „Kirche", aus vlat. wiederholt belegtem *mŏnĭstĕrium* für lat. *monasterium*. Schuchardt, Vok. 1, 203; REW 5656.

mouton „Hammel"
12. Jh., bedeutet afrz. auch „Widder", aus gallisch **mŭlto* zu kymrisch *mollt* „Hammel". Gröber, ALL 4, 127; REW 5739.
Davon seit dem 17. Jh. die Abl. **moutonner** „wollicht machen", refl. „sich mit Schafwölkchen bedecken", das dem im 19. Jh. bezeugten **moutonneux** „voll Schafwolken" zugrunde liegt.

mouture „Mahlen", „Mengkorn"
13. Jh., aus vlat. **mŏlĭtūra* zu lat. *mŏlĕre, mŏlĭtum* „mahlen", s. *moudre*. REW 5645.

mouvement „Bewegung"
12. Jh., ist Abl. von *mouvoir*, s. d.

mouver „(Gartenerde) auflockern", „umrühren"
16. Jh., ist normannische Form von frz. *mouvoir* „bewegen"; davon seit dem 18. Jh. die Abl. **mouveron** „Rührspaten", **mouvet, mouvette** „Rührstock".

mouvoir 1. „bewegen"
12. Jh., afrz. *movoir* „in Bewegung setzen", „(ein Wild) aufjagen", „erregen", „veranlassen", refl. auch „aufbrechen", „fortgehen", TL VI, 376, aus lat. *mŏvēre* dass. REW 5703.
2. „Rührstock"
12./13. Jh. *moveoir*, ist Werkzeugsableitung von *mouvoir* 1.

moxa „Brennkegel"
17. Jh., stammt angeblich aus dem Chinesi-

schen, wo es eine Art Beifuß bezeichnet, aus dem Docht hergestellt wurde. Dict. gén.

moye „weiche Aderschicht im Steinbruch"
17. Jh., ist postverb. Subst. von **moyer** „nach der Ader teilen", 13. Jh. „halbieren", „halb sagen" u. ä., aus lat. *mĕdiare* „halbieren". REW 5453; Dict. gén.

moyen „mittlerer", „Mittel"
12. Jh., aus lat. *mĕdianus* bzw. *mĕdianum* dass. REW 5452.

moyeu 1. „Radnabe"
12. Jh. *moiuel,* aus lat. *mŏdiŏlus* „Kasten am Schöpfrade" u. ä. Diez 644; REW 5628; Tappolet, Rom. 49, 485 f.
2. „Eidotter", „eingemachte Pflaume"
10. Jh. *moiol,* prov. *mojol,* 12. Jh. *moieul d'œf,* Thomas, Rom. 57, 271; Wartburg, RLiR 23, 232; Bl.-W. 422; aus lat. *mĕdiŏlum* dass.; so bei Plinius bezeugt, aber grom. zu **modiolum* assimiliert und mit *moyeu* 1 zusammengefallen; zu REW 5627.

mozette „Mäntelchen der Bischöfe"
17. Jh., aus ital. *mozzetta,* das letzten Endes auf arabisch *al-muṣallā* „Gebetsteppich", „Gesichtsschleier" zurückführt, s. *aumusse.*

muche pot *(à —)* „im geheimen"
18. Jh., ist pik., ursprünglich in der Verbindung *vendre, acheter,* und bedeutet „(alkoholische Getränke) ohne Lizenz verkaufen, kaufen"; es gehört zu pik. *mucher* „verbergen" und *pot* „Topf", s. *musser* und *pot;* heute wird norm. das Possessivpronomen *ten* = *ton* hinzugefügt: *à muche ten pot,* pik. *al muche-tin-pot,* B. Maine *vendre à la mistăpo* „Getränke im geheimen verkaufen"; 1933 in *à musse-pot* literarisiert, s. Fr. mod. 1, 186.

mucilage „Pflanzenschleim"
14. Jh., aus lat. *(mūcilāgo).*

mucosité „Schleim"
16. Jh., ist Abl. von lat. *(mūcosus)* „schleimig".

mue 1. „Mauserzeit", „Mauserkäfig" u. ä.
12. Jh., afrz. „Mauserung", „Käfig", „Verschluß", TL VI, 398, ist postverb. Subst. von **muer** „mausern", 12. Jh., bedeutet afrz. auch allgemein „verändern", „(die Gesichtsfarbe) wechseln" u. ä., „vertauschen", aus lat. *mūtare* „verändern"; dazu afrz. 12. Jh. *muance* „Wandel", „Wechsel", nfrz. „Stimmbruch"; Diez 645; REW 5785.
2. in *rage mue* „stumme Hundswut", ist Fem. zu afrz. seit dem 12. Jh. belegten *mu* „stumm", aus lat. *mūtus* dass.; REW 5789; vgl. *muet.*

muet „stumm"
12. Jh., ist ursprünglich dem. abschwächende Abl. von afrz. *mu* „stumm", aus lat. *mūtus* dass., vgl. *mue* 2.

muette „Jagdhaus", „Mauserhaus"
ist zuerst im 16. Jh. in der Bedeutung „Lager des Hasen" bezeugt, die heutige Bedeutung „Mauserhaus" in Anlehnung an *mue* 1, *muer,* s. d.; es ist dem. Abl. von afrz. *mue* „versteckter Ort", „Rückzugsort", auch „Gefängnis", das von afrz. *soi muer* „den Wohnort verändern", im Mittelfrz. auch „sich verstekken" rückgebildet ist, s. *mue* 1; die Bedeutungsentwicklung zu „Versteck" zeigt vielleicht Beeinflussung durch afrz. *soi mucier* „sich verbergen" und davon abgeleitetes afrz. *mucette* „Versteck" u. ä., s. *musser.* REW 5785.

muezzin „mohammedanischer Geistlicher, der zum Gebet aufruft"
16. bzw. 19. Jh., aus arabisch *muâdzsin* „öffentlicher Ausrufer"; König, ZRP 60, 380.
muetter s. *muter.*
mufle s. *moufler* 1.

muflier „Löwenmaul" (Antirrhinum)
18. Jh., auch *mufle de veau, de lion* u. ä., dann *gueule de lion, tête de cochon,* ist Abl. von *mufle* „Schnauze", s. *moufler* 1. Roll. Fl. 8, 130.

mufti „Mufti"
16. Jh., aus arabisch *muftî* „Rechtskonsulent", Littmann 71.

muge „Meeräsche"
16. Jh., aus prov. *muge,* dieses aus lat. *(mūgil)* dass. Barbier, RDR 1, 441; vgl. *mulet* 3.

mugir „brüllen"
15. Jh., aus lat. *(mūgīre);* die volkstümlich entwickelte Form lebt in afrz. *muire* dass. REW 5719.
mugot s. *magot.*

muguet „Maiglöckchen"
11. Jh. als „Blase an der Lippe", so auch seit dem 18. Jh. literarisch, Bl.-W. 423; 12./13. Jh. „Maiglöckchen", vgl. dazu wall. *murguè,* vend. *müįé,* bezeichnet im Ostfrz. weit verbreitet den „Flieder", so Doubs, vogesisch *mirguet, mourguet, muguet,* lothr. *mirguet,* hier in beiden Bedeutungen; *muguet* ist in Anlehnung an das Deminutivsuffix *-et* rückgebildet von afrz. *(nois) muguete,* auch *muguate, muguede* „Muskatnuß", dieses französisiert aus prov. *muscada* dass.; dieses ist Abl. von prov. *musc* „Moschus", s. *musc;* die ursprüngliche Bedeutung von *muguet* ist also „wohlriechend". Dict. gén.; Naylor, Mod. Phil 58, 459.
Zu **mūrica* „Mäuschen", Urtel, BDR 2, 49, ist begrifflich und historisch unwahrscheinlich; die mundartlichen *-r*-Formen wie schweiz. *mürgé* „Maiglöckchen" sind aus älterem *musguet* verständlich.
Dazu seit dem 15. Jh. die Abl. **mugueter** „umwerben", „den Elegant spielen"; von diesem das postverb. Subst. **muguet** „junger Elegant" (der sich parfümiert).

muid „Scheffel"
12. Jh., afrz. ein Trockenmaß, Maß für Flüssigkeiten, auch Feldmaß; dazu in öst-

licher dialektischer Entwicklung *a moi* „reichlich abgewogen", dazu die fem. Weiterbildung afrz. *muie* „Flüssigkeitsmaß"; 13. Jh.; TL VI, 418; aus lat. *mŏdius* dass. Diez 216; REW 5629.

muire „Salzsole"
13. Jh. *moire,* die Form *muire* aus dem Südosten, vgl. fr. comt. *muire* „Pökelsalz" gegen Genf *moire,* Vionnaz *muaire* „Salzlake"; aus lat. *mŭria* „Salzlake". Diez 216; REW 5756; s. *saumure.*

mulasse „junges Maultier"
13. Jh., ist ursprünglich adj. „von der Natur des Maultieres", aus gallorom. **mūlaceus* zu lat. *mūlus* „Maultier", s. *mulet.*

mulâtre „Mulatte"
17. Jh., auch *mulat, mulate,* aus spanisch *mulato,* d. i. Abl. von *mulo* „Maultier" „Mischling", aus lat. *mūlus,* s. *mulet.*

mulcter „mit einer Strafe belegen"
15. Jh., aus lat. *(mŭlctare).*

mule 1. „weibliches Maultier"
12. Jh., aus lat. *mūla.* REW 5742.
2. „Pantoffel"
14. Jh., aus ndl. *muil,* das selbst aus dem Gallorom. entlehnt wurde; zugrunde liegt lat. *calcei mullei,* zu *mulleus* „rötlich", „purpurfarbig", dazu *mulleus* „Schuh mit rotem Leder und hoher Sohle"; zu diesem Corp. gloss. V, 224 *mule* „genus calceamenti", Alessio, RLiR 18, 30; zu *mulleus,* dessen *-u-* nach Länge oder Kürze nicht bestimmbar ist, dürfte ein Subst. **mūlus,* Plural *mūla* „Pantoffel" gebildet worden sein wie gallorom. *stēla* für lat. *stēlla.* Braune, ZRP 21, 221 Anm.; Valkhoff 194.
3. „Magen" va.
in *franche mule* „der vierte Magen der Wiederkäuer", 13. Jh., aus vlat. **mūla,* das wohl aus dem Lateinischen auch ins Albanesische und von hier in die übrigen Balkansprachen gedrungen ist; H. u.; Capidan, Dacorom. 2, 515; REW 5724.

mulet 1. „Maultier"
12. Jh., bezeichnet ursprünglich das junge Maultier und tritt als Handelsobjekt für älteres *mul* „Maultier" ein; dieses aus lat. *mūlus* dass., vgl. *mule.*
2. „Seebarbe"
13. Jh., hat die Bedeutung von lat. *mūllus,* mit der bei *mule* 2 erwähnten Lautentwicklung.
Oder zu *mulet* 1, Barbier, RPFL 20, 118?
3. „Meeräsche"
14. Jh., ist dem. Abl. von afrz. **muil,* vgl. saint. *mul,* Vienne *meuil,* aus lat. *mūgil* dass.; von dem gleichen Grundwort seit dem 18. Jh. die Netzabl. *(-arium)* **mulier** „Netz zum Meeräschenfang". REW 5717; Roll. F. 3, 158.

mulette „Fleischmagen"
13. Jh., ist Abl. von *mule* 3.

mulle „Meerbarbe"
16. Jh., aus lat. *(mūllus),* vgl. *mulet* 2.
mulon s. *meulon.*

mulot „große Feldmaus"
12. Jh., ist mit dem kleine Tiere bezeichnenden Suffix *-ottus* abgeleitet von gallorom. *mulus,* das in den Reichenauer Glossen bezeugt ist; dieses ist an lat. *mūlus* „Maultier" angeschlossenes fränkisches **mol* zu ndl. *mol* „Maulwurf" u. ä.; Diez 645; REW 5652; FEW 16, 579; dazu seit dem 16. Jh. die Abl. **muloter** „die Erde aufwühlen".

multi- „viel-"
in gelehrten Zusammensetzungen, aus lat. *(mŭltus).*

multiple „vielfach"
14. Jh., aus lat. *(mŭltĭplex).*

multiplier „vervielfältigen"
12. Jh., aus lat. *(mŭltĭplicare).*

multitude „Menge"
12. Jh., aus lat. *(mŭltĭtūdo).*

municipe „Stadt mit eigenem Gesetz"
18. Jh., aus lat. *(mūnĭcĭpium).*

munificence „große Freigebigkeit"
15. Jh., aus lat. *(munificentia).*

munir „befestigen"
14. Jh., afrz. „schützen", aus lat. *(mūnire).*

munition „Verteidigungsmittel", „Kriegsbedarf"
14. Jh., aus lat. *(mūnītĭone).*

muqueux „schleimig"
16. Jh., aus lat. *(mūcosus),* vgl. *mucosité.*

mur „Mauer"
10. Jh., aus lat. *mūrus.* REW 5764; dazu vlat. der kollektive Plural *mūra,* der in dt. „Mauer" erhalten ist, im Gallorom. durch *muralia* „Gemäuer" ersetzt wurde; dazu seit dem 12./13. Jh. **muraille** „Gemäuer".

mûr „reif"
12. Jh. *mëur,* aus lat. *mātūrus.* Diez 645; REW 5433.

mural „zur Mauer gehörig"
14. Jh., aus lat. *(mūralis).*

mûre „Maulbeere", „Brombeere"
13. Jh., für älteres *moure, meure,* das noch heute in ganz Westfrankreich und sonst vereinzelt erhalten ist, aus vlat. *mōra* für lat. *mōrum,* das in beiden Bedeutungen des frz. *mûre* bezeugt ist; die literarische Form ist Rückbildung von **mûrier** „Maulbeerbaum", „Brombeerstrauch", 12. Jh., das lautgesetzlich aus älterem *meurier* hervorgegangen, also *-arium*-Abl. von *meure* ist; vgl. auch *mûron.* Einfluß von *mûr* „reif" auf *meure* „Maulbeere", Dict. gén., ist nicht nötig; auch nicht, daß *mûre* für *meure* das Ergebnis des Schwankens zwischen *-ü-* und *-ö-* für etymologisches *-ëu-* ist, Gilliéron, RPFL 34, 63 ff.

murène „Muräne"
13. Jh., aus lat. *(mūraena).*

murex „Stachelschnecke"

16. Jh., aus lat. *(mūrex)*.
mûrier s. *mûre*.

mûrir „reifen lassen", „reifen"
14. Jh., ist Neuabl. von *mûr* „reif", s. d.; es ersetzt afrz. *mëurer*, heute bourb. *murer;* dazu berrich. *murau*, poitev. *murail* „Platz zum Nachreifen der Feldfrüchte"; aus lat. *mātūrare*, das mit *murer* „mauern" zusammenfiel.

murmurer „murmeln"
12. Jh., aus lat. *(mŭrmŭrare)*.

mûron „Brombeere", „Brombeerstrauch"
16. Jh. *meuron*, ist in dieser Form in Westfrankreich weit verbreitet, ALF 892; es ist dem. Abl. von afrz. *meure* „Brombeere", das durch diese Abl. von *meure* „Maulbeere" geschieden wurde, s. *mûre*.

murrhin „Myrrhen-"
16. Jh., aus lat. *(mŭrrhīnus)*.

musagète „Musenführer"
18. Jh., aus lat. *(mūsagētes)*.

musaraigne „Spitzmaus"
15. Jh., aus lat. *(mūs ărāneus)*, kaum in rein volkstümlicher Entwicklung. Roll. F. 7, 45; Schuchardt, ZRP 30, 713; REW 5765; Bl.-W. 424.

musard „der die Zeit vertrödelt"
12. Jh., ist Abl. von **muser** „die Zeit vertrödeln" va., „in die Brunst treten", das ursprünglich vermutlich „das Maul aufreißen" bedeutete; dieses ist Abl. von gallorom. *mūsus* „Maul", s. *museau*. REW 5784.

musc „Moschus"
11. Jh. *musgue*, 13. Jh. pik. *mugue*, s. dazu *muguet;* dazu 13. Jh. *enmugerer* „mit Muskat parfümieren"; TL III, 462; aus lat. *(mŭscus)* „Moschus", s. d. F.

muscade „Muskatnuß"
13. Jh., mit den Nebenformen *musguete, muguete, muguet*, aus prov. *muscada;* dieses ist fem. Weiterbildung von *muscat*, ursprünglich *„nach Moschus riechend", das selbst in *raisin, vin* **muscat** „Muskateller-" ins Französische gedrungen ist; *muscat* ist *-atus*-Abl. von prov. *musc* „Moschus", aus lat. *(mŭscus)*, s. *musc*; ebenso aus dem Provenzalischen stammt seit dem 15. Jh. belegtes, von *muscat* abgeleitetes **muscadet** „Muskatwein".

muscadin „mit Moschus gewürzte Pille" va.; „Stutzer"
16./17. Jh. bzw. 18. Jh., auch *moscardin, muscardin*, die letzte Form auch in der Bedeutung „kleine Haselmaus", ist ursprünglich adj. Abl. von *muscat* „nach Moschus duftend", s. *muscade;* die Nebenform *moscardin* steht vielleicht unter dem Einfluß von ital. *moscardino* gleicher Herkunft; vgl. Behrens, Wg. 376; Usinger, GB 4, 60 ff.

muscle „Muskel"
14. Jh., aus lat. *(mŭscŭlus)* dass.; vgl. *moule* 2.

muscule „Schutzdach der Belagerer"
14. Jh., aus lat. *(mŭscŭlus)* dass.

muse 1. „Unterhaltung", „Kleinigkeit" va.; „Beginn der Hirschbrunst"
12./13. Jh., ist Abl. von *muser* „die Zeit vertrödeln" bzw. „in die Brunst treten", s. *musard*.
2. „Muse"
13. Jh., aus lat. *(Mūsa)*.

museau „Schnauze"
12./13. Jh., ist vorhistorische Abl. von gallorom. *mūsus* „Maul", vgl. prov. *mus* „Gesicht", ital. *muso*, das mlat. seit dem 8. Jh. belegt ist; H. u.; vgl. *muser, amuser, musette, cornemuse, mufle*.
Nicht lat. *morsus* „Biß", Diez 220 f.; auch nicht zu einem **mūs* „Katze", Sain., Chat 68, 75, für das jede Begründung fehlt; nach Brüch, ZRP 39, 209 wäre *mūsus* Schallbildung wie lat. *mūgire* u. ä.; vgl. REW 5784.

musée „Museum"
so seit dem 18. Jh.; im 13. Jh. in einer Übersetzung aus dem Lateinischen; aus lat. *(museum)* „Musensitz", „Ort für gelehrte Beschäftigung"; Bl.-W. 424.

museler „Maulkorb anlegen", „den Mund stopfen"
16. Jh., ist Rückbildung von **muselière** „Maulkorb"; dieses seit dem 14. Jh. belegte Abl. von *museau* „Schnauze", s. d.
muser s. *musard*.

muserole „Nasenriemen"
16. Jh., auch *muserolle*, aus ital. *museruola* „Maulkorb", auch „Nasenriemen", d. i. *-eola*-Abl. von ital. *musiera*, das in der Bedeutung „Visier" bezeugt ist, aber der Bildung nach ursprünglich „Maulkorb" bedeutet hat; dieses ist *-aria*-Abl. von ital. *muso* „Schnauze", s. *museau*.

musette 1. „Dudelsack"
13. Jh., ist Werkzeugsabl. von afrz. *muser* „dudeln" (dazu mit sekundärer Einwirkung von *musique*, Hennegau *muser* „musizieren", „trillern"), ursprünglich „mit dem Mund hin und her fahren", d. i. Abl. von gallorom. *mūsus* „Maul", s. *museau;* vgl. auch *cornemuse*.
2. „Freßsack", „Brotbeutel"
18. Jh., ist vermutlich eins mit *musette* 1.

muséum „naturhistorisches Museum"
18. Jh., aus lat. *(mūsēum)* „Ort für gelehrte Beschäftigung", s. *musée*.

musif „zur Musivarbeit gehörig"
19. Jh., in Anlehnung an *massif* auch *mussif*, aus lat. *(mūsivus)*, s. *mosaïque*.

musique „Musik"
12. Jh., aus lat. *(mūsĭca)*.

musoir „Spitze eines Hafendammes", „Flügelmauer"
18. Jh., ist mit Suffixwechsel aus *museau* „Schnauze" umgebildet.
musquer s. *musc*.

musse-pot s. *muche-pot.*
musser „verbergen" va.
12. Jh., lebt heute als *mucher* norm., pik., westwall., rouchi, als *meusser, musser* burg., fr. comt., *muchi, mouchi,* wall., *mussi, moussi,* frz. Schweiz usf., dazu auch die *rue du petit Musc* in Paris, die alt *pute y musse* „die Dirne versteckt sich hier" heißt, Godefroy 5, 439; aus gallorom. **mūciare* zu gallisch **m ū k o s* „verborgen", das sich aus airisch *múchaim* „ich verberge" erschließen läßt. Thurn. KR 108; REW 5722.
Nicht aus mhdt. *sich mûzen* „sich ins Dunkle zurückziehen", Diez 645, vgl. auch Brüch, ZRP 39, 208; auch nicht zu gr. μύχος „am weitesten rückwärts gelegener Teil eines Hauses, einer Grotte", „Inneres einer Stadt, eines Landes", de Gregorio, SGI 7, 239, da gr. -υ- vlat. *-ŭ-* entspricht; auch nicht mit asturisch *esmucirse,* afrz. *esmucier,* ital. *smucciare* „entschlüpfen" zu lat. *mucidus* „schimmlig", Garcia de Diego, Dicc. Acad. española, 1926, 91.
mussif s. *musif.*
mussitation „undeutliches Sprechen des Kranken"
19. Jh., aus lat. *(m u s s i t a t i o n e)* „Murmeln".
mutation „Versetzung"
12. Jh., aus lat. *(m ū t ā t i o n e)* „Veränderung", s. *mue.*
muter „(den Most) schwefeln"
19. Jh., auch als *muetter* belegt, ist vermutlich Abl. von afrz. *muete* „Bewegung", bedeutet also etymologisch „in Bewegung bringen", s. *meute.*
mutiler „verstümmeln"
14. Jh., aus lat. *(m ŭ t ĭ l a r e).*
mutin „wiederspenstig", „aufwieglerisch"
14. Jh., ist Abl. von afrz. *muete* „Erhebung", „Aufstand", s. *meute, émeute.*
mutisme „Stummsein"
18. Jh., ist Abl. von lat. *(mūtus)* „stumm".
mutuel „wechselseitig"
14. Jh., ist Abl. von lat. *(mūtuus)* dass.
mutule „Sparrenkopf"
16. Jh., aus lat. *(m ŭ t ŭ l u s),* vgl. *moellon; modillon.*
myope „kurzsichtig"
16. Jh., aus lat. *(m y o p s),* vgl. Wartburg, RDR 3, 427.
myosotis „Vergißmeinnicht"
16. Jh., aus lat. *(m y ŏ s ō t i s).*
myriade „Zahl von 10 000"
17. Jh., aus lat. *(m y r ĭ ă d e).*
myrmidon „Knirps"
17. Jh., nach dem Namen der achäischen Völkerschaft der *(Myrmidones),* die von Zeus aus Ameisen in Menschen verwandelt wurden.
myrobolan „Myrobolane"
13. Jh., aus lat. *(m y r o b a l a n u m),* vgl. *mirobolant.*
myrrhe „balsamisches Gummiharz"
11. Jh., aus lat. *(m y r r h a).*
myrte „Myrte"
13. Jh., aus lat. *(myrta),* vgl. *mortadelle.*
myrtille „Heidelbeere", „Blaubeere"
13. Jh., aus mlat. *(m y r t i l l u s)* zu lat. *myrtus* „Myrte"; der volkstümliche Ausdruck ist *airelle noire.*
mystagogue „Einführer in die Mysterien"
16. Jh., aus lat. *(m y s t a g ō g u s).*
mystère „Geheimnis"
12. Jh., seit dem 15./16. Jh. auch „Mysterienspiel", nach Bl.-W. 425 beeinflußt durch lat. *ministerium* „Dienstleistung", s. *métier,* aus lat. *(m y s t ē r i u m).*
mysticisme „Mystizismus"
19. Jh., ist Abl. von lat. *(mysticus)* „geheimnisvoll".
mystifier „hinters Licht führen"
18. Jh., ist Ableitung vom Stamm von *mystère, mystique,* die Endung *-fier* aus lat. *(-ficare).*
mystique „geheimnisvoll"
14./15. Jh., aus lat. *(m y s t i c u s).*
mythe „Mythus"
19. Jh., aus lat. *(m y t h u s).*
mythologie „Mythologie"
14. Jh., aus lat. (gr.) *(m y t h o l o g i a).*

N

nabab „Nabob"
18. Jh., aus englisch *nabob* „reicher Mann", auch „Statthalter" (in Indien); das englische Wort stammt aus Indien, geht letzten Endes auf arabisch *nuwwâb*, d. i. Plural von *nâ'ib* „Statthalter", zurück. Littmann 72; Lam. 177.

nable „Pfropfen in einem Bohrloch", „Bohrloch"
17. Jh., aus nhdt. *nagel*; vgl. *gournable*. Dict. gén.; REW 5810.

nabot „Knirps"
16. Jh., dafür im 16./17. Jh. auch *nambot, nimbot*, das Kreuzung mit *nain* „Zwerg" zeigt, stammt aus der Dauphiné, aus Savoie in der Bedeutung „Knirps", „kleines Kind", „junger Rauchfangkehrer"; ist Abl. von prov. *nap* „Steckrübe", im nprov. Sprichwort *„petit* coumo un *nap"*, Mistral II, 394, aus lat. *nāpus*, s. *navet*; vgl. ähnlich gebildetes, afrz. vereinzelt belegtes, heute für die frz. Schweiz bezeugtes *rabot* „Zwerg", zu *rave*, s. d. Brüch, ZRP 39, 209.
Zu anord. *nabbr* „Haken, Pflock zum Aufhängen", Diez 645 (auch „Zwerg", Joret, Rom. 9, 435 f.?); Mackel 73; REW 5805, ist wegen des späten Auftretens des frz. Wortes unwahrscheinlich; auch nicht Kreuzung von *nain* „Zwerg" mit afrz. *bot* „Kröte", Sain. Chien 132; Bl.-W. 426.
nacaire s. *gnacare*.

nacarat „orangenrot"
16. Jh., aus spanisch *nacarado* „perlmutterfarbig", das zu dem Stamm von *nacre* gehört, s. d.

nacelle „Kahn"
11. Jh., 1783 für die Gondel beim Luftballon, aus lat. *nāvĭcĕlla* „Schiffchen". Diez 655; REW 5860.

nache „Arschbacke" va.; „Hinterstück"
12. Jh., afrz. auch *nage*, aus vlat. **nătĭca*, d. i. Abl. von lat. *natis* dass. Diez 221; REW 5848.

nacre „Perlmutterglanz"
14. Jh., auch *nacle*, aus ital. *náccaro* „Perlmutter", *nácchera* „Perlmuttermuschel", aus arab. *náq(a)r* „große Muschel" u. ä.; Cor. III, 488.
Nicht aus kurdisch *nakára* „Nagel", Diez 221; REW 5814; vgl. Bl.-W. 426; vgl. de Gregorio RLR 12, 255.

nadir „Fußpunkt"
14. Jh., aus arabisch *naẓîr* „entgegengesetzt". Lam. XXIV; Dict. gén.

naffe in *eau de naffe* „Orangenblütenwasser"
16. Jh., aus arabisch *nafḥa* „Duft". Lam. 179; REW 5808.

nage „Schwimmen"
12. Jh. „Schiffen", ist postverb. Subst. von **nager** „schwimmen", in dieser Bedeutung seit dem 14. Jh. für afrz., heute Guernesey *nagier* „schiffen", „rudern", aus lat. *nāvĭgare* „schiffen", „segeln"; das afrz. Wort für „schwimmen" ist *noer*, das mit *nouer* „verknüpfen" zusammenzufallen drohte, daher die Bedeutungsverschiebung von *nager*; für dieses in der ursprünglichen Bedeutung „schiffen" tritt *naviguer* ein, s. d. Diez 645; REW 5861.

nageoire „Flosse", „Schwimmbrettchen"
16. Jh., ist Werkzeugsableitung von *nager* „schwimmen".

naguère „unlängst"
12. Jh. *n'a gaire(s)*, ist verschmolzen aus *ne* „nicht", unpersönlichem *a* „es gibt" und afrz. *gaire*, s. *guère*; Diez 177; Tobler, VB 2, 5; REW 9485.

naïade „Wassernymphe"
15. Jh., aus lat. *(nāiăde)*.

naïf „ungekünstelt", „einfältig"
13. Jh., doch schon im 12. Jh. „gebürtig", „geboren", „echt", „wirklich", „recht", aus lat. *nātīvus* „geboren", „ursprünglich"; s. auch *natif;* Diez 645; REW 5849.

nain „Zwerg"
12. Jh., aus lat. *nānus;* REW 5819.

naissance „Geburt"
12. Jh., aus lat. *nascentia* oder neuabgeleitet von afrz. *naistre*, s. *naître*.

naître „geboren werden"
10. Jh., aus vlat. **nascĕre* für lat. *nasci* dass.; REW 5832.
naïveté s. *naïf*.

nanan „Leckerei"
17. Jh., ist Schallwort.

nankin „Nanking"
18. Jh., nach dem Namen der chin. Stadt *Nanking;* dazu seit dem 19. Jh. die Abl. **nankinette** „feiner Nanking". Dict. gén.

nantir „ein Unterpfand geben"
13. Jh., afrz. „mit Beschlag belegen", ist Abl. von afrz. *nam, nant* „Pfand", aus anord. *nâm* „Wegnahme"; Bl.-W. 426; Diez 646; REW 5817 a.
Aus fränkisch **nanþjan* „wagen", nach Vising, *Nordisk tidskrift 7, 24, ist begrifflich schwierig und wird den älteren mlat. Formen *namium, namum*, dazu *namiare, namare* nicht gerecht.

napel „blauer Eisenhut"
16. Jh., aus mlat. *(napellus);* dieses ist Abl. von lat. *nāpus* „Rübe", da die Wurzel

der Pflanze die Form einer Steckrübe hat, Roll. Fl. 1, 98.

naphte „Bergöl“
13. Jh., mask., im 18. Jh. fem., Fr. mod. **17**, 138, aus lat. *(naphta)*.

napoléon „Art Goldstück“
19. Jh., nach dem Namen *Napoleons* I.

nappe „Tischtuch“
12. Jh., aus lat. *mappa* „Vortuch“; Diez 646; REW 5342; dazu seit dem 14. Jh. die dem. Abl. **napperon** „Obertischtuch“; wegen der Behandlung des Anlauts vgl. *néfle, natte.*

narcisse „Narzisse“
14. Jh., aus lat. *(narcissus)*.

narcose „Narkose“
19. Jh., aus gr. (νάρκωσις) „Erstarrung“.

narcotique „betäubend“, „Narkotikum“
13./14. Jh., aus mlat.-griechisch *(narcoticus)*.

nard „Narde“, „Lavendel“
13. Jh., aus lat. *(nardus)*.

nargue „Hohn“
15. Jh., dazu gleichzeitig **narguer** „verhöhnen“, scheint zu nhdt. *nörgeln, nergeln,* „tadeln“, „kritteln“ zu gehören, vgl. auch agls. *nyrgan* „tadeln“, Kluge s. v.; vgl. aber ähnlich konstruiertes frühnfrz. *tenir, faire morgue,* so daß *nargue* Kreuzung von *morgue* mit einem das Knarren der Stimme nachahmenden Schallstamm **narr-* sein kann, vgl. ähnlich mndl. *nurren, gnûren,* ostfriesisch *nurken* „knurren“ u. ä.; vgl. Baist, ZRP 32, 39.
Ahdt. *nargên,* REW 5823, besteht nach Holthausen nicht; zu skand. *snarva,* dänisch *snarre* „brummen“, „die Zähne zeigen“, Vising AR 2, 27, ist lautlich schwierig; wegen des späten Auftretens des Wortes auch nicht aus **naricare* zu lat. *nares* „Nüstern“, Diez 646; FEW 7, 14, der als Heimat des Wortes Provence und Dauphiné ansieht (wo das Wort in der Bedeutung „rotzig“, näselnd“ belegt wird) was begrifflich und historisch bedenklich ist, und auch lautlich Schwierigkeiten macht; auch nicht *nasicare* zu *nasus* „Nase“, G. Paris, Rom. 32, 129; auch nicht Abl. von *argue* als afrz. Konjunktiv zu *ardre* „brennen“, also aus Verbindungen wie afrz. *ne argue* = *ne chaille* „es soll dir nicht warm machen“, Tobler, SABerlin 1902, 7, 97.

narguilé „Wasserpfeife“
19. Jh., aus persisch *nārgīlé* „Kokusnuß“, „Wasserpfeife“, das selbst aus Indien stammt. Littmann 115; Lam. 179.

narine „Nasenloch“
12. Jh., aus vlat. **nārīna* zu lat. *nāris* dass., vgl. bei Lactantius belegtes *narinosus* „breitnasig“; REW 5825 a.

narquois „listig“ va.; „foppend“, „bösartig höhnend“
16. Jh., bezeichnet zunächst im Rotwelsch den betrügenden Marodeur; es ist Umgestaltung von *arquin, narquin* „herumstrolchender Soldat“, so im 16. Jh. im Rotwelsch bezeugt, heute prov., das wohl zu *arc* „Bogen“ gehört, vgl. ital. *arcadore* „Betrüger“ zu *arco* „Bogen“; die Bedeutungsentwicklung zu „foppend“ zeigt Einwirkung von *narguer;* Sain. Sources 2, 275; 405. Wegen der Endung vgl. *sournois, grivois,* Regula, AR 12, 283.
Zu *narguer* unmittelbar, Diez 646, ist lautlich unverständlich; *narquin* zu englisch rotwelsch *nark* „Spitzel“, „Angeber“, Baist, ZRP 32, 39?

narrer „erzählen“
14. Jh., aus lat. *(narrare)*.

narthex „begitterte Vorhalle der Basilika“
18. Jh., aus gr. (νάρθηξ).

narval „Narwal“
17. Jh., aus dänisch, schwedisch *narhval.* Dict. gén.

nasal „die Nase betreffend“
17. Jh., aus lat. *(nāsalis)*.

nasard „Gemshorn“
16. Jh., eigentlich „näselnd“, ist Abl. von *nez* „Nase“, s. auch d. F.

nasarde „Nasenstüber“
16. Jh., ist postverb. Subst. von gleichzeitig belegtem **nasarder** „einen Nasenstüber versetzen“, dieses Abl. von frz. *nez* „Nase“, s. d.; *donner des nasardes* wird im 17./18. Jh. als gemeiner Ausdruck für „kritisieren“, „beschimpfen“ angegeben, Br. 4, 347.

naseau „Nüster“
16. Jh., mit Suffixtausch *(-ellus)* für *nasil,* dass., 13. Jh., d. i. *-īle*-Abl. von lat. *nasus* „Nase“, d. i. gallorom. **nasile* für **nasale,* das in afrz. *nasel* den Teil der Rüstung bezeichnet, der die Nase schützt; vgl. *nasiller;* vgl. aber afrz. *naril,* zu *narine,* FEW 7, 15; die Abl. von *naris,* s. *narine,* und *nasus,* s. *nez* fallen vielfach zusammen.

nasiller „näseln“
17. Jh., aber schon im 14. Jh. *nariller, nariner* „sich die Nase reiben“, „schnurchen“, geht auf *narine* „Nasenloch“ zurück, mit sekundärer Einwirkung von *-iller* und *nez* „Nase“.

nasitort „Gartenkresse“
16. Jh., aus mlat. *(nasitortium),* wie schon bei Varro, Plinius das entsprechende lat. *nasturtium* (quod nasum torqueat) etymologisiert wurde; Diez 221; REW 5841; Walde s. *nasturtium.*

nasse „Fischreuse“
12. Jh., aus lat. *nassa;* REW 5838.

natal „Geburts-“, „Heimats-“
15./16. Jh., aus lat. *(nātālis),* s. *noel.*

natation „Schwimmkunst“
18. Jh., aus lat. *(nătătione)* „Schwimmen“.

natif „gebürtig“
14. Jh., aus lat. *(nātīvus),* s. *naïf.*

nation „Volksgemeinschaft“
12. Jh., aus lat. *(natione),* „Geburt“, „Ge-

schlecht", „Rasse" u. ä.; F. W. Müller, RF 58/59, 247.

nativité „Geburt" (Christi)
12. Jh., „Geburt", „Geburtstag", „Weihnachten" u. ä., aus lat. *(nativitas, -ate)* „Geburt", „Geburtsfolge", vgl. *nation.*

natron „Natron"
17. Jh., aus spanisch *natrón,* dieses aus arabisch *naṭrûn;* Lam. 180.

natte „Matte", „Flechte"
11. Jh., aus gallorom. *natta,* so als volkstümlich bei Gregor v. Tours bezeugt, für lat. *matta* „Matte", „grobe Decke"; dazu seit dem 14./15. Jh. die Abl. **natter** „mit Matten bedecken" va.; „einflechten"; wegen der Behandlung des Anlauts vgl. *nappe, nèfle;* Diez 646; REW 5424.

nature „Natur"
12. Jh., afrz. „Geburt", „Herkunft", „Geschöpf", „Veranlagung", u. a., aus lat. *(natura)* „Geburt", „Wesen", „Gestalt", „Schöpfung" u. a., aus lat. *(nātūra);* dazu seit dem 15. Jh. **naturaliser** „einbürgern", u. ä.

naufrage 1. „Schiffbruch"
15. Jh., aus lat. *(naufrăgium);* dazu seit 1783 *faire naufrage* für Bruchlandung bei einem Flugzeug; Zastrow 485.
2. „Schiffbrüchiger"
16. Jh., aus lat. *(naufrăgus),* vgl. *navrer.*

naulage „Befrachtung eines Schiffes"
16. Jh., aus prov. *naulage;* dieses ist Abl. von gleichbedeutendem *naule* aus lat. *naulum* „Fährgeld"; vgl. *nolis;* Diez 224; REW 5855.

naumachie „Darstellung von Seegefechten"
16. Jh., aus lat. *(naumăchĭa)* „Seekampf".

nauséabond „ekelerregend"
18. Jh., aus lat. *(nausĕabundus).*

nausée „Übelkeit", „Ekel"
16. Jh., aus lat. *(nausĕa)* „Seekrankheit"; vgl. *noise.*

nautile „Nautilus"
16. Jh., aus lat. *(nautĭlus).*

nautique „die Schiffahrt betreffend"
15./16. Jh., aus lat. *(nautĭcus).*

nautonier „Schiffer", „Fährmann"
12. Jh. *notuner,* aus prov. *nautonier, nautanier,* vgl. dazu seit dem 12. Jh. belegtes *noton* „Schiffer", „Matrose", das auf ein nicht belegtes prov. **nauton,* die unmittelbare Grundlage des angeführten *nautonier,* hinweist; vgl. dazu nordfrz. vereinzelt belegtes *noon* dass.; aus gallorom. **nauto* für lat. *nauta,* s. o.; vgl. auch mit anderem Suffix *(-ōre)* prov. *nautre-nautor* dass.

naval „zur Schiffahrt gehörig"
13./14. Jh., aus lat. *(nāvālis).*

navarin „Hammelragout mit Rüben und Kartoffeln"
19. Jh., auch „Steckrübe", ist scherzhafte Umdeutung des Namens der Stadt *Navarin* der Halbinsel Peloponnes, wo 1827 die türkische Flotte durch die vereinigten französisch-englisch-russischen Streitkräfte vernichtet wurde; s. *navet;* Bl.-W. 428.

navée „Schiffsladung"
12. Jh., mit prov. *navada,* dass., aus gallorom. **nāvata* bzw. unmittelbare Abl. von afrz. *nef* „Schiff", s. d.

navet „Steckrübe"
13. Jh., afrz. auch *navel,* daher mundartlich weit verbreitetes *naveau, naviau,* ist Abl. von afrz. *nef* dass., aus lat. *nāpus* „Steckrübe"; Diez 646; Roll. Fl. 2, 47 ff.; REW 5821.
**napĭceum,* Barbier, RPFL 21, 245 ist morphologisch nicht möglich.

navette 1. „Weihrauchgefäß", „Weberschiffchen"
13. Jh., ist dem. Abl. von afrz. *nef* „Schiff" s. d.; REW 5863.
2. „Rübsen", „Raps"
14. Jh., ist fem. Form zu *navet* „Steckrübe", vielleicht in Kreuzung mit *ravette* „Rübsen" zu *rave,* s. d.; Roll. Fl. 2, 56.

naviguer „schiffen"
14. Jh., aus lat. *(nāvĭgare),* vgl. *nager.*

naville „Bewässerungskanal"
18. Jh., aus oberital., z. B. mailändisch *navîli* „schiffbarer Kanal im Innern der Stadt", (ital. *naviglio* „Schiff", „Flotte"), das aus afrz. *navilie* „Schiff" entlehnt zu sein scheint, vgl. *navire.* Dict. gén.; REW 5862.

navire „Schiff"
12. Jh. *navirie, navilie,* aus lat. *(nāvĭgium);* die volkstümlich entwickelte Form des Wortes liegt vielleicht in afrz. *navoi* „Schiff" vor; Diez 221; Kemna Schiff 19 f.; REW 5862.

navrer „verwunden" va.; „großen Schmerz verursachen"
11. Jh. auch *nafrer,* ist in den Form. Merow. wiederholt als *navrare, nafragare* „beschädigen" belegt, mit dieser Bedeutung noch prov. *nafrar,* dazu mlat. *nafragium* „Beschädigung", 870 *naufragatus* „verwundet", dann in übertragener Bedeutung im 14. Jh. *soi naffrer* „sich Schmerz verursachen", dazu nfrz. **navrant** „herzzerreißend", *être navré* „sehr bedauern"; vgl. ferner aspanisch *nafregar* „verwunden", Sachs, Libro de los caballos, 140, aspanisch, aportugiesisch *nafragarse* „durch Verwundung dienstuntauglich werden", Priebsch, ZRP 19, 15 f.; aus vlat. *naufrăgare* „zum Scheitern bringen", „beschädigen" bzw. **navifragare,* das aus *navifragus* „zerschellend" bei Vergil erschlossen werden kann; schon in der Vulgata in übertragener Bedeutung *naufragus fidei* „der im Glauben Schiffbruch erlitten hat"; Du Cange s. v.; Winkler, ZRP 37, 524 ff.; Alessio, RLiR 17, 190; Badia-Margarit RLiR 19, 51.
Aus ahdt. *nabagêr* „Bohrer", Diez 221, oder

anord. *nafarr* „Bohrer“, Brüch, ZRP 39, 209, ist weder lautlich noch begrifflich wahrscheinlich; zu spätahdt. *narwa* „Narbe“, G. Paris, Rom. 1, 216, ist lautlich und geographisch nicht möglich; das dazugehörige dänische *narv*, schwedische *narf*, REW 5830, ist aus dem Deutschen entlehnt; die fränkische Entsprechung wäre **narwa* „Verengung“, was begrifflich und lautlich nicht entspricht, vgl. Baist, ZRP 5, 556 f.; aus einem nicht belegten Verbum anord. **nafra* „durchbohren“, das aus anord. *nafarr* „Nabenbohrer“ (agls. *nafogâr*, ahdt. *nabu-gêr*) erschlossen ist, FEW 16, 593, geht an der reichen vorrom. Überlieferung vorbei, ist als Rekonstruktion unwahrscheinlich und entspricht auch nicht lautlich, da das anord. Wort romanisiert **nafárru* ergeben hätte; Kluge s. Narbe.

ne 1. „nicht“
7. Jh. *no*, afrz. vorvokalisch *nen*, vgl. *nenni*, aus lat. *non* in vortoniger Entwicklung; Rydberg 209 f.; REW 5951.
2. „weder“, „noch“ va.
so schon bei Gregor v. Tours, aus lat. *nec*, dessen Auslaut ursprünglich mit nachfolgendem *c-* verschmolz, Rydberg 215 ff.; REW 5868; s. *ni*.
né s. *naître*.

néanmoins „nichtsdestoweniger“
12. Jh. *neient moins*, ist zusammengesetzt aus *néant* und *moins*, s. d.

néant „nichts“
11. Jh. *neient*, aus gallorom. *ne gente* zu lat. *ne* „nicht“ und *gente* „Schar“, vgl. mhdt. *niht* zu ahdt. *neowiht* „nichts“, wörtlich „auch nicht ein Ding, Wesen“; eine ähnliche unverschmolzene Verbindung liegt in prov. *ne ges* „nichts“ aus *ne-genus* „keine Art“ vor, Körting, ZFSL 18, 1, 274 ff.; *ne inde* „nicht davon“, Ascoli, AGI 11, 417 ff; *Vising, Nord. tidskrift for fil. 4, 7, 24, vgl. LGRP 1923, 106; REW 5882 ist syntaktisch und lautlich nicht möglich; *nec ente*, Diez 233, zu *esse* „sein“, setzt ein nicht bestehendes *ens entis* „Wesen“ voraus; *ne-*femita* „auch nicht einen Dreck“, s. *fiente*, Ulrich, ZRP 23, 537, ist lautlich unmöglich; ebenso *nec mente*, Haberl, ZRP 36, 310.

nébuleux „wolkig“
14. Jh., aus lat. *(nĕbŭlosus)*.

nécessaire „notwendig“
12. Jh., aus lat. *(nĕcessarius)*.

nécessité „Notwendigkeit“
12. Jh., aus lat. *(nĕcessĭtate)*.

nécrologe „Totenliste“
17. Jh., aus mlat. *(necrologium)* zu gr. (νεκρός) „tot“ und (λόγος) „Rede“.

nécromancie „Geisterbeschwörung“
12. Jh., aus lat. *(necromantia)*.

nécropole „Totenstadt“
19. Jh., aus gr. (νεκρόπολις).

nectaire „Honiggefäß“ (der Blüten)
18. Jh., aus neulat. *(nectareum)*, s. d. F.

nectar „Nektar“
15./16. Jh., aus lat. *(nectar)*.

nef 1. „Schiff“ va.
11. Jh., tritt Ende des 15. Jhs. vor *navire* zurück, gilt im 17. Jh. als veraltet, Kemna 13 ff.; aus lat. *nāvis*; REW 5863.
2. „Kirchenschiff“
15. Jh., ist französisiertes mlat. *navis*, dieses aus gr. νάος; REW 5820.

néfaste „unheilig“, „unheilvoll“
16. Jh., aus lat. *(nefastus)*.

nèfle „Mispel“
13. ‚Jh. *nesple, mesple, mesle, nesle* u. ä. deren Entsprechungen sämtlich mundartlich weiterleben; aus gallorom. **mespĭla*, d. i. mit der für Fruchtbezeichnungen im Vlat. charakteristischen Endung umgestaltet aus lat. *mespilus* dass.; dazu seit dem 12. Jh. die Baumabl. **néflier** „Mispelbaum“; Diez 222; Roll. Fl. 5, 129 ff.; REW 5540; Bl.-W. 429; die Form mit anlautendem *n-* ist als *nespula* im Corp. gloss. III, 562 belegt; ebenso ital., iberorom., Graur, Rom. 53, 200; s. auch *nappe, natte*.

négation „Verneinung“
14. Jh., aus lat. *(nĕgatione)*.

négliger „vernachlässigen“
13. Jh., aus lat. *(neglĭgĕre)*.

négoce „Geschäft“
12. Jh., aus lat. *(nĕgōtium)*.

négocier „handeln“ va.; „verhandeln“
14. Jh., aus lat. *(nĕgōtiari)*.

nègre „Neger“
16. Jh., aus spanisch *negro*, der Entsprechung des frz. *noir*.

neige „Schnee“
14. Jh., verdrängt afrz. *noif* aus lat. *nīve*, vgl. *névé*; es ist postverb. Subst. von **neiger** „schneien“, aus vlat. *nivĭcare*, d. i. Intensivbildung zu *nivēre* dass.; REW 5934.
neige nicht aus lat. *nivea* zu *niveus* „schneeig“, Diez 646.

nenni „keineswegs“
12. Jh. *nen il*, ist afrz. die Negationsform der 3. Person, die später verallgemeinert wird wie das entsprechende *oui* aus *oil*, s. d.; aus lat. *non* „nicht“ in vortoniger Entwicklung, vgl. *ne*, und gallorom. *ĭllī* für lat. *ille* „er“, s. *il*; Tobler, VB 1, 2 ff.; REW 5951.

nénuphar „Seerose“
13. Jh., aus arabisch *nainûfar*; Lam. 181.

néo- „neu“
in Zusammensetzungen aus gr. (νεός) „neu“; s. die zweiten Bestandteile der zusammengesetzten Wörter.

néophyte „Neubekehrter“, „Neuling“
15. bzw. 17. Jh., aus lat.(gr.) *(neophytus)*; Bl.-W. 430.

népenthès „erheiternder, dem Wein beigegebener Saft“

16. Jh., aus lat. *(nēpĕnthes)* „Traurigkeit verscheuchend".

néphrite „Nierenentzündung"
18. Jh., aus lat. *(nephrītis).*

népotisme „Verwandteneinfluß"
17. Jh., aus ital. *nipotismo;* dieses ist Abl. von *nipote* „Neffe", s. *neveu.*

nerf „Nerv", „Kraft", „Stärke"
12. Jh., aus lat. *nĕrvus* „Sehne", übertr. „Kraft", „Stärke"; REW 5898.

nerf-férure „Sehnenverletzung"
17. Jh., ist Abl. von *nerf-féru* „in den Sehnen verletzt", dieses zu *nerf* und *férir;* vgl. wegen der Abl. *morfondu.*

néroli „Pomeranzenblütenessenz"
17. Jh., aus ital. *neroli,* auch *nerolo,* das angeblich vom Namen der Erfinderin, einer ital. Prinzessin, stammen soll. Dict. gén.

nerprun „Wegedorn"
16. Jh., im 17. Jh. und heute mundartlich (champ., Nord, Eure-et-L., norm.) auch *noirprun,* aus vlat. *nīger prūnus* „schwarze Pflaume", s. *noir* und *prunier;* Roll. Fl. 4, 19 ff.; REW 6800.

nerveux „nervös"
13. Jh., aus lat. *(nervosus).*

nervin „Seil zur Befestigung der Segel"
14. Jh., aus lat. *(funes) nervini,* s. *nerf;* Vidos, ZFSL 58, 157.

nervure „Überziehen mit Sehnen", „Adergeflecht"
14. Jh., ist kollektivische Abl. von *nerf* bzw. von davon abgeleitetem **nerver** „mit Sehnen überziehen"; dazu afrz. *nervu* „sehnig".

nestor „Nestor", „bewährter, greiser Ratgeber"
16./17. Jh., nach dem Namen des homerischen Helden und Königs von Pylus *(Nestor).*

net „rein", „reinlich"
12. Jh., afrz. auch „rechtschaffen", „vollkommen" u. ä., „rückhaltlos", aus lat. *nītĭdus* „glänzend", das spätlat. z. B. bei Marcellus Empiricus die Bedeutung „rein" angenommen hat; dazu seit dem 12. Jh. die *-ĭdĭare*-Abl. **nettoyer** „reinigen"; Diez 222; REW 5929; ALL 8, 470.

neuf 1. „neun"
12. Jh., aus lat. *nŏvem;* REW 5968.
2. „neu"
12. Jh., aus lat. *nŏvus;* REW 5972.

neume „Schlußwiederholung beim Kirchengesang", „Neume"
14. Jh., aus mlat. *(neuma);* dieses aus gr. (πνεῦμα) „Hauch", „Wehen" oder (νεῦμα) „Wink".

neuro- s. *névro*

neutre „Neutrum", „parteilos"
14. Jh., aus lat. *(neŭter)* „keiner von beiden", bzw. *(neŭtrum)* „keines von beiden".

neuvaine „Zahl von neun Dingen" va.; „neuntägige Andacht"
14. Jh., aus lat. *(nŏvēna),* d. i. Kollektivform zu *novēni* „je neun", in der Form von *neuf* 1 beeinflußt.

neuvième „neunter"
13. Jh., für älteres *nuefme* (bretagnisch *neume),* ist Abl. von *neuf* „neun", vgl. *centième.*

névé „Gletscherschnee"
19. Jh., aus frz. Schweiz *névé* „Gletscher"; dieses ist *-atum*-Abl. von asüdostfrz. *neif* (frz. Schweiz *nai, nei)* „Schnee", aus lat. *nix, nīve,* vgl. *neige;* vgl. gleichgebildetes poitev. *nèvé* „schneebedeckt", dazu poitev. *nève* „Schnee".

neveu „Neffe"
11. Jh. *nevoud,* ist Akkusativform zu afrz. *nies,* aus lat. *nĕpos, nĕpōte* „Enkel", „Neffe"; das Wort bedeutet afrz. gelegentlich auch „Enkel"; REW 5890; Tappolet, Verw. 85 ff.

névro- „Nerven-"
in Zusammensetzungen, aus gr. (νεῦρον) „Nerv".

nez „Nase"
12. Jh. *nes,* aus lat. *nāsus;* REW 5842.

ni „weder", „noch"
tritt im späten Mittelfrz. für afrz. *ne* 2 ein; es ist aus Fällen, in denen *ne* vor Vokalen stand und im Anlaut verkürzt wurde, fälschlich zu *ni* rückgebildet worden wie *si* „wenn" für afrz. *se;* aus lat. *nec;* Rydberg ə, S. 993 ff.; Gilliéron, Abeille 283 ff.

niais „Nestling", „albern"
12. Jh., afrz. *niais,* und mit Suffixwechsel auch *niard* „Nestling" (Jagdvogel), „unerfahren", „töricht"; aus vlat. **nidax, *nidace,* zu lat. *nidus,* afrz. *ni* „Nest" Diez 222; Nigra AGI 15, 291; REW 5909; Barbier, Proc. Leeds VI, 429; Bl.-W. 431; dazu seit dem 16. Jh. die Abl. **niaiser** „einfältigen Spaß treiben"; **nidatium,* Bambeck 46, ist morphologisch unmöglich und lautlich nicht nötig; ebenso **nidasius,* Regula, ZFSL 70, 249.

nice „einfältig" va.
12. Jh., über **néscie,* vgl. prov. *nesci,* halbgelehrt entwickelt aus lat. *(nescius)* „unwissend"; Diez 647; REW 5900.

niche 1. „Nische", „Hundshütte"
14. Jh., ist postverb. Subst. von afrz. *nichier, nigier,* heute **nicher** „ein Nest bauen", „hausen", vgl. dazu B. Maine *niger,* poitev. *nige* „Hundshütte", aus gallorom. **nīdĭcare* zu lat. *nidus* „Nest", s. *nid.*
niche aus ital. *nicchia,* dieses postverb. Subst. von *nicchiare* „in der Nische stehen" u. ä., eigentlich „nisten", und dieses aus **nīdĭcŭlare,* Dict. gén.; REW 5910, ist angesichts des afrz. *nichier, nigier* nicht wahrscheinlich und nicht nötig; *nicher* aus lat. *nidificare* „nisten", Diez 647; REW 5911, ist lautlich unwahrscheinlich.
2. „Possen", „Schabernack"
16./17. Jh., ist überliterarisierte Form von syntaktisch gleich verwendetem *nique (faire*

la nique wie *faire la niche),* s. *nique.*

nichet „Nestei"
18. Jh., ist mit Suffixwechsel aus **nichoir* gebildet, vgl. V. d'Yères *nichoué,* pik. *nichouère,* norm. mit anderem Suffix *nichot,* dazu im 17. Jh. *nicheul* u. ä.; es ist ursprünglich adj. Abl. von *nicher* „nisten", bedeutet also der Bildung nach „zum Nisten, zur Brutstätte gehörig", s. *niche.*

nichoir „Brutkäfig„
17. Jh., ist Ortsabl. von *nicher* „nisten", s. d.

nickel „Nickel"
18. Jh., aus nhdt. *n i c k e l;* s. Bl.-W. 431.

nicodème „Dummkopf"
17./18. Jh., ist der Name des heiligen *Nicodemus,* der volksetymologisch zu *nigaud, niais* bezogen wurde; vgl. mit noch stärkerer Anlehnung an *nigaud* lyon. *nigodéme,* s. auch Constantin-Désormeau s. *Nicodémo;* vgl. dazu die Rückbildung morv. *nicot* dass.

nicotiane „Tabakspflanze"
16. Jh., aus neulat. *(n i c o t i a n a) (herba),* d. i. gelehrte Abl. vom Namen *Nicot,* dessen Träger als frz. Gesandter in Lissabon als Erster die Pflanze an Katharina von Medici sandte; Dict. gén.; dazu seit dem 19. Jh. **nicotine** „Tabaksgift".

nid „Nest"
12. Jh., aus vlat. *n ĕ p t i a* (für lat. *neptis),* das dungen aus der Nominativform afrz. *niz,* aus lat. *n ī d u s ;* Diez 222; REW 5913.

nidifier „sein Nest bauen"
12. bzw. 19. Jh., aus lat. *(n i d i f i c a r e),* Bl.-W. 432; *niche* 1.

nidoreux „von faulem Geschmack"
17. Jh., aus lat. *(n ī d ō r o s u s)* „dampfend".

nièce „Nichte"
12. Jh., aus vlat. *n ĕ p t i a* (für lat. *neptis),* das inschriftlich belegt ist, s. ALL 3, 262; Gröber, Misc. Caix-C. 46; Tappolet, Verw. 87 f.; Diez 647; REW 5893.

nielle 1. „Kornrade"
11. Jh., afrz. *neielle, neelle,* daher heute Meuse *noyelle,* norm., pik., berrich. *nèle* u. ä., aus lat. *n ĭ g ĕ l l a,* das in der Bedeutung „römischer Schwarzkümmel" bezeugt ist, zu *nĭgĕllus* „schwärzlich", s. d. F.; dazu afrz. *blé nëelois* „mit Kornrade gemischtes Getreide".

2. „Nebel", „Reif" va.
12. Jh., neben *nieule, niule, niole* u. ä., lebt heute in mannigfachen mundartlichen Formen, s. Godefr. 5, 501 b, aus lat. *n ĕ b ŭ l a* „Nebel"; REW 5865.

3. „Getreidebrand"
16. Jh., ist Rückbildung von mundartlichem, z. B. Seine-Inf. *niellas,* seit dem 15. Jh., auch *miellas,* aus gallorom. **n ĭ g ĕ l l a c e u m* „das Schwärzliche" (am Getreide), d. i. Abl. von lat. *nigellus* „schwärzlich", vgl. afrz. *neel* „schwarzer Schmelz", prov. *niel* „schwarz", „Neger"; REW 5916; Bibl. AR 2/2, 40.

4. „Hohlabdruck", „schwarzer Schmelz"
11. Jh. *neelle,* afrz. auch *noiel,* aus lat. *nigellum, n i g e l l a,* s. *nielle* 1—3; vgl. dazu seit dem 12. Jh. belegtes *neelé* „graviert", „mit Schmelz überzogen", noch im 17. Jh. *neslé,* dazu norm. *neller* „kalfatern", „verstopfen"; dazu afrz. *nëelëure* „Verzierung mit schwarzem Schmelz auf edlem Stein oder Metall"; TL VI, 572; zu *nielle* 1—4, FEW 7, 129.

nier „leugnen"
12. Jh., afrz. *neier, noier,* dazu die stammbetonten Formen mit *-i-,* bedeutet afrz. auch „verweigern", so bis ins 17./18. Jh., Br. 4, 273, aus lat. *n ĕ g a r e* „verneinen", „verweigern". REW 5876.

nigaud „Dummkopf", „einfältig"
15./16. Jh., ist entlehnt aus nprov. *nigaud;* dieses ist Abl. von prov. *nec,* nach Mistral auch *nic* dass., aus lat. *nequam* „Nichtsnutz", „Schelm", auch adj. „nichtsnutzig", Komp. *nequior,* von dem aus vlat. die Grundstufe **nequus* rückgebildet wurde; Diez 646; REW 5895.
Nach Bl.-W. 432, Rückbildung von *nicodème,* ist historisch schwierig.

nigelle „Schwarzkümmel"
1700, aus lat. *(n ĭ g ĕ l l a)* dass., vgl. *nielle* 1.
niguedouille s. *niquedouille.*

nihiliste „Nihilist"
18. Jh., ist gelehrte Abl. von lat. *(nĭhĭl)* „nichts".

nilgaut „Nylgau" (Antilopenart)
17. Jh., über englisch *nylhau* aus hindustanisch *n ī l - g a' o* „blauer Stier", vgl. auch *anil* (Haffner).

nille „kleines Ankerkreuz"
14. Jh., ist mit fälschlicher Abtrennung des Anlauts, der mit dem fem. Artikel verschmolz, gebildet aus *anille,* s. d. Dict. gén.

nimbe „Heiligenschein"
18. Jh., aus lat. *(n i m b u s)* „Wolke".

nippe „alles, was zur Bekleidung gehört"
17. Jh., bedeutet im Südwesten den „Ofenwischer", s. ALF *écouvillon,* mit der Nebenform *g e n i p,* vgl. dazu nprov. *nipo* dass., auch „Lumpen", dann *nipo* und *ganipo* „leichtsinniges Frauenzimmer"; die ursprüngliche Bedeutung von *nippe* ist also „Fetzen", „Lumpen", es ist mundartliche Weiterbildung von *gnip* aus *guenipe,* s. *guenille.*
Anord. *hnippi* „Bündel", Diez 647, scheint nicht zu bestehen; schwedisch *knippa* u. ä. „Bündel", „bestimmtes Maß von Garn", stammt aus dem Niederländischen, s. Falk-Torp s. *knippe;* aus ndl. *snippe* „Fetzen", Vising, AR 2, 28, ist lautlich schwierig und trennt das Wort von gleichbedeutendem *guenille.*

nique „herausfordernde Kopfbewegung"
14. Jh., in *faire la nique* „eine spöttische Gebärde machen", ist postverb. Subst. von afrz. *niquier* „den Kopf bewegen", „nicken", vgl.

afrz., mfrz. *niquet* „Kopfneigung", *faire le niquet* „einnicken", dann wie *faire la nique* „verhöhnen", vgl. dazu wall., rouchi, Doubs *niquet* „Mittagsschläfchen", burg. „Kopfbewegung"; aus mndl. *nick* „Verneigung", *nicke* „Nicken", „Blinzeln der Augen", Braune, ZRP 21, 222 f.; Diez 647; REW 5906.
Kaum mit Recht abgelehnt Bl.-W. 432.
Das daraus überliterarisierte *niche*, s. d., aus deutsch **nicke* zu *nück, nücke* „heimliche Bosheit", Braune, ZRP 21, 223, ist weder germ. noch frz. hinlänglich gesichert; vgl. REW 5922.

niquedouille „Dummkopf"
17. Jh., so wall., berrich., fr. Schweiz, Morvan, Jura, hier neben *niguedouille*, das in den Wörterbüchern ebenfalls verzeichnet steht; lebt als *niguedouille* in lyon., B. Maine, H. Maine, und ist ursprünglich, während *niquedouille* Anlehnung an *nicodème, nicot* u. ä. zeigt, s. d.; vgl. dazu lim. *nigooudel* „Dummkopf", „einfältig" auch *nigadoulho*, langued'oc, gaskognisch, Dauphiné; es ist Abl. von *nigaud*, vielleicht in Anlehnung an *andouille* „Leberwurst", das mundartlich, z. B. im Südosten, ebenfalls die Bedeutung „Dummkopf" angenommen hat, vgl. daraus die Kreuzung Doubs *niguedandouille* dass., vgl. auch fr. comt. *faire le nigaud* wie *faire l'andouille*, Beauquier s. v.; Sain. LPar. 116.
Nach Bl.-W. 432, *nicodème* + *-ouille*.

niqueter „(ein Pferd) kerben"
d. h. gewisse Schweifmuskeln durchschneiden, damit der Schweif gehoben wird, 19. Jh., ist wall. Mons, aus englisch *to nick* „einkerben".

nitée „Nestvoll"
17. Jh., ist Abl. von *ni(d)* „Nest", der Übergangskonsonant vielleicht in Anlehnung an *litée* „ein Lager voll", s. *lit.* Dict. gén.

nitouche in *sainte nitouche* „Scheinheilige"
16. Jh., ist verschmolzen aus *n'y touche* „rühr nicht dran". Dict. gén.; Bl.-W. 620.
nitouche aus *mitouche*, dieses zu *mite* „Katze", Philipot, RER 5, 146, ist morphologisch nicht möglich; die im Norm. belegte Form *mitouche* erklärt sich aus dem Schwanken zwischen *mi-* und *ni-* in dieser Mundart, vgl. *mièvre*.

nitre „Kalisalpeter"
13. Jh., aus lat. *(nitrum)*.

niveau „Grundwaage", „waagrechte Fläche"
12. Jh. *livel*, „Wasserwaage", „gleiche Höhe", vgl. dazu heute wall. *lévai*, Guernesey *livé;* dann seit dem 14. Jh. mit Dissimilation gegen den Artikel *nivel;* aus vlat. **libĕllum* für lat. *lībĕlla* „Wasser-, Bleiwaage"; zur Bedeutung „waagrechte Fläche" vgl. bei Varro *locus ad libellam aequus*; dazu seit dem 14. Jh. die Abl. **niveler** „mit der Grundwaage abmessen" u. ä., afrz. auch *liveler*; afrz. *nivel* ist vielleicht auch in frz. *nivet* „Preisnachlaß zugunsten eines zweiten Käufers", eigentlich „Ausgleich", erhalten. Diez 193; REW 5010.

nivôse „Schneemonat"
18. Jh., aus lat. *(nĭvosus)* „schneeig".

noble „adelig", „vornehm"
11. Jh., aus lat. *nōbĭlis* „kenntlich", „namhaft", „adelig" u. ä.; dazu u. a. seit dem 12. Jh. die *-ĭtia*-Abl. **noblesse** „Adel", „Vornehmkeit".

noce „Hochzeit", „Hochzeitsfeier"
gewöhnlich im Plural gebräuchlich, 12. Jh., aus vlat. **nŏptiae* für lat. *nuptiae*, im Tonvokal von vlat. **nŏvius* „neuvermählt" beeinflußt. G. Paris, Rom. 10, 397 f.; REW 5999, 5971.

nocher „Schiffseigentümer" va.; „Bootsmann"
13. bzw. 16. Jh., aus genuesisch *nočer*, ital. *nocchiere*, dieses aus lat. (gr.) *nauclerus;* Diez 224; REW 5852; Vidos 491; Bl.-W. 433.
So besser als aus inschriftlich belegtem *nauticarius*, zu lat. *nauta* „Schiffer", Förster, ZRP 3, 568; Gröber, ALL 4, 130.

nocif „schädlich"
14. Jh., aus lat. *(nŏcivus)*.

noctambule „Nachtwandler"
18. Jh., aus mlat. *(noctambulus)*, das aus lat. *nox* „Nacht" und *ambulare* „wandeln" zusammengesetzt ist.

noctuelle „Nachtfalter"
19. Jh., gelehrte Bildung zu lat. *noctu* „des Nachts", *noctua* „Nachteule", Bl.-W. 438.

nocturne „nächtlich"
14. Jh., aus lat. *(nŏctŭrnus)*.

noël „Weihnachten"
12. Jh., afrz. vereinzelt auch *nael, neel*, dieses in angev. *nau*, dazu poitev. *naulet* „Weihnachtskuchen", erhalten; aus lat. *nātālis (dies)* bzw. im Norden gallorom. **notalis* „Geburtstag"; die *-o-Form* wie in gallorom. *notare* für *natare*, s. *nage*, Dissimilation gegen das betonte *a;* Jud, ASSL 126, 113; REW 5845; Bl.-W. 433, Gg. Festgabe Rohlfs.
-o- in **notalis* nach Friedwagner, ZFSL 44, 110 ff. infolge Kreuzung mit *nocte* ?; **notale* als keltische Form, selbst entlehnt aus lat. *natalis*, Oehmann, ZRP 40, 329, ist keltisch unmöglich, vgl. Meyer-Lübke, ZRP 40, 601.

nœud „Knoten"
12. Jh., aus lat. *nōdus*. REW 5948.

noir „schwarz"
11. Jh., aus lat. *nĭger;* REW 5917; dazu seit dem 14. Jh. die Abl. **noirâtre** „schwärzlich" aus spätlat. belegtem *nigraster*, VR 12, 371; vgl. *blanchâtre*.

noirceur „Schwärze"
12. Jh., ist Abl. von *noir* „schwarz", mit dem Übergangskonsonanten *-ç-* in Anlehnung an *noircir*, s. d.

noircir „schwarz werden", „schwärzen"
12. Jh., aus gallorom. **nĭgrĭcīre*, d. i.

Kreuzung von lat. *nigrescere* „schwarz werden" mit *nigricare* „schwärzlich sein", gallorom. „schwarz machen".

noise „Lärm" va.; nfrz. nur in *chercher noise* „Streit suchen"
12. Jh. „Lärm", „Getöse", „Streit", 11. Jh., aus lat. *nausĕa* „Übelkeit", „Ekel" mit einer nicht durchsichtigen Bedeutungsverschiebung. Diez 647; REW 5857, vgl. Brüch ZRP 45, 80; dazu afrz. *noisier* „streiten", „lärmen", *noisee* „Lärm", *noisos* „zänkisch", „lärmend".

noisette „Haselnuß"
13. Jh., ist dem. Abl. von **noix** „Nuß", 12. Jh. *nois,* aus lat. *nŭce;* die von diesem zu erwartende Abl. *noisier* „Nußbaum" lebt im Hennegau; REW 6009; vgl. *noyer.*
nolage s. *naulage.*

nolis „Befrachtung", „Mietung"
17. Jh., ist postverb. Subst von **noliser** „befrachten", 16. Jh., dieses in Anlehnung an das Suffix *-iser* aus ital. *noleggiare* dass., auch „mieten", d. i. *-idiare*-Abl. von *nolo* „Frachtgeld", „Miete" aus lat. *naulum* „Fährgeld"; REW 5855; vgl. *naulage;* vgl. Vidos 439.

nom „Name"
9. Jh., aus lat. *nōmen.* REW 5945.

nomade „Nomade"
16. Jh., aus lat. *(nomas, nomāde).*

nomble „Lende" va.; „Innenmuskel des Schenkels eines Hirsches"
13. Jh., heute norm. *nomble* „Bauch des Hornviehs", bourb. *nomples* „Lenden", aus lat. *lŭmbŭlus* „Lendchen", „Rippchen". Diez 647; REW 5159.

nombre „Zahl"
12. Jh., aus lat. *nŭmĕrus.* REW 5994.

nombrer „zählen"
11. Jh., aus lat. *nŭmĕrare.* REW 5993.

nombreux „zahlreich"
14. Jh., ist in Anlehnung an lat. *nŭmĕrosus* abgeleitet von frz. *nombre,* s. d.

nombril „Nabel"
12. Jh., aus vlat. **ŭmbĭlīculus,* d. i. dem. Abl. von *umbĭlīcus* „Nabel", vgl. *lumbulus* neben *lumbus* unter *nomble; nombril* ist aus *lombril* dissimiliert, dessen Fortsetzungen im Südostfrz. und Gaskognischen noch leben; afrz. *ombril,* vgl. dazu Doubs, Jura *ăbröi, ăbri* u. ä. ALF 921; Diez 226; Zauner, RF 14, 497 ff.; REW 9044, vgl. dazu in Glossen *bouderil,* d. i. *nombril* + *boud-,* s. *bedaine;* Roques, VR 6, 172.

nomenclature „Ausdrucksverzeichnis"
16. Jh., aus lat. *(nōmĕnclātūra).*

nominatif „Nominativ"
13. Jh., aus lat. *(nominativus),* eigentlich „zur Nennung gehörig", als grammatischer Ausdruck bei Priscianus belegt; zu *nominare* „benennen".

nommément „namentlich"
12. Jh. *nommeement,* ist Adverbium zu *nommé* „genannt", s. d. F.

nommer „nennen", „bezeichnen"
10. Jh., aus lat. *nōmĭnare.* REW 5950.

non „nein"
in Zusammensetzungen „nicht-", „un-", aus lat. *non* in volltoniger Entwicklung, vgl. *ne.* REW 5951.

nonagénaire „neunzigjährig"
14. Jh., aus lat. *(nōnāgēnarius).*

nonante „neunzig"
12. Jh., lebt heute im ganzen Osten von der Wallonie bis in die frz. Schweiz; aus vlat. **nōnanta* für lat. *nonaginta;* REW 5953; dazu seit dem 18. Jh. die Abl. **nonanter** „einen Neunziger machen" (Piquetspiel).

nonce „päpstlicher Gesandter"
16. Jh., ist französisiertes ital. *nunzio* aus lat. *(nŭntius)* „Bote"; vgl. afrz. *noinz* „Bote" gleicher Herkunft; FEW 7, 242.

nonchalance „Fahrlässigkeit", „Sichgehenlassen"
12. Jh., ist Abl. von **nonchalant** „fahrlässig", „sich gehen lassend", 13. Jh., dieses zusammengesetzt aus aufhebendem *non* und dem Partizip von afrz. *chaloir* „angelegen sein" zu afrz. *chaut,* älter *chieut* „es liegt mir daran", aus lat. *cālet* „es macht mir heiß"; vgl. *chalant;* dazu seit dem 12. Jh. der subst. Infinitiv **nonchaloir** „Fahrlässigkeit". REW 1510.

nonciature „päpstliche Gesandtschaft"
17. Jh., aus ital. *nunziatura,* s. *nonce.*

none „neunte Tagesstunde"
12. Jh., aus lat. *(nōna) (hōra).*

nones „Nonen" (der fünfte, siebente Tag jeder Woche)
12. Jh., aus lat. *(nōnae).*

nonidi „neunter Tag der Dekade"
18. Jh., ist zusammengesetzt aus lat. *(nōnus)* „neunter" und *(dīes)* „Tag".

nonius „Nonius", „Zehntelzeiger"
19. Jh., ist Latinisierung des Namens des portugiesischen Mathematikers *Nunhez.* Dict. gén.

nonnain „Nonne"
auch *nonne,* beide veraltet, 12. Jh., afrz. Nominativ *nonne,* Akk. *nonnain,* aus lat. *nonna* „Amme", „Nonne", ursprünglich ein Ausdruck der Ehrfurcht, daher ital. *nonno* „Großvater u. ä.; es ist ursprünglich Kinderwort; Diez 224 f.; Tappolet, Verw. 70 ff.; REW 5817, 3; dazu seit dem 13. Jh. die dem. Abl. **nonnette** „junge Nonne", „Sumpfmeise".

nonobstant „nicht entgegenstehend" va.; „trotz"
14. Jh., ist zusammengesetzt aus verneinendem *non-,* s. d., und afrz. *obstant* „entgegenstehend", dieses zu lat. *(obstare)* „entgegenstehen", vgl. *ôter.*

non-sens „Unsinn"

18. Jh., aus engl. *nonsens,* dass., das selbst aus afrz. *nonsens* „Unverstand", 13. Jh., entlehnt ist; s. *non, sens;* Bl.-W. 434.

nonuple „neunfach"
16. Jh., ist in Anlehnung an *quintuple, quadruple* u. ä. abgeleitet von lat. *(nōnus)* „neunter".

nopal „Nopal", „indische Feige"
16. Jh., aus spanisch *nopal,* dieses aus aztekisch *n o p a l l i.* Friederici 71.

nope „Knötchen" (am Tuch)
16. Jh., ist wall., aus mndl. *n o p p e* „Zotte", „Wollflocke"; dazu seit dem 15. Jh. die Abl. **noper** „noppen", „durchrauhen", auch *énoper.* Dict. gén.; Behrens, DS 86.

nord „Norden"
12. Jh., aus agls. *n o r þ* dass. Diez 647; Baist, ZDW 4, 261 f.; REW 5957; Alleyre, RDiR 25, 426; dazu die frz. Abl. *(-ois* aus *-ĭsk)* **norois** „altnordisch", Bl.-W. 617.

noria „Paternosterwerk zum Wasserschöpfen"
19. Jh., aus spanisch *noria,* dieses aus arabisch *n ā ᶜ û r a* „Wasserschöpfrad". Lam. 183; REW 5856.

normal „regelrecht"
18. Jh., aus lat. *(n o r m a l i s).*

normand „pfiffig"
17. Jh., nach der Bezeichnung der Bewohner der Normandie = *normand* „normannisch".

norme „Gesetz", „Regel"
12. bzw. 15. Jh., aus lat. *(n o r m a).*

noroit „Nordwestwind"
westliche Dialektform, zu *nord* „Norden" und *ouest* „Westen", s. d.; Bl.-W. 617; s. *suroît.*

nos s. *nôtre.*

noso- „Krankheits-"
in Zusammensetzungen, aus gr. (νόσος) „Krankheit".

nostalgie „Heimweh"
18. Jh., ist zusammengesetzt aus gr. (νόστος) „Heimkehr" und (ἄλγος) „Schmerz", als *nostalgia,* 1678, von einem Schweizer Arzt gebildet, Bl.-W. 435; vgl. Stempel, ASSL 199, 353.

nostoc „Erdgallert"
17. Jh., u. H.

notable „erwähnenswert", „Standesperson"
13. Jh., aus lat. *(n ŏ t ā b i l i s)* „denkwürdig", „auffällig".

notaire „Notar"
12. Jh., aus lat. *(n ŏ t ā r i u s).*

notamment „besonders", „vorzüglich"
15. Jh., ist Adverbium zu afrz. *notant* in der afrz. und mfrz. möglichen passivischen Verwendung „was bemerkt wird", „was zu bemerken ist"; dieses ist Part. von **noter** „bezeichnen", „notieren", 12. Jh., aus lat. *(n ŏ t a r e).*

note „Aufzeichnung", „Musiknote"
12. Jh., aus lat. *(n ŏ t a)*

notice „Kenntnis" va.; „Aufzeichnung"
14. Jh., aus lat. *(n ō t ĭ t i a);* Bl.-W. 435.

notifier „zu wissen tun"
13./14. Jh., aus lat. *(n ō t ĭ f ĭ c a r e).*

notion „Kenntnis", „Aufschluß"
17. Jh., aus lat. *(n ō t i o n e).*

notoire „offenkundig"
13. Jh., aus lat. *(n ō t ō r i u s).*

nôtre „unser"
dazu als unbetonte Pluralform *nos,* aus lat. *n ŏ s t e r.* REW 5961.

notule „kleine Anmerkung"
15./16. Jh., aus lat. *(n ŏ t ŭ l a).*

noue 1. „Ort, wo das Wasser versickert ohne geradezu einen Morast zu bilden", „saure Wiese"
ist norm. *noe* „zurückbleibende Pfütze bei Ebbe", „toter Wasserarm", B. Maine *no* „fette, sumpfige Wiese", vend. „feuchter Boden", „Talweg zwischen zwei Abhängen", berrich. *noue* „Bewässerungskanal", dazu poitev. *naide, naise* „sumpfiger Boden", 1333 *nesde* ou *noue;* führt auf ein gallorom. *nauda,* so seit dem 9. Jh. bezeugt, zurück, das Hubschmied, VR III, 115, mit irisch *snuad* „Fluß", „Sumpf" zusammenbringt, d. i. gallisch **snaudā* mit der in den britannischen Sprachen normalen Entwicklung von *sn-* über *hn-* zu *n;* doch ist die Lautentwicklung von poitev. *naide, naise* noch aufzuklären; vgl. auch bret. *naoz* „Kanal", das nach Schuchardt, ZRP 29, 557 selbst aus dem Gallorom., aus einer Grundform **nauda,* entlehnt ist; diese Grundform ist auch durch prov. *nauza* gesichert. Meyer-Lübke, ZRP 26, 727; Baist, Festschrift Vollmöller 262; FEW 7, 53. Zu spanisch *nava* „fruchtbares Flachland" und dieses zu lat. *navis* „Schiff", Schuchardt, ZRP 23, 182 ff., genügt lautlich für das gallorom. Wort nicht.

2. „hohler Dachziegel", „Dachkehle", „Kehlstück"
13. Jh., geht auf eine Grundform **n a u c a* zurück, vgl. besonders frz. Schweiz *notsa* „kleiner Trog"; dazu weiter verbreitet eine maskulinische Form vom Typus *naucu,* vgl. *naucum* „Sarg" in der lex Salica, in ahdt. Glossen des 10. Jhs. daraus entlehnt *noch(u)s* „Dachziegel", das auch in elsässisch *nôch* „Dachrinne" vorliegt; vgl. dazu norm. *no(c)* „Mühlkanal", B. Maine „Kanal", „Schweinstrog", H. Maine *noc* „kleiner Kanal", vend. *noc* „Traufe", „Dachrinne", „steinerner Trog", poitev. *noc* „steinerner Kübel"; alle diese aus dem Südwesten, wo die Erhaltung des *-c-* nach *-au-* lautgesetzlich ist; dazu berrich. *nou* „Kübel" und die Abl. *nolet* „Dachziegel zum Wasserabfluß", sav. *nâo* „hölzerner Trog eines Brunnens", frz. Schweiz *no,* loth.-vogesisch *nô* „Trog" u. ä.; vgl. auch prov. *nauc* „Mühltrog", „Sarg"; die Grundform *naucum* kann für **navicum*

stehen, dieses Abl. von *navis* „Schiff“ bzw. Rückbildung von *navicella* „Schiffchen“, s. *nacelle*. G. Meyer, SAWien 132, 3, 47; Baist Festschr. Vollmöller 263; Kluge, Pauls Grdr. I, 341; Meyer-Lübke, ZRP 26, 728; REW 5859; Kluge, AR 6, 273; FEW 7, 58.

nouer „knüpfen“
12. Jh., aus lat. *nōdare*. REW 5942.

nouet „Kräutersäckchen“
13. Jh., ist dem. Abl. von *nœud* „Knoten“, s. d.

nouette „Gratziegel“
19. Jh., ist dem. Abl. von *noue* 2.

noueux „knotig“
13. Jh., aus lat. *nōdosus*. REW 5946.

nougat „Nußkuchen“, „Ölkuchen“
18. Jh., aus prov. *nogat*, dieses *-atum*-Abl. von prov. *noga* „Nuß“, d. i. gallorom. **nŭca* für lat. *nŭce*, s. *noix*.

nouille „Nudeln“
17. Jh., auch *noule*, aus nhdt. *nudeln*. Diez 648; Behrens, DS 58; REW 5986.

noulet „Kehlrinne“
14. Jh., aus älterem *noëlet*, ist dem. Abl. von *noue* 2.

noumène „verstandesmäßig erfaßtes Ding“
19. Jh., aus gr. (νοόμενον).

nourrain „Fischbrut“
14. Jh. *norrin*, bedeutet afrz. auch „Nahrung zum Aufziehen von Jungvieh“, vgl. dazu morv. *neurin*, frz. Schweiz *norrin* „Viehnachzucht“, berrich., poitev., Aunis, Saint., wall. *nourrin* „Zuchtferkel“, forez *nourrin* „Milchferkel“, dazu mit Beibehaltung der ältesten Bedeutung angev. *nourrain* „Grünfutter“, plur. „Weidefelder“, aus lat. *nŭtrīmen* „Nahrungsmittel“, „Zucht“. Diez 648; REW 6005.

nourrice „Amme“
12. Jh., aus lat. *nŭtrīcia*, das bei Hieronymus belegt ist. Dict. gén.; Salvioni, Rom. 43, 402; vgl. REW 6008.

nourricier „Nahrung gebend“
12./13. Jh. *norrecier*, aus gallorom. **nŭtrīcīarius*, d. i. ursprünglich auf Personen bezügliche Weiterbildung von lat. *nŭtrīcius* „säugend“, das in fem. Form in *nourrice* erhalten ist.

nourrir „ernähren“
11. Jh., aus lat. *nŭtrīre*; REW 6006.

nourrisson „Säugling“
12. Jh. *norreçon*, auch „Nahrung“, „Ernährung“, „Aufzucht“, aus lat. *nŭtrītione* „Säugen“, „Nähren“, REW 6007; wegen des Bedeutungsüberganges vgl. *nourrain*.
Nicht Abl. von **nourriz* aus lat. *nutricius* „säugend“, s. *nourricier*, Salvioni, Rom. 43, 402; auch nicht **nutricatione*, Horning, ZRP 6, 436.

nourriture „Ernährung“, „Nahrung“
12. Jh. *norreture*, „Ernährung“, „Aufzucht“, „Gesinde“, „aufgezogene Tiere“ u. ä., ist Abl. von *nourrir*, s. d.

nous „uns“, „wir“
10. Jh., aus lat. *nōs*, mit der unbetonter Stellung entsprechenden Form; REW 5960.

nouveau „neu“
11. Jh., aus lat. *nŏvĕllus* „neu“, „jung“; REW 5967.

nouveauté „Neuheit“
12. Jh. *novelité, noveleté*, in Anlehnung an *nouveau* aus lat. *nŏvĕllitate*, vgl. *nouvelleté*.

nouvelle „Nachricht“, „Neuigkeit“
11. Jh., afrz. *novele* „Neuigkeit“, „Kunde“, auch „Äußerung“, „Handel“, „Sache“, im 13. Jh. auch „unwahre Geschichte“, dazu seit dem 15. Jh. „Novelle“; aus lat. *nŏvĕlla*, d. i. kollektiver Plural von *novellus* „neu“, s. *nouveau*.

nouvelleté „Versuch der Enteignung eines früheren Besitzers“
14. Jh., ist in der Bedeutung spezialisiert aus afrz. *novelleté* „Neuigkeit“, „Neuerung“, „Besitzwechsel“, auch „Erhebung“, aus lat. *(nŏvĕllĭtate)* „Neuheit“, s. *nouveauté*.

nouvelliste „Neuigkeitskrämer“
17. Jh., aus ital. *novellista*, d. i. Abl. von *novella*, der Entsprechung des frz. *nouvelle*.

novale „frisch geackertes Feld“
13. Jh., aus lat. *(nŏvāle)*.

novation „Umwandlung einer bestehenden Obligation“
14. Jh., aus lat. *(nŏvātione)* dass.

novembre „November“
13. Jh., afrz. auch *noembre*, aus lat. *(nŏvĕmber)*.

novice „Novice“, „Neuling“
12. Jh., aus lat. *(nŏvīcius)* „Neuling“.

noyale „Art Gewebe“
17. Jh., angeblich nach dem Erzeugungsort *Noyal-sur-Vilaine*. Dict. gén.

noyau „Kern“, „Stein im Obst“ u. ä.
13. Jh.; es kreuzen sich in dem Wort zwei Stämme: afrz. *noel* „Knopf“, „Buckelverzierung“, aus gallorom. *nodellus*, das mlat. seit dem 10. Jh. belegt ist; dieses zu lat. *nōdus* „Knoten“, s. *nœud*, vgl. auch aus *nodellus* entlehntes bret. *nozélen* „Eichel“, „Knopf“; und gallorom. *nŭcale* zu lat. *nucalis* „zur Nuß gehörig“, dazu afrz. *noiel* „Nußkern“, berrich. *noyau* dass., s. Baist, ZRP 28, 113; Thomas, Rom. 33, 268 f.; Meyer-Lübke, ZRP 29, 247; Diez 648; REW 5943, 5977; Bl.-W. 436.

noyer „Nußbaum“
12. Jh., aus lat. *nŭcarium*, das spätlat. belegt ist, d. i. Abl. von *nŭce* „Nuß“, s. *noix*; REW 5978.
2. „ertränken“, refl. „ertrinken“
10. Jh., aus lat. *nĕcare* „ohne Anwendung von Gewalt jmd. zum Tode bringen“, daher bei Gregor v. Tours „ertränken“, Reichen-

auer Glossen *necati* „ertrunken"; Wölfflin, ALL 7, 278; Stalzer, RG 17; Löfstedt, Synt. II, s. Rom. 61, 390; Regula, AR 12, 284; Diez 221; REW 5869.
necare „ertränken" aus *enecare*, das bei Gregor v. Tours in derselben Bedeutung belegt ist, ist nicht nötig, Gröber, ALL 4, 131.

noyon „Zielgrenze beim Kugelspiel"
17. Jh., ist Abl. von *noyer* 2 in der Verbindung *noyer sa boule* „die Kugel verlieren, wenn sie über die Zielgrenze hinausläuft".

noyure „Trichter für den Kopf einer Schraube"
18. Jh., ist Abl. von *noyer* in der Verbindung *noyer la tête d'une vis* „den Kopf einer Schraube versenken", s. *noyer* 2.

nu „nackt"
12. Jh., aus lat. *nūdus*; REW 5988.

nuage „Wolke"
16. Jh., ist kollektive Abl. von *nue*, s. d.

nuaison „Dauer eines stehenden Windes"
18. Jh., auch „Dauer eines gleichbleibenden Zustandes der Atmosphäre"; ist vermutlich Abl. von *nue* „Wolke", s. d.

nuance „Farbenabstufung"
17. Jh., ist vielleicht in Anlehnung an *nue* „Wolke", möglicherweise aber auch unabhängig (vgl. *nappe, natte, nèfle*) umgebildetes afrz. *muance* „Wechsel", „Variation", dazu bei Chrétien *muances des colors;* vgl. Namur *muwance* „Variation von Farben, Tönen"; dieses ist Abl. von afrz. *muer* „ändern", „wechseln" aus lat. *mūtare*, s. *mue;* von *nuance* rückgebildet ist seit dem 17. Jh. belegtes **nuer** „abstufen", „abschattieren".
Abl. von *nue* „Wolke", Diez 648; REW 5974; Bl.-W. 437; Wandruszka 70, 235, ist morphologisch schwierig.

nubécule „Wölkchen", „kleiner weißer Fleck im Auge"
16. Jh., aus lat. *(nūbēcula)* „Wölkchen".

nubile „heiratsfähig"
16. Jh., aus lat. *(nūbĭlis)*.

nudité „Nacktheit"
14. Jh., aus lat. *(nūdĭtate)*, das in volkstümlicher Form in afrz. *nuté* belegt ist.

nue „Wolke"
12. Jh., aus grom. **nūba*, das ist mit der kollektiven Endung *-a* umgestaltet aus lat. *nūbes* dass.; dazu seit dem 12. Jh. die kollektive Abl. **nuée** „Gewölk"; vgl. auch *nuage*; Diez 648; REW 5974.
nuer s. *nuance*.

nuire „schaden"
12. Jh., afrz. auch *nuisir*, aus lat. *nŏcēre*, z. T. mit vorhistorischem Konjugationswechsel; dazu u. a. die Abl. *nuisable* „schädlich", seit dem 14. Jh. **nuisible.** REW 5938.

nuit „Nacht"
10. Jh., aus lat. *nŏcte*; dazu seit 1300 die *-ata*-Abl. **nuitée** „Dauer einer Nacht"; REW 5973.

nuitamment „nächtlicherweile"
14. Jh. *neutantement*, dann in Anlehnung an das Schwanken von *grandement* und *gramment* u. ä. in falscher Analogie die heutige Form; ist Adverbium zu selbst schon adverbiellem afrz. *nuitantre, nuitante* dass., aus lat. *nŏctanter*; Thomas, Mél. 113; REW 5939.

nul „keiner"
9. Jh., aus lat. *nūllus*; REW 5992.

nullité „Ungültigkeit"
14./15. Jh., aus mlat. *(nūllĭtate)* zu lat. *nullus* „keiner", s. *nul.*

numéraire „Bargeld", „Notenumlauf"
16. Jh., aus lat. *(numerarius)* „zu der Zahl gehörig", s. *nombre*; Bl.-W. 437.

numéro „Nummer"
16. Jh., aus ital. *numero*, dieses aus lat. *(nŭmĕrus)* „Zahl", s. *nombre*; dazu u. a. die Abl. **numéroter** „numerieren", 17. Jh.

numismatique „die Münzkunde betreffend"
15. Jh., ist Abl. von lat. *(nŭmĭsma)* „Münze".

nummulaire „Pfennigkraut"
16. Jh., aus lat. *(nŭmmŭlarius)* „zum Geldgeschäft gehörig".

nuncupation „mündliche Einsetzung der Erben"
16. Jh., aus lat. *(nuncupatione)*.

nundinal „den Markt betreffend"
18. Jh., aus lat. *(nundinalis)*.

nuptial „hochzeitlich"
13. Jh., aus lat. *(nuptialis)*.

nuque „Genick", „Nacken"
13./14. Jh. und bis ins 16. Jh. „Rückenmark", aus mlat. *nucha, nuca,* dieses aus arabisch *nuḫâ*ᵉ „Rückenmark"; die mlat. Form ist seit dem 11. Jh. bezeugt; Baist, RF 4, 354; Schuchardt, SABerlin 1917, 8, 159 ff.; Zauner, RF 14, 425; Lam. 183; REW 5991.
Zu *nux* „Nuß", Diez 225, oder *nucleus* „Kern", Salvioni, Fonetica Milano 165, ist nicht möglich.

nutation „Wackeln des Kopfes", „Schwanken"
18. Jh., aus lat. *(nūtatione)*.

nutrition „Ernährung"
14. Jh., aus lat. *(nŭtritione)*, s. *nourrisson.*

nyctalopie „Nachtsehen"
18. Jh., aus mlat. *(nyctalopia)* zu lat. *nyctălops* „nur bei Nacht sehend".

nylon „Nylon"
20. Jh., direkt aus dem Englischen entlehnt, ist künstliche Bildung unklarer Entstehung, Bl.-W. 437; Redard, Etymologica 591.

nymphe „Nymphe", „Puppe" (von Insekten)
13. Jh., aus lat. *(nympha)*.

nymphéa „Seerose"
16. Jh., aus lat. *(nymphea)*.

nymphée „Grotte"
18. Jh., aus lat. *(nymphaeum)*.

O

ô „o“, „ah“
12. Jh., ist Schallwort.
oasis „Oase“
18. Jh., aus lat. *(ŏăsis)*.
obédience „geistlicher Gehorsam“
12. Jh., aus lat. *(ŏboedientia)* „Gehorsam“.
obéir „gehorchen“
12. Jh., aus lat. *(ŏboedire)*.
obélisque „Obelisk“
16. Jh., aus lat. *(ŏbĕliscus)*.
obérer „mit Schulden belasten“
17. Jh., ist rückgebildet aus lat. *(obaeratus)* „mit Schulden belastet“.
obit „Seelenmesse“
12. Jh., aus lat. *(obitus)* „gestorben“, zu lat. *obire* „dahingehen“.
objection „Entgegnung“
12. Jh., aus lat. *(objectione)*.
objet „Gegenstand“
14. Jh., aus lat. *(objectus)* „Entgegenstellen“.
objurgation „Rüge“, „Verweis“
13. Jh., aus lat. *(objurgatione)*.
oblat „im Kloster lebender Laie“ va.; „im Kloster versorgter Invalide“
16. Jh., aus lat. *(oblatus)* „dargeboten“ zu lat. *offerre* „darbieten“; mlat. *oblatus* bezeichnet das von seinen Eltern dem Priester- bzw. Mönchsstande geweihte Kind; zu *offerre liberos ad clericatum*; vgl. dazu *oublie*.
obliger „verpflichten“
13. Jh., aus lat. *(oblĭgare)*.
oblique „schief“, „schräg“
13./14. Jh., aus lat. *(oblīquus)*.
oblitérer „verwischen“, „auslöschen“
15./16. Jh., aus lat. *(oblĭtterare)*.
oblong „länglich“
16. Jh., aus lat. *(oblongus)*.
obole „Obolus“
13. Jh., aus lat. *(ŏbŏlus)*.
obreption „Erschleichung“
15. Jh., aus lat. *(obreptione)*.
obscène „unzüchtig“
16. Jh., aus lat. *(obscoenus)*.
obscur „dunkel“
12. Jh. *oscur*, *escur*, aus lat. *obscūrus*; REW 6020; das Wort wurde im 15./16. Jh. neuerdings an das lateinische Vorbild angeglichen; dazu seit dem 12. Jh. die Ableitung *(-ĭcīre)* afrz. *oscurcir*, dann **obscurcir** „verdunkeln“.
obscurité „Dunkel“
12. Jh., aus lat. *(obscūrĭtate)* für die organische Ableitung afrz. *oscurté*, vgl. *obscur*.

obsécration „Beschwörung“
13. Jh., aus lat. *(obsĕcratione)*.
obséder „besetzt halten“, „belästigen“
16. Jh., aus lat. *(obsĭdĕre)* „besetzt halten“; dazu **obsession** „Besetzung“, „Belästigung“, 17. Jh., aus lat. *(obsessione)*.
obsèques „Leichenbegängnis“
12. Jh., wird im 17. Jh. bekämpft, Br. 3, 116; aus lat. *(obsĕquiae)*.
obséquieux „unterwürfig“
15./16. Jh., aus lat. *(obsĕquiosus)*.
observer „beobachten“
10. Jh., aus lat. *(observare)*.
obsession s. *obséder*.
obsidienne „Glas-Lava“
18. Jh., aus lat. *(vitrum) (obsidianum)*, d. i. falsche Lesart für *obsianum* dass.
obsolète „veraltet“
18. Jh., aus lat. *(obsoletus)* „abgenutzt“.
obstacle „Hindernis“
13. Jh., aus lat. *(obstaculum)*.
obstétrique „Geburtshilfe“
19. Jh., ist Ableitung von lat. *(obstetrix)* „Hebamme“.
obstiner „hartnäckig an etwas anklammern“ va.; refl. „auf etwas beharren“
16. Jh., aus lat. *(obstĭnare)*.
obstruction „Verrammelung“, „Obstruktion“
16. Jh., aus lat. *(obstrŭctione)* „Verbauung“.
obtempérer „willfahren“
14. Jh., aus lat. *(obtemperare)*.
obtenir „erhalten“, „erreichen“
13. Jh., in Anlehnung an frz. *tenir* aus lat. *(obtĭnēre)*.
obturer „verstopfen“
16. Jh., aus lat. *(obtūrare)*.
obtus „stumpf“
16. Jh., aus lat. *(obtūsus)*.
obus „Haubitz-Granate“
17. Jh., bezeichnet ursprünglich die Haubitze selbst, wofür seit dem 18. Jh. die Abl. **obusier** eintritt; es ist frühnhdt. *haubitz*, das während der Hussitenkriege aus tschechisch *houfnice* „Steinschleuder“ entlehnt wurde. Kluge s. v.; Diez 648; REW 4078; s. Titz, Rom. 55, 290.
obvier „abhelfen“, „vorbeugen“
14. Jh., aus lat. *(obviare)* „begegnen“, „abhelfen“, „verhindern“.
ocarina „Okarina“
19. Jh. u. H.
occase „Sonnenuntergangs-“
18. Jh., in *amplitude-*, aus lat. *(occāsus)* „Sonnenuntergang“.
occasion „Gelegenheit“
12./13. Jh., aus lat. *(occasione)* für orga-

nisch entwickeltes afrz. *achaison, achoison, ochoison;* REW 6029.

occident „Westen"
12. Jh., aus lat. *(occĭdente).*

occiput „Hinterhaupt"
14. Jh., aus lat. *(occĭput).*

occire „töten" va.
12. Jh. *ocire,* seit dem 17. Jh. verpönt, Br. 3, 116, aus gallorom. **aucīdĕre,* d. i. Kreuzung von lat. *occīdĕre* dass. mit lat. *auferre* „wegtragen", REW 6030; dazu seit dem 12. Jh. die Abl. *ociseor,* heute veraltet *occiseur* „Töter".

occision „Tötung"
12. Jh., seit dem 17. Jh. veraltet, Br. 3, 138, aus lat. *(occīsĭone).*

occlusion „Verschließung"
19. Jh., aus lat. *(occlūsione).*

occulte „verborgen"
12. Jh., aus lat. *(occultus).*

occuper „besetzen"
12./13. Jh., aus lat. *(occŭpare).*

occurrent „sich darbietend"
15. Jh., aus lat. *(occŭrrente)* zu lat. *occŭrrĕre* „entgegenlaufen", „sich darbieten".

océan „Ozean"
12. Jh., aus lat. *(oceănus).*

océane „Ozean" va.
13. Jh. in *mer oceane,* aus lat. *(oceanius)* „zum Ozean gehörig".

ocelle „Ocellarfleck", „Auge"
19. Jh., ist Rückbildung von *ocellé* (19. Jh.) „augenähnlicher Farbfleck", aus der Terminologie der Augenheilkunde", aus lat. *(ocellatus)* „mit Äugelchen versehen"; Bl.-W. 440.

ocelot „Katzenparder"
18. Jh., aus aztekisch *oceloth* „Tiger", „Jaguar", Friederici 72.

ocre „Ocker"
14. Jh., aus lat. *(ochra).*

octaèdre „achteckig"
16. Jh., aus lat. *(octahedrum)* „ein von acht Flächen begrenzter Körper".

octant „Achtel eines größeren Kreises am Himmel"; „Oktant".
17. Jh., aus lat. *(octans, -ante).*

octante „achtzig"
13. Jh., in Anlehnung an lat. *(octoginta)* umgebildet aus afrz. *oitante, huitante,* das in der französischen Schweiz und den anschließenden Mundarten noch lebt, ALF 1113; aus vlat. **octanta* für *octogĭnta,* REW 6037; vgl. *nonante.*

octave „achttägige kirchliche Feier"; „Oktave"
12. Jh., aus lat. *(pars. hora* u. ä.) *(octāva)* zu *ŏctāvus* „achter"; das Altfranzösische hat dafür die halbgelehrte Form *oitave, oitieve* u. ä.; REW 6034.

octavin „Oktav-Flöte"
19. Jh., ist an *octave* angepaßtes ital. *ottavino* zu *ottavo* „achter" aus lat. *ŏctāvus,* REW 6034. Dict. gén.

octavon „Achtelschwarzer" (d. i. Abkömmling eines Weißen mit einer Viertelschwarzen und umgekehrt)
18. Jh., ist Abl. von lat. *(ŏctāvus)* „achter".

octidi „achter Tag der Dekade"
18. Jh., ist Zusammensetzung von lat. *(octo)* „acht" und *(dīes)* „Tag".

octil „Achtel-"
in *aspect,* 18. Jh., ist gelehrte Abl. von lat. *(ŏcto)* „acht".

octobre „Oktober"
13. Jh., für afrz. *oitouvre,* aus lat. *(octōber);* Merlo, Stag. 158; REW 6036; Bl.-W. 440.

octogone „Achteck"
16. Jh., aus lat. *(octōgōnos).*

octroi „Bewilligung"; „städtische Steuer"
12. Jh. *otrei,* ist postverb. Subst. von afrz. *otreier,* dann latinisierend *octroier,* heute **octroyer** „gewähren", „verleihen", aus vlat. **auctōrĭcare* zu lat. *auctor* „Urheber", „Durchführer eines Gesetzes"; Diez 230; REW 775; vgl. *autoriser.*

octuple „achtfach"
16. Jh., aus lat. *(octŭplus).*

oculaire „Augen-"
15. Jh., aus lat. *(ŏcŭlarius).*

odalisque „Haremssklave", „Haremsfrau"
17. Jh., aus türkisch *odalyq,* eigentlich „etwas zum Zimmer *(oda)* Gehöriges". Littmann 107; Dict. gén.

ode „Ode"
15. Jh., aus lat.-gr. *(odē)* „lyrischer Gesang", „Lied".

odéon „Musikbühne"
16. Jh., aus lat. *(ōdēum)* „ein zu musikalischen Wettstreiten bestimmtes Gebäude".

odeur „Geruch"
12. Jh., aus lat. *(ŏdōre).*

odieux „verhaßt"
14. Jh., aus lat. *(ŏdiōsus).*

odorat „Geruchsinn"
16. Jh., aus lat. *(ŏdōrātus).*

odyssée „Irrfahrt", „Reiseabenteuer"
19. Jh., aus dem Titel des homerischen Epos, lat. *(Odyssea).*

œcuménique „die ganze bewohnte Erde betreffend", „ökumenisch"
16. Jh., aus mlat. (gr.) *(oecumenicus).*

œdème „Wassergeschwulst"
16. Jh., aus gr. (οἴδημα).

œdipe „geschickter Rätsellöser"
18. Jh., aus dem Namen des Königs von Theben, *Oedipus,* der das Rätsel der Sphinx löste.

œil „Auge"
afrz. Nom. *ieus,* Acc. *ueil,* 10. Jh., aus lat. *ŏcŭlus;* REW 6038; Zauner, RF 14, 364 ff.

œillade „schmachtender Blick"

15. Jh., aus ital. *occhiata,* das an frz. *œil* angepaßt ist; s. d.

œillard „Auge im Mühlstein", „Öffnung für die Welle des Mühlrades"
16. Jh. *oeullard,* 14. Jh. norm. *houllar,* Rom. 33, 366; Rom. 33, 583, aus nprov. *oulhal* u. ä. dass.; dieses aus aprov. *olhal* „Augenöffnung des Panzers", aus gallorom. **ŏcŭlāle* zu lat. *ŏculus* „Auge".

œillère 1. „Helm-Visier", „Scheuklappe"
12. Jh., ist *-aria*-Abl. von afrz. *ueil* „Auge", s. *œil.*
2. in *dent œillère* „Augenzahn"
17. Jh., ist Femininform von frühnfrz. *œiller* „das Auge betreffend"; dieses ist französisiertes lat. *(ocularius),* s. *oculaire.*

œillet „Äuglein", „Nelke"
13. Jh., ist dem. Abl. von *œil* „Auge", s. d.

œilleton „Nelkenschößling", „Wurzelableger", dann auch „Blendung" (am Okular)
16. Jh., ist Abl. von *oeillet* „Nelke" bzw. „Äuglein"; dazu seit dem 17. Jh. die Abl. **œilletonner** „Blättertriebe stutzen", „durch Triebe weiterpflanzen"

œillette „gebauter Mohn"
dann aus *huile d'œillette* losgetrenntes *œillette* „Mohnsamenöl", 13./14. Jh. *oliette,* ist pik. Form für den „Mohn", dazu wall. (Mons) *ouiette,* pik., berr., wall. auch *oliette,* im 16. Jh. auch *olivette,* ist dem. Abl. von *olive,* s. d., da der Mohn als Ersatz für die Olive zur Ölerzeugung verwendet wird, Roll. Fl. 1, 180; vgl. dafür holl. *heulzaad, heulbloem;* Schroefl 55; REW 6056.

œsophage „Speiseröhre"
14. Jh., aus gr. (οἰσοφάγος) „Speise tragend".

œstre „Bremse"
16. Jh., aus lat. *(œstrus).*

œuf „Ei"
12. Jh., aus vlat. *ŏvum* für lat. *ōvum.* Meyer-Lübke, Einf. 166; REW 6128.

œuvre „Werk"
12. Jh., aus lat. *ŏpĕra;* REW 6070.

offense „Beleidigung"
13. Jh., aus lat. *(offensa).*

offensive „Offensive"
16. Jh., aus ital. *offensiva* dass.; dieses substantiviertes *offensivo* „zum Angriff dienend", aus mlat. *(offensivus),* zu lat. *offensa,* s. *offense;* auch das Adj. ist seit dem 16. Jh. als *offensif* „angreifend" im Frz. belegt. Das Subst. stammt aus Gründen der Wortbildung aus dem Italienischen; s. Bl.-W. 441.

offerte „Offertorium" va.
14. Jh., aus mlat. *(offerta)* „Darbringung", d. i. unklassisches subst. Partizip von *offerre* „darbringen".

offertoire „Offertorium"
14. Jh., aus lat. *(offertorium)* „Opferstätte", das im Kirchenlatein die abstrakte Bedeutung „Darbietung" angenommen hat.

office „Berufspflicht" va., „Dienst", „Gefälligkeit"
12. Jh., aus lat. *(offĭcium)* „Obliegenheit", „Amt".

official „geistlicher Richter"
12. Jh., aus mlat. *(officialis),* s. *office.*

officiel „amtlich"
18. Jh., aus lat. *(offĭcialis)* „zum Amt gehörig", s. *office, official.*

officier 1. „den Gottesdienst halten"
13. Jh., aus mlat. *(offĭciare)* zu lat. *offĭcium* „Verrichtung".
2. „Beamter", „Offizier"
14. Jh., aus mlat. *(officiarius)* zu lat. *offĭcium* „Amt".

officieux „willfährig", „offiziös"
16. Jh., aus lat. *(offĭciosus)* „diensteifrig".

officine „Apotheke", „Laboratorium", u. ä.
12. Jh., aus lat. *(offĭcīna)* „Werkstatt"; in der literarischen Bedeutung seit 1838 bezeugt, aber schon im 12. Jh. (bis 16. Jh.) als „Werkstatt"; Bl.-W. 442.

offrande „Opfergabe"
11. Jh., aus lat. *(offĕrenda)* „das Darzubietende", s. *offrir.*

offre „Anerbieten"
12. Jh., ist postverb. Subst. von **offrir** „darbieten", 12. Jh., aus vlat. **offĕrīre* für lat. *offerre.* REW 6043.

offusquer „verdunkeln"
14. Jh., aus lat. *(offŭscare).*

ogive „Spitzbogen"
13. Jh. *croix d'augive* „Kreuz in Form eines Spitzbogens", dazu spanisch *bóveda de algive* „Gewölbe einer Zisterne", die Bedeutungsübertragung weil nach Cor. I, 137 die musulmanischen Zisternen vielfach in Form eines Spitzbogens zugedeckt waren; dieses zu arab. *alǧibb,* mundartliche Form für *alǧubb* „Zisterne"; Colin, Rom. 63; Lecoy Rom. 81, 289.
Nicht zu *auge* „Trog", und noch weniger zu lat. *obviata,* zu *obviare* „entgegentreten", Brunel, Rom. 81, 289; vgl. Bl.-W. 442.

ognette „Meißel mit schmaler Schneide"
17. Jh., aus ital. *ugnetto* dass.; dieses ist dem. Abl. von *ugna* „Klaue" aus lat. *ŭngŭla;* REW 9071.
ognon = oignon.

ogre „menschenfressendes Ungeheuer"
12. Jh., im Gralroman Bezeichnung einer fremden Völkerschaft, s. Huet, Rom. 37, 301 ff.; dieses aus byzantinisch 'Ογώϱ, der ursprünglichen Bezeichnung der Ungarn, älter *Ugren, Ugoren;* Suchier, Misc. Ascoli 71 f.; REW 6048.
Lat. *orcus* „Unterwelt", das in ähnlicher Bedeutung im Italienischen und Spanischen gesichert ist, Diez 228, ist lautlich schwierig; vielleicht liegt in frz. *ogre* Kreuzung von **orc* mit dem Völkernamen *ogre* vor; oder Kreuzung von **orc* mit *bougre* bzw. *hongre*

„Ungar", Settegast, ZRP 39, 704 ff.?; vgl. auch Schuchardt, SAWien 188, 4, 71; Eckhardt, Rev. Études hongroises et finnoougriennes V, 360; s. Rom. 54, 616.

oh! „oh"
ist Schallwort; ebenso **ohé** „heda!"

oie „Gans"
12. Jh. ist südwestliche und östliche Form neben gleichbedeutendem *oue,* aus vlat. seit dem 4. Jh. belegten *auca,* dieses Rückbildung von lat. *aucella* „Vögelchen", s. *oiseau;* B. Löfstedt, Stud. Neoph. 36, 386; Diez 226; REW 826; FEW I, 169; wegen der lautlichen Entwicklung s. *peu.*

oignon „Zwiebel"
13. Jh., aus lat. *ŭniōne.* Diez 648; REW 9073; dazu seit dem 13. Jh. die dem. Abl. **oignonet** „kleine Zwiebel", „Zwiebelbirne".

oille „spanisches Gericht von allerhand Fleisch mit Gewürzen"
17. Jh., aus spanisch *olla,* eigentlich „Topf", der Entsprechung von afrz. *oule* aus lat. *ōlla* „Topf", vgl. *marmite.* Diez 617; REW 6059.

oindre „einschmieren", „salben"
12. Jh., afrz. auch „schmeicheln", vgl. bei Augustinus „falsa laus adulatoris, hoc est oleum peccatoris", Bambeck ZRP 77, 327, aus lat. *ŭngĕre.* Diez 648; REW 9069.

oing „Schweinefett" va.
12. Jh. *oint,* aus lat. *ŭnctum* „Fett", „Salbe", vgl. ital. *unto,* das im Gallorom. mit lat. *ŭnguen* dass., vgl. prov. *onh,* zusammengefallen ist; Thomas, Mél. 113 f.; REW 9057.

oiseau „Vogel"
11. Jh., aus lat. *aucĕllus* „jeder kleine Vogel, besonders der Sperling". Diez 335; REW 828. Dazu u. a. die Abl. **oiseler** „Jagdvögel abrichten", seit dem 12. Jh.; davon wieder seit dem 12. Jh. **oiseleur** „Vogelsteller".

oiseux „müßig", „überflüssig"
12. Jh., bedeutet afrz. auch „faul", „feige", aus lat. *ōtiōsus* „müßig". REW 6121.

oisif „müßig"
12. Jh., ist vorhistorische Abl. von afrz. **ois* „Muße" aus lat. **ōtium,* das sich aus prov. *oz* erschließen läßt; oder mit Suffixwechsel umgestaltet aus *oiseux,* s. d.; Diez 649; REW 6122.
Abgelehnt kaum mit Recht, Thomas, Rom. 35, 304, Anm. 2; **otietivus* zu **otietas,* Thomas l. c., ist unbegründet; *oisif* als Kreuzung von *oiseus* mit afrz. *vuisif* dass., dieses aus lat. *vocivus* „leer", G. Paris, Rom. 27, 162, Anm. 2, ist unwahrscheinlich, da afrz. *vuisif* zweifelhaft und *vocivus* im Romanischen nirgends sicher erhalten ist; eine afrz. Nebenform *oisdif* ist analogisch nach Doppelbildungen wie *boisie — boisdie* „Betrug" u. ä., Tobler, SABerlin 1904; vgl. Bl.-W. 443. Dazu seit dem 14. Jh. die Abl. **oisiveté** „Müßiggang", für das zu *oisdif* gehörige afrz. *oisdive* dass.

oisillon „Vögelchen"
12./13. Jh. *oisellon, oiseillon,* aus vlat. **aucĕllione,* d. i. dem. Abl. von lat. *aucellus,* s. *oiseau.*

oison „Gänseküchlein"
13. Jh., aus vlat. **aucione,* das in den Kasseler Glossen als *auciun* belegt ist; die lautgesetzlich zu erwartende Form afrz. *osson* ist für den Osten bezeugt, FEW 172 a; die Form *oison* erklärt sich daraus, daß die Entwicklung von **aucione* von der Entwicklung von *auca,* s. *oie,* beeinflußt wurde, so daß streckenweise der vlat. Übergang von **aucione* zu **aukjone* unterblieb und das Wort die spätere Entwicklung von *-ti-* nach langen Vokalen mitmachte; vgl. auch Horning, ZRP 11, 263; REW 829.

oléacées „Olivenpflanzen"
19. Jh., ist gelehrte Abl. von lat. *(ŏlĕa)* „Olive".

oléagineux „von der Natur des Öls"
14. Jh., ist Weiterbildung von lat. *(ŏlĕaginus)* „von Ölbäumen".

oléandre „Oleander"
15. Jh., aus mlat. *(oleander);* dafür in Glossen *lorandrum,* das mit lat. *rhododendron* zusammenzuhängen scheint; die Lautgeschichte des Wortes ist unklar; s. Diez 226.

olfactif „den Geruch betreffend"
18. Jh., ist Abl. von lat. *(ŏlfactus)* „Geruch".

oliban „arabischer Weihrauch"
13./14. Jh., aus mlat. *(olibanus),* spätlat. belegt *libanus* „Weihrauch", dieses aus arabisch *al-lubân.* Lam. 185.

olibrius „Prahler", „Großtuer"
16. Jh., nach dem Namen des römischen Präfekten *(Olybrius),* der im 3. Jh. als Christenverfolger hervortrat; S. V.
oliette s. *œillette.*

olifant „Elfenbein" va.; „Elfenbeinhorn"
13. Jh., aus lat. *(ĕlĕphantus)* „Elfenbein"; die Grundform **olifantus* wird auch durch germ. Mundarten verlangt, ihre Entstehung ist unsicher. Diez 649; REW 2841. aus **aurieelephantus,* in Nachbildung zu gr. χρυσ-ελεφάντινος „mit Gold und Elfenbein ausgelegt", über **auriflan,* Holmes, Mod. Phil. 45, 746, überzeugt nicht.

oligarchie „Regierung Weniger"
14. Jh., aus gr. (ὀλιγαρχία).

olinde „feine Degenklinge"
17. Jh., angeblich nach der Stadt *Olinda* in Brasilien, aus der nach Ménage diese Art Klingen ursprünglich stammten. Dict. gén. Dazu seit 1800 die Abl. **olinder** „vom Leder ziehen".

olivâtre „olivengrün"
16. Jh., aus vlat. **ōlīvaster,* (ital. *olivastro)* zu lat. *oliva,* s. *olive.*

olive „Olive"

11. Jh., aus lat. *ŏlīva*, REW 6056; dazu seit dem 10. Jh. die Abl. **olivier** „Olivenbaum".
olivète s. *œillette*.
olivette „kleine Olive", „Ölrettich"; dann „Oliventanz" (bei den Provenzalen nach der Olivenernte getanzt)
12./13. Jh., ist dem. Abl. von *olive*, s. d.; dazu mit volksetymologischer Umdeutung *danser les jolivettes* „nach jemandes Pfeife tanzen"; REW 6056; Thomas, Rom. 28, 193 f.
ollaire „zur Topfbereitung geeignet"
18. Jh., aus lat. *(ollarius)* dass., das in volkstümlicher Form in afrz. *olier* „Töpfer" erhalten ist; zu REW 6060.
olla-podrida „spanisches Gericht aus verschiedenen Fleischsorten"
16. Jh., aus dem gleichlautenden spanischen Worte, das aus *olla* „Topf", s. *oille*, und *podrida*, der Entsprechung des frz. *pourrie* zusammengesetzt ist.
olographe „eigenhändig geschrieben"
17. Jh., aus lat. *(holographus)*.
olympe „Olymp"
15./16. Jh., aus lat. *(Olympus)*; dazu seit dem 13. bzw. 15. Jh. **olympiade** „Olympiade", aus lat. (gr.) *(olympias, -ade)* „Zeitraum von 4 Jahren, nach dessen Ablauf die olympischen Schauspiele von neuem gefeiert wurden", dazu *olympia* „die olympischen Kampfspiele".
ombelle „Dolde"
16. Jh., aus lat. *(umbella)* Sonnenschirm"; dazu seit dem 17. Jh. die Zusammensetzung **ombellifère** „doldentragend", dessen zweiter Bestandteil aus lat. *(fero)* „trage" entlehnt ist.
ombilic „Nabel"
16. Jh., aus lat. *(ŭmbĭlīcus)*, s. *nombril*.
ombrage „schattiges Laub"
in *porter, faire ombrage* „Mißtrauen erregen", 12. Jh. „Schatten", ist kollektive Weiterbildung *(-aticum)* von *ombre*, vgl. *ménage, langage* neben *maison, langue* usf.; dazu afrz. *ombrage* „schattig", „finster", „scheu", „schreckhaft", seit dem 13. Jh. einreihend erweitert *(-osus)* **ombrageux** dass., aus lat. *umbraticus* „im Schatten lebend"; dazu seit dem 12. Jh. **ombrager** „beschatten"; s. *ombre*.
ombre 1. „Schatten"
9. Jh., aus lat. *ŭmbra*; REW 9046.
2. „Äsche"
14. Jh. in *ombre de mer* und *ombre de rivière*, ist lat. *ŭmbra* „Schatten", das schon im Lateinischen auch diesen Fisch bezeichnet; Jud, BGPSR 11, 17; Roll. F. 3, 129.
3. in *ombre-chevalier* „Ritter" (Forellenart)
18. Jh., stammt aus der französischen Schweiz und ist volksetymologisch umgestaltetes *omble-chevalier* (Genfersee); dieses ist zusammengesetzt aus *omble* (16. Jh.), d. i. dialektische Form für *amble*, im 15. Jh. *ambula*, aus spätlat. *amula*, das bei dem Südostfranzosen Polemius Silvus belegt ist; Jud, BGPSR 11, 39 f.; REW 432; Bl.-W. 444; FEW 14, 21.
4. s. *hombre*.
ombrelle „kleiner Sonnenschirm"
16. Jh., noch im 17. Jh. maskulinisch, aus ital. *ombrello*, das nach *ombra* „Schatten" umgestaltetes lat. *ŭmbĕlla* dass. ist, s. *ombelle; umbrella* ist in Glossen bezeugt, REW 9049; Bl.-W. 444.
ombrer „schattieren"
17. Jh., aus ital. *ombrare* dass., eigentlich „beschatten", aus lat. *ŭmbrare*, das auch in afrz. *ombrer* „beschatten" erhalten ist; REW 9048.
ombreux „schattig"
12. Jh., aus lat. *ŭmbrosus*; REW 9050.
oméga „das Letzte"
16. Jh., nach dem Namen des letzten Buchstaben des griechischen Alphabets (ὠμέγα).
omelette „Eierkuchen"
im 17. Jh. *amelette*, aus älterem **alemette*, im 14. Jh. *alumette, alumelle*, das auf lat. *lāmĕlla* „Metallblättchen", vgl. *alumelle*, zurückzugehen scheint; das vortonige *o-* tritt seit dem 16. Jh. auf und ist vermutlich unter dem Einfluß von *œuf* entstanden, vgl. die Schreibung *œufmolette* bei B. Jamin im 16. Jh., Godefroy 10, 231; REW 4866.
omettre „unterlassen"
14. Jh., aus lat. *(omĭttĕre)*.
omission „Unterlassung"
14. Jh., aus lat. *(omĭssione)*.
omnibus „Omnibus"
19. Jh., zuerst im Jahre 1828 als billiges Beförderungsmittel eingeführt, aus lat. *(omnibus)* „für alle"; Bl.-W. 444.
omni- „ganz-"
in Zusammensetzungen, aus lat. *(omnis)* „ganz", „jeder".
omoplate „Schulterblatt"
16. Jh., aus gr. (ὠμοπλάτη).
on „man"
12. Jh., ist vortonig entwickelte Kurzform von lat. *hŏmo* „Mensch"; REW 4170.
onagre „wilder Esel"
12. Jh., aus lat. *(ŏnăger)*.
onanisme „Selbstbefleckung"
18. Jh., nach dem Namen *Onans*, des Sohnes Judas, dem die Bibel dieses Laster zuschreibt.
onc „niemals"
9. Jh., va. auch *onques*, bedeutet im Altfrz. „jemals", dann in *onc .... ne, onc mais .... ne* „niemals", aus lat. *ŭmquam* „jemals". REW 9051; Zeitlin, ZRP 6, 286 ff.
once 1. „Unze"
12. Jh., aus lat. *ŭncia* „Unze", REW 9052.
2. „Luchs" va.; „Jagdleopard"
13. Jh., aus vlat. **lŭncea* für griechisch

λύγξ (lat. *lynx*) dass.; die entsprechende Ableitung liegt schon in lat. *lynceus* „scharf sehend" vor; Diez 196; REW 5192.
onchet s. *jonchet.*
oncial „Unzial-"
16. Jh., aus lat. *(ŭncialis).*
oncle „Oheim"
12. Jh., aus lat. *avŭnculus* „Bruder der Mutter", in der lex Salica in der allgemeinen romanischen Bedeutung, Diez 649; Tappolet, Verw. 92 f.; Jud, ASSL 121, 99 f.; REW 838; FEW I, 188.
onction „Salbung"
12. Jh., aus lat. *(ŭnctione)*; s. *oindre.*
onde „Welle"
12. Jh., aus lat. *ŭnda* dass., REW 9059; dazu seit dem 14. Jh. die Ableitung **ondé** „wellenförmig", das auch auf schon lat. belegtes *undatus* dass. zurückgehen kann; REW 9061.
ondée „Regenguß"
11. Jh., ist vermutlich schon vorhistorische Ableitung von frz. *onde* „Welle", vgl. ital. *ondata* „Schlagwelle".
ondin „Wassergeist"
18. Jh., ist charakterisierende Ableitung von frz. *onde,* s. d.; dazu schon im 16. Jh. belegt **ondine** „Wassernixe".
ondoyer „sich wellenförmig bewegen"
12. Jh., ist vorhistorische Ableitung *(-ĭdĭare)* von frz. *onde* „Welle".
ondulation „Wallen", „Wogen"
17. Jh., ist Neubildung nach lat. *(ŭndŭla)* „kleine Woge" bzw. *(ŭndŭlatus)* „gewässert", frz. **ondulé.**
onéreux „beschwerlich", „lästig"
14. Jh., aus lat. *(ŏnĕrosus).*
onglade „in das Fleisch eingewachsener Nagel"
16. Jh., ist angepaßtes italienisches *unghiata, ugnata* „Nagelwunde", das seit dem 16. Jh. auch in der vollständig französisierten Form **onglée** „Erstarren, Einschlafen der Fingerspitzen" vorhanden ist; die Bedeutung der Ableitung spricht für Entlehnung aus dem Italienischen; vgl. *ongle.*
Vgl. auch spanisch *unglada* „ins Fleisch eingewachsener Nagel", ferner frz. *pelade,* Collin, *-ata* 172.
ongle „Nagel"
11. Jh., afrz. auch „Kralle", „Klaue", „Huf", so heute noch in der Terminologie der Zoologie; vom Altfrz. bis ins 17. Jh. schwankt das Geschlecht; aus lat. *ŭngŭla* „Klaue", seit der Kaiserzeit vulgär „Nagel"; Compernass, Glotta 6, 165 f.; REW 9071; Diez 495; FEW 14, 39; Lecoy, Etymologica 490.
onglette „platter Grabstichel"
17. Jh., auch **onglet,** ist dem. Abl. von *ongle* „Nagel", vgl. die entsprechende ital. Bildung *ugnetto* unter *ognette.*
onglon „Hornbekleidung der Füße der Mehrhufer"
13. Jh., ist kollektive Ableitung von *ongle,* s. d.; das frühe Auftreten des ersten Beleges spricht gegen eine Entlehnung aus dem Italienischen. Hier würde die *-one*-Ableitung von *unghia* „Kralle", „Nagel", nämlich *unghione* „Huf", begrifflich und formell entsprechen.
onguent „Salbe"
16. Jh., aus lat. *(ŭnguentum)* „wohlriechende Salbe", „Salböl".
ongulé „hufförmig"
19. Jh., aus lat. *(ŭngŭlatus).*
onomatopée „schallnachahmendes Wort"
16. Jh., aus lat. *(ŏnŏmătŏpoeia).*
onques s. *onc.*
ontologie „Lehre vom Sein"
18. Jh., aus nlat. *(ontologia)* zu gr. ὤν, ὄντος „Sein" und λόγος „Lehre".
onyx „Onyx"
12. Jh., aus lat. *(ŏnyx).*
onze „elf"
12. Jh., aus lat. *ŭndĕcim,* REW 9063; dazu seit dem 12. Jh. die Ableitung *onzime,* heute **onzième,** s. *dixième.*
opale „Opal"
16. Jh., aus lat. *(ŏpălus).*
opaque „undurchsichtig"
15./16. Jh., aus lat. *(opācus).*
ope „Sparrenloch"
16. Jh., aus mlat. *(opa),* dieses aus gr. ὀπή.
opéra „Meisterwerk" va.; „Oper"
17. Jh., aus ital. *opera* „Werk", der Entsprechung des frz. *œuvre*; vgl. Bl.-W. 445.
opercule „Deckel"
18. Jh., aus lat. *(ŏpĕrcŭlum).*
opérer „wirken", „operieren"
15. Jh., ist die gelehrte Entsprechung des französischen *ouvrer;* aus lat. *(ŏpĕrari).*
opérette „Operette"
19. Jh., aus deutschem Operette, das selbst aus dem ital. *operetta* dass. stammt; s. *opéra.* Dict. gén.
ophidien „schlangenartig"
19. Jh., ist gelehrte Ableitung von gr. (ὄφις) „Schlange".
ophtalmie „Augenentzündung"
14. Jh., aus lat. *(ŏphtalmia).*
opiat „Einschläferungsmittel"
16./17. Jh., aus mlat. *(opiatum)* zu lat. *ŏpium* „Mohnsaft", „Opium".
opiler „verstopfen"
14. Jh., aus lat. *(oppīlare).*
opime „Haupt-"
in *dépouilles opimes* „Siegesbeute der römischen Feldherren", 16. Jh., aus lat. *(opīmus)* „reichlich".
opiner „seine Meinung sagen"
14. Jh., aus lat. *(opīnari)* „meinen".
opiniâtre „halsstarrig"
15. Jh., ist Ableituneg *(-aster)* vom Stamme von lat. *(opinione),* das seit dem 12. Jh. als **opinion** „Meinung" in das Französische

aufgenommen wurde; die Bildung in Anlehnung an Fälle wie *folâtre, acariâtre,* s. Barbier, RDR 2, 170.

opium „Opium"
13. Jh., aus lat. *(opium).*

opossum „Opossum"
seit 1615 in englisch-amerikanischen Werken, 1640 im Französischen, aus der Mundart der Algonquins Virginiens; Friederici, ZFSL 58, 141.

opportunité „günstige Gelegenheit"
13. Jh., aus lat. *(opportunitate)*; dazu seit dem 14. Jh. **opportun** „günstig", „angebracht", aus lat. *(opportunus)* „günstig", „preisgegeben" u. ä.

opposer „entgegensetzen"
12. Jh., ist Umbildung von lat. *(opponĕre)* dass. nach dem Muster von frz. *poser,* scheinbar gleich lat. *pŏnere,* und mit Einbeziehung des Stammes von **opposition** „Gegenüberstellung" aus lat. *(oppositione).*

oppresser „beengen", „niederdrücken"
13. Jh., aus grom. **opprĕssare,* d. i. Intensivform zu lat. *oppriměre,* s. *opprimer*; die gewöhnliche Form des Altfranzösischen ist das mit Anlehnung an das Präfix *a-* gebildete *apresser.* Dict. gén.

oppression „Bedrückung", „Beengung"
12. Jh., aus lat. *(oppressione)*; die volkstümliche Form des Altfranzösischen ist das postverbale Substantiv von *oppresser,* d. i. *opresse,* (prov. *opressa*).

opprimer „niederdrücken", „unterdrücken"
14. Jh., aus lat. *(opprĭmĕre)*; das Altfrz. hat daneben das an afrz. *preindre* aus lat. *prĕmĕre* angepaßte *opreindre.*

opprobre „Schande"
12. Jh., aus lat. *(opprŏbrium).*

optativ „den Wunsch ausdrückend"
15. Jh., aus lat. *(optativus)*; als Ausdruck der Grammatik 16. Jh.; Laurent, Rom. 65, 177.

opter „eine Wahl treffen"
15. Jh., aus lat. *(optare)* „wünschen"; dazu seit dem 12. bzw. 15. Jh. **option** „schwierige Wahl, Entscheidung", aus lat. *(optio, -one)* „freie Wahl", „Willkür".

optimisme „Optimismus"
18. Jh., ist gelehrte Ableitung von lat. *(optimus)* „der beste".

optique „optisch", „Seh-"
14. Jh., in *nerf optique* „Sehnerv", dazu seit 1605 das Subst. *optique* „Optik", „Perspective", übertragen „Standpunkt" u. ä.; beides gelehrte Bildungen zu gr. ὀπτική „Optik"; Bl.-W. 446.

opulent „üppig", „stattlich"
14. Jh., aus lat. *(opulentus)* „vermögend", „reichlich", „mächtig"; dazu seit dem 15. Jh. **opulence** „Überfluß", aus lat. *(ŏpŭlentia).*

opuscule „kleines Werk"
15. Jh., aus lat. *(ŏpŭsculum).*

or 1. „Gold"
9. Jh., aus lat. *aurum*; REW 800; FEW 182 f.
2. „nun", „also"
10. Jh., afrz. *or, ore, ores* „nunmehr", „jetzt", „also", dazu afrz. *or . . . or* „bald . . . bald"; aus lat. *ad horam,* spätlat. *ad hora,* Löfstedt, Stud. 166, „zur Stunde", wie nfrz. *(tout à) l'heure*; oder *hâ horâ* „zu dieser Stunde", Diez 227; REW 4176; Zeitlin ZRP 7, 1.

oracle „Orakel"
12. Jh., aus lat. *(ōrăculum).*

orage „Windstoß" va.; „Sturm"
12. Jh., bedeutet afrz. auch allgemein „Wind", ist kollektive Ableitung von afrz. *ore* „Wind", aus lat. *aura* „leiser Wind"; dazu u. a. die Ableitung **orageux** „stürmisch", seit dem 12./13. Jh.; Diez 31; REW 788; FEW I, 177/178.

oraison „Rede" va.; „Gebet"
12. Jh., aus lat. *(ōrătione)* „Rede", „Gebet".

oral „mündlich"
17. Jh., ist Ableitung von lat. *(ōs, ōris)* „Mund".

orange „Apfelsine"
13./14. Jh., aus persisch-arabisch *nāranǧ,* in Anlehnuneg an frz. *or* „Gold"; dazu u. a. seit dem 14. Jh. die Abl. **oranger** „Apfelsinenbaum"; Diez 23; Lam. 187; REW 5822.

orang-outang „Orang-Utan"
18. Jh., aus dem malaiischen *ôrang-ûtan* „Waldmensch", das im Malaiischen ‚die Bezeichnung für wilde Stämme der Menschen ist. Daher haben die ersten Europäer, die dies Tier im 17. Jh. kennen lernten, entweder sich einen Scherz gemacht oder das Wort mißverstanden'. Littmann 128 f.

orateur „Redner"
12. Jh., aus lat. *(ōrātore)*; dazu die afrz. volkstümlich gebildete Form *oreour.*

oratoire 1. „Redner-"
15./16. Jh., aus lat. *(ōrātōrius).*
2. „Bethaus"
13. Jh., ist die gelehrte Form des volkstümlichen afrz. *oreour, oreoir* dass., das besonders in Ortsnamen weit verbreitet ist, aus lat. *(ōrātōrium).*

oratorio „Oratorium"
18. Jh., aus ital. *oratorio* dass., ursprünglich „Betplatz", aus lat. *(ōrātōrium),* s. *oratoire*; Bl.-W. 447.

orbe 1. „blind" va.; „ohne Ausgang"
11. Jh. *orb, orbe,* aus lat. *orbus* „blind", REW 6086; die ursprünglich feminine Form *orbe* findet sich für das Maskulinum seit dem 12. Jh., s. T. Fischer, Ausgleichserscheinungen usw. S. 201 f.
2. „kreisförmige Oberfläche"
13. Jh., aus lat. *(orbis)* „Rundung".

orbite „Augenhöhle“
14. Jh., aus lat. *(orbĭta)* „Einschnitt“.
orcanette „Lotwurz“
16. Jh., im 14. Jh. *arquanet,* ist dem. Abl. von afrz. *arcanne,* auch *orcane,* Rom. 33, 584 „Rötel“, aus arabisch *al-ḥinnâ',* Lam. 266; Thomas, NE 152ff.; REW 4135; vgl. auch *arcanne, henné,* dann Roll. Fl. 8, 81.
orchestre „Orchestra“, „Orchester“
16. Jh., aus lat. *(orchestra)* „der für die Senatoren bestimmte vorderste Platz im Schauspielhaus“, aus gr. ὀρχήστρα „Tanzplatz“.
orchis „Knabenkraut“
16. Jh., aus lat. (gr.) *(orchis)*; dazu seit dem 18. Jh. die gelehrte Abl. **orchidées** „Orchideen“.
ord, orde „abscheulich“, va.
12. Jh., afrz. auch „schmutzig“, „widerwärtig“, aus lat. *horridus* „struppig“, „rauh“, „entsetzlich“; dazu seit dem 12. Jh. **ordure** „Kot“, „Schmutz“; vgl. dazu das einreihend erweiterte afrz. *ordos* „schmutzig“, „infam“, *ordeé* „Schmutz“; REW 4188.
ordinaire „gewöhnlich“
14. Jh. „der Ordnung gemäß“, auch subst. „geistlicher Vorgesetzter“, aus lat. *(ordinarius)* „ordentlich“; vgl. *ornière.*
ordalie „Gottesurteil“
18. Jh., aus mlat. *(ordalium)* dass., dieses romanisiert aus fränkisch **ordaili* zu altniederfränkisch *urdeili,* ndl. *ordeel,* das etymologisch „Wahrspruch, den der Richter erteilt“ bedeutete; Kluge-G. unter „Urteil“; Gg. RG I, 166.
Nicht aus agls. *ordal,* Bl.-W. 447, das selbst aus dem Mlat. stammt.
ordinal „die Ordnung bezeichnend“
16. Jh., aus lat. *(ordinalis)* „eine Ordnung anzeigend“.
ordination „Priesterweihe“
12. Jh., bedeutet afrz. auch allgemein „Anordnung“, aus lat. *(ordĭnatione)* „Anordnung“.
ordon „Hammergerüst“, „Angelleinen der Fischreusen“
14. Jh., bedeutet afrz. allgemein „Anordnung“, daher wall. *ourdon* „die in einem Felde dem einzelnen Arbeiter zugewiesene Aufgabe“, Aube *ordon* „festgesetzte Aufgabe“, les Fourgs *oudon* „Breite einer Furche, die ein einzelner Arbeiter bearbeiten kann“, berrich. *ordon* „Reihe von Heuschwaden“, im Schweizer Volksfrz. „Reihe von Weinstöcken“, Wißler, RF 27, 86 SA u. ä. bei Godefroy 5, 620; das Wort ist postverb. Substantiv von *ordonner,* s. d. REW 6090.
ordonnance „Anordnung“, „Vorschrift“
12./13. Jh. *ordenance,* nfrz. auch konkretisiert als *ordonnance* „Offiziersbursche“, ist Abl. von **ordonner** „anordnen“, „vorschreiben“, 12. Jh. *ordener,* dann in Anlehnung an *donner* die heutige Form, aus lat. *(ordĭnare)* „ordnen“, Diez 649; REW 6090, s. auch *ordon.*
ordre „Ordnung“, „Anordnung“
11. Jh., in der ältesten Form *ordene,* aus lat. *(ordo, ordine),* vgl. dazu die volkstümlich entwickelte Form *orne.*
ordure s. **ord.**
ore s. **or.**
orée „Rand eines Gehölzes“ va.
14. Jh., ist kollektiv-umfassende Ableitung von afrz. *our* „Rand“, „Einfassung“ aus vlat. *ōrum,* das seit dem 5. Jh. belegt ist, für lat. *ōra* „Rand“; Diez 228; REW 6080; ALL 9, 300.
oreille „Ohr“
12. Jh., aus lat. *aurĭcŭla* „kleines Ohr“, das z. B. bei Marcellus Empiricus in den zweisilbigen Kasusformen von lat. *auris* für dieses eintritt, ALL 8, 591; 12, 288 und dieses im Romanischen vollständig verdrängt; Diez 228; REW 793; FEW I, 179.
oreiller „Kopfkissen“
12. Jh., aus lat. *aurĭcŭlarius* „zu den Ohren gehörig“ substantiviert.
oreillère „Ohrwurm“
16. Jh., dafür schon im 12. Jh. *oreilliée,* d. i. vlat. **auriculata* zu *aurĭcŭla,* s. *oreille*; die literarische Form ist in Anlehnung an adj. afrz. *oreillier,* s. *oreiller,* aus *oreillée* mit Suffixtausch gebildet; vgl. FEW I, 179.
oreillons „Mumps“, „Ziegenpeter“
17. Jh., zu afrz., seit dem 13. Jh. belegten *oreillon, orillon* „Schlag aufs Ohr“; dieses dem. Abl. von afrz. *oreillie* dass., d. i. *-ata*-Abl. von *oreille* „Ohr“; vgl. wegen der Abl. afrz. *colée* „Hieb auf den Hals“, *dentée, groignie, jouée* usf.
orémus „Gebet“
17. Jh., aus lat. *(ōrēmus)* „beten wir“.
ores s. *or.*
orfèvre „Goldschmied“
13. Jh., aber durch die Ableitung **orfèvrerie** „Goldschmiedekunst“ schon für das 12. Jh. gesichert, aus grom. **aurĭfăber.* Diez 145; FEW I, 183 b.
orfévri „vom Goldschmied verarbeitet“
18. Jh., ist Ableitung *(-atīcius)* von einem afrz. nicht belegten **orfevrer* „Goldschmiedearbeit leisten“, steht also für ein älteres **orfevrëiz,* s. *orfèvre.*
orfraie „Fischadler“
15. Jh., aus lat. *ossifraga,* das bei Marcellus Empiricus belegt ist, ALL 8, 475; Diez 649; Suchier, ZRP 1, 432; REW 6113.
orfroi „Goldverbrämung“
12. Jh. *orfrois,* mit afrz. stammhaftem *-s,* das durch *aurifrisium,* Beginn des 11. Jhs. in den Gesta episc. Virdunensium, s. Mon.

Germ. hist. Scr. 4, 49, gesichert ist; dafür schon im 10. Jh. *aurum frigium*, das zu lat. *phrygio* „Goldsticker“, *vestes phrygiae* „gestickte Kleider“, eigentlich „phrygische Kleider“ gehört; *aurum phrygium* bedeutet also „gesticktes Gold“; die ursprüngliche Form ist also *orfroi*, das schon vorhistorisch in der Endung an das Suffix *-ensis* angeglichen wurde; Diez 649; ZRP 43, 544; vgl. auch FEW I, 183.
Aus *aurum frēsum* „zermalmtes Gold“, Brüch 40, 313, ist historisch und begrifflich unwahrscheinlich.

organdi „feiner Musselin“
18. Jh., s. *organsin*.

organe „Werkzeug“ va.; „Organ“
12. Jh., aus lat. (gr.) *(ŏrgănum)* „Werkzeug“, „Musikinstrument“, „Sinneswerkzeug“, „Organ“. FEW VII, 411.

organeau „großer, dicker Eisenring“
14. Jh., auch *arganeau*, aus nprov. *arganèu*, *ourganèu* dass., d. i. vorhistorische Abl. von prov. *argue* „Schiffswinde“ bzw. dem diesem zugrunde liegenden lat. *ŏrgănum* „Werkzeug“, s. *organe*, bzw. vlat. **árganum* das sich vielleicht mit mlat. *argata, ergata* „Winde“, „Spill“ aus gr. ἐργάτης gekreuzt hat, vgl. auch *argue;* Schuchardt, ZRP 15, 91 Anm.; oder *arganum* losgelöst vom Plural gr. τὰ ὄργανα, das zu τάργανα verschmolz (wie τὸ ὄργανον zu τόργανον); davon losgelöst *arganum* im Singular?; REW 6097; FEW VII, 411; zu dem gleichen Stamm gehört seit dem 15. Jh. bezeugtes, heute vend. *orjau* dass., Sain. Rab. 1, 100.

organique „organisch“
14. Jh., aus lat. *(orgănĭcus)*.

organiser 1. „mit Organen versehen“, „einrichten“
14. Jh., ist Abl. von frz. *organe*, nach dem Vorbild des mlat. *organizare* „Orgelspielen“.
2. „eine kleine Orgel an einem Tasteninstrument anbringen“
ist Umdeutung von *organiser* 1, nach dem Stamme von *organiste* „Orgelspieler“; dieses seit dem 15. Jh. aus spätlat. *(organista)* dass., zu lat. *(ŏrgănum)* „Orgel“, s. *orgue*.

organsin „Doppelzwirn“
17. Jh., im 14. Jh. einmal *orgasin* aus ital. *organzino* dass., wenn dieses nicht umgekehrt aus dem Französischen entlehnt ist; angeblich nach dem Ursprungsort des Gewebes, *Urgandsch*, einer Stadt in russisch Turkestan; Kuen (schriftlich); Bl.-W. 443; gleicher Herkunft ist vermutlich auch *organdi*, s. d.

orgasme „Entzückung“
17. Jh., aus gr. (ὀργασμός).

orge „Gerste“
12. Jh., aus lat. *hŏrdĕum*, Diez 229; REW 4180.

orgeat „Mandelmilch“
15. Jh., aus prov. *orjat;* dieses ist Abl. *(-atum*, das zur Bildung von Speisenamen dient) von *ordi, orge* „Gerste“, s. *orge*.

orgelet „Gerstenkorn“
auch *orgeolet*, 16. Jh., ist dem. Abl. von afrz. *orgiol* dass., aus lat. *hordeolus (hordiolum)* dass.; vgl. auch *compère-loriot* 2, *loriot;* REW 4179.

orgie „Bacchusfest“, „Orgie“
15./16. Jh., aus lat. *(orgia)*.
orgne s. *orne* 1.

orgue „Orgel“
13. Jh. aus lat. *(ŏrgănum)* dass. in halbgelehrter Entwicklung; REW 6097; vgl. *organeau*.

orgueil 1. „Hochmut“
12. Jh., aus fränkisch **orgôli* „Stolz“ zu ahdt. *urguol-insignis;* Diez 228; Brüch 88; REW 9084; Gg. RG I, 225.
2. „Hebelstütze“
16. Jh., scheint Abl. von einem nicht belegten **orgue* „Werkzeug“ zu sein, das *orgue* „Orgel“ aus lat. *organum* „Werkzeug“, „Orgel“ entspricht; vgl. das unter *organeau* angeführte mundartliche *orjau*.

orient „Osten“
11. Jh., aus lat. *(ŏriente);* dazu seit dem 15. Jh. die Abl. **orienter** „gegen Osten wenden“, „die Lage feststellen“.

orifice „Mündung“
14. Jh., aus lat. *(ōrifĭcium)*.

oriflamme „kleine Standarte“ (zuerst der Abtei St. Denis, dann der französischen Könige)
12. Jh. *orieflambe*, ist vorhistorische Zusammensetzung von afrz. *orie* „golden“ aus lat. *(aureus)*, und *flamme*, s. d.; REW 3350; Diez 649 f.; es ersetzt durch volksetymologische Umdeutung ein gallorom. **lauriflammula*, älter **labari flamma*, zu lat. *labărum* „Kreuzesfahne“, Schuchardt, ZRP 16, 522; Kahane RLiR 26, 137; vgl. *flamme*.

origan „Dosten“ (Pflanze)
13. Jh., aus lat. *(ŏrīgănum)*.

original „ursprünglich“
13. Jh., mit der den frz. Lautgesetzen z. T. angepaßten Nebenform **originel**, aus lat. *(ŏrīgĭnalis)*.
2. s. *orignac*.

origine „Ursprung“
15. Jh., aus lat. *(ŏrīgĭne);* in volkstümlicher Form liegt das Wort in afrz. *orine*, heute poitev., Mayenne, dazu Ille-et-Vill. *oriner* „abstammen“, vor. REW 6100.

orignac „kanadisches Elentier“
auch *orignal* und umgedeutet *original*, ist ursprünglich baskisch, Plural zu *oregna* „Hirsch“, das von den Basken nach Canada gebracht wurde und von hier nach Frankreich zurückwanderte. REW 6095 nach Dict. gén.; Friederici 72.

orin „Leine“, „Bojentau“

15. Jh., gelegentlich auch *hoirin* geschrieben, aus ndl. *oogring* „Ankerring", dann die Leine, die an dem Ring angebracht ist; Haust, Etym. 184 ff.; REW 5958; s. Barbier PLeeds I, 122; Vidos RLiR 21, 99; Colón RDiR 26, 170; ZRP 78, 67.

oripeau „Flittergold"
12. Jh., bedeutet im Altfrz. die goldene Verzierung an Schilden u. ä., scheint Zusammensetzung von afrz. *orie* „golden", wie in *oriflamme* und in afrz. *oriflor* „(Goldblume im) Banner", und *peau* in der allgemeinen Bedeutung „Umhüllung" zu sein; vgl. gleichbedeutendes aprov. *auripel*, dazu *auripelat* „goldverbrämt"; REW 6377; Diez 229; FEW I, 183.

orle „Ring", „Saum"
12. Jh., steht für *ourle*, das afrz. gesichert ist und durch *ǫrle* ersetzt wurde, in Anlehnung an die stammbetonten *ǫ*-Formen in dem Präsenstypus *dǫrt — dormir*, entsprechend analogisch *ǫrle — ǫrler*, s. *ourler*; aus vlat. **ōrŭlum* für lat. *ōra* bzw. vlat. *ōrum* „Rand", s. *orée* und *ourlet*; Diez 228; REW 6108.

ormaie „Ulmenpflanzung"
13. Jh., auch **ormoie**, aus gallrom. **ŭlmēta*, d. i. kollektive Weiterbildung von lat. *ŭlmētum*, REW 9035; vgl. das auf die maskulinische Form zurückgehende afrz. *ormoi*.

orme „Ulme"
11. Jh. *olme* aus lat. *ŭlmus*, Diez 650; REW 9036; die *-r*-Form stammt vermutlich aus der vorhistorischen Abl. **ŭlmĕllum*, die zu **urmellum* dissimiliert wurde, daher frz. **ormeau** „junge Ulme" (seit dem 12. Jh.); REW 9036. Dialektische Formen gehen auf die nicht dissimilierte Form **ulmellus* zurück; s. Roll. Fl. 10, 81 ff.

ormille „Ulmensetzlinge"
ist erst im 18. Jh. belegt, bedeutet auch „dichte, als Hecke dienende Ulmenpflanzung", in Le Mans = „ulmus campestris", und ist Angleichung von *orme* an *charmille*, s. d.

ormin „Scharlachsalbei"
16. Jh., aus lat. (*ormĭnum*).

orne 1. „Ackerfurche" va.; „Zwischenraum zwischen den Weinstöcken"
12. Jh., bedeutet afrz. „Reihe", so besonders in *à orne* „einer nach dem anderen", „regelmäßig", dazu heute burg. *orne* „Ackerfurche", vend. „Reihe von Bäumen, die ein Holzarbeiter niederschlagen muß", orléan. „Furche zwischen zwei Reihen von Rebstöcken", poitev. „Waldparzelle", berrich. „Ackerfurche", frz. Schweiz *orna* u. ä. „Reihe von Weinstöcken", aus lat. *ōrdĭne* „Reihe", „Ordnung", REW 6094, vgl. dazu auch *ordre*.
2. „großblumige Esche"
16. Jh., ist gelehrte Form für frz. *frêne à fleurs*, aus lat. (*ornus*).

ornemaniste „Verzierer"
1800, ist mit Stammverkennung aus **ornement** „Verzierung" abgeleitet; dieses, seit dem 11. Jh., aus lat. *ornamentum* „Schmuck", „Zurüstung".

orner „verzieren"
15. Jh., aber durch die Abl. *orneement* „geschmückterweise", *orné* „geschmückt" für das 14. Jh. gesichert, aus lat. (*ornare*) entlehnt; das Wort war in vorhistorischer Zeit auch gallorom., wie das alte *ornement*, ferner prov. *ornar* zeigen, ist aber wegen *orner* „in Reihen bringen" aus lat. *ordinare*, s. *orne* 1, in vorhistorischer Zeit in *adorner*, afrz. *aorner* aufgegangen bzw. durch *parer* ersetzt worden; Bl.-W. 449.

ornière „Geleise", „Wagenspur"
13. Jh., ist Kreuzung von afrz. *ordière*, heute boulogn. *ourdière*, pik. *ordière*, Guernesey *ortière*, wall. *ourbire* „Wagengeleise" mit afrz. *orne* „Reihe", s. *orne* 1; afrz. *ordiere* aus gallorom. **orbitaria* zu lat. *orbĭta* „Wagengeleise"; Förster, ZRP 3, 261; Diez 650; REW 6084.
Unmittelbar zu afrz. *orne* „Reihe", G. Paris, Rom. 4, 511; 8, 628 ist begrifflich schwierig.

ornithologue „Vogelkenner"
18. Jh., aus gr. (ὀρνιθολόγος).

orobanche „Sommerwurz"
16. Jh., aus lat. (*ŏrŏbanche*).

orobe „Walderbse"
16. Jh., aus lat. (*ŏrŏbus*).

oronge „Eierpilz"
18. Jh., aus neuprov. *ourounge*, *lounge*, auch *ouranjado*, das gleichzeitig „Orangenwasser" bedeutet; es ist daher vermutlich dialektische Form für frz. *orange*, wegen der Farbe des Pilzes. Dict. gén.

orpailleur „Goldwäscher"
18. Jh., ist volksetymologische Umgestaltung von *arpailleur*, das sich im 17. Jh. findet; dieses steht für *harpailleur*, das im 16. und 17. Jh. als „Bettler", „Händler mit altem Metall", „Metallgräber" belegt ist; es gehört zu mittelfrz. *harpaille* „Lumpenpack", s. *harpail*; Thomas, Rom. 24, 585 (Ess. 341 f.); REW 4056.

orphelin „Waise"
11./12. Jh. *orfenin*, ist dem.-kosende Abl. von afrz. *orfene*, *orfe*, aus lat. *orphănus*, REW 6105; dazu seit dem 19. Jh. die gelehrte Abl. **orphelinat** „Waisenhaus".

orphéon „Drehleiter"
19. Jh., ist willkürliche Abl. von lat. (*lyra*) (*orphea*) „orpheisch".
2. „Gesangschule"
19. Jh., ist Neubildung nach *Orphée* „Orpheus" in Anlehnung an *odéon*. Dict. gén.

orpiment „gelber Schwefelarsenik"

12. Jh., aus lat. *auripigmentum.* Diez 247; REW 6488; s. d. F.

orpin 1. „gelber Schwefelarsenik"
13. Jh., scheint Rückbildung von gleichbedeutendem *orpiment* zu sein, doch ist der Grund dieser Rückbildung unklar; FEW I, 182.
2. „Zumpe" (Krassulaceenart)
16. Jh., aber schon im 15. Jh. als *orpine* bezeugt, mlat. *aurum valet, aurivalentia,* doch dieses vermutlich nur Umdeutung von frz. *orpin;* der Saft der Pflanze wird gegen Hämorrhoiden verwendet, s. Roll. 6, 99 ff.; gehört vermutlich zu *orpin* 1.

orseille „Färberflechte"
15. Jh. *orsolle,* seit dem 16. Jh. in der heutigen Form, gehört zu gleichbedeutendem ital. *orcella, orcello, orciglia* und mit diesem vielleicht zu dem bei Plinius belegten *herba urceolaris,* das eine zur Abreibung der gläsernen Krüge dienende Pflanze bezeichnet; dann geht *orseille* auf ein **herbe à orçueil* zurück, aus lat. *ŭrcĕŏlus* „Krüglein", vgl. die afrz. Nebenform *orcele* für *orçueil,* REW 9079.

ort „brutto"
18. Jh., ist in das Französische übersetztes ital. *brutto* „abscheulich", u. ä., s. gleichbedeutendes afrz. *ord,* s. d.

orteil „Zehe"
12. Jh., besteht afrz. neben *arteil, artoil, artueil,* die *a*-Form heute wall. und im Südteil des Nordfrz.; zugrunde liegt *artĭcŭlus* „Gelenk", im Pl. „Finger", vgl. dazu dial. *doigt du pied* für die „Zehe", das im Gallorom. 1. zu **artŭcŭlus* umgestaltet wurde, vgl. *genou,* 2. mit gallisch **ordiga* „große Zehe" gekreuzt eine Grundform **orticulus* ergab, die dem literarischen Wort zugrunde liegt; *ordiga* ist im Kasseler Glossar belegt; Ascoli, AGI 10, 270 f.; Zauner, RF 14, 475 f.; Jud, AR 6, 209; Diez 28; REW 687; FEW I, 149.

ortho-
in Zusammensetzungen gelehrter Herkunft, aus gr. ὀρθός „aufrecht", „richtig".

orthodoxe „rechtgläubig"
15. Jh., aus lat. (gr.) *(orthodoxus).*

orthographie „Rechtschreibung"
16. Jh., aus lat. *(orthographia).*

ortie „Brennessel"
11. Jh., aus lat. *ŭrtīca;* REW 9090.

ortolan „Gartenammer"
16. Jh., aus prov. *ortolan* dass., eigentlich „Gärtner", der Entsprechung von afrz. *ortelain, hortolain* u. ä.; aus lat. *hŏrtŭlānus* „Gärtner", das in der Weiterentwicklung von afrz. *ortel* „Garten" aus vlat. **hortĕllus* für *hortŭlus* „Gärtchen" beeinflußt wurde.

orvale „Muskateller-Salbei"
14. Jh., im 17. Jh. auch maskulinisch *orval,* so heute *orvà* in Genf, Savoyen, *orvô* Wallis, Côte-d'Or, angev., poitev. *orvane,* dann im Mittelfrz. *orgalle,* das an die mlat. Bezeichnungen der Pflanze *gallitricum, galli crista, centrum galli* (d. h. Hahnenstachel) zu gr. κέντρον „Stachel" anklingt; dafür besitzt das Mlat. eine Form *horminum,* die auf das bei Theophrast belegte gleichbedeutende gr. ὅρμινος „Salbei" zurückgeht; das frz. Wort geht daher vermutlich auf ein gallorom. **horminogalli* „Hahnensalbei" zurück, das mit falscher gelehrter Beziehung zu ὁρμητήριον „Stachel" in das angeführte *centrum galli* latinisiert wurde; auch *origalis* ist mlat. belegt; vgl. dazu ferner nprov. *orlo, ouerlo* in der gleichen Bedeutung aus *hŏrmĭno,* in den Alpen *arnal,* aus **ornal;* vgl. Roll. Fl. 8, 187 f.; Steffen, VR 14, 216.
Nach Bertoldi, ZRP 54, 227 wäre Ausgang der Benennung gr. ἀλέκτορος λόφος, wörtlich „Hahnenhaube"; dazu mlat. übersetzt *galli crista,* im 16. Jh. *creste au coq;* dafür **auris galli* „Hahnenohr", das den frz. *orvale* zugrunde liege; erklärt nur einen Teil der mittelalterlichen Formen.

orvet „Blindschleiche"
14. Jh., lebt in dieser Form nur im Nordwesten Frankreichs, hier neben *orver;* dieses *orvet* ist aus einer Kreuzung von heute im Zentrum noch vorhandenem *arvet* und afrz. *orp* „blind" entstanden. Der eigentliche gallorom. Typus ist das bei Polemius Silvus unter den Schlangennamen verzeichnete *anabulio,* zu dem auch inschriftlich bezeugtes *anabolium,* ferner *anabulla, anabula* bei Thomas de Cantimpré gehören dürfte (um 1240); die Grundlage **anabolium* lebt nach ALF 952 im ganzen Osten von Savoyen bis in das Lyonnais und nach Lothringen, so *ävö, ävó* (aus **anevoil), anüv, anevyü;* dazu im Westen, Berry, Poitou, *aneuil;* daneben lebt ein Typus *(a)néduelh,* so belegt bei Peire Cardinal (12./13. Jh.), s. Raynouard II, 83, Levy Suppl. I, 66; dazu in der Gironde, Guyenne, Poitou die Formen *naduel, nadel, nyel* u. ä.; *aneduelh* ist, wie schon Mistral II, 392 erkannt hat, volksetymologische Umgestaltung von **ana(v)olh* aus *anabolium* zu *n'ad-olh. n'a d'olh* „hat kein Auge"; die auf *aneduelh* zurückgeführten Formen reimen durchaus mit den Formen von *oeil — oculus; anadolh* bei Levy, Pet. Dict. ist Uniformierung für das belegte *aneduelh; anabulio* ist vorhistorischer Herkunft.
Die Deutung von *anabulio* aus dem Keltischen, ZRP 43, 527, ist nicht haltbar; dieses aus **anavoculis* als Umdeutung von gr. ἄνευθ' ὀφθαλμῶν „ohne Augen", Dauzat, Rom. 44, 238 ff.; Ess. géogr. lingu. 129, ist historisch unverständlich; das dazugehörige frz. *envoye* zu *anguis* „Schlange" bzw. Abl. desselben, Meyer-Lübke, ZRP 24, 400 ff.; Salvioni, ZRP 23, 519; Horning, ZRP 9,

509 f.; REW 461, ist lautlich nicht möglich; vgl. noch Delboulle, Rom. 33, 582; Behrens, ZFSL 28, 308; Thomas, Rom. 40, 107; *orvet* als unmittelbare Abl. von lat. *orbus* „blind", Bl.-W. 450 ist lautlich unmöglich und geographisch unwahrscheinlich, vgl. die korrekte Form der Abl. in norm. *orbiau* „Scheuklappe"; zu gask. *anolh, anadolh* s. Bec, RDiR 24, 335.

orviétan „Universalheilmittel"
17. Jh., aus ital. *orvietano;* dieses ist Abl. von dem ON. *Orvieto,* weil die Erfindung des Mittels angeblich von einem Einwohner von *Orvieto* stammt. Dict. gén.

os „Knochen"
11. Jh., aus vlat. *ŏssum* für lat. *os; ossum* ist in den Tironischen Noten belegt; Heraeus, ALL 12, 89; REW 6114.

osciller „Schwingungen machen"
18. Jh., aus lat. *(oscillari).*

osé „kühn"
12. Jh., ist als Adj. erhaltenes Partizip der Vergangenheit von *oser* „wagen"; die entsprechenden Partizipia des Altfranzösischen drücken einen aus der Handlung hervorgehenden Dauerzustand aus; Tobler, VB I, 157.

oseille „Ampfer"
11. Jh. *oiseles,* aus lat. *oxalis* „Ampfer", Plural *oxalia,* vermischt mit vlat. *acĭdŭla,* so in Glossen bezeugt, Fest. Mussafia 542, 554, zu lat. *rumex acĭdus;* vgl. bei Roll. Fl. 9, 174 mlat. *oxys, oxygalla, oxigilla* u. ä. Diez 650; REW 104; FEW I, 21; Schuchardt, ZRP 26, 401; Bl.-W. 450; vgl. Alessio, RLiR 17, 191.

oser „wagen"
10. Jh., aus vlat. **ausare,* d. i. Intensivform zu *audēre* dass.; REW 801; FEW 184.

oseraie „Weidengebüsch"
12./13. Jh., ist Abl. *(-ēta)* von **osier** „Korbweide", dazu 11. Jh. *osiere* und die *-etum*-Abl. *osereid,* das im 8. Jh. als *auseria* bezeugt ist; die dieser Grundform entsprechende fem. Bildung *osière* findet sich im Osten und vereinzelt auch im Westen Frankreichs, nach Roll. Fl. 11, 39 in Normandie, Picardie, Hainaut, Champagne, Lorraine, Orléanais. Das Wort ist vermutlich gallorom. Abl. *(-aria)* von gallisch **aues-â* „Flußbett", *ausa;* vgl. bret. *aoz* dass., s. ZRP 43, 545; *Ausa* ist als Flußname in der Abl. *L'Hozain,* Dep. Aube, bezeugt, dazu *Ausaris,* heute *Osari,* Flußname der Toscana; Prati, RLiR 12, 48; vgl. Philipon, Les peuples primitifs 236, 150; Feller, Bull. Com. royale Dialectologie VII, 23; s. Roques, Rom. 60, 27; daß altes *au* zugrunde liegt, zeigt aus dem Gallorom. entlehntes bret. *aozil* dass.; Thurn. KR 109; vgl. REW 803; Stephan, GB 5, 58 ff.
Zu deutsch *Halster* „Lorbeerweide", Schuchardt, ZRP 26, 333; oder fränkisch **alisa* (ndl. *Else-alnus glutinosa),* Jud, ASSL 124, 99 f. Anm.; FEW 185 b, ist lautlich nicht möglich, s. Meyer-Lübke. ZRP 33, 432; *osier* aus fränkisch **awithi* „Auenland" das **aŭti* ergeben hätte, vgl. frk. **haisithi* „Buchengestrüpp" in ON. 8. Jh. *Haist,* s. auch *honte* aus frz. *haunitha,* + *arium,* Bl.-W. 450, nach Frings, s. Hubschmied, ZRP 79, 373, Anm. ist lautlich und historisch unmöglich.

osmonde „Traubenfarn"
12. Jh., u. H.

ossature „Knochengerüst"
19. Jh., ist Abl. von lat. *(os, ossis)* „Knochen".

ossec „Pumpensod"
14. Jh., auch *oussec, ousseau, lossec, loussec* u. ä., aus ndl. *hoosgat;* Behrens, DS 70; REW 4174 ?; s. *loussec.*

osselet „Knöchelchen"
12. Jh., ist dem. Abl. von frz. *os* „Knochen", s. d.

ossements „Gebeine"
12. Jh., ist vorhistorische Rückbildung von vlat. **ossamenta,* afrz. *ossemente* zu vlat. *ossum* „Knochen", s. *os.* REW 8114.

osseret „Knochenmesser"
18. Jh., ist ursprünglich adj. Abl. *(-arĭceus)* von frz. *os* „Knochen"; Thomas, NE 86.

osseux „knochig", „knochenartig"
14. Jh., aus lat. *(ossosus).*

ossifier „verknöchern"
17. Jh., ist gelehrte Bildung von lat. *(os, ossis)* „Knochen" und lat. *(-ficare)* in verbalen Zusammensetzungen.

ossu „starkknochig"
12. Jh., ist volkstümliche Abl. *(-ūtus)* von afrz. *os* „Knochen", s. d.

ossuaire „Knochenhaufen", „Beinhaus"
18. Jh., aus lat. *(ossuarium).*

ost „Kriegsheer"
12. Jh., ist von Lafontaine wiedereingeführtes, heute veraltetes afrz. *ost* „Heer" aus lat. *hostis* „Feind", in der Peregrinatio Aeth. *hostes* „(feindliches) Heer", dann in der Lex Salica singularisch *hostis: „si quis hominem ingenuum in oste occiserit"*, „wenn jemand einen Freien im Heere tötet", kollektiv, wie schon lat. bei Gregor von Tours *hostem collectam habet,* u. ä.; für den Franken gibt es kein geschlossenes Heer, daher bleibt *hostis* „Feind" = „Armee" auf die (feindlichen) Romanen beschränkt; s. Löfstedt, Kom. 256; Löfstedt Synt. 14; Gg. Bed. 134; FEW IV, 500; REW 420; vgl. dazu boulogn. *hô* „Truppe", „Menge", rouchi „Schar Schafe oder Schweine", Démuin *hou* „Schar Kinder".

ostade „Art geköperter Wollenstoff"
14. Jh., aus englisch *worsted,* so noch bei Cotgrave; der zuerst bei Chaucer bezeugte englische Stoff wird im 14. Jh. von Lyoner Kaufleuten nach Frankreich gebracht, vgl. im

16. Jh. latinisiert *hosteda*, das in bearnisch *astede* noch lebt; daraus mit Suffixwechsel die literarische Form; Thomas, Rom. 26, 435 f. (Ess. 342).

ostensoir „Monstranz"
18. Jh., auch *ostensoire*, ist gelehrte Ableitung von lat. *(ostensus)* „gezeigt".

ostentation „Brüsten", „Prahlerei"
14. Jh., aus lat. *(ostentatione)*.

ostracisme „Scherbengericht"
16. Jh., aus lat. (gr.) *(ostracismus)*.

ostrogot „ungeschliffener Mensch"
16. Jh., aus lat. *(Ostrogothus)* „Ostgote"; Lerch, Jb. 3, 159.

otage „Geisel", „Unterpfand"
11. Jh., aus vlat. **obsĭdātĭcum* „Geiselschaft" zu lat. *obsidatus* dass.; Diez 229; Bezzola 149; die Lautentwicklung korrekt über **oss(i)datico* mit der Entwicklung von *ss + d* zu *st* wie in afrz. *flaissede* zu *flaiste*, s. *flétrir;* davon verschieden afrz. *ostage* „Aufenthalt", „Bewirtung", prov. *ostatge*, das zu *hôte, hôtel* u. a. gehört.
**obsidaticum* ist wegen ital. *statico* „Geisel", Canello, AGI 3, 347, schon vlat. hier als Ableitung von lat. *obsidatus* „Geiselschaft" morphologisch einwandfrei; daher die Bedenken von Tobler, ZRP 3, 569; Meyer-Lübke, GRM 1, 642, nicht begründet; Abl. von *hostis* „Feind", Förster, ZRP 3, 261, ist begrifflich nicht annehmbar; Abl. von afrz. *hoste* „Gast", „Wirt", s. *hôte*, Tobler l. c., REW 4197; Bl.-W. 451, also *ostage* zunächst „Stellung des Gastes = „Stellung der Geisel", erklärt nicht ital. *statico*, vgl. ital. *spedale* aus *hospitale* u. ä.; *obsidatus* „Geiselschaft" ist im späteren Latein bezeugt, s. ALL 9, 133 Anm.

ôter „wegnehmen"
12. Jh., aus lat. *obstare* „entgegenstehen", „hinderlich sein", das im Vulgärlateinischen zunächst mit dem Akkusativ der Person *obstare aliquem* „jmd. in den Weg treten", dann „wehren" u. ä. bedeutet, dann mit dem Akkusativ der Sache: *obstare rem* „abhalten", so bei Commodian belegt, s. Weyman, Glotta 9, 127; dazu bei Marie de Fr. „entfernen", in der Lex Salica *anteostare* „wegnehmen", vgl. *emparer*, L. Jordan, ZRP 43, 714; Boucherie, RLR 17, 118; REW 6023; vgl. auch Herzog, Kr. Jb. 13, I, 230.
**haustare* zu *haurire* „ausschöpfen", „ausleeren" ist wegen prov. *ostar* nicht möglich.

otite „Ohrenentzündung"
19. Jh., ist gelehrte Bildung zu gr. οὖς, ὠτός „Ohr".

ottomane „türkisches Ruhebett"
19. Jh., ist substantiviertes Adjektiv, zu *ottoman* „türkisch", dieses zu arabisch *ʿotmân*, von dem Namen des Gründers der Dynastie der Ottomanen, Lam. XII.; Littmann 89.

ou „oder"
9. Jh., aus grom. **ot* für lat. *aut*, vgl. prov. *o, oz* mit unerklärtem *o;* Brüch, ZFSL 49, 162 f.; vgl. REW 810; FEW I, 186.
Aus umbrisch *ote*, Thomas, Rom. 38, 148, ist historisch unwahrscheinlich.

où „wo"
10. Jh., aus lat. *ŭbi*; REW 9028.

ouaiche „Kielwasser"
17. Jh., auch *houaiche, houache*, aus englisch *wake* dass., das *-ch-* statt des englischen *-k-* überliterarisiert aus norm. **ouaike*, Dict. gén.; REW 9488.
Aus flämisch *weg*, Barbier ZRLS 55, 398, ist lautlich nicht möglich; auch nicht aus spanisch *aguage* „Strömung im Meer", Diez 651.

ouaille „Schaf" va.; „geistliches Schäflein"
12. Jh. *oeille*, dann seit dem 14. Jh. mit Suffixwechsel die heutige Form, aus lat. *ovĭcula* „Schäfchen", das bei afrikanischen, spanischen und südostgallischen Schriftstellern = *ovis* „Schaf" verwendet wird, Wartburg, Schaf 7; Diez 651; REW 6124; das Wort lebt in der Bedeutung „Schaf" in Poitou, D. Sèvres, hier auch in der Bedeutung „Hammel".

ouais „potztausend"
17. Jh., ist Schallwort.

ouate „Watte"
17. Jh., bezeichnet ursprünglich eine Art „Baumwolle", die gewisse orientalische Früchte umwächst, Furetière; im Mittellat. als *wadda*, 1380; es stammt aus dem Arabischen Ägyptens, wo es zunächst Apocynum syriacum bezeichnet; Baist, ZRP 32, 47.
Nicht zu afrz. *oue* „Gans", s. *oie*, Scheler; auch nicht zu lat. *ovum* „Ei", Diez 230; Rönsch, RF 1, 447 f.; Nigra, ZRP 28, 645 f.; arabisch *baṭn* „Futter in Kleidern", Seybold, ZDW 10, 222, entspricht nicht der alten Bedeutung des Wortes und ist lautlich schwierig; vgl. REW 9170; Bl.-W. 451.

oubli „Vergessen"
11. Jh., ist postverb. Substantiv von **oublier** „vergessen", 10. Jh. *oblider*, aus vlat. **oblītare*, d. i. Intensivform zu lat. *oblīvisci* dass.; Diez 226; REW 6015.

oublie „Hostie" va.; „Oblate"
12. Jh. *oublee*, daraus in Anlehnung an *hostie*, Regula AR 12, 284, die heutige Form; aus spätlat. *(hostia) oblāta* „die dargebotene, noch nicht geweihte Hostie", zu lat. *offerre* „darbieten"; Diez 651; REW 6012; Bl.-W. 451.
oublier s. *oubli*.

oubliettes „Verlies"
14. Jh., ist Ableitung von *oublier* „vergessen", bezeichnet den „Ort, wo man vergessen wird"; wegen der Bildung vgl. *causette*.

oublieur „Kuchenbäckerjunge" va.
14. Jh., auch **oublieux**, ist Ableitung von

oublie, s. d., in der Bedeutung „dünner zusammengerollter Kuchen".

ouche „gutes Ackerland", „Gartenboden"
13. Jh., lebt in der Bedeutung „Garten" Orléans, Berry, Champ., H. Maine, Poitou, als „Hanffeld" im Südostfrz., s. Streng, HH 130 f.; Gerig, HF 10; aus gallisch *olka*, das seit dem 7. Jh. belegt ist; dieses ist die keltische Entsprechung von agls. *fealg* „Brachland", Kluge, PBB 41, 180; Diez 651; REW 6050; vgl. auch *olca* bei Gregor v. Tours „ein fruchtbares erdreiches Feld"; Jud, AR 6, 209; VR 9, 240; Hubschmied, RP 65, 493; Zipfel, Bez. des Gartens im Gallorom. 1943.
Nicht **aulica* zu lat. *aula* „Hof", Terracher, Studier mod. Språkv. 4, 257 f., s. Thomas, Rom. 39, 427; auch nicht gr. ὄλκος „Furche", Marteau, Rev. savoisienne 60, 64.

oudrir „welk werden", „verschrumpfen"
16. Jh. *heudri* „halb verfault", vgl. dazu norm. *heudrir* „durch Feuchtigkeit verderben", B. Maine *oudrir* „verwelken", H. Maine dass., auch „trocknen", „sterben", vend. „muffeln", „schimmeln", angev. *hourdrir, heurdrir* „schimmeln", berrich. *oudrir* „schimmeln", „faulen", dazu *outri* „mit Feuchtigkeitsflecken" (von der Wäsche); das Wort ist nach seiner Verbreitung vermutlich gallisch, der Stamm **(h)életro,* für den Anknüpfungen zu fehlen scheinen.
Zu gr. ὀλεθρεύειν „verderben", „zerstören", ὀλέθριος „unheilvoll", Alessio, RLiR 17, 192 ist weder begrifflich noch geographisch annehmbar.

ouest „Westen"
12. Jh., aus agls. *west*; Diez 652; REW 9526.

ouf „ach", „au"
17. Jh., ist Schallwort.

oui „ja"
afrz. *oil,* ist ursprünglich die Bejahungspartikel der dritten Person, mit Beziehung auf ein Maskulinum, aus vlat. *hŏc ĭllī* zu lat. *hŏc* „dieses" und *ille* „jener", vgl. *nenil*; Tobler, VB I, 1 ff.; s. *il.*

ouiche „ach was"
17. Jh., ist Kreuzung von *oui* und *fiche.*

oui-dire „Hörensagen"
16./17. Jh. *ouir dire,* ist zusammengesetzt aus dem Infinitiv *ouir* „hören" und passivisch gebrauchtem *dire.*

ouïe „Hören" va.; „Gehör", „Kiemen"
11. Jh., afrz. auch „Ohr", lebt als „Gerücht", „Lärm" u. ä. in der Champ., Sav.; es ist subst. Part. von **ouir** aus lat. *audīre* „hören", 11. Jh., das seit dem 16. Jh. im Aussterben ist, da einzelne Formen mit entsprechenden Formen von *avoir, voir* u. a. auf Grund der lautlichen Entwicklung zusammenfielen; es ist heute nur in erstarrten Resten erhalten, so *oui-dire,* s. d.; Gilliéron, faillite 63; Gottschalk, lat. *audire* im Frz. 1921 (GB 3); REW 779; FEW I, 173.

ouiller „Wein nachfüllen"
14. Jh. *aeuillier,* vgl. dazu Pléchatel *vouiller* „das Waschwasser auf die Wäsche schütten", dazu prov. *adolhar,* auch *azolhar, aolhar,* in der frz. Bedeutung; aus grom. **addōliare,* d. i. Abl. von lat. *dōlium* „Faß", im Gallorom. wohl auch „Spund", wie das entsprechende prov. *dolh*; **addoliare* bedeutet also „bis zum Spund anfüllen"; Jud, Rom. 45, 570; vgl. LGRP 1918, 249.
Nicht zu *œil de tonneau* „Spundzapfen", Dict. gén.; Bl.-W. 441?
ouir s. *ouïe.*

ouistiti „Seidenaffe"
18. Jh., angeblich nach dem Schrei des Tieres. Dict. gén.

oule „Topf" va.
lebt B. Maine *eule* „Salzfaß", Guernesey *houle* „irdener Topf", im Südwesten *ouille,* im Zentrum und Südosten als *eule;* 12. Jh., aus grom. **ōla* für klassisches *ōlla.* Diez 617; REW 6059; vgl. *marmite.*

ouragan „Orkan"
16. Jh., aus spanisch *huracán,* das ursprünglich den Wirbelsturm des Antillenmeeres bezeichnet; dieses aus karaibisch *hurakan,* dem Namen des Sturmgotts. Friederici 50; Diez 336; REW 4242; Kluge unter Orkan.

ourdir „(Kette) anscheren", „flechten"
12. Jh., aus lat. *ordīre* „(Gewebe) anzetteln" u. ä.; REW 6093.
ourdri s. *oudrir.*

ourler „besäumen"
12. Jh., ist Abl. von afrz. *ourle* „Saum", s. *orle.*

ourlet „Saum", „Rundfalz"
13. Jh., ist dem. Abl. von afrz. *ourle,* s. *orle.*

ours „Bär"
12. Jh., aus lat. *ŭrsus,* REW 9089; dazu u. a. die Abl. **oursin** „Bärenfell", „Bärenmütze", d. i. substantiviertes afrz. *orsin* „vom Bären", das seit dem 16. Jh. bezeugt ist.

oursin „Seeigel"
16. Jh., bei Belon *hérisson de mer,* in Marseille, Languedoc *ursin,* ist ein Wort der Zoologen, umgestellt aus dial. *irson,* afrz. *ireçon* für lit. *hérisson,* s. d. REW 2897; Fass. RF 3, 490; Dauzat, RLiR 18, 192.
Nach Bl.-W. Abl. von *ours*?
ourvari s. *hourvari.*
ousseau, oussec s. *ossec.*
oût s. *août.*

outarde „Trappe"
13. Jh. *ostarde,* aus lat. *avistarda,* das Plinius als hispanisch anführt. Diez 230; REW 832.

outil „Werkzeug"
12. Jh. *ostil,* aus vlat. *usitilium,* so im 8. Jh. belegt, s. Meyer-Lübke, LGRP 12, 303, dieses umgestellt aus **utesilium* für klassisches *ūtensilia* „brauchbare Dinge"; REW 9101. Die Umstellung ist von *ūsus* „Gebrauch" beeinflußt; vgl. Diez 652; der Ersatz von *ū* zu *ŭ, o* nach *ouvrier,* Regula, AR 12, 284; dazu seit dem 14. Jh. die Abl. **outiller** „mit Werkzeug versehen", „einrichten"; von diesem seit dem 19. Jh. **outillage** „Werkzeug", „Gerät".

outrage „Beleidigung"
11. Jh., bedeutet afrz. auch „Exzeß", „Anmaßung", ist Abl. von **outrer** „übertreiben", „überladen" u. ä., 12. Jh., dieses Ableitung von adverbiellem **outre** „drüber hinaus", s. d.; von *outrage* ist seit dem 14./15. Jh. bezeugtes **outrager** „schwer beleidigen" abgeleitet. REW 9038.

outrance „Übertreibung"
in *jusque à outrance,* so seit dem 13. Jh., ist Abl. von *outrer,* s. *outrage.*

outre 1. „jenseits", „über hinaus"
ist adverbiell und präpositional gebraucht, 12. Jh., aus lat. *ŭltra.* REW 9038.
2. „Schlauch"
16. Jh., aus lat. *(ŭter)* dass., oder aus dem daraus stammenden ital. *otre*; G. Paris, Rom. 10, 59; im 16. Jh. wird dafür die provenzalische bzw. südwestfrz. Form *oire* gebraucht.

outre-
als Präfix zu Subst., Adj. und Verben, bezeichnet Übertreibung; Neubildungen stark im 16. Jh.; superlativische Ausdrücke werden durch Bildungen mit präfigiertem *outre-* ersetzt, Guilbert-Dubois, Fr. mod. 29, 92.

outrecuider „allzu großes Selbstvertrauen haben" va.
12. Jh., ist Zusammensetzung von adverbiellem *outre* „drüber hinaus" und *cuider* s. d.; dazu seit dem 13. Jh. **outrecuidance** „Überheblichkeit", „Vermessenheit".

outrepasse „Fällen des Holzes jenseits der gesteckten Pfähle"
14. Jh., bedeutet im Altfrz. Personen und Dinge, die über das gewöhnliche Maß hinausreichen, ist also postverb. Subst. von **outrepasser** „überschreiten", 12. Jh., aus *outre* 1 und *passer*; s. auch *trépasser.*
outrer s. *outrage.*

ouverture „Öffnung", „Eröffnung"
12. Jh., aus lat. *apertūra;* der Vortonvokal zeigt schon vorhistorische Beeinflussung durch das gegensätzliche *coperire,* s. *couvrir* und *ouvrir.*

ouvrable „Arbeits-"
in *jour ouvrable,* 12. Jh., bedeutet der Bildungsweise des Afrz. entsprechend „zur Arbeit bestimmt", wie in afrz. *buef ouvrable* u. ä.; d. i. Ableitung von *ouvrer* „arbeiten", wird heute aber volksetymologisch zu *ouvrir* „öffnen" bezogen; *jours ouvrables* sind die „Tage, an denen die Geschäfte geöffnet sind"; in dieser Bedeutung ist *ouvrable* auch im Mittelfrz. bezeugt. Merlo, I nomi romanzi del di feriale, Pisa 1918, SS. 9, 11.

ouvrage „Werk"
13. Jh., ist kollektive Weiterbildung von *œuvre,* s. d.; dazu seit dem 16. Jh. die Ableitung **ouvrager** „ausarbeiten".

ouvraison „Verarbeitung"
19. Jh., ist als Bildung auffällige Ableitung von *ouvrer,* s. d.

ouvreau „Öffnung des Frittofens", „Ofenloch"
18. Jh., ist dialektische wallonische Form für ein afrz. **ouvreour* „Öffnung" (afrz. ist *ouvreour, ouvreoir* „Arbeitsraum" belegt), das *-atorium*-Abl. von *ouvrir* „öffnen" ist.

ouvrer „arbeiten" va.; „verarbeiten"
12. Jh., das Wort ist infolge des Zusammenfalls der meisten Formen mit *ouvrir* durch *travailler* ersetzt worden, die technische Bedeutung „verarbeiten" wird durch *ouvrage* gehalten; aber auch in dieser Verwendung tritt für *ouvrer* das von *œuvre* neugebildete *œuvrer* ein; aus lat. *ŏpĕrare.* REW 6071; G. Keel, Laborari und operari im Lat. u. Gallorom., Diss., Bern, 1942.

ouvreur 1. „Arbeiter" va.
12. Jh. *ovrëor,* aus lat. *ŏpĕrātore,* oder Neubildung von afrz. *ouvrer,* mit dem es zusammen aus dem Gebrauch geschwunden ist, s. *ouvrer.*
2. „Öffner", „Aufschließer"
17. Jh., ist Abl. von *ouvrir.* Das Aufkommen dieser Ableitung gibt den Zeitpunkt an, zu dem *ouvreur* 1 untergegangen war.

ouvrier „Arbeiter"
12. Jh., aus lat. *ŏpĕrarius.* REW 6072.

ouvrir „öffnen"
11. Jh., aus lat. *aperire* mit vorhistorischer Beeinflussung des Vortonvokals durch das gegensätzliche *coperire,* frz. *couvrir,* s. auch *ouverture.* Diez 652; REW 515.

ouvroir „Werkstatt"
12. Jh., mit der afrz. Nebenform *ovreour,* aus grom. **ŏpĕrātōrium* zu *operare* „arbeiten", s. *ouvrer.*

ovaire „Eierstock"
17. Jh., aus lat. *(ovarium).*

ovale „eirund"
16. Jh., ist ursprünglich Femininum zu maskulinischem *oval,* dieses gelehrte Abl. von lat. *(ovum)* „Ei".

ovation „der kleine Triumph" (bei den Römern); „Ehrenbezeugung"
16. Jh., aus lat. *(ŏvātione).*

ove „eirunde Verzierung"
17. Jh., aus lat. *(ovum)* „Ei".

ovine „Schafs-“
19. Jh., in *race ovine,* aus lat. *(ovīnus)* „von der Art des Schafes“.

ovule „Eizelle“, „Eichenschnecke“
19. Jh., aus lat. *(ōvum)* „Ei“, mit dem Deminutivsuffix *-ŭlus* erweitert.

oxalide „Sauerklee“
19. Jh., aus lat. *(ŏxălĭde),* vgl. *oseille.* Der eigentliche volkstümliche Ausdruck ist *petite oseille* oder *petite vinette*; s. Roll. Fl. 9, 178.

oxyde „Oxyd“
18. Jh., ist gelehrte Bildung nach gr. (ὀξύς) „scharf“; dazu seit dem 18. Jh. die Zusammensetzung **oxygène** „Sauerstoff“, dessen zweiter Bestandteil von gr. (γεννᾶν) „erzeugen“ entnommen ist.

ozone „Ozon“
19. Jh., nach gr. (ὄζειν) „duften“ willkürlich gebildet.

P

paca „brasilianische Ratte"
16. Jh. *pague,* die heutige Form seit dem 18. Jh., aus spanisch *paca, pague*; dieses stammt aus dem Karaibischen. Friederici 73; Dict. gén.

pacage „Weide", „Weideplatz"
14. Jh., aus prov. *pascage* dass.; dieses ist schon vorhistorische Abl. *(-aticum)* von lat. *pascuum* „Weide". REW 6265; vgl. FEW 7, 704.
Das eigentliche nordfrz. Wort ist *pâturage* bzw. afrz. *pasquis, pasquier,* die ebenfalls vorhistorische Ableitungen von grom. **pascum* für lat. *pascuum* sind.

pacant „Tölpel"
18. Jh., *pagan* 16. Jh., Jeanjaquet, BGPSR 1903, 69, ist heute über ganz Frankreich verbreitet, so pik., norm., wall., morv., berrich., Doubs, Jura, frz. Schweiz; vgl. dazu gask. *bagan* „Bauer", Ille-et-V. *pogane* „schmutziger Koch, Fleischhauer", lyon. *poganous* „schmutzig", Sainéan, RPFL 22, 128 f.; es ist Rotwelschentlehnung aus dem Deutschen, zu ostfriesisch *Pack-an* „einer, der anfaßt, angreift". Behrens, Festg. Gröber 163; (Wg. 196 f.); Dauzat, RPFL 27, 141; REW 6137.
Mit piemontesisch *bacan* „Bauer", „Schurke" zu ital. *baccano* „Lärm", Salvioni, RDR 4, 195, ist begrifflich und geographisch schwierig; oder *pascant* südöstliche Bildung, zu afrz. *pasquier* „Weide", s. *pâquis, pacage* ?

pacha „Pascha"
18. Jh., doch schon im 15. Jh. als *bayscha, bascha,* im 16. Jh. *bassa, passa* belegt, aus türkisch *pāšâ*; die *b*-Form zeigt arabische Aussprache an. Lammens 189; Littmann 106; König ZRP 58, 401; Arveiller, Fr. mod. 17, 138.

pacifier „den Frieden bringen"
13. Jh., aus lat. *(pācĭfĭcare).*

pacotille „Beilast" va.; „zum Tausch in fernen Ländern bestimmte Waren"
18. Jh., scheint aus dem spanischen *pacotilla* „Beilast" entlehnt zu sein, das Ableitung von *paquete* ist, das selbst aus dem frz. *paquet* stammt, s. d.
Nach Cor. III, 604 fraglich, da span. *pacotilla* später bezeugt ist als die frz. Entsprechung.

pacte „Bündnis", „Vertrag"
14. Jh., aus lat. *(păctum)*; dazu seit dem 16. Jh. die Abl. **pactiser** „unterhandeln".

padou(e) „Florettband"
17. Jh., ist verd.-chal., norm., aus dem Namen der Stadt Padua, frz. *Padoue,* woher angeblich diese Bänder stammen. Dict. gén.

padouan „nachgeahmte alte Medaille"
18. Jh., ist substantiviertes Adjektiv, zu *padouan* „aus Padua".

paf 1. „bautz"
19. Jh., ist vermutlich Schallwort.
2. in *grès, marbre, pierre* ... „zum Pflastern tauglicher, d. h. minderwertiger Sandstein usw.", H. u.

pagaie „schaufelartiges Ruder"
auch *pagai, pagale,* 17. Jh., stammt aus dem Malaiischen der Molukken, Friederici 73; dazu mit übertragener Bedeutung seit Ende des 17. Jhs. *en pagaie* „in Unordnung, Überstürzung", das in das Rotwelsch der Soldaten und von hier ins Vulgärfrz. dringt. Sain. LPar. 170 f.; Bl.-W. 454.

paganisme „Heidentum"
16. Jh., aus lat. *(pagănĭsmus)*; das Altfrz. hat dafür die halbgelehrte Form *paienisme.*

page 1. „Seite"
12. Jh. *pagene* aus lat. *(pāgĭna).*
2. „Edelknabe", „Kleidaufschürzer"
13. Jh., aus italienisch *paggio* „junger Diener", dann auch „Page", dieses aus gr. παιδίον „Knäbchen", „kleiner Diener". REW 6150; Diez 232; Bl.-W. 454.
Zu langob. *marhbaiȝ* „Pferdeknecht", zu ahdt. *beiȝen* „das Gebiß den Pferden anlegen", bei Paulus Diaconus (8. Jh.) als *marpahis* und auch sonst in langob. Urkunden reich belegt, Alessio, RLiR 18, 24; Kahane, GEGP 60, 467?
Unmögliches Spitzer, ZRP 42, 340; Nicholson, RLiR 9, 150; Rice, Language 9, 310.

pagne „Negerschurz"
17. Jh., aus spanisch *paño,* der Entsprechung von frz. *pan.* Dict. gén.

pagnon „Art feines schwarzes Tuch"
18. Jh., angeblich nach dem Namen *Pagnons,* des ersten Fabrikanten dieser Art Tuch. Dict. gén.

pagnote „feiger Soldat"
16. Jh., war nach D'Abra de Raconis im Jahre 1544 aufkommender Spottname der Soldaten im Piemontesischen Kriege, ursprünglich in *soldat de la pagnotte,* und bezeichnet die Soldaten, die, um Brot zu erhalten, sich für den Krieg anwerben lassen; aus ital. *pagnotta* „kleines Brot", d. i. dem. Abl. von *pane* „Brot", s. *pain.* Dict. gén.

pagode „Pagode", „Götzenbild"
17. Jh., aus portugiesisch *pagoda,* das aus dem Malaiischen, hier aus dem Indischen stammt. Dict. gén.; Littmann 128.

paien „Heide"
10. Jh., aus lat. *pāgānus* „ländlich" u. ä., das zuerst auf sizilianischen Inschriften in der Bedeutung „heidnisch", „Heide" bezeugt

ist; s. *Jacques Zeiller, Paganus, Etude de term. hist., Paris 1917 (AR II, 272); die Bedeutungsentwicklung in Zusammenhang mit der Ausbreitung des Christentums; die Stadtbewohner nehmen dieses früher an als die „pagani", die Landbewohner, die so für die städtische Bevölkerung zu Heiden werden; Altnar, Zs. f. Kirchengeschichte, 58 (1939), 130; Diez 232; REW 6141; Gg. Bed. 134.

paillard „Bettler", „Lumpenkerl"
13. Jh., ist Abl. von *paille* „Stroh", bedeutet also den, „der auf dem Stroh schläft"; dazu seit dem 15. Jh. die Abl. **paillarder** „Unzucht treiben"; s. Foulet, Rom. 68, 87; Bl.-W. 455.

paillasse „Strohsack"
15. Jh., aus italienisch *pagliaccio* dass.; dieses aus vlat. **păleaceum* „Streu" für klassisches *pălea,* s. *paille,* das einheimisch in prov. *palhas* „Streu" vorliegt; REW 6161; dazu seit dem 17. Jh. die dem. Abl. **paillasson** „Strohdecke", „Schutzwand aus Stroh".

paille „Stroh"
12. Jh., aus lat. *pălĕa* „Streu". Diez 232; REW 6161; Labhardt, Le latin palea, etc., Festschrift Jud, 222 (Romanica Helvetica 20).

pailler „Strohmiete"
13. Jh., aus lat. *pălĕarium* „Streubehältnis", „Streuboden". REW 6163.

paillet „licht" (in der Farbe)
besonders in *vin paillet* „hellroter Wein", 13. Jh., steht für **paillé,* d. i. Abl. *(-atus)* von *paille,* bedeutet „strohfarbig", wie afrz. *tiolé* „ziegelfarbig", s. *étioler, rosé* „zartrosa" u. ä.

paillette „Flitter", „Glimmerplättchen"
14. Jh., ist dem. Abl. von *paille* „Stroh".

paillis „Lage von kurzer Streu zum Bedecken von Gartenbeeten u. ä."
12. Jh. *palis,* heute *paillis,* Perche „Stroh", norm. „halb vermoderte Düngerschichte, die an Baumfüßen angebracht wird", ist schon vorhistorische Abl. *(-īceum)* von lat. *pălĕa* „Streu", s. *paille.*

paillon 1. „Handvoll Stroh"
16. Jh., ist kollektive Abl. (dialektisches *-umen)* von *paille* „Stroh".
2. „Art henkelloser Weidenkorb"
ist in der Bildung nicht durchsichtige Abl. von *paille* „Stroh", s. d.
3. „kleines Metallblättchen"
16. Jh., ist aus gleichbedeutendem *paillette* mit Suffixwechsel entstanden; so wie *-ette* hat auch *-on* dem. Bedeutung.

paillot „Bettdurchzug aus Stroh"
19. Jh., ist mit Suffixtausch *(-ot* dem. für kollektiv wirkendes *-asse)* aus *paillasse* „Strohsack" entstanden, s. d.

pain „Brot"
11. Jh., aus lat. *pānis.* REW 6198.

pair „gleich", „ebenbürtig"
11. Jh. *per,* aus lat. *pār.* REW 6219.

paire „Paar"
12. Jh., aus lat. *pāria* „Gleiches". REW 6219.

pairesse „Peersfrau"
17. Jh., aus englisch *peeress,* angelehnt an das frz. *pair* „Großvasall", „Peer", s. *pair.*

pairie „Pairswürde"
14. Jh., ist Abl. von afrz. *per* „Pair", s. *pair.*

pairle „Gabelkreuz" (Heraldik)
17. Jh., ist vermutlich mundartliche, seit dem 14. Jh. bezeugte Form für frz. *pêne* „Riegel", nämlich afrz. *pesle, perle,* dieses 1470 für Dep. Somme in der Bedeutung „Riegel" bezeugt, FEW 7, 308, aus lat. *pessŭlus;* zu REW 6441.

paisible „friedfertig"
12. Jh., afrz. „gefällig", seit dem 13. Jh. in Anlehnung an *paix* „Frieden" die heutige Bedeutung, aus lat. *placĭbĭlis* „gefällig"; daneben afrz. die nicht dissimilierte Form *plaisible.* Cornu, ZRP 15, 529 f.; REW 6558.

paisseau „Weinpfahl"
lebt im Zentrum und Südosten, 13. Jh., aus lat. *paxĭllus,* dessen Endung schon im Vlat. an das Suffix *-ĕllus* angeglichen wurde. Diez 653; REW 6318.

paisson „Viehfutter", „Asung"
13. Jh., aus lat. *pastione* „Weide". REW 6278.

paître „weiden"
11. Jh., aus lat. *pascĕre* „weiden lassen". REW 6263.

paix „Friede"
10. Jh., aus lat. *pāce.* REW 6317.

pal „an einem Ende zugespitzter Pfahl"
ist schon im 13. Jh. belegte westfrz. Nebenform von afrz. *pel,* s. *pieu,* oder Rückbildung nach den Abl. von afrz. *pel,* wie *palé, palée* u. ä., s. d.

palabre „Geschwätz"
17. Jh., aus span. *palabra* „Wort"; dieses aus älterem *parabla,* der Entsprechung von afrz. *parole;* s. Bl.-W. 455.

palace „Luxushotel"; mask.
20. Jh., aus englisch *palace,* s. *palais* 1. Bl.-W. 455.

palade „Ruderschlag"
18. Jh., aus nprov. *palado* dass., zu prov. *pala* „Schaufel", s. *pale.*

paladin „Held im Gefolge Karls des Großen"
16. Jh., aus ital. *paladino* dass.; dieses aus lat. *pălātīnus* „kaiserlich", „Palastdiener". REW 6158.

palafitte „Pfahlwerk"
19. Jh., aus ital. *palafitta,* dass., dieses zu *palar* „pfählen" und *fitto* zu *figgere* „festmachen", „hineintreiben"; Bl.-W. 455; s. *palé.*

palais 1. „Palast"
11. Jh., bedeutet afrz „ein großes, zu Festlichkeiten bestimmtes Gemach, das wie der Saal *(sale)* gewöhnlich für sich allein ein Ge-

bäude ausmachte"; aus lat. *pălātium,* das im klassischen Latein den palatinischen Berg in Rom, dann, weil auf diesem Berg Kaiser Augustus und seine Nachfolger ihre Wohnung hatten, „Palast" bedeutete, s. d. F. Diez 653; REW 6159.
2. „Gaumen"
13. Jh., geht der Form nach auf lat. *pălātium* „Palast" zurück, s. *palais* 1, der Bedeutung nach auf lat. *pălātum* „Gaumen"; die beiden Ausdrücke sind schon im Lateinischen volksetymologisch zusammengestellt worden; der Zusammenfall wurde dadurch erleichtert, daß das *palatium* gewölbt war, daher afrz. *palais voutis* u. ä., so daß man den Gaumen als „Gewölbe des Mundes" deuten konnte. Diez 653; Zauner, RF 14, 393; REW 6160.

palan „Talje", „Hisse" (am Windezeug)
16. Jh., aus ital. *palanco,* heute nur im Plural „runde Hölzer, um Lasten wegzurollen", dieses zu *palanca* „Pfahl", der Entsprechung von *planche,* s. d., ferner *palanche* und REW 6455.

palanche „Tragejoch zum Eimertragen"
19. Jh., lebt als *palantse* „hölzerner Hebel" in der Schweiz", aus vlat. **palanca* aus gr. φάλαγξ „runder Holzblock", „Walze"; **palanca* ist eine hyperkorrekte Form von *palanga,* das lat. belegt ist, entstanden bei der Übernahme des oskisch-umbrischen Ausdrucks in die lat. Umgangssprache, da unteritalischem (gr.) *-ng-* im Lat. *-nk-* entspricht; FEW 8, 356; s. auch *pantoufle;* Diez 244; REW 6455; vgl. dazu *palan;* dazu die Abl. frz. Schweiz *palantzon* „kleiner hölzerner Hebel", zu frz. **palançon** „Wellerholz", seit dem 18. Jh.

palanque „Pfahlwerk"
17. Jh., aus ital. *palanca,* der Entsprechung von frz. *planche, palanche.*

palanquin „Tragsessel"
16. Jh., aus portug. *palanquim* „indisches Tragbett", aus dem Telugu, einer neuindischen Mundart. Littmann 122.

palastre „Beschalung des Türschlosses"
15. Jh., auch **palâtre,** vgl. dazu Pléchatel *palăt* „hölzerne Einfassung einer Tür", angev. *palâtre* „Schwelle", poitev. *palastre* „Schuhnagel", dazu poitev. *palastrer* „(Schuhe) mit Nägeln beschlagen", eigentlich „ausbessern", wie schon bei Raschi, 11. Jh. belegtes *palastre* „Flickstück"; poitev. 16. Jh. *cloux palastre* „Schuhnagel", berrich. *palâtre* „Latte zum Ausdichten der Spalten eines Schiffes"; dazu ferner afrz. (14. Jh.) *palestrage, paltrage,* prov. *palastratge, palestratge* „Beschalung des Türschlosses"; Grundform ist vlat. *parastas,* aus gr. παραστάς, „Seitenpfeiler", „Türpfosten", dazu lat. belegt *parastatica* „Wandpfeiler", „Pilaster", gr. παραστατική „Seitenpfeiler" u. ä.; dazu gallorom. die *-aticum*-Abl. **parastaticum,* eigentlich „was dabeisteht"; Aebischer, AR 21, 321; FEW 8, 639; vgl. auch Flasdieck, Anglia 72, s. ZRP 72, 137.
Nicht zu lat. *pala,* REW 6154.

palatin 1. „ein Amt im Herrscherhause bekleidend"
15. Jh., aus lat. *(pălātīnus)* „kaiserlich".
2. „den Gaumen betreffend"
17. Jh., ist gelehrte Abl. von lat. *(palatum)* „Gaumen", s. *palais* 2.

palatine „Pelzkragen"
17. Jh., nach der Pfalzgräfin *(princesse palatine),* der Schwägerin Ludwigs XIV. Dict. gén.

pale 1. „spitz zulaufende Bohle", „Ruderschaufel"
13./14. Jh., aus lat. *pāla* „Spaten", „Wurfschaufel", in westfrz. Form; die eigentliche literarische Form des Wortes ist *pelle.*
2. „Frauenmantel", „Kelchdeckel"
18. Jh., aus lat. *(palla)* „Mantel".

pâle „blaß"
11. Jh. *palde,* 12. Jh. auch *palie,* 12. Jh., aus lat. *(pallĭdus)* in nicht rein volkstümlicher Entwicklung, s. Haberl, ZFSL 36, 1, 308 f.; REW 6167; vgl. *pâleur, pâlir.*
pâle als korrekte Form des Fem., auf das Maskulinum übertragen, G. Paris, Rom. 15, 440, ist lautgeschichtlich nicht begründet; vgl. auch Herzog, Festschr. Mussafia 486; Schuchardt, SAWien 138, 1, 30 ff.

palé „gepfählt"
13. Jh., dazu **palée** „Pfahlwerk", 15. Jh., sind Abl. von afrz. *pel* „Pfahl", s. *pieu* und *pal.*

palefrenier „Pferdeknecht"
14. Jh., aus prov. *palafrenier;* dieses ist Abl. von prov. *palafren,* d. i. unorganische Nebenform von *palafré* „Zelter", der Entsprechung von frz. *palefroi,* s. d.

palefroi „Zelter", „Marschpferd"
12. Jh., aus lat. *paraverēdus,* das im Codex Theodosianus in der Bedeutung „Nebenroß" bezeugt ist, ALL 7, 319 ff.; dieses ist zusammengesetzt aus gr. παρά „neben" und gallisch-lat. *verēdus,* das bei Martial als „Pferd" belegt ist; dieses ist die gallische Entsprechung von kymrisch *gorwydd* „Läufer". Diez 232; Thurn. KR 70; Dottin 277; Kluge s. Pferd; REW 6231.

paléo- „Altertums-"
in Zusammensetzungen, seit dem 18. Jh., aus gr. (παλαιός) „alt".

paleron „Vorderbug", „Schulterblatt"
13. Jh., ist dem. Abl. von lat. *pāla* „Schaufel", „Schulterblatt". Diez 653; REW 6154.

palestine „Palästina-Schrift"
18. Jh., nach dem Namen Palästinas, frz. *Palestine.* Dict. gén.

palestre „Ringschule"
12. Jh., aus lat. *(palaestra).*

palet „Wurfscheibe"

14. Jh., ist dem. Abl. von afrz. *paëlle* „Schüssel" oder *pele* „Schaufel", vgl. *poêle* und *pelle, pale.*

paletot „weiter Überrock"
14. Jh. *paltoke,* 15. Jh. in Tournai *palletot,* bedeutet zunächst „Bauernkittel" und stirbt im 16. Jh. aus; es wird im 18. Jh. aus spanisch *paltoque* in der Bedeutung „spanische Bauerntracht" neuerdings entlehnt; das Wort taucht zuerst als mittelenglisch *paltok* auf und gehört wohl zu englisch *pall* „Mantel". Baist, ZRP 32, 431 ff.; REW 6178; s. *paltoquet.*
Ndl. *paltrok* stammt aus dem Frz.; Zusammensetzung von *pale* 2 mit *toque,* s. d., Diez 653 f., ist historisch nicht möglich.

palette 1. „kleine Schaufel", „Palette"
13. Jh., ist vorhistorische Abl. von lat. *pāla* „Spaten", „Wurfschaufel". REW 6154.
2. „Aderlaßbecken"
13.14. Jh. **paelette* „kleine Schüssel", ist dem. Abl. von afrz. *paelle,* s. *poêle* 1. Dict. gén.
Die Abl. von *pāla* „Schaufel" und *patella* „Schüssel" zeigen schon afrz. lautliche Berührungen; im einzelnen ist es heute bei Ausdrücken spezieller Terminologien oft unmöglich, die beiden Wortstämme eindeutig zu scheiden; vgl. auch *palet.*

palétuvier „Wurzelbaum"
18. Jh., aus dem Tupi *appariturier,* so in der Mundart der brasilianischen Insel Maranhão; Friederici, ZFSL 54, 181; Bl.-W. 456.

pâleur „Blässe"
12. Jh., aus lat. *pallore.*

palicot „kleiner Fischzaun"
18. Jh., ist mit Suffixwechsel gebildet aus *palée* „Pfahlwerk", s. d., bzw. *palis* „Pfahlzaun", s. d.; das Deminutivsuffix *-icot* ist namentlich in Westfrankreich zu Hause.

palier „Zapfenlager", „Treppenabsatz"
14. Jh. *paalier, poalier,* dürfte zu lat. *patella* „flache Pfanne", auch „Kniescheibe" zu gehören, s. *poêle* 1; FEW VIII, 1; REW 6286. Aus lautlichen Gründen nicht mit prov. *pezelhar, pezilhar* „Türangel", „Zapfen", „Drehpunkt" aus lat. *pediculus* „Füßchen", „Stiel", Thomas, Rom. 42, 418; auch nicht aus **ped-alarium,* *Mosemiller, MLN 22, 314; noch weniger zu *paille,* Faß, Rom. 3, 504; dazu seit dem 18. Jh. die Abl. *(porte)* **palière** „auf den Treppenabsatz hinausführend", „oberste Treppenstufe", vgl. auch *marchepalier.*

palification „Verpfählung"
18. Jh., aus ital. *palificazione,* d. i. Abl. von *palificare* „Pfähle in die Erde stecken", das aus *palo* „Pfahl", s. *pieu,* und *ficcare* „einrammen", s. *ficher,* zusammengesetzt ist; vgl. eine ähnliche frz. Bildung unter *étibois.*

palimpseste „Palimpsest"
16. Jh., aus lat. *(palimpsestus).*

palinodie „Palinodie", „Widerruf"
16. Jh., aus lat. *(palĭnōdia).*

pâlir „erblassen"
12. Jh., aus gallorom. **pallire* für lat. *pallescĕre* dass. REW 6166.

palis „Pfahlzaun"
12. Jh., aus gallorom. **palīceum,* d. i. kollektivische Abl. von lat. *palus* „Pfahl", vgl. dazu prov. *palissa* dass.; dazu seit dem 15. Jh. die Abl. **palisser** „anpfählen".

palissade „Pfahlzaun", „Hecke"
15. Jh., aus prov. *palissada;* dieses ist kollektive Abl. von prov. *palissa* „Pfahlzaun", aus gallorom. **palīcea* zu lat. *palus* „Pfahl", s. *palis;* dazu seit dem 16. Jh. die Abl. **palissader** „mit einer Palissade versehen". REW 6182.

palissandre „blaues Ebenholz"
18. Jh., stammt vielleicht aus einer Einheimischenmundart von Guyana. Dict. gén.

palisson „Pflock" va.; „Ausstreicheisen"
14. Jh. *paleson,* die literarische Form in Anlehnung an *palis, palissade,* ist dem. Abl. von afrz. *pel* „Pfahl", s. *pieu.*

palladium „Pallasstatue", „Schutzheiligtum"
12. Jh., aus lat. *(palladium).*
2. „Palladium" (Metall)
19. Jh., ist willkürliche Abl. von lat. *(Pallas),* dem Namen der Göttin.

pallier „(eine Krankheit) lindern, ohne zu heilen", „bemänteln"
13./14. Jh., aus mlat. *(palliare)* zu lat. *pallium* „Mantel", s. d. F.

pallium „Oberkleid", „Bischofsmantel"
12. Jh., aus lat. *(pallium),* vgl. *poêle* 2.

palmarés „Liste der Preisträger"
19. Jh., Plural zu lat. *(palmaris)* „des Siegespreises wert", s. *palme* 1.

palme 1. „Palme", „Palmzweig"
14. Jh., für seit dem 12. Jh. belegtes *paume,* aus lat. *(palma);* dazu seit dem 12. Jh. die Abl. *paumier,* heute **palmier** „Palmenbaum". REW 6170.
2. „Handlänge", „Spange"
18. Jh., aus lat. *(palmus);* s. *paume.*

palmé „mit Schwimmhaut versehen"
18. Jh., aus lat. *(palmatus)* „die Figur der flachen Hand habend", s. *paume.*

palmer „(Nadeln) zu den Öhren breitschlagen"
18. Jh., scheint von lat. *(palma)* „flache Hand" abgeleitet zu sein. Dict. gén.

palmiste „Zwergpalme"
17. Jh., ist angeblich kreolisch, hier aus spanisch *palmito* „kleine Palme", s. *palme* 1.

palmite „Palmenmark"
16. Jh., aus spanisch *palmito* „kleine Palme", d. i. dem. Abl. von *palma* „Palme", s. *palme.*

palombe „Ringeltaube"
14. Jh., aus prov. *palomba,* dieses aus lat. *pălŭmbus,* bzw. **palumba* für lat. gelegentlich feminin gebrauchtes *palumbes.* REW 6181.